八閩文庫

專題彙編

第二種

# 福建民間契約文書

25

厦門大學民間歷史文獻研究中心 編

鄭振滿 主編

海峽出版發行集團
THE STRAITS PUBLISHING & DISTRIBUTING GROUP
福建人民出版社

# 本册目録

## 第二帙　林振榕户

# 第六卷　永泰縣蓋洋鄉湖裡、嶺頭坪村契約文書（一）

本卷主編　張家喜

# 本卷簡介

湖裡村地處戴雲山北麓，平均海拔高度七百九十米，四面環山，村口有湖，故名「湖裡」。東鄰下小洋村，西與碓頭村相連，南接前龍洋、村頭等村，爲永泰縣蓋洋鄉與洑口鄉的連接通道。轄區面積六點五八平方公里，現有耕地面積一千三百二十三畝，林地七千六百零五畝，盛産毛竹、油茶及李果。

明清時期，湖裡村屬永福縣和平鄉英達里三十六都，民國時屬永泰縣南區。歷史上有紀、翁、黄、馬、羅、莊六姓人家，現以林姓居民爲主，共有户籍人口九百七十人，三百餘户，常住人口約六百人。

據族譜記載，湖裡林氏一世祖餘慶，爲興化府仙遊縣興泰里（今遊洋鎮）九牧林氏族人。元至元年間，三世祖源寶遷至福州府永福縣湖裡定居，肇建「下洋厝」，並於明初入籍當差。五世以後，分爲長房林鐸和二房林鑒。目前村内以二房族人爲主，長房後裔僅存二十餘户。自清代以來，湖裡林氏族人致力於發展山林經濟，逐漸發家致富，修建了不少大厝。二〇一八年，湖裡村入選國家級傳統村落名録。

嶺頭坪村位於永泰縣蓋洋鄉西部，東與蓋洋相望，西接德化縣，南鄰洑口后亭，北連德化淳湖，是隸屬於湖頭行政村的自然村。全村以山地丘陵爲主，海拔高度在七百五十至一千一百米之間，盛産毛竹、油茶及李果，金、鋅等礦産資源豐富。據族譜記載，嶺頭坪林氏開基祖文赦，原籍尤溪縣岑兜村，於洪武二十六年（一三九三）遷居此地，後入贅石獅村謝氏，生三子仙祐、仙祖及仙福，分爲天、地、人三房。目前林氏族人爲嶺頭坪村主要居民，後有遷居附近湖頭村者，總人口爲八百餘人。

我們在湖裡村共收集各類契約一千餘件，另有若干族譜、鬮書、賬簿、税單、訴狀等歷史文獻。這些契約文書來自湖裡林氏家族的八户人家，依據「歸户」原則，分別編爲八帙。此外，本卷收録了附近嶺頭坪村林傳就户的契約文書，編爲第九帙。

第一帙爲林永龍户契約文書，包括各類契約一百九十九件，主要涉及民田、屯田交易，也有不少有關房屋和山林的契約。林永龍爲林氏二房林鑒派下子孫，所收藏契約文書大多出自十六世林瑞文及其子林建章。其中嘉慶十八年（一八一三）林瑞文所立「土房鬮書」，反映了清代中期該支派的生計模式與財産形態。

第二帙爲林振榕户契約文書，包括各類契約一百九十六件，主要涉及田産、房屋、山場和林木交易。林振榕是林氏二房汝國派下子孫，所收藏契約文書主要出自林瑞文之長兄瑞品，以及林振榕之父賜連。该户契約文書保存狀態較差，有些契約破損嚴重，未能收入本書。不過，經過分類整理之後，仍可找出相關契約，揭示其内在聯繫。

第三帙爲林信國户契約文書，包括各類契約一百四十五件，另有若干鬮書、賬單、公文等。林信國爲林氏二房應文派下子孫，所收藏契約文書主要傳承自應文之孫瑞長。該户現存契約較爲散亂，我們依據「歸物」的原則，盡可能重建其原有系統。其中涉及竹林與紙廠交易的契約，反映了清代以來造紙業的發展。

第四帙爲林育定户契約文書，包括各類契約二百七十七件、人情簿一册、家用簿一册，另有若干税單、訴狀、賬單、儀式文書等。林育定爲林氏二房第二十世德端之半嗣孫，所收藏契約文書主要傳承自第十世玉達支派。该户現存契約較爲散亂，但可以依據包契紙進行整理。其中康熙年間的納税收據，集中反映了清初的賦役制度。

第五帙爲林維珍户契約文書，包括各類契約七十七件。林維珍爲長房林鐸派下子孫，所收藏契約文書主要來自其曾祖林青祥和祖父林爲苞。其中嘉靖二十二年（一五四三）的翁後自立付山場等契，保存於林氏族譜中，爲該家族最重要的早期契約。

第六帙爲林壽良户契約文書，包括各類契約四十九件，主要涉及房屋和山林交易。林壽良爲二房玉升之五子文忠派下子孫，所收藏契約文書主要傳承自其直系祖先昌大、顯漢、興周、建師以及典樹等。其中有一組關於墩坪祖厝的契約文書，反映了住宅權益在家族内部的長期流轉過程。

第七帙爲林斯安户契約文書，包括各類契約三十三件，主要涉及田産、山場和林木交易。林斯安爲林瑞文之弟瑞東派下子孫，所收藏契約文書主要傳承自其高祖華祥、曾祖善朝等。

第八帙爲林育就户契約文書，包括各類契約十九件，主要涉及田産交易。林育就是林瑞立派下子孫，所收藏契約文書傳承自其父林信益。

第九帙爲林傳就户契約文書，包括各類契約四十五件、鬮書一册、祭祖簿一册、人情簿二册。林傳就爲嶺頭坪林氏第十七世族人，所收藏契約文書主要傳承自天房光清、景浩等。其中明弘治年間的兩張契約，反映了該家族的早期置産過程。

本卷收録的湖裡村和嶺頭坪村現存契約文書，大多來自分家繼承，可以追溯至收藏者的某些直系祖先。因此，可以結合族譜及其他相關文獻，揭示各户契約文書之間的内在聯繫，建構更爲系統和完整的文書群。

# 第一帙 林永龍户

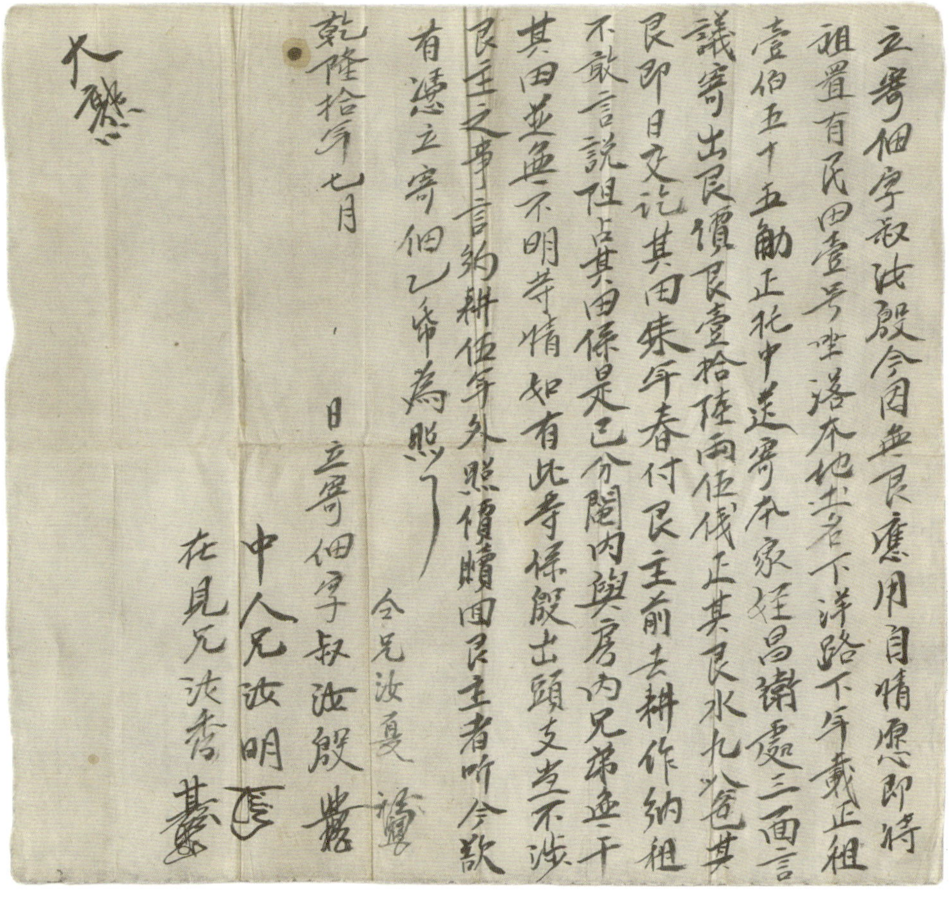
立寄佃字叔汝殷今因無銀應用自情愿即將
祖置有民田壹號坐落本地土名下洋路下年載正租
壹伯五十五觔正托中送寄本家姪昌謝處三面言
議寄出銀價銀壹拾陸兩伍錢正其銀水九八色其
銀即日交訖其田來年春付銀主前去耕作納租
不敢言說阻占其田係是己分閹內與房內兄弟無干
其田並無不明等情如有此等係殷出頭支當不涉
銀主之事言約耕伍年外照價贖回銀主者聽今欲
有憑立寄佃乙紙為照

仝兄汝旻（押）

乾隆拾年七月　日立寄佃字叔汝殷（押）

中人兄汝明（押）

在見兄汝香（押）

大照

6-1-1-1　清乾隆十年七月林汝殷等立寄佃民田字

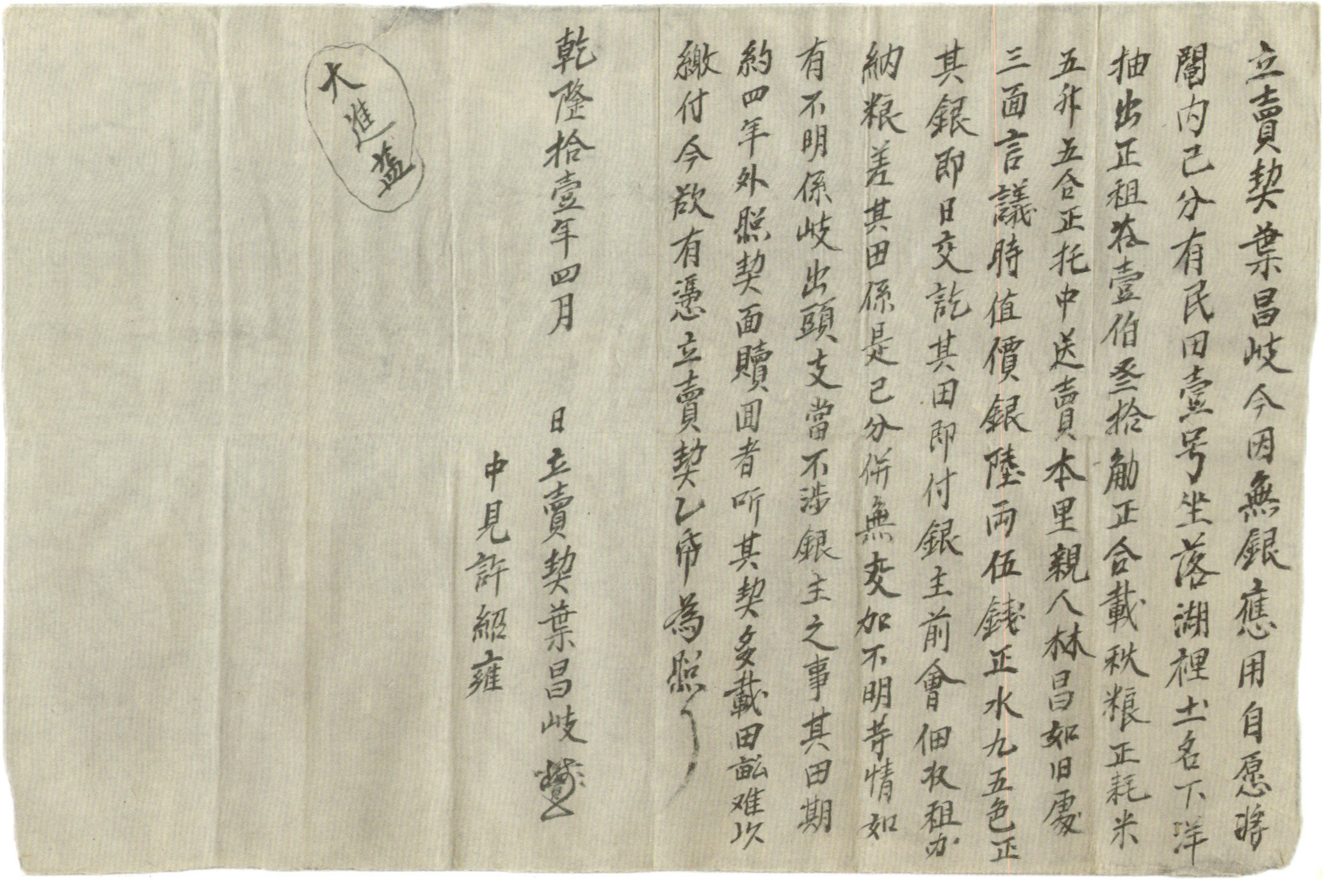

立賣契葉昌岐今因無銀應用自愿將
閣內己分有民田壹号坐落湖裡土名下洋
抽出正租谷壹伯叁拾觔正合載秋粮正耗米
五升五合正托中送賣本里親人林昌如旧處
三面言議時值價銀陸兩伍錢正水九五色正
其銀即日交訖其田即付銀主前會佃收租办
納粮差其田係是己分併無交加不明等情如
有不明係岐出頭支當不涉銀主之事其田期
約四年外照契面贖回者听其契多載田畝难以
繳付今欲有憑立賣契乙帋為照

乾隆拾壹年四月　日立賣契葉昌岐（押）
中見許紹雍

大進益

6-1-1-2　清乾隆十一年四月葉昌岐立賣民田契

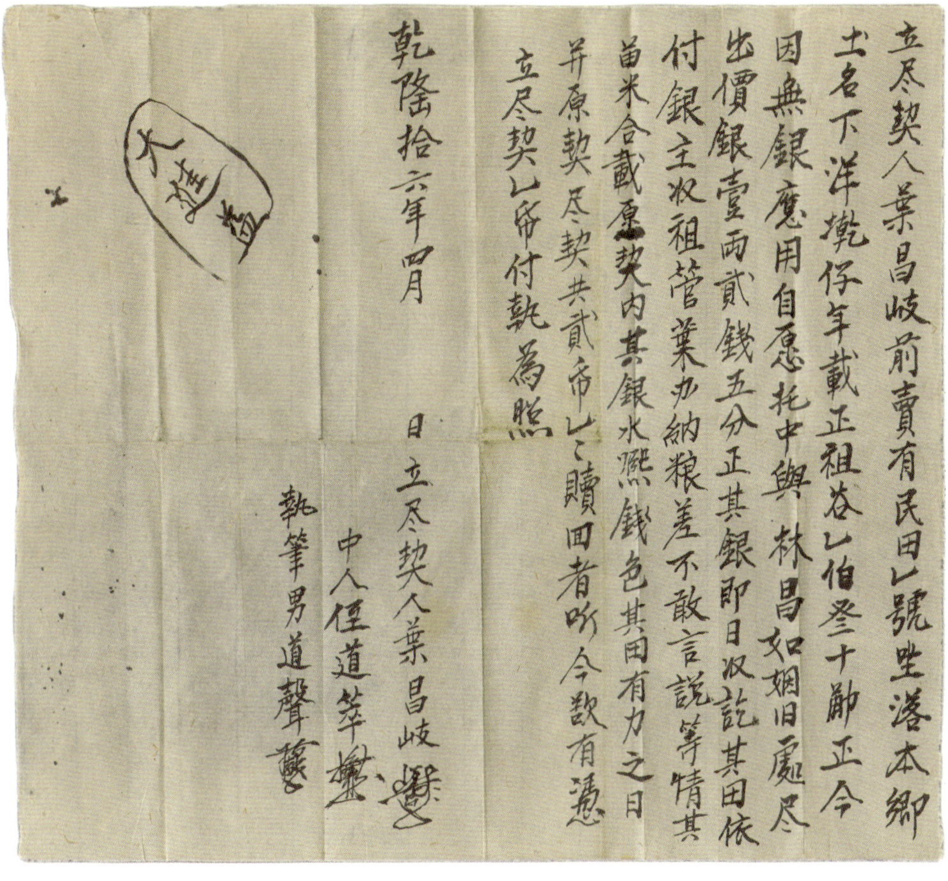
立尽契人葉昌岐前置有民田一號坐落本鄉
土名下洋墘仔年載正租谷一伯叁十觔正今
因無銀應用自愿托中與林昌如姻旧處尽
出價銀壹両貳錢五分正其銀即日収訖其田依
付銀主収祖管業办納粮差不敢言說等情其
苗米合載原契內其銀水照錢色其田有力之日
并原契尽契共貳帋一齊贖回者所今欲有憑
立尽契一帋付執為照
乾隆拾六年四月　　日立尽契人葉昌岐
中人侄道笲
執筆男道聲

6-1-1-3　清乾隆十六年四月葉昌岐立盡民田契

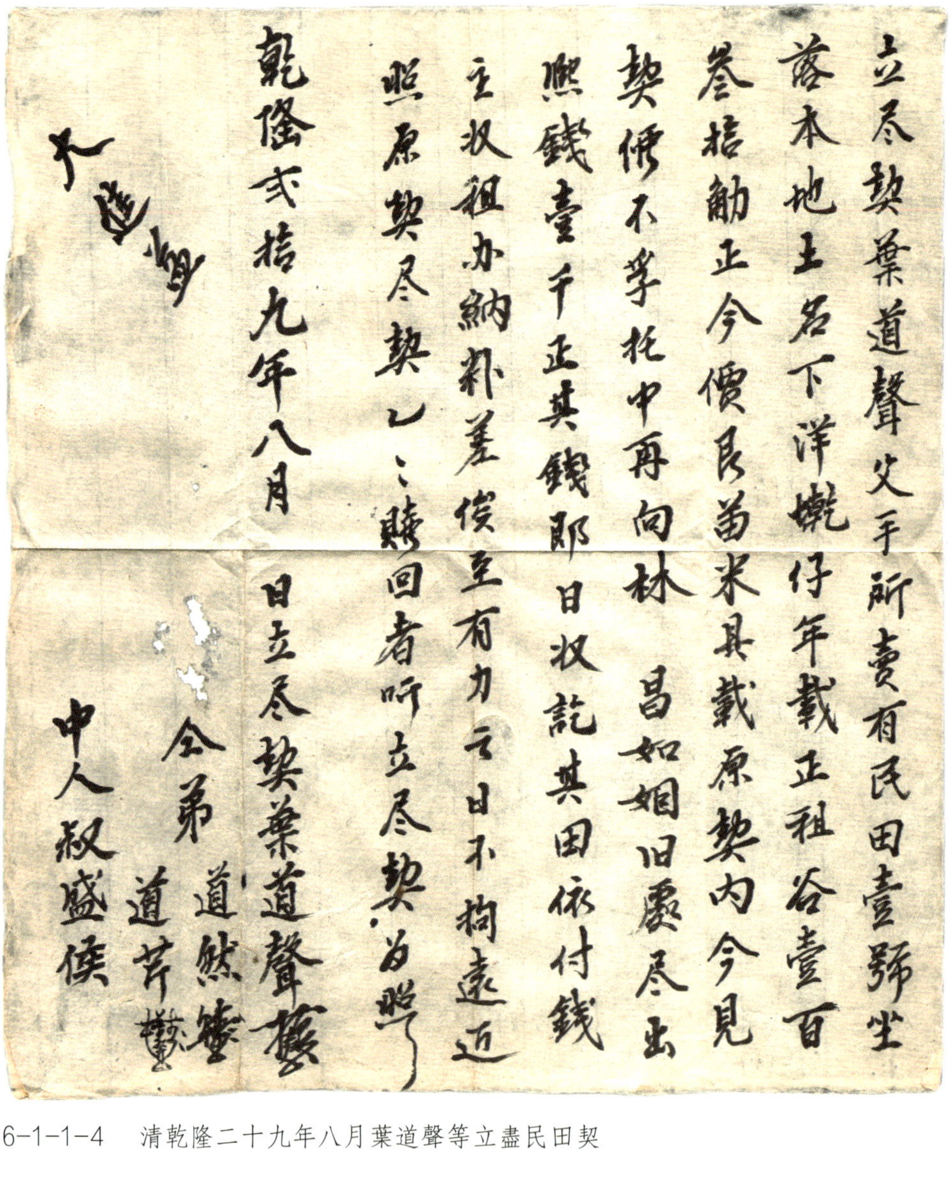
立盡契葉道聲仝弟手所賣有民田壹號坐
落本地土名下洋蜆仔年載正租谷壹百
叁拾觔正今價艮苗米具載原契內今見
契價不等托中再向林　昌如姻旧處盡出
無錢壹千正其錢即日收訖其田依付錢
主收租办納耗差俟至有力之日不拘遠近
照原契盡契乙乙贖回者听立盡契為照
乾隆式拾九年八月　日立盡契葉道聲（押）
仝弟　道然（押）
道芹（押）
中人叔盛侯
大進宜

6-1-1-4　清乾隆二十九年八月葉道聲等立盡民田契

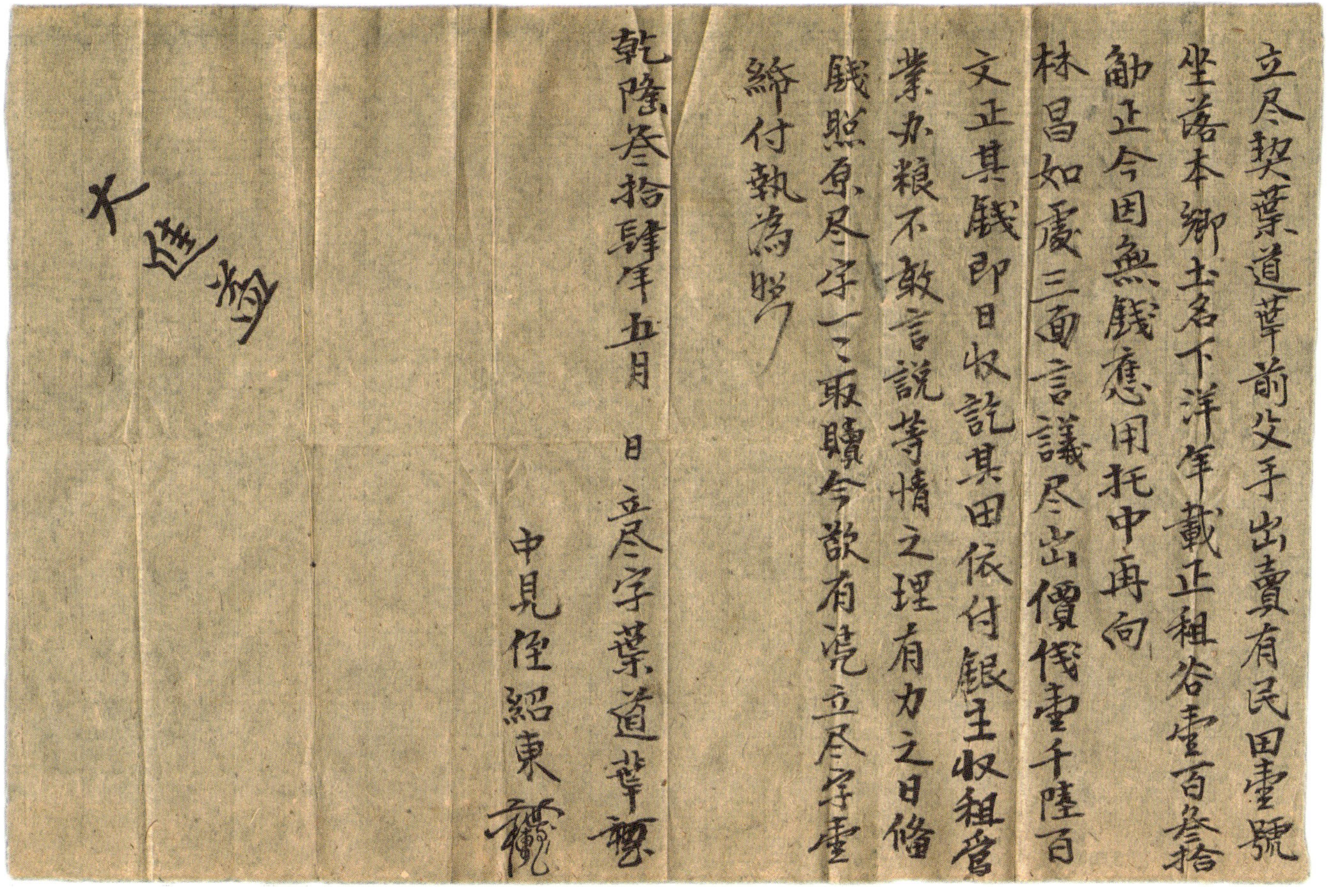

立尽契葉道華前父手出賣有民田壹號
坐落本鄉土名下洋隼載正租谷壹百叁拾
觔正今因無錢應用托中再向
林昌如處三面言議尽出價錢壹千陸百
文正其錢即日收訖其田依付銀主收租管
業永粮不敢言說等情之理有力之日備
錢照原尽字一二取贖今欲有憑立尽字壹
紙付執為照

乾隆叁拾肆年五月 日立尽字葉道華（押）

中見侄紹東（押）

大健益

6-1-1-5 清乾隆三十四年五月葉道華立盡民田字

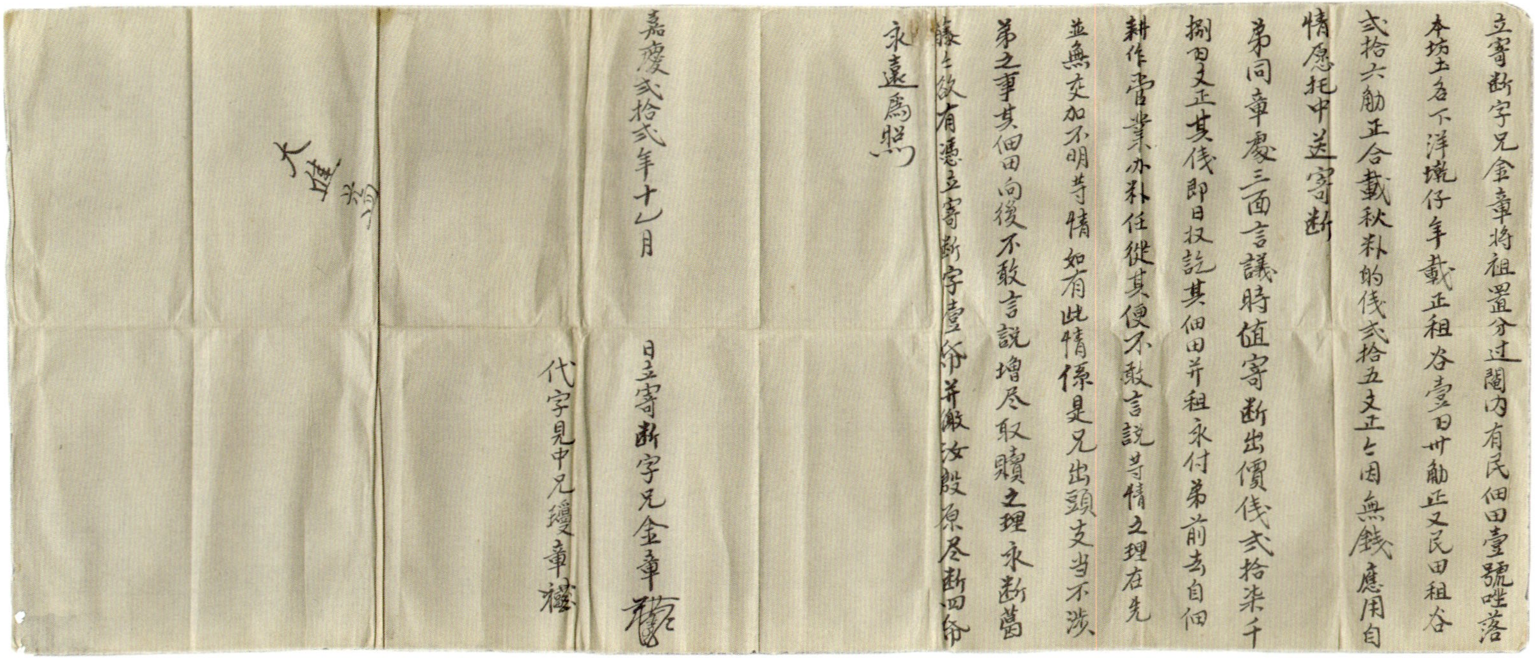

立寄斷字兄金章將祖置分过閫內有民佃田壹號坐落
本坊土名下洋墘仔手載正租谷壹田廿觔正又民田租谷
式拾六觔正合載秋糾的伐式拾五文正今因無錢應用自
情愿托中送寄斷
弟同章慶三面言議時值寄斷出價伐式拾柒千
捌百文正其伐即日收訖其佃田并租永付弟前去自佃
耕作管業办糾任從其便不敢言說等情之理在先
並無交加不明等情如有此情係是兄出頭支当不涉
弟之事其佃田向後不敢言說增尽取贖之理永斷葛
藤今欲有憑立寄斷字壹紙并繳汝股原尽斷田紙
永遠為照

嘉慶式拾式年十一月

日立寄斷字兄金章（押）

代字見中兄纘章（押）

6-1-1-6　清嘉慶二十二年十一月林金章立寄斷民佃田等字

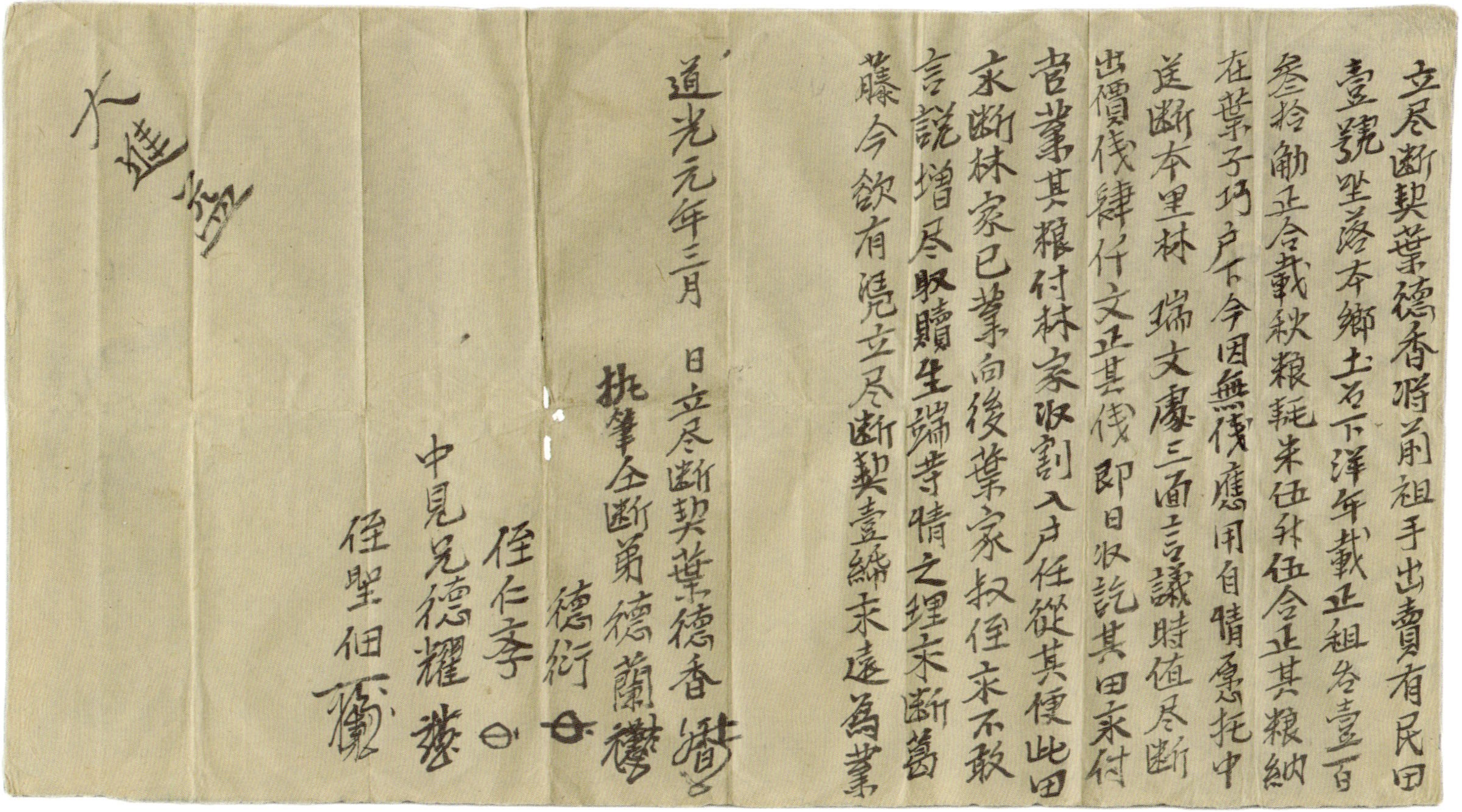

立尽断契葉德香將前祖手出賣有民田
壹號坐落本鄉土名下洋年載正租谷壹百
叁拾觔正合載秋粮耗米伍升伍合正其粮納
在葉子巧户下今因無銭應用自情愿托中
送断本里林　瑞文處三面言議時值尽断
出價銭肆什文正其銭即日收訖其田永付
當業其粮付林家收割入户任從其便此田
永断林家已業向後葉家叔侄永不敢
言說增尽取贖生端等情之理永断葛
藤今欲有凭立尽断契壹紙永遠為業

道光元年三月　日立尽断契葉德香（押）
執筆仝断弟德蘭（押）
德衍（押）
侄仁孝（押）
中見兄德耀（押）
侄聖佃（押）

大進益

6-1-1-7　清道光元年三月葉德香等立盡斷民田契

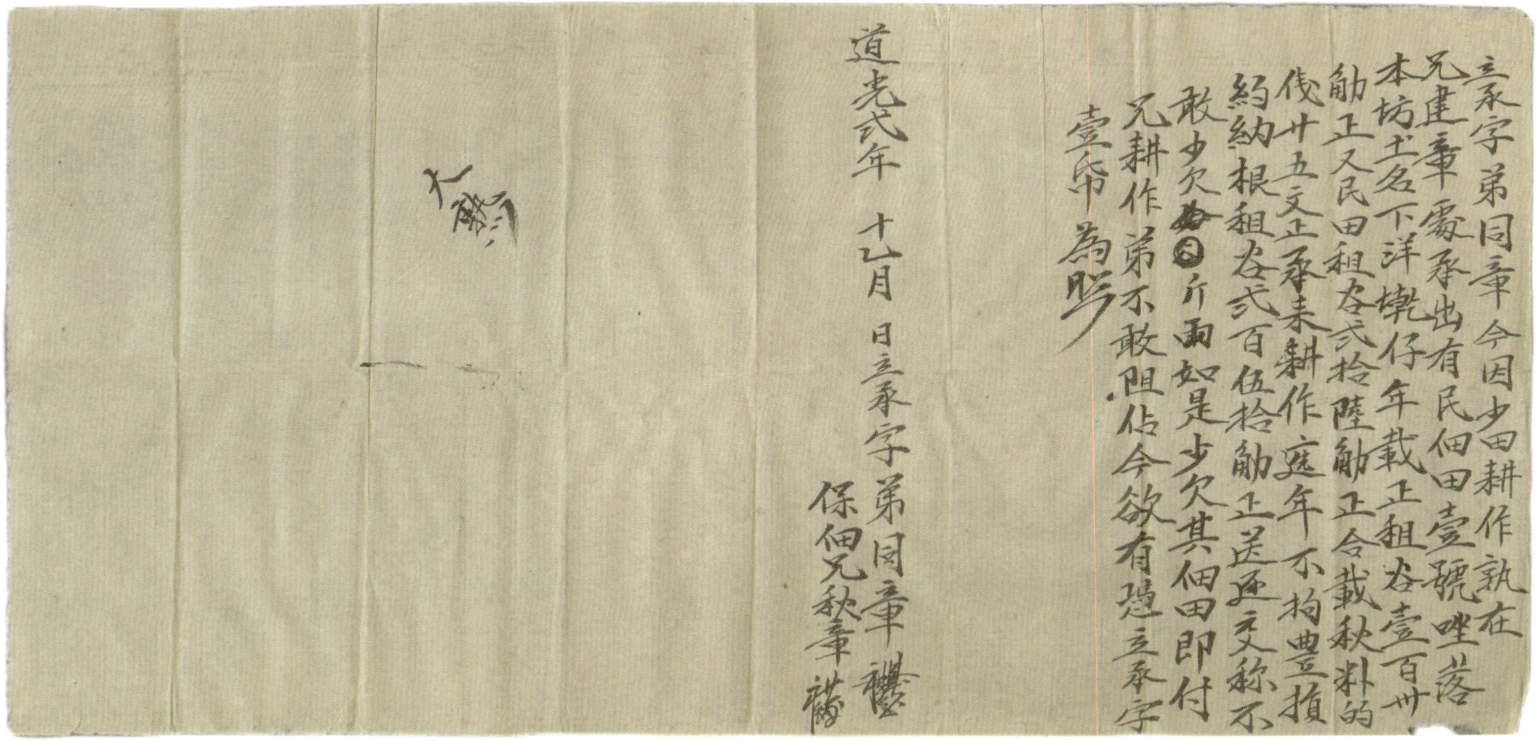

立承字弟同章今因少田耕作孰在
兄建章處承出有民佃田壹號坐落
本坊土名下洋墘仔年載正租谷壹百卌
觔正又民田租谷弍拾陸觔正合載秋料的
伐廿五文正承耒耕作逐年不拘豊損
約納根租谷弍百伍拾觔正足運交称不
敢少欠[illegible]斤両如是少欠其佃田即付
兄耕作弟不敢阻佔今欲有憑立承字
壹帋爲照

道光弍年　十一月　日立承字弟同章
保佃兄秋章

[illegible]

6-1-1-8　清道光二年十一月林同章立承民佃田字

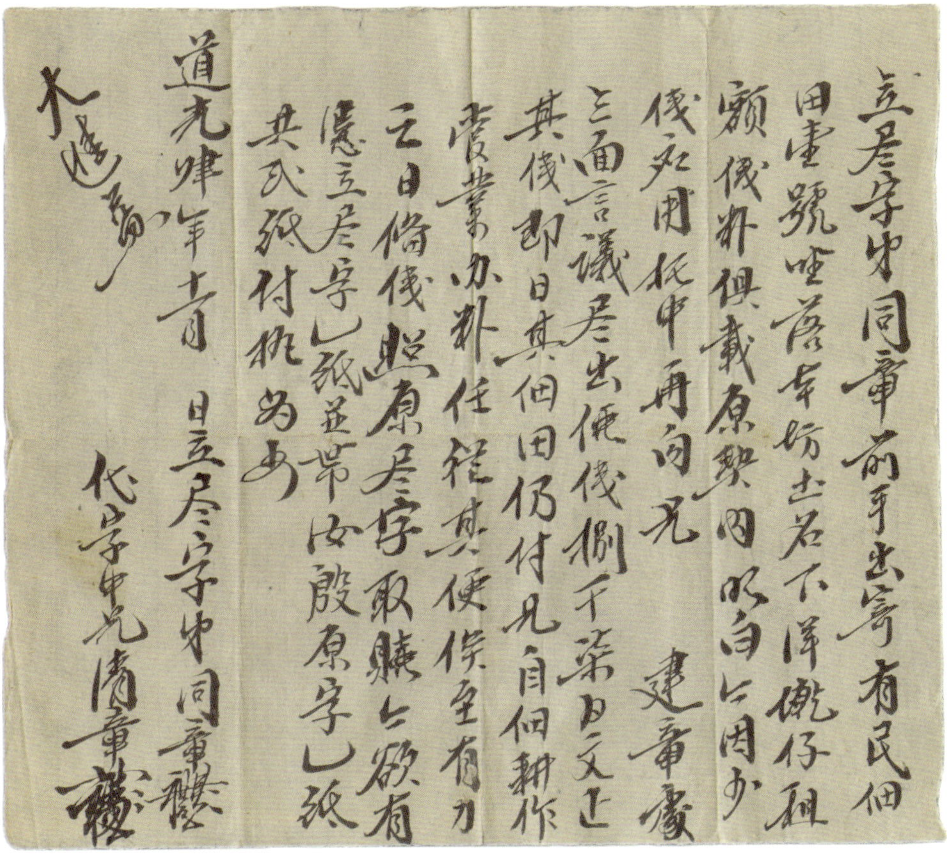

立盡字林同章前年出寄有民佃
田壹號坐落本坊土名下洋𤬪仔租
額錢卅俱載原契內明白今因乏
錢應用托中再向兄　建章處
三面言議盡出佃錢捌千柒百文正
其錢即日具佃田仍付兄自佃耕作
管業亦斗任從其便候至有力
之日備錢照原盡字取贖今欲有
憑立盡字壹紙並帶佃穀原字壹紙
共弍紙付執為照
道光肆年十一月　日立盡字林同章（押）
代字叔兄清章（押）
大進吉利

6-1-1-9　清道光四年十一月林同章立盡民佃田字

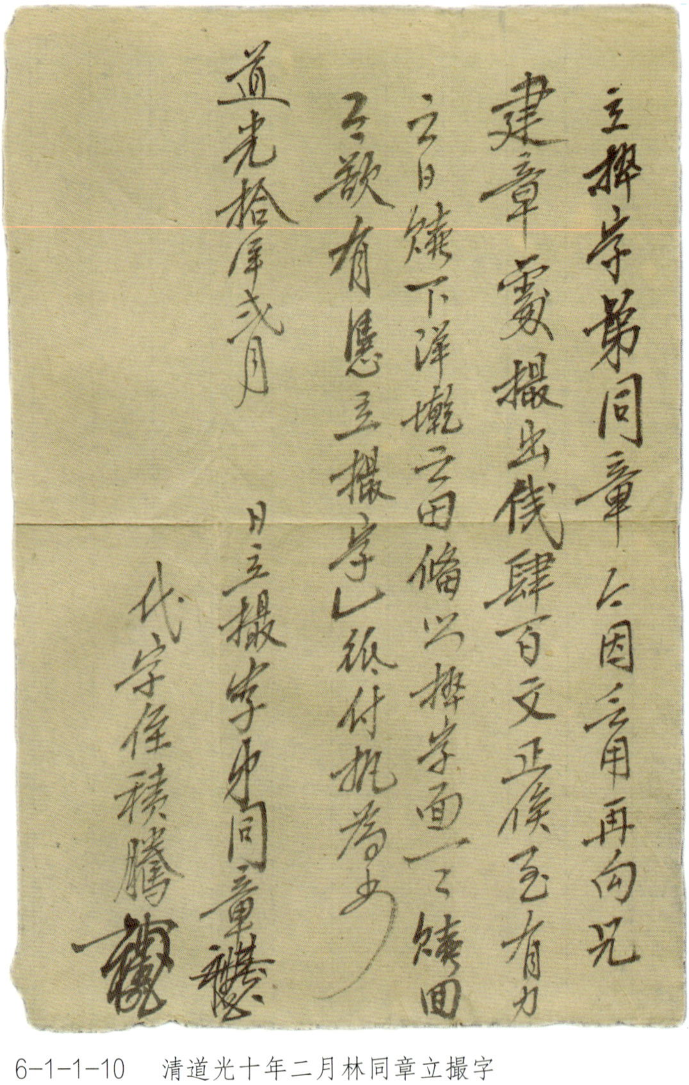
立撥字弟同章，今因乏用，再向兄
建章處撮出錢肆百文正，候至有力
之日，繳下洋墩之田，備出撥字面一一繳回
之款，有憑立撮字一紙付執為照。
道光拾年弍月　日立撮字弟同章（押）
代字侄積騰（押）

6-1-1-10　清道光十年二月林同章立撮字

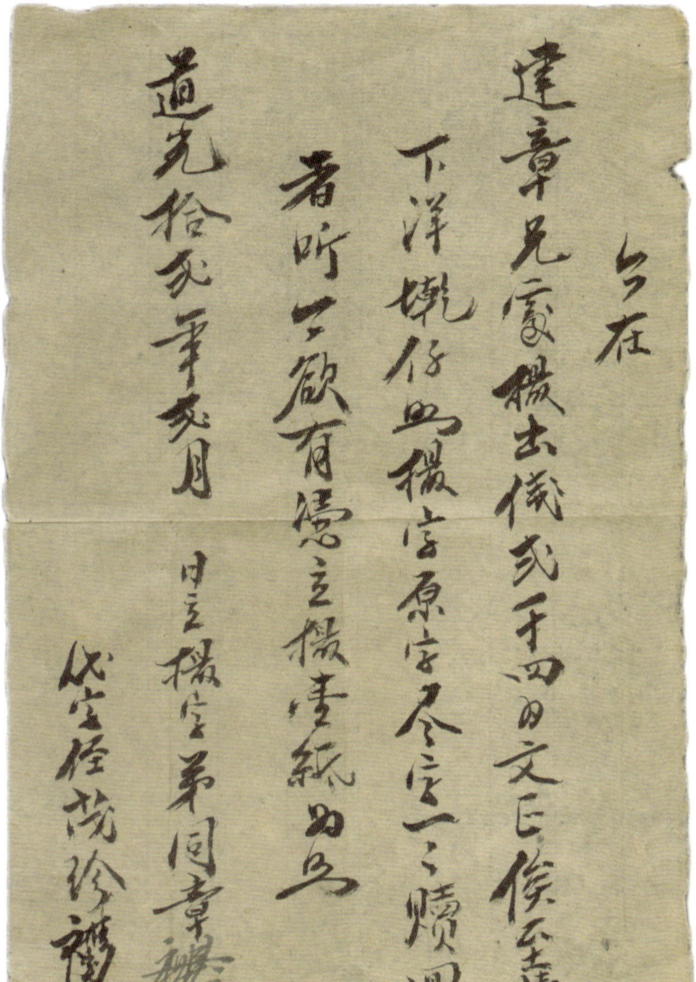

今在
建章兄處撮出錢貳千四百文正，俟至贖
下洋坑仔山撮字原字全字一紙贖回
者听不敢有憑立撮壹紙為照
道光拾貳年貳月　日立撮字弟同章（押）
代字侄茂珍（押）

6-1-1-11　清道光十二年二月林同章立撮字

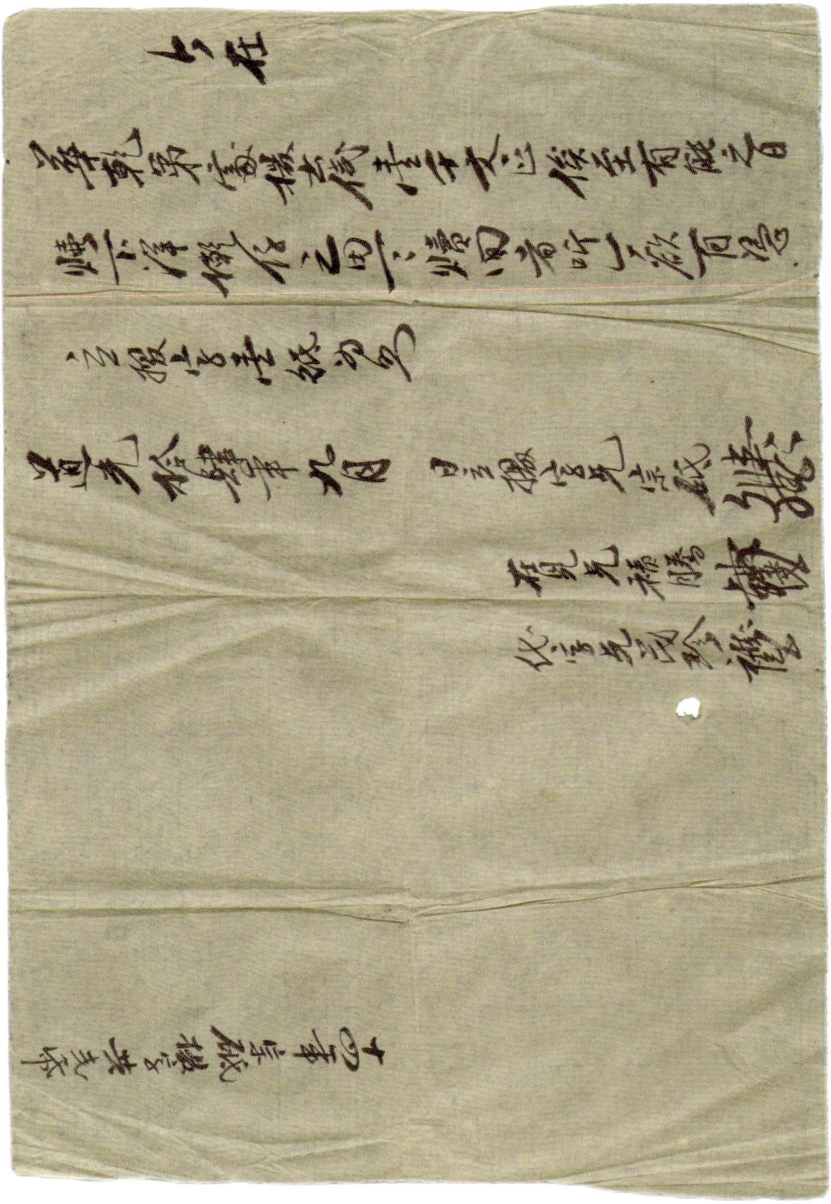

6-1-1-12　清道光十四年九月林宗砥立撮字

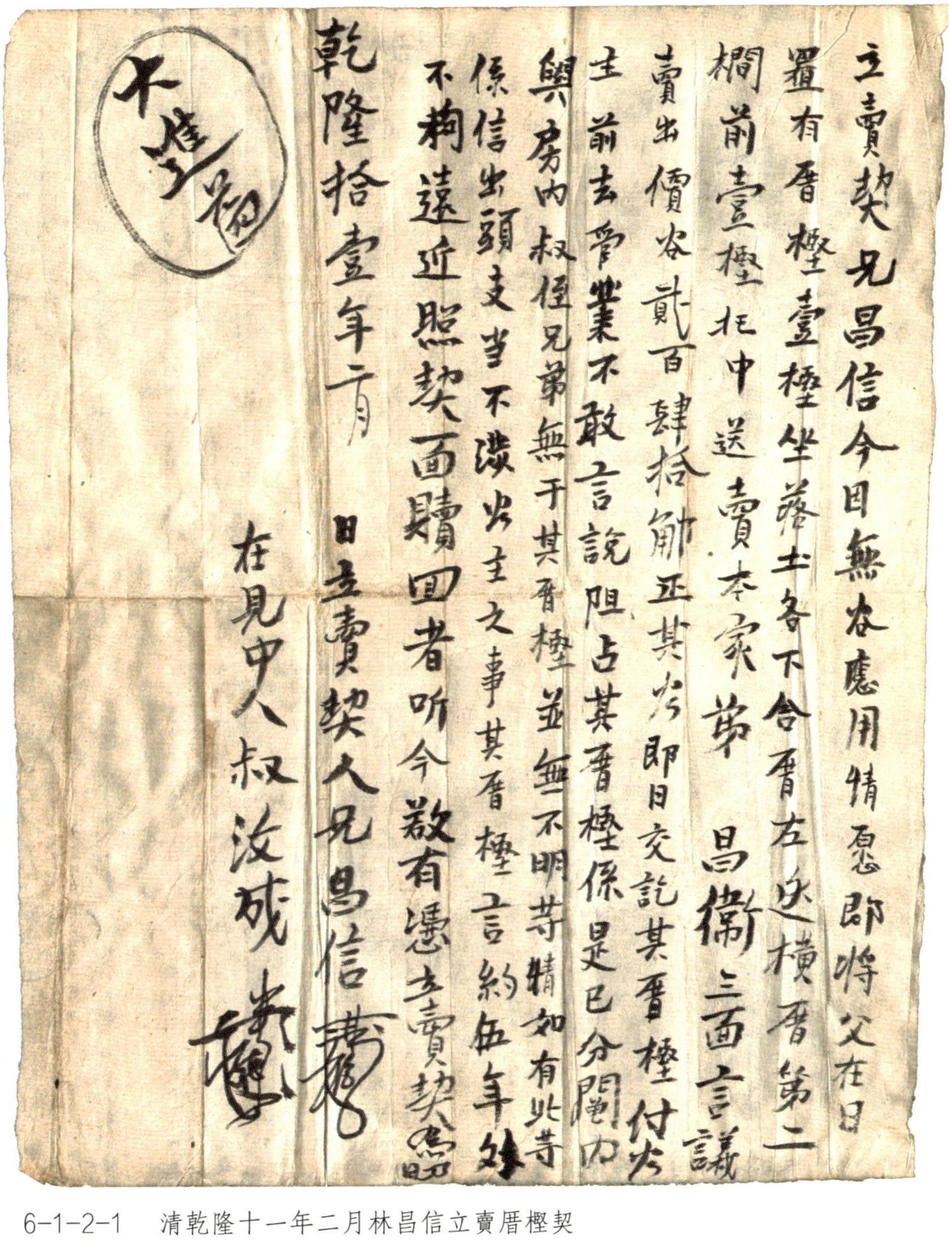
立賣契兄昌信今因無銀應用情愿將父在日
置有厝壢壹壢坐落土名下合厝左邊橫厝第二
間前壹壢托中送賣本家弟昌衛三面言議
賣出價銀貳百肆拾斤正其銀即日交訖其厝壢付銀
主前去管業不敢言說阻占其厝壢係是已分鬮內
與房內叔侄兄弟無干其厝壢並無不明等情如有此等
係信出頭支当不涉銀主之事其厝壢言約伍年外
不拘遠近照契面贖回者听令欲有憑立賣契爲照
乾隆拾壹年二月　日立賣契人兄昌信
在見中人叔汝珹

6-1-2-1　清乾隆十一年二月林昌信立賣厝壢契

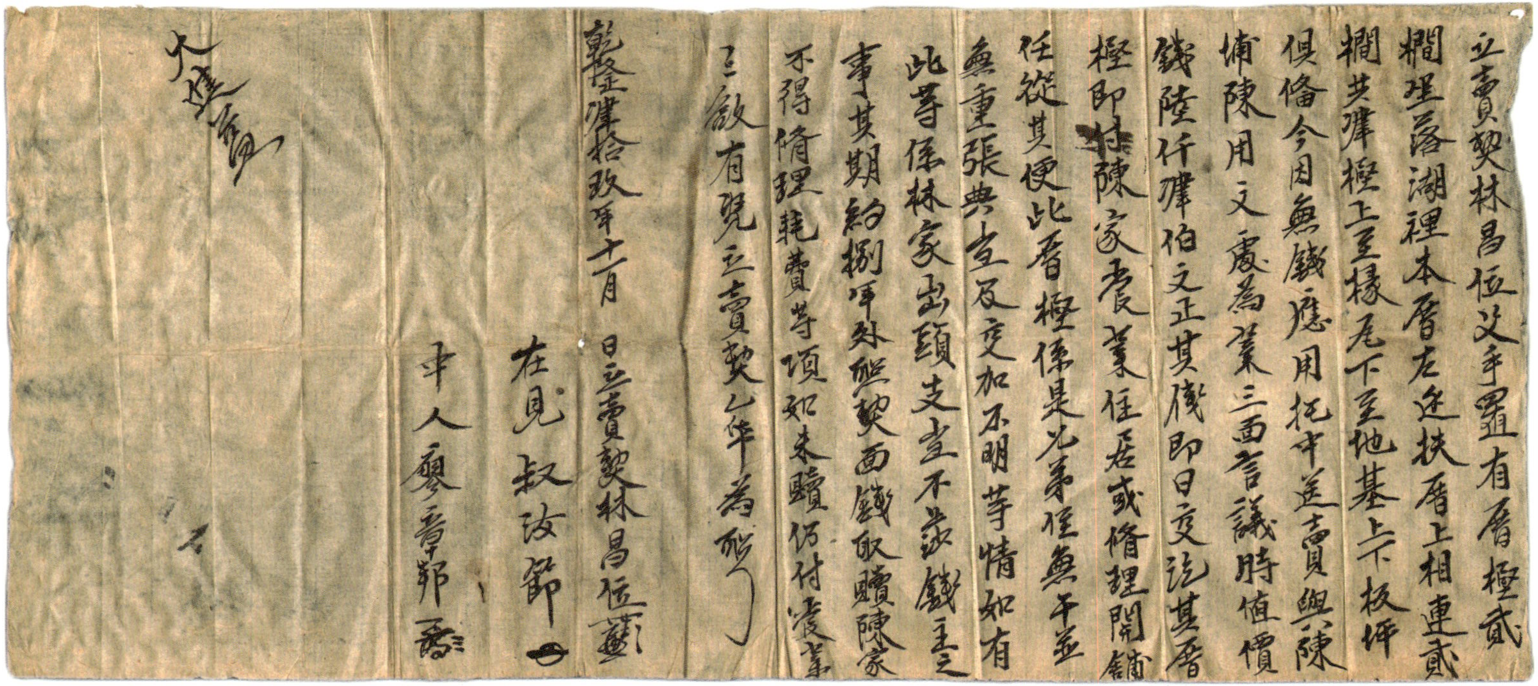

立賣契林昌位父手置有厝樫貳
櫚坐落湖裡本厝右邊扶厝上相連貳
櫚共肆樫上至椽尾下至地基上下板坪
俱備今因無錢應用托中送賣與陳
埔陳用文處爲業三面言議時值價
錢陸仟肆伯文正其錢即日交訖其厝
樫即付陳家管業任居或修理開鋪
任從其便此厝樫係是兄弟侄無干並
無重張典支及交加不明等情如有
此等係林家出頭支當不涉錢主之
事其期約捌年外聽契面錢取贖陳家
不得修理耗費等項如未贖仍付管業
今欲有憑立賣契一紙爲照
乾隆肆拾玖年十一月　日立賣契林昌位（押）
在見叔汝鄧（押）
中人廖壽鄒（押）

6-1-2-2　清乾隆四十九年十一月林昌位立賣厝樫契

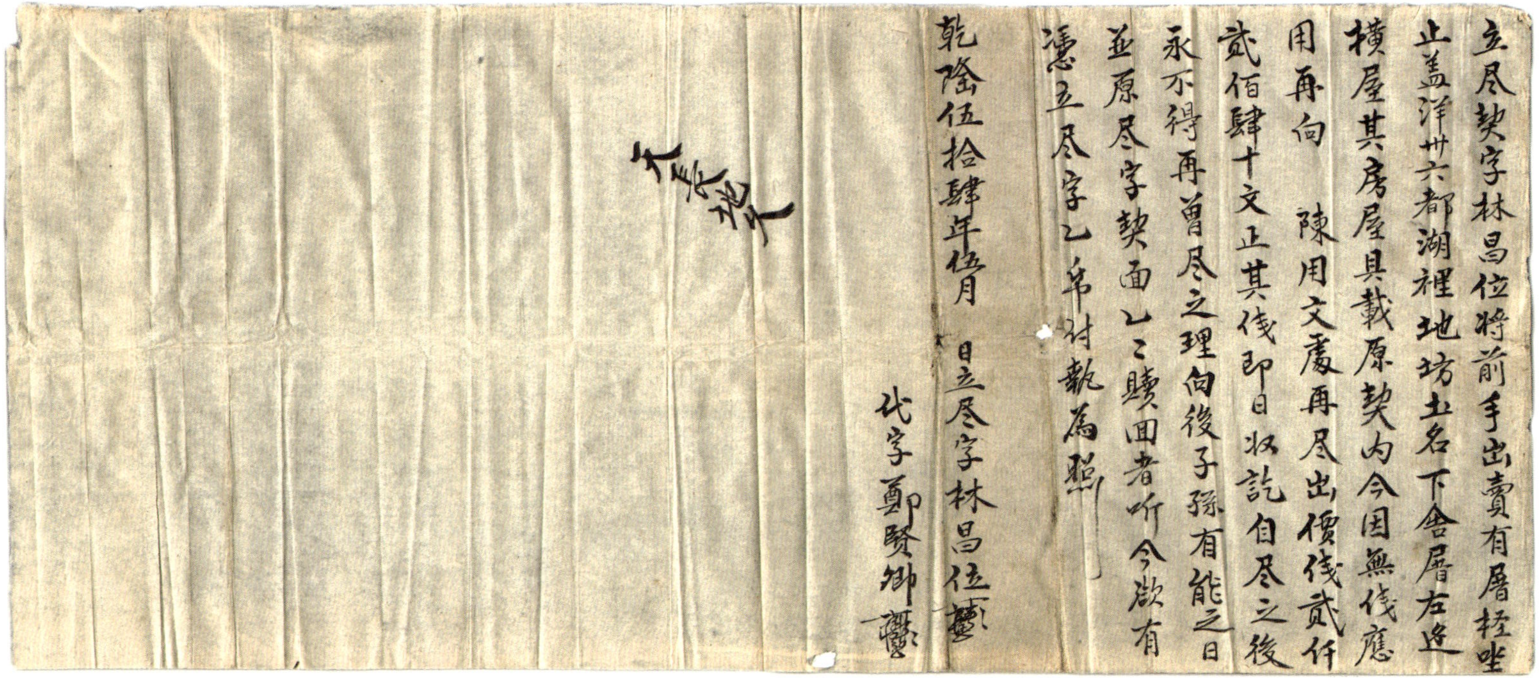

立尽契字林昌位將前手出賣有厝楻坐
止蓋洋廿六都湖裡地坊土名下舍厝左边
横屋其房屋具載原契內今因無錢應
用再向　陳用文處再尽出價錢貳仟
貳佰肆十文正其錢即日收訖自尽之後
永不得再曾尽之理向後子孫有能之日
並原尽字契面正之贖回者听令歇有
憑立尽字乙帋付執爲照
乾隆伍拾肆年伍月　日立尽字林昌位
代字鄭賢卿

6-1-2-3　清乾隆五十四年五月林昌位立盡厝樫字

立繳賣字陳用文手置有番楹亦稠坐落
三十六都湖裡地方土名下舍番左邊頭重扶
番亦稠上至椽瓦下至地基今因無銀乏用送
繳與
林瑞南處三面言議時值價銀陸仟肆伯文正
其銀即日收訖其番楹即付銀主前去住居
任從其便不敢言說生端等情俟至原主取贖
之日備銀照原盡字取贖與陳無干內並繳
原盡字亦紙共叁紙統付爲照

嘉慶貳年拾貳月

日立繳賣字陳用文（押）
中人鄭文發（押）
代字弟用根（押）

大興

6-1-2-4　清嘉慶二年十二月陳用文立繳賣厝楹字

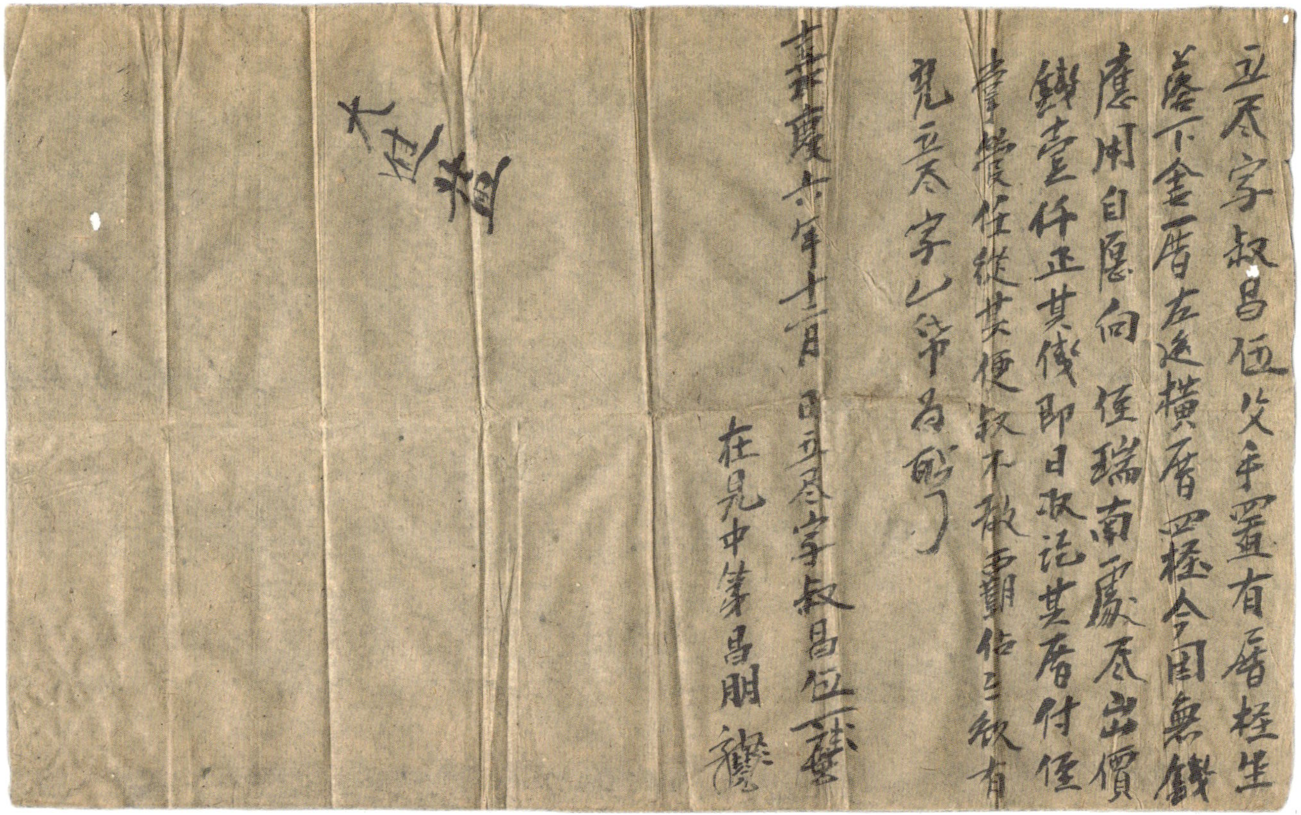
立盡字叔昌位父手置有厝樫生
落下金厝左边横厝四樫今因無錢
應用自愿向　侄瑞南處盡出價
錢壹仟正其錢即日收訖其厝付侄
掌管任從其便叔不敢言翻悔二欲有
凴立盡字乙紙為照

嘉慶六年十二月　日立盡字叔昌位（押）
在見中筆昌朋（押）

大吉利

6-1-2-5　清嘉慶六年十二月林昌位立盡厝樫字

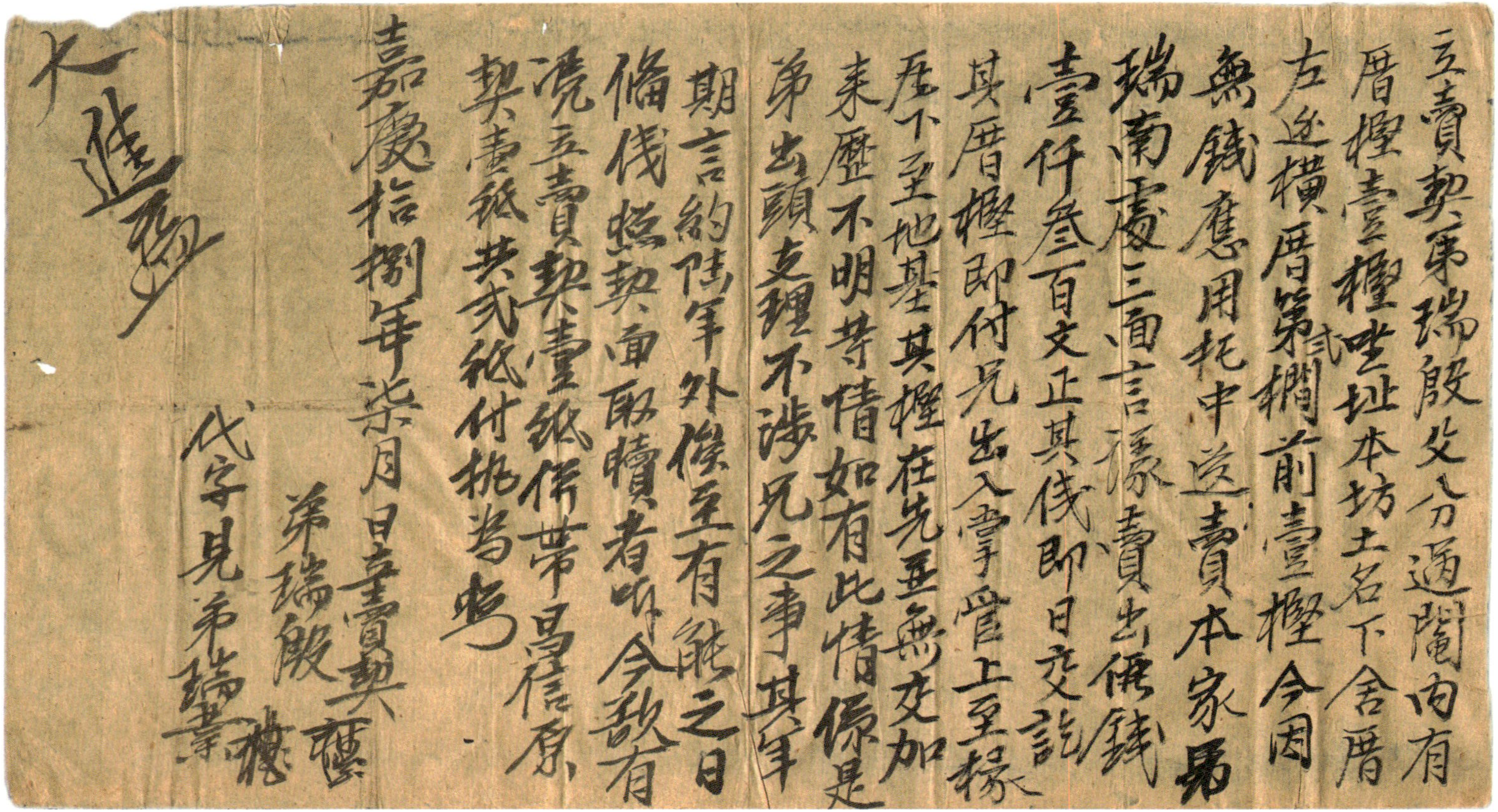
立賣契弟瑞殷父分遺闔內有
厝樫壹樫坐址本坊土名下舍厝
左邊橫厝第弍櫊前壹樫今因
無錢應用托中送賣本家兄
瑞南處三面言議賣出價錢
壹仟叁百文正其錢即日交訖
其厝樫即付兄出入掌管上至椽
瓦下至地基其樫在先並無交加
來歷不明等情如有此情係是
弟出頭支理不涉兄之事其年
期言約陸年外係至有能之日
備錢照契面取贖者叮今敢有
滯立賣契壹紙併帯号信原
契壹紙共弍紙付執為照
嘉慶拾捌年柒月 日立賣契弟瑞殷
代字見弟瑞□
大進祿

6-1-2-6　清嘉慶十八年七月林瑞殷立賣厝樫契

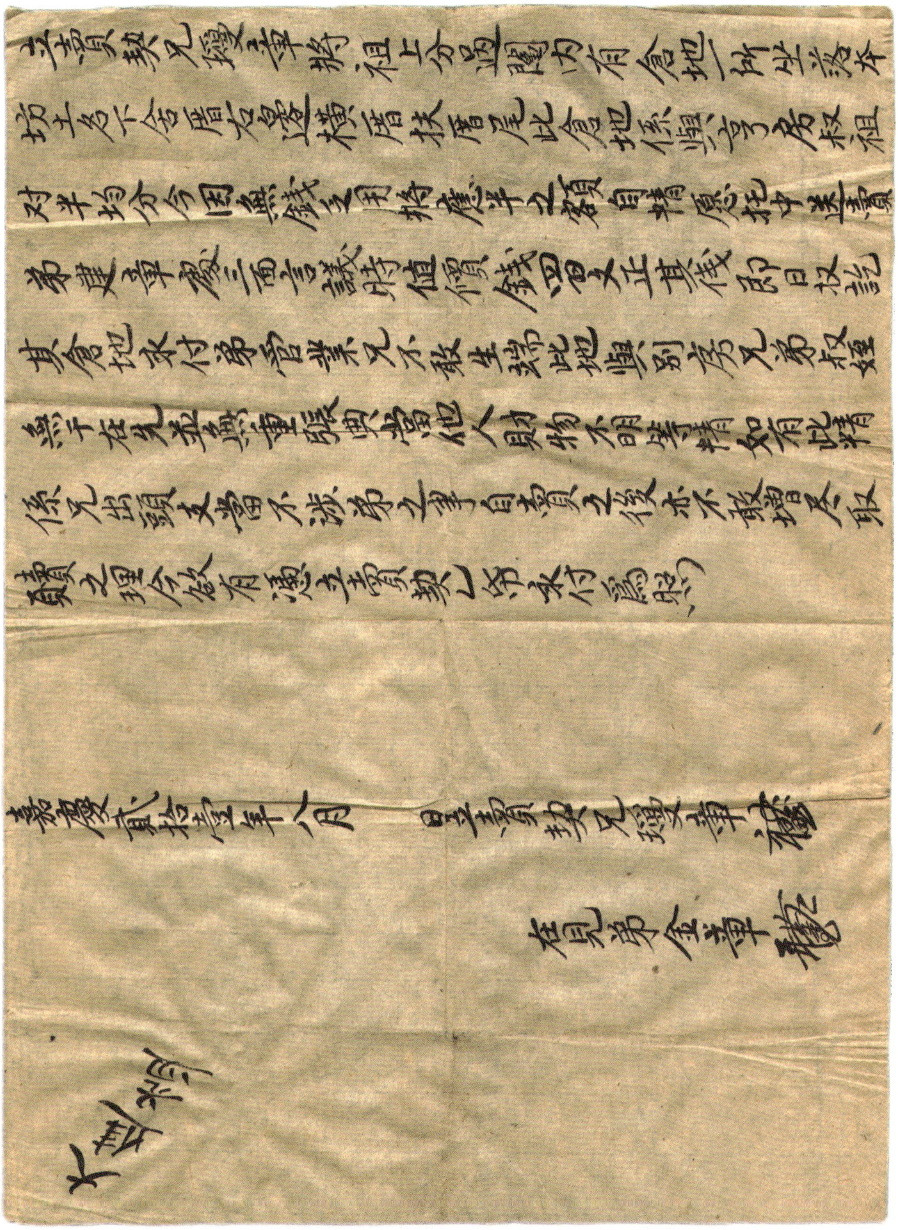

立賣契兄瓊章承父祖上分得遺囑內有倉地一所坐落本
坊土名下倉厝右邊樓厝扶厝尾此倉地係與亨房叔祖
對半均分今因無錢乏用將倉地半之額自情願托中送賣
弟建章處三面言議時值價錢四兩文正其錢即日收訖
其倉地永付弟管業兄不敢生端此地與別房兄弟叔侄
無干在先並無重張典當他人財物不明等情如有此情
係兄出頭支當不涉弟之事自賣之後亦不敢增找取
贖之理今欲有憑立賣契一紙永付為照

嘉慶貳拾壹年八月　日立賣契兄瓊章（押）

在見弟金章（押）

大吉利

6-1-2-7　清嘉慶二十一年八月林瓊章立賣倉地契

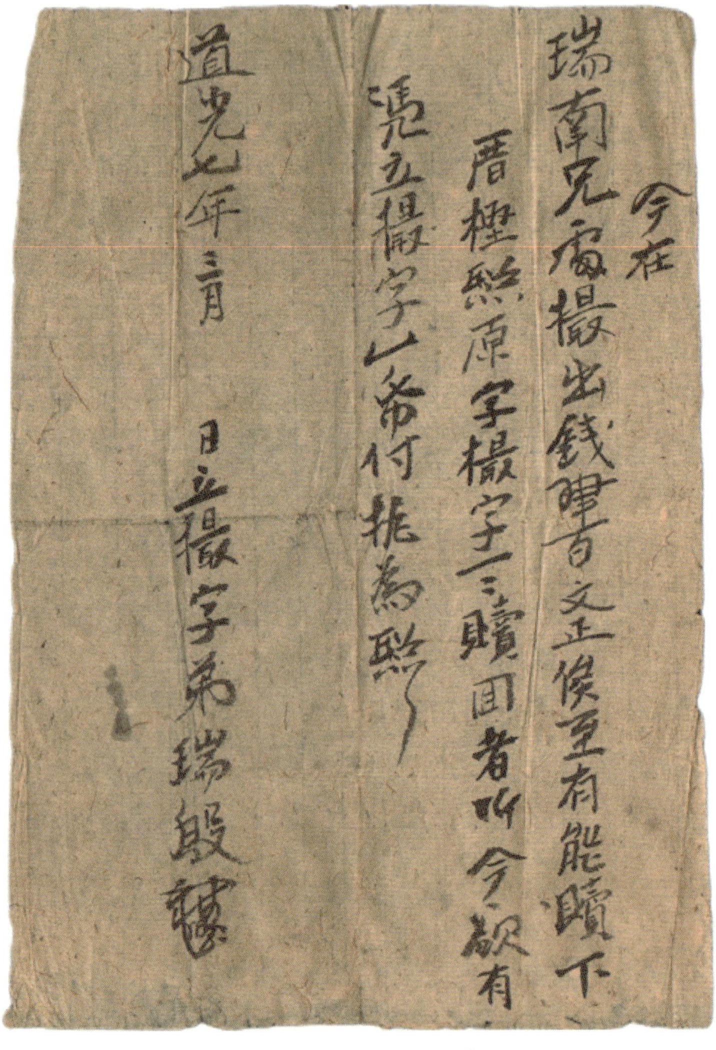
今在瑞南兄處撮出錢陸百文正後至有能贖下
厝歷照原字撮字一一贖回者所今欲有
憑立撮字一紙付執為照
道光七年三月　日立撮字弟瑞殷（押）

6-1-2-8　清道光七年三月林瑞殷立撮字

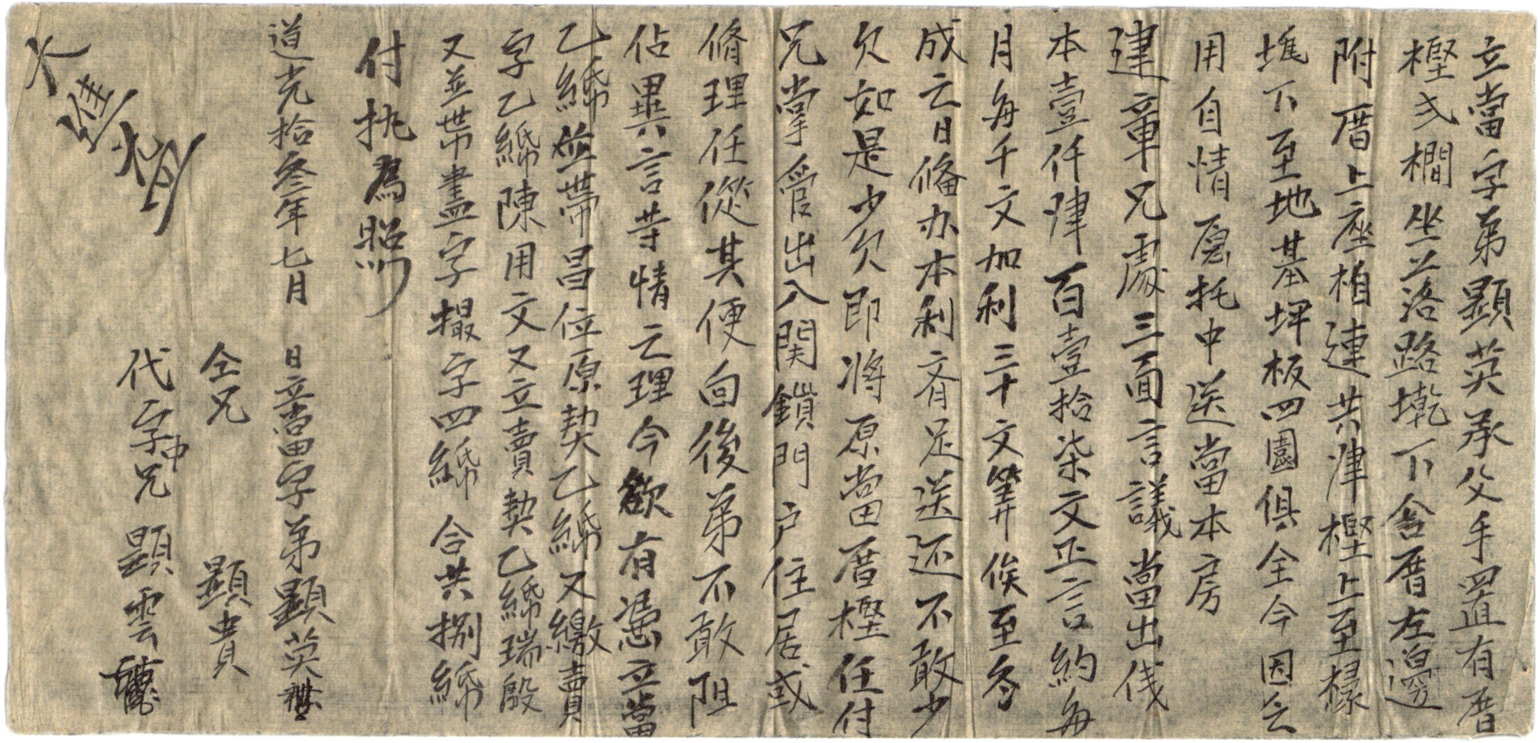

大進財

立當字弟顯英承父手置有厝樫弍櫚坐落路墘下會厝左邊附厝上座相連，共津樫上至椽墀下至地基坪板四圍俱全，今因乏用，自情愿托中送當本房建章兄處，三面言議，當出伐本壹仟肆百壹拾柒文正，言約每月每千文加利三十文算，候至冬成之日，備办本利齊足送还，不敢少欠，如是少欠，即將原當厝樫任付兄掌管出入，關鎖門户，住居或脩理，任從其便，向後弟不敢阻佔異言等情，之理今欲有憑，立當乙紙，並帶尋位原契乙紙，又繳賣字乙紙，陳用文又立賣契乙紙，瑞殷又並帶盡字、撮字四紙，合共捌紙付執為照。

道光拾叁年七月　日立當字弟顯英（押）

仝兄　顯貴

代字中兄　顯雲（押）

6-1-2-9　清道光十三年七月林顯英等立當厝樫字

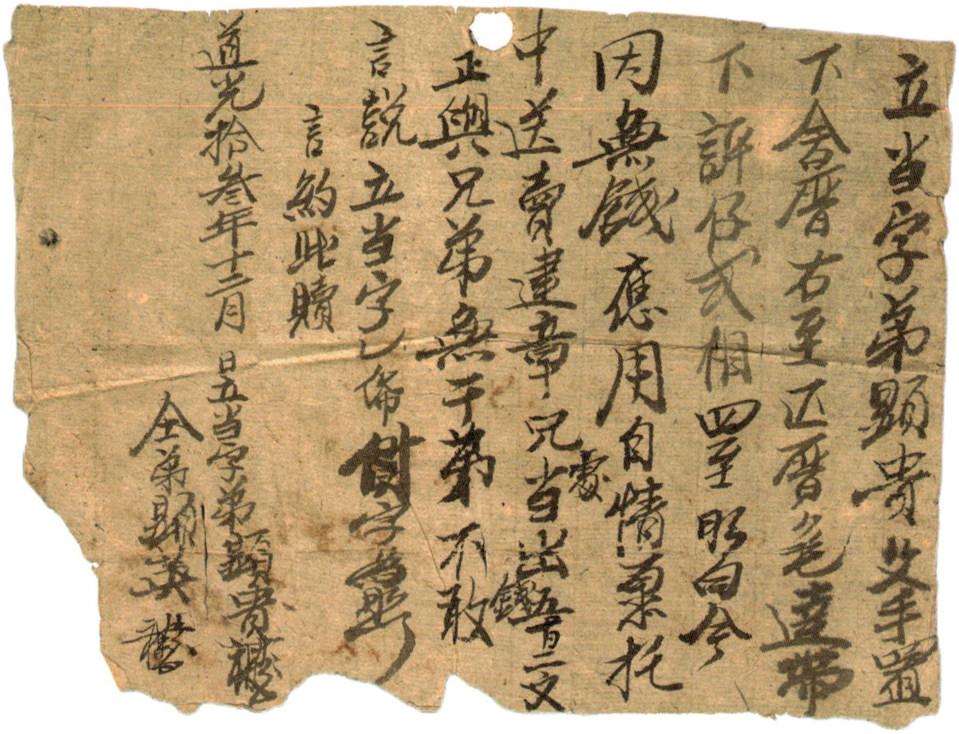

立当字弟顯貴　文手置
下舍厝右至正厝邑達帶
下許仔弍相四至明白今
因無錢應用自情願托
中送當達章兄處当出錢壹百二文
正與兄弟無干弟不敢
言說立当字一佈付字爲照
言約此贖
道光拾叁年十二月　日立当字弟顯貴（押）
仝弟顯英（押）

6-1-2-10　清道光十三年十二月林顯貴等立當厝字

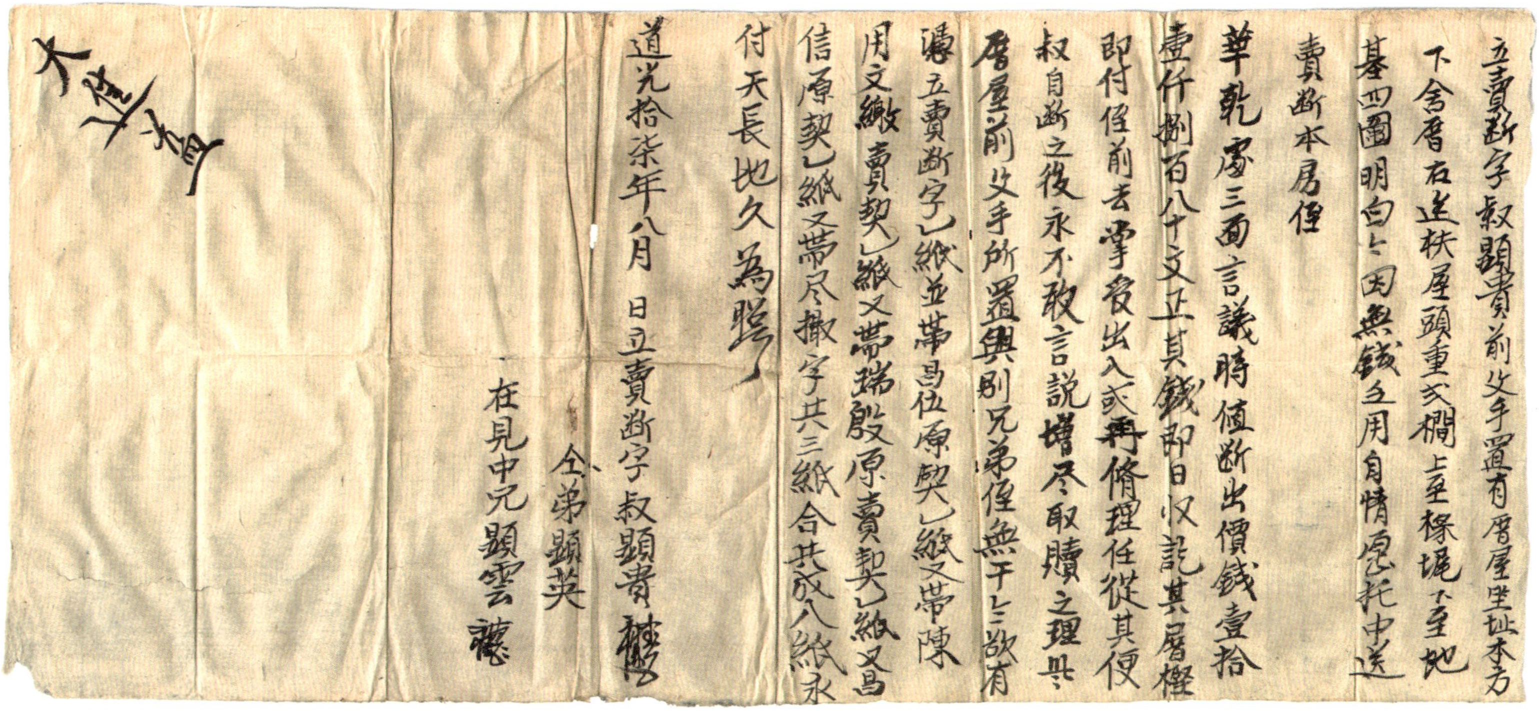
立賣斷字叔顯貴，前父手置有厝屋坐址本方
下舍厝右邊扶屋頭重弍間，上至椽桷，下至地
基四圍明白。今因無錢應用，自情愿托中送
賣斷本房侄
華乾處三面言議，時值斷出價錢壹拾
壹仟捌百八十文正，其錢即日収訖，其厝屋
即付侄前去掌管出入，或再修理，任從其侄。
叔自斷之後，永不敢言說增尽取贖之理。其
厝屋前父手所置，與別兄弟侄無干。今欲有
憑，立賣斷字乙紙，並帶昌位原契乙紙，又帶陳
用文繳賣契乙紙，又帶瑞殿原賣契乙紙，又昌
信原契乙紙，又帶尽撒字共三紙，合共放八紙，永
付天長地久為照。
道光拾柒年八月　日立賣斷字叔顯貴（押）
仝弟顯英
在見中兄顯雲（押）

6-1-2-11　清道光十七年八月林顯貴等立賣斷厝屋字

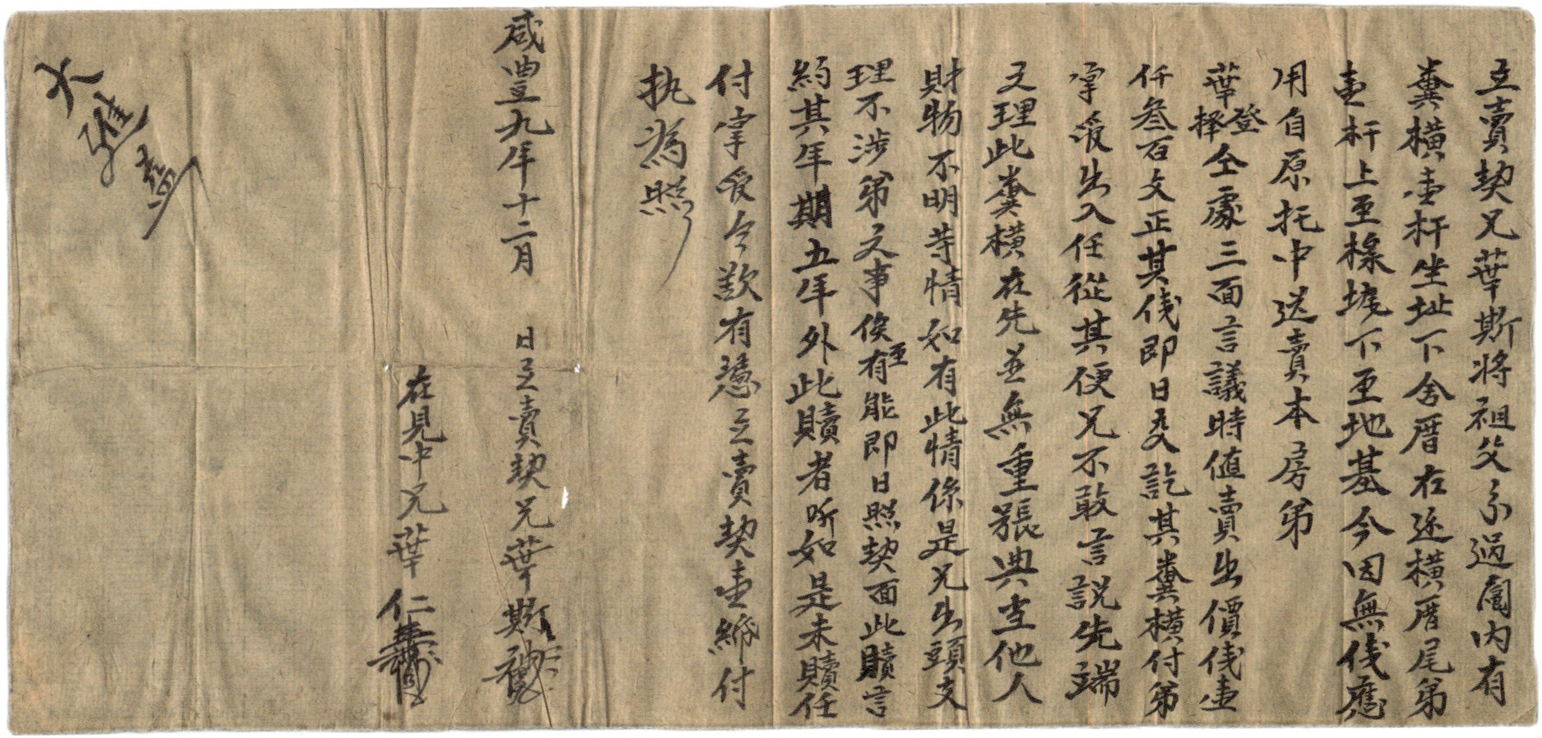
立賣契兄華斯將祖父分過圍內有
糞横壹杆坐址下舍厝在埕横厝尾第
壹杆上至椽墘下至地基今因無錢應
用自原托中送賣本房弟
華登擇全豪三面言議時值賣出價錢壹
仟叁百文正其錢即日交訖其糞横付弟
掌管出入任從其便兄不敢言說先端
叉理此糞横在先並無重張典賣他人
財物不明等情如有此情係是兄出頭支
理不涉弟之事倘有至能即日照契面此贖言
約其年期五年外此贖者所如是未贖任
付掌管今欲有憑立賣契壹紙付
執為照
咸豐九年十二月　日立賣契兄華斯
在見中兄華仁

6-1-2-12　清咸豐九年十二月林華斯立賣糞横契

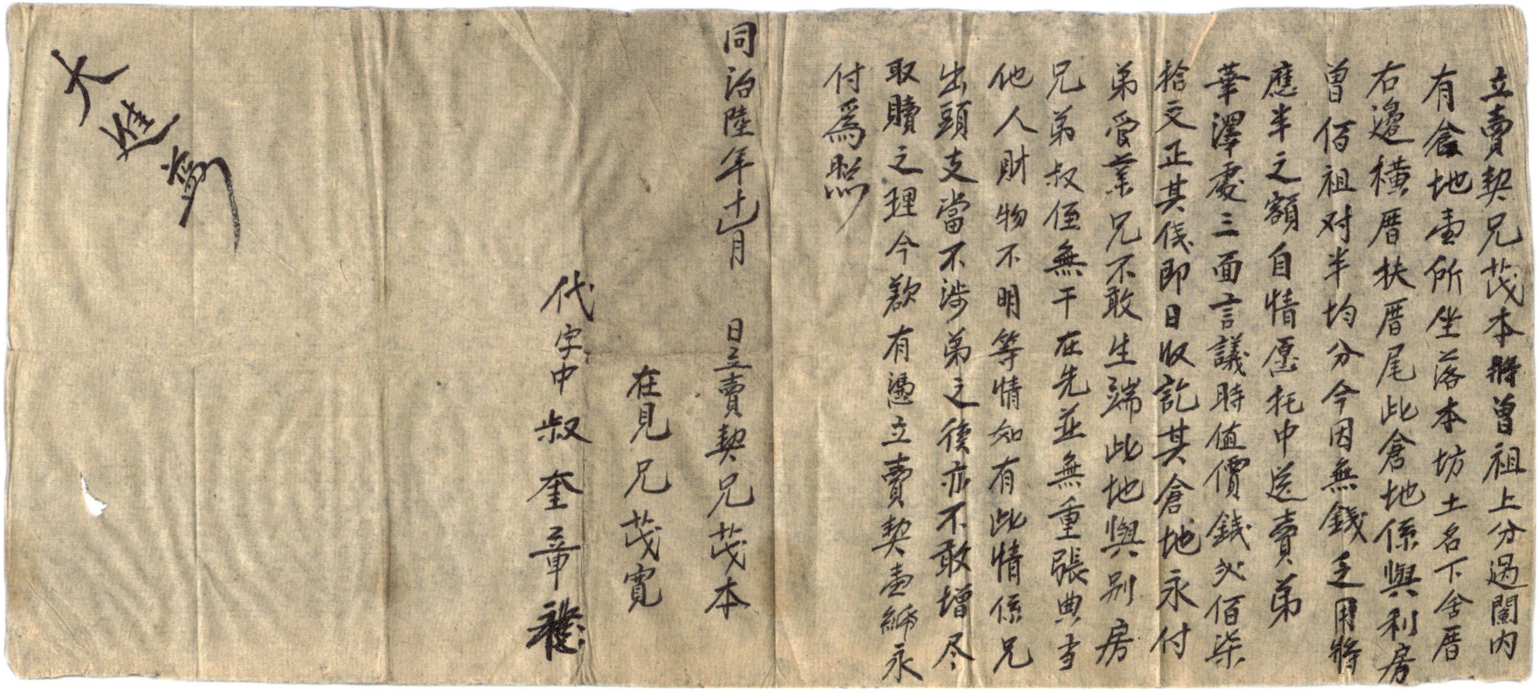

立賣契兄茂本將曾祖上分過闔内
有倉地壹所坐落本坊土名下舍厝
右邊橫厝扶厝尾此倉地係與利房
曾伯祖对半均分今因無錢乏用將
應半之額自情愿托中送賣弟
華澤處三面言議時值價錢弍佰柒
拾文正其錢即日收訖其倉地永付
弟管業兄不敢生端此地與别房
兄弟叔侄無干在先並無重張典当
他人財物不明等情如有此情係兄
出頭支當不涉弟之後亦不敢增尽
取贖之理今欲有憑立賣契壹紙永
付爲照

同治陸年十一月　日立賣契兄茂本

在見兄茂寬

代字中叔奎章

大吉昌

6-1-2-13　清同治六年十一月林茂本立賣倉地契

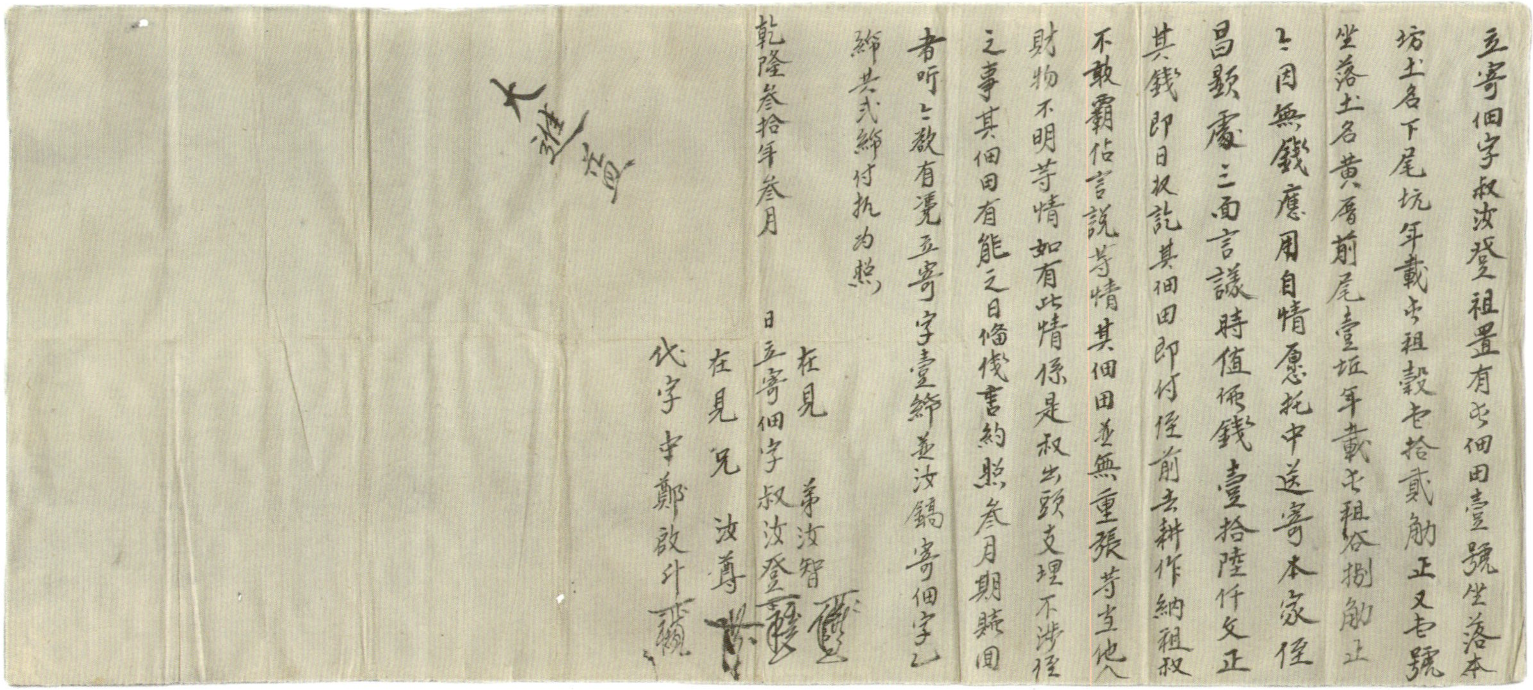

立寄佃字叔汝登承祖置有屯佃田壹號坐落本
坊土名下尾坑年載屯租穀七拾貳觔正又屯號
坐落土名黃厝前尾壹坵年載屯租谷捌觔正
今因無錢應用自情愿托中送寄本家侄
昌顕處三面言議時值佛錢壹拾陸仟文正
其錢即日收訖其佃田即付侄前去耕作納租收
不敢霸佔言說等情其佃田並無重張等生他人
財物不明等情如有此情係是叔出頭支理不涉侄
之事其佃田有能之日備價書約照叁月期贖回
者听之欲有憑立寄字壹紙並汝鎬寄佃字乙
紙共式紙付执为照

乾隆叁拾年叁月　日立寄佃字叔汝登（押）
在見　弟汝智（押）
在見　兄　汝尊（押）
代字　中　鄭啟升（押）

6-1-3-1　清乾隆三十年三月林汝登立寄屯佃田字

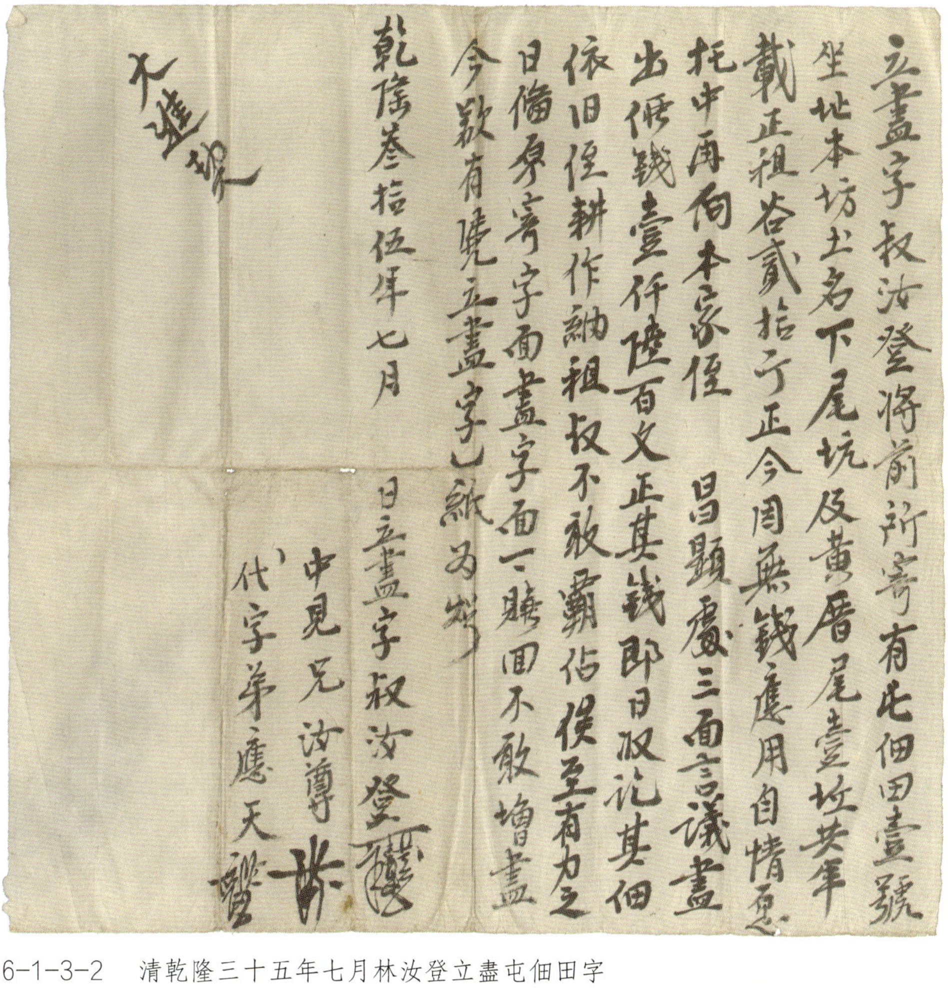

立盡字叔汝登將前所寄有屯佃田壹號
坐址本坊土名下尾坑及黄厝尾壹坵共年
載正租谷貳拾斤正今因無錢應用自情愿
托中再向本家侄 昌顯處三面言議盡
出佛錢壹仟陸百文正其錢即日收訖其佃
依旧侄耕作納租叔不敢覇佔侵至有力之
日備原寄字面盡字面一贖回不敢增盡
今欲有憑立盡字一紙為炤
乾隆叁拾伍年七月
日立盡字叔汝登（押）
中見兄汝尊（押）
代字弟應天（押）
大進號

6-1-3-2　清乾隆三十五年七月林汝登立盡屯佃田字

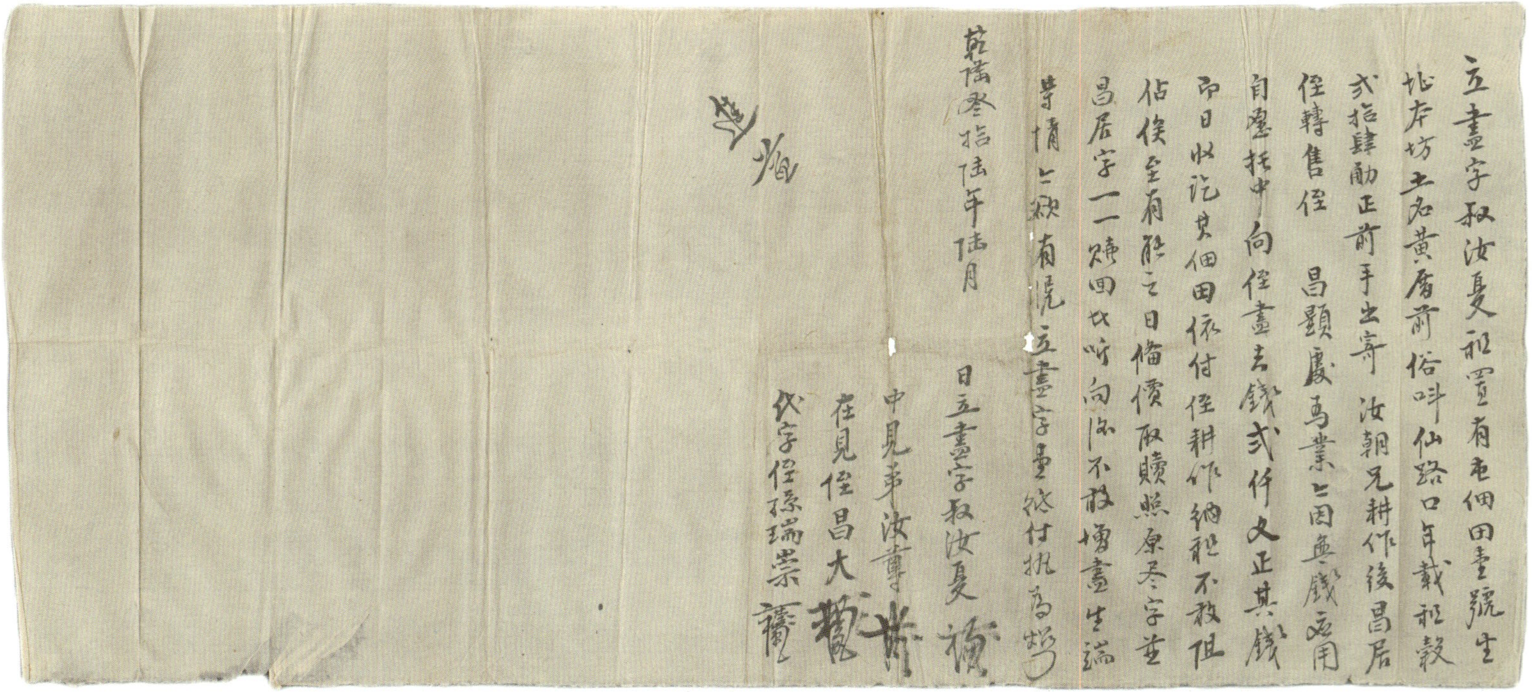
立盡字叔汝夏祖置有屯佃田壹號坐
址本坊土名黃厝前俗叫仙路口年載租穀
貳拾肆觔正前手出寄　汝朝兄耕作後昌居
侄轉售侄　昌顯處為業，因無錢應用
自愿托中向侄盡去錢貳仟文正其錢
即日收訖其佃田依付侄耕作納租不敢阻
佔俟至有銀之日備價取贖照原叁字並
昌居字一綁回收所向侄不敢增盡生端
異情，今欲有憑，立盡字壹紙付執為照
乾隆叁拾陸年陸月　　日立盡字叔汝夏
中見弟汝尊
在見侄昌大
代字侄孫瑞崇

6-1-3-3　清乾隆三十六年六月林汝夏立盡屯佃田字

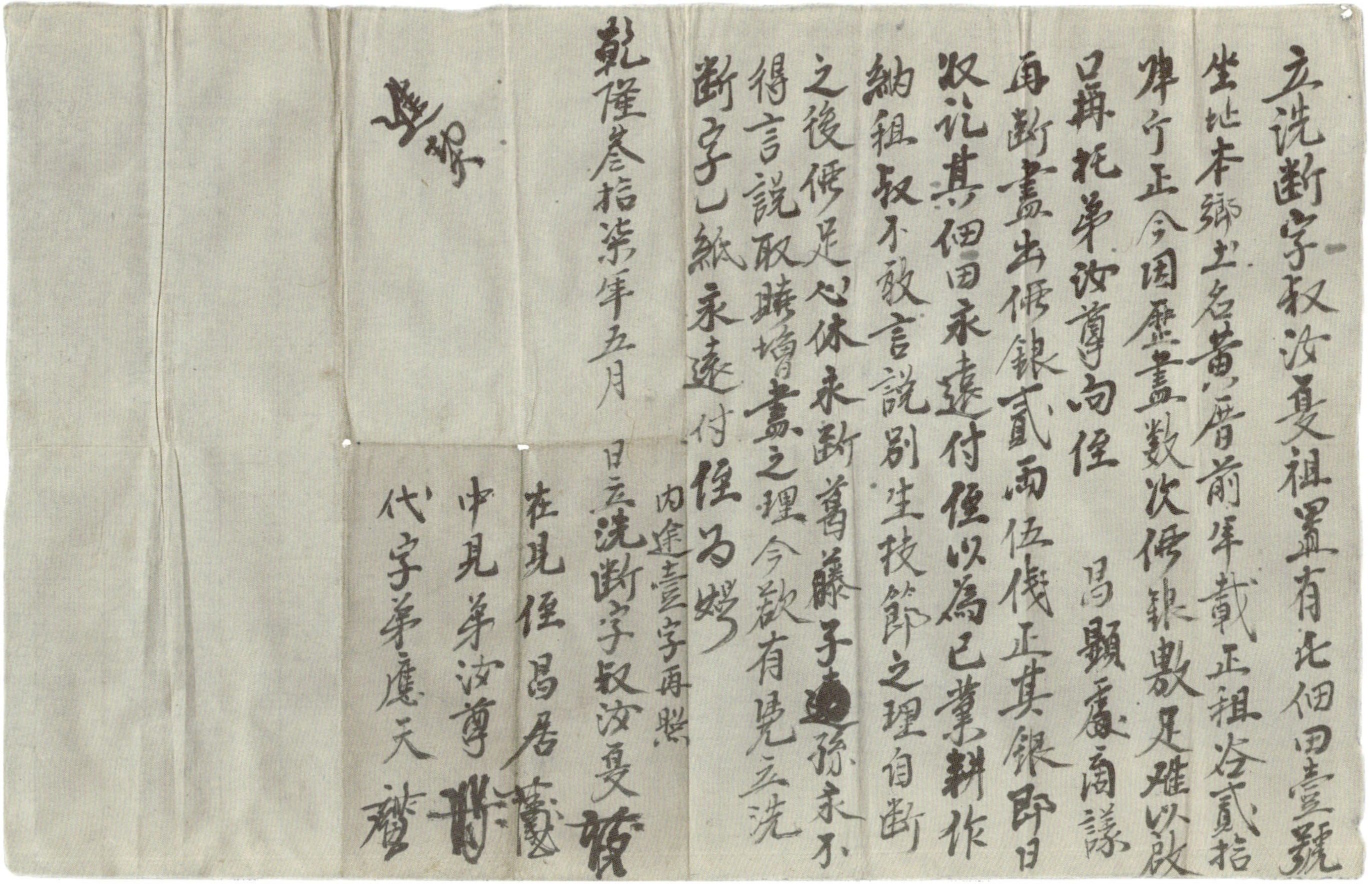

立洗斷字叔汝夏祖置有屯佃田壹號
坐址本鄉土名黃厝前年載正租谷貳拾
肆斤正今因歷盡數次便銀數足難以啟
口再托弟汝尊向侄　昌顯處商議
再斷盡出便銀貳兩伍錢正其銀即日
收訖其佃田永遠付侄以為己業耕作
納租叔不敢言說別生枝節之理自斷
之後便足心休永斷葛藤子孫永不
得言說取贖增盡之理今欲有憑立洗
斷字壹紙永遠付侄為照
　　　　　　　　　　　內塗壹字再照
乾隆叁拾柒年五月　日立洗斷字叔汝夏
　　　　　　　　　在見侄　昌居
　　　　　　　　　中見弟汝尊
　　　　　　　　　代字弟應天

6-1-3-4　清乾隆三十七年五月林汝夏立洗斷屯佃田字

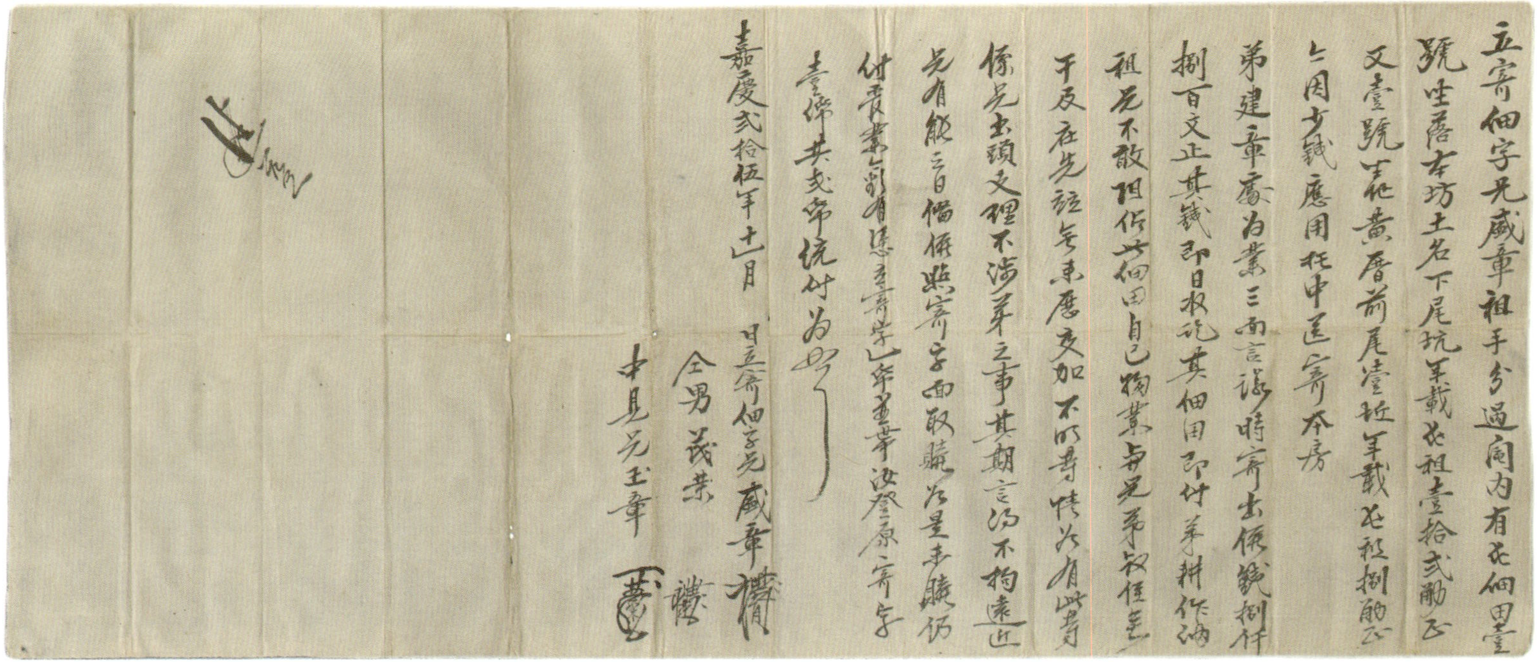
立寄佃字兄盛章祖手分過閹內有承佃田壹
號坐落本坊土名下尾坑苗載承租壹拾弍觔正
又壹號土名黃厝前尾壹坵苗載承租捌觔正
今因乏錢應用托中送寄本房
弟建章處為業三面言議時寄出佃錢捌仟
捌百文正其錢即日收訖其佃田即付弟耕作納
租兄不敢阻佔其佃田自己物業與兄弟叔侄無
干及在先並無來歷交加不明等情如有此等
係兄出頭支理不涉弟之事其期言約不拘遠近
兄有能之日備價照寄字面取贖弟應手贖仍
付兄業今欲有憑立寄字壹帋並帶上手原寄字
壹紙共弍帋統付為照
嘉慶弍拾伍年十一月　日立寄佃字兄盛章
仝男義業
中見兄玉章

6-1-3-5　清嘉慶二十五年十一月林盛章等立寄屯佃田字

立尽字侄茂荣前父手出寄有屯佃田壹
號坐址本坊土名黄厝前尾壹坵俗叫三角坵
年載屯租谷捌觔正其銀兩俱載原契內
明白今因無錢乏用自愿托中再向
叔建章處三面言議尽出價錢叁仟六佰
文正其錢即日收訖其佃田即付叔耕作納
租仍從其便俟至有力之日照原尽字一〻贖
回者听如是未贖任付管業今欲有憑立
尽字一帋付執為照

道光十一年十二月　日立尽字侄茂荣（押）
在見叔輝程（押）
中見侄善發（押）

[illegible]

6-1-3-6　清道光十一年十二月林茂荣立盡屯佃田字

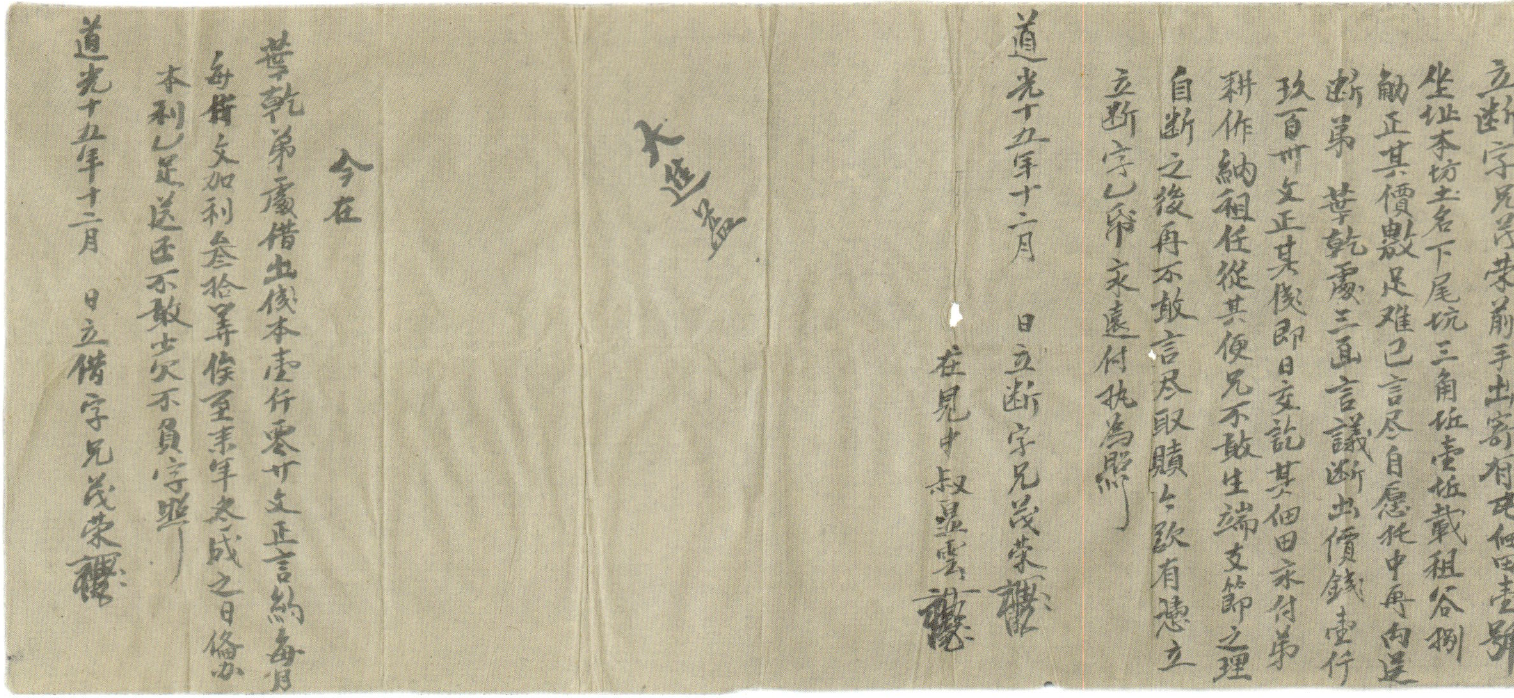

立斷字兄茂栄前手出寄有屯佃田壹號
坐址本坊土名下尾坑三角坵壹坵載租谷捌
斛正其價數足離已言尽自愿托中再向送
斷弟 華乾處三面言議斷出價錢壹仟
玖百卅文正其錢即日交訖其佃田永付弟
耕作納租任從其便兄不敢生端支節之理
自斷之後再不敢言尽取贖等情有憑立
立斷字乙帋永遠付執為照
道光十五年十二月 日立斷字兄茂栄
在見中叔昌雲

大進[illegible]

今在
華乾弟處借出錢本壹仟零廿文正言約每月
每仟文加利叁拾算俟至來年冬成之日條
本利乙足送還不敢少欠不負字照
道光十五年十二月 日立借字兄茂栄

6-1-3-7 清道光十五年十二月林茂荣立斷屯佃田字

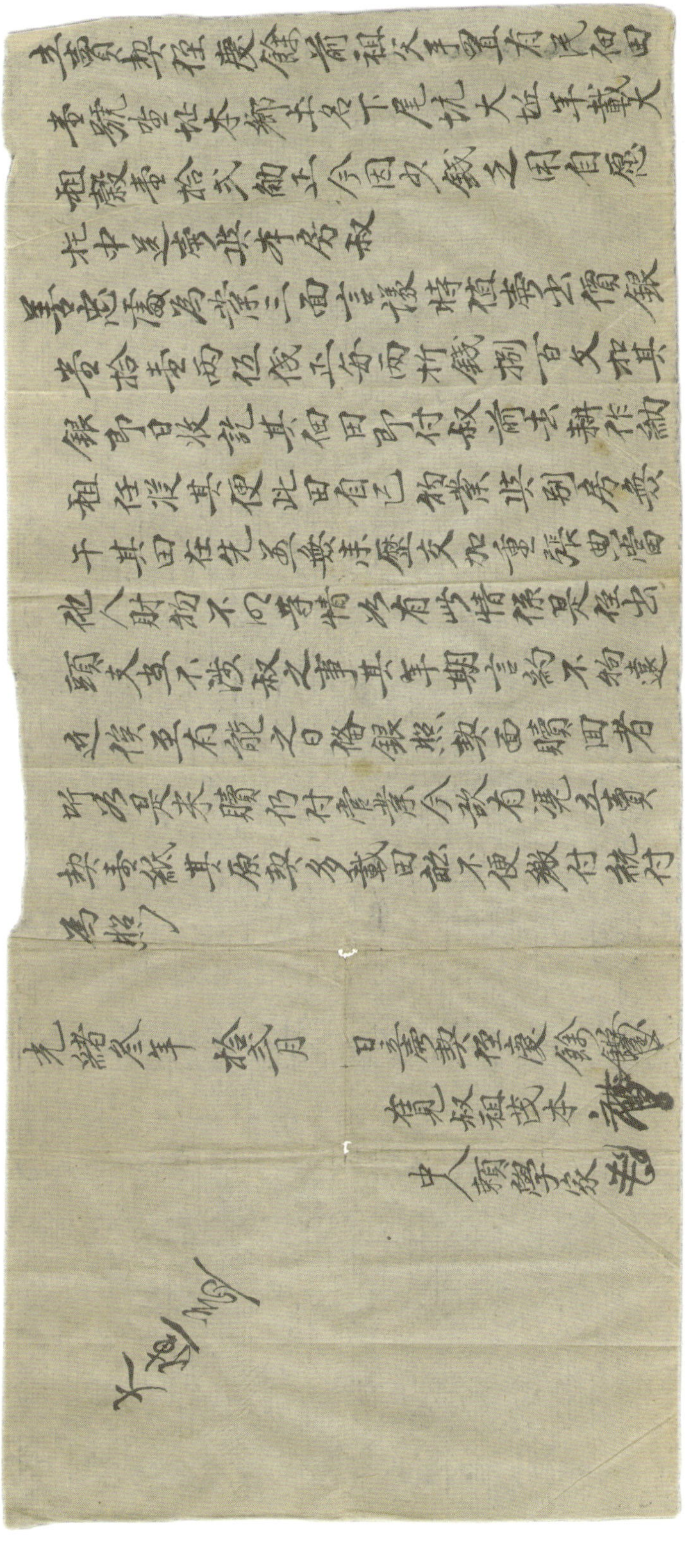
立賣契林慶餘前祖父手置有民佃田
壹號坐址本鄉土名下厝坑大垅年載大
租穀壹拾弍觔正今因乏銀之用自愿
托中送與本鄉林永年爲叔
邊出首承買三面言議時值價出佃銀
壹拾壹兩伍錢正每兩折錢壹千文即其
銀即日收訖其佃田即付叔前去耕作納
租任從其便此田自己物業與別房無
干其田在先並無重張典當交加不明等
他人財物不明等情如有此情係是餘出
頭支當不涉叔之事其年期言約不拘遠
近任至有銀之日備銀照契面贖回書
明兩家甘愿各無反悔今欲有憑立賣
契壹紙其原契多載田畝不便繳付批付
為照

光緒叁年拾弍月 日立賣契林慶餘（押）
在見叔祖茂本（押）
中人蔣學孚（押）

大吉

6-1-3-8 清光緒三年十二月林慶餘立賣民佃田契

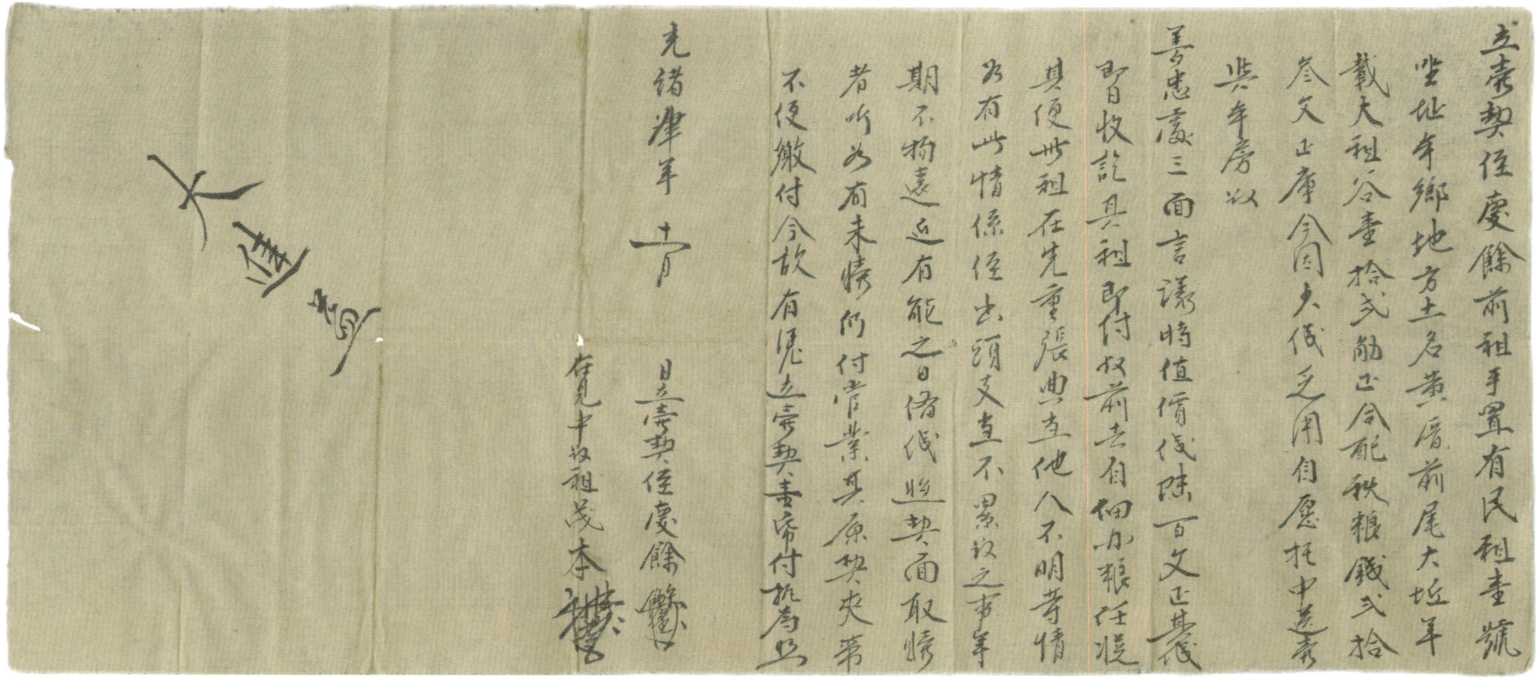
立賣契侄慶餘前祖手置有民租壹號
坐址本鄉地方土名黄厝前尾大垅半
載大租谷壹拾弍觔正合配秋粮錢弍拾
叁文正今因乏用自愿托中送賣
與本房叔
善忠處三面言議時值價錢陸百文正其錢
即日收訖其租即付叔前去自佃办粮任從
其便此租在先重張典挂他人不明等情
如有此情係侄出頭支当不累叔之事年
期不拘遠近有能之日備钱照契面取贖
者听如有未贖仍付管業其原契失落
不便繳付今欲有憑立賣契壹紙付執為照
光緒肆年 十一月 日立賣契侄慶餘
在見中收租茂本

6-1-3-9　清光緒四年十一月林慶餘立賣民租契

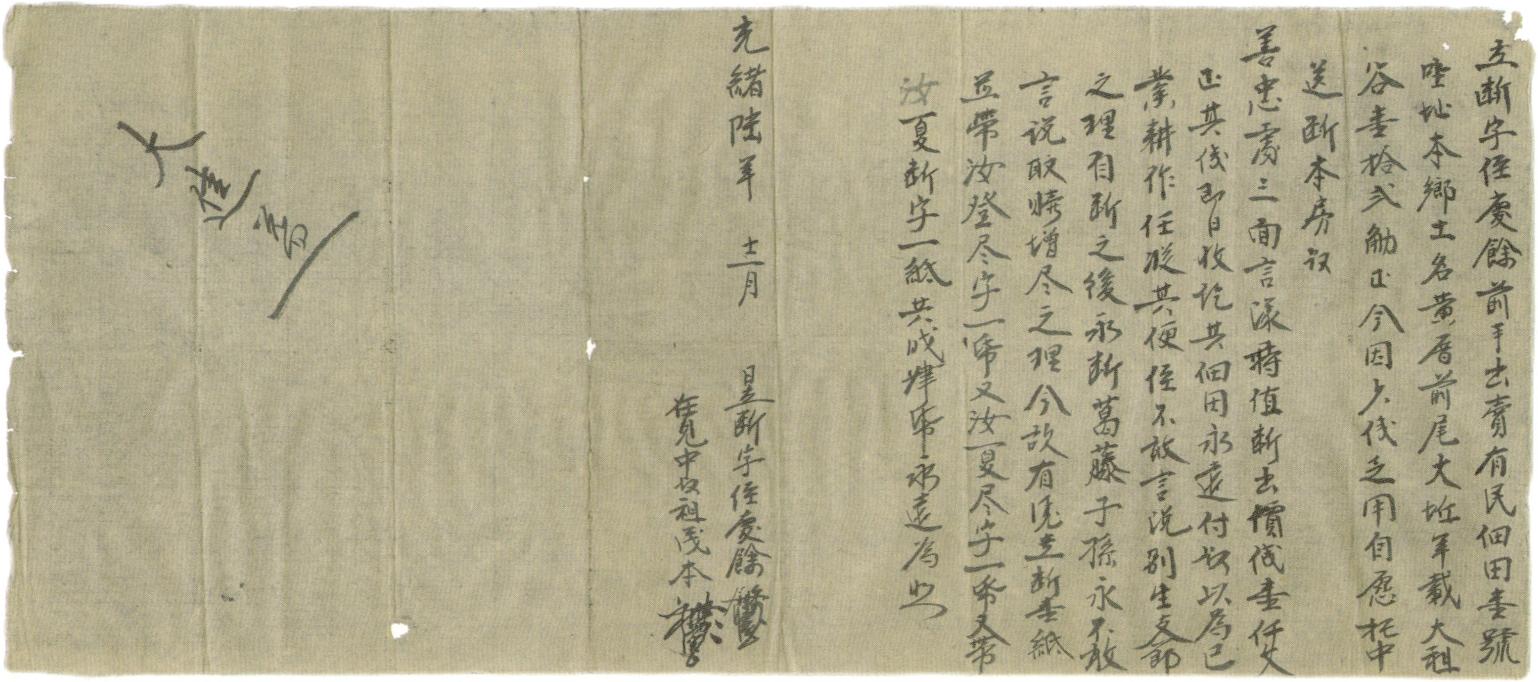
立斷字侄慶餘前手出賣有民佃田壹號
坐址本鄉土名黄厝前尾大坵年載大租
谷壹拾弍觔正今因乏錢之用自愿托中
送斷本房叔
善忠處三面言議時值斷去價錢壹仟文
正其錢即日收訖其佃田永遠付叔以爲己
業耕作任從其便侄不敢言說别生支節
之理自斷之後永斷葛藤子孫永不敢
言說贖增盡之理今故有憑立斷壹紙
並帶汝登盡字一帋又汝夏盡字一帋又帶
汝夏斷字一紙共成肆帋一永遠爲照
光緒陸年十二月　日立斷字侄慶餘
在見中收租侄茂本

6-1-3-10　清光緒六年十二月林慶餘立斷民佃田字

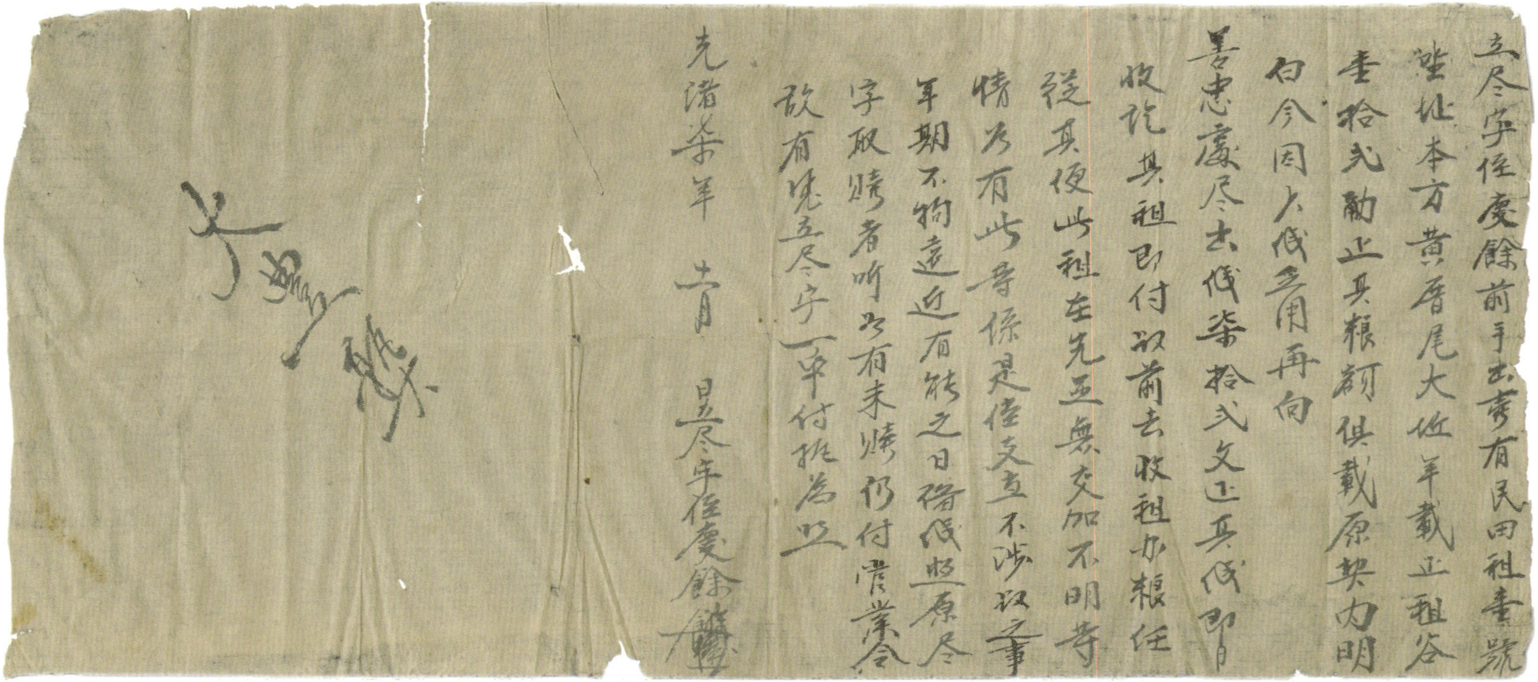

立尽字侄慶餘前手出青有民田租壹號
坐址本方黄厝尾大佐 年載正租谷
壹拾弍觔正其粮額俱載原契內明
白今因乏錢急用再向
善忠處尽出錢柒拾弍文正其錢即
收訖其租即付叔前去收租办粮任
從其便此租在先並無交加不明等
情為有此等係是侄支直不涉叔之事
年期不拘遠近有能之日备錢照原尽
字取贖者聽為有未贖仍付償業今
欲有憑立尽字一帋付执為照
光緒柒年 十一月 日立尽字侄慶餘

6-1-3-11　清光緒七年十一月林慶餘立盡民田租字

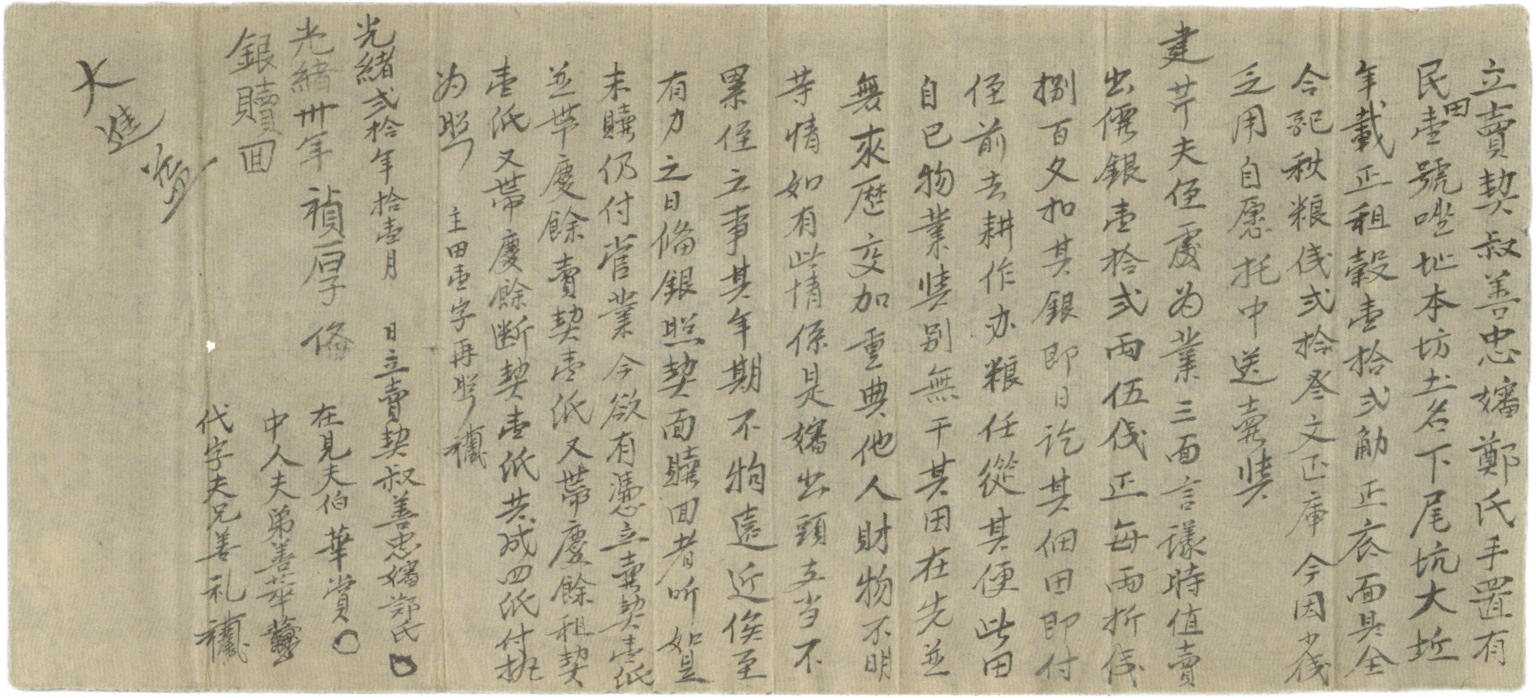

立賣契叔善忠嬸鄭氏手置有
民田壹號坐址本坊土名下尾坑大垃
年載正租穀壹拾式觔正衣面具全
今配秋粮伐錢式拾叁文正庫　今因乏錢
乏用自愿托中送賣與
建芹夫侄處爲業　三面言議時值賣
出價銀壹拾式兩伍錢正　每兩折錢
捌百文扣其銀即日訖其佃田即付
侄前去耕作办粮任從其便　此田
自己物業與别無干其田在先並
無來歷交加重典他人財物不明
等情如有此情係是嬸出頭支当不
累侄之事　其年期不拘遠近　俟至
有力之日備銀照契面贖回者所如豈
未贖仍付侄業　今欲有憑　立賣契壹紙
並草慶餘賣契壹紙又草慶餘租契
壹紙又草慶餘斷契壹紙　共式四紙付執
爲照　主田壹字再照[illegible]
光緒式拾年拾壹月　日立賣契叔善忠嬸鄭氏
在見夫伯華賞
中人夫弟善莘
代字夫兄善礼
光緒卅年禎厚孚條
銀贖回
[illegible]

6-1-3-12　清光緒二十年十一月林善忠嬸鄭氏立賣底面全民田契

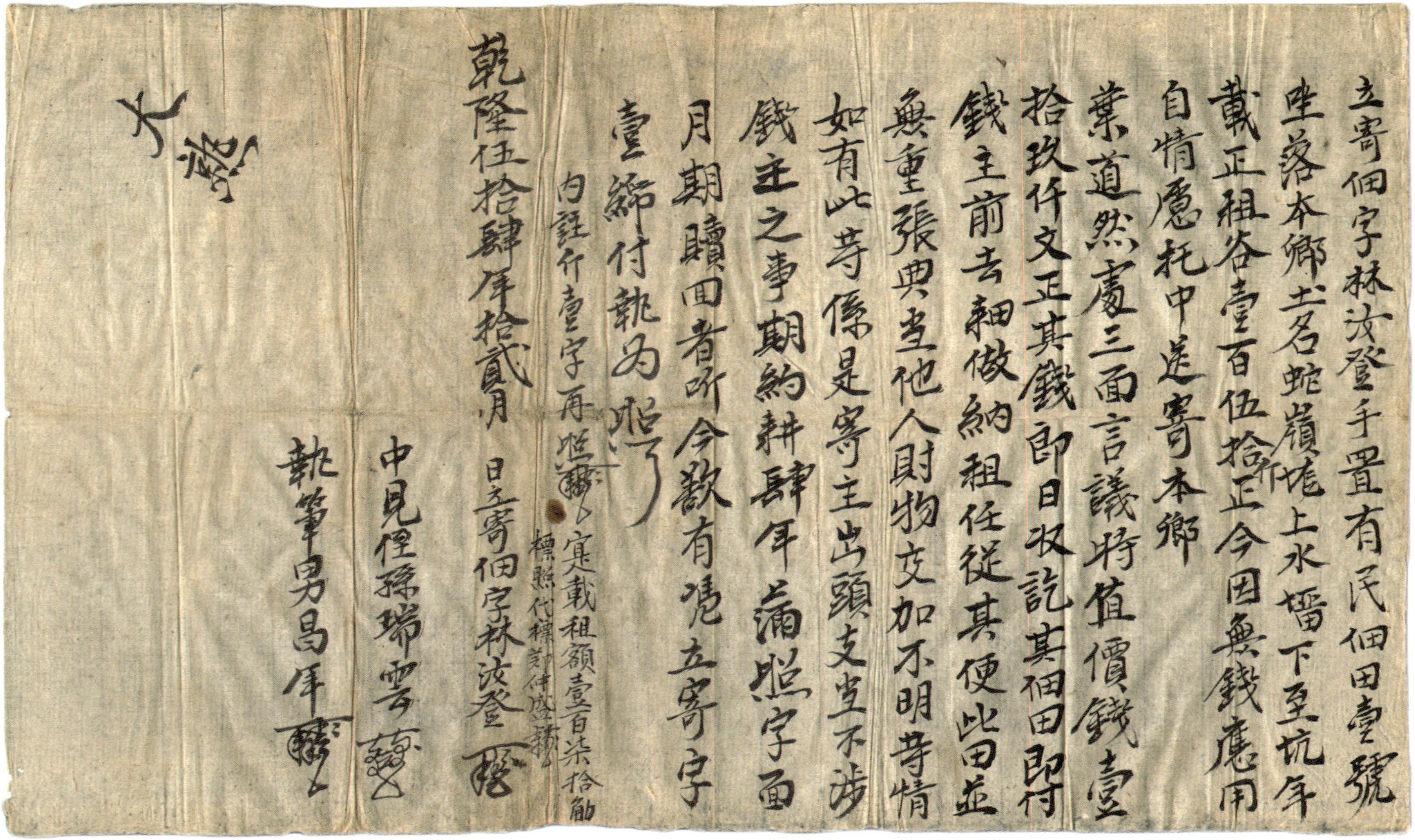
立寄佃字林汝登，手置有民佃田壹號，
坐落本鄉，土名蛇嶺墘上水墥下至坑，年
載正租谷壹百伍拾斤正。今因無錢應用，
自情愿托中送寄本鄉
葉道然處，三面言議，将值價錢壹
拾玖仟文正，其錢即日收訖，其佃田即付
錢主前去細做納租，任從其便。此田並
無重張典當他人財物交加不明等情，
如有此等，係是寄主出頭支當，不涉
錢主之事。期約耕肆年滿照字面
月期贖回者，所今欲有憑，立寄字
壹紙付執為照。
內註什壹字再照。　寔載租額壹百柒拾觔
乾隆伍拾肆年拾貳月　日立寄佃字林汝登
中見侄孫瑞雲
執筆男昌年
大發

6-1-4-1　清乾隆五十四年十二月林汝登立寄民佃田字

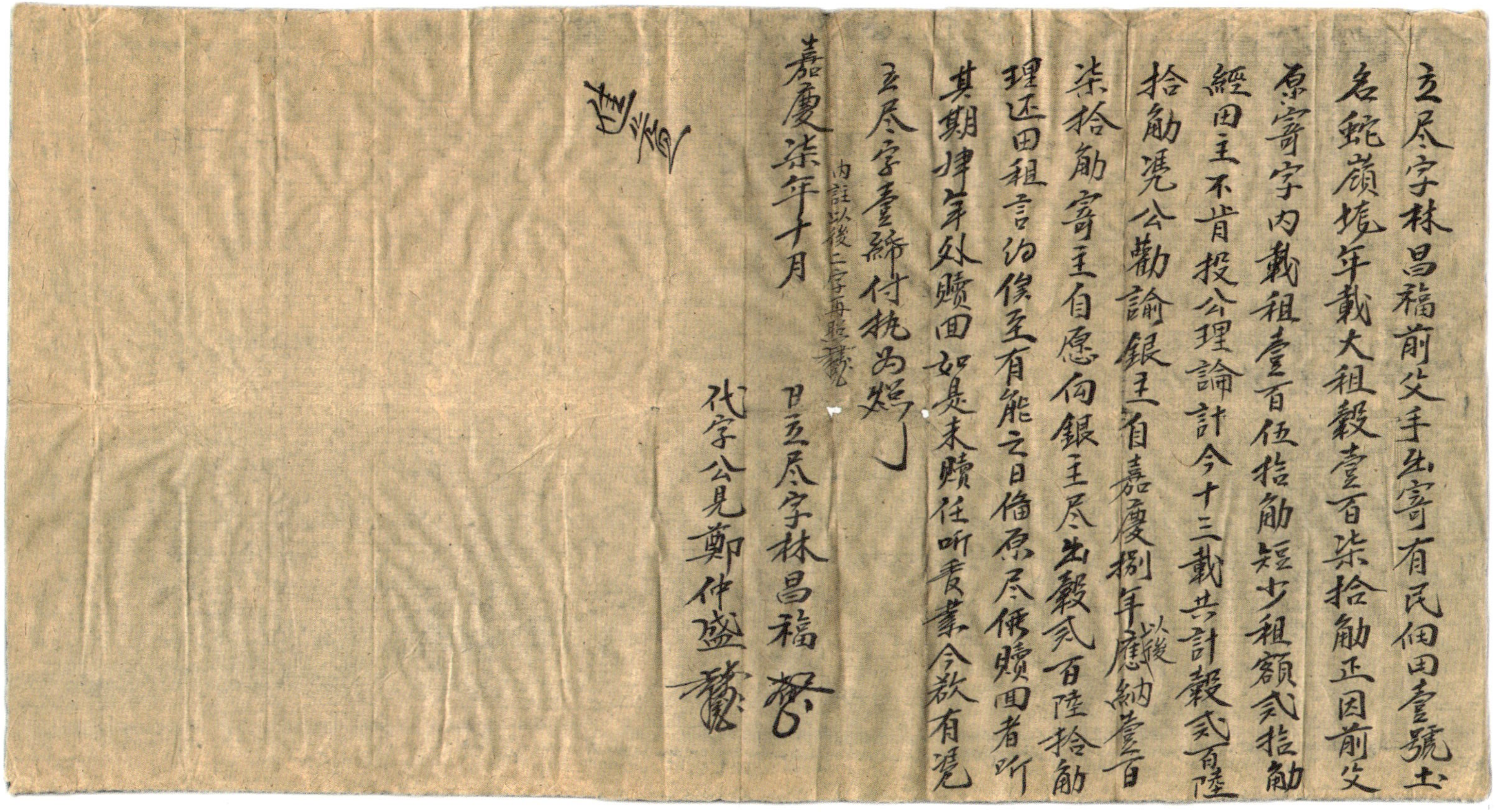
立尽字林昌福前父手出寄有民佃田壹號土
名蛇嶺墘年載大租穀壹百柒拾觔正因前父
原寄字內載租壹百伍指觔短少租額貳指觔
經田主不肯投公理論計今十三載共計穀貳百陸
拾觔凴公勸諭銀主自嘉慶捌年以後歷納壹百
柒拾觔寄主自愿向銀主尽出穀貳百陸拾觔
理还田租言约俟至有能之日備原尽價贖田者聽
其期肆年外贖田如是未贖任聽長業今欲有憑
立尽字壹紙付執為炤
內註以後二字再照
嘉慶柒年十月　日立尽字林昌福
代字公見鄭仲盛

6-1-4-2　清嘉慶七年十月林昌福立盡民佃田字

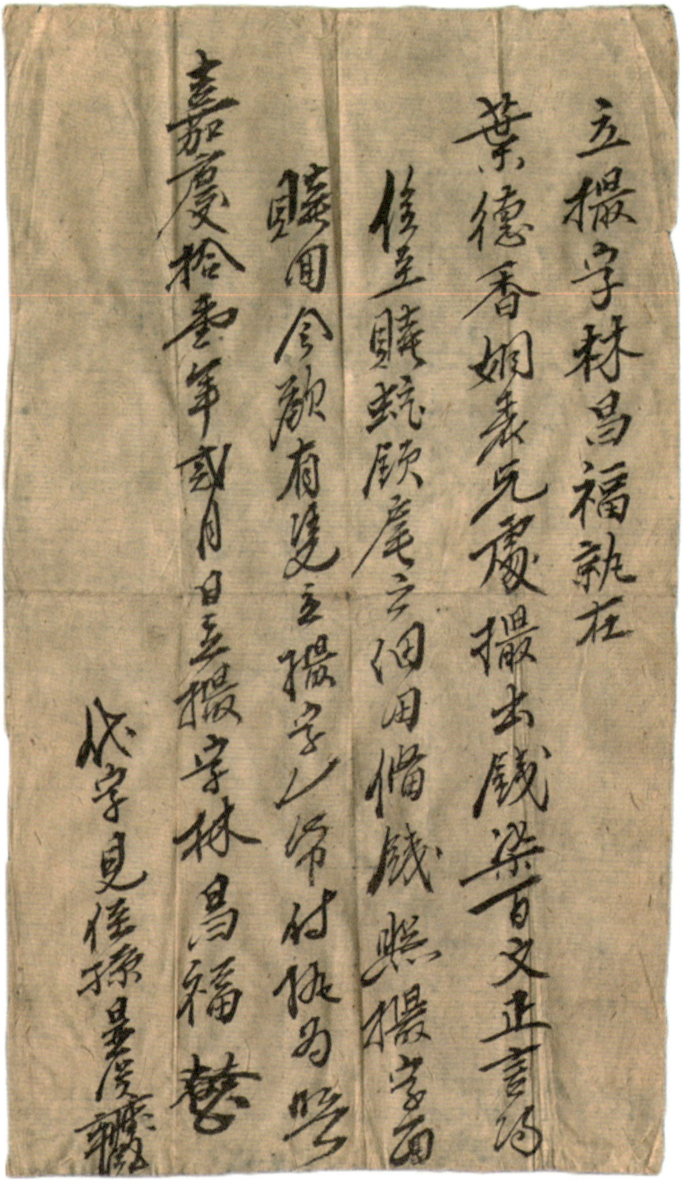
立撥字林昌福執在
葉德香姻表兄處撥出錢柒百文正言約
後至贖號欠尾六佃田借錢照撥字面
贖回今欲有憑立撥字乙紙付執為照
嘉慶拾壹年貳月日立撥字林昌福
代字見侄孫昌慶

6-1-4-3　清嘉慶十一年二月林昌福立撥字

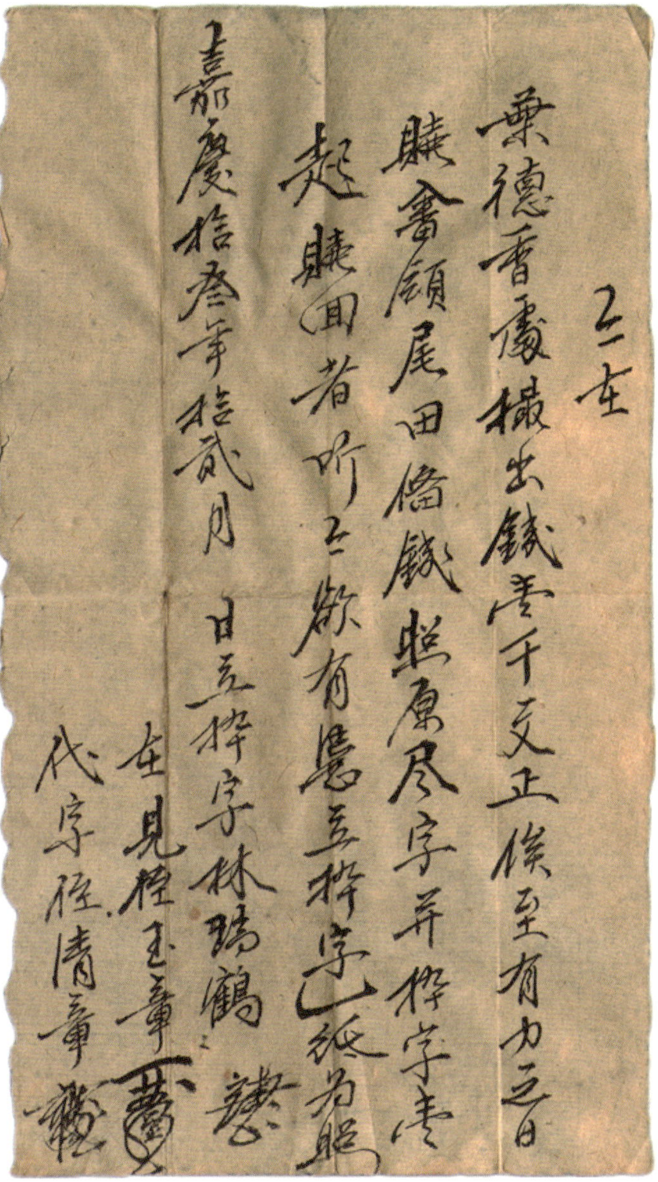
立撮字
葉德香處撮出錢壹千文正，係至有力之日
贖會領尾田備錢照原盡字并撮字壹
起贖田，若听之。欲有憑，立撮字一紙為照。
嘉慶拾叁年拾貳月　日立撮字林瑞鶴（押）
在見姪玉華（押）
代字姪清華（押）

6-1-4-4　清嘉慶十三年十二月林瑞鶴立撮字

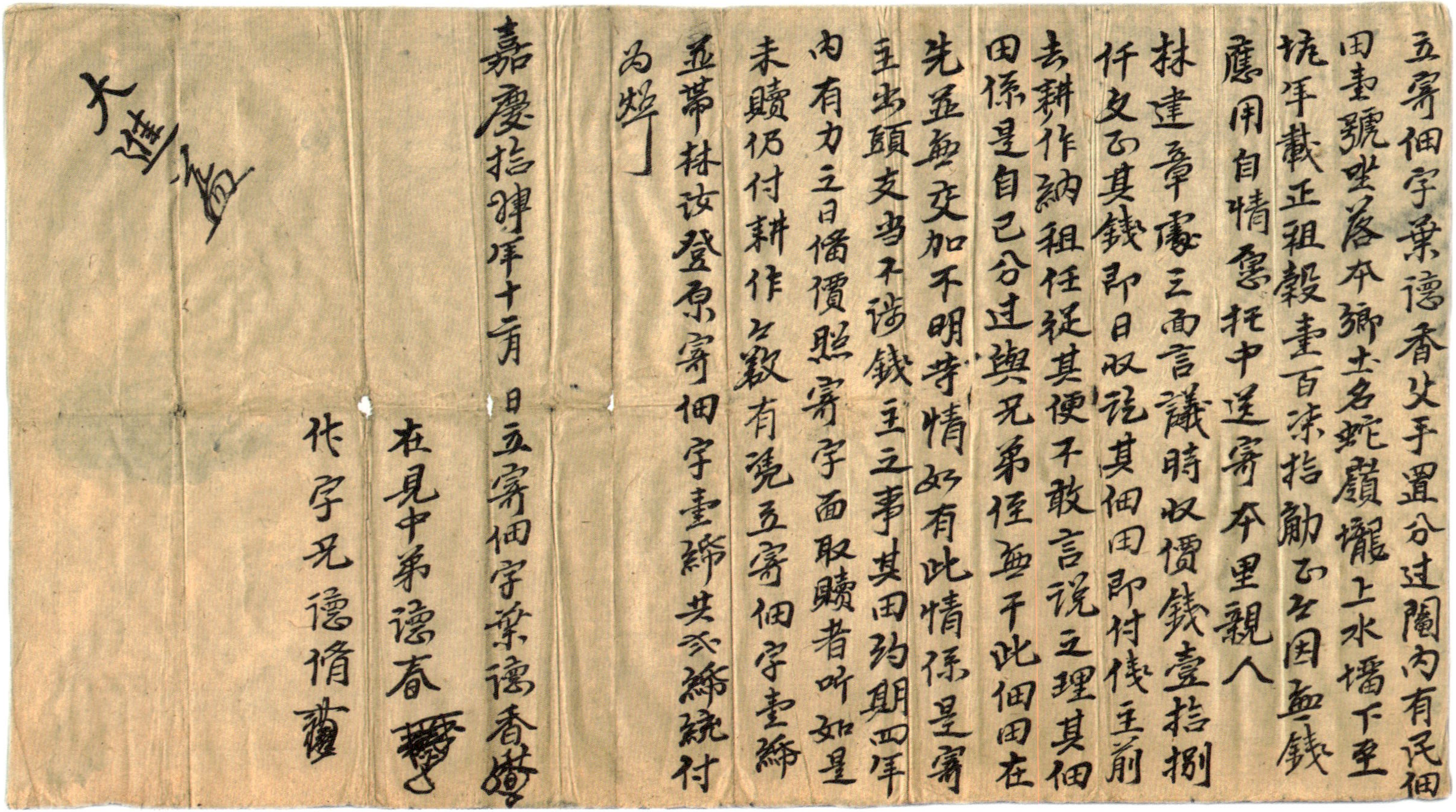
立寄佃字葉德香父手置分过阄内有民佃
田壹號坐落本鄉土名蛇嶺壠上水壋下至
坵年載正租穀壹百柒拾觔正今因無錢
應用自情憑托中送寄本里親人
林達章處三面言議時收價錢壹拾捌
仟文正其錢即日收訖其佃田即付錢主前
去耕作納租任從其便不敢言說之理其佃
田係是自己分过與兄弟侄無干此佃田在
先並無交加不明等情如有此情係是寄
主出頭支当不涉錢主之事其田约期四年
內有力之日備價照寄字面取贖者听如是
未贖仍付耕作之数有憑立寄佃字壹紙
並帶林汝登原寄佃字壹紙共叁紙繳付
為炤 丁

嘉慶拾肆年十二月 日立寄佃字葉德香

在見中弟德春

代字兄德脩

6-1-4-5 清嘉慶十四年十二月葉德香立寄民佃田字

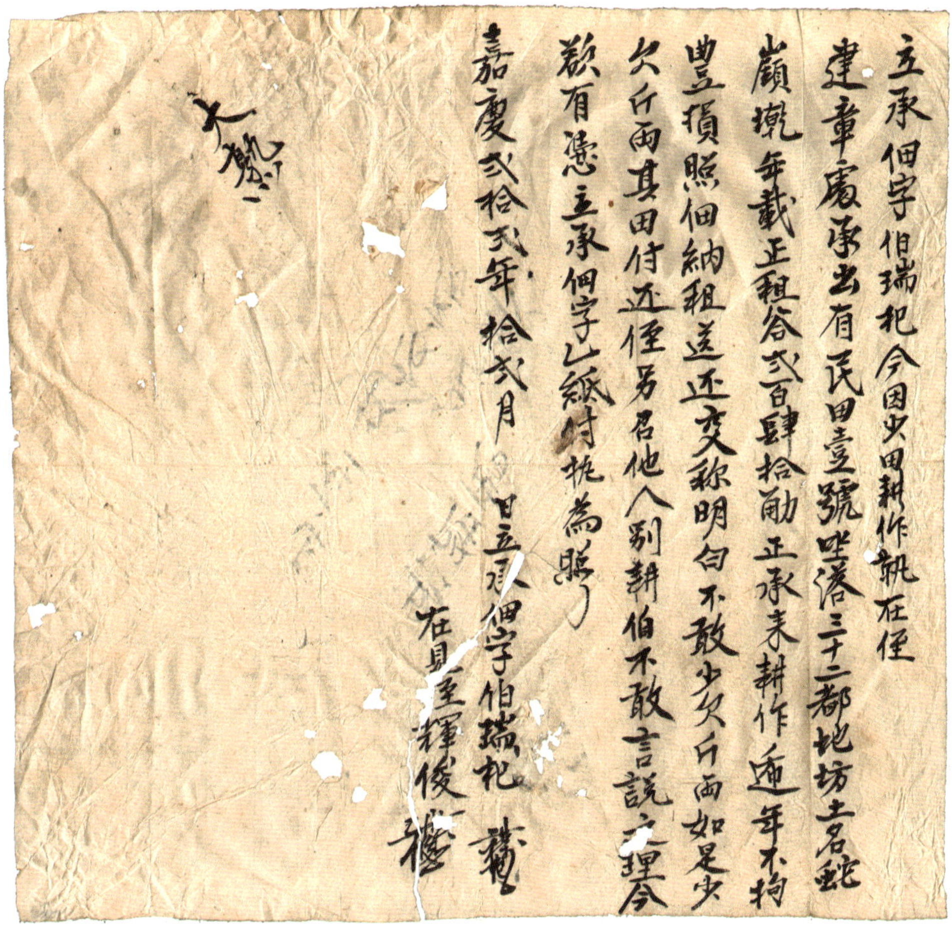

立承佃字伯瑞杞今因少田耕作就在侄
建章處承出有民田壹號坐落三十二都地坊土名鈚
嶺墘年載正租谷弍百肆拾觔正承來耕作逐年不拘
豐損照佃納租送还交秤明白不敢少欠斤两如是少
欠斤两其田付还侄另召他人别耕伯不敢言說之理今
欲有憑立承佃字乙紙付執為照
嘉慶弍拾弍年拾弍月　日立承佃字伯瑞杞（押）
在見侄輝俊（押）

6-1-4-6　清嘉慶二十二年十二月林瑞杞立承佃民田字

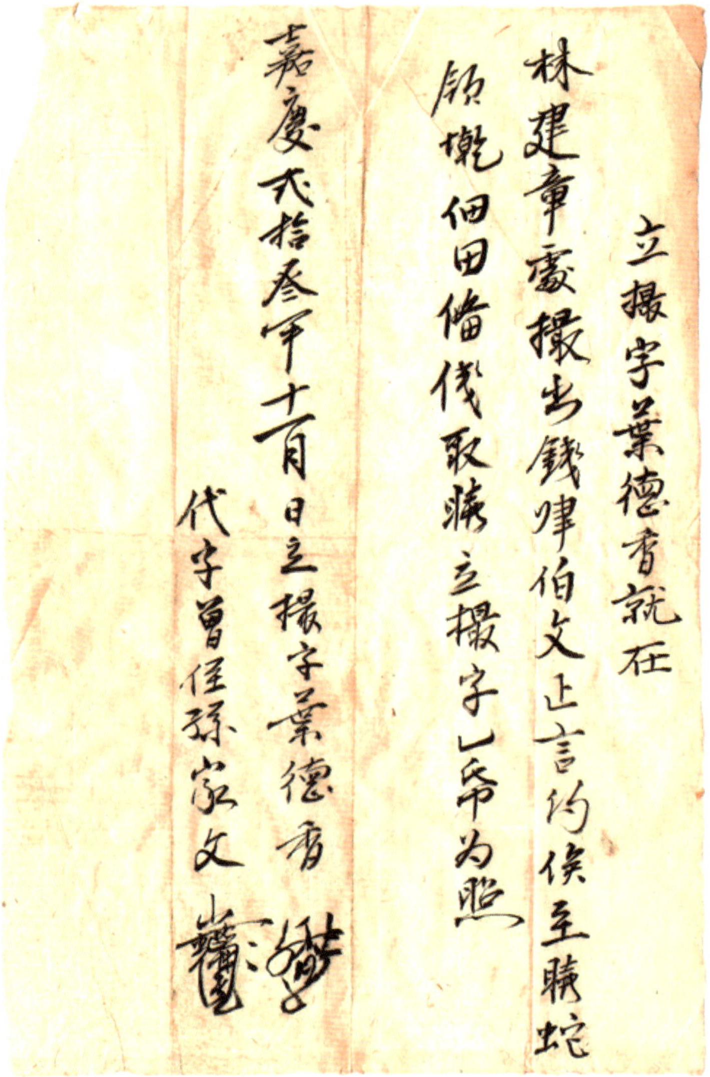

立撮字葉德香就在
林建章處撮出錢肆伯文正言約俟至騰蛇
領墘佃田備錢取贖立撮字乙帋為照
嘉慶弍拾叁年十一月　日立撮字葉德香
代字曾侄孫家文

6-1-4-7　清嘉慶二十三年十一月葉德香立撮字

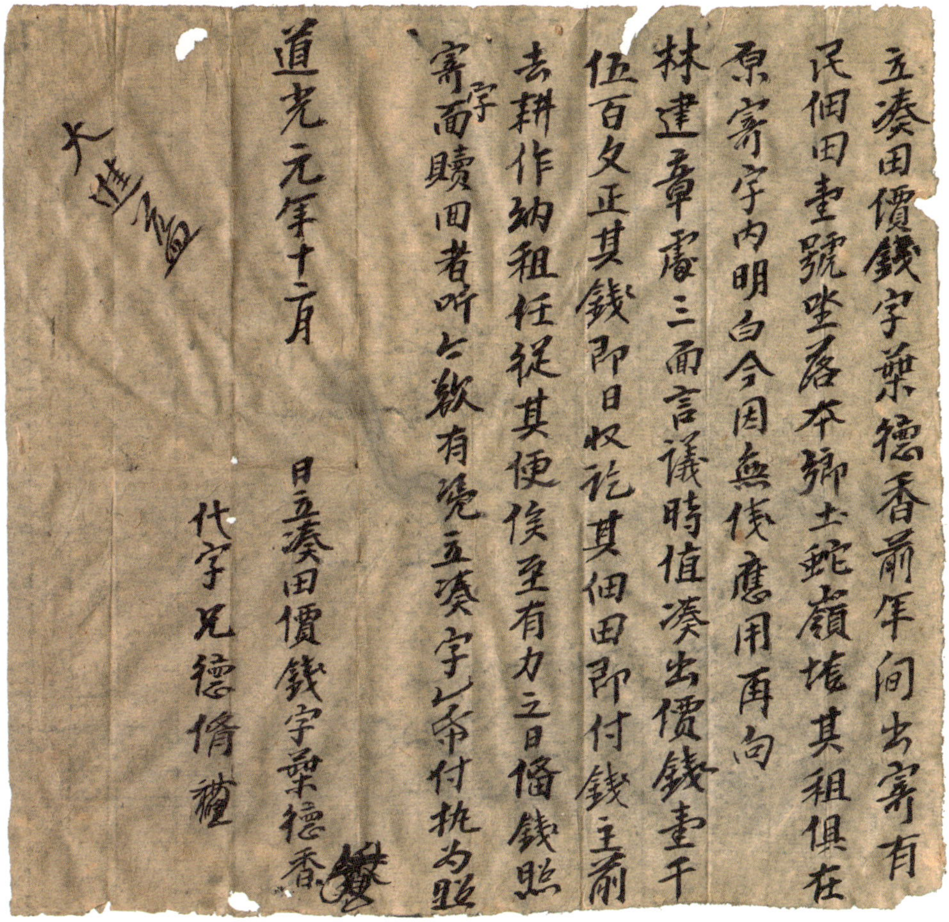

立湊田價錢字葉德香前年向出寄有
民佃田壹號坐落本鄉土名嶺墘其祖俱在
原寄字内明白今因無錢應用再向
林建章處三面言議時值湊出價錢壹千
伍百文正其錢即日收訖其佃田即付錢主前
去耕作納租任從其便候至有力之日備錢照
寄字面贖回者听从欲有憑立湊字一紙付執為照
道光元年十二月　日立湊田價錢字葉德香（押）
代字兄德脩稽
大佳會

6-1-4-8　清道光元年十二月葉德香立湊田價錢字

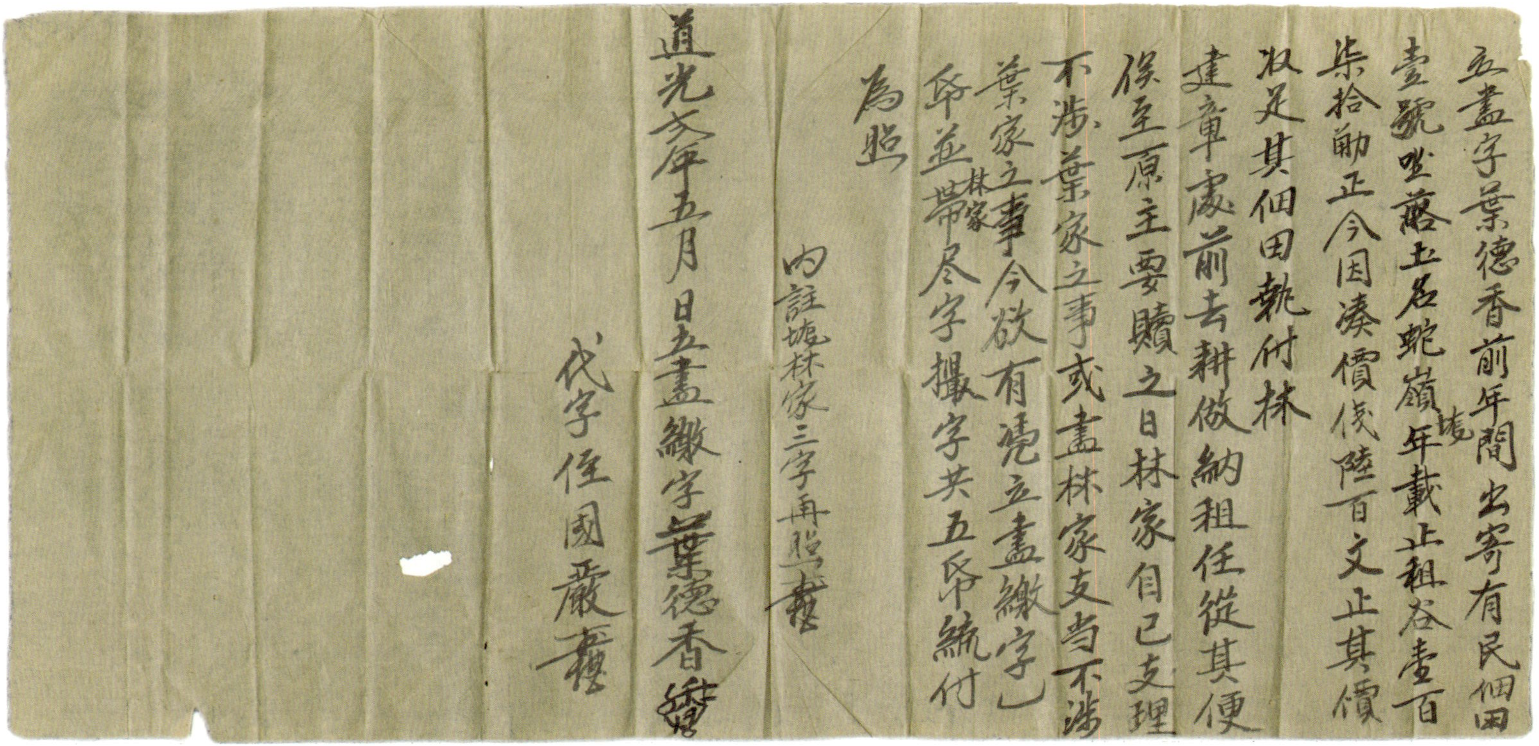

立盡字葉德香前年間出寄有民佃田
壹號坐落土名蛇嶺墘年載上租谷壹百
柒拾觔正今因湊價錢陸百文正其價
收足其佃田執付林
建章處前去耕做納租任從其便
候至原主要贖之日林家自己支理
不涉葉家之事或盡林家支当不涉
葉家之事今欲有憑立盡繳字乙
帋並帶尽字撮字共五帋繳付
為照
内註墘林家三字再照 押
道光二年五月 日立盡繳字葉德香
代字任國嚴 押

6-1-4-9　清道光二年五月葉德香立盡繳民佃田字

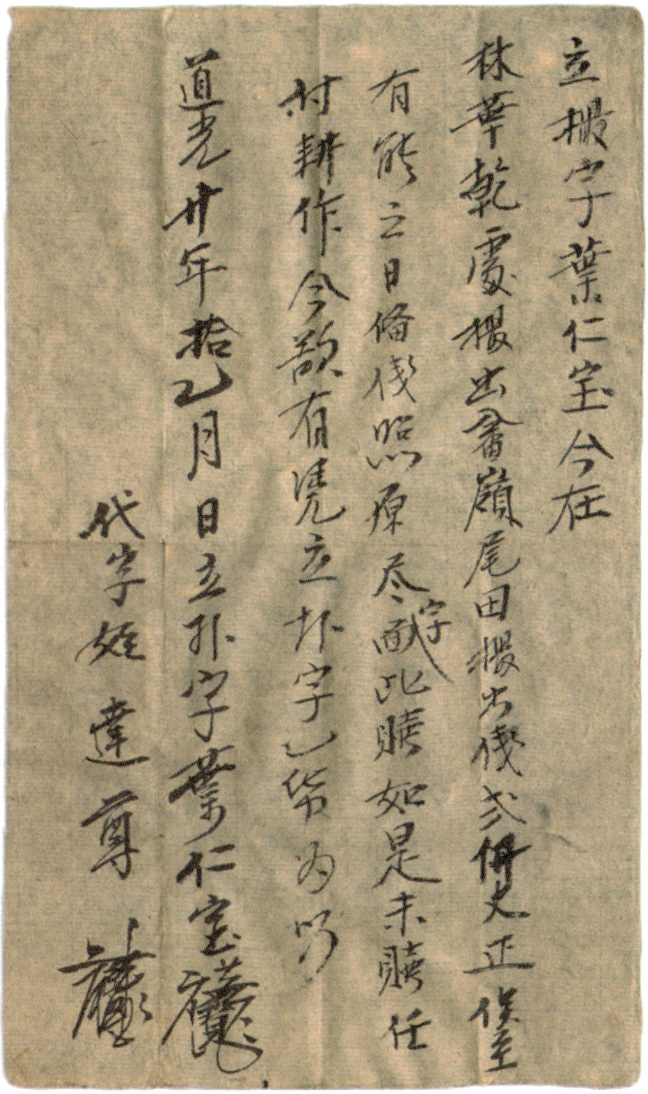

立撮字葉仁宝今在
林華乾處撮出番嶺尾田撮出錢弍佰文正，俟
有錢之日備錢照原盡字贖，此贖如是未贖任
村耕作。今欲有憑，立撮字一紙為照。
道光廿年拾一月　日立撮字葉仁宝
代字姪達尊

6-1-4-10　清道光二十年十一月葉仁宝立撮字

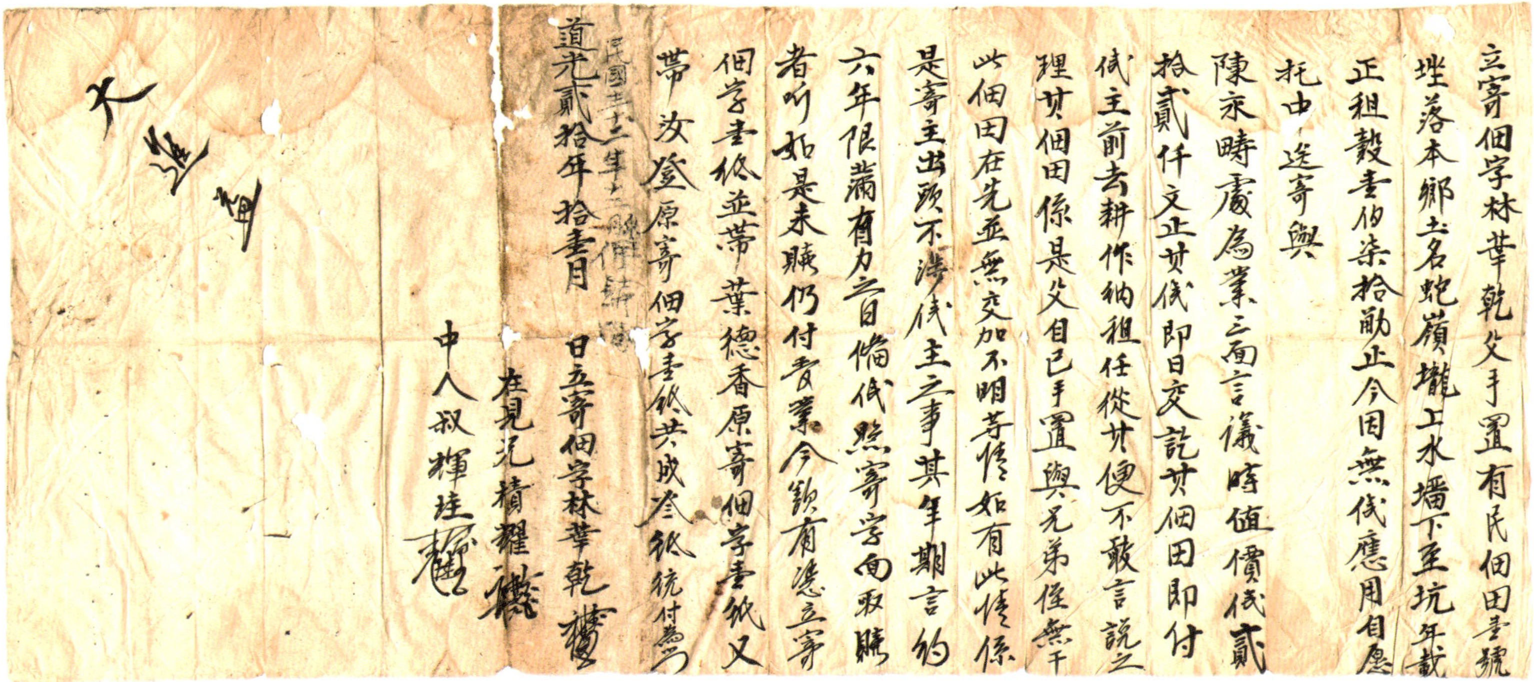

立寄佃字林華乾父手置有民佃田壹號
坐落本鄉土名蛇嶺壠上水墻下至坑年載
正租穀壹佰柒拾觔正今因無錢應用自愿
托中送寄與
陳永疇處爲業三面言議時值價錢貳
拾貳仟文正其錢即日交訖其佃田即付
錢主前去耕作納租任從其便不敢言說之
理其佃田係是父自己手置與兄弟侄無干
此佃田在先並無交加不明等情如有此情係
是寄主出頭不涉錢主之事其年期言約
六年限滿有力之日備錢照寄字面取贖
者如未贖仍付管業今欲有憑立寄
佃字壹紙並帶葉德香原寄佃字壹紙又
帶汝登原寄佃字壹紙共成叁紙統付爲照
道光貳拾年拾壹月　日立寄佃字林華乾
在見兄積耀
中人叔輝垚
大進

6-1-4-11　清道光二十年十一月林華乾立寄民佃田字

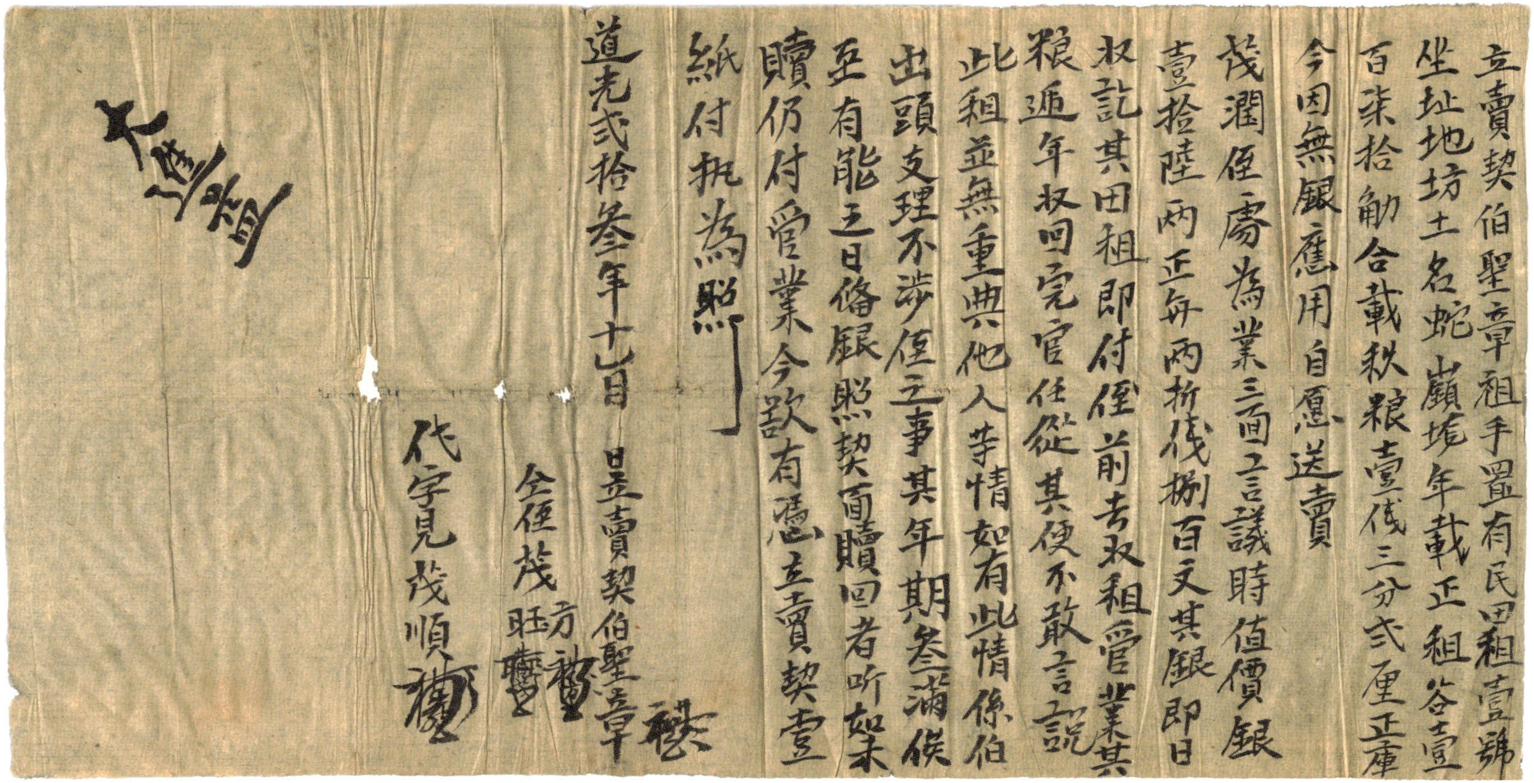

立賣契伯聖章祖手置有民田租壹號
坐址地坊土名蛇嶺垅，年載正租谷壹
百柒拾觔，合載秋粮壹伐三分弍厘正庫
今因無銀應用，自愿送賣
茂潤侄處為業，三面言議時值價銀
壹拾陸兩正，每兩折伐捌百文，其銀即日
收訖，其田租即付侄前去收租管業，其
粮逓年收回完官，任從其便，不敢言說。
此租並無重典他人等情，如有此情，係伯
出頭支理，不涉侄之事。其年期叁滿，候
至有能之日，備銀照契面贖回，者听如未
贖，仍付管業。今欲有憑，立賣契壹
紙付執為照。

道光弍拾叁年十一月 日立賣契伯聖章（押）
仝侄茂旺、茂方（押）
代字見茂順（押）

6-1-4-12 清道光二十三年十一月林聖章等立賣民田租契

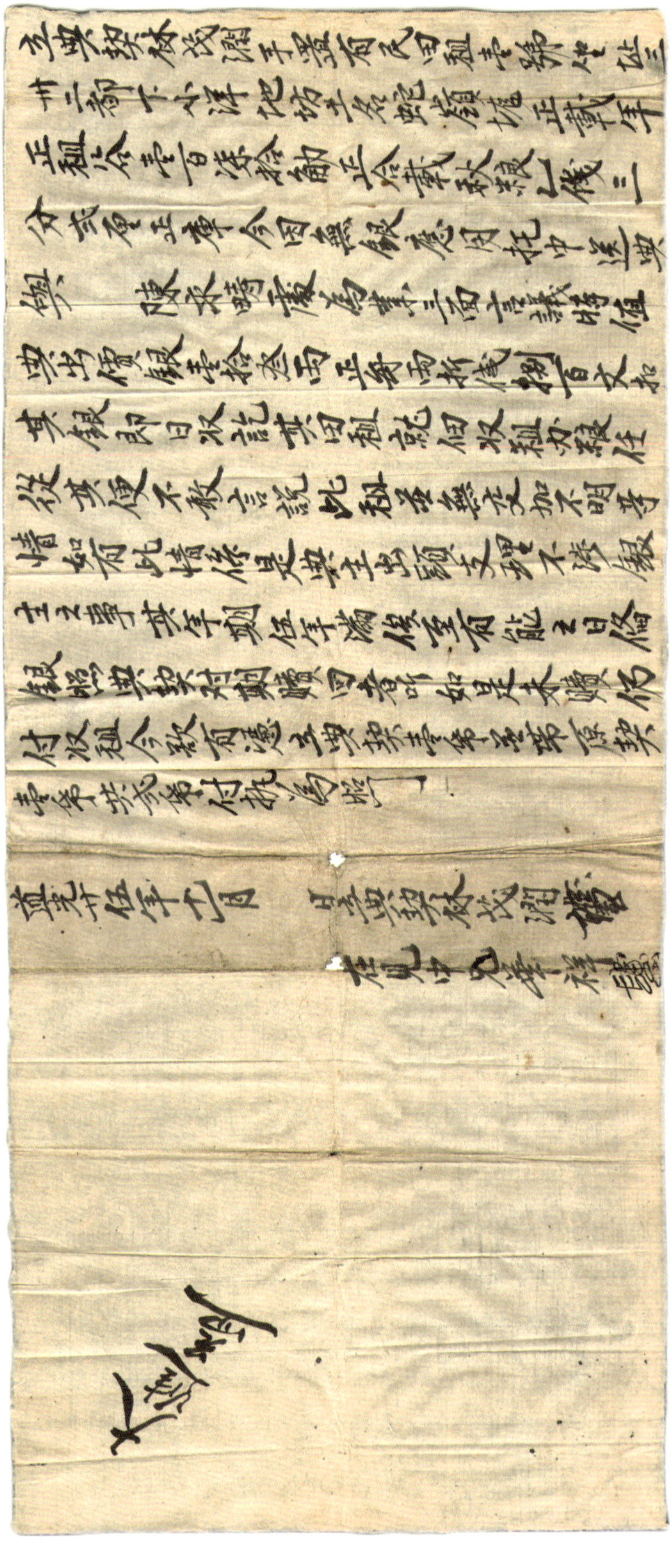
立典契林茂潤手置有民田租壹號址三
卅三都下小洋地坊土名蛇嶺坵正貳年
正租陸合[illegible]百[illegible]拾[illegible]正[illegible]貳秋[illegible]三一
分[illegible]正[illegible]今因無銀應用托中送典
與　陳承時處為業三面言議時值
典出價銀[illegible]拾[illegible]兩正其銀兩折價[illegible]
其銀即日收訖其田租就佃收租[illegible]任
從其便不敢言說此租並無[illegible]加不明等
情如有此情係是典主出頭支理不涉銀
主之事其年限伍年滿後至有能之日備
銀照典契對期贖回[illegible]如是未贖仍
付收租今欲有憑立典契[illegible]
[illegible]付執為照
道光廿伍年十一月　日立典契林茂潤（押）
在見中兄[illegible]

6-1-4-13　清道光二十五年十一月林茂潤立典民田租契

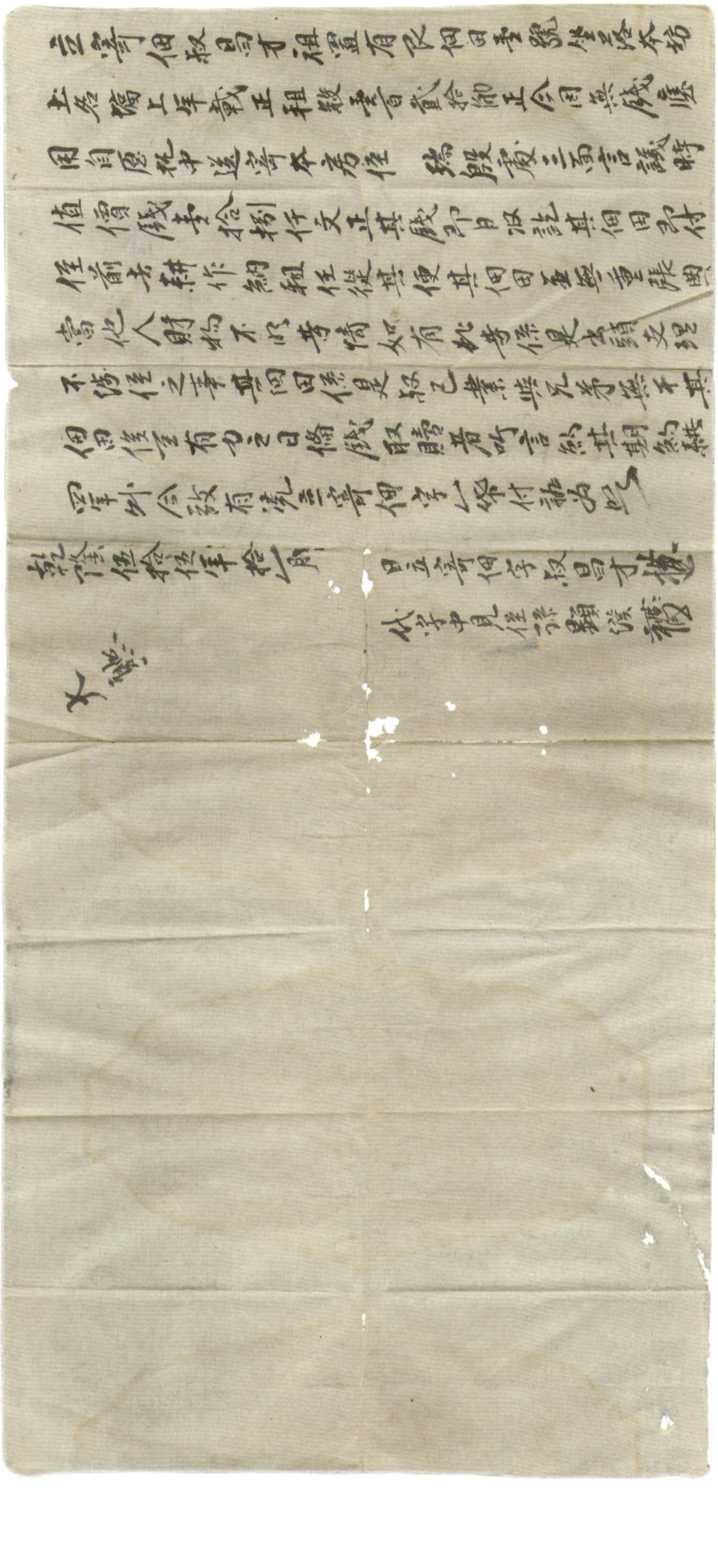

立寄佃林昌才，祖置有民佃田壹號，坐落本坊土名蒲上坪，載正租穀壹百貳拾觔正。今因無錢應用，向房親中送寄本房侄　[illegible]處，三面言議時值價錢壹拾捌仟文正，其錢即日收訖。其佃田另付侄前去耕作納租，任從其便。其佃田并無重張典當他人財物不明等情，如有此等，係是本家支理，不涉侄之事。其佃田係是叔己業，此凡兩家無干。其佃田任侄有力之日，備價取贖，并無言說，其贖約繳。恐口無憑，今欲有憑，立寄佃字一紙付執為照。

乾隆伍拾伍年拾壹月　日立寄佃字林昌才（押）

代字中見侄[illegible]（押）

大吉

6-1-5-1　清乾隆五十五年十一月林昌才立寄民佃田字

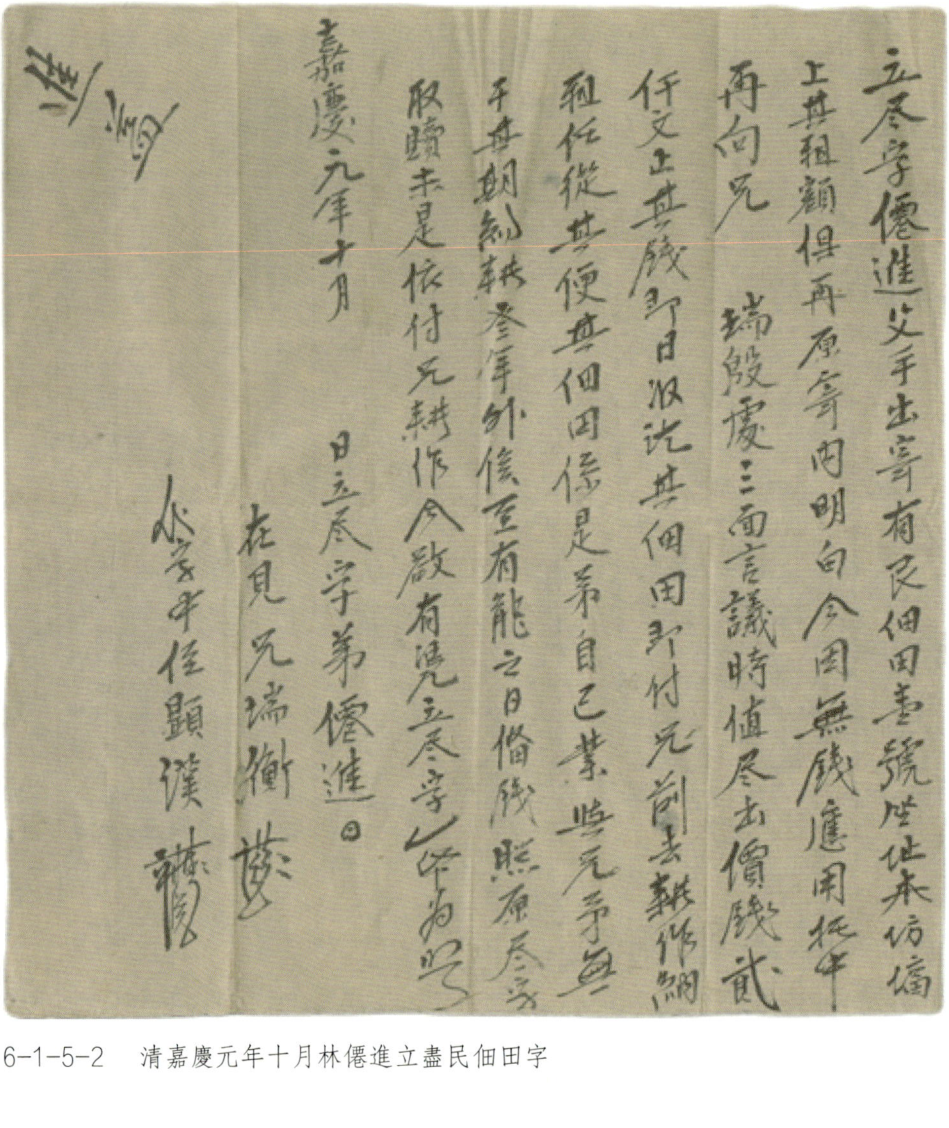

立盡字僊進父手出寄有民佃田壹號坐址禾坊墘上共租顴倶再原寄內明白今因無錢應用托中再向兄　瑞殷處三面言議時值盡出價錢貳仟文正共錢即日收訖其佃田即付兄前去耕作納租任從其便其佃田係是弟自己業與兄弟無干其期約耕叁年外係至有能之日備錢照原盡字取贖未是依付兄耕作今欲有憑立盡字一紙為照

嘉慶元年十月　　日立盡字弟僊進（押）

在見兄瑞衛（押）

依字中任顯謨（押）

6-1-5-2　清嘉慶元年十月林僊進立盡民佃田字

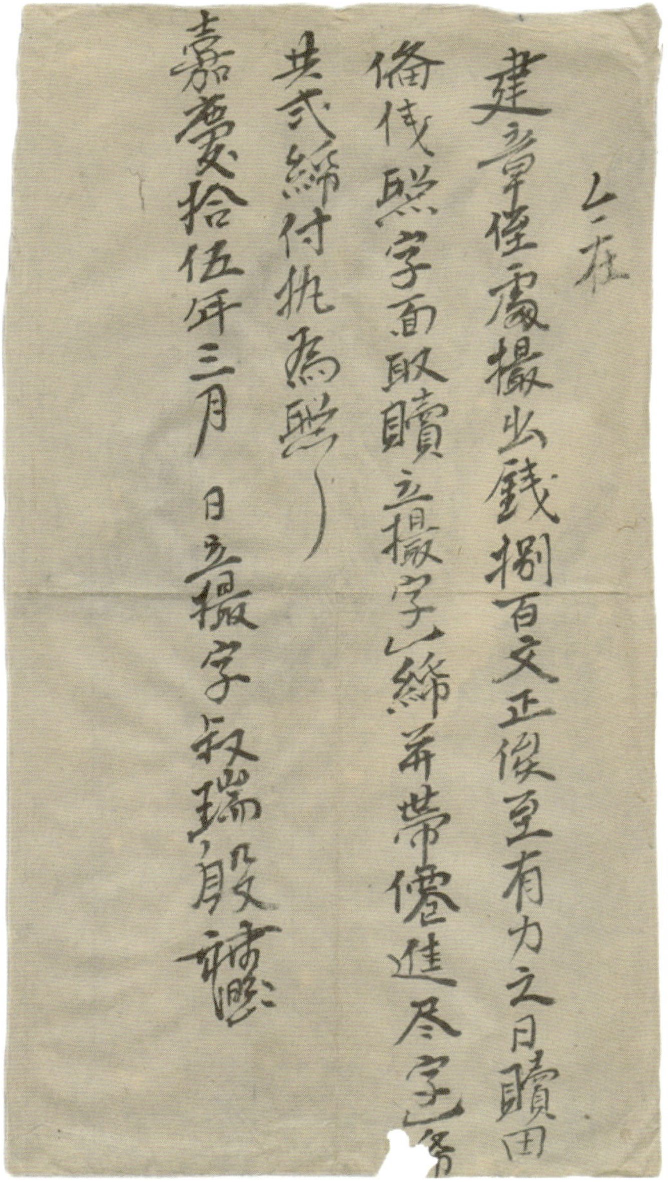
乙乙在
建章侄處撮出錢捌百文正，係至有力之日贖田
倫伐照字面取贖，立撮字乙紙，并帶價進冬字乙[illegible]
共式紙付執為照。
嘉慶拾伍年三月　日立撮字叔瑞殷（押）

6-1-5-3　清嘉慶十五年三月林瑞殷立撮字

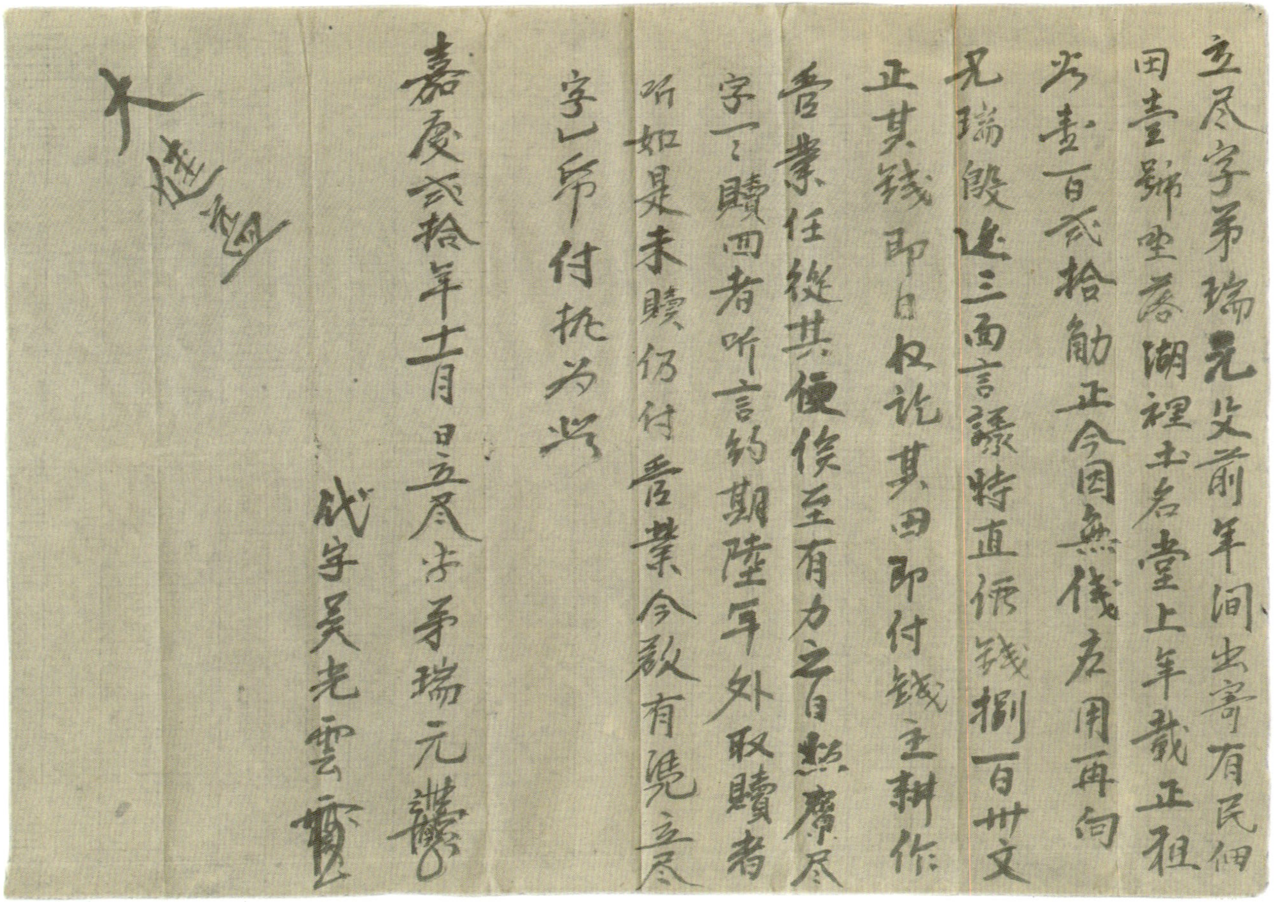

立盡字弟瑞元，父前年間出賣有民佃田壹號，坐落湖裡，土名堂上，年載正租谷壹百貳拾觔正。今因無錢應用，再向兄瑞殷邊三面言議，時直價錢捌百卅文正。其錢即日收訖，其田即付錢主耕作管業，任從其便。倘至有力之日，照價盡字一一贖回者，听言約期陸年外取贖者听，如是未贖，仍付管業。今欲有憑，立盡字一紙，付執為照。

嘉慶貳拾年十一月　日立盡字弟瑞元（押）

代字吳光雲（押）

6-1-5-4　清嘉慶二十年十一月林瑞元立盡民佃田字

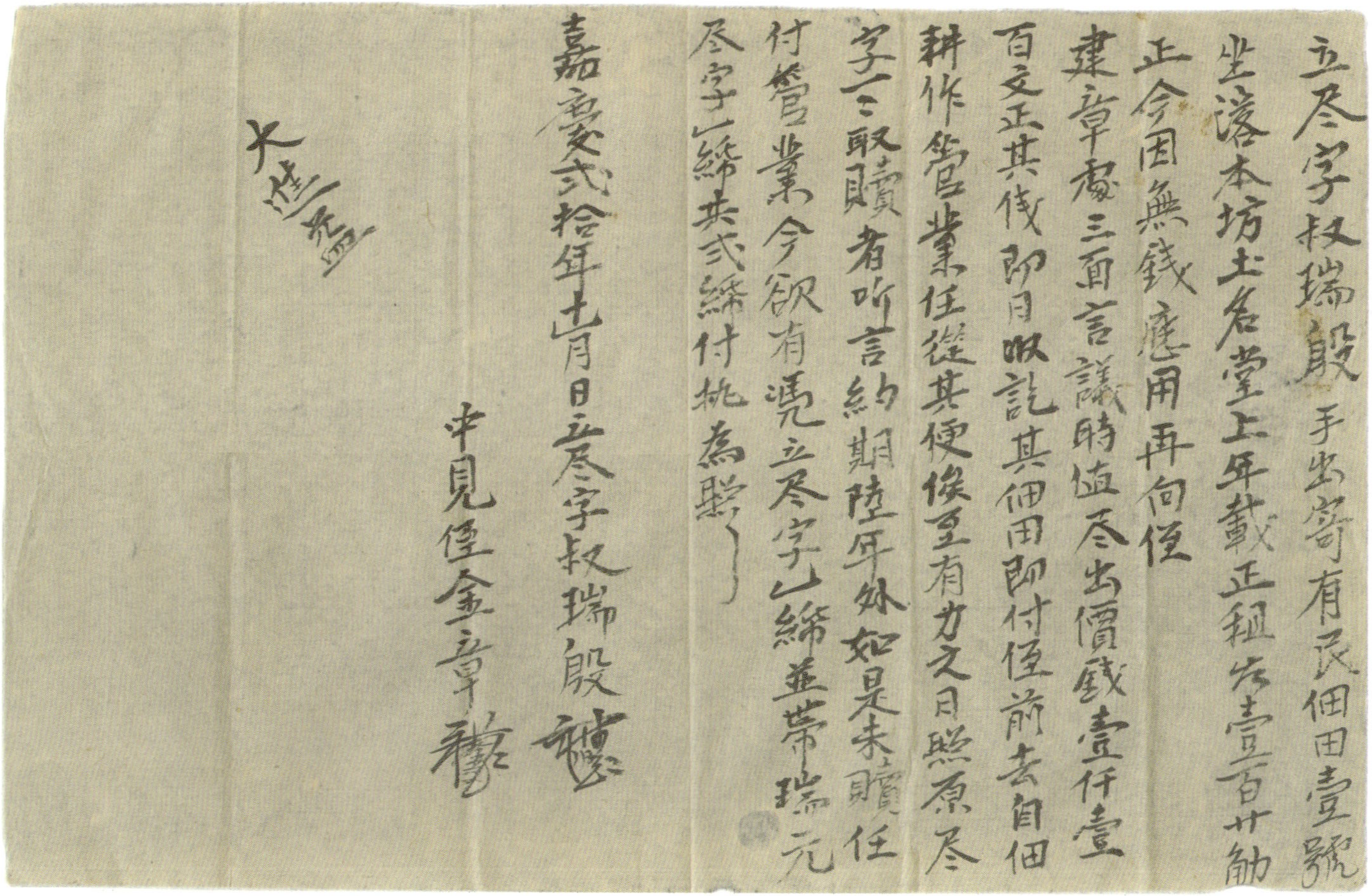
立盡字叔瑞殷手出寄有民佃田壹號
坐落本坊土名堂上年載正租谷壹百廿觔
正今因無錢應用再向侄
建章處三面言議時值盡出價錢壹仟壹
百文正其钱即日收訖其佃田即付侄前去自佃
耕作管業任從其便倘至有力之日照原盡
字一足取贖者所言約期陸年外如是未贖任
付管業今欲有憑立盡字一紙並帶瑞元
盡字一紙共貳紙付執為照
嘉慶貳拾年十一月日立盡字叔瑞殷（押）
中見侄金章（押）
大佳兆

6-1-5-5 清嘉慶二十年十一月林瑞殷立盡民佃田字

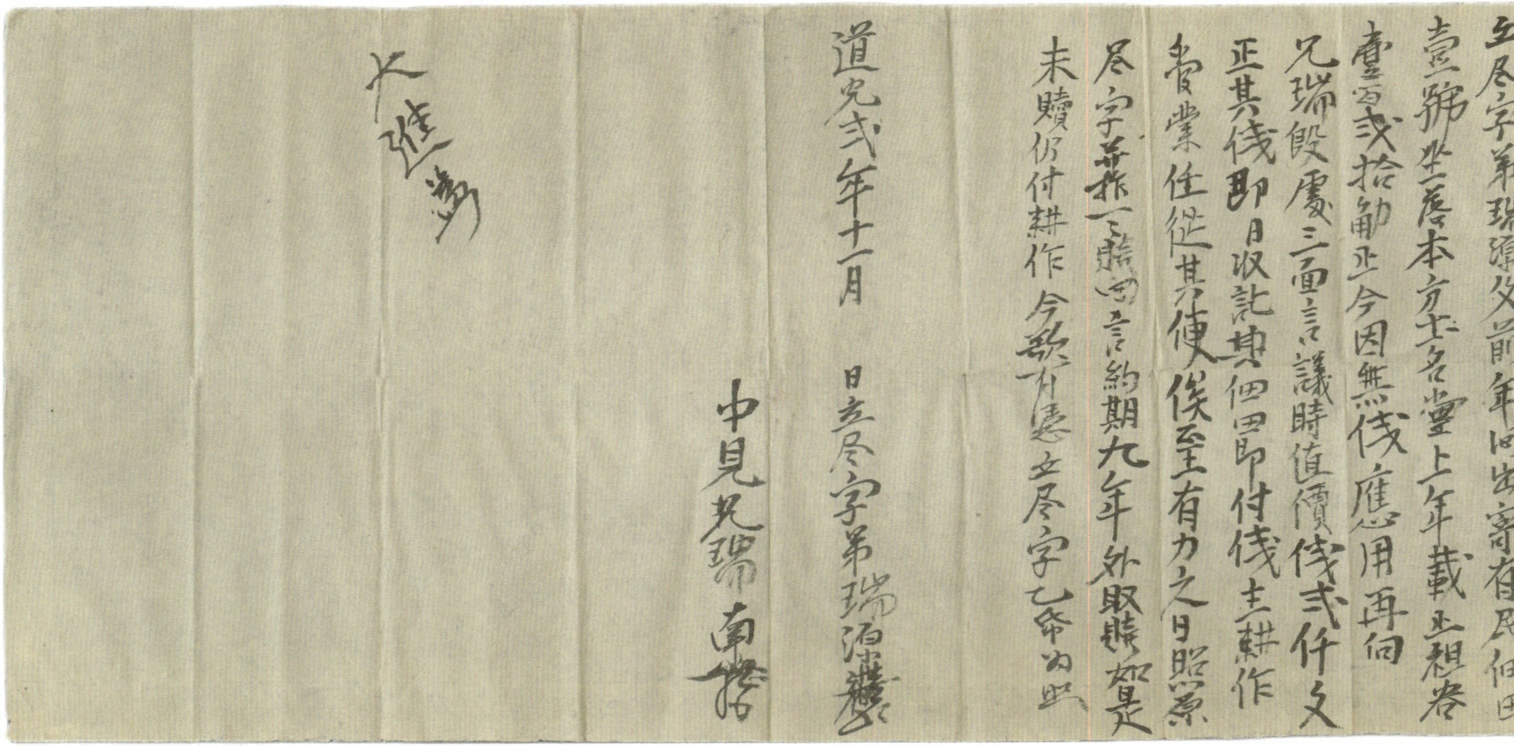

立盡字弟瑞源父前年間出寄有民佃田
壹號坐落本方土名壟上年載正租参
壹百弍拾觔正今因無錢應用再向
兄瑞段處三面言議時值價錢弍仟文
正其錢即日收訖其佃田即付錢主耕作
管業任從其便候至有力之日照原
盡字並一紙言約期九年外取贖如是
未贖仍付耕作今欲有憑立盡字乙紙為照
道光弍年十一月　日立盡字弟瑞源
中見兄瑞南
大進發

6-1-5-6　清道光二年十一月林瑞源立盡民佃田字

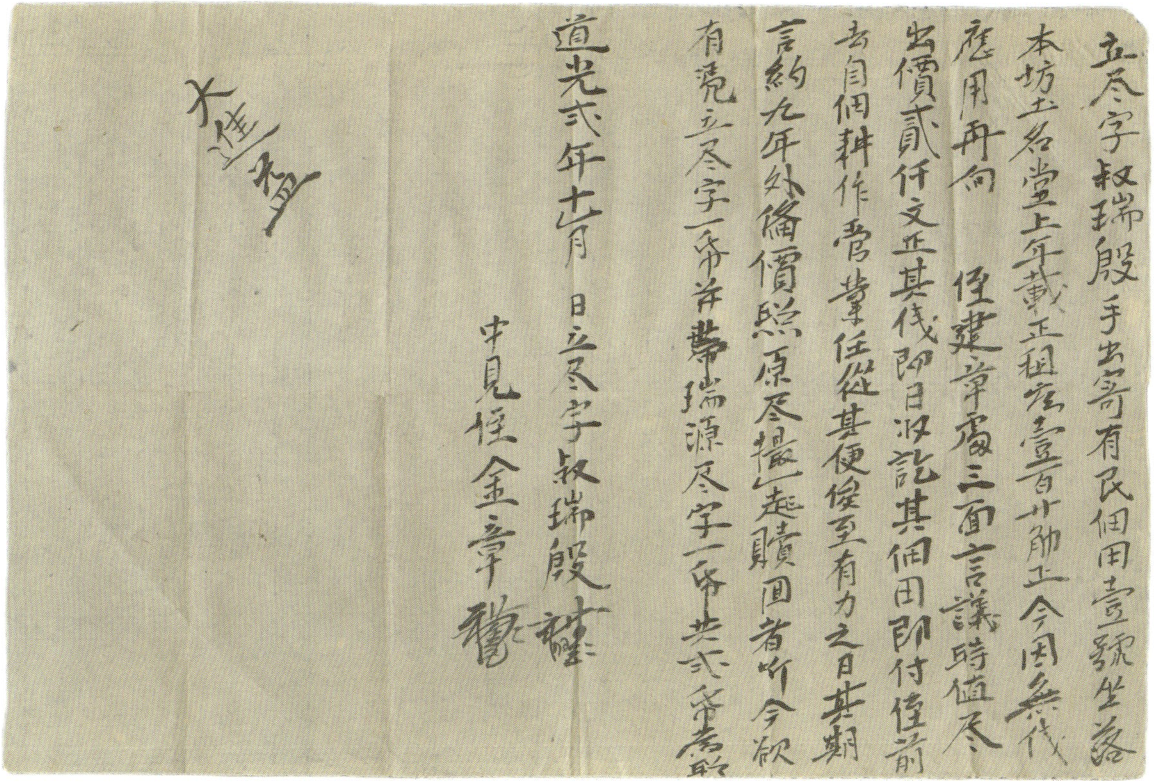
立盡字叔瑞殷手出寄有民佃田壹號坐落
本坊土名堂上年載正租穀壹百廿觔正今因無錢
應用再向　侄建章處三面言議時值盡
出價貳仟文正其錢即日收訖其佃田即付侄前
去自佃耕作管業任從其便侄至有力之日其期
言約九年外備價照原盡價起贖回各忻今欲
有憑立盡字一紙并帶瑞源盡字一紙共弍紙為照
道光弍年十一月　日立盡字叔瑞殷
中見侄金章
大進

6-1-5-7　清道光二年十一月林瑞殷立盡民佃田字

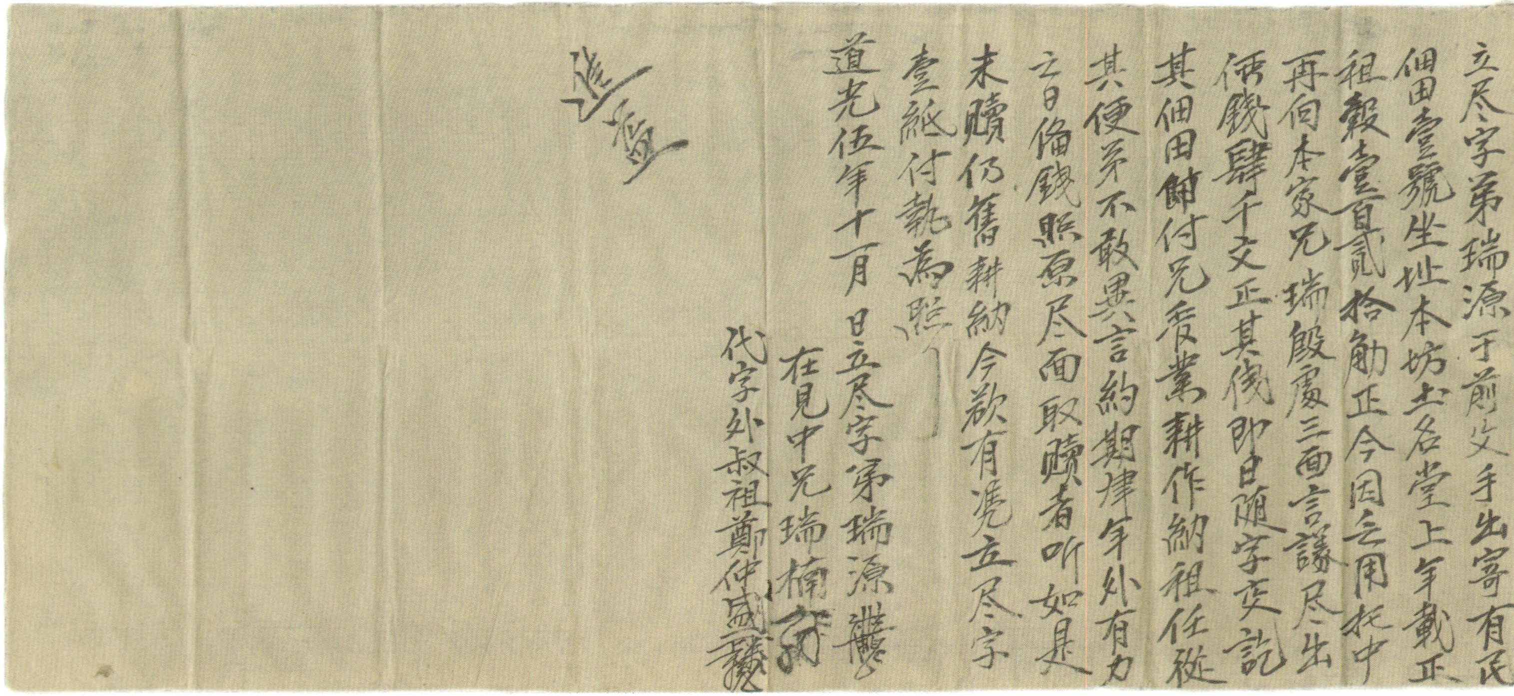

立尽字弟瑞源，于前父手出寄有民
佃田壹號，坐址本坊土名堂上，年載正
租穀壹百貳拾觔正。今因乏用，托中
再向本家兄瑞般處三面言議，尽出
佛錢肆千文正。其錢即日隨字交訖。
其佃田聽付兄受業耕作納租，任從
其便，弟不敢異言。約期肆年外，有力
之日備錢照原尽面取贖，者听。如是
未贖，仍舊耕納。今欲有凭，立尽字
壹紙付執為照。
道光伍年十月　日立尽字弟瑞源（押）
在見中兄瑞楠（押）
代字外叔祖鄭仲盛（押）

6-1-5-8　清道光五年十一月林瑞源立盡民佃田字

立盡字叔瑞殷前手出賣有民佃田壹號
坐址本坊土名堂上年載正租穀壹百貳拾觔
正今因乏用托中再向侄
建章處三面言議盡出價錢肆仟文正其錢
即日交訖其佃田即付侄管業耕作自佃任
從其便叔不敢言說約期肆年外有力之日備錢
照原盡字取贖者听如是未贖仍付耕作今欲
有憑立盡字乙紙並帶瑞源盡字乙紙共貳紙
統付為照」

道光伍年十一月　日立盡字叔瑞殷（押）
中見侄金章（押）

大吉昌

6-1-5-9　清道光五年十一月林瑞殷立盡民佃田字

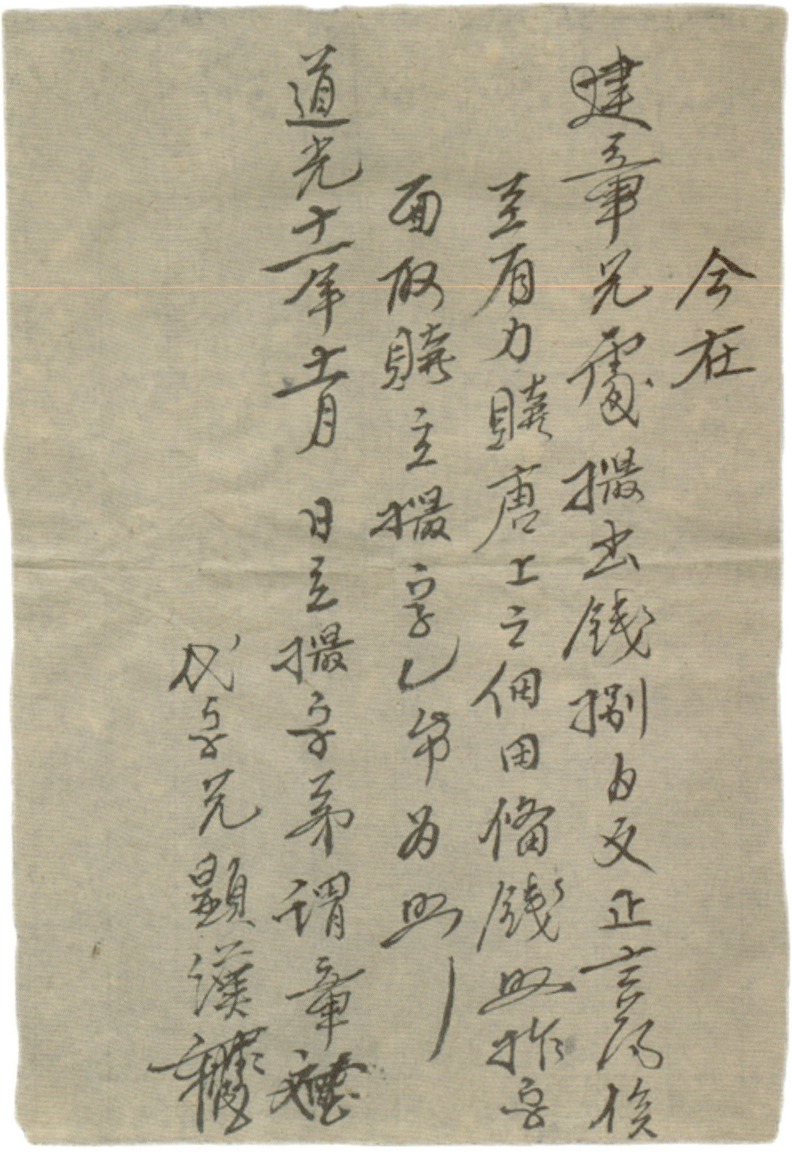
今在
建章兄處撮出錢捌百文正言約後
至有力贖唐工之佃田備錢出將字
面取贖之撮字[illegible]為照
道光十一年十一月　日立撮字弟謂章（押）
代字兄顯漢（押）

6-1-5-10　清道光十一年十一月林謂章立撮字

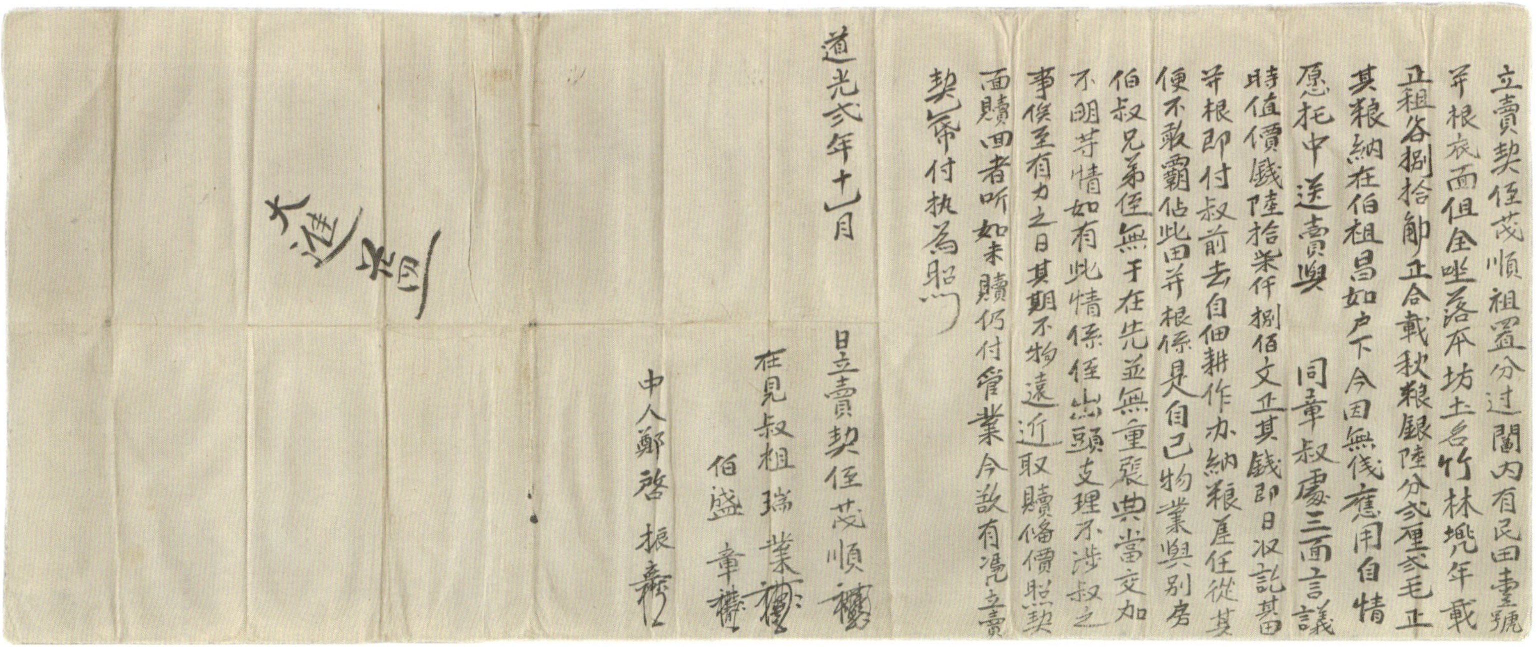
立賣契侄茂順祖置分过鬮內有民田壹號
并根夜面但全坐落本坊土名竹林坑，年載
正租谷捌拾觔正，合載秋粮銀陸分貳厘貳毛正，
其粮納在伯祖昌如户下。今因無錢應用，自情
愿托中送賣與　同章叔處，三面言議
時值價錢陸拾柒仟捌佰文正。其錢即日收訖，其田
并根即付叔前去自佃耕作，办納粮差，任從其
便，不敢霸佔。此田并根係是自己物業，與別房
伯叔兄弟侄無干，在先並無重張典當、交加
不明等情。如有此情，係侄出頭支理，不涉叔之
事。侯至有力之日，其期不拘遠近，取贖偹價照契
面贖回者听。如未贖，仍付管業。今欲有憑，立賣
契帋付执為照。

道光貳年十一月　日立賣契侄茂順（押）
在見叔祖瑞業（押）
伯盛章（押）
中人鄭啓根（押）

大進[illegible]

6-1-6-1　清道光二年十一月林茂順立賣底面全民田契

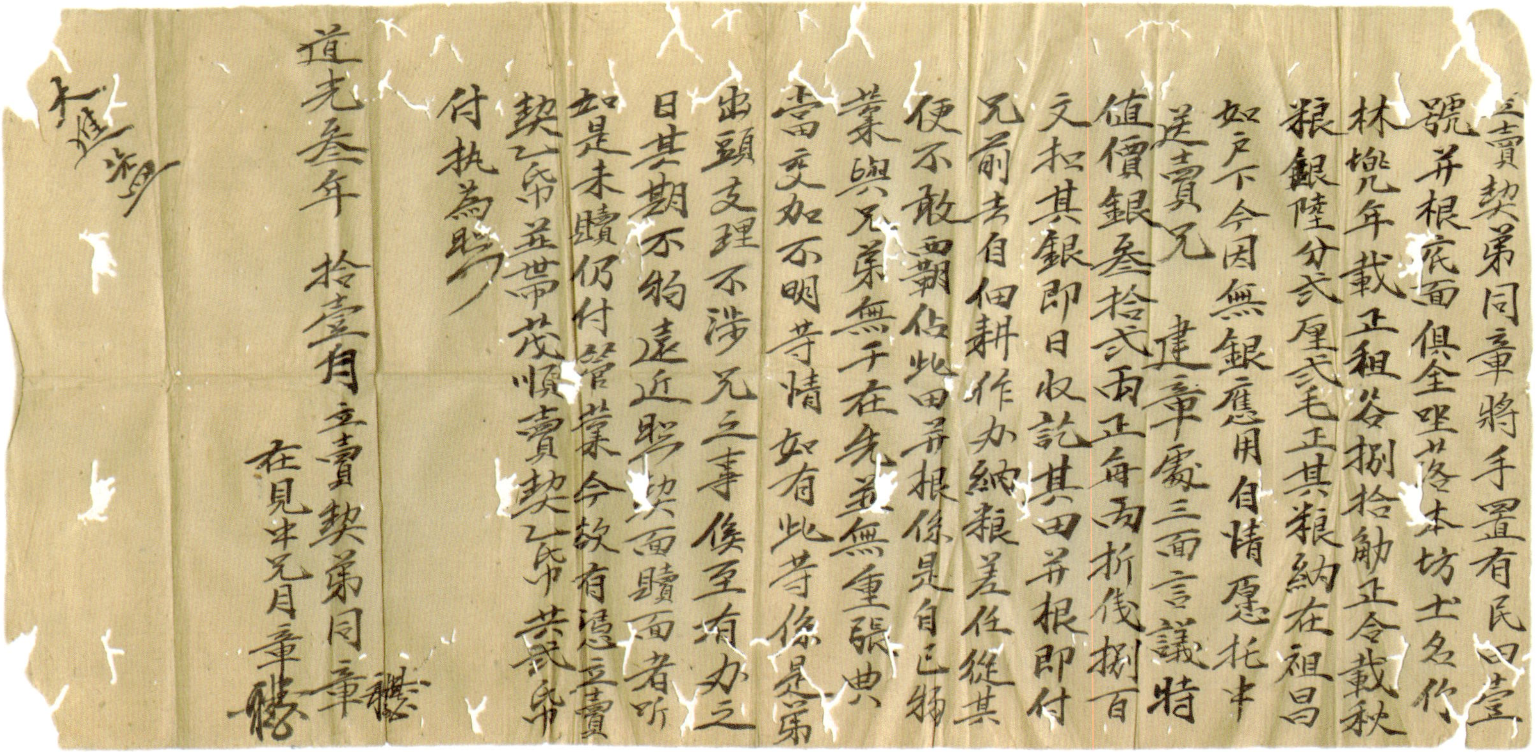


6-1-6-2　清道光三年十一月林同章立賣底面全民田契

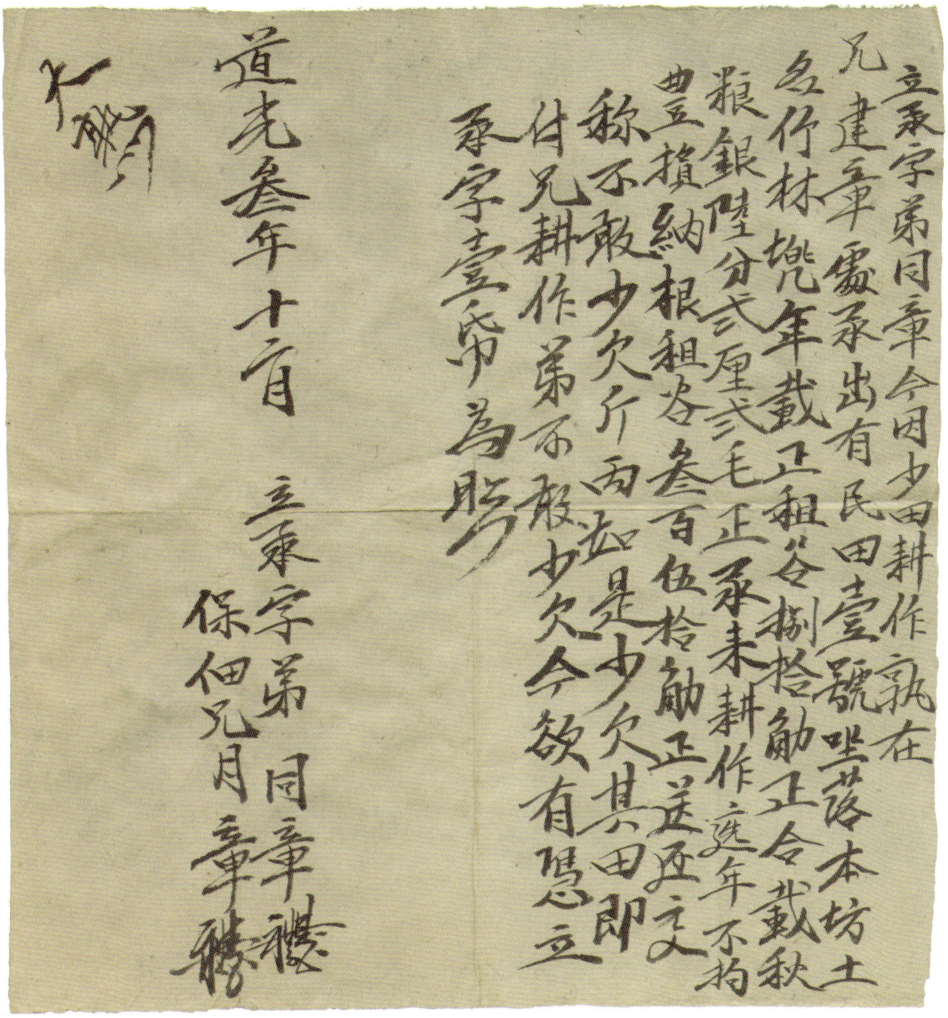
立承字弟同章今因少田耕作就在
兄建章處承出有民田壹號坐落本坊土
名竹林墘年載正租谷捌拾觔正合載秋
粮銀陸分弍厘弍毛正承来耕作逐年不拘
豐歉納根租谷叁百伍拾觔正送至交
秤不敢少欠斤两如是少欠其田即
付兄耕作弟不敢少欠今欲有憑立
承字壹紙為照
道光叁年十二月　日　立承字弟　同章
保佃兄　月章

6-1-6-3　清道光三年十二月林同章立承民田字

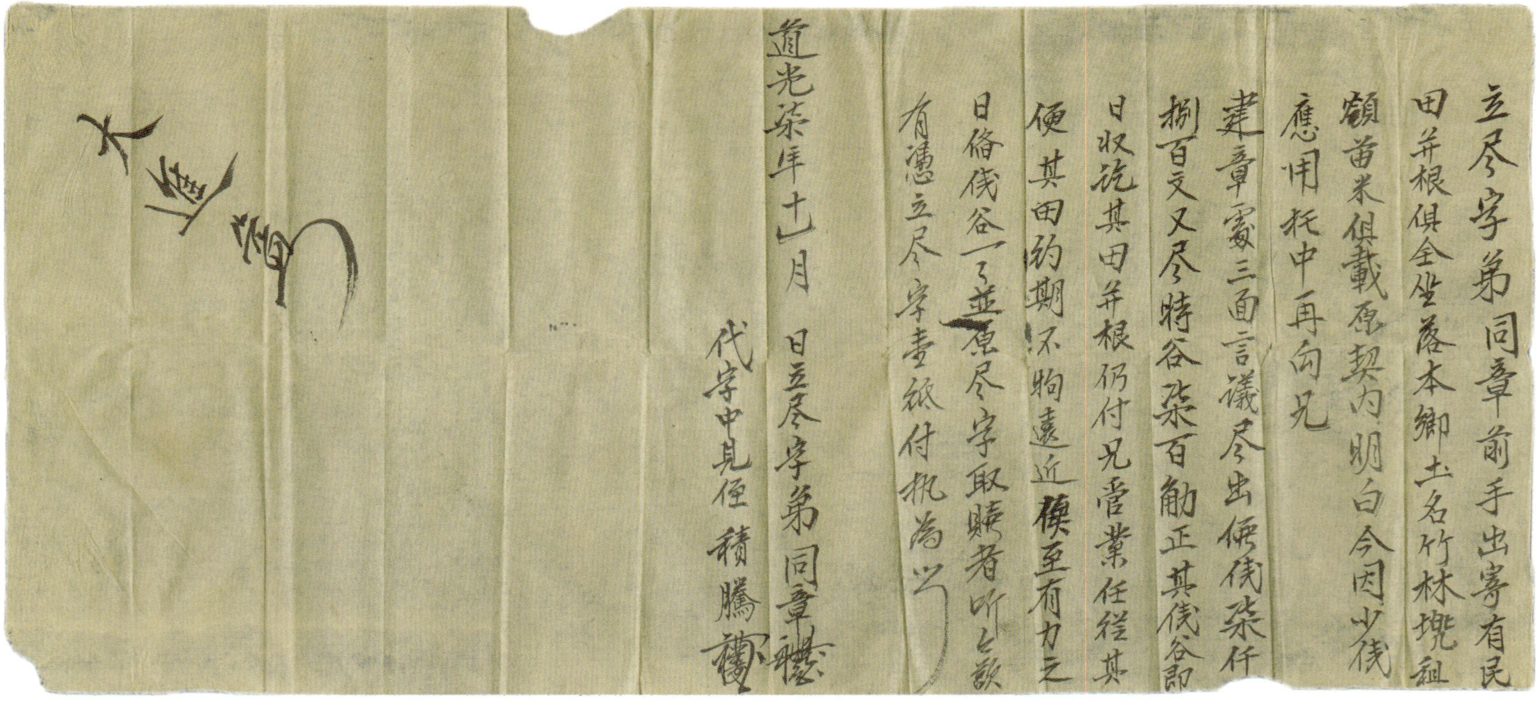
立尽字弟同章前手出寄有民
田并根俱全坐落本鄉土名竹林垅坵
額苗米俱載原契內明白今因少錢
應用托中再向兄
建章處三面言議尽出價錢柒仟
捌百文又尽特谷柒百觔正其錢谷即
日收訖其田并根仍付兄管業任從其
便其田約期不拘遠近備至有力之
日備錢谷一了并原尽字取贖者听之
有憑立尽字壹紙付執為照
道光柒年十一月　日立尽字弟同章
代字中見侄　積騰
大吉

6-1-6-4　清道光七年十一月林同章立盡民田并根字

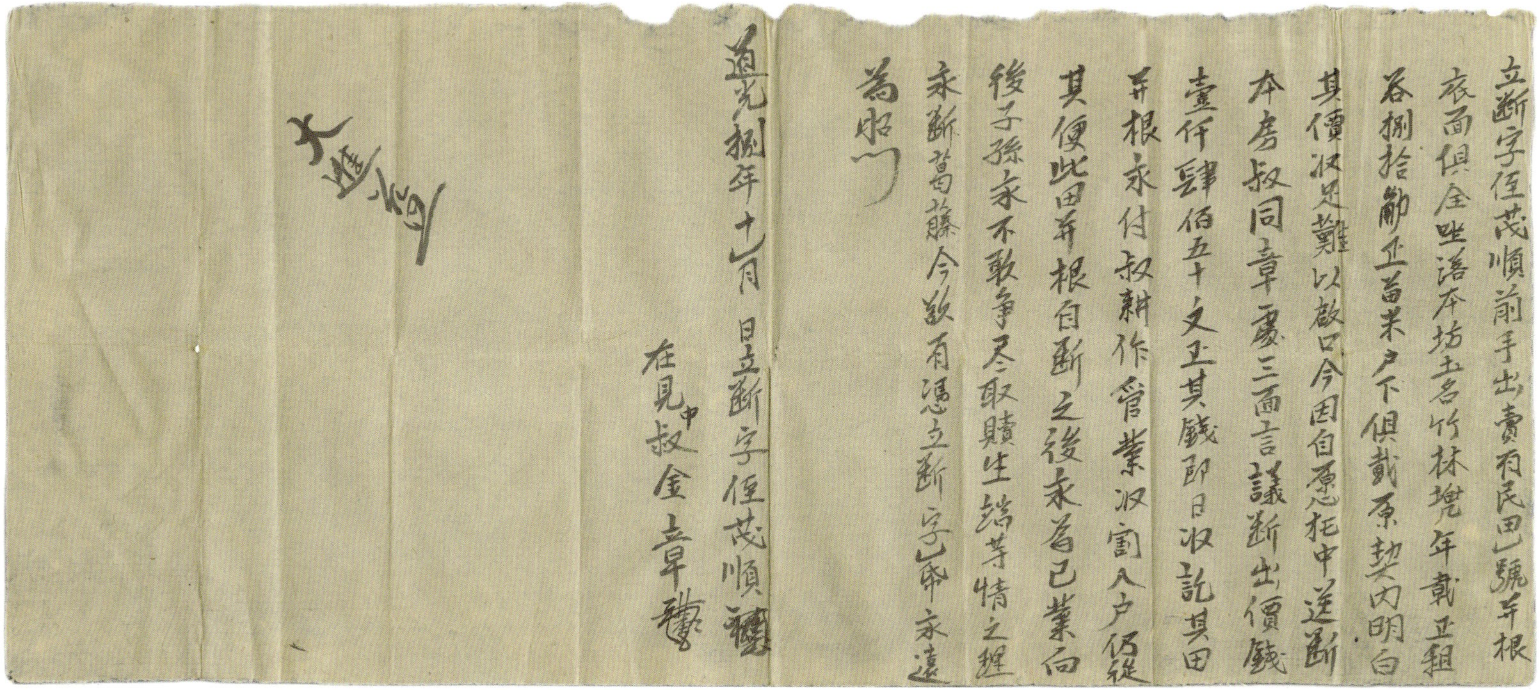

立斷字侄茂順前手出賣有民田乙號并根
底面俱全坐落本坊土名竹林垱年載正租
谷捌拾觔正苗米户下俱載原契內明白
其價收足難以啟口今因自愿托中送斷
本房叔同章處三面言議斷出價錢
壹仟肆佰五十文正其錢即日收訖其田
并根永付叔耕作管業收割入户過從
其便此田并根自斷之後永爲己業向
後子孫永不敢爭言取贖生端等情之理
永斷葛藤今欲有憑立斷字乙帋永遠
爲照

道光捌年十一月　日立斷字侄茂順（押）
在見中叔金章（押）

6-1-6-5　清道光八年十一月林茂順立斷底面全民田字

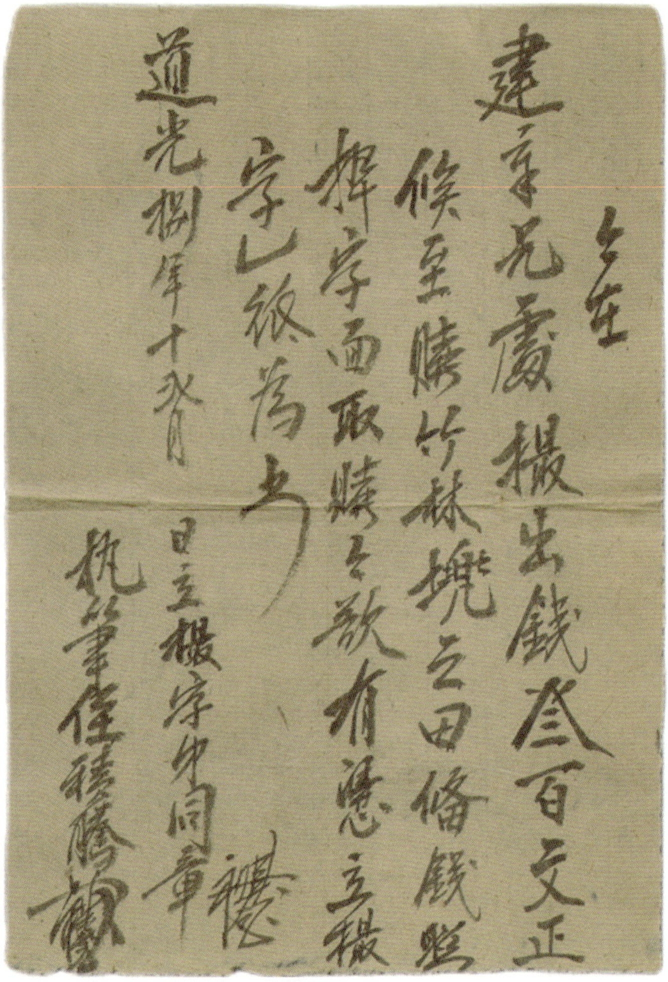
仝在
建章兄處撮出錢叁百文正
條至贖竹林境之田價錢照
撮字面取贖之款有憑立撮
字乙紙為照
道光捌年十弍月　日立撮字林同章（押）
執筆侄孫騰[illegible]

6-1-6-6　清道光八年十二月林同章立撮字

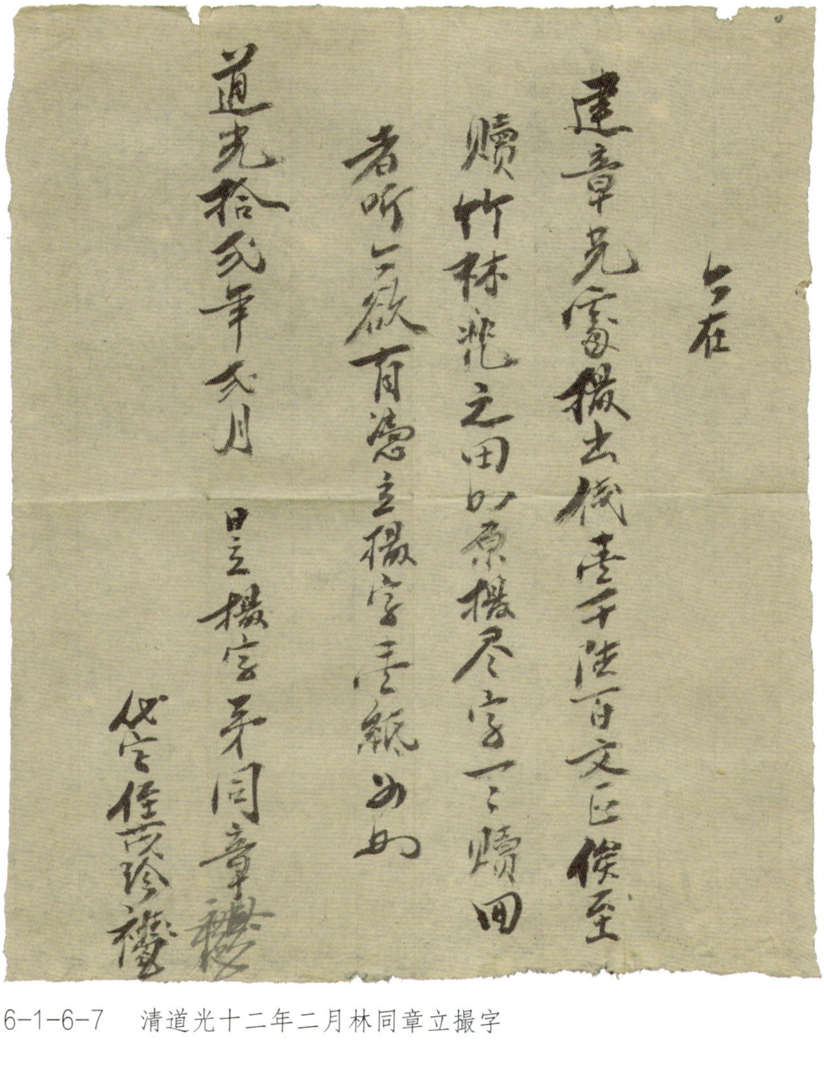

立在
建章兄處撮出錢壹千陸百文正，候至
贖竹林洲之田，即原撮盡字一紙贖回
者，所立欲有憑，立撮字壹紙為照。
道光拾貳年貳月　日立撮字林同章
代字侄成珍

6-1-6-7　清道光十二年二月林同章立撮字

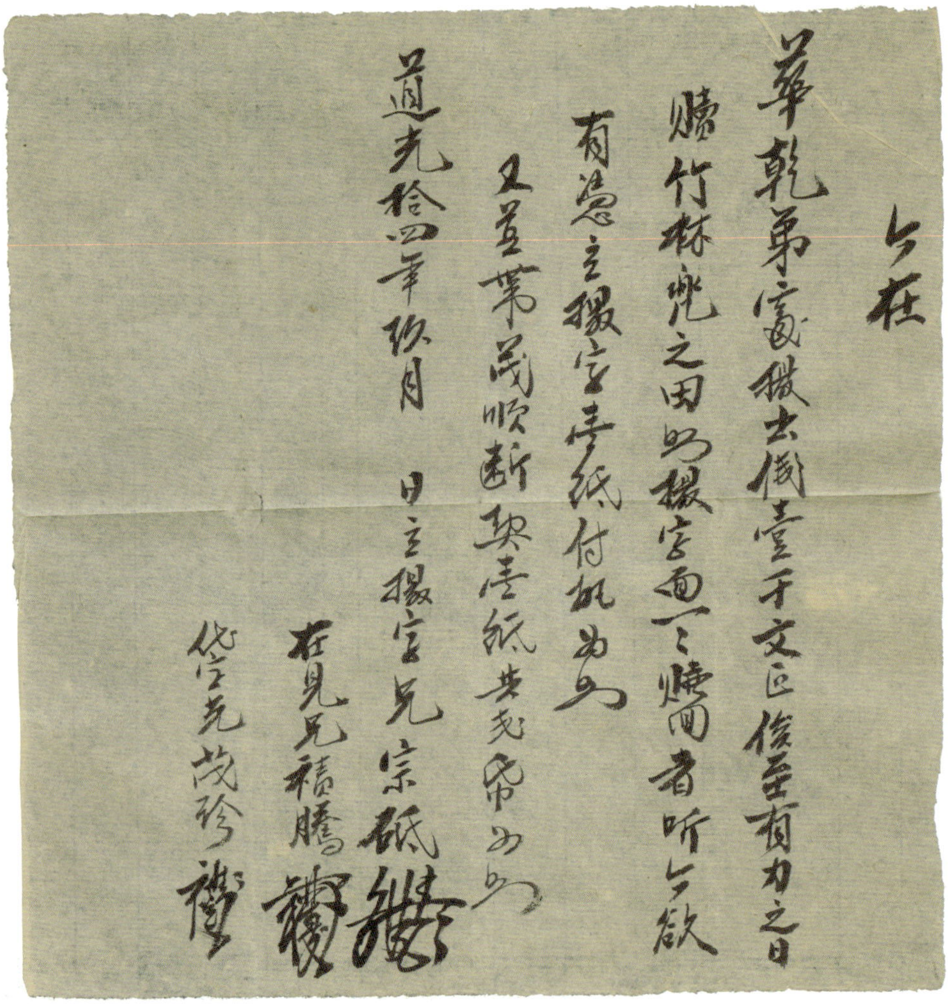

今在
華乾弟處撮出錢壹千文正，候至有力之日
贖竹林兜之田，此撮字面一足贖回者，听今欲
有憑，立撮字壹紙付執為照。
又並業戶收斷契壹紙，共弍帋為照。
道光拾四年玖月　日立撮字兄宗砥（押）
在見兄積騰（押）
代字兄茂珍（押）

6-1-6-8　清道光十四年九月林宗砥立撮字

立典契兄鴻瑶承父手置分過鬮內有民田
根面全共弍号，壹号坐址卅六都湖裡地方土
名竹林墘，年載正租谷捌拾觔正，合載秋
粮陆分弍厘弍毛正；又壹号土名俗呌布紅
墘，年載正租谷叁拾觔正，納在林瑞精汲丈；
壹号土名下分，載正租谷叁拾觔正，合載秋粮
弍分正。今因少乏用，托中送典與胞
國祝弟處為業。三面言議，時值價銀肆拾
伍兩正，每兩折錢捌佰文，扣其銀即日交訖。其
田底面弍号並田根壹号即付錢主前去起
佃收租办粮納租，任從其便。此田係是瑶鬮分
內與兄弟叔侄無干，並無在先交加來歷不
明等情，如有此情，係是兄出頭支當，不涉
錢主之事。其斷言約陆年限滿之日，備銀照
契面对期取贖，如未贖，依旧管業。今欲有
憑，立典契壹並繳林華乾原斷盡陆希之，隨
林定海原盡典並陆希，純共弍拾叁希，付執
為照。

同治伍年十二月　日立典契兄鴻瑶（押）

在見叔永從（押）

中人毛金郎（押）

6-1-6-9　清同治五年十二月陳鴻瑶立典根面全民田契

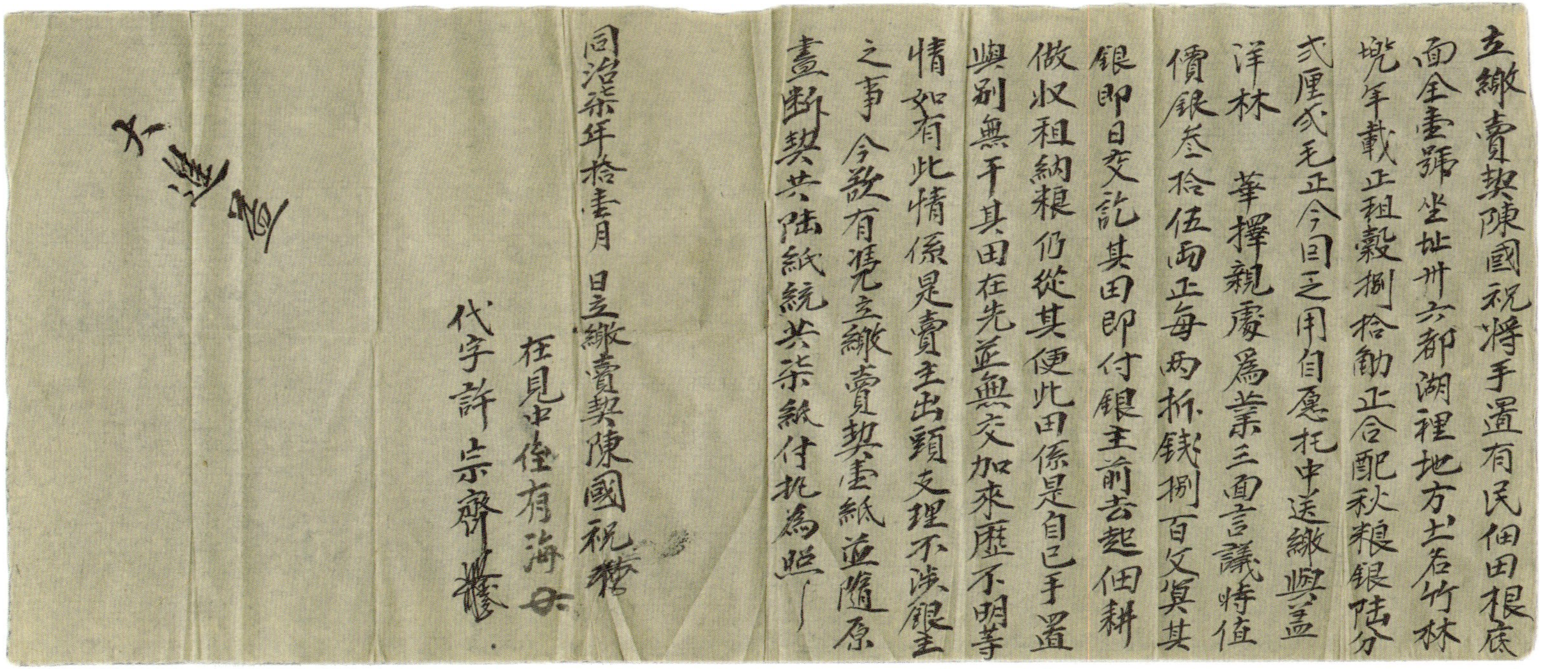
立繳賣契陳國祝將手置有民佃田根底
面全壹號坐址卅六都湖裡地方土名竹林
垅年載正租穀捌拾觔正合配秋粮銀陸分
弍厘弍毛正今因乏用自愿托中送繳與盖
洋林　華擇親處爲業三面言議時值
價銀叁拾伍兩正每兩折錢捌百文其
銀即日交訖其田即付銀主前去起佃耕
做収租納粮仍從其便此田係是自己手置
與别無干其田在先並無交加來歷不明等
情如有此情係是賣主出頭支理不涉銀主
之事今欲有憑立繳賣契壹紙並隨原
畫斷契共陆紙統共柒紙付執爲照
同治柒年拾壹月　日立繳賣契陳國祝
在見中侄有海
代字許宗齊

6-1-6-10　清同治七年十一月陳國祝立繳賣底面全民佃田契

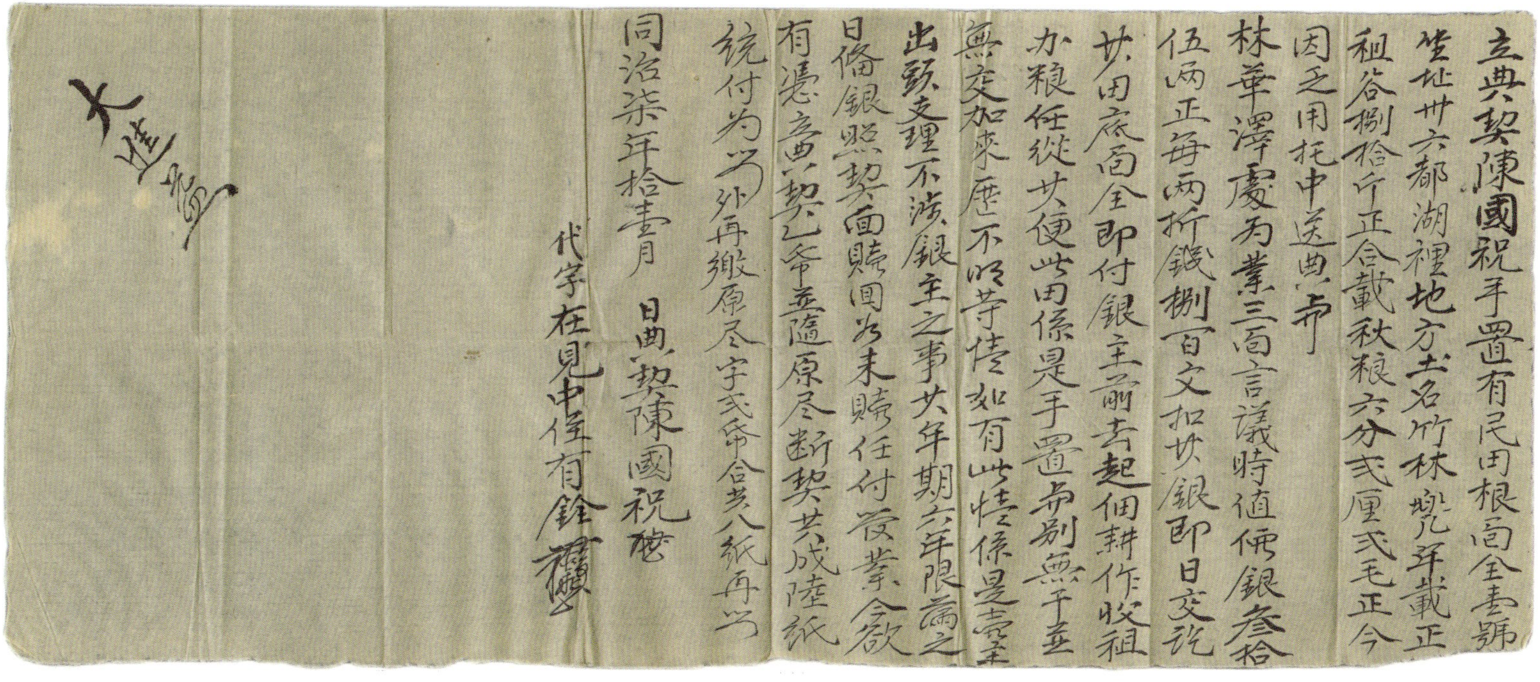

立典契陳國祝手置有民田根面全壹號，坐址廿六都湖裡地方，土名竹林墘，年載正租谷捌拾斤正，合載秋粮六分弍厘弍毛正。今因乏用，托中送典於林華澤、慶為業。三面言議，時值價銀叁拾伍兩正，每兩折錢捌百文，扣廿銀即日交訖。廿田底面全，即付銀主前去起佃耕作，收租办粮，任從廿便。此田係是手置物業，與別無干，並無交加來歷不明等情。如有此情，係是典主出頭支理，不涉銀主之事。其年期六年限滿之日，備銀照契面贖回。如未贖，任付管業。今欲有憑，立典契壹紙，並隨原尽斷契共成陸紙繳付為照。外再繳原尽字弍紙，合共八紙，再照。

同治柒年拾壹月　日立典契陳國祝（押）

代字在見中侄有銓（押）

大吉

6-1-6-11　清同治七年十一月陳國祝立典根面全民田契

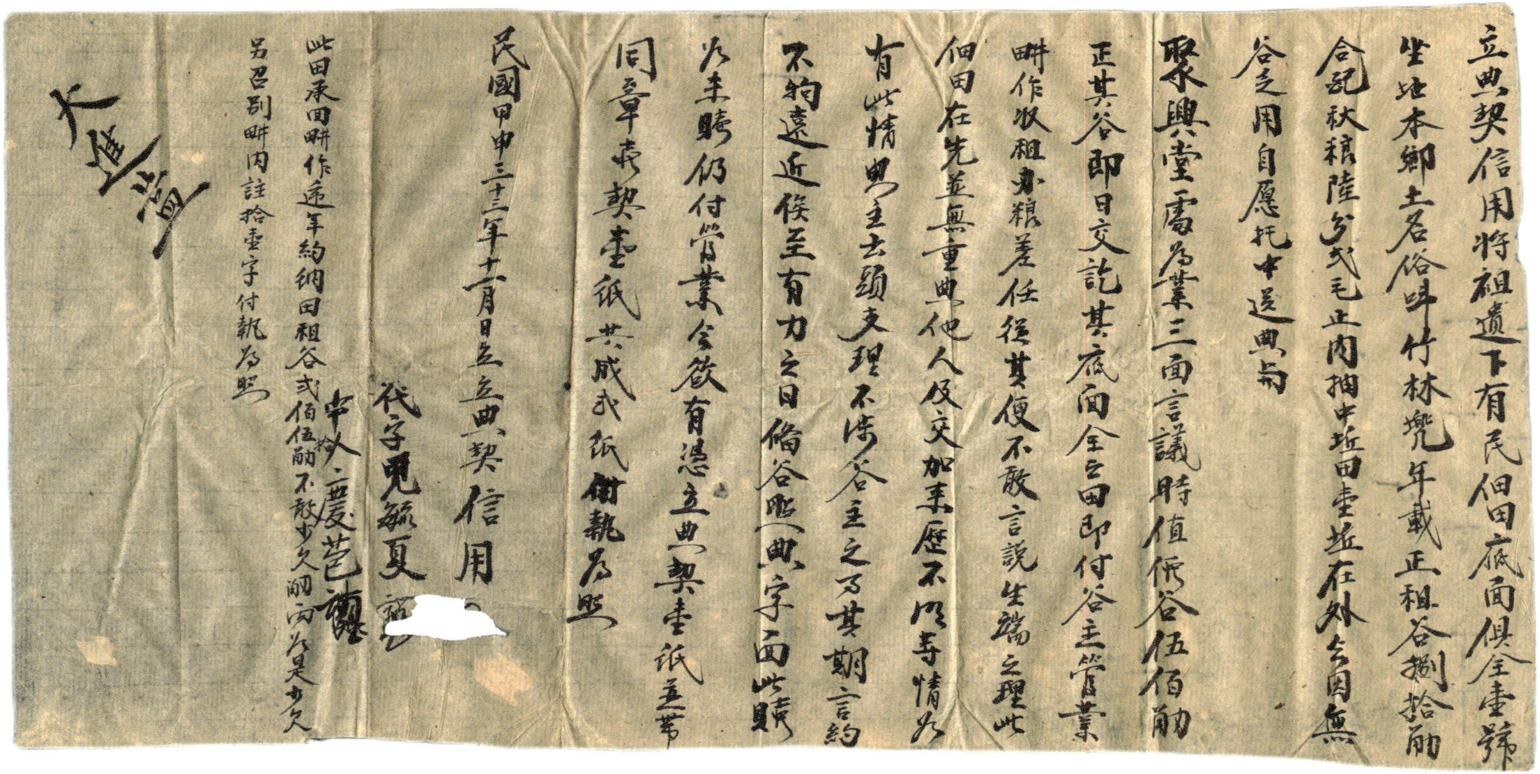
立典契信用將祖遺下有民佃田底面俱全壹號
坐址本鄉土名俗呌竹林兜年載正租谷捌拾觔
合記秋粮陸分弍毛正內抽中坵田壹坵在外今因無
谷之用自愿托中送典與
聚興堂爲業三面言議時值價谷伍佰觔
正其谷即日交訖其底面全田即付谷主管業
耕作收租完粮差任從其便不敢言說生端之理此
佃田在先並無重典他人及交加來歷不明等情如
有此情典主出頭支理不涉谷主之事其期言約
不拘遠近候至有力之日備谷照典字面此贖
如未贖仍付管業今欲有憑立典契壹紙並帶
同章表契壹紙共成弍紙付執爲照
民國甲申三十三年十一月日立典契信用
代字兄毓夏
中人慶芭
此田承回耕作逐年約納田租谷弍佰伍觔不敢少欠倘[illegible]若是少欠
另召別耕內註拾壹字付執爲照
大進宣

6-1-6-12　民國三十三年十一月林信用立典底面全民佃田契

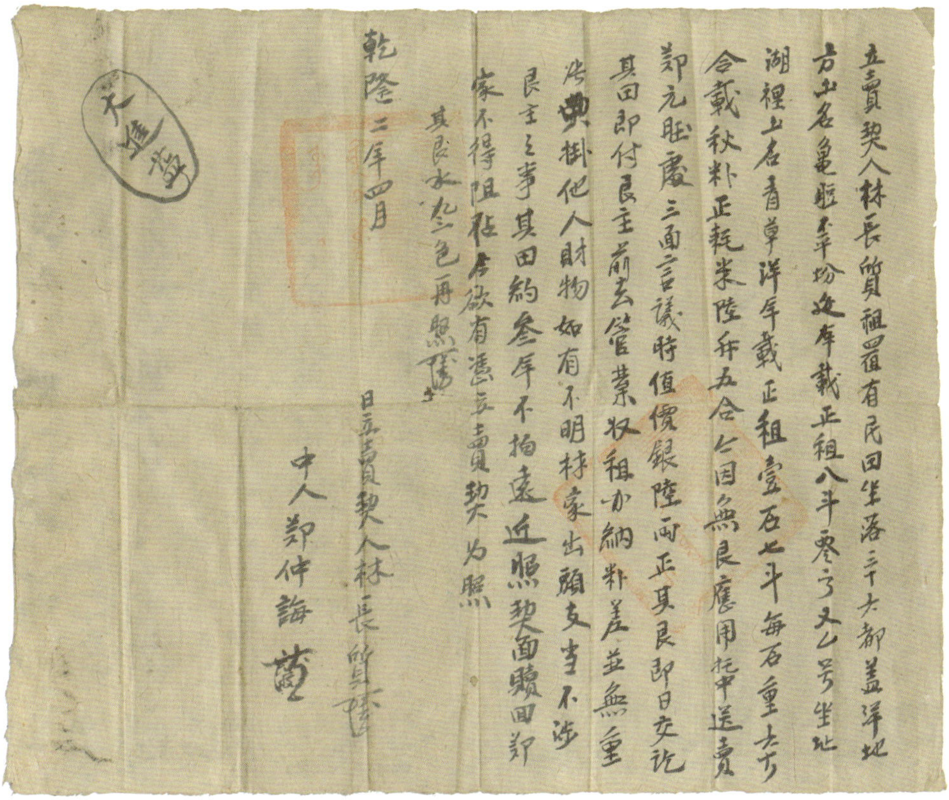
立賣契人林長質祖置有民田坐落二十六都蓋洋地
方土名龜[illegible]叁年分收年載正租八斗叁方又土号坐址
湖裡土名青草洋年載正租壹石七斗每石重[illegible]
合載秋粁正耗米陸升五合亾因無艮應用托中送賣
鄭元𣅀處三面言議時值價銀陸兩正其艮即日交訖
其田即付艮主前去管業收租办納粁差並無重
張典掛他人財物如有不明林家出頭支當不涉
艮主之事其田約叁年不拘遠近照契面贖回鄭
家不得阻執各欲有憑立賣契為照
其艮水九三色再照（押）
乾隆二年四月　日立賣契人林長質（押）
中人鄭仲誨（押）

6-1-7-1　清乾隆二年四月林長質立賣民田契（紅契）

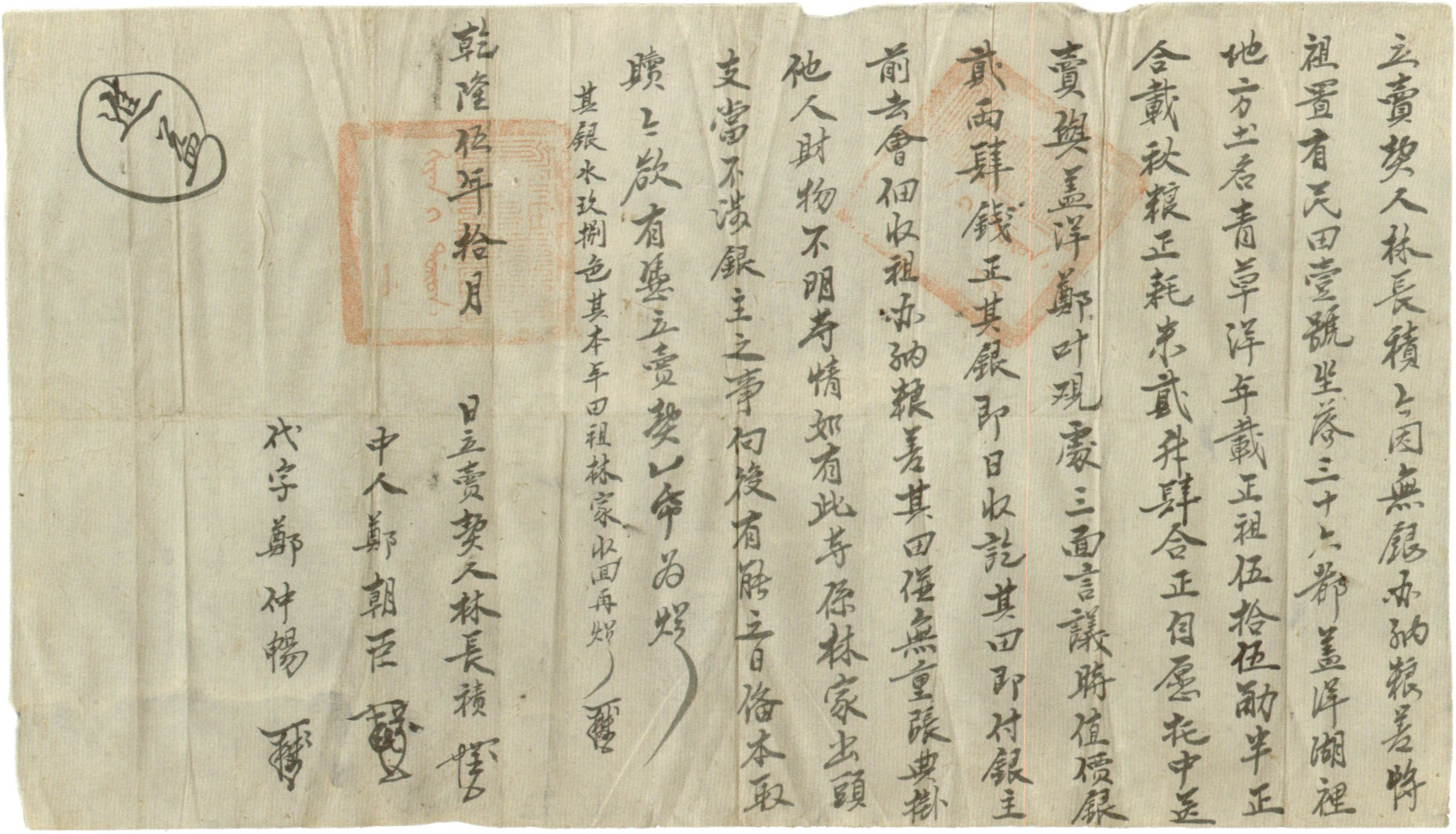

立賣契人林長積，今因無銀不納粮差，將
祖置有民田壹號，坐落三十六都蓋洋湖裡
地方，土名青草洋，年載正租伍拾伍觔半正，
合載秋粮正耗米貳升肆合正，自愿托中送
賣與蓋洋鄭叶观處，三面言議時值價銀
貳両肆錢正，其銀即日收訖，其田即付銀主
前去會佃收租、承納粮差。其田從無重張典掛
他人財物不明等情，如有此等，係林家出頭
支當，不涉銀主之事。向後有銀，立日備本取
贖。今欲有憑，立賣契為照。
其銀水玖捌色，其本年田租林家收回再炤。
乾隆伍年拾月　日立賣契人林長積（押）
中人鄭朝臣（押）
代字鄭仲暢（押）

6-1-7-2　清乾隆五年十月林長積立賣民田契（紅契）

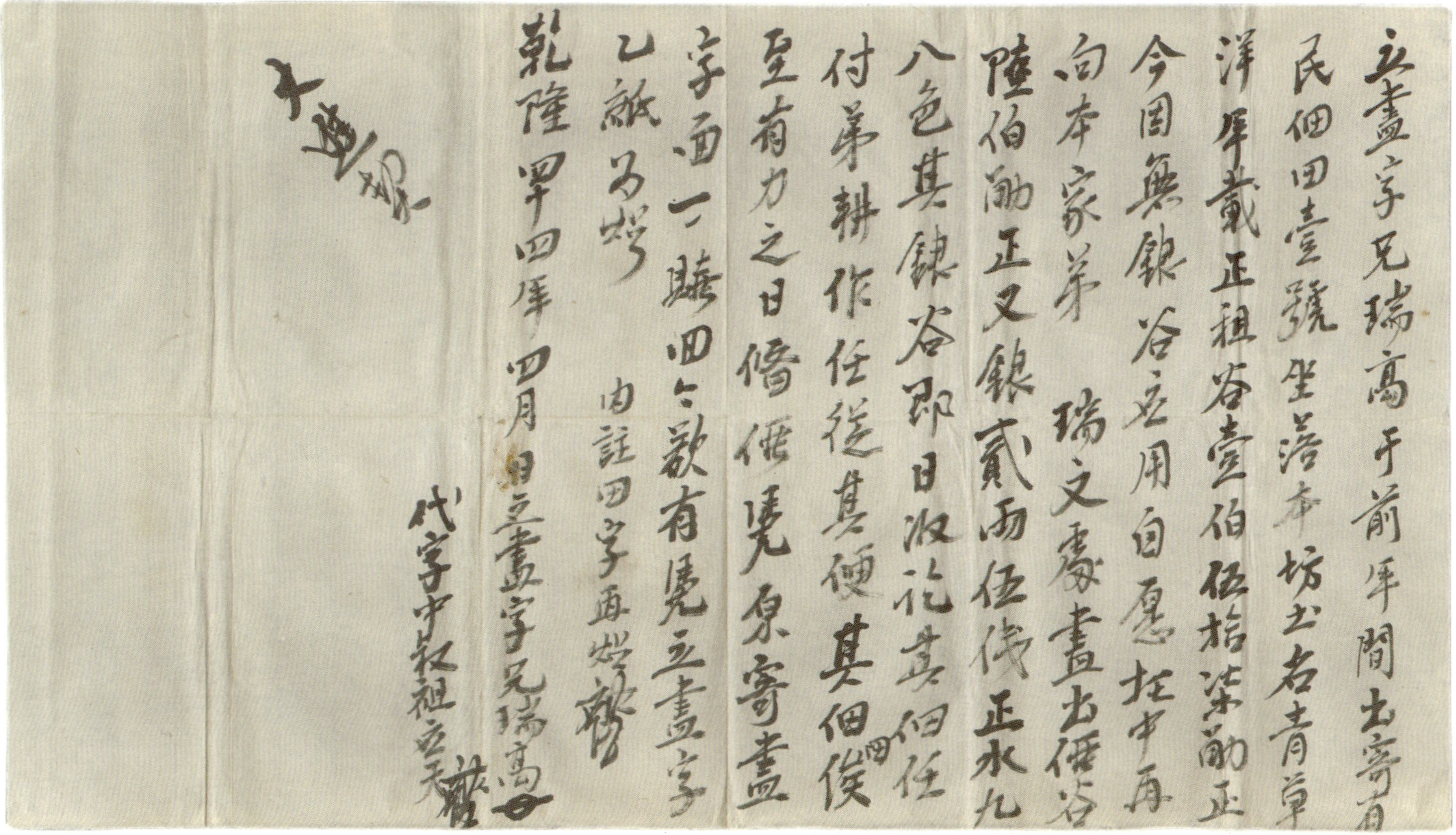

立盡字兄瑞高于前年間出寄有
民佃田壹號坐落本坊土名青草
洋年載正租谷壹伯伍拾柒斛正
今因無銀谷應用自愿托中再
向本家弟 瑞文處盡出價谷
陸伯斛正又銀貳兩伍錢正水九
八色其銀谷即日收訖其佃任
付弟耕作任從其便其佃(田)俟
至有力之日備價照原寄盡
字面一贖回不歉有憑立盡字
乙紙為照
內註田字再照
乾隆四十四年 四月 日立盡字兄瑞高（押）
代字中叔祖立夫（押）

6-1-7-3 清乾隆四十四年四月林瑞高立盡民佃田字

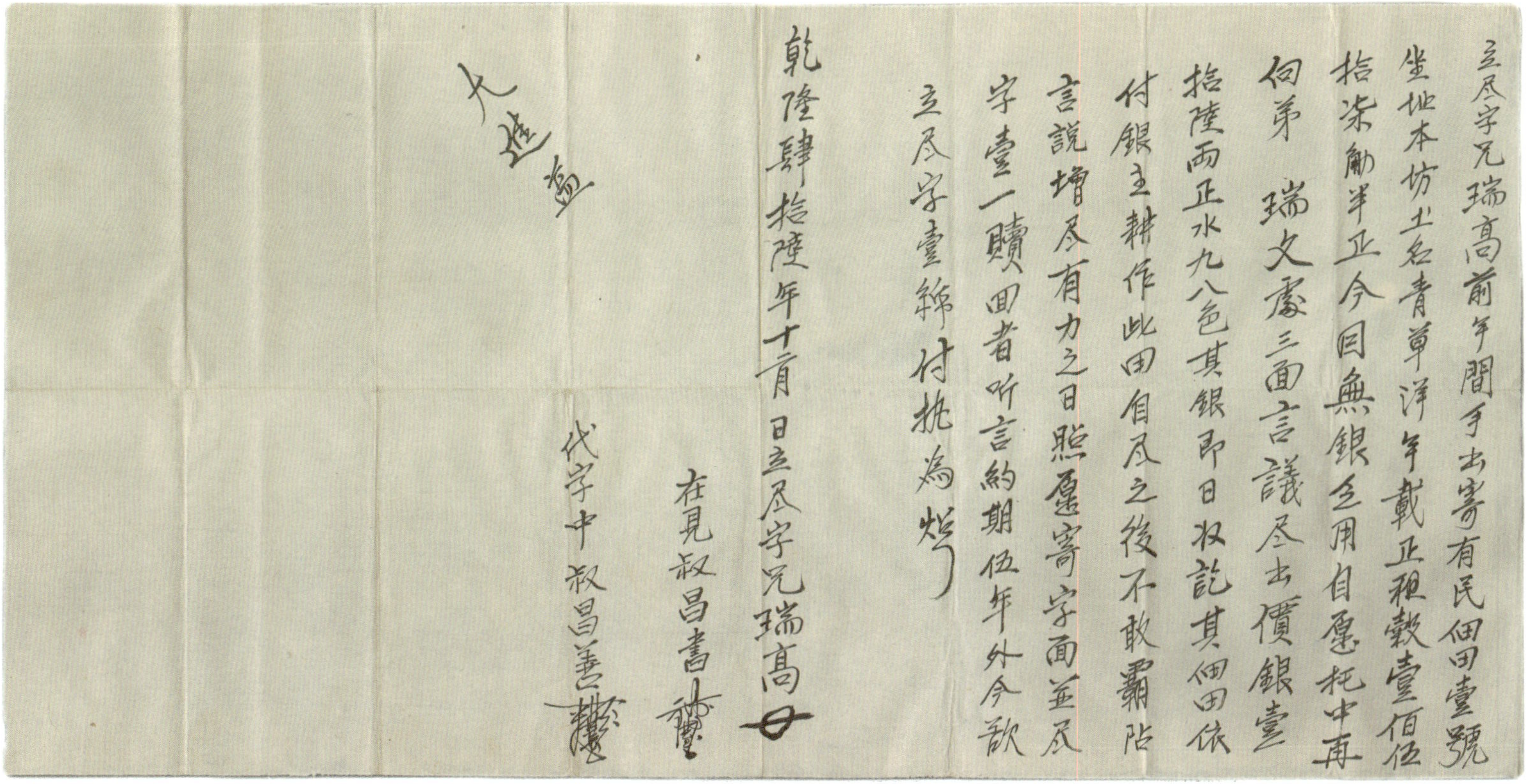
立尽字兄瑞高前年間手出寄有民佃田壹號
坐址本坊土名青草洋年載正租數壹佰伍
拾柒觔半正今因無銀應用自愿托中再
向弟 瑞文處三面言議尽出價銀壹
拾陸兩正水九八色其銀即日收訖其佃田依
付銀主耕作此田自尽之後不敢覇佔
言說增尽有力之日照還寄字面並尽
字壹一贖田者听言約期伍年外今欲
立尽字壹紙付執為炤

乾隆肆拾陸年十二月 日立尽字兄瑞高

在見叔昌書

代字中叔昌善

大進益

6-1-7-4 清乾隆四十六年十二月林瑞高立盡民佃田字

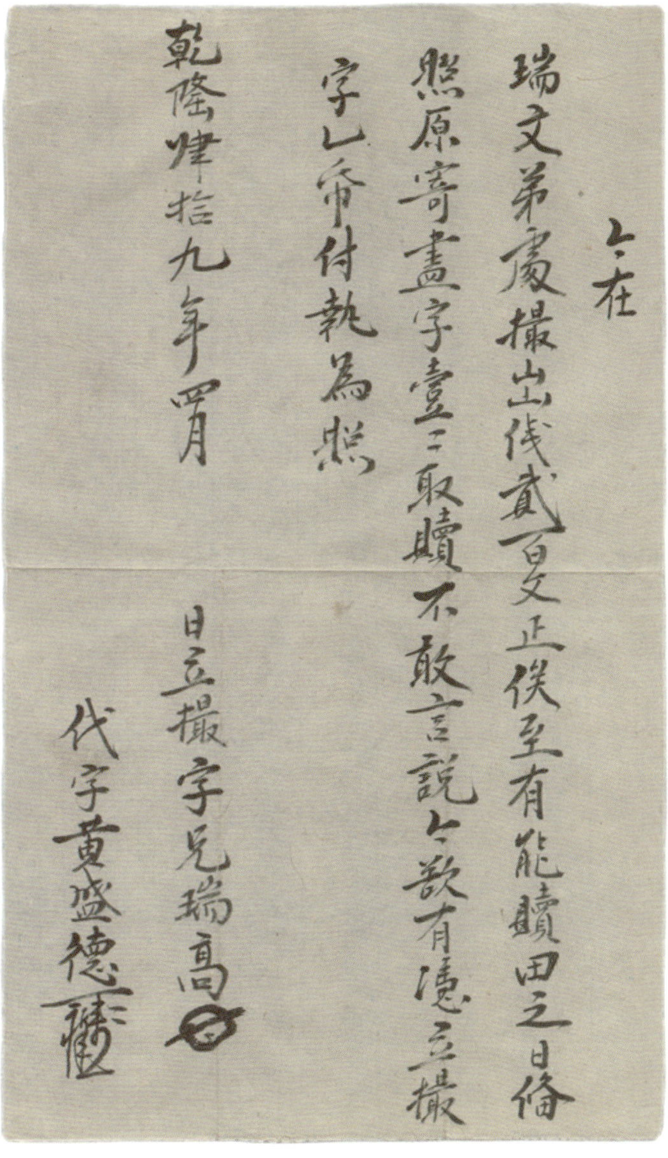

仝在
瑞文弟處撮出錢貳百文正，俟至有能贖田之日，備
照原寄盡字壹々取贖，不敢言說。今欲有憑，立撮
字山帋付執為照。
乾隆肆拾九年四月　日立撮字兄瑞高（押）
代字黃盛德（押）

6-1-7-5　清乾隆四十九年四月林瑞高立撮字

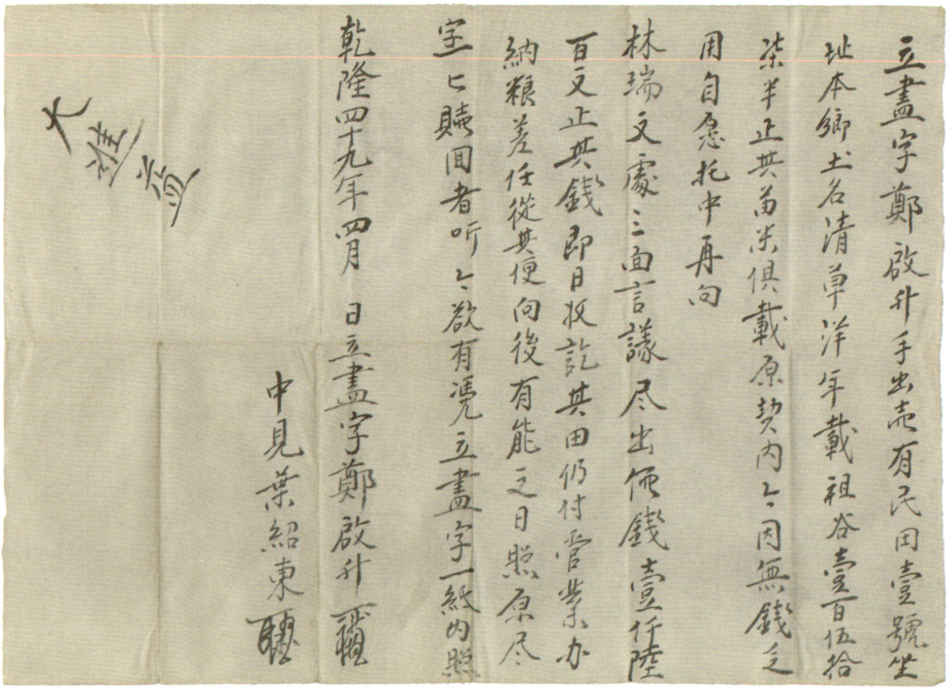
立盡字鄭啟升手出売有民田壹號坐
址本鄉土名清草洋年載租谷壹百伍拾
柒斤正共苗米俱載原契內，今因無錢乏
用自愿托中再向
林瑞文處三面言議盡出價錢壹仟陸
百文正其錢即日收訖其田仍付管業办
納粮差任從其便向後有能之日照原盡
字，今贖回者听，今欲有憑立盡字一紙為照
乾隆四十九年四月　日立盡字鄭啟升（押）
中見葉紹東（押）
大進寶

6-1-7-6　清乾隆四十九年四月鄭啓升立盡民田字

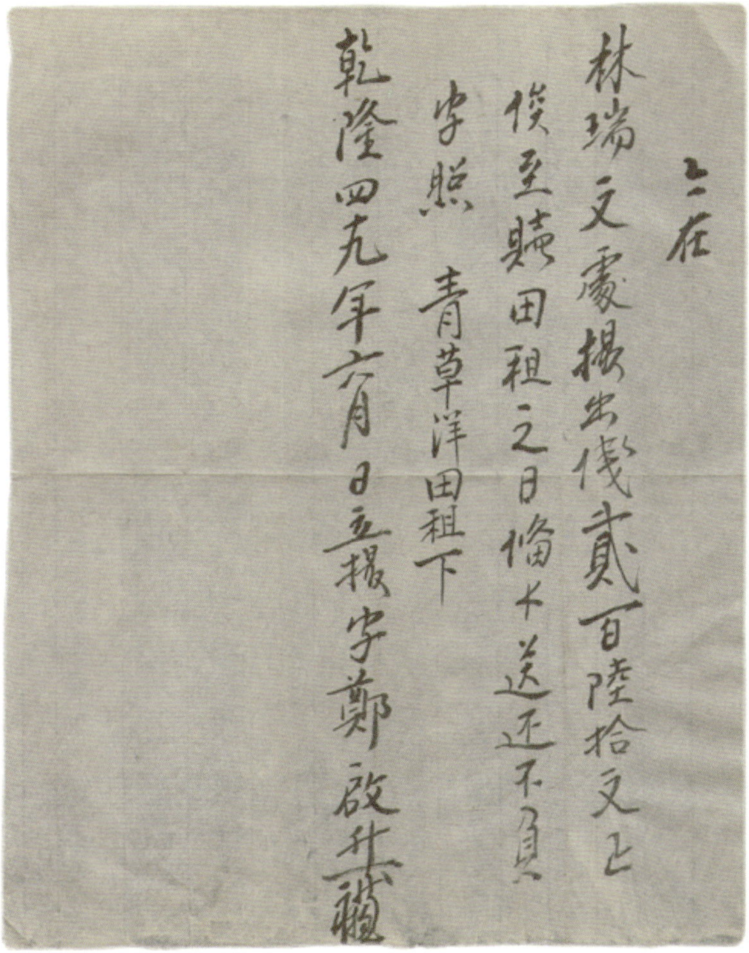
二在
林瑞文處撮出錢貳百陸拾文正
俟至晴田租之日備本送还不負
字照　青草洋田租下
乾隆四九年六月日立撮字鄭啟升押

6-1-7-7　清乾隆四十九年六月鄭啓升立撮字

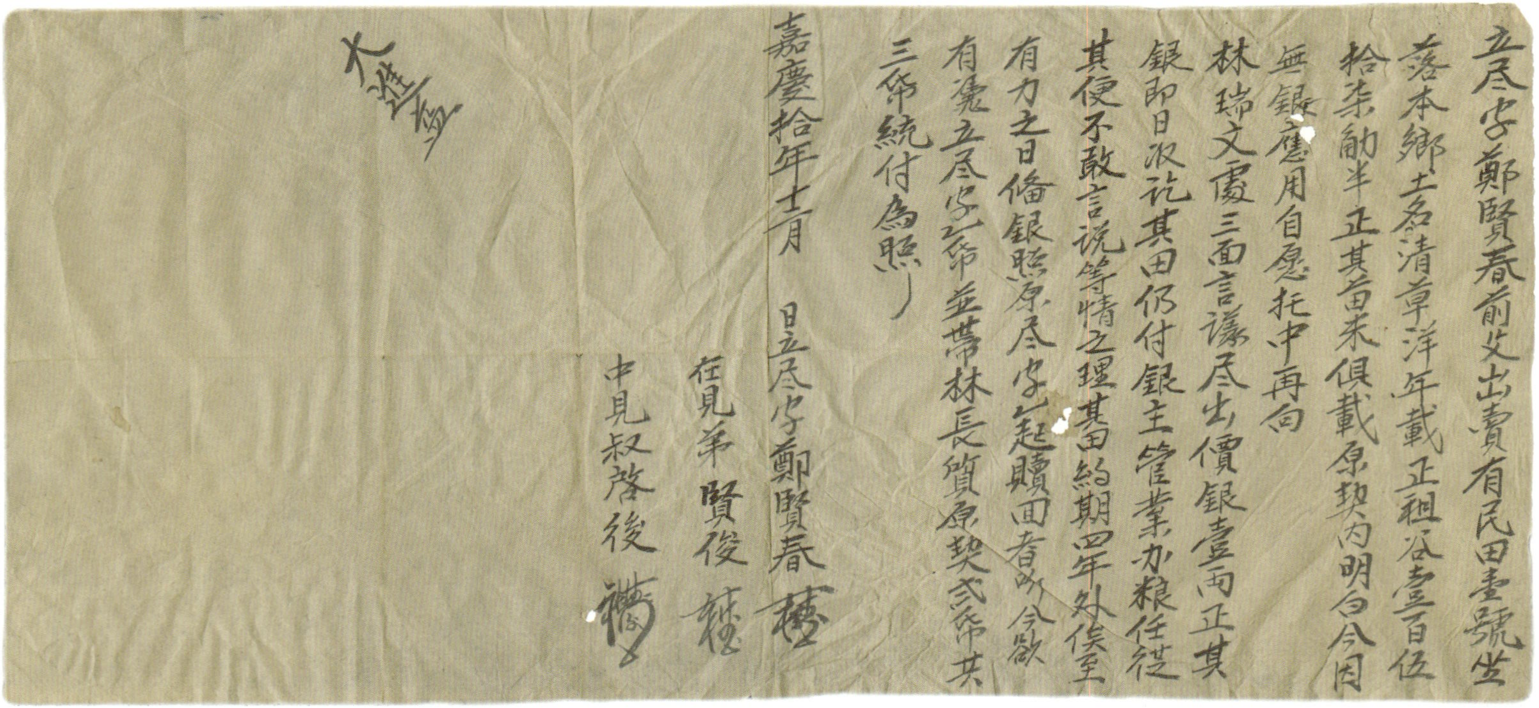

立盡字鄭賢春前文出賣有民田壹號坐
落本鄉土名清草洋年載正租谷壹百伍
拾柒觔半正其苗米俱載原契內明白今因
無銀應用自愿托中再向
林瑞文處三面言議盡出價銀壹兩正其
銀即日收訖其田仍付銀主管業办粮任從
其便不敢言説等情之理其田約期四年外俟至
有力之日備銀照原盡字一起贖回者此今欲
有憑立盡字一紙并帶林長賀原契弍紙共
三紙統付為照。

嘉慶拾年十二月　日立盡字鄭賢春（押）
在見弟　賢俊（押）
中見叔　啓後（押）

大進壹

6-1-7-8　清嘉慶十年十二月鄭賢春立盡民田字

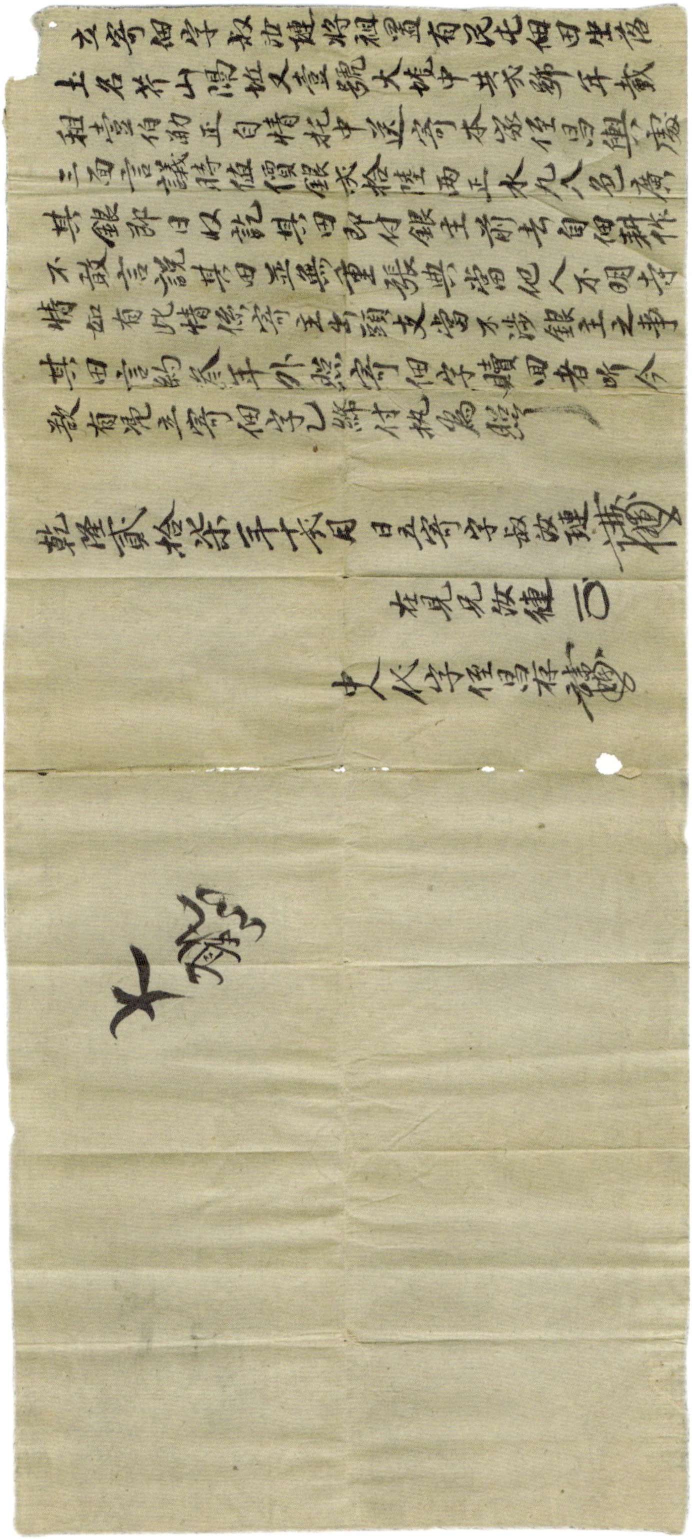
立寄佃字叔汝璉將祖遺有民屯佃田坐落
土名芥山陽垅丈壹號大坵中共[illegible][illegible]伍載
租壹伯觔正自情托中送寄本家侄日興處
三面言議時值價銀弍拾陸兩正[illegible]入己應
其銀即日收訖其田即付銀主前去自佃耕作
不敢言說其田並無重張典當他人不明等
情如有此情係寄主出頭支當不涉銀主之事
其田言約叁年外照寄佃字贖田者明今
欲有憑立寄佃字一紙付執爲照

乾隆貳拾柒年十弍月　日立寄字叔汝璉（押）
在見兄汝健（押）
代字侄日祿（押）

大發

6-1-8-1　清乾隆二十七年十二月林汝璉立寄民屯佃田字

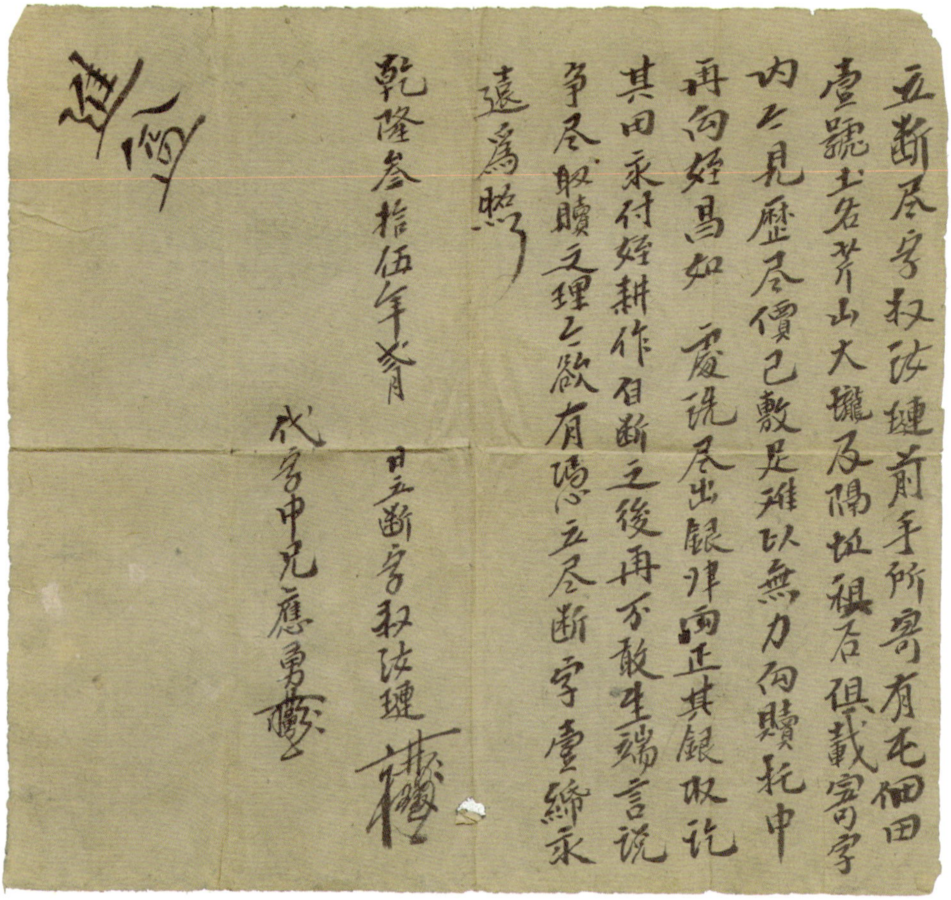

立斷盡字叔汝璉前手所置有屯佃田
壹號，土名芹山大壠及陽坵，祖名俱載置字
內，今見歷盡價已敷足，雖以無力向贖，託中
再向姪昌如處說盡，出銀肆兩正，其銀收訖，
其田永付姪耕作。自斷之後，再不敢生端言說
爭盡取贖之理。今欲有憑，立盡斷字壹紙，永
遠為照。

乾隆叁拾伍年二月　日立斷字叔汝璉（押）

代字中兄應勇（押）

6-1-8-2　清乾隆三十五年二月林汝璉立斷盡屯佃田字

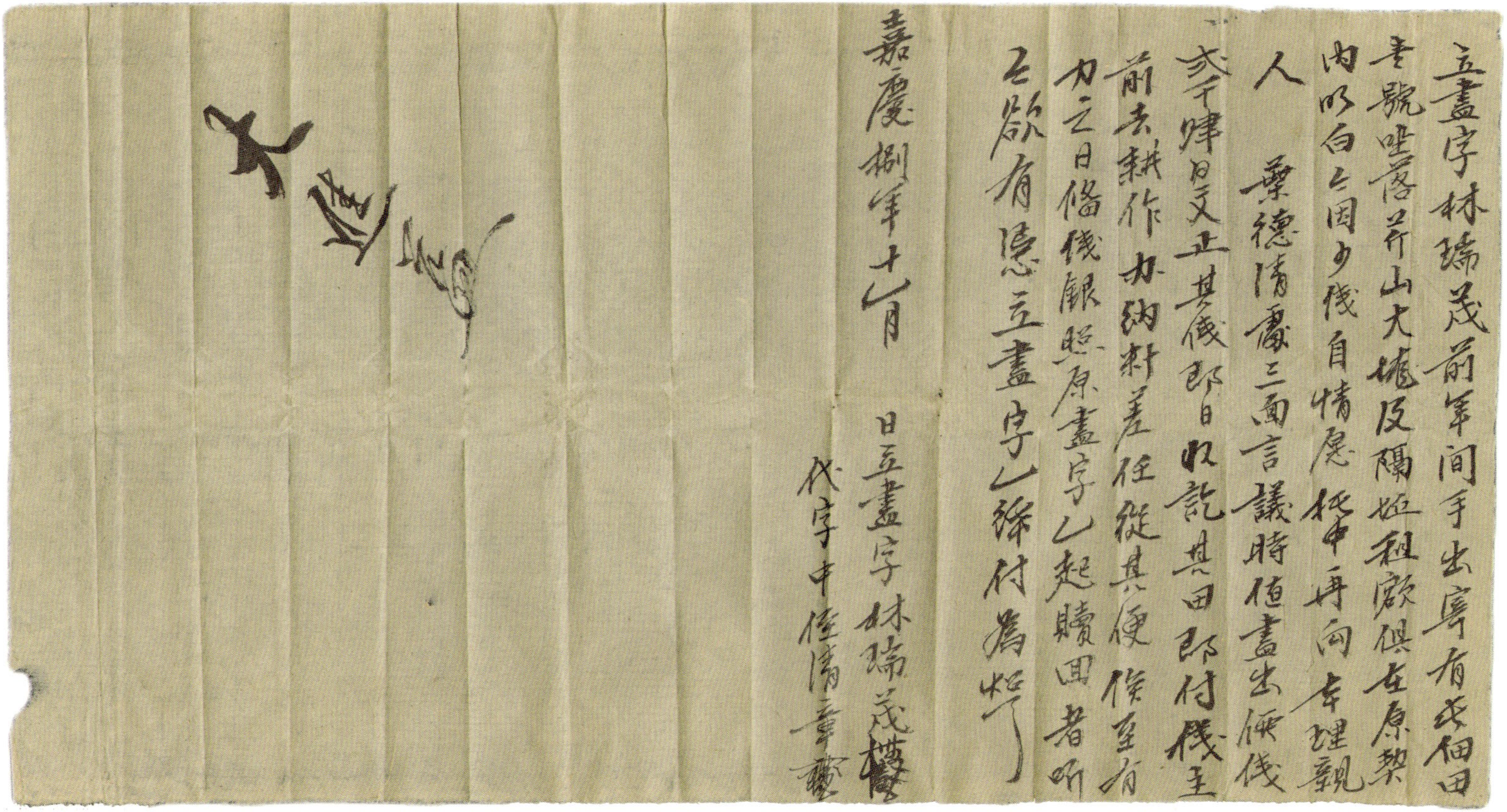

立盡字林瑞茂前年间手出寫有承佃田
壹號坐落芹山大墘及陽姑租谷俱在原契
内明白今因乏钱自情愿托中再向本里親
人　葉德清處三面言議時值盡出價钱
六千肆百文正其钱即日收訖其田即付钱主
前去耕作办纳村差任從其便倘至有
力之日備钱銀照原盡字乙起贖回者听
之欲有憑立盡字乙紙付為照

嘉慶捌年十一月　日立盡字林瑞茂（押）
代字中侄清章（押）

6-1-8-3　清嘉慶八年十一月林瑞茂立盡屯佃田字

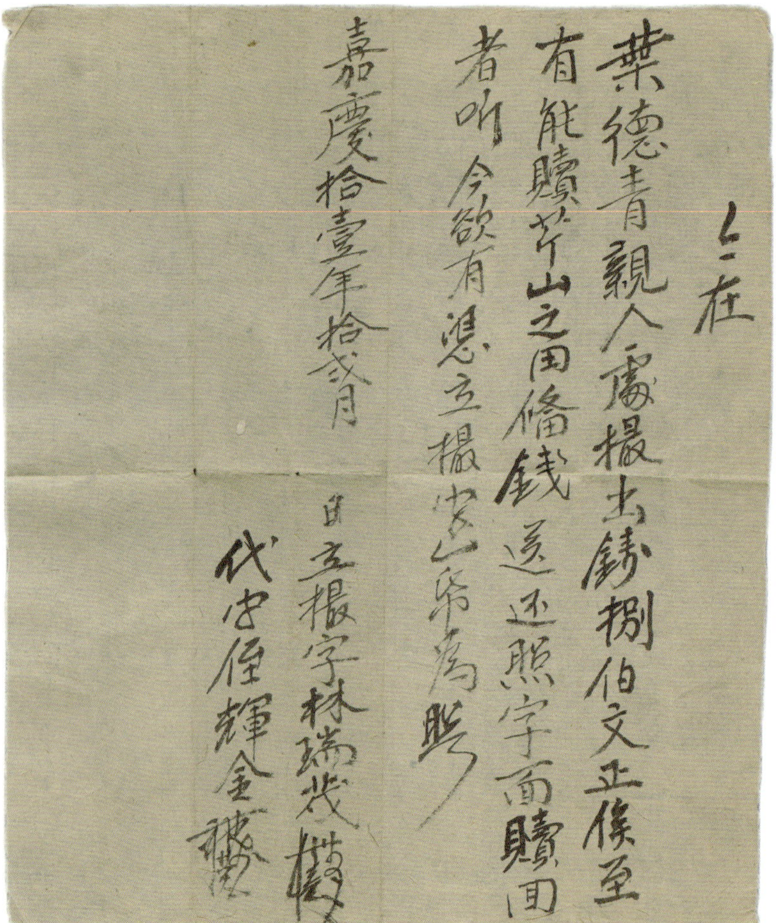

仝在

葉德青親人處撮出錢捌伯文正，候至

有能贖芹山之田，備錢送還，照字面贖田

者。今欲有憑，立撮字爲照。

嘉慶拾壹年拾弍月　日立撮字林瑞茂（押）

代字侄輝金（押）

6-1-8-4　清嘉慶十一年十二月林瑞茂立撮字

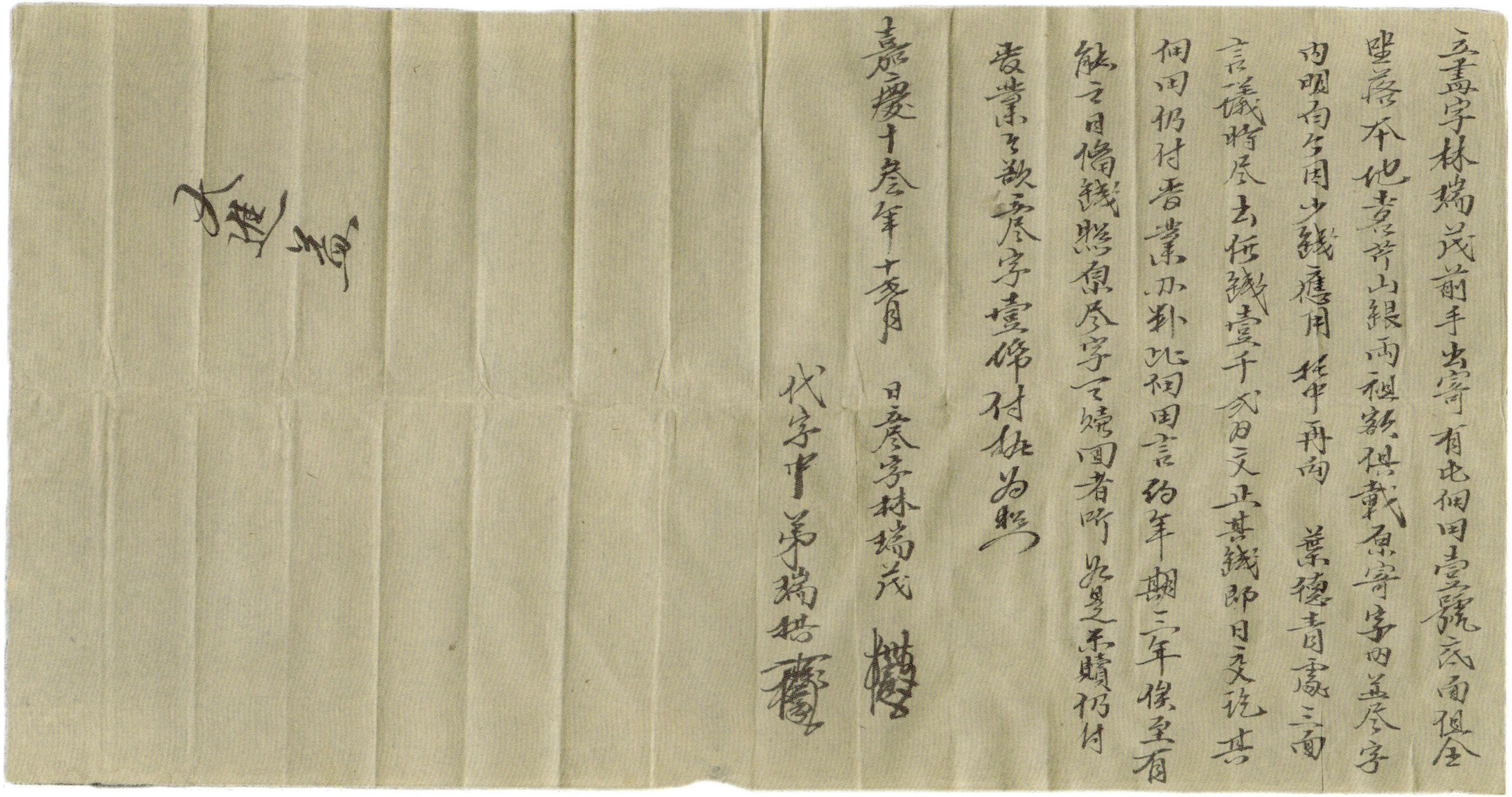

立盡字林瑞茂前手出寄有乜佃田壹號底面俱全
坐落本地土名芹山銀兩祖窠，俱載原寄字四至盡字
內明。今因少錢應用，托中再向葉德青處三面
言議，將底去盡錢壹千貳百文正，其錢即日交訖。其
佃田仍付晉業耕作，此佃田言約年期三年，候至有
餘之日備錢照原盡字之價回者，所是之日不贖仍付
晉業之欽。今欲有憑，立盡字壹紙付執為照。

嘉慶十叁年十二月　日立盡字林瑞茂（押）
代字中弟瑞桔（押）

[illegible]

6-1-8-5　清嘉慶十三年十二月林瑞茂立盡底面全乜佃田字

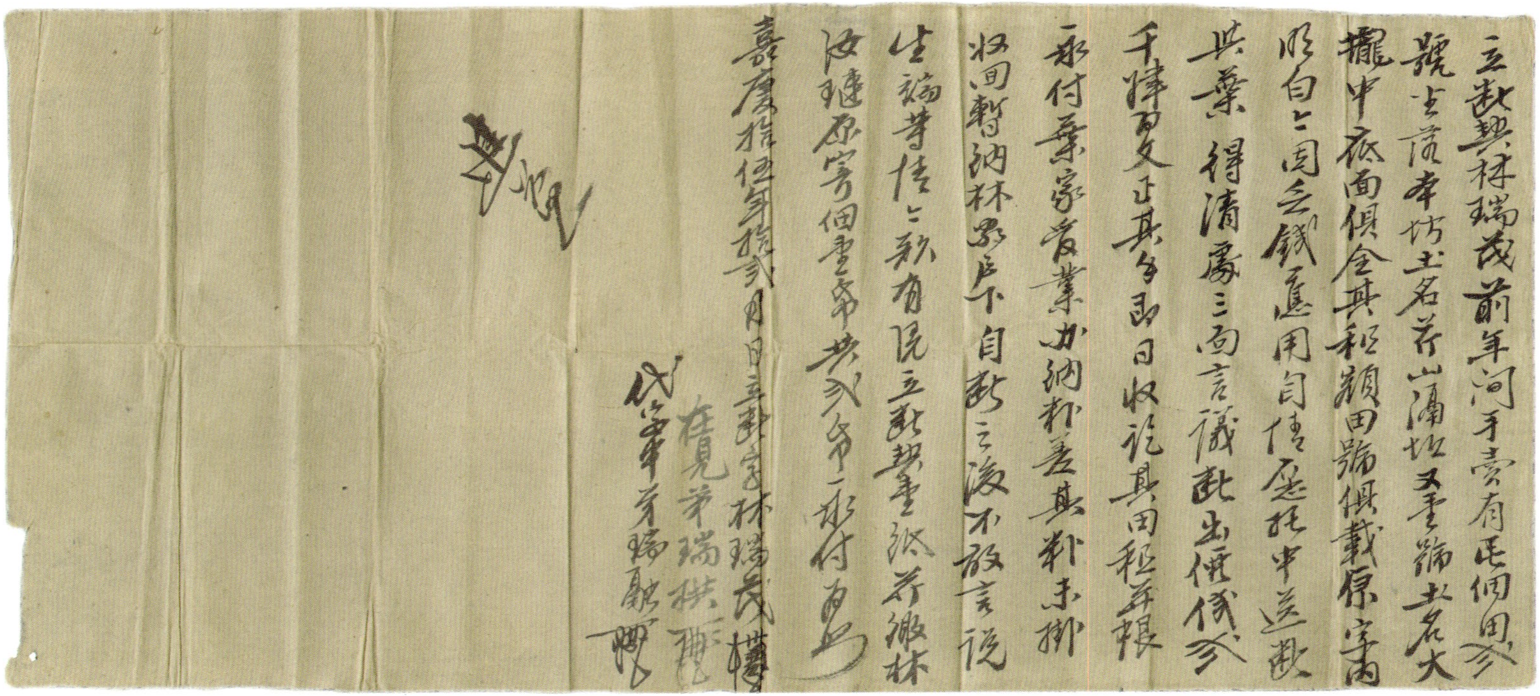
立斷契林瑞茂前年间手置有屯佃田叁
號坐落本坊土名芹山蒲垅又壹號土名大
壠中底面俱全其租額田號俱載原字內
明白今因乏錢應用自情愿托中送斷
與葉 得清處三面言議斷出價錢叁
千肆百文正其錢即日收訖其田租并粮
永付葉家管業出納邦差其邦未掛
收回暫納林家戶下自斷之後不敢言説
生端等情今欲有憑立斷契壹紙并繳林
汝璉原寫佃壹紙共貳紙一并付照
嘉慶拾伍年拾貳月 日立斷契林瑞茂
在見弟瑞棋
代筆弟瑞馳

6-1-8-6　清嘉慶十五年十二月林瑞茂立斷屯佃田契

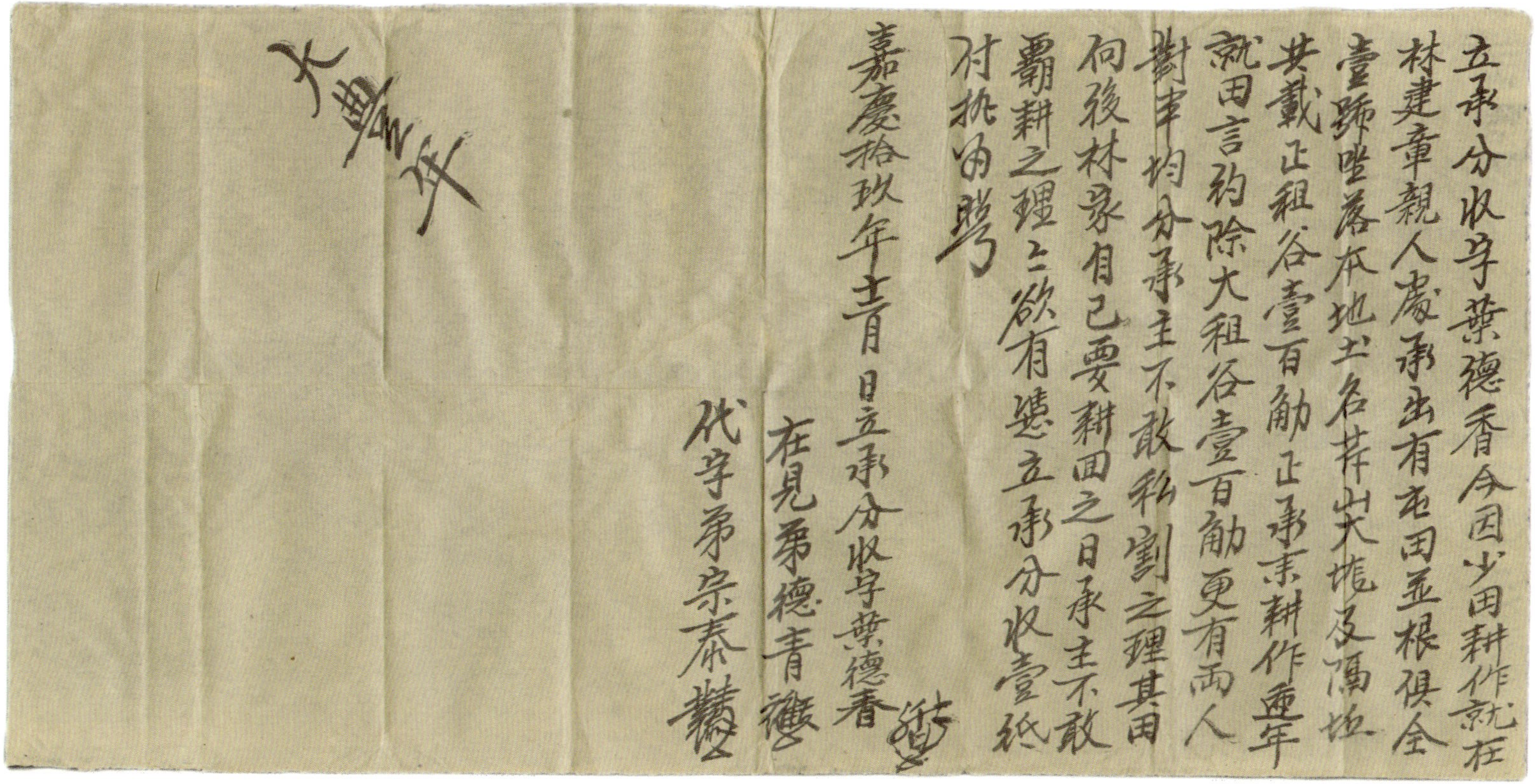

立承分收字葉德香，今因少田耕作，就在
林建章親人處承出有屯田並根，俱全
壹號，坐落本地土名茾山大堀及隔坵，
共載正租谷壹百觔，正承來耕作，每年
就田言約除大租谷壹百觔，更有兩人
對半均分，承主不敢私割之理。其田
向後林家自己要耕田之日，承主不敢
覇耕之理。二欲有憑，立承分收壹紙
付執為照。

嘉慶拾玖年十二月　日立承分收字葉德香

在見弟德青

代字弟宗泰

大興收

6-1-8-7　清嘉慶十九年十二月葉德香立承分收屯田並根字

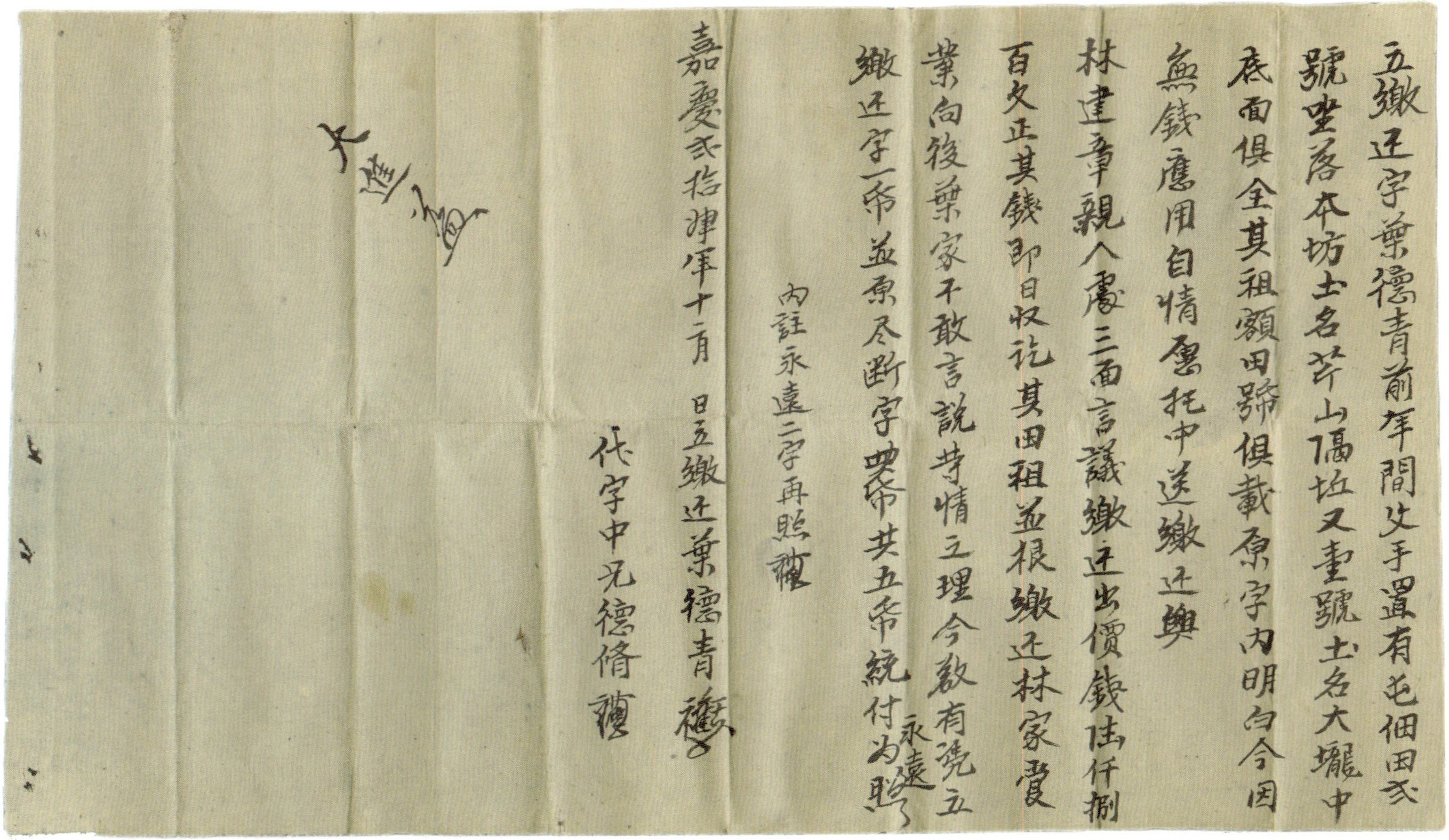
立繳还字葉德青前年間父手置有屯佃田弍
號坐落本坊土名芹山隔垃又壹號土名大壠中
底面俱全其租額田跡俱載原字內明白今因
無錢應用自情憑托中送繳还與
林建章親入處三面言議繳还出價錢陸仟捌
百文正其錢即日收訖其田租並根繳还林家管
業向後葉家不敢言說等情立理今欲有凴立
繳还字一帋並原卖斷字四帋共五帋統付永遠為照

內註永遠二字再照禮

嘉慶弍拾肆年十二月　日立繳还葉德青

代字中兄德脩禮

大進

6-1-8-8　清嘉慶二十四年十二月葉德青立繳还底面全屯佃田字

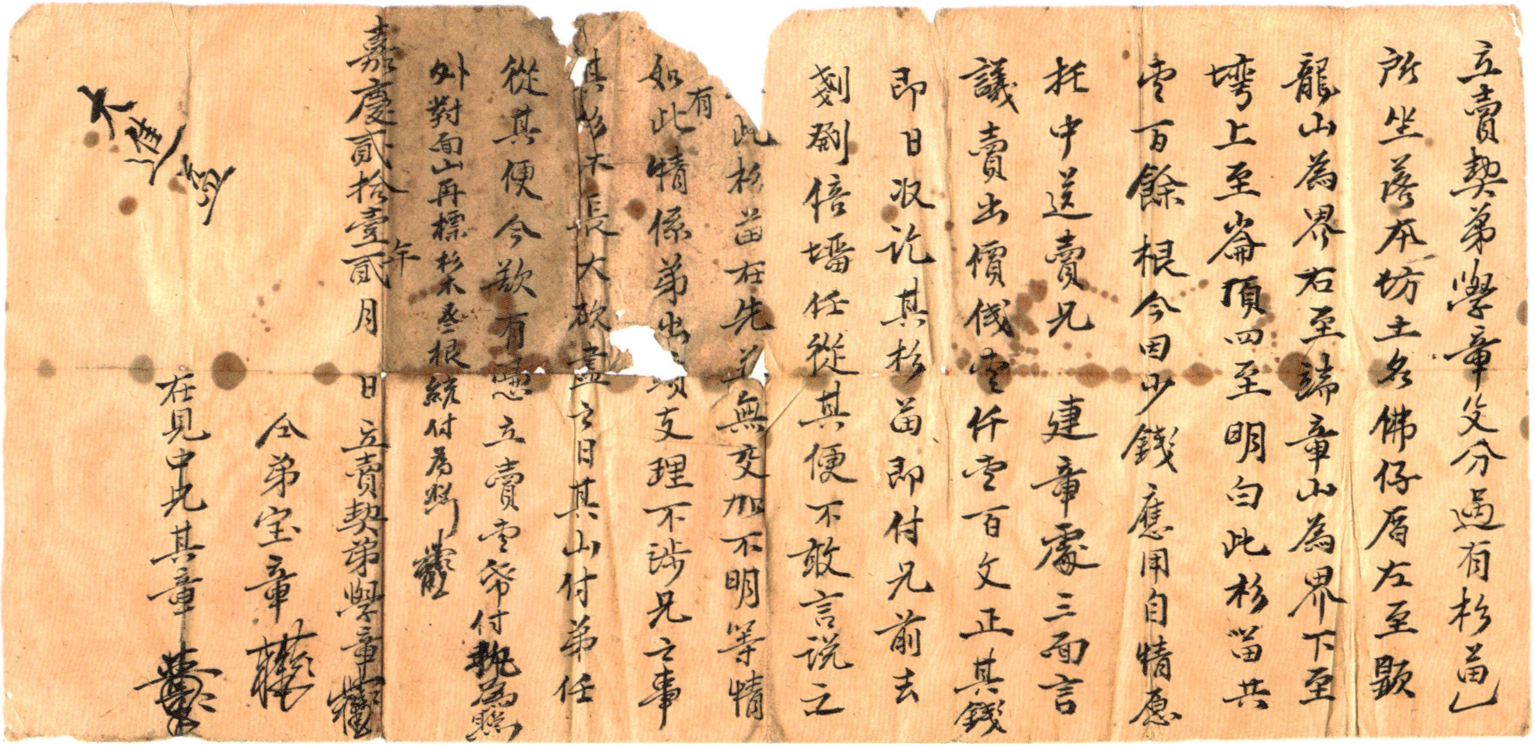
立賣契弟學章父分過有杉苗山
所坐落本坊土名佛仔厝左至鼓
龍山為界右至瑞章山為界下至
墘上至崙頂四至明白此杉苗共
壹百餘根今因乏錢應用自情愿
托中送賣兄建章處三面言
議賣出價錢壹仟壹百文正其錢
即日收訖其杉苗即付兄前去
剗刷培壅任從其便不敢言説之
此杉苗在先並無交加不明等情
如有此情係弟出頭支理不涉兄之事
其杉木長大欲盡之日其山付弟侄
從其便今欲有憑立賣壹紙付執為照
外對面山再標杉木叁根統付為照
嘉慶貳拾壹年貳月　日立賣契弟學章
仝弟宝章
在見中兄其章

6-1-9-1　清嘉慶二十一年二月林學章等立賣杉苗契

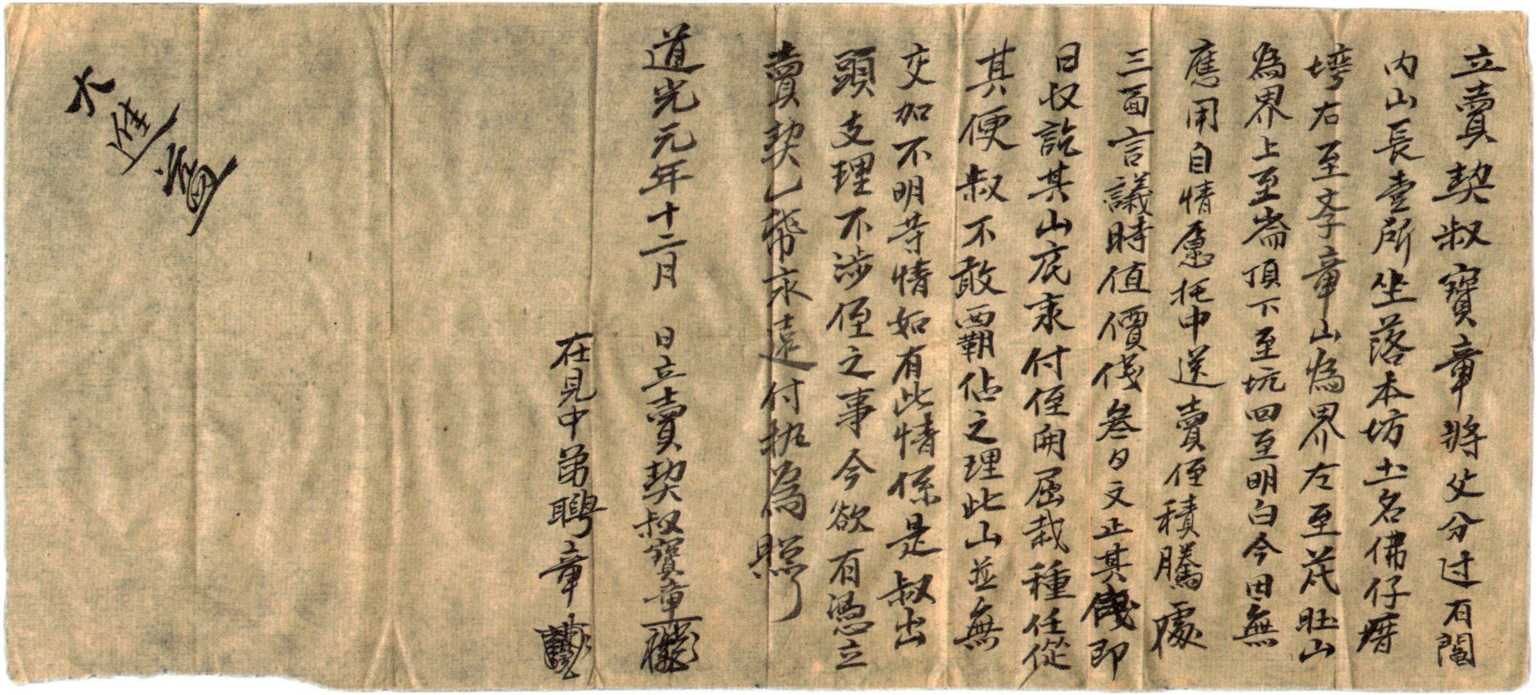
立賣契叔寶章將父分过有閩
内山長壹所坐落本坊土名佛仔厝
墘右至李章山爲界左至茂壯山
爲界上至嵩頂下至坑四至明白今因無
應用自情愿托中送賣侄積騰處
三面言議時值價錢叁千文正其錢即
日收訖其山底聽付侄前去栽種任從
其便叔不敢阻霸佔之理此山並無
交加不明等情如有此情係是叔出
頭支理不涉侄之事今欲有憑立
賣契山帶來遠付執爲照。
道光元年十二月　日立賣契叔寶章（押）
在見中弟聘章（押）

6-1-9-2　清道光元年十二月林寶章立賣山場契

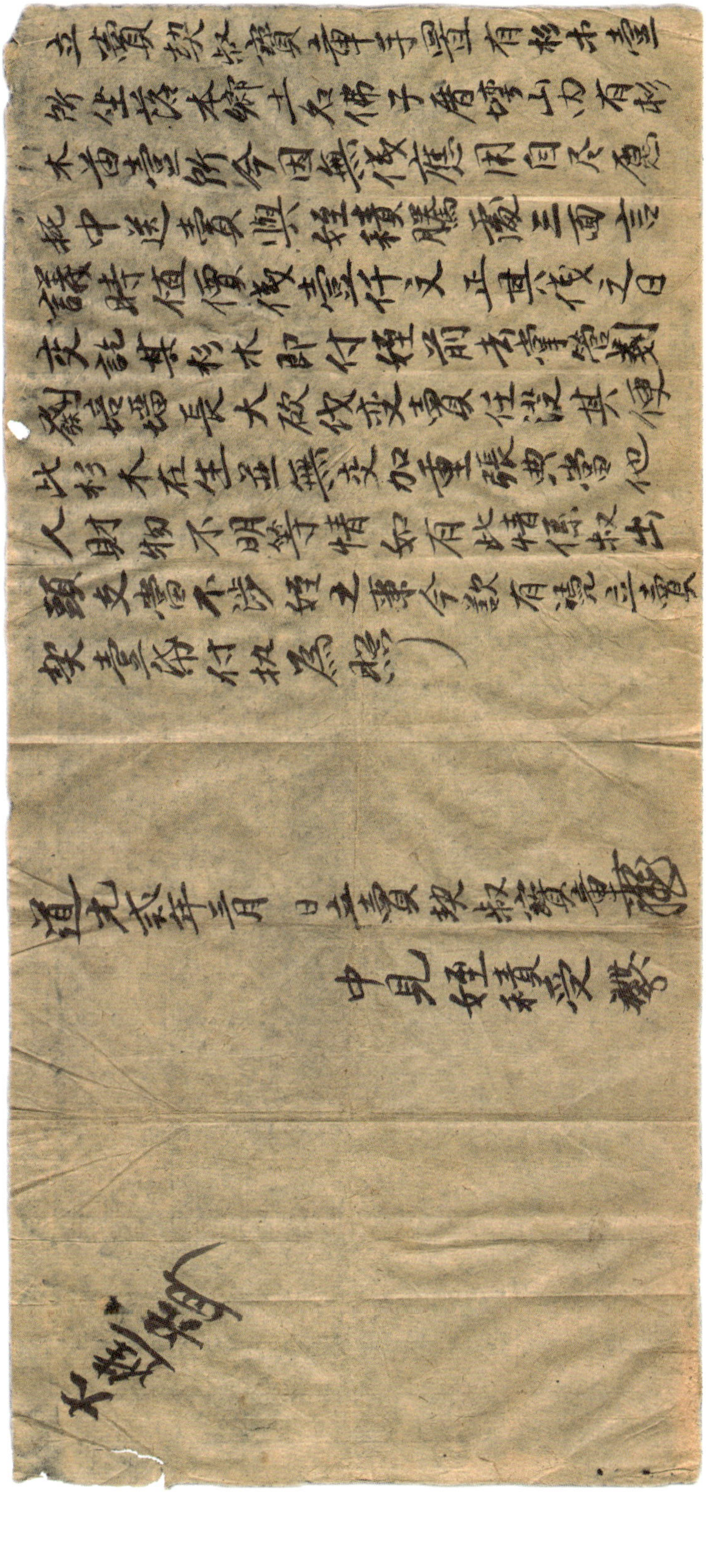
立賣契林賓章今手置有杉木壹
所坐落本鄉土名佛子唐嶺山内有杉
木壹西壹所今因無錢應用自愿
托中送與房興侄積賢處三面言
議時值價錢壹仟文正其錢即日
交訖其杉木即付侄前去管掌砍斫
為業長大砍伐變賣任從其便
此杉木在侄並無交加重張典當他
人財物不明等情如有此情係叔出
頭支當不涉侄之事今欲有憑立賣
契壹紙付執為照

道光貳年三月　日立賣契叔林賓章（押）
中見侄積受（押）

[illegible]

6-1-9-3　清道光二年三月林賓章立賣杉木契

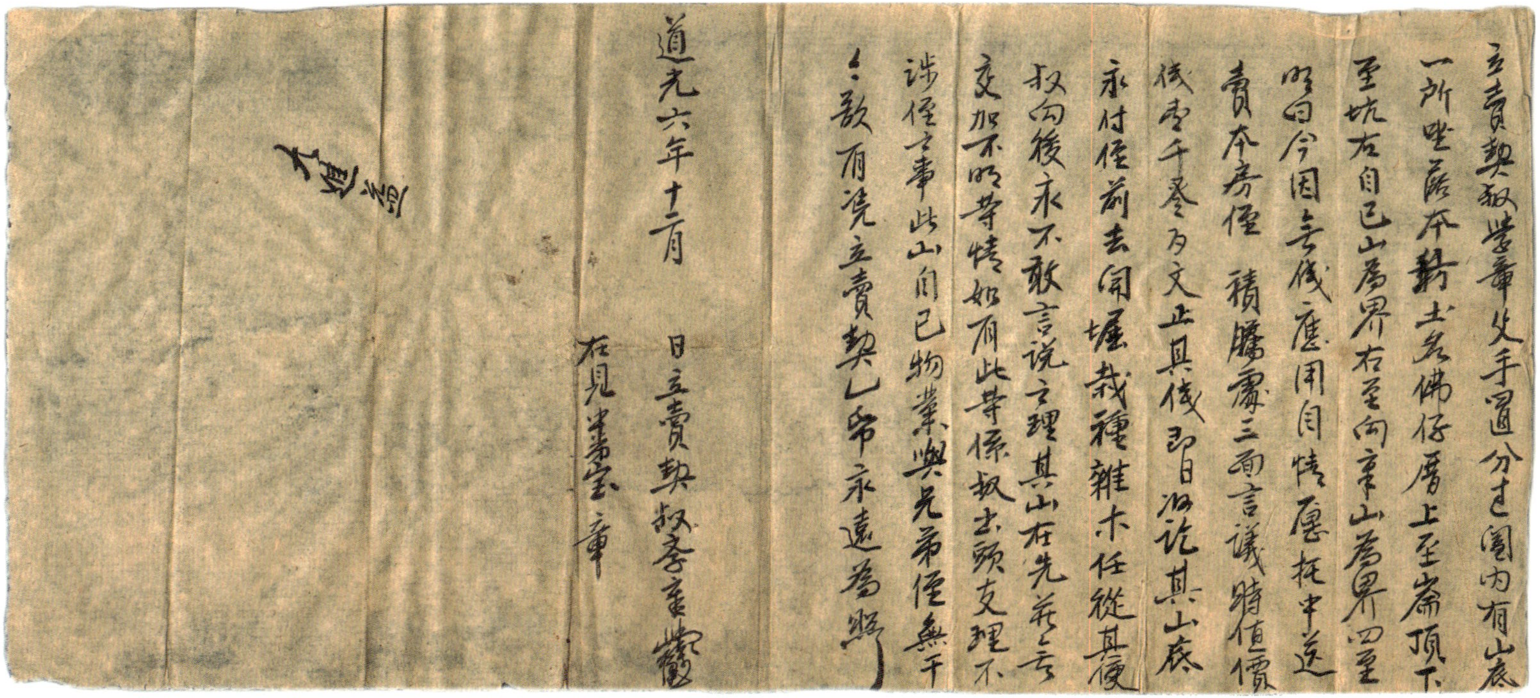

立賣契叔學章父手置遺分在園內有山底
一所坐落本都土名佛仔厝上至崙頂下
至坑左自己山為界右至向章山為界四至
明白今因無錢應用自情愿托中送
賣本房侄　積勝處三面言議時值價
錢壹千叁百文正其錢即日收訖其山底
永付侄前去開墾栽種雜木任從其便
叔向後永不敢言說之理其山在先并無
交加不明等情如有此等係叔出頭支理不
涉侄之事此山自己物業與兄弟侄無干
今欲有憑立賣契一帋永遠為照

道光六年十二月　日立賣契叔學章（押）
在見[illegible]章

6-1-9-4　清道光六年十二月林學章立賣山底契

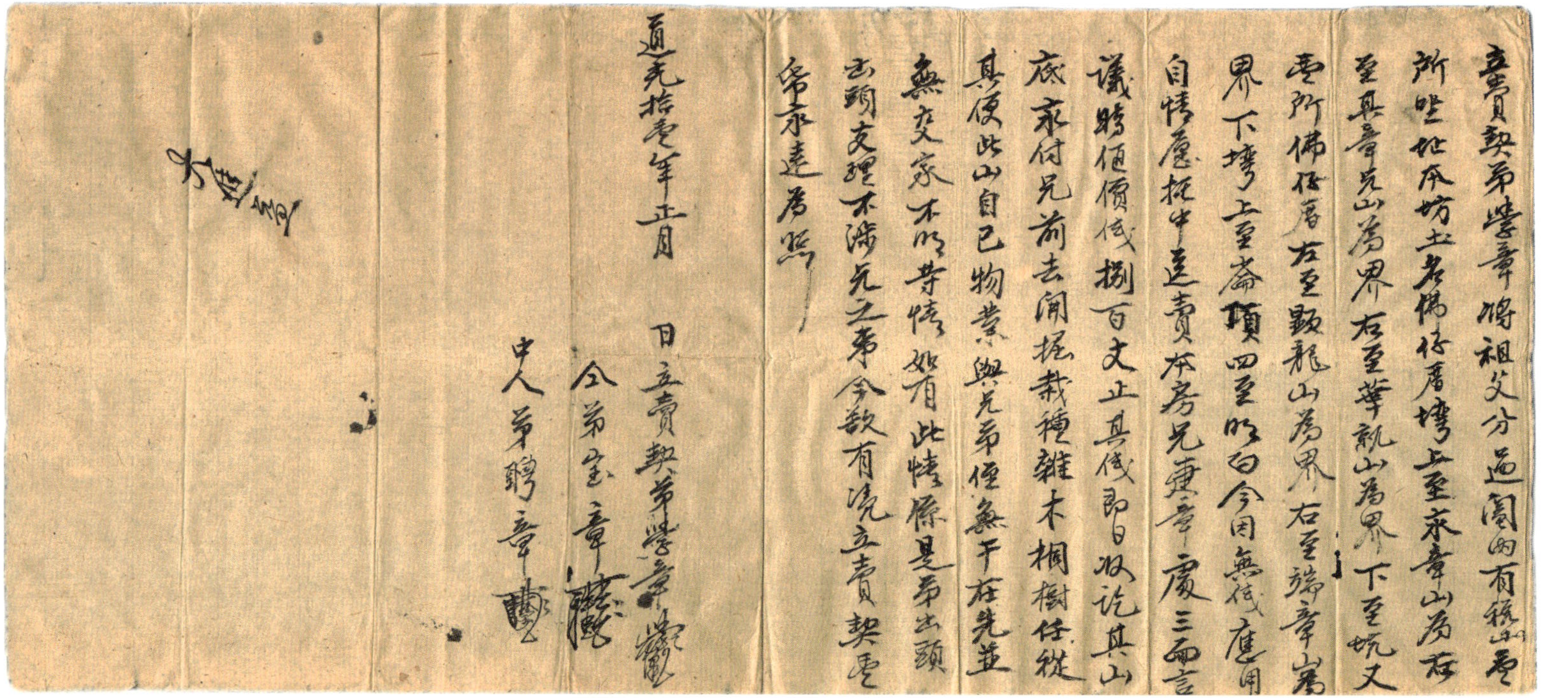

立賣契弟學章將祖父分過闔內有稅山壹
所坐址本坊土名佛嶺厝墘上至永章山為界左
至其章兄山為界右至華觀山為界下至坑又
壹所佛嶺厝左至聚龍山為界右至瑞章山為
界下墘上至峇頂四至明白今因無錢應用
自情愿托中送賣本房兄連章處三面言
議時值價錢捌百文正其錢即日收訖其山
底永付兄前去開掘栽種雜木桐樹任從
其便此山自己物業與兄弟侄無干在先並
無交家不明等情如有此情係是弟出頭
支理不涉兄之事今欲有憑立賣契壹
紙永遠為照

道光拾壹年正月　日立賣契弟學章（押）
仝弟宝章（押）
中人弟聰章（押）

6-1-9-5　清道光十一年正月林學章等立賣稅山契

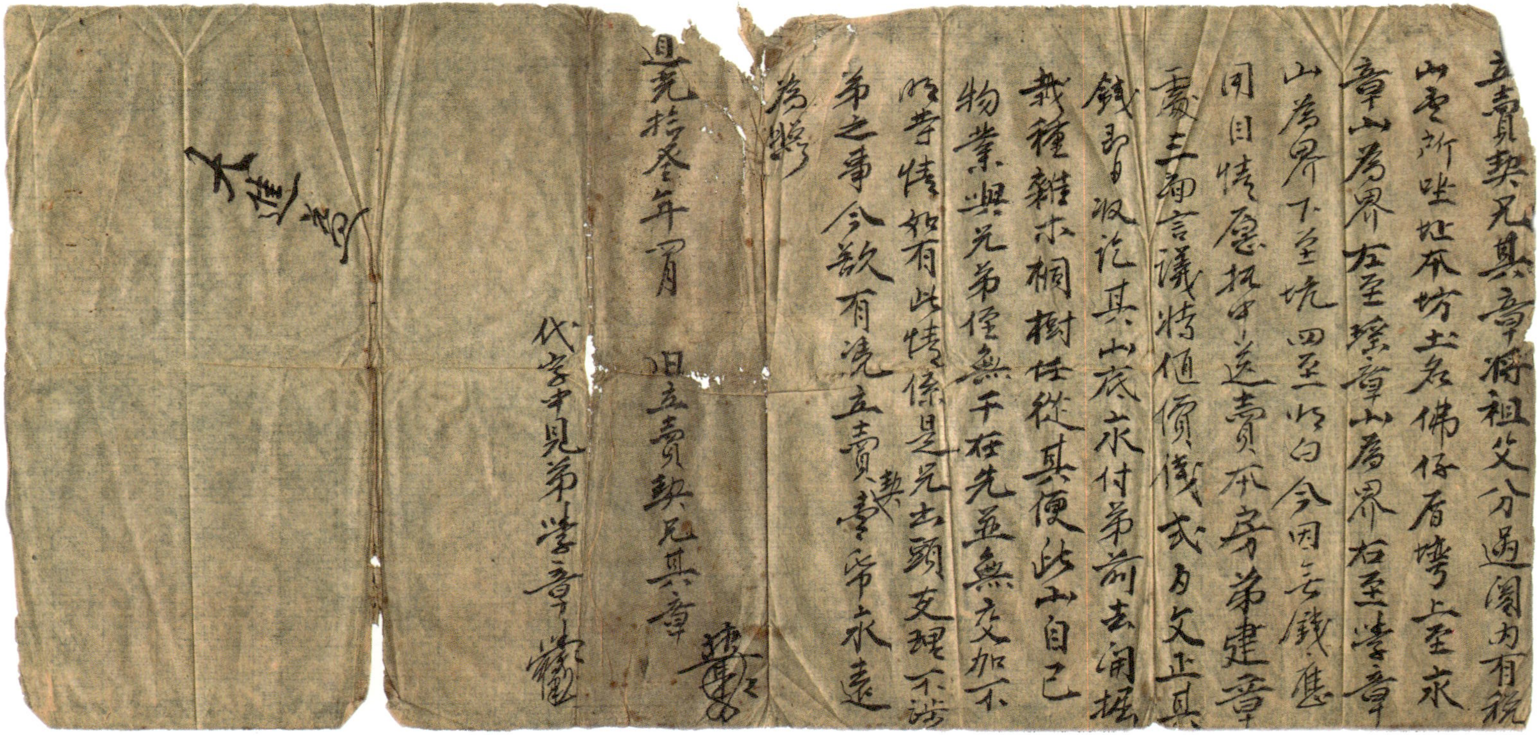
立賣契兄其章將祖父分過鬮內有稅
山壹所坐址本坊土名佛仔盾壋上至永
章山為界左至璪章山為界右至學章
山為界下至坑四至明白今因乏錢應
用自情愿托中送賣本房弟建章
處三面言議時值價錢弍千文正其
錢即日收訖其山底永付弟前去開掘
栽種雜木桐樹任從其便此山自己
物業與兄弟侄無干在先並無交加不
明等情如有此情係是兄出頭支理不涉
弟之事今欲有憑立賣契壹帋永遠
為照

道光拾叁年四月　日立賣契兄其章

代字中見弟學章

大[illegible]

6-1-9-6　清道光十三年四月林其章立賣稅山契

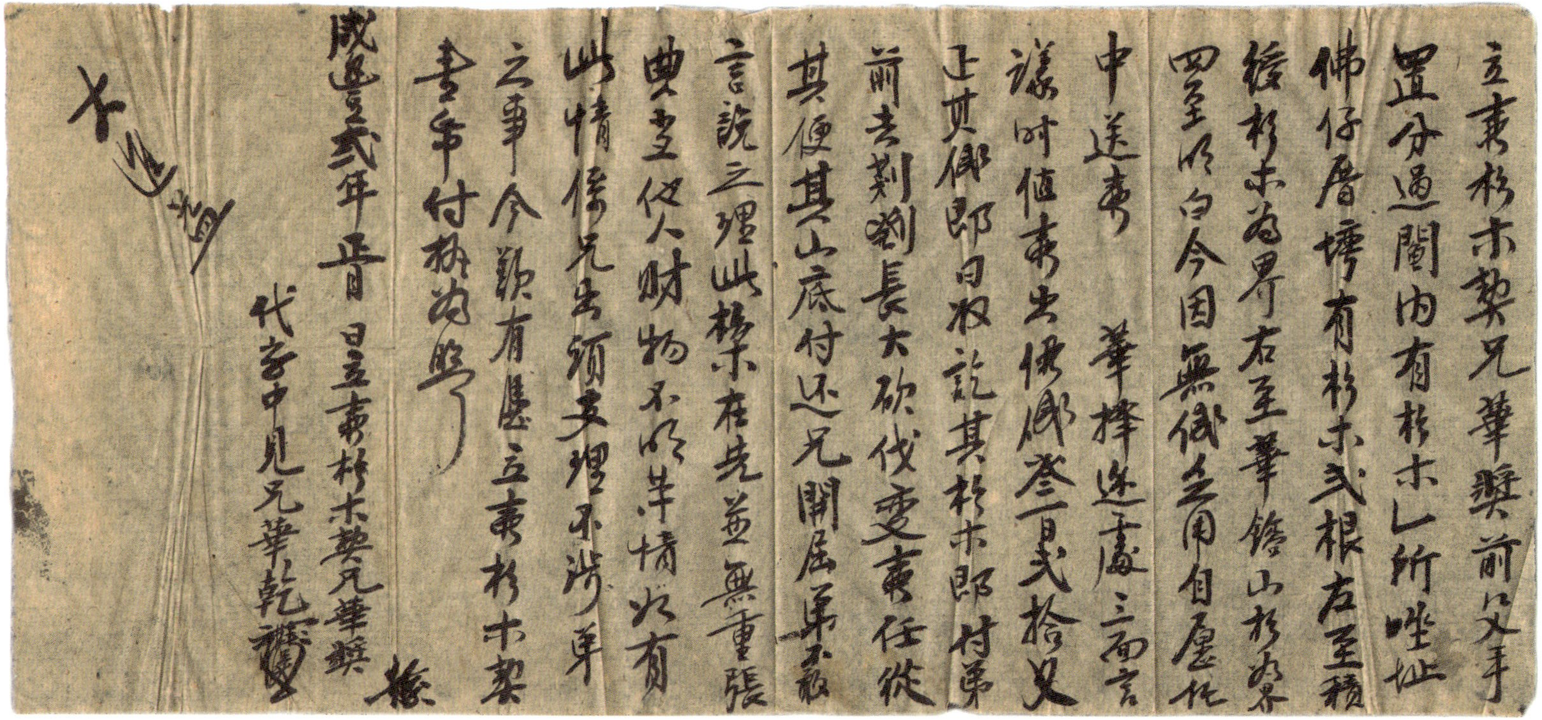

立賣杉木契兄華獎，前父手
置分過閹內有杉木山所，坐址
佛仔厝墇，有杉木弍根，左至積
餘杉木爲界，右至華餘山杉爲界，
四至明白。今因無錢應用，自愿托
中送賣　華樟邊處，三面言
議，時值賣出價錢叁員弍拾文，
正其錢即日收訖，其杉木即付弟
前去剝劍長大砍伐，變賣任從
其便。其山底付還兄開居，弟不敢
言說之理。此杉木在先並無重張
典當他人財物，不明等情，如有
此情，係兄出頭支理，不涉弟
之事。今欲有憑，立賣杉木契
壹紙付執爲照。
咸豐弍年正月　日立賣杉木契兄華獎（押）
代字中見兄華乾（押）
大進利

6-1-9-7　清咸豐二年正月林華獎立賣杉木契

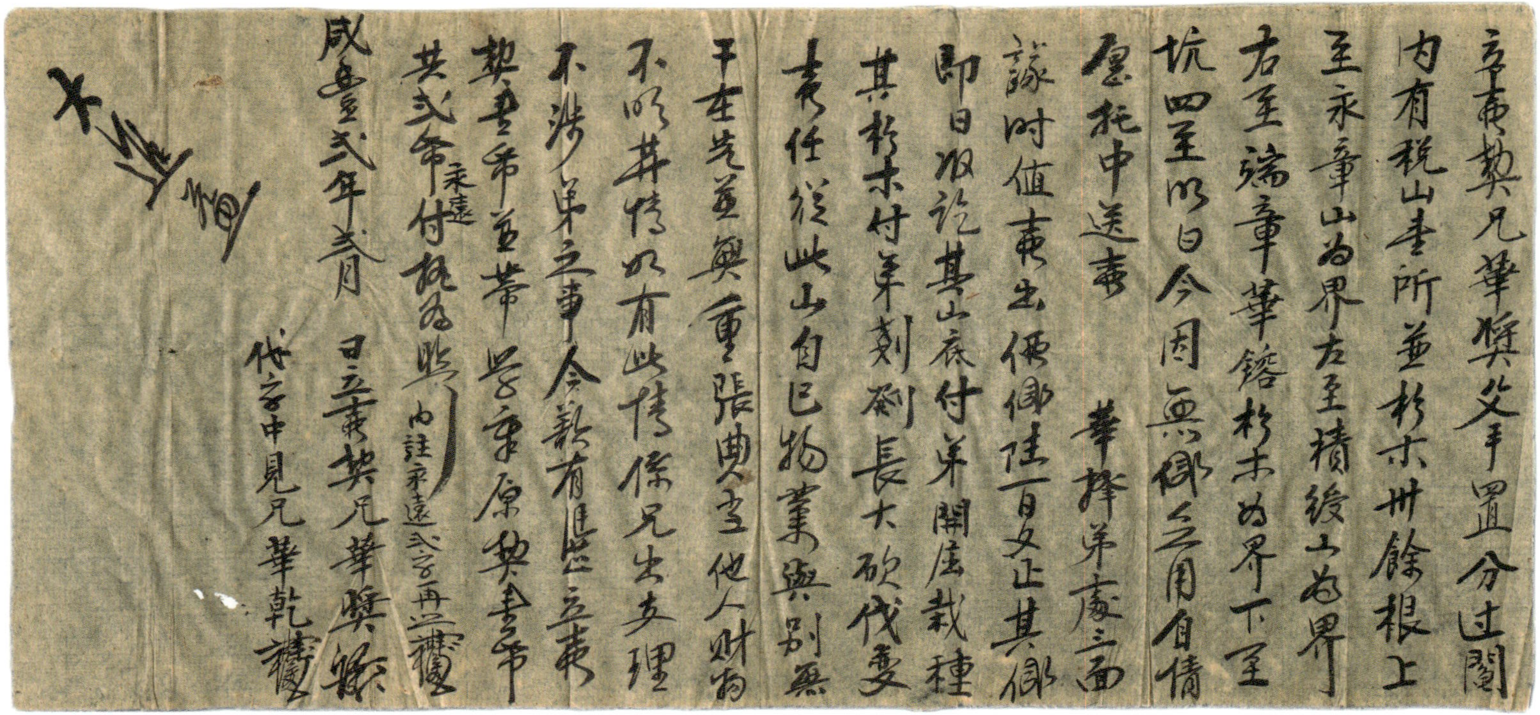

立賣契兄華獎，父手置並分過鬮
內有稅山壹所，并杉木卅餘根，上
至永章山為界，左至積緩山為界，
右至端章、華鎔杉木為界，下至
坑，四至明白。今因無銀乏用，自情
愿托中送賣　華擇弟處，三面
議时值價出便銀陸百文正，其銀
即日收訖，其山底付弟開居栽種，
其杉木付弟刻劉長大砍伐變
賣，任從此山自己物業，與別無
干，在先並無重張典賣他人財物
不明，并倘如有此情，係兄出支理，
不涉弟之事。今欲有憑，立賣
契壹帋，並帶上手原契壹帋，
共貳帋，永遠付執為照。（內註永遠弍字再照）

咸豐貳年二月　　日立賣契兄華獎（押）
代字中見兄華乾（押）

6-1-9-8　清咸豐二年二月林華獎立賣稅山等契

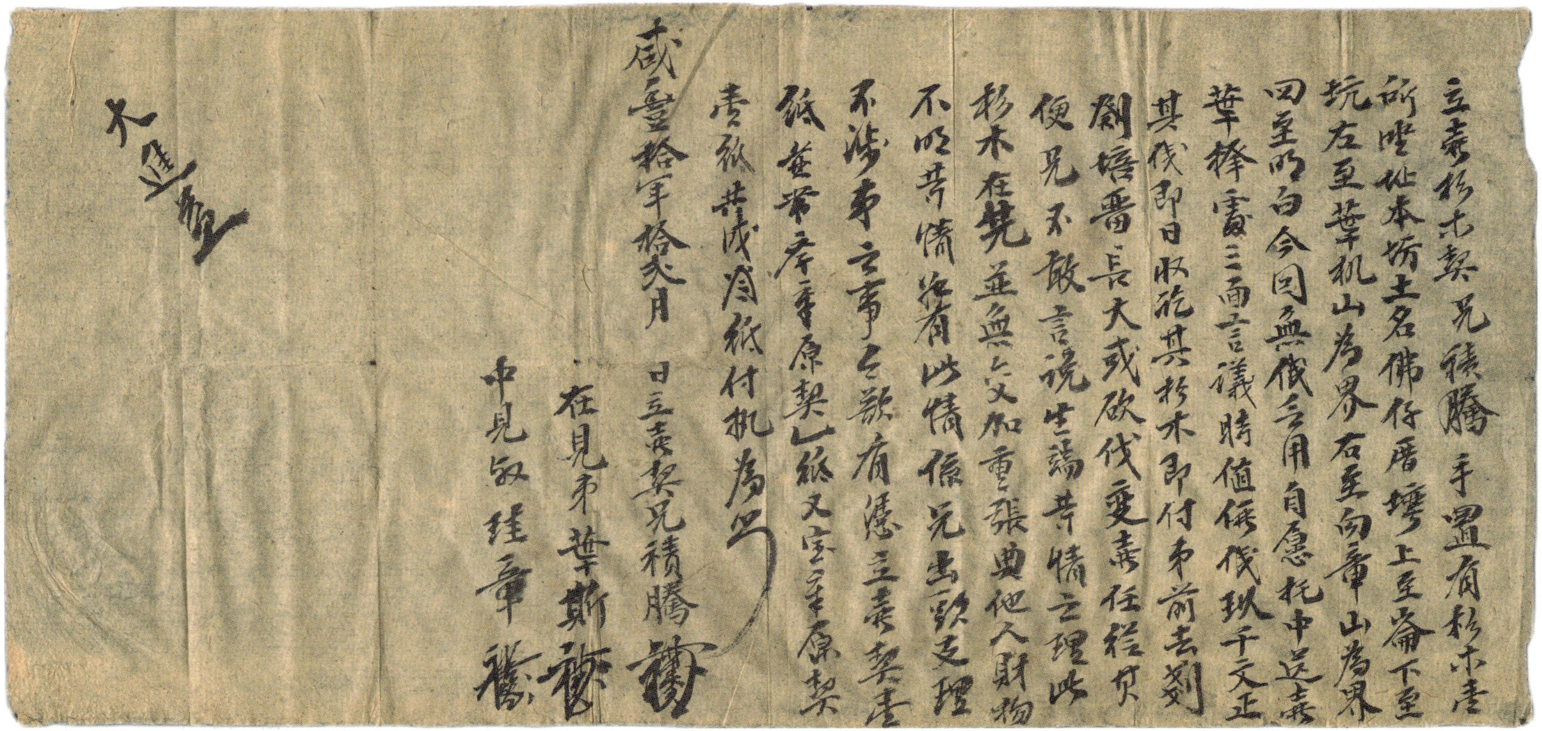
立賣杉木契兄積騰手置有杉木壹
所，坐址本坊土名佛仔厝墺，上至崙，下至
坑，左至華机山為界，右至向章山為界，
四至明白。今因無錢應用，自愿托中送賣
華梓處，三面言議時值價錢玖千文正。
其錢即日收訖，其杉木即付弟前去劉
劏培畜長大，或砍伐變賣，任從其
便，兄不敢言說生端。其情之理，此
杉木在先並無文加重張典他人財物
不明。其情倘有此情，係兄出頭支理，
不涉弟之事。今欲有憑，立賣契壹
紙，並帶本年原契山紙又宗本年原契
壹紙，共成貳紙，付執為照。
咸豐拾年拾貳月　日立賣契兄積騰（押）
在見弟華斯（押）
中見叔桂章（押）
大進金

6-1-9-9　清咸豐十年十二月林積騰立賣杉木契

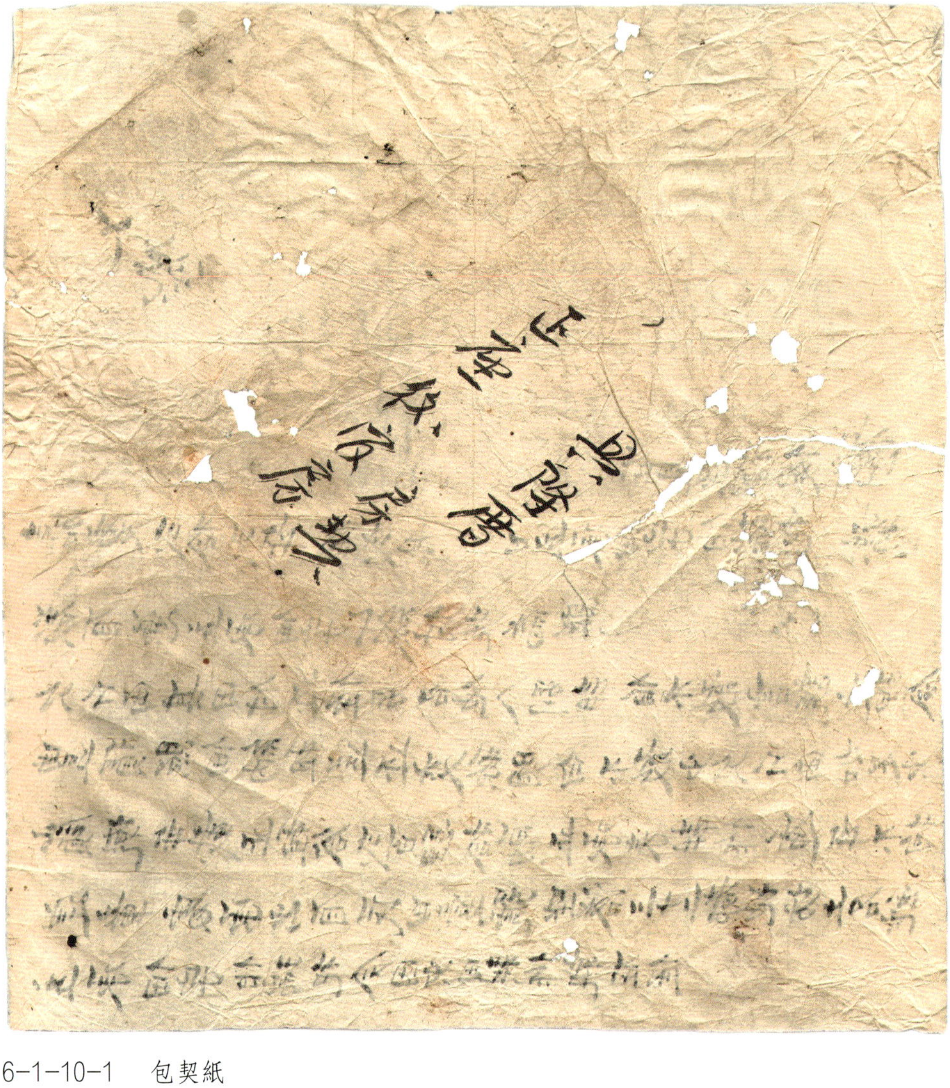

6-1-10-1　包契紙

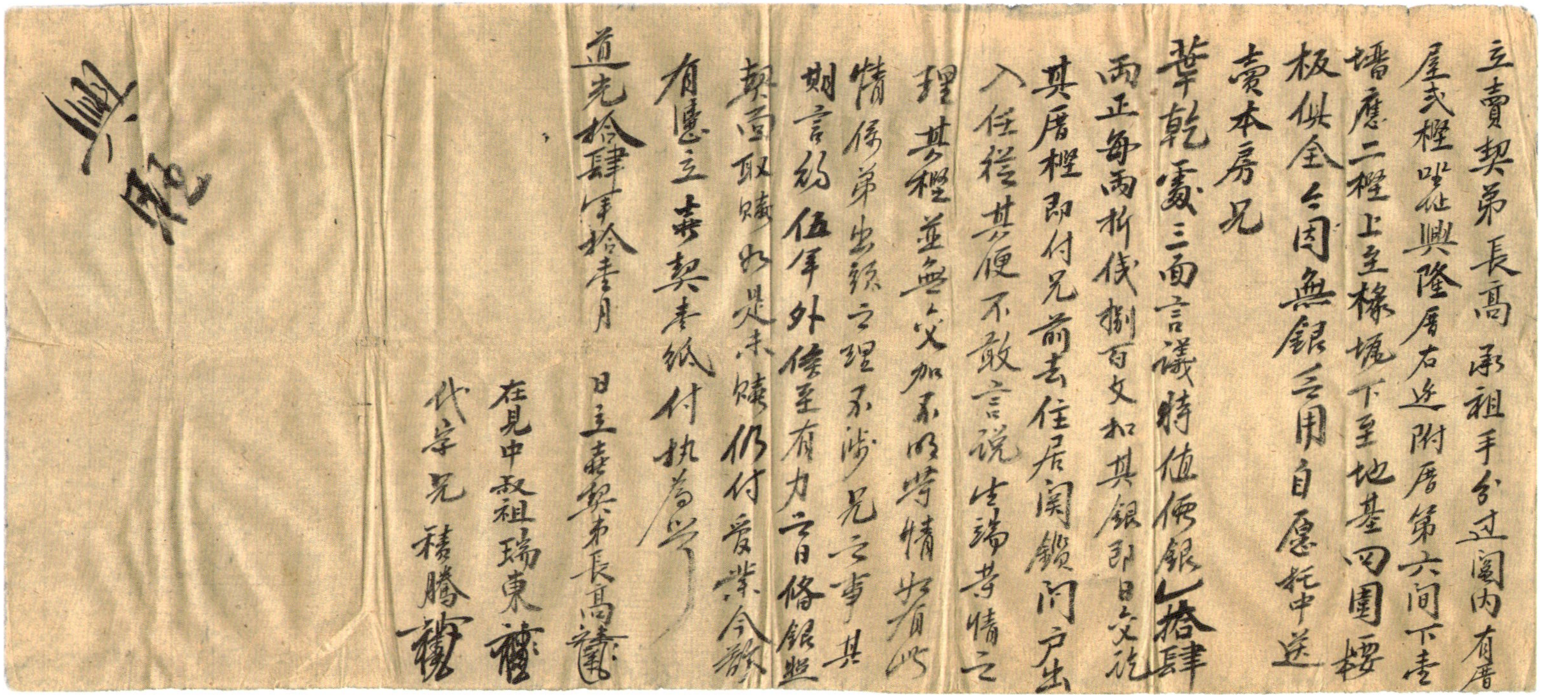
立賣契弟長高承祖手分过闔内有厝
屋弍樘，坐址興隆厝右边附厝第六间下壹
墻㢑二樘，上至椽桷，下至地基，四圍樓
板俱全。今因無銀应用，自愿托中送
賣本房兄
華乾處，三面言議，特值價銀壹拾肆
兩正，每兩折伐捌百文，加其銀即日交訖。
其厝樘即付兄前去住居，闗鎖門户，出
入任從其便，不敢言説生端等情之
理。其樘並無交加不明等情，如有此
情，係弟出頭之理，不涉兄之事。其
期言約伍年外，係至有力，[illegible]備銀照
契面取贖，如是未贖，仍付管業。今欲
有憑，立賣契壹紙，付執爲照。
道光拾肆年拾壹月　日立賣契弟長高（押）
在見中叔祖瑞東（押）
代字兄積騰（押）

6-1-10-2　清道光十四年十一月林長高立賣厝屋契

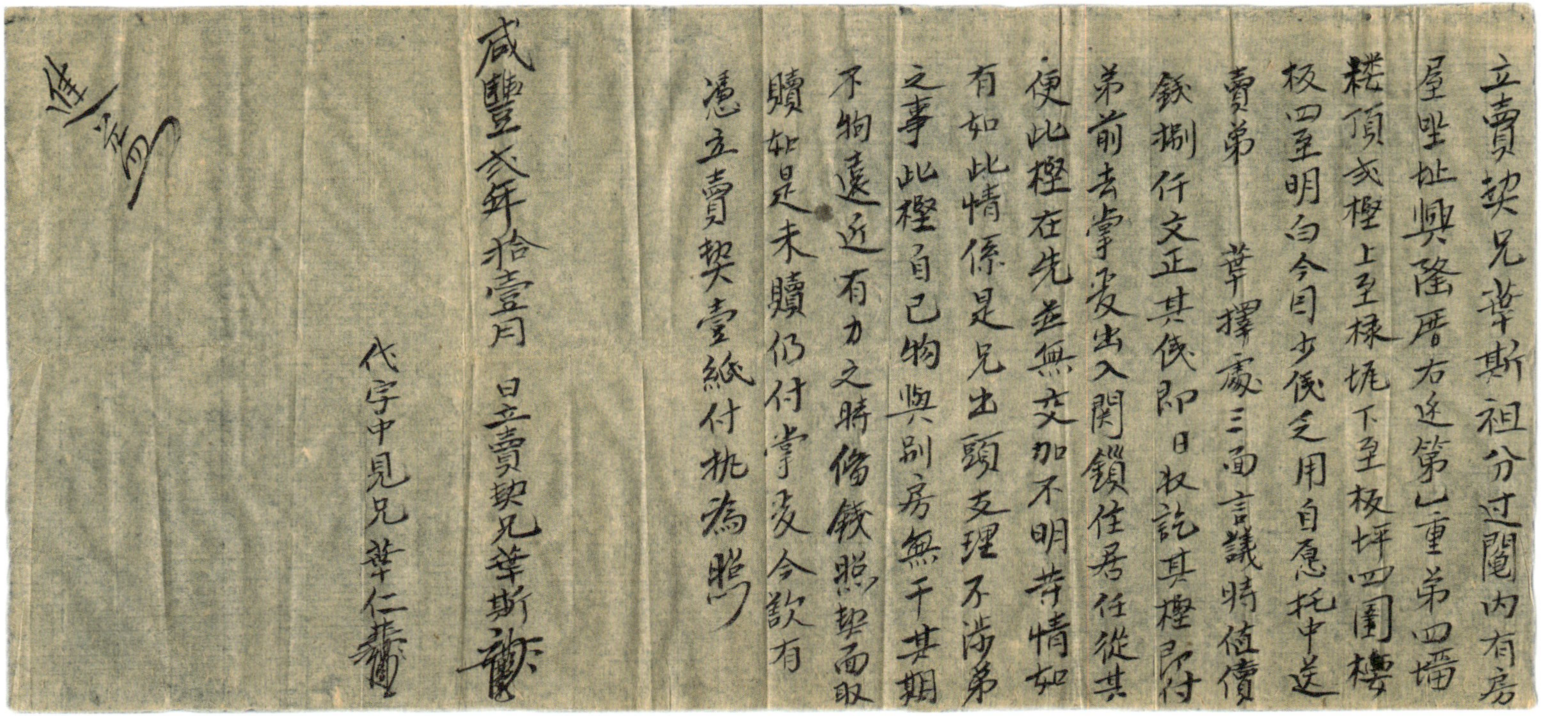
立賣契兄華斯祖分过閹内有房
屋坐址興隆厝右边第山重弟四牆
樓頂弍樫上至椽埕下至板坪四圍樓
板四至明白今因少錢乏用自愿托中送
賣弟　華擇處三面言議時值價
錢捌仟文正其錢即日收訖其樫即付
弟前去掌管出入閉鎖住居任從其
便此樫在先並無交加不明等情如
有如此情係是兄出頭支理不涉弟
之事此樫自己物與别房無干其期
不拘遠近有力之時備錢照契面取
贖如是未贖仍付掌管今欲有
憑立賣契壹紙付执為照

咸豐弍年拾壹月　日立賣契兄華斯
代字中見兄華仁

6-1-10-3　清咸豐二年十一月林華斯立賣房屋契

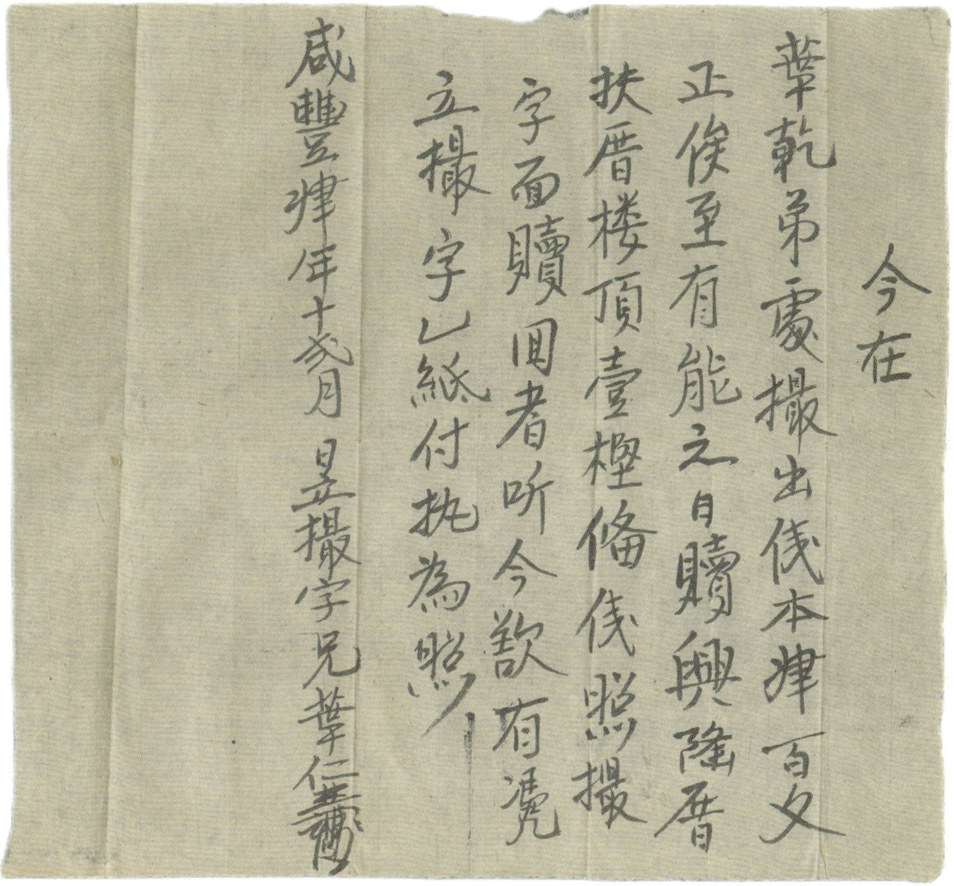

今在
華乾弟處撮出錢本肆百文
正候至有能之日贖興隆厝
扶厝樓頂壹樫俻錢照撮
字面贖回者听今欲有憑
立撮字山紙付執為照
咸豐肆年十弍月　日立撮字兄華仁（押）

6-1-10-4　清咸豐四年十二月林華仁立撮字

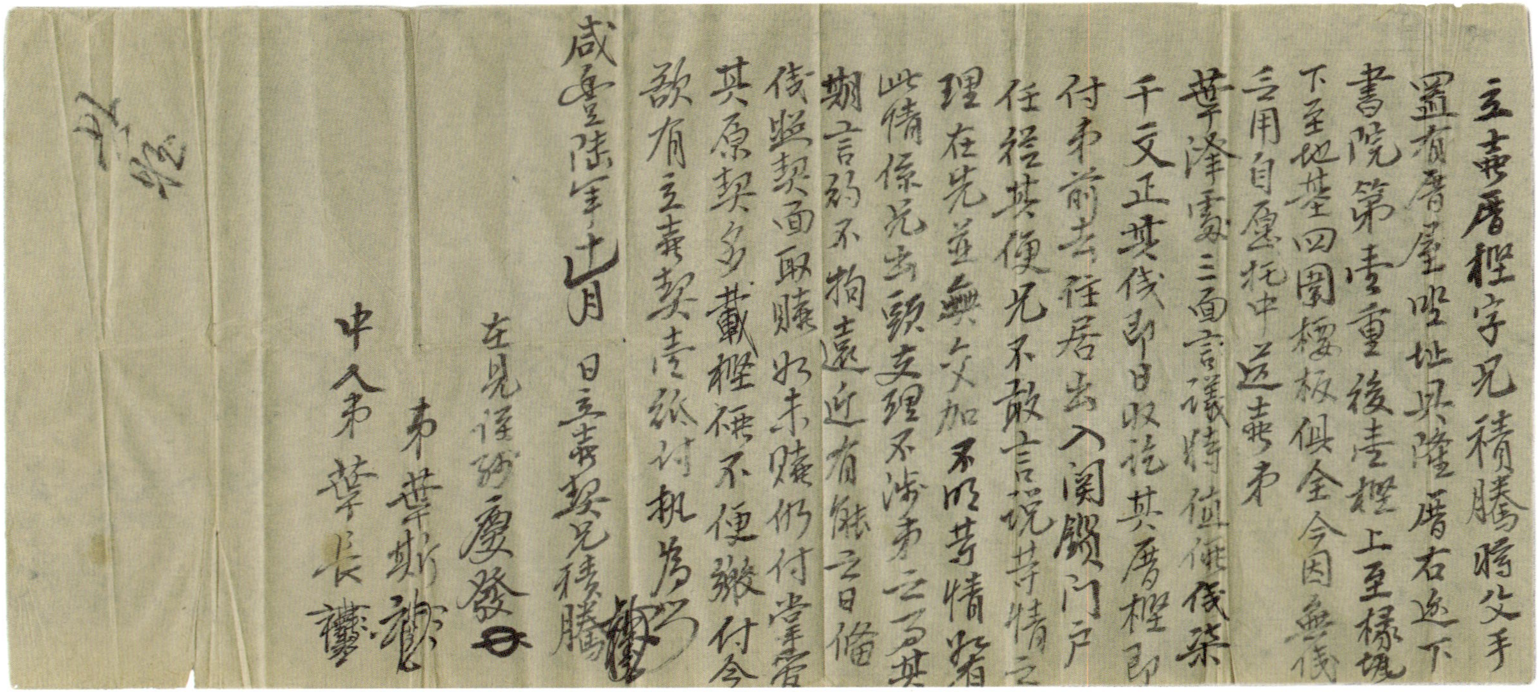
立賣厝樫字兄積騰將父手
置有厝屋坐址吳隆厝右邊下
書院第壹重後壹樫，上至椽塊，
下至地基，四圍樓板俱全。今因無錢
應用，自愿托中送賣弟
葉澤靈，三面言議時值價錢柒
千文正。其錢即日收訖，其厝樫即
付弟前去住居，出入關閉門戶，
任從其便，兄不敢言說等情之
理。在先並無文加不明等情，若
此情係兄出頭支理，不涉弟之事。其
期言約不拘遠近，有銀之日，備
價照契面取贖，如未贖，仍付掌管。
其原契多載樫，不便繳付，今
欲有立賣契壹紙付執為照。
咸豐陸年十一月　日立賣契兄積騰
在見侄游慶發
弟葉斯
中人弟葉長

6-1-10-5　清咸豐六年十一月林積騰立賣厝樫字

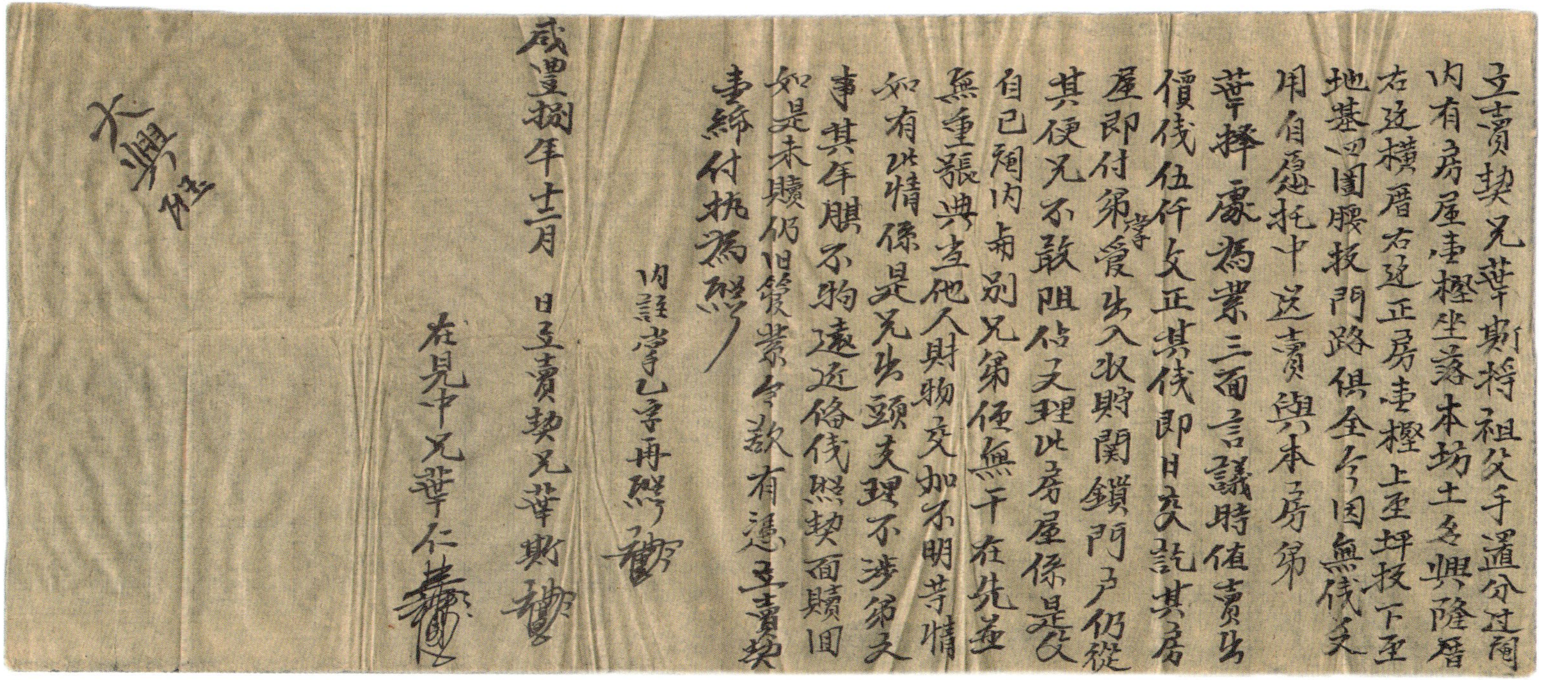
立賣契兄華斯將祖父手置道分過甸
内有房屋壹橖坐落本坊土名興隆厝
右边横厝右边正房壹橖上至坪枝下至
地基四圍腰枝門路俱全今因無錢乏
用自愿托中送賣與本房弟
華撵豪為業三面言議時值賣出
價錢伍仟文正其錢即日交訖其房
屋即付弟掌管出入收貯關鎖門户仍從
其便兄不敢阻佔之理此房屋係是
自己甸内分別兄弟俱無干在先並
無重張典当他人財物交加不明等情
如有此情係是兄出頭支理不涉弟之
事其年限不拘遠近倍錢照契面贖回
如是未贖仍旧管業今欲有憑立賣契
壹紙付執為照
内註掌字再照
咸豐捌年十二月　日立賣契兄華斯
在見中兄華仁
大興　仕

6-1-10-6　清咸豐八年十二月林華斯立賣房屋契

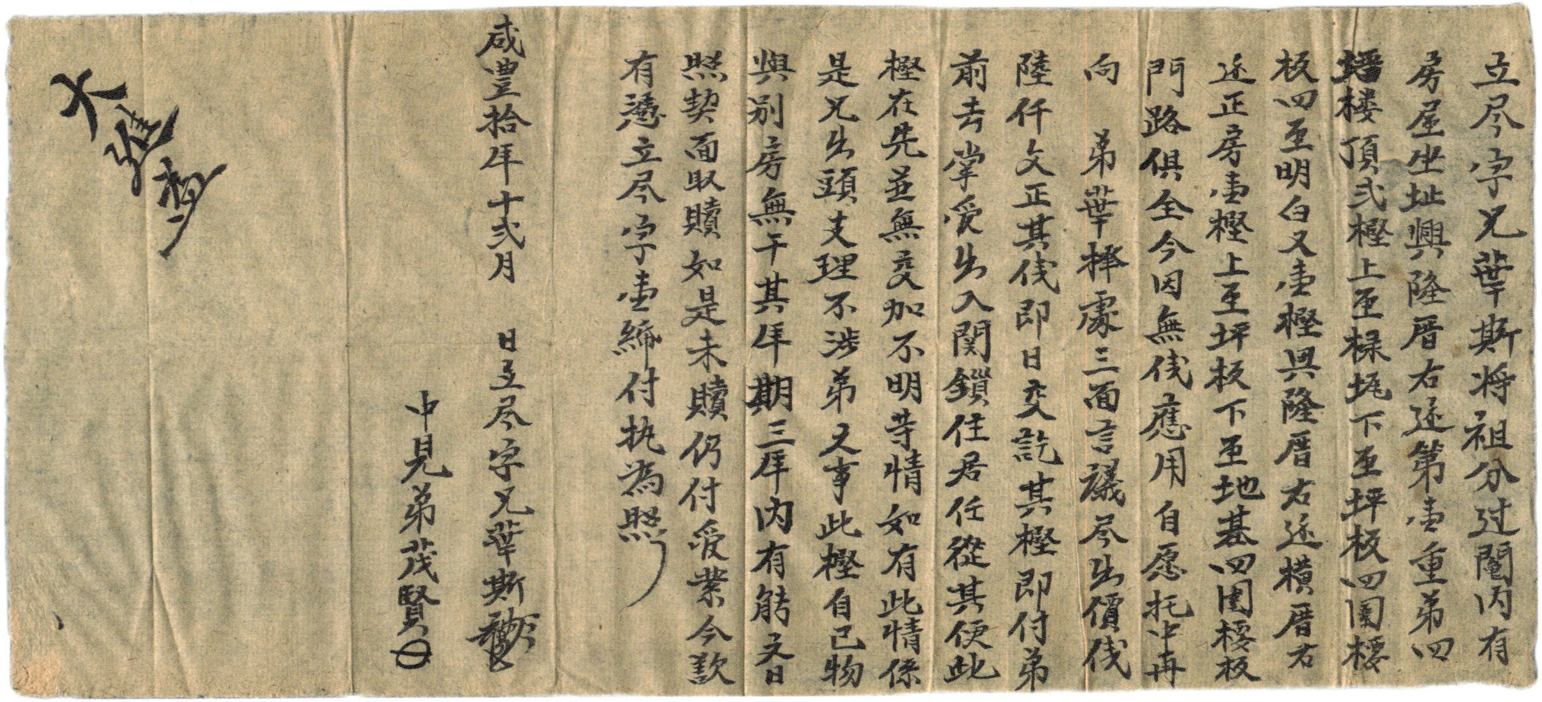
立盡字兄華斯將祖分过閹內有
房屋坐址興隆厝右述第壹重第四
播樓頂弍槛上至椂堍下至坪板四圍樓
板四至明白又壹槛與隆厝右述横厝右
述正房壹槛上至坪板下至地基四圍樓板
門路俱全今因無伐應用自愿托中再
向　弟華棒處三面言議盡出價伐
陸仟文正其伐即日交訖其槛即付弟
前去掌受出入閉鎖住居任從其便此
槛在先並無交加不明等情如有此情係
是兄出頭支理不涉弟之事此槛自己物
與别房無干其年期三年內有餘者
照契面取贖如是未贖仍付受業今歎
有憑立盡字壹紙付執為照
咸豐拾年十弍月　日立盡字兄華斯
中見弟茂賢

6-1-10-7　清咸豐十年十二月林華斯立盡房屋字

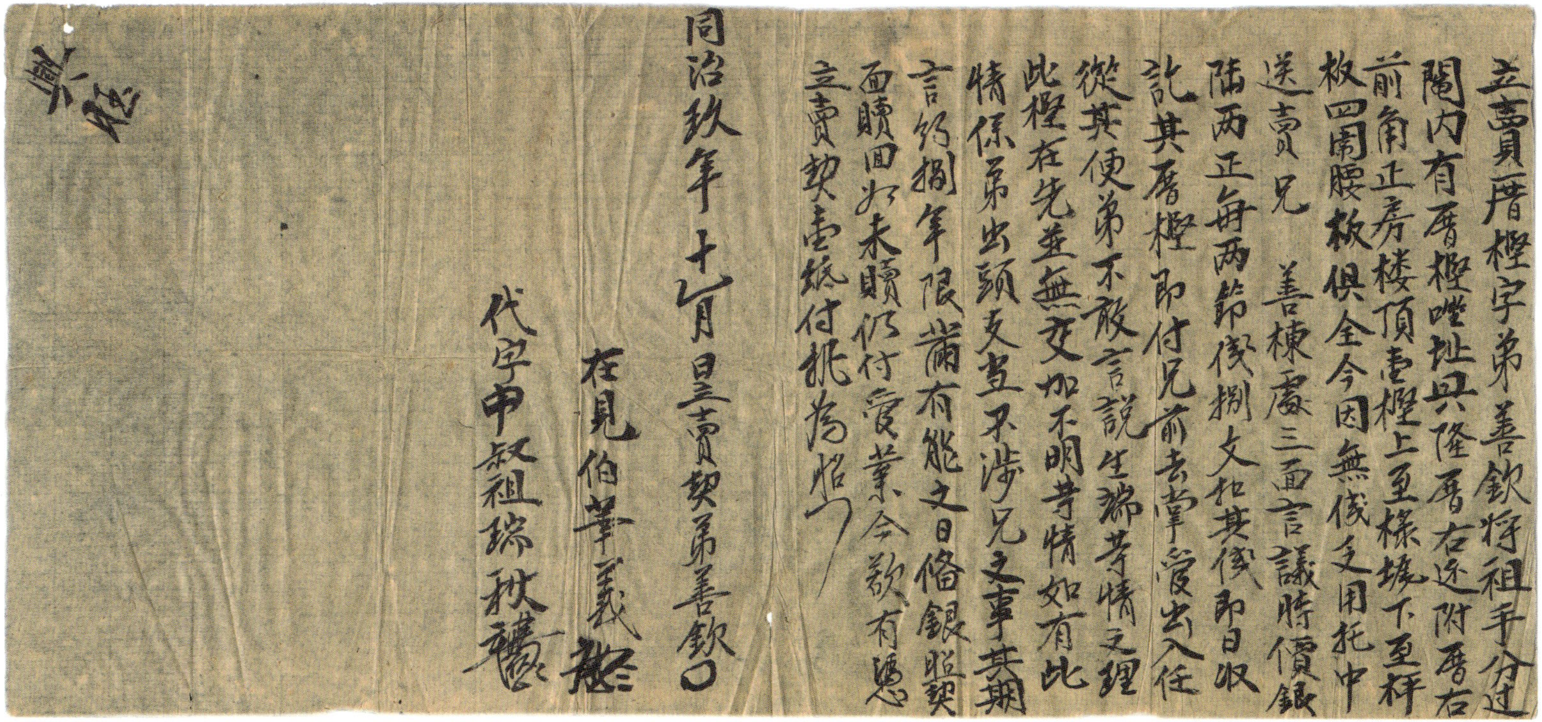

立賣厝樫字弟善欽將祖手分过
閣內有厝樫𡌴址坐隆厝右边附厝右
前角正房楼頂壹樫上至條墘下至枰
枚四周腰枚俱全今因無錢乏用托中
送賣兄　善棟處三面言議時價銀
陆两正每两節錢捌文扣其錢即日收
訖其厝樫即付兄前去掌管出入任
從其便弟不敢言說生端等情之理
此樫在先並無文加不明等情如有此
情係弟出頭支当不涉兄之事其期
言约捌年限滿有能之日備銀照契
面贖回如未贖仍付管業今欲有憑
立賣契壹紙付執為炤

同治玖年十一月　日立賣契弟善欽（押）

在見伯　華義（押）

代字中叔祖　琮秋（押）

6-1-10-8　清同治九年十一月林善欽立賣厝樫字

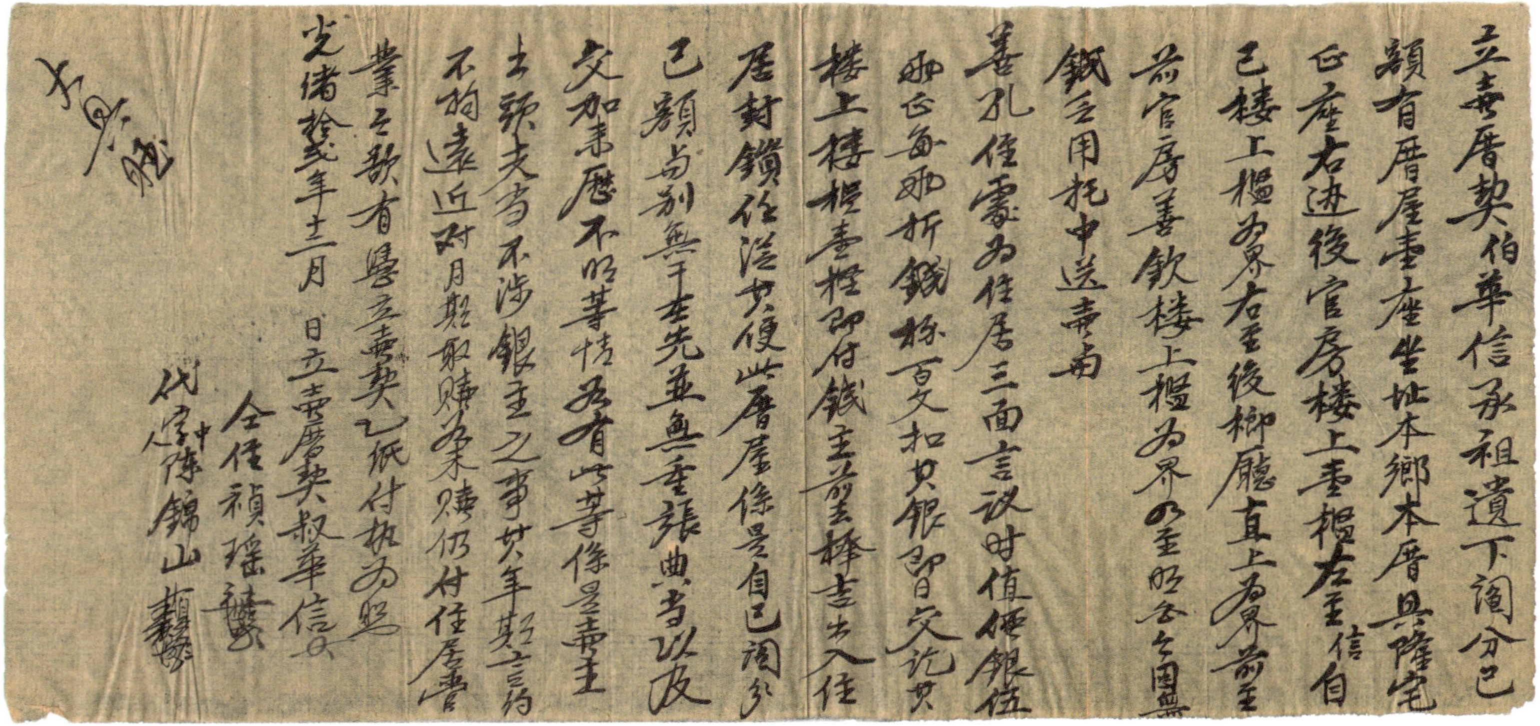

立賣厝契人伯華信承祖遺下闔分己
額有厝屋壹座坐址本鄉本厝具隆宅
正座右畔後官房樓上壹[illegible]左至信自
己樓上楹為界右至後櫸廳直上為界前至
前官房姜欽樓上楹為界四至明各[illegible]無
錢乏用托中送賣與
姜孔任處為住居三面言議時值價銀伍
兩正每兩折錢捌百文扣共銀即日交訖其
樓上樓梯壹梯即付錢主前去掌管出入住
居封鎖任從其便此厝屋係是自己闔分
己額與別無干在先並無重張典當以及
交加未歷不明等情如有此等係是賣主
出頭支當不涉銀主之事其年限言約
不拘遠近對月照取贖原價贖仍付住居管
業今欲有憑立賣契乙紙付執為照
光緒拾貳年十二月　日立賣厝契叔華信（押）
仝侄禎瑤（押）
代中人陳錦山（押）
[illegible]

6-1-10-9　清光緒十二年十二月林華信等立賣厝屋契

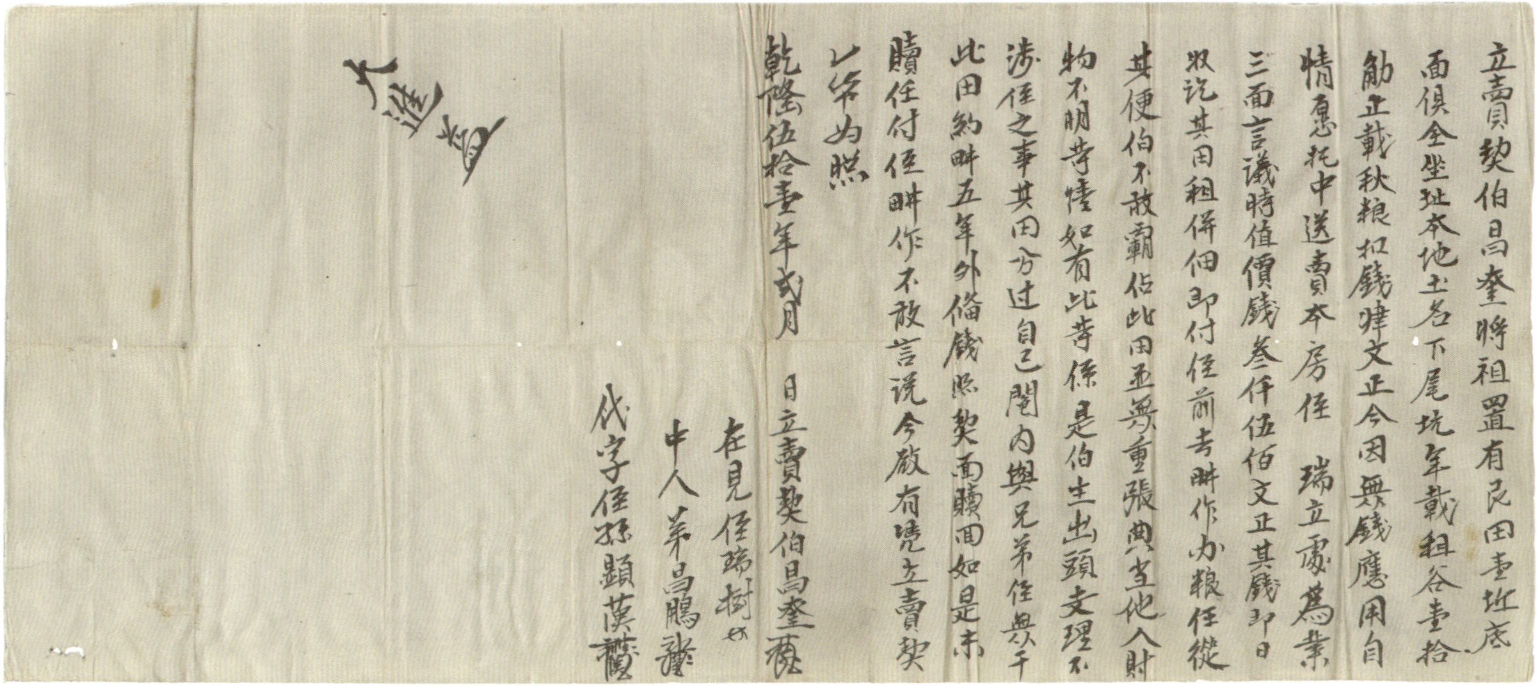

立賣契伯昌奎將祖置有民田壹坵底
面俱全坐址本地土名下尾坑年載租谷壹拾
觔正載秋粮扣錢肆文正今因無錢應用自
情愿托中送賣本房侄　瑞立處為業
三面言議時值價錢叁仟伍佰文正其錢即日
收訖其田租係佃即付侄前去耕作办粮任從
其便伯不敢霸佔此田並無重張典當他人財
物不明等情如有此等係是伯出頭支理不
涉侄之事其田分过自己閩内與兄弟侄無干
此田約畊五年外備錢照契面贖回如是未
贖任付侄畊作不敢言說今欲有憑立賣契
一帋為照
乾隆伍拾壹年貳月　日立賣契伯昌奎
在見侄瑞樹
中人弟昌鵬
代字侄孫顯漢

6-1-11-1　清乾隆五十一年二月林昌奎立賣底面全民田契

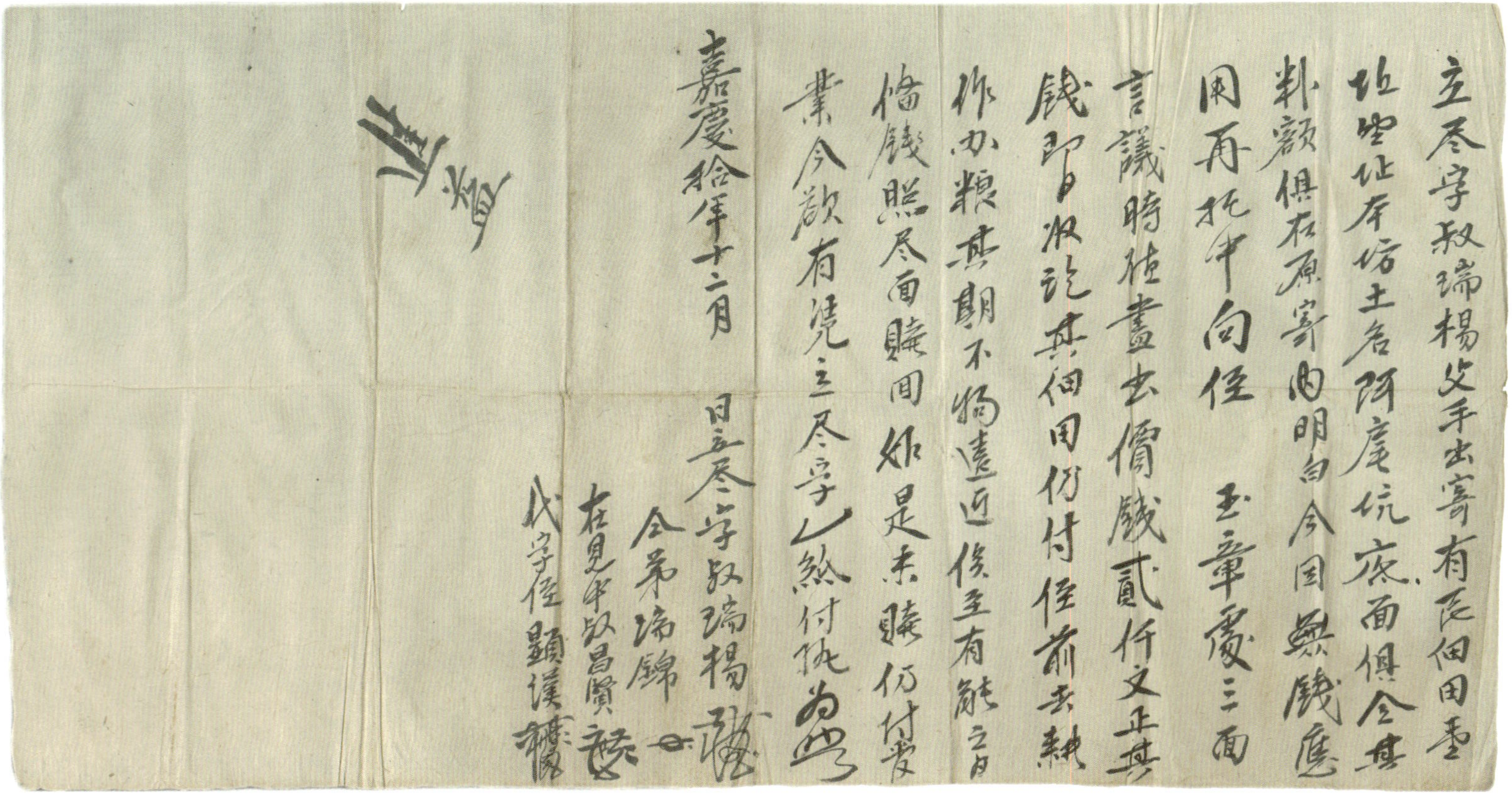
立盡字叔瑞楊父手出寄有民佃田壹
坵坐址本坊土名阿鹿坑底面俱全其
料額俱在原寄內明白今因無錢應
用再托中向侄　玉章處三面
言議時值盡出價錢貳仟文正其
錢即日收訖其佃田仍付侄前去耕
作办粮其期不拘遠近侄主有能之日
備錢照盡面贖回如是未贖仍付侄管
業今欲有憑立盡字一紙付執為照
嘉慶拾年十二月　日立盡字叔瑞楊（押）
仝弟瑞錦（押）
在見叔昌賢（押）
代字侄顯漢（押）

6-1-11-2　清嘉慶十年十二月林瑞楊等立盡底面全民佃田字

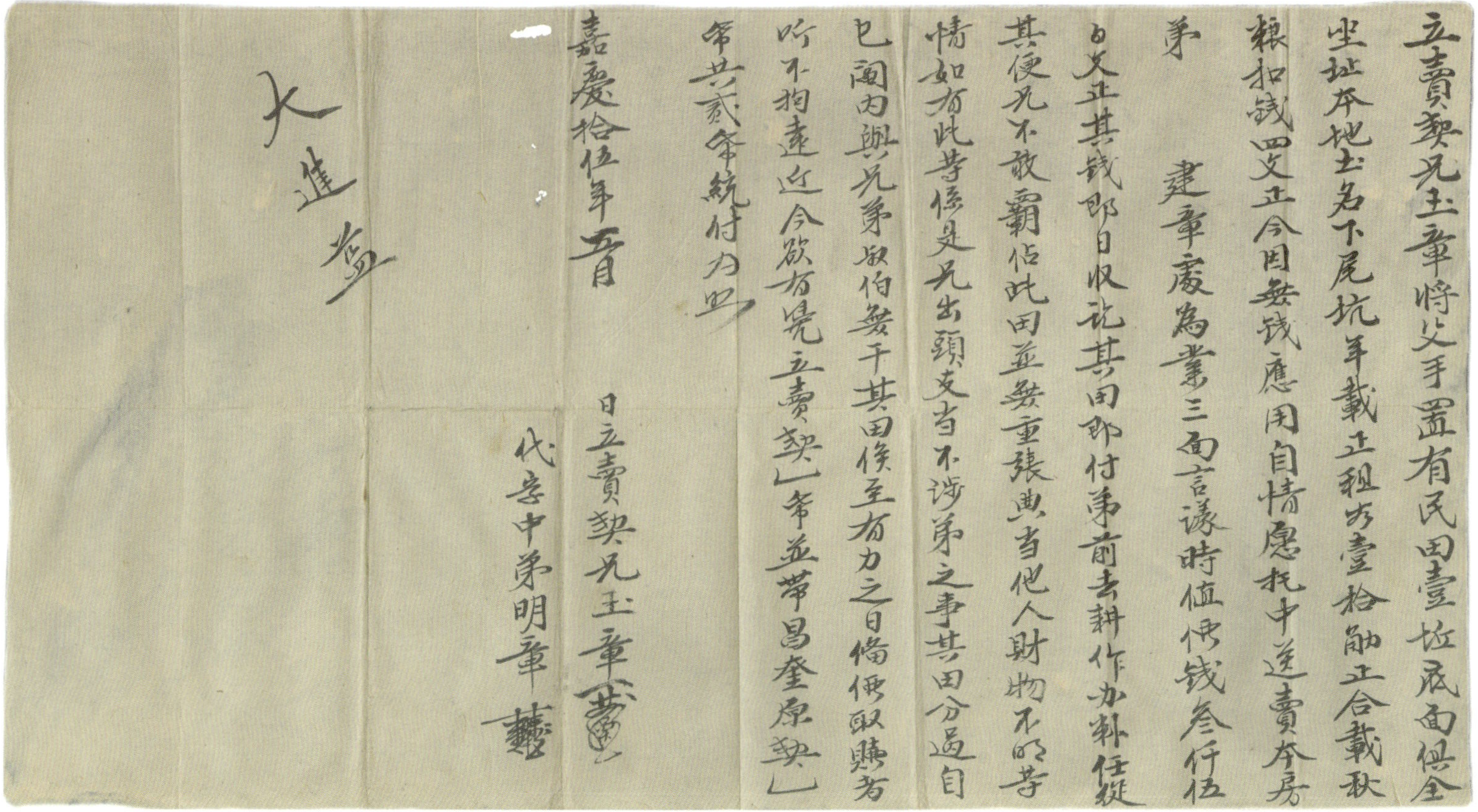

立賣契兄玉章將父手置有民田壹坵底面全，坐址本地土名下尾坑，年載正租谷壹拾觔正，合載秋粮扣錢四文正。今因無錢應用，自情愿托中送賣本房弟建章處爲業，三面言議時值價錢叁仟伍百文正。其錢即日收訖，其田即付弟前去耕作办粮，任從其便，兄不敢霸佔。此田並無重張典當他人財物不明等情，如有此等，係是兄出頭支當，不涉弟之事。其田分過自己閬內，與兄弟叔伯無干。其田俟至有力之日備價取贖者听，不拘遠近。今欲有憑，立賣契一帋，並帶昌奎原契一帋，共貳帋，繳付爲照。

嘉慶拾伍年五月　日立賣契兄玉章（押）

代字中弟明章（押）

大進益

6-1-11-3　清嘉慶十五年五月林玉章立賣底面全民田契

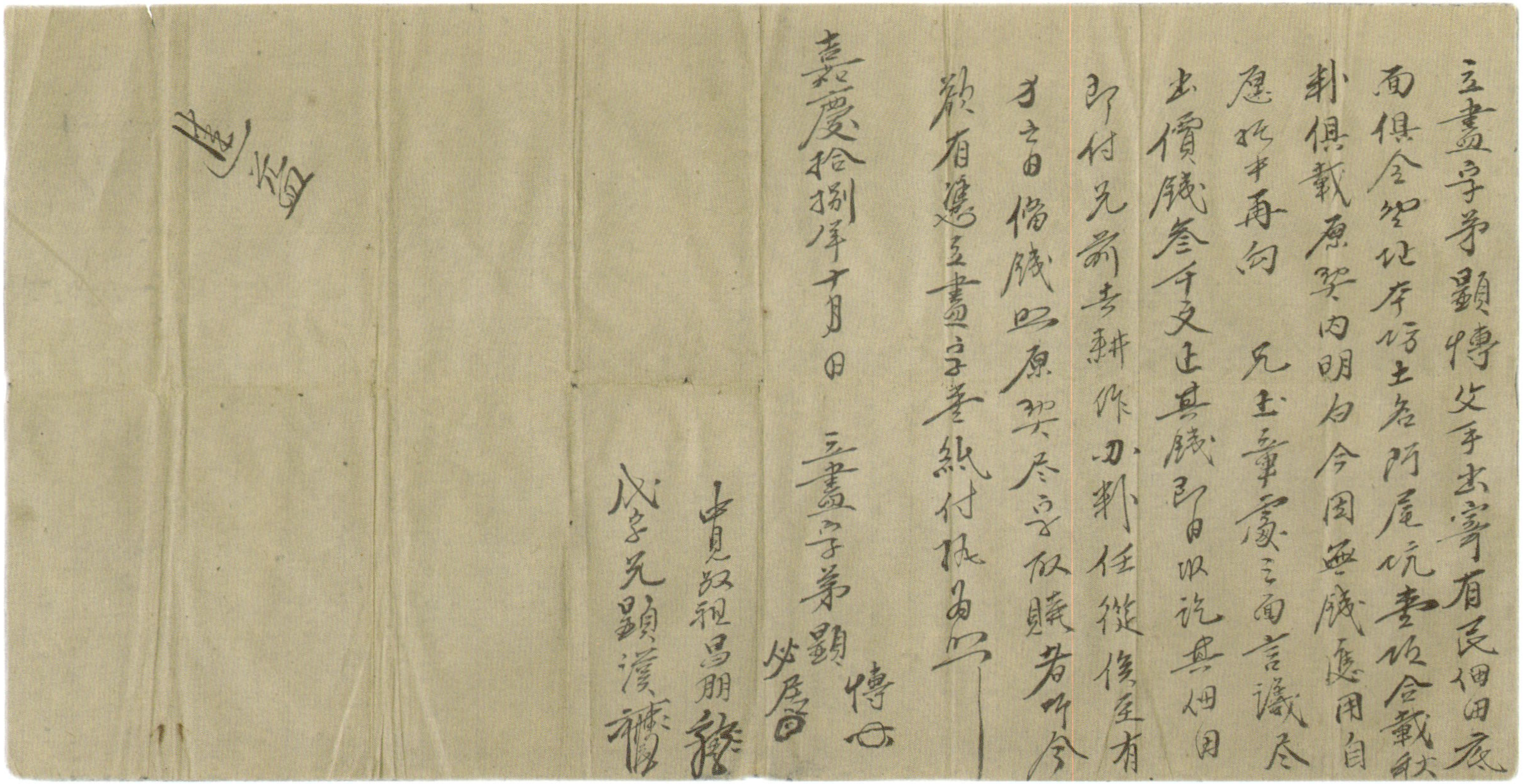

立盡字弟顯博仝弟出寧有民佃田底
面俱仝坐址本坊土名阿尾坑壹段，合載秋
糾俱載原契內明白。今因無錢應用，自
愿於中再向　兄出章處三面言議，盡
出價錢叁千文正。其錢即日收訖，其佃田
即付兄前去耕作，収糾任從。後至有
力之日，備錢照原契盡字取贖，若屿今
欲有憑，立盡字壹紙，付執為照。

嘉慶拾捌年十月　日　立盡字弟　顯博　少居

中見叔祖　昌朋

代字兄　顯濙

盡

6-1-11-4　清嘉慶十八年十月林顯博等立盡底面全民佃田字

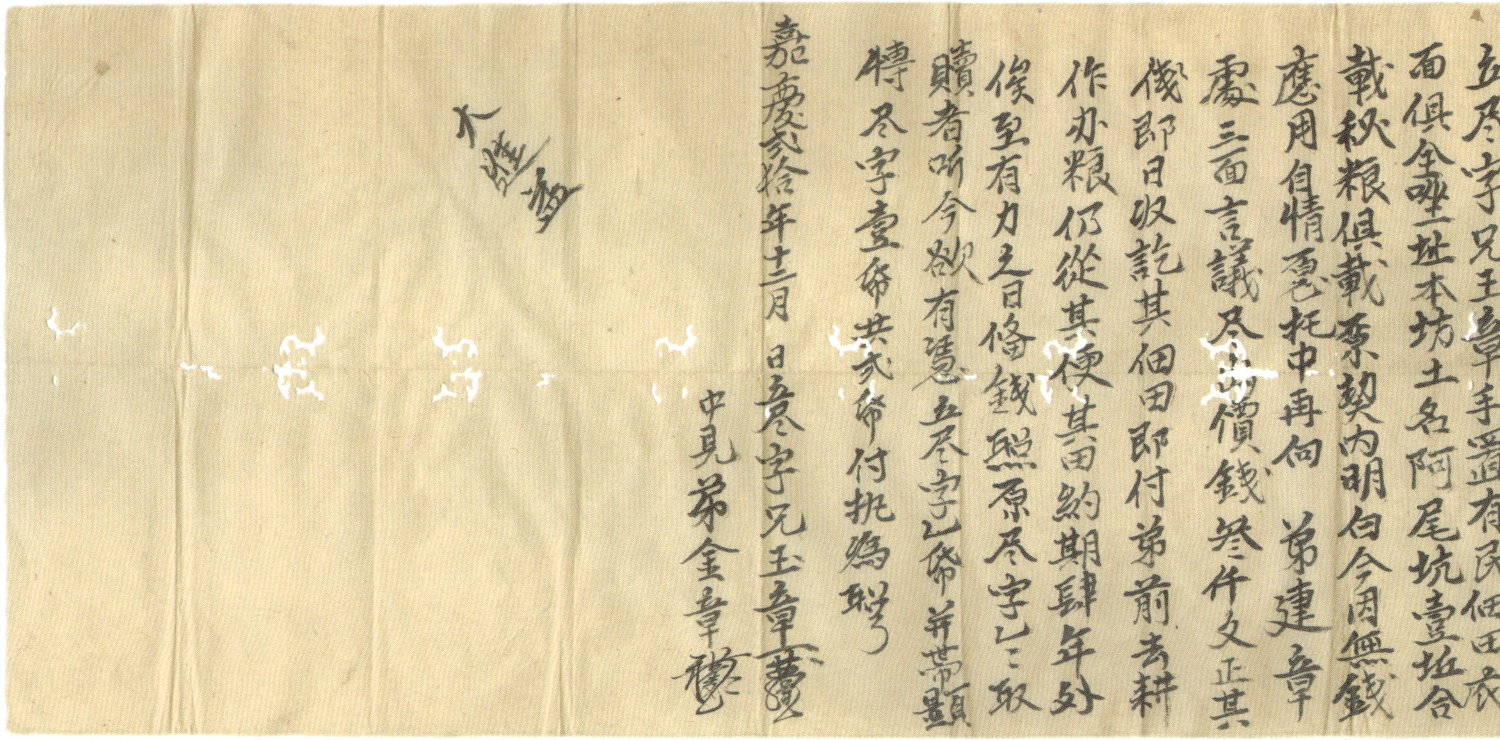
立盡字兄玉章手置有民佃田底
面俱全壹坵本坊土名阿尾坑壹坵合
載秋粮俱載原契內明白今因無錢
應用自情愿托中再向　弟建章
處三面言議盡出價錢叁仟文正其
錢即日收訖其佃田即付弟前去耕
作辦粮仍從其便其田約期肆年外
備至有力之日備錢照原盡字一二取
贖者听今欲有憑立盡字一併並帶頭
契盡字壹併共貳併付執為照。
嘉慶貳拾年十二月　日立盡字兄玉章（押）
中見弟金章（押）

6-1-11-5　清嘉慶二十年十二月林玉章立盡底面全民佃田字

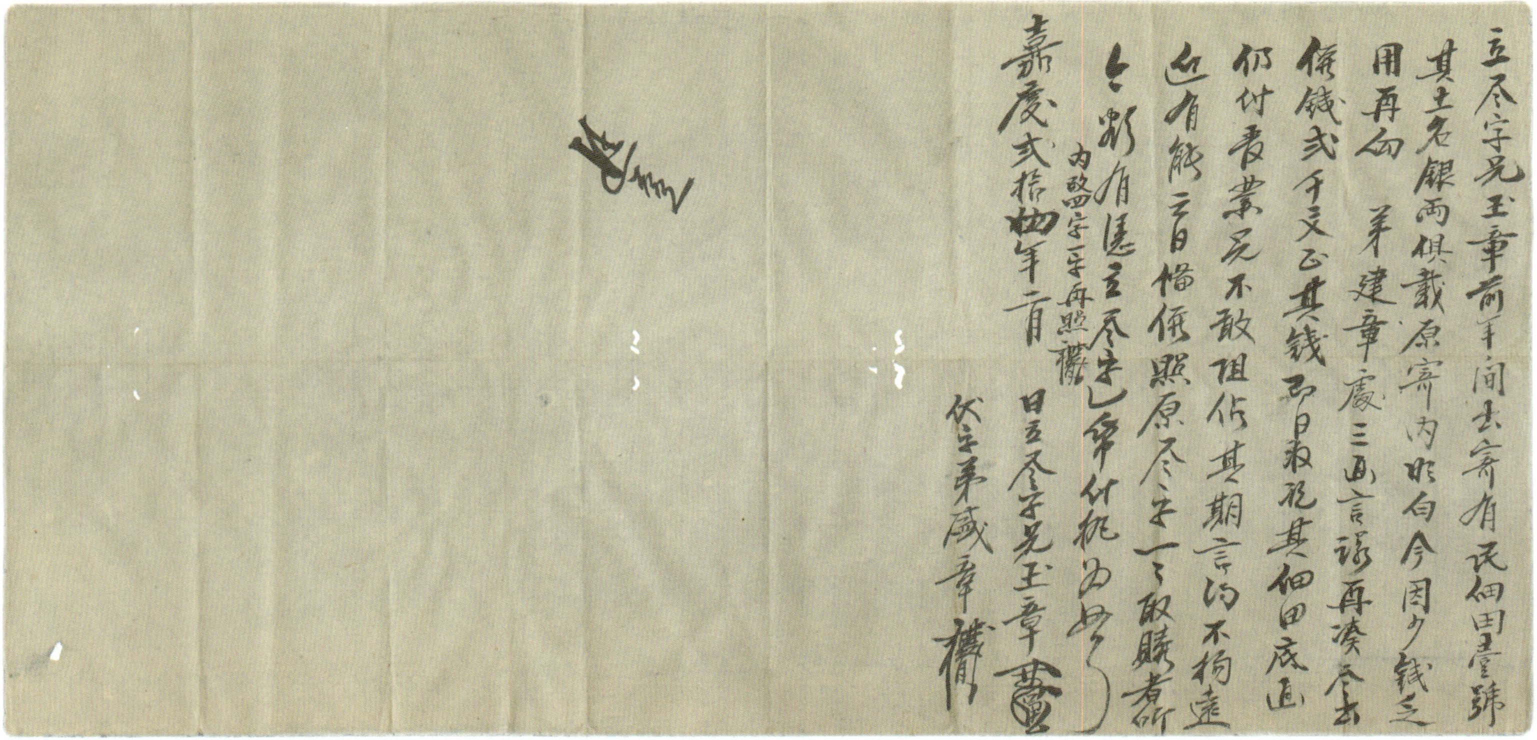

立尽字兄玉章前年間去寄有民佃田壹號
其土名銀両俱載原寄内明白今因少钱之
用再向　弟建章處三面言議再凑尽去
價钱弍千文正其钱即日收訖其佃田底退
仍付弟業兄不敢阻佔其期言約不拘遠
近有能之日備價照原尽字一足取贖者所
恐口無憑立尽字乙帋付执爲炤
内改四字一字再照
嘉慶弍拾四年二月　日立尽字兄玉章
代字弟威章

6-1-11-6　清嘉慶二十四年二月林玉章立盡民佃田字

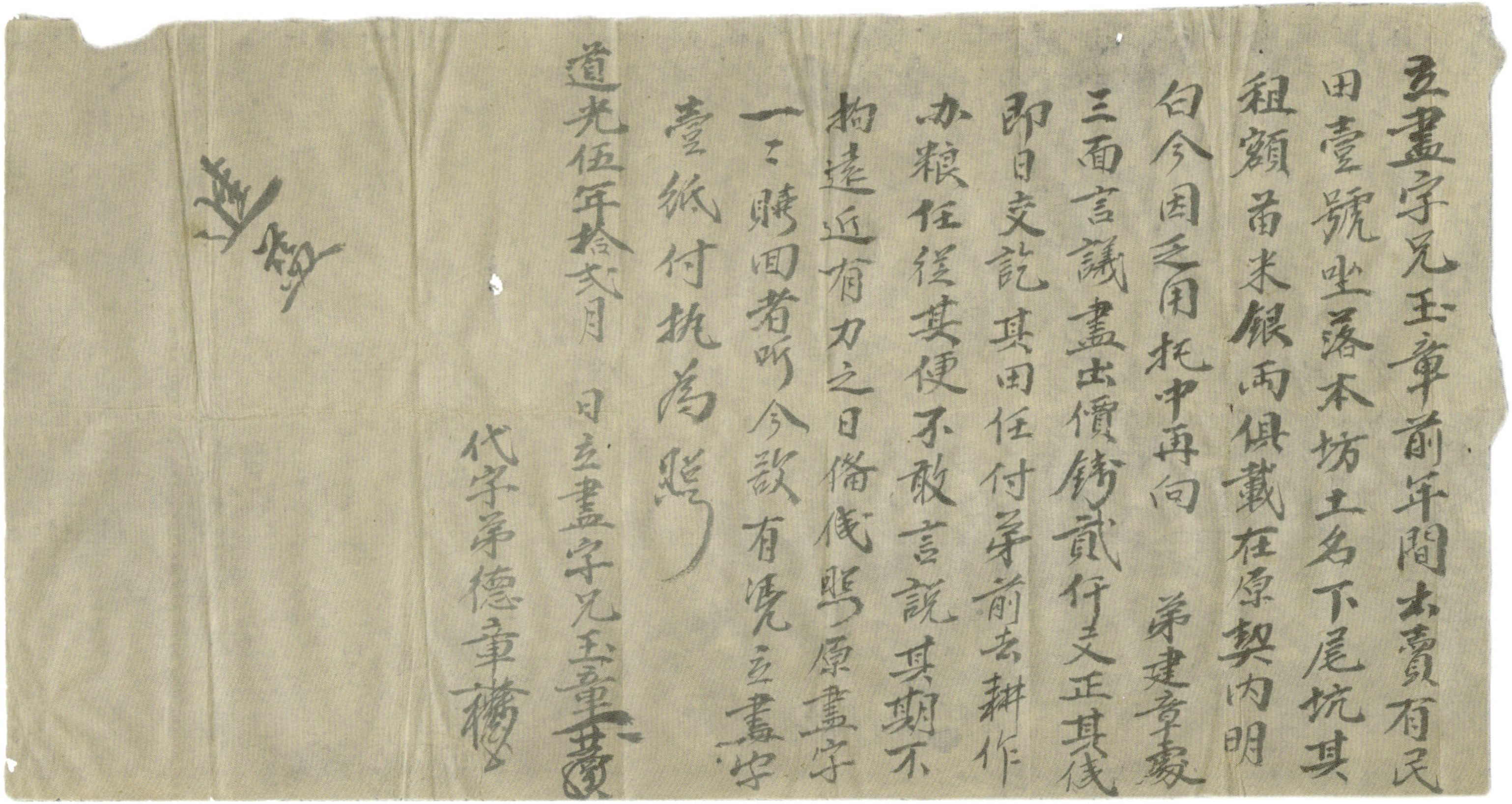
立盡字兄玉章前年間出賣有民
田壹號坐落本坊土名下尾坑其
租額苗米銀兩俱載在原契內明
白今因乏用托中再向　弟建章處
三面言議盡出價錢貳仟文正其錢
即日交訖其田任付弟前去耕作
办粮任從其便不敢言說其期不
拘遠近有力之日備價取原盡字
一二贖回者听今欲有凭立盡字
壹紙付執為照
道光伍年拾弍月　日立盡字兄玉章（押）
代字弟德章（押）

6-1-11-7　清道光五年十二月林玉章立盡民田字

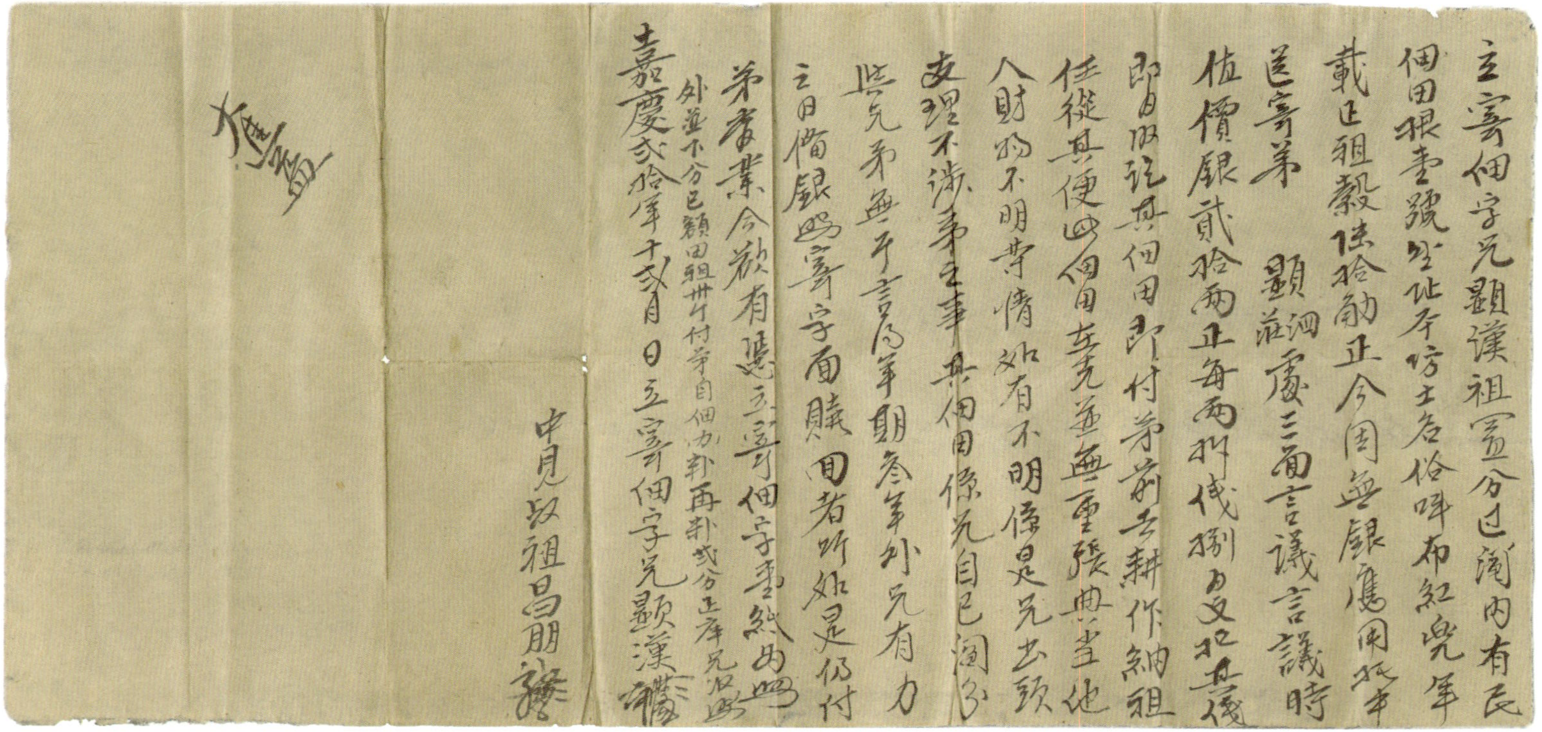
立寄佃字兄顯漢祖置分過閬內有民
佃田根壹號，坐址本坊土名俗呼布紅嶼年
載正租穀陸拾觔正。今因無銀應用，托中
送寄弟顯莊烟處，三面言議，言議時
值價銀貳拾兩正，每兩扣錢捌百文，扣其儀
即日收訖。其佃田即付弟前去耕作納租，
任從其便。此佃田在兄並無重張典當他
人財物不明等情，如有不明，係是兄出頭
支理，不涉弟之事。其佃田係兄自己閬分，
與兄弟無干。言約年期參年外，兄有力
之日備銀照寄字面贖回，若所如是，仍付
弟掌業。今欲有憑，立寄佃字壹紙，為照。
外並不分已額田租卅斤付弟自佃，办利再利貳分正，庫兄收照。
嘉慶貳拾年十貳月　日立寄佃字兄顯漢（押）
中見叔祖昌朋（押）

6-1-12-1　清嘉慶二十年十二月林顯漢立寄民佃田根字

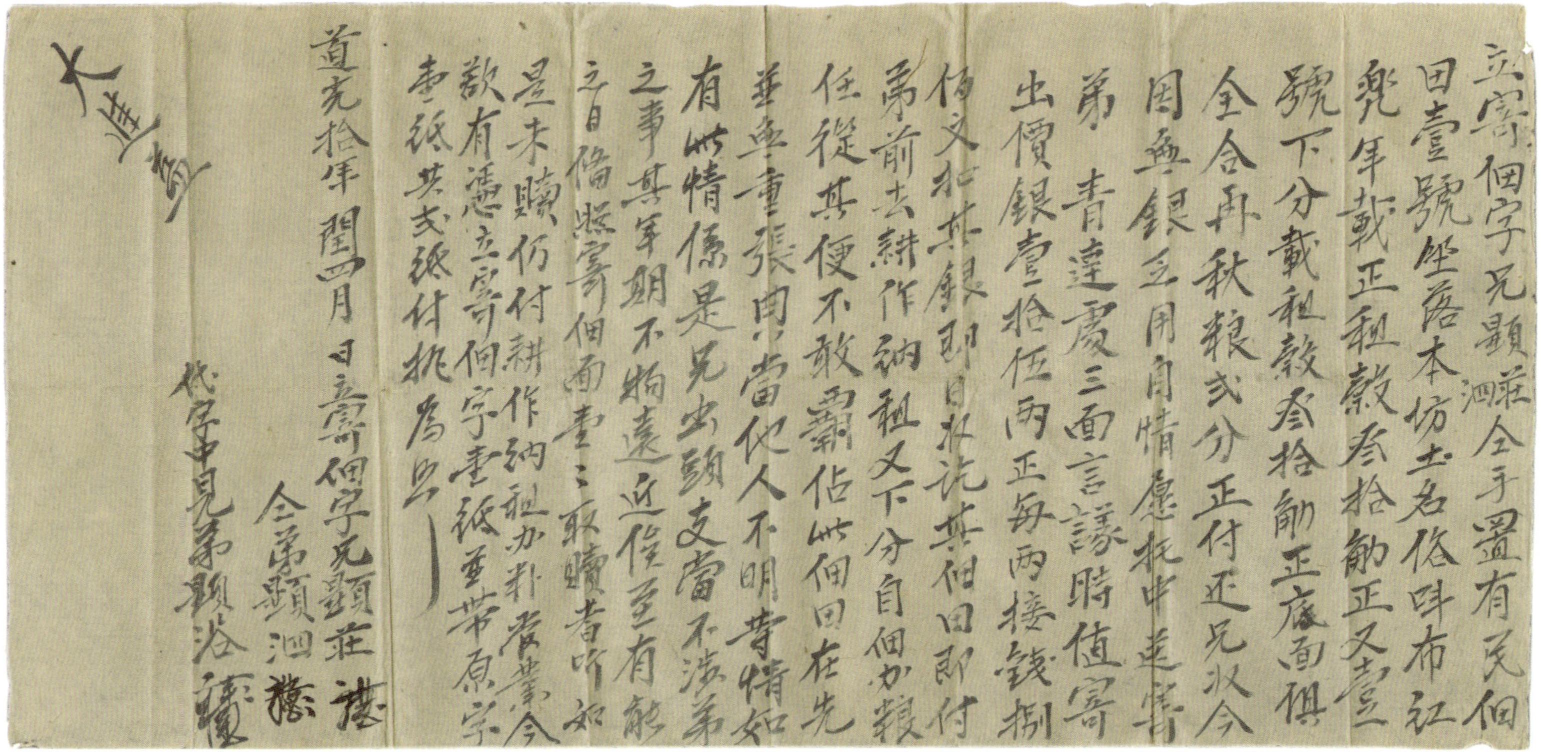

立寄佃字兄顯莊、泗，全手置有民佃
田壹號，坐落本坊土名依畔布缸
兜，年載正租穀叁拾觔正，又壹
號下分載租穀叁拾觔正，應面棋
全，合科秋粮弍分正，付兄收，今
因無銀應用，自情愿托中送寄
弟　青達處三面言議，時值寄
出價銀壹拾伍兩正，每兩接錢捌
伯文，其銀即日收訖，其佃田即付
弟前去耕作，納租又下分自佃办粮，
任從其便，不敢霸佔，此佃田在先
並無重張典當他人，不明等情，如
有此情，係是兄出頭支當，不涉弟
之事。其年朔不拘遠近，任至有能
之日備照寄佃面書之取贖者，听如
是未贖，仍付耕作納租办粮，今
欲有憑，立寄佃字壹紙並帯原字
壹紙共弍張付執為照。
道光拾年閏四月　日立寄佃字兄顯莊（押）
仝弟顯泗（押）
代字中見弟顯浴（押）
大進

6-1-12-2　清道光十年閏四月林顯莊等立寄民佃田字

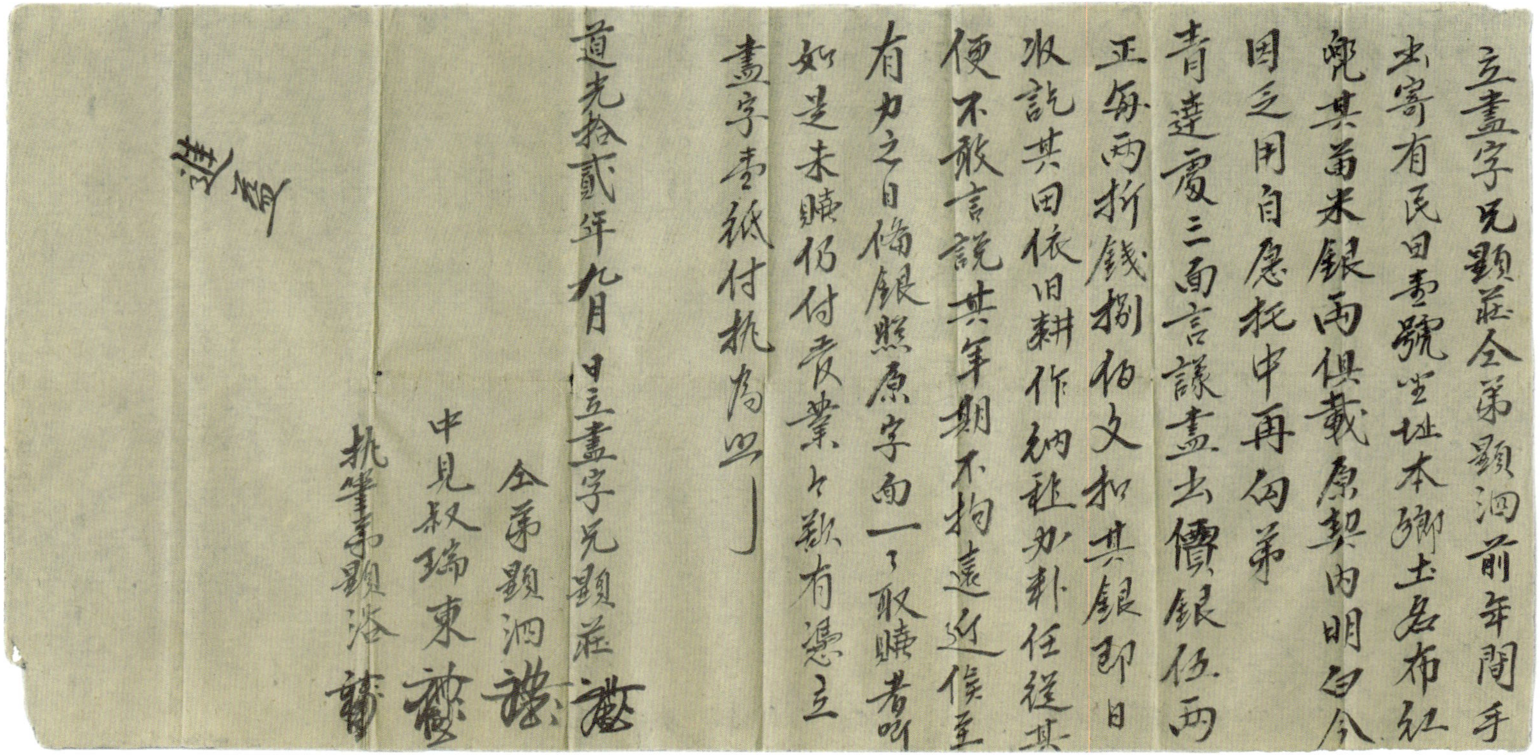
立盡字兄顕莊仝弟顕泗前年間手
出寄有民田壹號坐址本鄉土名布紅
兜其苗米銀兩俱載原契內明白今
因乏用自愿托中再向弟
青達處三面言議盡出價銀伍兩
正每兩折錢捌佰文和其銀即日
收訖其田依旧耕作納租办朴任從其
便不敢言說其年期不拘遠近俟至
有力之日備銀照原字面一了取贖者听
如是未贖仍付長業々歉有憑立
盡字壹紙付執為照

道光拾貳年九月　日立盡字兄顕莊（押）
仝弟顕泗（押）
中見叔瑞東（押）
執筆弟顕洛（押）

找盡

6-1-12-3　清道光十二年九月林顕莊等立盡民田字

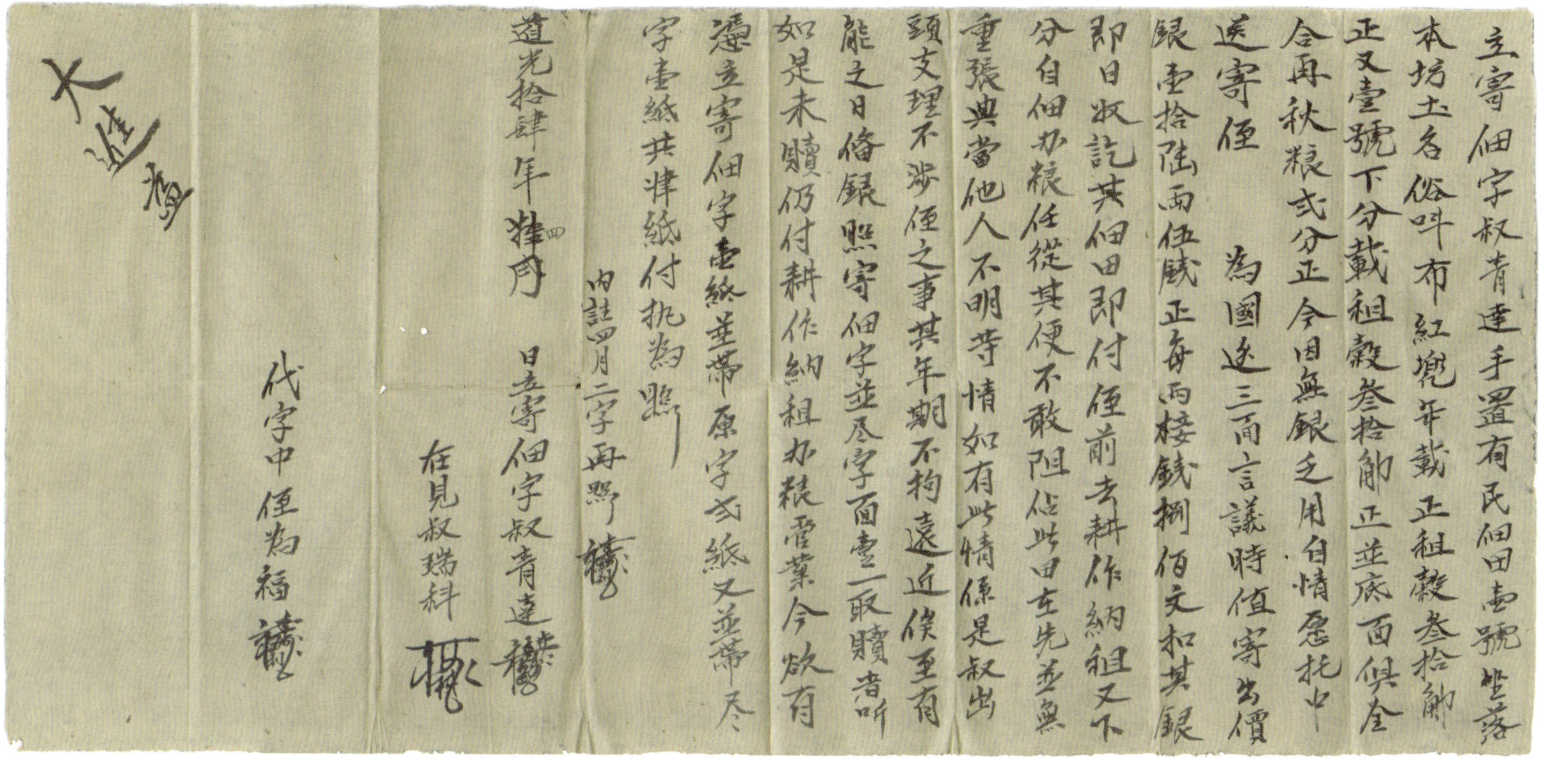
立寄佃字叔青達手置有民佃田壹號坐落
本坊土名俗呌布紅墘年載正租穀叁拾斛
正又壹號下分載租穀叁拾斛正並底面俱全
仝再秋粮式分正今因無銀乏用自情愿托中
送寄侄　為國边三面言議時值寄出價
銀壹拾陆两伍錢正每两棲錢捌佰文扣其銀
即日收訖其佃田即付侄前去耕作納租又不
分自佃办粮任從其便不敢阻伲此田在先並無
重張典當他人不明等情如有此情係是叔出
頭支理不涉侄之事其年期不拘遠近候至有
能之日備銀照寄佃字並承字面壹一取贖者听
如是未贖仍付耕作納租办粮管業今欲有
憑立寄佃字壹紙並帶原字式紙又並帶承
字壹紙共肆紙付执為照
内註四月二字再照
道光拾肆年四月　日立寄佃字叔青達
在見叔瑞料
代字中侄為福
大進昌

6-1-12-4　清道光十四年四月林青達立寄民佃田字

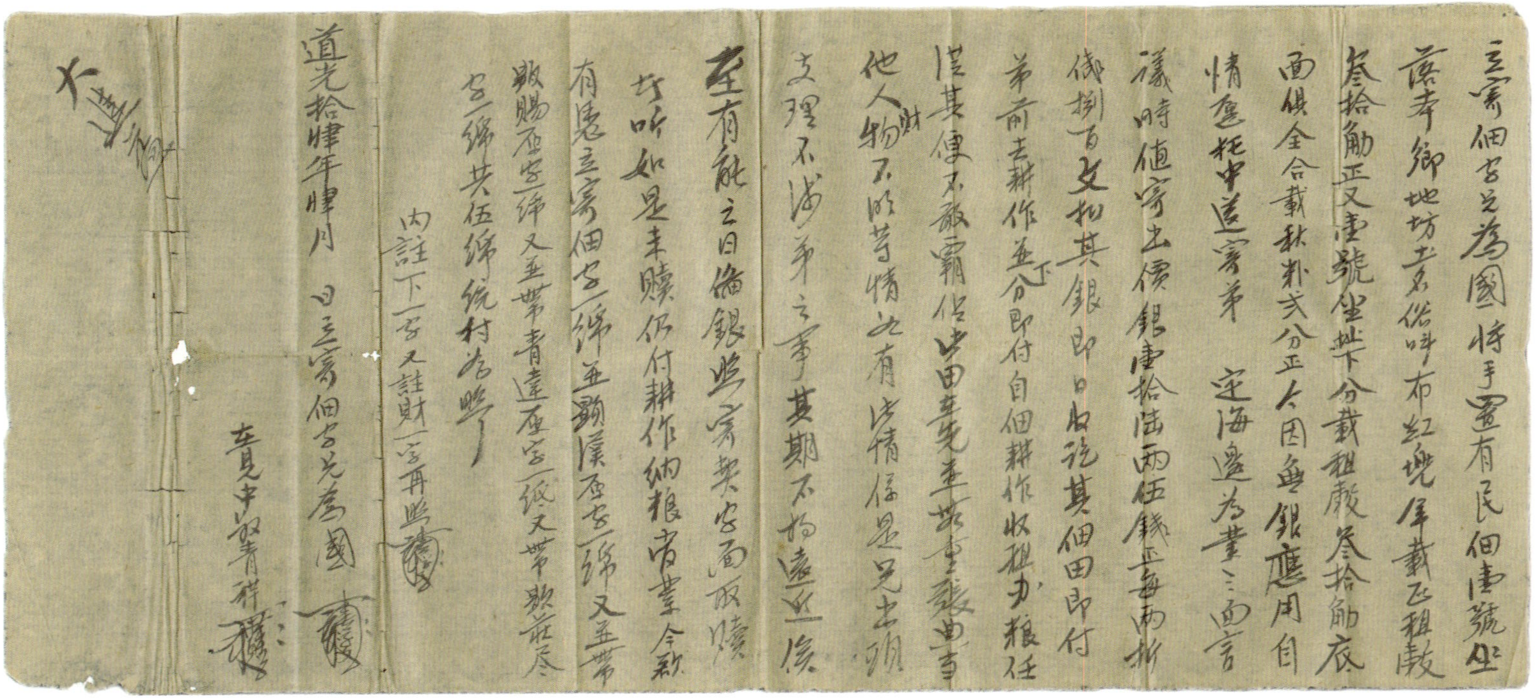

立寄佃字人林爲國，將手置有民佃壹號，坐
落孝鄉地方土名俗呼布紅墘，年載民租穀
叁拾觔正，又壹號坐址下，分載租穀叁拾觔，左
面俱全，合載秋粃弍分正。今因無銀應用，自
情愿托中送寄弟　廷海邊爲業，三面言
議，時値寄出價銀壹拾陸兩伍錢正，每兩折
錢捌百文扣，其銀即日收訖，其佃田即付
弟前去耕作並下分即付自佃耕作，收租辦粮，任
從其便，不敢霸佔。此田並無重張典當
他人財物不明等情，如有此情，係是兄出頭
支理，不涉弟之事。其期不拘遠近，備
至有能之日，備銀照寄契字面取贖，
弟不阻。如是未贖，仍付耕作納粮當業。今欲
有憑，立寄佃字一紙，並繳上手老字一紙，又並帶
收賜老字一紙，又並帶青達老字一紙，又帶契尾
字一紙，共伍紙，繳付爲照。
內註下一字，又註財一字，再照。
道光拾肆年肆月　日立寄佃字兄爲國
在見中叔青祥
大吉

6-1-12-5　清道光十四年四月林爲國立寄民佃字

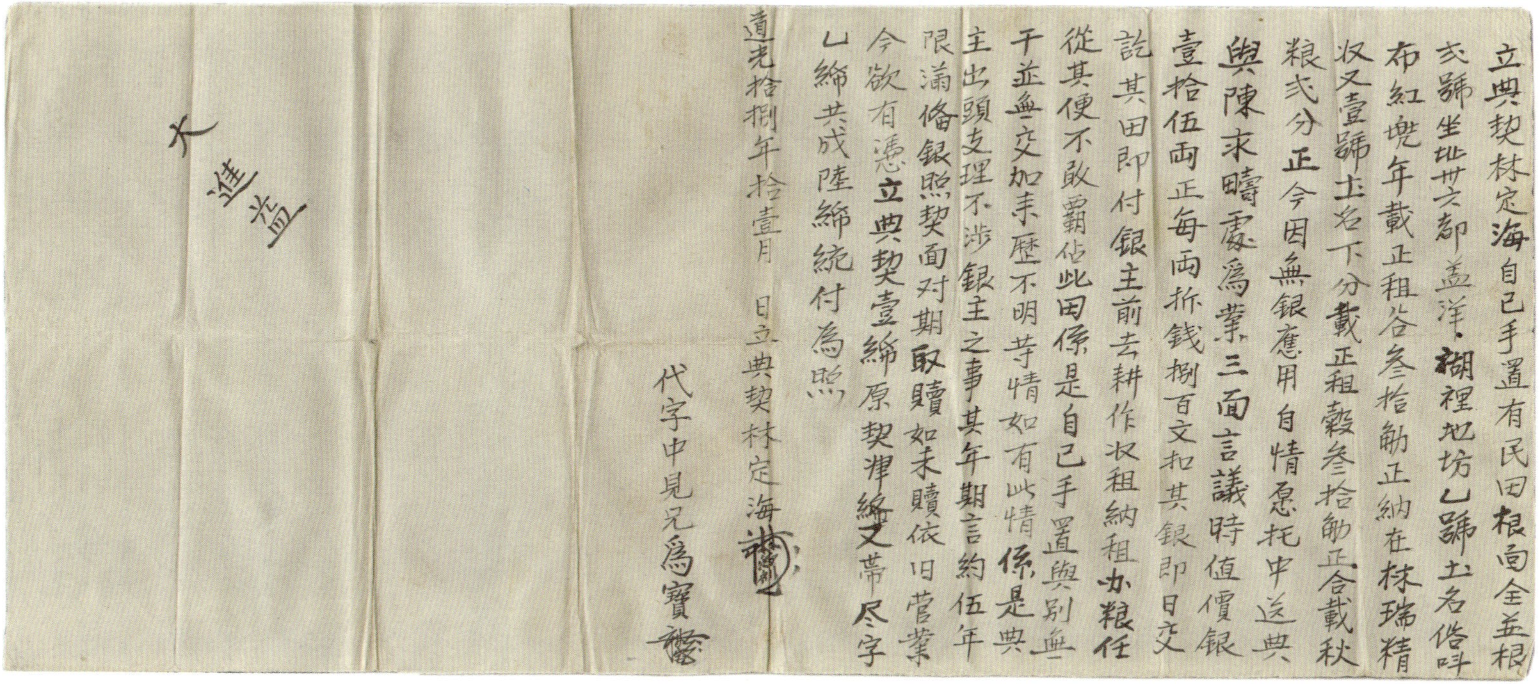

立典契林定海自己手置有民田根面全並根式號
坐址廿六都盖洋湖裡地坊乚號土名俗叫
布紅塊年載正租谷叁拾觔正納在林瑞精
收又壹號土名下分載正租壹佰叁拾觔正合載秋
粮弍分正今因無銀應用自情愿托中送典
與陳求讀官邊為業三面言議時值價銀
壹拾伍兩正每兩折錢捌百文其銀即日交
訖其田即付銀主前去耕作收租納粮任
從其便不敢阻霸但此田係是自己手置與别無
干並無交加來歷不明等情如有此情係是典
主出頭支理不涉銀主之事其年期言約伍年
限滿備銀照契面對期取贖如未贖依旧管業
今欲有憑立典契壹紙原契準紙又帶尺字
乚紙共弍陸紙繳付為照

道光拾捌年拾壹月　日立典契林定海（押）

代字中見兄為寶（押）

大發粟

6-1-12-6　清道光十八年十一月林定海立典根面全民田等契

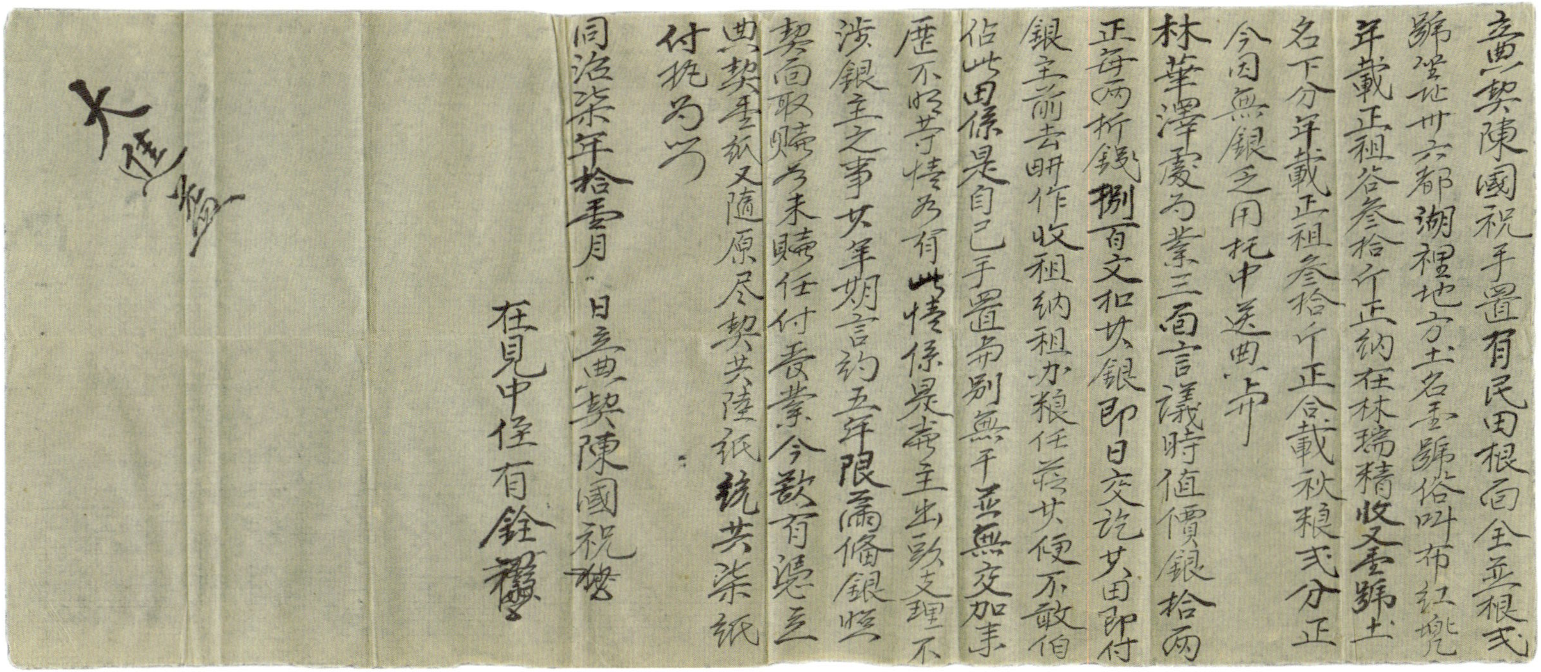

立典契陳國祝手置有民田根面全並根弍
號，坐址廿六都湖裡地方，土名壹號俗叫布紅塆尾，
年載正租谷叁拾斤正，納在林瑞精收；又壹號土
名下分，年載正租叁拾斤正，合載秋粮弍分正。
今因無銀乏用，托中送典與
林華澤處為業。三面言議時值價銀拾兩
正，每兩折錢捌百文，和共銀即日交訖，其田即付
銀主前去耕作收租，納租办粮任從其便，不敢伯
佔。此田係是自己手置物業，別無干並無交加未
歷不明等情；如有此情，係是本主出頭支理，不
涉銀主之事。其年期言約五年限滿，備銀照
契面取贖；如未贖，任付耕業。今欲有憑，立
典契壹紙，又隨原盡契共陸紙，統共柒紙，
付執為炤。

同治柒年拾壹月　日立典契陳國祝（押）

在見中侄有銓（押）

大進壹

6-1-12-7　清同治七年十一月陳國祝立典根面全民田等契

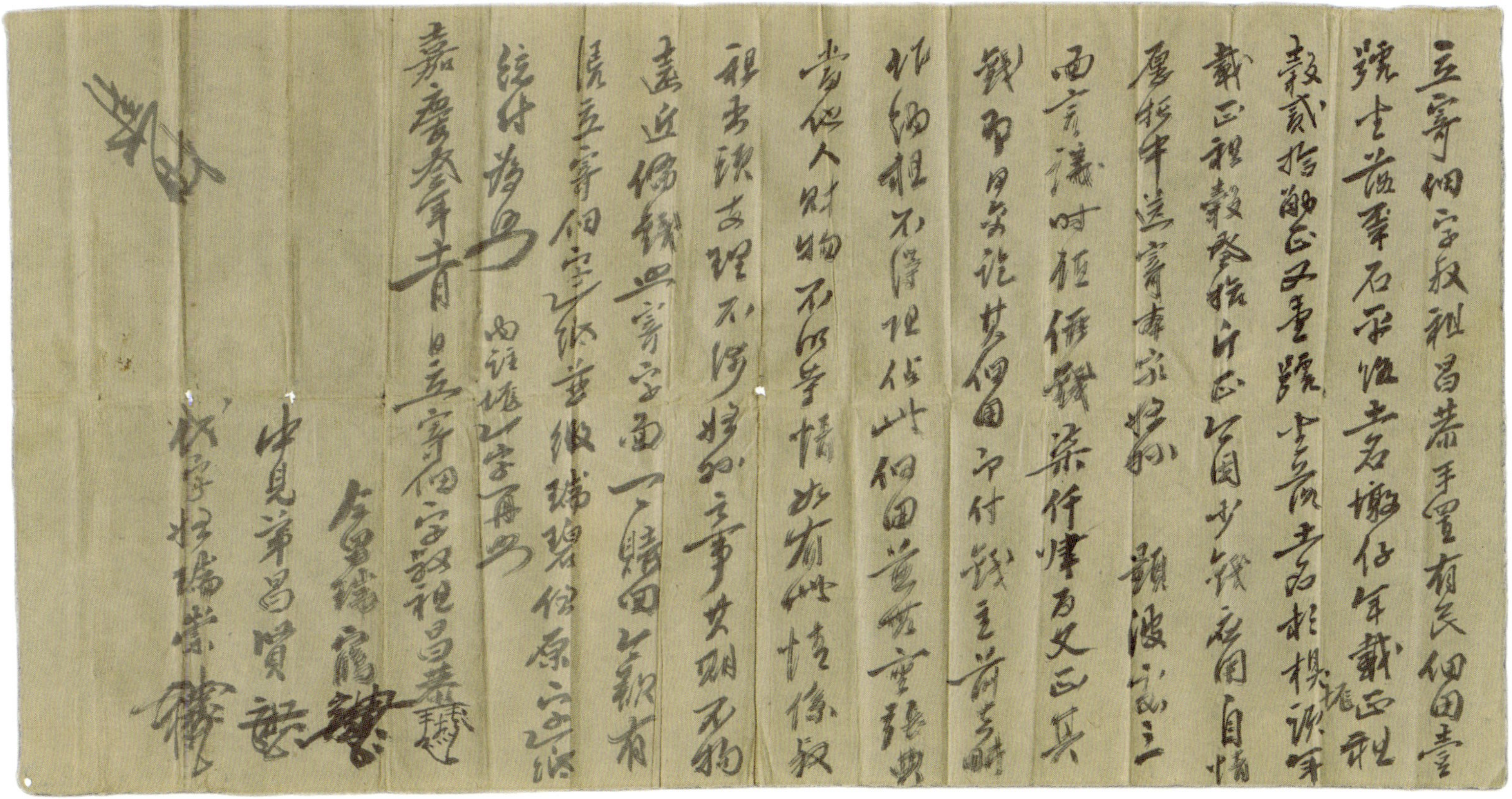

立寄佃字叔祖昌恭手置有民佃田壹
號土名苹石坪恤土名壠仔年載正租
穀貳拾斛正又壹號土名杉模掟坵年
載正租穀叁拾斤正今因乏錢應用自情
愿托中送寄族孫邊爲業　顯波記三
面言議時值價錢柒仟肆百文正其
錢即日交訖其佃田即付錢主前去耕
作納租不得阻佔此佃田並無重張典
當他人財物不明等情如有此情係叔
祖出頭支理不涉錢主之事其田不論
遠近備錢照寄字面一足贖回之款有
憑立寄佃字一紙並繳瑞碧位原立字一紙
繳付爲照　內註掟一字再照
嘉慶叁年十一月　日立寄佃字叔祖昌恭（押）
仝男瑞寵（押）
中見弟昌貫（押）
代字姪瑞崇（押）

6-1-13-1　清嘉慶三年十一月林昌恭等立寄民佃田字

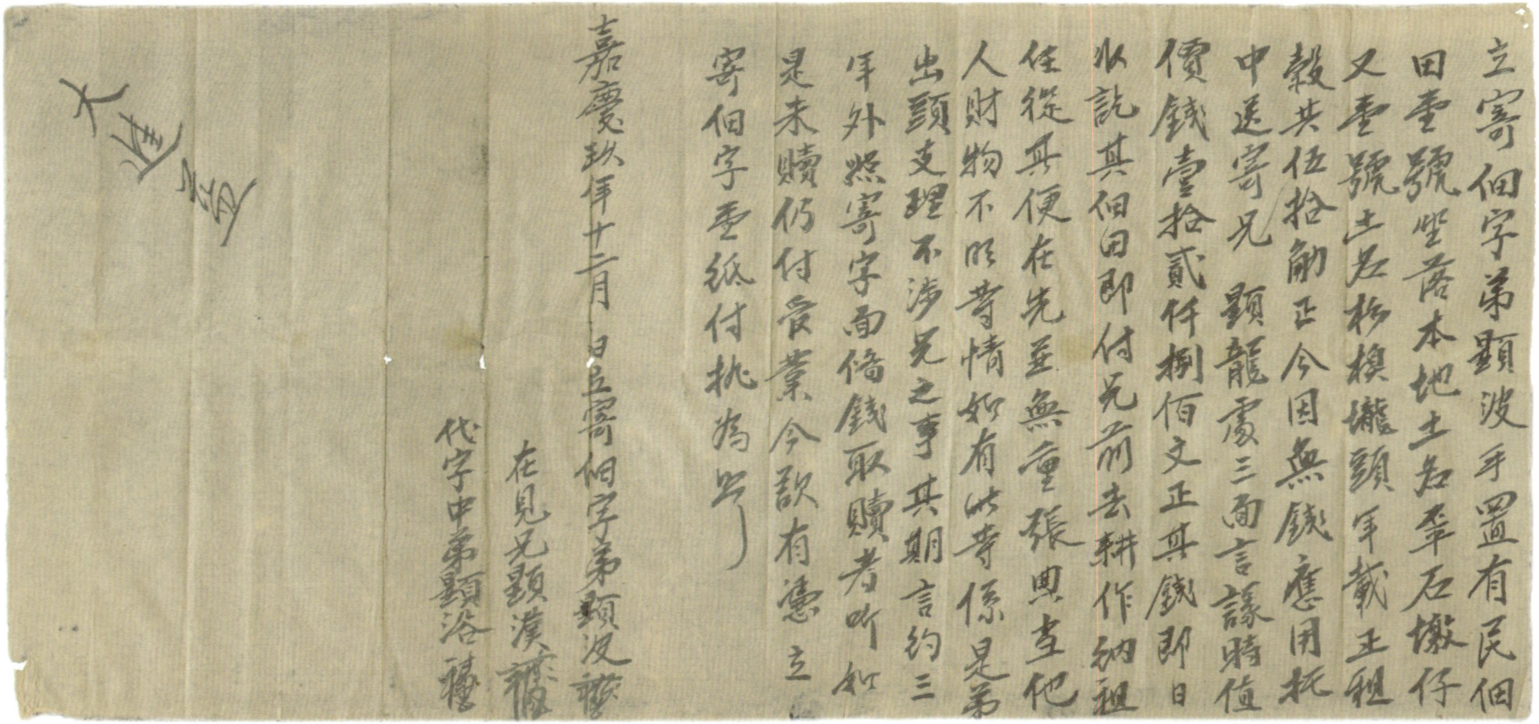

立寄佃字弟顯波手置有民佃
田壹號坐落本地土名羊石墩仔
又壹號土名杉模𡽹頭年載王租
穀共伍拾觔正今因無錢應用托
中送寄兄　顯龍處三面言議時值
價錢壹拾貳仟捌佰文正其錢即日
收訖其佃田即付兄前去耕作納租
任從其便在先並無重張典查他
人財物不明等情如有此等係是弟
出頭支理不涉兄之事其期言约三
年外照寄字面倍錢取贖者听如
是未贖仍付管業今欲有憑立
寄佃字壹紙付執為照

嘉慶玖年十二月　日立寄佃字弟顯波（押）
在見兄顯漢（押）
代字中弟顯洛（押）

6-1-13-2　清嘉慶九年十二月林顯波立寄民佃田字

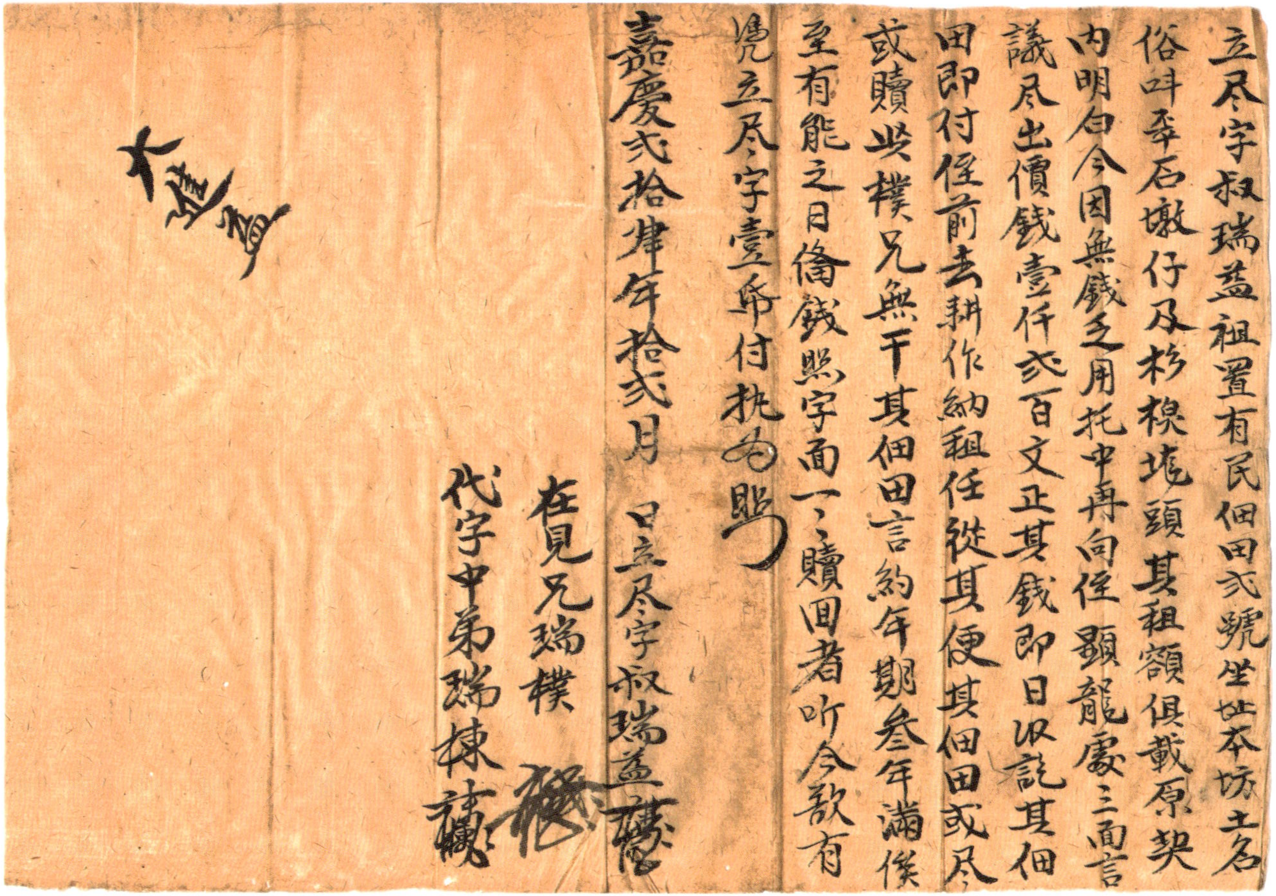
立尽字叔瑞益祖置有民佃田弍號坐址本坊土名
俗呌牽石墩仔及杉㮾垅頭其租額俱載原契
内明白今因無錢乏用托中再向侄顕龍處三面言
議尽出價錢壹仟弍百文正其錢即日收訖其佃
田即付侄前去耕作納租任從其便其佃田或尽
或贖与樸兄無干其佃田言約年期叁年滿後
至有能之日備錢照字面一一贖回者听今欲有
憑立尽字壹帋付執為照
嘉慶弍拾肆年拾弍月　日立尽字叔瑞益（押）
在見兄瑞樸（押）
代字中弟瑞棟（押）
大建盈

6-1-13-3　清嘉慶二十四年十二月林瑞益立盡民佃田字

立寄佃根字林顯龍手置有民田根
貳號坐址三十六都地方土名平石墩仔
等處受種伍觔正年載正租穀貳拾
觔正民秖納在林茂图收又壹號土名杉
楨垅頭等處受種伍觔正年載正租穀
叁拾觔正民秖納在許宗聘收今因無錢
乏用自情愿托中送寄與
陳楚讓處爲業三面言議時值價錢壹
拾伍仟貳佰文正其錢即日交訖其田
根即付錢主前去管業或安下耕作納租
任從其便並無重典他人以及交加未歷
欠租不明等情如有此等係是寄主出頭
支理不涉錢主之事此田根係是自己物業
與伯叔兄弟侄無干其年期言約叁年
限滿之日備錢照寄字面對期取贖如未
贖仍付管業今欲有憑立寄佃根字壹
紙並繳原根字弍紙並繳尽字壹紙共四
紙統付爲照」

道光捌年十一月　日立寄佃根林顯龍（押）
在見侄茂彫（押）
代字中弟顯洛（押）

大進壹

6-1-13-4　清道光八年十一月林顯龍立寄佃民田根字

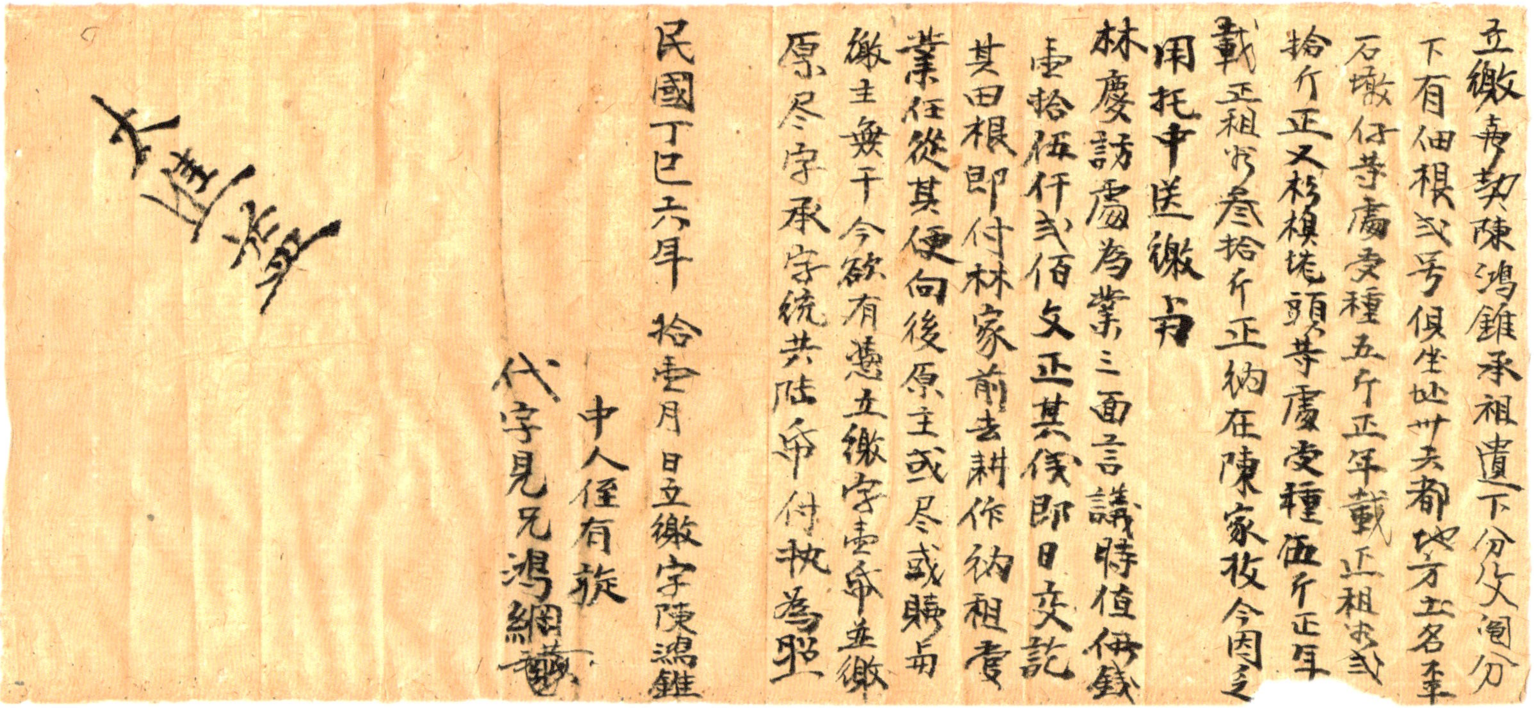
立缴賣契陳鴻錐承祖遺下仝父阄分
下有佃根弍号，俱坐址廿夫都地方土名牽
石墩仔等處，受種五斤正，年載正租米弍
拾斤正；又杉樹垅頭等處，受種伍斤正，年
載正租米叁拾斤正，納在陳家。茲今因乏
用，托中送缴與
林慶訪處為業。三面言議，時值價錢
壹拾伍仟弍佰文正，其錢即日交訖。
其田根即付林家前去耕作，納租、受
業，任從其便。向後原主或盡或贖，與
缴主無干。今欲有憑，立缴字壹帋並缴
原盡字承字統共陸帋，付執為照。
民國丁巳六年　拾壹月　日立缴字陳鴻錐
中人侄有旋
代字見兄鴻綢（押）

6-1-13-5　民國六年十一月陳鴻錐立缴賣佃田根契

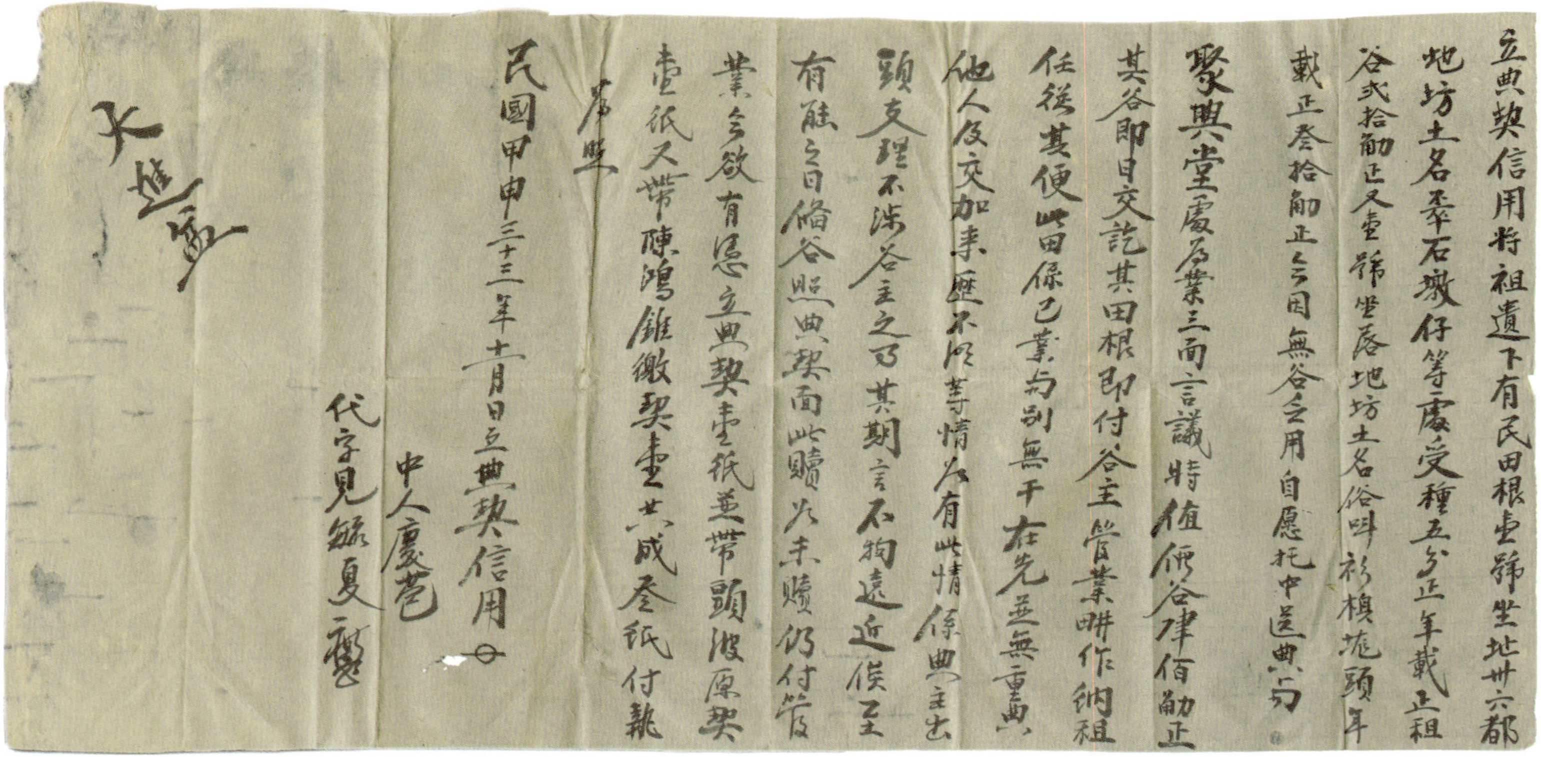
立典契信用將祖遺下有民田根壹號坐址卅六都
地坊土名牽石墩仔等處受種五分正年載正租
谷弍拾觔正又壹號坐落地坊土名俗叫衫槙垅頭年
載正叁拾觔正今因無谷乏用自愿托中送典與
聚興堂處爲業三面言議時值價谷肆佰觔正
其谷即日交訖其田根即付谷主管業耕作納租
任從其便此田係己業與別無干在先並無重典
他人及交加來歷不明等情如有此情係典主出
頭支理不涉谷主之事其期言不拘遠近候至
有能之日備谷照典契面此贖如未贖仍付管
業今欲有憑立典契壹紙並帶頭汲原契
壹紙又帶陳鴻錐繳契壹共貳紙付執
爲照
民國甲申三十三年十一月日立典契信用（押）
中人慶芑
代字見緜夏（押）
大進益

6-1-13-6　民國三十三年十一月林信用立典民田根契

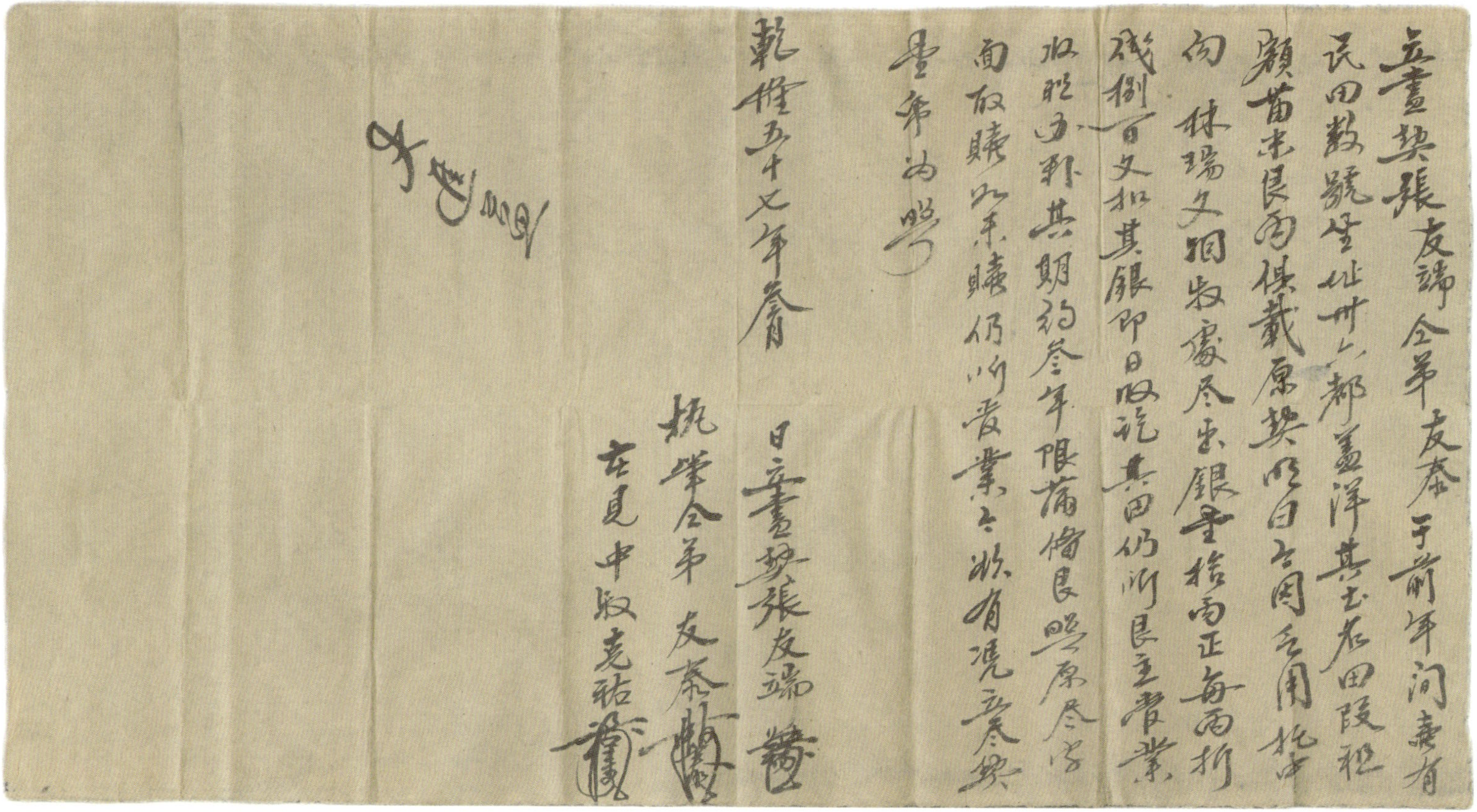
立盡契張友端仝弟友泰，于前年間還有
民田數號，坐址廿八都蓋洋，其土名田段租
額苗米民丙俱載原契明白，今因乏用，託中
向林瑞文□收，盡出銀壹拾兩正，每兩折
錢例百文，其銀即日收訖，其田仍付銀主管業
收租。其期約叁年限滿，備銀照原盡價
面取贖，如未贖，仍付管業。今欲有憑，立盡契
壹紙為照。

乾隆五十七年叁月　日立盡契張友端（押）
執筆仝弟友泰（押）
在見中叔克祐（押）

6-1-14-1　清乾隆五十七年三月張友端等立盡民田契

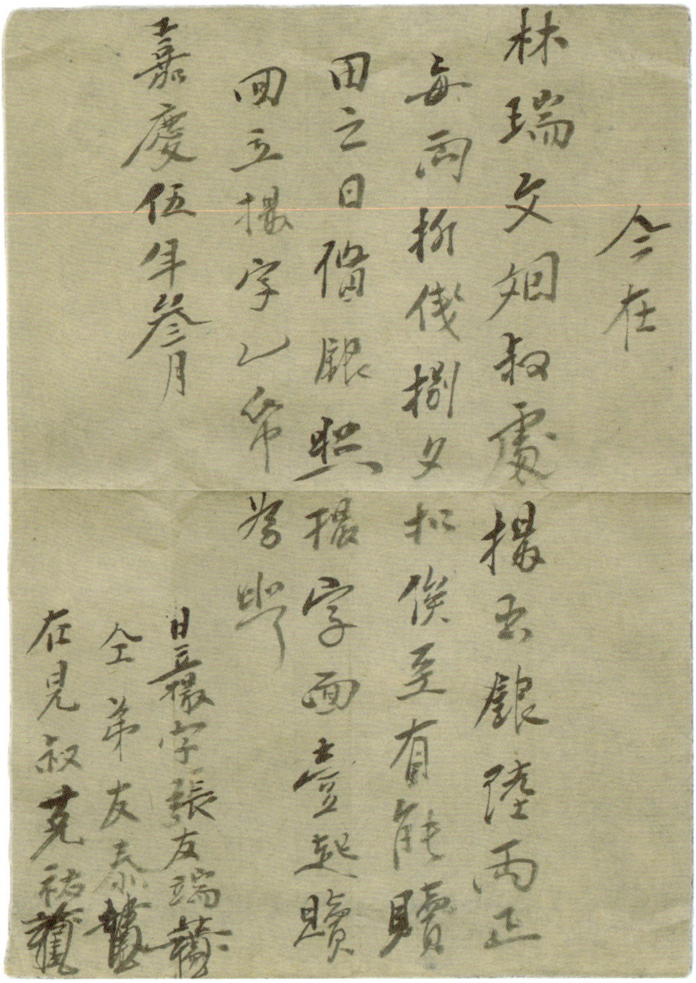

今在
林瑞文姻叔處撮去銀陸兩正，
每兩拆伐捌文扣，候至有能贖
田之日備銀照撮字而壹起贖
回。立撮字一紙爲照。
嘉慶伍年叁月　日立撮字張友端（押）
全弟友泰（押）
在見叔克穆（押）

6-1-14-2　清嘉慶五年三月張友端等立撮字

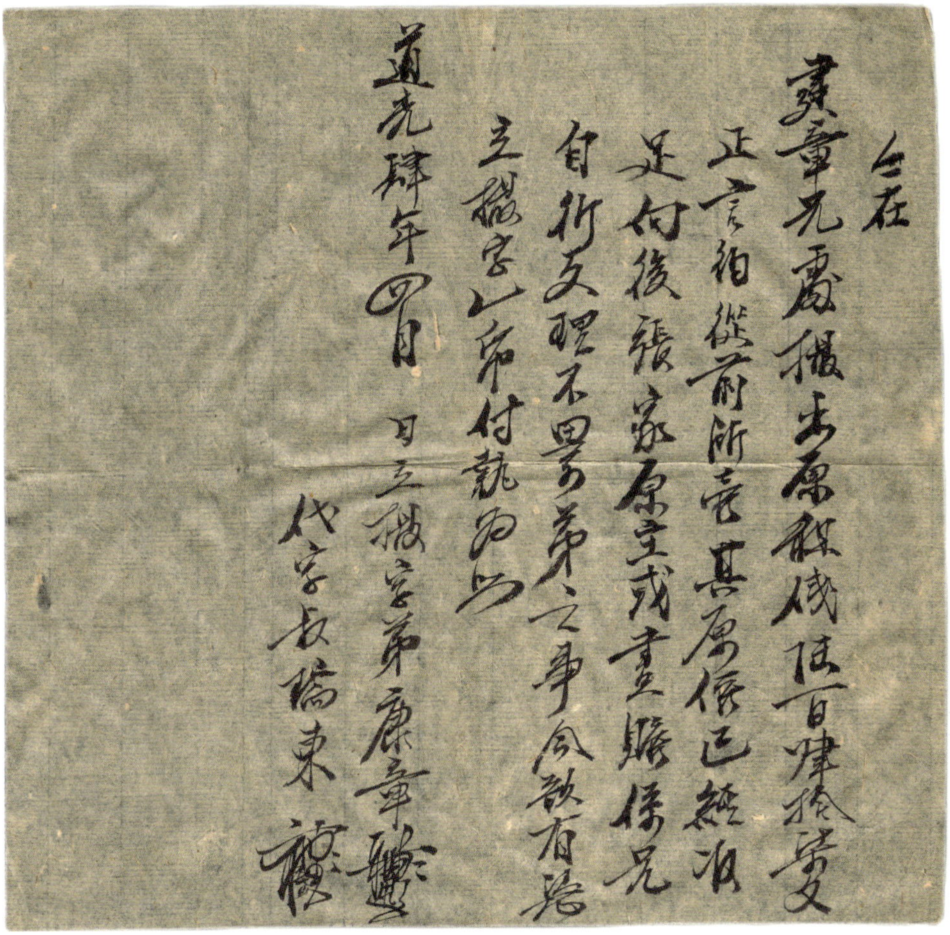

仝在
康章兄處撮出原稅錢伍百肆拾文
正言伯從前所賣其屋係正經淮
廷付後張家原主或查賬係兄
自行支理不累弟兄之事今欲有憑
立撮字山前付執為照
道光肆年四月　日立撮字弟康章（押）
代字叔瑞東（押）

6-1-14-3　清道光四年四月林康章立撮字

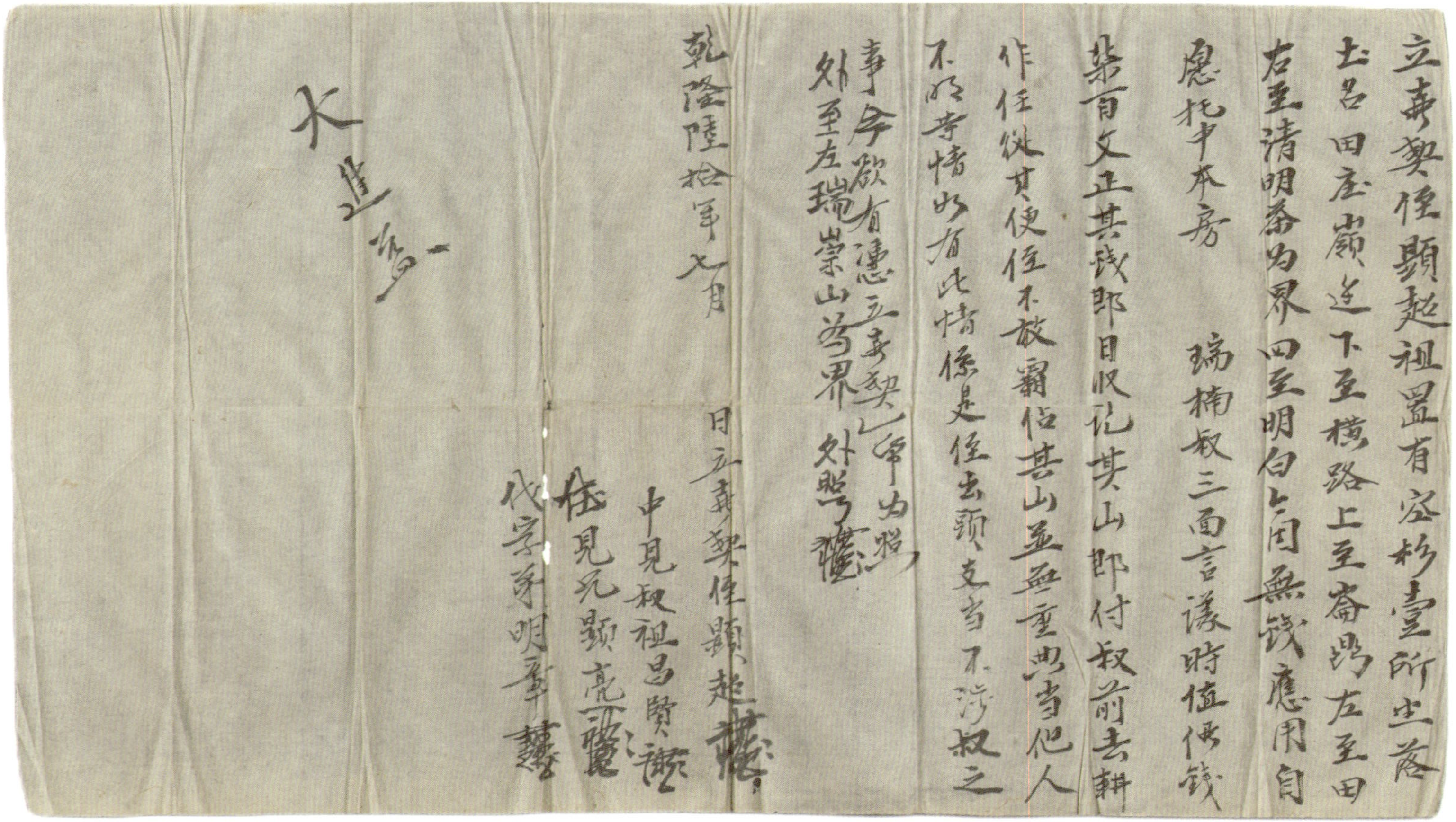


6-1-15-1　清乾隆六十年七月林顯超立賣空杉契

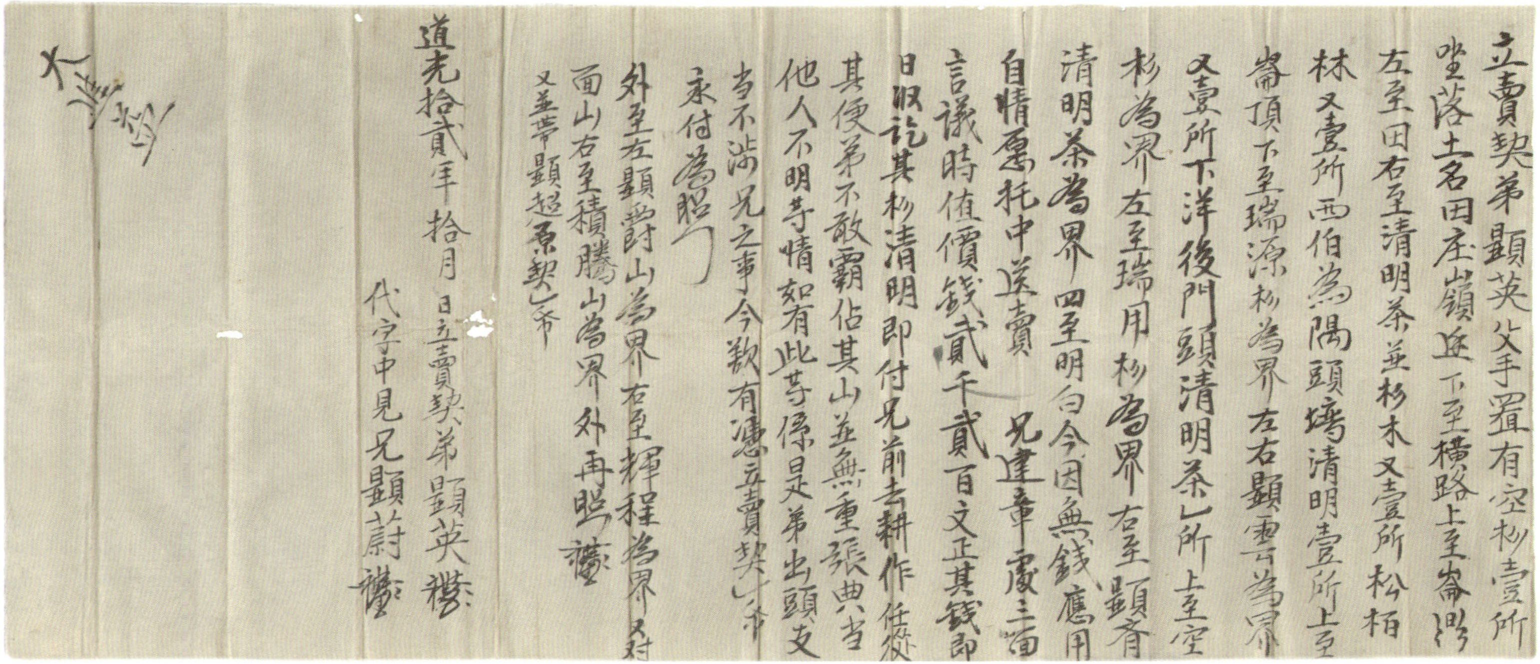
立賣契弟顯英仝父手置有空杉壹所
坐落土名田庄嶺逆下至橫路上至崙
左至田右至清明茶並杉木又壹所松栢
林又壹所西伯為陽頭墘清明壹所上至
崙頂下至瑞源杉為界左右顯雲為界
又壹所下洋後門頭清明茶山所上至空
杉為界左至瑞用杉為界右至顯育
清明茶為界四至明白今因無錢應用
自情愿托中送賣 兄建章處三面
言議時值價錢貳千貳百文正其錢即
日收訖其杉清明即付兄前去耕作任從
其便弟不敢霸佔其山並無重張典當
他人不明等情如有此等係是弟出頭支
當不涉兄之事今欲有憑立賣契一帋
永付為照
外至左顯蔚山為界右至輝程為界又對
面山右至積騰山為界外再照
又並帶顯超原契一帋
道光拾貳年拾月 日立賣契弟顯英
代字中見兄顯蔚
大吉

6-1-15-2 清道光十二年十月林顯英立賣空杉等契

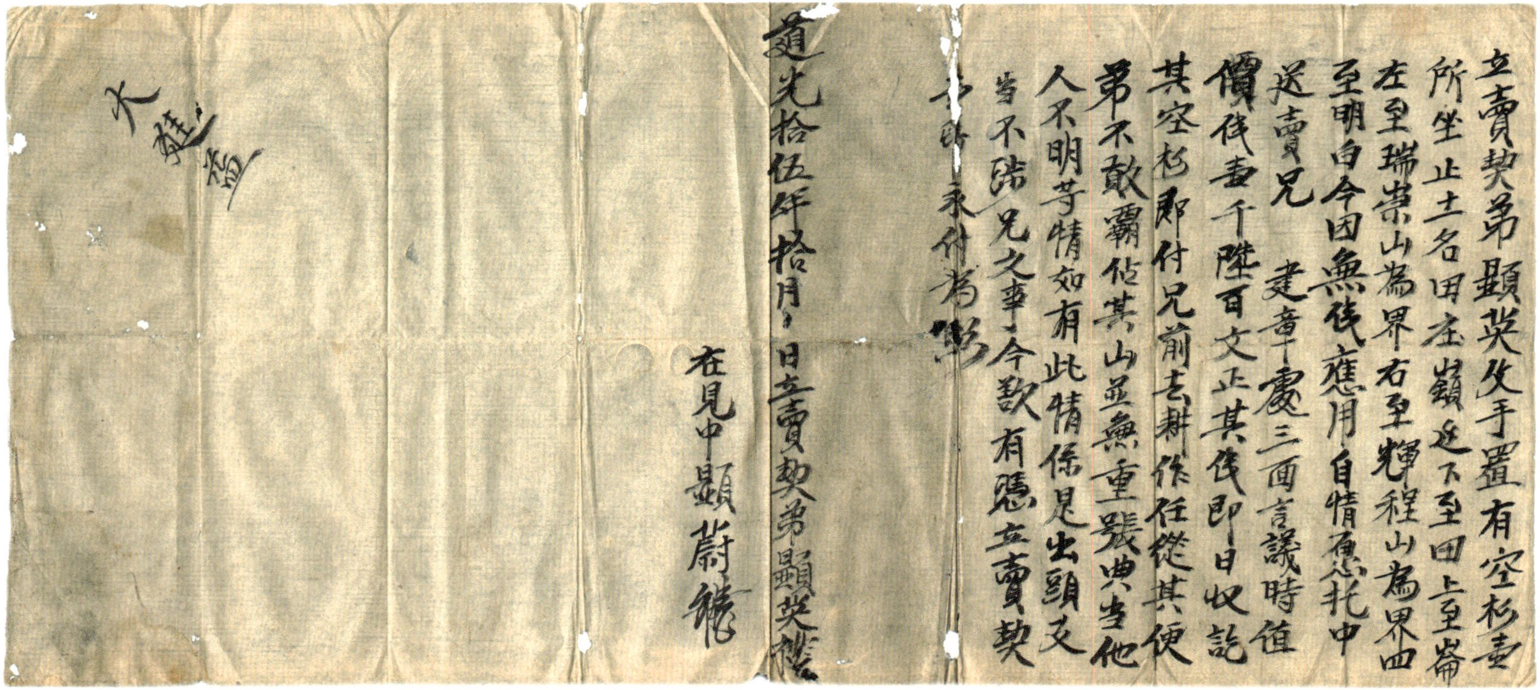
立賣契弟顯英父手置有空杉壹
所坐止土名田左嶺近下至田上至崙
左至瑞崇山為界右至輝程山為界四
至明白今因無錢應用自情愿托中
送賣兄 建章處三面言議時值
價錢壹千陸百文正其錢即日收訖
其空杉即付兄前去耕作任從其便
弟不敢霸佔其山並無重張典当他
人不明等情如有此情係是出頭支
当不涉兄之事今欲有憑立賣契
一紙永付為照
道光拾伍年拾月　日立賣契弟顯英號
在見中顯蔚號

6-1-15-3　清道光十五年十月林顯英立賣空杉契

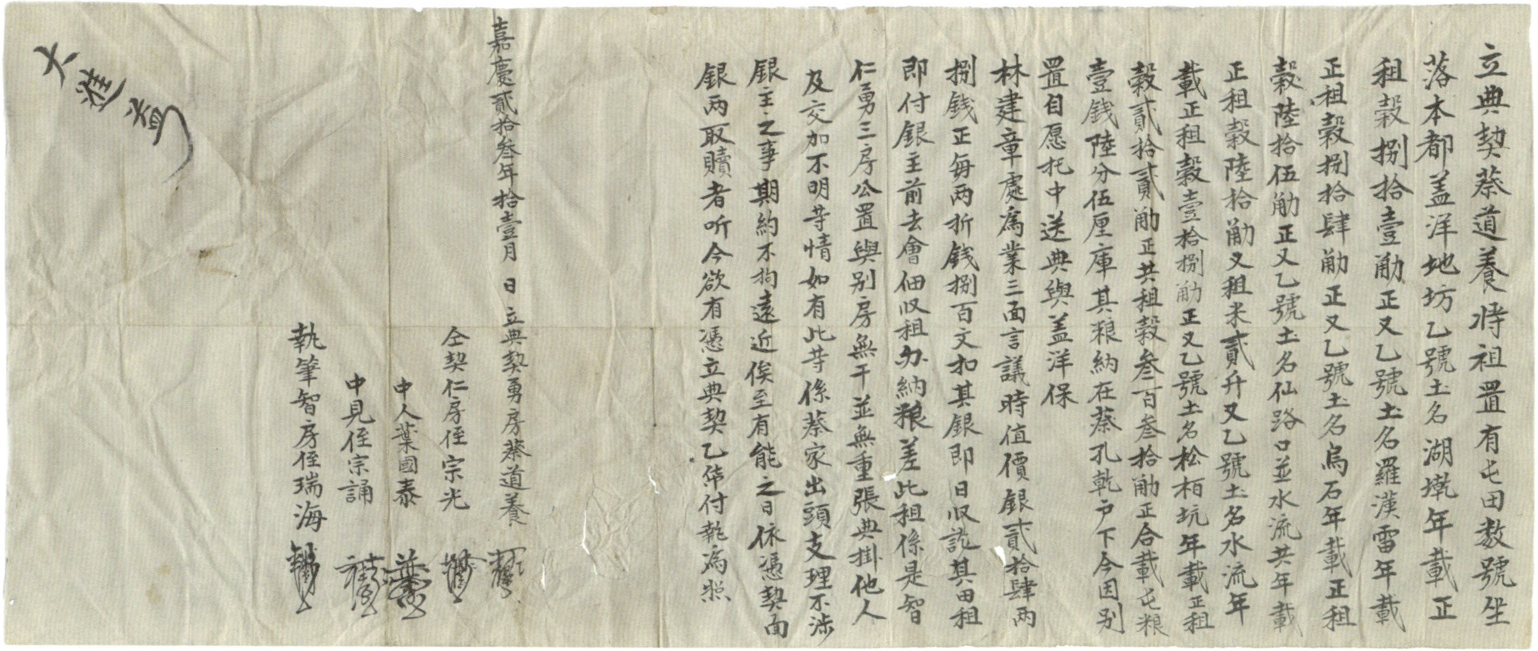

立典契蔡道養，將祖置有屯田數號，坐落本都蓋洋地方，乙號土名湖塆，年載正租穀捌拾壹觔正，又乙號土名羅漢雷，年載正租穀捌拾肆觔正，又乙號土名烏石，年載正租穀陸拾伍觔正，又乙號土名仙路口並水流，共年載正租穀陸拾觔，又租米貳升，又乙號土名水流，年載正租穀壹拾捌觔正，又乙號土名松柏坑，年載正租穀貳拾貳觔正，共租穀叁百叁拾觔正，合載屯糧壹錢陸分伍厘正，其糧納在蔡孔乾户下。今因別置，自愿托中送典與蓋洋保林建章處為業，三面言議，時值價銀貳拾肆兩捌錢正，每兩折錢捌百文，其銀即日收訖，其田租即付銀主前去會佃收租，办納糧差。此租係是自仁房三房公置，與別房無干，並無重張典掛他人及交加不明等情，如有此等，係蔡家出頭支理，不涉銀主之事。期約不拘遠近，係至有能之日，依還契面銀兩取贖，者叫。今欲有憑，立典契乙紙付執為照。

嘉慶貳拾叁年拾壹月　日立典契蔡道養（押）

仝契仁房侄宗光（押）

中人謝國泰（押）

中見侄宗詔（押）

執筆房侄瑞海（押）

大[illegible]

6-1-16-1　清嘉慶二十三年十一月蔡道養等立典屯田契

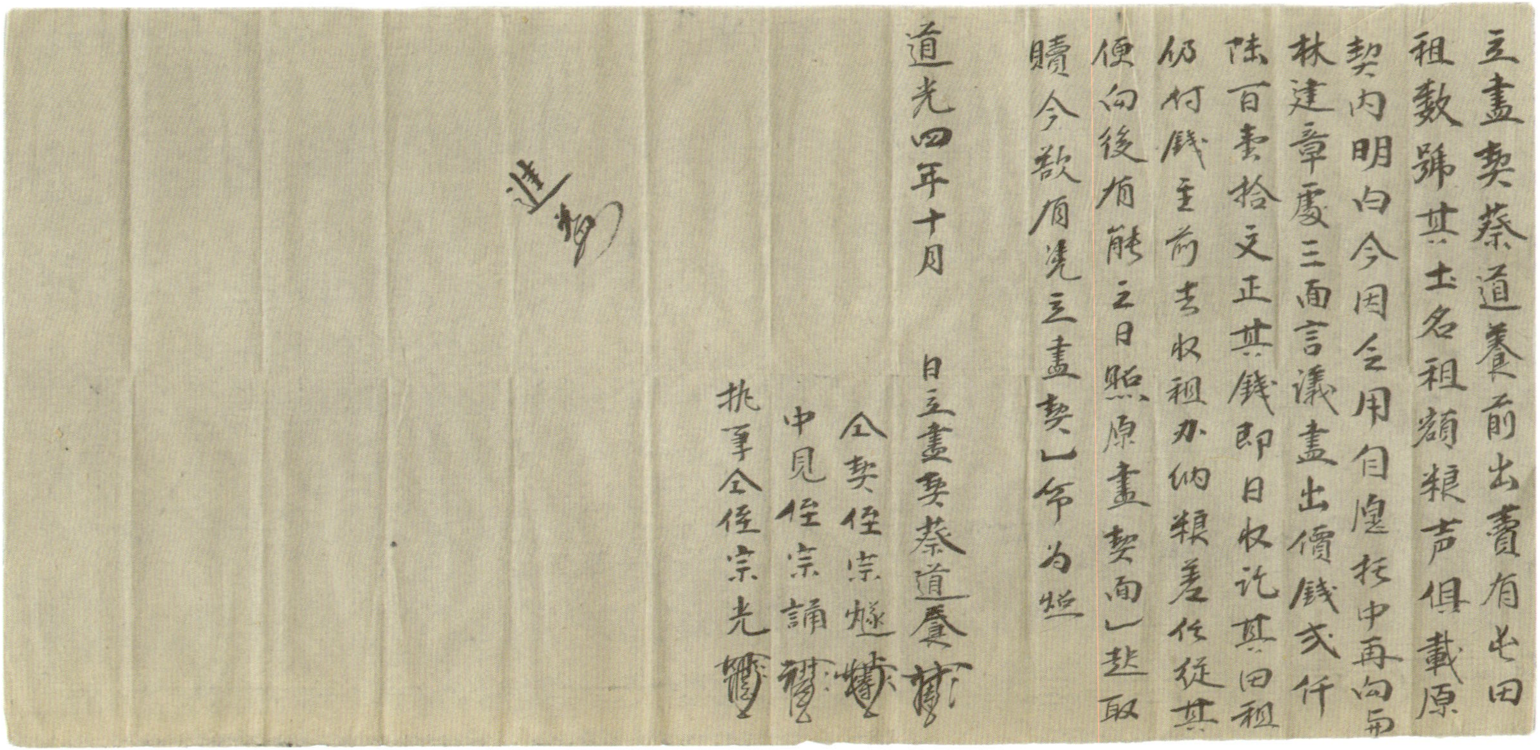
立盡契蔡道養前出賣有屯田
租數號，其土名祖嶺，粮声俱載原
契內明白。今因乏用，自愿托中再向前
林建章處三面言議，盡出價錢式仟
陸百壹拾文正，其錢即日收訖，其田租
仍付錢主前去收租办納粮差，任從其
便。向後有能之日，照原盡契面一赴取
贖。今欲有憑，立盡契一帋為照。

道光四年十月　日立盡契蔡道養（押）
仝契侄宗燧（押）
中見侄宗誦（押）
執筆仝侄宗光（押）

進契

6-1-16-2　清道光四年十月蔡道養等立盡屯田租契

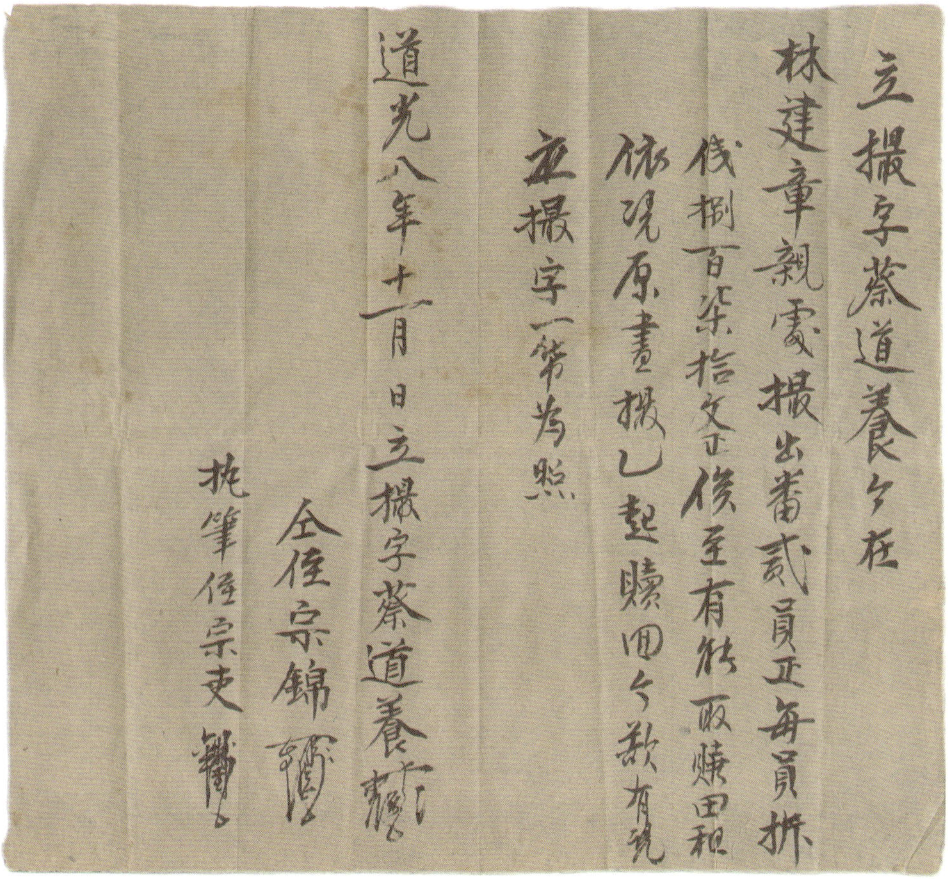

立撮字蔡道養仝在
林建章親處撮出番貳員正每員折
錢捌百柒拾文正後至有銀取贖田租
依照原畫撥乙起贖回々款有號
立撮字一紙為照
道光八年十一月　日立撮字蔡道養（押）
仝侄宗錦（押）
代筆侄宗吏（押）

6-1-16-3　清道光八年十一月蔡道養等立撮字

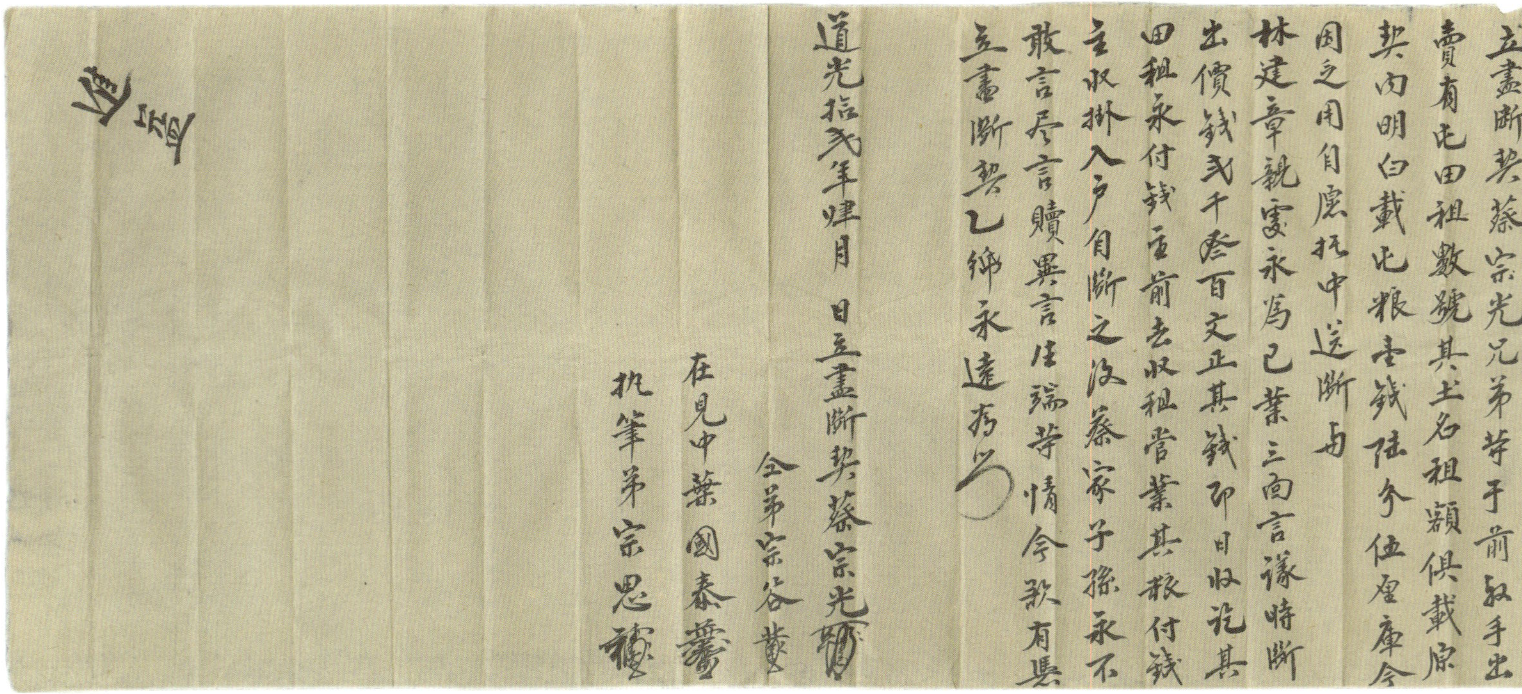


6-1-16-4　清道光十二年四月蔡宗光等立盡斷屯田租契

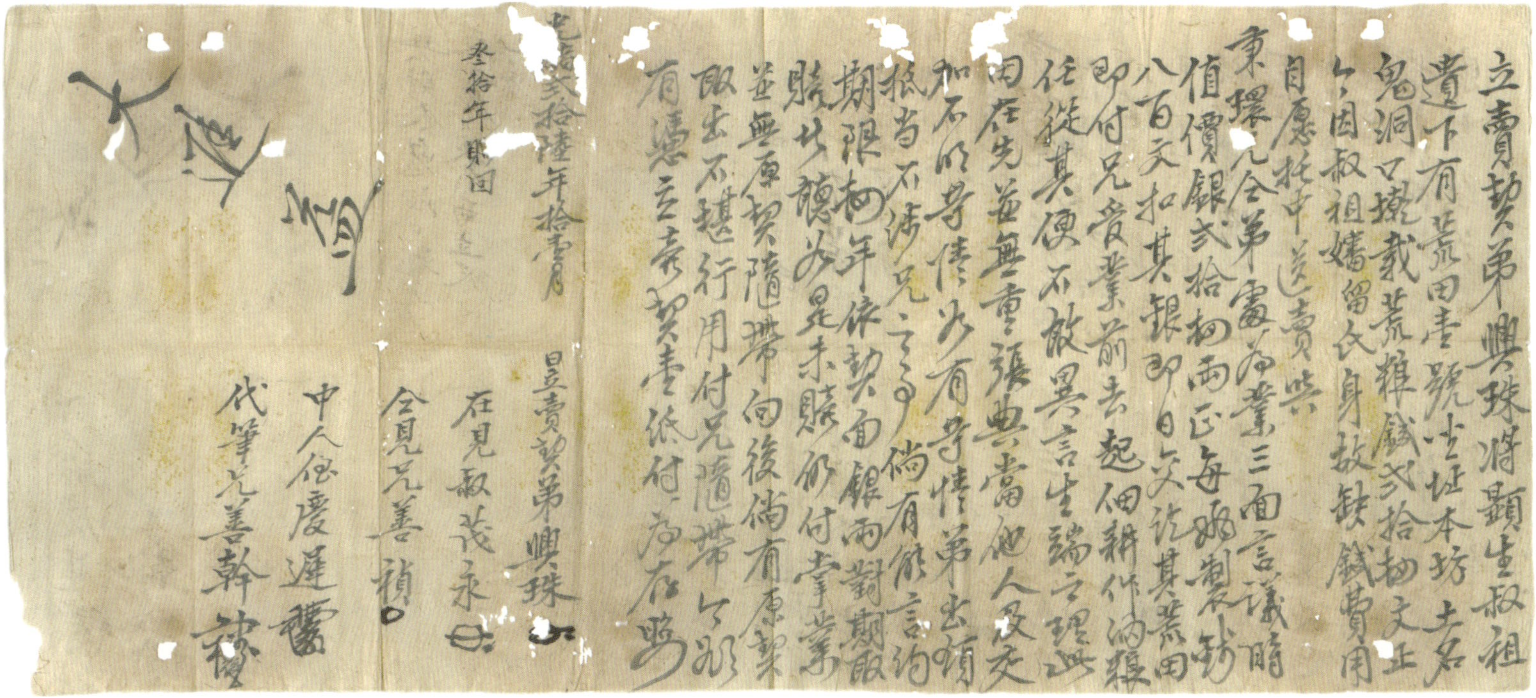
立賣契人弟興珠將顕生叔祖
遺下有荒田壹號址本坊土名
鬼洞口墘載荒糧錢弍拾捌文正
今因叔祖嬸留氏身故缺錢費用
自愿托中送賣與
東璟兄仝弟處爲業三面言議時
值價銀弍拾捌兩正每兩製錢
八百文扣其銀即日交訖其荒田
即付兄管業前去起佃耕作納糧
任從其便不敢異言生端之理此
田在先並無重張典當他人及交
加不明等情如有等情弟出頭
抵當不涉兄之事倘有能言約
期限捌年依契面銀兩對期取
贖如是未贖仍付掌業
並無原契隨帶向後倘有原契
取出不堪行用付兄隨帶之照
有憑立賣契壹紙付爲存照
光緒弍拾陸年拾壹月　日立賣契弟興珠
叁拾年贖回
在見叔茂永
仝見兄善禎
中人侄慶暹
代筆兄善幹

6-1-17-1　清光緒二十六年十一月林興珠立賣荒田契

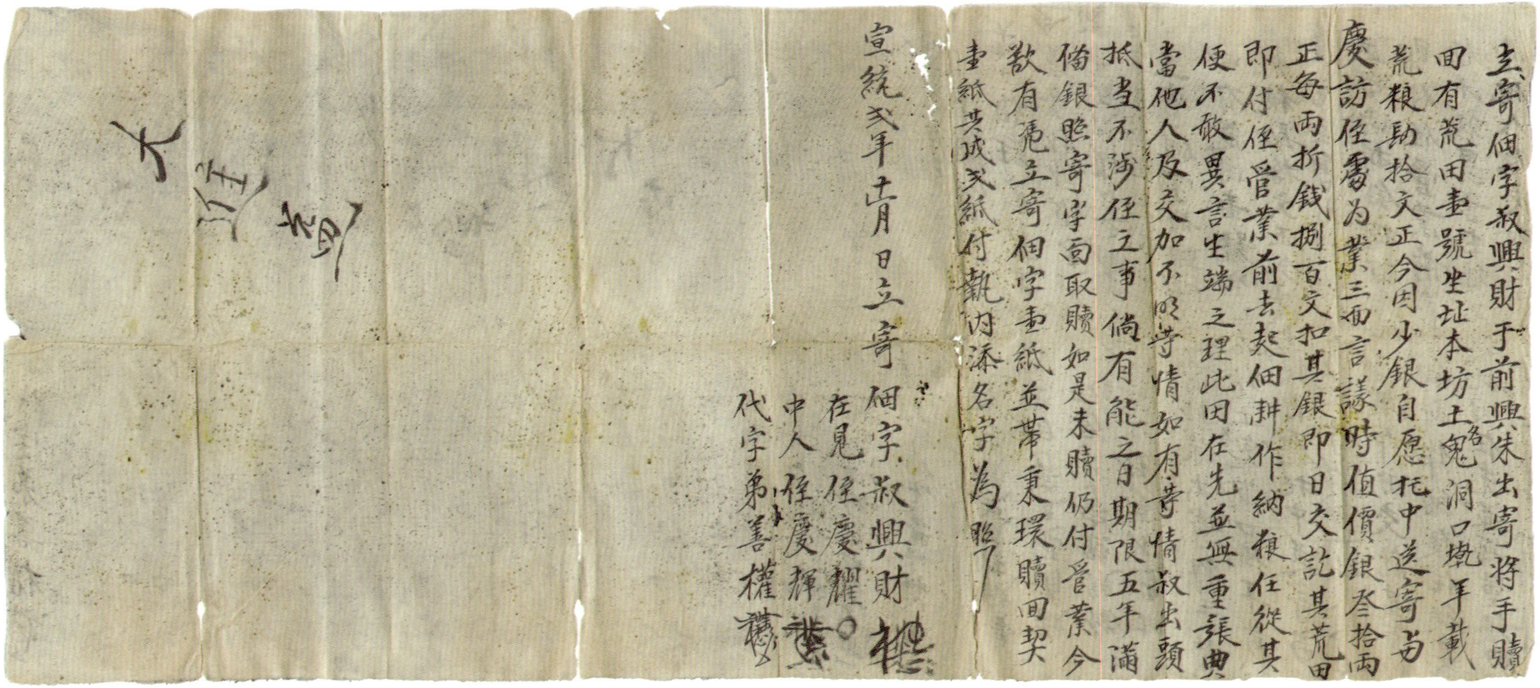
立寄佃字叔興財于前與朱出寄將手贖
田有荒田壹號坐址本坊土名鬼洞口墘手載
荒粮勳拾文正今因少銀自愿托中送寄與
慶訪侄處為業三面言議時值價銀叁拾兩
正每兩折錢捌百文扣其銀即日交訖其荒田
即付侄管業前去起佃耕作納粮任從其
便不敢異言生端之理此田在先並無重張典
當他人及交加不明等情如有等情叔出頭
抵當不涉侄之事倘有能之日期限五年滿
備銀照寄字面取贖如是未贖仍付管業今
欲有憑立寄佃字壹紙並帶秉環贖回契
壹紙共成貳紙付執內添名字為照
宣統貳年十一月 日立寄佃字叔興財
在見侄慶耀
中人侄慶輝
代字弟善權

6-1-17-2　清宣統二年十一月林興財立寄佃荒田字

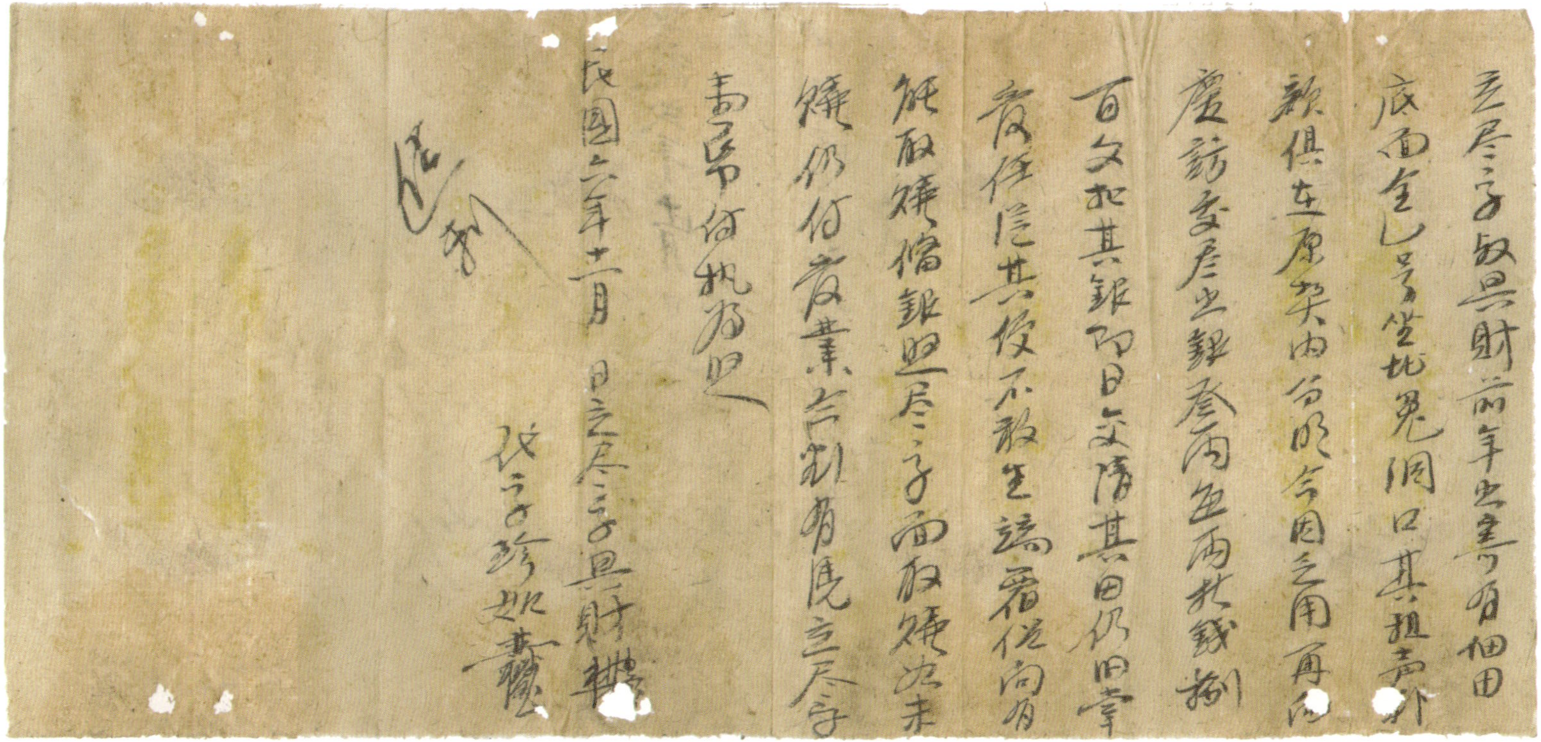

立盡字叔興財前年出業有佃田
底面全心號坐址園洞口其租声外
親俱立原契內分明。今因乏用再向
慶誌處盡出銀叁兩正，兩執錢捌
百文。即其銀即日交清。其田仍田掌
慶侄信其侄不敢生端，若後向有
能取贖，備銀照盡字面取贖。如未
贖，仍付慶業。今欲有憑，立盡字
壹紙付執為照。

民國六年十一月　日立盡字興財（押）
代字弟珍兆書（押）

6–1–17–3　民國六年十一月林興財立盡底面全佃田字

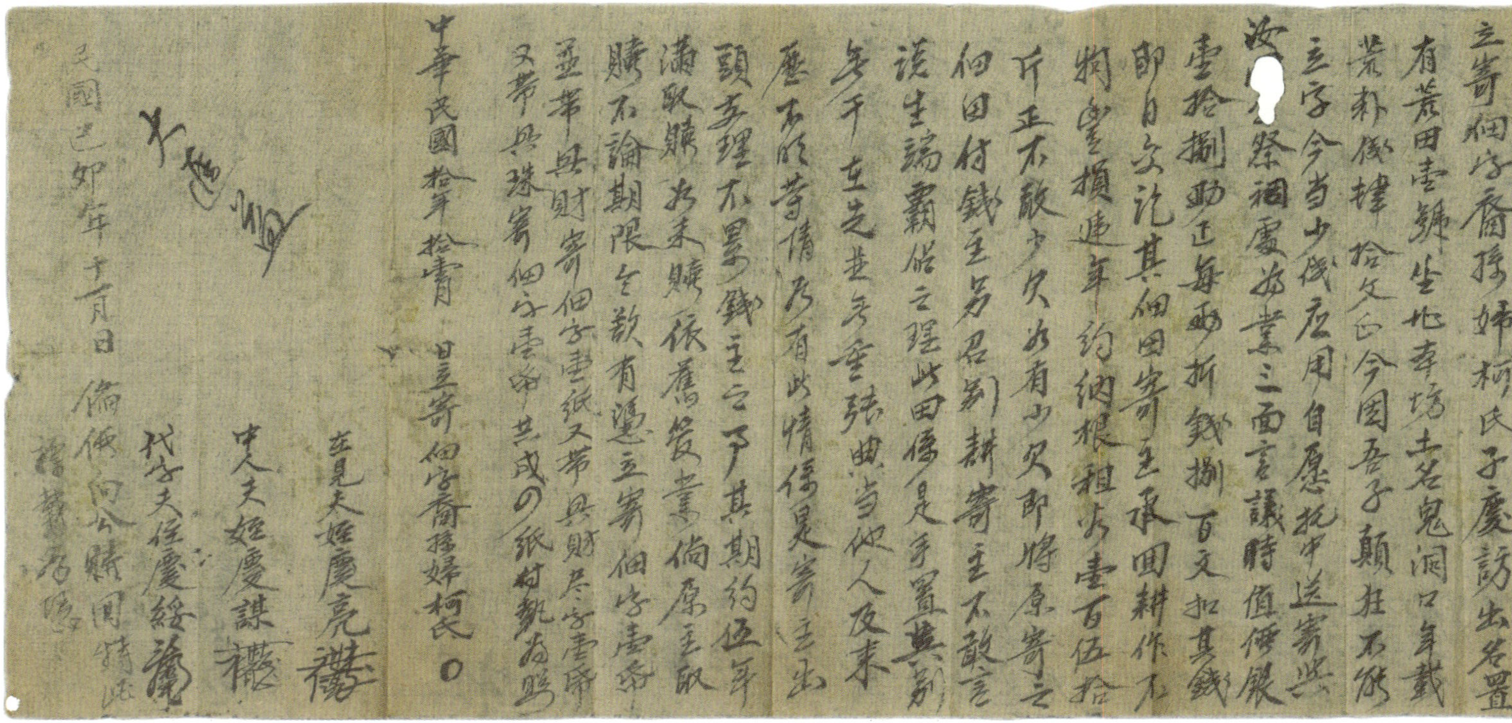

立寄佃字裔孫婦柯氏子慶訪出名置
有荒田壹號坐北亭坊土名鬼洞口年載
荒[illegible]肆拾文正今因吾子顛狂不能
立字今當乏錢應用自愿托中送寄與
[illegible]祭祠處為業三面言議時值價銀
壹拾捌[illegible]正每兩折錢捌百文扣其錢
即日交訖其佃田寄主承田耕作不
拘豐損逐年約納根租共壹百伍拾
斤正不敢少欠如有少欠即將原寄之
佃田付錢主另召別耕寄主不敢言
說生端霸佔之理此田係是手置其
年干立[illegible]並無重張典當他人及來
歷不明等情如有此情係是寄主出
頭支理不累錢主之事其期約伍年
滿取贖如未贖依舊管業倘原主取
贖不論期限全款有憑立寄佃字壹紙
並帶無財寄佃字壹紙又帶無財契字壹紙
又帶無[illegible]寄佃字壹紙共成四紙付執為照
中華民國拾年拾壹月　日立寄佃字裔孫婦柯氏 ○
在見夫姪慶亮
中人夫姪慶謀
代字夫侄慶綏

6-1-17-4　民國十年十一月柯氏立寄佃荒田字

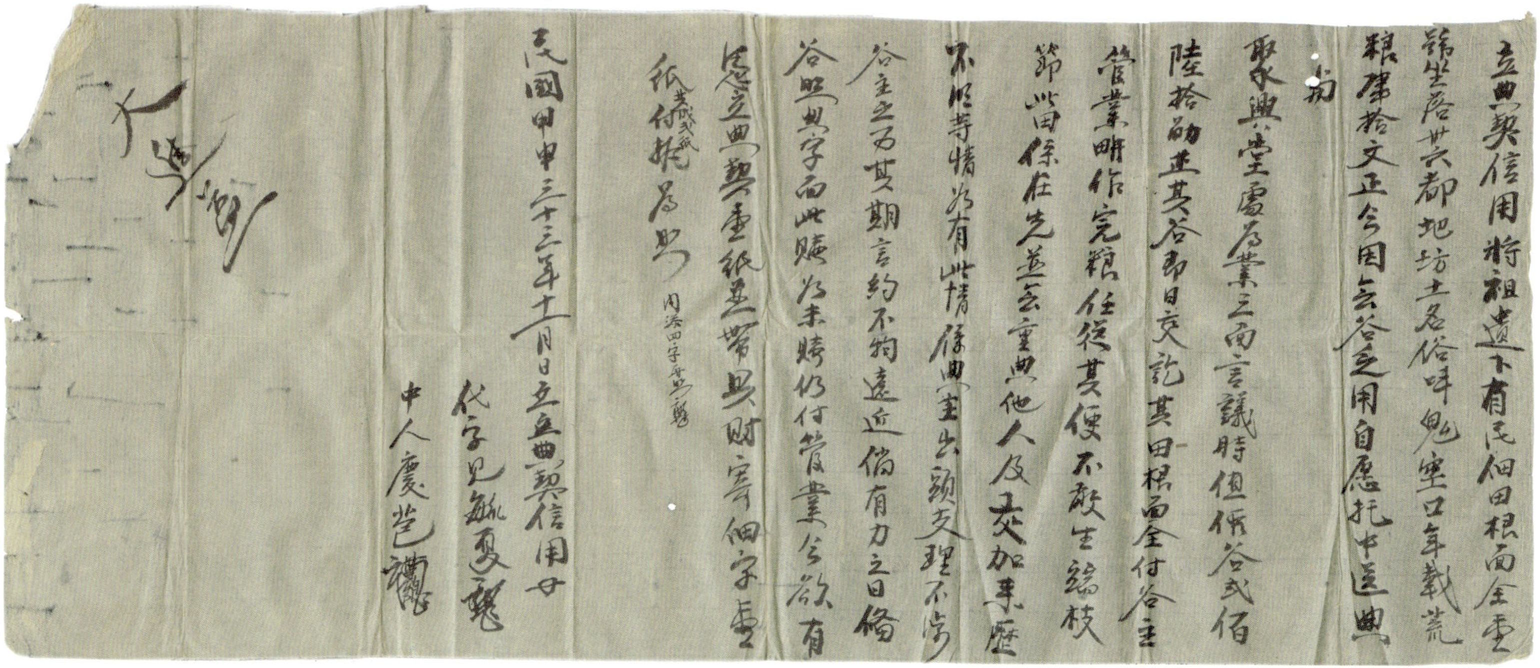

立典契信用，將祖遺下有民佃田根面全壹
號，坐落廿六都地坊，土名俗呼塊窐口，年載荒
粮肆拾文正。今因無谷乏用，自愿托中送典
到
聚興堂處爲業。三面言議，時值價谷弍佰
陸拾觔正，其谷即日交訖。其田根面全付谷主
管業，明作完粮，任從其便，不敢生端枝
節。此田係在先並無重典他人及交加来歷
不明等情。如有此情，係典主出頭支理，不涉
谷主之事。其期言約不拘遠近，備有力之日備
谷照典字面此贖，如未贖仍付管業。今欲有
憑，立典契壹紙並帶典財寄佃字壹
紙，共弍紙，付執爲照。　内添田字乙字爲照

民國甲申三十三年十一月　日　立典契信用（押）
代字兄毓夏（押）
中人慶芝（押）

6-1-17-5　民國三十三年十一月林信用立典根面全民佃田契

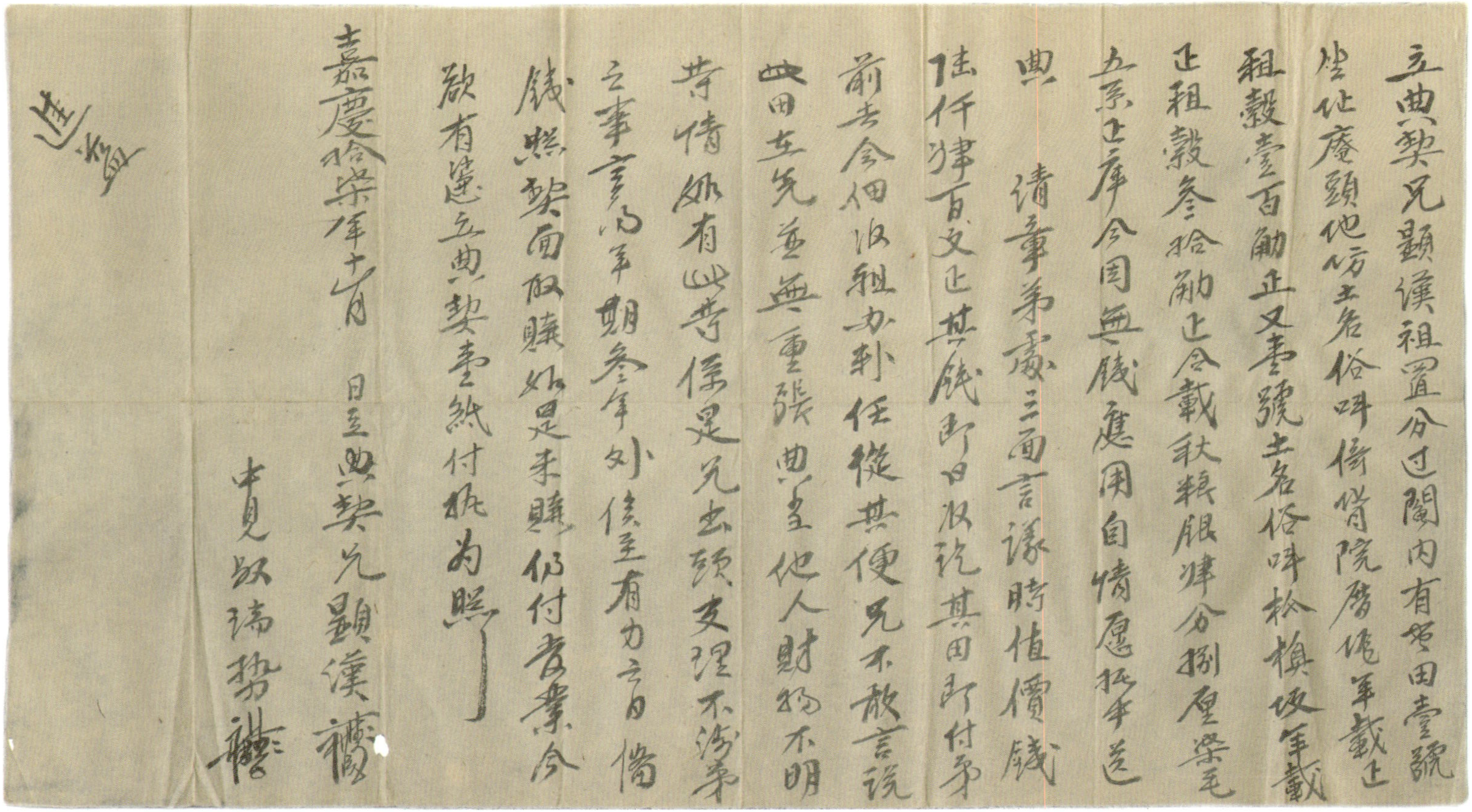

立典契兄顯漢祖置分过閬内有屯田壹號坐址蘆頭他坊土名俗呼倚背院厝後，年載正租穀壹百觔正；又壹號土名俗呼松樹坂，年載正租穀叁拾觔正，仝載秋粮限肆分捌厘柒毛五系正。今因無錢應用，自情愿托中送典

倩華弟處三面言議，時值價錢陸仟肆百文正，其錢即日收訖，其田即付弟前去含佃收租办納，任從其便，兄不敢言說。此田在先並無重張典掛他人財物不明等情，如有此等，係是兄出頭支理，不涉弟之事。言約年期叁年外，係至有力之日備錢照契面取贖，如是未贖，仍付弟業。今欲有憑，立典契壹紙付執為照。

嘉慶拾柒年十一月　日立典契兄顯漢（押）

中見叔瑞勢（押）

[illegible]

6-1-18-1　清嘉慶十七年十一月林顯漢立典屯田契

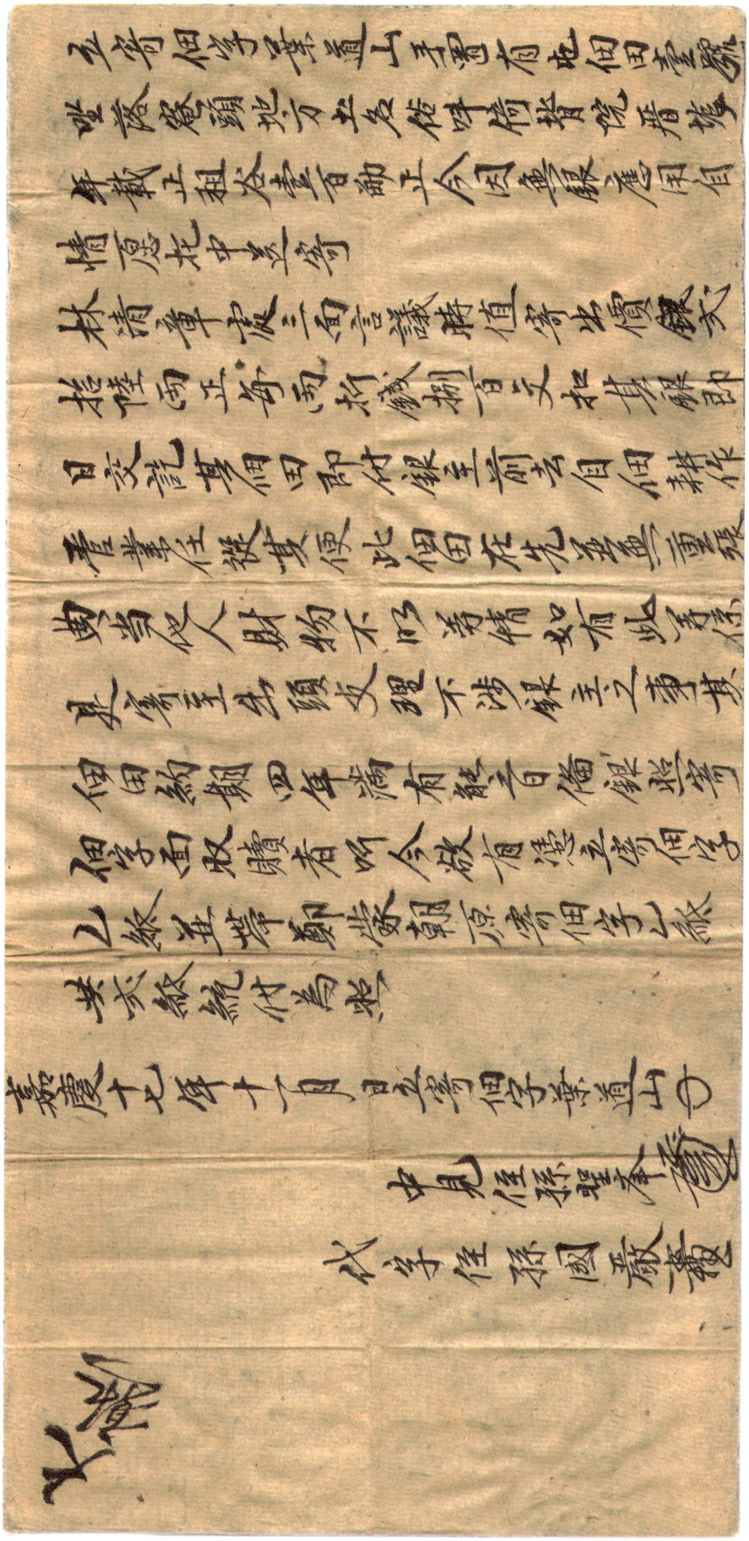

立寄佃字人葉道山，手置有此佃田壹號，
坐落嶺頭坪，土名[illegible]坪橋背坑[illegible][illegible]，
年載正租谷壹百觔正。今因無銀應用，自
情願托中立寄
林清華處，三面言議，時值寄出價錢弍
拾陸兩正，其[illegible][illegible][illegible][illegible]當日之文，其銀即
日交訖，其佃田即付銀主前去自佃耕作
看業，[illegible][illegible]其便。此佃田在先並無重張
典當他人財物，不明等情，如有此色，係
見寄主出頭支理，不涉銀主之事。其
佃田約限四年滿，有銀之日，備銀照寄
佃字面取贖，[illegible][illegible]，今欲有憑，立寄佃字
乙紙，並[illegible][illegible]乙紙，[illegible]寄佃字乙紙，
共弍紙，付為照。

嘉慶十七年十一月　日立寄佃字葉道山（押）
中見侄孫[illegible]（押）
代字侄孫國[illegible]（押）

6-1-18-2　清嘉慶十七年十一月葉道山立寄佃田字

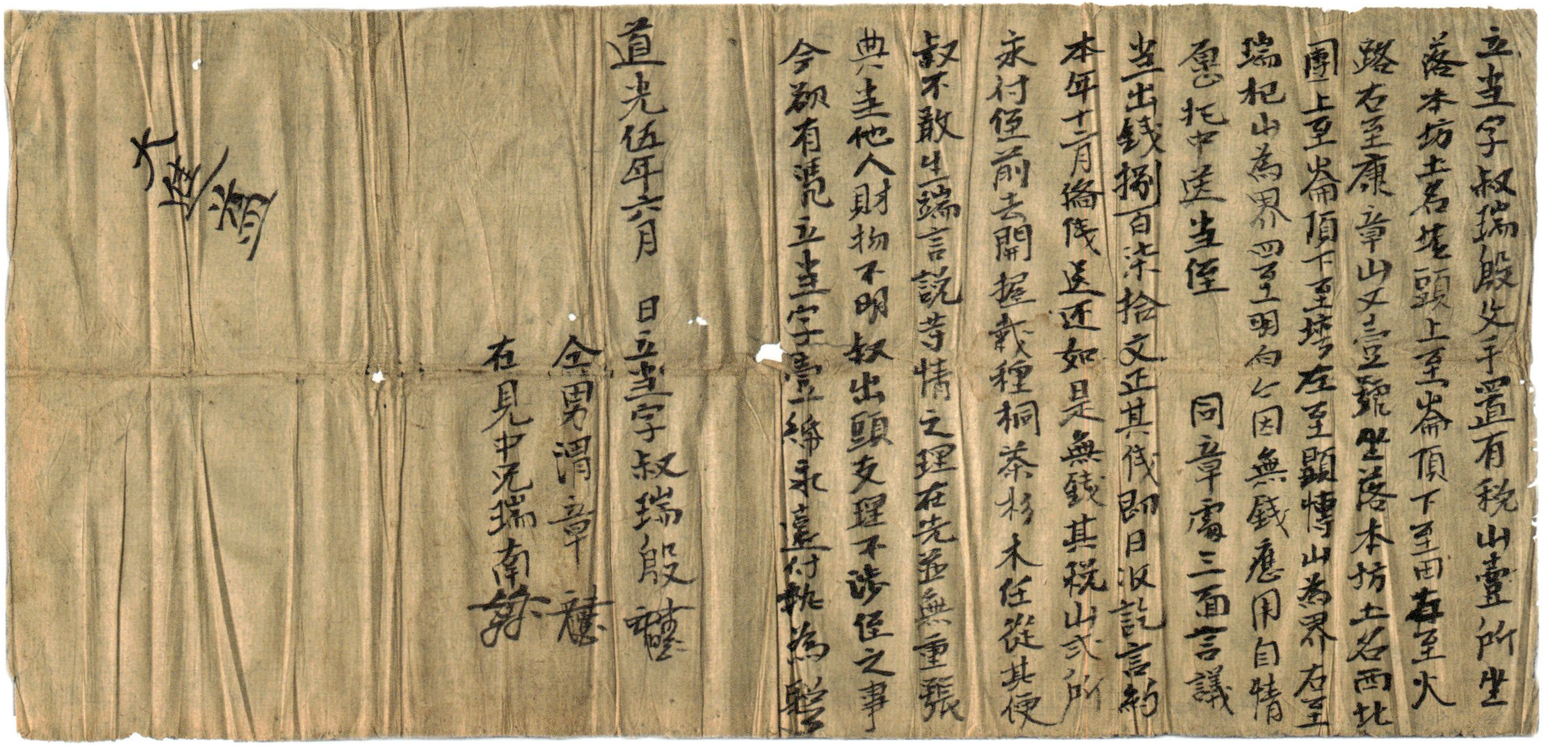
立當字叔瑞殷仝侄手置有稅山壹所坐
落本坊土名坐頭上至崙頂下至田右至大
路左至康章山又壹號坐落本坊土名西北
園上至崙頂下至坊左至顯博山為界右至
瑞杞山為界四至明白今因無錢應用自情
愿托中送與侄　同章處三面言議
當出錢捌百柒拾文正其錢即日收訖言約
本年十二月備錢送還如是無錢其稅山弍所
永付侄前去開掘栽種桐茶杉木任從其便
叔不敢生端言說等情之理在先並無重張
典主他人財物不明叔出頭支理不涉侄之事
今欲有憑立當字壹紙永遠付執為照
道光伍年六月　日立當字叔瑞殷（押）
仝男渭章（押）
在見中兄瑞南（押）

6-1-19-1　清道光五年六月林瑞殷等立當稅山字

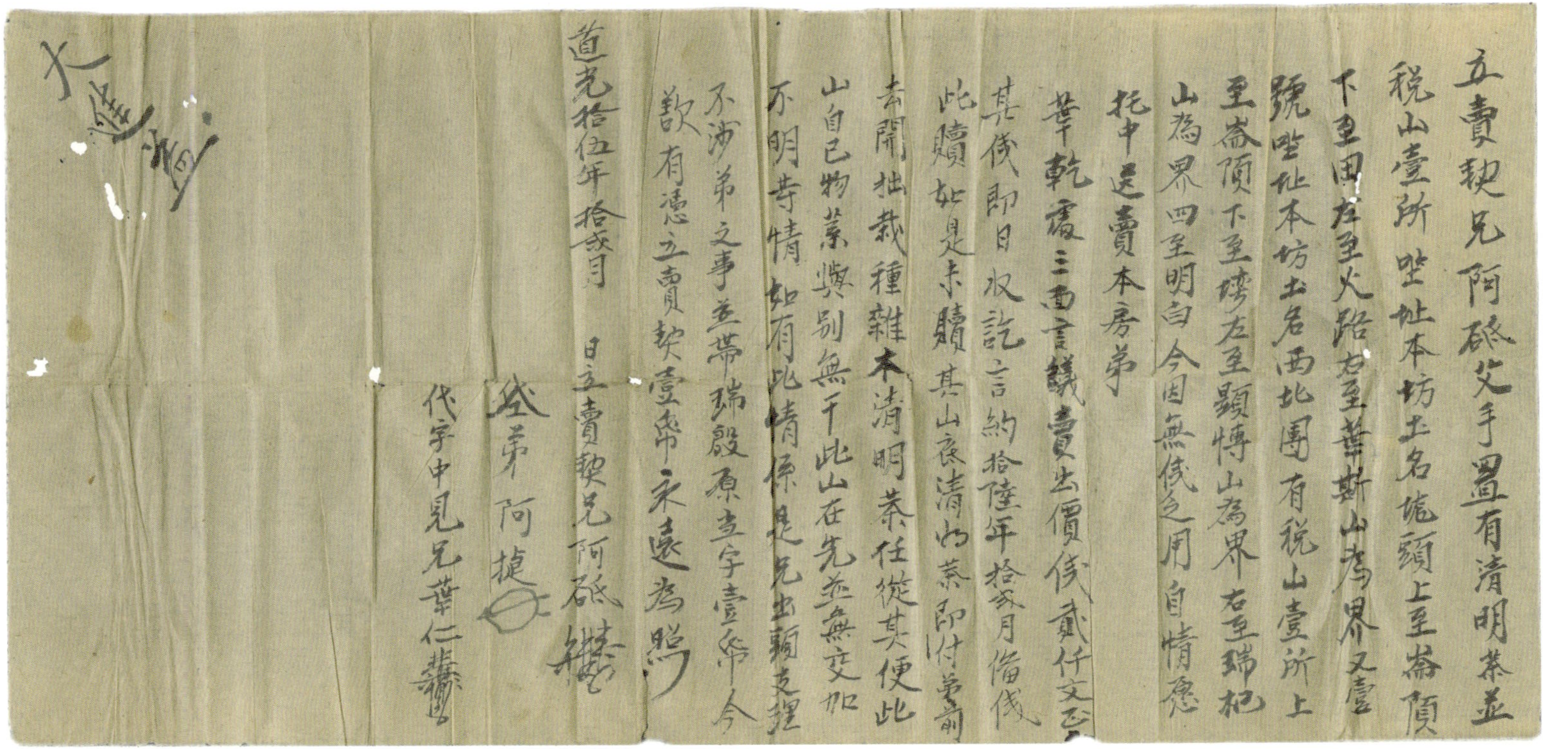

立賣契兄阿砥仝弟手置有清明茶並
稅山壹所，坐址本坊土名梔頭，上至崙頂，
下至田，左至火路，右至葉斯山為界；又壹
號坐址本坊土名西北團，有稅山壹所，上
至崙頂，下至墘，左至顯博山為界，右至瑞杞
山為界，四至明白。今因無錢乏用，自情愿
托中送賣本房弟
華乾處，三面言議，賣出價錢貳仟文正。
其錢即日收訖，言約拾陸年拾貳月備錢
此贖，如是未贖，其山良清明茶即付弟前
去開拙栽種雜木、清明茶，任從其便，此
山自己物業，與別無干，此山在先並無交加
不明等情，如有此情，係是兄出頭支理，
不涉弟之事。並帶瑞殷原立字壹帋，今
欲有憑，立賣契壹帋，永遠為照。
道光拾伍年拾貳月　日立賣契兄阿砥（押）
仝弟阿捷（押）
代字中見兄華仁（押）

6-1-19-2　清道光十五年十二月林阿砥等立賣清明茶等契

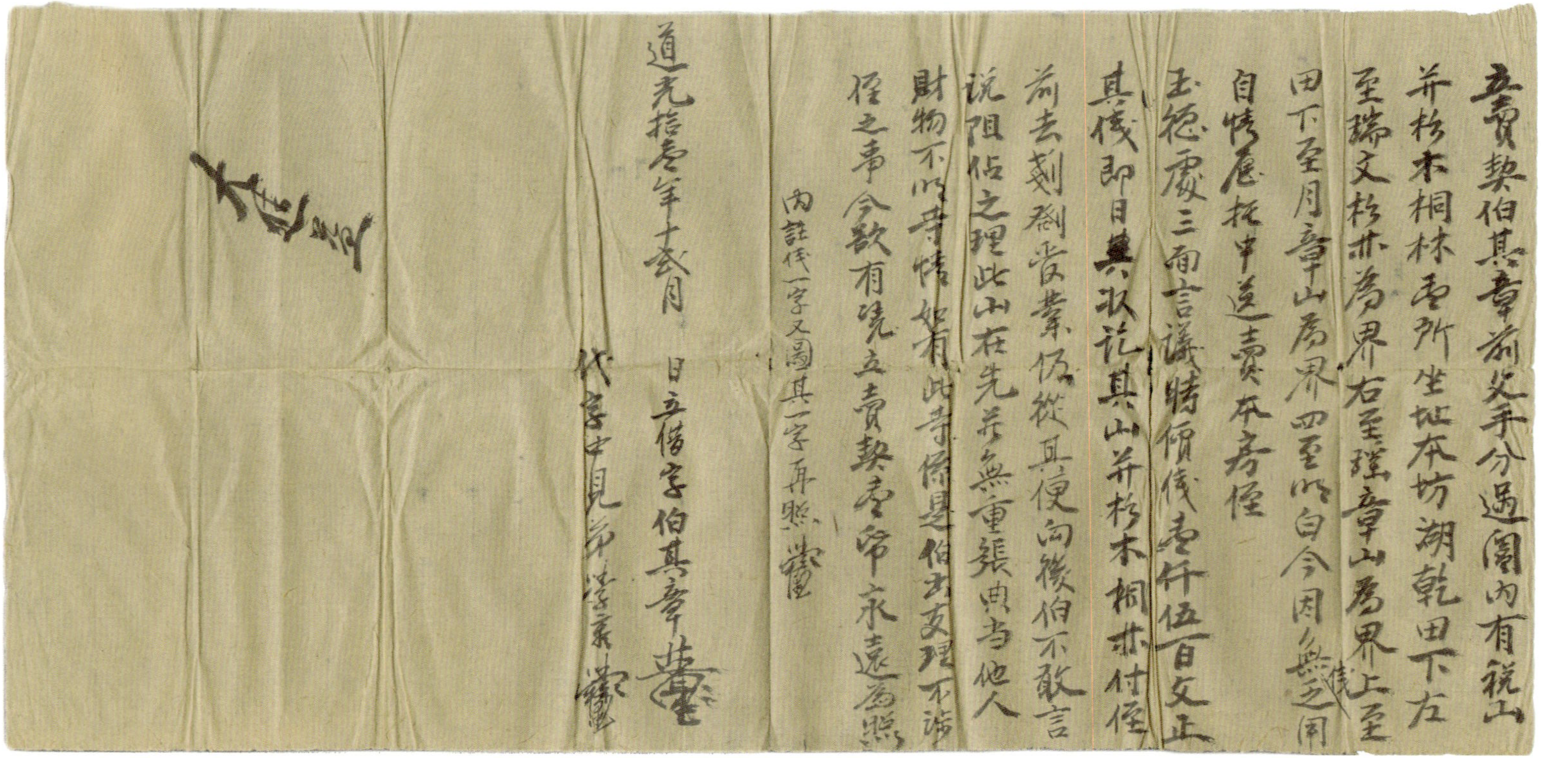
立賣契伯其章前父手分遺鬮內有稅山
并杉木桐林壹所坐址本坊湖乾田下左
至瑞文杉木為界右至瑾章山為界上至
田下至月章山為界四至明白今因無錢乏用
自情愿托中送賣本房侄
玉德處三面言議時價錢壹仟伍百文正
其錢即日具收訖其山并杉木桐林付侄
前去剗劄管業任從其便向後伯不敢言
說阻佔之理此山在先并無重張典當他人
財物不明等情如有此等係是伯出支理不涉
侄之事今欲有憑立賣契壹帋永遠為照
內註錢一字又圖其一字再照（押）
道光拾壹年十二月　日立賣字伯其章（押）
代字中見弟深家（押）
大吉昌

6-1-20-1　清道光十一年十二月林其章立賣稅山等契

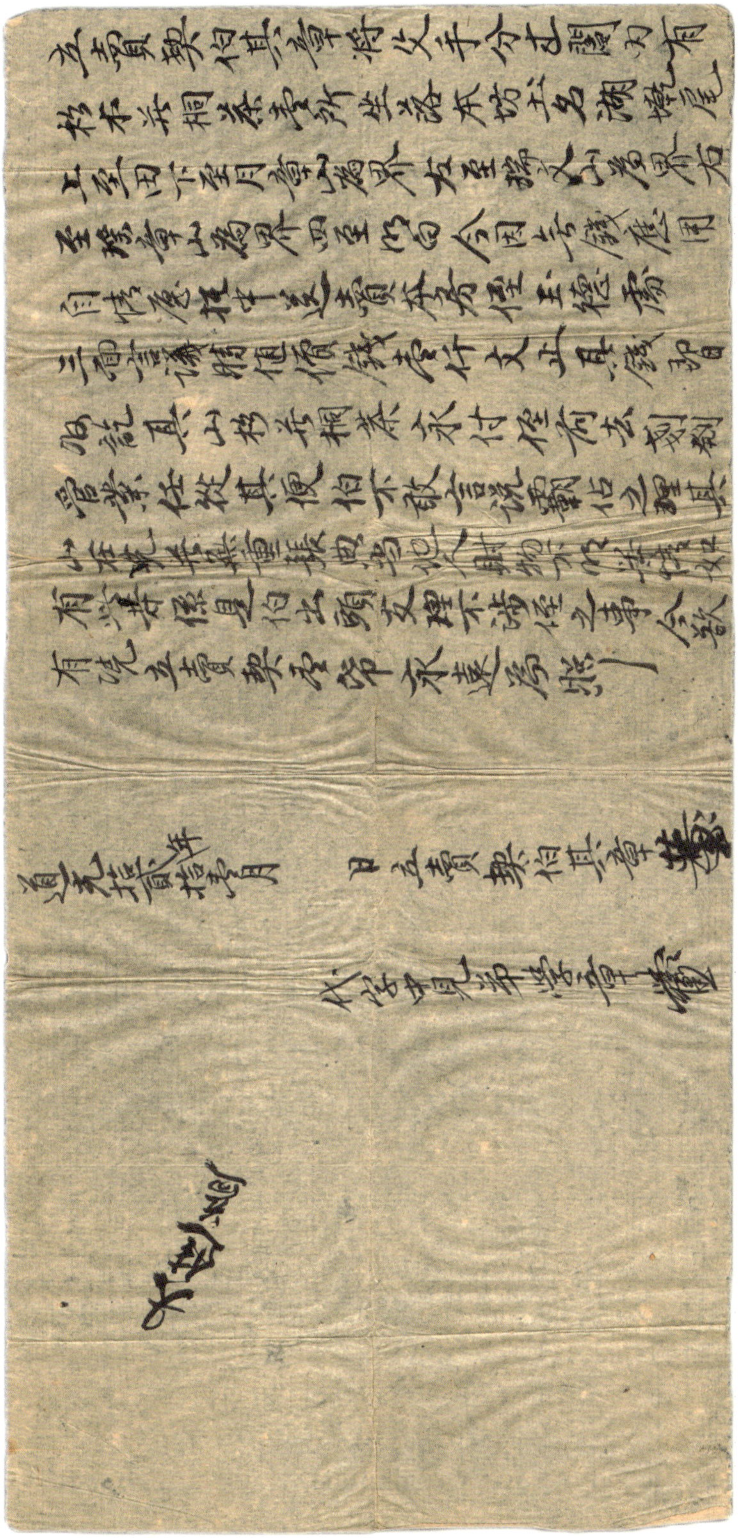

立賣契伯其章將父手分已闔內有
杉木茶桐茶壹所坐落本坊土名湖嶺尾
上至田下至月章山為界左至鄧之山為界右
至樣章山為界四至明白今因乏錢應用
自情愿托中送賣與本房侄王德處
三面言議時值價錢壹仟文止其錢即
日親收足其山杉茶桐茶永付侄前去砍削
管業任從其便伯不敢言説霸佔之理其
山在未賣之先並無重張典當他人財物不明等情如
有此等係是伯出頭支理不干侄之事今欲
有憑立賣契壹紙付侄永遠為照

道光拾貳年拾壹月　日立賣契伯其章（押）
代筆[illegible]（押）

6-1-20-2　清道光十二年十一月林其章立賣杉木等契

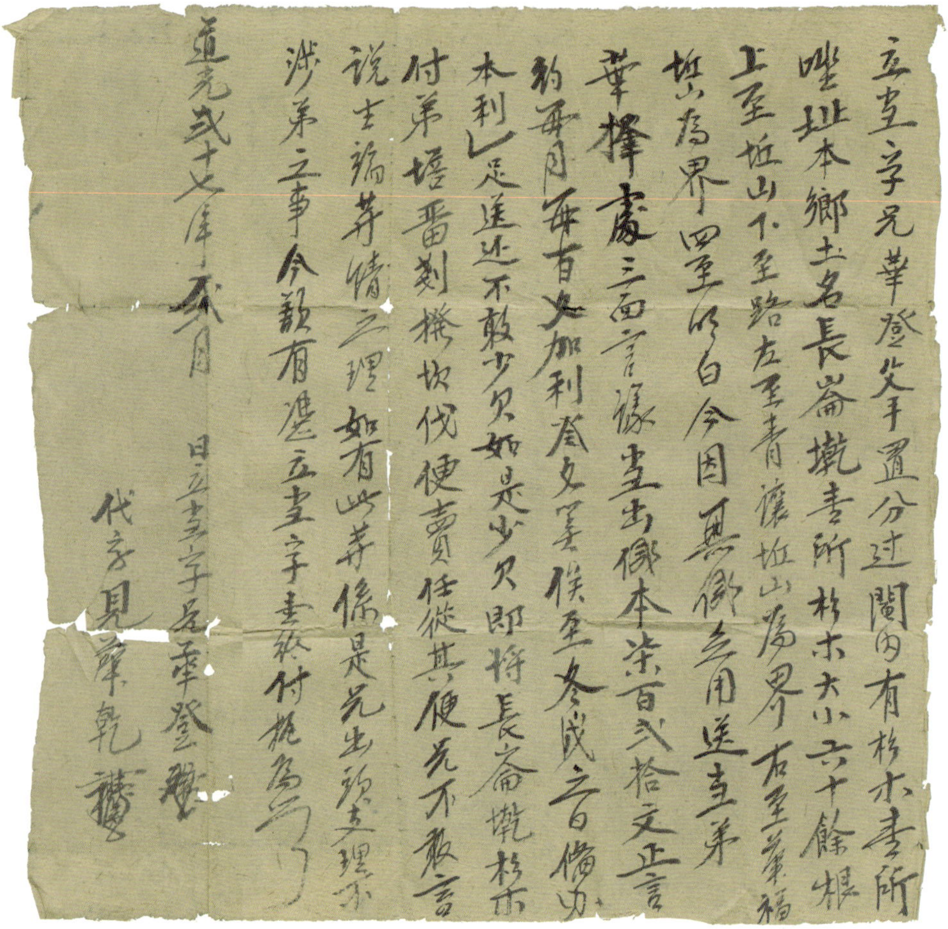
立當字兄華登父手置分过闔内有杉木壹所
坐址本鄉土名長崙墘壹所杉木大小六十餘根
上至垅山下至路左至青蘭垅山為界右至華福
垅山為界四至明白今因要錢應用送至弟
華擇處三面言議當出錢本錢百弍拾文正言
約每月每百文加利叁文算俟至冬成之日備办
本利足送还不敢少欠如是少欠即將長崙墘杉木
付弟培番剗擲砍伐使賣任從其便兄不敢言
說生端等情之理如有此等係是兄出頭支理不
涉弟之事今欲有憑立當字壹紙付執為照
道光弍十七年二月　日立當字兄華登（押）
代字見華乾（押）

6-1-21-1　清道光二十七年二月林華登立當杉木字

立賣契兄華登父手置分过闔内有杉木
壹所坐址本鄉土名長崙墘大小六千餘根
上至崙下至橫路左至青讓坵山為界右
至華福山為界四至明白今因無銀乏用自
愿托中送賣與
華搽边三面言議時值價錢壹千捌百文
正其錢即日交訖其杉木即付弟前去砍剉
長大或變賣砍伐任從其便兄不敢言說
生端等情之理此杉木在先並無重典他
人財物不明等情如有此情係兄出頭支
理不涉弟之事今欲有憑立賣契乙
紙付執為照　内註從字再照
道光弍拾捌年拾貳月　日立賣契兄華登（押）
中兄華仁（押）
代字兄華乾（押）

6-1-21-2　清道光二十八年十二月林華登立賣杉木契

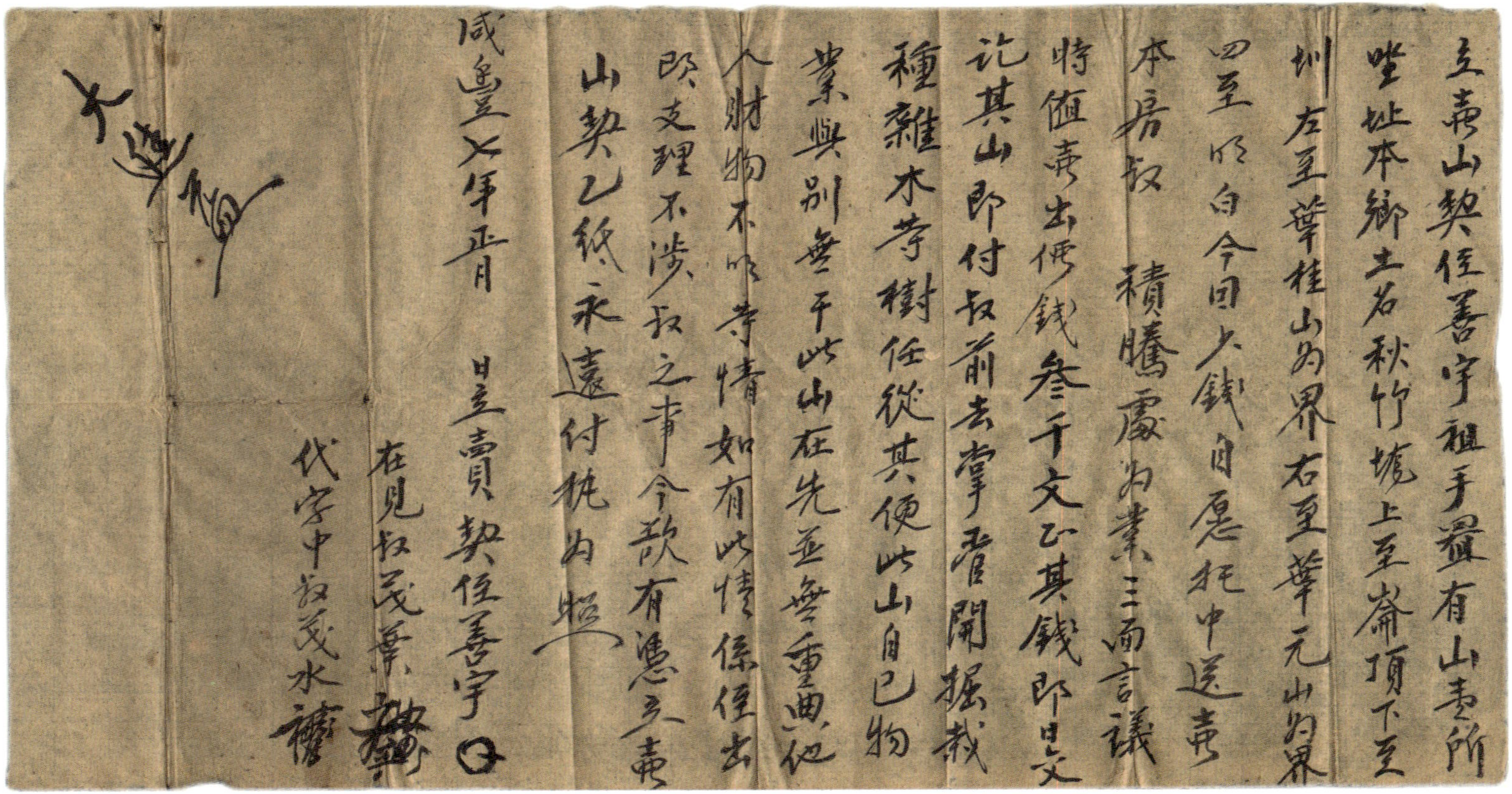
立賣山契侄善宇祖手置有山壹所
坐址本鄉土名秋竹壠上至崙頂下至
圳 左至華桂山為界 右至華元山為界
四至明白 今因乏錢 自愿托中送賣
本房叔 積騰處為業 三面言議
時值賣出價錢叁千文乙其錢即日交
訖其山即付叔前去掌管開掘栽
種雜木等樹任從其便 此山自己物
業 與別無干 此山在先並無重典他
人財物不明等情 如有此情 係侄出
頭支理 不涉叔之事 今欲有憑 立賣
山契乙紙 永遠付執為照
咸豐七年正月 日立賣契侄善宇（押）
在見叔茂華（押）
代字中叔茂水（押）

6-1-22-1　清咸豐七年正月林善宇立賣山契

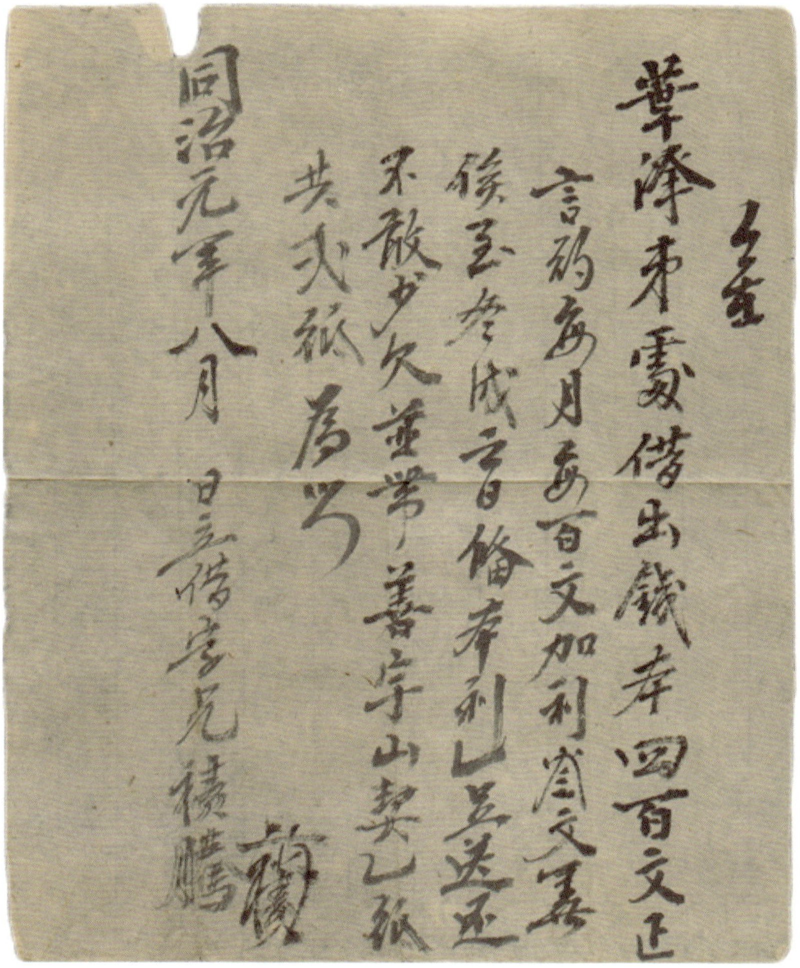

今在葉澤來處借出錢本四百文正
言約每月每百文加利參文算
候至冬成之日備本利一足送還
不敢少欠並帶善字山契一紙
共式紙為照　積
同治元年八月　日立借字兄積騰

6-1-22-2　清同治元年八月林積騰立借錢字

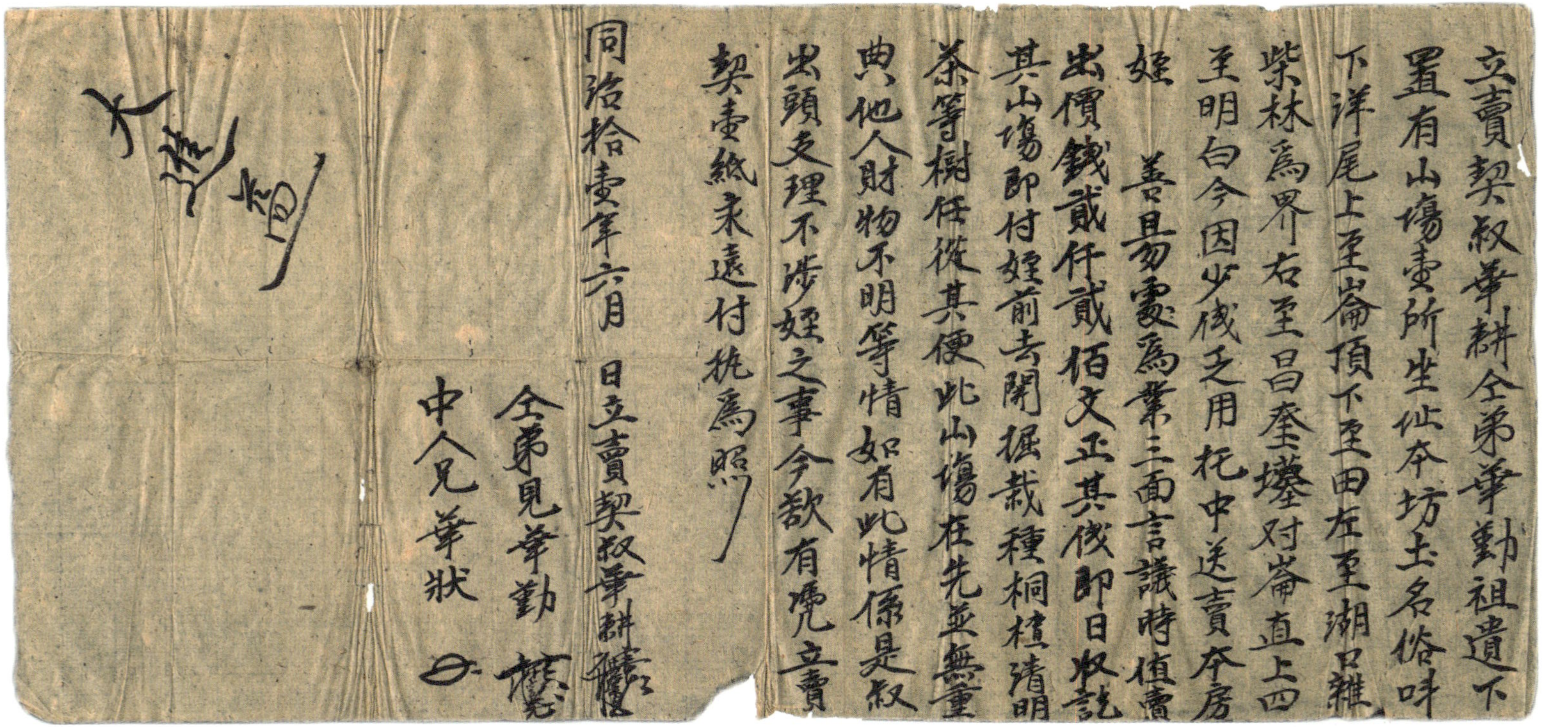

立賣契叔華耕仝弟華勤祖遺下
置有山場壹所坐址本坊土名俗呌
下洋尾上至崙頂下至田左至湖口雜
紫林為界右至呂奎墘对崙直上四
至明白今因乏銭之用托中送賣本房
姪　善昜處為業三面言議時值賣
出價銭貳仟貳佰文正其銭即日收訖
其山場即付姪前去開掘栽種桐楂清明
茶等樹任從其便此山場在先並無重
典他人財物不明等情如有此情係是叔
出頭支理不涉姪之事今欲有憑立賣
契壹紙永遠付執為照

同治拾壹年六月　日立賣契叔華耕（押）
仝弟見華勤（押）
中人見華狀（押）

6-1-23-1　清同治十一年六月林華耕等立賣山場契

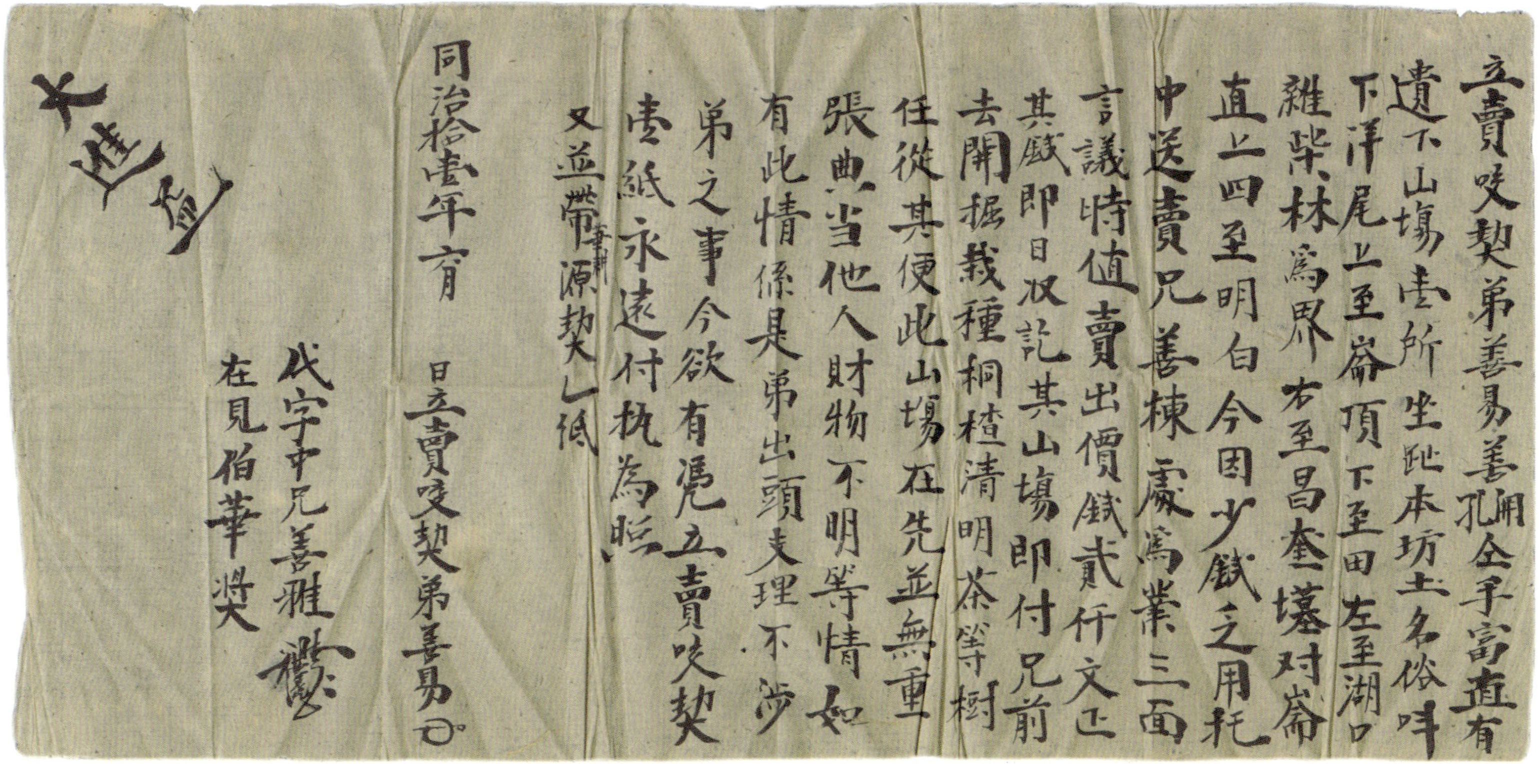

立賣吱契弟善易善孔朋仝手富直有
遺下山場壹所坐址本坊土名俗叫
下洋尾上至嵛頂下至田左至湖口
雜柴林為界右至昌奎壜对嵛
直上四至明白今因少錢之用托
中送賣兄善棟處為業三面
言議時值賣出價錢貳仟文正
其錢即日収訖其山場即付兄前
去開掘栽種桐楂清明茶等樹
任從其便此山場在先並無重
張典當他人財物不明等情如
有此情係是弟出頭支理不涉
弟之事今欲有憑立賣吱契
壹紙永遠付執為照
又並帶上手源契乙紙

同治拾壹年六月　日立賣吱契弟善易（押）

代字中兄善雅（押）
在見伯華奬

大進

6-1-23-2　清同治十一年六月林善易立賣山場契

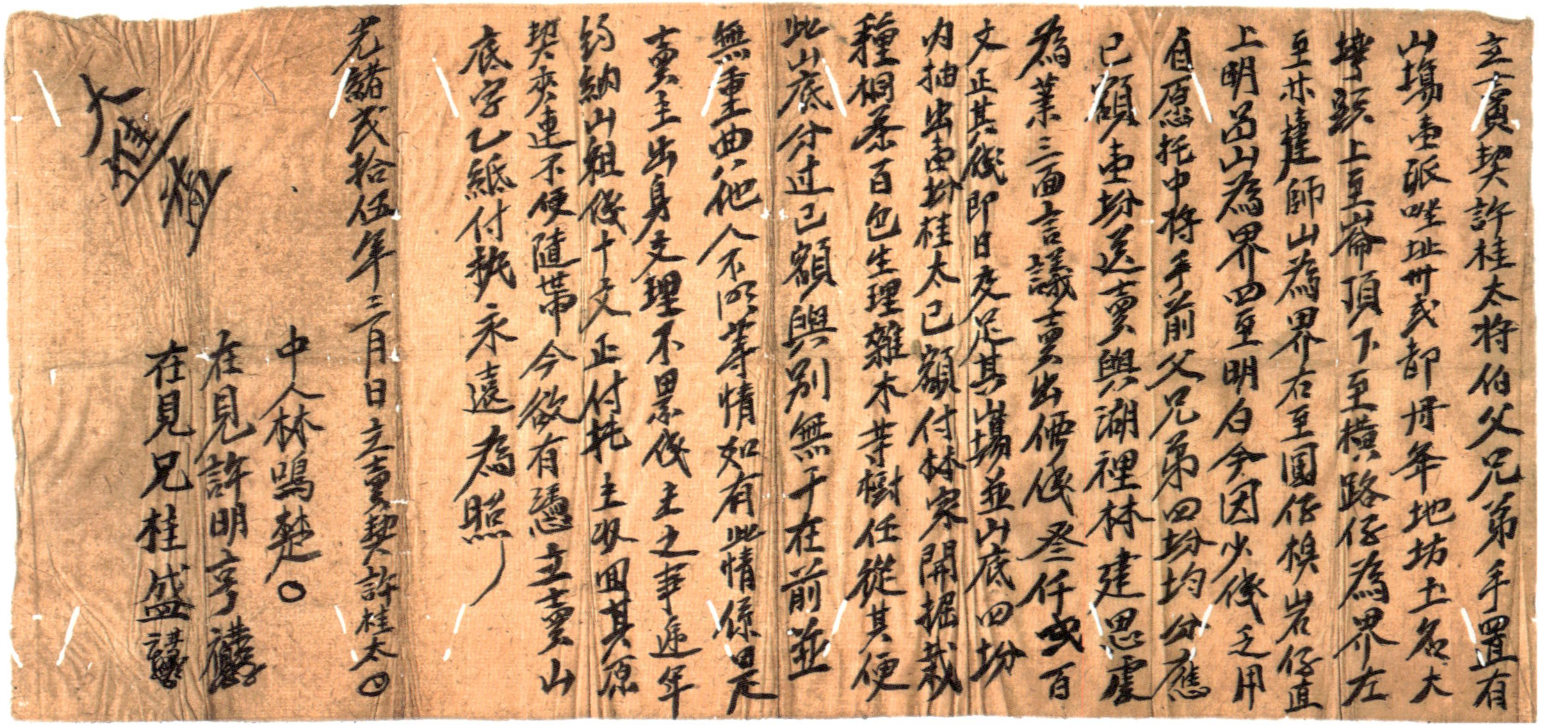


6-1-24-1　清光緒二十五年三月許桂太立賣山場契

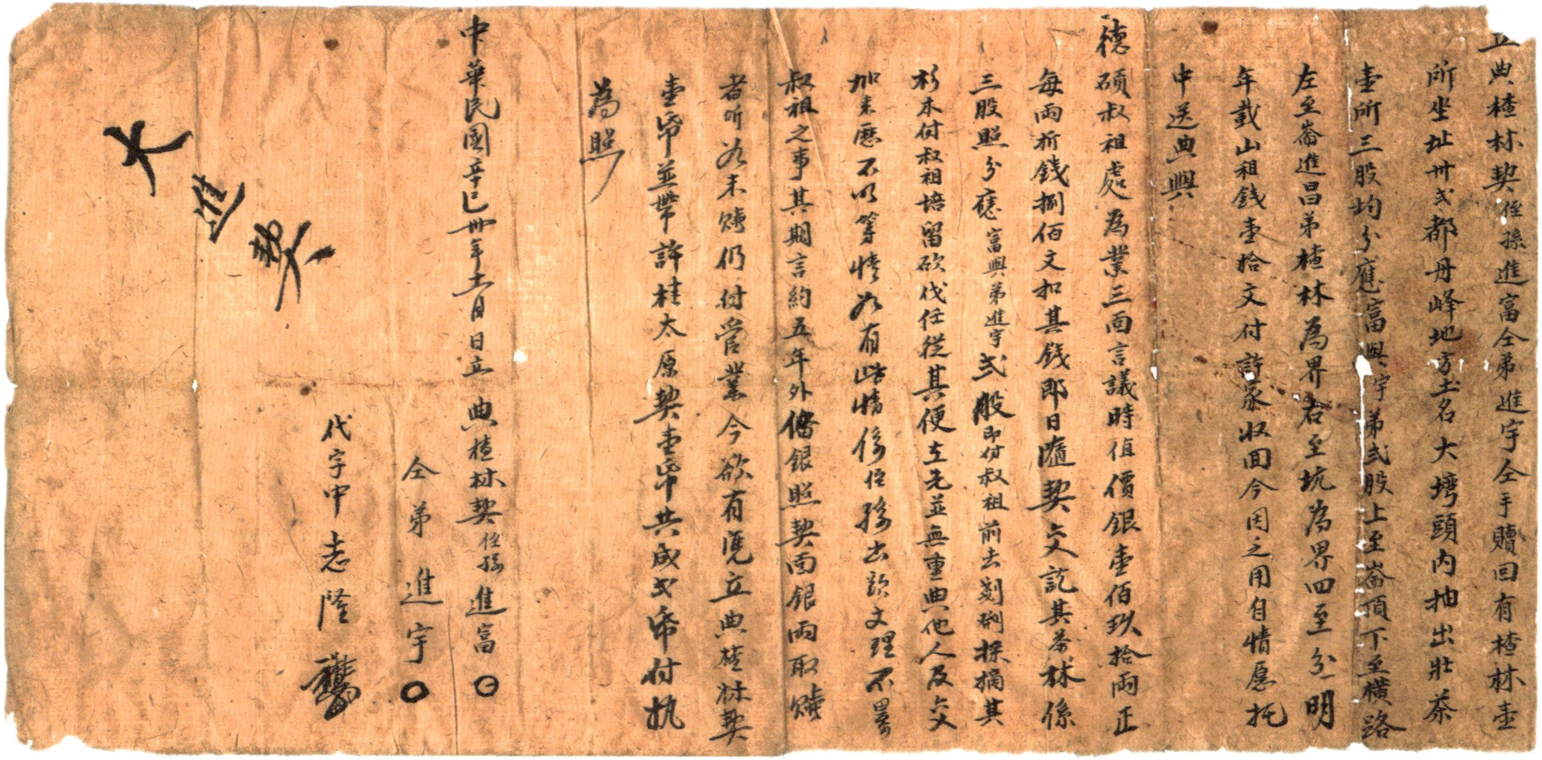
立典楂林契侄孫進富仝弟進宇仝手贖回有楂林壹
所坐址卄弍都丹峰地方土名大塆頭内抽出壯茶
壹所三股均分應富興宇弟弍股上至崙頂下至横路
左至崙進昌弟楂林為界右至坑為界四至分明
年載山租錢壹拾文付詩冡收回今因乏用自情愿托
中送典與
德碩叔祖處為業三面言議時值價銀壹佰玖拾兩正
每兩折錢捌佰文扣其錢即日隨契交訖其楂林係
三股照分應富興弟進宇弍股即付叔祖前去刻刷採摘其
杉木付叔祖培留砍伐任從其便立先並無重典他人及交
加來歷不明等情如有此情係侄孫出頭支理不累
叔祖之事其期言約五年外備銀照契面銀兩取贖
者所如未贖仍付管業今欲有憑立典楂林契
壹帋並帶許桂太原契壹帋共成弍帋付執
為照
中華民國辛巳卅年十一月　日立典楂林契侄孫進富〇
仝弟進宇〇
代字中志隆（押）

6-1-24-2　民國三十年十一月林進富等立典楂林契

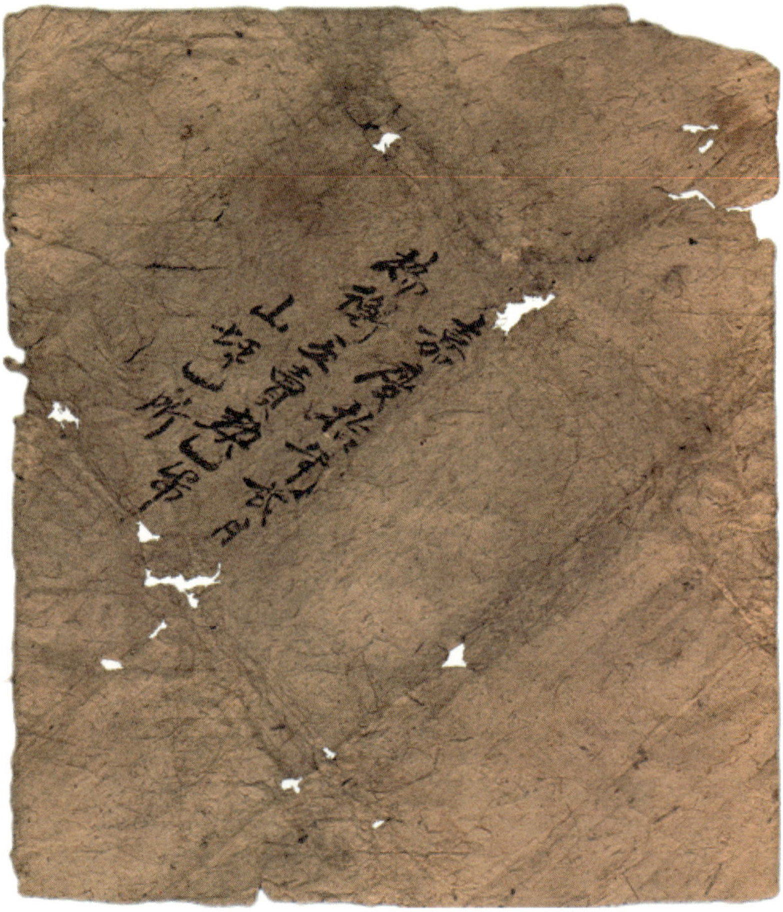

6-1-25-1　包契紙

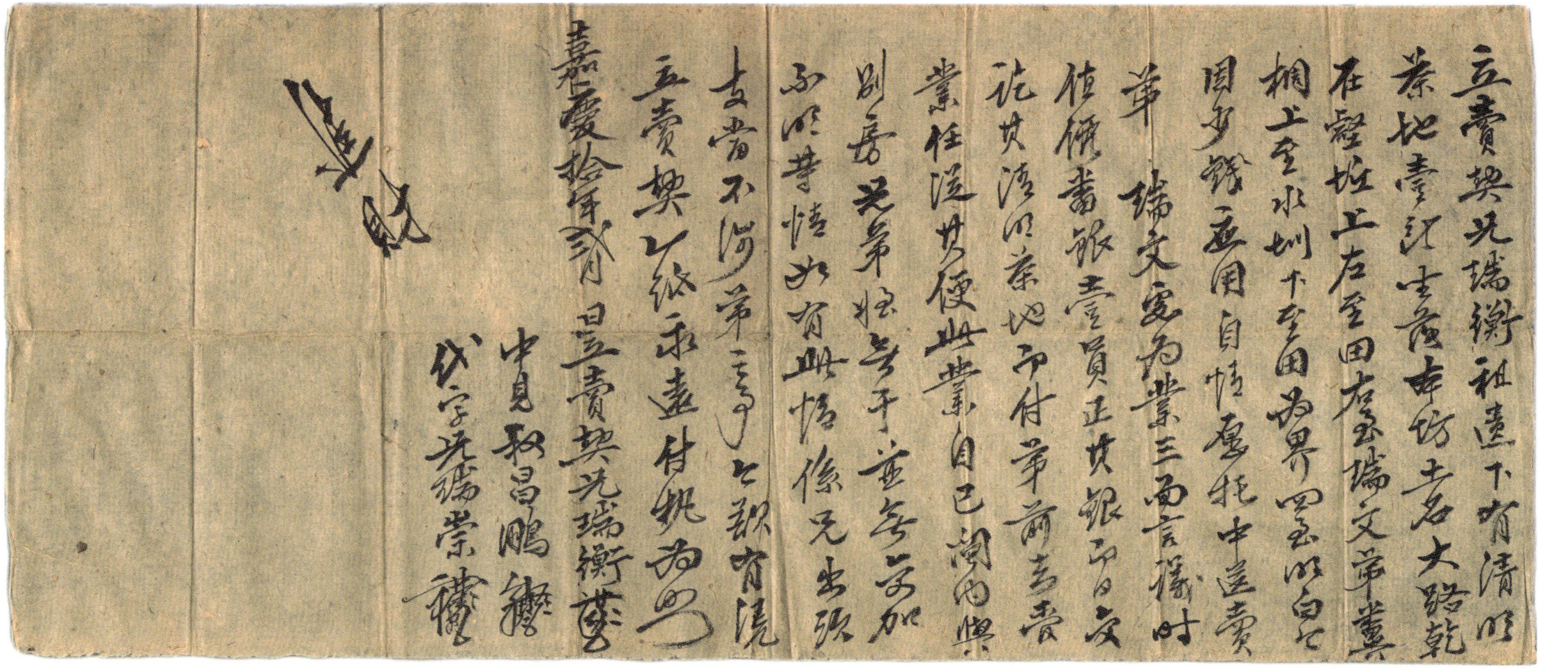

立賣契兄瑞衡祖遺下有清明
茶地壹片，坐産本坊土名大路乾
在磐垃上，左至田，右至瑞文弟業，
上至水圳，下至田為界，四至明白。今
因乏錢应用，自情愿托中送賣
弟瑞文處為業，三面言議時
值價番銀壹員正。其銀即日交
訖，其清明茶地即付弟前去掌
業，任從其便。此業自己鬮內與
別房兄弟叔侄無干，並無加
不明等情，如有此情，係兄出頭
支當，不涉弟之事。今欲有憑，
立賣契壹紙永遠付執為照。
嘉慶拾年貳月　日立賣契兄瑞衡（押）
中見叔昌鵬（押）
代字兄瑞崇（押）

6-1-25-2　清嘉慶十年二月林瑞衡立賣清明茶地契

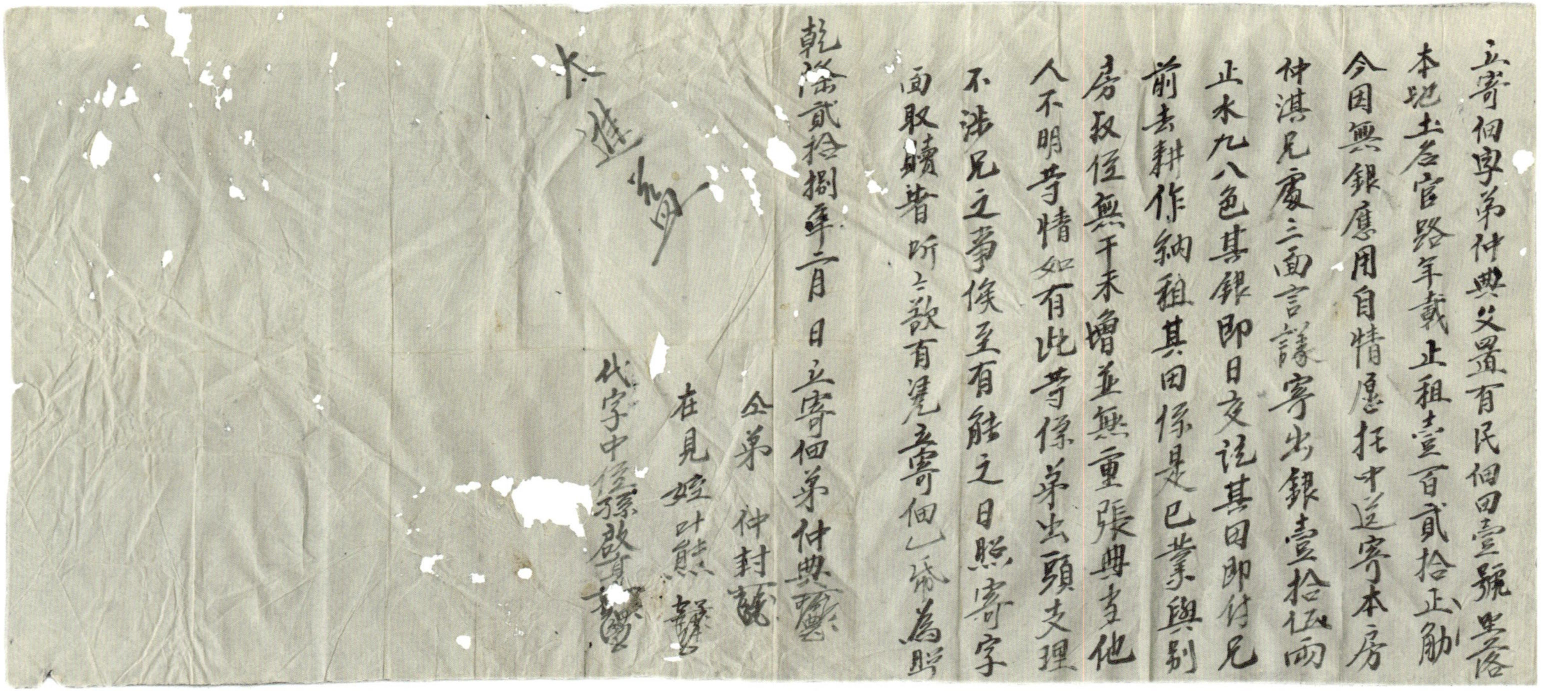
立寄佃字弟仲典父置有民佃田壹號坐落
本地土名官路午載止租壹百貳拾正觔
今因無銀應用自情愿托中送寄本房
仲湛兄處三面言議寄出銀壹拾伍兩
正水九八色其銀即日交訖其田即付兄
前去耕作納租其田係是己業與別
房叔侄無干未曾並無重張典掛他
人不明等情如有此等係弟出頭支理
不涉兄之事候至有能之日照寄字
面取贖昔听之歎有憑立寄佃字一紙為照
乾隆貳拾捌年二月　日　立寄佃弟仲典
仝弟　仲封
在見姪　叶歆
代字中侄孫啟賢
大進□

6-1-26-1　清乾隆二十八年二月鄭仲典等立寄民佃田字

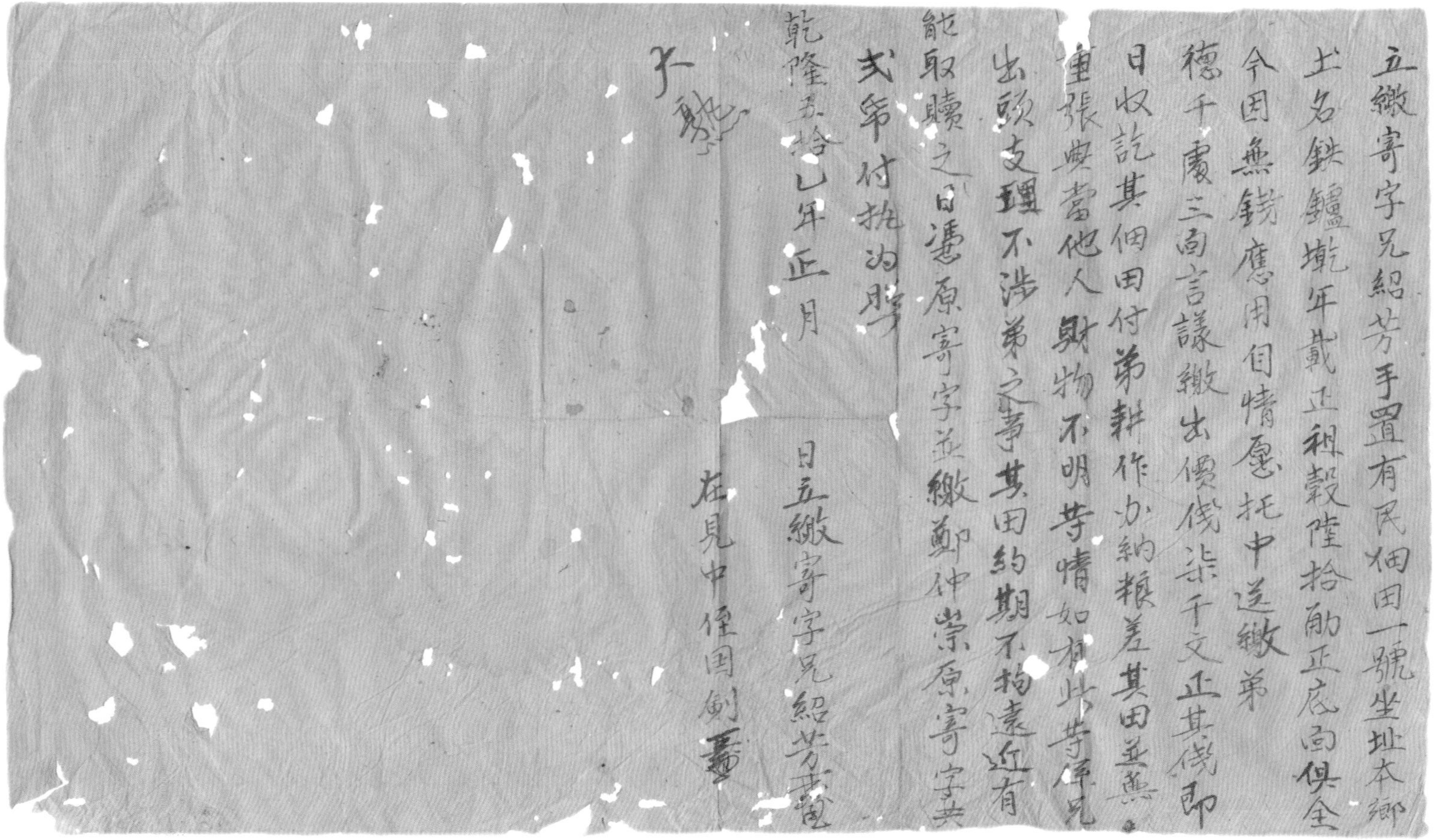
立繳寄字兄紹芳手置有民佃田一號坐址本鄉
土名鉄鑪墘年載正租穀陸拾觔正底面俱全
今因無錢應用自情愿托中送繳弟
德千處三面言議繳出價錢柒千文正其錢即
日收訖其佃田付弟耕作办納粮差其田並無
重張典當他人財物不明等情如有此等庶兄
出頭支理不涉弟之事其田約期不拘遠近有
能取贖之日憑原寄字並繳鄭仲崇原寄字共
弍帋付執為照
乾隆五拾乙年正月　日立繳寄字兄紹芳（押）
在見中侄同劍（押）
子[illegible]

6-1-26-2　清乾隆五十一年正月葉紹芳立繳寄底面全民佃田字

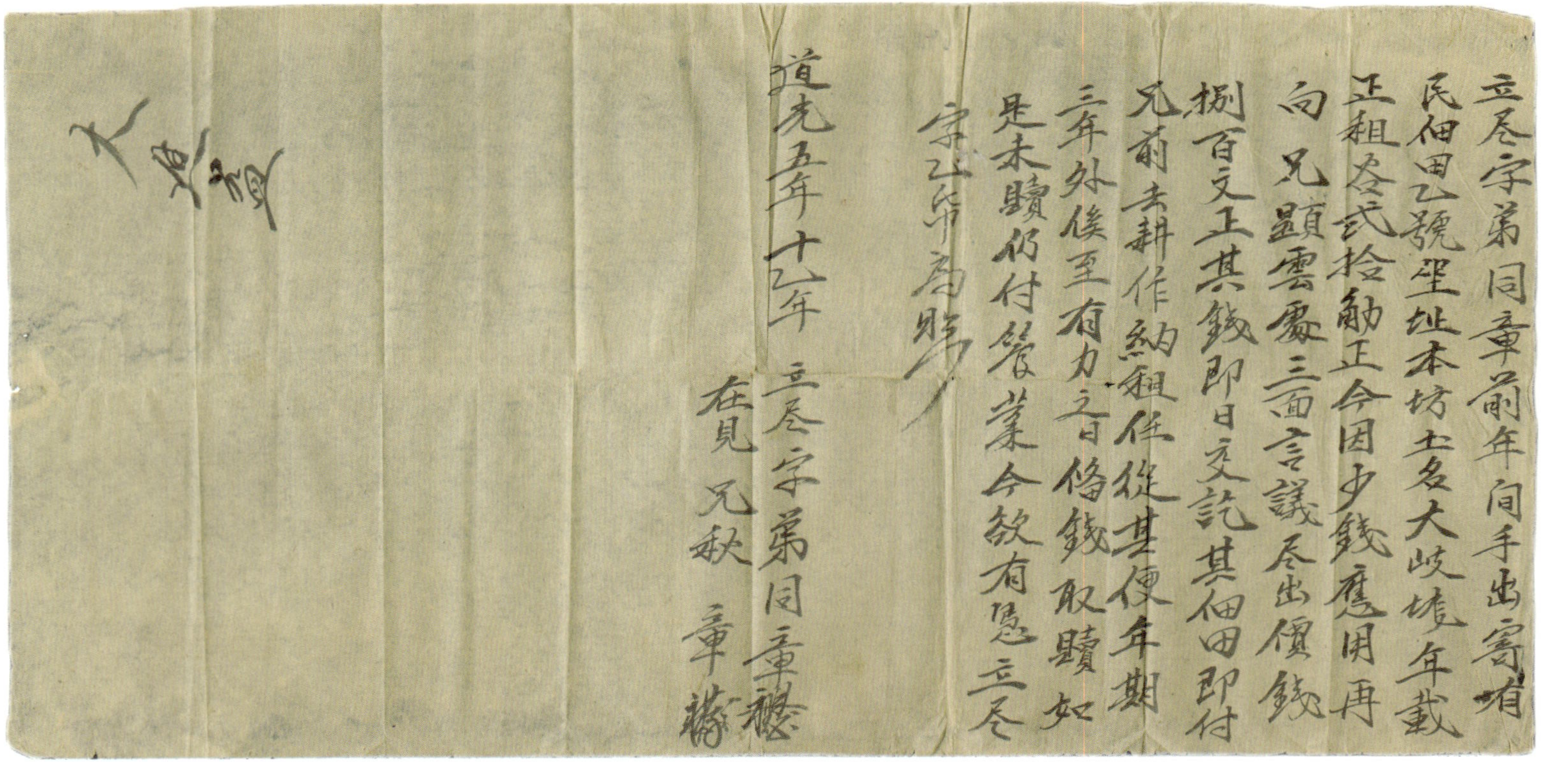
立尽字弟同章前年向手出寄增
民佃田乙號坐址本坊土名大岐墘年載
正租谷式拾觔正今因乏錢應用再
向兄顕雲處三面言議尽出價錢
捌百文正其錢即日交訖其佃田即付
兄前去耕作納租任從其便年期
三年外候至有力之日備錢取贖如
是未贖仍付管業今欲有憑立尽
字乙帋爲照
道光五年十乙月 立尽字弟同章
在見兄秋 章
大吉昌

6-1-26-3　清道光五年十一月林同章立盡民佃田字

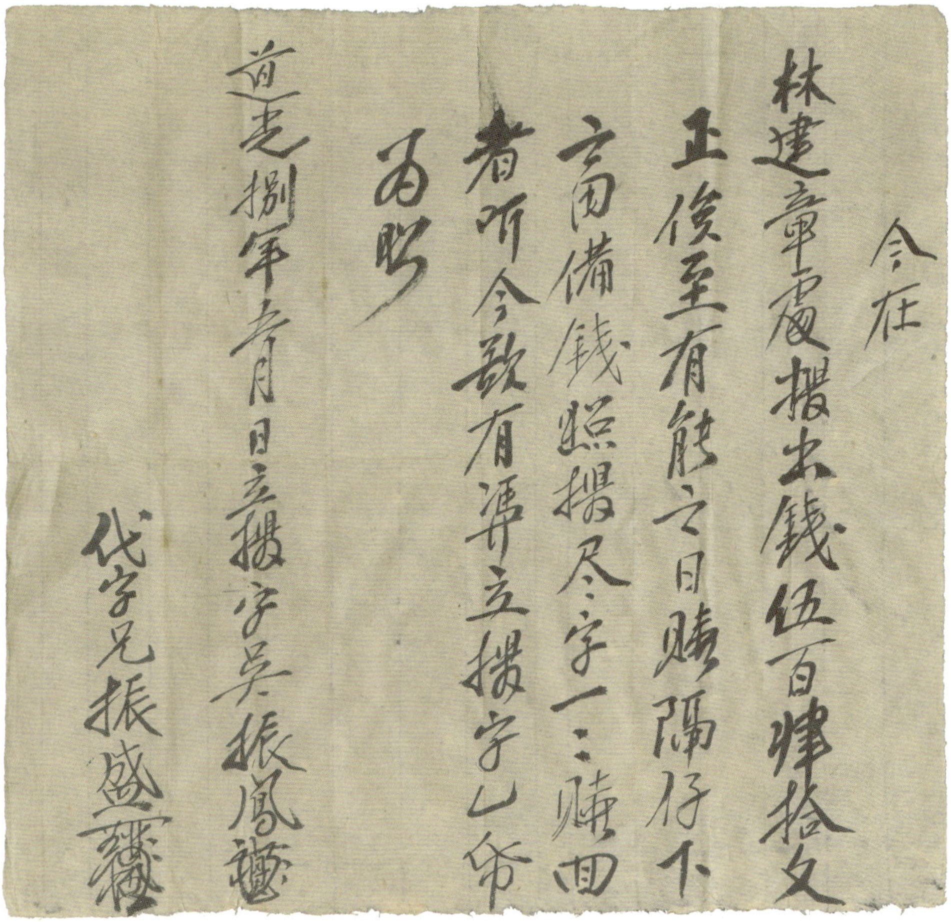

今在
林建章處撥出錢伍百肆拾文
正，候至有能之日贖陽仔下
之田備錢照撥，尽字一二贖回
者，所今欲有憑，立撥字一帋為
照。
道光捌年五月　日立撥字吳振鳳（押）
代字兄振盛（押）

6-1-26-4　清道光八年五月吴振鳳立撮字

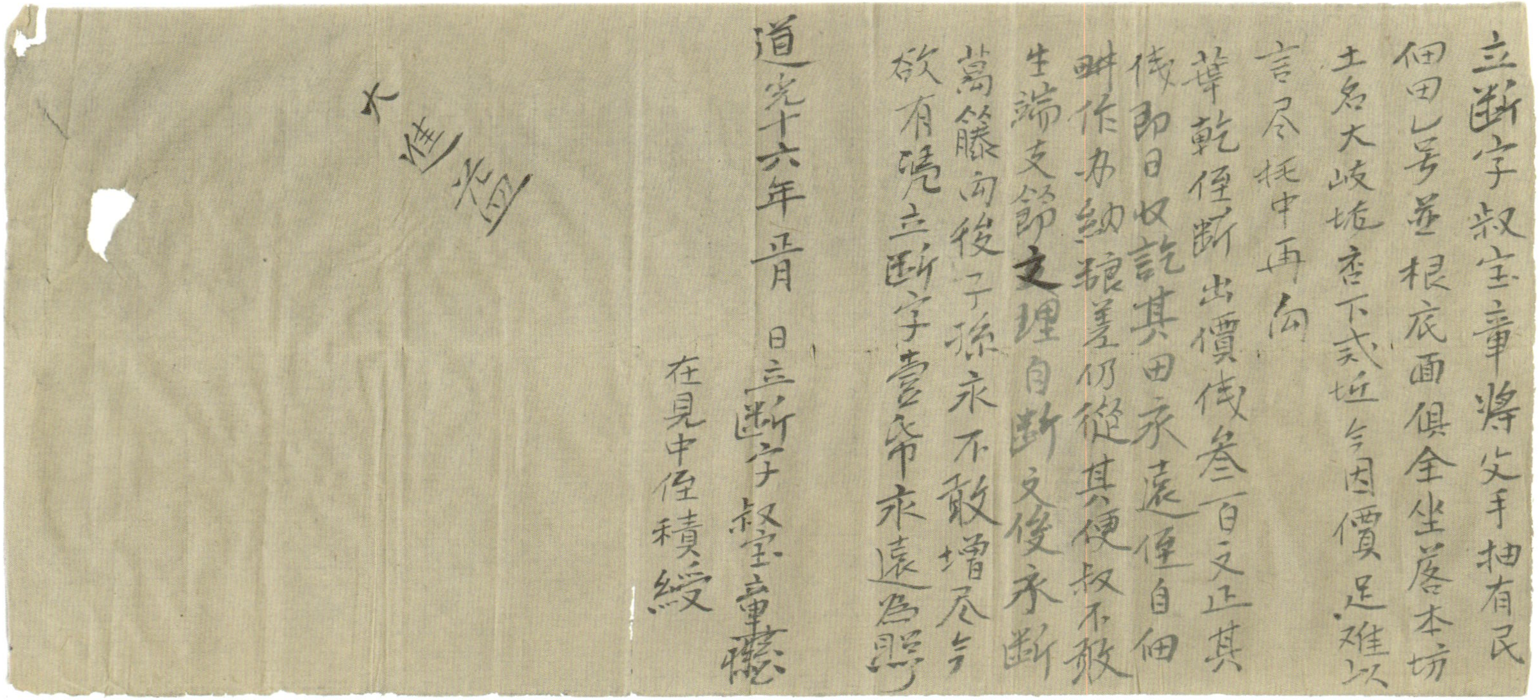
立斷字叔宝章將父手扗有民
佃田乙号並根底面俱全坐落本坊
土名大岐垢杳下弍坵今因價足難以
言盡托中再向
華乾侄斷出價伐叁百文正其
伐即日收訖其田永遠侄自佃
耕作办納粮差仍從其便叔不敢
生端支節文理自斷之後永斷
葛籐向後子孫永不敢增尽今
欲有憑立斷字壹帋永遠為照
道光十六年正月　日立斷字叔宝章（押）
在見中侄積綬

6-1-26-5　清道光十六年正月林宝章立斷底面全民佃田字

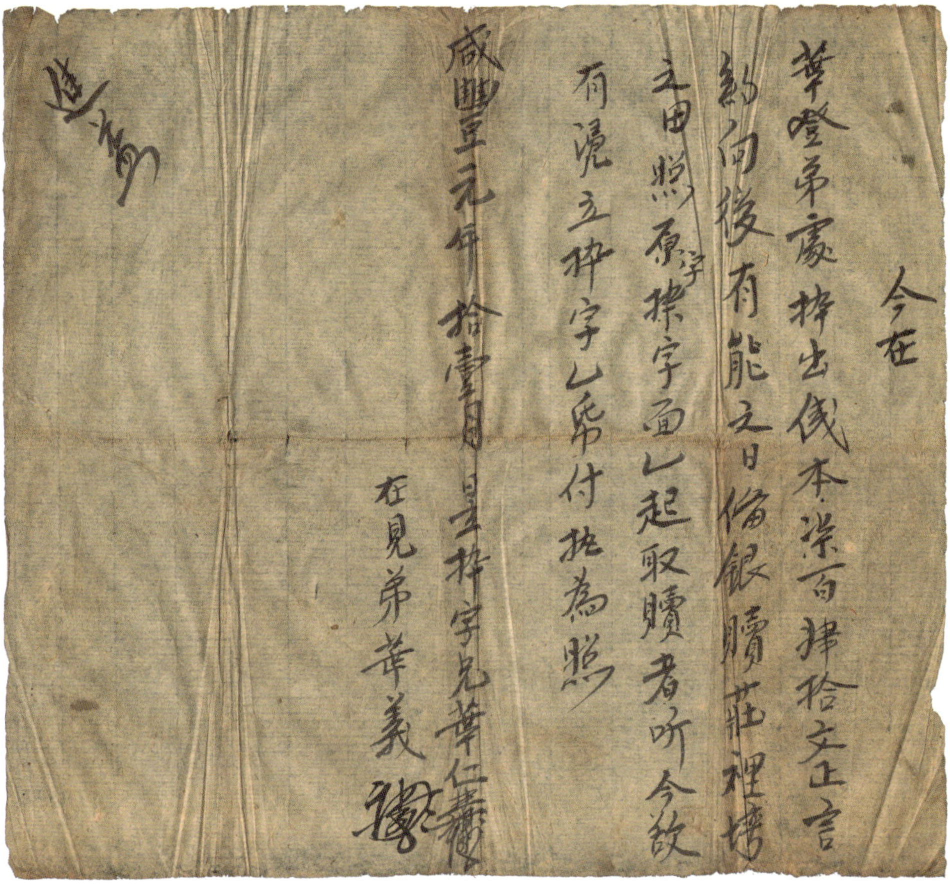
今在
華登弟處撮出錢本柒百肆拾文正，言
約向後有能之日備銀贖莊裡塆
之田照原字撮字面山起取贖者聽，今欲
有憑，立撮字山紙付執為照。
咸豐元年拾壹月　日立撮字兄華仁（押）
在見弟華義（押）
進之斋

6-1-26-6　清咸豐元年十一月林華仁立撮字

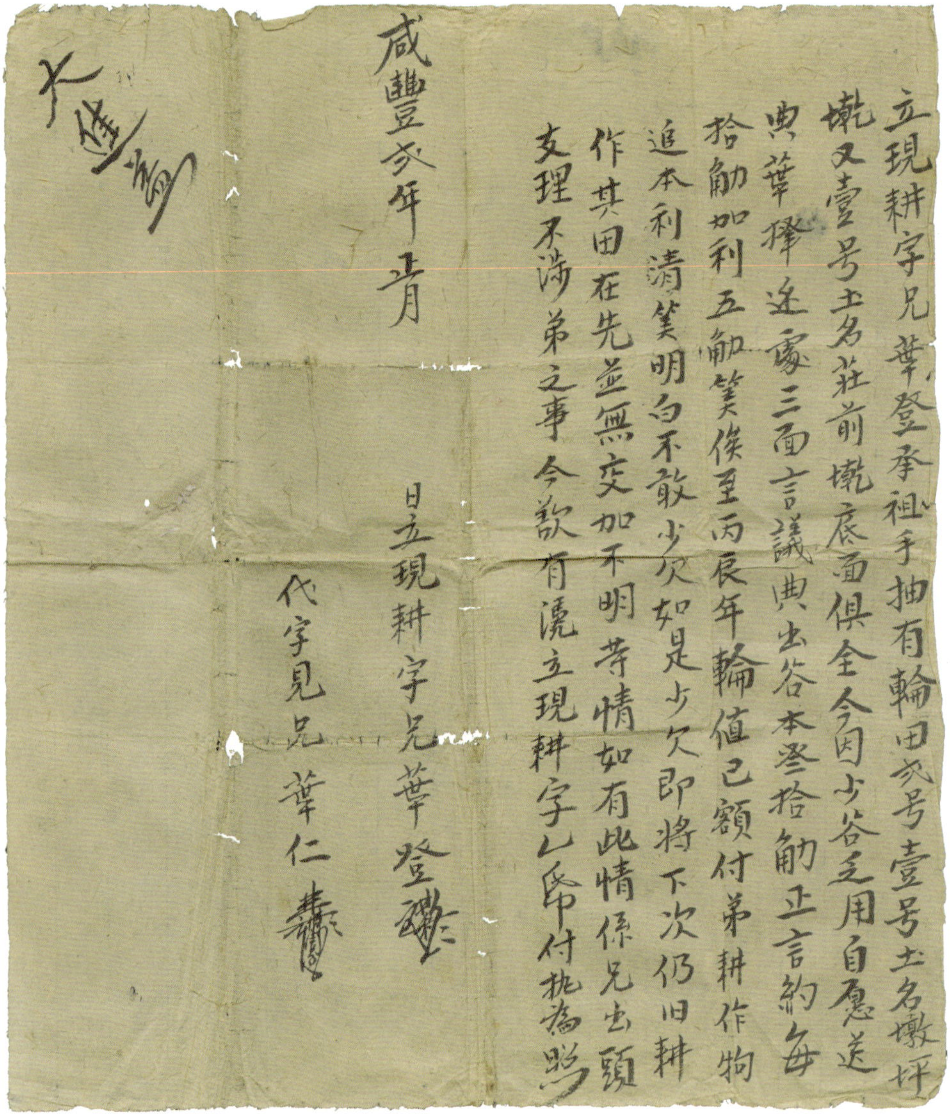

立現耕字兄華登承祖手抽有輪田弍号壹号土名墩坪墘又壹号土名莊前墘底面俱全今因少谷乏用自愿送與華擇邊處三面言議典出谷本叁拾觔正言約每拾觔加利五觔算條至丙辰年輪值己額付弟耕作物追本利清筭明白不敢少欠如是少欠即將下次仍旧耕作其田在先並無交加不明等情如有此情係兄出頭支理不涉弟之事今欲有憑立現耕字乙帋付執為照

咸豐弍年正月　日立現耕字兄華登（押）

代字見兄　華仁（押）

大進吉

6-1-26-7　清咸豐二年正月林華登立現耕字

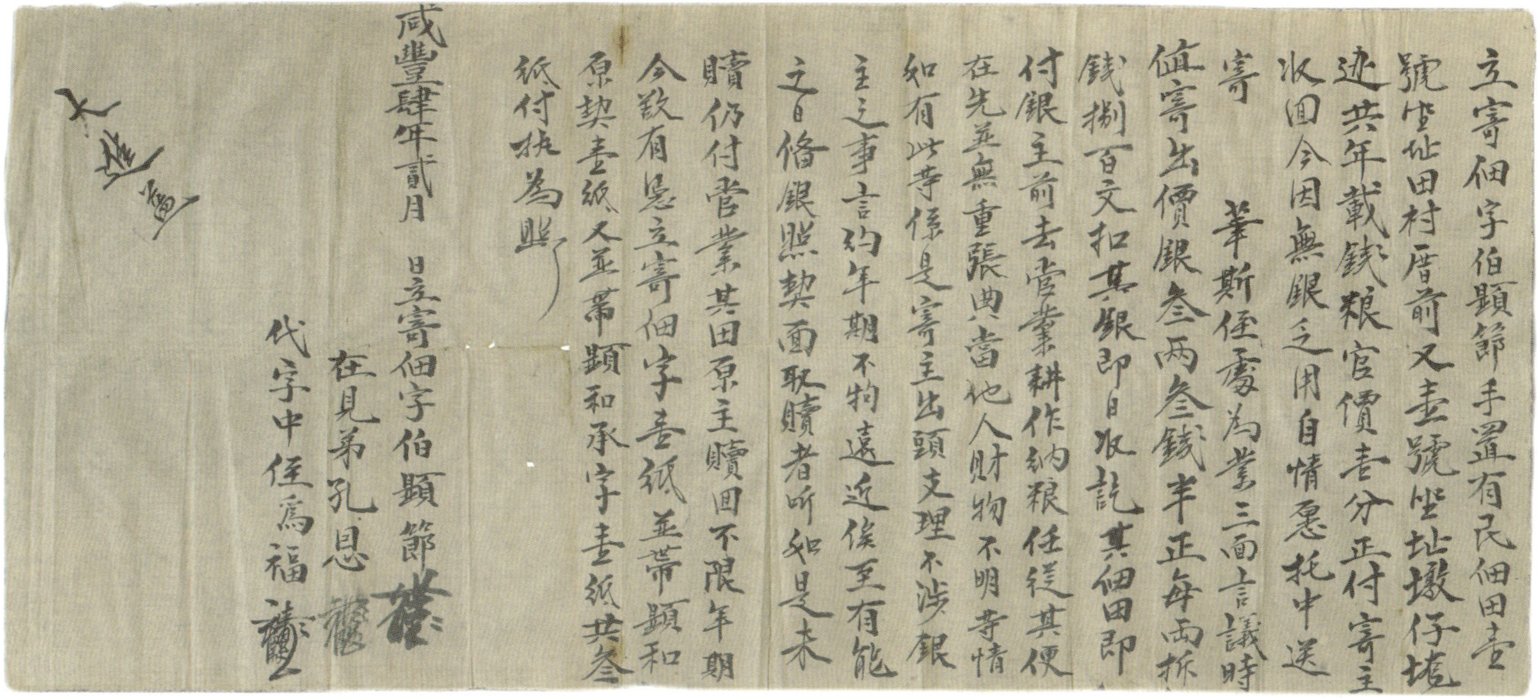

立寄佃字伯顯節手置有民佃田壹
號坐址田村厝前又壹號坐址墩仔墘
址共年載鈛粮官價壹分正付寄主
收回今因無銀乏用自情愿托中送
寄　華斯任處為業三面言議時
值寄出價銀叁兩叁錢半正每兩拆
錢捌百文扣其銀即日收訖其佃田即
付銀主前去管業耕作納粮任從其便
在先並無重張典當他人財物不明等情
知有此等係是寄主出頭支理不涉銀
主之事言約年期不拘遠近候至有能
之日備銀照契面取贖者聽知是未
贖仍付管業其田原主贖回不限年期
今欲有憑立寄佃字壹紙並帶顯和
原契壹紙又並帶顯和承字壹紙共叁
紙付執為照

咸豐肆年貳月　日立寄佃字伯顯節（押）
在見弟孔恩（押）
代字中侄爲福（押）

6-1-26-8　清咸豐四年二月林顯節立寄民佃田字

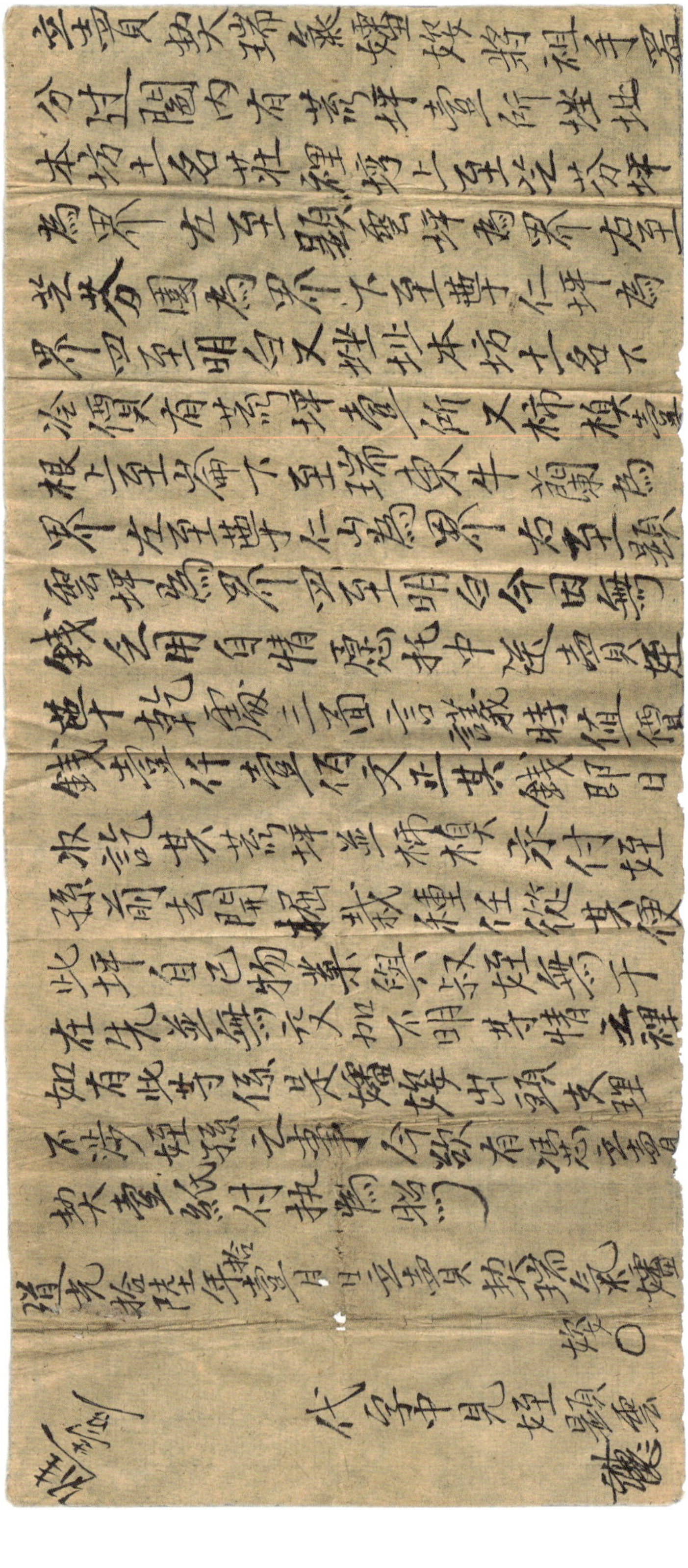
立賣契人林瑞氣系嬸婆將祖手置
分過土閭內有荒坪壹所，坐址
本坊土名杜裡坪上，上至芒坪
為界，左至鄧家坪為界，右至
芒荅園為界，下至連仁坪為
界，四至明白。又坐址本坊土名下
洽得貝有荒坪壹所，又樹根壹
根，上至坐崙，下至瑞家牛欄為
界，左至連仁山為界，右至鄧
家坪為界，四至明白。今因無
錢乏用，自情愿托中送去與侄
孫乾全三面言議，時值價
錢壹仟文正，其錢即日
收訖，其荒坪並樹根交付侄
孫前去開墾栽種，任從其便。
此坪自己物業，與房叔侄無干，
在外先並無重張典加不明，其情系理。
如有此等，係是嬸婆出頭支理，
不涉侄孫之事。今欲有憑，立賣
契壹紙付執為照。
道光拾陸年拾壹月　日立賣契人林瑞氣嬸婆
嫂○
代字中見侄鄧秀

6-1-27-1　清道光十六年十一月林瑞氣嬸婆立賣荒坪等契

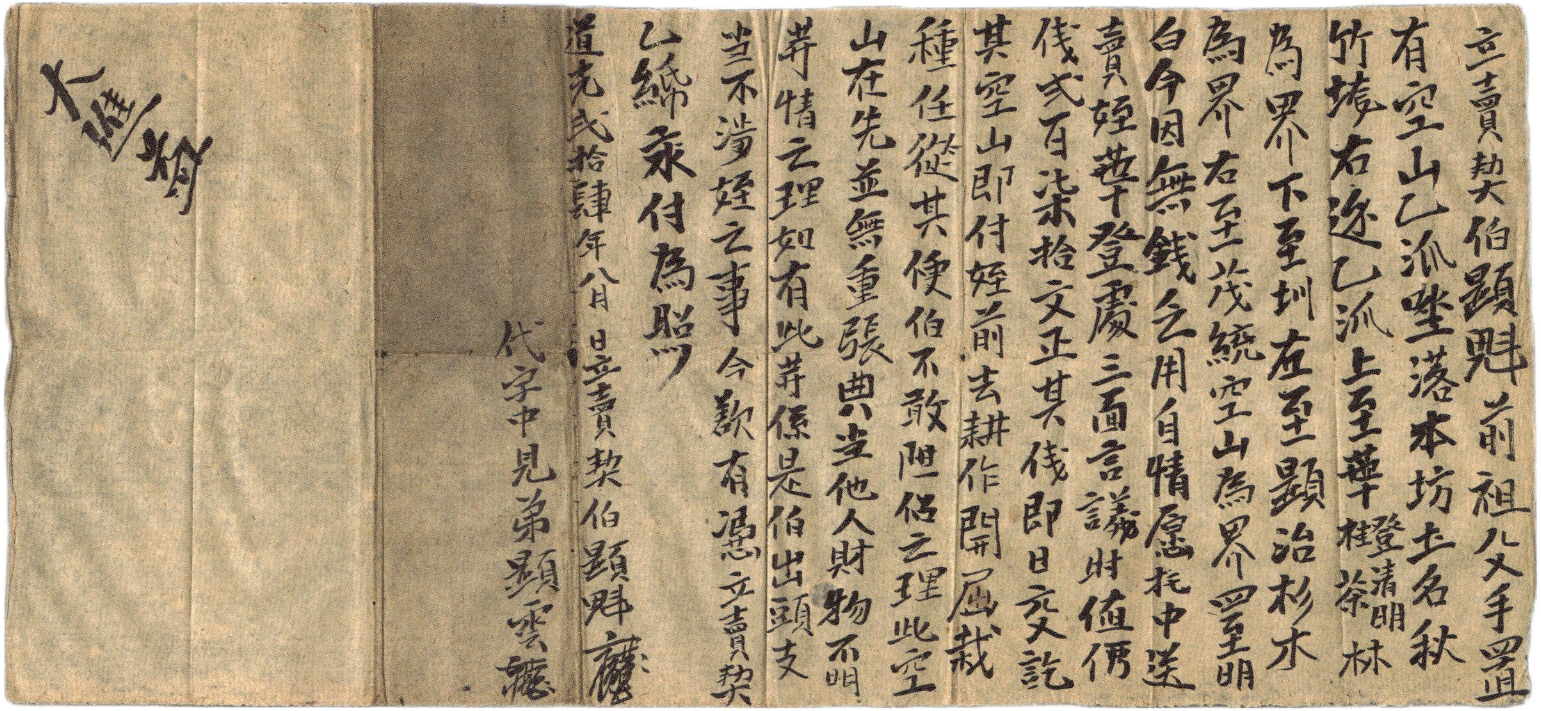
立賣契人伯顯魁，前祖父手置
有空山乙派，坐落本坊土名秋
竹塝，右邊乙派，上至華桂登清明茶林
為界，下至圳，左至顯治杉木
為界，右至茂繞空山為界，四至明
白。今因無錢乏用，自情愿托中送
賣姪華登處，三面言議，時值價
伐式百柒拾文正，其伐即日交訖。
其空山即付姪前去耕作、開屈栽
種，任從其便，伯不敢阻佔之理。此空
山在先並無重張典在他人財物不明
等情之理，如有此等，係是伯出頭支
當，不涉姪之事。今欲有憑，立賣契
乙紙，永付為照。
道光弍拾肆年八月　日立賣契伯顯魁（押）
代字中見弟顯雲（押）

6-1-27-2　清道光二十四年八月林顯魁立賣空山契

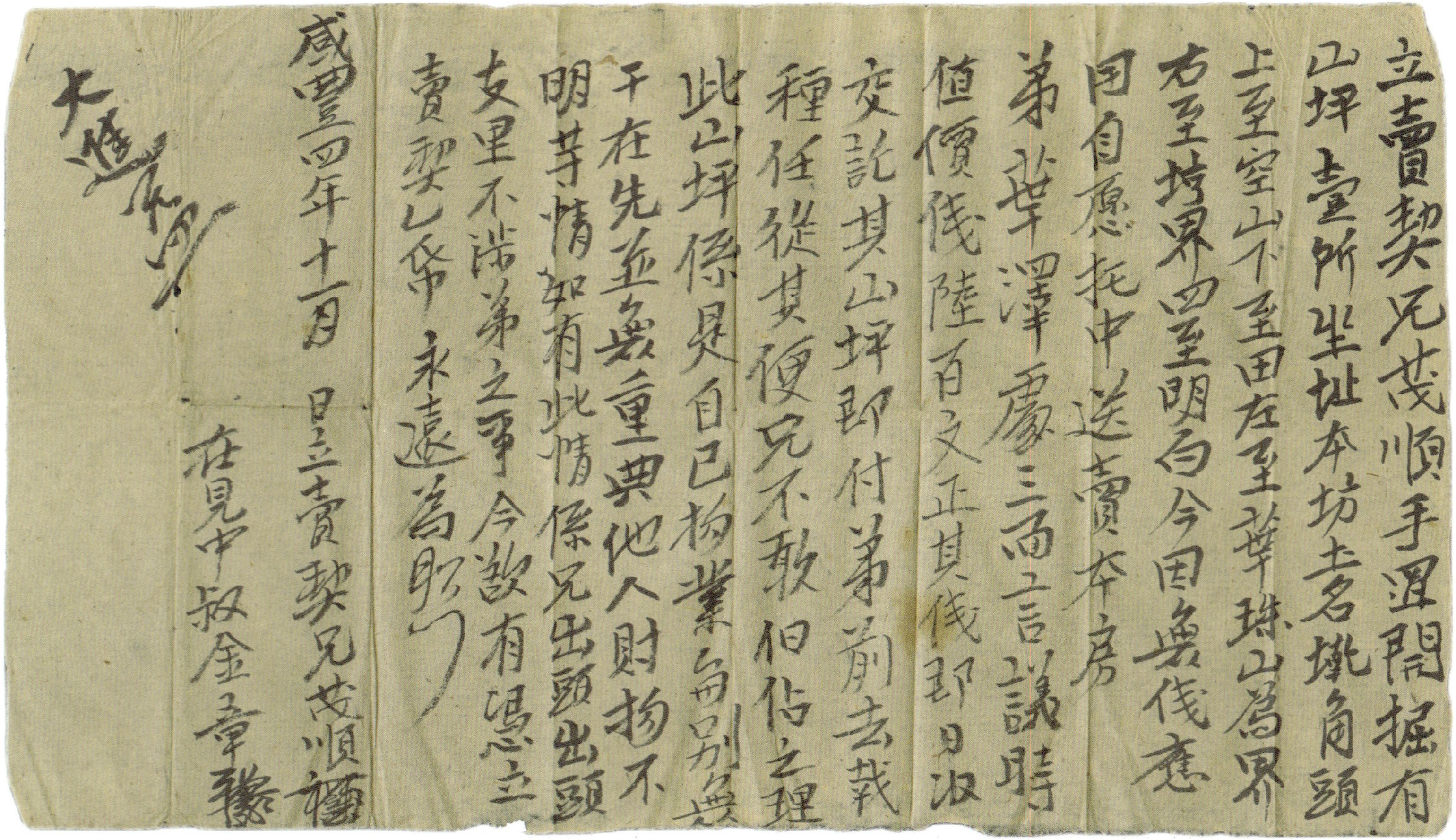
立賣契兄茂順手置開掘有
山坪壹所坐址本坊土名墈角頭
上至空山下至田左至華珠山爲界
右至坪界四至明白今因無錢應
用自愿托中送賣本房
弟華澤處三面言議時
值價錢陸百文正其錢即日收
交訖其山坪即付弟前去栽
種任從其便兄不敢伯佔之理
此山坪係是自己物業與別無
干在先並無重典他人財物不
明等情如有此情係兄出頭出頭
支里不涉弟之事今欲有憑立
賣契山帋永遠爲照
咸豐四年十一月　日立賣契兄茂順
在見中叔金章
大進[illegible]

6-1-27-3　清咸豐四年十一月林茂順立賣山坪契

立賣契姪孫慶發承祖遺下置有税山並
植林杉木陸百如根茅樹壹所坐址廿六都麻畲
地坊破頭隔上至崙頂下至大路左至墘仔右至張
家大路為界四至明白今因乏用托中送賣与
叔祖華澤慶為業三面言議時值價錢
叁拾弍仟文正其錢即日交訖其山並杉
林杉木茅樹即付叔祖前去管業剗擔開掘
培蕃採摘砍伐变賣听從其便此業係是
祖遺下手置与別無干在先未曾重張典
掛他人及財物交加不明等情如有此情係
是侄孫出頭支理不涉錢主之事遞年約
納山租錢壹拾弍文正付樂家收回今欲有憑
立賣契壹紙並帶樂秀明享原契壹紙
共弍紙永遠為照／

内註原壹字再照

咸豐六年十二月　日立賣契侄孫慶發
知契祖妣郑氏
代字見中叔祖華桂

大進叁

6-1-27-4　清咸豐六年十二月林慶發立賣稅山等契

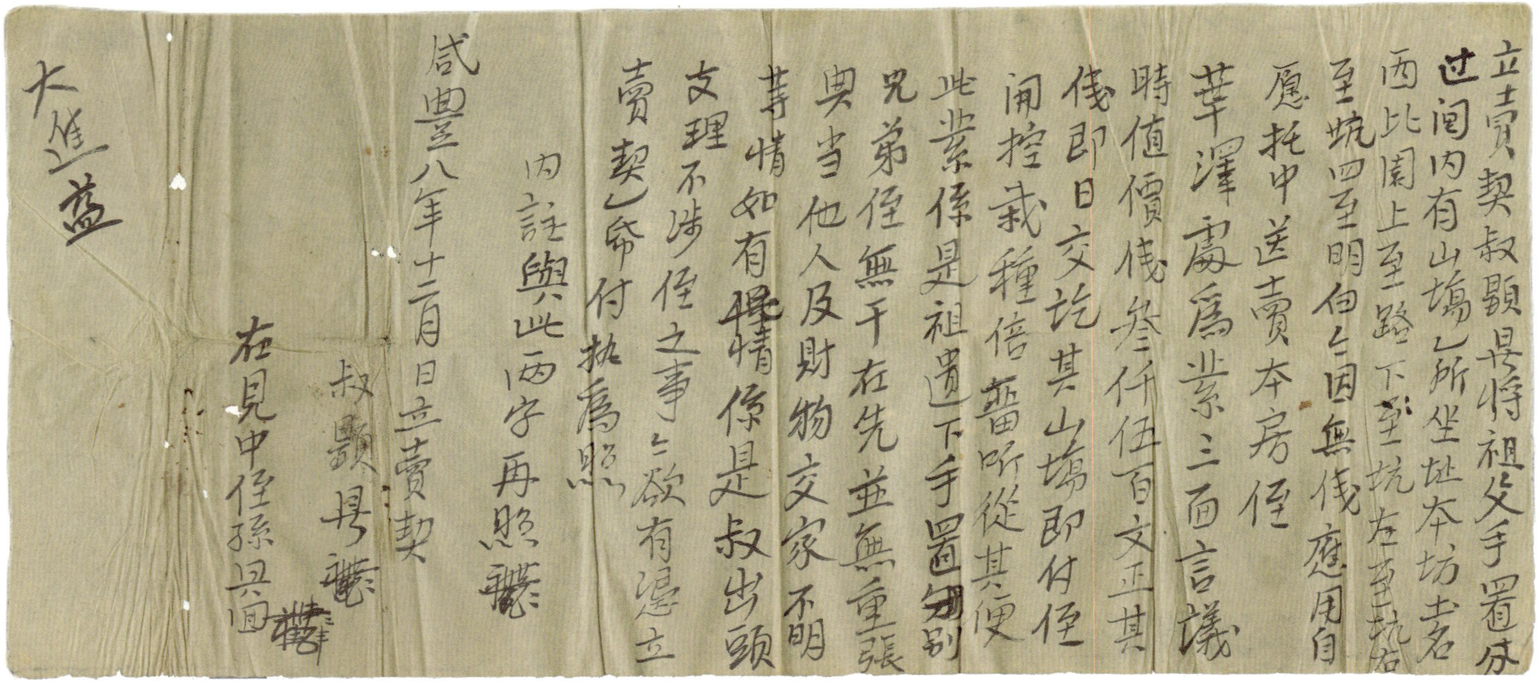
立賣契叔顕鼎將祖父手置成
过间内有山塲乙所坐址本坊土名
西比阆上至路下至坑左至坑右
至坑四至明白今因無錢應用自
愿托中送賣本房侄
華澤處爲業三面言議
時值價錢叁仟伍百文正其
錢即日交訖其山塲即付侄
開控栽種培蓄听從其便
此業係是祖遺下手置分别
兄弟侄無干在先並無重張
與當他人及財物交家不明
等情如有此情係是叔出頭
支理不涉侄之事今欲有憑立
賣契乙帋付执爲照
内註與此兩字再照
咸豐八年十二月日立賣契
叔顕鼎
在見中侄孫吳圓
大進益

6-1-27-5　清咸豐八年十二月林顕鼎立賣山場契

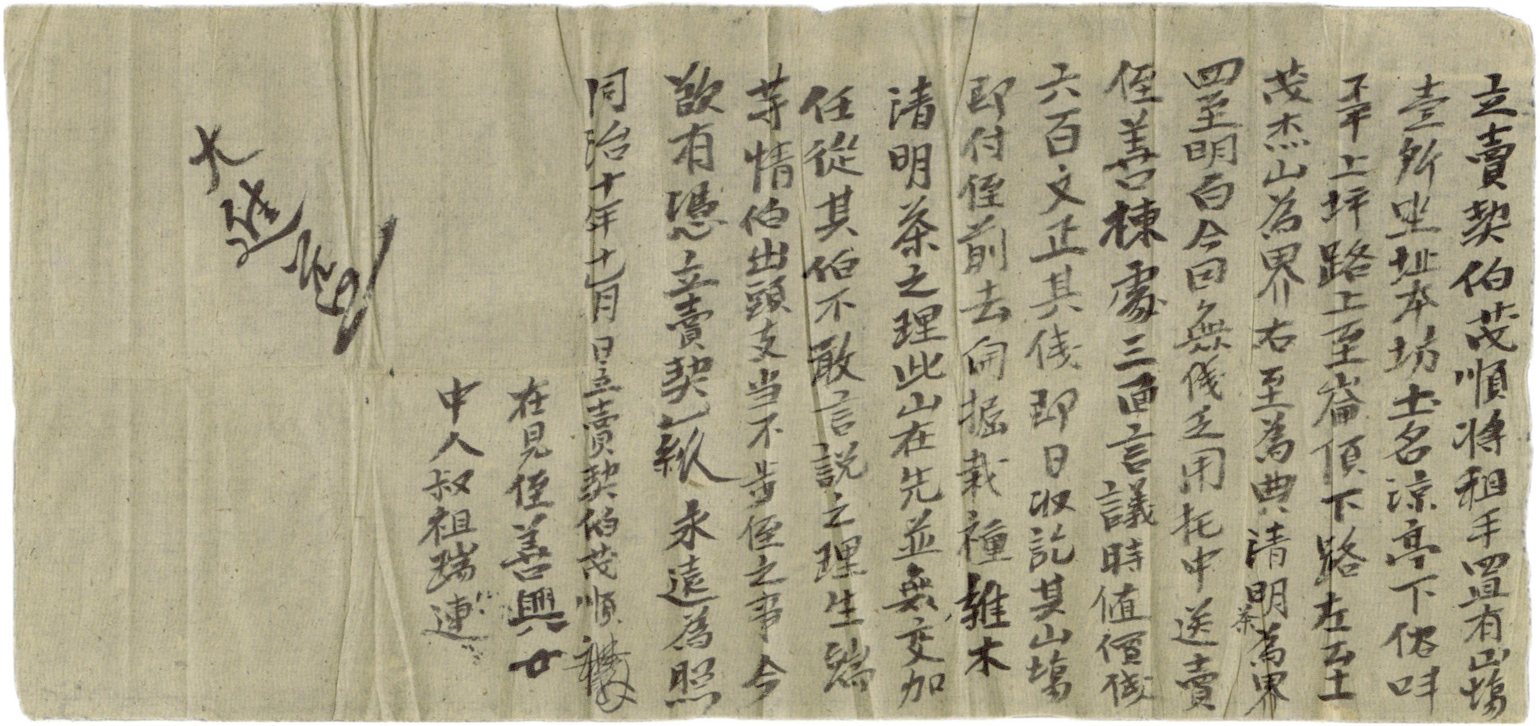
立賣契伯茂順將祖手置有山場
壹所坐址本坊土名涼亭下佬吽
下半上坪路上至崙頂下路左至王
茂杰山爲界右至爲典清明叅爲界
四至明白今因無錢乏用托中送賣
侄善興棟處三面言議時値價錢
六百文正其錢即日收訖其山場
即付侄前去開掘栽種雜木
清明叅之理此山在先並無交加
任從其伯不敢言説之理生端
等情伯出頭支当不涉侄之事今
欲有憑立賣契一紙永遠爲照
同治十年十一月　日立賣契伯茂順（押）
在見侄善興（押）
中人叔祖瑞連（押）

6-1-27-6　清同治十年十一月林茂順立賣山場契

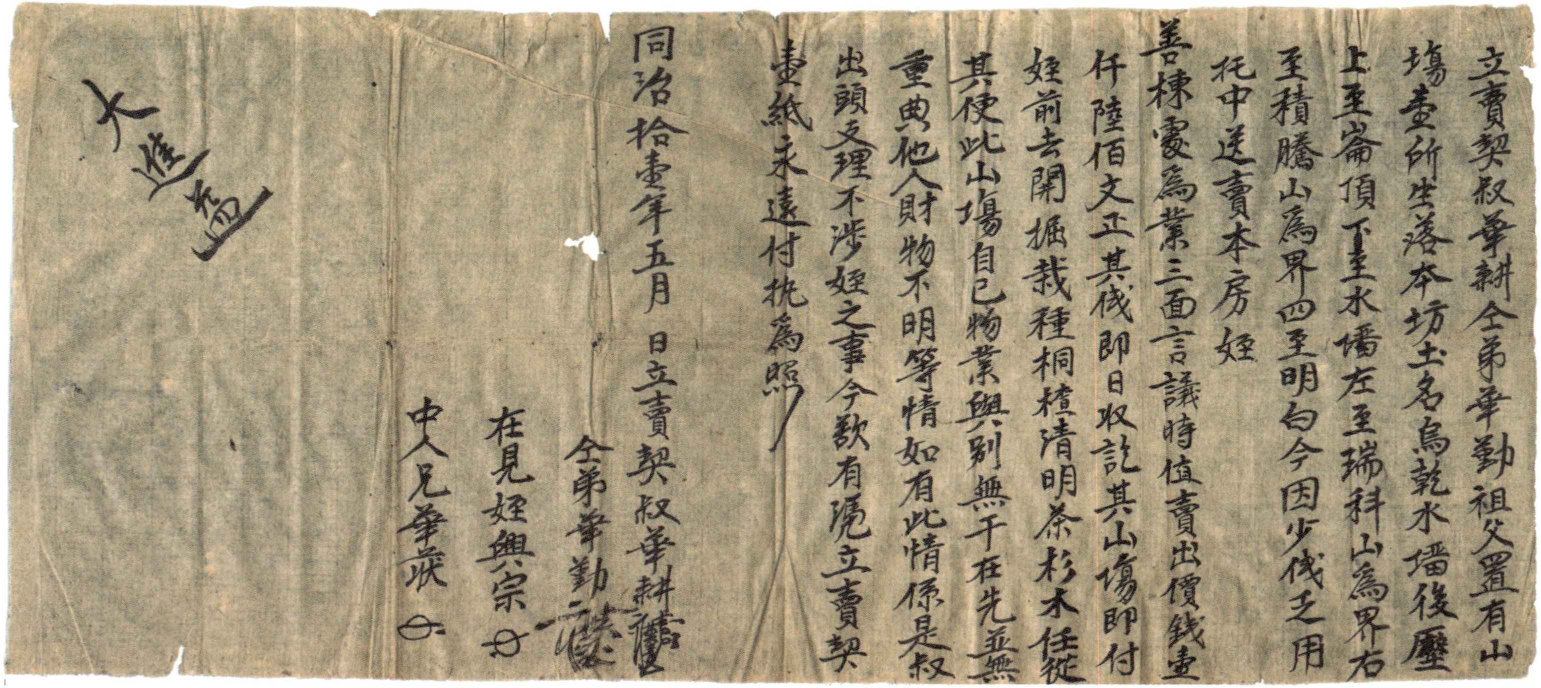
立賣契叔華耕仝弟華勤祖父置有山
場壹所坐落本坊土名烏乾水壋後壓
上至崙頂下至水壋左至瑞科山為界右
至積騰山為界四至明白今因少錢乏用
托中送賣本房姪
善棣處為業三面言議時值賣出價錢壹
仟陸佰文正其錢即日收訖其山場即付
姪前去開掘栽種桐桂清明茶杉木任從
其便此山場自己物業與別無干在先並無
重典他人財物不明等情如有此情係是叔
出頭支理不涉姪之事今欲有憑立賣契
壹紙永遠付挽為照

同治拾壹年五月　日立賣契叔華耕（押）
仝弟華勤（押）
在見姪興宗（押）
中人兄華崁（押）

大進益

6-1-27-7　清同治十一年五月林華耕等立賣山場契

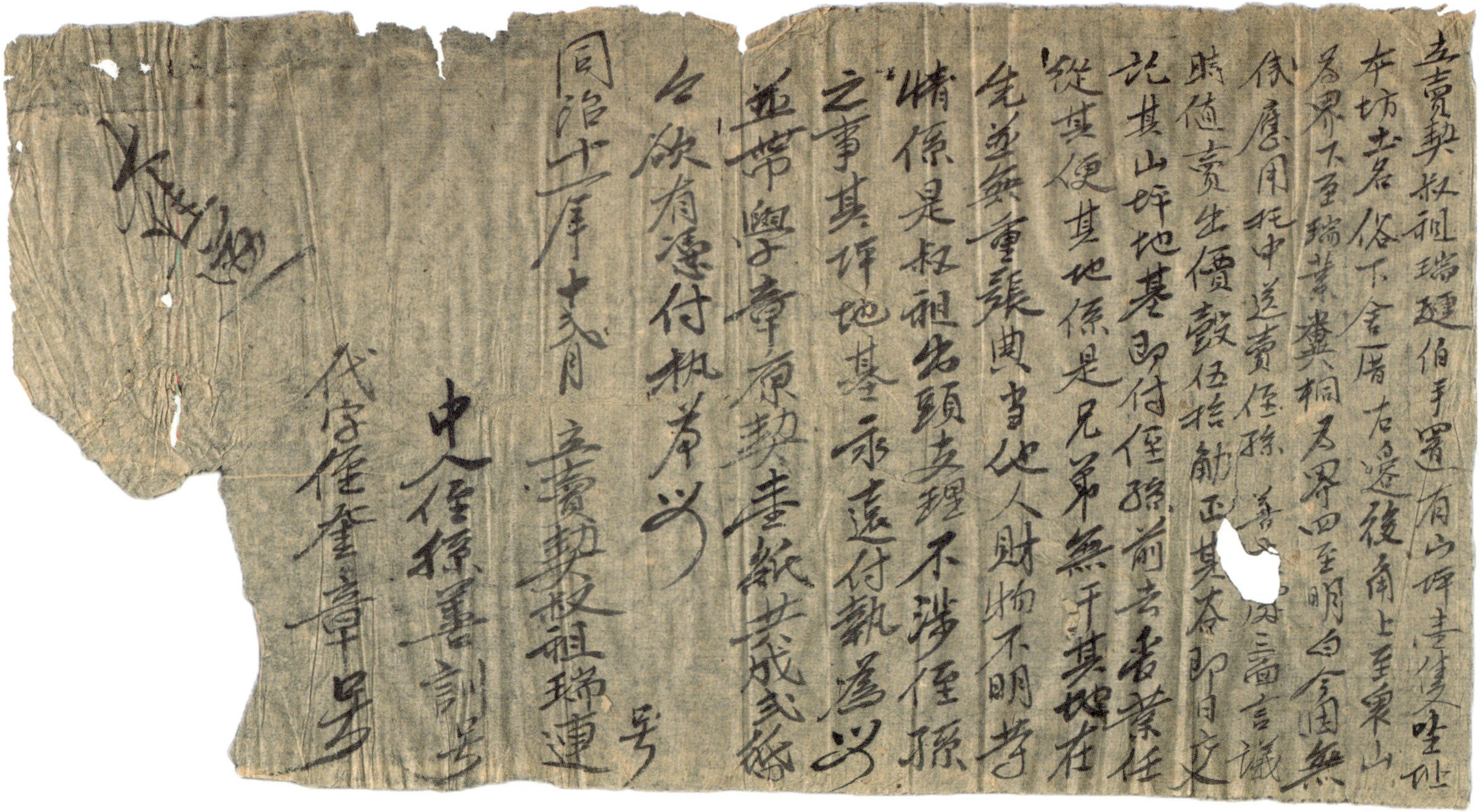
立賣契叔祖瑞連伯手置邊有山坪壹使坐址
本坊土名俗下舍厝右邊後角上至東山
為界下至瑞葉瓒桐為界四至明白今因無
錢應用托中送賣侄孫善[illegible]承三面言議
時值賣出價錢伍拾觔正其各即日交
訖其山坪地基即付侄孫前去管業任
從其便其地係是兄弟無干其地在
先並無重張典當他人財物不明等
情係是叔祖出頭支理不涉侄孫
之事其坪地基永遠付執為照
並帶學章原契壹紙共成貳紙
今欲有憑付執存照
同治十一年十二月　立賣契叔祖瑞連　号
中人侄孫善訓　号
代字侄奎章　号

6-1-27-8　清同治十一年十二月林瑞連立賣山坪契

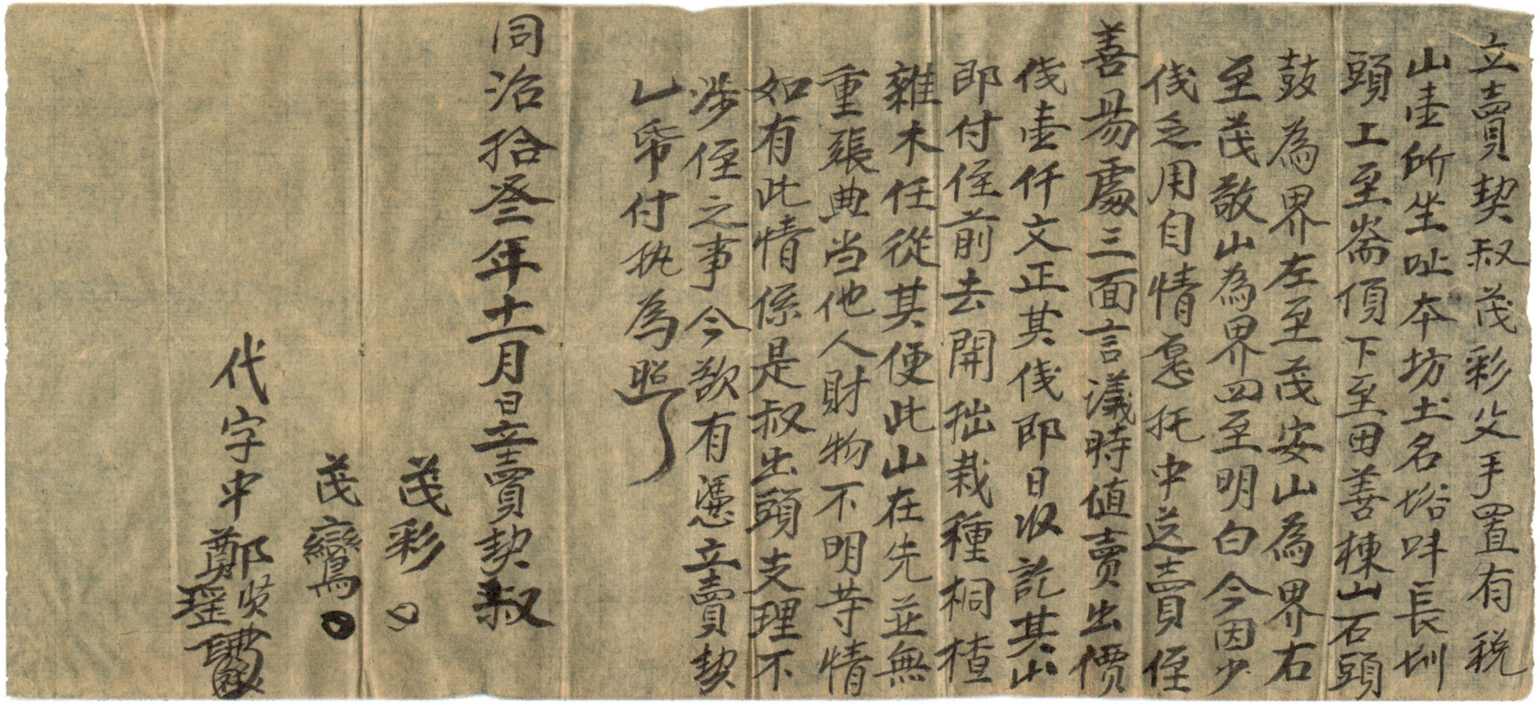
立賣契叔茂彩父手置有稅
山壹所坐址本坊土名峪坪長圳
頭土至崙頂下至田善棟山石頭
鼓為界左至茂安山為界右
至茂敬山為界四至明白今因乏
錢应用自情愿托中送賣侄
善埸處三面言議時值賣出價
錢壹仟文正其錢即日收訖其山
即付侄前去開挖栽種桐楂
雜木任從其便此山在先並無
重張典当他人財物不明等情
如有此情係是叔出頭支理不
涉侄之事今欲有憑立賣契
山帋付執為照
同治拾叁年十一月　日立賣契叔
茂彩
茂鸞
代字中鄭炎瑆

6-1-27-9　清同治十三年十一月林茂彩等立賣稅山契

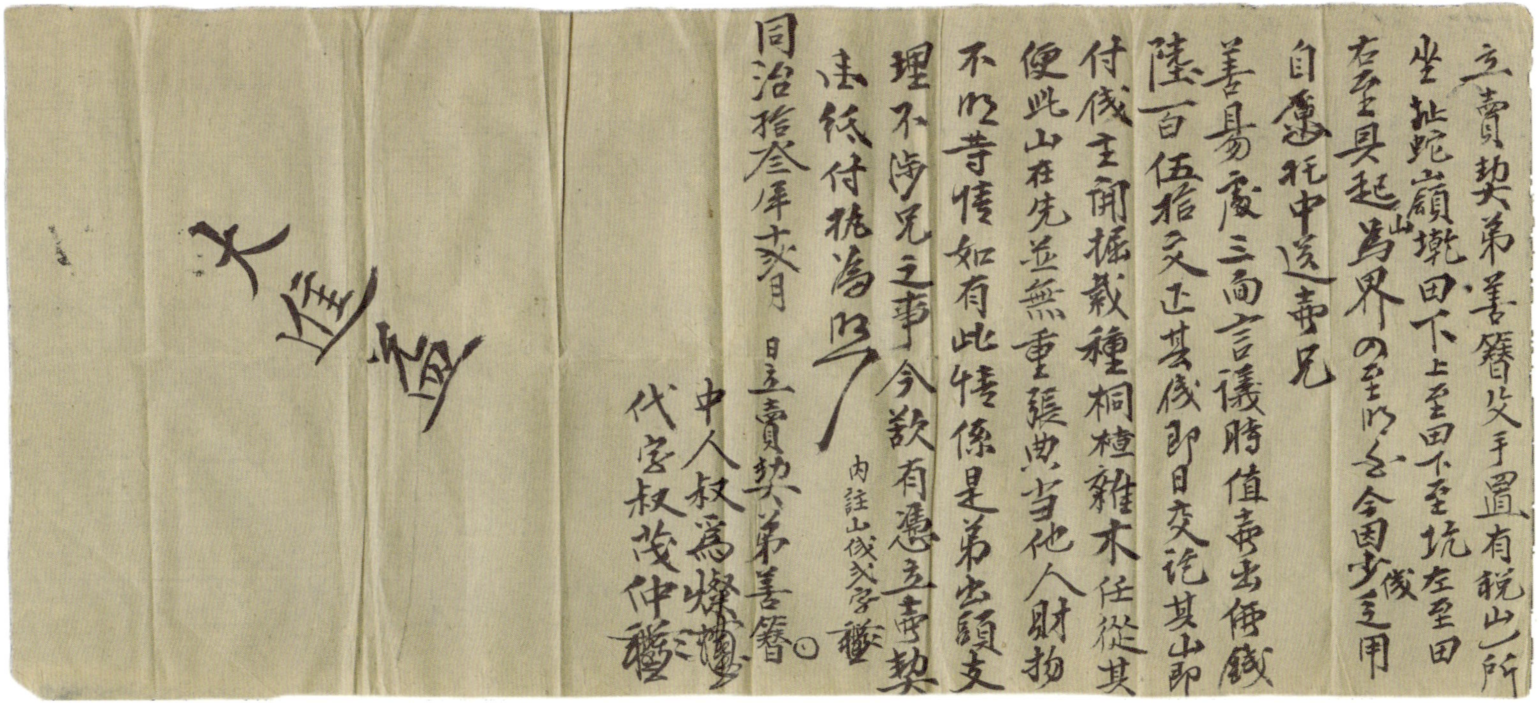
立賣契弟善簪，父手置有稅山一所，
坐址蛇嶺墘田下，上至田，下至坑，左至田，
右至吳起山為界，四至明白。今因少錢用，
自愿托中送與兄
善易處，三面言議時值賣出價錢
陸百伍拾文正，其錢即日交訖，其山即
付錢主開掘栽種桐樹雜木，任從其
便。此山在先並無重張典當他人財物
不明等情，如有此情，係是弟出頭支
理，不涉兄之事。今欲有憑，立賣契
壹紙付执為照。
內註山錢弍字
同治拾叁年十二月　日立賣契弟善簪○
中人叔爲燦
代字叔茂仲
大進益

6-1-27-10　清同治十三年十二月林善簪立賣稅山契

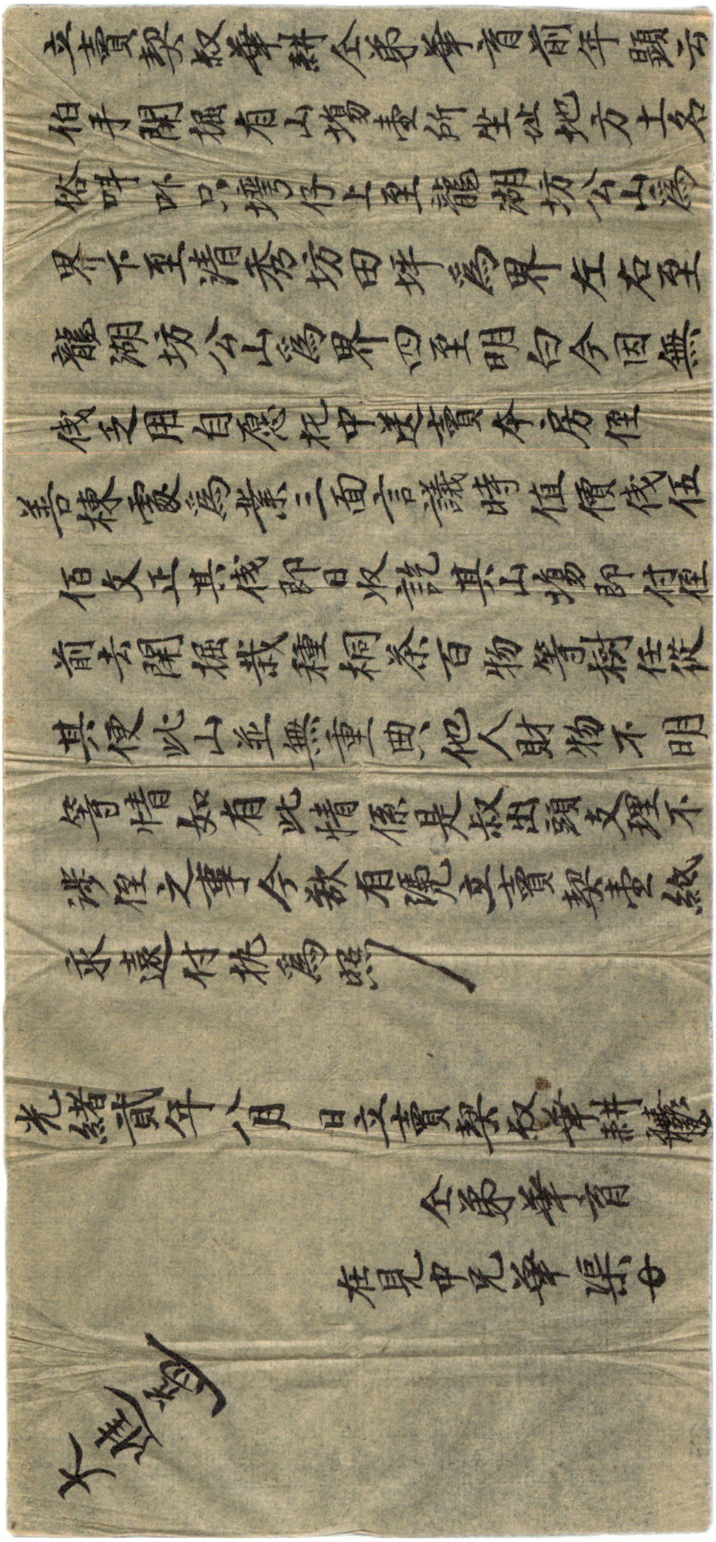
立賣契叔華耕仝弟華青，前年顯云
伯手開墾有山場壹所，坐址地方土名
塔坪叫口墘仔，上至龍湖坊公山為
界，下至清香坊田坪為界，左右至
龍湖坊公山為界，四至明白。今因無
錢乏用，自愿托中送賣本房侄
善榛處為業，三面言議時值價錢伍
佰文正，其錢即日收訖，其山場即付侄
前去開墾栽種桐茶百物等樹，任從
其便。此山並無重典他人財物不明
等情，如有此情，係是叔出頭支理，不
涉侄之事。今欲有憑，立賣契壹紙
永遠付執為照。

光緒貳年八月　日立賣契叔華耕（押）
仝弟華青
在見中兄華堤（押）

6-1-27-11　清光緒二年八月林華耕等立賣山場契

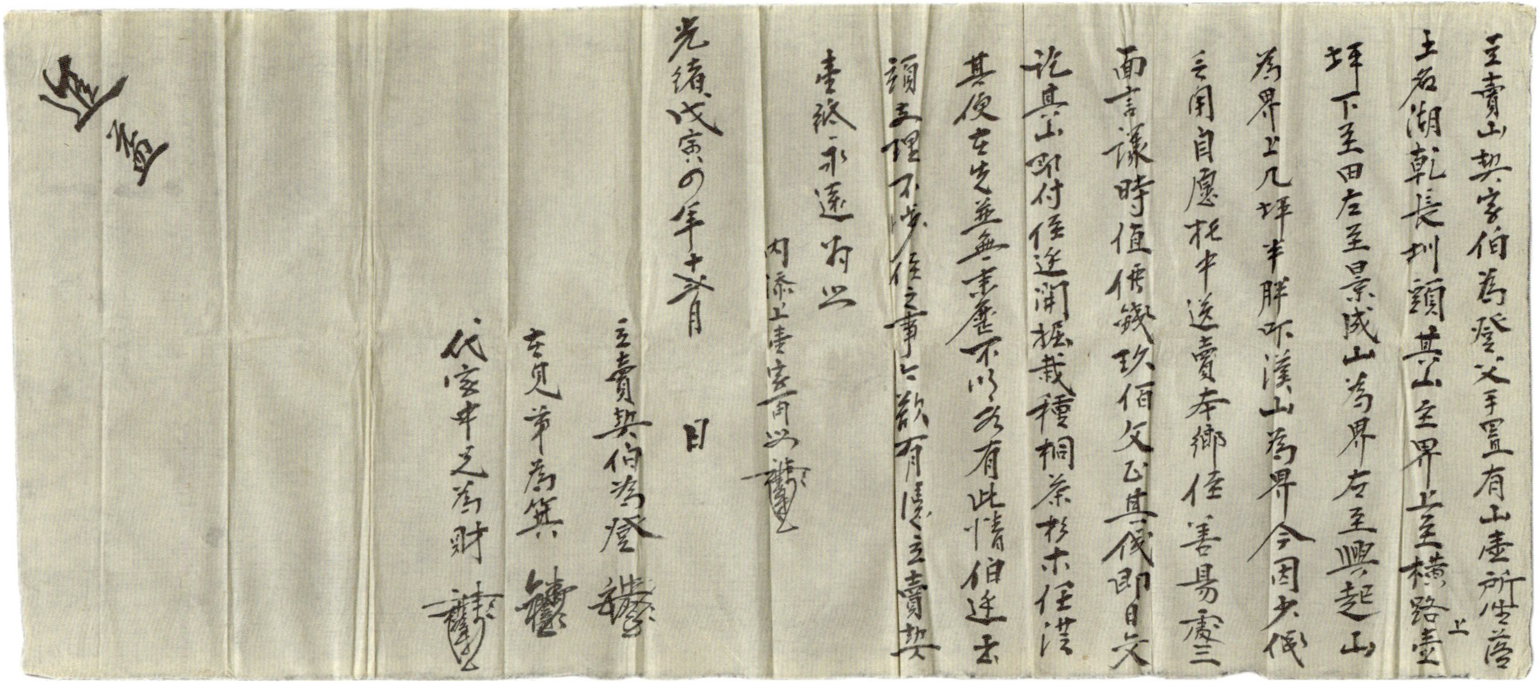
立賣山契字伯爲登父手置有山壹所坐落
土名湖乾長圳頭其山上至界上至橫路壹上
坪下至田左至景成山爲界右至興起山
爲界上凡坪半畔下漢山爲界今因乏錢
應用自愿托中送賣本鄉侄善易處三
面言議時值價錢玖佰文正其錢即日交
訖其山即付侄邊開掘栽種桐茶杉木任從
其便去先並無重疊不明如有此情伯邊去
頭去理不涉侄之事今欲有憑立賣契
壹紙永遠爲照
內添上壹字再照
光緒戊寅四年十二月　日
立賣契伯爲登
在見弟爲箕
代字弟之爲財

6-1-27-12　清光緒四年十二月林爲登立賣山契

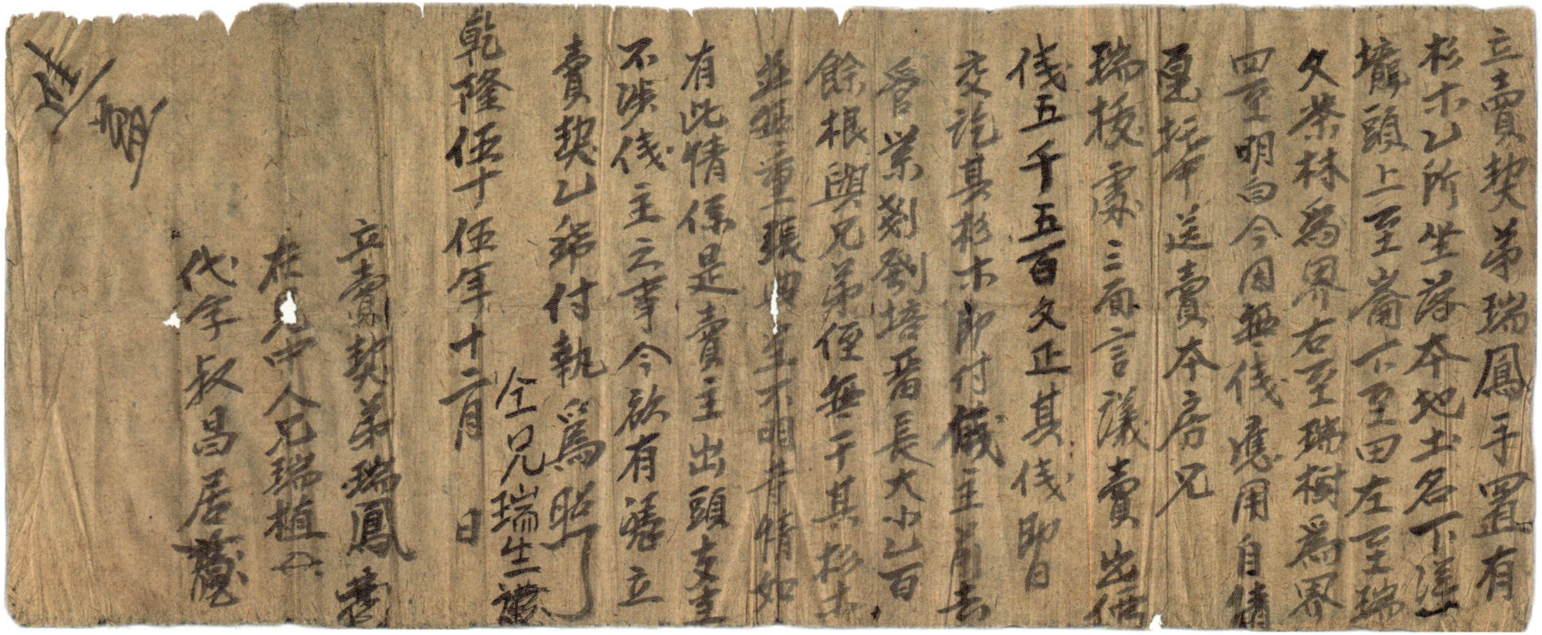

立賣契弟瑞鳳手置有
杉木山所坐落本地土名下溪一
墻頭上至崙下至田左至瑞
久茶林爲界右至瑞樹爲界
四至明白今因無錢應用自情
邑托中送賣本房兄
瑞梭處三面言議賣出價
錢五千五百文正其錢即日
交訖其杉木即付錢主前去
管業劉劉培蓄長大小山百
餘根與兄弟侄無干其杉木
並無重張典當不明等情如
有此情係是賣主出頭支當
不涉錢主之事今欲有憑立
賣契山帝付執爲照
仝兄瑞生 讓
乾隆伍十伍年十二月 日
立賣契弟瑞鳳 押
在見中人兄瑞植 押
代字叔昌居 押

6-1-28-1　清乾隆五十五年十二月林瑞鳳等立賣杉木契

立賣契叔昌財手置有杉木壹所坐落
本坊土名下洋攏頭一百数拾餘根並請
明莯内有杉木俱是今因無銀應用自
情愿托中送賣侄
瑞文處三面言議時值價銀壹拾壹両
正其銀即日收明其杉木即付侄前去
剗發管業培畨長大任從其便不敢阻
佔此杉木並無重張典当他人財物不
明等情如有此情係是叔出頭支理
不涉侄之事今欲有憑立賣契一帋
付執為照。

乾隆陸拾年拾月　日立賣契叔昌財（押）
中見侄瑞南（押）
代字蔡仲春（押）

大進財

6-1-28-2　清乾隆六十年十月林昌財立賣杉木契

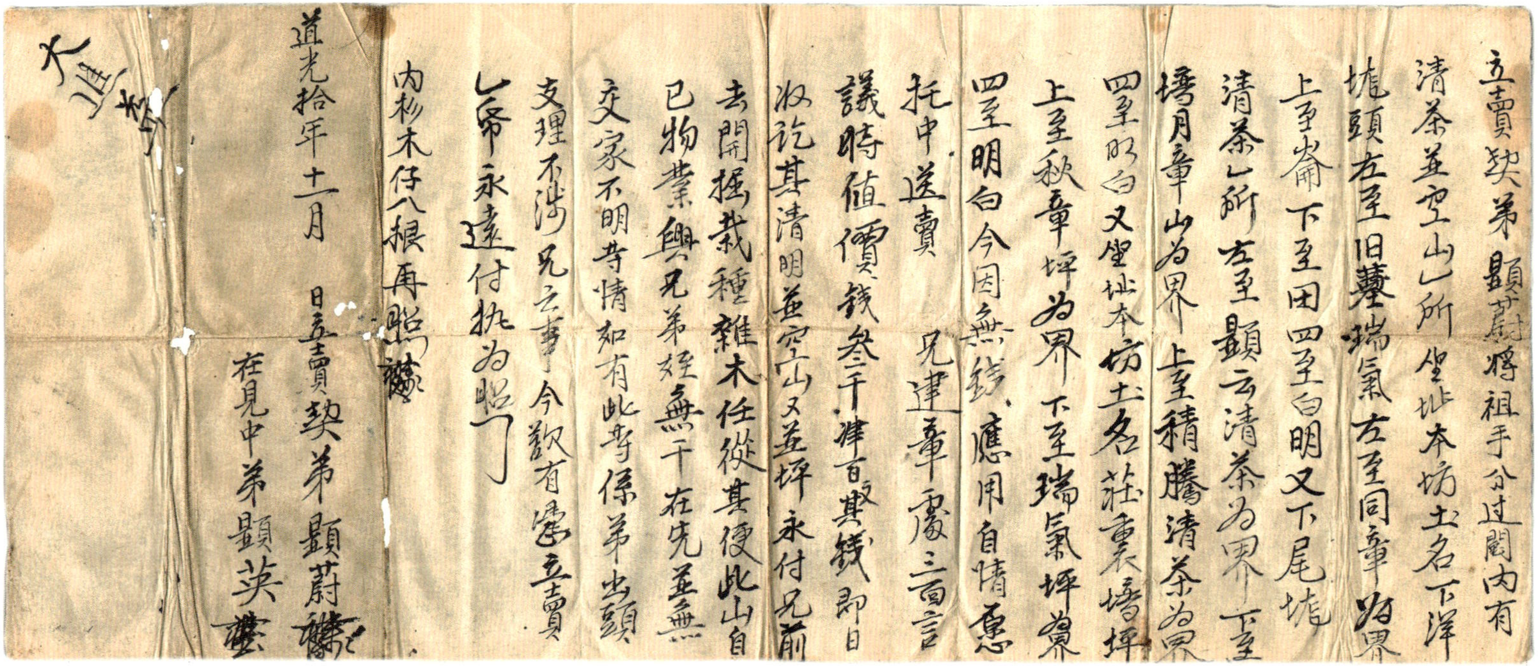

立賣契弟顯蔚將祖手分过闔内有
清茶並空山一所坐址本坊土名下洋
垅頭左至旧墓瑞氣左至同章為界
上至岺下至田四至白明又下尾垅
清茶山所左至顯云清茶為界下至
塆月章山為界上至積騰清茶為界
四至明白又坐址本坊土名莊裏塆坪
上至秋章坪為界下至瑞氣坪為界
四至明白今因無錢應用自情愿
托中送賣　兄建章處三面言
議時值價錢叁千肆百文其錢即日
收訖其清明並空山又並坪永付兄前
去開掘栽種雜木任從其便此山自
己物業與兄弟姪無干在先並無
交家不明等情如有此等係弟出頭
支理不涉兄之事今欲有憑立賣
山契永遠付執為照
内杉木仔八根再照
道光拾年十一月　日立賣契弟顯蔚
在見中弟顯英

6-1-28-3　清道光十年十一月林顯蔚立賣清茶等契

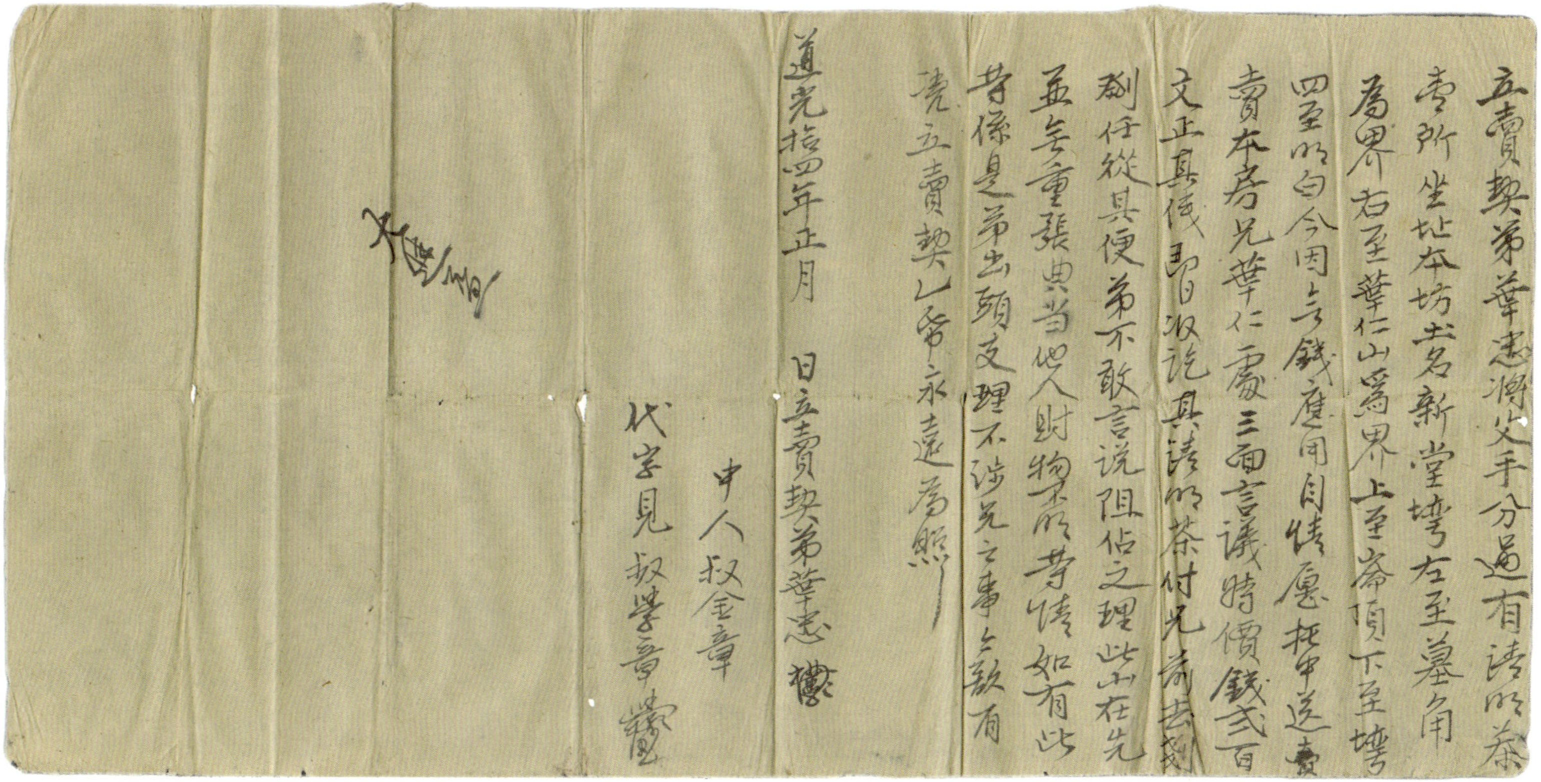

立賣契弟華忠將父手分過有清明茶
壹所坐址本坊土名新堂墘左至墓角
爲界右至華仁山爲界上至崙頂下至墘
四至明白今因乏錢應用自情愿托中送賣
賣本房兄華仁處三面言議時價錢弍百
文正其錢即日收訖其清明茶付兄前去剗
剳任從其便弟不敢言說阻佔之理此山在先
並無重張典当他人財物交加等情如有此
等係是弟出頭支理不涉兄之事今欲有
憑立賣契山帋永遠爲照

道光拾四年正月　日立賣契弟華忠（押）
中人　叔金章
代字見　叔學章（押）

6-1-28-4　清道光十四年正月林華忠立賣清明茶契

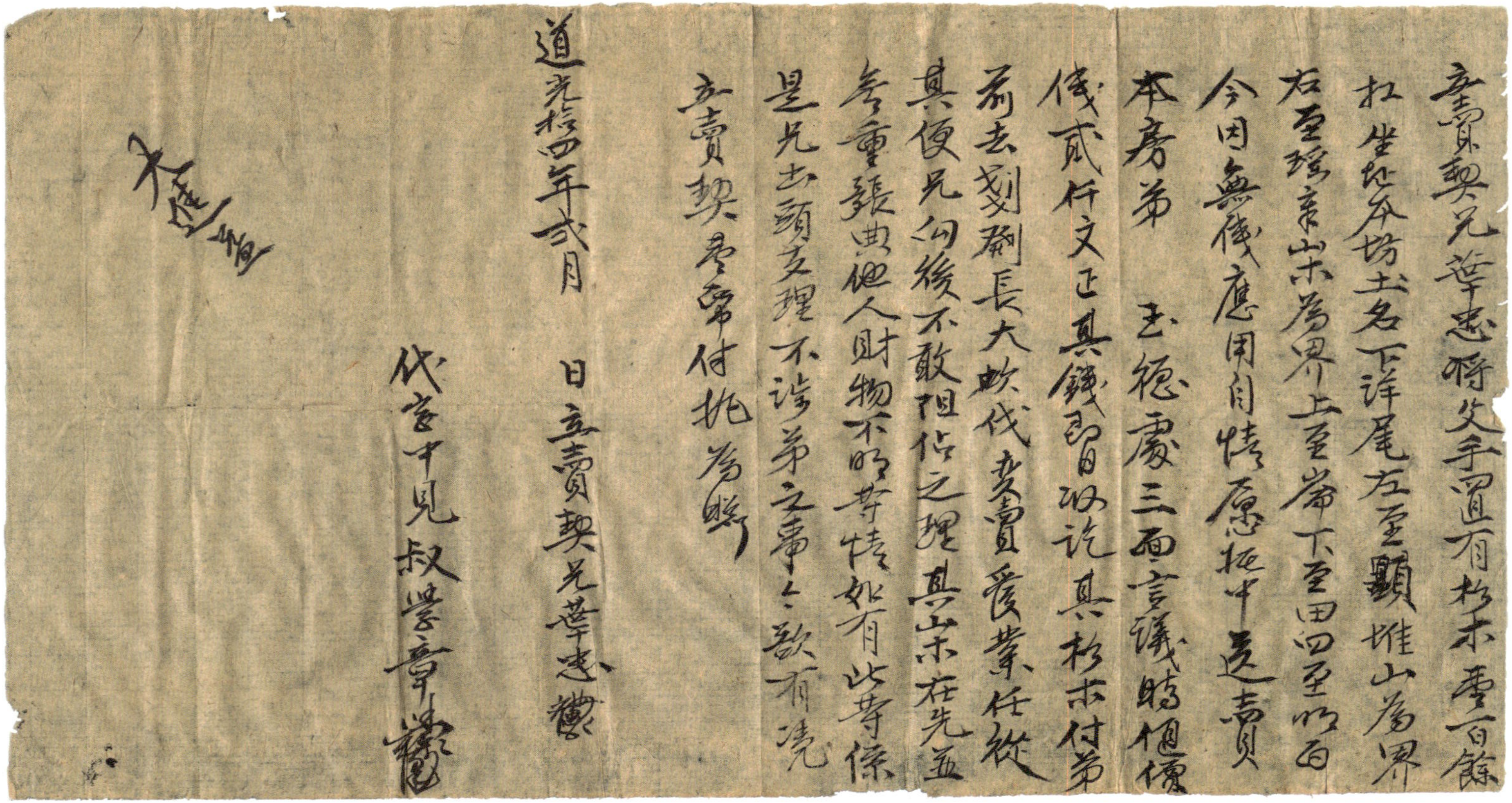
立賣契兄華忠將父手置有杉木壹百餘
枝坐址本坊土名下洋尾左至顯堆山爲界
右至瑤京山杉爲界上至崙下至田四至明白
今因無錢應用自情愿托中送賣
本房弟　玉德處三面言議時值價
錢貳仟文正其錢即日收訖其杉木付弟
前去劉剗長大砍伐發賣愛業任從
其係兄自後不敢阻佔之理其杉木在先並
無重張典他人財物不明等情如有此等係
是兄出頭支理不涉弟之事今欲有憑
立賣契壹紙付執爲照
道光拾四年弍月　日立賣契兄華忠（押）
代字中見叔榮章（押）
大進吉

6-1-28-5　清道光十四年二月林華忠立賣杉木契

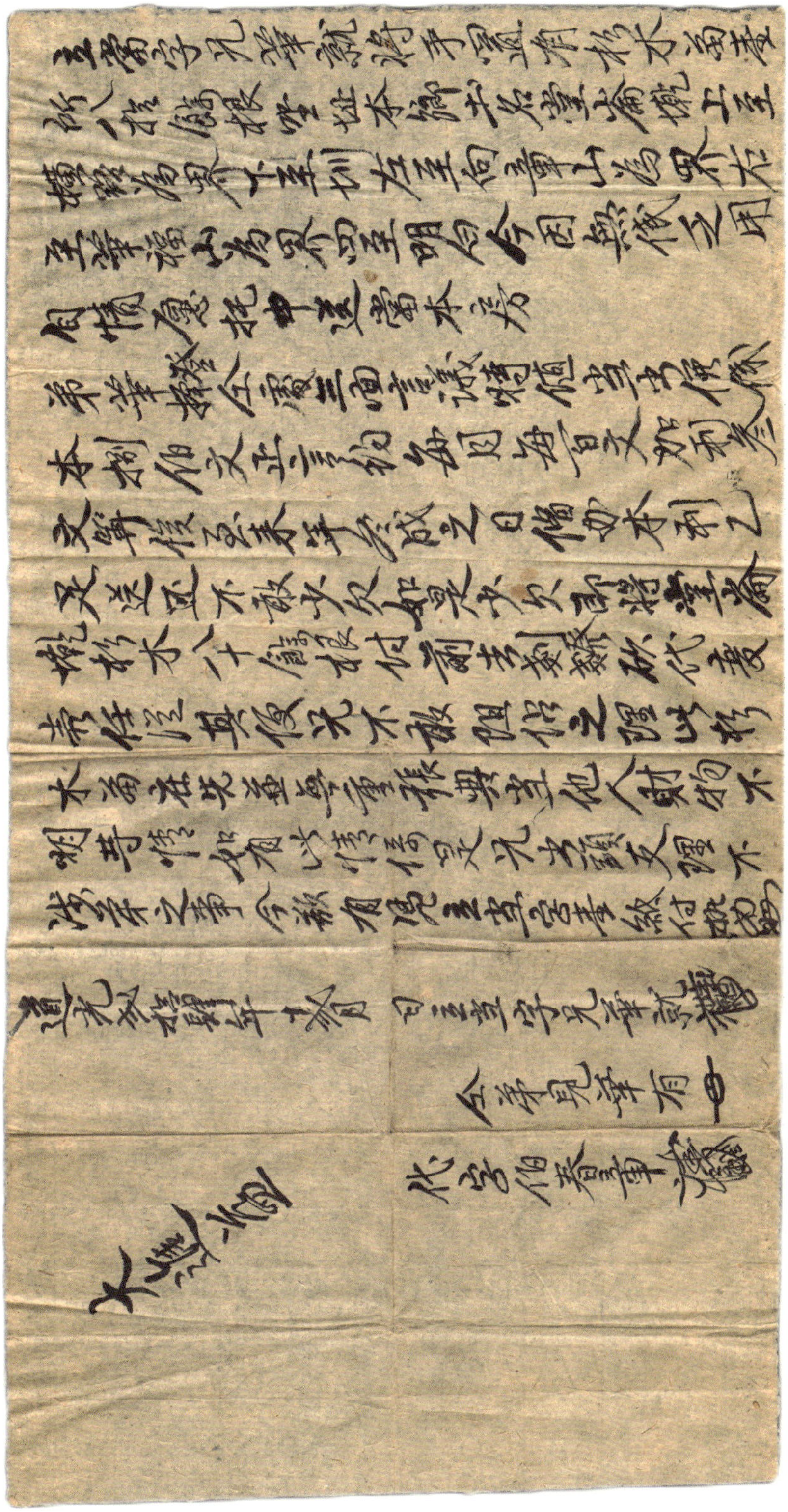

立當字兄華就將手置有杉木苗壹
所八拾餘根，坐址本鄉土名堂崙墘，上至
横路為界，下至圳，左至向章山為界，右
至華福山為界，四至明白。今因無錢乏用，
自情愿托中送當本房
弟華榜（登）仝處三面言議，時值當出價錢
本捌佰文正，言約每月每百文加利叁
文算，候至來年冬成之日備辦本利乙
足送還，不敢少欠。如是少欠，即將堂崙
墘杉木八十餘根付前去剃蘇砍代賣，
壹任從其便，兄不敢阻擋之理。此杉
木苗在先並無重張典當他人財物不
明等情，如有此情，係是兄出頭支理，不
涉弟之事。今欲有憑，立當字壹紙付執為照。
道光弍拾肆年十二月 日立當字兄華就（押）
仝弟見華有（押）
代字伯春三華（押）
大進之堂

6-1-28-6 清道光二十四年十二月林華就等立當杉木苗字

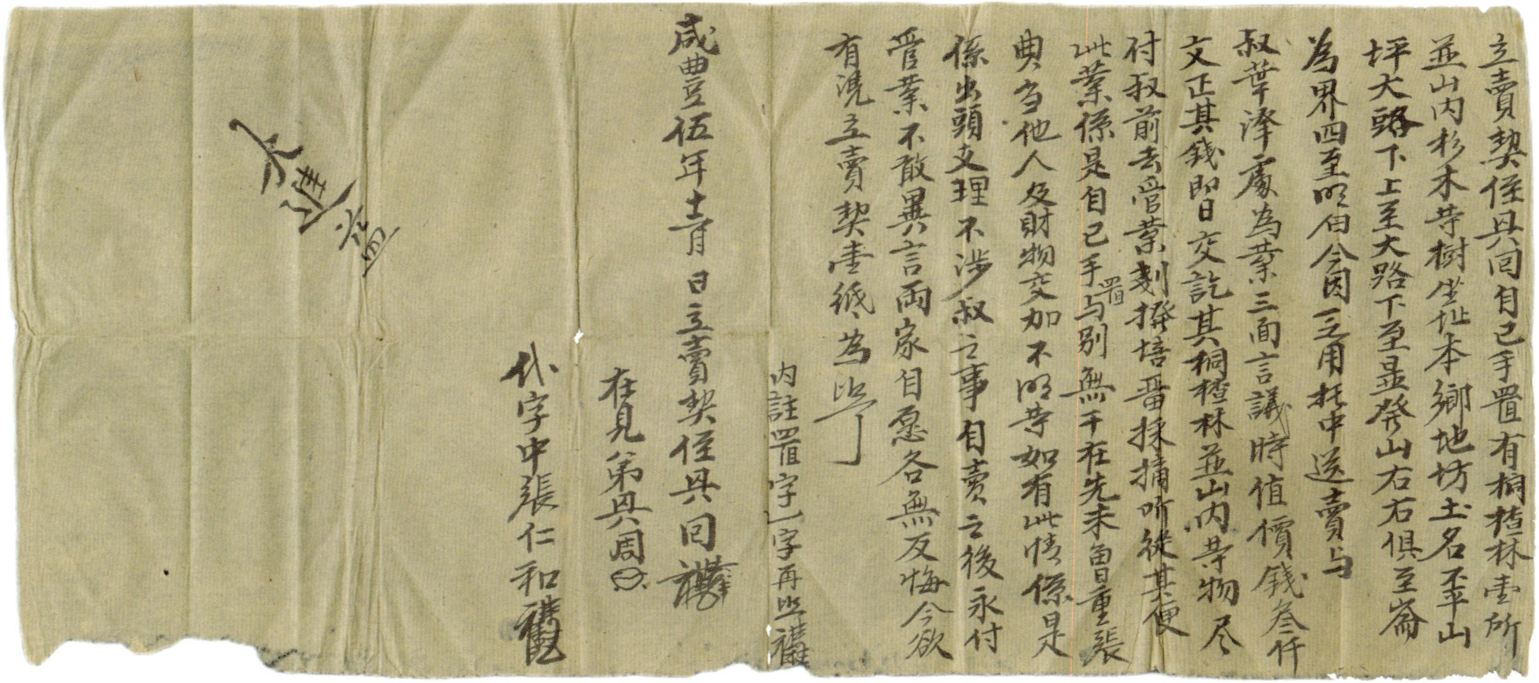

立賣契侄呉回自己手置有桐楂林壹所
并山内杉木等樹坐址本鄉地坊土名歪平山
坪大路下上至大路下至墓磜山右右俱至崙
為界四至明白今因乏用托中送賣与
叔華澤處為業三面言議時值價錢叁仟
文正其錢即日交訖其桐楂林并山内等物尽
付叔前去管業剗掞培蓄採摘听從其便
此業係是自己手置与别無干在先未曾重張
典与他人及財物交加不明等如有此情係是
侄出頭支理不涉叔之事自賣之後永付
管業不敢異言兩家甘愿各無反悔今欲
有憑立賣契壹紙為照

内註置字一字再照

咸豐伍年十二月　日立賣契侄呉回

在見弟呉周

代字中張仁和

6-1-28-7　清咸豐五年十二月林呉回立賣桐楂林等契

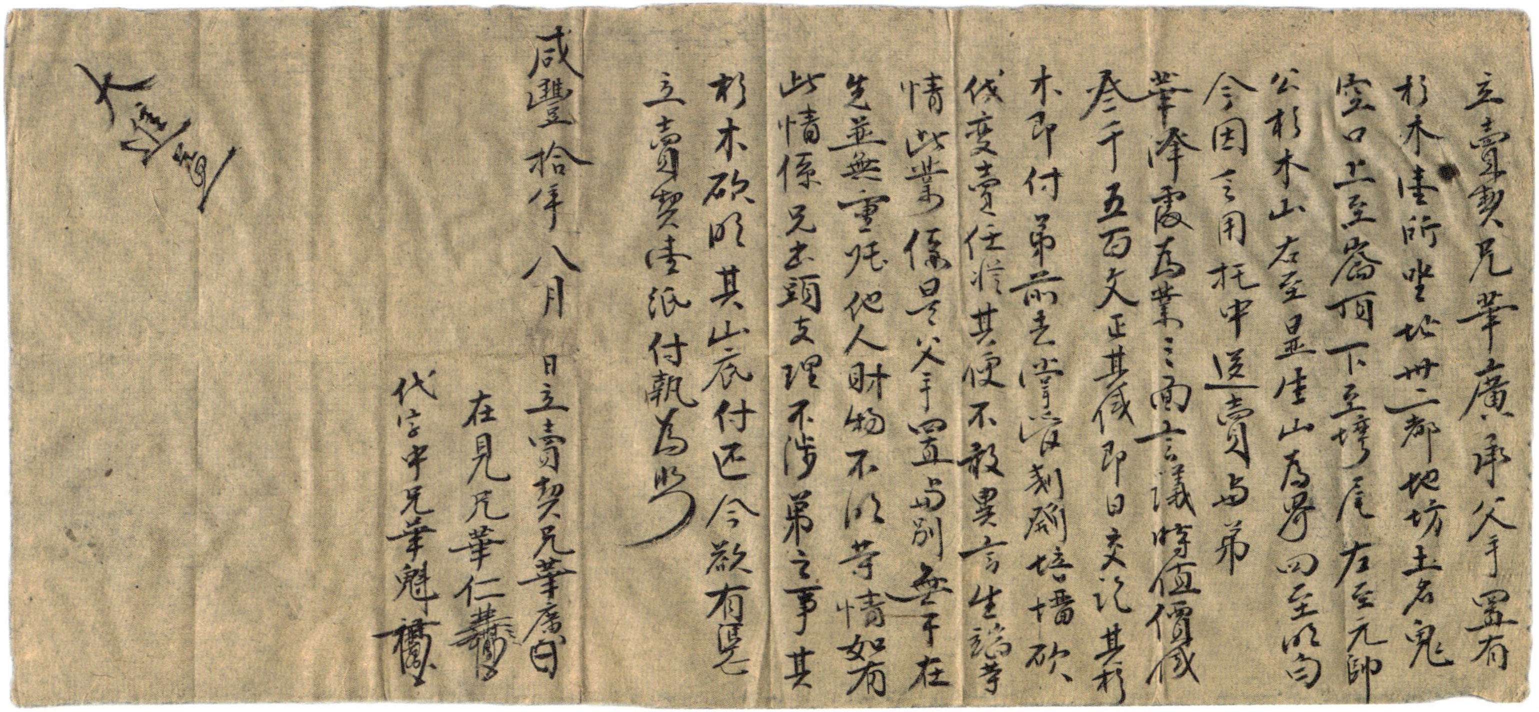
立賣契兄華廣，承父手置有
杉木壹所，坐址廿二都地坊，土名鬼
空口。上至崙頂，下至墘尾，左至元帥
公杉木山，右至显生山為界，四至明白。
今因乏用，托中送賣與弟
華滄、霞為業。三面言議，時值價錢
叁千五百文正。其錢即日交訖，其杉
木即付弟前去管掌，剃劚培播砍、
伐，變賣任從其便，不敢異言生端等
情。此業係是父手置與，别無干在
先，並無重張他人財物，不明等情。如有
此情，係兄出頭支理，不涉弟之事。其
杉木砍明，其山底付還。今欲有憑，
立賣契壹紙付執為照。

咸豐拾年八月　日立賣契兄華廣（押）
在見兄華仁（押）
代字中兄華魁（押）

大吉利

6-1-28-8　清咸豐十年八月林華廣立賣杉木契

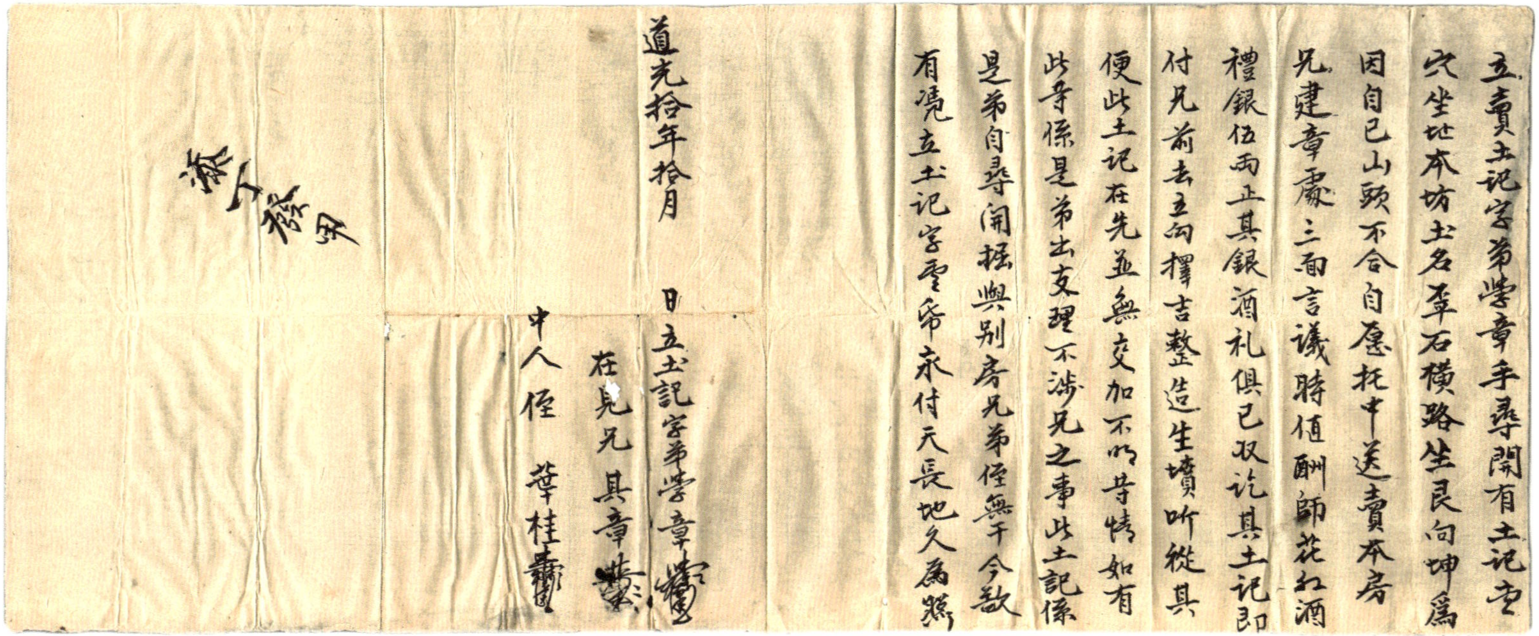
立賣土記字弟學章手尋開有土記字
穴坐址本坊土名峯石橫路坐艮向坤為
因自己山頭不合自愿托中送賣本房
兄建章處三面言議時值酬師花紅酒
禮銀伍兩正其銀酒礼俱已收訖其土記即
付兄前去立向擇吉整造生壙听從其
便此土記在先並無交加不明等情如有
此等係是弟出支理不涉兄之事此土記係
是弟自尋開掘與別房兄弟侄無干今欲
有憑立土記字壹帋永付天長地久為照

道光拾年拾月　日立土記字弟學章（押）
在見兄　具章（押）
中人侄　華桂（押）

添丁發甲

6-1-29-1　清道光十年十月林學章立賣土記字

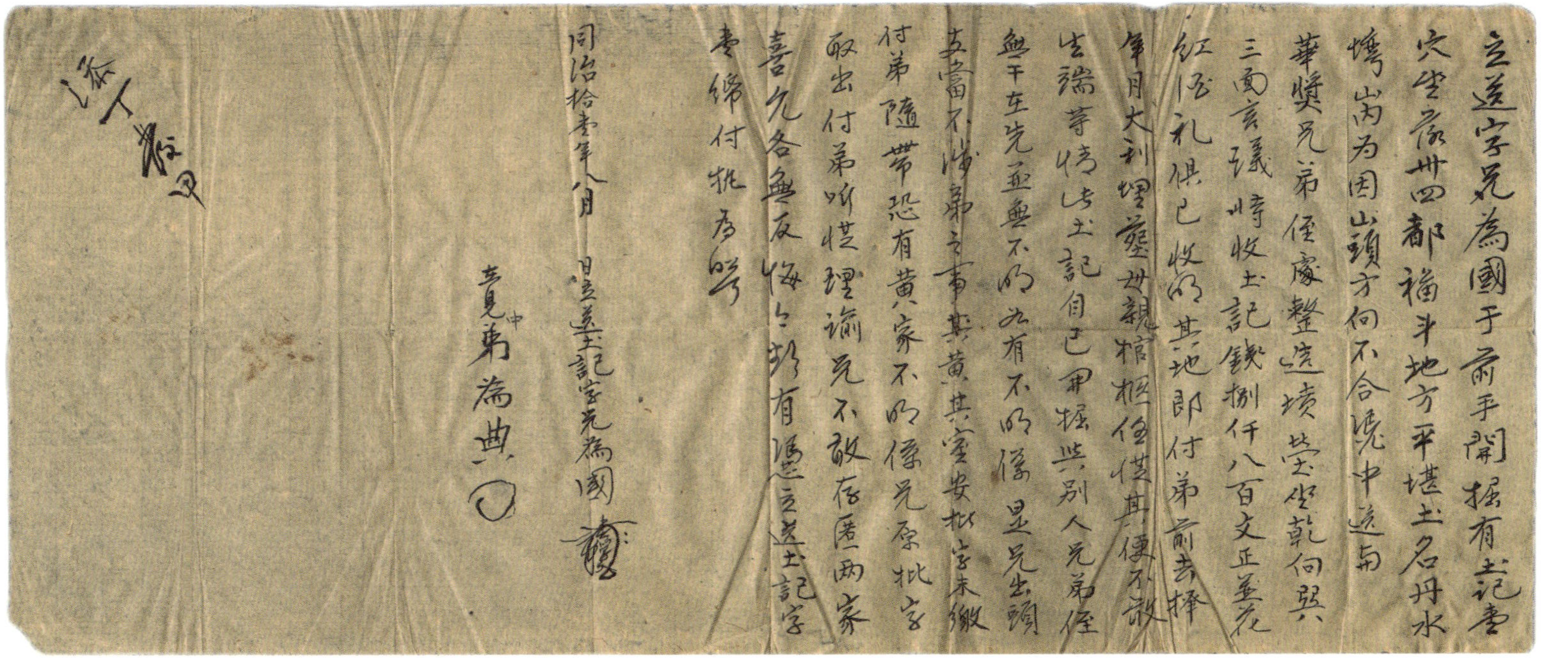

立送字兄爲國于前手開掘有土記壹
穴坐落廿四都福斗地方平堪土名丹水
塆尚內爲因山頭方向不合憑中送與
華賢兄弟侄處整造墳塋坐乾向巽
三面言議時收土記錢捌仟八百文正並花
紅酒礼俱已收訖其地即付弟前去擇
年月大利埋葬世親棺柩任從其便不敢
生端等情此土記自己開掘與别人兄弟侄
無干在先並無不明如有不明係是兄出頭
支當不涉弟之事其黃其室安批字未繳
付弟隨帶恐有黃家不明係兄原批字
取出付弟收惟理諭兄不敢存匿兩家
喜允各無反悔今欲有憑立送土記字
壹紙付執爲照

同治拾壹年八月　日立送土記字兄爲國（押）

見中弟爲典（押）

添入[illegible]字

6-1-29-2　清同治十一年八月林爲國立送土記字

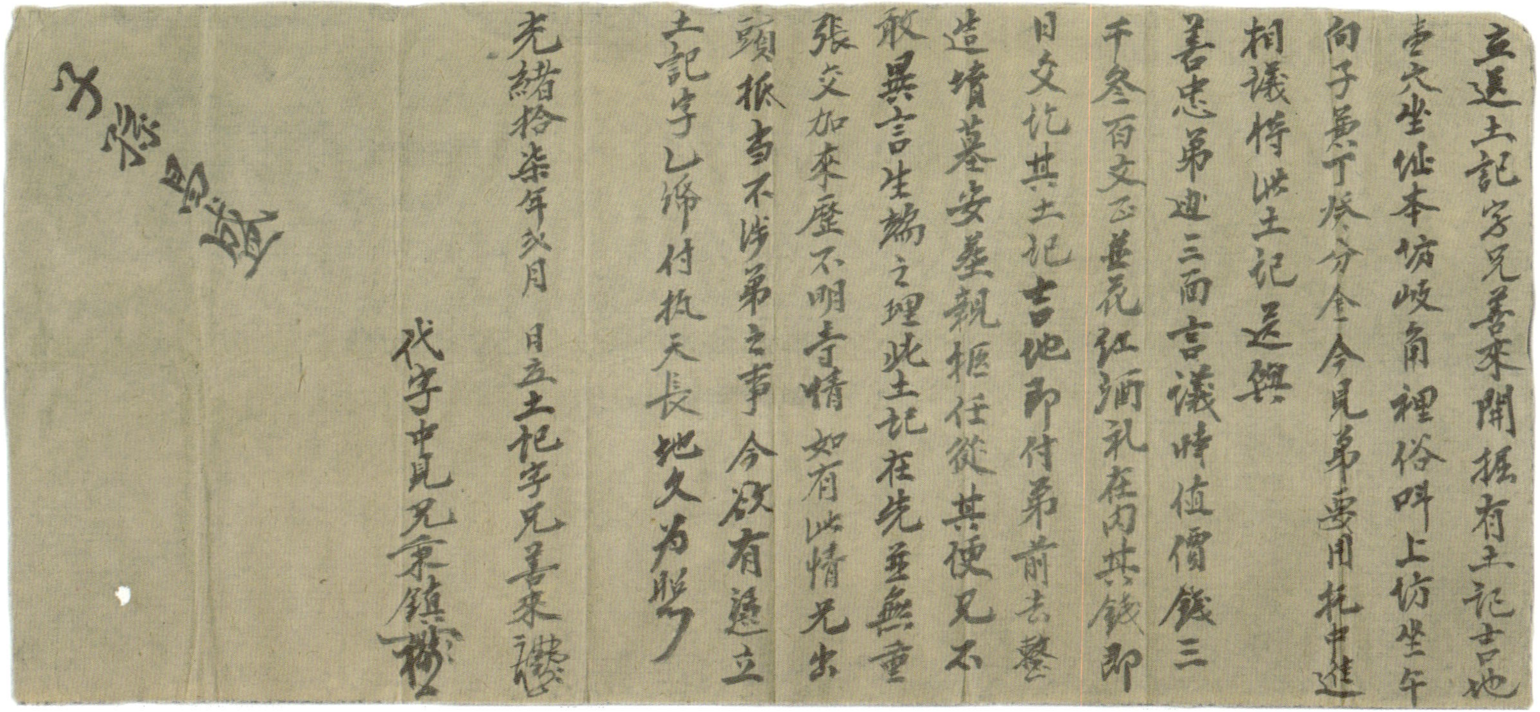

立送土記字兄善來開掘有土記吉地
壹穴，坐址本坊岐角裡，俗叫上坊，坐午
向子兼丁癸分金。今見弟要用，托中進
相議，將此土記送與
善忠弟邊，三面言議時值價錢三
千叁百文正，並花紅酒禮在內，其錢即
日交訖，其土記吉地即付弟前去登
造墳墓，安塟親柩，任從其便，兄不
敢異言生端之理。此土記在先並無重
張交加來歷不明等情，如有此情，兄出
頭抵當，不涉弟之事。今欲有憑，立
土記字乙紙，付執天長地久為照。

光緒拾柒年弍月　日立土記字兄善來（押）

代字中見兄秉鎮（押）

大發吉慶

6-1-29-3　清光緒十七年二月林善來立送土記字

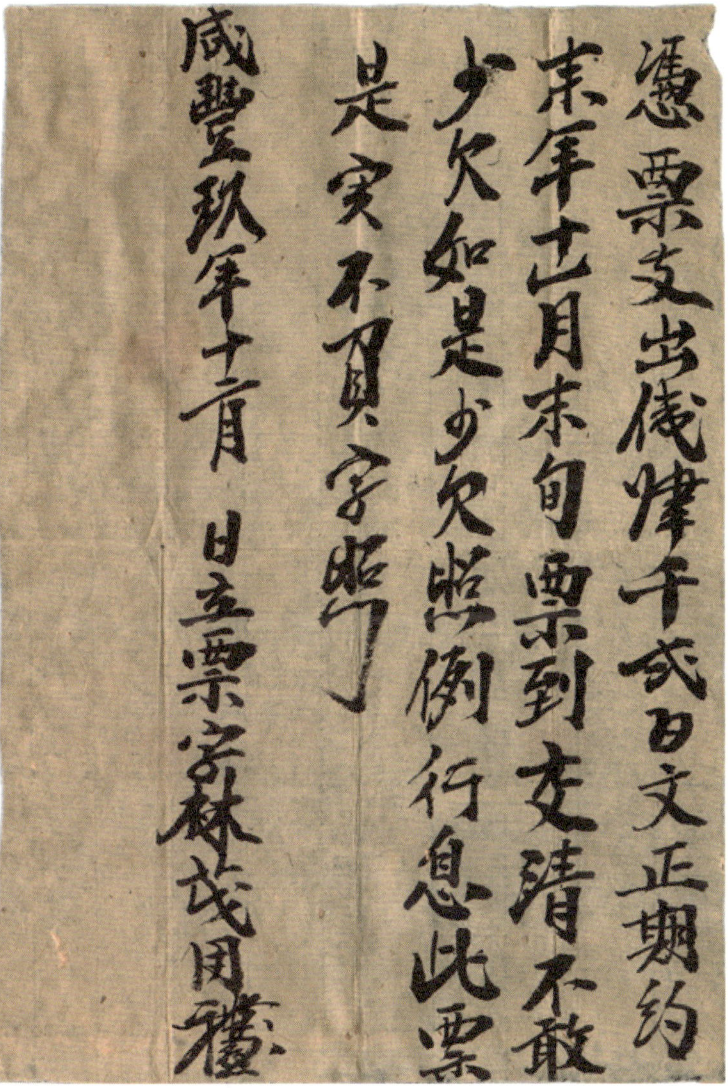
憑票支出錢肆千貳百文正期約
來年十二月末旬票到支清不敢
少欠如是少欠照例行息此票
是實不負字照

咸豐玖年十二月　日立票字林茂用（押）

6-1-30-1　清咸豐九年十二月林茂用立支錢憑票

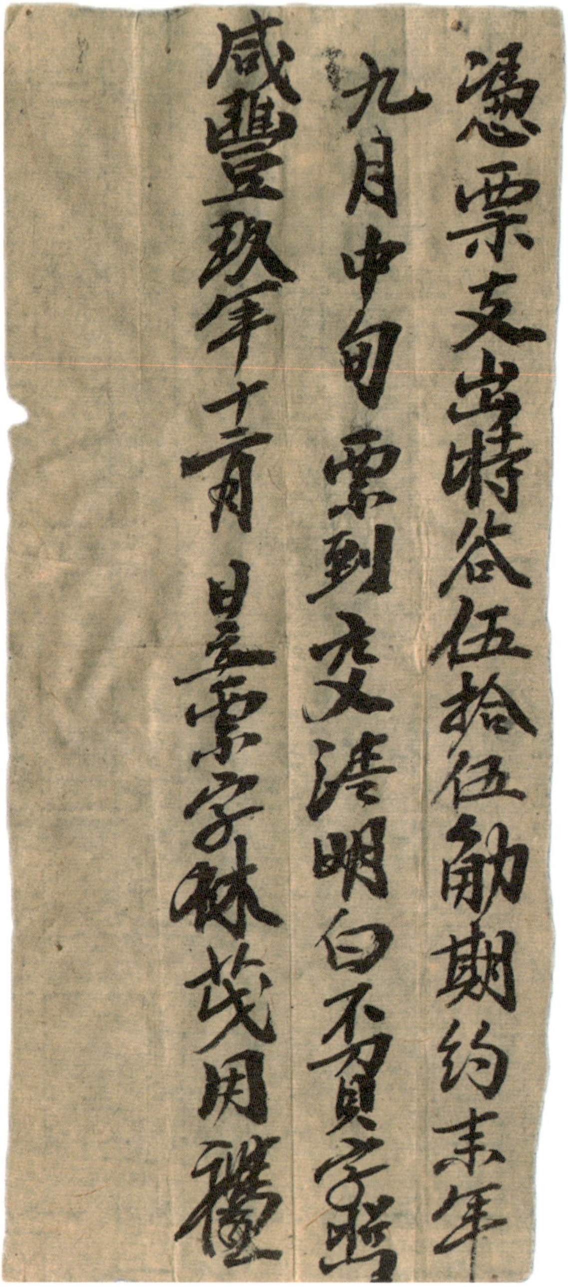
憑票支出時谷伍拾伍觔[illegible]約來年
九月中旬票到交清明白不負字照
咸豐玖年十二月　日立票字林茂用（押）

6-1-30-2　清咸豐九年十二月林茂用立支穀憑票

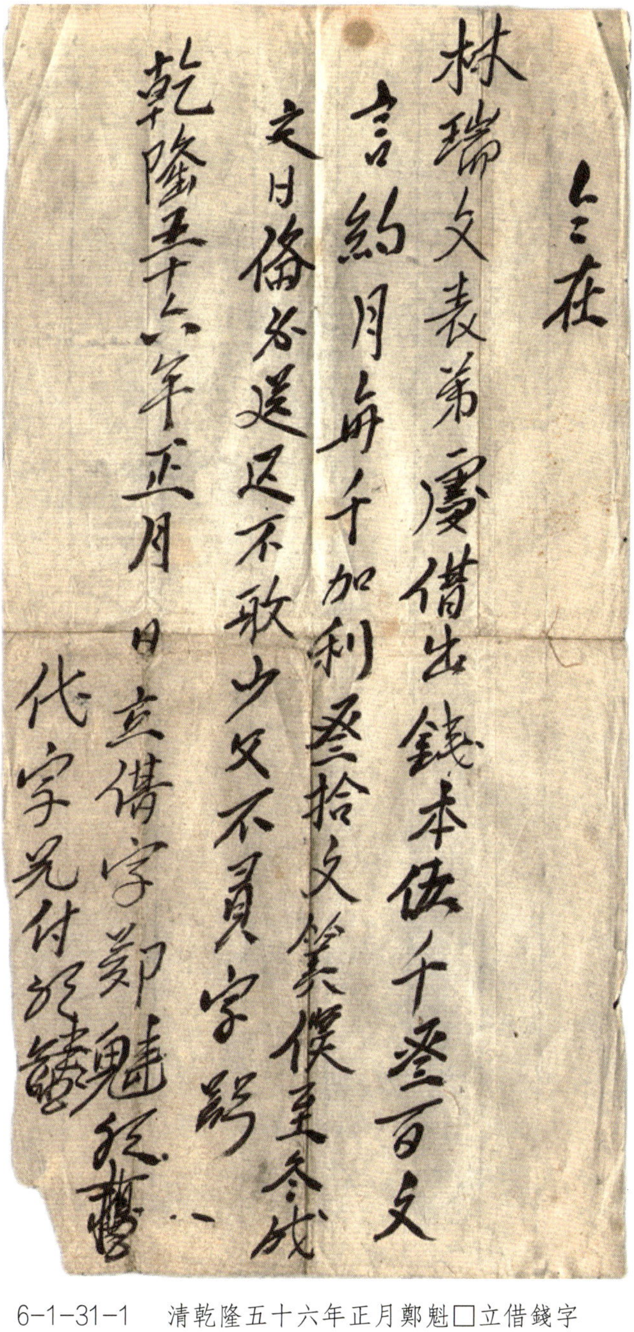

仝在
林瑞文表弟處借出錢本伍千叁百文
言約月每千加利叁拾文算俟至冬成
之日備谷送还不敢少文不負字照
乾隆五十六年正月 日立借字鄭魁□
代字兄付紹□

6-1-31-1　清乾隆五十六年正月鄭魁□立借錢字

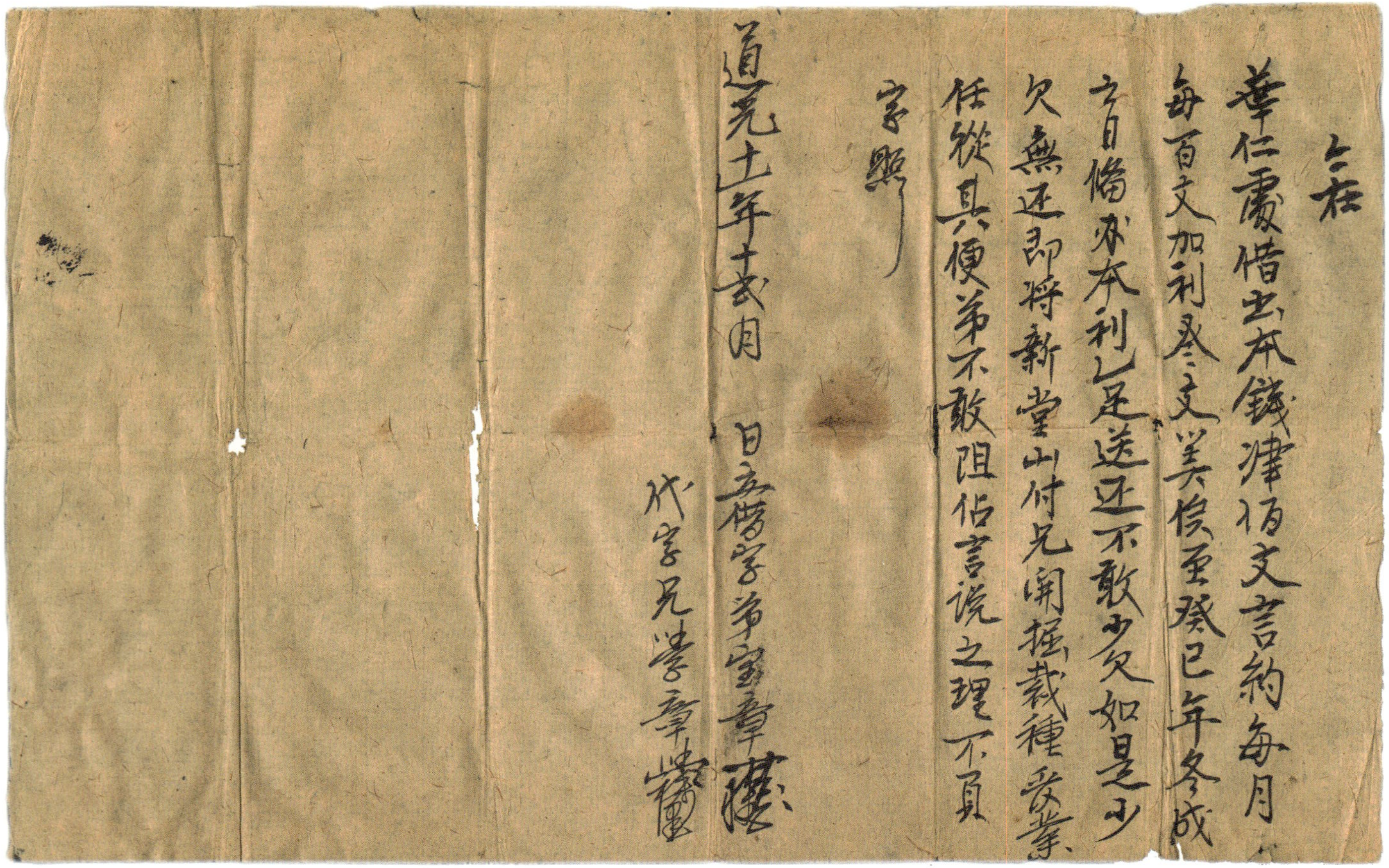

今在
華仁處借出本錢肆佰文，言約每月
每百文加利叁文，其俟至癸巳年冬成
交日備本利足送还，不敢少欠。如是少
欠無还，即將新堂山付兄開掘栽種管業，
任從其便，弟不敢阻佔言說之理。不負
字照。

道光十一年十二月　日立借字弟寶章（押）
代字兄学章（押）

6-1-31-2　清道光十一年十二月林宝章立借錢字

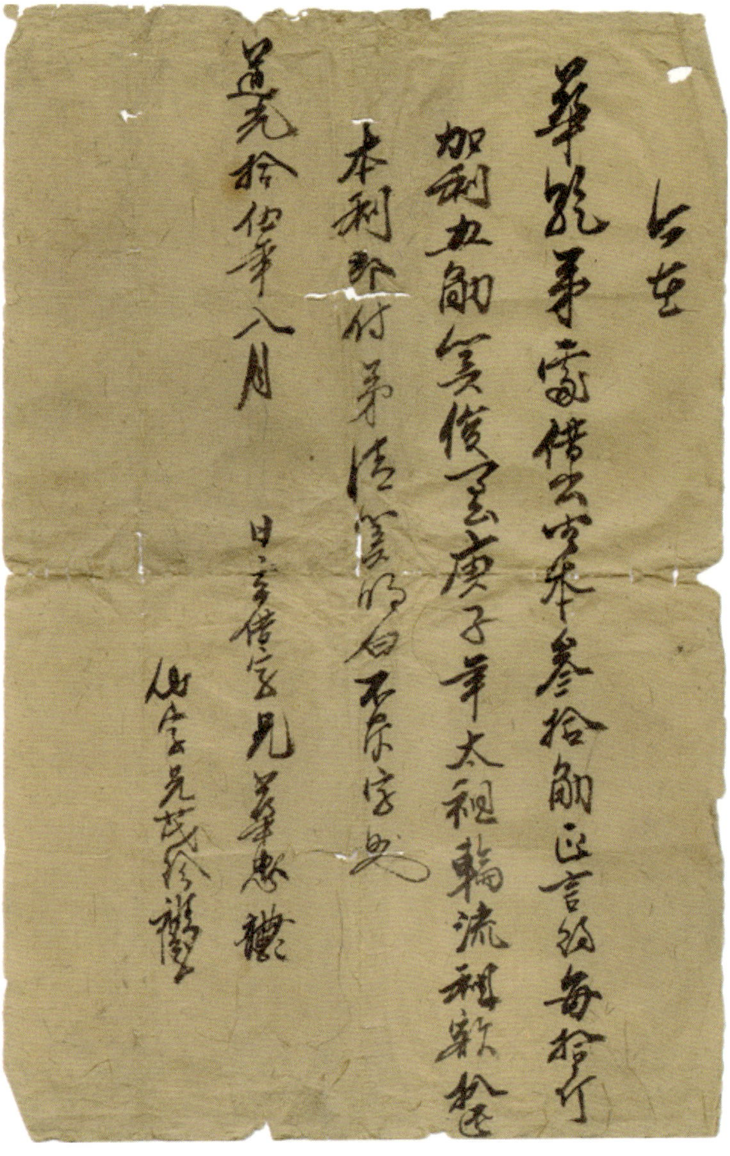
立借
華乾弟處借出穀米叁拾觔正言約每拾觔
加利五觔其穀候至庚子年太祖輪流租穀拾
本利一併付弟清完明白不敢少欠
道光拾伍年八月　日立借字兄華忠（押）
代字兄茂松（押）

6-1-31-3　清道光十五年八月林華忠立借穀字

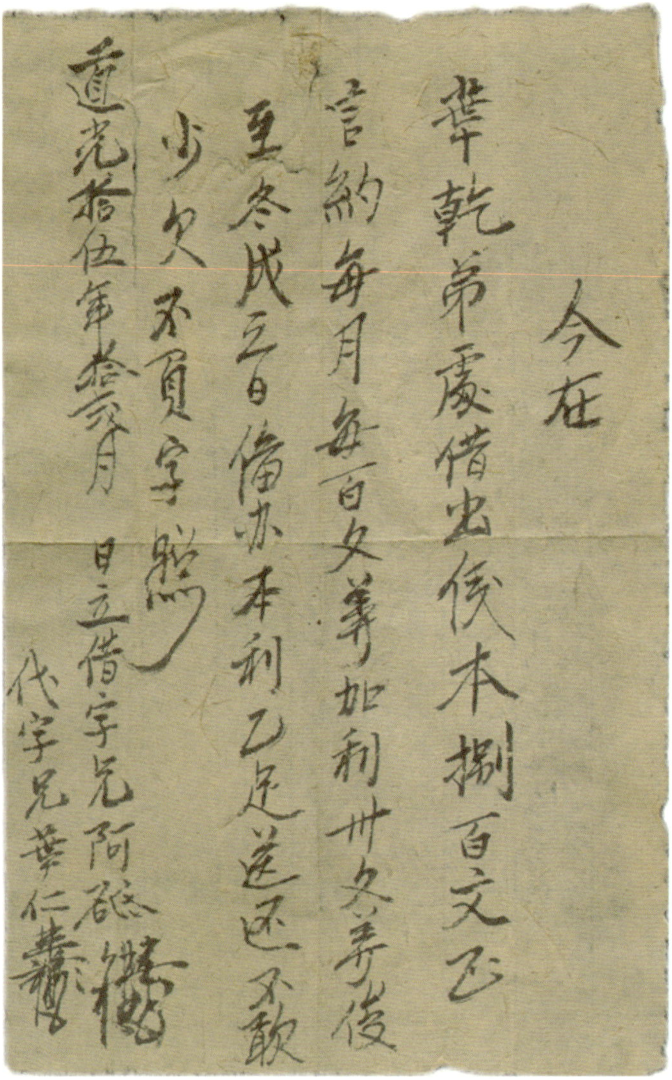
今在
華乾弟處借出錢本捌百文正
言約每月每百文筭加利卅文筭後
至冬成之日備办本利乙足送還不敢
少欠 不負字照
道光拾伍年拾貳月 日立借字兄阿砥（押）
代字兄華仁（押）

6-1-31-4　清道光十五年十二月林阿砥立借錢字

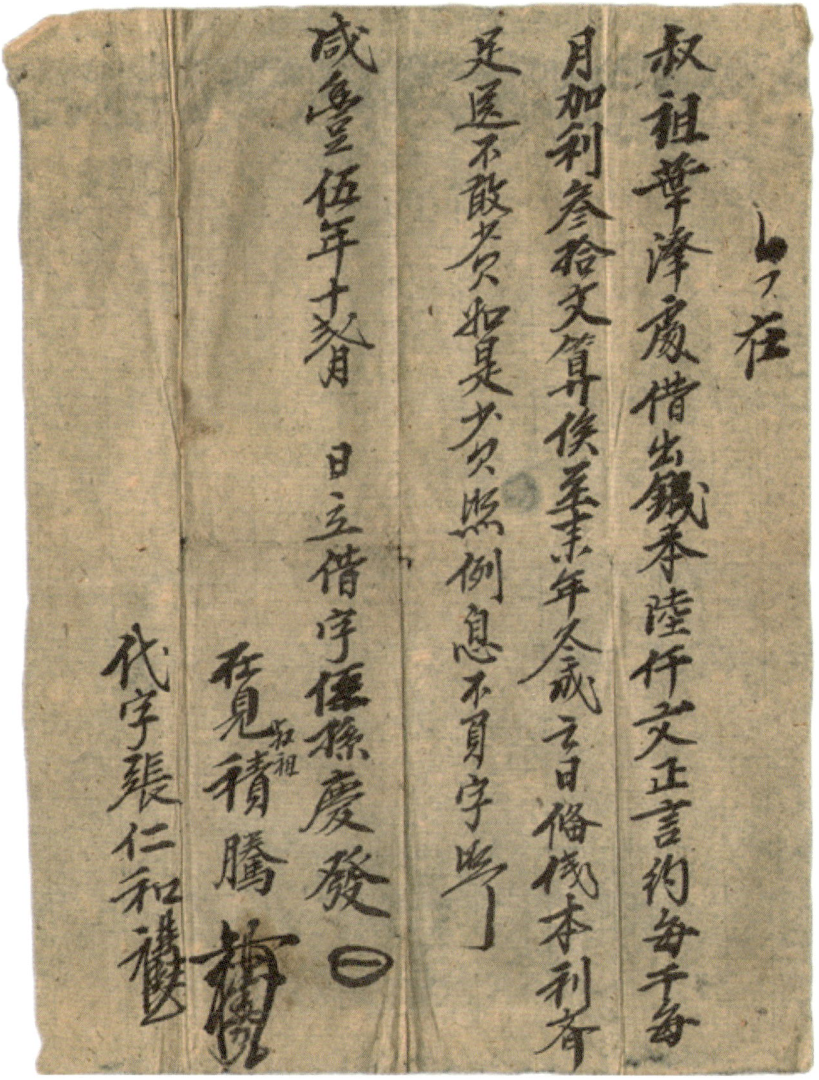

叔祖華澤處借出錢本陸仟文正言約每千每
月加利叁拾文算俟至来年冬成之日備錢本利齊
足送不敢少欠如是少欠照例息不具字照
咸豐伍年十貳月　日立借字侄孫慶發
在見叔祖積騰
代字張仁和

6-1-31-5　清咸豐五年十二月林慶發立借錢字

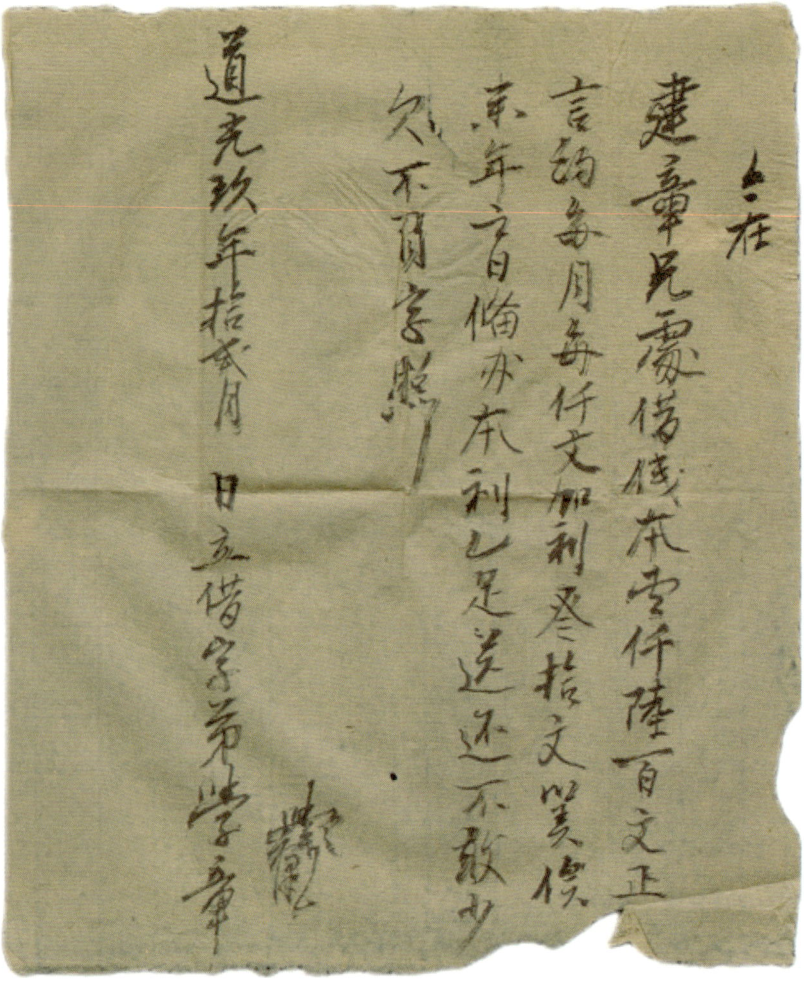
上在
建章兄處借錢本壹仟陸百文正
言約每月每仟文加利叁拾文算，俟
來年六月備办本利一足送还不敢少
欠，不負字照。
數清
道光玖年拾貳月　日立借字弟林學章

6-1-32-1　清道光九年十二月林學章立借錢字

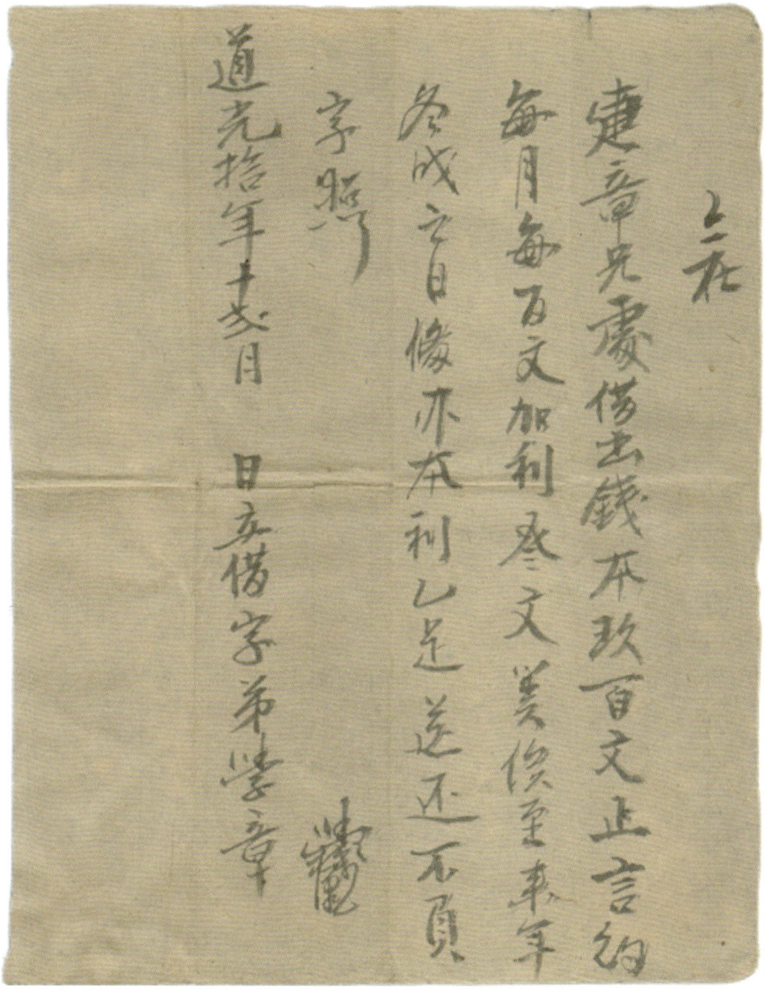

上在
連章兄處借出錢本玖百文正言約
每月每百文加利叁文算俟至來年
冬成之日備亦本利一足送還不負
字照　親筆
道光拾年十二月　日立借字弟學章

6-1-32-2　清道光十年十二月林學章立借錢字

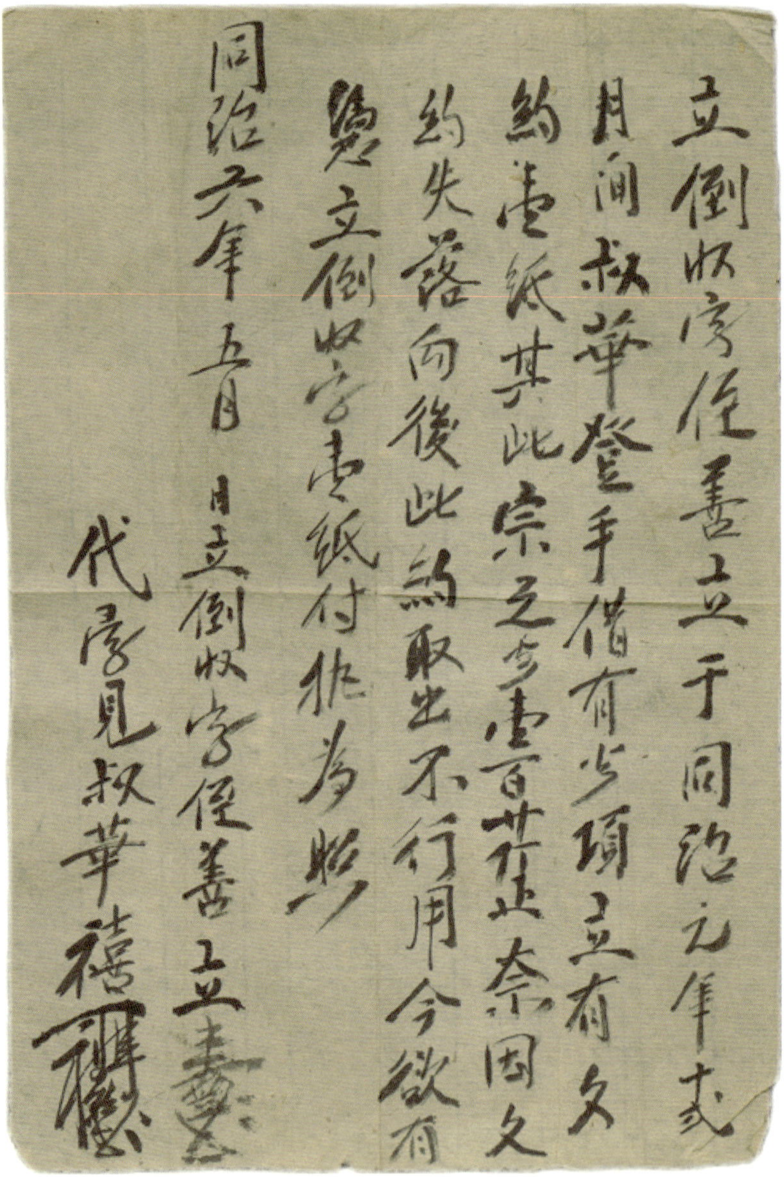

立倒收字侄善立立于同治元年弍
月間叔華登手借有少項立有文
約壹紙其此宗之少壹百廿正奈因久
約失落向後此約取出不行用今欲有
憑立倒收字壹紙付執為照
同治六年五月　日立倒收字侄善立立（押）
代字見叔華禧（押）

6-1-33-1　清同治六年五月林善立立倒收字

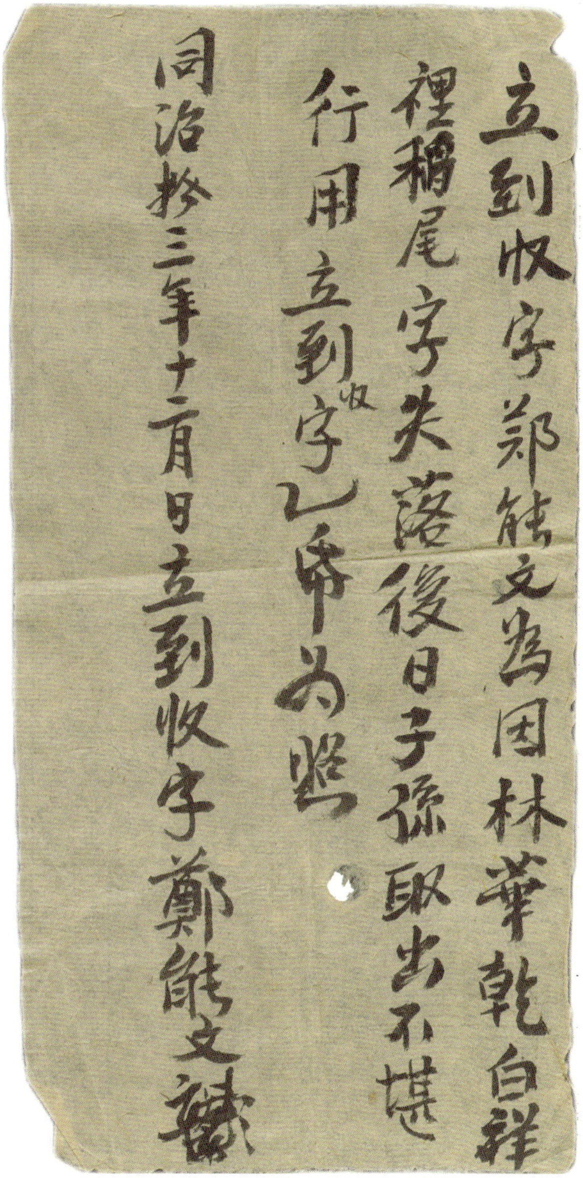

立到收字鄭能文為因林華乾白祥
裡稱尾字失落後日子孫取出不堪
行用立到收字乙紙為照
同治拾三年十二月日立到收字鄭能文（押）

6-1-33-2　清同治十三年十二月鄭能文立到收字

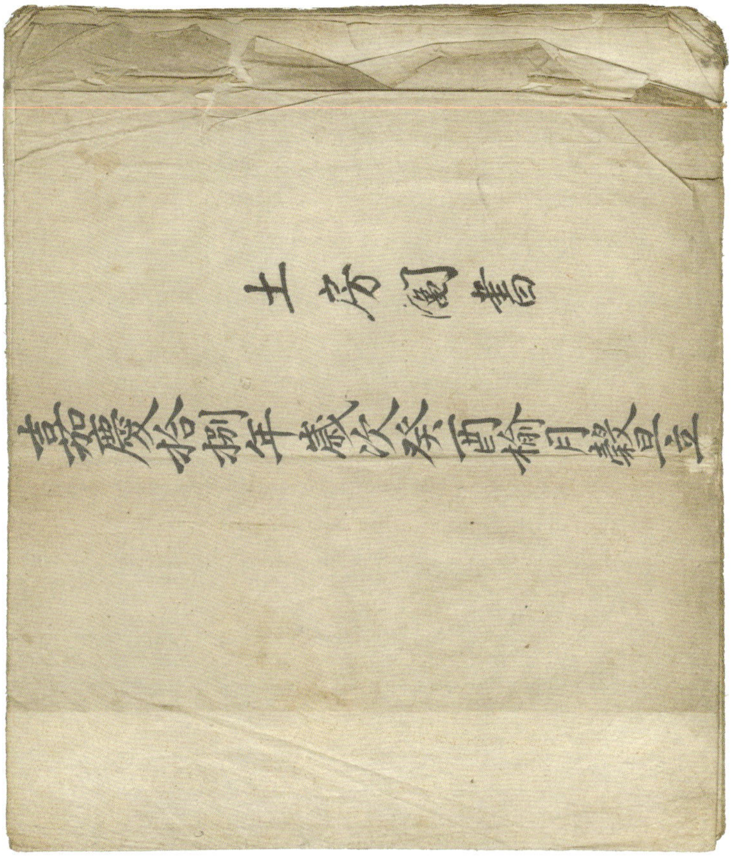


6-1-34-1　清嘉慶十八年林瑞文立土房鬮書（一）

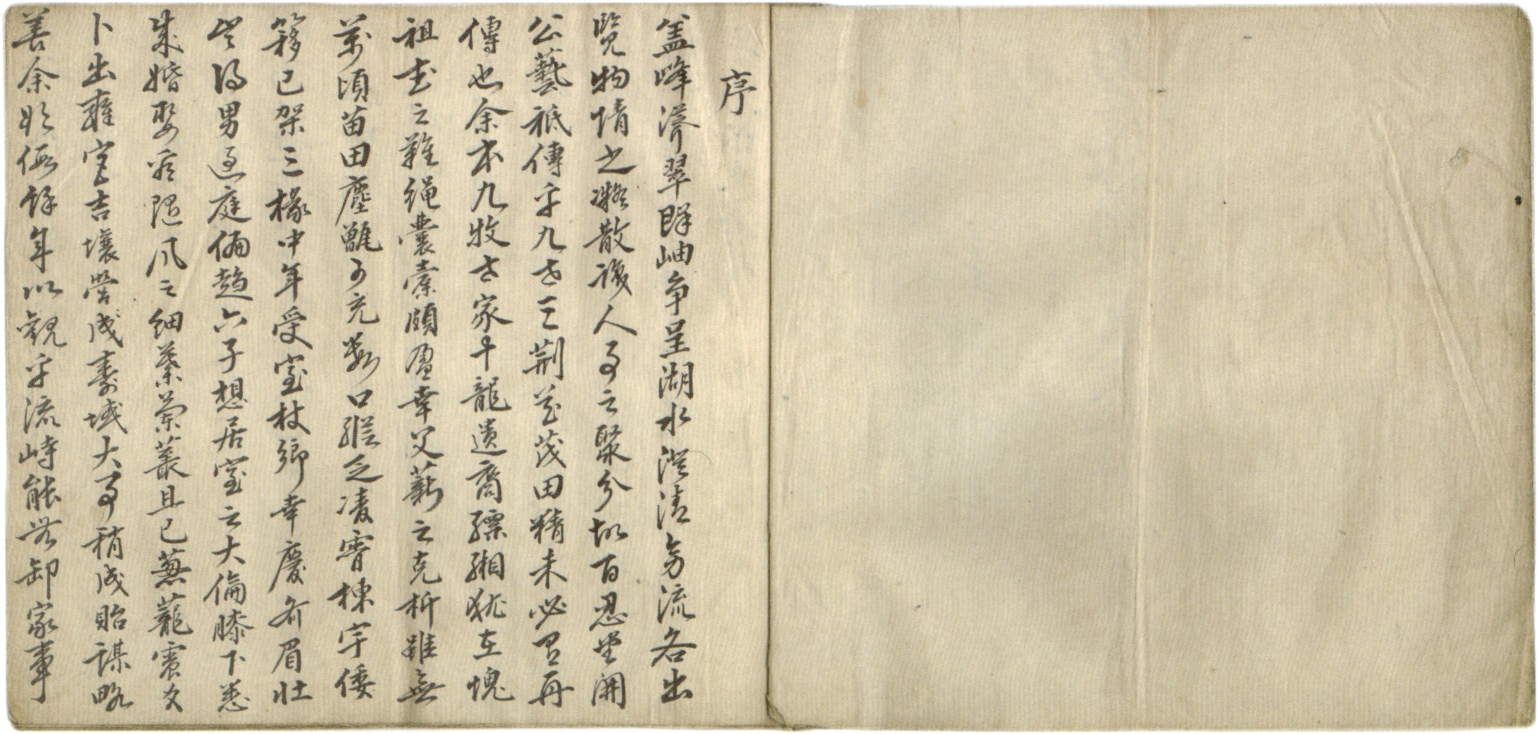

序

蓋峰濬翠群岫争呈湖水潛清分流各出

覽物情之攸散後人多之聚分抑百思莫開

公藝祇傳千九之荆芝茂田精未必再

傳也余本九牧古家千龍遺裔綠緗犹左愧

祖武之難繩農豪頗覆幸父薪之克析雖無

萬頃畝田塵甕足充數口脂之潰宵棟宇倭

翁已架三椽中年受室杖鄉幸慶齊眉壯

皆得男逞庭偏趋六子想居室之大偏膝下悉

業婚娶容隠爪之細葉榮蒙且已築寵賓文

卜出雍宮吉壤營成書城大可稍成貽謀略

善余於佩得年以観守流峙能當卸家事

6-1-34-2　清嘉慶十八年林瑞文立土房鬮書（二）

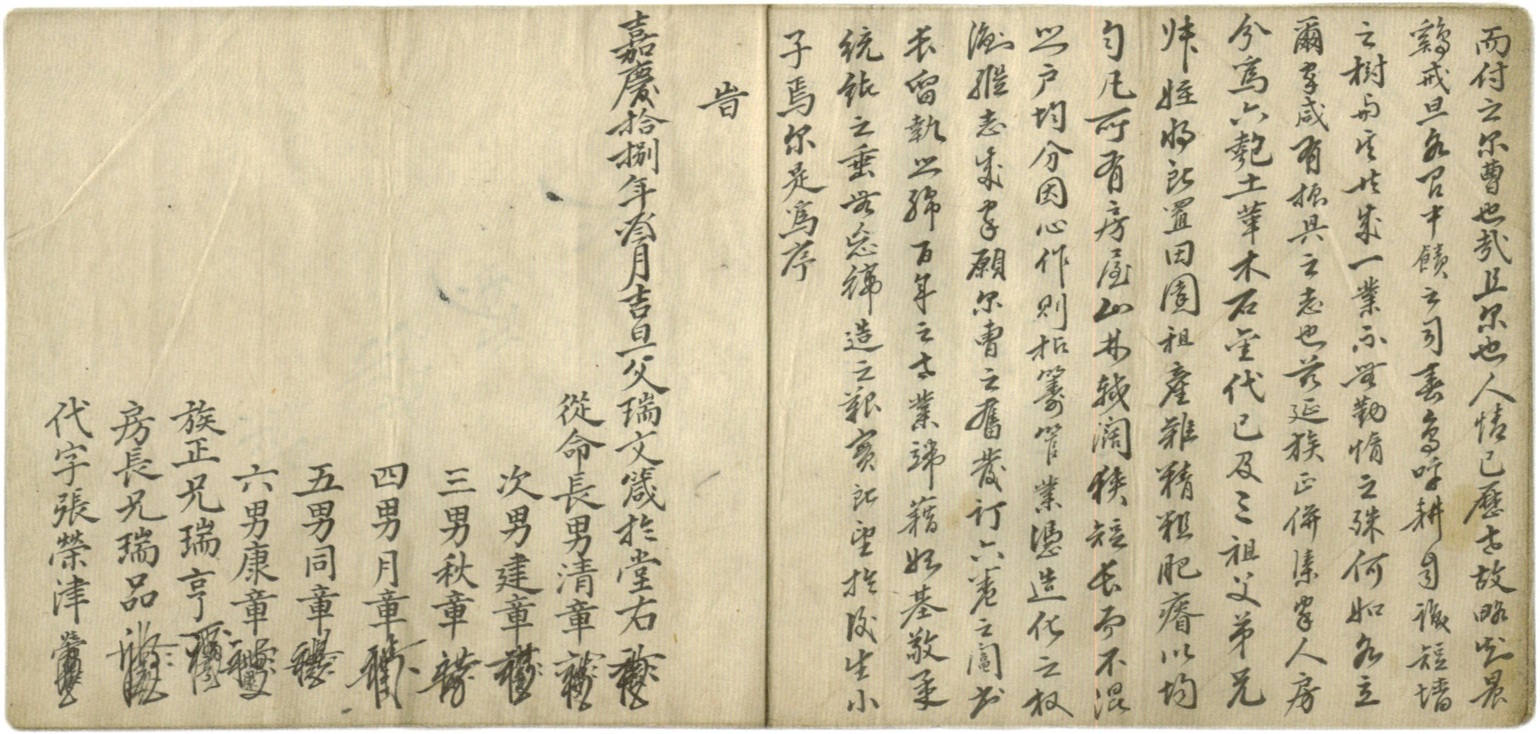
而付之不曹也哉且不也人情已歷古故略出暴
藹戒旦夕日中饋之司嘉乃呼耕耨祗墻
之樹而堂構箕裘一業示以勤惰之殊何如立
爾孝咸有振興之志也茲延族正併集眾人房
分爲六匏土革木石全代已及三祖父弟兄
拚粒收買置田園祖產雜積肥瘠以均
自凡所有房屋山場錢潤銀兩長幼不混
六戶均分因心作則拈鬮管業憑造化之权
爾雅志求孝願爾曹之舊業訂六卷之鬮書
長留執照俾百年之大業綿籍如基數垂
統能之垂世忘締造之艱窮記望於後生小
子焉爾是爲序

皆

嘉慶拾捌年叁月吉旦父瑞文識於堂右
從命長男清章
次男建章
三男秋章
四男月章
五男同章
六男康章
族正兄瑞亨
房長兄瑞品
代字張榮津

6-1-34-3　清嘉慶十八年林瑞文立土房鬮書（三）

瓜瓞綿綿

抽父母養膳田租並根開列於後

一號土名坑頭裡載租穀弍佰肆拾觔　汝祥佃

一號土名庵前圳下載租穀壹佰肆拾柒觔　賢統佃

一號土名仲裡尾載租穀壹佰弍拾觔　光清佃

一號土名上坑載租穀共弍佰肆拾觔　叶武佃

一號土名倒流並寮壠共載租穀弍佰肆拾觔　叶武佃

一號土名圳兜載租穀壹佰捌拾觔　振秀佃

一號土名下尾坑載租穀壹佰弍拾觔　瑞東佃

一號土名墩坪墘載租穀弍佰肆拾觔　瑞業佃

一號土名寨兜角載租穀弍佰肆拾觔　國寬佃

一號土名圳下尾載租穀壹佰捌拾觔

一號土名羊坊邊載租穀叁拾觔

俱賢凱佃

6-1-34-4　清嘉慶十八年林瑞文立土房鬮書（四）

一號土名下流裡載租穀壹佰捌拾斤　國興佃
一號土名圳下厝載租穀壹佰捌拾斤　振博佃
一號土名橫官壠載租穀壹佰捌拾斤　汝国公下應納壹佰弍拾斤　瑞杞應納六拾斤
一號土名下洋上下分共載租穀弍佰肆拾斤　瑞品佃
一號土名庄後載租穀玖拾肆斤　開勲佃
一號土名大洋中載租穀柒拾斤　汝祥佃
一號土名尼姑院載租穀伍拾肆斤　開才佃

佃根項
一號土名蘇洋載租穀伍佰肆拾斤　瑞珍分　自佃
一號土名蘇洋載租穀捌拾肆斤　瑞植分　自佃
一號土名大垅墩坪載租穀柒拾捌斤　瑞融分　自佃
一號土名庄前路上兩分

更有餘租及牽抗檀林未登鬮書者留為石金兩房婚娶之資以及費用等務俟六年外付六房均分各宜凜命毋淂贅詞
外有父親祭租丙子年係已輪值之額留積再造二重附屋一所命是實六房不淂爭収

6-1-34-5　清嘉慶十八年林瑞文立土房鬮書（五）

土房應分佃根開具

一號土名烏石載屯租穀陸拾觔 还祖

一號土名青草洋載租穀壹佰伍拾柒觔半 自佃

一號土名水流載屯租穀陸拾觔 自佃

一號土名墩坪墘及行路坵載屯租穀拾捌觔 还祖

一號土名壑頭及雙壋載租穀壹佰貳拾觔 还祖

厝梃項

一應分興隆厝右邊第一重附厝第壹壋起至第叁壋止及樓上共拾梃

一應下座書院右邊第弍壋前後弍梃又第叁壋壹梃

麭房抽出家長並長孫分佃租開具

一號土名松柏兜載屯租穀弍佰肆拾觔 光標佃

一號土名加壠載屯租穀陸拾觔 光清佃

一號土名下縈頭載租穀玖拾觔 国用佃

一號土名水井壠載租穀柒拾伍觔

一號土名寨下墘載租穀陸拾觔 俱顯龍佃

一號土名官路下載租穀壹佰弍拾觔

一號土名下洋門首載租穀陸拾觔

一號土名岐角裡載租穀陸拾觔 四號俱麭房自耕

一號土名上厝門首載租穀弍拾弍觔半

一號土名上厝門首載租穀弍拾弍觔半 顯漢佃

麭房應分佃根開具

6-1-34-6 清嘉慶十八年林瑞文立土房鬮書（六）

一號土名芹山大堀及下上龍共載租穀玖拾陸觔 内應还租六觔餘自佃
一號土名水井壠載租穀柒拾伍觔 自佃
一號土名下舍前載租穀壹佰弍拾觔 自佃
一號土名鏊頭載租穀壹佰捌拾觔 阿權分 还租
一號土名岩下載租穀陸拾陸觔 自佃
一號土名東墘面四坵載租穀肆拾肆觔 还租

厝樫項

一應分興隆厝左邊前正房壹樫及樓上壹樫
一應左邊六桷前壹樫及樓上壹樫又左邊前撇榭壹樫
一應左邊下座書院第一墻前後弍樫
一應左邊第一重附屋第伍墻前後弍樫及樓上前後弍樫
一應左邊第一重附屋廻廳左邊一樫及樓上壹樫

華房應分佃根開具

一號土名蛇嶺壠載租穀壹佰弍拾伍觔 昌金分 还租
一號土名碓仔兜載乇租穀伍拾壹觔半 自佃
一號土名庒前載租穀叁拾肆觔 瑞南分 自佃
一號土名蘇洋載租穀叁佰觔 汝登分 自佃
一號土名岩前尾載乇租穀柒拾陸觔半 紹滚分 自佃
一號土名岩前尾載乇租穀弍拾捌觔 国璽分 还租

厝樫項

一應分興隆厝左邊後正房壹樫及樓上壹樫又六桷後壹樫及樓上一樫又六桷中榻一樫及樓上一樫又後撇榭壹樫
一應左邊第一重附屋第四墻前後弍樫及樓上弍樫
一應左邊第一重附屋廻廳右邊一樫及樓上一樫

6-1-34-7　清嘉慶十八年林瑞文立土房鬮書（七）

木房應分佃根開具

一號土名仙丹墘仔載租穀捌拾觔　自佃

一號土名壑垅載租穀叁拾觔　还祖

一號土名蘇洋載租穀叁佰觔　啓丹分　自佃

一號土名庄裡墿載租穀叁拾觔　自佃

一號土名蘇洋載租穀壹佰弍拾伍觔　春章分　自佃

一號土名藕洋載租穀捌拾肆觔　昌惠分　自佃

厝樫項

一應分興隆厝右邊後正房一樫及樓上一樫又後六桷一樫

及樓上壹樫又六桷中榈一樫及樓上一樫又後撇榭一樫

一應右邊第一重附屋第四墻前後弍樫及樓上弍樫

一應右邊第一重附屋廻廳左邊壹樫及樓上壹樫

石房應分佃根開具

一號土名蛇嶺壠載租穀壹佰肆拾觔　还祖一百弍十斤更有弍十斤係自佃

又昌輝昌福兩分在內

一號土名庄前路下載租穀瑞雅分及顯[illegible]分壹佰叁拾陸觔　自佃　應納粮弍分

一號土名墩坪墘載租穀叁拾觔　瑞崇分　还祖

一號土名墩坪墘載租穀壹佰零弍觔　汝登分　自佃

一號土名井埕載租穀玖拾伍觔半　汝登分　自佃

一號土名秋竹壠載租穀陸拾觔　还祖

一號土名秋竹壠載租穀陸拾觔　顯舟分　自佃

一號土名下洋墘載租穀陸拾觔　自佃

一號土名大王門首載租穀壹拾觔　自佃

一號土名牛坑前載民租穀柒拾伍觔　孟興佃

6-1-34-8　清嘉慶十八年林瑞文立土房鬮書（八）

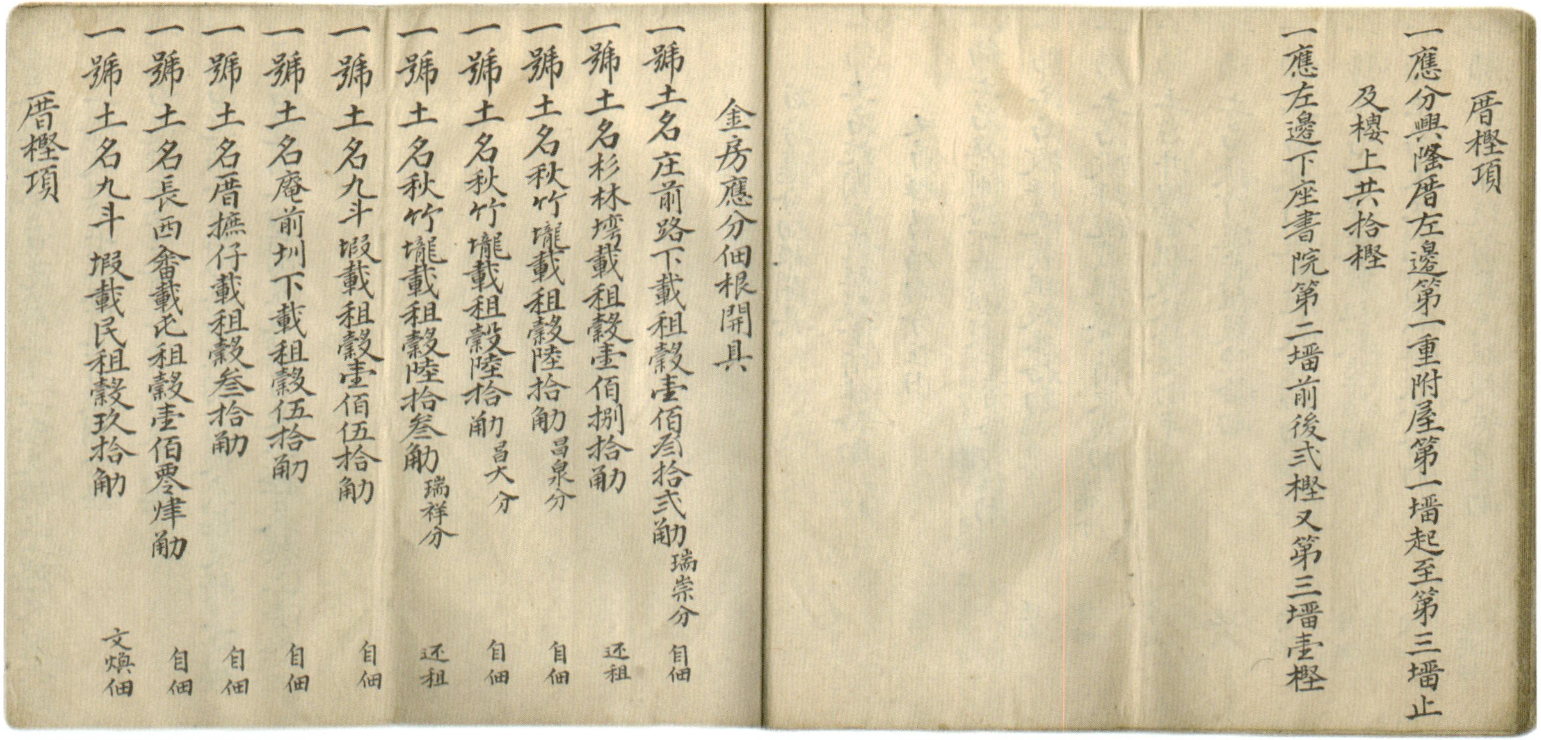


6-1-34-9　清嘉慶十八年林瑞文立土房鬮書（九）

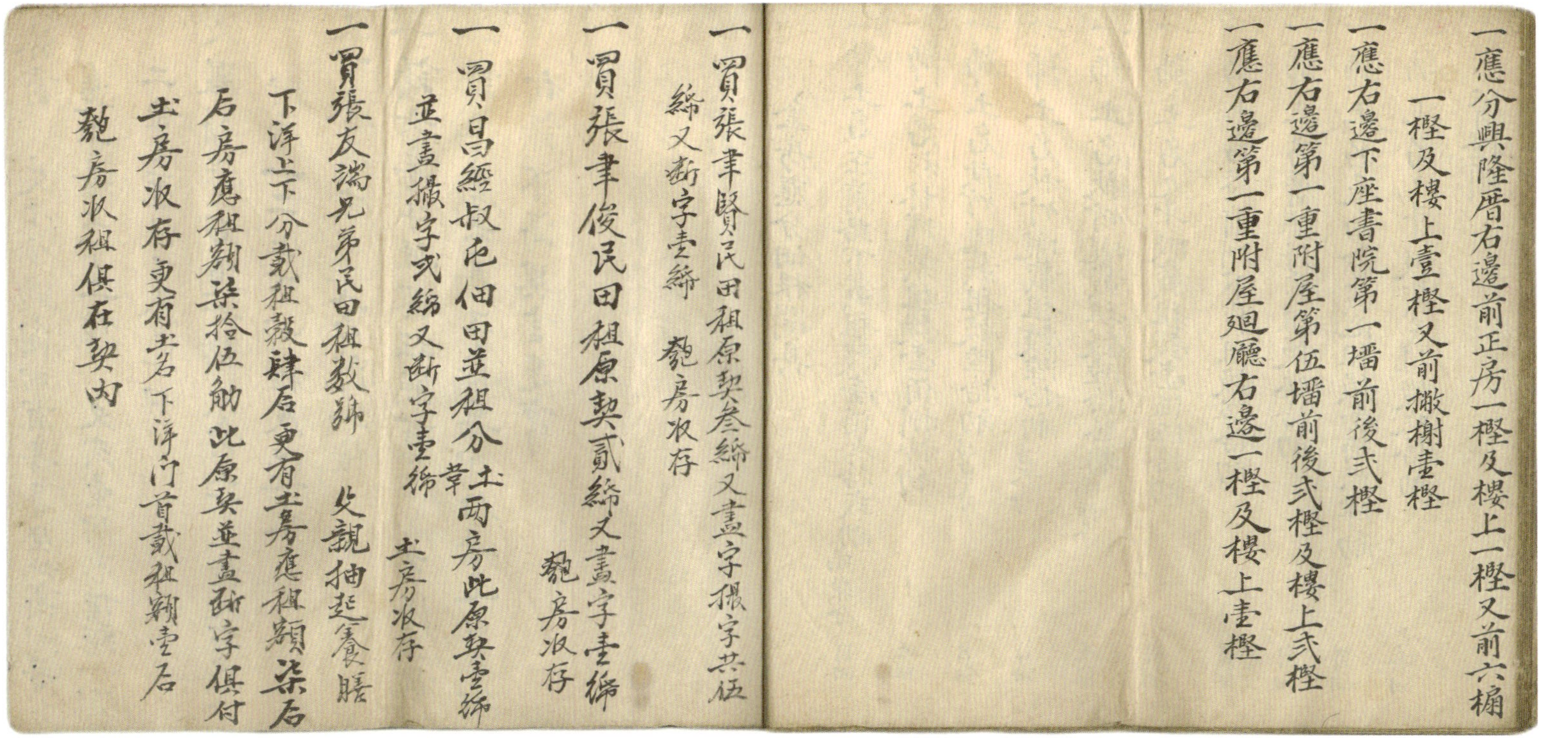
一應分興隆厝右邊前正房一㮭及樓上一㮭又前六櫎一㮭及樓上壹㮭又前撒樹壹㮭
一應右邊下座書院第一擂前後弍㮭
一應右邊第一重附屋第伍擂前後弍㮭及樓上弍㮭
一應右邊第一重附屋廻廳右邊一㮭及樓上壹㮭

一買張聿賢民田租原契叁紙又盡字、㮰字共伍紙又斷字壹紙　䕫房收存
一買張聿俊民田租原契貳紙又盡字壹紙　䕫房收存
一買昌經叔邑佃田並租分土兩房此原契壹紙並盡㮰字弍紙又断字壹紙　土房收存
一買張友端兄弟民田租數紙　交親抽起養贍下洋上下分載租穀肆石更有土房應租額柒石后房應租額柒拾伍觔此原契並盡㮰字俱付土房收存更有土名下洋门首載租額壹石䕫房收租俱在契內

6-1-34-10　清嘉慶十八年林瑞文立土房鬮書（一〇）

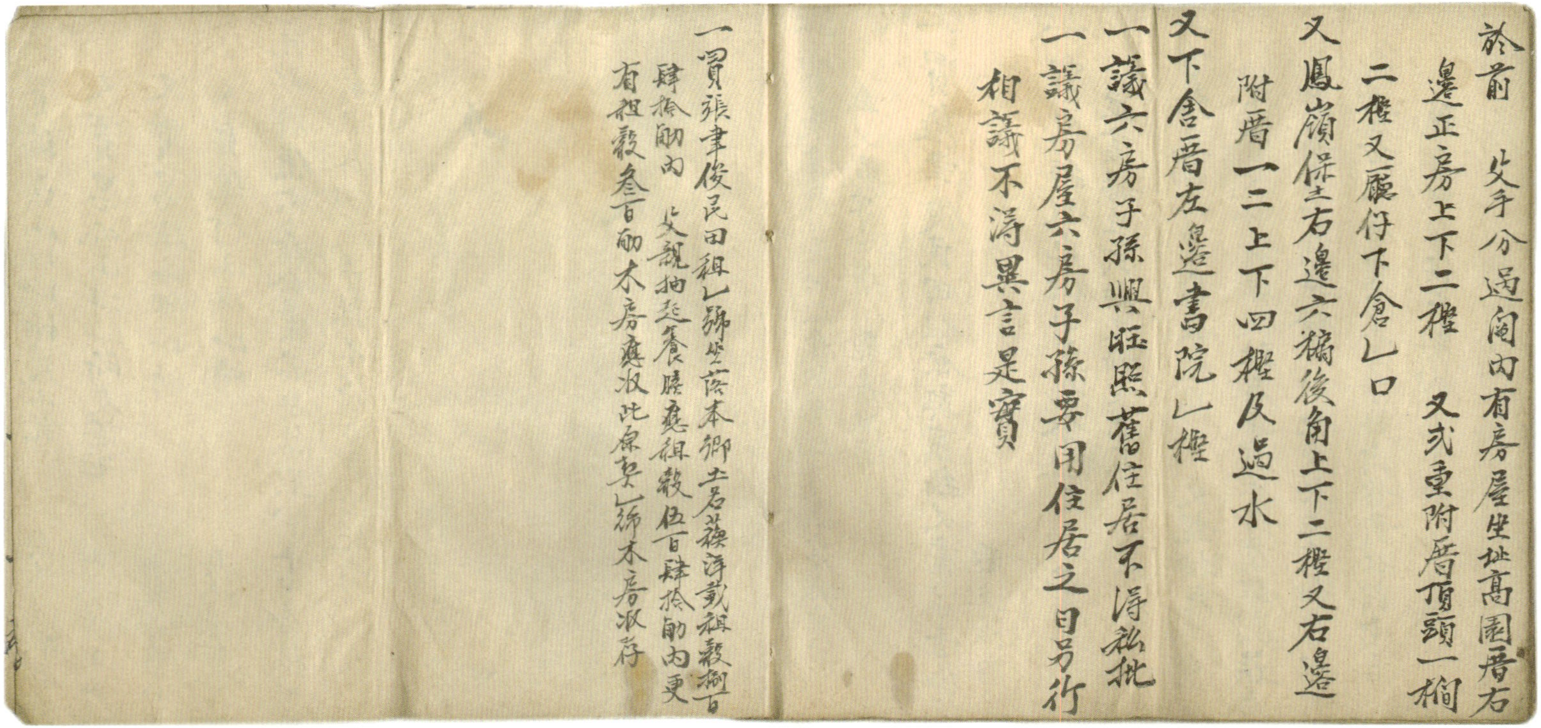

於前　父手分過閩內有房屋坐址高園厝右
邊正房上下二槤　又弍重附厝頂頭一間
二槤又廄仔下倉乙口
又鳳嶺保土右邊六榴後角上下二槤又右邊
附厝一二上下四槤及過水
又下舍厝左邊書院乙槤
一議六房子孫興旺照舊住居不得私批
一議房屋六房子孫要用住居之日另行
相議不得異言是實

一買張聿俊邑田租乙號坐落本鄉土名䓘洋戴租穀捌百
肆拾觔內　父親抽起養膳應租穀伍百肆拾觔內更
有租穀叁百觔本房應收此原契乙紙本房收存

6-1-34-11　清嘉慶十八年林瑞文立土房鬮書（一一）

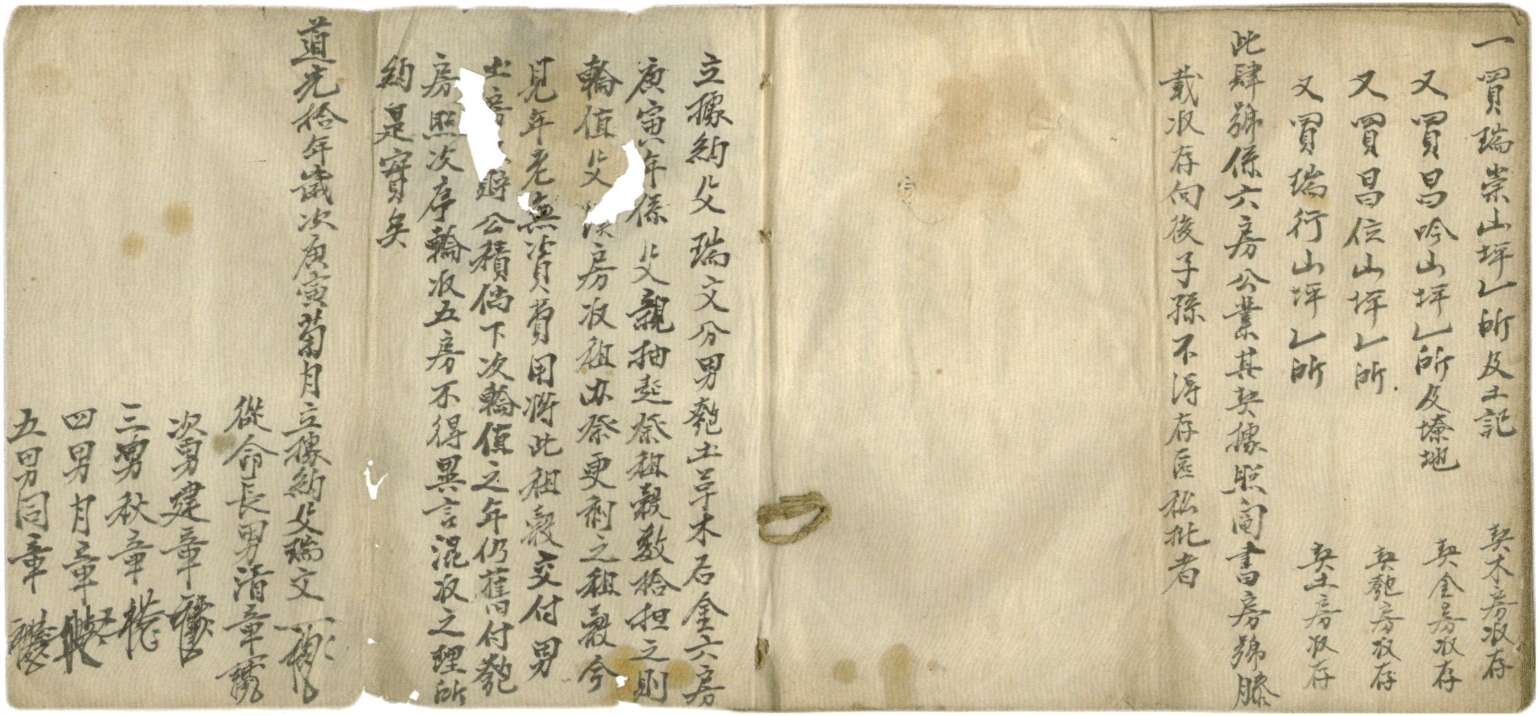
一買瑞崇山坪乙所及土記　契木房收存
又買昌吟山坪乙所及塆地　契金房收存
又買昌位山坪乙所　契匏房收存
又買瑞行山坪乙所　契土房收存
此肆號係六房公業其契據照鬮書日房[illegible]
戴收存向後子孫不得存匿私批者

立據約父瑞文分男匏土革木石金六房
庚寅年係父親抽起祭租穀數拾担之則
輪值父[illegible]係房收租以祭更剩之租穀今
見年老無資用將此租穀交付男
土房[illegible]辦公積倘下次輪值之年仍舊付匏
房照次序輪收五房不得異言混收之理所
約是實矣

道光拾年歲次庚寅菊月立據約父瑞文（押）
從命長男清章（押）
次男建章（押）
三男秋章（押）
四男月章（押）
五男同章（押）

6-1-34-12　清嘉慶十八年林瑞文立土房鬮書（一二）

# 第二帙　林振榕户

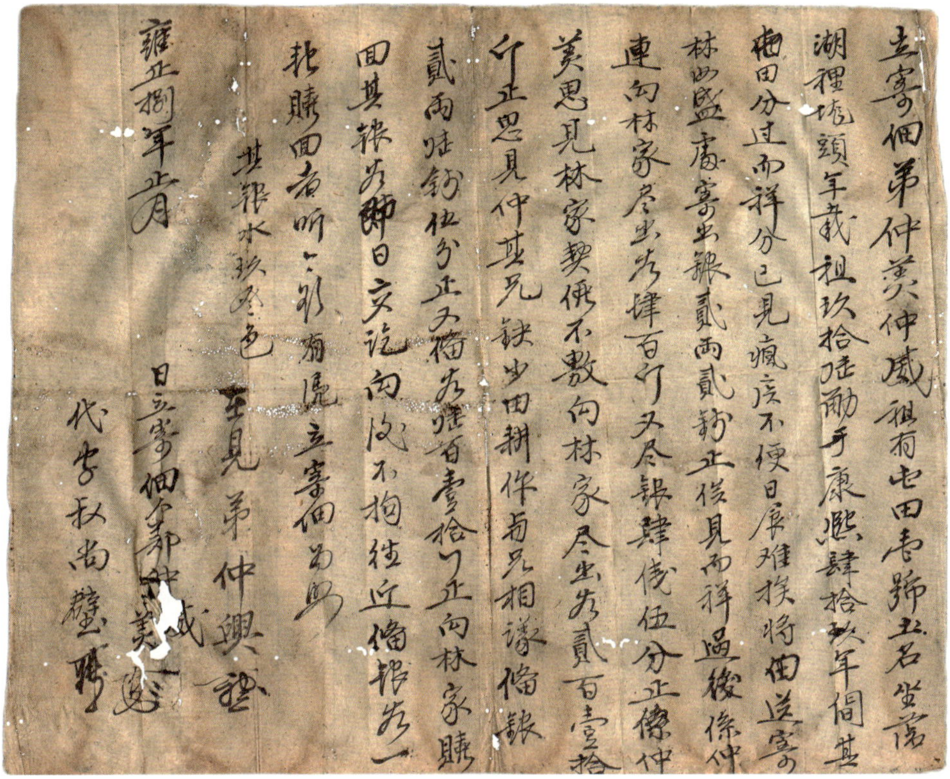

立寄佃弟仲美、仲盛，祖有屯田壹號，土名坐落
湖裡嶺頭，年載租玖拾陸觔。于康熙肆拾玖年間，其
佃田分過兩祥分已，見瘋疾不便，日食難挨，將佃送寄
林出盛處，寄出銀貳兩貳錢正。後見兩祥過繳，係仲
連向林家尽出价肆百文，又尽銀肆錢伍分正。係仲
美思見林家契係不敷，向林家尽出价貳百壹拾
文正。思見仲其兄缺少田耕作，前兄相議，備銀
貳兩陸錢伍分正，又備价陸百壹拾文正，向林家贖
回其銀价，即日交訖。向後不拘远近，備銀价一
并贖回，當聽不得刁難。立寄佃為照。

其銀水玖叁色

在見 弟 仲興 押

日立寄佃人 鄭仲美 仲盛

代字 叔 尚鏖 押

雍正捌年正月

6-2-1-1　清雍正八年正月鄭仲美等立寄佃屯田字

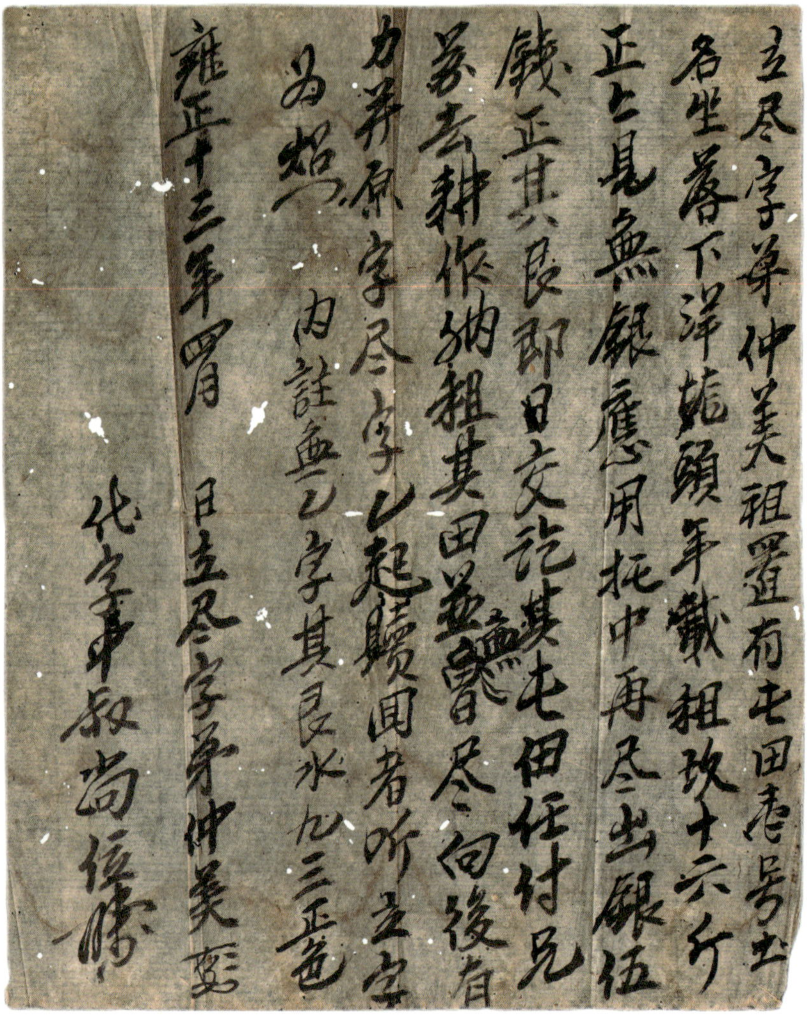
立尽字鄭仲美祖置有屯田壹号土
名坐落下洋墘頭年載租玖十六斤
正上見無銀應用托中再尽出銀伍
錢正其艮即日交訖其屯田任付兄
前去耕作納租其田並無重尽向後有
力并原字尽字一起贖回者听立字
為照。 内註無乙字其艮水九三正色
雍正十三年四月 日立尽字鄭仲美(押)
代字弟叔尚經(押)

6-2-1-2　清雍正十三年四月鄭仲美立盡屯田字

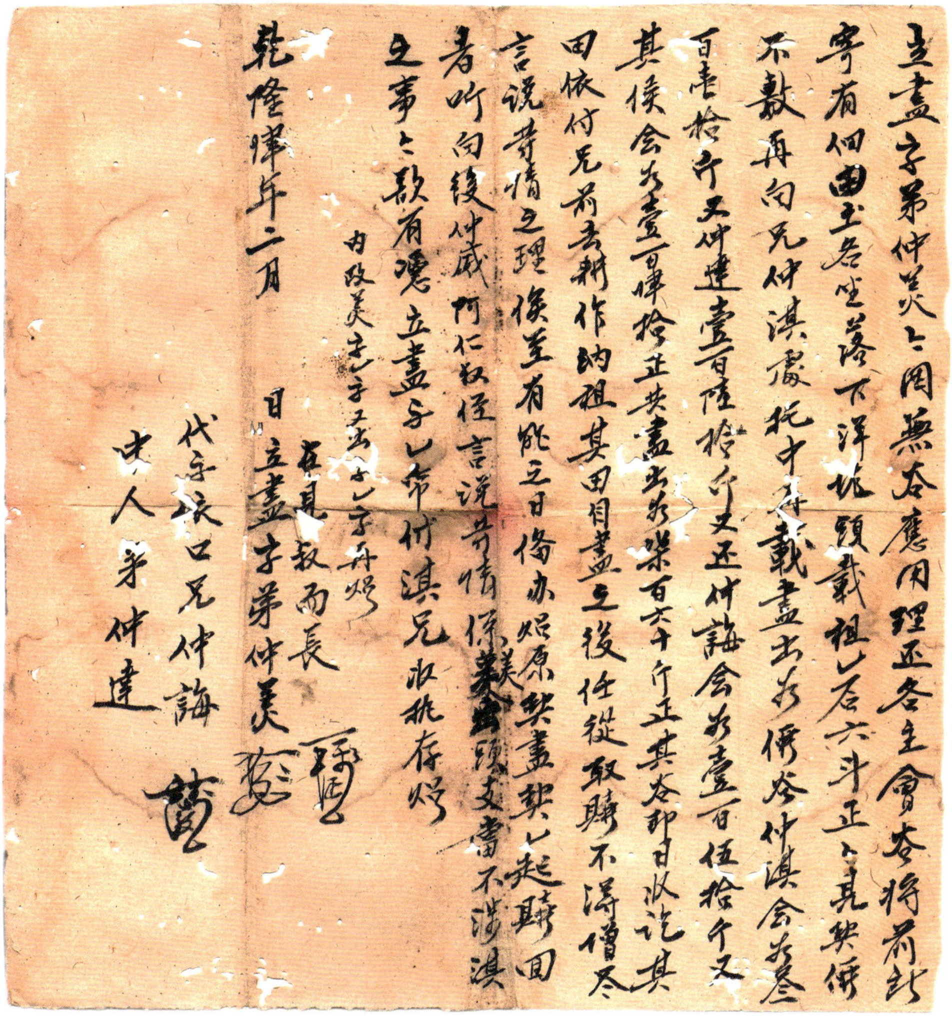

立盡字弟仲美，今因無谷應用，理還各主會谷，將前紗
寄有佃田，土名坐落下洋坑頭，載租山石六斗正，其契係
不敷，再向兄仲滇處托中再載盡出，於係谷仲滇会谷叁
百壹拾斤，又仲達壹百陸拾斤，又還仲誨会谷壹百伍拾斤，又
其侯会谷壹百肆拾五斤，其盡出於柴百六十斤正，其谷即日收訖，其
田依付兄前去耕作納租，其田自盡之後，任從取贖，不得增盡
言說并情之理，倘若有兆之日，倘亦照原契盡契起贖回
者，聽向後仲戚阿仁叔侄言說并情，係美頭文書不涉滇
之事，今欲有憑，立盡字一帋，付滇兄收執存照。

內改美字乙字，又乙字再照

乾隆肆年二月　日立盡字弟仲美（押）
在見叔而長（押）
代字族兄仲誨（押）
中人弟仲達

6-2-1-3　清乾隆四年二月鄭仲美立盡佃田字

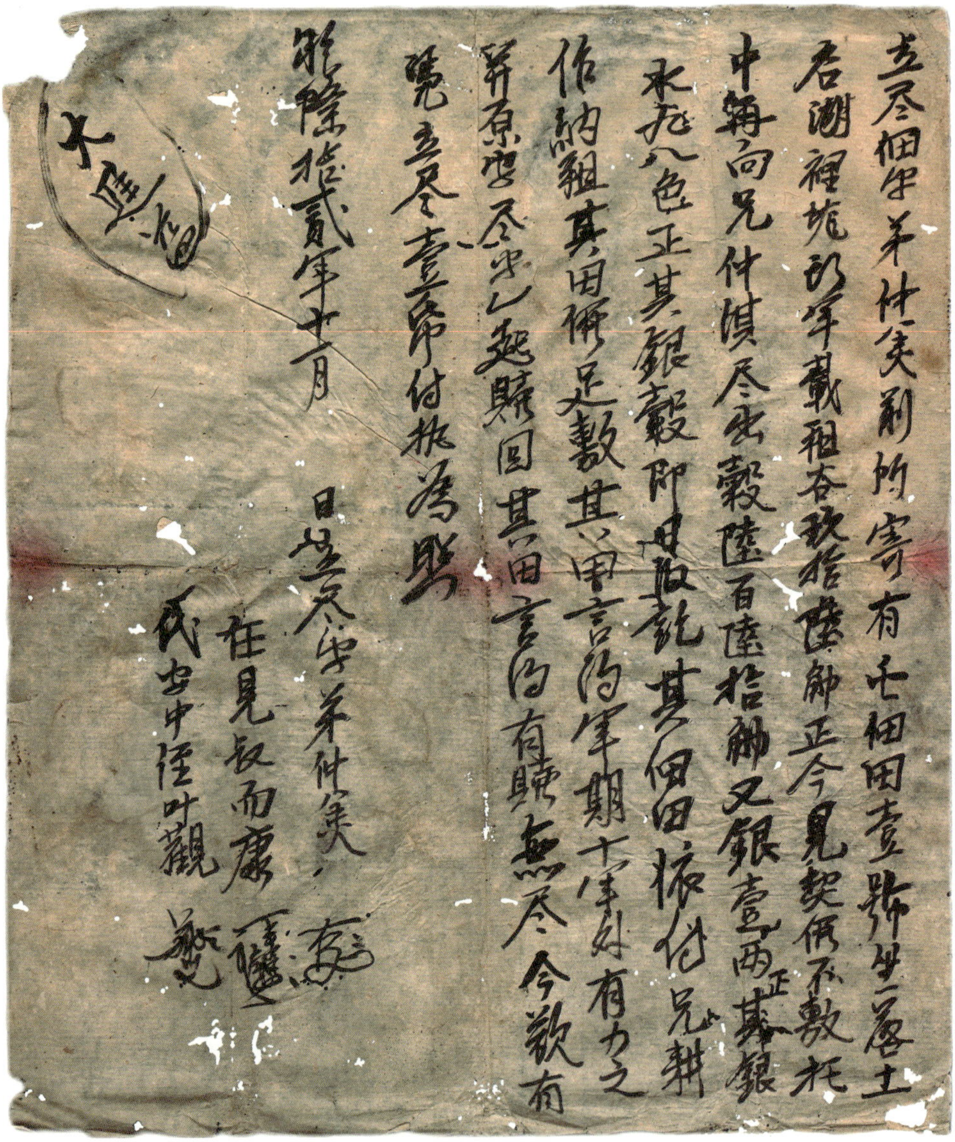

立盡佃字弟仲美，判所膺有屯佃田壹號，坐落土
名湖裡坑，歲年載租谷玖拾陸斛正，今見契價不敷，托
中筭向兄仲湞盡出穀陸百陸拾斛，又銀壹兩正，其銀
水九八色正，其銀穀即日收訖，其佃田依付兄耕
作納租，其田價足數，其田言約年期十年外有力之
日，備原價盡出銀贖回，其田言約有贖無盡，今欲有
憑，立盡壹紙付執為照。

乾隆拾貳年十一月　日立盡字弟仲美（押）

在見叔而康（押）

代字中侄叶觀（押）

6-2-1-4　清乾隆十二年十一月鄭仲美立盡屯佃田字

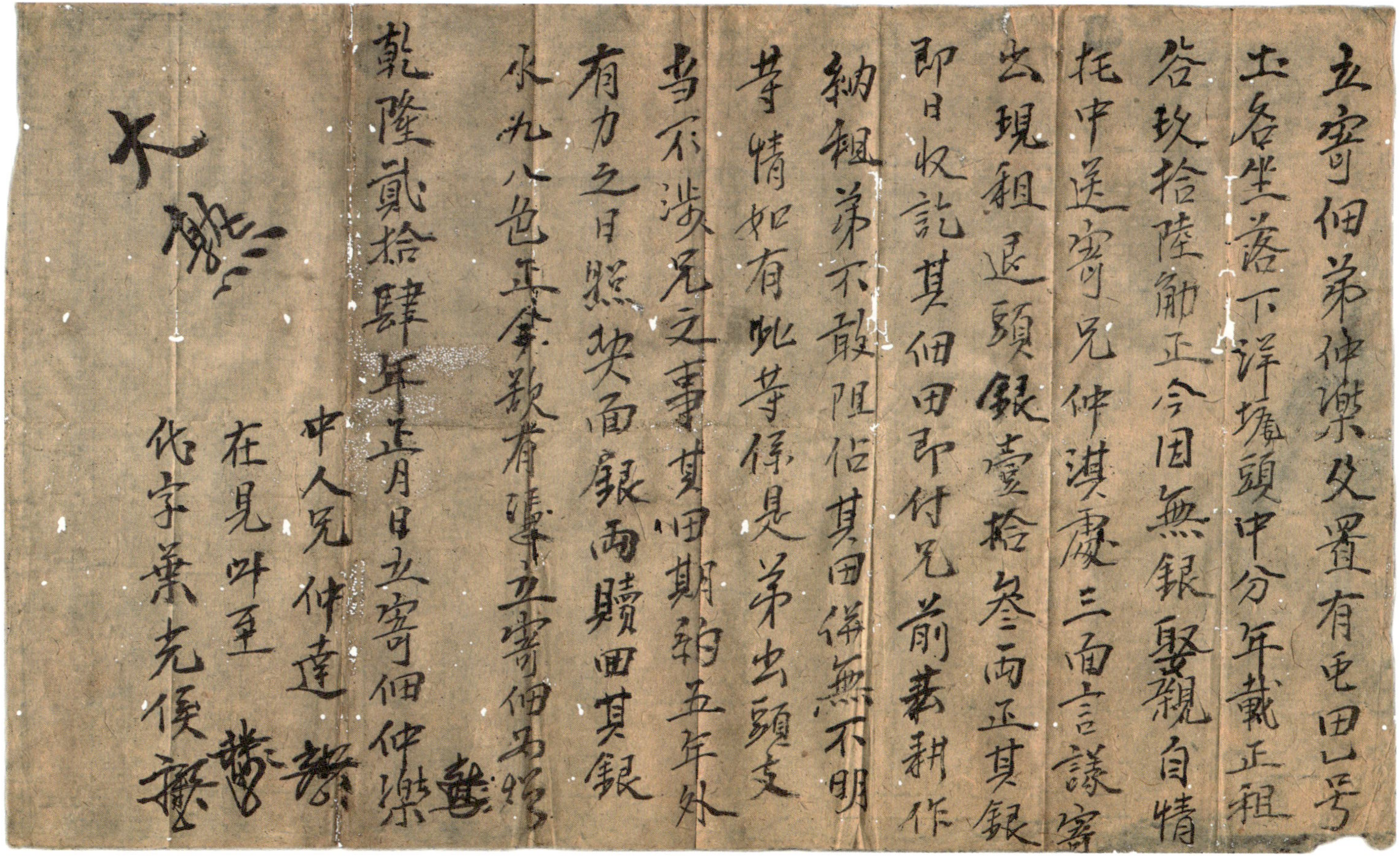

立寄佃弟仲樂父置有屯田山号
土名坐落下洋壚頭中分年載正租
谷玖拾陸觔正今因無銀娶親自情
托中送寄兄仲淇處三面言議寄
出現租退頭銀壹拾叁兩正其銀
即日收訖其佃田即付兄前去耕作
納租弟不敢阻佔其田係無不明
等情如有此等係是弟出頭支
當不涉兄之事其田期約五年外
有力之日照契面銀兩贖回其銀
水九八色正今欲有憑立寄佃爲照
乾隆貳拾肆年正月日立寄佃仲樂（押）
中人兄仲達（押）
在見叔至（押）
代字葉光侯（押）
大發

6-2-1-5　清乾隆二十四年正月鄭仲樂立寄佃屯田字

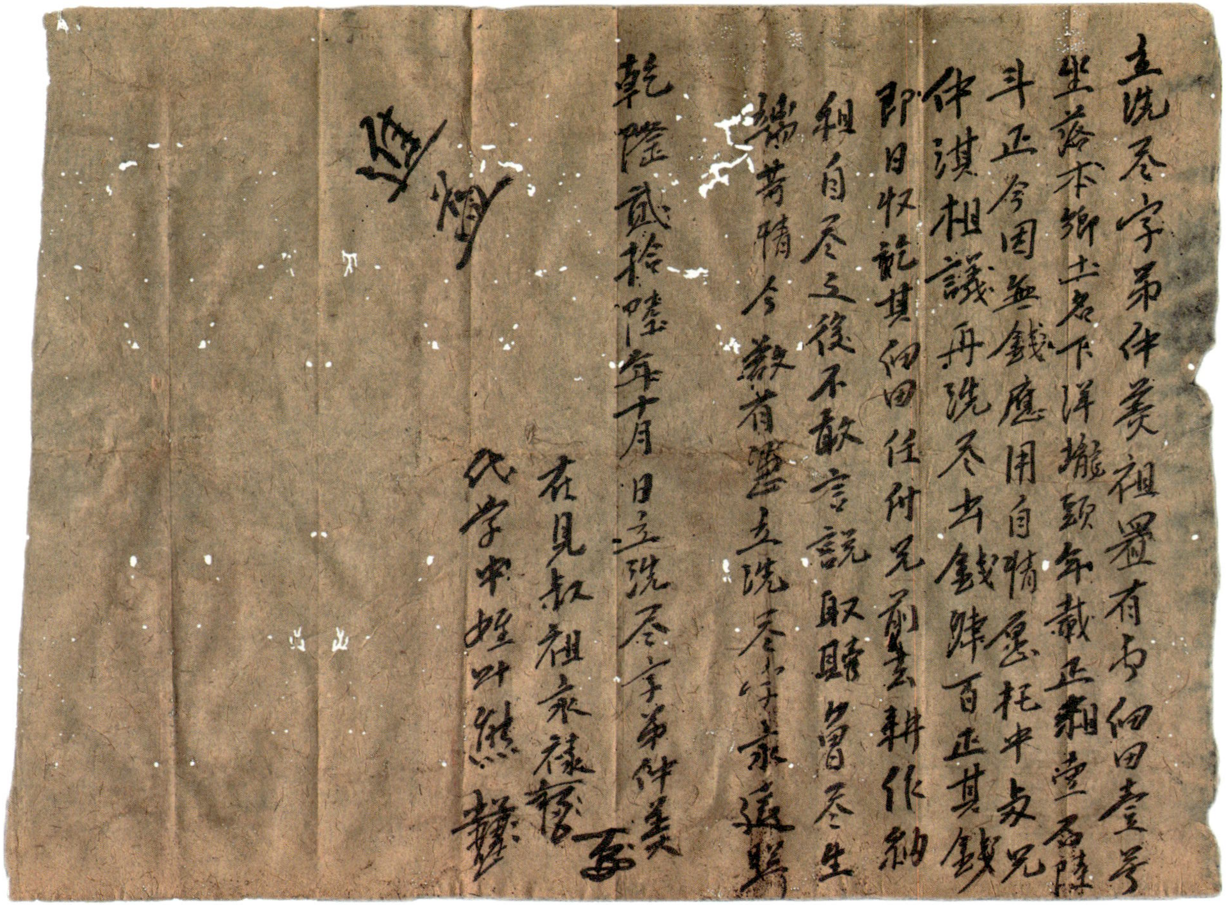

立洗盡字弟仲美祖置有屯佃田壹號
坐落本鄉土名下洋壠頭年載正租壹石陸
斗正今因無錢應用自情愿托中就兄
仲淇相議再洗盡出錢肆百正其錢
即日收訖其佃田任付兄前去耕作納
租自盡之後不敢言説取贖盡生
端若情今欲有憑立洗盡字付兄永遠照
乾隆貳拾陸年十月　日立洗盡字弟仲美
在見叔祖永禄
代字中姪叶然

6-2-1-6　清乾隆二十六年十月鄭仲美立洗盡屯佃田字

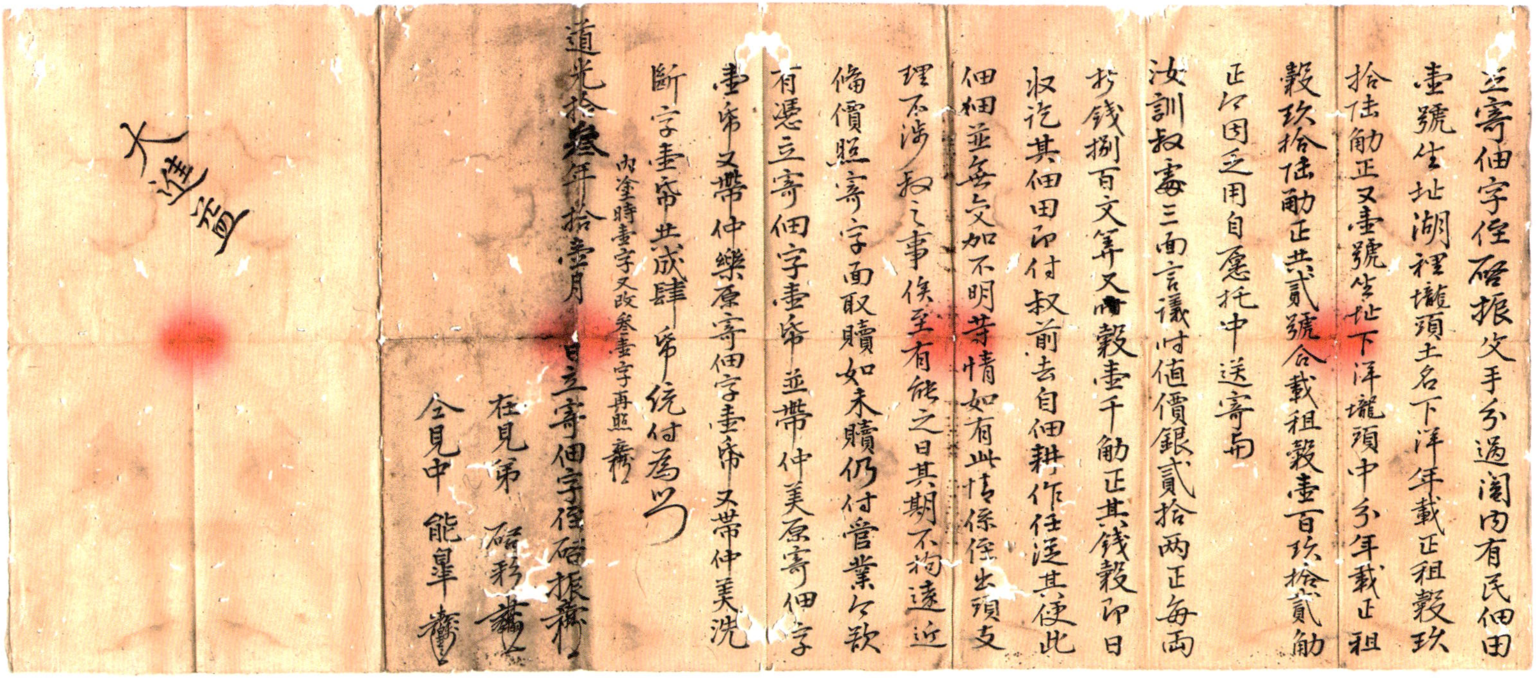
立寄佃字侄启振父手分過阄内有民佃田
壹號坐址湖裡壠頭土名下洋年載正租穀玖
拾陆觔正又壹號坐址下洋壠頭中分年載正租
穀玖拾陆觔正共貳號合載租穀壹百玖拾貳觔
正今因乏用自愿托中送寄与
汝訓叔处三面言議时值價銀貳拾兩正每兩
扣钱捌百文算又内穀壹千觔正其钱穀即日
收訖其佃田即付叔前去自佃耕作任従其便此
佃細並無文加不明等情如有此情係侄出頭支
理不涉叔之事候至有能之日其期不拘遠近
備價照寄字面取贖如未贖仍付管業今欲
有憑立寄佃字壹紙並帶仲美原寄佃字
壹紙又帶仲樂原寄佃字壹紙又帶仲美洗
斷字壹紙共成肆紙統付為照
内塗時壹字又改叁壹字再照
道光拾叁年拾壹月　日立寄佃字侄启振
在見弟　启彩
仝見中　能阜

6-2-1-7　清道光十三年十一月鄭啓振立寄民佃田字

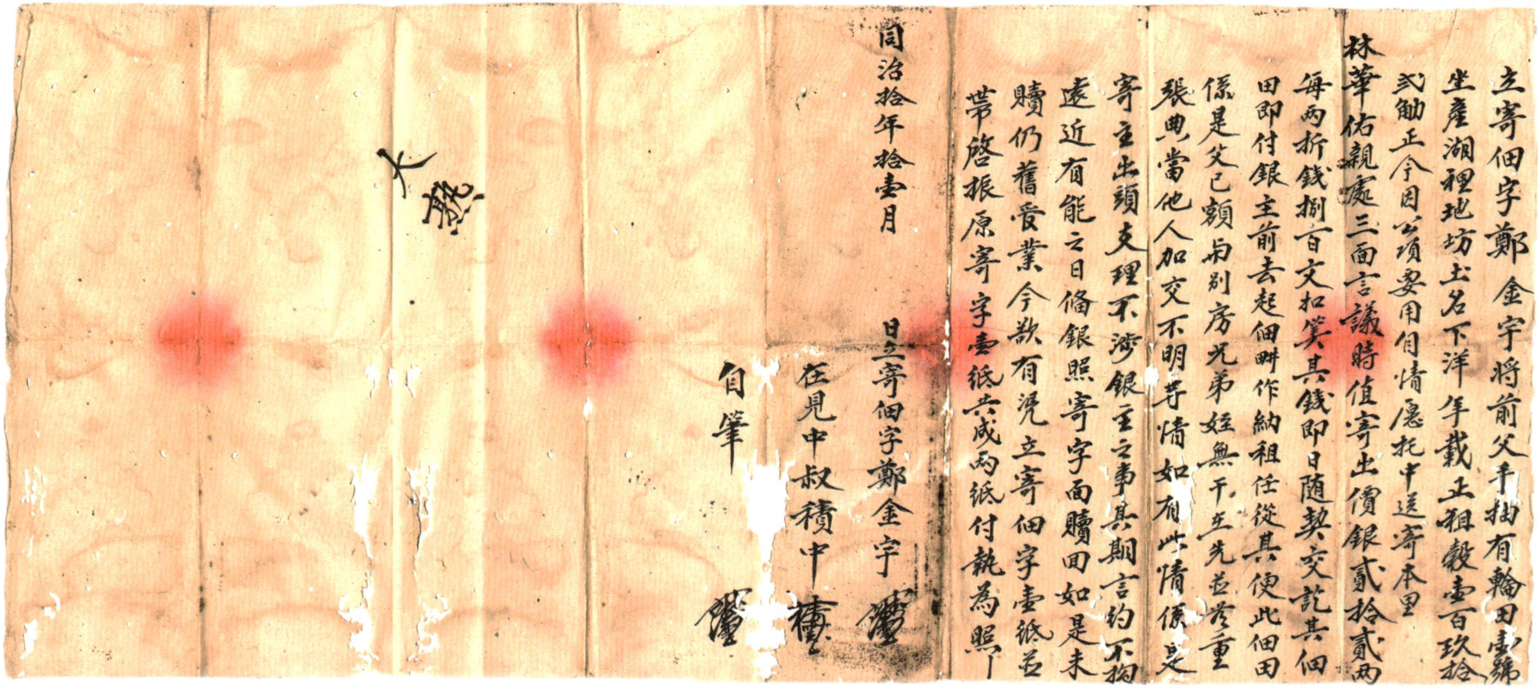

立寄佃字鄭金宇將前父手拙有輪田壹號
坐產湖裡地坊土名下洋年載正租穀壹百玖拾
弍觔正今因乏項要用自情愿托中送寄本里
林華佑親處三面言議時值寄出價銀貳拾貳兩
每兩折錢捌百文扣筭其錢即日隨契交訖其佃
田即付銀主前去起佃耕作納租任從其便此佃田
係是父己額分別房兄弟姪無干，在先並無重
張典當他人加交不明等情，如有此情係是
寄主出頭支理不涉銀主之事其期言約不拘
遠近有能之日備銀照寄字面贖田如是未
贖仍舊管業今欲有憑立寄佃字壹紙並
帶啓振原寄字壹紙共成兩紙付執為照

同治拾年拾壹月　日立寄佃字鄭金宇
在見中叔積中
自筆

6-2-1-8　清同治十年十一月鄭金宇立寄佃輪田字

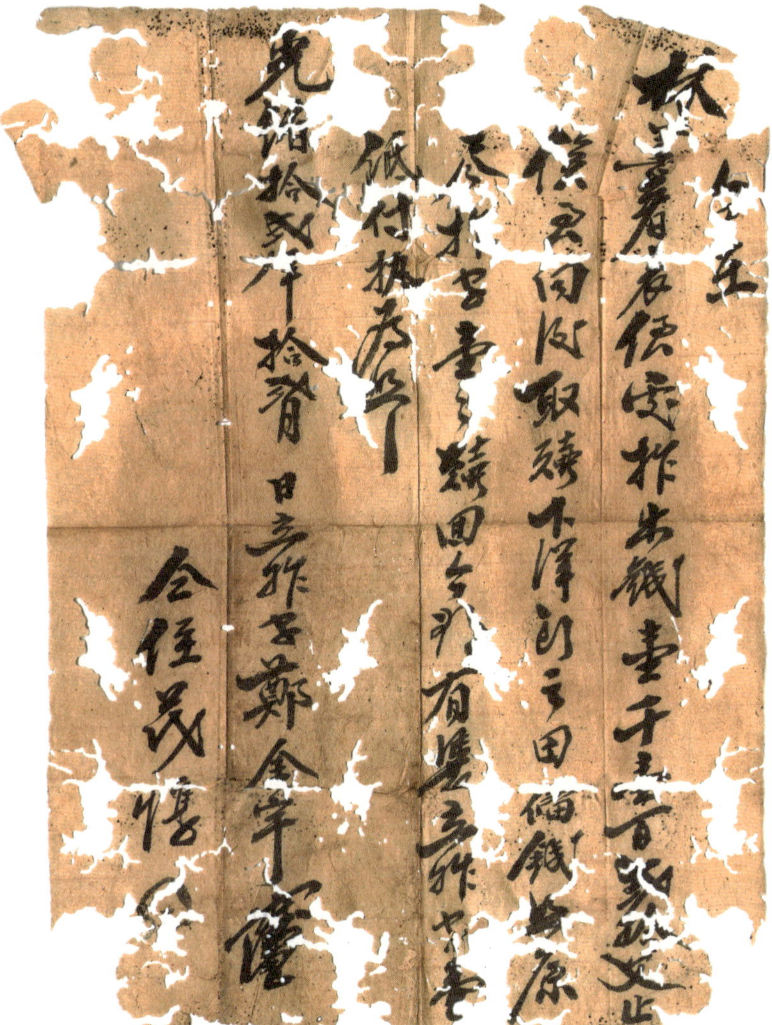

林[illegible]親房侄邊撥出錢壹千五百[illegible]文正
係其田底取穗下洋訂之田備錢收原
各於字壹紙田分明有憑立撥字壹
紙付執為照
光緒拾貳年十[illegible]拾貳日立撥字鄭金宇
仝侄[illegible]
仝在

6-2-1-9　清光緒十二年十二月鄭金宇等立撥字

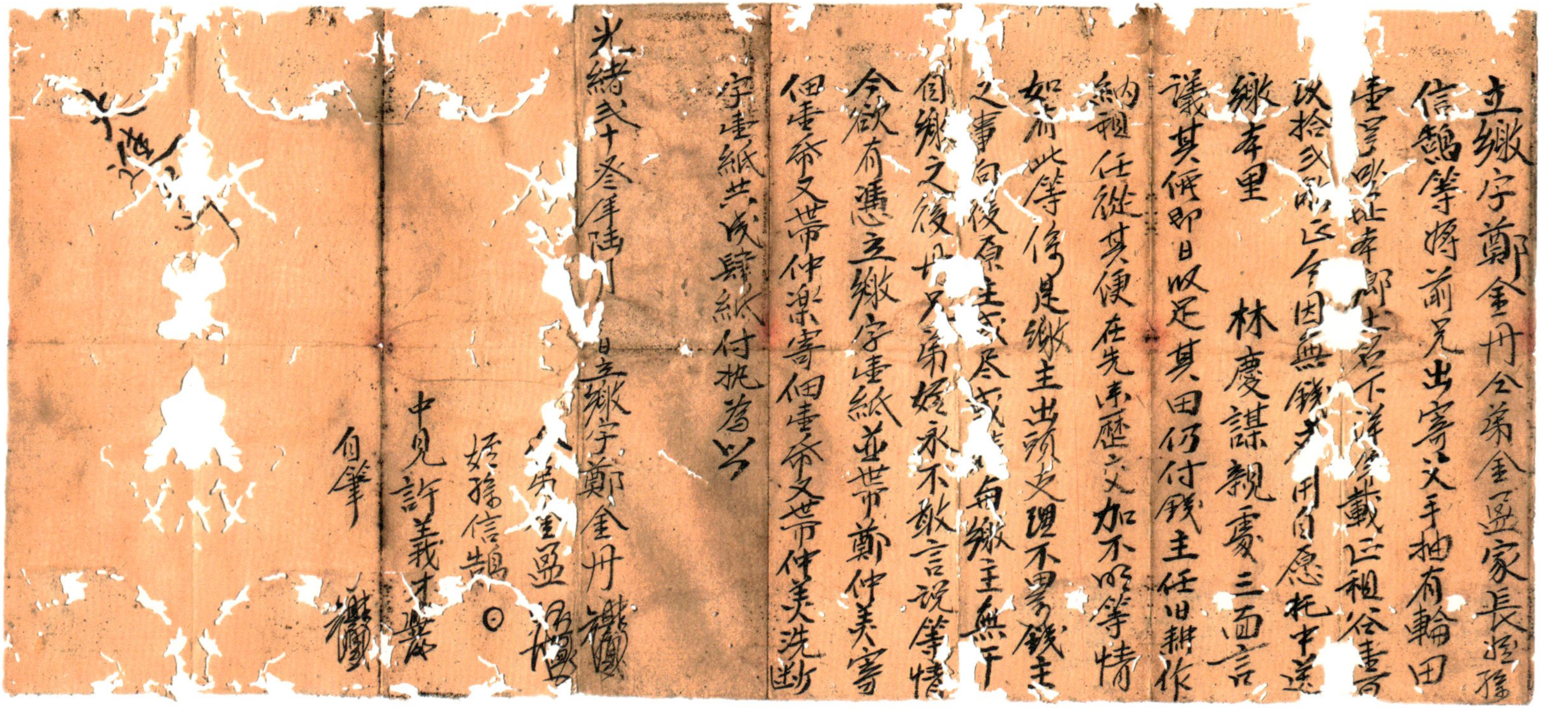

立繳字鄭金丹仝弟金盈家長[illegible]
信鴟等將前兄出寄父手抽有輪田
壹号坐址本鄉土名不詳，載正租谷壹石
伍拾弍斤正，今因無錢應用，自愿托中送
繳本里　林慶謀親處三面言
議其価即日收足，其田仍付錢主任田耕作
納租，任從其便，在先未歷交加不明等情
如有此等情，是繳主出頭支理，不干錢主
之事，向後原主弍房[illegible]兄弟無干
自繳之後，[illegible]兄弟姪永不敢言說等情
今欲有憑，立繳字壹紙並帶鄭仲美寄
佃壹帋文帯仲樂寄佃壹帋文帯仲美洗斷
字壹紙共成肆紙付執為照
光緒弍十叁年陸月　日立繳字鄭金丹
仝弟金盈
姪孫信鴟
中見許義本
自筆

6-2-1-10　清光緒二十三年六月鄭金丹等立繳輪田字

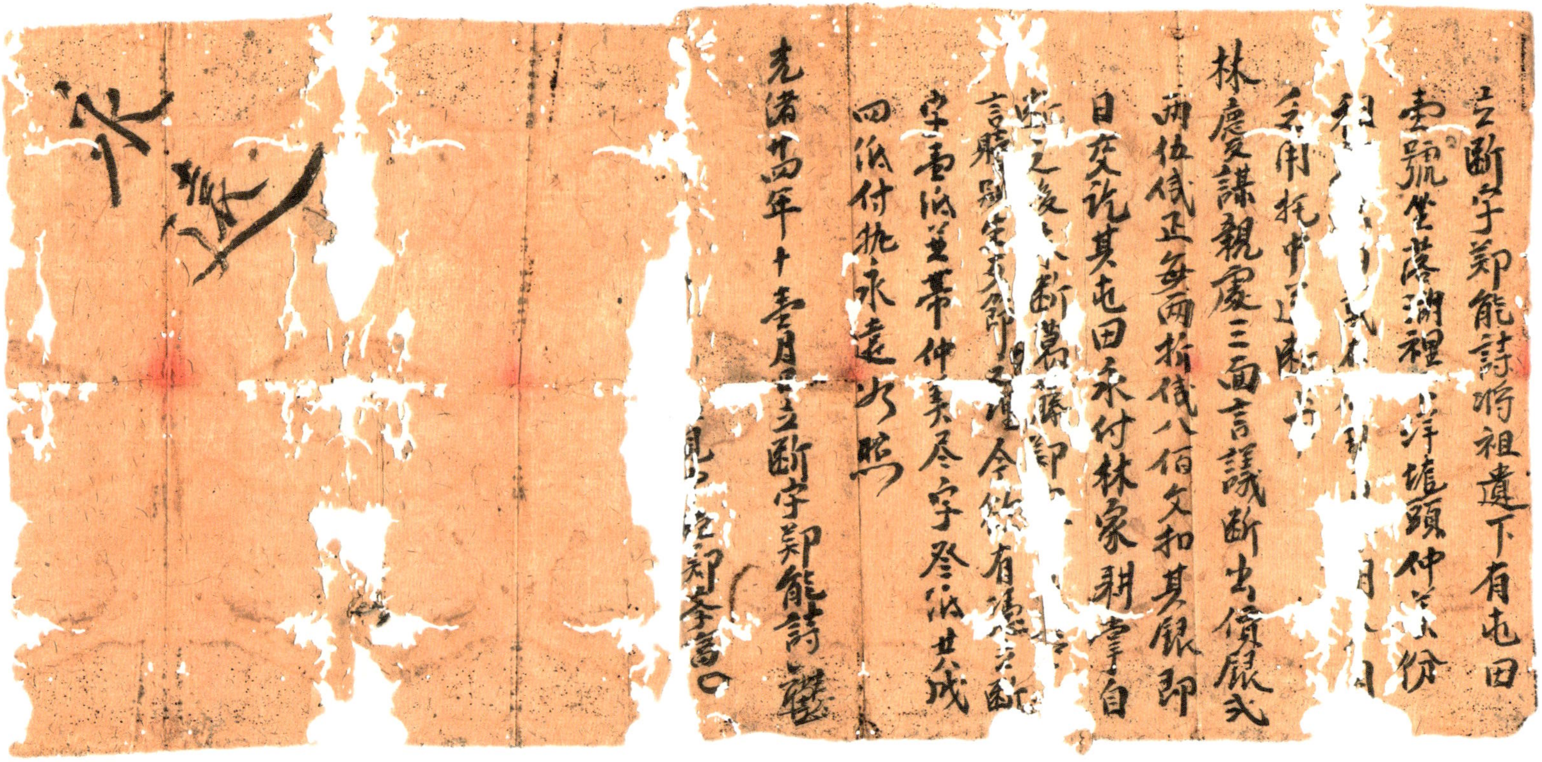
立斷字鄭能詩將祖遺下有屯田
壹號坐落湖裡洋墘頭仲[illegible]价
租[illegible]
今因托中[illegible]
林慶謀親處三面言議斷出價銀弍
兩伍錢正每兩折錢八佰文和其銀即
日交訖其屯田永付林家耕掌自
斷之後[illegible]斷葛藤[illegible]
言[illegible]今欲有憑立斷
字壹紙並帶仲美尽字叁紙共成
四紙付執永遠為照
光緒廿四年十一月　日立斷字鄭能詩
見[illegible]鄭李富[illegible]

6-2-1-11　清光緒二十四年十一月鄭能詩立斷屯田字

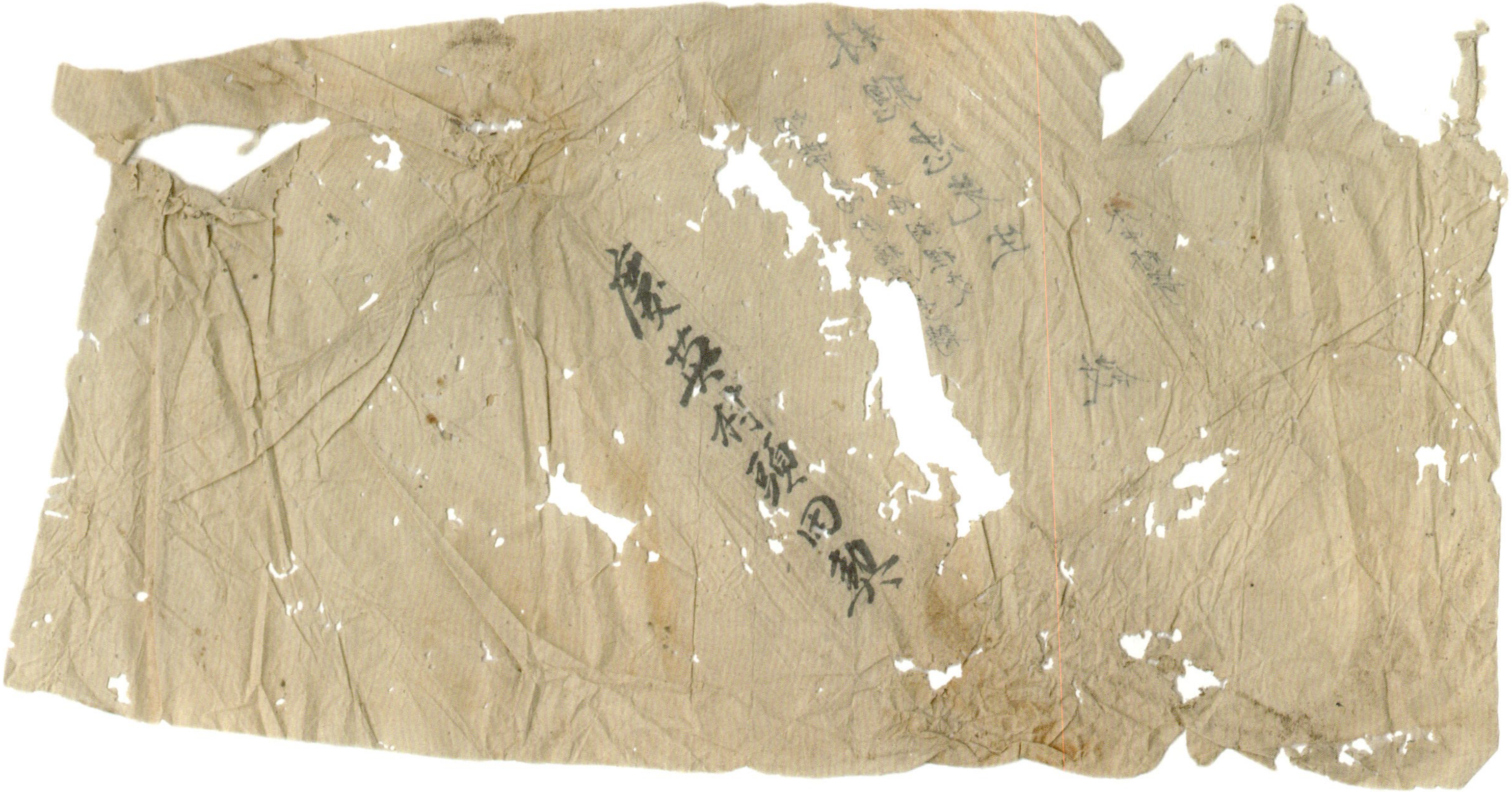

6-2-2-1　包契紙

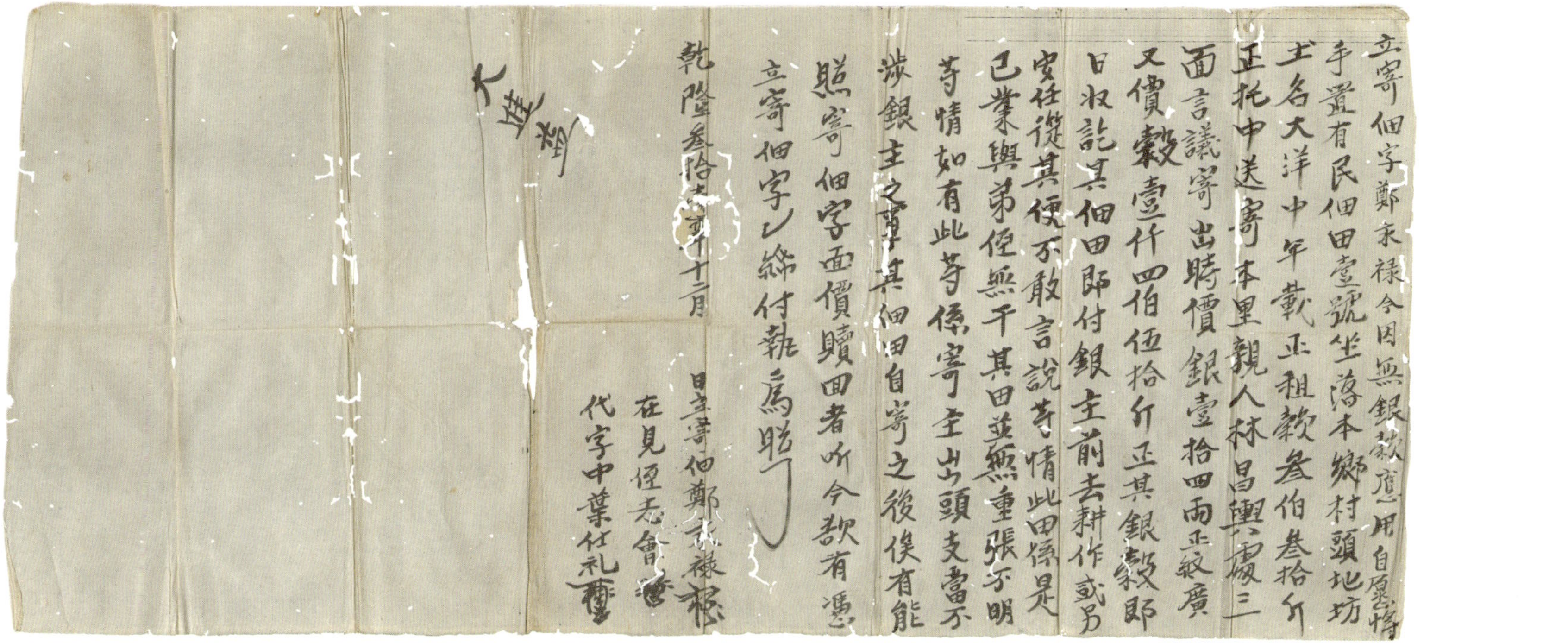

立寄佃字鄭永禄今因無銀應用自愿将
手置有民佃田壹號坐落本鄉村頭地坊
土名大洋中年載正租穀叁伯叁拾斤
正托中送寄本里親人林昌興處三
面言議寄出時價銀壹拾四兩正紋廣
又價穀壹什四伯伍拾斤正其銀穀即
日收訖其佃田即付銀主前去耕作或另
安佃從其便不敢言說等情此田係是
已業與弟侄無干其田並無重張不明
等情如有此等係寄主出頭支當不
涉銀主之事其佃田自寄之後俟有能
照寄佃字面價贖田者听今欵有憑
立寄佃字乙紙付執為照

乾隆叁拾壹年十二月　日立寄佃鄭永禄（押）
在見侄志會（押）
代字中葉仕礼（押）

大吉

6-2-2-2　清乾隆三十一年十二月鄭永禄立寄民佃田字

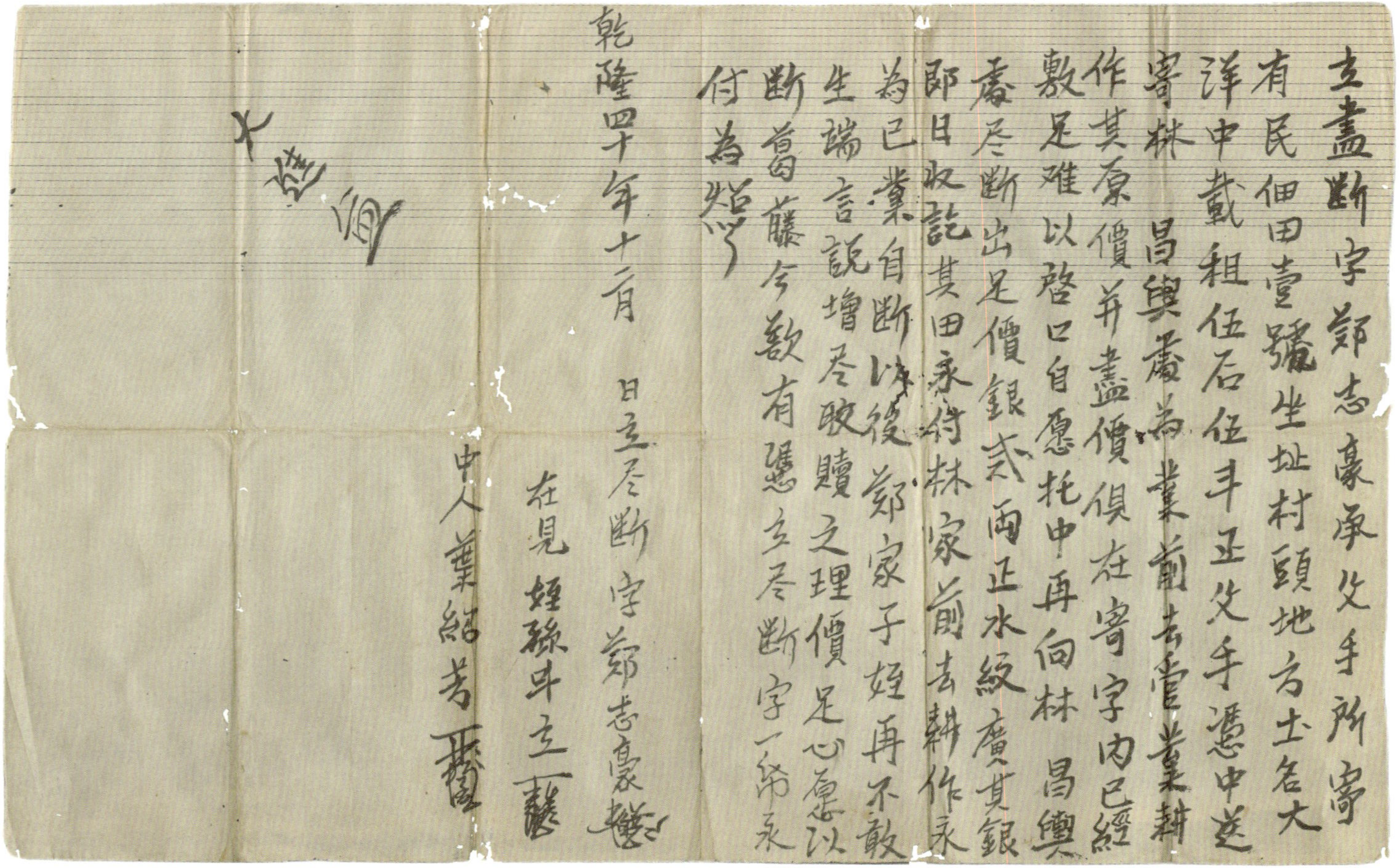
立盡斷字鄭志豪承父手所寄
有民佃田壹號坐址村頭地方土名大
洋中載租伍石伍斗正父手憑中送
寄林　昌興處爲業前去管業耕
作其原價并盡價俱在寄字内已經
數足難以啓口自愿托中再向林　昌興
處盡斷出足價銀弍両正水紋廣其銀
即日收訖其田永付林家前去耕作永
爲已業自斷以後鄭家子姪再不敢
生端言說增盡取贖之理價足心愿以
斷葛藤今欲有憑立盡斷字一紙永
付爲炤

乾隆四十年十二月　日立盡斷字鄭志豪（押）
在見　姪孫斗立（押）
中人　葉紹考（押）

6-2-2-3　清乾隆四十年十二月鄭志豪立盡斷民佃田字

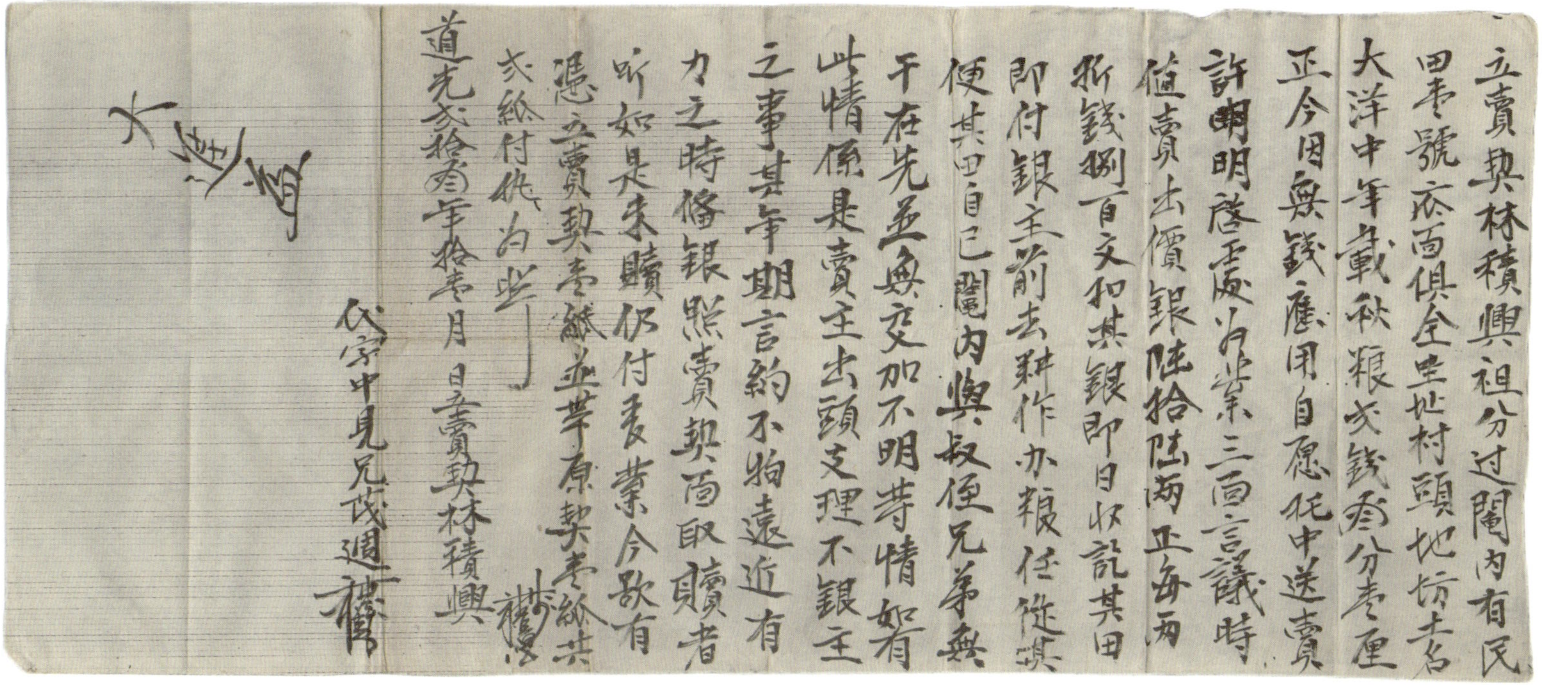

立賣契林積興祖分过閭内有民
田壹號坐面俱全坐址村頭地坊土名
大洋中年載秋粮弍錢叁分壹厘
正今因無錢應用自愿託中送賣
許明明落處为業三面言議時
値賣出價銀陸拾陸兩正每兩
折錢捌百文和其銀即日收訖其田
即付銀主前去耕作办粮任從
便其田自己閭内與叔侄兄弟無
干在先並無交加不明等情如有
此情係是賣主出頭支理不銀主
之事其年期言約不拘遠近有
力之時備銀照賣契面取贖者
听如是未贖仍付表業今欲有
憑立賣契壹紙並草原契壹紙共
弍紙付執為照　批
道光叁拾叁年拾壹月　日立賣契林積興
代字中見兄茂週

6-2-2-4　清道光二十三年十一月林積興立賣底面全民田契

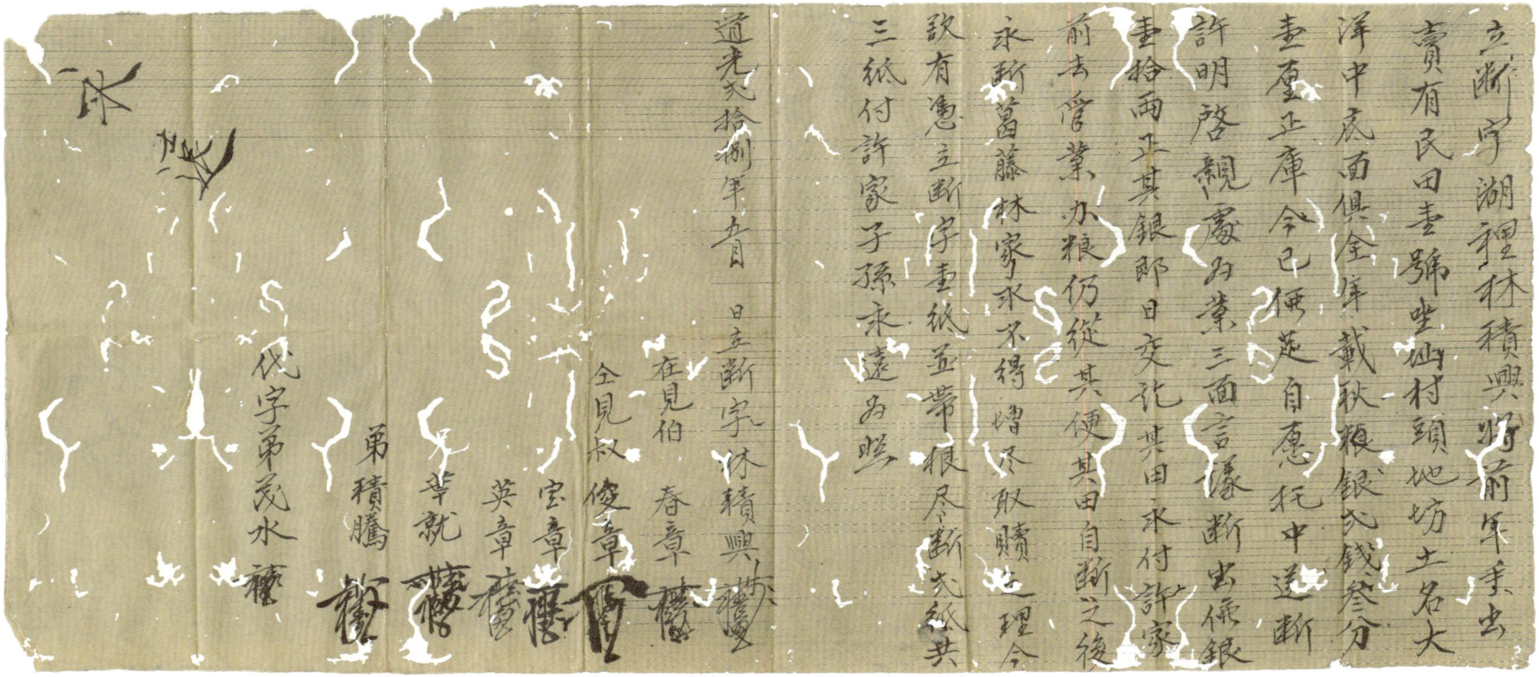
立斷字湖裡林積興，今因前年手出
賣有民田壹號，坐灿村頭地坊，土名大
洋中，底面俱全，年載秋粮銀弍錢叁分
壹厘正，庫令已俱，是自愿托中送斷
許明啓覬處爲業，三面言議斷出佛銀
壹拾兩正，其銀即日交訖，其田永付許家
前去管業，办粮仍從其便，其田自斷之後
永斷葛藤，林家永不得增找取贖之理，今
欲有憑，立斷字壹紙，並帶根尽斷弍紙，共
三紙付許家子孫永遠爲照。
道光弍拾捌年五月　日立斷字林積興
在見伯　春章
全見叔　俊章
宝章
英章
華就
弟　積騰
代字弟茂水

6-2-2-5　清道光二十八年五月林積興立斷底面全民田字

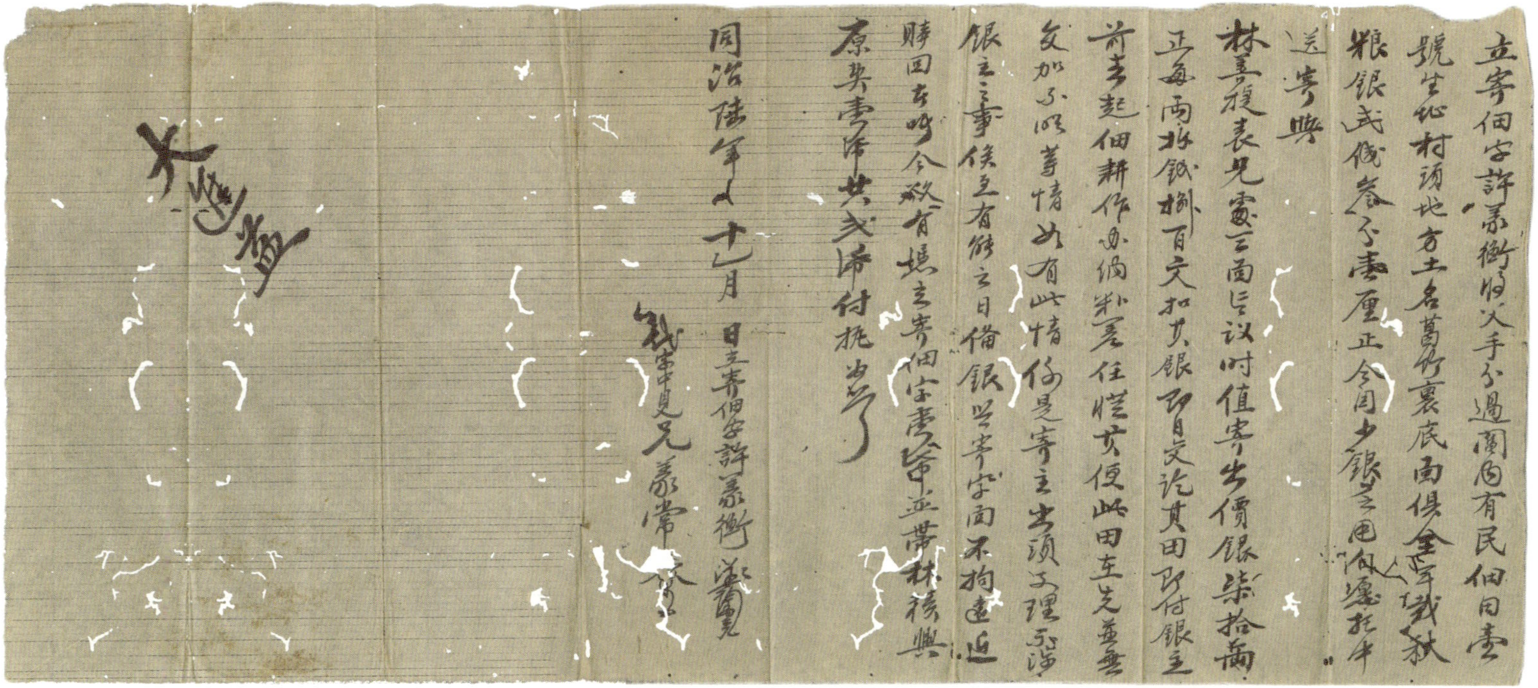
立寄佃字許義衡，有承父手分過園內有民佃田壹
號，坐址村頭地方，土名葛竹裏底，面俱全，年載秋
糧銀貳錢叁分壹厘正。今因少銀乏用，向遷托中
送寄與
林嘉禄表兄處，三面言議，時值寄出價銀柒拾兩
正，每兩折錢捌百文，扣共銀即日交訖。其田即付銀主
前去起佃耕作，亦係米差任從其便。此田在先並無
文加不明等情，如有此情，係是寄主出頭了理，不涉
銀主之事。候至有餘之日，備銀照寄字面不拘遠近
贖回。今欲有憑，立寄佃字壹紙，並帶林禄與
原契壹紙，共貳紙付執為照。

同治陸年十一月　日立寄佃字許義衡
在見兄義常

大[illegible]

6-2-2-6　清同治六年十一月許義衡立寄民佃田字

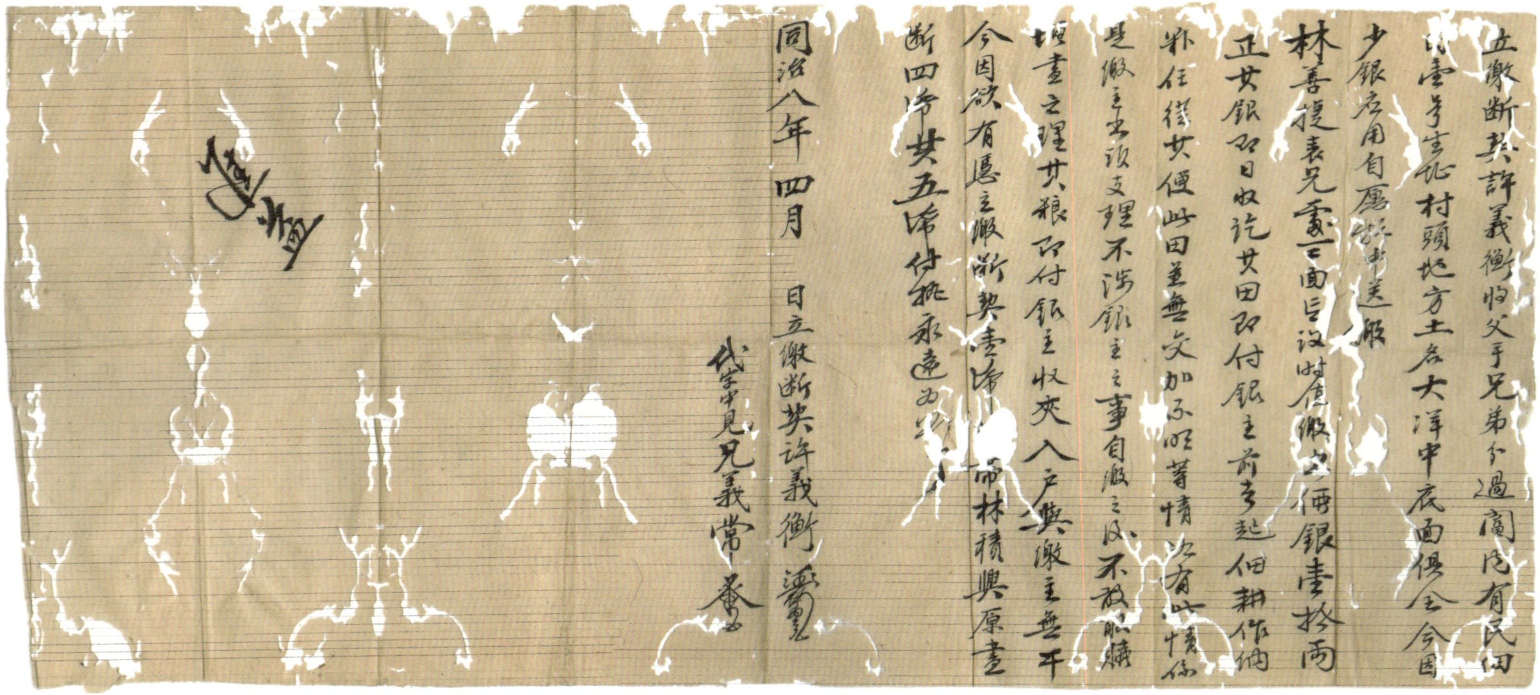

6-2-2-7　清同治八年四月許義衡立繳斷底面全民佃田契

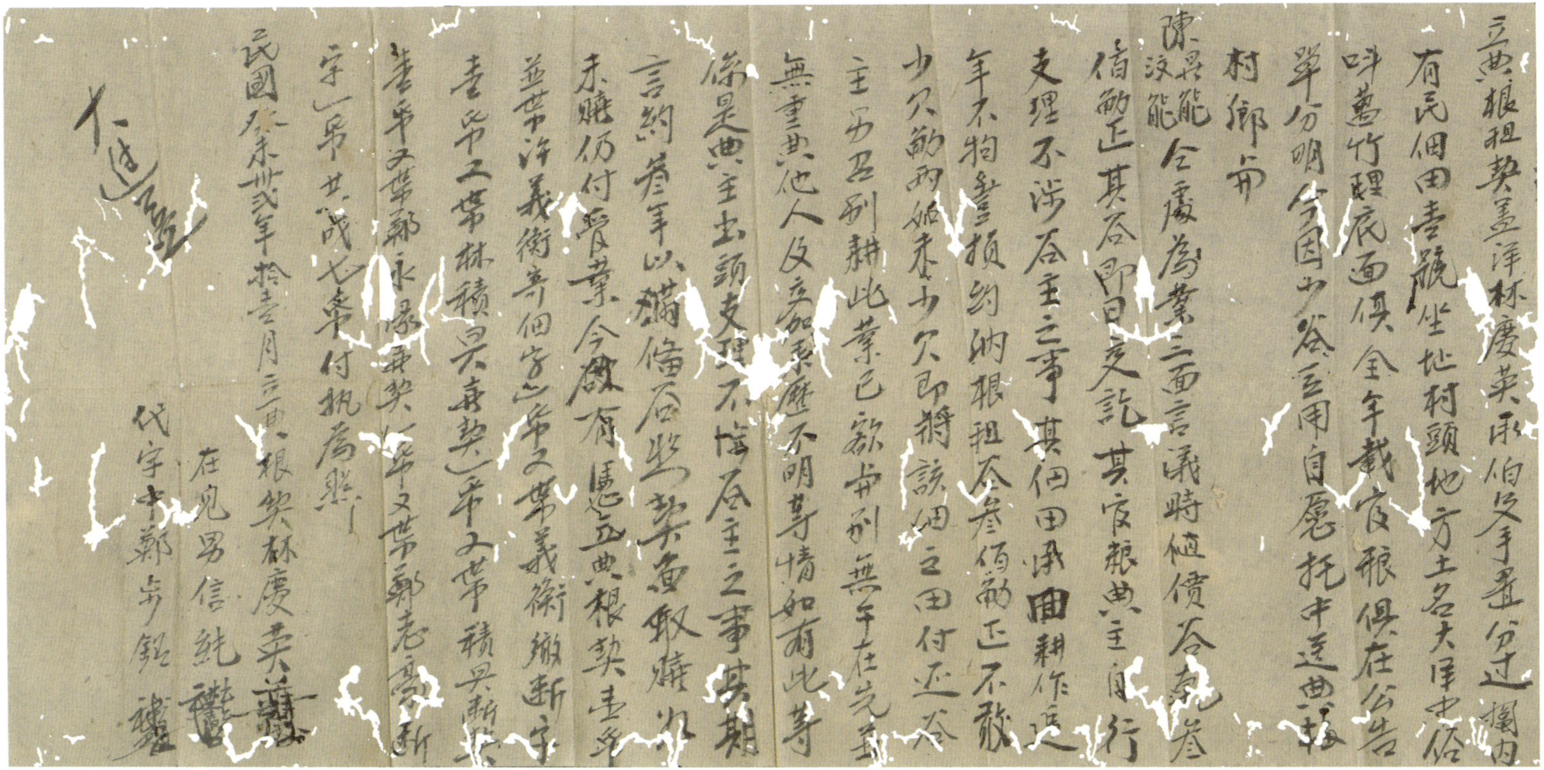
立典根租契蓋洋林慶英承伯父手置有分過獨內
有民佃田壹號坐址村頭地方土名大洋中俗
呌墓竹理底面俱全年載官粮俱在公告
單分明今因乏谷豆用自愿托中送典與
村鄉弟
陳汝能合處爲業三面言議時値價谷叁
佰觔正其谷即日交訖其官粮典主自行
支理不涉谷主之事其佃田承佃耕作逐
年不拘豐歉約納根租谷叁佰觔正不敢
少欠觔兩如歉少欠即將該佃之田付还谷
主另召別耕此業已歉弟別無干在先并
無重典他人及交加來歷不明等情如有此等
係是典主出頭支理不涉谷主之事其期
言約叁年以滿備谷照契重取贖如
未贖仍付管業今欲有憑立典根契壹紙
並帶許義衛再佃字一紙又帶義衛繳斷字
壹紙又帶林積興承契一紙又帶積興斷契
壹紙又帶鄭永源承契一紙又帶鄭老烏斷
字一紙共成七紙付執爲照
民國癸未卅弍年拾壹月　日立典根契林慶英
在見男信統
代字中鄭步鉎
大進□

6-2-2-8　民國三十二年十一月林慶英立典民佃田根租契

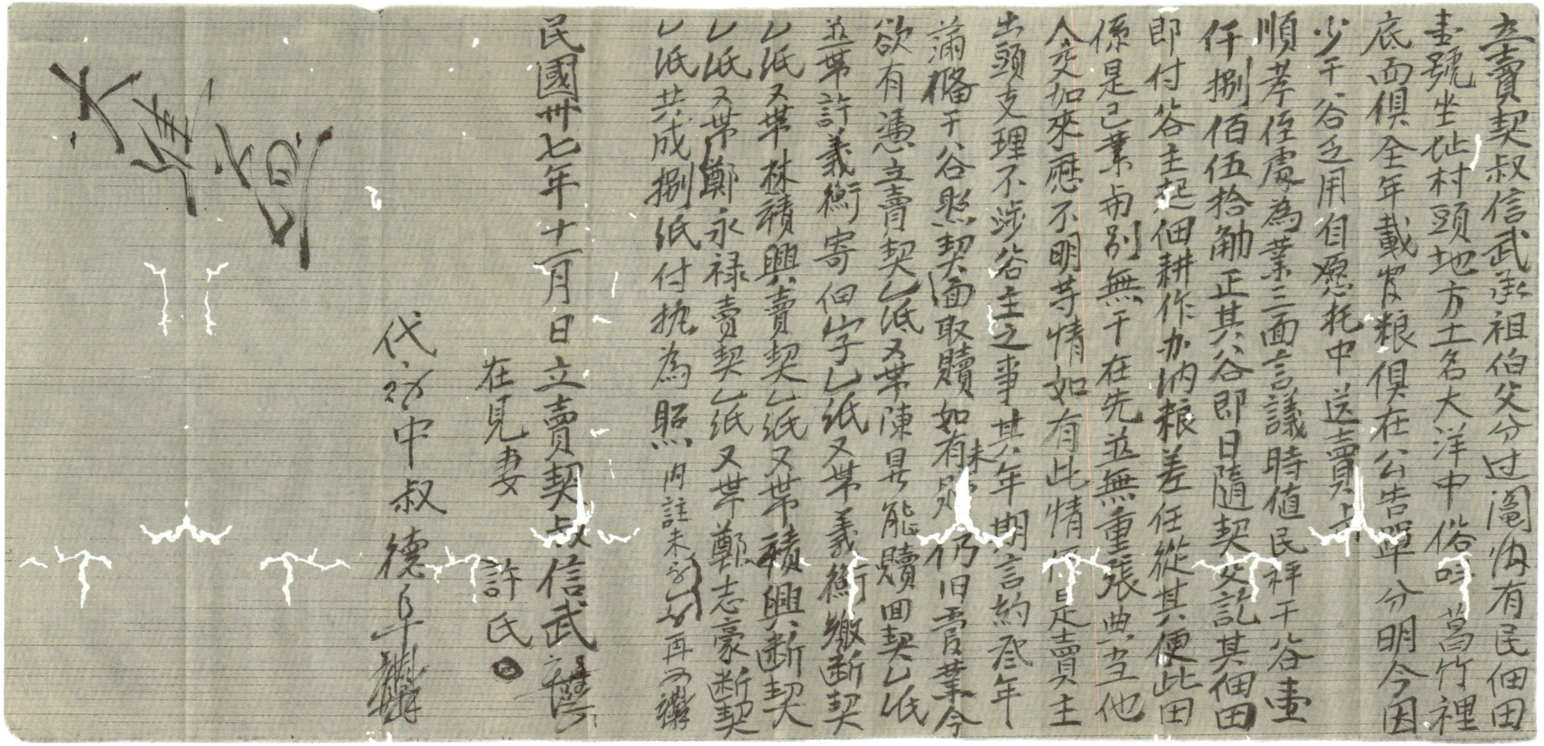

立賣契叔信武承祖伯父分过鬮內有民佃田
壹號坐址村頭地方土名大洋中俗叫葛竹裡
底面俱全年載官粮俱在公告單分明今因
少千谷乏用自愿托中送賣與本
順孝侄處為業三面言議時值民祥千谷壹
仟捌佰伍拾觔正其谷即日隨契交訖其佃田
即付谷主起佃耕作办納粮差任從其便此田
係是己業并別無干在先並無重張典当他
人交加來歷不明等情如有此情係是賣主
出頭支理不涉谷主之事其年期言約叁年
滿贖千谷照契面取贖如有未足仍旧賣業今
欲有憑立賣契乙紙又草陳景能贖田契乙紙
並草許義衍寄佃字乙紙又草義衍繳斷契
乙紙又草林積興賣契乙紙又草積興斷契
乙紙又草鄭永祿賣契乙紙又草鄭志豪斷契
乙紙共成捌紙付執為照　內註未字再照

民國卅七年十一月日立賣契叔信武
在見妻　許氏
代笔中叔　德良

6-2-2-9　民國三十七年十一月林信武立賣民佃田契

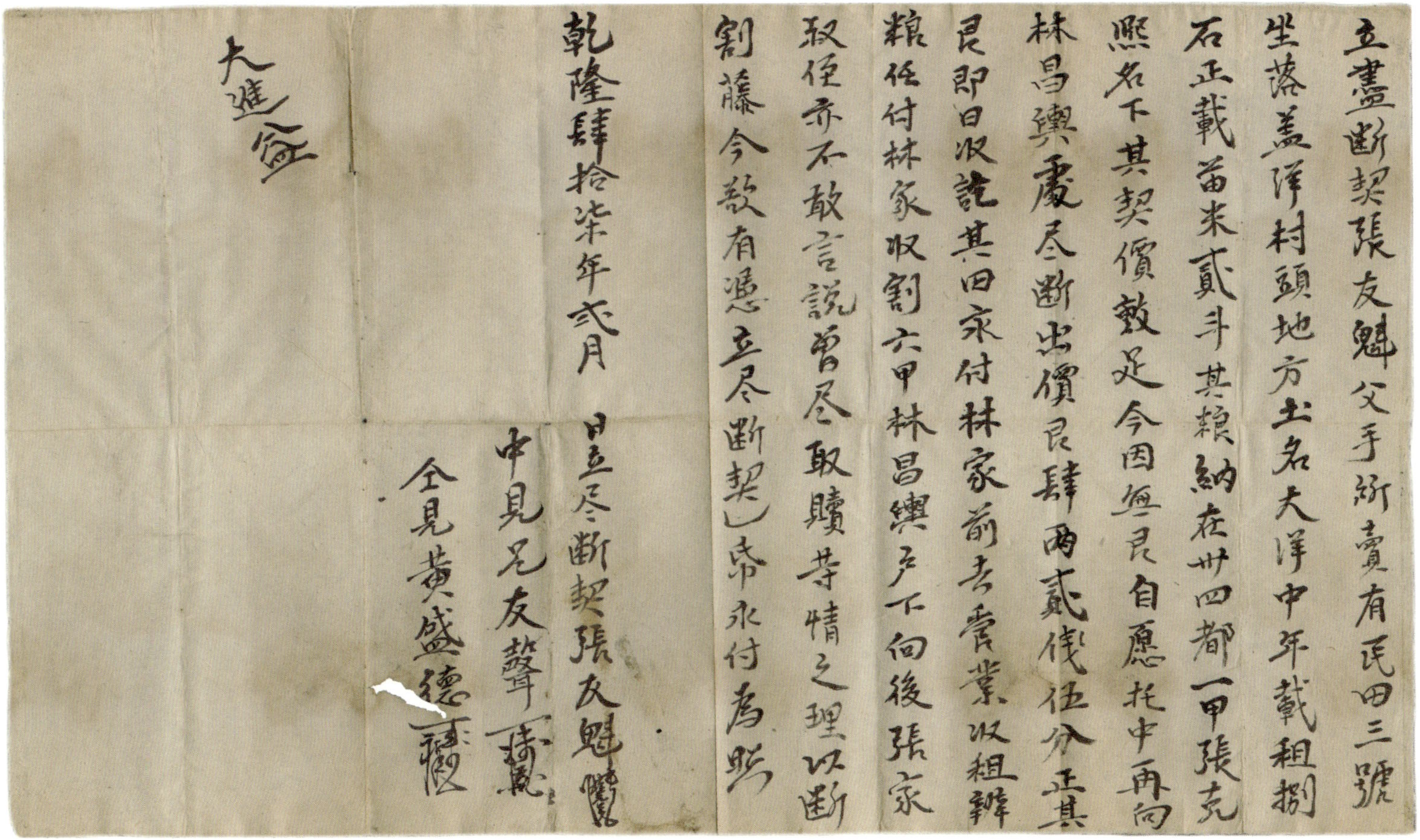
立盡斷契張友魁父手所賣有民田三號
坐落蓋洋村頭地方土名大洋中年載租捌
石正載苗米貳斗其粮納在卅四都一甲張克
熙名下其契價敷足今因無艮自愿托中再向
林昌興處盡斷出價艮肆兩貳錢伍分正其
艮即日收訖其田永付林家前去管業收租辦
粮任付林家收割六甲林昌興户下向後張家
叔侄亦不敢言說曾盡取贖等情之理以斷
割藤今欲有憑立盡斷契一帋永付為照
乾隆肆拾柒年弍月　日立盡斷契張友魁(押)
中見兄友聲(押)
仝見黄盛德(押)
大進益

6-2-3-1　清乾隆四十七年二月張友魁立盡斷民田契

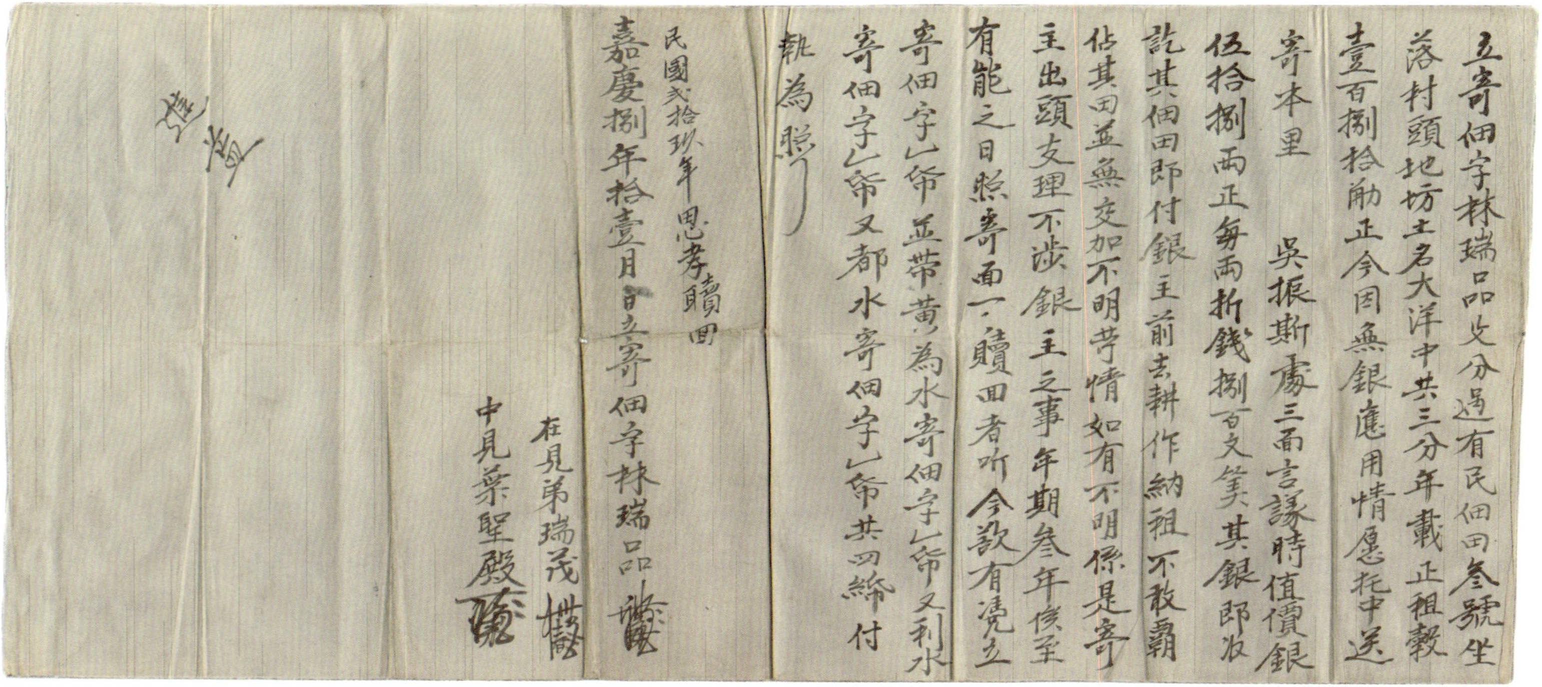
立寄佃字林瑞品口支分過有民佃田叁號坐
落村頭地坊土名大洋中共三分年載正租穀
壹百捌拾觔正今因無銀應用情愿托中送
寄本里　吳振斯處三面言議時值價銀
伍拾捌兩正每兩折錢捌百文算其銀即收
訖其佃田即付銀主前去耕作納租不敢覇
佔其田並無交加不明等情如有不明係是寄
主出頭支理不涉銀主之事年期叁年後至
有能之日照寄面一贖田者听令歛有凴立
寄佃字乙帋並帶黃為水寄佃字乙帋又利水
寄佃字乙帋又都水寄佃字乙帋共四帋付
執為照

民國貳拾玖年思孝贖回

嘉慶捌年拾壹月　日立寄佃字林瑞品

在見弟瑞茂

中見葉聖殿

6-2-3-2　清嘉慶八年十一月林瑞品立寄民佃田字

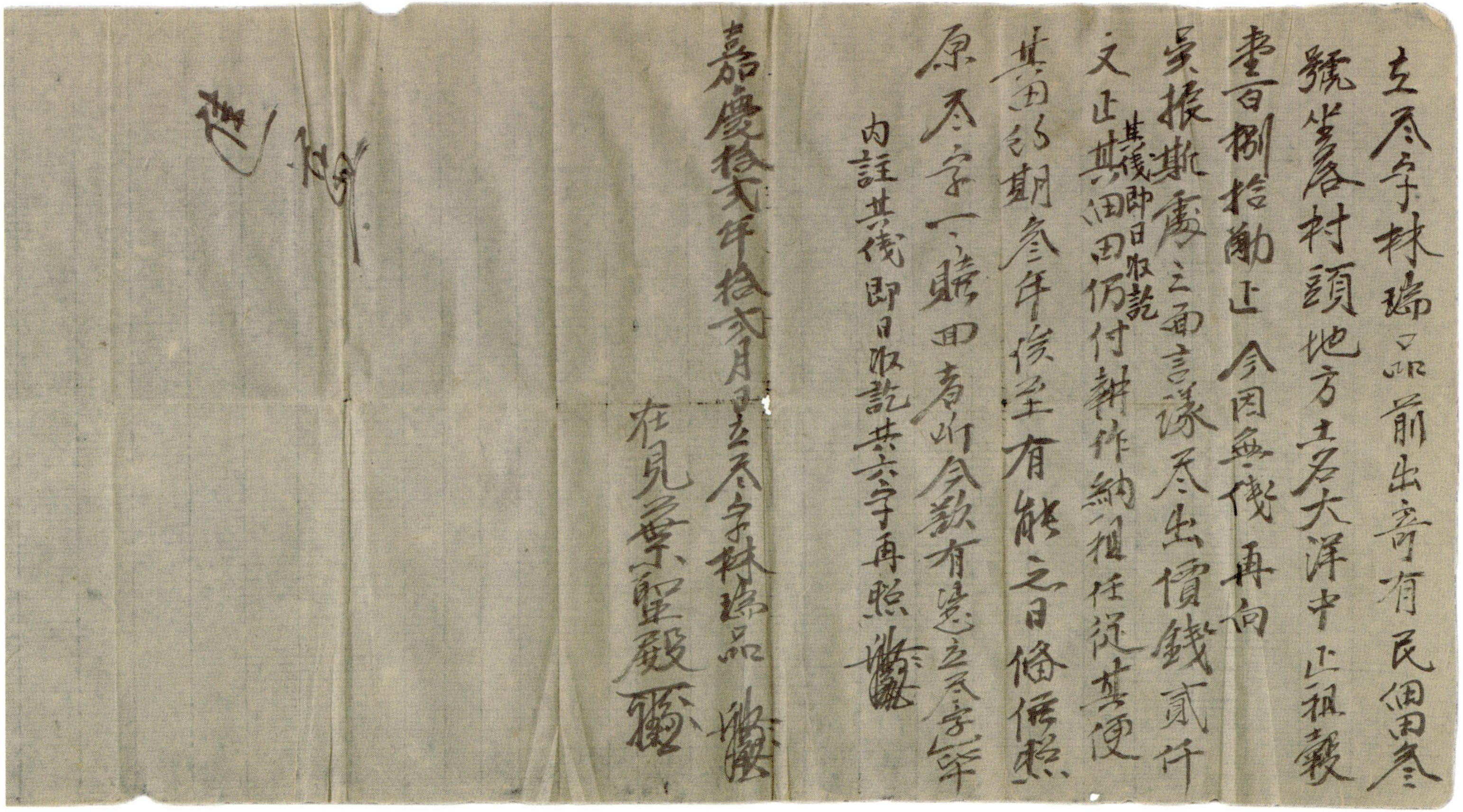
立盡字林瑞品，前出賣有民佃田叁
號，坐落村頭地方，土名大洋中，止租穀
壹佰捌拾觔正。今因無錢，再向
吳振斯處三面言議，盡出價錢貳仟
文正。其錢即日收訖，其田仍付耕作，納租任從其便。
其田約期叁年後至有能之日，備價照
原盡字一、贖田者所今欲有憑，立盡字爲
內註其錢即日收訖共六字再照
嘉慶拾弍年拾弍月　日立盡字林瑞品
在見葉聖殿

6-2-3-3　清嘉慶十二年十二月林瑞品立盡民佃田字

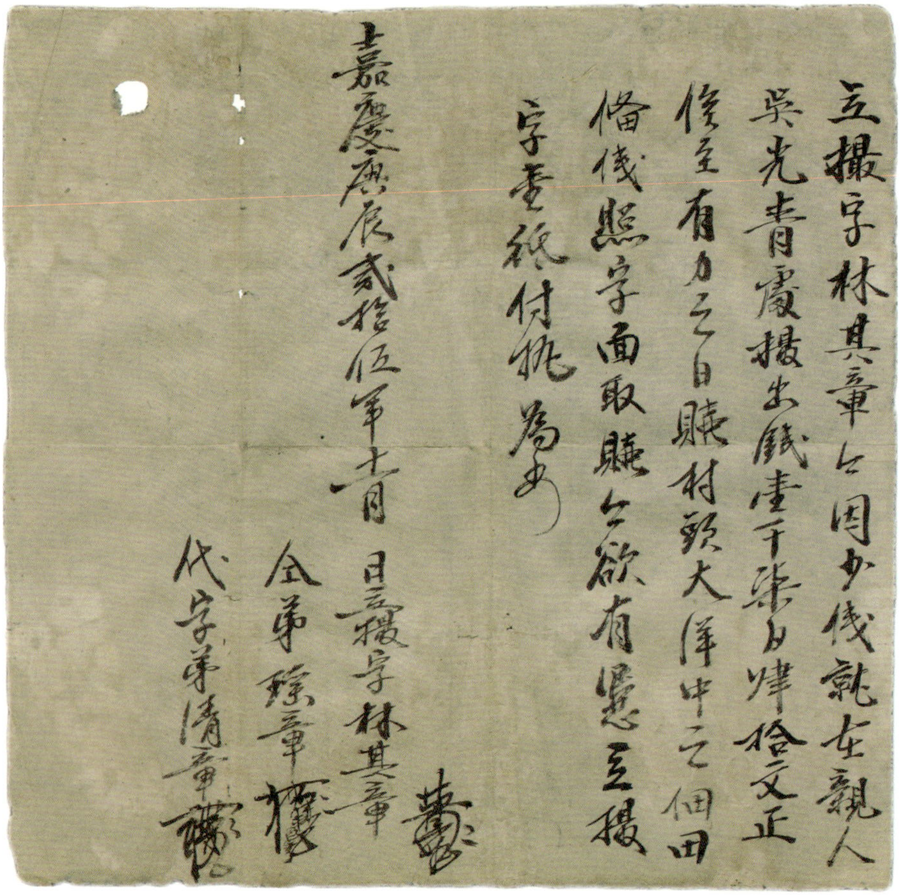
立撮字林其章今因乏錢就在親人
吳光青處撮出錢壹千柒百肆拾文正
俟至有力之日贖村頭大洋中之佃田
備錢照字面取贖今欲有憑立撮
字壹紙付執爲炤
嘉慶庚辰貳拾伍年十一月　日立撮字林其章（押）
仝弟　琮章（押）
代字弟　清章（押）

6-2-3-4　清嘉慶二十五年十一月林其章等立撮字

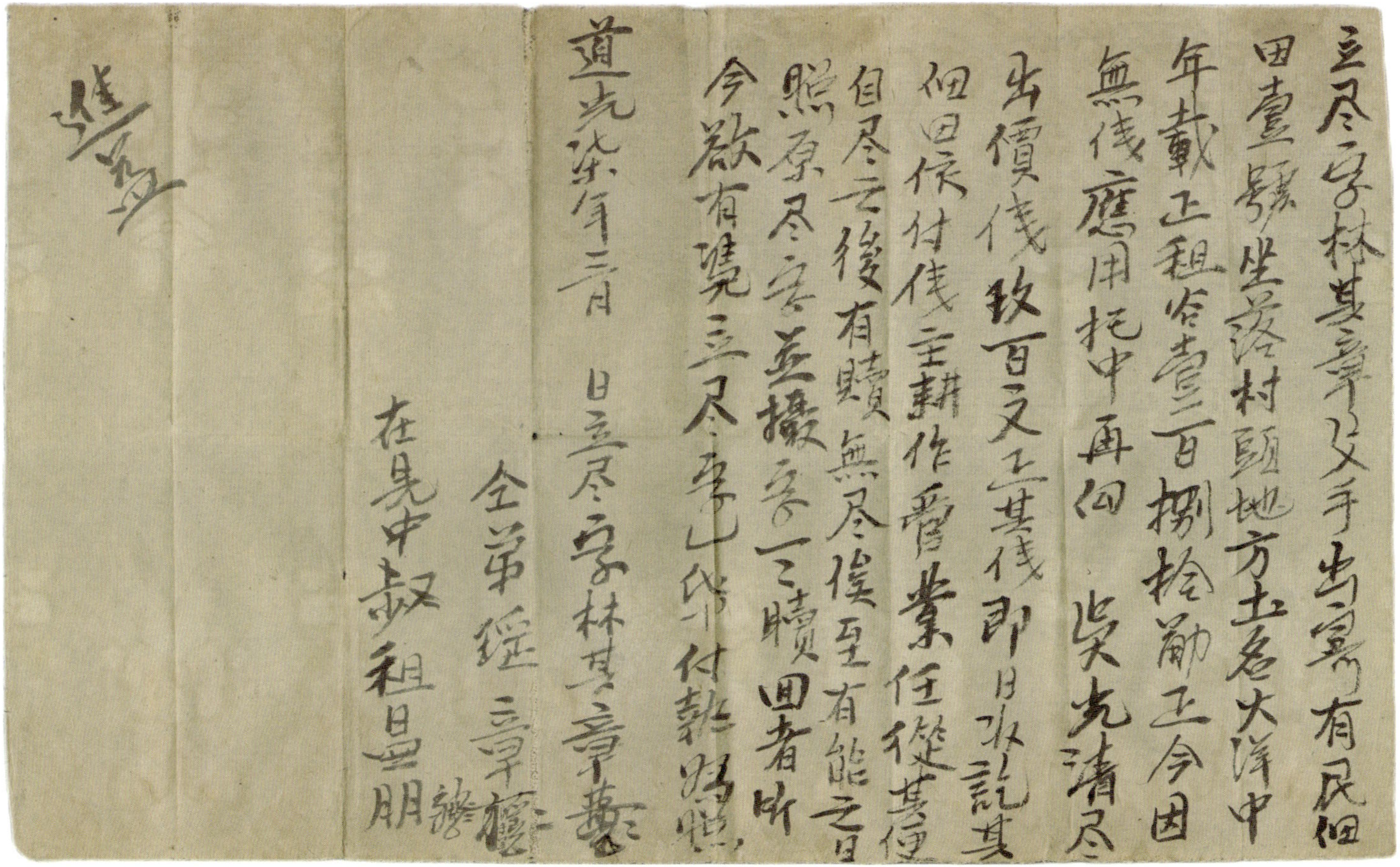

立盡字林其章仝父手出賣有民佃
田壹號坐落村頭地方土名大洋中
年載正租谷壹百捌拾斤正今因
無錢應用托中再向 吳光清盡
出價錢玖百文正其錢即日收訖其
佃田依付錢主耕作管業任從其便
自盡之後有贖無盡復至有能之日
照原盡價并擬價一一贖回者此
今欲有憑立盡字一紙付執為照。
道光柒年三月 日立盡字林其章（押）
仝弟 經章（押）
在見中 叔祖 日朋

6-2-3-5　清道光七年三月林其章等立盡民佃田字

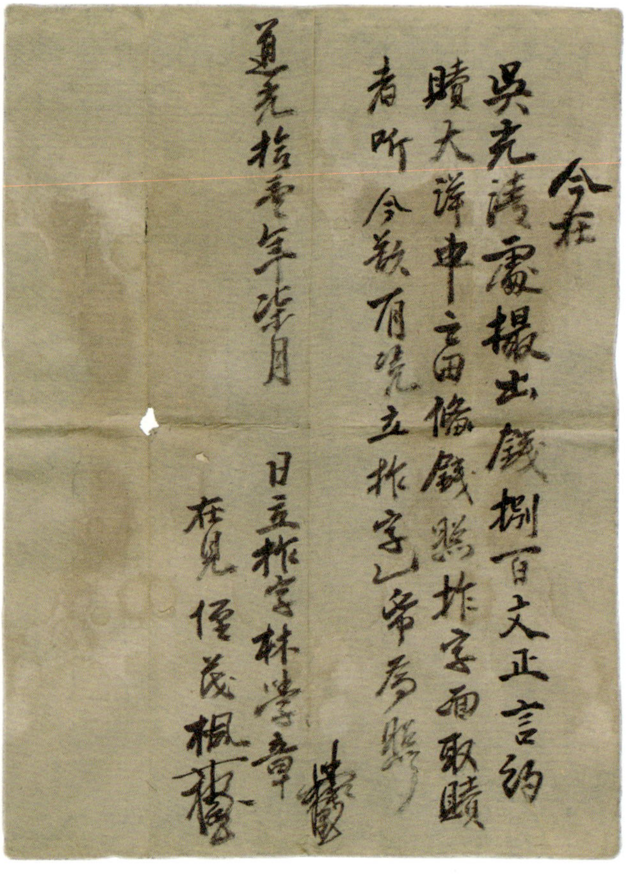

今在
吳光清處撮出錢捌百文正言約
贖大洋中坵田條錢照此字兩取贖
者所今欲有憑立撮字乙帋為照
道光拾壹年柒月　日立撮字林學章（押）
在見侄茂楓（押）

6-2-3-6　清道光十一年七月林學章立撮字

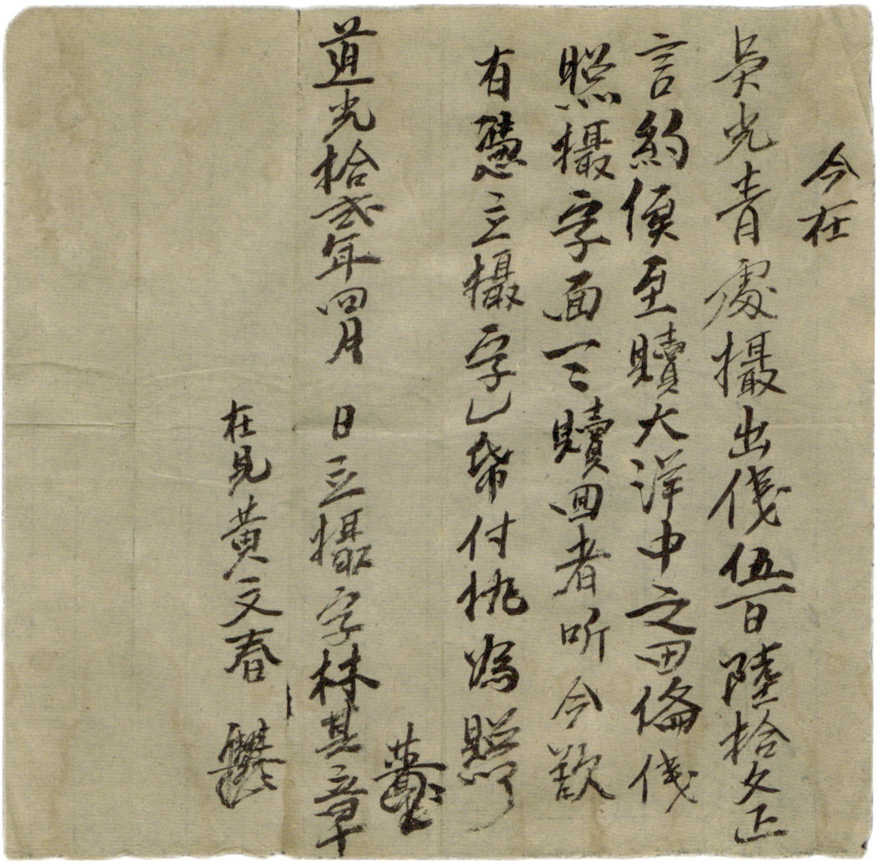
今在
吳光青處撮出佛伍百陸拾文正
言約候至贖大洋中之田備佛
照撮字面下贖回者听今欲
有憑立撮字乙紙付執為照
道光拾貳年四月　日立撮字林其章
在見黄文春

6-2-3-7　清道光十二年四月林其章立撮字

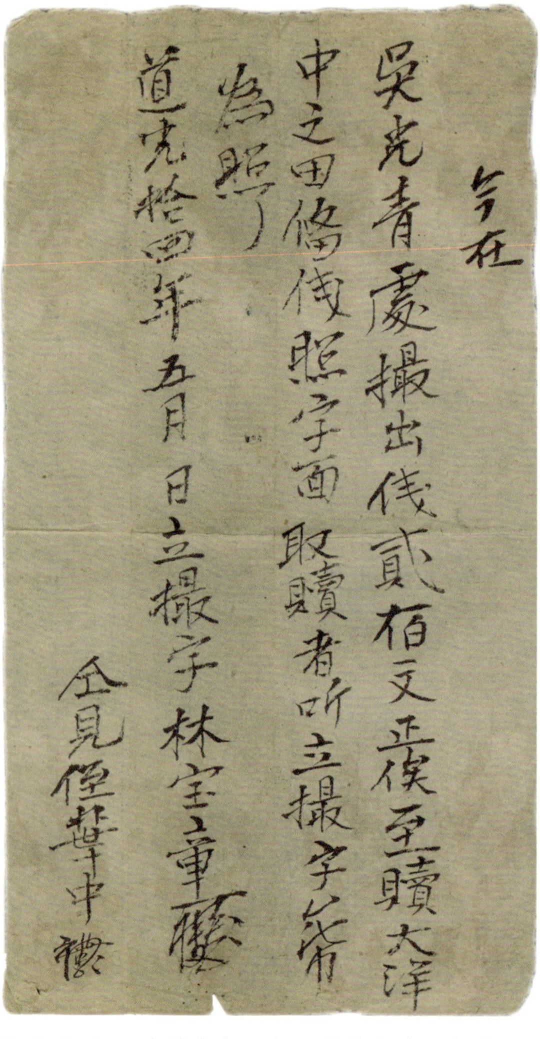
今在
吳光青處撮出錢貳佰文正，候至贖大洋
中之田，倘錢照字面取贖者，听立撮字帋
爲照。
道光拾四年五月　日立撮字林宝章（押）
仝見侄華中（押）

6-2-3-8　清道光十四年五月林宝章立撮字

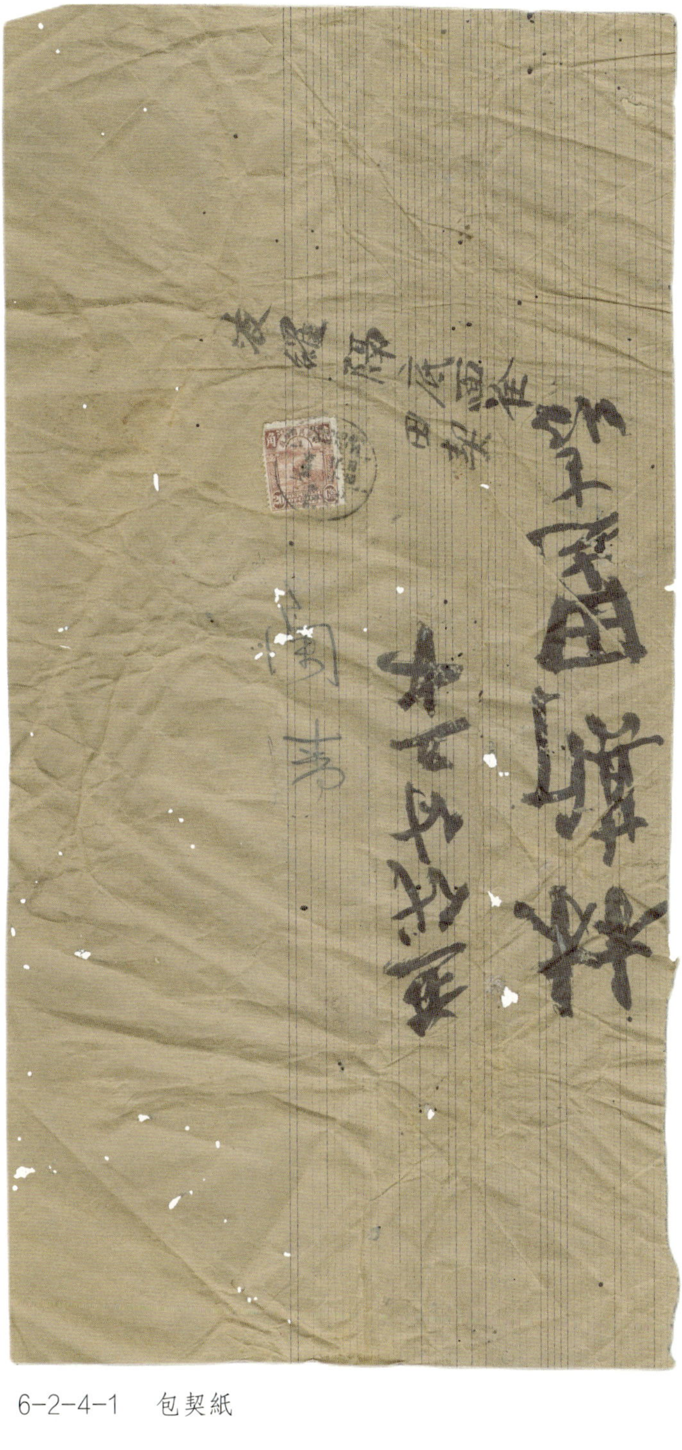

6-2-4-1　包契紙

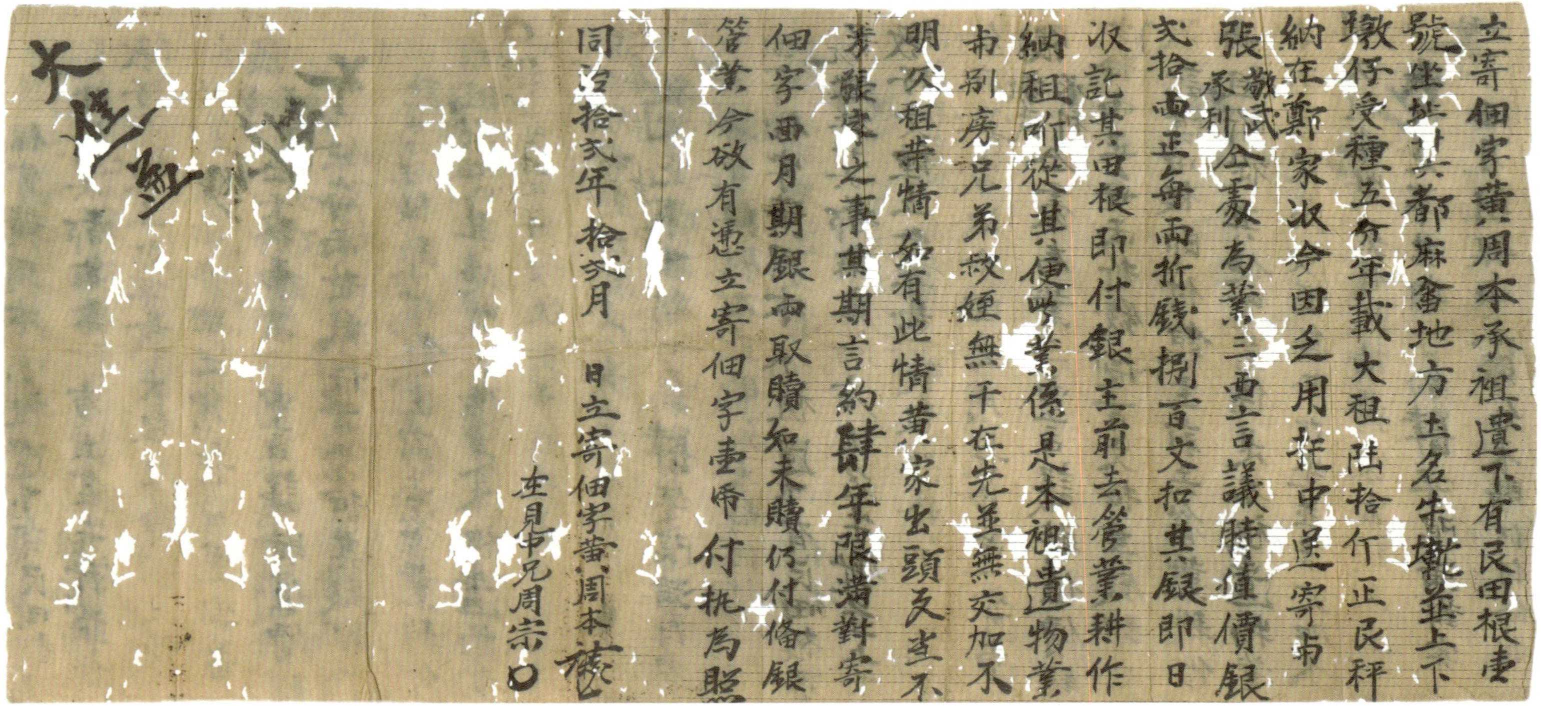
立寄佃字黃周本承祖遺下有民田根壹
號坐址廿六都麻畬地方土名牛墩坵上下
墩仔受種五分年載大租陆拾斤正民秤
納在鄭家收今因乏用托中送與寄
張敬武承刋仝家為業，三面言議時值價銀
弍拾兩正每兩折錢捌百文扣其銀即日
收訖其田根即付銀主前去管業耕作
納租所從其便此業係是本祖遺物業
而別房兄弟叔侄無干在先並無交加不
明及租典情弊如有此情黃家出頭支當不
涉銀主之事其期言約肆年限滿對寄
佃字面月期銀兩取贖如未贖仍付倫銀
管業今欲有憑立寄佃字壹帋付執為照
同治拾弍年拾弍月　日立寄佃字黃周本（押）
在見中兄周宗（押）

6-2-4-2　清同治十二年十二月黃周本立寄佃民田根字

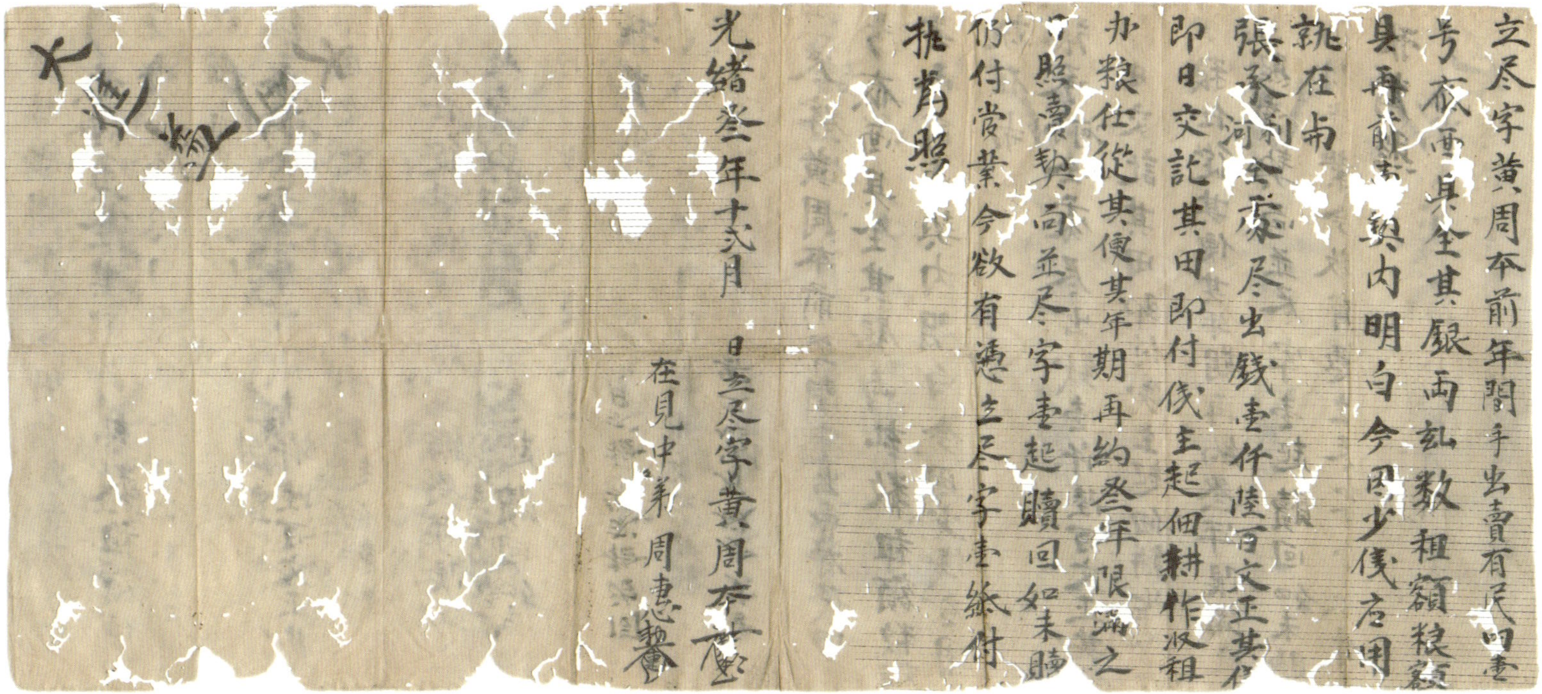

6-2-4-3　清光緒三年十二月黄周本立盡底面全民田字

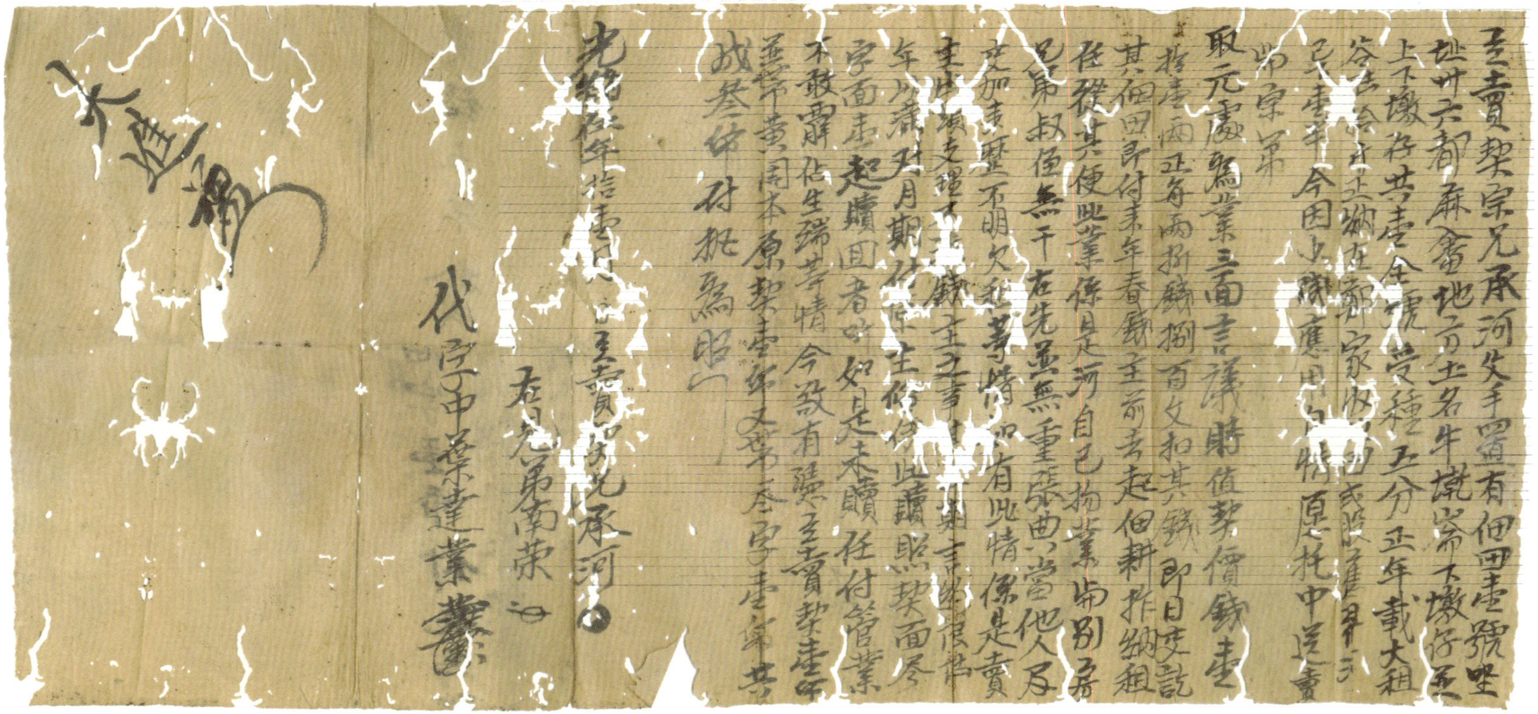

6-2-4-4　清光緒五年十一月張承河立賣佃田契

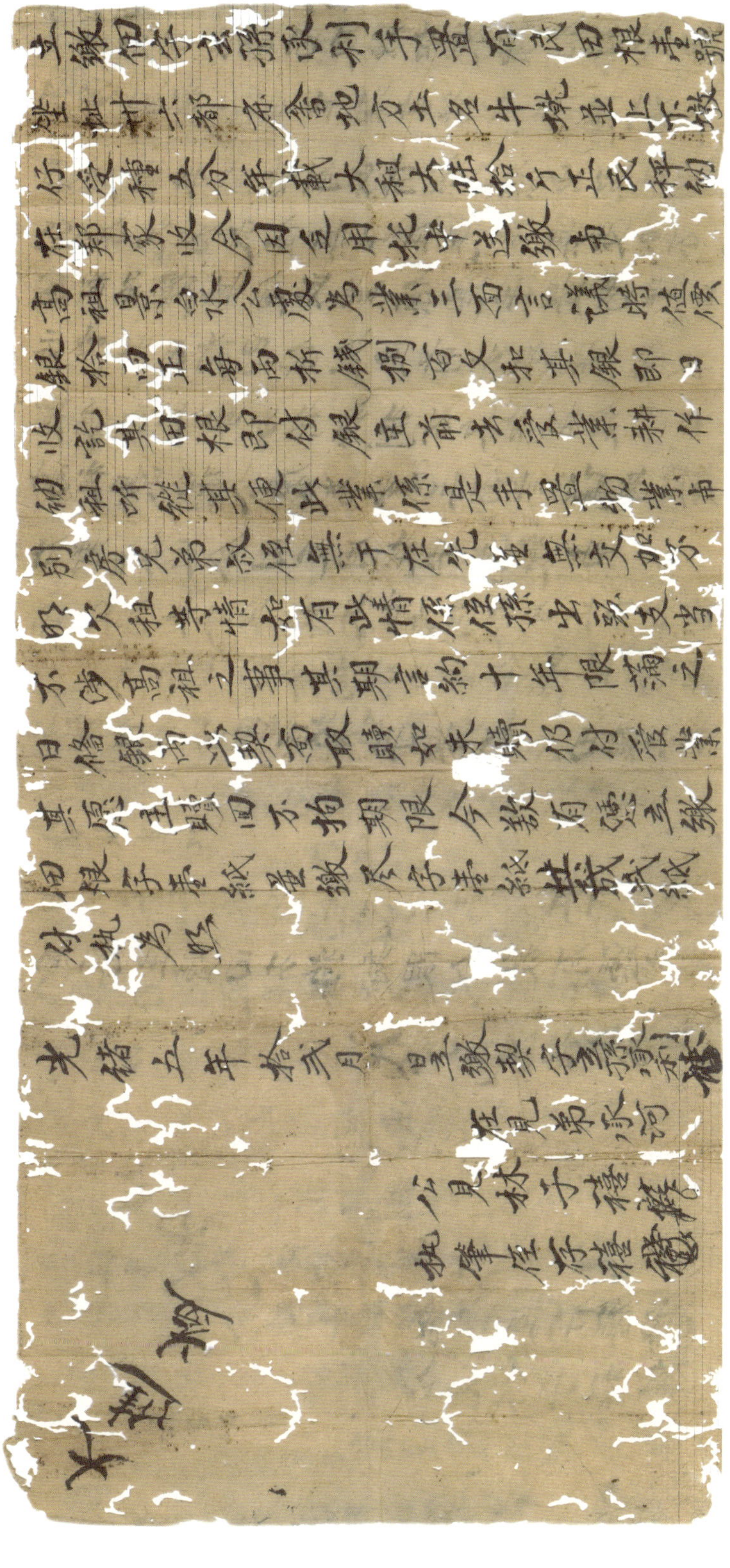

6-2-4-5 清光緒五年十二月張承利立繳民佃田根字

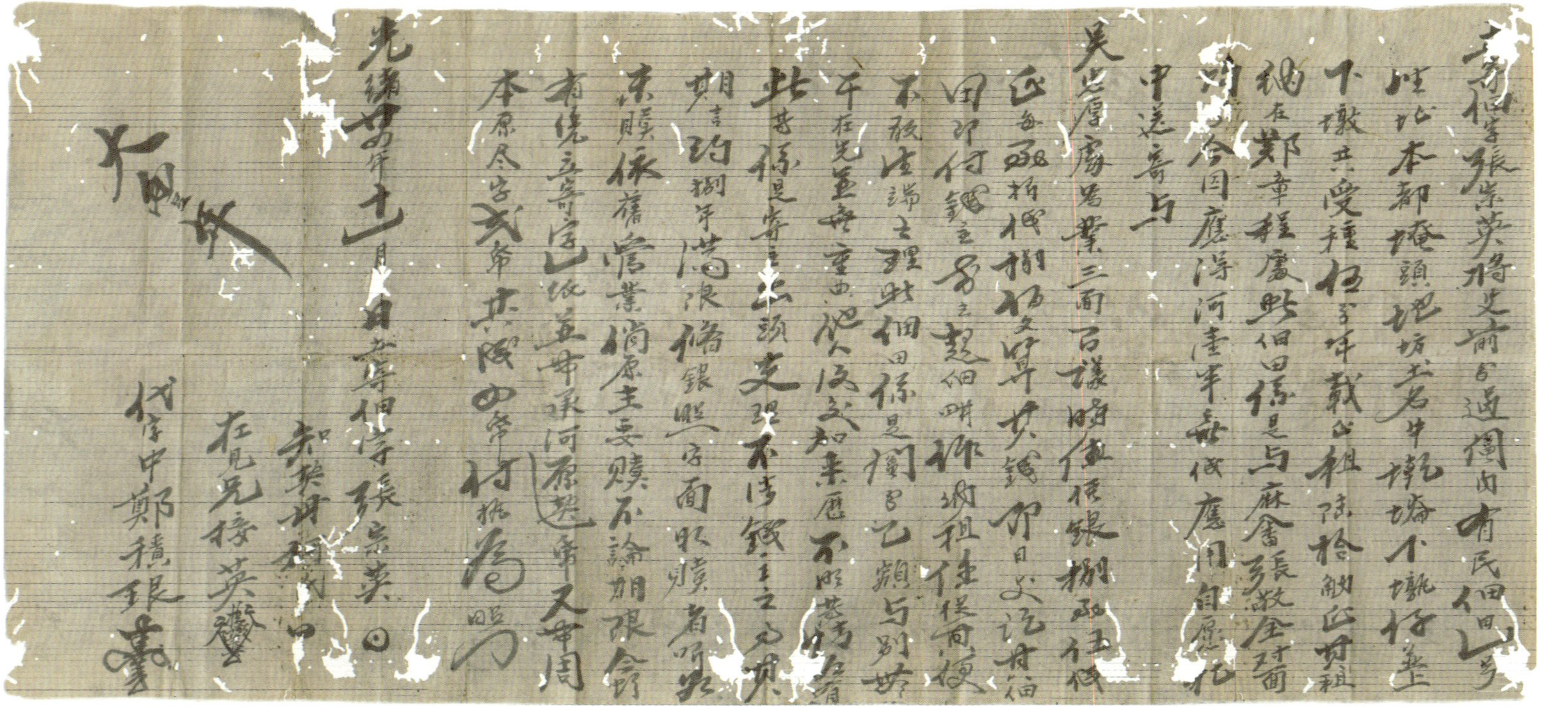

6-2-4-6　清光緒二十四年十一月張宗英立寄民佃田字

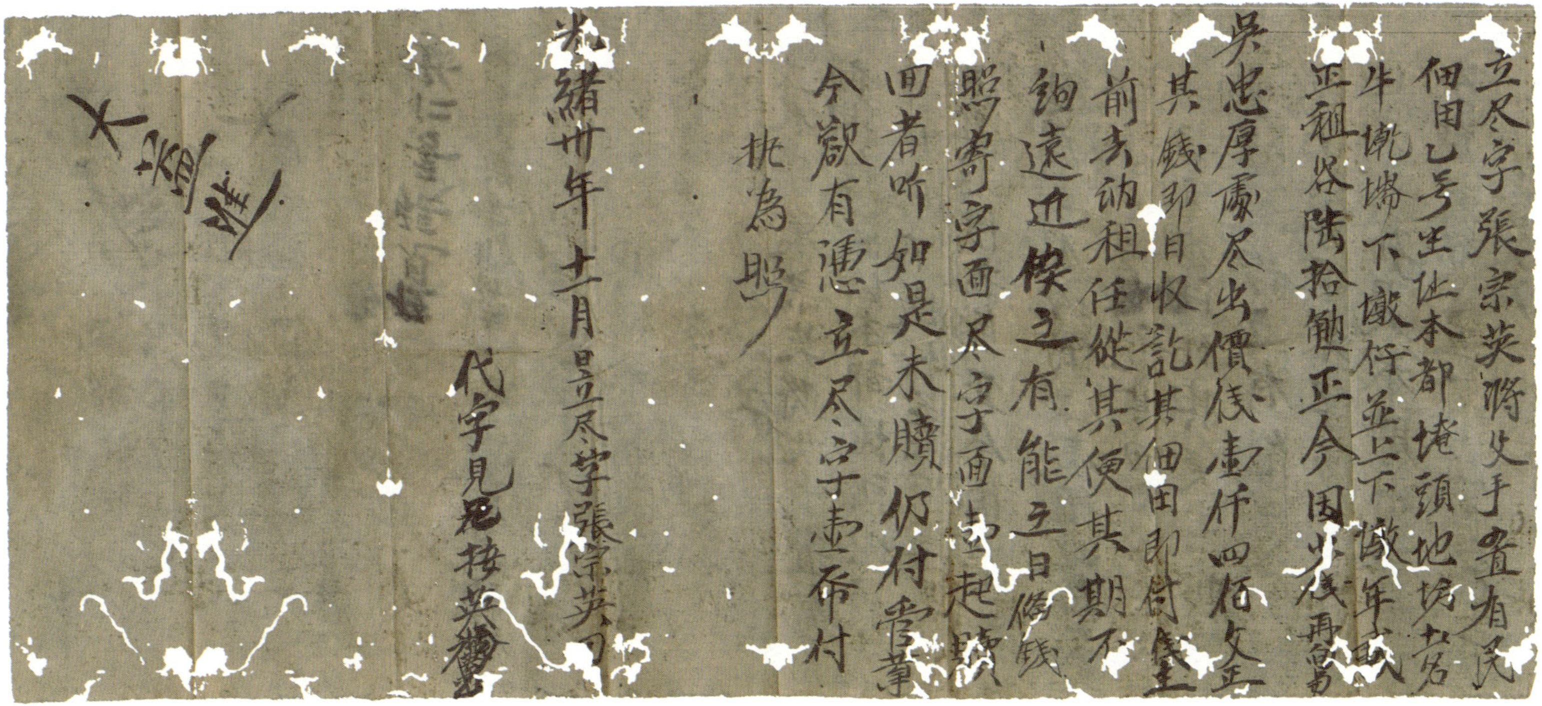
立尽字張宗英將父手置有民
佃田乙号坐址本都垵頭地坊，土名
牛塅墘下墩仔並上下，歲年載
正租谷陸拾觔正，今因乏錢再向
吳忠厚處尽出價錢壹仟四佰文正，
其錢即日收訖，其佃田即付壹
前去納租，任從其便，其期不
拘遠近，俟立有能立日備錢
照寄字面尽字面贖起，
回者聽，如是未贖，仍付管業。
今欲有憑，立尽字壹紙付
執為照。

光緒卅年十一月　日立尽字張宗英
代字見　兄　接英

6-2-4-7　清光緒三十年十一月張宗英立盡民佃田字

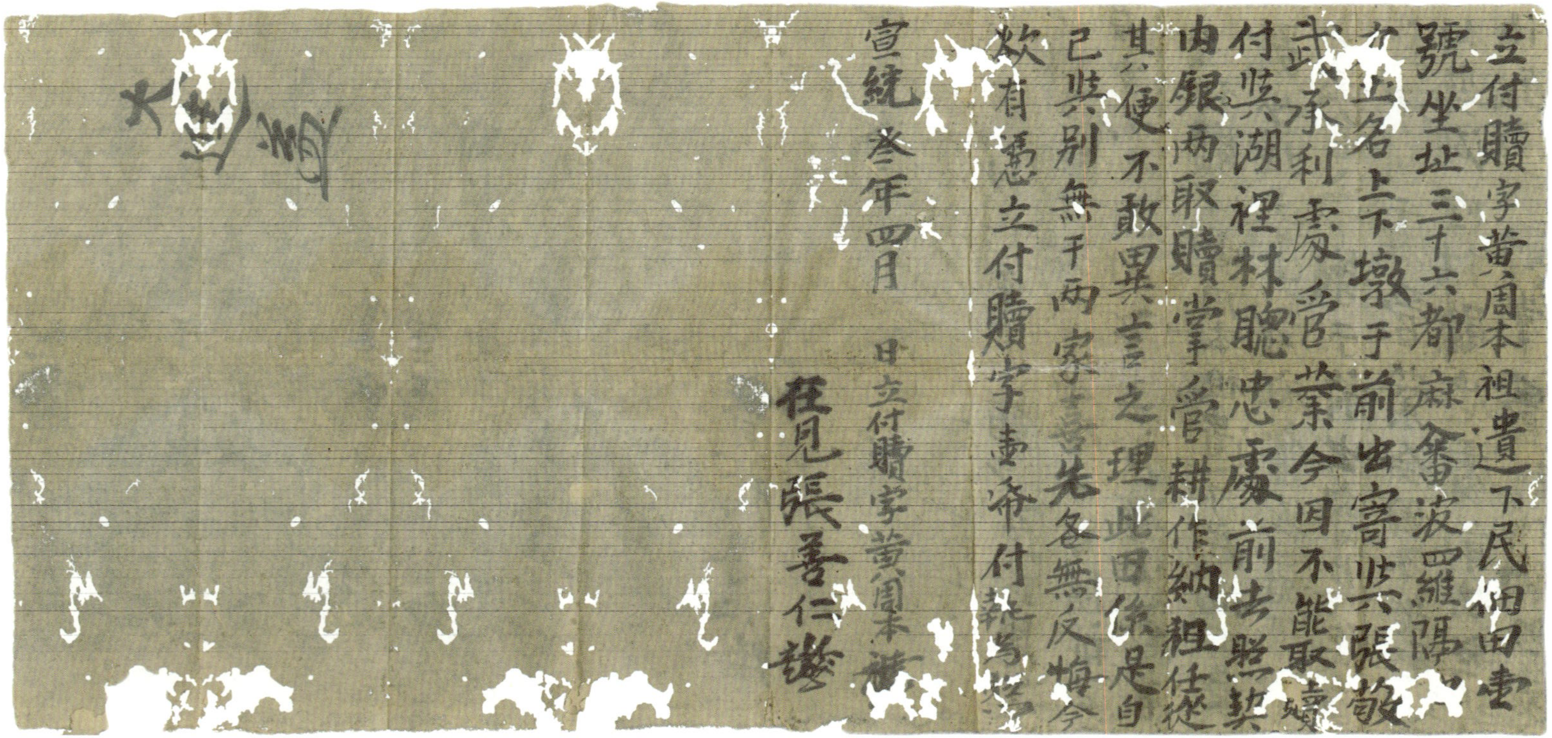
立付贖字黃周本祖遺下民佃田壹
號坐址三十六都麻畲洋四羅陽□
□土名上下墩于前出寄與張敬
武承利處管業今因不能取贖
付與湖裡林聰忠處前去照契
内銀兩取贖掌管耕作納租任從
其便不敢異言之理此田係是自
己與別無干兩家□□先各無反悔今
欲有憑立付贖字壹紙付執為照

宣統叁年四月　日立付贖字黃周本（押）

在見張善仁（押）

6-2-4-8　清宣統三年四月黃周本立付贖民佃田字

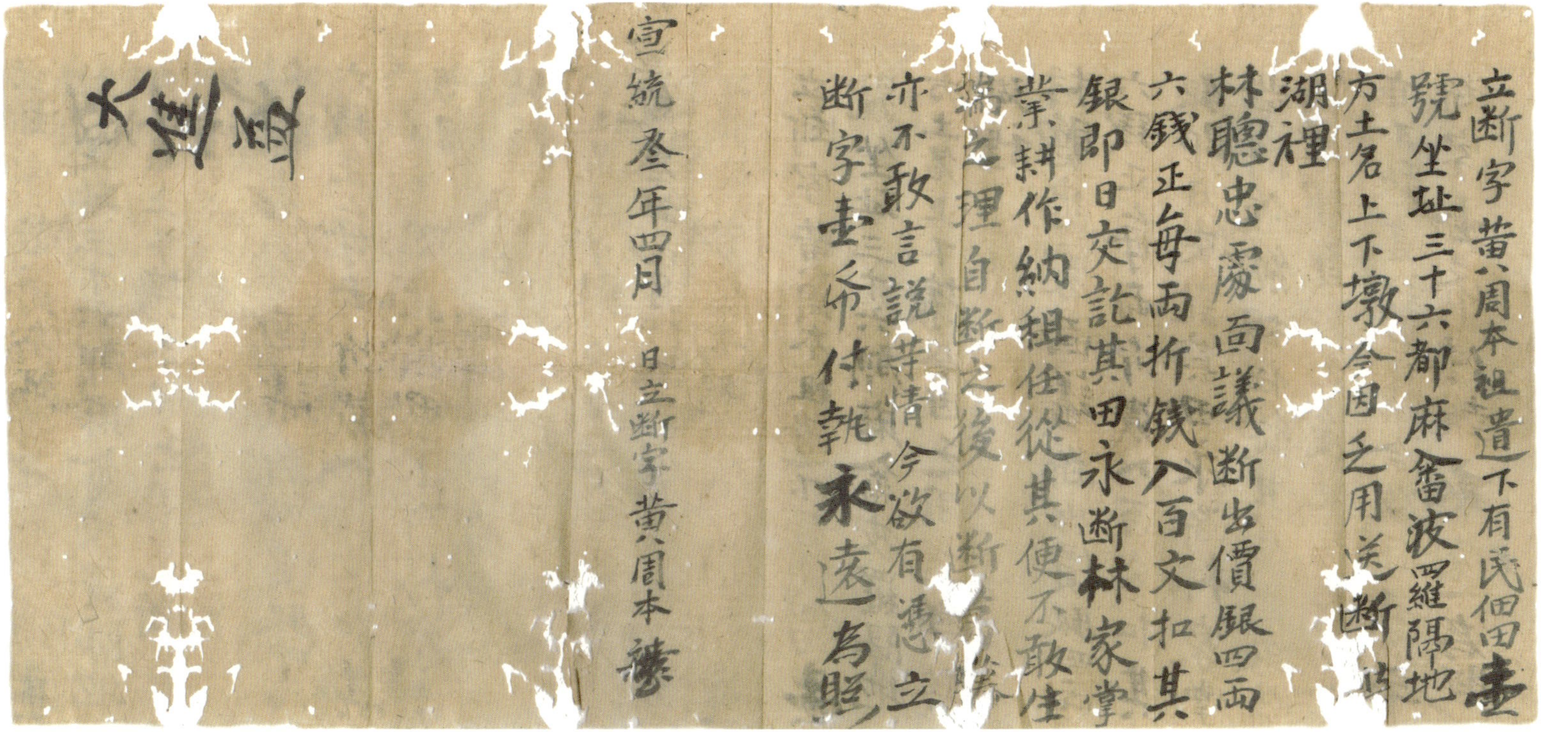
立斷字黄周本祖遺下有民佃田壹
號坐址三十六都麻畲波羅隔地
方土名上下墩今因乏用，送斷與
湖裡
林聽忠處面議斷出價銀四兩
六錢正，每兩折錢八百文，扣其
銀即日交訖。其田永斷林家掌
業耕作納租，任從其便，不敢生
端之理。自斷之後，以斷[illegible]
亦不敢言說等情。今欲有憑，立
斷字壹紙付執，永遠為照。

宣統叁年四月　日立斷字黄周本（押）

大吉

6-2-4-9　清宣統三年四月黄周本立斷民佃田字

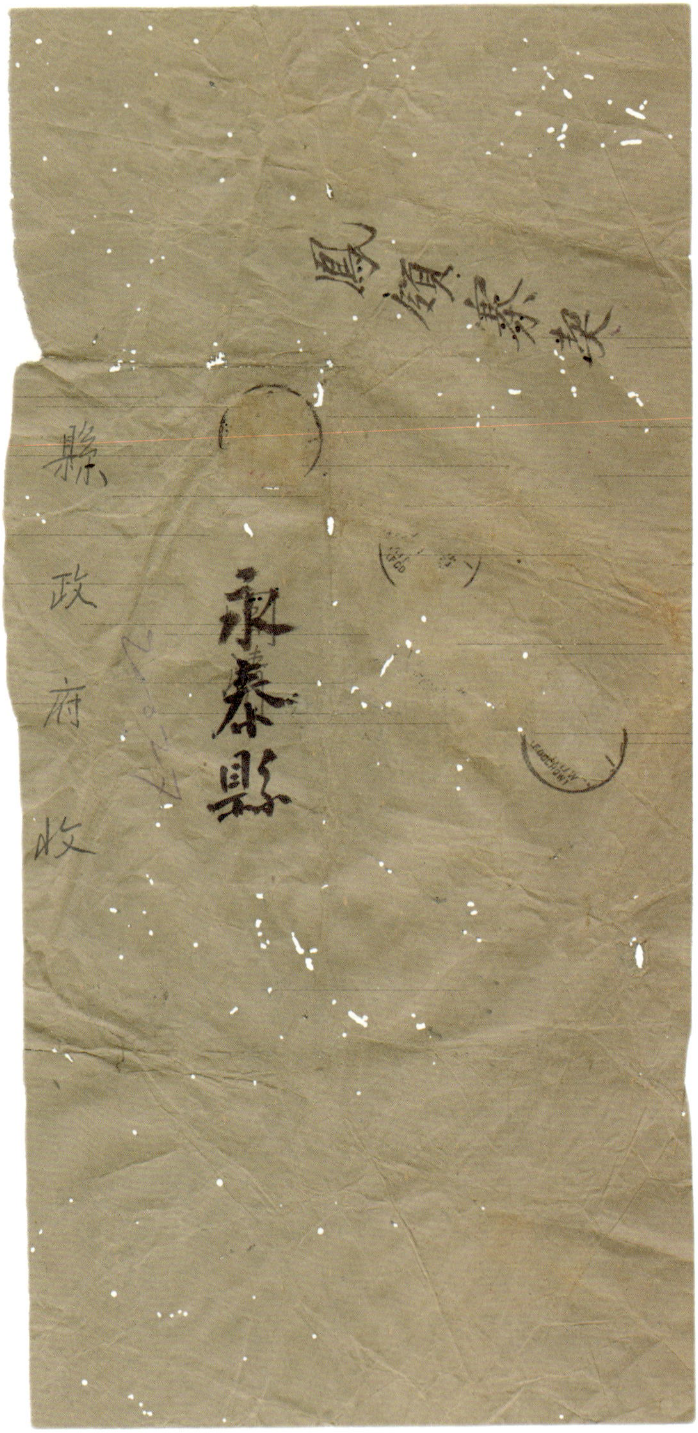


6-2-5-1　包契紙

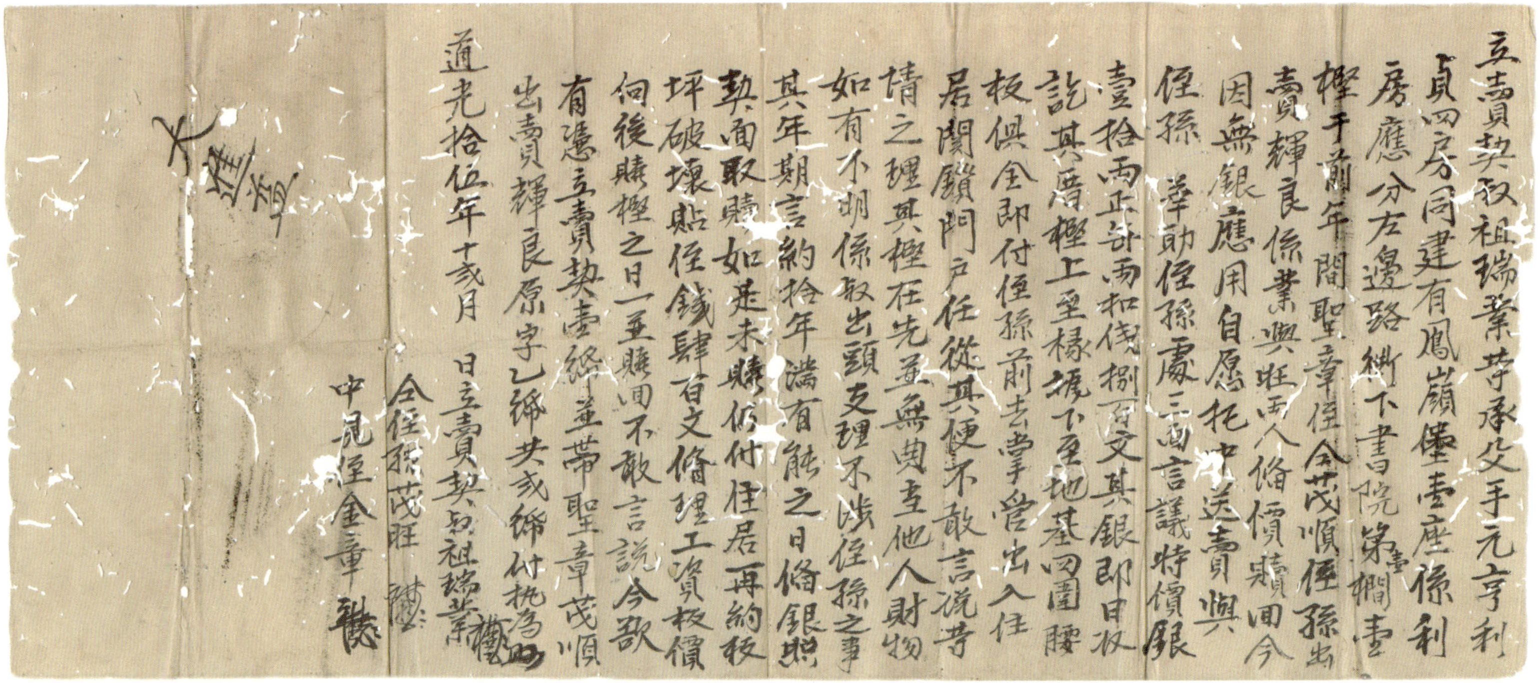

立賣契叔祖瑞業等承父手元亨利
貞四房分同建有鳳崗嶺壟壹座係利
房應分左邊路衕下書院第壹捌壹
樫千前年間聖章侄仝茂順侄孫出
賣輝良係業與旺兩人脩價贖回今
因無銀應用自愿托中送賣與
侄孫　章勛侄孫處三面言議特價銀
壹拾兩正計兩扣錢捌百文其銀即日收
訖其厝樫上至椽櫳下至地基四圍腰
板俱全即付侄孫前去掌管出入住
居關鎖門户任從其便不敢言說等
情之理其樫在先並無與吏他人財物
如有不明係叔出頭支理不涉侄孫之事
其年期言約拾年満有能之日備銀照
契面取贖如是未贖仍付侄居再約板
坪破壞貼侄錢肆百文脩理工資板價
向後贖樫之日一並贖回不敢言說今欲
有憑立賣契壹紙並帶聖章茂順
出賣輝良原字乙紙共貳紙付執為照

道光拾伍年十二月　日立賣契叔祖瑞業
仝侄孫茂旺
中見侄金章

大吉

6-2-5-2　清道光十五年十二月林瑞業等立賣厝樫契

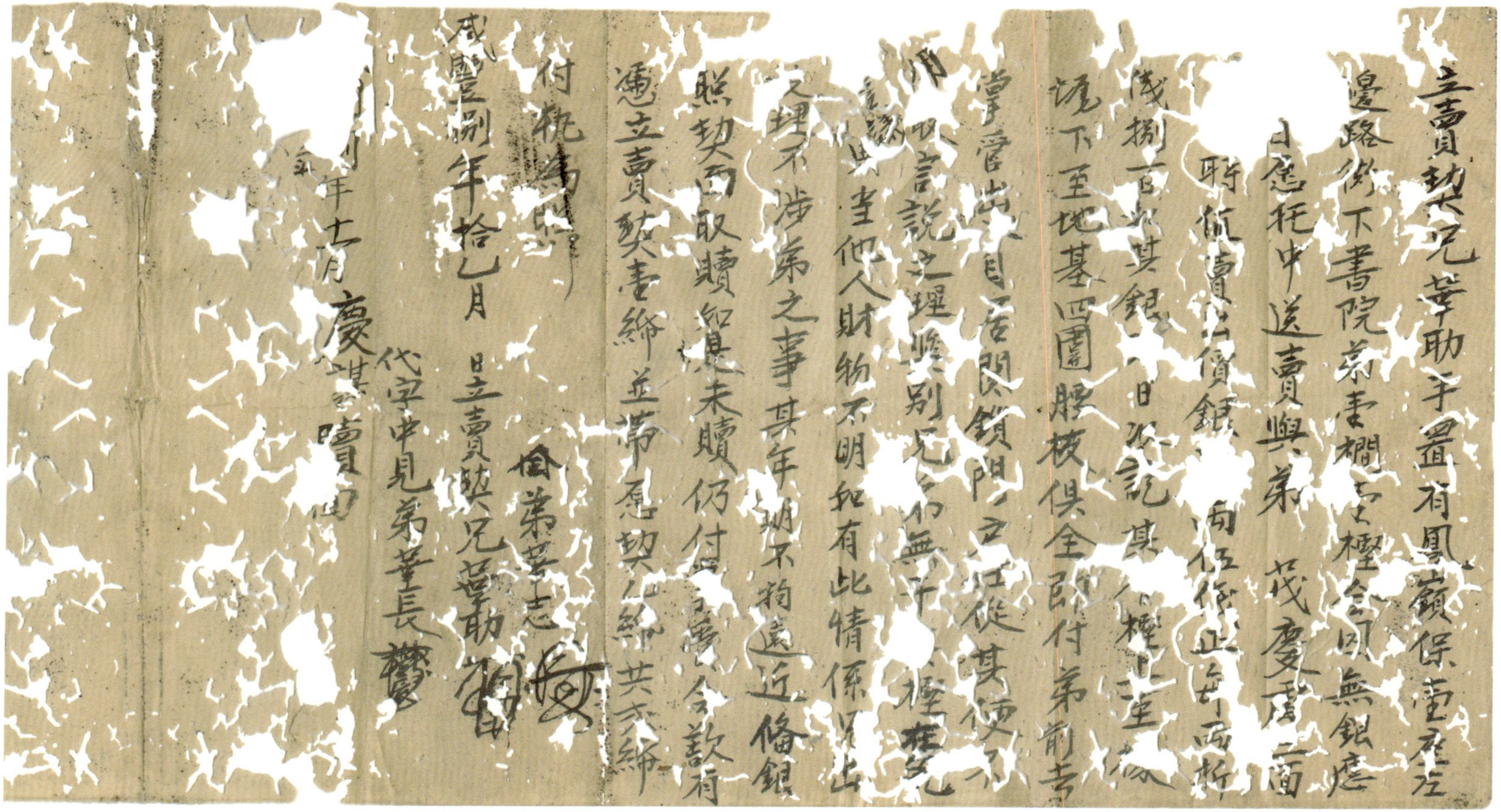

6-2-5-3　清咸豐八年十一月林莘助等立賣厝樫契

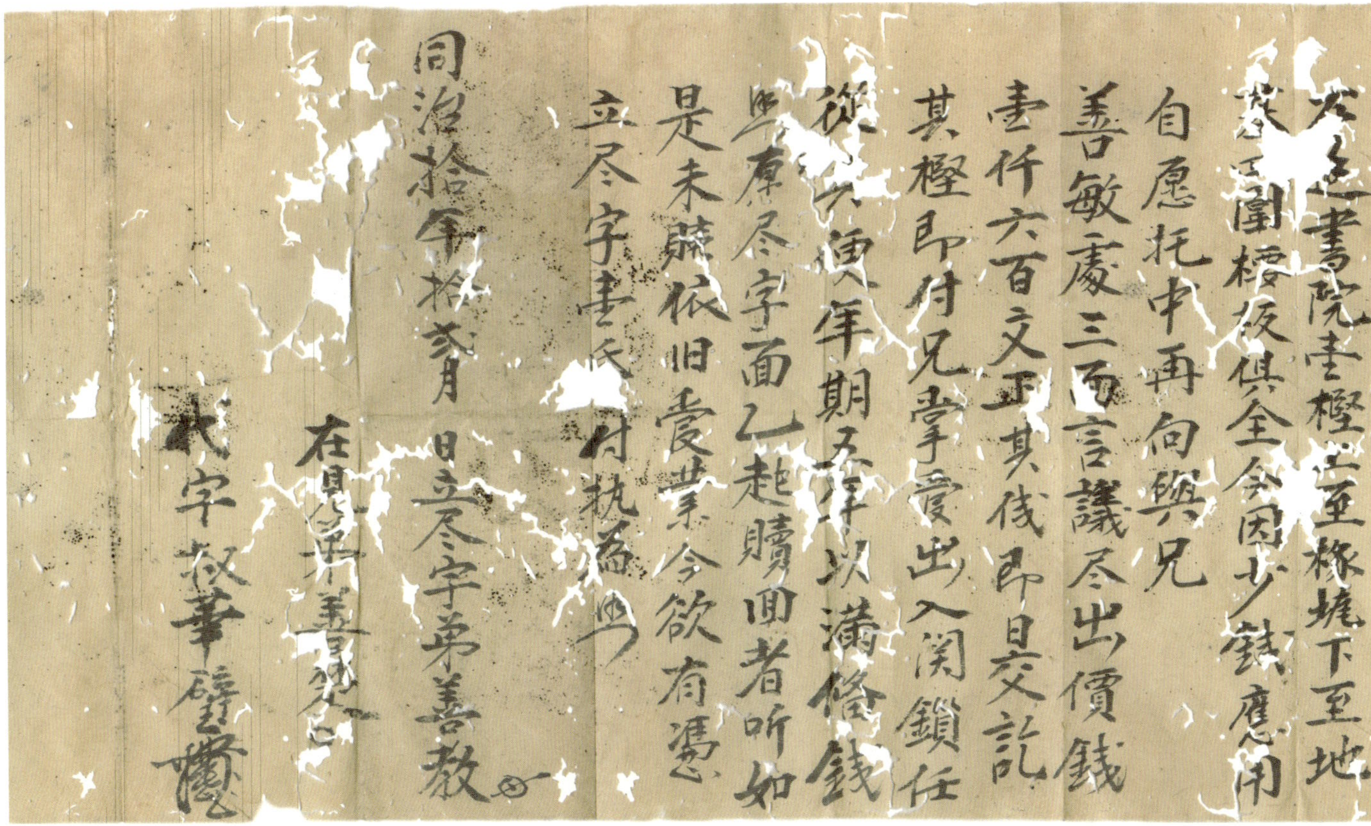
立盡字弟善教父手前年間賣
出有寨樫壹個坐址鳳嶺堡下座
大丘書院壹樫上至椽塆下至地
茶園樫板俱全今因乏錢應用
自愿托中再向與兄
善敏處三面言議盡出價錢
壹仟六百文正其錢即日交訖
其樫即付兄掌管出入關鎖任
從六週年期至年以滿備錢
照原盡字面一起贖回者听如
是未贖依旧管業今欲有憑
立盡字壹紙付執爲照
同治拾年拾貳月 日立盡字弟善教
在見兄善敏
代字叔華譽

6-2-5-4 清同治十年十二月林善教立盡寨樫字

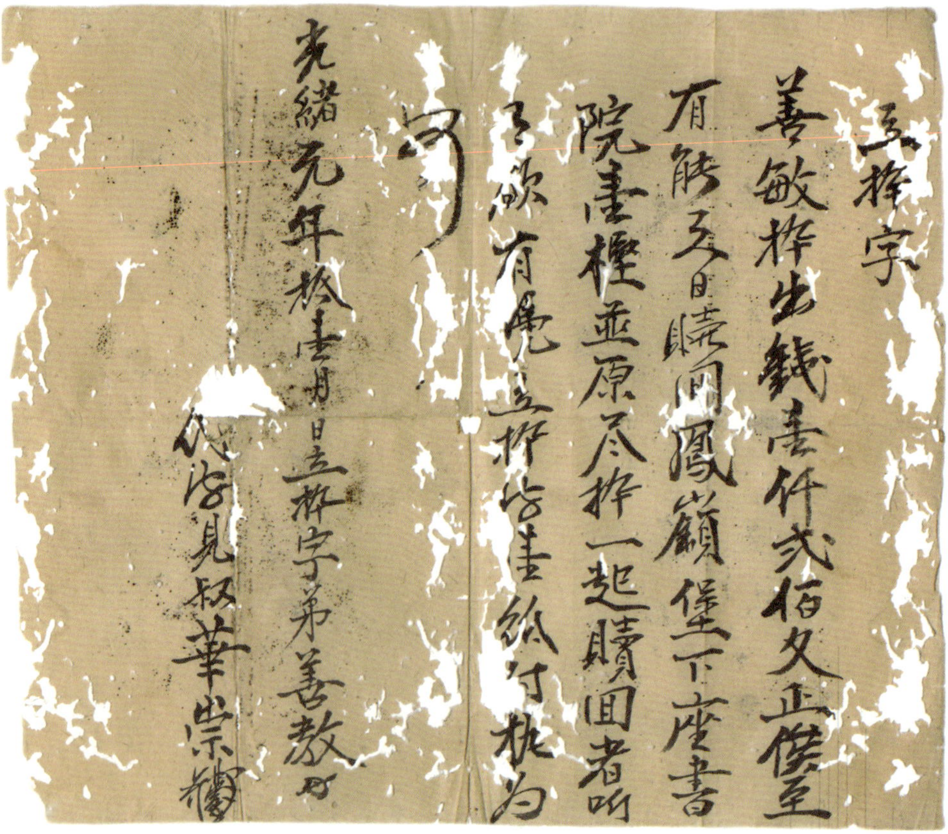

立撮字

善敏撮出錢壹仟弍佰文正，僅至有能之日贖回。鳳嶺堡下座書院壹座並原反撮一起贖回者。此口欲有憑，立撮字壹紙付執為照。

光緒元年拾壹月　日立撮字弟善教押

代字見叔華崇押

6-2-5-5　清光緒元年十一月林善教立撮字

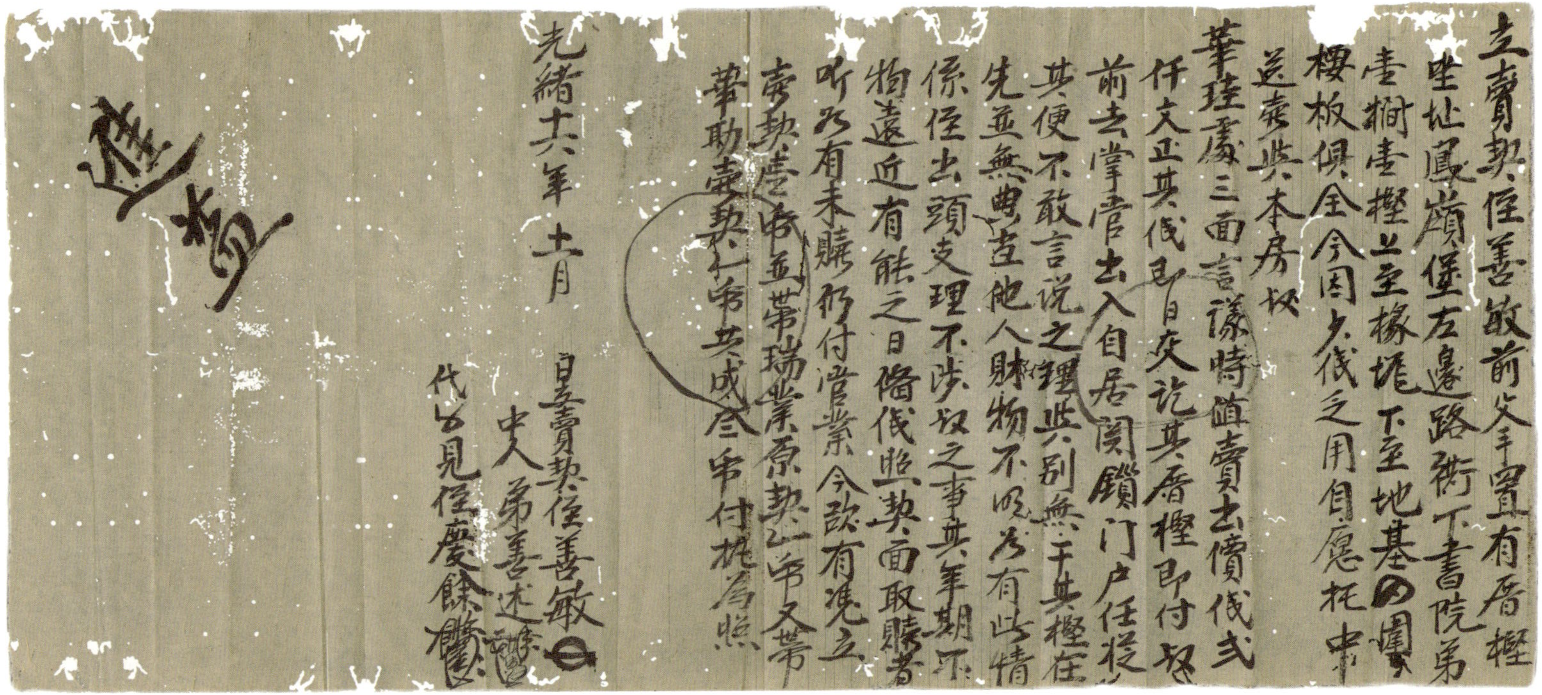

立賣契侄善敏前父手置有厝樫坐址鳳嶺堡左邊路街下書院弟壹櫥壹樫，上至椽梶，下至地基，四圍樓板俱全。今因乏銭應用，自愿托中送奏與本房叔華珪處三面言議，時值賣出價銭弍仟文正，其銭即日交訖，其厝樫即付叔前去掌管，出入自居，関鎖門户，任從其便，不敢言説之理。此係別無干其樫，在先並無典當他人財物不明，如有此情，係侄出頭支理，不涉叔之事。其年期不拘遠近，有能之日備銭照契面取贖，叔听不有未贖，仍付管業。今欲有憑，立賣契壹帋，並帶瑞業原契一帋，又帶華勛賣契一帋，共成叁帋，付執爲照。

光緒十六年十一月　日立賣契侄善敏（押）

中人　弟善述（押）

代字見侄慶餘（押）

6-2-5-6　清光緒十六年十一月林善敏立賣厝樫契（廢契）

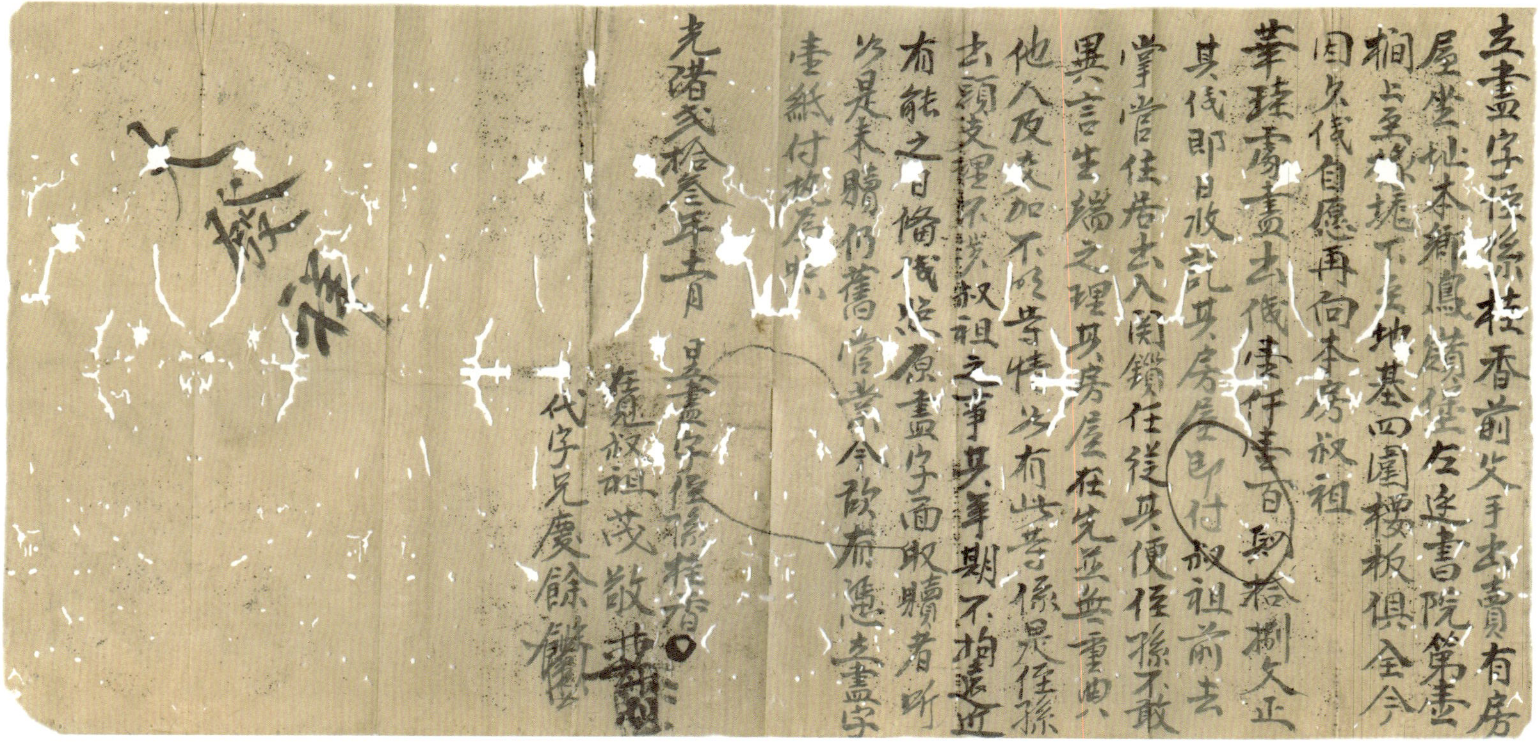

立盡字侄孫林桂香前父手出賣有房
屋坐址本鄉鳳嶺街左邊書院第壹
桐上至椽桷下至地基四圍樓板俱全今
因欠錢自愿再向本房叔祖
華臻處盡出錢壹仟壹百捌拾捌文正
其錢即日收訖其房屋即付叔祖前去
掌管住居出入關鎖任從其便侄孫不敢
異言生端之理其房屋在先並無重典
他人及交加不明等情如有此等係是侄孫
出頭支理不涉叔祖之事其年期不拘遠近
有能之日備錢照原盡字面取贖者聽
以是未贖仍舊管業今欲有憑立盡字
壹紙付叔祖為照
光緒貳拾叁年十一月 日立盡字侄孫林桂香○
在見叔祖茂敬[illegible]
代字兄慶餘[illegible]
廢[illegible]

6-2-5-7　清光緒二十三年十一月林桂香立盡房屋字（廢契）

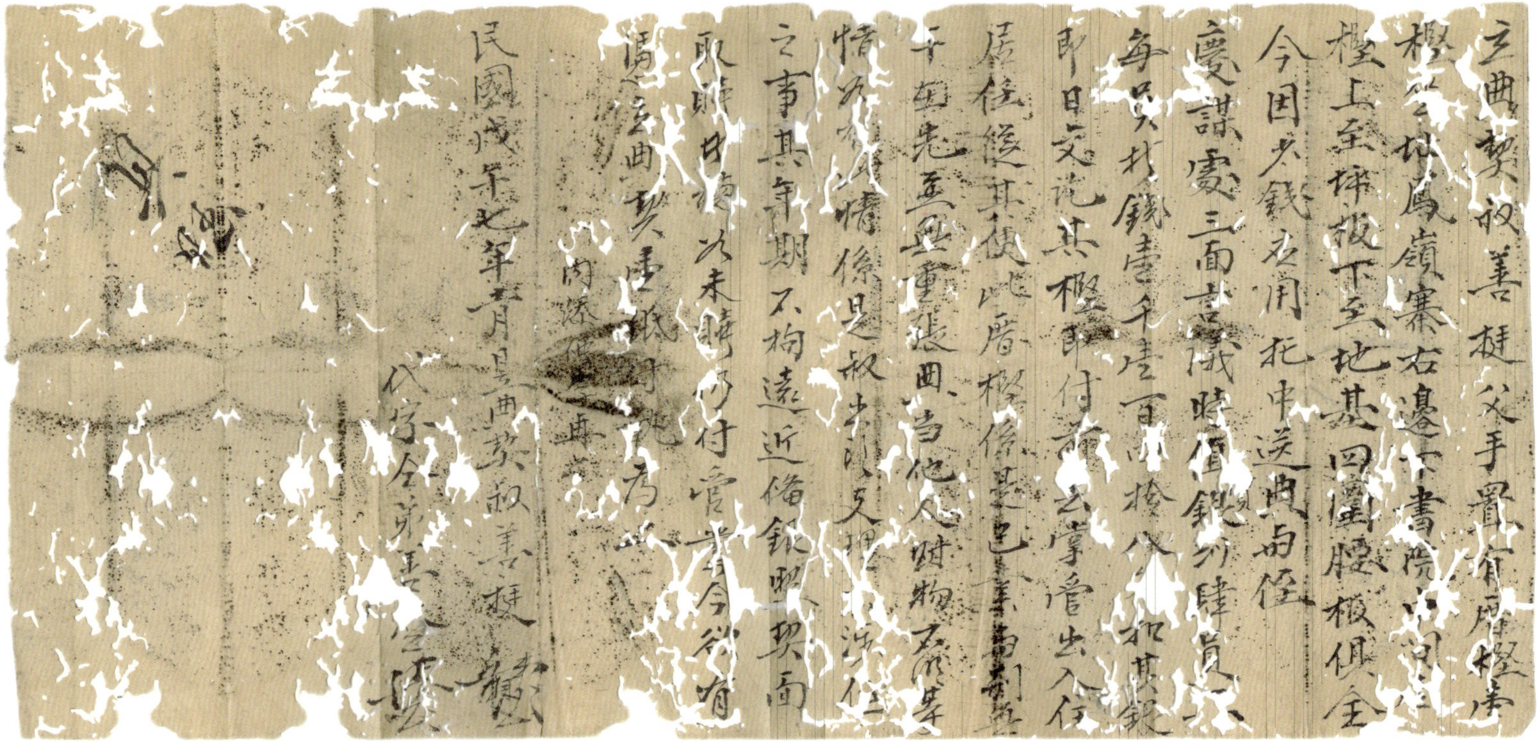
立典契叔善挺，父手置有厝樫壹
樫坐址在嶺寨右邊下書院[illegible]
樫上至坪被下至地基，四圍樫栿俱全。
今因乏錢应用，托中送典与侄
慶謀處，三面言議時值錢肆員，
每員扣錢壹千壹百文，檢入，扣其錢
即日交訖，其樫即付侄去掌管出入住
居住，從其使用。此厝樫係是[illegible]
于與先並無重張典當他人財物，不干某
情，亦無[illegible]情偹，係是叔出[illegible]又押[illegible]任
之事。其年期不拘遠近，備錢取契面
取贖。如未贖，仍付管業。今欲有
憑，立典契壹紙付為[illegible]
內添[illegible]再[illegible]
民國戊午七年十一月　日立典契叔善挺
代字　全弟[illegible]

6-2-5-8　民國七年十一月林善挺立典厝樫契

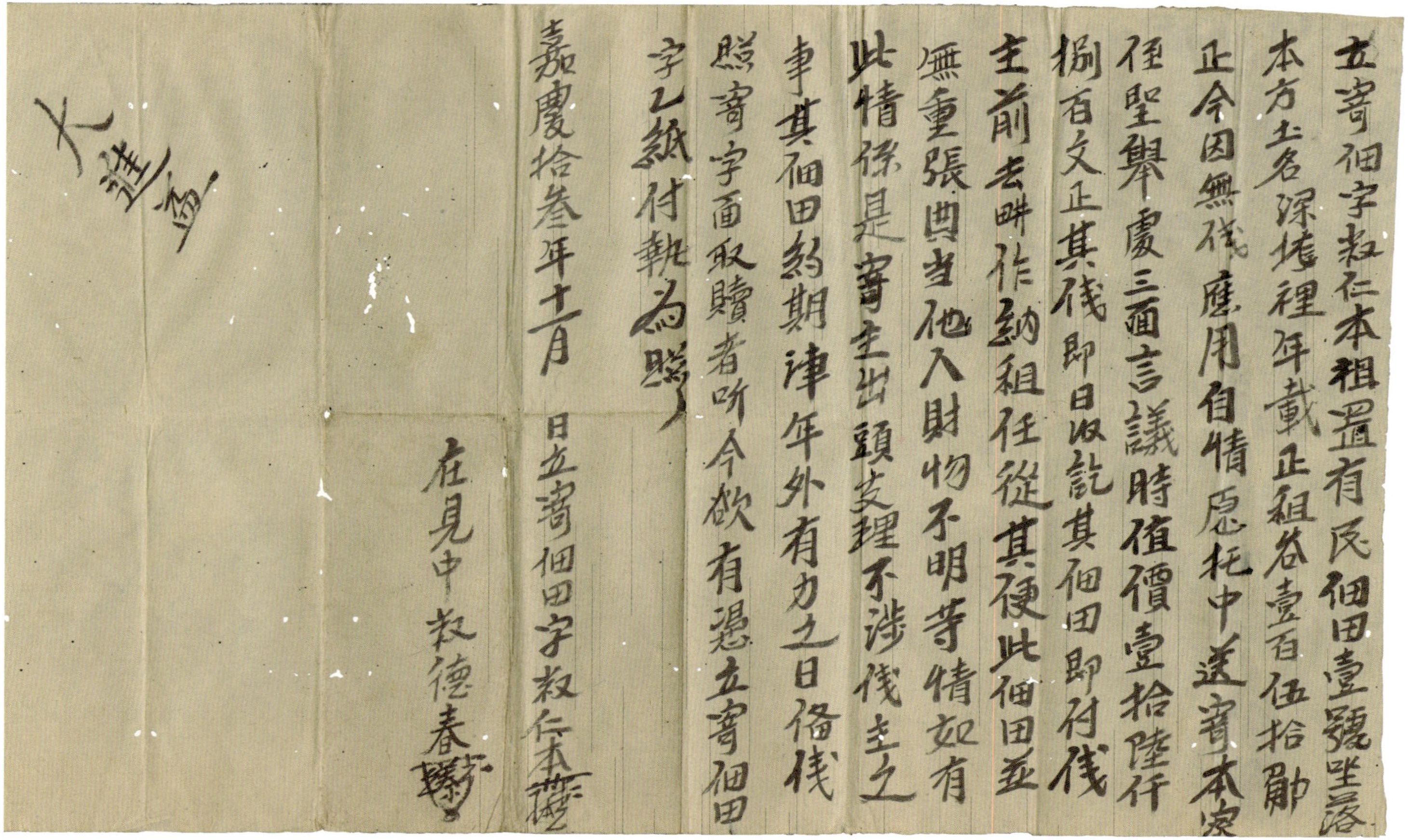

立寄佃字叔仁本祖置有民佃田壹號坐落
本方土名深垵裡年載正租谷壹百伍拾觔
正今因無錢應用自情愿托中送寄本家
侄聖舉處三面言議時值價壹拾陸仟
捌百文正其錢即日收訖其佃田即付錢
主前去耕作納租任從其便此佃田並
無重張典當他人財物不明等情如有
此情係是寄主出頭支理不涉錢主之
事其佃田約期肆年外有力之日備錢
照寄字面取贖者听令欲有憑立寄佃田
字乙紙付執為照
嘉慶拾叁年十一月　日立寄佃田字叔仁本
在見中叔德春
大進財

6-2-6-1　清嘉慶十三年十一月葉仁本立寄民佃田字

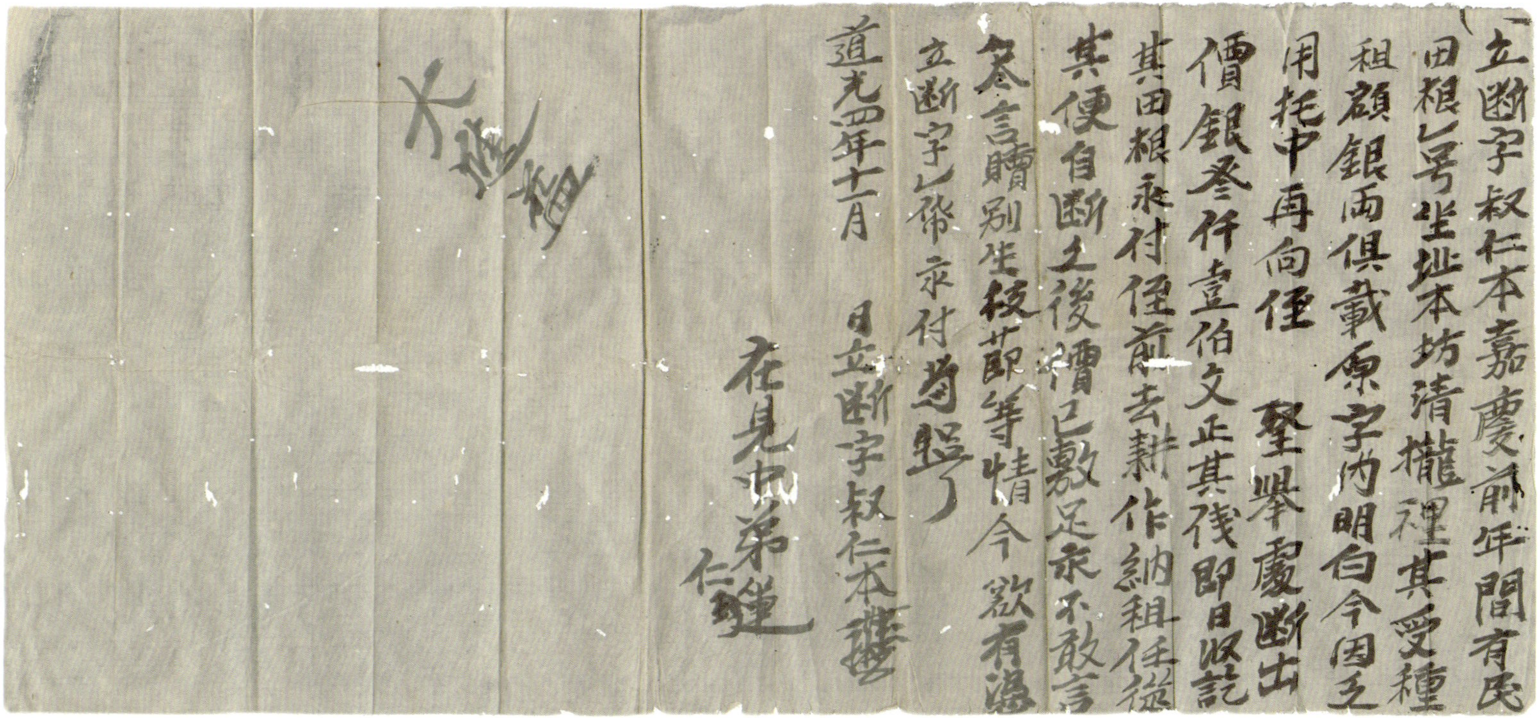
立斷字叔仁本嘉慶前年間有民
田根一號坐址本坊清攏裡其受種
租額銀兩俱載原字內明白今因乏
用托中再向侄 登舉處斷出
價銀叁仟壹佰文正其錢即日收訖
其田根永付侄前去耕作納租任從
其便自斷之後價已敷足永不敢言
貼言贖別生枝節等情今欲有憑
立斷字一紙永付為照
道光四年十一月 日立斷字叔仁本
在見中弟仁璉

6-2-6-2 清道光四年十一月葉仁本立斷民田根字

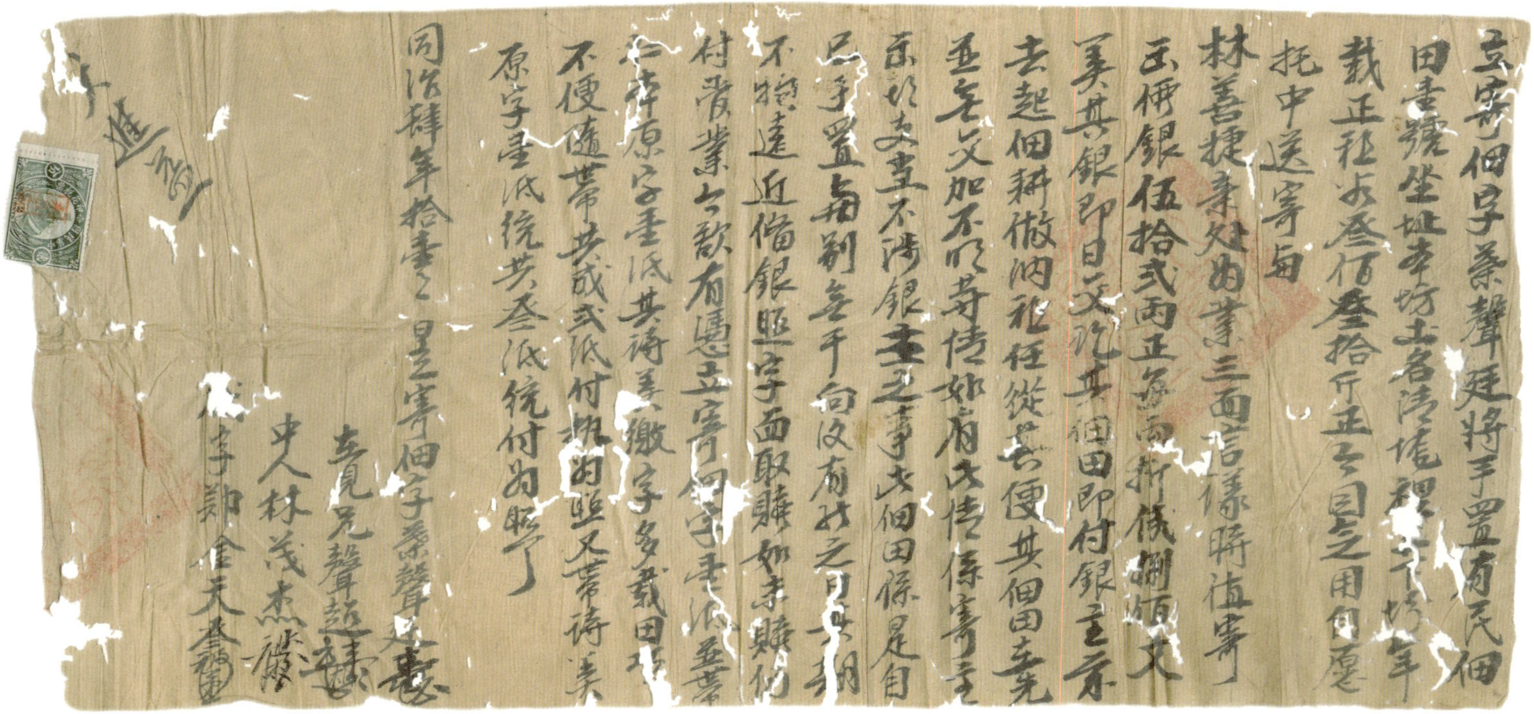

6-2-6-3　清同治四年十一月葉聲廷立寄民佃田字（紅契）

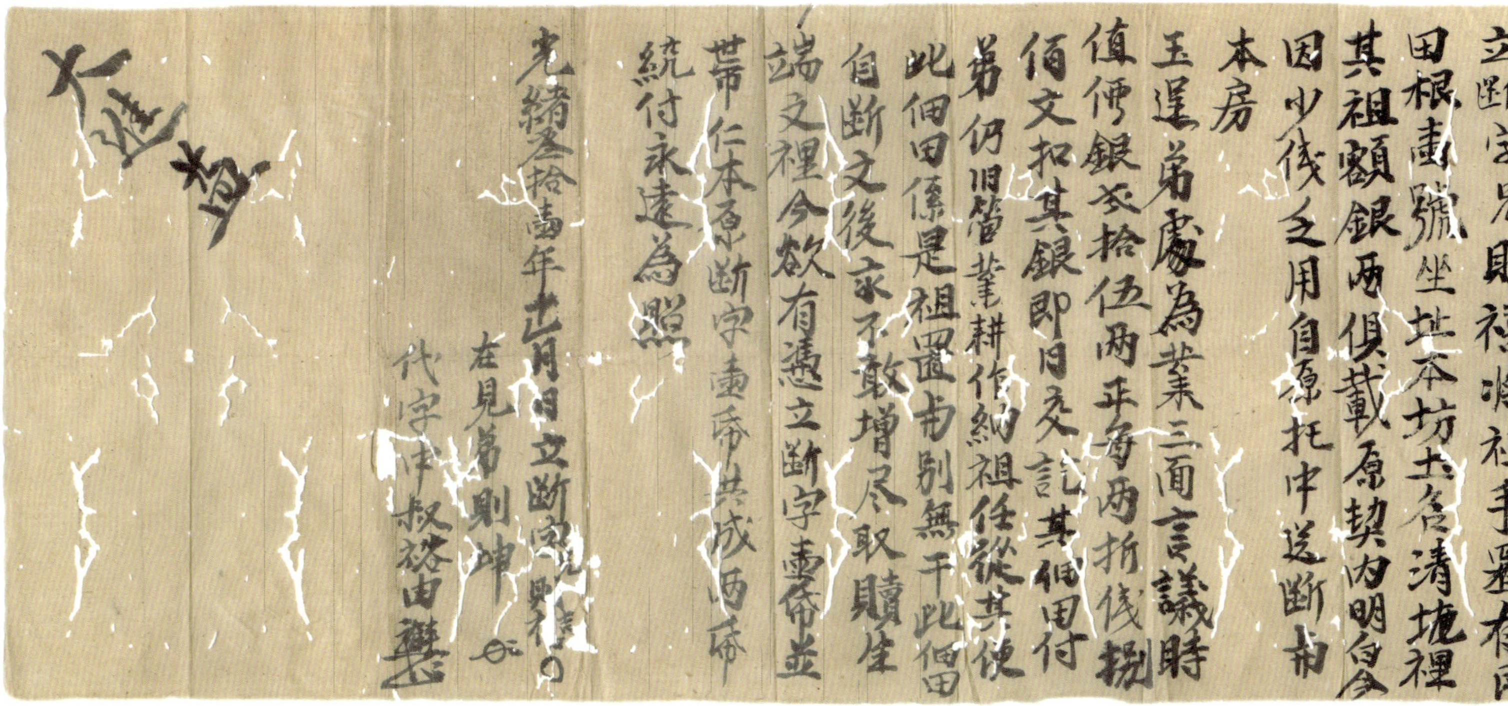

立斷字兄則禧將祖手置有民
田根壹號，坐址本坊，土名清墘裡，
其祖額銀兩俱載原契內明白。今
因乏少錢之用，自願托中送斷與
本房
玉淵弟處為業。三面言議，時
值價銀叁拾伍兩平，每兩折錢捌
佰文扣。其銀即日交訖，其佃田付
弟仍舊管業耕作，納祖任從其便。
此佃田係是祖置，與別無干。此佃
自斷之後，永不敢增盡取贖生
端。文裡今欲有憑，立斷字壹紙，並
帶仁本原斷字壹紙，共成兩紙，
統付永遠為照。
光緒叁拾壹年十一月　日立斷字兄則禧（押）
在見弟則坤（押）
代字中叔裕由鑾（押）

6-2-6-4　清光緒三十一年十一月葉則禧立斷民田根字

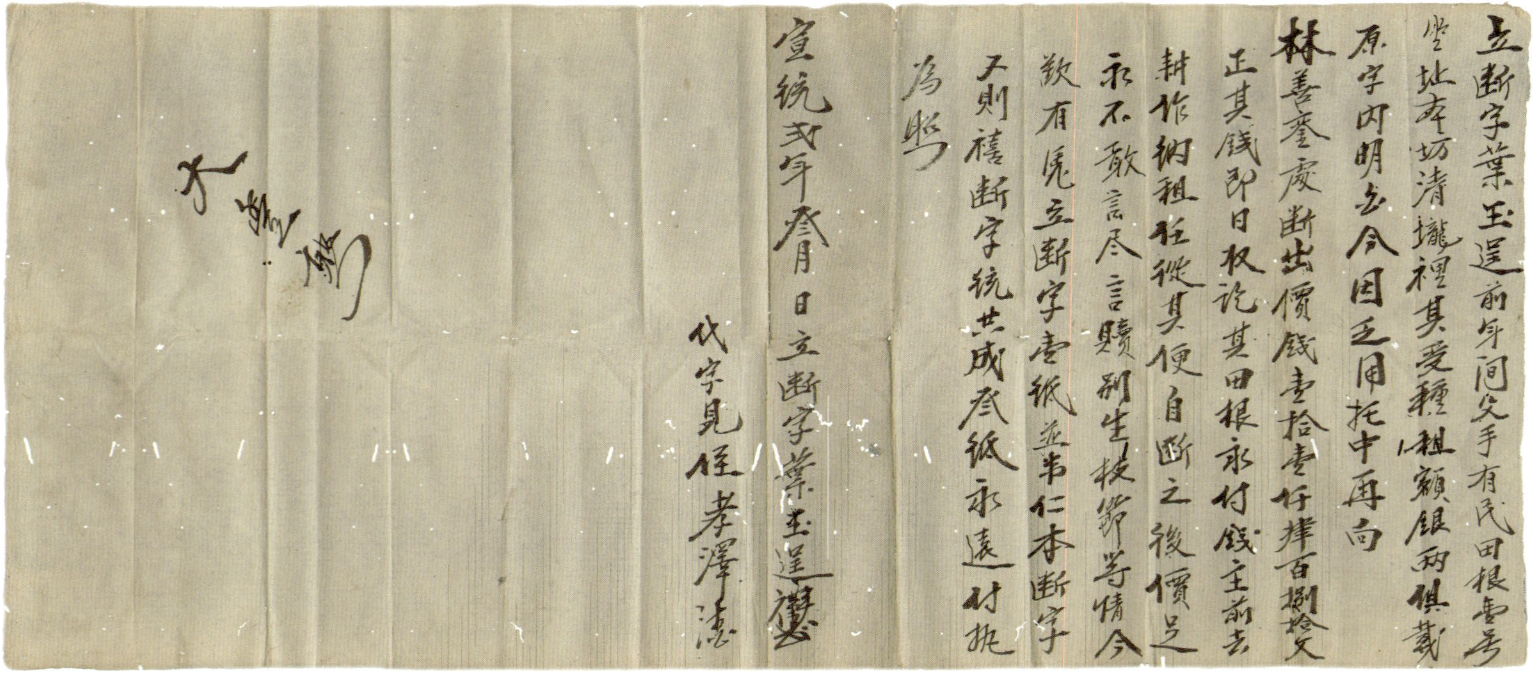
立斷字葉玉逞前年間父手有民田根壹号
坐址本坊清壠裡其受種租額銀兩俱載
原字内明白今因乏用托中再向
林善豢處斷出價錢壹拾壹仟肆百捌拾文
正其錢即日收訖其田根永付錢主前去
耕作納租任從其便自斷之後價足
永不敢言盡言贖別生枝節等情今
欲有憑立斷字壹紙並串仁本斷字
又則禧斷字統共成叁紙永遠付執
為照
宣統弍年叁月　日立斷字葉玉逞（押）
代字見侄孝澤（押）
大吉利

6-2-6-5　清宣統二年三月葉玉逞立斷民田根字

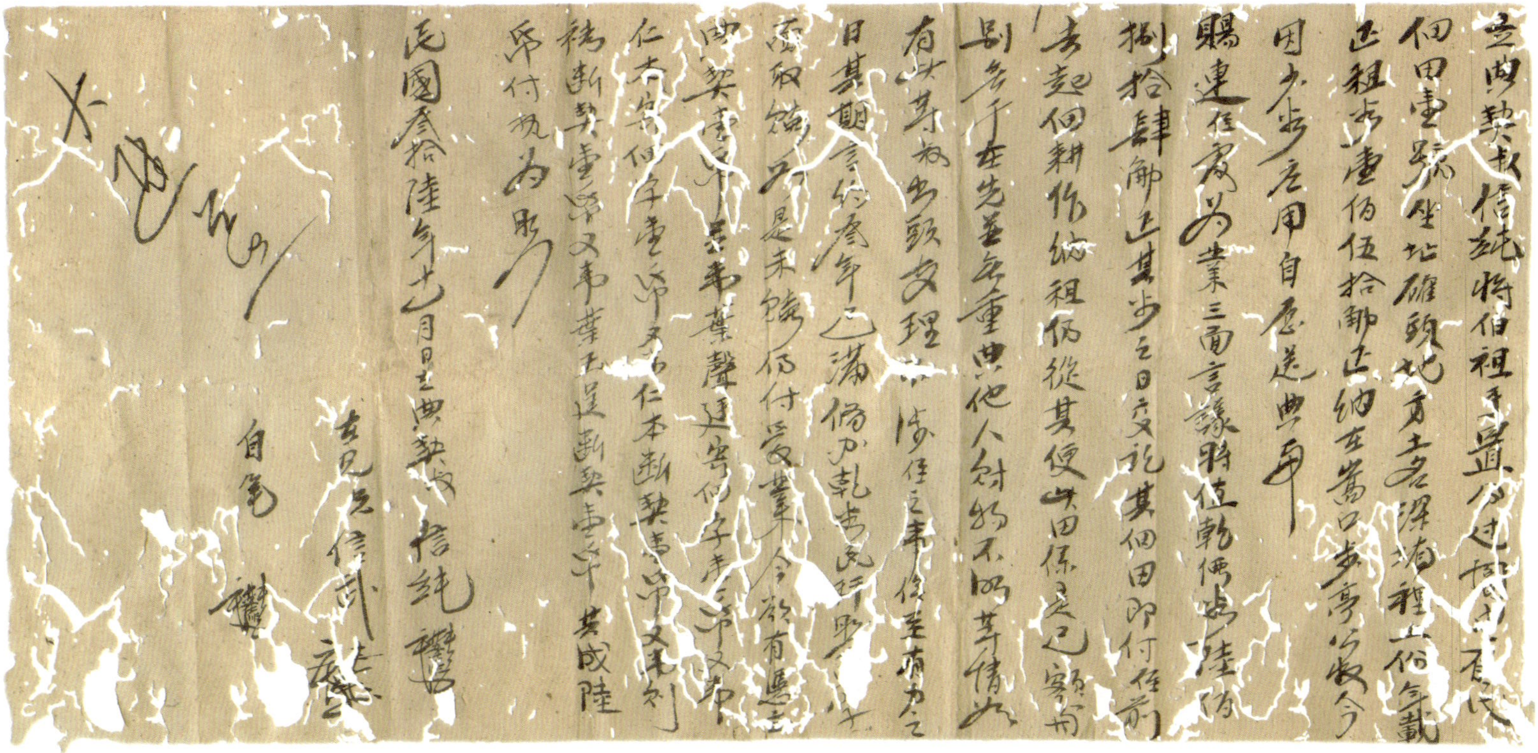

6-2-6-6　民國三十六年十一月林信純立典民佃田契

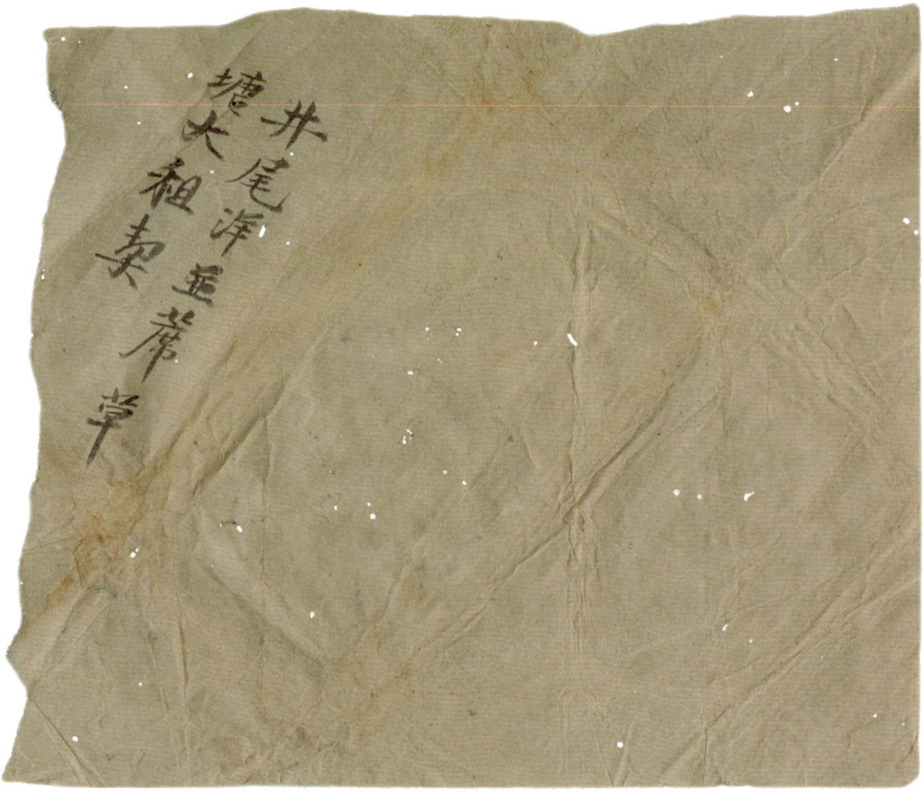


6-2-7-1　包契紙

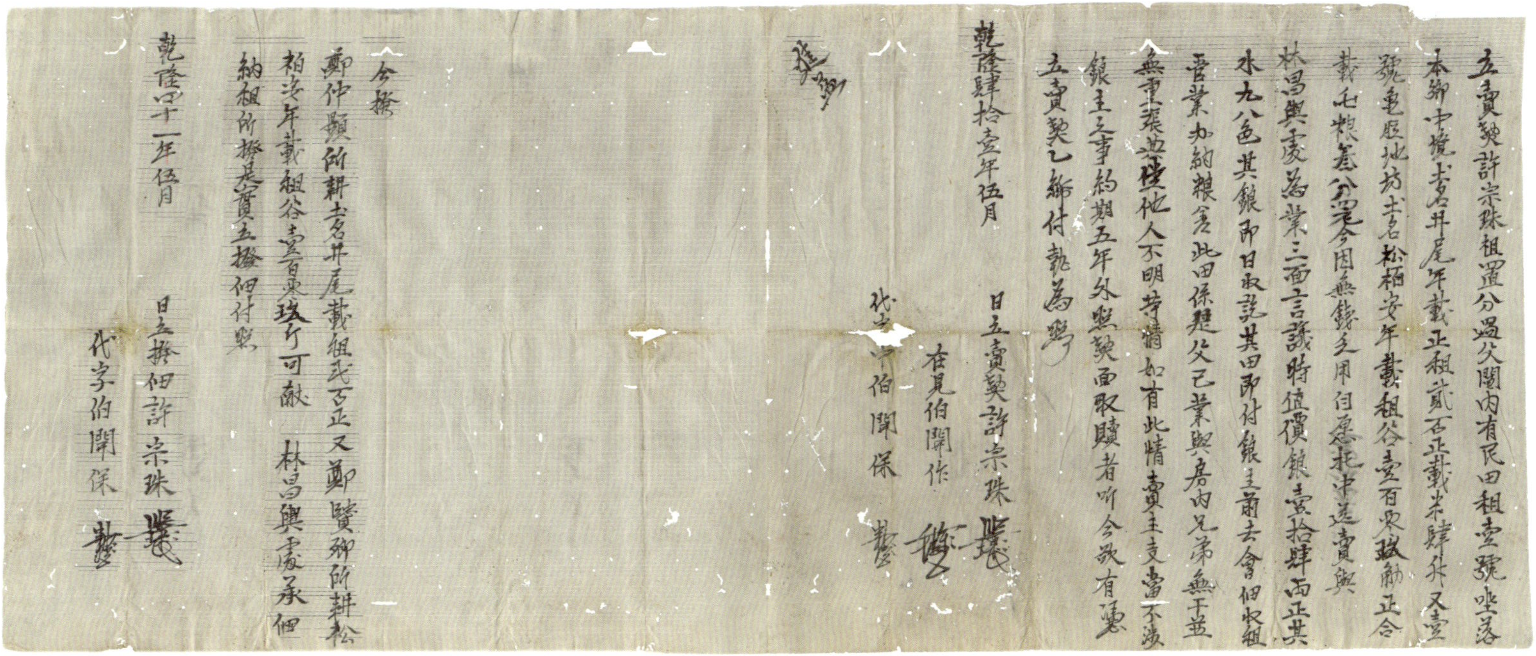

6-2-7-2 清乾隆四十一年五月許宗珠立賣民田租契

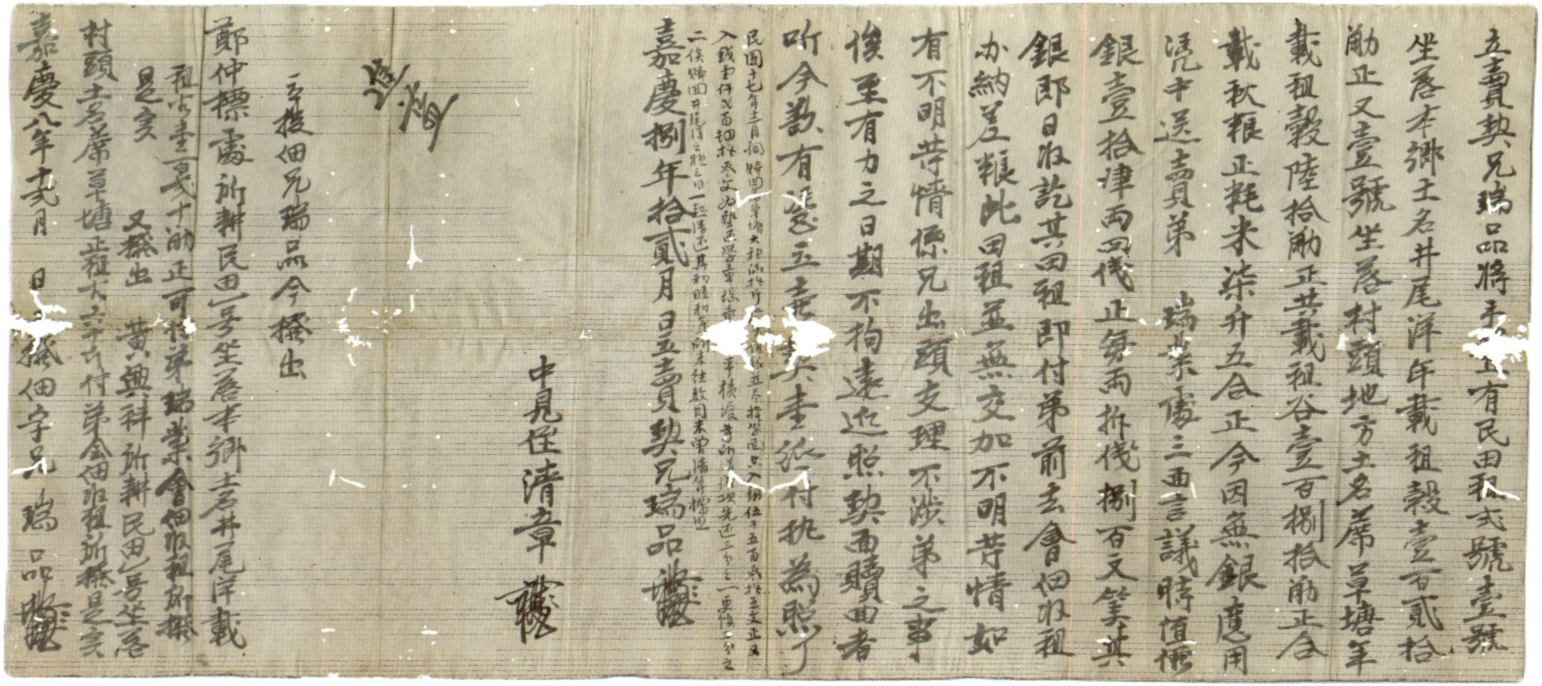

立賣契兄瑞品將手置有民田租弍號壹號
坐落本鄉土名井尾洋年載租穀壹百貳拾
觔正又壹號坐落村頭地方土名蒂草塘年
載租穀陸拾觔正共載租谷壹百捌拾觔正合
載秋粮正耗米柒升五合正今因無銀應用
憑中送賣弟　瑞業處三面言議時值價
銀壹拾肆兩四錢正每兩折錢捌百文筭其
銀即日收訖其田租即付弟前去會佃收租
办納差粮此田租並無交加不明等情如
有不明等情係兄出頭支理不涉弟之事
候至有力之日期不拘遠近照契面贖回者
吓今欲有憑立賣契壹紙付執為照
嘉慶捌年拾貳月　日立賣契兄瑞品
中見侄清章

又據佃兄瑞品今撥出
鄭仲標處所耕民田一号坐落本鄉土名井尾洋載
租谷壹百貳十觔正可付弟瑞業會佃收租所據是實
又撥出　黃興科所耕民田一号坐落村頭土名蒂草塘正租六十觔付弟會佃收租所據是實
嘉慶八年十二月　日　撥佃字兄瑞品

6-2-7-3　清嘉慶八年十二月林瑞品立賣民田租契

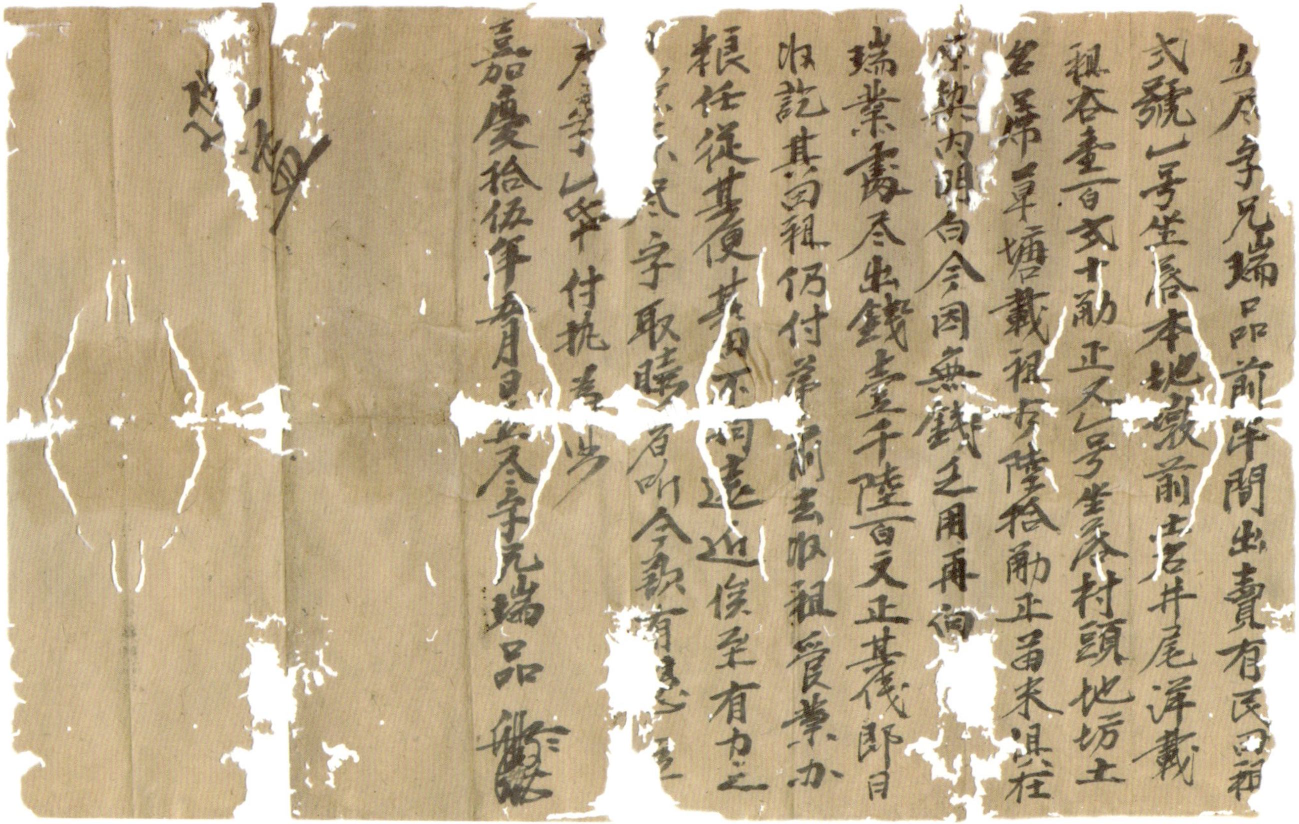

立盡字兄瑞品前年間出賣有民田祖
弍號一号坐落本地土名前[illegible]尾洋載
租谷壹百弍十觔正又一号坐落村頭地坊土
名[illegible]下[illegible]載租谷陸拾觔正向來俱在
[illegible]內明白今因無錢乏用再向
瑞業處盡出錢壹千陸百文正其錢即日
收訖其田祖仍付弟前去收租管業加
根任從其便其田不[illegible]侯至有力之
[illegible]字取贖[illegible]今欲有憑立
盡字一紙付執為照
嘉慶拾伍年五月日立盡字兄瑞品（押）
[illegible]

6-2-7-4　清嘉慶十五年五月林瑞品立盡民田租字

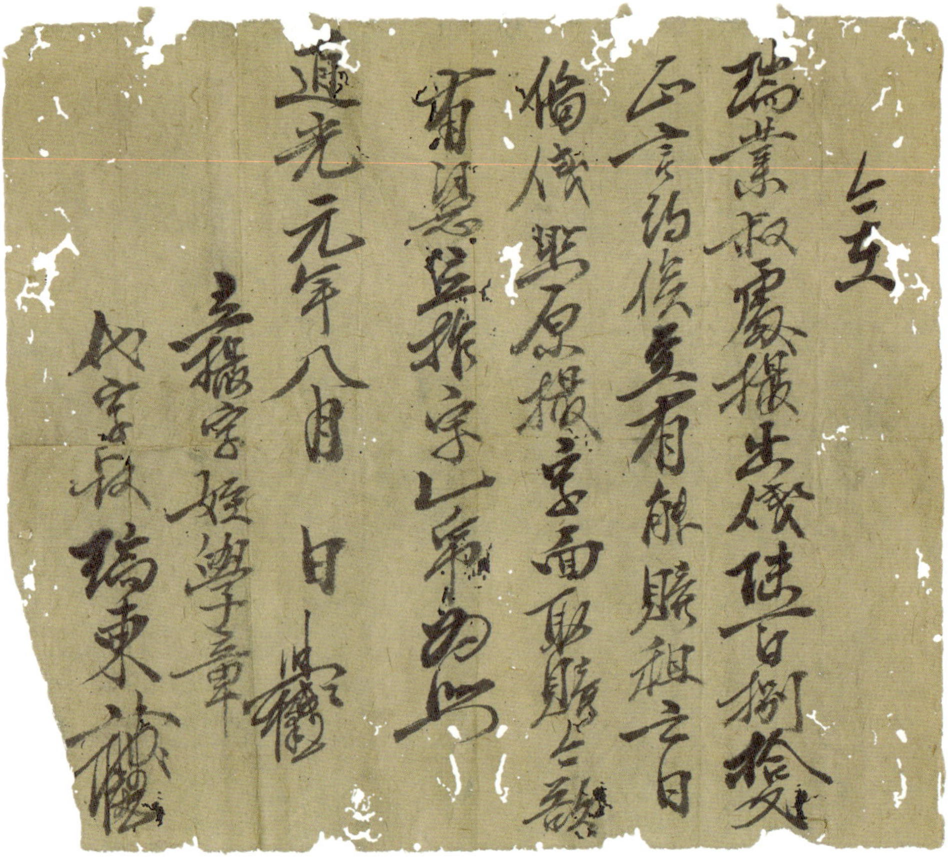

今立
瑞業叔處撮出錢陸百捌拾文
正言約俟立有能賺租之日
備錢照原撮字面取贖之錢
甫恐無憑立撮字一紙為照
道光元年八月　日立
立撮字侄學章
代字叔瑞東

6-2-7-5　清道光元年八月林學章立撮字

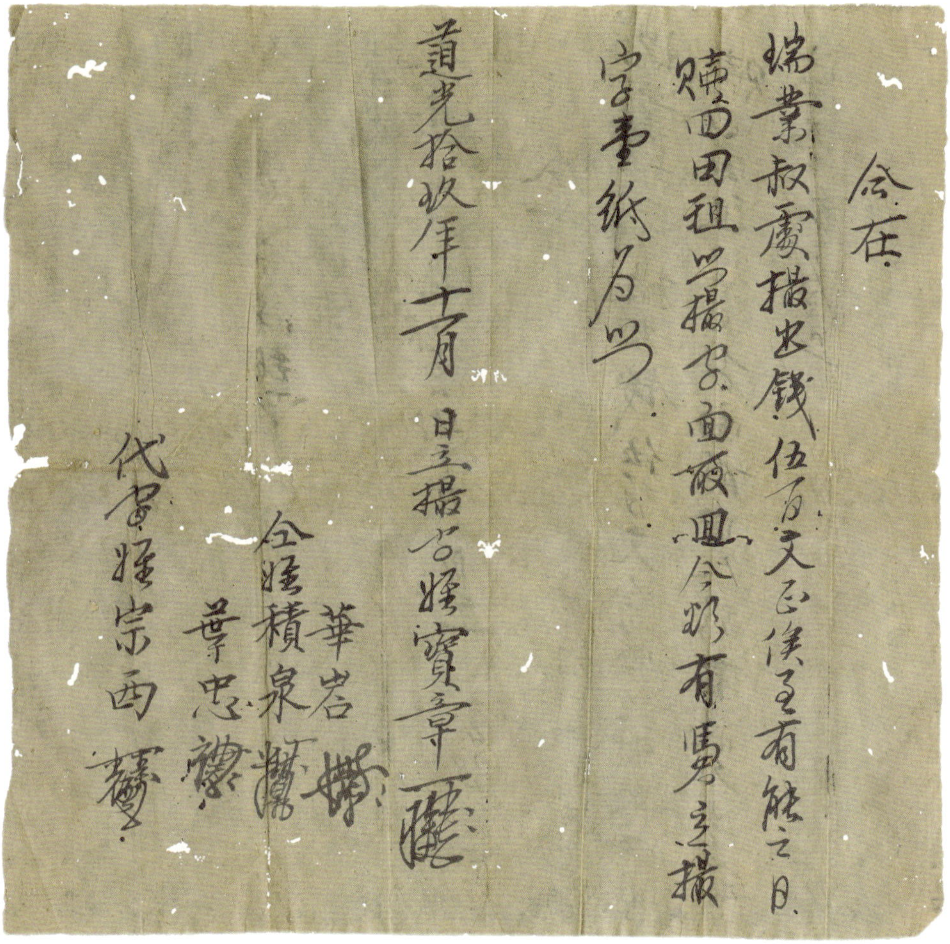

仝在
瑞業叔處措出錢伍百文正，俟至有能之日
贖回田租，以撮字面繳回。今欲有憑，立撮
字壹紙爲照。
道光拾玖年十一月　日立撮字姪寶章（押）
仝姪　華岩（押）
　　　積泉（押）
　　　華忠（押）
代字姪宗西（押）

6-2-7-6　清道光十九年十一月林寶章等立撮字

6-2-8-1　包契紙

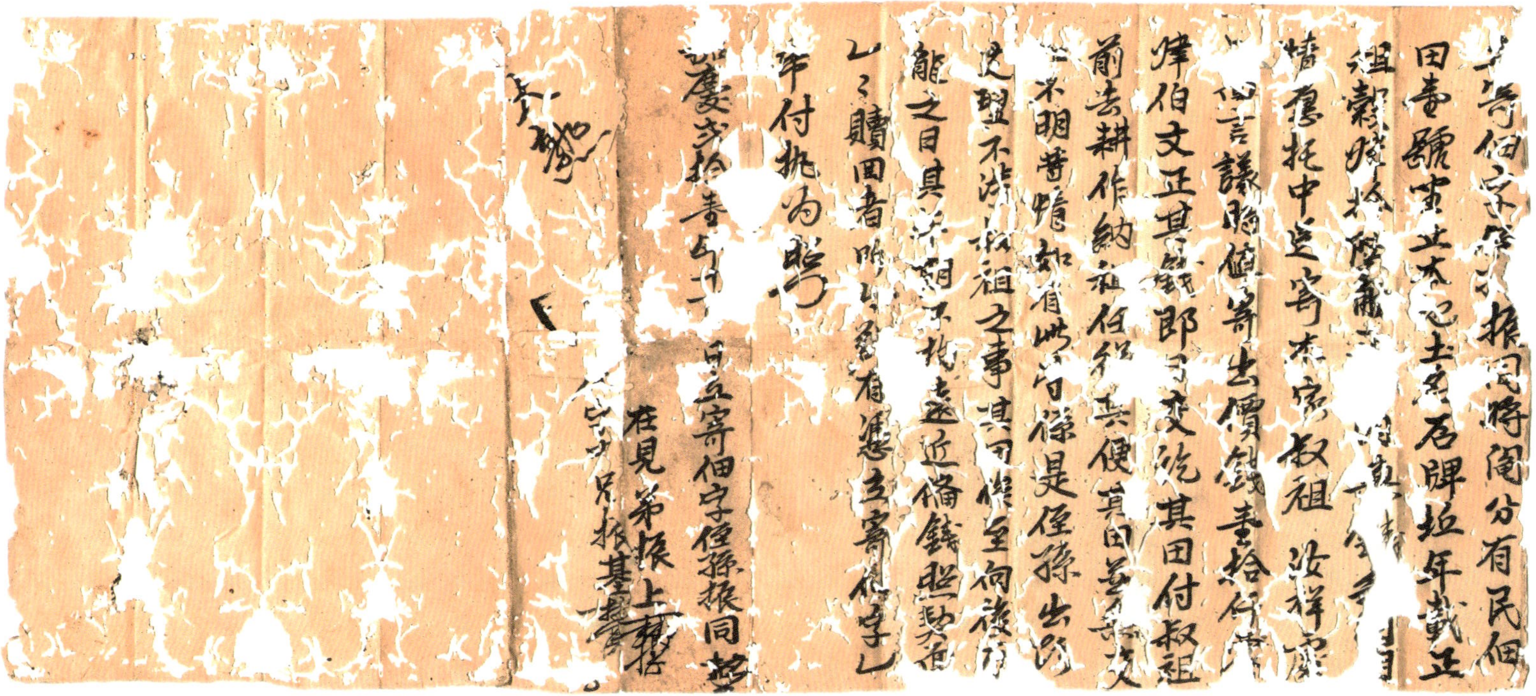

6-2-8-2　清嘉慶二十一年十一月鄭振同立寄民佃田字

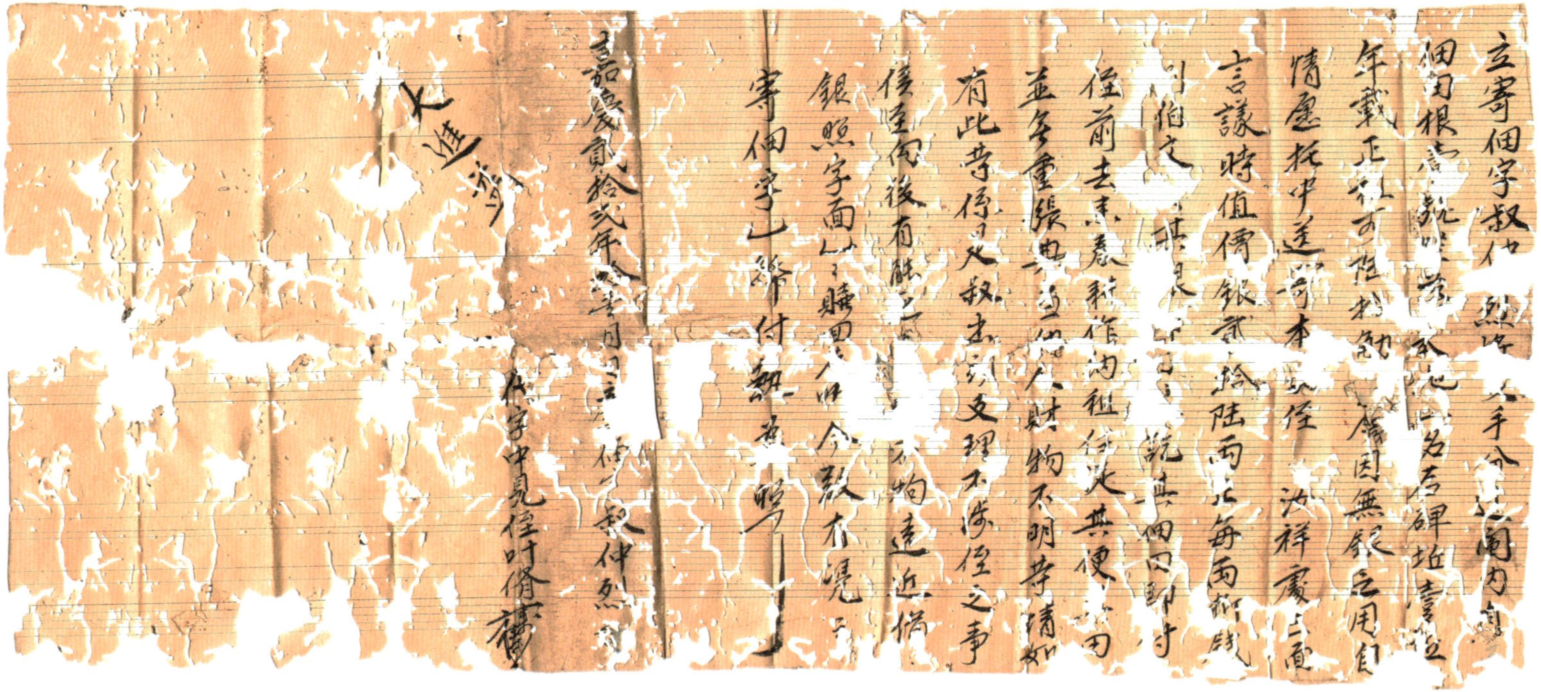

6-2-8-3　清嘉慶二十二年十一月鄭仲烈立寄佃田根字

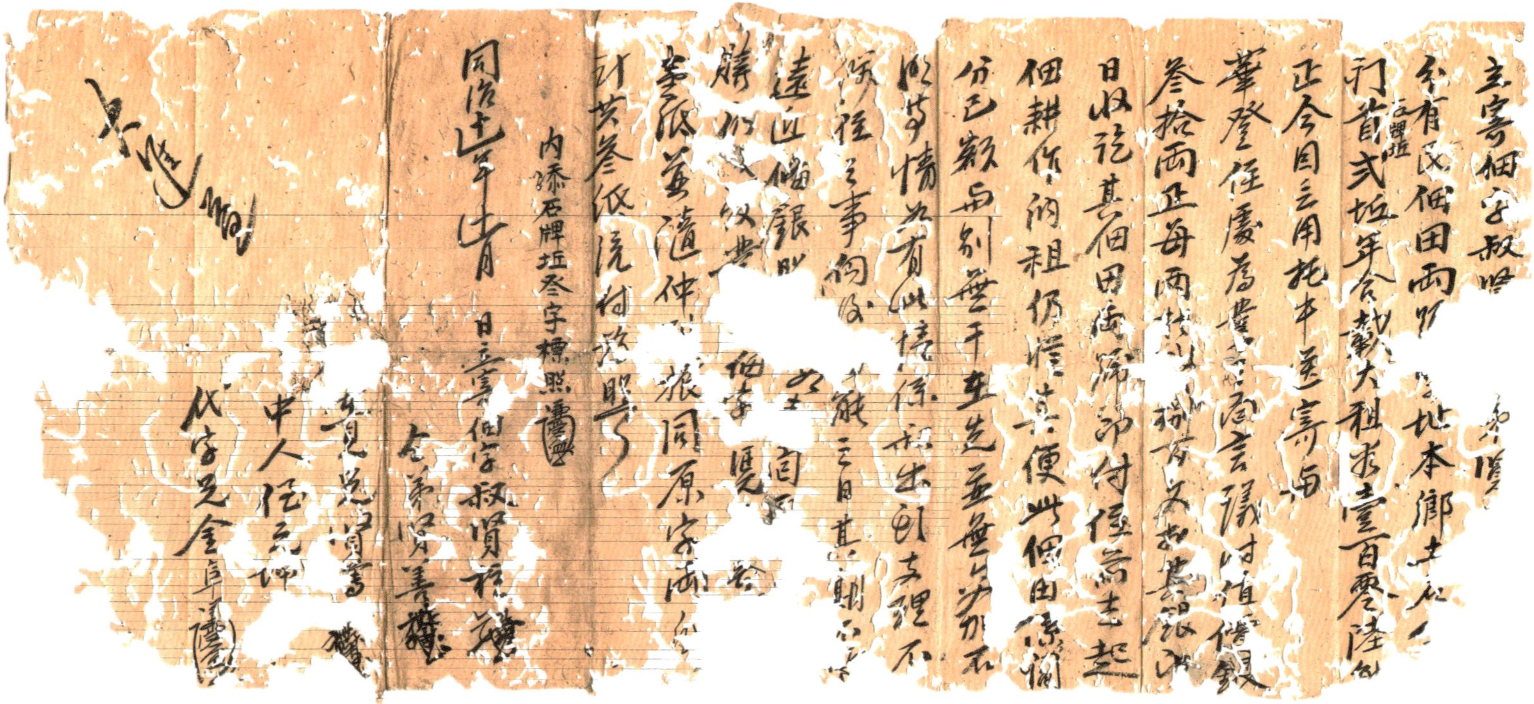

6-2-8-4　清同治十一年十一月鄭賢柱等立寄民佃田字

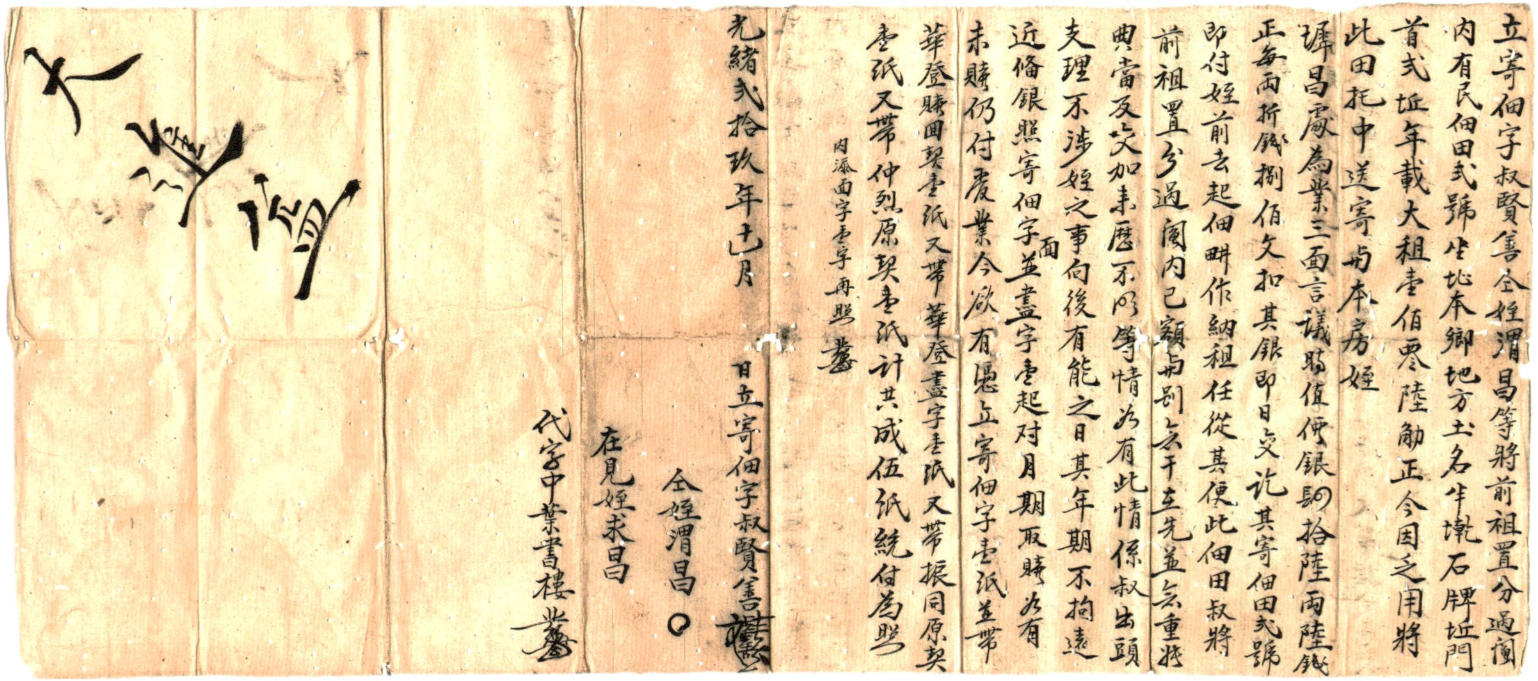
立寄佃字叔賢善仝侄渭昌等將前祖置分過閬
內有民佃田弍號坐址本鄉地方土名牛㘭石牌垅門
首弍垅年載大租壹佰叁陸觔正今因之用將
此田托中送寄与本房侄
渭昌處為業三面言議時值價銀駒拾陸兩陸錢
正每兩折錢捌佰文扣其銀即日交訖其寄佃田弍號
即付侄前去起佃耕作納租任從其便此佃田叔將
前祖置分過閬內已額与別房干立先並無重張
典當及交加未歷不明等情如有此情係叔出頭
支理不涉侄之事向後有能之日其年期不拘遠
近備銀照寄佃字面並壹字壹起对月期取贖如有
未贖仍付處業今欲有憑立寄佃字壹紙並帶
華登贖回契壹紙又帶華登盡字壹紙又帶振同原契
壹紙又帶仲烈原契壹紙計共成伍紙統付為照
內添面字壹字 再照
光緒弍拾玖年十一月 日立寄佃字叔賢善
仝侄渭昌
在見侄求昌
代字中葉書樓

6-2-8-5　清光緒二十九年十一月鄭賢善等立寄民佃田字

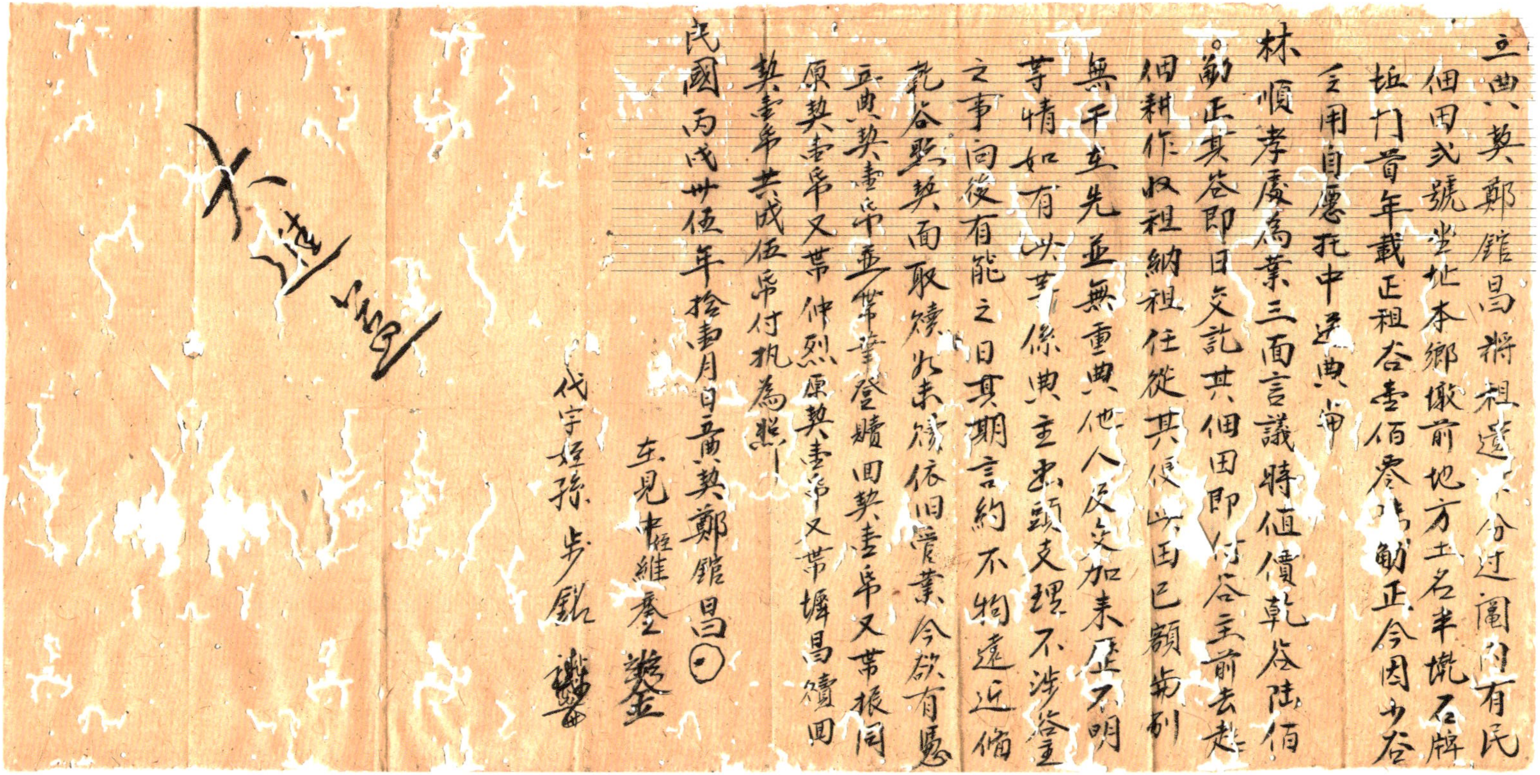
立典契鄭館昌將祖遺分過鬮內有民
佃田弍號坐址本鄉墩前地方土名半墘石牌
坵门晉年載正租谷壹佰零□觔正今因乏谷
乏用自愿托中送典與
林順孝處爲業三面言議時値價乾谷陆佰
觔正其谷即日交訖其佃田即付谷主前去起
佃耕作收租納租任從其便此田已額無別
無干並先並無重典他人及交加來歷不明
等情如有此等係典主出頭支理不涉谷主
之事向後有能之日其期言約不拘遠近備
乾谷照契面取贖如未贖依旧管業今欲有憑
立典契壹紙並帶本登贖回契壹紙又帶根同
原契壹紙又帶仲烈原契壹紙又帶壎昌贖回
契壹紙共成伍紙付執爲照
民國丙戌卅伍年拾壹月　日立典契鄭館昌（押）
在見中侄維鏊（押）
代字侄孫步歐（押）

6-2-8-6　民國三十五年十一月鄭館昌立典民佃田契

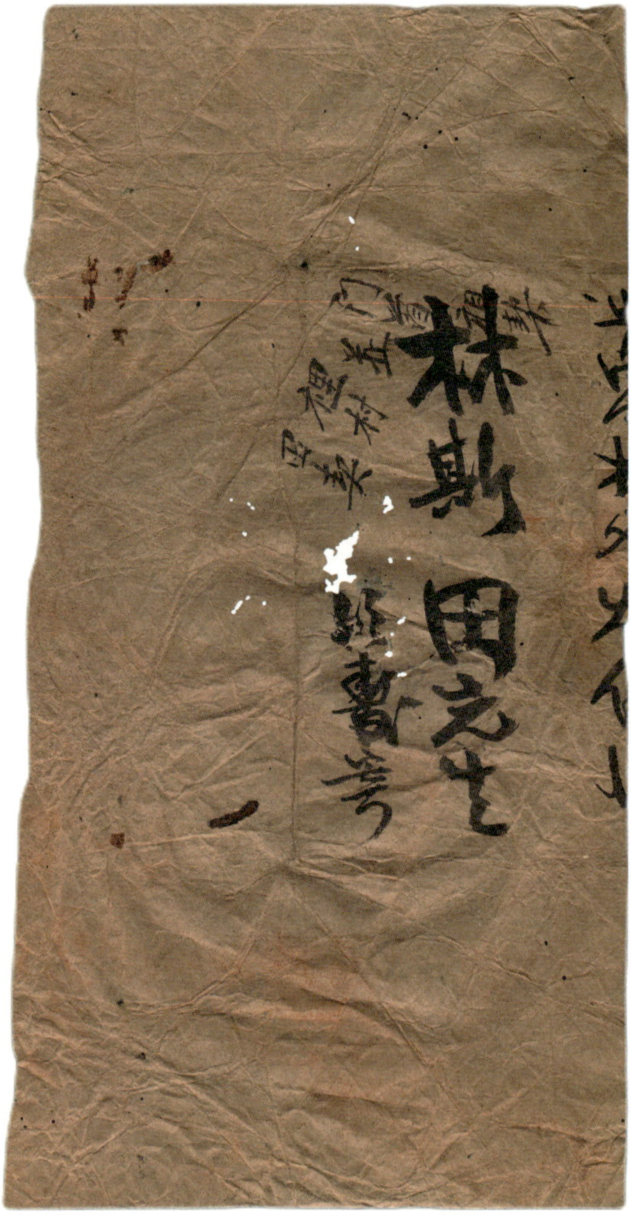


6-2-9-1　包契紙

立寄佃田字葉功勲，祖置有民佃田壹
號，坐落本地土名裡庄，每載正租谷壹百
贰拾觔正。今因無銀應用，自情愿托中
送寄本里親人林　　昌，如處爲業。三
面言議，時收價銀壹拾柒兩正水錢
色，其銀即日收訖，其田就付銀主前去
耕作納租。此田係是自己鬮分物業，
與房內兄弟侄無干，並無重張等掛
他人不明等情，如有此情，係勲出頭支
當，不涉銀主之事。其田言約五年外
照寄字面取贖，者所令敢有違。立
寄佃字乙紙爲炤。

乾隆貳拾肆年三月　日立寄佃字葉功勲（押）

中見侄國美（押）

執筆男國祥（押）

6-2-9-2　清乾隆二十四年三月葉功勲立寄民佃田字

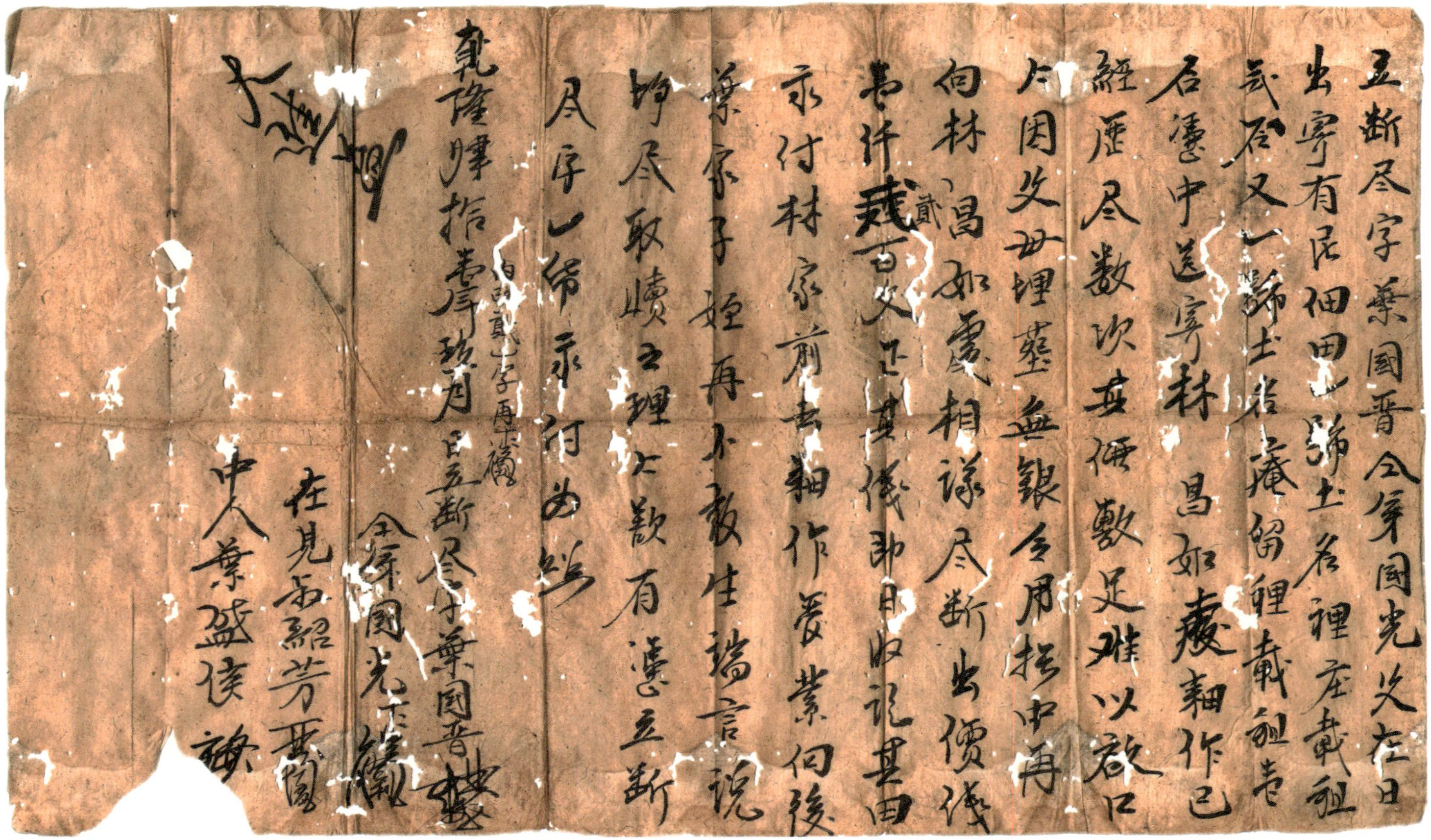
立斷盡字葉國晋仝弟國光父在日出寄有民佃田一號土名裡岸載租貳石又一號土名庵留裡載租壹石，憑中送寄林昌如處耕作，已經歷盡數收其價數足，难以啟口。今因父母埋葬無銀應用，托中再向林昌如處相議，盡斷出價錢壹仟貳百文正，其錢即日收訖，其田永付林家前去耕作管業，向後葉家子姪再不敢生端言說增盡取贖之理。今欲有憑，立斷盡字一紙，永付為照。

白田貳十字再照

乾隆肆拾壹年玖月　日立斷盡字葉國晋（押）

仝弟國光（押）

在見叔紹芳（押）

中人葉盛侯（押）

6-2-9-3　清乾隆四十一年九月葉國晋等立斷盡民佃田字

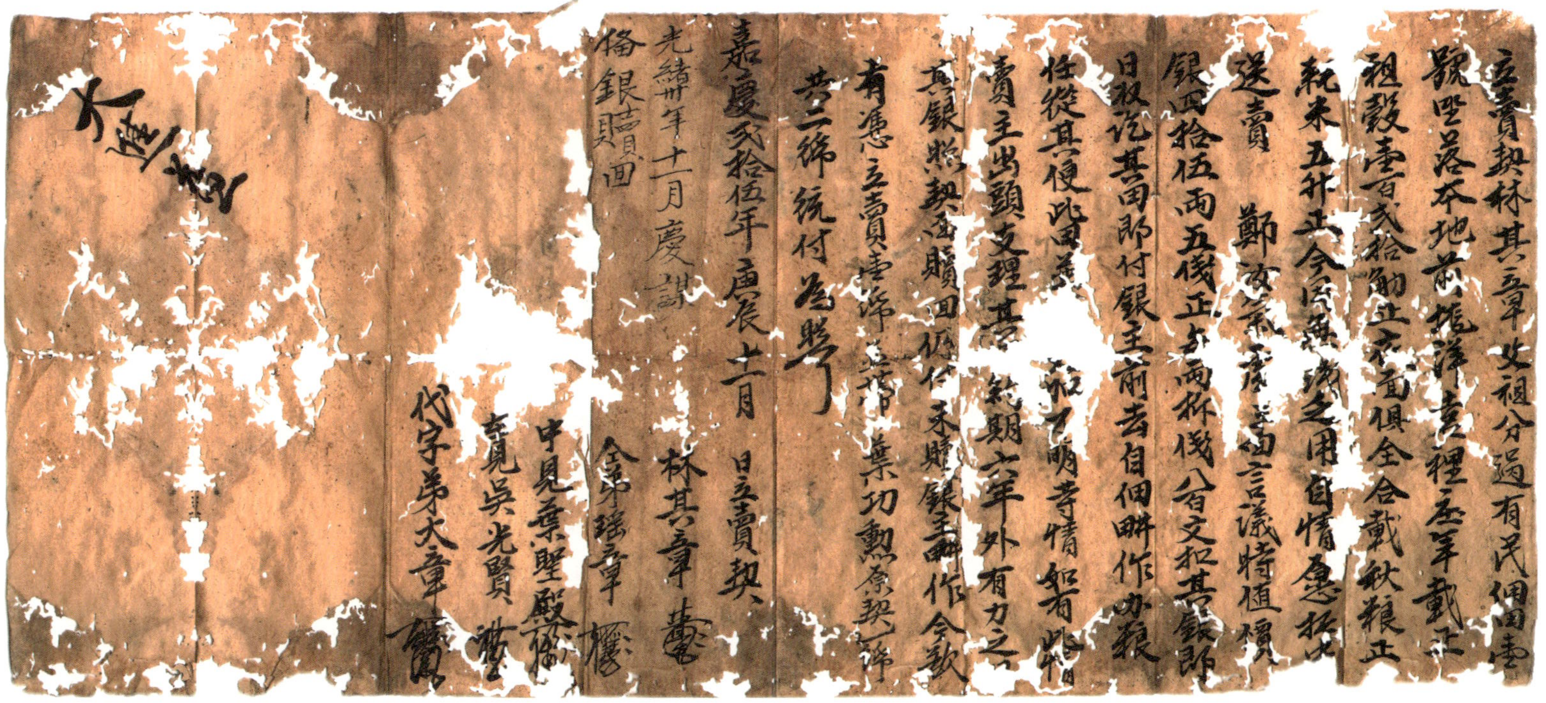

6-2-9-4 清嘉慶二十五年十一月林其章等立賣民佃田契

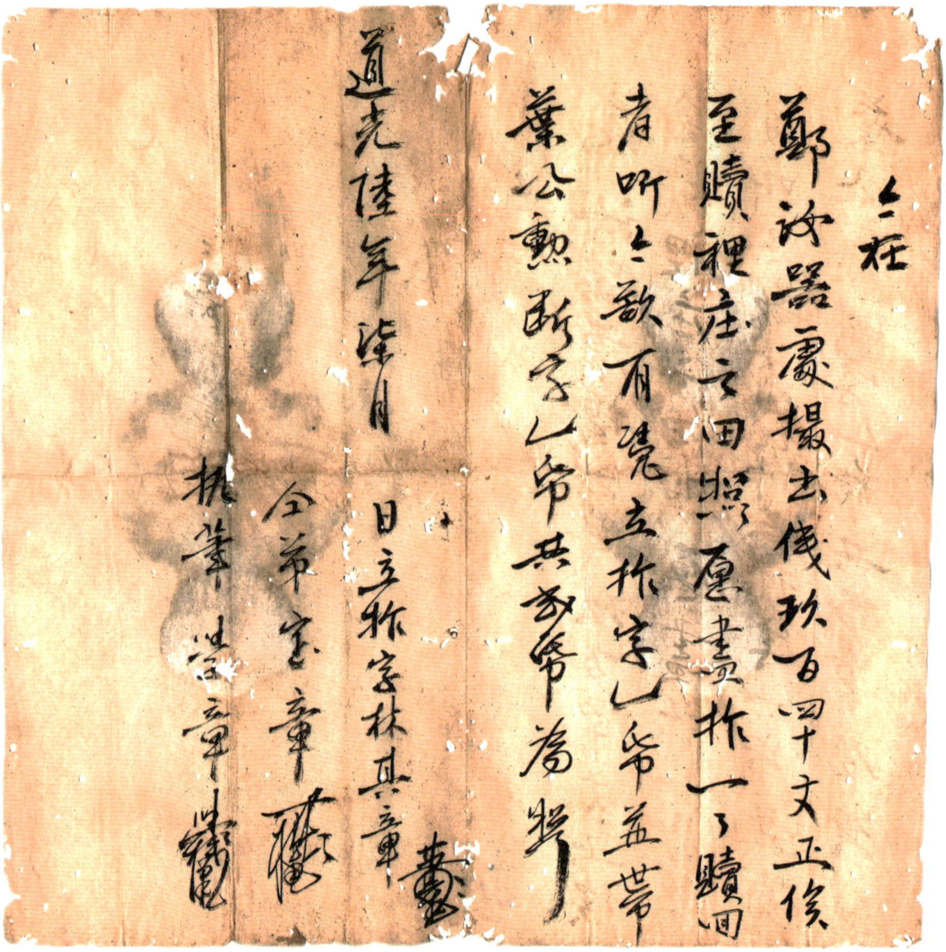

仝在
鄭汝器處撮出錢玖百四十文正，俟
至贖祖庄之田照原壹秤一了贖回
者，听之。欲有憑，立撮字一帋並帶
葉公勳斷字一帋，共貳帋為照。
道光陸年柒月　日立撮字林其章（押）
仝弟　宗章（押）
執筆　淳章（押）

6-2-9-5　清道光六年七月林其章等立撮字

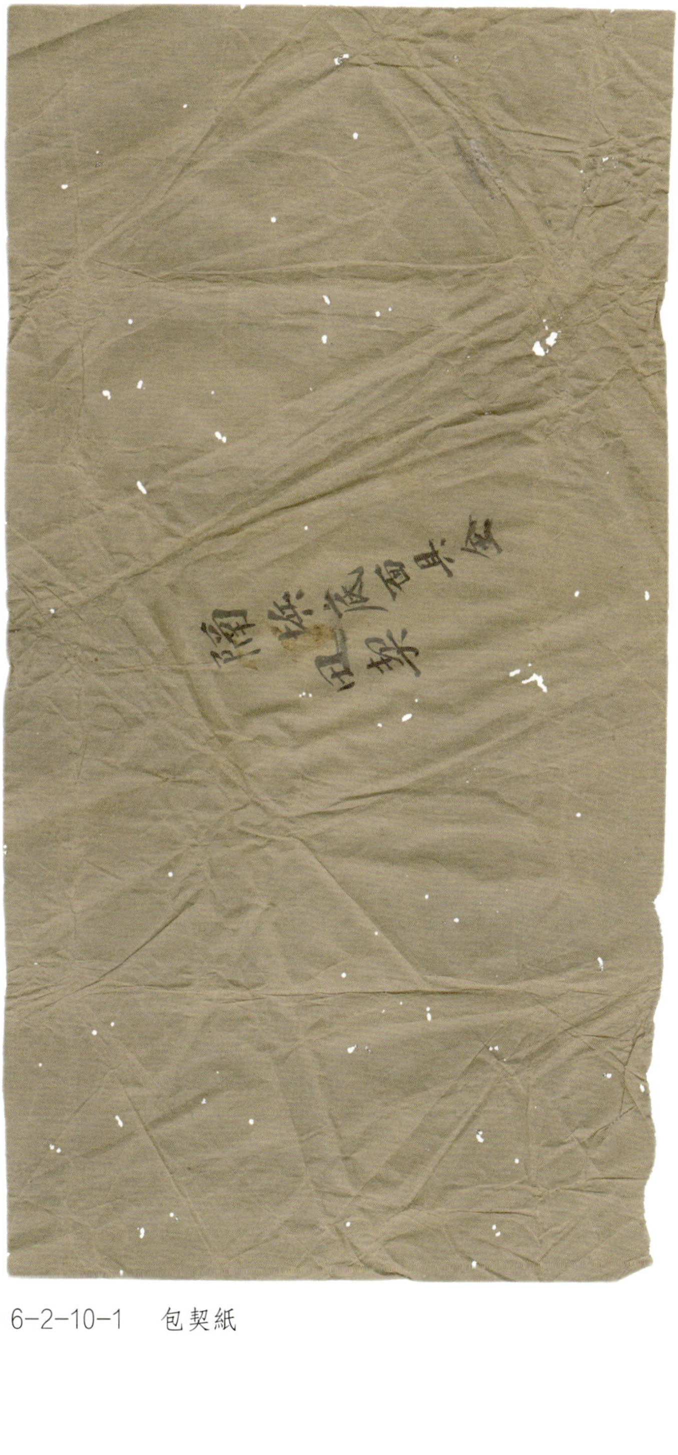

6-2-10-1　包契紙

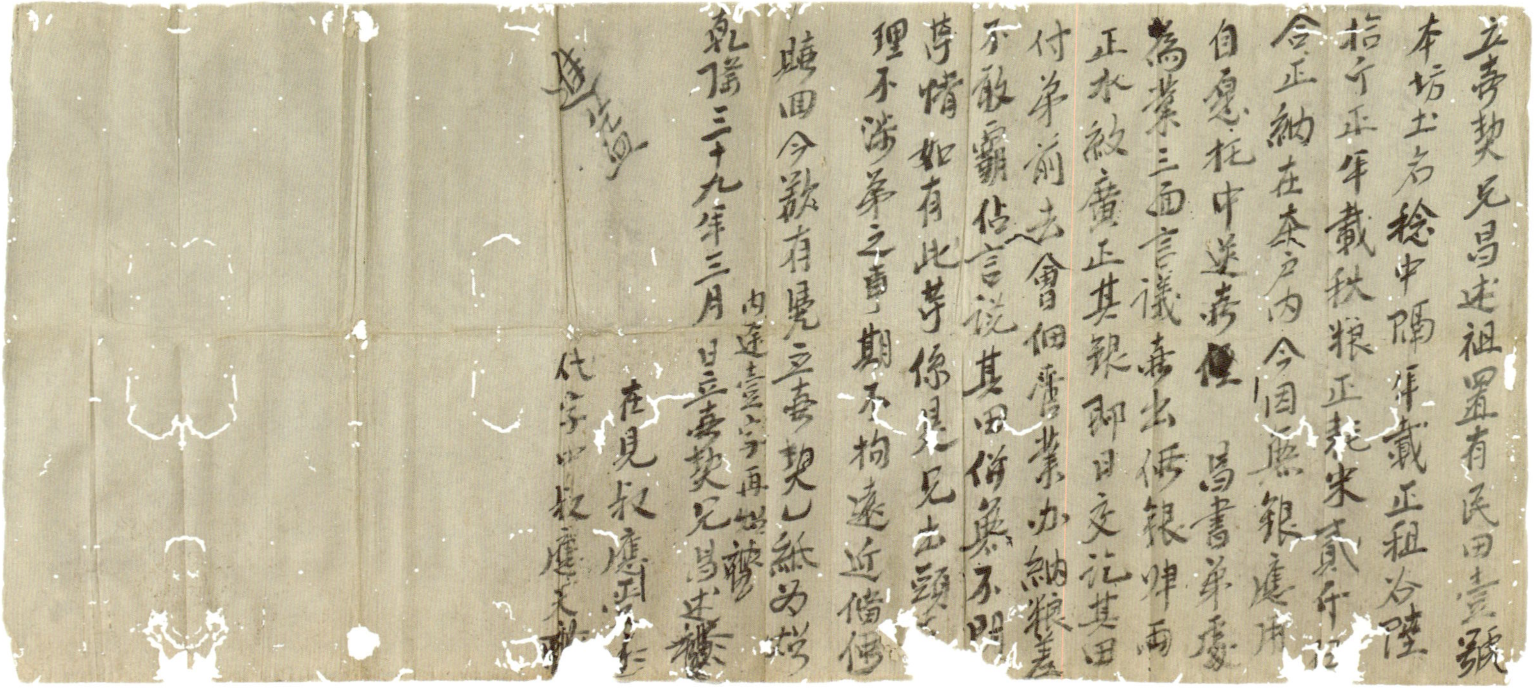

立賣契兄昌述祖置有民田壹號
本坊土名棯中隔年載正租谷陸
拾斤正年載秋粮正耗米貳升拾
合正納在本户內今因無銀應用
自愿托中送賣昌書弟處
為業三面言議賣出價銀肆兩
正水紋廣正其銀即日交訖其田
付弟前去會佃管業办納粮差
不敢霸佔言說其田併無不明
等情如有此等係是兄出頭
理不涉弟之事期不拘遠近備價
贖回今欲有憑立賣契一紙為照
內塗壹字再照
乾隆三十九年三月　日立賣契兄昌述（押）
在見叔應列（押）
代字叔應夫（押）
[illegible]

6-2-10-2　清乾隆三十九年三月林昌述立賣民田契

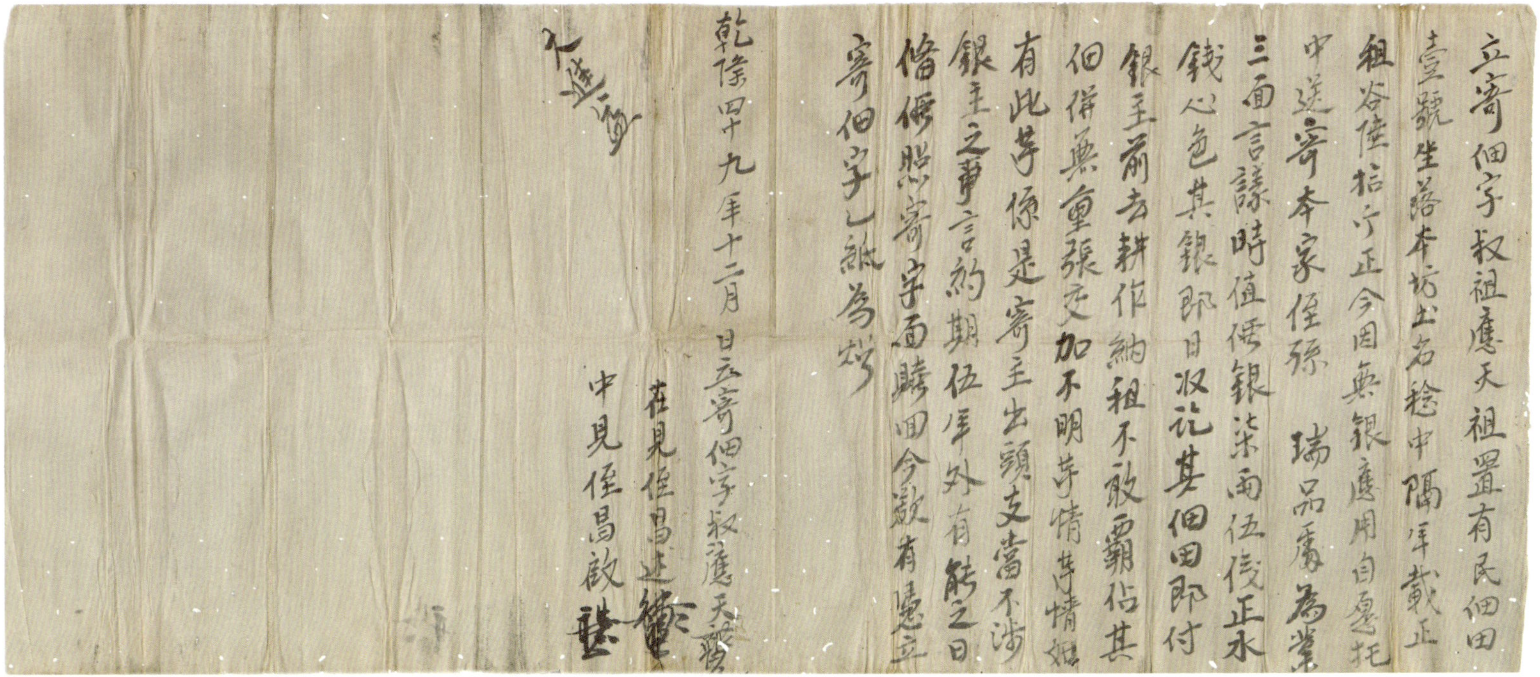
立寄佃字叔祖應天祖置有民佃田
壹號生落本坑土名稔中隔年載正
租谷陸拾斤正今因無銀應用自愿托
中送寄本家侄孫　瑞品處為業
三面言議時值價銀柒兩伍錢正水
錢一色其銀即日收訖其佃田即付
銀主前去耕作納租不敢霸佔其
佃併無重張交加不明等情等情如
有此等係是寄主出頭支當不涉
銀主之事言約期伍年外有銀之日
備價照寄字面贖田今欲有憑立
寄佃字一紙為炤
乾隆四十九年十二月　日立寄佃字叔祖應天
在見侄昌進
中見侄昌啟

6-2-10-3　清乾隆四十九年十二月林應天立寄民佃田字

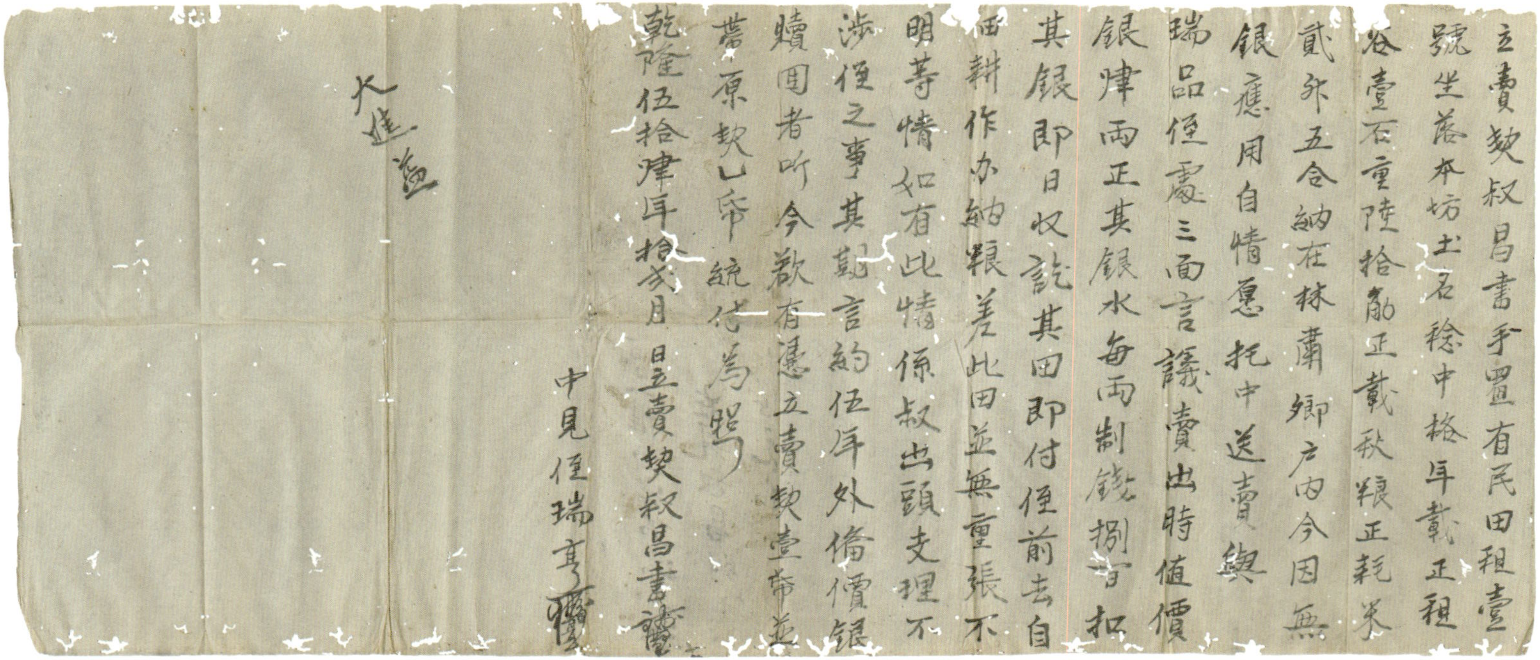
立賣契叔昌書手置有民田租壹
號坐落本坊土名稔中格坪載正租
谷壹石重陸拾觔正載秋粮正耗米
貳升五合納在林肅鄉户内今因無
銀應用自情愿托中送賣與
瑞品侄處三面言議賣出時值價
銀肆兩正其銀水每兩制錢捌百扣
其銀即日收訖其田即付侄前去自
佃耕作亦納粮差此田並無重張不
明等情如有此情係叔出頭支理不
涉侄之事其說言約伍年外備價銀
贖回者听今欲有憑立賣契壹帋並
帶原契山帋統付爲照
乾隆伍拾肆年拾貳月　日立賣契叔昌書（押）
中見侄瑞亨（押）
大進益

6-2-10-4　清乾隆五十四年十二月林昌書立賣民田租契

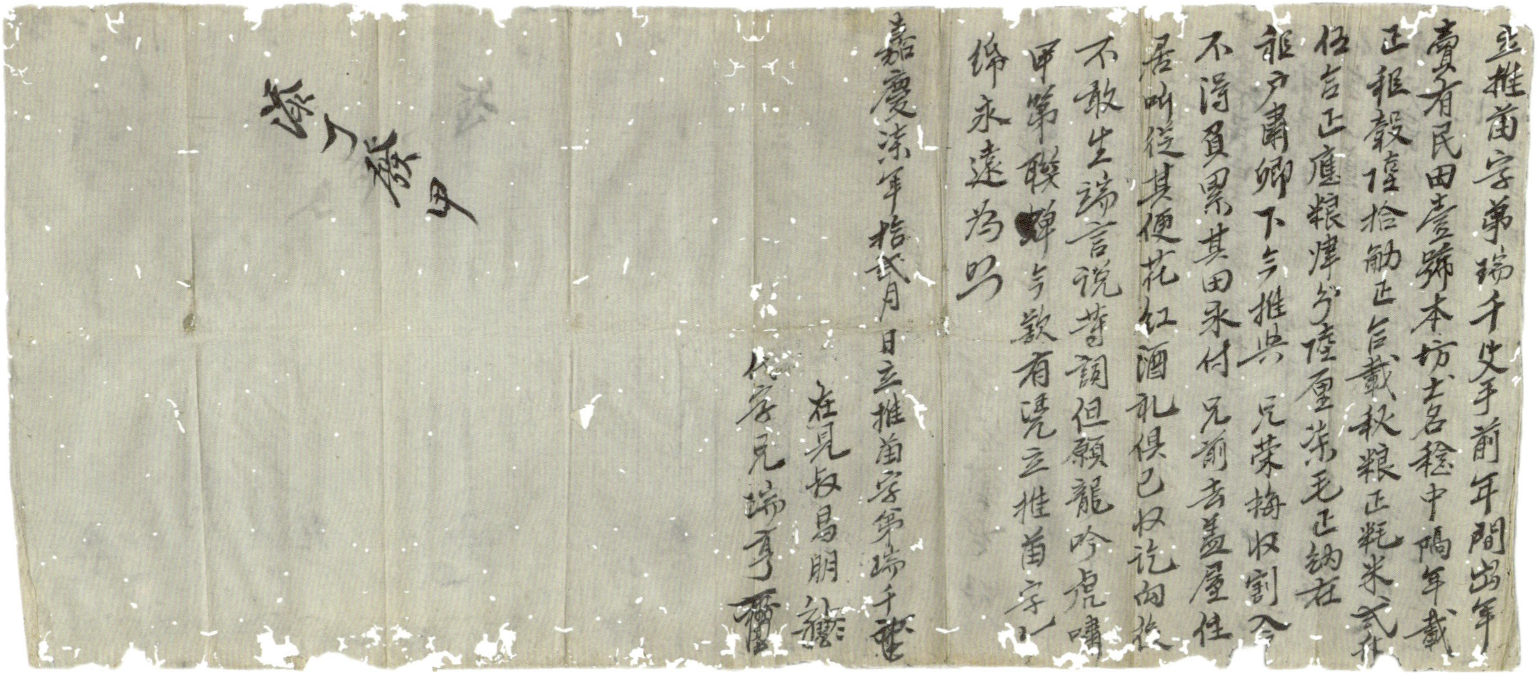

立推苗字弟瑞千史手前年間出年
賣有民田壹號，本坊土名穩中鳴年載
正租穀壹佰拾觔正，另載秋粮正耗米貳升
伍合正，遞粮俾分壹厘柒毛正，納在
龍戶肅卿下乞推與　兄榮梅收割，今
不得負累，其田永付　兄前去蓋屋住
居，聽從其便，花紅酒礼俱已收訖，向後
不敢生端言說贖回，但願龍吟虎嘯
甲第聯蟬乞歡，有憑立推苗字一
紙永遠為照。

嘉慶柒年拾貳月　日立推苗字弟瑞千
在見叔昌朋
代字兄瑞亨

6-2-10-5　清嘉慶七年十二月林瑞千立推民苗田字

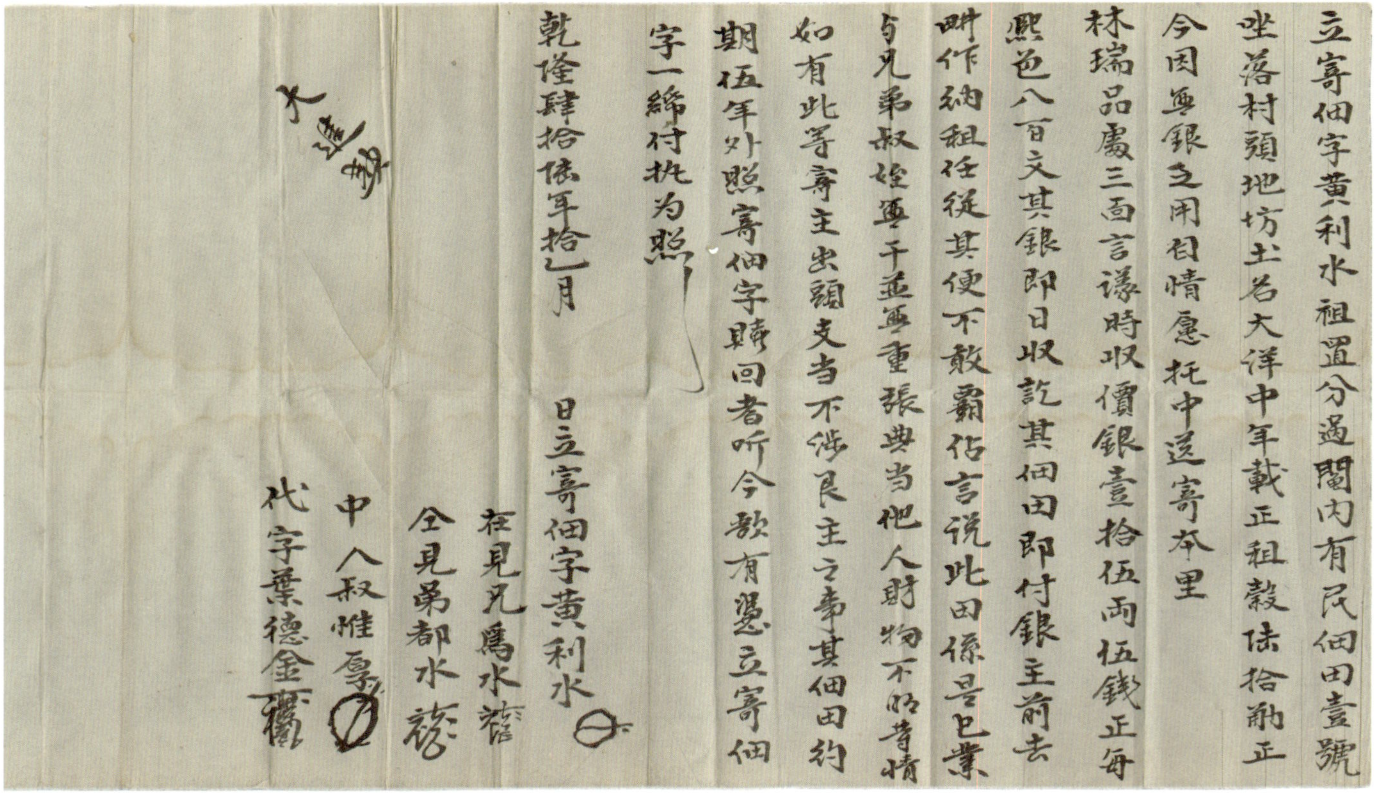

立寄佃字黄利水祖置分過閹內有民佃田壹號
坐落村頭地坊土名大洋中年載正租穀陸拾觔正
今因無銀乏用自情愿托中送寄本里
林瑞品處三面言議時收價銀壹拾伍兩伍錢正每
兑色八百文其銀即日收訖其佃田即付銀主前去
耕作納租任從其便不敢霸佔言說此田係是已業
與兄弟叔姪無干並無重張典当他人財物不明等情
如有此等寄主出頭支当不涉艮主之事其佃田約
期伍年外照寄佃字贖回者听今欲有憑立寄佃
字一紙付执为照
乾隆肆拾陆年拾一月  日立寄佃字黄利水
在見兄禹水
仝見弟都水
中人叔惟享
代字葉德金

6-2-11-1　清乾隆四十六年十一月黄利水立寄民佃田字

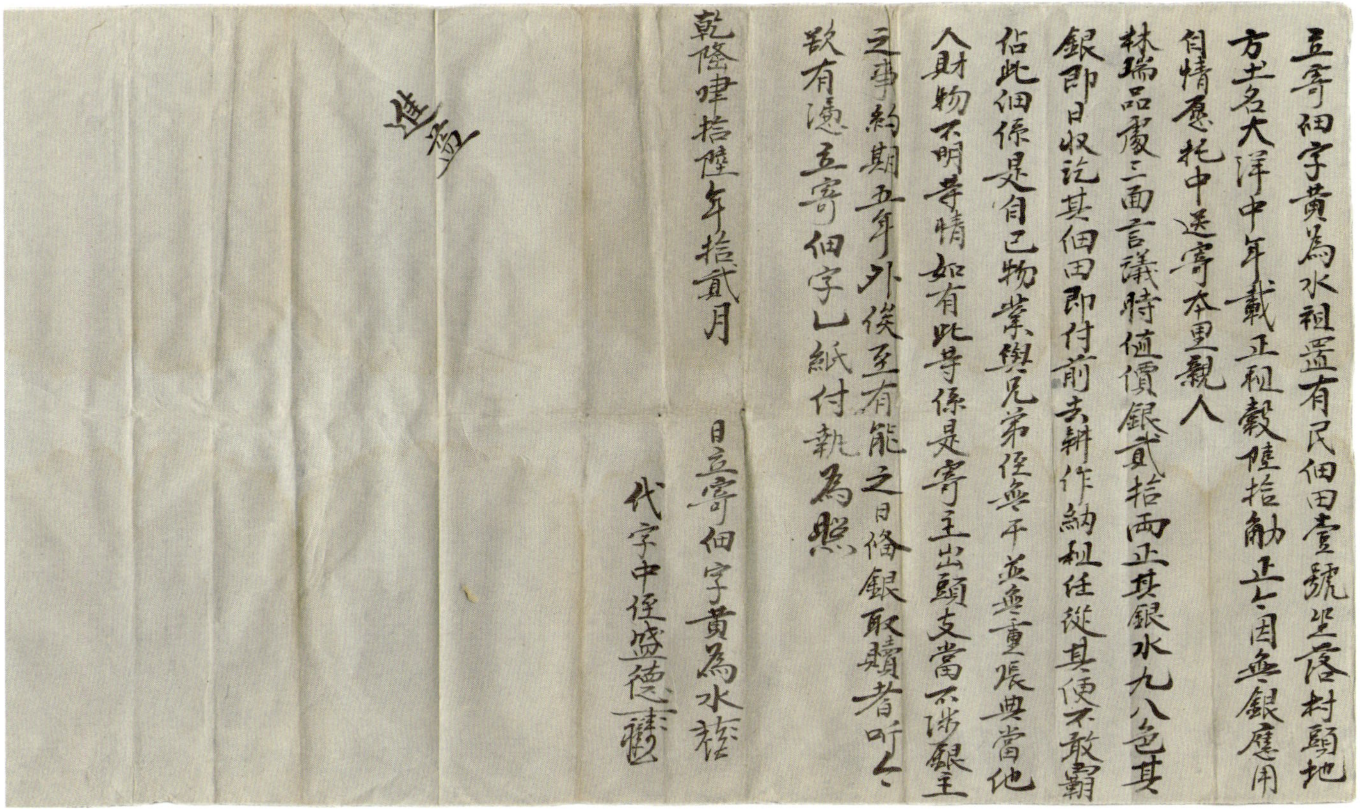

立寄佃字黃爲水，祖置有民佃田壹號，坐落本村廟地
古芝名大洋中，年載正租穀捌拾觔正。今因無銀應用，
自情愿托中送寄本里親人
林瑞正邊處，三面言議時值價銀貳拾兩正，其銀水九八色，其
銀即日收訖，其佃田即付前去耕作，納租住從其便，不敢霸
佔。此佃係是自己物業，與房親伯叔兄弟侄無干，並無重張典當他
人財物不明等情，如有此等，係是寄主出頭支當，不涉銀主
之事。約期五年外，從至有能之日，備價取贖，其字即還。
欲有憑，立寄佃字一紙，付執爲照。

乾隆肆拾陸年拾貳月　日立寄佃字黃爲水（押）
代字中侄懷德[illegible]

6-2-11-2　清乾隆四十六年十二月黃爲水立寄民佃田字

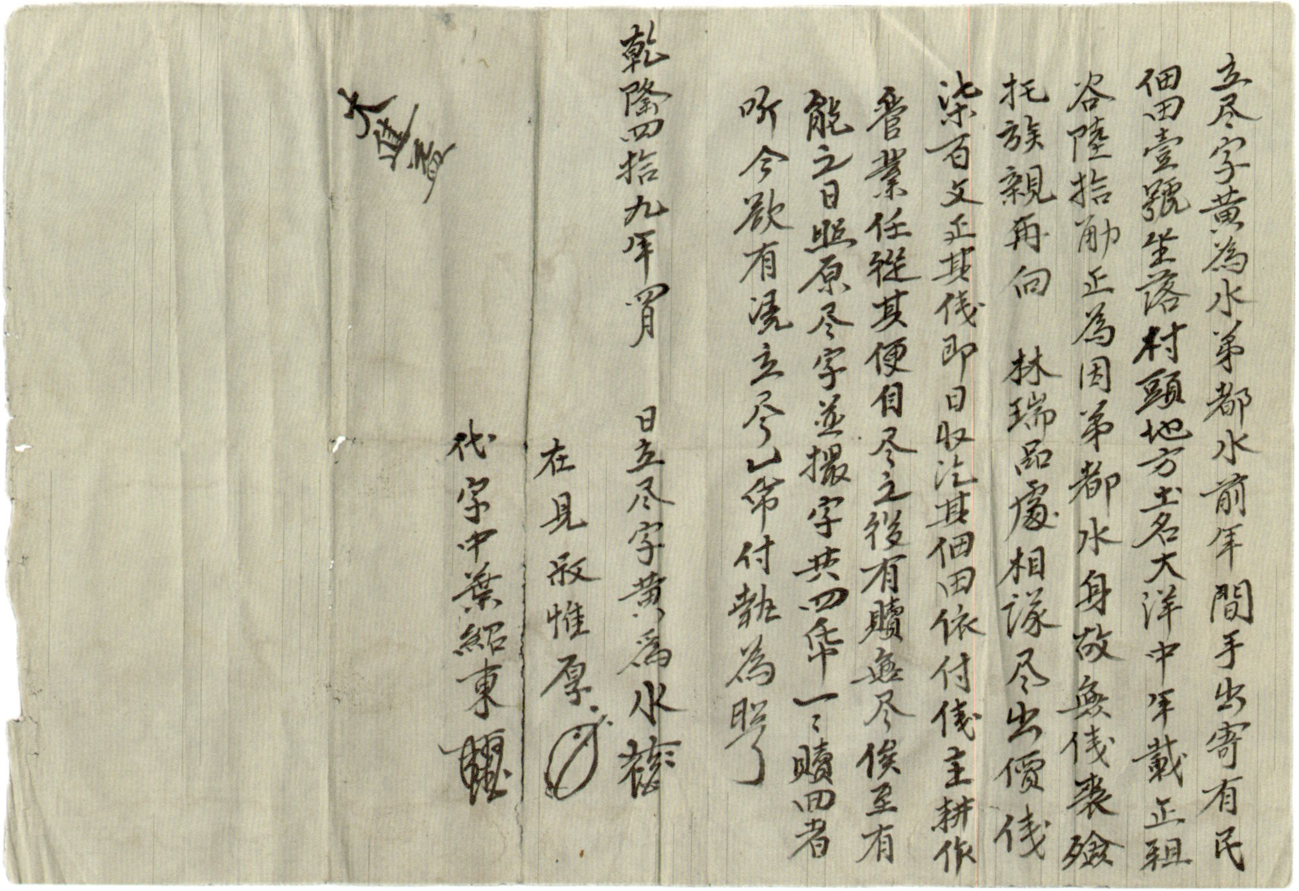

立尽字黄為水弟都水前年間手出寄有民
佃田壹號坐落村頭地方土名大洋中年載正租
谷陸拾觔正為因弟都水身故無钱衆殮
托族親再向　林瑞品處相議尽出價钱
柒百文正其钱即日收訖其佃田依付钱主耕作
管業任從其便自尽之後有贖無尽候至有
能之日照原尽字並撮字共四千一〻贖回者
所今欲有凭立尽一帋付執為照了

乾隆四拾九年四月　日立尽字黄為水（押）
在見叔惟厚（押）
代字中叶紹東（押）

6-2-11-3　清乾隆四十九年四月黄爲水立盡民佃田字

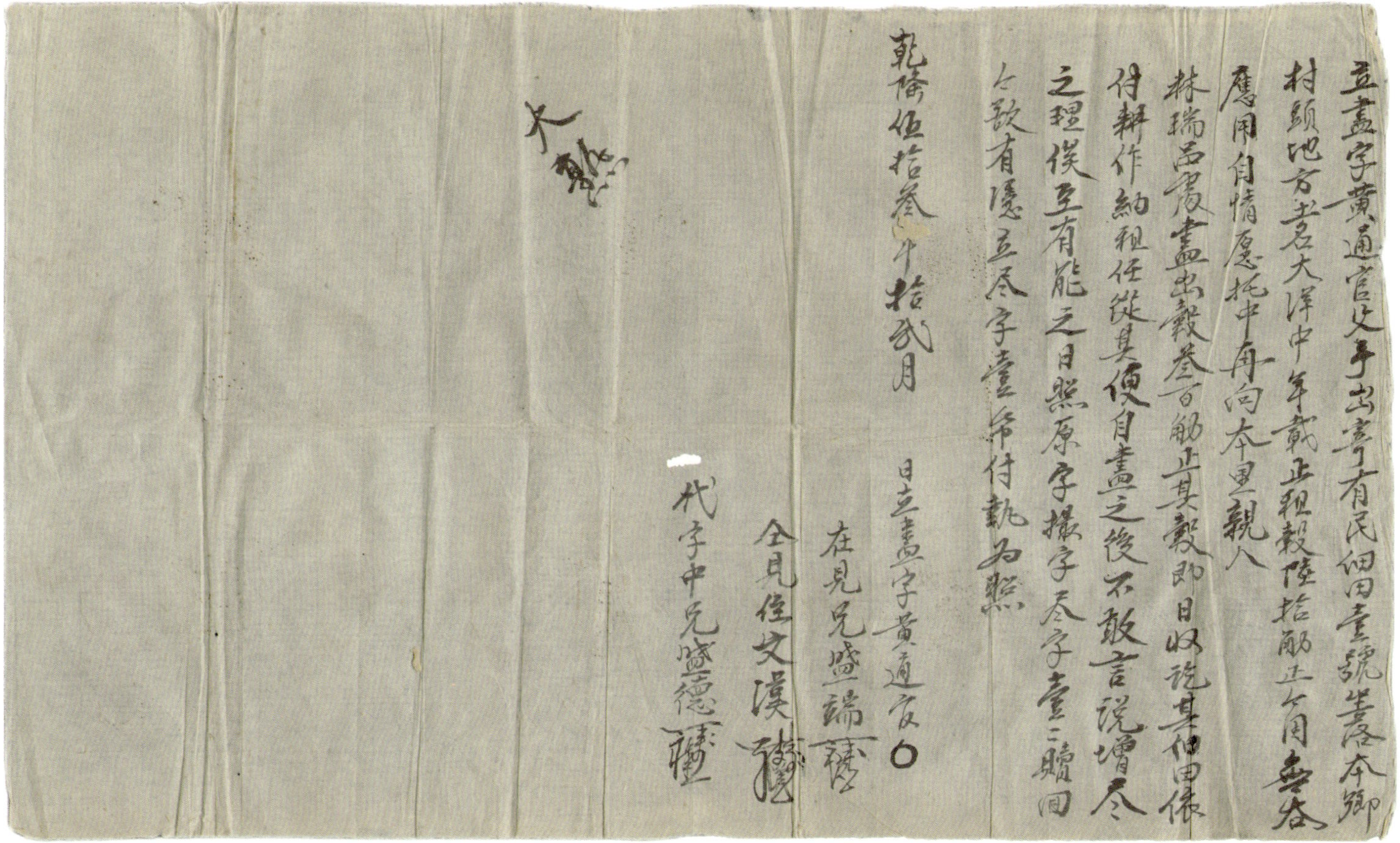
立盡字黃通官先年出有民佃田壹號，坐落本鄉
村頭地方，土名大洋中，年載正租穀陸拾觔正，今因無錢
應用，自情愿托中再向本里親人
林瑞昌處盡出穀叁百觔正，其穀即日收訖，其佃田依
付耕作納租，任從其便，自盡之後，不敢言說增盡
之理，僕至有能之日，照原字、找字、盡字壹齊贖回，
今欲有憑，立盡字壹紙付執為照。
乾隆伍拾叁年拾貳月　日立盡字黃通官〇
在見兄盛瑞
仝見侄文漢
代字中兄盛德

6-2-11-4　清乾隆五十三年十二月黃通官立盡民佃田字

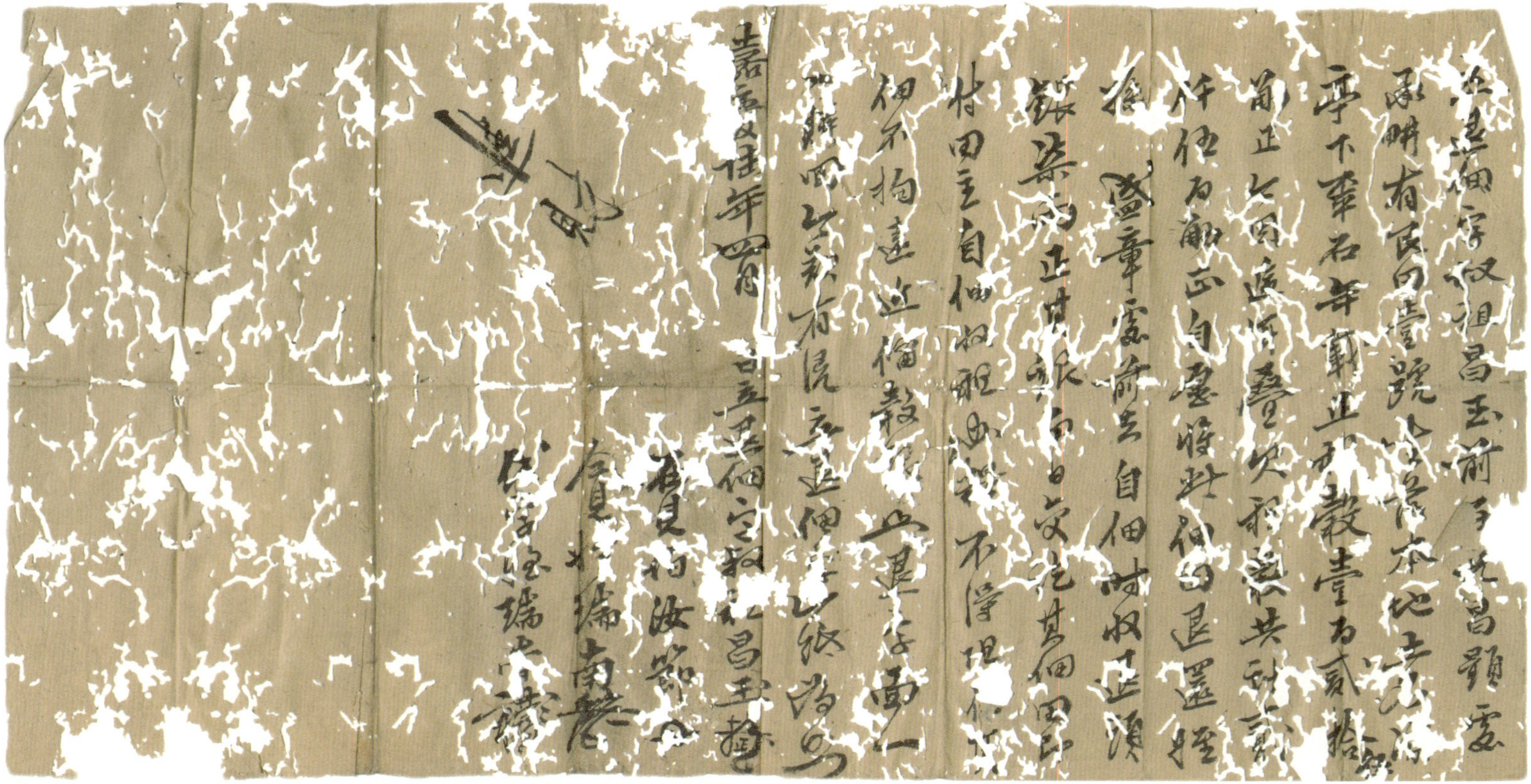

6-2-12-1　清嘉慶六年四月林昌玉立退民佃田字

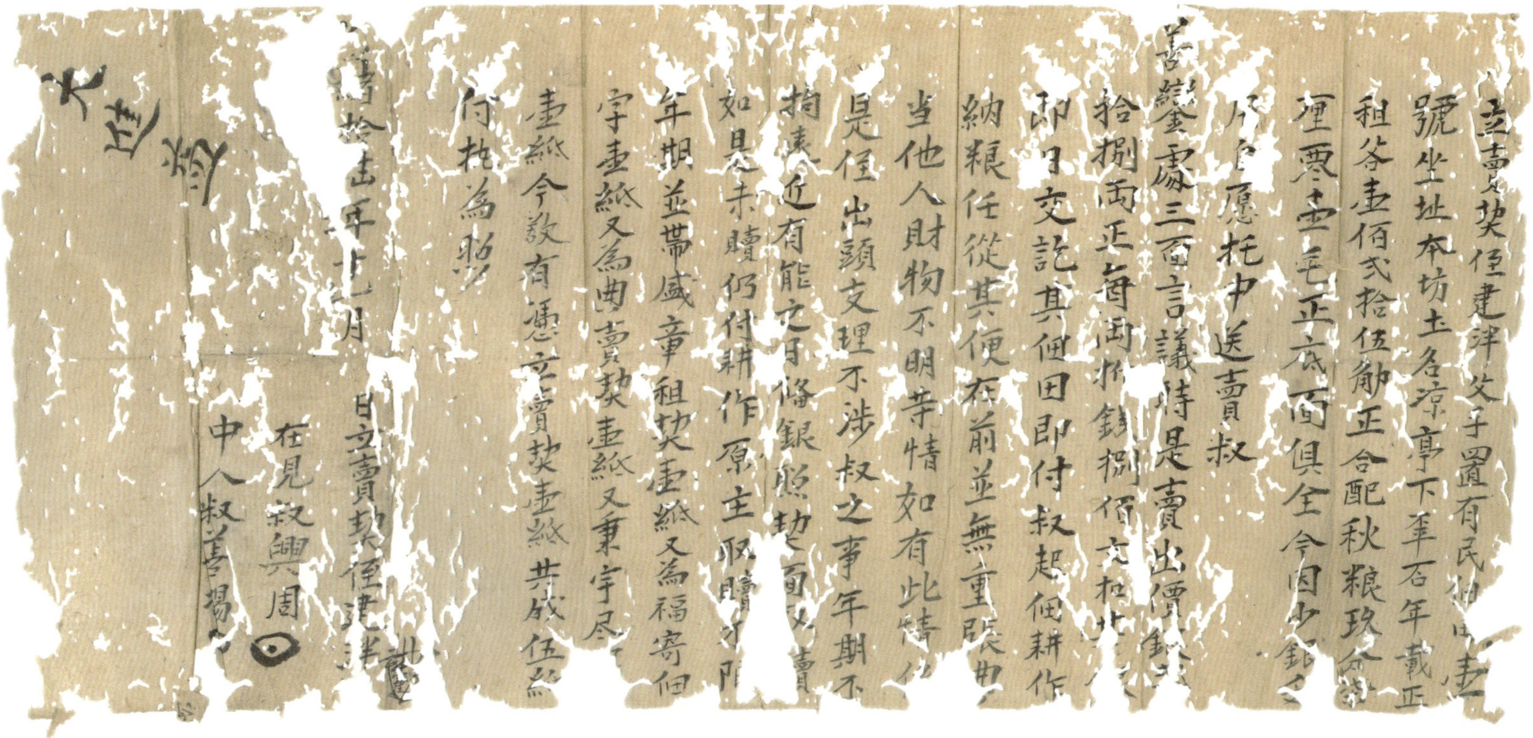
立賣契侄建洋，父子置有民佃田壹
號坐址本坊土名涼亭下，年石年載正
租谷壹佰式拾伍觔正，合配秋粮玖合
厘零壹毛正，衣面俱全，今因少銀
用，自愿托中送賣叔
善鑾處，三面言議時是賣出價銀
拾捌兩正，每兩作錢捌佰文扣，此
即日交訖，其佃田即付叔起佃耕作
納粮，任從其便，在前並無重張典
當他人財物不明等情，如有此情，係
是侄出頭支理，不涉叔之事，年期不
拘，遠近有能之日，備銀照契面取贖
如是未贖，仍付耕作，原主取贖不阻
年，坦並帶盛章租契壹紙，又為福寄佃
字壹紙，又為典賣契壹紙，又乘字尽
壹紙，今欲有憑，立賣契壹紙，共成伍紙
付執為照。
□緒拾陸年十一月　日立賣契侄建洋（押）
在見叔興周（押）
中人叔善場（押）

6-2-12-2　清光緒十六年十一月林建洋立賣民佃田契

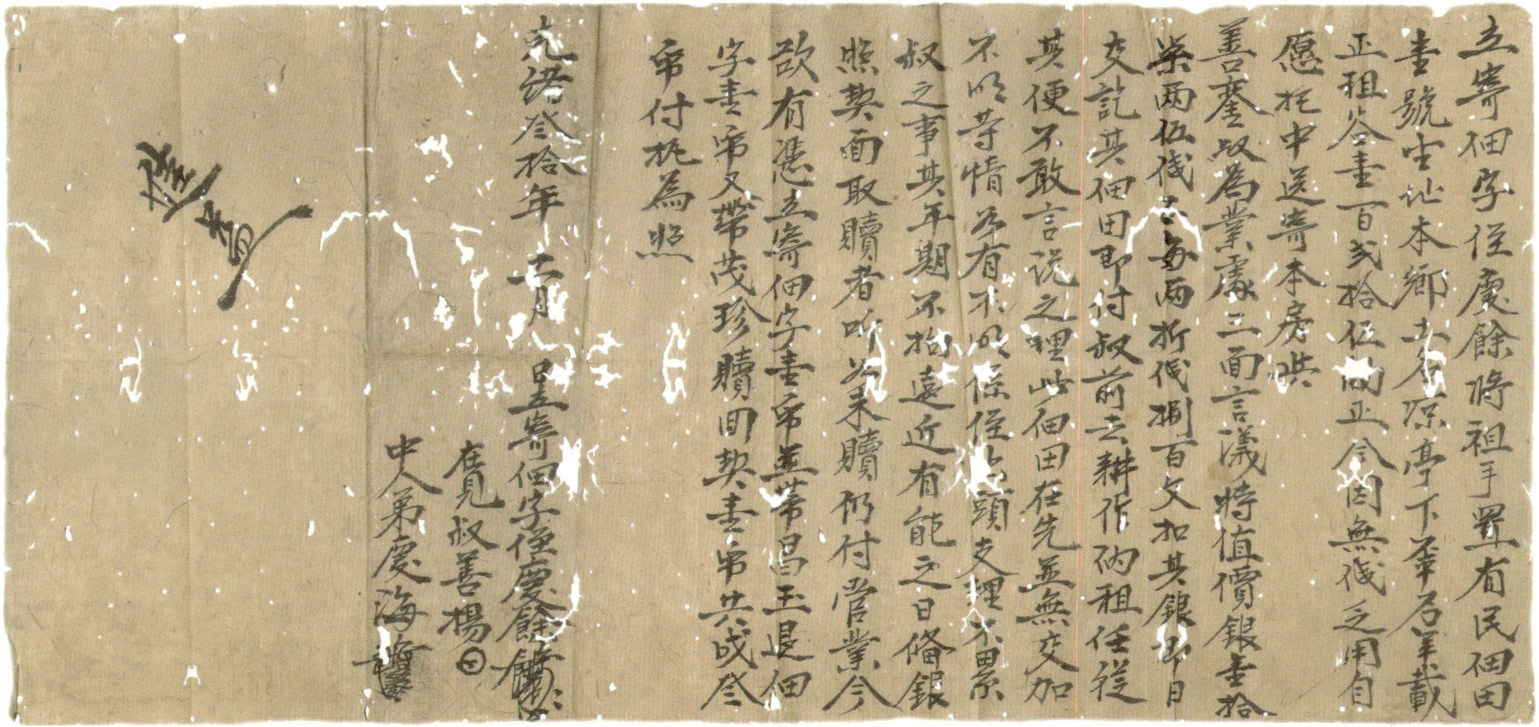

6-2-12-3　清光緒三十年十一月林慶餘立寄民佃田字

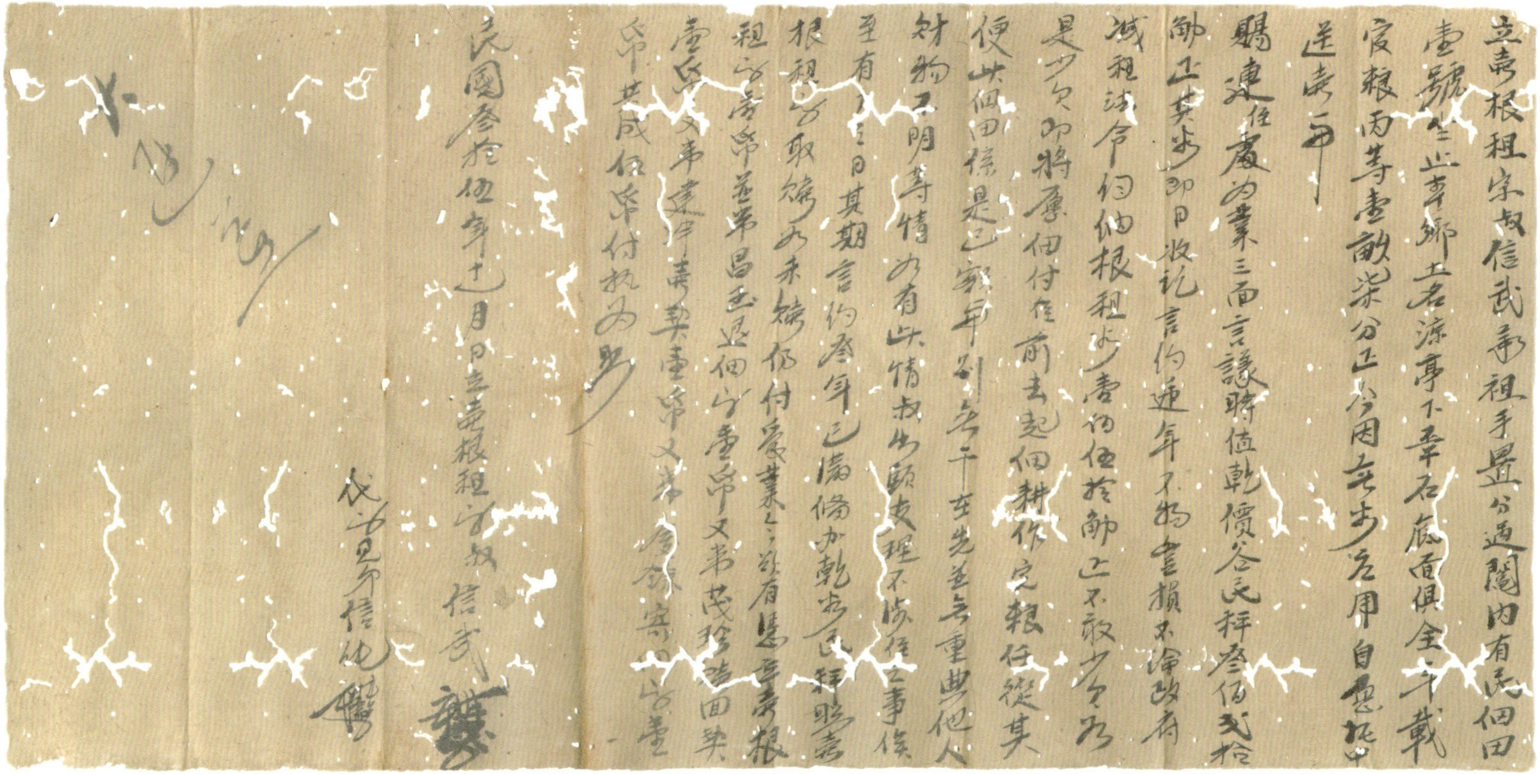

立賣根租字叔信武承祖手與分過閹內有民佃田
壹號，坐址本鄉土名涼亭下牽石底，面俱全，年載
官粮丙等壹畝柒分正，今因無錢應用，自愿托中
送賣與
賜連侄處為業，三面言議，時值乾價谷民秤叁佰貳拾
觔正，其錢即日收訖，言約逐年不論豐損，不論政府
減租法令，仍納根租谷少書佰伍拾觔正，不敢少欠，乃
是少欠，即將廢佃付侄前去起佃耕作完粮，任從其
便。此佃田係是己業，年別名下，在先並無重典他人
財物不明等情，如有此情，叔出頭支理，不涉侄之事。候
至有日，其期言約叁年已滿，備办乾谷民秤照壹
根租，如取贖，如未贖，仍付侄業管，此乃有憑，立賣根
租字壹紙並吊昌亞退佃字壹紙，文契茂珍退田契
壹紙，文契連[illegible]壹紙，文契[illegible]寄[illegible]壹
紙，共成伍紙付執為照。

民國叁拾伍年十一月　日立賣根租字叔　信武（押）
代字兄　信燉（押）

6-2-12-4　民國三十五年十一月林信武立賣民佃田根租字

6-2-13-1　包契紙

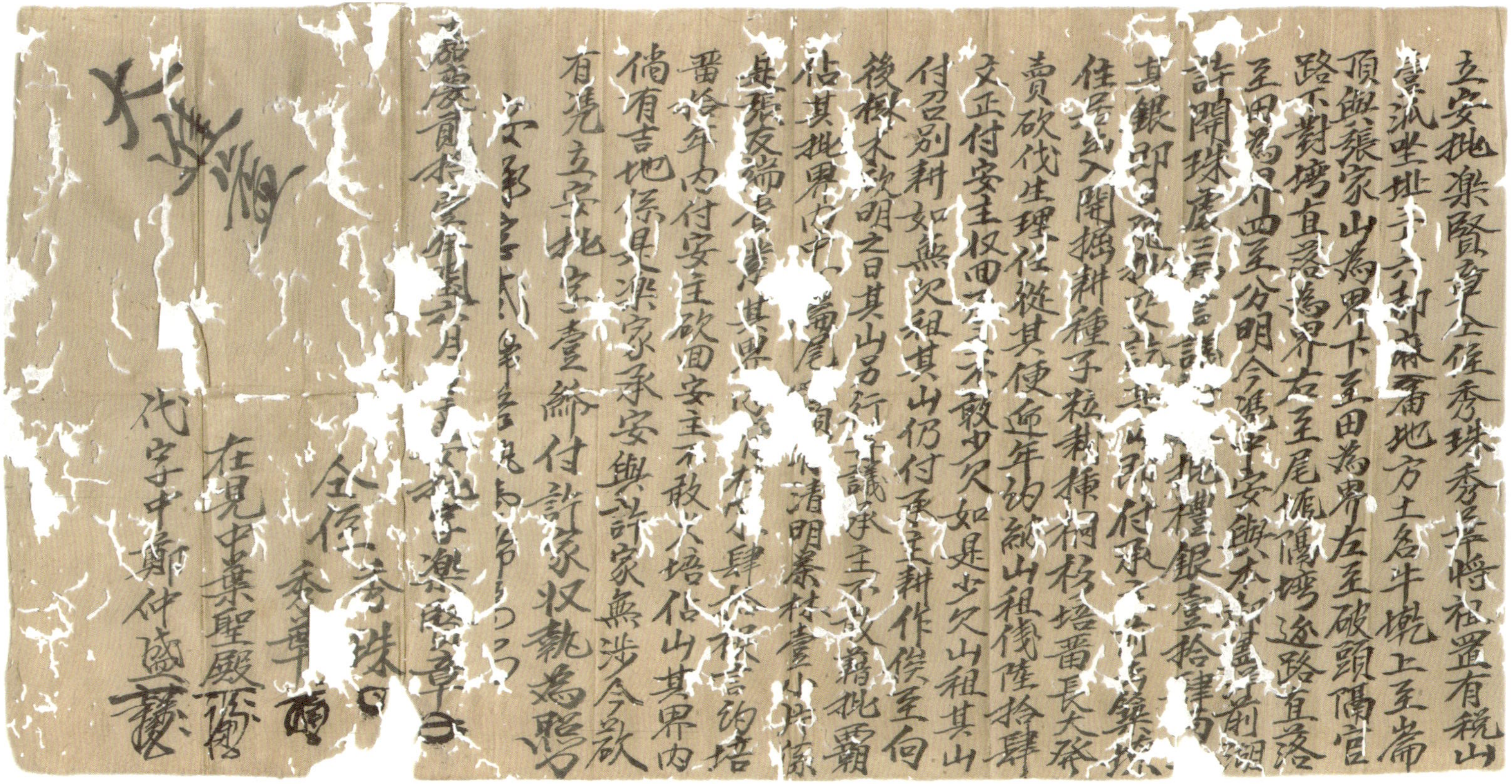
立安批樂賢章仝侄秀珠、秀[illegible]等將祖置有稅山
壹[illegible]坐址[illegible]都[illegible]地方土名牛坑，上至崙
頂與張家山為界，下至田為界，左至破頭隔官
路下對塆直落為界，右至尾[illegible]隔塆逆路直落
至田為界，四至分明。今[illegible]安與[illegible]前湖
許開珠[illegible]批禮銀壹拾肆[illegible]
其銀即[illegible]付承[illegible]樂[illegible]
住居[illegible]入開掘耕種子粒、栽種桐杉，培蕃長大，聽
賣砍伐生理，任從其便。逐年約納山租錢陸拾肆
文正，付安主收回，不敢少欠。如是少欠山租，其山
付召別耕；如無欠租，其山仍付承[illegible]耕作，候至向
後杉木砍明之日，其山另行[illegible]議，承主不敢[illegible]批霸
佔。其批界內[illegible]尾[illegible]清明[illegible]柱壹[illegible]
要張友端[illegible]其界[illegible]肆[illegible]約培
蕃，今年內付安主砍回安主，不敢欠培佔山。其界內
倘有吉地，係是樂家承安，與許家無涉。今欲
有憑，立安批字壹紙付許家收執為照。
嘉慶貳拾壹年閏六月 日立安批字 樂賢章（押）
安[illegible]
仝侄 秀珠（押）
秀[illegible]（押）
在見中 葉聖殿（押）
代字中 鄭仲盛（押）

6-2-13-2 清嘉慶二十一年閏六月樂賢章等立安批稅山字

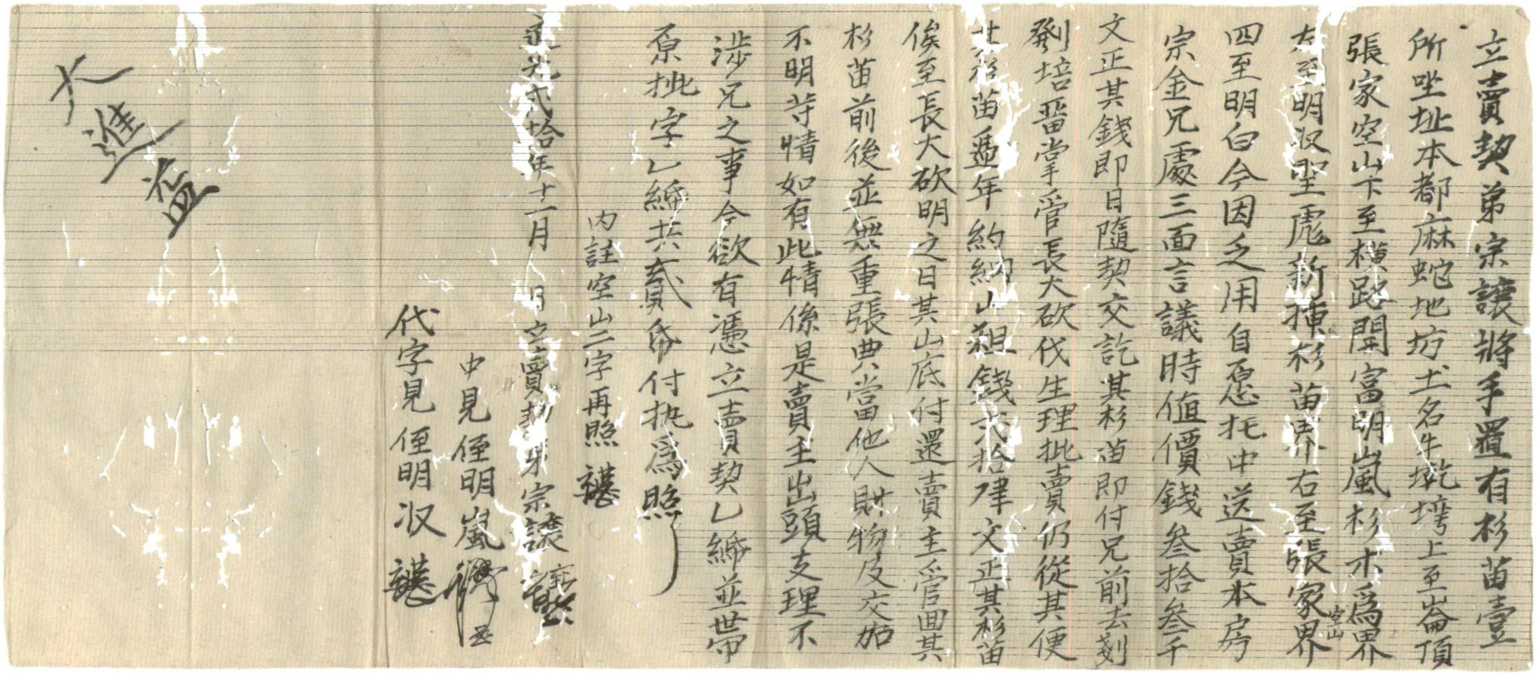

立賣契弟宗讓將手置有杉苗壹
所坐址本都麻蛇地坊土名牛坑墘上至崙頂
張家空山下至横路開富明嵐杉木爲界
左至明汉聖彪荊棘杉苗界右至張家空山界
四至明白今因乏用自愿托中送賣本房
宗金兄處三面言議時値價錢叁拾叁千
文正其錢即日隨契交訖其杉苗即付兄前去刻
剷培晋掌晋長大砍伐生理批賣仍從其便
其杉苗每年約納山租錢弍拾肆文正其杉苗
俟至長大砍明之日其山底付還賣主管回其
杉苗前後並無重張典當他人財物及交加
不明苧情如有此情係是賣主出頭支理不
涉兄之事今欲有憑立賣契乙紙並世帶
原批字乙紙共貳紙付批爲照
内註空山二字再照 讓
道光弍拾年十一月 日立賣契弟宗讓（押）
中見侄明嵐（押）
代字見侄明汉 讓

大進益

6-2-13-3 清道光二十年十一月許宗讓立賣杉苗契

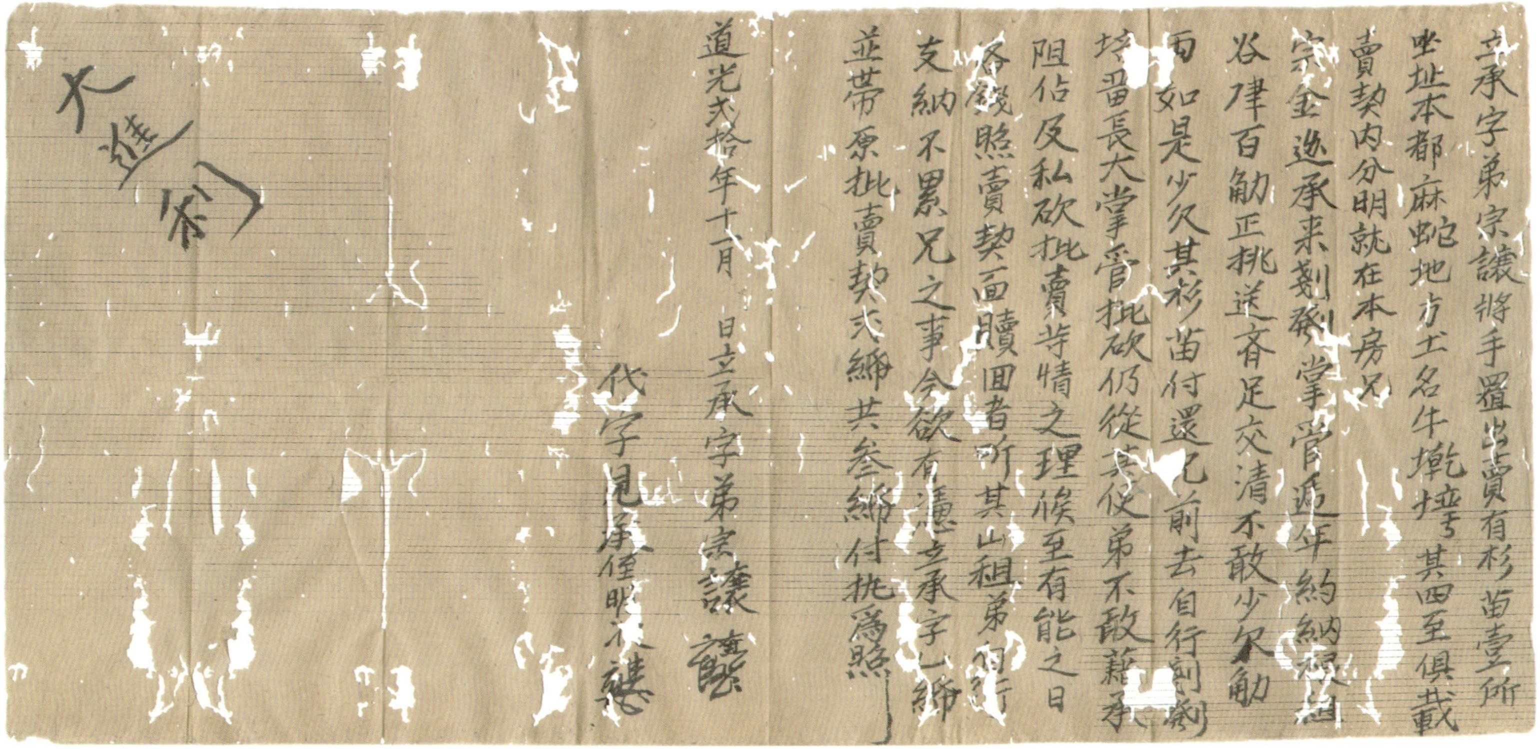

立承字弟宗讓將手置出賣有杉苗壹所
坐址本都麻蛇地方土名牛墩墘墘 其四至俱載
賣契內分明就在本房兄
宗金邊承来劄䂊掌管遞年約納租
谷肆百觔正挑送齊足交清不敢少欠觔
両如是少欠其杉苗付還兄前去自行劄䂊
培畨長大掌管批砍仍從其侄弟不敢藉端
阻佔及私砍批賣等情之理倘至有能之日
备錢照賣契面贖回者所其山租弟仍行
支納不累兄之事今欲有憑立承字一紙
並帶原批賣契弍紙共叁紙付批爲照
道光弍拾年十一月　日立承字弟宗讓
代字見侄明禮
大進利

6-2-13-4　清道光二十年十一月許宗讓立承杉苗字

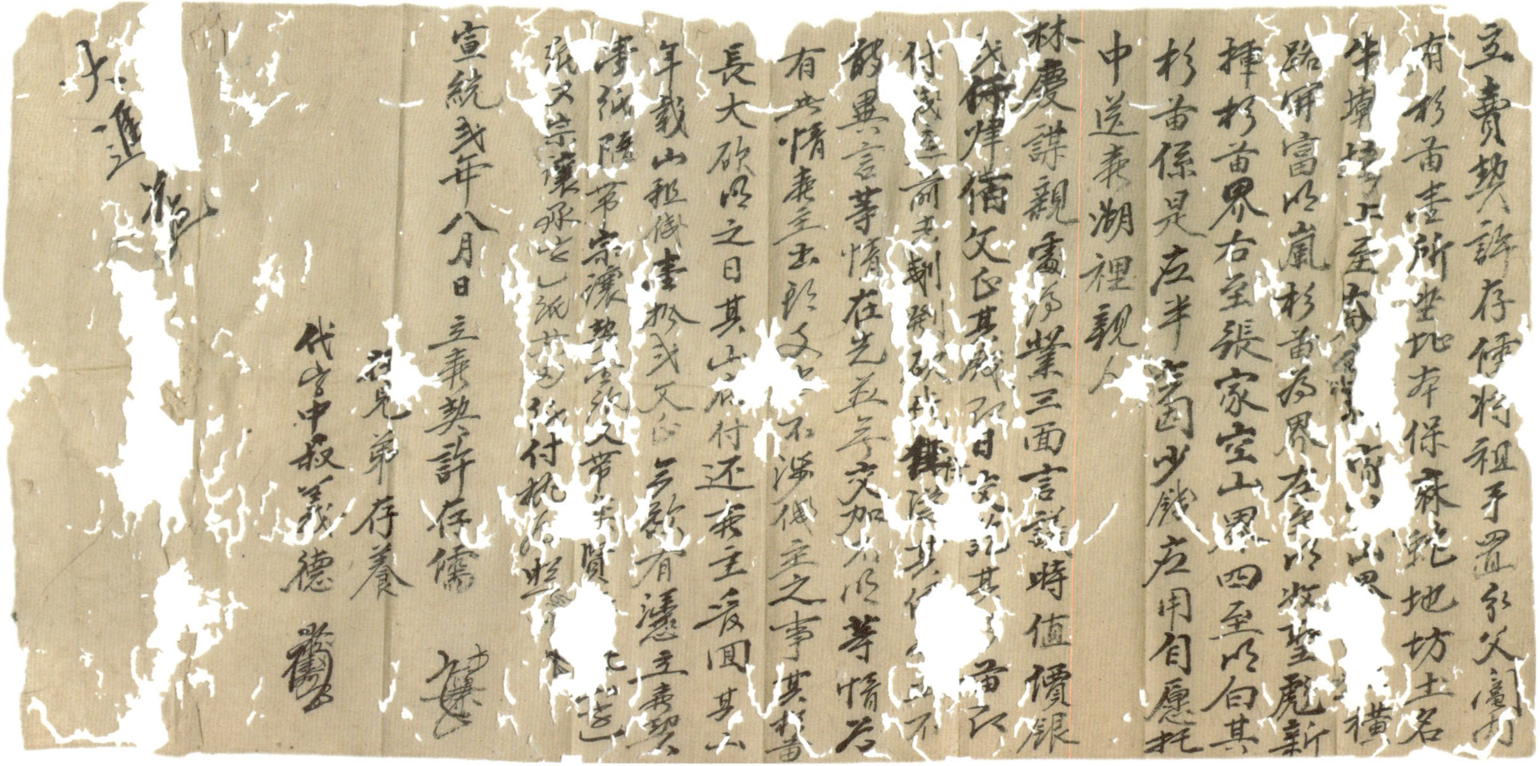

6-2-13-5　清宣統二年八月許存儒立賣杉苗契

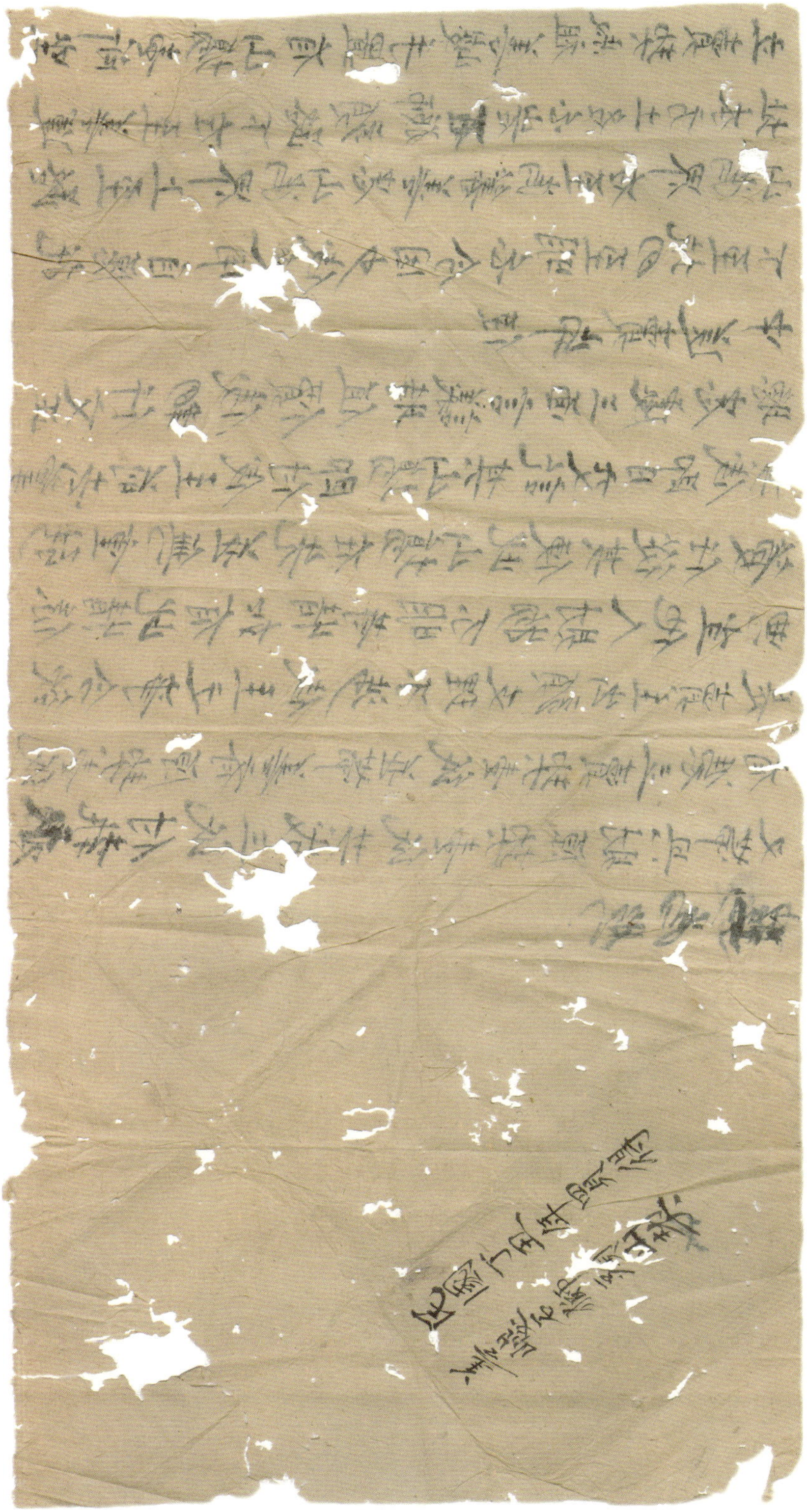

6-2-14-1　包契紙

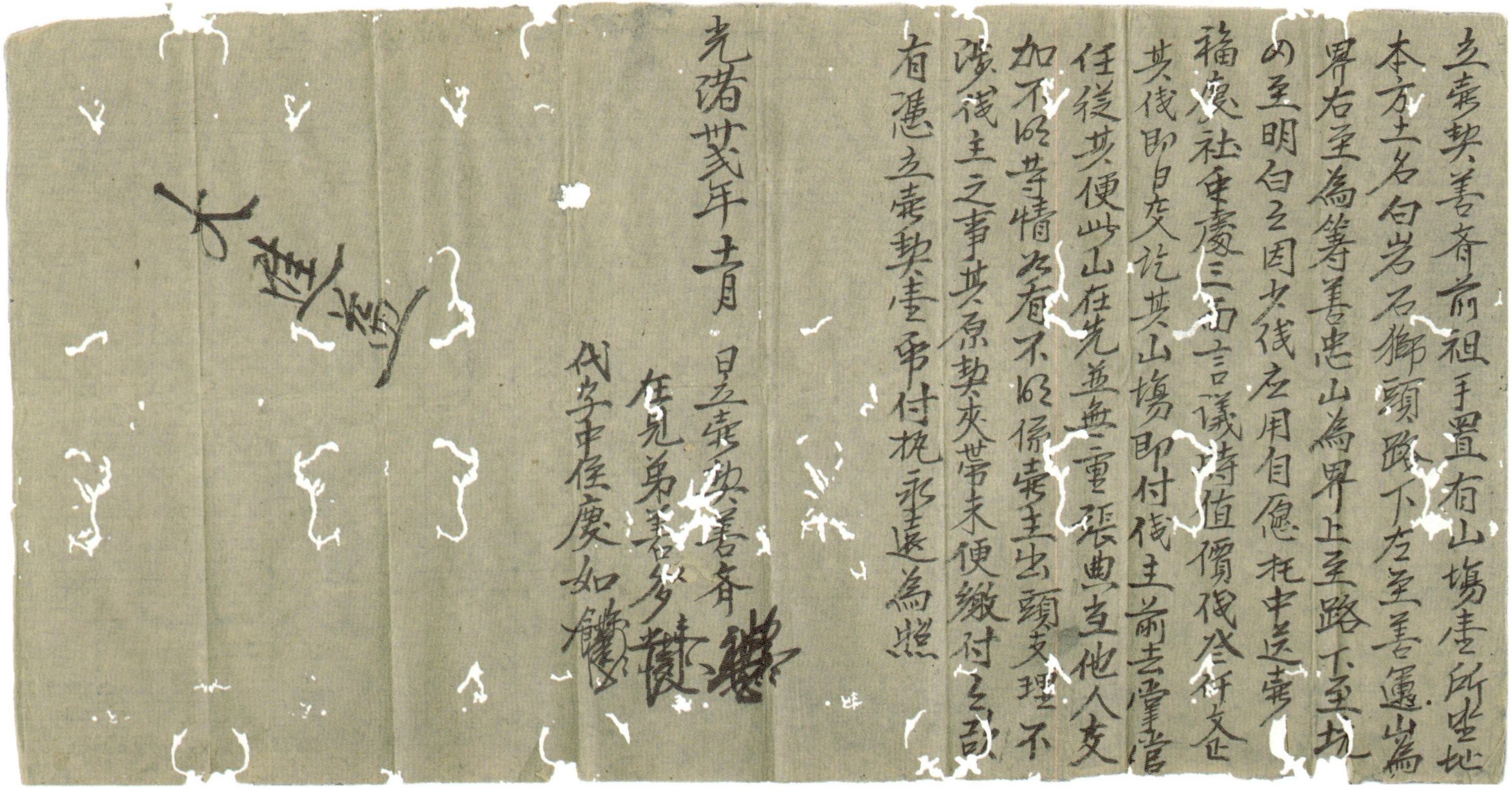


6-2-14-2　清光緒三十二年十一月林善齊立賣山場契

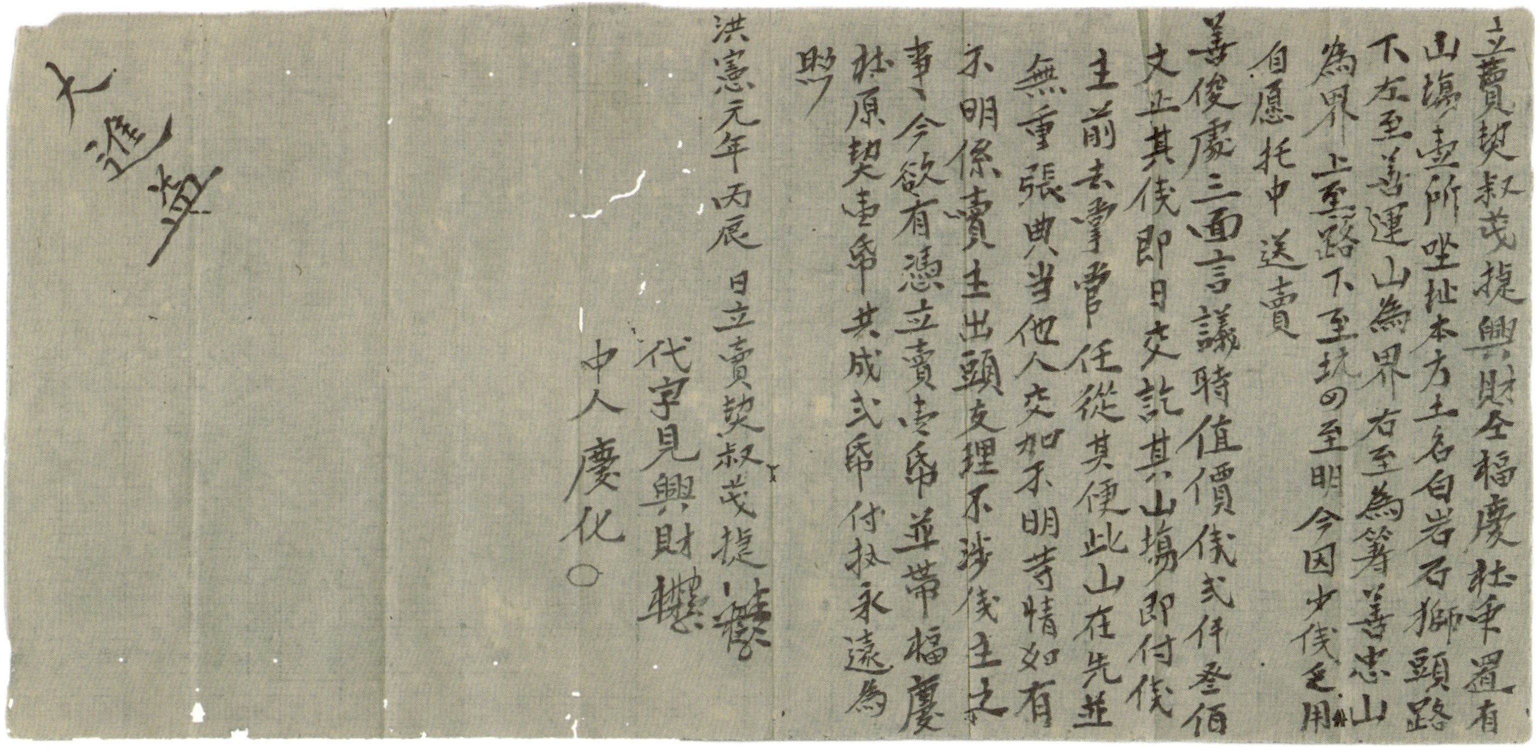

立賣契叔茂提興財仝福慶杜承置有
山場壹所坐址本方土名白岩石獅頭路
下左至善運山為界右至為籌善忠山
為界上至路下至坑四至明今因少俵乏用
自愿托中送賣
善俊、慶三面言議時值價俵弍仟叁佰
文正其俵即日交訖其山場即付俵
主前去掌管任從其便此山在先並
無重張典當他人交加不明等情如有
不明係賣主出頭支理不涉俵主之
事今欲有憑立賣契壹帋並帶福慶
杜原契壹帋共成弍帋付執永遠為
照
洪憲元年丙辰　日立賣契叔茂提[illegible]
代字見興財[illegible]
中人慶化〇
大進享

6-2-14-3　民國五年（洪憲元年）林茂捷立賣山場契

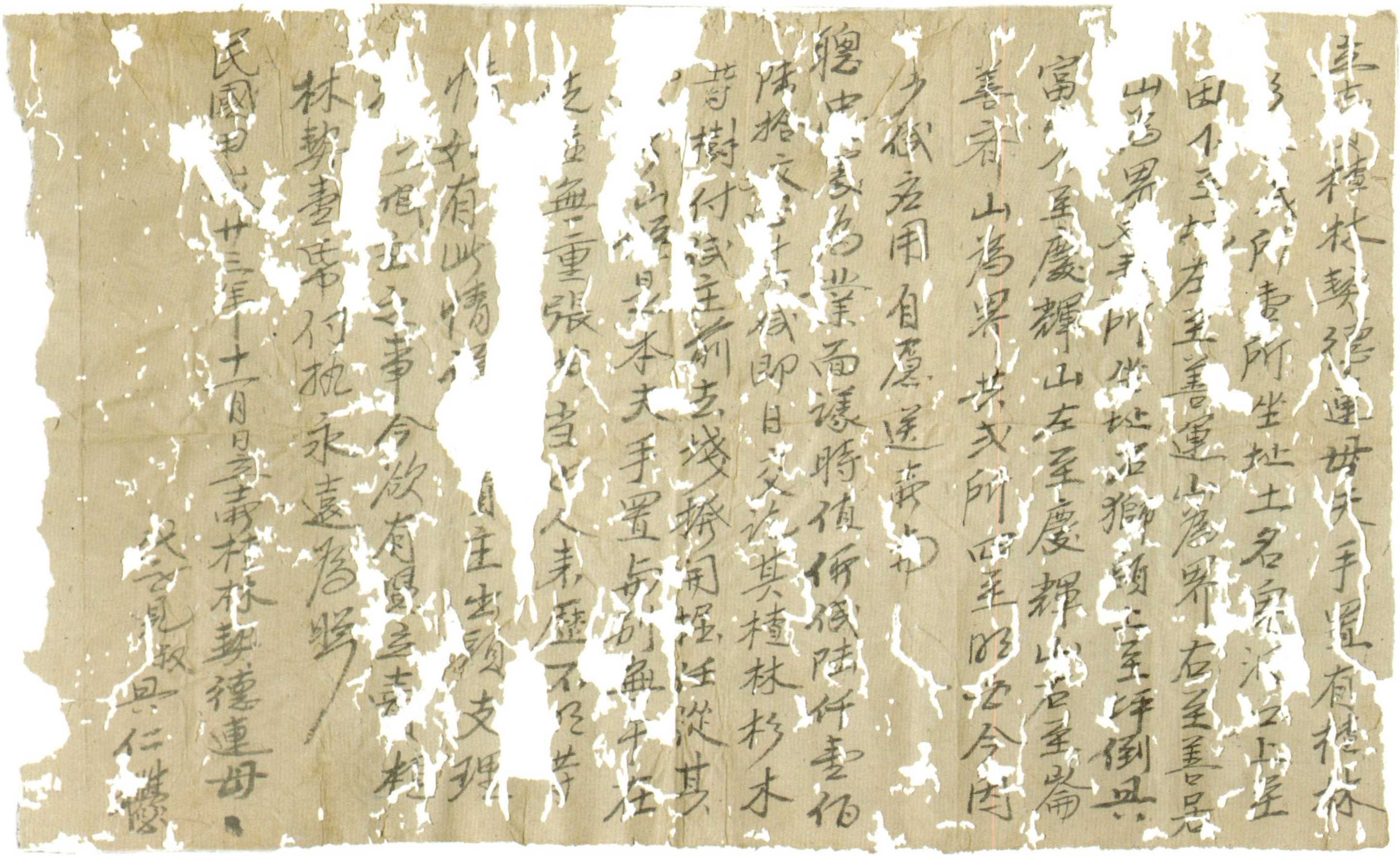

6-2-14-4　民國二十三年十一月林德連母立賣楂林等契

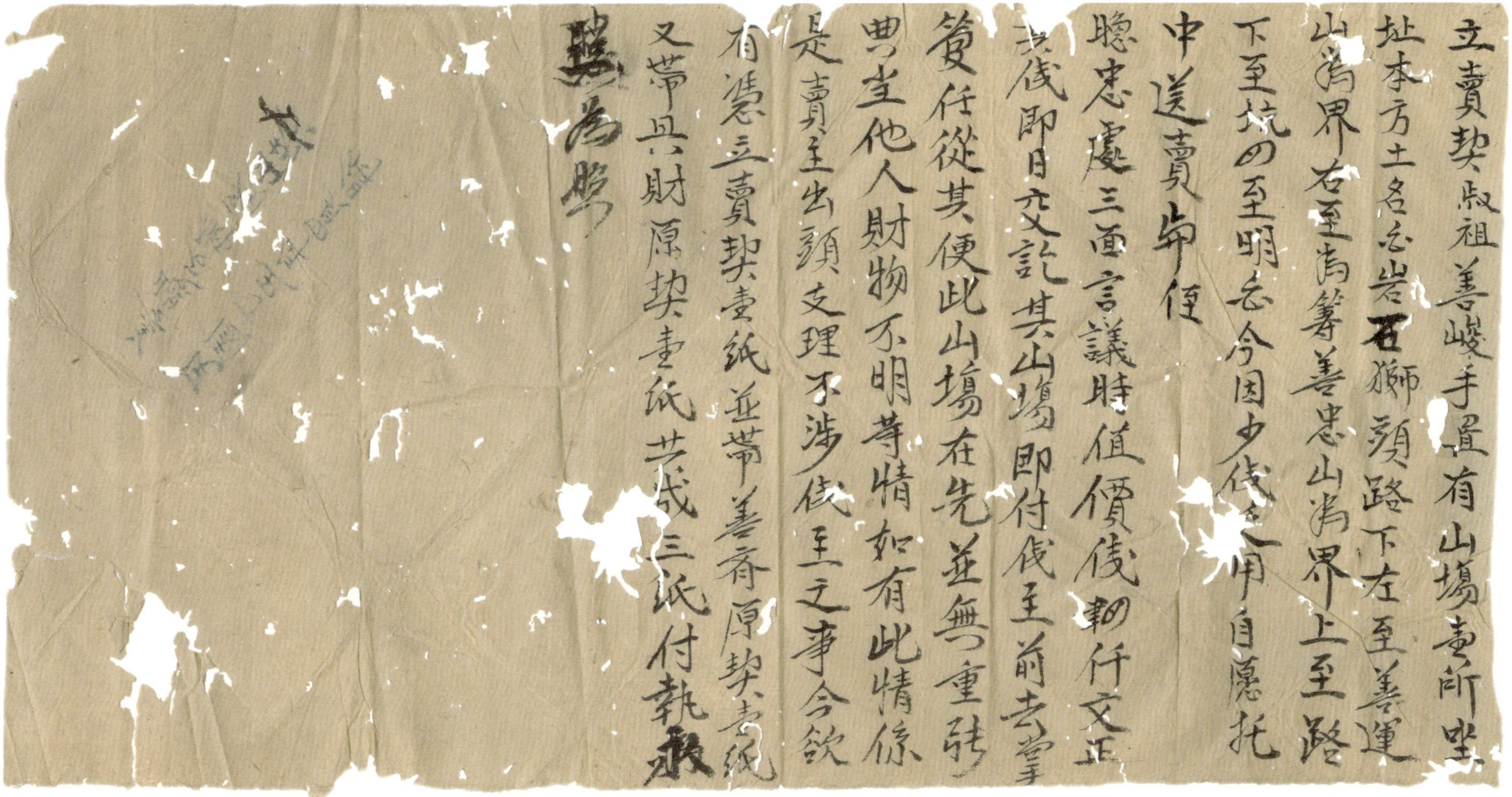

立賣契叔祖善峻手置有山場壹所坐
址本方土名仑岩石獅頭路下左至善運
山為界右至為籌善忠山為界上至路
下至坑四至明白今因乏錢應用自愿托
中送賣與侄
聰忠處三面言議時值價錢捌仟文正
其錢即日交訖其山場即付錢主前去掌
管任從其便此山場在先並無重張
典当他人財物不明等情如有此情係
是賣主出頭支理不涉錢主之事今欲
有憑立賣契壹紙並帶善斉原契壹紙
又帶與財原契壹紙共成三紙付執永
照為照

6-2-14-5　民國二十六年五月林善峻立賣山場契（草契）

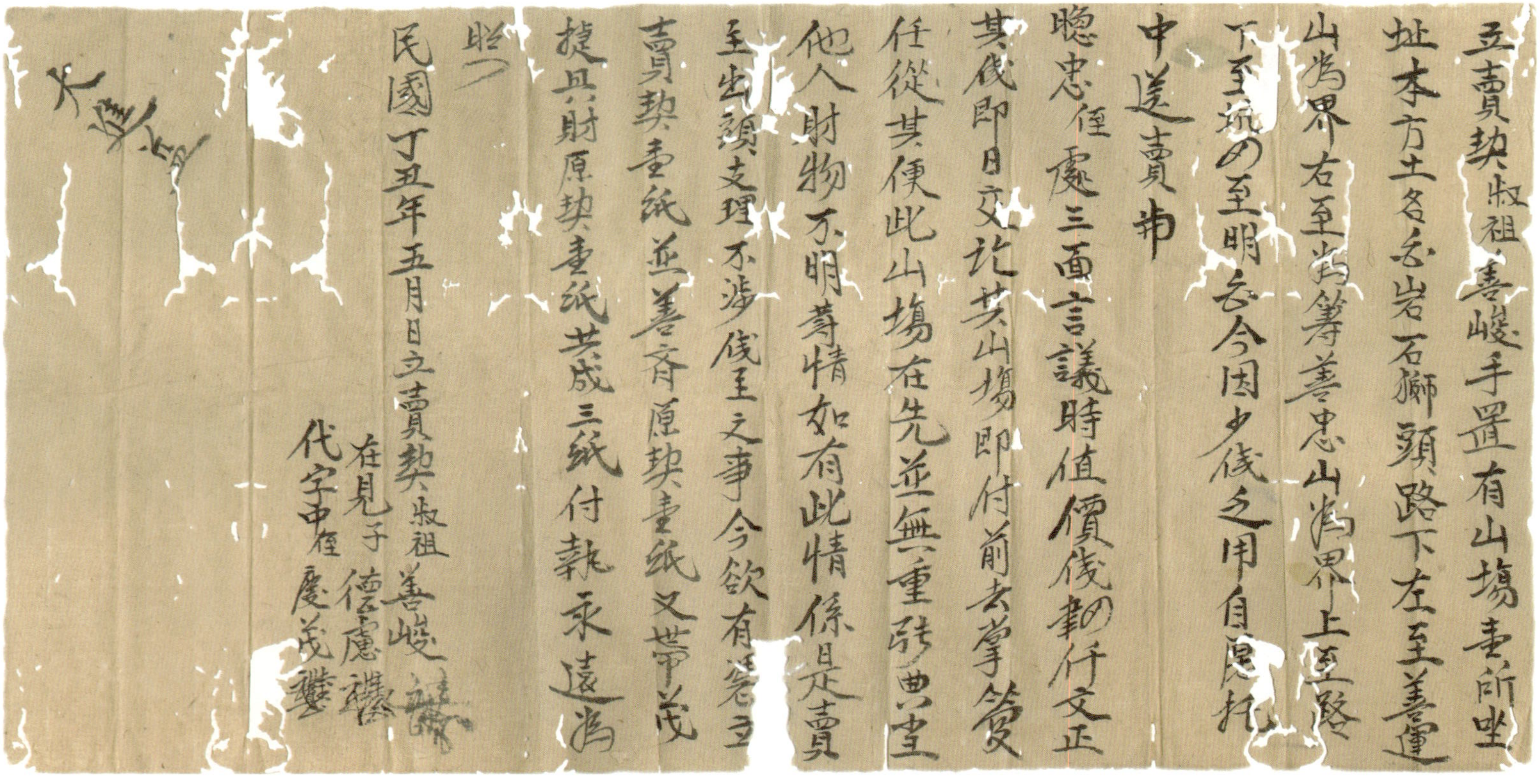
立賣契叔祖善峻手置有山場壹所坐
址本方土名岩石獅頭路下，左至善達
山為界，右至為籌善忠山為界，上至路
下至坑為至明白。今因乏錢之用，自愿托
中送賣與
聰忠侄處，三面言議時值價錢銅仟文正。
其錢即日交訖，其山場即付前去掌管，
任從其便。此山場在先並無重張典當
他人財物不明等情，如有此情，係是賣
主出頭支理，不涉錢主之事。今欲有憑，立
賣契壹紙，並善齊原契壹紙，又帶茂
捷與財原契壹紙，共成三紙，付執永遠為
照。

民國丁丑年五月日立賣契叔祖善峻
在見子德慮
代字中侄慶茂

大吉昌

6-2-14-6　民國二十六年五月林善峻立賣山場契

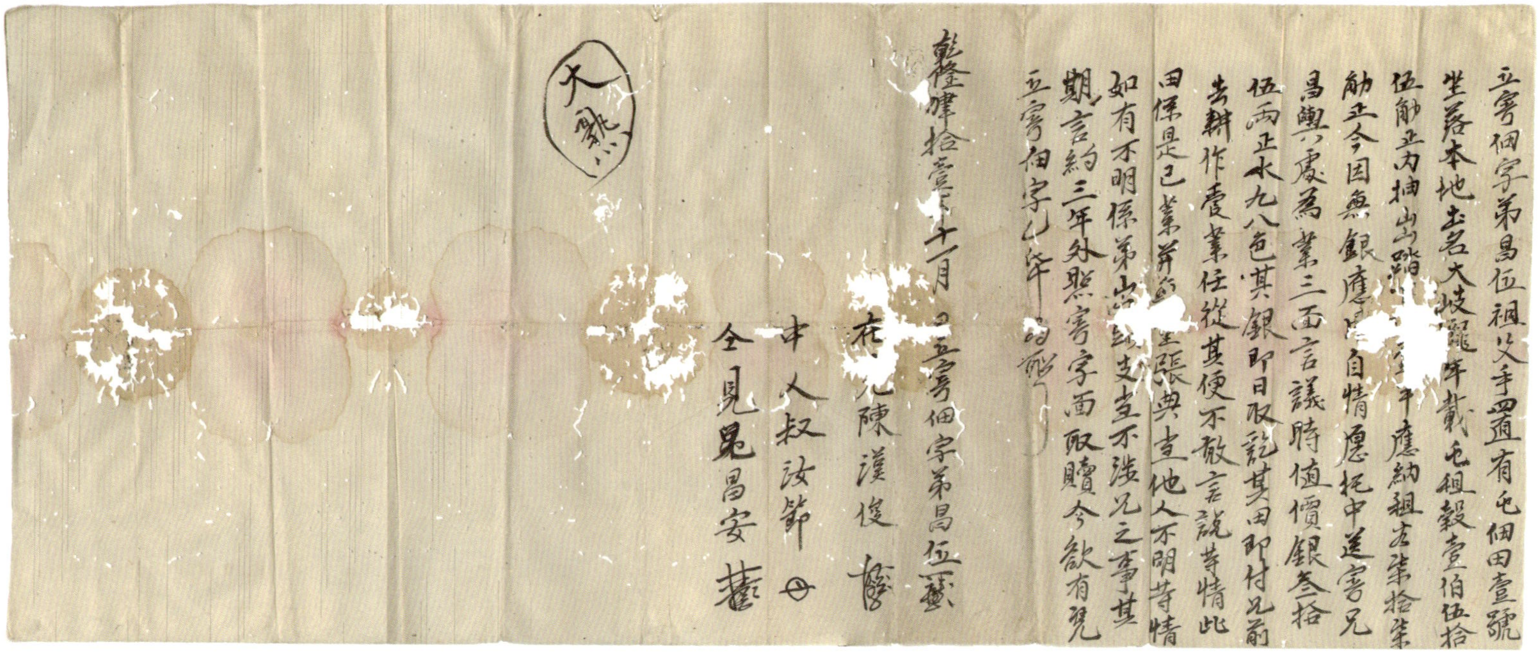

立寄佃字弟昌位祖父手置有屯佃田壹號
坐落本地土名大岐壠[illegible]年載屯租穀壹伯伍拾
伍觔正内抽出踏[illegible]年應納租去柒拾柒
觔正今因無銀應[illegible]自情愿托中送寄兄
昌興處為業三面言議時值價銀叁拾
伍兩正水九八色其銀即日收訖其田即付兄前
去耕作管業任從其便不敢言說等情此
田保是己業并[illegible]無重張典當他人不明等情
如有不明係弟出[illegible]支當不涉兄之事其
期言約三年外照寄字面取贖今欲有憑
立寄佃字乙紙[illegible]為照

乾隆肆拾壹年十一月 日立寄佃字弟昌位（押）
在見兄陳漢俊（押）
中人叔汝節（押）
仝見兄昌安（押）

大熙

6-2-15-1　清乾隆四十一年十一月林昌位立寄屯佃田字

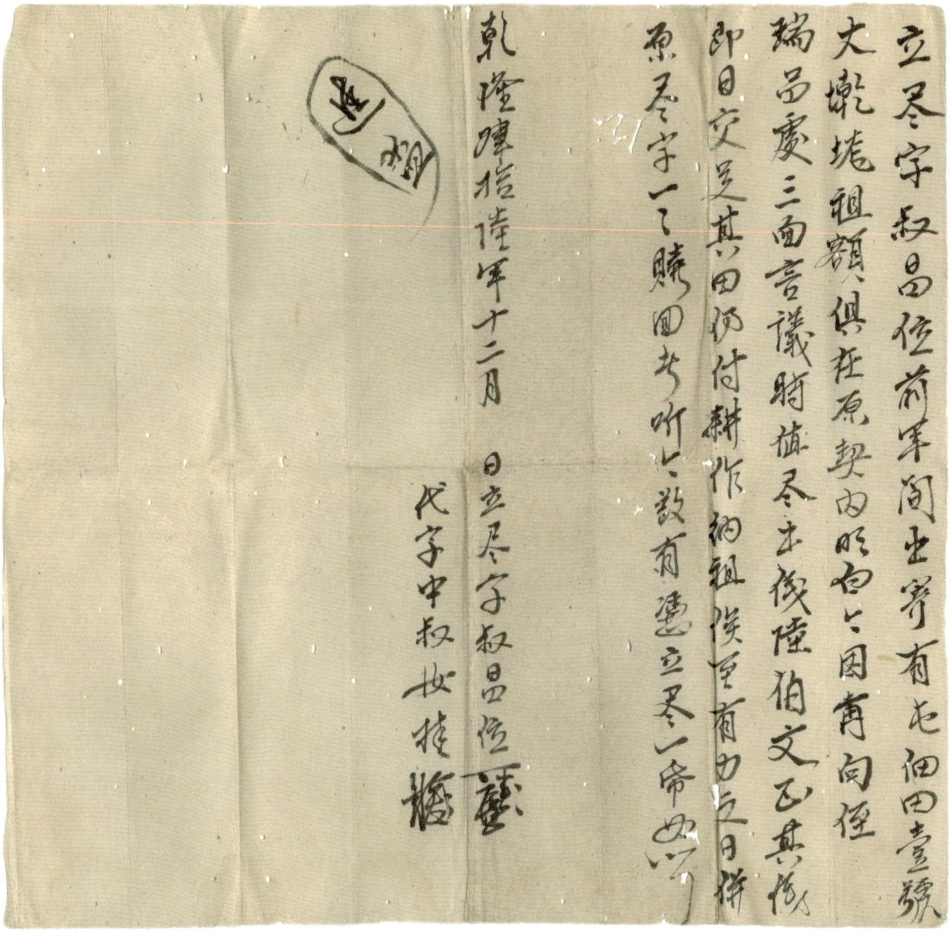
立盡字叔昌位前年間出賣有屯佃田壹號
大墘堤租額，俱在原契內明白。今因再向侄
瑞昌處三面言議，將值盡出錢陸佰文正。其錢
即日交足，其田仍付耕作納租，侯至有力之日，將
原盡字一了贖回，各听，不致有悪。立盡一帋爲照。
乾隆肆拾陸年十二月　日立盡字叔昌位（押）
代字中叔枝桂

6-2-15-2　清乾隆四十六年十二月林昌位立盡屯佃田字

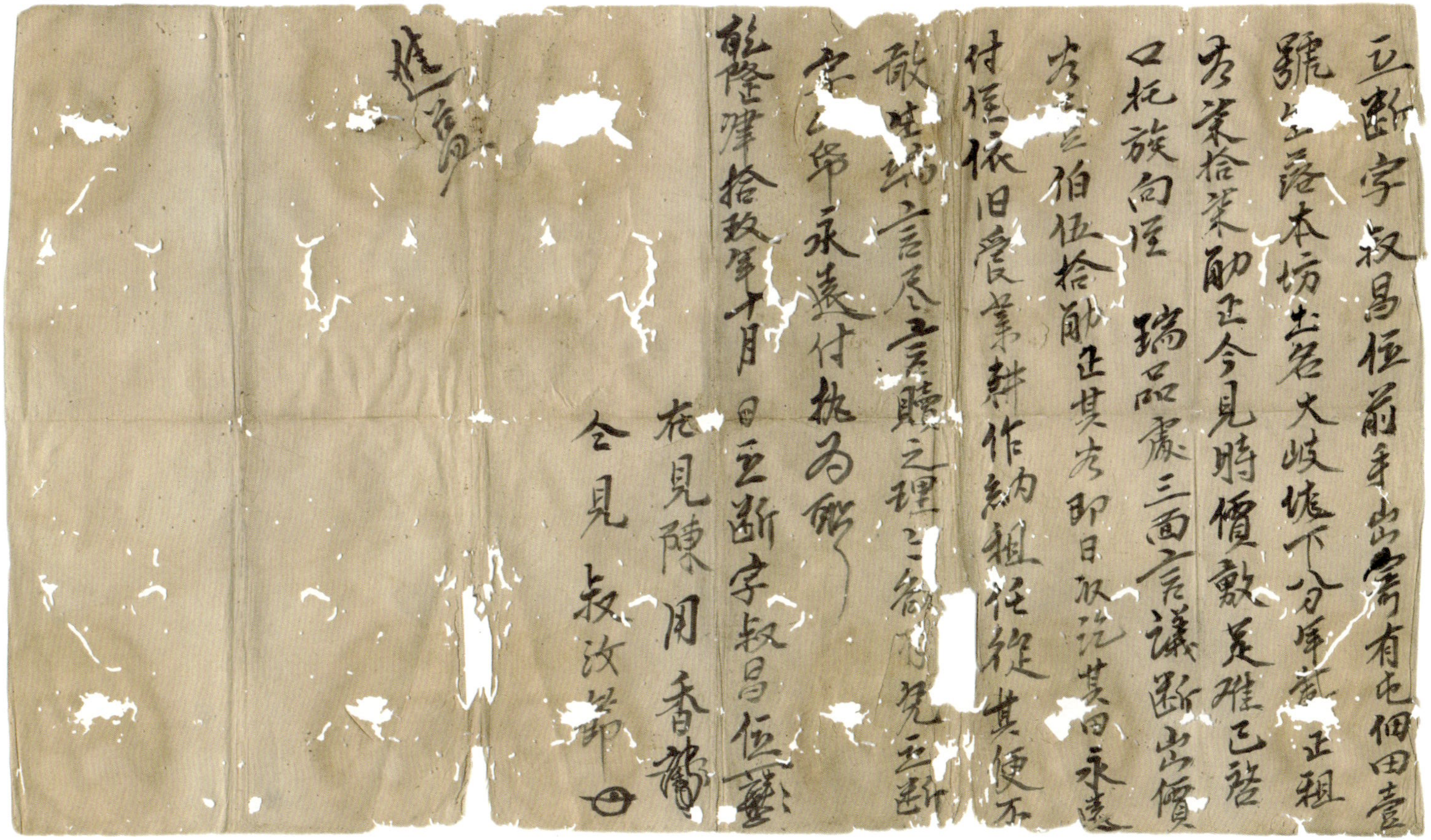

立斷字叔昌位前手出賣有屯佃田壹
號坐落本坊土名大岐坑下，今年載正租
谷柒拾柒觔正，今見時價數足，難已啓
口，托族向侄　瑞品處三面言議斷出價
谷乙伯伍拾觔正，其谷即日收訖，其田永遠
付侄依旧管業耕作納租，任從其便，不
敢生端言尽言贖之理。二欲有憑，立斷
字一帋永遠付執為照。
乾隆肆拾玖年十月　日立斷字叔昌位（押）
在見陳　朋香（押）
仝見　叔汝節（押）

6-2-15-3　清乾隆四十九年十月林昌位立斷屯佃田字

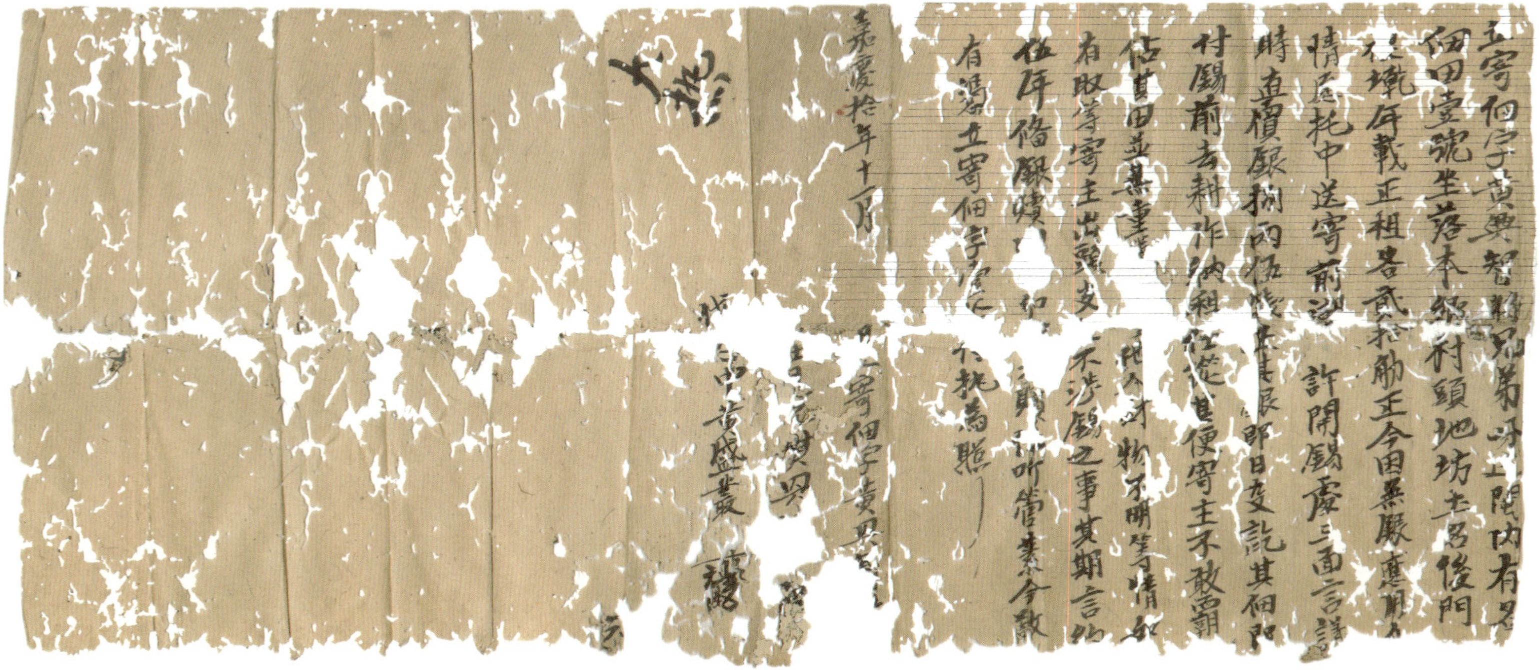

立寄佃字黃興智將[illegible]上限內有早
佃田壹號坐落本鄉村頭地坊土名後門
種壤每載正租谷貳拾觔正今因要銀應用
情愿托中送寄前去許開錫處三面言議
時直價銀捌兩伍錢[illegible]即日交訖其佃即
付錫前去耕作納租任從其便寄主不敢留難
保其田並無重[illegible]物不明等情如
有此等寄主出頭支[illegible]不涉錫之事其期言約
伍年備銀贖[illegible]聽管業今欲
有憑立寄佃字[illegible]不執為照

嘉慶拾年十一月[illegible]立寄佃字黃興智
[illegible]
在中黃盛[illegible]

大吉

6-2-16-1　清嘉慶十年十一月黃興智立寄佃田字

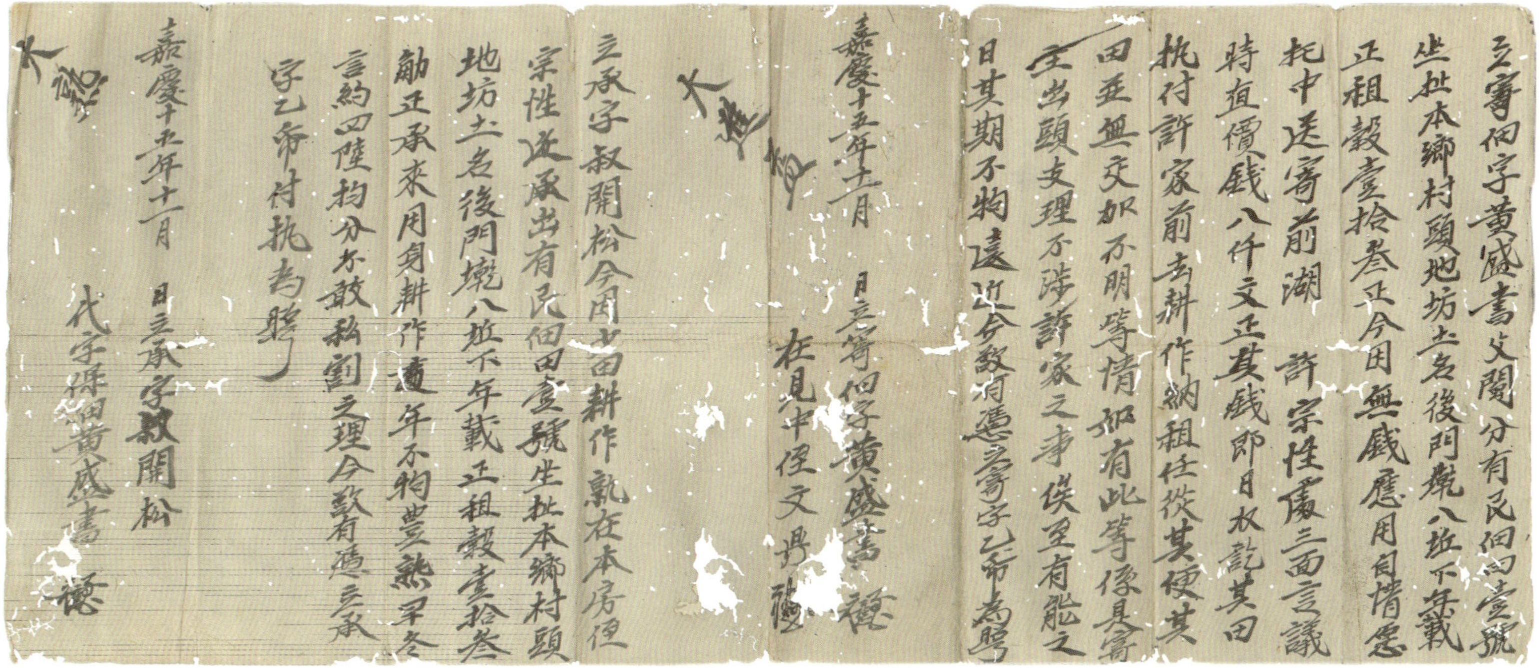

立寄佃字黃盛書，父閣分有民佃田壹號
坐址本鄉村頭地坊土名後門墘，八班下年載
正租穀壹拾叁石。今因無錢應用，自情愿
托中送寄前湖　許宗性處，三面言議
時值價錢八仟文正，其錢即日收訖，其田
执付許家前去耕作納租，任從其便，其
田並無交加不明等情，如有此等係是寄
主出頭支理，不涉許家之事，俟至有能之
日，其期不拘遠近，今欲有憑，立寄字乙帋為照。
嘉慶十五年十一月　日立寄佃字黃盛書（押）
在見中侄文興（押）
大吉

立承字叔開松，今因無田耕作，就在本房侄
宗性邊承出有民佃田壹號，坐址本鄉村頭
地坊土名後門墘，八班下年載正租穀壹拾叁
勳正承來用身耕作，遞年不拘豐熟，早冬
言約四陸均分，不敢私創之理。今欲有憑，立承
字乙帋付执為照。
嘉慶十五年十一月　日立承字叔開松
代字侄佃黃盛書（押）
大吉

6-2-16-2　清嘉慶十五年十一月黃盛書立寄民佃田字

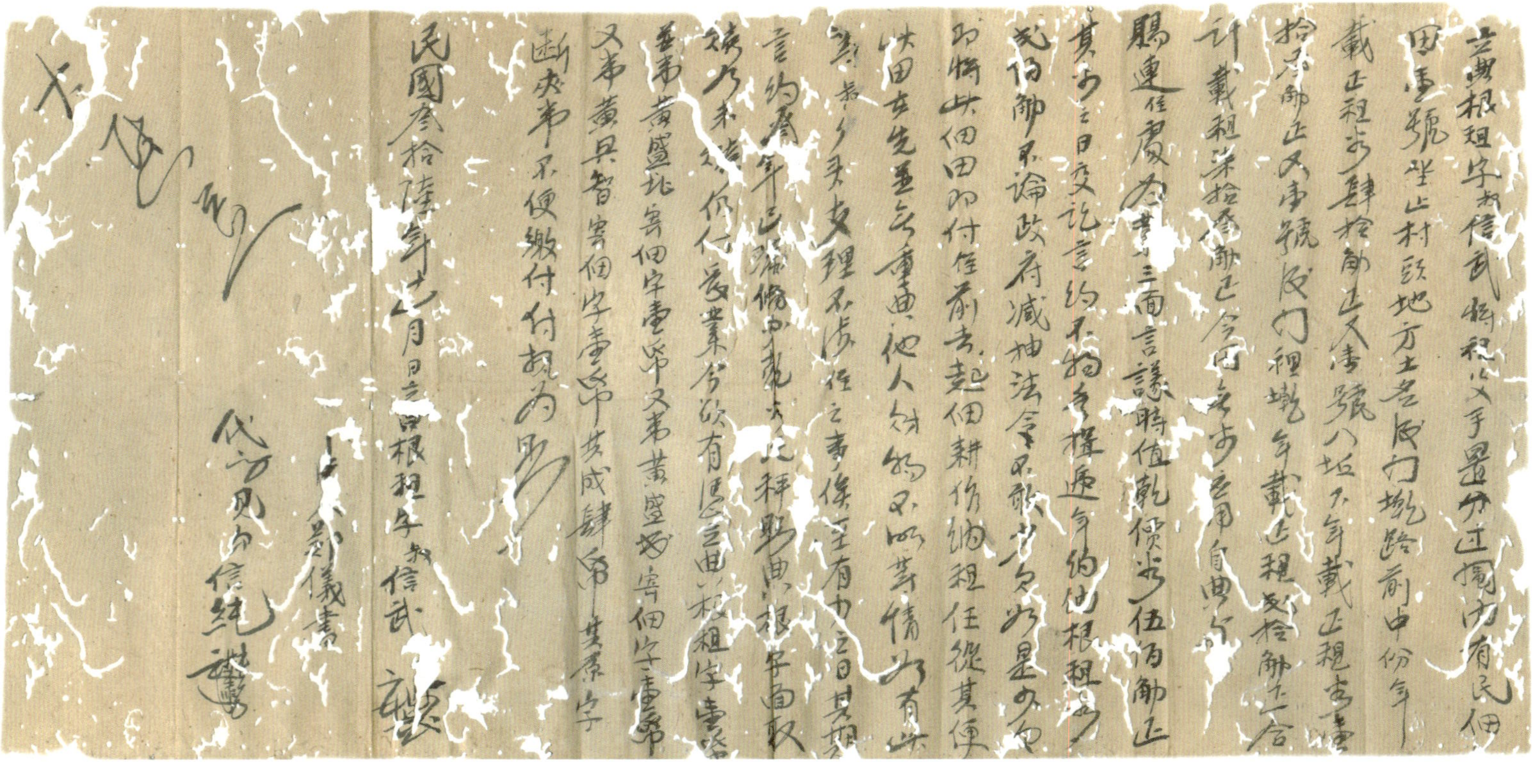

立典根租字人林信武，緣承父手置分過獨的有民佃
田壹號，坐上村頭地方，土名后門垅路前，中份全[illegible]
載正租米肆拾斤正，又壹號八坵，本年載正租米壹
拾斤正，又壹號后門裡垅，全載正租米拾斤正，合
計載租米柒拾叁斤正，今因乏用，自甘[illegible]
賜連任處為業，三面言議，時值就價米伍佰斤正
其米即日交訖，言約不拘年限，遠近備价根租米
式佰斤，不論政府減抽法令，不敢少欠，如是少欠
即將此佃田即付銀主起佃耕作納租，任從其便
此田在先並無重典他人財物，不明等情，如有此
等[illegible]，系身支理，不涉銀主之事，係至有力之日，其租
言約[illegible]年[illegible]備[illegible]本[illegible]秤照典根字回取
[illegible]你付[illegible]業[illegible]有[illegible]之典根租字壹紙
並帶黃鹽批寄佃字壹紙，又帶黃鹽[illegible]寄佃字壹紙
又帶黃與智寄佃字壹紙，共成肆紙，[illegible]字
斷此帶不便繳付，付銀為照
民國叁拾陸年十一月 日立典根租字人林信武
[illegible]儀書
代筆見中人信純
[illegible]

6-2-16-3　民國三十六年十一月林信武立典民佃田根租字

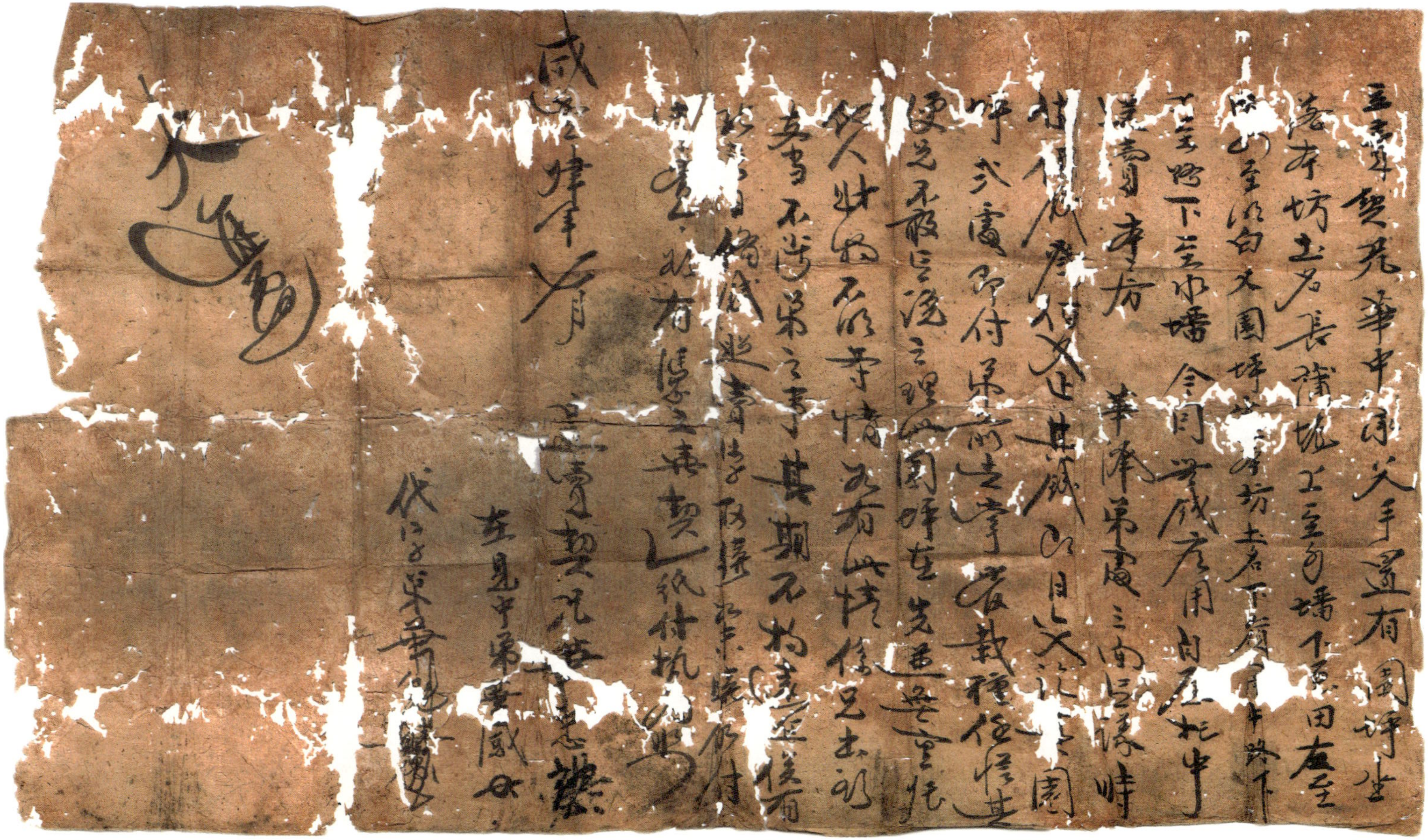

6-2-17-1　清咸豐四年七月林華忠立賣園坪契

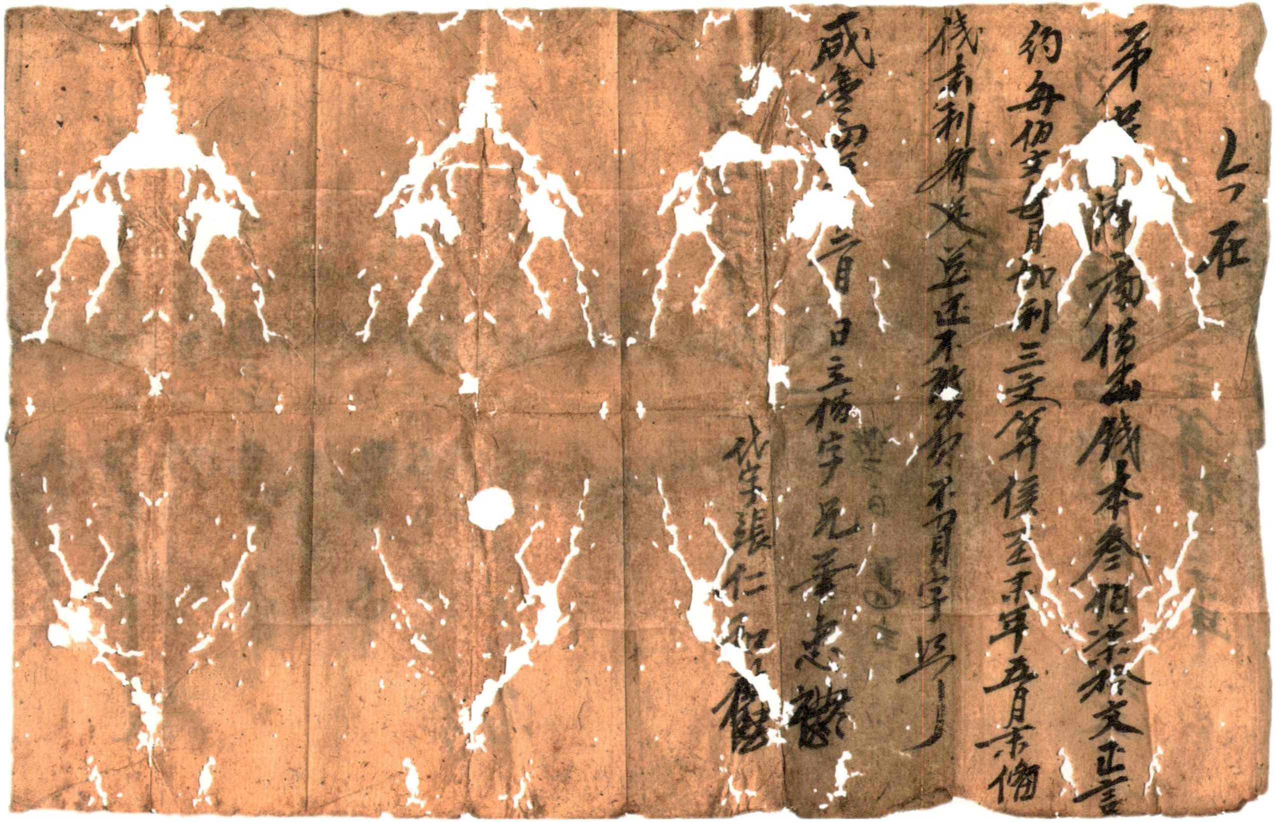

6-2-17-2　清咸豐四年十二月林華忠立借錢字

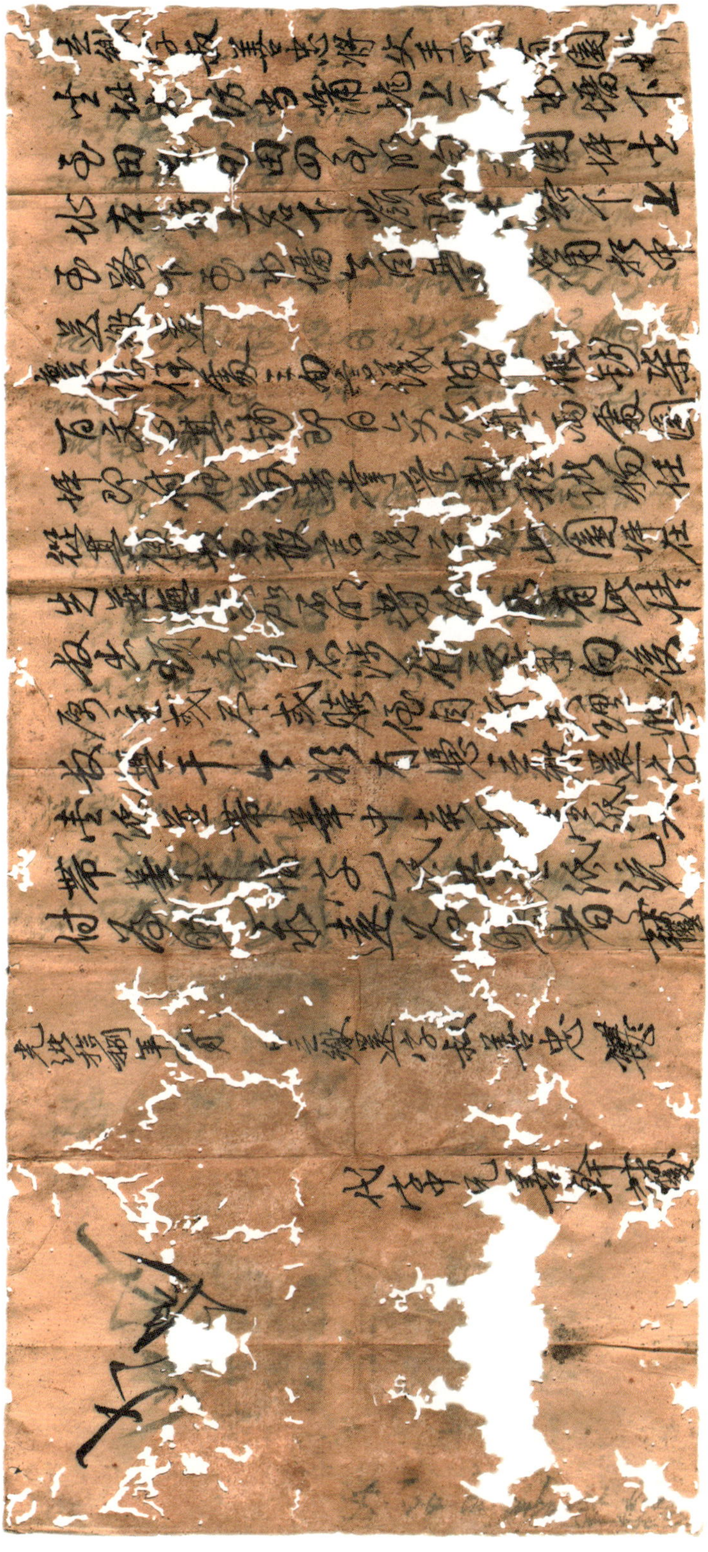

6-2-17-3 清光緒十八年四月林善忠立繳還園坪字

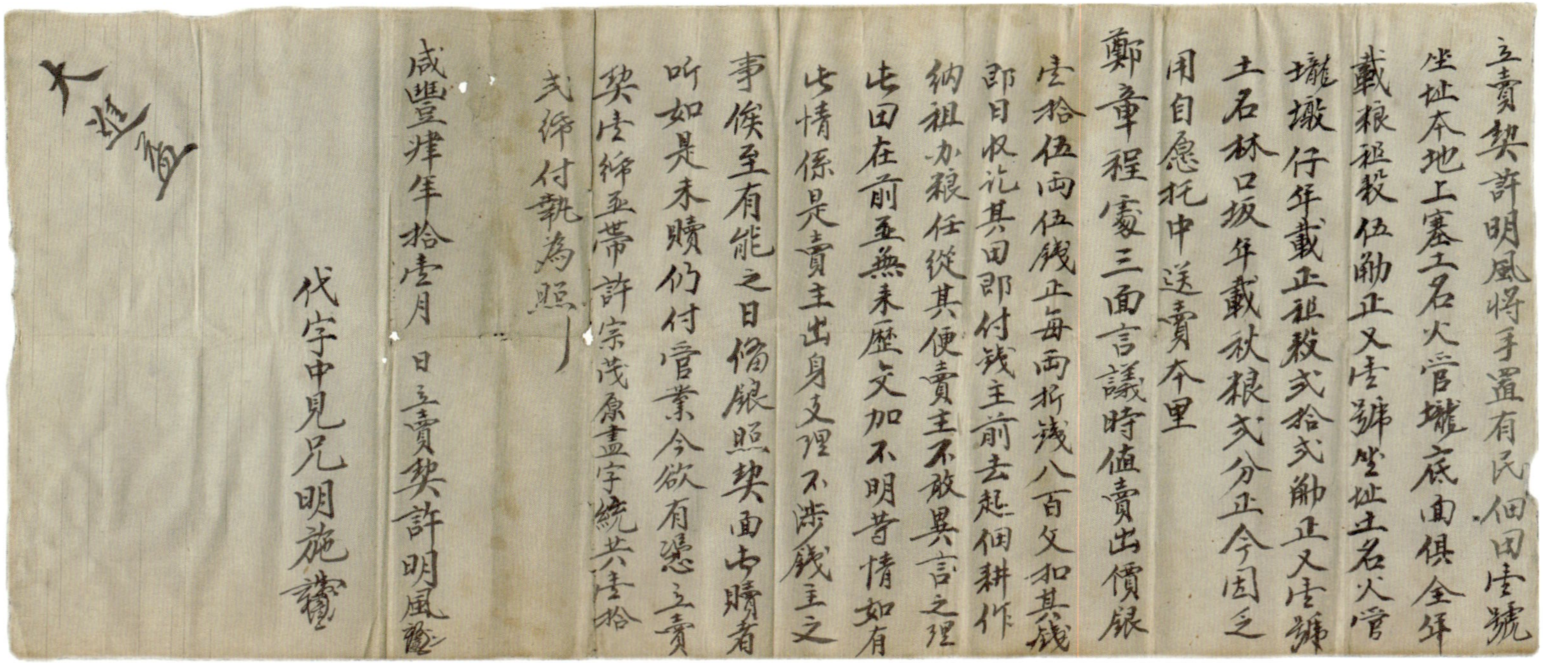

立賣契許明風將手置有民佃田壹號
坐址本地上塞土名火管壠底面俱全年
載粮租穀伍觔正又壹號坐址土名火管
壠墩仔年載正租穀弍拾弍觔正又壹號
土名林口坂年載秋粮弍分正今因乏
用自愿托中送賣本里
鄭章程處三面言議時值賣出價銀
壹拾伍両伍錢正每両折錢八百文扣其錢
即日收訖其田即付錢主前去起佃耕作
納租办粮任從其便賣主不敢異言之理
此田在前並無來歷文加不明等情如有
此情係是賣主出身支理不涉錢主之
事候至有能之日備銀照契面回贖者
听如是未贖仍付管業今欲有憑立賣
契壹紙並帶許宗茂原盡字號共壹拾
弍紙付執為照

咸豐肆年拾壹月　日立賣契許明風
代字中見兄明施

6-2-18-1　清咸豐四年十一月許明風立賣民佃田契

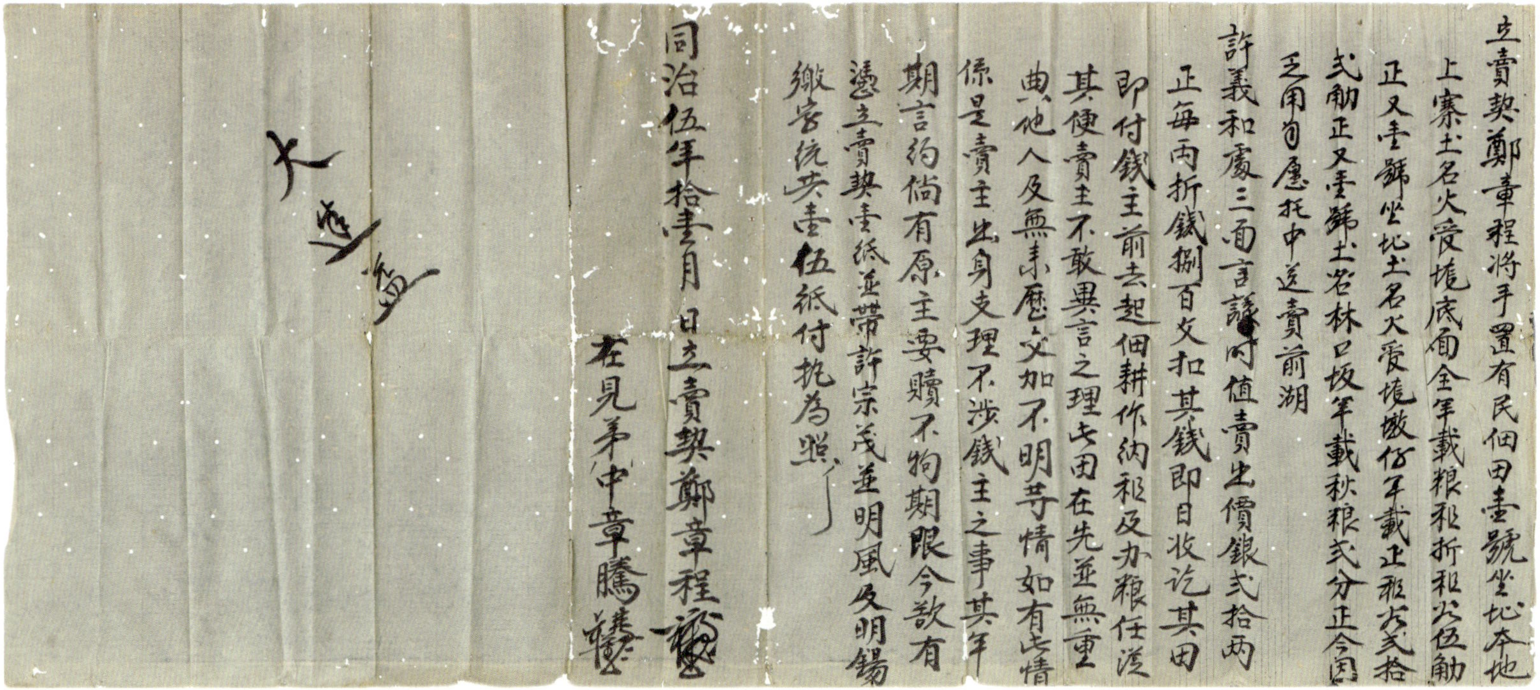

立賣契鄭章程將手置有民佃田壹號坐址本地
上寨土名大覔墘底面仝年載粮租折租谷伍觔
正又壹號坐址土名大覔墘墩仔年載正租谷叁拾
式觔正又壹號土名林口坂年載秋粮式分正今因
乏用自愿托中送賣前湖
許義和處三面言議時值賣出價銀式拾兩
正每兩折錢捌百文扣其錢即日收訖其田
即付錢主前去起佃耕作納租及办粮任從
其便賣主不敢異言之理此田在先並無重
典他人及無未歷文加不明等情如有此情
係是賣主出身支理不涉錢主之事其年
期言约倘有原主要贖不拘期限今歆有
憑立賣契壹紙並帶許宗茂並明風及明錫
繳字统共壹伍紙付執為照。
同治伍年拾壹月 日立賣契鄭章程
在見弟中章騰

6-2-18-2 清同治五年十一月鄭章程立賣民佃田契

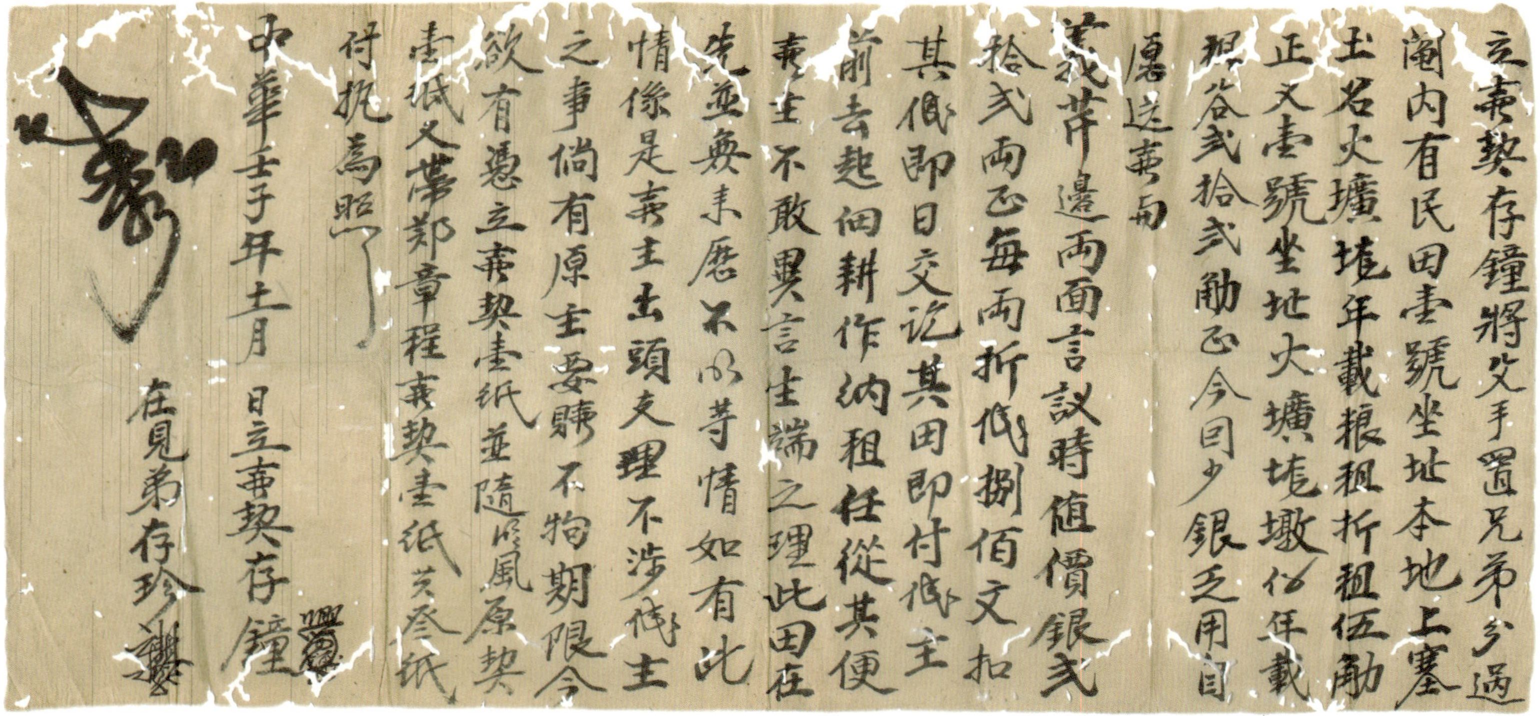
立賣契存鐘將父手置兄弟分過
閹內有民田壹號坐址本地上塞
土名火壙墘年載粮租折租伍觔
正又壹號坐址大壙墘墩仔年載
租谷貳拾貳觔正今因乏銀用目
愿送賣與
叢我芹邊兩面言議時值價銀貳
拾弍兩正每兩折錢捌佰文扣
其錢即日交訖其田即付錢主
前去起佃耕作納租任從其便
賣主不敢異言生端之理此田在
先並無來歷不明等情如有此
情係是賣主出頭支理不涉錢主
之事倘有原主要贖不拘期限今
欲有憑立賣契壹紙並隨帶原契
壹紙又帶鄭章程賣契壹紙共叁紙
付執為照。
中華壬子年十一月　日立賣契存鐘
在見弟存珍

6-2-18-3　民國元年十一月許存鐘立賣民田契

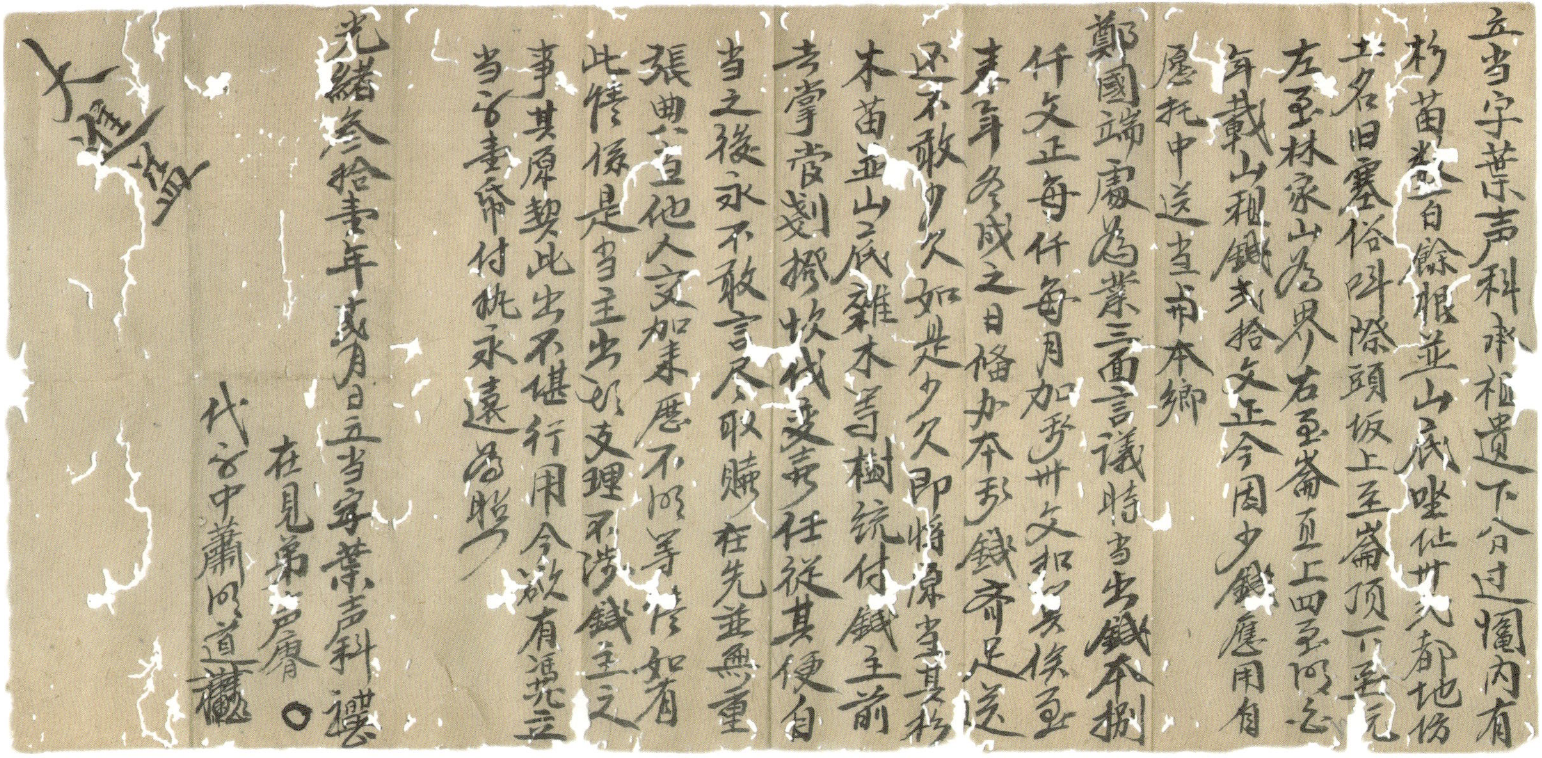

立当字葉声科承祖遺下分过阄内有
杉苗叁百餘根並山底坐址廿八都地份
土名旧塞俗呼際頭坂上至崙頂下至元
左至林家山為界右至崙直上四至明白
年載山租錢弍拾文正今因乏錢應用自
愿托中送当布本鄉
鄭國端處為業三面言議時当出錢本捌
仟文正每仟每月加利卅文扣足俟至
來年冬成之日備办本利錢齊足送
还不敢少欠如是少欠即將原当其杉
木苗並山底雜木等樹統付錢主前
去掌管剗掘坎伐变賣任從其便自
当之後永不敢言尽取贖在先並無重
張典及他人文加來歷不明等情如有
此情係是当主出頭支理不涉錢主之
事其原契此出不堪行用今欲有憑批立
当字壹紙付執永遠為照

光緒叁拾壹年葭月日立当字葉声科 押
在見弟[illegible]膺 ○
代字中蕭問道 押

大進益

6-2-19-1 清光緒三十一年十二月葉声科立當杉苗等字

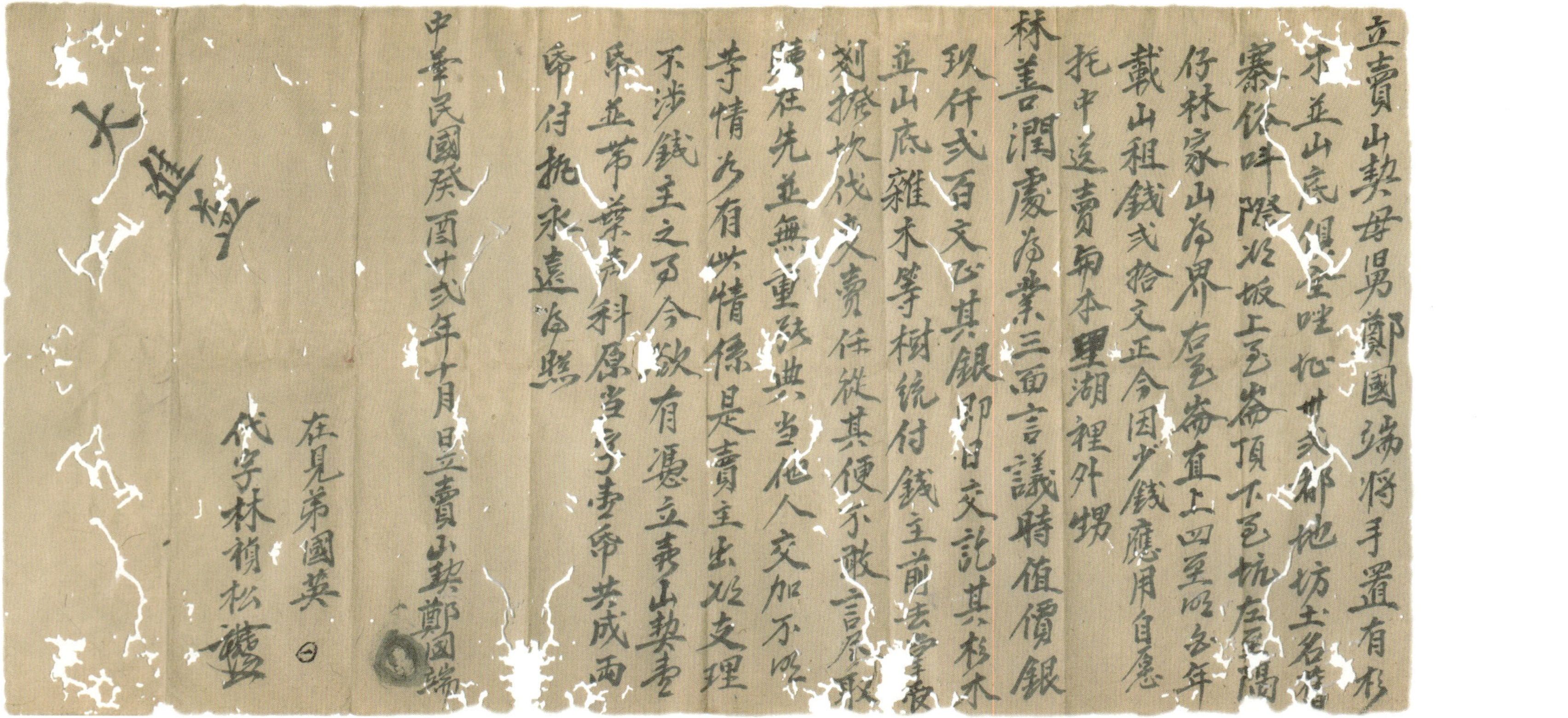
立賣山契母舅鄭國端將手置有杉
木並山底俱坐吐址廿弍都地坊土名管陽
寨俗吽際於坂上至崙頂下至坑左至陽
仔林家山為界右至崙直上四至明白年
載山租錢弍拾文正今因少錢應用自愿
托中送賣與本里湖裡外甥
林善潤處為業三面言議時值價銀
玖仟弍百文正其銀即日交訖其杉木
並山底雜木等樹統付錢主前去掌管
砍伐發賣任從其便不敢言阻
此係在先並無重張典当他人交加不明
等情為有此情係是賣主出頭支理
不涉錢主之事今欲有憑立賣山契壹
紙並帶葉芳科原当字壹紙共成兩
紙付執永遠為照
中華民國癸酉廿弍年十月　日立賣山契鄭國端
在見弟國英
代字林禎松
大進大吉

6-2-19-2　民國二十二年十月鄭國端立賣杉木等契

立当山木字林細妹，得父手置有杉苗壹所，坐
山底俱全，坐址九廿弍都地，土名旧寨俗呼嶺頭
坂，工至崙頂，下至坑，左至林家山為界，右至崙
直上，四至明白，年載山租錢弍拾文正。今因乏
〻應用，自愿送当与本鄉
聰忠〻為業，三面言議，時值当出錢本弍拾仟文，
每月每仟文加息卅文正，限至十月末旬之日
備办本利送還取贖，如未贖，即將杉苗
付銀主掌管剃搜砍伐变賣，任從其便，自
当之後不敢言尽取贖。在先並無重張典当他
人及交加来歷不明等情，如有此情，係是当主
出頭支理，不涉銀主之事。今欲有憑，立当字壹
紙，又帶鄭國端賣字壹紙，又帶葉声科当字
壹紙，共成叁紙，付執為照。

民國卅年六月廿日立当字細妹（押）
在見善詠（押）
代字信翰（押）

大[illegible]順

6-2-19-3　民國三十年六月二十日林細妹立當杉苗等字

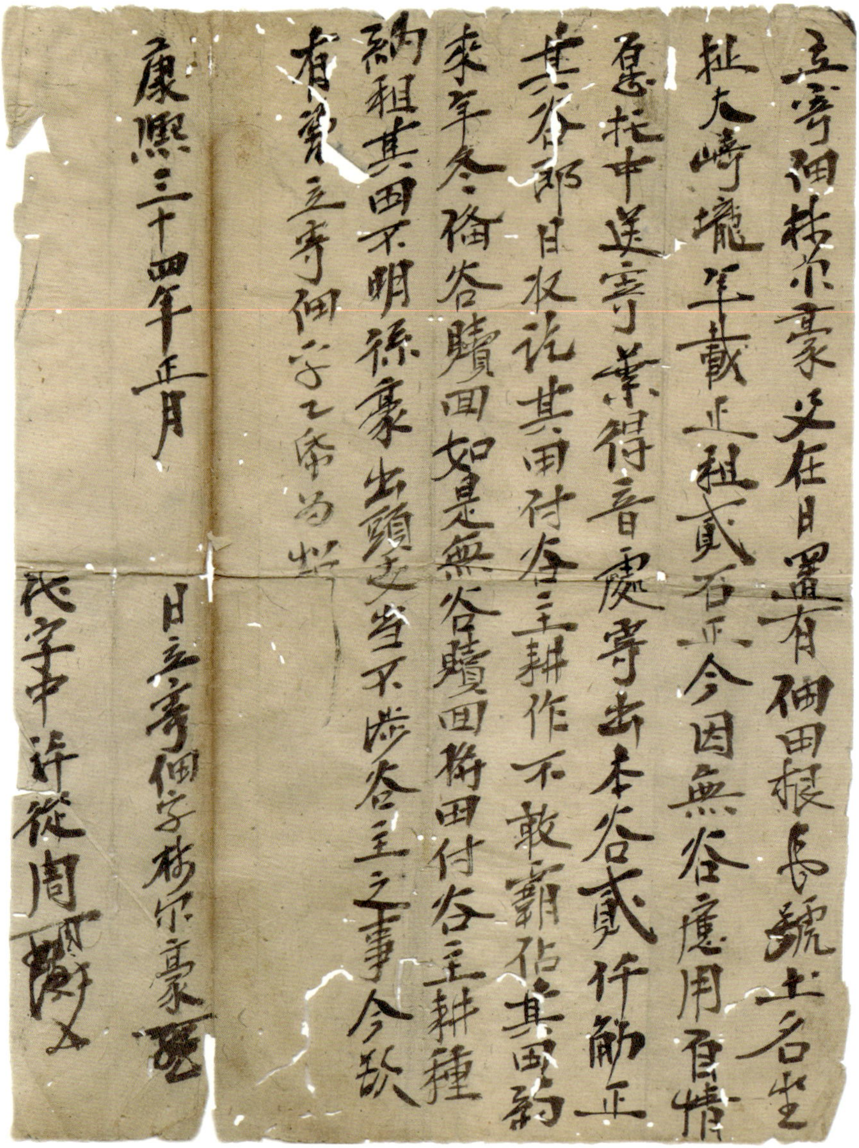

立寄佃林尔豪父在日置有佃田根壹號土名坐
址大崎壠年載正租貳石正今因無谷應用自情
愿托中送寄葉得音處寄出本谷貳仟觔正
其谷即日收訖其田付谷主耕作不敢霸佔其田約
來年冬備谷贖回如是無谷贖回將田付谷主耕種
納租其田不明係豪出頭支当不涉谷主之事今欲
有憑立寄佃字乙紙為照
康熙三十四年正月　日立寄佃字林尔豪（押）
代字中許從周（押）

6-2-20-1　清康熙三十四年正月林爾豪立寄佃田根字

6-2-20-2　清乾隆五十二年十一月林瑞生立繳寄佃田根字

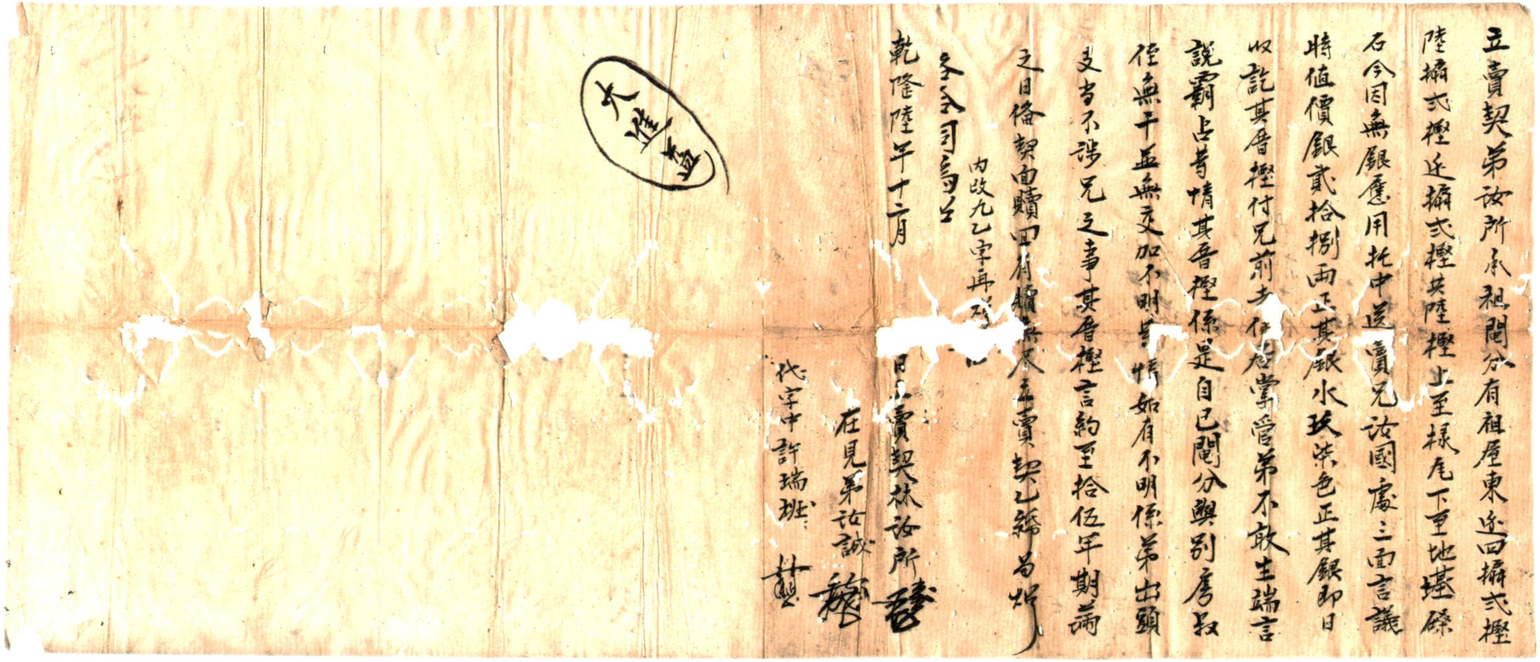

立賣契弟汝所承祖闔分有祖厝東邊四橫式樫
陸橫式樫近橫式樫共陸樫上至椽尾下至地基除
石今因無銀應用托中送賣兄汝國處三面言議
時值價銀貳拾捌兩正其銀水玖柒色正其銀即日
收訖其厝樫付兄前去住居掌管弟不敢生端言
說霸占等情其厝樫係是自己闔分與別房叔
侄無干並無交加不明等情如有不明係弟出頭
支當不涉兄之事其厝樫言約至拾伍年期滿
之日備契面贖回有贖[illegible]立賣契一紙為炤
内改九乙字再炤
冬今司烏占
乾隆陸年十二月　日立賣契林汝所（押）
在見弟汝誠（押）
代字中許瑞班（押）

6-2-21-1　清乾隆六年十二月林汝所立賣厝樫契

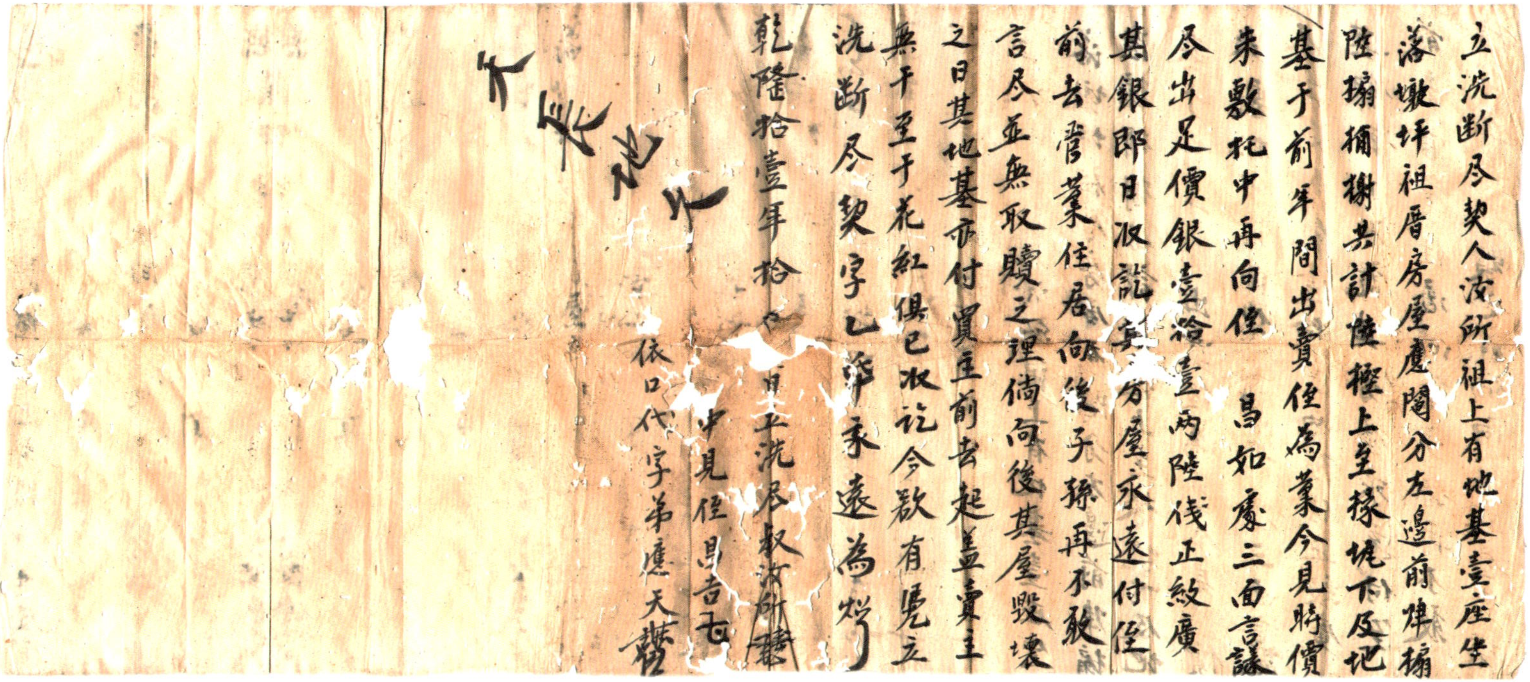
立洗斷盡契人汝所祖上有地基壹座坐
落墩坪祖厝房屋處閣分左邊前坪楊
陸瑞桶樹共計陸椏上至椽桷下及地
基于前年間出賣侄為業今見財價
未敷托中再向侄　昌如處三面言議
盡出足價銀壹拾壹兩陸錢正紋廣
其銀即日收訖無分厘永遠付侄
前去管業住居向後子孫再不敢
言盡並無取贖之理倘向後其屋毀壞
之日其地基亦付買主前去起蓋賣主
無干至于花紅俱已收訖今歡有憑立
洗斷盡契字乙紙永遠為照
乾隆拾壹年拾月　日立洗盡叔汝所
中見侄昌吉
依口代字弟應天
天長地久

6-2-21-2　清乾隆十一年十月林汝所立洗斷盡房屋契

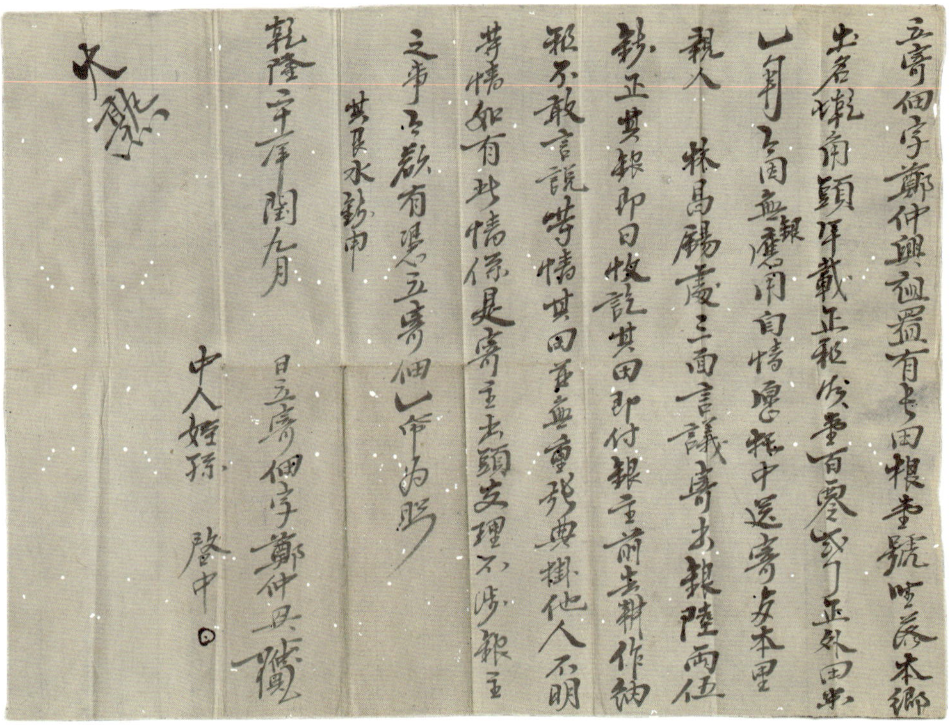
立寄佃字鄭仲興祖置有屯田根壹號坐落本鄉
土名塊角頭年載正租谷壹百零叁斤正外田米
今因乏用無銀應用自情愿托中送寄與本里
親人林昌錫處三面言議寄出銀陸兩伍
錢正其銀即日收訖其田即付銀主前去耕作納
租不敢言說等情其田並無重張典掛他人不明
等情如有此情係是寄主出頭支理不涉銀主
之事今欲有憑立寄佃字一紙為照
其良水錢兩
乾隆廿一年閏九月　日立寄佃字鄭仲興（押）
中人姪孫啟中（押）
大熟

6-2-22-1　清乾隆二十一年閏九月鄭仲興立寄佃屯田根字

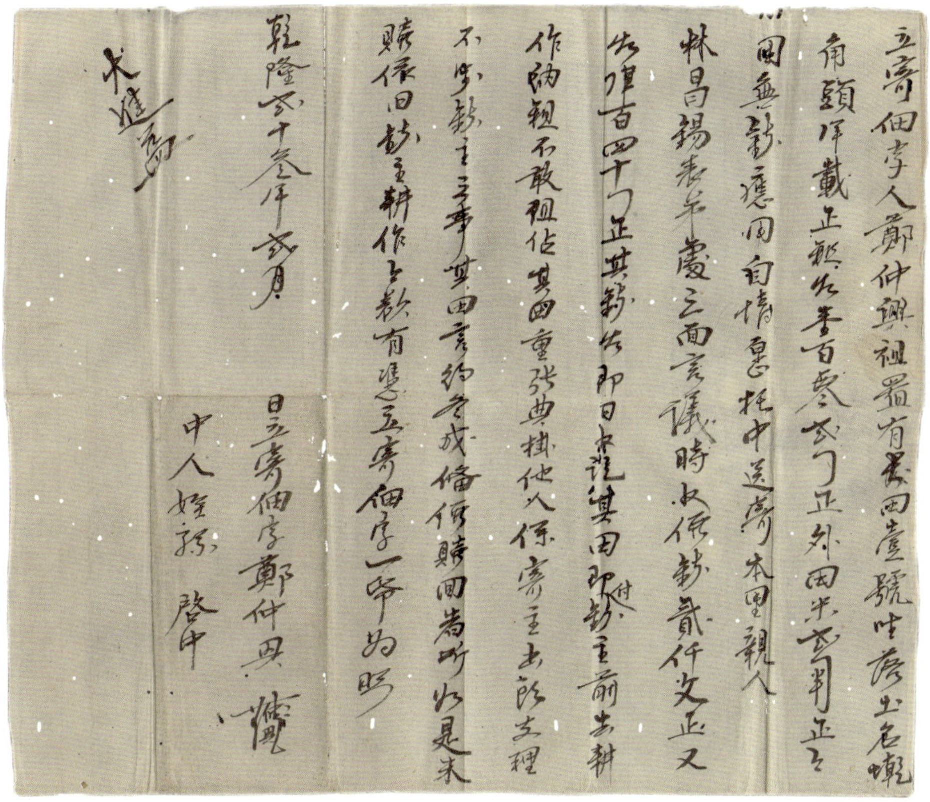
立寄佃字人鄭仲興祖置有民田壹號址在土名蝦
角頭坪載正租谷叁百零贰斤正外田米贰升正正
田無銀應用自情愿托中送寄本里親人
林昌錫老弟處三面言議時收佃銀贰仟文正又
佃價百四十丁正其銀佃即日收訖其田即付銀主前去耕
作納租不敢阻佔其田重張典掛他人係寄主出頭支理
不干銀主之事其田言約冬成備價贖回如若不贖以是本
贖仍回銀主耕作之款有憑立寄佃字一帋為照
乾隆贰拾叁年贰月　日立寄佃字鄭仲興（押）
中人姪孫　啓中

6-2-22-2　清乾隆二十三年二月鄭仲興立寄佃屯田字

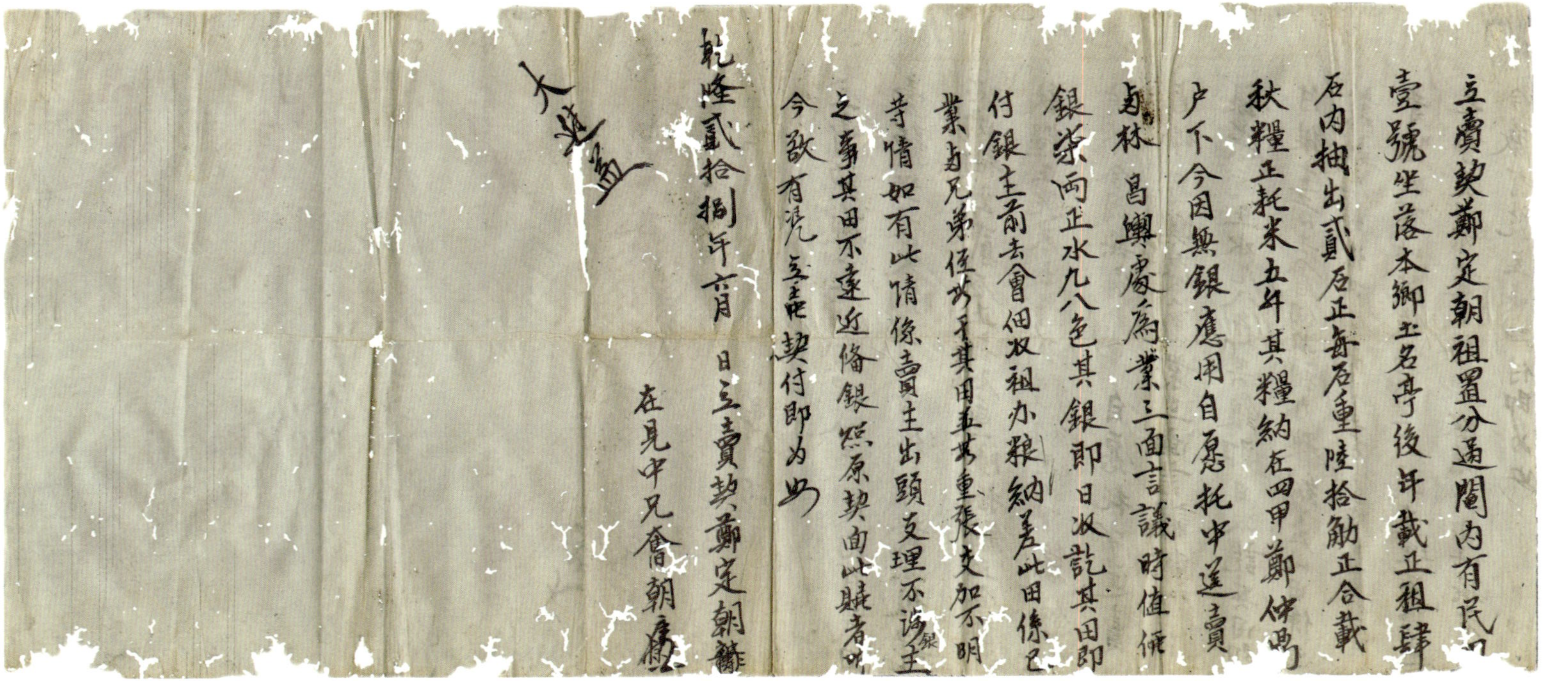

立賣契鄭定朝祖置分過閩內有民
壹號坐落本鄉土名亭後年載正租肆
石內抽出貳石正每石重陸拾觔正合載
秋糧正耗米五升其糧納在四甲鄭仲禹
戶下今因無銀應用自愿托中送賣
與林 昌興處爲業三面言議時值價
銀柒兩正水九八色其銀即日收訖其田即
付銀主前去會佃收租办粮納差此田係己
業與兄弟侄無干其田並無重張交加不明
等情如有此情係賣主出頭支理不涉銀主
之事其田不遠近倫銀照原契面此賍者以
今欲有憑立賣契付即爲照
乾隆貳拾捌年六月 日立賣契鄭定朝
在見中兄啓朝
大進益

6-2-23-1　清乾隆二十八年六月鄭定朝立賣民田契

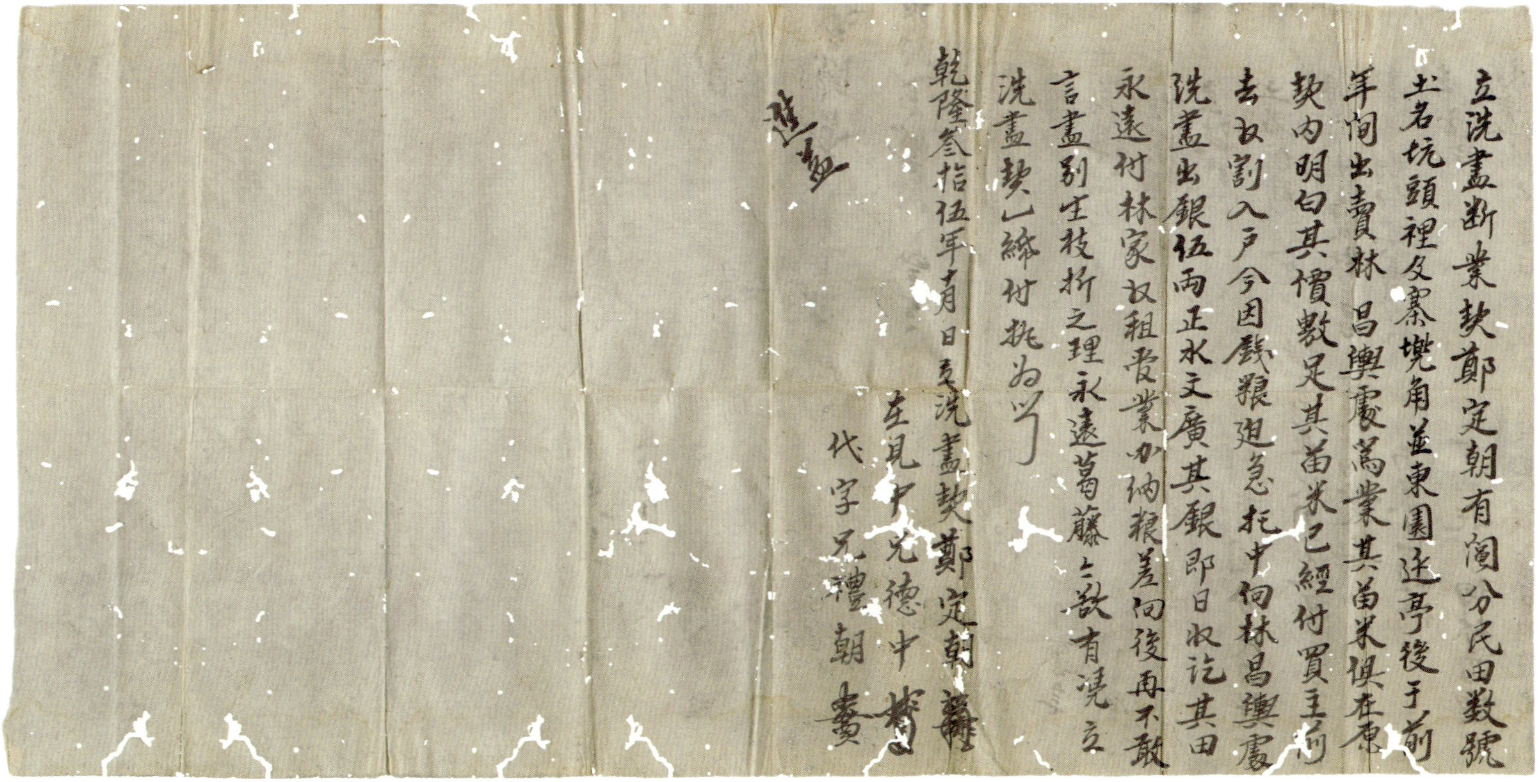

立洗盡斷業契鄭定朝有関分民田數號
土名坑頭裡久寨墘角並東園廷亭後于前
年間出賣林昌興處爲業其苗米俱在原
契內明白其價數足其苗米已經付買主向
去收割入戶今因錢粮迫急托中向林昌興處
洗盡出銀伍兩正水文廣其銀即日收訖其田
永遠付林家收租管業办納粮差向後再不敢
言盡割生枝折之理永遠葛藤之欲有憑立
洗盡契一紙付執爲照
乾隆叁拾伍年十月日立洗盡契鄭定朝
在見中　允德
代字兄　禮朝
洗盡

6-2-23-2　清乾隆三十五年十月鄭定朝立洗盡斷民田契

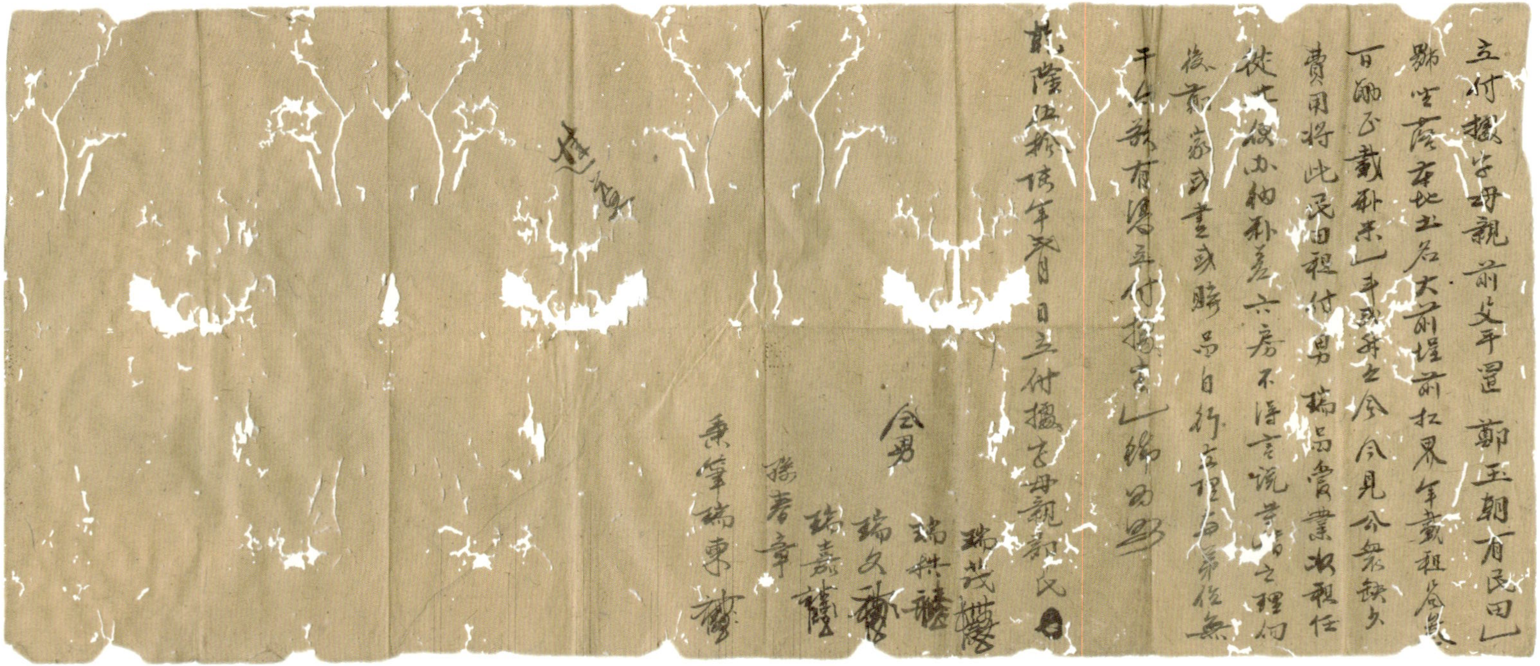
立付據字母親前文平置 鄭玉朝有民田乙
號坐落本地土名大前埕前扛界年載租谷貳
百觔乙載秋米乙斗貳升五合今見公衆缺乏
費用將此民田租付男 瑞品管業收租任
從其收出納秋差六房不得言說爭占之理倘
後前家或盡或贖品自行出理胞弟侄無
干今欲有憑立付據字乙紙爲照
乾隆伍拾陆年貳月 日立付據字母親鄭氏
瑞芷
仝男 瑞拱
瑞文
瑞嘉
孫 春章
秉筆 瑞東

6-2-24-1　清乾隆五十六年二月鄭氏等立付民田租據字

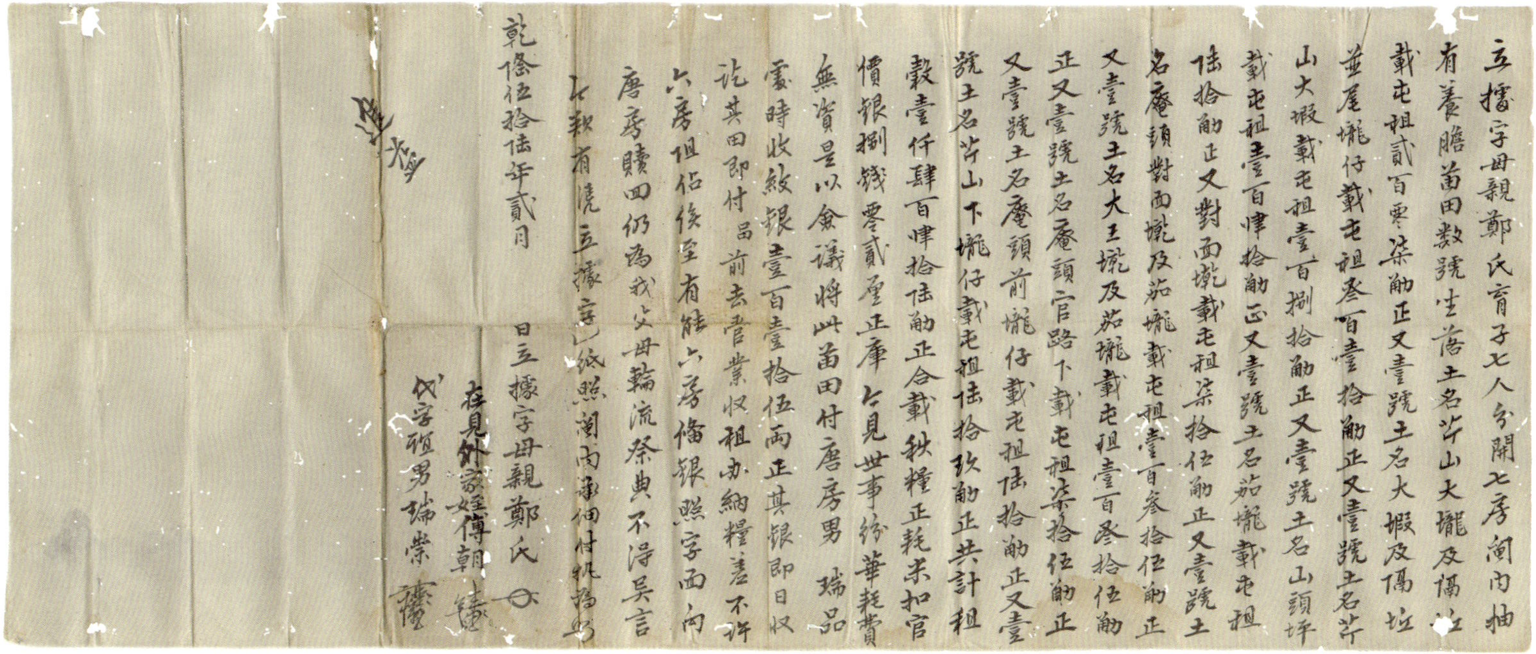

立據字母親鄭氏育子七人分開七房，閫內抽
有養贍苗田數號，坐落土名芹山大墘及墹垅
載屯租貳百零柒觔正；又壹號土名大塅及墹垅
並厝墘仔，載屯租叁百壹拾觔正；又壹號土名芹
山大塅，載屯租壹百捌拾觔正；又壹號土名山頭坪
載屯租壹百肆拾觔正；又壹號土名茄墘，載屯租
陆拾觔正；又對面墘，載屯租柒拾伍觔正；又壹號土
名庵頭對面墘及茄墘，載屯租壹百叁拾伍觔正；
又壹號土名大王墘及茄墘，載屯租壹百叁拾伍觔
正；又壹號土名庵頭官路下，載屯租柒拾伍觔正；
又壹號土名庵頭前墘仔，載屯租陆拾觔正；又壹
號土名芹山下墘仔，載屯租陆拾玖觔正。共計租
穀壹仟肆百肆拾陆觔正，合載秋糧正耗米扣官
價銀捌錢零貳厘正庫。今見世事紛華，耗費
無資，是以僉議將此苗田付唐房男　瑞品
當時收紋銀壹百壹拾伍兩正，其銀即日收
訖。其田即付品前去管業收租，辦納糧差，不許
六房阻佔。後至有銀，六房備銀照字面內
唐房贖回，仍為我父母輪流祭典，不得異言。
今欲有憑，立據字一紙，照閫內承佃付執為照。

乾隆伍拾陆年貳月　日立據字母親鄭氏（押）

在見外家姪傅朝（押）

代字姪男瑞棠（押）

6-2-24-2　清乾隆五十六年二月林瑞品母鄭氏立據字

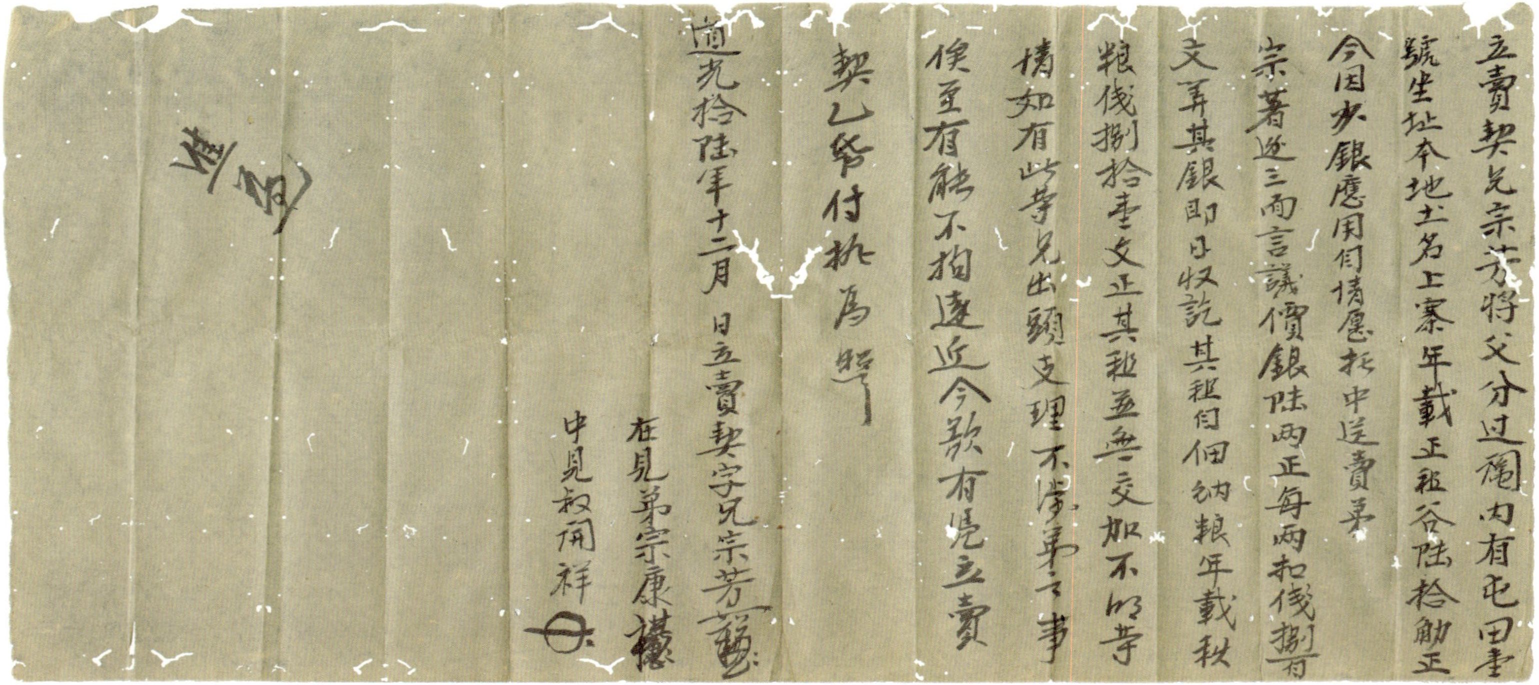

6-2-25-1　清道光十六年十二月許宗芳立賣乜田契

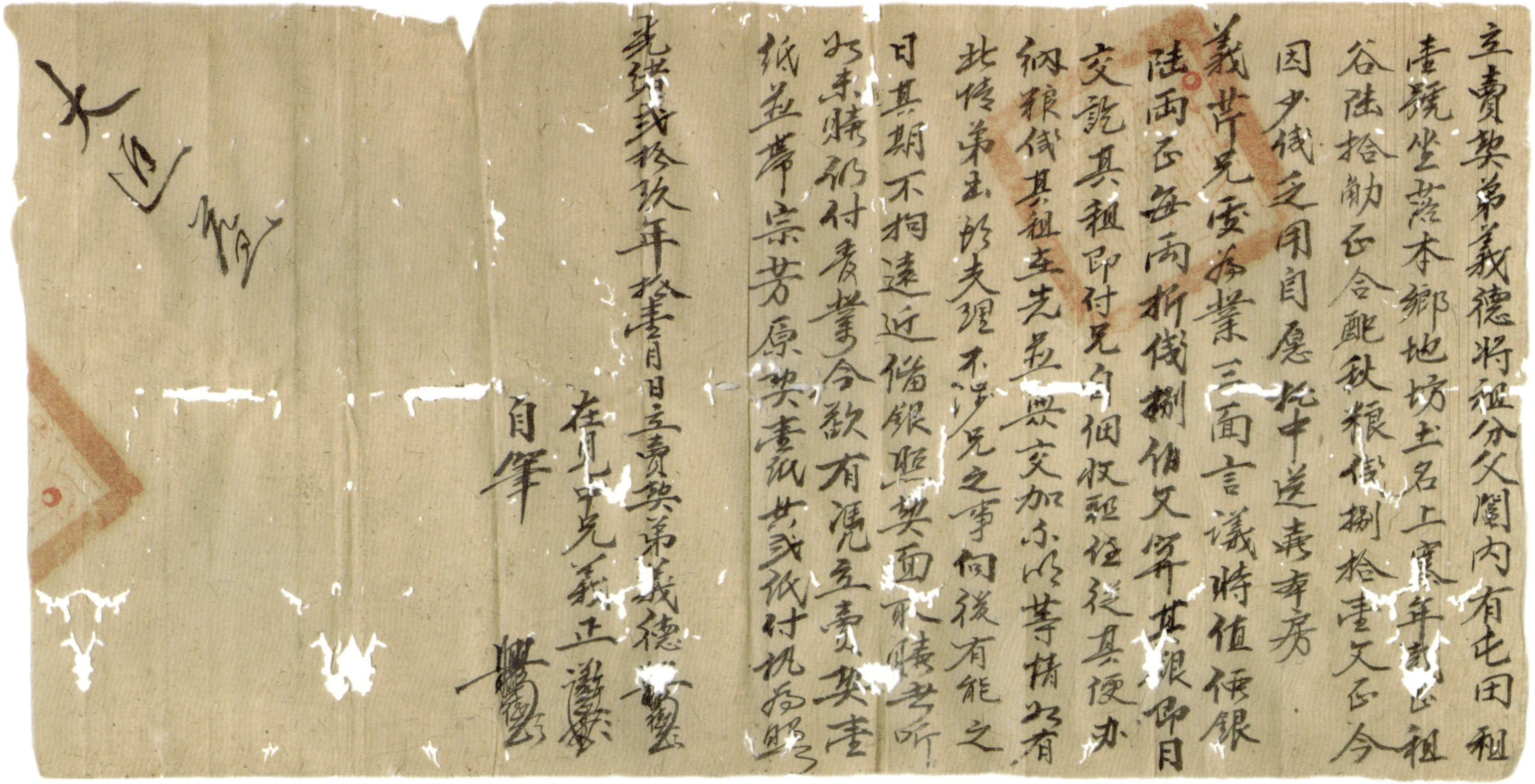

立賣契弟義德將祖分父鬮內有屯田租
壹號坐落本鄉地坊土名上寮年載正租
谷陸拾觔正合配秋粮錢捌拾壹文正今
因乏錢應用自愿托中送就本房
義芹兄處為業三面言議時值價銀
陸兩正每兩折錢捌伯文算其銀即日
交訖其租即付兄自佃收租任從其便亦
納粮錢其租系先並無交加不明等情如有
此情弟出頭抵理不涉兄之事向後有能之
日其期不拘遠近備銀照契面取贖弟聽
此係情願兩付各業今欲有憑立賣契壹
紙並帶宗房原契壹紙共貳紙付執為照

光緒貳拾玖年拾壹月 日立賣契弟義德（押）
在見兄義正（押）
自筆（押）

大吉

6-2-25-2 清光緒二十九年十一月許義德立賣屯田租契（紅契）

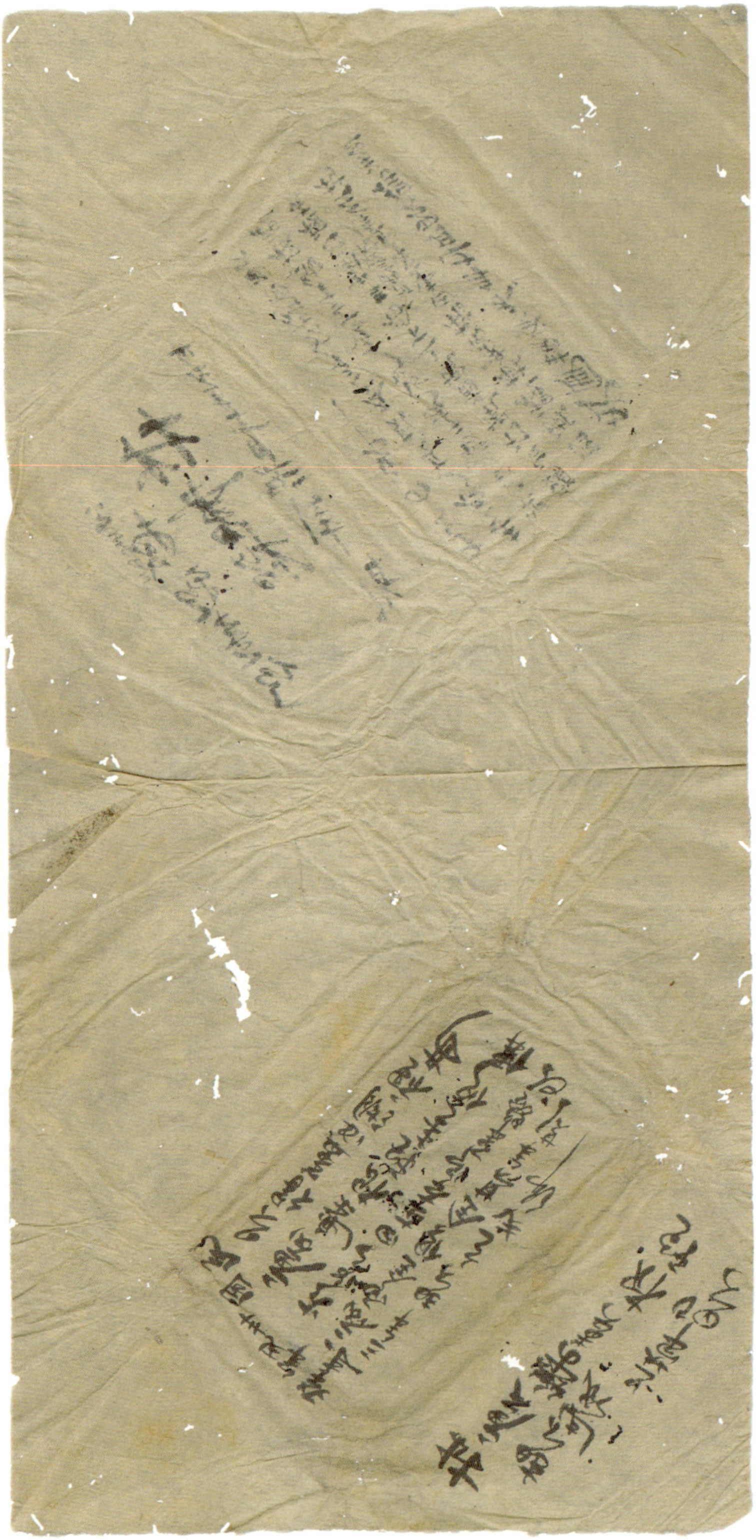

6-2-26-1　包契紙

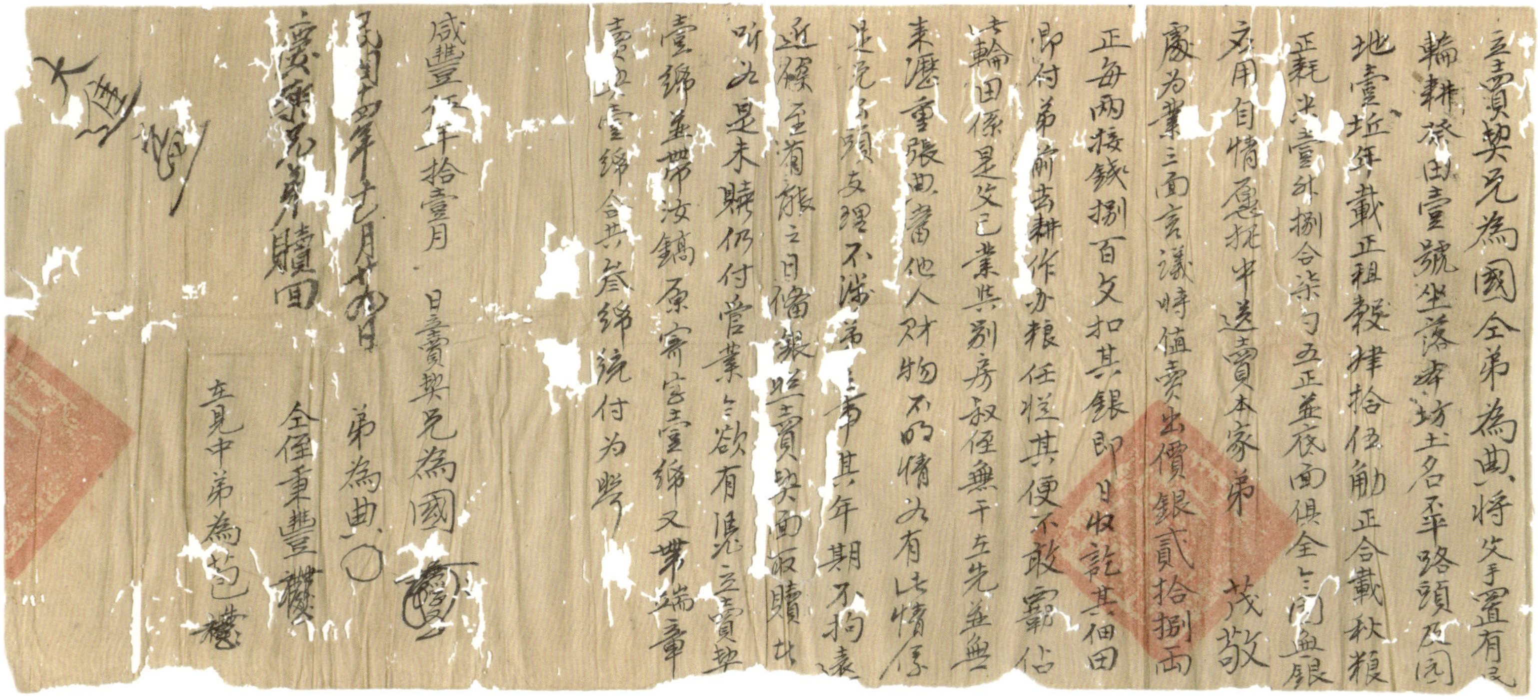

立賣契兄爲國仝弟爲曲，將父手置有民
輪耕祭田壹號，坐落本坊土名平路頭及園
地壹坵，年載正租穀肆拾伍觔正，合載秋粮
正耗米壹升捌合柒勺五正，並夜面俱全。今因無銀
應用，自情愿托中送賣本家弟茂敬
處爲業，三面言議，時值賣出價銀貳拾捌兩
正，每兩接錢捌百文，扣其銀即日收訖。其佃田
即付弟前去耕作，办粮任從其便，不敢霸佔。
其輪田係是父已業，與別房叔侄無干，亦先並無
來歷重張典當他人財物不明情弊。如有此情，係
是兄一力支理，不涉弟之事。其年期不拘遠
近，係至有粮之日，備銀照契面取贖，此
所乃是本賊仍付管業。今欲有憑，立賣契
壹紙並帶汝鎬原寫上手契壹紙，又帶端章
立賣契壹紙，合共叁紙，繳付爲照。

咸豐伍年拾壹月 日立賣契兄爲國（押）
弟爲曲○
仝侄東豐（押）
在見中弟爲[illegible]（押）

民國十四年十二月廿四日
[illegible]兄[illegible]贖回

大吉

6-2-26-2 清咸豐五年十一月林爲國等立賣民輪耕祭田契（紅契）

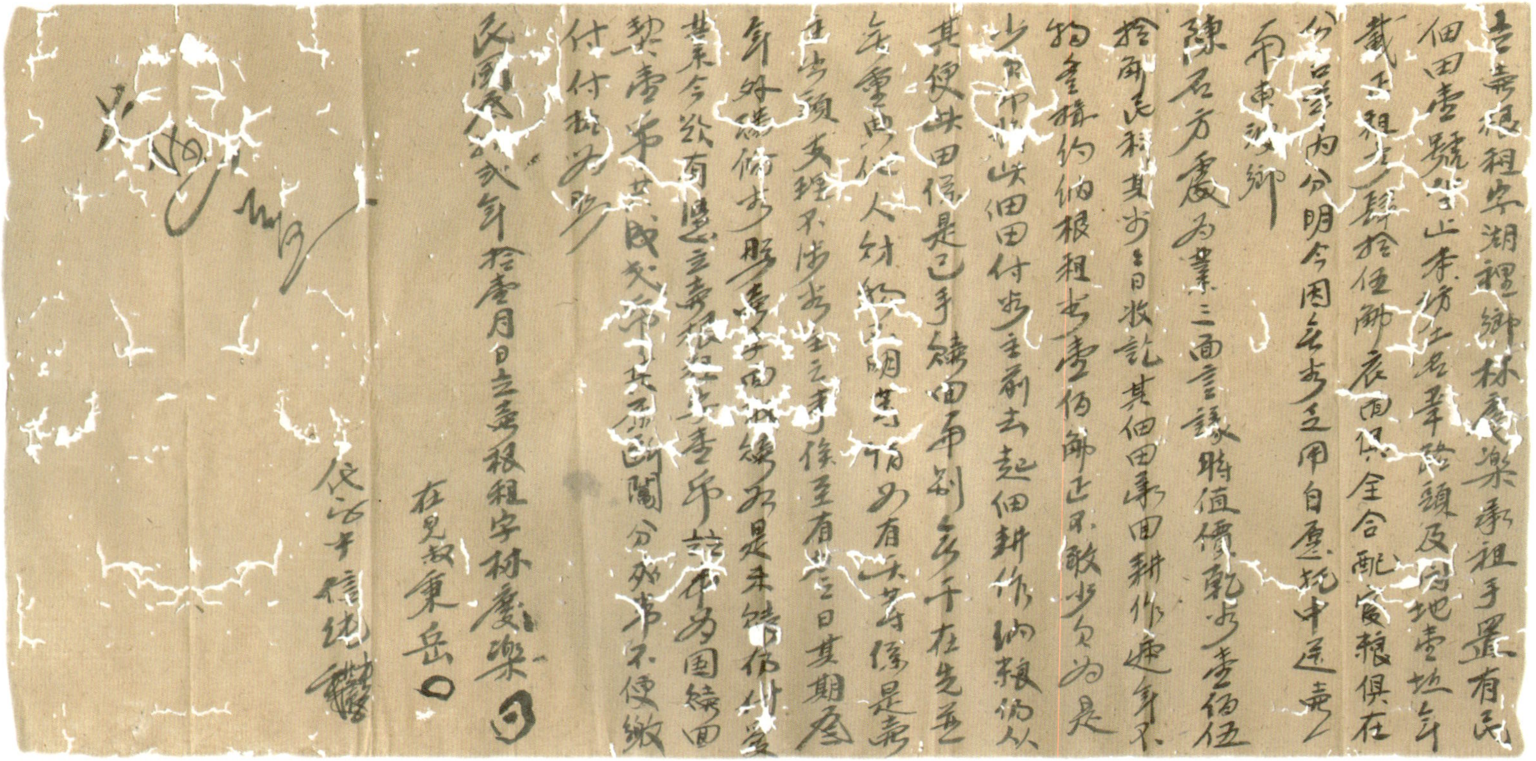

6-2-26-3　民國三十二年十一月林慶樂立賣民佃田根租字

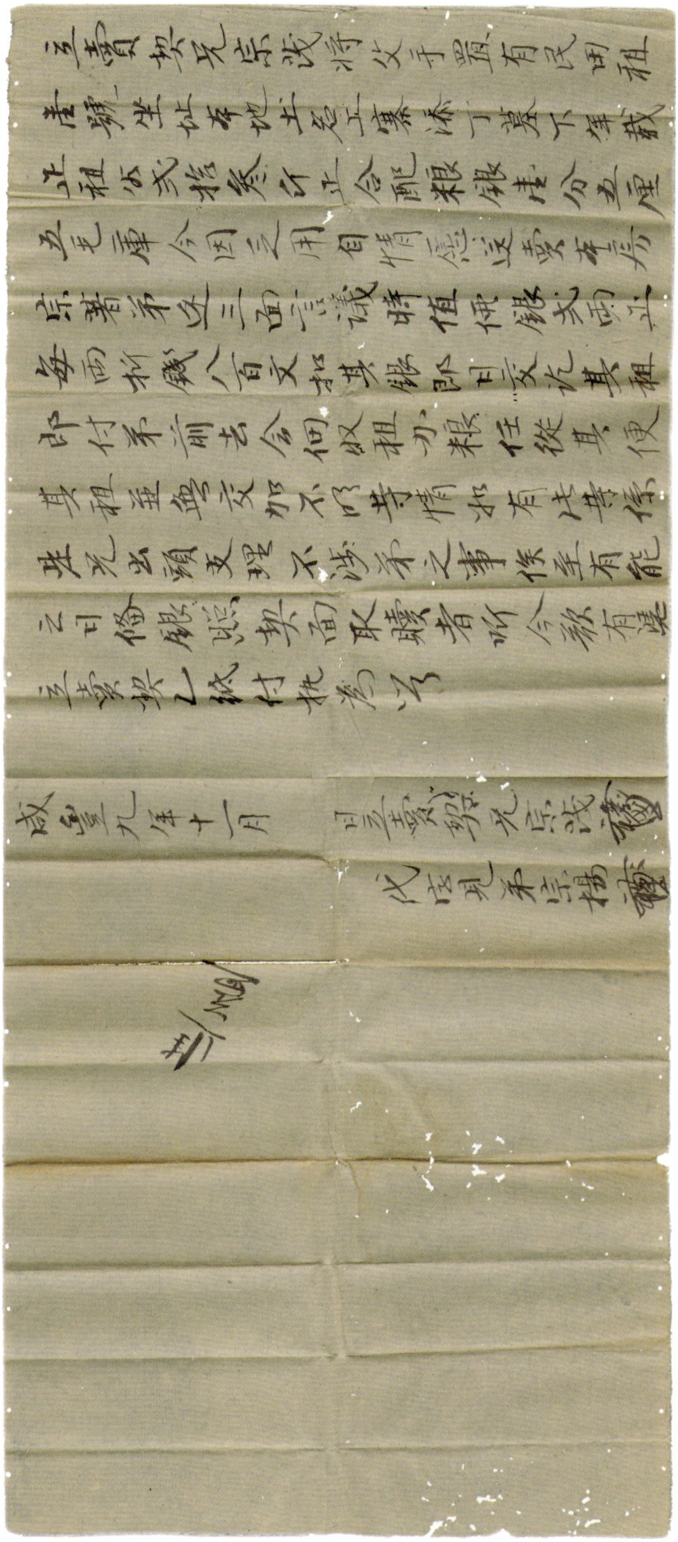
立賣契人許宗茂將父手置有民田租壹號，坐址本地土名上寨添丁墓下，年載正租谷弍拾叁斤正，仝配粮銀壹分五毛庫。今因乏用，自情愿送要本族宗著弟邊，三面言議，時值價錢弍両正，每両折錢八百文，扣其錢即日交訖。其租即付弟前去會佃收租办粮，任從其便。其租並無交加不明等情，如有此等情，是兄出頭支理，不涉弟之事。係至有能之日，備銀照契面取贖，者听。今欲有憑，立賣契一紙付執為照。

咸豐九年十一月 日

立賣契兄宗茂（押）

代字見弟宗揚（押）

6-2-27-1 清咸豐九年十一月許宗茂立賣民田租契

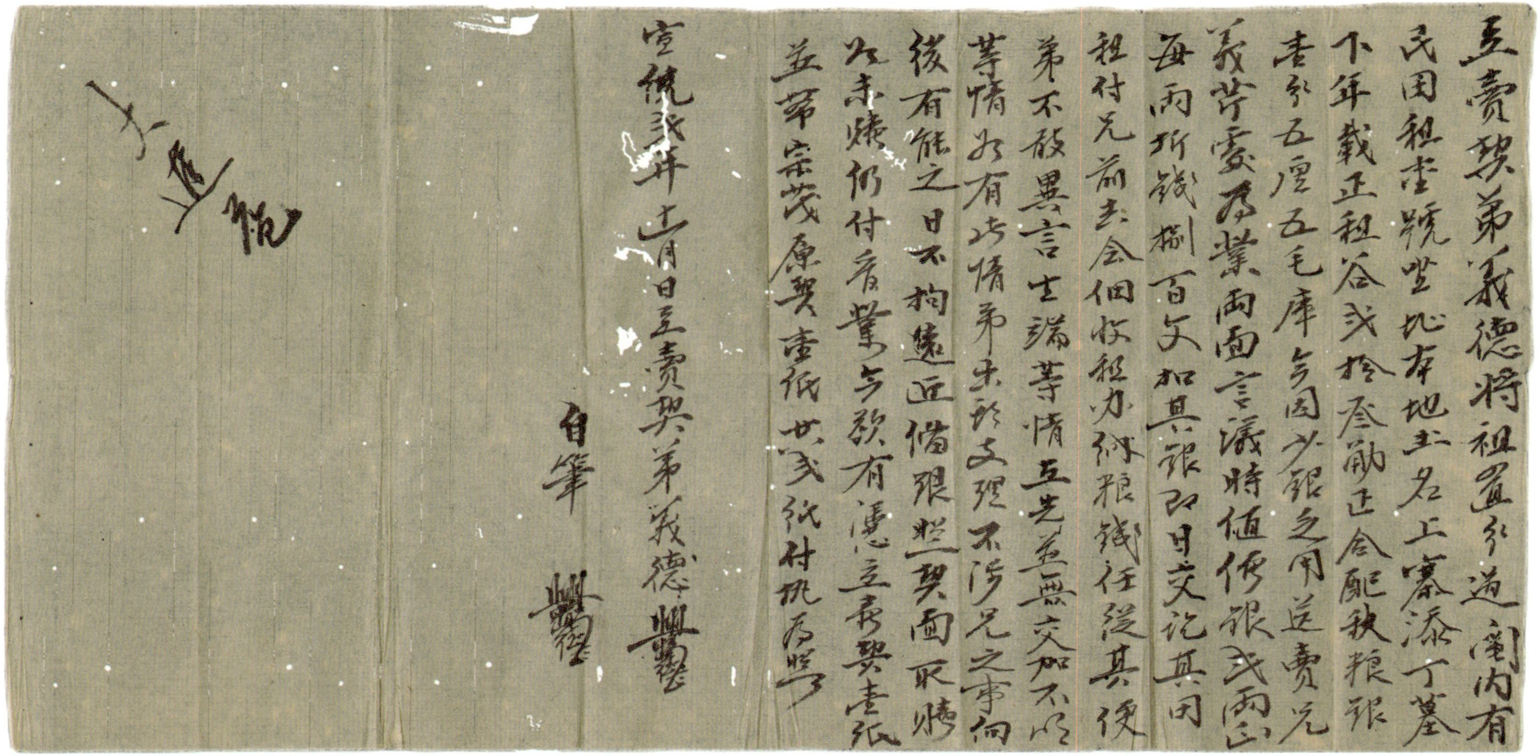

立賣契弟義德將祖置分遺鬮內有
民田租坐址本地土名上寨添丁墓
下年載正租谷弍拾叁觔正合配秋粮銀
壹分五厘五毛庫今因乏銀應用送賣兄
義芹處為業兩面言議時值價銀弍兩正
每兩折錢捌百文加其銀即日交訖其田
租付兄前去會佃收租辦納粮錢任從其便
弟不敢異言生端等情立先並無交加不明
等情如有此情弟出頭支理不涉兄之事向
後有能之日不拘遠近備銀照契面取贖
兄未贖仍付管業恐口無憑立賣契壹紙
並帶宗簽原契壹紙共弍紙付執為照

宣統弍年十一月　日立賣契弟義德（押）
自筆（押）

6-2-27-2　清宣統二年十一月許義德立賣民田租契

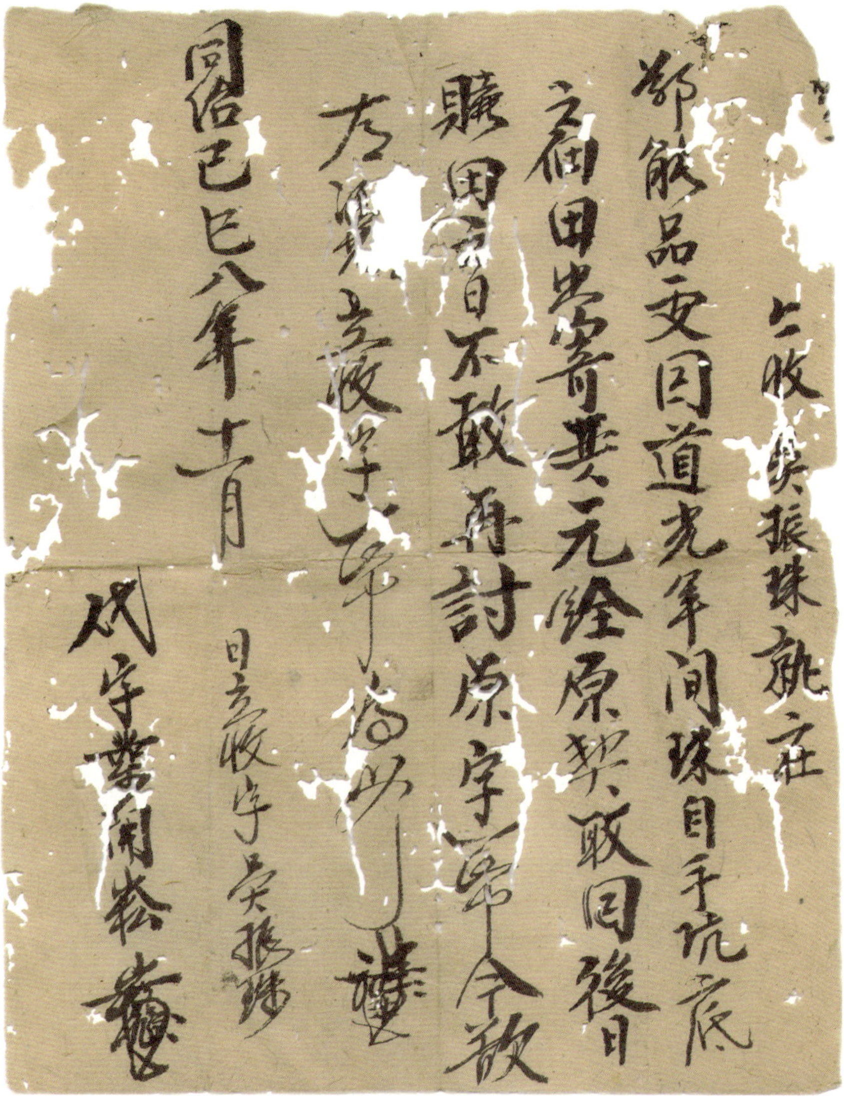

立收吳振珠，今在
鄧能品安因道光年間珠自手坑底
亭崙田出賣其元全原契取回後日
贖田□自不敢再討原字一紙今欲
有憑立收字一紙爲照
日立收字 吳振珠
同治己巳八年十一月
代字 葉開[illegible]

6-2-28-1　清同治八年十一月吴振珠立收原契字

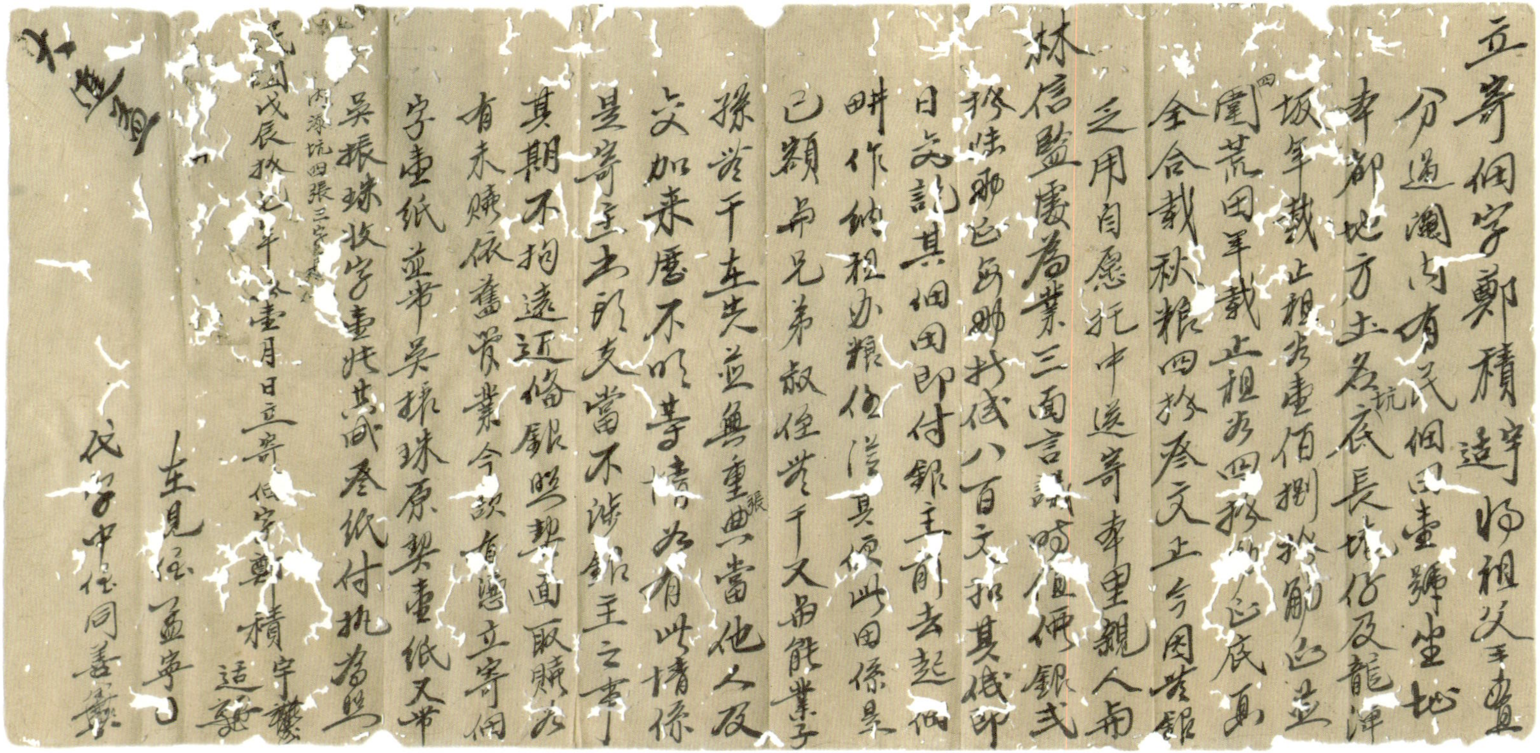

6-2-28-2　民國十七年十一月鄭積宇等立寄民佃田字

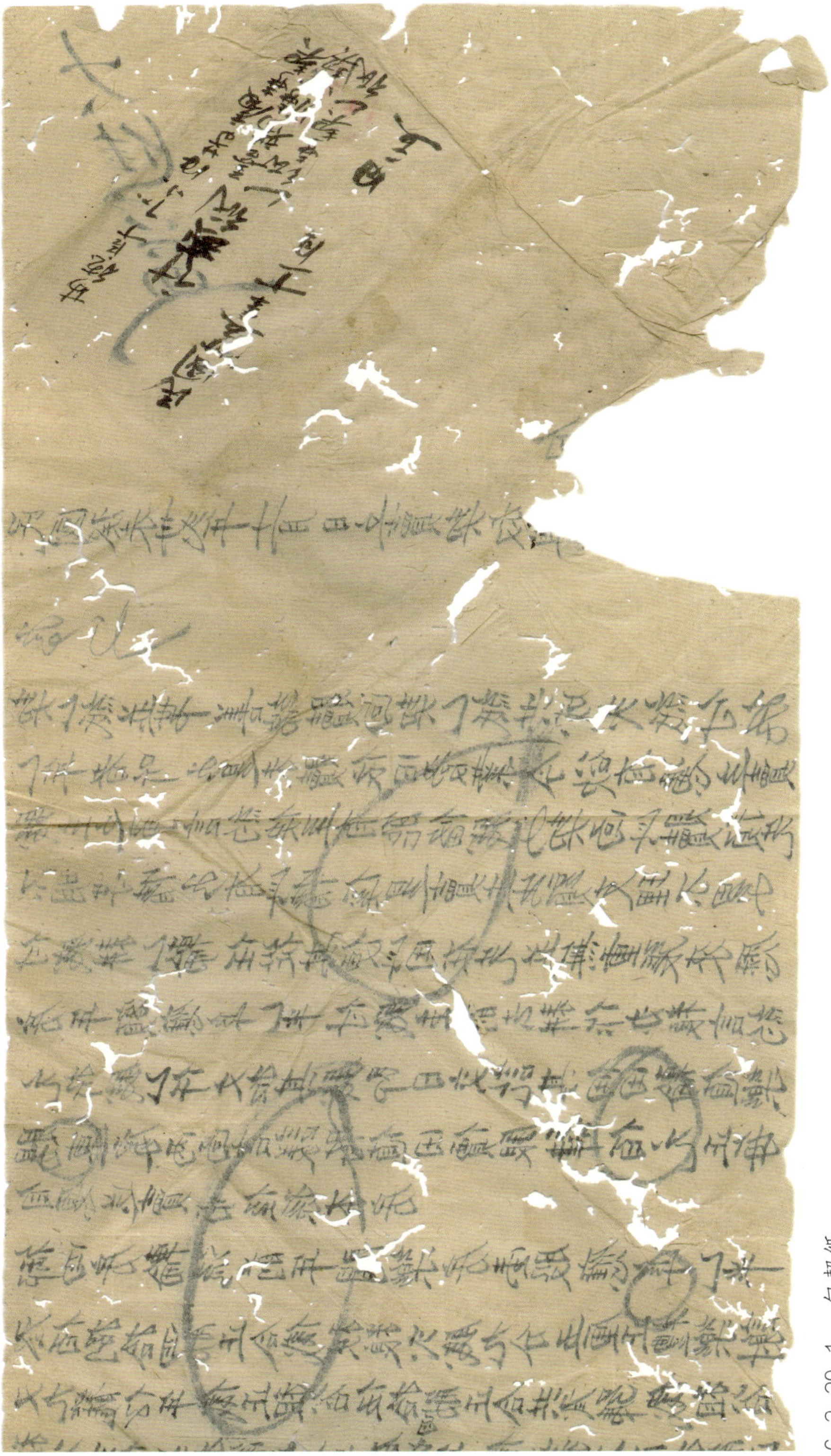

6-2-29-1　包契紙

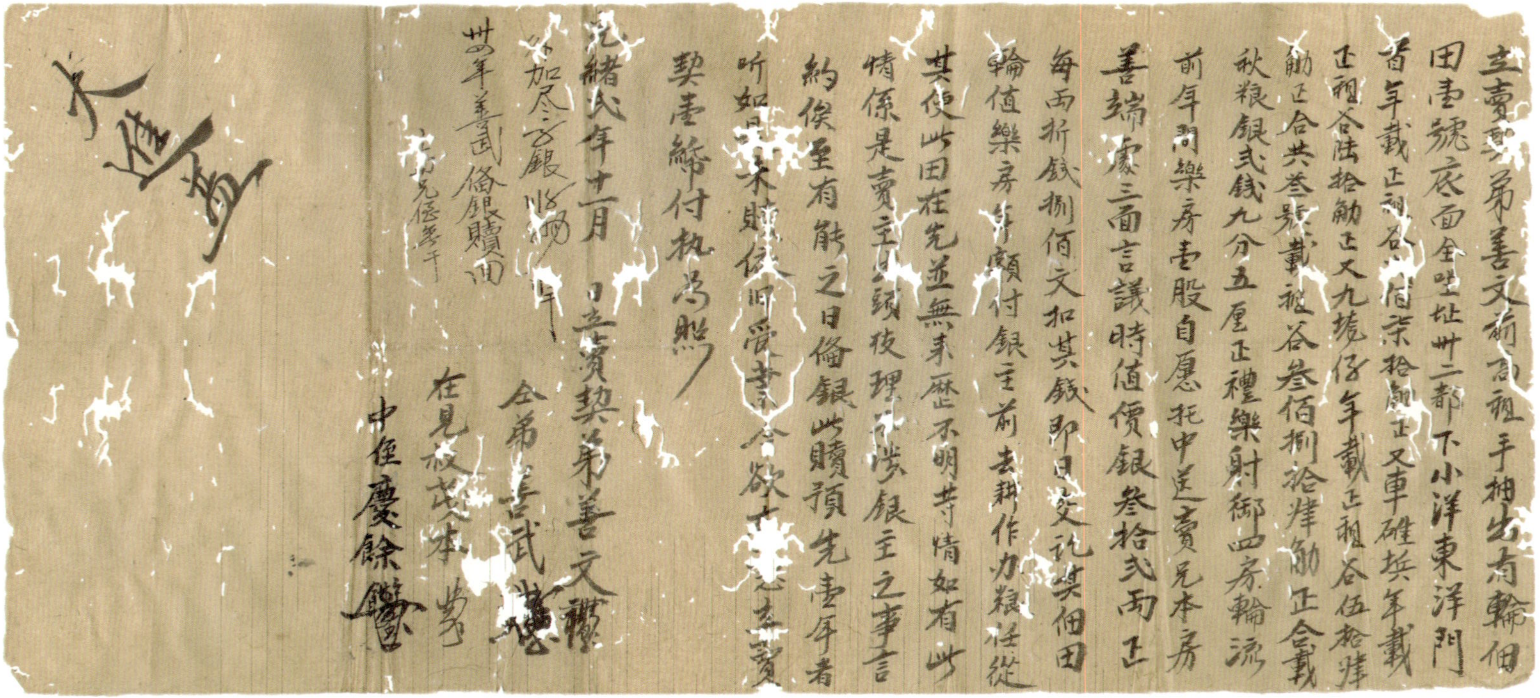

6-2-29-2　清光緒二年十一月林善文等立賣底面全輪佃田契

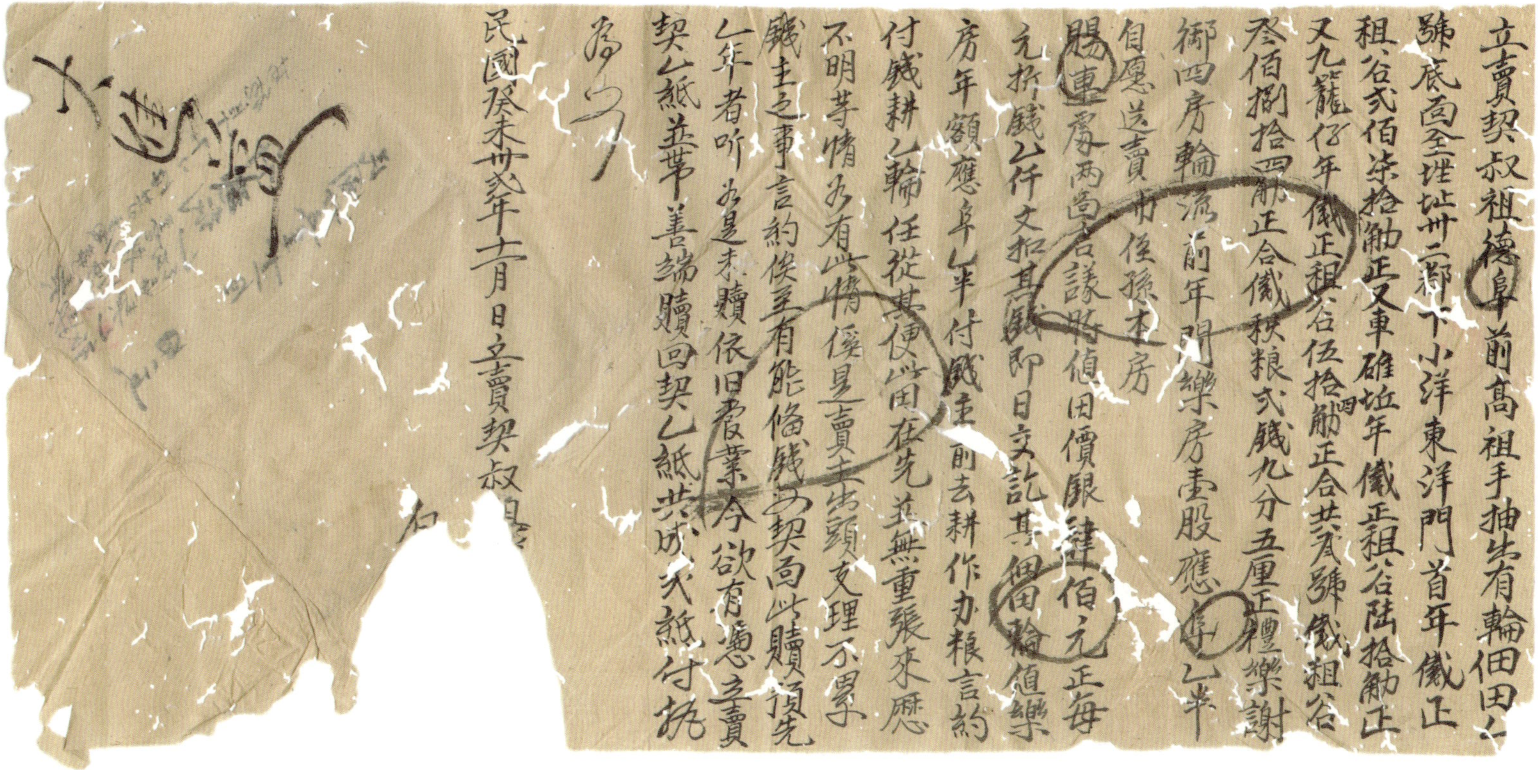
立賣契叔祖德阜前高祖手抽出有輪佃田乙
號底面全坪址卅二都下小洋東洋門首年載正
租谷弍佰柒拾觔正又車碓坵年載正租谷陸拾觔正
又九龍仔年載正租谷伍拾四觔正合共弍號載租谷
叁佰捌拾四觔正合載秋粮弍錢九分五厘正禮樂謝
御四房輪流前年用樂房壹股應得乙半
自愿送賣與侄孫本房
賜東處兩面言議時值田價銀肆佰元正每
元折錢乙仟文扣其錢即日交訖其佃田輪值樂
房年額應得乙半付錢主前去耕作办粮言約
付錢耕乙輪任從其便當在先並無重張來歷
不明等情如有此情係是賣主出頭支理不干
錢主之事言約俟至有能備錢如契面照贖須先
乙年者听如是未贖依旧管業今欲有憑立賣
契乙紙並帶善端贖回契乙紙共成弍紙付執
為照
民國癸未卅弍年十一月日立賣契叔祖德阜

6-2-29-3　民國三十二年十一月林德阜立賣底面全輪佃田契（廢契）

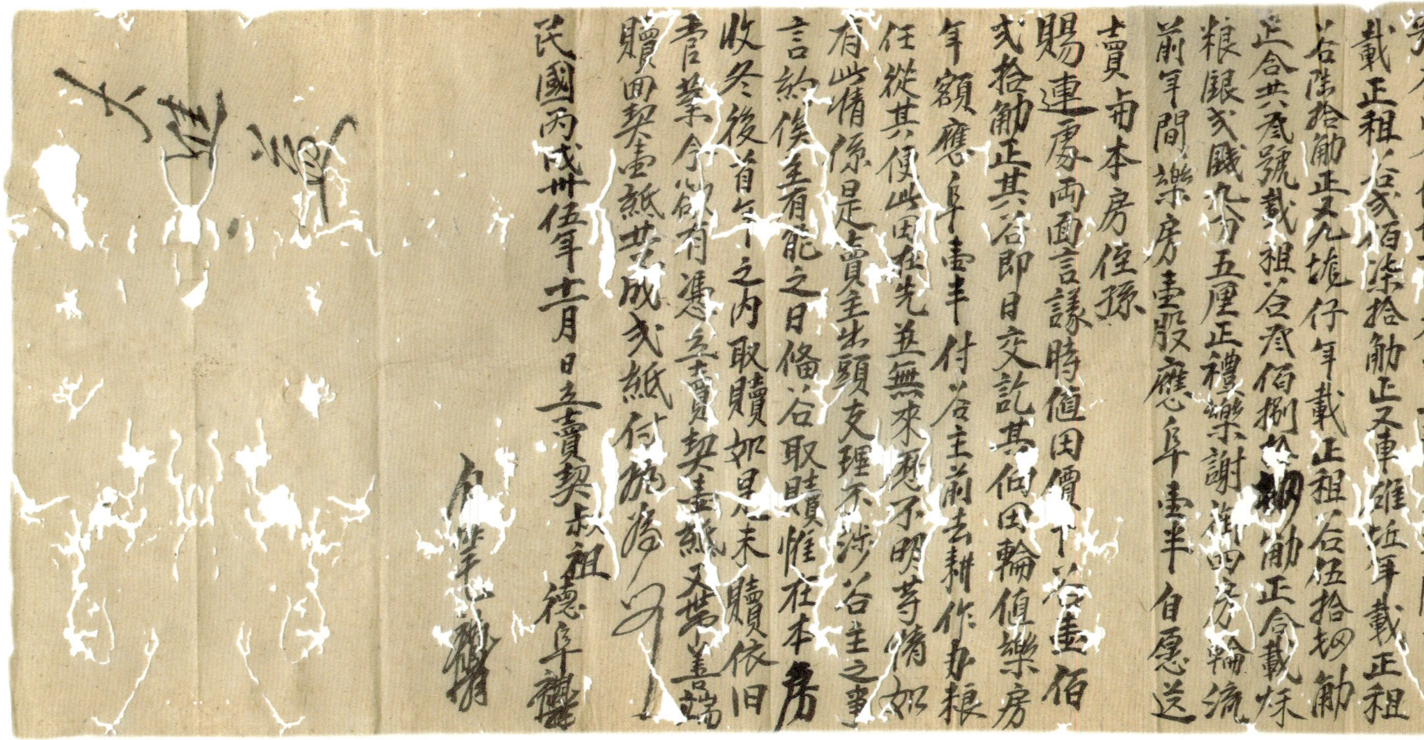
立賣契叔祖德阜，前祖手抽出有輪佃田乙
號，底面全，坐址卅貳都下小洋東洋門首，年
載正租谷貳佰柒拾觔正，又連[illegible]坵，年載正租
谷陸拾觔正，又九坵仔，年載正租谷伍拾捌觔
正，合共叁號，載租谷叁佰捌拾捌觔正，合載杯
粮銀貳角玖分五厘正，禮、樂、謝、[illegible]四房輪流。
前年間樂房壹股應德阜壹半，自愿送
賣與本房侄孫
賜連房兩面言議，時值田價下谷壹佰
貳拾觔正，其谷即日交訖。其佃田輪值樂房
年額應德阜壹半，付谷主前去耕作，其粮
任從其便。此田在先並無來歷不明等情，如
有此情，係是賣主出頭支理，不涉谷主之事。
言約後至有能之日，備谷取贖，惟在本房
收冬後、首年之內取贖，如早未贖，依旧
管業。今欲有憑，立賣契壹紙，又[illegible]善端
贖田契壹紙，共成貳紙，付執爲照。
民國丙戌卅伍年十一月　日立賣契叔祖德阜(押)

6-2-29-4　民國三十五年十一月林德阜立賣底面全輪佃田契

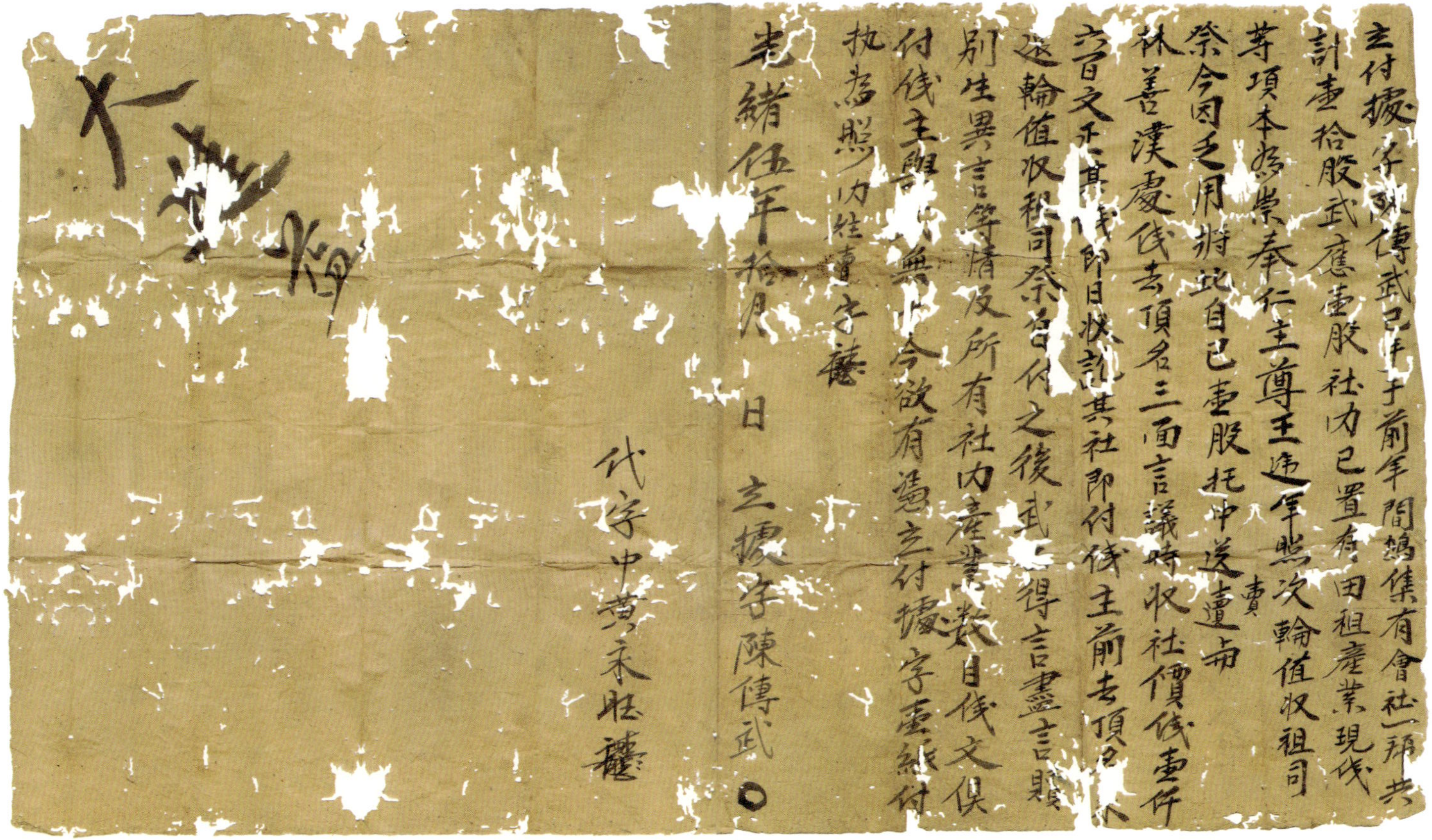
立付據字人陳傳武，己卯年于前年間鳩集有會社一班，共
計壹拾股，武應壹股，社內已置有田租產業，現代
等項本為崇奉仁主尊王，逓年照次輪值收租司
祭。今因乏用，將此自己壹股托中送遣与（賣）
林善淺處，估出頂名三面言議，時收社價錢壹仟
六百文正，其錢即日收訖，其社即付錢主前去頂名
送輪值收租司祭。自付之後，武不得言盡言贖、
別生異言等情。及所有社內產業，並自錢文，俱
付錢主與已無干。今欲有憑，立付據字壹紙付
執為照。內註壹字。
光緒伍年拾月 日 立據字陳傳武
代字中 黄禾旺

6-2-30-1 清光緒五年十月陳傳武立付仁主尊王會社股份據字

立付據字陳傳詩，已手于
前年間鳩集有會社一稱，
共計壹拾股，詩應壹股。社內
已置有田祖產業，現俻等
項本為崇奉仁主尊王逐年照次
輪值收祖司祭。今因乏用，將
此自己壹股托中送賣與
林善漢處，俻去頂名，三面言
議，時收社價俻俻壹仟陸佰文正。
其俻即日收訖，其社即付俻主
前去頂名，永遠輪值收祖司祭。
自付之後，詩不得言盡言贖，別生
異言等情。及所有社內產業數目
俻文俱付俻主，與詩無干。今欲有憑，
立付據字壹紙，內註尊王弍字為照。
光緒拾年拾貳月　日立據字陳傳詩（押）
代字弟文祥（押）
大進益

6-2-30-2　清光緒十年十二月陳傳詩立付仁主尊王會社股份據字

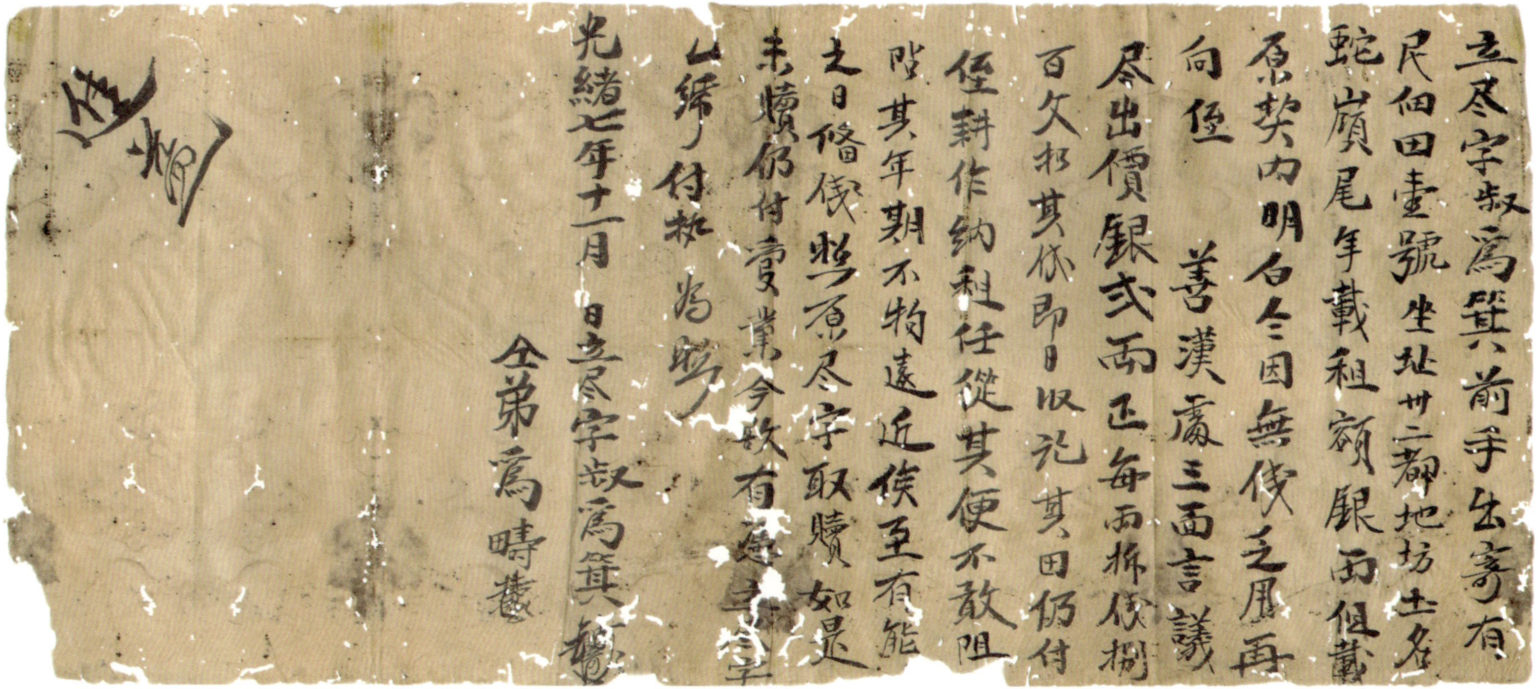
立尽字叔爲箕，前手出寄有
民佃田壹號，坐址廿二都地坊，土名
蛇嶺尾，年載租額銀两，但載
原契内明白。今因無錢乏用，再
向侄　善漢處三面言議
尽出價銀弍两正，每两折依捌
百文折，其錢即日收訖，其田仍付
侄耕作納租，任從其便，不敢阻
陷。其年期不拘遠近，俟至有能
之日備錢照原尽字取贖。如是
未贖，仍付壹業。今欲有憑，立字
山繇付執爲照。
光緒七年十一月　日立尽字叔爲箕（押）
仝弟爲疇（押）

6-2-31-1　清光緒七年十一月林爲箕等立盡民佃田字

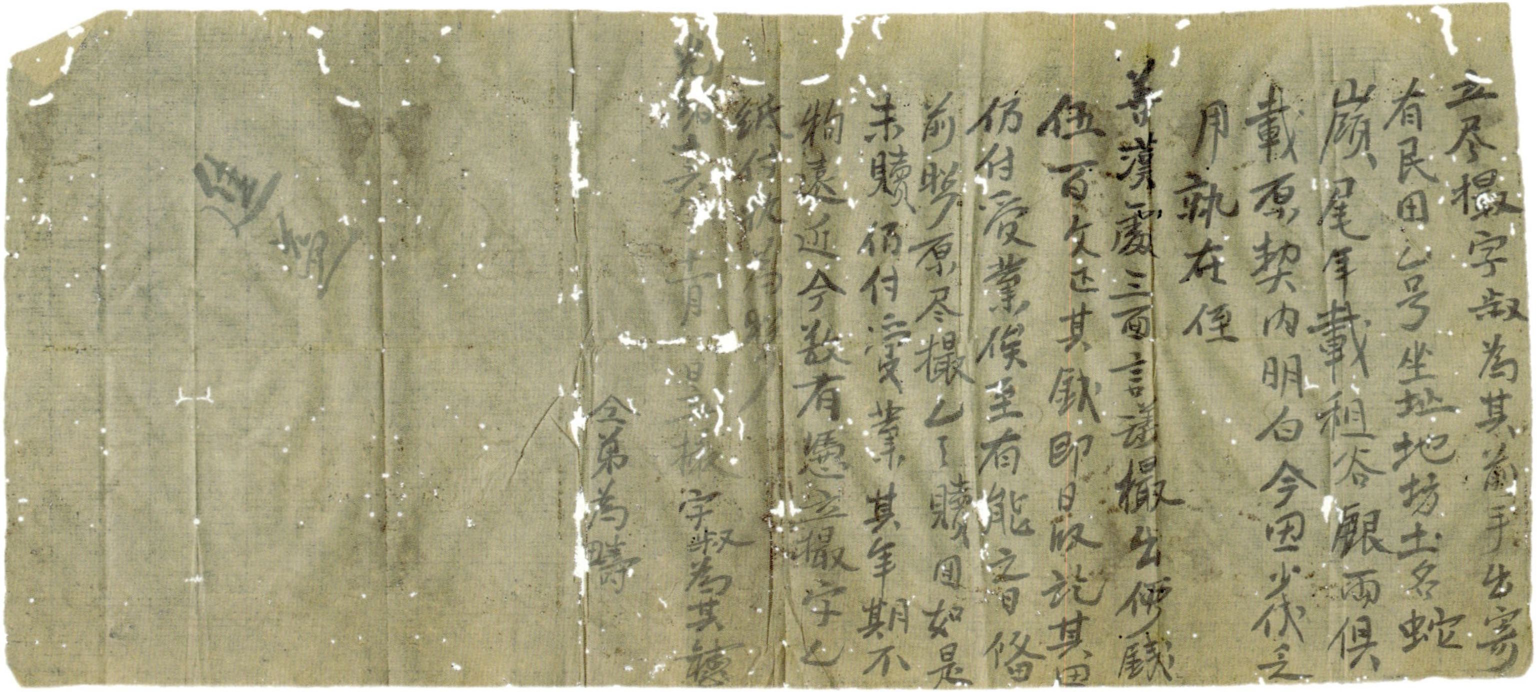

立杜撮字叔為其，為手出賣
有民田乙号坐址地坊土名蛇
嶺尾年載租谷服兩俱
載原契內明白今因少欠之
用執在侄
其漢處三面言議撮出價錢
伍百文正其錢即日收訖其田
仍付侄受業倘至有能之日備
前契原價撮乙贖回如是
未贖仍付侄受業其年期不
拘遠近今欲有憑立撮字乙
紙付侄為照
光緒十六年十一月　日立撮字叔為其
仝弟為疇

6-2-31-2　清光緒十六年十一月林爲其等立撮字

6-2-32-1　包契紙

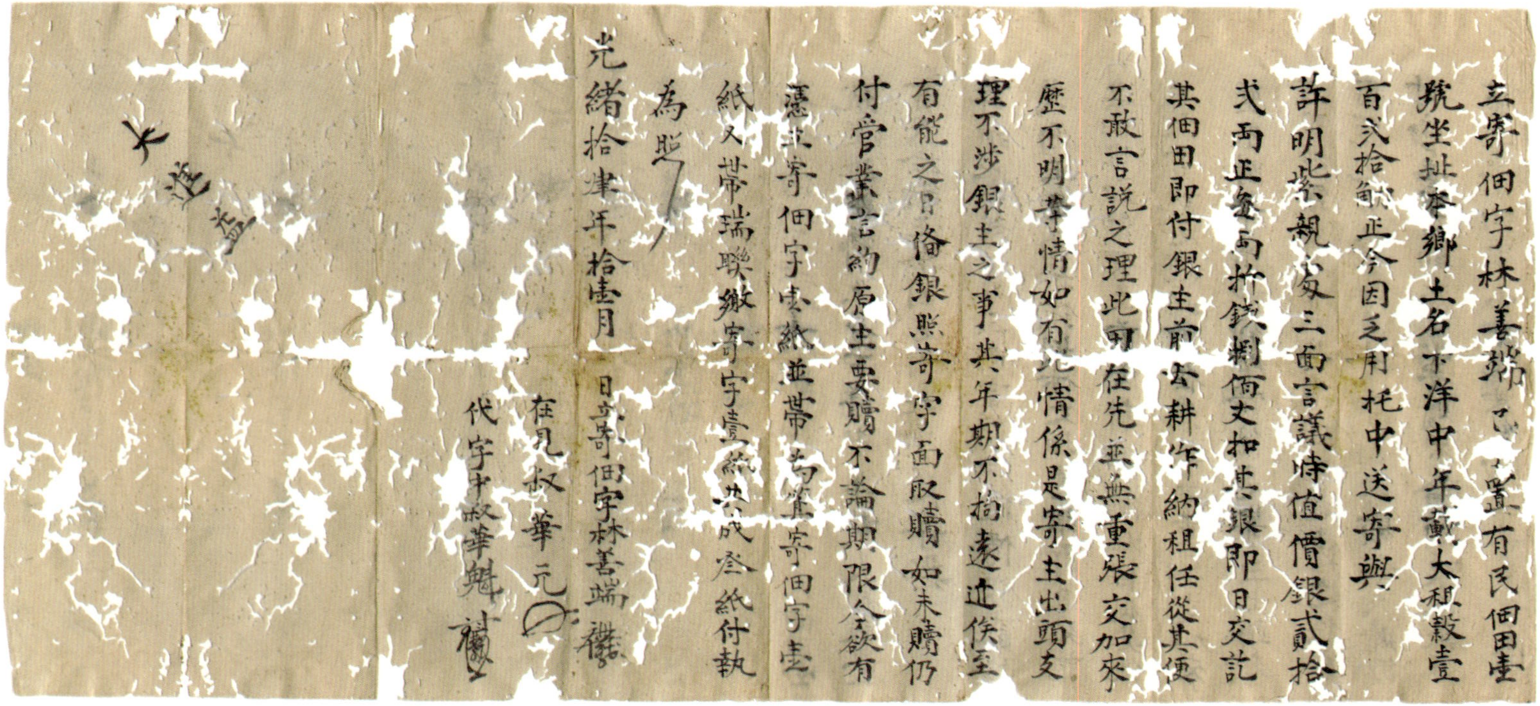
立寄佃字林善端己置有民佃田壹
號坐址本鄉土名下洋中年載大租穀壹
百弍拾觔正今因乏用托中送寄與
許明柴親叔三面言議時值價銀貳拾
弍兩正每兩折錢捌佰文扣其銀即日交訖
其佃田即付銀主前去耕作納租任從其便
不敢言說之理此田在先並無重張交加來
歷不明等情如有此情係是寄主出頭支
理不涉銀主之事其年期不拘遠近候至
有能之日備銀照寄字面取贖如未贖仍
付管業言約原主要贖不論期限今欲有
憑立寄佃字壹紙並帶上手寄佃字壹
紙又帶瑞聯繳寄字壹紙共成叁紙付執
為照。
光緒拾肆年拾壹月　日立寄佃字林善端（押）
在見叔華元（押）
代字中叔華魁（押）
大進益

6-2-32-2　清光緒十四年十一月林善端立寄民佃田字

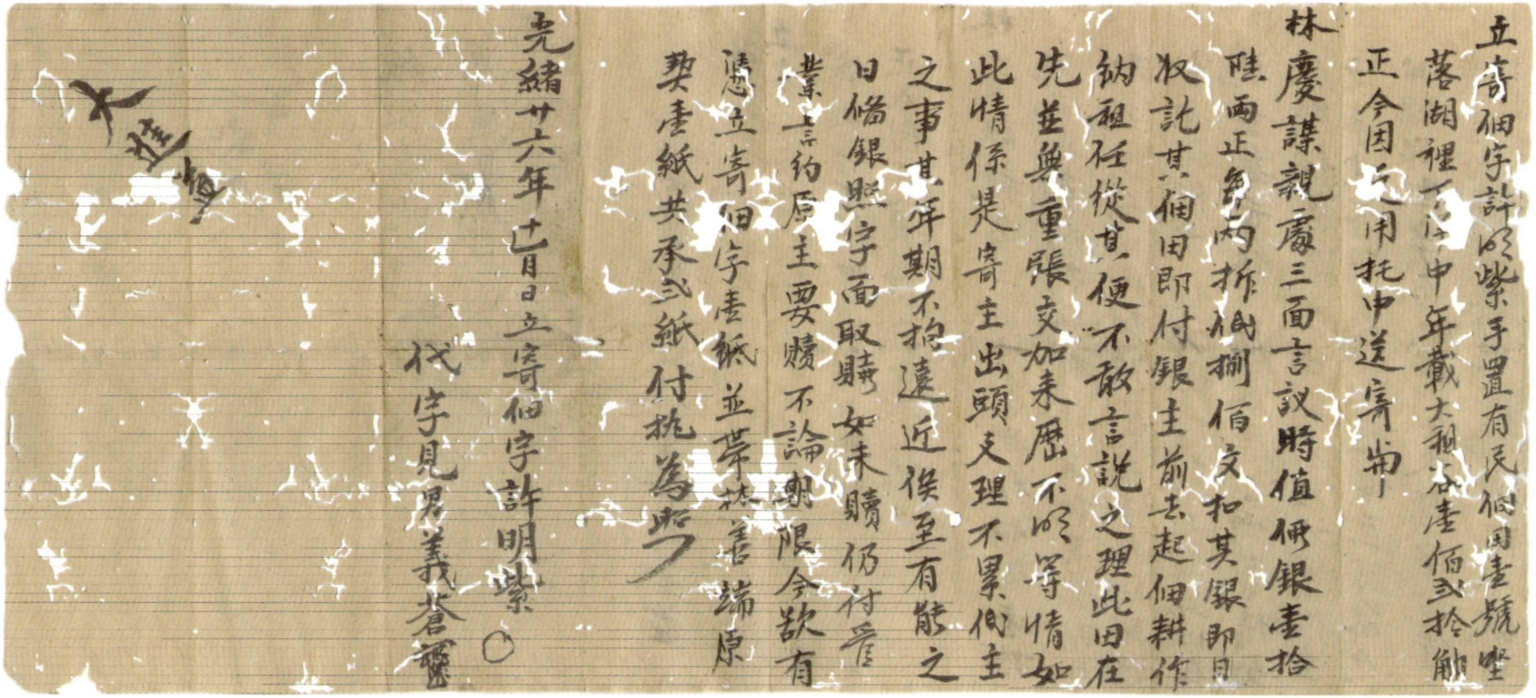
立寄佃字許明紫手置有民佃田壹號坐
落湖裡[illegible]中年載大租谷壹佰貳拾觔
正。今因乏用，托中送寄
林慶謀親處，三面言議，時值佃銀壹拾
陸兩正，內折佃捌佰文，和其銀即日
收訖。其佃田即付銀主前去起佃耕作
納租，任從其便，不敢言說之理。此田在
先並無重張交加來歷不明等情，如
此情係是寄主出頭支理，不累代主
之事。其年期不拘遠近，從至有能之
日，備銀照字面取贖，如未贖，仍付管
業。言約原主要贖不論[illegible]限。今欲有
憑，立寄佃字壹紙，並帶林[illegible]端原
契壹紙，共承貳紙，付執為照。
光緒廿六年十一月日立寄佃字許明紫 ○
代字見房叔義耆

6-2-32-3　清光緒二十六年十一月許明紫立寄民佃田字

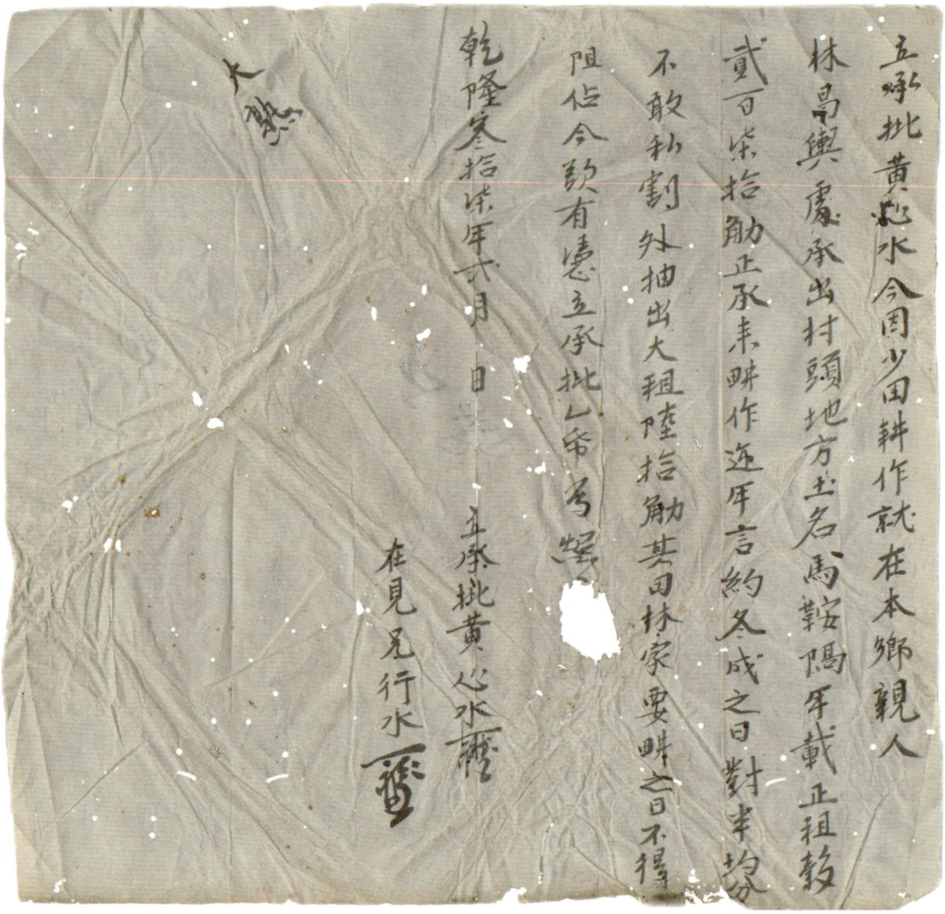

立承批黃心水今因少田耕作就在本鄉親人
林昌興處承出村頭地方土名馬鞍陽年載正租穀
貳百柒拾觔正承耒耕作逐年言約冬成之日對半均分
不敢私割外抽出大租陸拾觔其田林家要耕之日不得
阻佔今欲有憑立承批山帋為照
乾隆叁拾柒年弍月　日
立承批黃心水（押）
在見兄行水（押）
大熟

6-2-33-1　清乾隆三十七年二月黃心水立承批田字

立賣旧坟字鄭孶永，將前祖手
枙(?)買有風水壹穴，址葬賢長公，坐址前
湖地方，土名下寨坵乙吶辛，今因葬後年
方不利，以今荒廢不能改作，其旧坟自
情愿托中送賣前湖
許義卅斤處三面言議，出花紅酒礼銀俱
有收足，其旧坟即永付許家前去起遷
改造坟墓，候至年方月利，安葬父母柩
柩成坟。全(?)其旧坟任先並無來歷不明
等情，如有不明，係是鄭家出身支理，
不累許家之事。其旧坟自賣之後，永
付許家安葬父母柩柩，鄭家永不敢
異言阻佔之理。兩家喜允，各無反悔，
今欲有憑，立賣旧坟字壹紙，付執永
遠天長地久存照。　内添坟一字再照

光緒貳拾柒年六月　日立賣旧坟字鄭孶永
在見兄　敬增
代字中侄　積貴

大吉昌(?)

6-2-33-2　清光緒二十七年六月鄭孶永立賣舊墳字

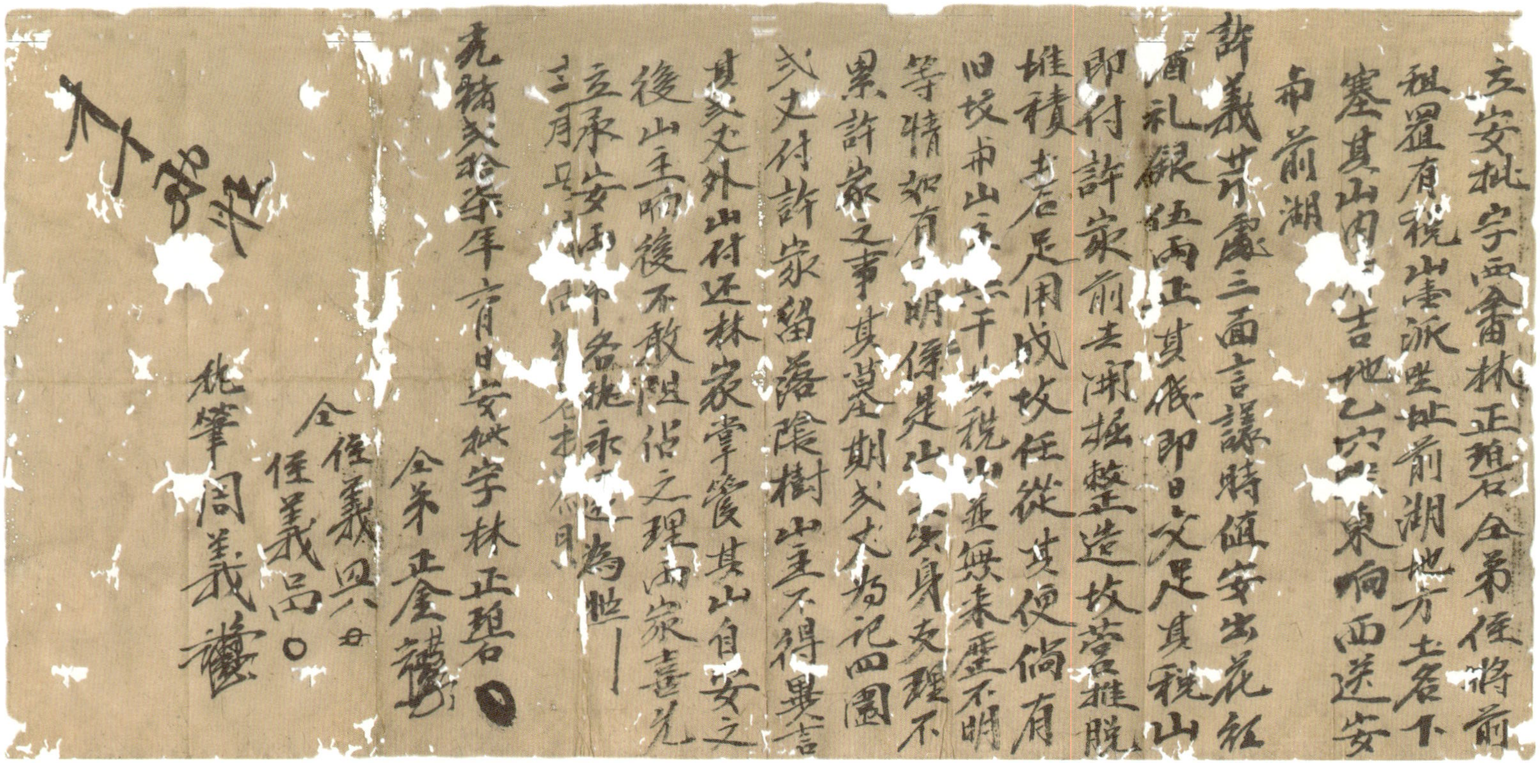
立安批字西畲林正碧仝弟侄將前
祖置有稅山壹派坐址前湖地方土名下
塞其山內吉地乙穴坐東向西送安
本前湖
許義芹處三面言議時值安出花紅
酒礼銀伍兩正其銀即日交足其稅山
即付許家前去開掘整造坟營推脫
堆積土石足用成坟任從其便倘有
旧坟本山左右六十丈稅山並無來歷不明
等情如有不明係是山主出身支理不
累許家之事其墓期弍丈為記四圍
弍丈付許家留蔭樹山主不得異言
其弍丈外山付還林家掌管其山自安之
後山主明後不敢阻佔之理兩家甚允
立承安批字永遠為照
光緒弍拾柒年六月日安批字林正碧
仝弟正金
仝侄義興
仝侄義昌
代筆周義
大吉利

6-2-33-3　清光緒二十七年六月林正碧等立安批吉地字

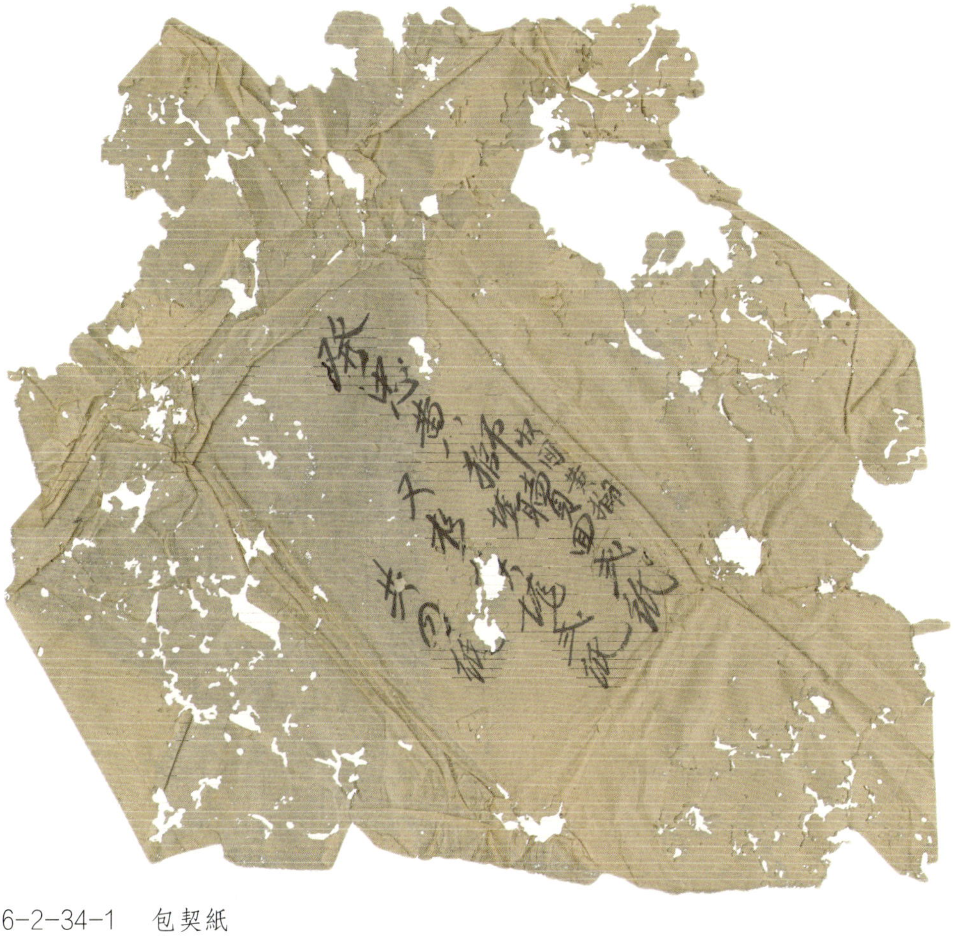

6-2-34-1　包契紙

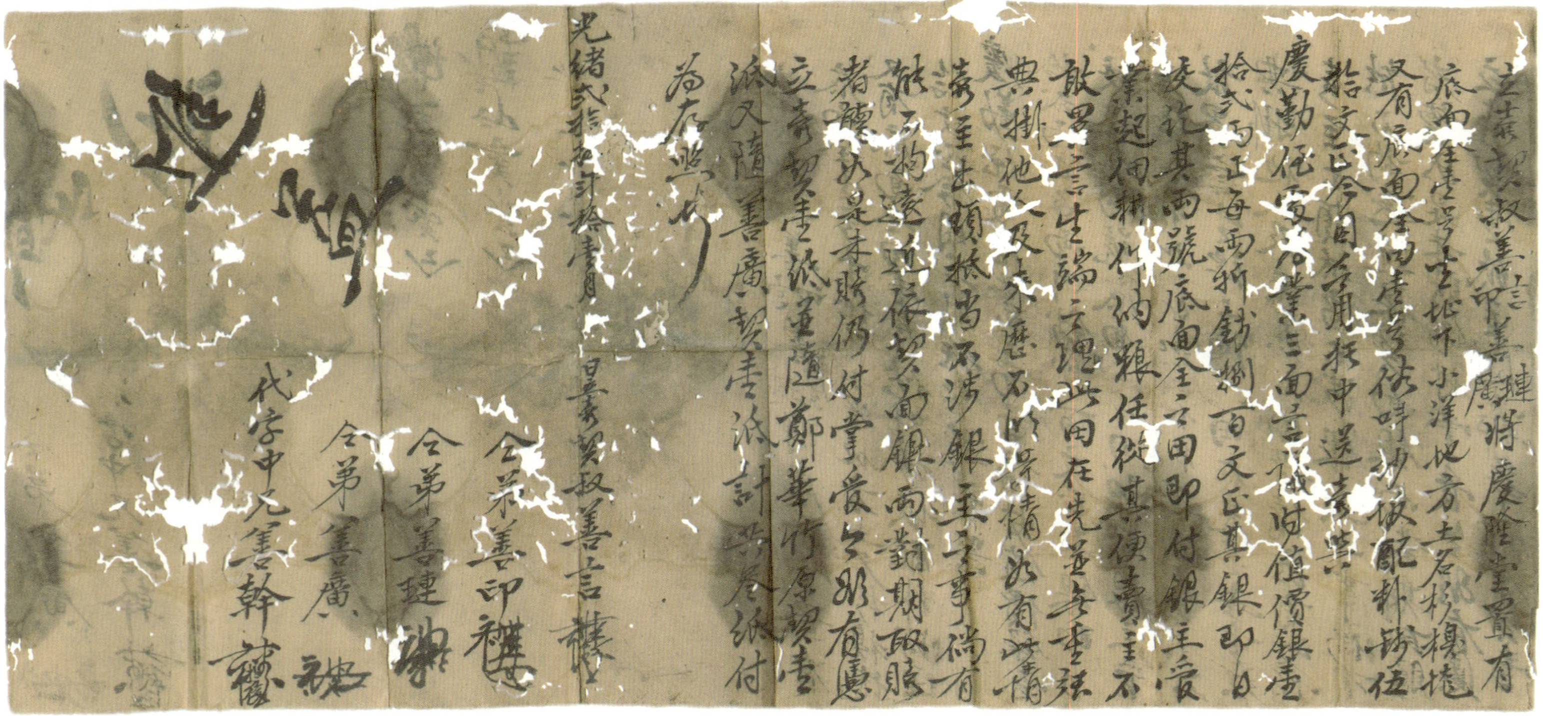

立賣契叔善言、印、善璉、廣，將慶隆□置有
底面全壹號，土址下小洋地方，土名杉樓墘，
又有底面全□號，依時做配耕錢伍
拾文正，今因乏用，托中送賣與
慶勤侄爲業，三面言議，時值價銀壹
拾貳兩正，每兩折錢捌百文正。其銀即日
交訖，其兩號底面全田即付銀主管
業，起佃耕作，納糧任從其便，賣主不
敢異言生端。其田在先並未重張
典掛他人，及不歷不明，如有此情，
賣主出頭抵當，不涉銀主之事。倘有
能力，約□應依契面銀兩對期取贖
者讓。如是未贖，仍付掌管。恐口無憑，
立賣契壹紙，並隨鄭華行原契壹
紙，又隨善廣契壹紙，計共叁紙，付
爲存照。

光緒貳拾□年拾壹月　日立賣契叔善言
仝弟善印
仝弟善璉
仝弟善廣
代字中兄善幹

6-2-34-2　清光緒二十□年十一月林善言等立賣底面全田契

6-2-35-1　包契紙

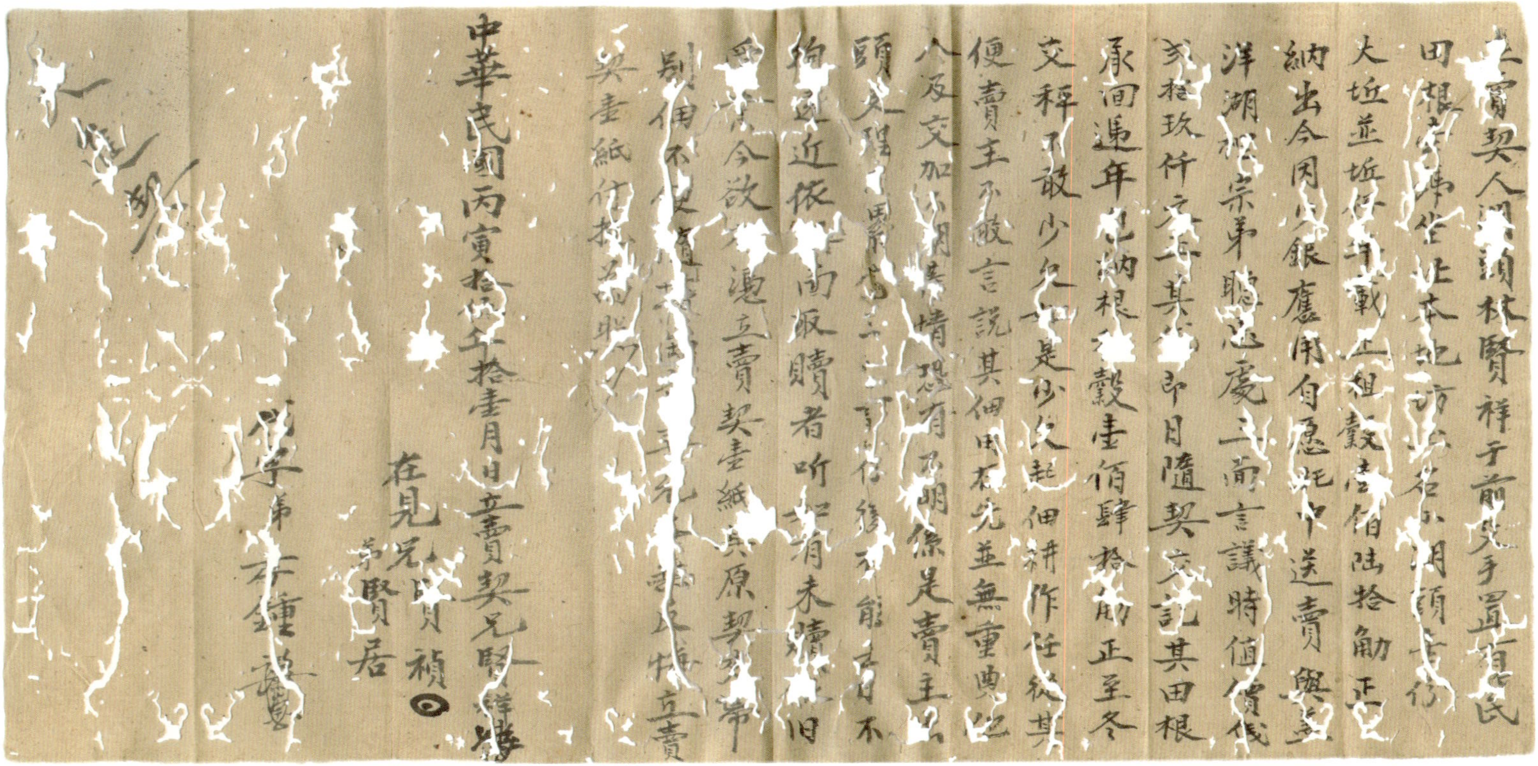
立賣契人田頭林賢祥，于前置有民田根[illegible]坐址本地土名[illegible]田頭[illegible]大坵並坵[illegible]載租穀[illegible]佰陸拾觔正納出。今因[illegible]銀應用，自愿托中送賣與洋湖[illegible]宗弟[illegible]處，三面言議時值價錢弍拾玖仟文，其[illegible]即日隨契交訖。其田根承佃遞年[illegible]納根[illegible]穀壹佰肆拾觔正，至冬交秤，不敢少欠；如是少欠，起佃耕作，任從其便，賣主不敢言說。其佃田[illegible]先並無重典[illegible][illegible]交加不明[illegible]情，恐有不明，係是賣主出頭支理，[illegible]。[illegible]後不能[illegible]，不拘遠近，依[illegible]原價贖者，聽[illegible]未贖[illegible]。[illegible]今欲有憑，立賣契壹紙，[illegible]原契[illegible]帶[illegible]立賣契壹紙付[illegible]為照。

中華民國丙寅拾伍年拾壹月　日　立賣契兄賢祥[illegible]

在見兄賢禎

弟賢居

[illegible]林鍾[illegible]

6-2-35-2　民國十五年十一月林賢祥立賣民田根契

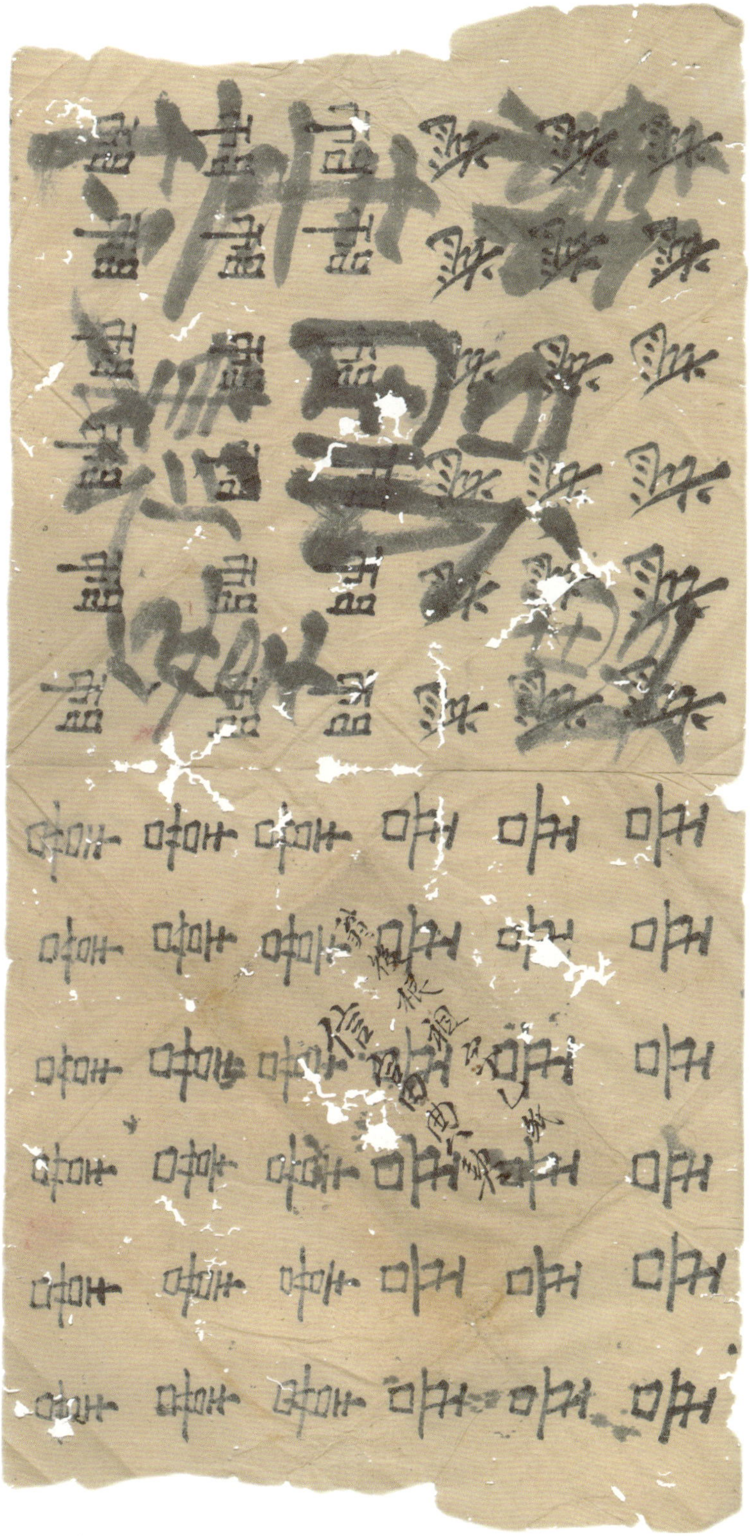

6-2-36-1　包契紙

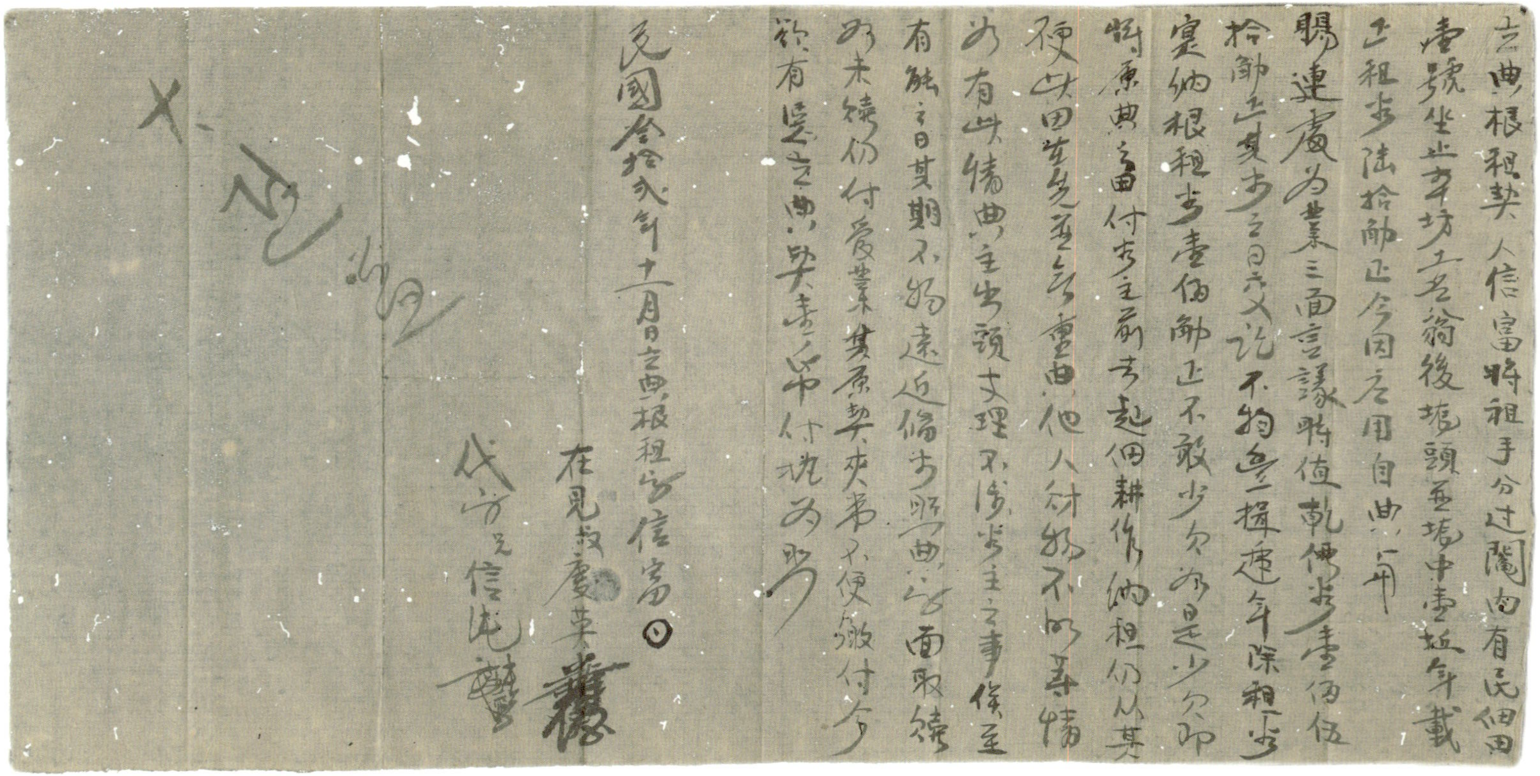
立典根租契人信富，將祖手分过闔內有民佃田
壹號，坐址本坊土名翁後垅頭並垅中壹坵，年載
正租参陆拾斤正。今因乏用，自典[illegible]
賜連處爲業，三面言議，時值乾[illegible]参壹佰伍
拾斤正。其参即日收訖，不[illegible]。並擇連年深租参
[illegible]納根租参壹佰斤正，不敢少欠。如是少欠，即
將原典之田付与主前去起佃耕作，納租仍從其
便。此田並無重典他人財物不明等情
如有此情，典主出頭支理，不涉典主之事。候至
有贖之日，其期不拘遠近，備参照典[illegible]面取贖
如未贖，仍付管業。其原契夾帶不便繳付，今
欲有憑，立典契壹紙付執爲照。
民國叁拾弍年十一月　日立典根租契　信富 ○
在見叔　慶來
代筆兄　信[illegible]

6-2-36-2　民國三十二年十一月林信富立典民佃田根租契

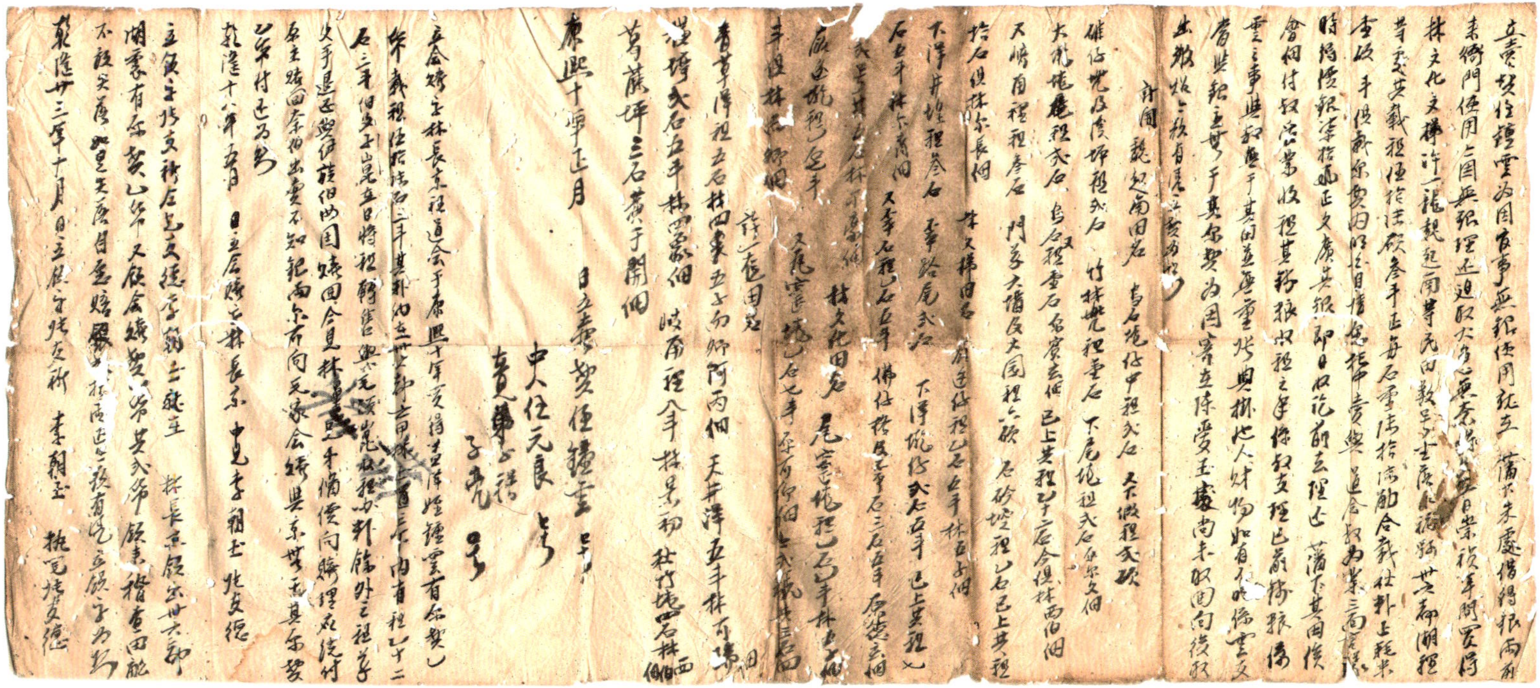

6-2-37-1　清康熙十年正月鍾雲立賣民田契（抄契）

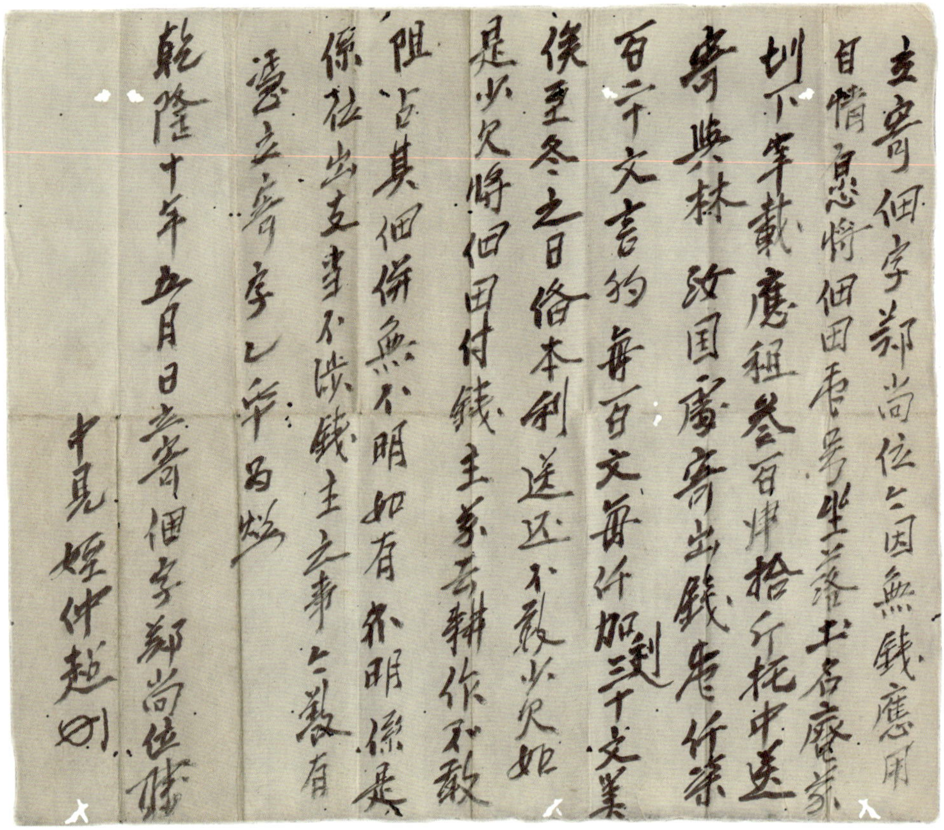
立寄佃字鄭尚位，今因無錢應用，
甘情自愿將佃田壹号，坐落土名磨[illegible]
圳下，年載應租叁百肆拾斤，托中送
寄與林 汝國處，寄出錢壹仟柒
百六十文，言約每百文每仟加利三十文，其
俟至冬之日，備本利送還，不敢少欠。如
是少欠，將佃田付錢主前去耕作，不敢
阻占。其佃併無不明，如有不明，係是
係位出支當，不涉錢主之事。今欲有
憑，立寄字一紙為照。
乾隆十年五月日立寄佃字鄭尚位（押）
中見 [illegible]仲趙（押）

6-2-37-2　清乾隆十年五月鄭尚位立寄佃田字

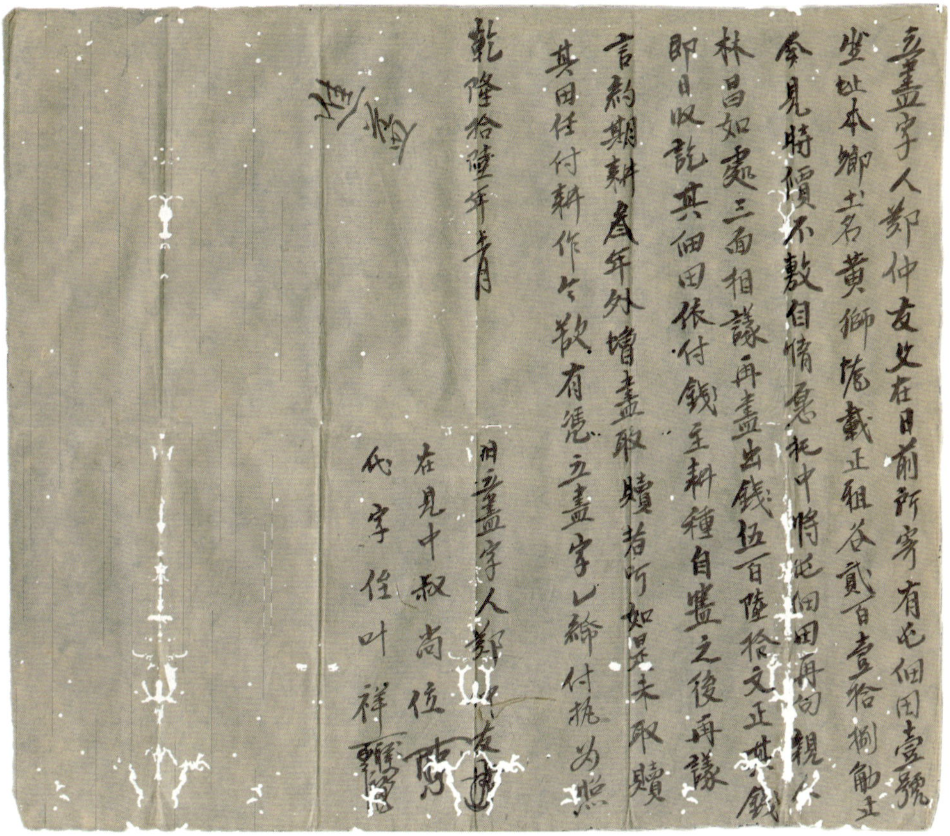

立盡字人鄭仲友父在日前所寄有屯佃田壹號
坐址本鄉土名黄腳菴載正租谷貳百壹拾捌觔土
今見時價不敷自情愿托中将此佃田再向親人
林昌如處三面相議再盡出錢伍百陸拾文正其錢
即日收訖其佃田依付錢主耕種自盡之後再議
言約期耕叁年外增盡取贖若所如是未取贖
其田任付耕作今欲有憑立盡字乙紙付執為照

乾隆拾陸年十一月　日　立盡字人鄭仲友（押）
在見中叔尚位（押）
代字侄叶祥（押）

6-2-37-3　清乾隆十六年十一月鄭仲友立盡屯佃田字

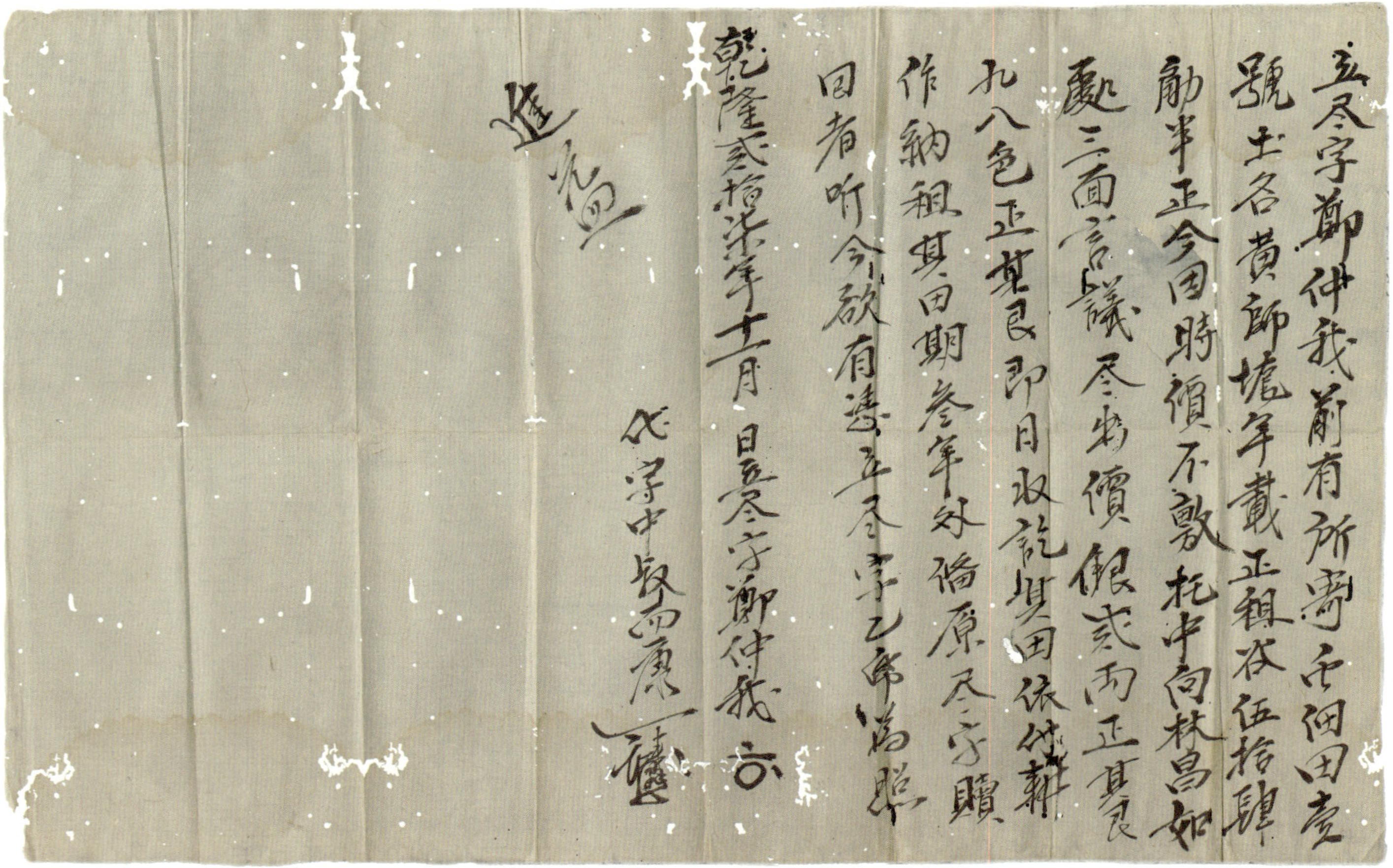

立盡字鄭仲我前有所壽屯佃田壹號，土名黃師墟，年載正租谷伍拾肆斤半正。今因時價不敷，托中向林昌如處三面言議，盡出價銀貳兩正，其銀九八色正，其銀即日收訖，其田依付耕作納租。其田期叁年對備原盡字贖回，有听。今欲有憑，立盡字乙紙為照。

乾隆貳拾柒年十一月　日立盡字鄭仲我（押）

代字中叔西康（押）

進元回

6-2-37-4　清乾隆二十七年十一月鄭仲我立盡屯佃田字

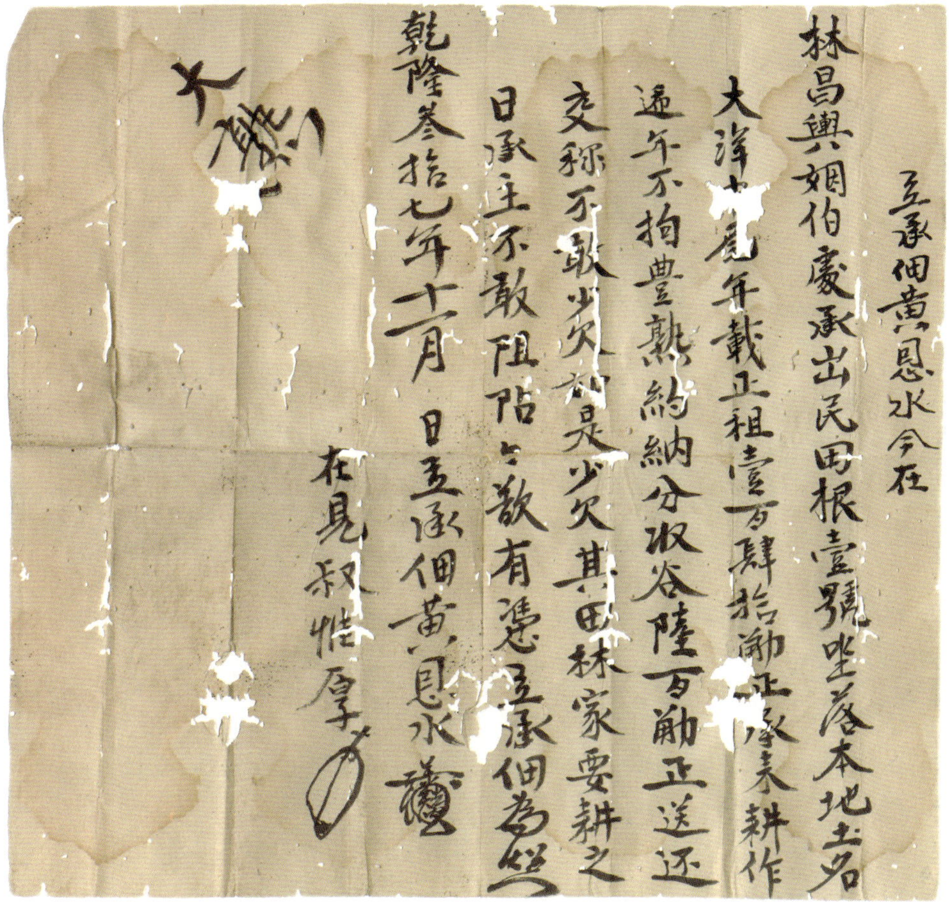

立承佃黃恩水今在
林昌興姻伯處承出民田根壹號，坐落本地土名
大洋[illegible]處，年載正租壹百肆拾觔正，承來耕作。
逐年不拘豐熟，納納分收谷陸百觔正，送还
交秤，不敢少欠。如是少欠，其田林家要耕之
日，承主不敢阻阽之款。有憑，立承佃為照。
乾隆叁拾七年十一月　日立承佃黃恩水
在見叔惟厚
大發

6-2-37-5　清乾隆三十七年十一月黄恩水立承民佃田根字

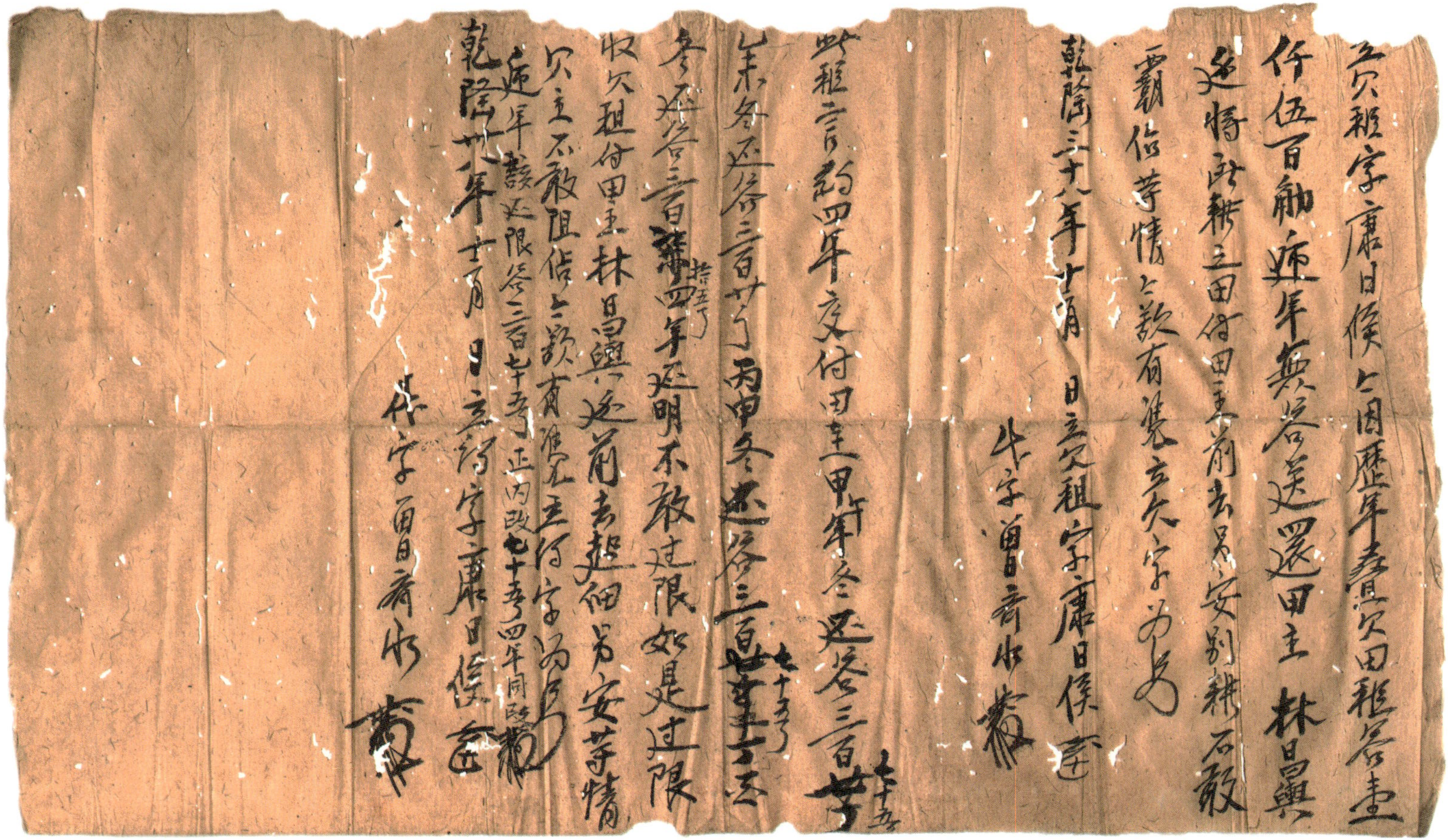

立欠租字康日侯，今因歷年舊欠田租谷壹
仟伍百觔，延年無谷送還。送還田主林日興
延將所耕之田付田主前去另安別耕，不敢
霸佔等情。今欲有憑，立欠字為照。
乾隆三十八年十二月 日立欠租字康日侯（押）
代字曾日壽作（押）

此租言約四年交付田主，甲午年冬還谷三百廿（十五）
[illegible]未冬還谷三百廿斤，丙申冬還谷三百廿（十五）
參冬還谷三百廿（挂五斤）四年，延明不敢延限，如是延限
收欠租付田主林日興延前去起佃另安等情，
欠主不敢阻佔。今欲有憑，立付字為照。
延年限谷三百七十五斤正，內改七十五斤四年同照
乾隆卅八年十二月 日立付字康日侯（押）
代字曾日壽作（押）

6-2-37-6 清乾隆三十八年十二月康日侯立欠田租字

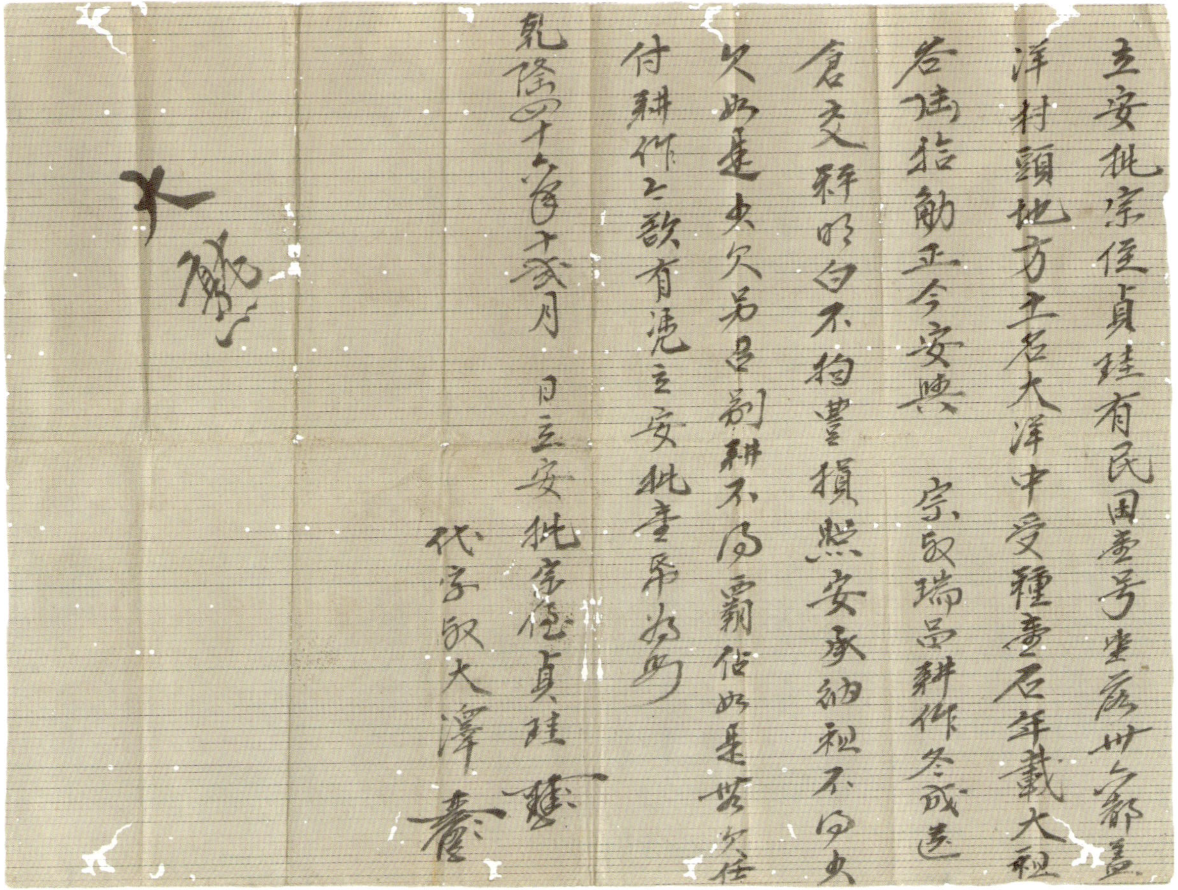
立安批字侄貞珪有民田壹号坐落廿八都蓋
洋村頭地方土名大洋中受種壹石年載大租
谷陆拾觔正今安與 宗叔瑞呂耕作冬成送
倉交秤明白不拘豐損照安承納租不得少欠
只如是少欠另召別耕不得霸佔如是無欠任
付耕作之欵有憑立安批壹帋為照
乾隆四十六年十二月 日立安批宗侄貞珪（押）
代字叔大澤（押）
大吉

6-2-37-7 清乾隆四十六年十二月林貞珪立安批民田字

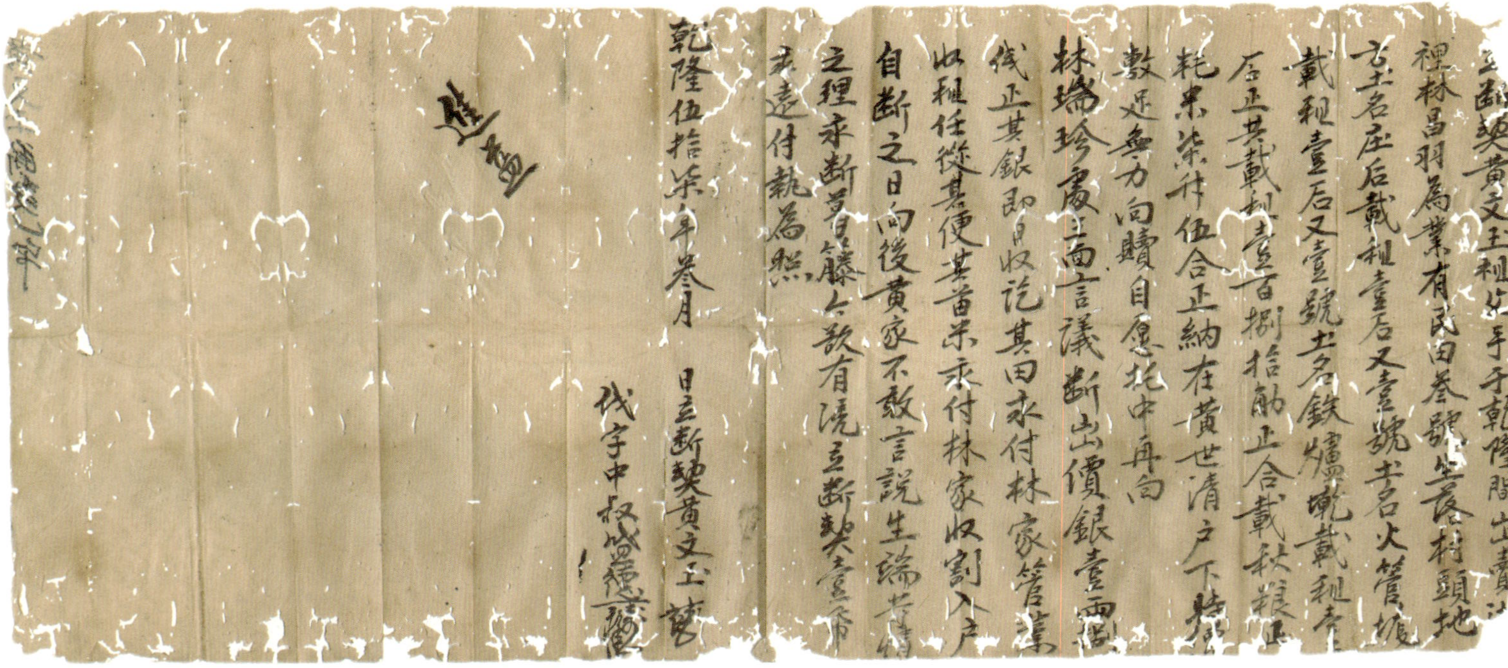
立斷契黃文玉祖父手于乾隆間出賣[illegible]
裡林昌羽為業，有民田叁號，坐落村頭地
方，土名庄后，載租壹石；又壹號，土名火管塆，
載租壹石；又壹號，土名鉄爐塆，載租叁
石，正共載租壹百捌拾觔，正合載秋粮
耗米柒升伍合正，納在黃世清戶下。茲
數延無力向贖，自愿托中再向
林瑞玲處三面言議，斷出價銀壹兩
錢正，其銀即日收訖，其田永付林家管業
收租，任從其便，其苗米永付林家收割入戶。
自斷之日以後，黃家不敢言說生端等情
之理，永斷葛藤。今欲有憑，立斷契壹紙，
永遠付執為照。
乾隆伍拾柒年叁月　日立斷契黃文玉（押）
代字中叔[illegible]德（押）

6-2-37-8　清乾隆五十七年三月黃文玉立斷民田契

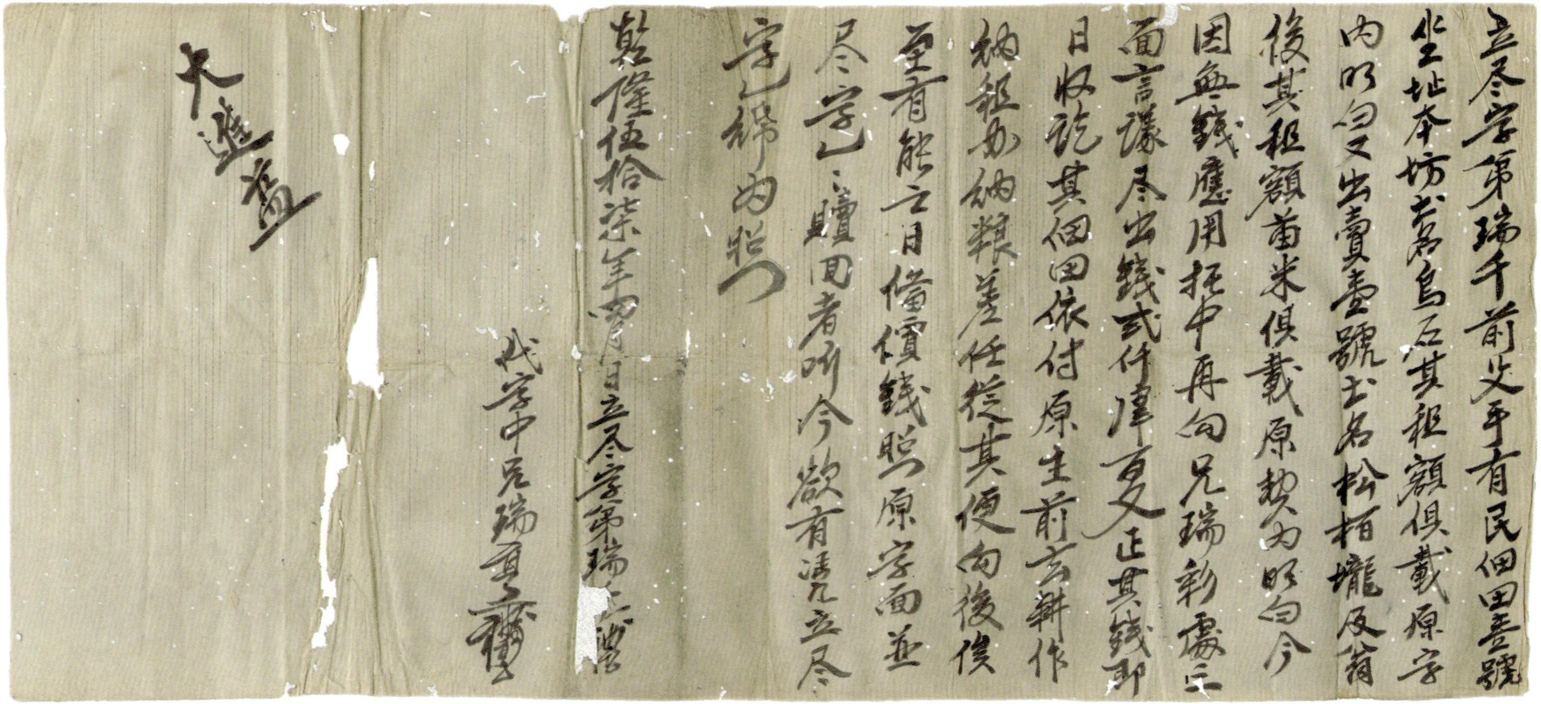

立盡字弟瑞千前父手有民佃田壹號
坐址本坊土名烏石其租額俱載原字
內明白又出賣壹號土名松柏壠及前
後其租額苗米俱載原契內明白今
因無錢應用托中再向兄瑞彩處三
面言議盡出錢貳仟肆百文正其錢即
日收訖其佃田依付原主前去耕作
納租办納粮差任從其便向後侄
至有能之日備價錢贖原字面並
盡字一、贖回者聽今欲有憑立盡
字一紙為照

乾隆伍拾柒年四月 日立盡字弟瑞千

代字中兄瑞再

大進查

6-2-37-9 清乾隆五十七年四月林瑞千立盡民佃田字

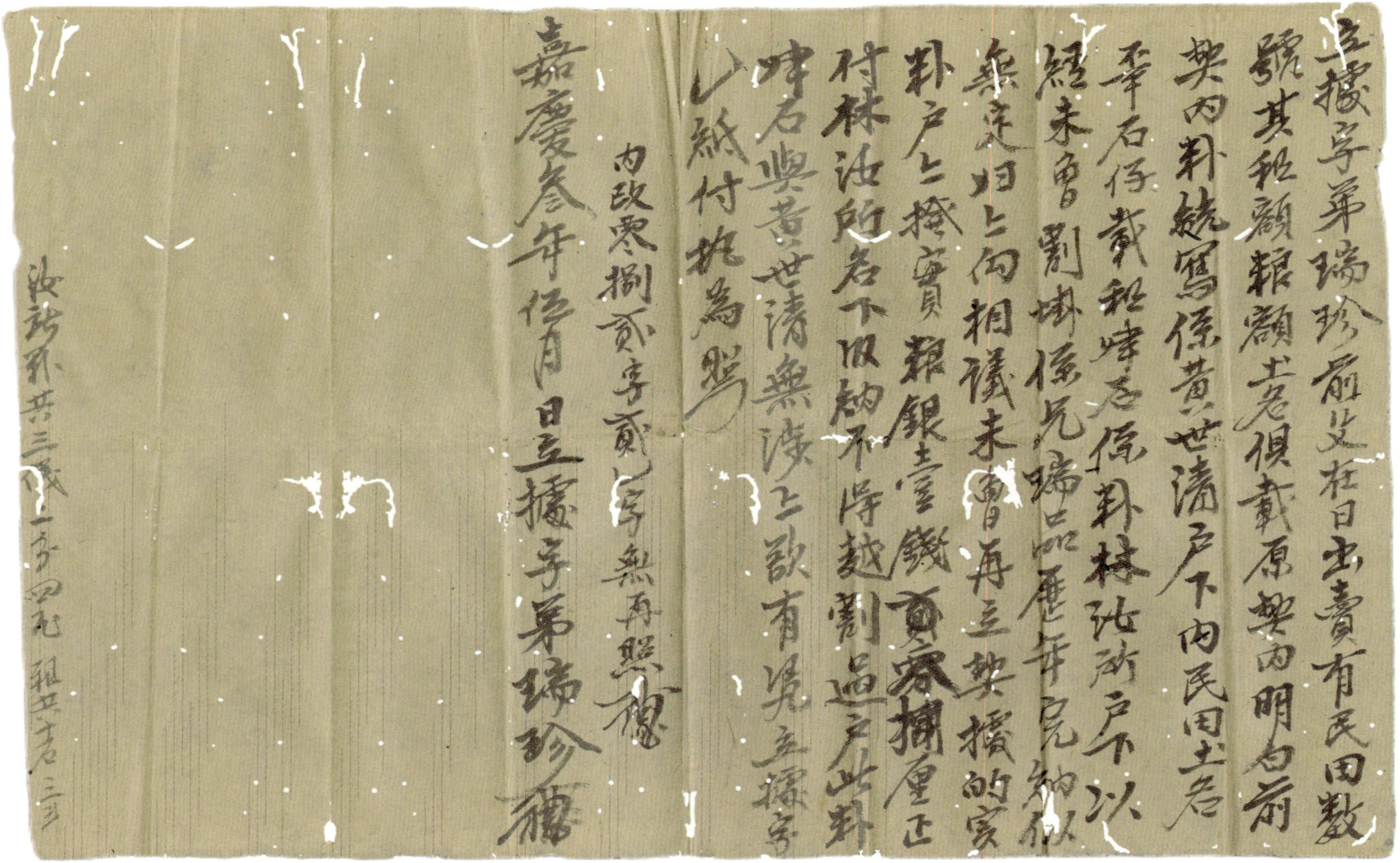

立據字第瑞珍前父在日出賣有民田數
號其租額糧額土名俱載原契內明白前
契內糧統寫係黃世清戶下內民田土名
峯石仔載租肆石係糧林弦所戶下以
經來曾劉琳係兄瑞之收歷年完納似
無定歸上內相議未曾再立契據的實
糧戶上換寶糧銀壹錢零捌厘正
付林弦所名下收納不得越割過戶此糧
肆石與黃世清無涉亦有憑立據字
乙紙付執為照
內改眾捌貳字貳字無再照據
嘉慶叁年伍月日立據字第瑞珍（押）
收糧米共三錢一分四毛　租共十石三

6-2-37-10　清嘉慶三年五月林瑞珍立據字

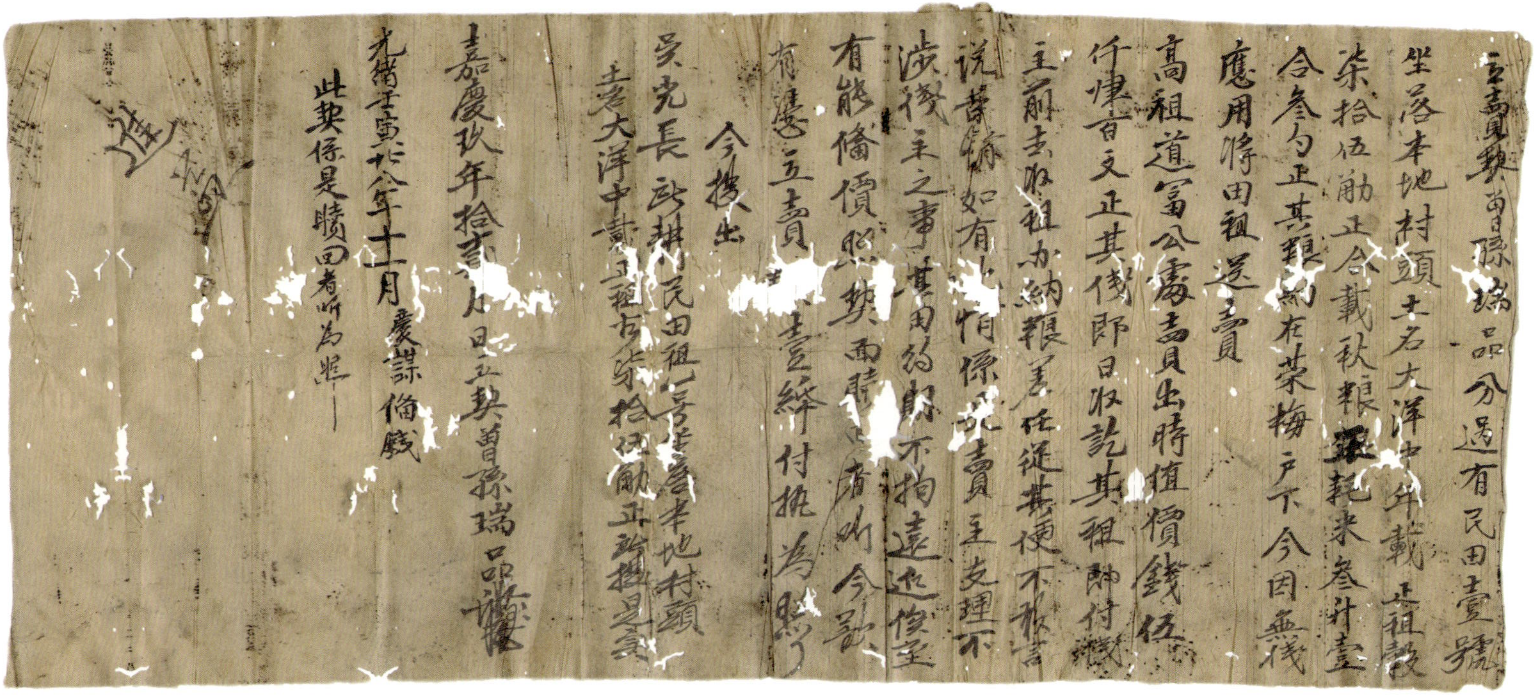
立賣契曾孫瑞品分過有民田壹號
坐落本地村頭土名大洋中坵載租穀
柒拾伍觔正合載秋粮[illegible]耗米叁升壹
合叁勺正其粮納在荣梅户下今因無錢
應用將田租送賣
高祖道富公處出時值價錢伍
仟肆百文正其錢即日收訖其租即付
主前去收租办納粮差任從其便不敢言
說昔[illegible]如有[illegible]情係[illegible]賣主支理不
涉錢主之事其田約[illegible]不拘遠近備足
有能備價照契兩[illegible]贖[illegible]不得[illegible]今欲
有憑立賣[illegible]壹紙付執為照
今撥出
吳光長改耕民田租一号坐落本地村頭
土名大洋中載租穀柒拾伍觔正許撥是實
嘉慶玖年拾貳月　日立契曾孫瑞品
光緒壬寅廿八年十二月　慶謀倫贖
此契係是贖田者所為照一

6-2-37-11　清嘉慶九年十二月林瑞品立賣民田租契

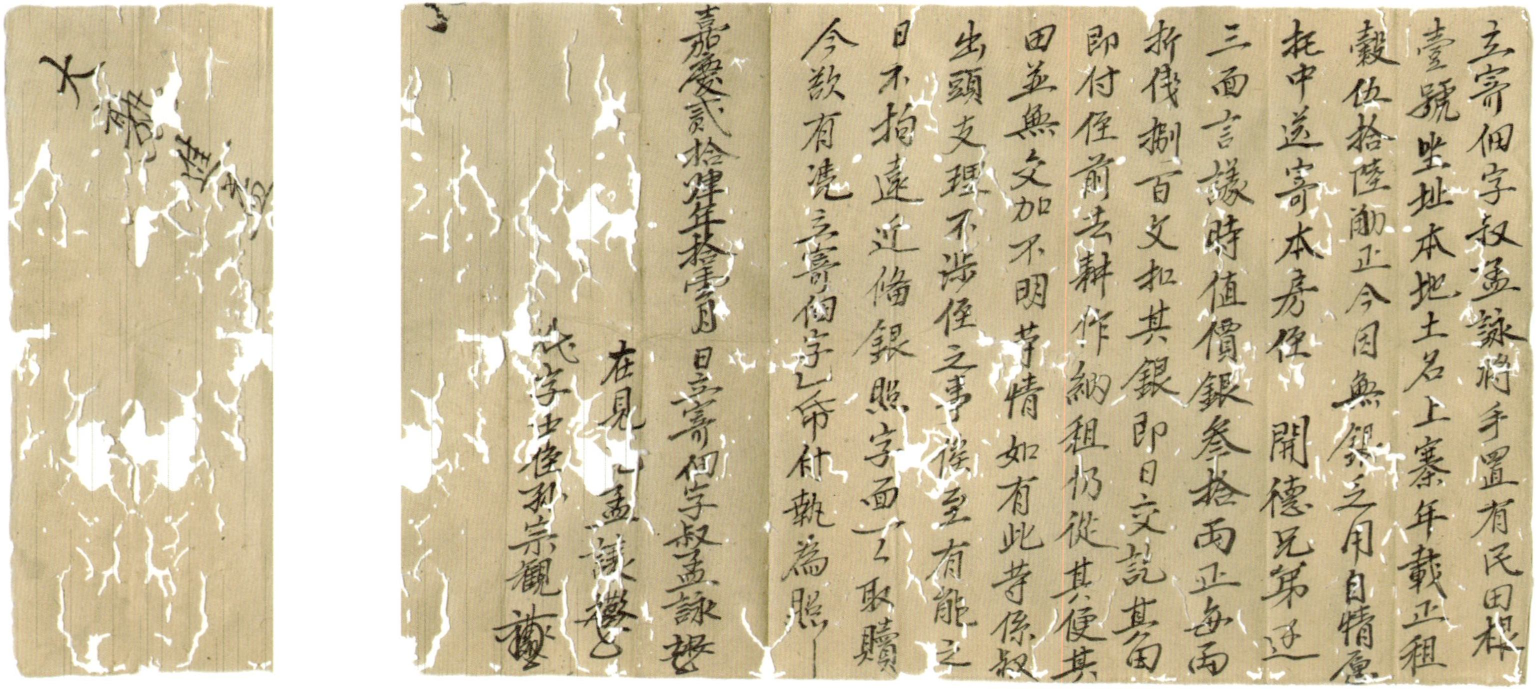

立寄佃字叔孟詠將手置有民田根
壹號坐址本地土名上寨年載正租
穀伍拾陸斛正今因無銀乏用自情愿
托中送寄本房侄　開德兄弟迭
三面言議時值價銀叁拾兩正每兩
折伐捌百文扣其銀即日交訖其田
即付侄前去耕作納租仍從其便其
田並無文加不明等情如有此等係叔
出頭支理不涉侄之事從至有能之
日不拘遠近備銀照字面一一取贖
今欲有憑立寄佃字一紙付執爲照
嘉慶貳拾肆年拾壹月　日立寄佃字叔孟詠（押）
在見　孟諒（押）
代字　侄孫宗觀（押）

6-2-37-12　清嘉慶二十四年十一月許孟詠立寄佃民田根字

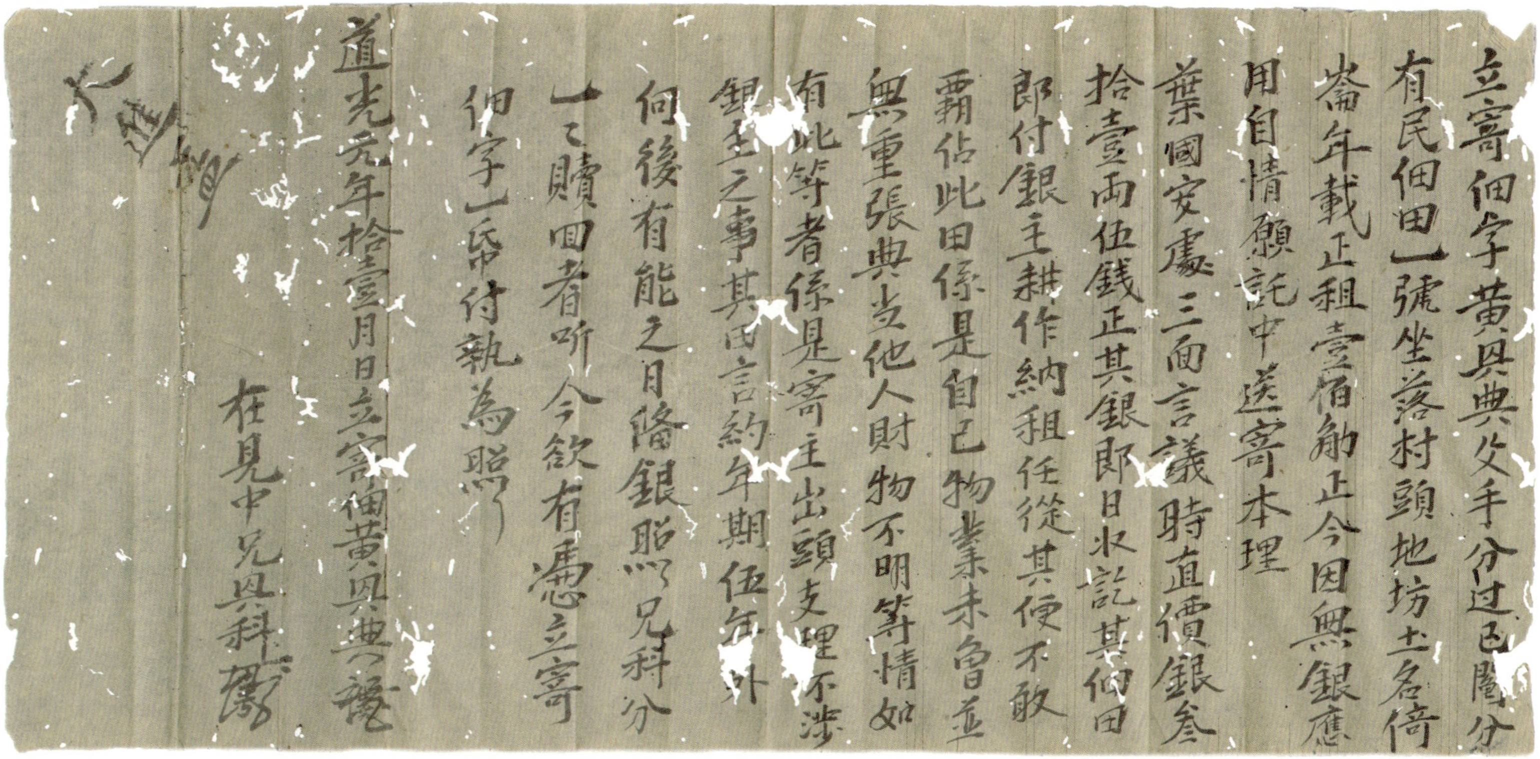
立寄佃字黄奀典父手分过已闔分
有民佃田一號坐落村頭地坊土名倚
崙年載正租壹佰觔正今因無銀應
用自情願託中送寄本理
葉國安處三面言議時直價銀叁
拾壹両伍錢正其銀即日收訖其佃田
即付銀主耕作納租任從其便不敢
霸佔此田係是自己物業未曾並
無重張典当他人財物不明等情如
有此等者係是寄主出頭支理不涉
銀主之事其田言約年期伍年外
何後有能之日備銀贖回兄科分
一己贖回者听今欲有憑立寄
佃字一帋付執為照
道光元年拾壹月日立寄佃黄奀典（押）
在見中兄奀科（押）

6-2-37-13　清道光元年十一月黄奀典立寄民佃田字

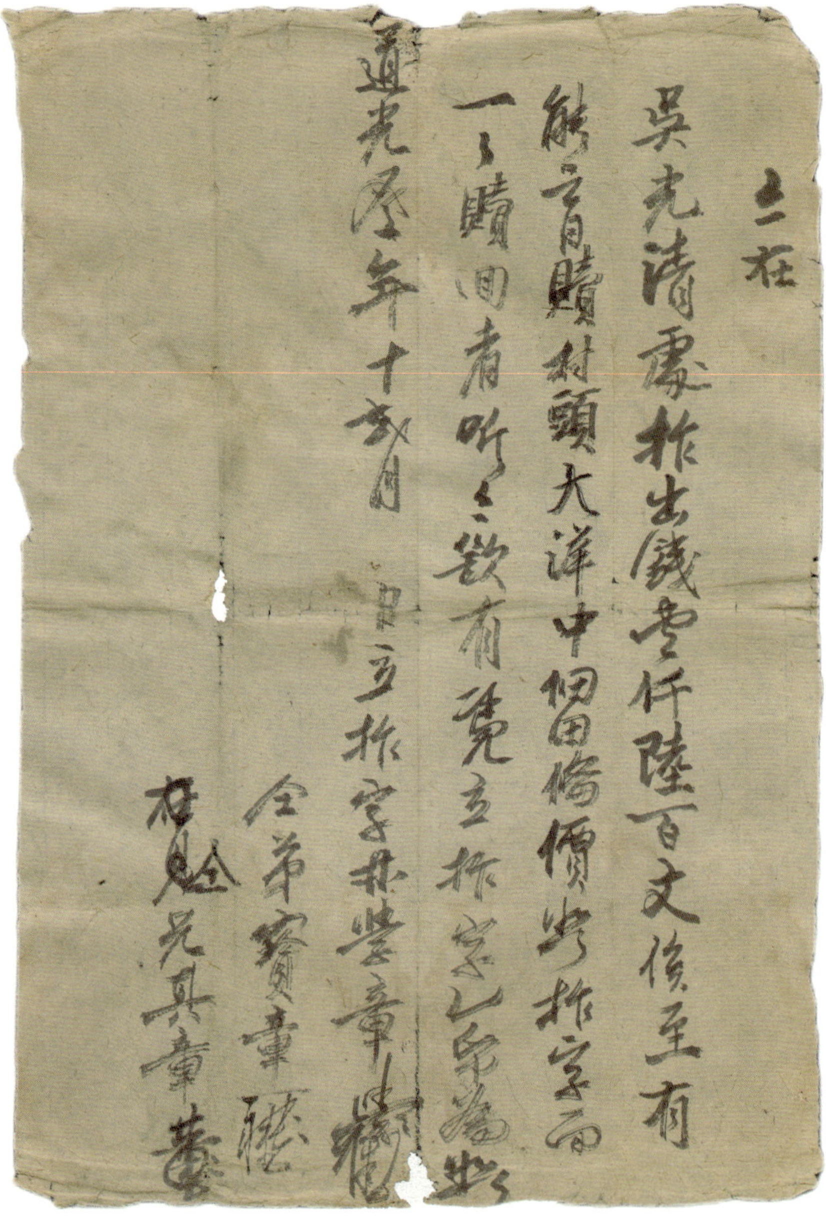

立撮字吳光清處撮出錢壹仟陸百文，係至有
能之日贖村頭大洋中個田倫價此撮字而
一一贖回，有所之欵有憑，立撮字以為照
道光叁年十二月　日立撮字林學章（押）
全弟寳章（押）
在見全兄其章（押）

6-2-37-14　清道光三年十二月林學章等立撮字

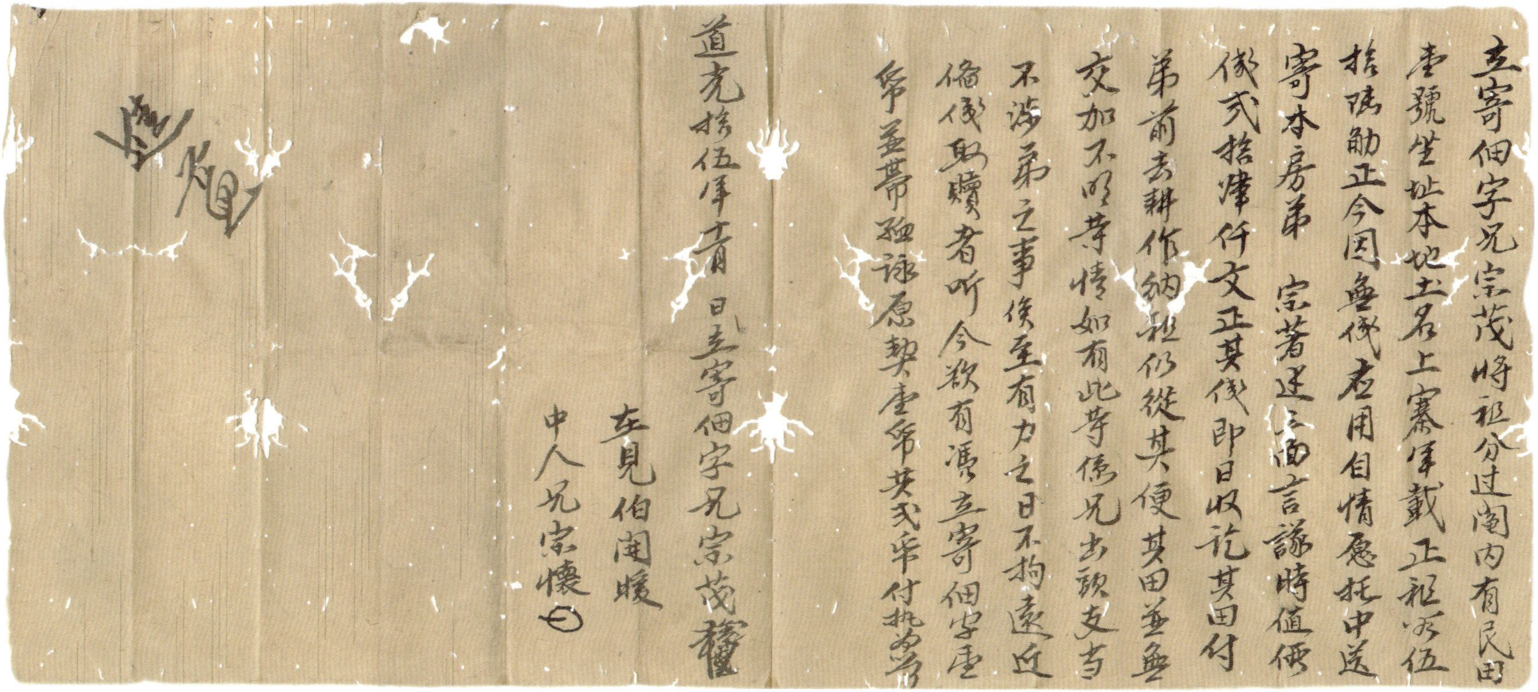

立寄佃字兄宗茂時祖分过阄内有民田
壹號坐址本地土名上寨垟載正租弍伍
拾陆觔正今因無錢應用自情愿托中送
寄本房弟　宗著边三面言議時值價
錢弍拾肆仟文正其錢即日收訖其田付
弟前去耕作納租仍從其便其田並無
交加不明等情如有此等係兄出頭支當
不涉弟之事侯至有力之日不拘遠近
備錢取贖者听今欲有憑立寄佃字壹
帋並帶[illegible]契壹帋共弍帋付执为照

道光拾伍年十一月　日立寄佃字兄宗茂（押）
在見伯闽暖
中人兄宗懷（押）

[illegible]

6-2-37-15　清道光十五年十一月許宗茂立寄佃民田字

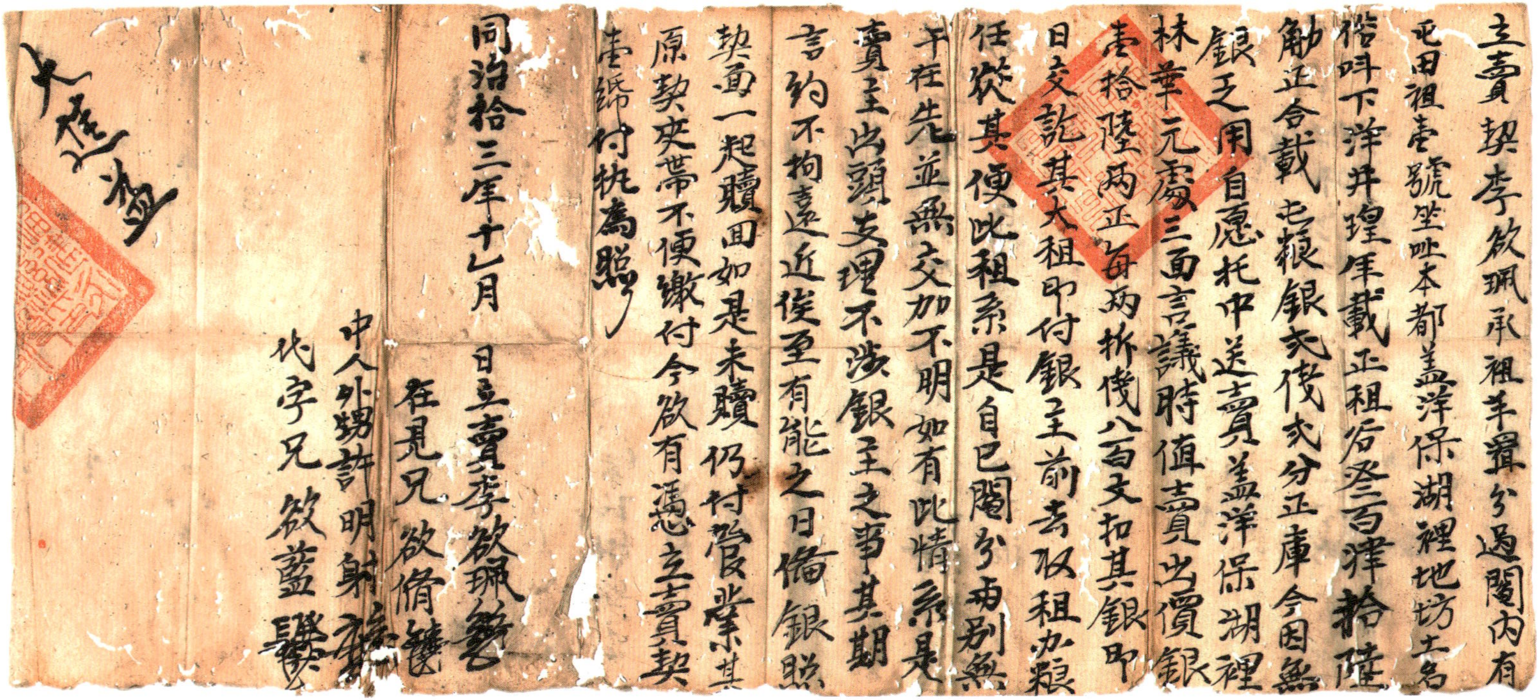

6-2-37-16　清同治十三年十一月李欲珮立賣屯田租契（紅契）

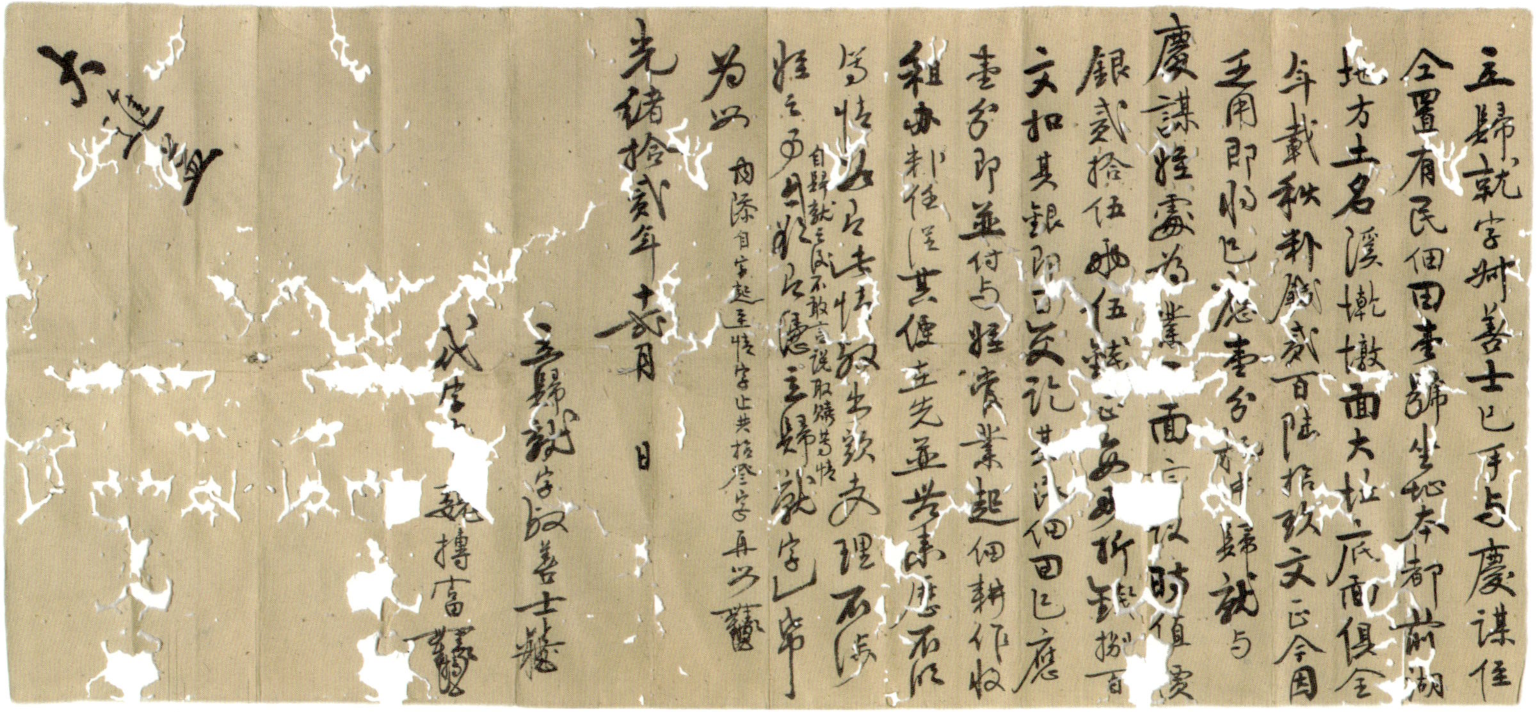

立歸就字叔善士，已手與慶谋侄
仝置有民佃田壹號，坐址本都前湖
地方，土名溪墘墩，面大扯，底面俱仝
年載秋利谷貳百陸拾玖文，正全用
壬甪即內己應壹分盡行歸就與
慶谋侄處為業，面言時值價
銀貳拾伍兩伍錢正，每兩折錢捌百
文，扣其銀即日交訖，其民佃田己應
壹分即並付與侄掌業，起佃耕作收
租，毋得刁難，任從其便。在先並無重張不明
等情，如有此情，出頭支理，不涉
自歸就之后，不敢言說取贖等情
侄之事。此係兩愿，立歸就字一紙，付
為照。
內添自字起至情字止共拾叁字再照（押）
光緒拾貳年十貳月　日
立歸就字叔善士（押）
代字魏搏富（押）

6-2-37-17　清光緒十二年十二月林善士立歸就民佃田字

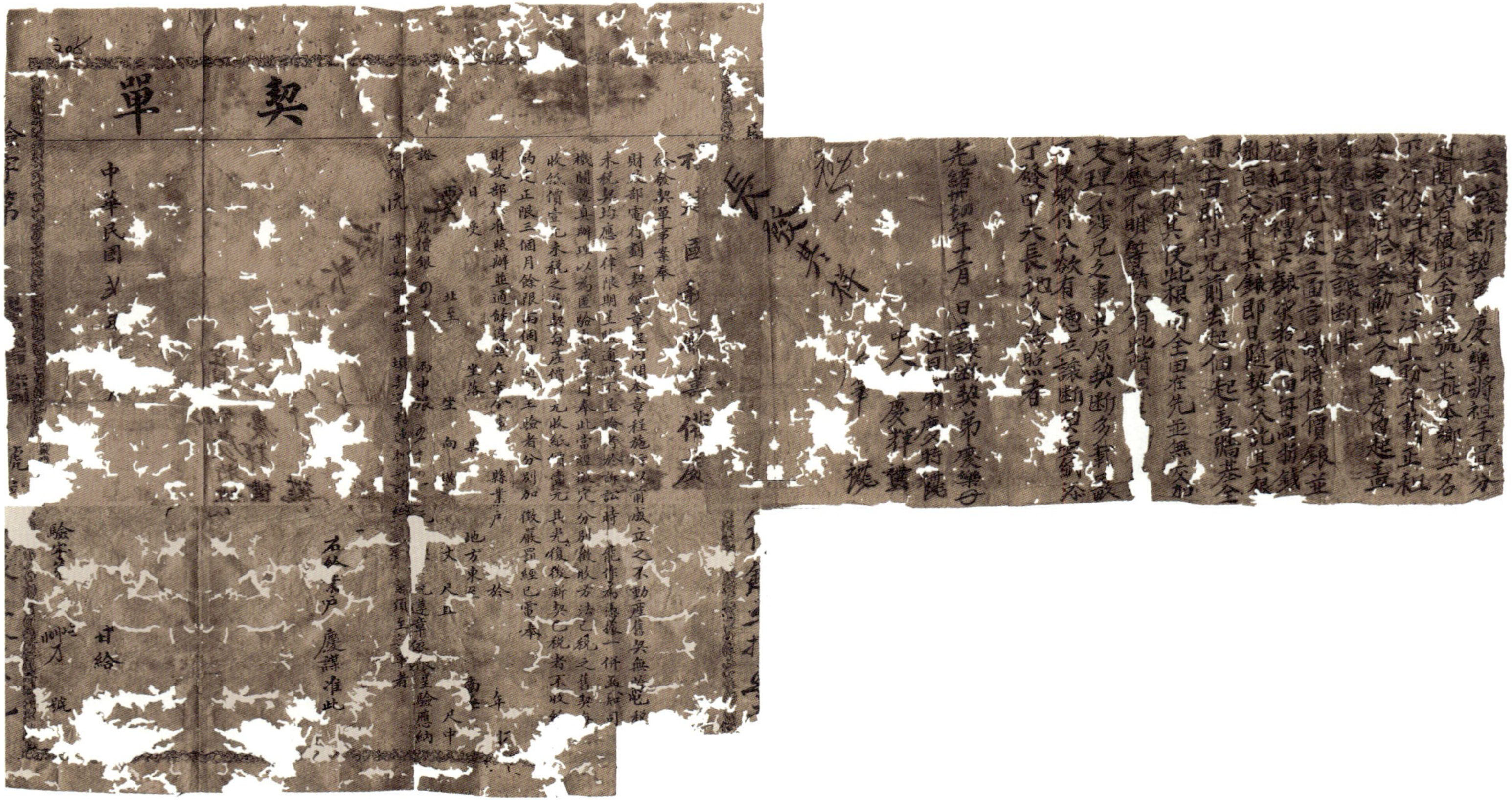

6-2-37-18　清光緒三十四年十二月林慶樂立讓斷根面全田契（紅契）

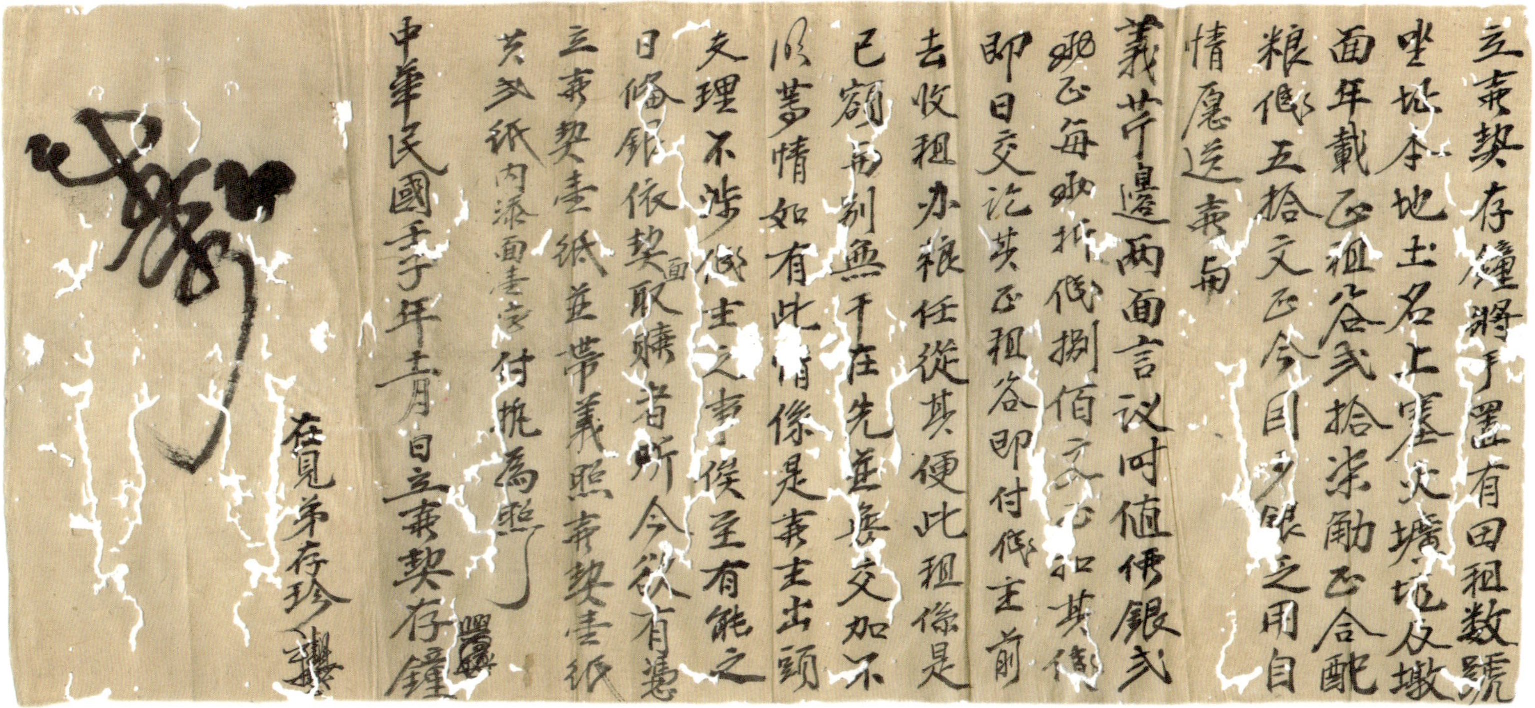
立賣契存鐘將手置有田租数號
坐址本地土名上墓尖壙坵及墩
面年載正租谷貳拾柒觔正合配
粮總五拾文正今因乏銀之用自
情愿送賣与
義芋邊兩面言議时值價銀弍
兩正每兩折錢捌佰文正加其價
即日交訖其正租谷即付錢主前
去收租办粮任從其便此租係是
己額所別無干在先並無交加不
明萬情如有此情係是賣主出頭
支理不涉錢主之事侯至有能之
日備銀依契面取贖苗所今欲有憑
立賣契壹紙並帶義照賣契壹紙
共弍紙內添面壹字付執為照
中華民國壬子年十一月　日立賣契存鐘
在見弟存珍

6-2-37-19　民國元年十一月許存鐘立賣田租契

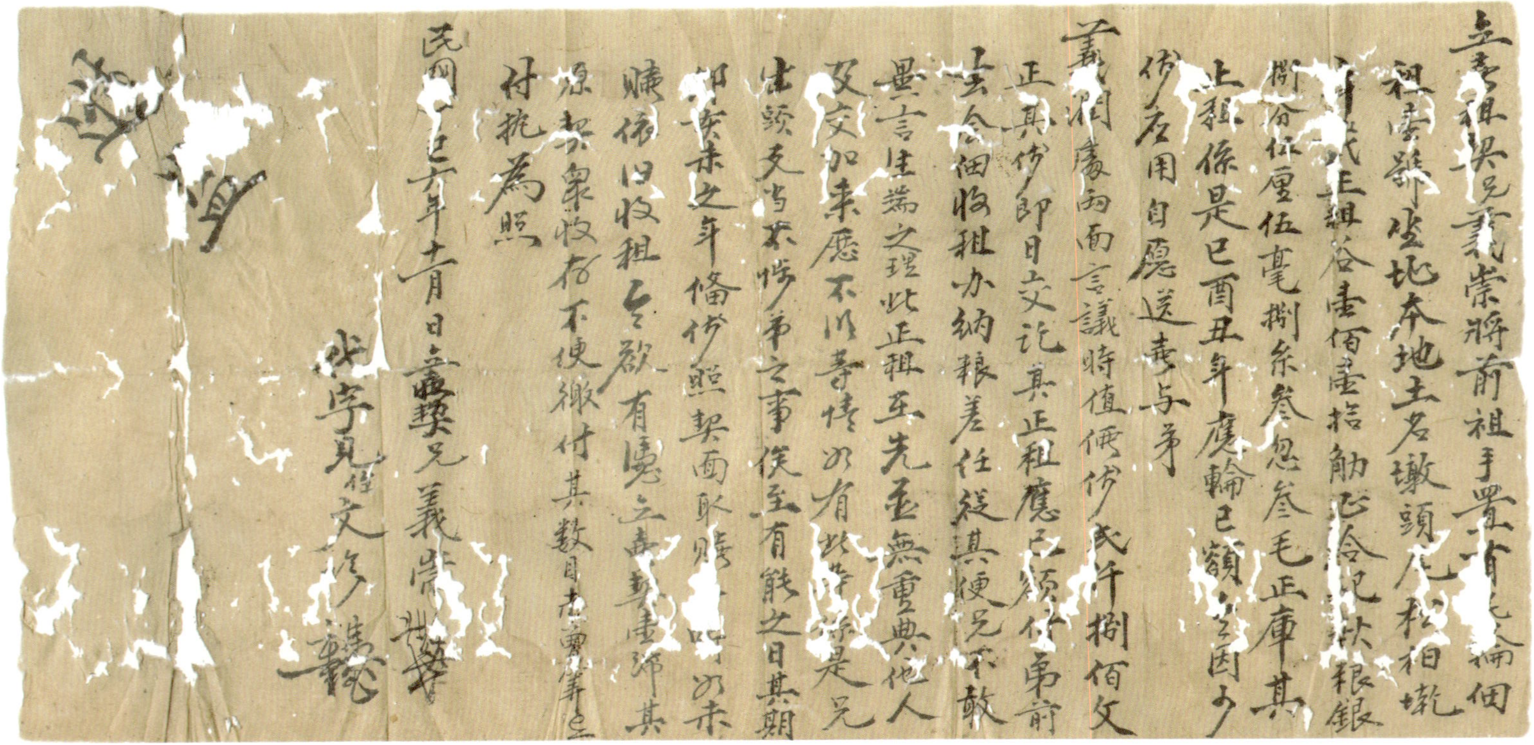

立賣根契兄許義崇將前祖手置有民輪佃
祖壹號坐址本地土名墩頭尾松柏坑
[illegible]民正租谷壹佰壹拾觔正合配秋粮銀
捌分伍厘伍毫捌系叁忽叁毛正庫其
上租係是巳酉丑年度輪已額兹因少
[illegible]應用自愿送與弟
義[illegible]處兩面言議時值價[illegible]民千捌佰文
正其價即日交訖其正租應已[illegible]付弟前
去令佃收租办納粮差任從其便兄不敢
異言生端之理此正租系先盡無重典他人
叉交加來歷不明等情如有此等係是兄
出頭支當不涉弟之事從至有能之日其額
[illegible]來之年備價照契兩取贖[illegible]如未
贖依旧收租乞欲有憑立賣契壹紙其
原契泉收存不便繳付其數目未寫[illegible]
付執為照
民國六年十一月日立賣契兄義崇[illegible]
代字見侄文修[illegible]

6-2-37-20　民國六年十一月許義崇立賣民輪佃租契

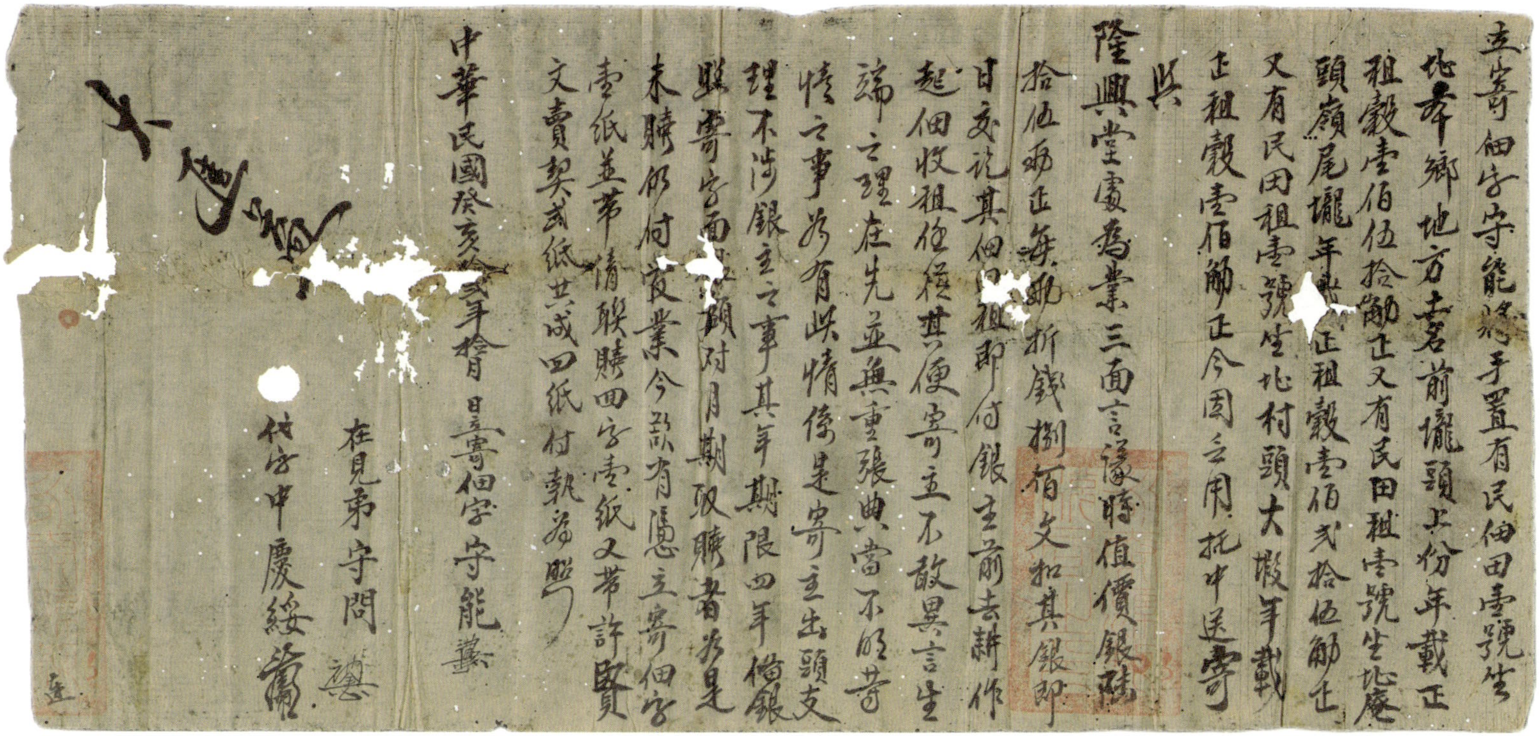

立寄佃字守能將手置有民佃田壹號，坐
地本鄉地方土名前壠頭上份，年載正
租穀壹佰伍拾觔正；又有民田租壹號，坐地庵
頭嶺尾壠，年載正租穀壹佰貳拾伍觔正；
又有民田租壹號，坐地村頭大墩，年載
正租穀壹佰觔正。今因乏用，托中送寄
與
隆興堂處爲業，三面言議，時值價銀
拾伍兩正，每兩折錢捌佰文扣，其銀即
日交訖，其佃田租即付銀主前去耕作、
起佃收租，任從其便，寄主不敢異言生
端之理。在先並無重張典當不明等
情之事，如有此情，係是寄主出頭支
理，不涉銀主之事。其年期限四年備銀
贖寄字，面約頭對月期取贖者，如是
未贖，仍付管業。今欲有憑，立寄佃字
壹紙，並帶清賬贖田字壹紙，又帶許賢
文賣契貳紙，共成四紙，付執爲照。
中華民國癸亥年拾月　日立寄佃字　守能（押）
在見弟　守問（押）
代字中　慶綏（押）

6-2-37-21　民國十二年十月林守能立寄民佃田等字（紅契）

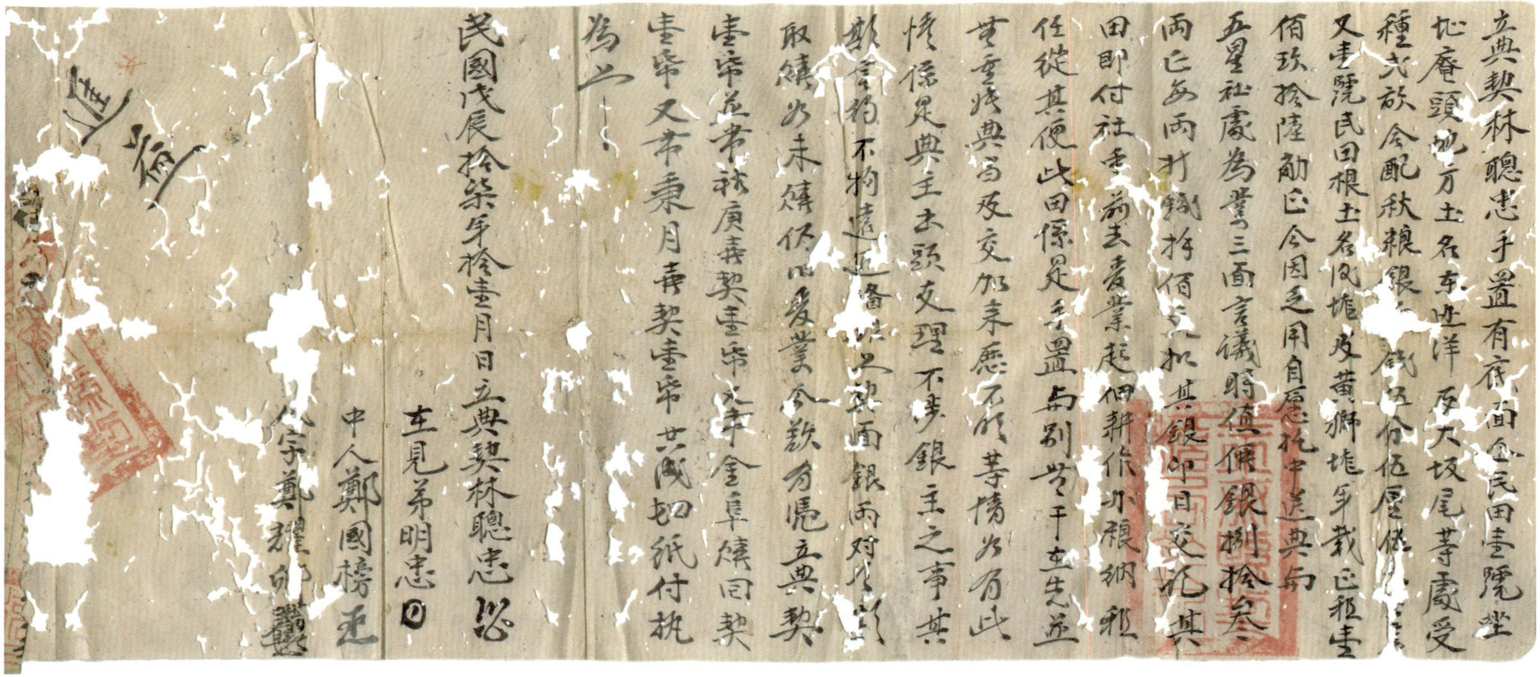

6-2-37-22　民國十七年十一月林聰忠立典底面全民田等契（紅契）

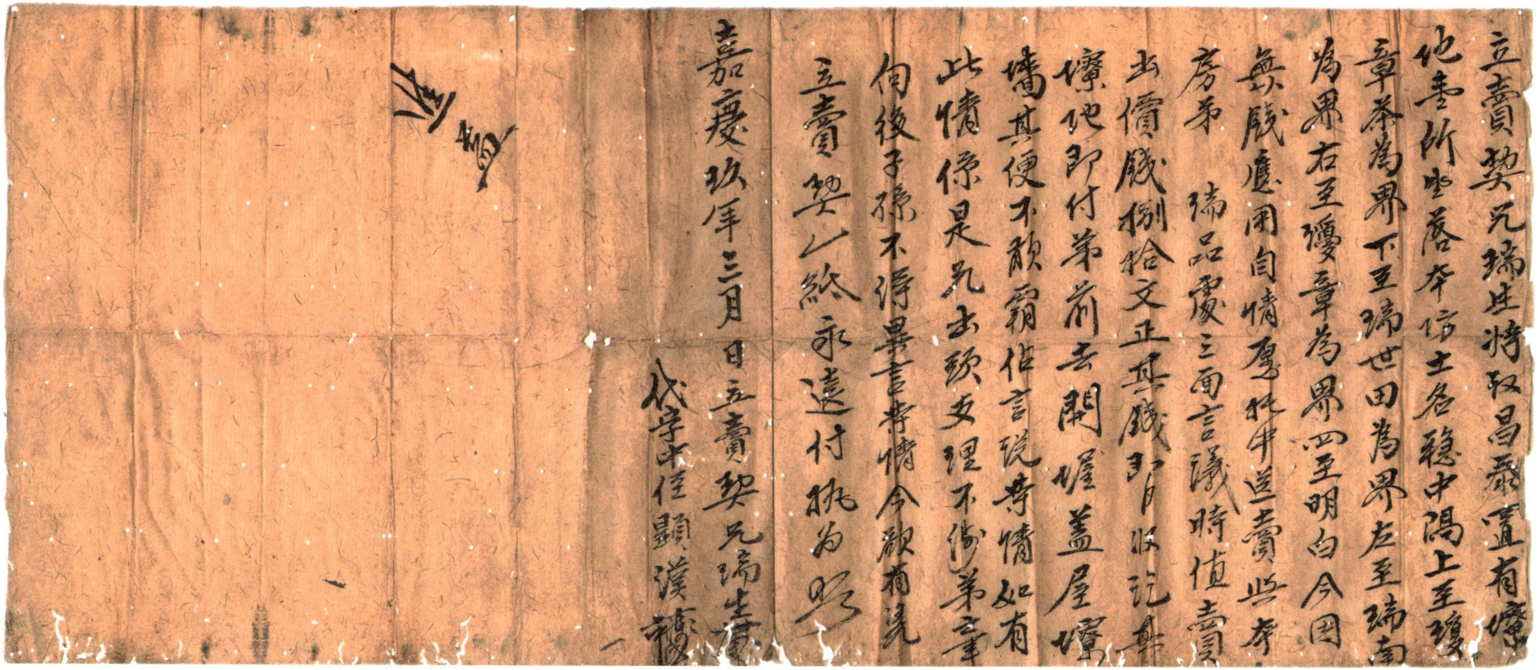

立賣契兄瑞生，將父昌泰遺有㙓
地壹所，坐落本坊土名穩中，陽上至璦
章茶為界，下至瑞世田為界，左至瑞南
為界，右至璦章為界，四至明白。今因
無錢應用，自情愿托中送賣與本
房弟　瑞品處，三面言議，時值賣
出價錢捌拾文正，其錢即日收訖。其
㙓地即付弟前去開㙓蓋屋，㙓
墻其便，不敢霸佔。言說事情，如有
此情，係是兄出頭支理，不干弟事。
向後子孫不得異言事情。今欲有憑，
立賣契一紙，永遠付執為照。
嘉慶玖年三月　日立賣契兄瑞生（押）
代字中侄顯漢（押）

6-2-38-1　清嘉慶九年三月林瑞生立賣㙓地契

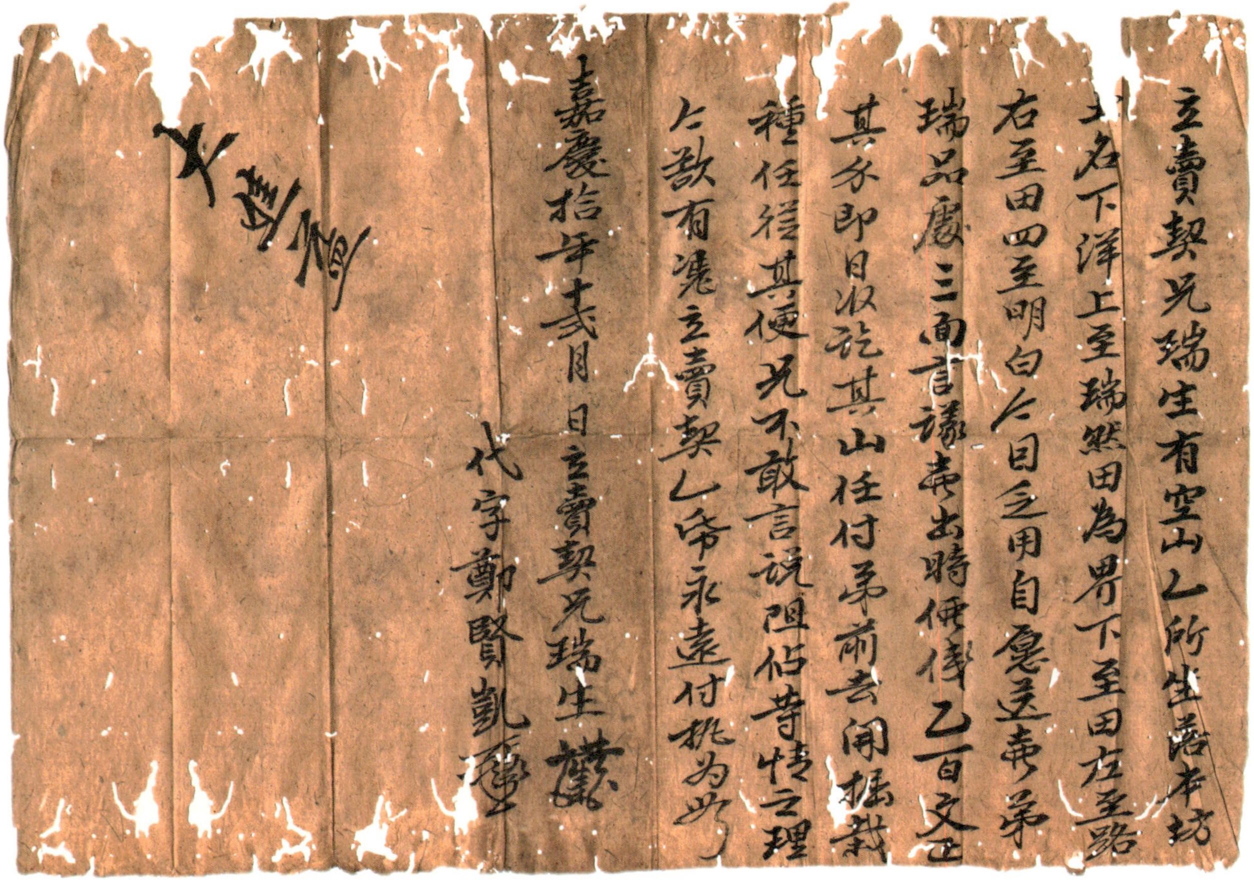
立賣契兄瑞生有空山乙所坐落本坊
土名下洋上至瑞然田為界下至田左至路
右至田四至明白今因乏用自愿送與弟
瑞品處三面言議賣出時價錢乙百文正
其錢即日收訖其山任付弟前去開掘栽
種任從其便兄不敢言說阻佔等情之理
今欲有憑立賣契乙帋永遠付執為照
嘉慶拾年十弍月　日立賣契兄瑞生（押）
代字鄭賢凱（押）
大吉[illegible]

6-2-38-2　清嘉慶十年十二月林瑞生立賣空山契

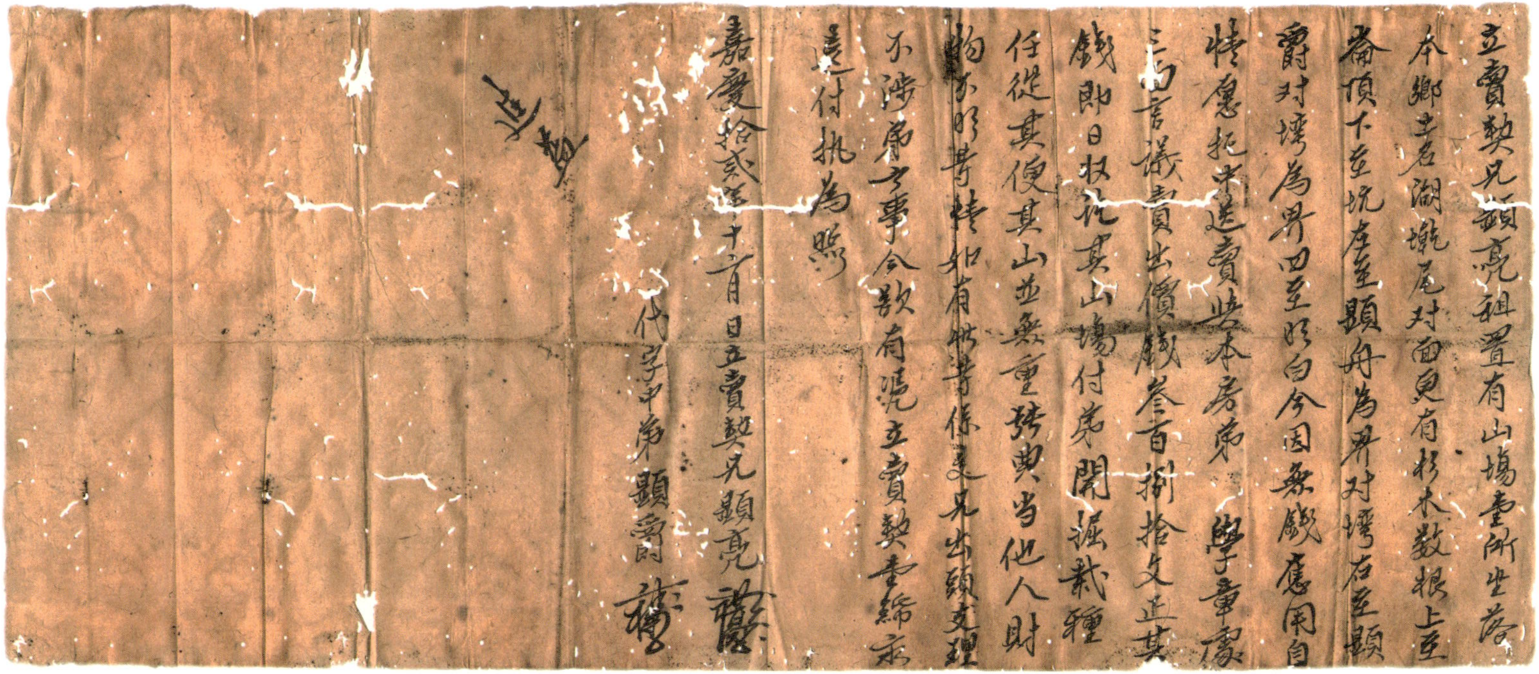

立賣契兄顕亮祖置有山場壹所坐落
本鄉土名湖蜆尾对面見有杉木数根上至
崙頂下至坑左至顕舟為界右至顕
爵对墇為界四至明白今因無錢應用自
情愿托中送賣與本房弟 學章家
三面言議賣出價錢叁百捌拾文正其
錢即日收訖其山場付弟開掘栽種
任從其便其山並無重張典当他人財
物亦明其情如有此等係兄出頭支理
不涉弟之事今欲有憑立賣契壹紙永
遠付執為照

嘉慶拾贰年十二月　日立賣契兄顕亮（押）
代筆中弟顕爵（押）

6-2-38-3　清嘉慶十二年十二月林顕亮立賣山場契

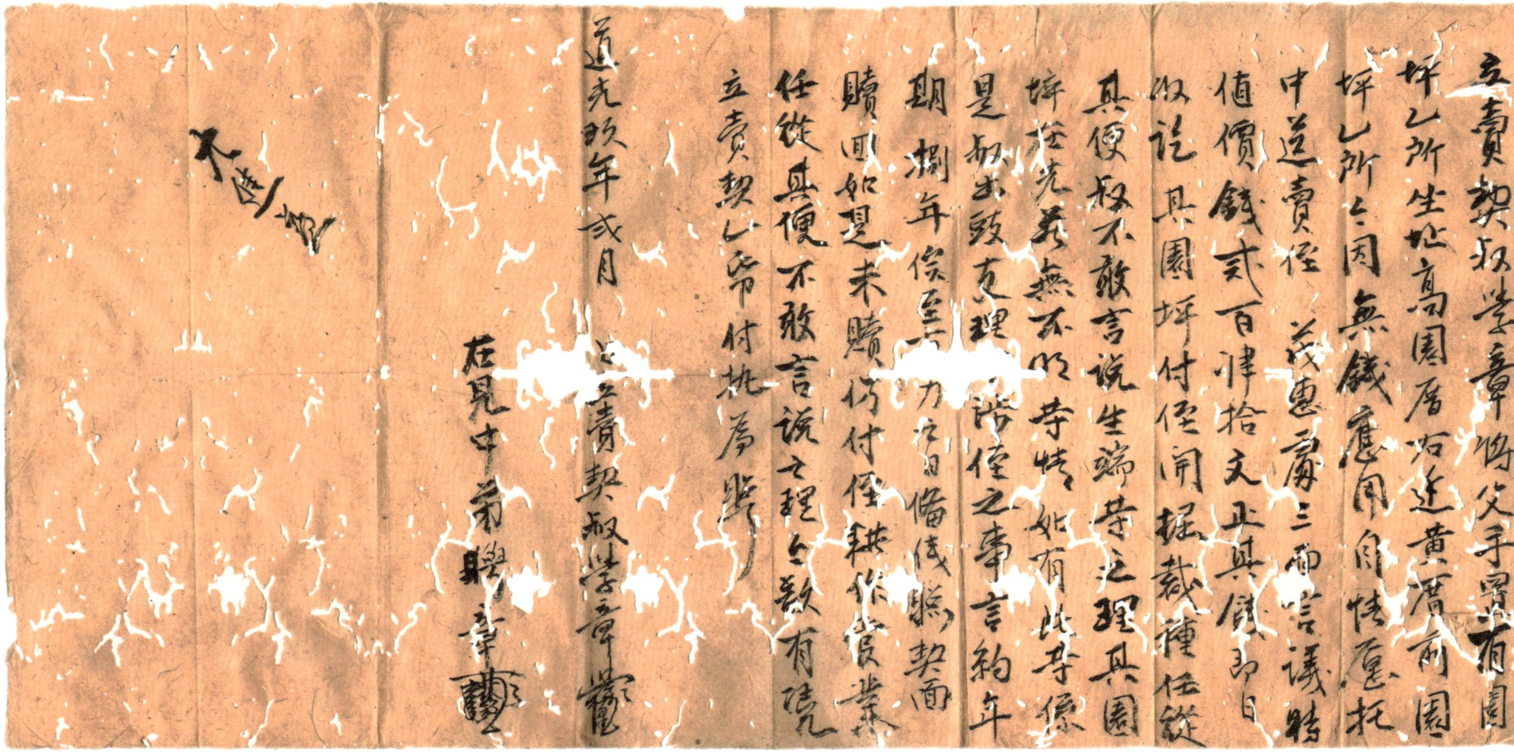

6-2-38-4　清道光九年二月林學章立賣園坪契

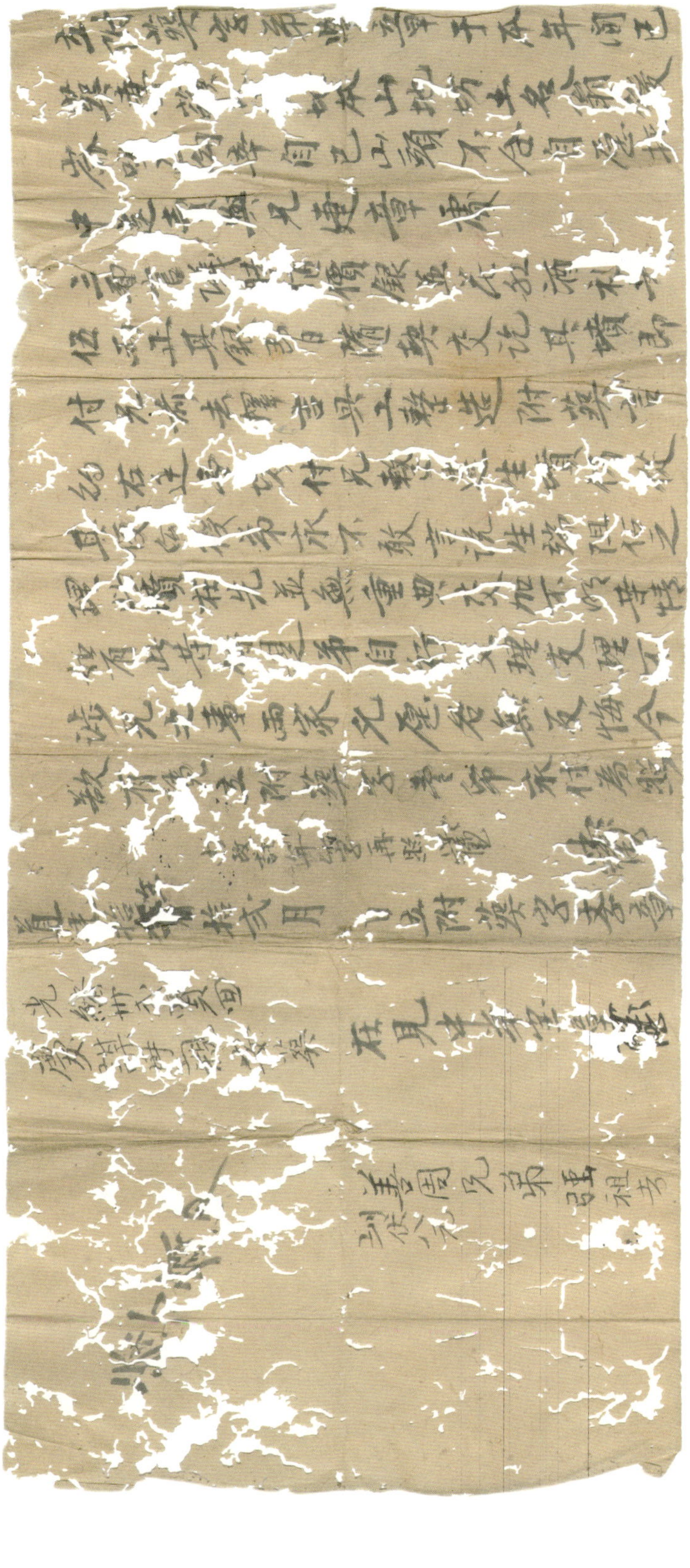

6-2-38-5 清道光十年十二月林學章立附葬字

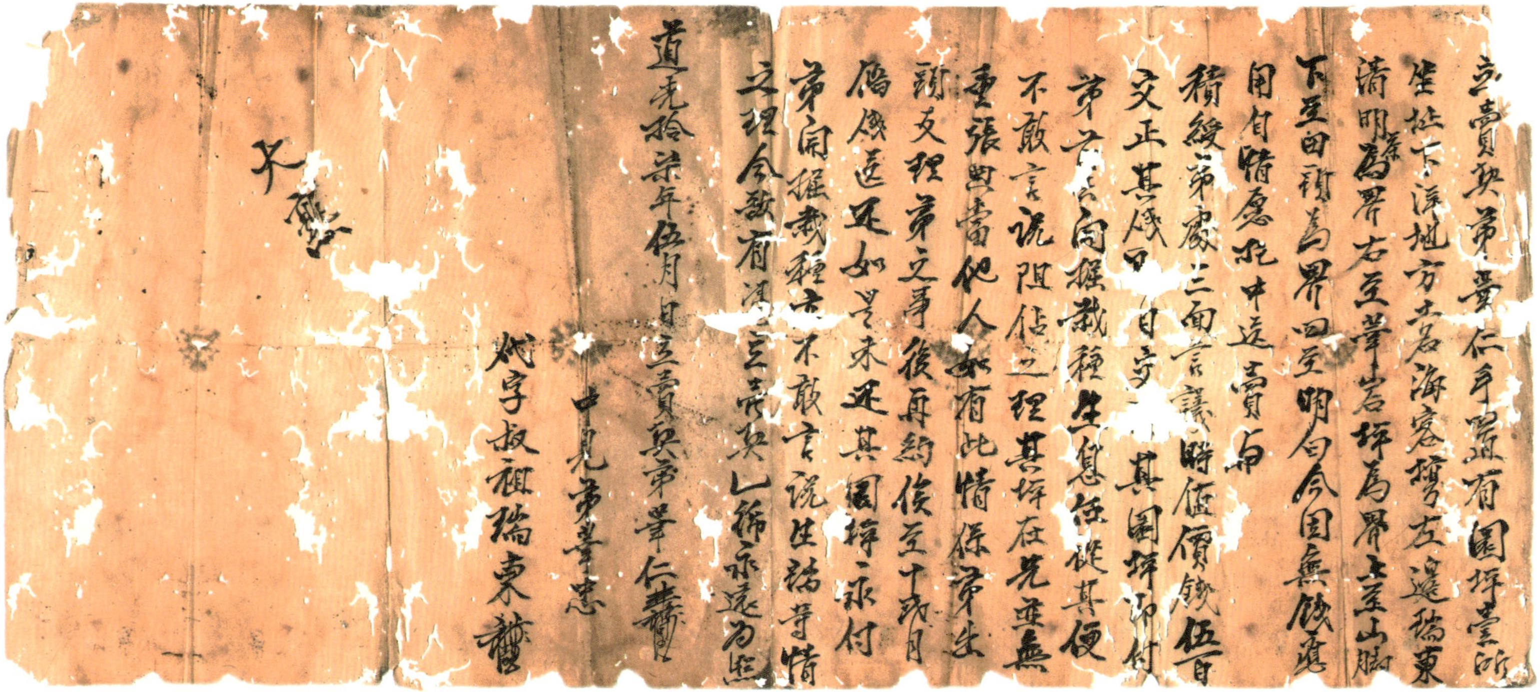
立賣契弟華仁手置有園坪壹所
坐址下濱地方土名海窟塆左邊瑞東
清明為界右至華岩坪為界上至山腳
下至田頭為界四至明白今因無錢應
用自情愿托中送賣與
積緩弟處三面言議時值價錢伍百
文正其錢即日交訖　其園坪即付
弟之前去掘栽種生息任從其便
不敢言說阻佔之理其坪在先並無
重張典當他人亦有此情係弟出
頭支理弟之事後再約俟立十載日
備價送還如是未還其園坪永付
弟開掘栽種亦不敢言說生諸等情
之理今欲有憑立賣契一紙永遠為照
道光拾柒年伍月　日立賣契弟華仁
中見弟華忠
代字叔祖瑞東
大發

6-2-38-6　清道光十七年五月林華仁立賣園坪契

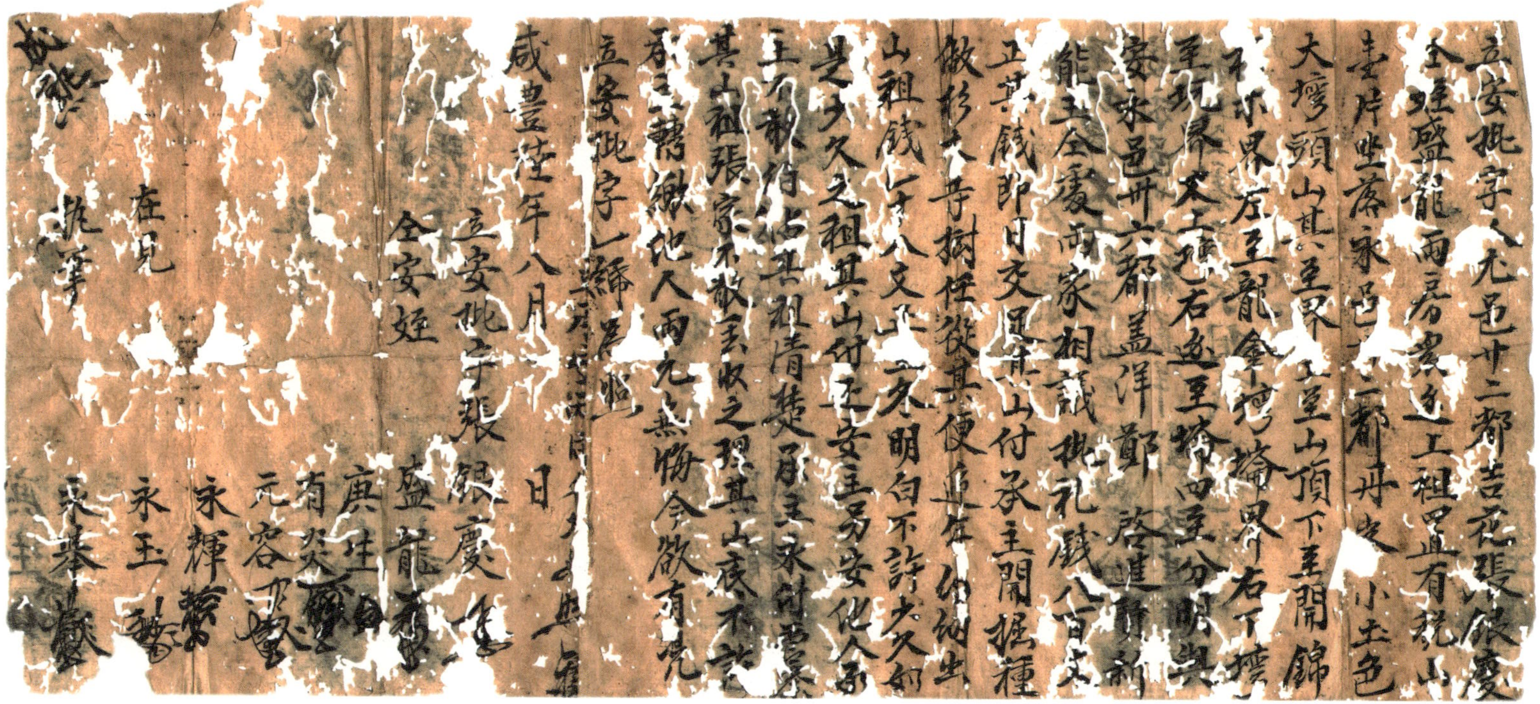

6-2-38-7　清咸豐六年八月尤溪張銀慶等立安批稅山字

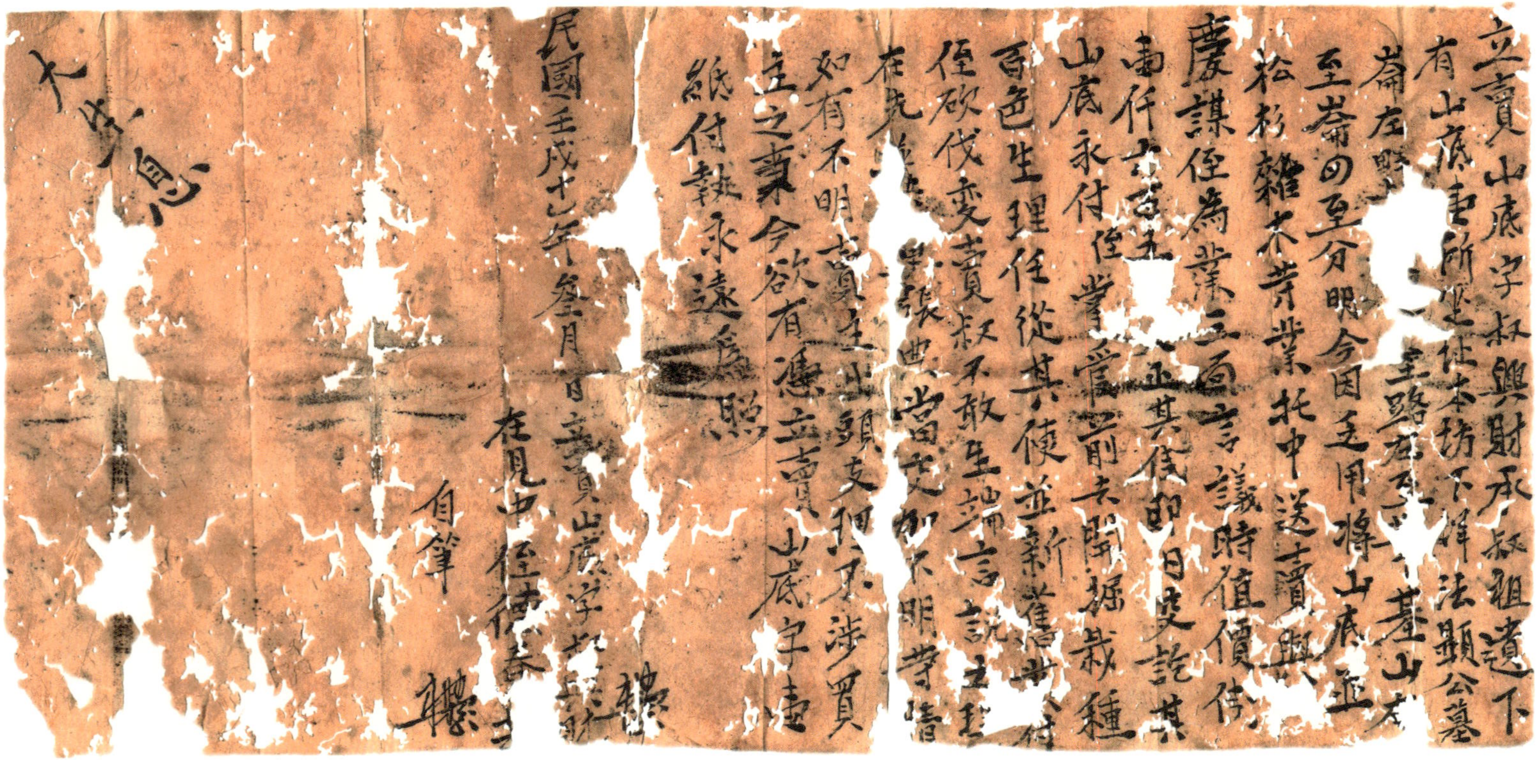

6-2-38-8　民國十一年三月林興財立賣山底字

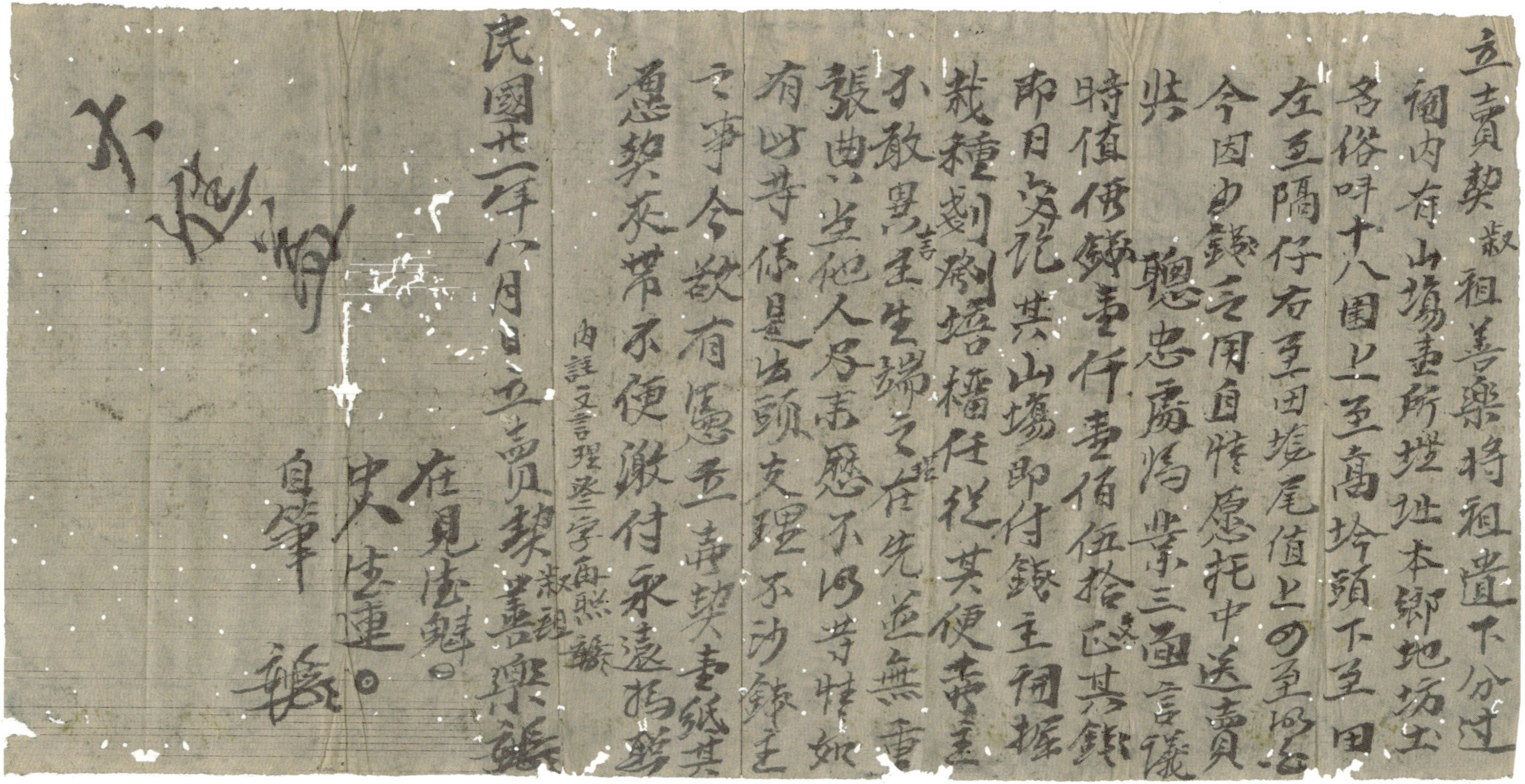

立賣契叔祖善樂將祖遺下分过
衕內有山場壹所坐址本鄉地坊土
名俗呼十八圍上至高坽頭下至田
左至隔仔右至田塍尾值上四至明白
今因乏錢応用自情愿托中送賣
與　聽忠處為業三面言議
時值價錢壹仟壹佰伍拾[illegible]正其錢
即日交訖其山場即付錢主前去掘
栽種劉樹培播任從其便[illegible]
不敢異言生端之[illegible]在先並無重
張典當他人屋無不明等情如
有此等係是出頭支理不涉錢主
之事今欲有憑立賣契壹紙其
憑契交帶不便繳付永遠為照
內註文言理叁字再照
民國廿一年八月日立賣契叔祖善樂
在見[illegible]鮮
代[illegible]連
自筆

6-2-38-9　民國二十一年八月林善樂立賣山場契

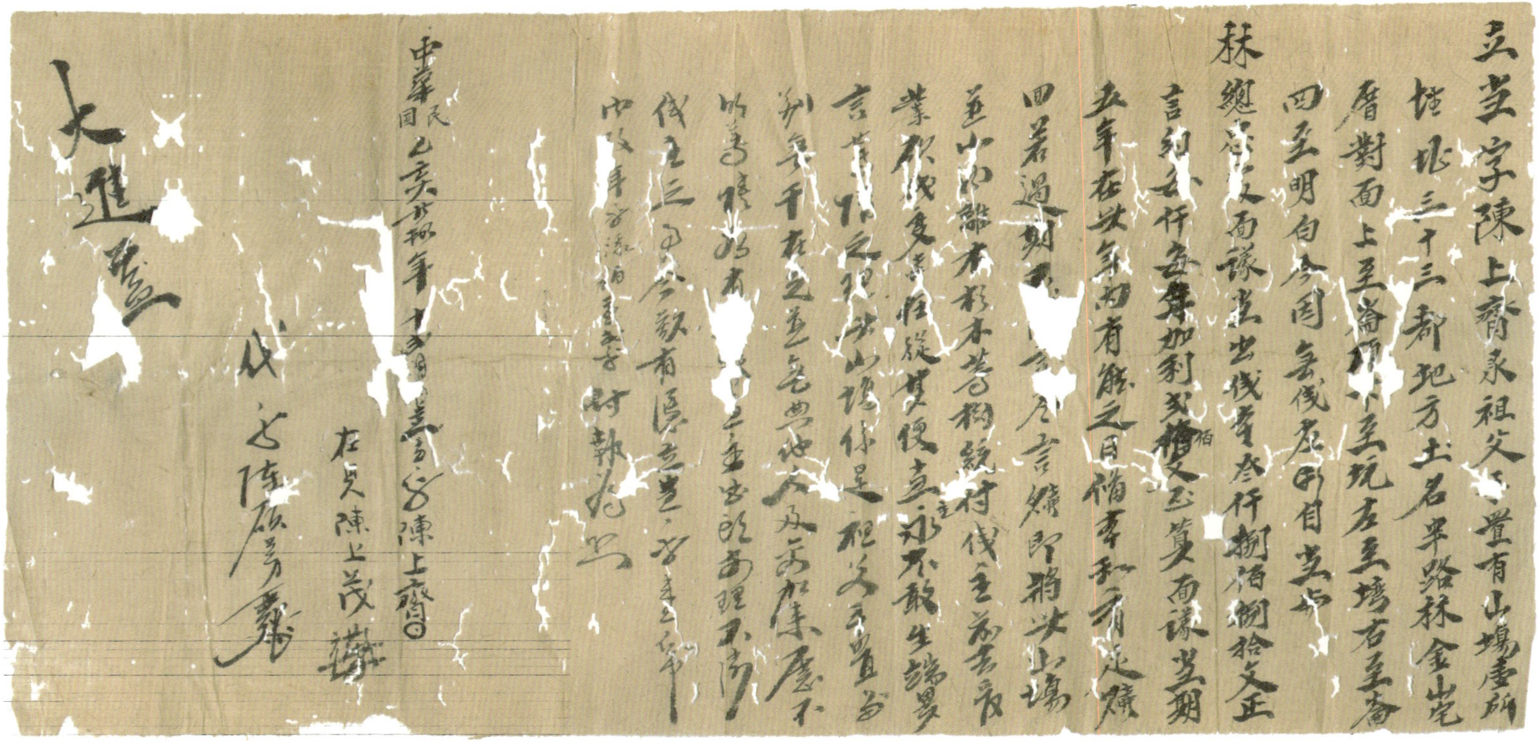

6-2-38-10　民國二十四年十二月陳上齊立當山場等字

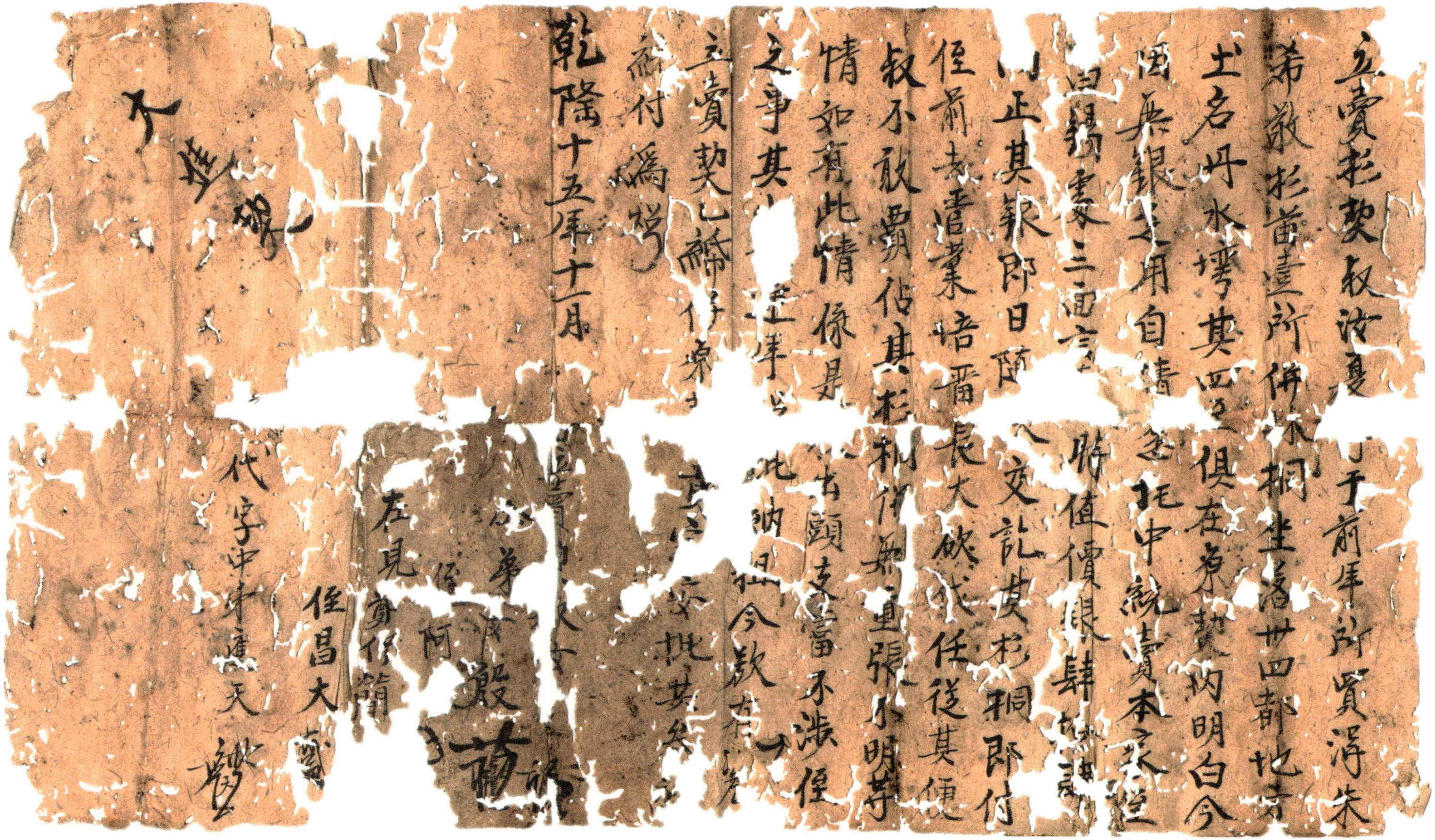
立賣杉契叔汝夏，于前年所買得朱
弟敬杉苗壹所，併木桐，坐落廿四都地方，
土名丹水墘，其四至俱在原契內明白。今
因無銀應用，自情愿托中就賣本家侄
昌錫處，三面言議時值價銀肆[illegible]
正，其銀即日隨契交訖，其杉桐即付
侄前去管業培蓄，長大砍伐，任從其便，
叔不敢異說。其杉桐併無重張不明等
情，如有此情，係是叔支當，不涉侄
之事。其上手[illegible]此納[illegible]今欲有[illegible]
立賣契一紙付侄[illegible]
爲付爲照。
乾隆十五年十一月　日　立賣契叔　汝夏
在見　[illegible]　侄　阿[illegible]
侄昌大
代字　中[illegible]
大[illegible]

6-2-39-1　清乾隆十五年十一月林汝夏立賣杉苗等契

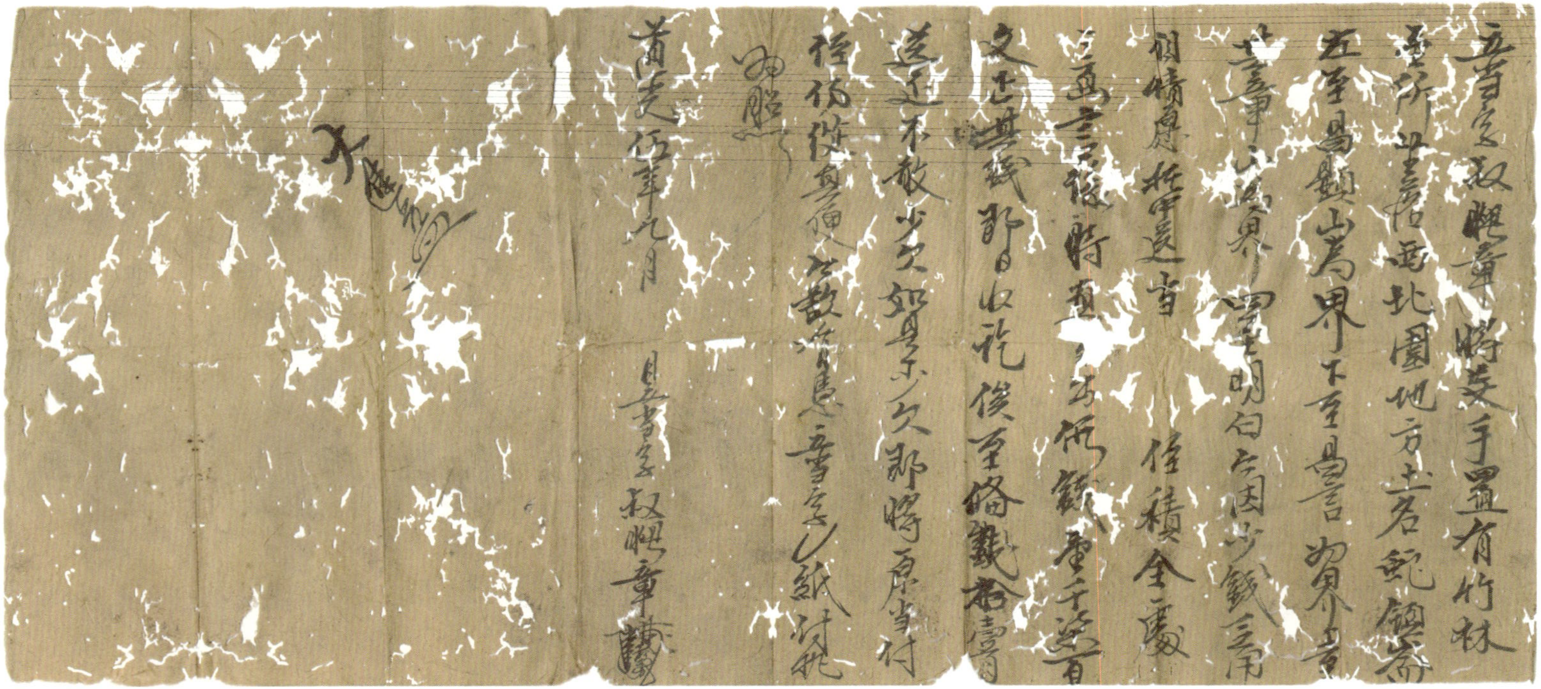

6-2-39-2　清道光五年九月林聘章立當竹林字

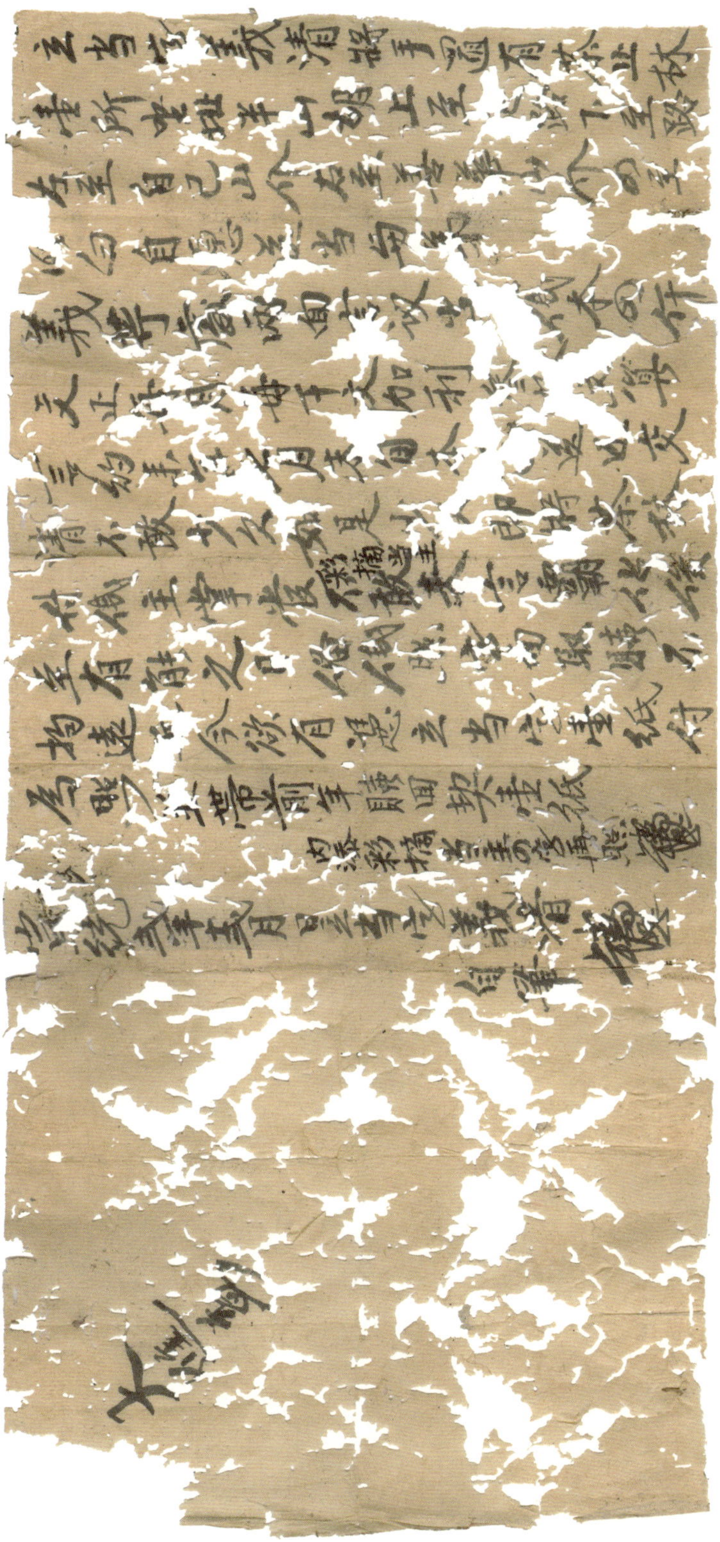

6-2-39-3　清宣統二年十二月許義清立賣茶林字

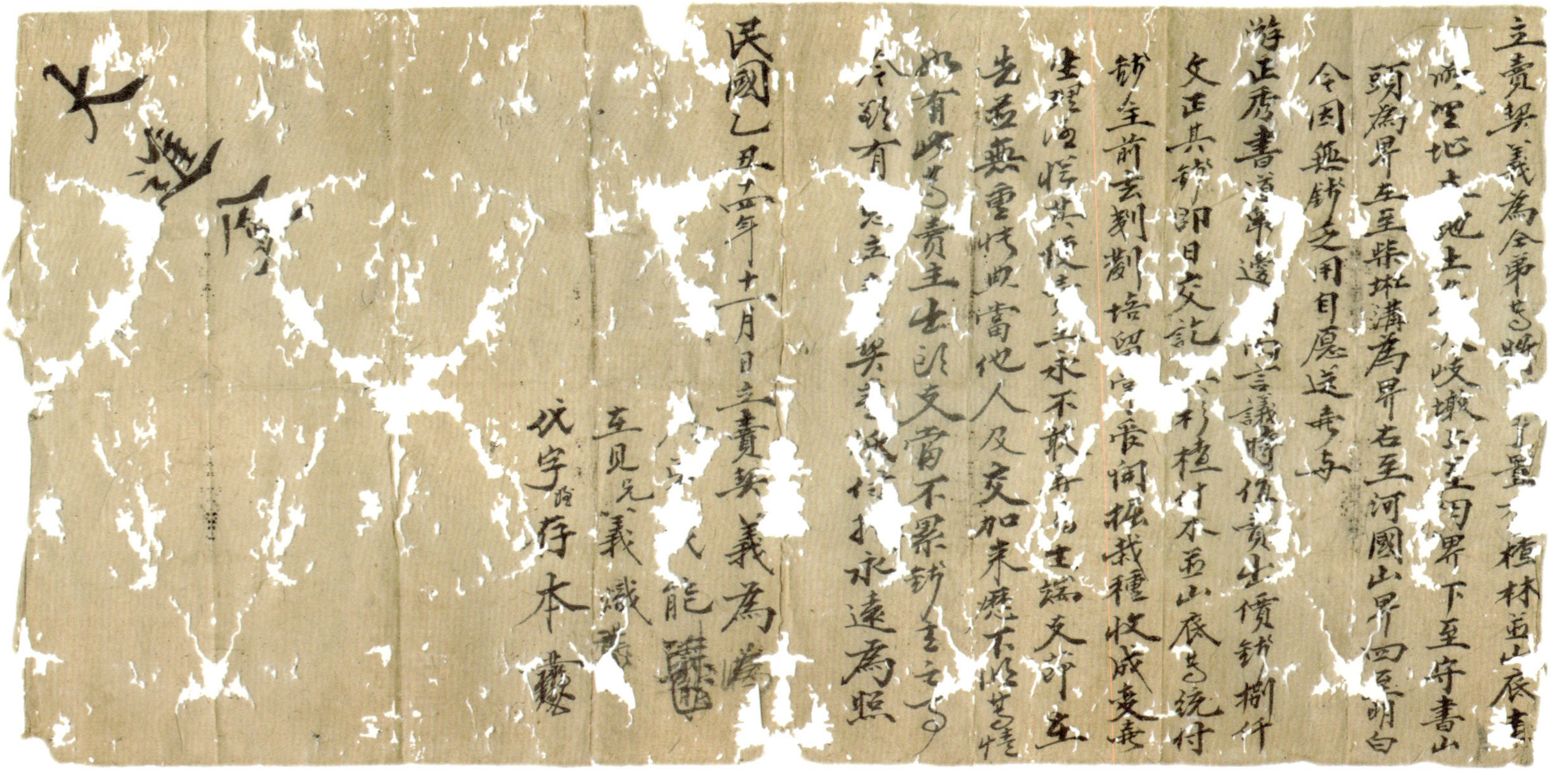

6-2-39-4　民國十四年十一月許義爲等立賣楂林等契

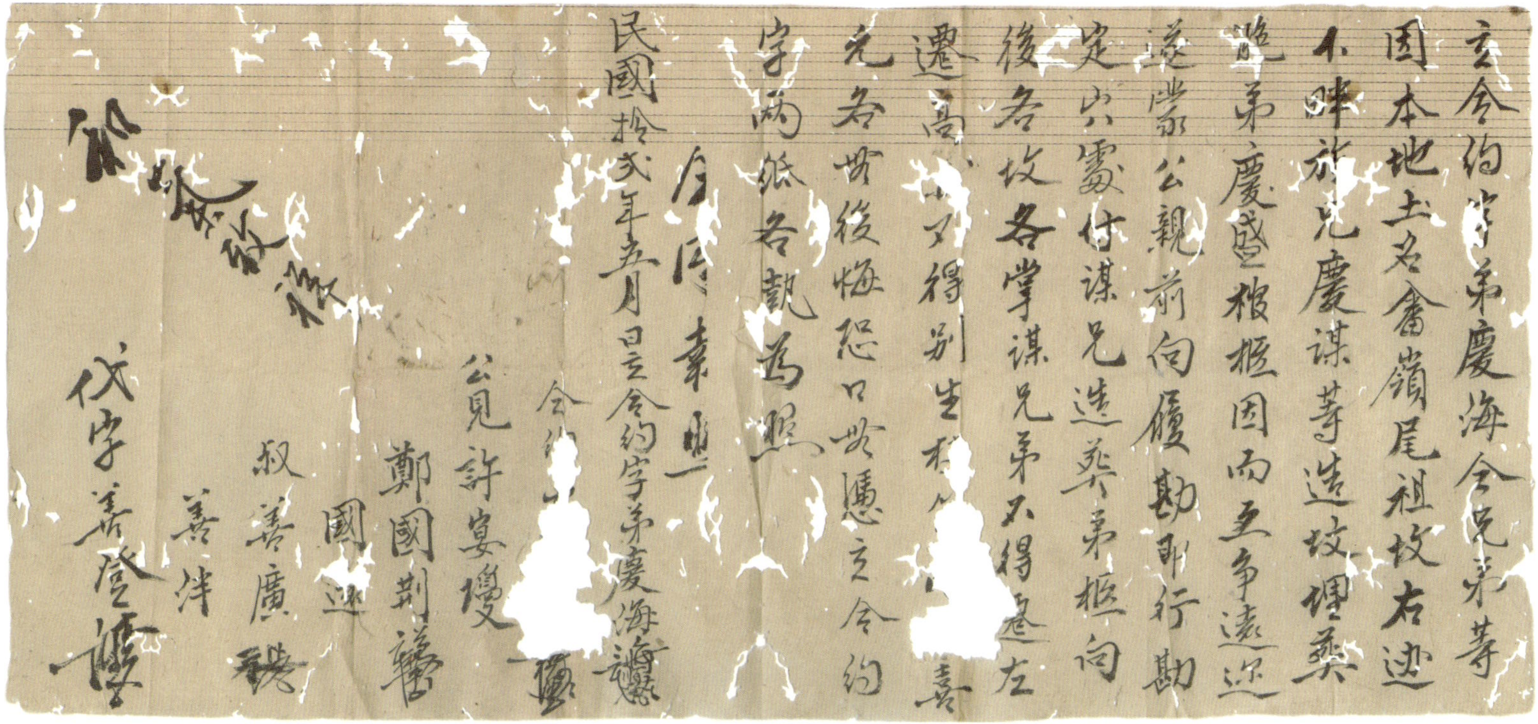
立合約字弟慶海仝兄弟等
因本地土名富嶺尾祖坟右边
小畔於兄慶謀等造坟埋葬
弟慶盛根柩因而互争遠近
邀凂公親前向復勸那行勸
定出處付謀兄造葬弟柩向
後各坟各掌謀兄弟不得越左
還高以只得别生枝[illegible]喜
兄各無後悔恐口無憑立合約
字兩紙各執為照
合同[illegible]
民國拾貳年五月　日立合約字弟慶海（押）
合約[illegible]
公見許宴鑾
鄭國荆（押）
國迎
叔善廣（押）
善泮
代字善[illegible]（押）

6-2-40-1　民國十二年五月林慶海等立合約字

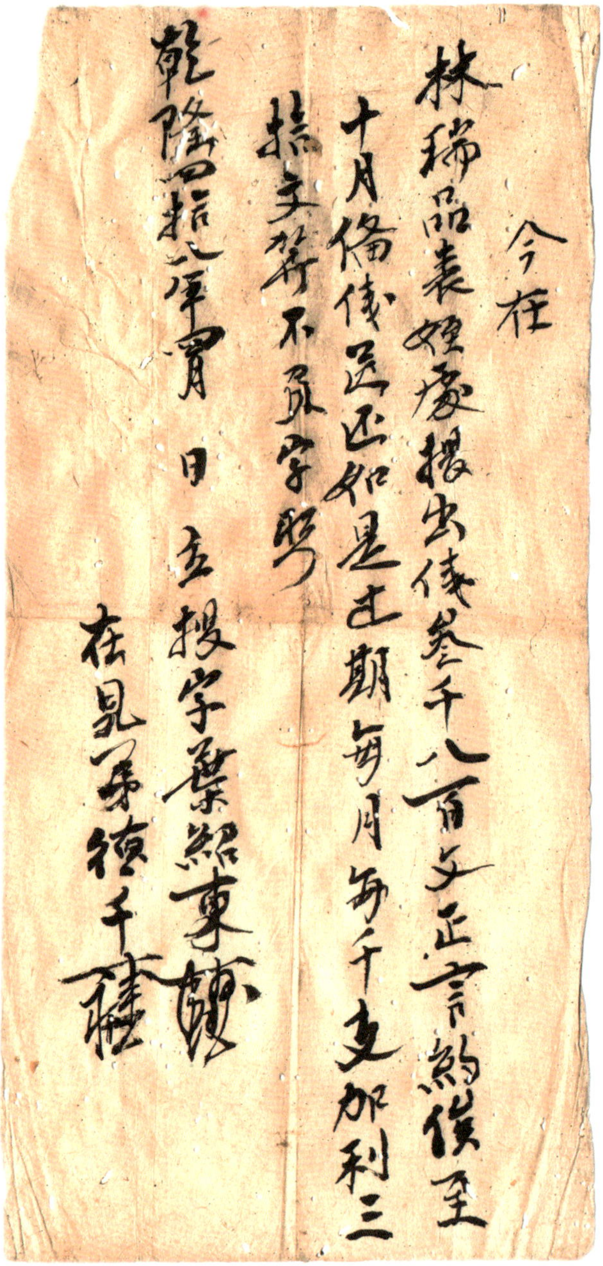
今在
林瑞品表姪處撮出錢叁千八百文正，言約限至
十月備錢送还，如是过期，每月每千文加利三
拾文算，不負，字照。
乾隆四拾八年四月　日　立撮字葉紹東（押）
在見男德千（押）

6-2-41-1　清乾隆四十八年四月葉紹東立撮字

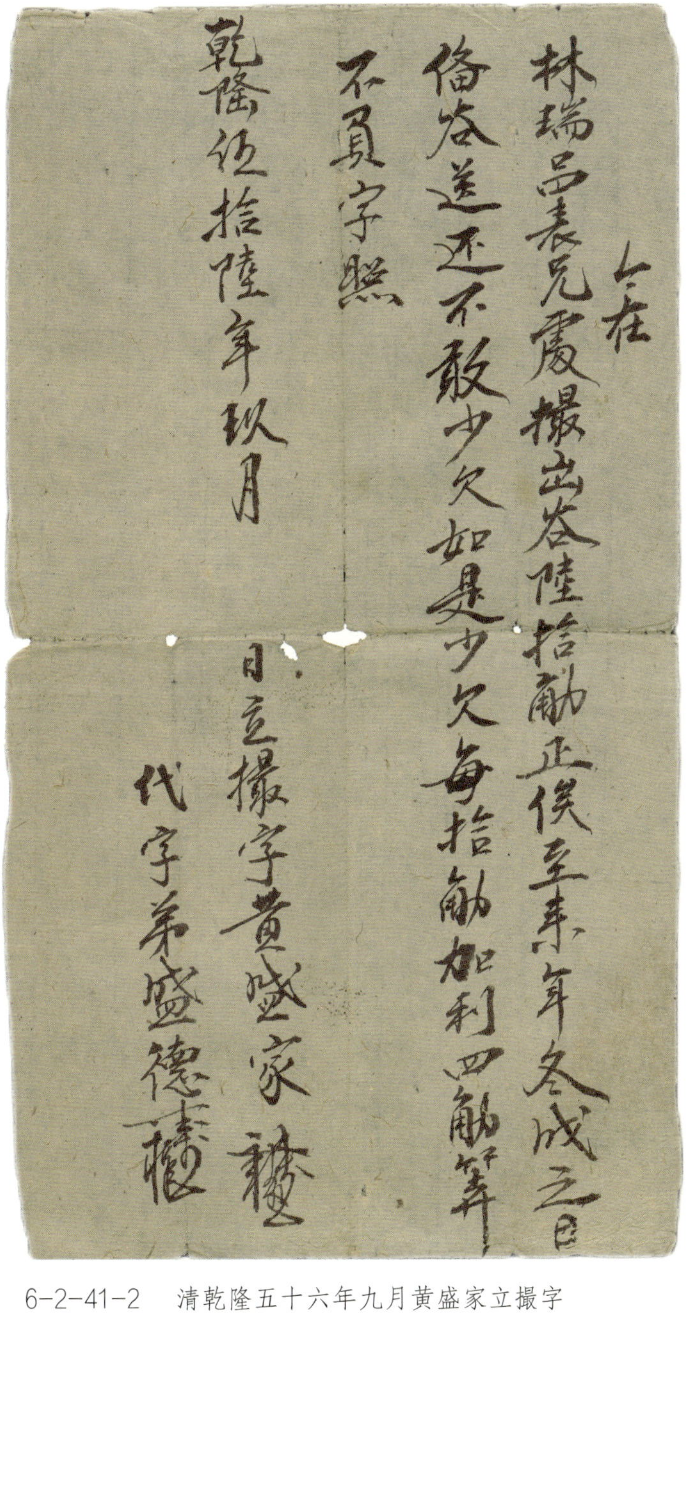
今在
林瑞品表兄處撮出谷陸拾觔正俟至來年冬成之日
備谷送还不敢少欠如是少欠每拾觔加利四觔算
不負字照
乾隆伍拾陸年玖月　日立撮字黃盛家（押）
代字弟盛德（押）

6-2-41-2　清乾隆五十六年九月黃盛家立撮字

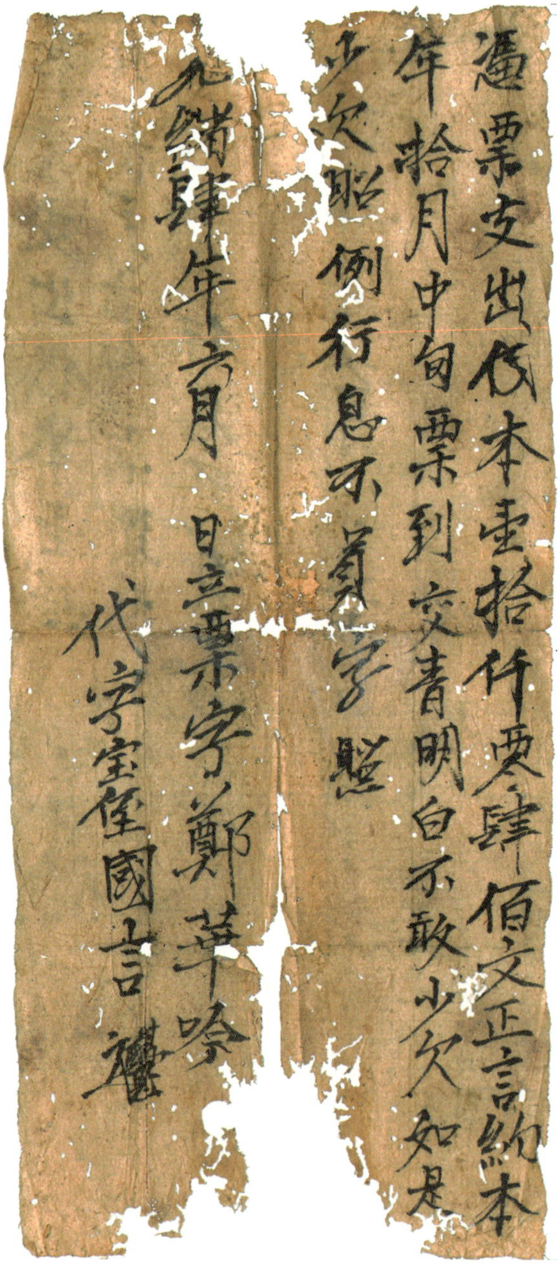
憑票支出代本壹拾仟零肆佰文正言約本
年拾月中旬票到交清明白不敢少欠如是
少欠照例行息不負字照
光緒肆年六月　日立票字鄭華吟
代字宗侄國吉

6-2-42-1　清光緒四年六月鄭華吟立支錢憑票

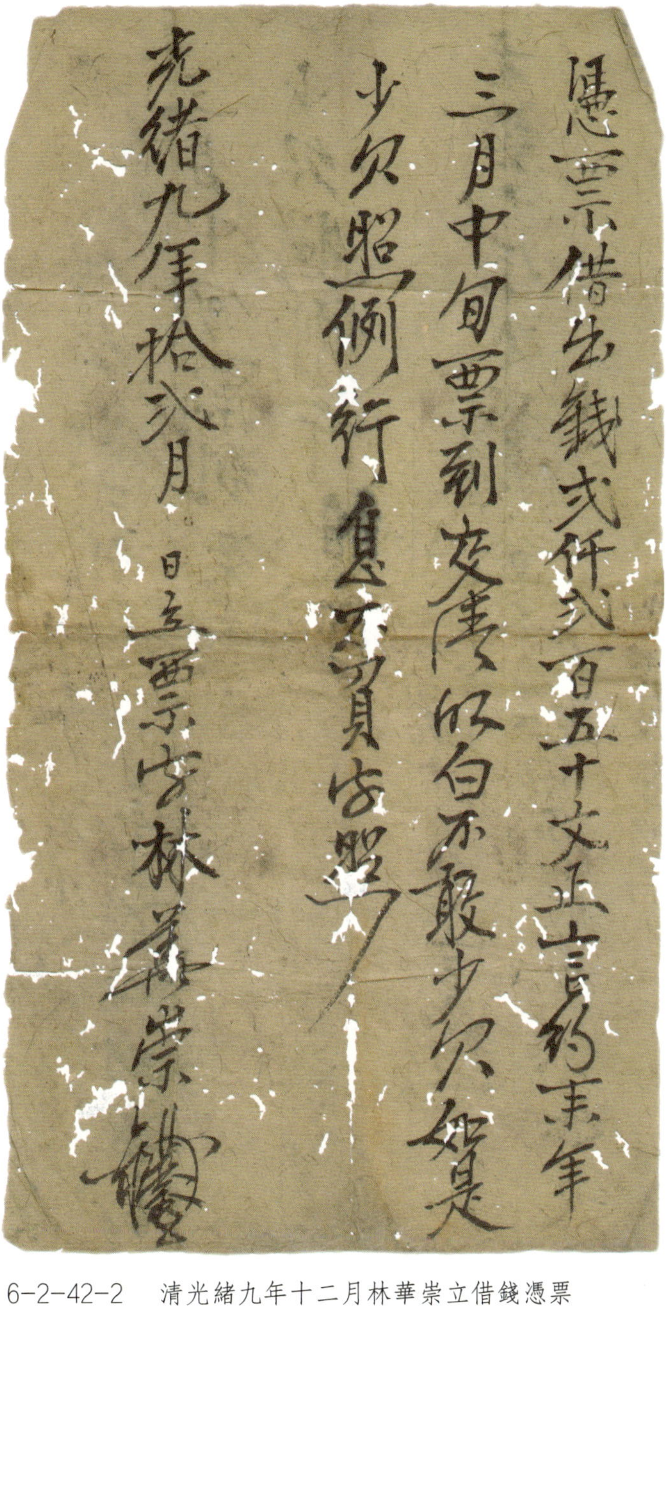
憑票借出錢弍仟弍百五十文正言約來年
三月中旬要票到交清收白不敢少欠如是
少欠照例行息不得少照
光緒九年拾弍月　日立票字林華崇（押）

6-2-42-2　清光緒九年十二月林華崇立借錢憑票

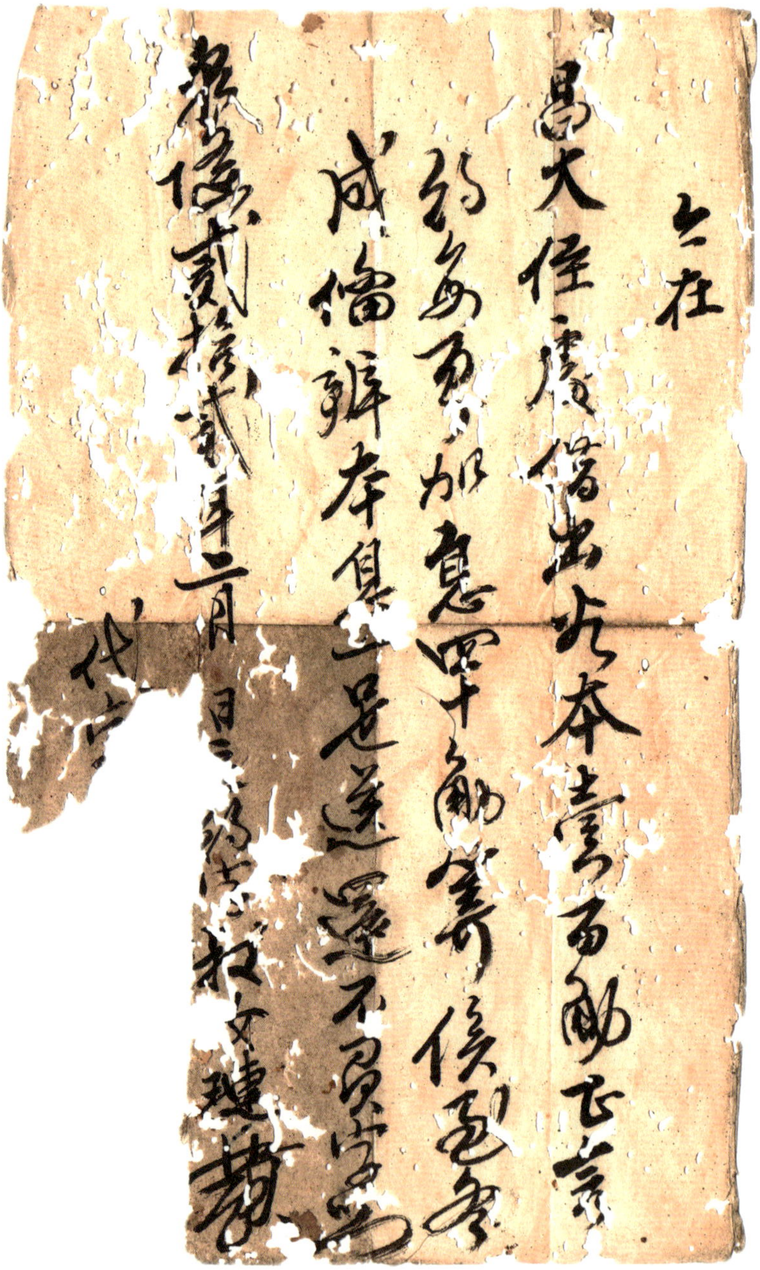

立借
昌大侄處借出穀本壹百觔正其
穀每百觔加息四十觔算候冬季
成備辦本息一足送還不負字為照
乾隆貳拾貳年二月　日立借穀字林汝璉　押
代字

6-2-43-1　清乾隆二十二年二月林汝璉立借穀字

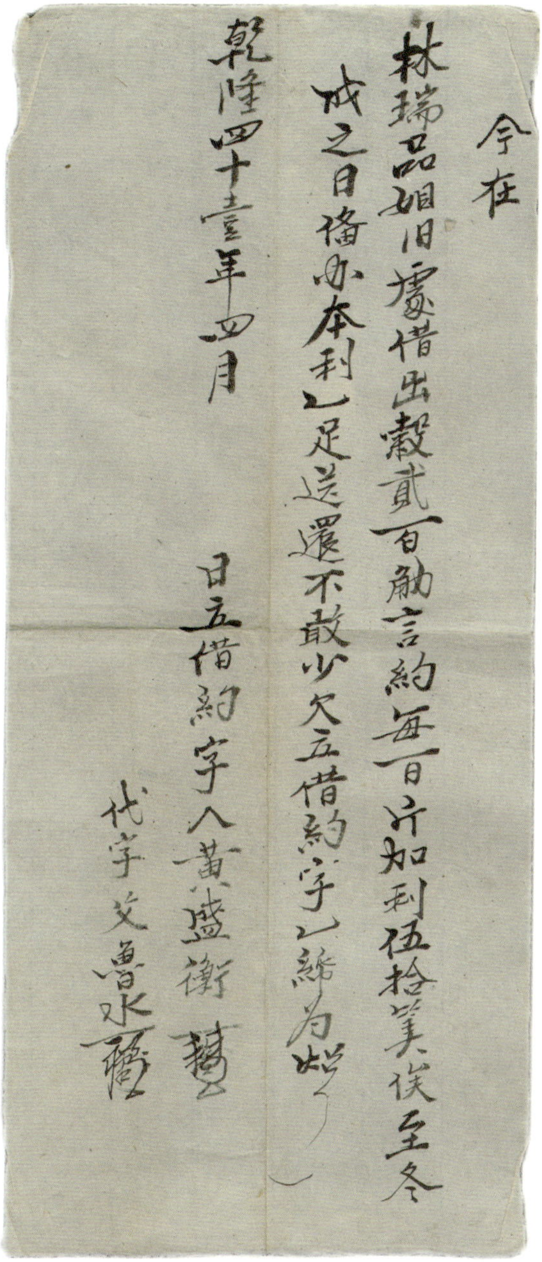
今在
林瑞品姻旧處借出穀貳百觔言約每百斤加利伍拾筭俟至冬
成之日備办本利〻足送還不敢少欠立借約字〻為炤〻
乾隆四十壹年四月
日立借約字人黃盛衡（押）
代字文魯水（押）

6-2-43-2　清乾隆四十一年四月黃盛衡立借穀字

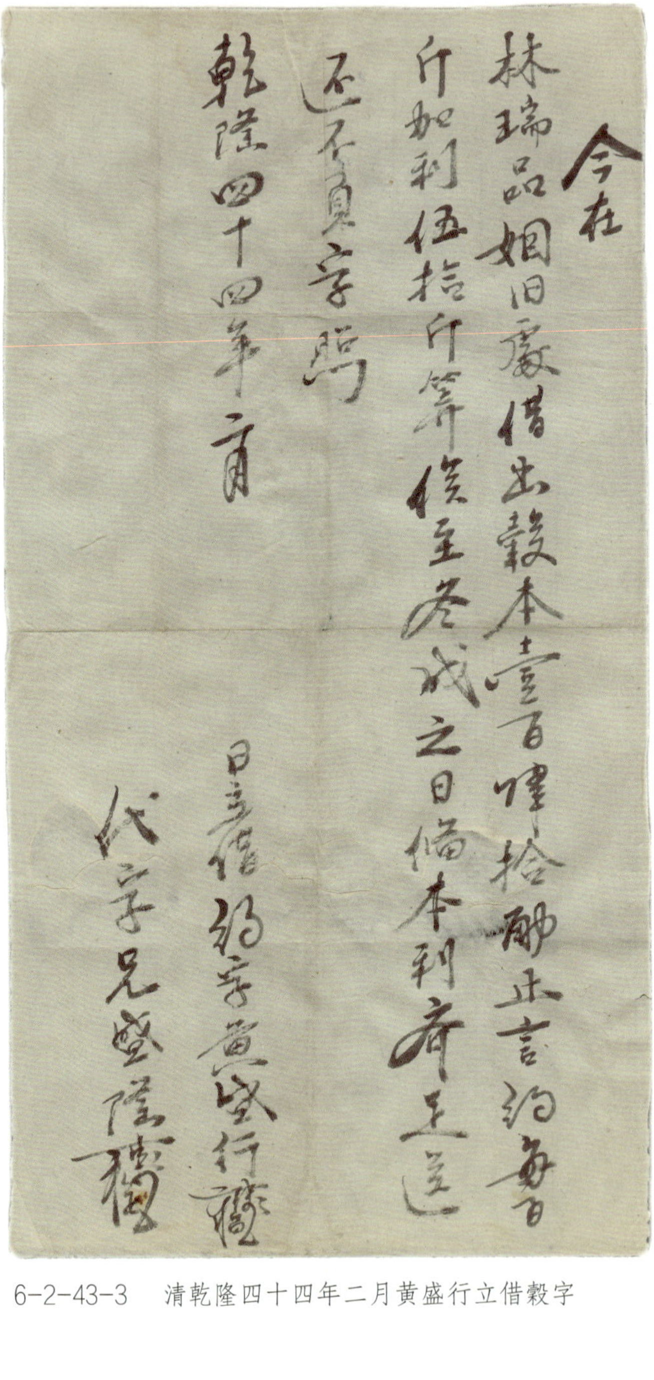
今在
林瑞品姻旧處借出穀本壹百肆拾肆斤言約每百
斤加利伍拾斤算，候至冬成之日備本利齊至送
還不負，字照。
乾隆四十四年二月
日立借約字黃盛行（押）
代字兄盛隆（押）

6-2-43-3　清乾隆四十四年二月黃盛行立借穀字

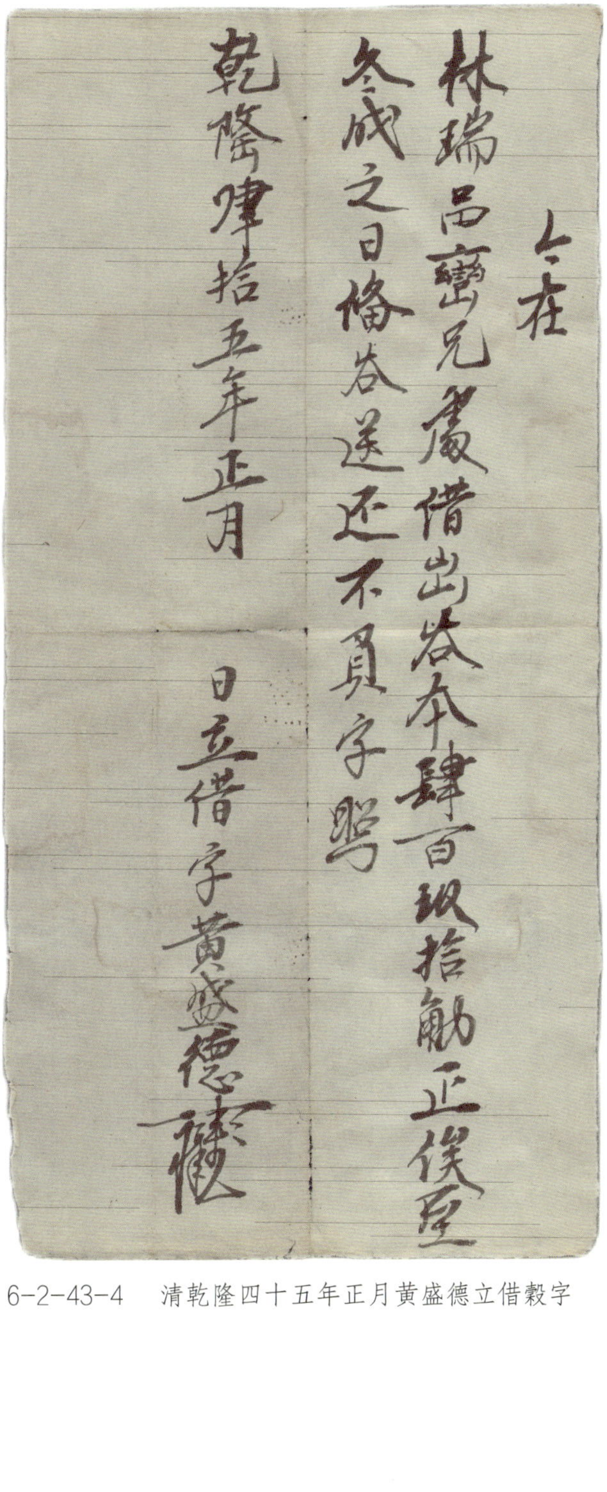

仝在
林瑞呂鑾兄處借出谷本肆百玖拾觔正俟至
冬成之日備谷送还不負字照
乾隆肆拾五年正月　　日立借字黃盛德（押）

6-2-43-4　清乾隆四十五年正月黃盛德立借穀字

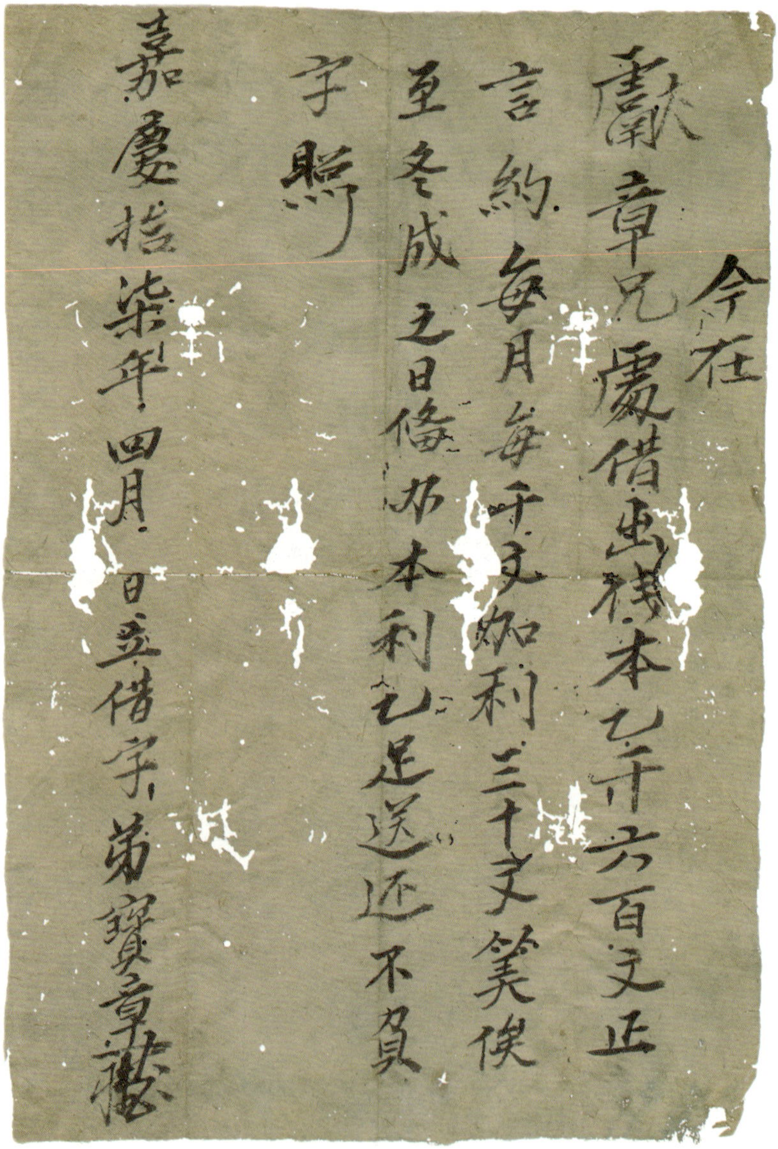

今在
獻章兄處借出錢本乙千六百文正
言約每月每千文加利三十文筭俟
至冬成之日備辦本利乙足送还不負
字照
嘉慶拾柒年四月 日立借字弟寶章（押）

6-2-43-5　清嘉慶十七年四月林寶章立借錢字

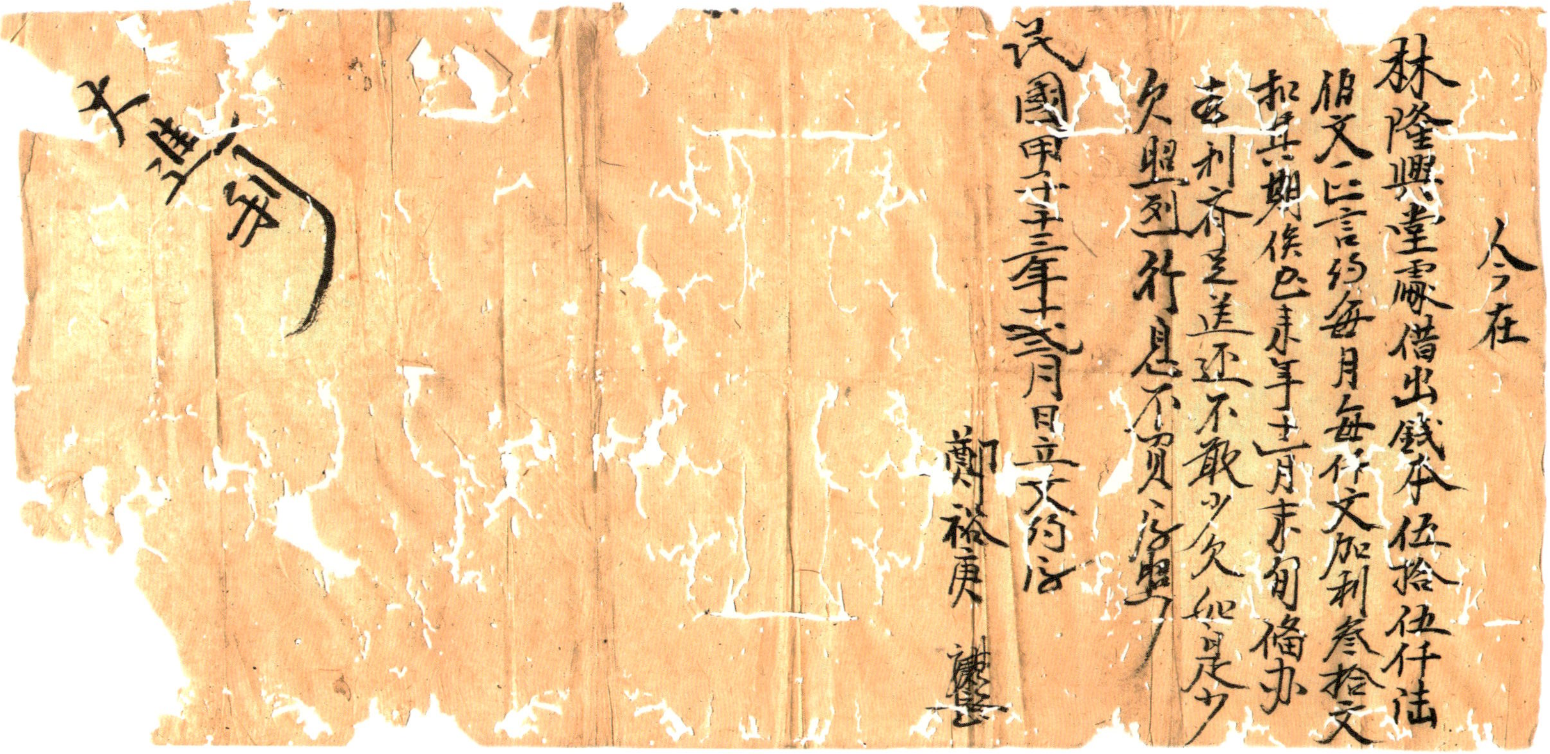
今在
林隆興臺處借出錢本伍拾伍仟法
伯文，亡言約每月每仟文加利叁拾文
扣其期俟乙丑年十二月末旬備办
本利齊足送还，不敢少欠，如是少
欠照列行息不貸，今欲有憑，
民國甲子十三年十二月　日立文約字
鄭裕庚　親筆
大進字

6-2-43-6　民國十三年十二月鄭裕庚立文約字

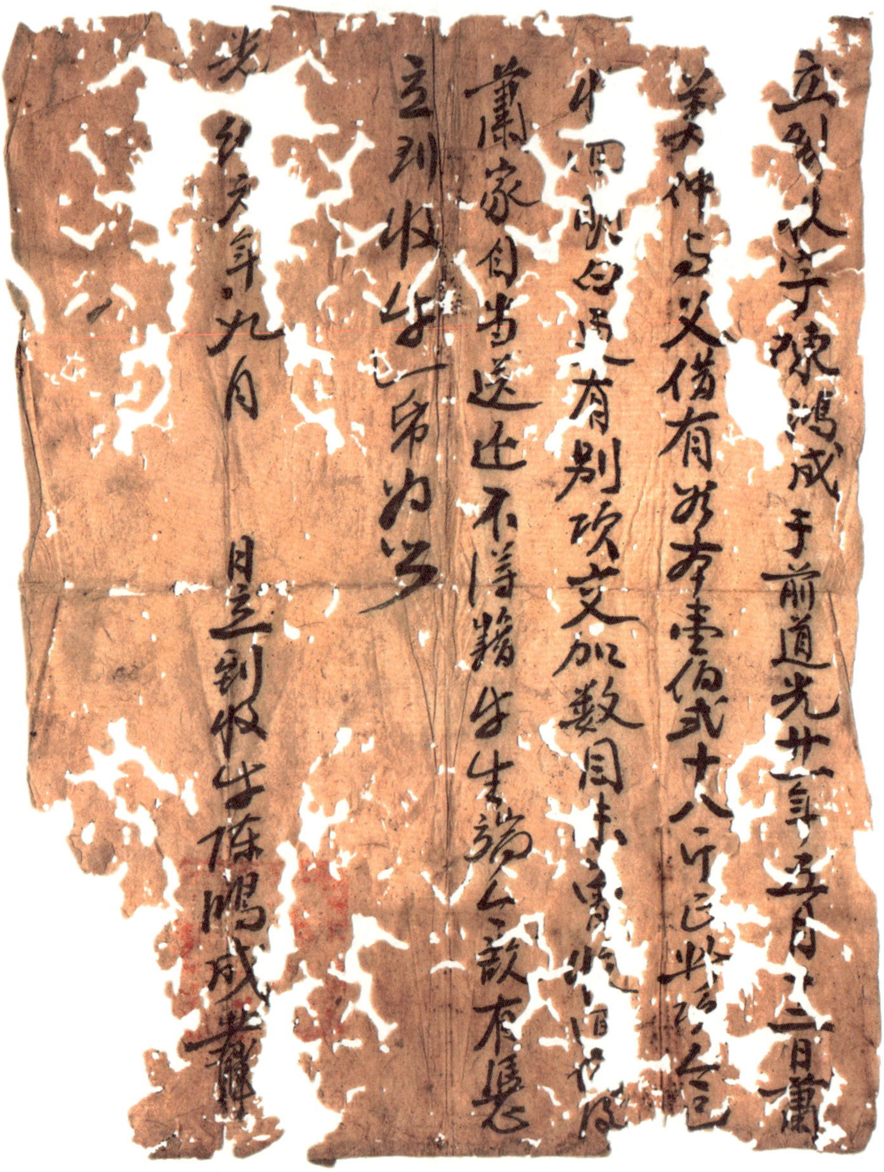
立到收字陳鴻成于前道光廿一年五月二十日蕭
某仲公又借有洋本壹佰貳十八斤已[illegible]合
什佰取母[illegible]有判項交加數目未清收回[illegible]限
蕭家自當送还不得藉生端[illegible]故不是
立到收字一帋為照
光緒元年九月　日立到收字陳鴻成筆

6-2-44-1　清光緒元年九月陳鴻成立到收字

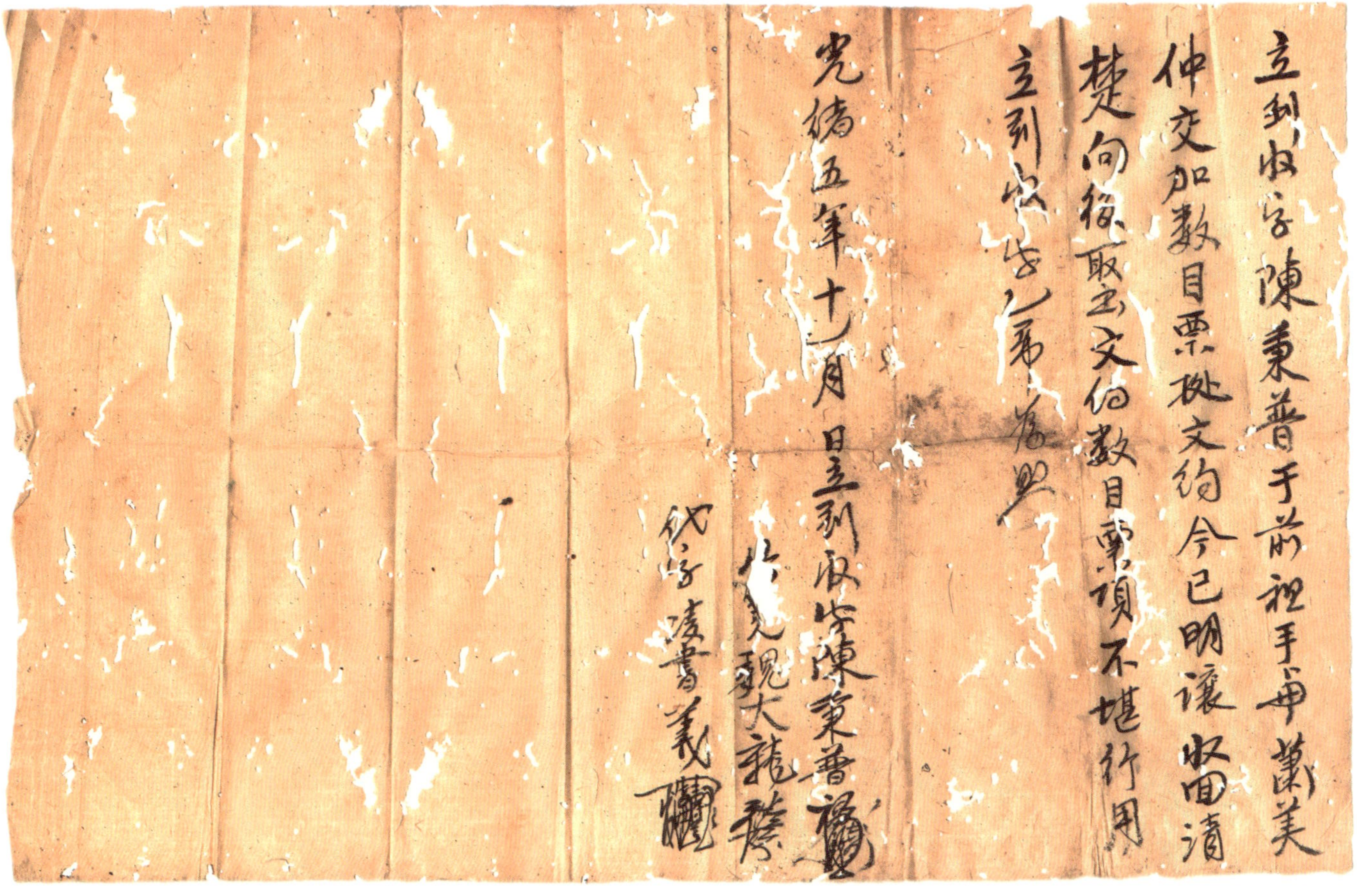

立到收字陳秉普手前經手與蘭美
仲交加數目票批文約今已明讓收回清
楚向後取出文約數目票項不堪行用
立到收字一紙為照
光緒五年十一月　日立到收字陳秉普（押）
在見□現大龍（押）
代字凌書義（押）

6-2-44-2　清光緒五年十一月陳秉普立到收字

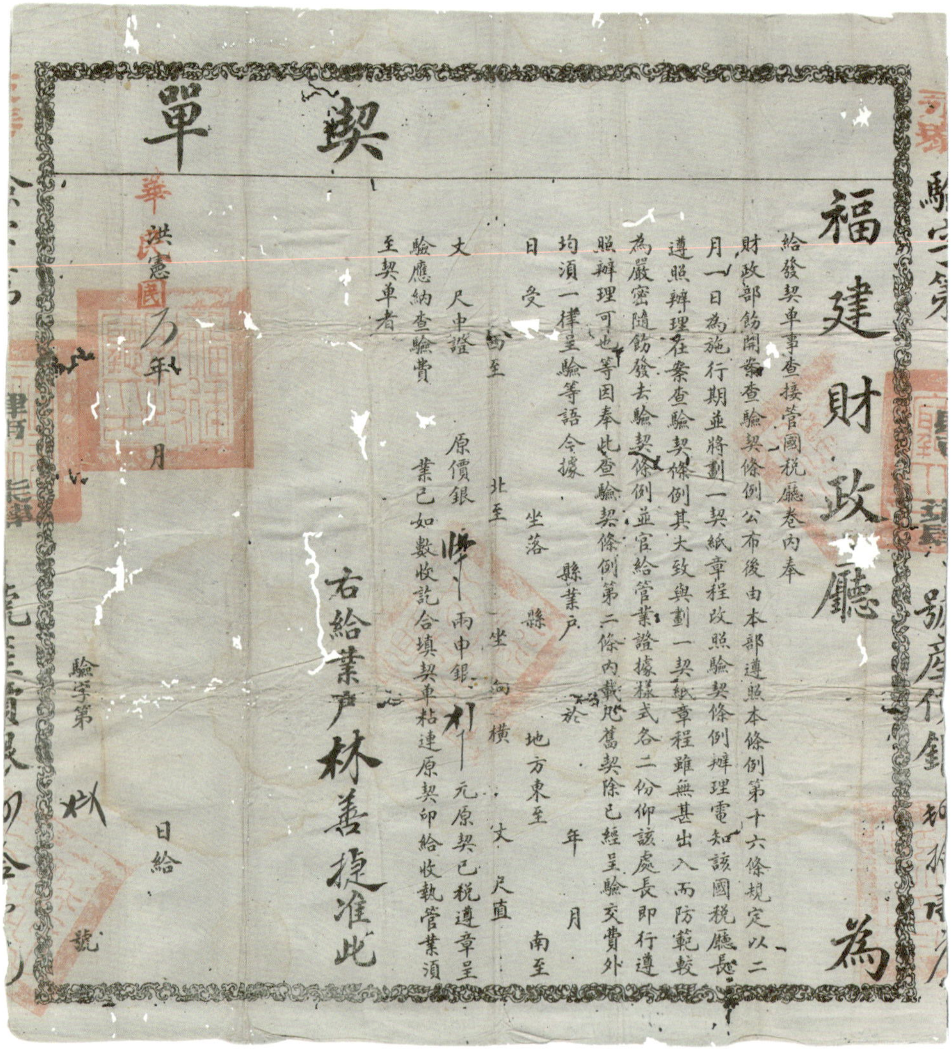
契單

福建財政廳為

給發契單事查接管國稅廳卷內奉
財政部飭開案查驗契條例公布後由本部遵照本條例第十六條規定以二
月一日為施行期並將劃一契紙章程改照驗契條例辦理電知該國稅廳長
遵照辦理在案查驗契條例其大致與劃一契紙章程雖無甚出入而防範較
為嚴密隨飭發去驗契條例並官給管業證據樣式各二份仰該處長即行遵
照辦理可也等因奉此查驗契條例第二條內載凡舊契除已經呈驗交費外
均須一律呈驗等語今據　縣業戶　於　年　月
日受　坐落　縣　地方東至　南至
西至　北至　坐　向　横　丈　尺直
丈　尺中證　原價銀肆　兩申銀[illegible]　元原契已稅遵章呈
驗應納查驗費　業已如數收訖合填契單粘連原契印給收執管業須
至契單者

右給業戶林善捷准此

中華民國五年　月　日給

驗字第　林　號

6-2-45-1　民國五年林善捷户契單

專題彙編
第二種

# 福建民間契約文書

26


厦門大學民間歷史文獻研究中心 編
鄭振滿 主編



海峽出版發行集團
THE STRAITS PUBLISHING & DISTRIBUTING GROUP
福建人民出版社

# 本册目録

## 第六卷　永泰縣蓋洋鄉湖裡、嶺頭坪村契約文書（二）

### 第三帙　林信國户

## 第四帙　林育定户

# 第六卷　永泰縣蓋洋鄉湖裡、嶺頭坪村契約文書（二）

本卷主編　張家喜

# 第三帙　林信國户

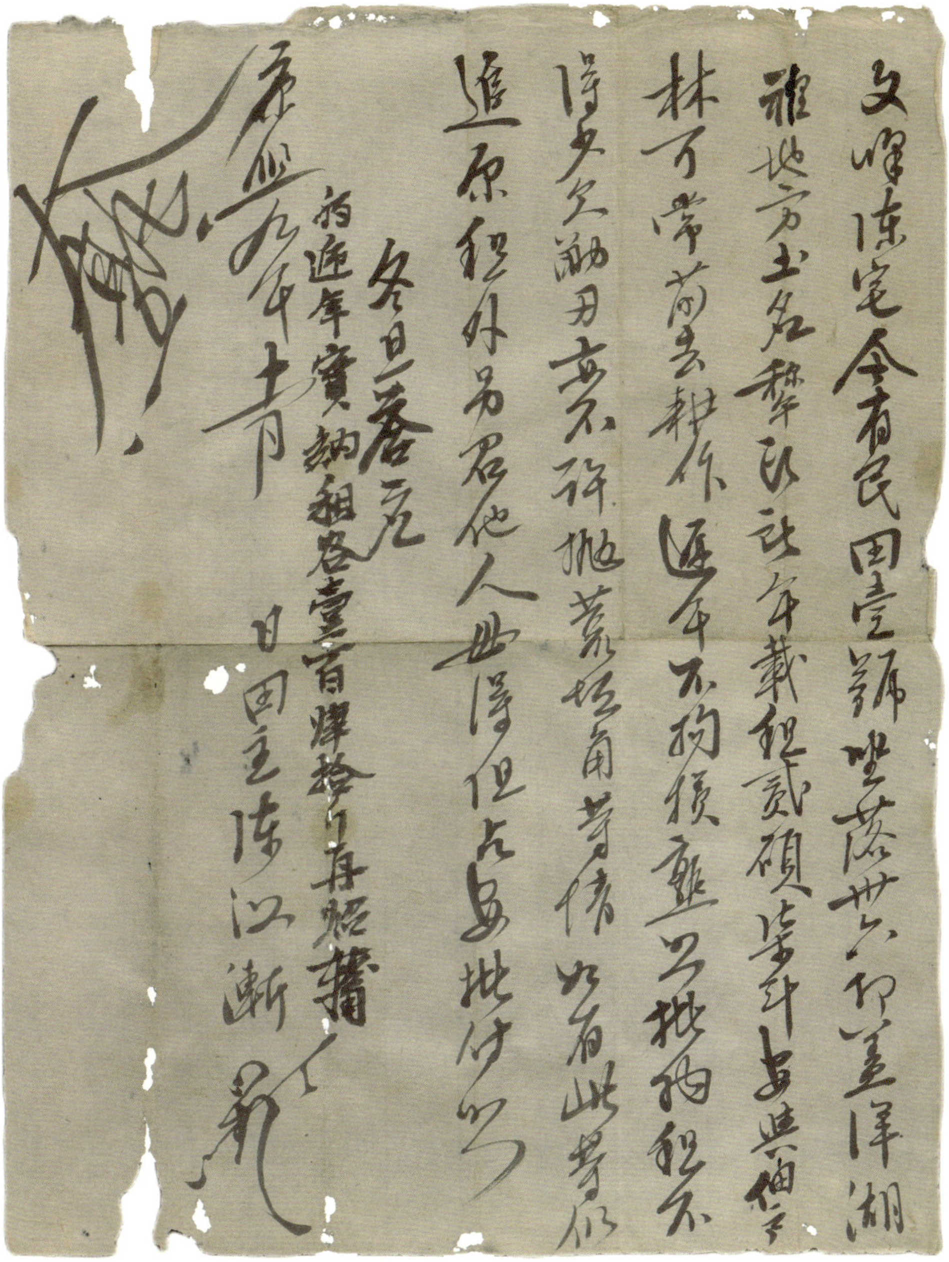


6-3-1-1　清康熙九年十一月陳汝漸立安批民田字

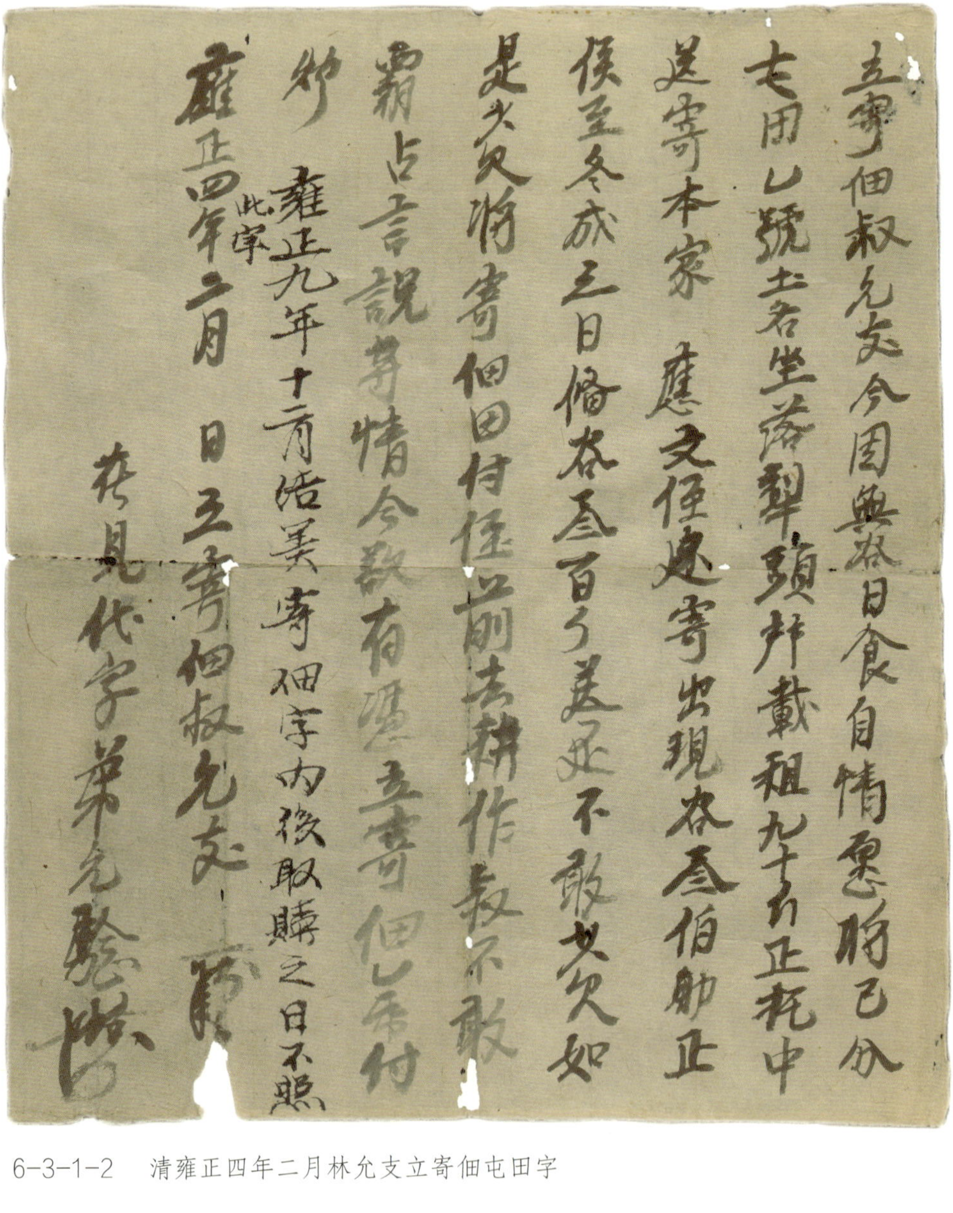

立寄佃叔允支，今因無谷日食，自情愿將已分屯田山號，土名坐落犁頭拌，載租九十斤正，托中送寄本家應文侄邊，寄出現谷叁佰觔正，俟至冬成三日備谷叁百斤送還，不敢少欠。如是少欠，將寄佃田付侄另刪去耕作，叔不敢霸占言說等情。今欲有憑，立寄佃字付炤。

雍正九年十月浯美寄佃字內，後取贖之日不照此字。

雍正四年二月　日立寄佃叔允支（押）

在見代字弟允騐（押）

6-3-1-2　清雍正四年二月林允支立寄佃屯田字

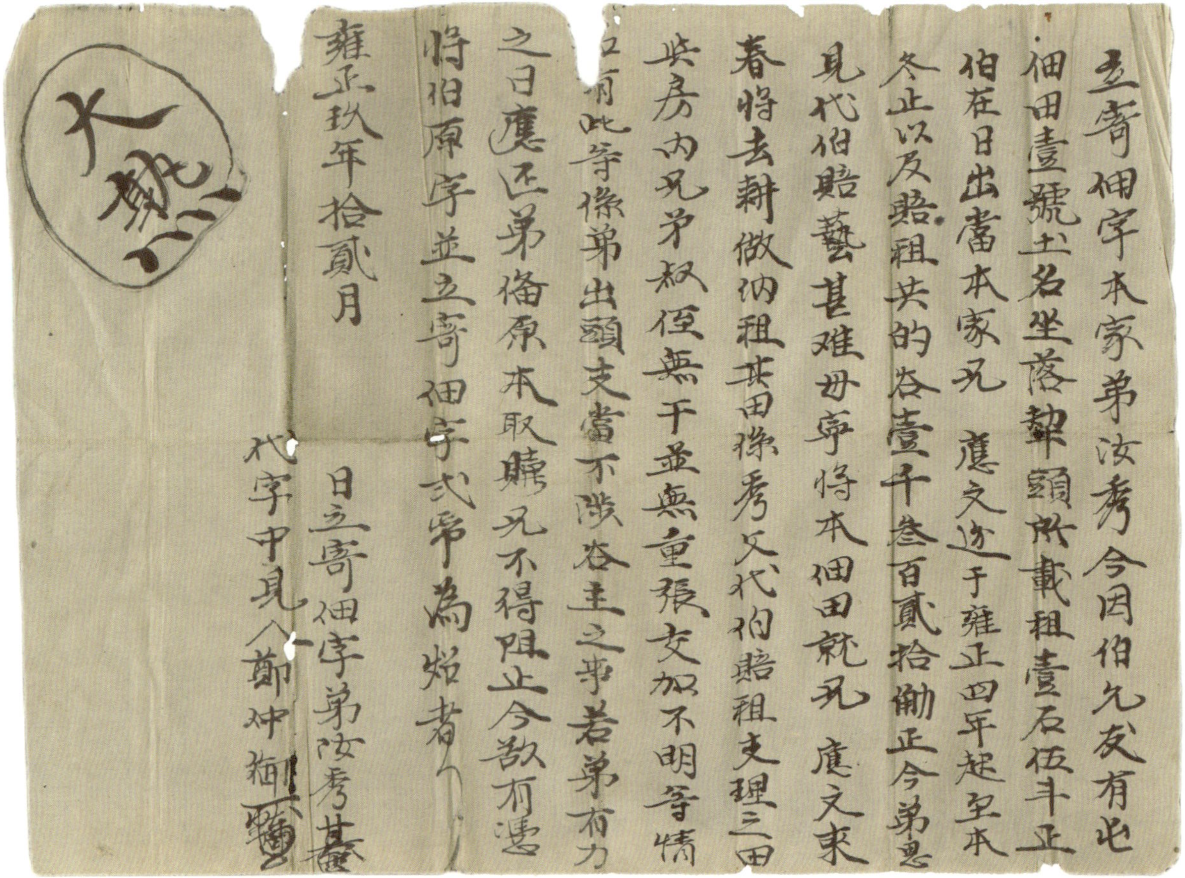

立寄佃字本家弟汝秀今因伯允友有乜
佃田壹號土名坐落嶺頭所載租壹石伍斗正
伯在日出當本家兄　應文迄于雍正四年起至本
冬止以及賠租共的谷壹千叁百貳拾觔正今弟思
見代伯賠藝甚難毋亭將本佃田就兄　應文來
春將去耕做納租其田係秀又代伯賠租支理之田
共房內兄弟叔侄無干並無重張交加不明等情
如有此等係弟出頭支當不涉谷主之事若弟有力
之日應還弟備原本取贖兄不得阻止今欲有憑
將伯原字並立寄佃字弍帋為炤者
雍正玖年拾貳月
日立寄佃字弟汝秀（押）
代字中見人鄭冲御（押）

6-3-1-3　清雍正九年十二月林汝秀立寄乜佃田字

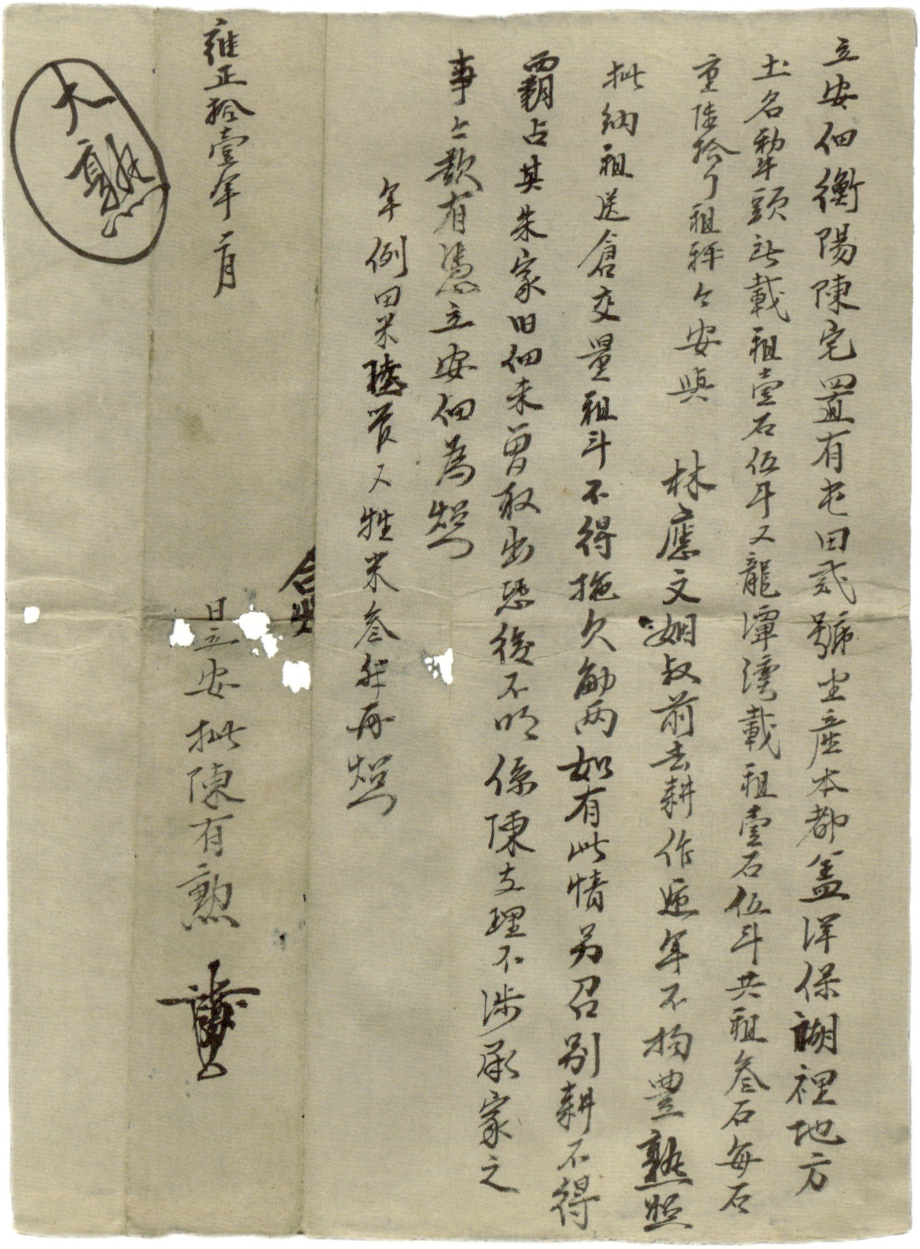
立安佃衡陽陳宅置有屯田貳號坐産本都盖洋保湖裡地方
土名犁頭坵載租壹石伍斗又龍潭灣載租壹石伍斗共租叁石每石
重陸拾斤租秤ゝ安與
林塵文姻叔前去耕作逐年不拘豐歉照
批納租送倉交量租斗不得拖欠斗兩如有此情另召別耕不得
霸占其朱家田佃未曾叔出恐後不明係陳主理不涉承家之
事ゝ歎有憑立安佃為照
年例田米穗貳又牲米叁斗再照
雍正拾壹年二月　日立安批陳有勳
合

6-3-1-4　清雍正十一年二月陳有勳立安批屯田字

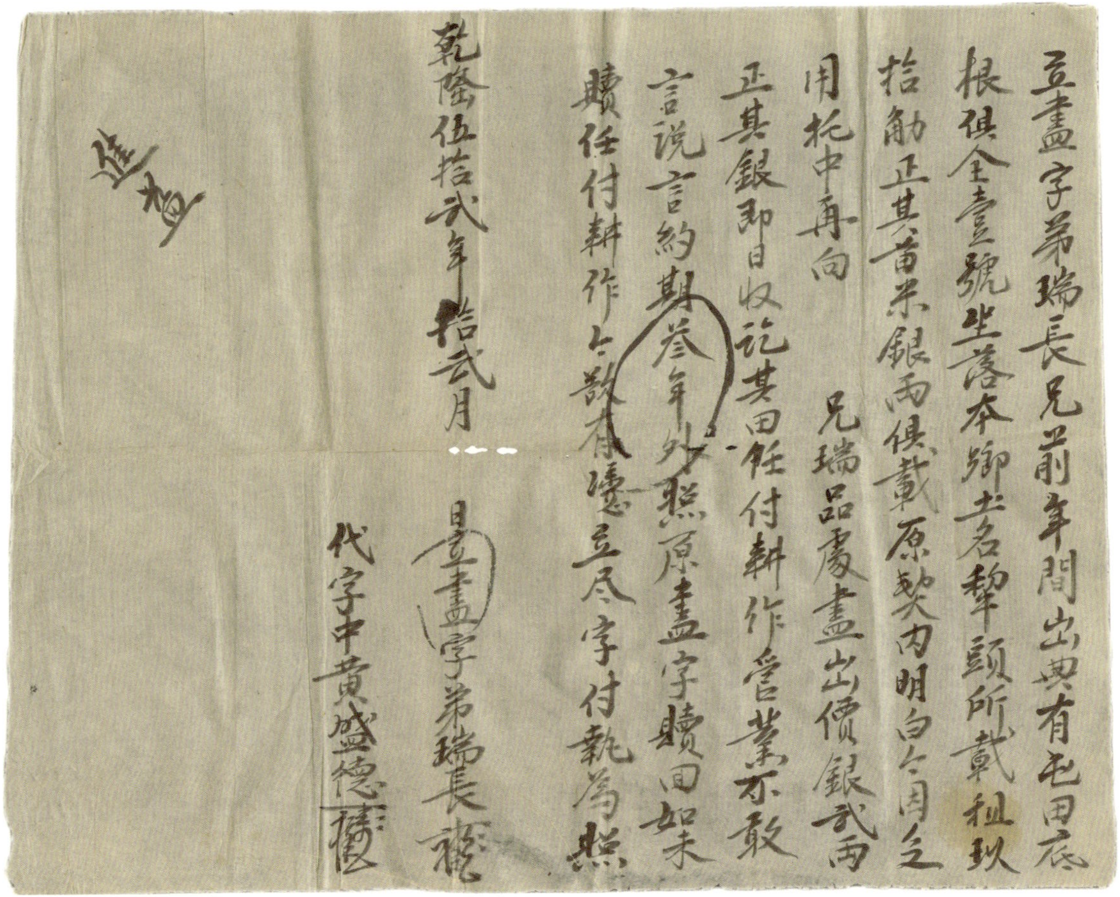

立盡字弟瑞長兄前年間出典有屯田底
根俱全壹號坐落本鄉土名犂頭所載租玖
拾觔正其當米銀兩俱載原契內明白今因乏
用托中再向　兄瑞品處盡出價銀貳兩
正其銀即日收訖其田任付耕作管業不敢
言說言約期叁年外照原盡字贖田如未
贖任付耕作今欲有憑立尽字付執為照
乾隆伍拾貳年拾貳月　日立盡字弟瑞長（押）
代字中黄盛德（押）

6-3-1-5　清乾隆五十二年十二月林瑞長立盡底根全屯田字（廢契）

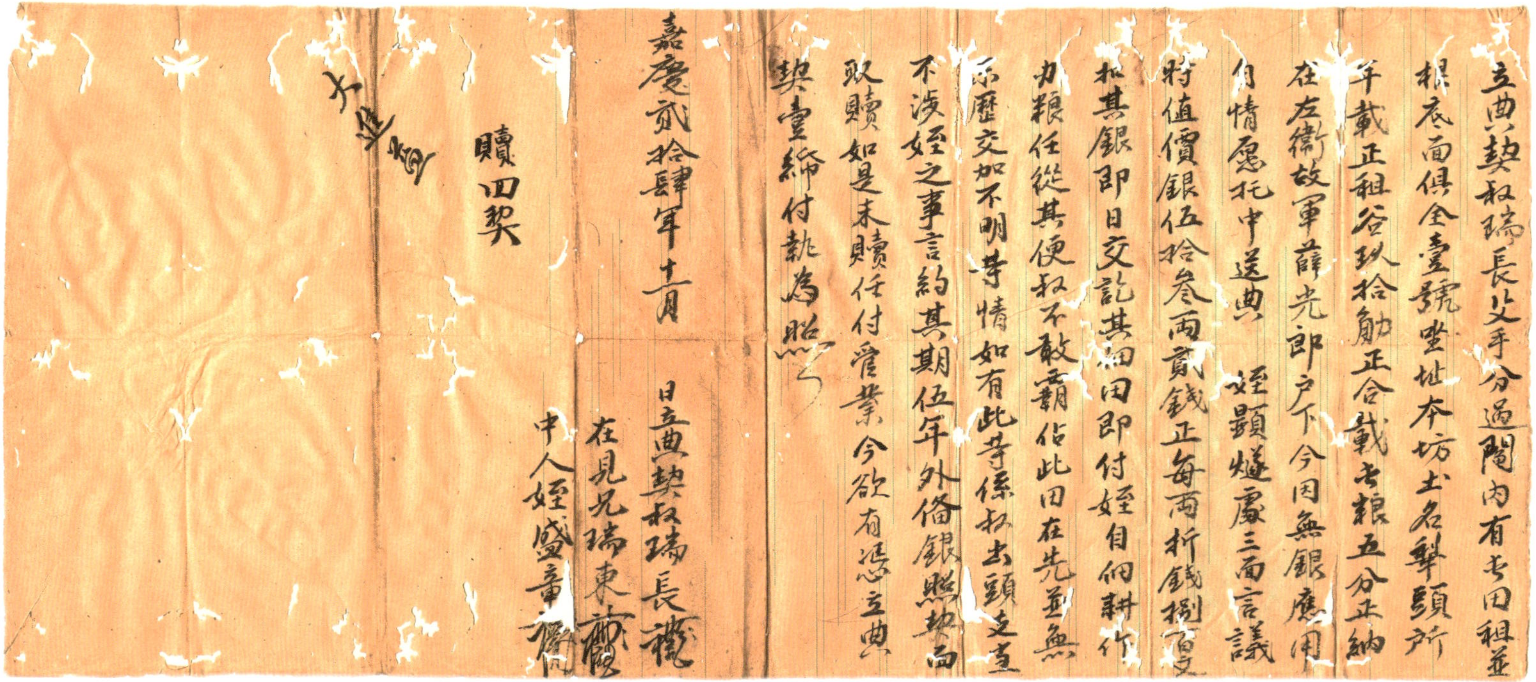

立典契叔瑞長，有父手分過閹內有屯田租並根底面俱全壹號，坐址本坊土名犁頭所，年載正租谷玖拾觔正，合載屯粮五分正，納在左衛故軍薛光郎戶下。今因無銀應用，自情愿托中送典　姪顯燧處，三面言議時值價銀伍拾叁兩貳錢正，每兩折錢捌百文。其銀即日交訖，其田即付姪自佃耕作力粮，任從其便，叔不敢霸佔。此田在先並無不歷交加不明等情，如有此等，係叔出頭支當，不涉姪之事。言約其期伍年外，備銀照契面取贖，如是未贖，任付管業。今欲有憑，立典契壹紙付執為照。

嘉慶貳拾肆年十一月　日立典契叔瑞長（押）

在見兄瑞東（押）

中人姪盛章（押）

贖回契

6-3-1-6　清嘉慶二十四年十一月林瑞長立典屯田租等契

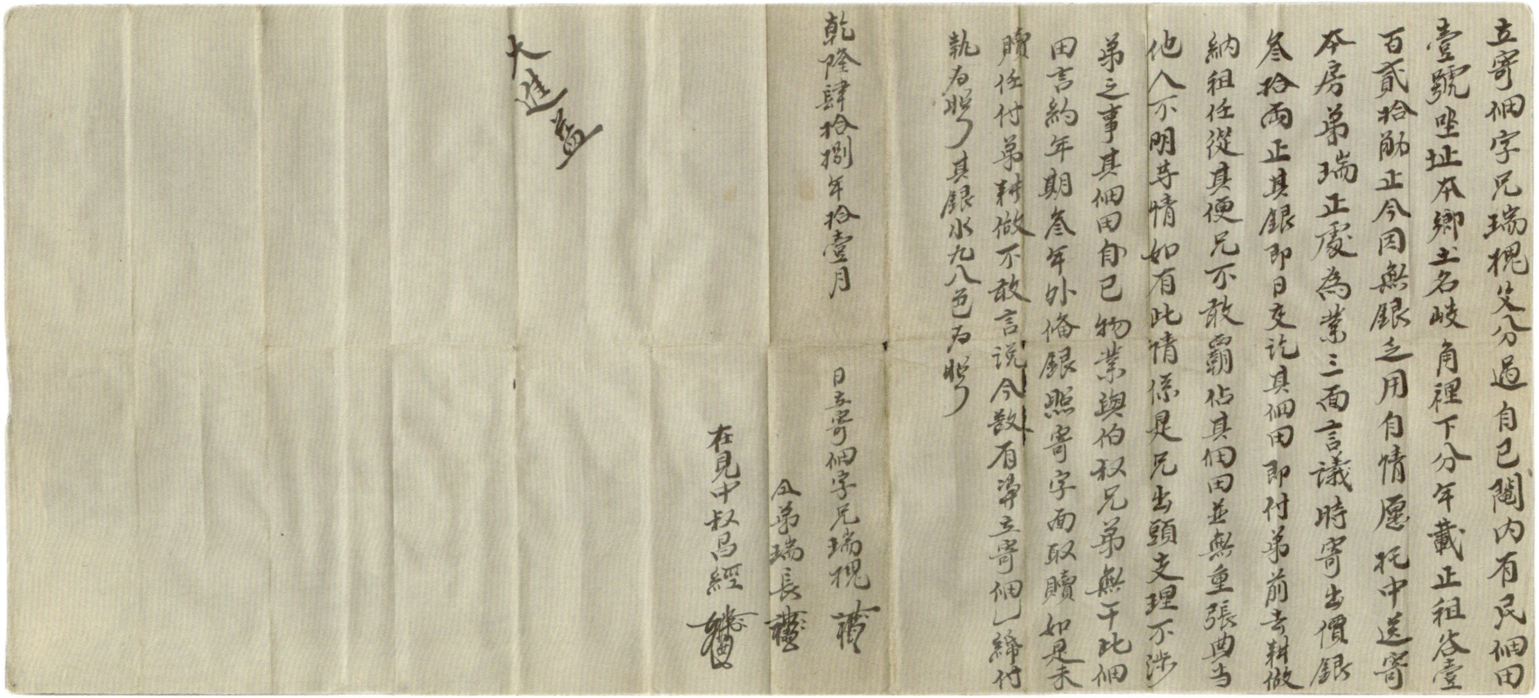

立寄佃字兄瑞槐父分過自己鬮內有民佃田
壹號坐址本鄉土名岐角裡下分年載正租谷壹
百貳拾觔正今因無銀之用自情愿托中送寄
本房弟瑞正處為業三面言議時寄出價銀
叁拾兩正其銀即日交訖其佃田即付弟前去耕做
納租任從其便兄不敢霸佔其佃田並無重張典当
他人不明等情如有此情係是兄出頭支理不涉
弟之事其佃田自己物業與伯叔兄弟無干此佃
田言約年期叁年外備銀照寄字面取贖如是未
贖任付弟耕做不敢言說今欲有憑立寄佃字壹紙付
執為照 其銀水九八色為照

乾隆肆拾捌年拾壹月 日立寄佃字兄瑞槐（押）
仝弟瑞長（押）
在見中叔呂經（押）
大進益

6-3-2-1 清乾隆四十八年十一月林瑞槐等立寄民佃田字

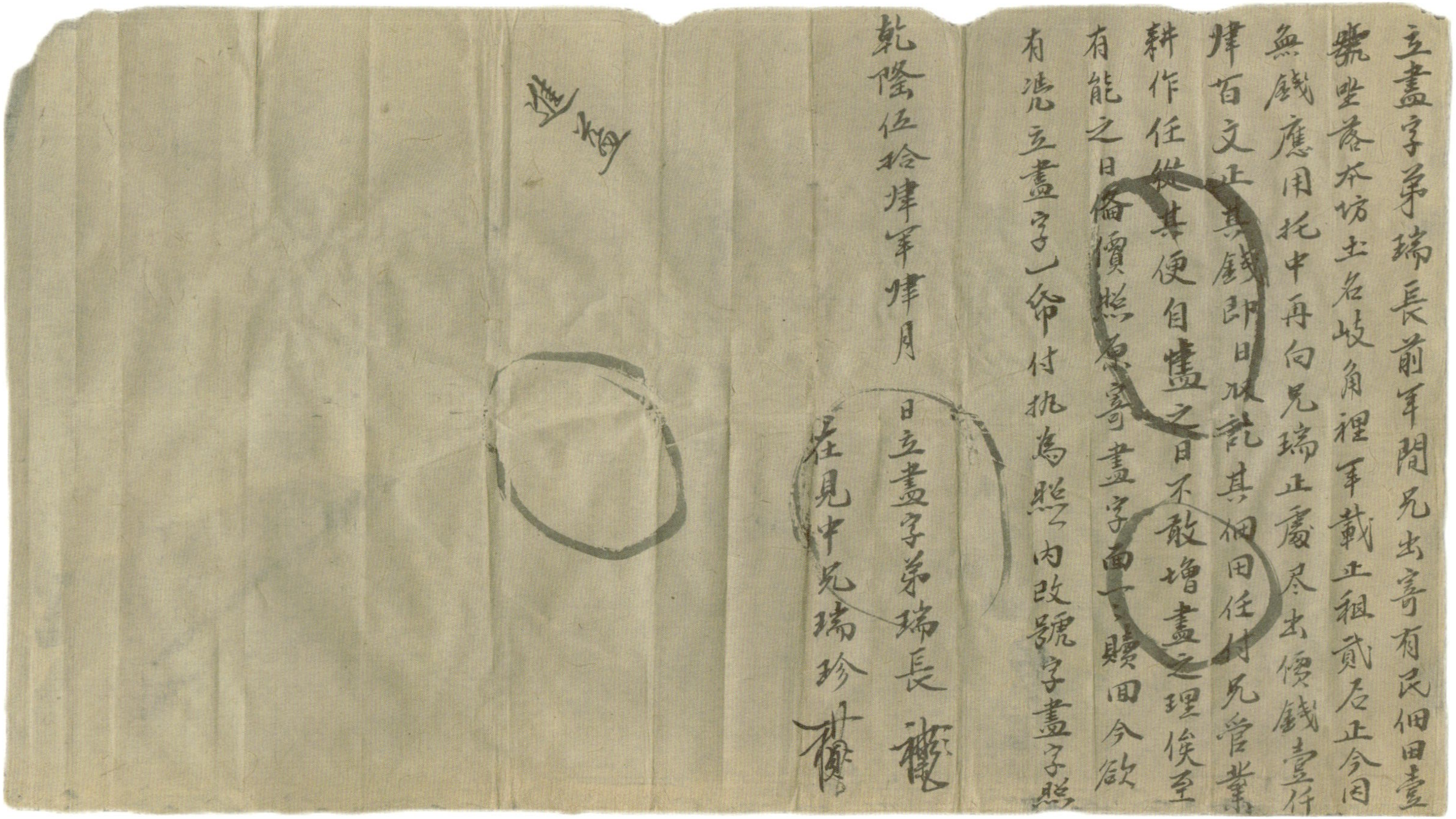

立盡字弟瑞長前年間兄出賣有民佃田壹
號坐落本坊土名岐角裡年載正租貳石正今因
無錢應用托中再向兄瑞正處盡出價錢壹仟
肆百文正其錢即日收訖其佃田任付兄管業
耕作任從其便自盡之日不敢增盡之理俟至
有能之日備價照原賣盡字面一一贖田今欲
有憑立盡字一紙付執為照　內改號字盡字照
乾隆伍拾肆年肆月　日立盡字弟瑞長（押）
在見中兄瑞珍（押）

6-3-2-2　清乾隆五十四年四月林瑞長立盡民佃田字（廢契）

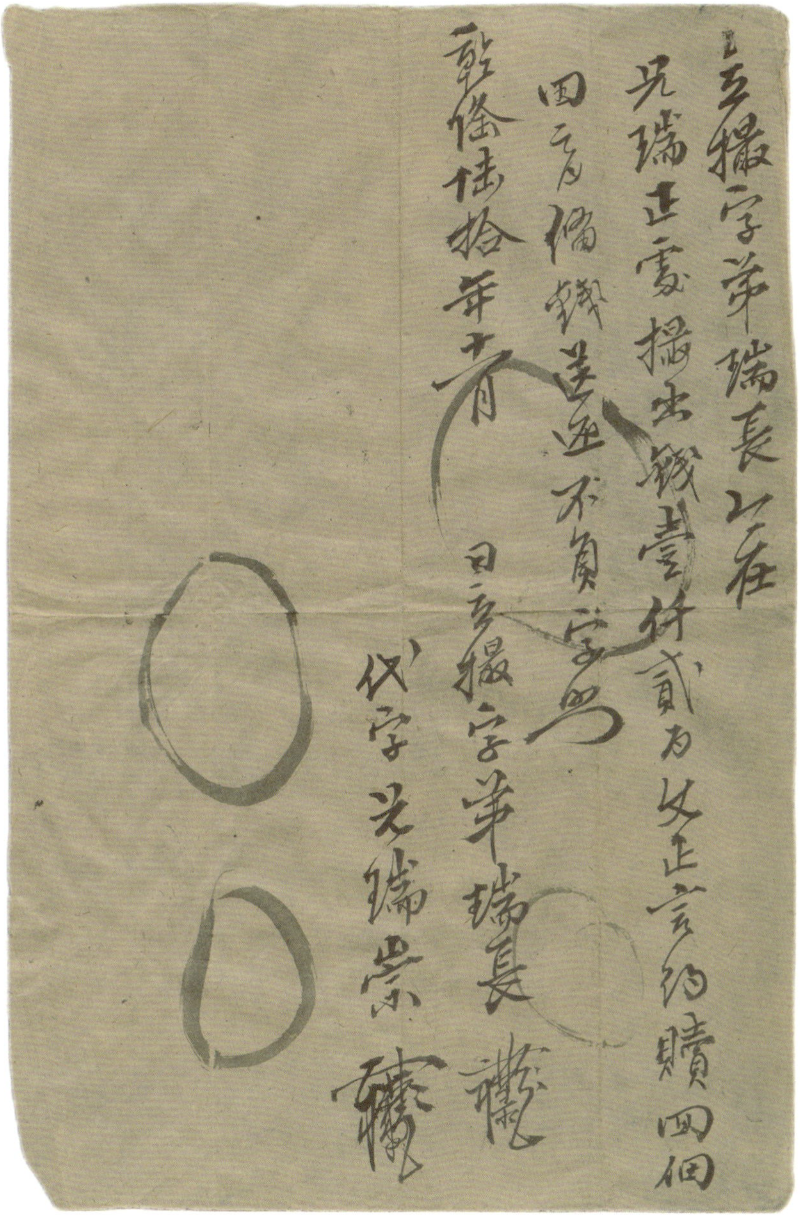

立撮字弟瑞長今在
兄瑞正處撮出錢壹仟貳百文正言約贖回個
田之日備錢送還不負字照
乾隆陸拾年十一月　日立撮字弟瑞長（押）
代字兄瑞崇（押）

6-3-2-3　清乾隆六十年十一月林瑞長立撮字（廢契）

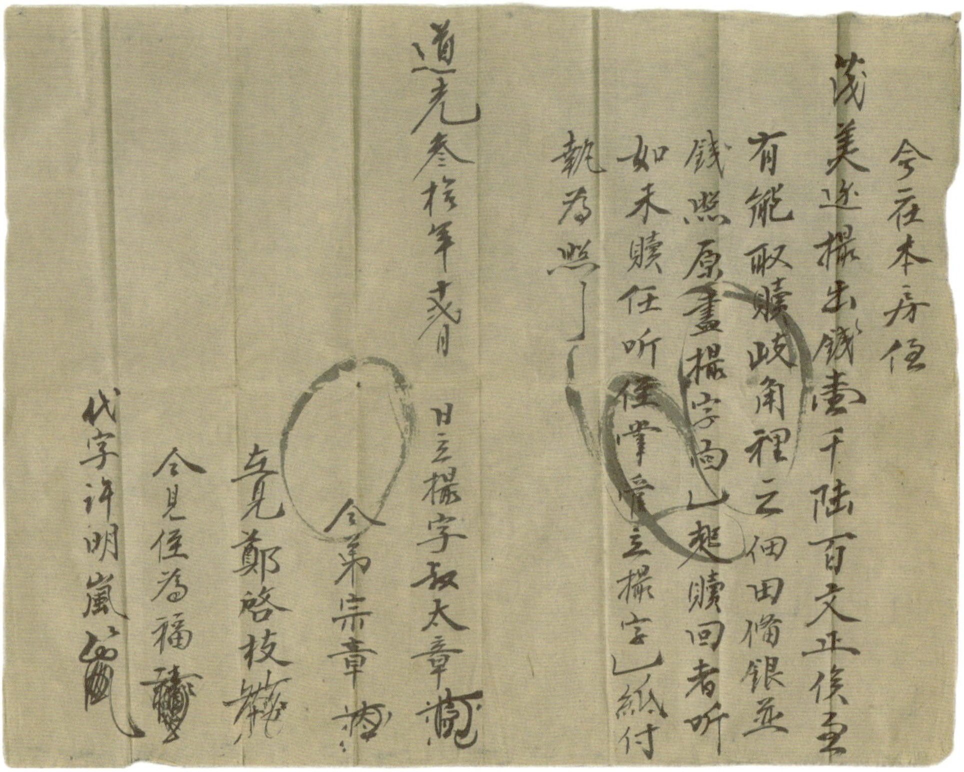

今在本房侄
茂美邊撮出錢壹千陸百文正俟至
有能取贖岐角裡之佃田備銀並
錢照原畫撮字回山趣贖回者听
如未贖任听侄掌管立撮字紙付
執為照」
道光叁拾年十二月 日立撮字叔太章（押）
仝弟宗章（押）
在見鄭啓枝（押）
仝見侄為福（押）
代字許明嵐（押）

6-3-2-4　清道光三十年十二月林太章等立撮字（廢契）

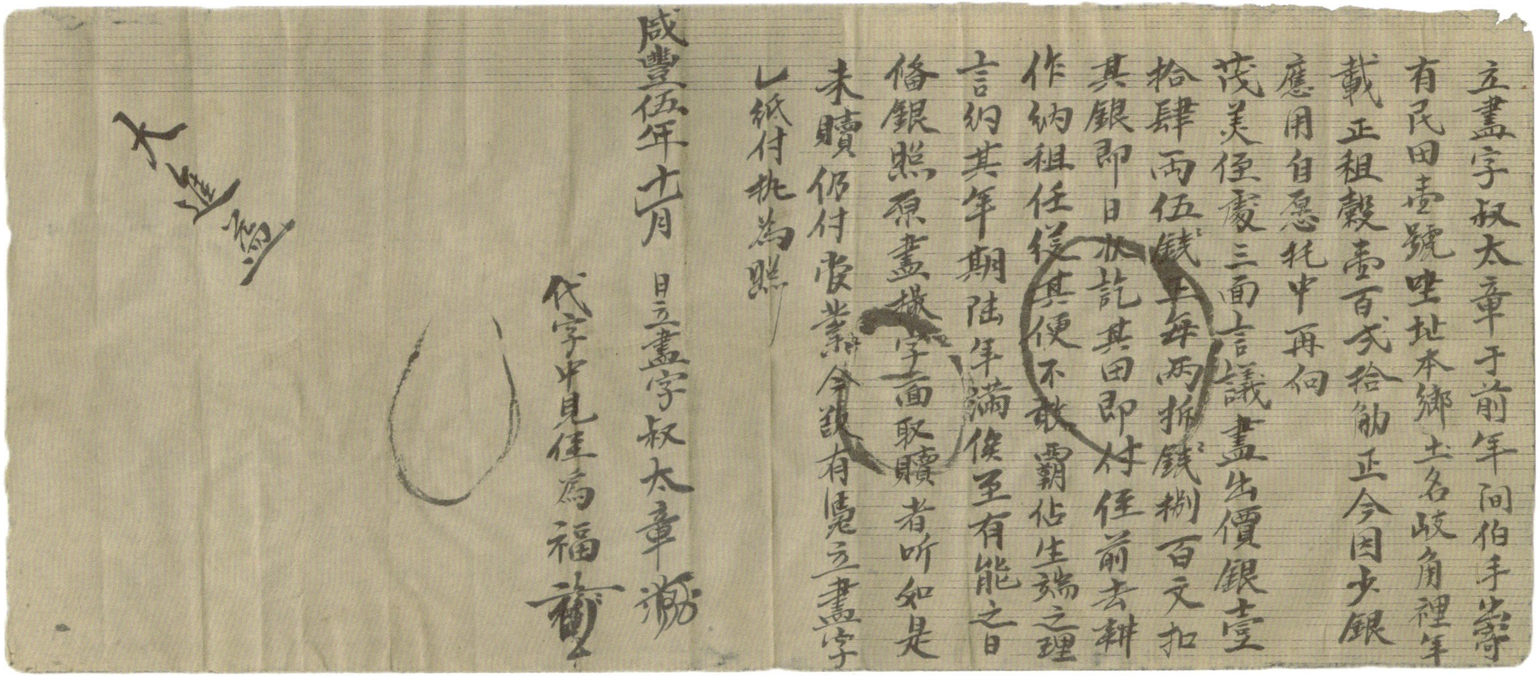
立盡字叔太章于前年間伯手置
有民田壹號坐址本鄉土名岐角裡年
載正租穀壹百弍拾觔正今因少銀
應用自愿托中再向
茂美侄處三面言議盡出價銀壹
拾肆兩伍錢每兩折錢捌百文扣
其銀即日收訖其田即付侄前去耕
作納租任從其便不敢霸佔生端之理
言約其年期陸年滿後至有能之日
備銀照原盡字面取贖者听如是
未贖仍付侄業今欲有憑立盡字
一紙付執為照
咸豐伍年十一月 日立盡字叔太章（押）
代字中見侄爲福（押）

6-3-2-5 清咸豐五年十一月林太章立盡民田字（廢契）

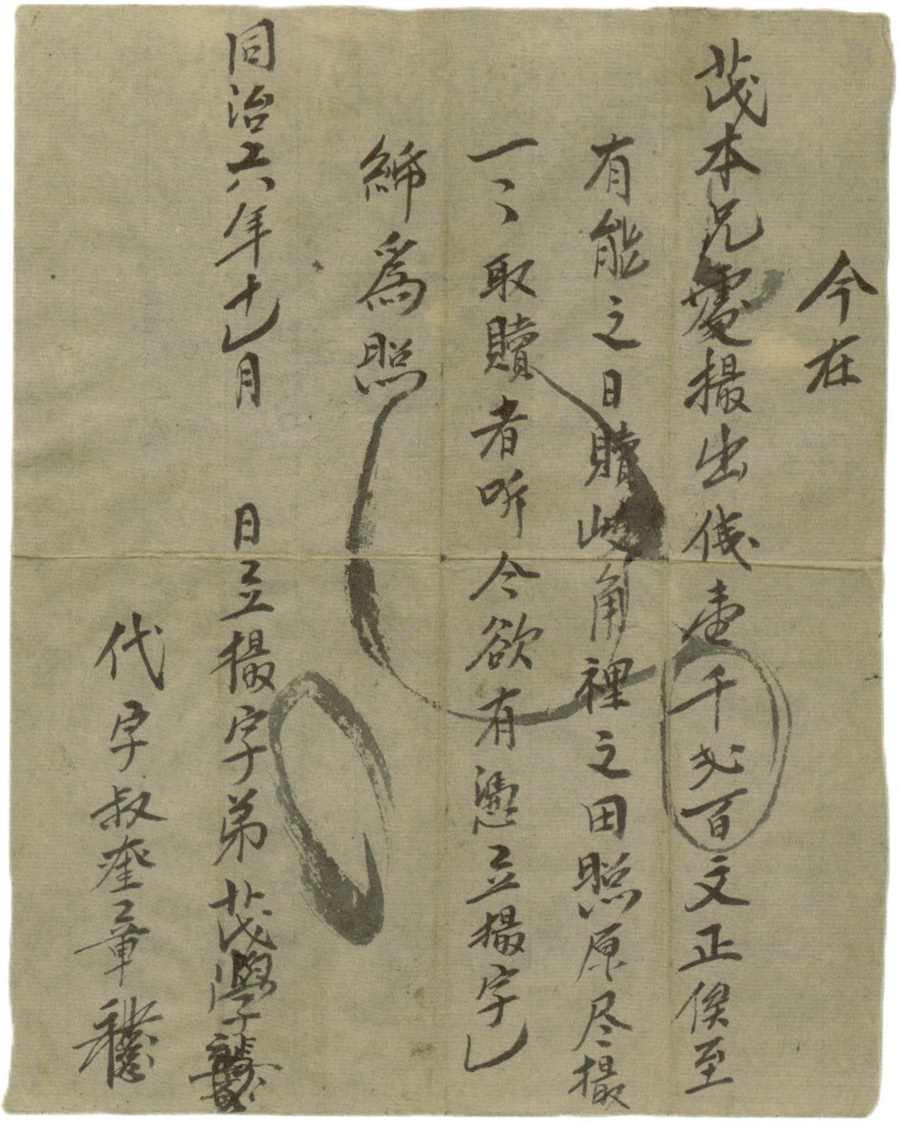

今在
茂本兄處撮出錢壹千玖百文正係至
有能之日贖㟁角裡之田照原尽撮
一一取贖者听今欲有憑立撮字乚
締為照
同治六年十一月　日立撮字弟茂學
代字叔奎三筆

6-3-2-6　清同治六年十一月林茂學立撮字（廢契）

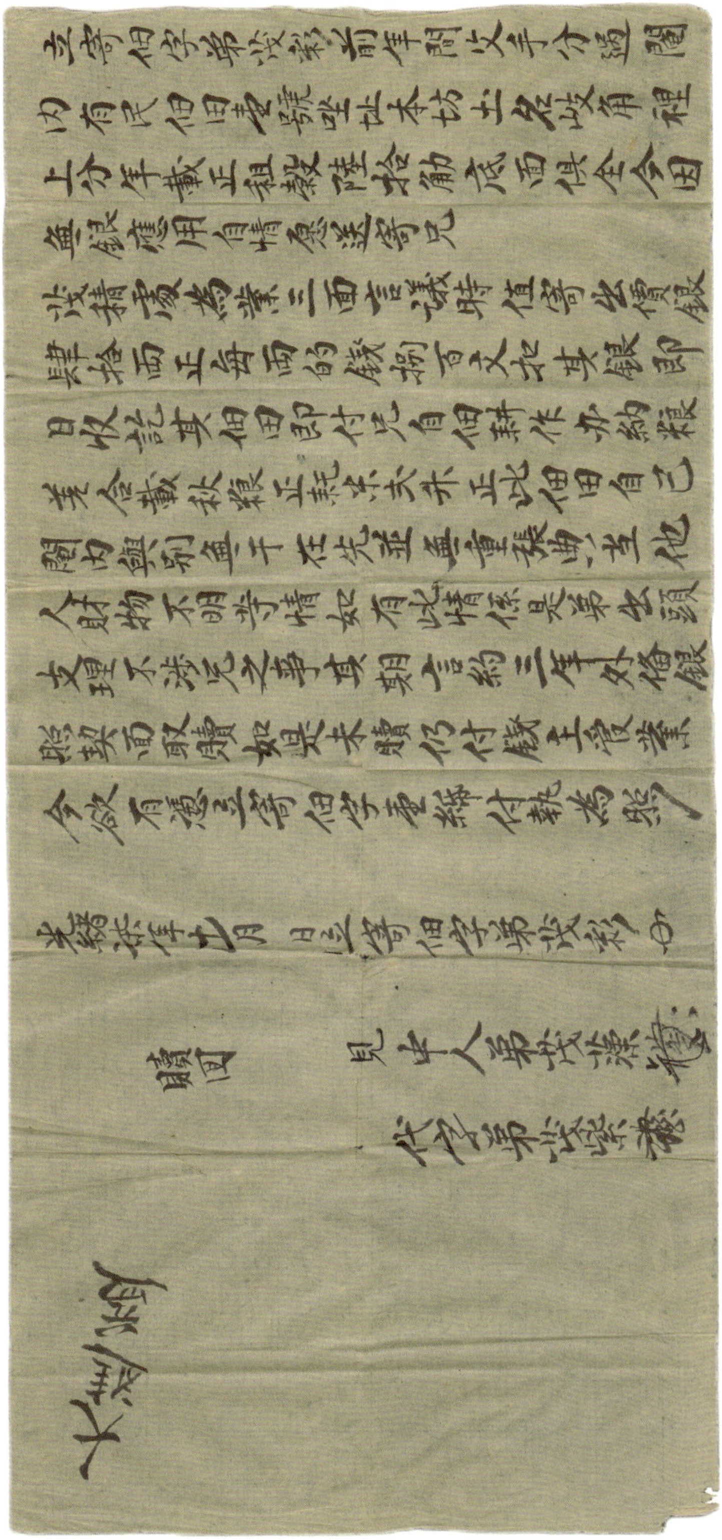

立寄佃字弟茂彩，前年同父手分過鬮
內有民佃田壹號，坐址本坊，土名坡角裡
上分，年載正租穀陸拾觔，底面俱全。今因
無銀應用，自情愿送寄兄
茂精處為業，三面言議，時值寄佃價銀
肆拾兩正，每兩的錢捌百文，其銀即
日收訖，其佃田即付兄自佃耕作，办納糧
差，合載秋糧正耗米弍升正。此佃田自己
鬮內物業，與別房無干，在先並無重張典挂他
人財物不明等情，如有此情，係是弟出頭
支理，不涉兄之事。其期言約三年外，備銀
照契面取贖，如是未贖，仍付銀主管業。
今欲有憑，立寄佃字壹紙，付執為照。

光緒柒年十一月　日立寄佃字弟茂彩
見中人弟茂漆
代字弟茂燦
贖回

6-3-2-7　清光緒七年十一月林茂彩立寄民佃田字

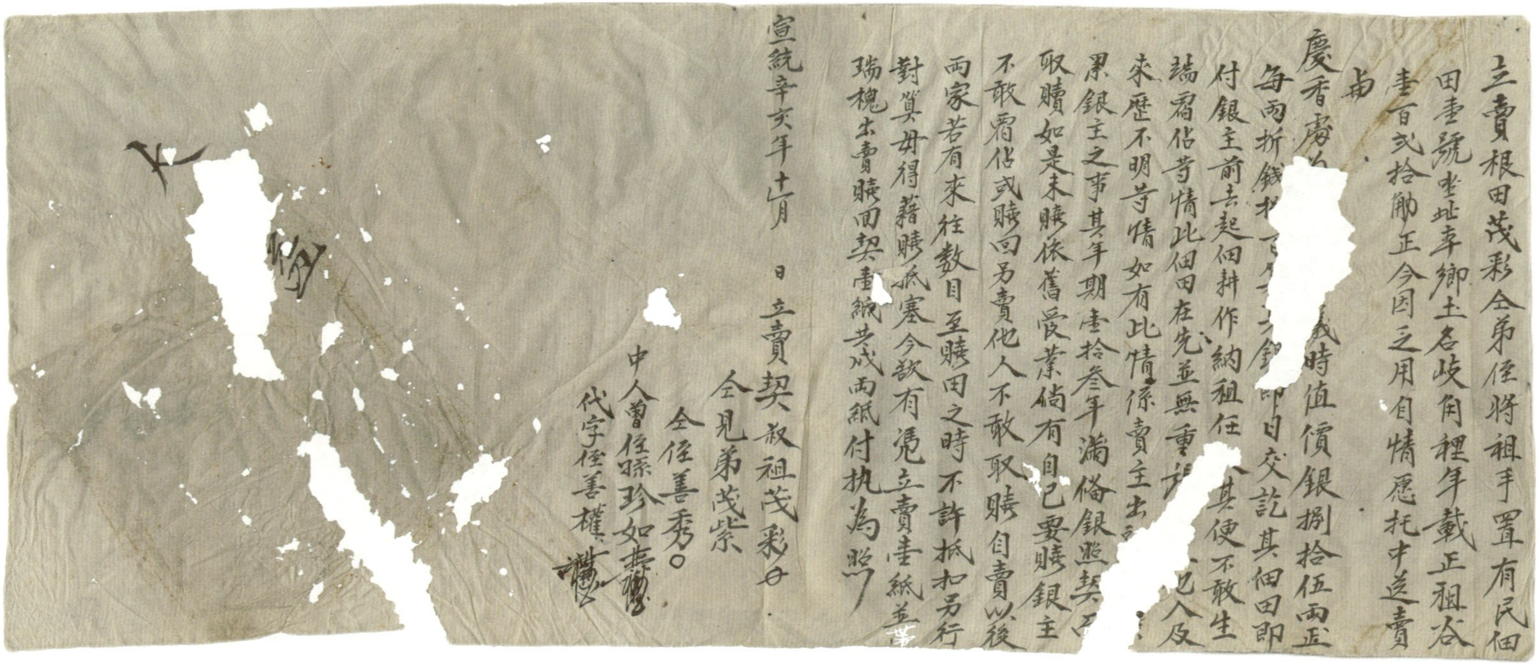

立賣根田茂彩仝弟侄將祖手置有民佃
田壹號坐址本鄉土名岐角裡，年載正租谷
壹百弍拾觔正，今因乏用，自情愿托中送賣
與
慶香[illegible]時值價銀捌拾伍兩正，
每兩折錢[illegible]即日交訖。其佃田即
付銀主前去起佃耕作納租，任[illegible]其便，不敢生
端寫佔等情。此佃田在先並無重張[illegible]人及
來歷不明等情，如有此情，係賣主出[illegible]
累銀主之事。其年期壹拾叁年滿，備銀照契[illegible]
取贖，如是未贖，依舊管業。倘有自己要贖，銀主
不敢霸佔，或贖回另賣他人，不敢取贖。自賣以後，
兩家若有來往數目，至贖田之時不許抵扣，另行
對算，毋得藉贖抵塞。今欲有憑，立賣壹紙，並
瑞槐出賣贖回契壹紙，共成兩紙，付執為照。

宣統辛亥年十一月　日　立賣契叔祖茂彩（押）
仝見弟茂紫
仝侄善秀○
中人曾侄孫珍如（押）
代字侄善權（押）

6-3-2-8　清宣統三年十一月林茂彩等立賣民佃田契

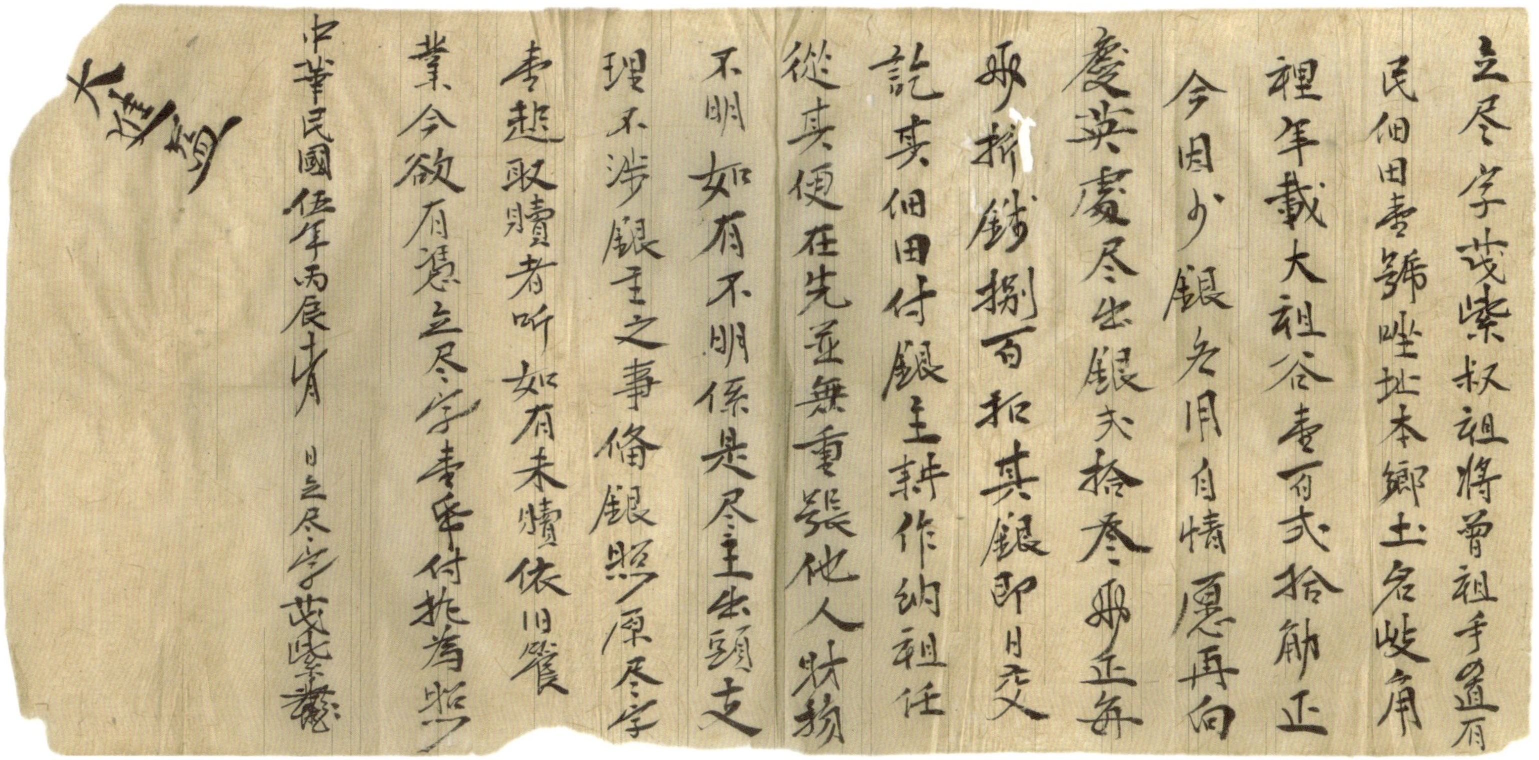

立盡字茂紫叔祖將曾祖手置有
民佃田壹號坐址本鄉土名岐角
裡年載大租谷壹百弍拾觔正
今因乏銀應用自情愿再向
慶英處盡出銀弍拾叁两正每
两折錢捌百和其銀即日交
訖其佃田付銀主耕作納租任
從其便在先並無重張他人財物
不明如有不明係是盡主出頭支
理不涉銀主之事倘銀照原盡字
奉趙取贖者听如有未贖依旧管
業今欲有憑立盡字壹紙付執為照
中華民國伍年丙辰十一月　日立盡字茂紫親
大發財

6-3-2-9　民國五年十一月林茂紫立盡民佃田字

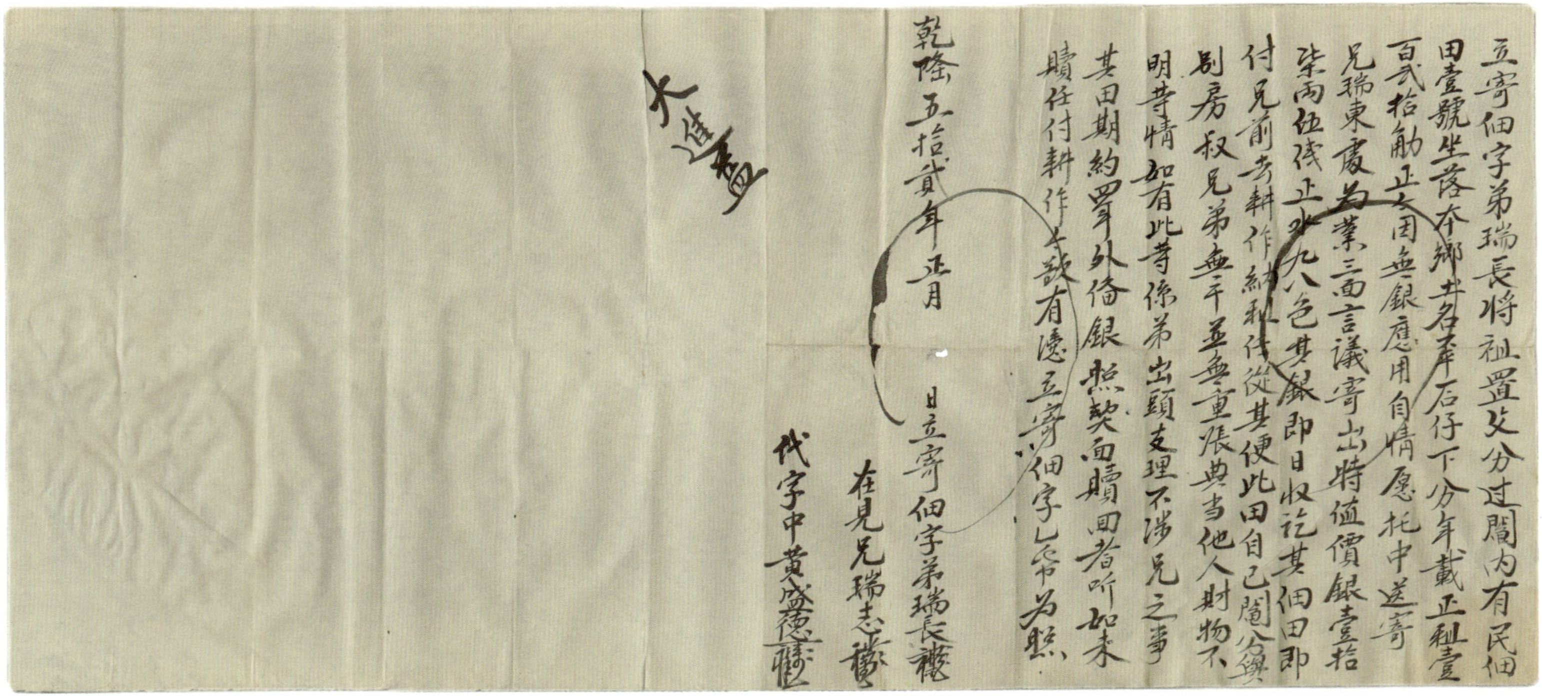

立寄佃字弟瑞長將祖置受分过閪内有民佃
田壹號坐落本鄉土名牛石仔下分年載正租壹
百貳拾觔正今因無銀應用自情愿托中送寄
兄瑞東處為業三面言議寄出時値價銀壹拾
柒両伍錢正水九八色其銀即日收訖其佃田即
付兄前去耕作納租任從其便此田自己閪分鎮
別房叔兄弟無干並無重張典當他人財物不
明等情如有此等係弟出頭支理不涉兄之事
其田期約四年外備銀照契面贖回者听如未
贖任付耕作今欲有憑立寄佃字乙帋為照

乾隆五拾貳年正月　日立寄佃字弟瑞長（押）
在見兄瑞志（押）
代字中黄盛德（押）

大進查

6-3-3-1　清乾隆五十二年正月林瑞長立寄民佃田字（廢契）

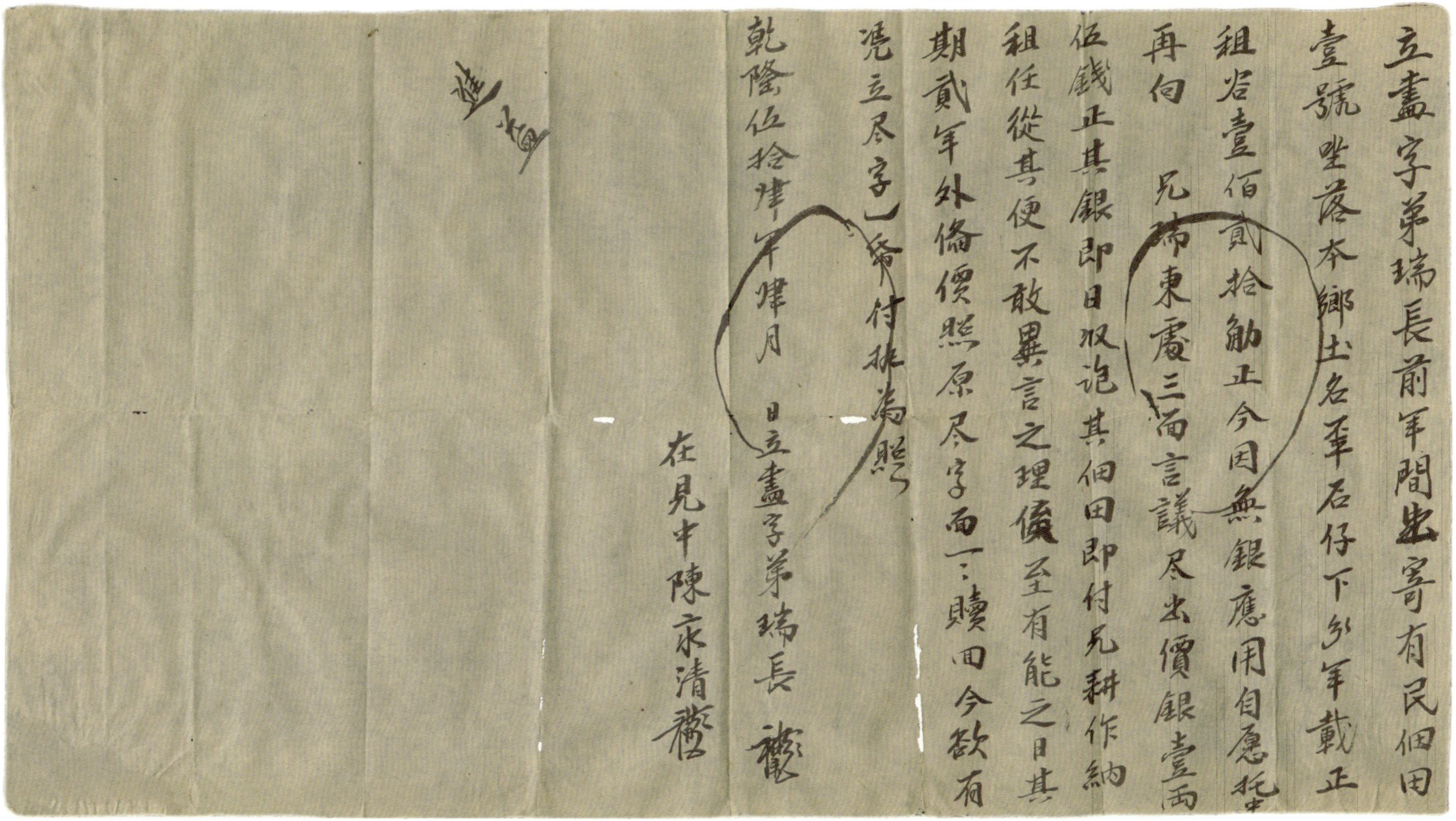

立盡字弟瑞長前年間出寄有民佃田
壹號坐落本鄉土名羊石仔下乡年載正
租谷壹佰貳拾觔正今因無銀應用自愿托中
再向　兄邊東處三面言議尽出價銀壹兩
伍錢正其銀即日收訖其佃田即付兄耕作納
租任從其便不敢異言之理俟至有能之日其
期貳年外備價照原尽字面一一贖回今欲有
憑立尽字一紙付執為照
乾隆伍拾肆年肆月　日立盡字弟瑞長（押）
在見中陳永清（押）

6-3-3-2　清乾隆五十四年四月林瑞長立盡民佃田字（廢契）

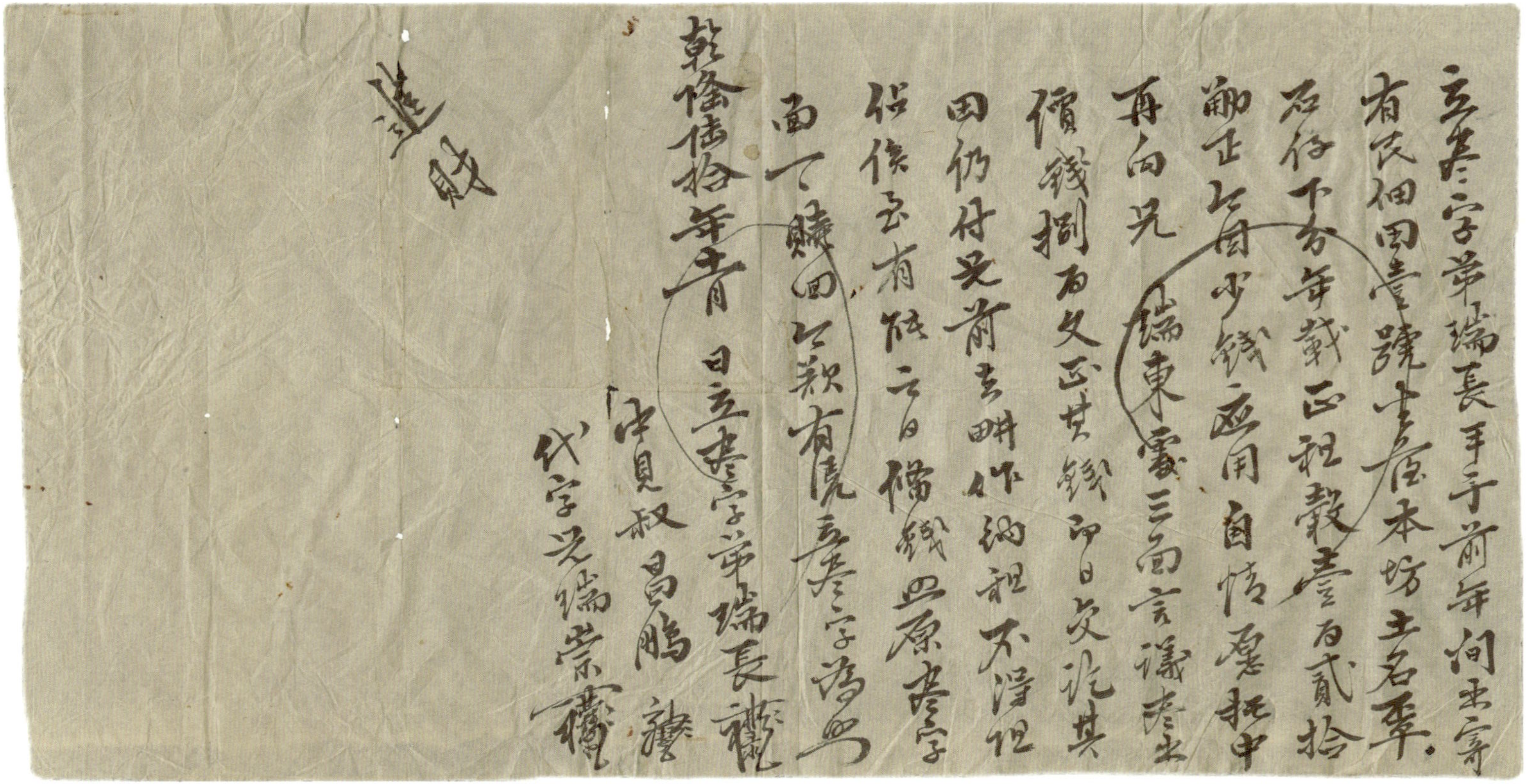

立盡字弟瑞長，手于前年間承寄
有民佃田壹號，坐在本坊，土名牽，
每年下冬年載正租穀壹百貳拾
觔正。今因少錢應用，自情愿托中
再向兄瑞東處三面言議，盡出
價錢捌百文正，其錢即日交訖。其
田仍付兄前去耕作納租，不得阻
佔。係[illegible]有份，二日備錢無原盡字
面下贖回，[illegible]款。有憑，立盡字為照。
乾隆陸拾年十一月[illegible]日立盡字弟瑞長
中見叔昌鵬
代字兄瑞崇

6-3-3-3　清乾隆六十年十一月林瑞長立盡民佃田字（廢契）

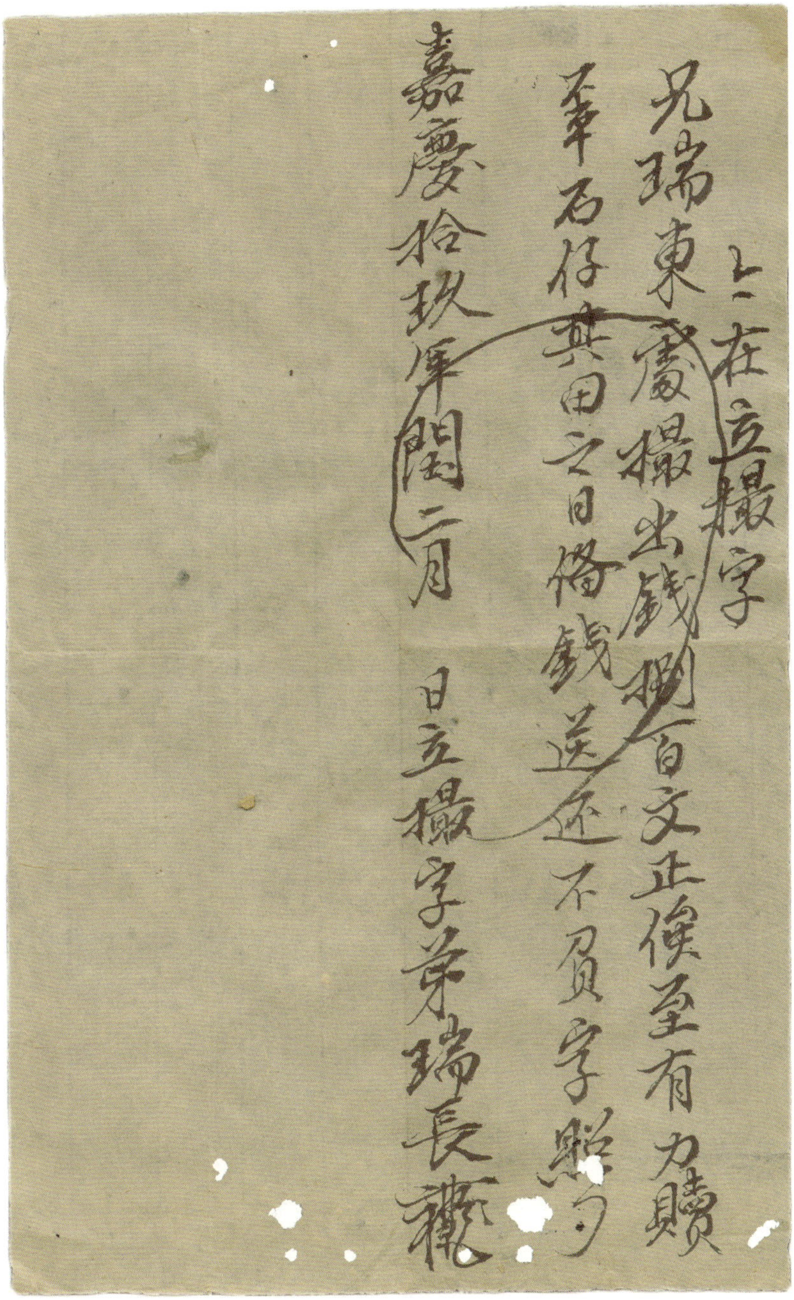

上在立撮字
兄瑞東處撮出錢捌百文正俟至有力贖
華石仔其田之日將錢送還不負字照
嘉慶拾玖年閏二月　日立撮字弟瑞長（押）

6-3-3-4　清嘉慶十九年閏二月林瑞長立撮字（廢契）

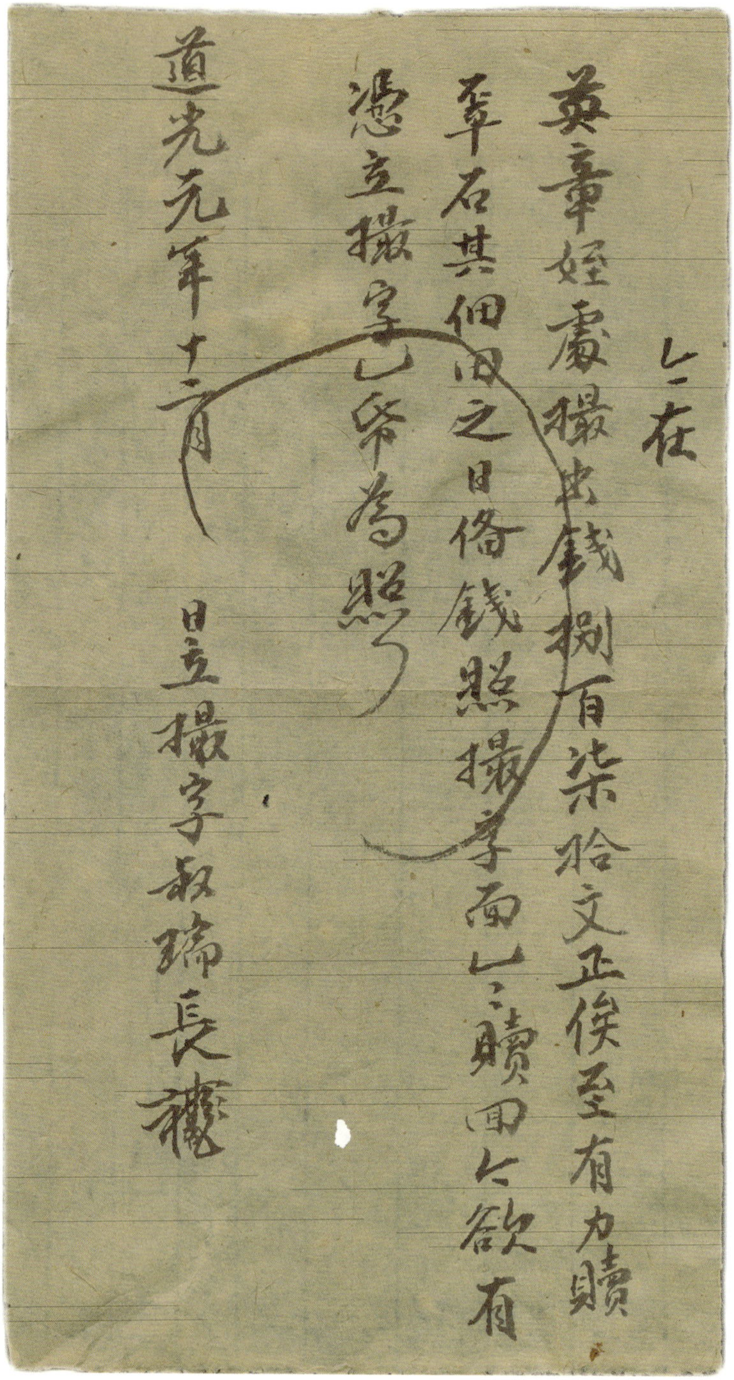

今在
英章姪處撮出錢捌百柒拾文正俟至有力贖
草石其佃田之日備錢照撮字面之贖回今欲有
憑立撮字一帋為照
道光元年十二月　日立撮字叔瑞長

6-3-3-5　清道光元年十二月林瑞長立撮字（廢契）

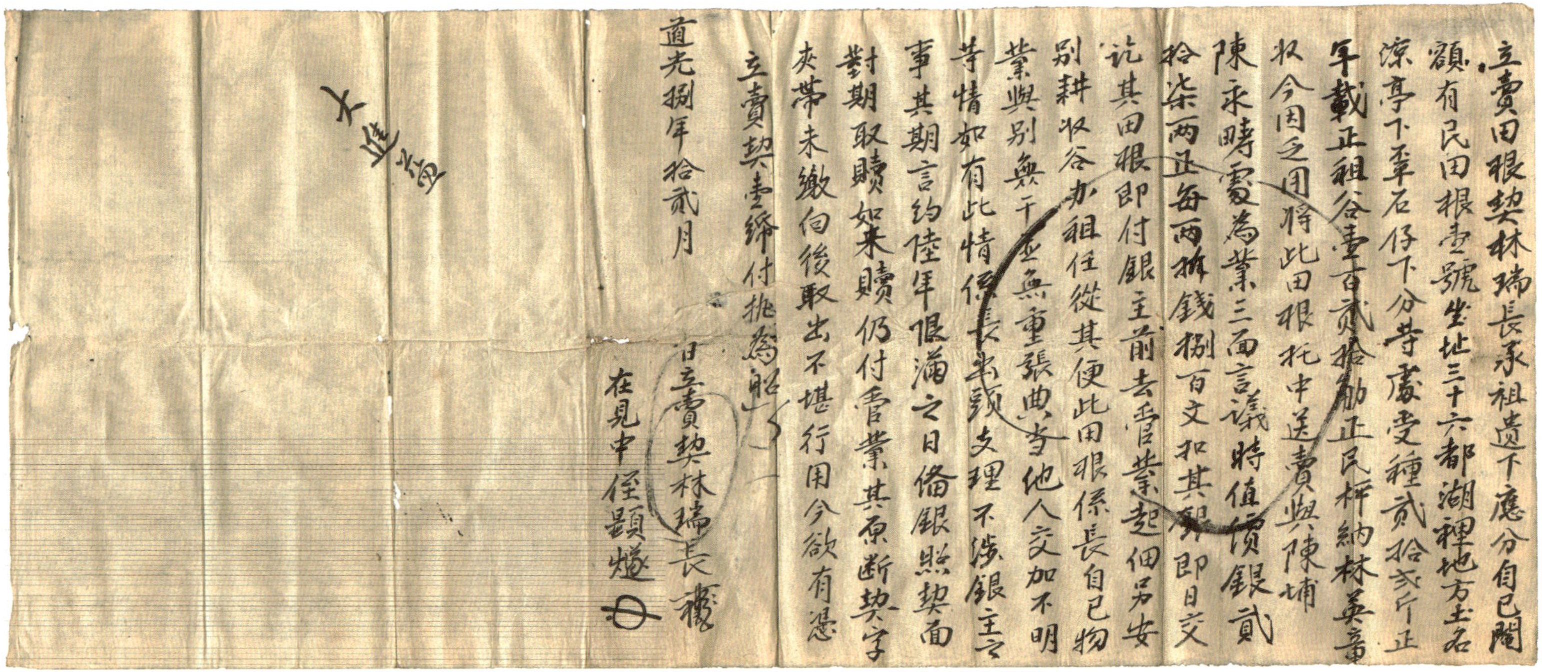

立賣田根契林瑞長承祖遺下應分自己閹
額有民田根壹號坐址三十六都湖裡地方土名
涼亭下章石仔下分等處受種貳拾斤正
年載正租谷壹百貳拾觔正民秤納林美高
收今因乏用將此田根托中送賣與陳埔
陳永時處為業三面言議時值價銀貳
拾柒兩正每兩扣錢捌百文和其銀即日交
訖其田根即付銀主前去管業起佃另安
別耕收谷办祖任從其便此田根係長自己物
業與別無干並無重張典當他人交加不明
等情如有此情俱長出頭支理不涉銀主之
事其期言約陸年限滿之日備銀照契面
對期取贖如未贖仍付管業其原斷契字
夾帶未繳向後取出不堪行用今欲有憑
立賣契壹紙付執為照
道光捌年拾貳月　日立賣契林瑞長（押）
在見中侄顯燧（押）

6-3-3-6　清道光八年十二月林瑞長立賣民田根契（廢契）

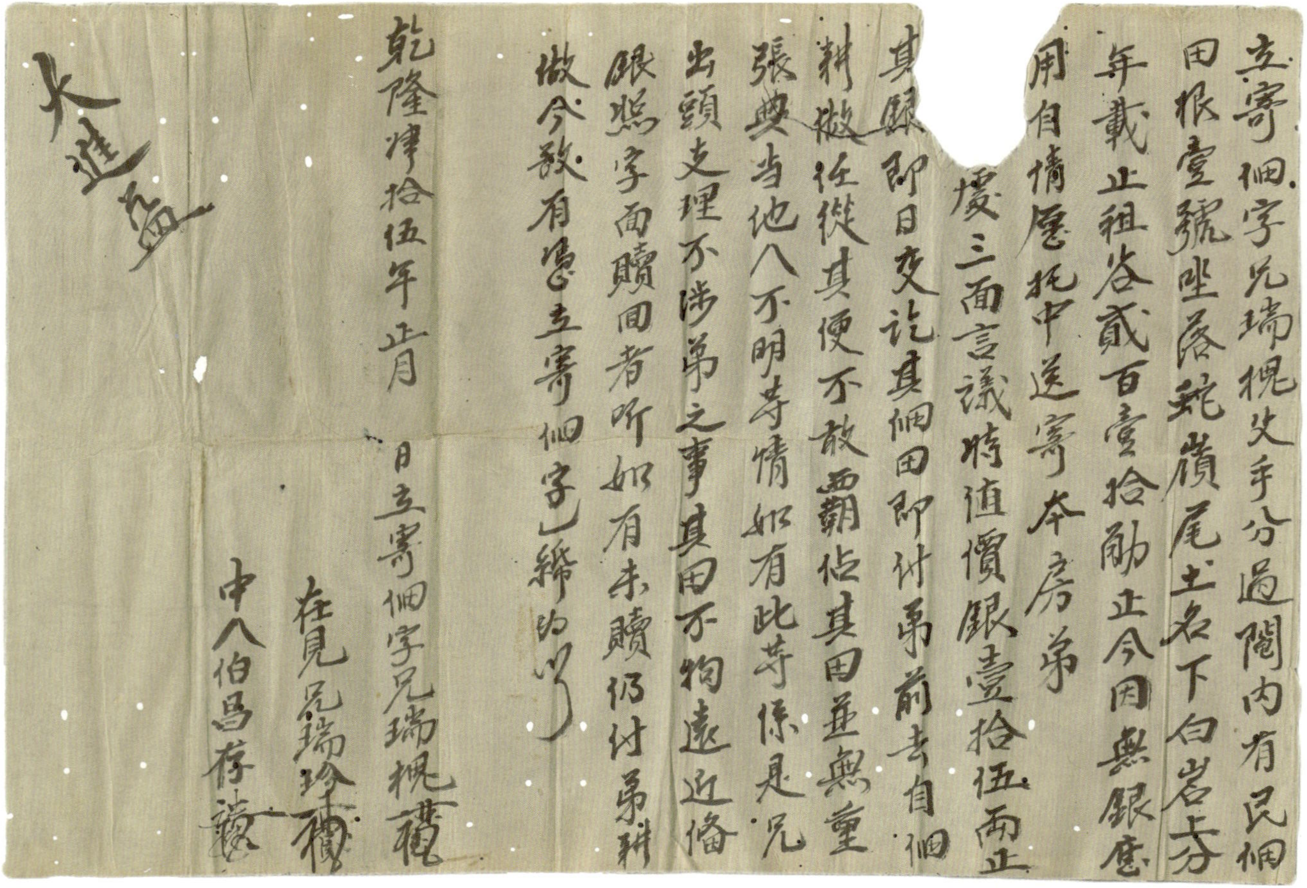

立寄佃字兄瑞槐父手分過鬮內有民佃
田根壹號坐落乾嶺尾土名下白岩坑
年載正租谷貳百壹拾觔正今因無銀應
用自情愿托中送寄本房弟
慶三面言議時值價銀壹拾伍兩正
其銀即日交訖其佃田即付弟前去自佃
耕做任從其便不敢霸佔其田並無重
張典当他人不明等情如有此等係是兄
出頭支理不涉弟之事其田不拘遠近備
原銀照字面贖回者听如有未贖仍付弟耕
做今欲有憑立寄佃字一紙為照
乾隆肆拾伍年正月　日立寄佃字兄瑞槐
在見兄瑞玲
中人伯昌存
大進益

6-3-4-1　清乾隆四十五年正月林瑞槐立寄民佃田根字

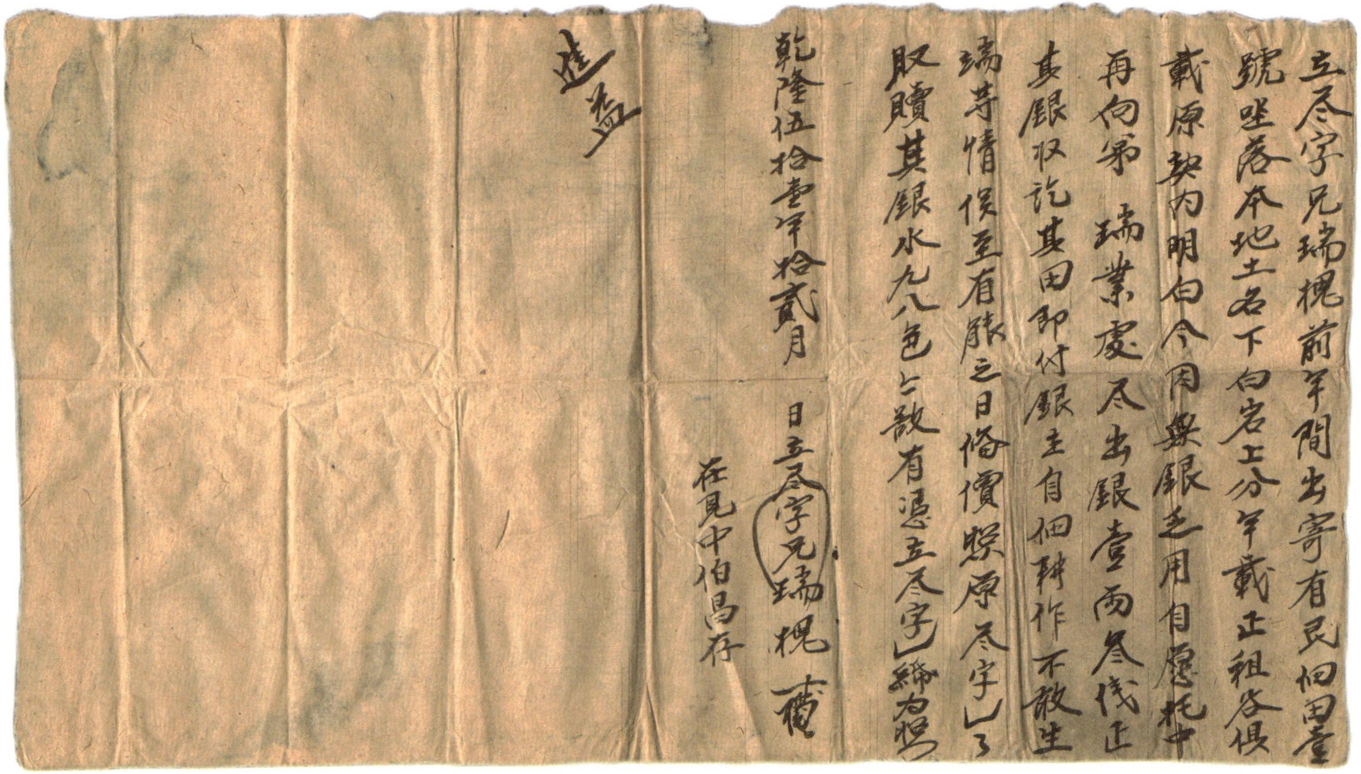
立盡字兄瑞槐前年間出寄有民佃田壹
號坐落本地土名下白岩上分年載正租谷俱
載原契內明白今因要銀乏用自愿托中
再向弟 瑞業處盡出銀壹兩叁錢正
其銀收訖其田即付銀主自佃耕作不敢生
端等情俟至有銀之日備價照原盡字乙了
取贖其銀水九八色七㪚有憑立盡字乙紙為照
乾隆伍拾壹年拾貳月　日立盡字兄瑞槐
在見中伯昌存
進益

6-3-4-2　清乾隆五十一年十二月林瑞槐立盡民佃田字（廢契）

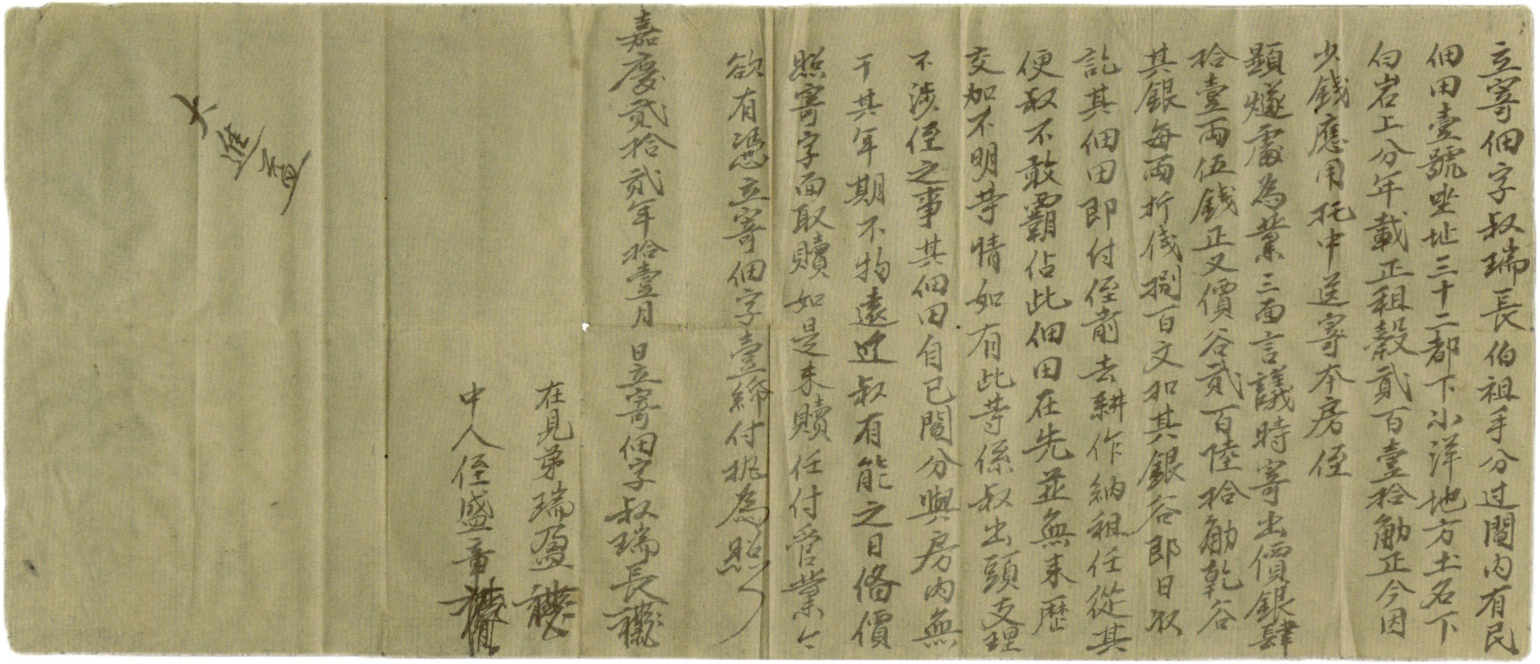
立寄佃字叔瑞長伯祖手分过閣内有民
佃田壹號坐址三十二都下小洋地方土名下
白岩上分年載正租穀貳百壹拾觔正今因
少錢應用托中送寄本房侄
顯爔處為業三面言議時寄出價銀肆
拾壹兩伍錢正又價谷貳百陸拾觔乾谷
其銀每兩折錢捌百文扣其銀谷即日収
訖其佃田即付侄前去耕作納租任從其
便叔不敢霸佔此佃田在先並無来歷
交加不明等情如有此等係叔出頭支理
不涉侄之事其佃田自己閻分與房内無
干其年期不拘遠近叔有能之日備價
照寄字面取贖如是未贖任付管業
欲有憑立寄佃字壹紙付執為照
嘉慶貳拾貳年拾壹月　日立寄佃字叔瑞長
在見弟瑞顯
中人侄盛章

6-3-4-3　清嘉慶二十二年十一月林瑞長立寄民佃田字

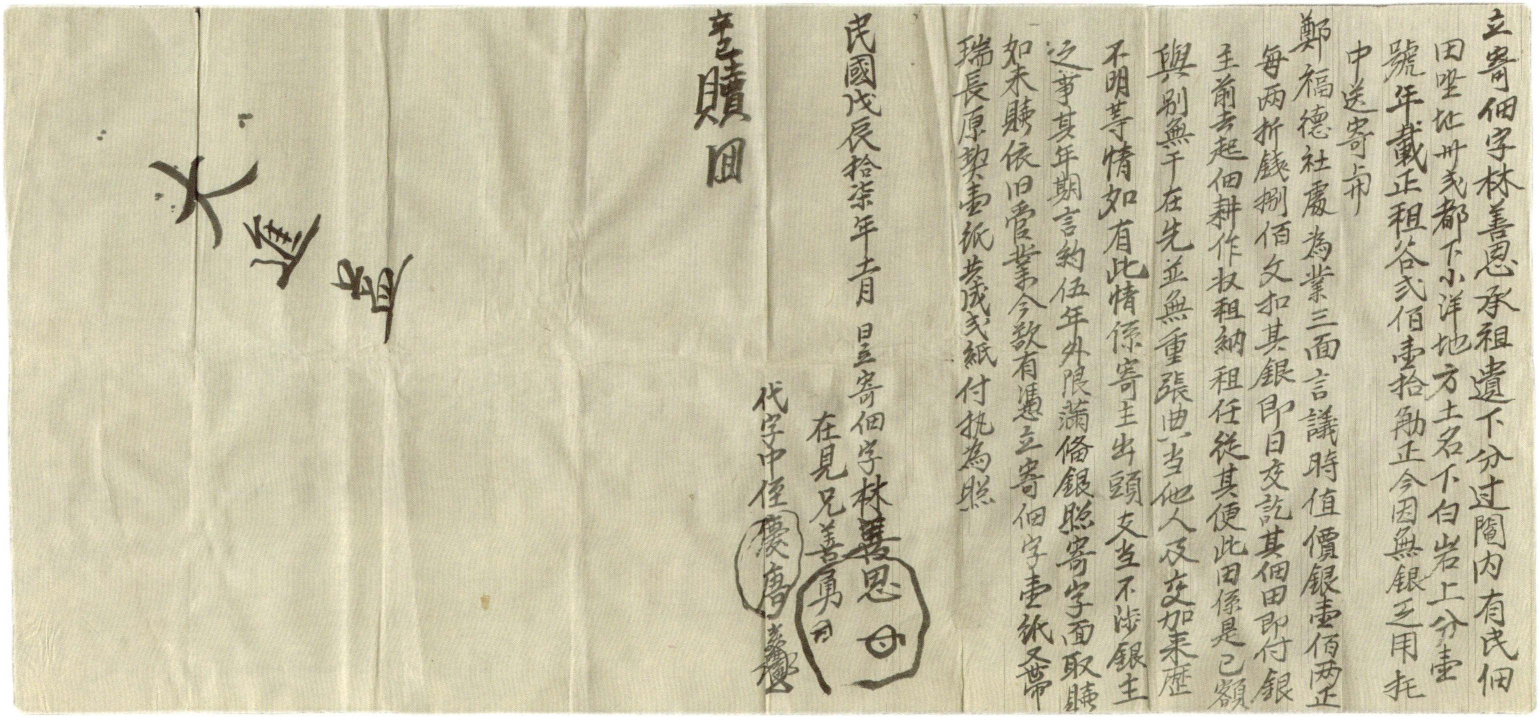
立寄佃字林善思承祖遺下分过閹内有民佃
田坐址卅弍都下小洋地方土名下白岩上分壹
號年載正租谷弍佰壹拾觔正今因無銀乏用托
中送寄與
鄭福德社處為業三面言議時值價銀壹佰两正
每两折錢捌佰文扣其銀即日交訖其佃田即付銀
主前去起佃耕作収租納租任從其便此田係是己額
與別無干在先並無重張典当他人及交加來歷
不明等情如有此情係寄主出頭支当不涉銀主
之事其年期言約伍年外限滿備銀照寄字面取贖
如未贖依旧管業今欲有憑立寄佃字壹紙又帶
瑞長原契壹紙共成弍紙付執為照
民國戊辰拾柒年十一月　日立寄佃字林善思（押）
在見兄善勇（押）
代字中仝慶壽（押）
辛巳贖回

6-3-4-4　民國十七年十一月林善思立寄民佃田字（廢契）

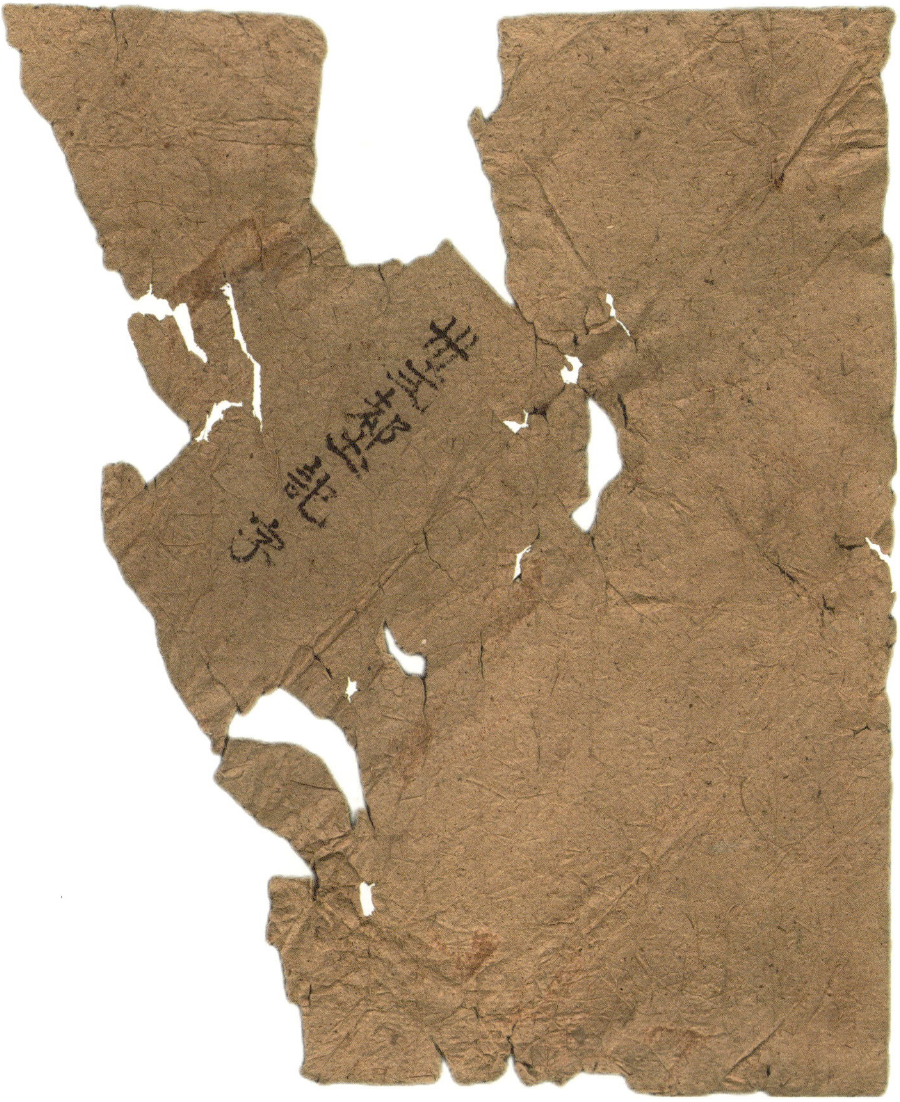

6-3-5-1　包契紙

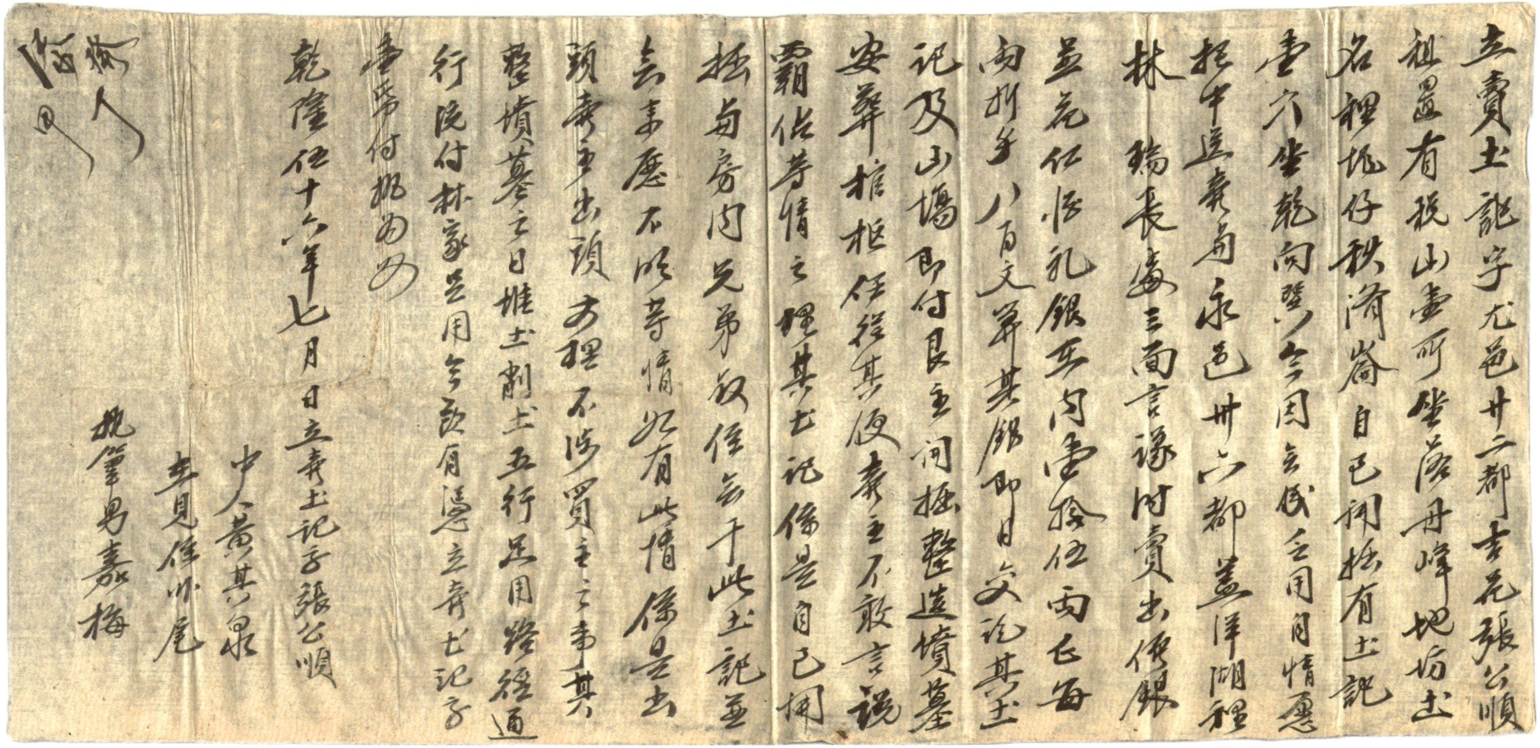

立賣土記字尤邑廿二都吉苑張公順
祖置有税山壹所坐落丹峰地坊土
名裡坑仔秋濟崙自己開掘有土記
壹穴坐乾向巽兼亥巳今因缺乏銀用自情愿
托中送賣與永邑卅六都蓋洋湖裡
林 瑞長處三面言議時賣出價銀
並花紅紙孔銀共內壹拾伍兩正每
兩折錢八百文算其銀即日交訖其土
記及山場即付銀主開掘整造墳墓
安葬樁柩任從其便賣主不敢言說
霸佔等情之理其土記係是自己開
掘與房內兄弟叔侄無干此土記至
去[illegible]應不明等情如有此情係是出
頭賣主出頭支理不涉買主之事其
整墳墓之日堆土劃土五行足用路徑通
行從付林家出用今欲有憑立賣土記字
壹紙付執為炤

乾隆伍十六年七月 日立賣土記字張公順
中人黃其泉
在見侄洲尾
執筆男嘉梅

6-3-5-2　清乾隆五十六年七月尤溪張公順立賣土記字（草契）

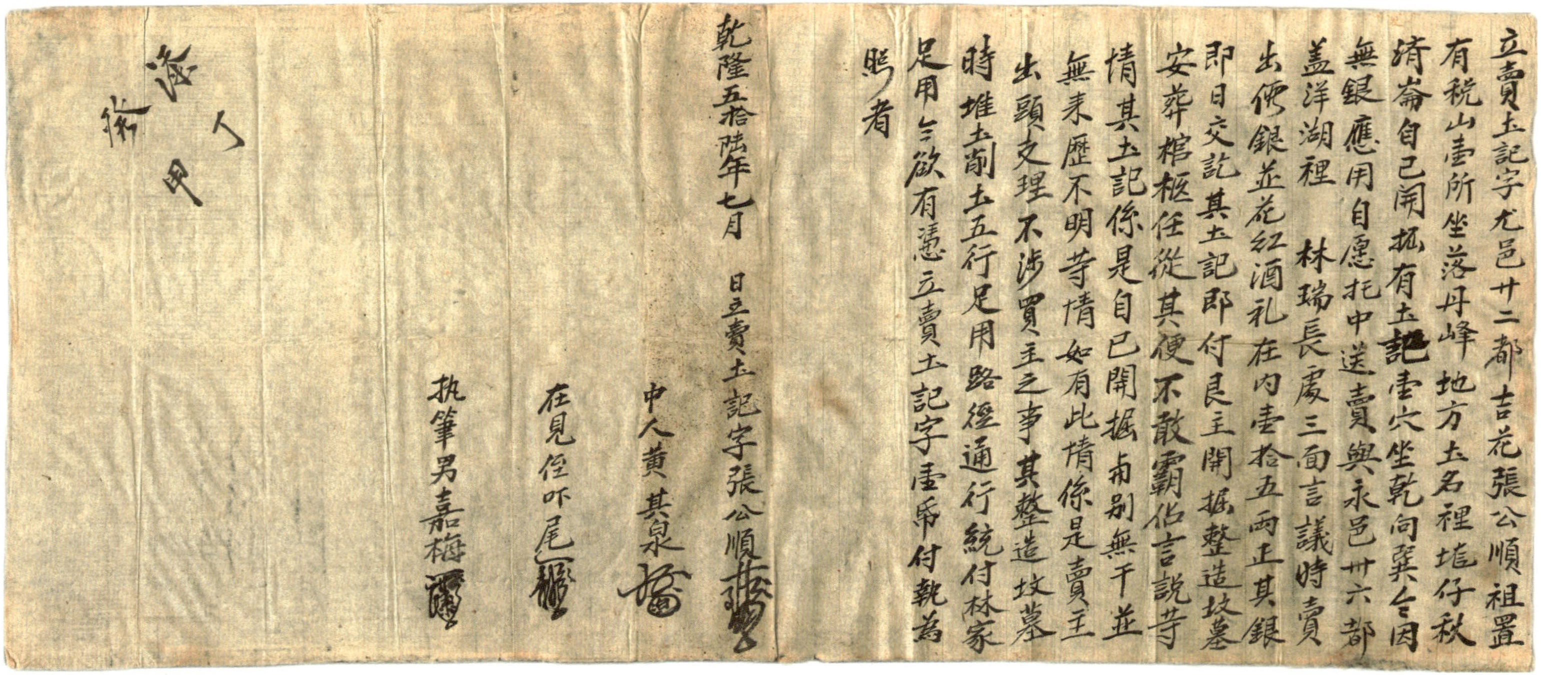
立賣土記字尤邑廿二都吉花張公順祖置
有稅山壹所坐落丹峰地方土名程墘仔秋
墳崙自己開掘有土記壹穴坐乾向巽今因
無銀應用自愿托中送賣與永邑廿六都
蓋洋湖裡 林瑞長處三面言議時賣
出價銀並花紅酒礼在內壹拾五兩正其銀
即日交訖其土記即付艮主開掘整造坟墓
安葬棺柩任從其便不敢霸佔言說等
情其土記係是自己開掘弟剐無干並
無來歷不明等情如有此情係是賣主
出頭支理不涉買主之事其整造坟墓
時堆土開土五行足用路徑通行統付林家
足用今欲有憑立賣土記字壹帋付執為
照者

乾隆五拾陸年七月 日立賣土記字張公順（押）
中人黃其泉（押）
在見侄吓尾（押）
執筆男嘉梅（押）

6-3-5-3 清乾隆五十六年七月尤溪張公順立賣土記字

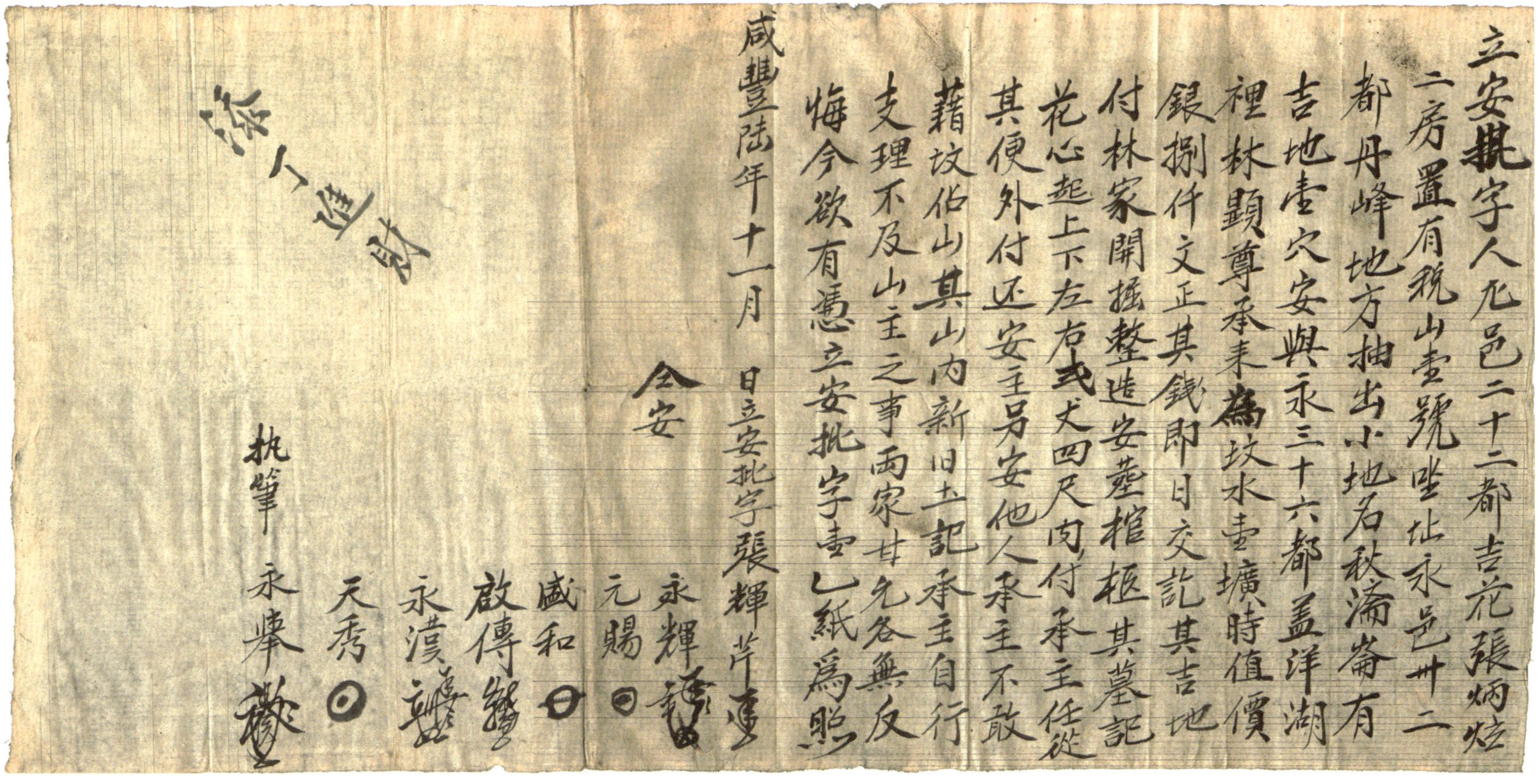

立安批字人尤邑二十二都吉花張炳炫
二房置有稅山壹號坐址永邑廿二
都丹峰地方抽出小地名秋湍崙有
吉地壹穴安與永三十六都蓋洋湖
裡林顕尊承耒爲坟水壹壙時值價
銀捌仟文正其錢即日交訖其吉地
付林家開掘整造安塟棺柩其墓記
花心起上下左右弍丈四尺內付承主任從
其便外付还安主另安他人承主不敢
藉坟佔山其山內新旧土記承主自行
支理不及山主之事兩家甘允各無反
悔今欲有憑立安批字壹紙爲照

咸豐陸年十一月　日立安批字張輝芹

仝安　永輝　元賜　咸和　啟傳　永濆　天秀

執筆　永捧

添丁[illegible]發

6-3-5-4　清咸豐六年十一月尤溪張輝芹等立安批吉地字

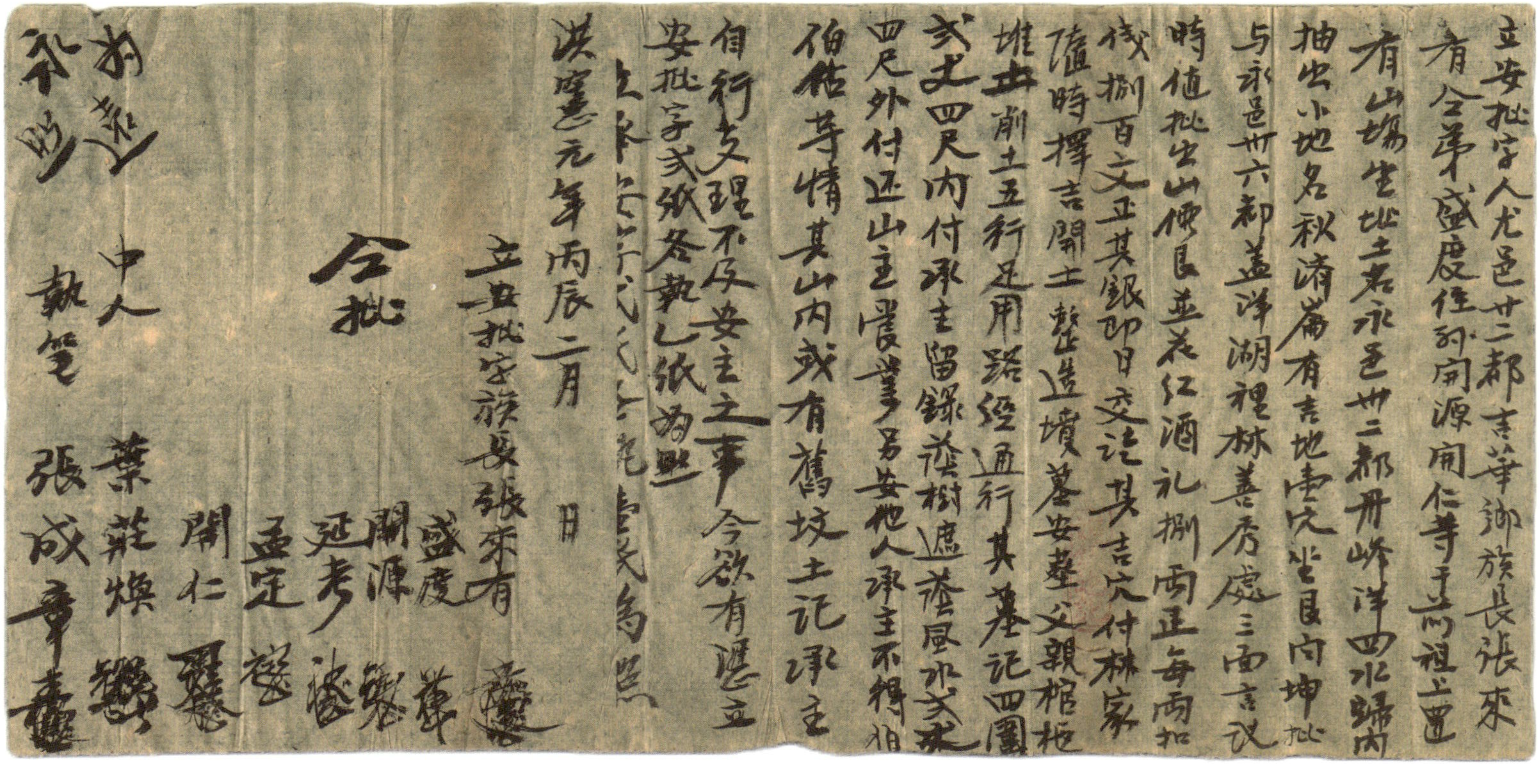

立安批字人尤邑廿三都吉華鄉族長張來
有仝弟盛度、侄開源、開仁等，今因祖上置
有山場坐址土名永邑廿二都冊峰洋四水歸內
抽出小地名秋濟崙有吉地壹穴，坐艮向坤，批
與永邑廿六都蓋洋湖裡林善房處，三面言議
時值批出山價艮並花红酒礼捌两正，每两扣
錢捌百文正，其銀即日交訖，其吉穴付林家
隨時擇吉開土整造墳墓，安塟父親棺柩，
堆土削土五行足用，路經通行，其墓記四圍
貳丈四尺內付承主留錄蔭樹遮蔭風水，丈來
四尺外付还山主管業，另安他人，承主不得阻
佑(?)等情。其山內或有舊坟土記，承主
自行支理，不及安主之事。今欲有憑，立
安批字貳紙，各執乙紙為照。
[illegible]
洪憲元年丙辰二月　日
立安批字族長張來有
仝批　盛度　開源　延孝　孟廷　開仁
中人　葉莊煥
執筆　張成章
[illegible]

6-3-5-5　民國五年（洪憲元年）二月尤溪張來有等立安批吉地字

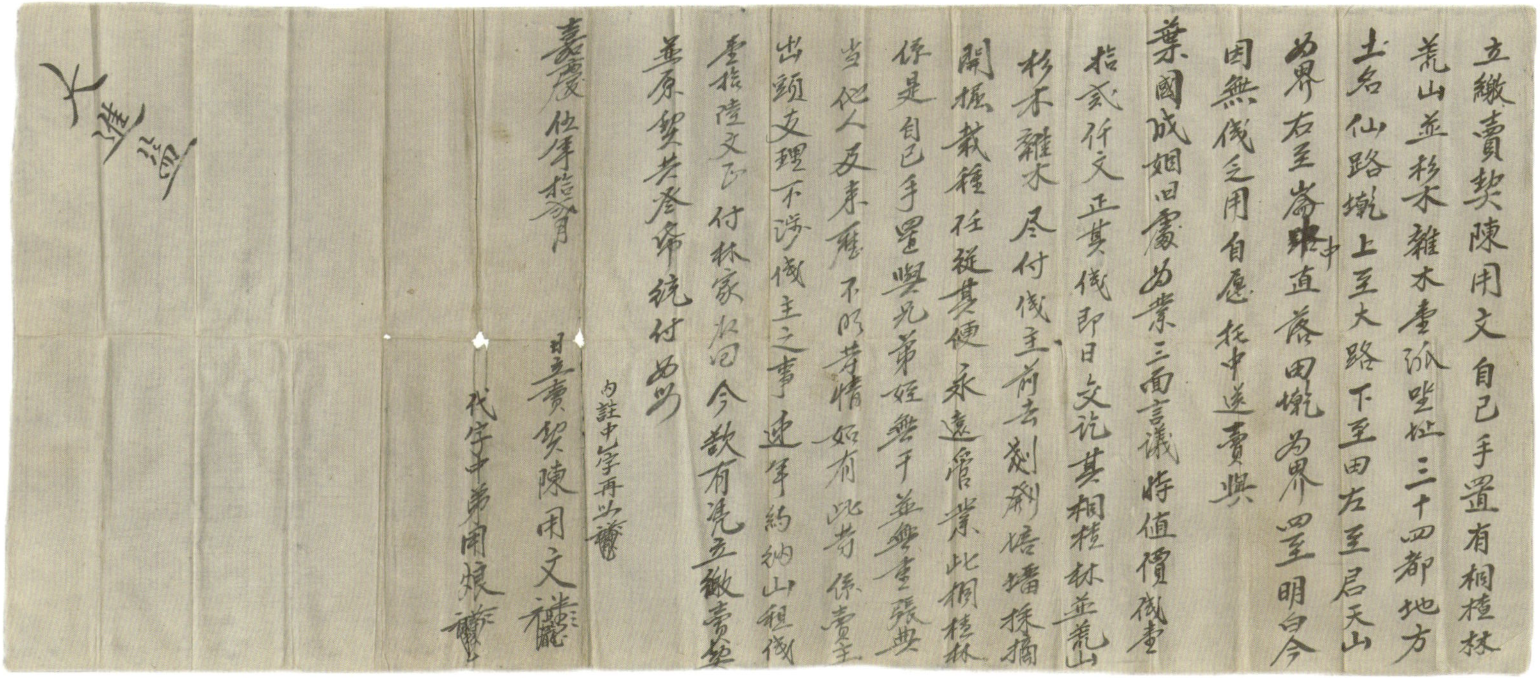

立繳賣契陳用文自己手置有桐楂林
荒山並杉木雜木壹派坐址三十四都地方
土名仙路墘上至大路下至田左至居天山
為界右至崙中直落田墘為界四至明白今
因無錢乏用自愿托中送賣與
葉國成姻旧處為業三面言議時值價錢壹
拾貳仟文正其錢即日交訖其桐楂林並荒山
杉木雜木盡付錢主前去剷剝培墻採摘
開掘栽種任從其便永遠管業此桐楂林
係是自己手置與兄弟姪無干並無重張典
當他人及來歷不明等情如有此等係賣主
出頭支理不涉錢主之事連年約納山租錢
壹拾陸文正付林家收回今欲有憑立繳賣契
並原契共叁紙統付為照
内註中字再照
嘉慶伍年拾貳月　日立賣契陳用文
代字中弟用娘
大進益

6-3-6-1　清嘉慶五年十二月陳用文立繳賣桐楂林等契

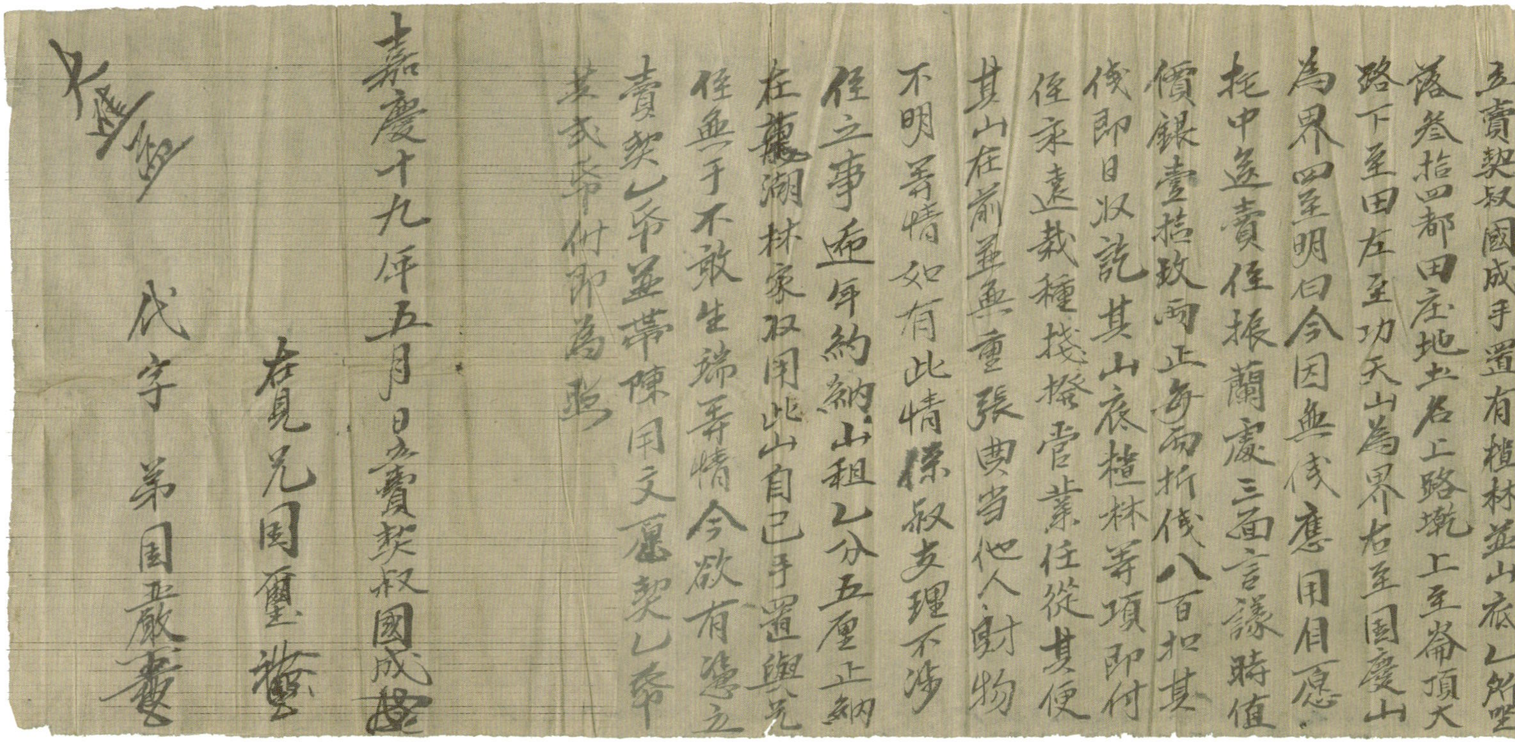

立賣契叔國成手置有楂林並山底山所坐
落叁拾四都田庄地土名上路墘上至崙頂大
路下至田左至功夭山為界右至国慶山
為界四至明白今因無錢應用自愿
托中送賣侄振蘭處三面言議時值
價銀壹拾玖兩正每兩折錢八百扣其
錢即日收訖其山底楂林等項即付
侄永遠栽種挖撘管業任從其便
其山在前並無重張典當他人財物
不明等情如有此情係叔支理不涉
侄之事每年納山租乙分五厘正納
在蘇湖林家叔用此山自己手置與兄
侄無干不敢生端弄情今欲有憑立
賣契乙帋並帶陳用文墨契乙帋
共式帋付邱為照

嘉慶十九年五月　日立賣契叔國成（押）
在見兄国璽（押）
代字弟国亞蕨（押）
大進益

6-3-6-2　清嘉慶十九年五月葉國成立賣楂林等契

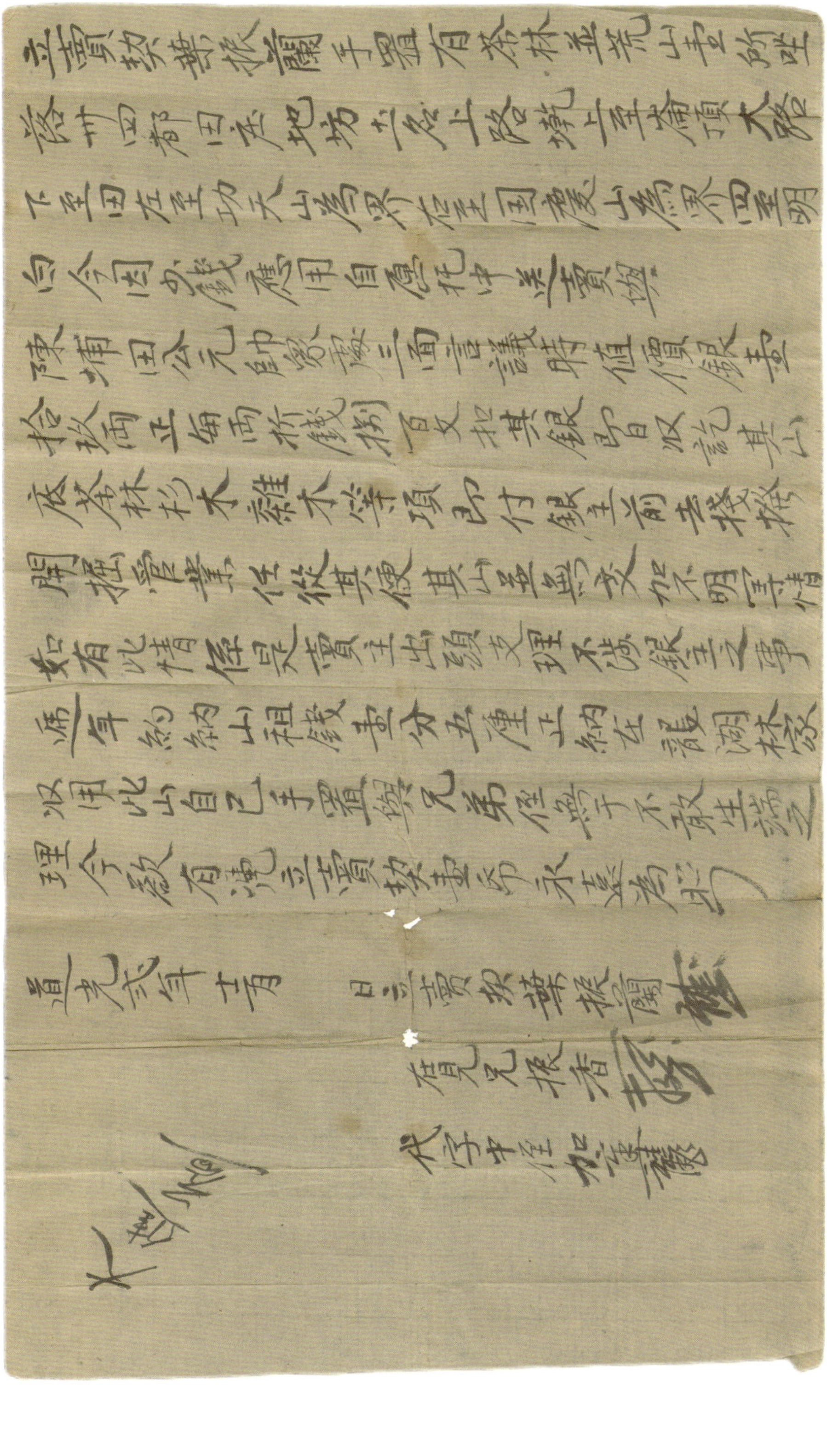

立賣契葉振蘭手置有茶林並荒山壹所坐
落卅四都因丕地方土名上路坑上至南頂大路
下至田左至功天山為界右至田磜山為界四至明
白今因外欠錢無用自愿托中送與黃盛
陳甫國公元帥處邊三面言議時值價銀壹
拾伍兩正每兩折錢捌百文批其銀即日收訖其山
底茶林杉木雜木等項即付銀主前去掌管
開掘管業任從其便其山系盛交加不明字情
如有此情係是賣主出頭支理不涉銀主之事
扃每年約納山租錢壹分五厘正納在龍潮林家
收用此山自己手置與兄弟侄無干不敢生端
理今欲有憑立賣契壹紙永遠為照

道光貳年十二月　日立賣契葉振蘭（押）

在見兄振青（押）

代字中侄振遜（押）

6-3-6-3　清道光二年十二月葉振蘭立賣茶林等契

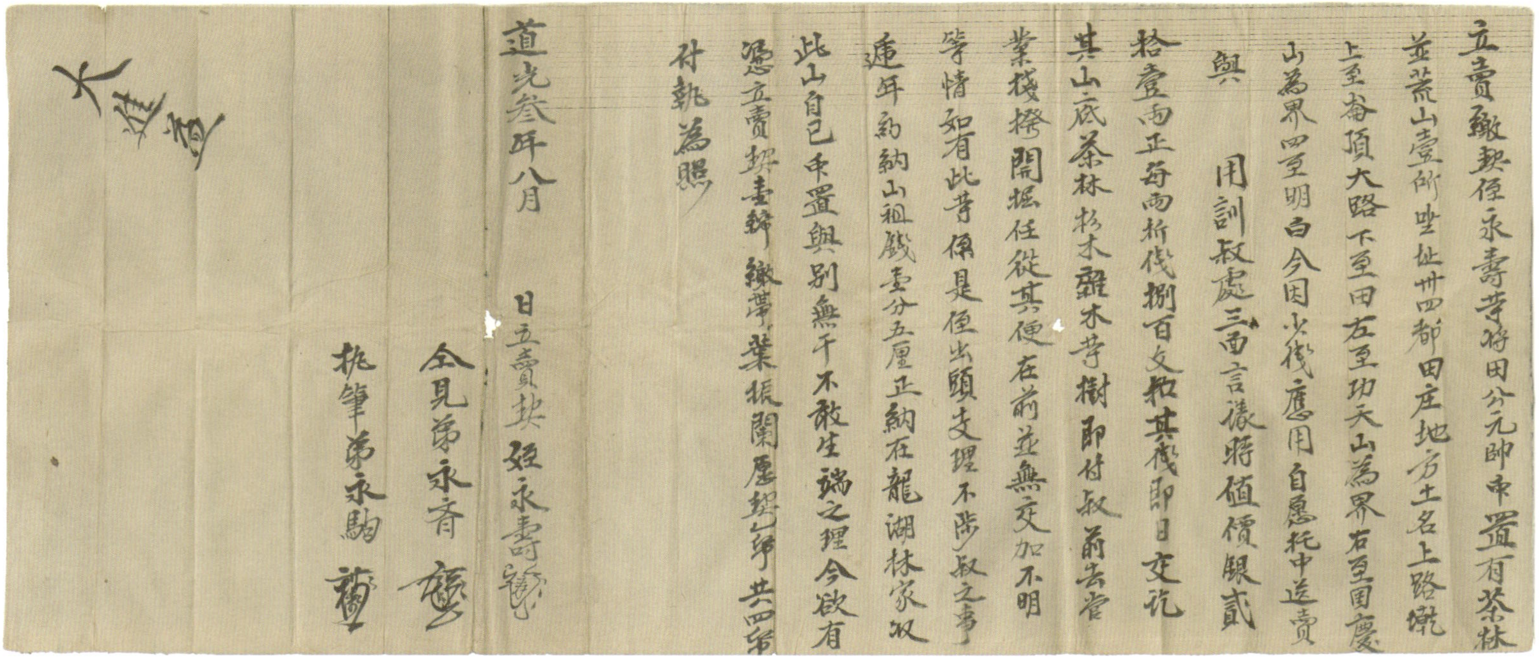
立賣繳契侄永壽等將田分元帥帝置有茶林
並荒山壹所坐址卅四都田庄地方土名上路墘
上至崙頂大路下至田左至功天山為界右至田慶
山為界四至明白今因少錢應用自愿托中送賣
與　用訓叔處三面言議將值價銀貳
拾壹兩正每兩折錢捌百文，其錢即日交訖
其山底茶林杉木雜木等樹即付叔前去管
業栽插開掘任從其便在前並無交加不明
等情如有此等係是侄出頭支理不涉叔之事
逓年納山租錢壹分五厘正納在龍湖林家收
此山自己承置與別無干不敢生端之理今欲有
憑立賣契壹紙繳業業振閣歷契共四紙
付執為照

道光叁年八月　日立賣契侄永壽（押）

仝見弟永青（押）

執筆弟永駒（押）

大進寶

6-3-6-4　清道光三年八月陳永壽立賣繳茶林等契

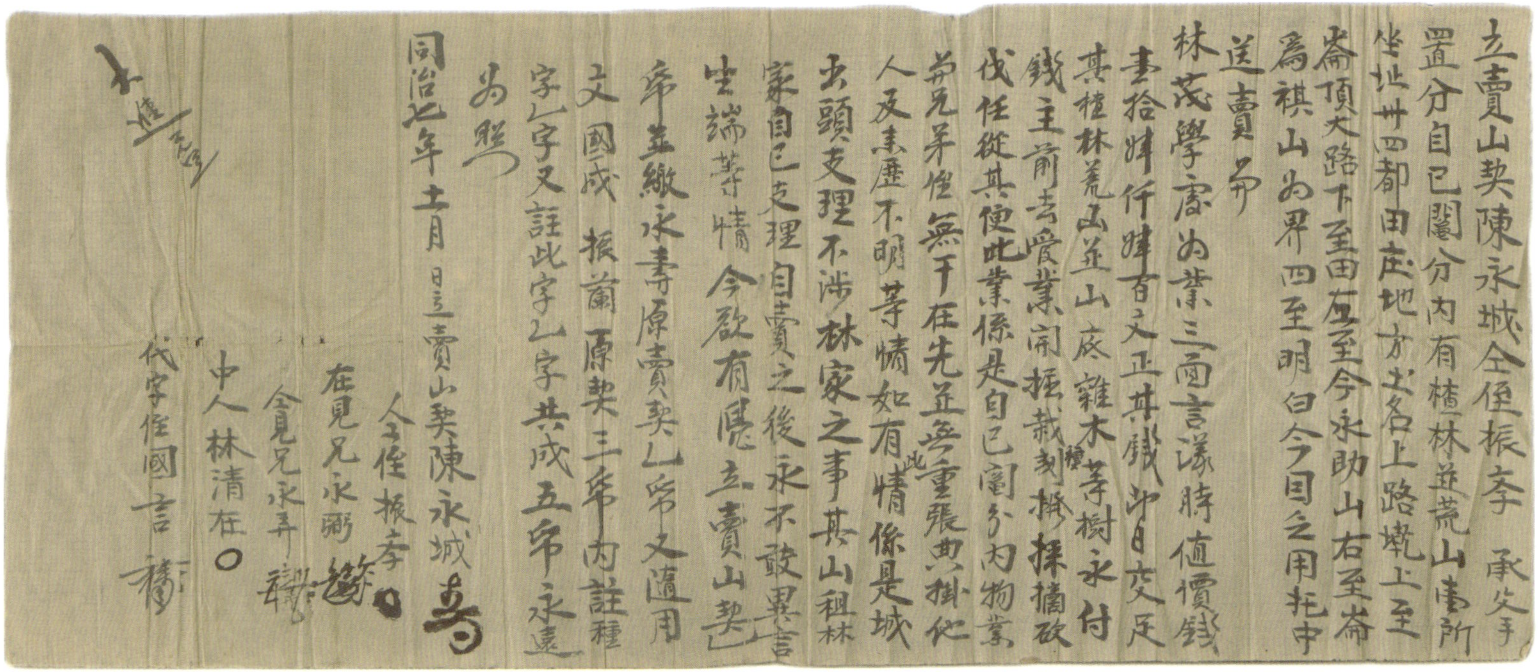

立賣山契陳永城仝侄振孝　承父手
置分自己鬮分內有楂林並荒山壹所
坐址卅四都田庄地方土名上路墘上至
崙頂大路下至田左至今永助山右至崙
爲祺山爲界四至明白今因乏用托中
送賣與
林茂學處爲業三面言議時值價錢
壹拾肆仟肆百文正其錢即日交足
其楂林荒山並山底雜木等樹永付
錢主前去管業開掘栽種採摘砍
伐任從其便此業係是自己鬮分內物業
與兄弟侄無干在先並無重張典掛他
人及來歷不明等情如有此情係是城
出頭支理不涉林家之事其山租林
家自己支理自賣之後永不敢異言
生端等情今欲有憑立賣山契
一帋並繳永壽原賣契山帋文遠用
文國成振蘭原契三帋內註種
字乙字又註此字乙字共成五帋永遠
爲照
同治七年十一月　日立賣山契陳永城
仝侄振孝
在見兄永弼
仝見兄永弄
中人林清在
代字侄國言
大進元

6-3-6-5　清同治七年十一月陳永城等立賣楂林等契

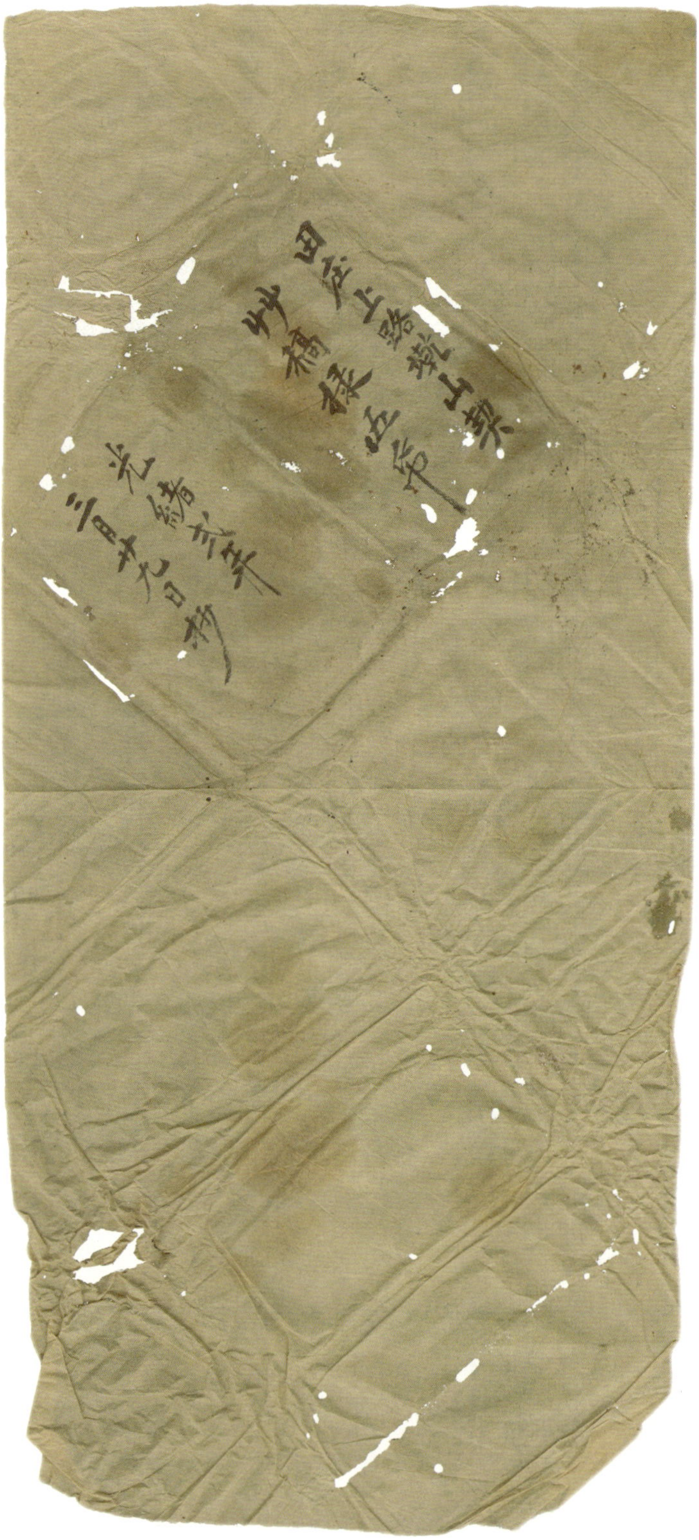


6-3-7-1　包契紙

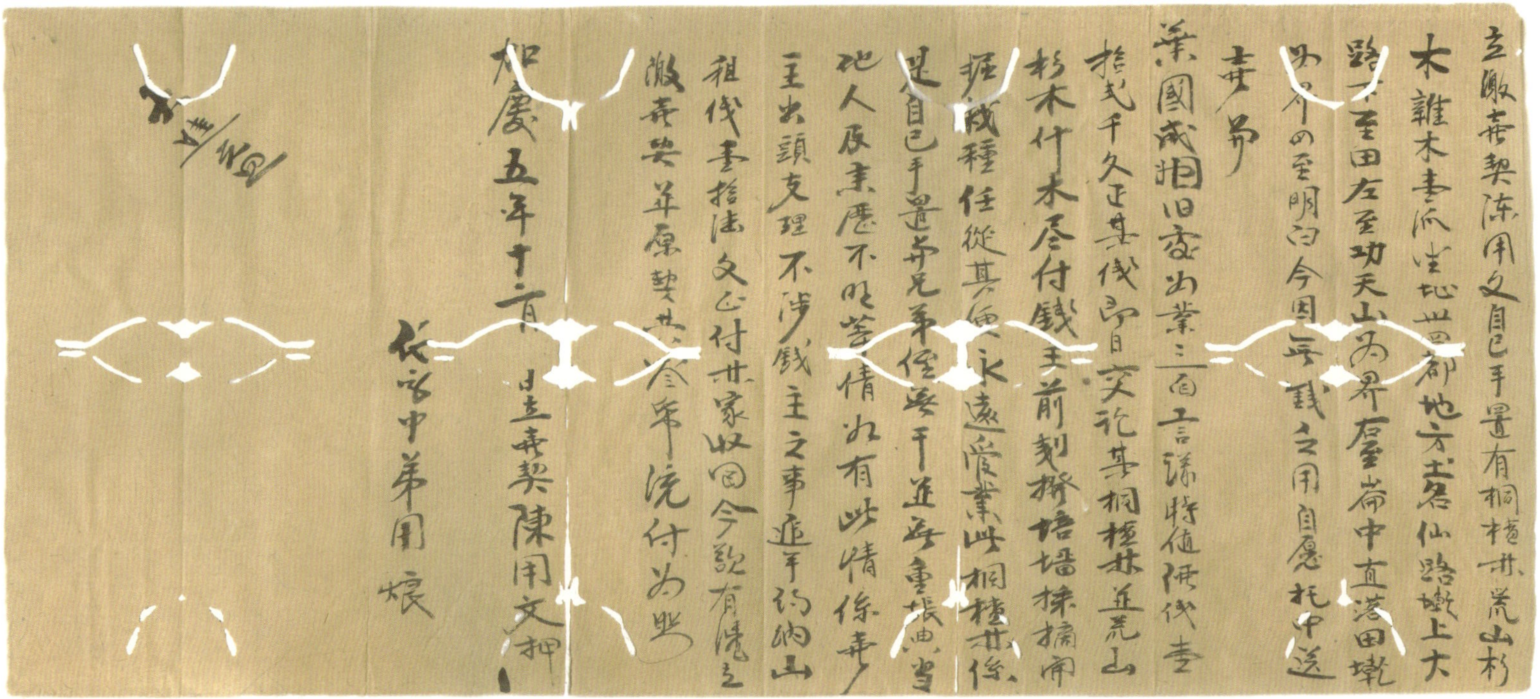
立繳賣契陳用文自己手置有桐楂林、荒山杉
木雜木壹派，坐址四都地方土名仙路墘上大
路下至田，左至坳天山為界，右至崙中直落田墘
為界，四至明白。今因無錢乏用，自愿托中送
賣與
業國成相旧處出業，三面言議，時值價錢壹
拾弍千文正，其錢即日交訖，其桐楂林並荒山
杉木、竹木，盡付錢主前去剃掙培墻採摘開
種成林，任從其便，永遠管業。此桐楂林係
是自己手置，並無兄弟叔侄並無重張典當
他人，及來歷不明等情。如有此情，係賣
主出頭支理，不涉錢主之事。進年行納山
租伐賣，出付此家收回。今欲有憑，立
繳賣契并原契共弍紙，付為照。
嘉慶五年十二月　日立繳賣契陳用文（押）
代字中　弟用　娘

6-3-7-2　清嘉慶五年十二月陳用文立繳賣桐楂林等契（抄契）

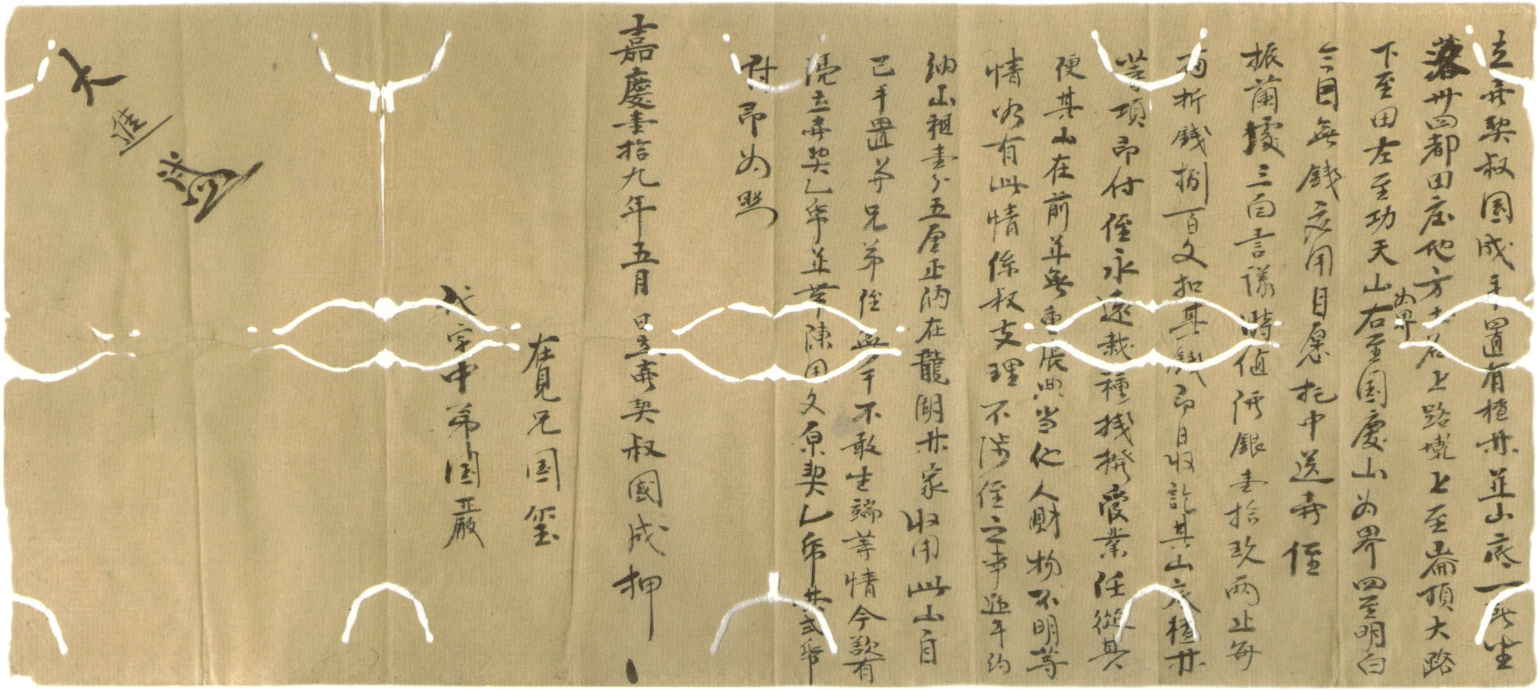

立賣契叔國成，手置有楂林並山底一所，坐落卅四都田底地方，土名上路坑，上至嶺頂大路，下至田，左至功天山為界，右至國慶山為界，四至明白。今因無錢應用，自愿托中送賣與侄振蘭邊，三面言議，時值價銀壹拾玖兩正，每兩折錢捌百文，扣其錢即日收訖。其山底楂林等項即付侄永遠栽種栽插，管業任從其便。其山在前並無重張典當他人財物不明等情；如有此情，係叔支理，不涉侄之事。逐年約納山租壹斗五合正，納在龍開林家收用。此山自己手置，并兄弟侄無干，不敢生端等情。今欲有憑，立賣契一紙並陳國文原契一紙，共式紙，付即為照。

嘉慶壹拾九年五月　日立賣契叔國成　押

在見兄國璽

代字中弟國嚴

大進

6-3-7-3　清嘉慶十九年五月葉國成立賣楂林等契（抄契）

立賣契葉振蘭手置有茶林並荒山
壹所，坐落廿四都田庄地方，土名上路壠，上至
嶺頂大路，下至田，左至功天山為界，右至園
慶山為界，四至明白。今因少錢應用，自
愿托中送賣與陳埔田公元帥衆處
三面言議，時值價銀壹拾玖兩正，每兩
折錢捌百文扣，其銀即日收訖，其山底茶
林杉木雜木等項，即付銀主前去接樵
開掘管業，任從其便，其山並無交加不
明等情，如有此情，係是賣主出頭支理，
不涉銀主之事。逐年納山租錢壹分五
厘正，納在龍湖林家收用。此山自己手置，
與兄弟侄無干，不敢生端。文理今欲有憑，
立賣契壹紙，永遠為照。

道光弍年十二月　日立賣契葉振蘭
在見兄　振香
代字中侄　加章

6-3-7-4　清道光二年十二月葉振蘭立賣茶林等契（抄契）

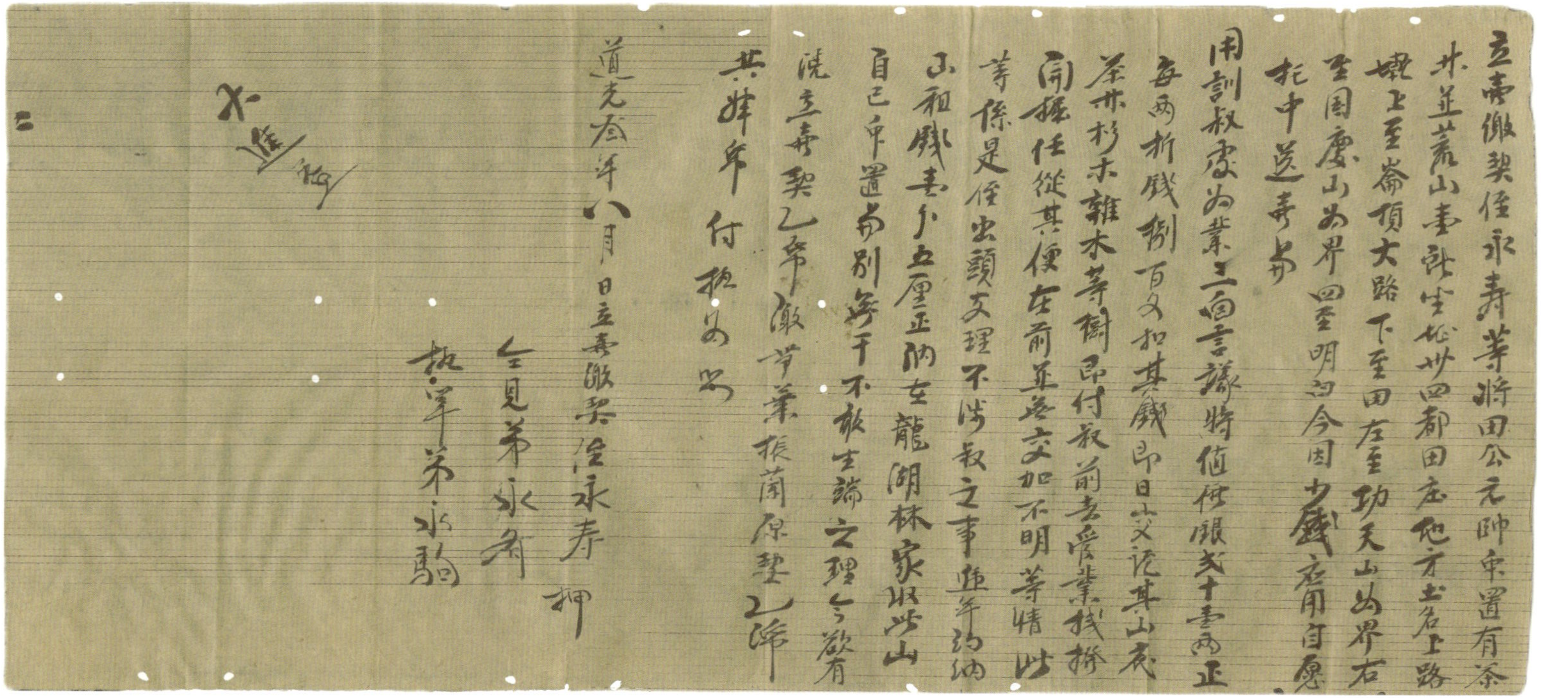
立賣缴契侄永寿等將田公元帥余置有茶
山并荒山壹號，坐落廿四都田庄地方，土名上路
墘，上至嶺頂大路，下至田，左至功天山為界，右
至周廣山為界，四至明白。今因乏錢應用，自愿
托中送寿叔
開訓叔處為業，三面言議，時值價銀弍拾壹兩正，
每兩折錢捌百文，扣其錢即日交訖。其山內
茶林杉木雜木等樹，即付叔前去管業找掽
開掘，任從其便。在前並無交加不明等情，此
等係是侄出頭支理，不涉叔之事。进年納
正租錢壹伯五厘正，納在龍湖林家收。此山
自己所置，分別無干，不敢生端之理。今欲有
憑，立壽契乙紙，缴帶業根簡原契乙紙，
共拌乙紙，付執為照。
道光叁年八月　日立壽缴契侄永寿　押
仝見弟永有
執筆弟永駒

6-3-7-5　清道光三年八月陳永寿等立賣缴茶林等契（抄契）

立賣山契陳永城仝侄振李承先手
置分自己閻分內有楂林並荒山壹所
坐址卅四都田庄地方土名上路墘上至
崙頂大路下至田左至今永助山右至
崙爲旗山爲界四至明白今因乏用
托中送賣與　林茂學處爲業三
面言議時值價錢壹拾肆仟肆百文正
其錢即日交足其楂林荒山並山底雜
木等樹永付錢主前去管業開掘栽
種刈擮採摘砍伐任從其便此業係
是自己閻分內物業與兄弟侄無干在
先並無重張典掛他人及來歷不明等
情如有此情係是城出頭支理不涉林
家之事其山租林家自己支理自賣之後
永不敢異言生端等情今欲有憑立賣
山契壹紙並繳永壽原賣契乙紙又隨
用文國成振蘭原契三紙共成五紙
永遠爲照

同治七年十一月　日立賣山契陳永城
仝侄　振李
在見兄永弼
仝見兄永壽
中人林清在
代字侄國言

大進

6-3-7-6　清同治七年十一月陳永城等立賣楂林等契（抄契）

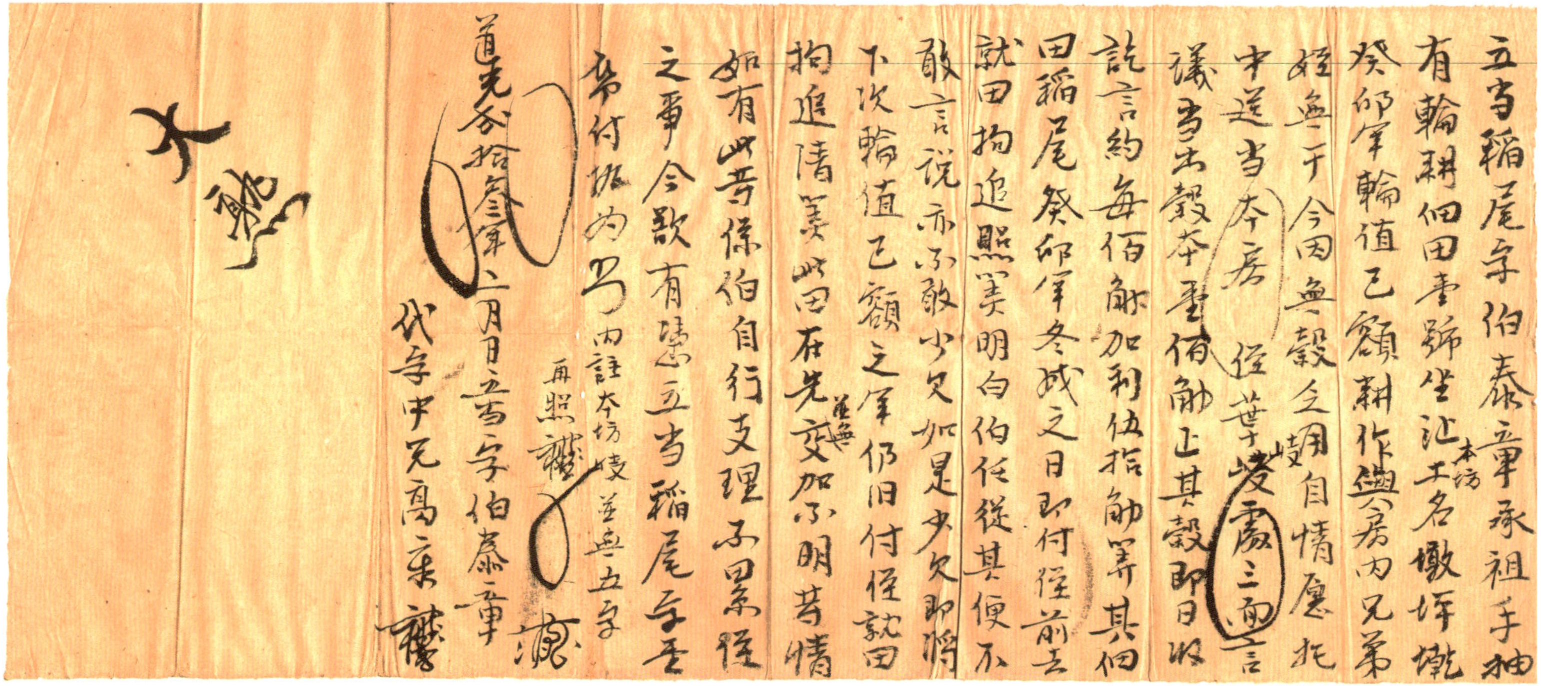
立當稻尾字伯泰章承祖手抽
有輪耕佃田壹號，坐址本坊土名墩坪墘，
癸卯年輪值已額耕作，與房內兄弟
姪無干。今因無穀乏用，自情愿托
中送當本房姪華岐處，三面言
議當出穀本壹佰觔正，其穀即日收
訖。言約每佰觔加利伍拾觔算，其佃
田稻尾癸卯年冬成之日，即付侄前去
就田拘追照契明白，伯任從其便，不
敢言說，亦不敢少欠。如是少欠，即將
下次輪值已額之年仍旧付侄就田
拘追。情□此田在先並無交加不明，若情
如有此等，係伯自行支理，不累侄
之事。今歎有憑，立當稻尾字壹
帋付執為照。 內註本坊陸字，並無丟字。
再照。
道光貳拾參年二月 日 立當字伯泰章
代字中兄高崇
大

6-3-8-1 清道光二十三年二月林泰章立當稻尾字（廢契）

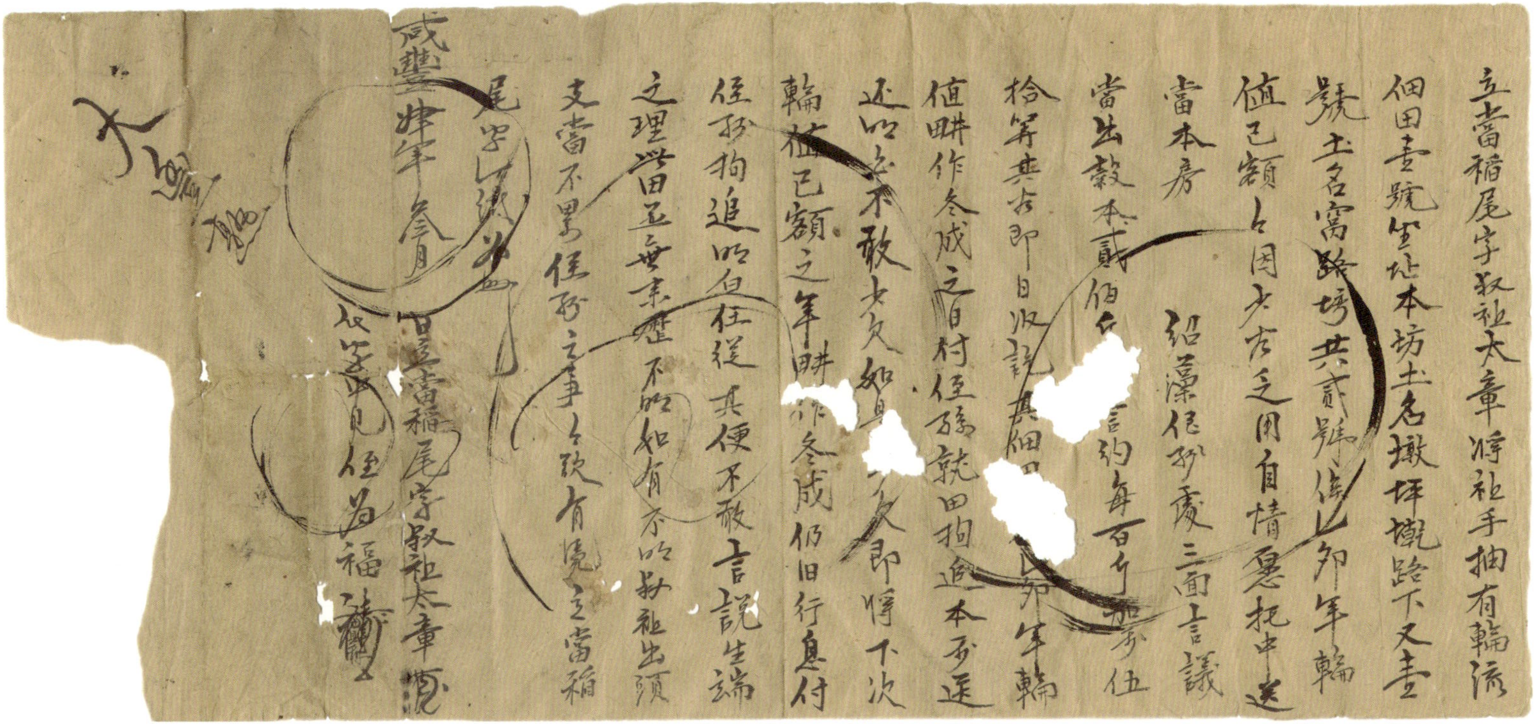
立當稻尾字叔祖太章，仝祖手抽有輪流
佃田壹號，坐址本坊土名墩坪墘路下，又壹
號，土名窩路坊，共貳號，係卯年輪
值己額。今因乏銀應用，自情愿托中送
當本房
紹藻侄孫處，三面言議
當出穀本貳佰[illegible]，約每百斤[illegible]伍
拾斤，其谷即日收訖。其佃[illegible]卯年輪
值，時作冬成之日，付侄孫就田拘追，本子送
還，叔不敢少欠如[illegible]，即將下次
輪值己額之年，時作冬成，仍旧行息付
侄孫拘追，叫自任從，其便不敢言說生端
之理。此田[illegible]世業，不明如有不明叔祖出頭
支當，不累侄孫之事。今欲有憑，立當稻
尾字壹紙為照。
咸豐肆年叁月　日立當稻尾字叔祖太章
代筆侄信福
大吉[illegible]

6-3-8-2　清咸豐四年三月林太章立當稻尾字（廢契）

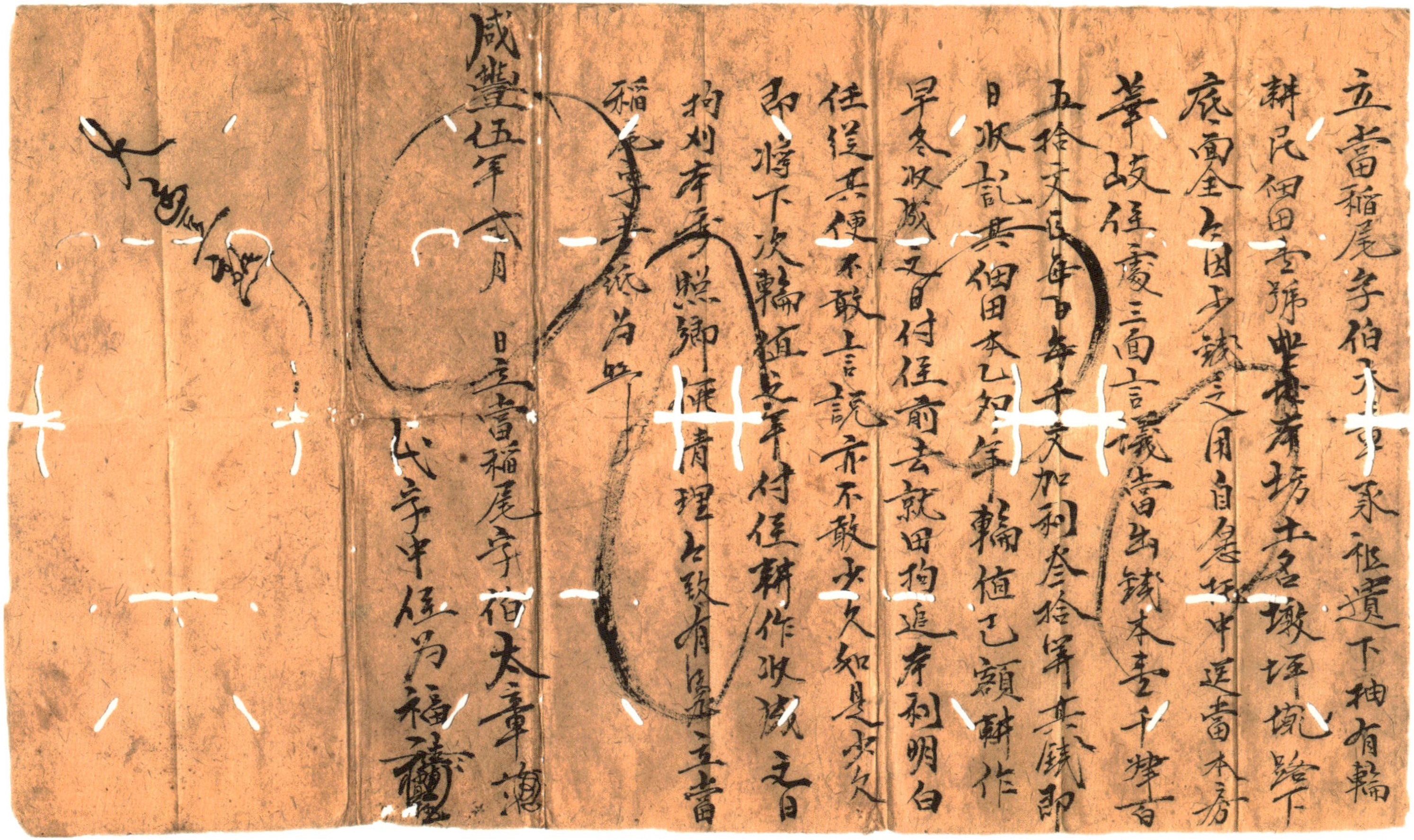

立當稻尾字伯太章承祖遺下抽有輪
耕民佃田壹號坐落本坊土名墩坪垅路下
底面全，今因乏錢之用，自愿托中送當本房
華岐侄處，三面言議當出錢本壹千肆百
五拾文正，每年每千文加利叁拾貳文，其錢即
日收訖，其佃田本年知年輪值已額耕作，
早冬收成之日付侄前去就田拘追本利明白，
任從其便，不敢上言說，亦不敢少欠，如是少欠，
即將下次輪值之年付侄耕作，收成之日
拘刈本息，照鄉例清理，今欲有憑，立當
稻尾字壹紙爲照。
咸豐伍年貳月　日立當稻尾字伯太章（押）
代字中侄爲福（押）

6-3-8-3　清咸豐五年二月林太章立當稻尾字（廢契）

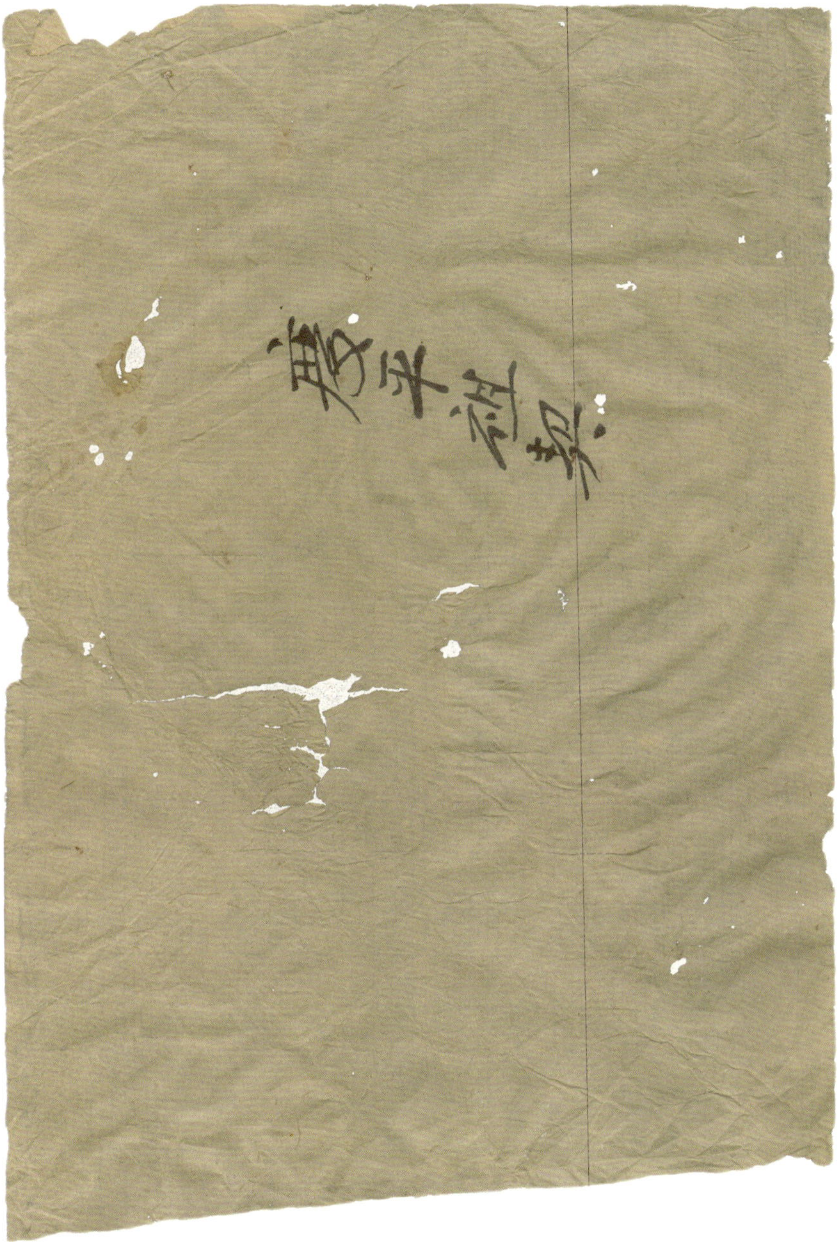

6-3-9-1　包契紙

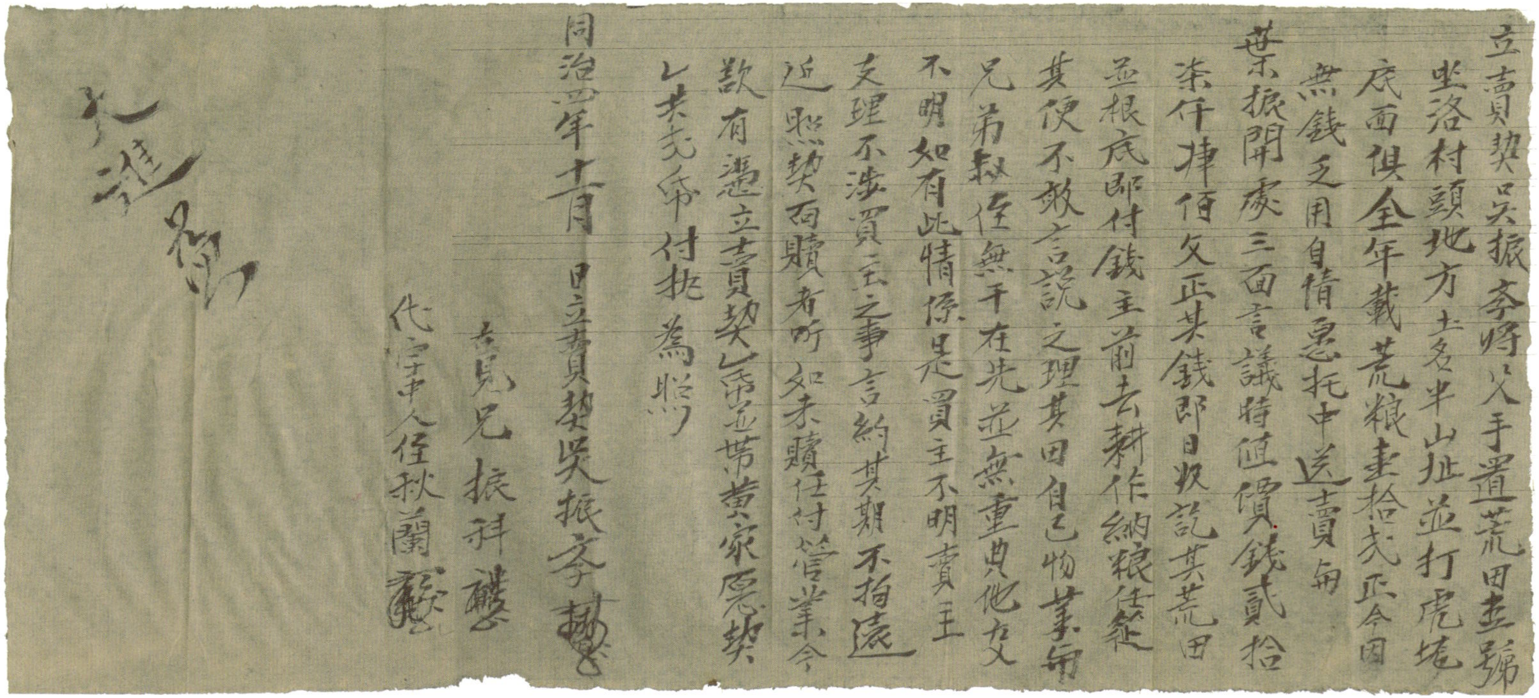

立賣契人吳振孝，將父手置遺荒田壹號，坐洛村頭地方，土名半山址並打虎堀，底面俱全，年載荒粮壹拾弍正。今因無錢乏用，自情愿托中送賣與葉振開處，三面言議時值價錢貳拾柒仟肆佰文正，其錢即日收訖，其荒田並根底即付錢主前去耕作納粮佳凭，其便不敢言說之理。其田自己物業，與兄弟叔侄無干，在先並無重典他處交不明，如有此情，係是賣主不明，賣主支理，不涉買主之事。言約其期不拘遠近，照契面贖者，所如未贖，任付管業。今款有憑，立賣契一紙並帶黄家原契一共弍紙，付批為照。

同治四年十一月　日立賣契吳振孝（押）

在見兄　振科（押）

代字中人　任秋蘭（押）

[illegible]

6-3-9-2　清同治四年十一月吳振孝立賣底面全荒田契

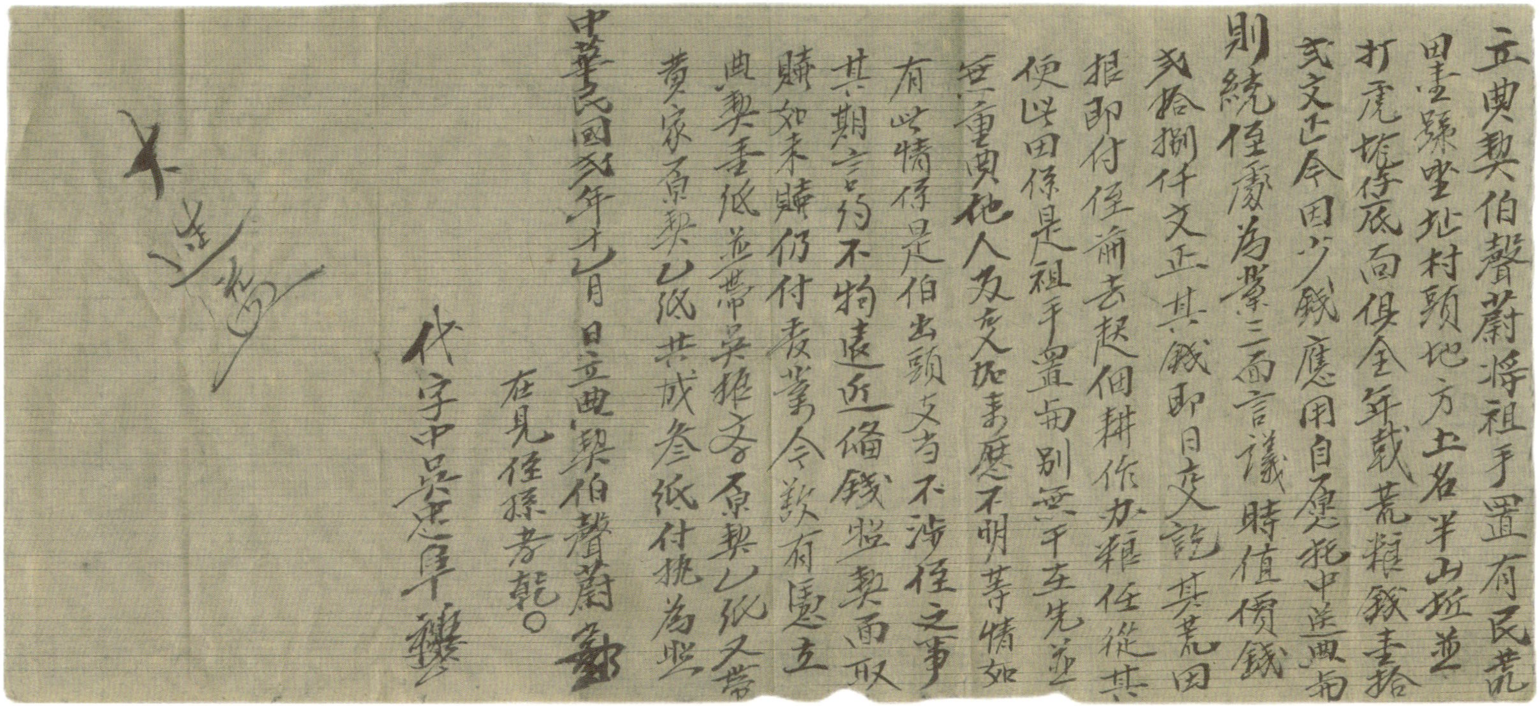

立典契伯聲蔚將祖手置有民荒
田坐址村頭地方土名半山坵並
打虎垅仔底面俱全年載荒粮錢壹拾
貳文正今因少錢應用自愿托中送與
則統侄處為業三面言議時值價錢
貳拾捌仟文正其錢即日交訖其荒田
粮即付侄前去起佃耕作办粮任從其
便此田係是祖手置甫別無干去先並
無重典他人及交加未歷不明等情如
有此情係是伯出頭支当不涉侄之事
其期言約不拘遠近備錢照契面取
贖如未贖仍付耕業今欲有憑立
典契壹紙並帶吳姓舍原契乙紙又帶
黃家原契乙紙共成叁紙付執為照
中華民國貳年十一月　日立典契伯聲蔚
在見侄孫孝乾〇
代字中人吳健章

6-3-9-3　民國二年十一月葉聲蔚立典底面全民荒田契

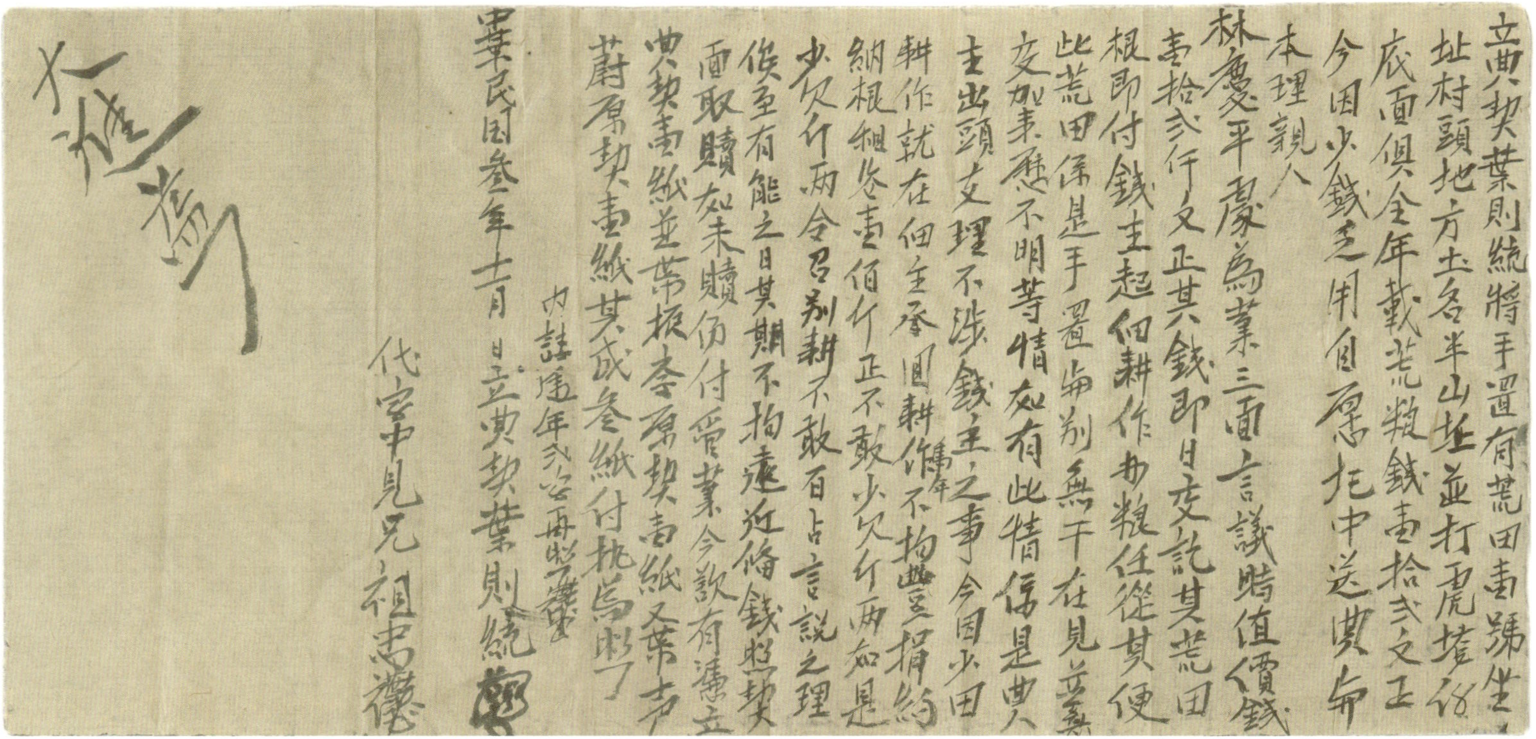
立典契葉則統將手置有荒田壹號坐
址村頭地方土名半山垄並打虎垄份
底面俱全年載荒糧錢壹拾弍文正
今因少錢乏用自愿托中送典俞
本理親人
林慶平處爲業三面言議時值價錢
壹拾弍仟文正其錢即日交訖其荒田
根即付錢主起佃耕作毋糧任從其便
此荒田係是手置與别無干在見並葉
交加未歷不明等情如有此情係是典人
主出頭支理不涉錢主之事今因少田
耕作就在佃主承回耕作每年不拘豐歉約
納根租谷壹佰仟正不敢少欠仟兩如是
少欠仟兩令召别耕不敢百占言說之理
候至有能之日其期不拘遠近備錢照契
面取贖如未贖仍付晋業今款有憑立
典契壹紙並帶根本原契壹紙又帶印
蔚原契壹紙共成叁紙付執爲照
內註塗年弍字再照
中華民國叁年十一月　日立典契葉則統
代字中見兄祖忠

6-3-9-4　民國三年十一月葉則統立典底面全荒田契

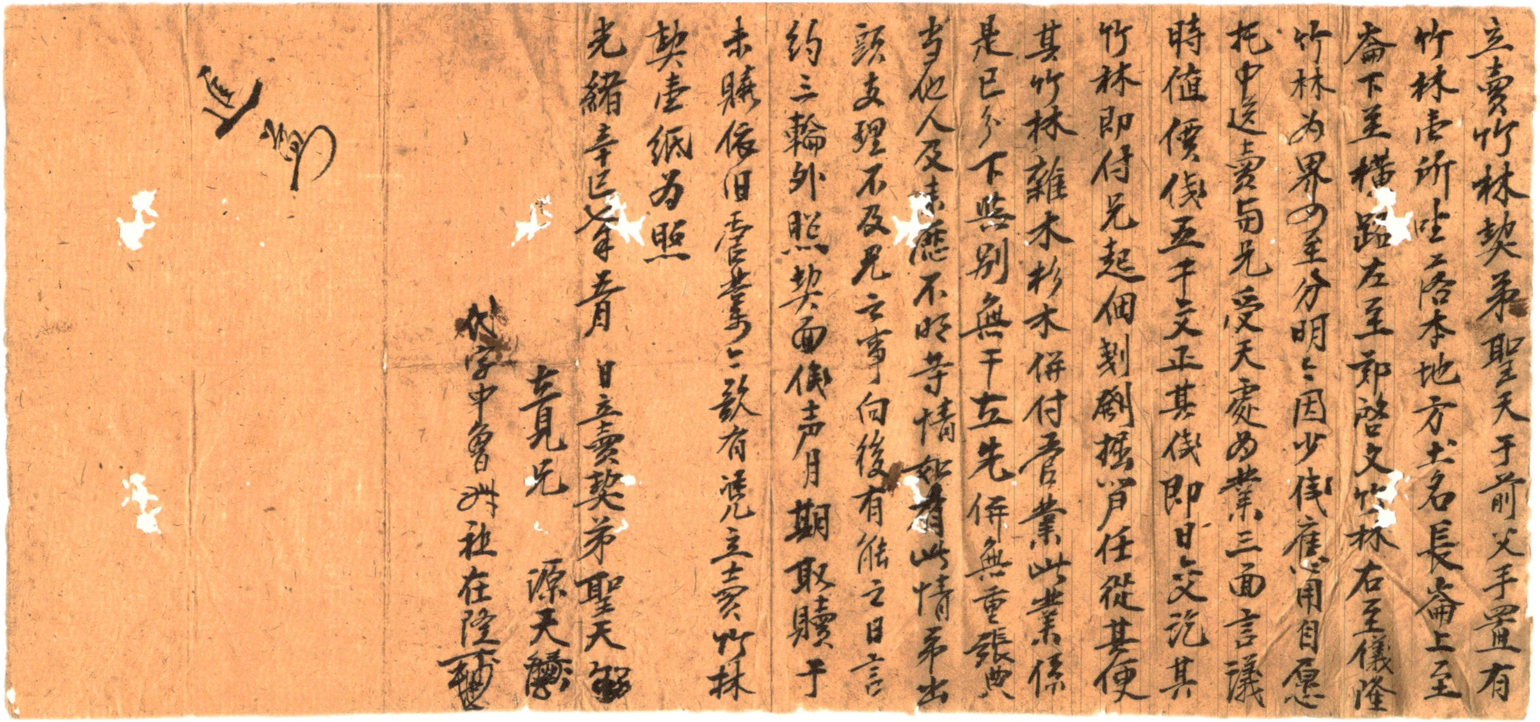
立賣竹林契弟聖天，于前父手置有
竹林壹所，坐落本地方，土名長崙，上至
崙下，至橫路，左至鄭啓文竹林，右至儀隆
竹林為界，四至分明。今因少錢應用，自愿
托中送賣與兄受天處為業，三面言議
時值價錢五千文正，其錢即日交訖。其
竹林即付兄起佃割刷，[illegible]任從其便。
其竹林雜木杉木，俱付管業。此業係
是己分下之業，別無干五先，係無重張典
當他人及來歷不明等情。如有此情，弟出
頭支理，不及兄之事。向後有能之日，言
約三輪外照契面價春月期取贖。于
未贖依旧管業。今欲有憑，立賣竹林
契壹紙為照。
光緒辛巳年五月　日立賣契弟聖天（押）
在見兄　源天（押）
代字中　曾洲　社　在陞（押）

6-3-10-1　清光緒七年五月柯聖天立賣竹林契

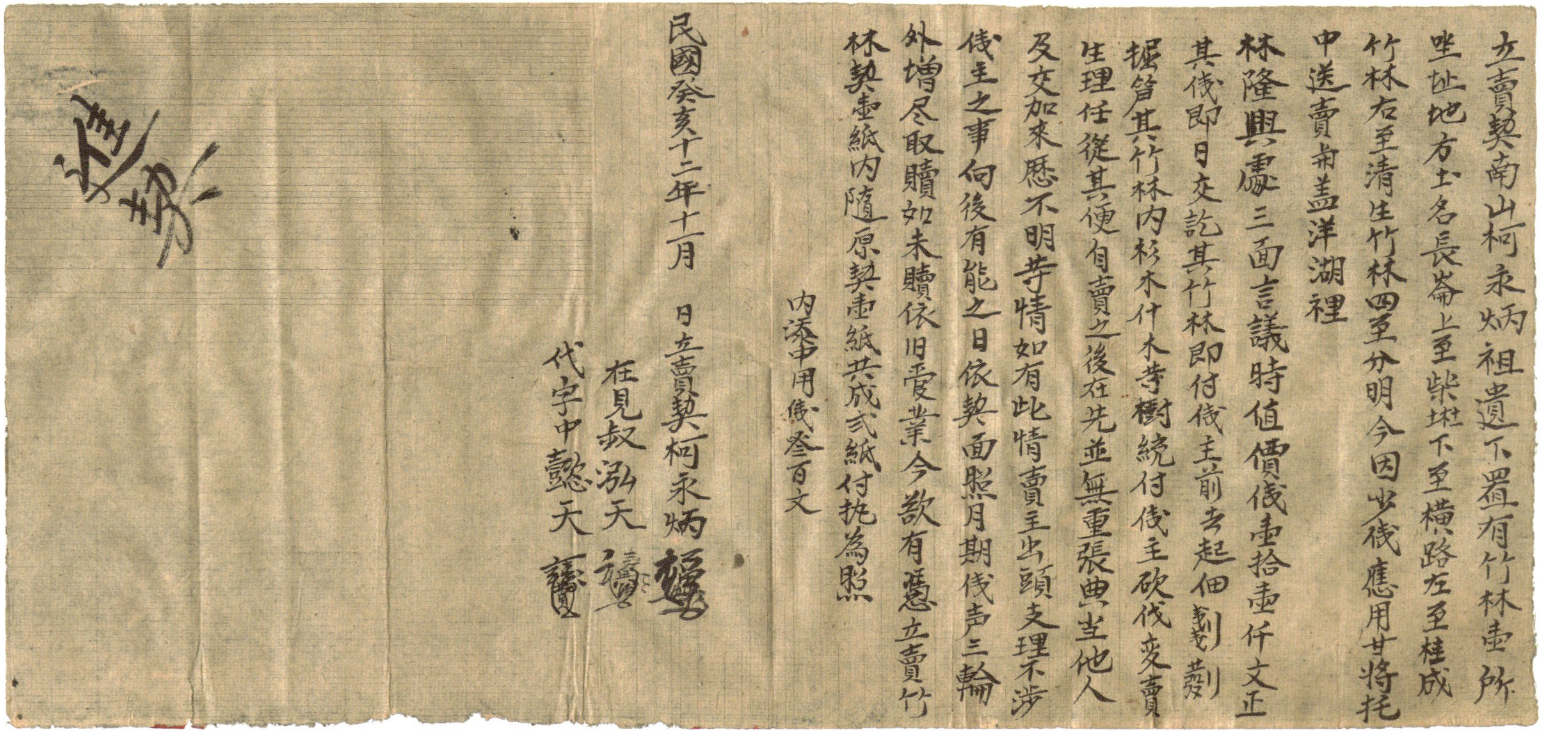

6-3-10-2　民國十二年十一月柯永炳立賣竹林契

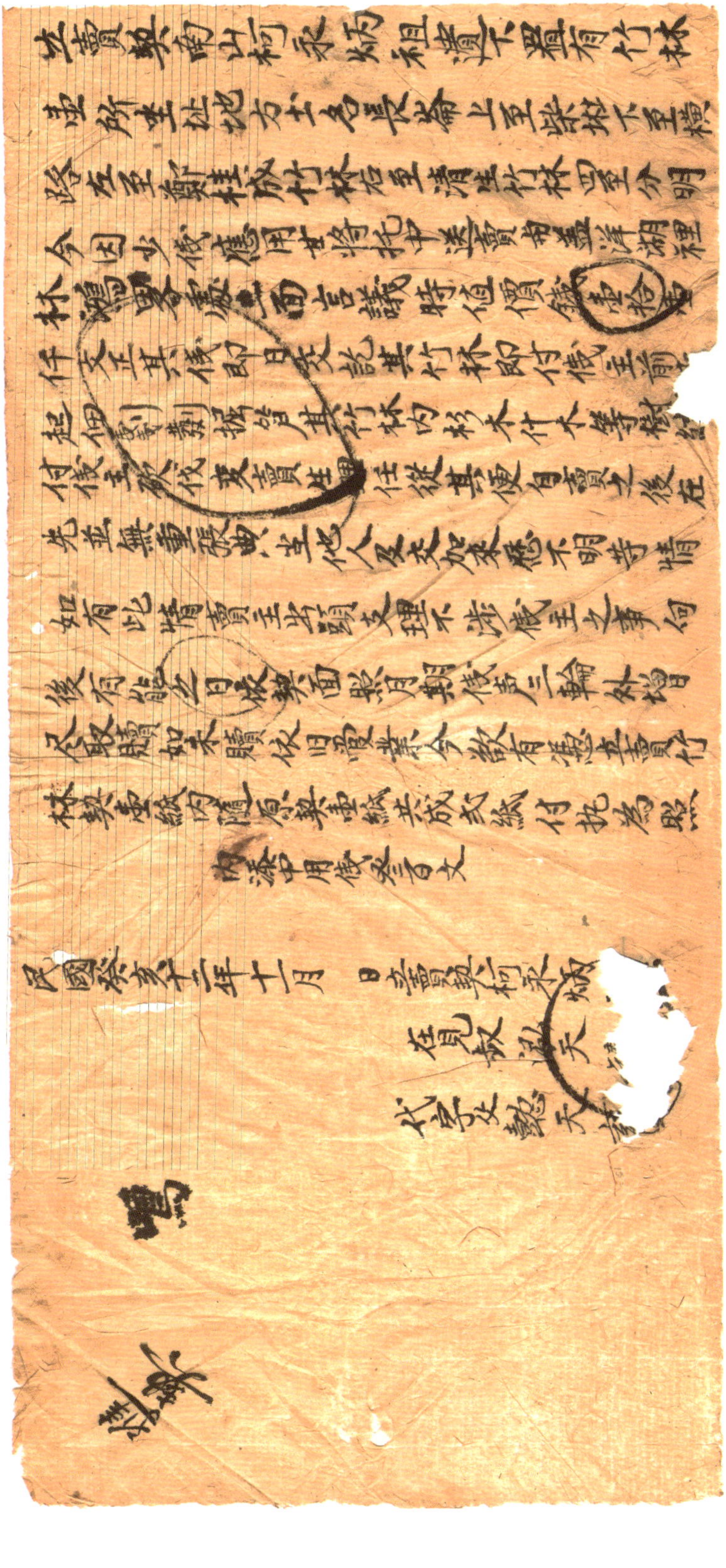

立賣契南山柯永炳，祖遺下置有竹林
壹所，坐址地方土名長尖嶺，上至崇[illegible]，下至横
路，左至鄭桂勝竹林，右至清生竹林，四至分明。
今因乏少使用，自情願將托中送賣與蓋洋湖裡
林[illegible]面言議時值價錢壹拾
仟文正，其錢即日交訖，其竹林即付錢主前去
起[illegible]其竹林內杉木、竹木[illegible]
付[illegible]，其賣[illegible]往從其便。自賣之後，在
先並無重張典掛他人及交加來歷不明等情，
如有此情，賣主出頭支理，不涉錢主之事。向
後有[illegible]之日，依契面[illegible]
足價取贖，如未贖，依舊[illegible]業。今欲有憑，立賣
林契壹紙，[illegible]契壹紙，共成弍紙，付執為照。
內添中用錢叁佰文

民國癸亥十二年十一月　日立賣契柯永炳
在見叔　弘天
代字叔　懿天

6-3-10-3　民國十二年十一月柯永炳立賣竹林契（廢契）

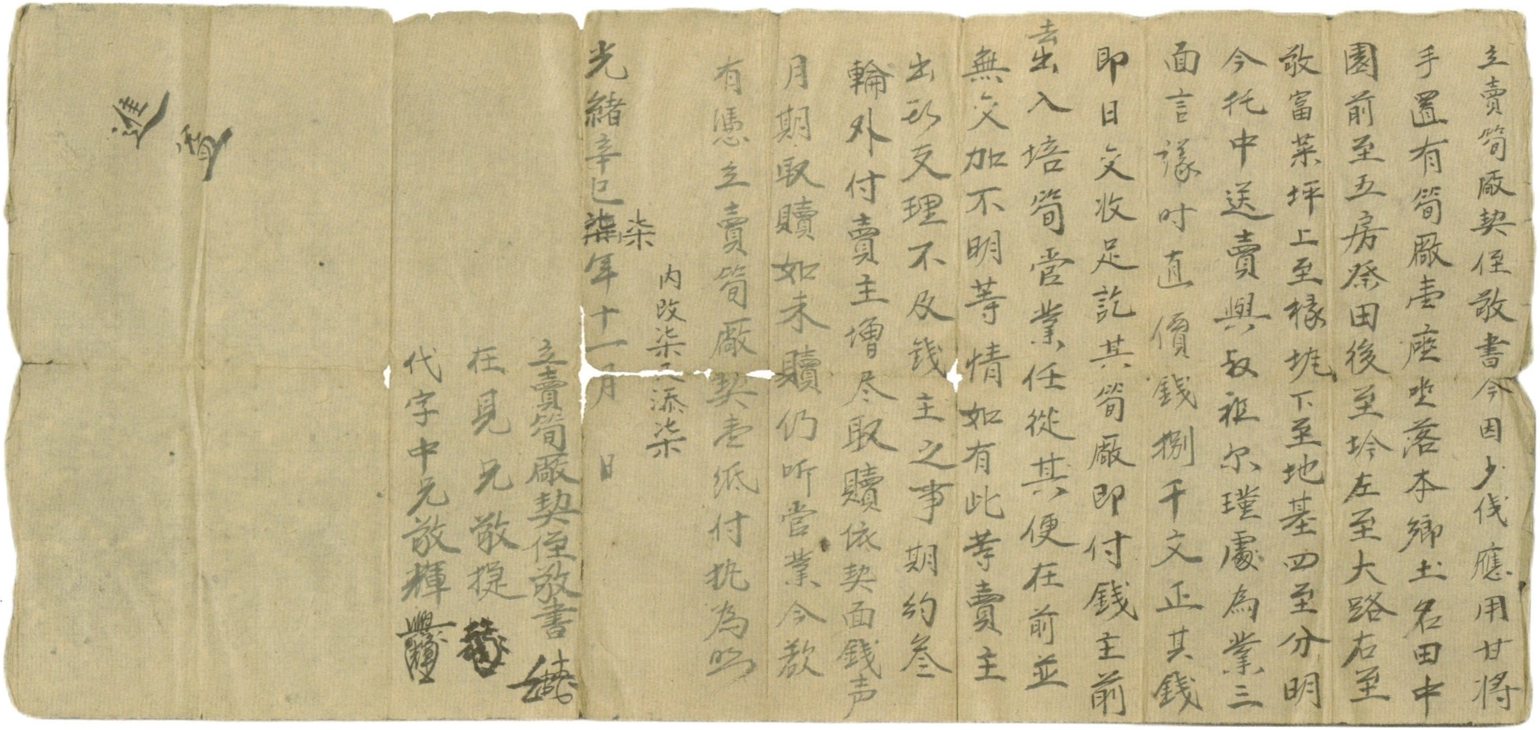

6-3-11-1　清光緒七年十一月柯敬書立賣筍廠契

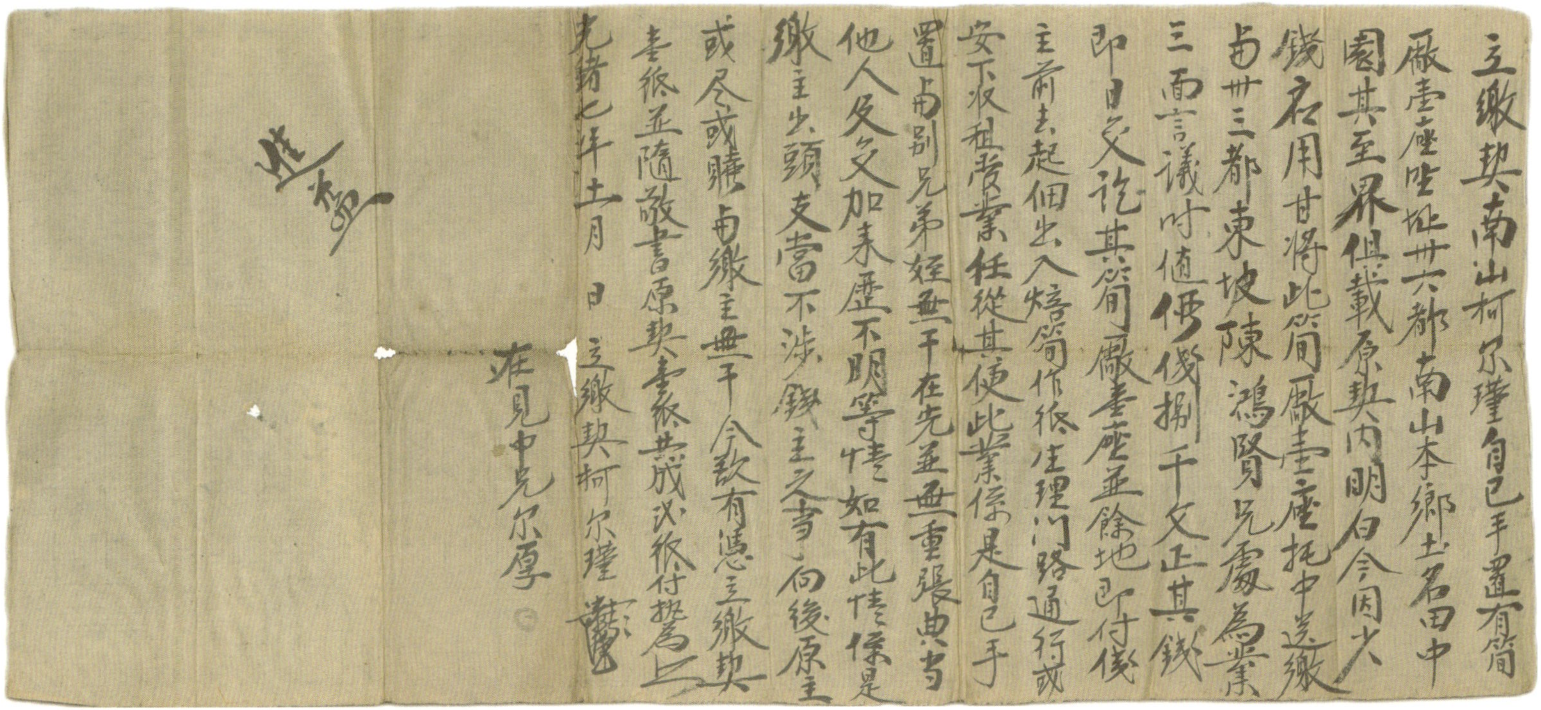
立缴契南山柯尔瑾自己手置有筍
廠壹座坐址廿六都南山本鄉土名田中
園其至界俱載原契内明白今因乏
錢应用甘將此筍廠壹座托中送缴
與廿三都東坡陳鴻賢兄處爲業
三面言議时值價錢捌千文正其錢
即日交訖其筍廠壹座並餘地即付缴
主前去起佃出入焙筍作依住理门路通行或
安下收租當業任從其便此業係是自己手
置與別兄弟姪無干在先並無重張典当
他人及交加來歷不明等情如有此情係是
缴主出頭支當不涉缴主之事向後原主
或尽或贖與缴主無干今欲有憑立缴契
壹紙並隨缴書原契壹紙共成弍紙付執爲照
光緒七年十一月 日 立缴契柯尔瑾
在見中兄尔厚

6-3-11-2 清光緒七年十一月柯尔瑾立缴筍廠契

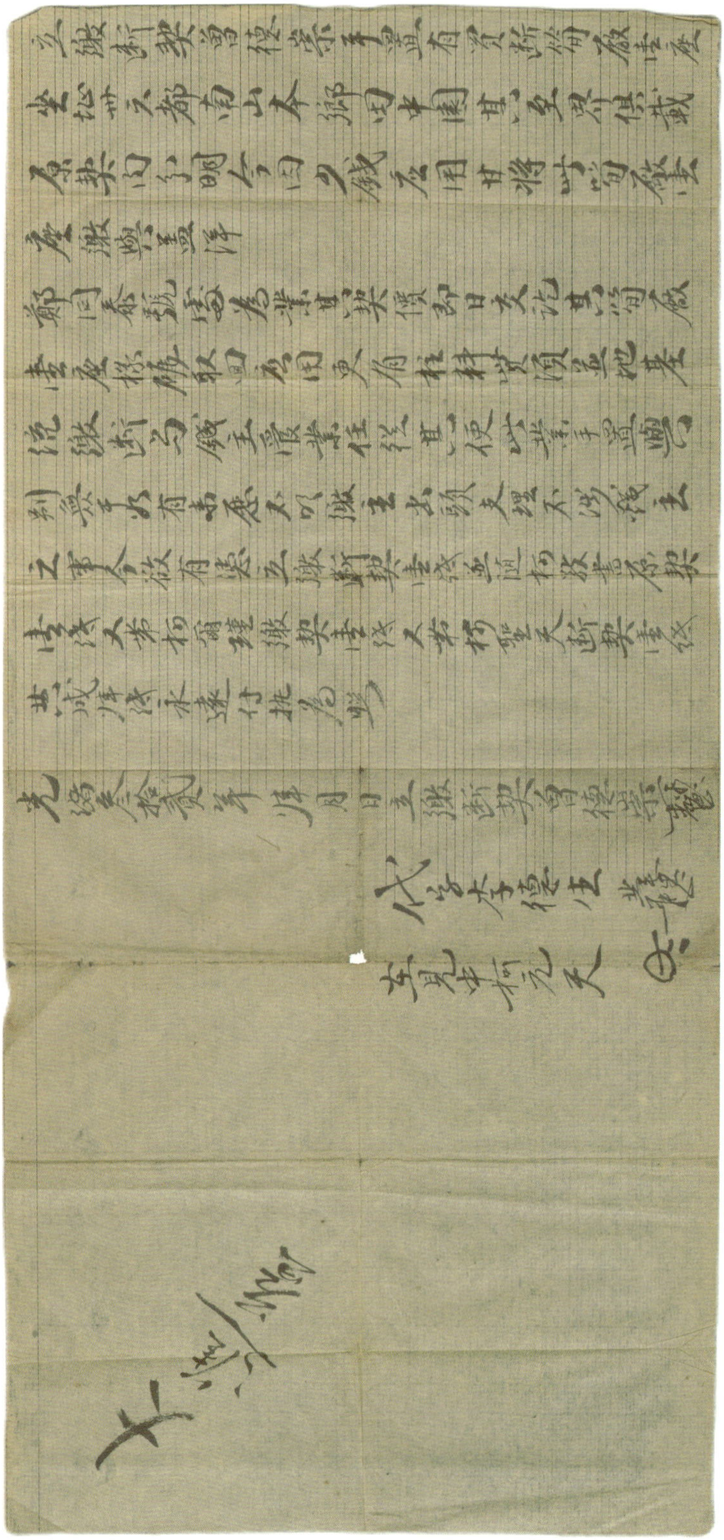

6-3-11-3 清光緒三十二年四月曾德崇立繳斷筍廠契

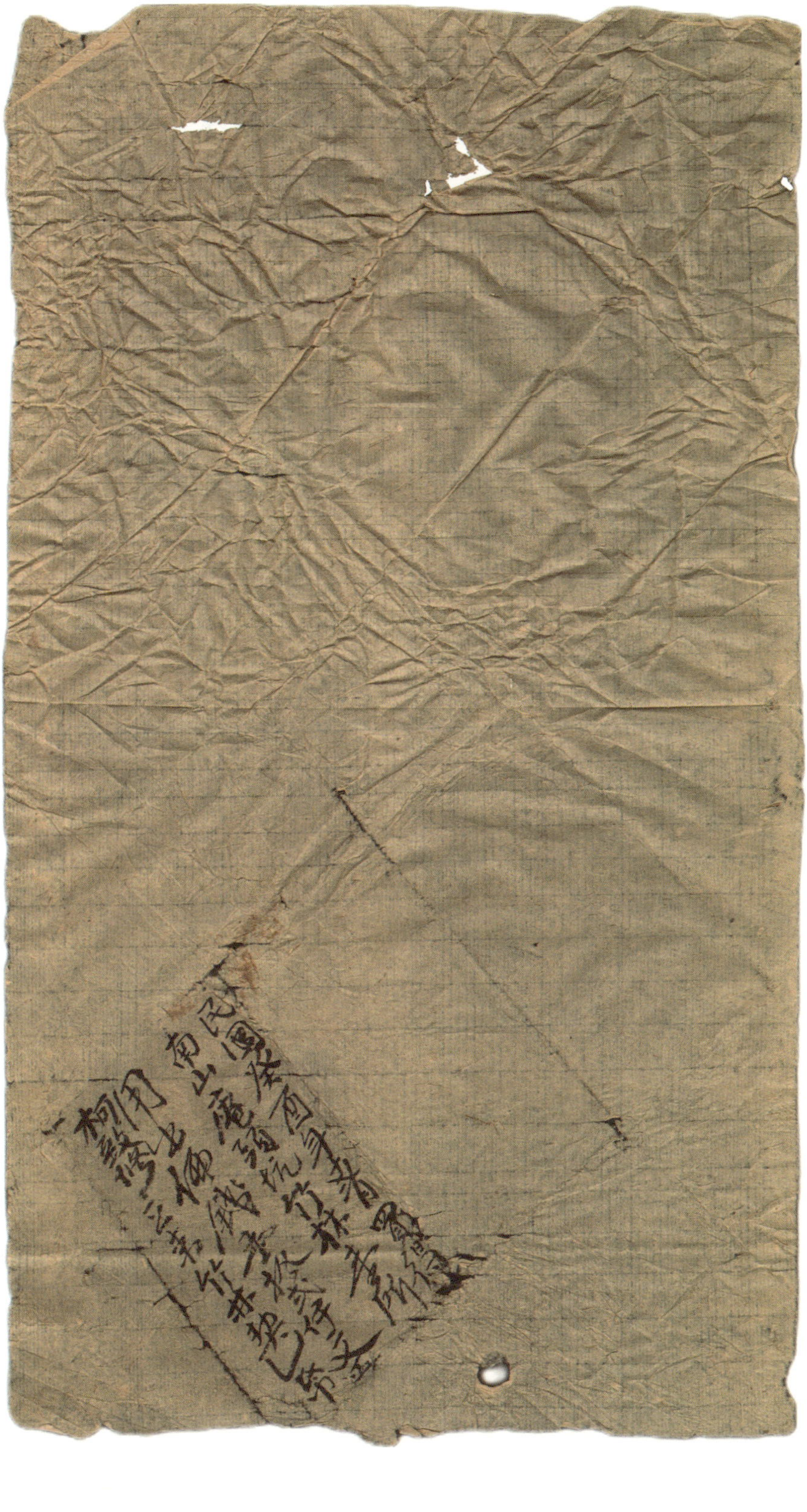

6-3-12-1 包契紙

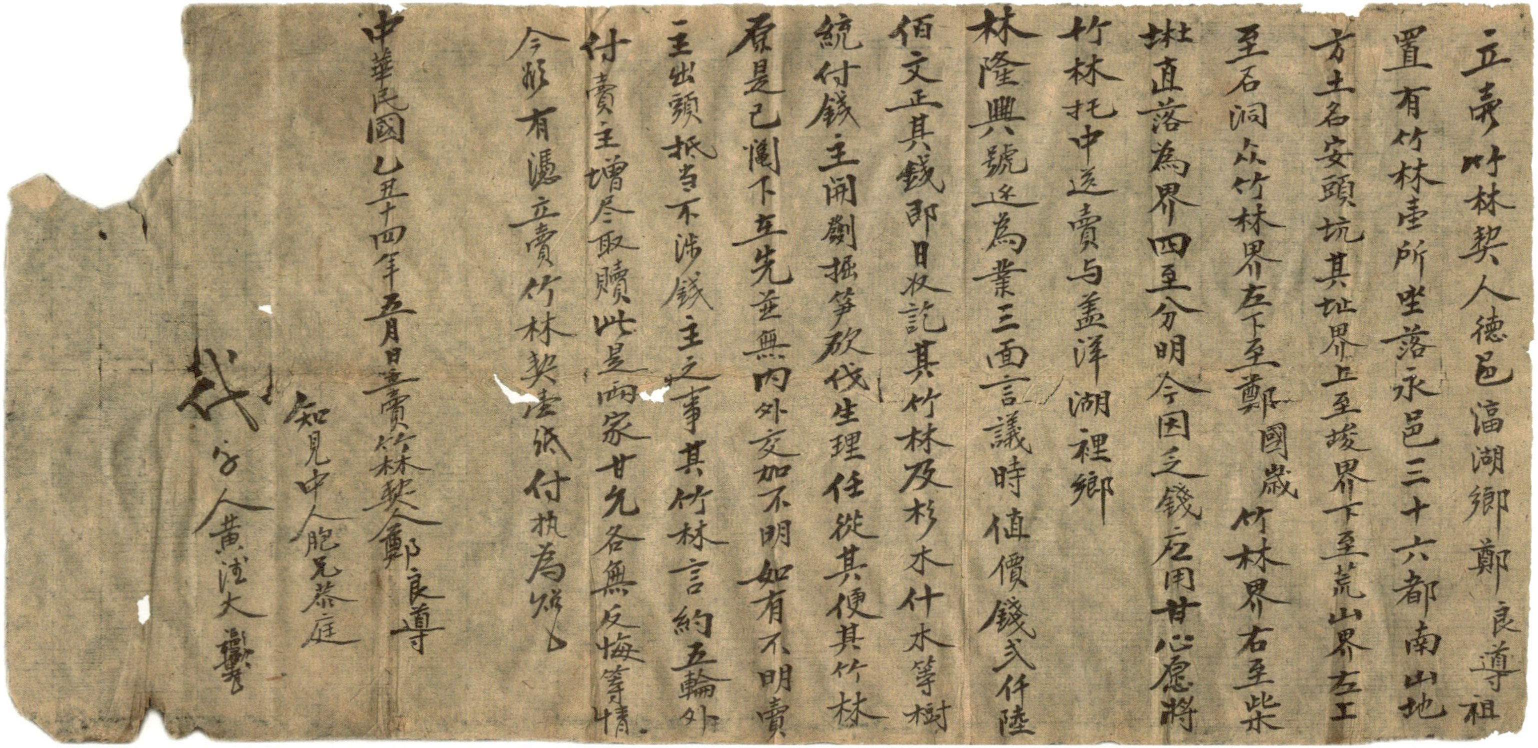

立賣竹林契人德邑湢湖鄉鄭良導祖
置有竹林壹所坐落永邑三十六都南山地
方土名安頭坑其址界上至墘界下至荒山界左工
至石洞众竹林界左下至鄭國歲竹林界右至柴
垬直落為界四至分明今因乏錢應用甘心愿將
竹林托中送賣与蓋洋湖裡鄉
林隆興號送為業三面言議時值價錢弍仟陸
佰文正其錢即日收訖其竹林及杉木什木等樹
統付錢主開劄掘筍砍伐生理任從其便其竹林
原是己闖下互先並無內外交加不明如有不明賣
主出頭抵当不涉錢主之事其竹林言約五輪外
付賣主增尽取贖此是兩家甘允各無反悔等情
今恐有憑立賣竹林契壹紙付執為照

中華民國乙丑十四年五月日立賣竹林契人鄭良導
知見中人胞兄恭庭
代字人黃述大（押）

6-3-12-2　民國十四年五月德化鄭良導立賣竹林契

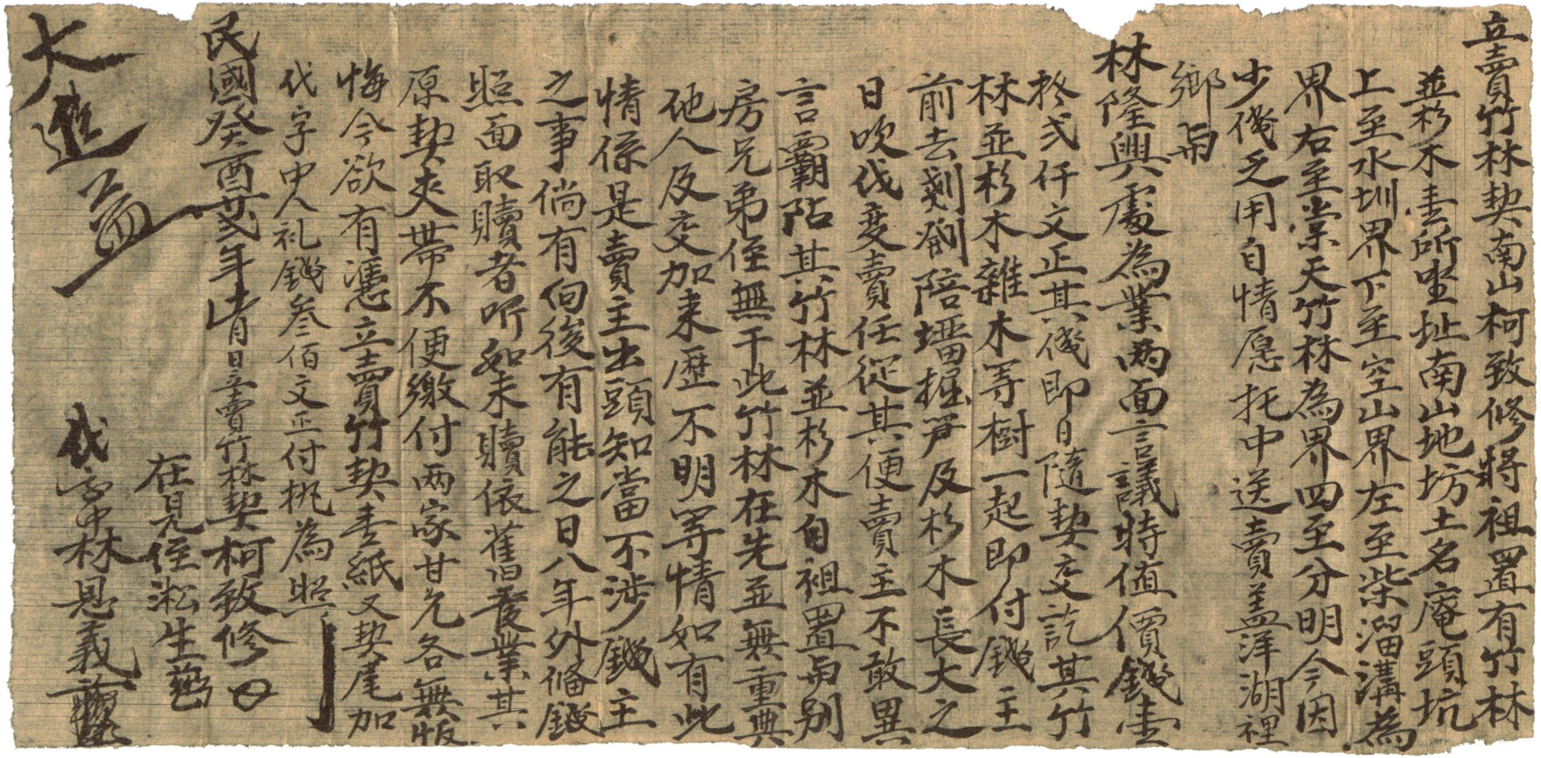
立賣竹林契南山柯致修，將祖置有竹林
並杉木壹所，坐址南山地坊，土名庵頭坑，
上至水圳界，下至空山界，左至柒溜溝為
界，右至崇天竹林為界，四至分明。今因
少錢之用，自情愿托中送賣蓋洋湖裡
鄉弟
林隆興處為業，两面言議，特值價錢壹
拾弍仟文正，其錢即日隨契交訖。其竹
林並杉木雜木等樹一起，即付錢主
前去剃劄、陪壇、掘戶。及杉木長大之
日，砍伐變賣任從其便，賣主不敢異
言霸阻。其竹林並杉木自祖置后，別
房兄弟侄無干。此竹林在先並無重典
他人，及交加來歷不明等情，如有此
情，係是賣主出頭知當，不涉錢主
之事。倘有向後有能之日，八年外備錢
照面取贖，者听知業未贖，依舊養業。其
原契夾帶不便繳付，两家甘允，各無翻
悔。今欲有憑，立賣竹林契壹紙，又契尾加
找字、中人礼錢叁佰文正，付批為照。
民國癸酉式年十一月　日立賣竹林契柯致修
在見侄淞生
代字中林見義
大進益

6-3-12-3　民國二十二年十一月柯致修立賣竹林等契

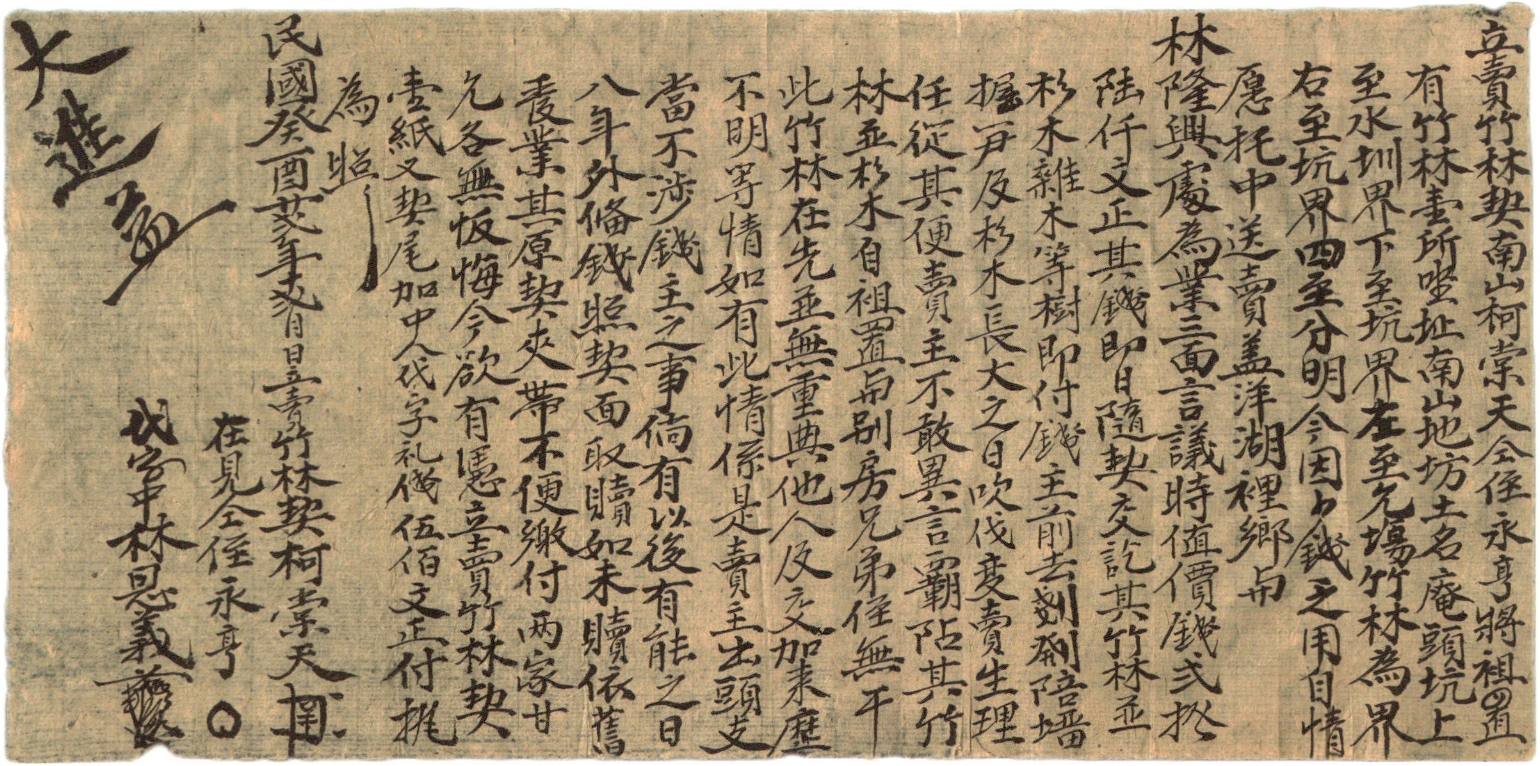

立賣竹林契南山柯棠天仝侄永亨將祖置
有竹林壹所坐址南山地坊土名庵頭坑上
至水圳界下至坑界左至坵場竹林為界
右至坑界四至分明今因乏錢之用自情
愿托中送賣盖洋湖裡鄉吊
林隆興處為業三面言議時值價錢弍拾
陆仟文正其錢即日隨契交訖其竹林並
杉木雜木等樹即付錢主前去剗剃培墻
掘戶及杉木長大之日吹伐變賣生理
任從其便賣主不敢異言覇阻其竹
林並杉木自祖置吊別房兄弟侄無干
此竹林在先並無重典他人交加来歷
不明等情如有此情係是賣主出頭支
當不涉錢主之事倘有以後有能之日
八年外備錢照契面取贖如未贖依舊
受業其原契夾帶不便繳付两家甘
允各無反悔今欲有憑立賣竹林契
壹紙又契尾加中人代字礼儀伍佰文正付[illegible]
為照
民國癸酉年十二月　日立賣竹林契柯棠天（押）
在見仝侄永亨（押）
代字中林昆義（押）
大進益

6-3-12-4　民國二十二年十二月柯棠天等立賣竹林契

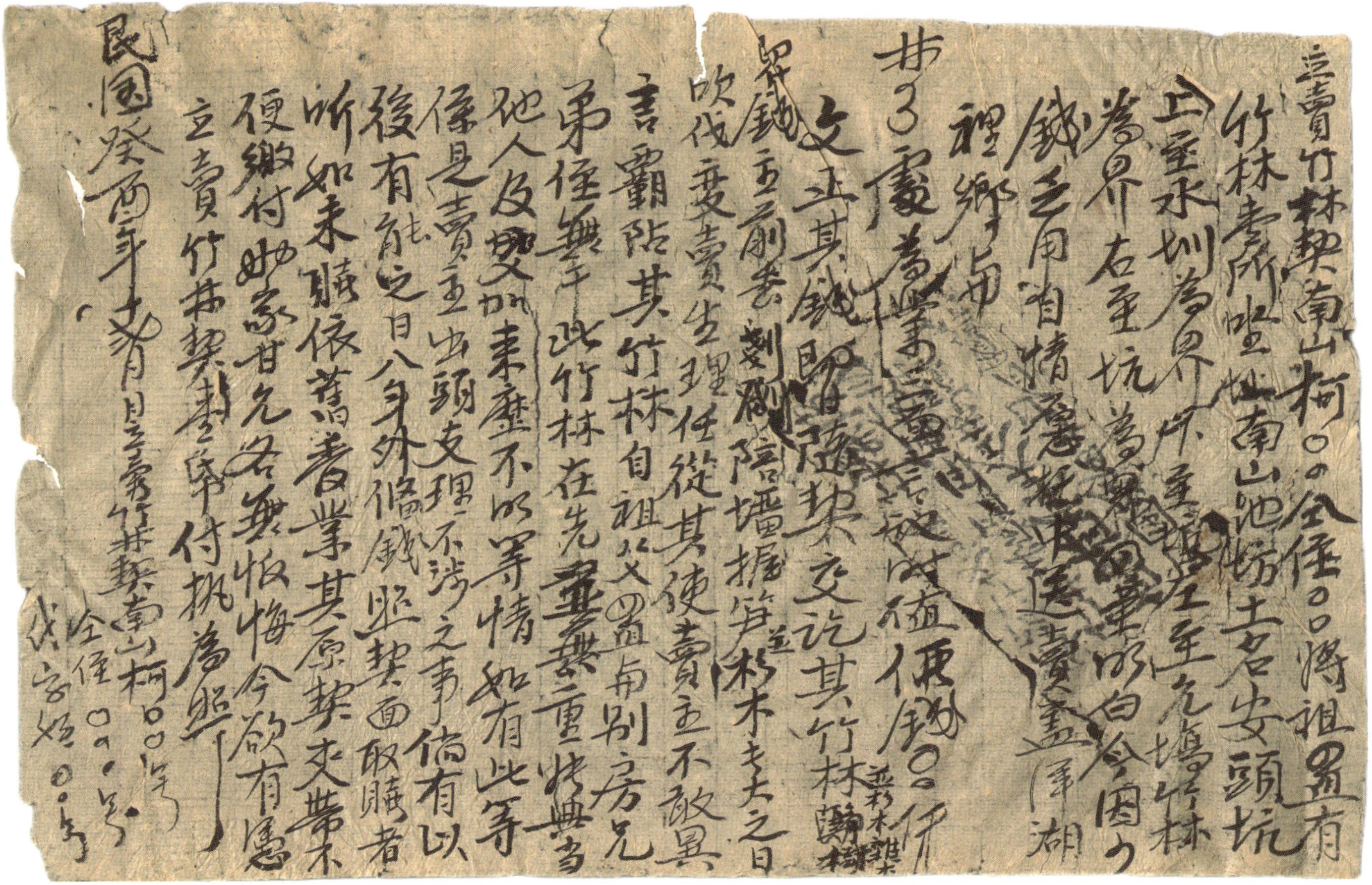
立賣竹林契人南山柯○○仝侄○○將祖置有
竹林壹所坐址南山池坊土名安頭坑
上至水圳為界下至[illegible]左至[illegible]塆竹林
為界右至坑為界四至明白今因乏
錢應用自情願[illegible]送賣與蓋洋湖
裡鄉[illegible]
[illegible]處為業[illegible]
文其錢即日隨契交訖其竹林[illegible]
錢主前去劃嵐陪墻插[illegible]並杉木雜木之日
吹伐要賣生理任從其便賣主不敢異
言霸阻其竹林自祖父○○[illegible]別房兄
弟侄無干此竹林在先重疊典當
他人及交加來歷不明等情如有此等
係是賣主出頭支理不涉之事倘有以
後有能之日八年外備錢照契面取贖者
所如未贖依舊書業其原契夾帶不
便繳付日後家甘允無悔今欲有憑
立賣竹林契壹紙付執為照
民國癸酉年十二月　日立賣竹林契人南山柯○○
仝侄○○
代字姪○○

6-3-12-5　民國二十二年十二月柯氏等立賣竹林契（草契）

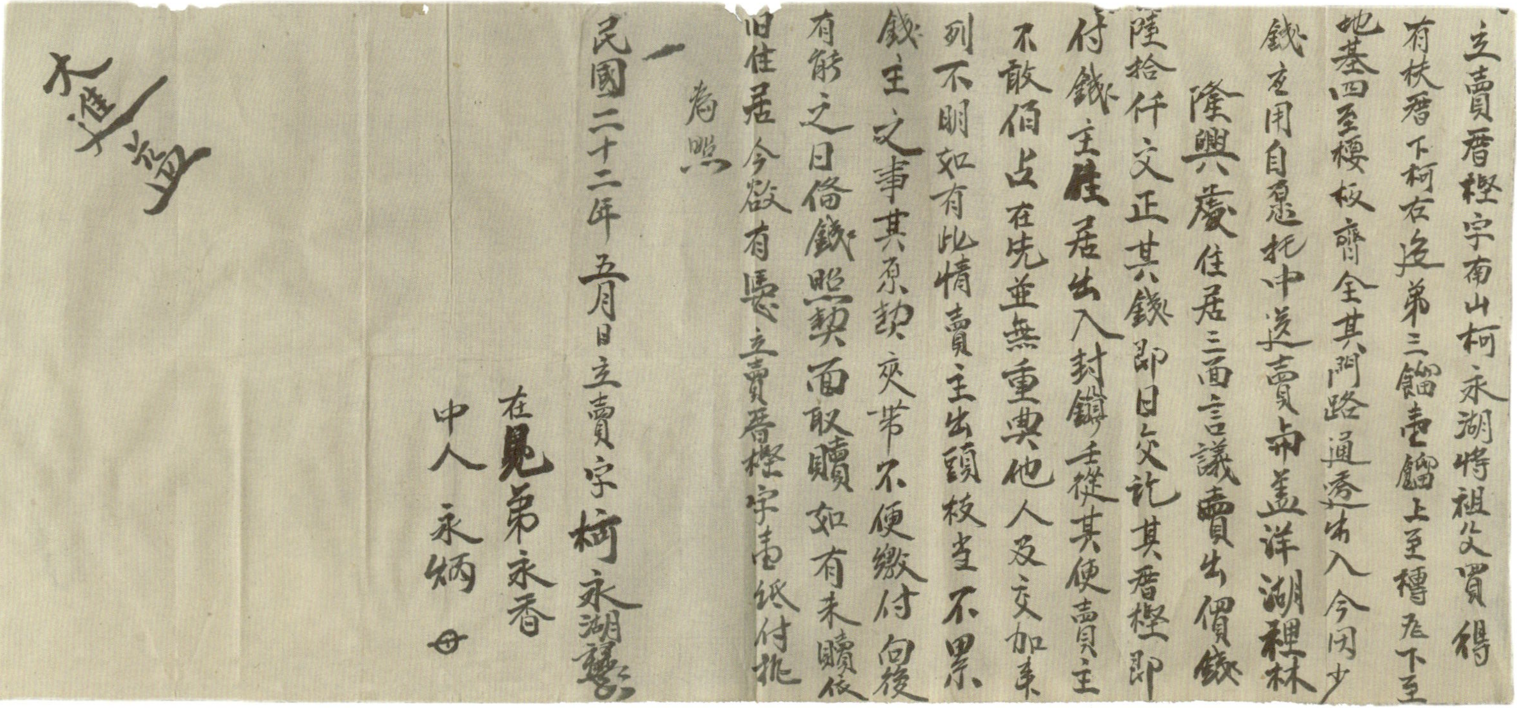
立賣厝墍字南山柯永湖將祖父買得
有枎厝下柯右边第三鋪壹鋪上至槽左下至
地基四至樓板齊全其門路通透出入今因乏
錢應用自愿托中送賣與盖洋湖裡林
隆興處住居三面言議賣出價錢
陸拾仟文正其錢即日交訖其厝墍即
付錢主住居出入封鎖壬從其便賣主
不敢佰占在先並無重典他人及交加未
列不明如有此情賣主出頭枚支不累
錢主之事其原契夾帯不便繳付向後
有銷之日倘錢照契面取贖如有未贖依
旧住居今欲有憑立賣厝墍字壹紙付批
一 為照

民國二十二年五月日立賣字柯永湖（押）
在見弟永香
中人永炳（押）

大進大吉

6-3-13-1　民國二十二年五月柯永湖立賣厝墍字

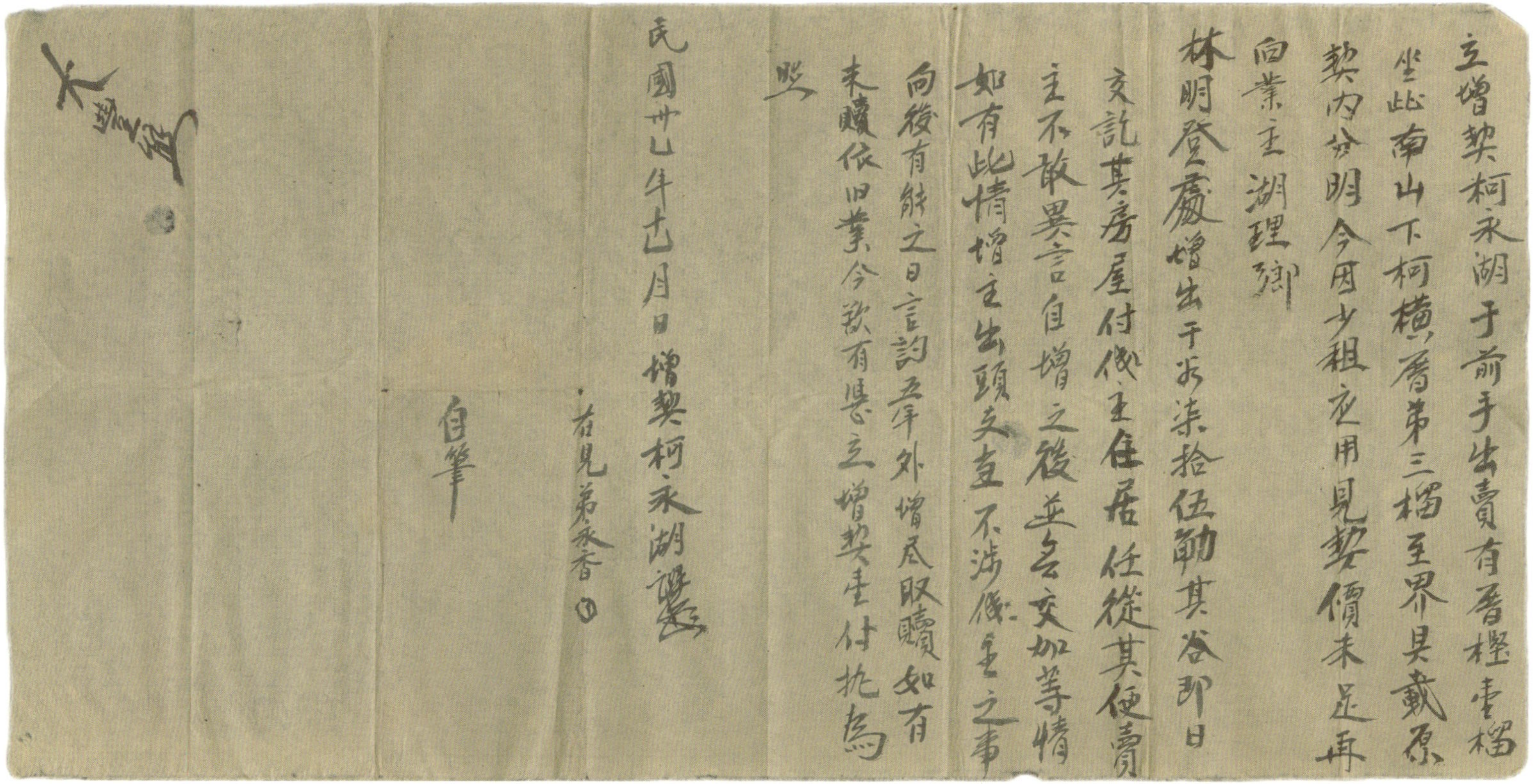
立增契柯永湖于前手出賣有厝樫壹榴
坐此南山下柯樌厝第三榴至界具載原
契內分明今因乏租應用見契價未足再
向業主湖理鄉
林明登處增出干系柒拾伍勒其谷即日
交訖其房屋付俵主任居任從其便賣
主不敢異言自增之後並無交加等情
如有此情增主出頭支直不涉俵主之事
向後有贖之日言約五年外增應取贖如有
未贖依旧業今欲有憑立增契壹付執為
照

民國卅一年十一月　日　增契柯永湖

在見弟永香

自筆

6-3-13-2　民國三十一年十一月柯永湖立增厝樫契

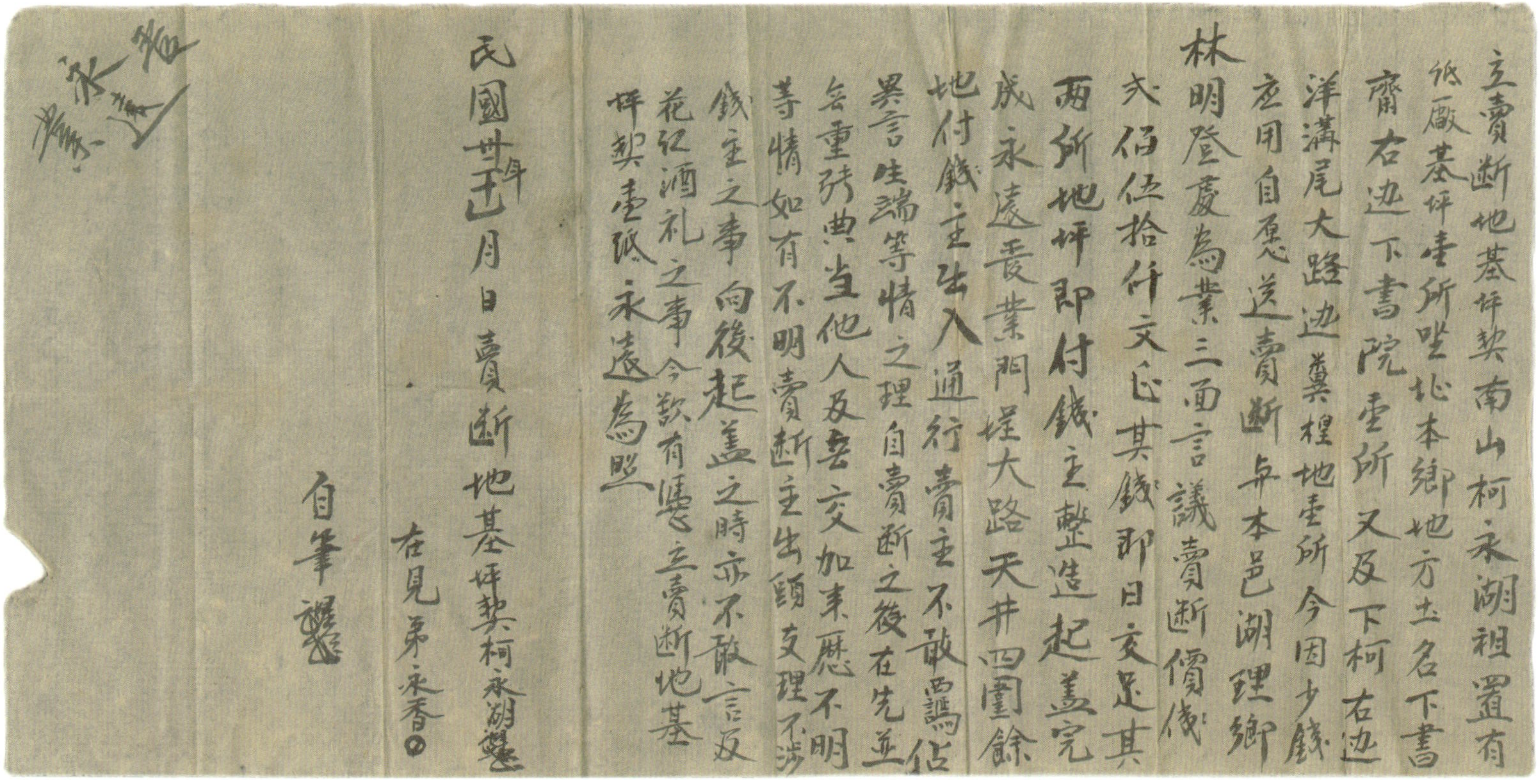
立賣斷地基坪契南山柯永湖祖置有
紙廠基坪壹所坐址本鄉地方土名下書
齋右边下書院壹所又及下柯右边
洋溝尾大路边糞𡈽地壹所今因乏錢
應用自愿送賣斷與本邑湖理鄉
林明登處為業三面言議賣斷價錢
弍佰伍拾仟文正其錢即日交足其
兩所地坪即付錢主整造起蓋完
成永遠管業門埕大路天井四圍餘
地付錢主出入通行賣主不敢留佔
異言生端等情之理自賣斷之後在先並
無重張典當他人及無交加來歷不明
等情如有不明賣斷主出頭支理不涉
錢主之事向後起蓋之時亦不敢言反
花紅酒礼之事今欲有憑立賣斷地基
坪契壹紙永遠為照

民國卅二年十一月　日賣斷地基坪契柯永湖（押）
在見弟永香（押）
自筆（押）

6-3-13-3　民國三十二年十一月柯永湖立賣斷地基坪契

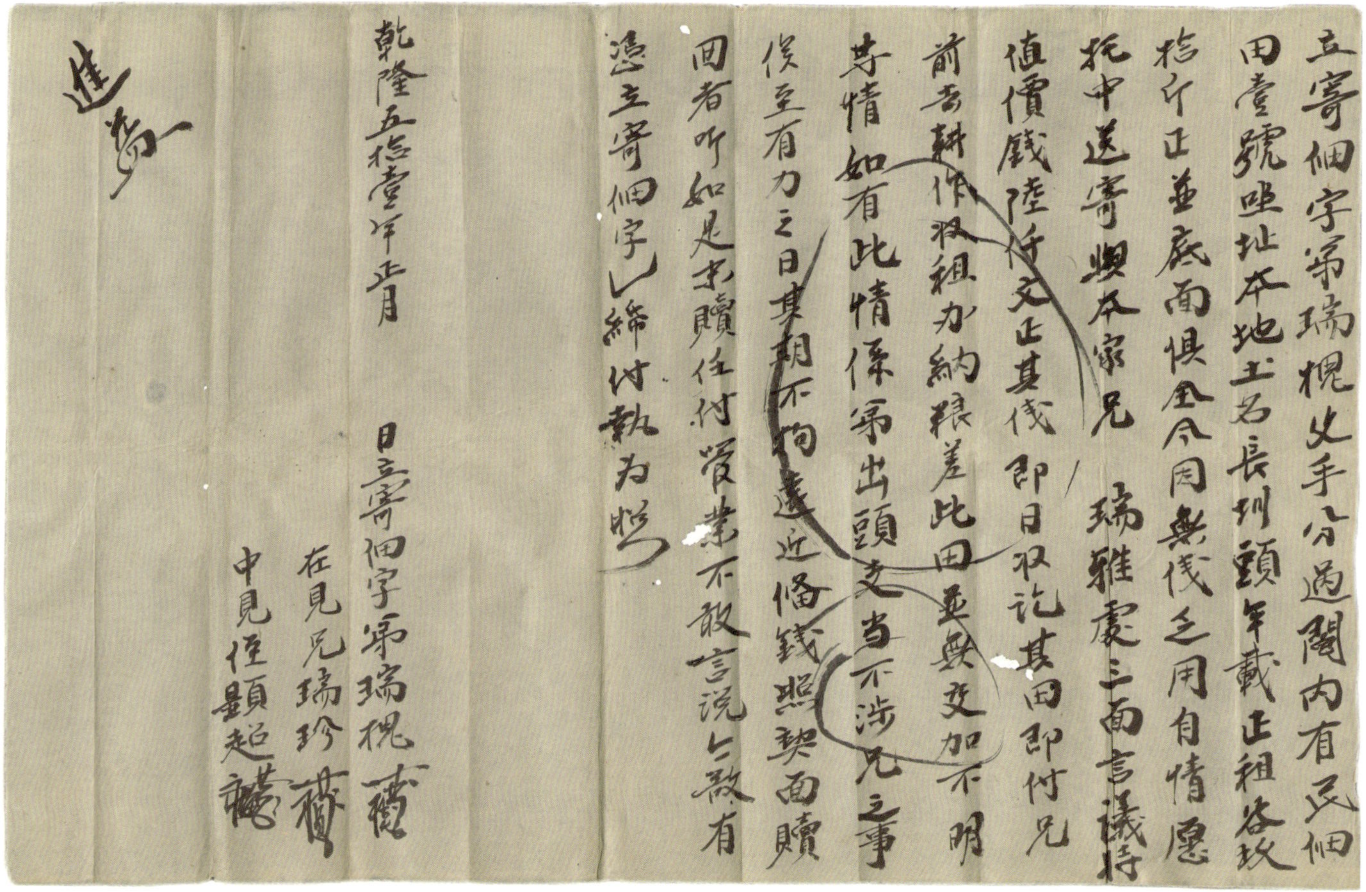
立寄佃字弟瑞槐父手分過閹内有民佃
田壹號坐址本地土名長圳頭年載正租谷玖
拾斤正並底面俱全今因無錢乏用自情愿
托中送寄與本家兄　瑞雅處三面言議時
值價錢陸仟文正其錢即日収訖其田即付兄
前去耕作收租办納粮差此田並無交加不明
等情如有此情係弟出頭之當不涉兄之事
俟至有力之日其期不拘遠近備錢照契面贖
回者聽如是未贖任付管業不敢言說今欲有
憑立寄佃字一紙付執為照

乾隆五拾壹年正月　日立寄佃字弟瑞槐（押）
在見兄瑞珍（押）
中見侄顯超（押）

6-3-14-1　清乾隆五十一年正月林瑞槐立寄民佃田字（廢契）

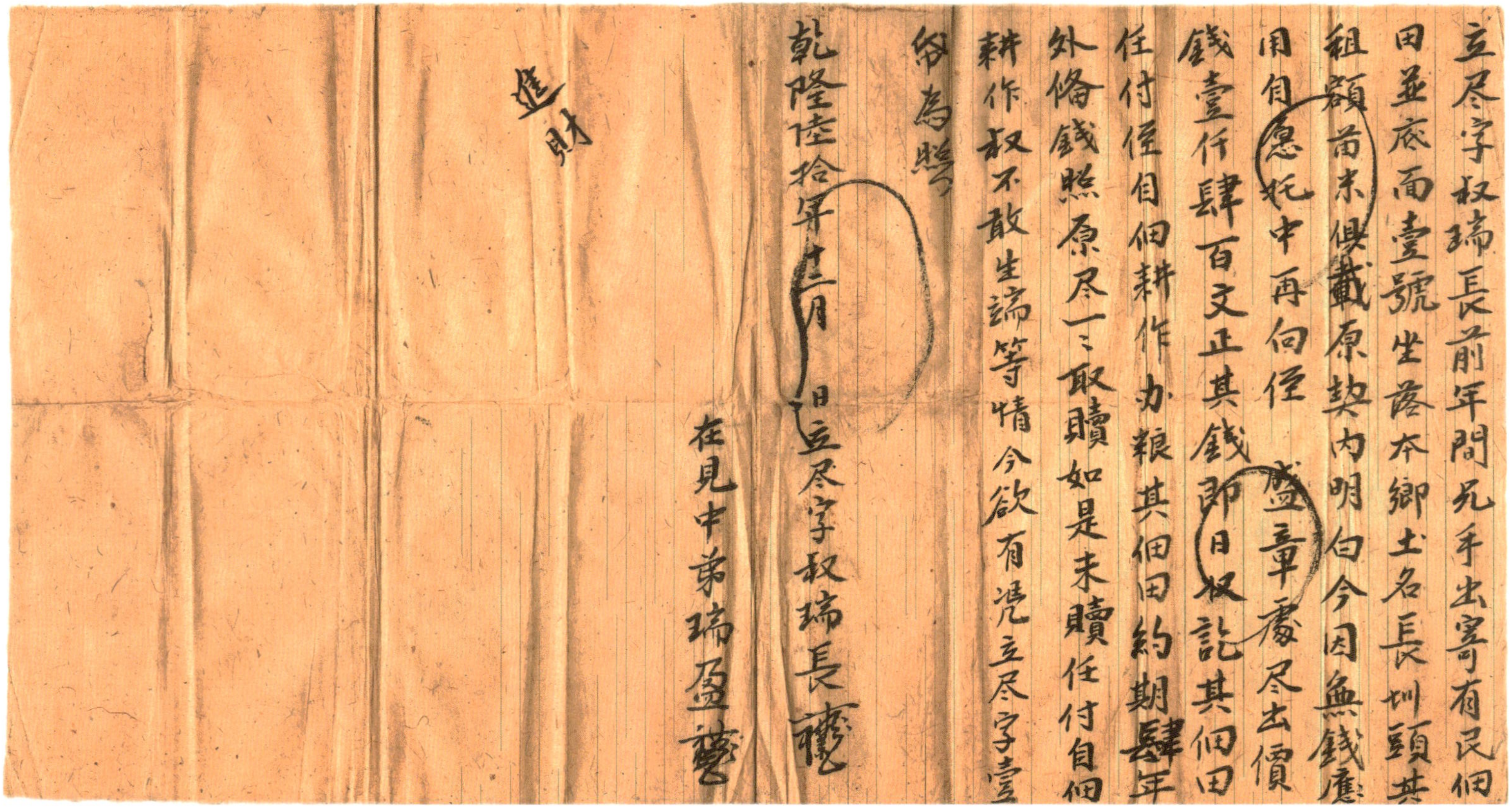
立尽字叔瑞長前年間兄手出寄有民佃
田并底面壹號坐落本鄉土名長圳頭共
租額苗米俱載原契内明白今因無錢應
用自愿托中再向侄盛章處尽出價
錢壹仟肆百文正其錢即日收訖其佃田
任付侄自佃耕作办粮其佃田約期肆年
外備錢照原尽一二取贖如是未贖任付自佃
耕作叔不敢生端等情今欲有凴立尽字壹
紙為照
乾隆陸拾年十二月　日立尽字叔瑞長（押）
在見中弟瑞盈（押）
進財

6-3-14-2　清乾隆六十年十二月林瑞長立盡民佃田等字（廢契）

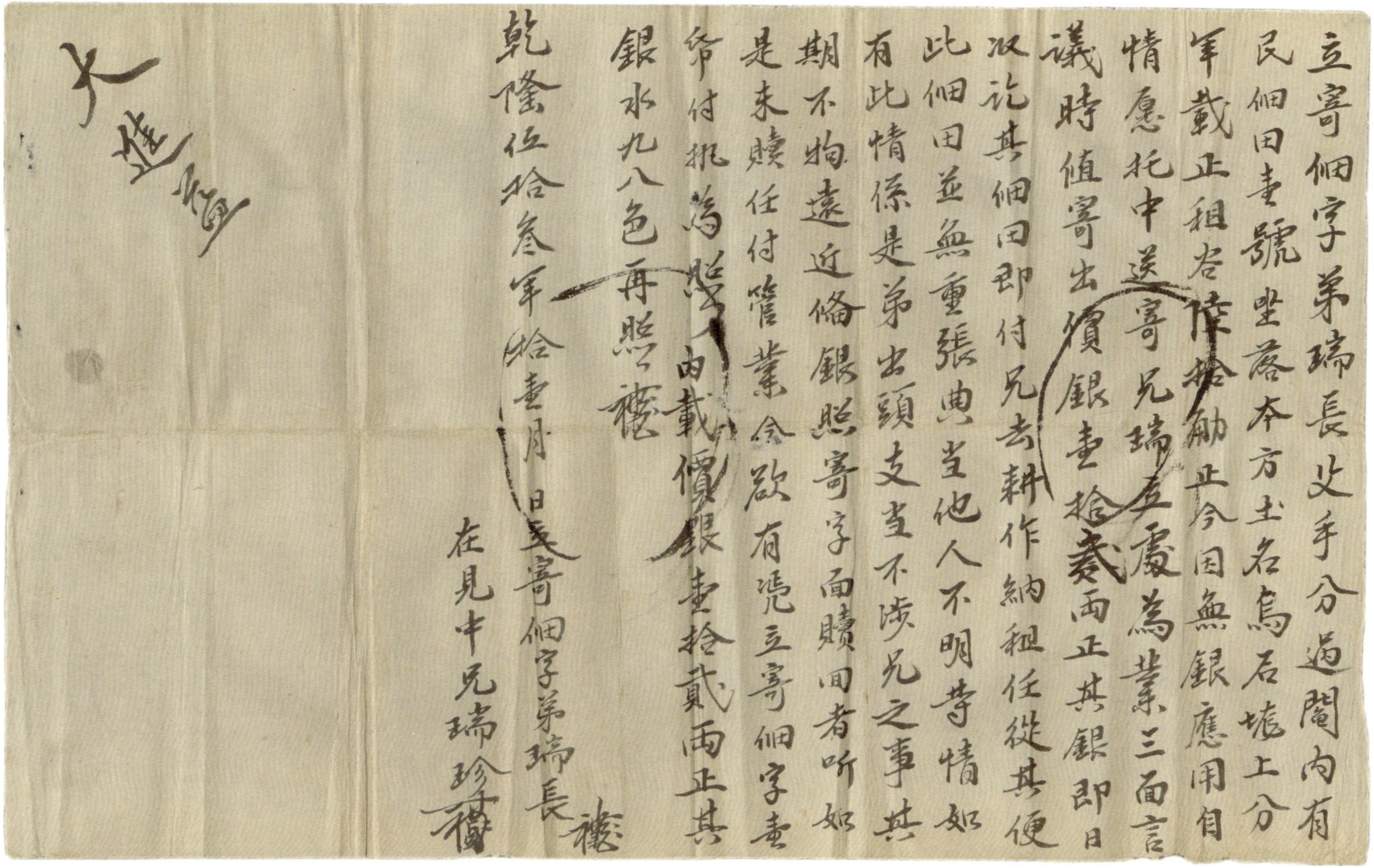
立寄佃字弟瑞長父手分過鬮內有
民佃田壹號坐落本方土名烏石塘上分
年載正租谷陸拾觔正今因無銀應用自
情愿托中送寄兄瑞立處為業三面言
議時值寄出價銀壹拾叁兩正其銀即日
收訖其佃田即付兄去耕作納租任從其便
此佃田並無重張典當他人不明等情如
有此情係是弟出頭支當不涉兄之事其
期不拘遠近備銀照寄字面贖回者听如
是未贖任付管業[illegible]歇有憑立寄佃字壹
紙付執為照　內載價銀壹拾貳兩正其
銀水九八色再照　押
乾隆伍拾叁年拾壹月　日立寄佃字弟瑞長　押
在見中兄瑞珍　押

6-3-15-1　清乾隆五十三年十一月林瑞長立寄民佃田字（廢契）

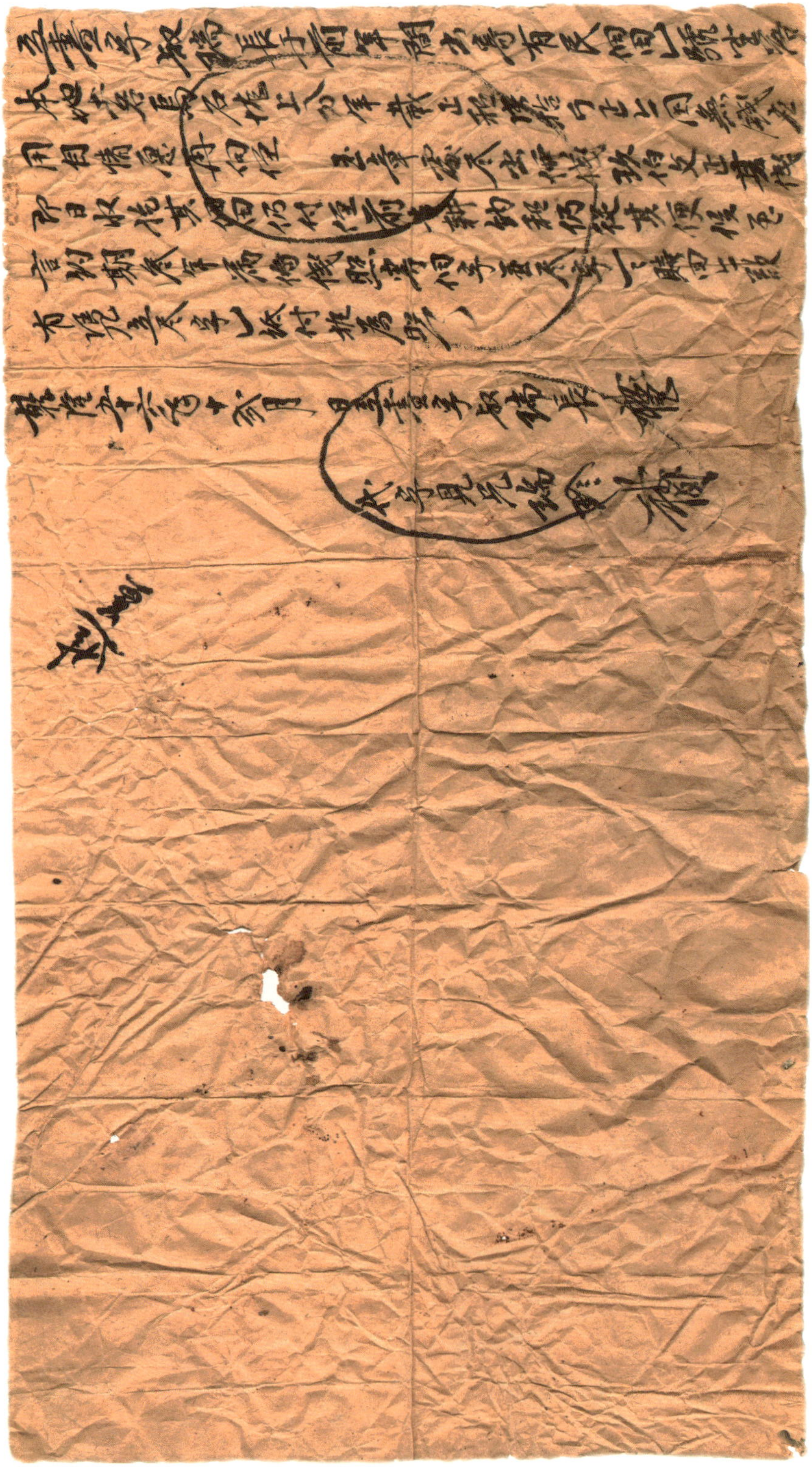

6-3-15-2　清乾隆五十六年十二月林瑞長立盡民佃田字（廢契）

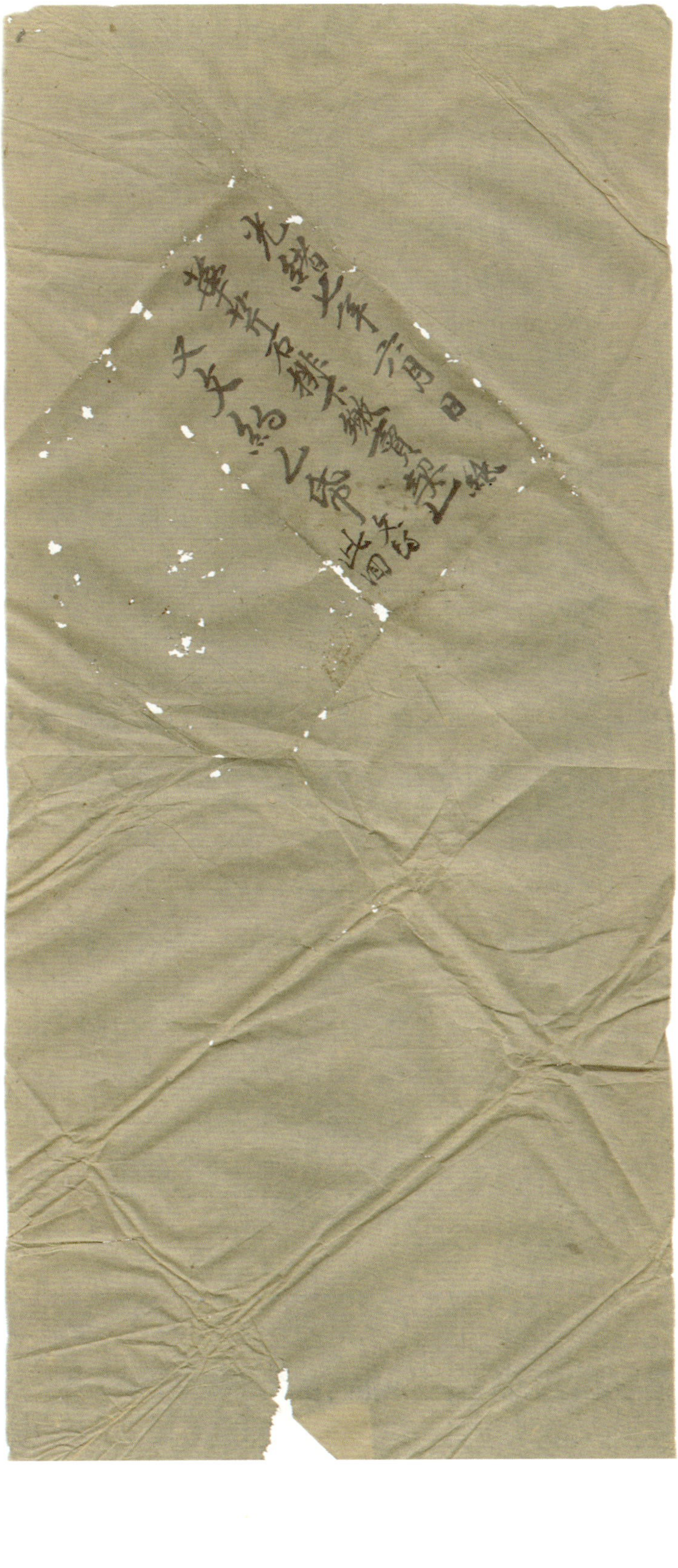


6-3-16-1　包契紙

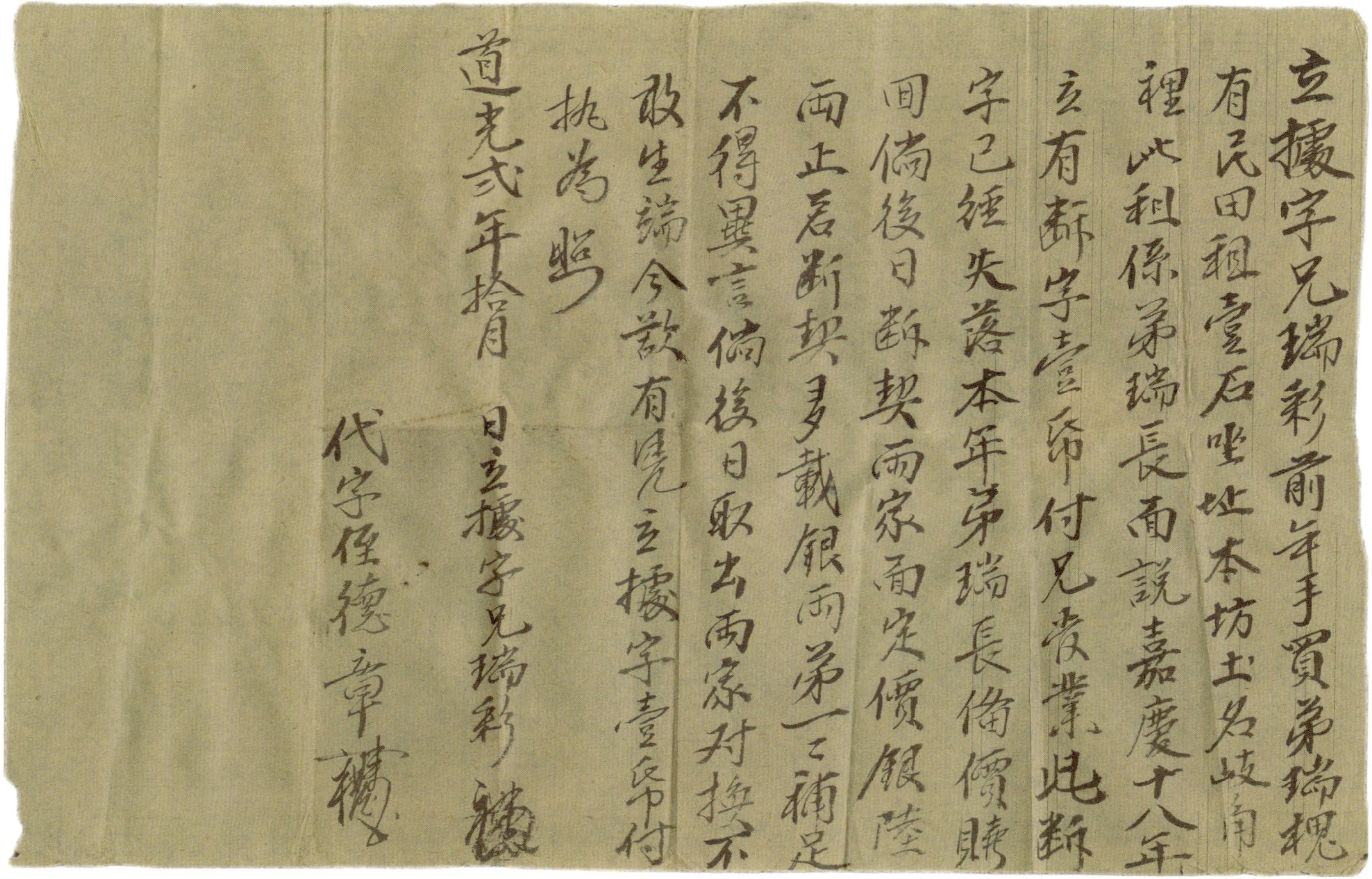
立據字兄瑞彩前年手買弟瑞槐
有民田租壹石坐址本坊土名岐角
裡此租係弟瑞長面說嘉慶十八年
立有斷字壹紙付兄收業此斷
字已經失落本年弟瑞長備價贖
回備後日斷契兩家面定價銀陸
兩正居斷契多載銀兩弟一一補足
不得異言倘後日取出兩家对換不
敢生端今欲有憑立據字壹紙付
執為照
道光弍年拾月　日立據字兄瑞彩（押）
代字侄德章（押）

6-3-16-2　清道光二年十月林瑞彩立據字

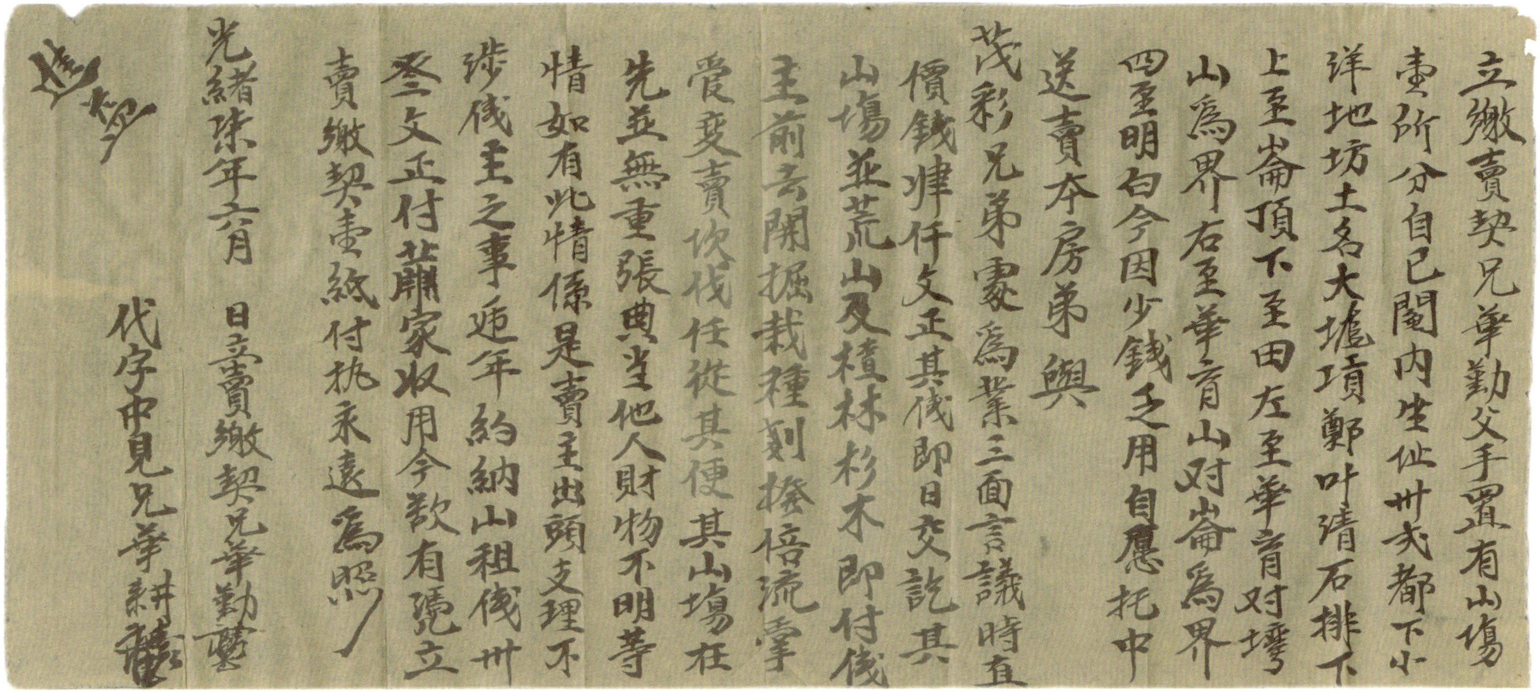

立繳賣契兄華勤父手置有山場
壹所，今自己閣内坐址村尾鄙下小
洋地坊土名大壢頭鄭叶墻石排下，
上至大崙頂，下至田，左至華言对墻
山為界，右至華言山对崙為界，
四至明白。今因少錢之用，自應托中
送賣與本房弟興
彩兄弟處為業，三面言議時值
價錢肆仟文正，其錢即日交訖，其
山場並荒山及雜林杉木即付錢
主前去開掘栽種刈採管流，壹任
受良賣收成，任從其便。其山場在
先並無重張典当他人財物不明等
情，如有此情，係是賣主出頭支理，不
涉錢主之事。而遞年給納山租錢例卅
叁文，正付彌家收用。今欲有憑，立
賣繳契壹紙，付執永遠為照。

光緒柒年六月　日立賣繳契兄華勤（押）
代字中見兄華封（押）
造契

6-3-16-3　清光緒七年六月林華勤立繳賣山場契

6-3-17-1　包契紙

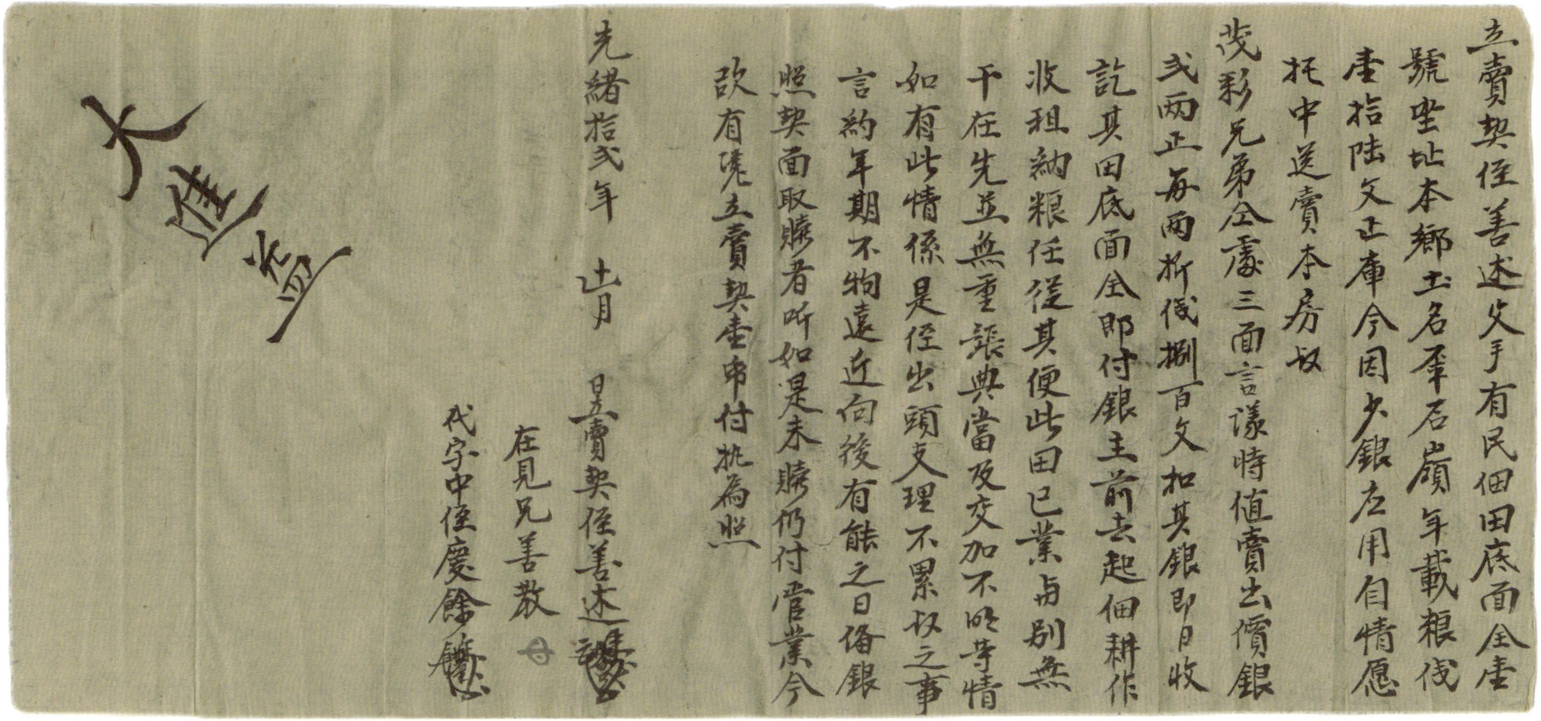
立賣契侄善述承父手有民佃田底面全坐
號坐址本鄉土名牽石嶺年載粮伐
壹拾陸文正庫今因乏銀應用自情愿
托中送賣本房叔
茂彩兄弟仝處三面言議時值賣出價銀
弍兩正每兩折伐捌百文加其銀即日收
訖其田底面全即付銀主前去起佃耕作
收租納粮任從其便此田已業與别無
干在先並無重張典當及交加不明等情
如有此情係是侄出頭支理不累叔之事
言約年期不拘遠近向後有能之日備銀
照契面取贖者听如是未贖仍付管業今
欲有憑立賣契壹帋付執爲照
光緒拾弍年 十一月 日立賣契侄善述（押）
在見兄善敎（押）
代字中侄慶餘（押）

6-3-17-2 清光緒十二年十一月林善述立賣底面全民佃田契

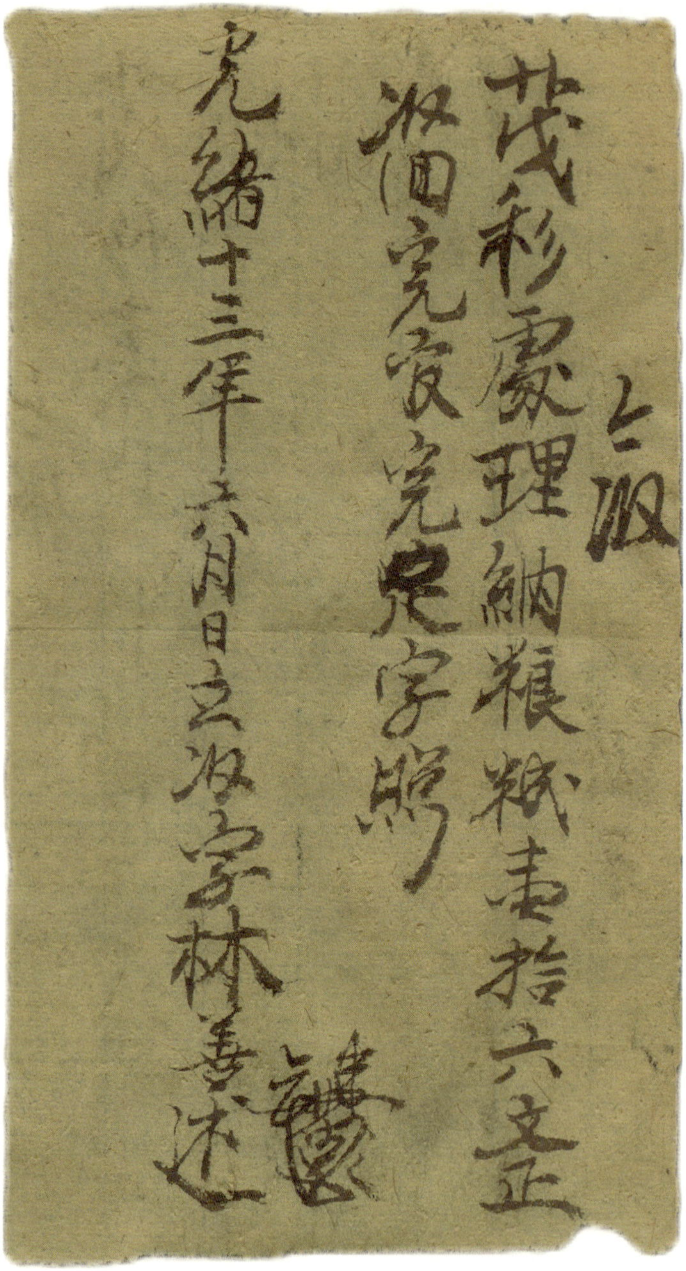
茂彩處理納糧錢壹拾六文正　仝收
收回完賦完足字照
光緒十三年六月　日立收字林善述（押）

6-3-17-3　清光緒十三年六月林善述立收糧錢字

6-3-18-1　包契紙

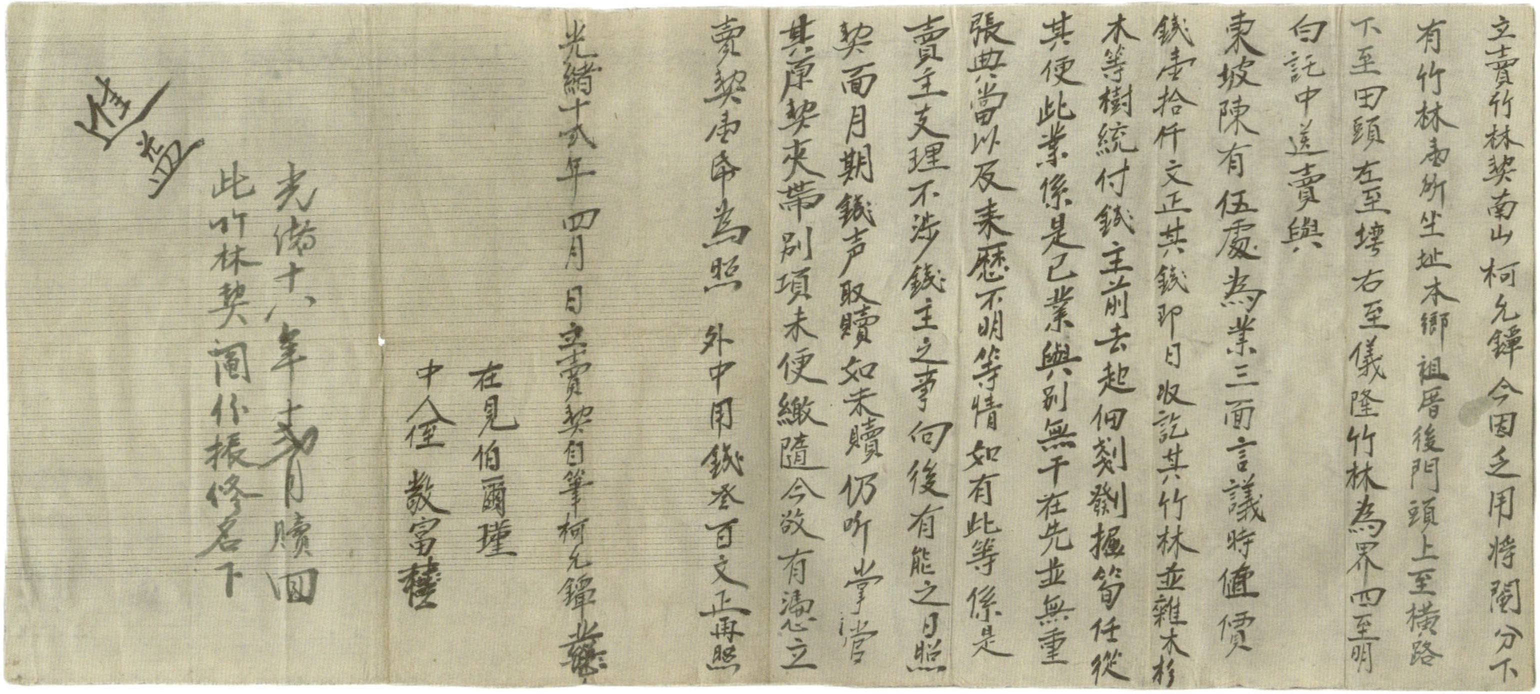
立賣竹林契南山柯允鐔，今因乏用，將鬮分下
有竹林壹所，坐址本鄉祖厝後門頭，上至橫路，
下至田頭，左至塝，右至儀隆竹林為界，四至明
白，託中送賣與
東坡陳有伍處為業，三面言議時值價
錢壹拾仟文正。其錢即日收訖，其竹林並雜木杉
木等樹統付錢主前去起佃砍劉掘筍，任從
其便。此業係是己業，與别無干，在先並無重
張典當以及來歷不明等情。如有此等，係是
賣主支理，不涉錢主之事。向後有能之日，照
契面月期錢聲取贖，如未贖，仍听掌管。
其原契夾帶別項，未便繳還，今欲有憑，立
賣契壹帋為照。外中用錢叁百文正，再照。
光緒十貳年四月 日立賣契自筆柯允鐔（押）
在見伯爾瑾
中仝 敖富樓
光緒十八年十二月贖回
此竹林契鬮作振修名下
佳造

6-3-18-2　清光緒十二年四月柯允鐔立賣竹林契

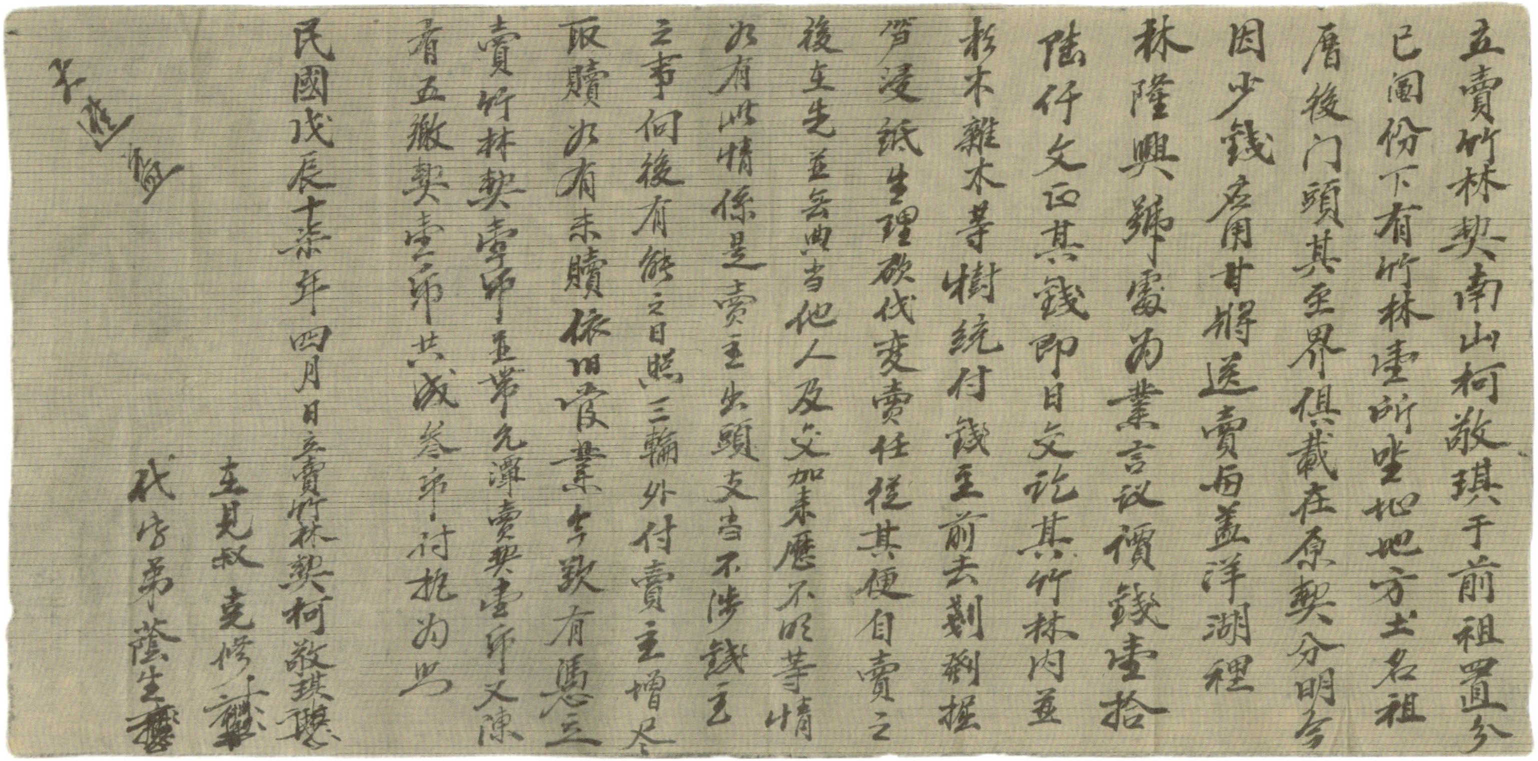
立賣竹林契人南山柯敬琪，于前祖置有
已閫份下有竹林壹所，坐址地方土名祖
厝後门頭，其至界俱載在原契，分明，今
因乏錢應用，甘將送賣與蓋洋湖裡
林隆興號處為業，言议價錢壹拾
陸仟文正，其錢即日交訖，其竹林內並
杉木雜木等樹，統付錢主前去劉剃掘
笋、浸紙、生理、砍伐、變賣，任從其便，自賣之
後，立先並無典當他人及交加來歷不明等情
如有此情，係是賣主出頭支當，不涉錢主
之事。向後有錢之日，照三輪外付賣主增足
取贖，如有未贖，依旧管業，出欵有憑，恐口
賣竹林契壹紙，并帶九潭賣契壹紙，又陳
肴五徽契壹紙，共成叁紙，付執為照。
民國戊辰十柒年四月　日立賣竹林契柯敬琪
在見叔　克修
代字弟　蔭生

6-3-18-3　民國十七年四月柯敬琪立賣竹林契

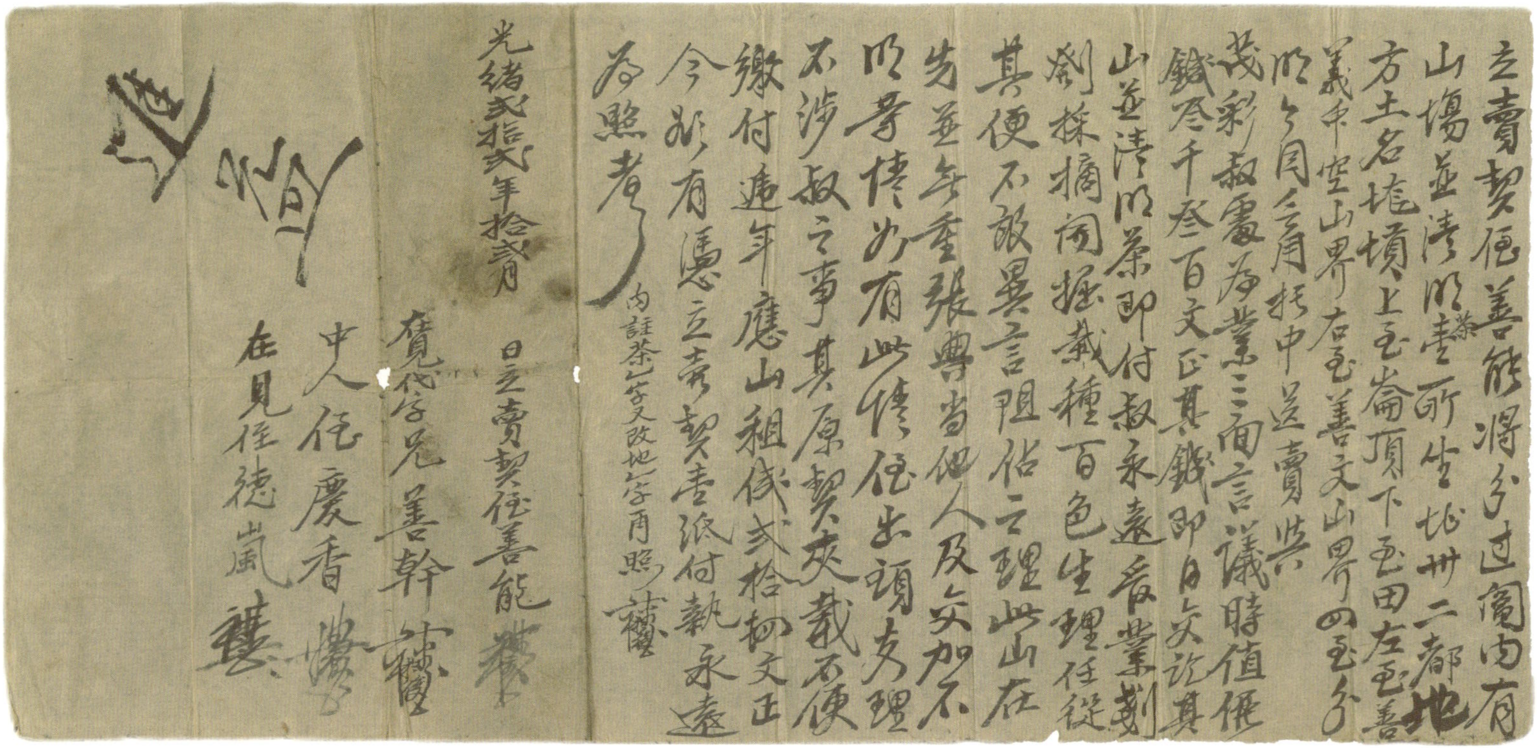
立賣契侄善能將自己過鬮內有
山場並陳茶叢所坐址卅二都地
方土名埯墳上至崙頂下至田左至善
義平空山界右至善文山界四至分
明今因乏用托中送賣與
叔彩叔處為業三面言議時值價
錢叁千叁百文正其錢即日交訖其
山並陳茶即付叔永遠管業劃
削採摘開掘栽種百色生理任從
其便不敢異言阻佔之理此山在
先並無重張典當他人及交加不
明等情如有此情侄出頭支理
不涉叔之事其原契夾載不便
繳付遞年應山租錢貳拾捌文正
今欲有憑立賣契壹紙付執永遠
為照者
內註茶叢字又改地字再照（押）
光緒貳拾貳年拾貳月　日立賣契侄善能（押）
筧代字兄善幹（押）
中人侄慶香（押）
在見侄德嵐（押）

6-3-19-1　清光緒二十二年十二月林善能立賣山場等契

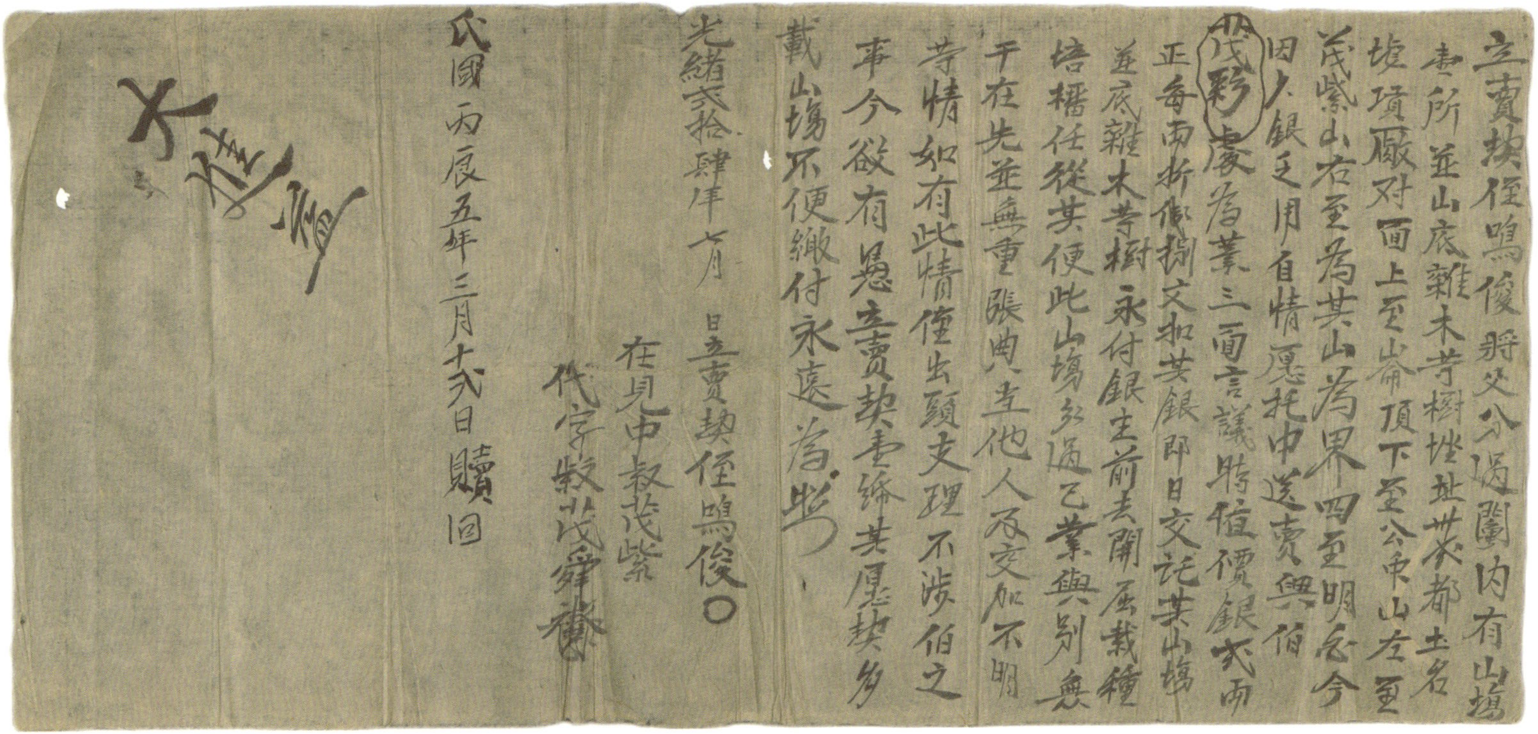

立賣找侄鳴俊將父分過鬮內有山場
壹所並山底雜木苗樹坐址廿六都土名
坡墳廠对面上至山崙頂下至公東山左至
茂紫山右至爲其山爲界四至明白今
因乏銀應用自情愿托中送賣與伯
茂彩處爲業三面言議時值價銀弍兩
正每兩折價捌文扣其銀即日交訖其山場
並底雜木苗樹永付銀主前去開墾栽種
培播任從其便此山場系過乙業與別無
干在先並無重張典當他人及交加不明
等情如有此情侄出頭支理不涉伯之
事今欲有憑立賣契壹紙其愿契乃
載山場不便繳付永遠爲照。

光緒貳拾肆年七月　日立賣契侄鳴俊○
在見中叔茂紫
代字叔茂彝
民國丙辰五年三月十六日贖回

6-3-19-2　清光緒二十四年七月林鳴俊立賣山場等契

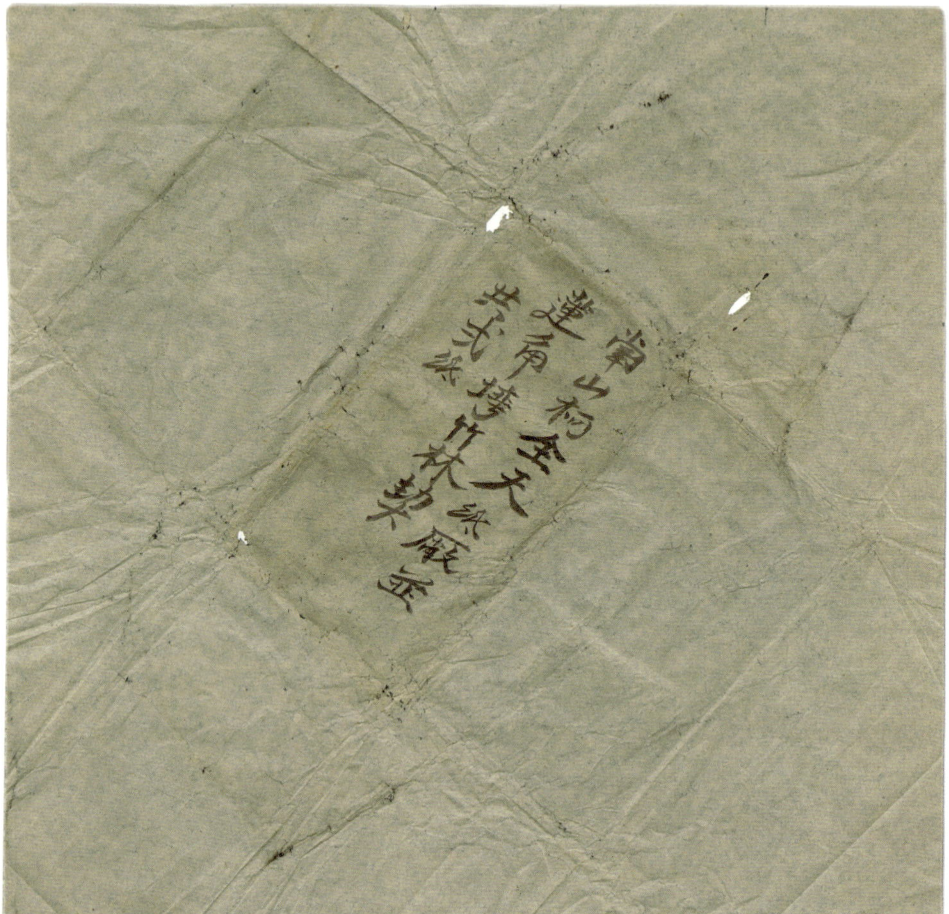


6-3-20-1　包契紙

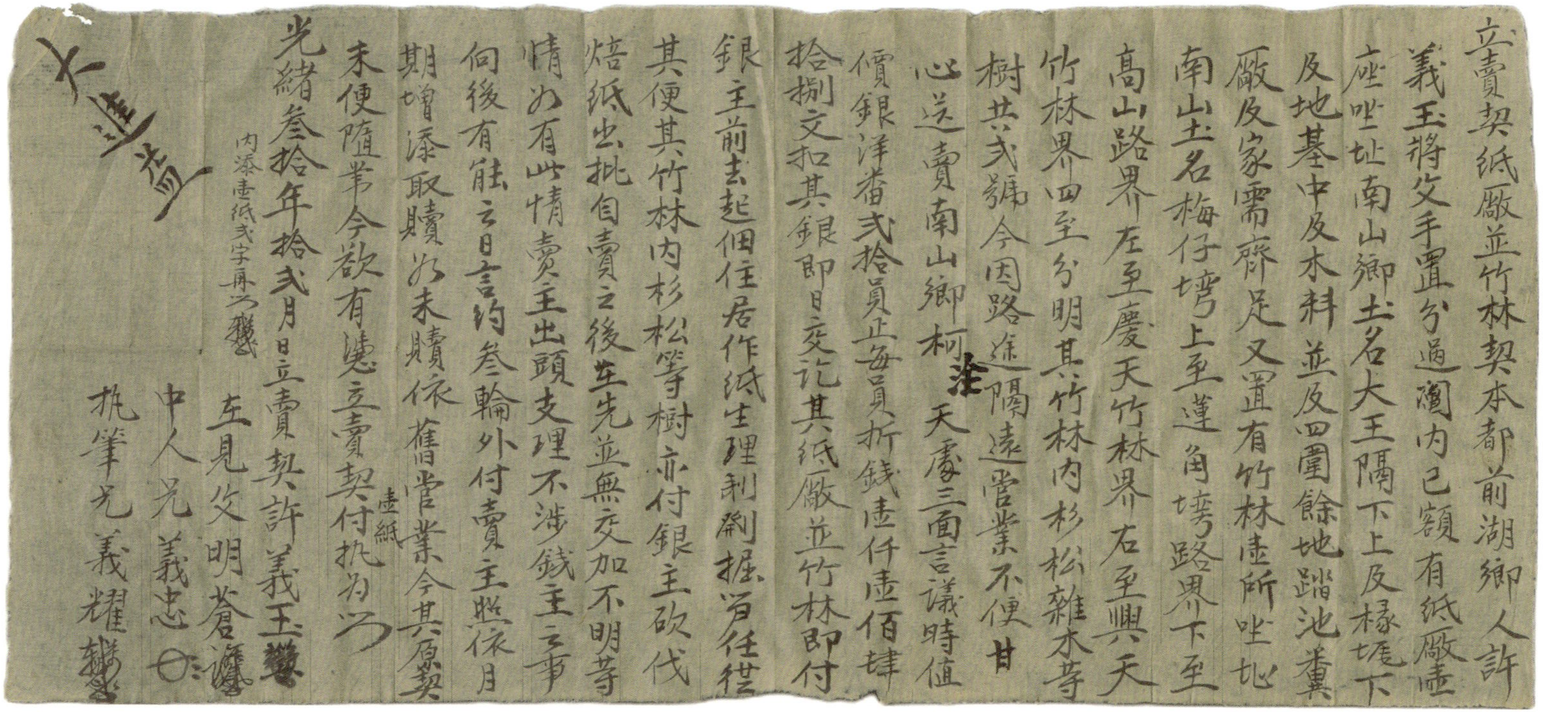
立賣契紙廠並竹林契本都前湖鄉人許
義玉將父手置分過閹內已額有紙廠壹
座坐址南山鄉土名大王隔下上及椽堪下
及地基中及木料並及四圍餘地踏池糞
廠及家需齊足又置有竹林壹所坐址
南山土名梅仔塆上至蓮角塆路界下至
高山路界左至慶天竹林界右至興天
竹林界四至分明其竹林內杉松雜木等
樹共弍號今因路途隔遠管業不便甘
心送賣南山鄉柯淦天處三面言議時值
價銀洋番弍拾員正每員折錢壹仟壹佰肆
拾捌文扣其銀即日交訖其紙廠並竹林即付
銀主前去起佃住居作紙生理剃剷握留任從
其便其竹林內杉松等樹亦付銀主砍伐
焙紙出批自賣之後在先並無交加不明等
情如有此情賣主出頭支理不涉錢主之事
向後有能之日言約叁輪外付賣主照依月
期增添取贖如未贖依舊管業今其原契壹紙
未便隨帶今欲有憑立賣契付執為照
光緒叁拾年拾弍月　日立賣契許義玉（押）
內添壹紙弍字再照（押）
在見父明蒼（押）
中人兄義忠（押）
執筆兄義耀（押）
大進益

6-3-20-2　清光緒三十年十二月許義玉立賣紙廠等契

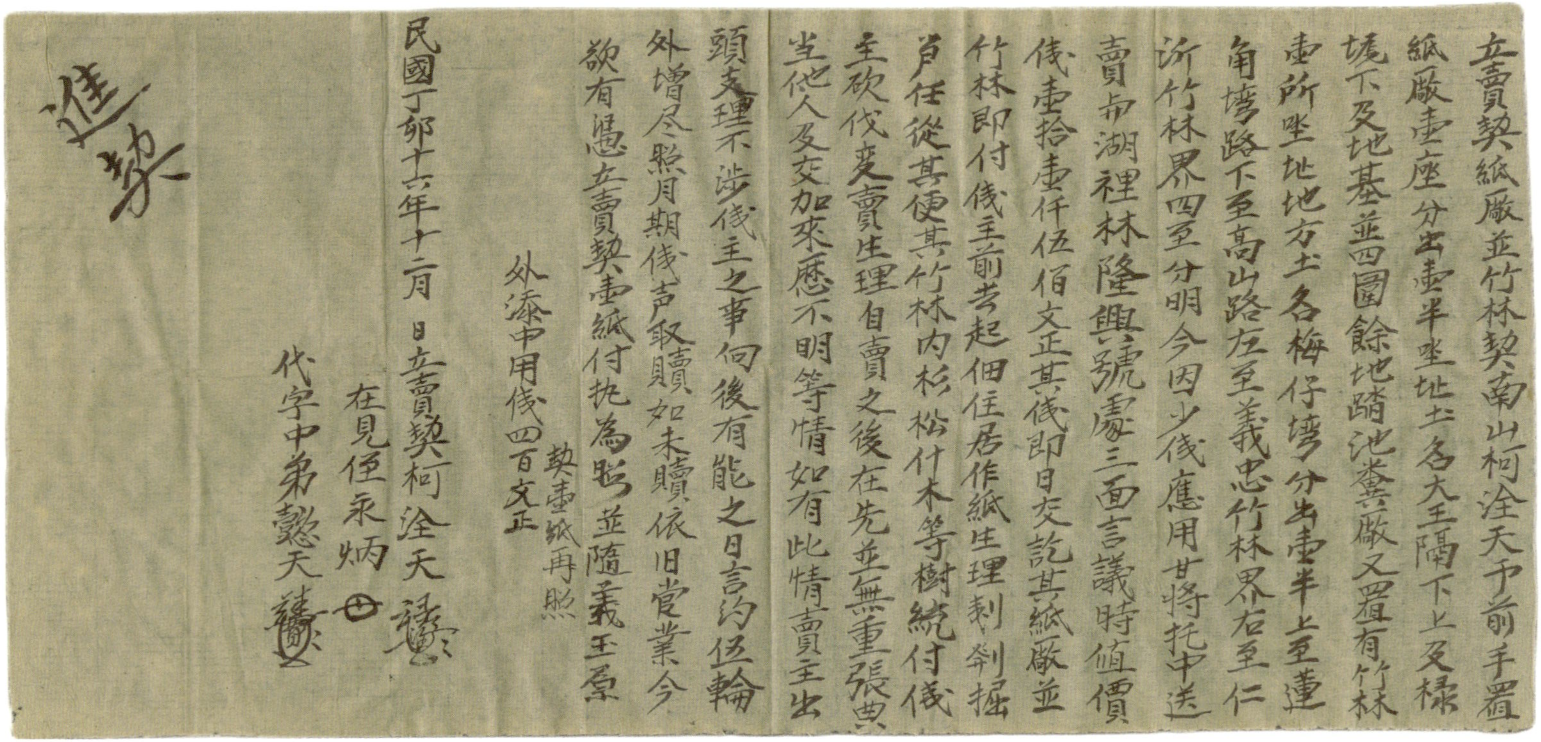
立賣契紙廠並竹林契南山柯淦天予前手置
紙廠壹座分出壹半坐址土名大王隔下上及椂
坑下又地基並四圍餘地踏池基廠又置有竹林
壹所坐址地方土名梅仔塆分出壹半上至蓮
角塆路下至高山路左至義忠竹林界右至仁
沂竹林界四至分明今因乏錢應用甘將托中送
賣與湖裡林隆興號處三面言議時值價
錢壹拾壹仟伍佰文正其錢即日交訖其紙廠並
竹林即付錢主前去起佃住居作紙生理剃斜摇
戶任從其便其竹林內杉松竹木等樹統付錢
主砍伐變賣生理自賣之後在先並無重張典
當他人及交加來歷不明等情如有此情賣主出
頭支理不涉錢主之事向後有能之日言約伍輪
外增尽照月期錢声取贖如未贖依旧管業今
欲有憑立賣契壹紙付執為照並隨義王原
契壹紙再照
外添中用錢四百文正
民國丁卯十六年十二月 日立賣契柯淦天（押）
在見侄永炳（押）
代字中弟懿天（押）
進契

6-3-20-3　民國十六年十二月柯淦天立賣紙廠等契

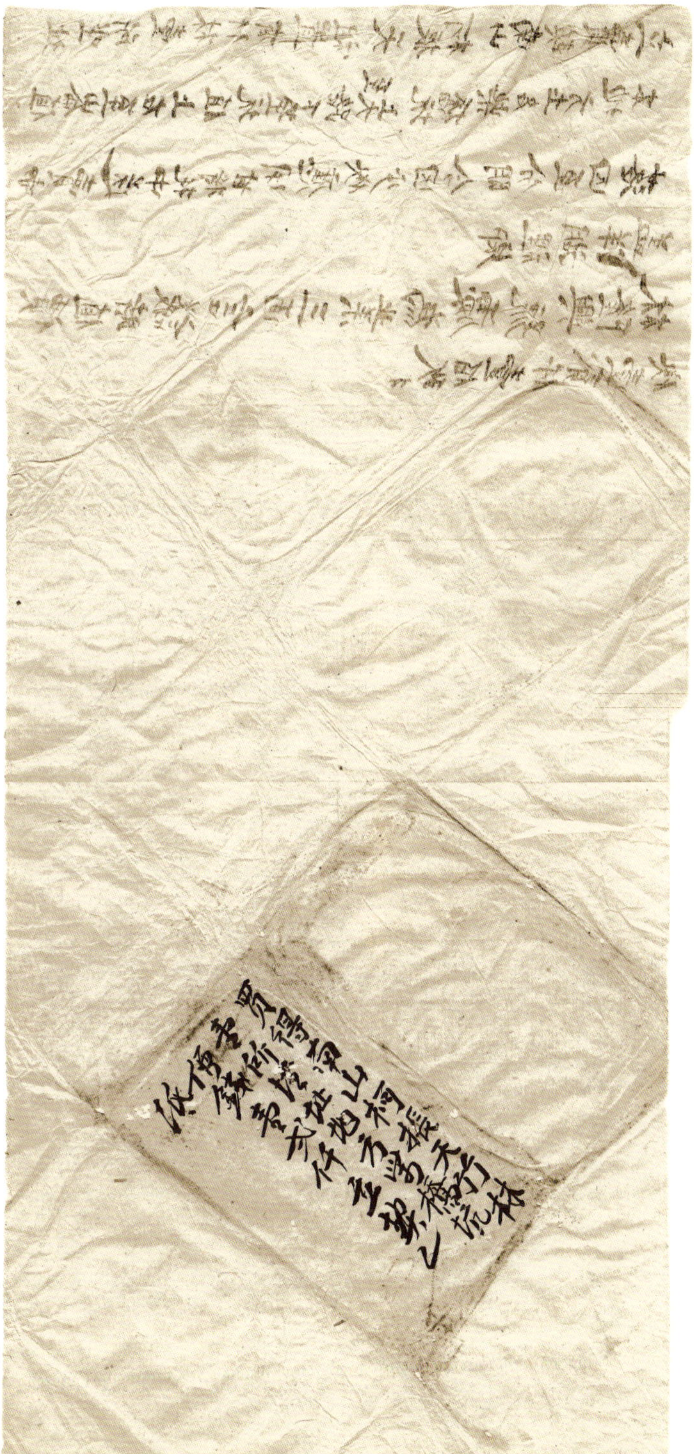

6-3-21-1　包契紙

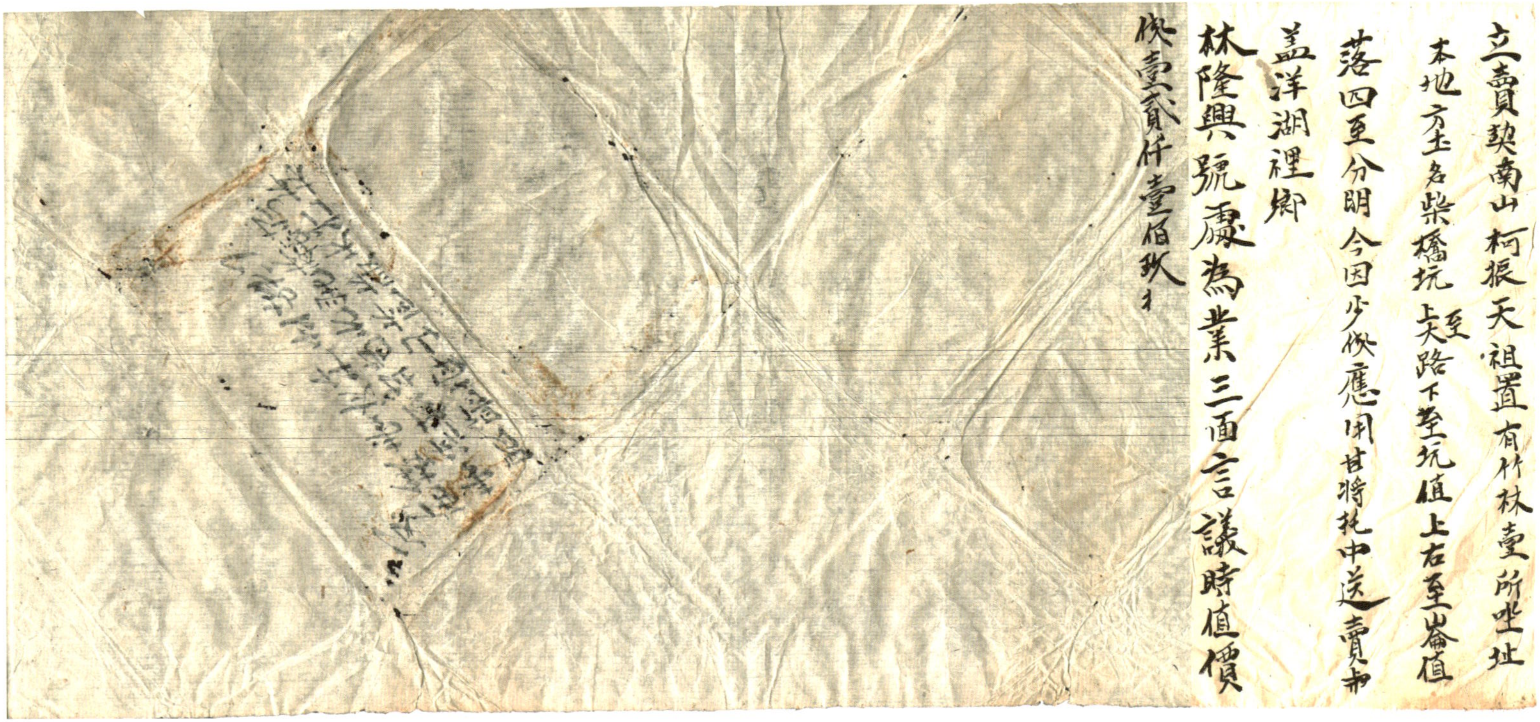
立賣契南山柯振天祖置有竹林壹所坐址
本地方土名柴橋坑上至大路下至坑值上右至崙值
落四至分明今因少欠應用甘將托中送賣與
盖洋湖裡鄉
林隆興號處為業三面言議時值價
伏壹貳仟壹佰玖十

6-3-21-2　民國十五年十一月柯振天立賣竹林契（草契）

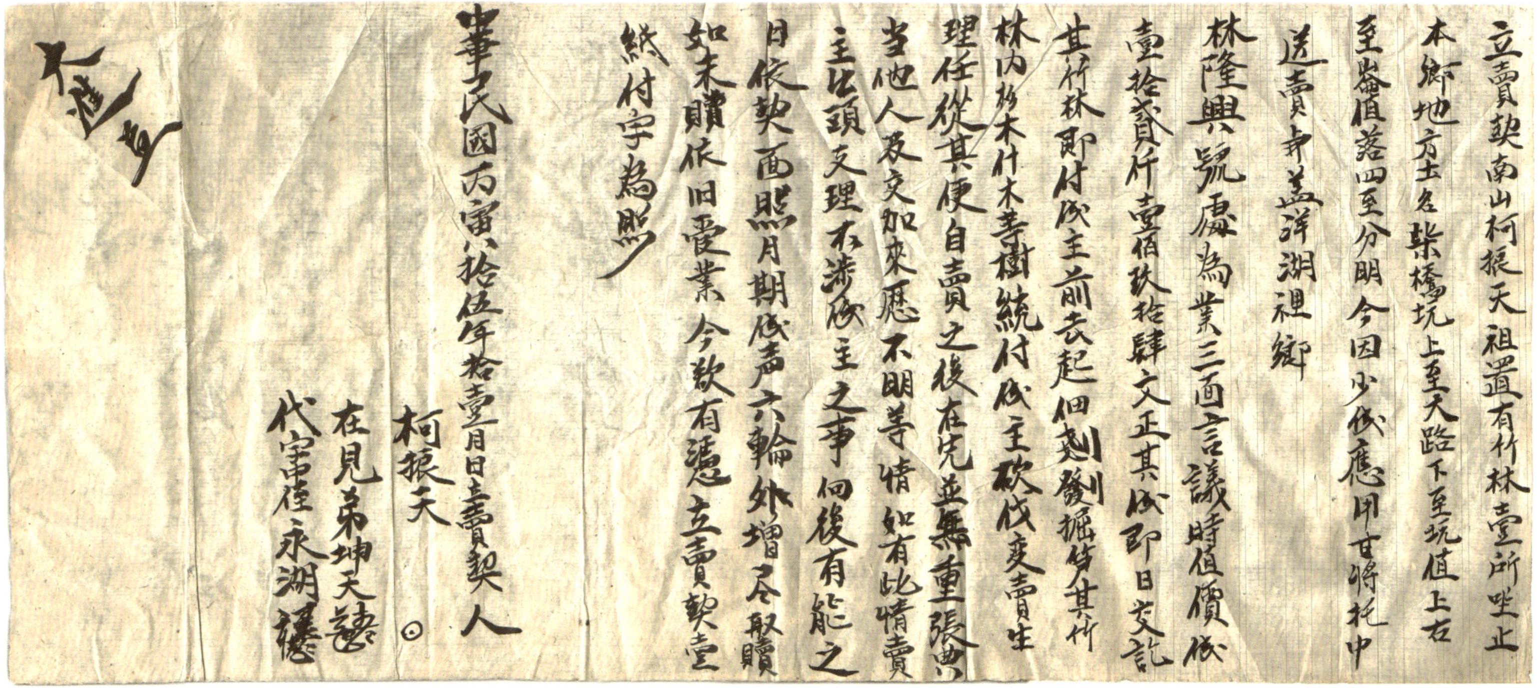

立賣契南山柯振天祖置有竹林壹所坐址
本鄉地方土名柴橋坑上至大路下至坑值上右
至崙值落四至分明今因少錢應用甘將托中
送賣本盖洋湖裡鄉
林隆興號處為業三面言議時值價錢
壹拾叁仟壹佰玖拾肆文正其錢即日交訖
其竹林即付錢主前去起佃剗發掘笋其竹
林內杉木竹木雜樹統付錢主砍伐變賣生
理任從其便自賣之後在先並無重張典
當他人及交加來歷不明等情如有此情賣
主出頭支理不涉錢主之事向後有能之
日依契面照月期錢声六輪外增叁分取贖
如未贖依旧管業今欲有憑立賣契壹
紙付字為照

中華民國丙寅拾伍年拾壹月日立賣契人
柯振天 ⊙
在見弟坤天
代字侄永湖

大進

6-3-21-3　民國十五年十一月柯振天立賣竹林契

柯長安小遂竹林契乙張
苟租谷分
民國丙子廿五年吉立

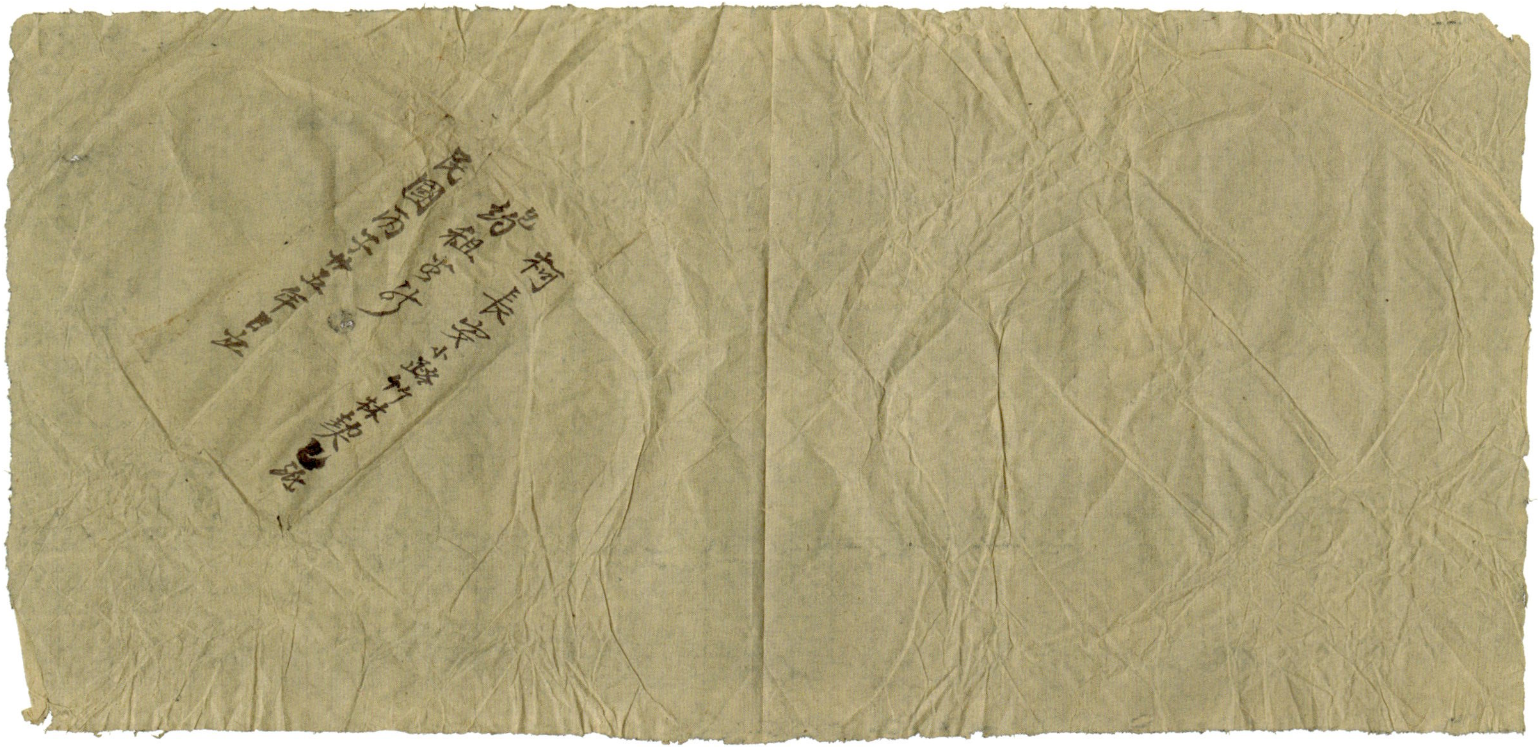

6-3-22-1　包契紙

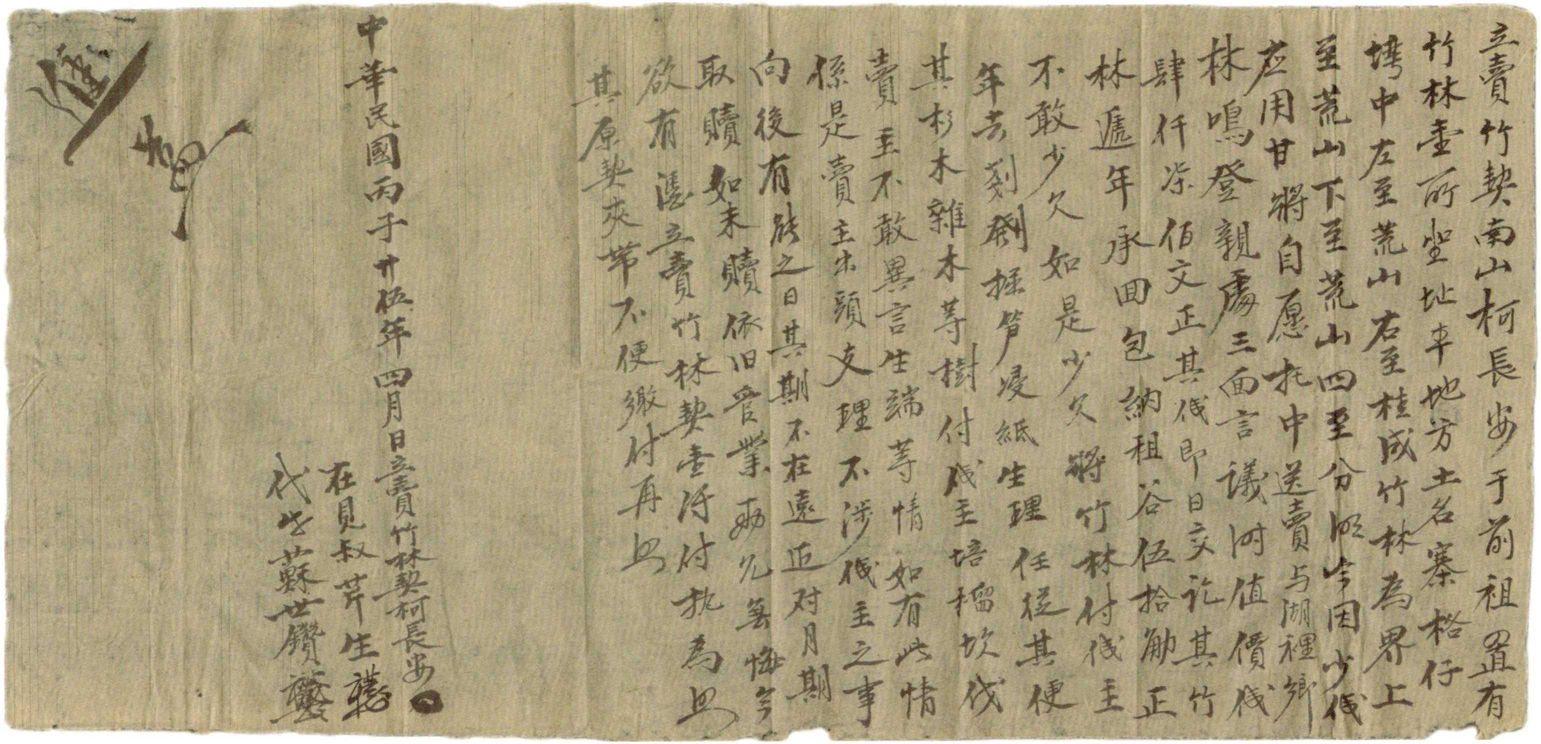

立賣竹林契南山柯長安，于前祖置有
竹林壹所，坐址本地方土名寨格仔
塆中，左至荒山，右至桂成竹林為界，上
至荒山，下至荒山，四至分明。今因少錢
應用，甘將自愿托中送賣与湖裡鄉
林鳴登親邊三面言議，時值價錢
肆仟柒佰文正，其錢即日交訖，其竹
林遞年承田包納租谷伍拾觔正，
不敢少欠。如是少欠，將竹林付錢主
年去剗掘笋、浸紙生理，任從其便。
其杉木、雜木等樹付錢主培榴於錢
賣主不敢異言生端等情。如有此情，
係是賣主出頭支理，不涉錢主之事。
向後有錢之日，其期不在遠近，對月期
取贖，如未贖，依旧管業，兩允無悔。今
欲有憑，立賣竹林契壹紙付執為照。
其原契夾帯不便繳付，再照。

中華民國丙子廿伍年四月　日立賣竹林契柯長安（押）

在見叔　芹生（押）

代字　蘇世鑽（押）

6-3-22-2　民國二十五年四月柯長安立賣竹林契

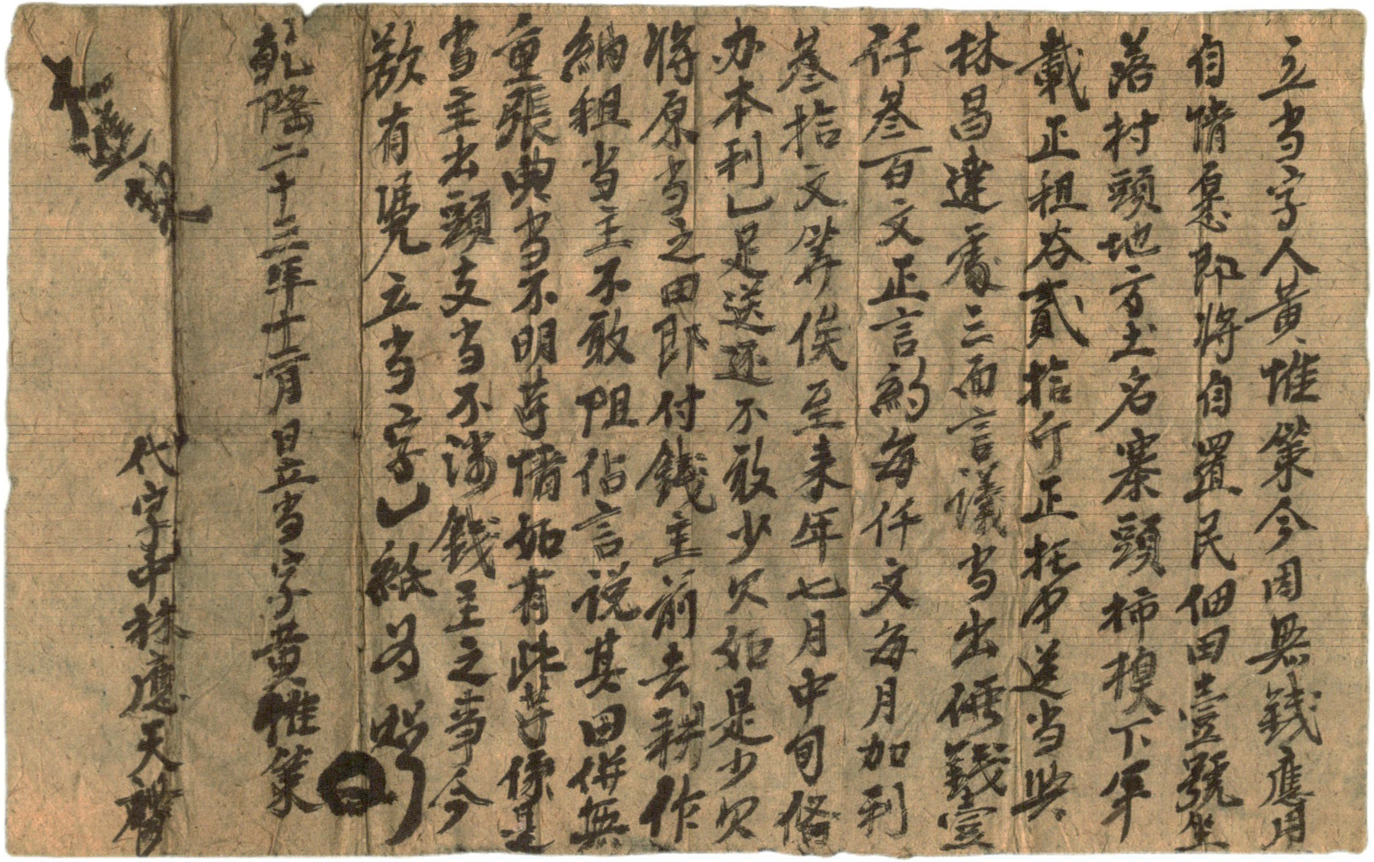
立当字人黄惟策今因無錢應用
自情愿即將自置民佃田壹號坐
落村頭地方土名寨頭柿樹下年
載正租谷貳拾斤正托中送当與
林昌達看三面言議当出價錢壹
仟叁百文正言約每仟文每月加利
叁拾文算供至來年七月中旬備
办本利一足送還不敢少欠如是少欠
將原当之田即付錢主前去耕作
納租当主不敢阻佔言說其田併無
重張典当不明等情如有此等係是
当主出頭支当不涉錢主之事今
欲有憑立当字一紙為照
乾隆二十三年十二月　日立当字黄惟策
代字中林應天
大進[illegible]

6-3-23-1　清乾隆二十三年十二月黄惟策立當民佃田字

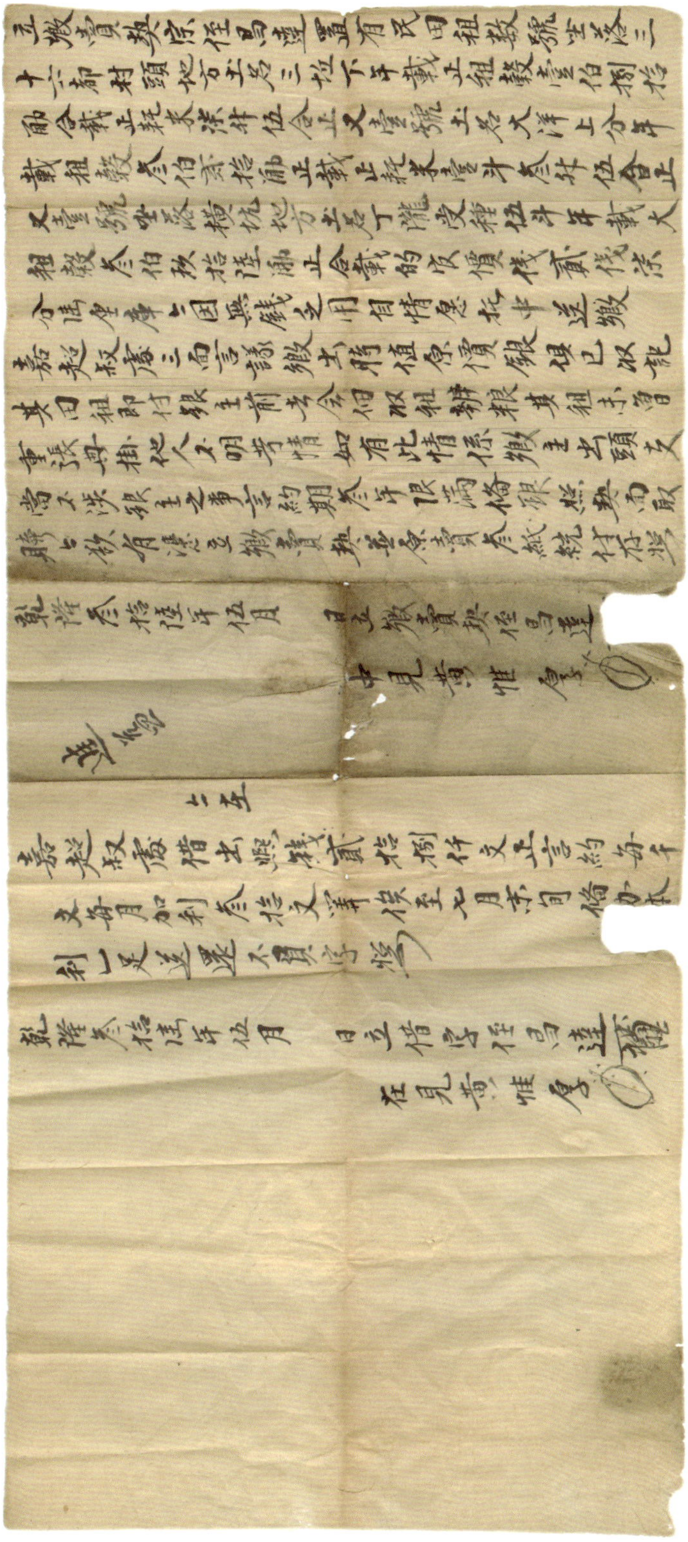
立繳賣契宗侄昌達置有民田租數號坐落三
十六都村頭地方土名三垃下年載正租穀壹伯捌拾
觔合載正耗米柒升伍合止又壹號土名大洋上分年
載租穀叁伯貳拾觔正載正耗米壹斗叁升伍合正
又壹號坐落横坑地方土名丁隴受種伍斗年載大
租穀叁伯玖拾陸觔正合載的實價錢貳仟柒
分俵坐庫ㄙ因無錢之用自情愿托中送繳
嘉超叔處三面言議繳出時值原價銀俱已收訖
其田租即付銀主前去会佃收租辦粮其租未曾
重張典掛他人不明等情如有此情係繳主出頭支
當不涉銀主之事言約期叁年限滿備銀照契面取
贖ㄙ欲有憑立繳賣契並原賣叁紙統付存照
乾隆叁拾陸年伍月　日立繳賣契侄昌達（押）
中見黄惟厚
達[illegible]
ㄙ左
嘉超叔處借出熙錢貳拾捌仟文正言約每千
文每月加利叁拾文算俟至七月末旬備办本
利一足送還不負字照
乾隆叁拾陸年伍月　日立借字侄昌達（押）
在見黄惟厚

6-3-23-2　清乾隆三十六年五月林昌達立繳賣民田租契

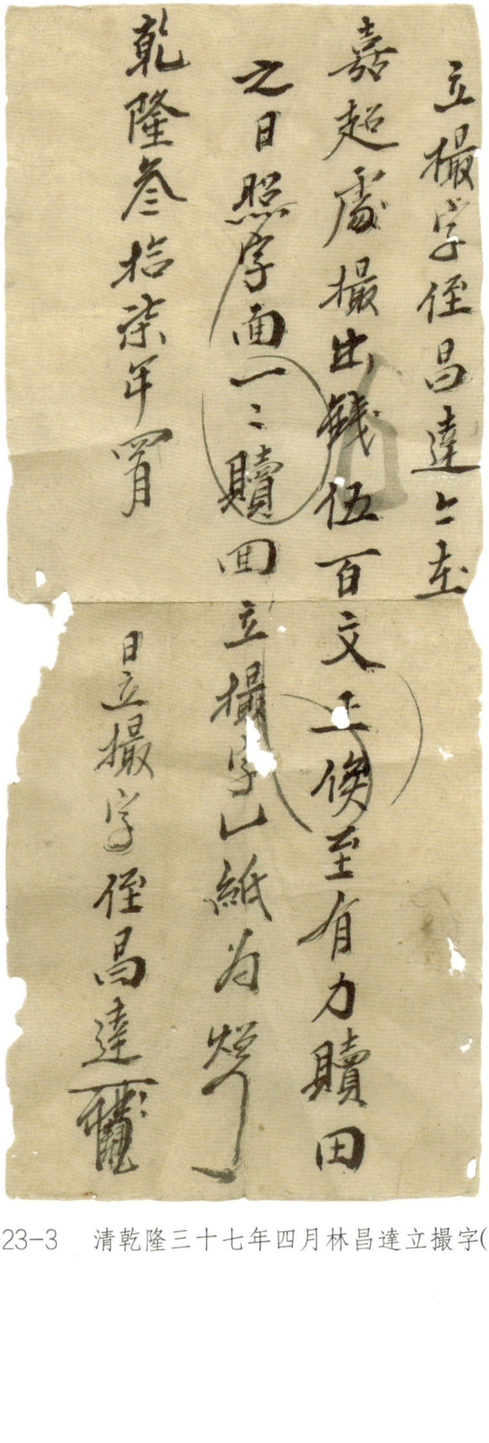

立撮字侄昌達今在
嘉超處撮出錢伍百文，其俟至有力贖田
之日照字面一一贖田。立撮字乙紙為照。
乾隆叁拾柒年四月　日立撮字侄昌達（押）

6-3-23-3　清乾隆三十七年四月林昌達立撮字(廢契)

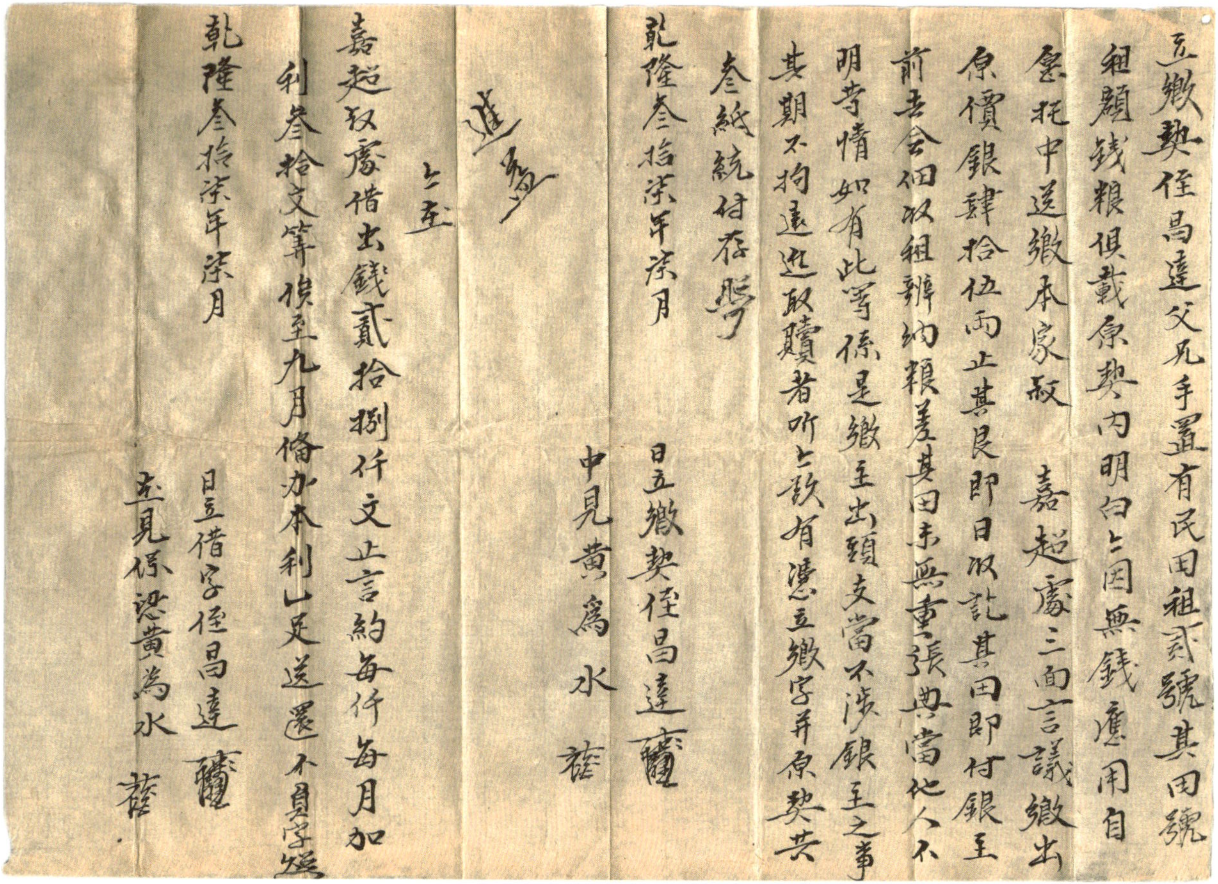

立繳契侄昌達父兄手置有民田租弍號其田號
租額钱粮俱載原契內明白，今因無錢應用自
愿托中送繳本家叔　嘉超處三面言議繳出
原價銀肆拾伍両正其艮即日收訖其田即付銀主
前去会佃收租辦納粮差其田未無重張典當他人不
明等情如有此等係是繳主出頭支當不涉銀主之事
其期不拘遠近取贖者听，欲有憑立繳字并原契共
叁紙統付存照
乾隆叁拾柒年柒月　日立繳契侄昌達（押）
中見黃爲水（押）

進叟
上至
嘉超叔處借出錢貳拾捌仟文正言約每仟每月加
利叁拾文算俟至九月備办本利一足送還不負字照
乾隆叁拾柒年柒月　日立借字侄昌達（押）
在見保認黃為水（押）

6-3-23-4　清乾隆三十七年七月林昌達立繳民田租契

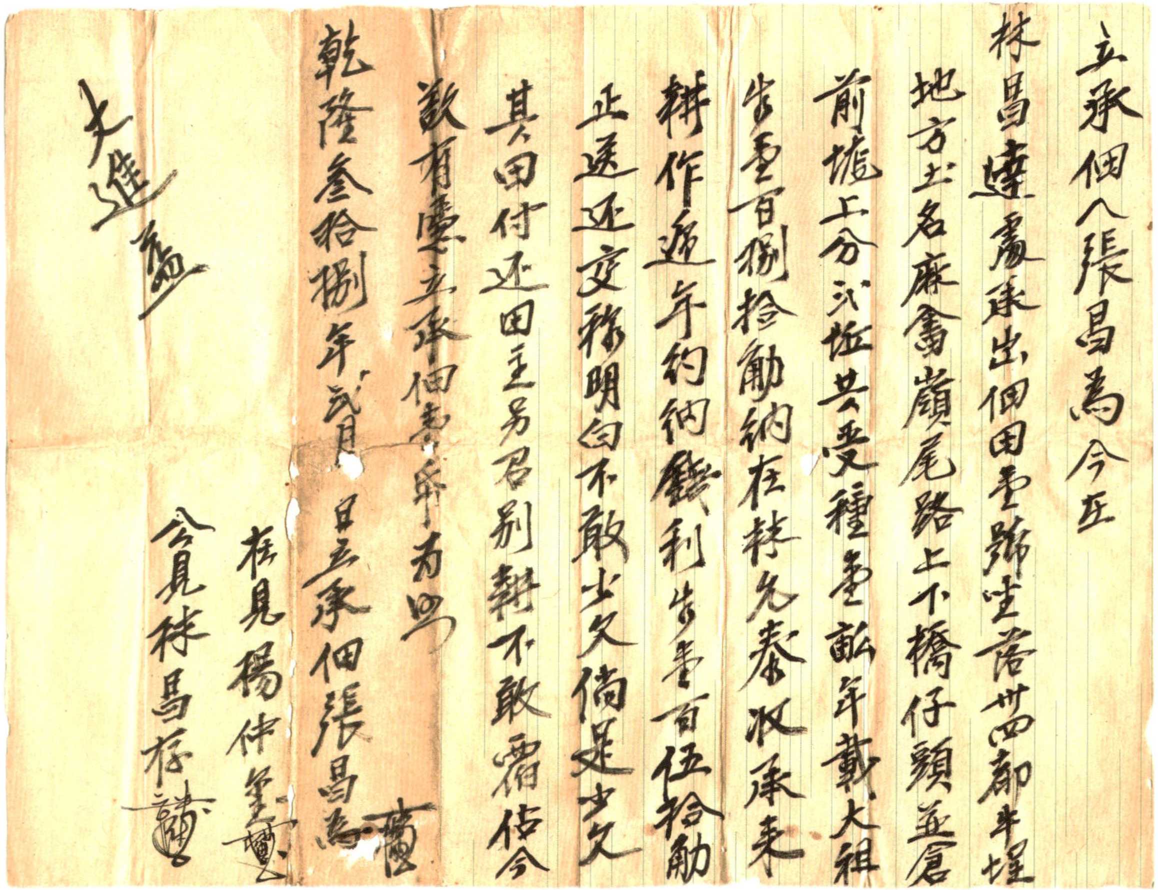
立承佃人張昌爲今在
林昌達處承出佃田壹號坐落廿四都半嶺
地方土名麻畬嶺尾路上下橋仔頭並厝
前墘上分弍坵共受種壹畝年載大租
粟壹百捌拾觔納在林允泰收承來
耕作逐年約納錢利粟壹百伍拾觔
正送还交務明白不敢少欠倘是少欠
其田付还田主另召別耕不敢霸佔今
欲有憑立承佃字壹紙爲照
乾隆叁拾捌年弍月 日立承佃張昌爲
在見楊仲
代見林昌存
大進

6-3-23-5　清乾隆三十八年二月張昌爲立承佃田字

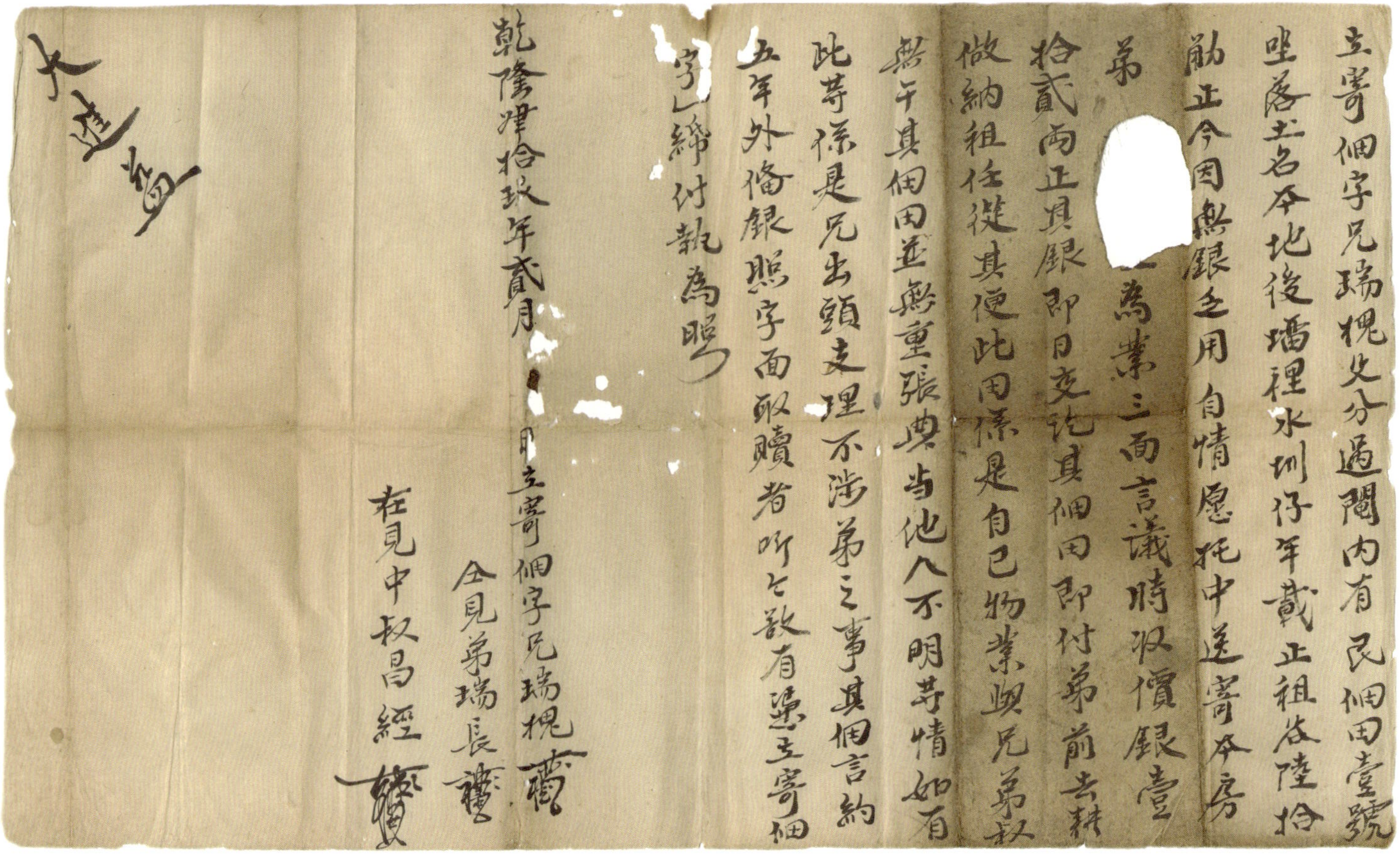
立寄佃字兄瑞槐父分遺閹内有民佃田壹號
坐落土名本地後墻裡水圳仔年載正租谷陸拾
觔正今因無銀應用自情愿托中送寄本房
弟[illegible]爲業三面言議時價銀壹
拾貳兩正其銀即日交訖其佃田即付弟前去耕
做納租任從其便此田係是自己物業與兄弟叔
無干其佃田並無重張典當他人不明等情如有
此等係是兄出頭支理不涉弟之事其佃言約
五年外備銀照字面取贖[illegible]有憑立寄佃
字壹紙付執爲照
乾隆肆拾玖年貳月　日立寄佃字兄瑞槐（押）
仝見弟瑞長（押）
在見中叔昌經（押）
大吉[illegible]

6-3-23-6　清乾隆四十九年二月林瑞槐立寄民佃田字

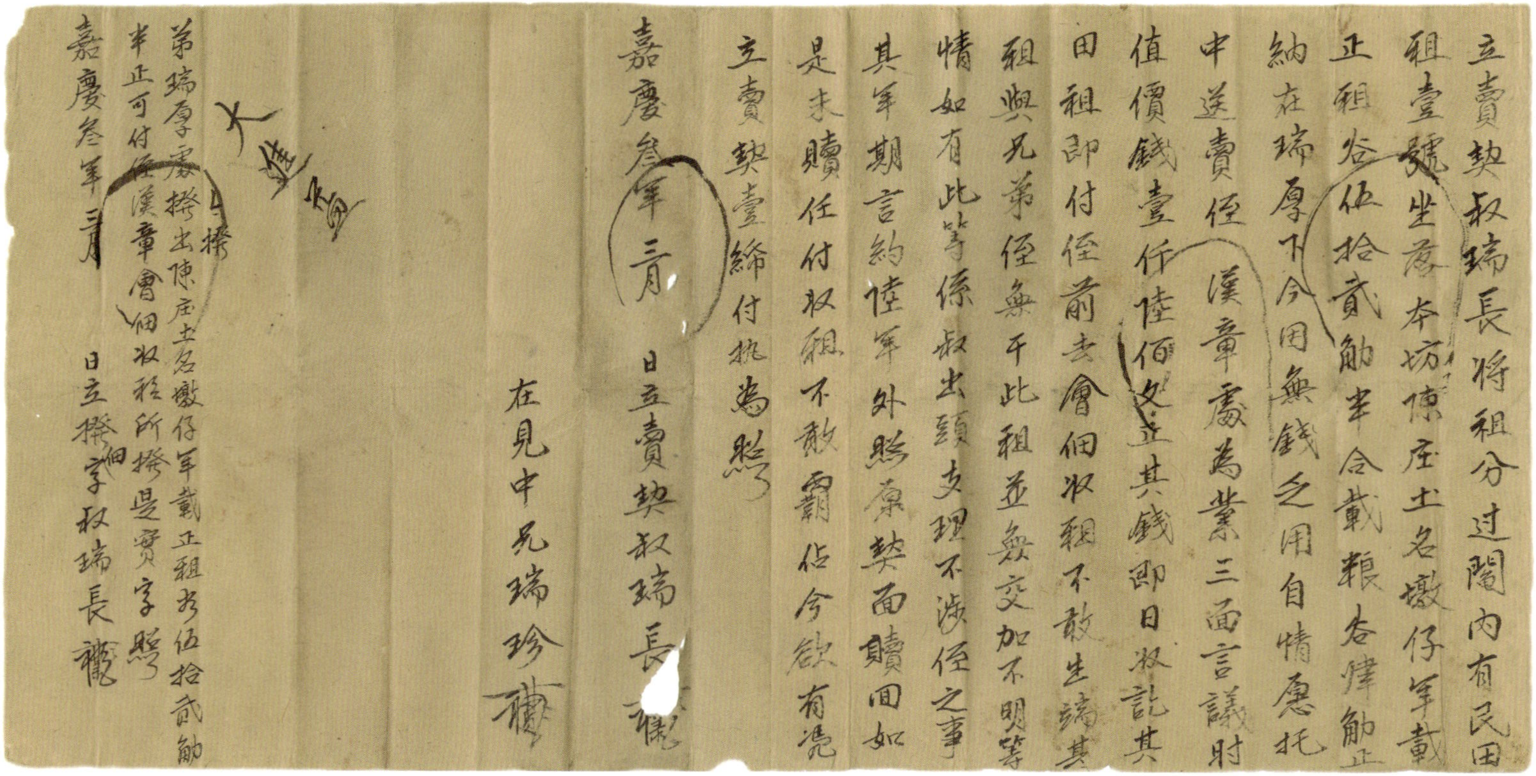

立賣契叔瑞長將祖分过閩内有民田
租壹號坐落本坊傢庄土名墩仔笋載
正租谷伍拾貳觔半合載粮谷肆觔正
納在瑞厚下今因無錢乏用自情愿托
中送賣侄漢章處為業三面言議時
值價錢壹仟陸佰文正其錢即日收訖其
田租即付侄前去會佃收租不敢生端其
租與兄弟侄無干此租並無交加不明等
情如有此等係叔出頭支理不涉侄之事
其年期言約陸年外照原契面贖回如
是未贖任付叔租不敢霸佔今欲有憑
立賣契壹紙付執為照
嘉慶叁年三月 日立賣契叔瑞長
在見中兄瑞珍
弟瑞厚處掇出陳庄土名墩仔笋載正租谷伍拾貳觔
半正可付侄漢章會佃收租所掇是實字照
嘉慶叁年三月 日立掇佃字叔瑞長

6-3-23-7　清嘉慶三年三月林瑞長立賣民田租契（廢契）

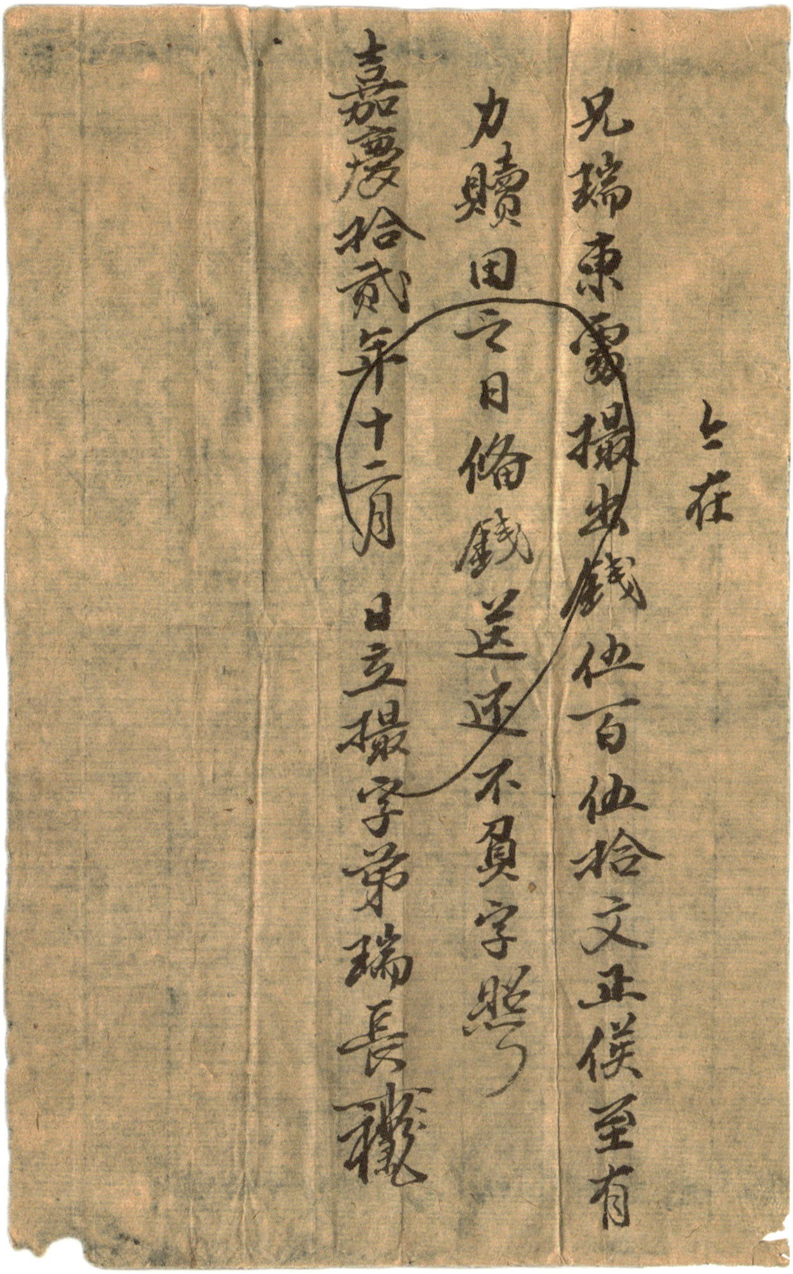
上在
兄瑞東處撮出錢伍百伍拾文正俟至有
力贖田之日備錢送还不負字照
嘉慶拾貳年十二月 日立撮字弟瑞長（押）

6-3-23-8　清嘉慶十二年十二月林瑞長立撮字（廢契）

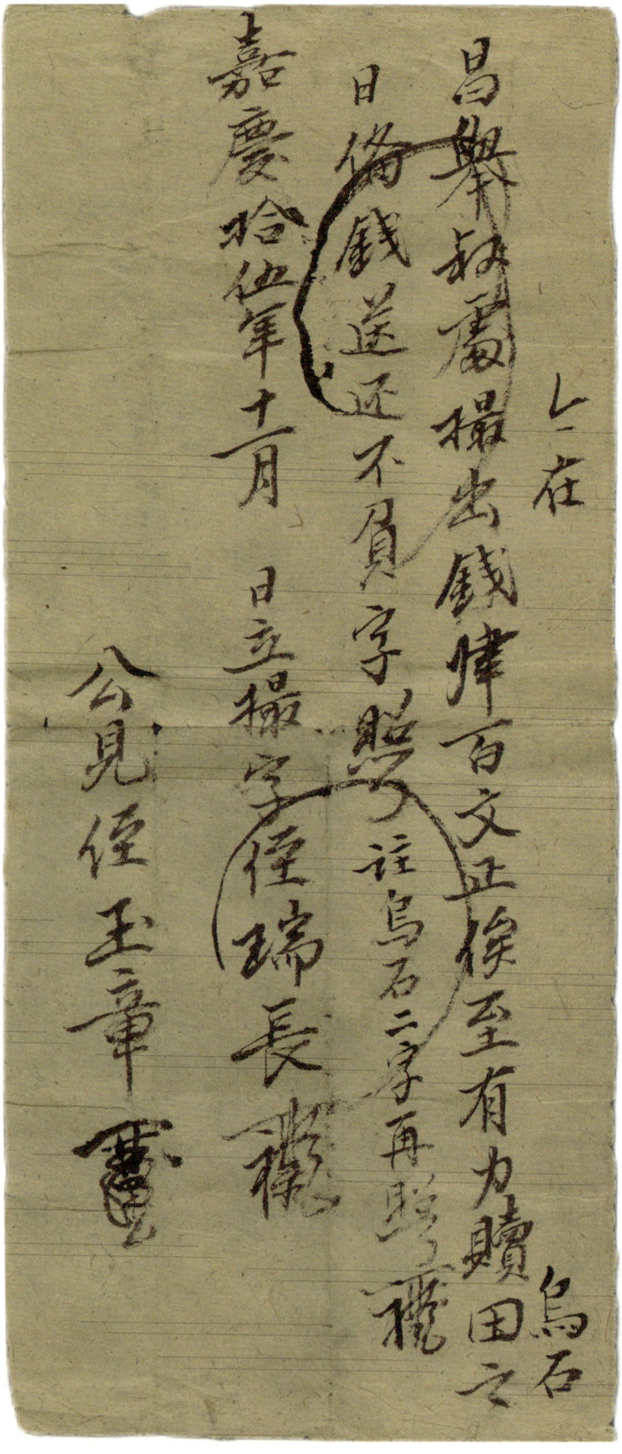

烏石

上在

昌樂叔處撮出錢肆百文正候至有力贖田之

日備錢送還不負字照　注烏石二字再照

嘉慶拾伍年十一月　日立撮字侄瑞長

公見侄玉章

6-3-23-9　清嘉慶十五年十一月林瑞長立撮字(廢契)

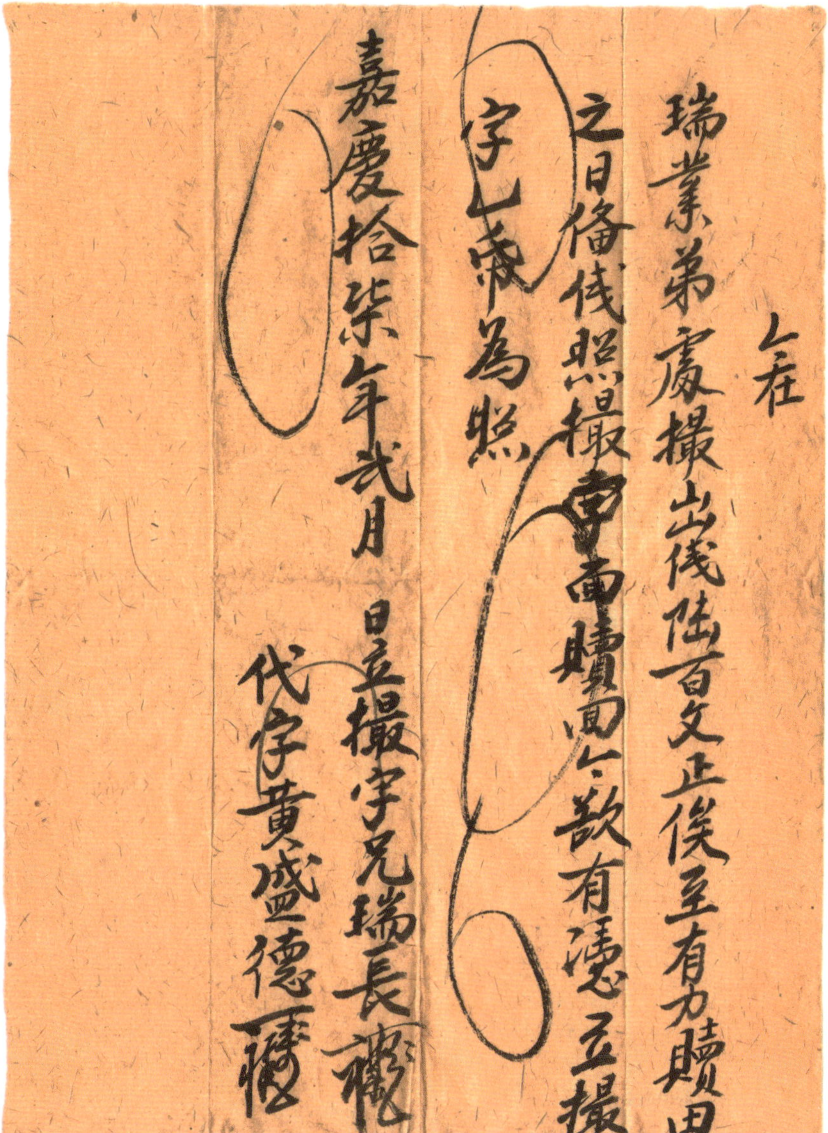
今在瑞業弟處撮出錢陸百文正，俟至有力贖田之日，備錢照撮字內面贖回，今欲有憑，立撮字乙紙為照。

嘉慶拾柒年貳月　日立撮字兄瑞長（押）

代字黃盛德（押）

6-3-23-10　清嘉慶十七年二月林瑞長立撮字（廢契）

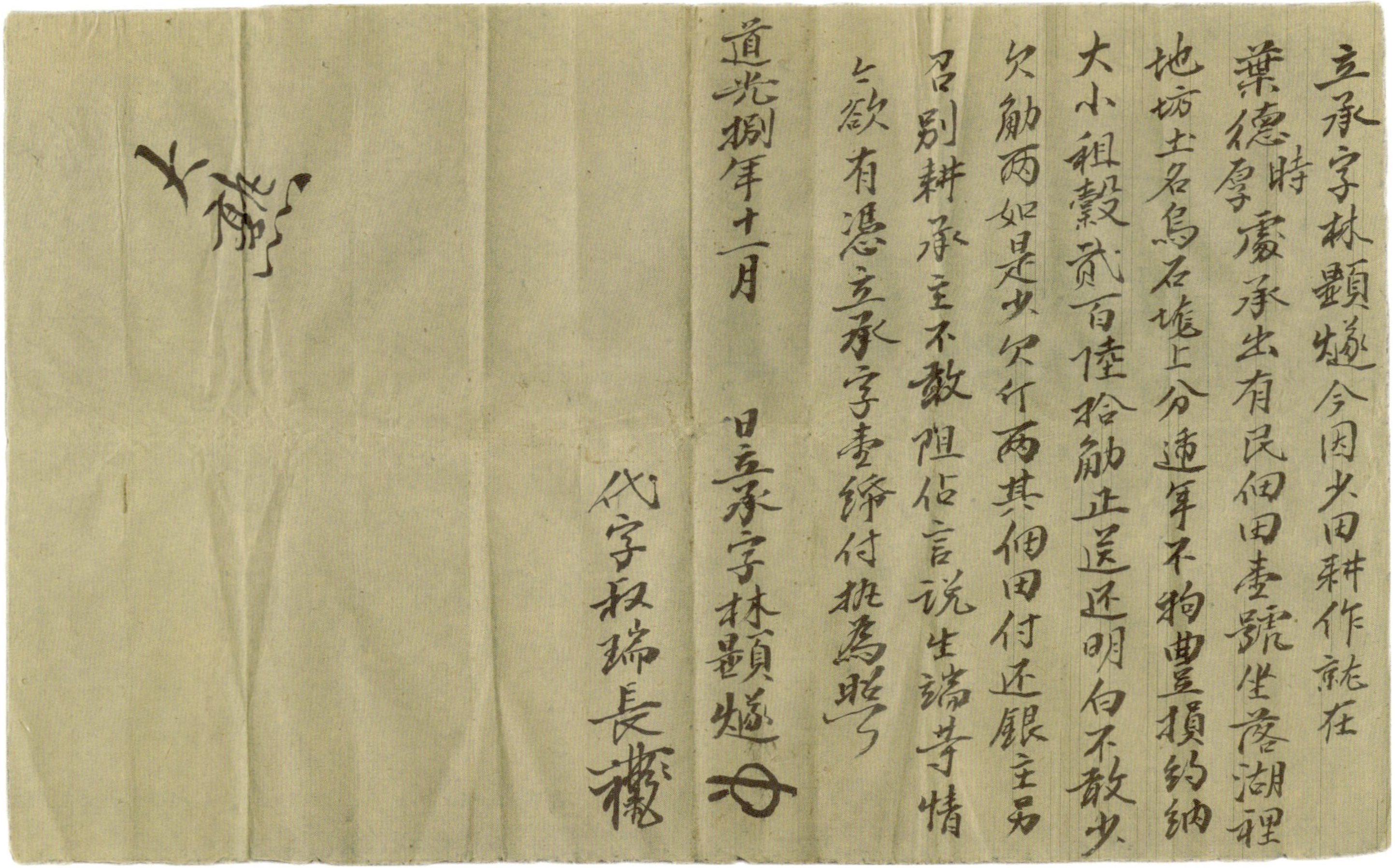

立承字林顯燧今因少田耕作就在
葉德厚時處承出有民佃田壹號坐落湖裡
地坊土名烏石墘上分逓年不拘豊損約納
大小租穀貳百陸拾觔正送還明白不敢少
欠觔兩如是少欠觔兩其佃田付還銀主另
召別耕承主不敢阻佔言說生端等情
今欲有憑立承字壹紙付執為照

道光捌年十一月　日立承字林顯燧（押）

代字叔瑞長（押）

6-3-23-11　清道光八年十一月林顯燧立承民佃田字

立賣契永邑廿六都南山柯景天兄弟仝因
少錢應用甘將父置有民田壹號坐址地方土
名長坪中心高及下塞高等載大租貳佰斤正配
粮錢壹佰伍拾文壹号坐北南山土名岩墩
及和順號柚也大租貳佰斤配粮錢乙百六十文正
共貳号送賣本都邑瑤湖
鄭亮通親處三面言議將賣出價錢叁拾貳仟
文正其錢即日交訖其錢粮隨田知納自賣
之後在先並無重張典當他人及內外人交加
不明等情以有不明係賣主出頭支當不涉錢
主之事向後有能之日三年外付賣主增添
取贖如未贖依旧管業两家甘允各無反悔
今欲有憑立賣契壹紙並隨長海公岩墩原契
壹紙又隨曾仁和中心高原契壹紙共紙叁紙付
執為照

光緒叁拾肆年三月 日立賣契柯景天（押）
仝弟坤天（押）
親立

大吉

6-3-23-12 清光緒三十四年三月柯景天等立賣民田契

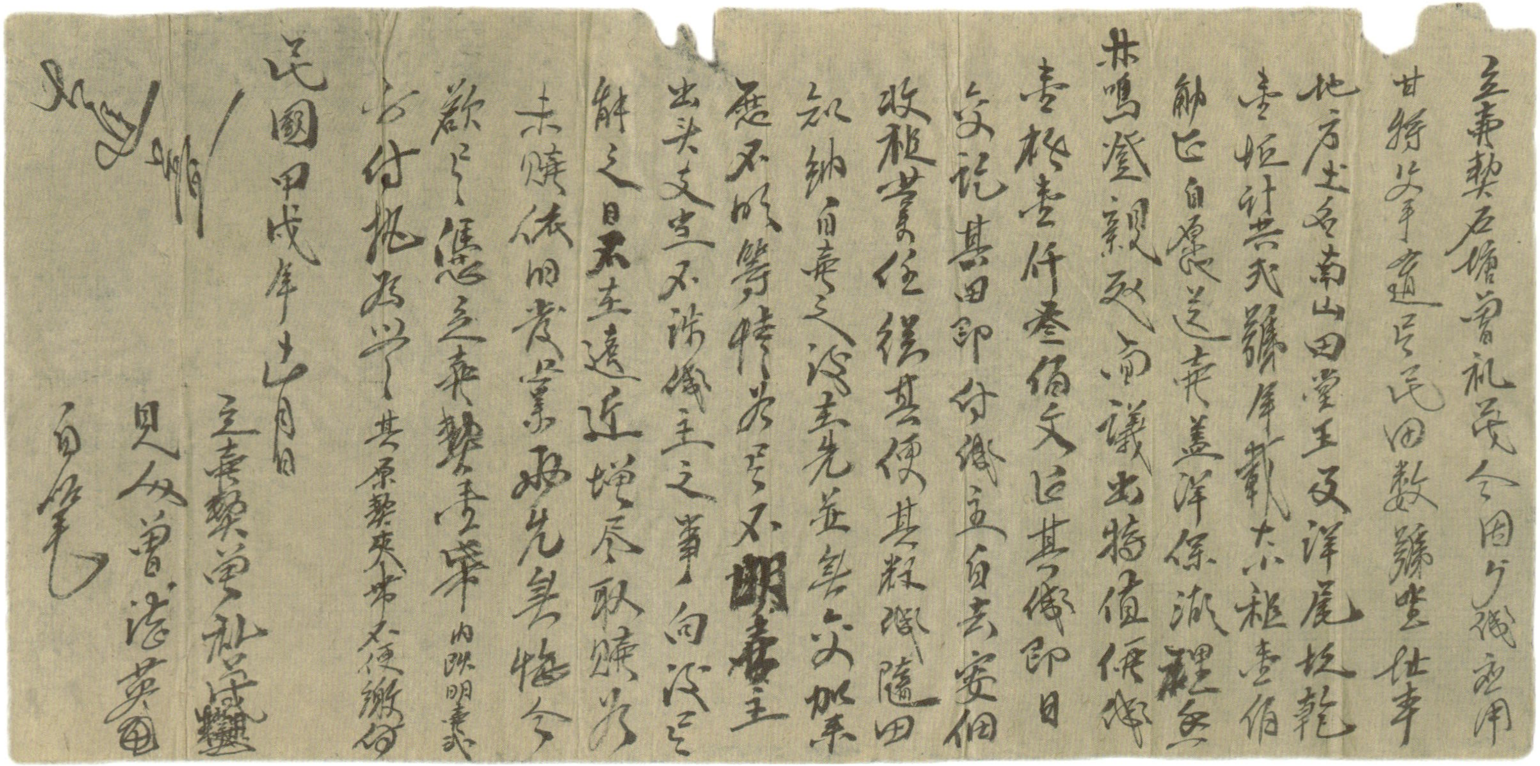
立賣契石墻曾礼茂，今因乏錢應用，
甘將父手遺下民田數號，坐址本
地，方土名南山田堂王及洋尾坑乾
壹坵，計共弍號，年載大小租壹佰
觔正，自愿送賣蓋洋保溪裡吳
井鳴發親邊向議，出將值佛銀
壹拾壹仟叁佰文正，其銀即日
交訖，其田即付銀主自去安佃
收租管業，任從其便，其粮隨田
認納，自賣之後，主先並無交加來
歷不明等情，如有不明，賣主
出头支當，不涉銀主之事，向後ゞゞ
斛之日，不拘遠近，增尽取贖，如
未贖，依旧管業，無先無悔，今
欲ゞ憑，立賣契壹紙，内既明壹式
爲付執爲照ゞ，其原契夾帶不便繳付
民國甲戌年十一月　日
立賣契曾礼茂
見人曾洪英
自筆

6-3-23-13　民國二十三年十一月曾礼茂立賣民田契

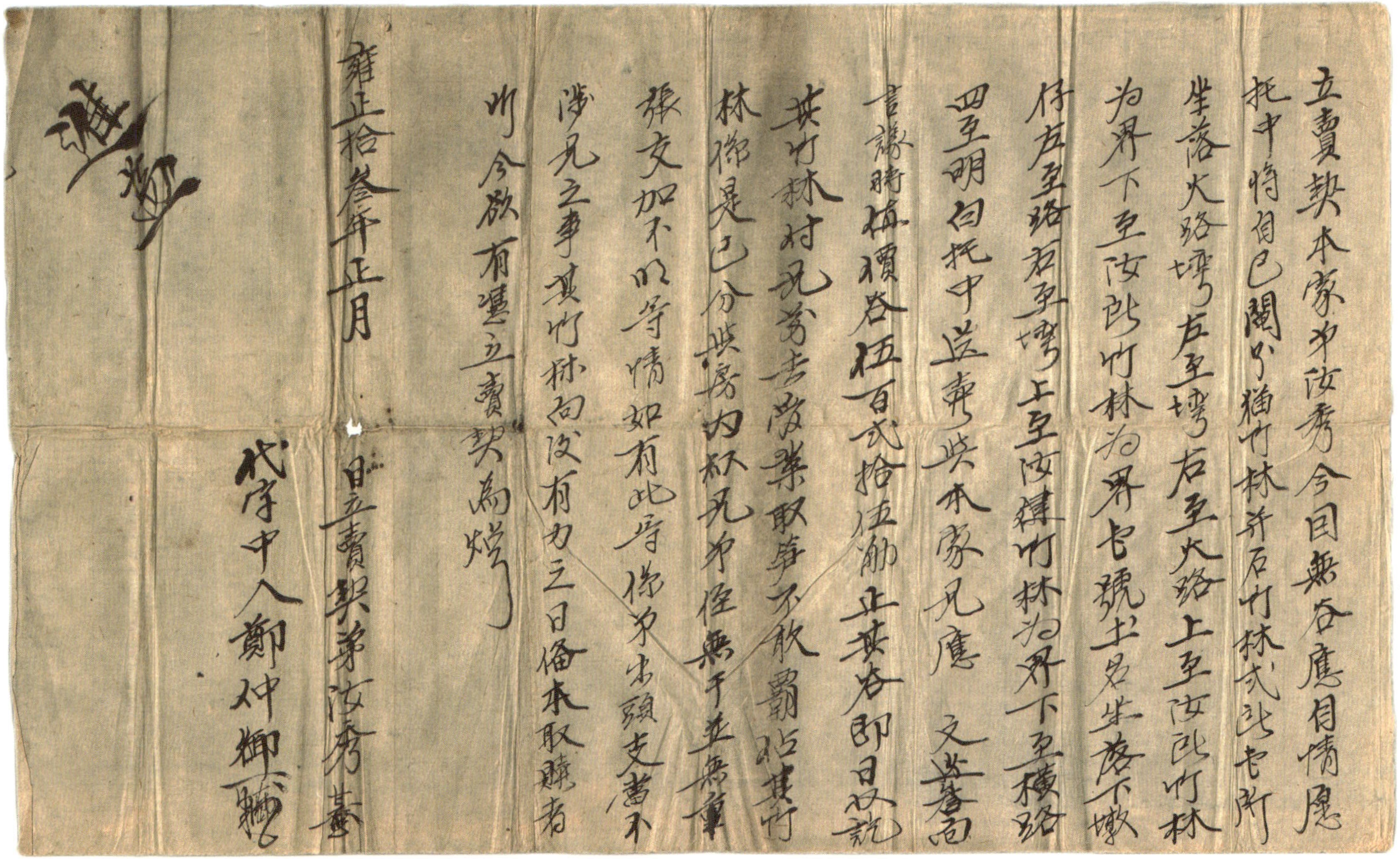
立賣契本家弟汝秀今因無谷應用情愿
托中將自己鬮分猫竹林并石竹林式処乇附
坐落大路墘左至墘右至大路上至汝比竹林
為界下至汝比竹林為界乇號土名坐落下墩
仔左至路右至墘上至汝肆竹林為界下至橫路
四至明白托中送賣與本家兄應　文蒼邑
言議時值價谷伍百弍拾伍觔正其谷即日收訖
其竹林付兄前去發業取筍不敢霸佔其竹
林係是己分與房內叔兄弟侄無干並無重
張交加不明等情如有此等係弟出頭支當不
涉兄之事其竹林向後有力之日備本取贖者
此今欲有憑立賣契為炤
雍正拾叁年正月　日立賣契弟汝秀（押）
代字中人鄭灿卿（押）

6-3-24-1　清雍正十三年正月林汝秀立賣猫竹林等契

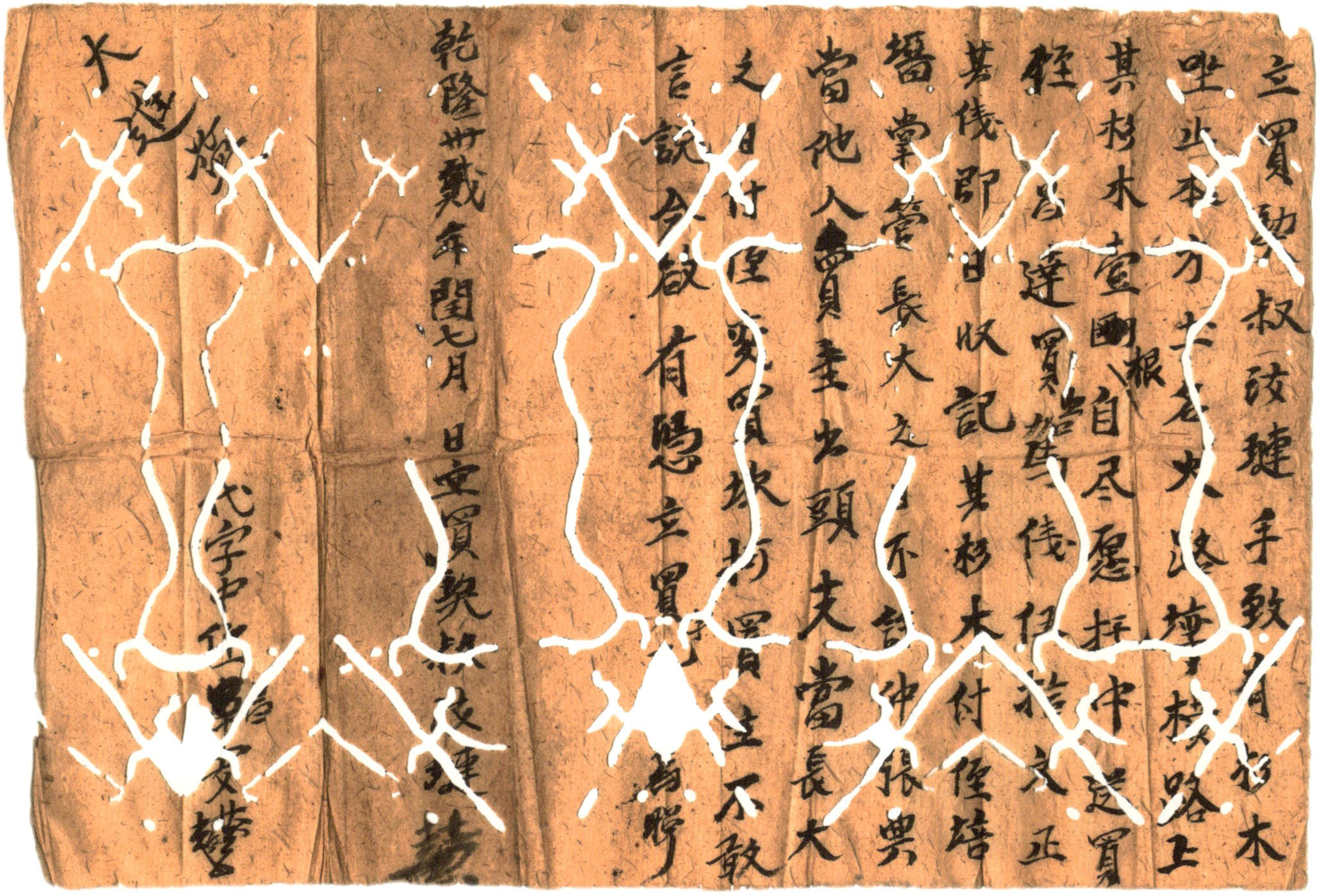

6-3-24-2　清乾隆三十二年閏七月林汝璉立賣杉木契

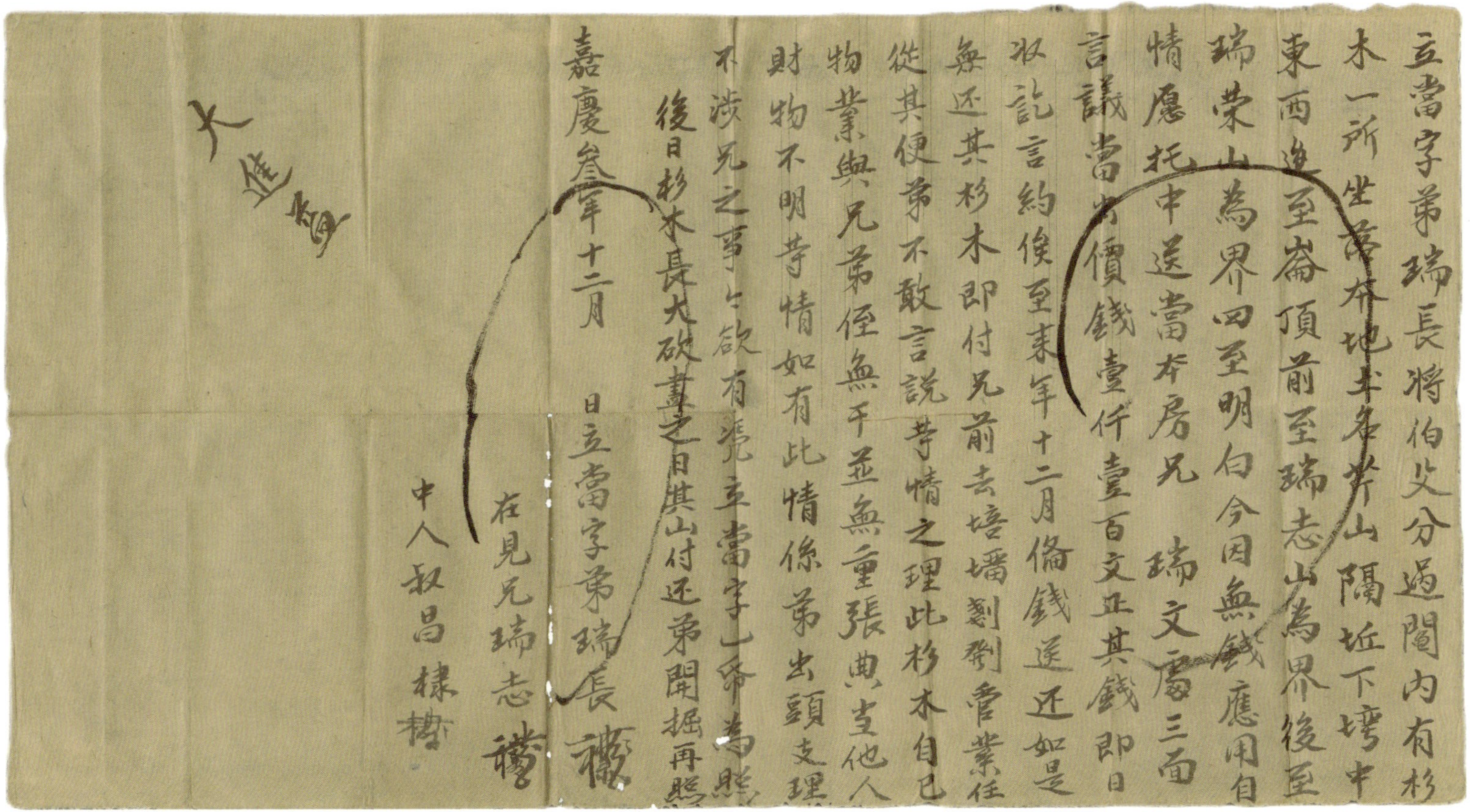
立當字弟瑞長將伯父分過閣内有杉
木一所坐落本地土名芹山隔坵下墘中
東西從至崙頂前至瑞志山為界後至
瑞榮山為界四至明白今因無錢應用自
情愿托中送當本房兄瑞文處三面
言議當出價錢壹仟壹百文正其錢即日
收訖言約俟至來年十二月備錢送还如是
無还其杉木即付兄前去培壋劉會業任
從其便弟不敢言說等情之理此杉木自己
物業與兄弟侄無干並無重張典當他人
財物不明等情如有此情係弟出頭支理
不涉兄之事今欲有憑立當字一紙為照
後日杉木長大砍盡之日其山付还弟開掘再照
嘉慶叁年十二月　日立當字弟瑞長（押）
在見兄瑞志（押）
中人叔昌棣（押）
大進壹

6-3-24-3　清嘉慶三年十二月林瑞長立當杉木字（廢契）

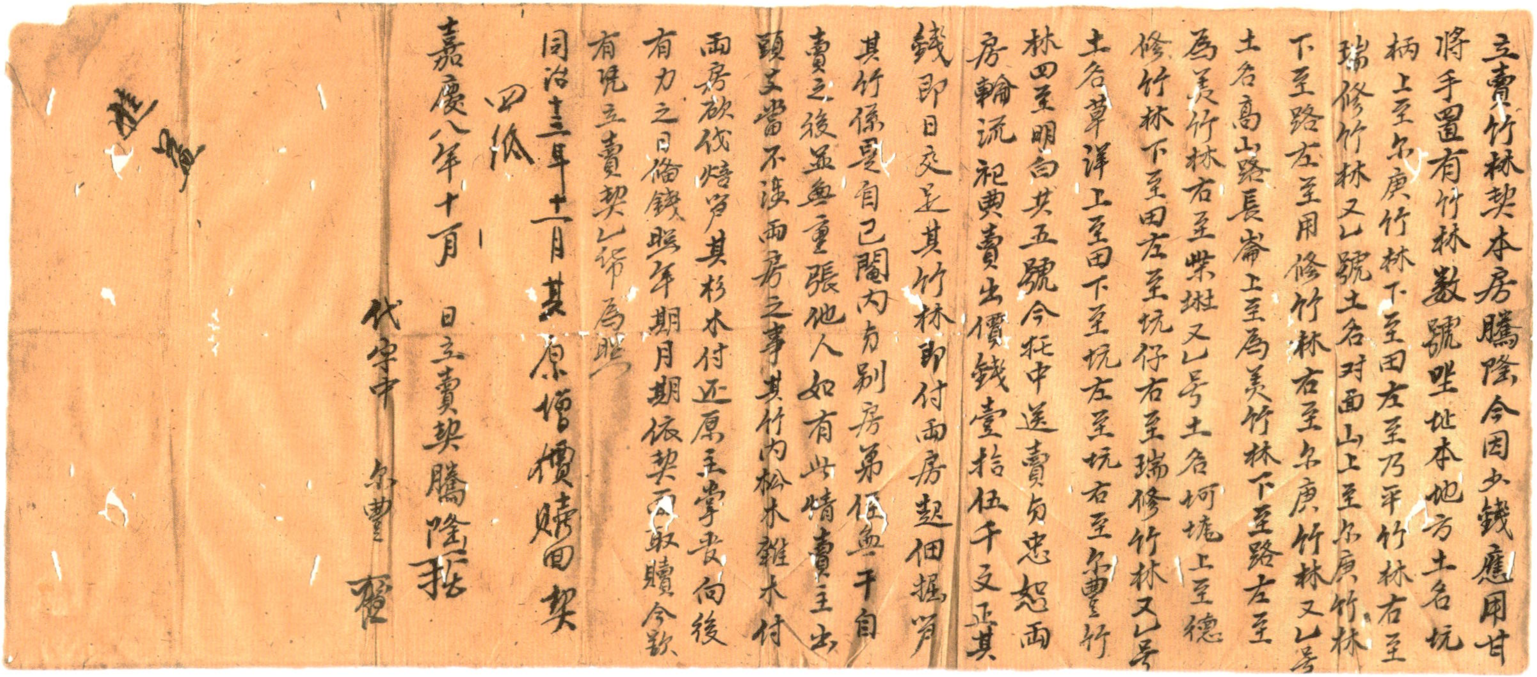
立賣竹林契本房騰隆今因乏錢應用甘
將手置有竹林數號坐址本地方土名坑
柄上至尔庚竹林下至田左至乃平竹林右至
瑞修竹林又山號土名对面山上至尔庚竹林
下至路左至用修竹林右至尔庚竹林又山号
土名高山路長崙上至爲美竹林下至路左至
爲美竹林右至紫班又山号土名坷墘上至德
修竹林下至田左至坑仔右至瑞修竹林又山号
土名草洋上至田下至坑左至坑右至尔豐竹
林四至明白共五號今托中送賣与忠恕兩
房輪流祀典賣出價錢壹拾伍千文正其
錢即日交足其竹林即付兩房起佃掘笋
其竹係是自己閹内分别房弟侄無干自
賣之後並無重張他人如有此情賣主出
頭支當不涉兩房之事其竹内松木雜木付
兩房砍伐焙笋其杉木付还原主掌管向後
有力之日備錢照年期月期依契取贖今欲
有憑立賣契山帋爲照
同治十三年十一月其原價贖回契
四紙
嘉慶八年十月　日立賣契騰隆押
代字中　尔豐押
推足

6-3-24-4　清嘉慶八年十一月柯騰隆立賣竹林契

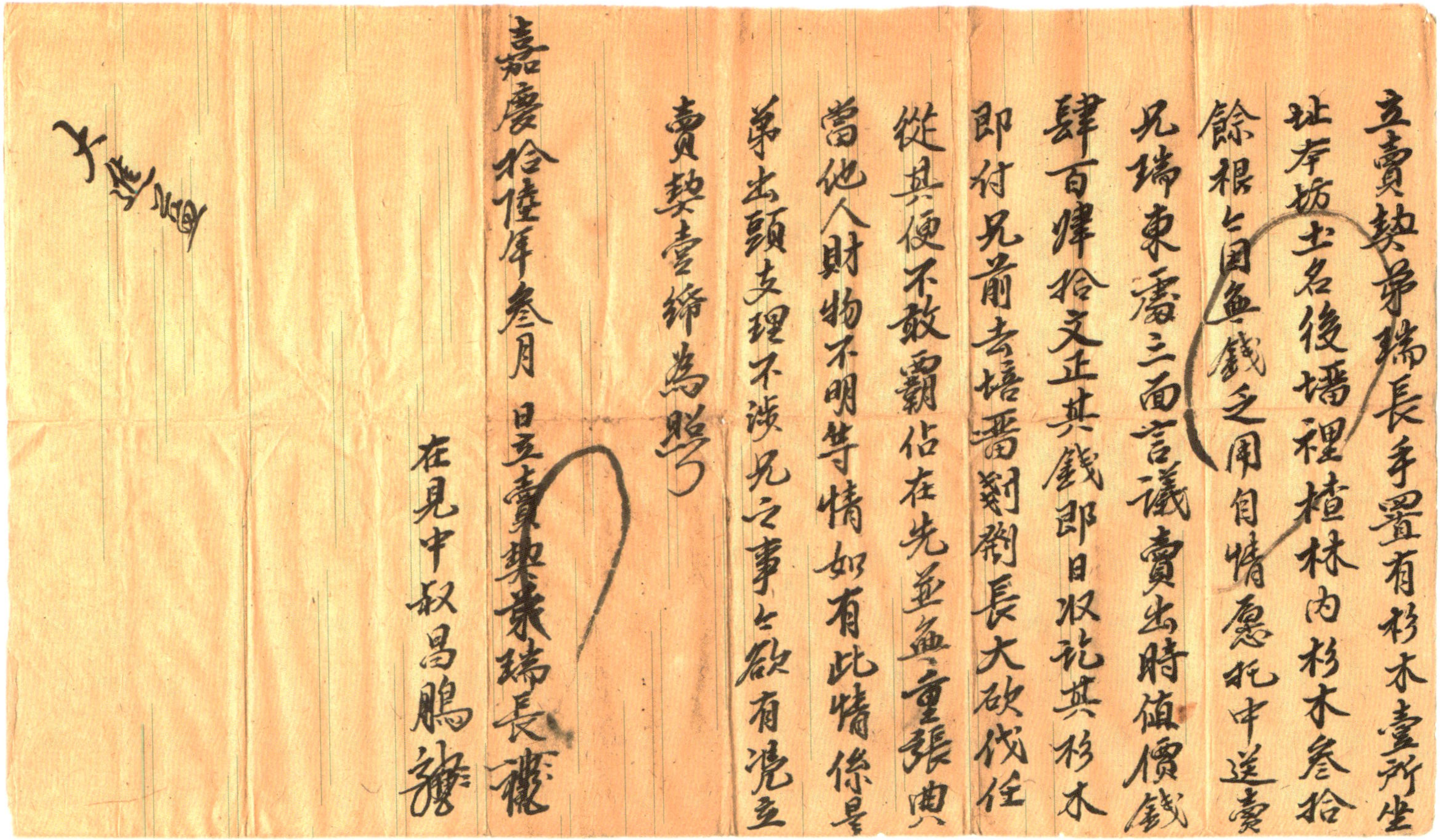
立賣契弟瑞長手置有杉木壹所坐
址本坊土名後壋裡植林內杉木叁拾
餘根，今因無錢之用，自情愿托中送賣
兄瑞東處，三面言議，賣出時值價錢
肆百肆拾文正，其錢即日收訖，其杉木
即付兄前去培蓄對劄長大，砍伐任
從其便，不敢霸佔。在先並無重張典
當他人財物不明等情，如有此情，係是
弟出頭支理，不涉兄之事。今欲有憑，立
賣契壹紙為照。
嘉慶拾陸年叁月　日立賣契弟瑞長（押）
在見中叔昌鵬（押）
大吉

6-3-24-5　清嘉慶十六年三月林瑞長立賣杉木契（廢契）

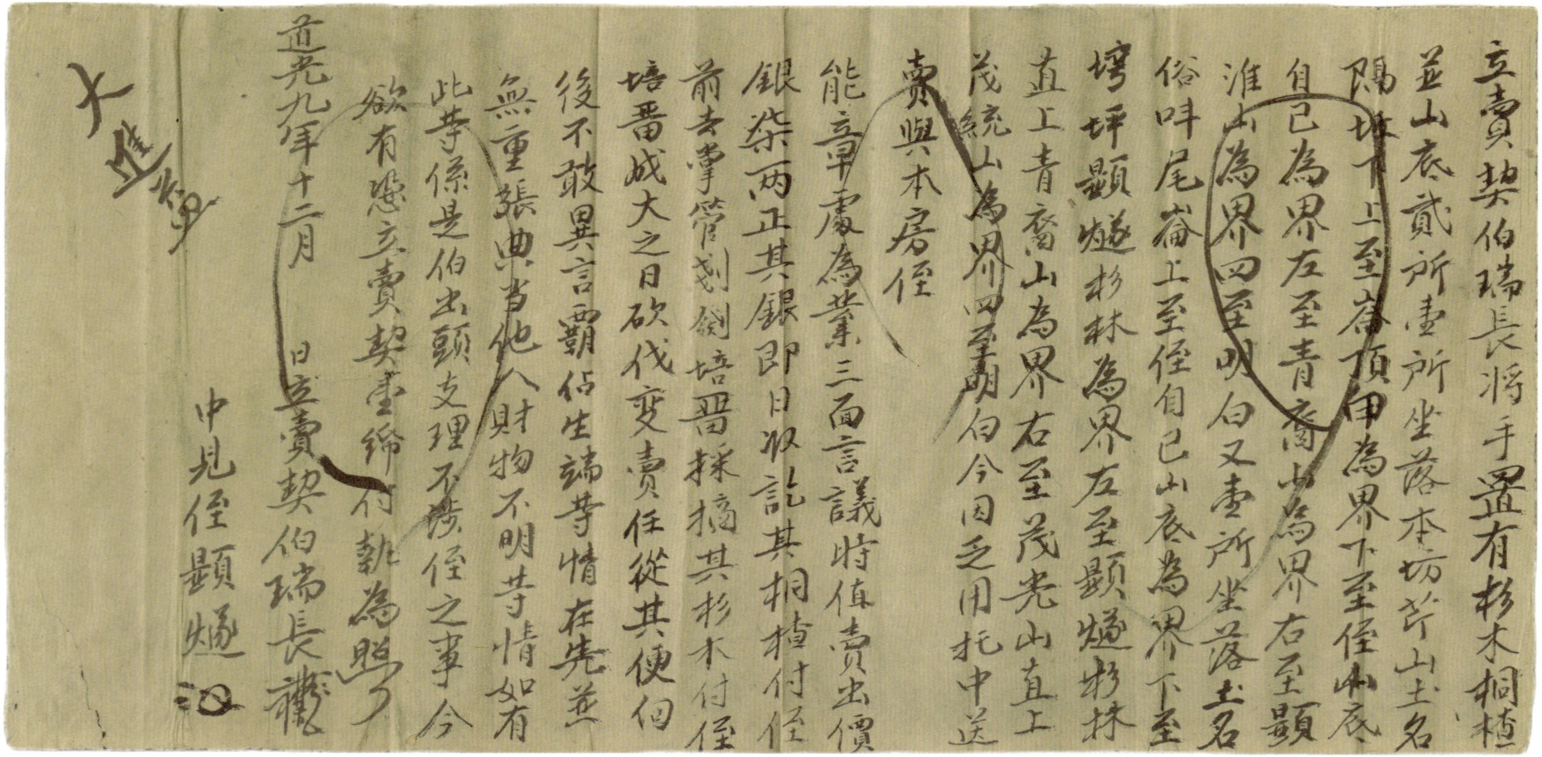
立賣契伯瑞長將手置有杉木桐植
並山底貳所壹所坐落本坊許山土名
陽坪下上至岺頂爲界下至侄山底
自己爲界左至青窗山爲界右至顕
淮山爲界四至明白又壹所坐落土名
俗咩尾嶺上至侄自己山底爲界下至
埒坪顕燧杉林爲界左至顕燧杉林
直上青窗山爲界右至茂先山直上
茂綂山爲界四至明白今因乏用托中送
賣與本房侄
能章處爲業三面言議時值賣出價
銀柒兩正其銀即日収訖其桐植付侄
前去掌管劄劄培晋採摘其杉木付侄
培晋成大之日砍伐變賣任從其便伯
後不敢異言霸佔生端等情在先並
無重張典當他人財物不明等情如有
此等係是伯出頭支理不干侄之事今
欲有憑立賣契壹紙付執爲照
道光九年十二月　日立賣契伯瑞長（押）
中見侄顕燧（押）
大進

6-3-24-6　清道光九年十二月林瑞長立賣杉木等契（廢契）

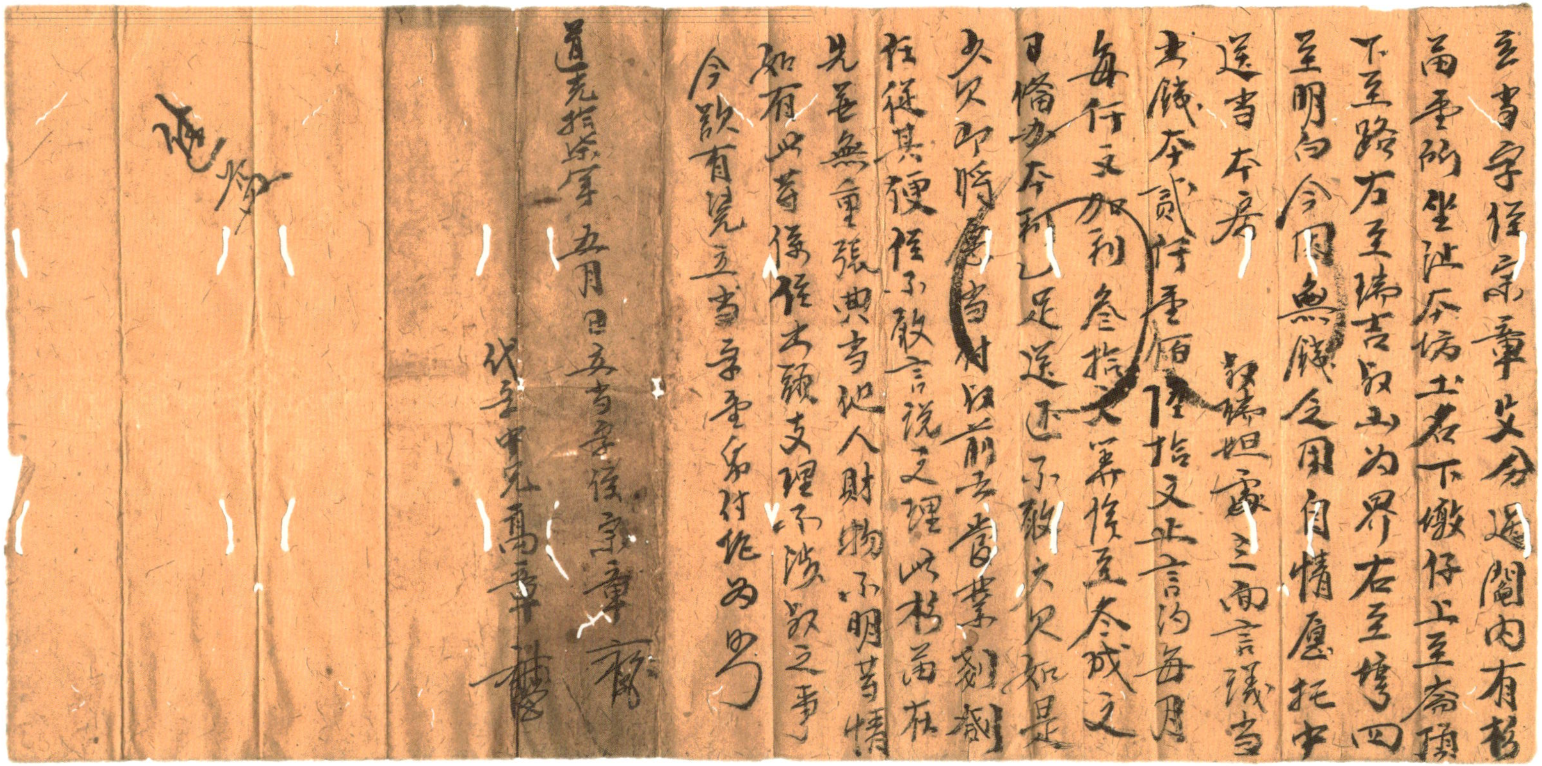

6-3-24-7　清道光十七年五月林宗章立當杉苗字（廢契）

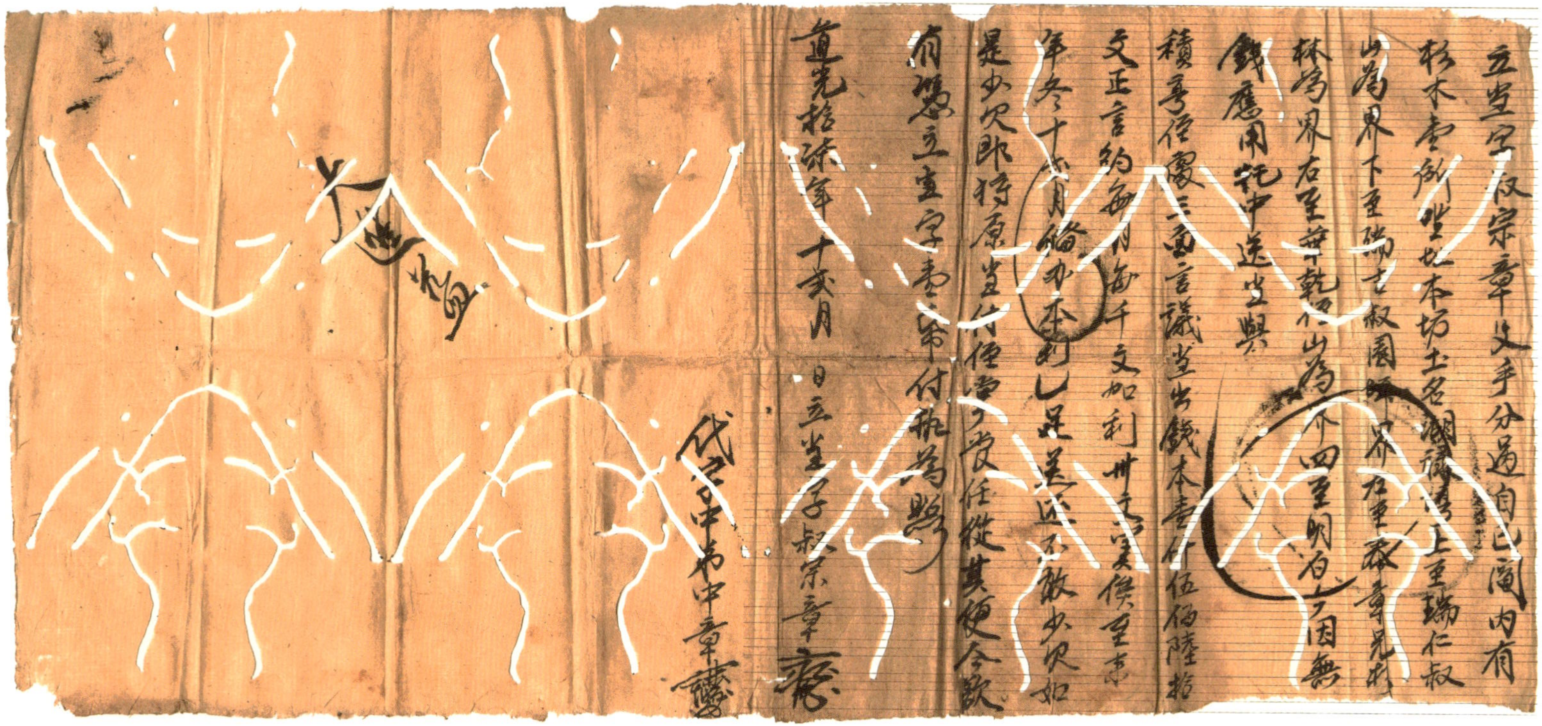

立當字叔宗章全文手分過自己闔内有
杉木壹所，坐址本坊土名湖瀝，上至瑞仁叔
山爲界，下至瑞士叔園□界，左至森章兄叔
林爲界，右至英乾□山爲界，四至明白。今因無
錢應用，托中送當與
積亭侄處三面言議，當出錢本壹仟伍佰陸拾
文正，言約每月每千文加利卅文，其錢至本
年冬十二月備办本利一足送还，不敢少欠。如
是少欠，即將原當付侄管業，任從其便。今欲
有憑，立當字壹紙付執爲照。
道光拾柒年十二月　日立當字叔宗章（押）
代字弟中章（押）

6-3-24-8　清道光十七年十二月林宗章立當杉木字（廢契）

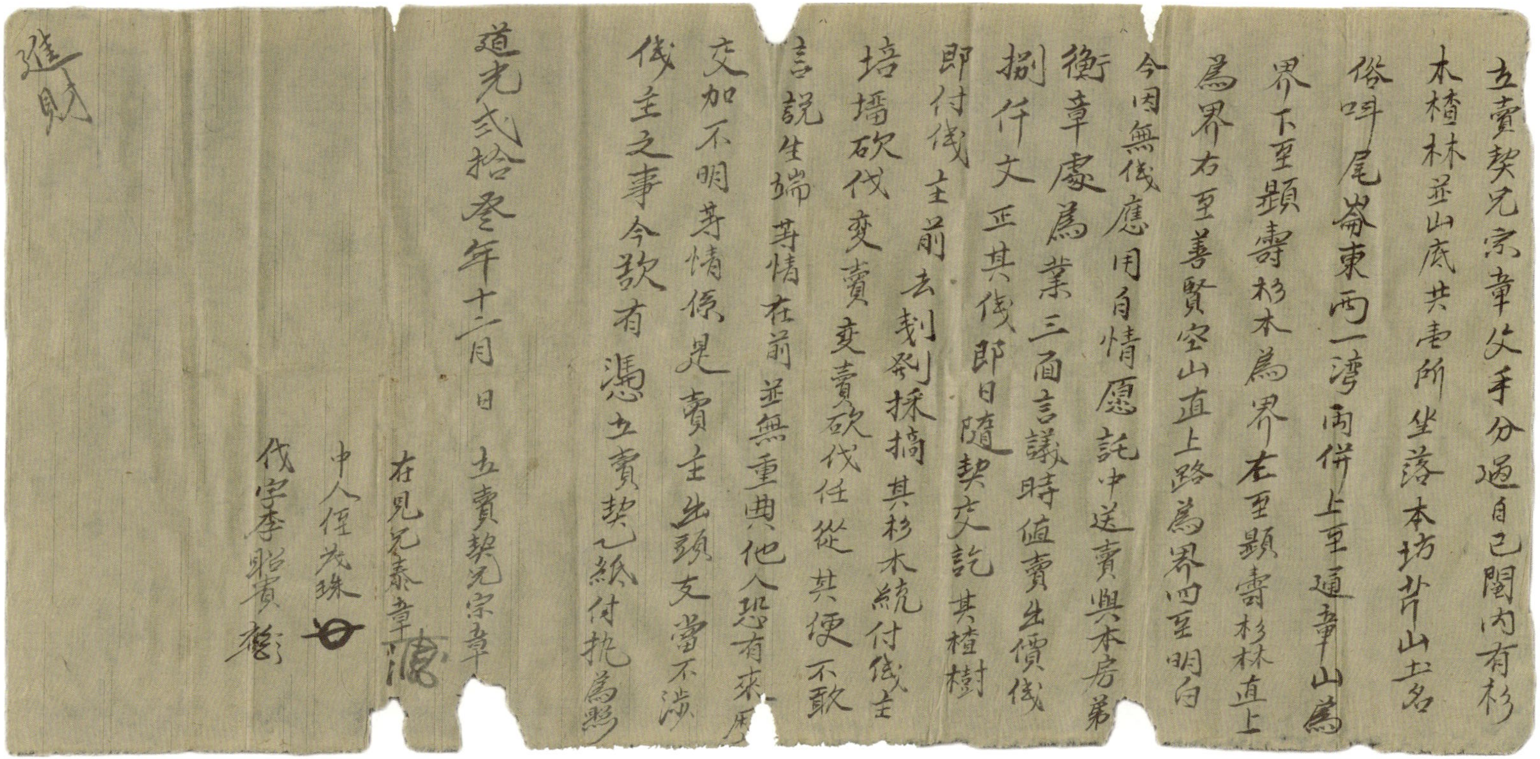
立賣契兄宗章仕手分過自己閣內有杉
木植林並山底共壹所坐落本坊井山土名
俗呌尾崙東西一湾兩併上至通章山為
界下至顯壽杉木為界左至顯壽杉林直上
為界右至善賢空山直上路為界四至明白
今因無錢應用自情愿託中送賣與本房弟
衡章處為業三面言議時值賣出價錢
捌仟文正其錢即日隨契交訖其植樹
即付錢主前去剉剟採摘其杉木統付錢主
培播砍伐变賣变賣砍伐任從其便不敢
言說生端等情在前並無重典他人恐有來歷
交加不明等情係是賣主出頭支當不涉
錢主之事今欲有憑立賣契一紙付執為照
道光弍拾叁年十二月　日　立賣契兄宗章
在見兄泰章
中人侄茂珠
代字李聯賓
進財

6-3-24-9　清道光二十三年十二月林宗章立賣杉木等契

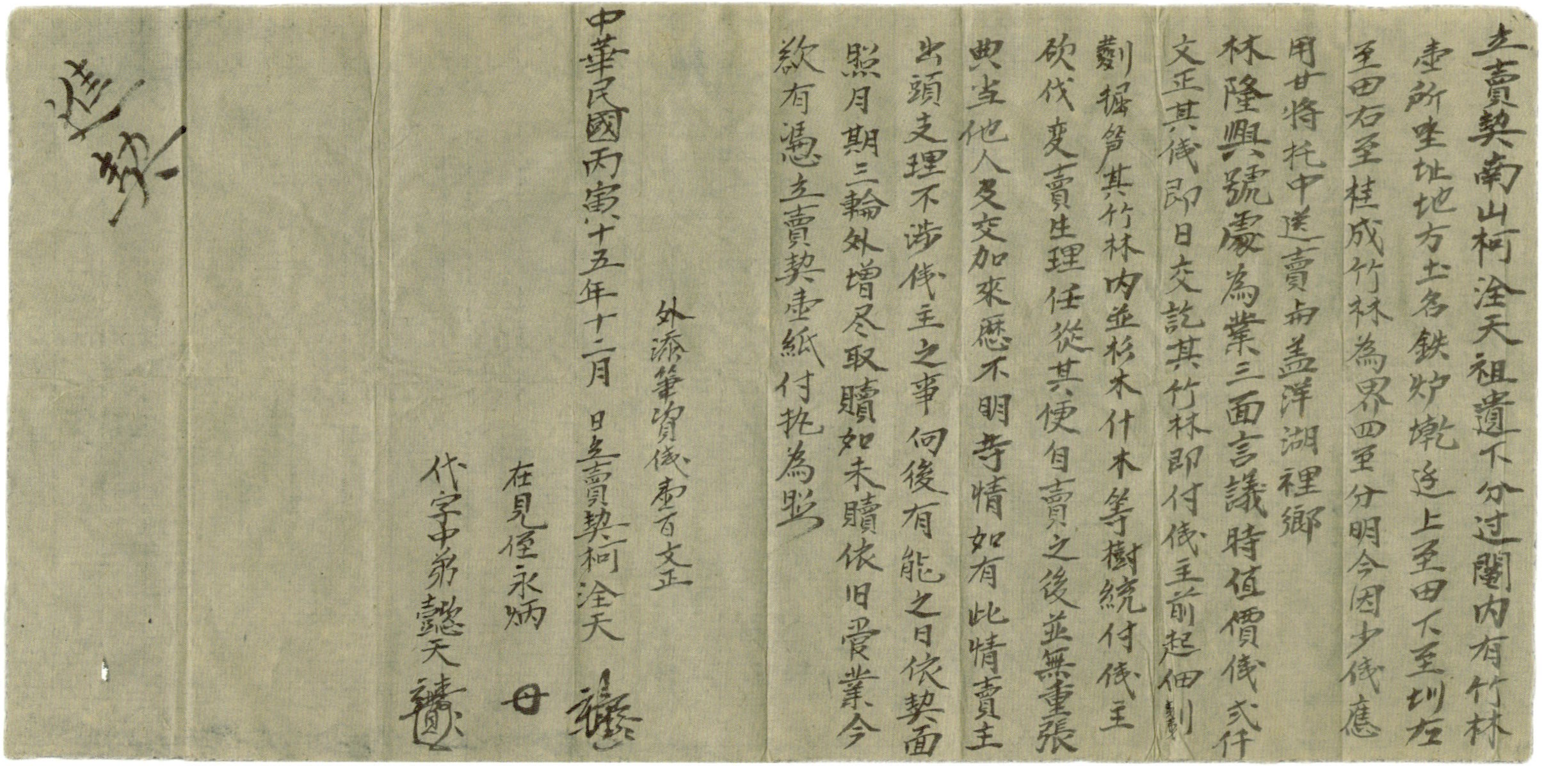

立賣契南山柯洤天祖遺下分过鬮内有竹林
壹所坐址地方土名鉄炉墘送上至田下至圳左
至田右至桂成竹林為界四至分明今因乏錢應
用甘將托中送賣與盖洋湖裡鄉
林隆興號處為業三面言議時值價錢弍仟
文正其錢即日交訖其竹林即付錢主前起佃劏
劏掘笋其竹林内並杉木什木等樹統付錢主
砍伐变賣生理任從其便自賣之後並無重張
典當他人及交加來歷不明等情如有此情賣主
出頭支理不涉錢主之事何後有能之日依契面
照月期三輪外增尽取贖如未贖依旧管業今
欲有憑立賣契壹紙付執為照

外添筆資錢壹百文正

中華民國丙寅十五年十二月　日立賣契柯洤天

在見侄永炳

代字中弟懿天

進契

6-3-24-10　民國十五年十二月柯洤天立賣竹林契

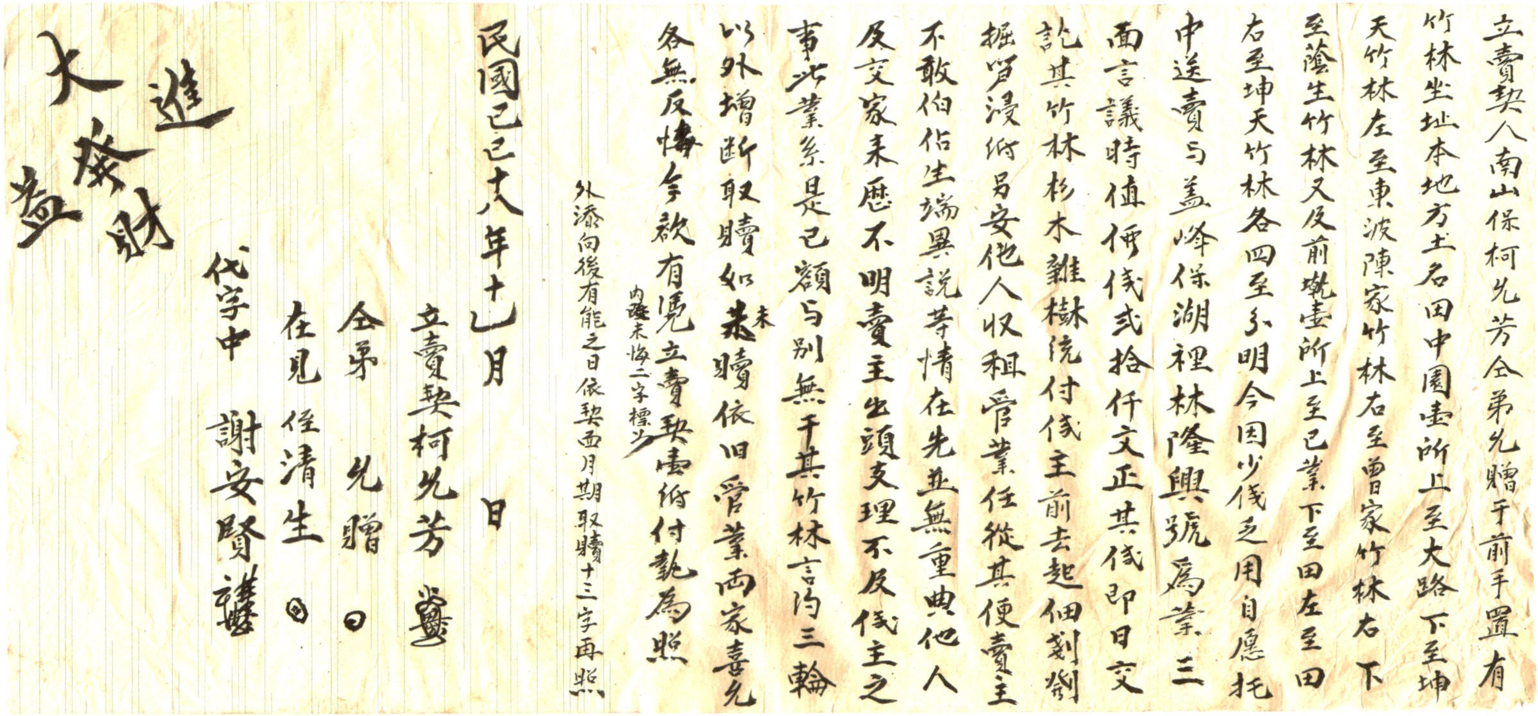
立賣契人南山保柯允芳仝弟允贈于前手置有
竹林坐址本地方土名田中圍壺所上至大路下至坤
天竹林左至東波陳家竹林右至曾家竹林右下
至蔭生竹林又及前壠壺所上至已業下至田左至田
右至坤天竹林各四至分明今因少錢乏用自愿托
中送賣與蓋峰保湖裡林隆興號爲業三
面言議時值價錢弍拾仟文正其錢即日交
訖其竹林杉木雜樹悉付錢主前去起佃剗劚
掘罗浸俯另安他人收租管業任從其便賣主
不敢伯佔生端異說等情在先並無重典他人
及交家未歷不明賣主出頭支理不及錢主之
事此業系是已額與別無干其竹林言約三輪
以外增断取贖如未贖依旧管業兩家喜允
各無反悔今欲有憑立賣契壹紙付執爲照
內塗末悔二字標少
外添向後有能之日依契面月期取贖十三字再照

民國己巳十八年十一月　　日
立賣契柯允芳
仝弟　允贈
在見　任清生
代字中　謝安賢

大進
發財
益

6-3-24-11　民國十八年十一月柯允芳等立賣竹林契

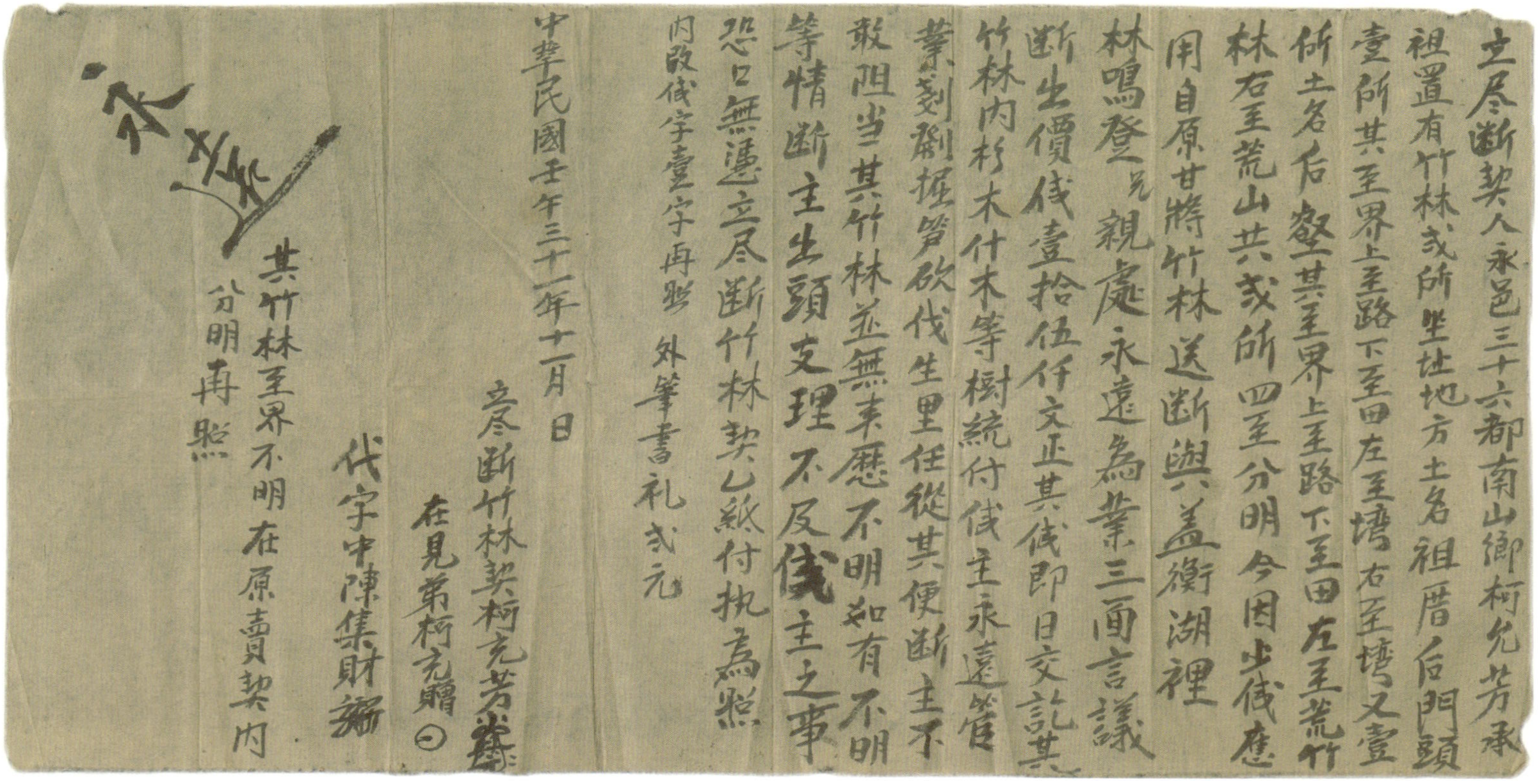

6-3-24-12　民國三十一年十一月柯允芳立盡斷竹林契

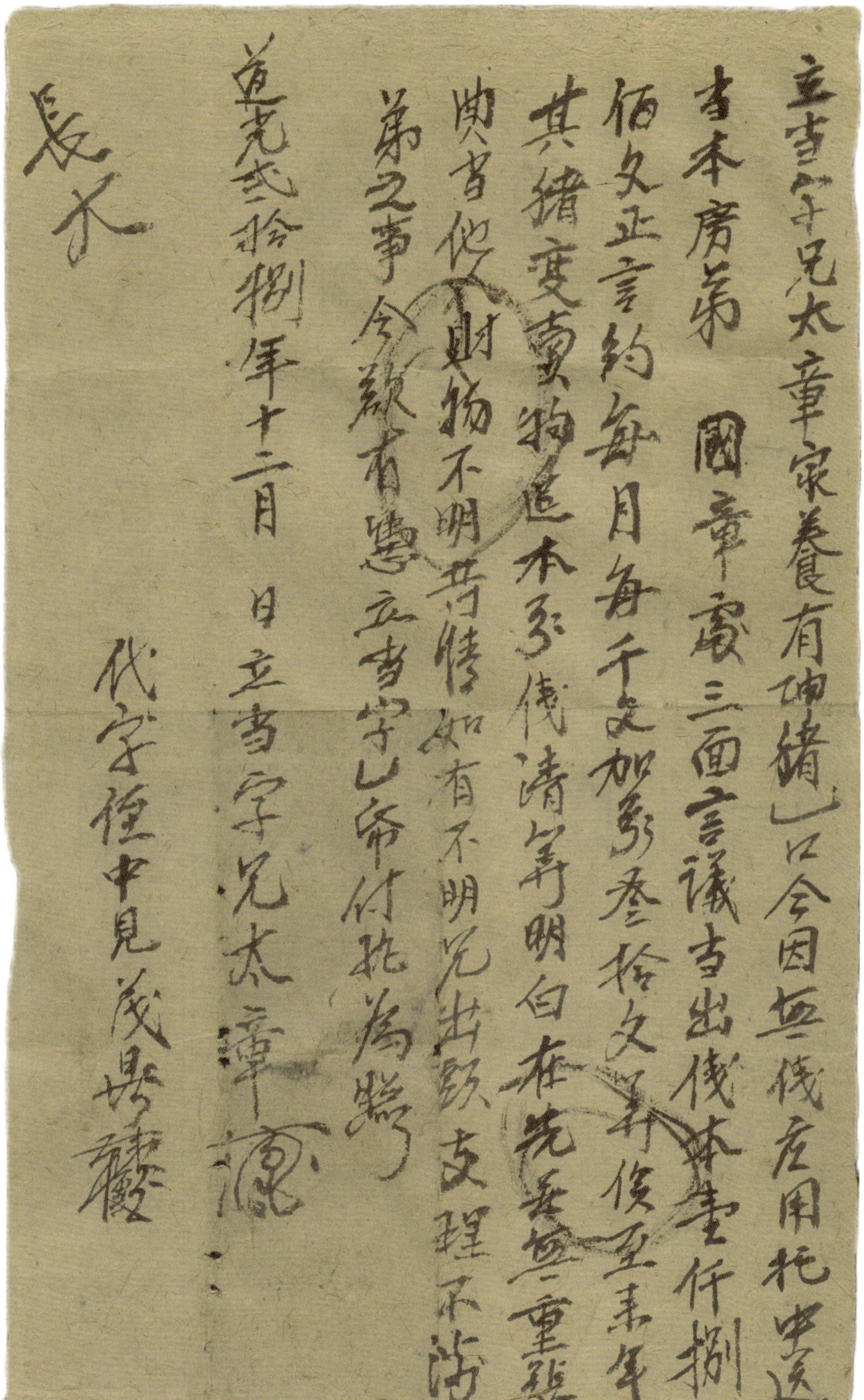

立當字兄太章家養有坤猪一口今因無錢應用托中送
當本房弟 國章處三面言議當出錢本壹仟捌
佰文正言約每月每千文加利叁拾文算俟至來年
其猪變賣抽還本利錢清筭明白在先無重張
典當他人財物不明等情如有不明兄出頭支理不涉
弟之事今欲有憑立當字一帋付執為照
道光貳拾捌年十二月 日立當字兄太章
代字侄中見茂岳
長不

6-3-25-1　清道光二十八年十二月林太章立當坤猪字（廢契）

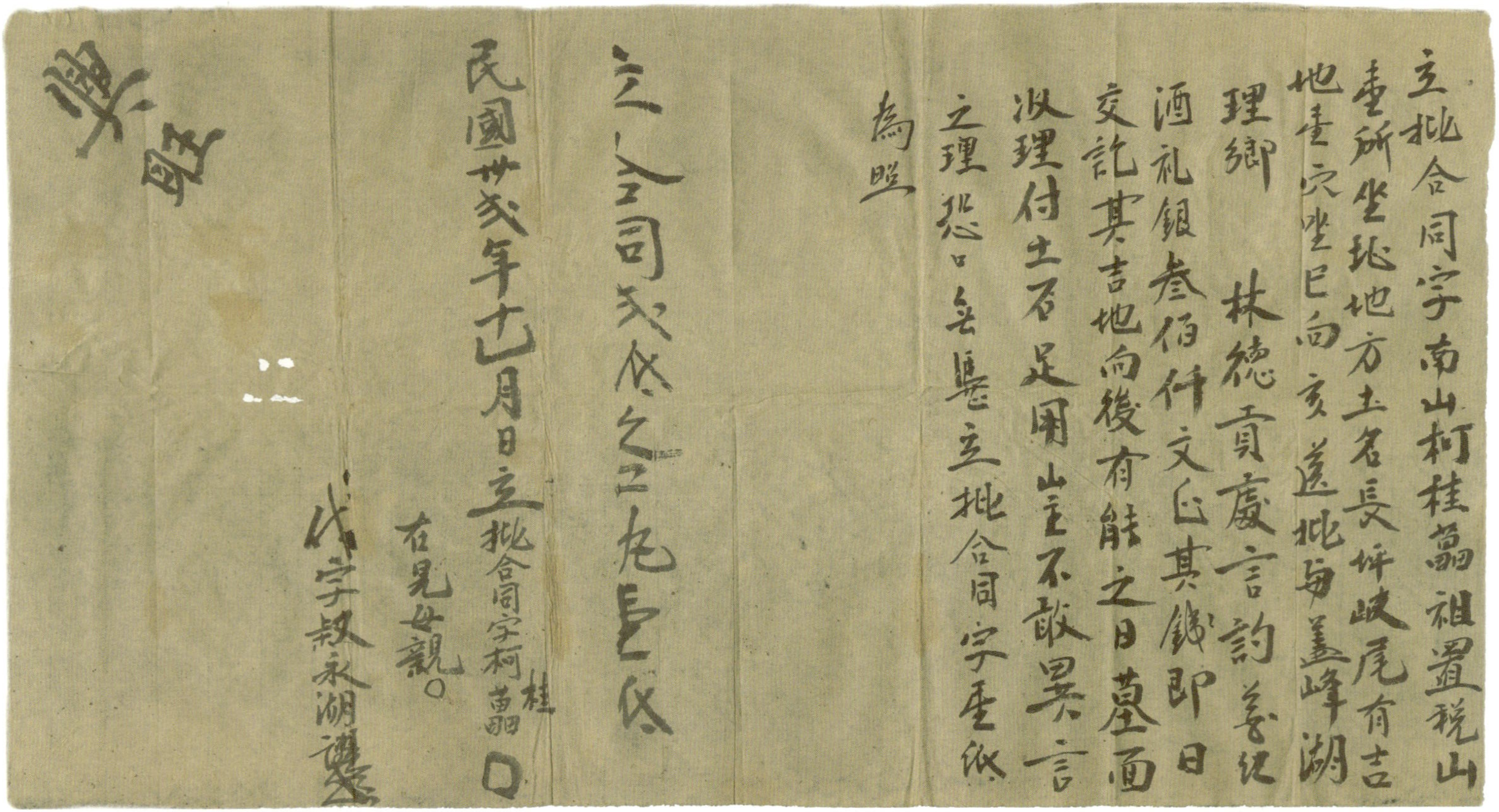
立批合同字南山柯桂藹祖置税山
壹所坐址地方土名長坪岐尾有吉
地壹穴坐巳向亥送批與盖峰湖
理鄉　林德貢處言約養從
酒礼銀叁佰什文正其錢即日
交訖其吉地向後有能之日墓面
汲理付土不足用山主不敢異言
之理恐口無憑立批合同字壹紙
為照
[illegible]
民國卅弍年十一月日立批合同字柯桂藹　口
在見母親○
代字叔永湖
[illegible]

6-3-25-2　民國三十二年十一月柯桂藹立批合同字

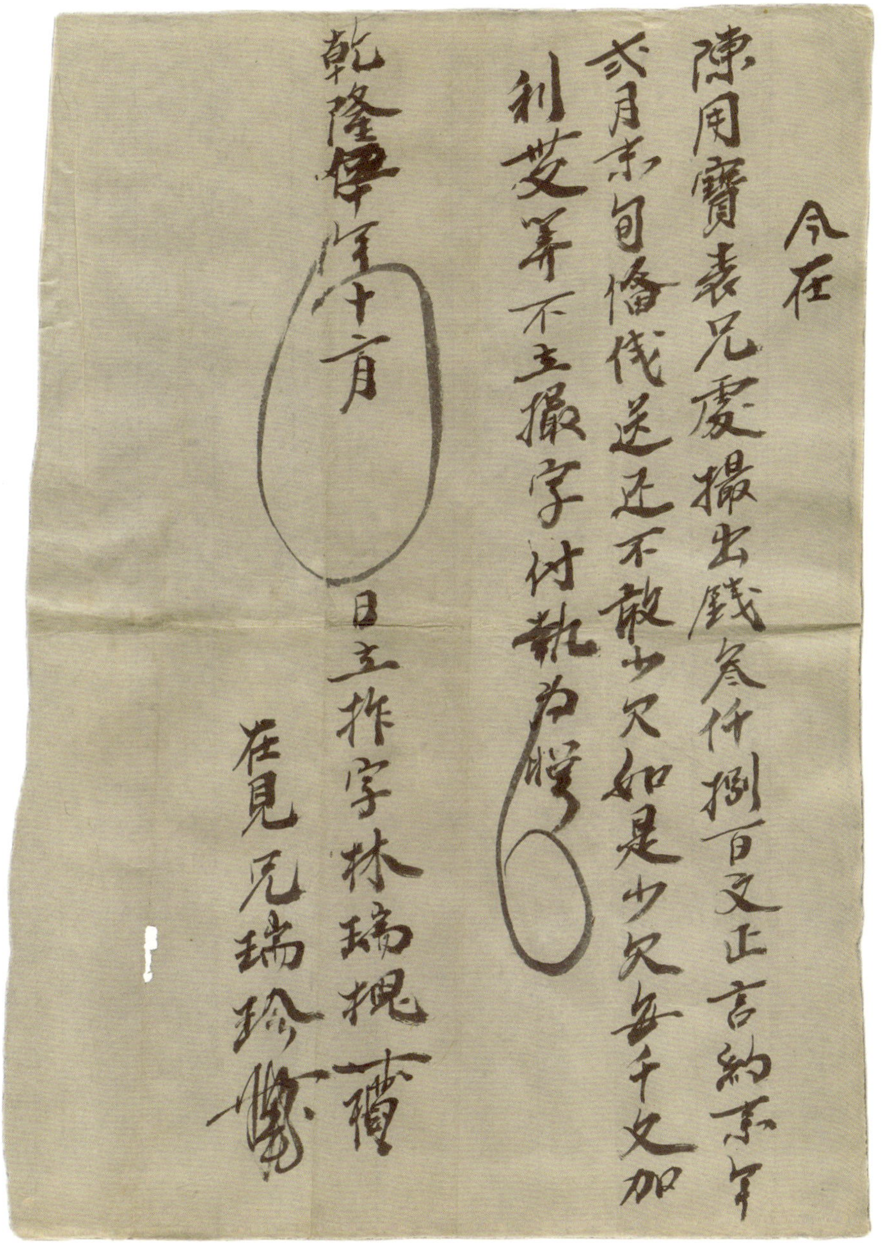

今在

陳用寶表兄處撮出錢叁仟捌百文正言約來年

弍月末旬備錢送还不敢少欠如是少欠每千文加

利艾等不立撮字付執為照

乾隆五十年十二月　日立撮字林瑞槐（押）

在見兄瑞玲（押）

6-3-26-1　清乾隆五十年十二月林瑞槐立撮字（廢契）

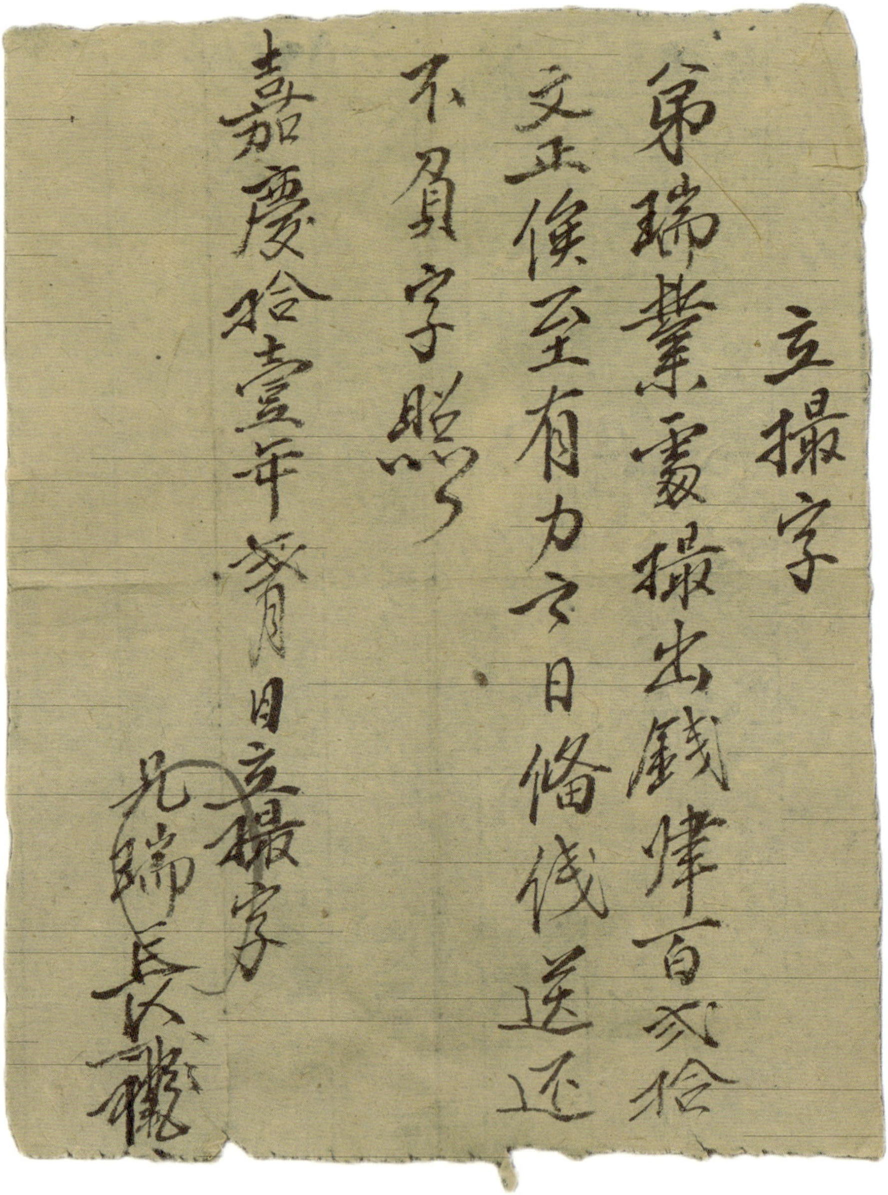

立撮字
弟瑞業處撮出錢肆百叁拾
文正係至有力之日備錢送还
不負字照
嘉慶拾壹年貳月日立撮字
兄瑞長（押）

6-3-26-2　清嘉慶十一年二月林瑞長立撮字（廢契）

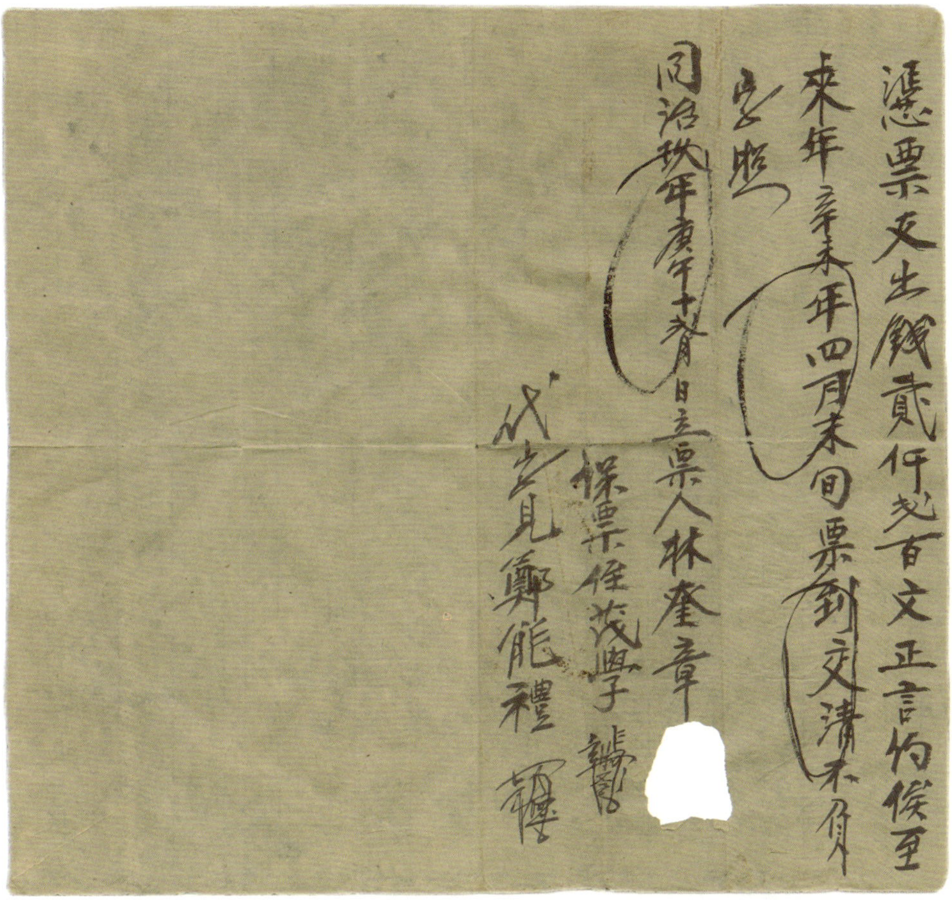
憑票支出錢貳仟玖百文正言約俟至
來年辛未年四月末回票到交清不負
字照
同治玖年庚午十貳月　日立票人林奎章
保票侄茂學
代字見鄭能禮

6-3-27-1　清同治九年十二月林奎章立支錢憑票（廢契）

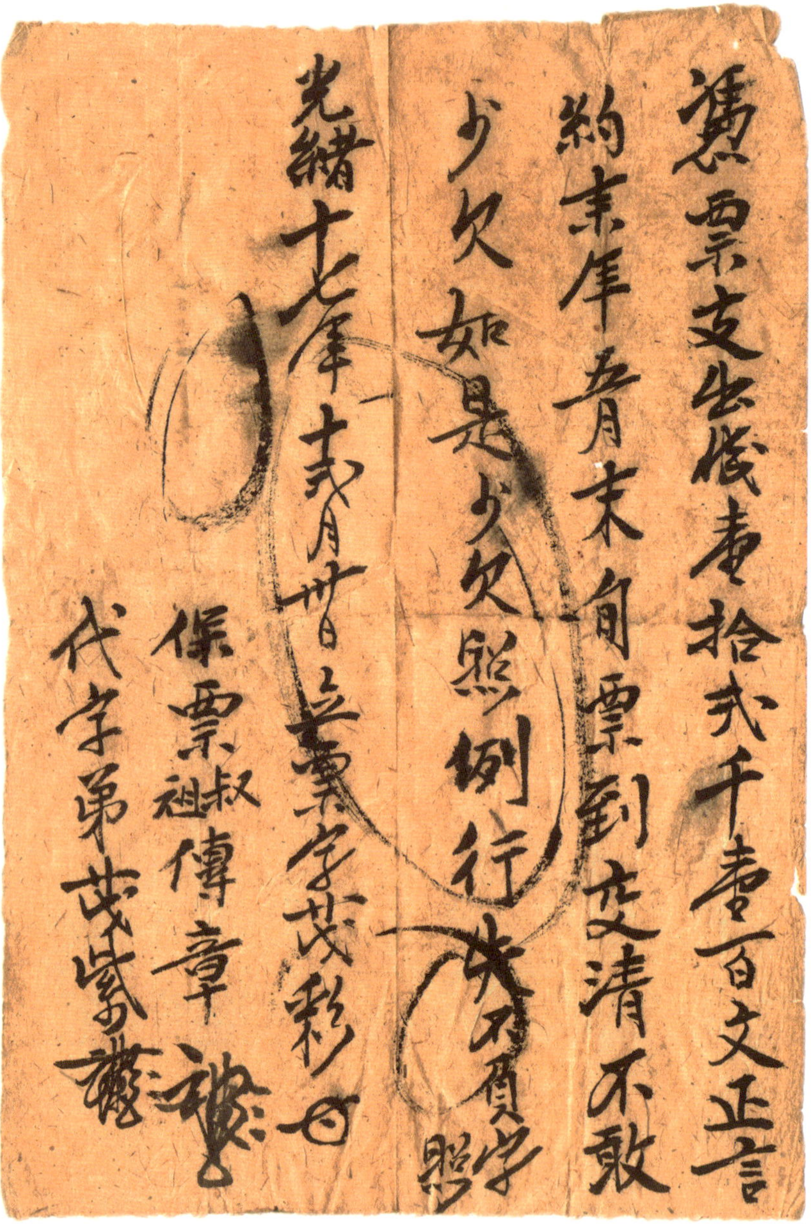
憑票支出錢壹拾貳千壹百文正言
約來年正月末自票到支清不敢
少欠如是少欠照例行息不負字
照
光緒十七年十二月廿日立票字茂彩（押）
保票祖叔傳章（押）
代字弟茂[illegible]（押）

6-3-27-2　清光緒十七年十二月林茂彩立支錢憑票（廢契）

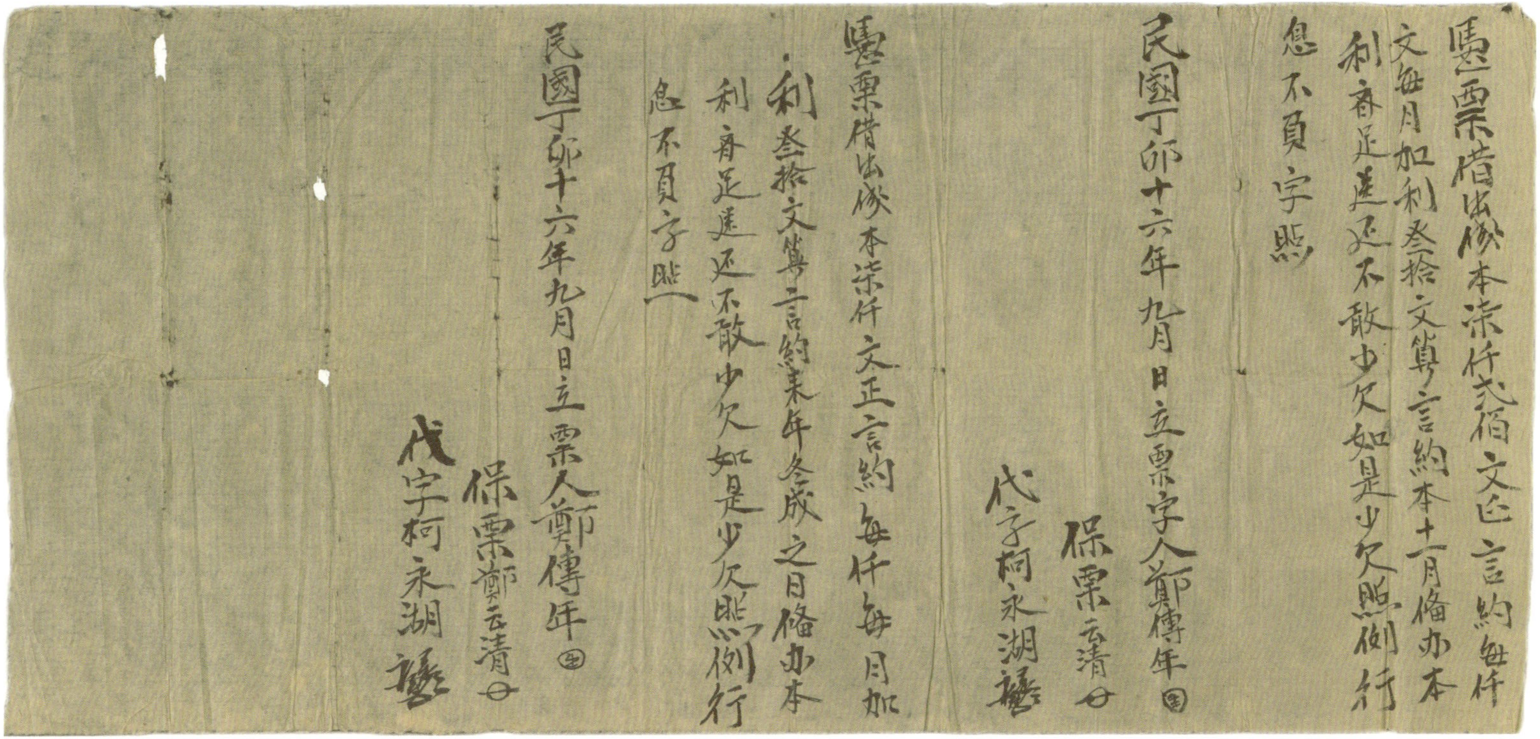
憑票借出修本宗仟弍佰文正言約每仟
文每月加利叁拾文算言約本十二月備办本
利齊足還不敢少欠如是少欠照例行
息不負字照

民國丁卯十六年九月日立票字人鄭傳年（押）
保票云清（押）
代字柯永湖（押）

憑票借出修本宗仟文正言約每仟每月加
利叁拾文算言約來年冬成之日備办本
利齊足還不敢少欠如是少欠照例行
息不負字照一

民國丁卯十六年九月日立票人鄭傳年（押）
保票鄭云清（押）
代字柯永湖（押）

6-3-27-3　民國十六年九月鄭傳年立借錢憑票

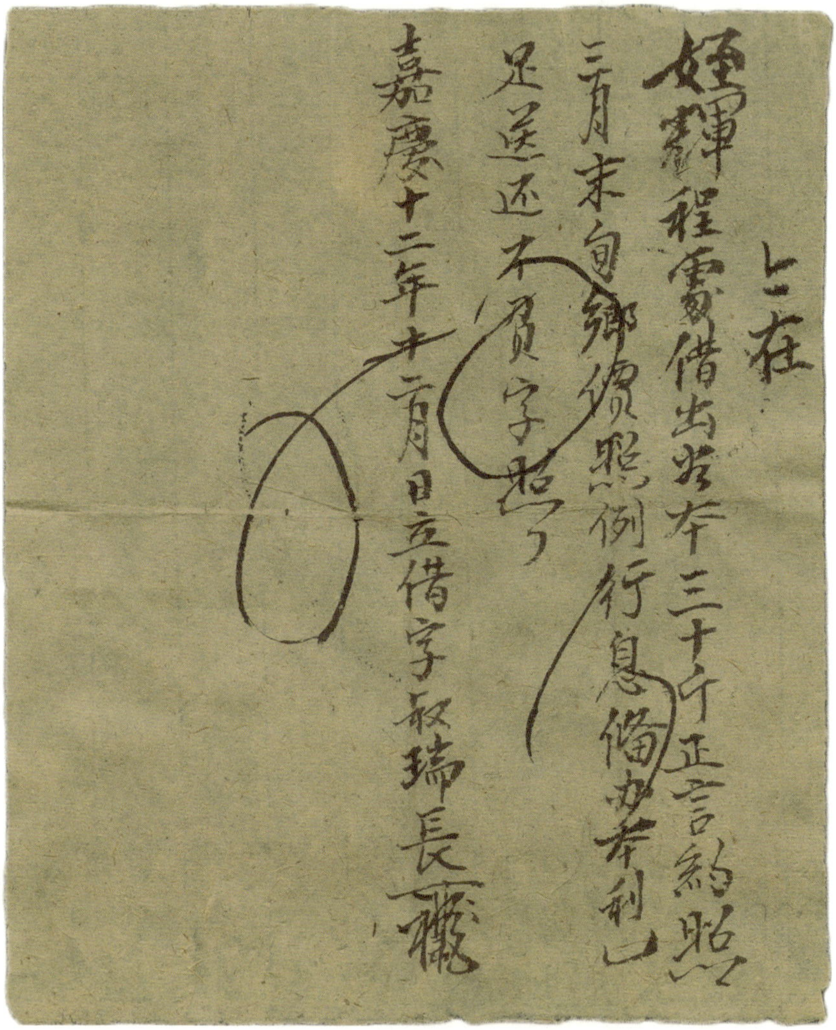
上在
姪輝程霽借出谷三十斤正言約照
三月末自鄉價照例行息備办本利一
足送还不貭字照
嘉慶十二年十二月日立借字叔瑞長

6-3-28-1　清嘉慶十二年十二月林瑞長立借穀字（廢契）

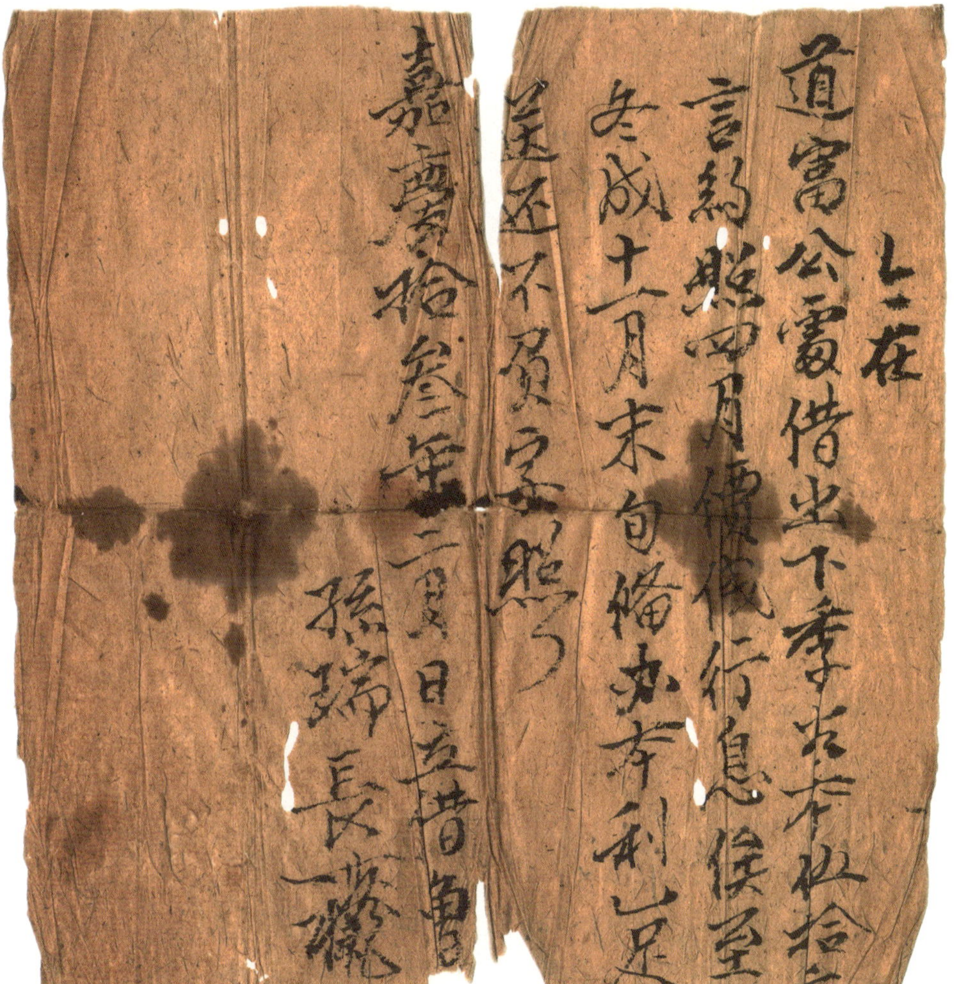

仝在
道富公當借出下季谷壹拾斤
言約照四月價銀行息俟至
冬成十一月末旬備办本利一足
送還不得異字照
嘉慶拾叁年二月　日立借字
孫瑞長

6-3-28-2　清嘉慶十三年二月林瑞長立借穀字

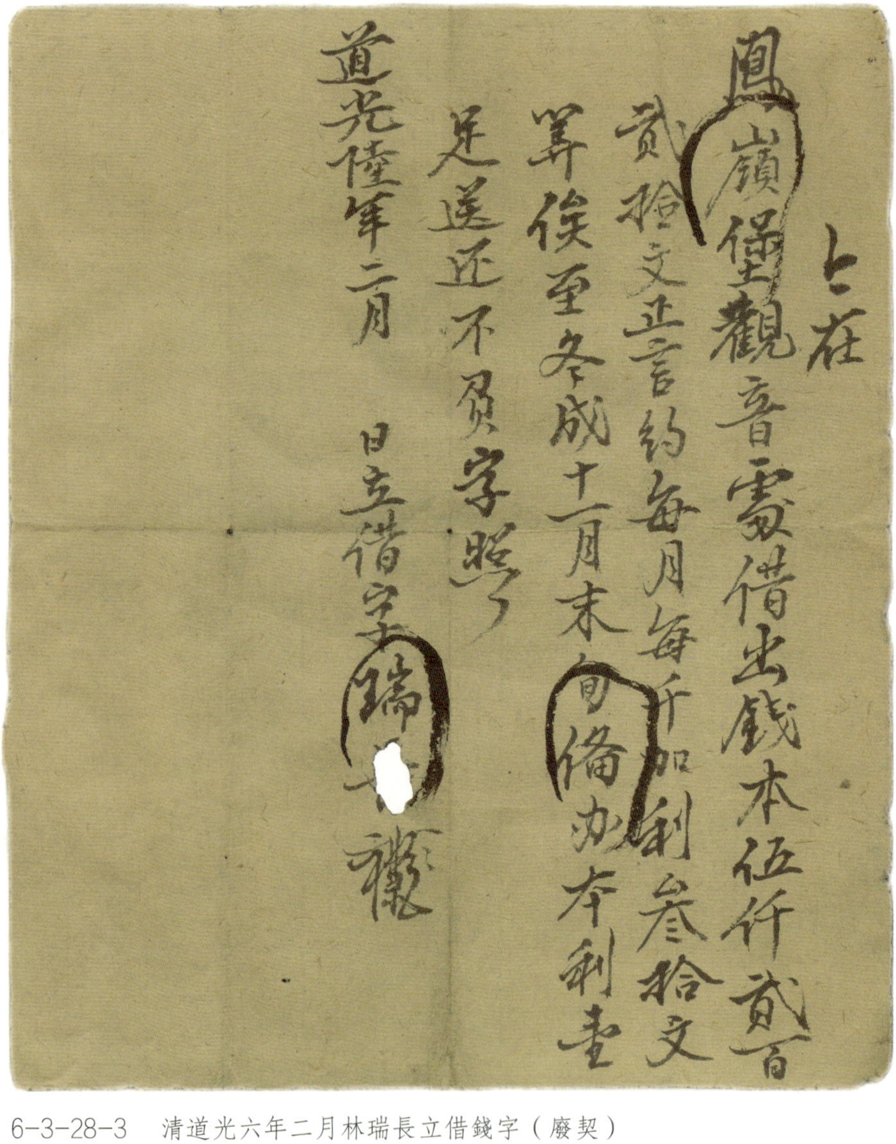
上在
鳳嶺堡觀音壽借出錢本伍仟貳百
貳拾文正言約每月每仟加利叁拾文
算俟至冬成十一月末自備办本利壹
足送还不負字照
日立借字瑞□□
道光陸年二月

6-3-28-3　清道光六年二月林瑞長立借錢字（廢契）

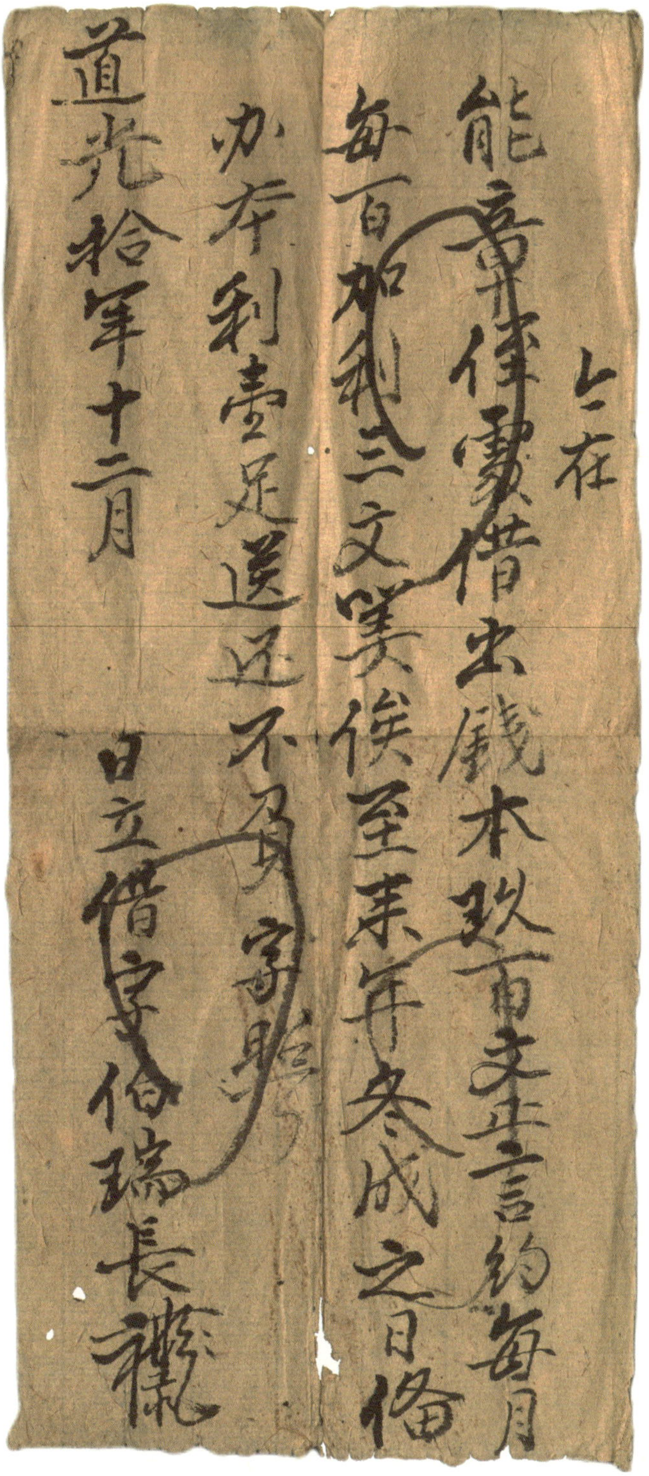

上在
能章侔處借出錢本玖百文正言約每月
每百加利三文算俟至來年冬成之日備
办本利壹足送還不及字照
日立借字伯瑞長親
道光拾年十二月

6-3-28-4　清道光十年十二月林瑞長立借錢字（廢契）

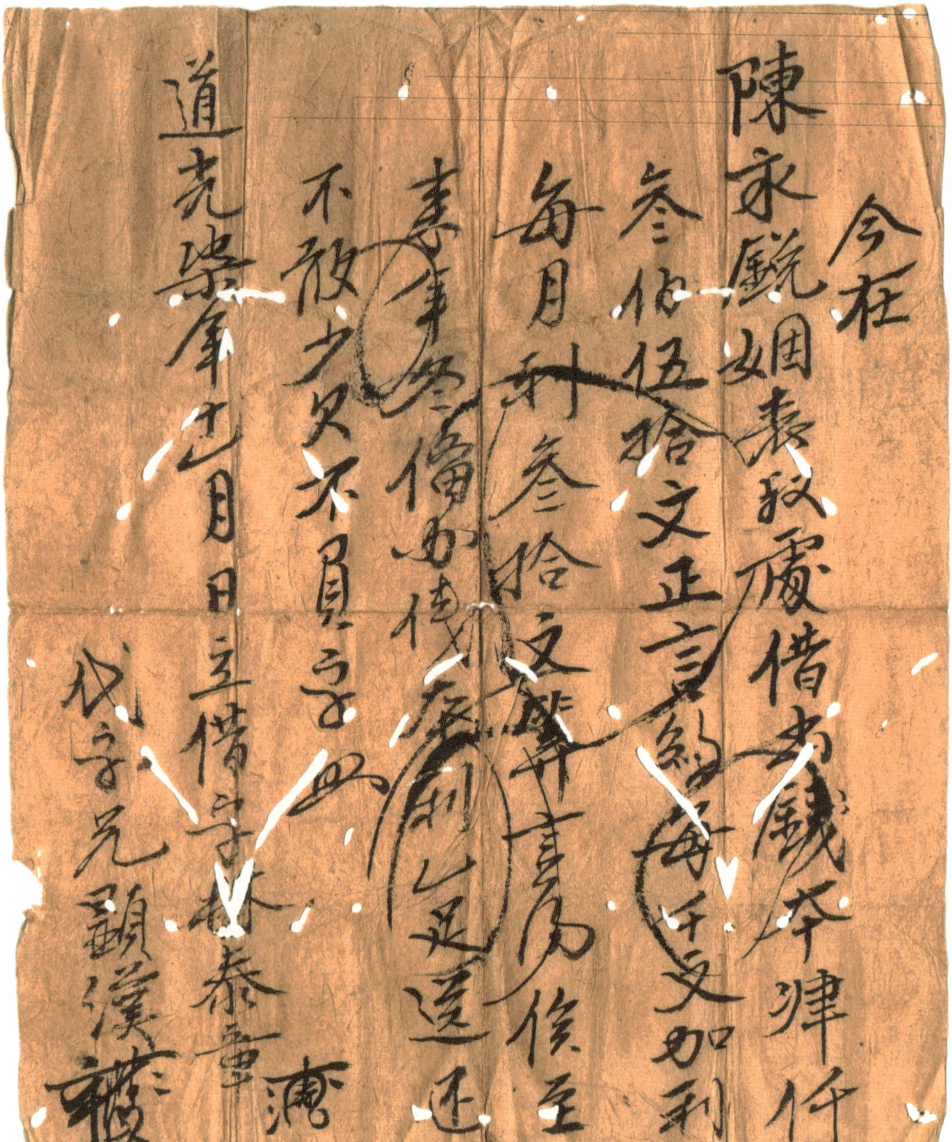

今在
陳永鋭姻表叔處借出錢本肆仟
叁佰伍拾文正言約每仟文加利
每月利叁拾文并言約候至
來年冬備辦本利一足送還
不敢少欠不負字，此
道光柒年十一月　日立借字林泰章
代字兄顯漢

6-3-29-1　清道光七年十一月林泰章立借錢字（廢契）

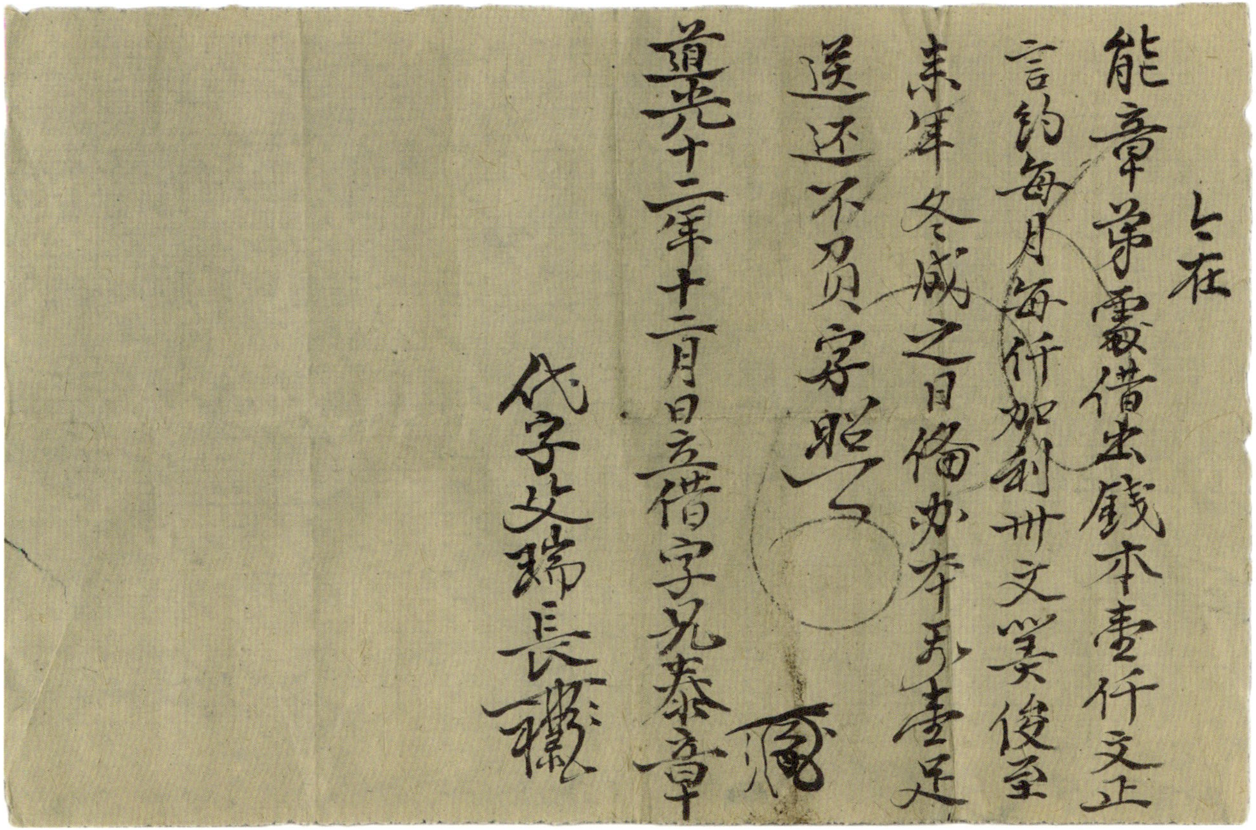
上在
能章弟處借出錢本壹仟文正
言約每月每仟加利卅文，其錢至
來年冬成之日備办本利壹足
送还不負，字照。
道光十二年十二月日立借字兄泰章
代字文瑞長

6-3-29-2　清道光十二年十二月林泰章立借錢字（廢契）

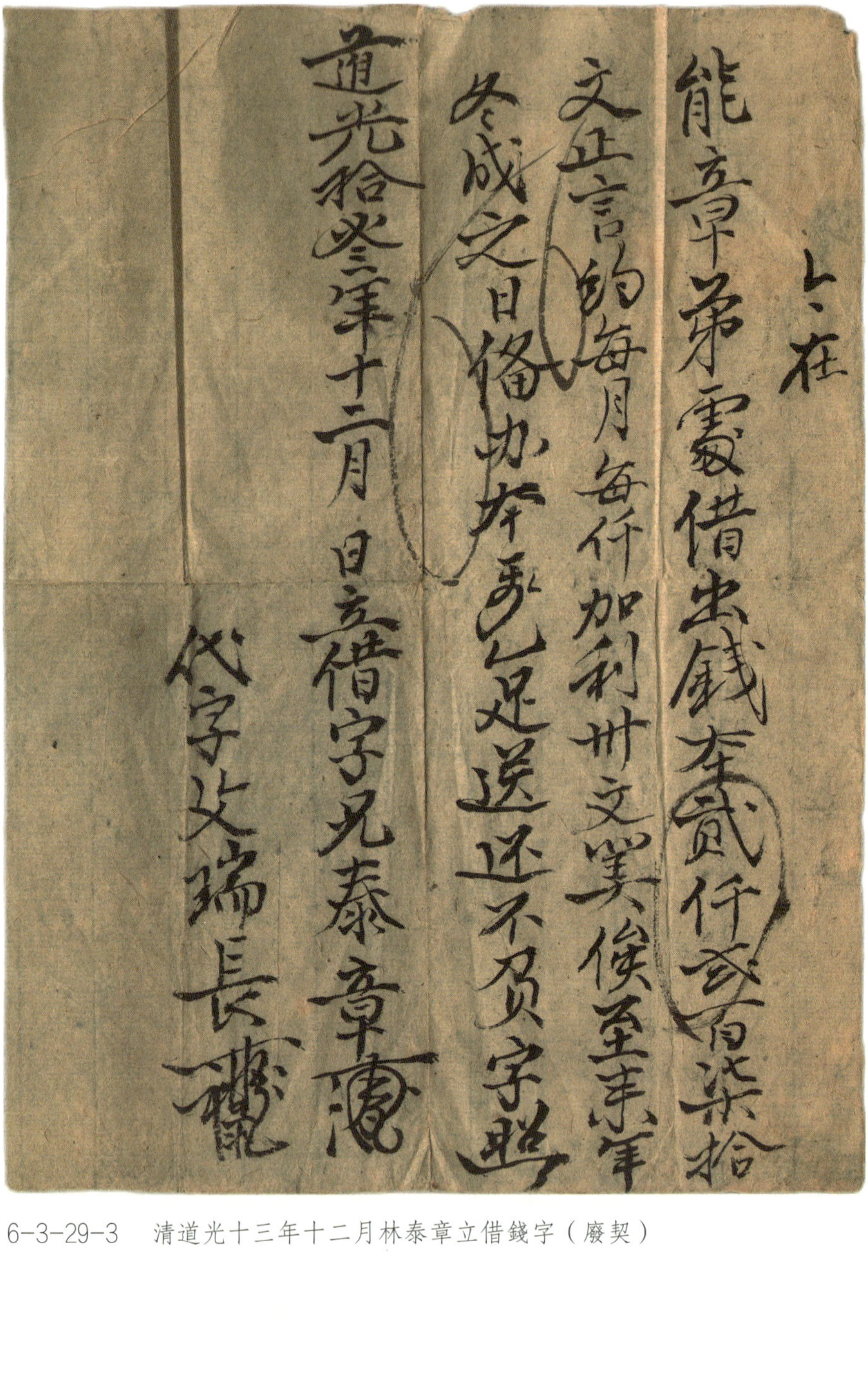
上在
能章弟處借出錢本貳仟貳百柒拾
文正言約每月每仟加利卅文算俟至來年
冬成之日備办本利足送還不負字照
道光拾叁年十二月　日立借字兄泰章（押）
代字姪文瑞長（押）

6-3-29-3　清道光十三年十二月林泰章立借錢字（廢契）

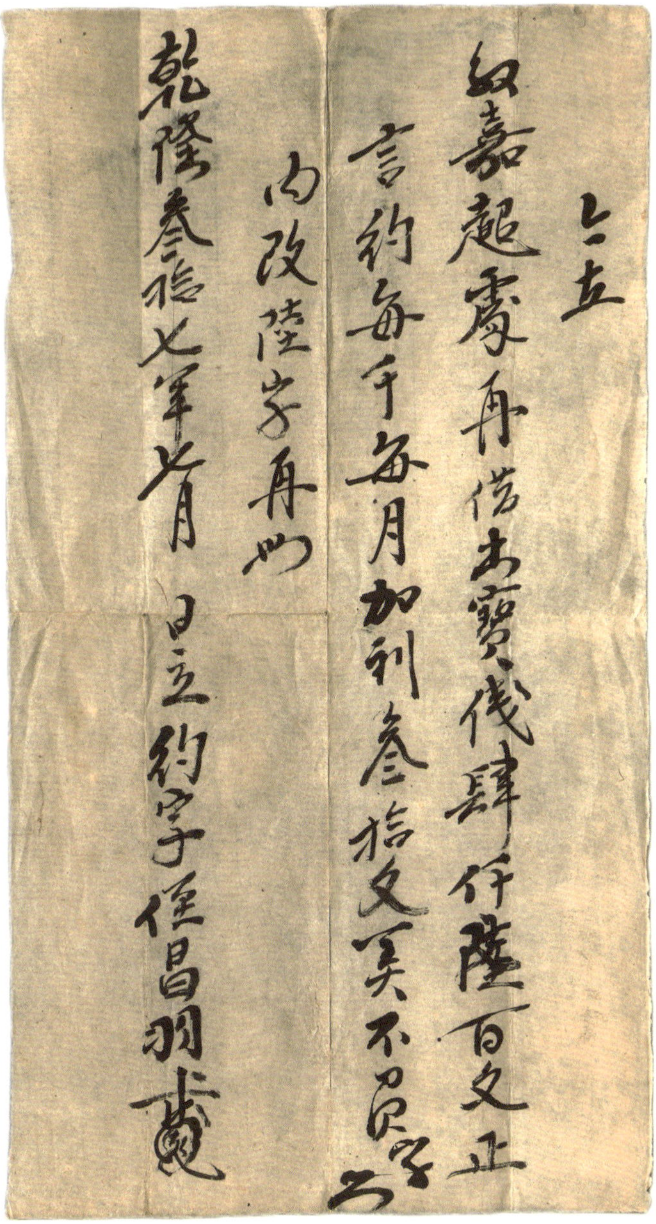

又立
叔嘉趣霄再借出寳錢肆仟陸百文正
言約每年每月加利叁拾文其不具字乙
內改陸字再批
乾隆叁拾七年七月　日立約字侄昌羽（押）

6-3-30-1　清乾隆三十七年七月林昌羽立借錢字

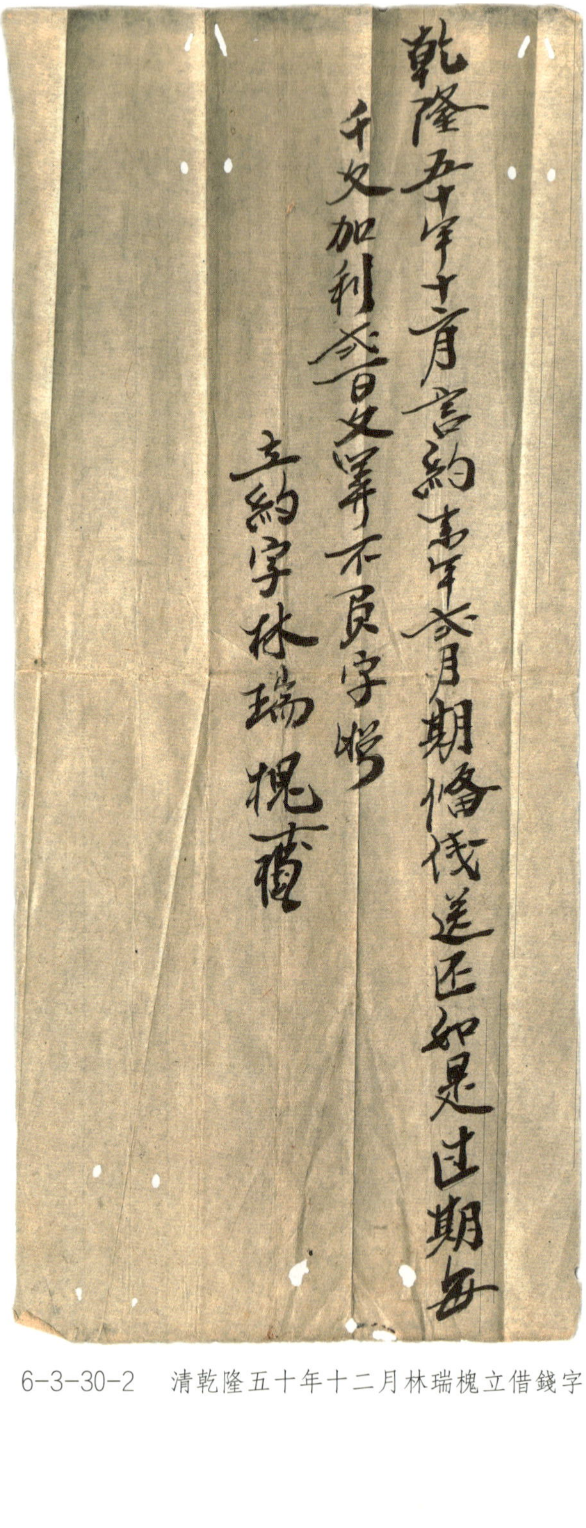
乾隆五十年十二月吉約來年叁月期備錢送還如是過期每
千文加利叁百文算不良字照
立約字林瑞槐押

6-3-30-2　清乾隆五十年十二月林瑞槐立借錢字

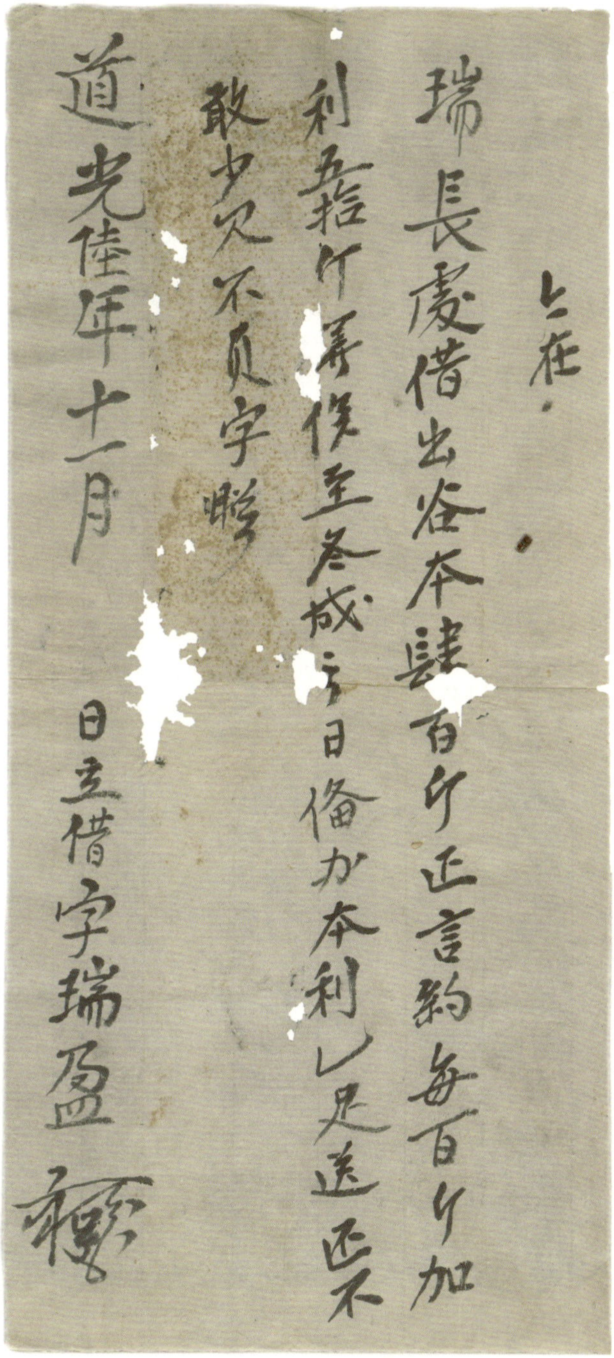

上在
瑞長處借出谷本肆百斤正言約每百斤加
利五拾斤算俟至冬成之日備办本利一足送还不
敢少欠不負字照
道光陸年十一月 日立借字瑞盈

6-3-30-3 清道光六年十一月林瑞盈立借穀字

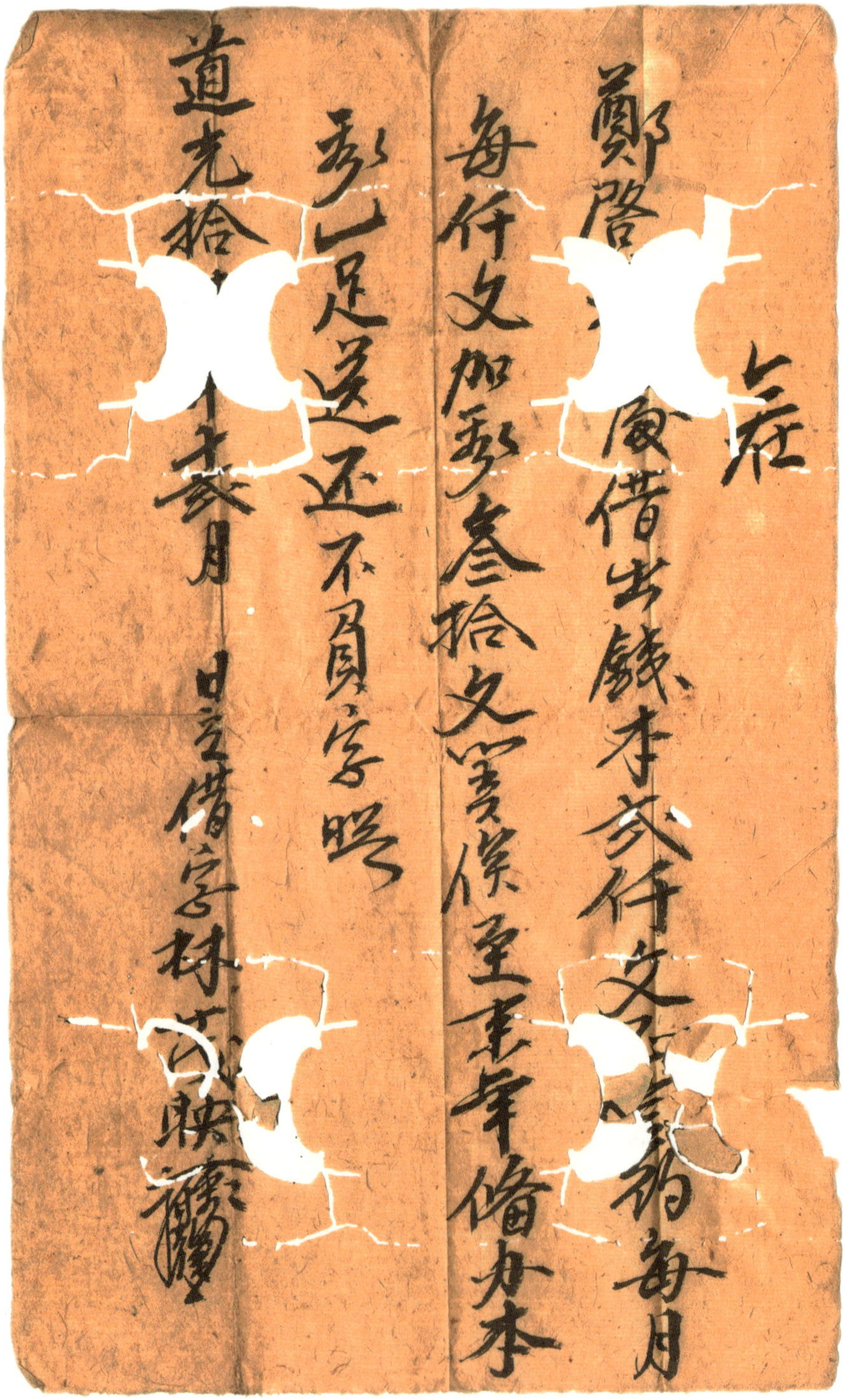
鄭啓[illegible]台在
處借出錢本柒仟文[illegible]約每月
每仟文加錢叁拾文算俟至本年備办本
錢足送还不負字照
道光拾[illegible]年十二月　日立借字林茂映

6-3-30-4　清道光十□年十二月林茂映立借錢字

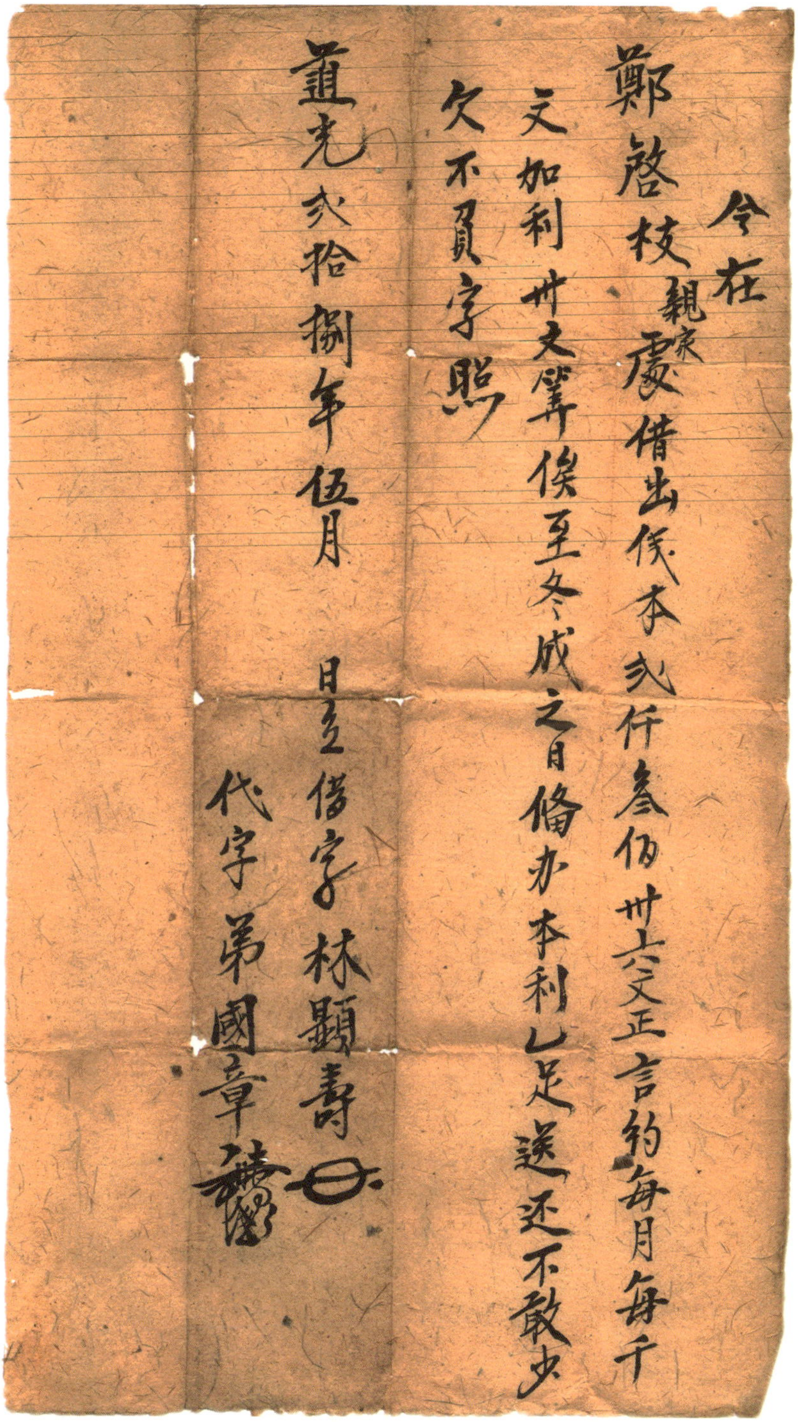

今在

鄭啓枝親家處借出錢本弍仟叁佰廿六文正言約每月每千

文加利廿文算俟至冬成之日備办本利一足送还不敢少

欠不負字照

道光弍拾捌年伍月　日立借字林顯壽（押）

代字弟國章（押）

6-3-30-5　清道光二十八年五月林顯壽立借錢字

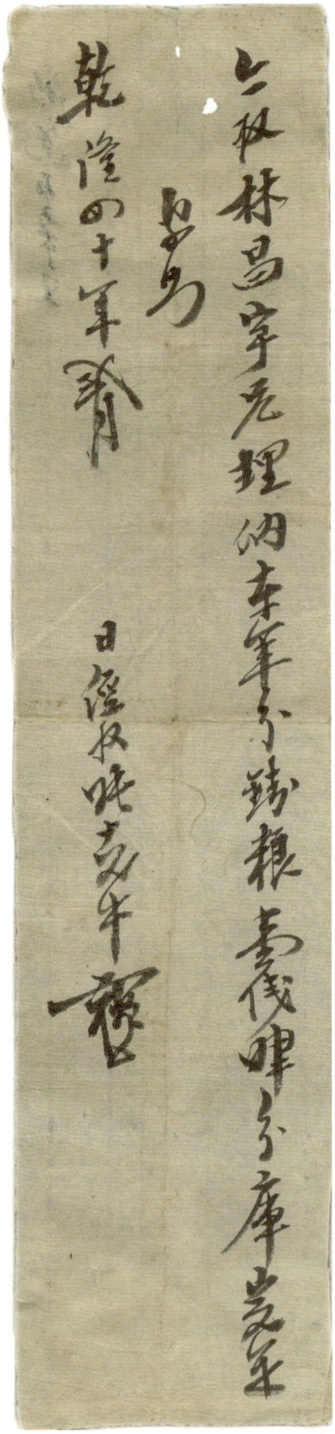
立收林昌宇兄理納本年分錢糧壹錢肆分庫[illegible]平
是實
乾隆四十年二月 日經收張克牛（押）

6-3-31-1　清乾隆四十年二月張克牛立收錢糧字

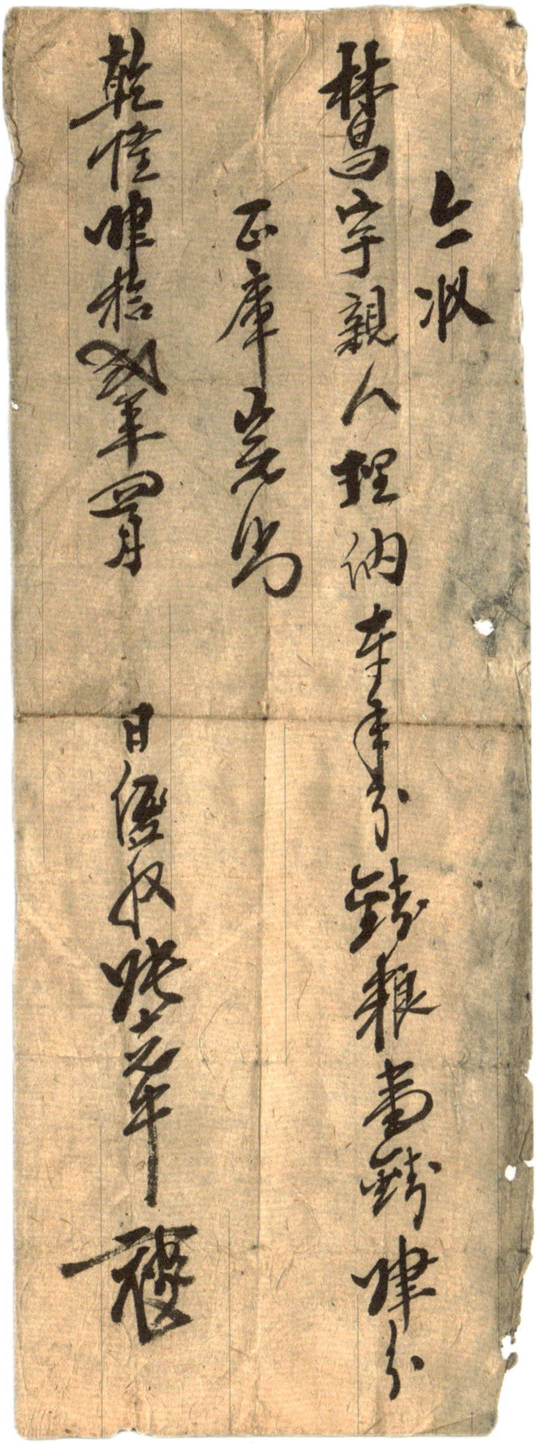

上收
林𢀖字親人理納本年分錢粮壹錢肆分
正庫完訖
乾隆肆拾貳年肆月　日經收張克牛
一押

6-3-31-2　清乾隆四十二年四月張克牛立收錢糧字

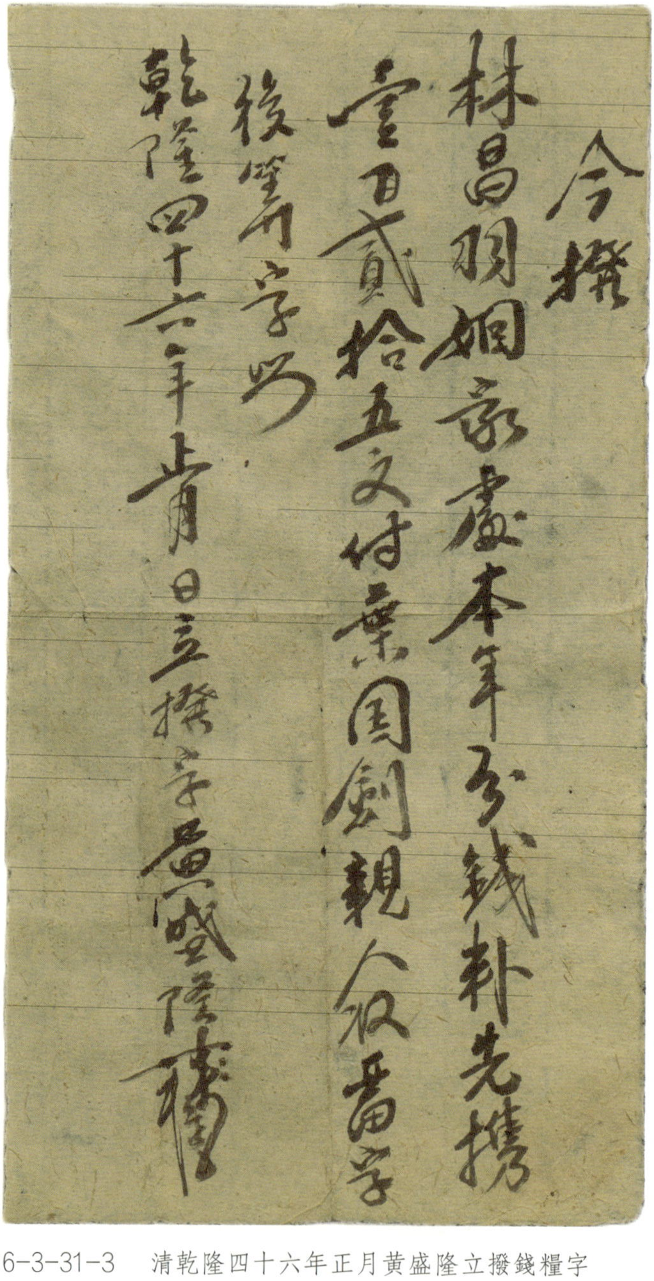
令撥
林昌羽姻家處本年分錢糧先撥
壹百貳拾五文付業主周劉親人收番字
後筆有字照
乾隆四十六年正月日立撥字黄盛隆（押）

6-3-31-3　清乾隆四十六年正月黄盛隆立撥錢糧字

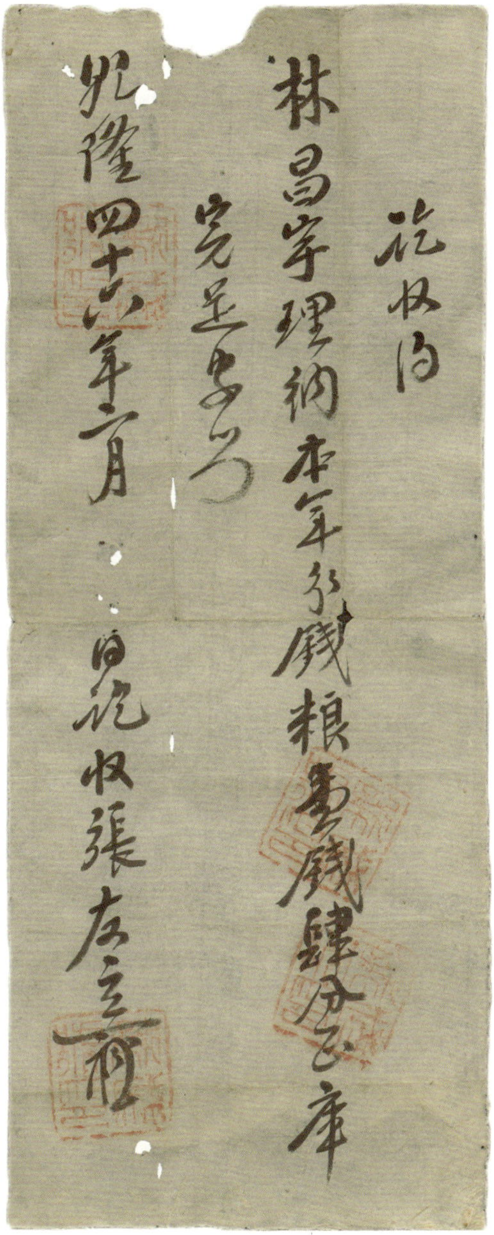

訖收內

林昌宇理納本年分錢粮壹錢肆分正庫

完足[illegible]

乾隆四十六年二月　日訖收張友玄立

6-3-31-4　清乾隆四十六年二月張友玄立收錢糧字

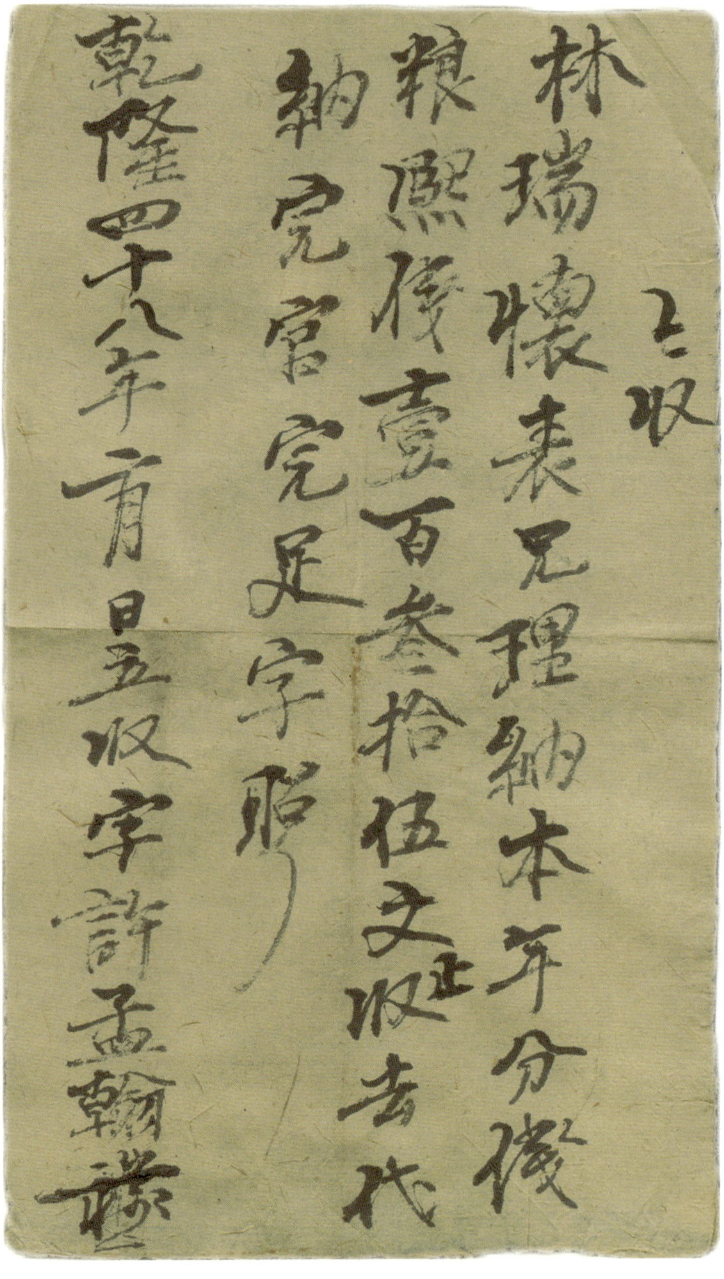
立收
林瑞懷表兄理納本年分錢
糧照錢壹百叁拾伍文正收去代
納完官完足字照
乾隆四十八年二月日立收字許孟翰[illegible]

6-3-31-5　清乾隆四十八年二月許孟翰立收錢糧字

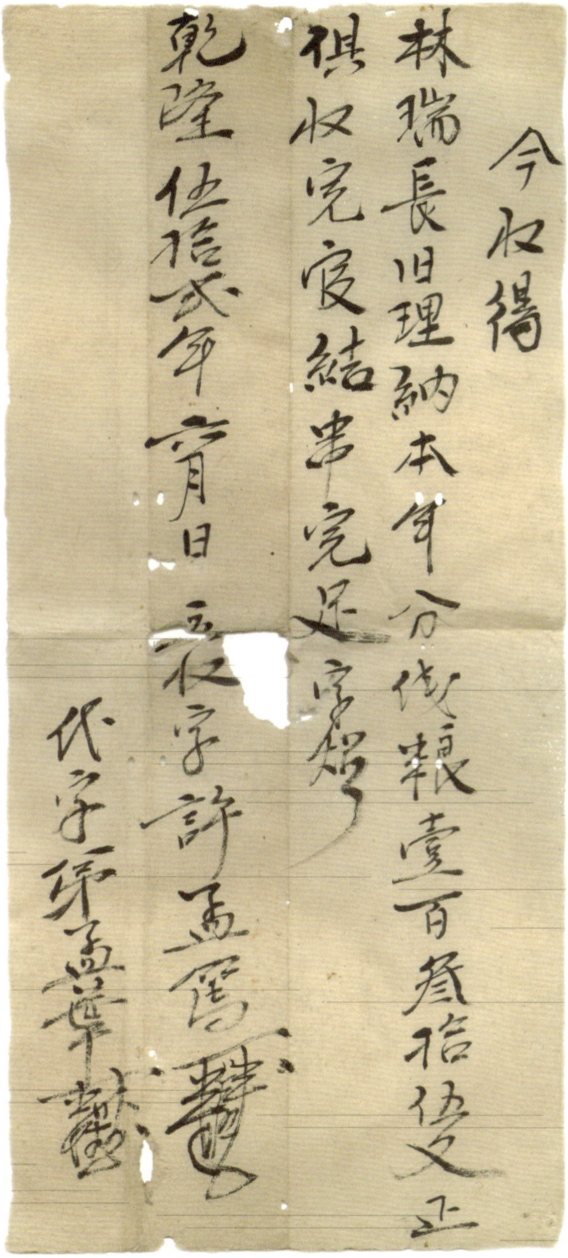

今收得
林瑞長旧理納本年分錢粮壹百叁拾伍文正
俱收完良結串完足字照
乾隆伍拾弍年六月日立收字許孟篤押
代字鄭孟華押

6-3-31-6　清乾隆五十二年六月許孟篤立收錢糧字

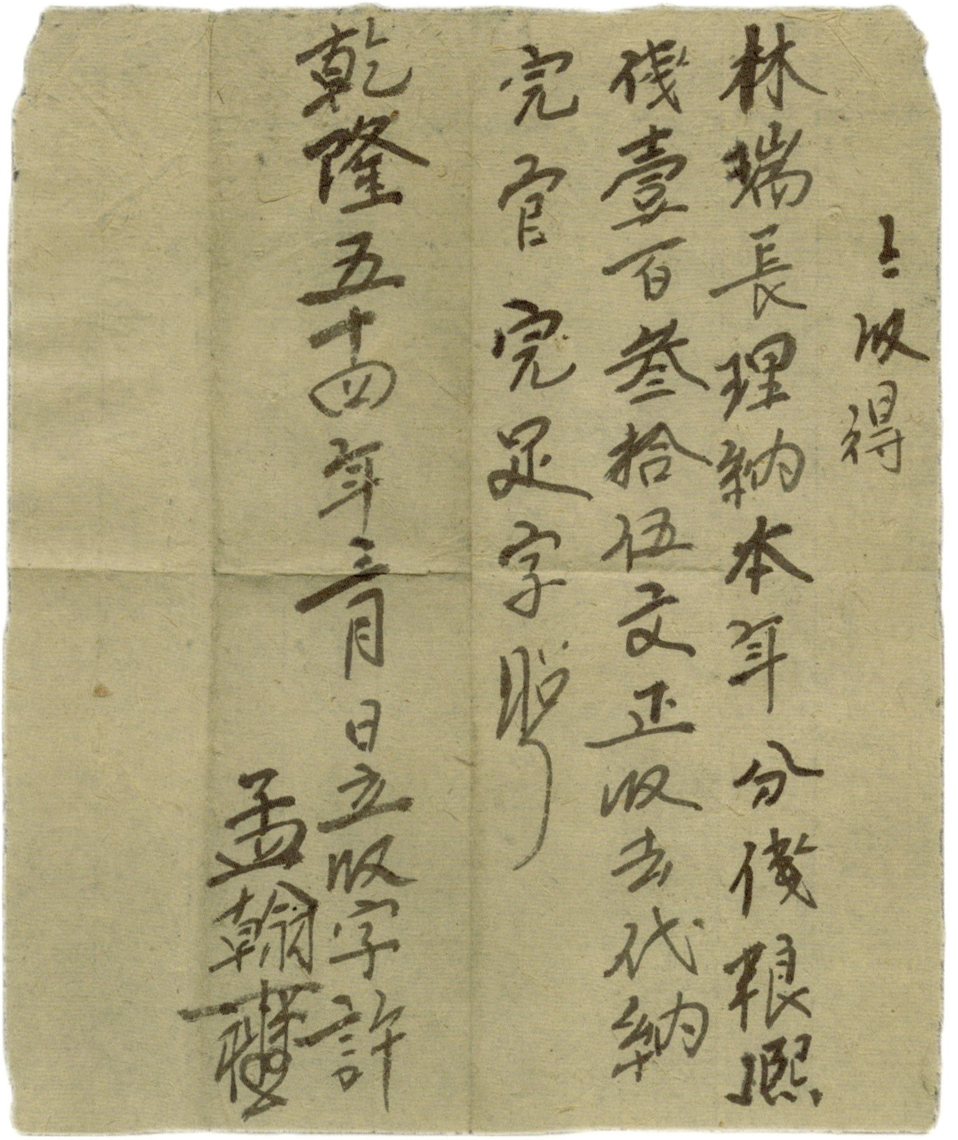

上收得
林瑞長理納本年分錢粮銀
錢壹百叁拾伍文正收去代納
完官　完足字照
乾隆五十四年三月　日立收字許
孟翰[illegible]

6-3-31-7　清乾隆五十四年三月許孟翰立收錢糧字

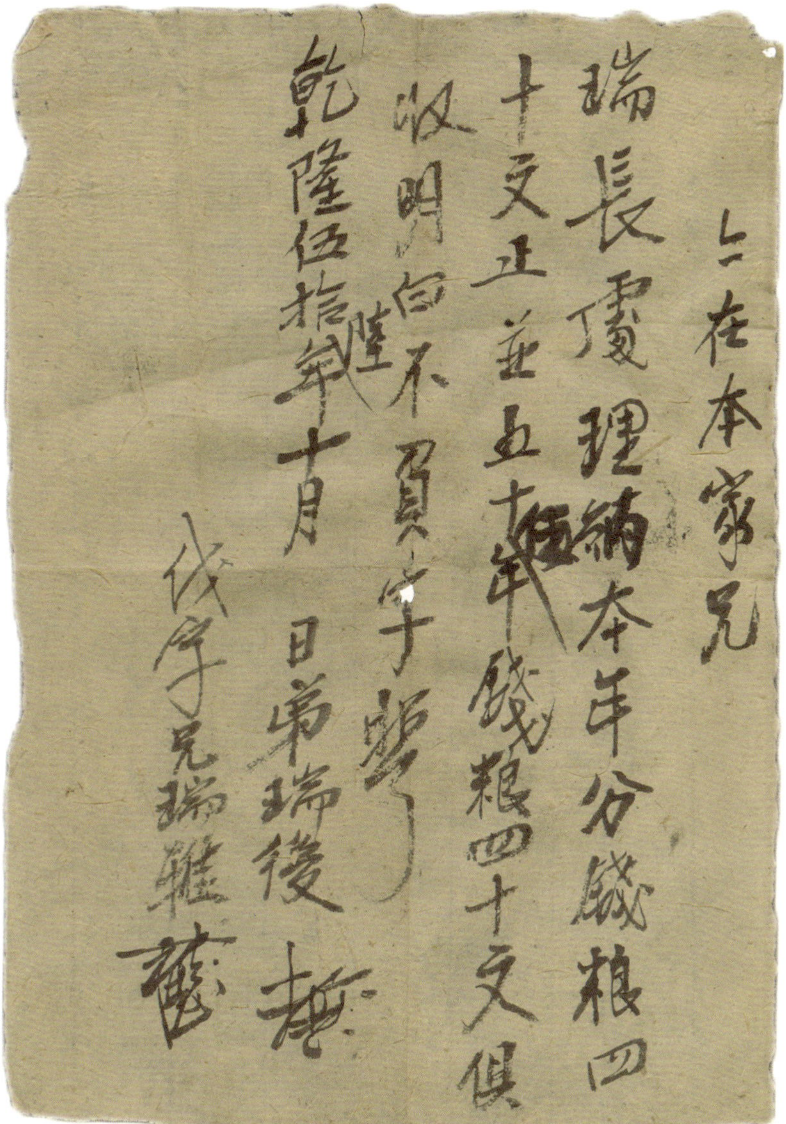
今在本家兄
瑞長處理納本年分錢糧四
十文正並五十六年錢糧四十文俱
收明白不負字照
乾隆伍拾陸年十月　日弟瑞後（押）
代字兄瑞雜（押）

6-3-31-8　清乾隆五十六年十月林瑞後立收錢糧字

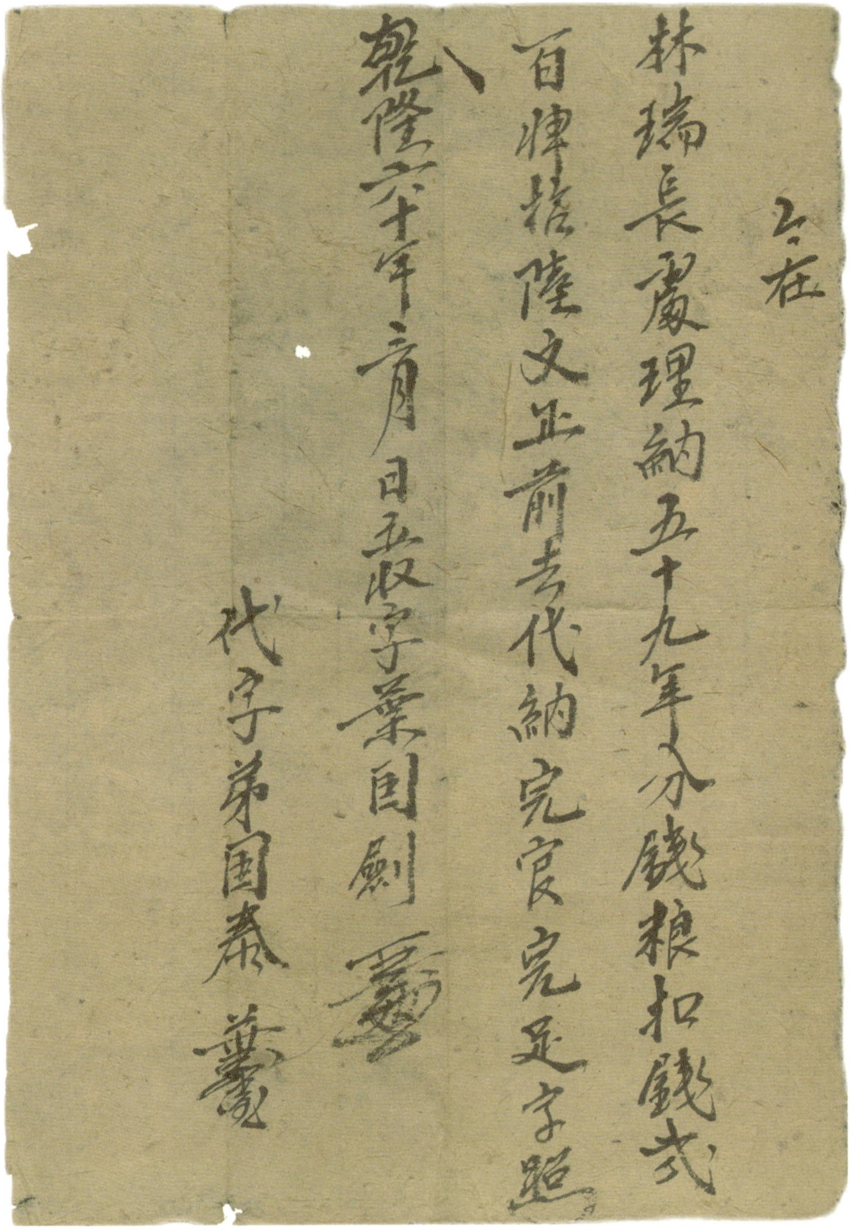
今在
林瑞長處理納五十九年分錢粮扣錢弍
百肆拾陸文正前去代納完官完足字照
八
乾隆六十年三月　日立收字葉国劍
代字弟国泰

6-3-31-9　清乾隆六十年三月葉国劍立收錢糧字

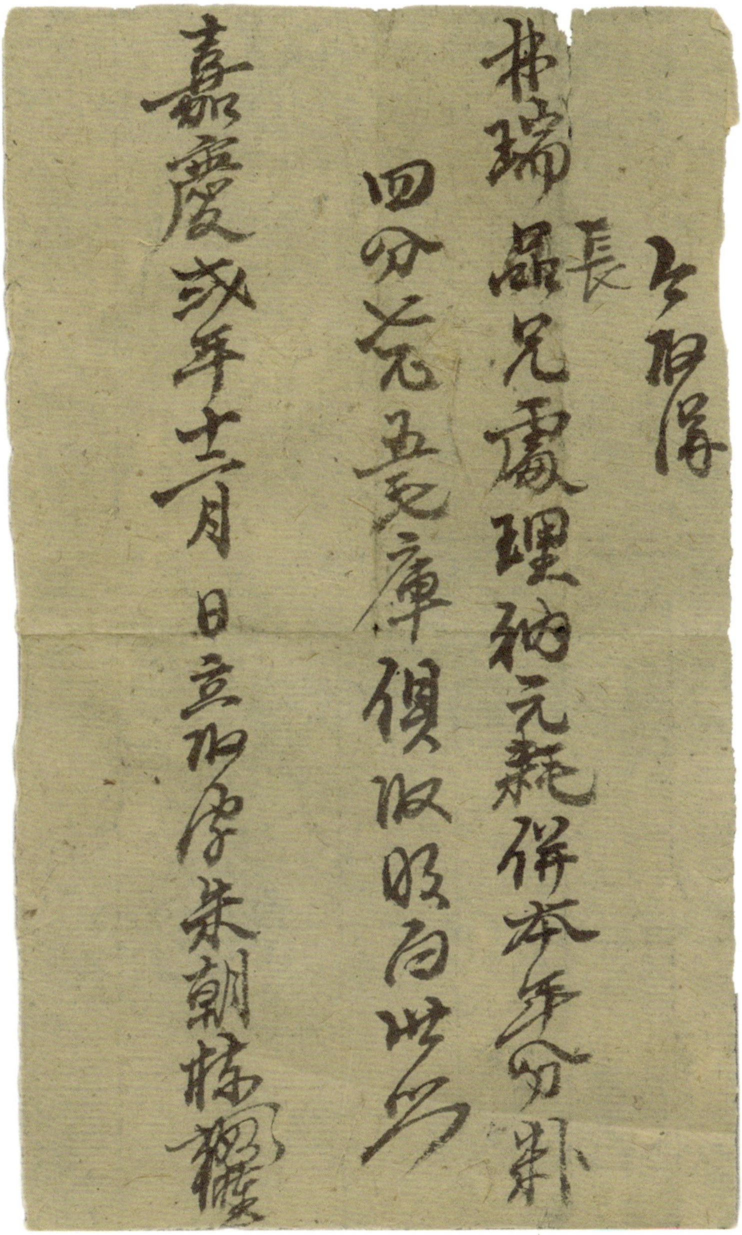

立收得

林瑞長晶兄處理納元耗併本年分粮

四分九五毫足庫領收明白此照

嘉慶貳年十二月　日立收字朱朝棟（押）

6-3-31-10　清嘉慶二年十二月朱朝棟立收元耗等字

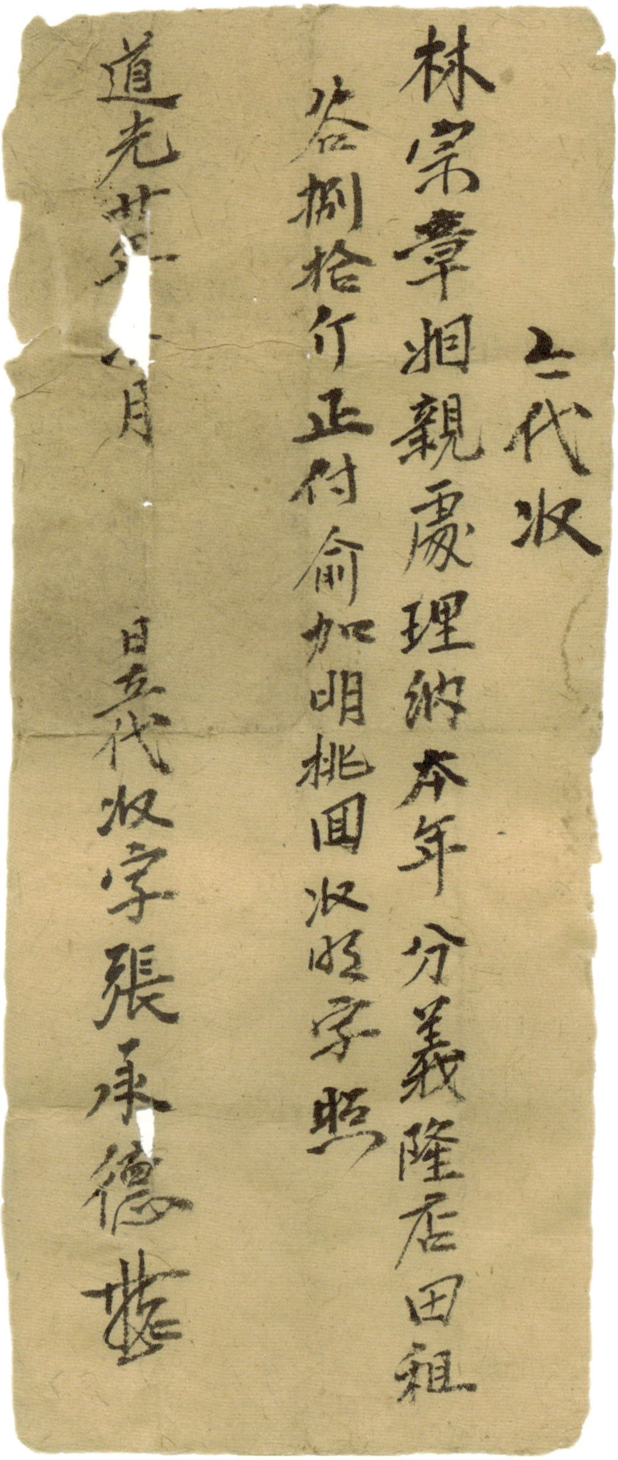
立代收
林宗章姻親處理納本年分義隆厝田租
谷捌拾斤正付俞加明桃園收明字照
道光廿年□月　日立代收字張承德據

6-3-31-11　清道光二十年□月張承德立代收田租穀字

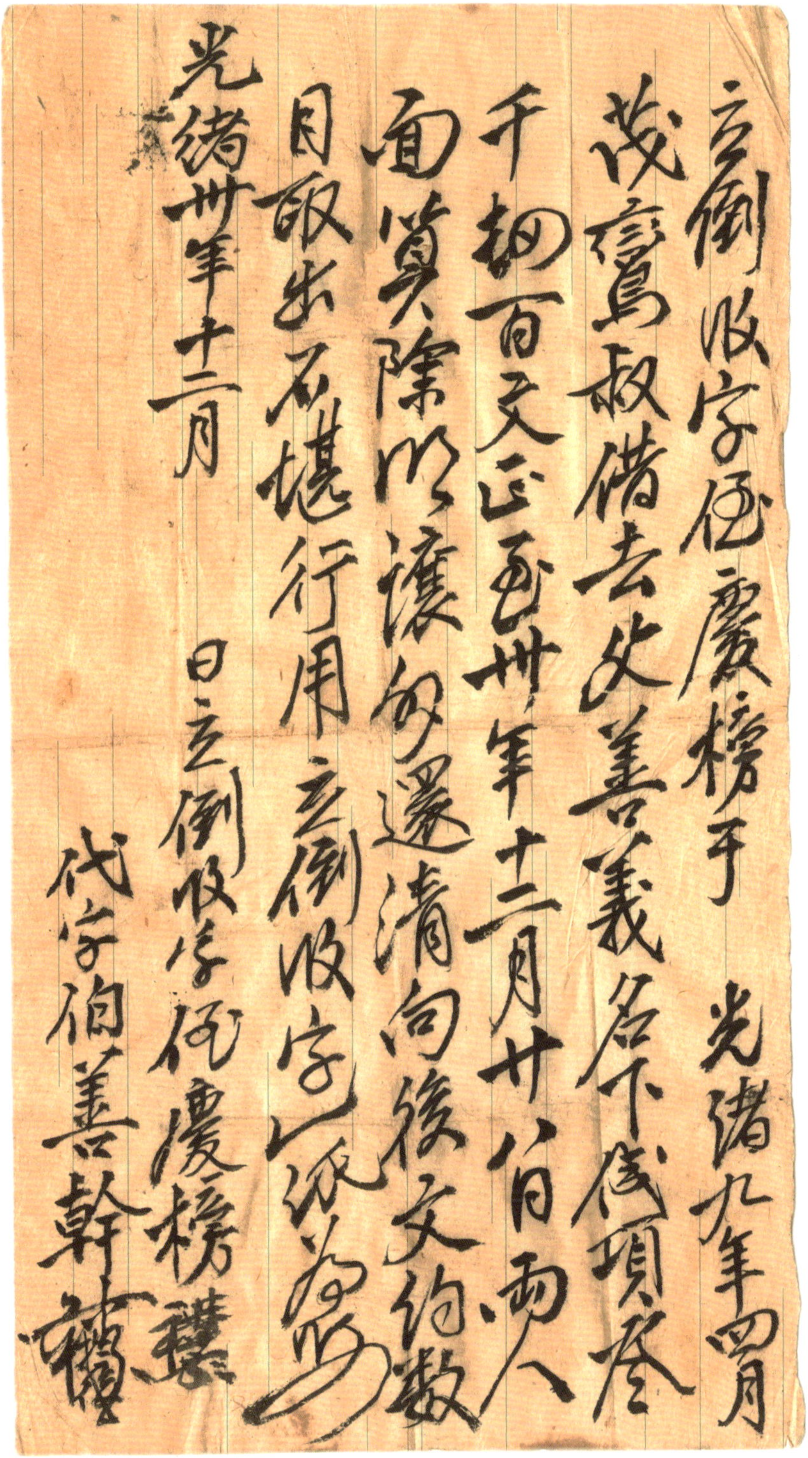

立倒收字侄慶榜手 光緒九年四月
茂鸞叔借去丈善義名下錢項本
千捌百文正至卅年十二月廿八日兩人
面算除收讓外還清向後文約數
目取出不堪行用立倒收字一紙為照
日立倒收字侄慶榜[押]
代字伯善幹[押]
光緒卅年十二月

6-3-31-12　清光緒三十年十二月林慶榜立倒收字

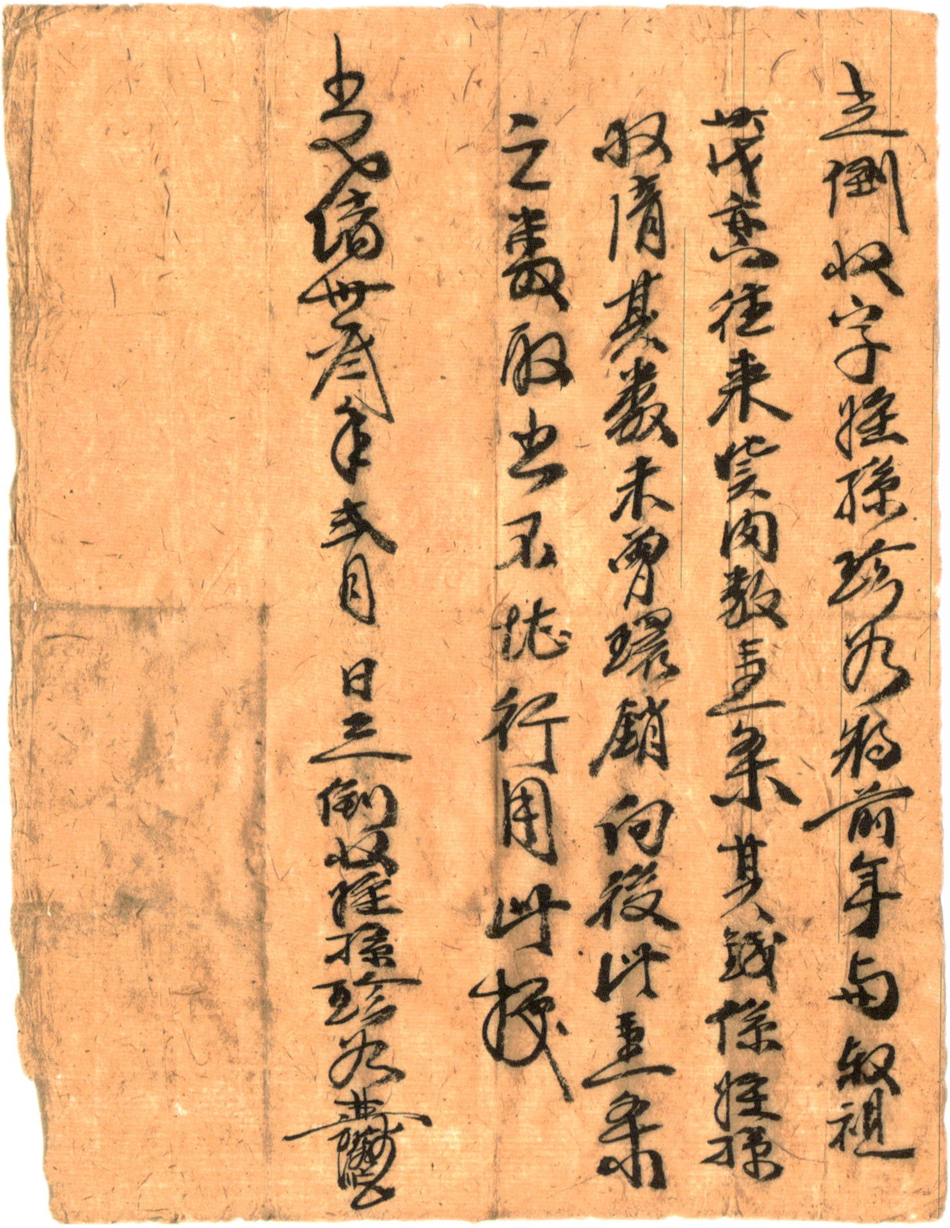
立倒收字侄孫珍如將前年與叔祖
茂熹往來賬內數壹條，其錢係侄孫
收清，其數未曾環銷，向後此壹條
之數收出不誑行用，此據。
光緒卅三年二月　日立倒收侄孫珍如書

6-3-31-13　清光緒三十三年二月林珍如立倒收字

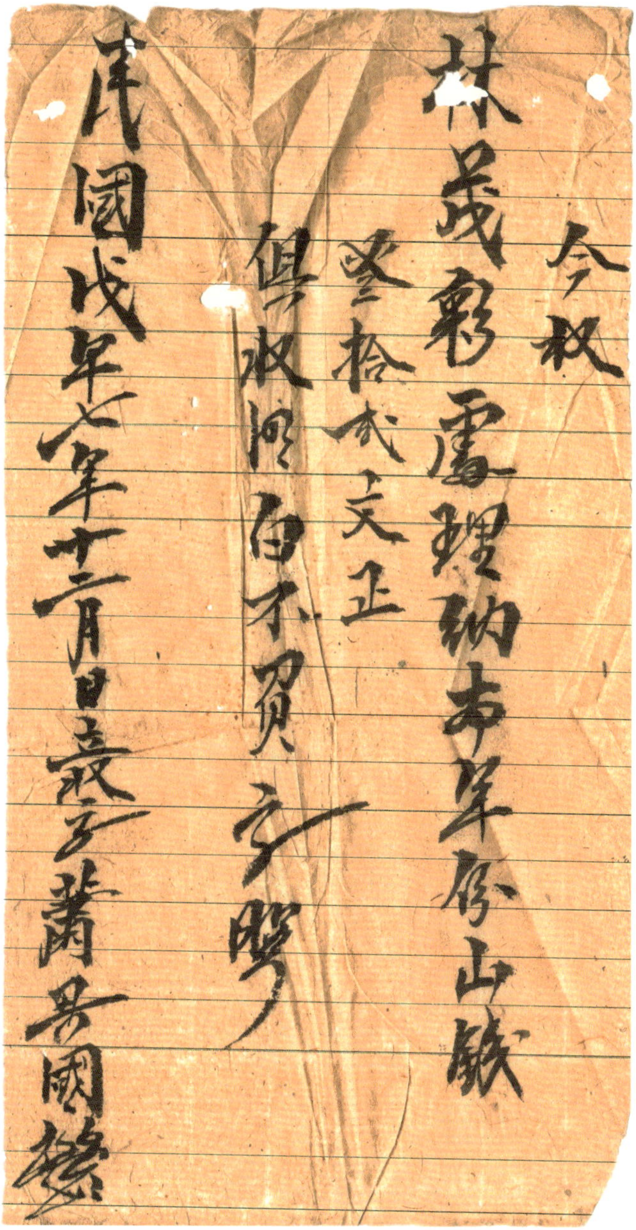
今收
林茂彰處理納本年房山錢
壹拾貳文正
俱收明白不負字照
民國戊午七年十二月日立收字蕭與國筆

6-3-31-14　民國七年十二月蕭與國立收山錢字

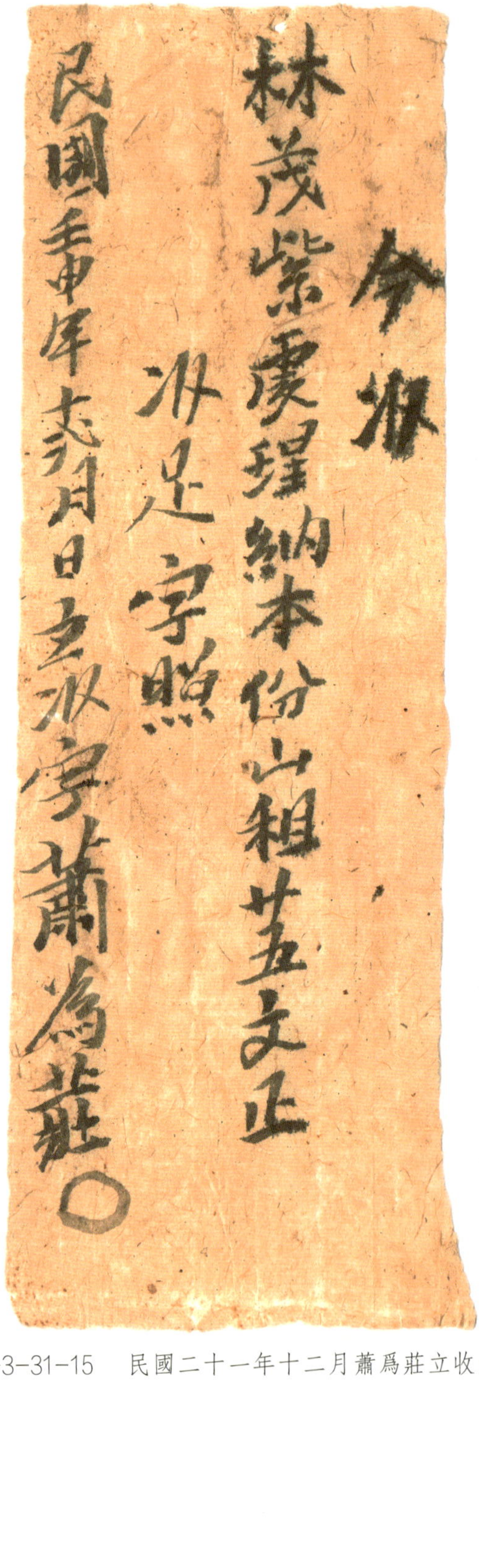
合准
林茂紫處理納本份山租廿五文正
收足字照
民國壬申年十二月日立收字蕭為莊○

6-3-31-15　民國二十一年十二月蕭爲莊立收山租字

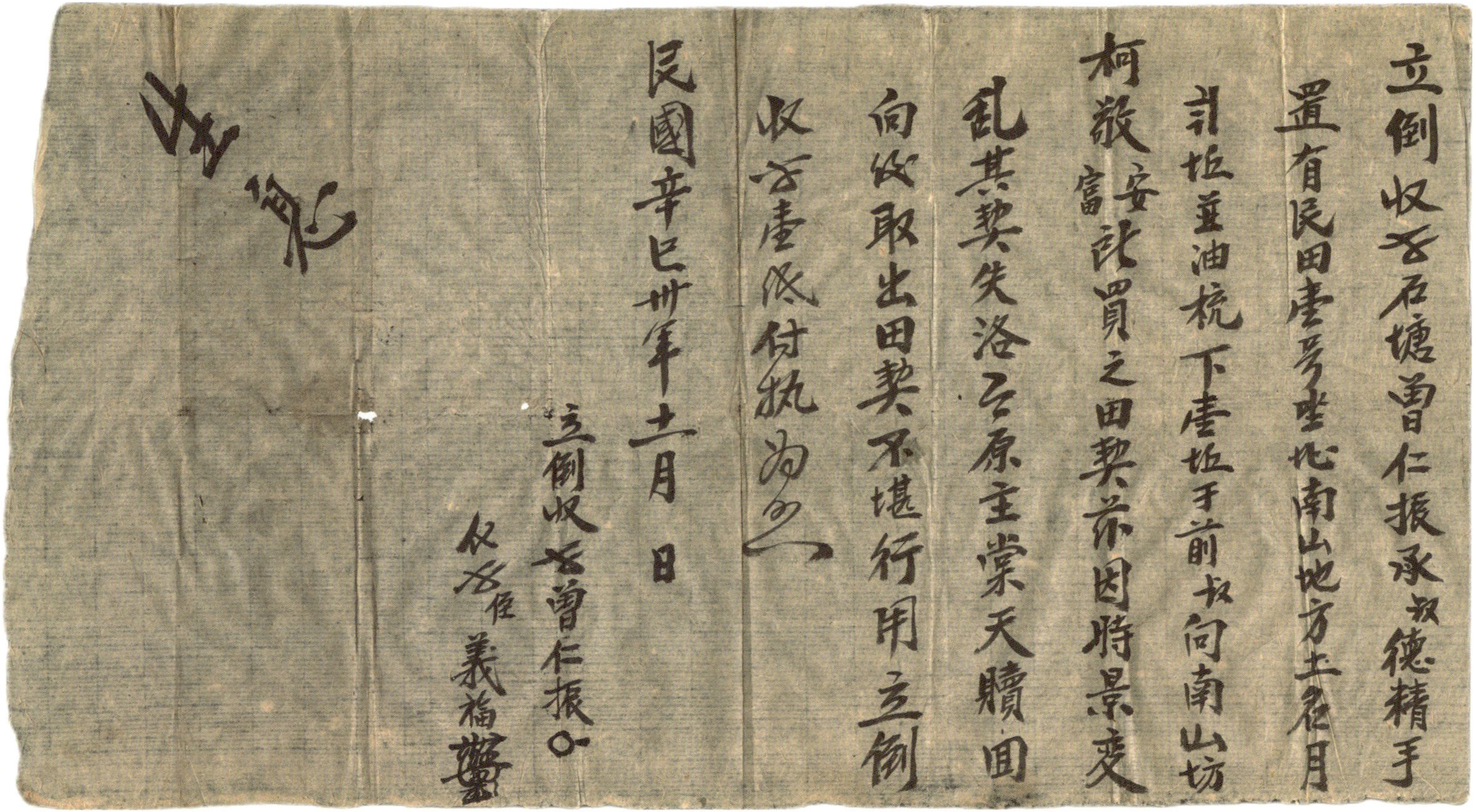
立倒收字石塘曾仁振承叔德精手
置有民田壹号坐北南山地方土名月
形坵並油杭下壹坵于前叔向南山坊
柯敬安富託買之田契亦因時景变
乱其契失洛云原主棠天贖回
向收取出田契不堪行用立倒
收字壹紙付執為照
民國辛巳卅年十一月　日
立倒收字曾仁振○
代字侄義福

6-3-31-16　民國三十年十一月曾仁振立倒收字

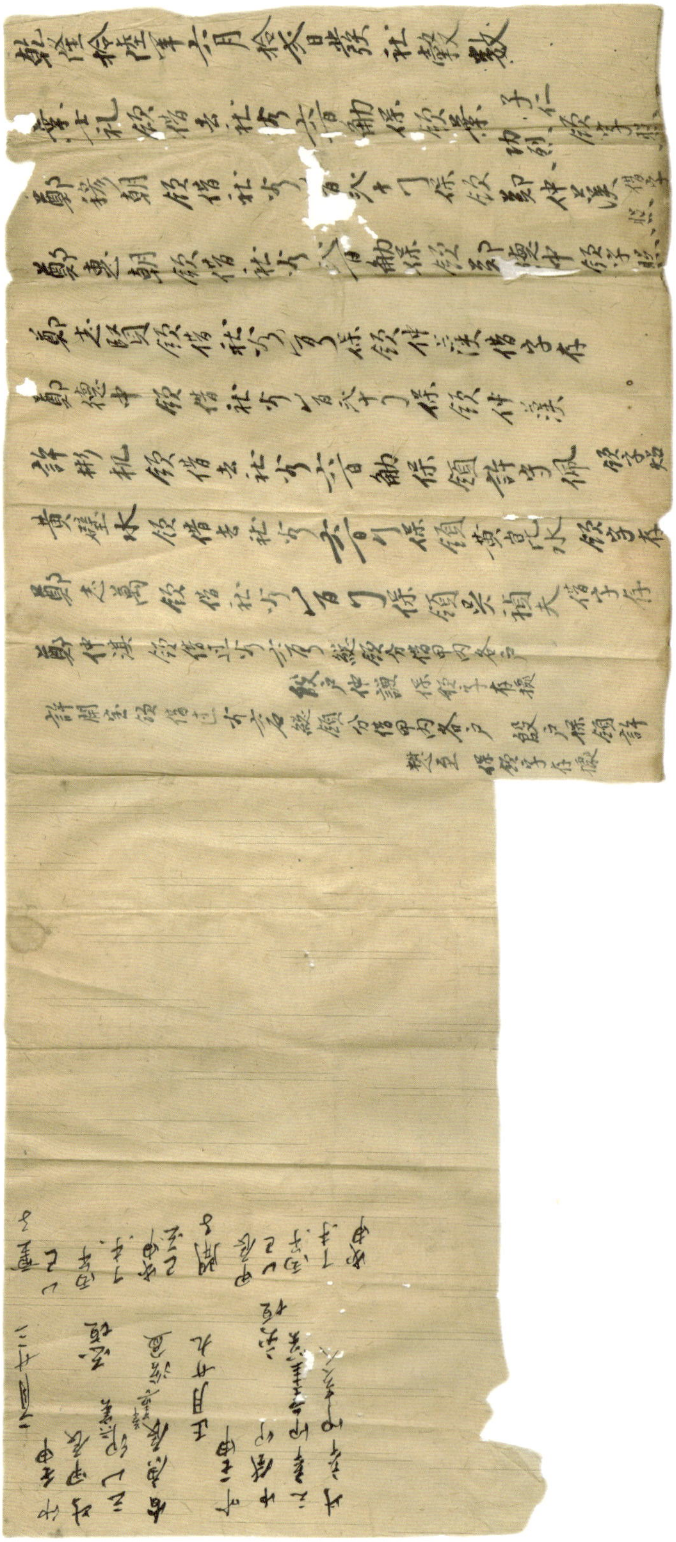
乾隆拾陸年六月拾貳日發社穀數

6-3-32-1　清乾隆十六年六月十二日發社穀數

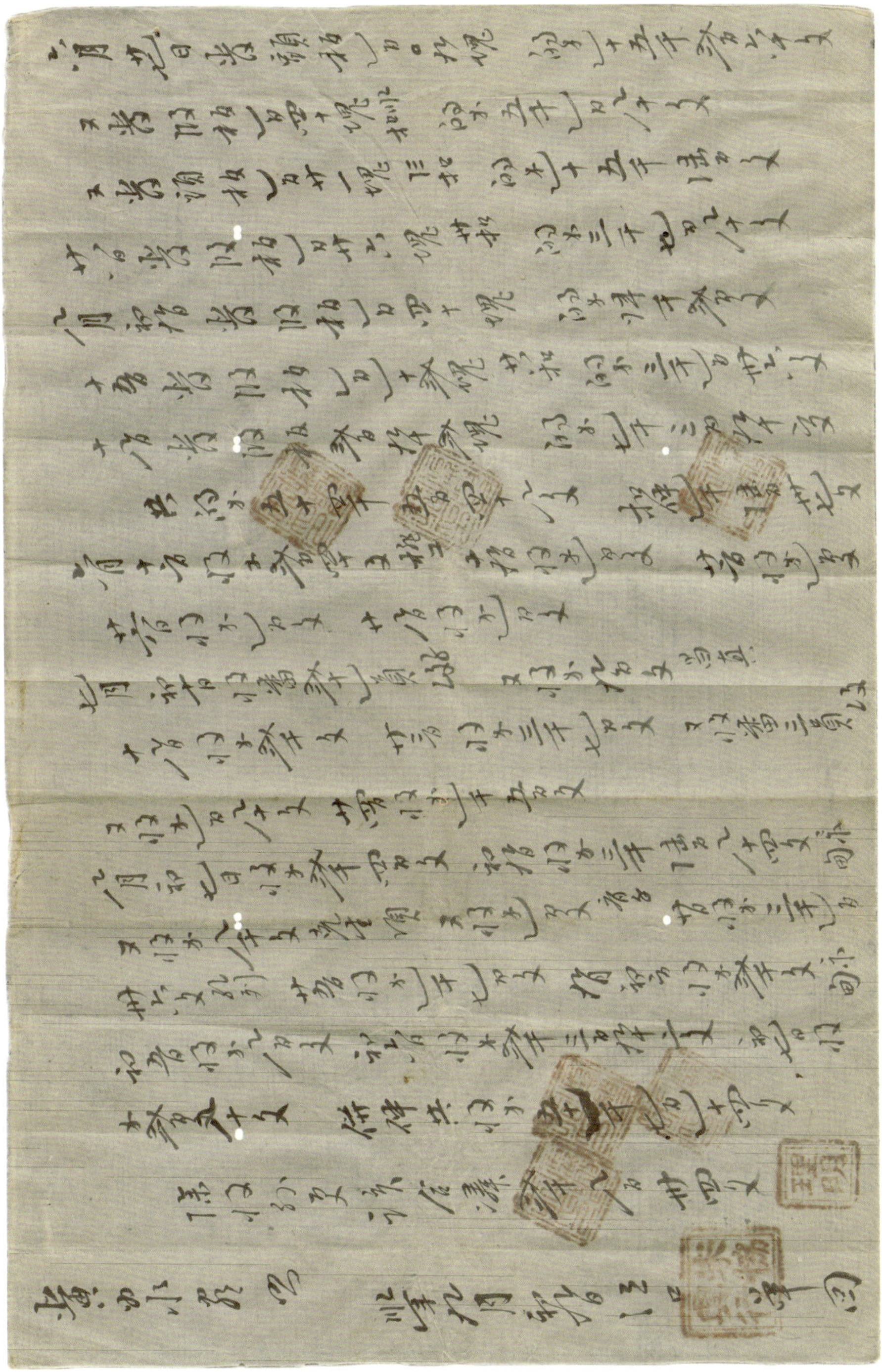

6-3-32-2　民國三十二年宋協興行管收木板清單

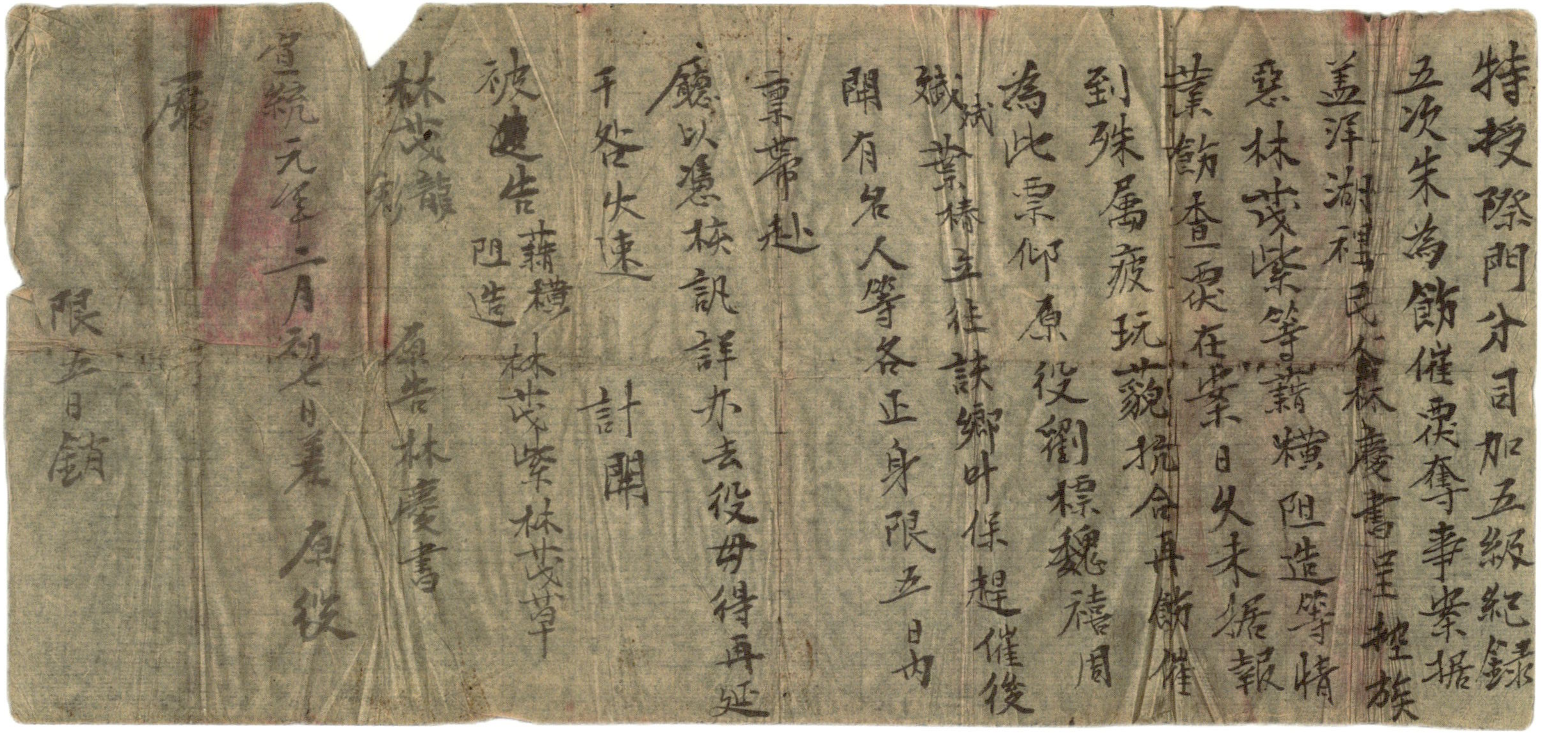
特授際門分司加五級紀錄
五次朱　為飭催票奪事案據
蓋洋湖禮民人林慶書呈控族
惡林茂紫等藉橫阻造等情
業飭查票傳在案日久未據報
到殊屬疲玩藐抗合再飭催
為此票仰原役劉標魏禧周
職試葉椿立往該鄉叶保提催後
開有名人等各正身限五日內
稟帶赴
廳以憑核訊詳辦去役毋得再延
干咎火速　計開
被告藉橫阻造　林茂紫　林茂草
林茂龍　原告林慶書
宣統元年二月初七日差　原役
廳
限五日銷

6-3-33-1　清宣統元年際門巡檢司傳票

6-3-34-1　清乾隆三十八年林昌羽等立鬮書（一）

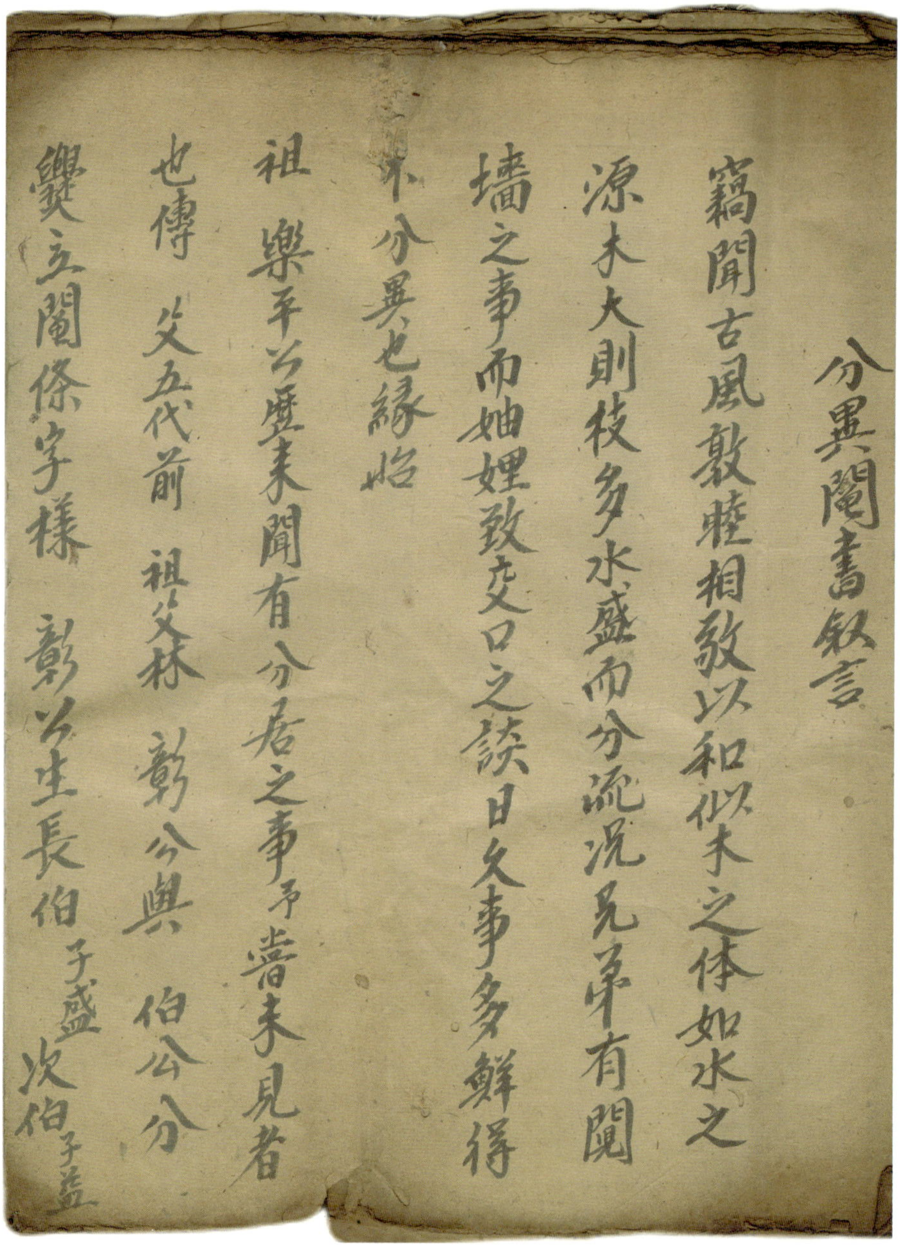

分異鬮書叙言

竊聞古風敦睦相敬以和似木之体如水之
源木大則枝多水盛而分流況兄弟有鬩
墻之事而妯娌致交口之談日久事多鮮得
不分異也緣始
祖 樂平公歷來聞有分居之事吾嘗未見者
也傳 父五代前 祖父林 彰公與 伯公分
爨立鬮條字樣 彰公生長伯子盛 次伯子益

6-3-34-2 清乾隆三十八年林昌羽等立鬮書（二）

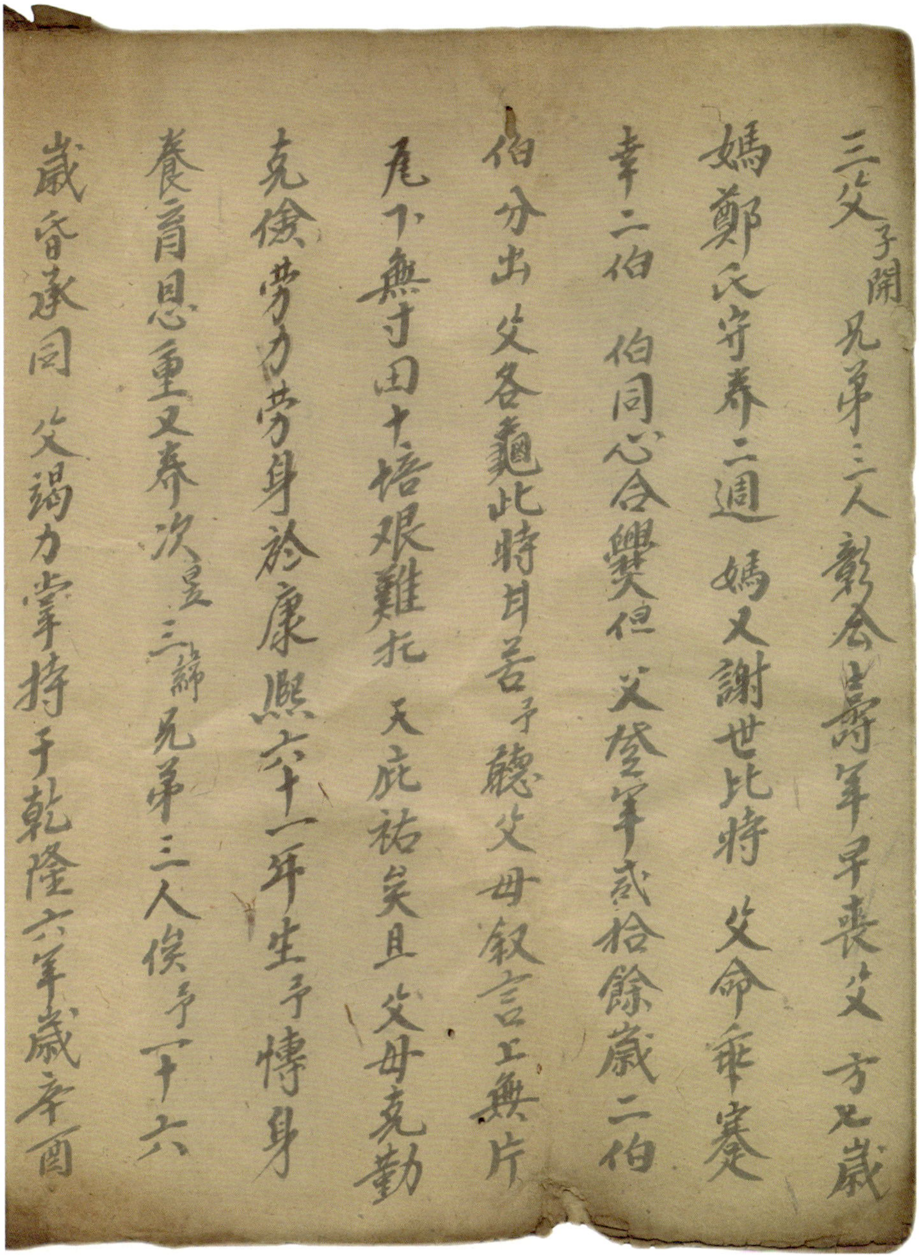
三父子開兄弟三人彰公壽年早喪父方七歲
媽鄭氏守養二週媽又謝世比特父命乖蹇
幸二伯伯同心合爨但父登年貳拾餘歲二伯
伯分出父各爨此特月晉予聽父母叙言立無片
尾下無寸田十培艱難托天庇祐矣且父母克勤
克儉勞力勞身於康熙六十一年生予慱身
養育恩重又養次昱三錦兄弟三人俟予一十六
歲昏娶同父竭力掌持于乾隆六年歲辛酉

6-3-34-3　清乾隆三十八年林昌羽等立鬮書（三）

拾月相議在上湖起蓋住居足以兄弟存心安處也
不然 母黃氏常帶病疾壽年五十四歲八月
念又當將歸陰焉 母喪葬為弟婚娶與
父 記十歲矣其事至辛巳年八月念一辰時
父身謝世稀年七十八歲老龍歸洞代擇吉
地塟柩天幸突出狼堂兄弟當送害耗費
錢未更加田土損收缺少粮食又兼家務混禖
衣衾不足致家内婦女不和逐日鬧食鬧衾

6-3-34-4　清乾隆三十八年林昌羽等立鬮書（四）

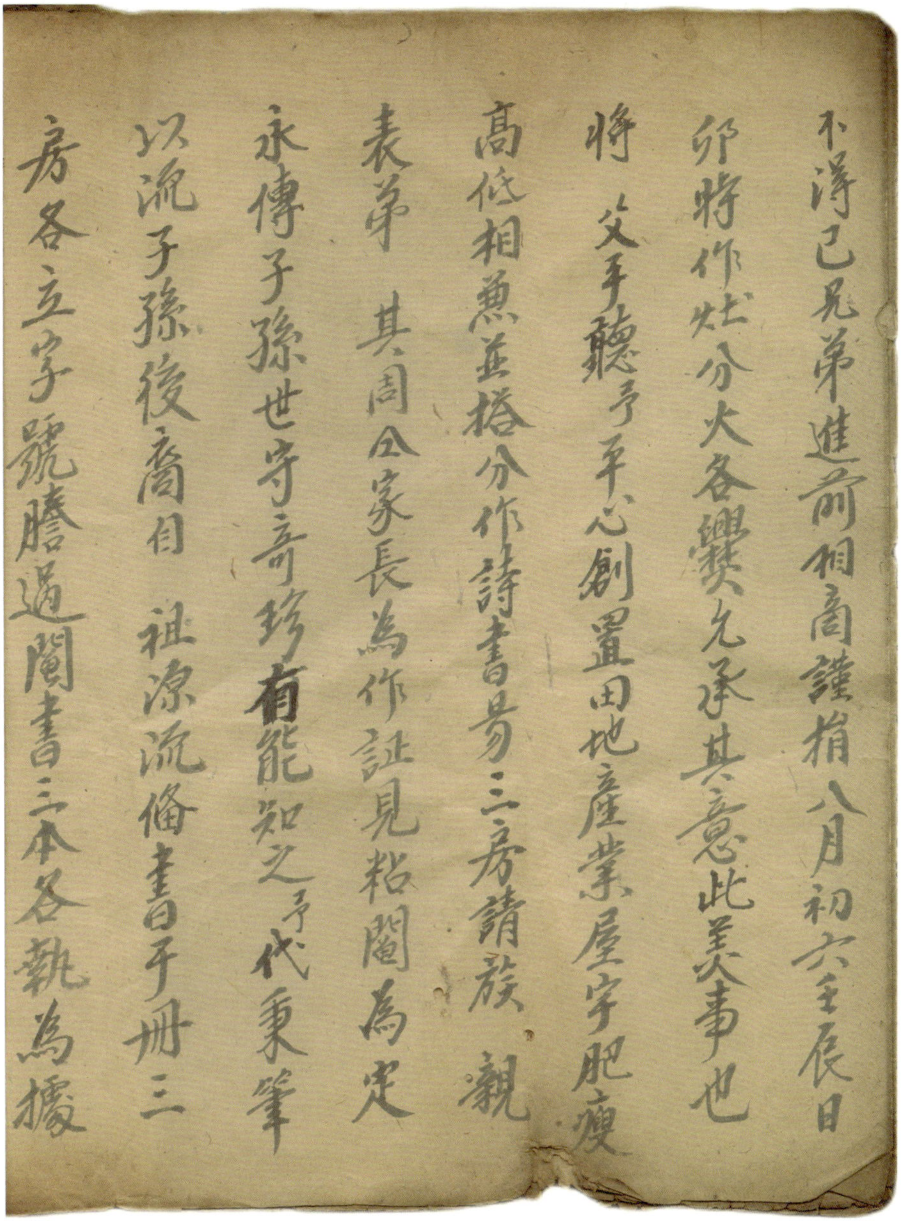

不得已兄弟進前相商謹擇八月初六壬辰日
卯時作灶分火各爨允承其意此美事也
將 父手聽予平心創置田地産業屋宇肥瘦
高低相兼並搭分作詩書易三房請族 親
表弟 其周公家長為作証見粘鬮為定
永傳子孫世守奇珍有能知之予代秉筆
以流子孫後裔自 祖源流備書手册三
房各立字號謄過鬮書三本各執為據

6-3-34-5　清乾隆三十八年林昌羽等立鬮書（五）

田號產業屋宇家私器件俱以均分齊全
盛美日後子侄克能勤儉增進財丁
必達
祖
父之志舊發家聲不一而言也於此序云耳
自(?)悉分居之後務宜守遵各處鬮定掌業不可侵越

6-3-34-6　清乾隆三十八年林昌羽等立鬮書（六）

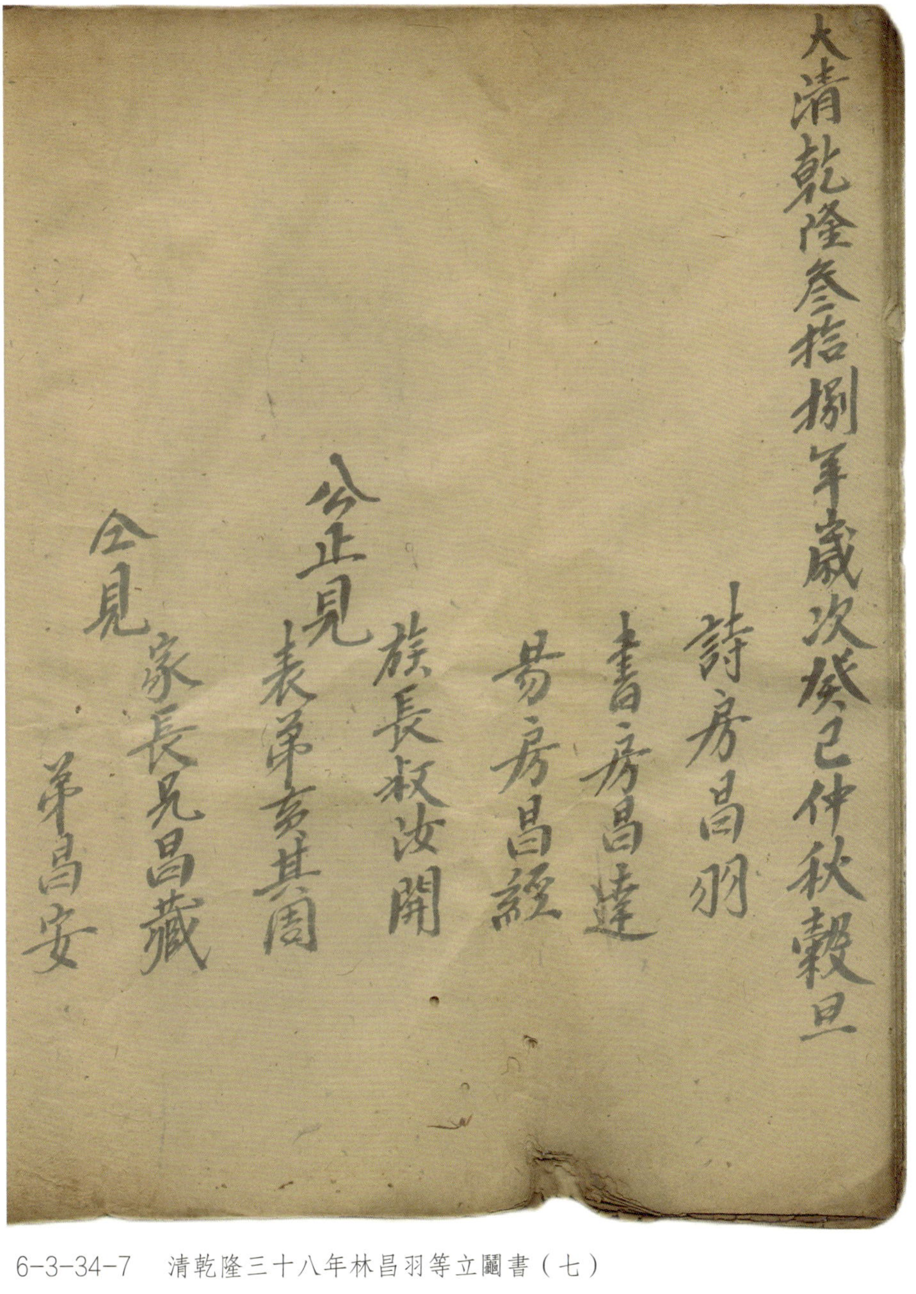

大清乾隆叁拾捌年歲次癸巳仲秋穀旦

詩房昌羽

書房昌達

易房昌經

族長叔汝開

公正見　表弟袁其周

仝見　家長兄昌藏

弟昌安

6-3-34-7　清乾隆三十八年林昌羽等立鬮書（七）

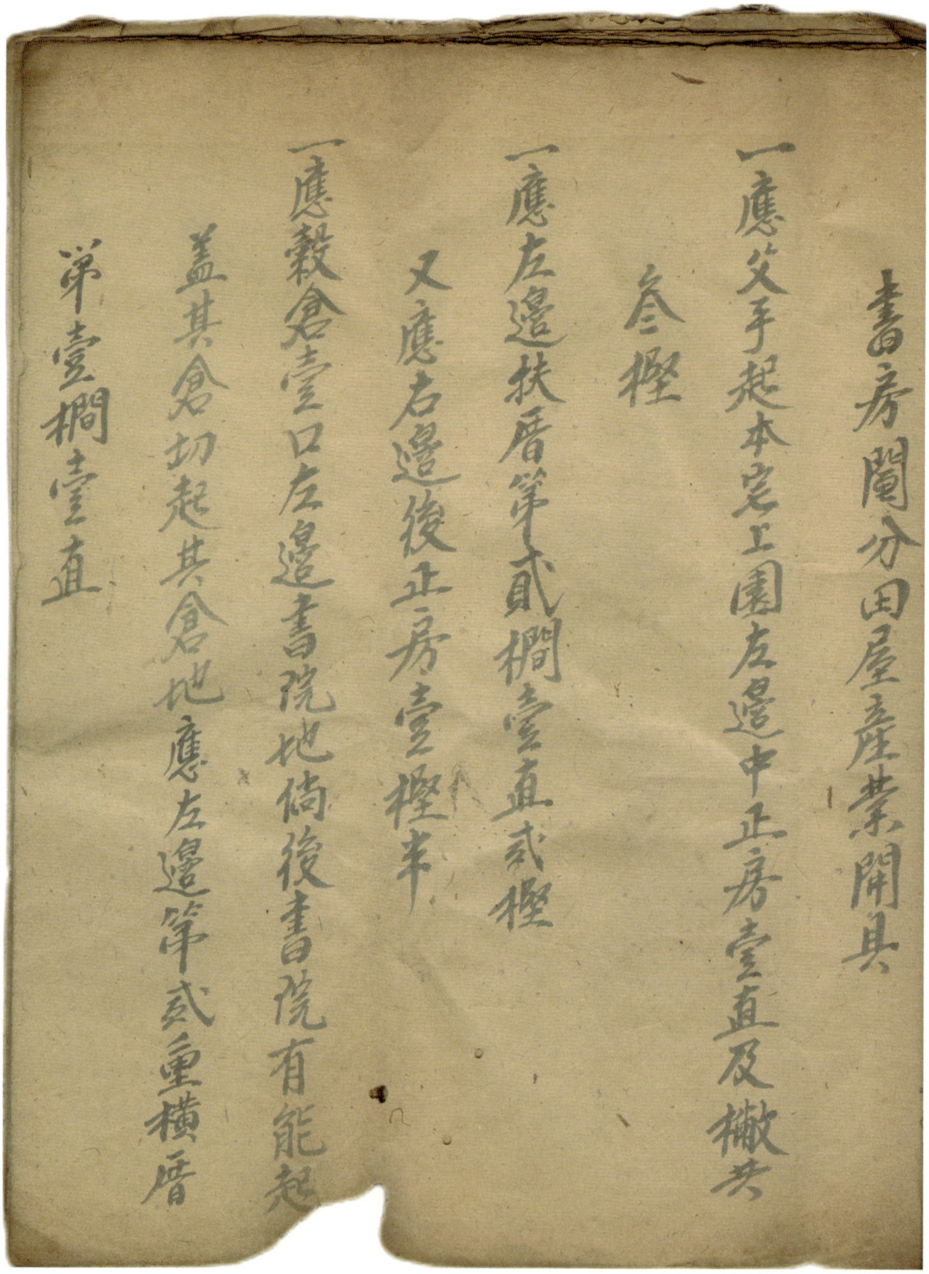

書房鬮分田屋產業開具

一應父手起本宅上園左邊中正房壹直及撇共

叁櫊

一應左邊扶厝第貳𣠽壹直貳櫊

又應右邊後正房壹櫊半

一應穀倉壹口左邊書院地倘後書院有能起

蓋其倉切起其倉地應左邊第貳重橫厝

第壹𣠽壹直

6-3-34-8　清乾隆三十八年林昌羽等立鬮書（八）

一本宅書院下座並右邊扶唇地基日後有能
起蓋三房子孫衆起應分更有右邊六
搧後壹攑今衆後仝書院應分
一應糞寮壹隻在後樓裡後壹隻
一應新起猪椆壹隻貳眼另房應後壹眼
一應糞桯貳隻　又糞桶貳担
一應自养水半種壹頭

6-3-34-9　清乾隆三十八年林昌羽等立鬮書（九）

書房應分田號開具

一應田土名岐角裡中分載租叁石正

一應田土名犂頭所載租壹石陸斗正

一應田土名烏石墘上分載租壹石正

一應田土名下臼岩上分載租穀貳百壹拾觔正

一應田土名犂石仔墘下分載租貳石正

一應田土名長圳頭載租穀柒拾斤正

一應田土名竻溪雷載租五斗正

6-3-34-10　清乾隆三十八年林昌羽等立鬮書（一〇）

一應田土名翁後墘載租玖拾觔正
一應田土名三坵下載租叁石正
一應田土名水圳仔載租壹石正
一應田土名打虎墘仔載租壹拾斤正
一應田土名村頭重裡尾載租穀貳百柒拾觔
內撥出自己手置租穀撥出壹百肆拾觔抵
補易房鬮收
一抽出民田土名烏墶壞又本宅門首佃田載租谷

6-3-34-11　清乾隆三十八年林昌羽等立鬮書（一一）

玖拾觔正又抽出田租肆石土名烏石坵上下

塅共載租貳石又土名穴墻載租貳石共肆石正

外並根俱付三房逓年輪流祭掃

父母貳墳

一抽家長分佃田土名蘇洋中載租玖石正

一抽佃田壹號土名庄后中分載租玖拾肆觔正

前年用侄瑞珍錢壹拾陸千文正將此佃田即付

侄前去耕作納租

6-3-34-12　清乾隆三十八年林昌羽等立鬮書（一二）

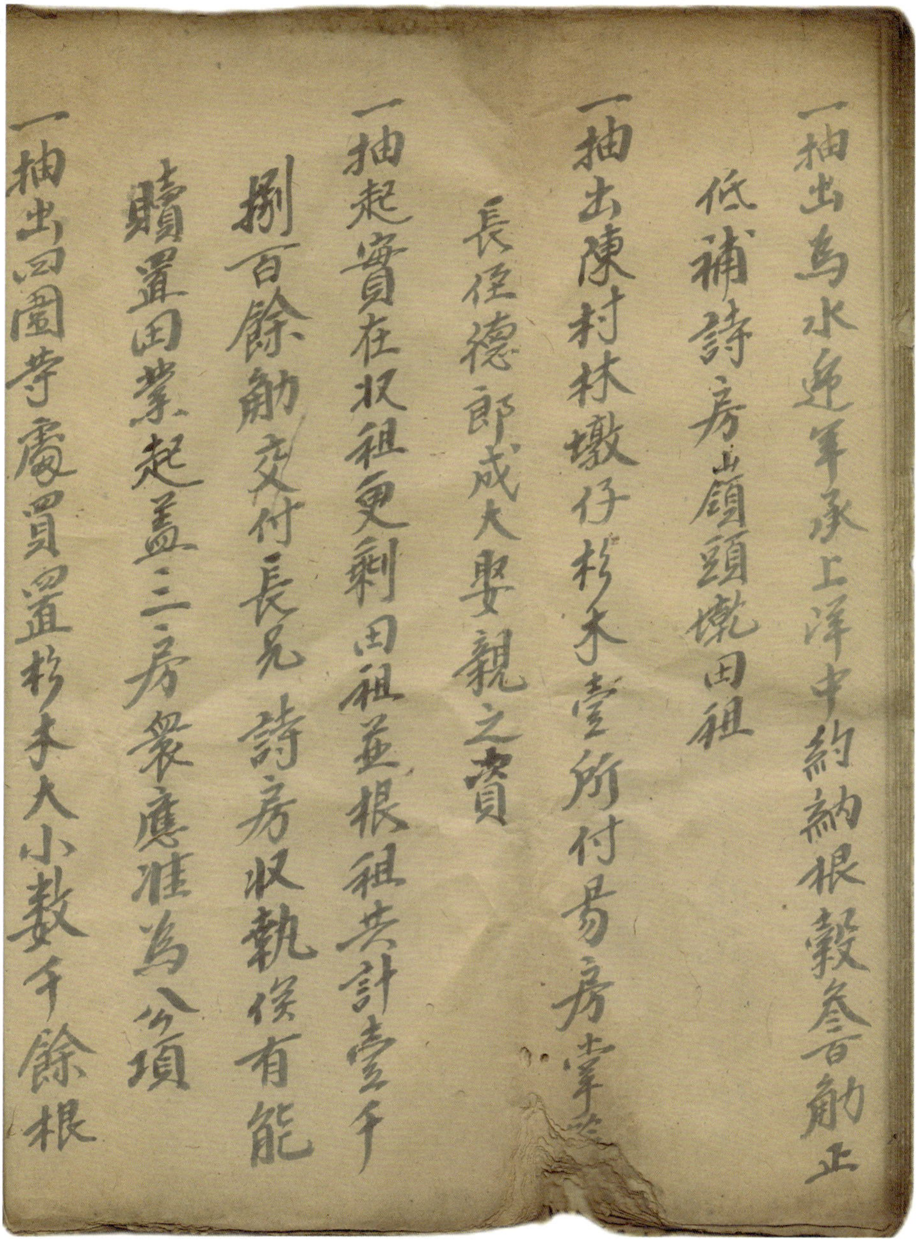

一抽出烏水逆筭承上洋中約納根穀叁百觔正
低補詩房山嶺頭墘田租
一抽出陳村林墩仔杉木壹所付昌房掌之
長侄德郎成大娶親之資
一抽起實在收祖更剩田租並根租共計壹千
捌百餘觔交付長兄 詩房收執從有能
贖置田業起蓋三三房衆應准為公項
一抽出四圍等處買置杉木大小數千餘根

6-3-34-13　清乾隆三十八年林昌羽等立鬮書（一三）

培畨詩書易三房衆應

一應杉木土名册水壪並凉亭共弍所

一應植林土名芹山中崙中分並杉木壹所

隨業掌管

一應清明茶土名大路及寨下垅邊弍所又土名

長圳頭清明茶應右邊對崙直

一應陳村岩廊首墩清明茶應四分之一

一應棕樓肆根後門墓角壹根下坪頭壹根

6-3-34-14　清乾隆三十八年林昌羽等立鬮書（一四）

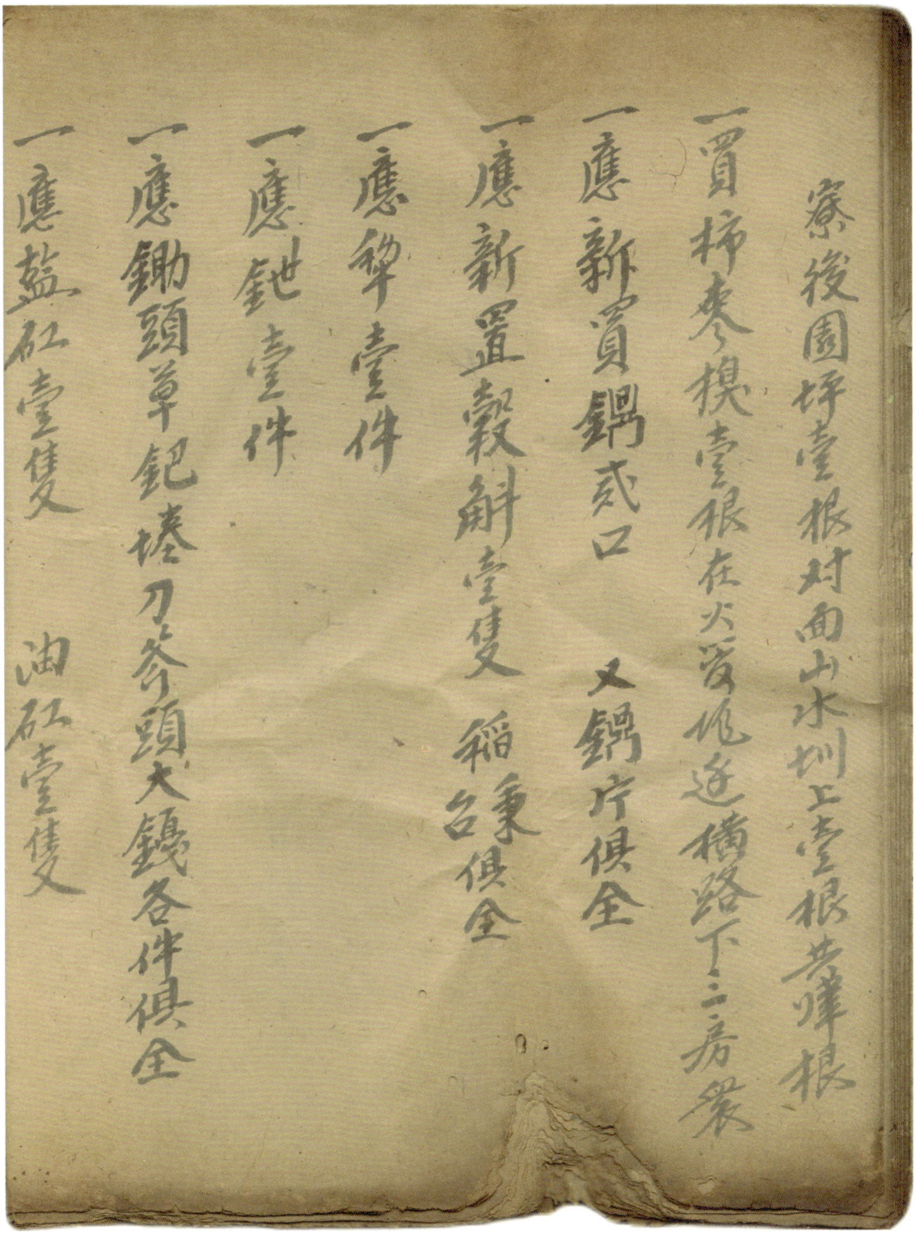

寮後園坪壹根对面山水圳上壹根共肆根

一買柿枣樸壹根在火炭坑邊横路下二房衆

一應新買鍋貳口　又鍋庁俱全

一應新置穀斛壹隻　稻桶台俱全

一應犂壹件

一應鉎壹件

一應鋤頭草鈀搽刀斧頭大鑊各件俱全

一應藍缸壹隻　油缸壹隻

6-3-34-15　清乾隆三十八年林昌羽等立鬮書（一五）

一應酒矼大小貳隻
一應酒礶肆隻
一置米桶叁隻 三房各應分壹隻
一應布袋叁担
一應家籠壹拾伍對
一應米籮貳担
一應桶桯大小各拾貳隻
一置倉鎖叁本各應壹把

6-3-34-16　清乾隆三十八年林昌羽等立鬮書（一六）

一置起横、所壹間并房壹樫及六仙棹壹條衆
一置大所壹八仙棹壹條又小腰棹壹合各衆
一置新作篾絲盤壹拾盒三房衆應
一舊置盤壹拾盒衆應
一置新作筐貳隻衆應
一置錫動壹隻衆
一置銅盆貳隻詩書各應壹隻
一置錫珠鈷壹隻分易房應

6-3-34-17　清乾隆三十八年林昌羽等立鬮書（一七）

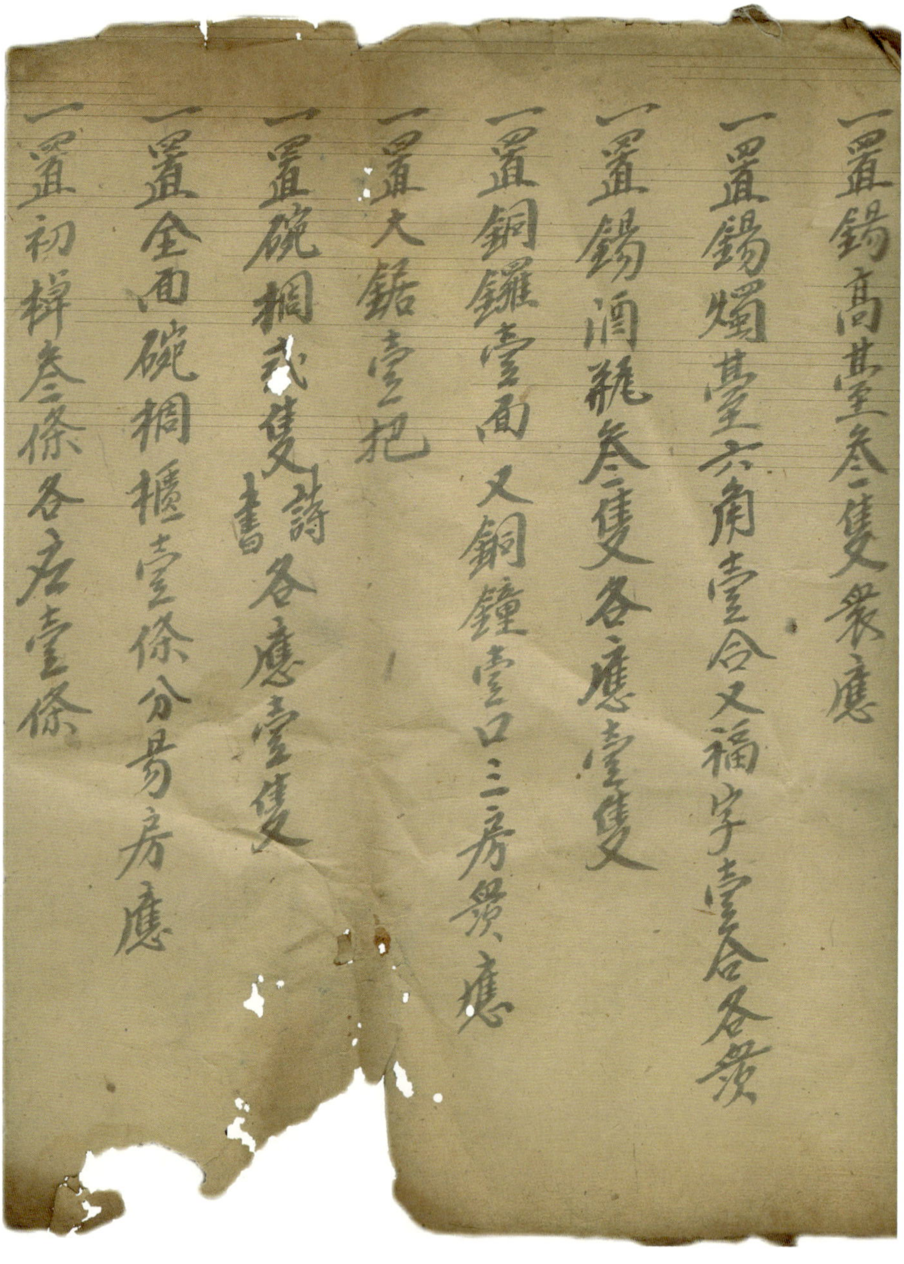
一置錫高甚臺叁隻衆應
一置錫燭甚臺六角壹合又福字壹合各衆
一置錫酒罐叁隻各應壹隻
一置銅鑼壹面 又銅鐘壹口三房衆應
一置大鋸壹把
一置碗桐貳隻 詩書各應壹隻
一置金面碗桐櫃壹條分易房應
一置初椅叁條各房壹條

6-3-34-18　清乾隆三十八年林昌羽等立鬮書（一八）

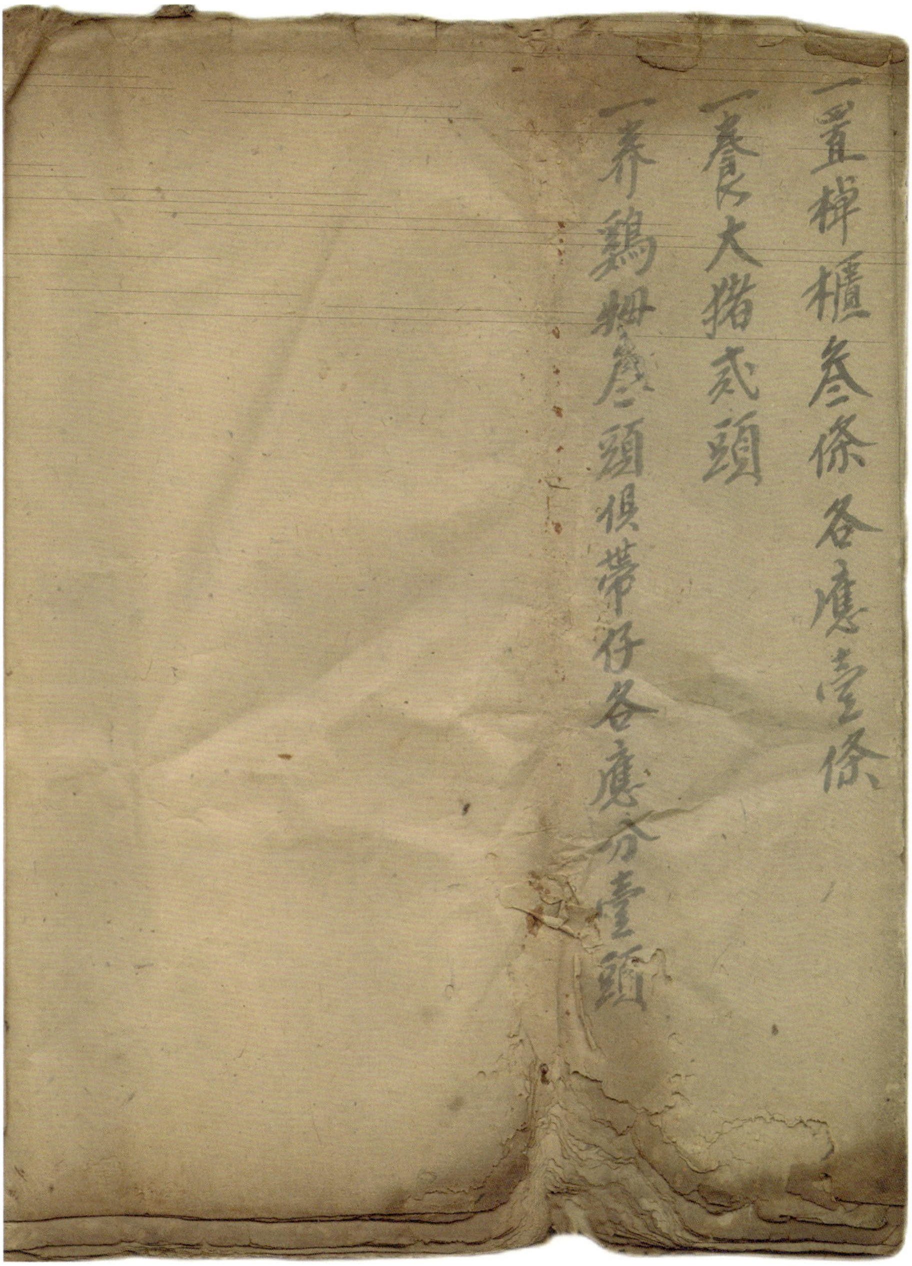
一置棹櫃叁條各應壹條
一養大猪貳頭
一养鷄毋叁頭俱帶仔各應分壹頭

6-3-34-19　清乾隆三十八年林昌羽等立鬮書（一九）

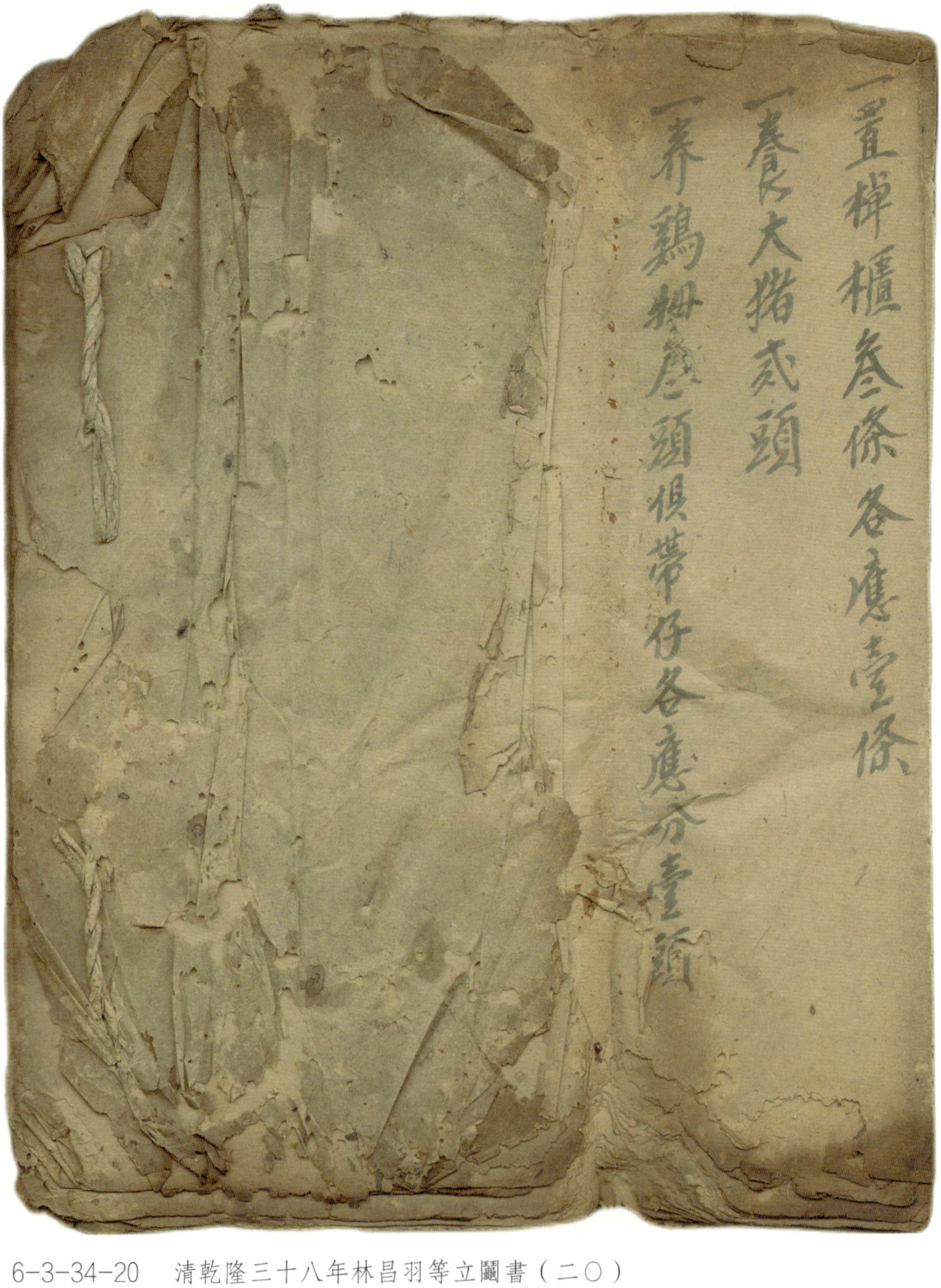
一置棹櫃叁條各應壹條
一養大猪貳頭
一养鷄母叁頭俱帶仔各應分壹頭

6-3-34-20　清乾隆三十八年林昌羽等立鬮書（二〇）

# 第四帙　林育定户

6-4-1-1　包契紙

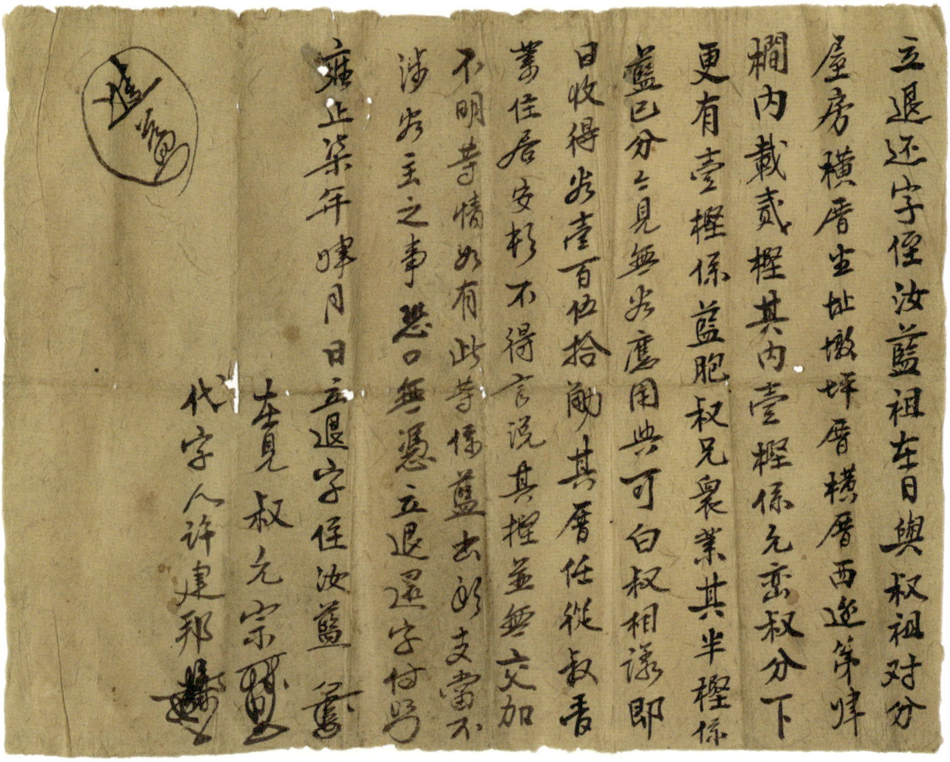

立退还字侄汝藍祖在日與叔祖对分
屋房横厝出址墩坪厝横厝西边第肆
椚内載貳椲其内壹椲係元奕叔分下
更有壹椲係藍胞叔兄衆業其半椲係
藍已分亡見無力應用典可白叔相議即
日收得出壹百伍拾觔其厝任從叔香
業住居安妥不得言說其椲並無交加
不明等情如有此等係藍出頭支當不
涉叔主之事恐口無憑立退還字付照
雍正柒年肆月日立退字侄汝藍
在見叔元宗
代字人許建邦

6-4-1-2　清雍正七年四月林汝藍立退還屋房字

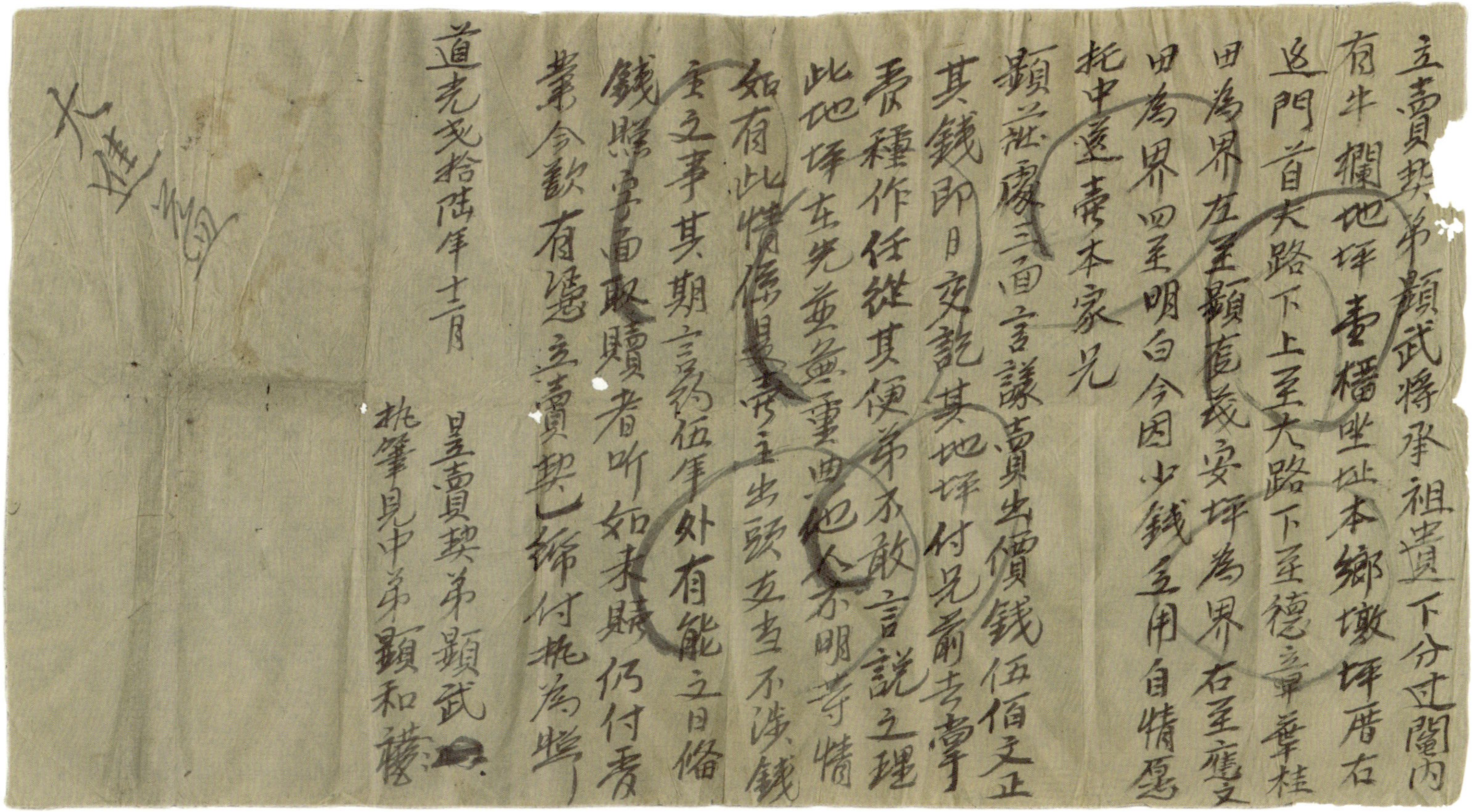

立賣契弟顯武將承祖遺下分过閹內
有牛欄地坪壹墦，坐址本鄉墩坪厝右
边門首，大路下，上至大路，下至德章、華桂
田為界，左至顯苞、義安坪為界，右至應文
田為界，四至明白。今因少钱应用，自情愿
托中送賣本家兄
顯滋處，三面言議，賣出價钱伍佰文正。
其钱即日交訖，其地坪付兄前去掌
管，種作任從其便，弟不敢言說之理。
此地坪在先並無重典他人，亦明等情，
如有此情，係是弟主出頭支當，不涉钱
主之事。其期言約伍年外，有能之日，備
钱照字面取贖，贖者听；如未贖，仍付管
業。今歡有憑，立賣契一纸付执為照。

道光弍拾陆年十二月　日

立賣契弟顯武（押）
执筆見中弟顯和

6-4-1-3　清道光二十六年十二月林顯武立賣牛欄地坪契（廢契）

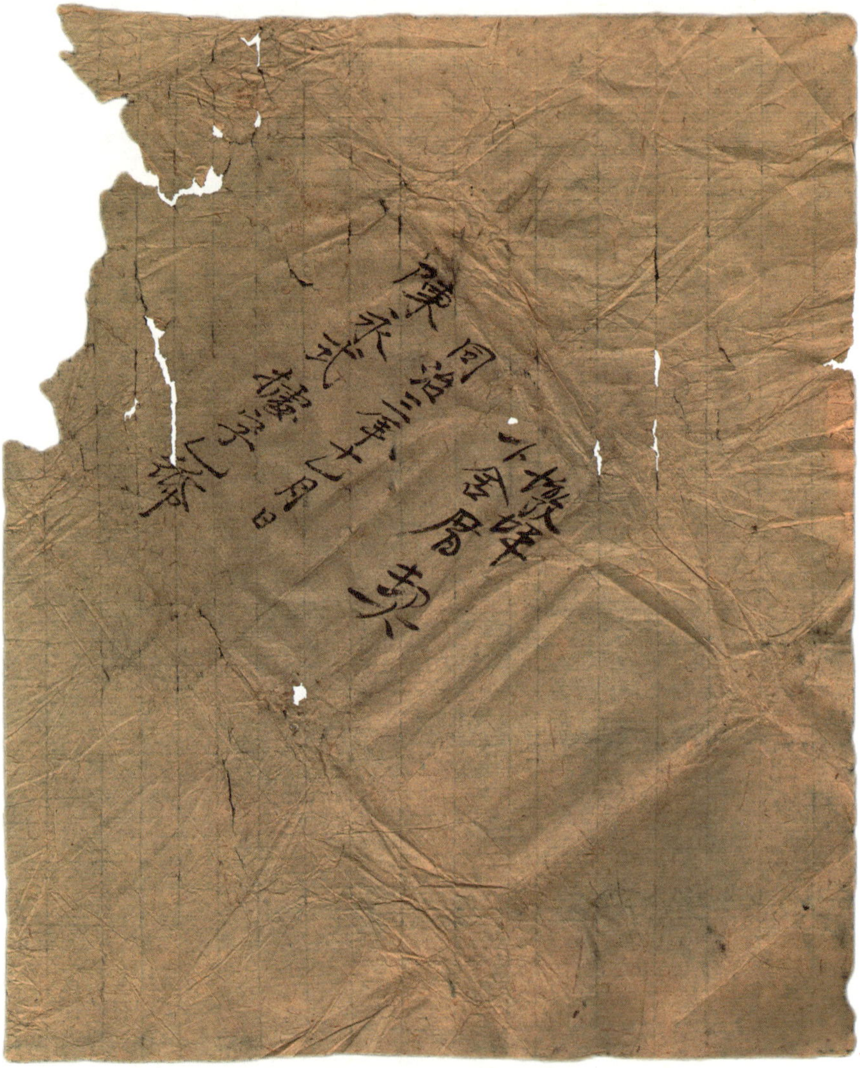
小坑坪屋契
同治三年十二月日
陳永式據字乙號

6-4-2-1　包契紙

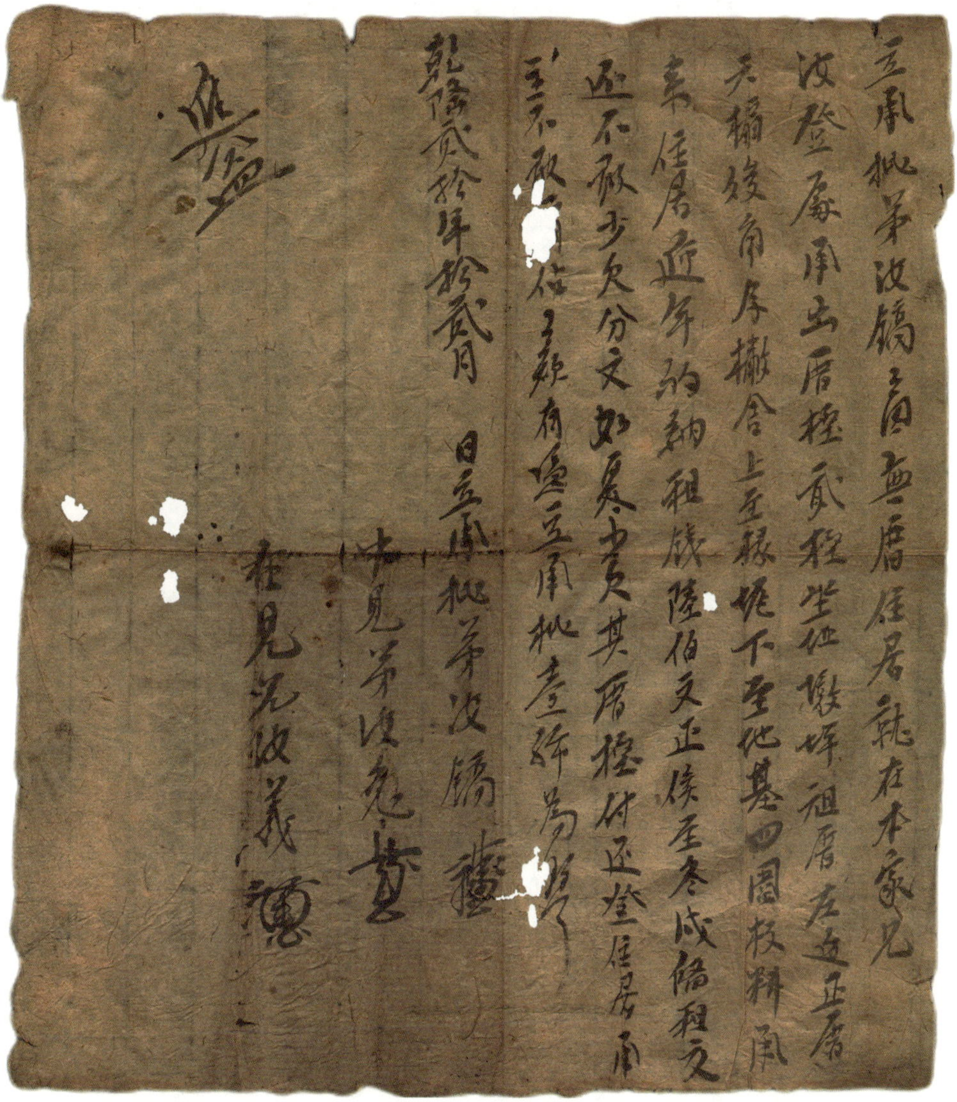

立承批弟汝鎬，今因無厝住居，就在本家兄
汝登處承出厝櫭貳程，坐從墩坪祖厝左邊正厝
天橺後角厝撇，合上至椽，桷下至地基，四圍板料，承
來住居，逐年約納租錢陸佰文正，候至冬成備租交
還，不敢少欠分文。如是欠少，其厝櫭付還登住居，承
主不敢阻佔，此系有憑，立承批壹紙爲照。
乾隆貳拾年拾貳月　日立承批弟汝鎬（押）
中見弟汝[illegible]（押）
在見兄汝義（押）

6-4-2-2　清乾隆二十年十二月林汝鎬立承批厝櫭字

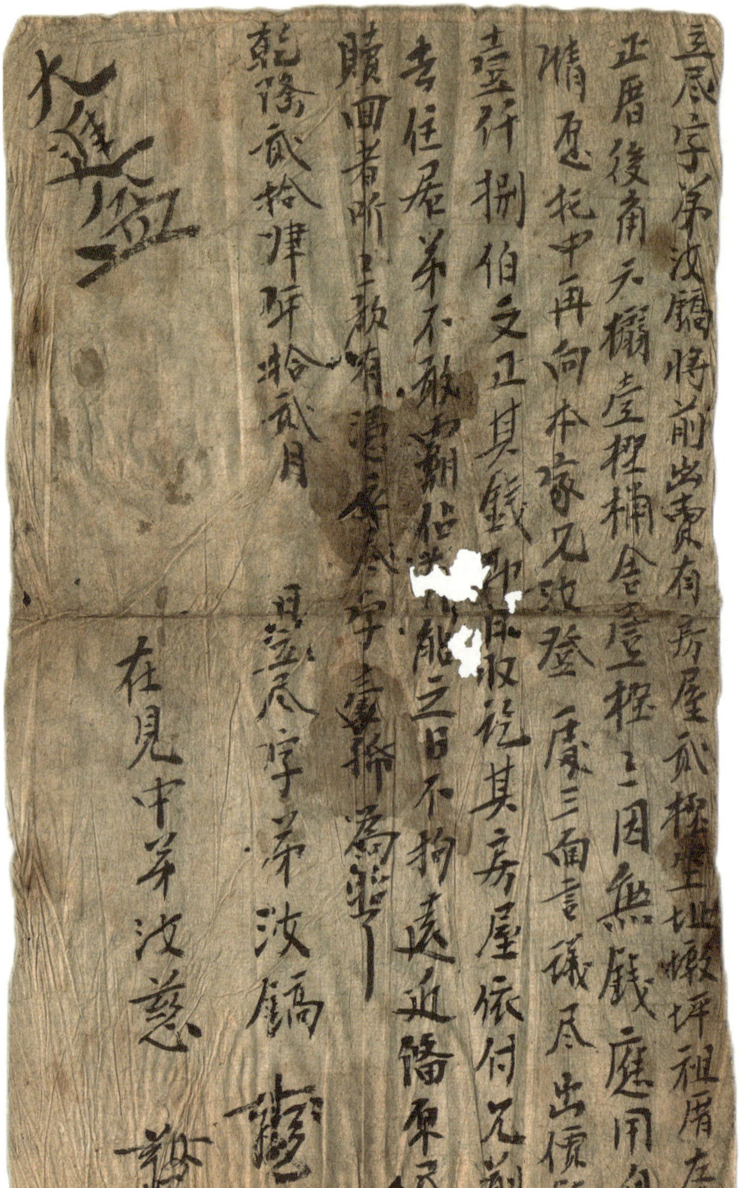
立盡字弟汝鎬將前出賣有房屋貳植坐址嶺坪祖厝左邊
正厝後角天攤壹植補舍壹植二因無錢應用自
情愿托中再向本家兄汝登 處三面言議盡出價錢
壹仟捌伯文正其錢即日收訖其房屋依付兄前
去住居弟不敢阻霸生[illegible]能之日不拘遠近備原盡
贖回者听二款有憑立盡字壹紙爲照
乾隆貳拾肆年拾貳月　　日　立盡字弟汝鎬（押）
在見中弟汝慈（押）
大進

6-4-2-3　清乾隆二十四年十二月林汝鎬立盡房屋字

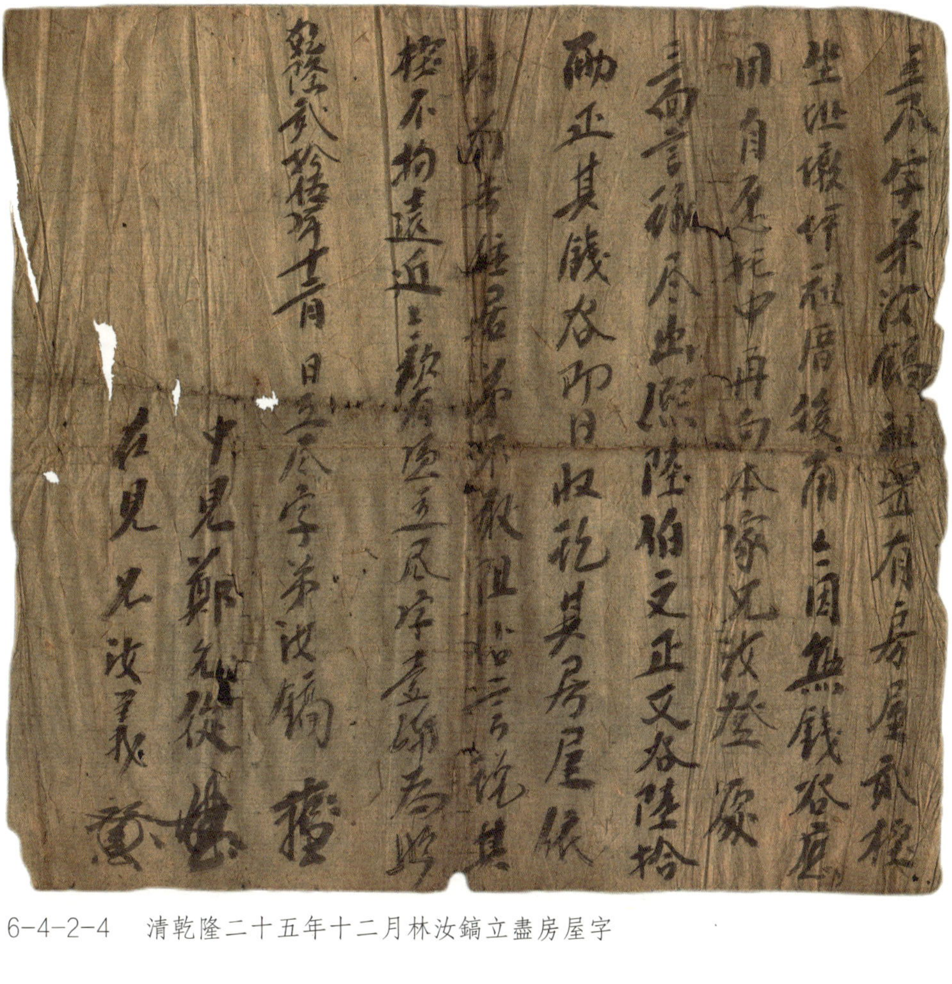
立盡字弟汝鎬祖遺有房屋貳植
坐址墩坪祖厝後廊一間無錢各處
用自愿托中出向本家兄汝登處
三面言議各出應陸伯文正又各陸拾
兩正其錢各即日收訖其房屋依
時前去住居弟汝鎬叔姪不敢言說其
樣不拘遠近之數有憑立盡房屋字為照
乾隆貳拾伍年十二月　日立盡字弟汝鎬（押）
中見鄭允從（押）
在見兄汝□（押）

6-4-2-4　清乾隆二十五年十二月林汝鎬立盡房屋字

立賣字侄昌位承祖父手遺下有屋樫坐址本屋土名下合屋，去送書院中間壹樫，今因無錢乏用，托中送賣與族叔汝城處，三面言議時值價錢貳仟肆百文正，其錢即日收訖，其房屋上至椽瓦，下至地坪、柱珠、椽石、四壁方圍俱全，即付叔前去管業，任居出入，任從其便，侄不敢霸佔。此房屋係是侄自己祖父遺下之業，與族內兄弟叔侄無干，並無典當他人財物不明等情，如有此等，係侄出頭支當，不涉叔之事。其年期言約陸年外付侄取贖。今欲有憑，立賣字壹紙付執為照。

內註錢字又改侄字共兩字再照（押）

乾隆肆拾陸年拾貳月　日立賣字侄昌位（押）

代字中毋舅[illegible]鄭雅中（押）

在見侄瑞南（押）

6-4-2-5　清乾隆四十六年十二月林昌位立賣屋樫字

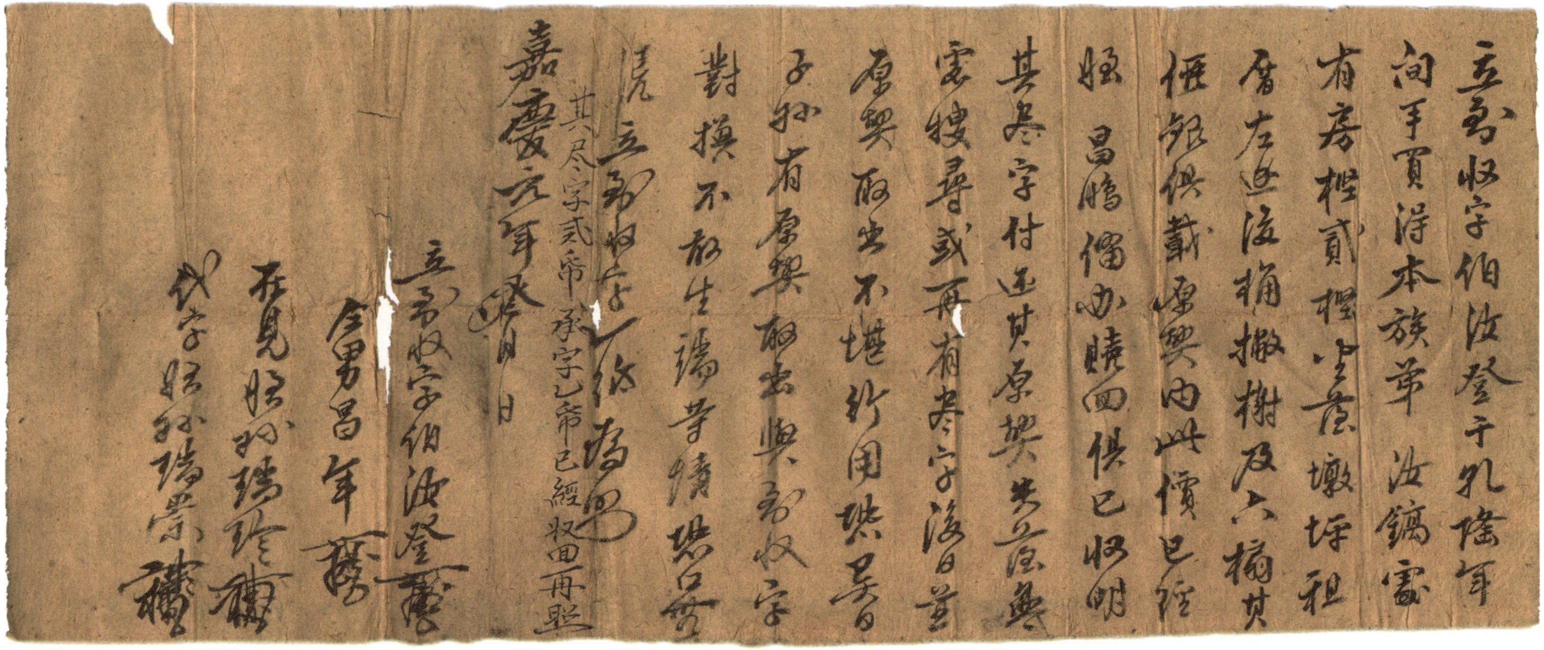
立到收字伯汝登、子孔瑤等，向手買得本族弟汝鎬處有房梩貳梩，又屋墩坪租厝左邊後捐撤樹及六捐，其價銀俱載原契内，此價已經姪昌瞻備办贖回，俱已收明。其具字付還其原契，失落無處搜尋，或再有其字後日尋出原契，取出不堪行用。恐日子孫有原契取出，與到收字對換，不敢生端等情，恐口無憑，立到收字一紙爲照。

其尽字貳帝、承字乙帝已經收回，再照。

嘉慶元年叁月　日

立到收字伯汝登

仝男昌年

在見姪孔瑤、孔珍

代字姪孫瑞崇

6-4-2-6　清嘉慶元年三月林汝登等立到收字

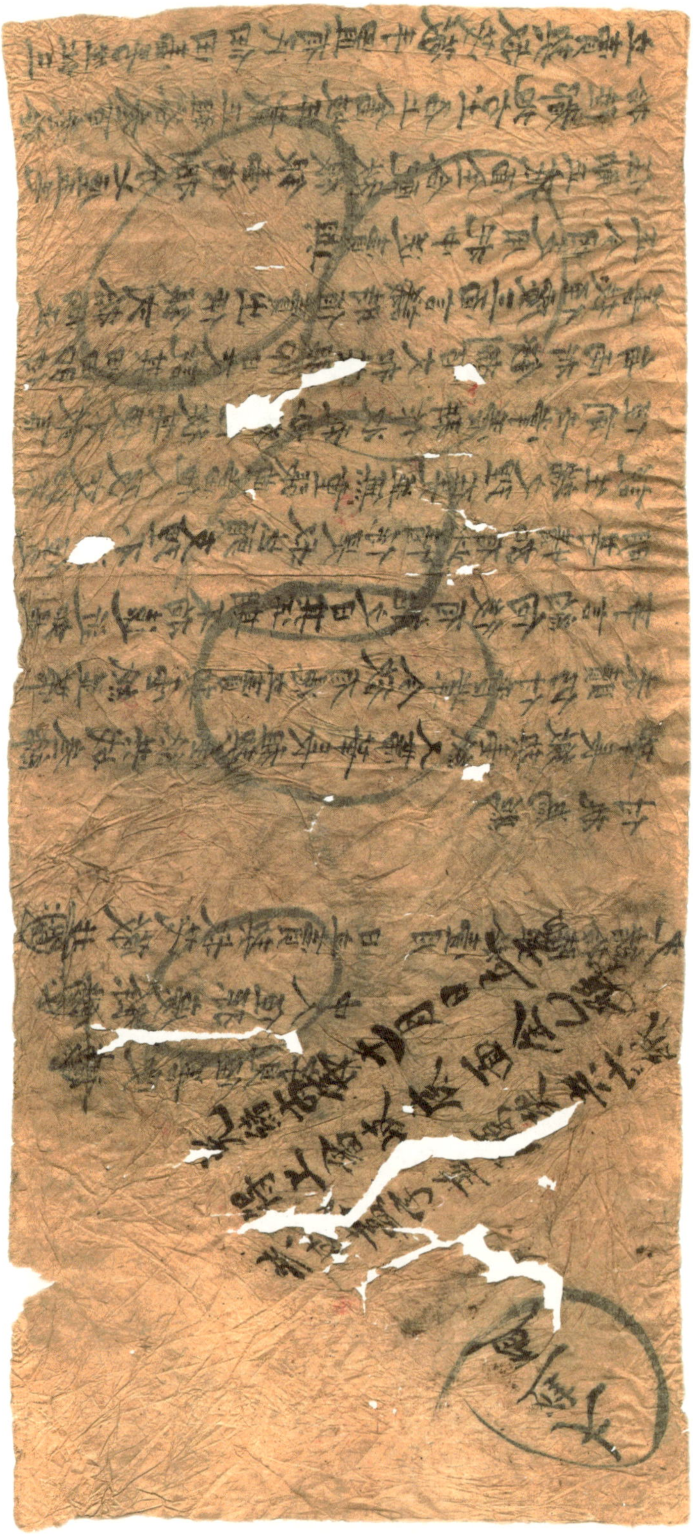

6-4-3-1　包契紙

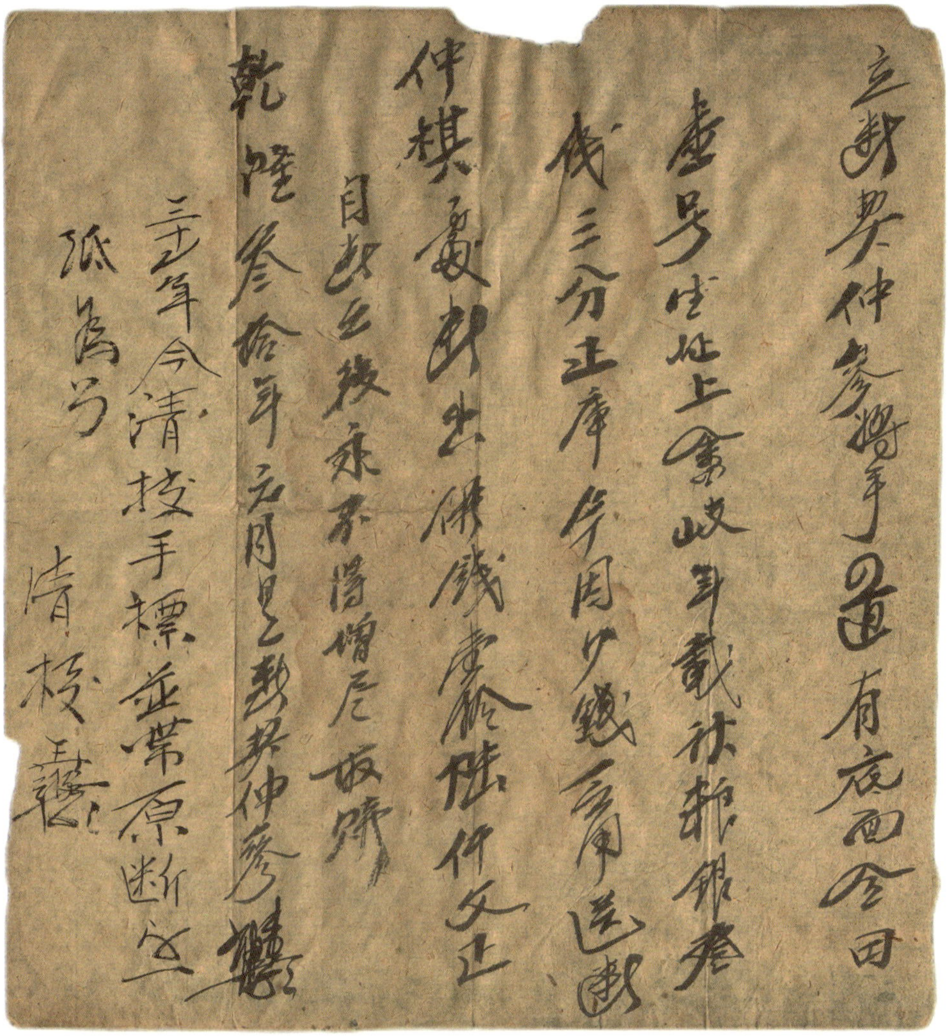
立斷契仲參將手置有底面全田
壹號坐址上盖岐斗載秋租銀叁
錢三分正庠今因少錢乏用送斷
仲祺處斷出價錢壹拾陸仟文正
自斷之後永不得增添找贖
乾隆叁拾年元月　日立斷契仲參（押）
三十年今清枝手標並帶原斷文
紙為号　清枝（押）

6-4-3-2　清乾隆三十年元月鄭仲參立斷底面全田契

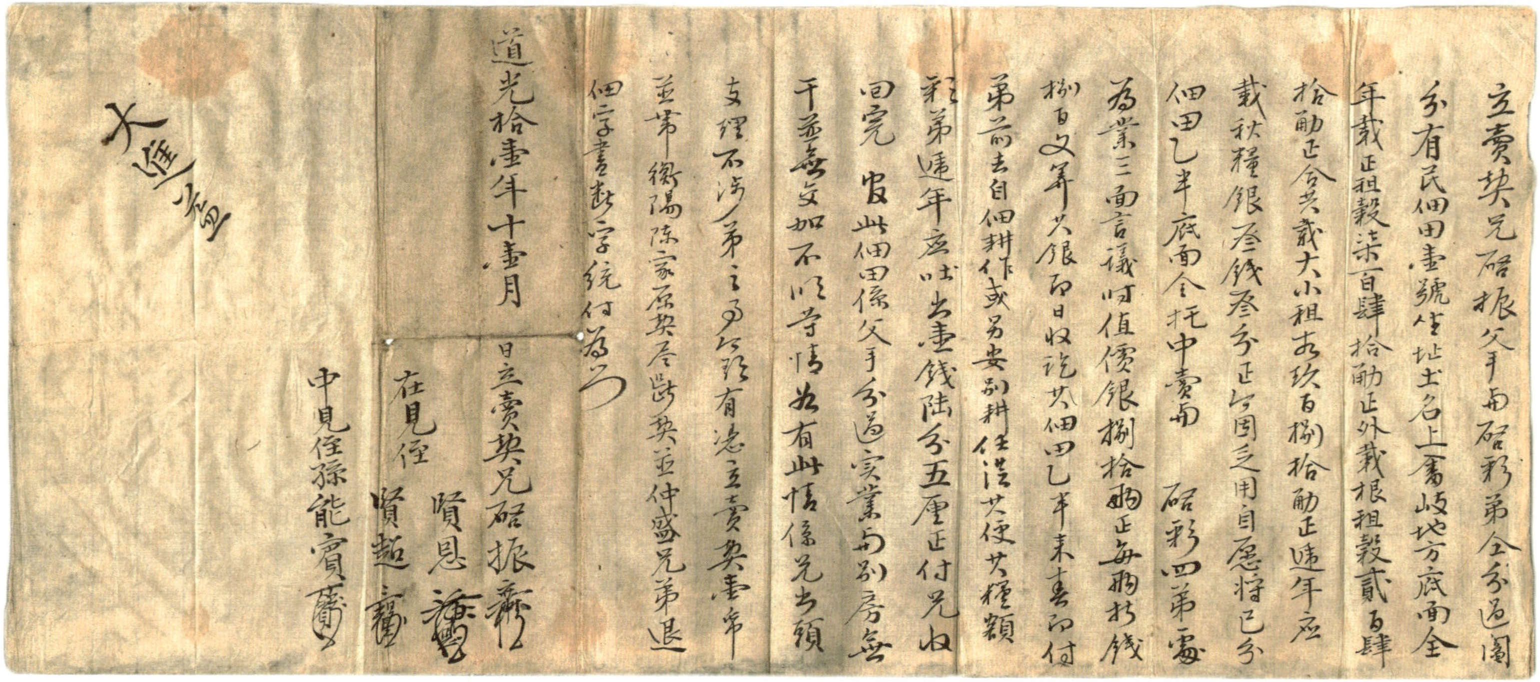

立賣契兄啓振父手承啓彩弟仝分過閹
分有民佃田壹號坐址土名上書岐地方底面全
年載正租穀柒百肆拾觔正外載根租穀貳百肆
拾觔正合共載大小租去玖百捌拾觔正逓年應
載秋糧銀叁錢叁分正今因乏用自愿將已分
佃田乙半底面仝托中賣與 啓彩四弟處
為業三面言議时值價銀捌拾兩正每兩扣錢
捌百文算共銀即日收訖其佃田乙半來去即付
弟前去自佃耕作或另安別耕任從其便其糧額
糧弟逓年應吐出壹錢陸分五厘正付兄收
回完 自此佃田係父手分過實業與別房無
干並無交加不明等情如有此情係兄出頭
支理不涉弟之事今欲有憑立賣契壹帋
並帯衛陽陳家原契叁帋並仲盛兄弟退
佃字壹紙字統付為照

道光拾壹年十壹月 日立賣契兄啓振(押)
在見侄 賢恩(押)
賢超(押)
中見侄孫能賓(押)

6-4-3-3　清道光十一年十一月鄭啓振立賣底面全民佃田契

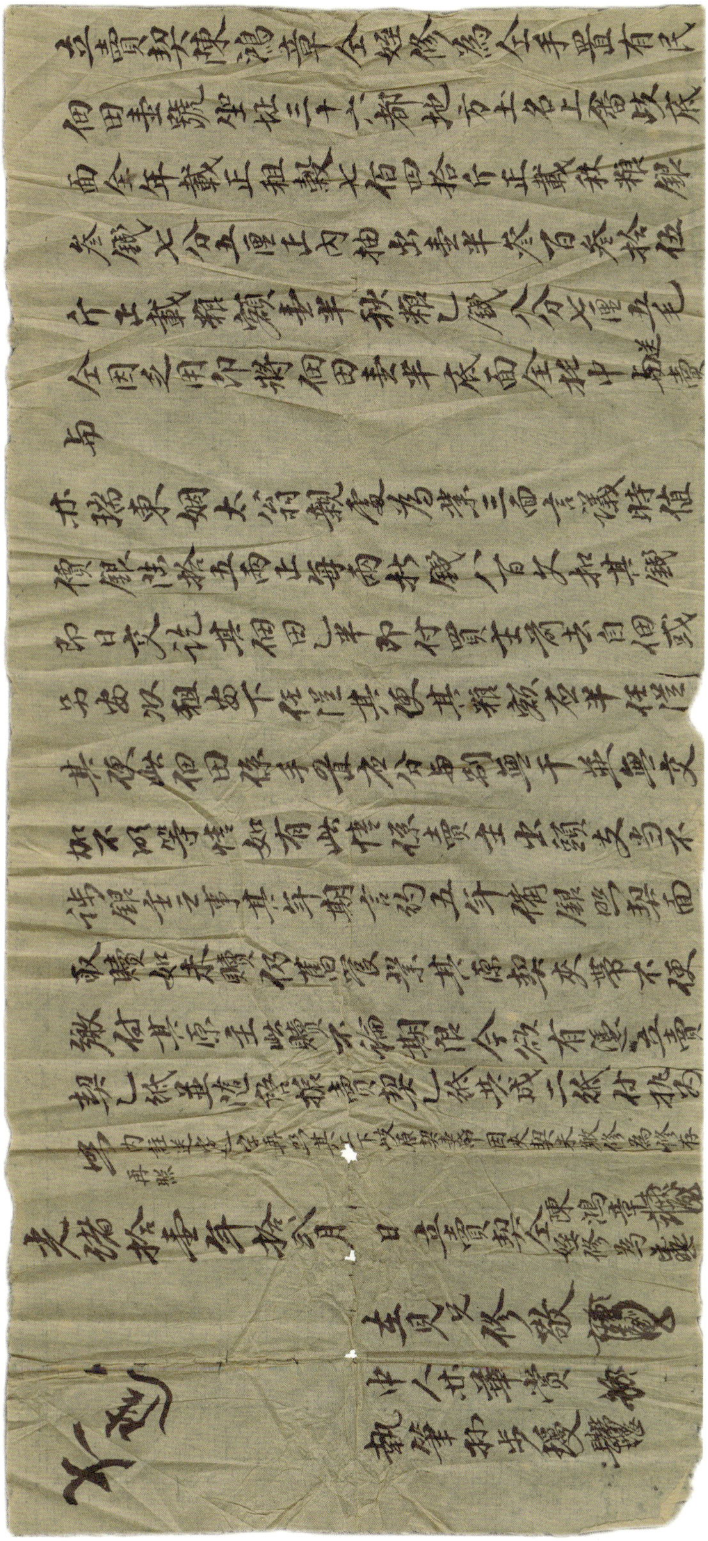
立賣契陳鴻章仝姪修為仝手置有民
佃田壹號坐址三十六都地方土名上厝岐底
面仝年載正租穀七佰四拾斤正載秋粮銀
叁錢七分五厘正内抽出壹半叁百叁拾伍
斤正載粮額壹半秋粮乙錢八分七厘五毛
仝因乏用，即將佃田壹半底面仝托中送賣
與
林瑞東姻太翁親處為業，三面言議時值
價銀陸拾五兩正，每兩扣錢八百文扣，其錢
即日交訖。其佃田乙半即付買主前去自佃或
另安佃租，出下任從其便。其粮額在半任從
其便。此佃田係手置老分與別無干，並無交
加不明等情。如有此情，係賣主出頭支当，不
涉銀主之事。其年期言約五年備銀照契面
取贖。如未贖，仍舊管業。其原契夾帶不便
繳付，其原主此贖不論期限，合欲有憑，立賣
契乙紙，並隨帶根賣契乙紙，共成二紙，付執為
照。内註送字乙字再照。其上下岐底契壹帋因夾契未繳，修為修存
再照
光緒拾壹年拾貳月　日立賣契仝陳鴻章（押）
姪修為（押）
立見兄修敬（押）
中人林華賞（押）
執筆林步瀛（押）
大吉

6-4-3-4　清光緒十一年十二月陳鴻章等立賣底面全民佃田契

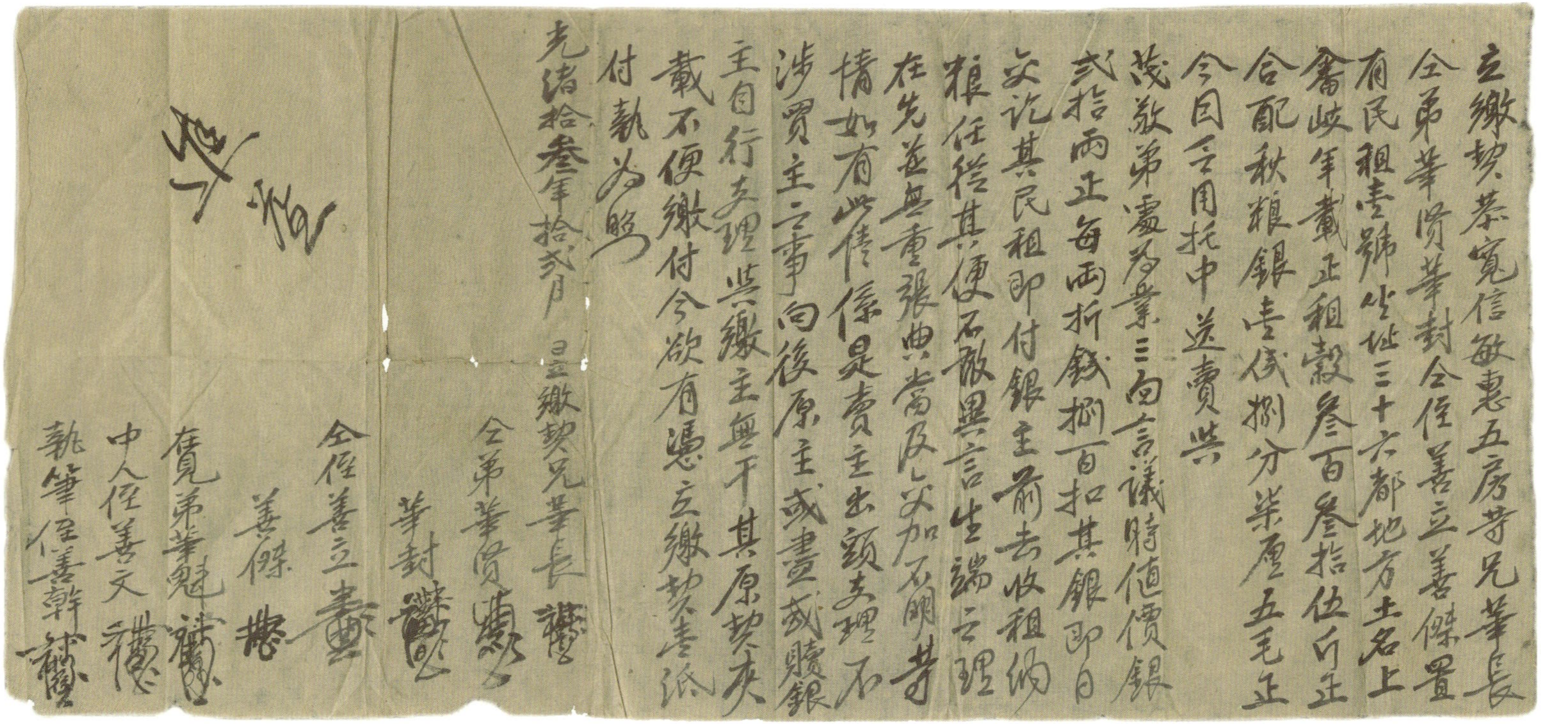

立繳契人恭寬信敏惠五房等兄華長仝弟華賢華封仝侄善立善傑置有民租壹號坐址三十六都地方土名上畬岐年載正租穀叁百叁拾伍斤正合配秋粮銀壹錢捌分柒厘五毛正今因乏用托中送賣與茂敬弟處爲業三面言議時值價銀弍拾兩正每兩折錢捌百扣其銀即日交訖其民租即付銀主前去收租納粮任從其便不敢異言生端之理在先並無重張典當及以加不明等情如有此情係是賣主出頭支理不涉買主之事向後原主或盡或贖銀主自行支理與繳主無干其原契夾載不便繳付今欲有憑立繳契壹紙付執爲照

光緒拾叁年拾弍月 日立繳契兄華長（押）

仝弟華賢（押）

華封（押）

仝侄善立（押）

善傑（押）

房弟華魁（押）

中人侄善文（押）

執筆侄善幹（押）

6-4-3-5　清光緒十三年十二月林華長等立繳民租契

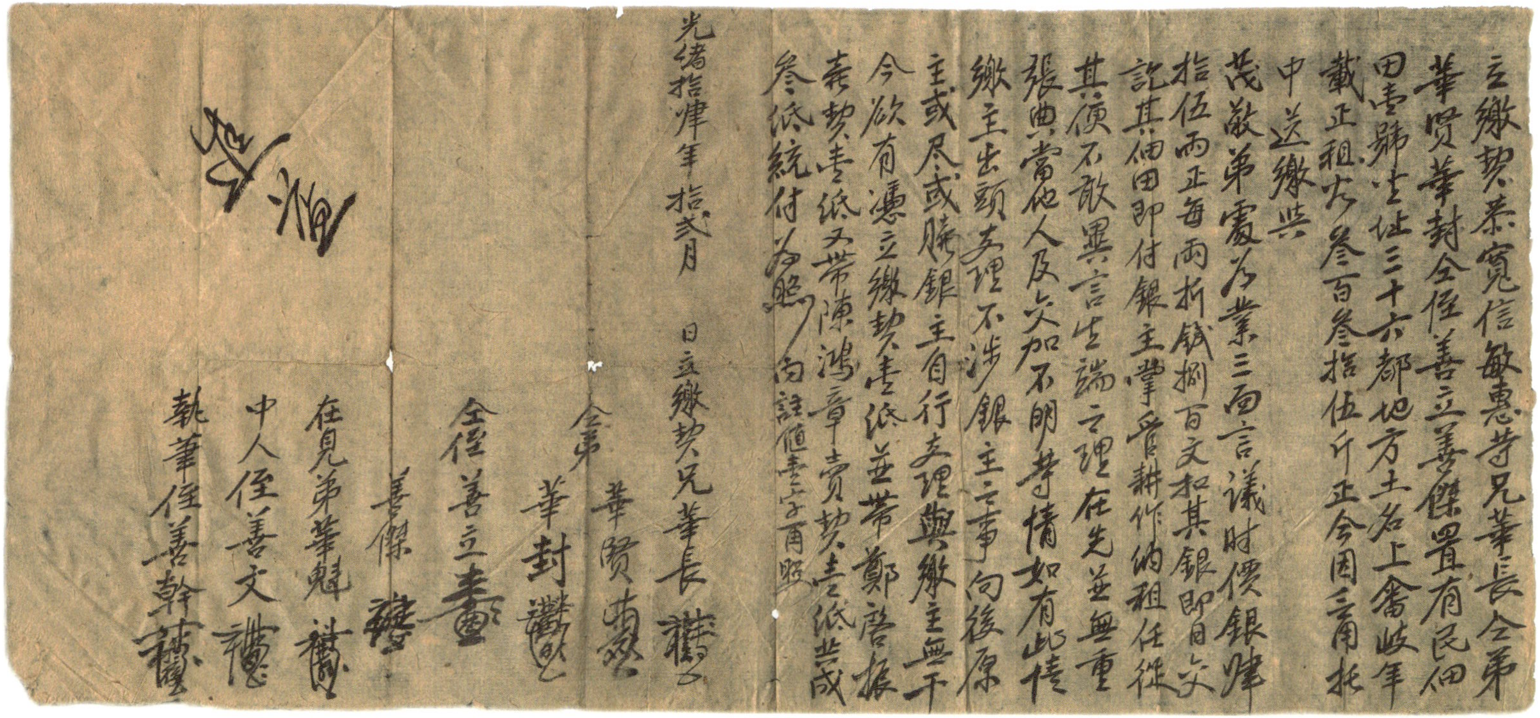
立繳契恭寬信敏惠等兄華長仝弟
華賢華封仝侄善立善傑置有民佃
田壹號坐址三十六都地方土名上畲岐年
載正租大叁百叁拾伍斤正仝因乏用托
中送繳與
茂敬弟處為業三面言議時價銀肆
拾伍兩正每兩折錢捌百文和其銀即日交
訖其佃田即付銀主掌管耕作納租任從
其便不敢異言生端之理在先並無重
張典當他人及文加不明等情如有此情
繳主出頭支理不涉銀主之事向後原
主或盡或贖銀主自行支理與繳主無干
今欲有憑立繳契壹紙並帶鄭啓根
老契壹紙又帶陳鴻章賣契壹紙共成
叁紙統付為照　内註值壹字再照
光緒拾肆年拾弍月　日立繳契兄華長（押）
華賢（押）
仝弟　華封（押）
仝侄善立（押）
善傑（押）
在見弟華魁（押）
中人侄善文（押）
執筆侄善幹（押）

6-4-3-6　清光緒十四年十二月林華長等立繳民佃田契

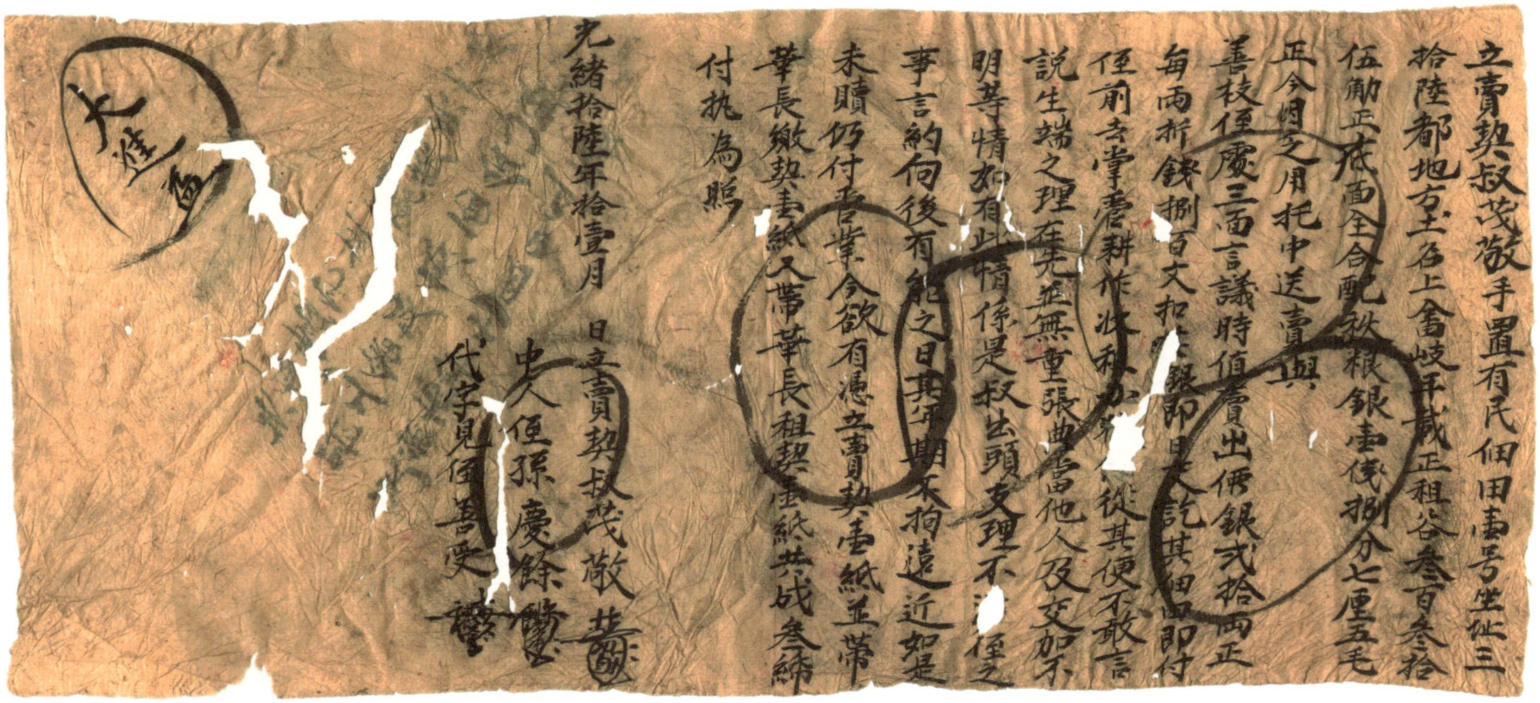

6-4-3-7　清光緒十六年十一月林茂敬立賣底面全民佃田契（廢契）

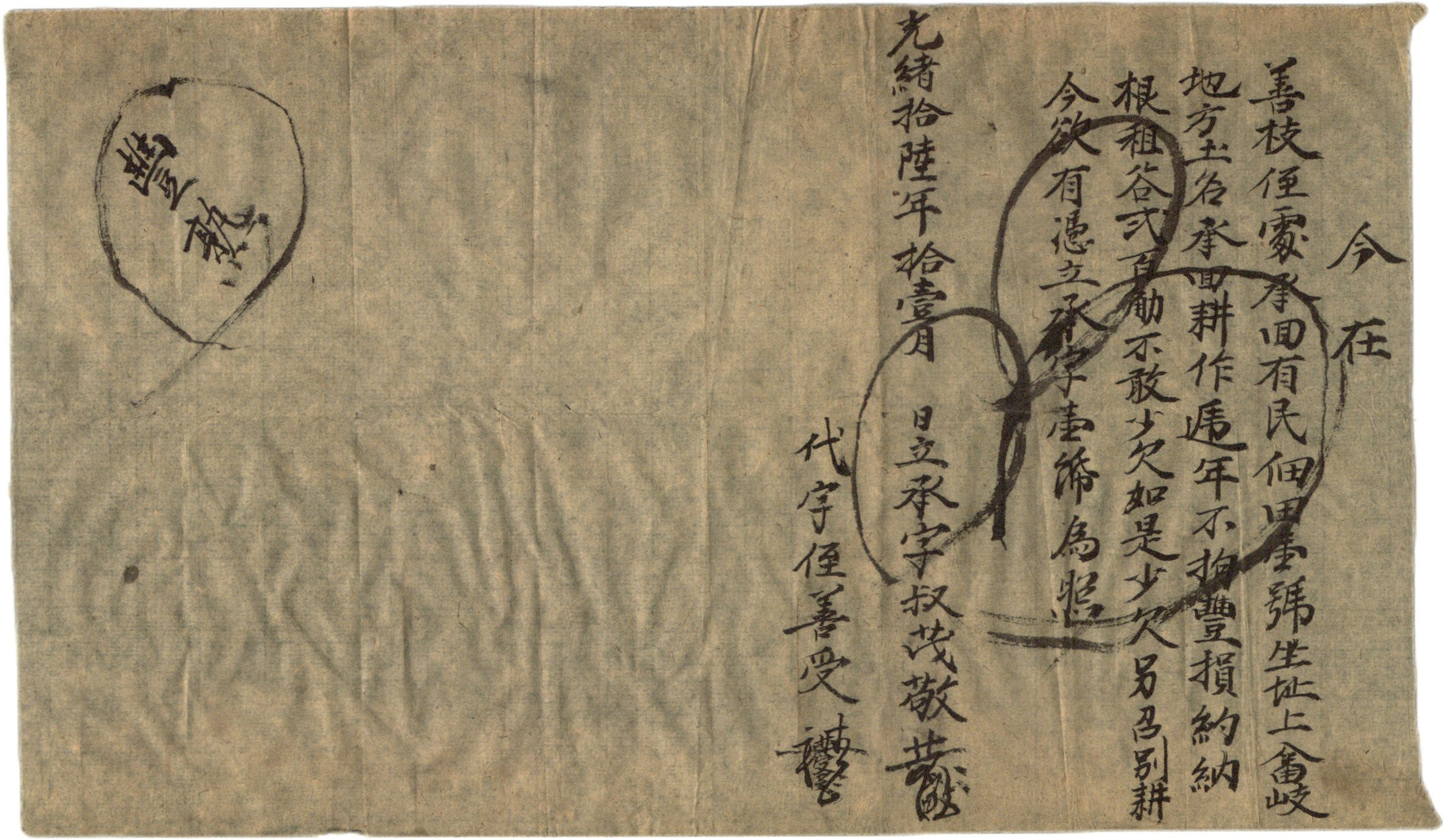

今在
善枝侄處承佃有民佃田壹號坐址上畲岐
地方土名承田耕作遞年不拘豐損約納
根租谷弍石勳不敢少欠如是少欠另召別耕
今欲有憑立承[illegible]字壹紙為照
光緒拾陸年拾壹月　日立承字叔茂敬（押）
代字侄善受（押）

6-4-3-8　清光緒十六年十一月林茂敬立承民佃田字（廢契）

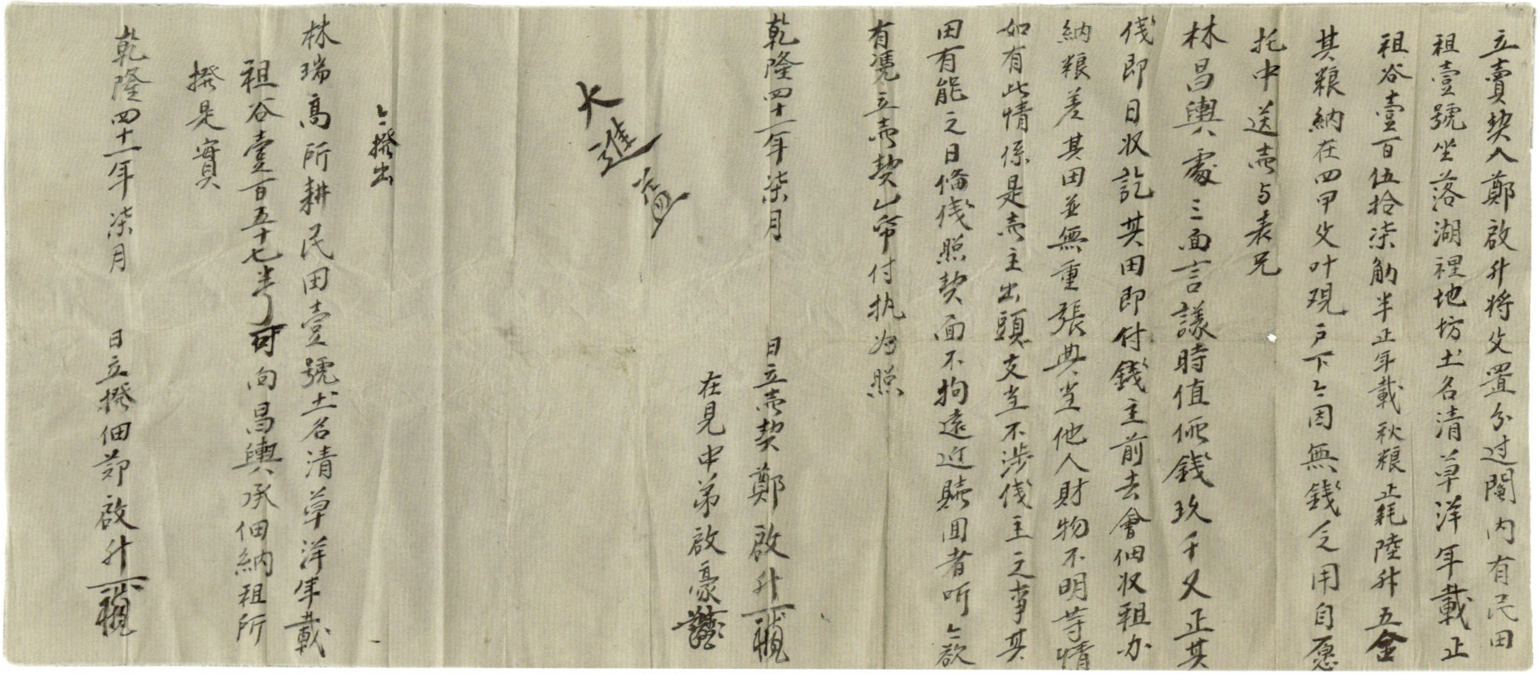

立賣契人鄭啟升將父置分过鬮內有民田
租壹號坐落湖裡地坊土名清草洋年載正
租谷壹百伍拾柒觔半正年載秋粮正耗陸升五合
其粮納在四甲父叶現戶下〻因無錢乏用自愿
托中送賣与表兄
林昌輿處三面言議時值價錢玖千文正其
錢即日收訖其田即付錢主前去會佃收租办
納粮差其田並無重張典當他人財物不明等情
如有此情係是賣主出頭支当不涉錢主之事其
田有能之日備錢照契面不拘遠近贖回者听〻歆
有憑立賣契一帋付執為照

乾隆四十一年柒月　日立賣契鄭啟升
在見中弟啟豪

大進

〻撥出
林瑞高所耕民田壹號土名清草洋年載
租谷壹百五十七斤可向昌輿承佃納租所
撥是實

乾隆四十一年柒月　日立撥佃鄭啟升

6-4-4-1　清乾隆四十一年七月鄭啓升立賣民田租契

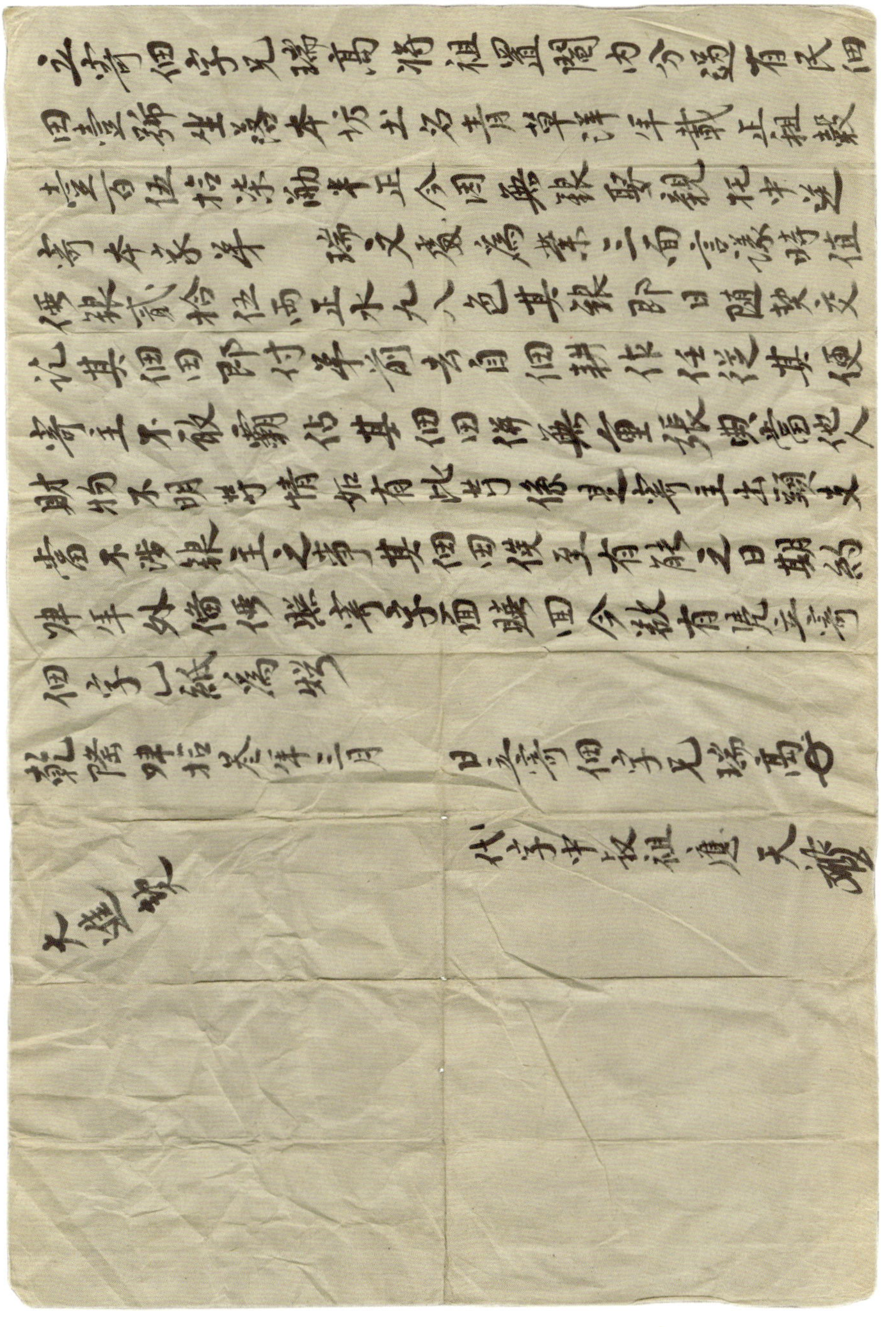
立寄佃字人林瑞高，將祖遺閩內分得有民佃
田壹號，坐落本坊土名青草洋洋，載正租穀
壹百伍拾洋觔，年正。今因無銀要用，托中送
寄本家洋　瑞文處為業，三面言議時值
佃銀貳拾伍兩正，本九八色，其銀即日隨契交
訖，其佃田即付銀主前去管業，召佃耕作，任從其便，
寄主不敢霸佔。其佃田係無重張典當他人
財物不明等情，如有此等，係是寄主出頭支
當，不涉銀主之事。其佃田從至有銀之日，約
肆年外備價將寄字佃田贖回。今欲有憑，立寄
佃字一紙為照。

乾隆肆拾叁年三月　日立寄佃字人林瑞高（押）

代字叔祖進天（押）

大進號

6-4-4-2　清乾隆四十三年三月林瑞高立寄民佃田字

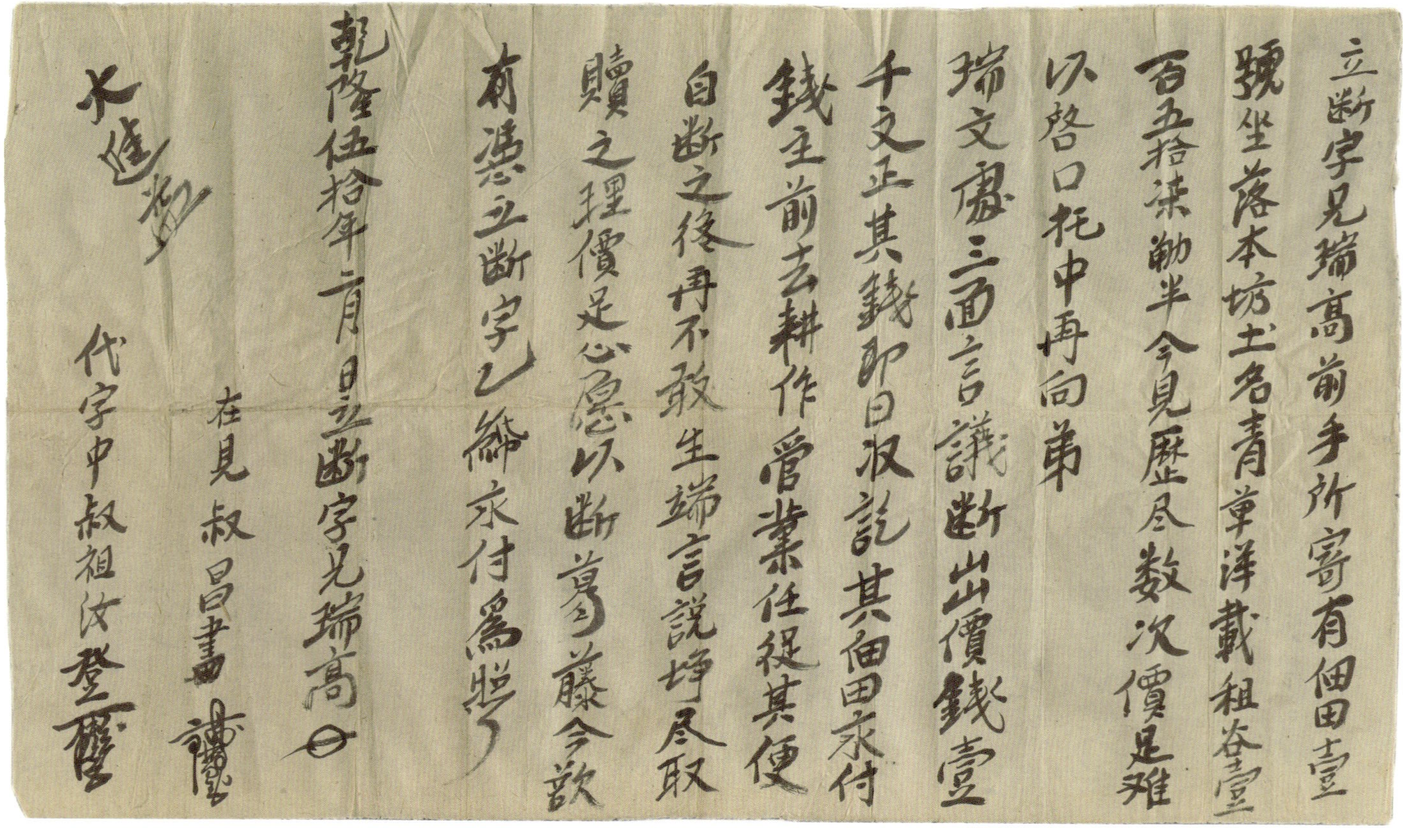

立斷字兄瑞高前手所寄有佃田壹
號坐落本坊土名青草洋載租谷壹
百五拾柒觔半今見歷尽數次價足難
以啓口托中再向弟
瑞文處三面言議斷出價錢壹
千文正其錢即日收訖其佃田永付
錢主前去耕作管業任從其便
自斷之後再不敢生端言説增尽取
贖之理價足心愿以斷葛藤今欲
有憑立斷字乙紙永付爲照

乾隆伍拾年二月　日立斷字兄瑞高（押）
在見叔昌書（押）
代字中叔祖汶登（押）
大進（押）

6-4-4-3　清乾隆五十年二月林瑞高立斷佃田字

立斷字鄭賢珠前父出賣有民田租壹
號坐產本鄉土名青草洋年載租
谷壹百伍拾柒觔手合載秋粮正耗米
陸升伍合正其粮納在四甲祖鄭叶观
户下为因弟身故無錢應用自情愿
托中送斷与林端文處三面言議時
值斷出價錢貳仟文正其錢即日收
訖其田租永付林家為業收粮付林
家收割不乃任從其便鄭家不得言
說增尽收贖之理永斷葛藤今欲
有憑立斷契一紙永遠为照

嘉慶貳拾貳年捌月　日立斷字鄭賢珠（押）
仝弟賢俊（押）
中見弟賢敎（押）
代字弟賢純（押）

大吉昌

6-4-4-4　清嘉慶二十二年八月鄭賢珠等立斷民田租字

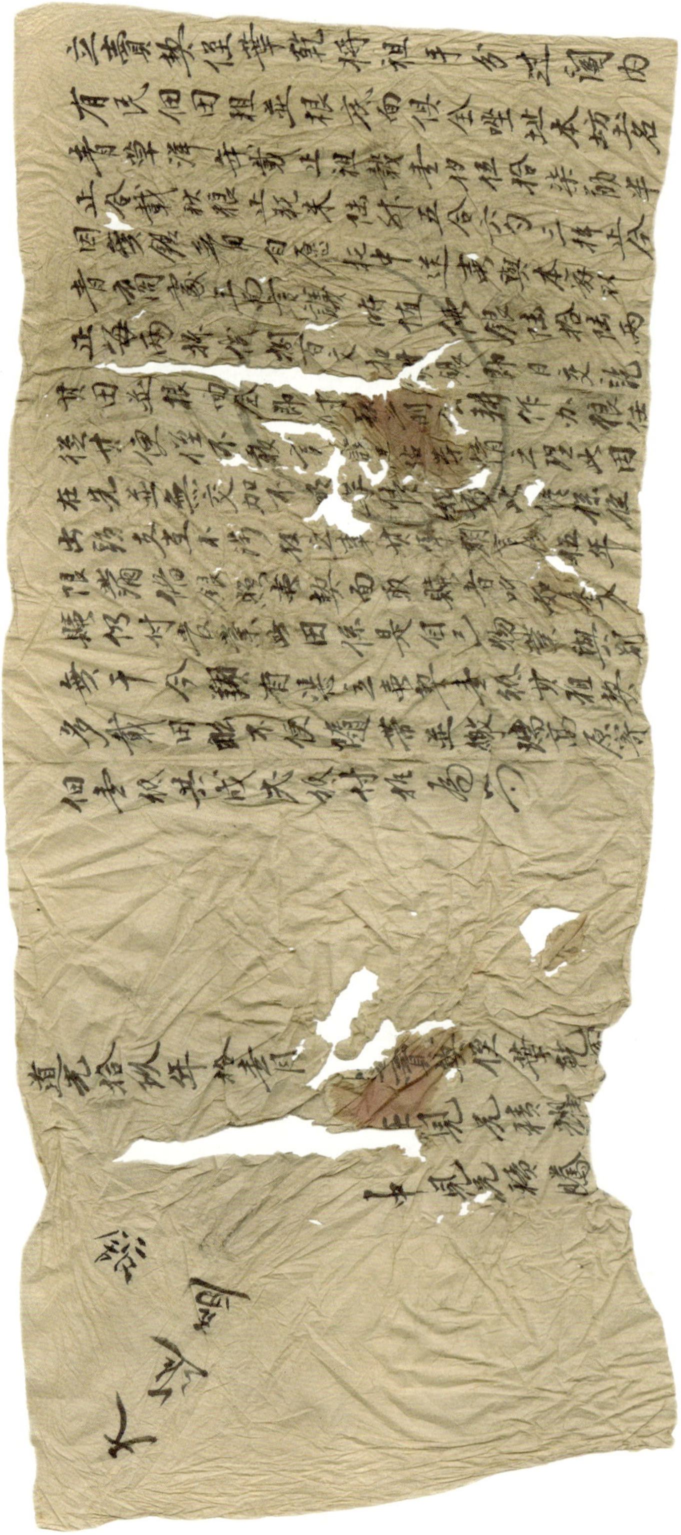

6-4-4-5　清道光十九年十一月林華乾立賣底面全民佃田契（廢契）

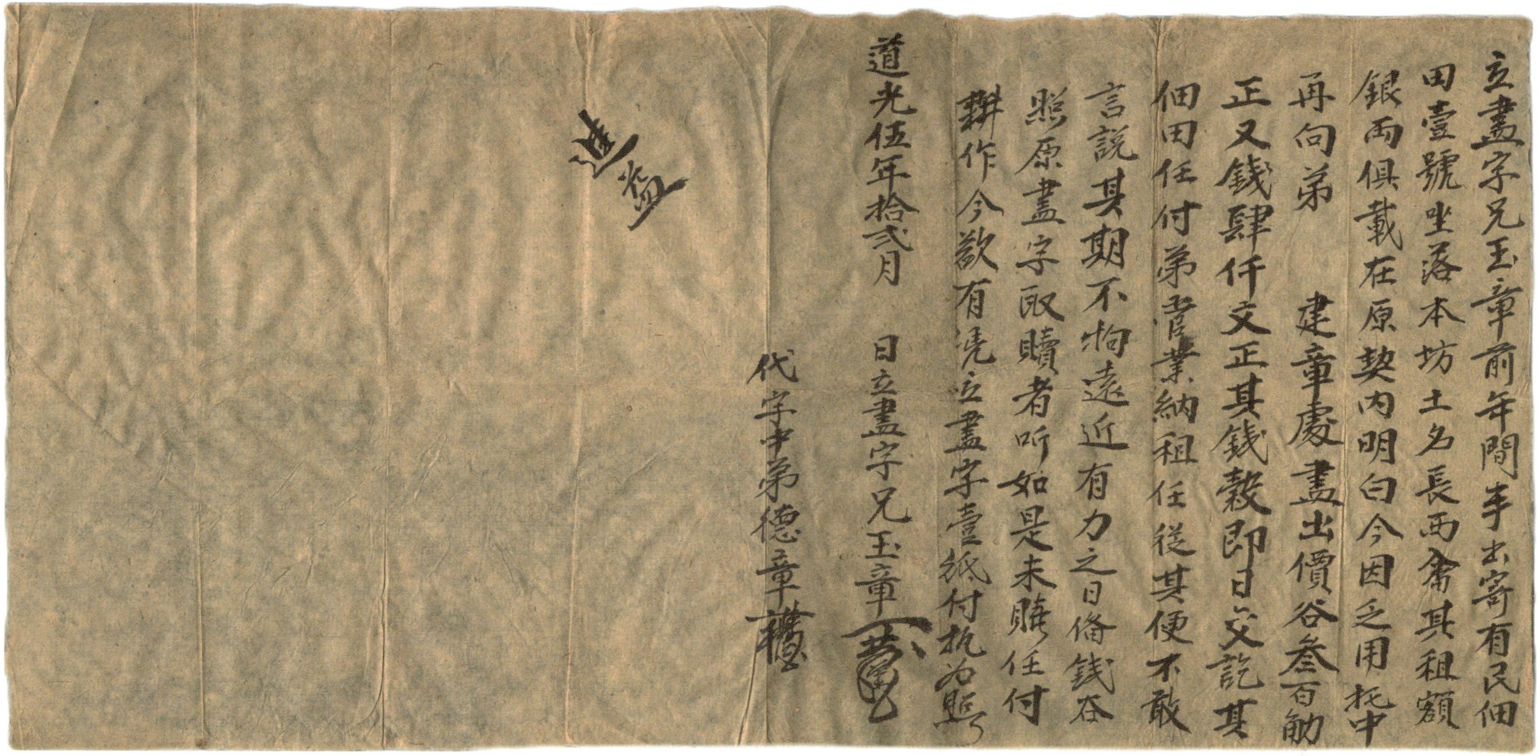

立盡字兄玉章前年間手出寄有民佃
田壹號坐落本坊土名長西窩其租額
銀兩俱載在原契內明白今因乏用托中
再向弟　建章處盡出價谷叁百觔
正又錢肆仟文正其錢穀即日交訖其
佃田任付弟管業納租任從其便不敢
言說其期不拘遠近有力之日備錢谷
照原盡字取贖者听如是未贖任付
耕作今欲有憑立盡字壹紙付執為照
道光伍年拾弍月　日立盡字兄玉章（押）
代字中弟德章（押）

6-4-5-1　清道光五年十二月林玉章立盡民佃田字

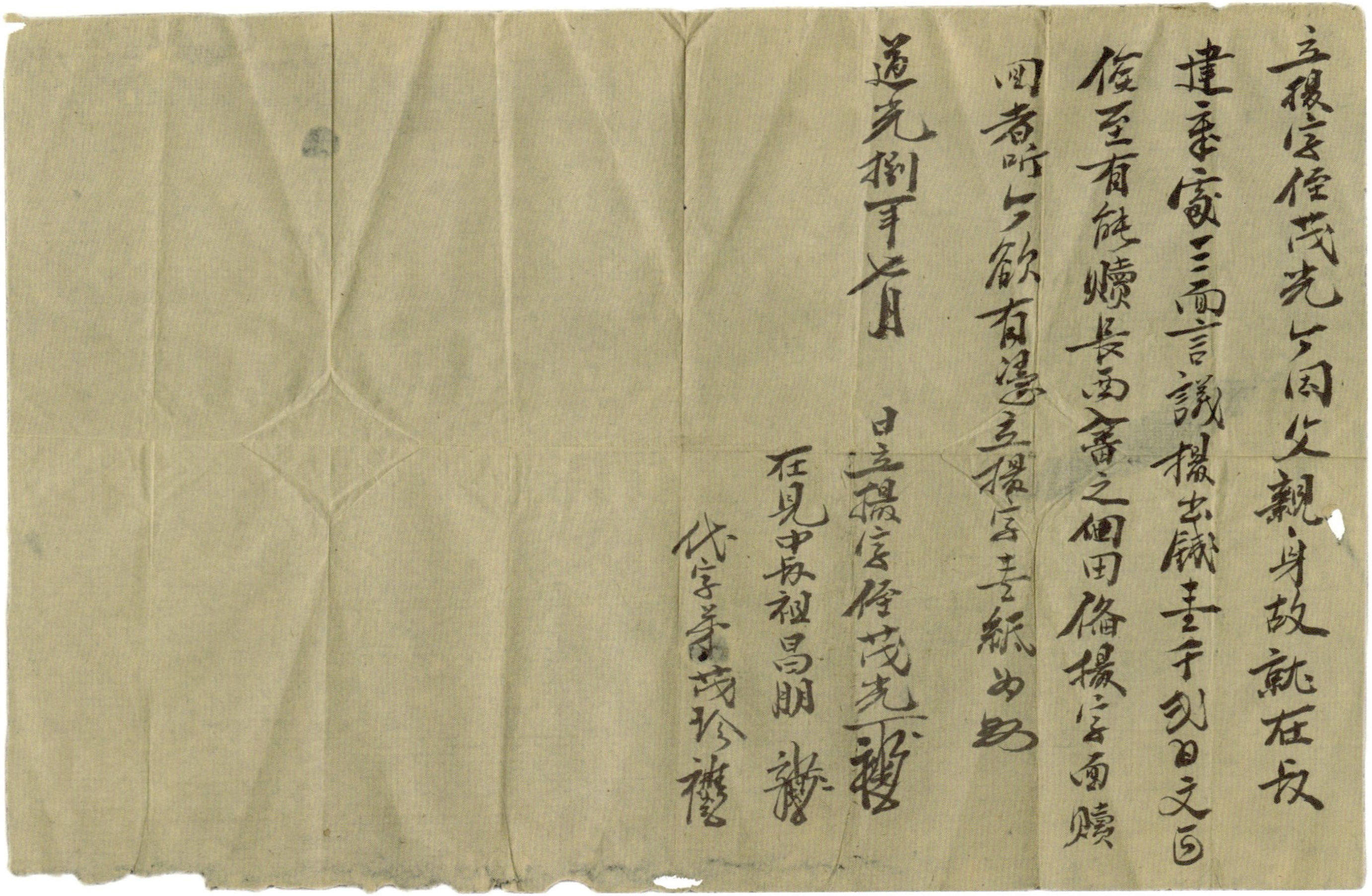
立撮字侄茂光今因父親身故就在叔
建來處三面言議撮出錢壹千弍百文正
侄至有能贖長面畬之佃田備撮字面贖
回者昕今欲有憑立撮字壹紙為照
道光捌年七月　日立撮字侄茂光（押）
在見中叔祖昌朋（押）
代字弟茂珍（押）

6-4-5-2　清道光八年七月林茂光立撮字

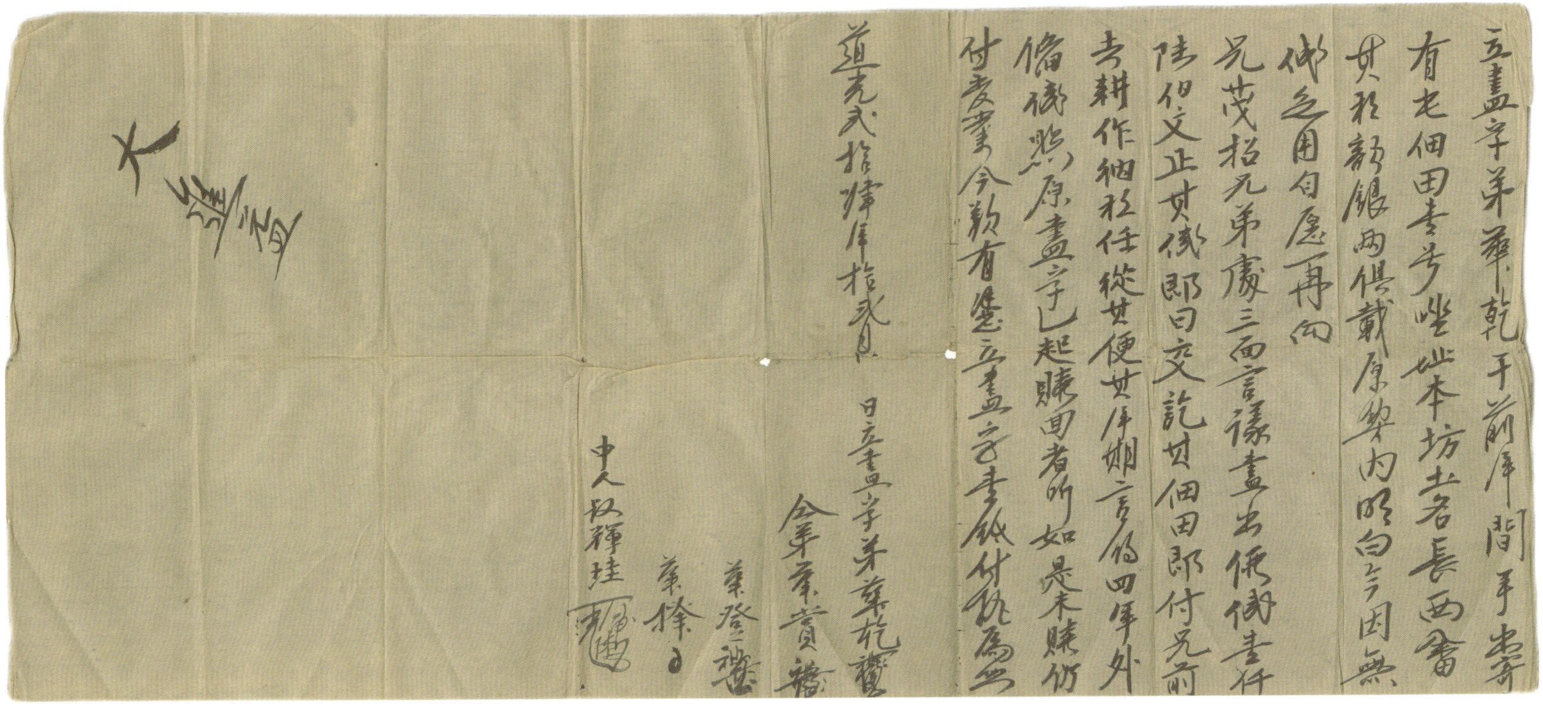
立盡屯字人林華乾，于前年間手出賣
有屯佃田壹号，坐址本坊土名長西畲，
其租額銀兩俱載原契內明白。今因無
銀應用，自愿再向
兄茂招兄弟處三面言議，盡出佛銀壹仟
陸佰文正。其銀即日交訖，其佃田即付兄前
去耕作納租，任從其便。其佃田言約四年外
備銀照原盡字□起贖回者，所如是未贖，仍
付受業。今欲有憑，立盡字壹紙付執為照。
道光貳拾肆年拾貳月　日立盡屯字人林華乾（押）
仝弟林華賓（押）
林華登（押）
林華烽（押）
中人林輝桂（押）

6-4-5-3　清道光二十四年十二月林華乾等立盡屯佃田字

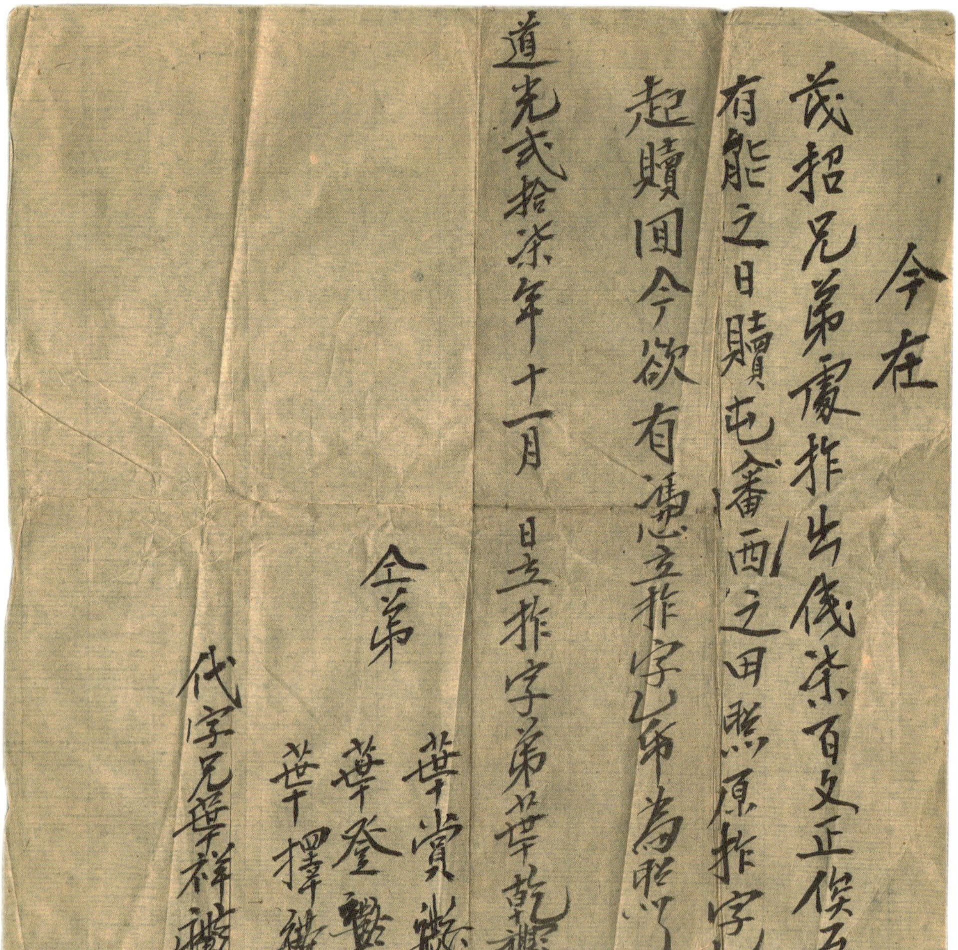

今在
茂招兄弟處撮出錢柒百文正，候至
有能之日贖屯番西之田照原撮字
起贖回，今欲有憑，立撮字一紙為照。
道光貳拾柒年十一月　日立撮字弟華乾（押）
仝弟　華賞（押）
　　　華登（押）
　　　華擇（押）
代字兄華祥（押）

6-4-5-4　清道光二十七年十一月林華乾等立撮字

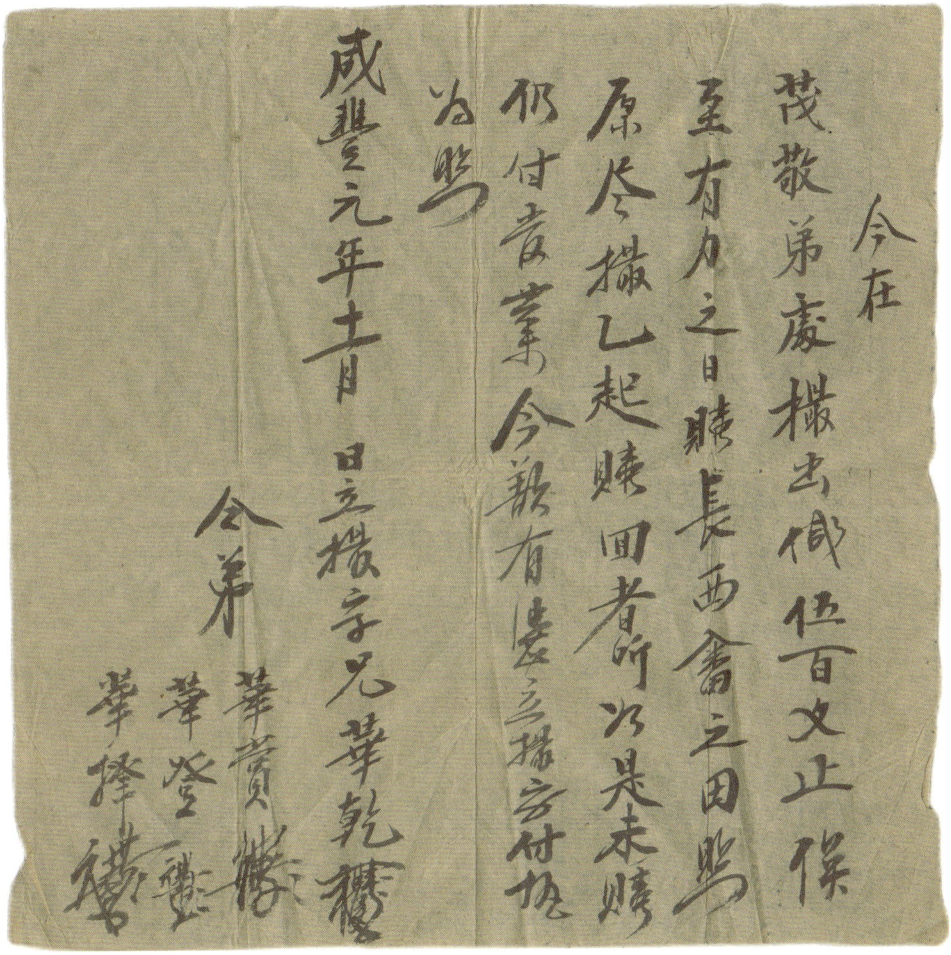
今在
茂敬弟處撮出錢伍百文正，係
至有力之日贖長西畬之田契
原係撮乙起，贖回者，所以是未贖
仍付貴業，今藉有憑，立撮字付執
為照
咸豐元年十一月　日立撮字兄華乾
仝弟　華賞　華登　華捀

6-4-5-5　清咸豐元年十一月林華乾等立撮字

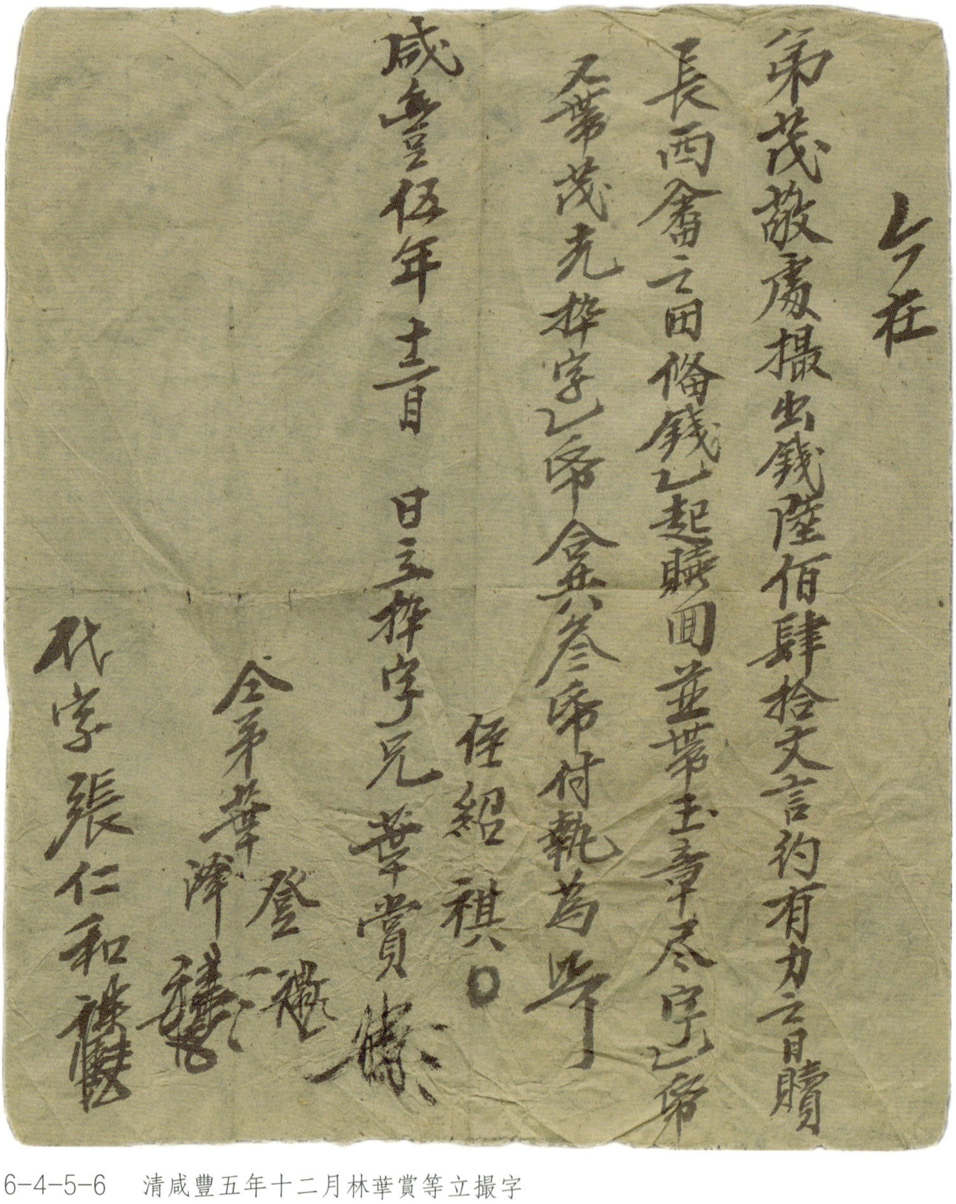

今在

弟茂敬處撮出錢陸佰肆拾文言約有力之日贖

長丙會之回儹錢之起贖回並帶主本尽字之帋

不帶茂光撮字之帋合共叁帋付執為照

任紹禎○

咸豐伍年十二月　日立撮字兄華賞（押）

仝弟華登（押）　華澤（押）

代字張仁和（押）

6-4-5-6　清咸豐五年十二月林華賞等立撮字

立典契弟汝健今因無銀日食自情愿
即將手置有房屋一座坐址本厝上園厝西
边六扇第二橺中乙橺自愿托中送與本
家兄[illegible]文處三面言議時值價銀柒伯
銀拾介正其銀即日收訖其厝橺即付
兄前去住居管業弟不敢霸拈言說等情
其厝橺係健己分與房内兄弟無干其
厝橺俟至有銀之日照原契面贖回者听令
欲有憑立典契字乙紙為照
内改任字再照
乾隆九年三月　日立典契字弟汝健
代中見弟汝明
代字弟汝誠

6-4-6-1　清乾隆九年三月林汝健立典房屋契

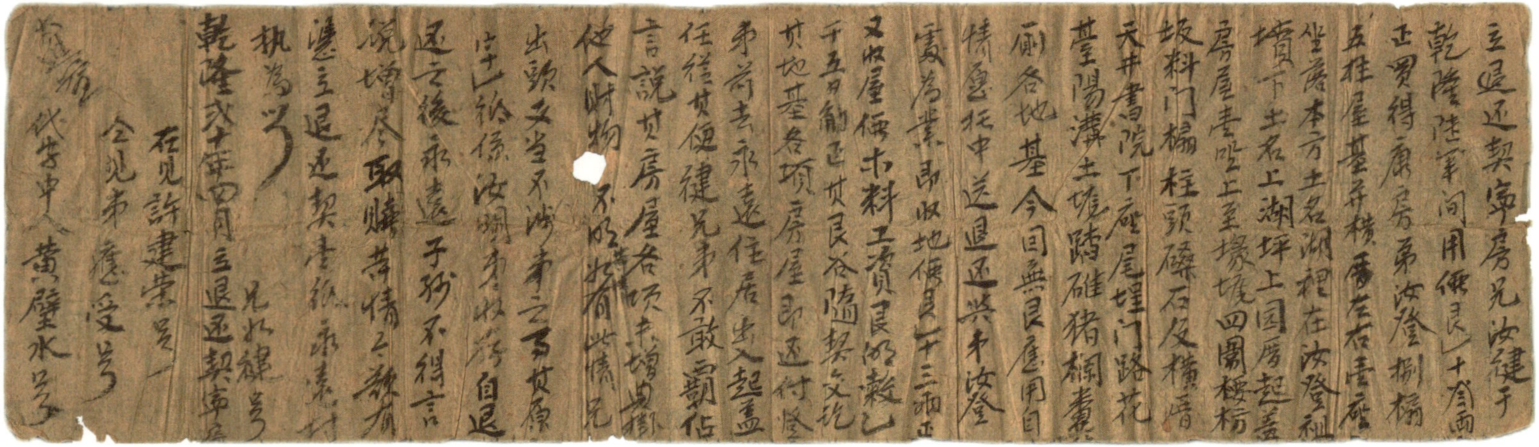

立退还契親房兄汝建，于
乾隆陸年間用價艮[illegible]十[illegible]兩
正買得康房弟汝登捌楠
五柱屋基并横厝左右壹座
坐落本方土名湖裡，在汝登祖
墳下，土名上湖坪上园，房起蓋
房屋壹嗹，上至椽墘，四圍楼栝
坂料门楠柱頭磉石及横厝
天井書院下座尾埕门路花
臺陽溝土墘踏碓猪椆粪
厕各地基，今因無艮應用，自
情愿托中送退还與弟汝登
實爲業，即收地價艮[illegible]十三兩正
又收屋價木料工資艮[illegible]
千五百[illegible]正，其艮各随契交訖
其地基各項房屋即还付登
弟前去永远住居出入起盖
任從其便，健兄弟不敢霸佔
言說其房屋各項并[illegible]
他人財物不明，如有此情，兄
出頭支当，不涉弟之事，其原
上手契紙係汝珊弟收存，自退
还之後永远子孫不得言
說增[illegible]及取贖等情，今欲有
凭，立退还契壹紙永远存照
执爲照
乾隆弍十年四月　立退还契親房　兄汝健　号
在見　許建崇　号
仝見弟　應受　号
代书中人　黄璧水　号

6-4-6-2　清乾隆二十年四月林汝健立退還地基等契（抄契）

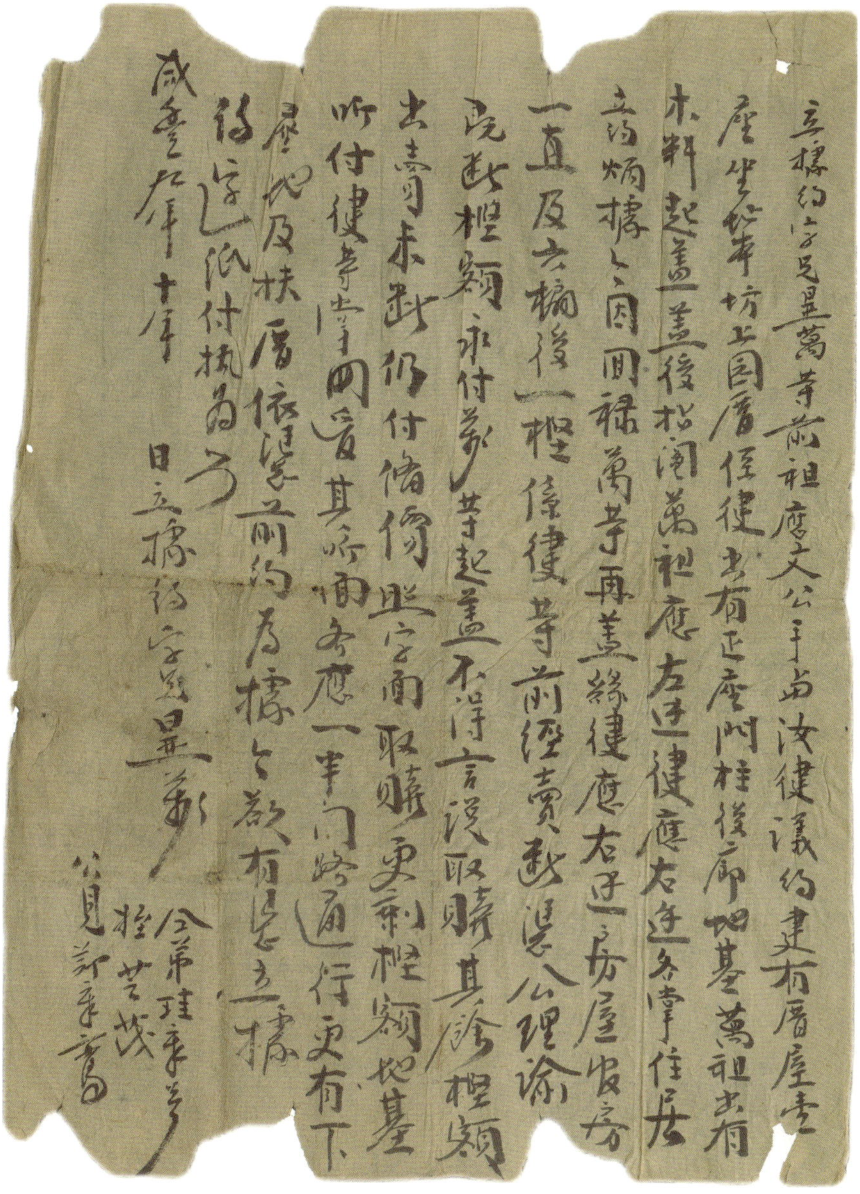

立據約字兄昰萬等，前祖應文公手尚汝健議約建有厝屋壹
座，坐於本坊土園厝，侄健出有正座門柱，後廊地基，萬祖出有
木料起蓋。蓋後松湘萬祖應右边，健應右边，各掌住居。
立約炳據。今因開祿萬等再蓋，係健應右边一房屋後房
一直及六椽後一植，係健侄等前經賣斷，是公理論
既斷植額，永付萬等起蓋，不得言說取贖。其餘植額
出賣未斷，仍付偕侄照字面取贖。更剩植額地基
听付健等萬等四房其所開各應一半，門路扇通行，更有下
屋地及扶厝依照前約為據。今欲有憑，立據
付字一紙付執為照。

咸豐九年十月　日立據約字兄昰萬（押）

全弟珪（押）

姪芸茂

公見 新（押）書

6-4-6-3　清咸豐九年十月林昰萬等立據約字（抄契）

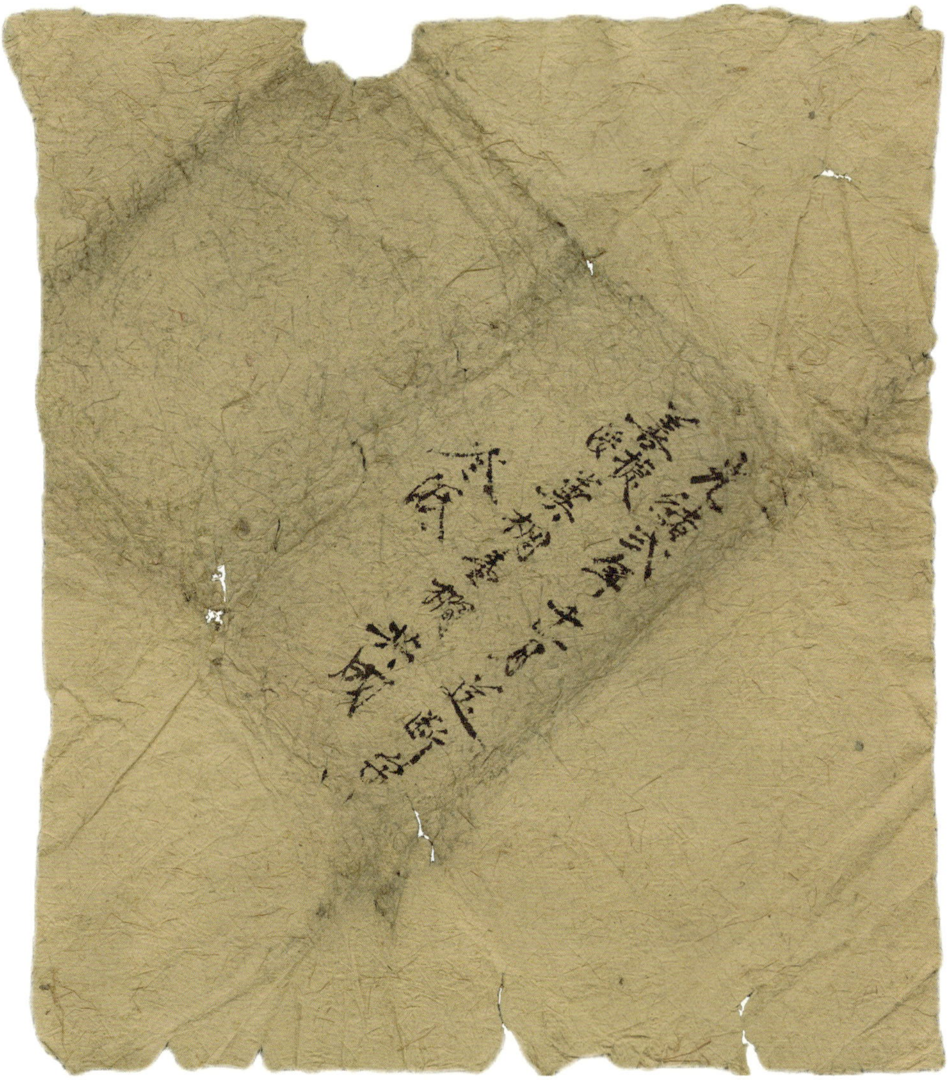


6-4-7-1　包契紙

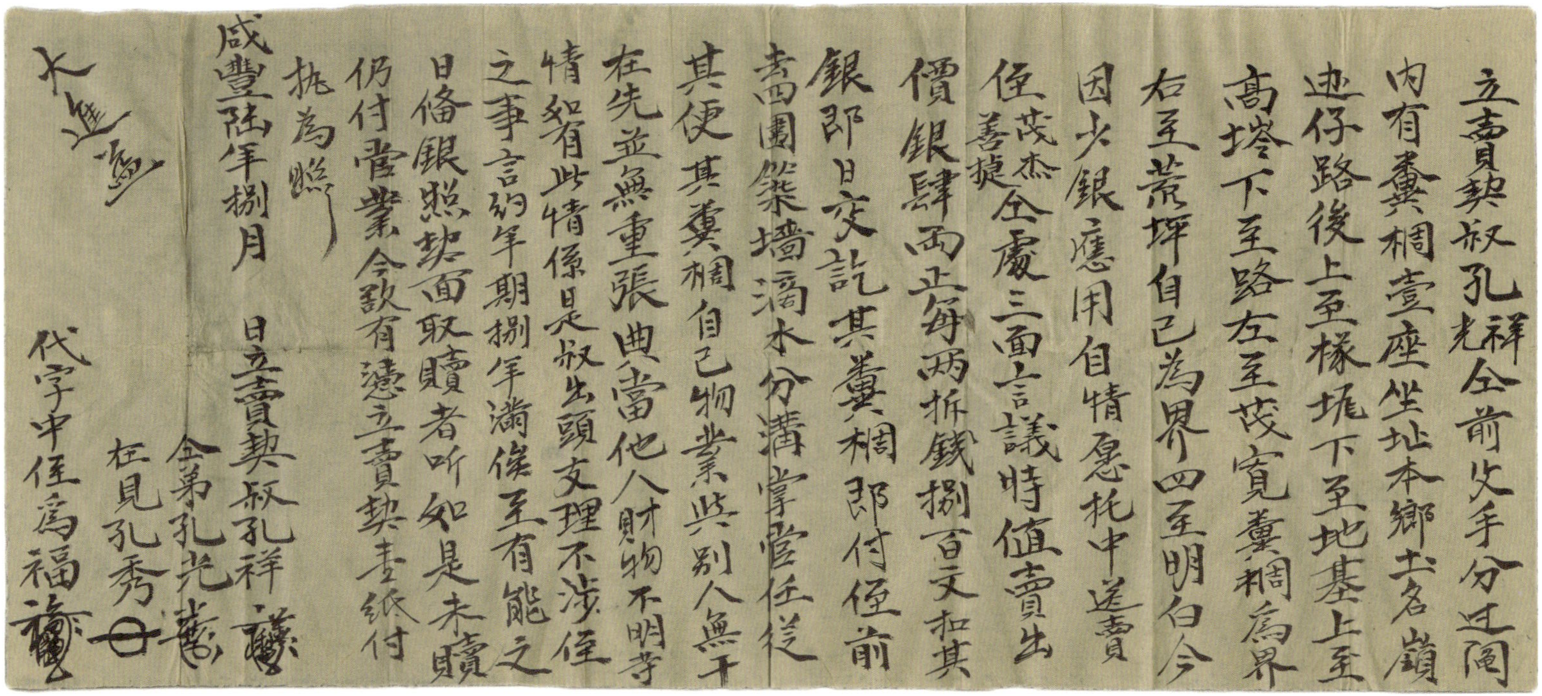

立賣契叔孔祥、光仝前父手分过閹
内有糞棡壹座坐址本鄉土名嶺
迹仔路後上至樣堀下至地基上至
高塔下至路左至茂寬糞棡為界
右至荒坪自己為界四至明白今
因乏銀應用自情愿托中送賣
侄茂杰、善捷仝處三面言議時值賣出
價銀肆兩五每兩折錢捌百文扣其
銀即日交訖其糞棡即付侄前
去砌圍築墻滴水分溝掌管任從
其便其糞棡自己物業與别人無干
在先並無重張典當他人財物不明等
情知有此情係是叔出頭支理不涉侄
之事言約年期捌年滿從至有能之
日備銀照契面取贖者听如是未贖
仍付管業今欲有憑立賣契壹紙付
執為照

咸豐陸年捌月　日立賣契叔孔祥（押）
仝弟孔光（押）
在見孔秀（押）
代字中侄為福（押）

大進益

6-4-7-2　清咸豐六年八月林孔祥等立賣糞棡契

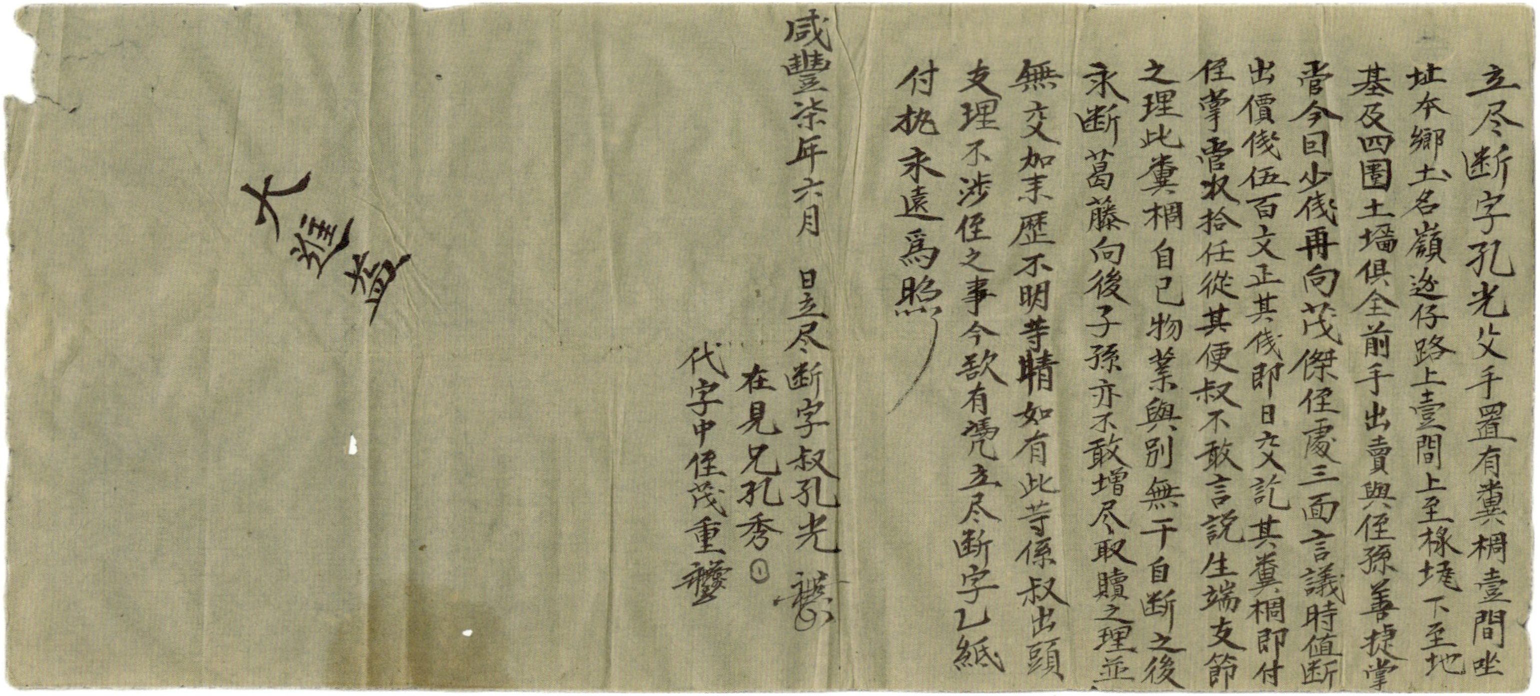

立盡斷字孔光，父手置有糞坰壹間，坐
址本鄉土名嶺後仔路上壹間，上至椽桷，下至地
基及四圍土墻，俱全。前手出賣與侄孫長寧掟掌。
至今因少錢用，向前侄處三面言議，時值斷
出價錢伍百文正。其錢即日六入訖，其糞坰即付
侄寧手邊收拾，任從其便，叔不敢言說生端支節
之理。此糞坰自己物業，與別無干。自斷之後
永斷葛藤，向後子孫亦不敢增找取贖之理，並
無交加來歷不明等情。如有此等，係叔出頭
支理，不涉侄之事。今欲有憑，立盡斷字一紙
付執，永遠為照。

咸豐柒年六月　日立盡斷字叔孔光（押）
在見兄孔秀（押）
代字中侄茂重（押）

大淵坰

6-4-7-3　清咸豐七年六月林孔光立盡斷糞坰字

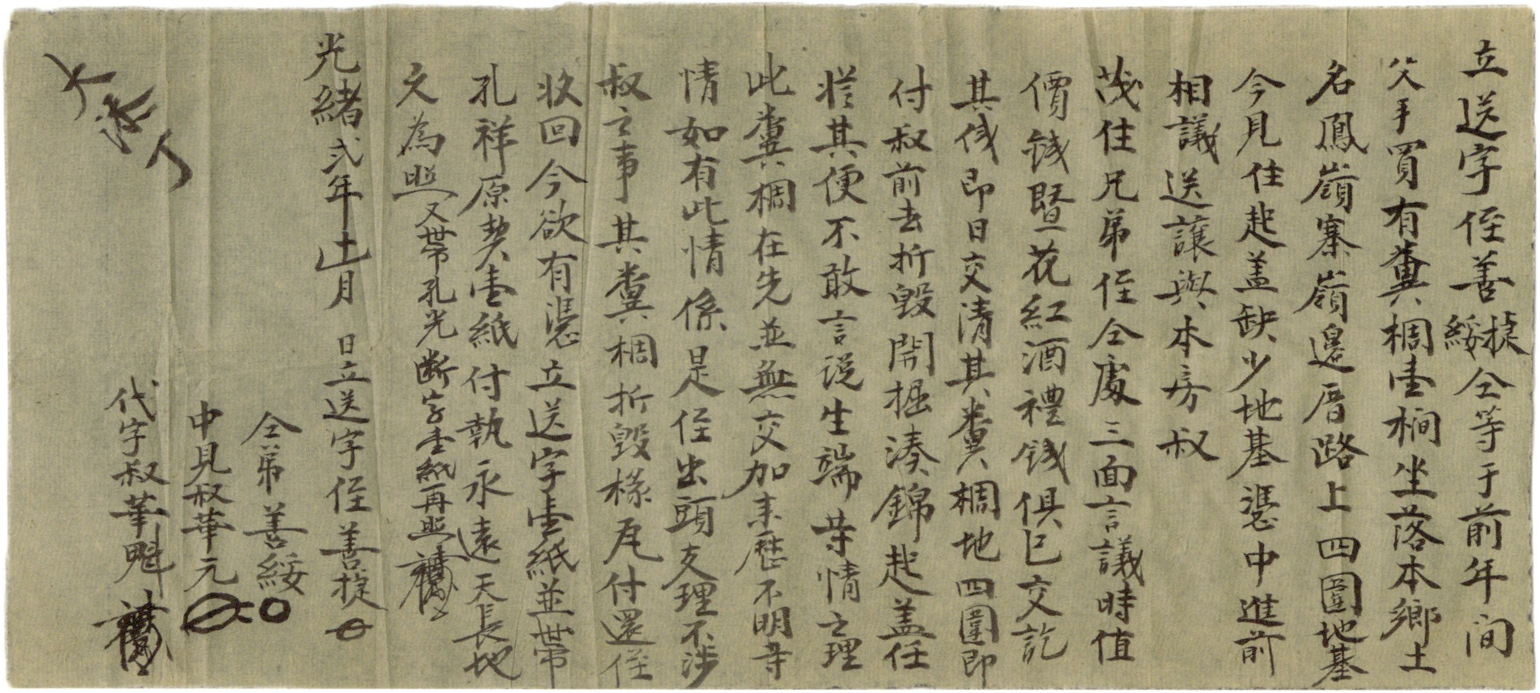
立送字侄善捷、綏仝等，于前年间
父手買有糞桐坐落本鄉土
名鳳嶺寨嶺邊厝路上四圍地基
今見侄起蓋缺少地基，憑中進前
相議，送讓與本房叔
茂住兄弟侄仝處三面言議，時值
價錢暨花紅酒禮錢俱已交訖
其錢即日交清，其糞桐地四圍即
付叔前去折毀鬧掘湊錦起蓋，任
從其便，不敢言說生端并情之理
此糞桐在先並無交加來歷不明等
情，如有此情，係是侄出頭支理，不涉
叔之事。其糞桐折毀椽瓦付還侄
收回。今欲有憑，立送字壹紙，並帶
孔祥原契壹紙，付執永遠，天長地
久為照。又帶孔光斷字壹紙，再照。
光緒弍年十一月 日立送字侄善捷 押
仝弟 善綏 押
中見叔 華元 押
代字叔 華魁 押
大發丁

6-4-7-4 清光緒二年十一月林善捷等立送糞桐字

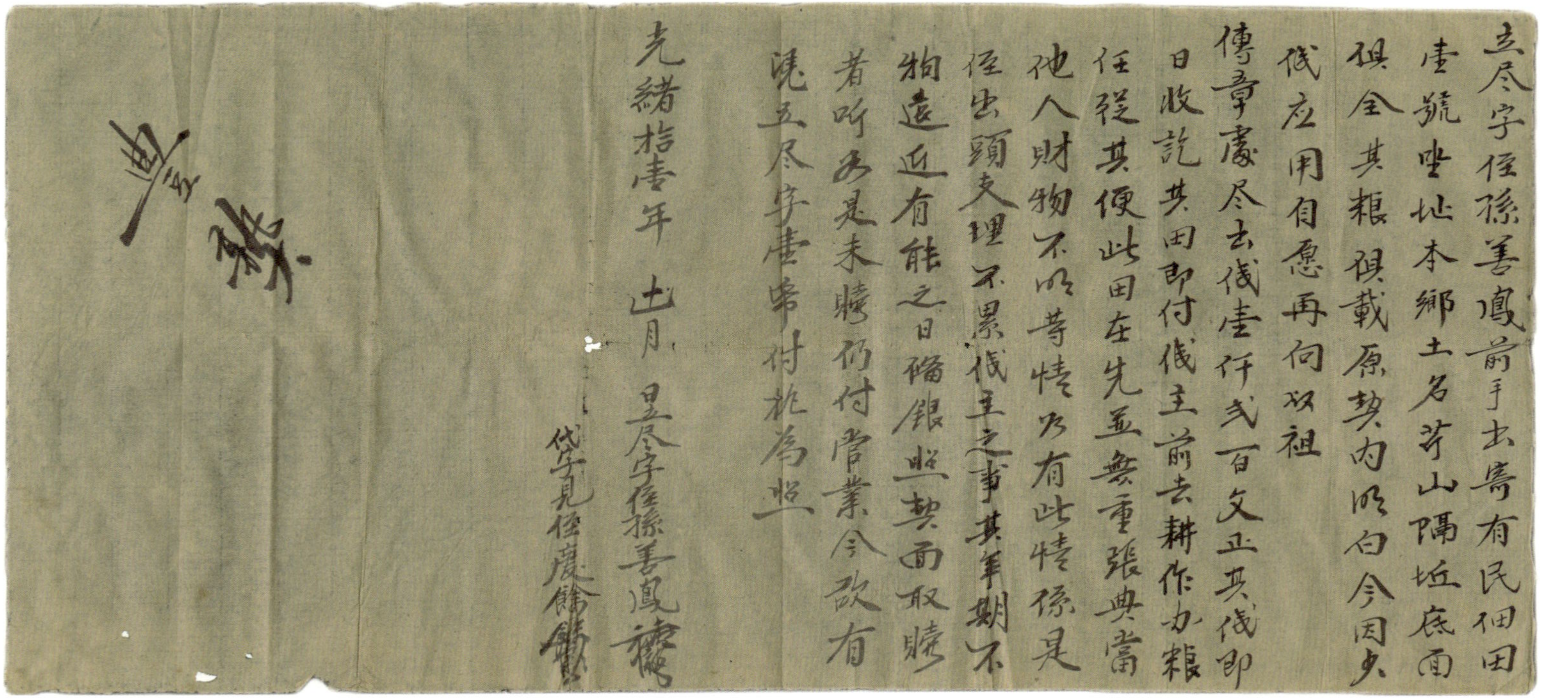
立盡字侄孫善鳳前手出壽有民佃田
壹號，坐址本鄉，土名芹山陽垅底面
俱全，其粮俱載原契内明白。今因乏
錢應用，自愿再向叔祖
傳章處盡出錢壹仟弍百文正。其錢即
日收訖，其田即付錢主前去耕作办粮，
任從其便。此田在先並無重張典當
他人財物不明等情，乃有此情，係是
侄出頭支理，不累錢主之事。其年期不
拘遠近，有能之日，備銀照契面取贖，
若所無是，未贖，仍付管業。今欲有
憑，立盡字壹帋付執爲照。
光緒拾壹年 十一月 日立盡字侄孫善鳳（押）
代字見侄慶餘（押）

6-4-8-1 清光緒十一年十一月林善鳳立盡底面全民佃田字

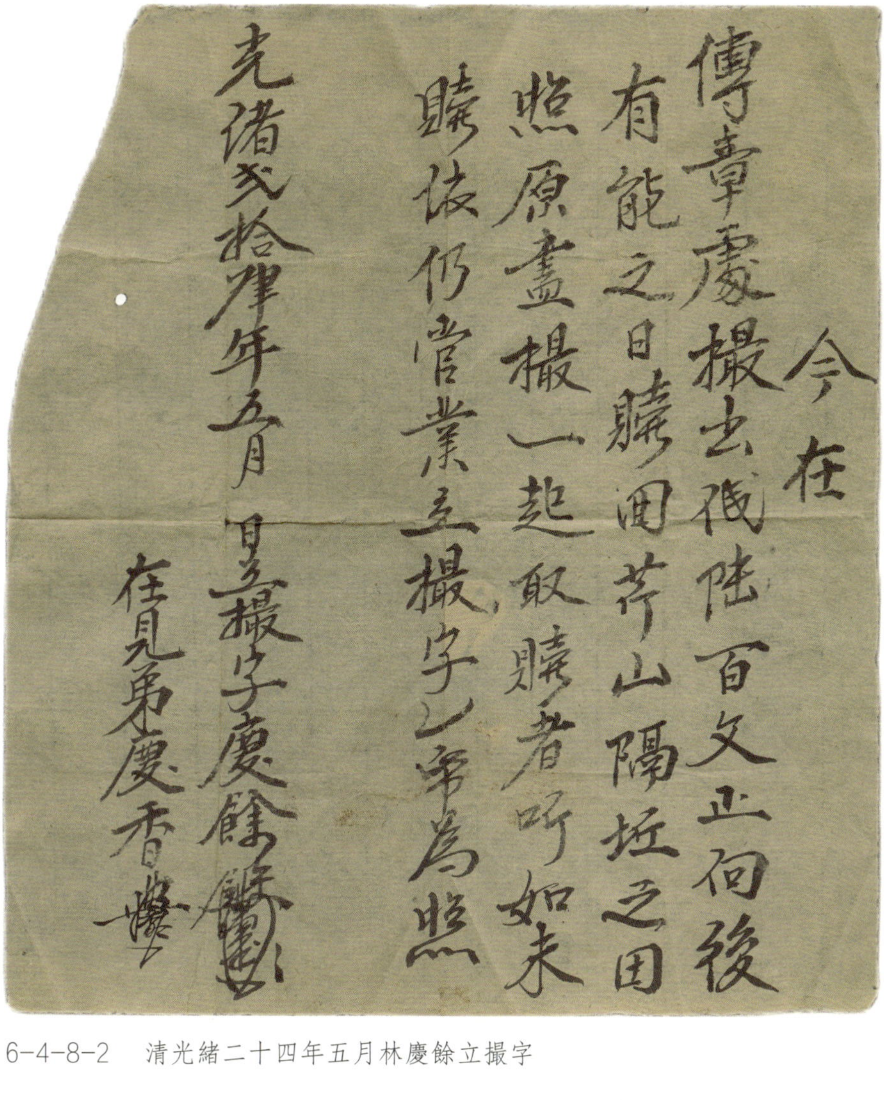

今在
傳章處撮出伍陸百文正，向後
有能之日，贖回芹山陽坵之田
照原盡撮一起取贖，者听如未
贖，依仍管業。立撮字為照。
光緒貳拾肆年五月　日立撮字慶餘（押）
在見弟慶香（押）

6-4-8-2　清光緒二十四年五月林慶餘立撮字

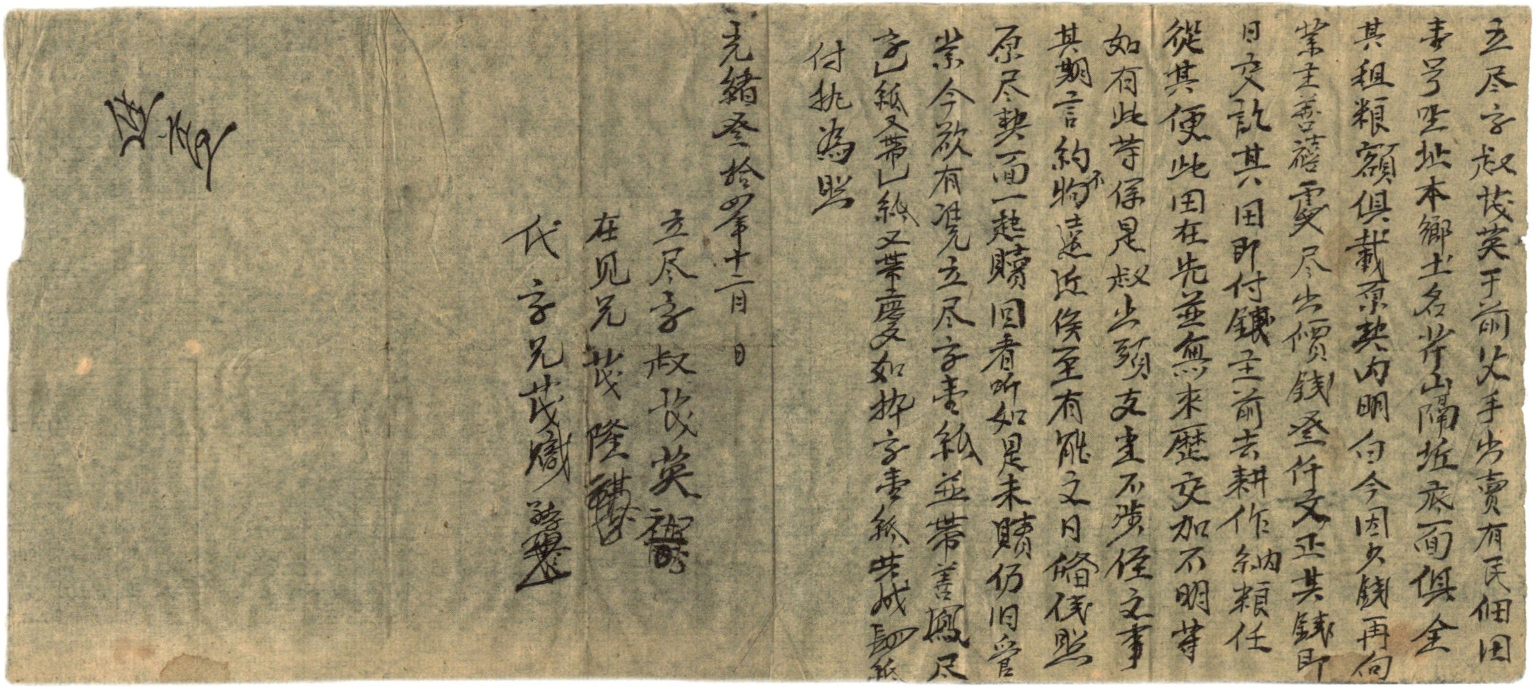

立尽字叔茂英于前父手出賣有民佃田
壹号坐址本鄉土名岸山陽垣底面俱全
其租粮額俱載原契內明白今因欠錢再向
業主善禧處尽出價錢叁仟文正其錢即
日交訖其田即付錢主前去耕作納粮任
從其便此田在先並無來歷交加不明等
如有此等係是叔出頭支當不涉侄之事
其契言約物遠近係至有贖之日繳俵照
原尽契面一趕贖回者听如是未贖仍旧管
業今欲有凭立尽字壹紙並帶善禧尽
字壹紙又帶山紙又業處如揀字壹紙共成四紙
付執為照

光緒叁拾四年十二月　日
立尽字叔茂英（押）
在見兄茂隆（押）
代字兄茂熾（押）

6-4-8-3　清光緒三十四年十二月林茂英立盡底面全民佃田字

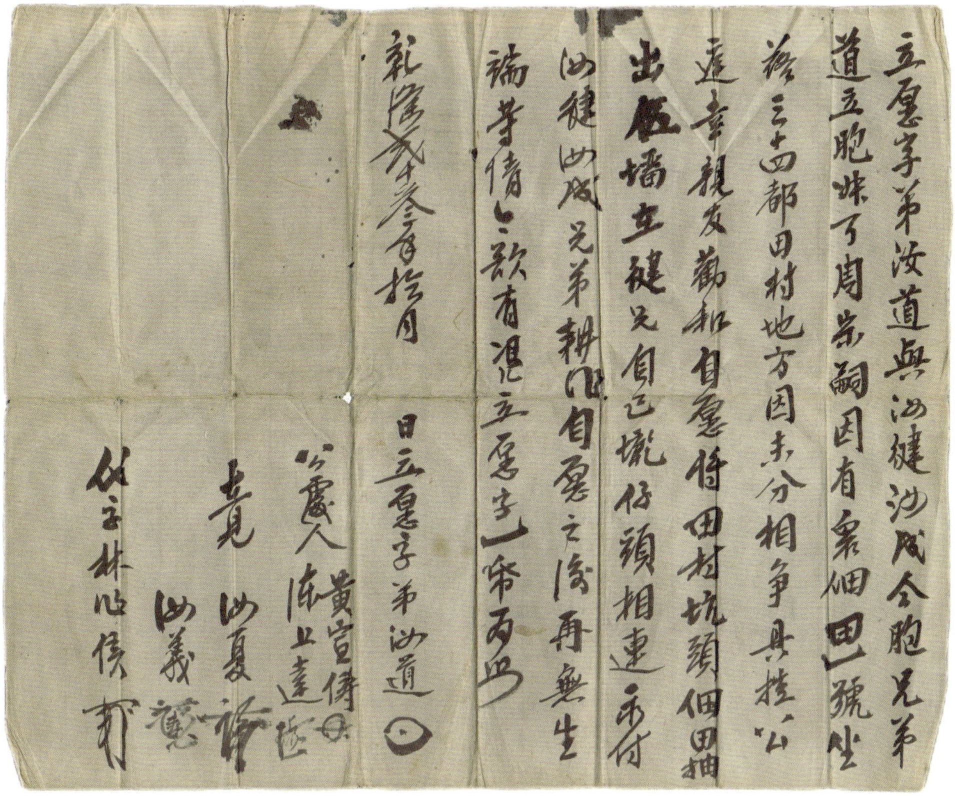
立愿字弟汝道與汝鍵汝成仝胞兄弟
道立胞姪可周崇嗣因有衆佃田一號坐
落二十四都田村地方因未分相争具控公
庭幸親友勸和自愿將田村坑頭佃田抽
出與墻立鍵兄自己壠仔頭相連永付
汝鍵汝成兄弟耕作自愿之後再無生
端等情今欲有憑立愿字一帋為照
乾隆貳十叁年拾月 日立愿字弟汝道
公處人 黄宣傳 陳上達
見 汝夏 汝義
代字林汝俊

6-4-9-1　清乾隆二十三年十月林汝道立愿字

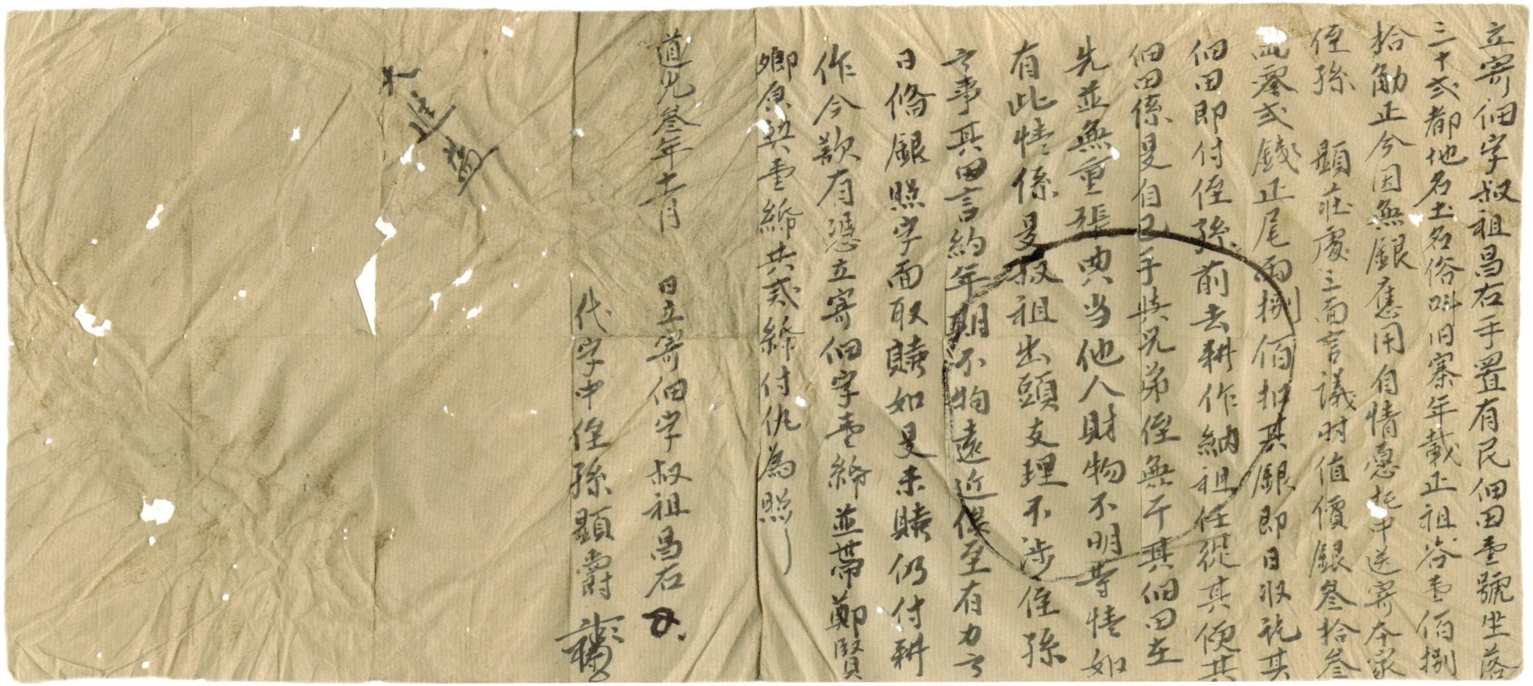
立寄佃字叔祖昌右手置有民佃田壹號坐落
二十三都地名土名俗叫旧寨年載正租谷壹佰捌
拾觔正今因無銀應用自情愿托中送寄本家
侄孫　顯燕處三面言議時值價銀叁拾叁
兩叁錢正尾兩捌佰捌其銀即日收訖其
佃田即付侄孫前去耕作納租任從其便其
佃田係是自己手與兄弟侄無干其佃田左
先並無重張典当他人財物不明等情如
有此情係是叔祖出頭支理不涉侄孫
之事其田言約年期不拘遠近係至有力之
日備銀照字面取贖如是未贖仍付耕
作今欲有憑立寄佃字壹紙並帶鄭賢
卿原契壹紙共貳紙付伙為照」
道光叁年十一月　日立寄佃字叔祖昌右（押）
代字中侄孫顯爵（押）

6-4-9-2　清道光三年十一月林昌右立寄民佃田字（廢契）

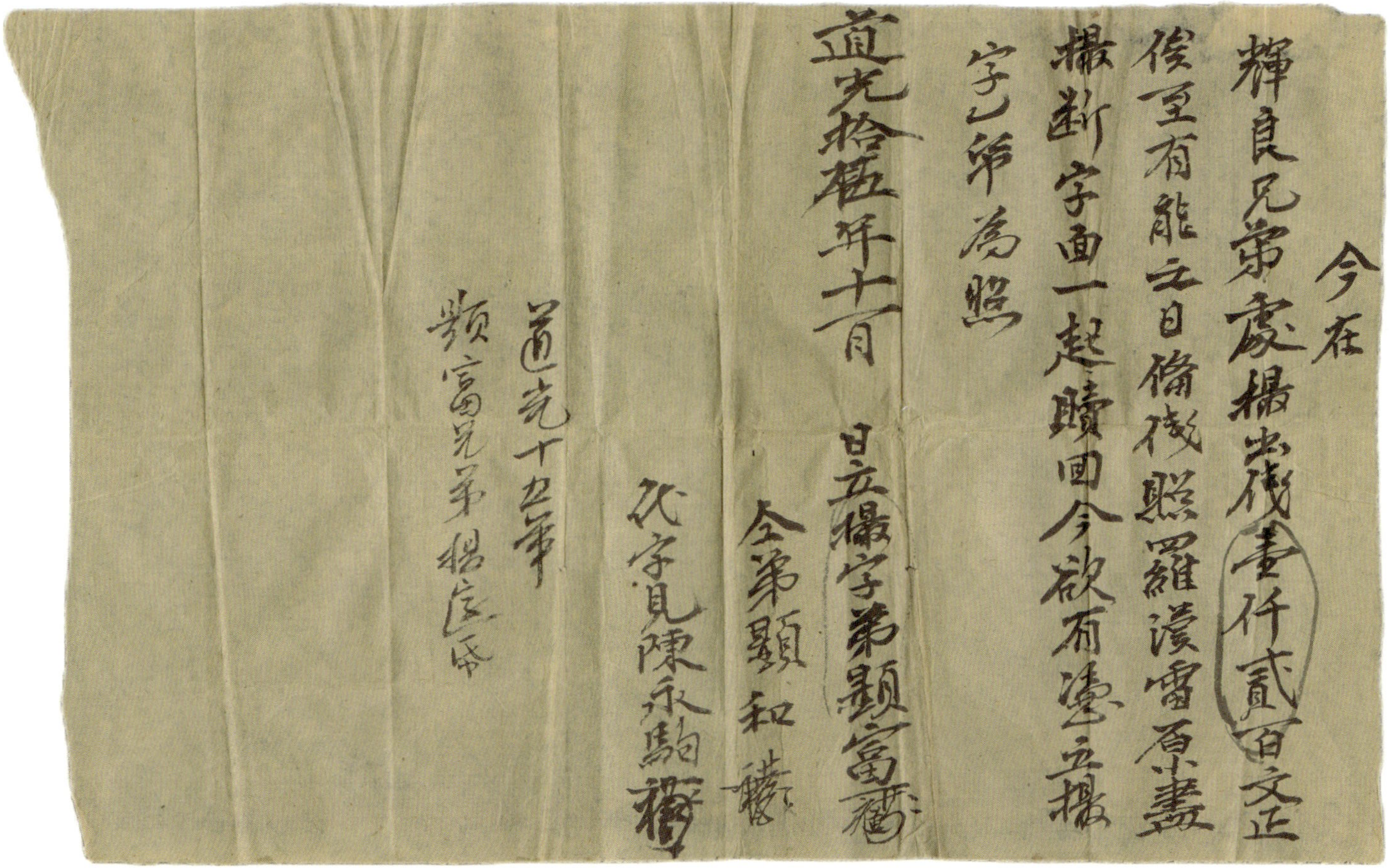
今在
輝良兄弟處撮出錢壹仟貳百文正
後至有能之日備錢照羅濱雷原數
撮斷字面一起贖回今欲有憑立撮
字一紙為照
道光拾伍年十一月　日立撮字弟顯富（押）
仝弟顯和（押）
代字見陳永駒（押）
道光十九年
顯富兄弟撮退訖

6-4-9-3　清道光十五年十一月林顯富等立撮字（廢契）

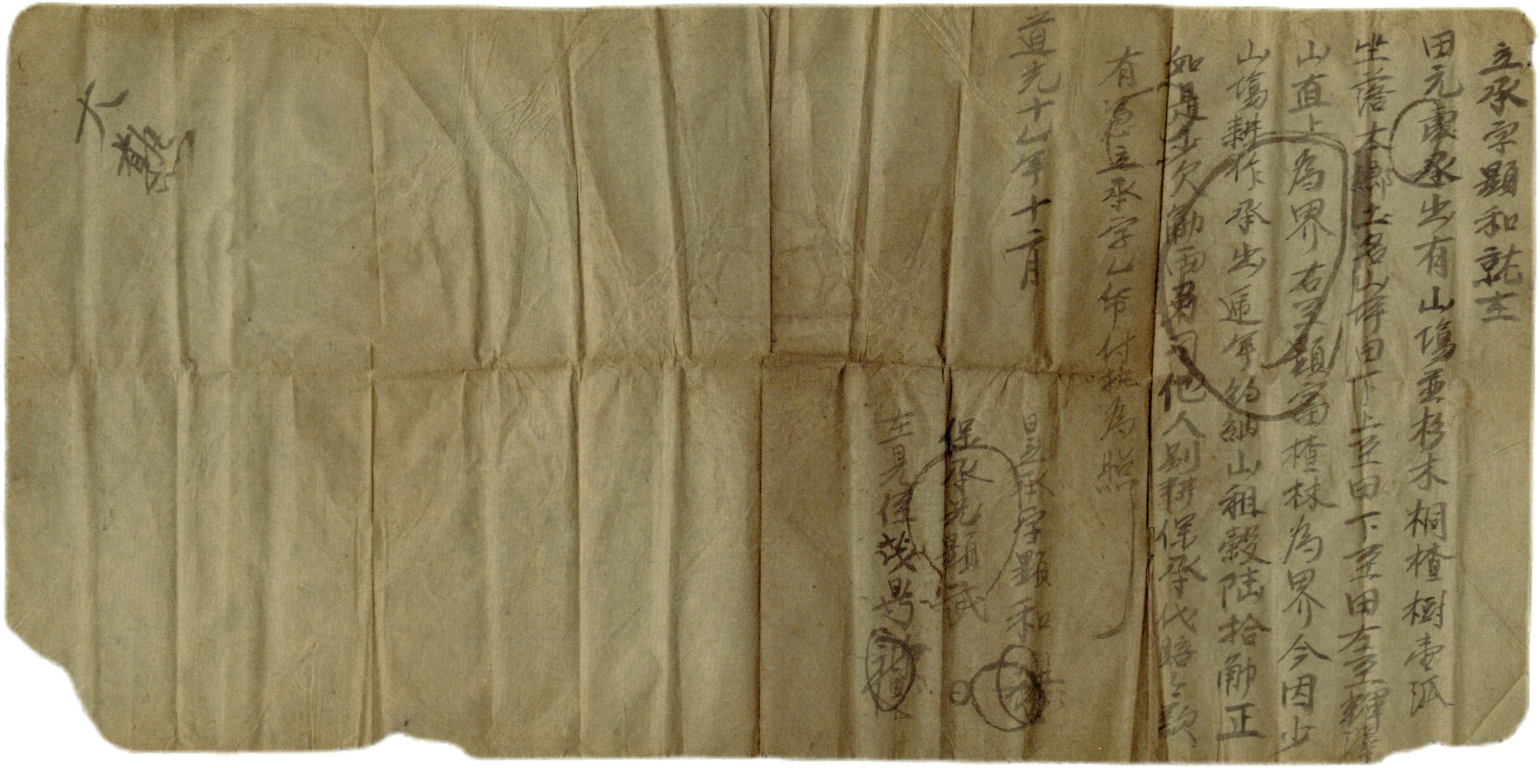

立承字顯和[illegible]
田元康承出有山塢壹[illegible]杉木桐楂樹壹[illegible]
坐落本鄉土名[illegible]田下上至田下至田左至[illegible]
山直上為界右至顯富楂林為界今因少
山塢耕作承出遞年約納山租穀陸拾觔正
如是少欠觔兩[illegible]聽憑他人別耕保承代賠之[illegible]
有憑立承字山帋付林為照
道光十一年十二月
日立承字顯和
保承兄顯[illegible]
在見保[illegible]
大[illegible]

6-4-10-1　清道光十一年十二月林顯和立承山場等字（廢契）

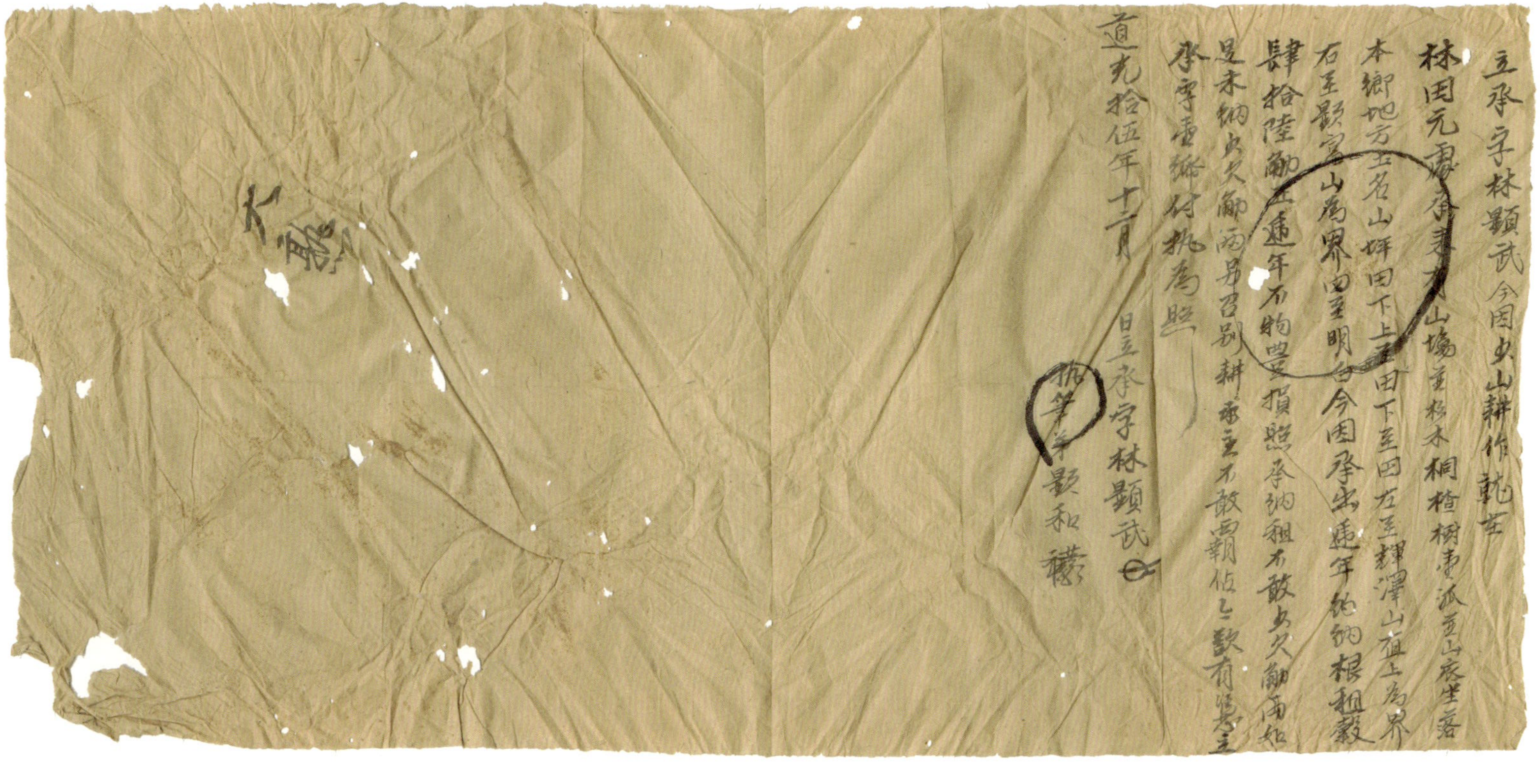

立承字林顯武今因出山耕作執去
林因元處承來山場並杉木桐楂樹壹派並山底坐落
本鄉地方土名山坪田下上至田下至田左至輝澤山直上為界
右至顯宮山為界四至明白今因承出遞年納根租穀
肆拾陸觔正遞年不拘豐歉照承納租不敢少欠觔兩如
是未納少欠觔兩另召別耕承主不敢霸佔亡歎有慿立
承字壹紙付執為照
道光拾伍年十二月　日立承字林顯武（押）
執筆弟顯和（押）

6-4-10-2　清道光十五年十二月林顯武立承山場等字（廢契）

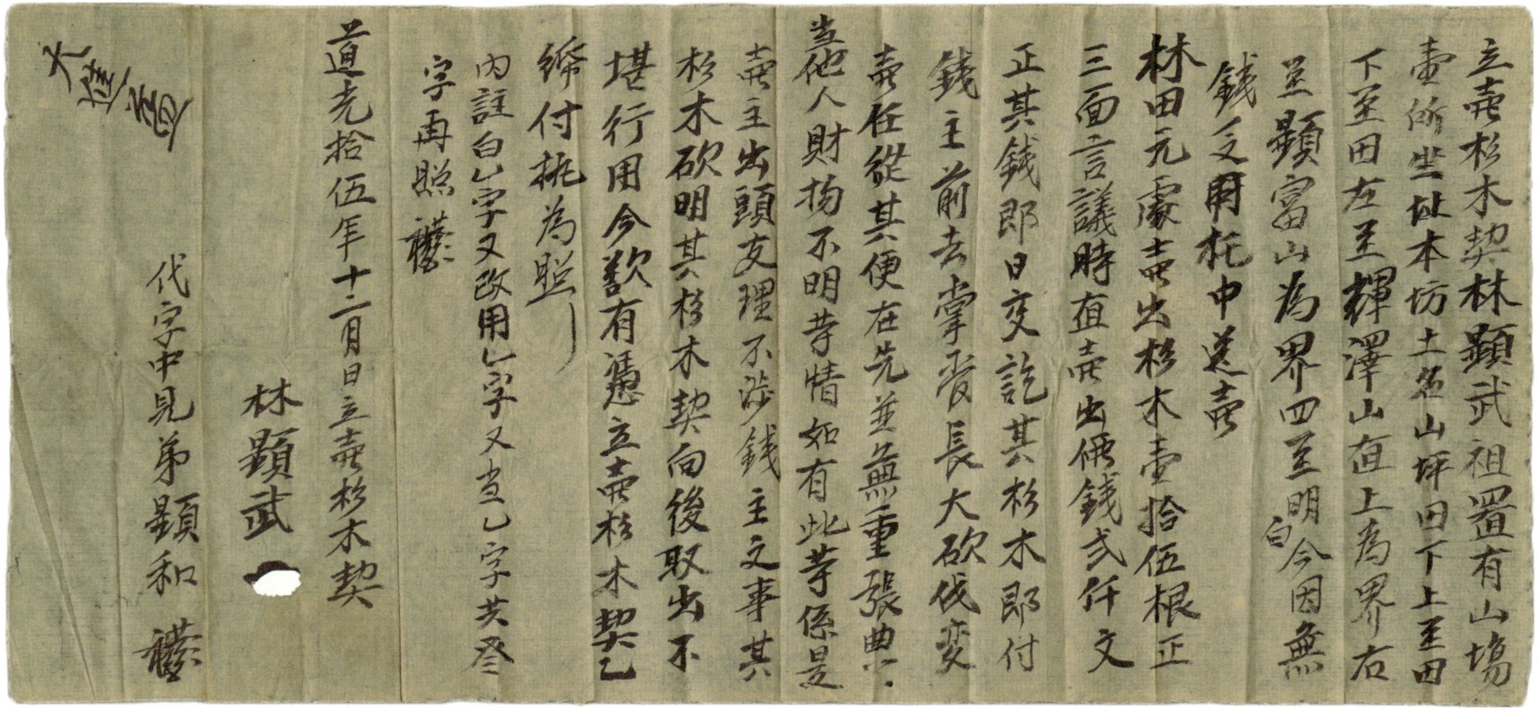
立賣杉木契林顥武祖置有山場
壹所坐址本坊土名山坪田下上至田
下至田左至樟澤山直上為界右
至顥富山為界四至明白今因無
錢乏用托中送賣
林田元處賣出杉木壹拾伍根正
三面言議時值賣出價錢弍仟文
正其錢即日交訖其杉木即付
錢主前去掌管長大砍伐變
賣任從其便在先並無重張典
盡他人財物不明等情如有此等係是
賣主出頭支理不涉錢主之事其
杉木砍明其杉木契向後取出不
堪行用今欲有憑立賣杉木契乙
紙付執為照
內註白山字又改用山字又查山字共叁
字再照
道光拾伍年十二月日立賣杉木契
林顥武
代字中見弟顥和

6-4-10-3　清道光十五年十二月林顥武立賣杉木契

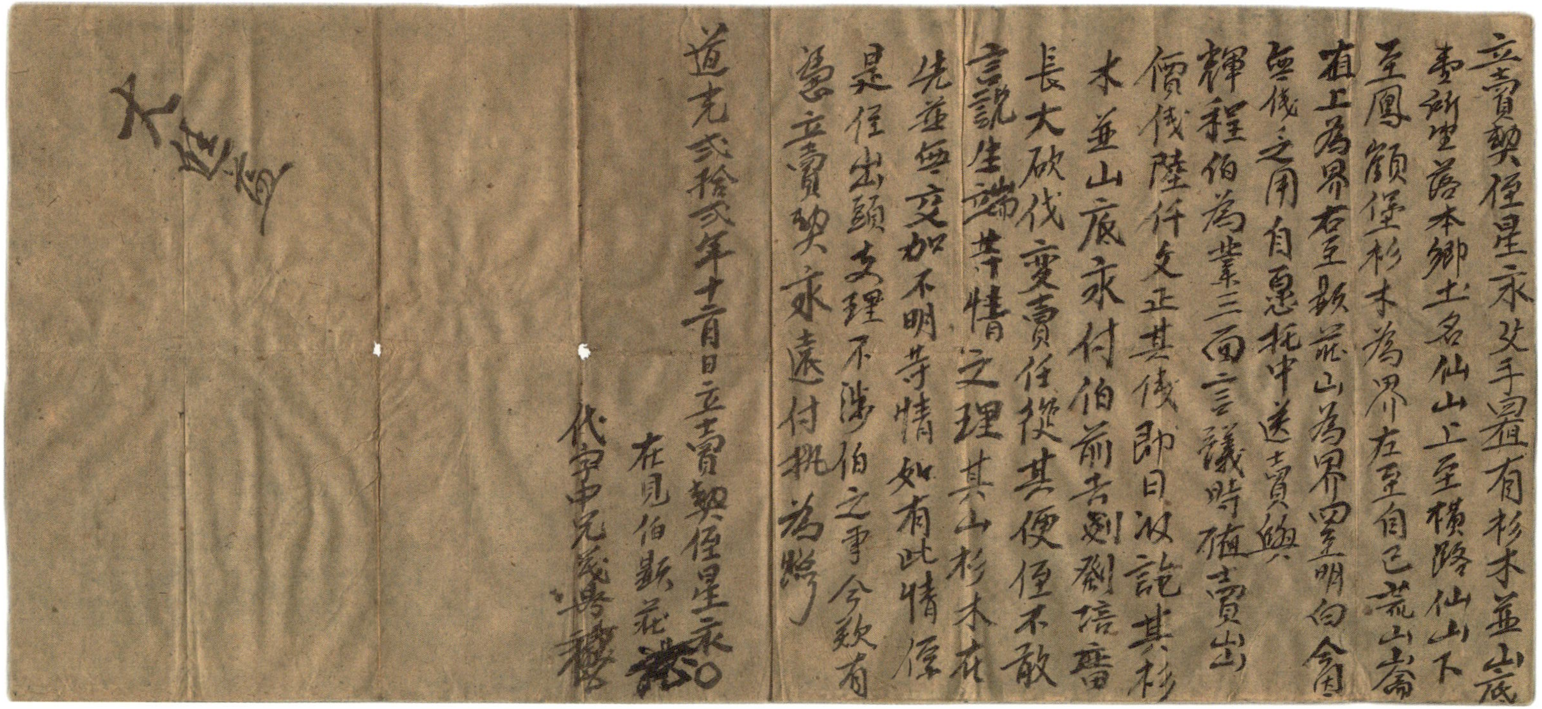
立賣契侄星永父手置有杉木并山底
壹所坐落本鄉土名仙山上至横路仙山下
至鳳頂侄杉木為界左至自己荒山崙
頂上為界右至與荒山為界四至明白今因
無錢之用自愿托中送賣與
輝程伯為業三面言議時值賣出
價錢陸仟文正其錢即日収訖其杉
木并山底永付伯前去剷培蓄
長大砍伐變賣任從其便侄不敢
言說生端等情之理其山杉木在
先並無交加不明等情如有此情係
是侄出頭支理不涉伯之事今欲有
憑立賣契永遠付執為照

道光貳拾貳年十二月日立賣契侄星永
在見伯斯花
代字叔兄茂書
大吉

6-4-11-1　清道光二十二年十二月林星永立賣杉木等契

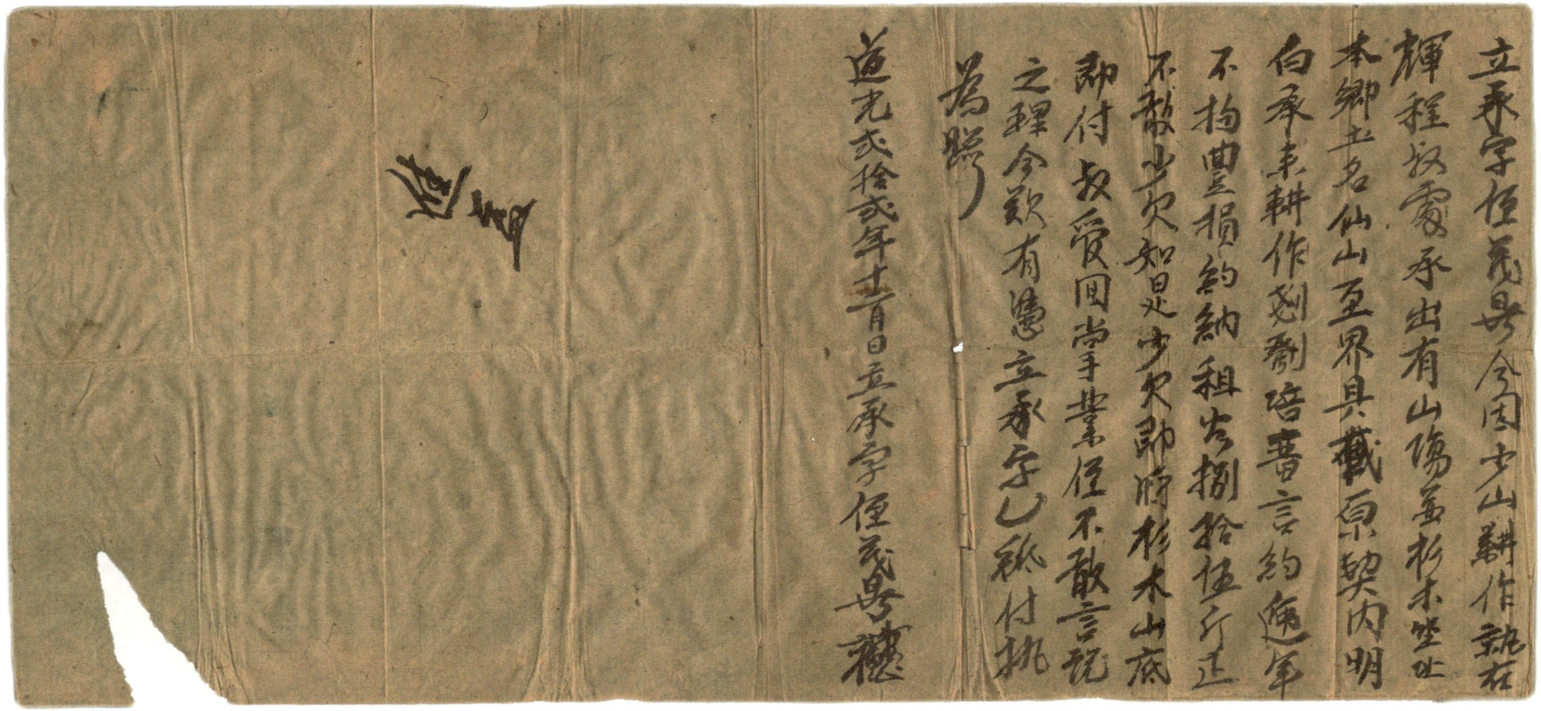

立承字侄茂鼎，今因承山耕作，就在
輝程叔處承出有山場一號，杉木坐址
本鄉土名仙山，至界具載原契內明
白，承來耕作、剗劄、培蓄，言約遞年
不拘豐損，約納租谷捌拾伍斤送
不敢少欠。如是少欠，即將杉木山底
即付叔收回嘗手業，侄不敢言說
之理。今欲有憑，立承字一紙付執
為照。

道光貳拾貳年十二月　日立承字侄茂鼎（押）

6-4-11-2　清道光二十二年十二月林茂鼎立承山場等字

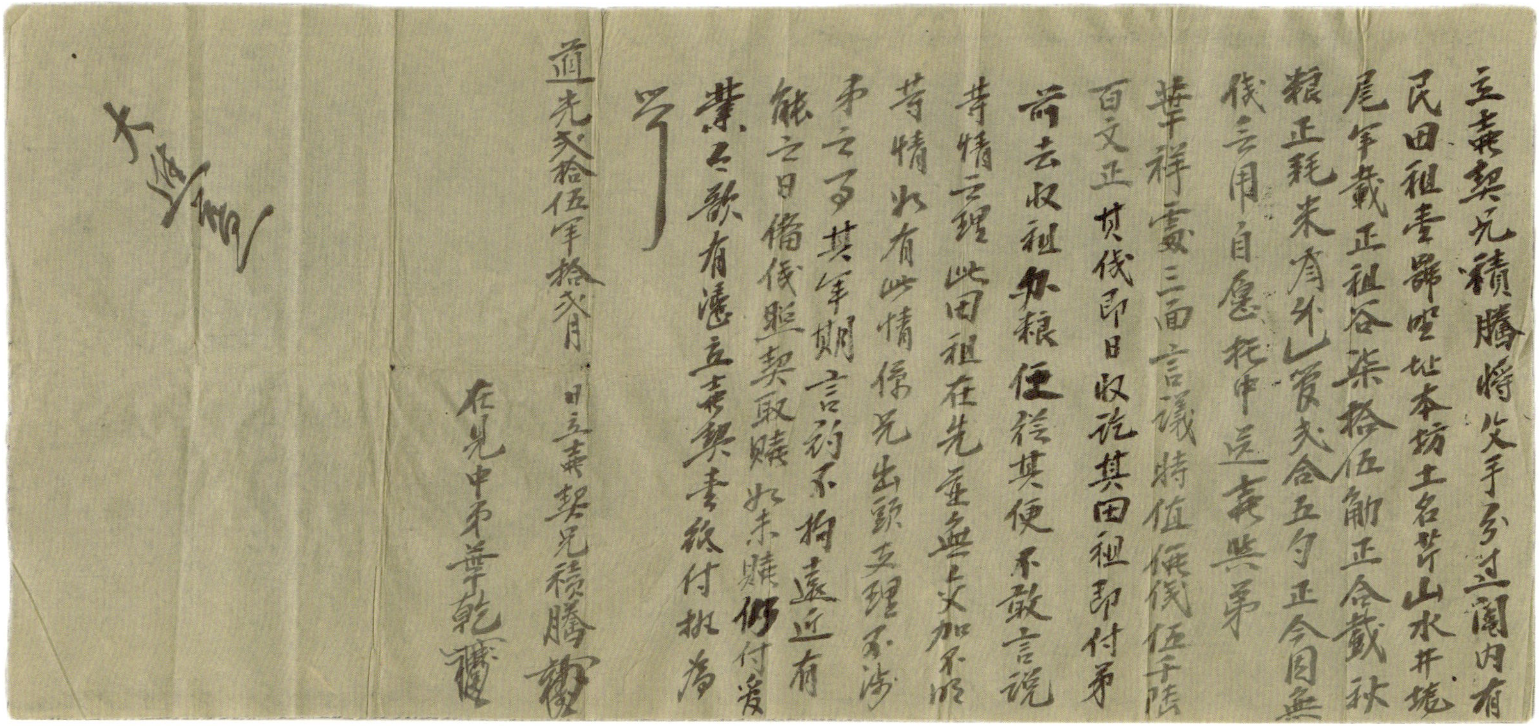

立賣契兄積騰將父手分过閫内有
民田租壹號坐址本坊土名芹山水井坑
尾年載正租谷柒拾伍觔正合載秋
粮正耗米壹升貳合五勺正今因無
錢應用自愿托中送賣與弟
華祥處三面言議時值價錢伍千陆
百文正　其錢即日收訖其田租即付弟
前去收租办粮任從其便不敢言說
等情　此田租在先並無上手加不明
等情　如有此情係兄出頭支理不涉
弟之事　其年期言約不拘遠近有
能之日備錢照契取贖如未贖仍付受
業不歀　有憑立賣契壹紙付执為
照
道光貳拾伍年拾貳月　日立賣契兄積騰（押）
在見中弟華乾（押）

6-4-12-1　清道光二十五年十二月林積騰立賣民田租契

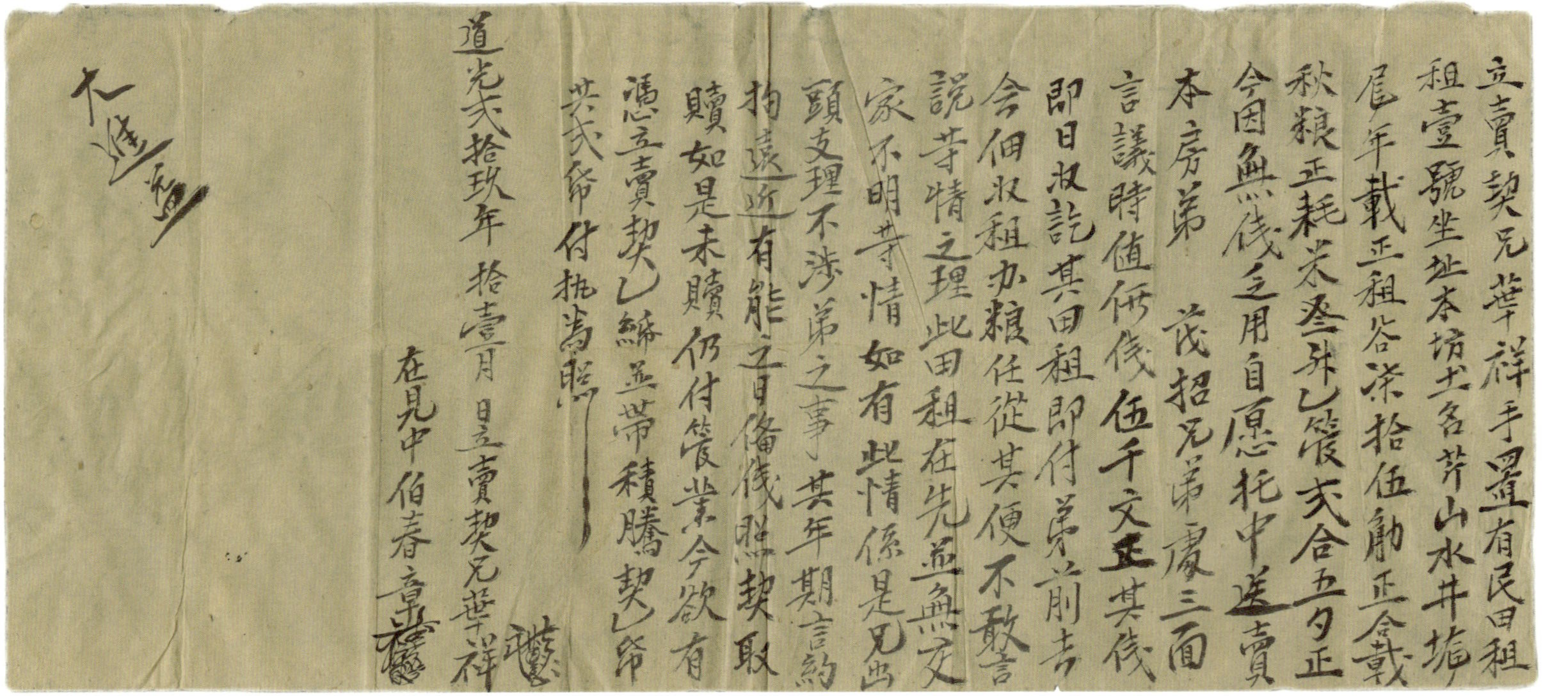
立賣契兄華祥手置有民田租
租壹號坐址本坊土名芹山水井墘
尾年載正租谷柒拾伍觔正仝載
秋粮正耗米叁升乙管弍合五勺正
今因無錢乏用自愿托中送賣
本房弟　茂招兄弟處三面
言議時值價錢伍千文正其錢
即日收訖其田租即付弟前去
會佃收租办粮任從其便不敢言
說等情之理此田租在先並無交
家不明等情如有此情係是兄出
頭支理不涉弟之事其年期言約
拘遠近有能之日備錢照契取
贖如是未贖仍付管業今欲有
憑立賣契乙紙並帶積騰契乙紙
共弍紙付執為照
道光弍拾玖年拾壹月　日立賣契兄華祥
在見中伯春章
大進益

6-4-12-2　清道光二十九年十一月林華祥立賣民田租契

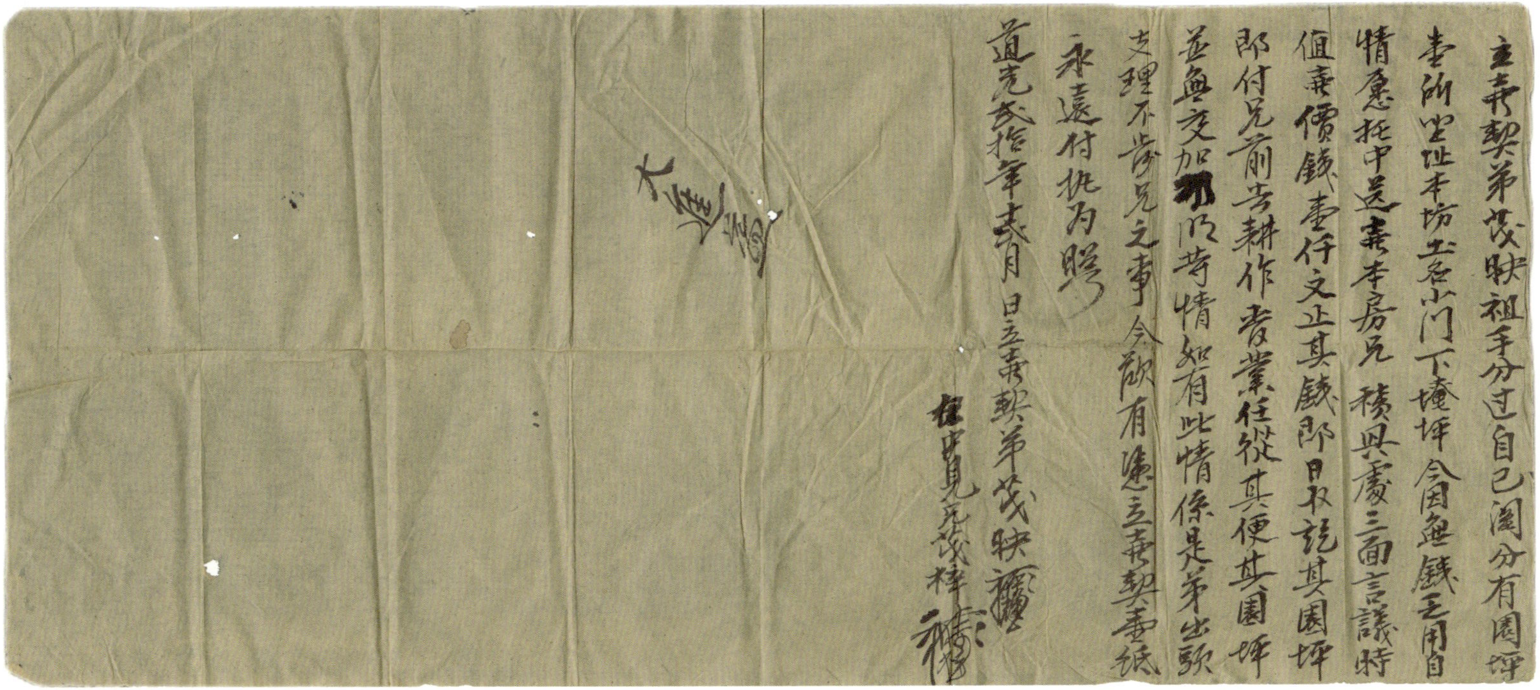
立賣契弟茂映，祖手分过自己阄分有園坪
壹所，坐址本坊土名小门下墘坪。今因無錢乏用，自
情愿托中送賣本房兄積興處，三面言議，時
值賣價錢壹仟文正。其錢即日收訖，其園坪
即付兄前去耕作管業，任從其便。其園坪
並無交加不明等情，如有此情，係是弟出頭
支理，不涉兄之事。今欲有憑，立賣契壹紙，
永遠付批為照。
道光贰拾年十二月　日立賣契弟茂映（押）
在見兄茂樟（押）

6-4-13-1　清道光二十年十二月林茂映立賣園坪契

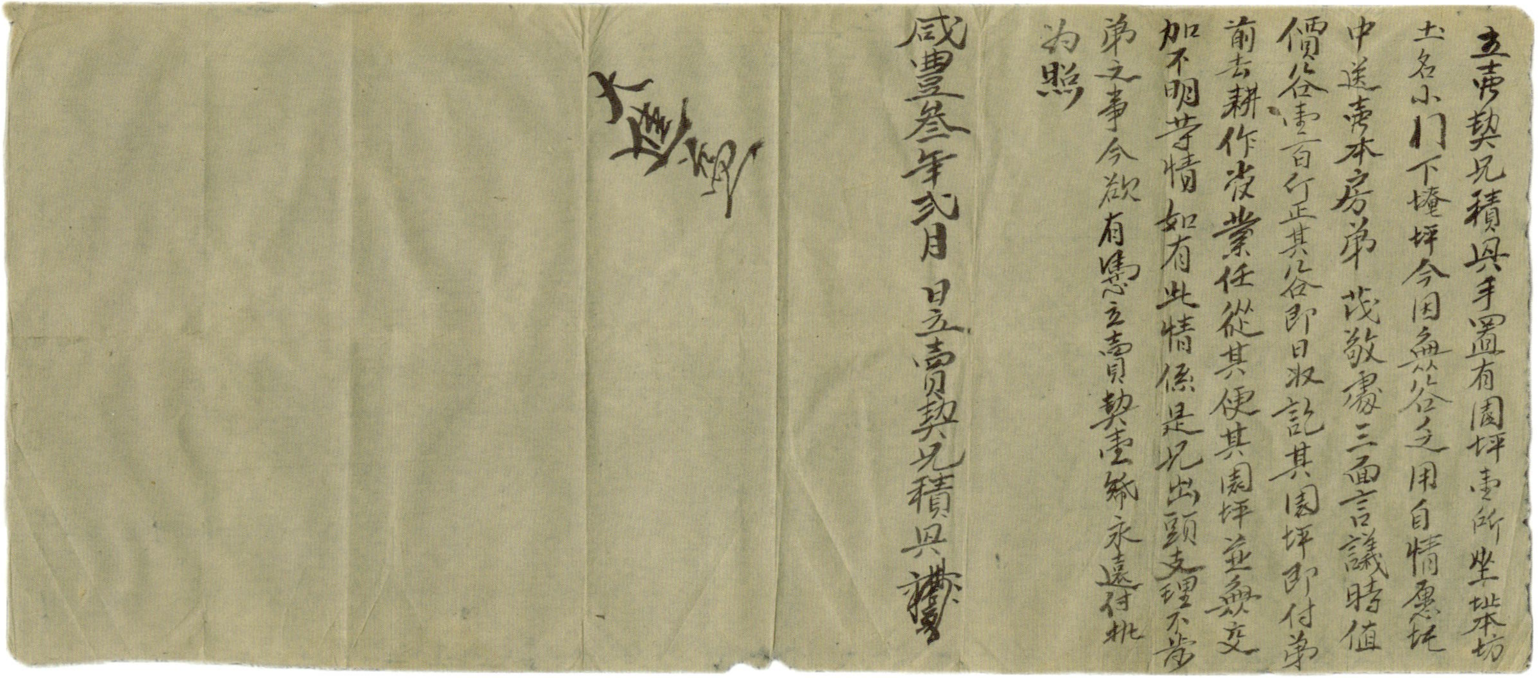

立賣契兄積㒵，手置有園坪壹所，坐址本坊土名小门下墥坪。今因無谷乏用，自情愿托中送賣本房弟茂敬處，三面言議，時值價谷壹百斤正。其谷即日收訖，其園坪即付弟前去耕作管業，任從其便。其園坪並無交加不明等情，如有此情，係是兄出頭支理，不涉弟之事。今欲有憑，立賣契壹紙，永遠付批為照。

咸豐叁年弍月　日立賣契兄積㒵（押）

大遂人願

6-4-13-2　清咸豐三年二月林積㒵立賣園坪契

6-4-14-1　包契紙

6-4-14-2　包契紙

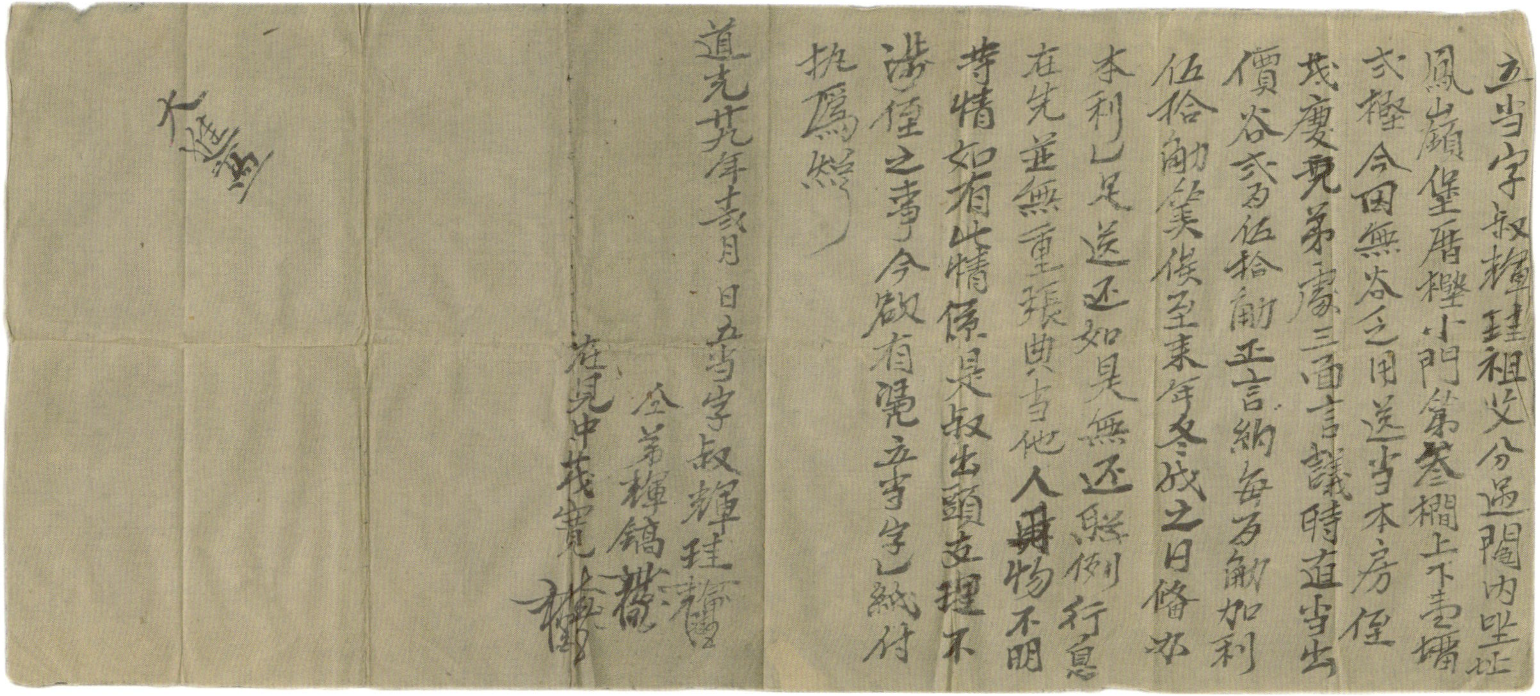
立當字叔輝珪祖父分過闀內坐址
鳳山嶺堡厝樫小門第叁間上下壹塒
弍樫，今因無谷乏用，送當本房侄
茂慶兄弟處，三面言議，時值當出
價谷弍百伍拾觔，正言納每百觔加利
伍拾觔算，俟至来年冬成之日備办
本利一足送还，如是無还，照例行息。
在先並無重張典當他人財物不明
等情，如有此情，係是叔出頭支理，不
涉侄之事。今欲有憑，立當字一紙付
执為照。
道光廿九年十二月　日　立當字叔輝珪（押）
仝弟輝鎬（押）
在見中茂寬（押）
大吉利

6-4-14-3　清道光二十九年十二月林輝珪等立當厝樫字

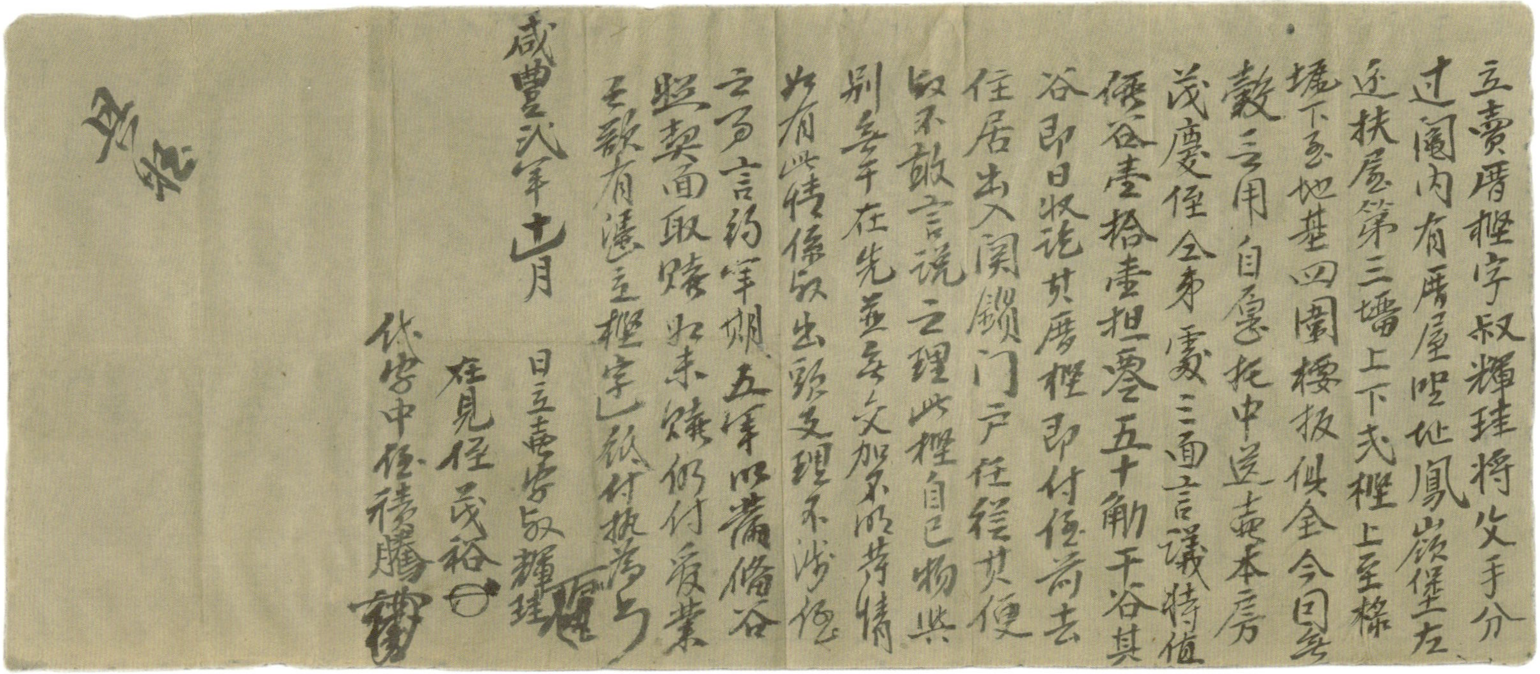

立賣厝樫字叔輝珪將父手分
过闔內有厝屋坐址鳳嶺堡左
边扶屋第三墻上下弍樫上至椺
墟下至地基四圍樓扱俱全今因無
銀乙用自愿托中送賣本房
茂慶侄仝弟處三面言議時值
價谷壹拾壹担零五十觔干谷其
谷即日收訖其厝樫即付侄前去
住居出入關鎖門户任從其便
叔不敢言說之理此樫自己物業
別無干在先並無文加來歷等情
如有此情係叔出頭支理不涉侄
之事言約年期五年以滿備谷
照契面取贖如未贖仍付侄業
恐無憑立樫字乙紙付執為照

日立賣字叔輝珪
在見侄茂裕
代字中侄禧騰
咸豐弍年十一月

6-4-14-4　清咸豐二年十一月林輝珪立賣厝樫字

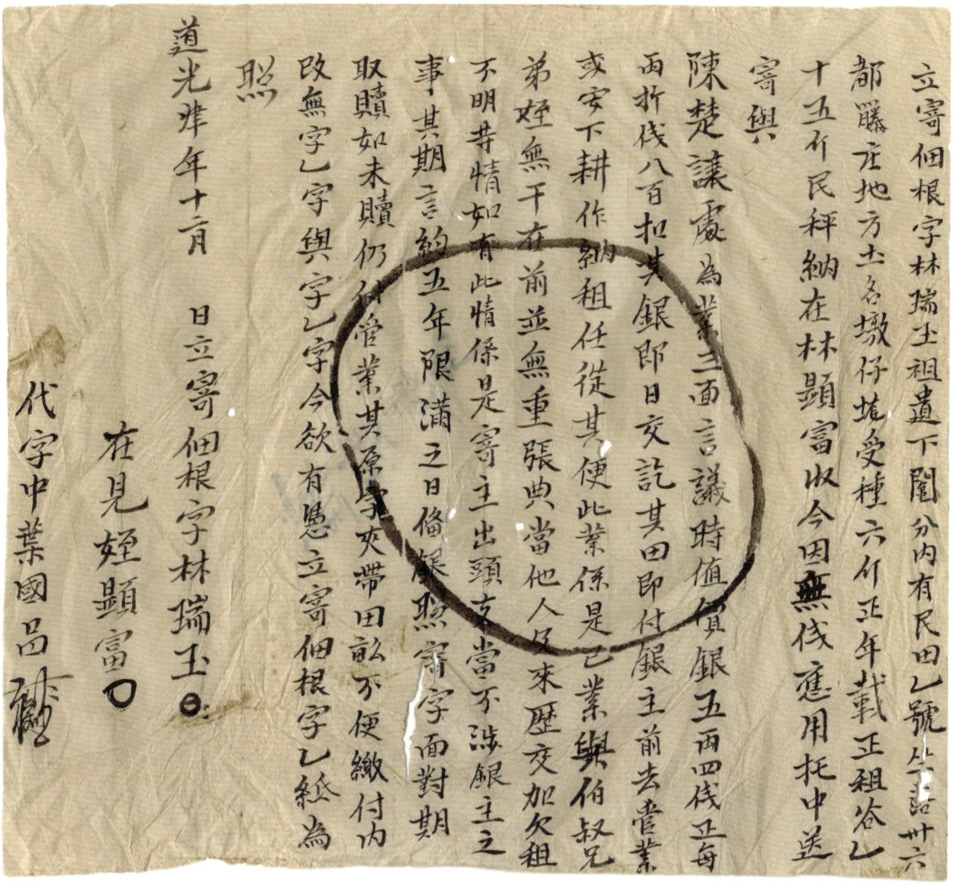

立寄佃根字林瑞玉祖遺下閫分內有民田乙號，坐落廿六都羅庄地方，土名墩仔堀，受種六斤，正年載正租谷乙十五斤，民秤納在林顯富收。今因無錢應用，托中送寄與

陳楚議處為業。三面言議，時值價銀五兩四錢正，每兩折錢八百扣，其銀即日交訖，其田即付銀主前去管業，或安下耕作納租，任從其便。此業係是己業，與伯叔兄弟姪無干，在前並無重張典當他人，及來歷交加欠租不明等情。如有此情，係是寄主出頭支當，不涉銀主之事。其期言約五年限滿，至日備銀照寄字面對期取贖。如未贖，仍付管業。其原字交帶田畝不便繳付，內段無字乙字，與字乙字。今欲有憑，立寄佃根字乙紙為照。

道光肆年十二月　日立寄佃根字林瑞玉（押）

在見姪顯富（押）

代字中葉國品（押）

6-4-15-1　清道光四年十二月林瑞玉立寄佃民田根字（廢契）

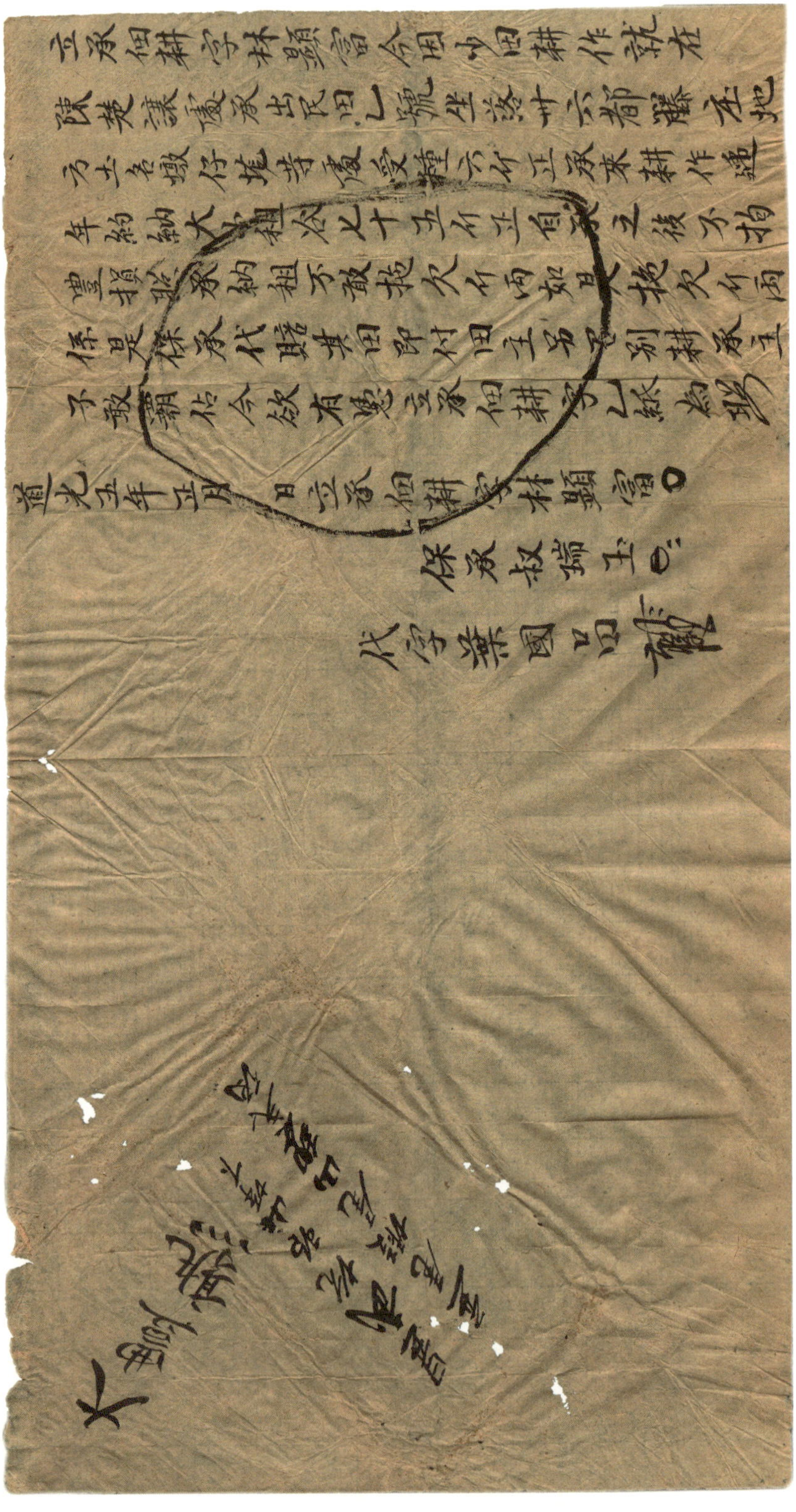

立承佃耕字林顯富，今因少田耕作，就在
陸茂謙處承出民田乙號，坐落廿六都聯丕地
乃土名墩仔坑苦處，受種六分正，承來耕作，逐
年約納大小租谷七十五斤正，面言之後，不拘
豐歉，照承納租，不敢拖欠斤兩，如是拖欠斤兩，
係是保承代賠，其田即付田主另召別耕，承主
不敢霸佔。今欲有憑，立承佃耕字乙紙為照。

道光五年正月　日立承佃耕字林顯富◎
保承叔瑞玉〇
代字葉國曰觀

6-4-15-2　清道光五年正月林顯富立承佃耕民田字（廢契）

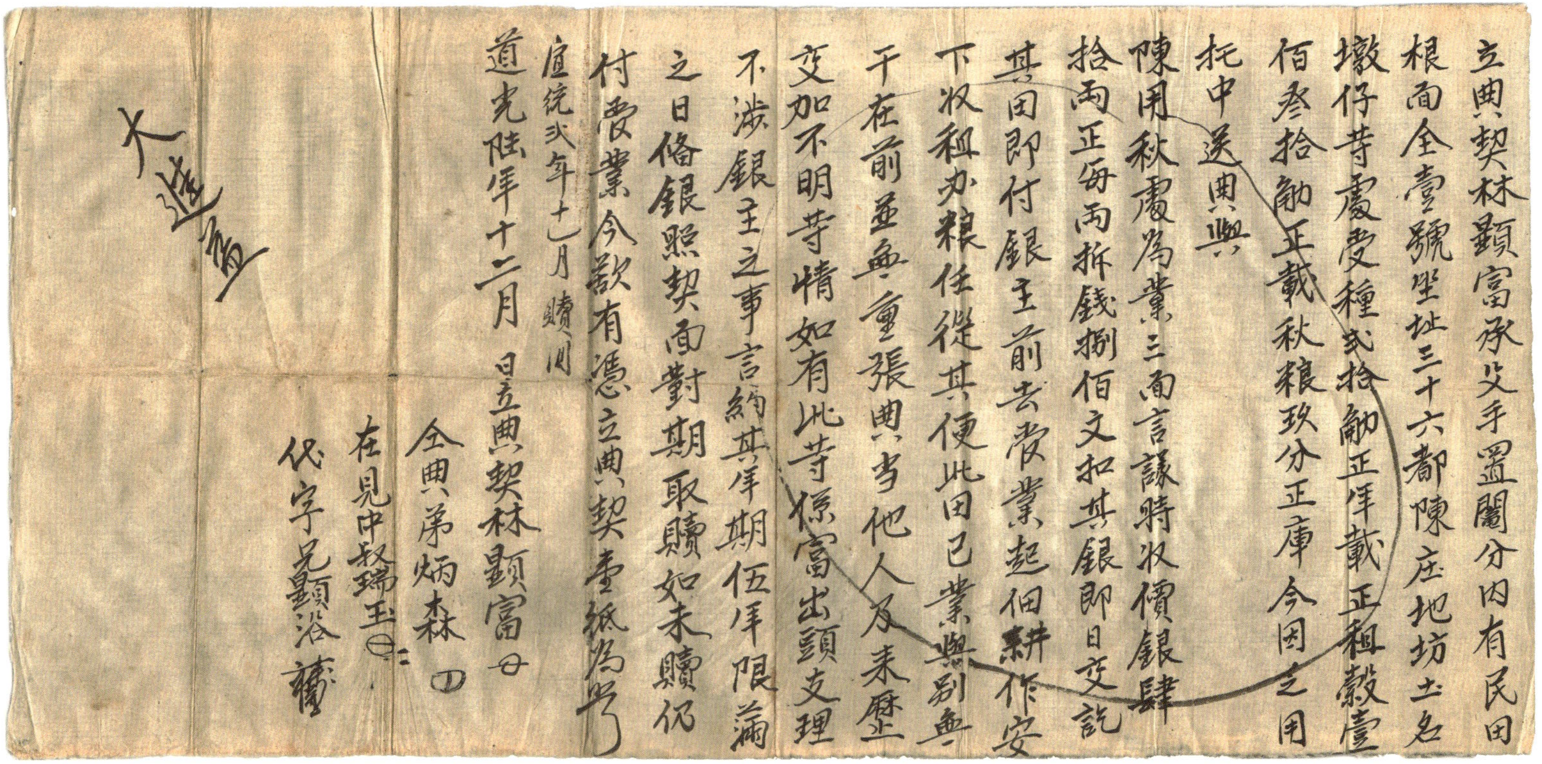
立典契林顯富承父手置鬮分內有民田
根面全壹號坐址三十六都陳庄地坊土名
墩仔等處受種弍拾觔正年載正租穀壹
佰叁拾觔正載秋粮玖分正庫　今因乏用
托中送典與
陳開秋處為業，三面言議時價銀肆
拾兩正每兩折錢捌佰文扣其銀即日交訖
其田即付銀主前去管業起佃耕作安
下收租办粮任從其便，此田己業與别無
干在前並無重張典当他人及來歷
交加不明等情如有此等係富出頭支理
不涉銀主之事，言約其年期伍年限滿
之日備銀照契面對期取贖如未贖仍
付管業，今欲有憑，立典契壹紙為照
宣統弍年十二月贖回
道光陸年十二月　日立典契林顯富（押）
仝典弟炳森（押）
在見中叔瑞玉（押）
代字兄顯浴（押）
大進

6-4-16-1　清道光六年十二月林顯富等立典根面全民田契（廢契）

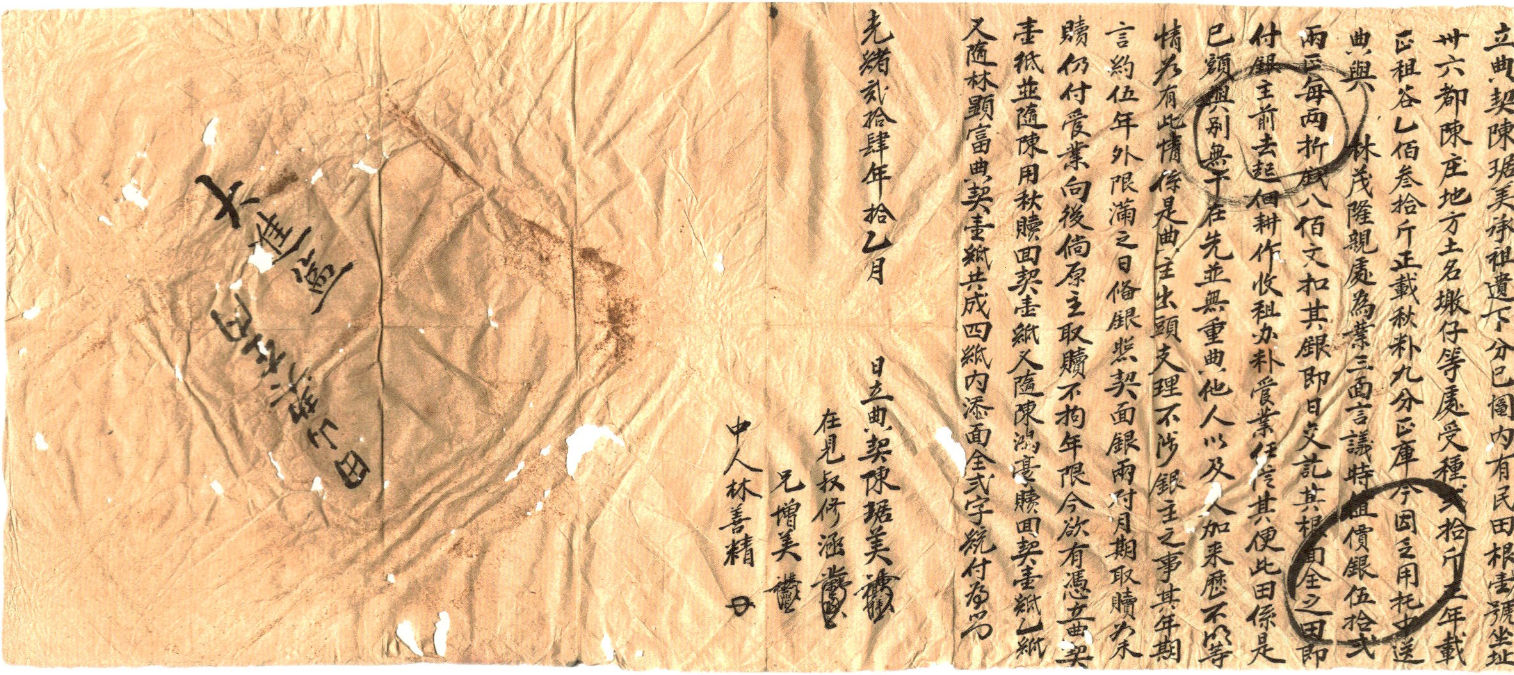
立典契陳珺美承祖遺下分已闔內有民田根壹號坐址
卅六都陳庄地方土名墩仔等處受種□拾斤□年載
正租谷七佰叁拾斤正載秋朴九分正庫□今因乏用托中送
典與
林茂隆親處為業三面言議特值價銀伍拾弍
兩正每兩折錢八佰文扣其銀即日交訖其根面全之田即
付銀主前去起佃耕作收租办朴管業任從其便此田係是
已額與別無干在先並無重典他人以及人加來歷不明等
情如有此情係是典主出頭支理不涉銀主之事其年期
言約伍年外限滿之日備銀些契面銀兩付月期取贖如未
贖仍付管業向後倘原主取贖不拘年限今欲有憑立典契
壹紙並隨陳用秋贖田契壹紙又隨陳鴻憲贖田契壹紙
又隨林顯富典契壹紙共成四紙內添面全弍字批付為照
光緒弍拾肆年拾乙月　日立典契陳珺美
在見叔何涵
兄增美
中人林善精

6-4-16-2　清光緒二十四年十一月陳珺美立典根面全民田契（廢契）

6-4-17-1　包契紙

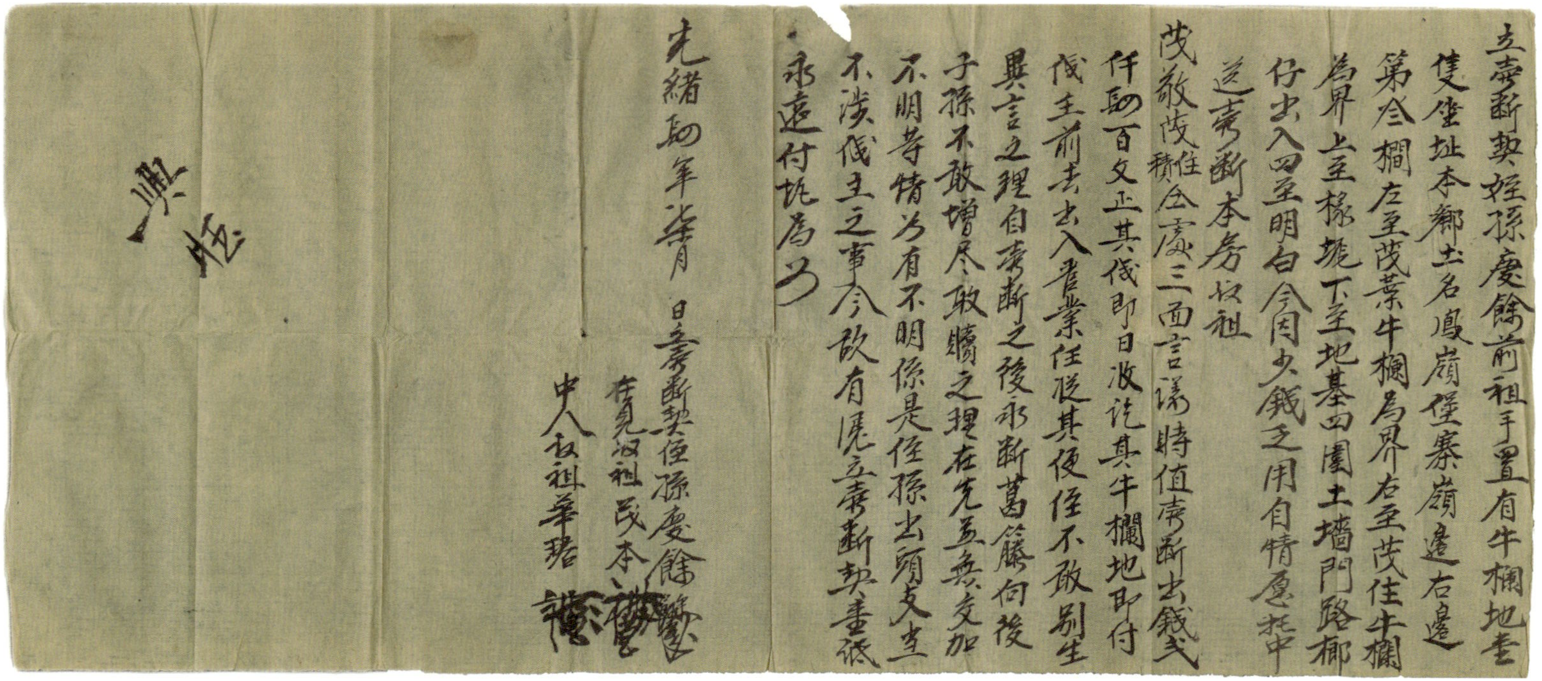

立賣斷契林孫慶餘今有祖手置有牛欄地壹
所，坐址本鄉土名鳳嶺堡寨嶺邊，右邊
第△合欄，左至洪家牛欄為界，右至洪住牛欄
為界，上至路旋，下至地基田園土墻門路，中
分出入四至明白。今因乏錢乏用，自情愿將此
立賣斷與本房叔祖
茂教、茂耕公衆處三面言議，時值價斷出錢貳
仟四百文正，其錢即日收訖，其牛欄地即付
錢主前去出入管業，任從其便，任不敢別生
異言之理。自賣斷之後，亦斷葛藤，向後
子孫不敢增找、不敢贖回之理。於先未曾交加
不明等情。若有不明，係是侄孫出頭支當，
不涉錢主之事。今欲有憑，立賣斷契壹紙，
永遠付執為照。

光緒四年七月　日立賣斷契侄孫慶餘
在見胞叔祖茂本
中人叔祖孝珠

6-4-17-2　清光緒四年七月林慶餘立賣斷牛欄地契

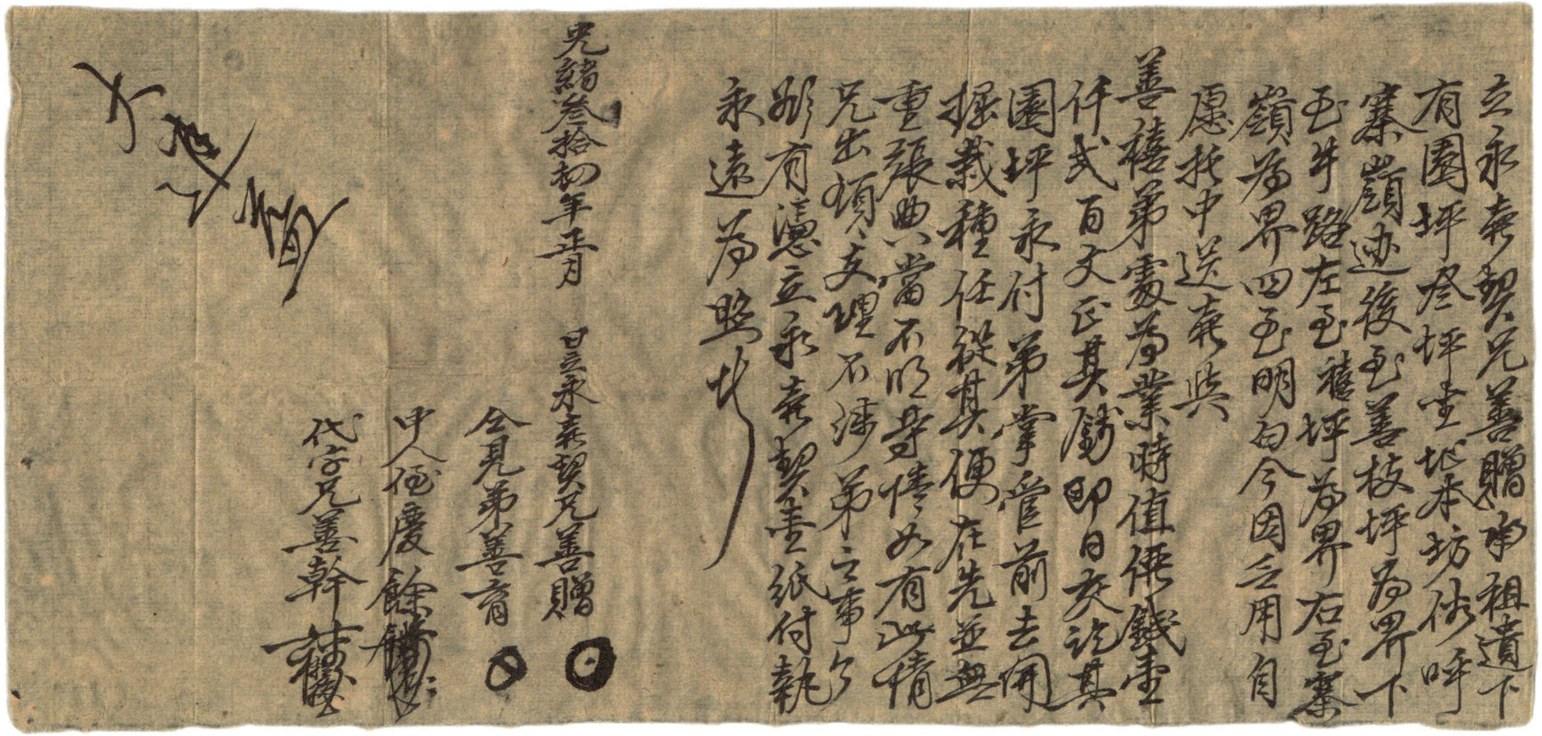

立永賣契兄善贈，承祖遺下
有園坪叁坪，坐址本坊，俗呼
寨嶺邊，後至善枝坪為界，下
至牛路，左至穗坪為界，右至寨
嶺為界，四至明白。今因乏用，自
愿托中送賣與
善穗弟處為業，時值價錢壹
仟貳百文正，其錢即日交訖，其
園坪永付弟掌管前去開
掘栽種，任從其便，在先並無
重張典當不明等情，如有此情，
兄出頭支理，不涉弟之事。今
欲有憑，立永賣契壹紙付執，
永遠為照。

光緒叁拾肆年正月　日立永賣契兄善贈
仝見弟善育
中人俍慶餘
代字兄善幹

6-4-17-3　清光緒三十四年正月林善贈立永賣園坪契

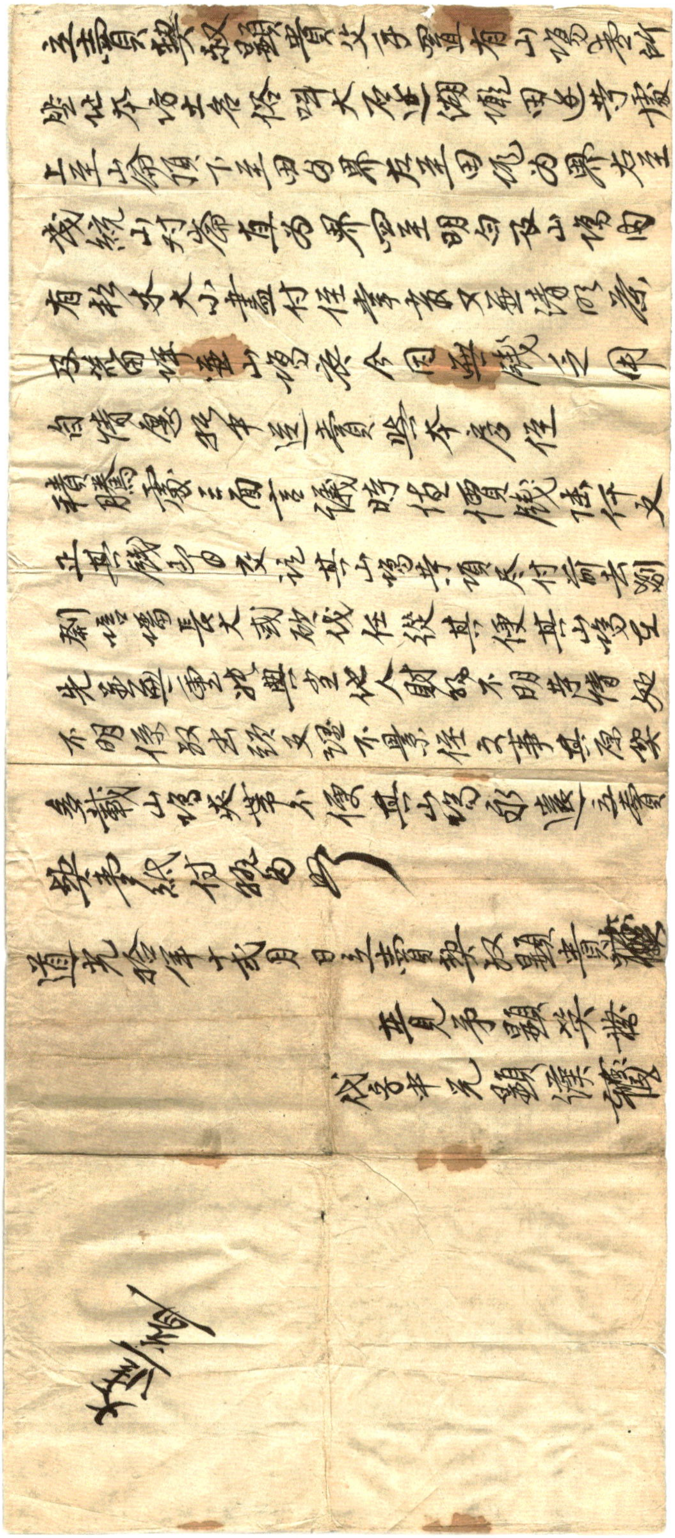

立賣契叔顯貴父手置有山場壹所
坐址本處土名俗叫大石近湖墘田近等處
上至山崙頂下至田為界左至田墘為界右至
茂統山村崙直為界四至明白及山場內
有杉木大小盡付侄掌管又並請明茶
及荒田坪並山場在內今因無錢乏用
自情愿托中送賣與本房侄
積騰處三面言議時值價錢陸仟文
正其錢即日交訖其山場等項盡付前去劉
劉培儲長大或砍伐任從其便其山場至
先並無重張典當他人財物不明等情如
不明係叔出頭支理不累侄之事其原契
參載山場坐等不便其山場永遠立賣
契壹紙付執為照
道光拾年十弍月　日立賣契叔顯貴（押）
在見弟顯英（押）
代字中兄顯謨（押）

大吉

6-4-18-1　清道光十年十二月林顯貴立賣山場等契

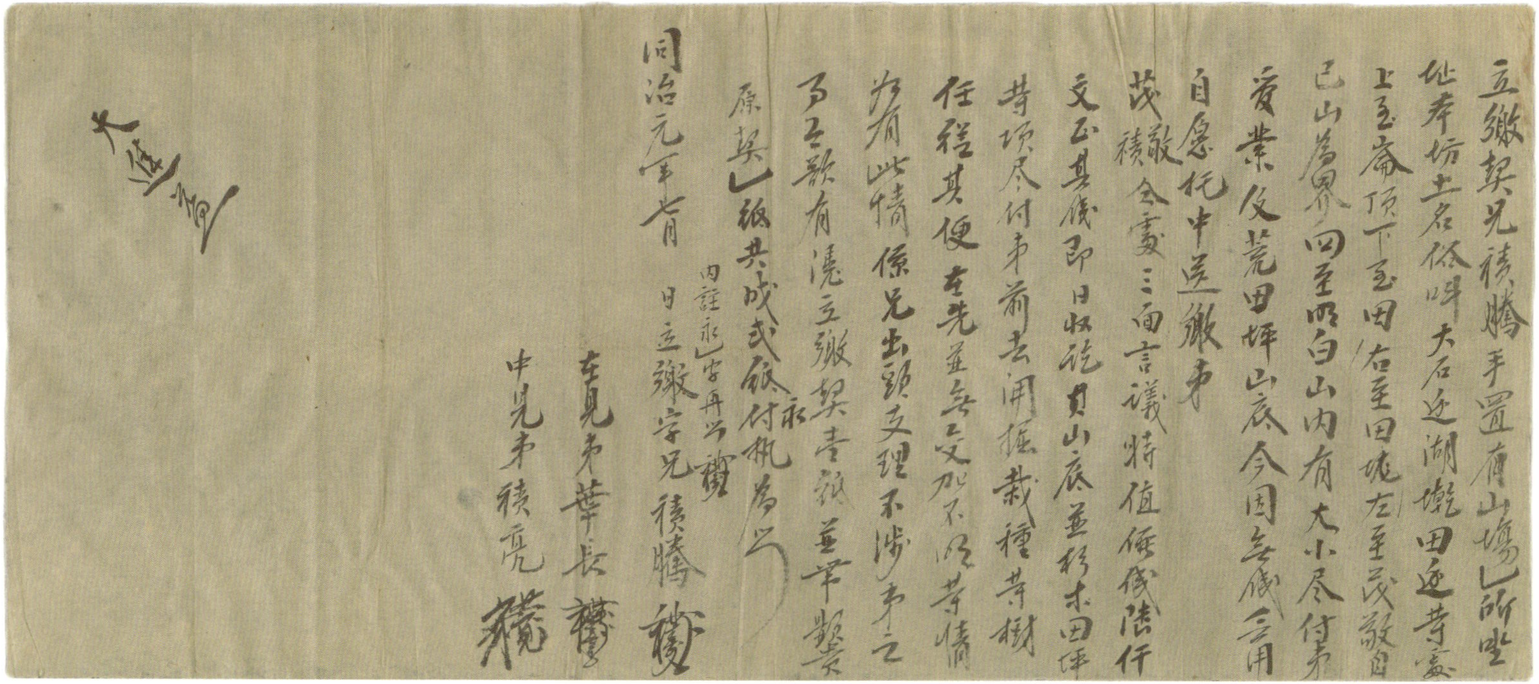

立繳契兄積騰，手置有山場一所，坐
址本坊土名俗呼大石迹湖墘田迹等處，
上至崙頂，下至田，右至田墘，左至茂敬田
已山為界，四至明白。山内有大小杉木，付弟
管業，及荒田坪山底，今因無錢應用，
自愿托中送繳弟
茂敬、積敬仝處三面言議，時值價錢陸仟
文正。其錢即日收訖，其山底並杉木、田坪
等項盡付弟前去開掘栽種等樹，
任從其便。在先並無交加不明等情，
如有此情，係兄出頭支理，不涉弟之
事。今欲有憑，立繳契壹紙並帶
原契一紙，共成貳紙，付永執為照。
内註永一字再照
同治元年七月　日立繳字兄積騰（押）
在見弟華長（押）
中見弟積亮（押）
大[illegible]

6-4-18-2　清同治元年七月林積騰立繳山底等契

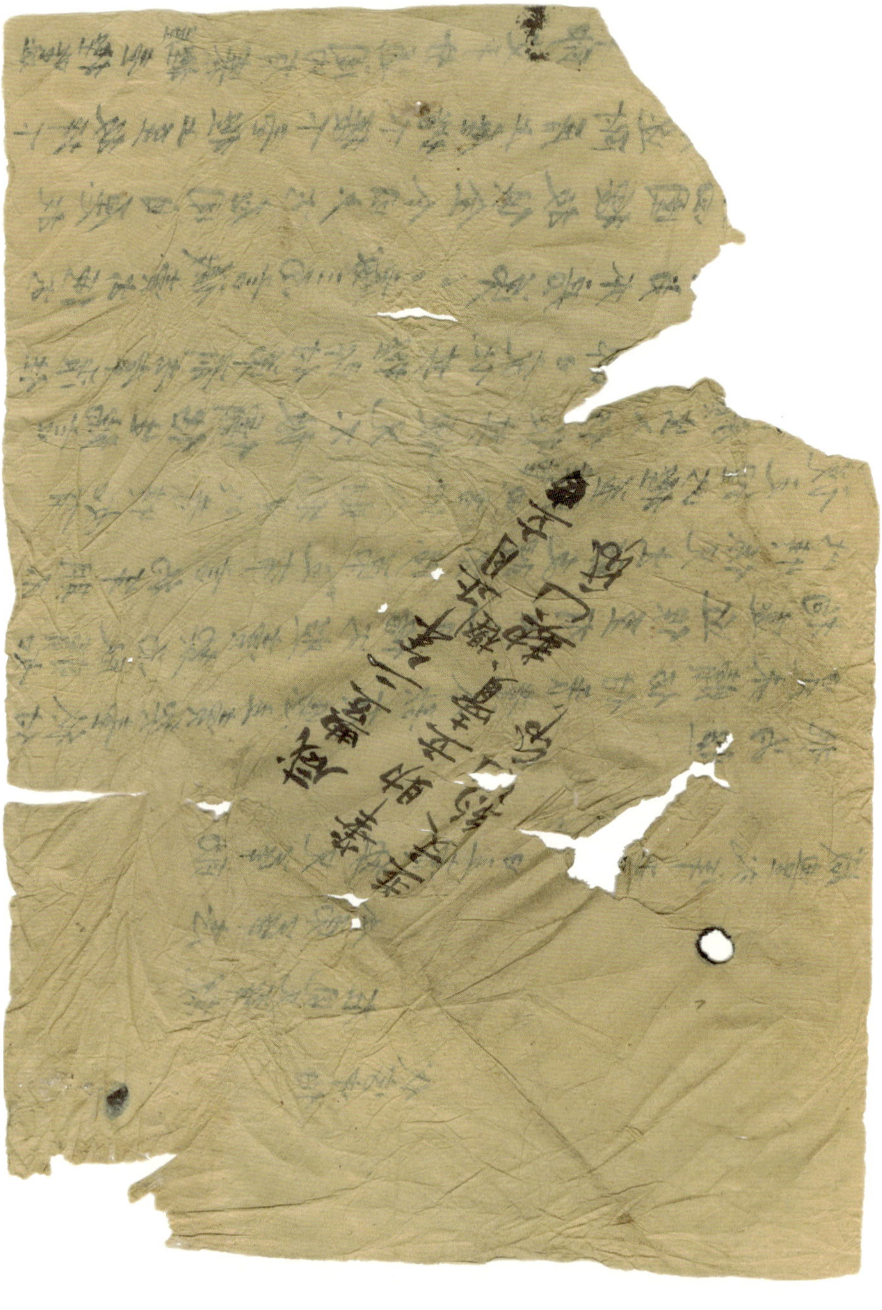

6-4-19-1　包契紙

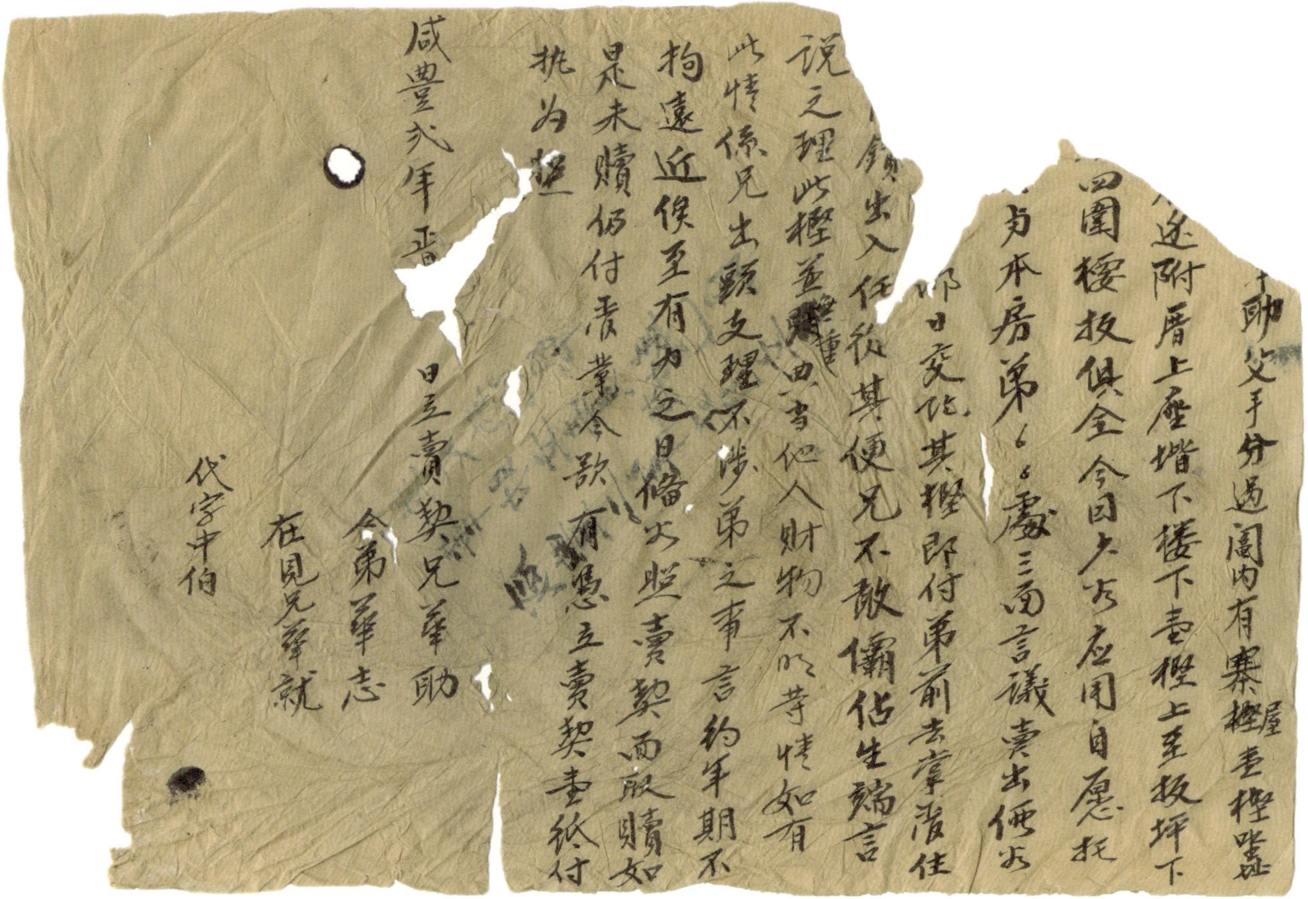
□助父手分過閫内有寨樫屋壹樫坐址
□迄附厝上座墘下樓下壹樫上至救坪下
□四圍樫救俱全，今因乏少應用，自愿托
□向本房弟々處三面言議，賣出価□
即日交訖，其樫即付弟前去掌管住
□鎖出入任從其便，兄不敢儞佔生端言
說之理。此樫並無重典他人財物，不明等情，如有
此情，係兄出頭支理，不涉弟之事。言約年期不
拘遠近，俟至有力之日，備出照賣契面取贖，如
是未贖，仍付賣業。今欲有憑，立賣契壹紙付
執為照。
咸豐弍年正□□日立賣契兄華助
仝弟華志
在見兄華就
代字中伯

6-4-19-2　清咸豐二年正月林華助等立賣寨屋契（草契）

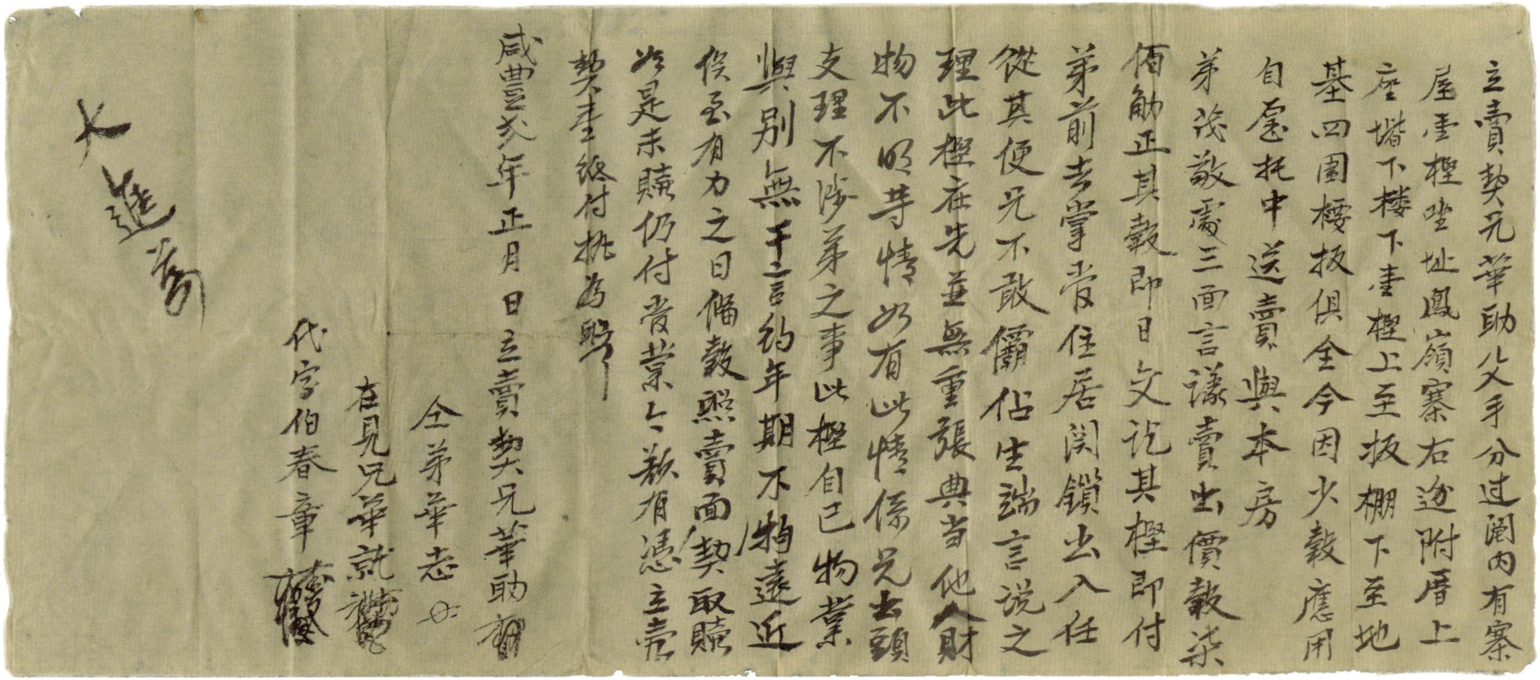
立賣契兄華助仝弟手分過閬內有寨
屋壹座坐址鳳嶺寨右邊附厝上
座壹塔下樓下壹座上至板棚下至地
基四圍樓板俱全今因乏銀應用
自愿托中送賣與本房
弟淡敬處三面言議賣出價銀柒
佰觔正其銀即日交訖其座即付
弟前去掌管住居開鎖出入任
從其便兄不敢攔阻生端言說之
理此座在先並無重張典當他人財
物不明等情如有此情係兄出頭
支理不涉弟之事此座自己物業
與別無干言約年期不拘遠近
俟至有力之日備銀照賣面契取贖
如是未贖仍付管業今欲有憑立賣
契壹紙付執為照
咸豐弍年正月　日立賣契兄華助（押）
仝弟華志（押）
在見兄華就（押）
代字伯春章（押）
大進[illegible]

6-4-19-3　清咸豐二年正月林華助等立賣寨屋契

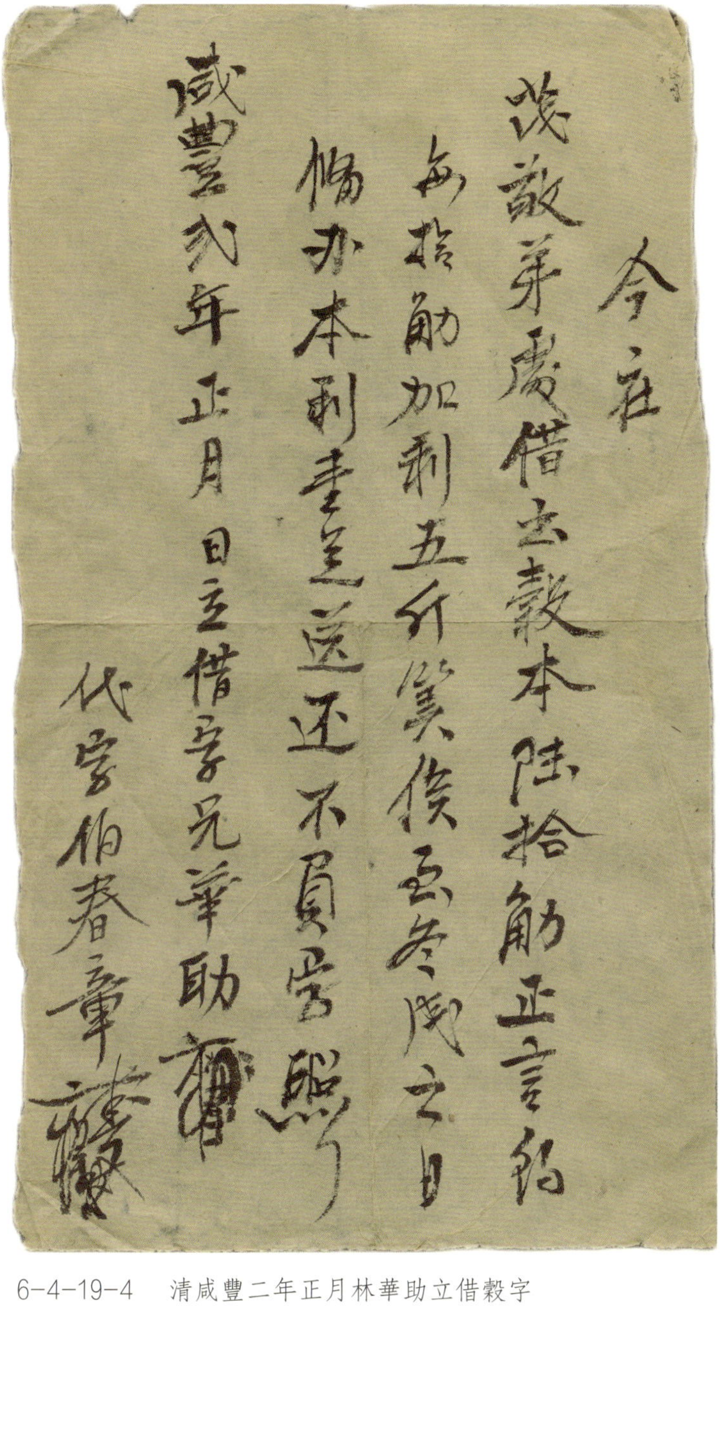

今在
族敬弟處借出穀本陸拾觔正言約
每拾觔加利五斤算候至冬成之日
備办本利壹足送还不負尚照
咸豐弍年正月　日立借字兄華助（押）
代字伯春章（押）

6-4-19-4　清咸豐二年正月林華助立借穀字

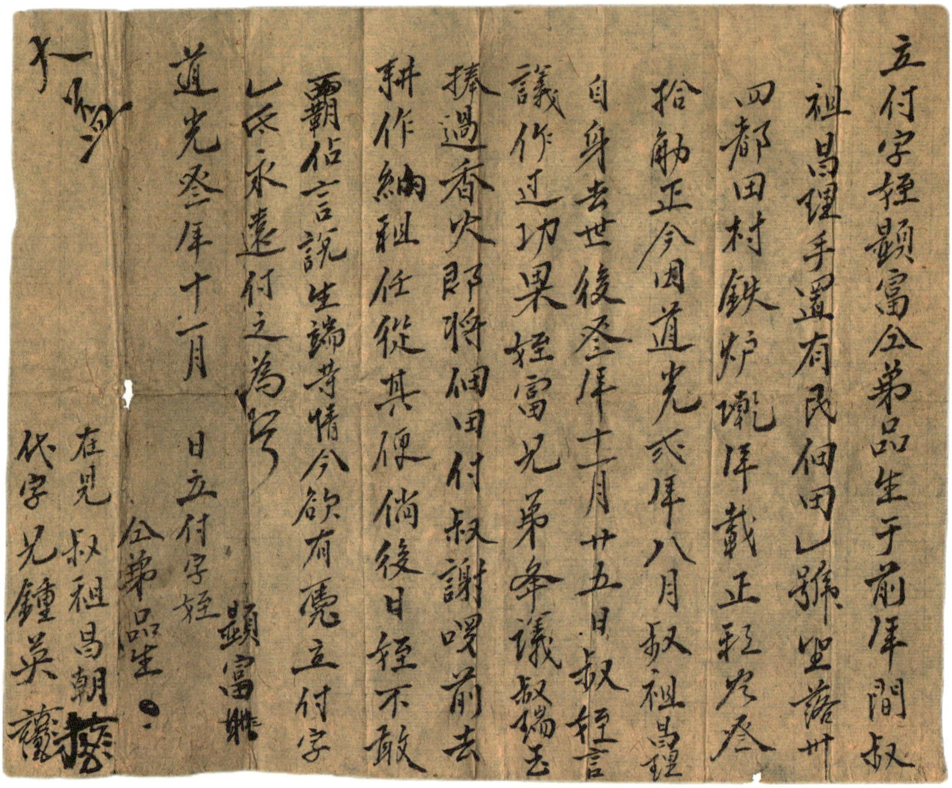
立付字侄顯富仝弟品生于前年間叔
祖昌瑾手置有民佃田一號坐落卅
四都田村鉄炉壠坪載正租叁
拾觔正今因道光弍年八月叔祖昌瑾
自身去世後叁年十一月廿五日叔侄言
議作过功果侄富兄弟參議叔瑞玉
據過香火郎將佃田付叔謝嘿前去
耕作納租任從其便倘後日侄不敢
覇佔言說生端苛情今欲有憑立付字
一紙永遠付之為照
道光叁年十一月　日立付字侄　顯富（押）
仝弟品生（押）
在見　叔祖昌朝（押）
代字　兄鍾英（押）

6-4-20-1　清道光三年十一月林顯富等立付民佃田字

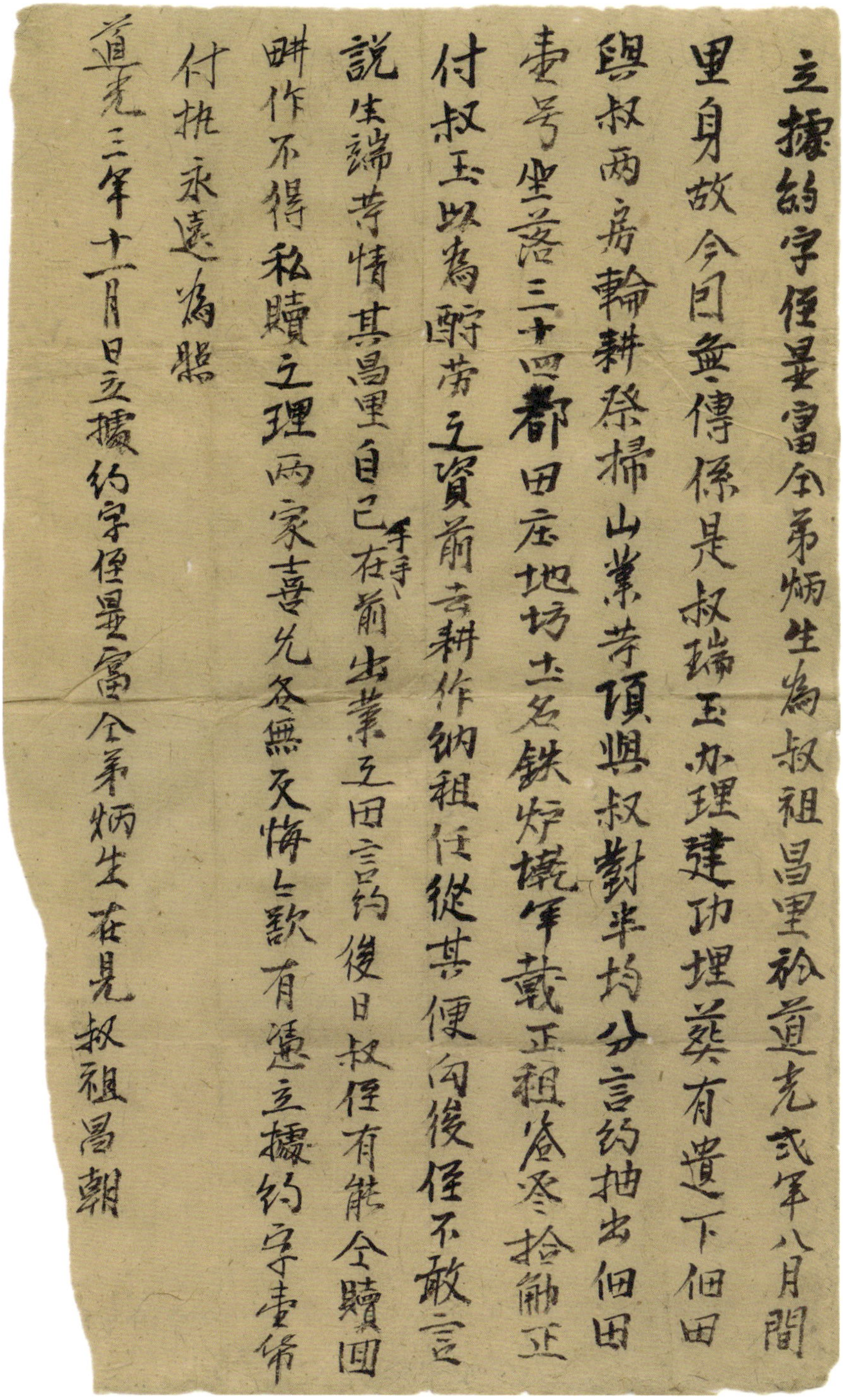
立據約字侄昱富仝弟炳生爲叔祖昌里於道光弍年八月間
里身故今因無傳係是叔瑞玉办理建功埋葬有遺下佃田
與叔兩房輪耕祭掃山業等項與叔對半均分言約抽出佃田
壹号坐落三十四都田庄地坊土名鉄炉撓年載正租谷叁拾觔正
付叔玉以爲酧劳之資前去耕作納租任從其便向後侄不敢言
說生端等情其昌里自已手在前出業之田言約後日叔侄有能仝贖回
耕作不得私贖之理兩家喜允各無反悔之歎有憑立據約字壹紙
付執永遠爲照
道光三年十一月日立據約字侄昱富仝弟炳生在見叔祖昌朝

6-4-20-2　清道光三年十一月林昱富等立據約字（草契）

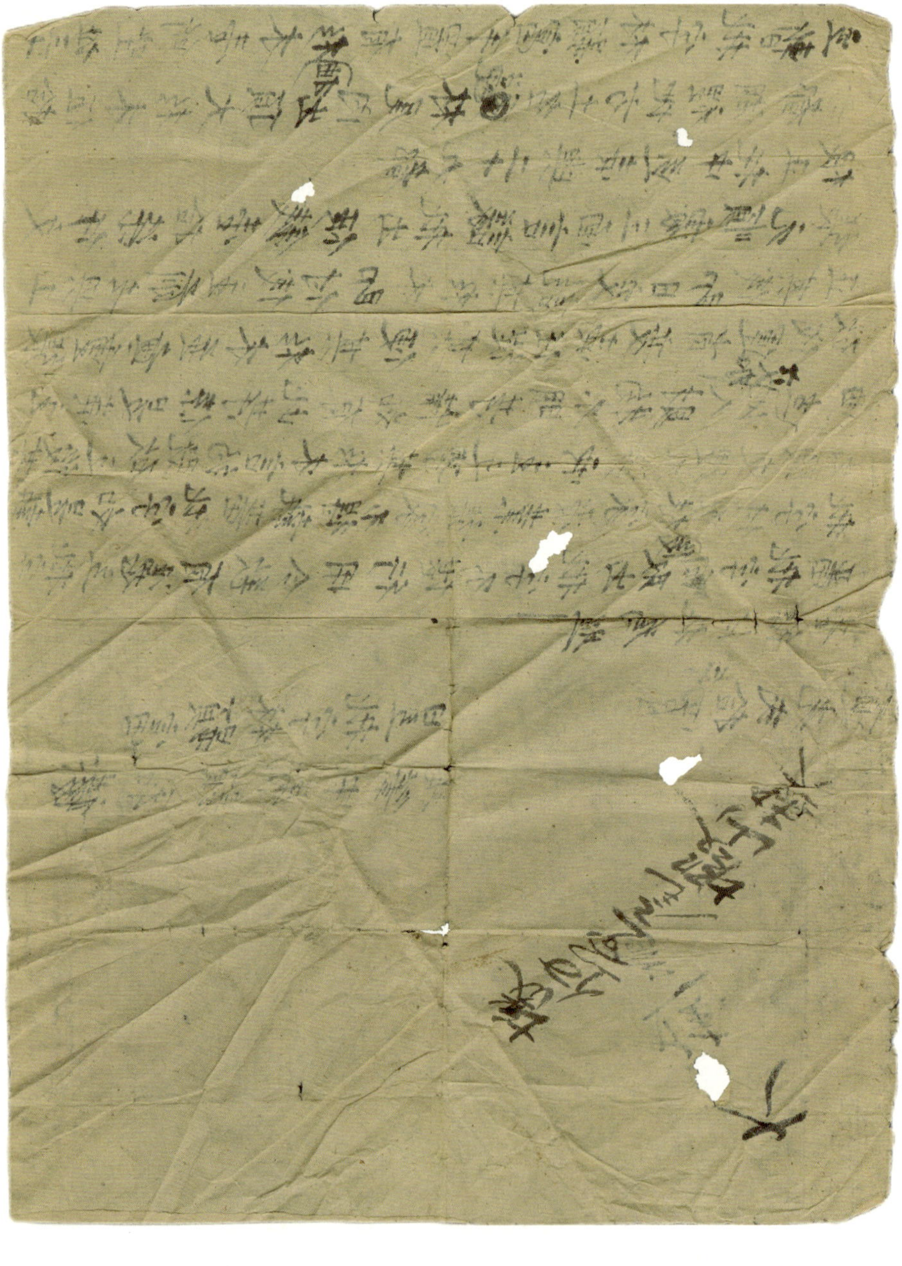

6-4-21-1　包契紙

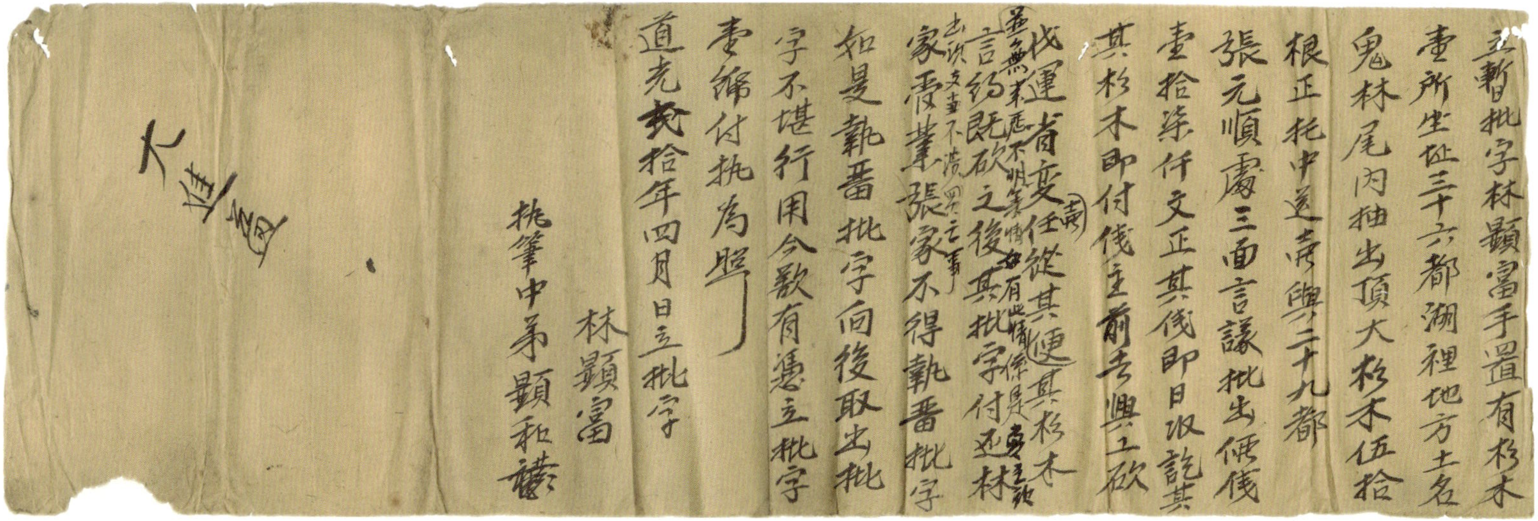

立暫批字林顯富手置有杉木
壹所坐址三十六都湖裡地方土名
鬼林尾內抽出頂大杉木伍拾
根，託中送与嶼三十九都
張元順處，三面言議，批出價錢
壹拾柒仟文正，其錢即日收訖，其
其杉木即付錢主前去興工砍
伐運者變，任從其便，其杉木
言約既砍之後，其批字付還林
家，張家不得執番批字。
如是執番批字，向後取出批
字不堪行用。今欲有憑，立批字
壹紙付執為照。
道光弍拾年四月　日立批字　林顯富
執筆中弟顯和（押）
大利

6-4-21-2　清道光二十年四月林顯富立暫批杉木字

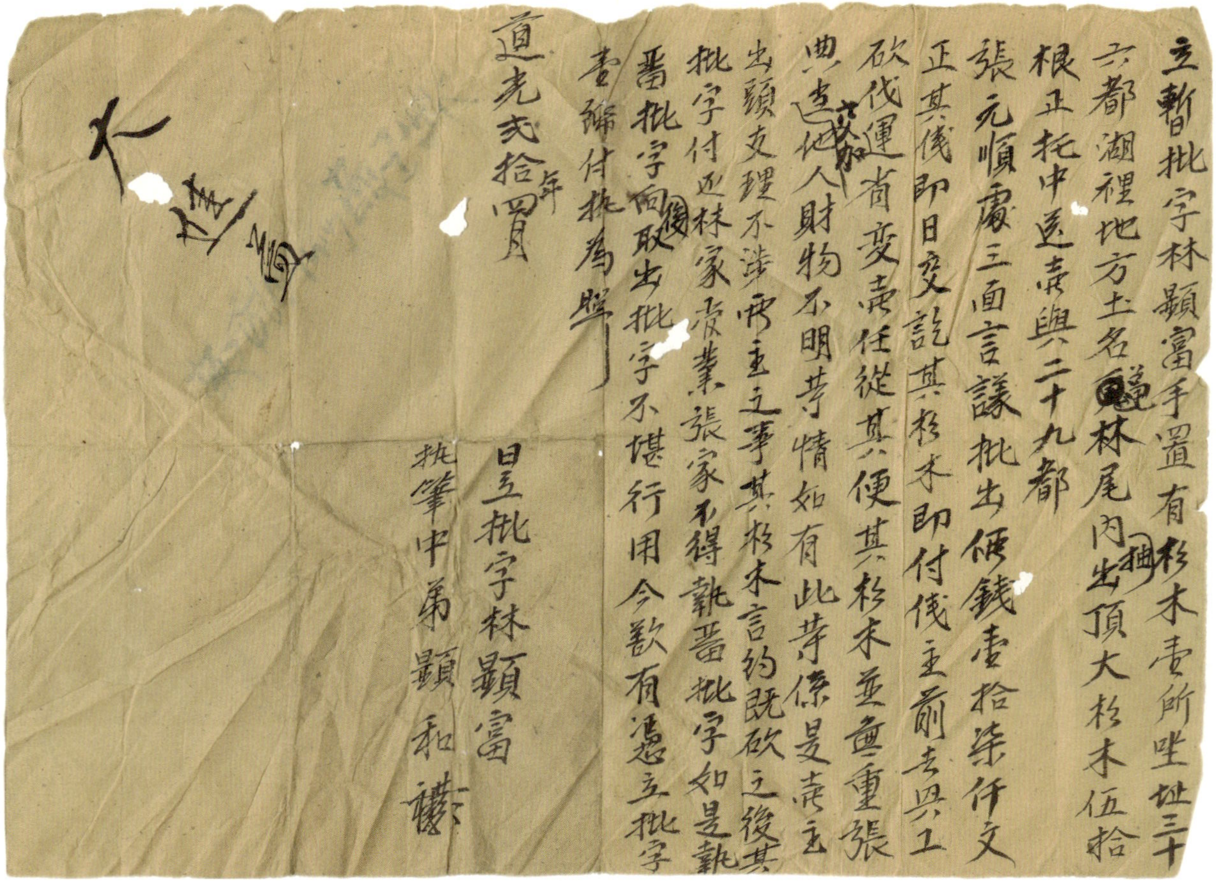
立暫批字林顯富手置有杉木壹所坐址三十
六都湖裡地方土名䃼林尾内抽出頂大杉木伍拾
根，正托中送去與二十九都
張元順處三面言議批出價錢壹拾柒仟文
正，其錢即日交訖，其杉木即付錢主前去興工
砍伐運出變賣，任從其便，其杉木並無重張
典过他人財物不明等情，如有此等係是壹主
出頭支理，不涉錢主之事。其杉木言約既砍之後，其
批字付还林家管業，張家不得執留批字。如是執
留批字，倘取出批字不堪行用，今欲有憑，立批字
壹紙付執為照。

道光弍拾年四月　日立批字林顯富
執筆中弟　顯和　押

6-4-21-3　清道光二十年四月林顯富立暫批杉木字

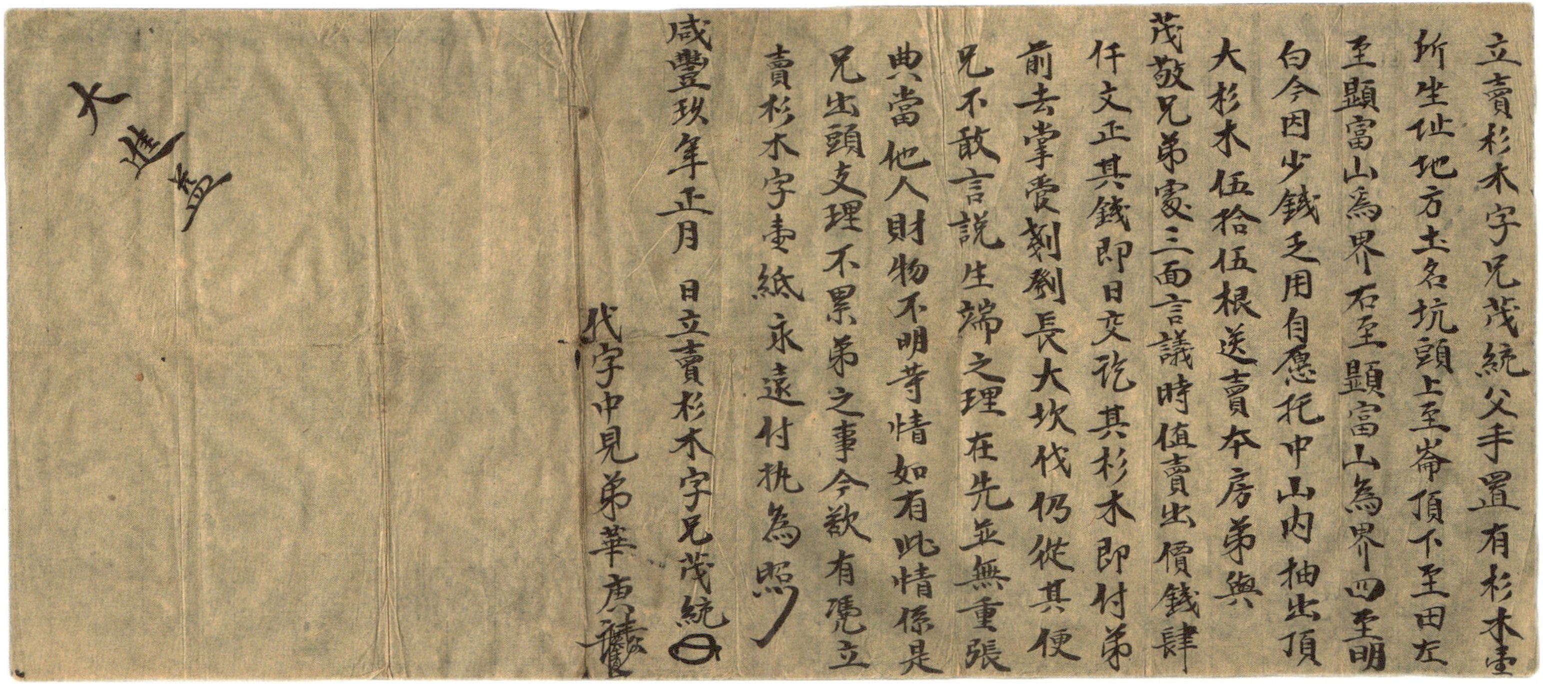


6-4-22-1　清咸豐九年正月林茂統立賣杉木字

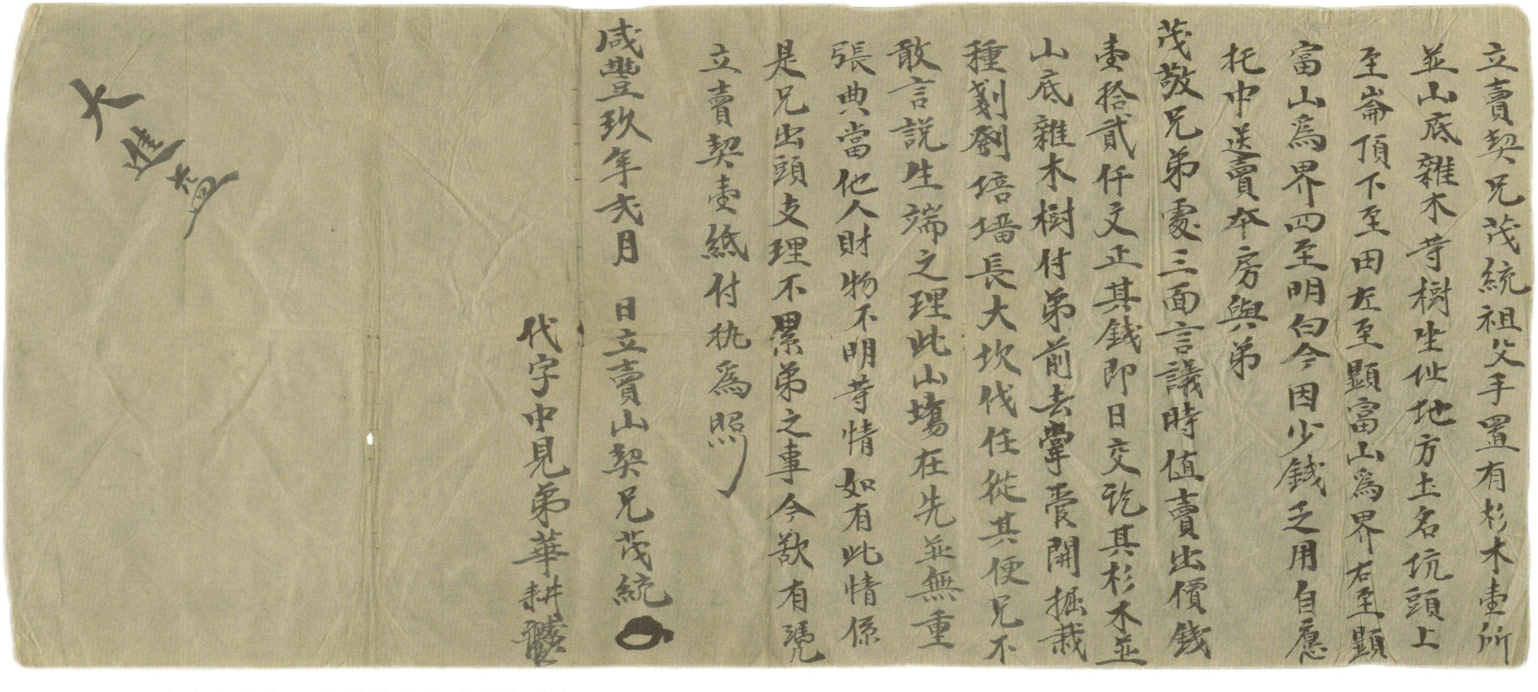
立賣契兄茂統祖父手置有杉木壹所
並山底雜木苛樹坐址地方土名坑頭上
至崙頂下至田左至顯富山為界右至顯
富山為界四至明白今因少錢乏用自愿
托中送賣本房與弟
茂敬兄弟處三面言議時值賣出價錢
壹拾貳仟文正其錢即日交訖其杉木並
山底雜木樹付弟前去掌管開掘栽
種劉劉培墻長大坎伐任從其便兄不
敢言說生端之理此山場在先並無重
張典當他人財物不明等情如有此情係
是兄出頭支理不累弟之事今欲有憑
立賣契壹紙付執為照
咸豐玖年弍月　日立賣山契兄茂統（押）
代字中見弟華耕（押）
大進契

6-4-22-2　清咸豐九年二月林茂統立賣杉木等契

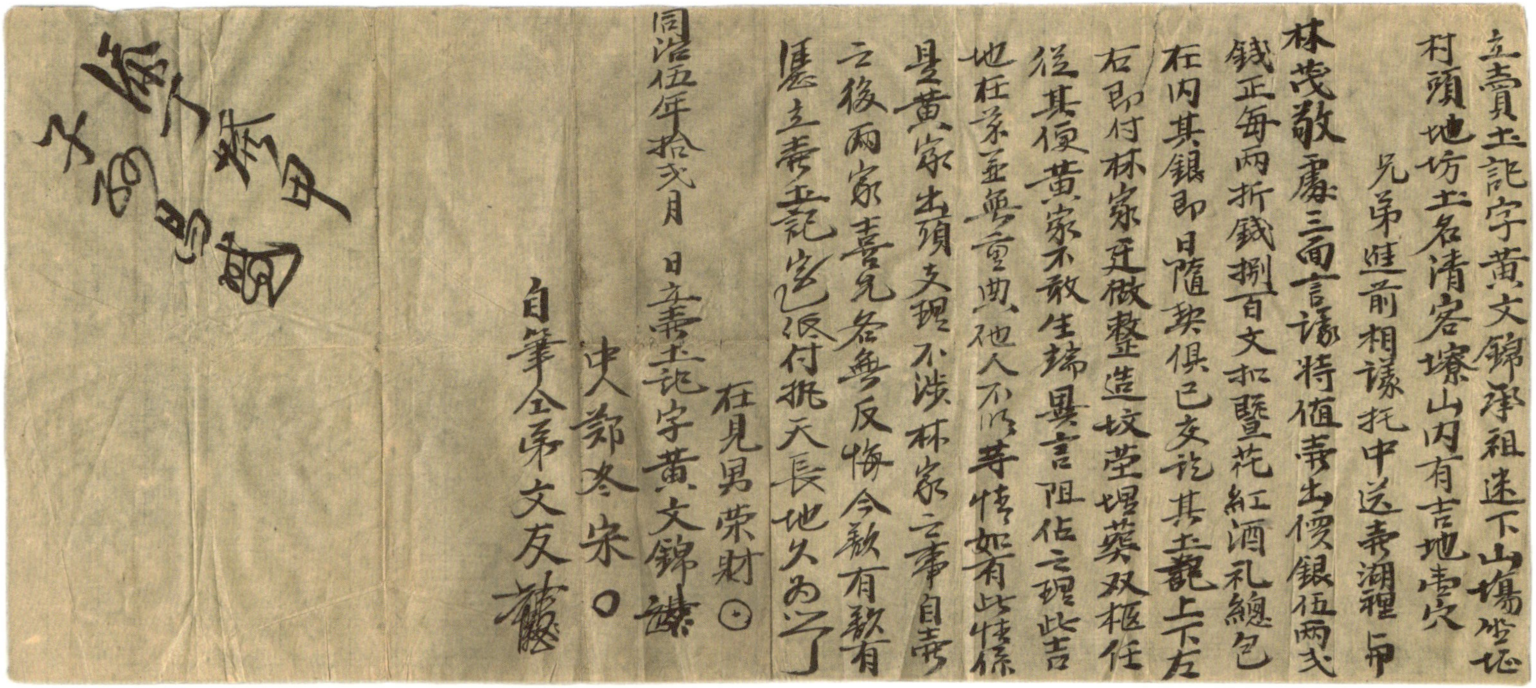
立賣土記字黃文錦承祖遗下山場坐址
村頭地坊土名清容壕山内有吉地壹穴
兄弟仝前相議托中送賣湖裡甲
林茂敬處三面言議時值賣出價銀伍兩弍
錢正每兩折錢捌百文扣暨花紅酒礼總包
在内其銀即日隨契俱已交訖其土記上下左
右即付林家廷做整造坟塋埋葬双柩任
從其便黃家不敢生端異言阻佔之理此吉
地在黃無重典他人不明等情如有此情係
是黃家出頭支理不涉林家之事自賣
之後兩家喜允各無反悔今欲有欲有
憑立賣土記字乙紙付執天長地久為了

同治伍年拾弍月　日立賣土記字黃文錦（押）
在見男榮財（押）
中人鄭冬宋（押）
自筆仝弟文友（押）

[illegible]

6-4-23-1　清同治五年十二月黃文錦立賣土記字

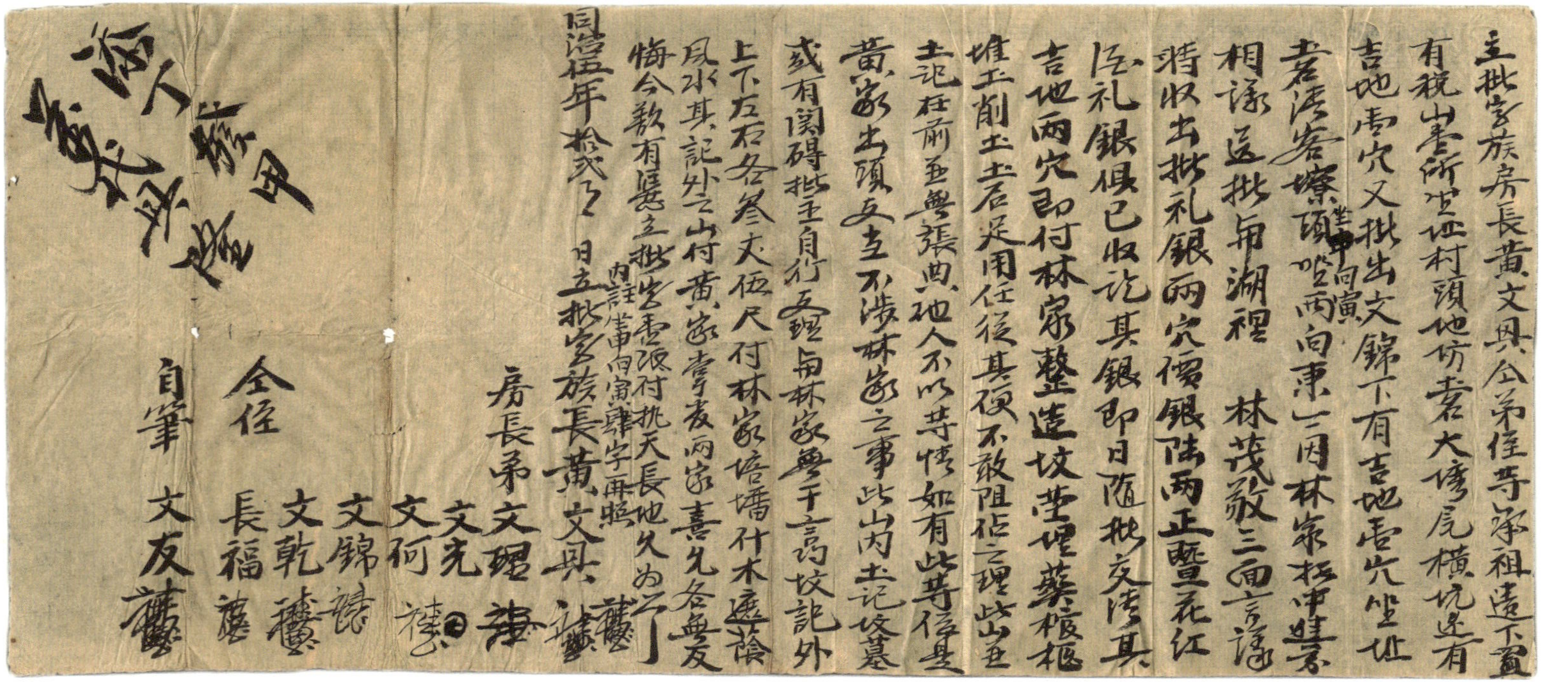
立批字族房長黃文興仝弟侄等承祖遺下置
有税山壹所坐址村頭地坊土名大塆虎橫坑，遂有
吉地壹穴，又批出文錦下有吉地壹穴，坐址
土名塆窖嶚頭，坐甲向寅，咬兩向東。二因林家托中壁
相議，送批弟湖裡　林茂蔽三面言議
將收出批礼銀兩穴價銀陸兩正，暨花紅
酒礼銀俱已收訖，其銀即日隨批交清，其
吉地兩穴即付林家整造坟塋埋葬骸柩
堆土削土土居之用，任從其便，不敢阻挡之理。此山並
土記在前，並無張典他人，不明等情，如有此等係是
黃家出頭支当，不涉林家之事。此山内土記係墓
或有阂碍，批主自行支理，与林家無干。言坟誌外
上下左右各叁丈伍尺付林家培墻竹木，遮蔭
風水。其記外之山付黃家掌管。兩家喜允，各無反
悔。今欲有憑，立批字壹張，付執天長地久為照。
內註"坐甲向寅"肆字再照
同治伍年拾弍月　日立批字族長黃文興（押）
房長弟文理（押）
文光
文河（押）
文錦（押）
文乾（押）
長福（押）
仝侄
自筆　文友（押）

6-4-23-2　清同治五年十二月黃文興等立批吉地字

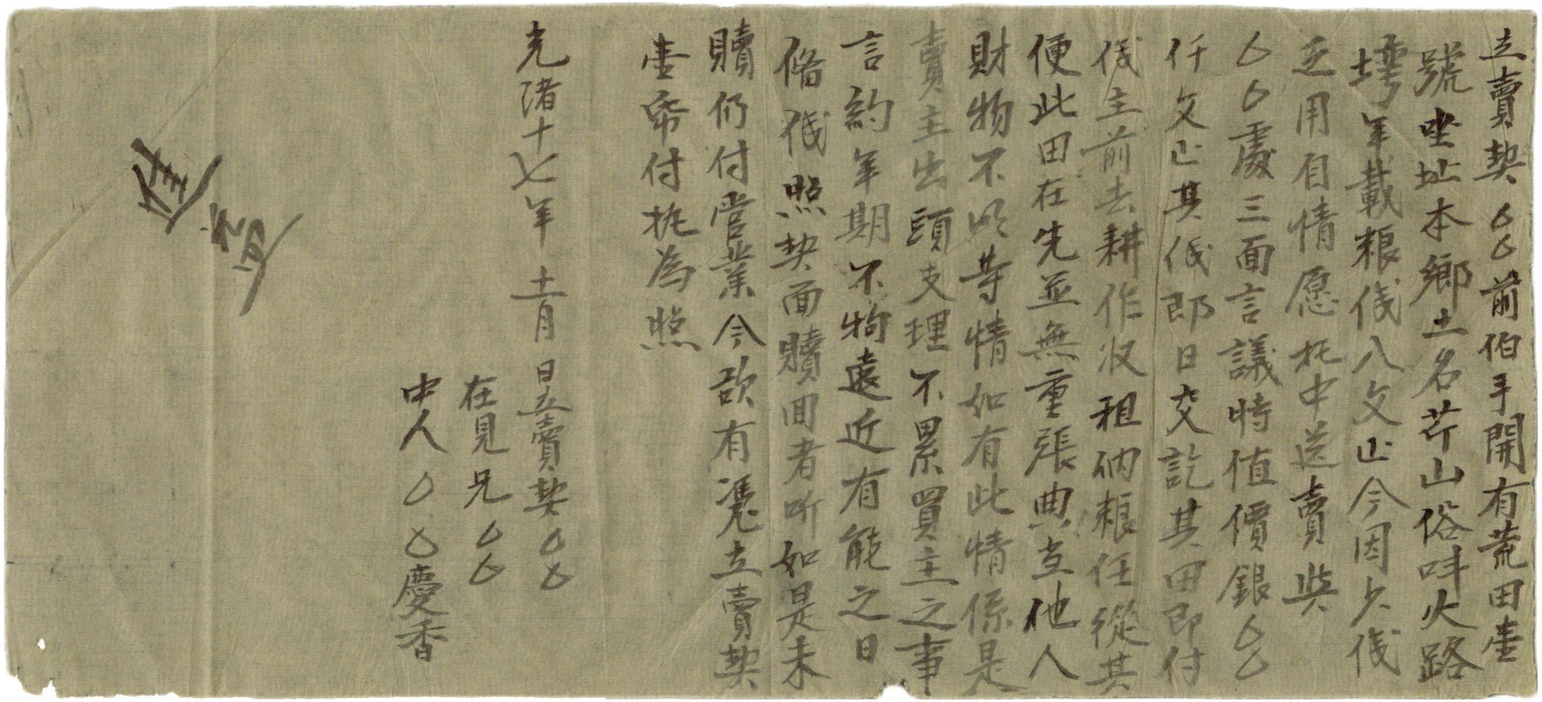

立賣契〇〇前伯手開有荒田壹
號，坐址本鄉，土名芹山俗吽火路
墘，年載粮伐八文正。今因乏伐
乏用，自情愿托中送賣與
〇〇處，三面言議時值價銀〇〇
仟文正，其伐即日交訖，其田即付
伐主前去耕作收租，納粮任從其
便。此田在先並無重張典，並他人
財物不明等情，如有此情，係是
賣主出頭支理，不累買主之事。
言約年期不拘遠近，有能之日
備伐照契面贖回，者听如是。未
贖仍付管業。今欲有憑，立賣契
壹帋付執為照。

光緒十七年十一月　日立賣契〇〇
在見兄〇〇
中人〇〇慶香

6-4-24-1　清光緒十七年十一月林善步立賣荒田契（草契）

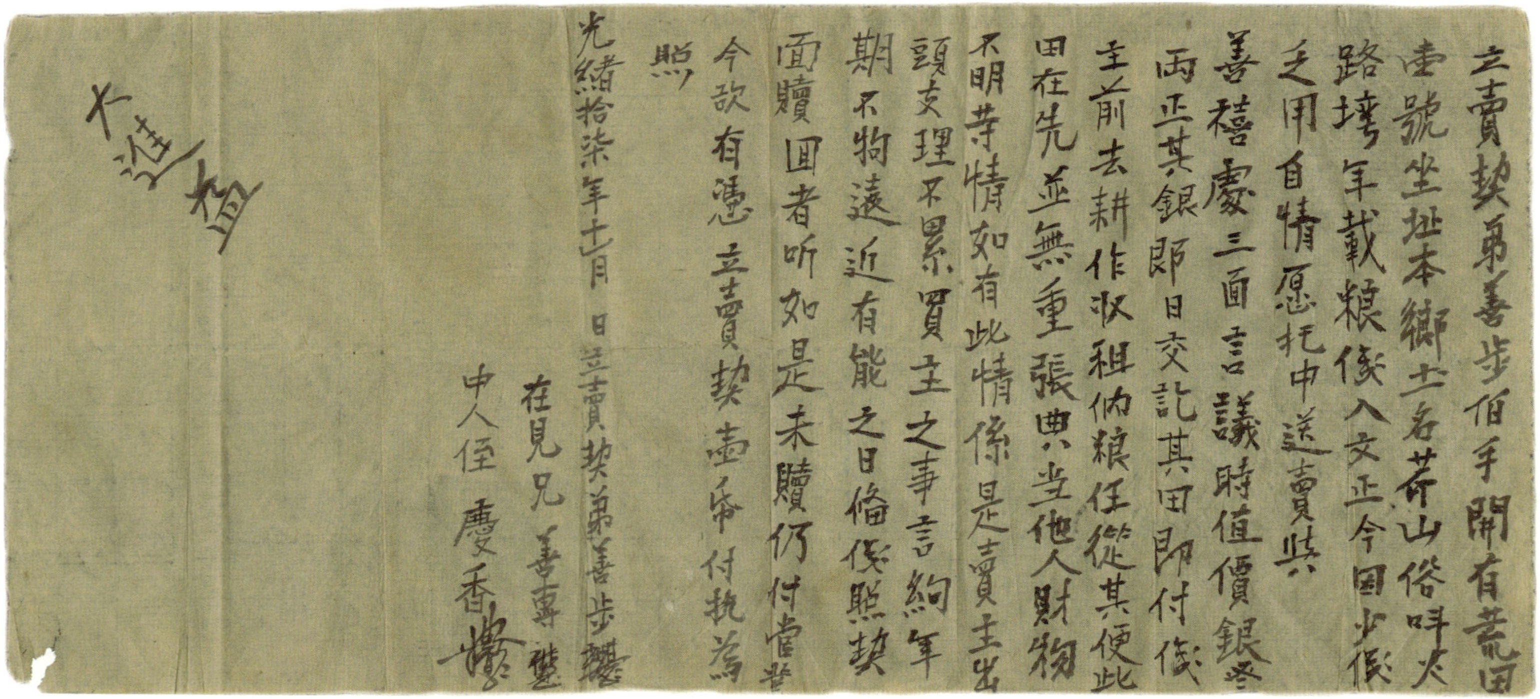

立賣契弟善步佰手開有荒田
壹號坐址本鄉土名林荷山俗呼大
路墘弓手載粮係入文正今因少銀
乏用自情愿托中送賣與
兄善禮處三面言議時值價銀叁
兩正其銀即日交訖其田即付銀
主前去耕作收租納粮任從其便此
田在先並無重張典當他人財物
不明等情如有此情係是賣主出
頭支理不累買主之事言約年
期不拘遠近有能之日備價照契
面贖回者明知是未贖仍付管業
今欲有凭立賣契壹紙付執爲
照。

光緒拾柒年十一月　日立賣契弟善步押
在見兄善壽押
中人侄應香押

大吉之極

6-4-24-2　清光緒十七年十一月林善步立賣荒田契

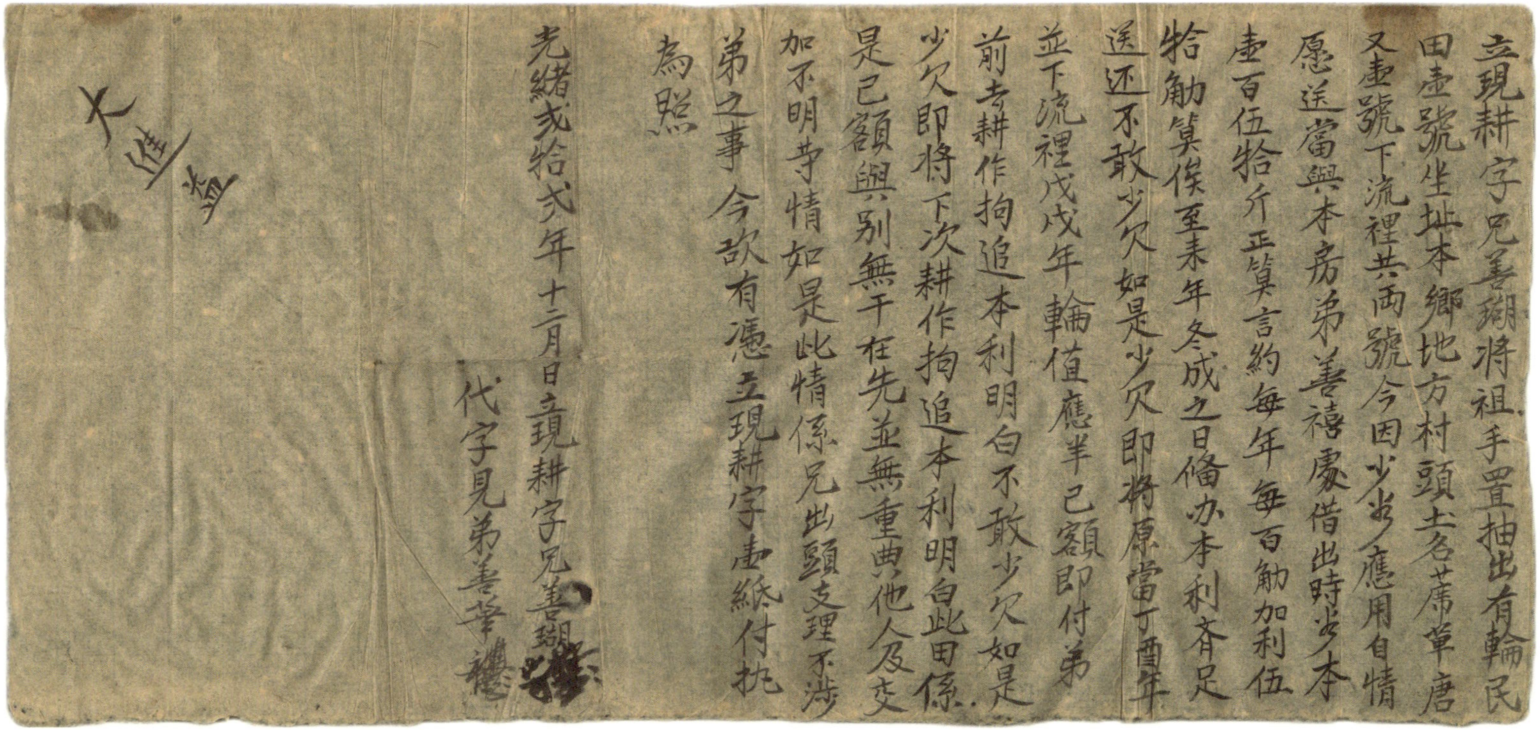
立現耕字兄善瑚将祖手置抽出有輪民
田壹號坐址本鄉地方村頭土名蓆草唐
又壹號下流裡共兩號今因少出應用自情
愿送當與本房弟善禱處借出時少本
壹百伍拾斤正筭言約每年每百觔加利伍
拾觔筭俟至耒年冬成之日備办本利奇足
送还不敢少欠如是少欠即將原當丁酉年
並下流裡戊戌年輪值應半已額即付弟
前去耕作拘追本利明白不敢少欠如是
少欠即將下次耕作拘追本利明白此田係
是己額與別無干在先並無重典他人及交
加不明等情如是此情係兄出頭支理不涉
弟之事今欲有憑立現耕字壹紙付執
為照

光緒貳拾貳年十二月日立現耕字兄善瑚
代字見弟善肇

大進益

6-4-25-1 清光緒二十二年十二月林善瑚立現耕字

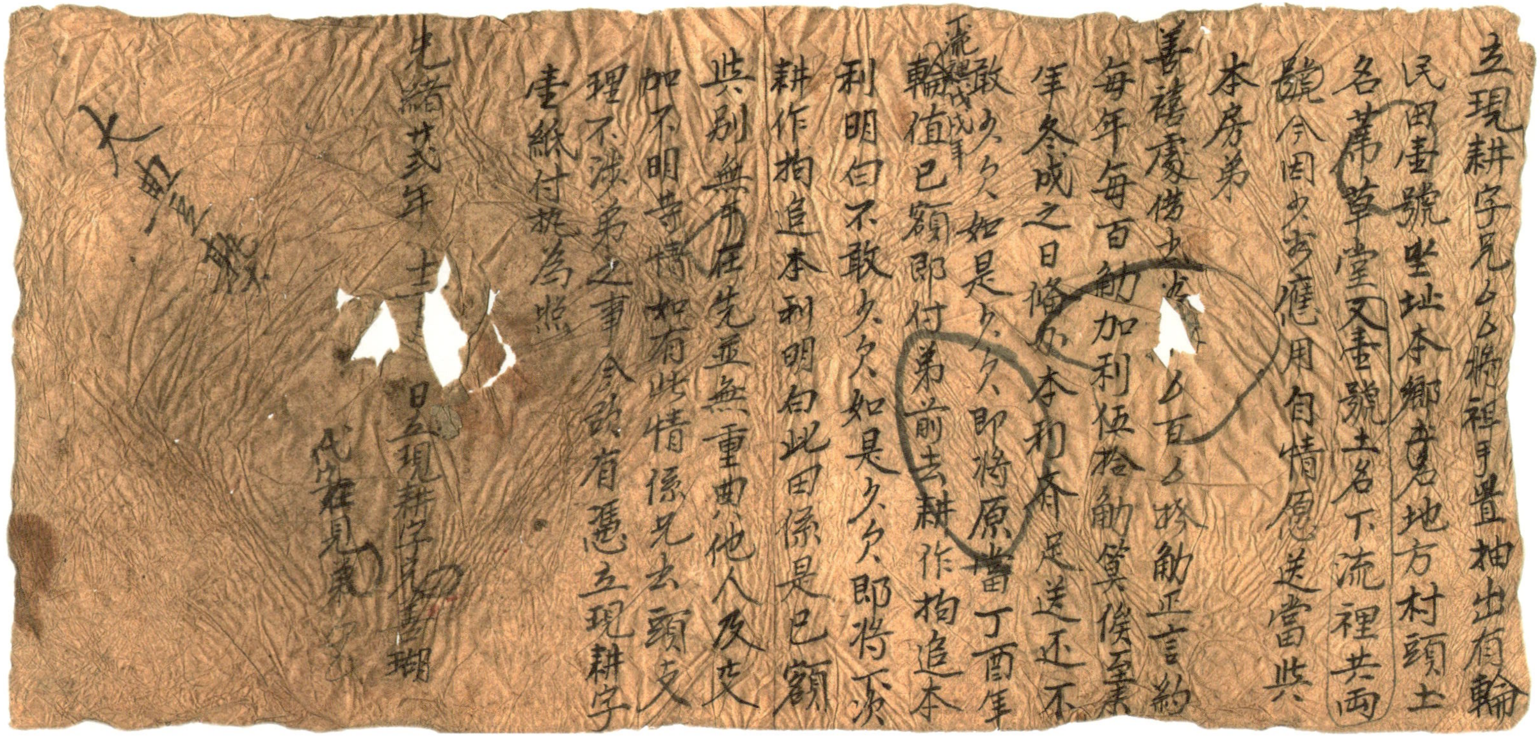

立現耕字兄[illegible]將祖手置抽出有輪
民田壹號坐址本鄉岸尾地方村頭土
名蕉草堂又壹號土名下流裡共両
號，今因乏銀應用，自情愿送當與
本房弟
善禧處，借出洋銀[illegible]百[illegible]拾[illegible]動正，言約
每年每百動加利伍拾動算，俟至來
年冬成之日，將本利本足送還，不
敢少欠；如是少欠，即將原當丁酉年
輪值已額，即付弟前去耕作，抅追本
利明白，不敢少欠；如是少欠，即將下次
耕作，抅追本利明白。此田係是已額
與別無[illegible]，在先並無重典他人及交
加不明等情；如有此情，係兄出頭支
理，不涉弟之事。今欲有憑，立現耕字
壹紙付執為照。
光緒廿貳年十二月 日立現耕字兄善瑚
代筆在見房叔[illegible]
大吉[illegible]

6-4-25-2　清光緒二十二年十二月林善瑚立現耕字（草契）

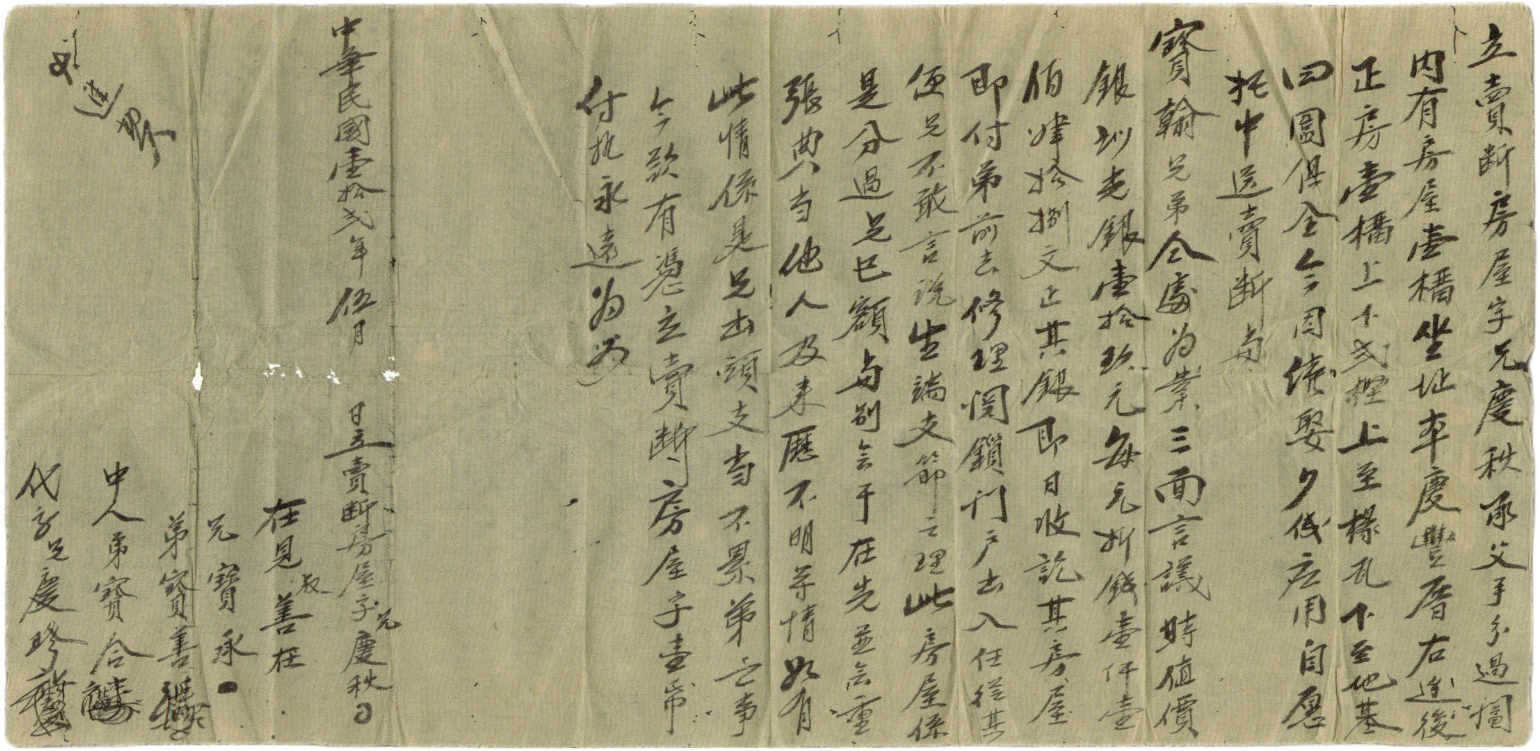

立賣斷房屋字兄慶秋承父手分過閫
内有房屋壹橺坐址本厝慶豐厝右邊後
正房壹橺上下弍樘上至椽瓦下至地基
四圍俱全今因缺要乏錢應用自愿
托中送賣斷与
寶翰兄弟合處為業三面言議時值價
銀鈔老銀壹拾玖元每元折錢壹仟壹
佰肆拾捌文正其銀即日收訖其房屋
即付弟前去修理閱鎖門户出入任從其
便兄不敢言說生端支節之理此房屋係
是分過之己額与别房手足先並無重
張典當他人及來歷不明等情如有
此情係是兄出頭支當不累弟之事
今欲有憑立賣斷房屋字壹帋
付執永遠為照

中華民國壹拾弍年伍月　日立賣斷房屋字兄慶秋（押）

在見叔善在

兄寶承（押）

弟寶善（押）

中人弟寶合（押）

代字兄慶璘（押）

永遠契

6-4-26-1　民國十二年五月林慶秋立賣斷房屋字（一）

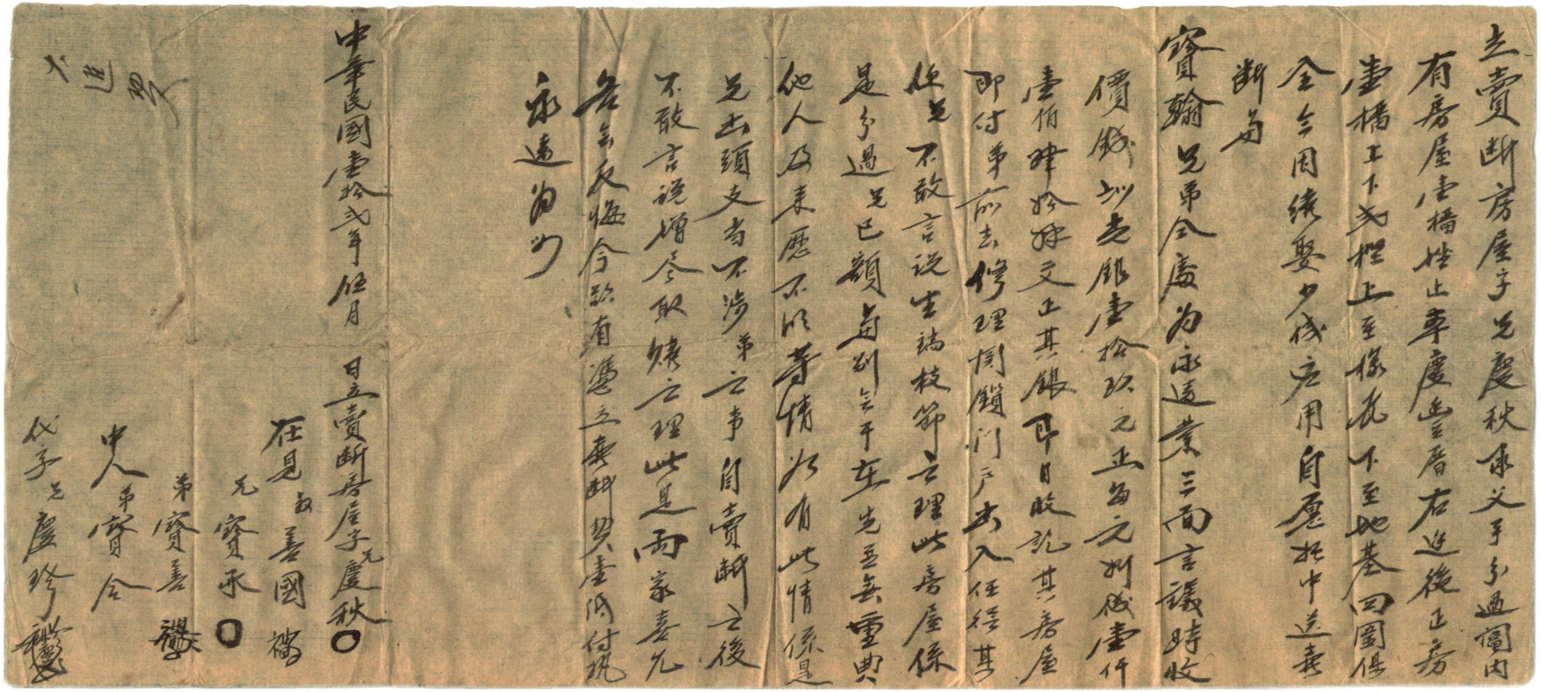

立賣斷房屋字兄慶秋承父手分過園內
有房屋壹橺址止本慶出名右邊後正房
壹橺上下弍植上至椽瓦下至地基四圍俱
全今因缺要乏錢應用自愿托中送壹
斷与
寶輪兄弟仝處为永遠業三面言議時值
價錢紗老銀壹拾玖元正当乞判成壹仟
壹佰肆拾肆文正其銀即日收訖其房屋
即付弟前去修理開鎖门户出入任從其
住兄不敢言說生端枝節之理此房屋係
是分過兄已額內判出干在兄至無重典
他人及來歷不明等情如有此情係是
兄出頭支当不涉弟之事自賣斷之後
不敢言說增找取贖之理此是兩家喜允
各無反悔今欲有憑立賣斷契壹紙付執
永遠為照

中華民國壹拾弍年伍月　日立賣斷房屋字兄慶秋〇
在見叔　善國
兄　寶承〇
弟　寶善
中人弟　寶金
代字兄　慶珍

6-4-26-2　民國十二年五月林慶秋立賣斷房屋字（二）

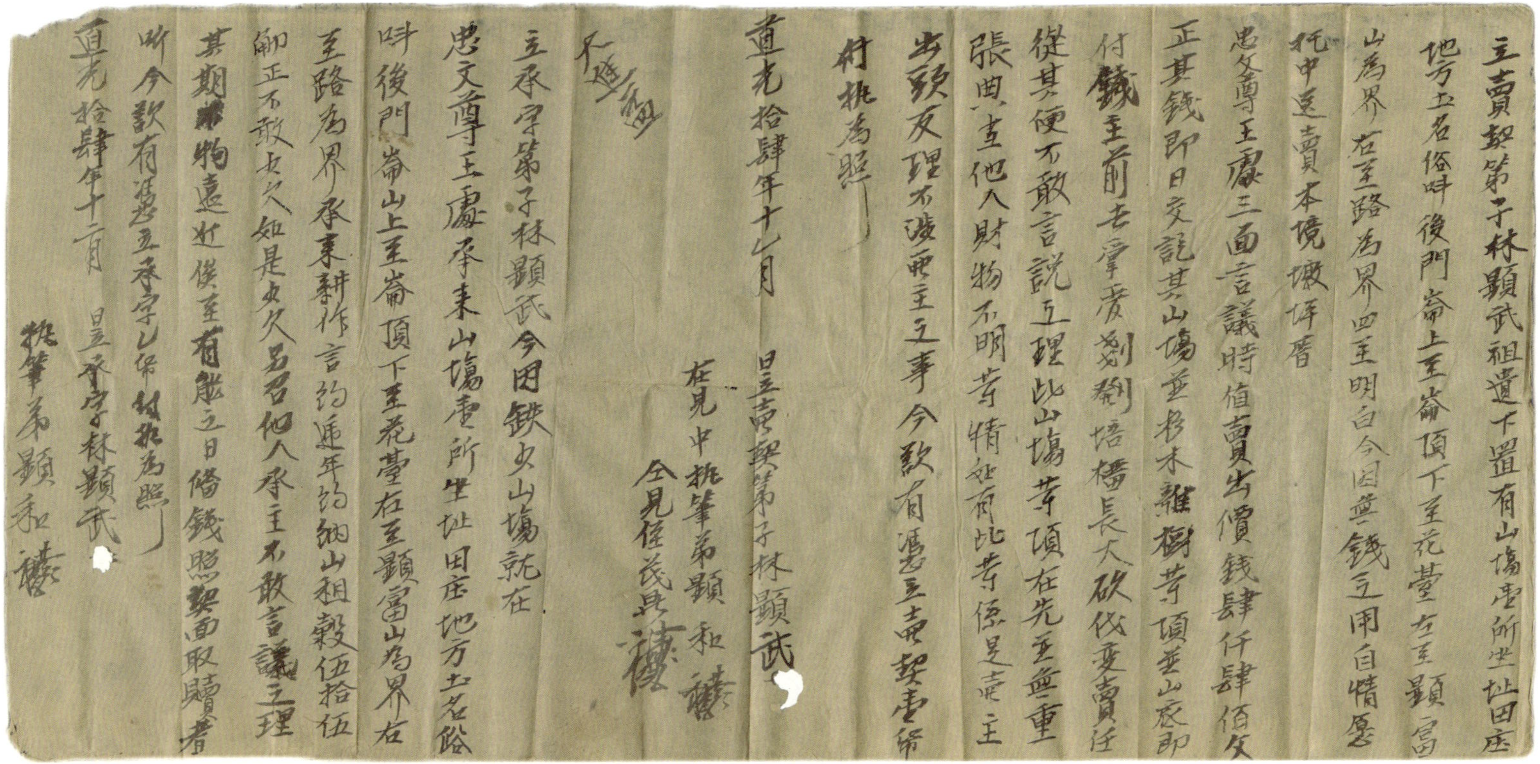

立賣契弟子林顯武祖遺下置有山塲壹所，坐址田庄
地方土名俗呌後門崙，上至崙頂，下至花𡋡，左至顯富
山爲界，右至路爲界，四至明白。今因無錢豆用，自情愿
托中送賣本境墩坪厝
忠文尊王處，三面言議，時值賣出價錢肆仟肆佰文
正，其錢即日交訖。其山塲並杉木雜樹等項並山底即
付錢主前去掌管，剗劉培插，長大砍伐變賣，任
從其便，不敢言說。立理此山塲等項，在先並無重
張典去他人財物不明等情，如有此等，係是壹主
出頭支理，不涉錢主之事。今欲有憑，立賣契壹紙
付執爲照。

道光拾肆年十一月　日立賣契弟子林顯武（押）
在見中執筆弟顯和（押）
仝見侄花興（押）

不廷

立承字弟子林顯武，今因缺少山塲就在
忠文尊王處承來山塲壹所，坐址田庄地方土名俗
呌後門崙山，上至崙頂，下至花𡋡，右至顯富山爲界，右
至路爲界。承來耕作，言約逐年約納山租穀伍拾伍
斤正，不敢少欠。如是少欠，另召他人，承主不敢言議。立理
其期物遠近，侯至有能之日，備錢照契面取贖。
今欲有憑，立承字山紙付執爲照。

道光拾肆年十二月　日立承字林顯武
執筆弟顯和（押）

6-4-27-1　清道光十四年十一月林顯武立賣山場契

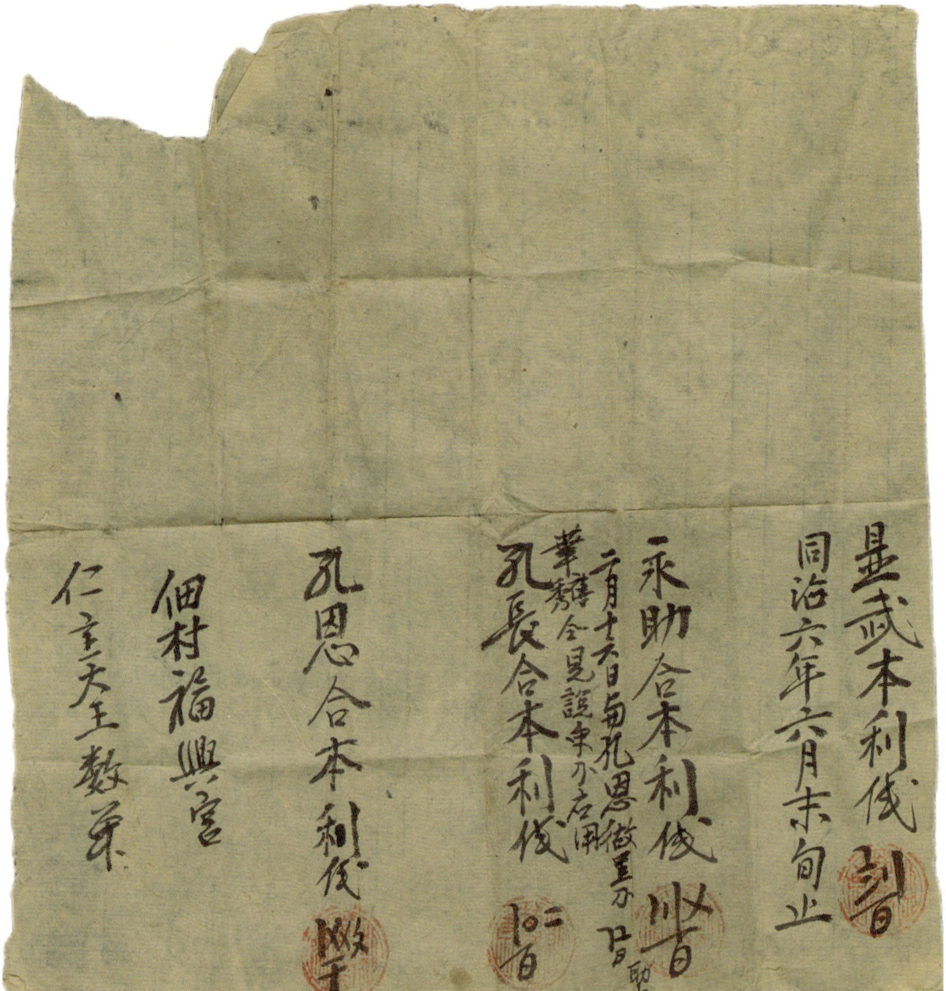
昰武本利伐 習
同治六年六月末旬止
一汞助合本利伐 收旨
二月十六日面孔恩徵呈办 号 印出
華秀 全見證東办店用
孔長合本利伐 仁旨
孔恩合本利伐 收平
佃村福興官
仁主大王數第

6-4-27-2　清同治年間借貸清單

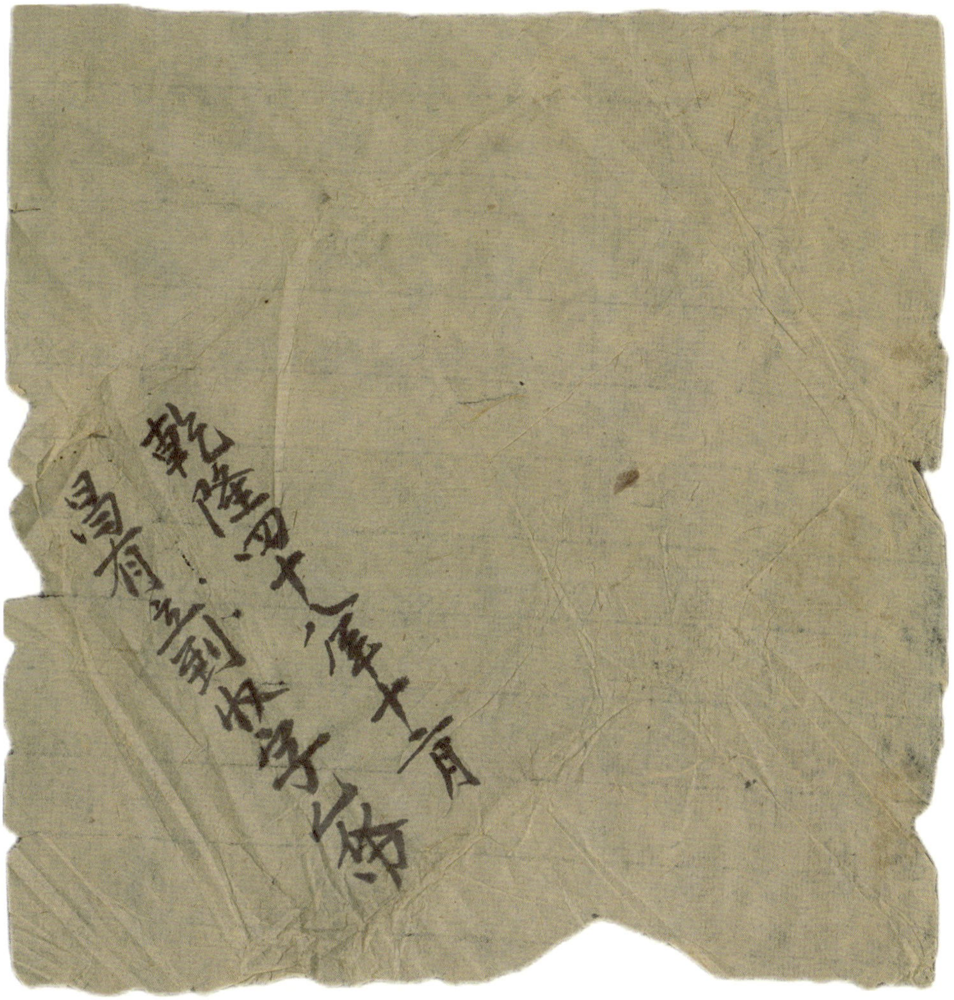
乾隆四十八年十一月
昌有立劉姓字[illegible]

6-4-28-1　包契紙

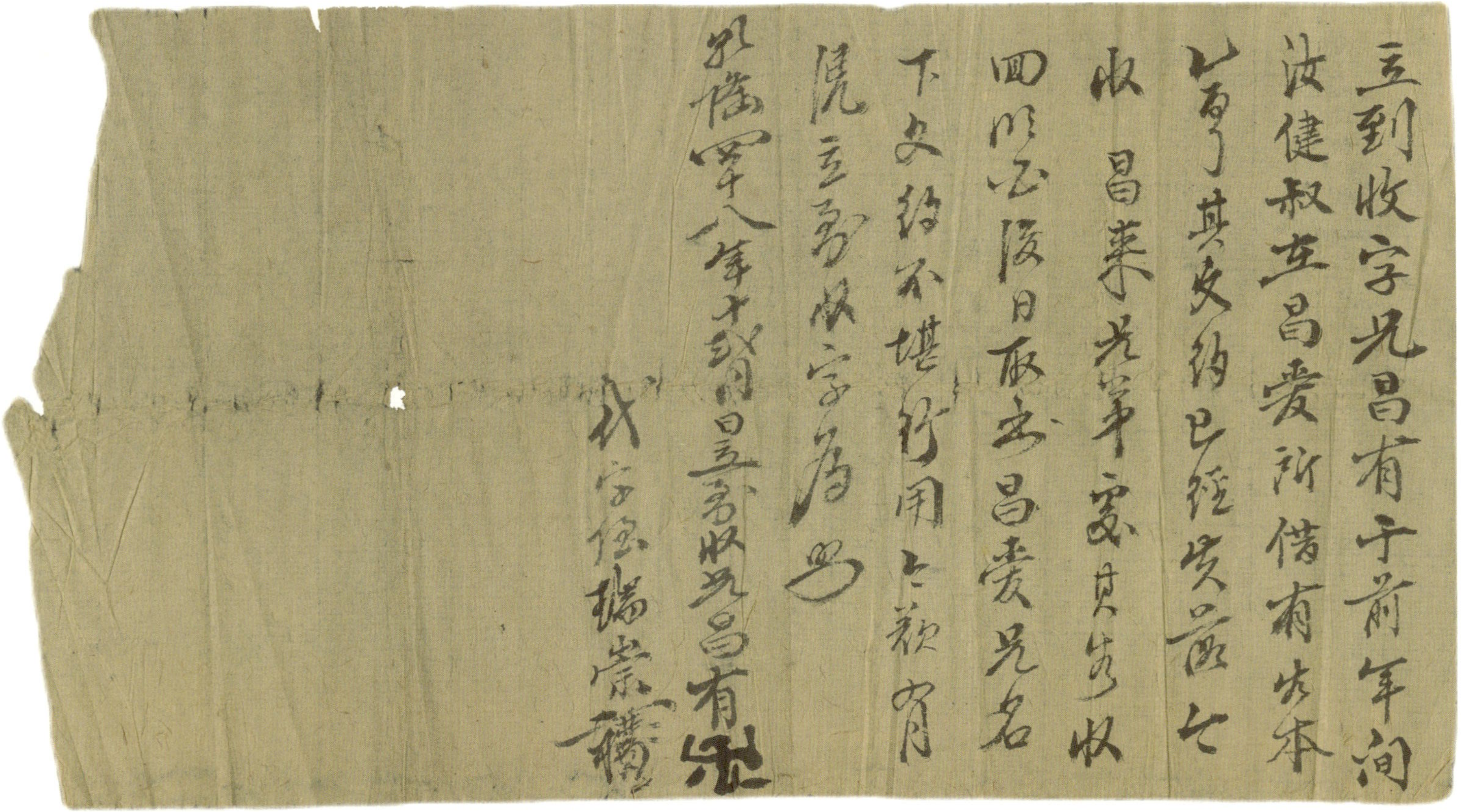
立到收字兄昌有于前年间
汝健叔在昌爱所借有本
以前了其文约已经失落七
收昌来兄弟處具收
回明，以後日取出昌爱兄名
下文约不堪行用之款，合
凭，立到收字为照。
乾隆四十八年十二月日立到收字兄昌有（押）
代字侄瑞崇（押）

6-4-28-2　清乾隆四十八年十二月林昌有立到收字

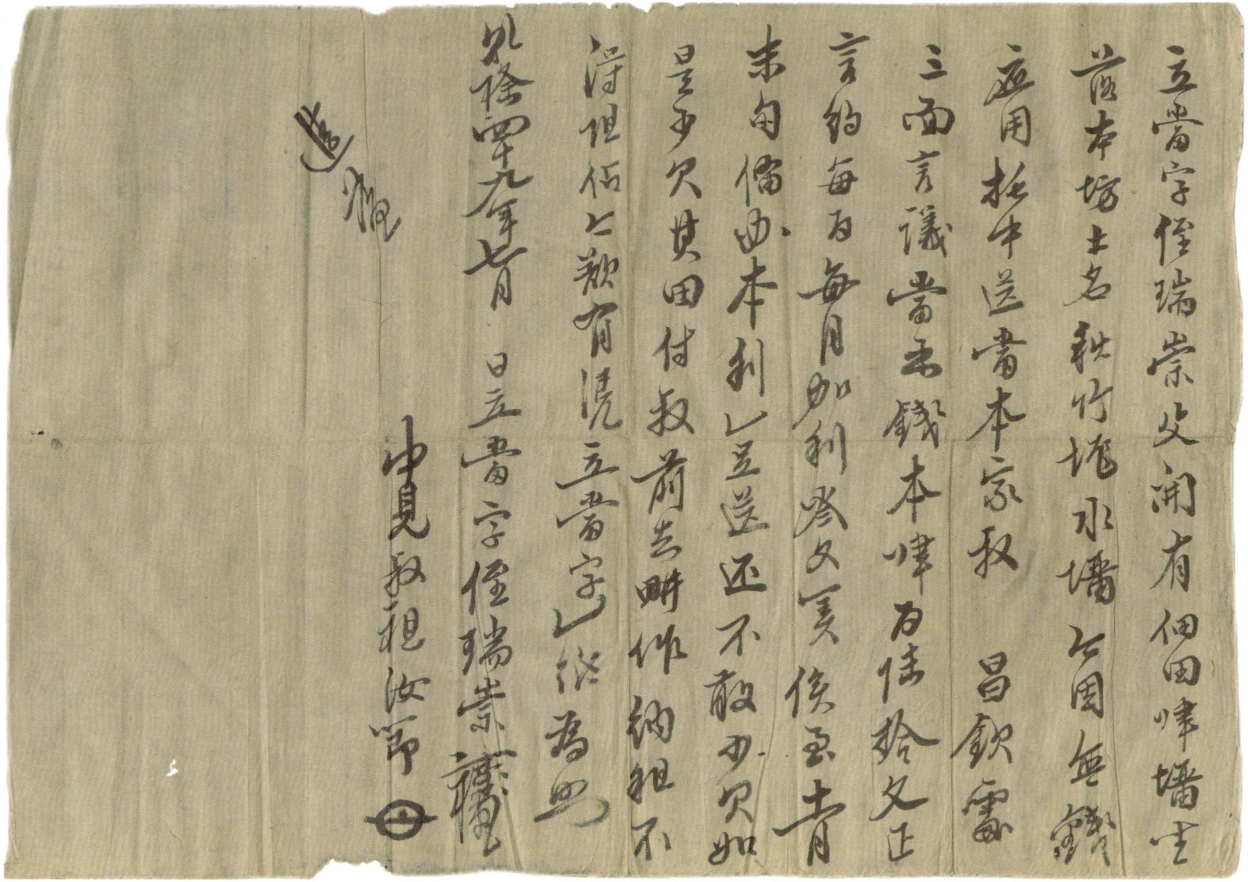
立當字侄瑞崇父闲有佃田肆墙土
落本坊土名秋竹垅水墻六周無錢
應用托中送當本家叔　昌欽處
三面言議當出錢本肆百陸拾文正
言約每百每月加利叁文算，係至青
未旬備出本利一足送還，不敢少欠，如
是少欠，其田付叔前去耕作納租，不
得阻佔。今欲有憑，立當字一紙為照。
乾隆肆拾九年七月　日立當字侄瑞崇（押）
中見叔祖汝筆（押）

6-4-29-1　清乾隆四十九年七月林瑞崇立當佃田字

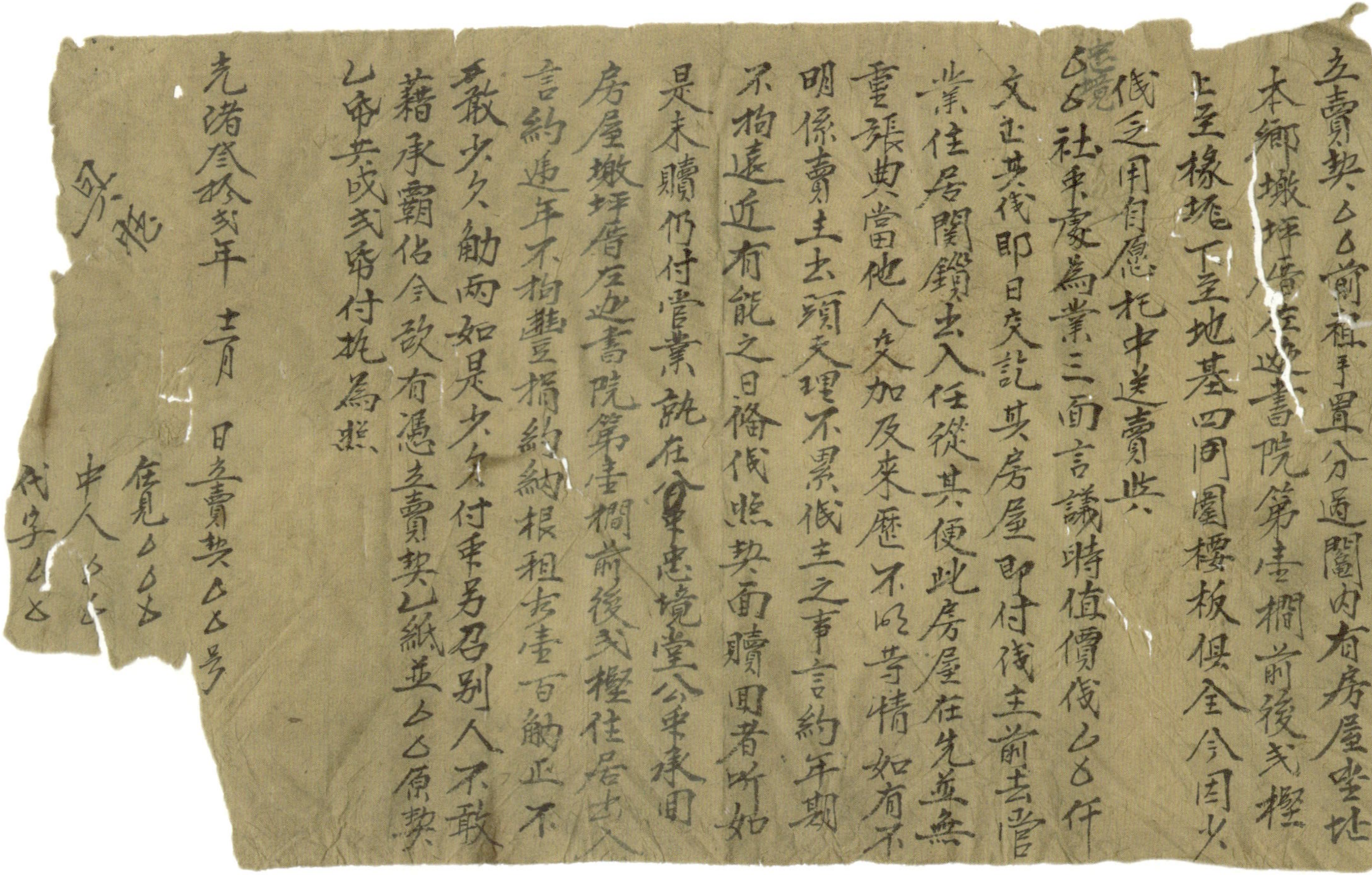
立賣契ㄙㄙ，前祖手置分過闔內有房屋坐址
本鄉墩坪厝右邊書院第壹櫚前後弍樫
上至椽瓦下至地基四圍樓板俱全今因乏
錢之用自愿托中送賣與
ㄙㄙ社乘處為業三面言議時值價錢ㄙㄙ仟
文正其錢即日交訖其房屋即付錢主前去管
業住居關鎖出入任從其便此房屋在先並無
重張典當他人交加及來歷不明等情如有不
明係賣主出頭支理不累錢主之事言約年期
不拘遠近有能之日備價照契面贖回者聽如
是未贖仍付管業就在（?）忠境堂公乘承回
房屋墩坪厝左邊書院第壹櫚前後弍樫住居出入
言約逐年不拘豐歉納根租大（?）壹百觔正不
敢少欠觔兩如是少欠付乘另召別人不敢
藉承霸佔今欲有憑立賣契山紙並ㄙㄙ原契
山帋共成弍帋付執為照
光緒叁拾弍年　十二月　日立賣契ㄙㄙ号
在見ㄙㄙㄙ
中人ㄙㄙ
代字ㄙㄙ
吳（?）批

6-4-29-2　清光緒三十二年十二月某某立賣房屋契（草契）

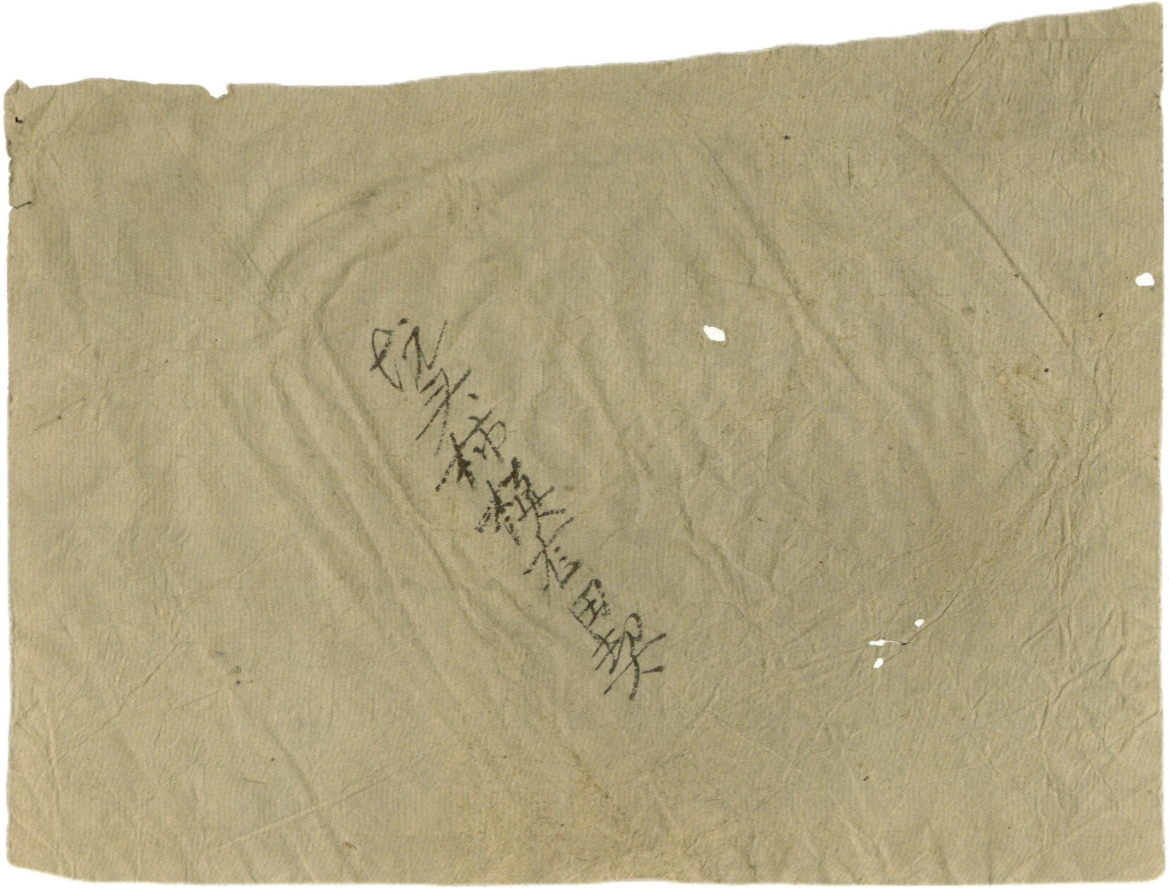

6-4-30-1　包契紙

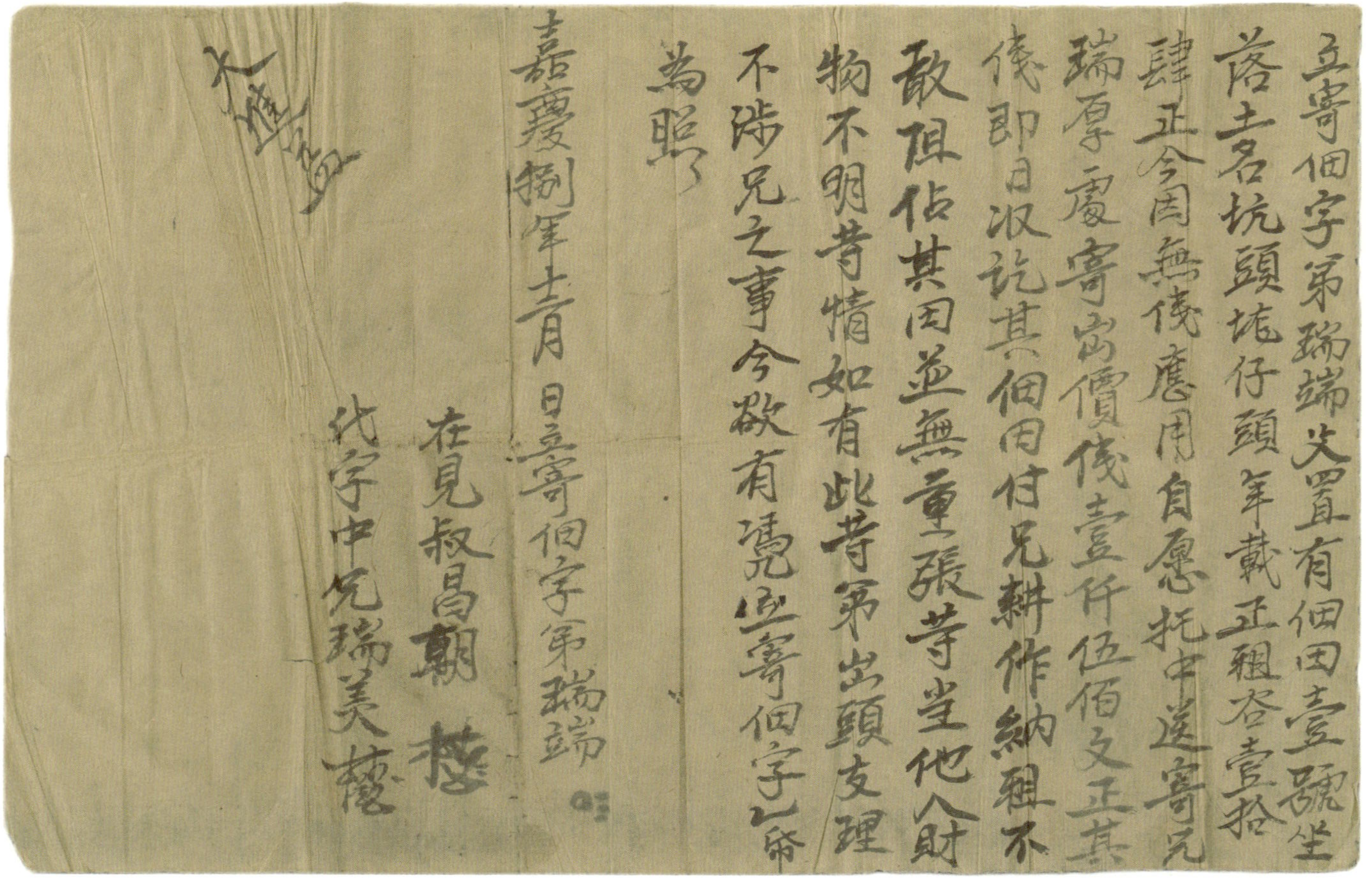

立寄佃字弟瑞端父置有佃田壹號坐落土名坑頭垅仔頭年載正租谷壹拾肆正今因無錢應用自愿托中送寄兄瑞厚處寄出價錢壹仟伍佰文正其錢即日收訖其佃田付兄耕作納租不敢阻佔其田並無重張等墜他人財物不明等情如有此等弟出頭支理不涉兄之事今欲有憑立寄佃字一紙為照

嘉慶捌年十二月　日立寄佃字弟瑞端

在見叔昌朝

代字中兄瑞美

[illegible]

6-4-30-2　清嘉慶八年十二月林瑞端立寄佃田字

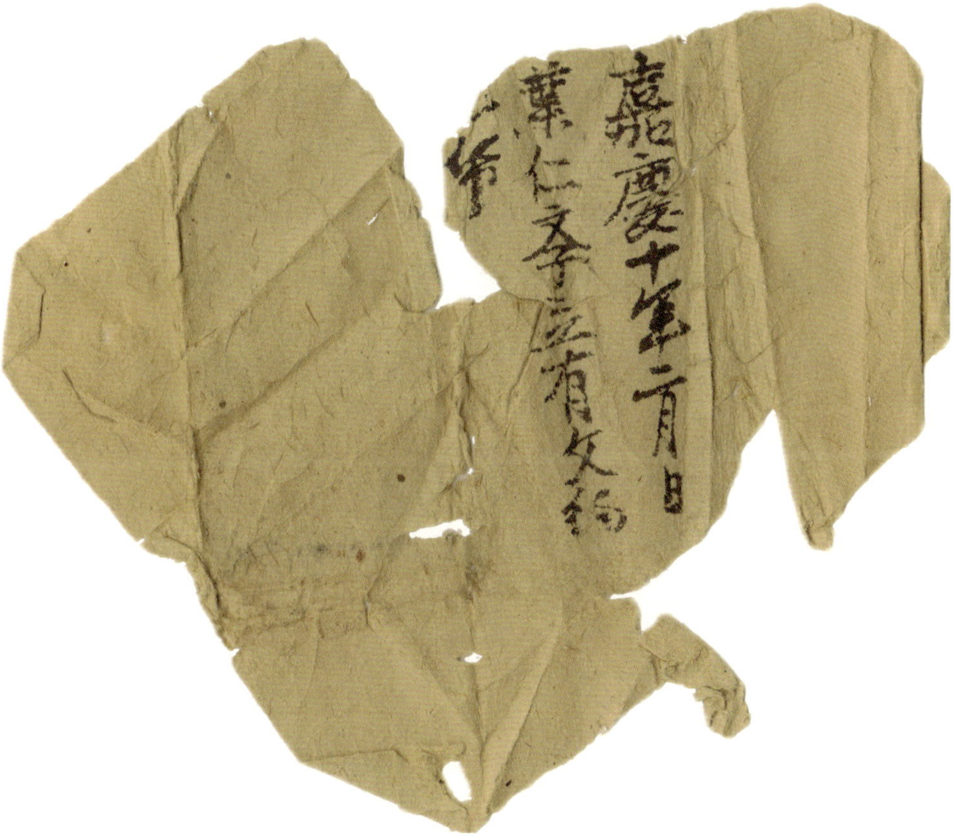
嘉慶十年二月 日
葉仁文仝立有文約
筆

6-4-31-1　包契紙

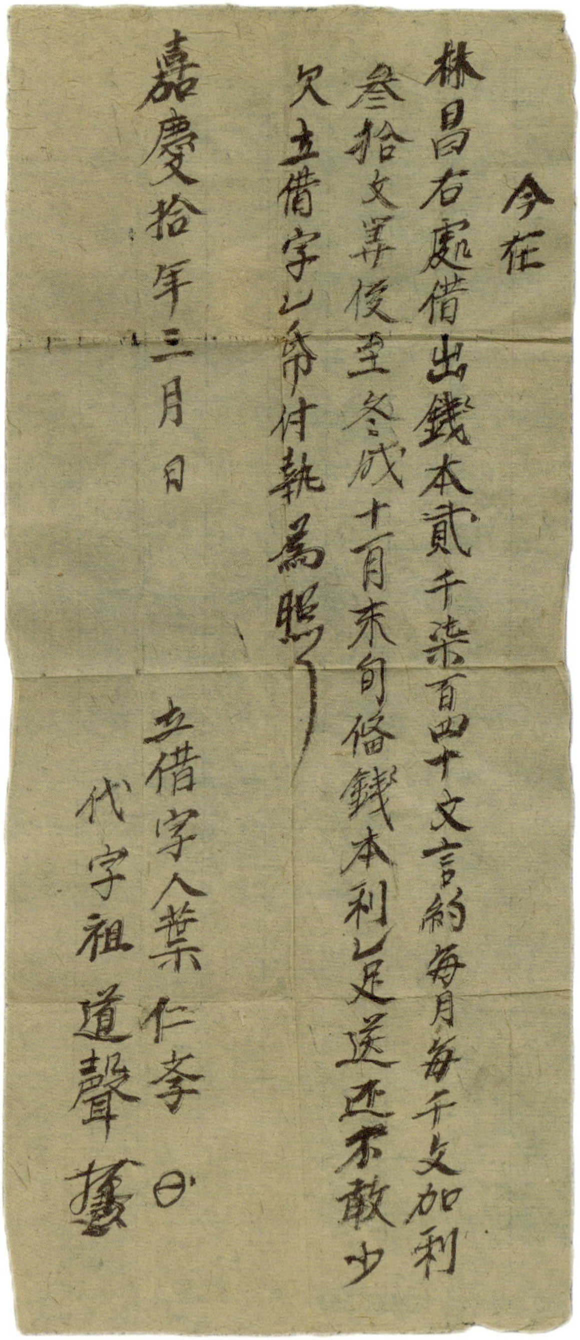
今在
林昌右處借出錢本貳千柒百四十文言約每月每千文加利
叁拾文算俟至冬成十月末旬備錢本利一足送還不敢少
欠立借字一紙付執為照
嘉慶拾年三月　日
立借字人葉仁孝
代字祖道聲

6-4-31-2　清嘉慶十年三月葉仁孝立借錢字

6-4-32-1　包契紙

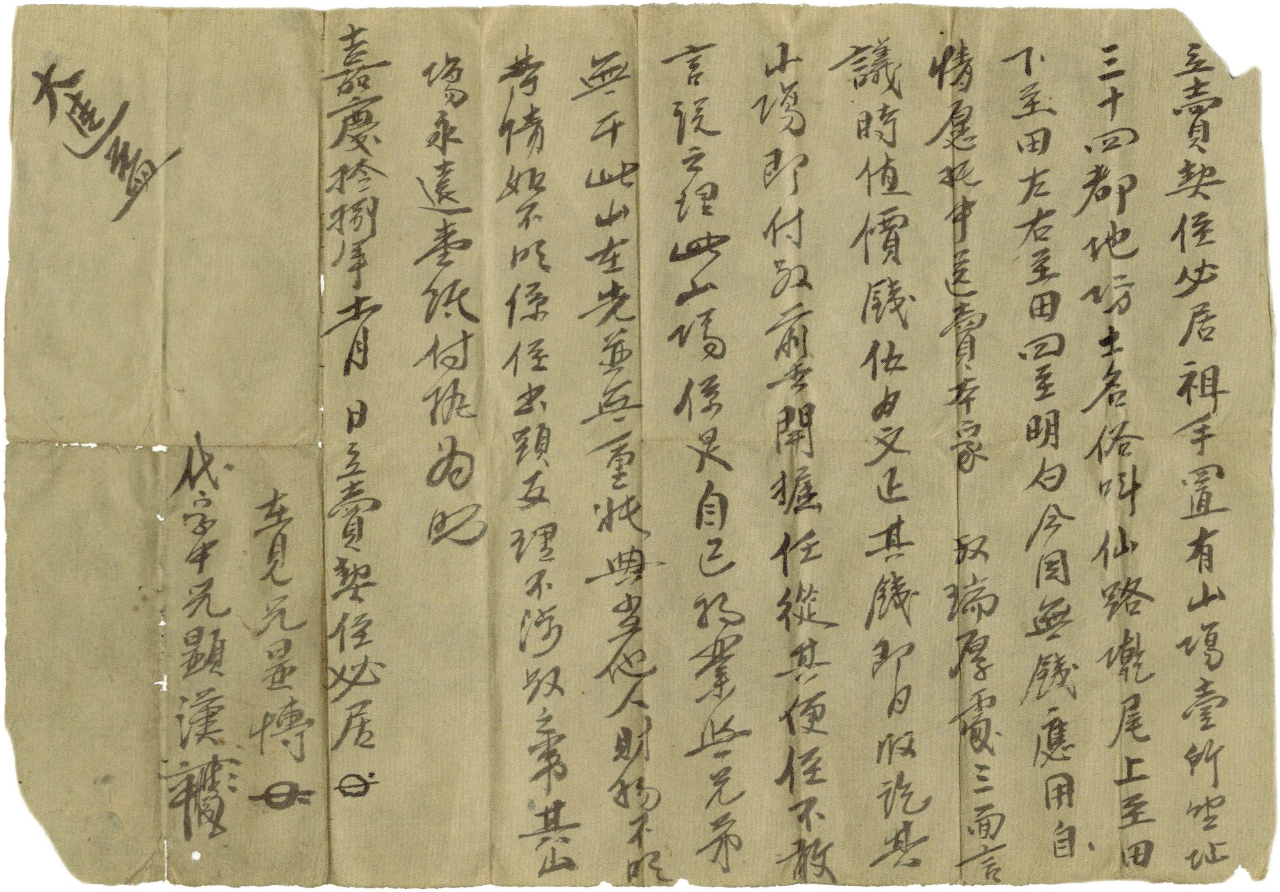

立賣契侄必居祖手置有山場壹所坐址
三十四都地坊土名俗叫仙路墘尾上至田
下至田左右至田四至明白今因無錢應用自
情愿托中送賣本家 叔瑞厚處三面言
議時值價錢伍百文正其錢即日收訖其
山場即付叔前去開掘任從其便侄不敢
言說之理此山場係是自己物業與兄弟
無干此山在先並無重叠典當他人財物不明
等情如不明係侄出頭支理不涉叔之事其山
場永遠書紙付執為照
嘉慶拾捌年十一月 日立賣契侄必居（押）
在見兄量博（押）
代字中兄顯漢（押）
大進[illegible]

6-4-32-2　清嘉慶十八年十一月林必居立賣山場契

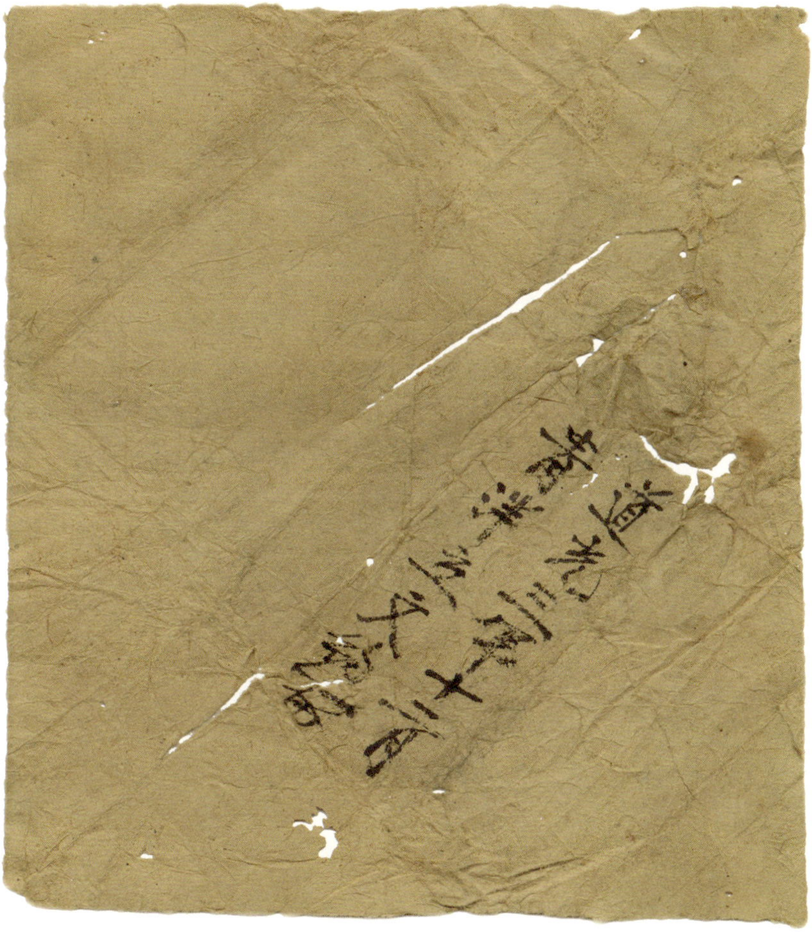

6-4-33-1　包契紙

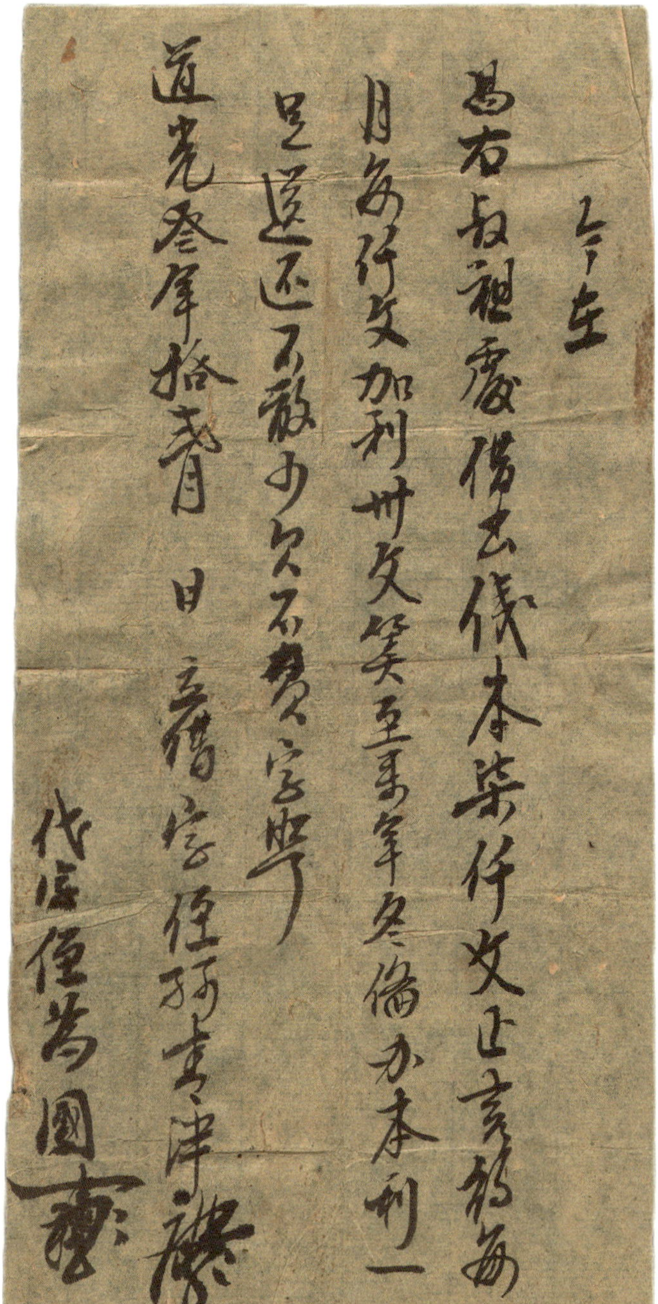
今在
邑右叔祖處借出錢本柒仟文正言約每
月每仟文加利卅文算至本年冬備办本利一
足送还不敢少欠不費字照
道光叁年拾贰月　日　立借字侄孫青洋（押）
代字侄為國（押）

6-4-33-2　清道光三年十二月林青洋立借錢字

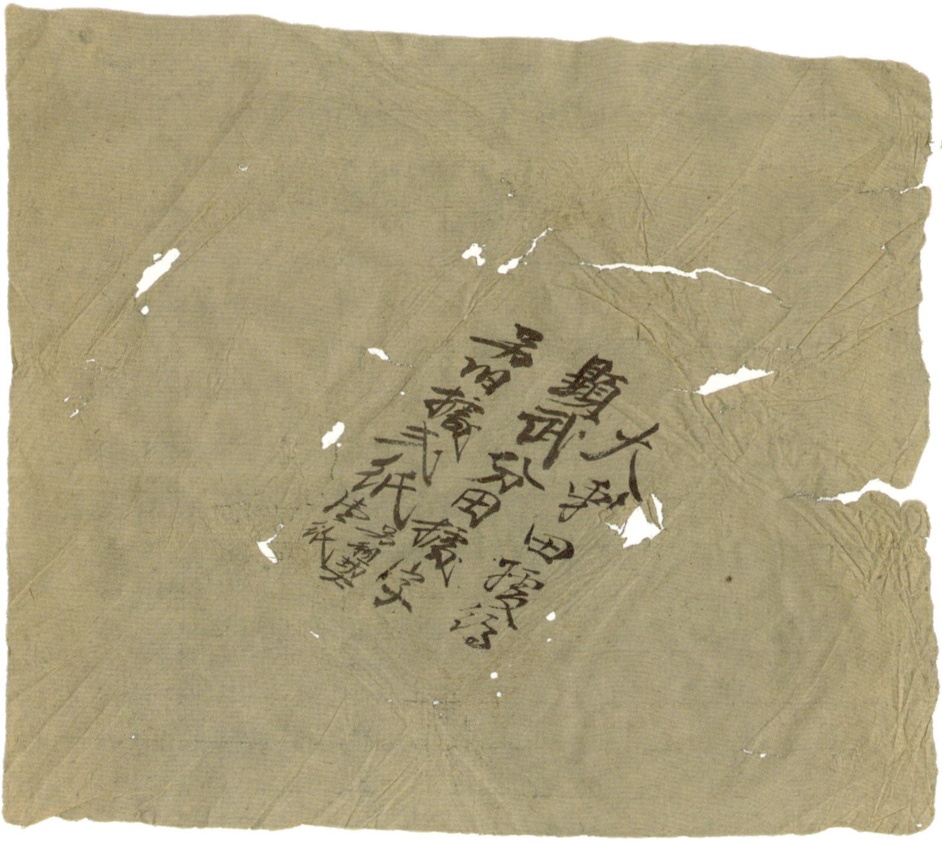

6-4-34-1　包契紙

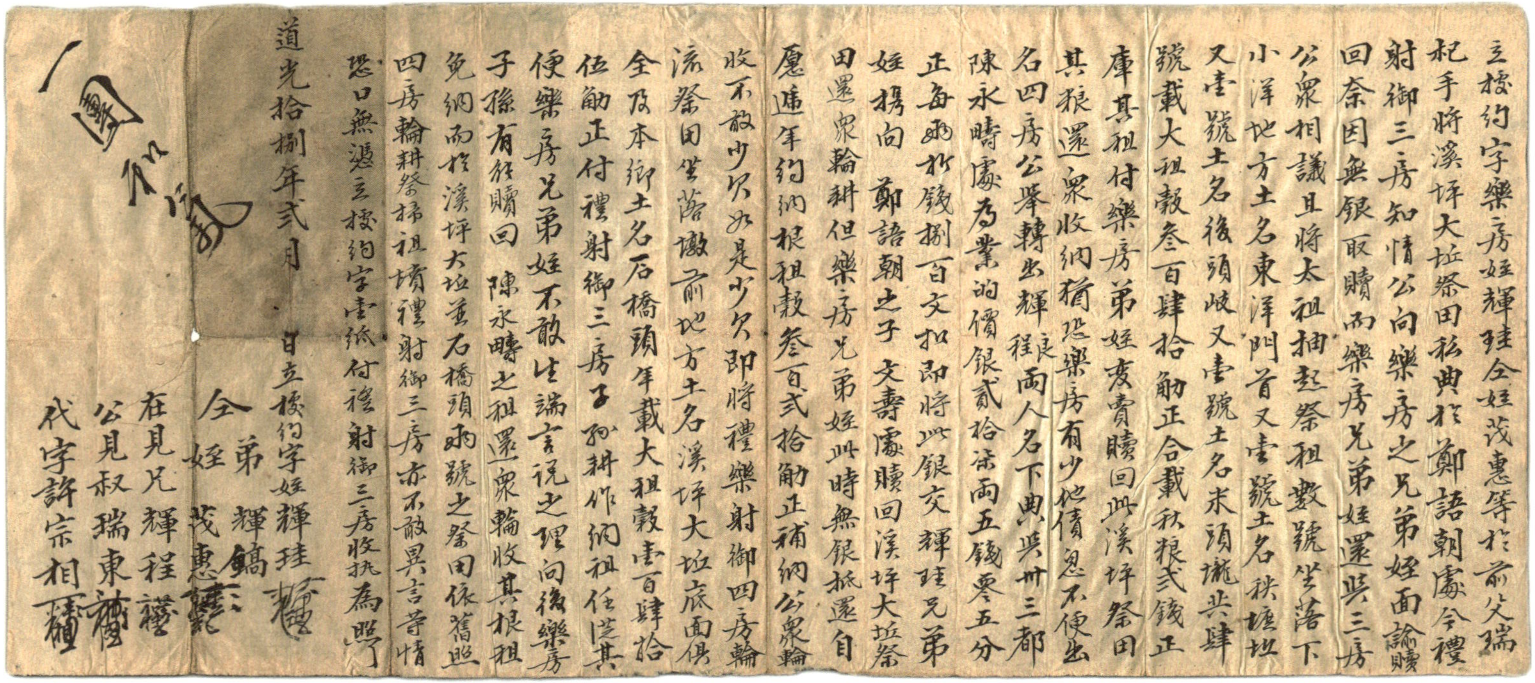

立摟約字樂房姪輝珪仝姪茂惠等，於前父瑞杞手將溪坪大垃祭田私典於鄭語朝處，今禮射御三房知情，公向樂房之兄弟姪面諭贖回，奈因無銀取贖，兩樂房兄弟姪還與三房公衆相議，且將太祖抽起祭租數號，坐落下小洋地方，土名東洋門首，又壹號土名秩塘垃，又壹號土名後頭岐，又壹號土名末頭瀧，共肆號，載大祖穀叁百肆拾觔正，合載秋粮弍錢正庫。其祖付樂房弟姪變賣贖回此溪坪祭田，其粮還衆收納。猶恐樂房有少他債，恐不便出名，四房公舉轉出輝程、良兩人名下，典與卅三都陳永疇處爲業，詢價銀貳拾柒兩五錢零五分正，每兩折錢捌百文扣。即將此銀交輝珪兄弟姪携向鄭語朝之子文壽處贖回溪坪大垃祭田，還衆輪耕。但樂房兄弟姪此時無銀抵還，自應遞年約納根祖穀叁百式拾觔正，補納公衆輪收，不敢少欠。如是少欠，即將禮樂射御四房輪流祭田，坐落墩前地方，土名溪坪庶面，俱仝及本鄉土名石橋頭，年載大祖穀壹百肆拾伍觔正，付禮射御三房子孫耕作納祖，任從其便，樂房兄弟姪不敢生端言說之理。向後樂房子孫有銀贖回陳永疇之祖，還衆輪收，其根祖免納，而於溪坪大垃並石橋頭兩號之祭田，依舊照四房輪耕，祭掃祖墳，禮射御三房亦不敢異言等情。恐口無憑，立摟約字壹紙，付禮射御三房收執爲照。

道光拾捌年弍月　日立摟約字姪輝珪

弟　輝鎬

仝姪　茂惠

在見兄　輝程

公見叔　瑞東

代字　許宗相

一團和氣

6-4-34-2　清道光十八年二月林輝珪等立據約字

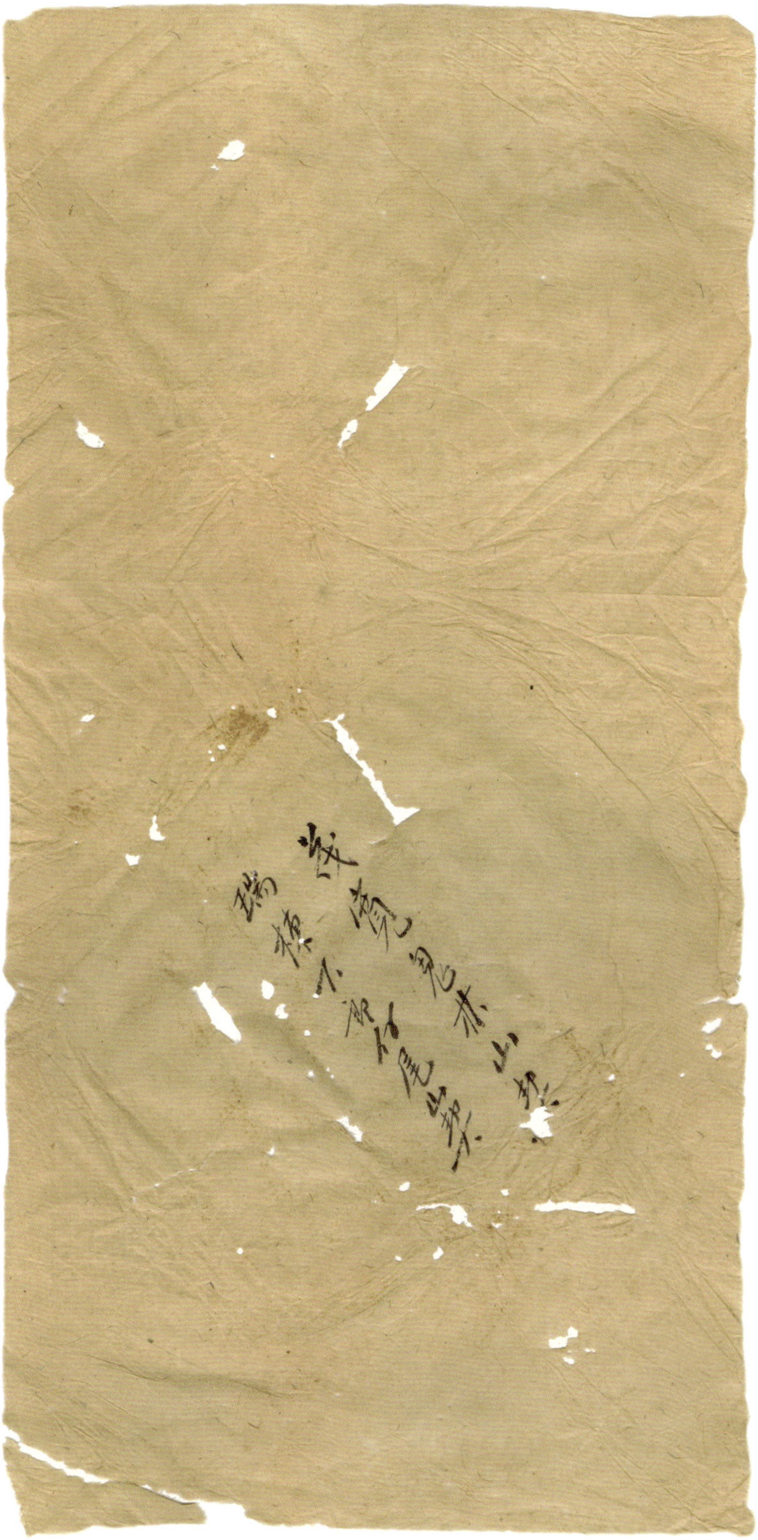

6-4-35-1　包契紙

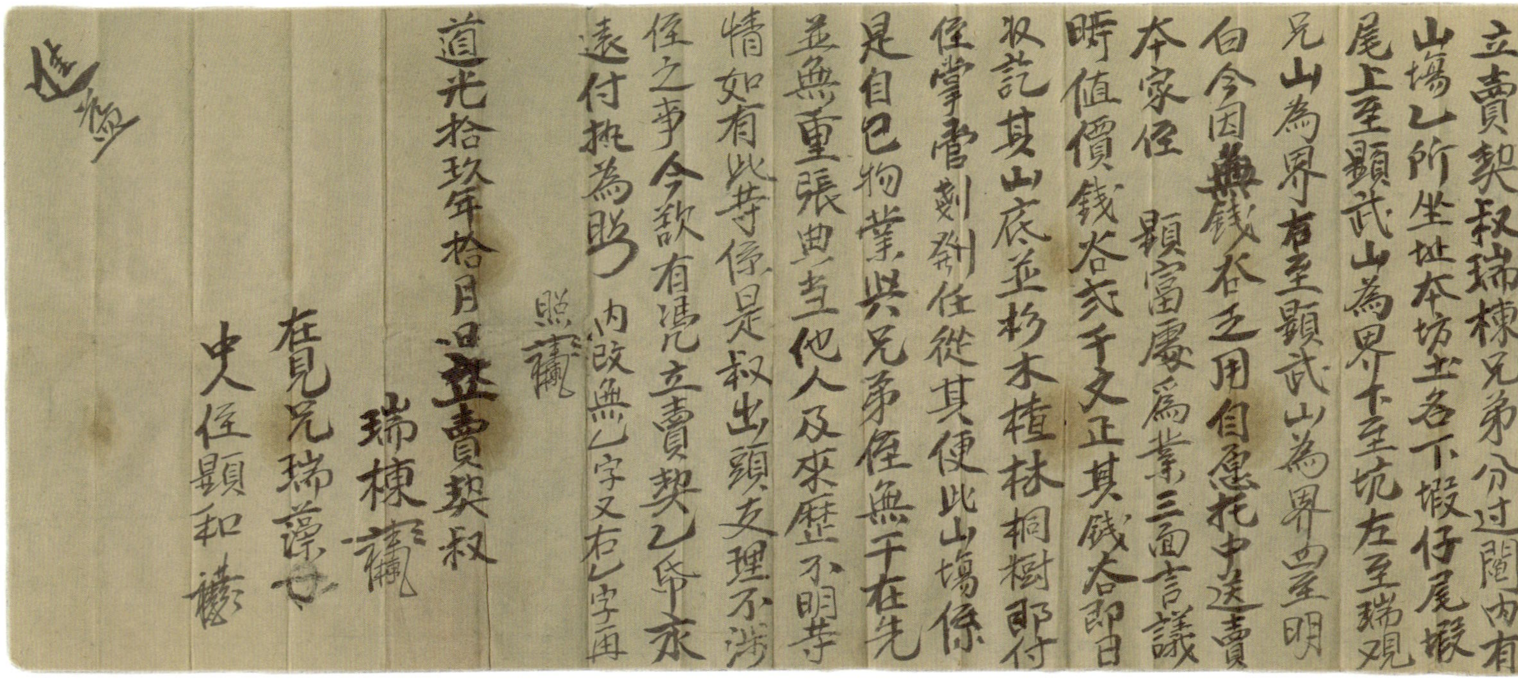
立賣契叔瑞楝兄弟分过鬮内有
山場乙所坐址本坊土名下塅仔尾塅
尾上至顯武山為界下至坑左至瑞观
兄山為界右至顯武山為界四至明
白今因無錢谷乏用自愿托中送賣
本家侄　顯富處爲業三面言議
時值價錢谷贰千文正其錢谷即日
收訖其山底並杉木植林桐樹即付
侄掌管劄斫任從其便此山場係
是自己物業與兄弟侄無干在先
並無重張典当他人及來歷不明等
情如有此等係是叔出頭支理不涉
侄之事今欲有憑立賣契乙帋永
遠付執為照　内改無乙字又右乙字再
照
道光拾玖年拾月　日立賣契叔
瑞楝
在見兄瑞璋
中人侄顯和
[illegible]

6-4-35-2　清道光十九年十月林瑞楝立賣山場契

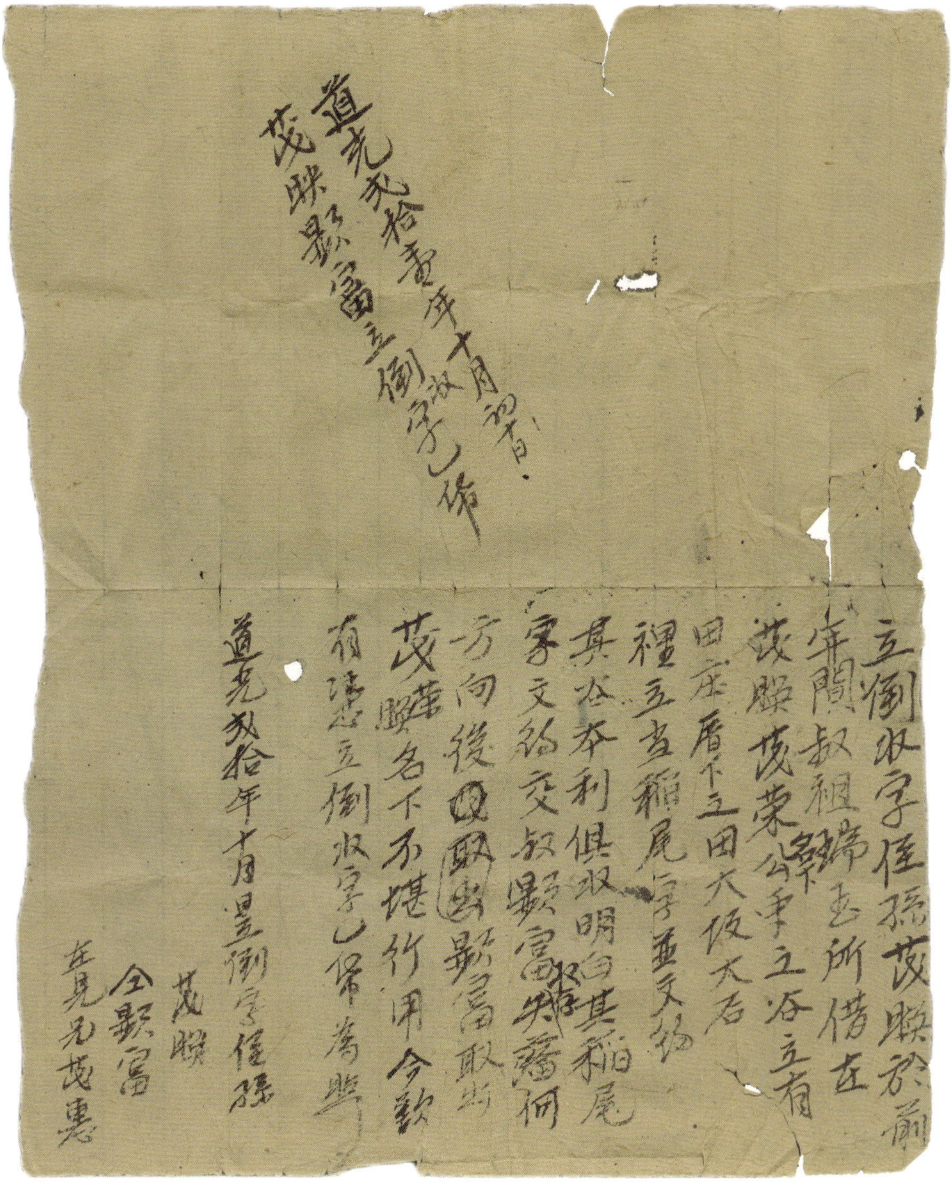
道光貳拾壹年十月初十日
茂映顯富立倒收字一紙

立倒收字侄孫茂映於前
年間叔祖瑞玉所借在
茂映茂荣癸公手立合立有
田座厝下土田大伍大石
裡立土稻尾字並文約
其谷本利俱收明白其稻尾
字文約交叔顯富收存失落何
一方向後取出顯富取出
茂映名下不堪行用今欲
有憑立倒收字一紙為照
道光貳拾年十月 日立倒字侄孫
茂映
仝顯富
在見兄茂惠

6-4-36-1　清道光二十一年十月林茂映等立倒收字（草契）

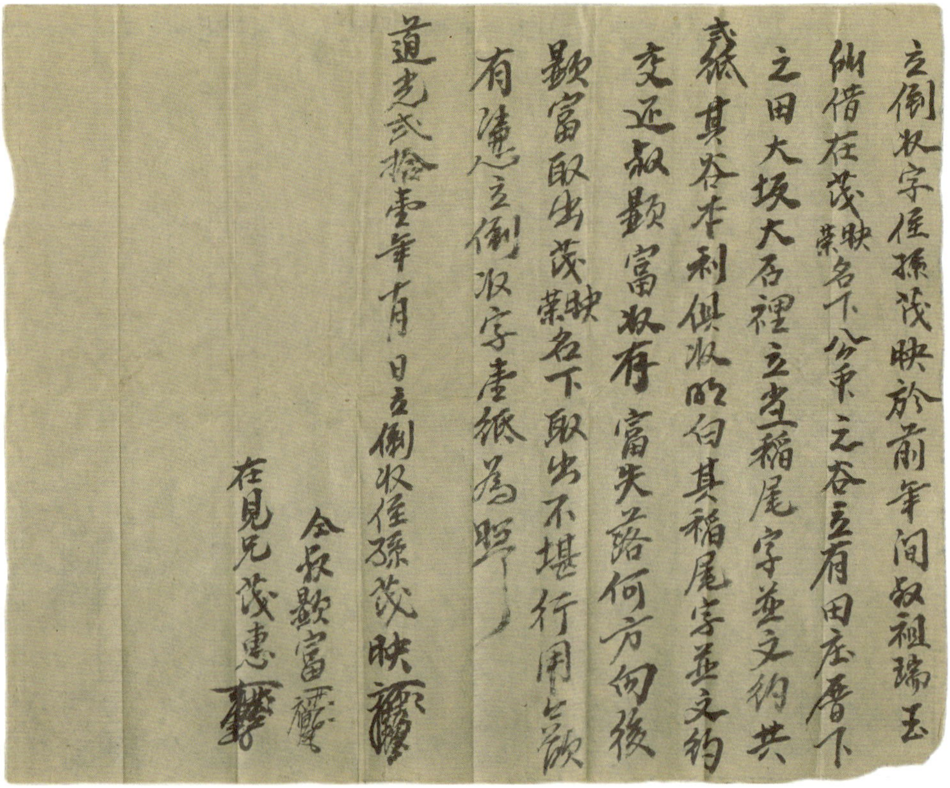
立倒收字侄孫茂映於前年間叔祖瑞玉
仙借在茂映棠名下公衆之谷立有田座厝下
之田大坂大厝裡立出稻尾字並文約共
貳紙其谷本利俱收明白其稻尾字並文約
交還叔歡富收存當失落何方向後
歡富取出茂映棠名下取出不堪行用今欲
有憑立倒收字壹紙為照
道光貳拾壹年拾月 日立倒收侄孫茂映
仝叔歡富
在見兄茂惠

6-4-36-2　清道光二十一年十月林茂映等立倒收字

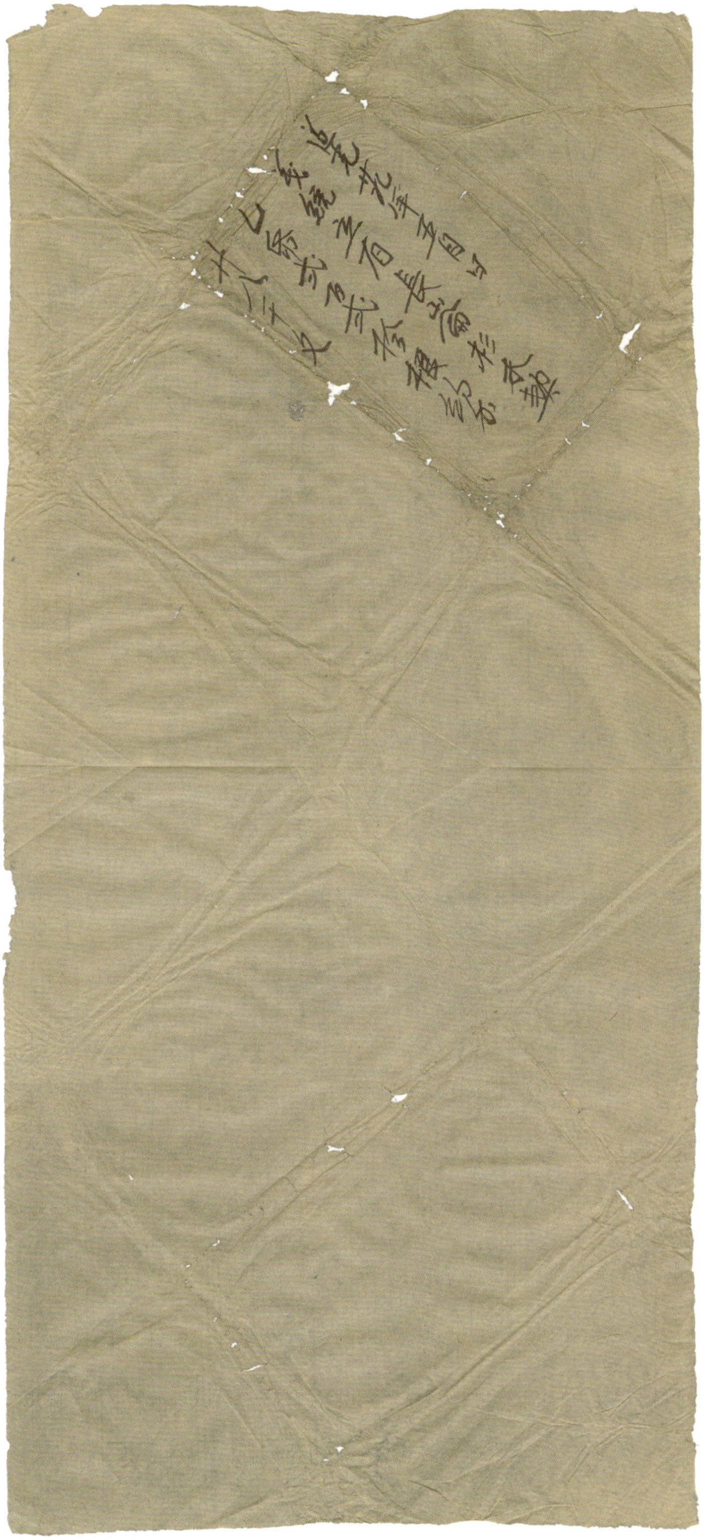

6-4-37-1　包契紙

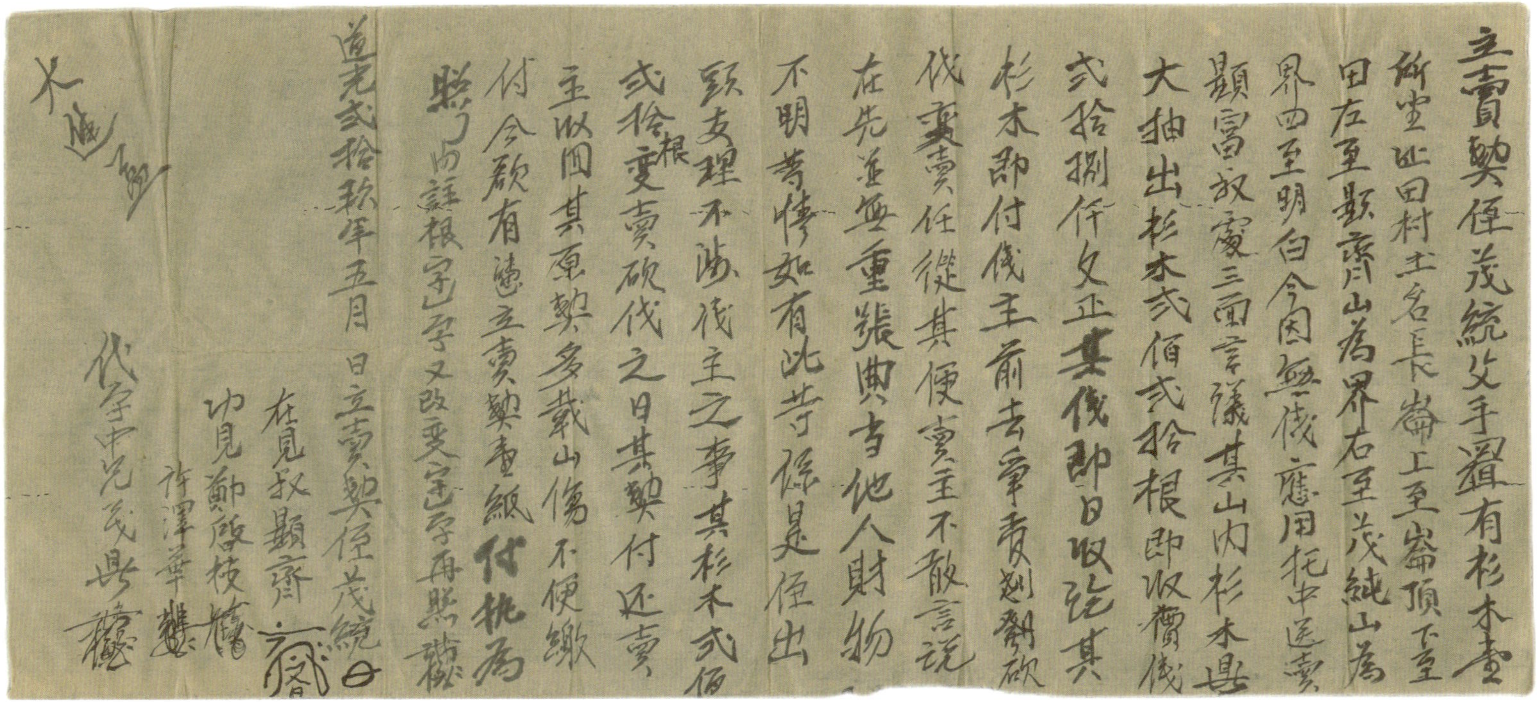
立賣契侄茂統父手置有杉木壹
所，坐址田村土名長嶺，上至嶺頂，下至
田，左至縣齊山為界，右至茂純山為
界，四至明白。今因無錢應用，托中送賣
與顯富叔處，三面言議，其山內杉木壹
大抽出杉木式佰式拾根，即收價錢
式拾捌仟文正。其錢即日收訖，其
杉木即付錢主前去拿責剗斲砍
伐，任從其便，賣主不敢言說。
在先並無重張典當他人財物
不明等情，如有此等，係是侄出
頭支理，不涉伐主之事。其杉木式佰
式拾根，變賣砍伐之日，其契付還賣
主收回，其原契多載山傷，不便繳
付。今欲有憑，立賣契壹紙，付執為
照。內註根字乙字，又改更字乙字，再照。
道光式拾玖年五月　日立賣契侄茂統
在見叔顯齊
仍見鄭啟枝
許澤華
代字中兄茂與
大進[illegible]

6-4-37-2　清道光二十九年五月林茂統立賣杉木契

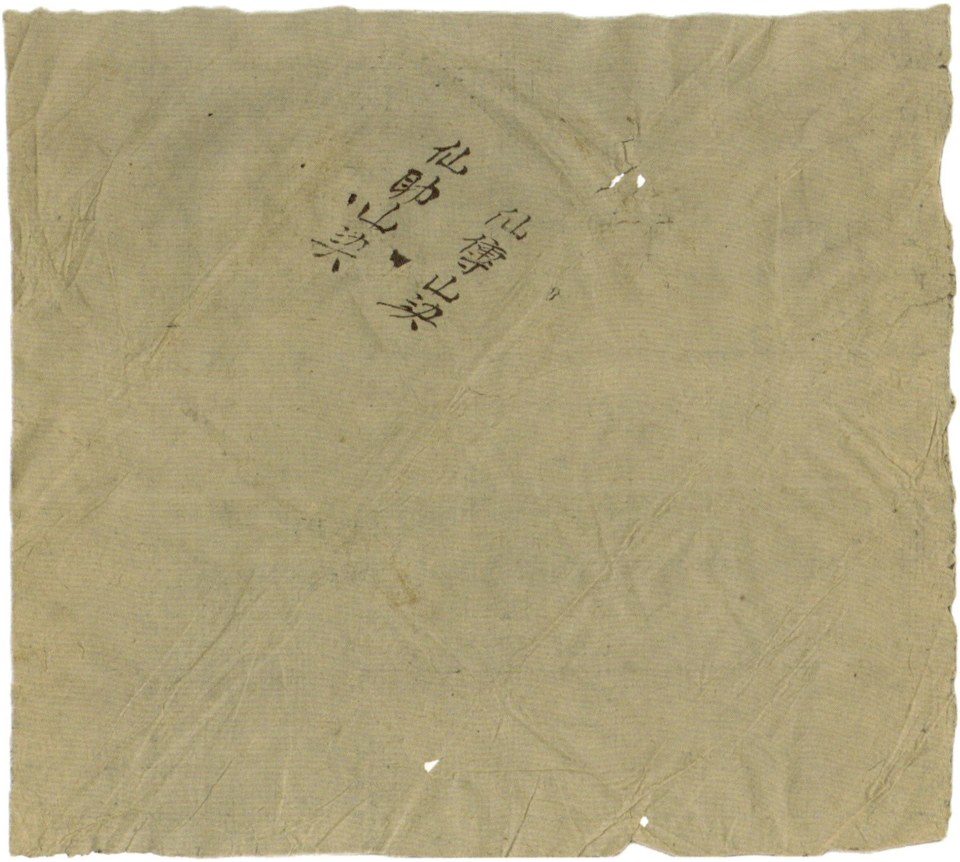

6-4-38-1　包契紙

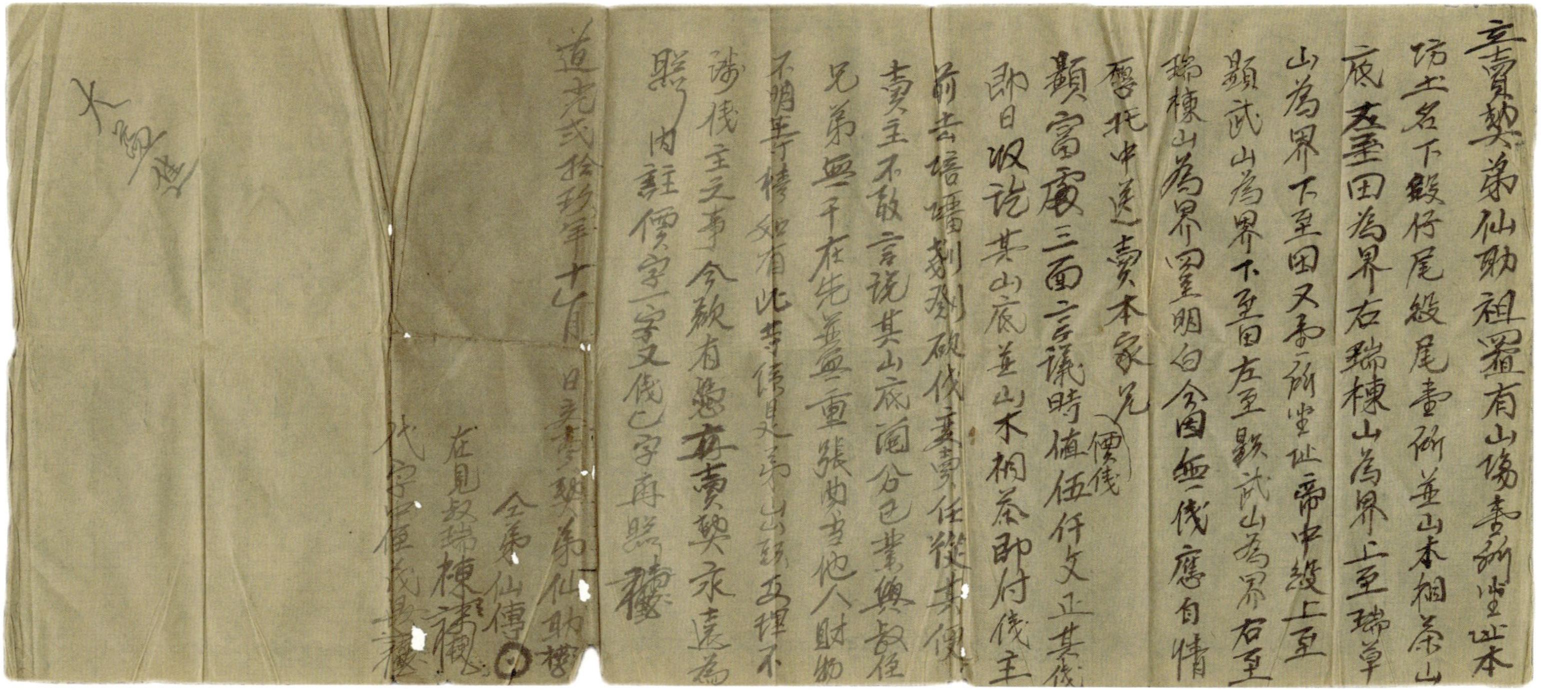
立賣契弟仙助祖置有山場壹所，坐址本坊土名下段仔尾段尾壹所，並山木桐茶山底，左至田為界，右至瑞棟山為界，上至瑞草山為界，下至田。又壹所坐址帝中段，上至顯武山為界，下至田，左至顯武山為界，右至瑞棟山為界，四至明白。今因無錢應用，自情托中送賣本家兄顯富處，三面言議時值價錢伍仟文正，其錢即日收訖，其山底並山木桐茶即付錢主前去培壙剗砍伐賣，任從其便，賣主不敢言說。其山底涵分己業，與叔侄兄弟無干，在先並無重張典當他人財物不明等情，如有此等情，是賣主自理，不涉錢主之事。今欲有憑，立賣契永遠為照。內註價字一字，又錢已字再照。〔押〕

道光貳拾玖年十一月　日立賣契弟仙助〔押〕

仝弟　仙傳〔押〕

在見叔　瑞棟〔押〕

代字侄　□□〔押〕

大吉

6-4-38-2　清道光二十九年十一月林仙助等立賣山場等契

6-4-39-1　包契紙

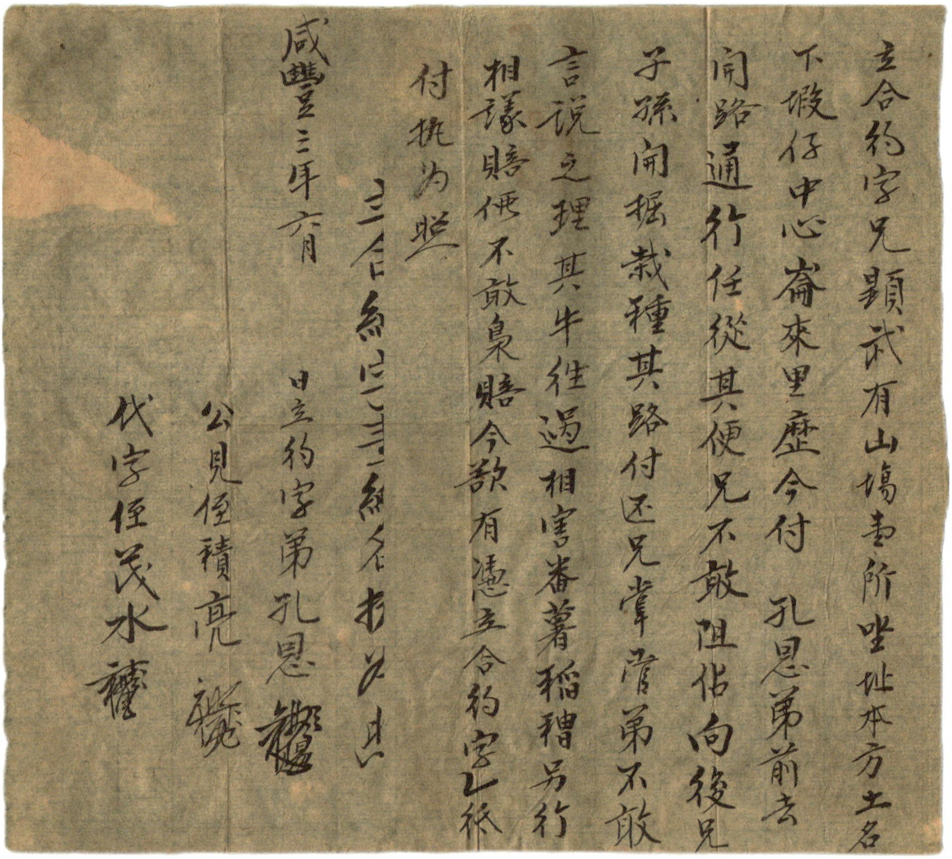
立合約字兄顕武有山塲壹所坐址本方土名下俶仔中心崙來里歷今付　孔恩弟前去開路通行任從其便兄不敢阻佔向後兄子孫開掘栽種其路付还兄掌管弟不敢言說之理其牛往過相害番薯稻稗另行相議賠偿不敢臬賠今欲有憑立合約字乙紙付執為照

立合約字二紙各執為照

咸豐三年六月　　日立約字弟孔恩

公見侄積亮

代字侄茂水

6-4-39-2　清咸豐三年六月林孔恩立合約字

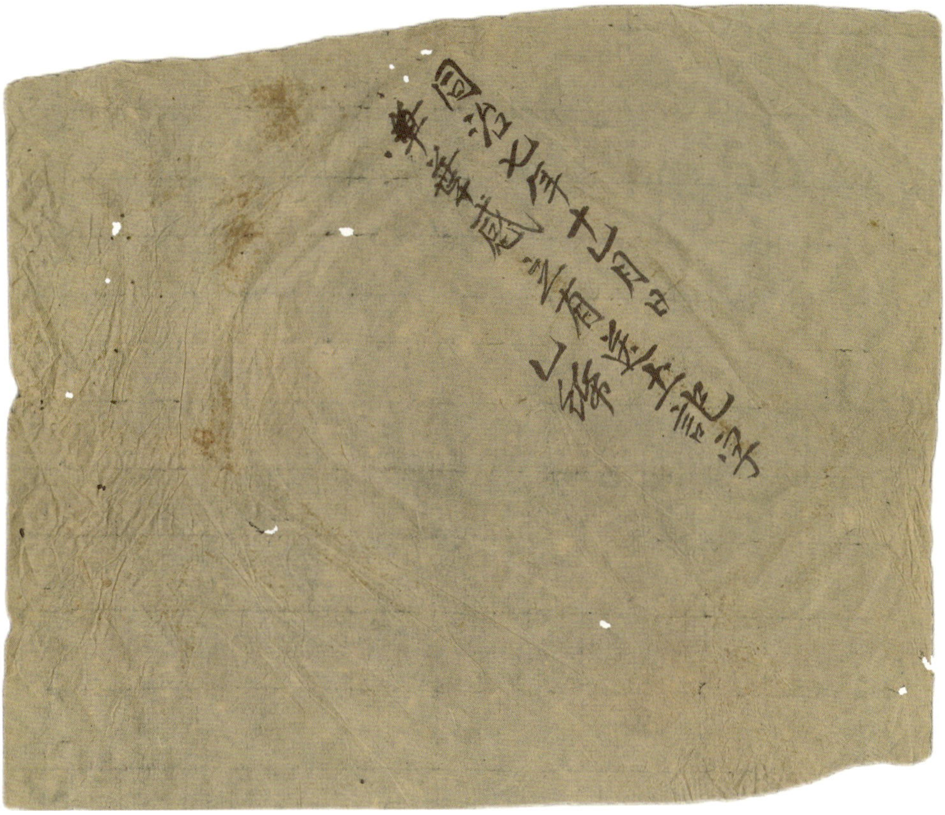


6-4-40-1　包契紙

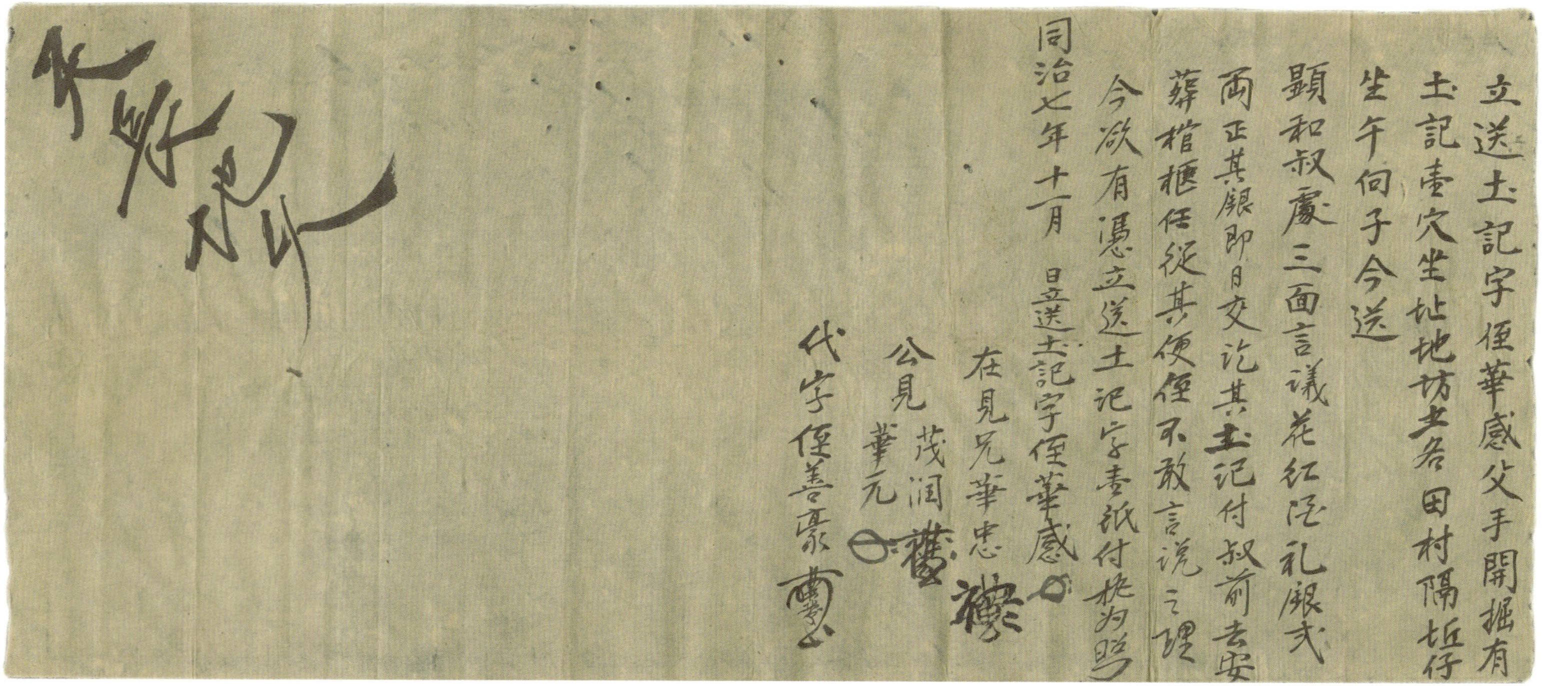
立送土記字侄華感父手開掘有
土記壹穴坐址地坊土名田村陽垢仔
生午向子今送
顯和叔處三面言議花紅謝禮銀弍
兩正其銀即日交訖其土記付叔前去安
葬棺柩任從其便侄不敢言說之理
今欲有憑立送土記字壹紙付執为照
同治七年十一月　日立送土記字侄華感（押）
在見兄華忠（押）
公見　茂润（押）　華元（押）
代字侄善豪（押）

6-4-40-2　清同治七年十一月林華感立送土記字

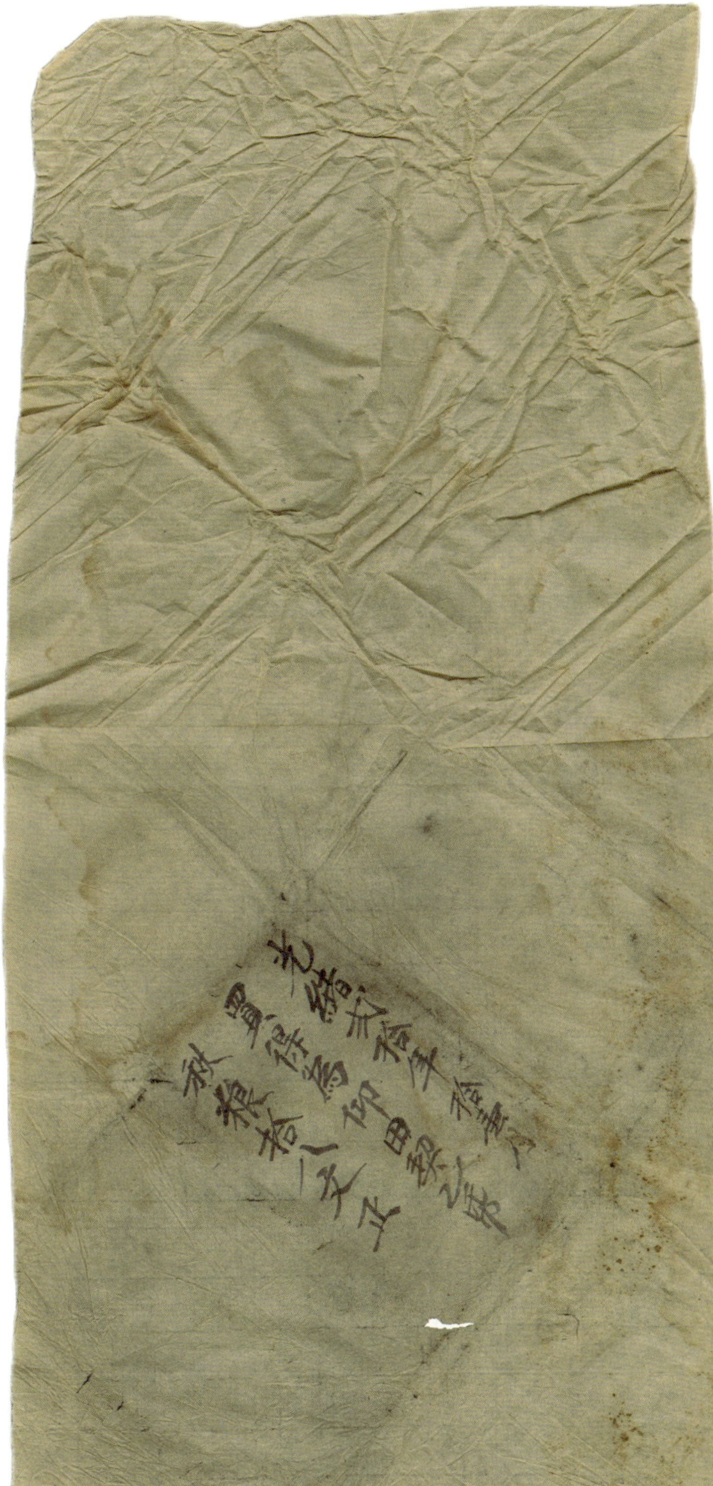


6-4-41-1 包契紙

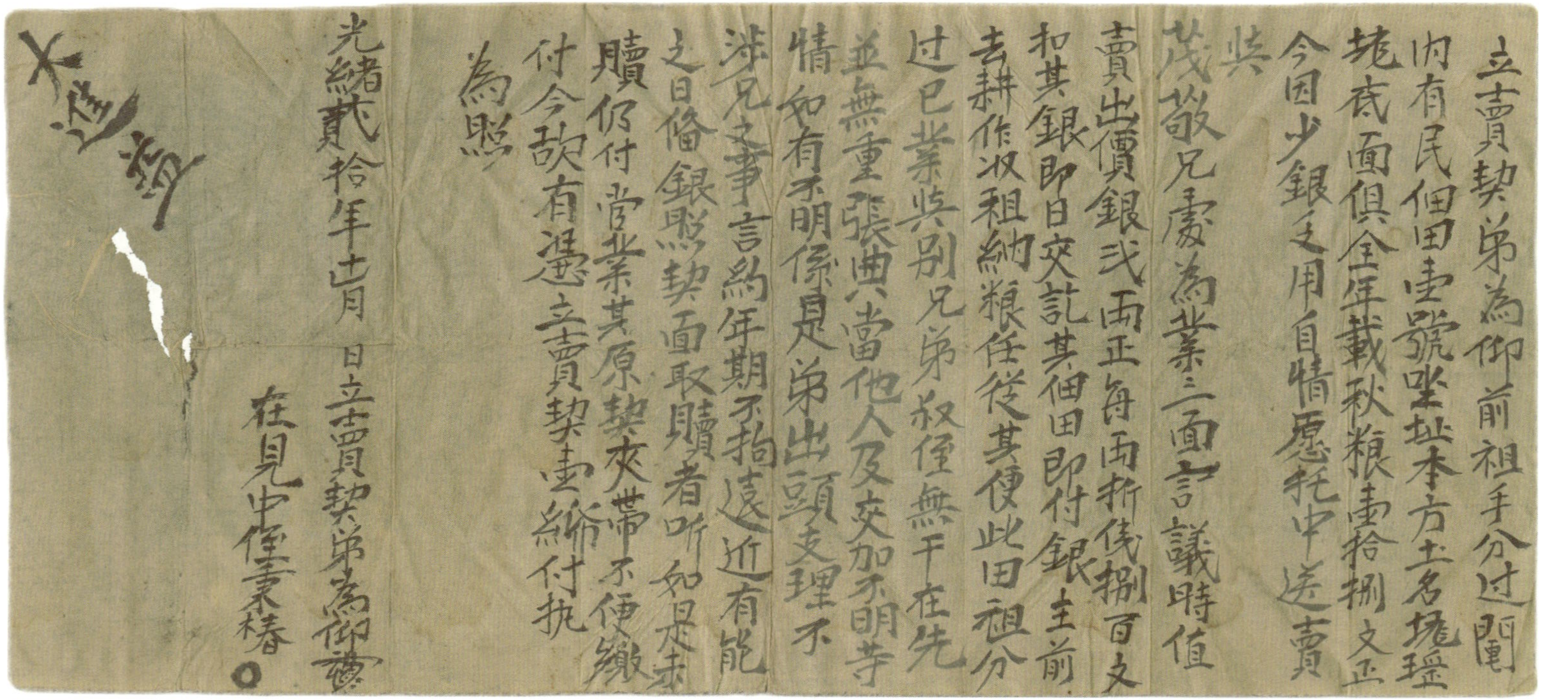

立賣契弟爲仰前祖手分过閹
內有民佃田壹號坐址本方土名墘瑆
墘底面俱全年載秋粮壹拾捌文正
今因少銀乏用自情愿托中送賣
與
茂敬兄處爲業三面言議時值
賣出價銀弍兩正每兩折錢捌百文
和其銀即日交訖其佃田即付銀主前
去耕作收租納粮任從其便此田祖分
过已業與別兄弟叔侄無干在先
並無重張典當他人及交加不明等
情如有不明係是弟出頭支理不
涉兄之事言約年期不拘遠近有能
之日備銀照契面取贖者听如是未
贖仍付當業其原契夾帶不便繳
付今欲有憑立賣契壹紙付執
爲照
光緒貳拾年十一月　日立賣契弟爲仰
在見中侄秉椿

6-4-41-2　清光緒二十年十一月林爲仰立賣底面全民佃田契

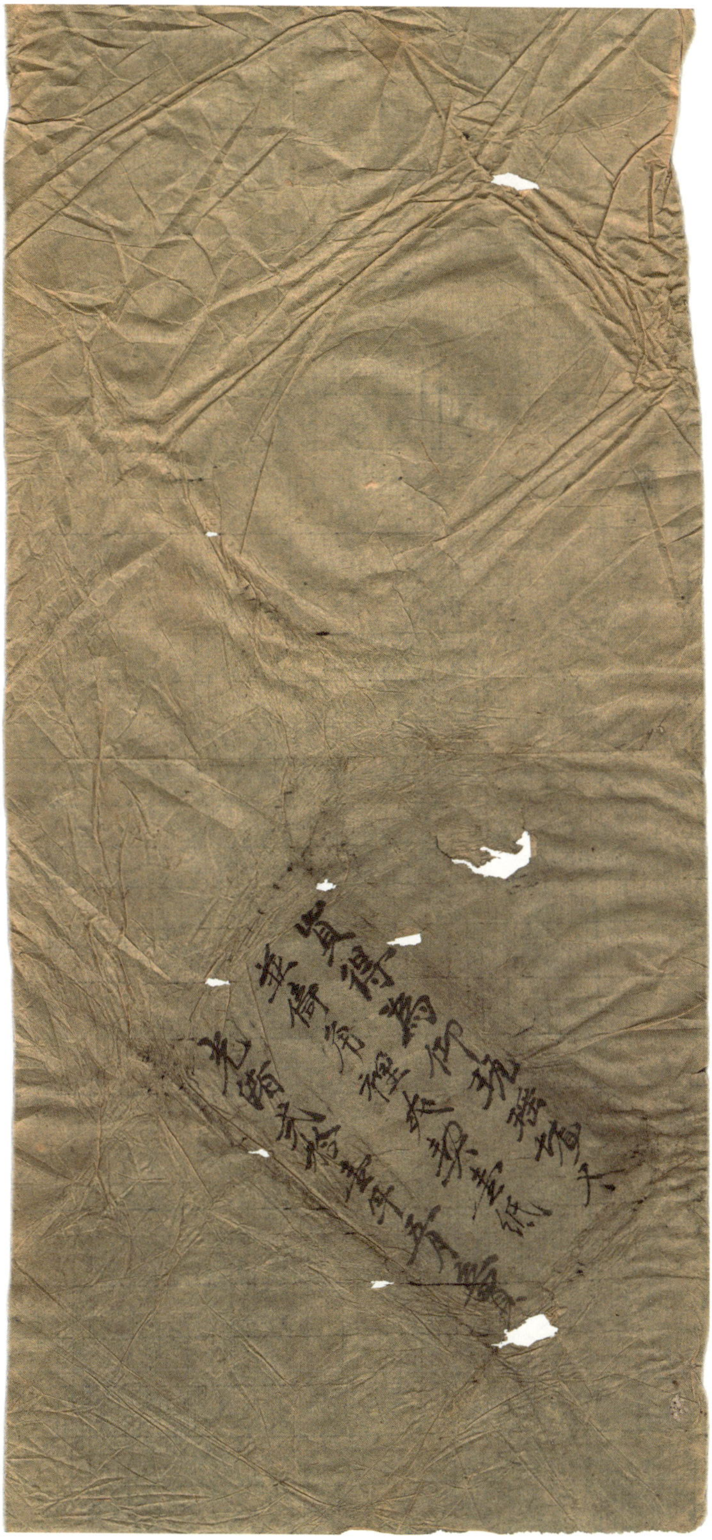

包契紙

6-4-42-1

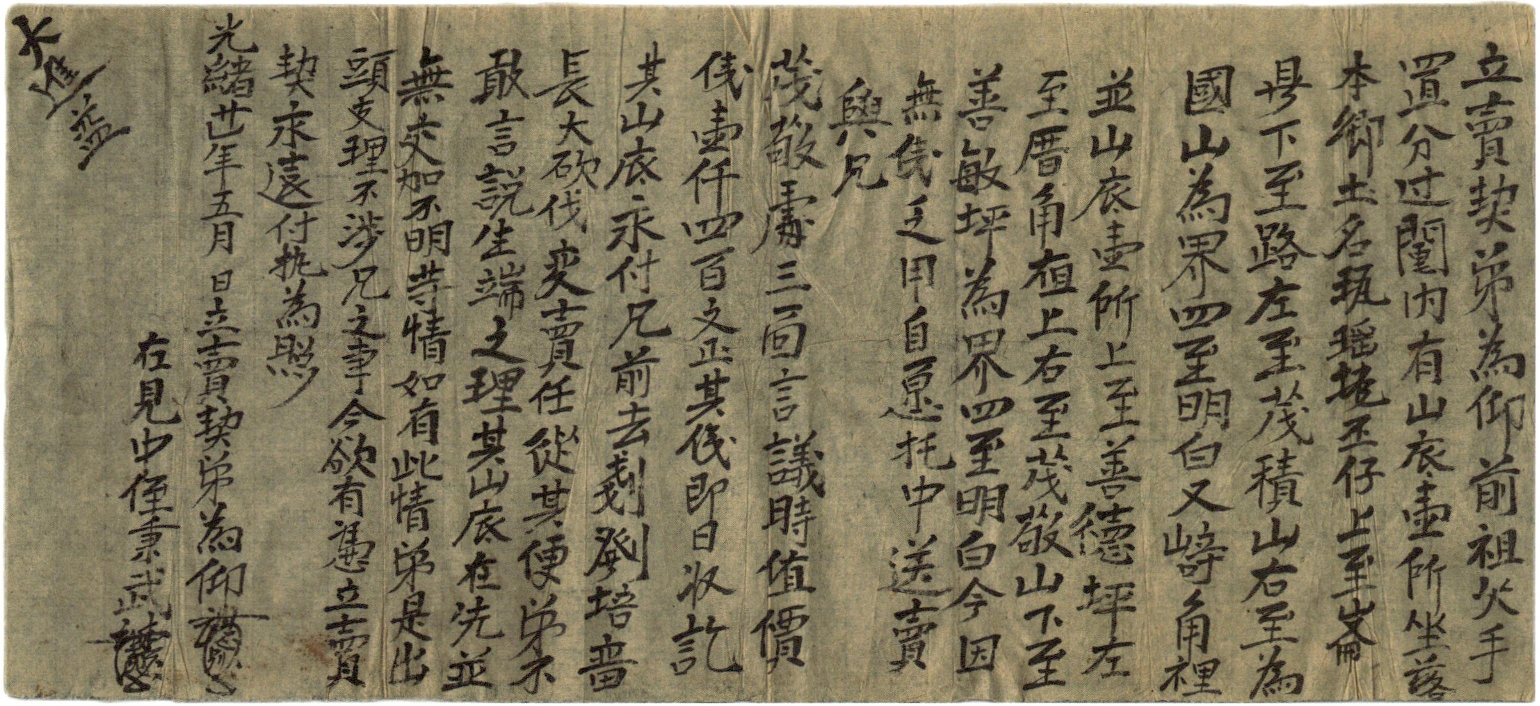

立賣契弟爲仰前祖父手
置分过閹內有山底壹所坐落
本鄉土名坂瑶垅丕仔上至坐崙
尋下至路左至茂積山右至為
國山為界四至明白又崎角裡
並山底壹所上至善德坪左
至曆角植上右至茂敬山下至
善敏坪為界四至明白今因
無錢乏用自愿托中送賣
與兄
茂敬壽三面言議時值價
錢壹仟四百文正其錢即日收訖
其山底永付兄前去剗割培畜
長大砍伐变賣任從其便弟不
敢言説生端之理其山底在先並
無交加不明等情如有此情弟是出
頭支理不涉兄之事今欲有憑立賣
契永遠付執為照
光緒廿一年五月　日立賣契弟為仰（押）
在見中侄秉武（押）
大進益

6-4-42-2　清光緒二十一年五月林爲仰立賣山底契

6-4-43-1　包契紙

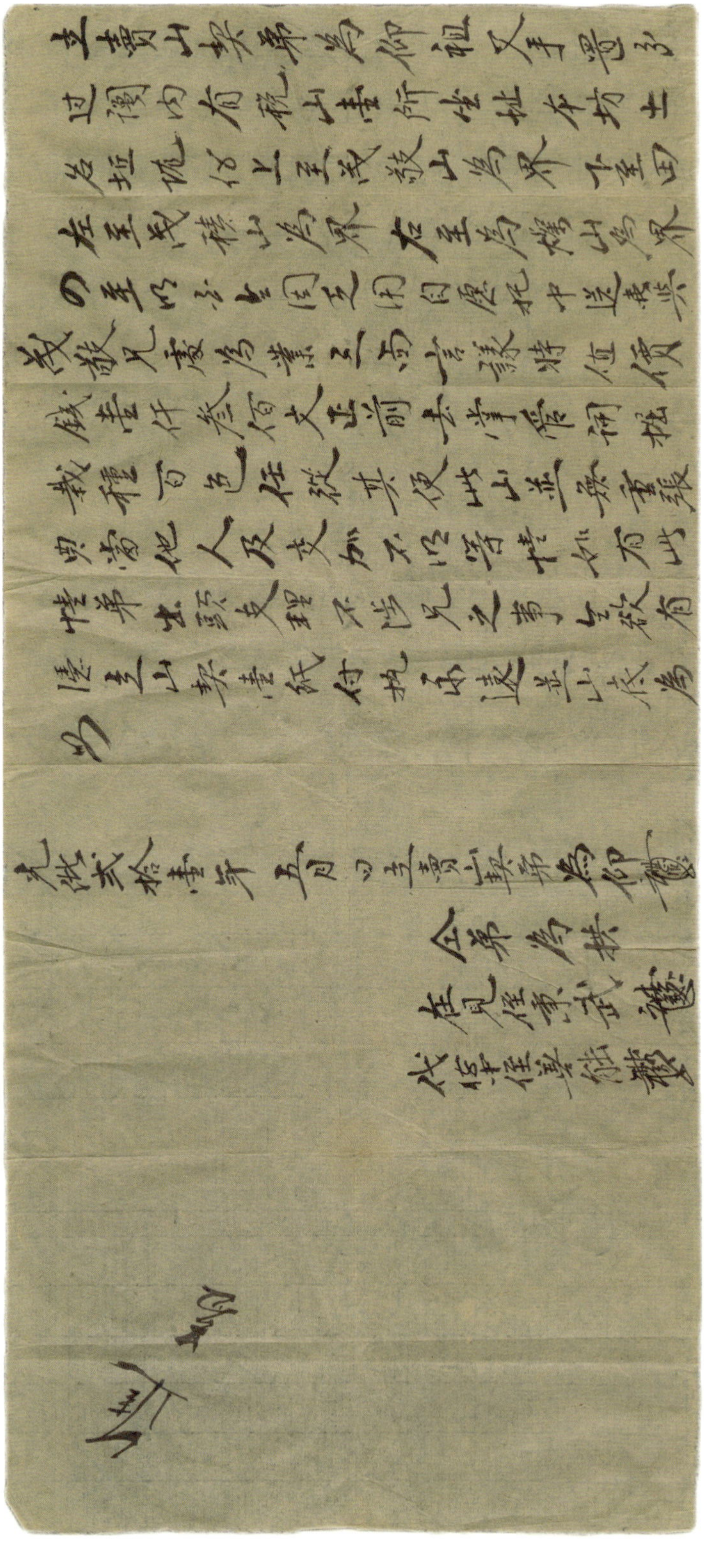

立賣山契弟爲仰，祖叉手置有
边闕內有稅山壹所，坐址本坊土
名垣坑仔上，上至茂發山爲界，下至田
左至茂椿山爲界，右至爲椿山爲界
四至內分毛，今因乏用，自願托中送賣與
房叔凡壽爲業，三面言議時值價
錢壹仟叁佰文正，前去掌管開拓
栽種，可以任從其便。此山並無重張
典當他人及交加不明等情，如有此
情，弟出頭支理，不涉兄之事。今欲有
憑，立山契壹紙付執永遠，此山依爲
照

光緒貳拾壹年五月　日立賣山契弟爲仰（押）
仝弟爲林
在見侄朝武（押）
代筆侄崇彬（押）

6-4-43-2　清光緒二十一年五月林爲仲等立賣稅山契

6-4-44-1　包契紙

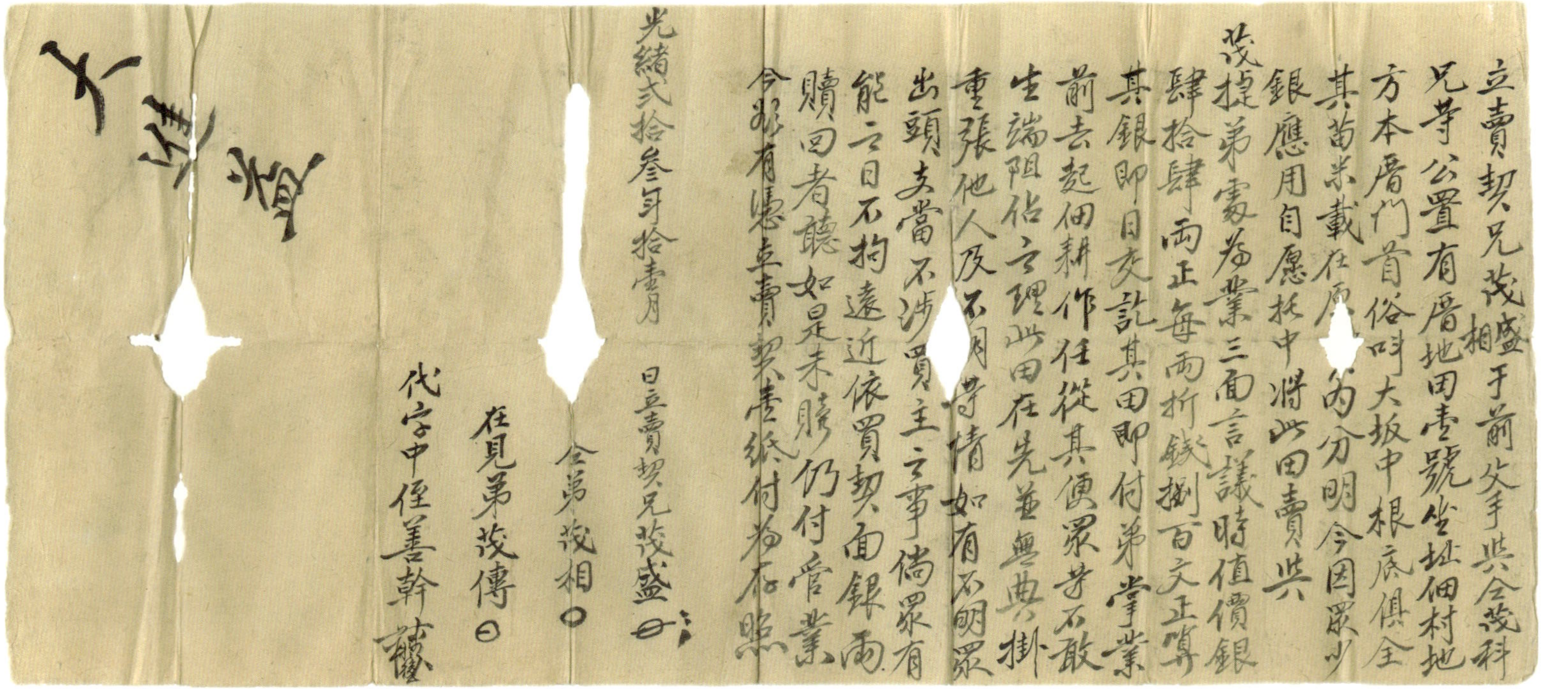
立賣契兄茂盛相于前父手共合茂科
兄等公置有厝地田壹號坐址徊村地
方本厝門首俗叫大坂中根底俱全
其苗米載在原約分明今因眾少
銀應用自愿托中將此田賣與
茂提弟處為業三面言議時值價銀
肆拾肆兩正每兩折錢捌百文正算
其銀即日交訖其田即付弟掌業
前去起佃耕作任從其便眾等不敢
生端阻佔之理此田在先並無典掛
重張他人及不明等情如有不明眾
出頭支當不涉買主之事倘眾有
能之日不拘遠近依買契面銀兩
贖回者聽如是未贖仍付管業
今欲有憑立賣契壹紙付為存照
光緒弍拾叁年拾壹月　日立賣契兄茂盛
全弟茂相
在見弟茂傳
代字中侄善幹

6-4-44-2　清光緒二十三年十一月林茂盛等立賣根底全厝地田契

6-4-45-1　包契紙

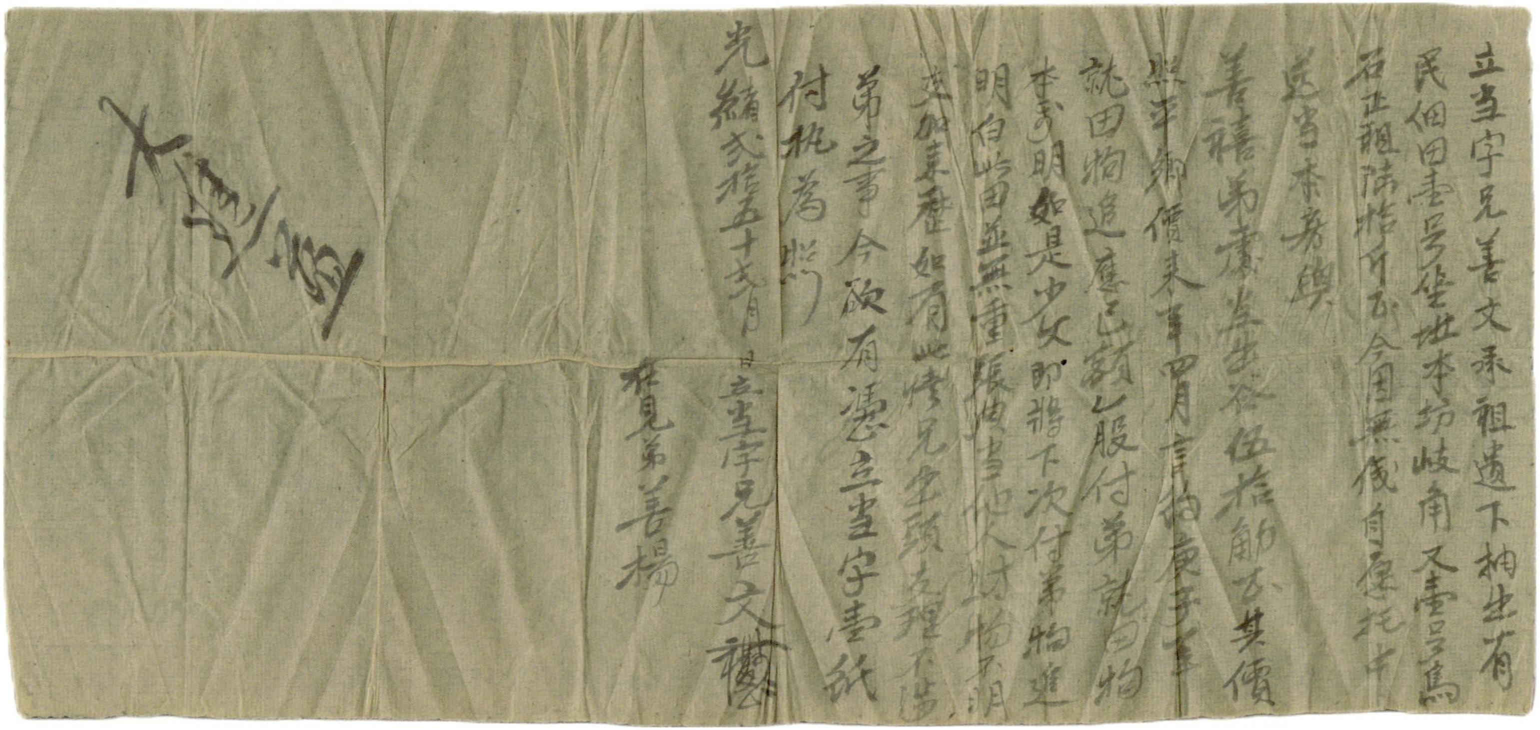
立當字兄善文承祖遺下柚生有
民佃田壹号坐址本坊岐角又壹号蔦
石正租陸拾斤正，今因無錢自愿托中
送當本房與
善禧弟處出谷伍拾觔正，其價
照年鄉價未每四月言約庚子年
就田物追還足額服付弟耕田物
本年明如是少欠即將下次付弟物進
明白此田並無重張典當他人財物不明
送加來歷如有此情兄出頭支理不涉
弟之事，今欲有憑立當字壹紙
付執為照。
光緒貳拾五年十弍月　日立當字兄善文（押）
在見弟善楊

6-4-45-2　清光緒二十五年十二月林善文立當民佃田字

6-4-46-1　包契紙

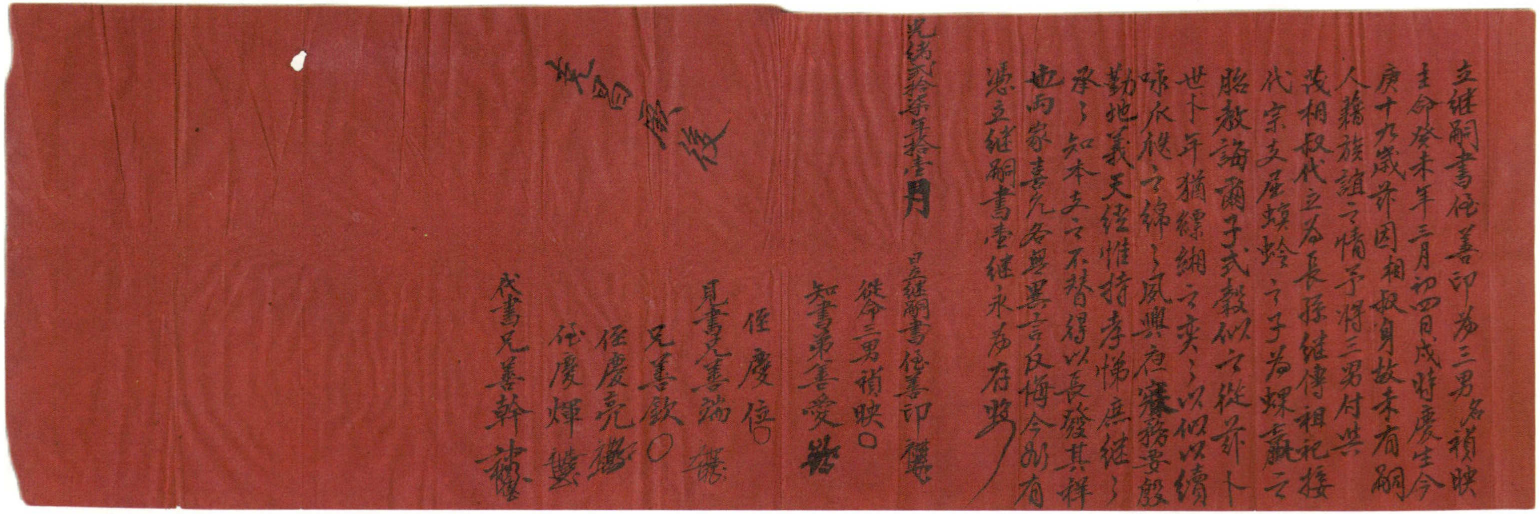

立繼嗣書侄善印為三男名禎映
主命癸未年三月初四日戌時慶生，今
庚十九歲。并因相叔身故，未有嗣
人，藉族誼之情，予將三男付與
茂相叔代立為長孫，繼傳祖祀，接
代宗支，屢螟蛉之子為蜾蠃之
胎，教誨爾子，式穀似之，從前卜
世卜年，猶繩繩之奕奕，以似以續
咏瓜瓞之綿綿，夙興夜寐，務要般
勤，地義天經，惟持孝悌，庶繼繼
承承，知本支之不替，得以長發其祥
也。兩家喜允，各無異言反悔。今欲有
憑，立繼嗣書壹紙，永為存照。

光緒貳拾柒年拾壹月　日立繼嗣書侄善印（押）
從命三男禎映○
知書弟善愛（押）
侄慶位○
見書兄善端（押）
兄善欽○
侄慶亮（押）
侄慶燁（押）
代書兄善幹（押）

6-4-46-2　清光緒二十七年十一月林善印立繼嗣書

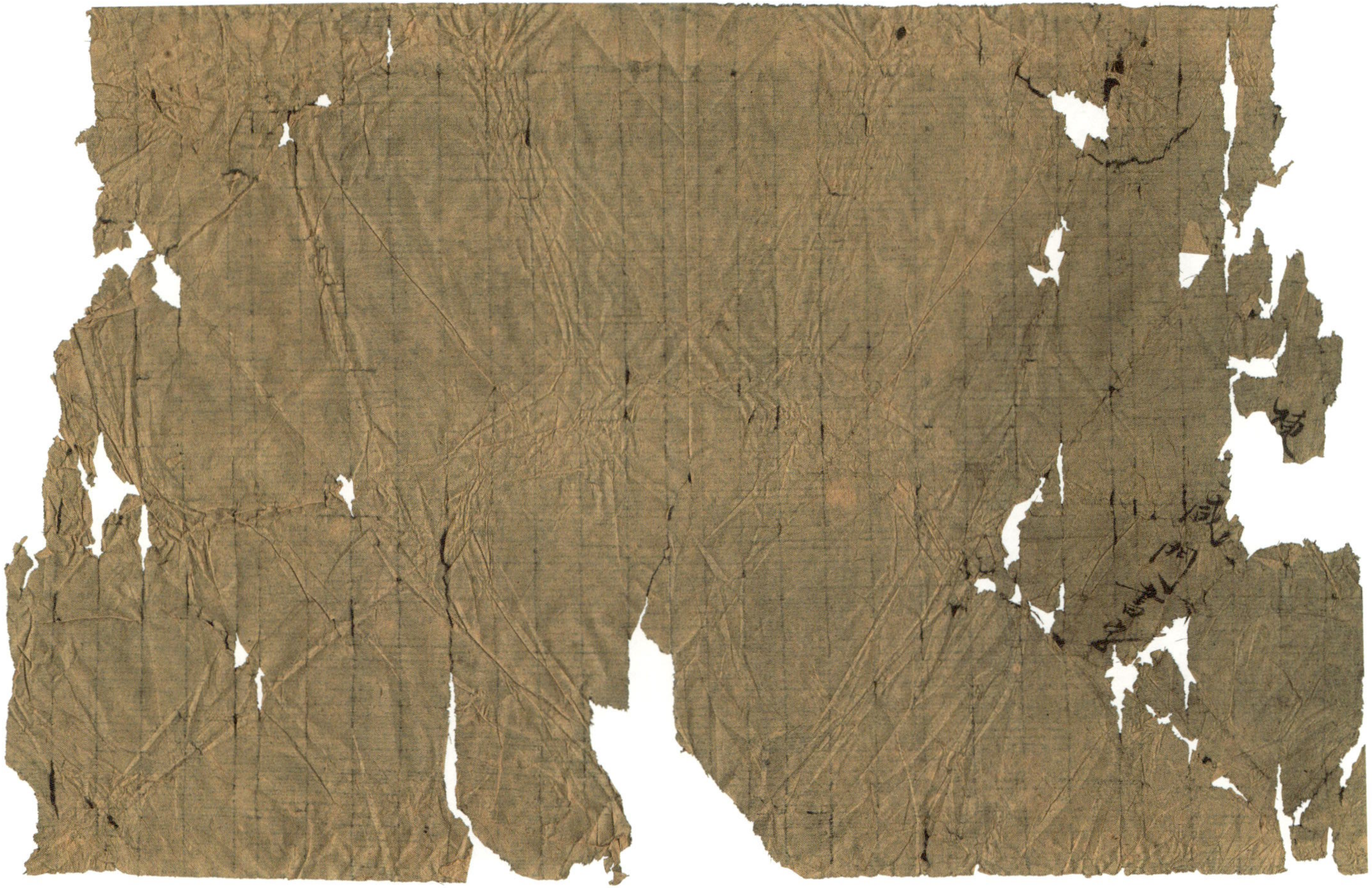

6-4-47-1　包契紙

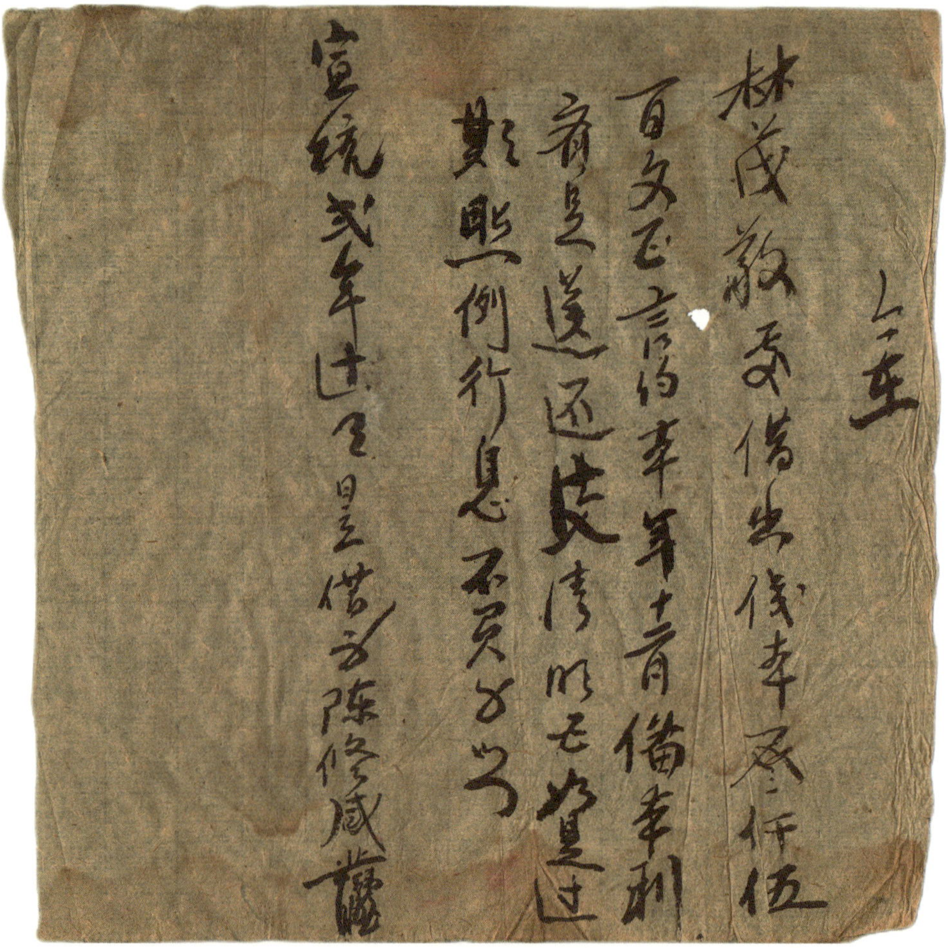
今在
林茂穀兄借出錢本叁仟伍
百文正言約本年十二月備本利
前去送還其清明[illegible]過
其照例行息不負分文
宣統弍年十一月　日立借字陳修咸（押）

6-4-47-2　清宣統二年十一月陳修咸立借錢字

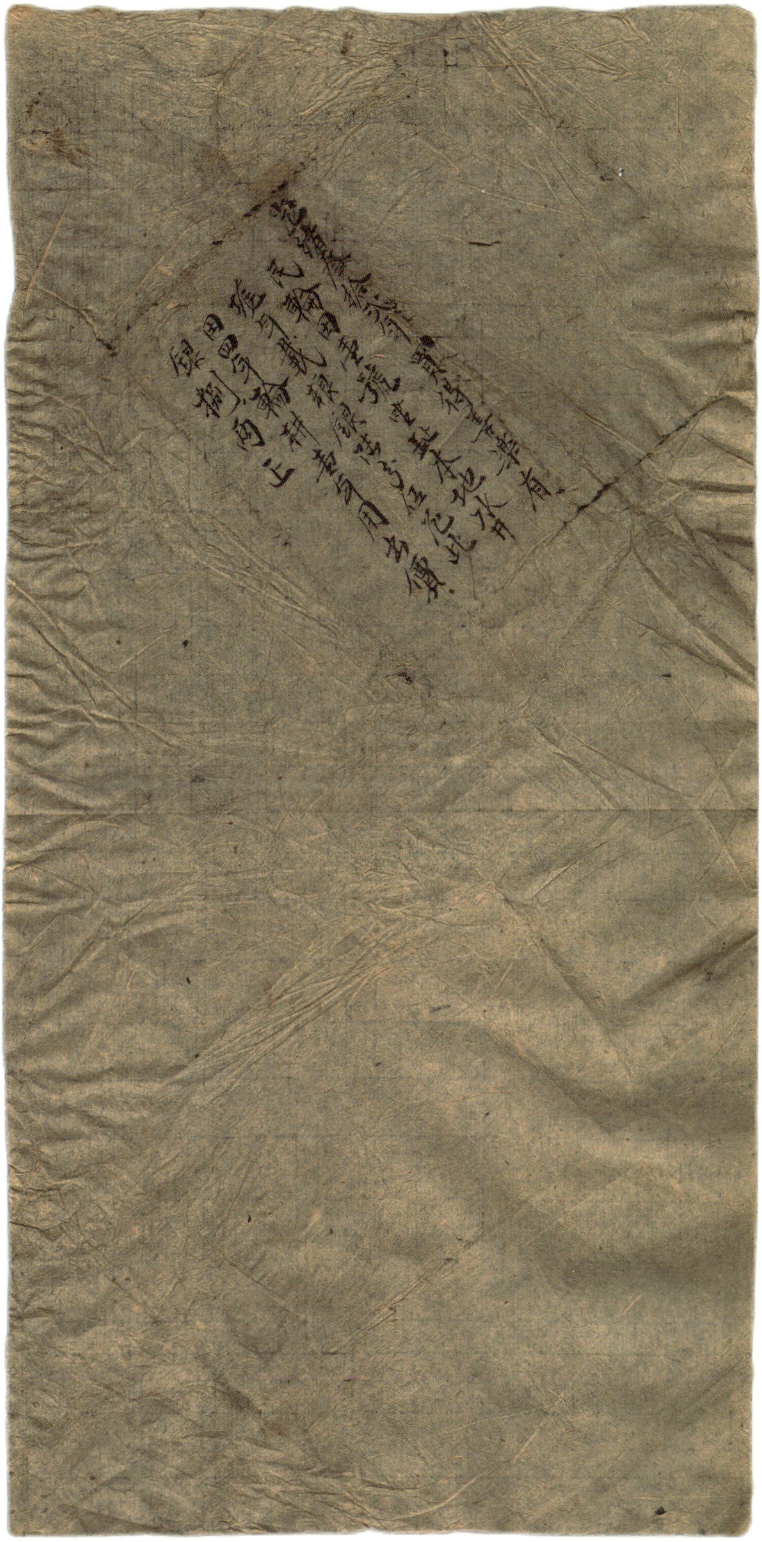

6-4-48-1　包契紙

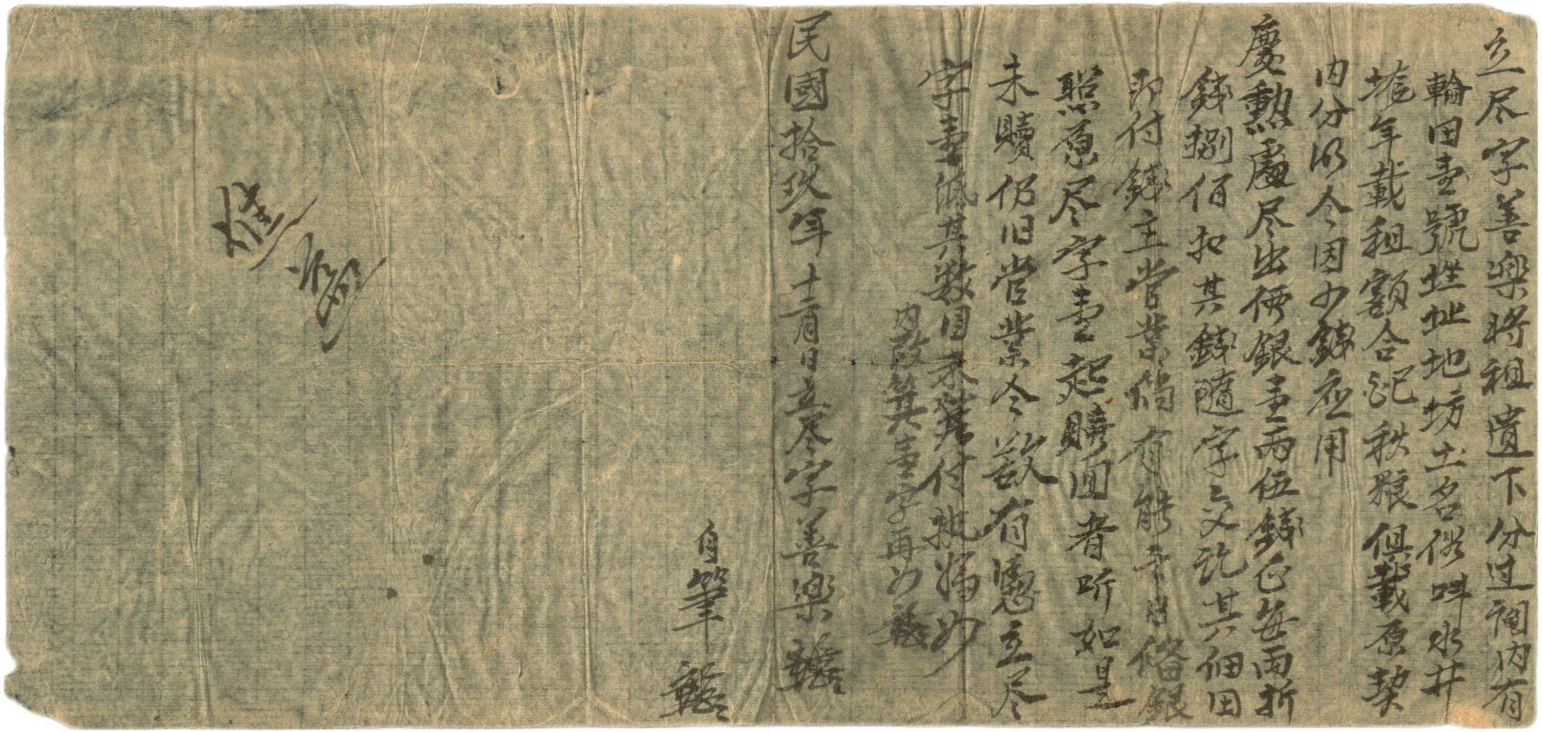

立盡字善樂將祖遺下分過閫內有
輪田壹號坐址地坊土名後坪水井
墘年載租額合記秋粮併載原契
內分明今因乏錢應用
慶勳處盡出佛銀壹兩伍錢正每兩折
錢捌佰扣其錢隨字交訖其佃田
即付錢主管業倘有能辦備銀
照原盡字壹起贖回者聽如是
未贖仍舊管業今欲有憑立盡
字壹紙其數同來付批炤為
內改其壹字再炤
民國拾玖年十二月日立盡字善樂 號
自筆 號
[illegible]

6-4-48-2　民國十九年十二月林善樂立盡輪田字

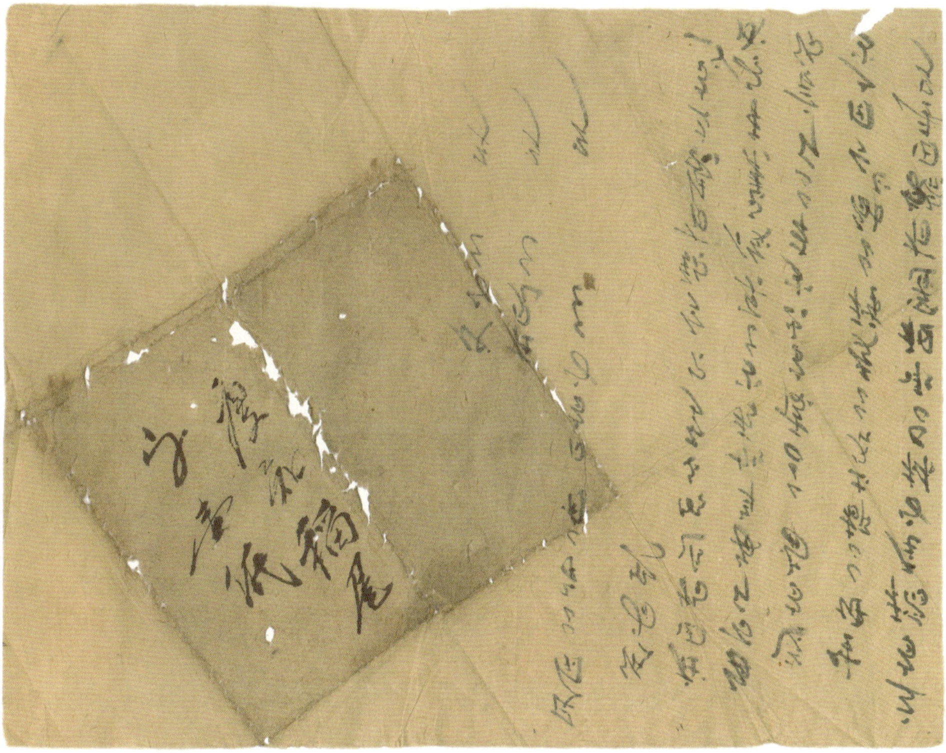

6-4-49-1　包契紙

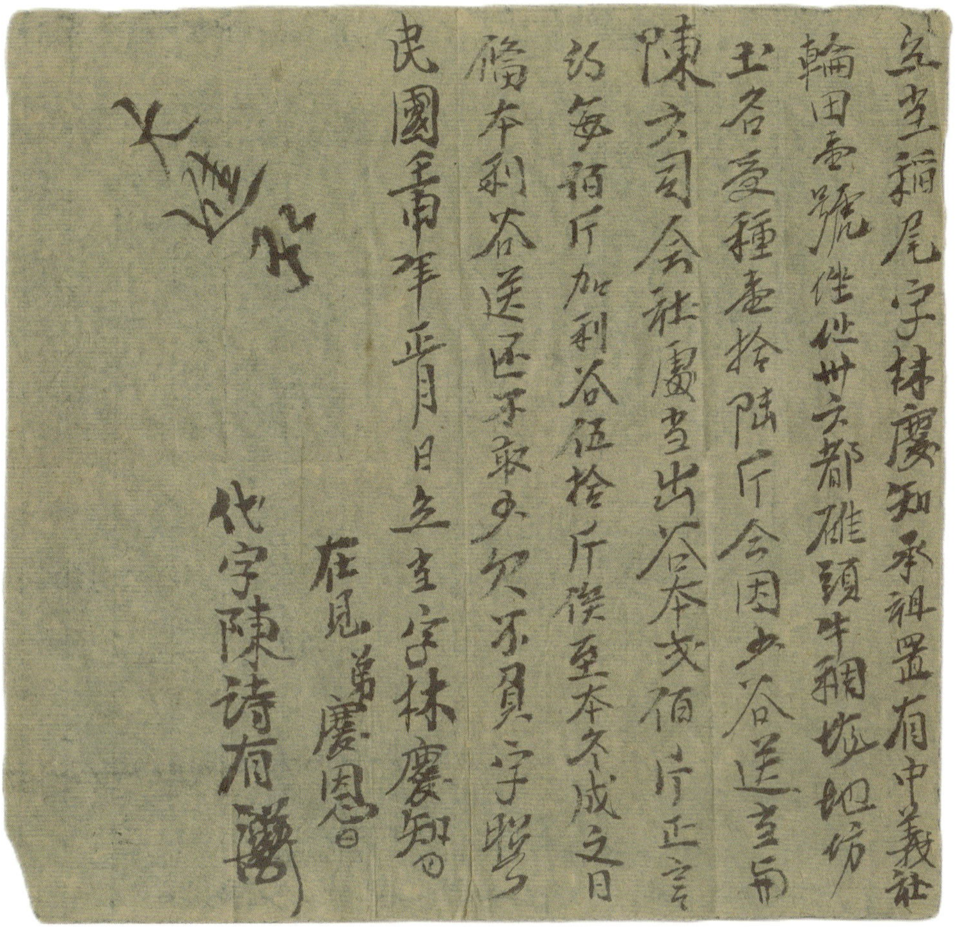

立当稻尾字林慶知承祖置有中义社
輪田壹號，址在卅六都碓頭牛稠坂地坊
土名叐種壹拾陆斤，全年出谷送至南
陳六司会社處当出谷本贰佰斤正，言
约每佰斤加利谷伍拾斤，候至本冬成立日
備本利谷送还，不敢少欠。不負，字照。
民國貳拾壹年正月　日立当字林慶知（押）
在見弟慶恩（押）
代字陳詩有（押）
大吉利

6-4-49-2　民國二十一年正月林慶知立當稻尾字

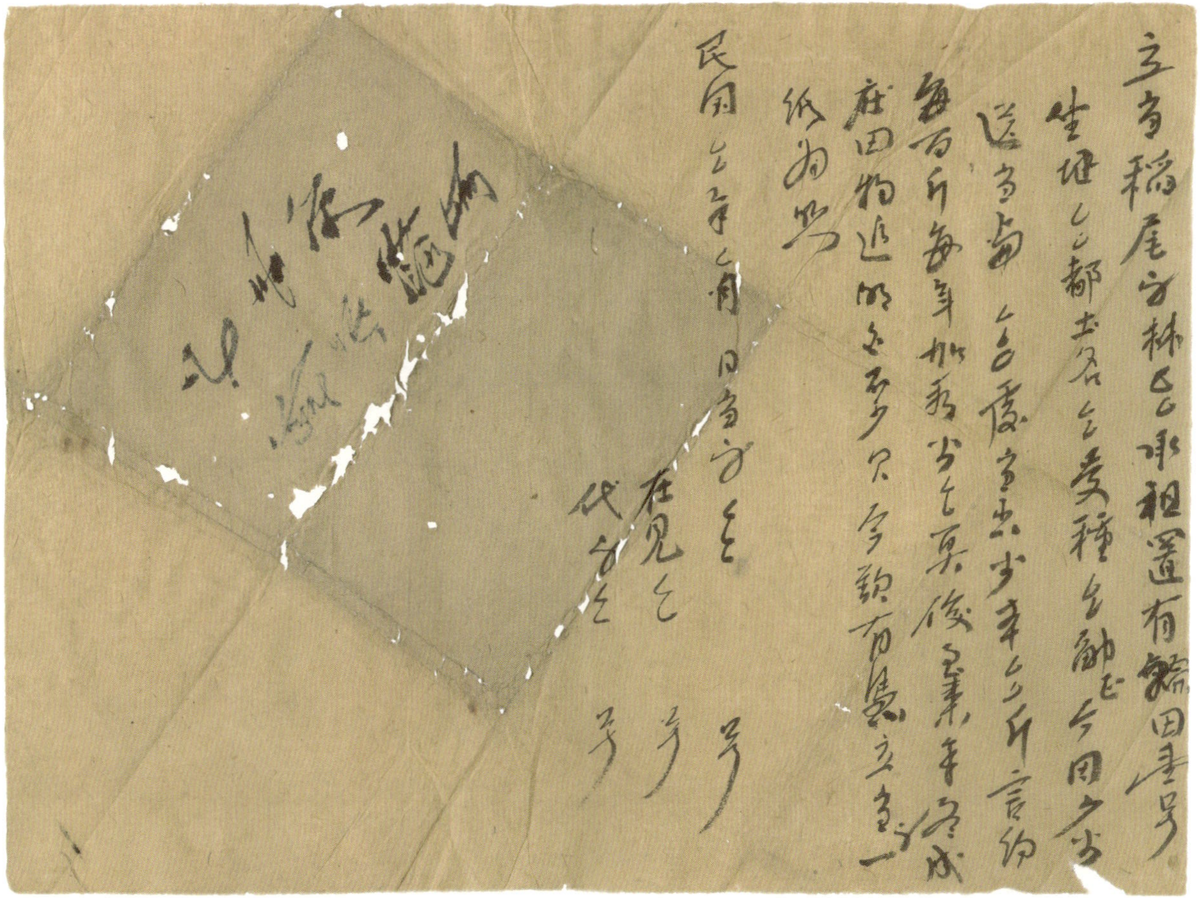

立當稻尾字林○○承祖遺有稻田壹號，坐址○○都土名○○，交種○畝正。今因乏少送當與○○處當出本○○斤，言約每百斤每年加秋利，其谷候秋收之年候成，庄田物退，此是兩甘只今欲有憑，立當一紙為照。

民國○○年○月○日立當字○○　号

在見○○　号

代筆○○　号

6-4-49-3　民國時期林氏立當稻尾字（草契）

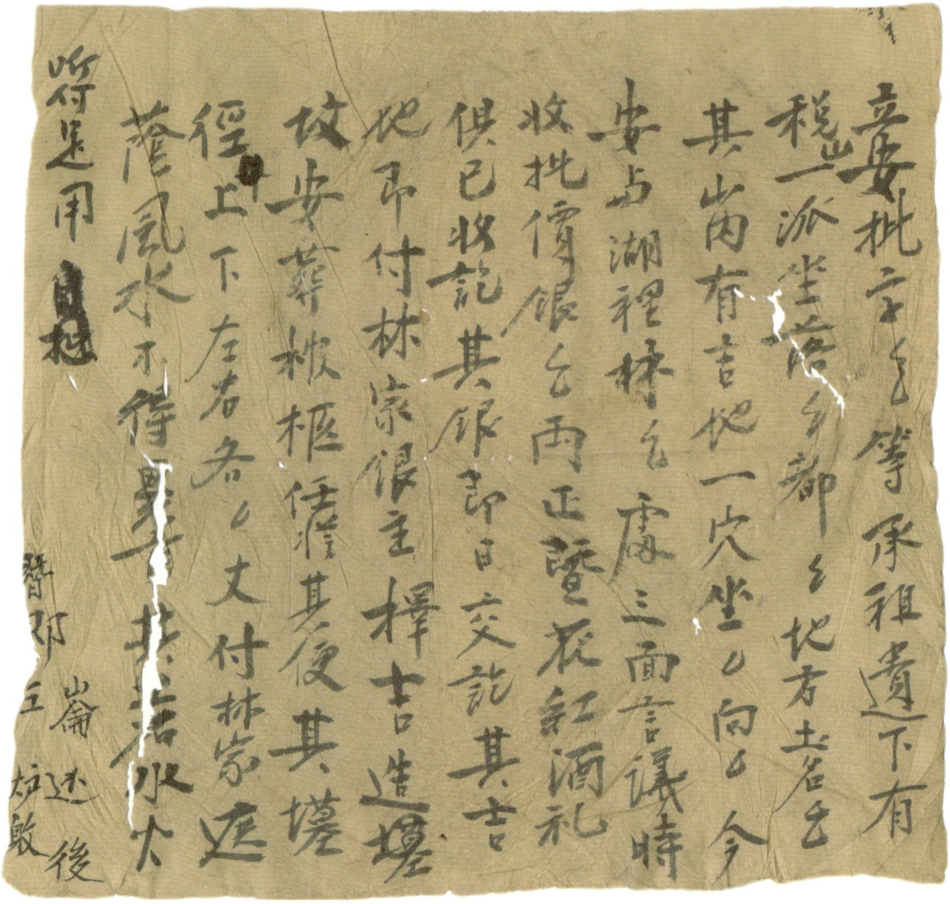
章安批字人等承祖遺下有
税山一派坐落□□都□□地方土名□□
其山内有吉地一穴，坐□向□，今
安与湖裡林□□廣三面言議，時
收批價銀□□兩正，證花紅酒礼
俱已收訖，其銀即日交訖，其吉
地即付林家銀主擇吉造墳
坟安葬柩柩，任從其便，其墳
經上下左右各□□丈付林家庭
蔭風水，不得異言，其若水大
將付進用 自批
潛邵五灶敏
山崙述後

6-4-50-1　包契紙

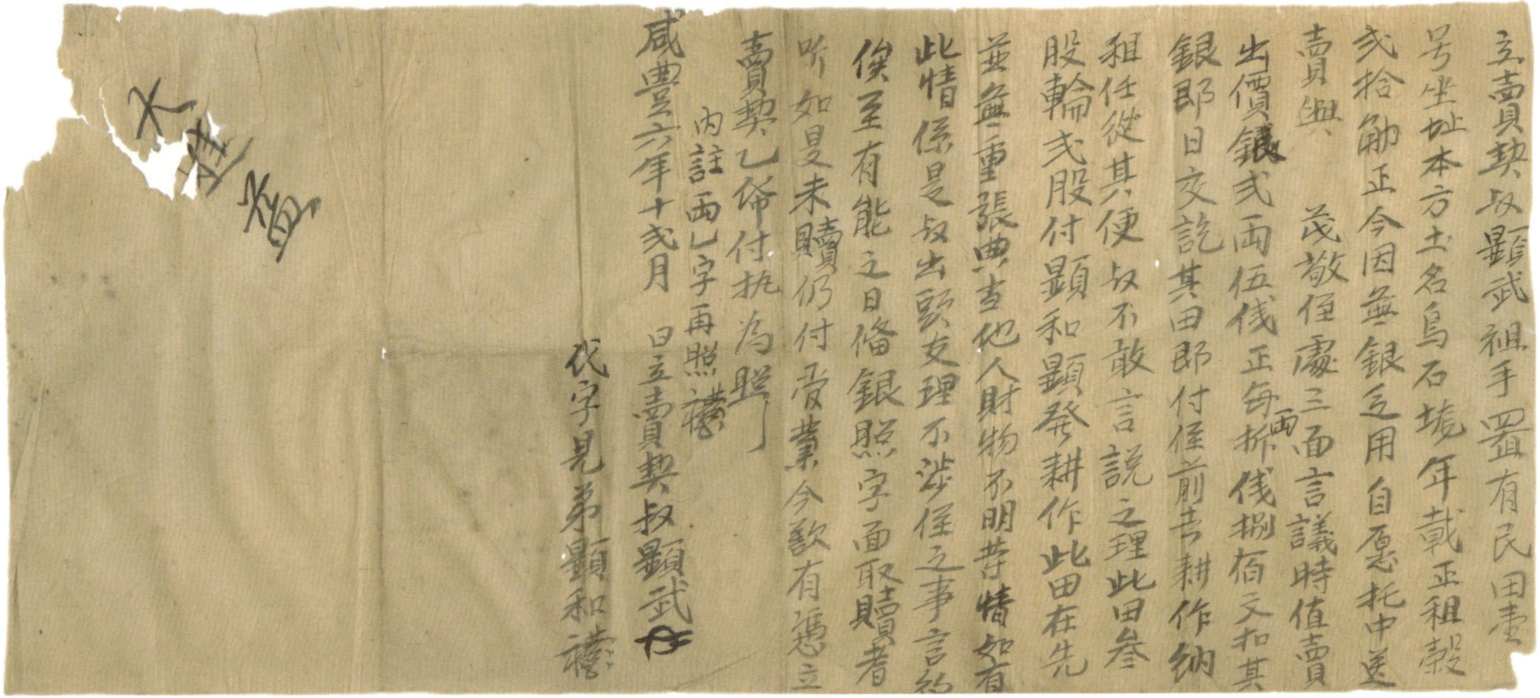
立賣契叔顯武，祖手置有民田壹
号，坐址本方土名烏石垅，年載正租穀
弍拾觔正。今因無銀应用，自愿托中送
賣與　　茂敬侄處，三面言議，時值賣
出價錢弍兩伍錢正，每兩折錢捌佰文。和其
銀即日交訖，其田即付侄前去耕作納
租，任從其便，叔不敢言說之理。此田叁
股輪，弍股付顯和、顯発耕作。此田在先
並無重張典當他人財物，亦明[illegible]情，如有
此情，係是叔出頭支理，不涉侄之事。言約
俟至有能之日，備銀照字面取贖者
听，如是未贖，仍付侄管業。今欲有憑，立
賣契乙紙，付執為照。
內註西乙字再照。
咸豐六年十弍月　日立賣契叔顯武（押）
代字見弟顯和（押）
大契壹

6-4-50-2　清咸豐六年十二月林顯武立賣民田契

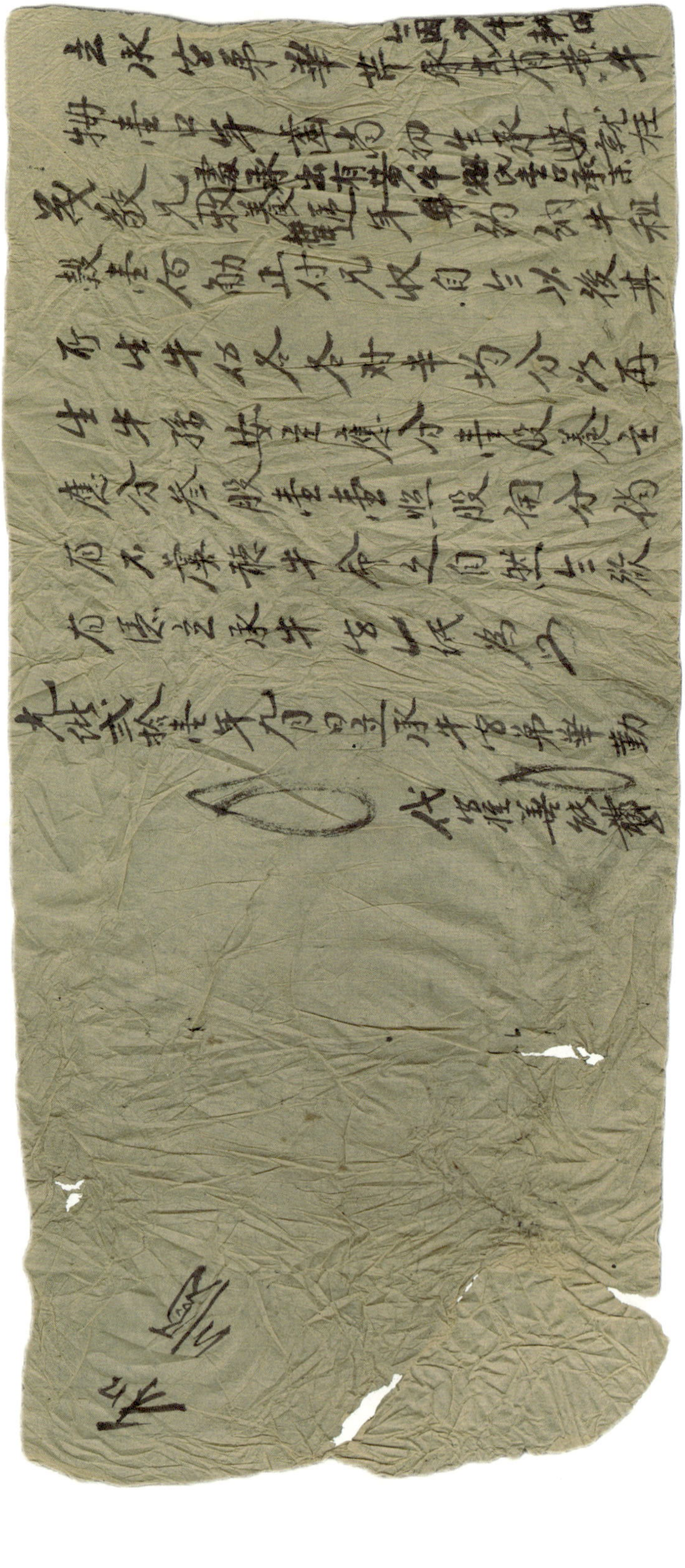

6-4-51-1　清光緒二十一年九月林華勤立承牛字（草契）

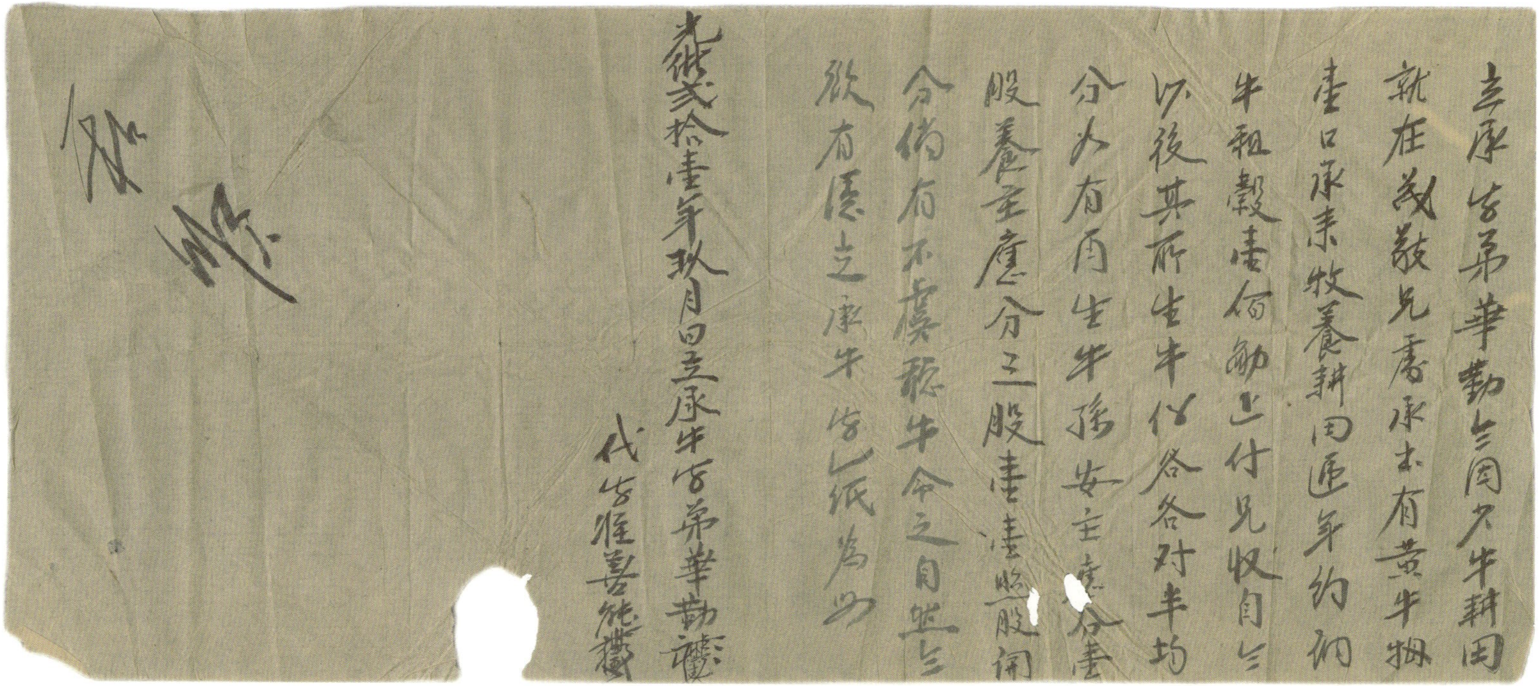

立承字弟華勤今因欠牛耕田
就在叔敬兄壽承出有黃牛牳
壹只承來牧養耕田逐年約納
牛租穀壹佰觔正付兄收自今
以後其所生牛仔各各对半均
分又有再生牛孫安主壹分壹
股養主應分三股壹壹照股開
分倘有不虞聽牛命之自然今
欲有憑立承牛字一紙為照
光緒貳拾壹年玖月　日立承牛字弟華勤（押）
代字侄善能（押）

6-4-51-2　清光緒二十一年九月林華勤立承牛字

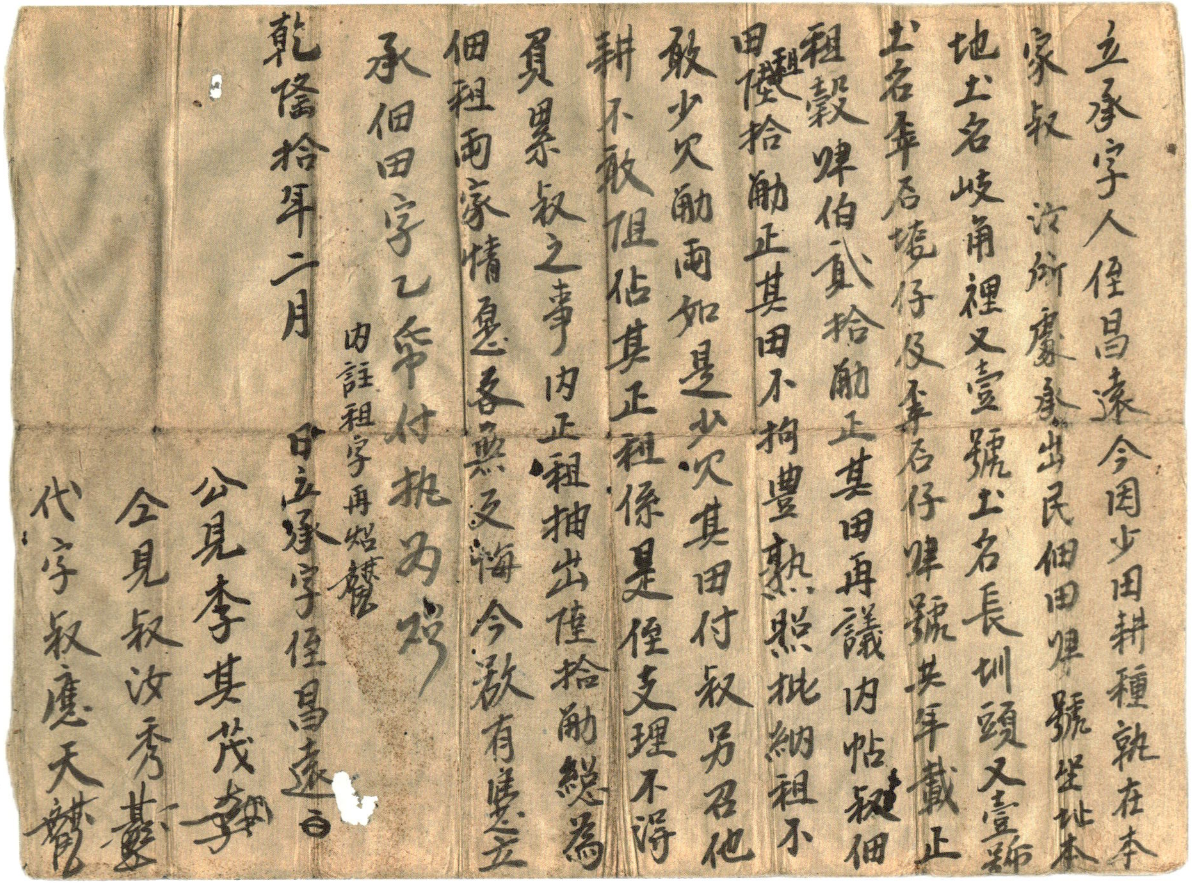

立承字人侄昌遠今因少田耕種執在本
家叔 汝衍處承出民佃田肆號坐址本
地土名岐角裡又壹號土名長圳頭又壹號
土名牽石墘仔及牽石仔肆號共年載正
租穀肆佰貳拾觔正其田再議內帖租佃
田租陸拾觔正其田不拘豐熟照批納租不
敢少欠觔兩如是少欠其田付叔另召他
耕不敢阻佔其正租係是侄支理不得
負累叔之事內正租抽出陸拾觔總為
佃租兩家情愿各無反悔今欲有憑立
承佃田字乙紙付執為炤
內註租字再炤
乾隆拾年二月　日立承字侄昌遠
公見李其茂
仝見叔汝秀
代字叔應天

6-4-52-1　清乾隆十年二月林昌遠立承民佃田字

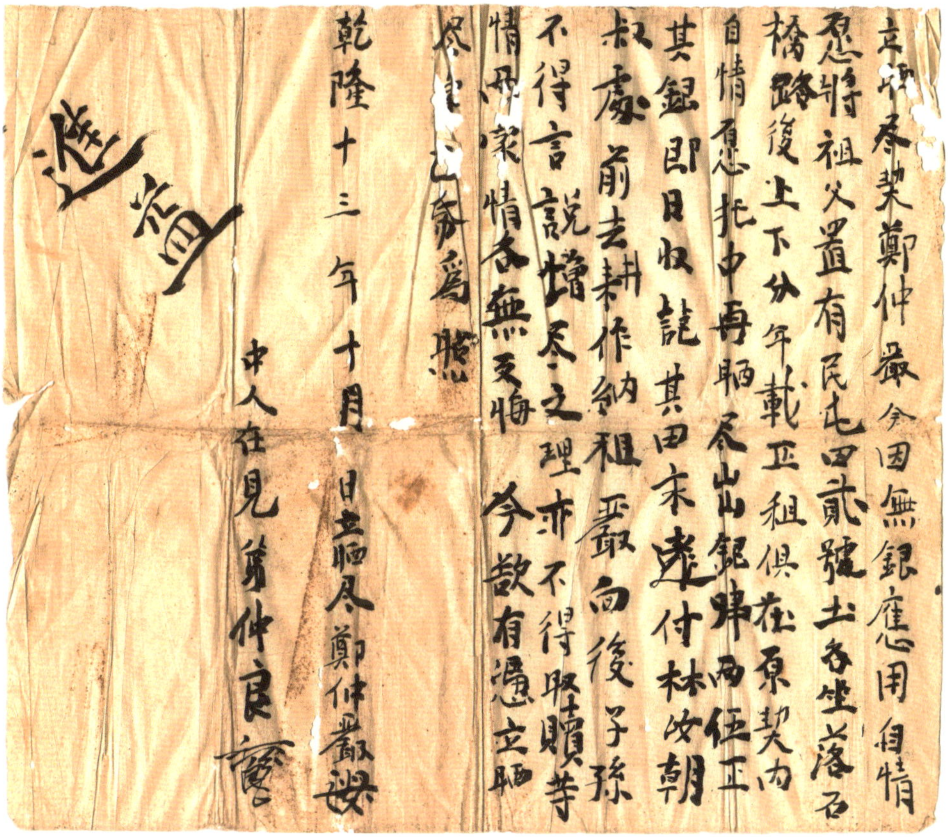

立晒尽契鄭仲嚴今因無銀應急用自情
愿將祖父置有民屯田貳號土名坐落石
橋路後上下分年載正租俱在原契内
自情愿托中再晒尽出銀肆兩伍正
其銀即日收訖其田來遂付林汝朝
叔處前去耕作納租嚴向後子孫
不得言說增尽之理亦不得取贖等
情此係兩家情各無反悔今欲有憑立晒
尽契一紙為照
乾隆十三年十月　日立晒尽鄭仲嚴押
中人在見胞兄仲良押
遂管

6-4-52-2　清乾隆十三年十月鄭仲嚴立晒盡民屯田契

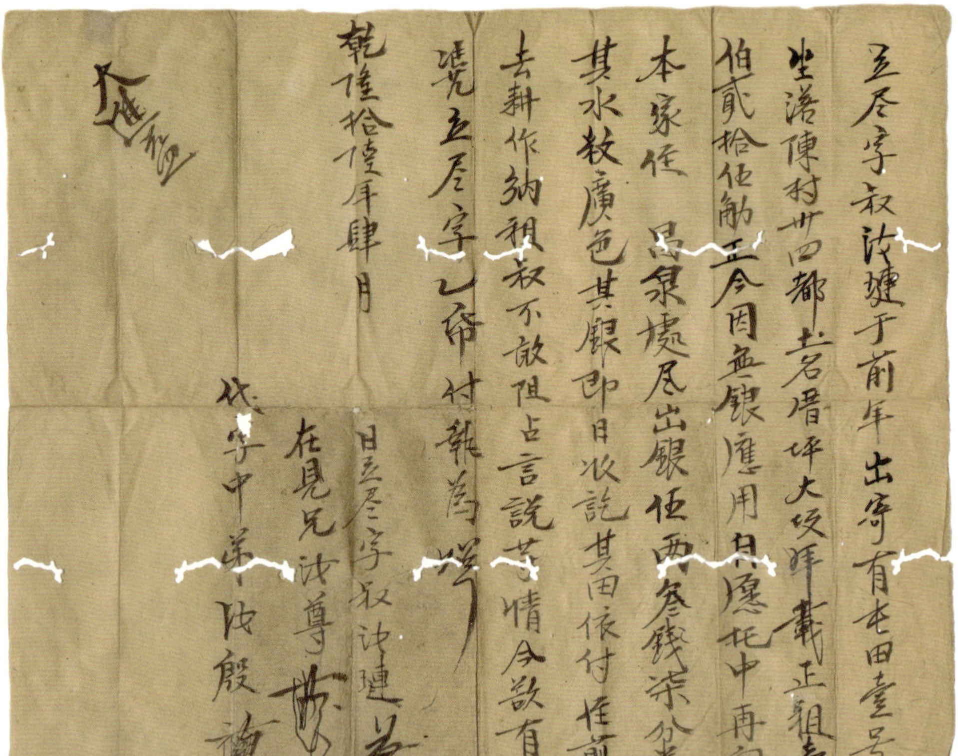

立尽字叔汝璉于前年出字有屯田壹号
坐落陳村廿四都土名厝坪大坂洋載正租壹
伯貳拾伍觔正今因無銀應用自愿托中再向
本家侄　昌泉處尽出銀伍两叁錢柒分
其水牧廣色其銀即日收訖其田依付侄前
去耕作納租叔不敢阻占言說等情今欲有
憑立尽字一帋付執為照
乾隆拾陸年肆月　日立尽字叔汝璉（押）
在見兄汝尊（押）
代字中弟汝殷（押）

6-4-52-3　清乾隆十六年四月林汝璉立盡屯田字

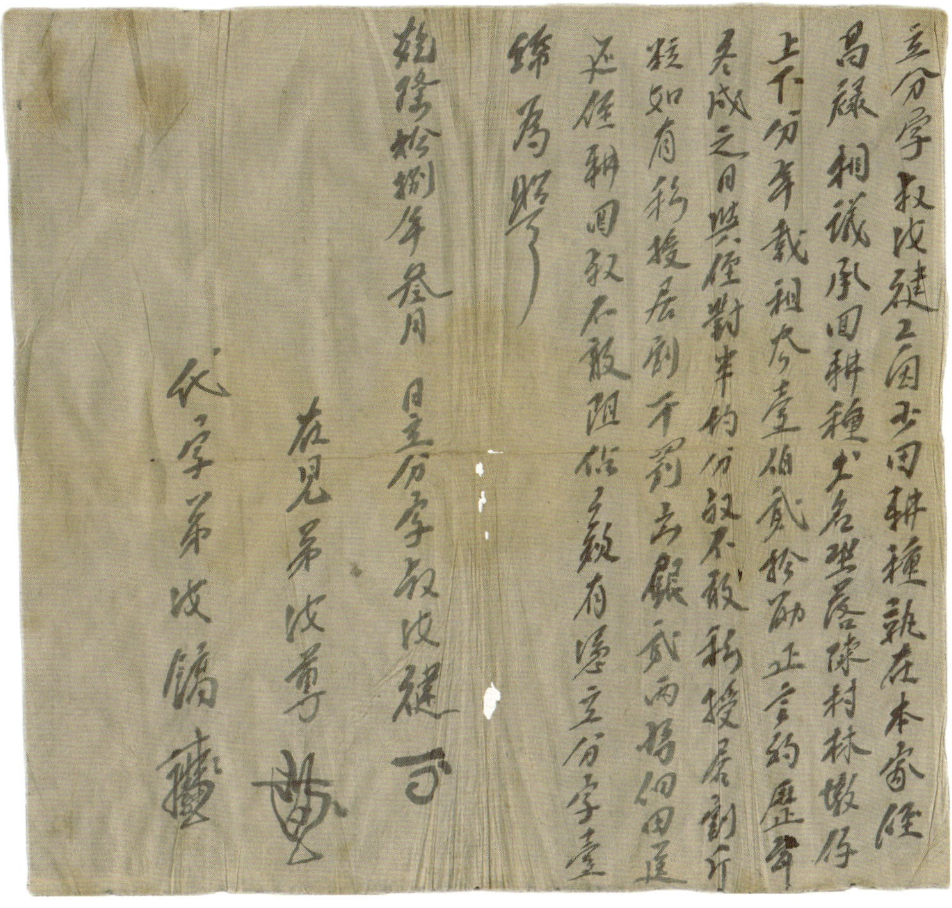

立分字叔汝健今因承田耕種號在本家侄
昌祿相議承回耕種土名埋落陳村林墩仔
上下分年載租谷壹佰貳拾觔正全約歷年
秋成之日與侄對半均分叔不敢私援居割行
粒如有私援居割行罰六銀貳兩歸侄田退
還侄耕田叔不敢阻佔今欲有憑立分字壹
紙為照
乾隆拾捌年叁月　日立分字叔汝健
在見弟汝尊
代字弟汝鎬

6-4-52-4　清乾隆十八年三月林汝健立分租穀字

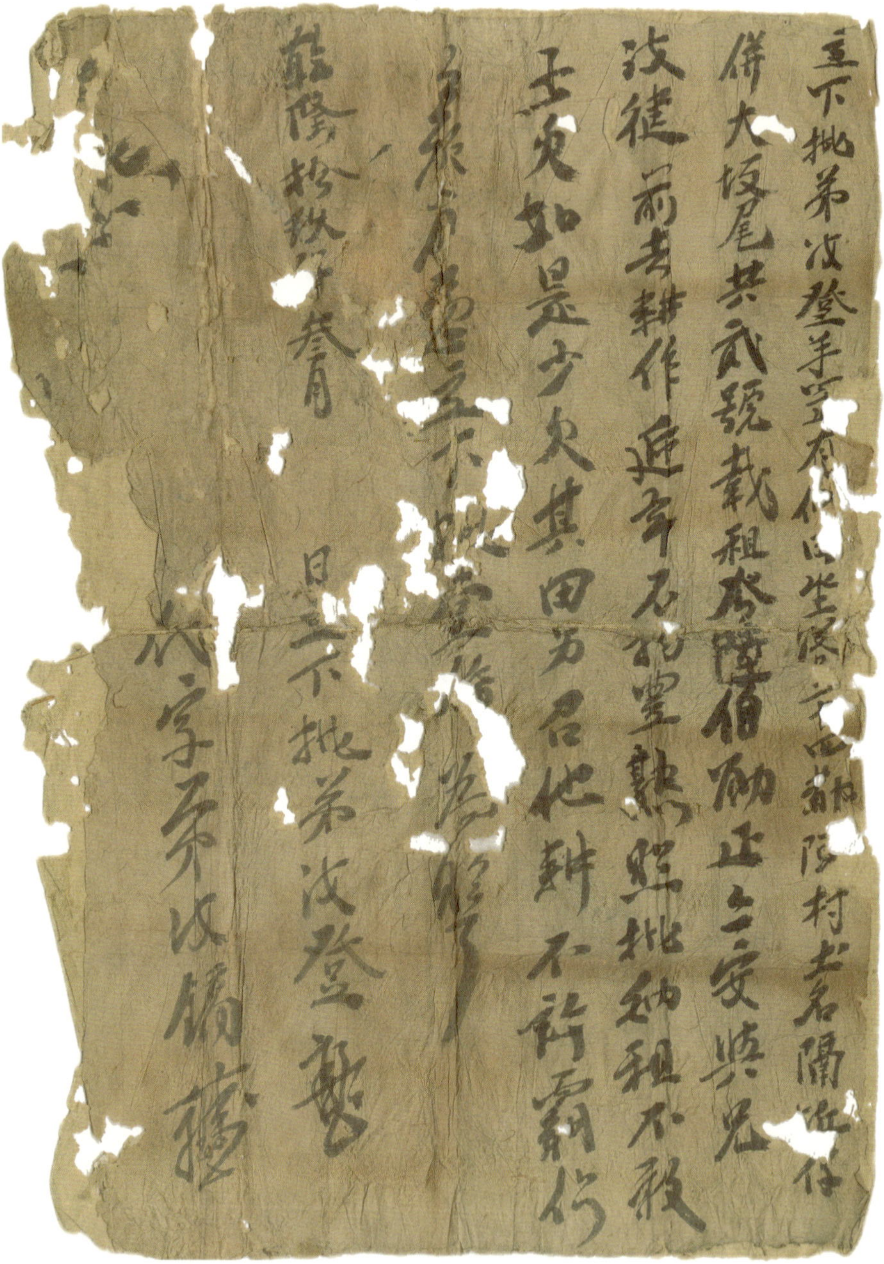
立下批弟汝登手置有佃田坐落二十[illegible]都阪陽村土名閘頭仔
併大坂尾共貳號載租叁籮佃勵正之安與兄
汝徒前去耕作匯年不得豐熟照批納租不敢
丢欠如是少欠其田另召他耕不許霸佔
口恐無憑立下批[illegible]照
乾隆拾玖年叁月　日立下批弟汝登（押）
代字弟汝鎬（押）

6-4-52-5　清乾隆十九年三月林汝登立下批佃田字

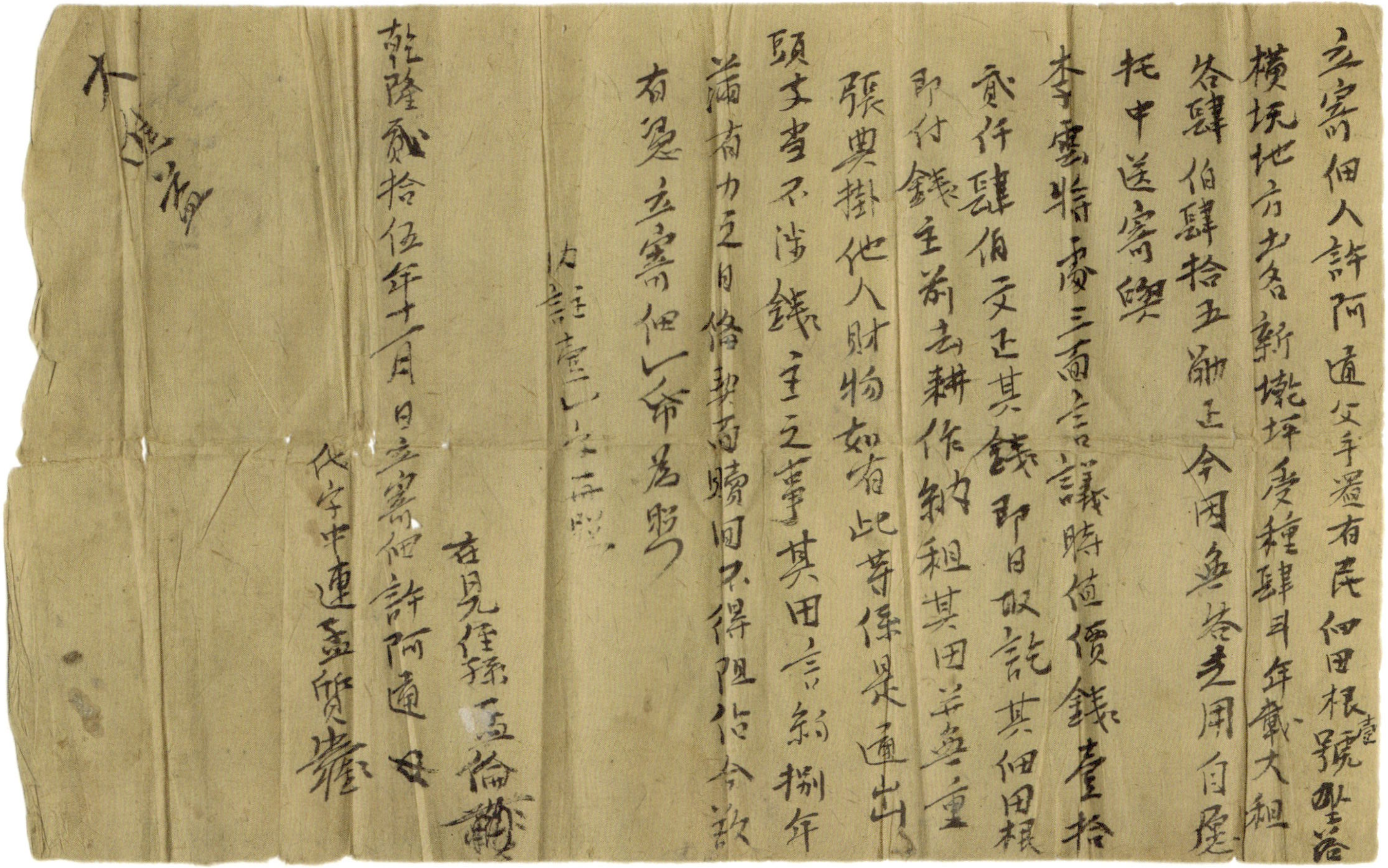

立寄佃人許阿通父手置有民佃田根壹號坐落
横坑地方土名新墩坪受種肆斗年載大租
谷肆伯肆拾五觔正今因無錢應用自愿
托中送寄與
李處將價三面言議時值價錢壹拾
貳仟肆伯文正其錢即日收訖其佃田根
即付錢主前去耕作納租其田并無重
張典掛他人財物如有此等係是通出
頭支當不涉錢主之事其田言約捌年
滿有力之日備契面贖回不得阻佔今欲
有憑立寄佃字為照

内註壹字再照

在見侄孫孟倫（押）
乾隆貳拾伍年十一月日立寄佃許阿通（押）
代字中連孟質（押）

不退佃

6-4-52-6　清乾隆二十五年十一月許阿通立寄民佃田根字

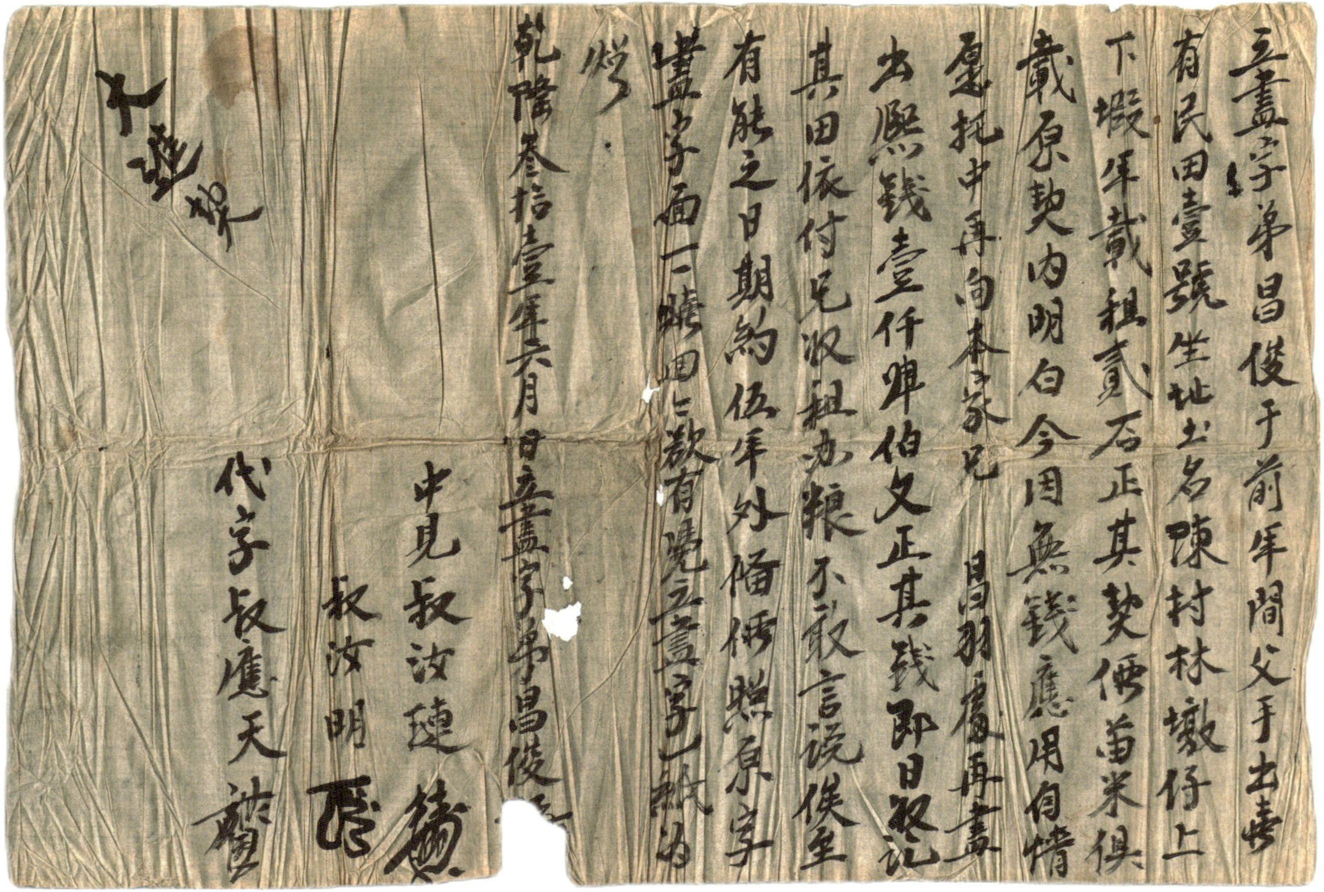
立盡字弟昌俊于前年間父手出典
有民田壹號坐址土名陳村林墩仔上
下墩年載租貳石正其契價苗米俱
載原契內明白今因無錢應用自情
憑托中再向本家兄 昌羽處再盡
出價錢壹仟肆伯文正其錢即日收訖
其田依付兄收租办粮不敢言説俟至
有能之日期約伍年外備價照原字
盡字面一概田之欵有憑立壹字一紙為
照。
乾隆叁拾壹年六月 日立盡字弟昌俊
中見叔汝璉 叔汝明
代字叔應天
大遂契

6-4-52-7 清乾隆三十一年六月林昌俊立盡民田字

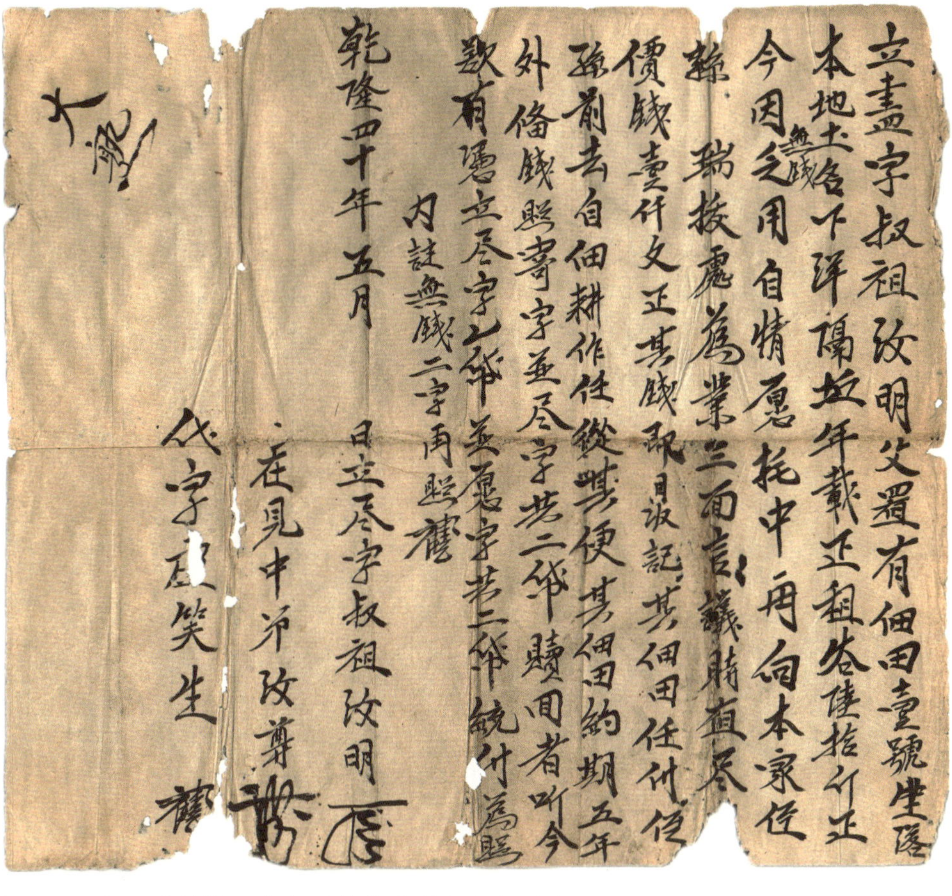
立盡字叔祖汝明父還有佃田壹號坐落
本地土名無錢下洋墘坵年載正租谷陸拾斤正
今因乏用自情愿托中再向本家侄
孫瑞掖處爲業三面言議時值盡
價錢壹仟文正其錢即日收訖其佃田任從侄
孫前去自佃耕作任從其便其佃田約期五年
外備錢照帶字並盡字共二紙贖回者聽今
欲有憑立盡字一紙並應字共二紙繳付爲照
內註無錢二字再照
乾隆四十年五月　日立盡字叔祖汝明
在見中弟汝尊
代字叔笑生

6-4-52-8　清乾隆四十年五月林汝明立盡佃田字

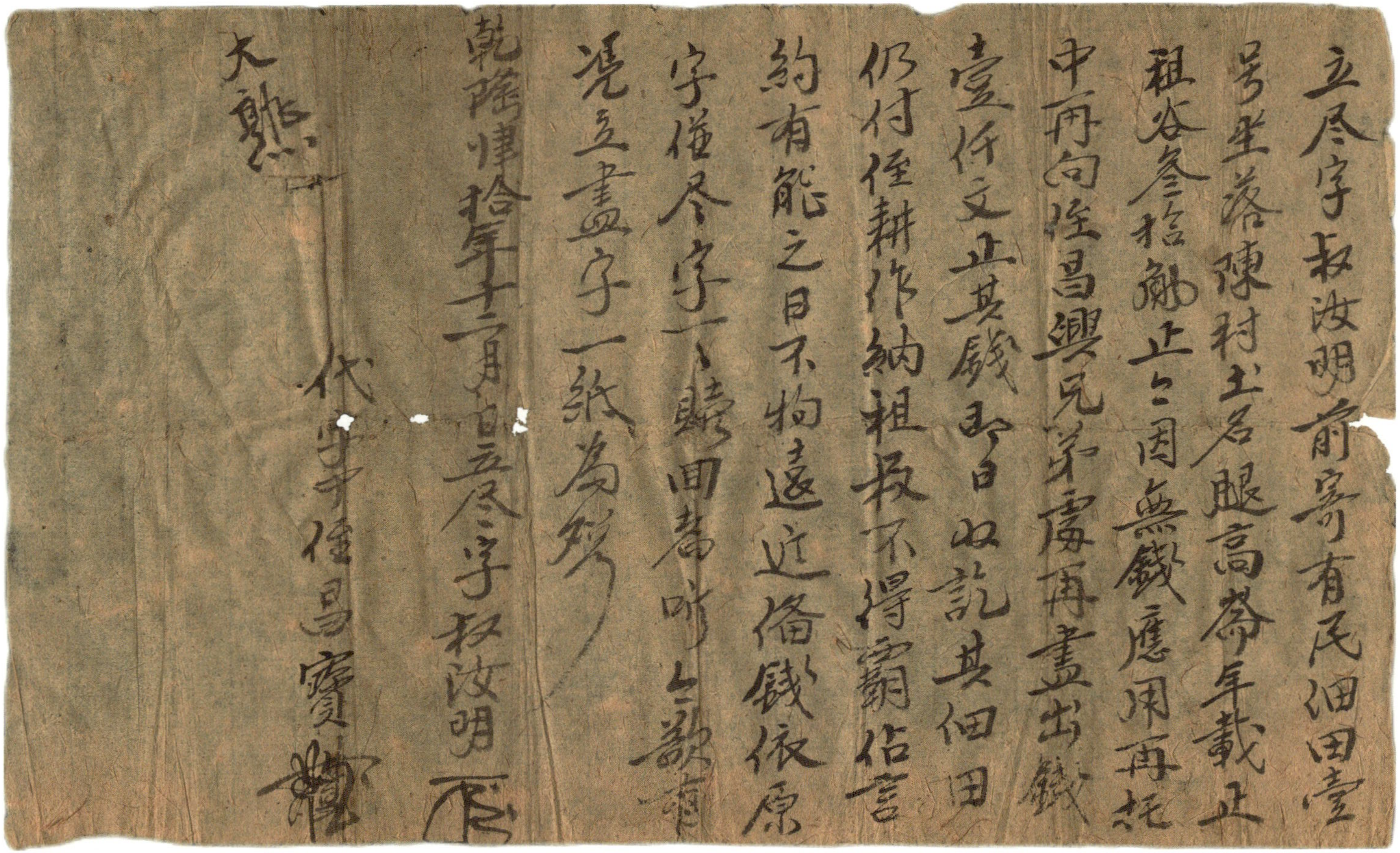
立盡字林汝明前寄有民佃田壹
号坐落陳村土名腿高岺年載正
租谷叁拾觔正今因無錢應用再托
中再向侄昌興兄弟處再盡出錢
壹仟文正其錢即日收訖其佃田
仍付侄耕作納租叔不得霸佔言
約有能之日不拘遠近備錢依原
字侄盡字一个贖田帶明今欲有
憑立盡字一紙為炤
乾隆肆拾年十二月　日立盡字林汝明（押）
代字中侄昌寶（押）
大熟

6-4-52-9　清乾隆四十年十二月林汝明立盡民佃田字

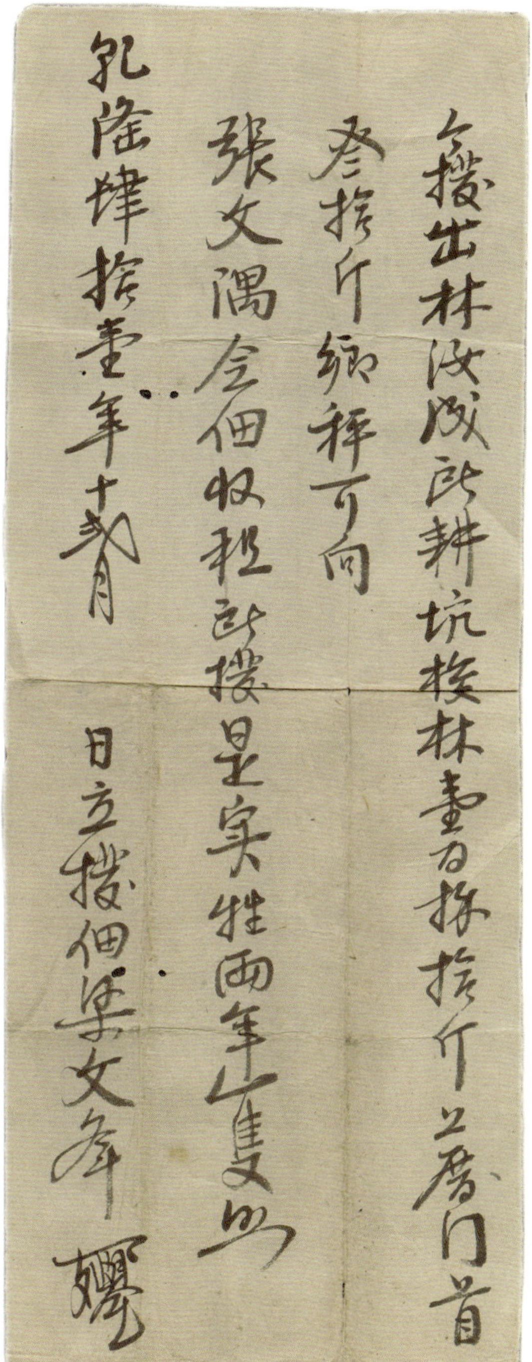

立撥出林汝成許耕坑梭林壹石捌拾斤正房門首
叁拾斤鎖秤可向
張文隅仝佃收租許撥是實牲兩年山隻文照
乾隆肆拾壹年十貳月
日立撥佃梁文夆 押

6-4-52-10　清乾隆四十一年十二月梁文夆立撥佃字

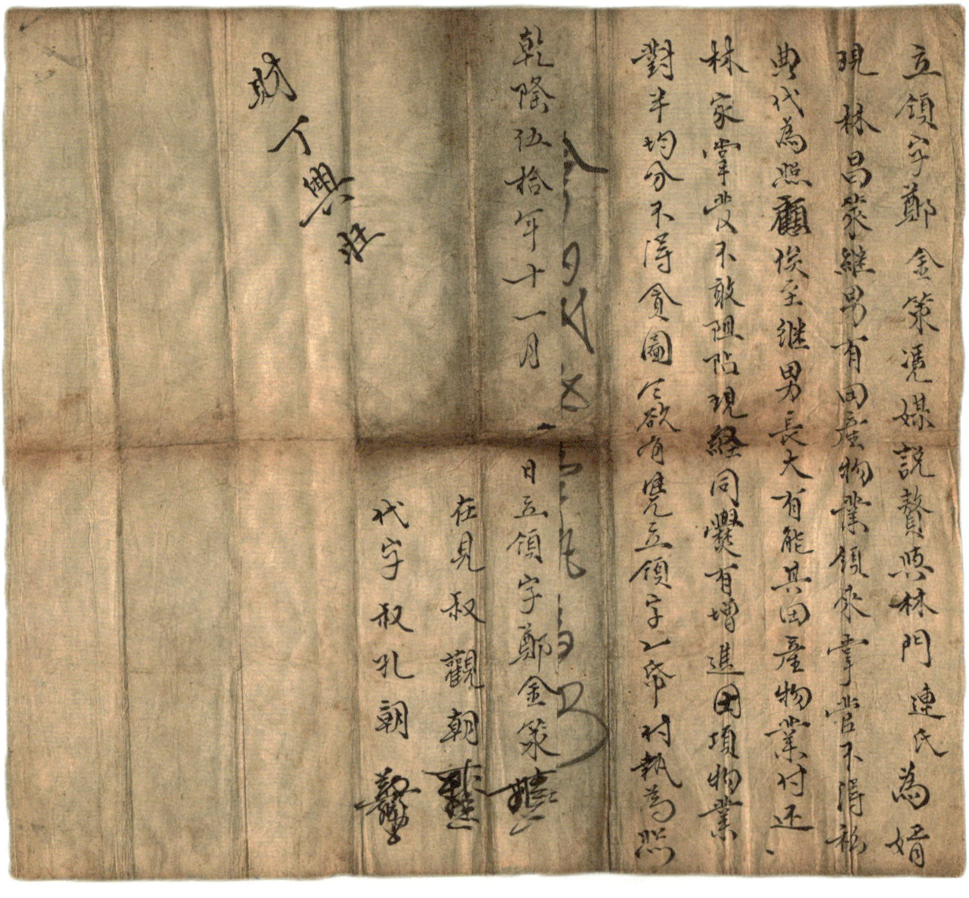

立領字鄭金策憑媒説贅與林門連氏爲婚現林昌榮繼男有田產物業領來掌管不得私典代爲照顧俟至繼男長大有能其田產物業付还林家掌管不敢阻阽現經同衆有增進田項物業對半均分不得貪圖今欲有憑立領字一帋付執爲照

乾隆伍拾年十一月　日立領字鄭金策（押）

在見叔觀朝（押）

代字叔兆朝（押）

財丁興旺

6-4-52-11　清乾隆五十年十一月鄭金策立領田産物業字

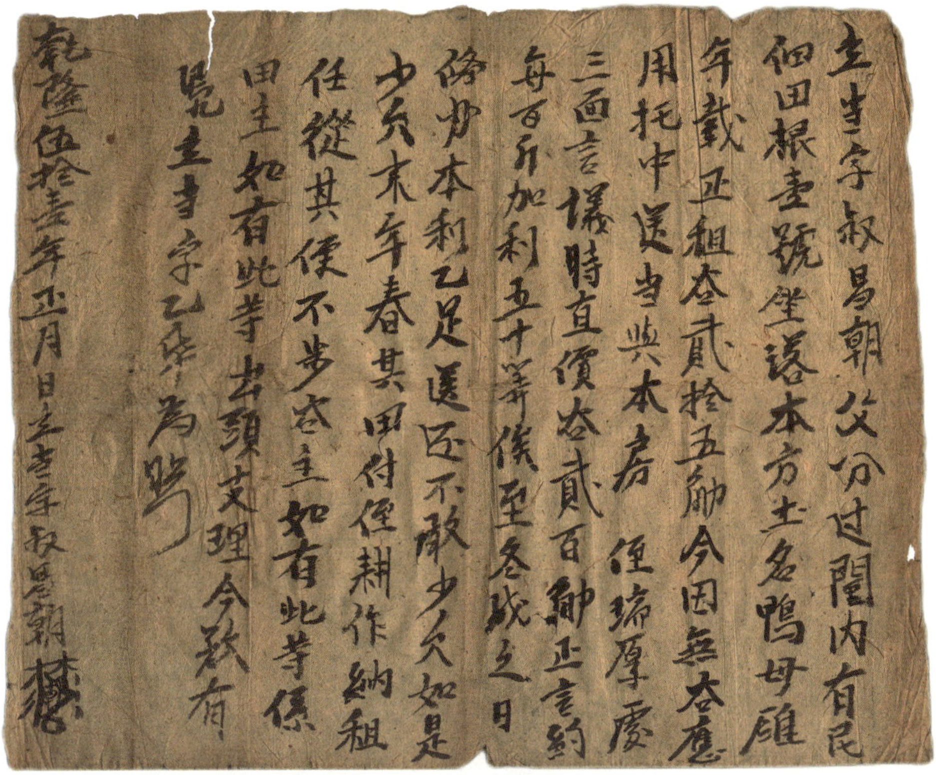
立当字叔昌朝父分过閭内有民
佃田根壹號坐落本方土名鴨母䃌
年載正租谷貳拾五觔今因無谷應
用托中送当與本房 侄瑞厚慶
三面言議時直價谷貳百觔正言約
每百斤加利五十觔係至冬成之日
除谷本利乙足送还不敢少欠如是
少欠末年春其田付侄耕作納租
任從其侄不步叔之事如有此等係
田主如有此等出頭支理今欲有
憑立当字乙紙為照
乾隆伍拾壹年正月 日立当字叔昌朝（押）

6-4-52-12　清乾隆五十一年正月林昌朝立當民佃田根字

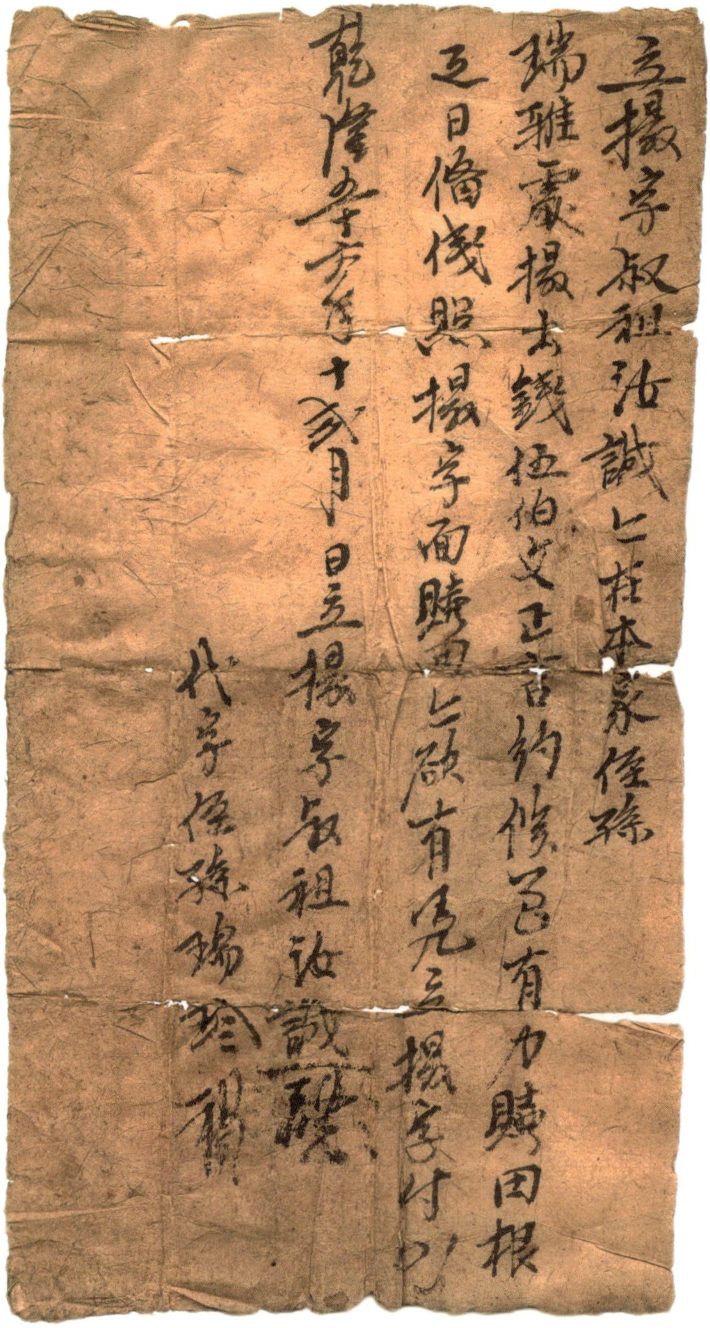

立撥字叔祖汝誠今在本家侄孫
瑞雅處撥出錢伍伯文正，言約俟后有力贖田根
之日，備錢照撥字面贖回。今欲有凭，立撥字付照。
乾隆五十六年十二月　日立撥字叔祖汝誠（押）
代字侄孫瑞玲（押）

6-4-52-13　清乾隆五十六年十二月林汝誠立撥字

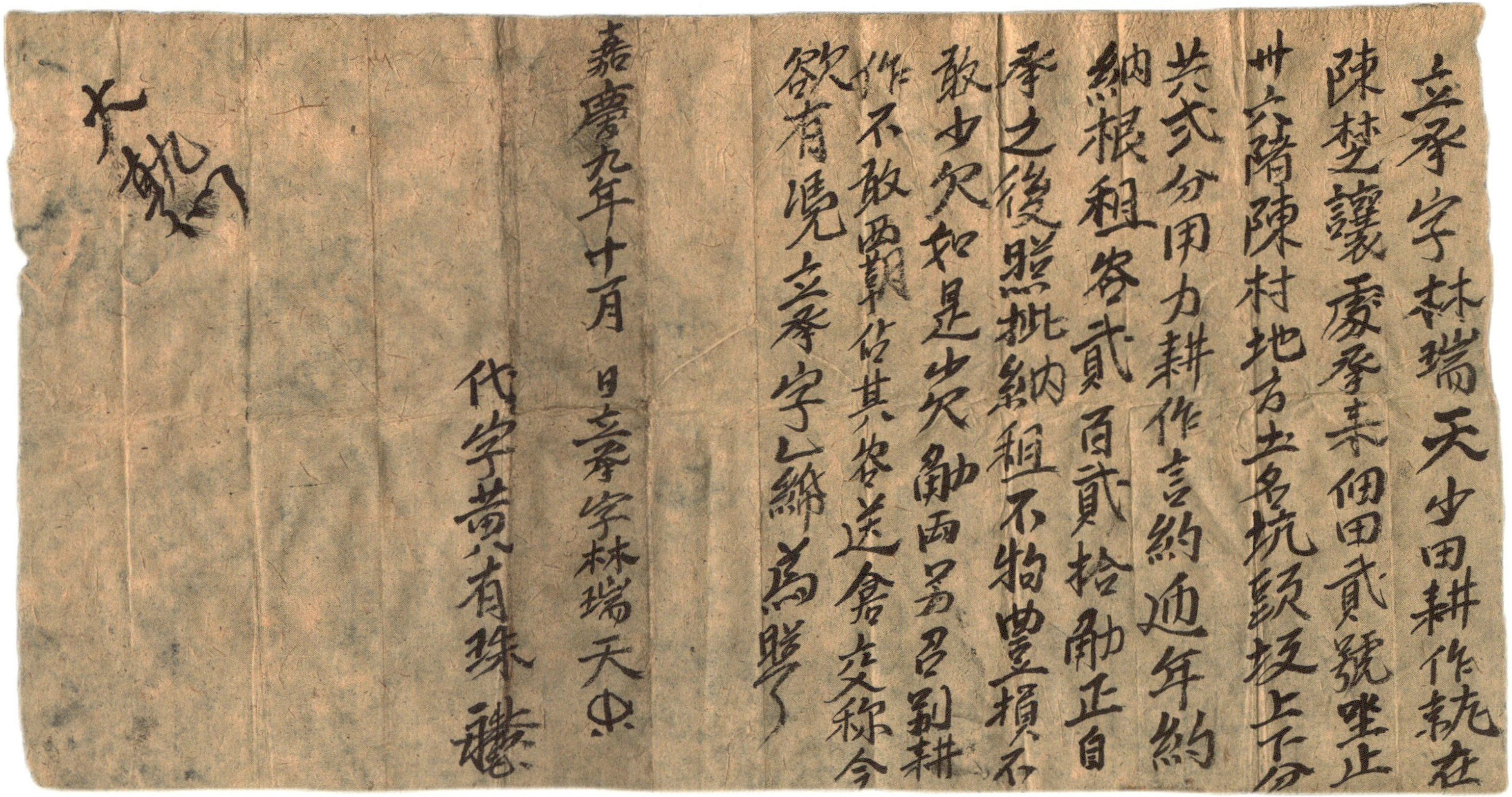

立承字林瑞天少田耕作，就在
陳楚讓處承來佃田貳號，坐止
卅六都陳村地方土名坑頭坂上下合
共弍分，用力耕作，言約逐年約
納根租谷貳百貳拾觔正，自
承之後，照批納租，不約豐損，不
敢少欠，如是少欠觔兩，另召別耕
作，不敢霸佔，其谷送倉交秤。今
欲有憑，立承字一紙為照。
嘉慶九年十月　日立承字林瑞天（押）
代字黄有珠（押）
大批

6-4-52-14　清嘉慶九年十一月林瑞天立承佃田字

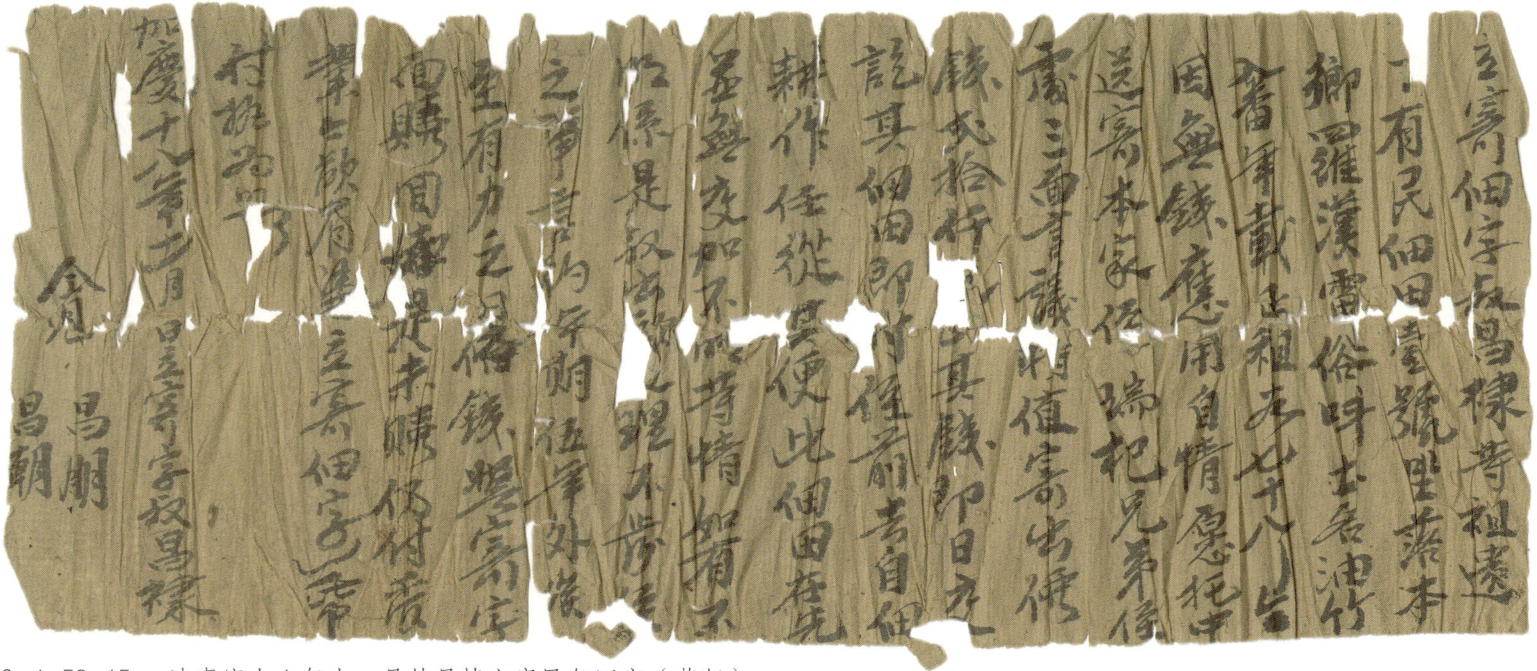

立寄佃字叔昌棣等祖遺
下有民佃田壹號坐落本
鄉羅漢雷俗呼土名油竹
簹年載租谷七十八斤
因無錢應用自情愿托中
送寄本家侄瑞杞兄弟
處三面言議時值寄出佛
錢貳拾仟文其錢即日交
訖其佃田即付侄前去自佃
耕作任從其便此佃田在先
並無交加不明等情如有不
明係是叔出頭抵擋之理不干侄
之事言約年限伍年外從
至有力之日備錢照寄字
佃贖回據是未贖仍付侄管
業今欲有憑立寄佃字乙帋
付執為照
嘉慶十八年十一月 日立寄字叔昌棣
仝見 昌朋
昌朝

6-4-52-15 清嘉慶十八年十一月林昌棣立寄民佃田字（草契）

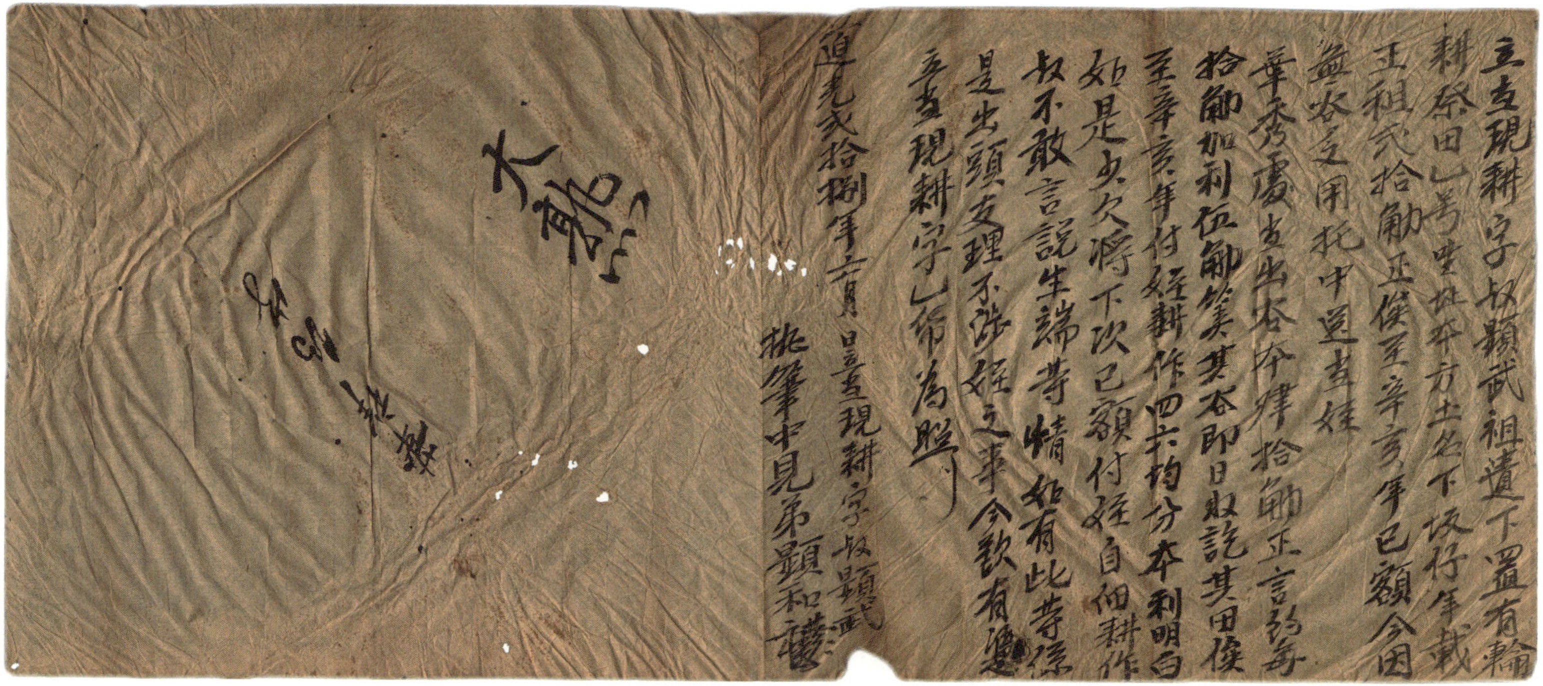
立當現耕字叔顯武祖遺下置有輪
耕祭田一號坐址本方土名下坂仔年載
王租弍拾觔正併至辛亥年已額今因
無谷乏用托中送與姪
華秀處出本谷柒拾觔正言約每
拾觔加利伍觔算其谷即日收訖其田俟
至辛亥年付姪耕作四六均分本利明白
如是冇欠將下次已額付姪自佃耕作
叔不敢言說生端等情如有此等情
是出頭支理不涉姪之事今欲有憑
立當現耕字一紙為照
道光弍拾捌年六月　日立當現耕字叔顯武
批筆中見弟顯和

6-4-52-16　清道光二十八年六月林顯武立當現耕字

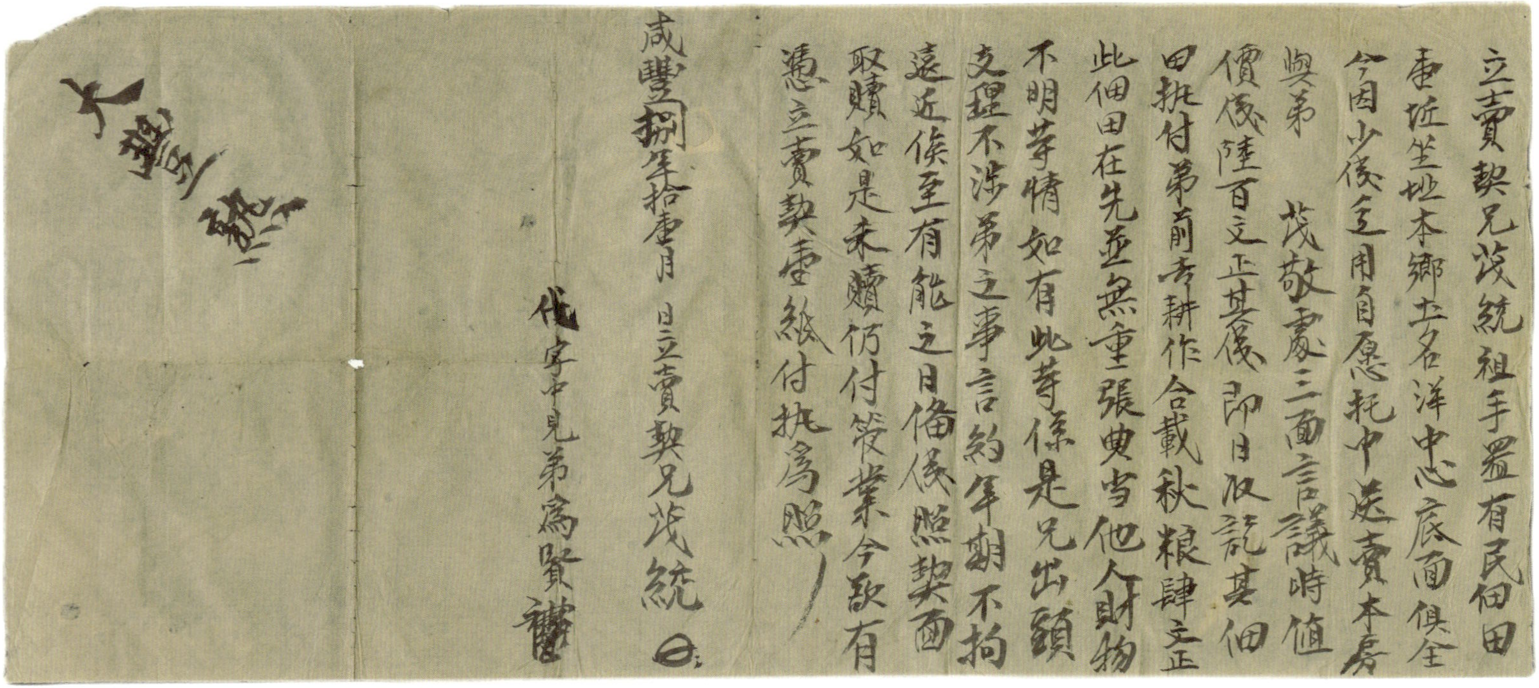

立賣契兄茂統，祖手置有民佃田
壹坵，坐址本鄉土名洋中心，底面俱全。
今因少銀應用，自愿托中送賣本房
胞弟　茂敬處，三面言議時值
價銀陸百文正。其銀即日收訖，其佃
田執付弟前去耕作，合載秋粮肆文正。
此佃田在先並無重張典当他人財物
不明等情，如有此等，係是兄出頭
支理，不涉弟之事。言約年期不拘
遠近，俟至有能之日，備依照契面
取贖，如是未贖，仍付管業。今欲有
憑，立賣契壹紙付執為照。

咸豐捌年拾壹月　日立賣契兄茂統（押）
代字中見弟爲賢（押）

6-4-52-17　清咸豐八年十一月林茂統立賣底面全民佃田契

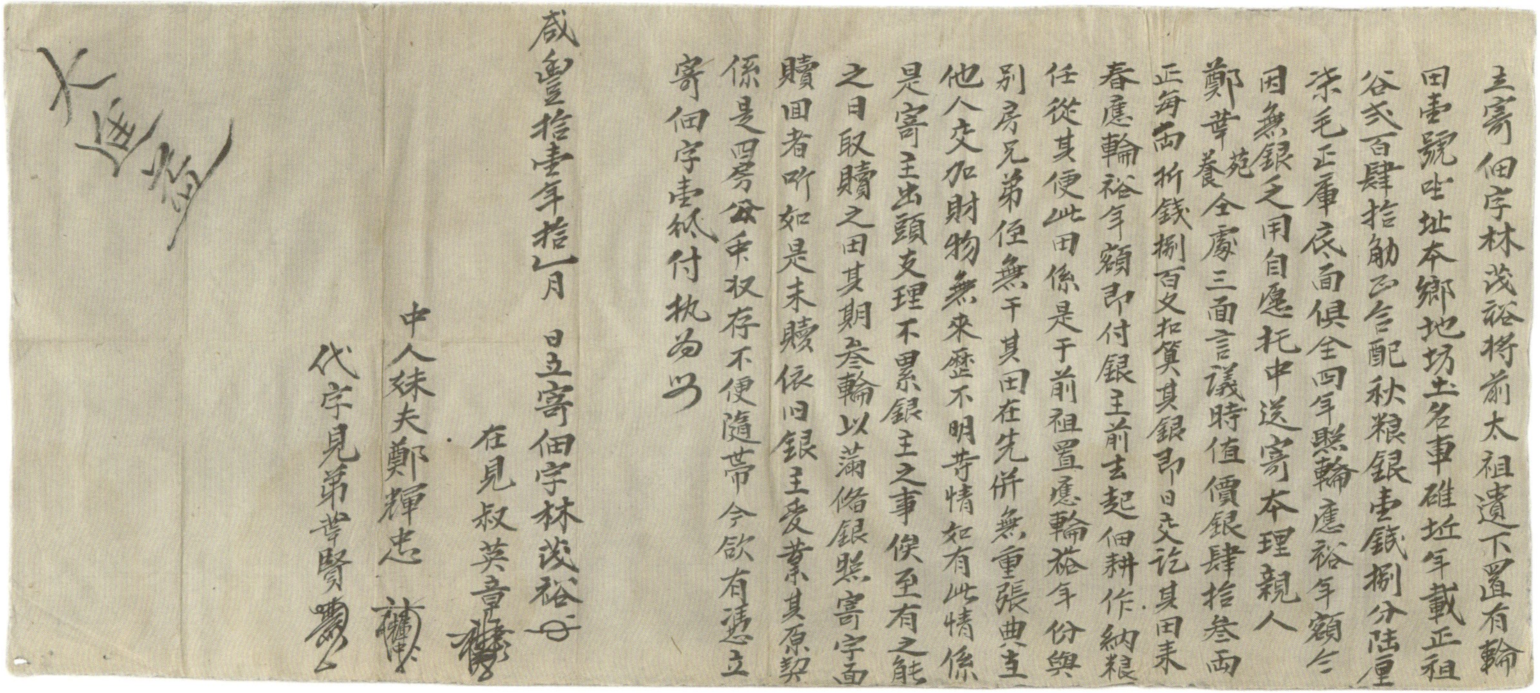

立寄佃字林茂裕，將前太祖遺下置有輪
田壹號，坐址本鄉地方，土名車碓坵，年載正租
谷弍百肆拾觔，已合配秋粮銀壹錢捌分陸厘
米毛正，庫底面俱全，四年照輪，應裕年額。今
因無銀之用，自愿托中送寄本理親人
鄭葦苑養全處，三面言議時值價銀肆拾叁兩
正，每兩折錢捌百文扣算，其銀即日交訖。其田未
春應輪裕年額，即付銀主前去起佃耕作納粮，
任從其便。此田係是于前祖置，應輪裕年份與
別房兄弟侄無干。其田在先，并無重張典掛
他人，交加財物，無來歷不明等情。如有此情，係
是寄主出頭支理，不累銀主之事。俟至有之能
之日取贖之田，其期叁輪以滿，備銀照寄字面
贖回者听。如是未贖，依旧銀主受業。其原契
係是四房公平权存，不便隨帶。今欲有憑，立
寄佃字壹紙付執為照。

咸豐拾壹年拾壹月　日立寄佃字林茂裕（押）
在見叔英章（押）
中人妹夫鄭輝忠（押）
代字見弟世賢（押）

6-4-52-18　清咸豐十一年十一月林茂裕立寄佃輪田字

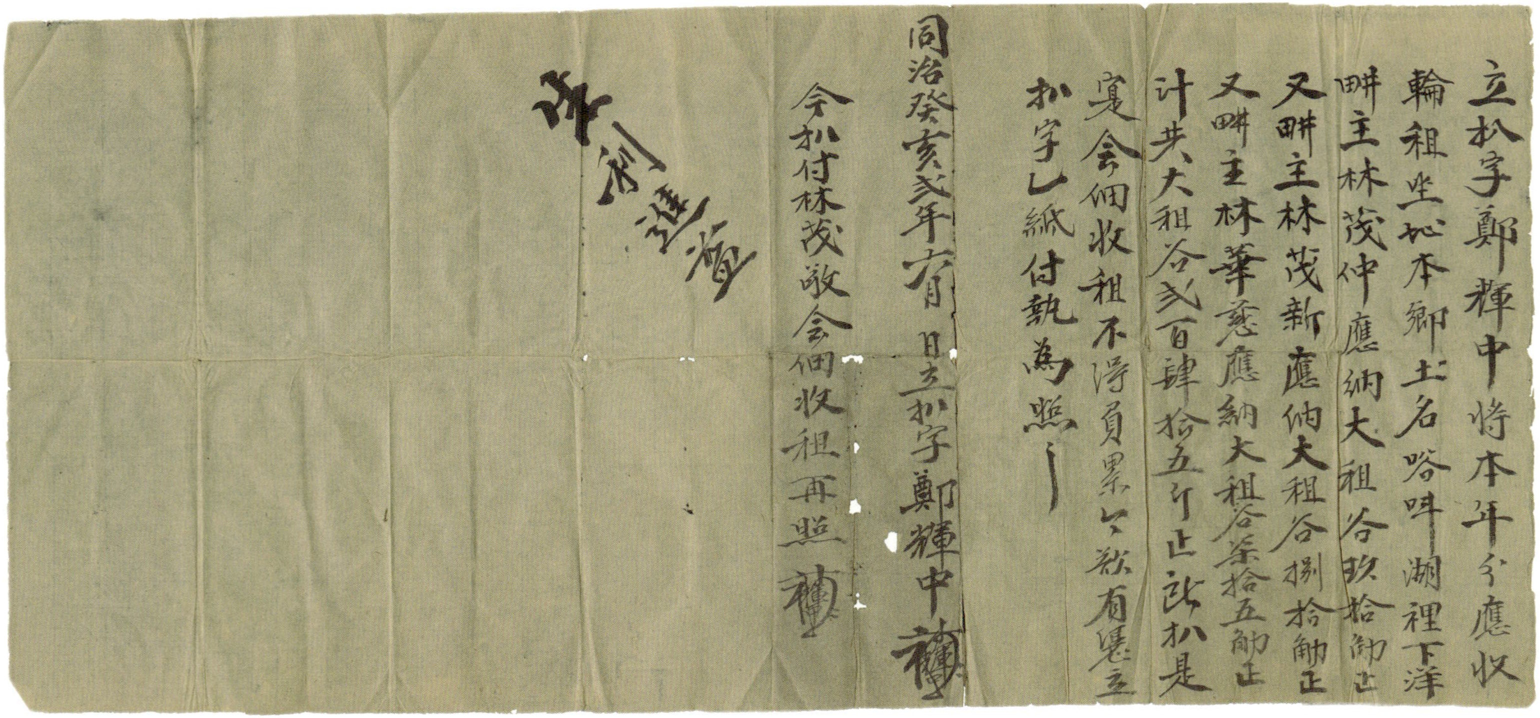
立扒字鄭輝中將本年分應收
輪租坐址本鄉土名㘵吽湖裡下洋
畊主林茂仲應納大租谷玖拾觔正
又畊主林茂新應納大租谷捌拾觔正
又畊主林華意應納大租谷柒拾五觔正
計共大租谷弍百肆拾五斤正，該扒是
寔，今佃收租不得負累，今欲有憑，立
扒字乙紙付執為照。
同治癸亥弍年六月　日立扒字鄭輝中（押）
今扒付林茂啟今佃收租再照（押）

6-4-52-19　清同治二年六月鄭輝中立扒輪租字

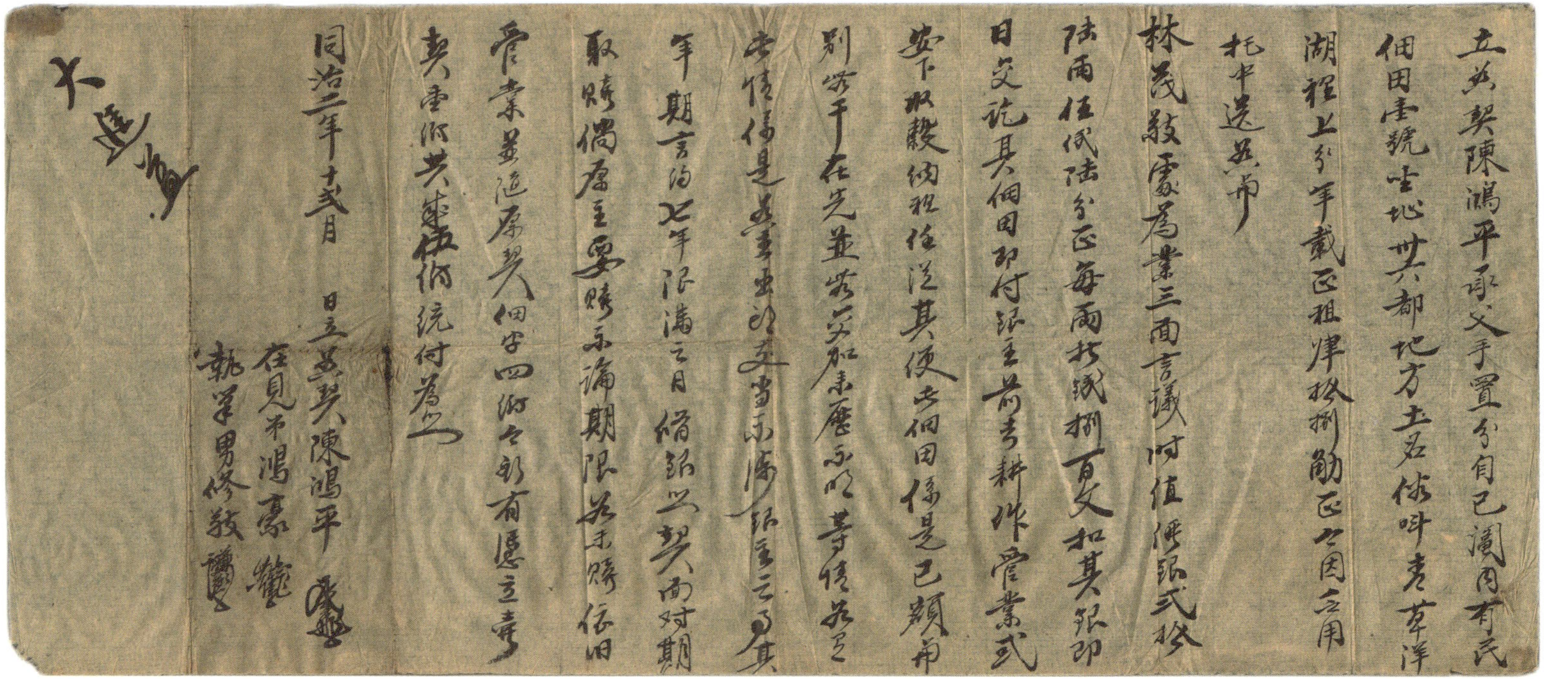

立典契陳鴻平承父手置分自己闔內有民
佃田壹號，坐址廿六都地方，土名俗叫董洋
湖裡上分，年載正租津秤捌斛正，今因乏用，
托中送與本
林茂錦處為業，三面言議，時值價銀弍拾
陸兩伍錢陸分正，每兩扣錢捌百文，其銀即
日交訖，其佃田即付銀主前去耕作管業，弍
家不收穀納租，任從其便。其佃田係是已額，本
別房干在先並無重張典掛他人財物，亦無來歷不明等情；如有
此情，係是典主出頭支當，不干銀主之事。其
年期言約七年限滿之日，備銀照契兩對期
取贖，倘唐至要贖，不論期限，若未贖，任佃
管業無阻。今欲有憑，立典
契壹紙，共契併統付為照。

同治二年十弍月　日立典契陳鴻平（押）
在見弟鴻彩（押）
執筆男修敬（押）

大進財

6-4-52-20　清同治二年十二月陳鴻平立典民佃田契

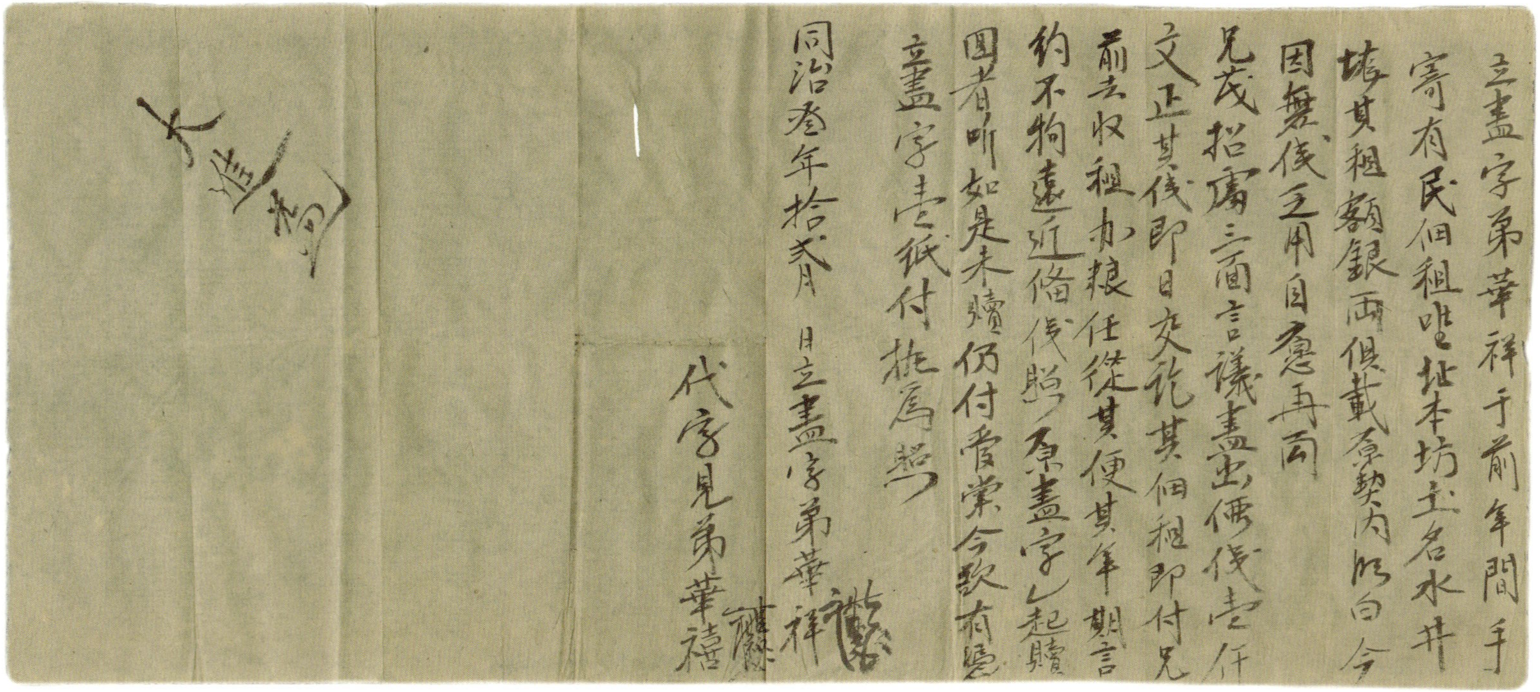
立盡字弟華祥于前年間手
寄有民佃租唲坐址本坊土名水井
墘其租額銀兩俱載原契內明白今
因無錢乏用自愿再向
兄茂招處三面言議盡出佛錢壹仟
文正其錢即日交訖其佃租即付兄
前去收租办粮任從其便其年期言
約不拘遠近備錢照原盡字取贖
回者听如是未贖仍付管業今欲有憑
立盡字壹紙付執爲照
同治叁年拾貳月　日立盡字弟華祥（押）
代字見弟華禧（押）

6-4-52-21　清同治三年十二月林華祥立盡民佃租字

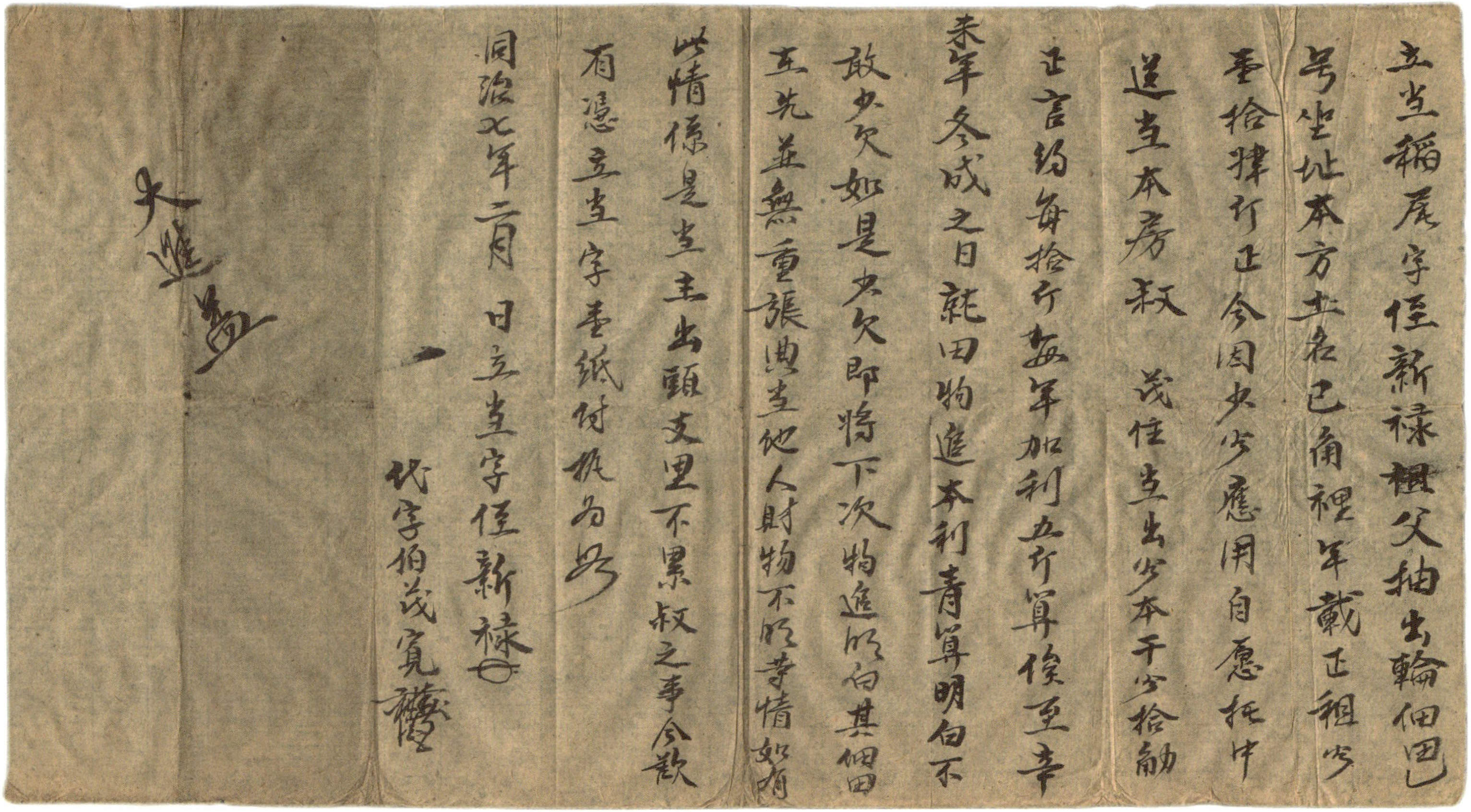

6-4-52-22　清同治七年二月林新禄立當稻尾字

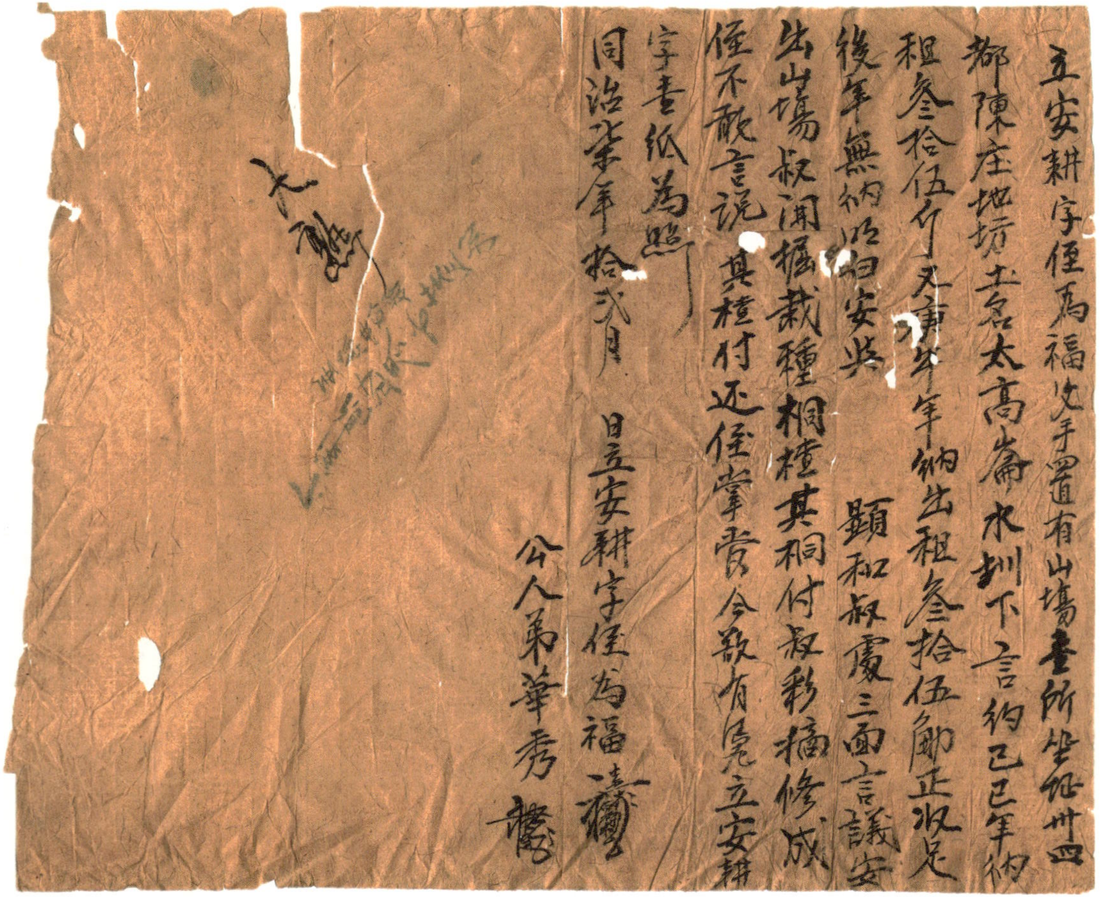

立安耕字侄爲福先年置有山場壹所坐址卅四
都陳庄地坊土名太高崙水圳下言約己巳年約
租叁拾伍斤又庚午年納出租叁拾伍斤即正水足
後年無納以歸安與　顯和叔處三面言議安
出山場叔開掘栽種桐樹其桐付叔彩摘修成
侄不敢言說其樹付還侄掌管今恐有憑立安耕
字壹紙爲照
同治柒年拾弍月　日立安耕字侄爲福（押）
公人弟華秀（押）

6-4-52-23　清同治七年十二月林爲福立安耕山場字

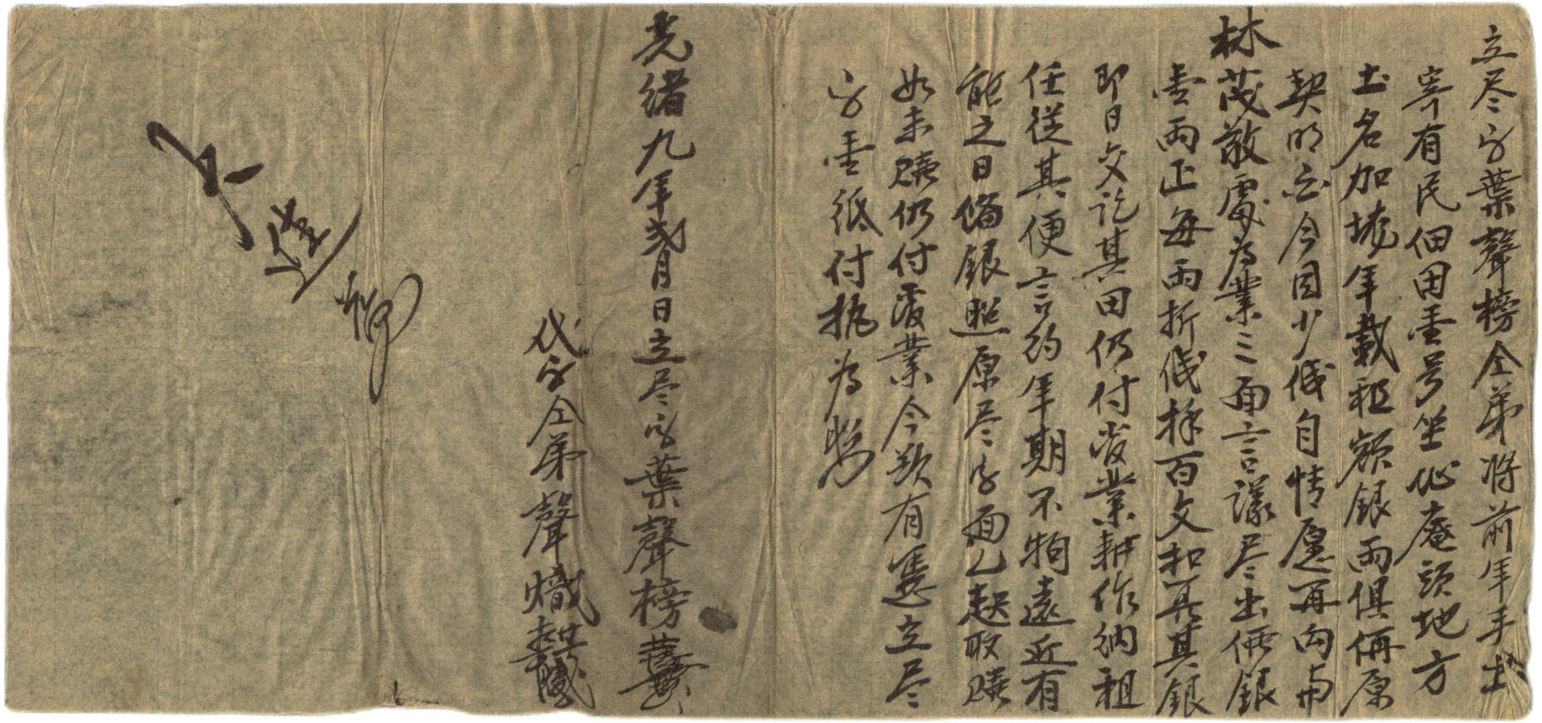
立盡民字葉聲榜仝弟將前年手出
賣有民佃田壹号坐址庵頭地方
土名加坵年載租穀銀兩俱係原
契明白，今因少錢，自情愿再向本
林茂敬處為業，三面言議盡出佛銀
壹兩正，每兩折錢柒百文，扣再其銀
即日交訖，其田仍付盡業耕作納租，
任從其便，言約年期不拘遠近，有
能之日備銀照原盡價起取贖，
如未贖仍付盡業。今欲有憑，立盡
字壹紙付執為照。

光緒九年二月　日立盡字葉聲榜（押）
代筆仝弟聲熾（押）

6-4-52-24　清光緒九年二月葉聲榜等立盡民佃田字

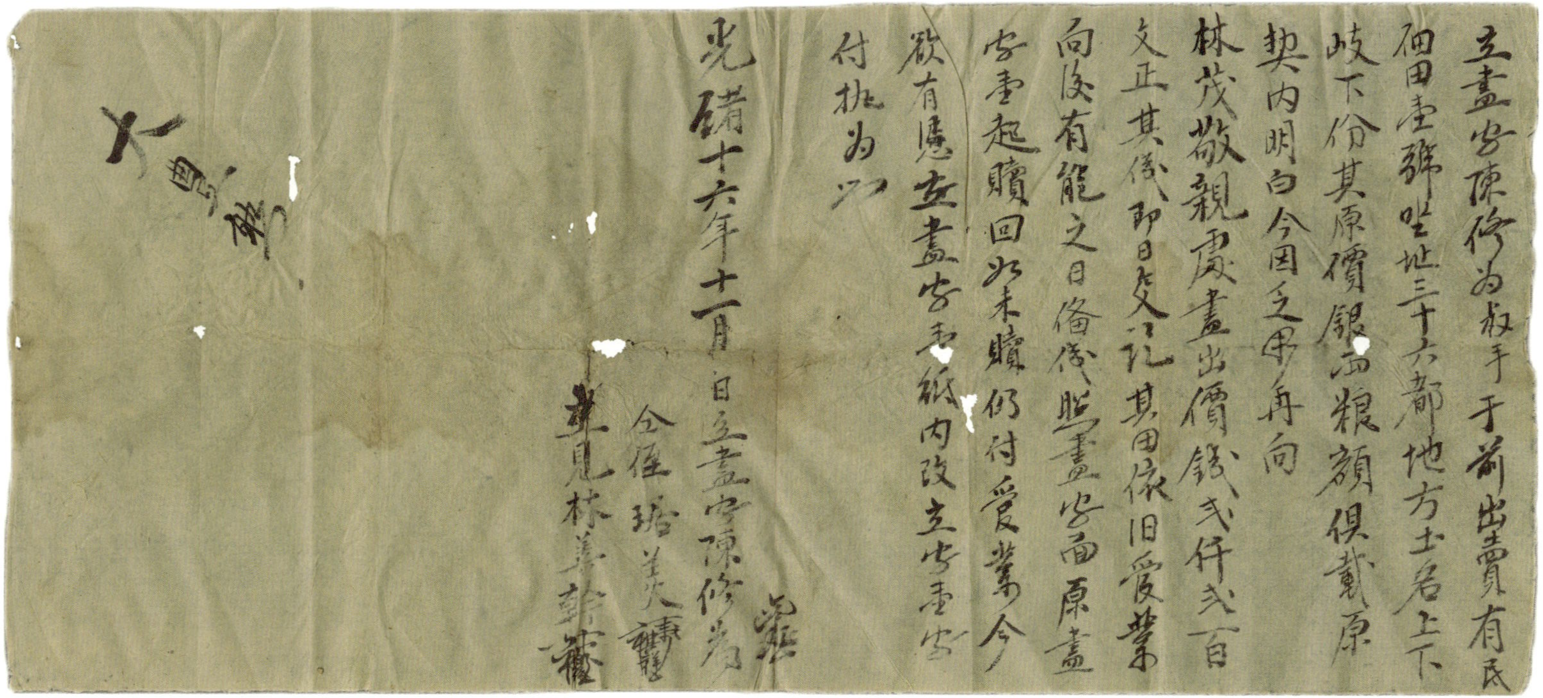

立盡字陳修爲叔手于前出賣有民
佃田坐址三十六都地方土名上下
岐下份其原價銀両粮額俱載原
契内明白今因乏用再向
林茂敬親處盡出價錢弍仟弍百
文正其錢即日交訖其田依旧管業
向後有能之日備錢照盡字面原盡
字事起贖回如未贖仍付管業今
欲有憑立盡字壹紙内改立字壹字
付執爲照

光緒十六年十一月　日立盡字陳修爲
仝侄　瑞美
在見　林善[illegible]

6-4-52-25　清光緒十六年十一月陳修爲等立盡民佃田字

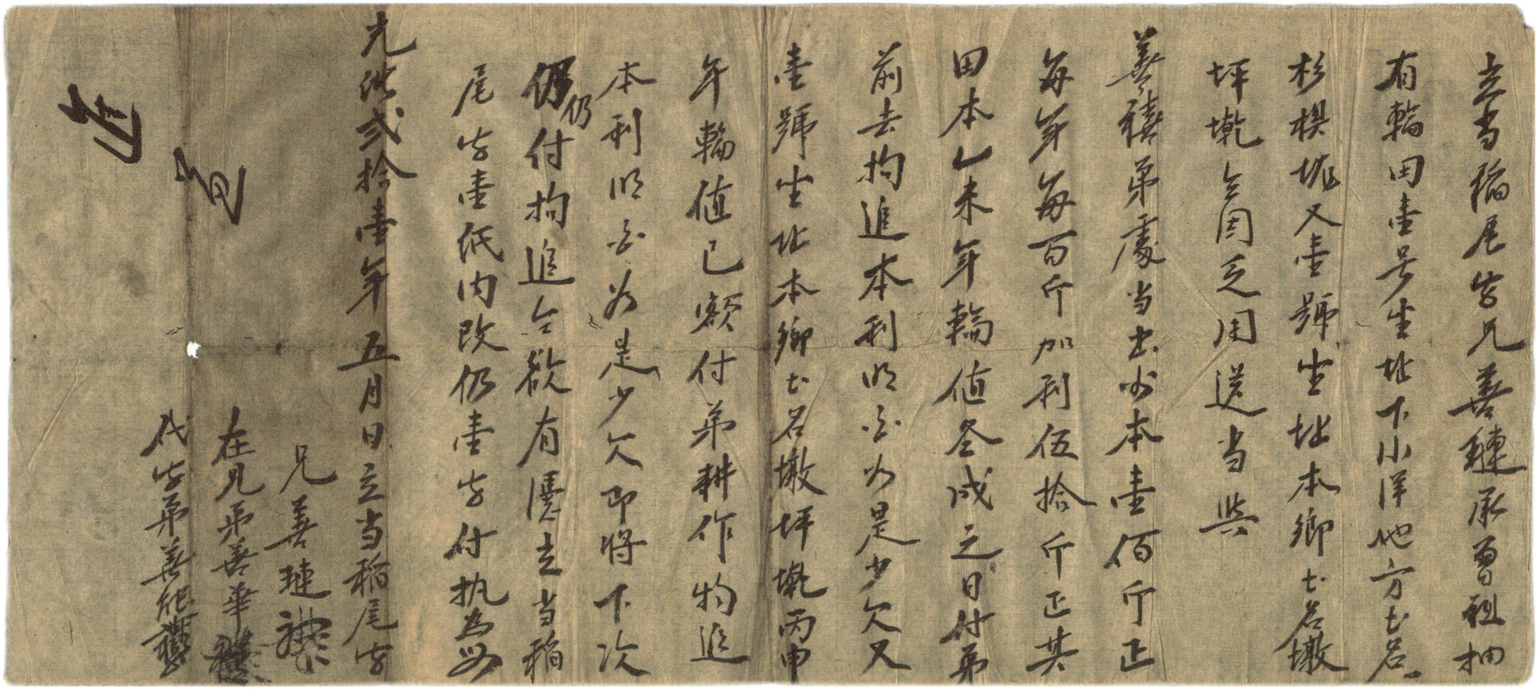

6-4-52-26　清光緒二十一年五月林善璉立當稻尾字

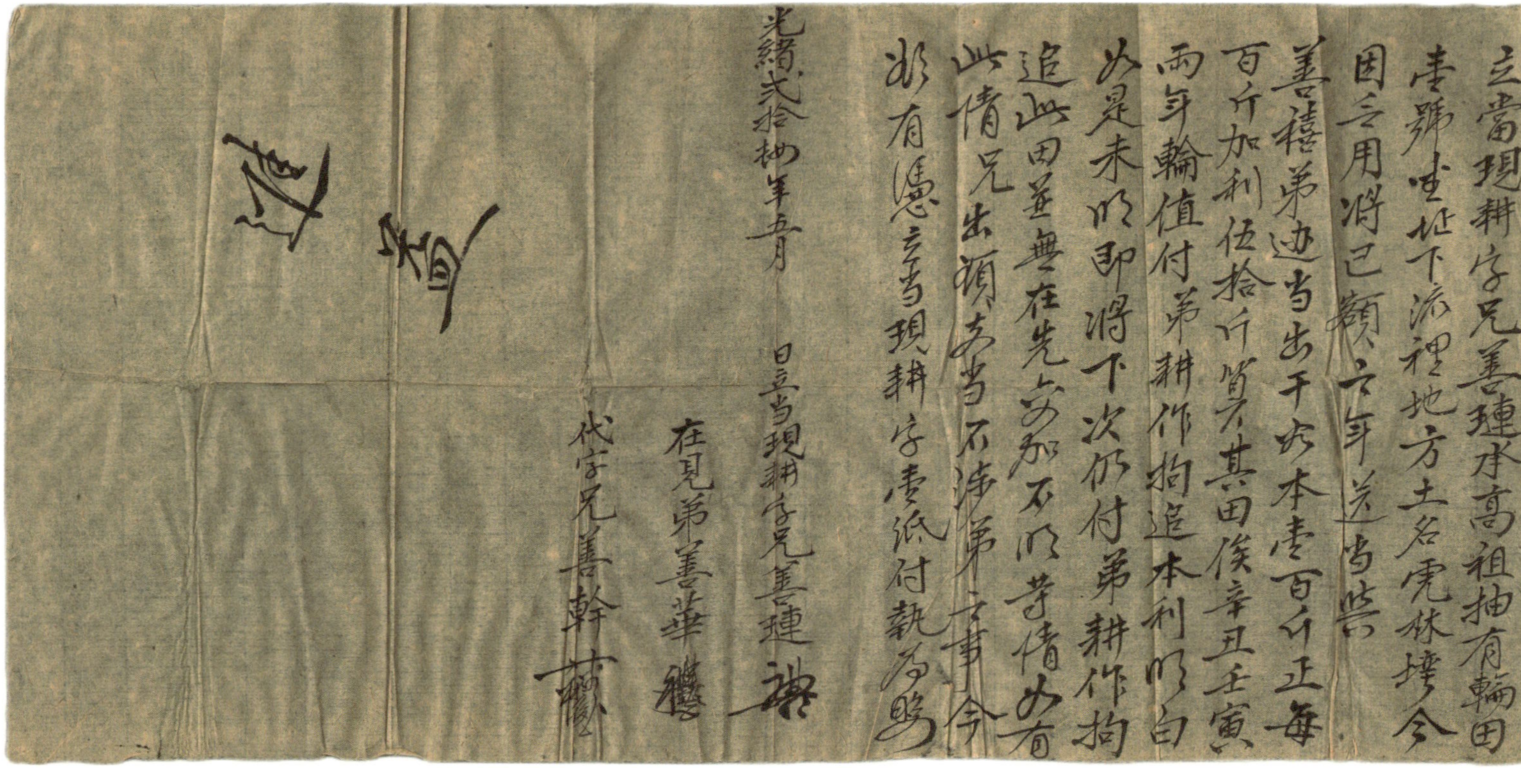

立當現耕字兄善璉承高祖抽有輪田
壹號，坐址下流裡地方，土名虎林墘。今
因乏用，將己額六年送當與
善禧弟邊，當出干谷本壹百斤正，每
百斤加利伍拾斤，算清。其田係辛丑、壬寅
兩年輪值，付弟耕作，掏追本利明白。
如是未明，即將下次仍付弟耕作掏
追。此田並無在先交加不明等情，如有
此情，兄出頭承當，不涉弟之事。今
欲有憑，立當現耕字壹紙付執為照。

光緒貳拾肆年五月　日立當現耕字兄善璉（押）
在見弟善華（押）
代字兄善幹（押）

6-4-52-27　清光緒二十四年五月林善璉立當現耕字

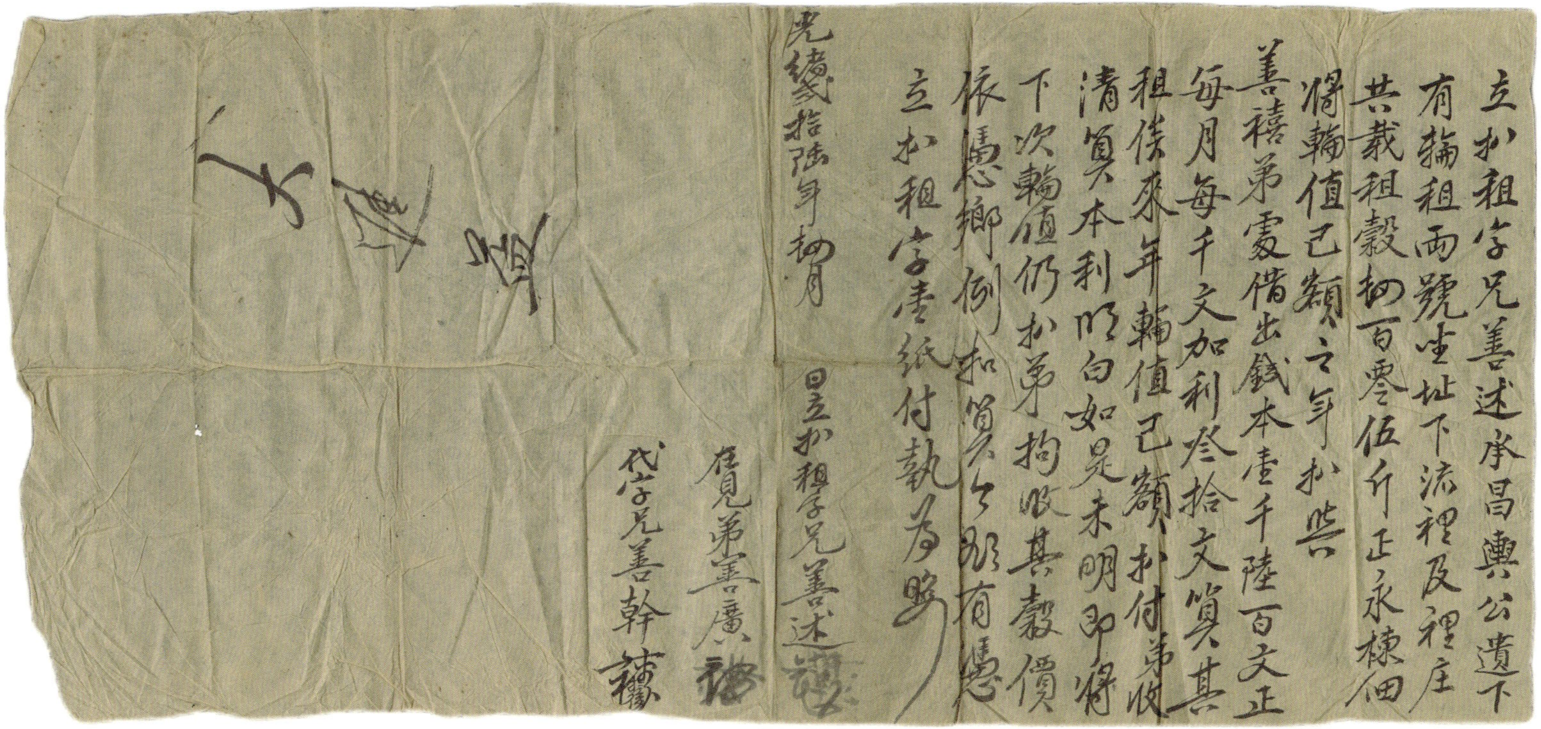
立扒租字兄善述承昌輿公遺下
有輪租兩號坐址下流裡及裡庄
共載租穀捌百零伍斤正永棣佃
僧輪值已額之年扒與
善禧弟處借出錢本壹千陸百文正
每月每千文加利叁拾文算其
租係來年輪值已額扒付弟收
清算本利明白如是未明即將
下次輪值仍扒弟掏收其穀價
依憑鄉例扣算之外有憑
立扒租字壹紙付執為照
光緒貳拾陆年肆月　日立扒租字兄善述
在見弟善廣
代字兄善幹

6-4-52-28　清光緒二十六年四月林善述立扒租字

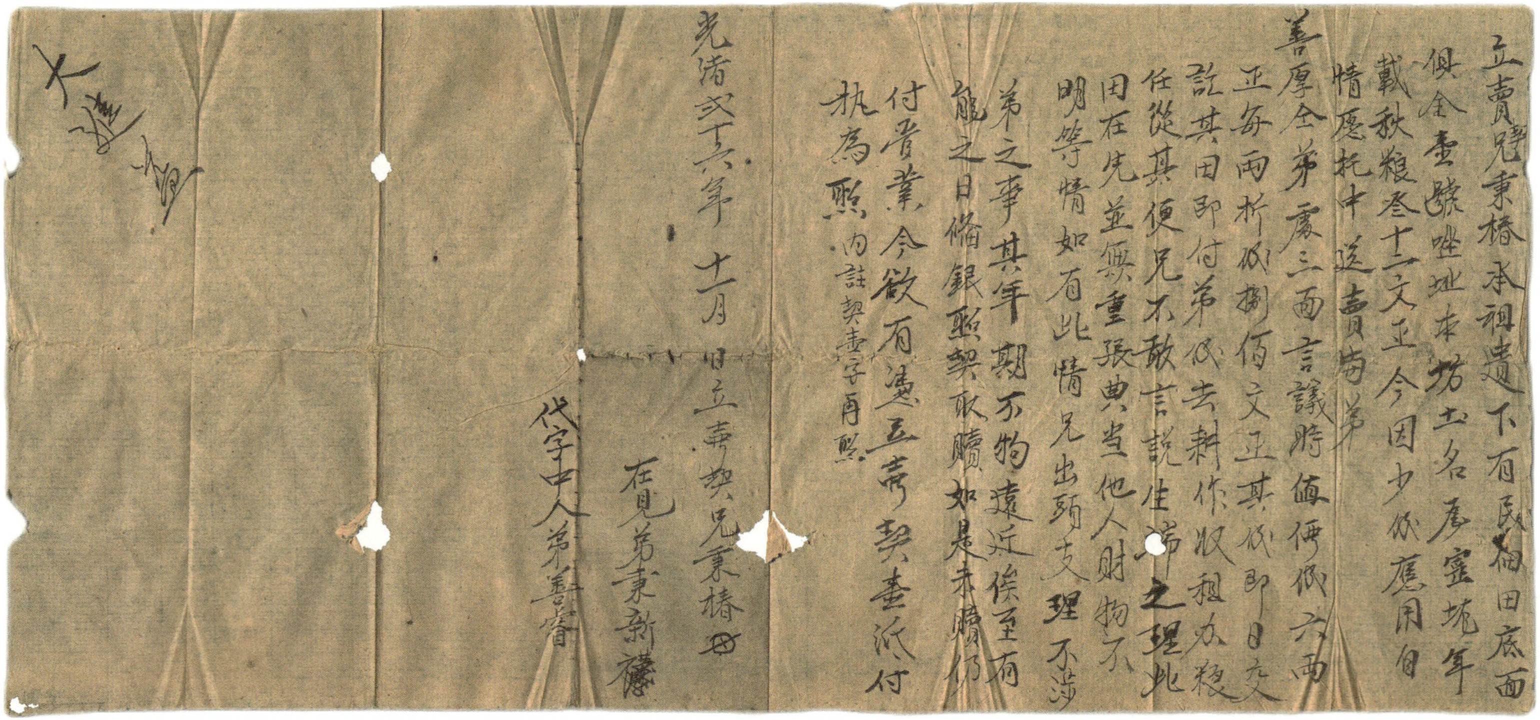
立賣兄秉椿承祖遺下有民佃田底面
俱全壹號坐址本坊土名厝壟坵年
載秋粮叁十二文正今因少錢應用自
情愿托中送賣與弟
善厚仝弟處三面言議時值價錢六兩
正每兩折錢捌佰文正其錢即日交
訖其田即付弟錢去耕作收租办粮
任從其便兄不敢言説生端之理此
田在先並無重張典当他人財物不
明等情如有此情兄出頭支理不涉
弟之事其年期不拘遠近俟至有
能之日備銀照契取贖如是未贖仍
付管業今欲有憑立賣契壹紙付
執為照 内註契壹字再照

光緒二十六年十一月　日立賣契兄秉椿（押）
在見弟秉新（押）
代字中人弟善厚

6-4-52-29　清光緒二十六年十一月林秉椿立賣底面全民佃田契

立盡字陳增美承前祖手出賣有苗田底
面全壹號，坐此三十六都地方，土名上湖岐，其銀
兩種數、租額、粮户俱載前賣內分明。今因少
錢應用，自愿托中再向
林善禧親弟義為業，三面言議，时盡出價銀壹
拾兩正，每兩折錢捌百文，即其銀即日交訖，其
底面全之田再付銀主管業，明作收租办粮，任
從其便。此田在先並無交加來歷不明等情，如
有此等，係是盡主出頭支理，不累銀主之事。
其年期言約叁年限滿，言備銀照原契面
盡字面壹起贖回，如未贖仍旧管業。今欲有
憑，立盡字壹帋付執為照。

光緒弍拾捌年　十二月　日立盡字陳增美（押）

在見弟信美（押）

自筆

6-4-52-30　清光緒二十八年十二月陳增美立盡底面全苗田字

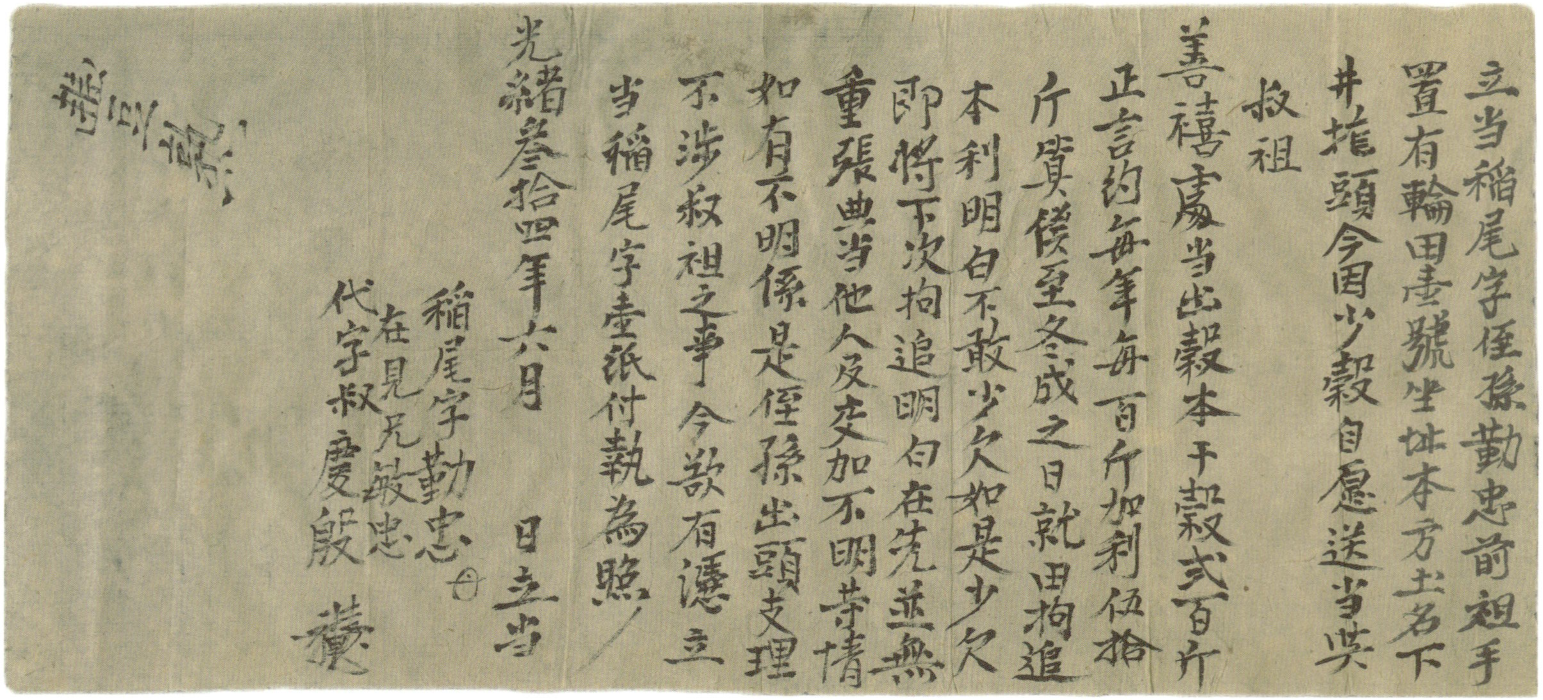
立当稻尾字侄孫勤忠前祖手
置有輪田壹號坐址本方土名下
井堷頭今因少穀自愿送当與
叔祖
善禧處当出穀本干穀弍百斤
正言约每年每百斤加利伍拾
斤貫俟至冬成之日就田拘追
本利明白不敢少欠如是少欠
即將下次拘追明白在先並無
重張典当他人及走加不明等情
如有不明係是侄孫出頭支理
不涉叔祖之事今欲有憑立
当稻尾字壹紙付執為照
光緒叁拾四年六月　　日立当
稻尾字勤忠
在見兄敏忠　蔴
代字叔慶般　擭

6-4-52-31　清光緒三十四年六月林勤忠立當稻尾字

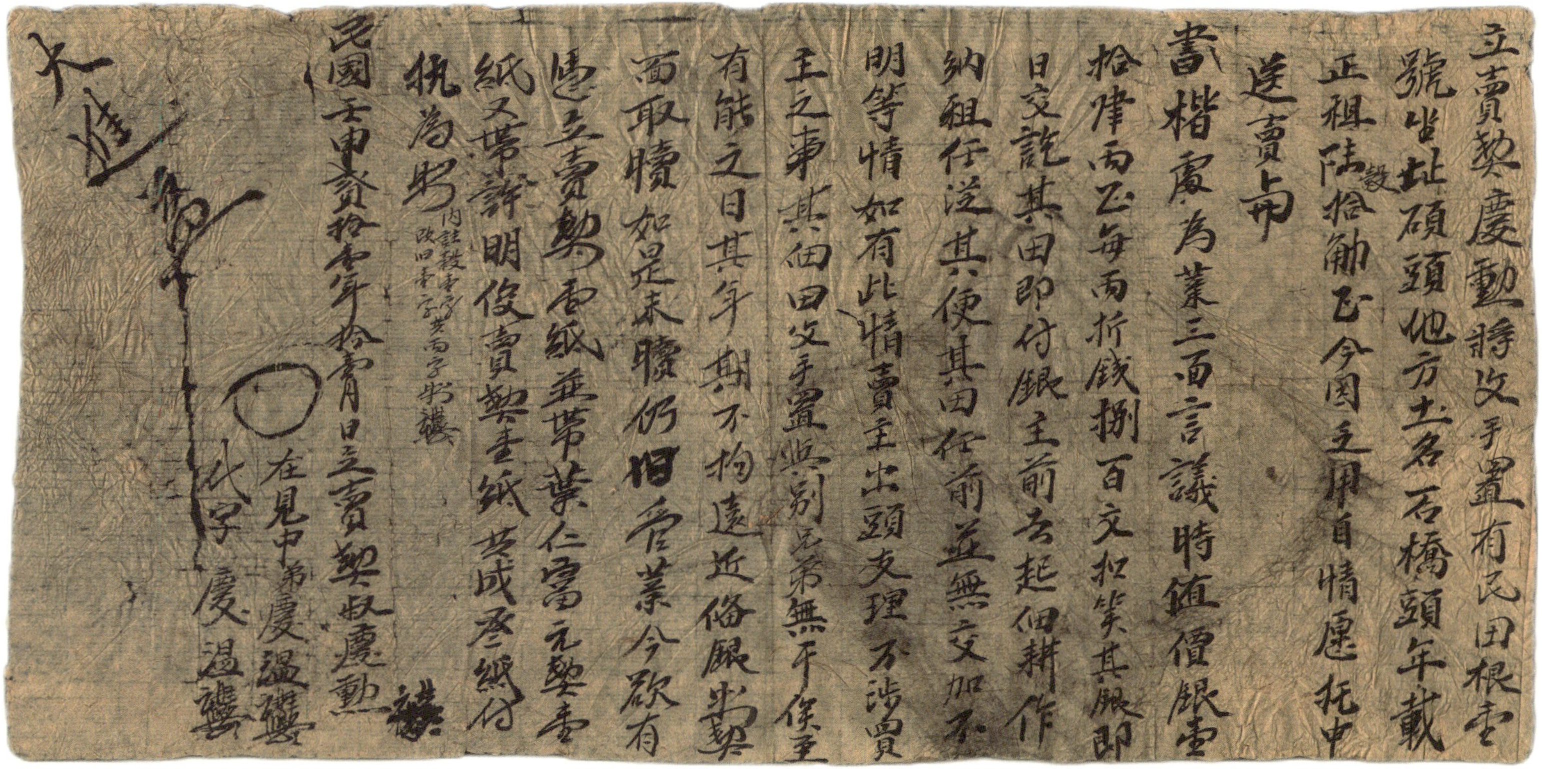
立賣契慶勲將父手置有民田根壹
號坐址碩頭他方土名石橋頭年載
正租陸數拾斛乙今因乏用自情愿托中
送賣与
書楷處為業三面言議時值價銀壹
拾律兩乙每兩折錢捌百文扣筭其服即
日交訖其田即付銀主前去起佃耕作
納租任從其便其田在前並無文加不
明等情如有此情賣主出頭支理不涉買
主之事其田田父手置與別兄弟無干保重
有能之日其年期不拘遠近備服出契
面取贖如是未贖仍旧管業今欲有
憑立賣契壹紙並帶葉仁富元契壹
紙又帶詳明役賣契壹紙共成叁紙付
執為照　内註數字壹字改田字壹字共兩字照
民國壬申貳拾壹年拾壹月日立賣契叔慶勲（押）
在見中弟慶温（押）
代字慶温（押）
大進

6-4-52-32　民國二十一年十一月林慶勲立賣民田根契

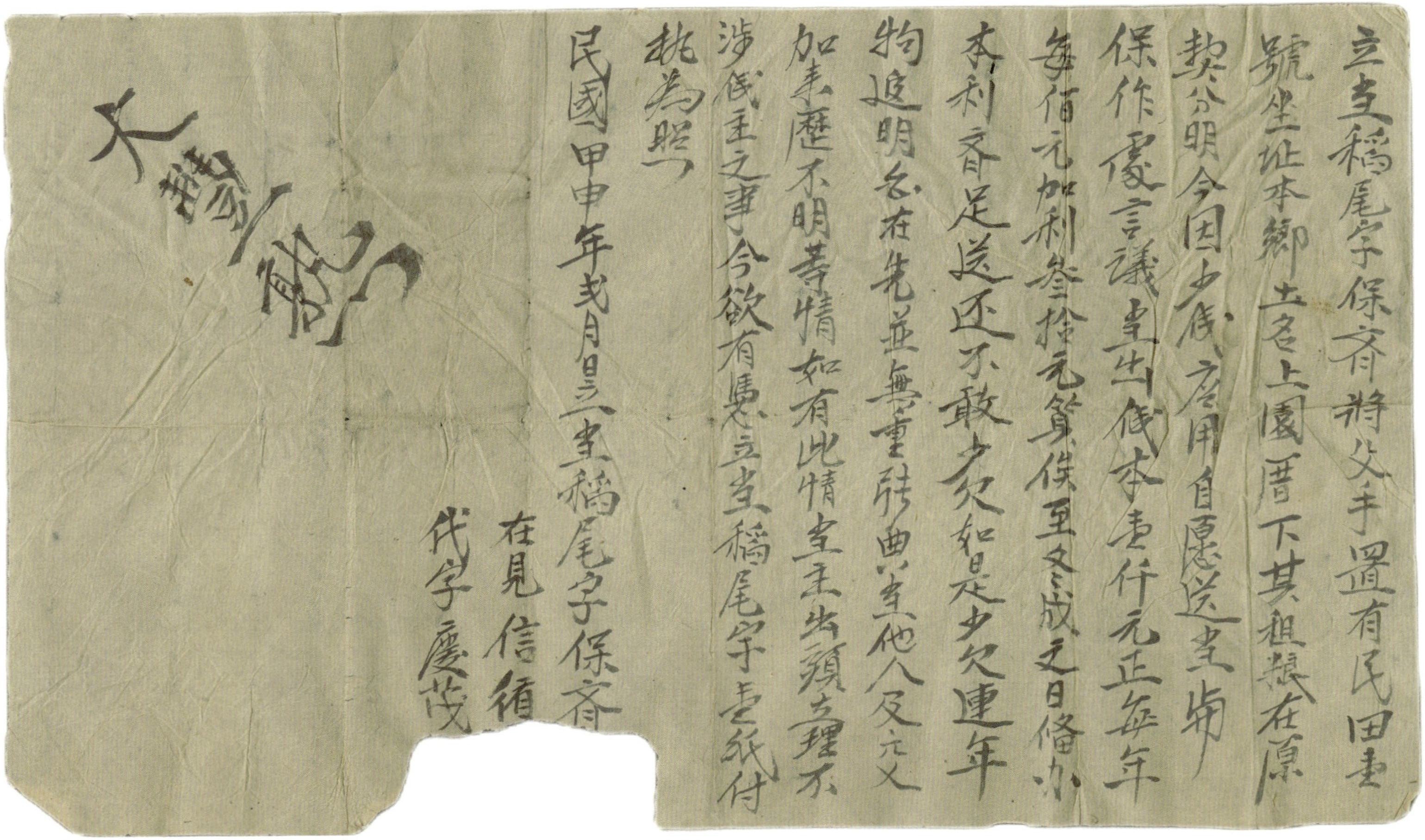

立當稻尾字保齊今將父手置有民田壹
號坐址本鄉土名上園厝下，其租穀在原
契分明。今因乏錢應用，自愿送當與
保作處言議，當出錢本壹仟元正，每年
每佰元加利叁拾元算，俱至冬成之日備辦
本利齊足送還，不敢少欠；如是少欠，連年
拘追明白。在先並無重張典當他人及交
加來歷不明等情，如有此情，當主出頭之理，不
涉錢主之事。今欲有憑，立當稻尾字壹紙付
執為照。

民國甲申年弍月　日立當稻尾字保齊

在見　信循

代字　慶茂

6-4-52-33　民國三十三年二月林保齊立當稻尾字

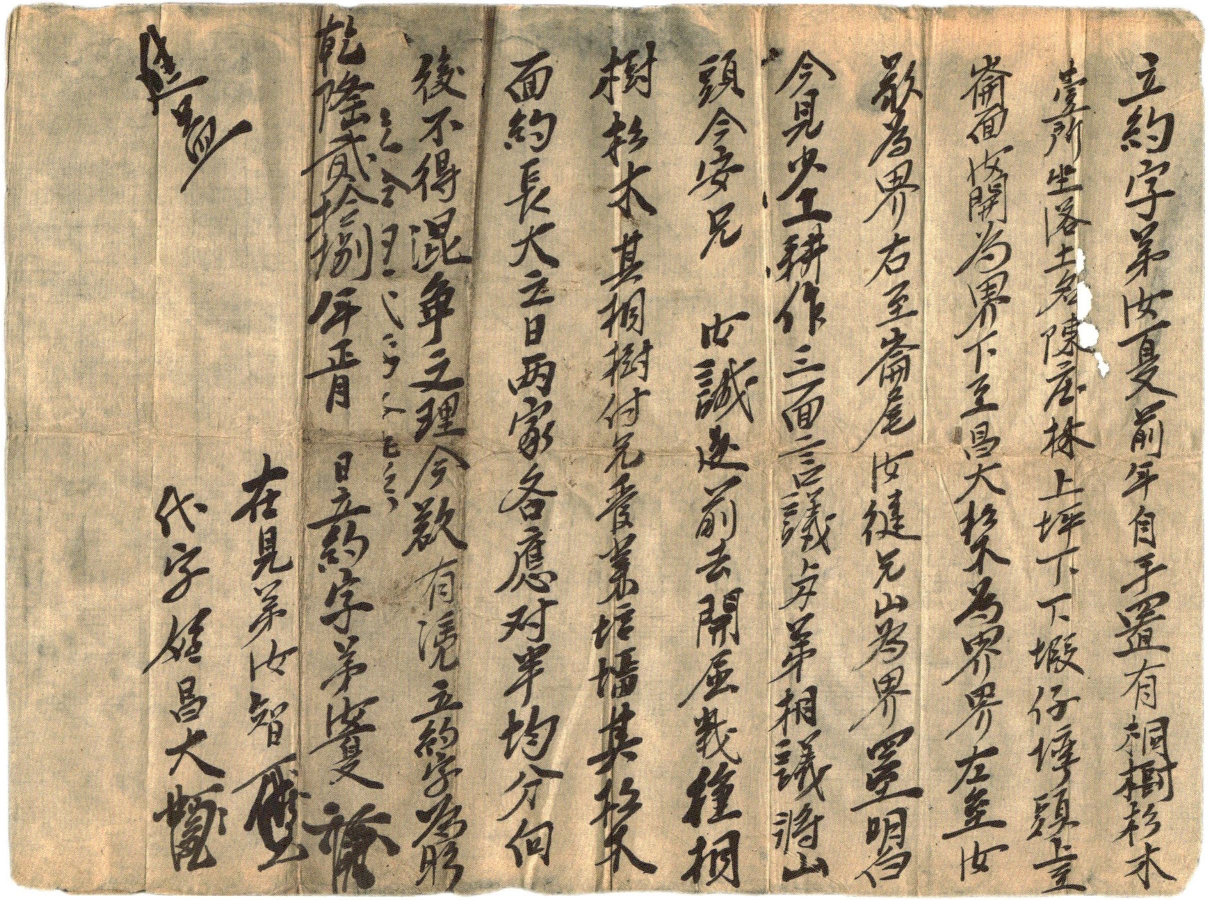

立約字弟汝夏前年自手置有桐樹杉木
壹所坐落土名陳厝林上坪下下墩仔埠頭壹
嶺面汝開為界下至昌大杉木為界界左至汝
歎為界右至嶺尾汝樣兄山為界四至明白
今見汝工耕作三面言議弟兄相議將山
頭今安兄　汝識送前去開墾栽種桐
樹杉木其桐樹付兄看管培植其杉木
面約長大之日兩家各應對半均分向
後不得混爭之理今欲有憑立約字為照
乾隆貳拾捌年正月　日立約字弟汝夏
在見弟汝智
代字侄昌大

6-4-53-1　清乾隆二十八年正月林汝夏立約字

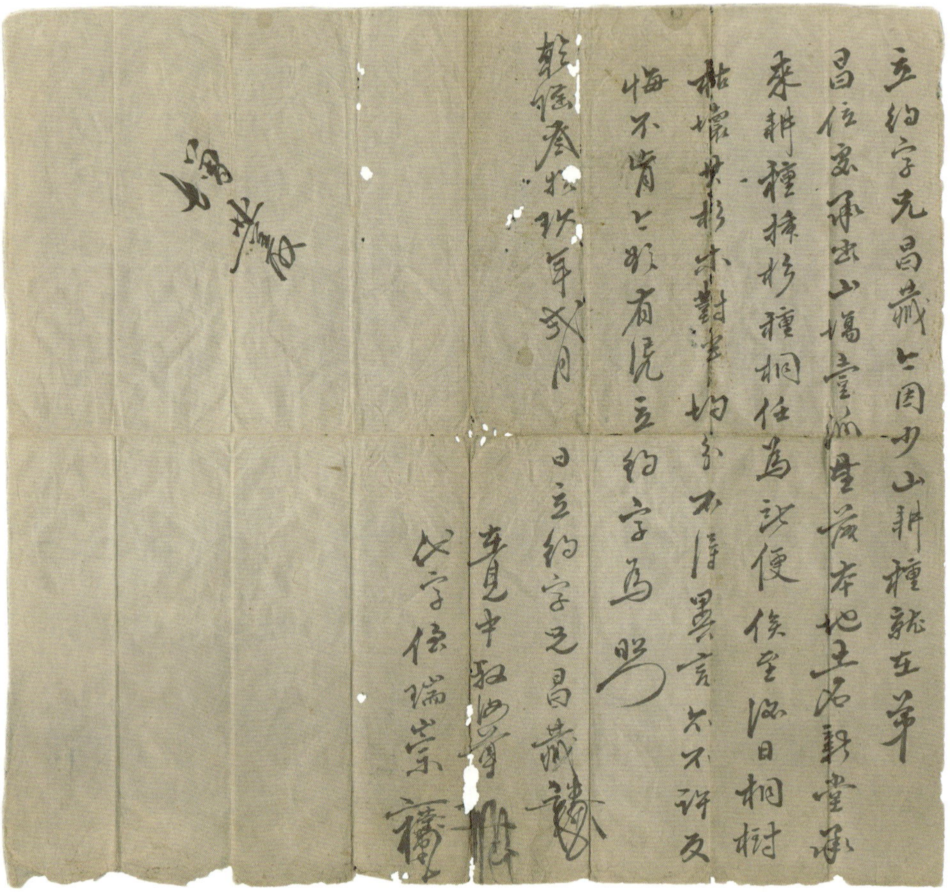

立約字兄昌藏今因少山耕種就在弟
昌位處承出山塲壹所坐落本地土名新堂承
來耕種栽杉種桐任為耕便俟至後日桐樹
枯壞其杉木對半均分不得異言亦不許反
悔不肯今欲有憑立約字為照
乾隆叁拾玖年貳月　日立約字兄昌藏
在見中叔海尊
代字侄瑞崇

6-4-53-2　清乾隆三十九年二月林昌藏立約字

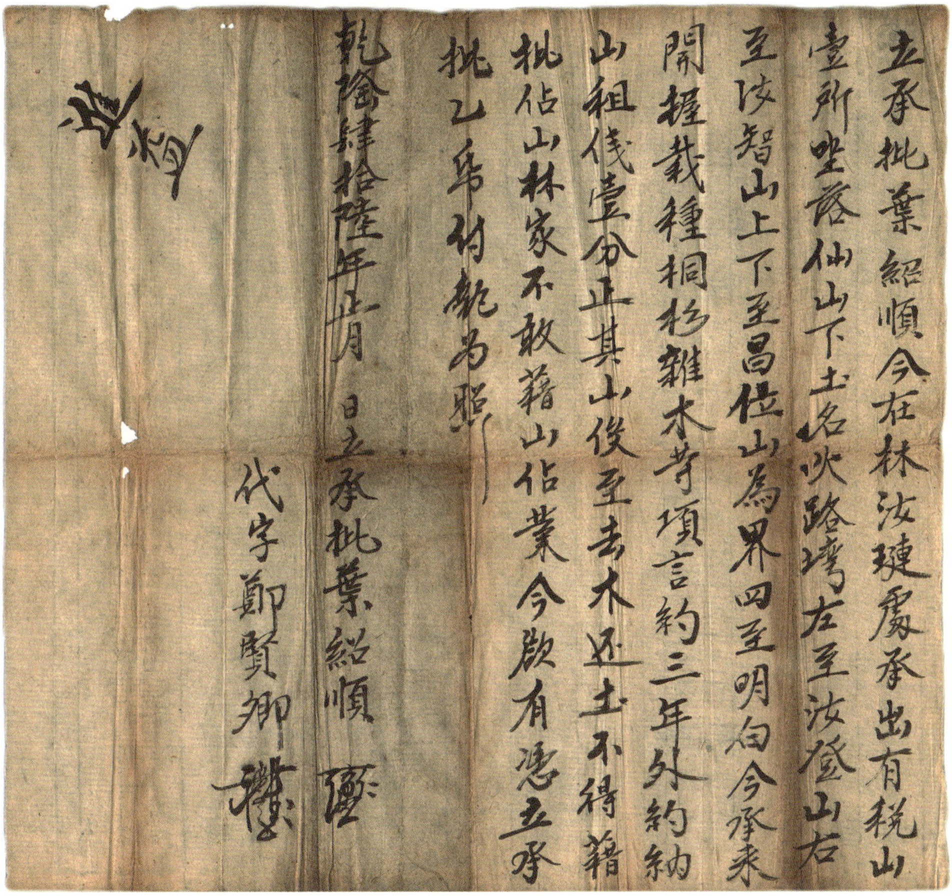

立承批葉紹順今在林汝璉處承出有稅山
壹所坐落仙山下土名坎路灣左至汝岱山右
至汝智山上下至昌位山為界四至明白今承來
開掘栽種桐杉雜木等項言約三年外約納
山租銭壹分正其山俟至去木还土不得藉
批佔山林家不敢藉山佔業今欲有憑立承
批乙帋付執為照

乾隆肆拾陸年正月　日立承批葉紹順（押）
代字鄭賢卿（押）

6-4-53-3　清乾隆四十六年正月葉紹順立承批稅山字

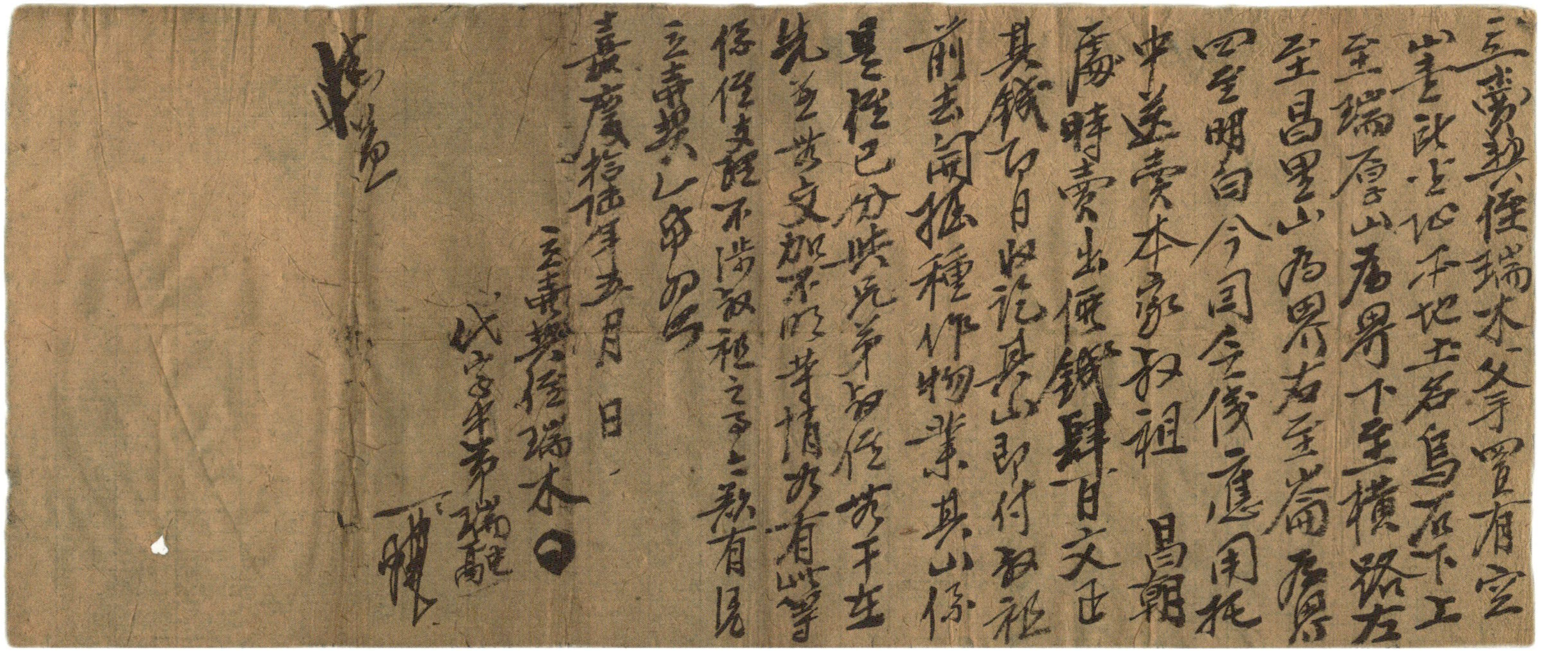
立賣契侄瑞木父手買有空
山壹號，坐落本地土名烏石下，上
至瑞厝山為界，下至橫路，左
至昌里山為界，右至崙為界，
四至明白。今因乏錢應用，托
中送賣本家叔祖 昌鼎
處，時賣出價錢肆百文正。
其錢即日收訖，其山即付叔祖
前去開掘，種作物業。其山係
是侄已分與兄弟無干，並
先並無文執不明等情，如有此等
係侄支理，不涉叔祖之事。二家有憑，
立賣契一紙為照。
嘉慶拾陆年五月 日
立賣契侄瑞木
代字弟瑞龍
[illegible]

6-4-53-4 清嘉慶十六年五月林瑞木立賣空山契

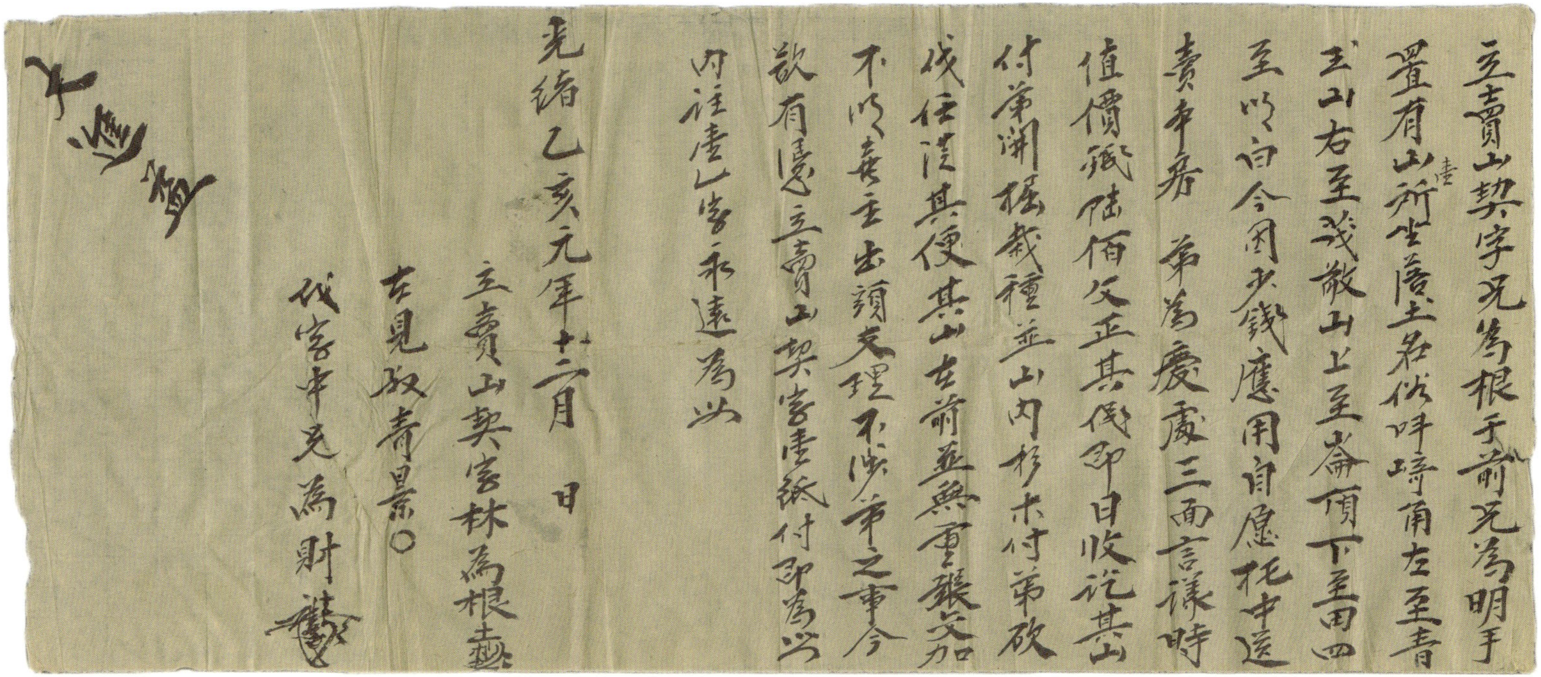
立賣山契字兄爲根，承前兄爲明手
置有山壹所，坐落土名伙坪崎，角左至青
王山，右至茂徽山，上至崙頂，下至田，四
至明白。今因乏錢應用，自愿托中送
賣弟　弟爲慶處，三面言議，時
值價錢陸佰文正，其錢即日收訖，其山
付弟開掘栽種，並山内杉木付弟砍
伐，任從其便。其山在前並無重張交加
不明等事，出頭支理，不涉弟之事。今
欲有憑，立賣山契字壹紙，付弟爲照。
内注壹字。山當永遠爲照。
光緒乙亥元年十二月　日
立賣山契字林爲根（押）
在見叔青景○
代字弟兄爲財（押）

6-4-53-5　清光緒元年十二月林爲根立賣山契

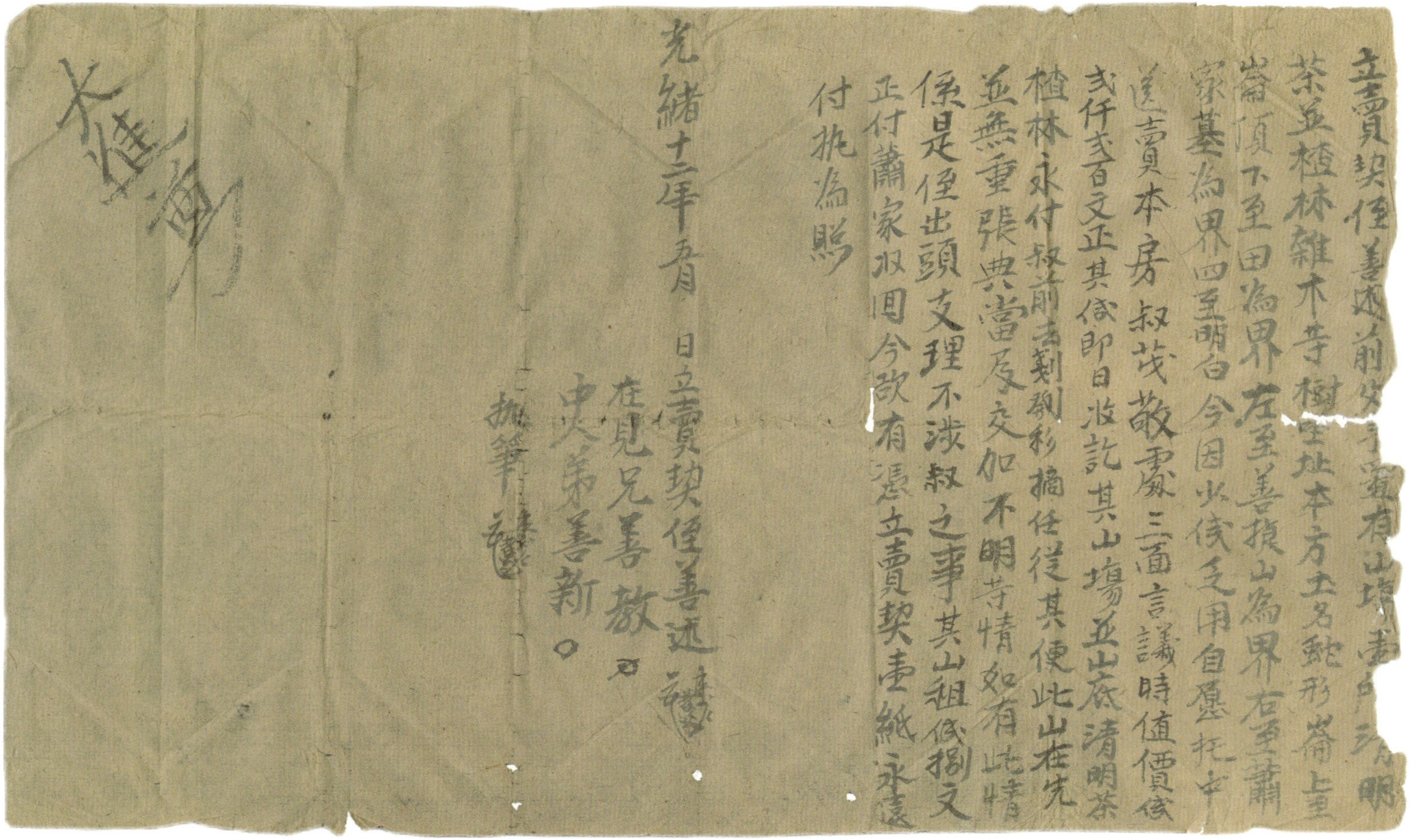

立賣契侄善述前父手置有山場壹片□明
茶並植林雜木等樹坐址本方土名虵形嶺上至
嶺頂下至田為界左至善掄山為界右至蕭
家墓為界四至明白今因乏銀應用自懇托中
送賣本房叔茂敬處三面言議時值價銀
弍仟弍百文正其銀即日收訖其山場並山底清明茶
植林永付叔前去剗剝杉摘任從其便此山在先
並無重張典當及交加不明等情如有此情
係是侄出頭支理不涉叔之事其山租係捌文
正付蕭家收回今欲有憑立賣契壹紙永遠
付執為照

光緒十二年五月　日立賣契侄善述（押）
在見兄善敬（押）
中人弟善新（押）
執筆（押）

大進通

6-4-53-6　清光緒十二年五月林善述立賣山場等契

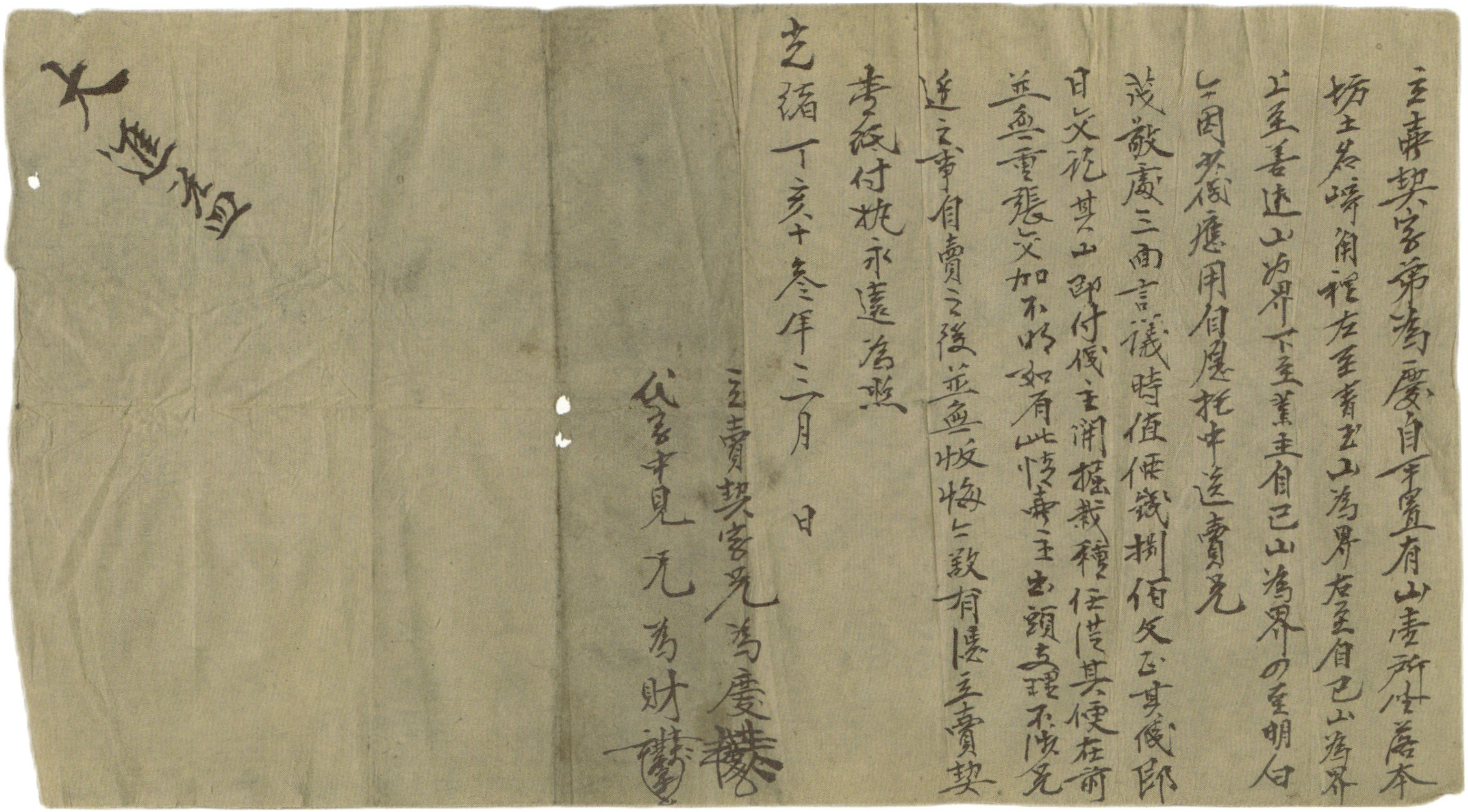
立賣契字弟為慶自手置有山壹所坐落本
坊土名崎角裡左至青土山為界右至自己山為界
上至善述山為界下至業主自己山為界四至明白
今因乏錢應用自愿托中送賣兄
茂敬處三面言議時值價錢捌佰文正其錢即
日交訖其山即付錢主閘掘栽種任從其便在前
並無重張交加不明如有此情弟之出頭支理不涉兄
边之事自賣之後並無收悔今欲有憑立賣契
壹紙付執永遠為照
光緒丁亥十叁年三月　日
立賣契字弟為慶（押）
代字中見兄為財（押）

6-4-53-7　清光緒十三年三月林爲慶立賣山契

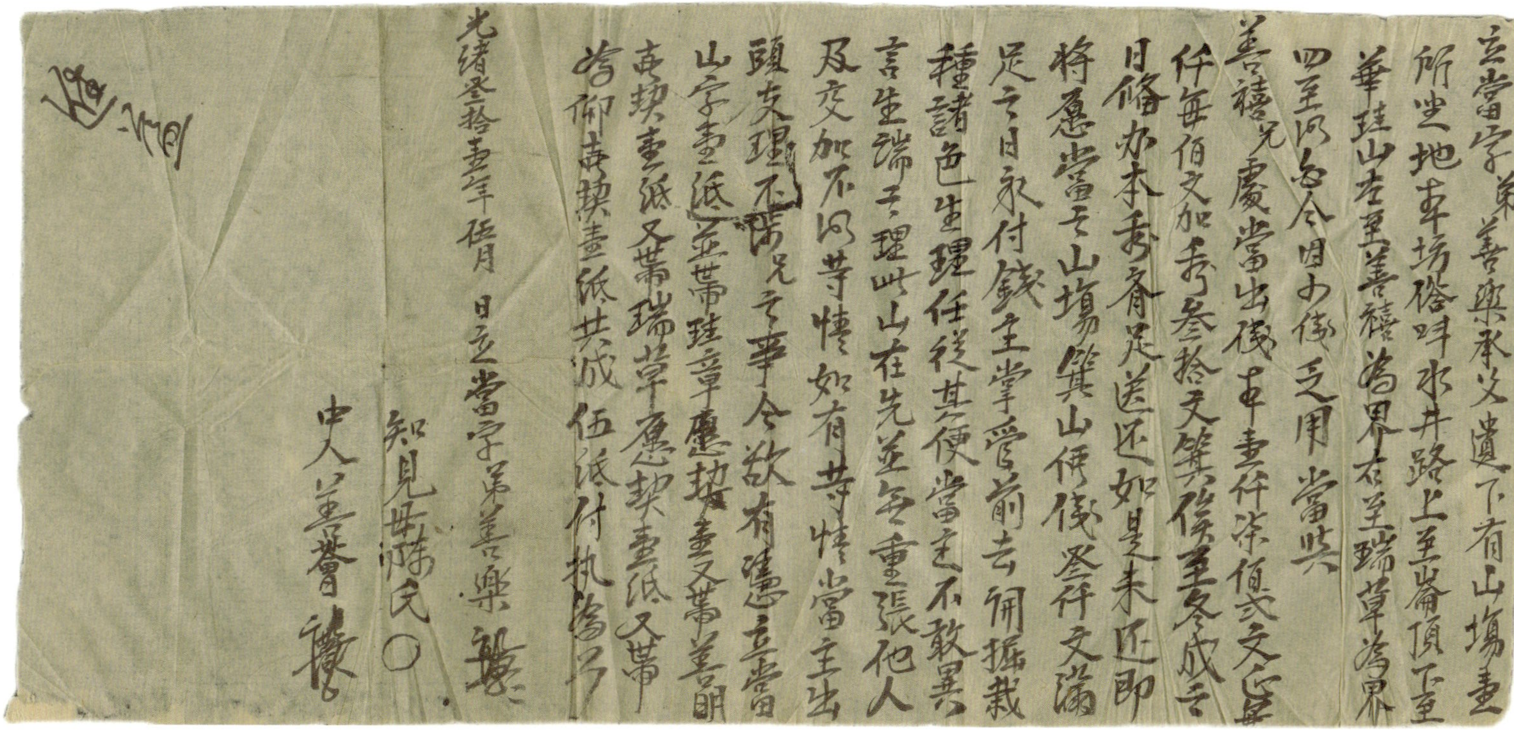
立當字弟善樂承父遺下有山場壹
所坐地車坊嶺呌水井路上至崙頂下至
華珪山左至善禧為界右至瑞草為界
四至明白今因少錢乏用當與
善禧兄處當出錢車壹仟柒佰弍文正每
仟每佰文加利叁拾文算除至冬成之
日備办本利齊足送還如是未還即
將愿當之山場與山仔錢叁仟文滿
足之日永付錢主掌管前去開掘栽
種諸色生理任從其便當主不敢異
言生端之理此山在先並無重張他人
及交加不明等情如有等情當主出
頭支理不干兄之事今欲有憑立當
山字壹紙並帶珪章應契壹又帶善朗
去契壹紙又帶瑞草應契壹紙又帶
嶺御去契壹紙共成伍紙付執為照
光緒叁拾壹年伍月 日立當字弟善樂（押）
知見母陳氏 ○
中人 善譽（押）

6-4-53-8 清光緒三十一年五月林善樂立當山場字

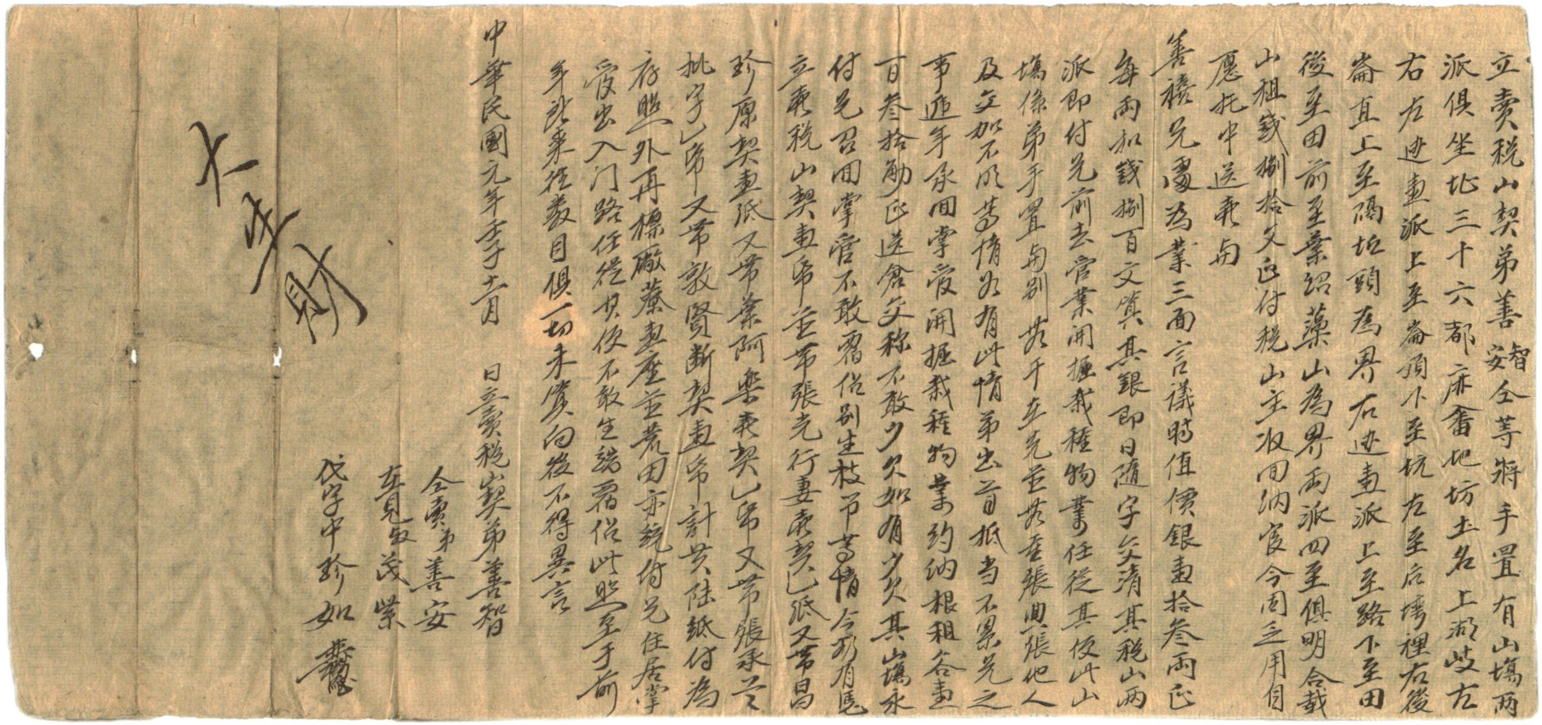

立賣稅山契弟善智、安仝等將手置有山𡼏兩
派，俱坐址三十六都庥畬地坊，土名上瀨岐，左
右左邊直派上至崙頂，下至坑，左至后壇裡，右從
崙直上至隔坵頭爲界；右邊直派上至路，下至田，
從至田前至葉坵藥山爲界。兩派四至俱明，合載
山租錢捌拾文正，付稅山主收回納官。今因乏用，自
愿托中送來與
善椿兄邊爲業。三面言議，時值價銀壹拾叁兩正，
每兩扣錢捌百文算，其銀即日隨字交清。其稅山兩
派即付兄前去管業，開墾栽種物業，任從其便。此山
𡼏係弟手置，與別房伯叔兄弟無干，在先並無重張典借他人
及交加不明等情，如有此情，弟出首抵當，不累兄之
事。退年承佃掌管，開墾栽種物業，約納根租谷壹
百叁拾觔正，送倉交秤，不敢少欠，如有少欠，其山𡼏永
付兄召佃掌管，不敢霸佔，別生枝節等情。今欲有憑，
立賣稅山契壹紙，並帶張光行妻康氏山紙，又帶昌
珍原契壹紙，又帶葉阿番賣契山紙，又帶張承芝
批字山紙，又帶敦賢斷契壹紙，計共陸紙，付爲
存照。外再標廠葉壹座，並荒田亦就付兄住居掌
管，出入門路任從其便，不敢生端霸佔，此照。至于前
年批來往數目俱一切未償，向後不得異言。

中華民國元年壬子十一月　日立賣稅山契弟善智
仝賣弟善安
在見叔茂榮
代字中珍如（押）

6-4-53-9　民國元年十一月林善智等立賣稅山契

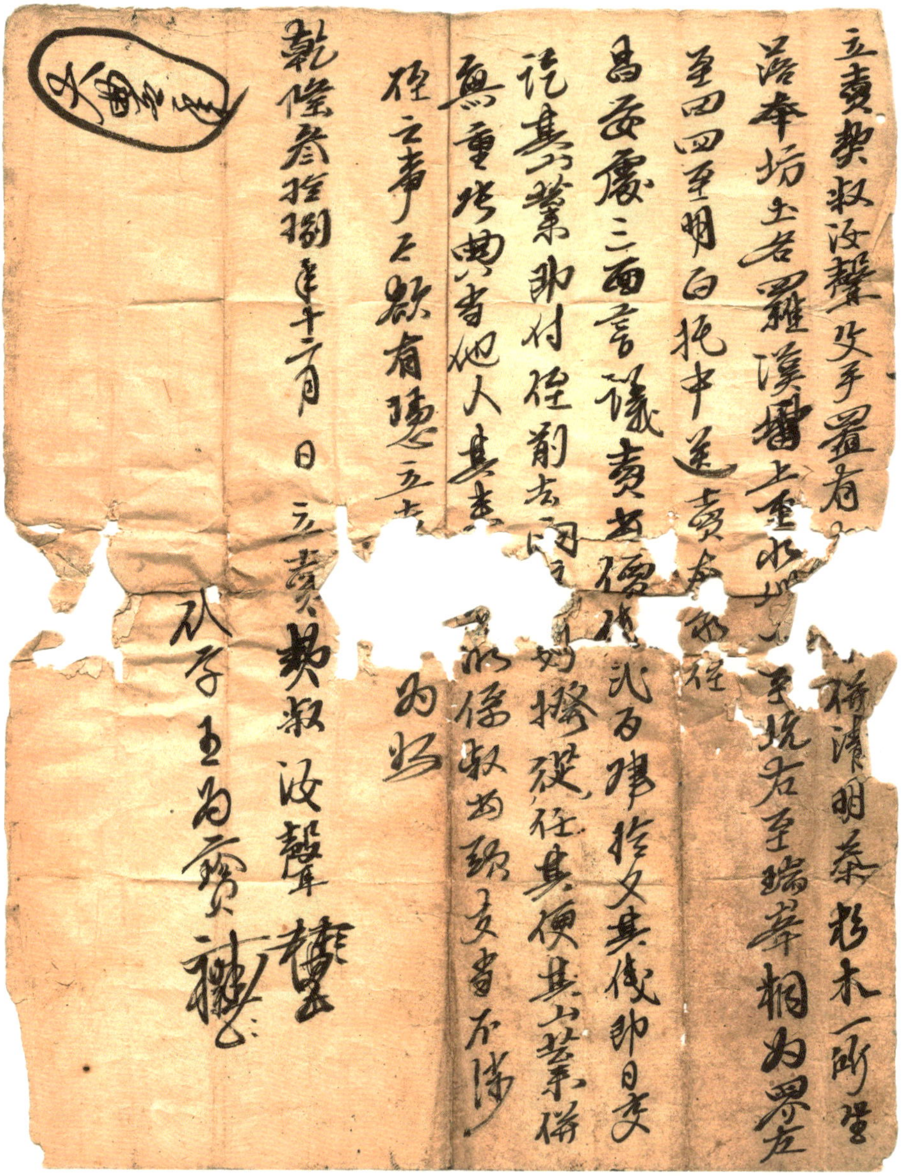

立賣契叔汝聲，父手置有[illegible]樣清明茶杉木一所，坐
落本坊土名羅溪壠上重水[illegible]坑，右至瑞岸桐為界，左
至四[illegible]，四至明白，托中送賣與[illegible]侄
昌安處，三面言議，賣出價[illegible]錢貳百陸拾文，其錢即日交
訖，其茶葉即付侄前去[illegible]管業，[illegible]從任其便，其茶葉係
無重張典當他人，其來[illegible]歷係叔為頭支當，不涉
侄之事，不敢有悔，恐口無憑，立賣[illegible]為照。
乾隆叁拾捌年十二月　日　立賣契叔　汝聲（押）
代字　王為齊（押）

6-4-54-1　清乾隆三十八年十二月林汝聲立賣清明茶等契

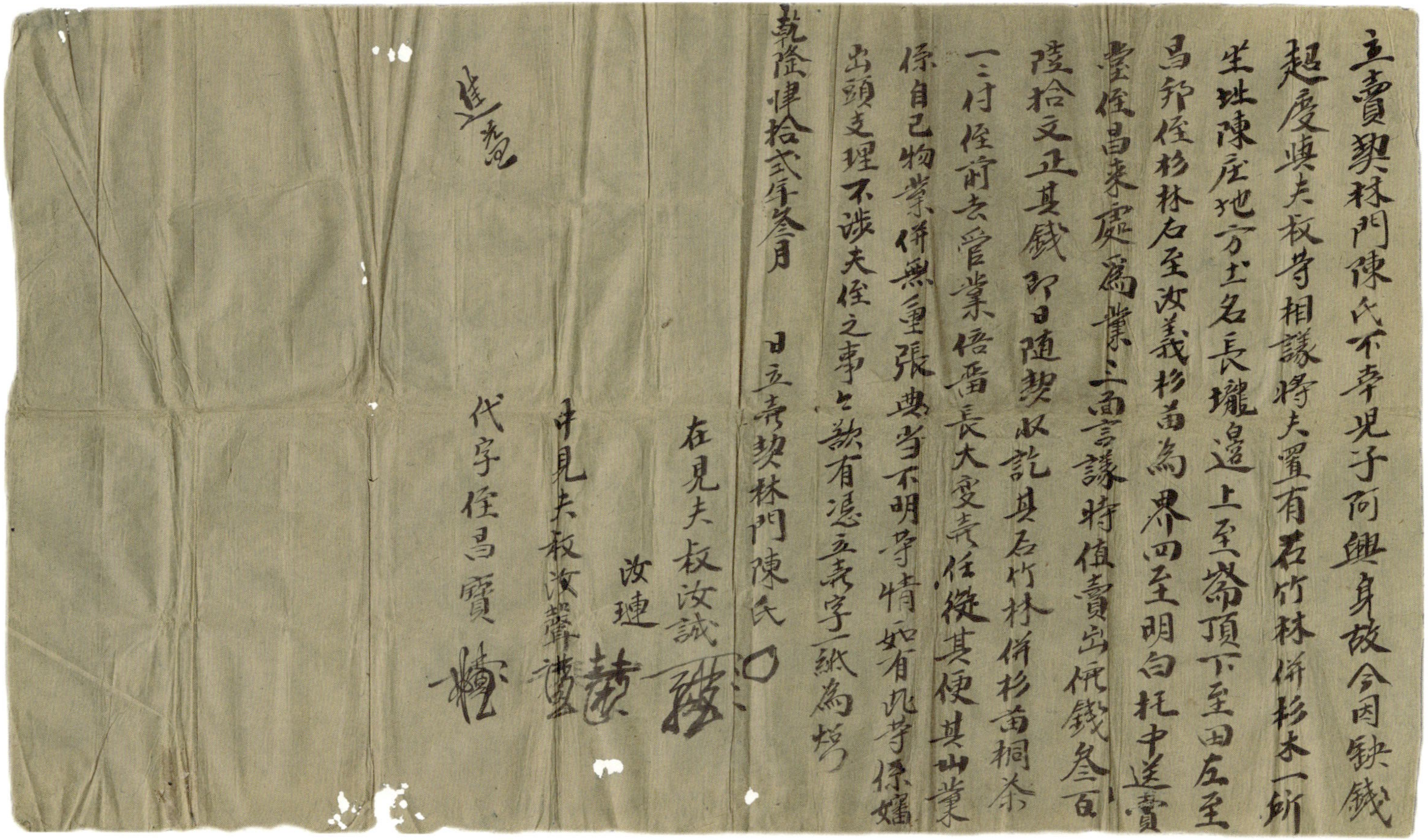

立賣契林門陳氏不幸児子阿興身故今因缺錢
起度與夫叔等相議將夫置有石竹林併杉木一所
坐址陳庄地方土名長壠邊上至大崙頂下至田左至
昌郎侄杉林石右至汝義杉苗為界四至明白托中送賣
與侄昌來處為業三面言議時值賣出價錢叁百
陸拾文正其錢即日隨契收訖其石竹林併杉苗桐茶
一付侄前去管業倍當長大变賣任從其便其山業
係自己物業併無重張典当不明等情如有此等係孀
出頭支理不涉夫侄之事今欲有憑立賣字一紙為炤
乾隆肆拾弍年叁月　日立賣契林門陳氏
在見夫叔汝誠
汝璉
中見夫叔汝聲
代字侄昌寶
進叁

6-4-54-2　清乾隆四十二年三月林門陳氏立賣石竹林等契

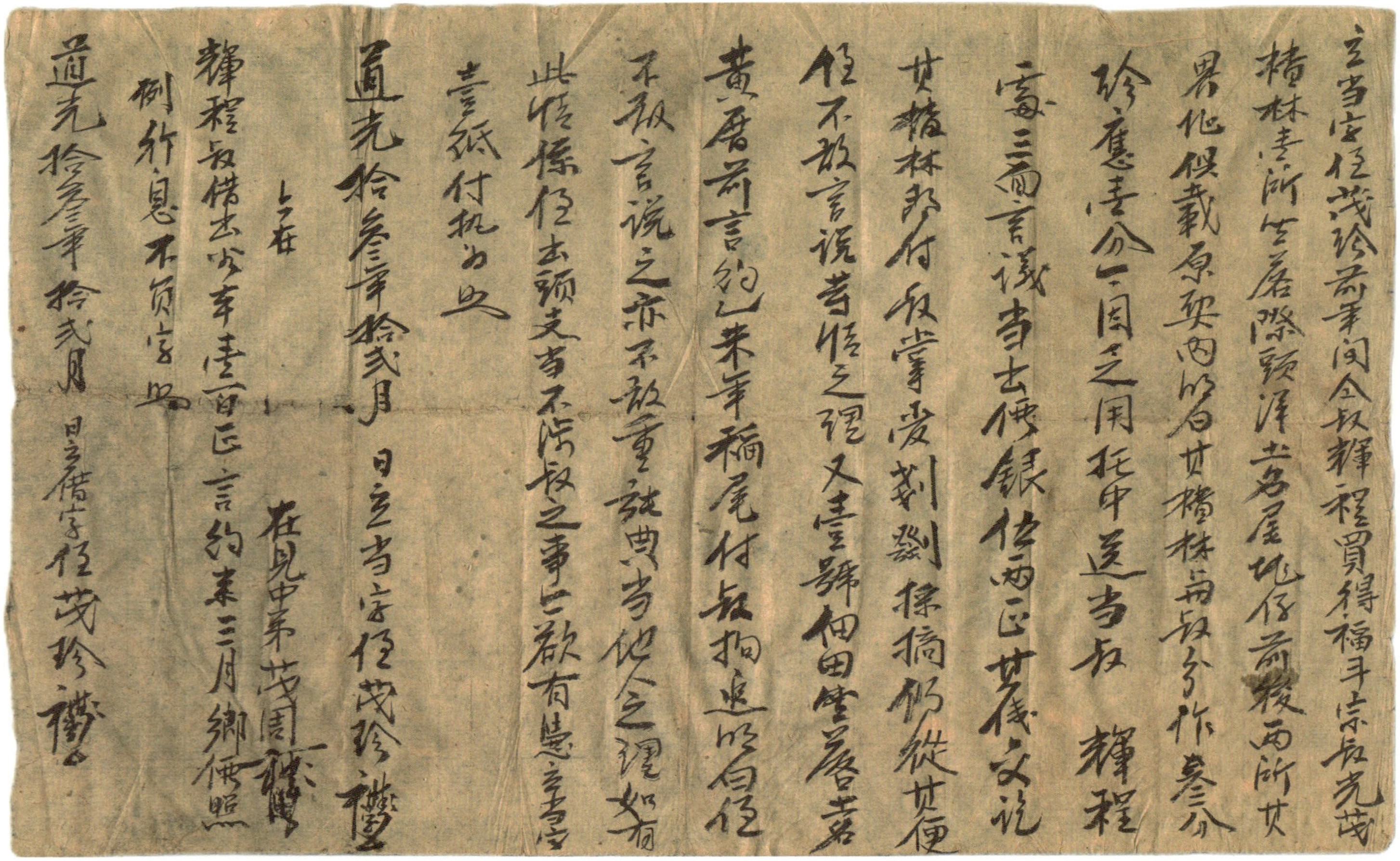
立当字侄茂珍前年向仝叔輝程買得福手宗叔光茂
楂林壹所，坐落際頭洋土名屋坵仔前後兩所，其
界址俱載原契內明白。其楂林尚叔分作叁分，
珍應壹分，今因乏用，托中送當叔 輝程
處，三面言議，當出佛銀伍兩正。其銀即文訖，
其楂林即付叔掌管劏割，採摘，仍從其便。
侄不敢言說，苦借之理。又壹號佃田坐落土名
黃厝前，言約來年稱尾付叔掏退，明白，侄
不敢言說之亦不敢重說典当他人之理。如有
此情，係侄出頭支当，不涉叔之事。亡欵有憑，立当字
壹紙付執為照。

道光拾叁年拾貳月 日立当字侄茂珍（押）

在見中弟茂周（押）

上在

輝程叔借出佛銀壹兩正，言約來三月鄉價照
例行息，不負字照。

道光拾叁年拾貳月 日立借字侄茂珍（押）

6-4-54-3　清道光十三年十二月林茂珍立當楂林字

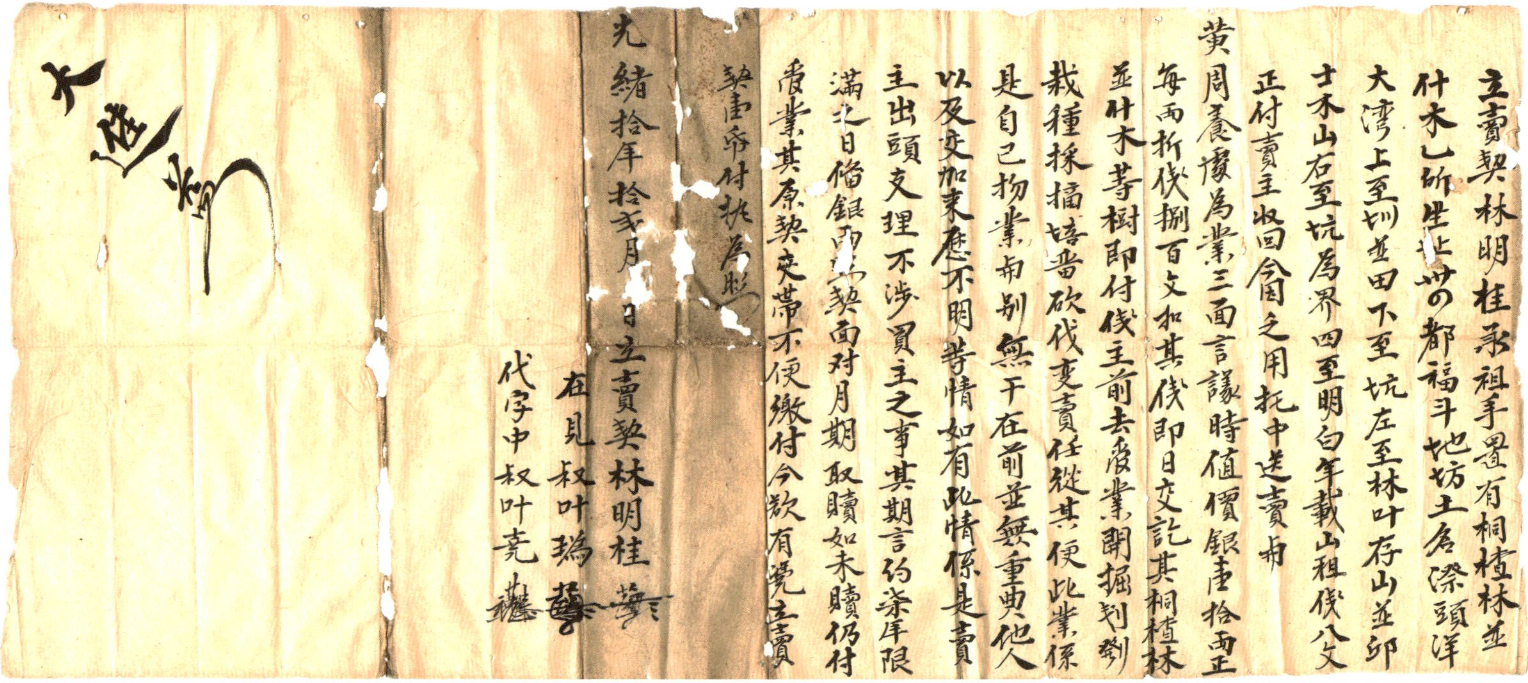
立賣契林明桂承祖手置有桐楂林並
什木一所坐址卅四都福斗地坊土名漈頭洋
大灣上至圳並田下至坑左至林叶存山並卯
土木山右至坑為界四至明白年載山租伐八文
正付賣主收回[illegible]之用托中送賣與
黃周養處為業三面言議時值價銀壹拾兩正
每兩折伐捌百文加其伐即日交訖其桐楂林
並什木等樹即付伐主前去處業開掘砍劉
栽種採摘培畬砍伐變賣任從其便此業係
是自己物業與別無干在前並無重典他人
以及交加來歷不明等情如有此情係是賣
主出頭支理不涉買主之事其期言約叁年限
滿之日備銀兩對契面對月期取贖如未贖仍付
管業其原契交帶不便繳付今欲有憑立賣
契壹帋付執為照
光緒拾年拾弍月　日立賣契林明桂（押）
在見叔叶瑀（押）
代字中叔叶竞（押）

6-4-54-4　清光緒十年十二月林明桂立賣桐楂林等契

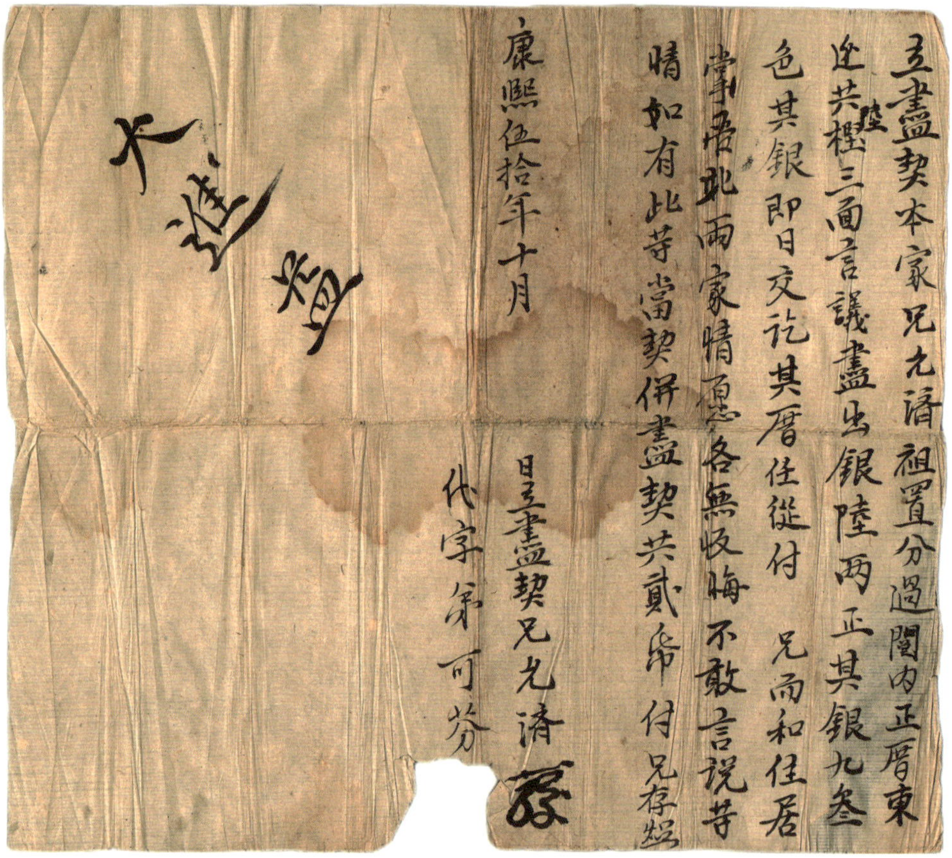
立盡盃契本家兄允濟祖置分過閭內正厝東
边共樫三面言議盡出銀陸兩正其銀九叁
色其銀即日交訖其厝任從付　兄而和任居
掌管收兩家情愿各無反悔不敢言說等
情如有此等當契併盡盃契共貳帋付兄存照
康熙伍拾年十月　日立盡盃契兄允濟（押）
代字弟可芬

6-4-55-1　清康熙五十年十月林允濟立盡厝樫契

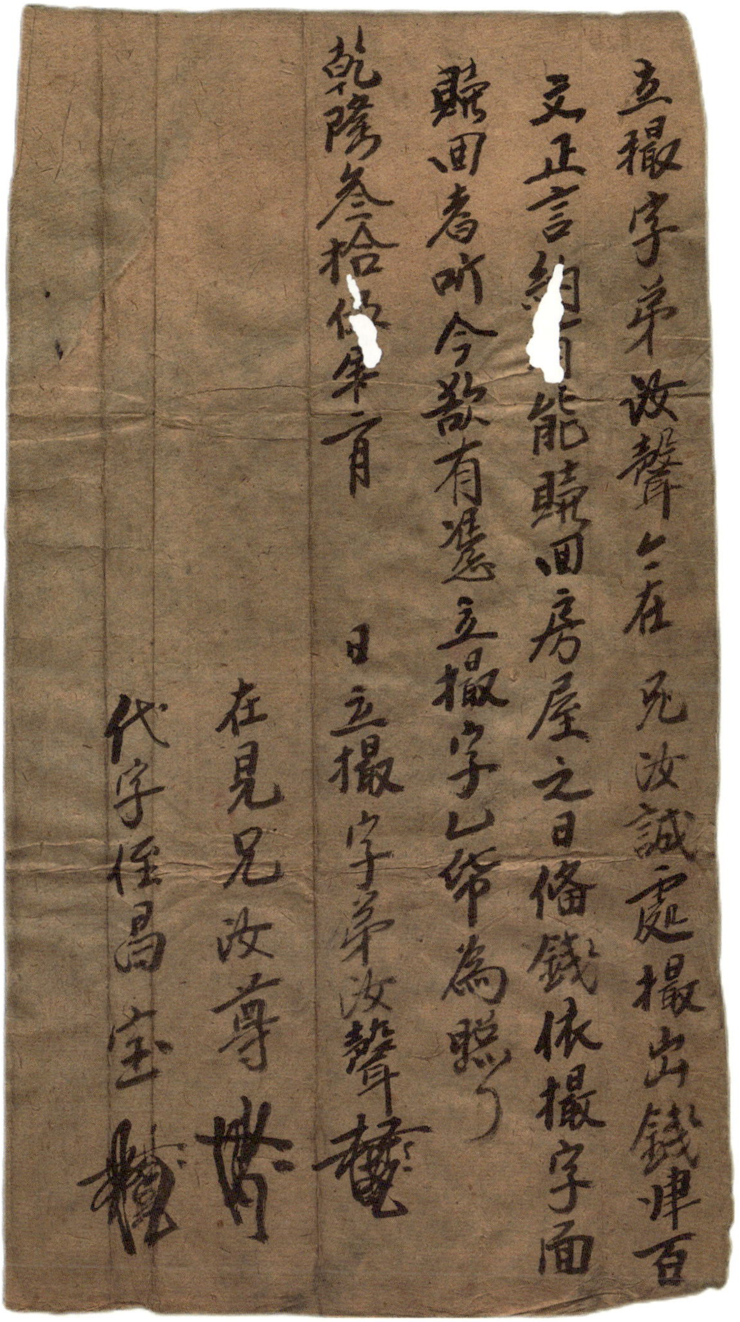

立撮字弟汝聲今在兄汝誠處撮出錢肆百
文正言約□有能贖回房屋之日備錢依撮字面
贖回者听今欲有憑立撮字為照
乾隆叁拾伍年二月　日立撮字弟汝聲（押）
在見兄汝尊（押）
代字侄昌宝（押）

6-4-55-2　清乾隆三十五年二月林汝聲立撮字

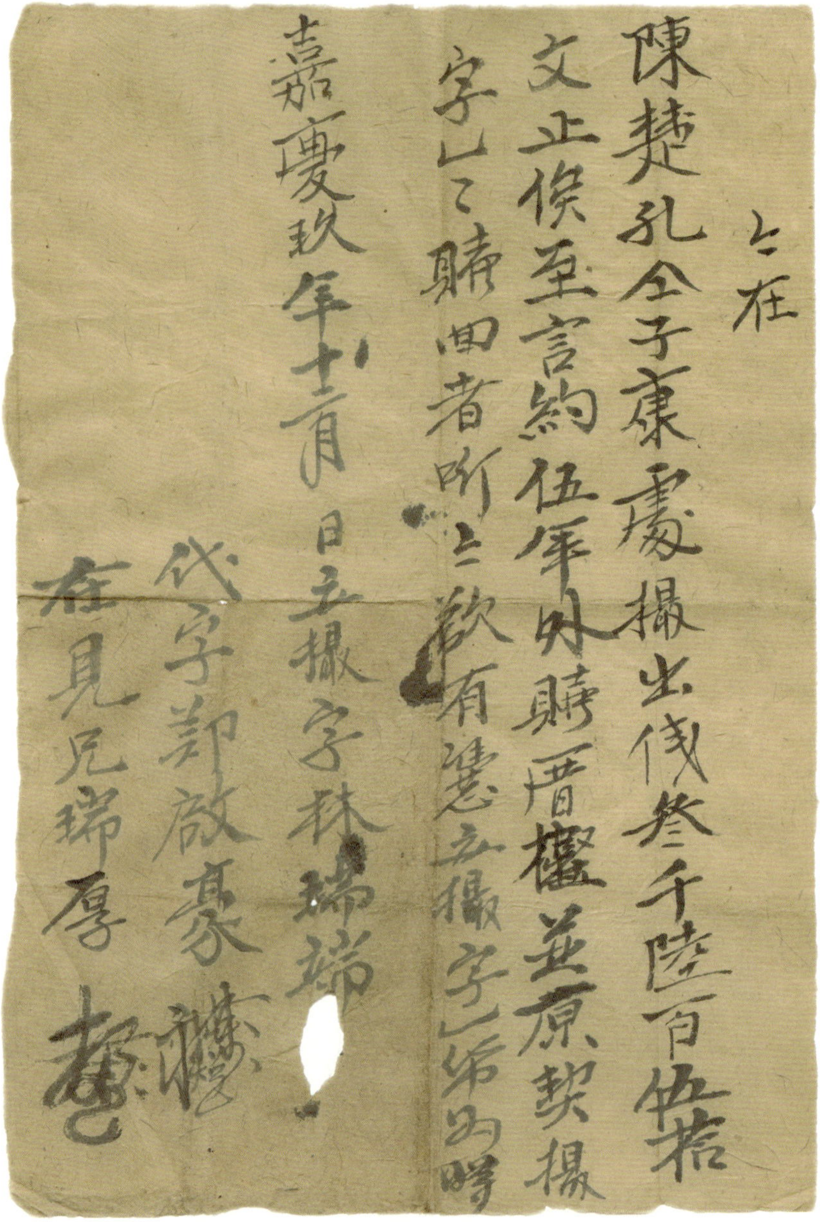
上在
陳楚孔仝子康處撮出錢叁千陸百伍拾
文正，候至言約伍年外贖，厝檯並原契撮
字山乙贖田者，所上款有憑，立撮字乙紙為照。
嘉慶玖年十二月　日立撮字林瑞端
代字鄭啟豪
在見兄瑞厚

6-4-55-3　清嘉慶九年十二月林瑞端立撮字

立賣糞桐字弟迪章父手置糞桐壹隻
坐址本方土名猴嶺边上至椽坵下至地基四至
明白今因乏錢應用托中送賣兄盛章
處爲業三面言議時賣出價錢叁千肆
百文正其錢即日收訖其糞屋永付兄出入
管業任從其便弟不敢伯佔此糞屋自
己物業與伯叔兄弟無干在先並無來歷
交加不明等情如有此情係弟出頭支理
不涉兄之事此糞屋自賣之後永不得言
說增盡取贖之理今欲有憑立賣契一帋
永遠付執爲照

嘉慶十三年十二月　日立賣契弟迪章（押）
在見弟達章（押）
中人兄春章（押）

遂意

6-4-55-4　清嘉慶十三年十二月林迪章立賣糞桐字

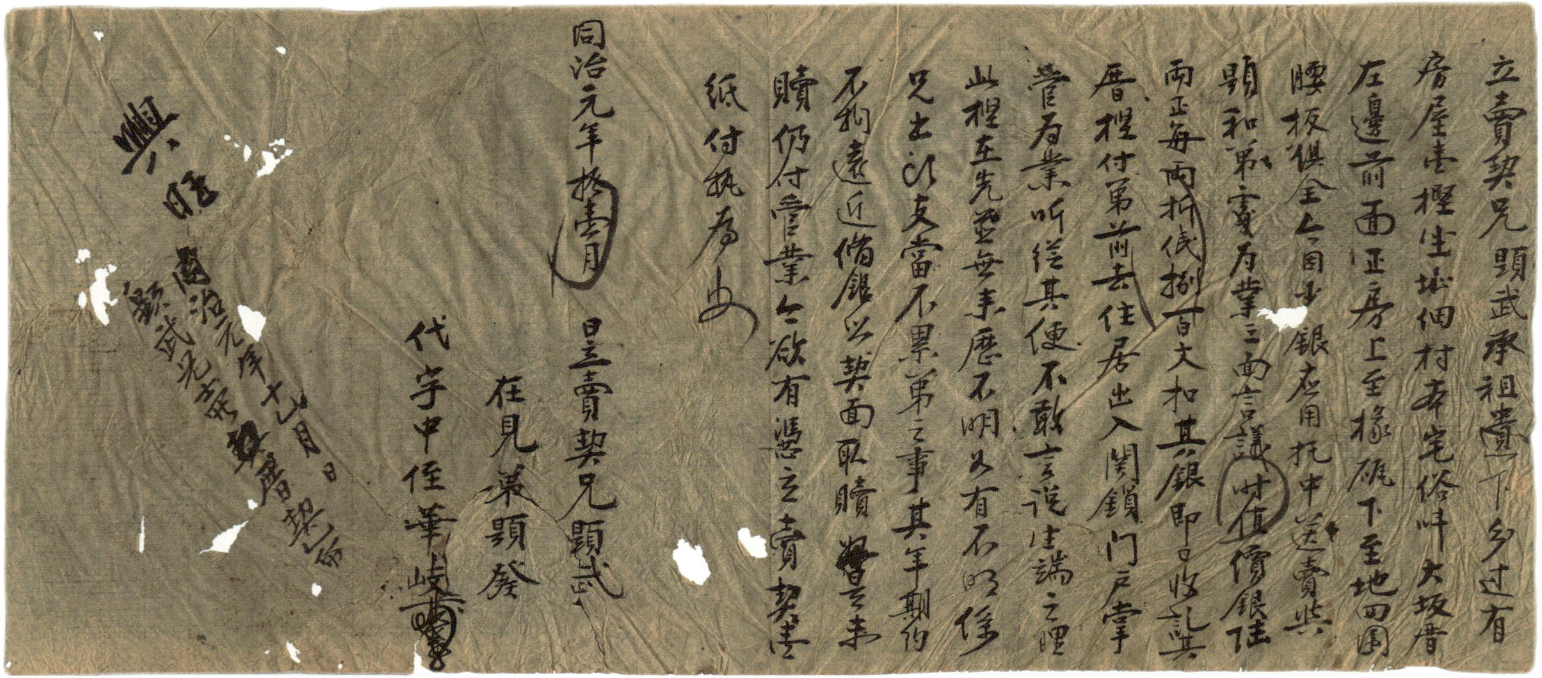
立賣契兄顯武承祖遺下乡过有
房屋壹堂坐址佃村本宅俗叫大坂厝
左邊前面正房上至椽瓦下至地四圍
牆板俱全今因乏銀应用托中送賣與
顯和弟處為業三面言議時值價銀佳
兩正每兩折錢捌百文扣其銀即日收訖其
厝裡付弟前去住居出入開鎖门户掌
管為業听從其便不敢言說生端之理
此裡在先並無來歷不明及有不明係
兄出頭支當不累弟之事其年期仍
不拘遠近備銀照契面取贖[illegible]未
贖仍付管業今欲有憑立賣契壹
紙付執為照
同治元年拾壹月　日立賣契兄顯武
在見弟顯發
代字中任華岐

6-4-55-5　清同治元年十一月林顯武立賣房屋契（廢契）

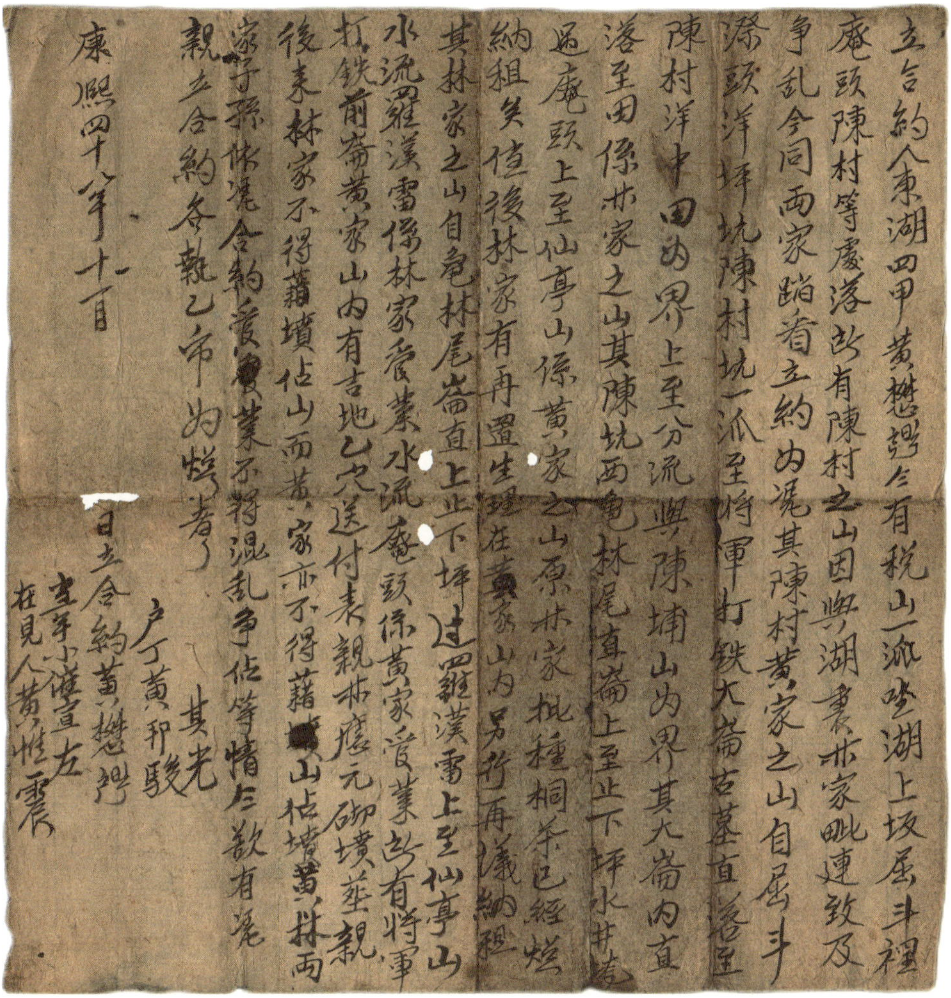
立合約人東湖四甲黄懋鼎仝有税山一流坐湖上坂屋斗裡
庵頭陳村等處落址有陳村之山因與湖裏林家毗連致及
争乱今同西家踏看立約為界其陳村黄家之山自屋斗
淺頭洋坪坑陳村坑一流至將軍打鉄大崙古墓直落至
陳村洋中田為界上至分流與陳埔山為界其大崙内直
落至田係林家之山其陳坑西邊林尾直崙上至止下坪水甘港[?]
過庵頭上至仙亭山係黄家之山原林家栽種桐茶已經收
納租矣往後林家有再還生理在黄家山内另行再議納租
其林家之山自邊林尾崙直上止下坪過羅漢壇上至仙亭山
水流羅漢壇係林家管業水流庵頭係黄家管業址有將軍
打鉄前崙黄家山内有吉地乙穴送付表親林應元砌墳並親
後来林家不得藉墳佔山而黄家亦不得藉[?]山祜墳黄林兩
家子孫依照合約管業不得混乱争佔等情今欲有憑
親立合約各執乙帋為照者
康熙四十八年十一月　日立合約黄懋鼎
戸丁黄邦駿
其光
書筆小灘宣左
在見人黄惟震

6-4-56-1　清康熙四十八年十一月黄懋鼎等立合約字（草契）

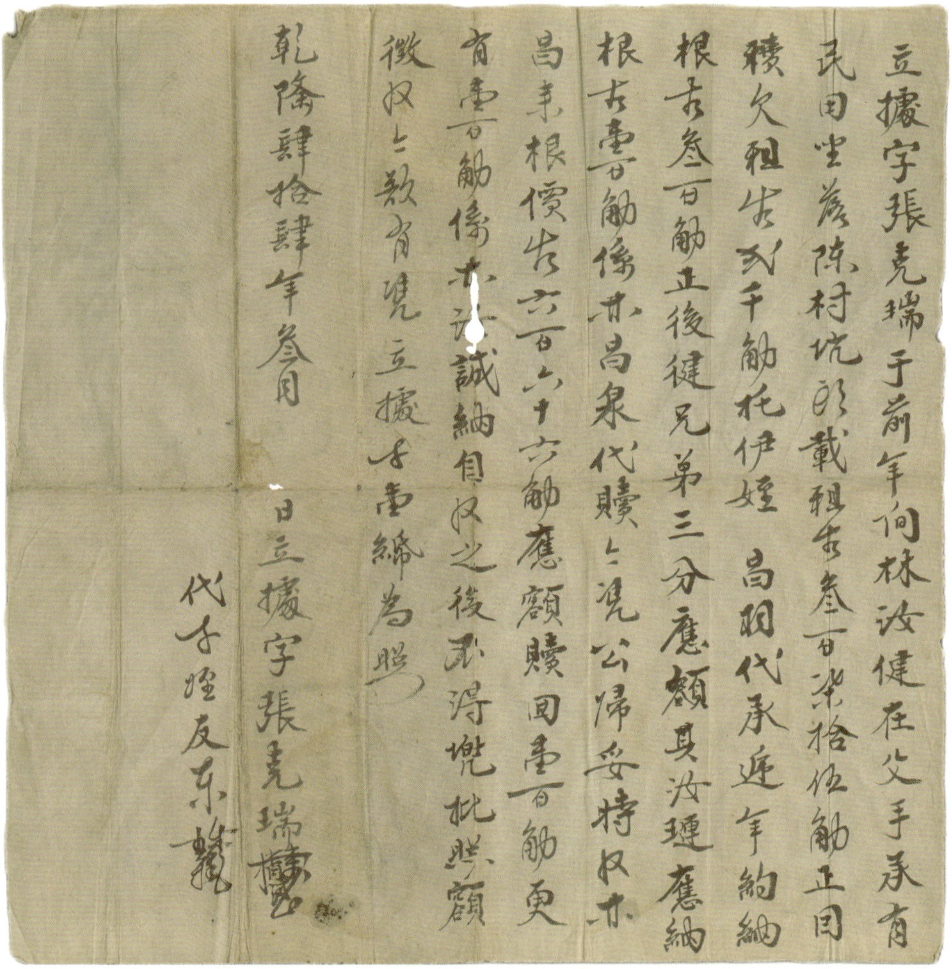

立據字張克瑞于前年向林汝健在父手承有
民田坐落陳村坑頭載租谷叁百柒拾伍觔正因
積欠租谷貳千觔托伊姪　昌朋代承延年約納
根谷叁百觔正後健兄弟三分應額其汝璉應納
根谷壹百觔係亦昌泉代贖贖凴公帰妥特收亦
昌來根價谷六百六十六觔應額贖回壹百觔更
有壹百觔係亦□誠納自收之後不得增批照額
徵收收數有凴立據字壹紙為照

乾隆肆拾肆年叁月　日立據字張克瑞（押）

代字姪友東（押）

6-4-56-2　清乾隆四十四年三月張克瑞立據字

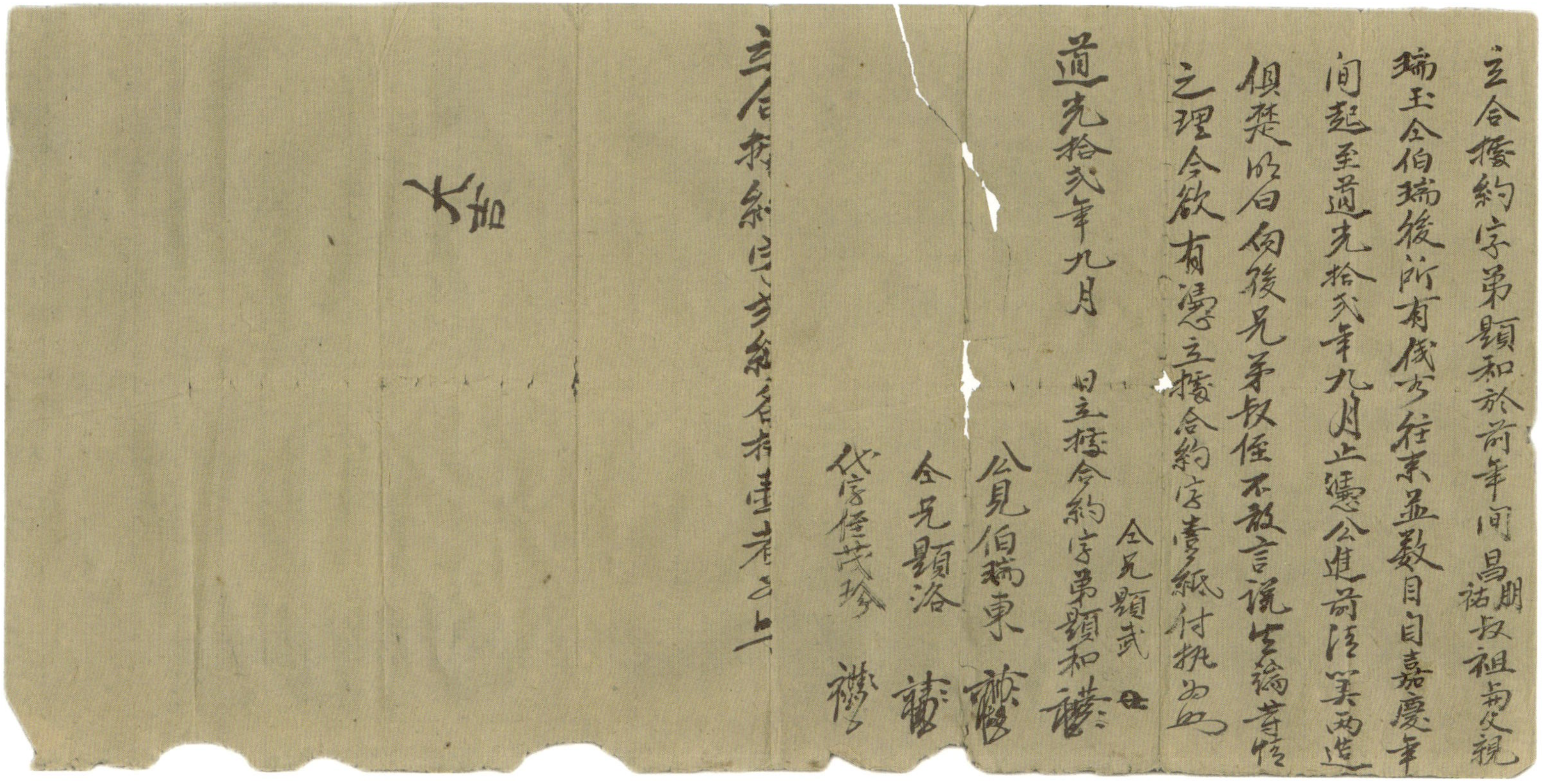

立合據約字弟顥和於前年間昌朋祜叔祖尚文親
瑞玉仝伯瑞後所有伐木柸木並數目自嘉慶年
間起至道光拾弍年九月止憑公進前除算兩造
俱楚明白向後兄弟叔侄不敢言說生端等情
之理今欲有憑立據合約字壹紙付執為照

仝兄顥武
道光拾弍年九月　日立據合約字弟顥和
公見伯瑞東
仝兄顥洛
代字侄茂珍

立合據約字各執壹紙存照上

大吉

6-4-56-3　清道光十二年九月林顥和等立合據約字

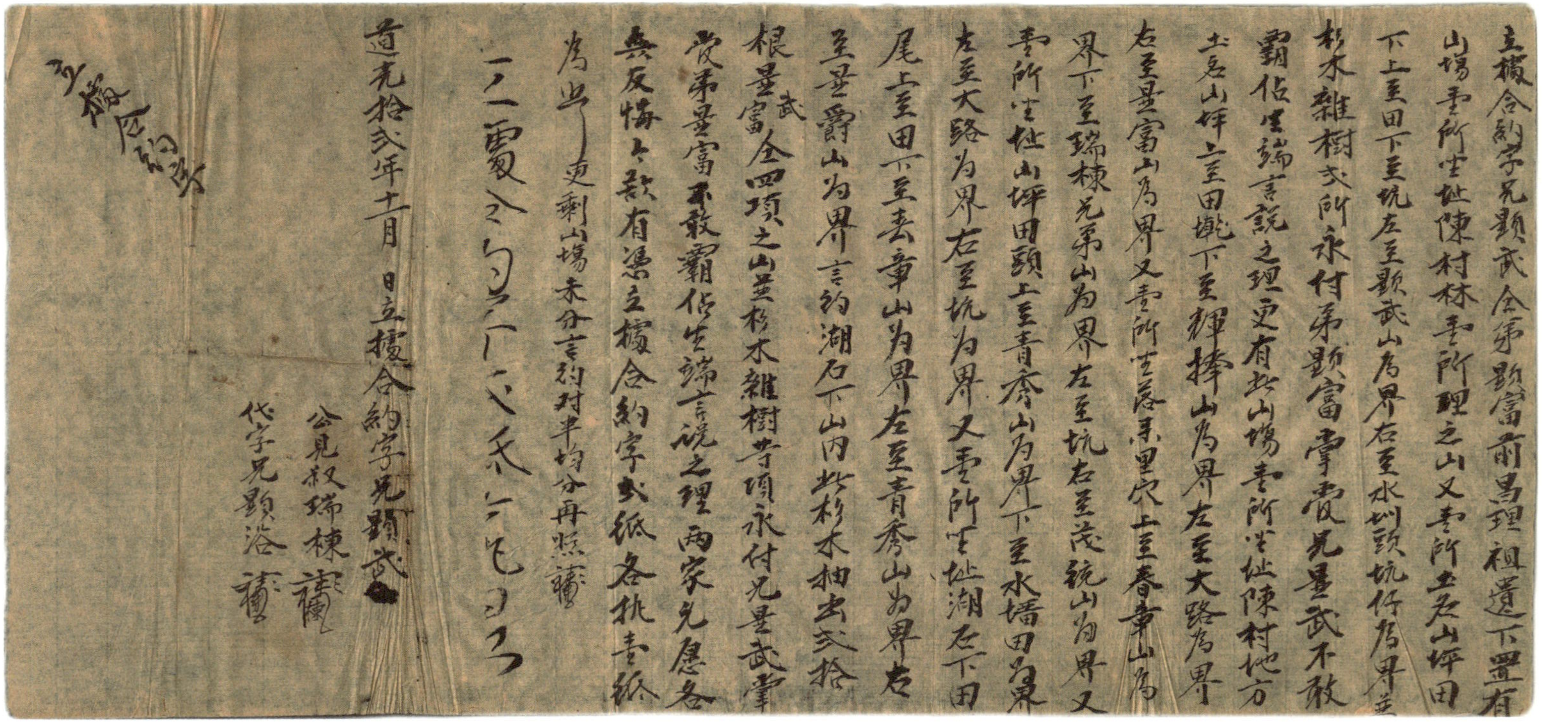
立據合約字兄顯武仝弟顯富前因理祖遺下置有
山場壹所坐址陳村林壹所理之山又壹所土名山坪田
下上至田下至坑左至顯武山為界右至水圳頭坑仔為界並
杉木雜樹式所永付弟顯富掌管兄顯武不敢
覇佔生端言說之理更有此山場壹所坐址陳村地方
土名山坪上至田墘下至輝揀山為界左至大路為界
右至顯富山為界又壹所土名東里穴上至春章山為
界下至瑞棟兄弟山為界左至坑右至茂統山為界又
壹所坐址山坪田頭上至青秀山為界下至水墻田為界
左至大路為界右至坑為界又壹所坐址湖石下田
尾上至田下至春章山為界左至青秀山為界右
至顯爵山為界言約湖石下山內此杉木抽出式拾
根顯富（武）仝四項之山並杉木雜樹等項永付兄顯武掌
管弟顯富不敢覇佔生端言說之理兩家兄弟各
無反悔今欲有憑立據合約字式紙各執壹紙
為照　更剩山場未分言約對半均分再照據
[illegible]
道光拾貳年十一月　日立據合約字兄顯武（押）
公見叔瑞棟（押）
代字兄顯浴（押）
立據合約字

6-4-56-4　清道光十二年十一月林顯武等立據合約字

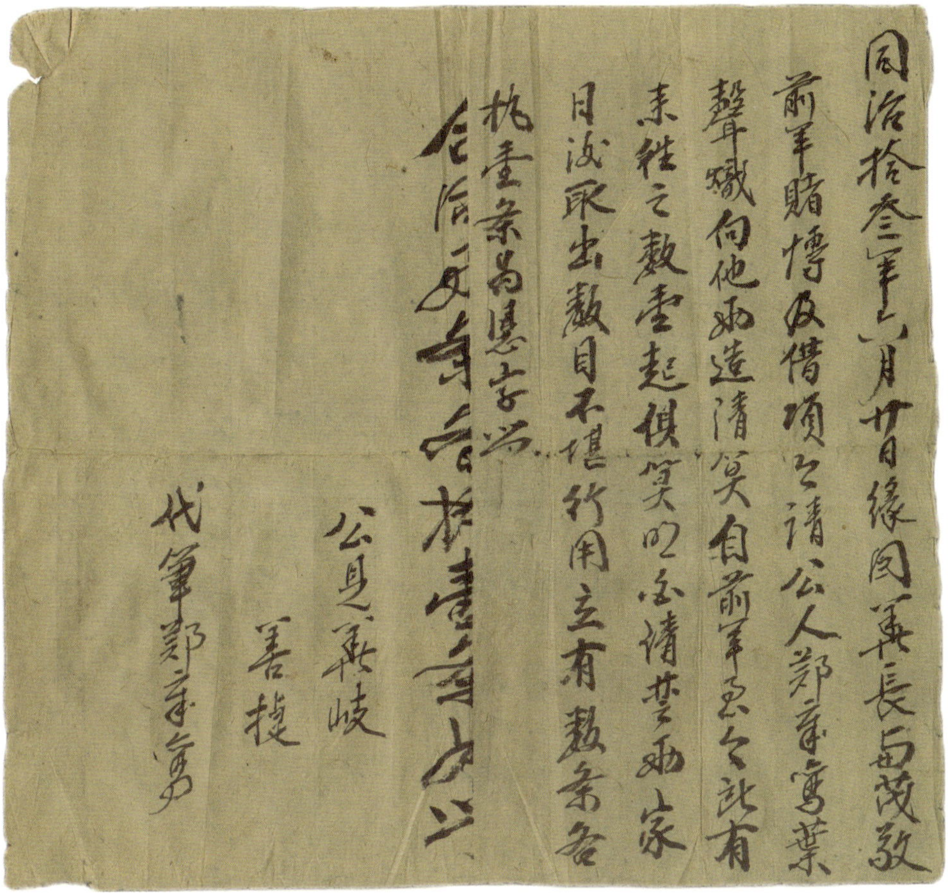

同治拾叁年六月廿日緣因林善長兵茂敦
前年賭博及借項之請公人鄭聲寓葉
聲熾向他兩造清算自前年至今所有
来往之數壹起俱算明白請其兩家
日後取出數目不堪行用立有數条各
執壹条為憑字照
合同一樣各執林善長立
公見人兵岐
善捷
代筆鄭聲寓

6-4-56-5　清同治十三年六月林善長等立合同字（草契）

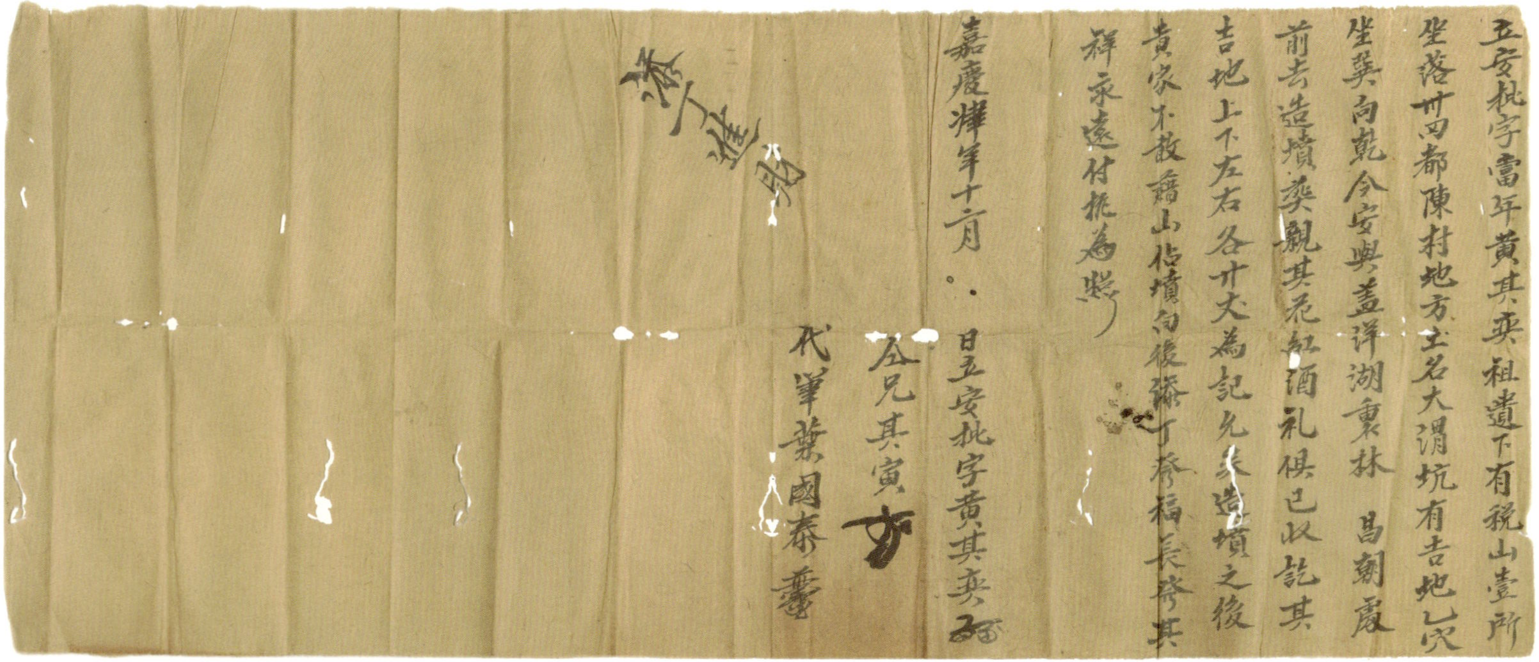

立安批字當年黄其奕祖遺下有税山壹所
坐落廿四都陳村地方土名大渭坑有吉地乙穴
坐巽向乾今安與蓋洋湖東林　昌朝處
前去造墳奕親其花紅酒礼俱已收訖其
吉地上下左右各廿丈為記允去造墳之後
黄家不敢藉山佔墳向後孫丁發福長發其
祥永遠付批為照

嘉慶肆年十二月　　日立安批字黄其奕（押）
仝兄其寅（押）
代筆葉國泰（押）

發丁進財

6-4-57-1　清嘉慶四年十二月黄其奕等立安批吉地字

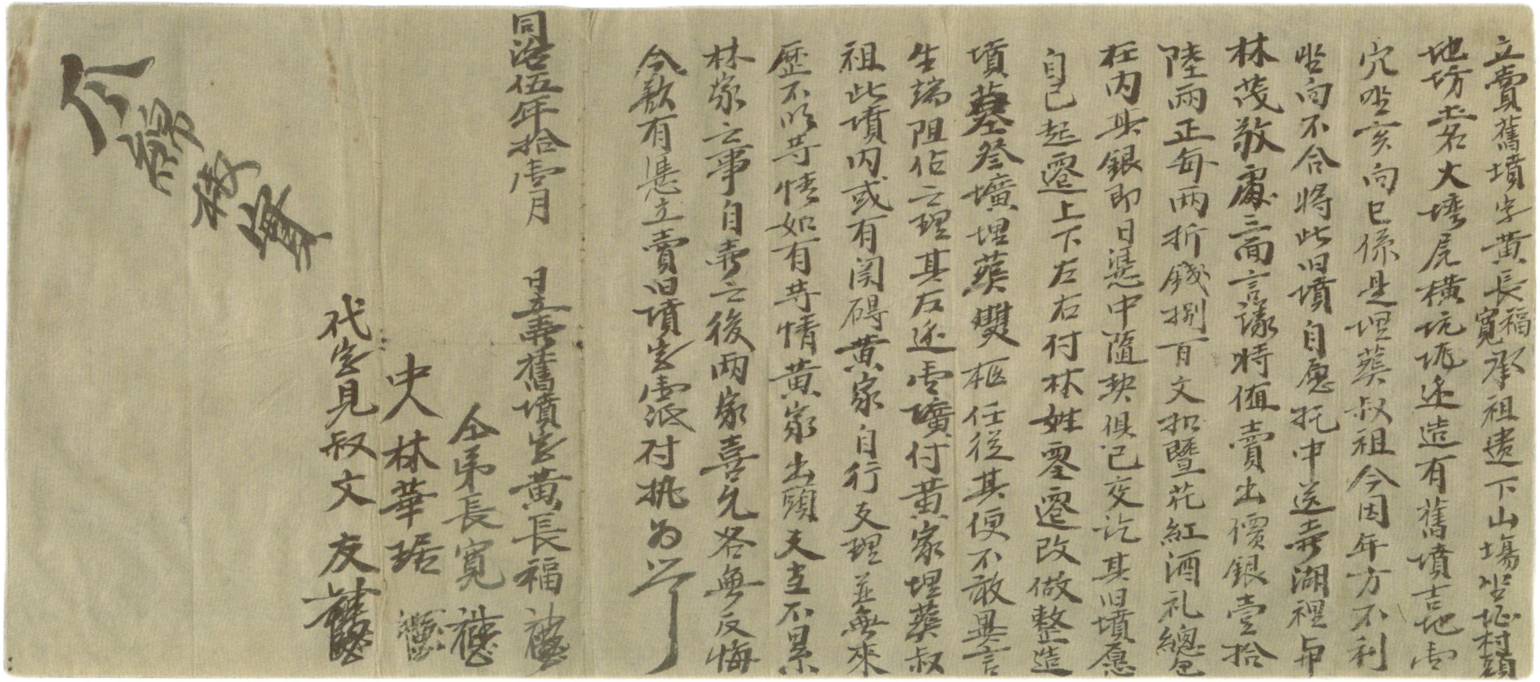

立賣舊墳字黄長福、寬承祖遺下山場坐址村頭
地坊若大壙尾横坑坵坵造有舊墳吉地壹
穴坐亥向巳係是埋葬叔祖今因年方不利
坐向不合將此旧墳自愿托中送與湖裡卓
林茂欽處三面言議特值賣出價銀壹拾
陸兩正每兩折錢捌百文扣暨花紅酒礼總
在内其銀即日憑中隨契俱已交訖其旧墳愿
自己起遷上下左右付林姓遷改做整造
墳墓登壙埋葬與柩任從其便不敢異言
生端阻佔之理其左邊壹壙付黄家埋葬叔
祖此墳内或有阻碍黄家自行支理並無來
歷不明等情如有等情黄家出頭支當不累
林家之事自賣之後兩家喜允各無反悔
今欲有憑立賣旧墳字壹紙付執為照

同治伍年拾壹月　日立賣舊墳字黄長福（押）
全弟長寬（押）
中人林華琚（押）
代字見叔文友（押）

介綿載寶

6-4-57-2　清同治五年十一月黄長福等立賣舊墳字

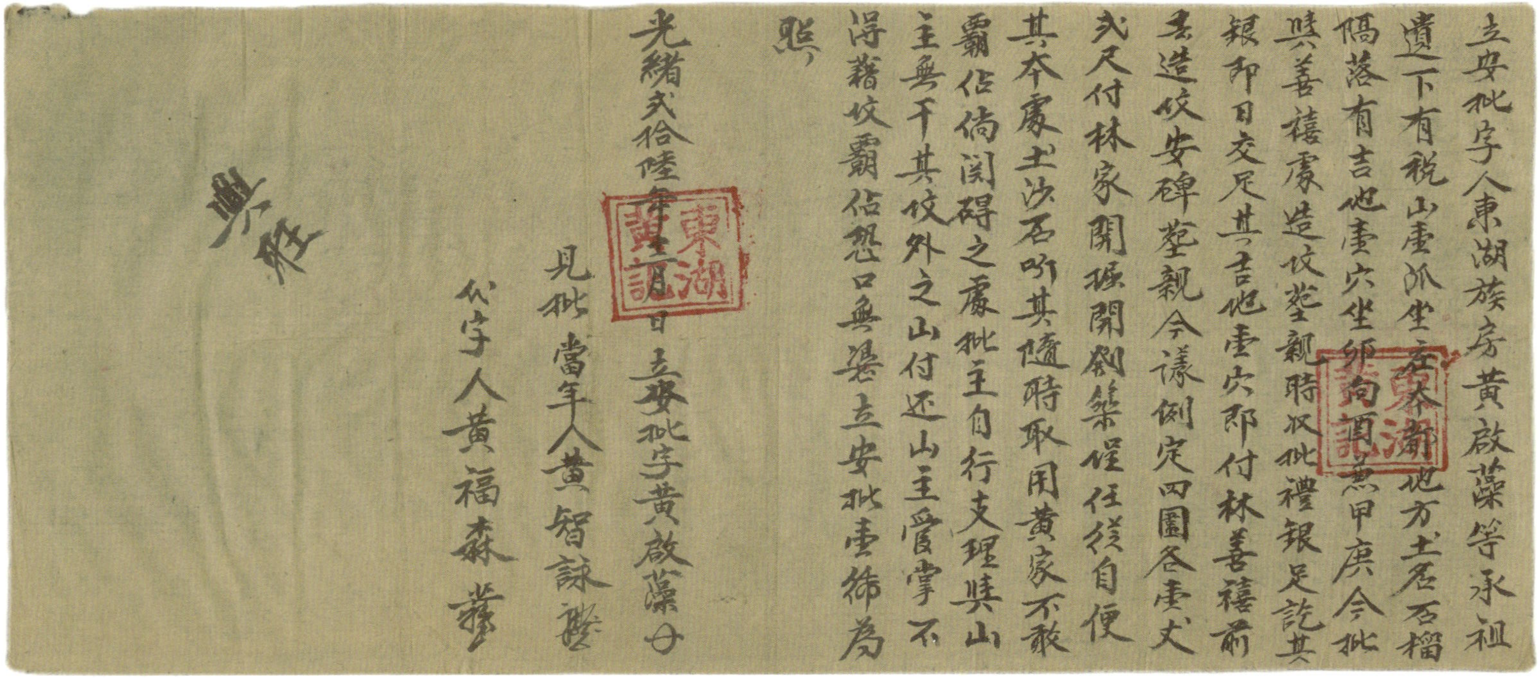

立安批字人東湖族房黃啟藻等承祖
遺下有稅山壹派，坐址本地方土名石榴
隔落，有吉地壹穴，坐乙向辛兼甲庚，今批
與善禧處造坟塋親，時收批禮銀足訖，其
銀即日交足，其吉地壹穴即付林善禧前
去造坟安碑塋親，今議倒定四圍各壹丈
弍尺，付林家開掘開劉築，任從自便。
其本處寸泥石所其隨時取用，黃家不敢
霸佔倚閔碍之處。批主自行支理，與山
主無干。其坟外之山付还山主管掌，不
得藉坟霸佔。恐口無憑，立安批壹紙為
照。

光緒弍拾陸年十二月　日立安批字黃啟藻（押）
見批當年人黃智詠（押）
代字人黃福森（押）

（印：東湖黃記）

6-4-57-3　清光緒二十六年十二月黃啓藻立安批吉地字

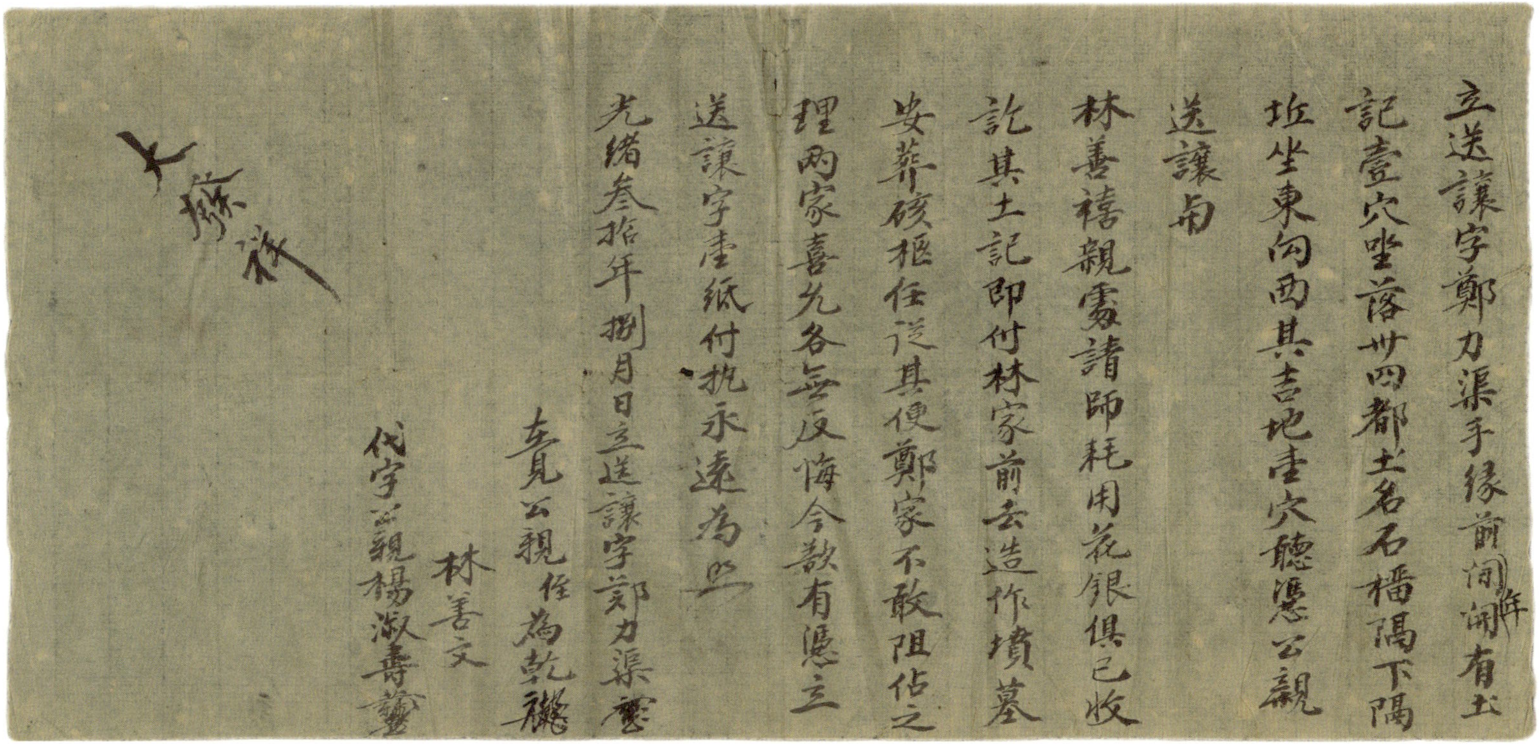

立送讓字鄭力渠，手緣前年間有土
記壹穴，坐落廿四都土名石橋隔下隔
坵，坐東向西，其吉地壹穴聽憑公親
送讓與
林善禧親處，請師耗用花銀俱已收
訖，其土記即付林家前去造作墳墓
安葬骸柩，任從其便，鄭家不敢阻佔之
理，兩家喜允，各無反悔，今欲有憑，立
送讓字壹紙付執永遠為照。
光緒叁拾年捌月　日立送讓字鄭力渠（押）
在見公親侄為乾（押）
林善文
代字公親楊淑壽（押）
大發祥

6-4-57-4　清光緒三十年八月鄭力渠立送讓土記字

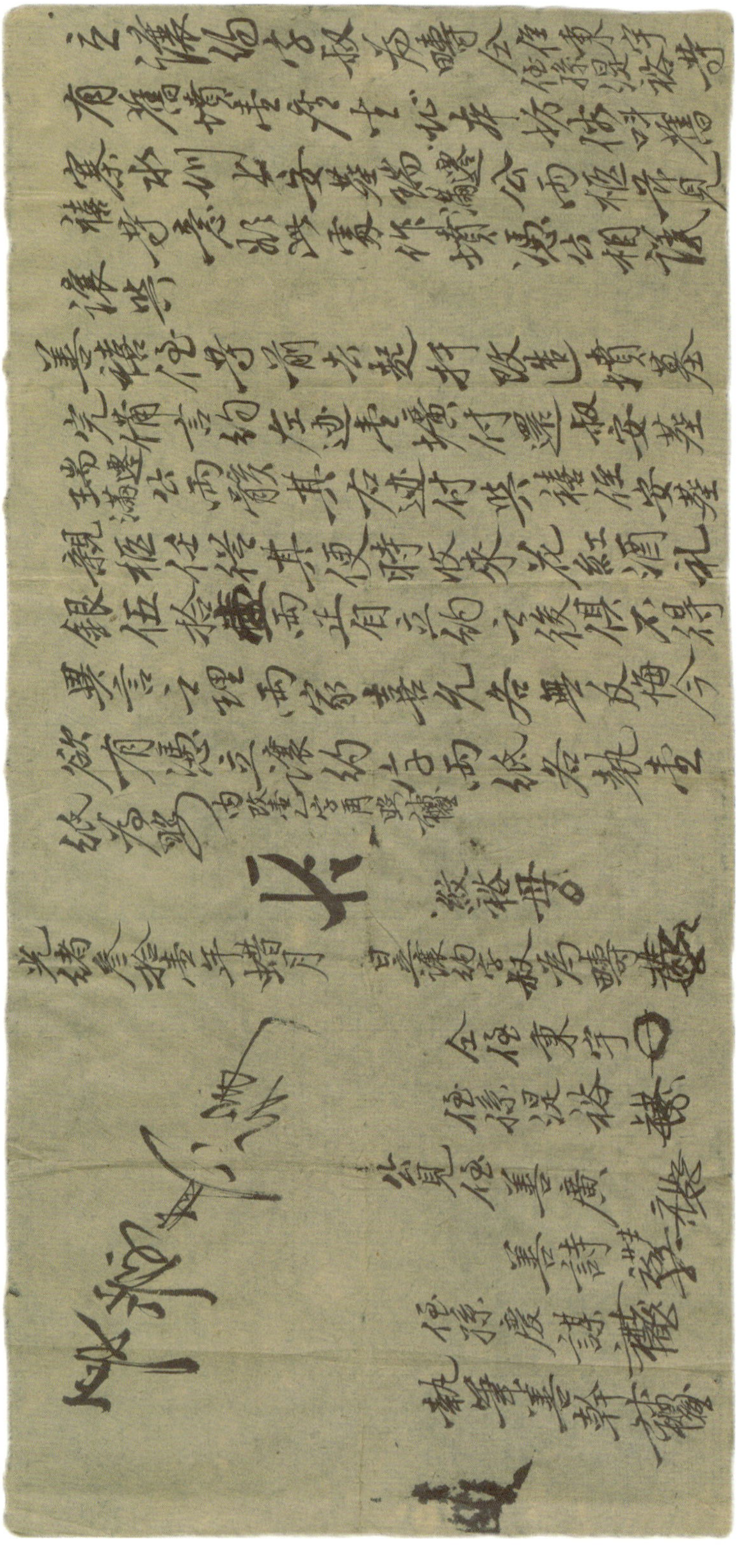
立讓約字叔為疇仝侄東宇、侄孫湜裕等，有舊墳壹座，土名北岸坊仔吋舊寨水圳上，安葬瑞灐公兩柩。并見禧等意欲洪處作墳，憑公相議，讓與善禧侄等前去起扦毀造墳墓。完備言約，左迹壹壙付還叔安葬瑞灐公兩骸，其右迹付與禧侄安葬親柩，任從其便。時收來花紅酒礼銀伍拾壹兩正。自立約之後，俱不得異言之理，兩家喜允，各無反悔。今欲有憑，立讓約字兩紙，各執壹紙為照。內改壹字再照。

紋裕母⊙

光緒叁拾壹年腊月　日立讓約字叔為疇

仝侄東宇⊙

侄孫湜裕

公見侄善廣

善詩

侄孫慶謀

執筆善幹

6-4-57-5　清光緒三十一年十二月林爲疇等立讓約字

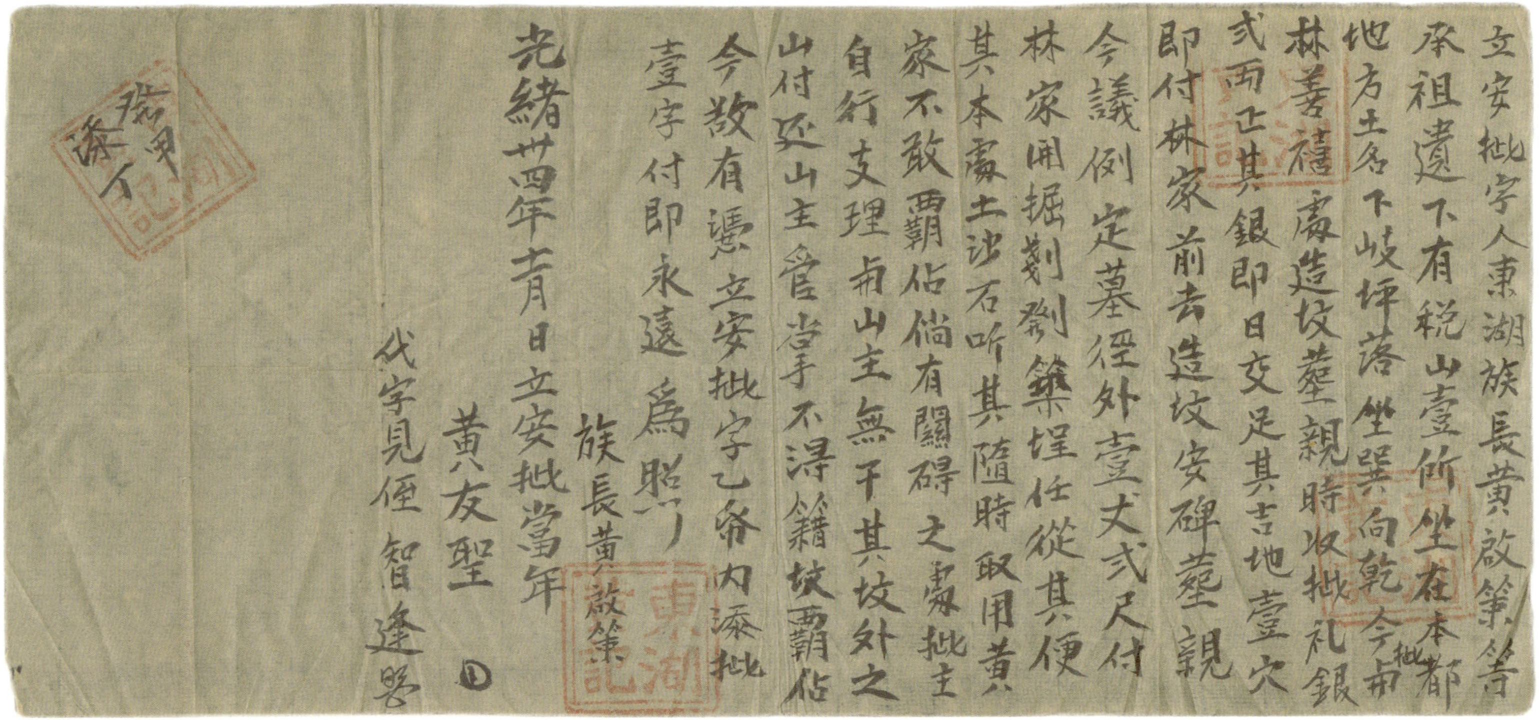

立安批字人東湖族長黄啓策等
承祖遺下有税山壹所坐在本都
地方土名下岐坪落坐巽向乾今將
林善禧處造坟塟親時收批礼銀
弍兩正其銀即日交足其吉地壹穴
即付林家前去造坟安碑塟親
今議例定墓徑外壹丈弍尺付
林家開掘劉築埕任從其便
其本處土沙石聽其隨時取用黄
家不敢霸佔倘有關碍之處批主
自行支理與山主無干其坟外之
山付返山主管掌不得籍坟霸佔
今欲有憑立安批字乙帋內添批
壹字付即永遠為照｡
族長黄啓策
光緒卅四年十一月日立安批當年
黄友聖 ㊞
代字見侄 智逢[illegible]

6-4-57-6　清光緒三十四年十一月黄啓策等立安批吉地字

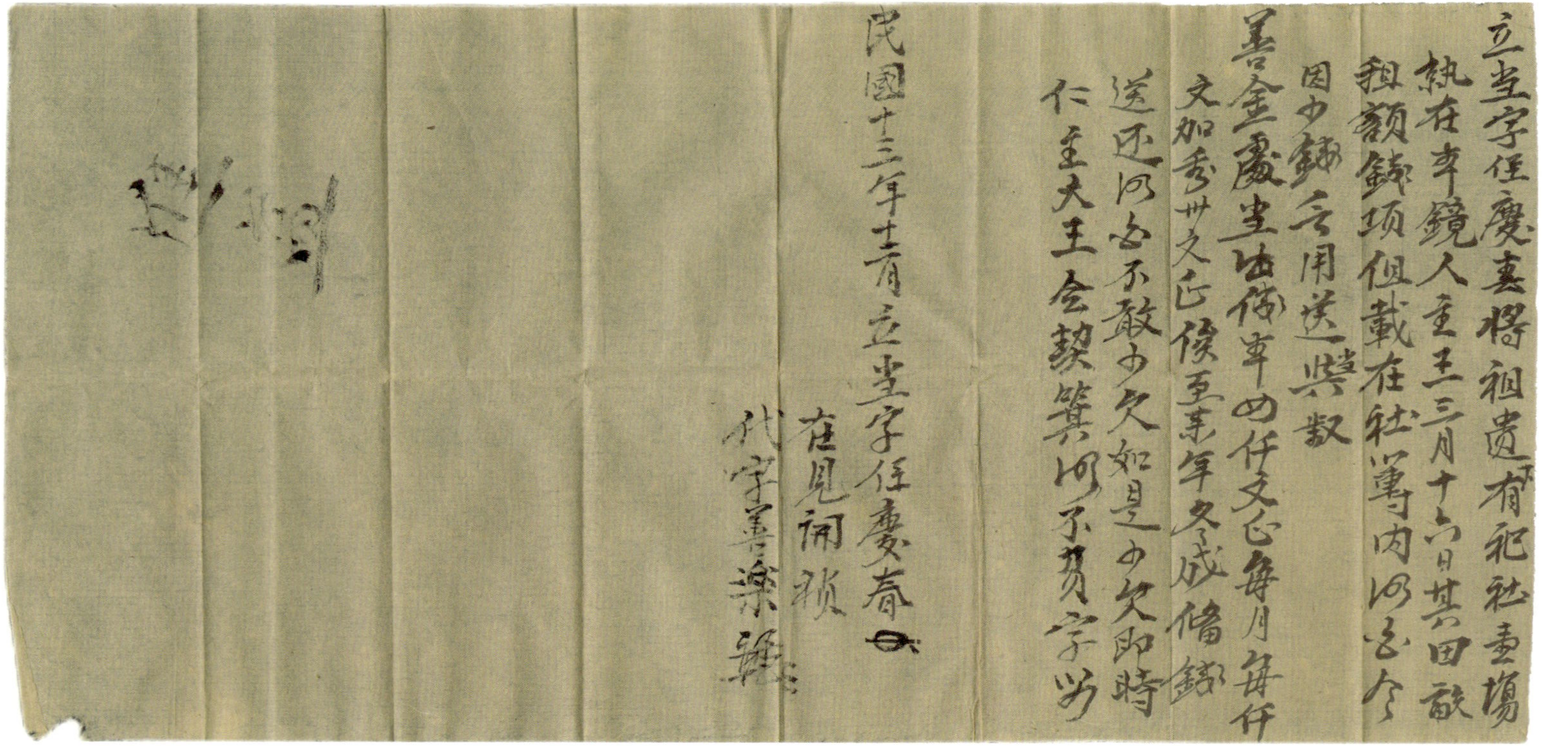
立当字任慶春將祖遺有祀社壹場
執在本鏡人至壬三月十六日其田畝
租額錢項俱載在社簿內，仍今
因少錢應用，送與
善金處出借本四仟文正，每月每仟
文加秀卅文正，候至本年冬成備錢
送还，仍不敢少欠，如是少欠，即時
任主大王会契簿，仍不負，字为
民國十三年十二月　立当字任慶春
在見祠禎
代字善樂

6-4-57-7　民國十三年十二月林慶春立當祀社字

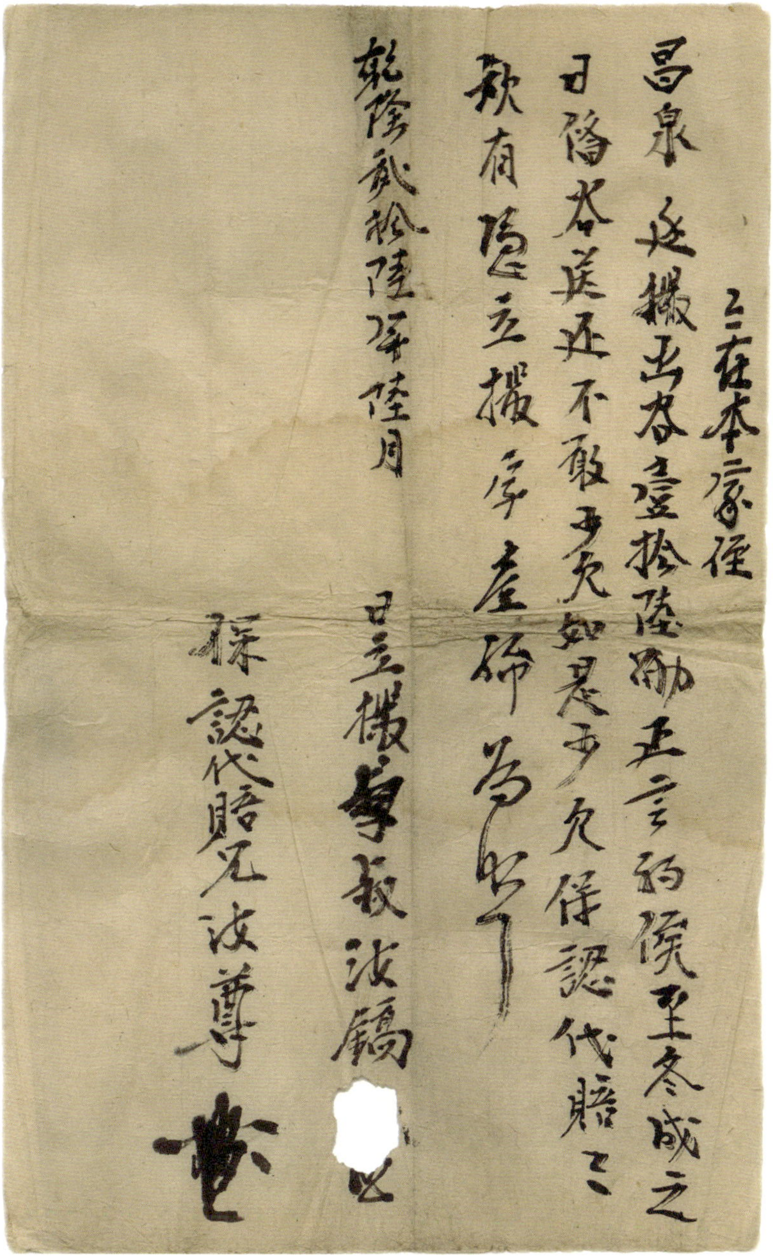

立在本家侄
昌泉邊撮出本壹拾陸兩正言約候至冬成之
日備本送還不敢少欠如是少欠保認代賠之
款有憑立撮字存照為照
乾隆貳拾陸年陸月　日立撮字叔汝鎬
保認代賠兄汝尊

6-4-58-1　清乾隆二十六年六月林汝鎬立撮字

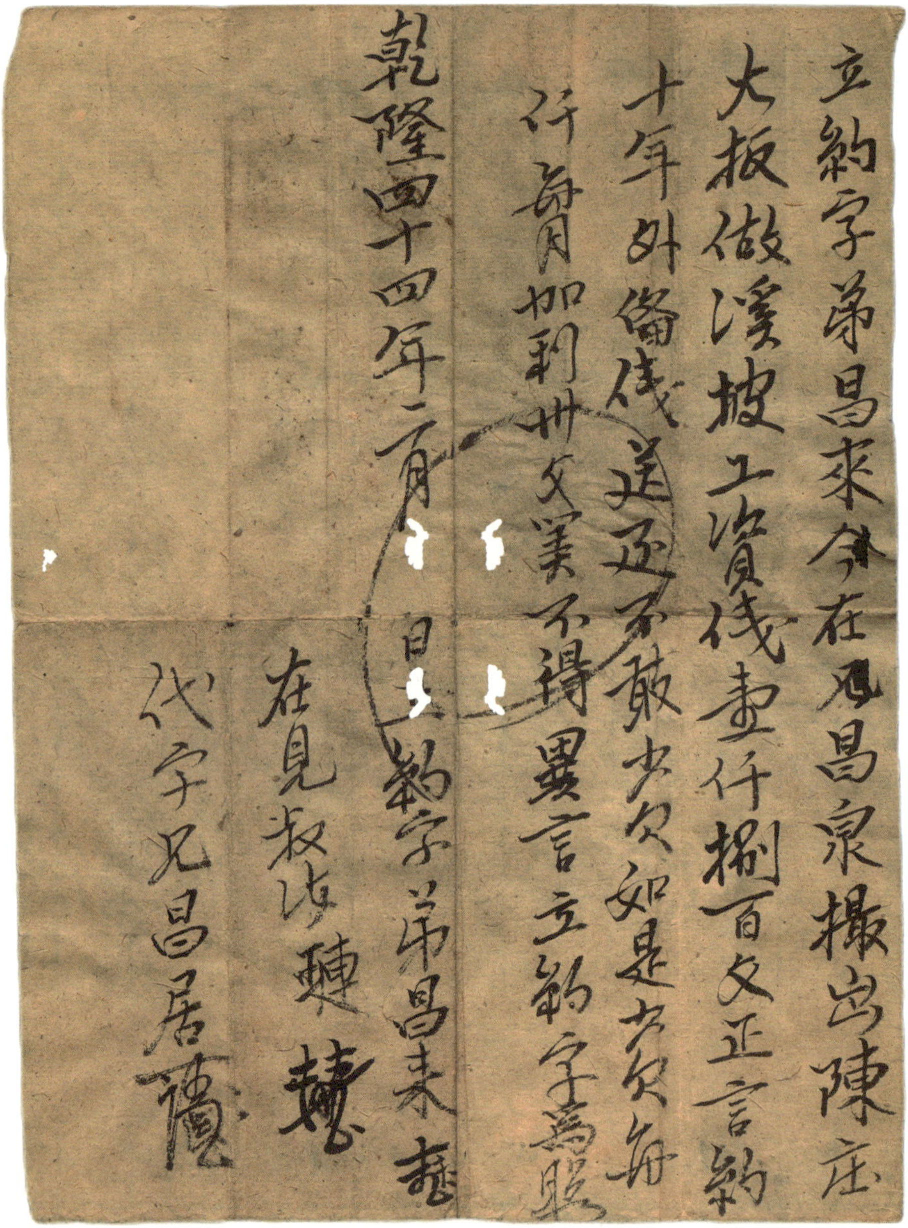
立約字弟昌來今在凡昌泉撮出陳庄
大板做溪坡工資錢壹仟捌百文正言約
十年外備錢送還不敢少欠如是少欠每
仟每月加利卅文美不得異言立約字為照
乾隆四十四年二月　日立約字弟昌來
在見叔佐轉
代字兄昌居

6-4-58-2　清乾隆四十四年二月林昌來立約字（廢契）

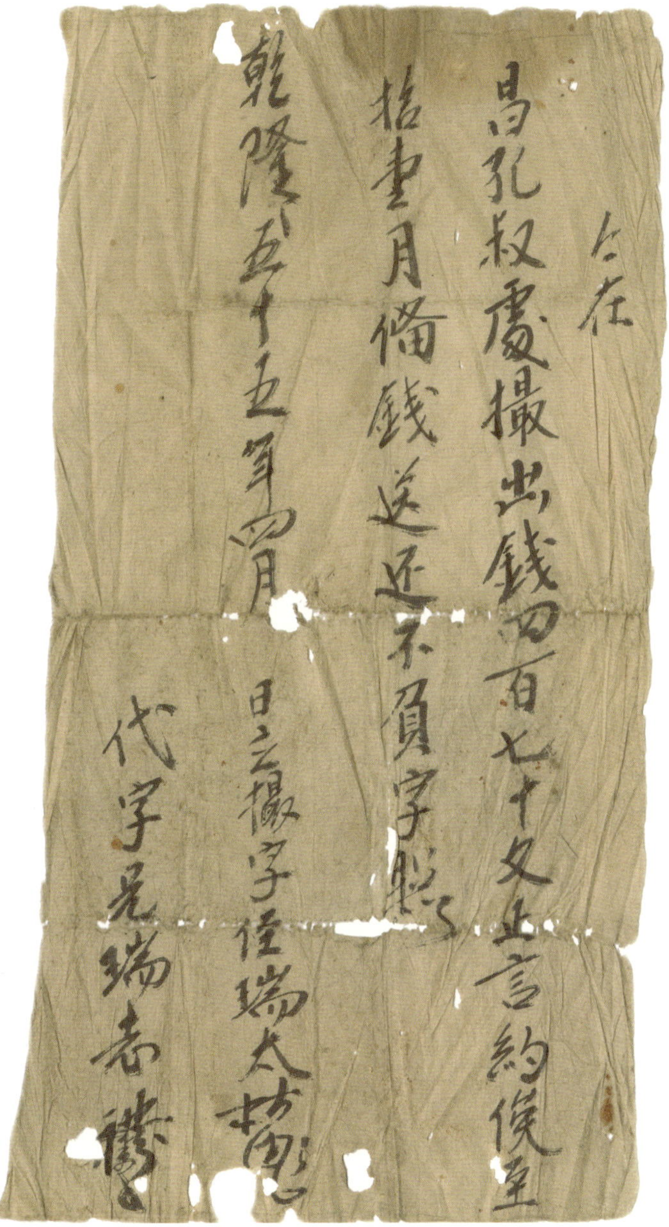
今在
昌孔叔處撮出錢四百七十文正，言約俟至
拾壹月備錢送還，不須字照。
乾隆五十五年四月 日立撮字侄瑞太（押）
代字兄瑞赤（押）

6-4-58-3　清乾隆五十五年四月林瑞太立撮字

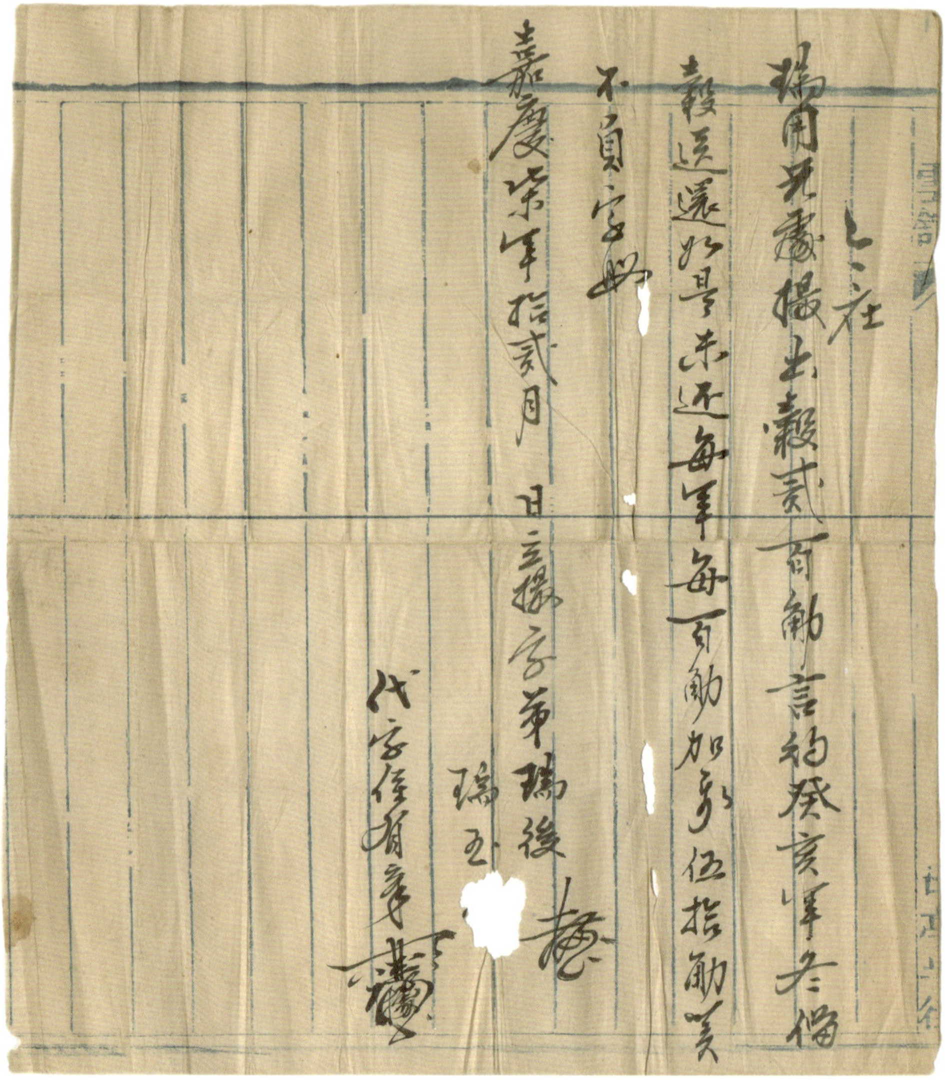

瑞開兄處撮出穀貳百觔言約癸亥年冬備
穀送還如是未還每年每百觔加息伍拾觔算
不負字照
嘉慶柒年拾貳月　日立撮字弟瑞後（押）
瑞玉（押）
代字侄有章（押）

6-4-58-4　清嘉慶七年十二月林瑞後等立撮字

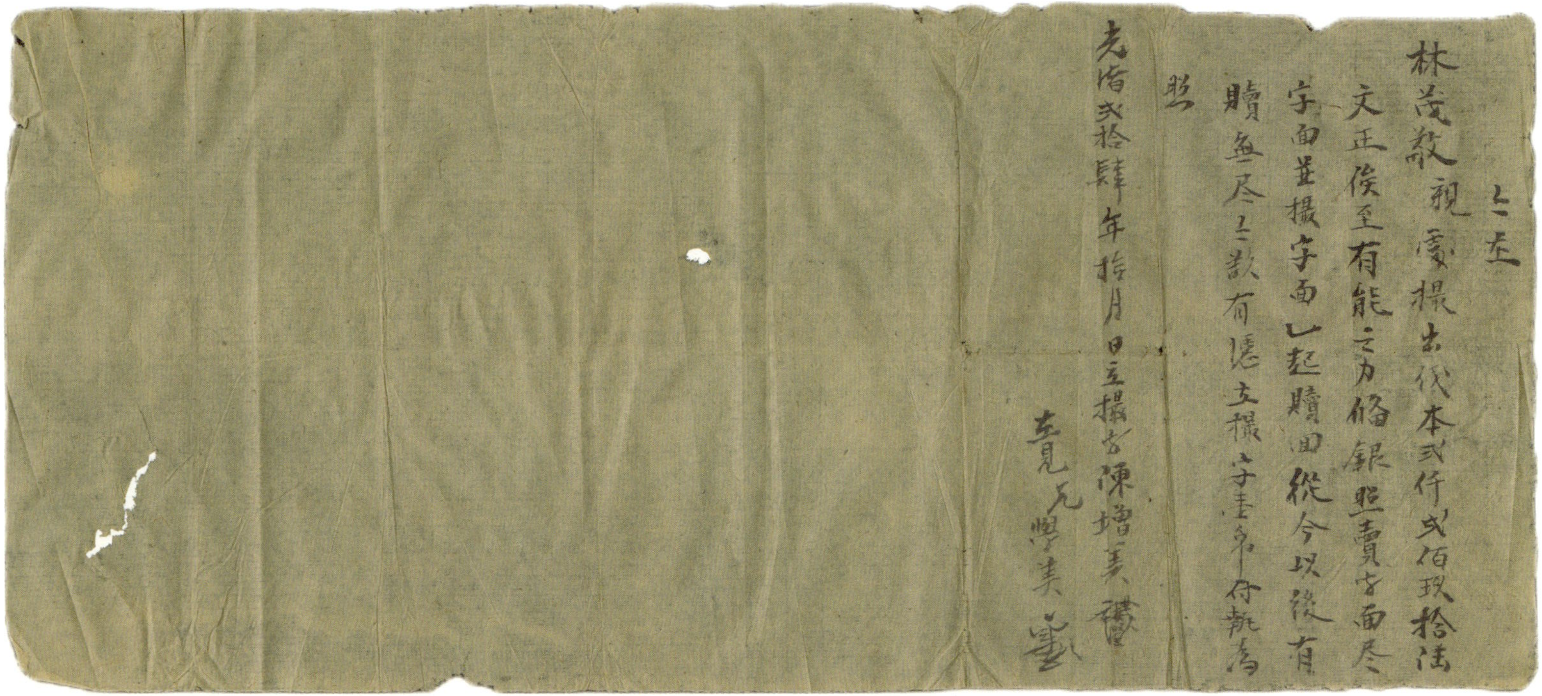
上二左
林茂敬親處撮出代本弍仟弍佰玖拾洋
文正，俟至有能之力備銀照賣字面尽
字面並撮字面山起贖田，從今以後有
贖無尽之款。有憑立撮字壹帋付執為
照。
光緒弍拾肆年拾月　日立撮字陳增美（押）
在見兄興美（押）

6-4-58-5　清光緒二十四年十月陳增美立撮字

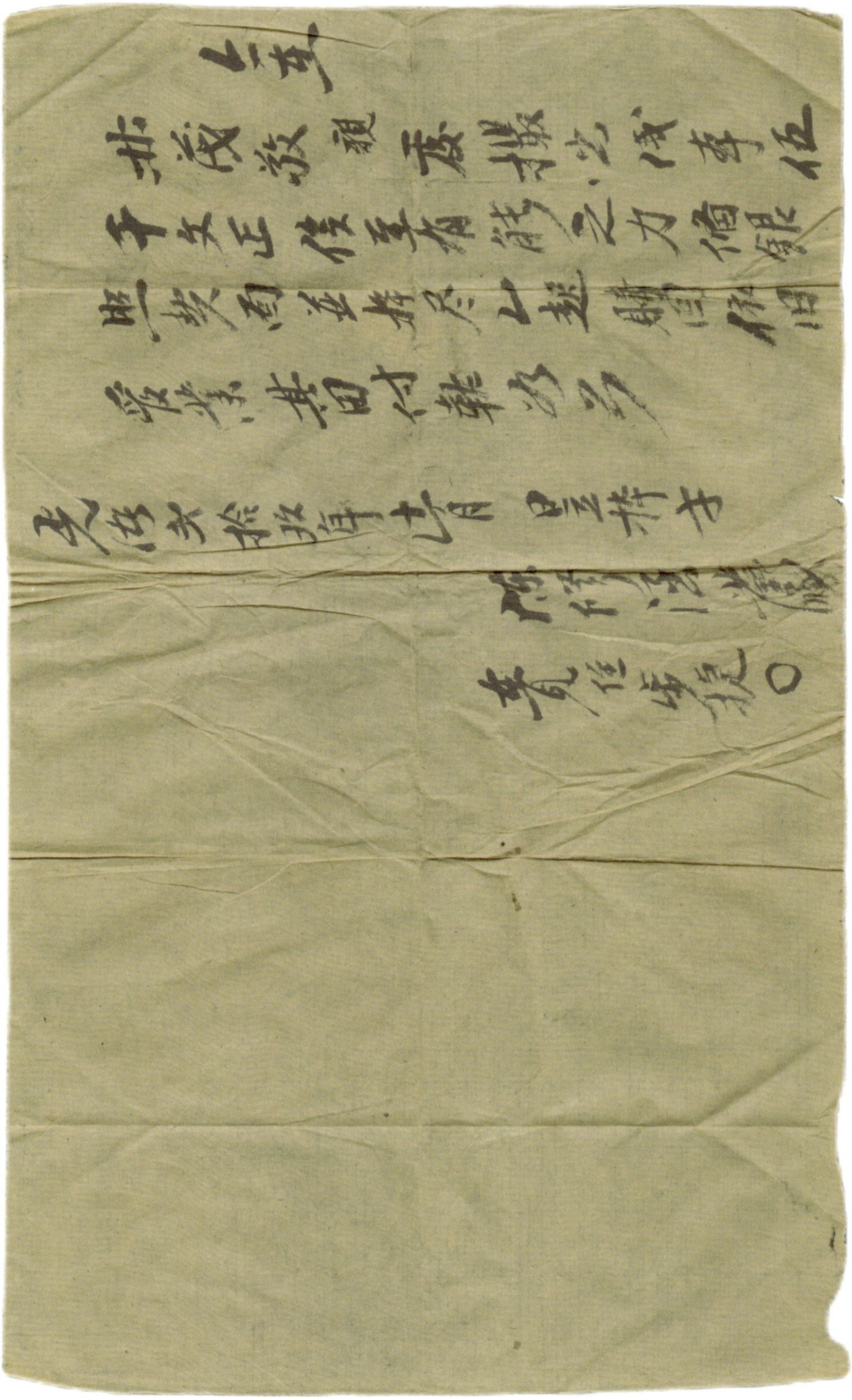
立撮
林茂敬親處撮出伐本伍
千文正候至有能之力備銀
照契面並算盡山趣贖回依旧
管業其田付執為照
光緒弍拾玖年十一月 日立撮字
陳修涵（押）
見任步提〇

6-4-58-6　清光緒二十九年十一月陳修涵立撮字

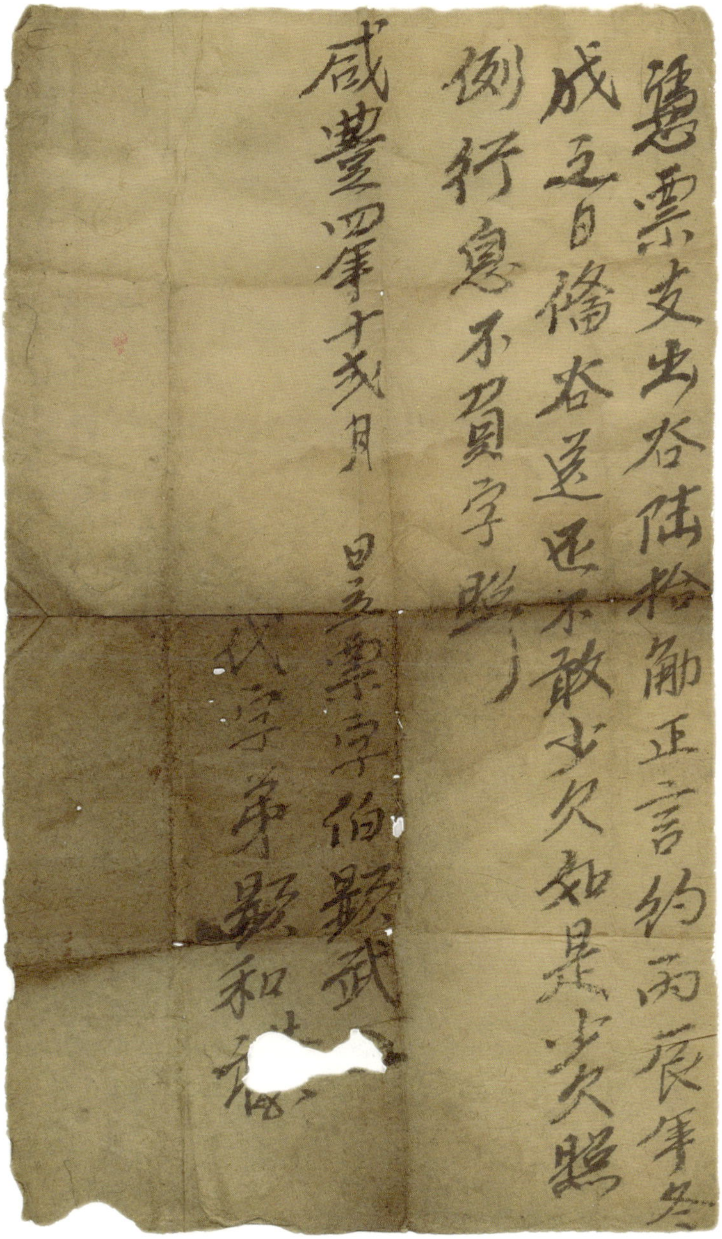
憑票支出谷陆拾觔正言約兩家年冬
成交日備谷送還不敢少欠如是少欠照
例行息不負字照
咸豐四年十弍月　日立票字伯顯武
代字弟顯和[illegible]筆

6-4-59-1　清咸豐四年十二月林顯武立支穀憑票

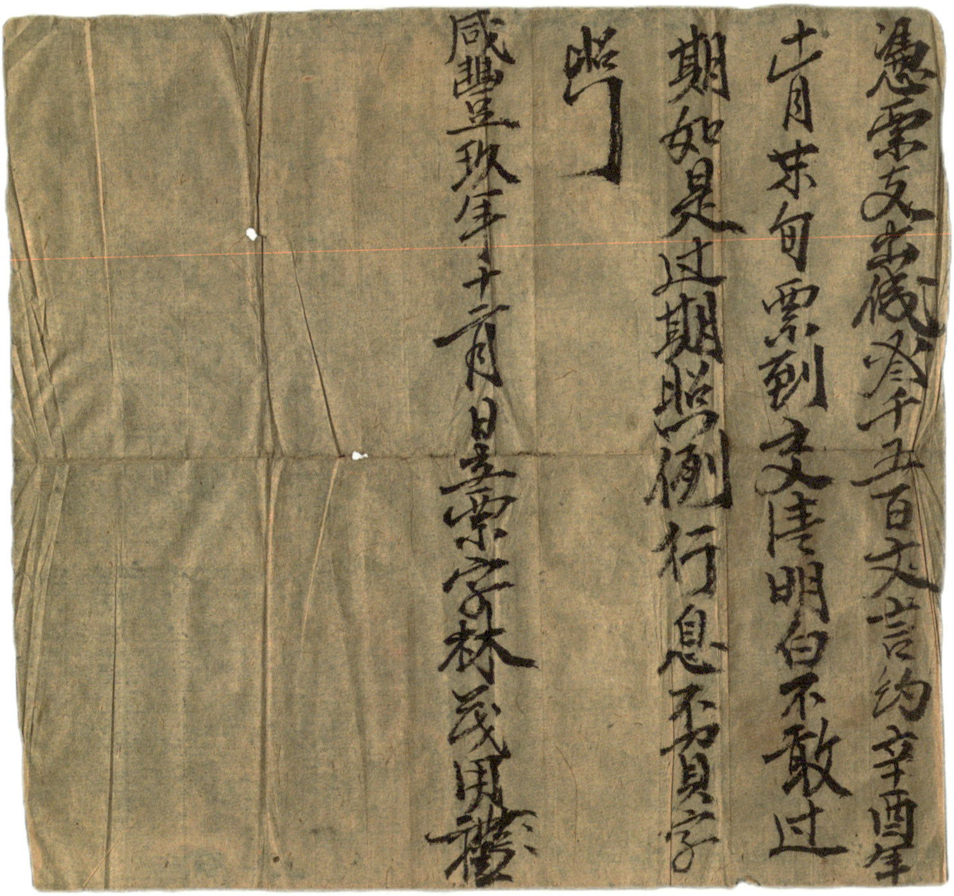
憑票支出錢叁千五百文，言約辛酉年
十二月末旬票到支清明白，不敢过
期，如是过期照例行息，不負字
照
咸豐玖年十二月　日立票字林茂用（押）

6-4-59-2　清咸豐九年十二月林茂用立支錢憑票

專題彙編 第二種

# 福建民間契約文書

廈門大學民間歷史文獻研究中心 編
鄭振滿 主編

27

海峽出版發行集團
THE STRAITS PUBLISHING & DISTRIBUTING GROUP
福建人民出版社

# 本册目録

## 第六卷　永泰縣蓋洋鄉湖裡、嶺頭坪村契約文書（三）

### 第四帙　林育定户

## 第五帙　林維珍户

## 第六帙　林壽良户

## 第七帙　林斯安户

第八帙　林育就户

## 第九帙　林傳就户

# 第六卷　永泰縣蓋洋鄉湖裡、嶺頭坪村契約文書（三）

本卷主編　張家喜

# 第四帙　林育定户

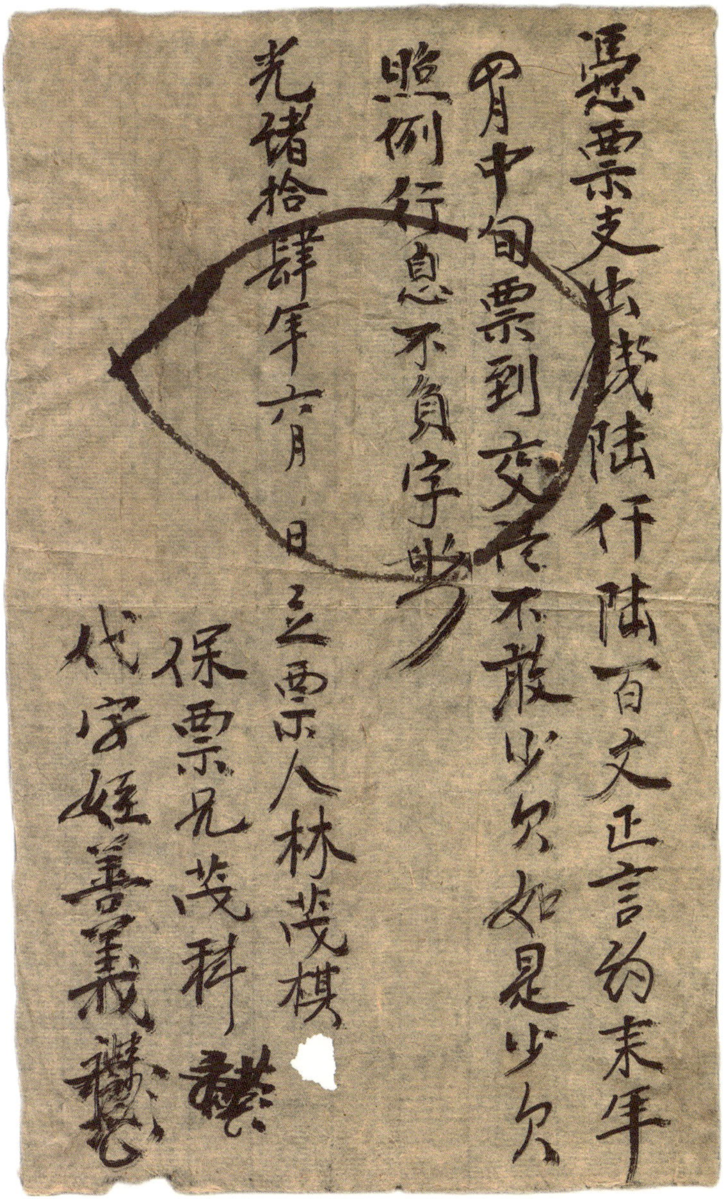

憑票支出錢陆仟陆百文正，言約來年
四月中旬票到交足，不敢少欠，如是少欠，
照例行息，不負字照。
光緒拾肆年六月　日　立票人林茂棋
保票兄茂科（押）
代字姪善義（押）

6-4-60-1　清光緒十四年六月林茂棋立支錢憑票（廢契）

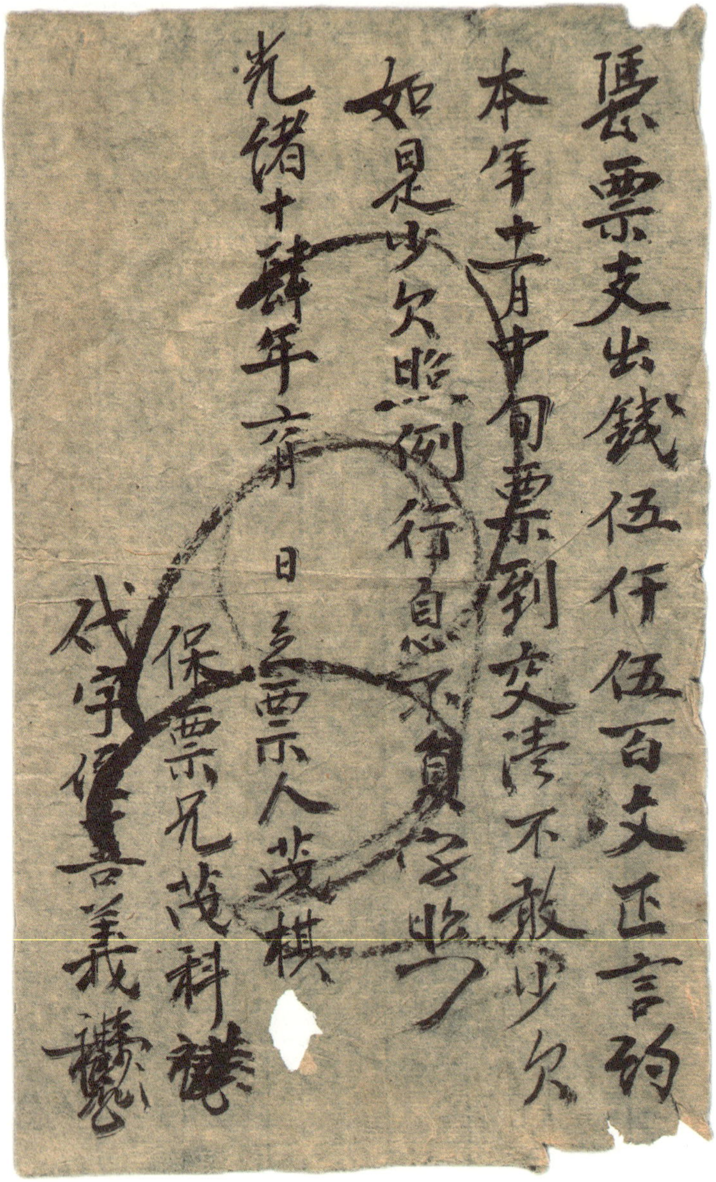
憑票支出錢伍仟伍百文正言約
本年十一月中旬憑票到交清不敢少欠
如是少欠照例行息不負字照
光緒十肆年六月 日 立票人茂棋
保票兄茂科押
代字侄吾義押

6-4-60-2　清光緒十四年六月林茂棋立支錢憑票（廢契）

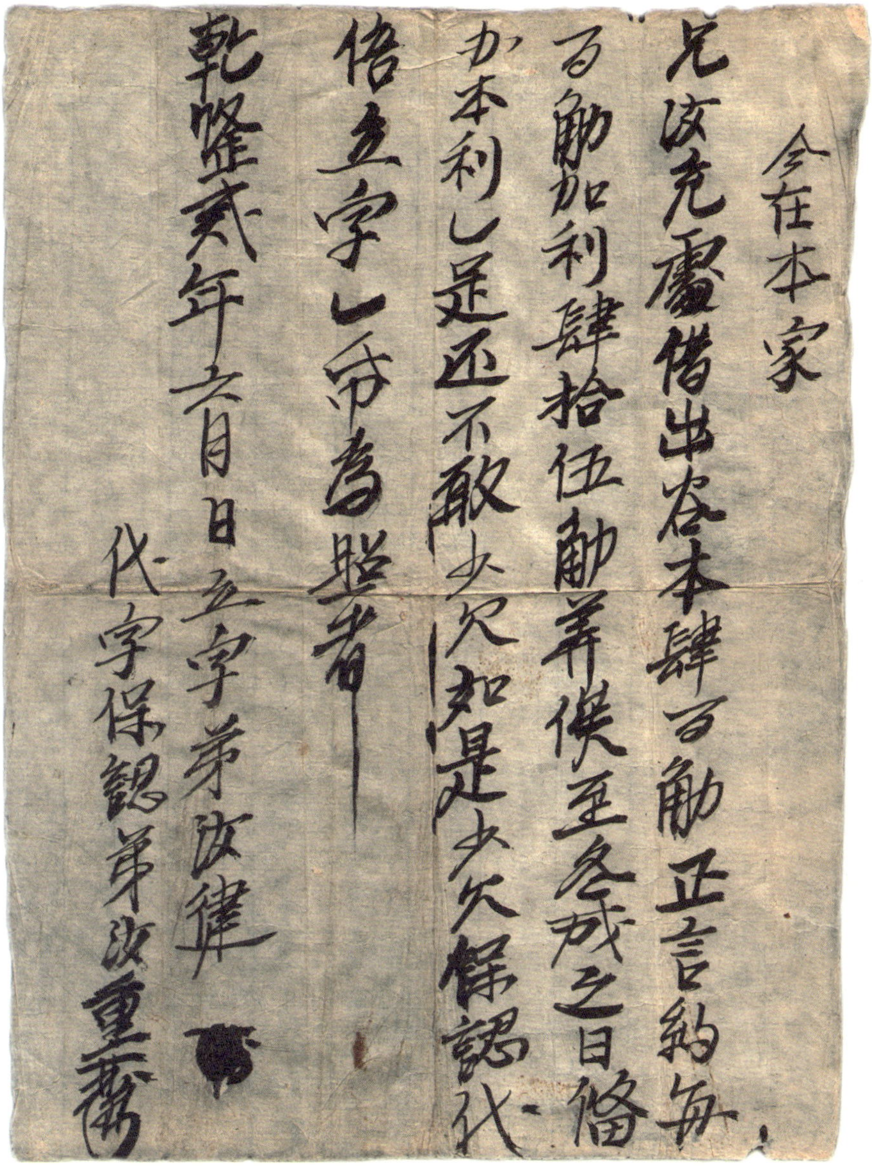

今在本家
兄汝充處借出谷本肆百觔正言約每
百觔加利肆拾伍觔并係至冬成之日備
加本利一足还不敢少欠如是少欠保認代
借立字一帋為照者
乾隆贰年六月日立字弟汝健
代字保認弟汝重

6-4-61-1　清乾隆二年六月林汝健立借穀字

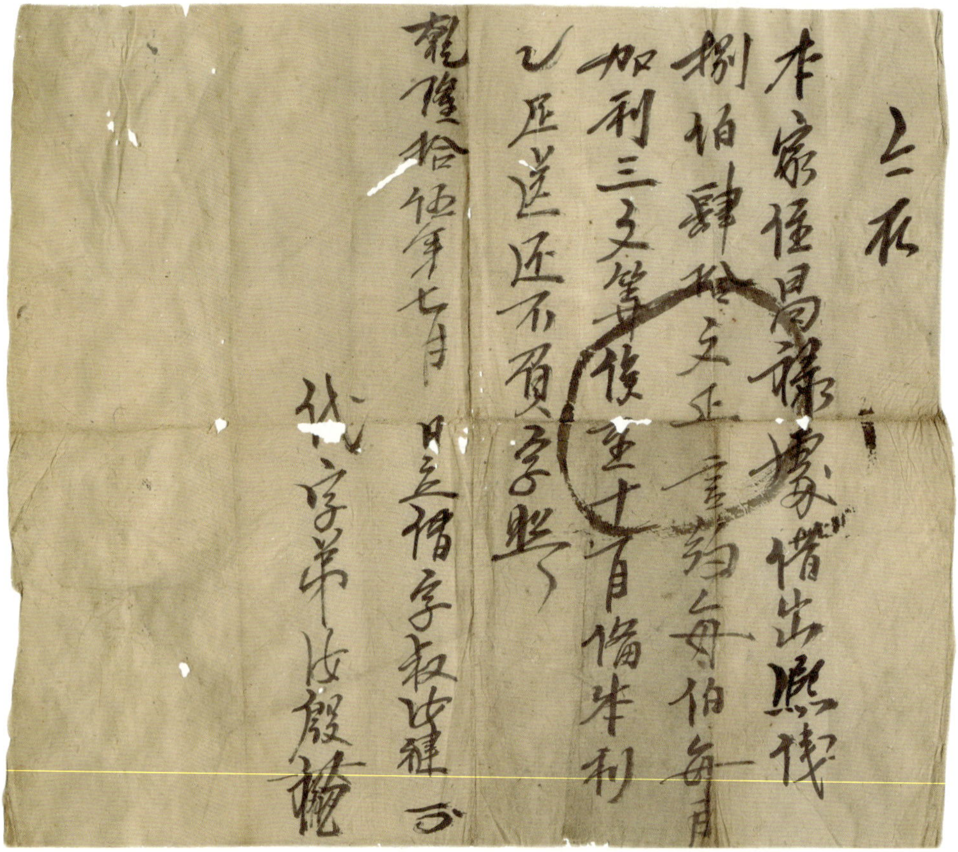
立借
本家侄昌祿處借出錢
捌伯肆拾文正，言約每伯每月
加利三文，筭至後至十月備本利
一足送還不負，字照。
乾隆拾伍年七月　日立借字叔汝健（押）
代字弟汝殷（筆）

6-4-61-2　清乾隆十五年七月林汝健立借錢字（廢契）

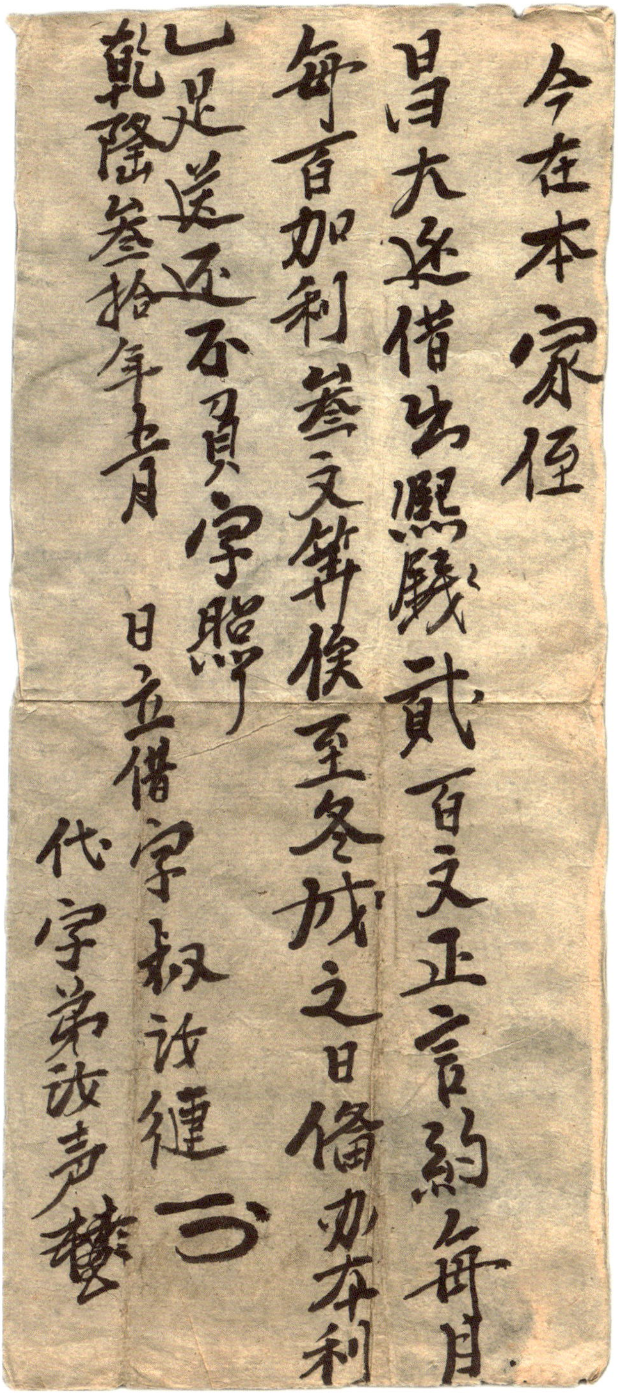

今在本家侄
昌大邊借出銅錢貳百文正，言約每月
每百加利叁文算，候至冬成之日備办本利
一足送還，不負字照。
乾隆叁拾年五月　日立借字叔汝健
代字弟汝声[illegible]

6-4-61-3　清乾隆三十年五月林汝健立借錢字

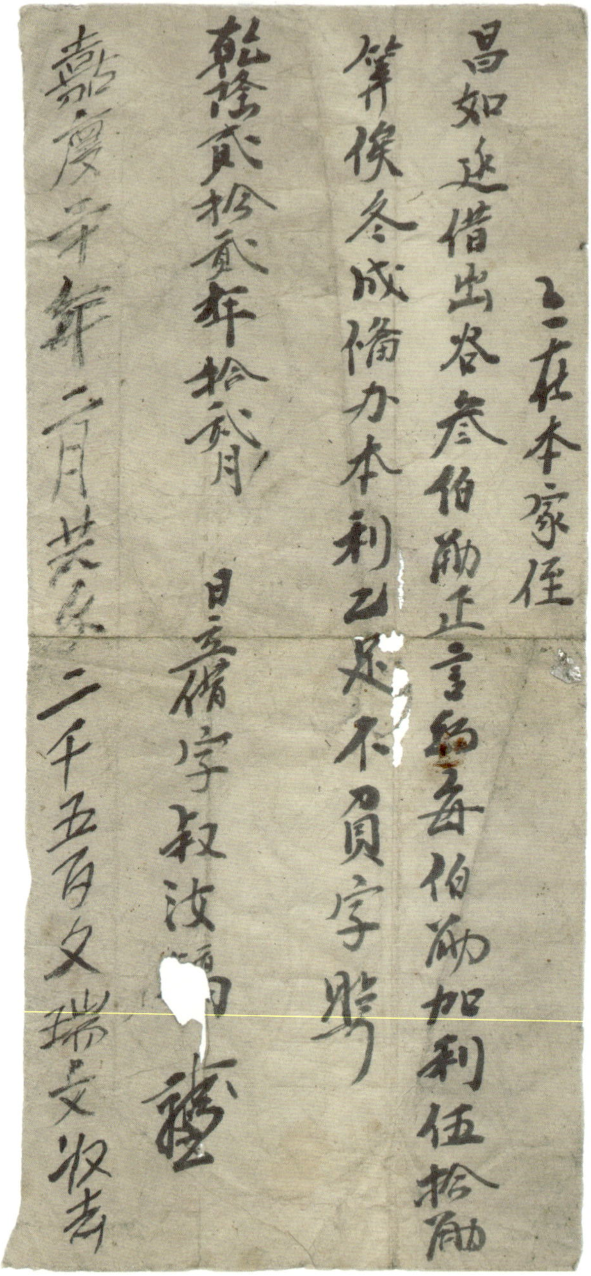

今在本家侄
昌如迻借出谷叁伯觔正言約每伯觔加利伍拾觔
筭俟冬成備办本利乙足不負字照
乾隆貳拾貳年拾貳月　日立借字叔汝鎬（押）
嘉慶二年二月共收二千五百文　瑞安收去

6-4-62-1　清乾隆二十二年十二月林汝鎬立借穀字

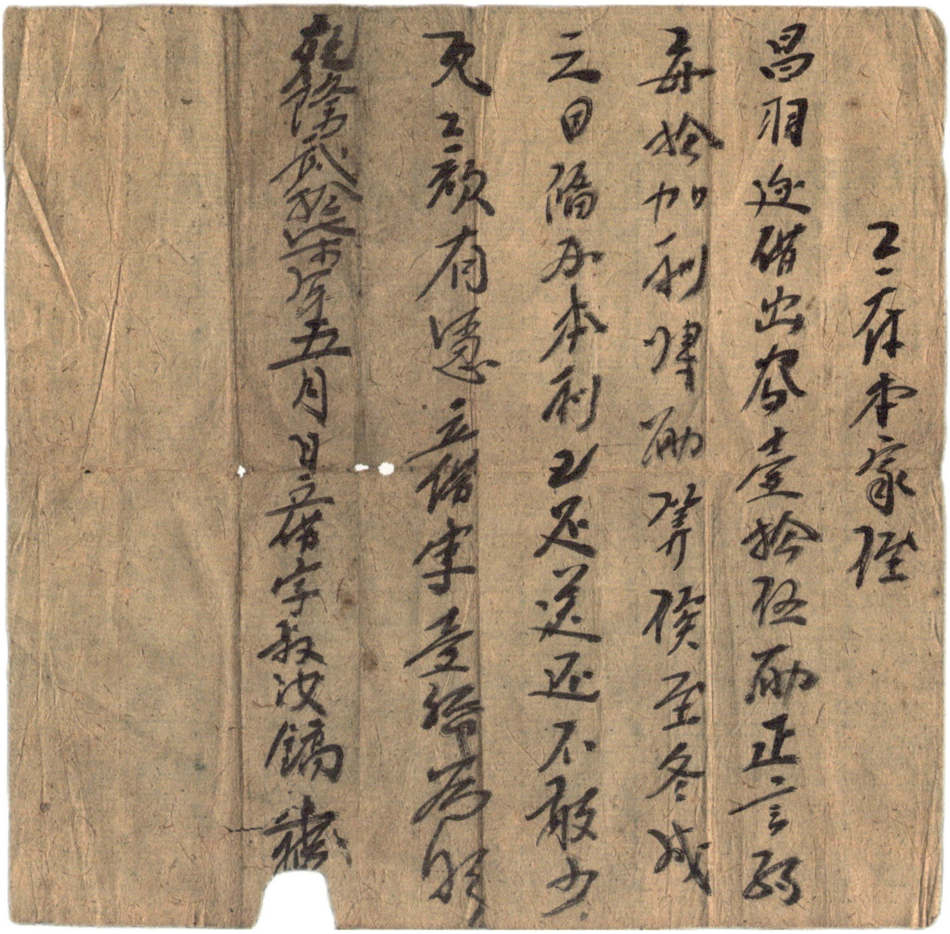

立借本家侄昌羽邊借出谷壹拾陸斤正，言約每拾加利肆斤，俟至冬成之日備办本利一足送还，不敢少欠。今欲有憑，立借字壹紙為照。

乾隆弍拾柒年五月　日立借字叔汝鎬（押）

6-4-62-2　清乾隆二十七年五月林汝鎬立借穀字

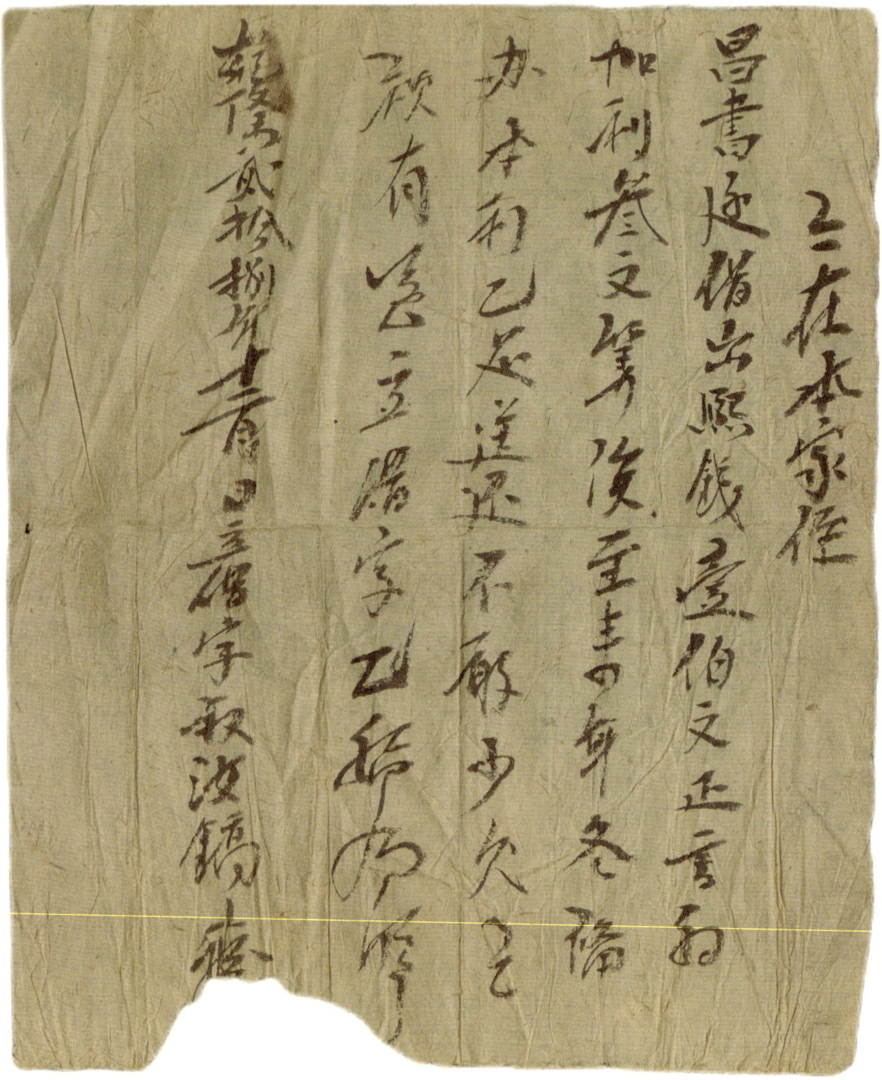
今在本家侄
昌書邊借出照錢壹伯文正言約
加利叁文算，俟至來年冬歸
办本利乙足送還，不敢少欠之
恐有憑，今立借字乙紙爲照
乾隆貳拾捌年十二月日立借字叔汝鎬押

6-4-62-3　清乾隆二十八年十二月林汝鎬立借錢字

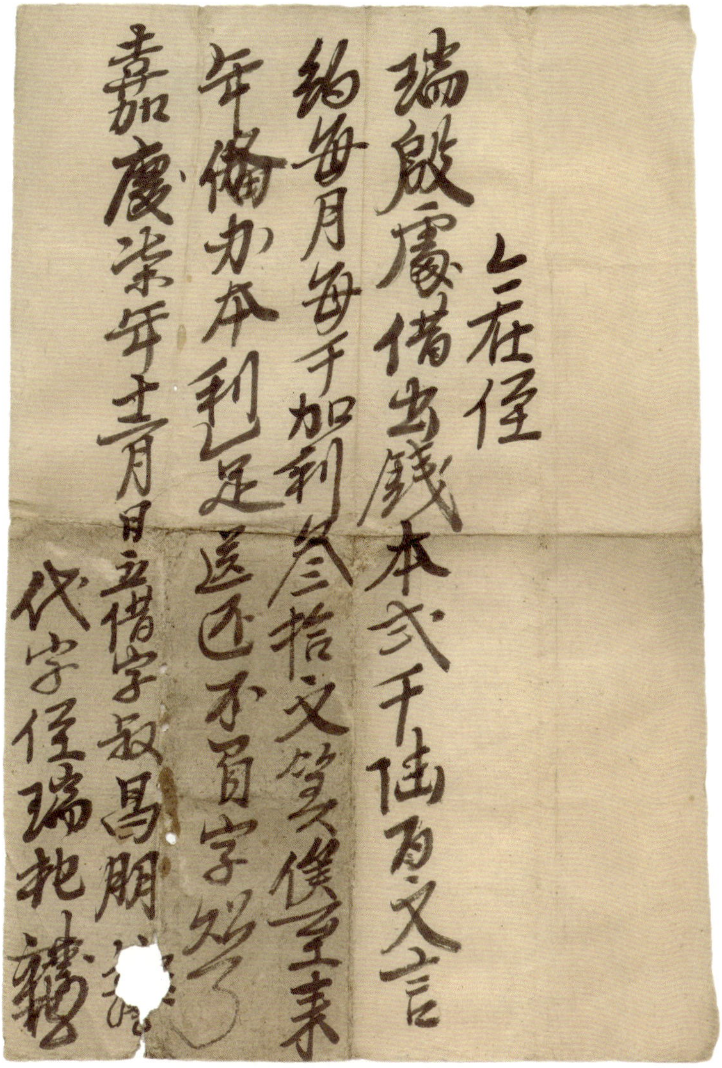
今在侄
瑞殿處借出錢本弍千陆百文言
約每月每千加利叁拾文算俟至来
年備办本利足送还不有字照
嘉慶柒年十二月日立借字叔昌朋
代字侄瑞艳

6-4-63-1　清嘉慶七年十二月林昌朋立借錢字

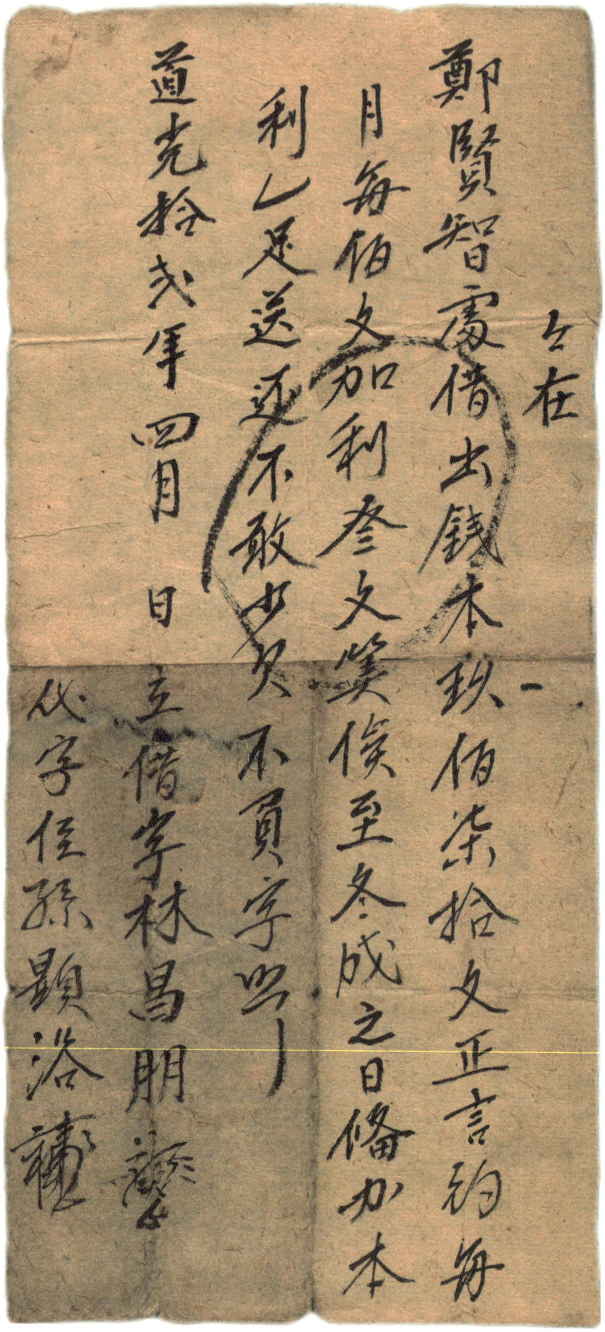

今在
鄭賢智處借出錢本玖佰柒拾文正言約每
月每佰文加利叁文算候至冬成之日備加本
利乙足送還不敢少欠不負字照
道光拾弍年四月　日　立借字林昌朋（押）
代字侄孫顯洛（押）

6-4-63-2　清道光十二年四月林昌朋立借錢字（廢契）

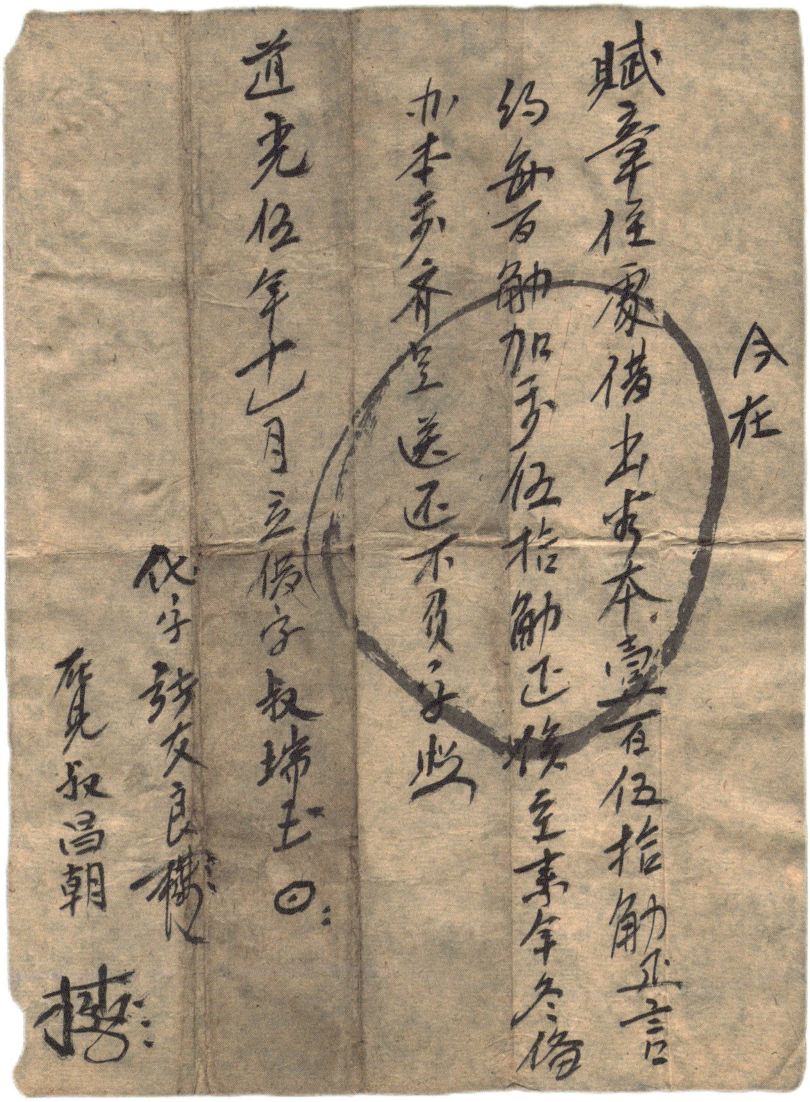
今在
賦章侄處借出谷本壹百伍拾觔正言
約每百觔加多伍拾觔還於至來年冬備
加本多齊全送還不負字此
道光伍年十一月立借字叔瑞玉（押）
代字族友良（押）
在見叔昌朝
押

6-4-64-1　清道光五年十一月林瑞玉立借穀字（廢契）

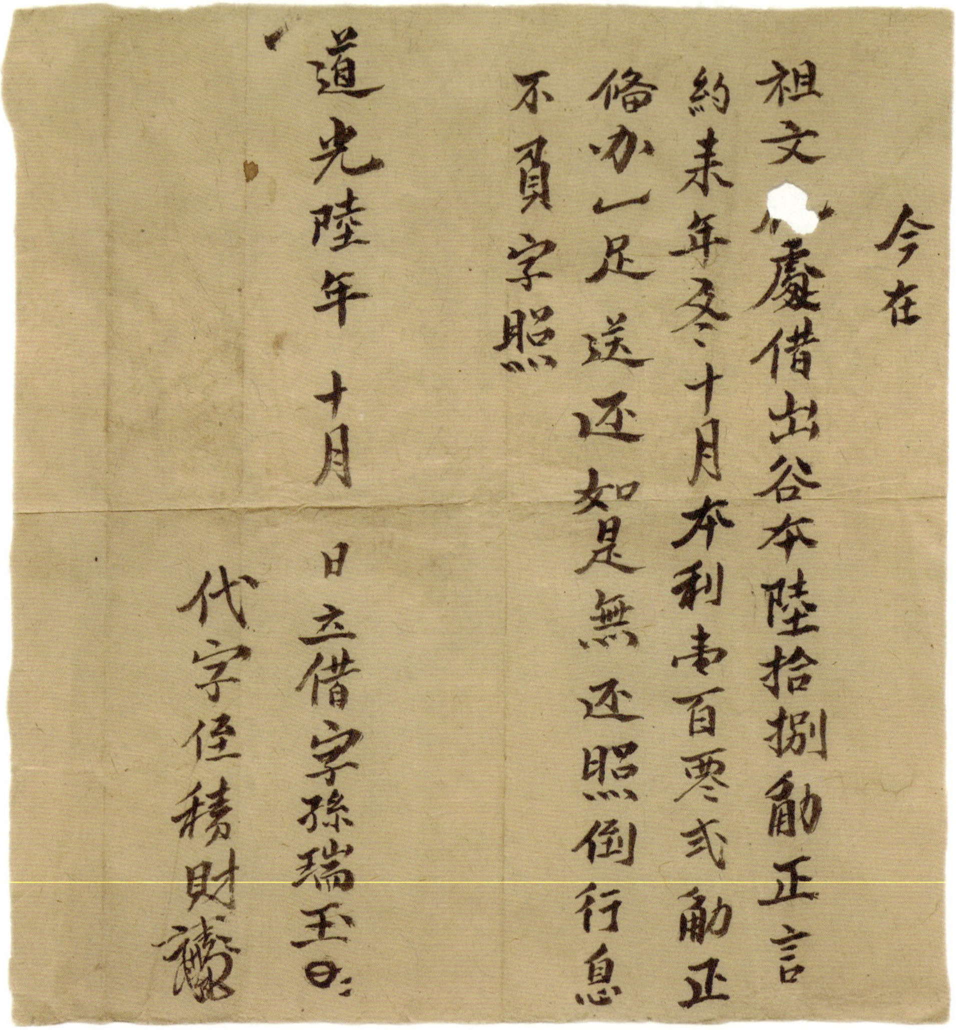

今在
祖文□慶借出谷本陸拾捌觔正言
約未年冬十月本利壹百零弍觔正
備辦一足送还如是無还照倒行息
不負字照
道光陸年十月日立借字孫瑞玉（押）
代字侄積財（押）

6-4-64-2　清道光六年十月林瑞玉立借穀字

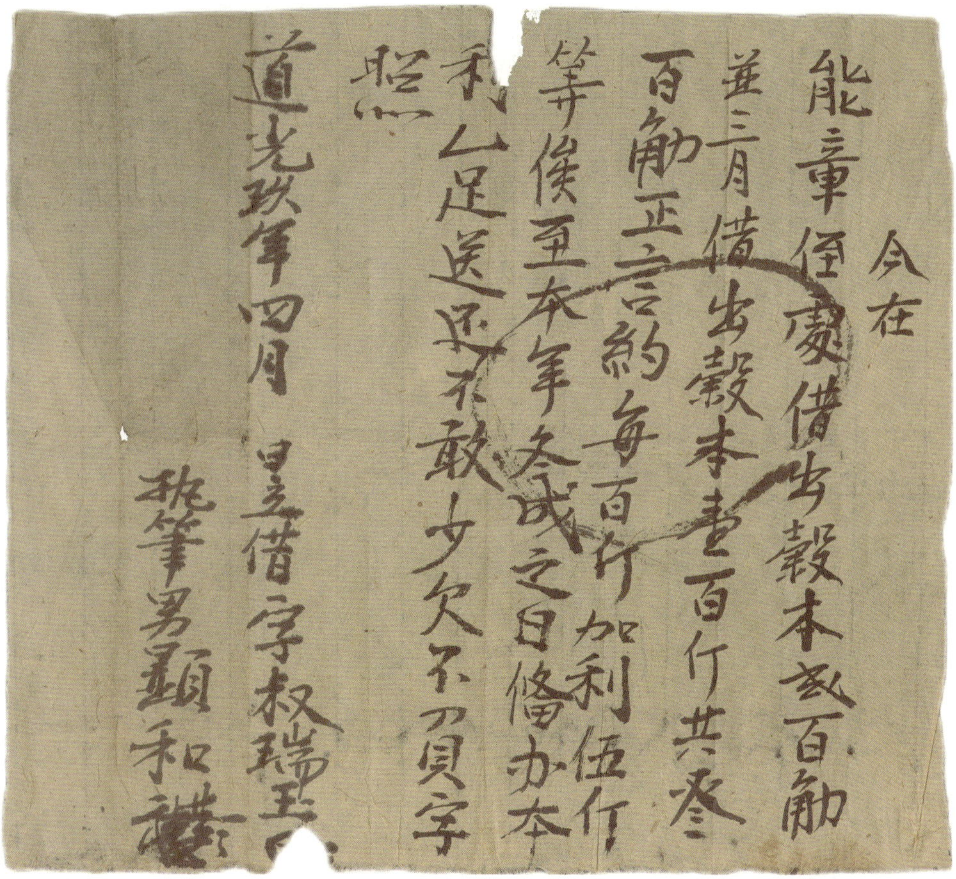

今在
能章侄處借出穀本貳百觔
並三月借出穀本壹百觔共叁
百觔正言約每百觔加利伍觔
等俟至本年冬成之日備办本
利一足送还不敢少欠不另具字
照
道光玖年四月　日立借字叔瑞玉
執筆男顯和

6-4-64-3　清道光九年四月林瑞玉立借穀字（廢契）

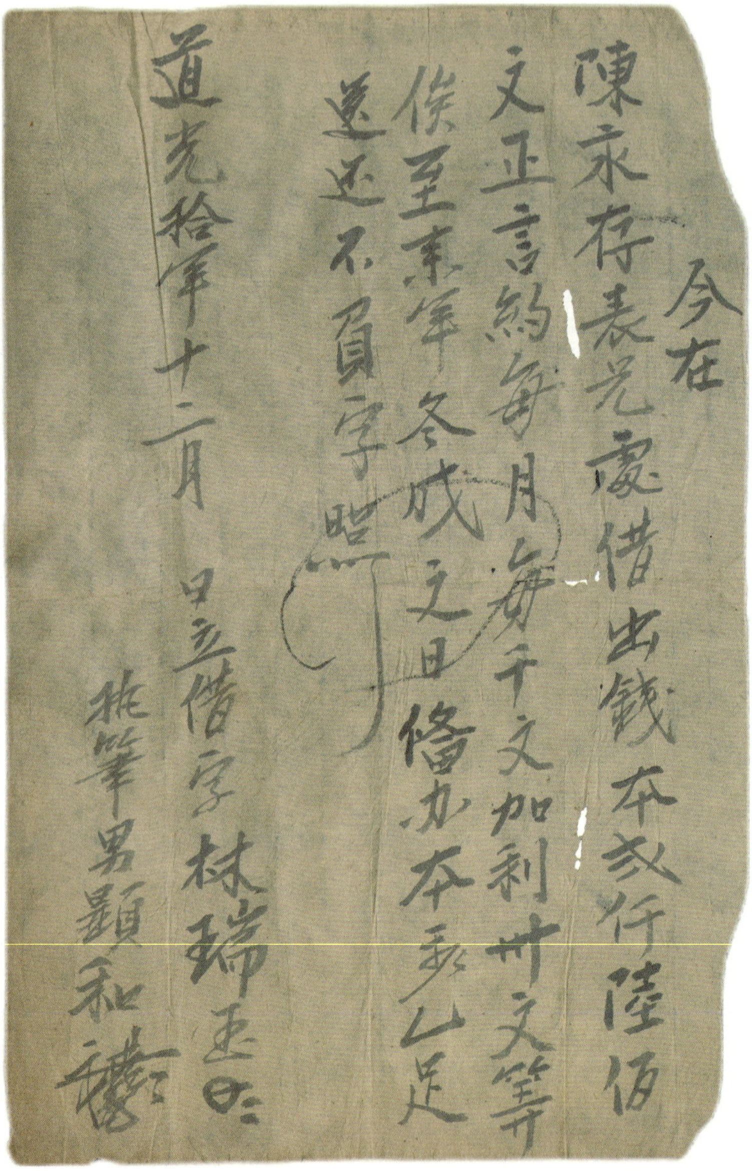
今在
陳永存表兄處借出錢本叁仟陸佰
文正言約每月每千文加利廿文等
係至來年冬成之日備办本利足
送还不負字照
道光拾年十二月　日立借字林瑞玉（押）
批筆男顯和（押）

6-4-64-4　清道光十年十二月林瑞玉立借錢字（廢契）

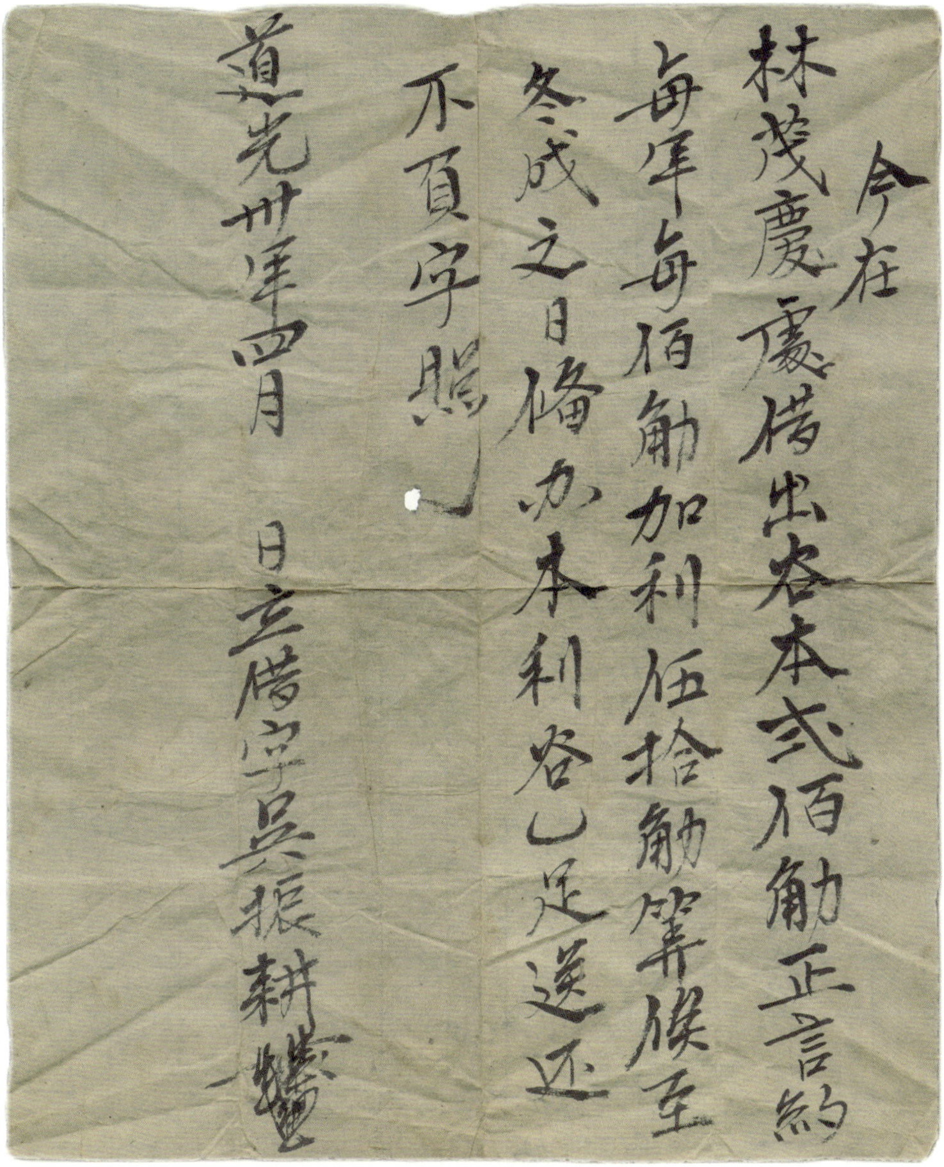

今在

林茂慶處借出谷本弍佰觔正言約

每年每佰觔加利伍拾觔算候至

冬成之日備办本利谷一足送还

不負字照

道光卅年四月 日立借字吴振耕

6-4-65-1 清道光三十年四月吴振耕立借穀字

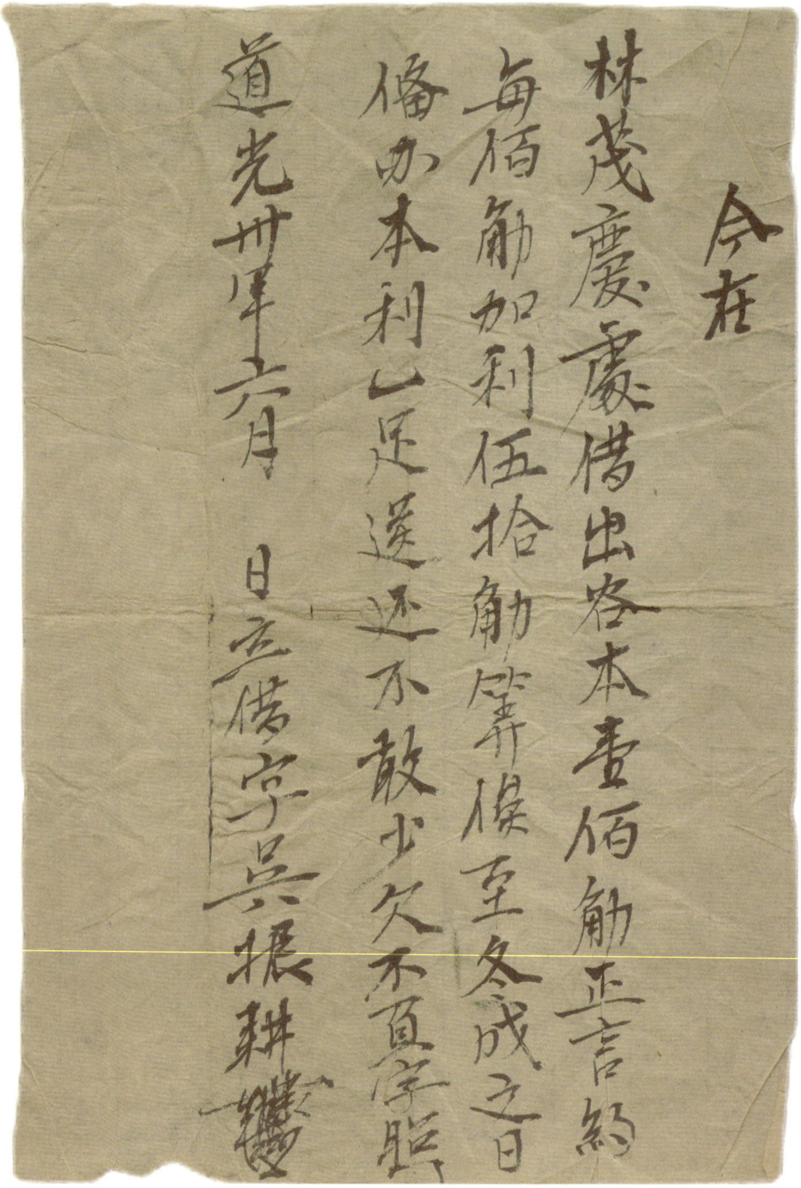
今在
林茂慶處借出谷本壹佰觔正言約
每佰觔加利伍拾觔筭係至冬成之日
倂办本利乙足送还不敢少欠不直字照
道光卅年六月　日立借字吳振耕（押）

6-4-65-2　清道光三十年六月吳振耕立借穀字

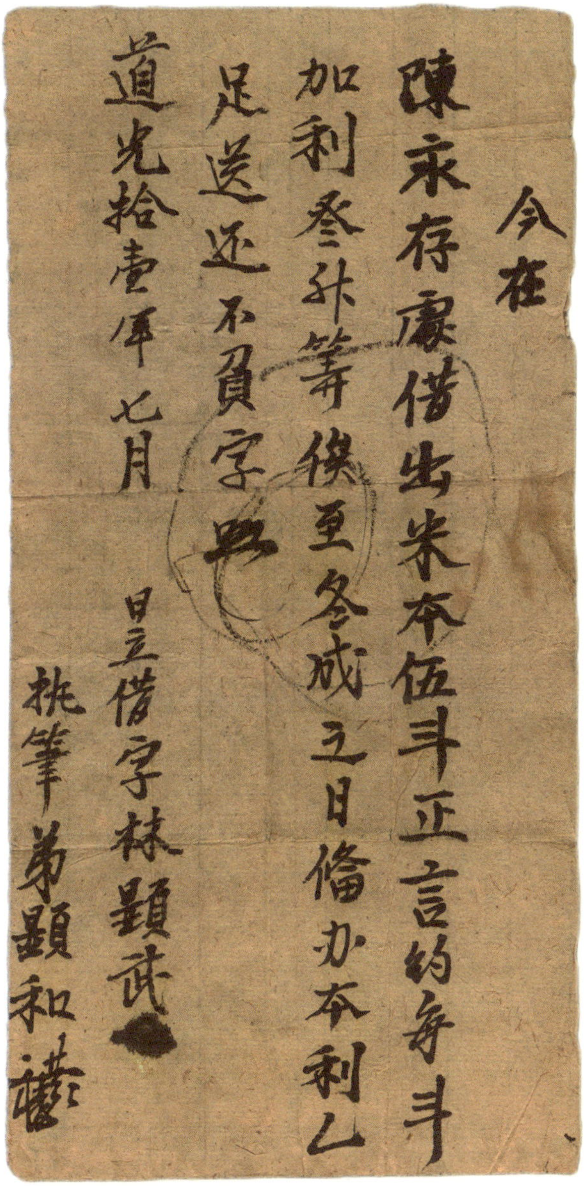

今在

陳永存處借出米本伍斗正言约每斗

加利叁升筭係至冬成之日備办本利一

足送还不負字照

道光拾壹年七月

日立借字林顯武

挑筆弟顯和書

6-4-66-1　清道光十一年七月林顯武立借米字（廢契）

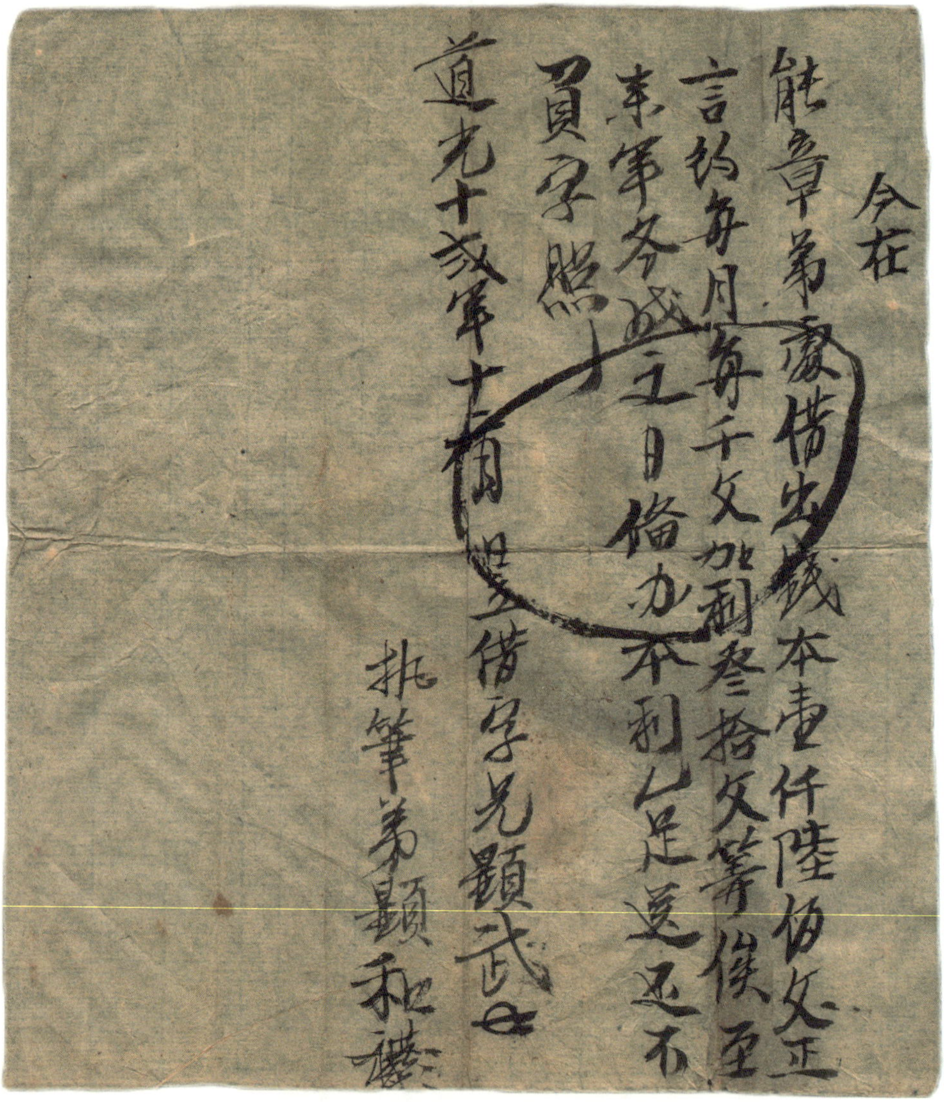

今在

熊章弟處借出錢本壹仟陸佰文正，言約每月每千文加利叁拾文算，候至來年冬成之日備办本利一足送还，不負，字照。

道光十二年十二月　日　立借字兄顯武（押）

执筆弟顯和（押）

6-4-66-2　清道光十二年十二月林顯武立借錢字（廢契）

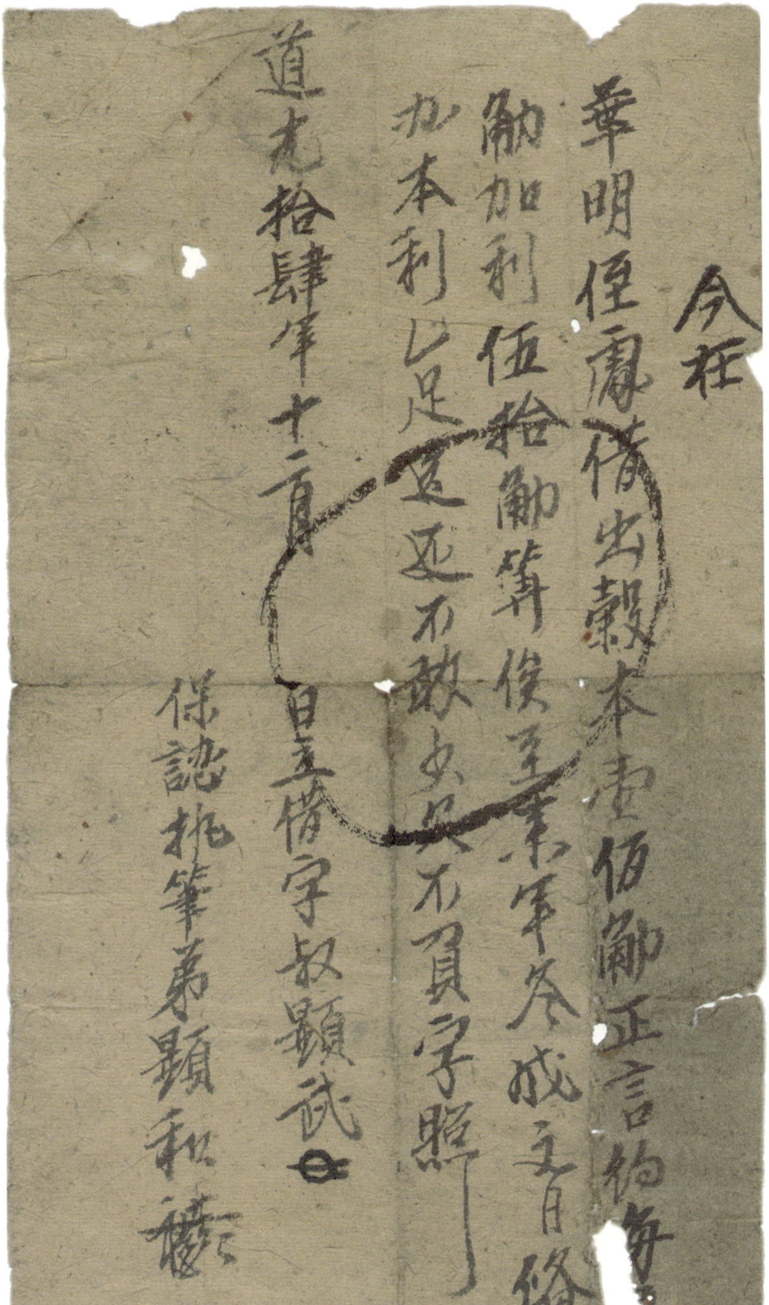

今在
華明侄處借出穀本壹佰觔正言約每
觔加利伍拾觔算俟至來年冬成之月備
辦本利已足送還不敢少欠不負字照
道光拾肆年十二月　日立借字叔顯武
保認托筆弟顯和押

6-4-66-3　清道光十四年十二月林顯武立借穀字（廢契）

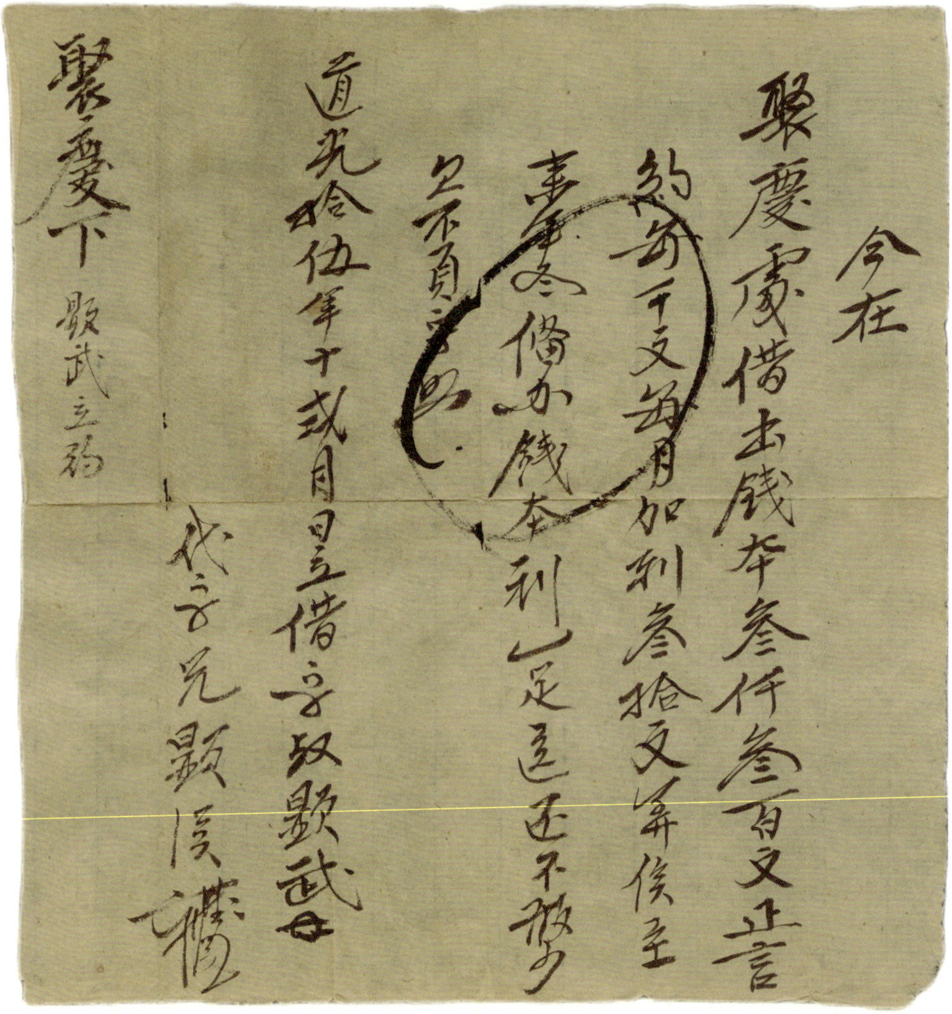
今在
聚慶
聚慶處借出錢本叁仟叁百文正言
約每千文每月加利叁拾文，年後至
來年冬備办錢本利一足送還不敢少
欠不負[illegible]此
道光拾伍年十弍月日立借字林顯武（押）
代字兄顯侯（押）
聚慶下　顯武立約

6-4-66-4　清道光十五年十二月林顯武立借錢字（廢契）

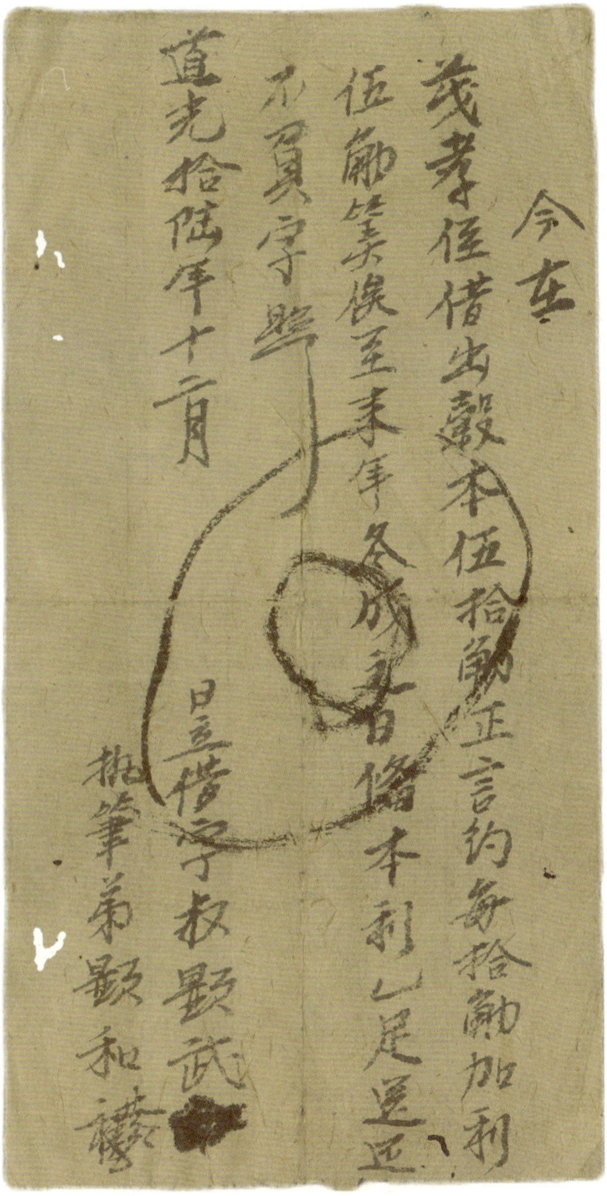
今在
茂孝侄借出穀本伍拾觔正，言約每拾觔加利
伍觔筭，候至來年冬成之日將本利一足送還，
不負字照。
道光拾陆年十二月　日立借字叔顯武
執筆弟顯和

6-4-66-5　清道光十六年十二月林顯武立借穀字（廢契）

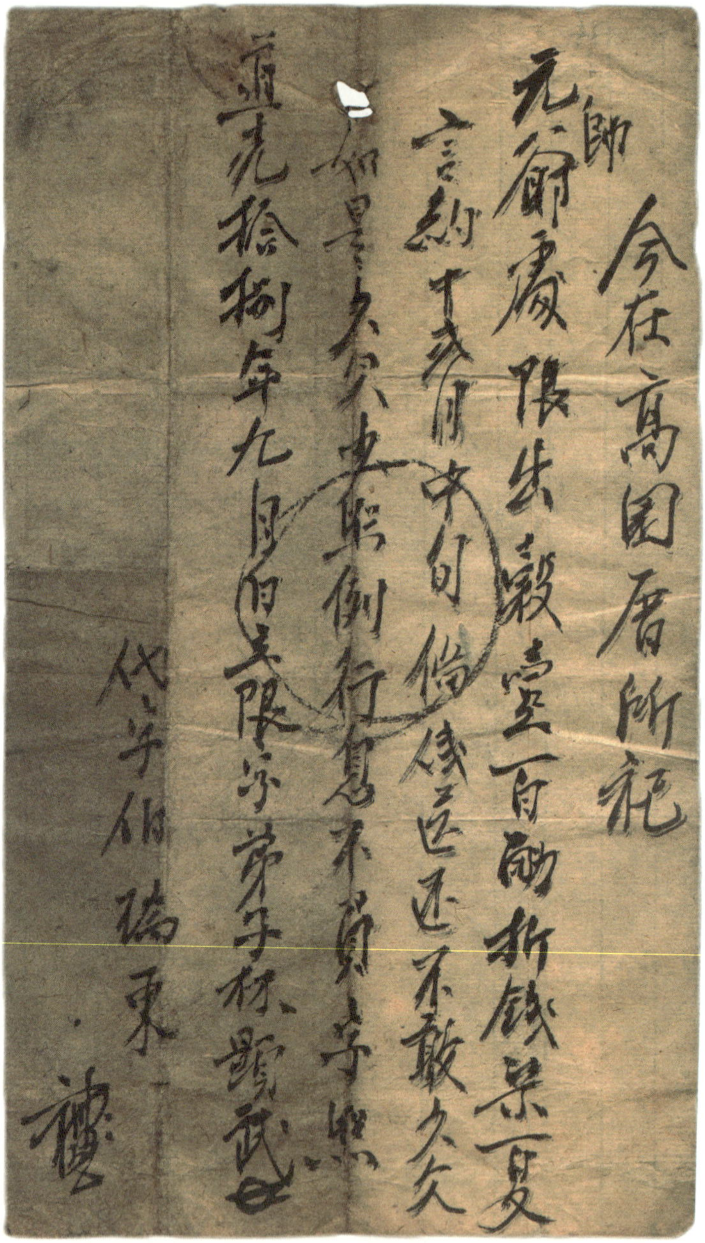

今在高園居所祀
師
元爺處限出穀壹百觔折錢柒百文
言約十弍月中旬備錢送還不敢久欠
如是欠負出限倒行息不負字照
道光拾捌年九月日立限字弟子林顯武
代字伯瑞東
筆

6-4-66-6　清道光十八年九月林顯武立限字（廢契）

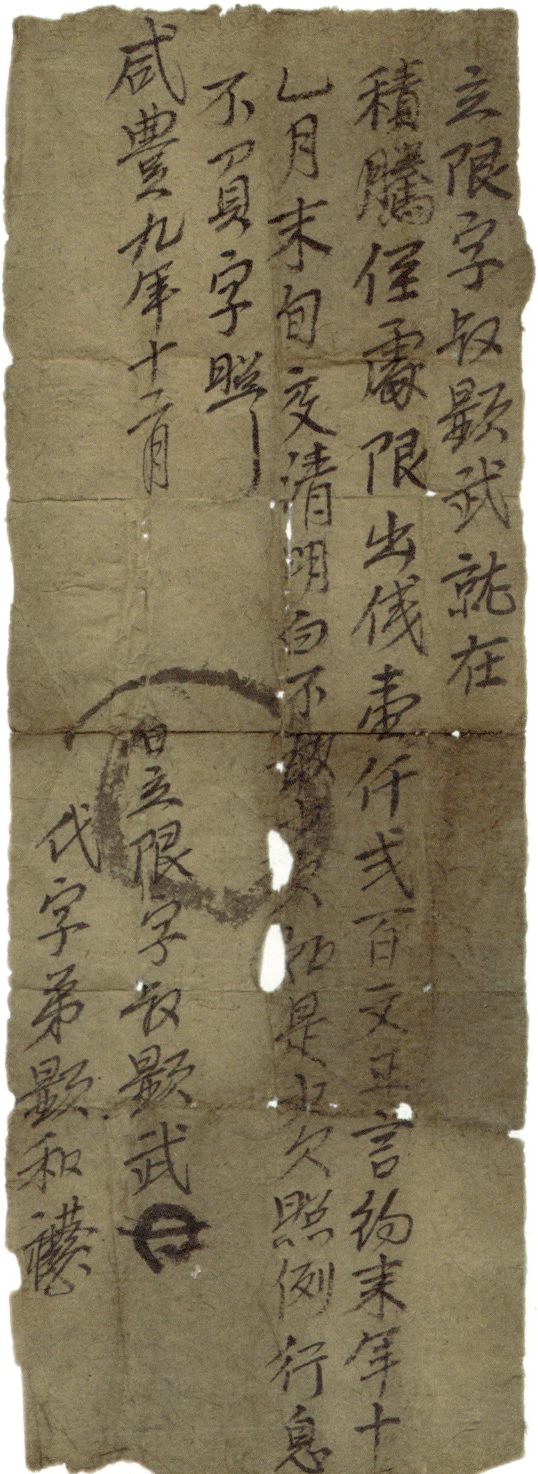

立限字叔顯武就在
積騰侄處限出錢壹仟弍百文正言約來年十
乙月末旬交清明白不敢少欠如是少欠照例行息
不可負字照｜
咸豐九年十二月
立限字叔顯武（押）
代字弟顯和

6-4-66-7　清咸豐九年十二月林顯武立限字（廢契）

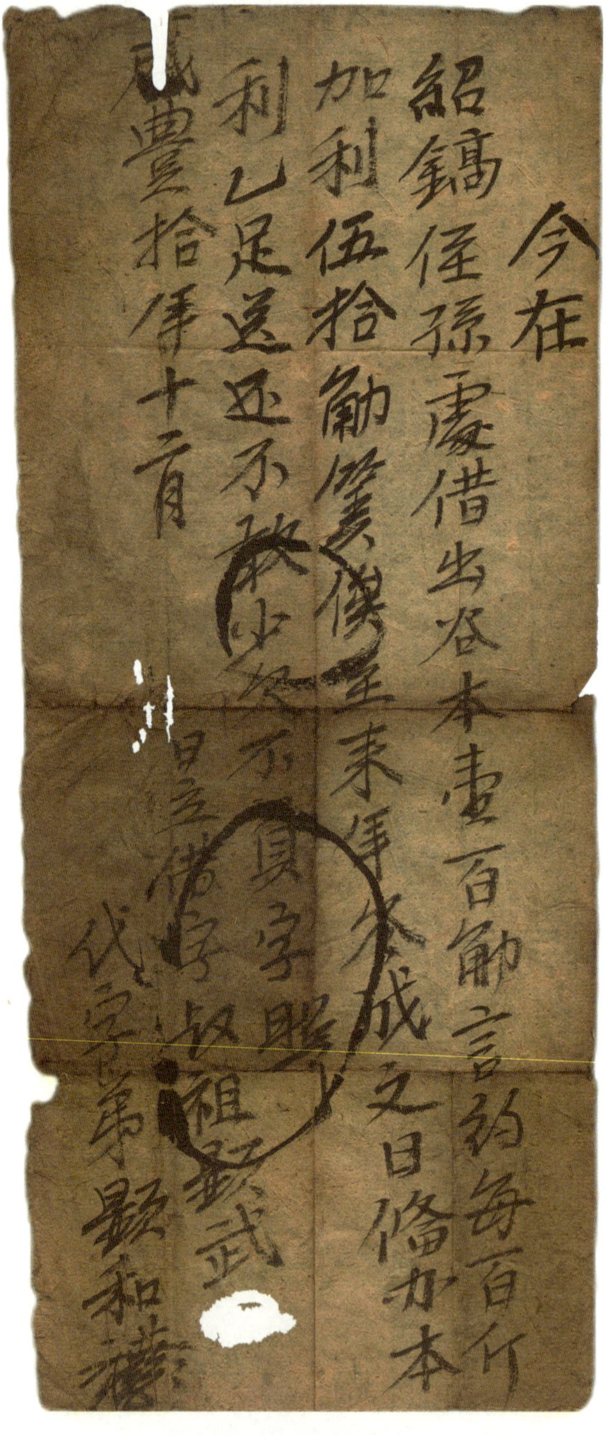
今在
紹鎬侄孫處借出谷本壹百觔言約每百斤
加利伍拾觔係至來年冬成之日備办本
利乙足送还不敢少欠不負字照
咸豐拾年十二月 日立借字叔祖顯武
代字弟顯和

6-4-66-8　清咸豐十年十二月林顯武立借穀字(廢契)

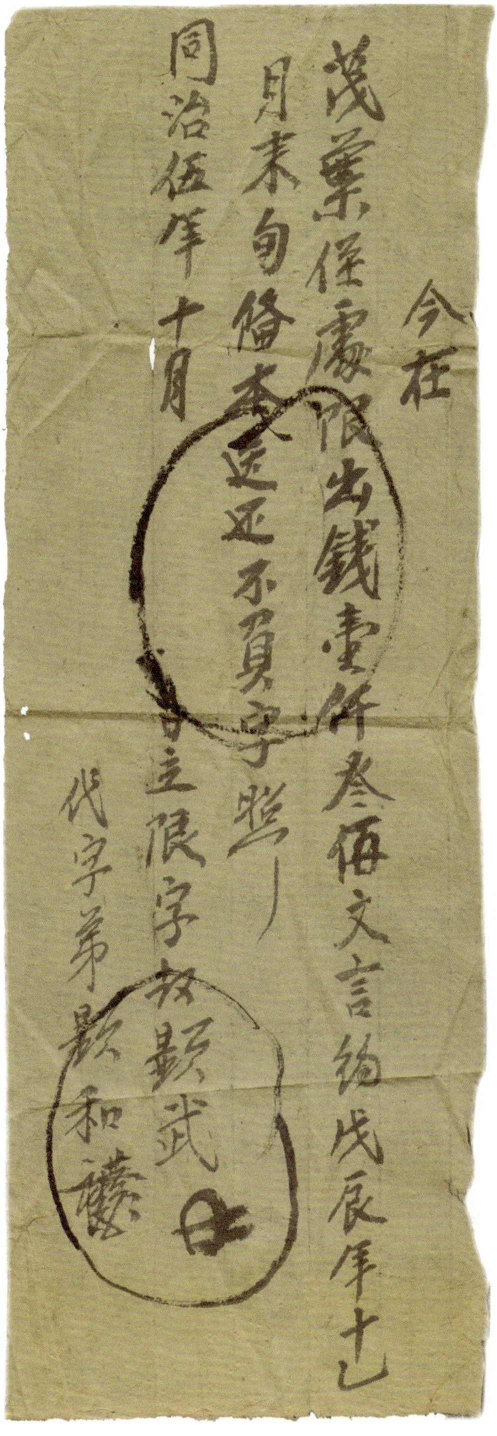
今在
茂業保處限出錢壹仟叁佰文言約戊辰年十二
月末旬備本送还不負字照
立限字林顯武
代字弟顯和筆

6-4-66-9　清同治五年十月林顯武立限字（廢契）

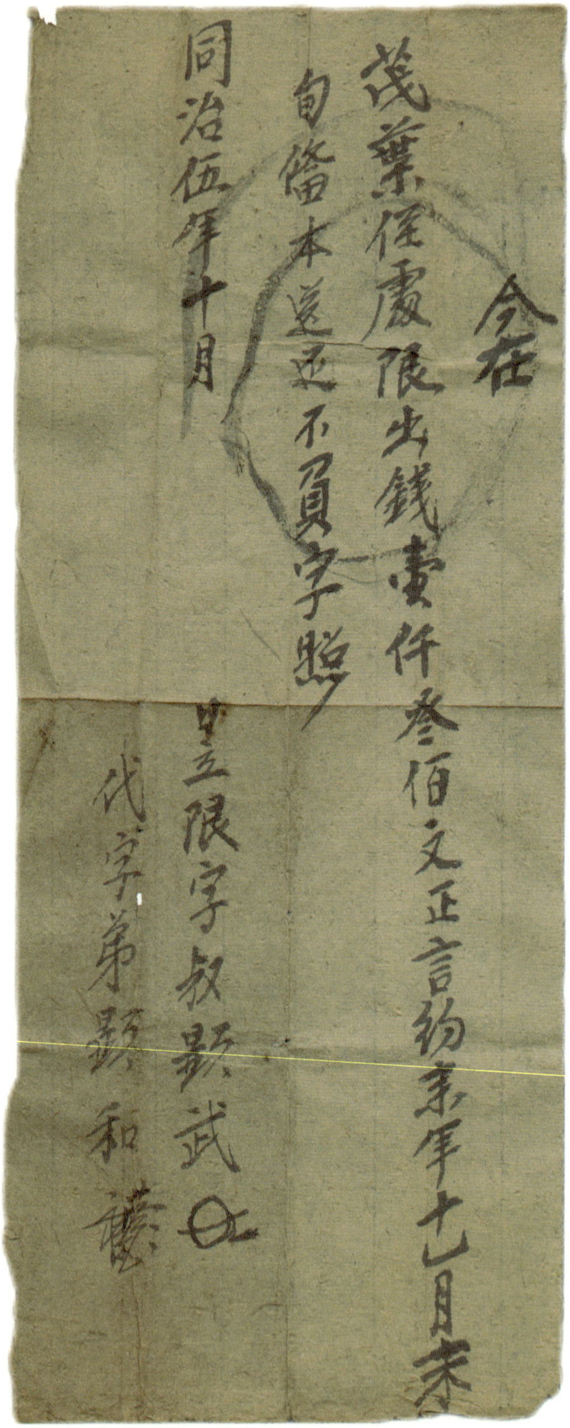
今在
茂葉侄處限出錢壹仟叁佰文正言約来年十二月末
自當本送还不負字照
同治伍年十月
日立限字叔顯武（押）
代字弟顯和筆

6-4-66-10　清同治五年十月林顯武立限字（廢契）

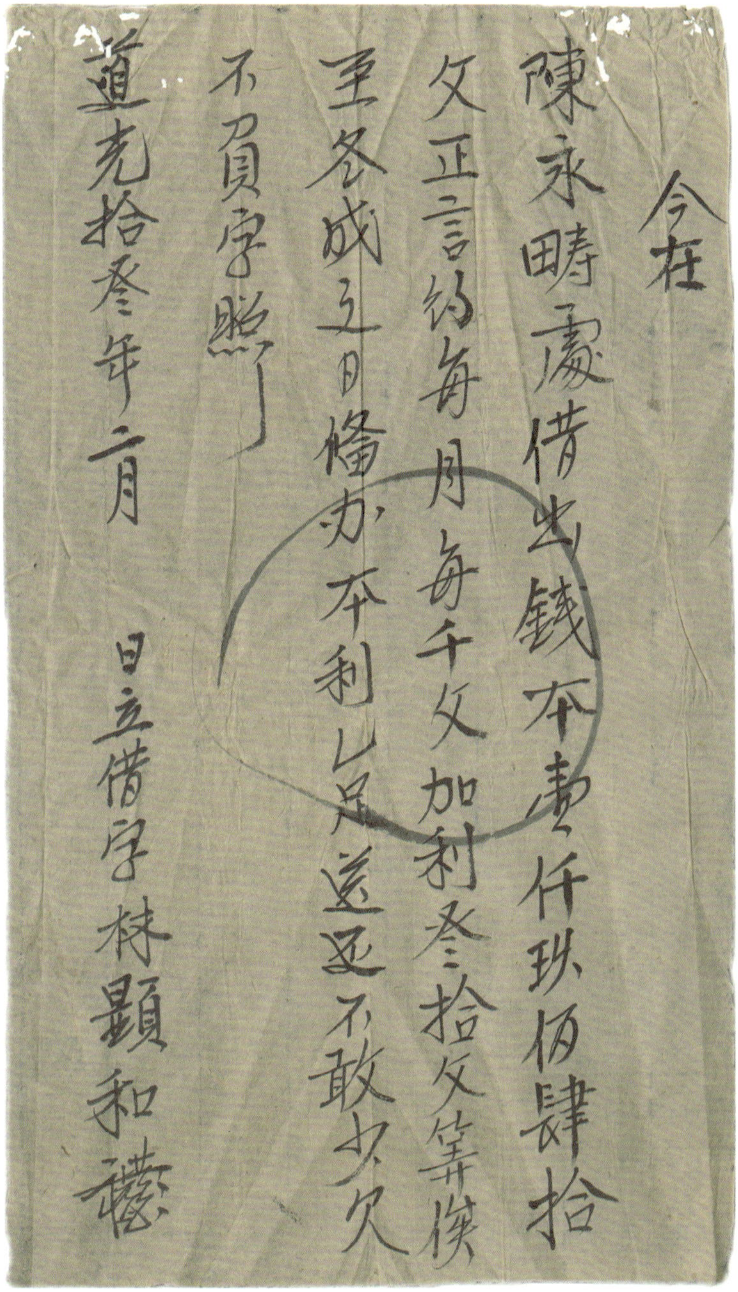

今在
陳永疇處借出錢本壹仟玖佰肆拾
文正言約每月每千文加利叁拾文算俟
至冬成之日備办本利一足送还不敢少欠
不負字照
道光拾叁年二月　　日立借字林顯和[illegible]

6-4-67-1　清道光十三年二月林顯和立借錢字（廢契）

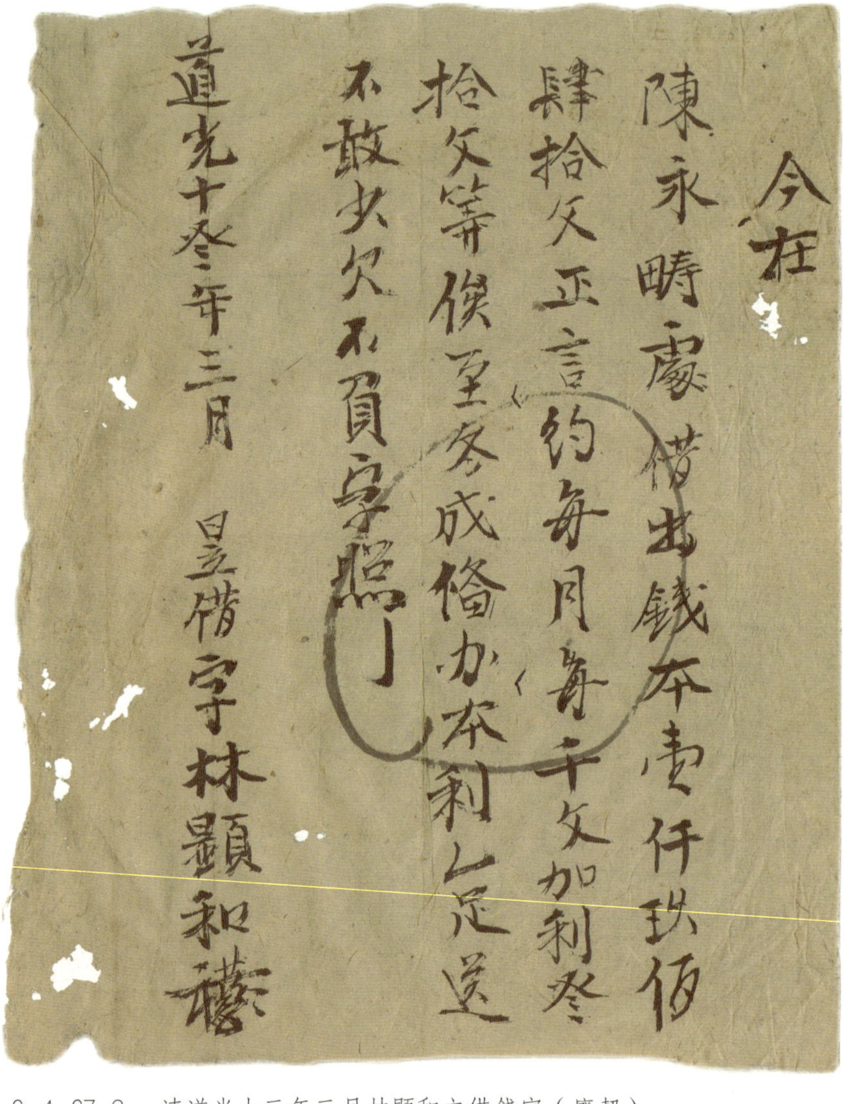

今在
陳永疇處借出錢本壹仟玖佰
肆拾文正言約每月每千文加利叁
拾文算候至冬成倫办本利一足送
不敢少欠不負字照
道光十叁年三月　日立借字林顯和（押）

6-4-67-2　清道光十三年三月林顯和立借錢字（廢契）

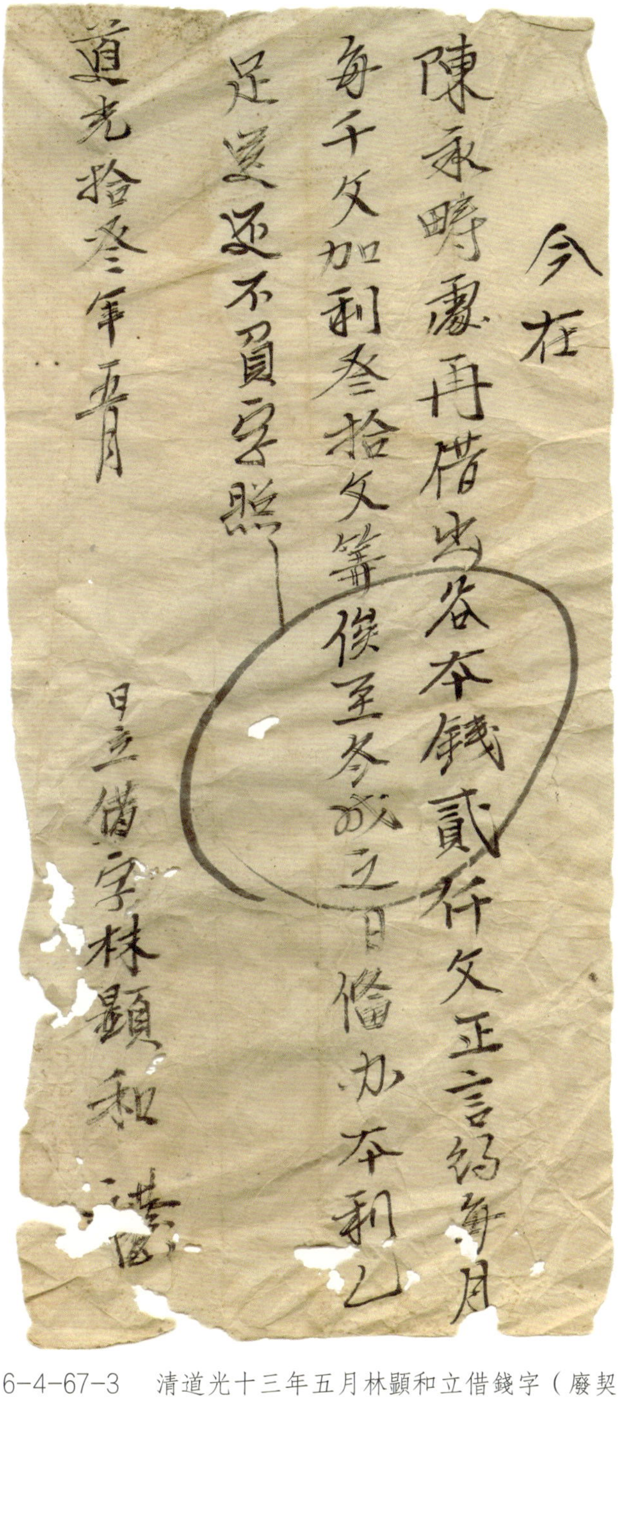
今在
陳永疇處再借出谷本錢貳仟文正言約每月
每千文加利叁拾文算候至冬成之日備办本利乙
足交還不誤字照
道光拾叁年五月　日立借字林顯和（押）

6-4-67-3　清道光十三年五月林顯和立借錢字（廢契）

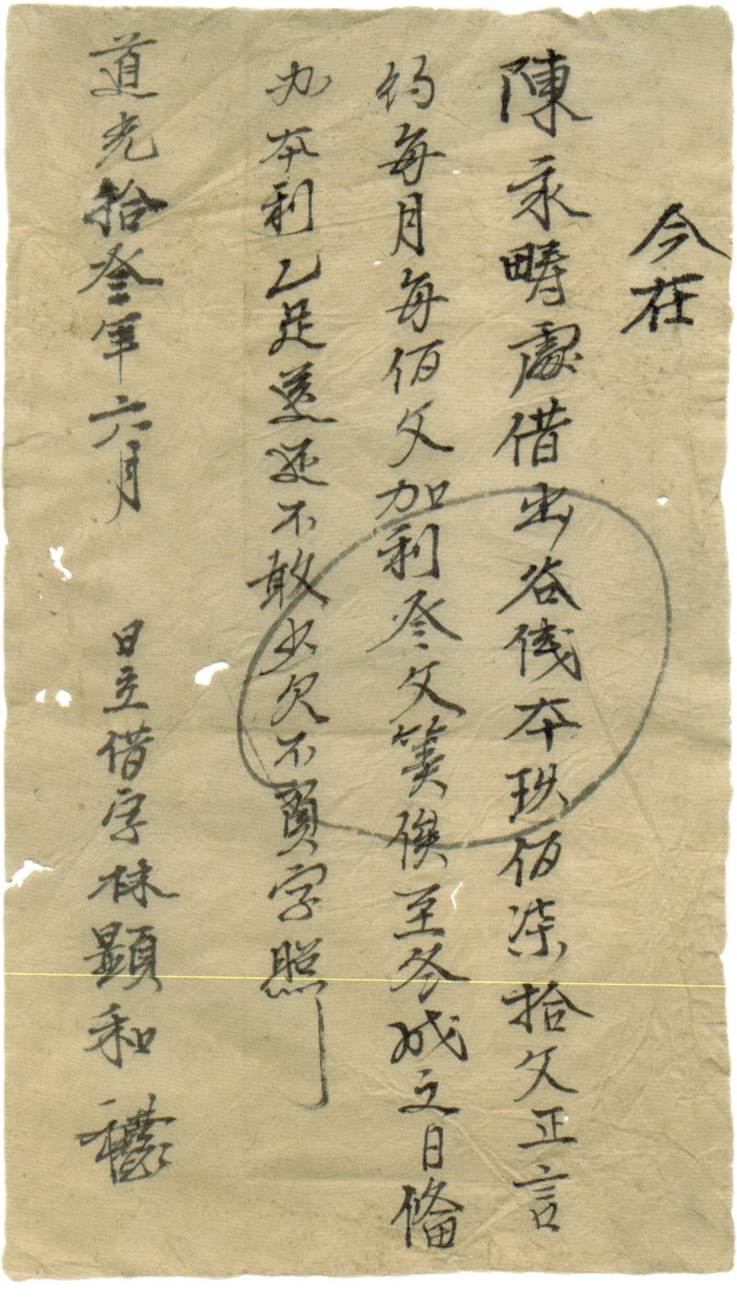

今在

陳永疇處借出谷錢本玖佰柒拾文正言

約每月每佰文加利叁文算候至冬成之日備

办本利一足送還不敢少欠不負字照

道光拾叁年六月　日立借字林顯和（押）

6-4-67-4　清道光十三年六月林顯和立借錢字（廢契）

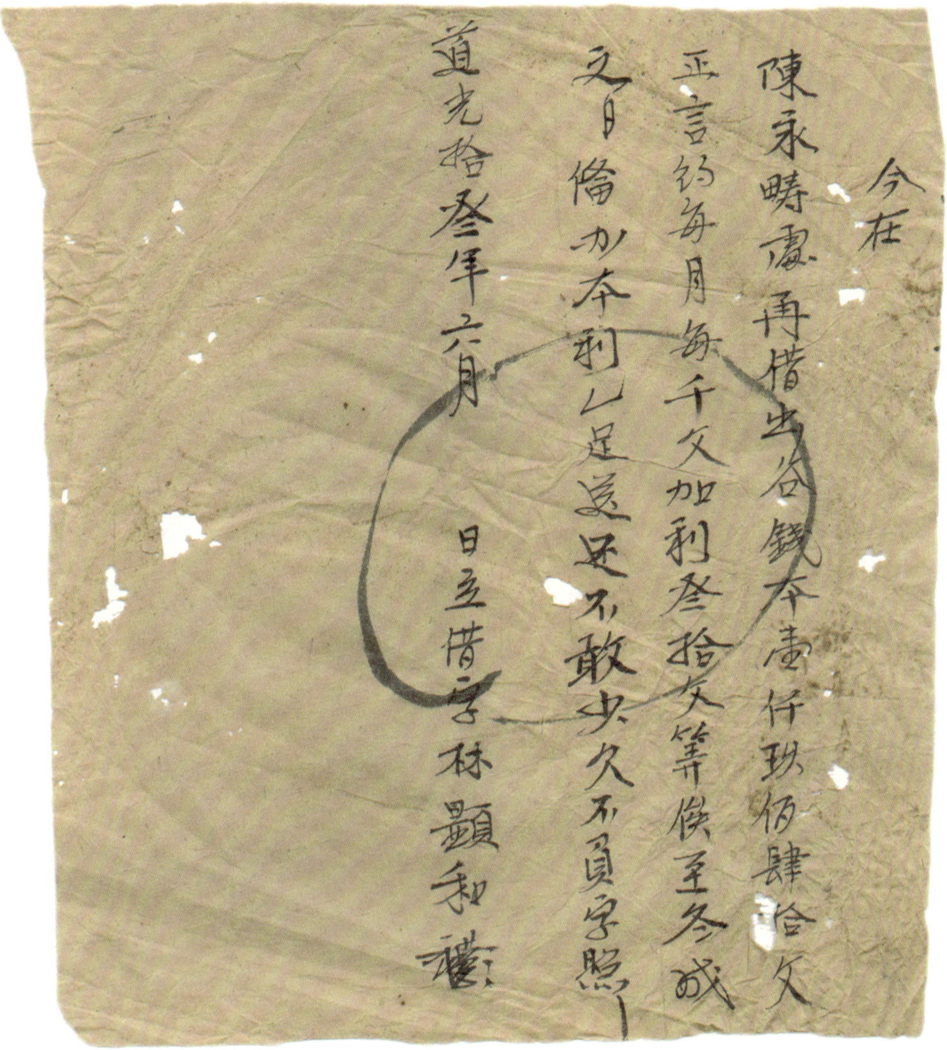
今在
陳永畴處再借出谷錢本壹仟玖佰肆拾文
正言約每月每千文加利叁拾文算俟至冬成
之日備办本利一足送还不敢少欠不負字照
日立借字林顯和（押）
道光拾叁年六月

6-4-67-5　清道光十三年六月林顯和立借錢字（廢契）

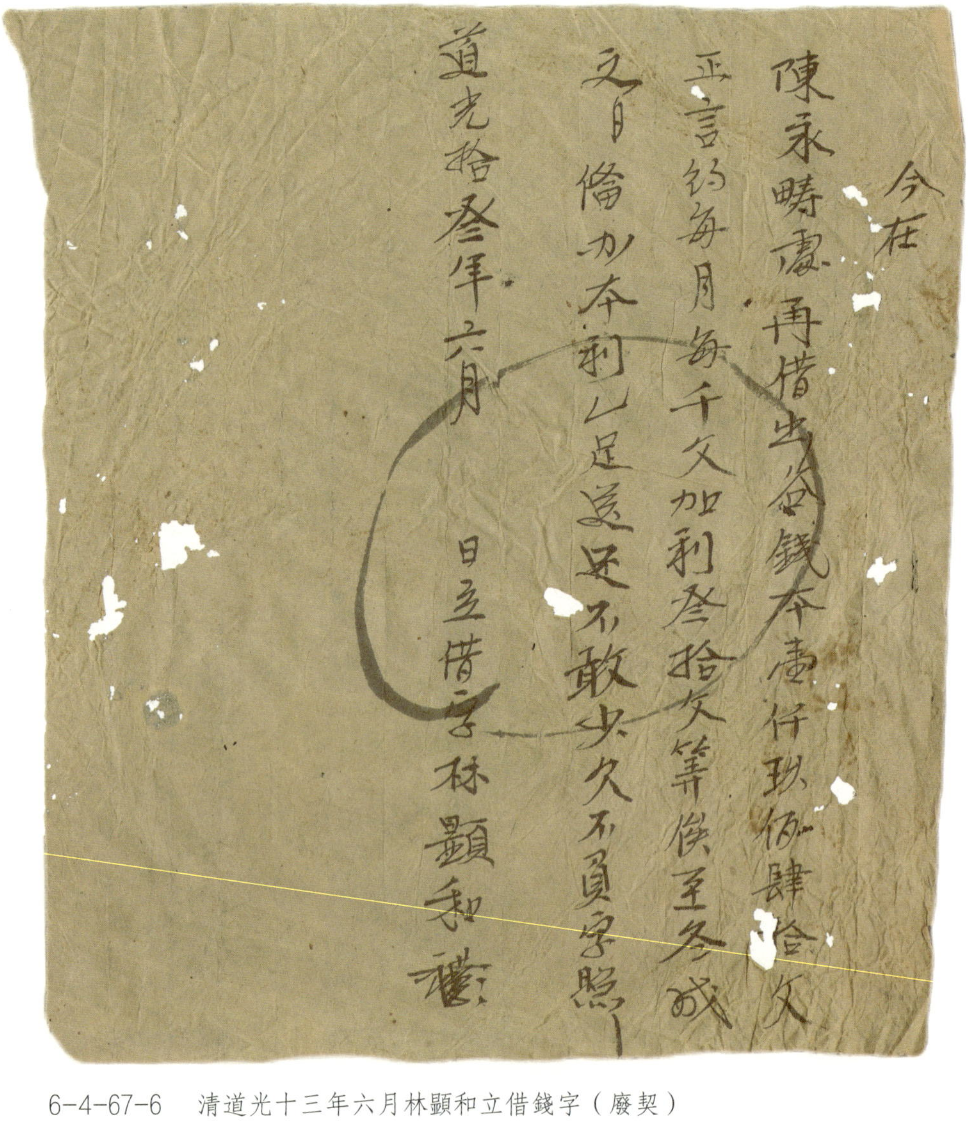

今在
陳永疇處再借出谷錢本壹仟玖佰肆拾合文，
正言約每月每千文加利叁拾文算，俟至冬成
之日備办本利一足送足，不敢少欠，不負，字照。
道光拾叁年六月　日立借字林顯和（押）

6-4-67-6　清道光十三年六月林顯和立借錢字（廢契）

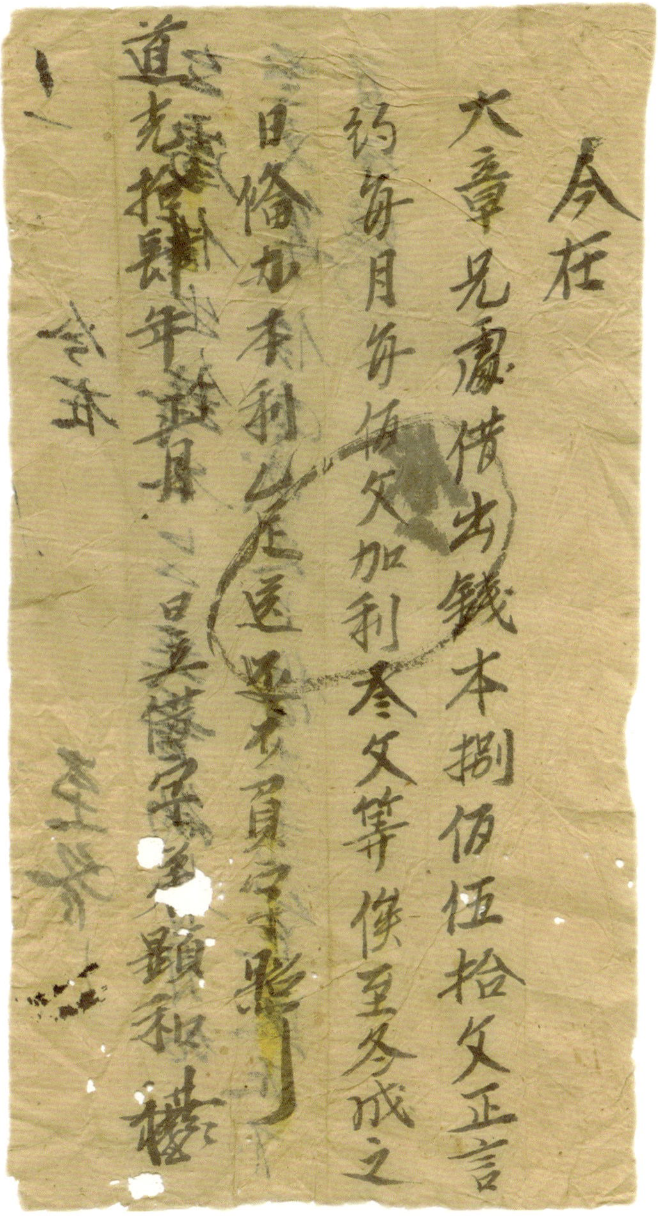

今在
大章兄處借出錢本捌佰伍拾文正，言
約每月每佰文加利叁文算，係至冬成之
日備办本利一足送還，不負分厘。
道光拾肆年正月　日立借字人林顯和（押）

6-4-67-7　清道光十四年正月林顯和立借錢字（廢契）

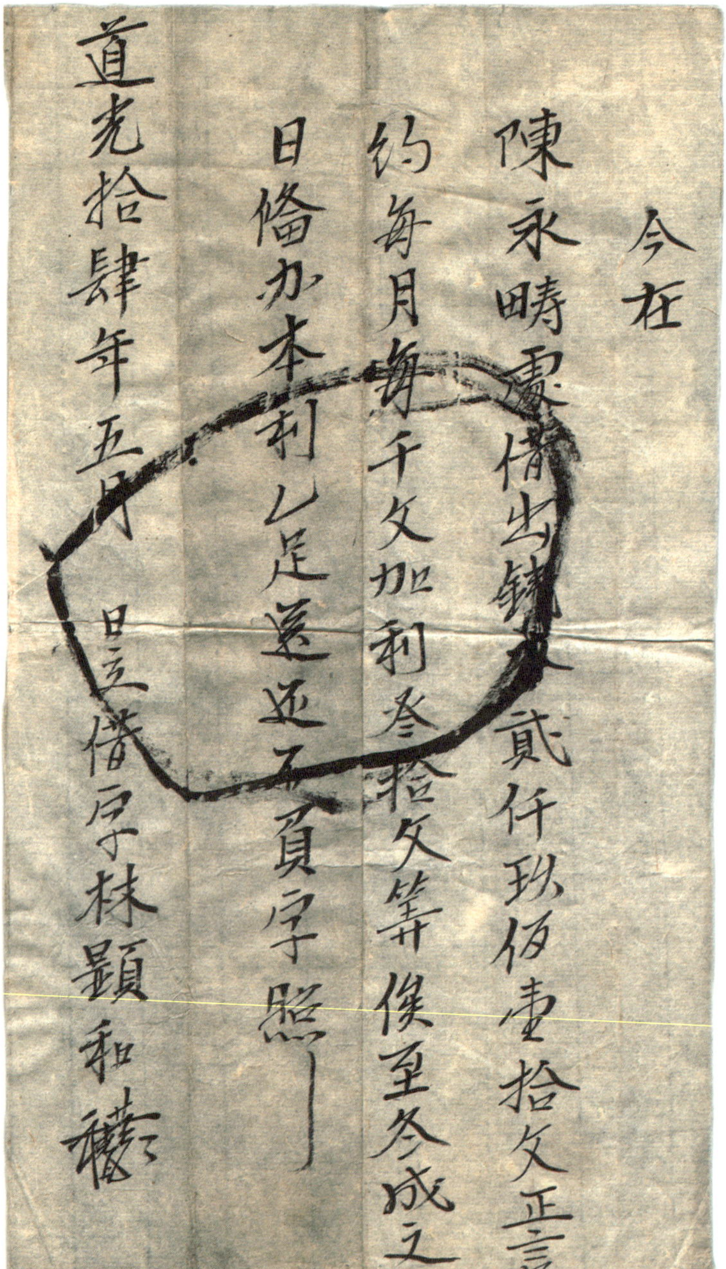

今在
陳永疇處借出錢貳仟玖佰壹拾文正言
約每月每千文加利叁拾文算俟至冬成之
日備辦本利一足送還不負字照
道光拾肆年五月　日立借字林顯和（押）

6-4-67-8　清道光十四年五月林顯和立借錢字（廢契）

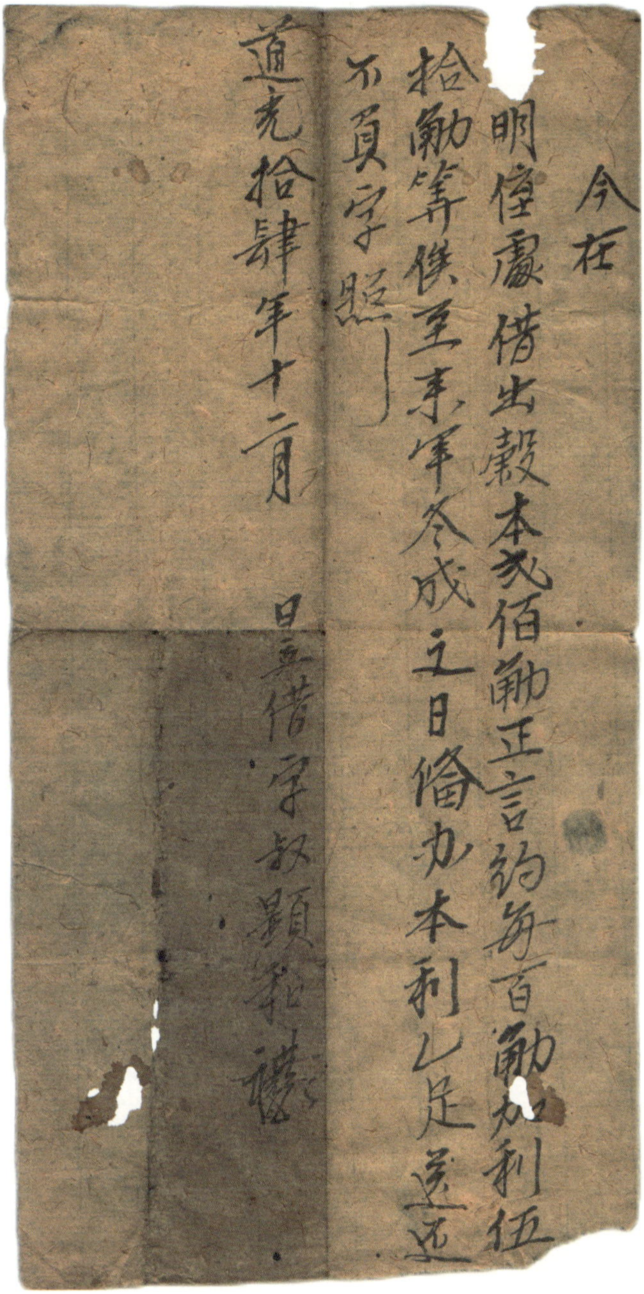

今在
明侄處借出穀本弍佰觔正，言约每百觔加利伍拾觔算，供至来年冬成之日，備办本利足送還，不負字照。
道光拾肆年十二月　日立借字叔顯和[illegible]

6-4-67-9　清道光十四年十二月林顯和立借穀字

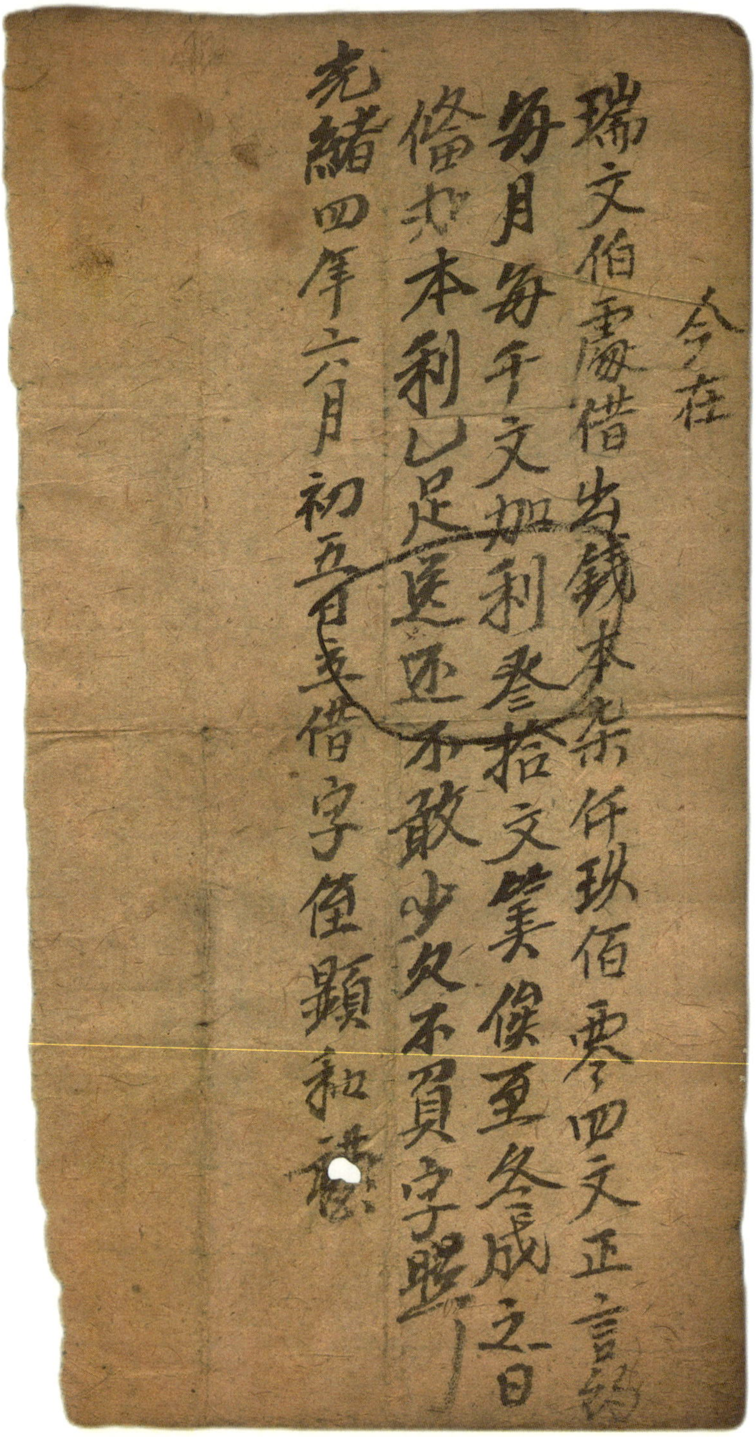
今在
瑞文伯雲海借出錢本柒仟玖佰零四文正言約
每月每千文加利叁拾文算候至冬成之日
備出本利足足还不敢少欠不負字照
光緒四年六月初五日立借字侄顯和（押）

6-4-67-10　清光緒四年六月林顯和立借錢字（廢契）

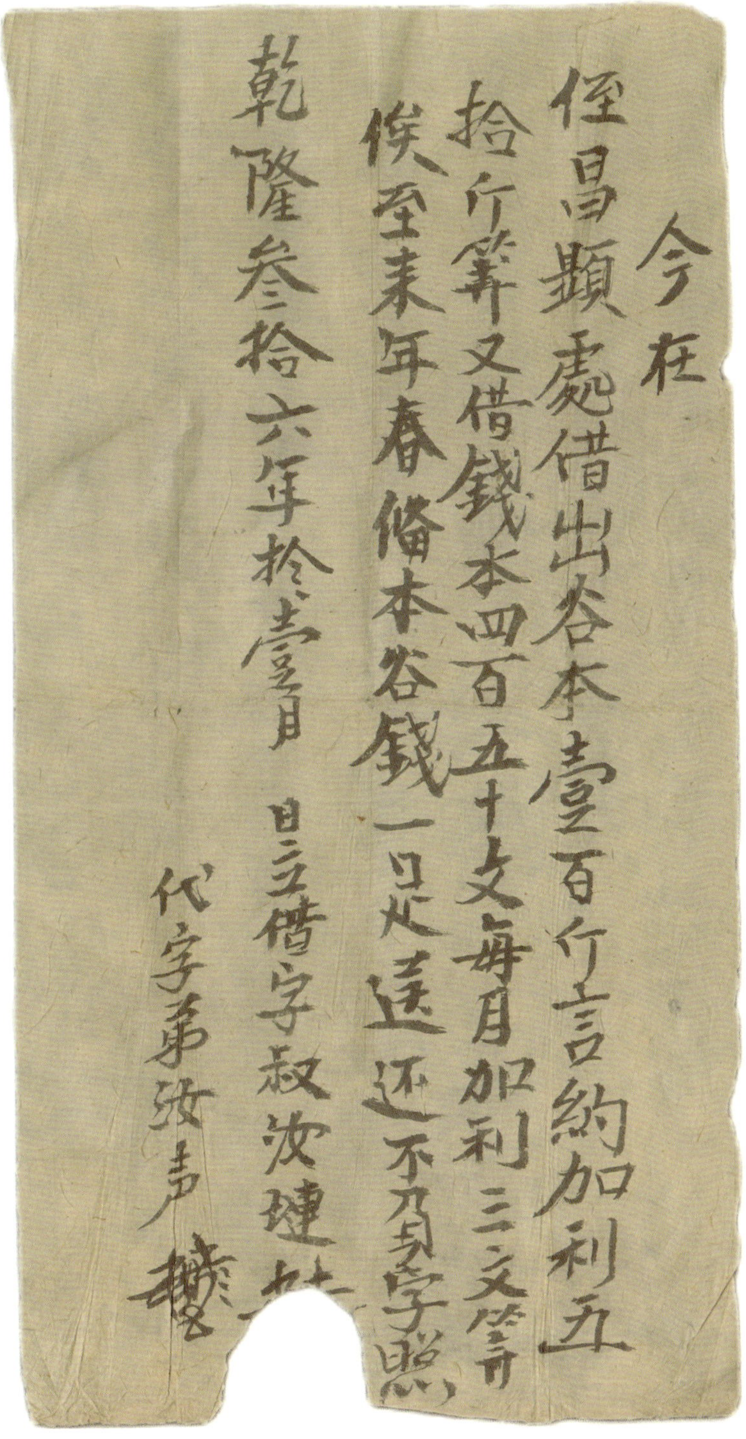

今在
侄昌顯處借出谷本壹百斤言約加利五
拾斤算又借錢本四百五十文每月加利三文算
俟至來年春備本谷錢一足送还不負字照
乾隆叁拾六年拾壹月　日立借字叔汝璉
代字弟汝声

6-4-68-1　清乾隆三十六年十一月林汝璉立借穀字

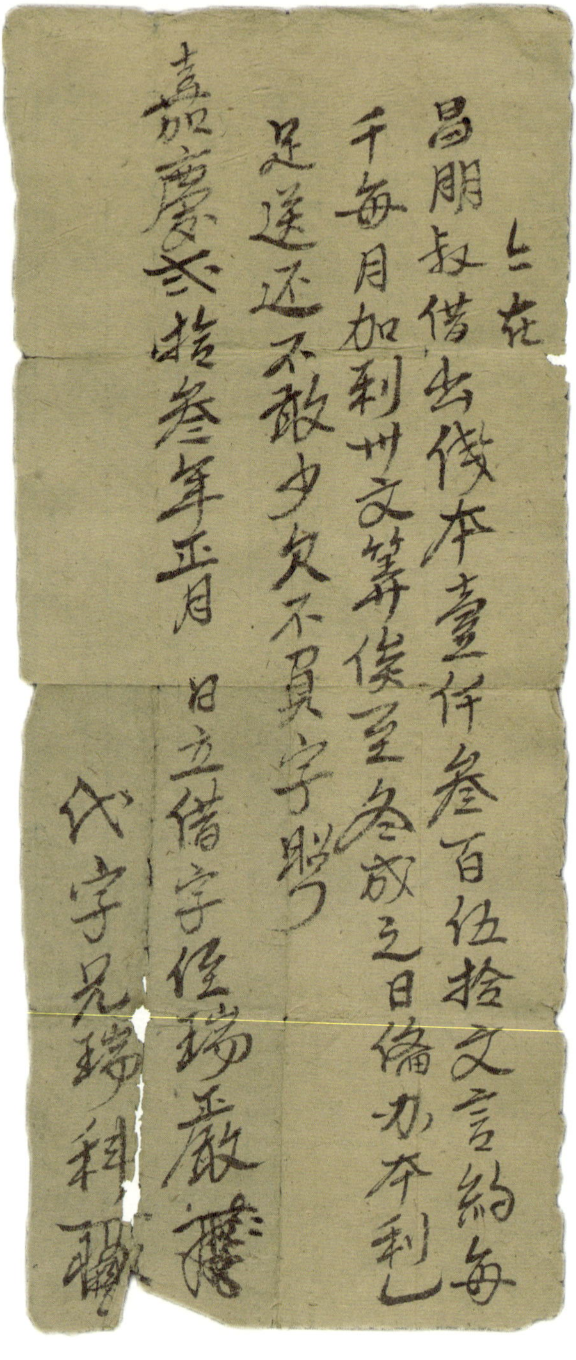

上在
昌朋叔借出錢本壹仟叁百伍拾文言約每
千每月加利卅文算，俟至冬成之日備办本利
足送还不敢少欠，不負字照。
嘉慶式拾叁年正月　日立借字侄瑞嚴（押）
代字兄瑞科（押）

6-4-68-2　清嘉慶二十三年正月林瑞嚴立借錢字

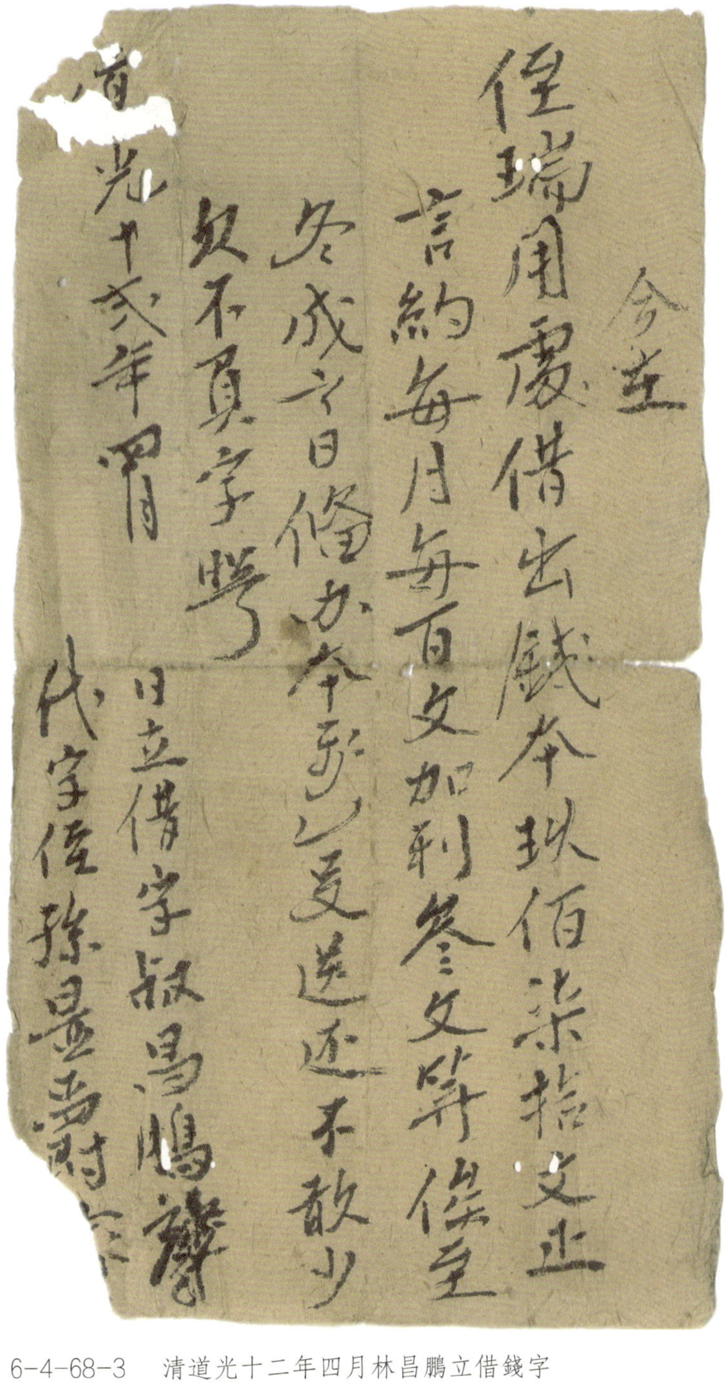

今立
侄瑞用處借出錢本拾佰柒拾文正
言約每月每百文加利叁文算至
冬成之日備办本利送还不敢少
欠不負字照
道光十弍年四月
日立借字叔昌鵬
代字侄孫昌壽

6-4-68-3　清道光十二年四月林昌鵬立借錢字

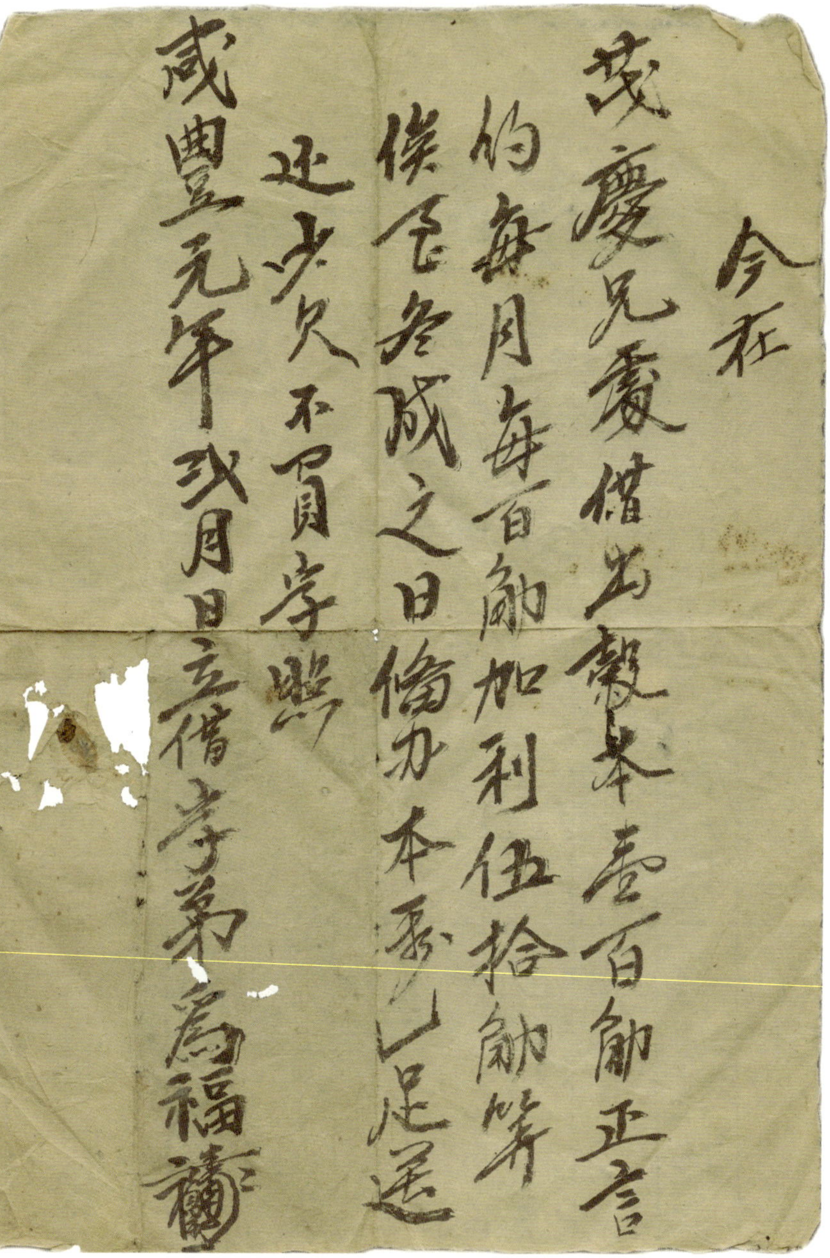

今在
茂慶兄處借出穀本壹百觔正言
約每月每百觔加利伍拾觔筭
俟早冬成之日備办本利足還
迠少欠不負字照
咸豐元年弍月日立借字弟爲福

6-4-68-4　清咸豐元年二月林爲福立借穀字

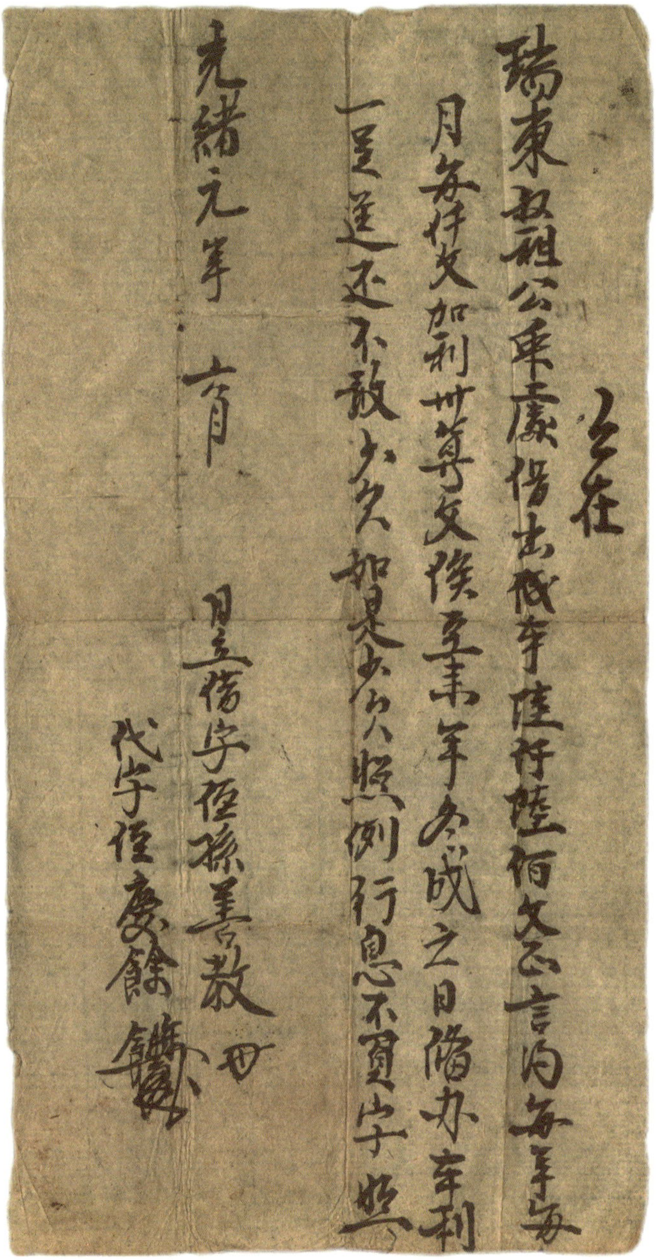
今在
瑞東叔祖公乘處借出錢本佳仟陸佰文正言約每年每
月每仟文加利卅算文候至本年冬成之日備办本利
一足送还不敢少欠如是少欠照例行息不负字照
光緒元年 六月 日立借字侄孫善教
代字侄慶餘

6-4-68-5 清光緒元年六月林善教立借錢字

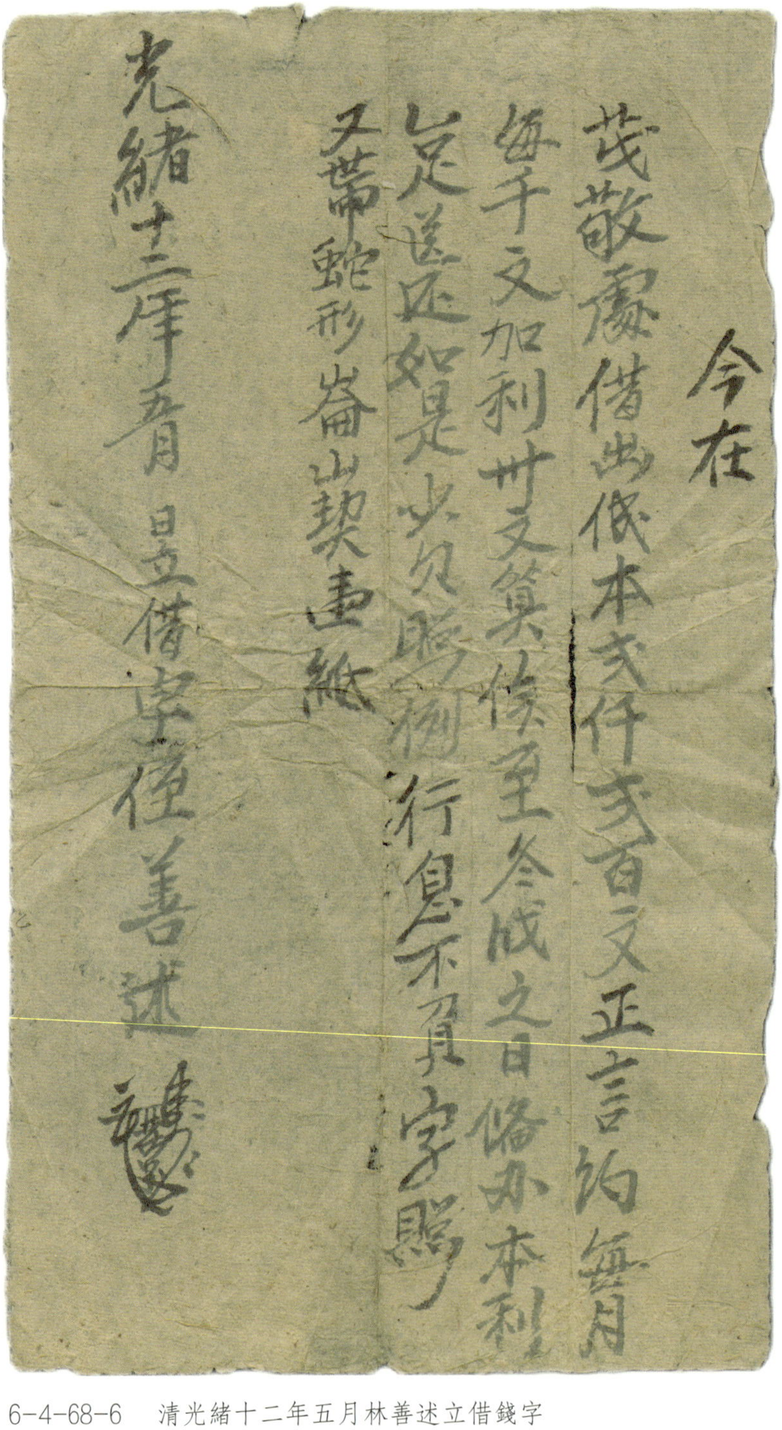

今在
茂敬處借出低本弍仟弍百文正，言約每月
每千文加利廿文算，候至冬成之日備办本利
足送还，如是少欠照例行息，不負字照。
又帯鮀形崙山契壹紙
光緒十二年五月　日立借字侄善述　親筆

6-4-68-6　清光緒十二年五月林善述立借錢字

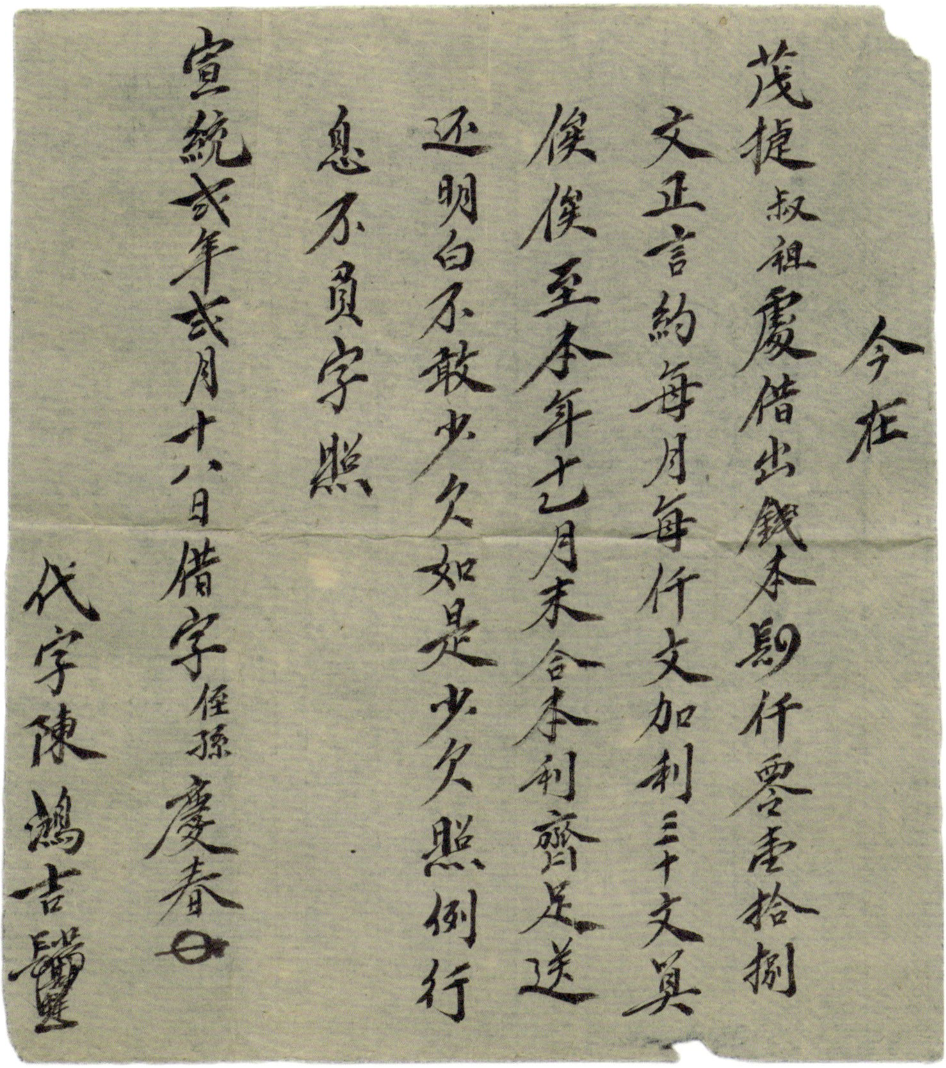
今在
茂捷叔祖處借出錢本肆仟零壹拾捌
文正言約每月每仟文加利三十文算
俟俟至本年十二月末合本利齊足送
还明白不敢少欠如是少欠照例行
息不負字照
宣統弍年弍月十八日借字侄孫慶春（押）
代字陳鴻吉（押）

6-4-68-7　清宣統二年二月林慶春立借錢字

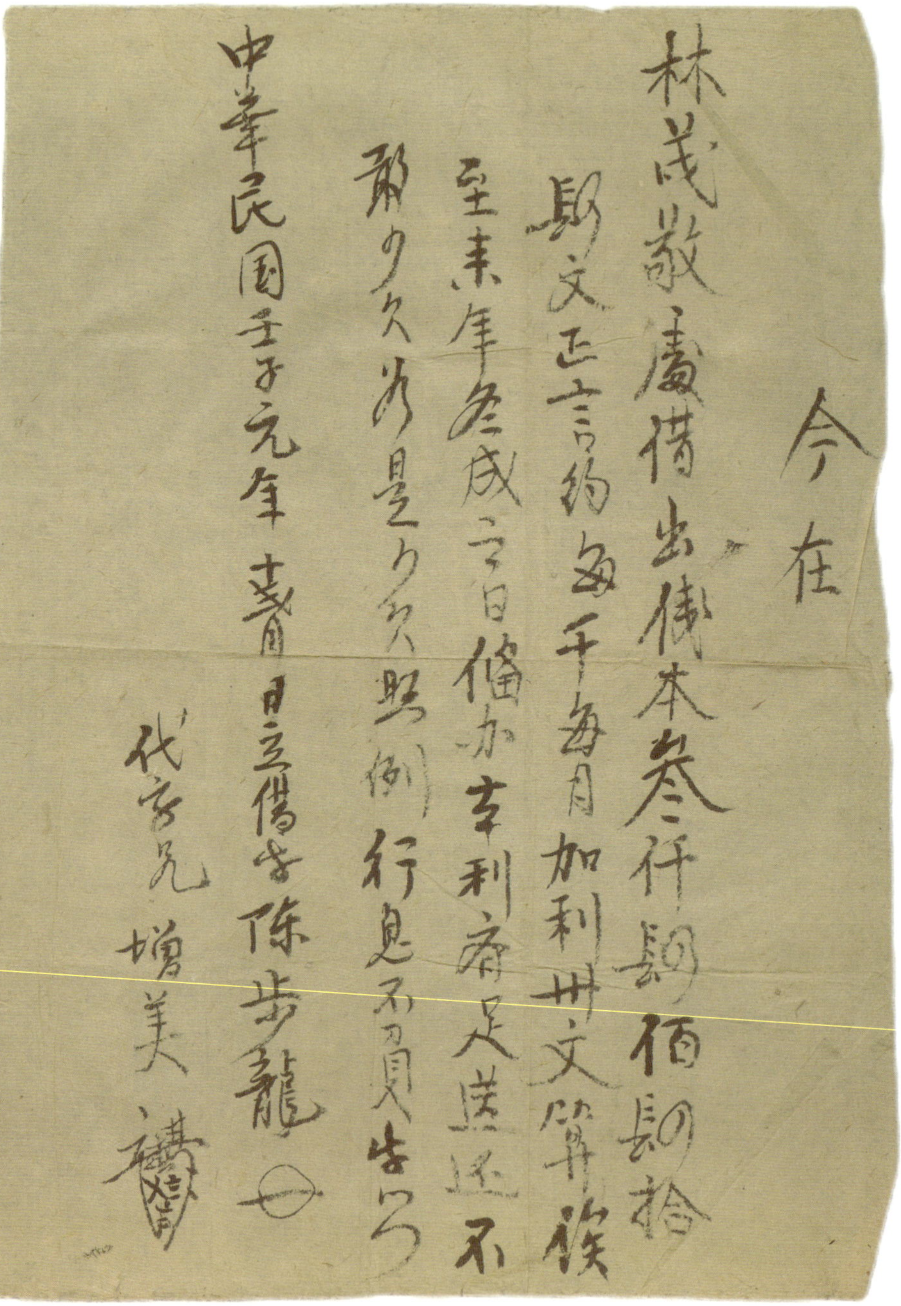

今在
林茂敬處借出佛本叁仟肆佰肆拾
貳文正言約每千每月加利卅文筭俟
至來年冬成之日備办本利齊足送還不
致少欠如是少欠照例行息不得生端
中華民国壬子元年 十二月 日立借字陈步龍
代字兄 增美

6-4-68-8　民國元年十二月陈步龍立借錢字

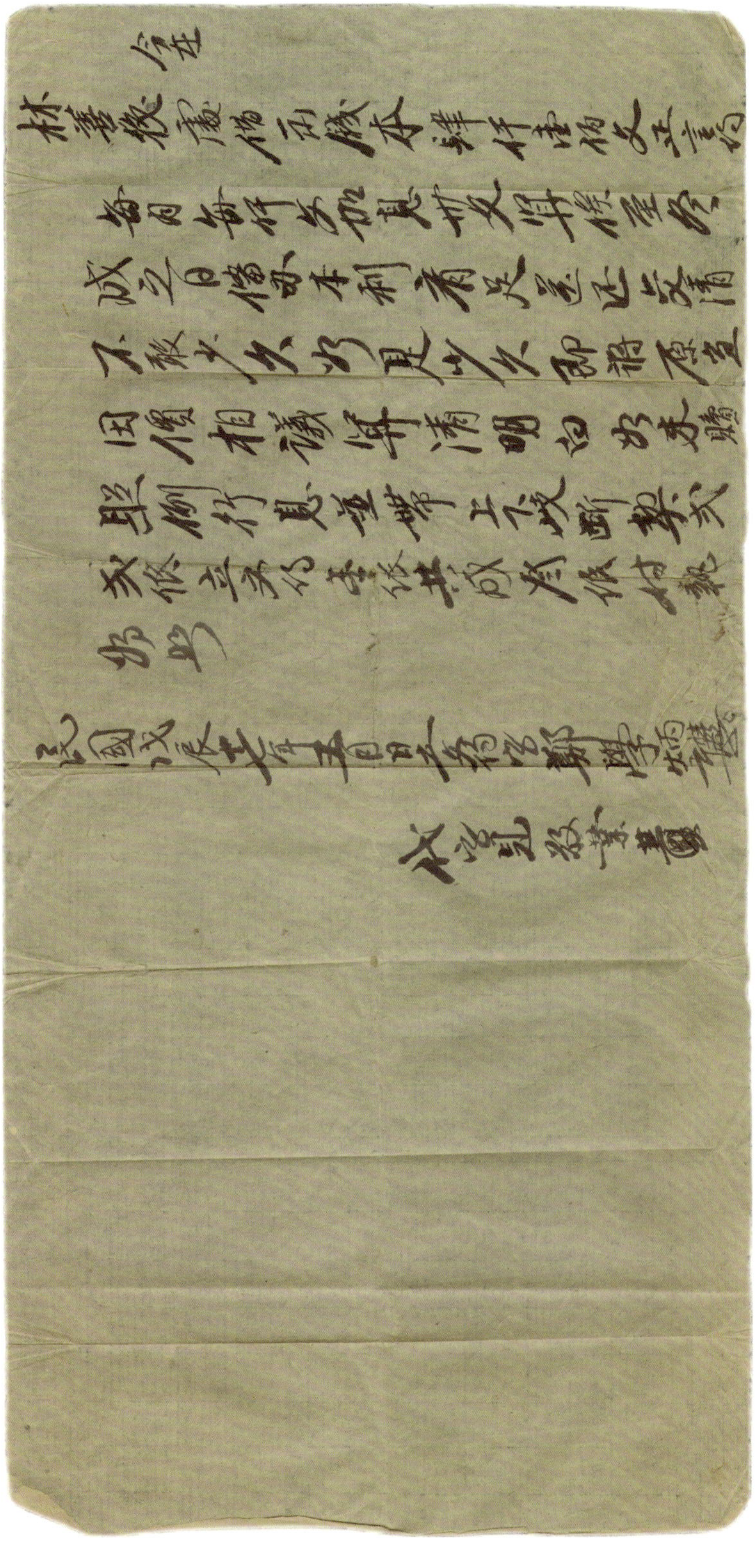

6-4-68-9　民國十七年五月鄭學炳立借錢字

6-4-69-1　包契紙

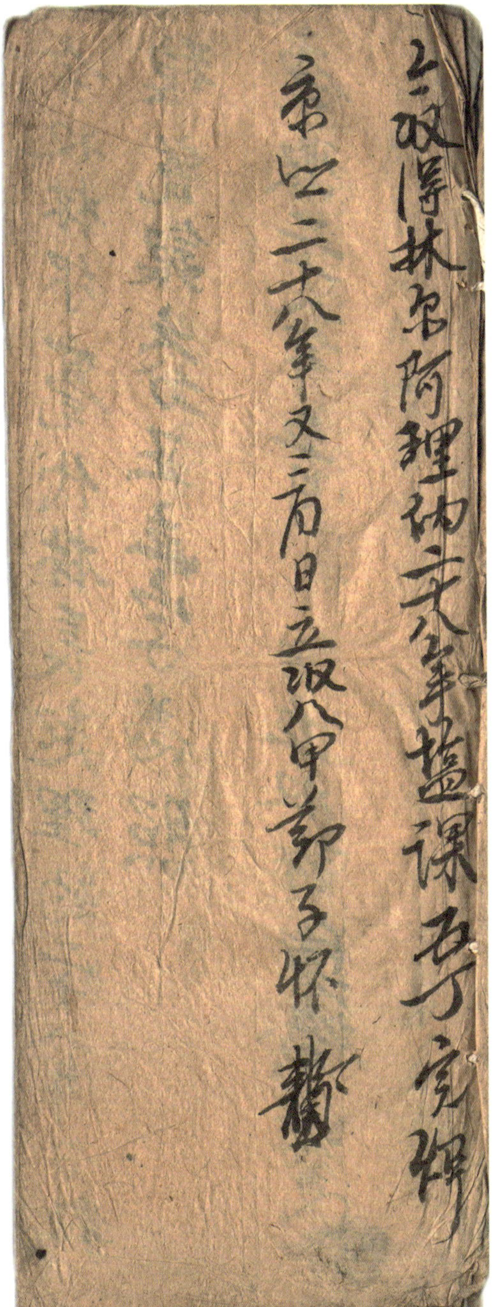


6-4-69-2　清康熙二十八年閏三月鄭子怀立收鹽課字

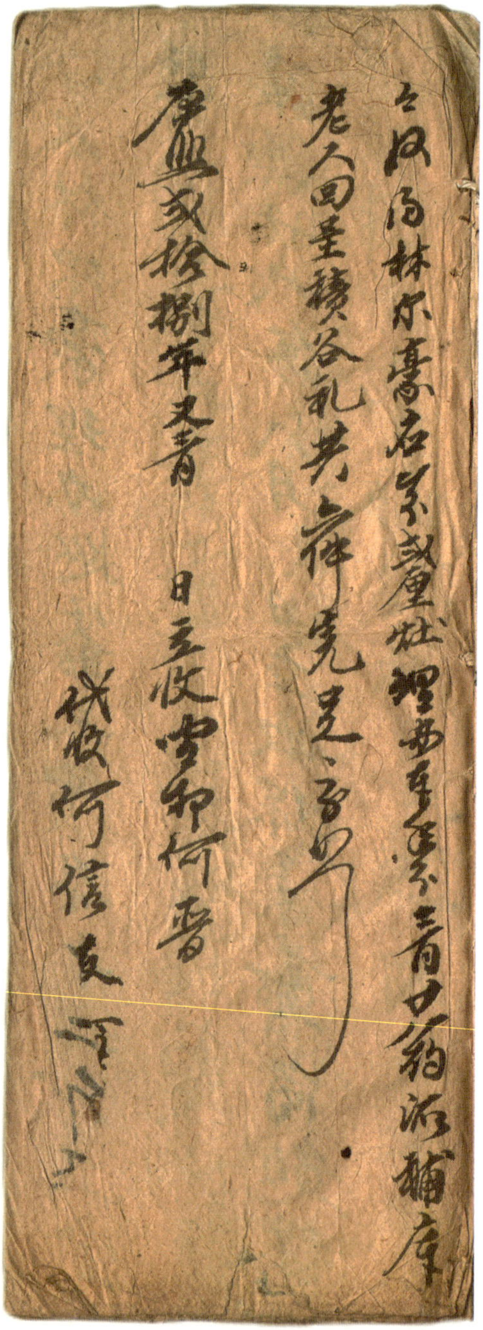
今收過林宗壽名下[illegible]屋址[illegible]年[illegible]壹百廿[illegible]添補庫
老人田基積谷禮共[illegible]足訖
康熙貳拾捌年閏三月　日立收[illegible]何晋
代筆何信友[illegible]

6-4-69-3　清康熙二十八年閏三月何晋立收積穀禮等字

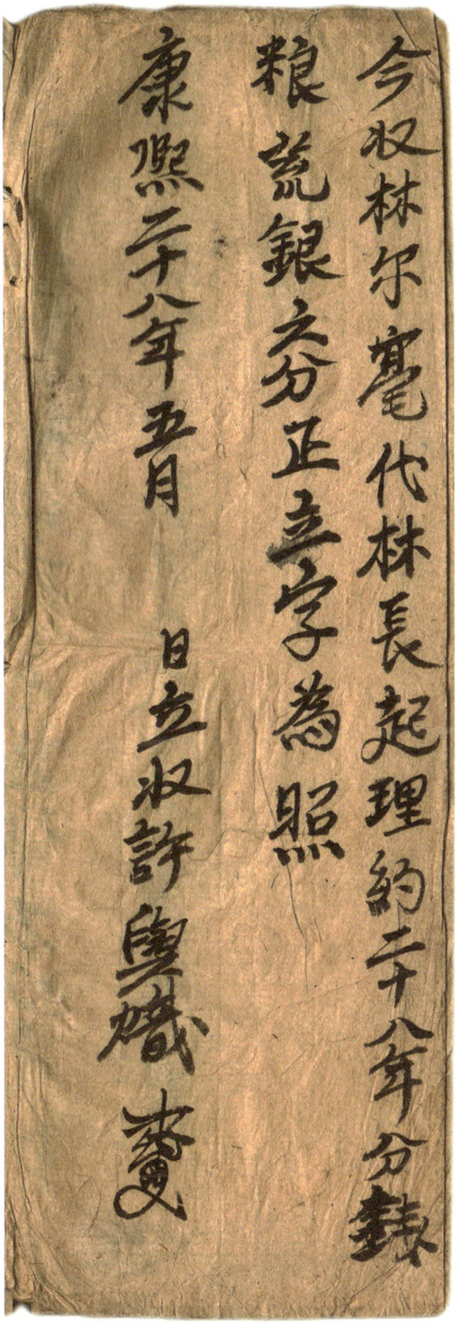

今收林尔寵代林長起理約二十八年分錢
粮荒銀六分正立字為照
康熙二十八年五月　日立收許與熾

6-4-69-4　清康熙二十八年五月許與熾立收錢糧荒銀字

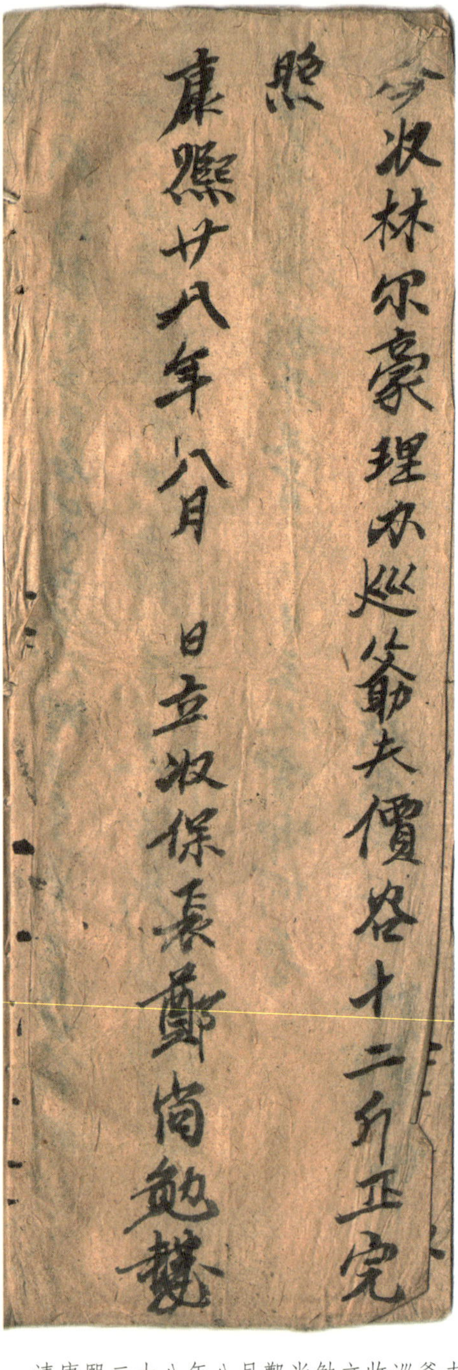
今收林尔豪理本巡爷夫價谷十二斤正完

照

康熙廿八年八月　日立牧保長鄭尚勉（押）

6-4-69-5　清康熙二十八年八月鄭尚勉立收巡爺夫價穀字

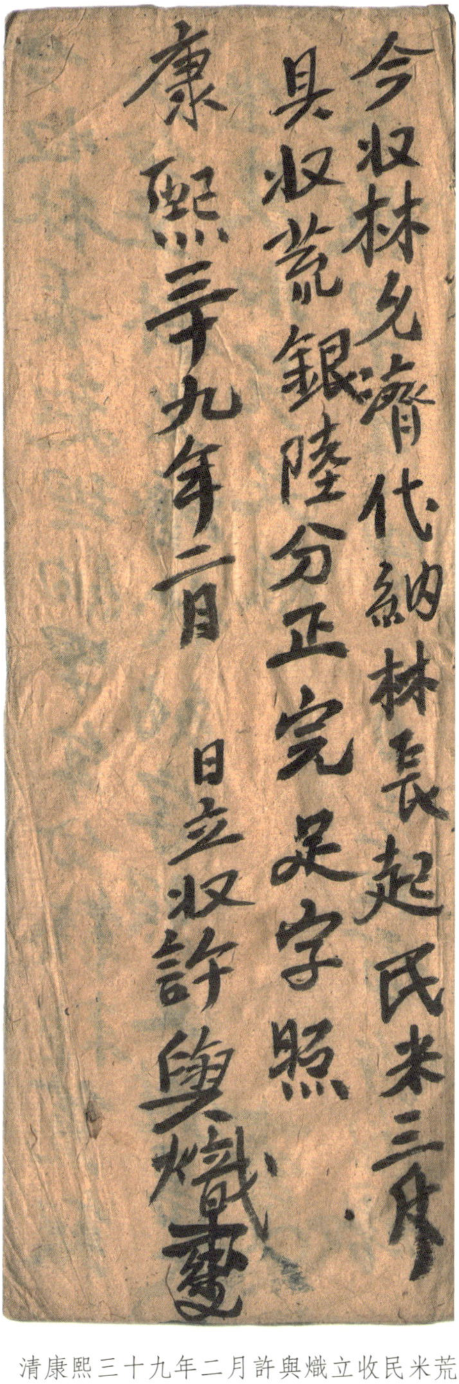

今收林允濟代納林長起民米三斗
具收荒銀陸分正完足字照
康熙三十九年二月　日立收許與熾（押）

6-4-69-6　清康熙三十九年二月許與熾立收民米荒銀字

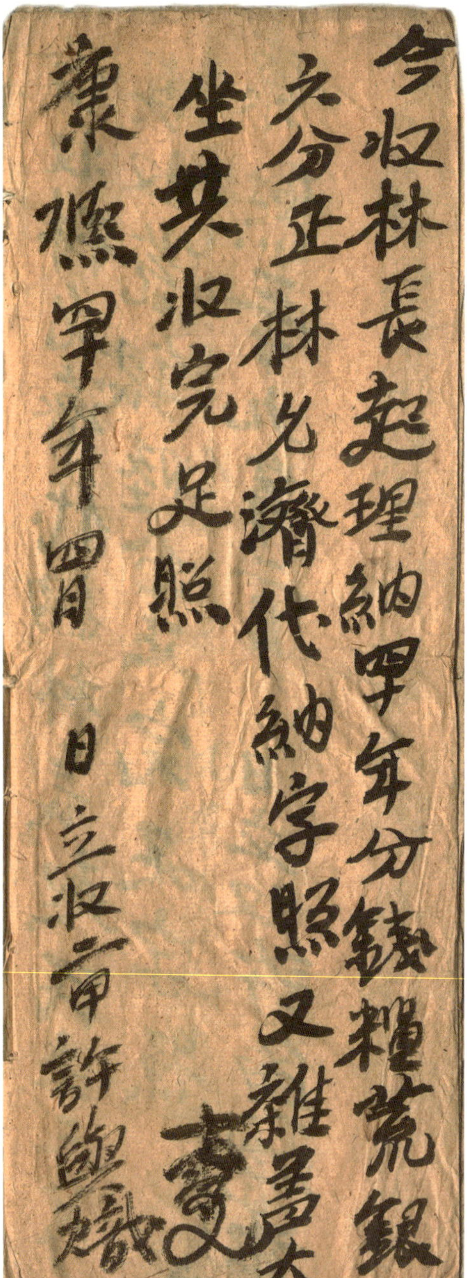

今收林長起理納甲年分錢糧荒銀
六分正林允濟代納字照又雜差大
坐共收完足照　壹文
康熙四十年四月　日立收字許與熾

6-4-69-7　清康熙四十年四月許與熾立收錢糧荒銀等字

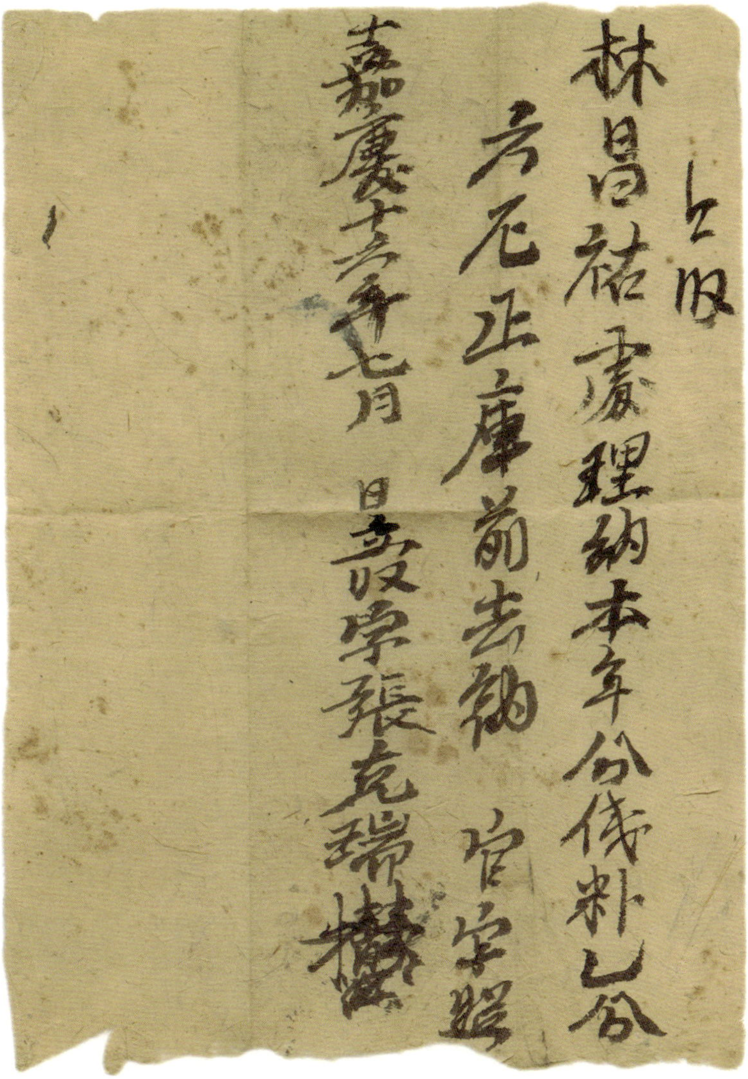
上收
林昌楷處理納本年分錢糧乙分
入在正庫前去納 官字照
嘉慶十六年七月 日立收字張克瑞押

6-4-70-1　清嘉慶十六年七月張克瑞立收錢糧字

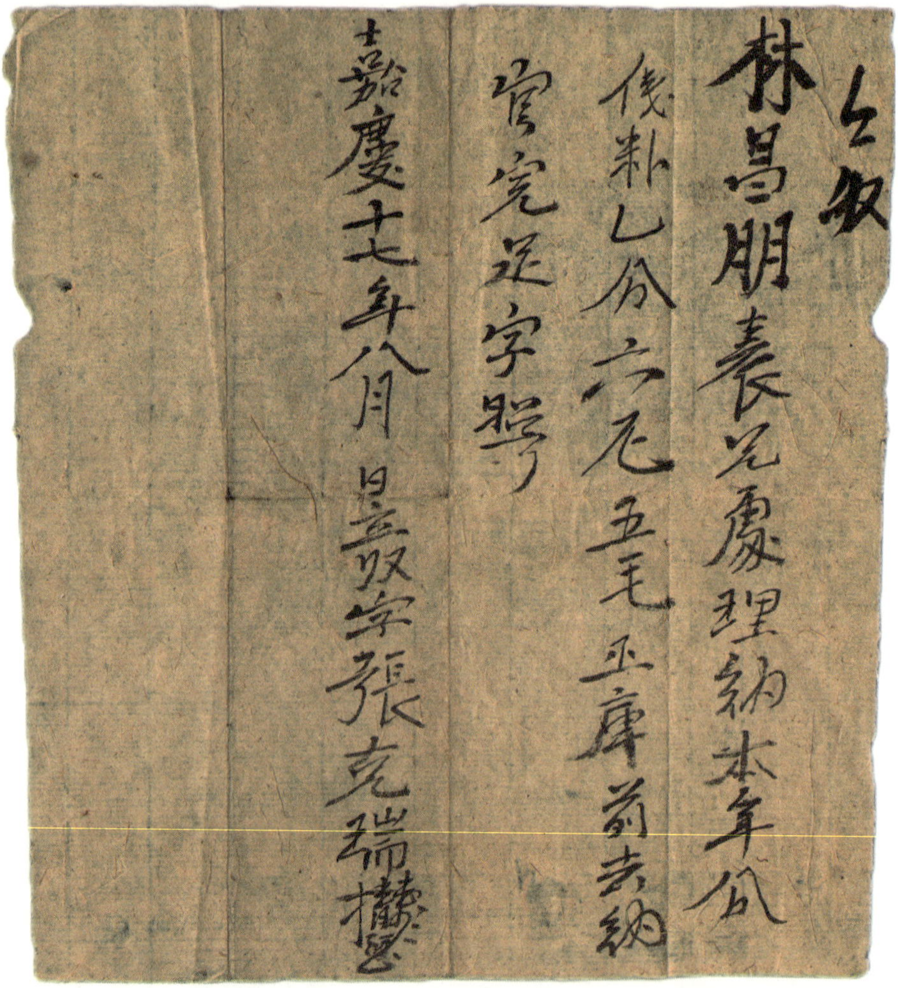
立收
林昌朋表兄處理納本年分
錢糧乙分六厘五毛正庫前去納
官完足字照
嘉慶十七年八月　日立收字張克瑞押

6-4-70-2　清嘉慶十七年八月張克瑞立收錢糧字

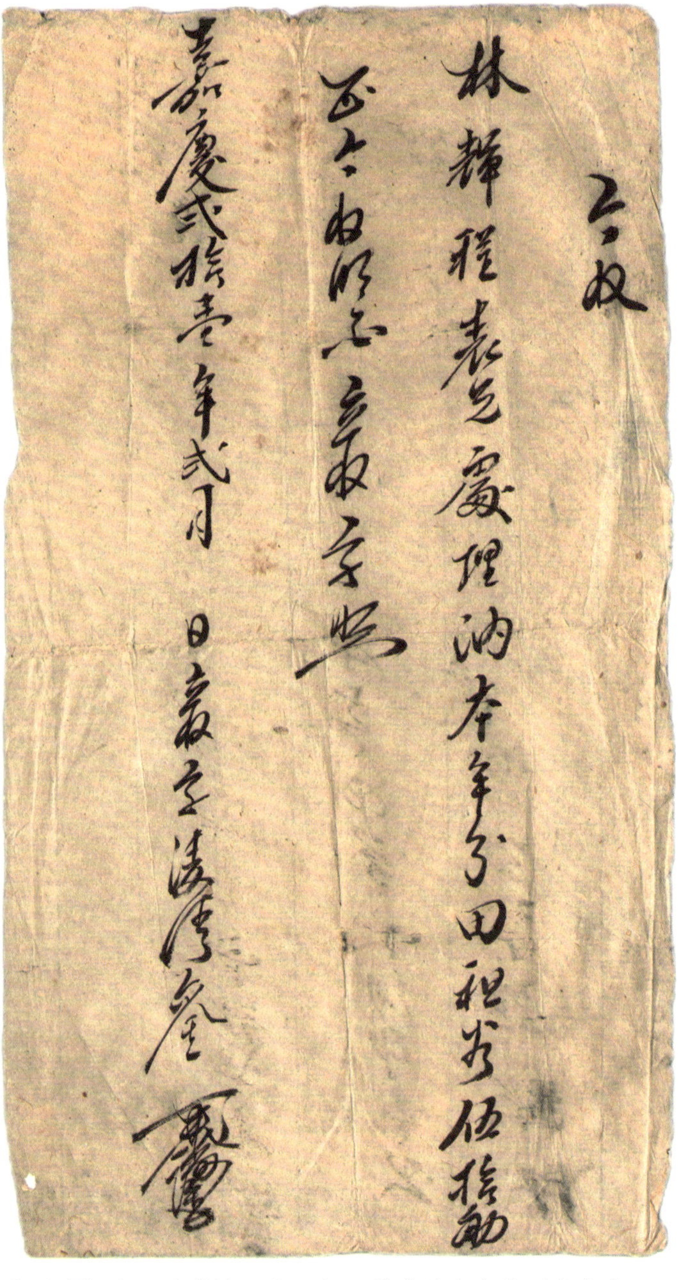

立收

林輝程表兄處理納本年分田租米伍拾觔

正六內明白立收字照

嘉慶貳拾壹年貳月　日收立凌清鑾（押）

6-4-71-1　清嘉慶二十一年二月凌清鑾立收田租穀字

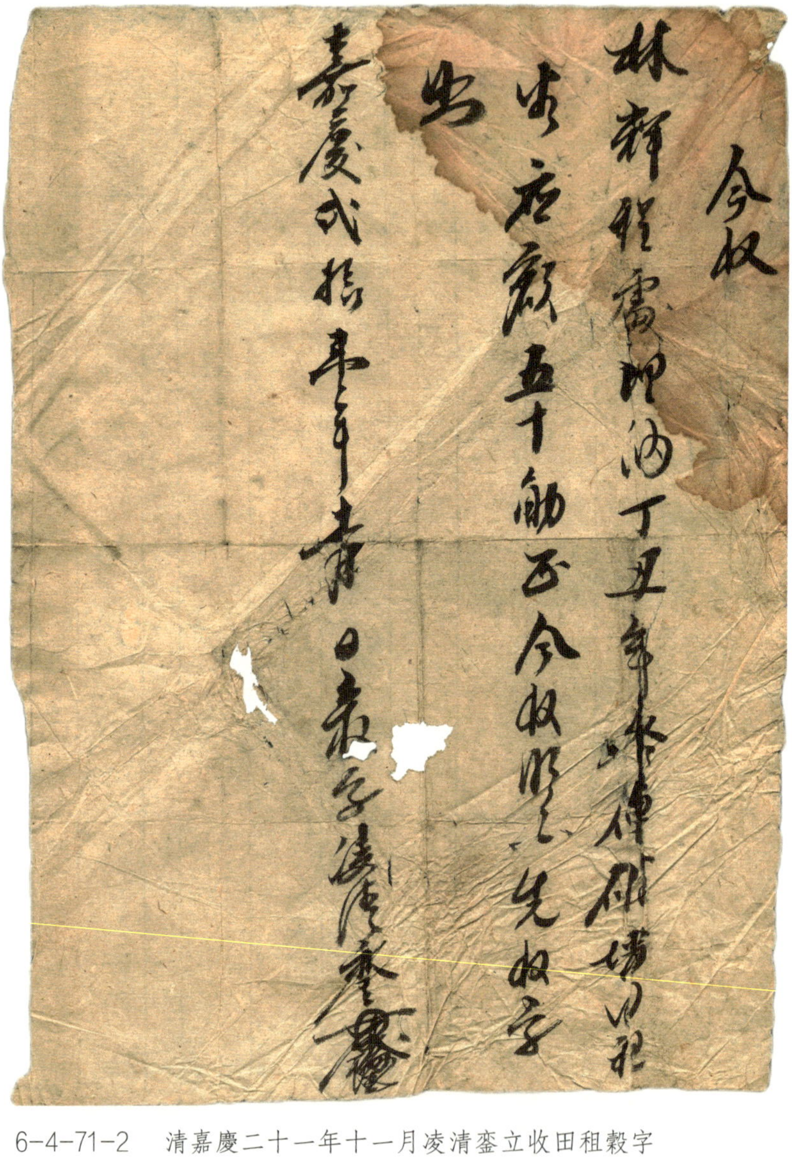

6-4-71-2　清嘉慶二十一年十一月凌清鑾立收田租穀字

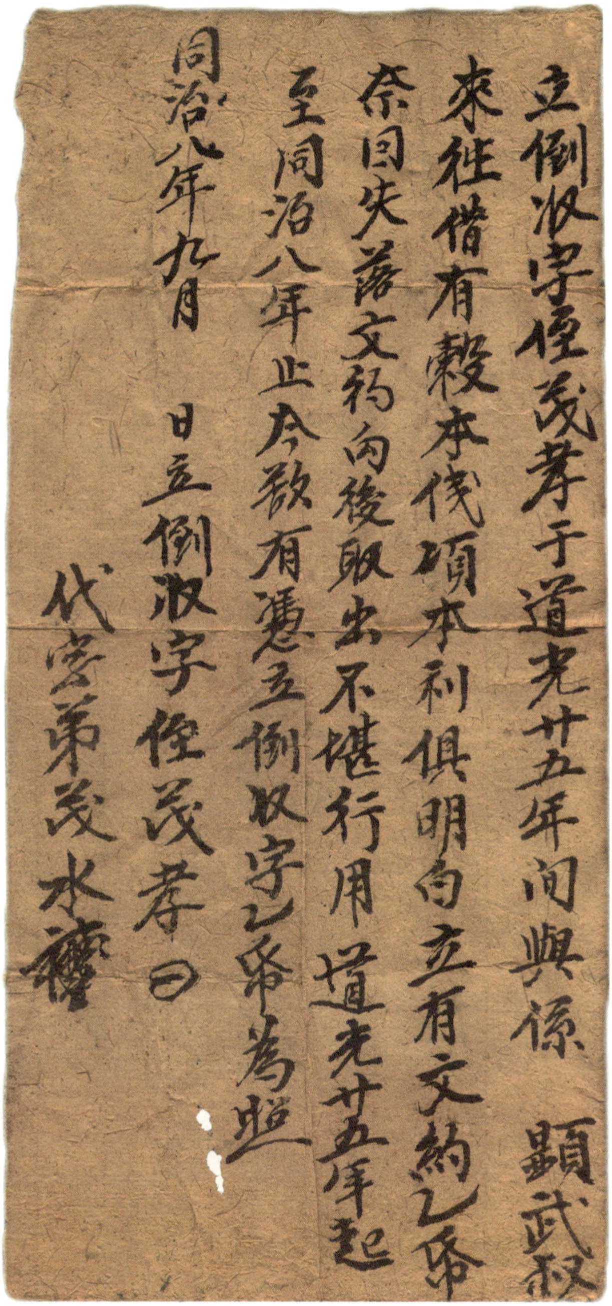

立倒收字侄茂孝于道光廿五年间與係　顯武叔
來往借有穀本錢項本利俱明白立有文約乙紙
奈因失落文約向後取出不堪行用　道光廿五年起
至同治八年止本数有憑立倒收字乙紙為照
同治八年九月　　日立倒收字侄茂孝（押）
代字弟茂水（押）

6-4-72-1　清同治八年九月林茂孝立倒收字

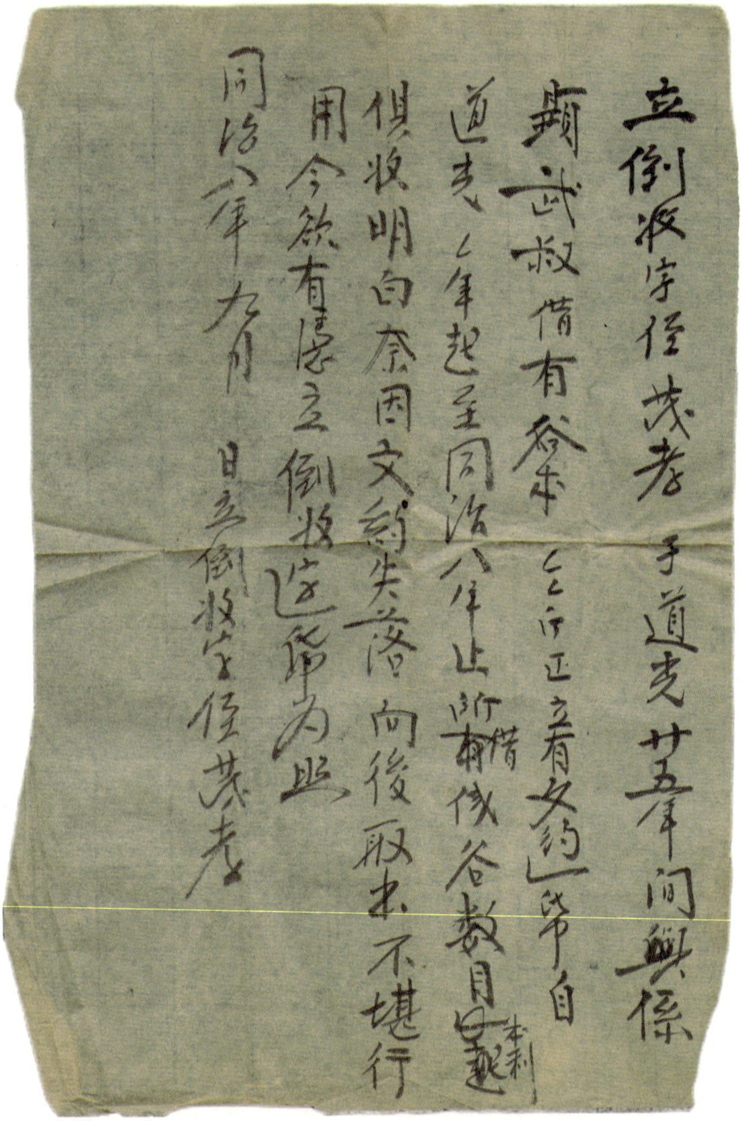
立倒收字侄茂孝手道光廿五年間與係
興武叔借有谷本乙乙斤正立有文約一紙自
道光乙年起至同治八年止所借有伐谷數目一逞本利
俱收明白奈因文約失落向後取出不堪行
用今欲有憑立倒收字一紙為照
同治八年九月　日立倒收字侄茂孝

6-4-72-2　清同治八年九月林茂孝立倒收字（草契）

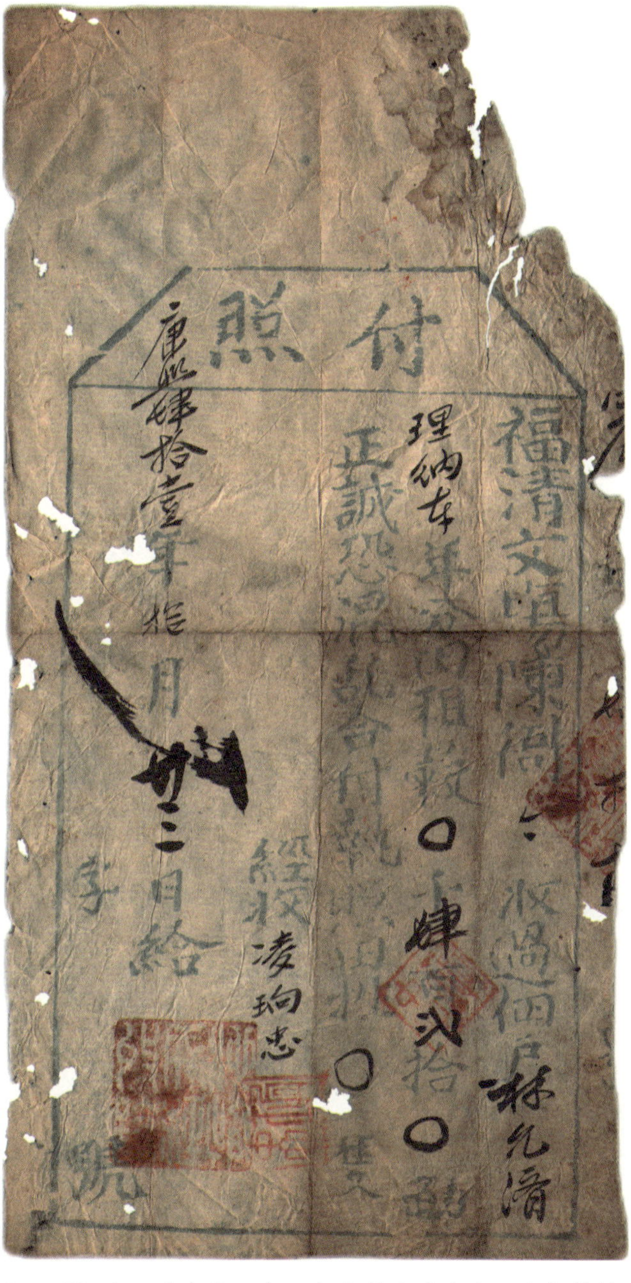


6-4-73-1　清康熙四十一年十月凌珣忠立田租穀收據

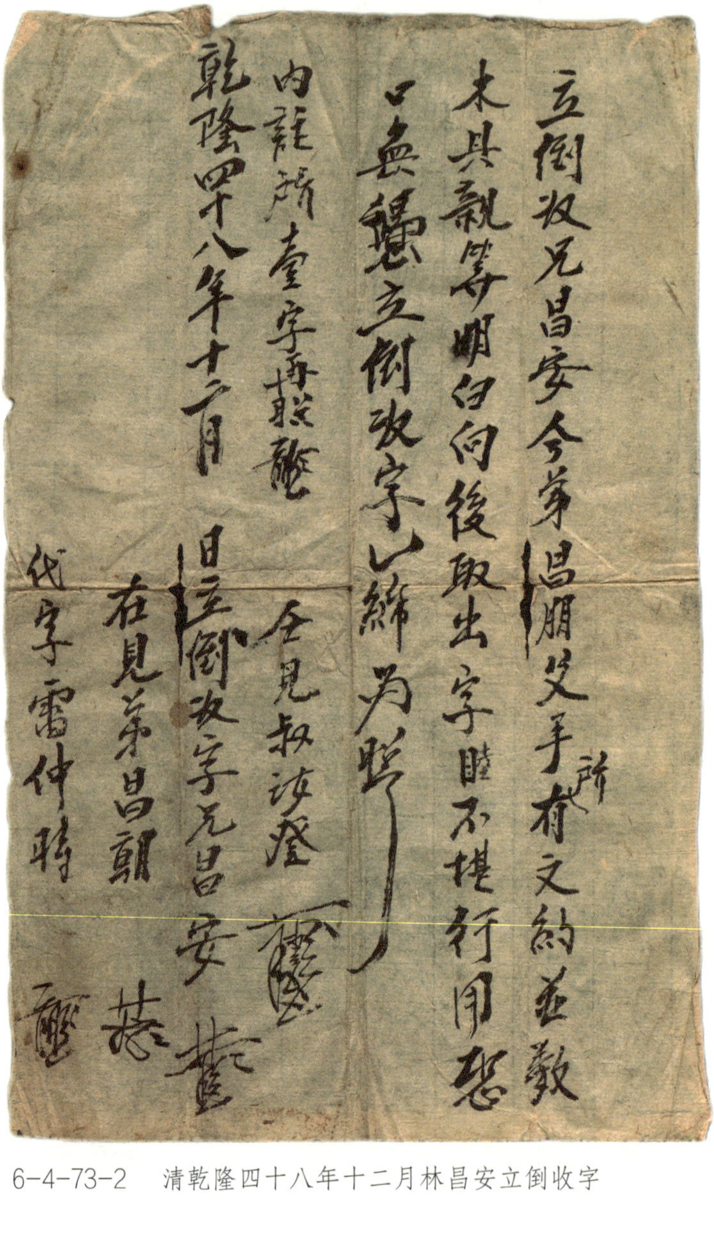
立倒收兄昌安今第昌朋父手所有文約並數
未具亂等明白向後取出字跡不堪行用恐
口無憑立倒收字一紙為照
內註所壹字再照
乾隆四十八年十二月　日立倒收字兄昌安
仝見叔汝登
在見弟昌朝
代字雷仲時

6-4-73-2　清乾隆四十八年十二月林昌安立倒收字

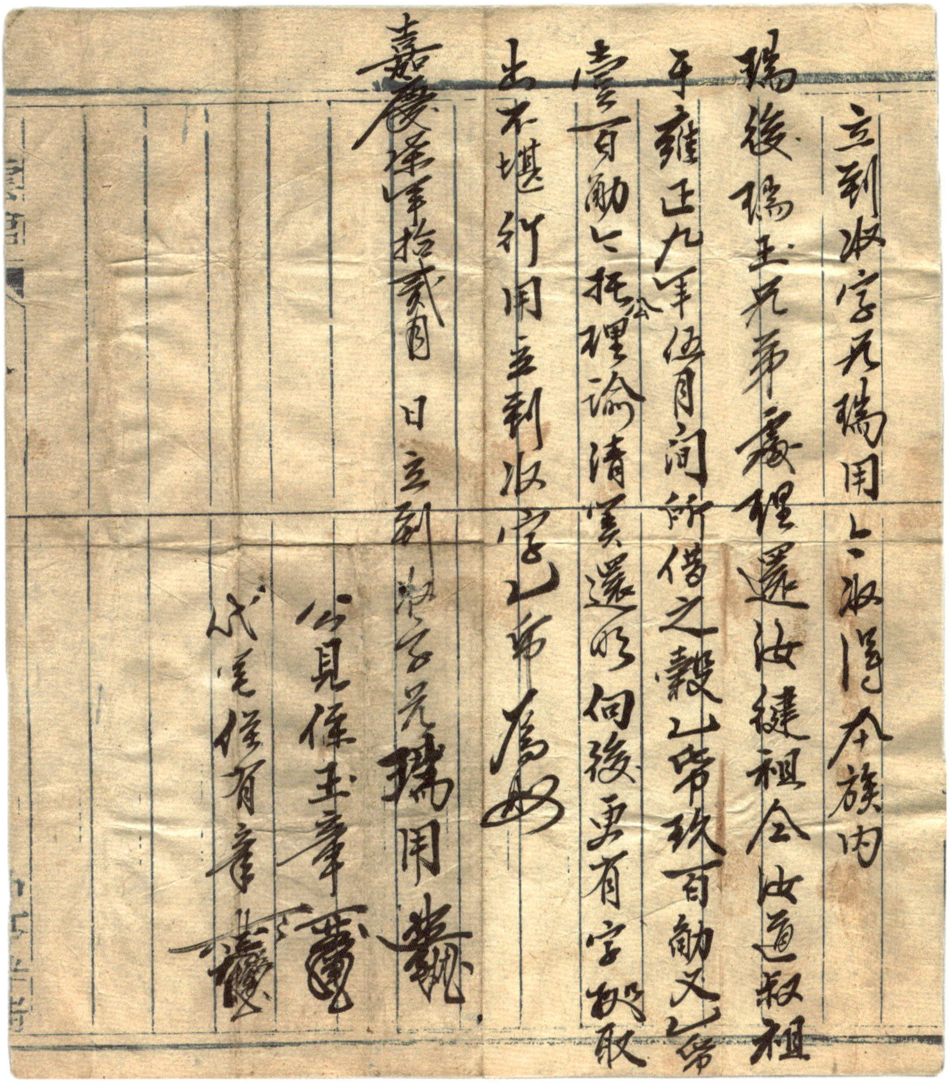
立到收字兄瑞用今收得本族内
瑞後、瑞玉兄弟處理還汝繼祖公收過叔祖
平雍正九年伍月間所借之穀山帘玖百觔又山帘
壹百觔，七托公理論清，實還明，何後再有字紙取
出不堪行用，立到收字一紙爲照。
嘉慶柒年拾貳月　日立到收字兄瑞用（押）
公見保玉章（押）
代筆侄有章（押）

6-4-73-3　清嘉慶七年十二月林瑞用立到收字

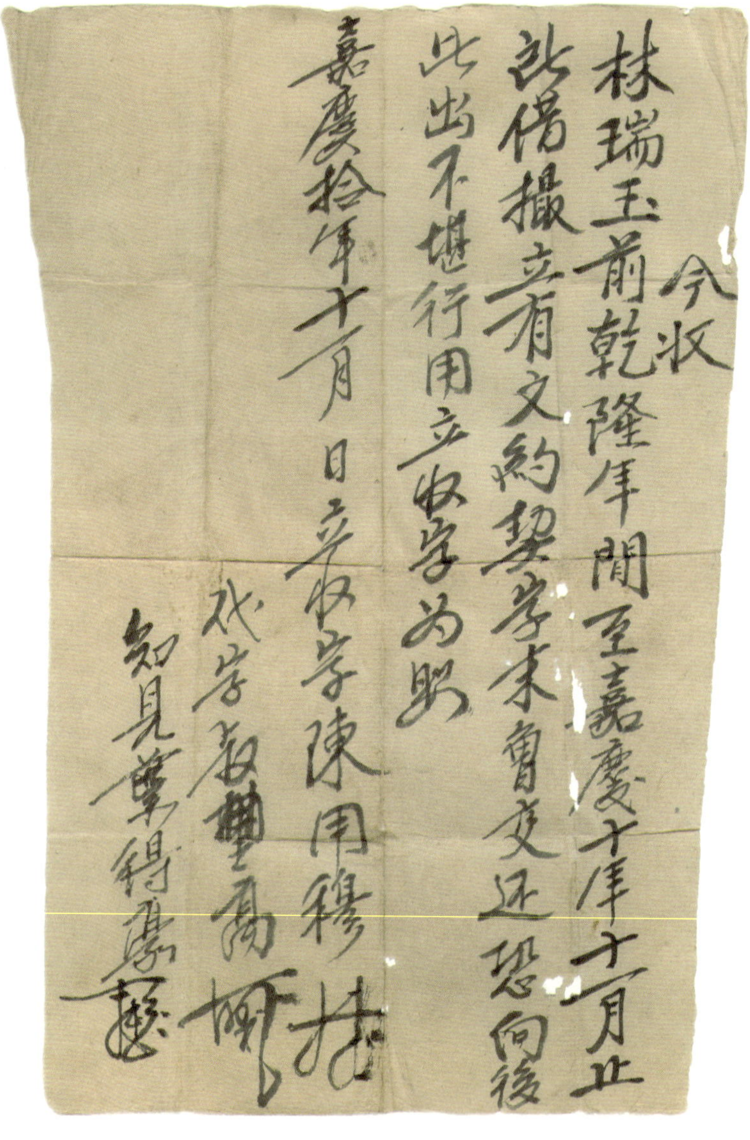
今收
林瑞玉前乾隆年間至嘉慶十年十一月止
所借撮立有文約契字未曾交还恐向後
此出不堪行用立收字為照
嘉慶拾年十一月　日立收字陳用穆　押
代字叔[illegible]禹　押
知見葉得鳳　押

6-4-73-4　清嘉慶十年十一月陳用穆立收文約字

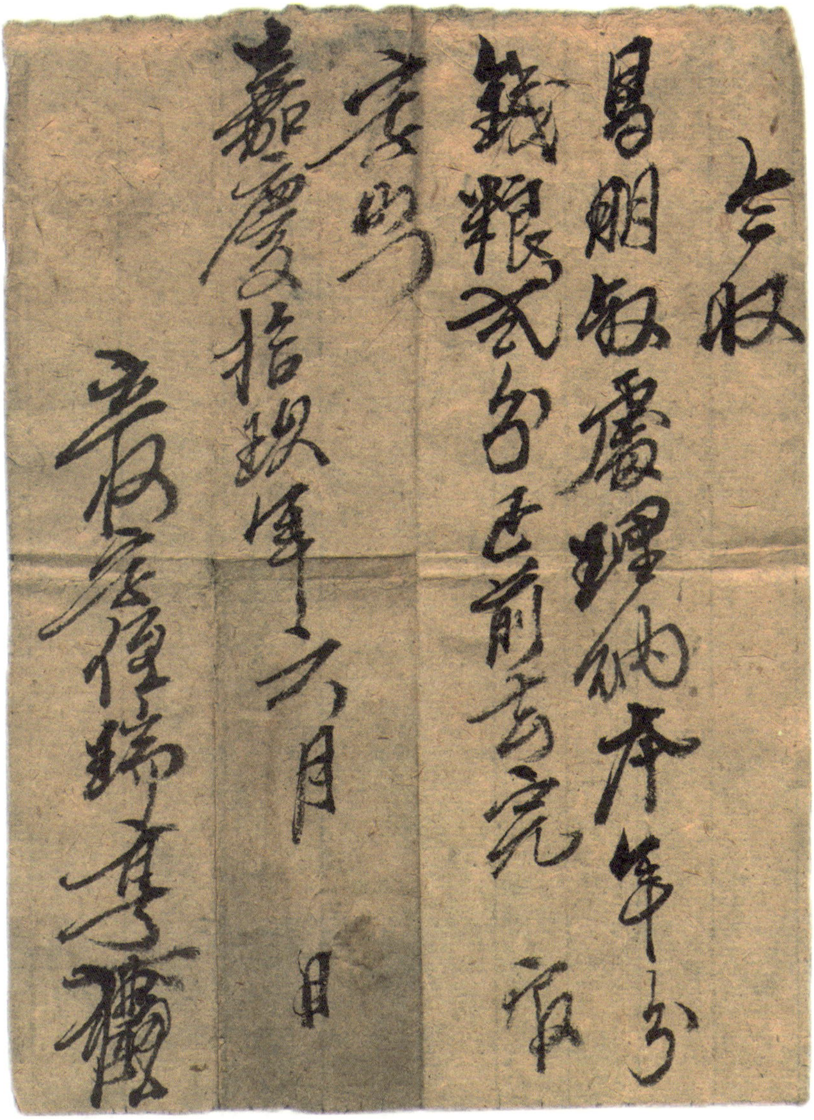
立收
昌明叔處埋納本年分
錢糧貳分正前去完　收
字照
嘉慶拾玖年六月　日
立收字侄瑞亨（押）

6-4-73-5　清嘉慶十九年六月林瑞亨立收錢糧字

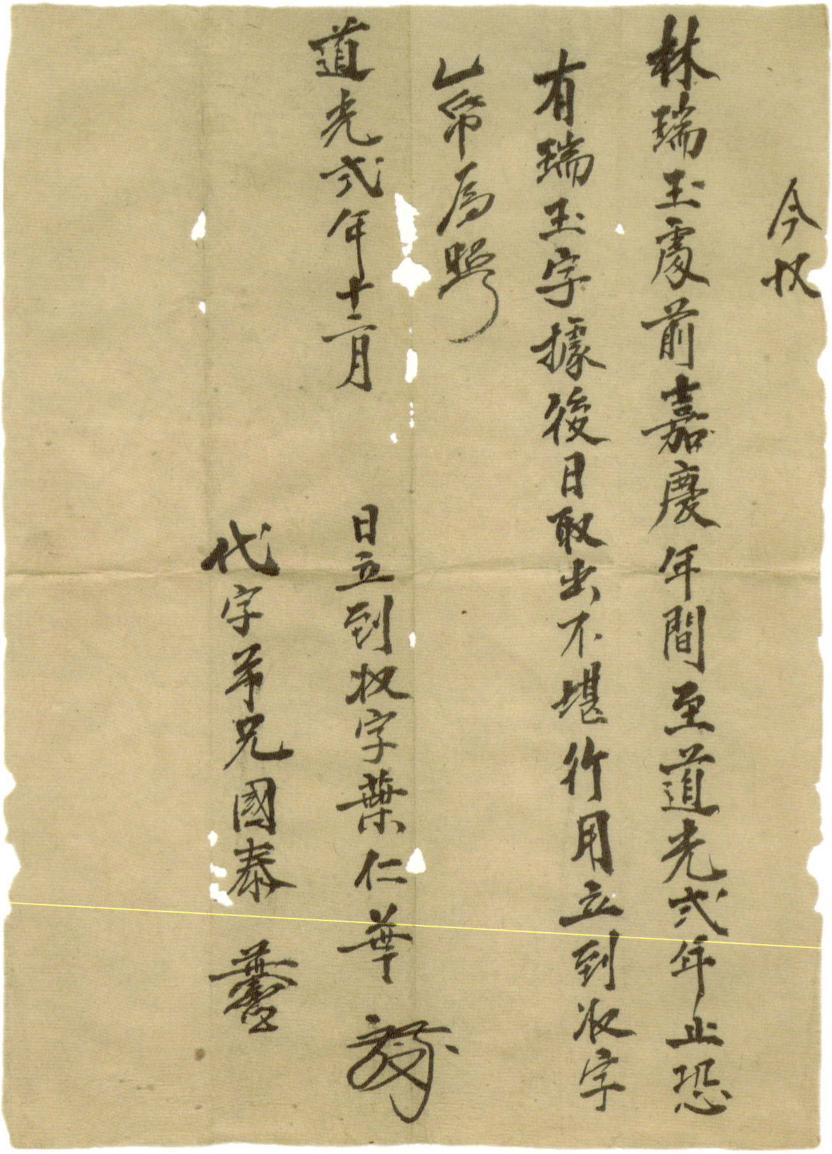

今收

林瑞玉處前嘉慶年間至道光弍年止恐

有瑞玉字據後日取出不堪行用立到收字

一帋爲照

道光弍年十二月　　日立到收字葉仁華（押）

代字弟兄國泰書

6-4-73-6　清道光二年十二月葉仁華立到收字

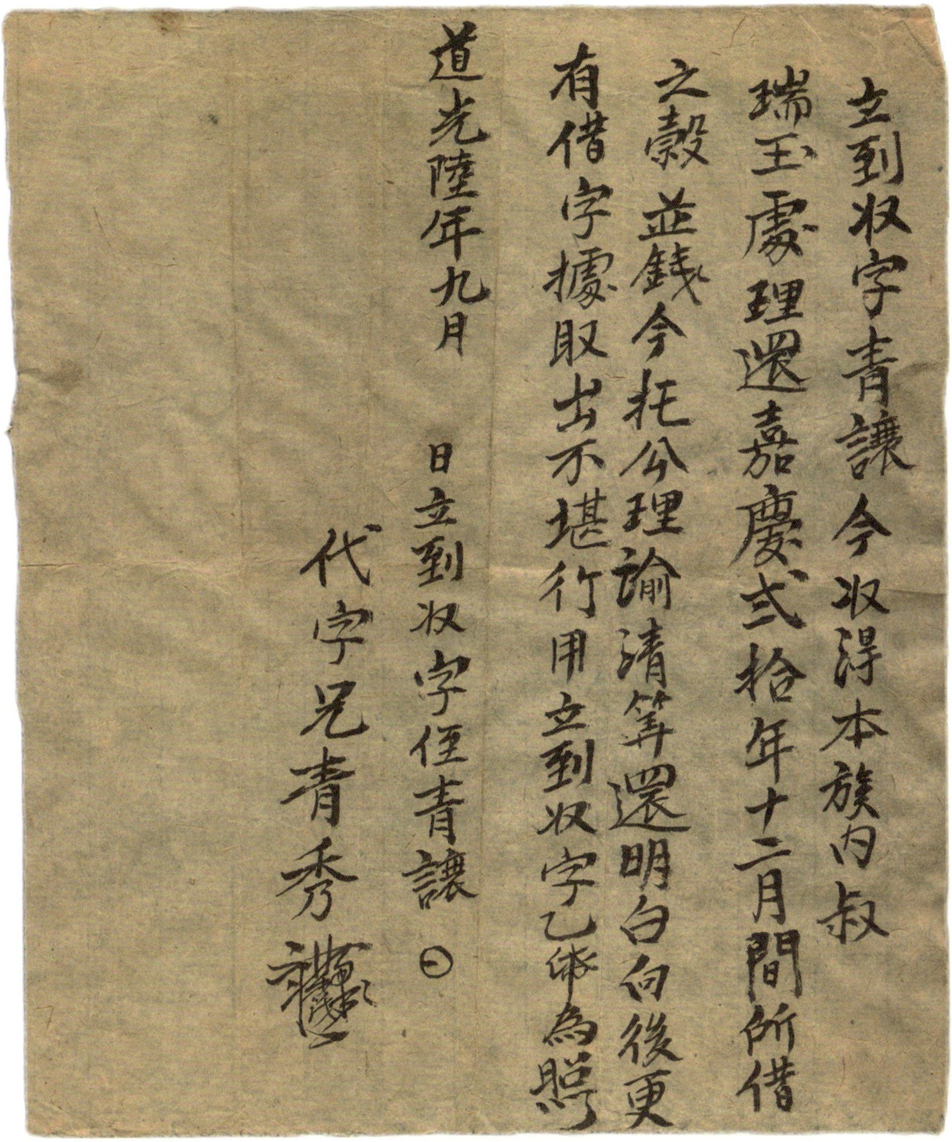

立到收字青讓今收得本族内叔
瑞玉處理還嘉慶式拾年十二月間所借
之穀並錢今托公理諭清筭還明白向後更
有借字據取出不堪行用立到收字乙紙為照
道光陸年九月　日立到收字侄青讓
代字兄青秀

6-4-73-7　清道光六年九月林青讓立到收字

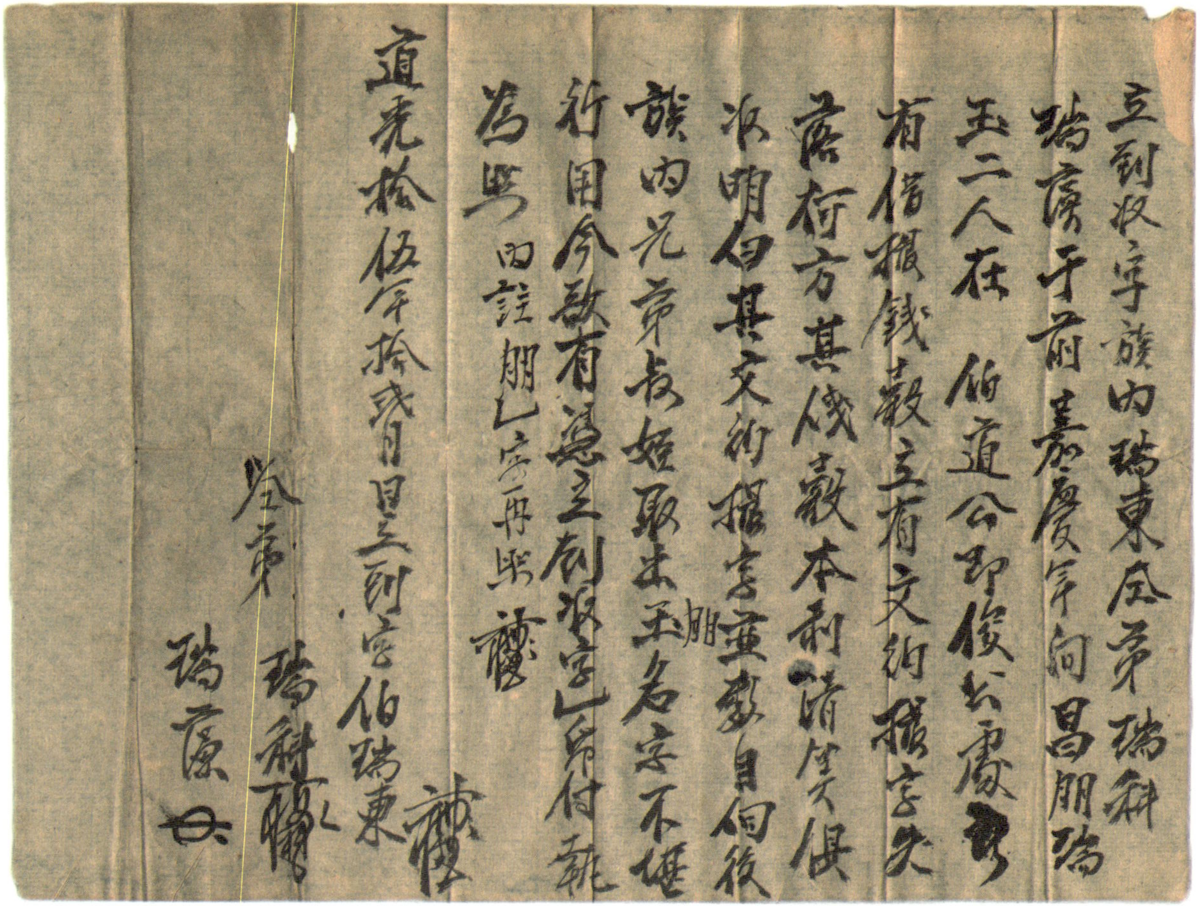

立到收字族内瑞東仝弟瑞科
瑞廣于前嘉慶年间向昌朋瑞
玉二人在伯道公即俊公處
有借根錢穀立有文約根字失
落何方其錢穀本利清楚俱
收明白其文約根字垂憑自向後
族内兄弟長姪取出玉朋名字不堪
行用今欲有憑立到收字一帋付執
為照　内註朋一字再照
道光拾伍年拾貳月　日立到字伯瑞東
仝弟　瑞科
瑞廣

6-4-73-8　清道光十五年十二月林瑞東等立到收字

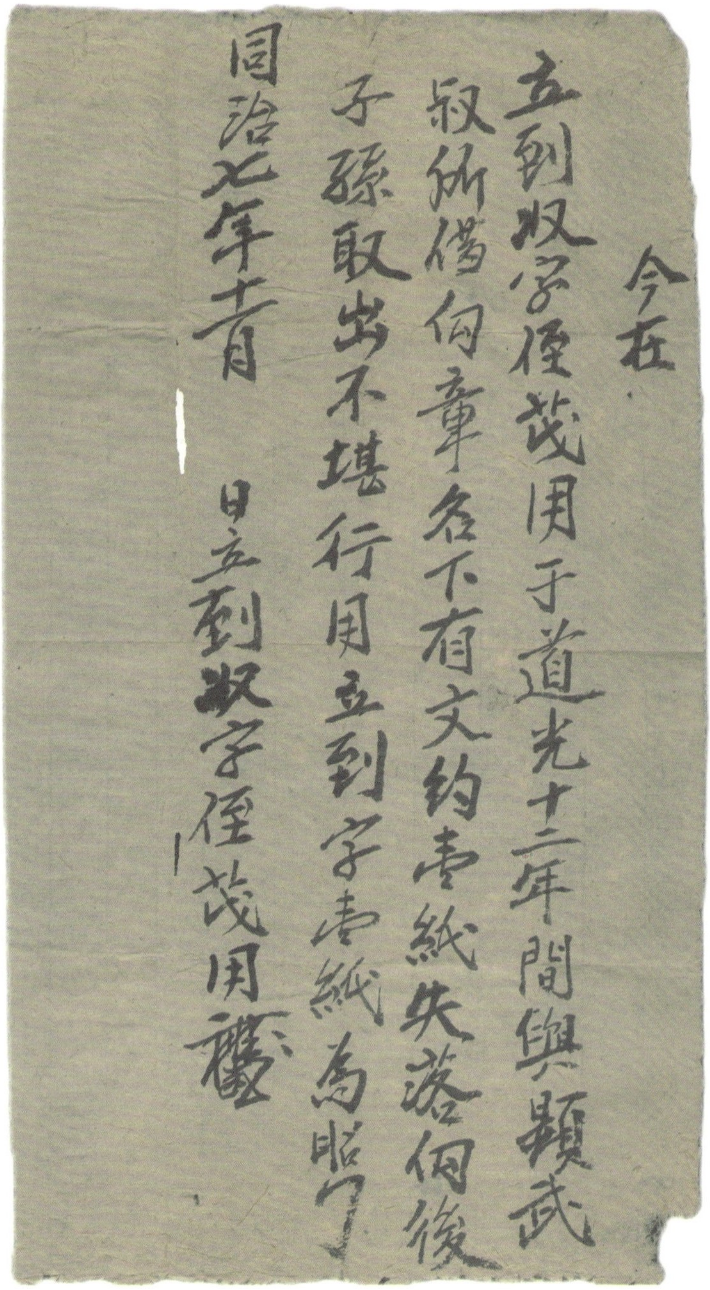
今在
立到收字侄茂用于道光十二年間與顯武
叔所借伺章各下有文約壹紙失落伺後
子孫取出不堪行用立到字壹紙為照
同治七年十一月　日立到收字侄茂用

6-4-73-9　清同治七年十一月林茂用立到收字

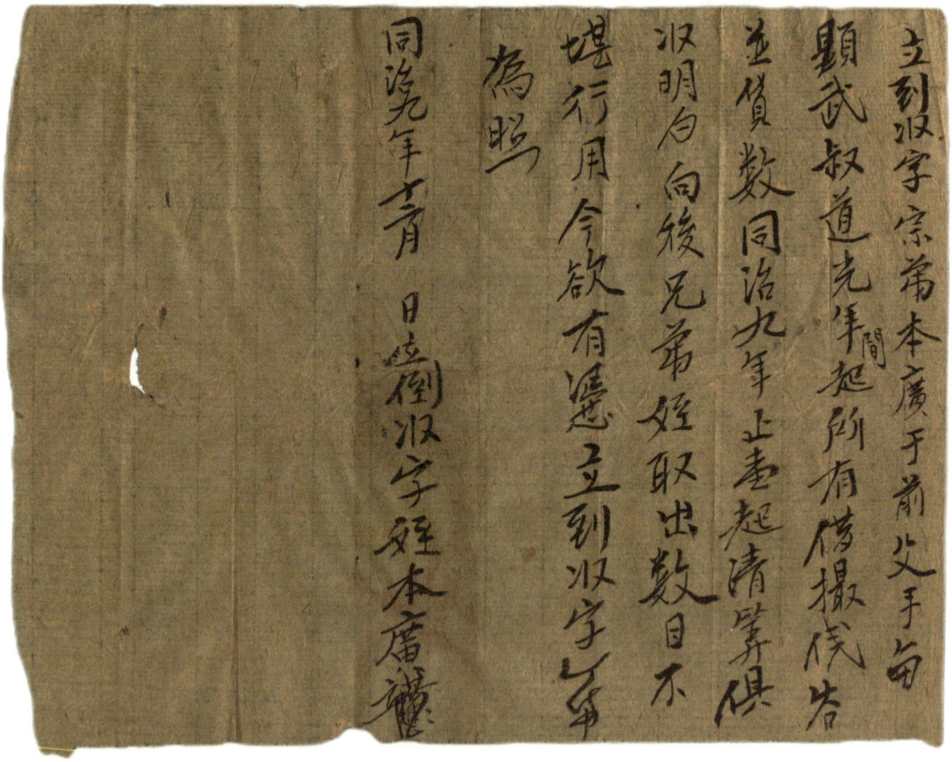
立到收字宗弟本廣于前父手向
顯武叔道光年間起所有借撮錢谷
並貸數同治九年止盡起清筭俱
收明白向後兄弟姪取出數目不
堪行用今欲有憑立到收字一紙
為照
同治九年十二月　日立到收字姪本廣（押）

6-4-73-10　清同治九年十二月林本廣立到收字

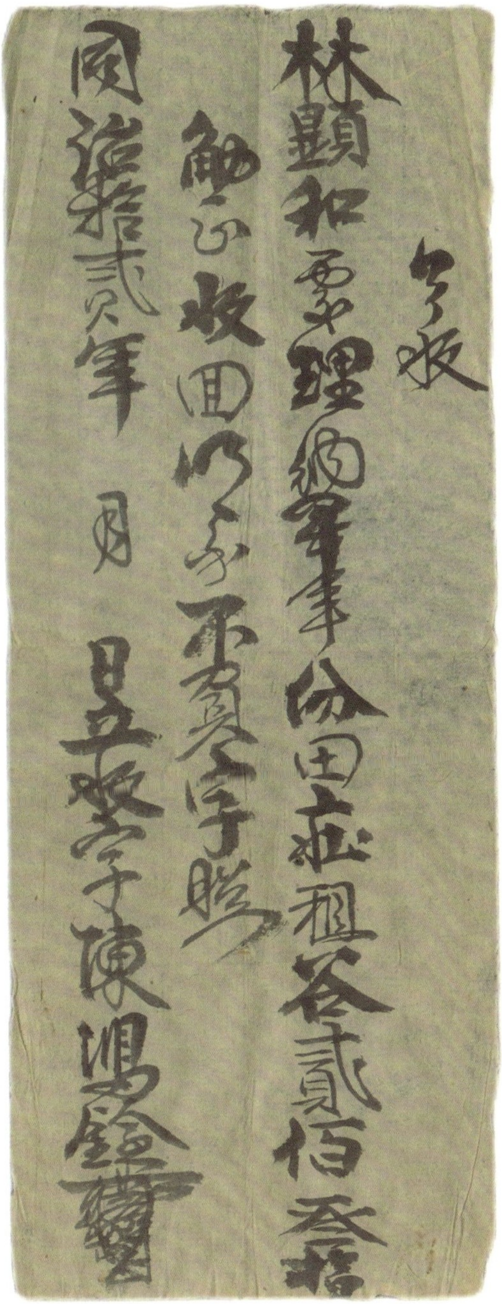
付收
林顯和處理納癸年年份田租谷貳佰叁拾
觔正收田以上不另具字照
同治拾貳年 月 日立收字陳鴻銓

6-4-73-11　清同治十二年陳鴻銓立收田租穀字

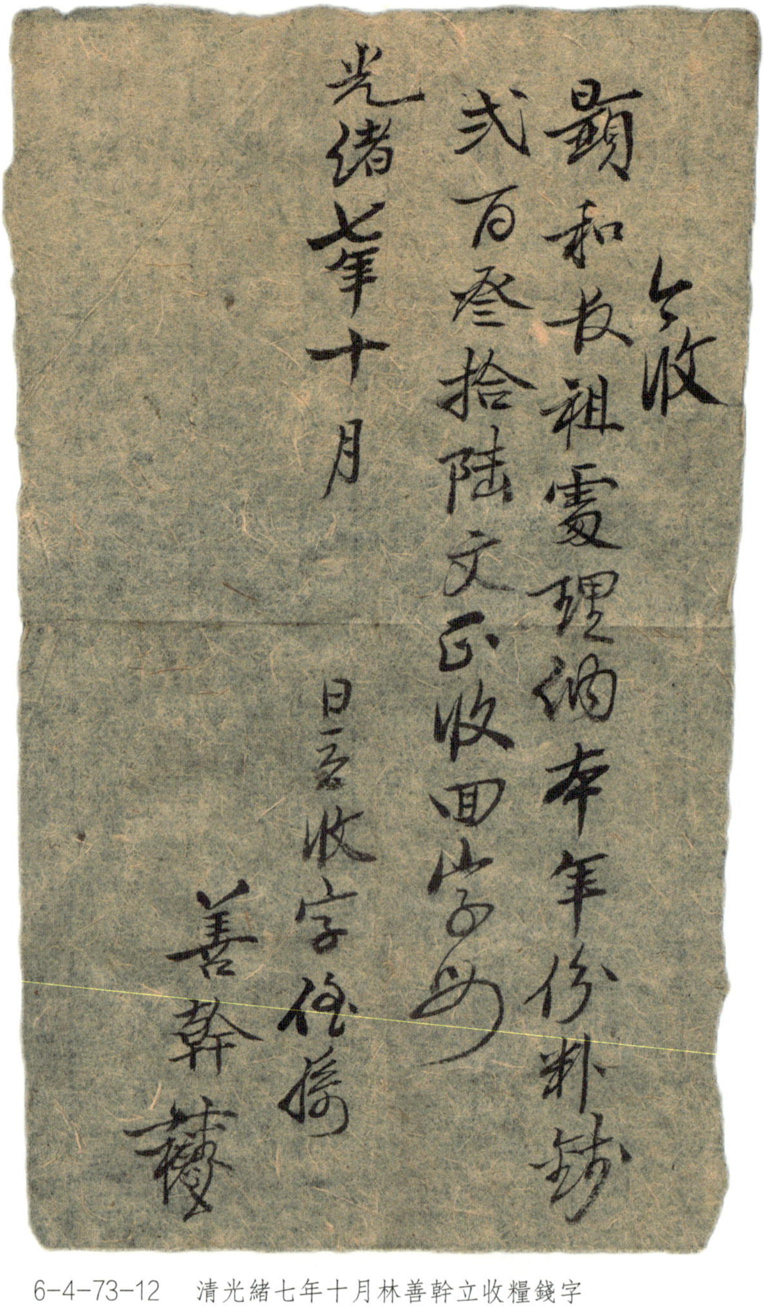
今收
顧和長祖處理納本年份糧錢
貳百叁拾陸文正收田山字號
光緒七年十月 日立收字存據
善幹（押）

6-4-73-12　清光緒七年十月林善幹立收糧錢字

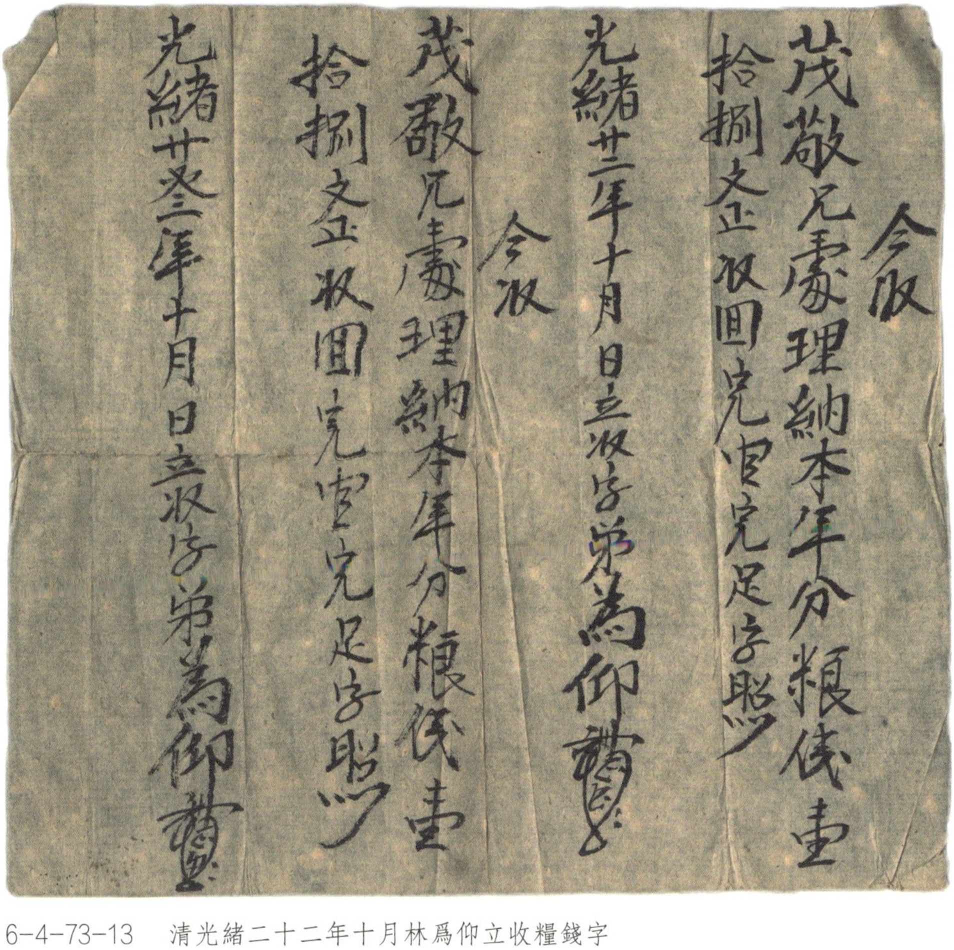
今收
茂敬兄處理納本年分糧錢壹
拾捌文正收回完官完足字照
光緒廿二年十月日立收字弟為仰
今收
茂敬兄處理納本年分糧錢壹
拾捌文正收回完官完足字照
光緒廿二年十月日立收字弟為仰

6-4-73-13　清光緒二十二年十月林爲仰立收糧錢字

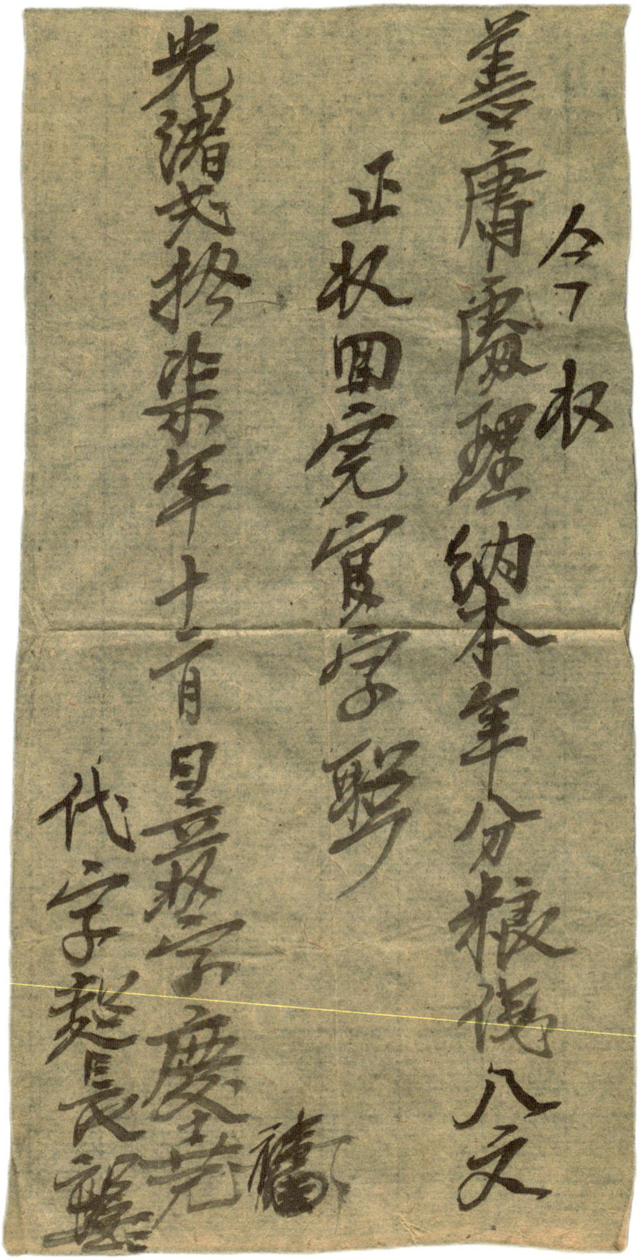

今收
善庸處理納本年分糧錢八文
正收回完官字照
光緒廿柒年十二月　日立收字慶堯
代字楚良筆

6-4-73-14　清光緒二十七年十二月林慶堯立收糧錢字

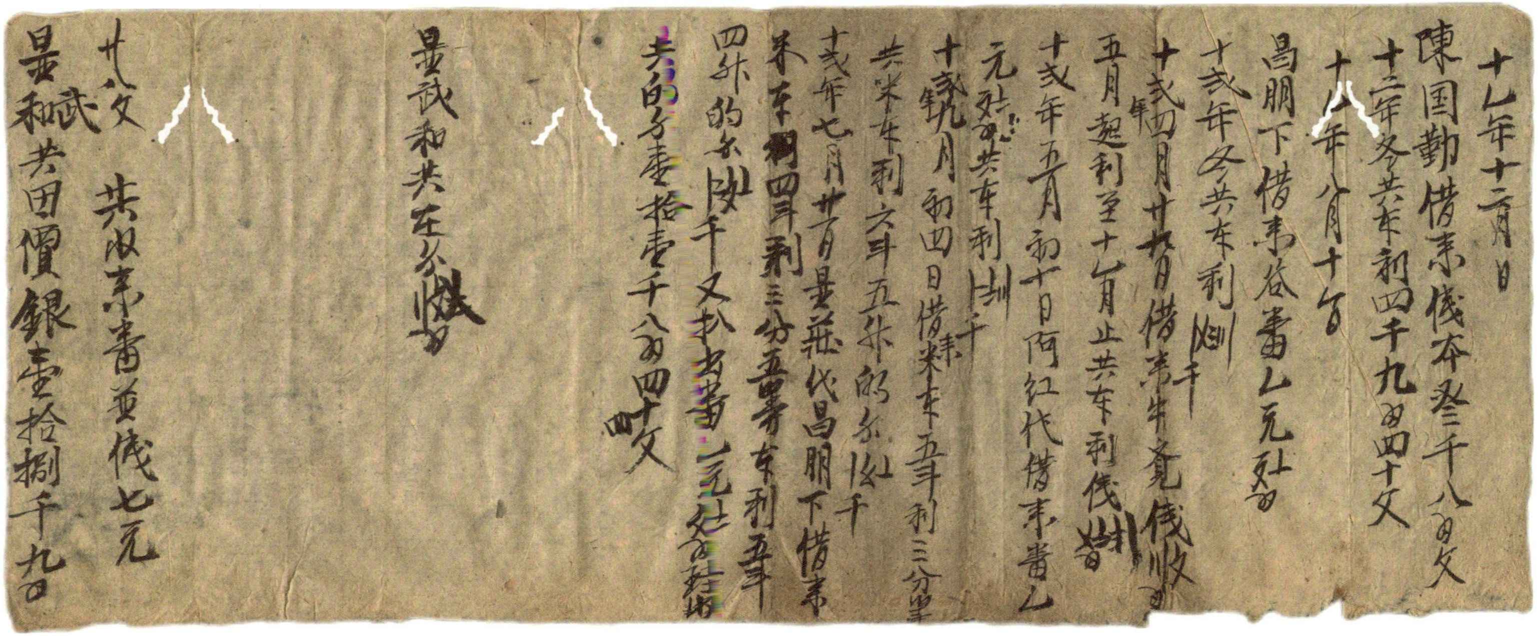
十七年十二月日
陳国勤借来钱本叁千八[illegible]文
十二年冬共本利四千九百四十文
十八年八月十日
昌朋下借来谷番山元社[illegible]
十弍年冬共本利[illegible]千
十弍年四月廿九日借来牛覔钱收[illegible]
五月起利至十七月止共本利钱[illegible]
十弍年五月初十日阿红代借来番山
元社[illegible]共本利[illegible]千
十弍年九月初四日借米本五斗利三分半
共米本利六斗五升的系[illegible]千
十弍年七月廿一日昱莊代昌朋下借来
米本四斗利三分五厘共本利五斗
四升的系[illegible]千文扒出番山元社[illegible]
共白字壹拾壹千八百四十四文
昱武和共在[illegible]
廿八文　共收来番鱼钱七元
昱和武共田價銀壹拾捌千九百

6-4-74-1　清道光年間林昱武等借貸清單

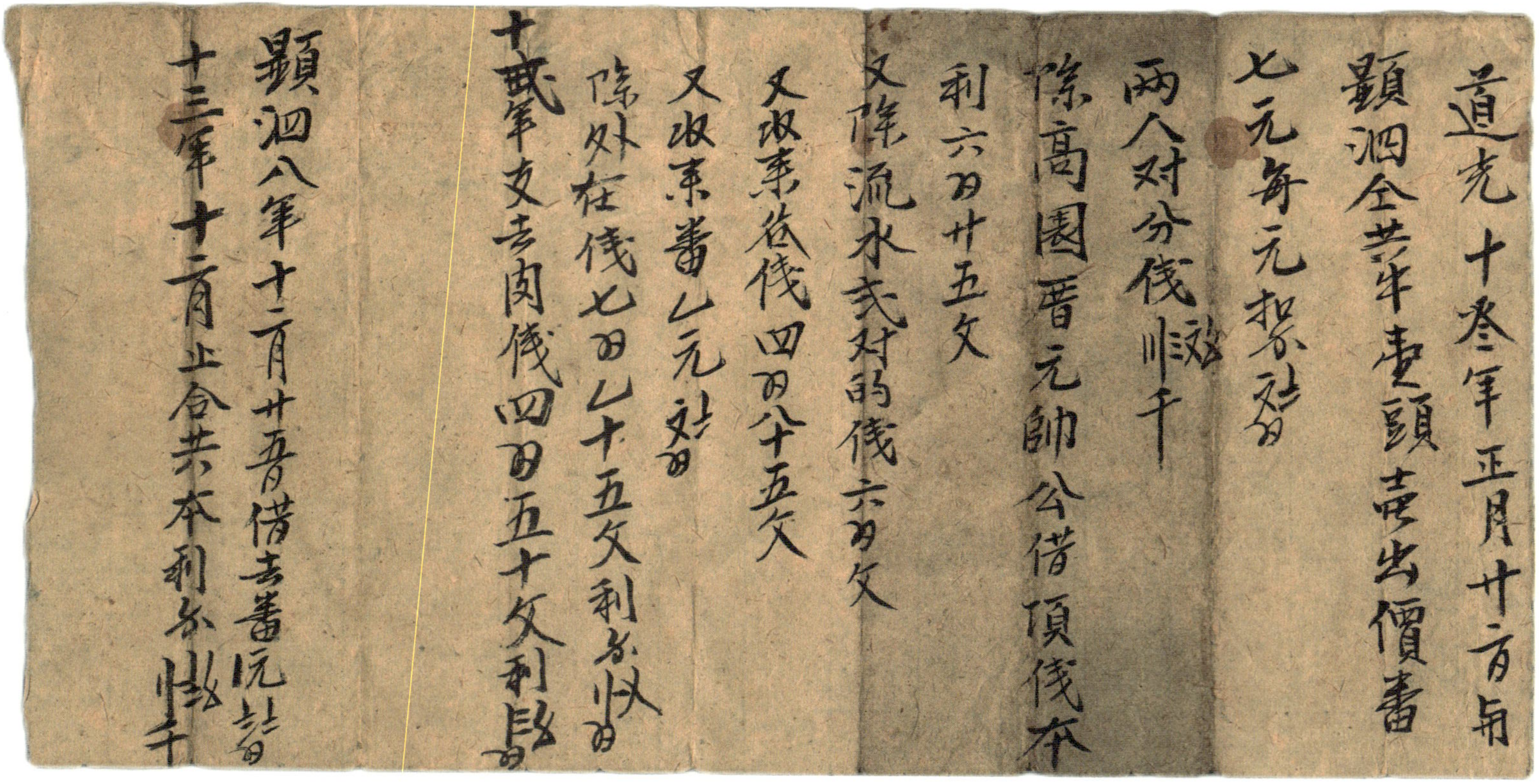
道光十叁年正月廿六日
顯泗仝共牛車頭壹出價書
七元每元[illegible]
两人对分錢[illegible]千
除高園晋元帥公借項錢本
利六百廿五文
又除流水式对的錢六百文
又收東岳錢四百八十五文
又收東番山元[illegible]
除外在錢七百八十五文利[illegible]
十武年支去肉錢四百五十文利[illegible]
顯泗八年十二月廿五借去番洋[illegible]
十三年十二月止合共本利[illegible]千

6-4-74-2　清道光年間林家收支清單

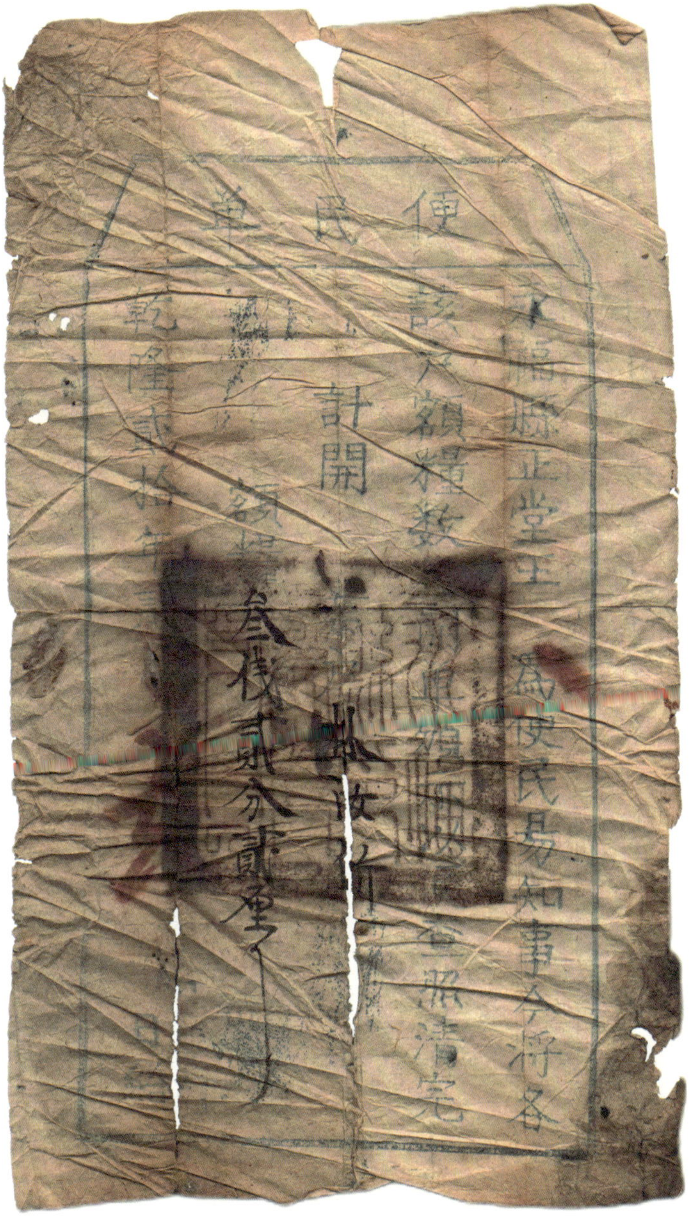
便民单
永福縣正堂王 為便民易知事今將各
該人額糧數 查照清完
計開
林汝所
額糧 叁錢貳分貳厘
乾隆貳拾年

6-4-75-1 清乾隆二十年林汝所户便民單

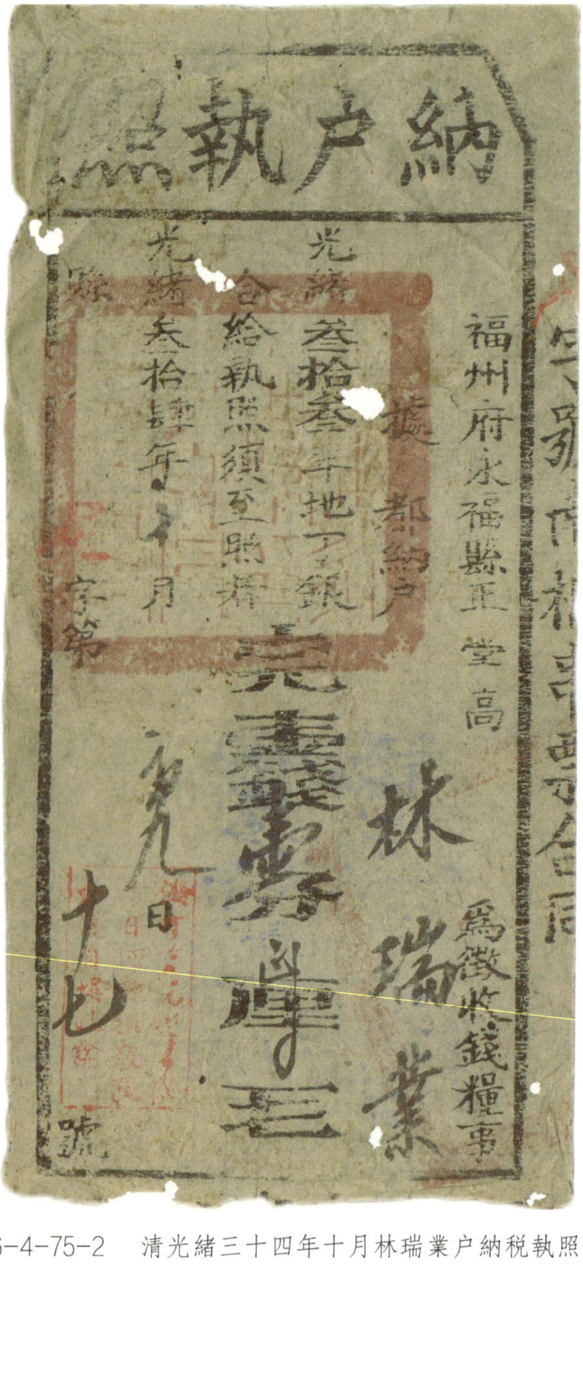

納户執照

福州府永福縣正堂高　為徵收錢糧事

據　都納户　林瑞業

光緒叁拾叁年地丁銀　壹錢肆分三毛

合給執照，須至照者。

光緒叁拾肆年十月　九日

縣　字第十七號

6-4-75-2　清光緒三十四年十月林瑞業户納稅執照

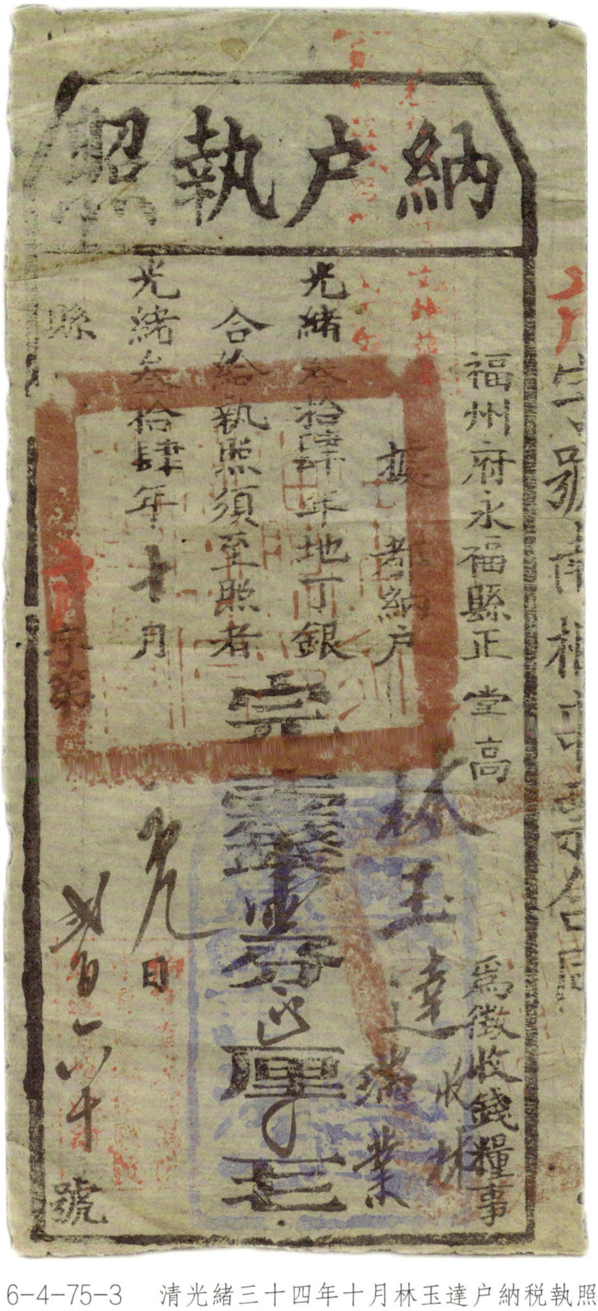

納户執照

福州府永福縣正堂高　為徵收錢糧事

據　都納户林玉達

光緒叁拾肆年分地丁銀

合給執照須至照者

光緒叁拾肆年十月　日

縣　字第　號

6-4-75-3　清光緒三十四年十月林玉達户納稅執照

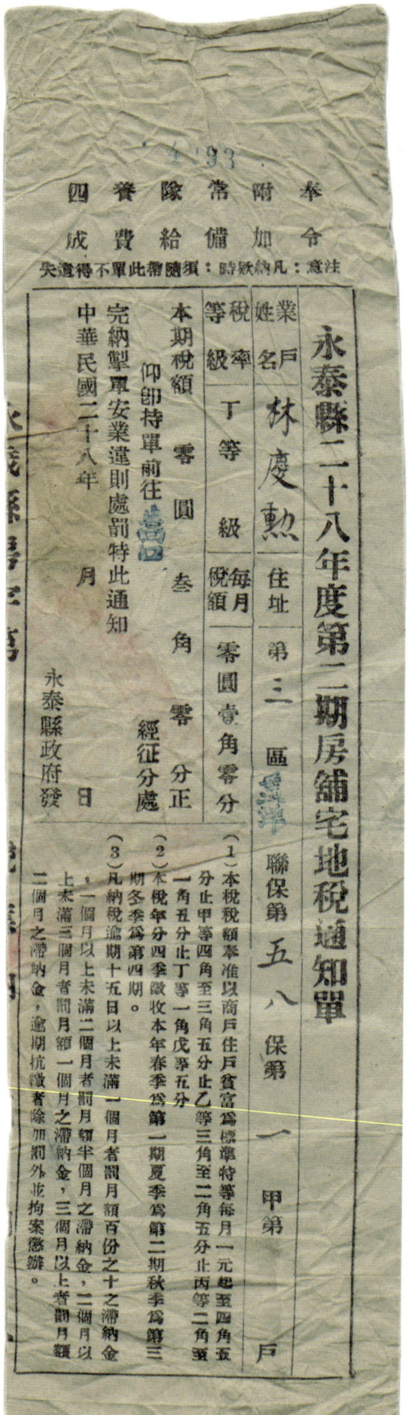
4193

奉令附加常備隊給養費四成

注意：凡納欵時須隨帶此單不得遺失

永泰縣二十八年度第二期房鋪宅地稅通知單

業戶姓名　林慶勳　住址　第三區　聯保第五八保第一甲第　戶

稅率等級　丁等級　每月稅額　零圓壹角零分

本期稅額　零圓叁角零分正

仰卽持單前往　經征分處

完納擊單安業違則處罰特此通知

中華民國二十八年　月　日

永泰縣政府發

（1）本稅稅額奉准以商戶住戶貧富爲標準特等每月一元起至四角五分止甲等四角至三角五分止乙等三角至二角五分止丙等二角至一角五分止丁等一角戊等五分

（2）本稅年分四季徵收本年春季爲第一期夏季爲第二期秋季爲第三期冬季爲第四期。

（3）凡納稅逾期十五日以上未滿一個月者罰月額百份之十之滯納金，一個月以上未滿二個月者罰月額半個月之滯納金，二個月以上未滿三個月者罰月額一個月之滯納金，三個月以上者罰月額二個月之滯納金，逾期抗繳者除加罰外並拘案懲辦。

6-4-76-1　民國二十八年林慶勳户房鋪宅地稅通知單

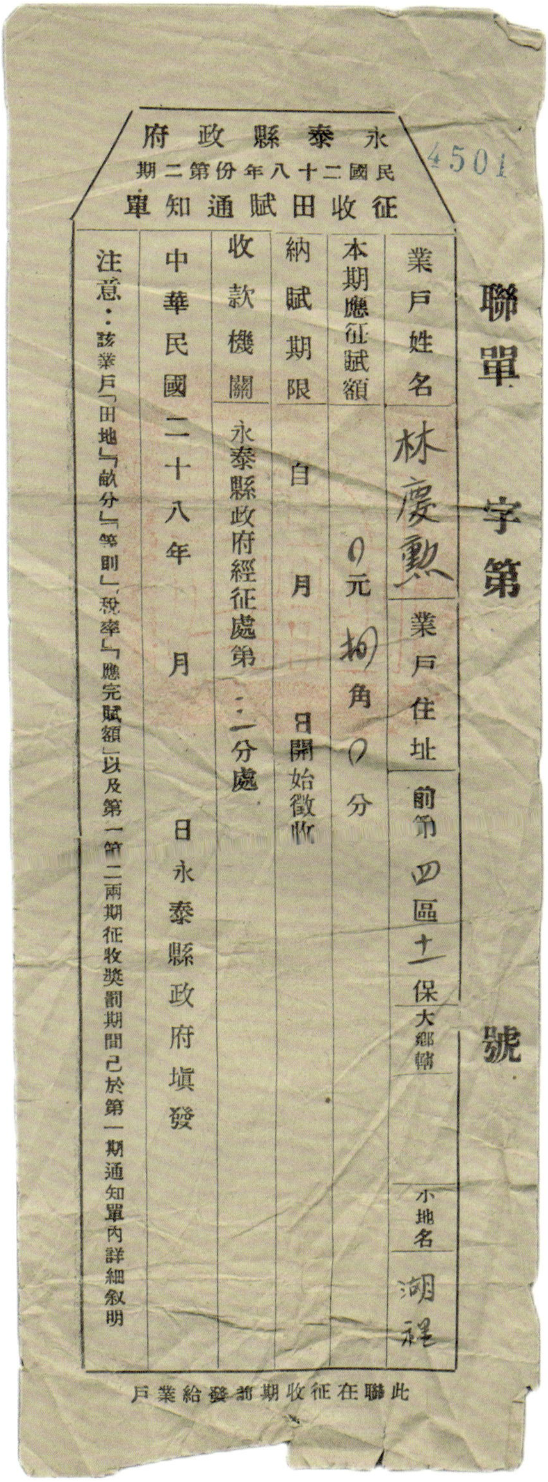

永泰縣政府
民國二十八年份第二期
征收田賦通知單

4501

聯單　字第　號

業戶姓名　林慶勳

業戶住址　前第四區十一保　大鄉轄

小地名　湖裡

本期應征賦額　0元捌角0分

納賦期限　自　月　日開始徵收

收款機關　永泰縣政府經征處第二一分處

中華民國二十八年　月　日永泰縣政府填發

注意：該業戶「田地」「畝分」「等則」「稅率」「應完賦額」以及第一第二兩期征收獎罰期間已於第一期通知單內詳細敘明

此聯在征收期前發給業戶

6-4-76-2　民國二十八年林慶勳户徵收田賦通知單

完糧須帶此單

永泰縣政府
民國二十九年份第一期
征收田賦通知單

7110
聯單　字第　號

業戶姓名　林慶勳
業戶住址　前第四區十一保　大鄉積善洋　小地名湖洋

納稅標準

| 等則 | 十畝分厘 | 等則 | 則 | 十畝分厘 | 則 | 十畝分 |
|---|---|---|---|---|---|---|
| 民田七斗則 | | 民田三斗五則 | | | 民田園一則 | |
| 五斗則 | 〇〇〇四〇 | 三斗六則 | | | 二則 | |
| 三斗一則 | | 三斗七則 | | | 寺田則 | |
| 三斗二則 | | 屯田上則 | | | 學田則 | |
| 三斗三則 | | 中則 | | | 山田則 | |
| 三斗四則 | | 下則 | | | 山園則 | |

全年合計畝分　〇十〇畝四分〇厘
全年應征賦額　〇元弍角四分
本期應征賦額　〇元一角弍分

收款機關　永泰縣政府經征處第三分處
納賦期限　自〇月十五日開始征收

中華民國二十九年〇月一日永泰縣政府填發

此聯在征收期前發給業戶

6-4-76-3　民國二十九年四月林慶勳户徵收田賦通知單（一）

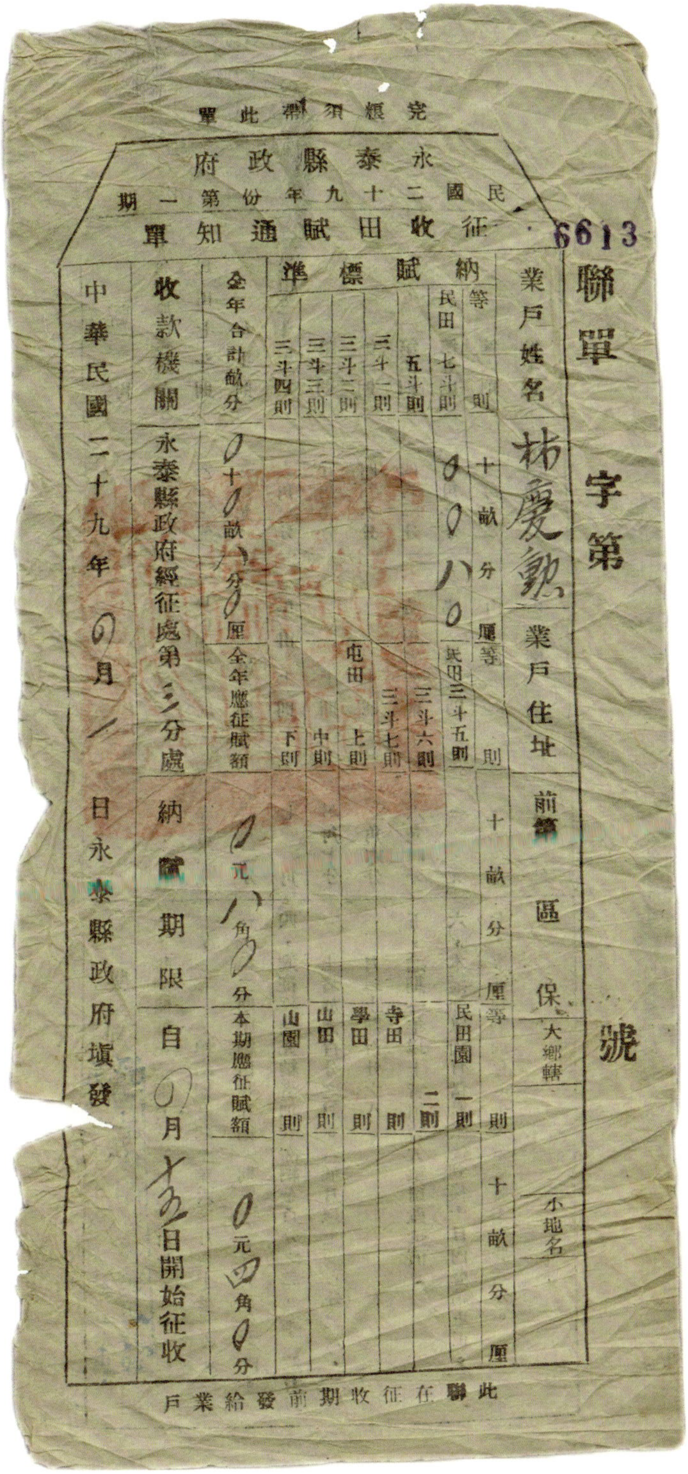
完糧須帶此單

永泰縣政府
民國二十九年份第一期
征收田賦通知單

聯單 字第 6613 號

業戶姓名：林慶勳
業戶住址：前箬區 保 大鄉轄 小地名

| 納賦標準 | | |
|---|---|---|
| 等則 | 十畝分厘 | |
| 民田七斗則 | 0 0 八 0 | |
| 五斗則 | | |
| 三斗一則 | | |
| 三斗二則 | | |
| 三斗三則 | | |
| 三斗四則 | | |
| 等則 | 十畝分厘 | |
| 民田三斗五則 | | |
| 三斗六則 | | |
| 三斗七則 | | |
| 屯田上則 | | |
| 中則 | | |
| 下則 | | |
| 等則 | 十畝分厘 | |
| 民田園一則 | | |
| 二則 | | |
| 寺田則 | | |
| 學田則 | | |
| 山田則 | | |
| 山園則 | | |

全年合計畝分：0十0畝八分0厘
全年應征賦額：0元八角0分
本期應征賦額：0元四角0分

收款機關：永泰縣政府經征處第三分處
納賦期限：自四月十五日開始征收

中華民國二十九年四月一日 永泰縣政府填發

此聯在征收期前發給業戶

6-4-76-4 民國二十九年四月林慶勳户徵收田賦通知單（二）

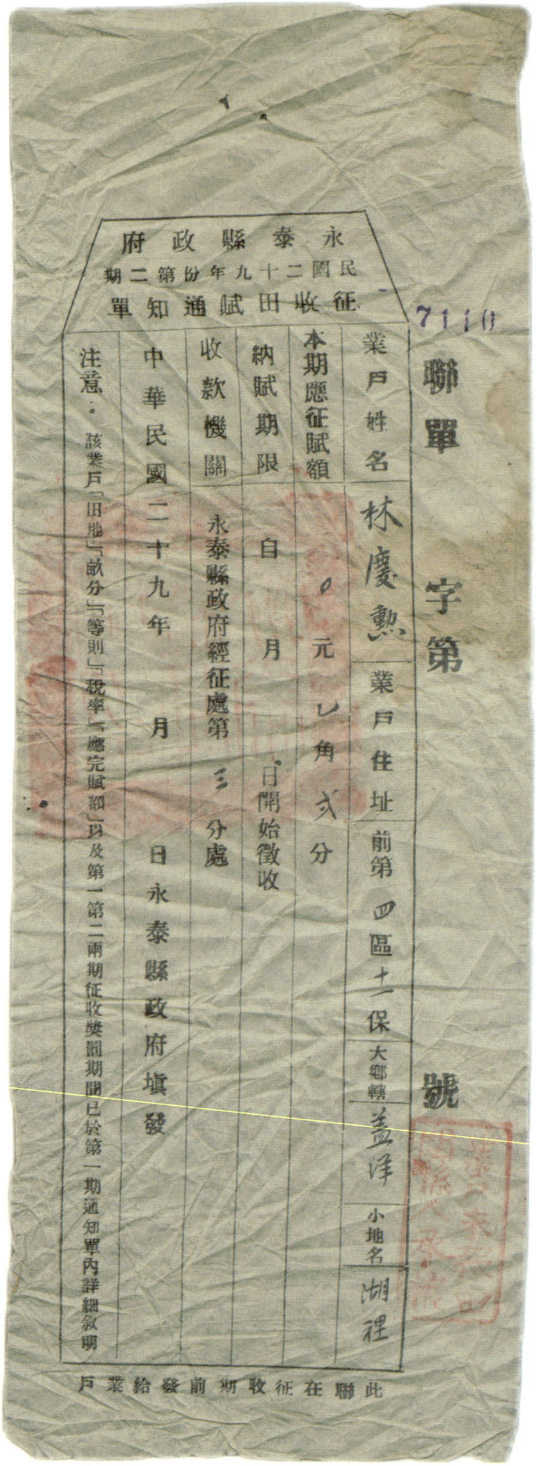

永泰縣政府
民國二十九年份第二期
征收田賦通知單

7110

聯單　字第　號

業戶姓名　林慶勳

業戶住址　前第四區十一保　大鄉轄　盖洋　小地名　湖裡

本期應征賦額　〇元乚角弍分

納賦期限　自　月　日開始徵收

收款機關　永泰縣政府經征處第三分處

中華民國二十九年　月　日永泰縣政府填發

注意：該業戶「田地」「畝分」「等則」「稅率」「應完賦額」以及第一第二兩期征收與罰期間已於第一期通知單內詳細敘明

此聯在征收期前發給業戶

6-4-76-5　民國二十九年林慶勳户徵收田賦通知單

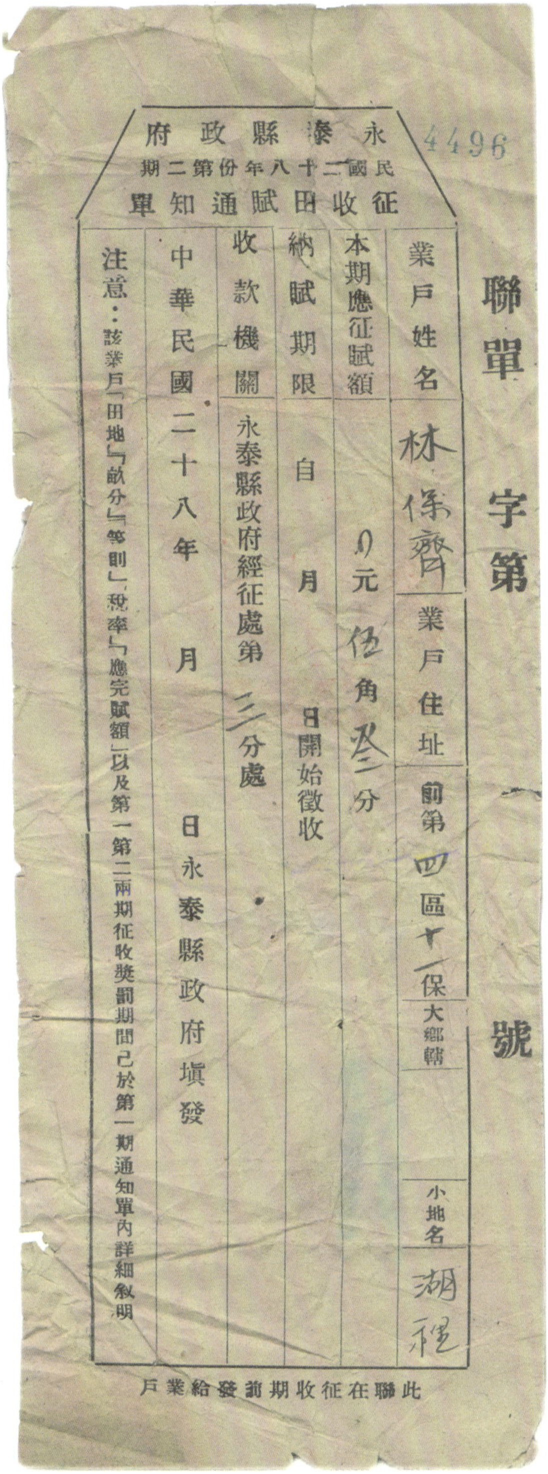

4496

聯單 字第 號

永泰縣政府
民國二十八年份第二期
征收田賦通知單

業戶姓名 林保齊
業戶住址 前第四區十一保 大鄉轄
小地名 湖裡
本期應征賦額 0元伍角叁分
納賦期限 自 月 日開始徵收
收款機關 永泰縣政府經征處第三分處
中華民國二十八年 月 日 永泰縣政府填發
注意：該業戶「田地」「畝分」「等則」「稅率」「應完賦額」以及第一第二兩期征收獎罰期間已於第一期通知單內詳細敘明

此聯在征收期前發給業戶

6-4-77-1 民國二十八年林保齊户徵收田賦通知單

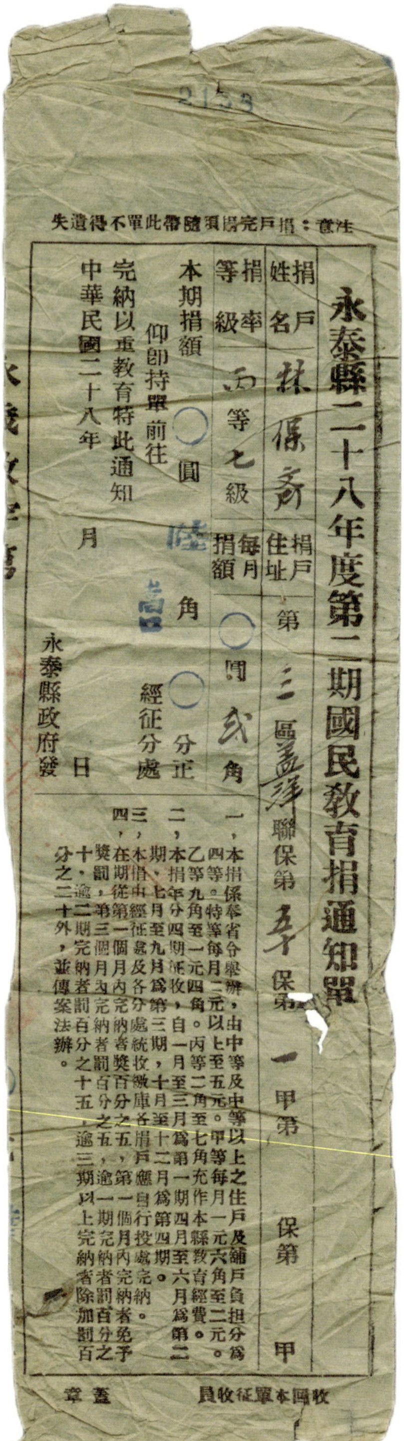

2153

注意：捐戶完糧須隨帶此單不得遺失

永泰縣二十八年度第二期國民教育捐通知單

捐戶姓名 林保齊

捐戶住址 第三區盖洋聯保第五保第一甲第　保第　甲

捐率等級 丙等七級

每月捐額 ○圓貳角

本期捐額 ○圓陸角○分正

仰即持單前往　經征分處

完納以重教育特此通知

中華民國二十八年　月　日

永泰縣政府發

一、本捐係奉省令舉辦，由中等及中等以上之住戶及舖戶負担分爲四等。特等每月二元以上至五元。甲等每月一元六角至二元。乙等九角至一元四角。丙等二角至七角充作本縣教育經費。

二、本捐年分四期征收，自一月至三月爲第一期四月至六月爲第二期、七月至九月爲第三期，十月至十二月爲第四期。

三、本捐由經征處及各分處統收繳庫各捐戶應自行投處完納。

四、在期從第一個月內完納者獎百分之五，第一個月內完納者免予獎罰，第三個月為完納者罰百分之五，逾一期完納者罰百分之十，逾二期完納者罰百分之十五，逾三期以上完納者除加罰百分之二十外，並傳案法辦。

收國本單征收員　蓋章

6-4-77-2　民國二十八年林保齊户國民教育捐通知單

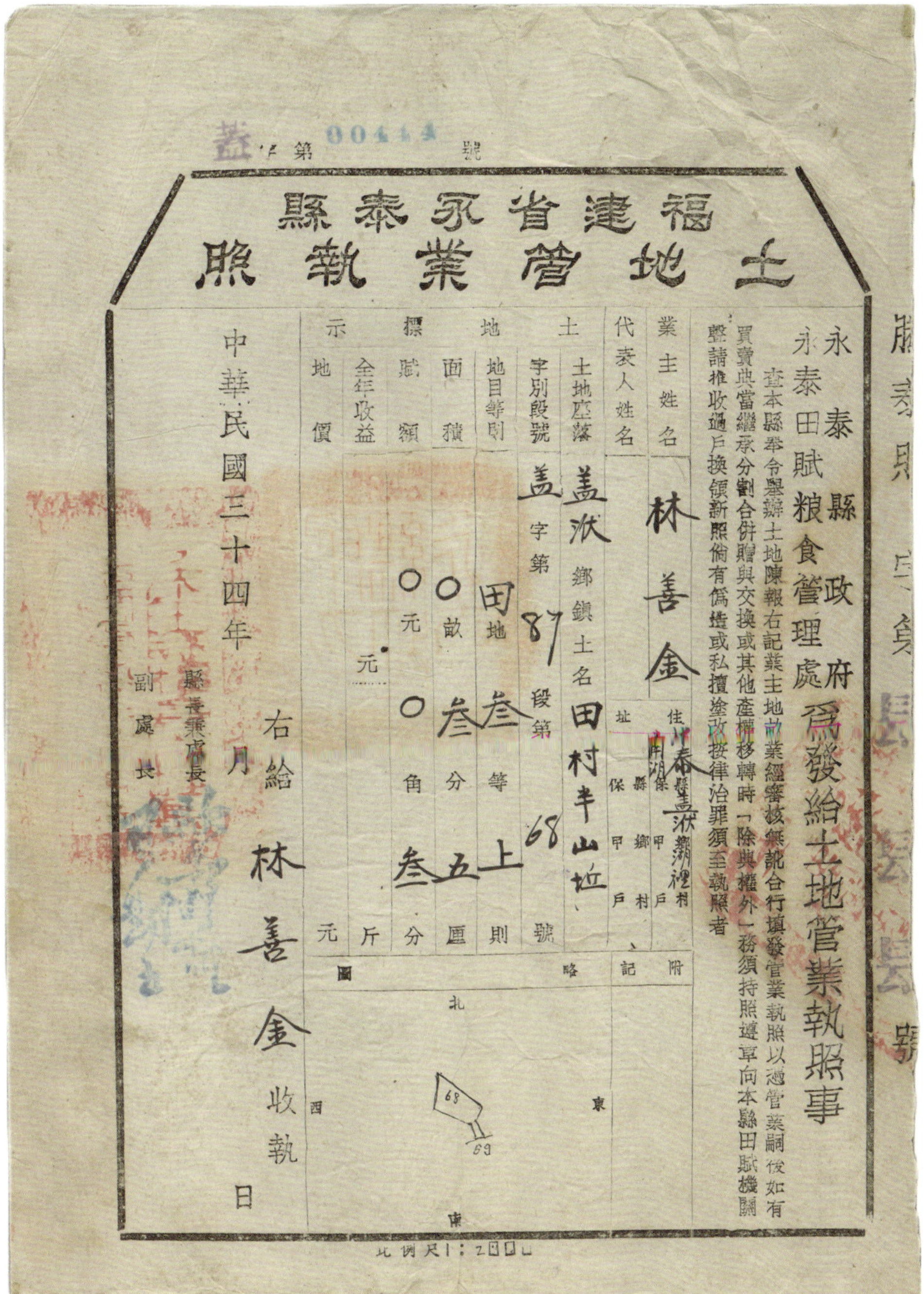

蓋字第00444號

福建省永泰縣
土地管業執照

永泰縣政府
永泰田賦粮食管理處 爲發給土地管業執照事

查本縣奉令舉辦土地陳報右記業主地畝業經審核無訛合行塡發管業執照以憑管業嗣後如有買賣典當繼承分割合併贈與交換或其他產權移轉時（除典權外）務須持照遵章向本縣田賦機關聲請推收過戶換領新照倘有僞造或私擅塗改按律治罪須至執照者

| 業主姓名 | 林善金 | 住址 | 永泰縣蓋洑鄉湖裡村 保 甲 戶 |
|---|---|---|---|
| 代表人姓名 | | 住址 | 縣 鄉 村 保 甲 戶 |

| 土地標示 | |
|---|---|
| 土地座落 | 蓋洑鄉鎮土名田村半山垃 |
| 字別段號 | 蓋字第87段第68號 |
| 地目等則 | 田地叁等上則 |
| 面積 | 〇畝叁分五厘 |
| 賦額 | 〇元〇角叁分 |
| 全年收益 | 元 斤 |
| 地價 | 元 |

附記

略圖

北 西 東 南

比例尺1：2000

右給林善金收執

縣長兼府長
副處長

中華民國三十四年 月 日

6-4-78-1　民國三十四年林善金土地管業執照（一）

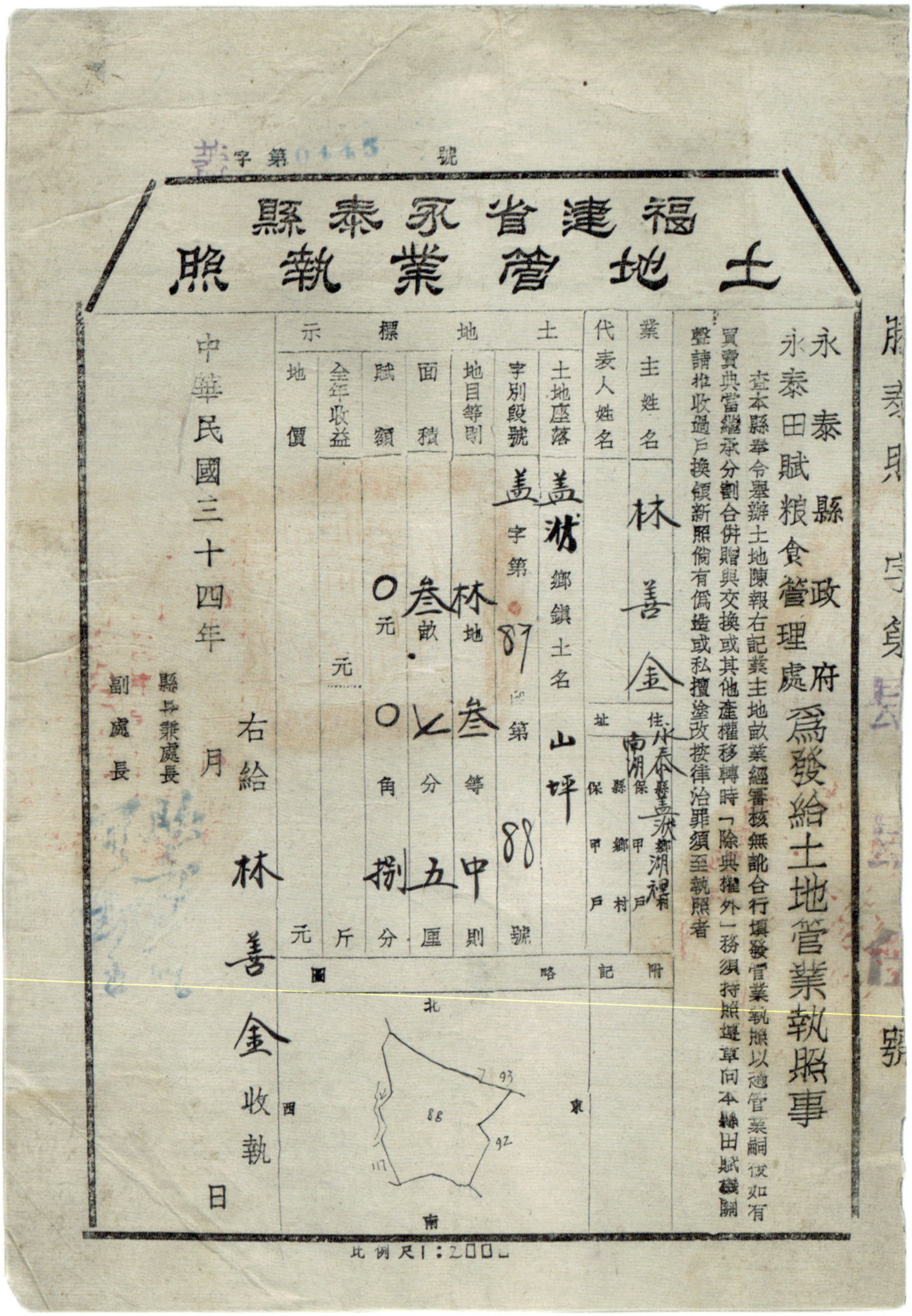

字第〇一一五號

福建省永泰縣
土地管業執照

永泰縣政府
永泰田賦粮食管理處　爲發給土地管業執照事

查本縣奉令舉辦土地陳報，右記業主地畝業經審核無訛，合行填發管業執照，以憑管業。嗣後如有買賣、典當、繼承、分割、合併、贈與、交换或其他産權移轉時，「除與權外」務須持照連章向本縣田賦機關聲請推收過户，换領新照。倘有僞造或私擅塗改，按律治罪，須至執照者。

業主姓名：林善金
代表人姓名：
住址：永泰縣盖洑鄉湖裡　南湖保　甲　户
土地標示：
土地座落：盖洑鄉鎮土名山坪
字別段號：盖字第87區第88號
地目等則：林地叁等中則
面積：叁畝·乙分五厘
賦額：〇元〇角捌分
全年收益：元　斤
地價：元

附記：

略圖：北、南、西、東；87、88、92、93、117

比例尺1:2000

右給林善金收執

縣長兼處長
副處長

中華民國三十四年　月　日

6-4-78-2　民國三十四年林善金土地管業執照（二）

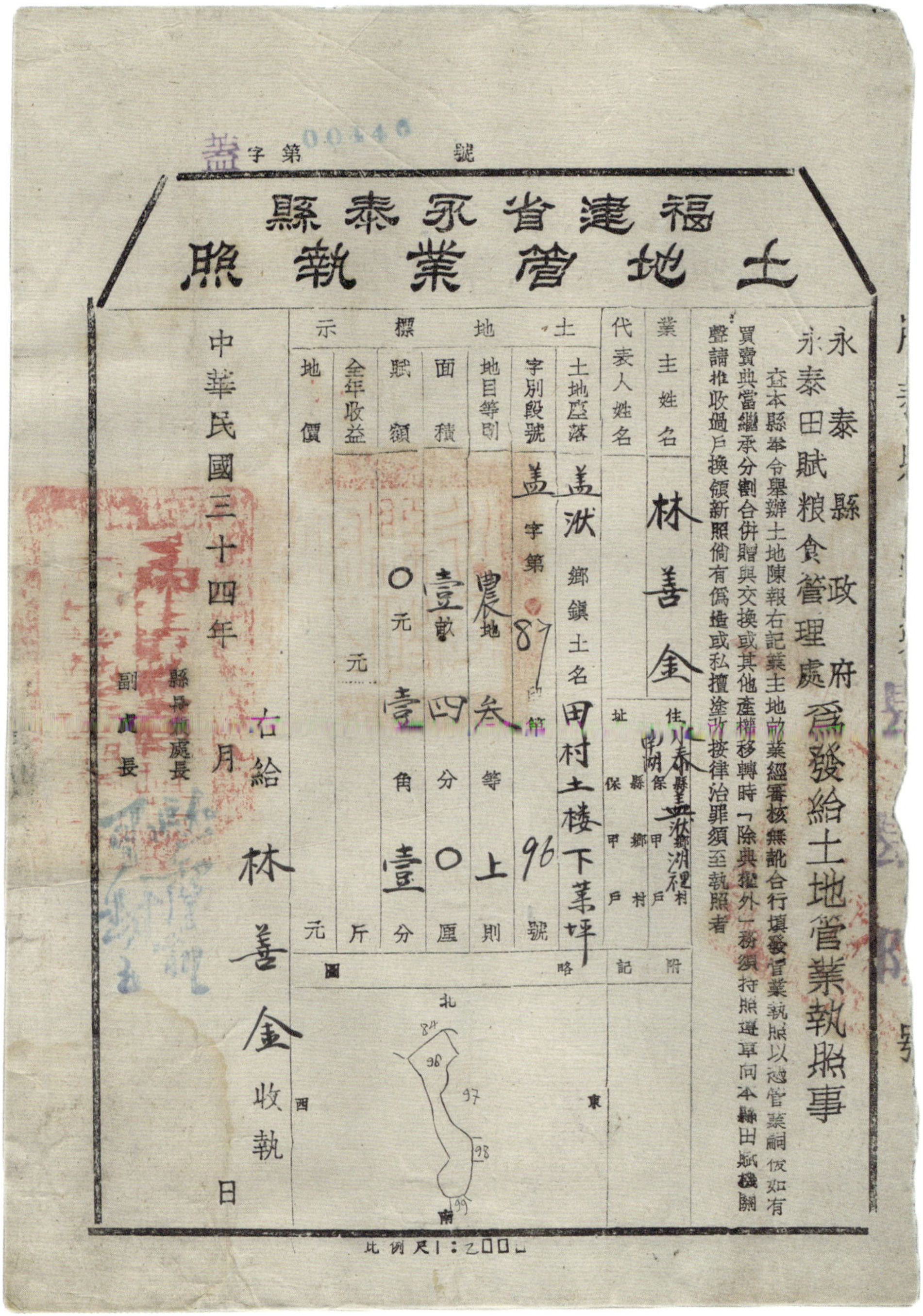

蓋字第 00446 號

福建省永泰縣

土地管業執照

永泰縣政府
永泰田賦糧食管理處　為發給土地管業執照事

茲本縣舉辦土地陳報右記業主地產業經審核無訛合行填發管業執照以憑管業嗣後如有買賣典當繼承分割合併贈與交換或其他產權移轉時「除典權外」務須持照逕向本縣田賦機關聲請推收過戶換領新照倘有偽造或私擅塗改按律治罪須至執照者

| | |
|---|---|
| 業主姓名 | 林善金 |
| 代表人姓名 | |
| 住址 | 永泰縣蓋洋鄉湖裡村　保　甲　戶 |

| 土地標示 | |
|---|---|
| 土地座落 | 蓋洋鄉鎮土名田村土樓下茉坪 |
| 字別段號 | 蓋字第87段第96號 |
| 地目等則 | 農地叁等上則 |
| 面積 | 壹畝四分〇厘 |
| 賦額 | 〇元壹角壹分 |
| 全年收益 | 元　斤 |
| 地價 | 元 |

附記

略圖

北　南　東　西

84　96　97　98　99

比例尺1：2000

右給　林善金　收執

中華民國三十四年　月　日

縣長兼處長

副處長

6-4-78-3　民國三十四年林善金土地管業執照（三）

字第　號

# 福建省永泰縣
# 土地管業執照

永泰縣政府
永泰田賦粮食管理處　爲發給土地管業執照事

查本縣奉令舉辦土地陳報右記業主地畝業經審核無訛合行填發管業執照以憑管業嗣後如有買賣典當繼承分割合併贈與交換或其他產權移轉時「除典權外」務須持照逕向本縣田賦機關聲請推收過戶換領新照倘有僞造或私擅塗改按律治罪須至執照者

業主姓名：林善金
代表人姓名：
住址：永泰縣盖洑鄉洲裡南洲保　甲　戶

土地標示
土地座落：盖洑鄉鎮土名田村土樓
字別段號：盖字第87第99號
地目等則：基地　弍等下則
面積：〇畝六分〇厘
賦額：〇元〇角捌分
全年收益：元　斤
地價：元

附記

圖略
北
西　東
南
比例尺1:2000

右給林善金收執

中華民國三十四年　月　日

縣長　兼處長
副處長

6-4-78-4　民國三十四年林善金土地管業執照（四）

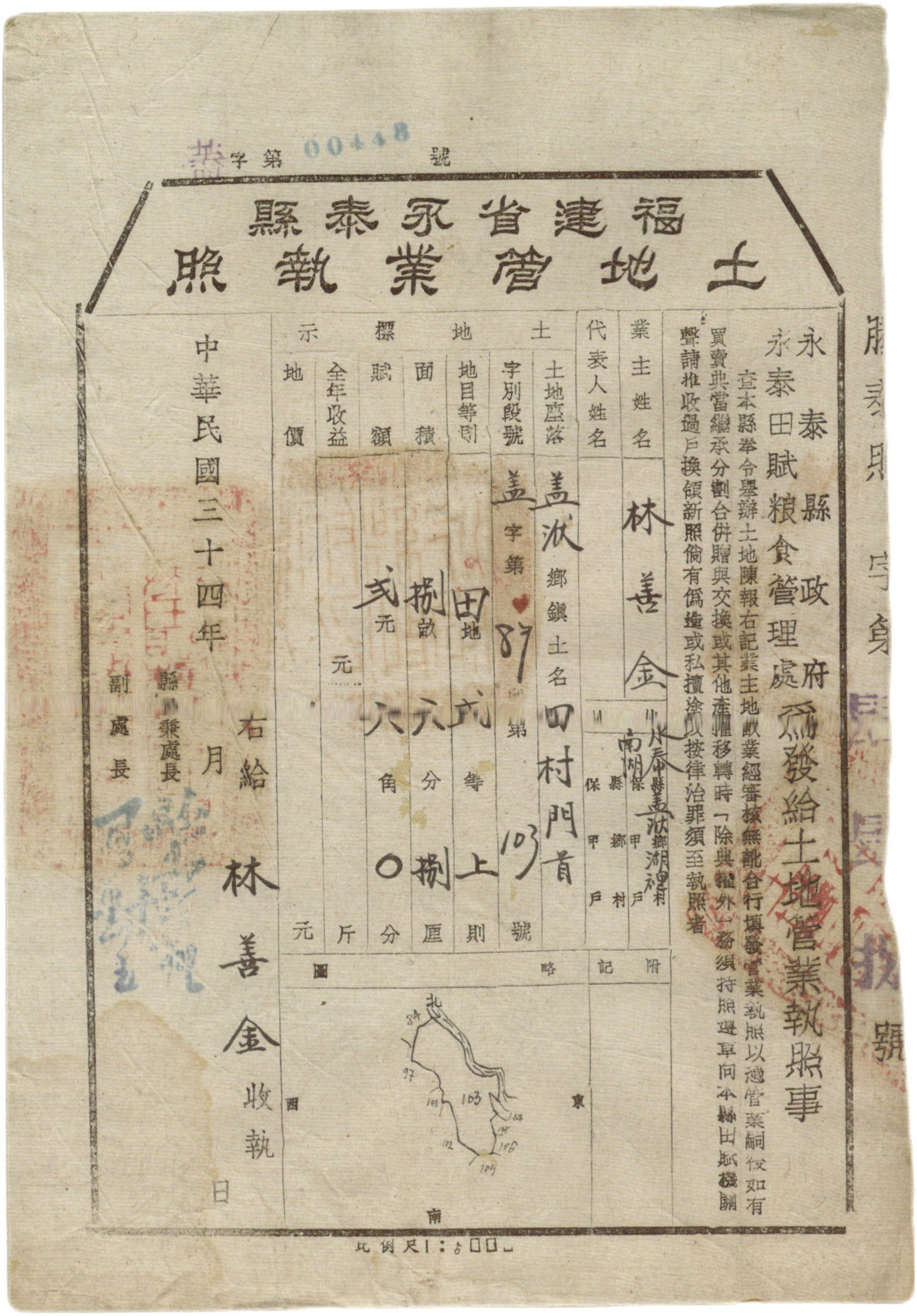

蓋字第 00448 號

福建省永泰縣
土地管業執照

永泰縣政府
永泰田賦糧食管理處　為發給土地管業執照事

查本縣奉令舉辦土地陳報右記業主地畝業經審核無訛合行填發管業執照以憑管業嗣後如有買賣典當繼承分割合併贈與交換或其他產權移轉時除與權外務須持照遵章向本縣出賦機關聲請推收過戶換領新照倘有偽造或私擅塗改按律治罪須至執照者

| | |
|---|---|
| 業主姓名 | 林善金 |
| 代表人姓名 | |
| 住址 | 永泰縣蓋洋鄉湖裡 南湖保 |

| 土地標示 | |
|---|---|
| 土地坐落 | 蓋洋鄉鎮土名四村門首 |
| 字別段號 | 蓋字第87段第103號 |
| 地目等則 | 田地式等上則 |
| 面積 | 捌畝六分捌厘 |
| 賦額 | 式元六角〇分 |
| 全年收益 | 元　斤 |
| 地價 | 元 |

附記

略圖

中華民國三十四年　月　日

右給　林善金　收執

縣長兼處長

副處長

比例尺1:500

6-4-78-5　民國三十四年林善金土地管業執照（五）

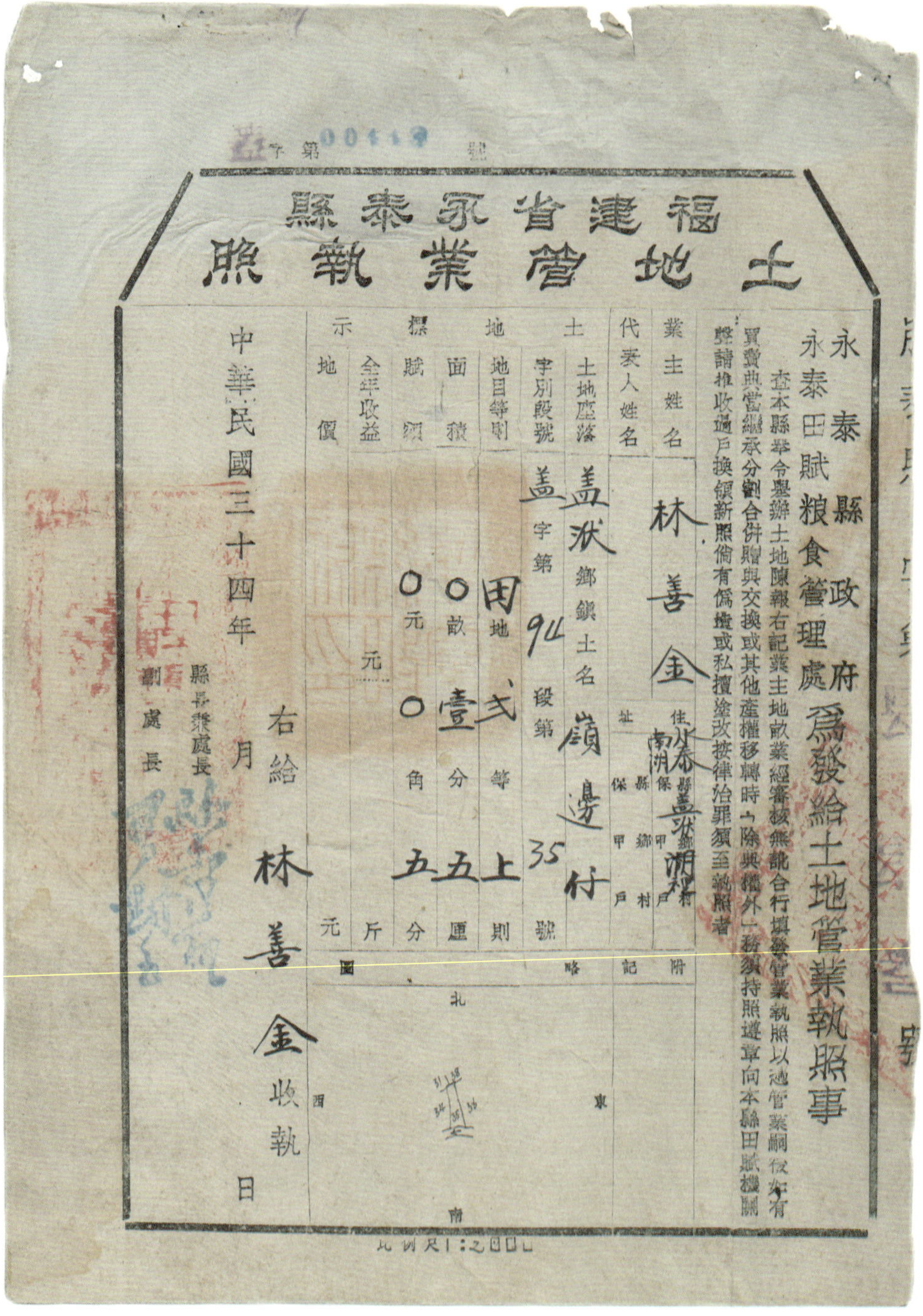

字第 00118 號

福建省永泰縣

土地管業執照

永泰縣政府
永泰田賦粮食管理處 為發給土地管業執照事

查本縣舉令舉辦土地陳報右記業主地畝業經審核無訛合行填發管業執照以憑管業嗣後如有買賣典當繼承分劃合併贈與交換或其他產權移轉時（除典權外）務須持照遵章向本縣田賦機關聲請推收過戶換領新照倘有偽造或私擅塗改按律治罪須至執照者

業主姓名：林善金
代表人姓名：
住址：永泰縣蓋洋鄉湖洋村 南湖保 甲 戶
附記：

土地標示
土地座落：蓋洋鄉鎮 土名嶺邊付
字別段號：蓋字第94段第35號
地目等則：田地上等則
面積：〇畝壹分五釐
賦額：〇元〇角五分
全年收益：元 斤
地價：元

圖略
北 東 西 南

右給林善金收執

中華民國三十四年 月 日

縣長兼處長
副處長

比例尺 1:2000

6-4-78-6　民國三十四年林善金土地管業執照（六）

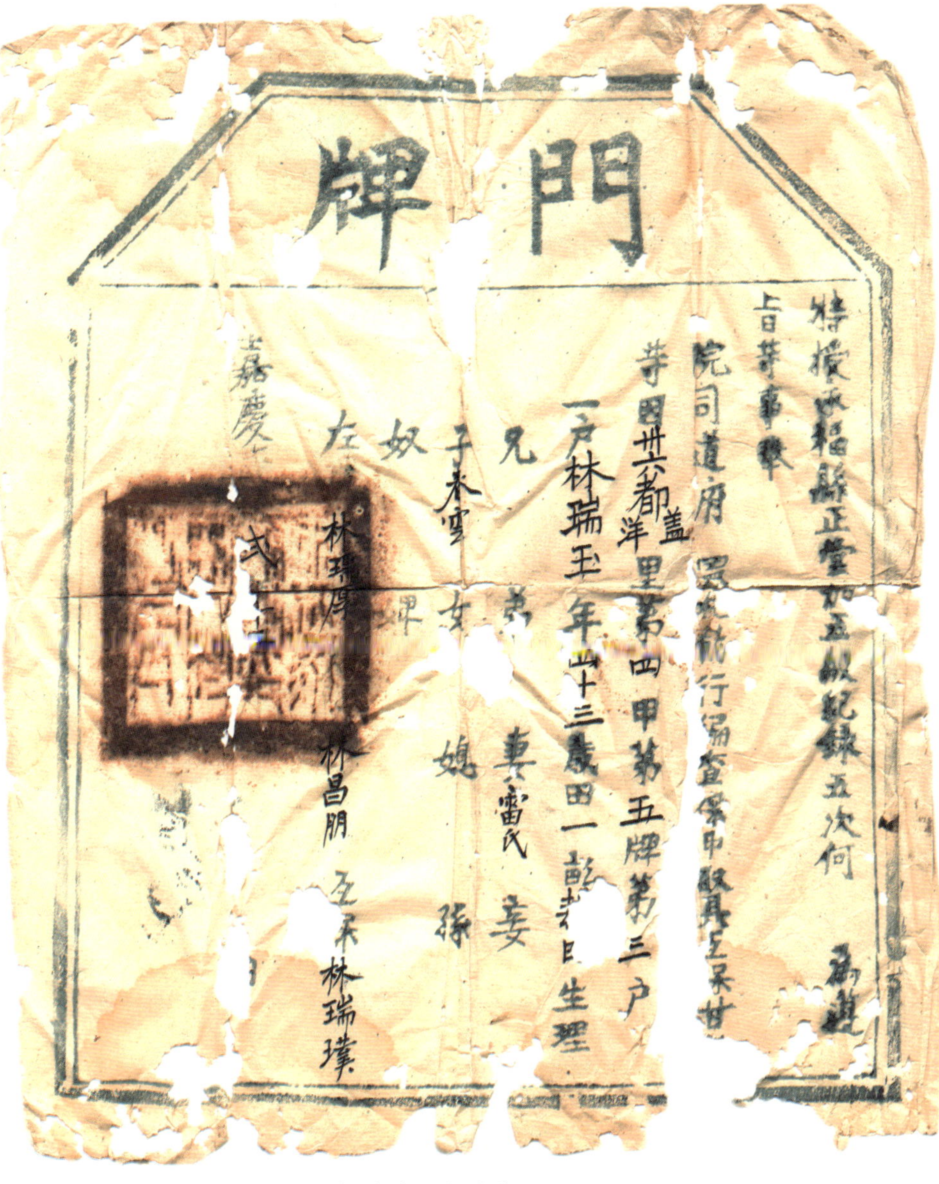

門牌

特授永福縣正堂加五級紀錄五次何　為遵

旨等事。奉

院司道府嚴飭行編查保甲，取具互保甘

等因。廿六都蓋洋里第四甲第五牌第三户

一户林瑞玉年四十三歲，田一[illegible]生理

兄　弟　妻雷氏　妾

子孝雲　女　媳　孫

奴　婢

左　林瑞[illegible]　林昌朋　互保林瑞璞

嘉慶[illegible]

6-4-79-1　清嘉慶二十二年林瑞玉户門牌

具呈林顯和年六十七歲住三十六都佃村地方抱告社友陳永式爲局借爲私延欠負吞乞拘訊追照律究辦事切和等緣同治元年八月間鄉内公建佃村供奉明神邀集社友八名等捐資存積輪流祭祀存貯衆錢壹拾伍仟文誰料族惡林孔恩欺噬侚衆局借花言巧計約息三分藉是社友載數確據和等疊討無異恩甜口求限愈墜奸局延欠復敢數存不向錢局入手異樣鯨吞百擲惡制莫奈伊何似此局借爲私天良悼喪欺凌負吞理法全灰不蒙嚴拘訊追究辦而弱民竟遭蠶食胡底情何以堪不已泣叩

大老爺台下抑強扶弱恩准嚴飭差拘究追結還以儆以懲頂祝切呈

計開

被告 局借爲私 林孔恩

同治六年弍月　　日具呈林顯和

6-4-80-1　清同治六年二月林顯和具呈狀

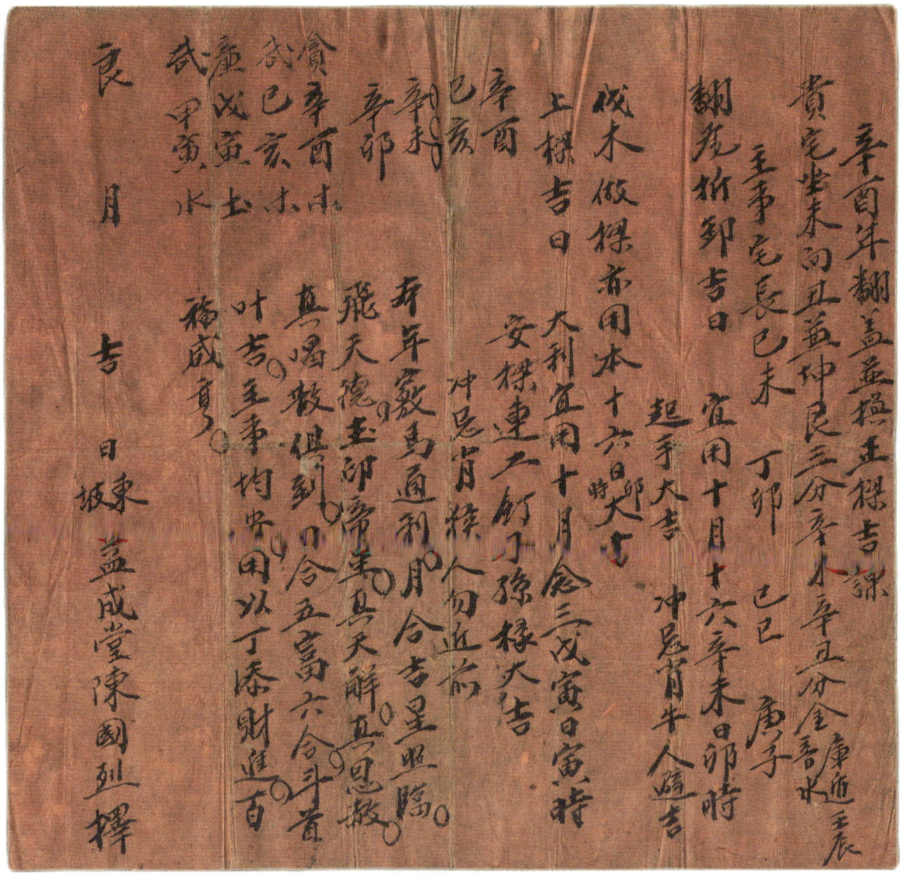
辛酉年翻盖並换正樑吉課
貴宅坐未向丑兼坤艮三分辛未辛丑分金音水 庚通壬辰
主事宅長己未　丁卯　己巳　庚子
翻瓦折卸吉日　宜用十月十六辛未日卯時
起手大吉　冲忌肖牛人避吉
伐木做樑亦用本十六日卯時大吉
上樑吉日　大利宜用十月念三戊寅日寅時
安樑連之釘丁孫祿大吉
冲忌肖猴人勿近前
辛酉
己亥
辛未
辛卯
貪辛酉木
武己亥木
廉戊寅土
武甲寅水
本年歲馬通利月合吉星照臨
飛天德玉印帝星天解五恩救
真喝救俱到日合五富六合斗首
叶吉主事均安用以丁添財進百
福成賓
良月　吉日　東坡蓋成堂陳國廷擇

6-4-81-1　民國十年翻蓋並換正樑吉課

6-4-82-1　清道光三十年林清森等立人情簿（一）

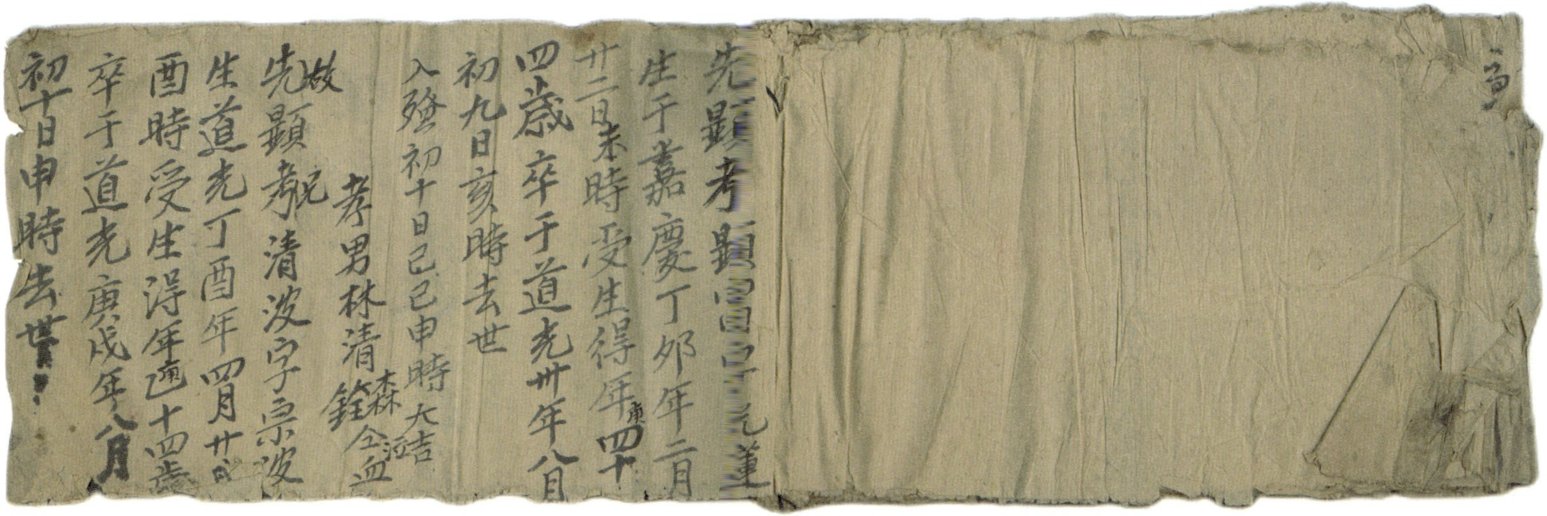


6-4-82-2　清道光三十年林清森等立人情簿（二）

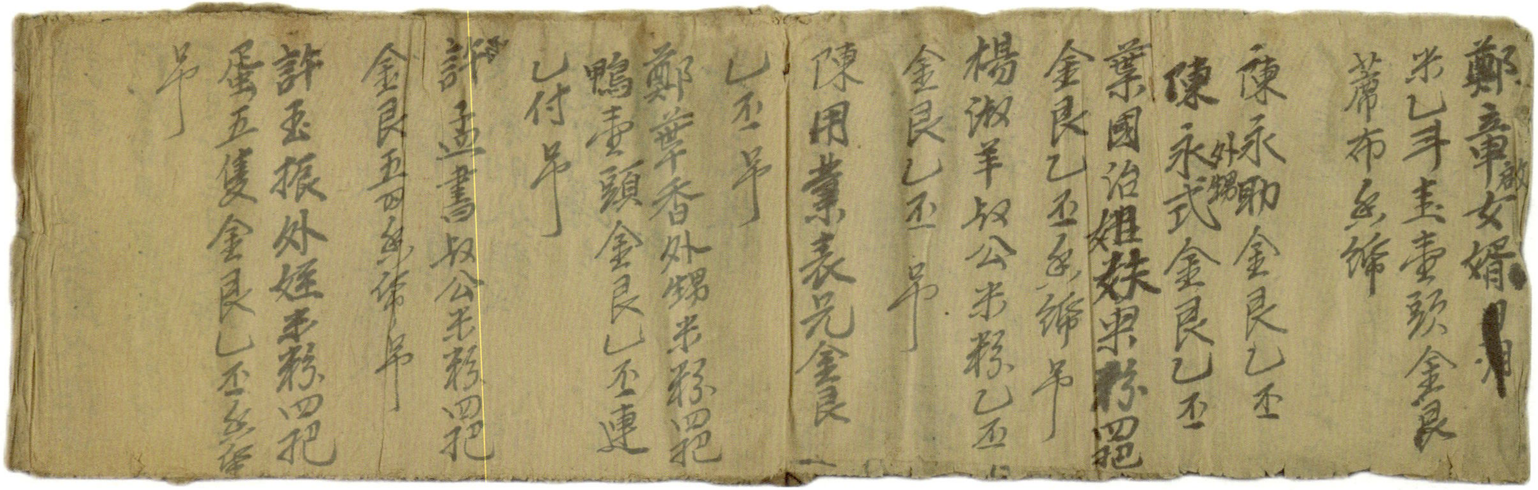

6-4-82-3　清道光三十年林清森等立人情簿（三）

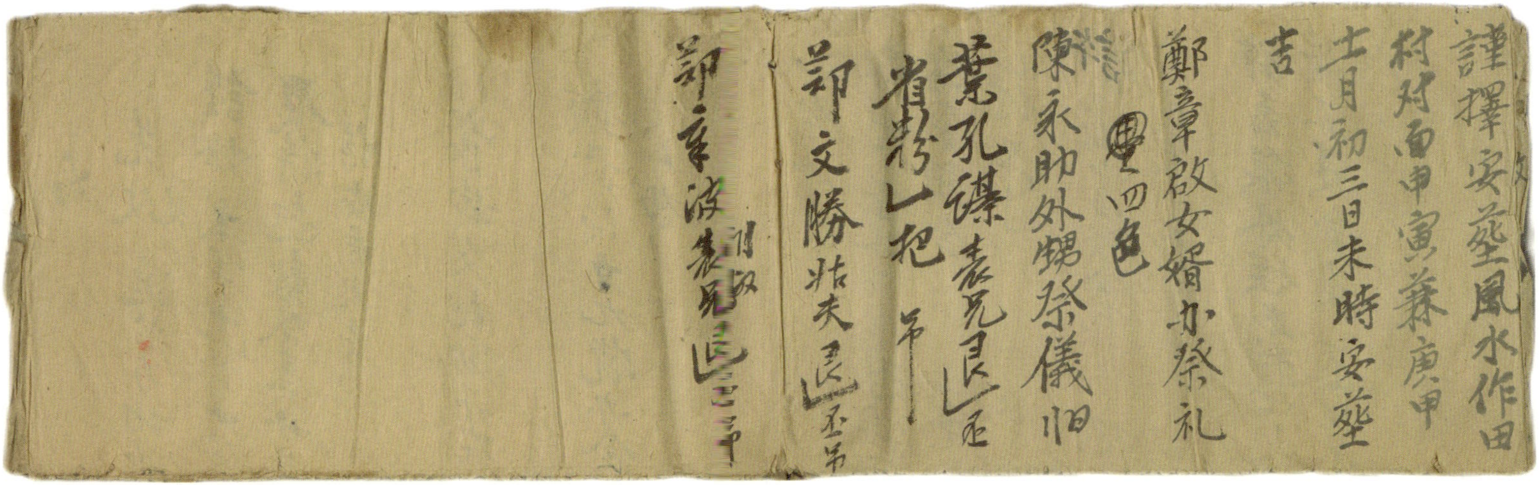


6-4-82-4　清道光三十年林清森等立人情簿（四）

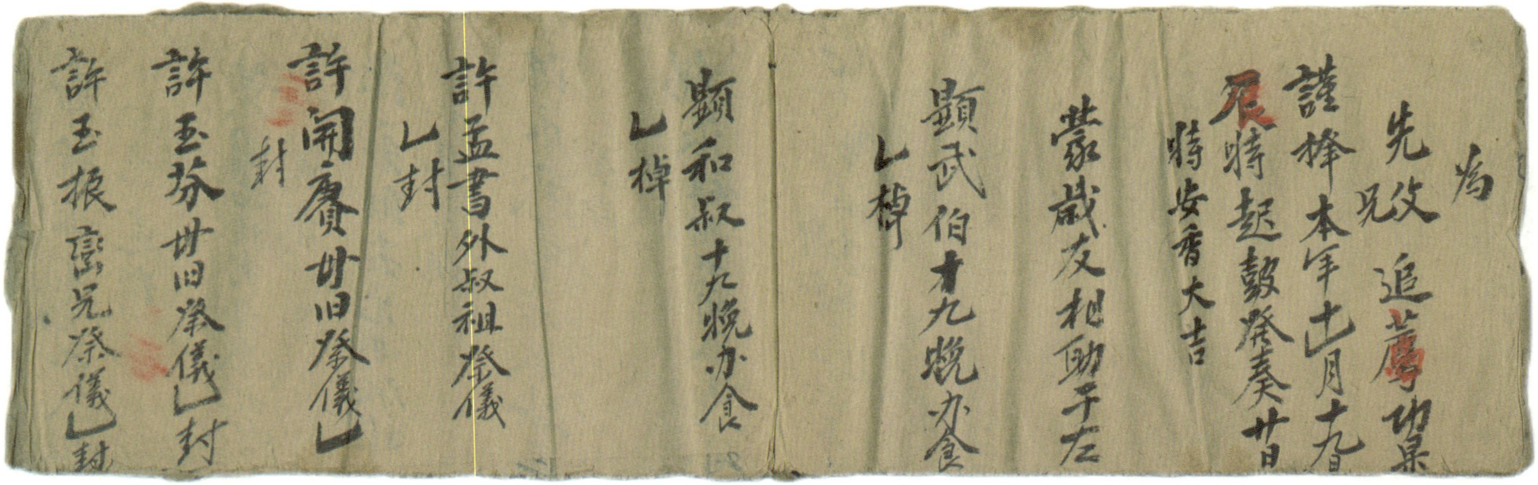


6-4-82-5　清道光三十年林清森等立人情簿（五）

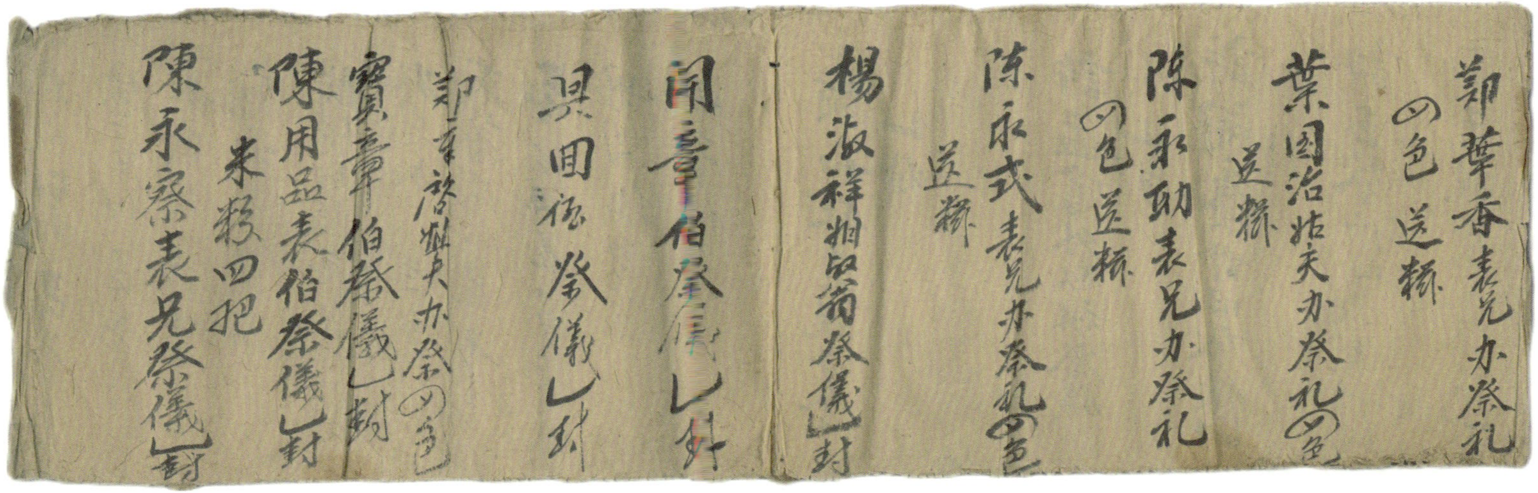

鄭華香表兄办祭礼 四色 送糕
葉國治姑夫办祭礼四色 送糕
陈永助表兄办祭礼 四色送糕
陈永武表兄办祭礼四色 送糕
楊淑祥姻兄葡祭儀一封
聞章伯祭儀一封
吳田依祭儀一封
鄭華啓姑丈办祭四色
寶章伯祭儀一封
陳用品表伯祭儀一封 米粿四把
陳永察表兄祭儀一封

6-4-82-6　清道光三十年林清森等立人情簿（六）

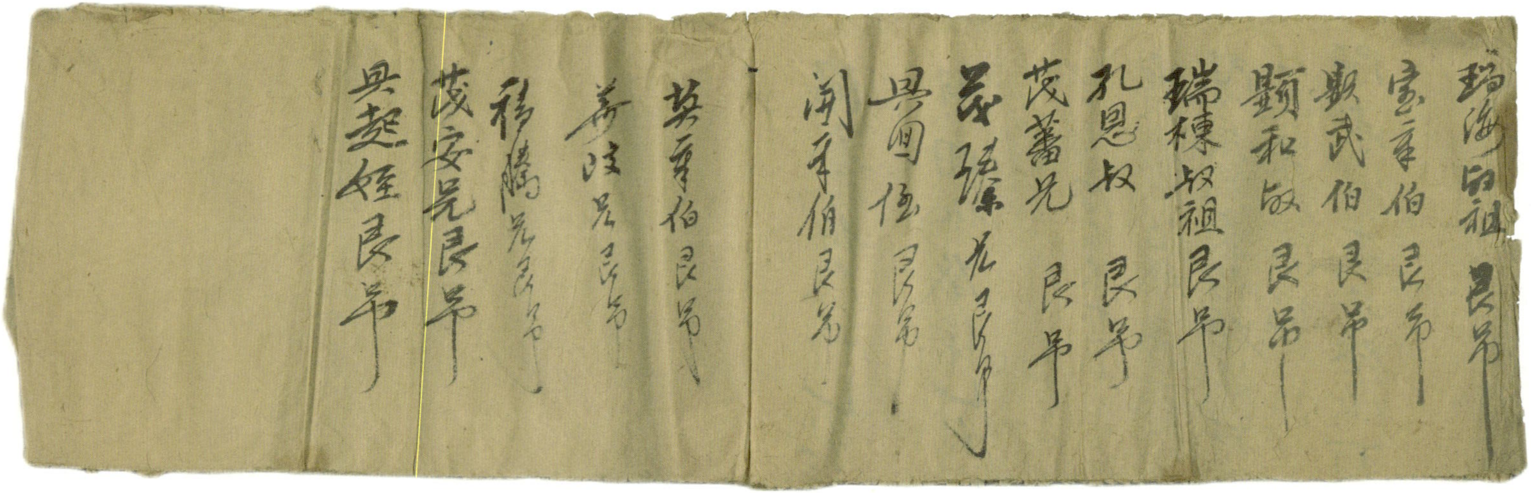
瑞海伯祖艮吊一
宜辛伯艮吊一
顯武伯艮吊一
顯和叔艮吊一
瑞棟叔祖艮吊一
孔恩叔艮吊一
茂蕃兄艮吊一
茂璋兄艮吊一
興田侄艮吊
閏辛伯艮吊
英辛伯艮吊一
義吐兄艮吊一
福勝兄艮吊一
茂安兄艮吊一
興超侄艮吊一

6-4-82-7　清道光三十年林清森等立人情簿（七）

6-4-82-8　清道光三十年林青森等立人情簿（八）

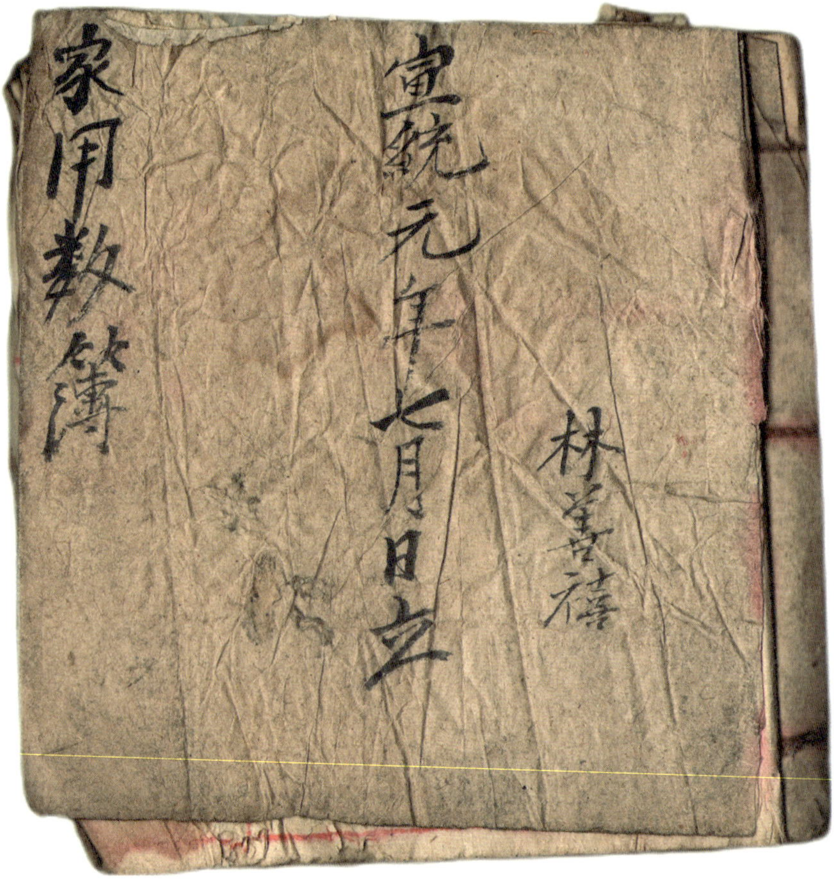
林善禧
宣統元年七月日立
家用数簿

6-4-83-1　清宣統元年林善禧立家用數簿（一）

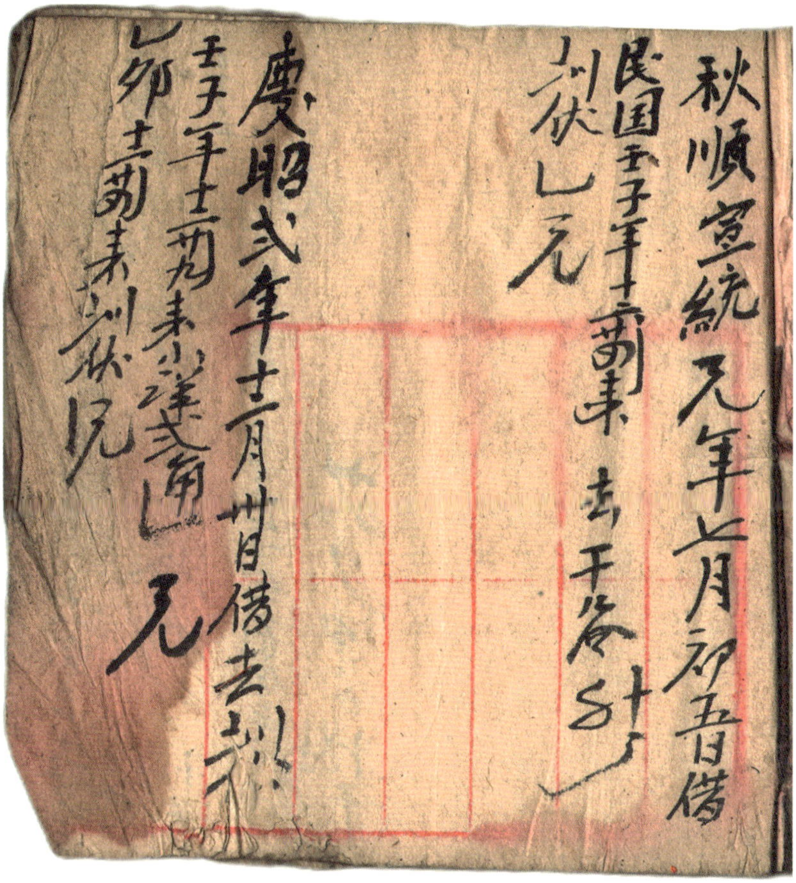
秋順宣統元年七月初五日借
民国壬子年十二月來 去干谷 斤
利谷乙元
慶昭弍年十二月卅日借去利
壬子年十二月來小洋弍角乙元
乙卯十二月來利谷元

6-4-83-2　清宣統元年林善禧立家用數簿（二）

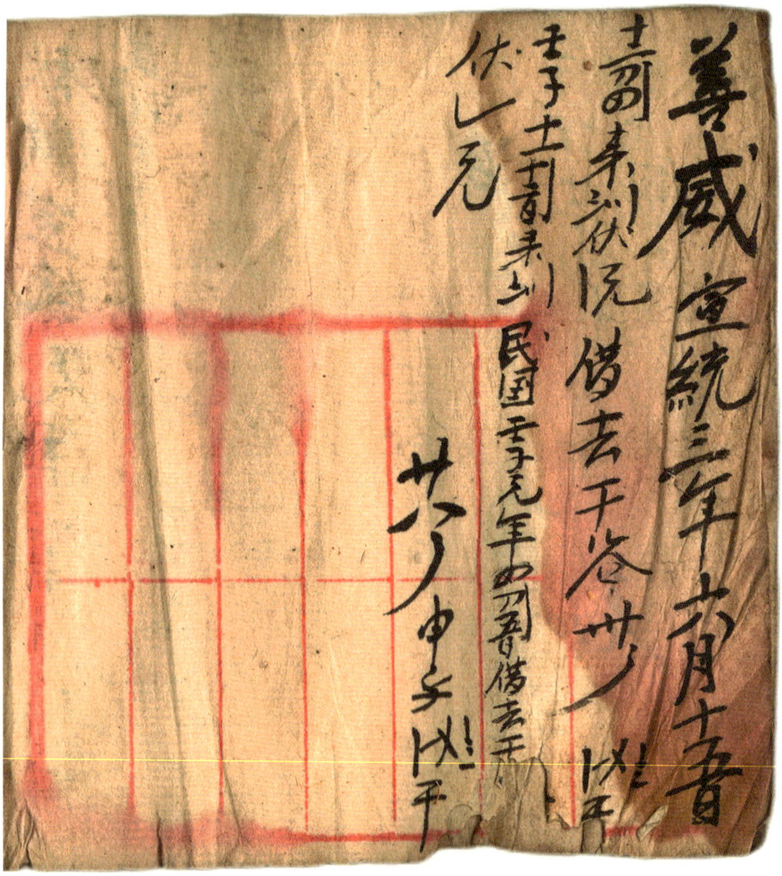

6-4-83-3　清宣統元年林善禧立家用數簿（三）

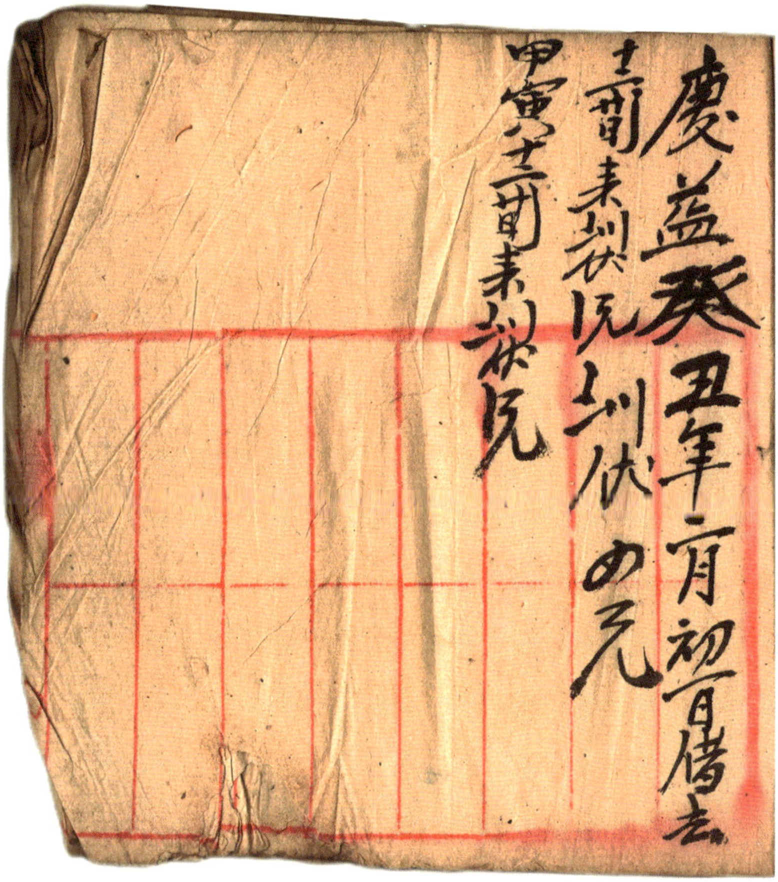
慶益癸丑年十二月初四日借去
十二月來到洋伏元又到伏四元
甲寅八十二月來到洋伏元

6-4-83-4　清宣統元年林善禧立家用數簿（四）

6-4-83-5　清宣統元年林善禧立家用數簿（五）

# 第五帙　林維珍户

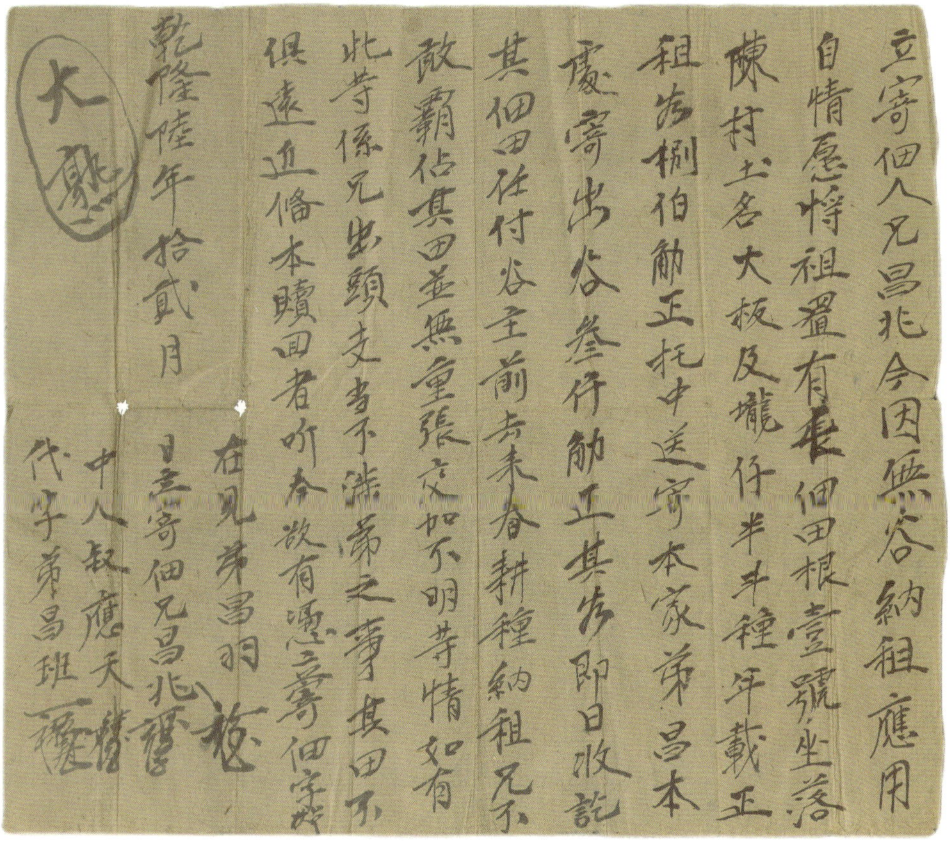
立寄佃人兄昌兆今因無谷納租應用
自情愿將祖置有屯佃田根壹號坐落
陳村土名大坂及壠仔半斗種年載正
租谷捌伯觔正托中送寄本家弟昌本
處寄出谷叁仟觔正其谷即日收訖
其佃田付谷主前去耒春耕種納租兄不
敢霸佔其田並無重張交加不明等情如有
此等係兄出頭支当不涉弟之事其田不
俱遠近備本贖回者听今欲有憑立寄佃字為照
在見弟昌羽
乾隆陸年拾貳月 日立寄佃兄昌兆
中人叔應天
代字弟昌班

6-5-1-1　清乾隆六年十二月林昌兆立寄屯佃田根字

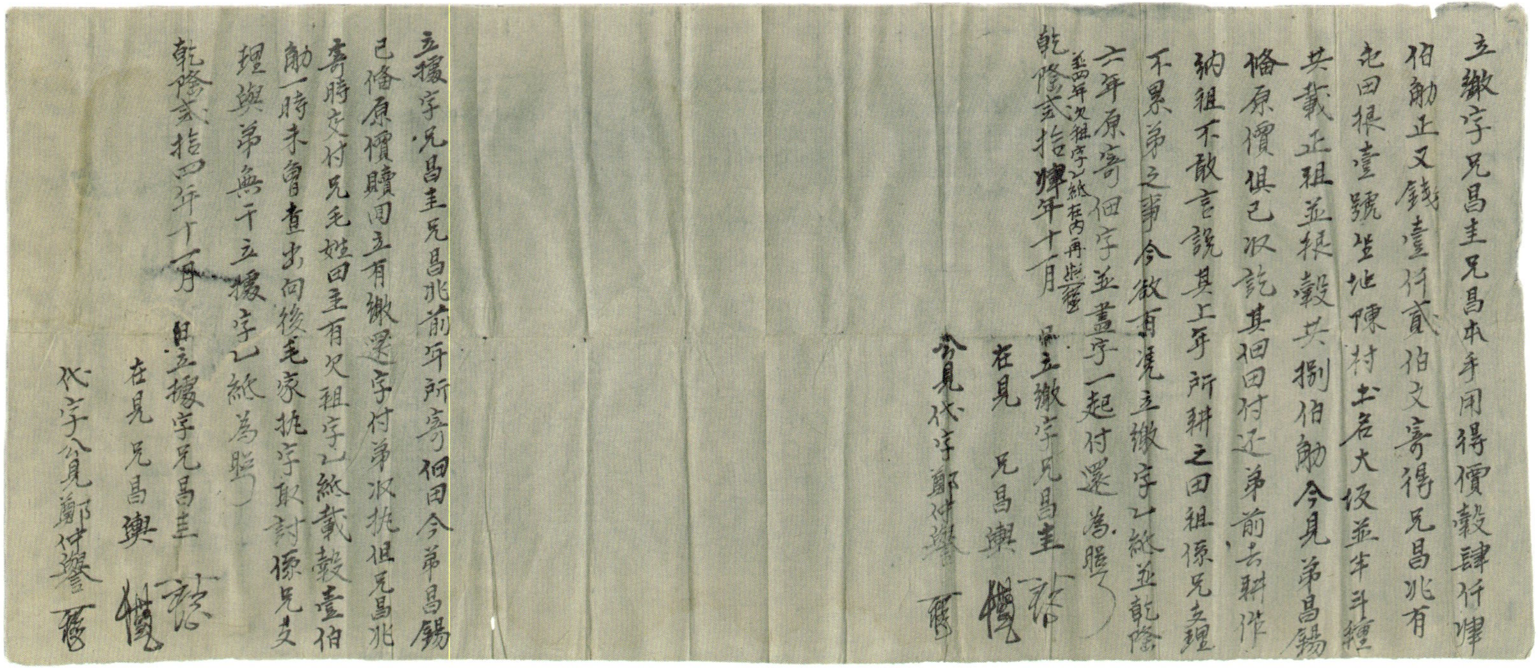

6-5-1-2　清乾隆二十四年十一月林昌圭立繳屯田根字

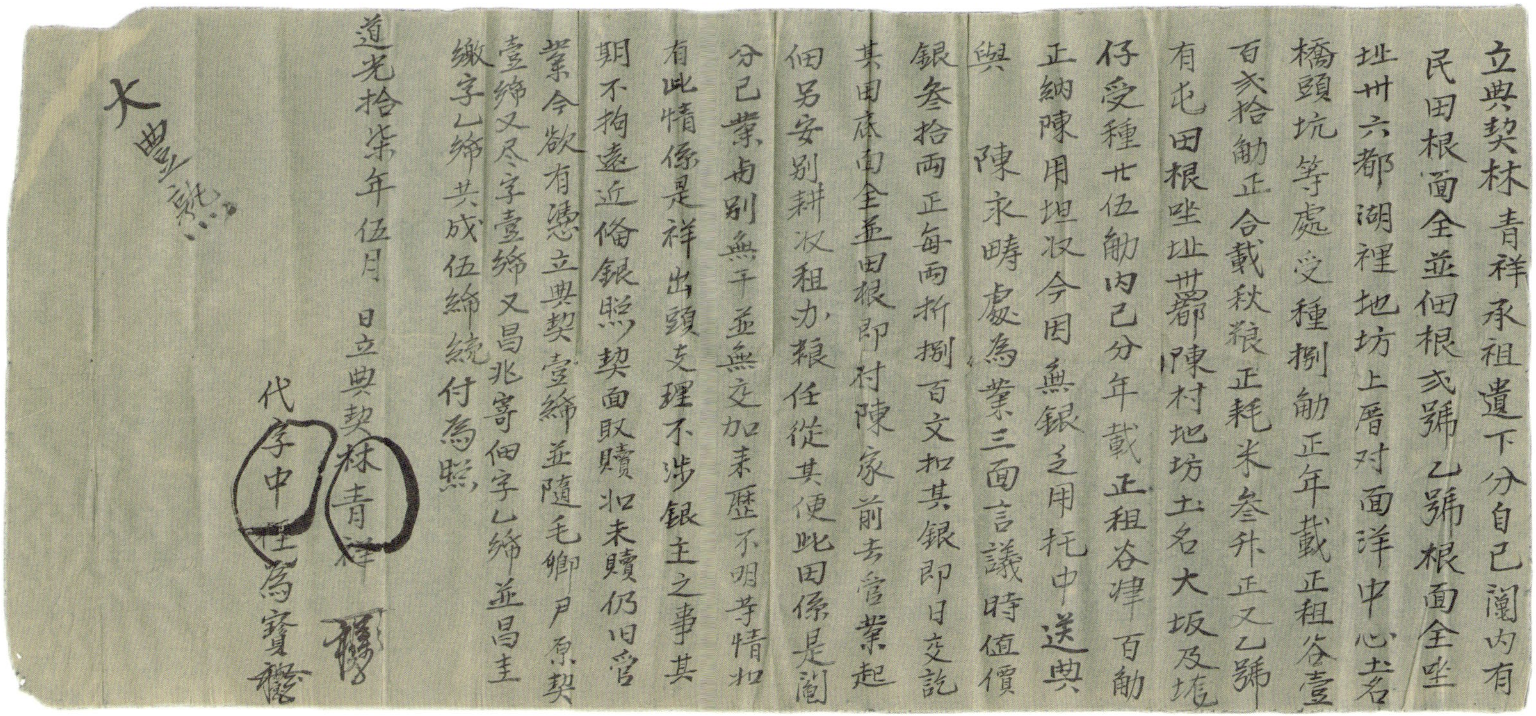

立典契林青祥承祖遺下分自己闔內有
民田根面全並佃根弍號乙號根面全坐
址卅六都湖裡地坊上厝对面洋中心土名
橋頭坑等處受種捌畝正年載正租谷壹
百弍拾觔正合載秋粮正耗米叁升正又乙號
有兆田根坐址卅嶺都陳村地坊土名大坂及坑
仔受種卄伍畝內己分年載正租谷肆百觔
正納陳用地汶今因無銀之用托中送典
與　陳求時處為業三面言議時値價
銀叁拾兩正每兩折捌百文扣其銀即日交訖
其田根面全並田根即付陳家前去管業起
佃另安別耕收租办粮任從其便此田係是闔
分己業與別無干並無交加未歷不明等情如
有此情係是祥出頭支理不涉銀主之事其
期不拘遠近備銀贖契面取贖如未贖仍照管
業今欲有憑立典契壹紙並隨老卿戶丙契
壹紙又尺字壹紙又另兆寄佃字乙紙並另主
繳字乙紙共成伍紙總付為照

道光拾柒年伍月　日立典契林青祥（押）

代字中侄為家聲（押）

大豐號

6-5-1-3　清道光十七年五月林青祥立典根面全民田等契（廢契）

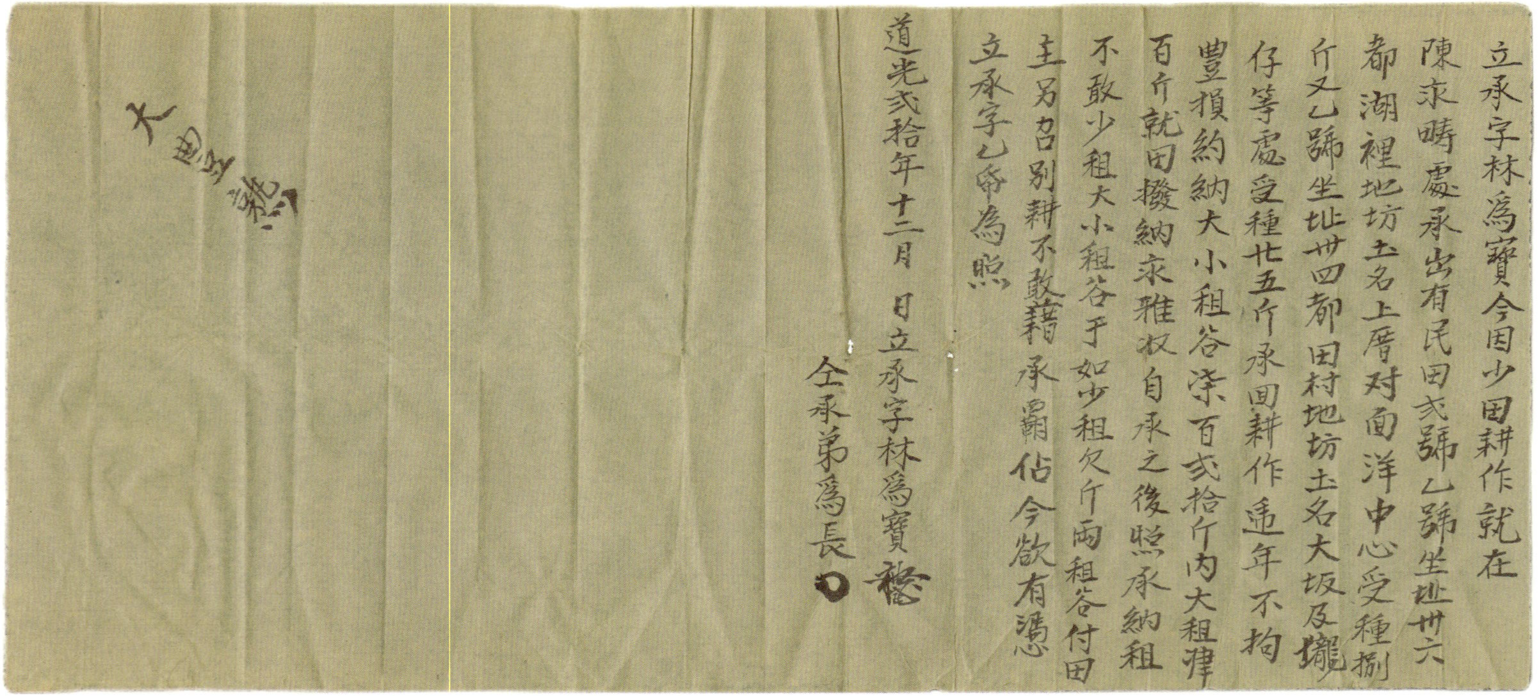

立承字林爲寶今因少田耕作就在
陳汞疇處承出有民田弍號乚號坐址卅六
都湖裡地坊土名上厝対面洋中心受種捌
斤又乚號坐址卅四都田村地坊土名大坂及壠
仔等處受種廿五斤承回耕作逓年不拘
豐損納大小租谷柒百弍拾斤内大租肆
百斤就田撥納汞雅叔自承之後照承納租
不敢少租大小租谷于如少租欠斤兩租谷付田
主另召別耕不敢藉承霸佔今欲有憑
立承字乚帋爲照

道光弍拾年十二月　日立承字林爲寶（押）
仝承弟爲長（押）

6-5-1-4　清道光二十年十二月林爲寶等立承民田字

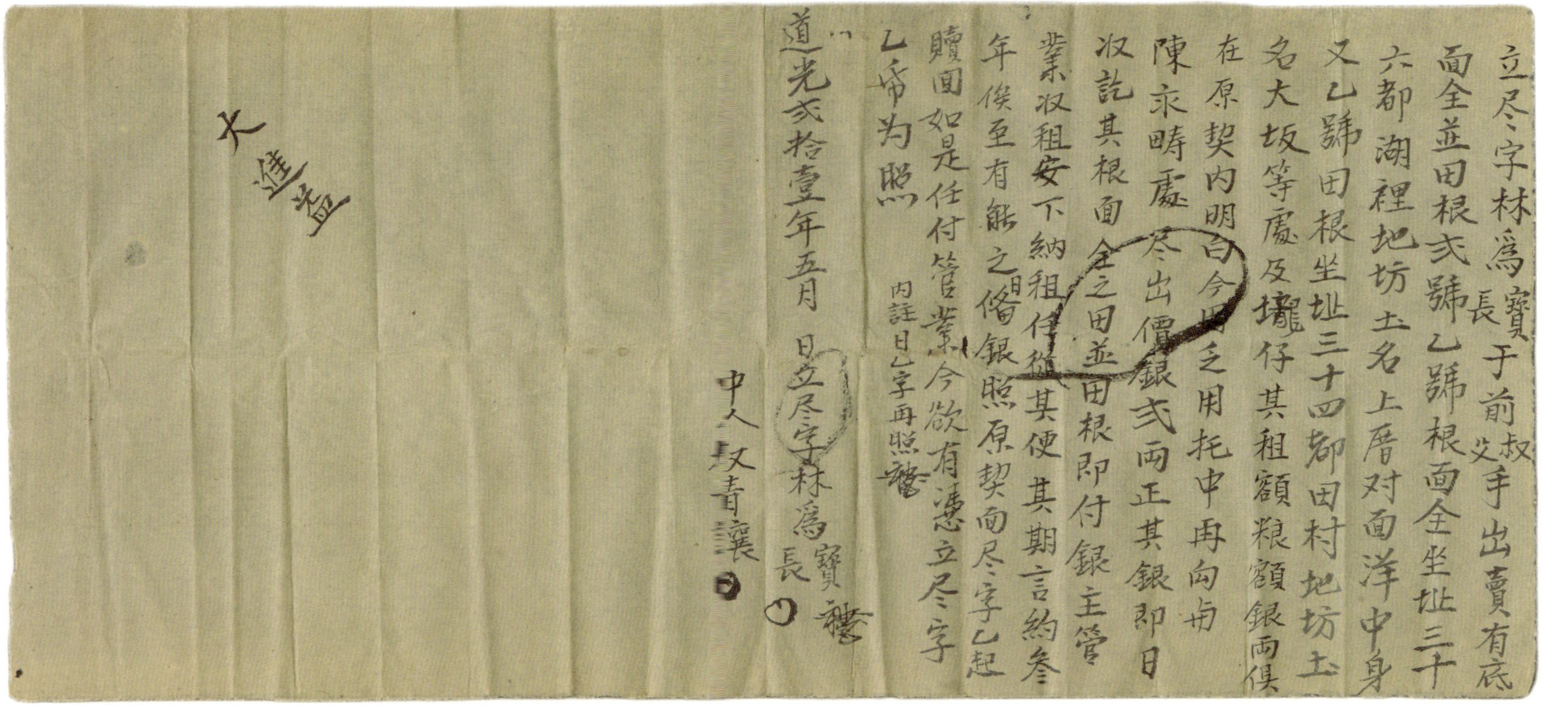
立尽字林爲寶、長于前叔父手出賣有底
面全並田根式號，乙號根面全坐址三十
六都湖裡地坊，土名上厝对面洋中身；
又乙號田根坐址三十四都田村地坊，土
名大坂等處及壠仔，其租額、粮額、銀兩俱
在原契内明白。今因乏用，托中再向舟
陳永疇處尽出價銀式兩正，其銀即日
收訖。其根面全之田並田根即付銀主管
業收租，安下納租，任從其便。其期言約叁
年後至有能之日，備銀照原契面尽字乙起
贖回，如是任付管業。今欲有憑，立尽字
乙帋为照。
内註日乙字再照。
道光式拾壹年五月　日立尽字林爲寶、長
中人　叔青讓
大進益

6-5-1-5　清道光二十一年五月林爲寶等立盡底面全田等字（廢契）

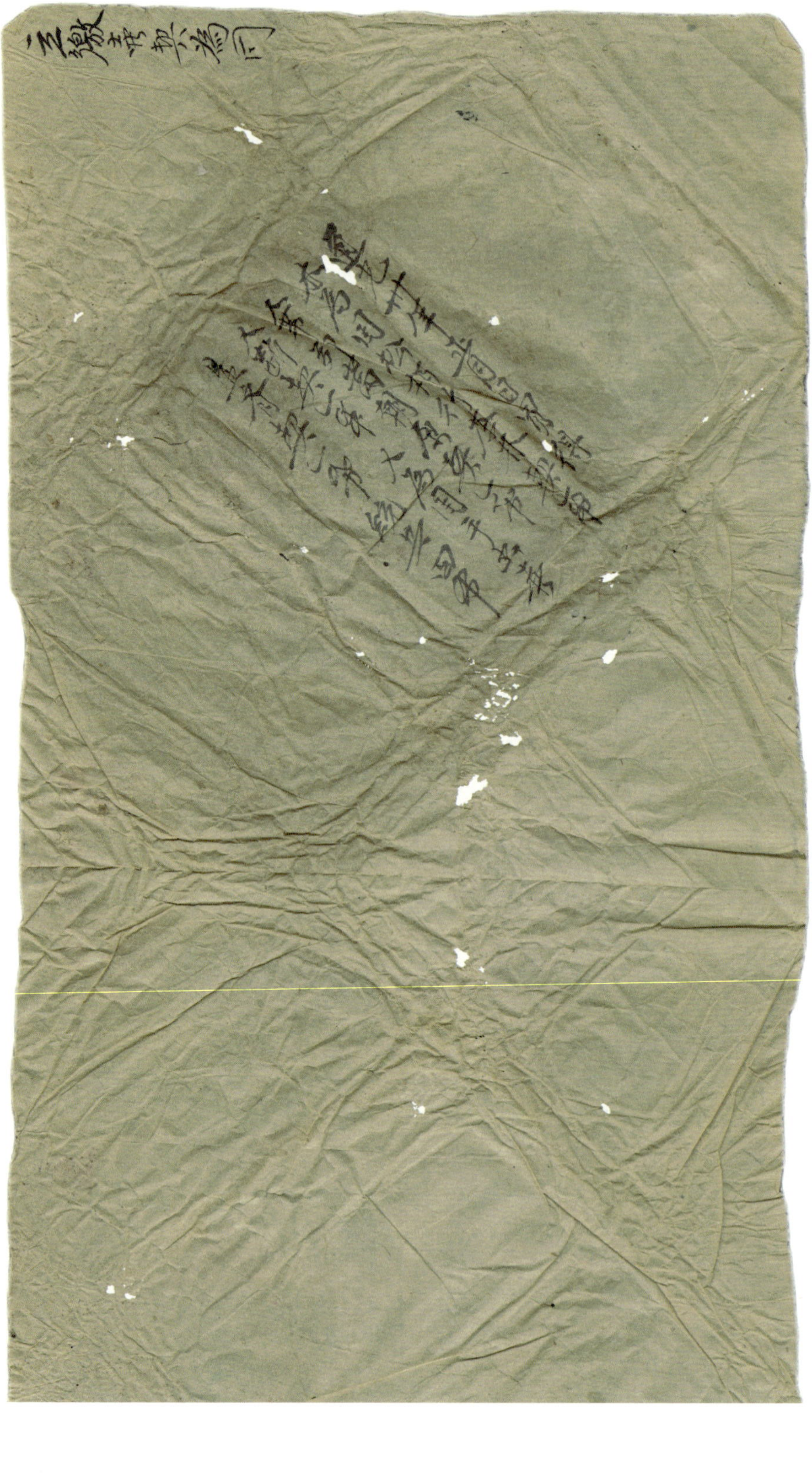

6-5-2-1　包契紙

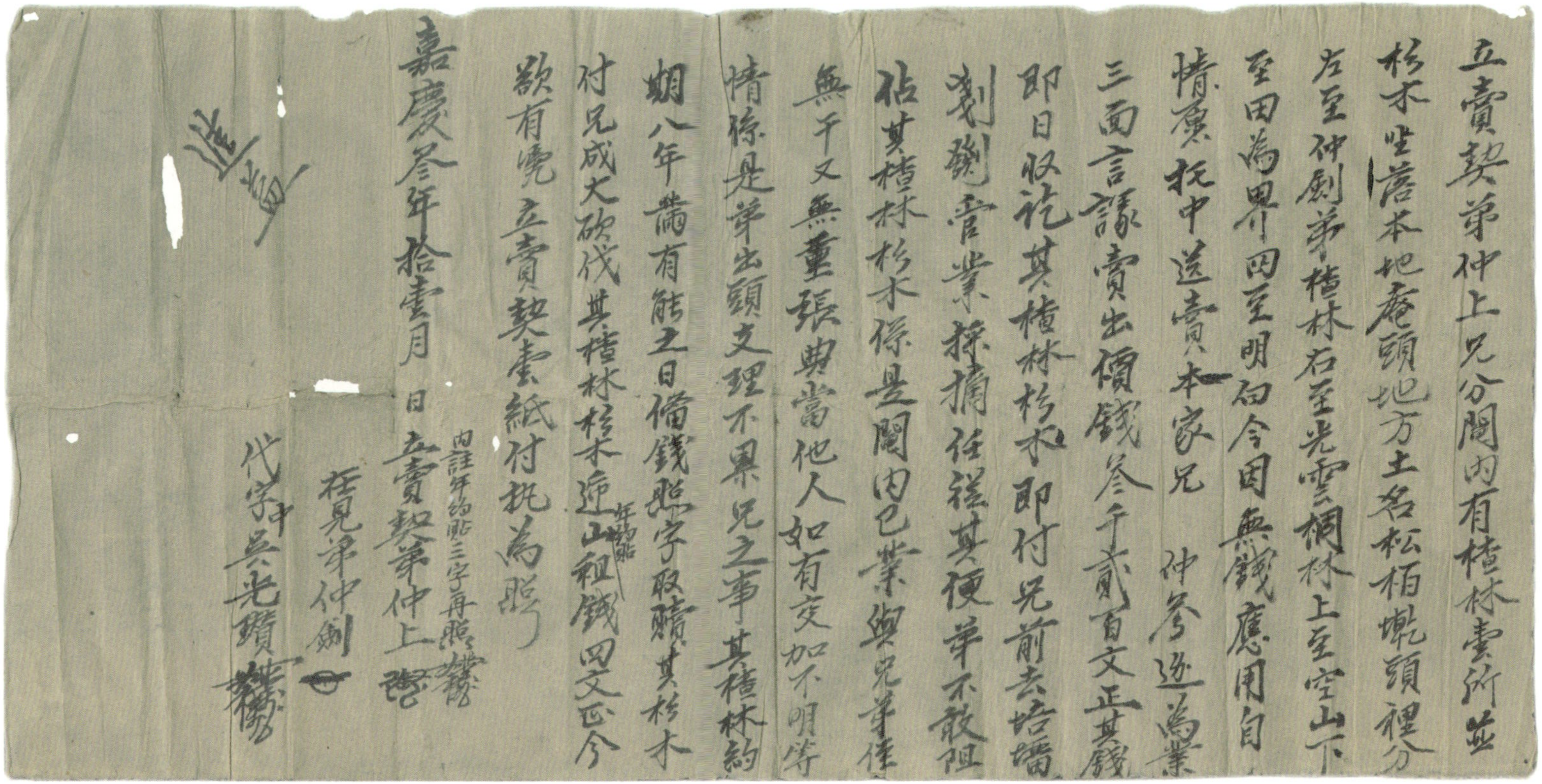
立賣契弟仲上兄分閹內有楂林壹所並
杉木坐落本地庵頭地方土名松栢崠頭裡分
左至仲劌弟楂林右至光雲桐林上至空山下
至田爲界四至明白今因無錢應用自
情愿托中送賣本家兄　仲參邊爲業
三面言議賣出價錢叁千貳百文正其錢
即日收訖其楂林杉木即付兄前去培墻
劃鋤管業採摘任從其便弟不敢阻
拈其楂林杉木係是閹內己業與兄弟侄
無干又無重張典當他人如有交加不明等
情係是弟出頭支理不累兄之事其楂林約
刣八年備有能立日備錢照字取贖其杉木
付兄成大砍伐其楂林杉木迎山（年約照）租錢四文正今
欲有憑立賣契壹紙付執爲照
嘉慶叁年拾壹月　日　立賣契弟仲上（押）
內註年約照三字再照
在見弟仲劌（押）
代字中人光瓚（押）
遂意

6-5-2-2　清嘉慶三年十一月鄭仲上立賣楂林等契

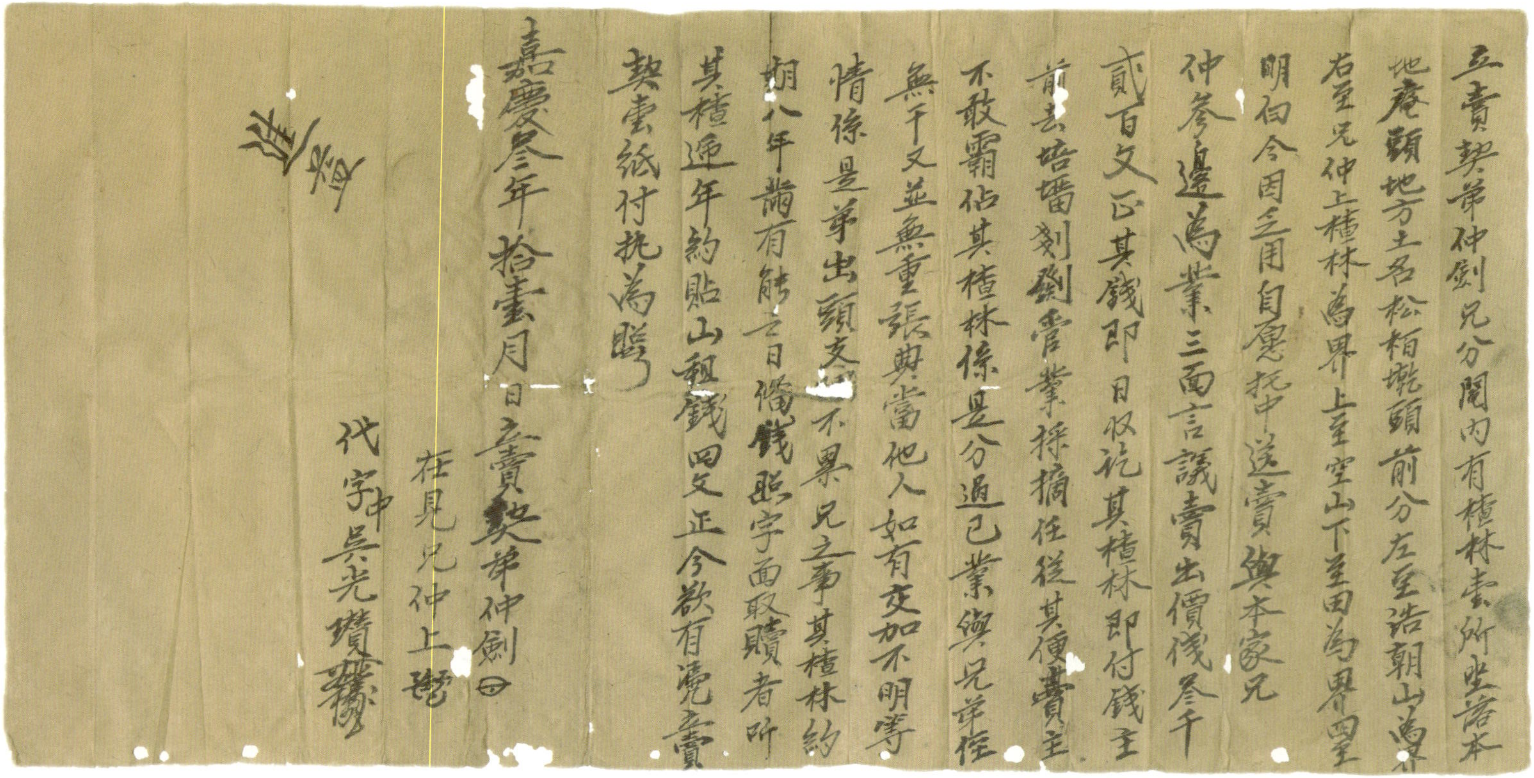
立賣契弟仲劍兄分閹內有楂林壹所坐落本
地庵頭地方土名松柏垅頭前分左至浩朝山為界
右至兄仲上楂林為界上至空山下至田為界四至
明白今因乏用自愿托中送賣與本家兄
仲參邊為業三面言議賣出價錢叁千
貳百文正其錢即日收訖其楂林即付錢主
前去培墻剝劉管業採摘任從其便賣主
不敢霸佔其楂林係是分過己業與兄弟侄
無干又並無重張典當他人如有交加不明等
情係是弟出頭支當不累兄之事其楂林約
期八年滿有能之日備錢照字面取贖者所
其楂逐年約貼山租錢四文正今欲有憑立賣
契壹紙付執為照

嘉慶叁年拾壹月　日立賣契弟仲劍（押）
在見兄仲上（押）
代字中吳光瓚（押）

6-5-2-3　清嘉慶三年十一月鄭仲劍立賣楂林契

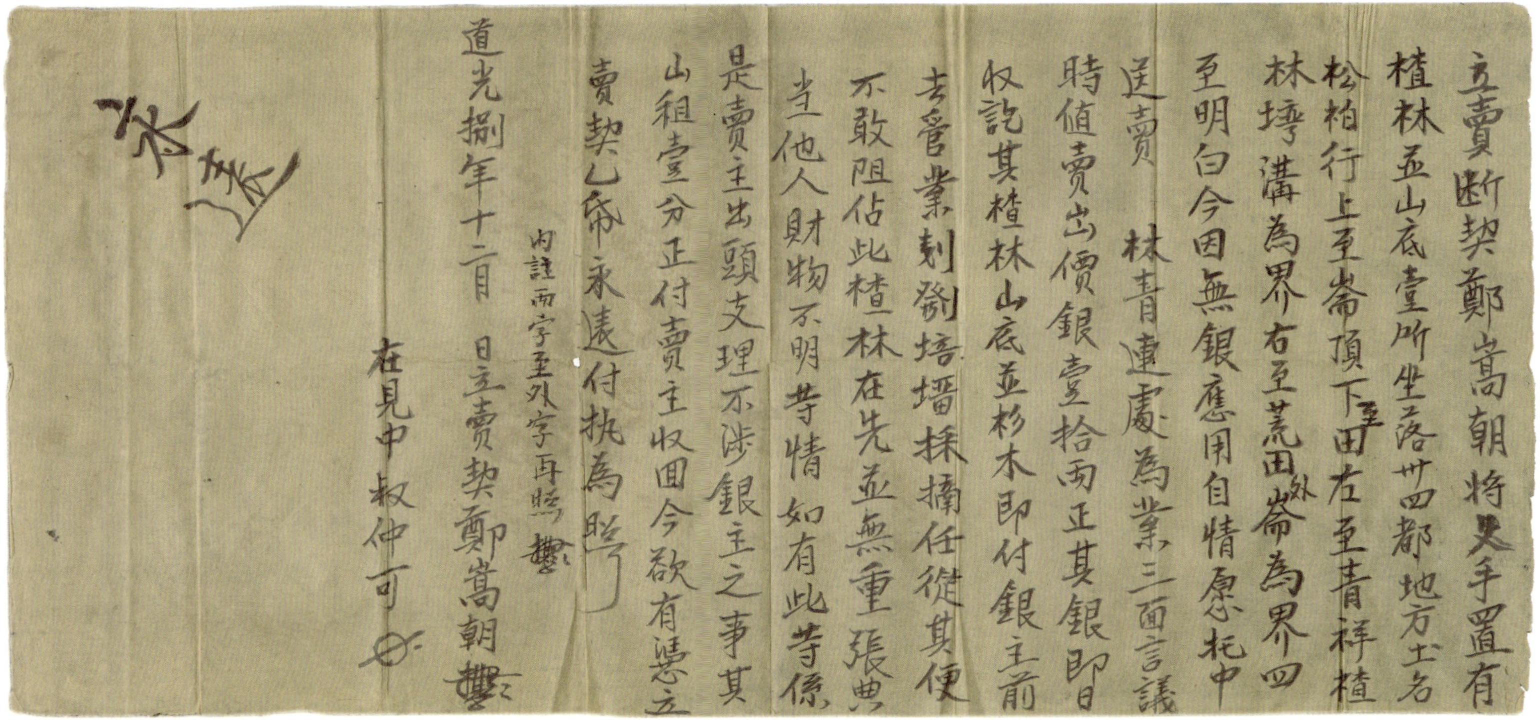
立賣斷契鄭嵩朝將父手置有
楂林並山底壹所，坐落廿四都地方土名
松柏行，上至崙頂，下至田，左至青梓楂
林墘溝為界，右至荒田外崙為界，四
至明白。今因無銀應用，自情愿托中
送賣　林青連處為業，三面言議
時值賣出價銀壹拾兩正，其銀即日
收訖。其楂林山底並杉木即付銀主前
去管業，割斲培墙採擷，任從其便，
不敢阻佔。此楂林在先並無重張典
主他人財物不明等情，如有此等係
是賣主出頭支理，不涉銀主之事。其
山租壹分正付賣主收回。今欲有憑，立
賣契乙紙，永遠付執為照。
內註兩字，至外字再照。（押）
道光捌年十二月　日立賣契鄭嵩朝（押）
在見中叔仲可（押）
永遠

6-5-2-4　清道光八年十二月鄭嵩朝立賣斷楂林等契

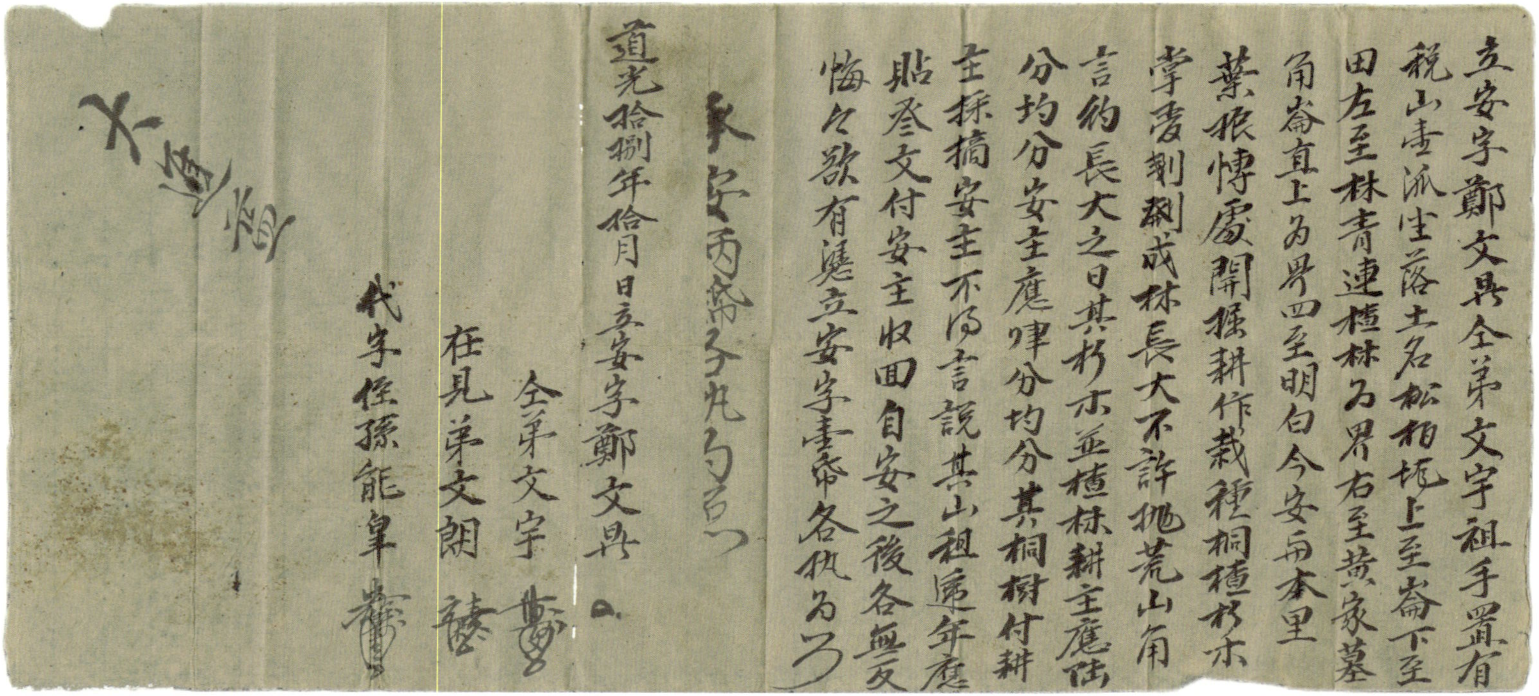
立安字鄭文鼎仝弟文宇祖手置有
稅山壹派坐落土名松柏坵上至崙下至
田左至林青連植林為界右至黃家墓
角崙直上為界四至明白今安與本里
葉根悖處開掘耕作栽種桐植杉木
掌管剗刷成林長大不許拋荒山角
言約長大之日其杉木並植株耕主應得
分均分安主應肆分均分其桐樹付耕
主採摘安主不得言說其山租逐年應
貼叁文付安主收回自安之後各無反
悔今欲有憑立安字壹紙各執為照
天安丙爺子孔[illegible]
道光拾捌年拾月日立安字鄭文鼎
仝弟文宇
在見弟文朗
代字侄孫能皐

6-5-2-5　清道光十八年十月鄭文鼎等立安稅山字

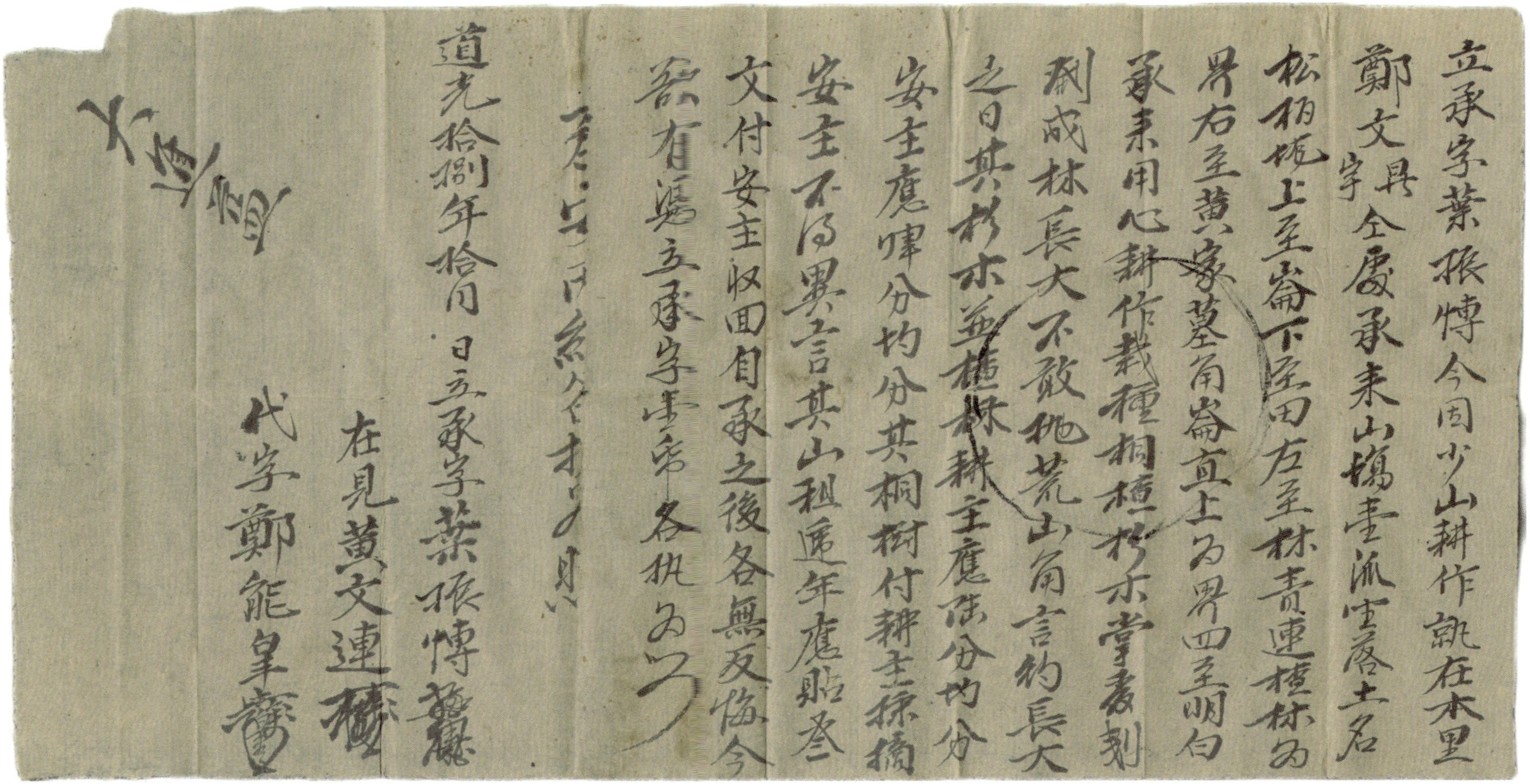
立承字葉振傅今因少山耕作就在本里
鄭文昇字仝慶承耒山場壹派坐落土名
松柏坵上至崙下至田左至林責連植林為
界右至黃家墓角崙直上為界四至明白
承耒用心耕作栽種桐樹杉木掌表劄
剎成林長大不敢拋荒山角言約長大
之日其杉木並植林耕主應得分均分
安主應得分均分其桐樹付耕主採摘
安主不得異言其山租逐年應貼叁
文付安主收回自承之後各無反悔今
欲有憑立承字壹紙各執為照
[illegible]
道光拾捌年拾月 日立承字葉振傅（押）
在見黃文連（押）
代字鄭能皋（押）
大吉

6-5-2-6 清道光十八年十月葉振傅立承山場字（廢契）

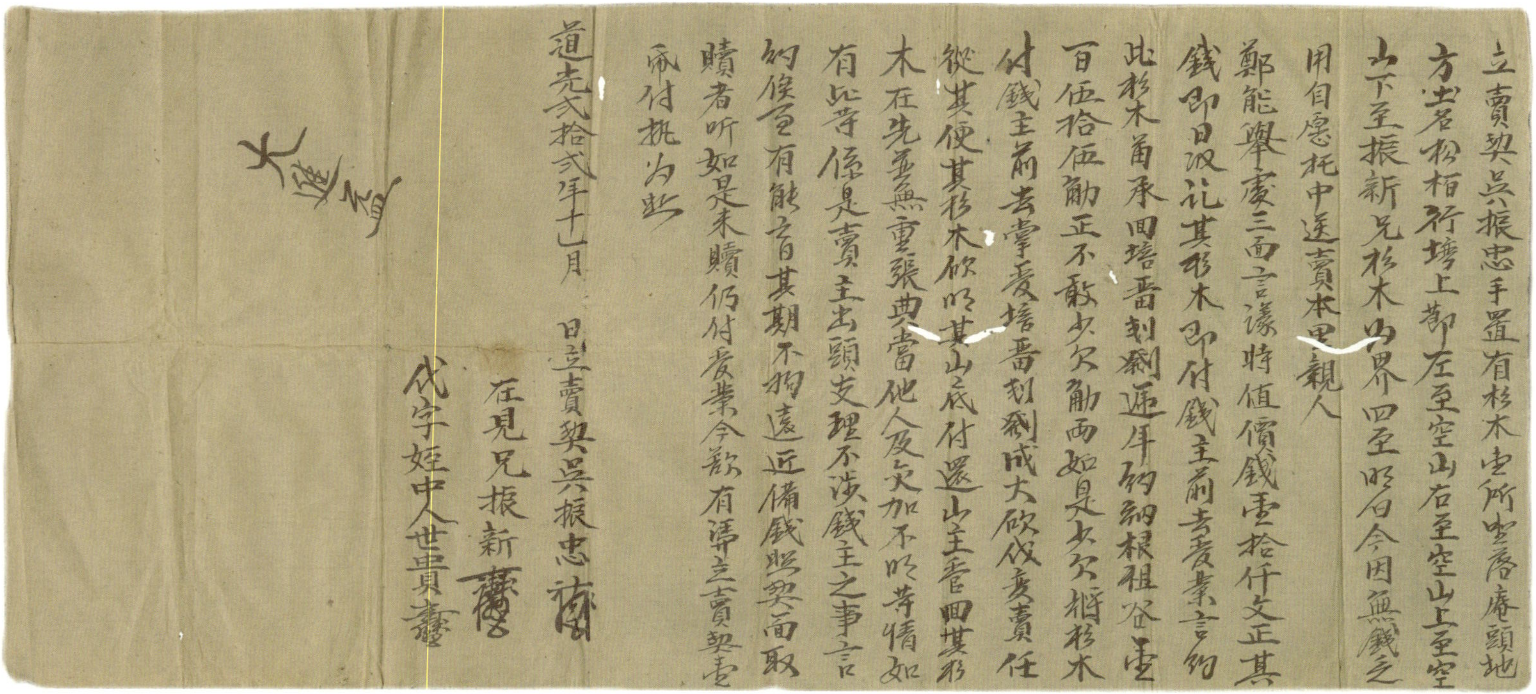


6-5-2-7　清道光二十二年十一月吳振忠立賣杉木契

立賣契人侄爲國將父手置有抽出
山場壹號坐落本鄉地坊土名松柏
行上至崙頂坪下至自己植林爲界左
至青祥空山爲界右至叢山壕溝
爲界四至明白今因乏銀應用自
情愿托中送賣叔　顯旂處爲
業三面言議時值賣出價銀貳
兩正其銀即日收訖其山場並山
底即付叔前去開掘栽種雜木培
墻管業任從其便不敢阻佯此山在
先並無重張典當他人財物不明
等情如有不清係是侄出頭支當
不涉叔之事其原契批據多載山場
繳付夾帶不便之執有憑立賣契山
場永遠付執爲照

道光貳拾玖年十二月　日立賣契侄爲國（押）

見弟爲典（押）

中人弟茂潤（押）

永遠

6-5-2-8　清道光二十九年十二月林爲國立賣山場契

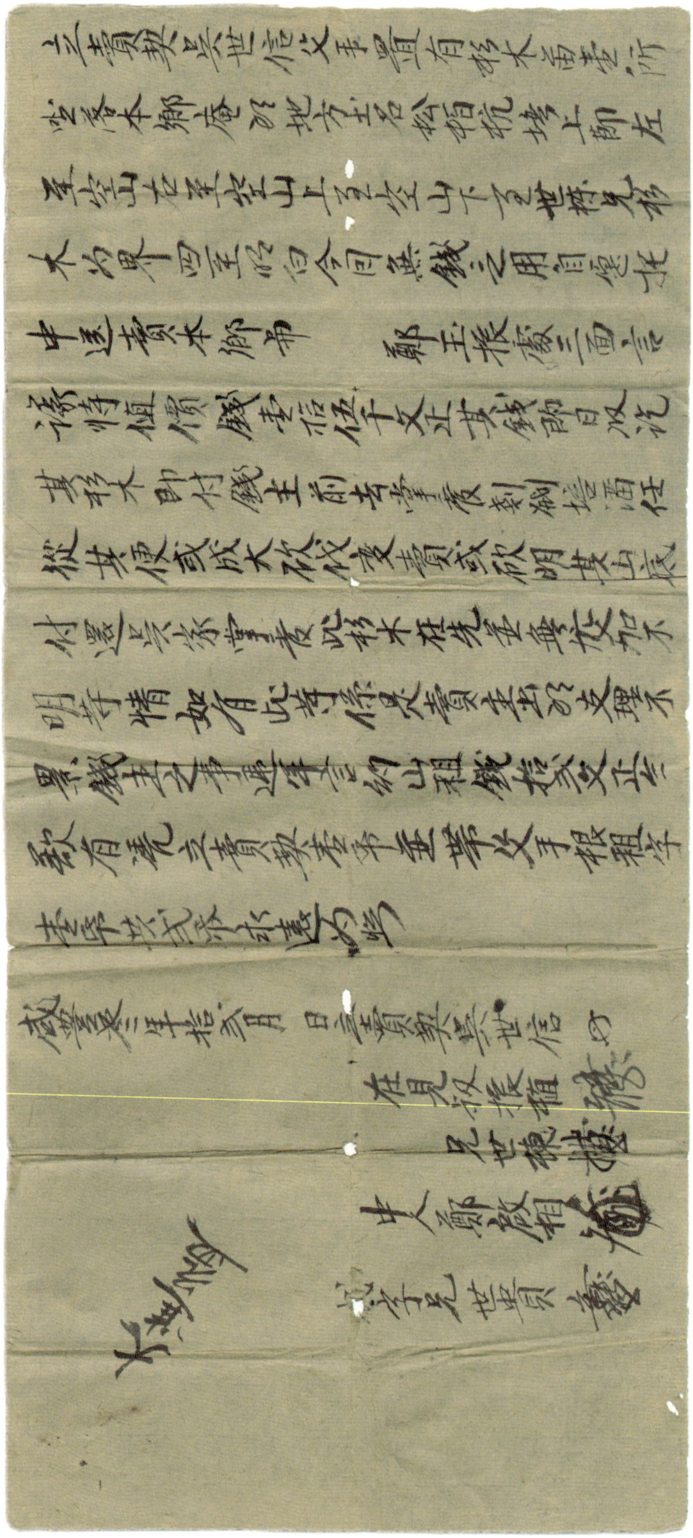
立賣契吴世信父手置有杉木苗壹所
坐落本鄉庵頭地方土名松柏坑墘上即左
至坐山右至坐山上至坐山下至地横为杉
木为界四至明白今因無錢乏用自情愿托
中送賣本鄉　　鄭玉振處三面言
議時值價錢壹佰伍拾文正其錢即日收訖
其杉木即付錢主前去掌管砍[illegible]任
從其便或成大樹或賣或砍明其山底
付還山主掌管此杉木在先並無交加不
明等情如有此等係是賣主出頭支理不
累錢主之事遞年每年納山租錢拾文正
[illegible]
[illegible]

咸豐叁年拾貳月　日立賣契吴世信（押）
在見叔振祖（押）
兄世德（押）
中人鄭啟相（押）
代字兄世貴（押）
[illegible]

6-5-2-9　清咸豐三年十二月吴世信立賣杉木苗契

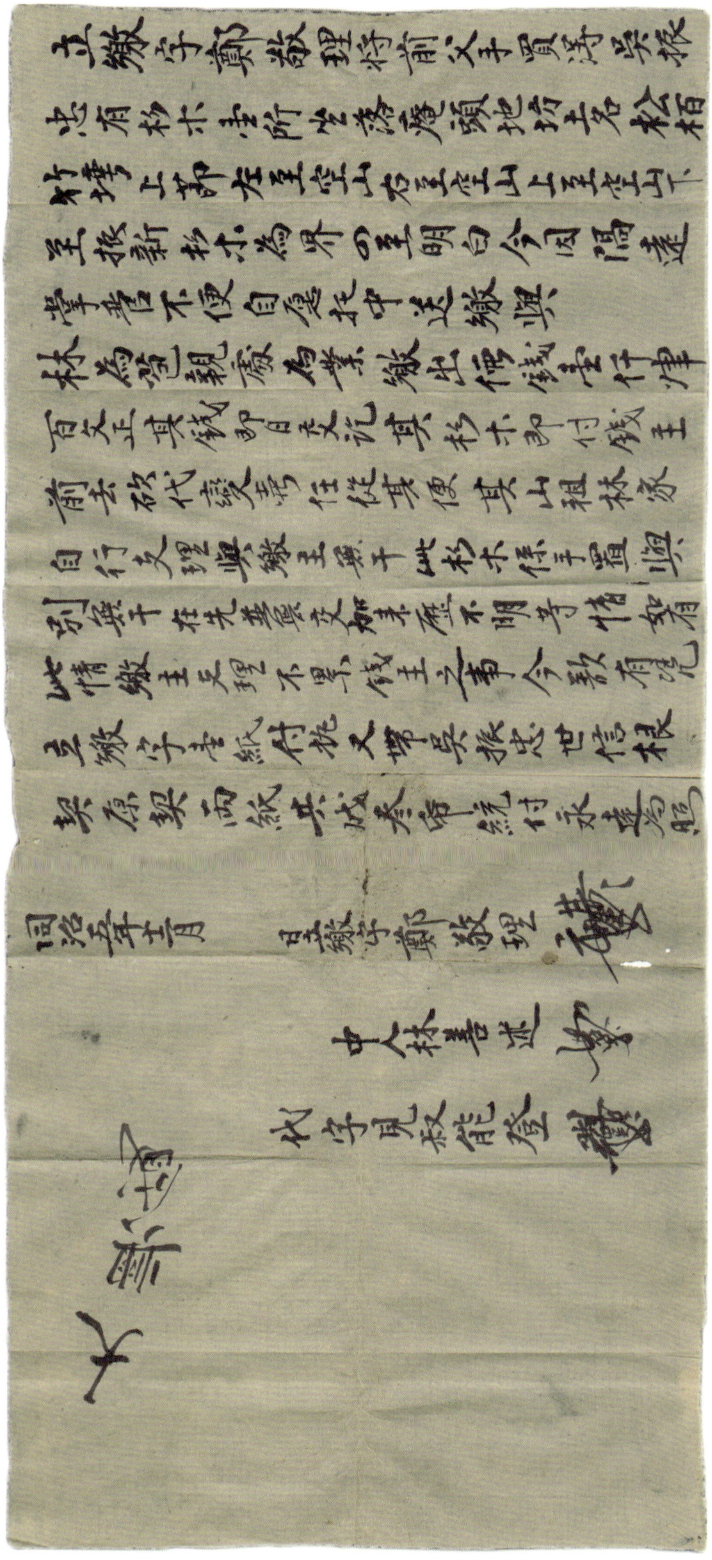

立缴字鄭敬理將前父手買得吳根忠有杉木壹附，坐落嶺頭坪，土名松柏竹墘上節，左至山，右至山，上至山，下至張新杉木為界，四至明白。今因隔遠掌管不便，自愿托中送缴與林為碧親家為業，缴出價錢壹仟肆百文正。其錢即日交訖，其杉木即付錢主前去砍伐發賣，任從其便。其山租林家自行交理，與缴主無干。此杉木係手置，與別房無干。在先並無交加未盛不明等情，倘有此情，缴主自理，不累錢主之事。今欲有憑，立缴字壹紙付執，又帶吳根忠出賣根契、存契兩紙，共成叁紙，付永遠為照。

同治五年十二月　日立缴字鄭敬理（押）

中人林善述（押）

代字見叔能登（押）

大吉

6-5-2-10　清同治五年十二月鄭敬理立缴杉木字

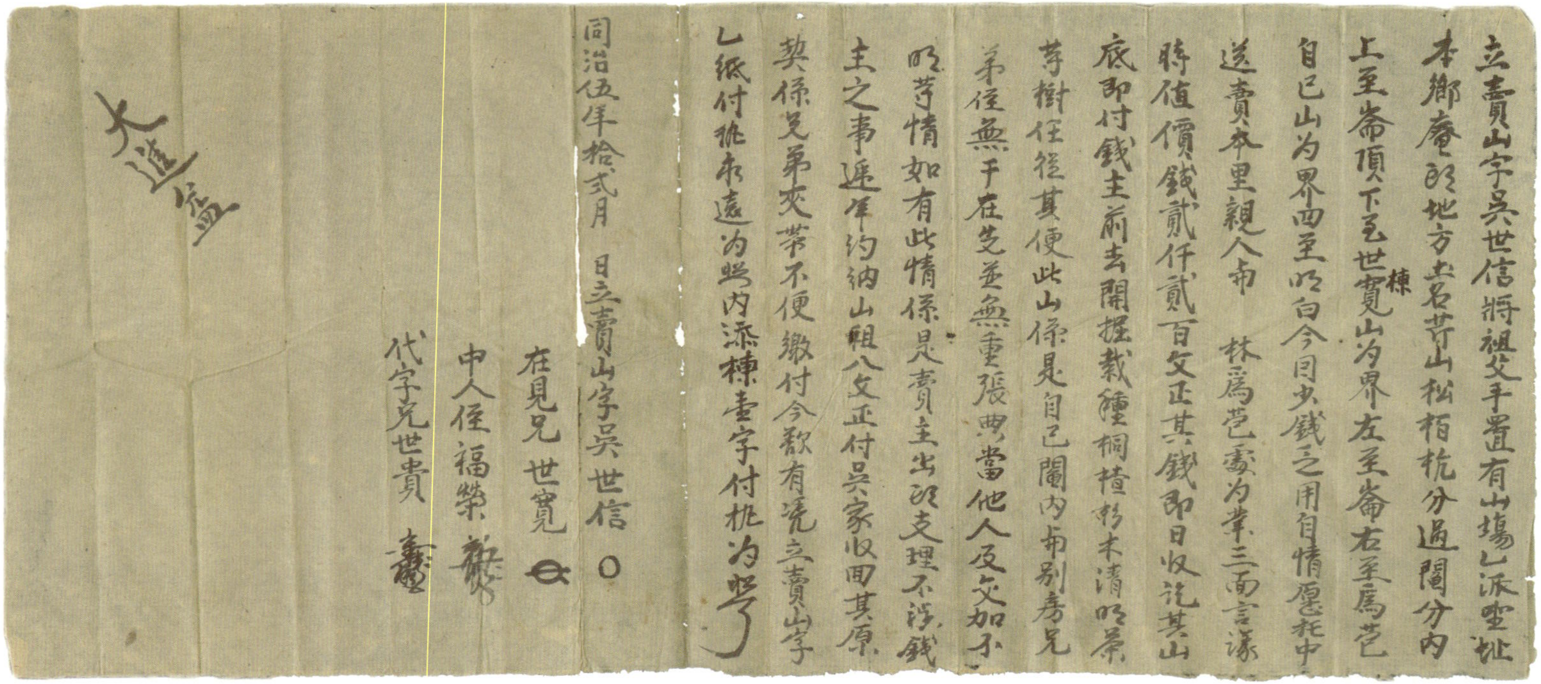

立賣山字吴世信將祖父手置有山場山派坐址
本鄉庵頭地方土名苛山松栢杭分過鬮分內
上至崙頂下至世棟寬山為界左至崙右至厝芭
自己山為界四至明白今因乏錢乏用自情愿托中
送賣本里親人布　林爲芭處爲業三面言議
時值價錢貳仟貳百文正其錢即日收訖其山
底即付錢主前去開掘栽種桐楂杉木清明榮
芽樹任從其便此山係是自己鬮內希別房兄
弟侄無干在先並無重張典當他人及交加不
明等情如有此情係是賣主出頭支理不涉錢
主之事遞年约纳山租八文正付吴家收回其原
契係兄弟交帶不便缴付今欲有憑立賣山字
乙纸付执永遠為照内添棟壹字付执為照了

同治伍年拾弍月　日立賣山字吴世信 ○
在見兄 世寬
中人侄福榮
代字兄世貴

大進益

6-5-2-11　清同治五年十二月吴世信立賣山場字

今收
林爲長處理納本年分松栢行山租
錢苗文正又山號世信下山租錢八文正
收足完官字照
同治陸年十弍月 日立收字吳振耕

6-5-2-12 清同治六年十二月吳振耕立收山租錢字

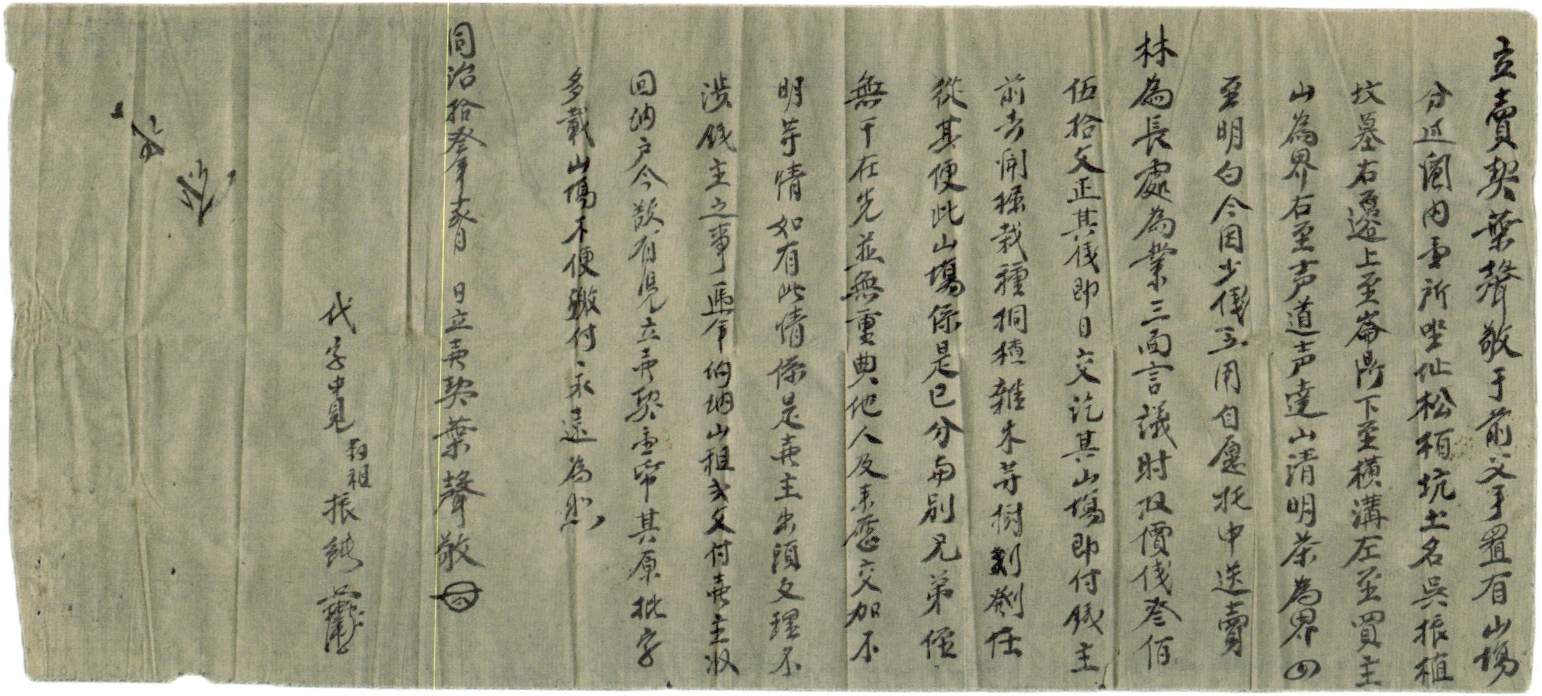

6-5-2-13　清同治十三年十二月葉聲敬立賣山場契

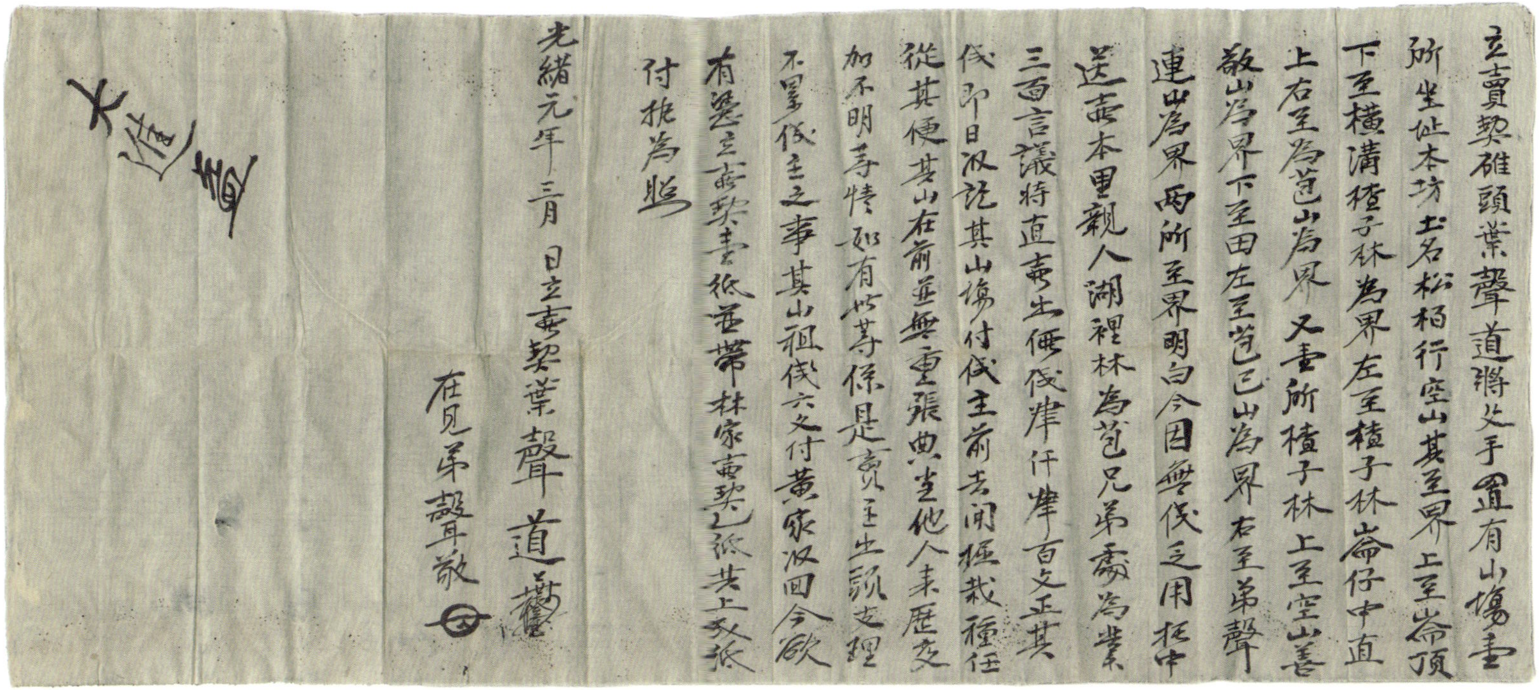
立賣契雉頭葉聲道將父手置有山場壹
所坐址本坊土名松栢行空山其至界上至崙頂
下至橫溝樟子林為界左至樟子林崙仔中直
上右至為苞己山為界　又壹所樟子林上至空山善
敬山為界下至田左至苞己山為界右至弟聲
連山為界四所至界明白今因無錢乏用托中
送賣本里親人湖裡林為苞兄弟處為業
三面言議時直賣出價錢肆仟肆百文正其
錢即日收訖其山場付錢主前去開掘栽種任
從其便其山在前並無重張典當他人來歷交
加不明等情如有此等係是賣主出頭支理
不干錢主之事其山祖錢六文付黃家收回今欲
有憑立賣契壹紙並帶林家賣契乙紙共二紙
付執為照
光緒元年三月　日立賣契葉聲道（押）
在見弟聲敬（押）

6-5-2-14　清光緒元年三月葉聲道立賣山場等契

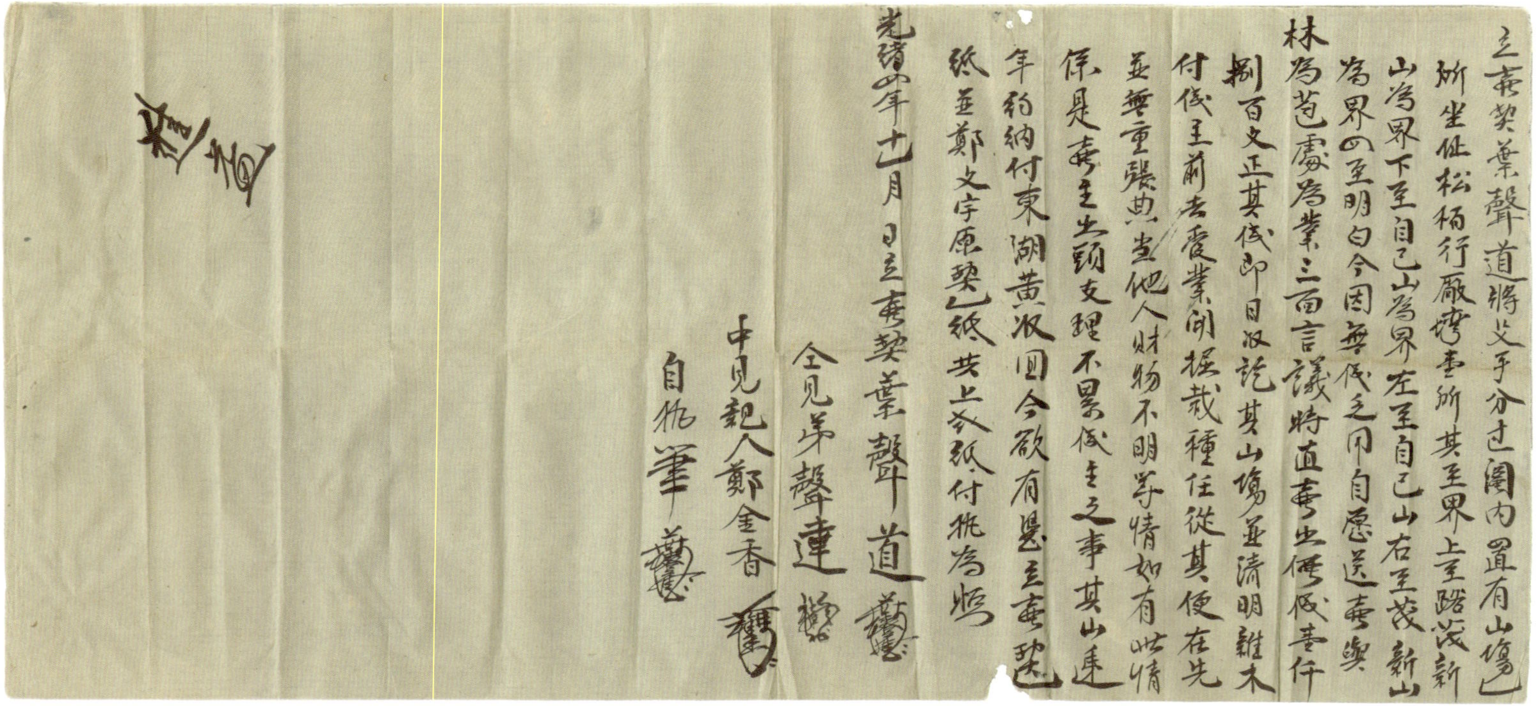

立賣契葉聲道將父手分过闔内置有山場乙
所坐址松栢行廠边土所其至界上至路茂新
山為界下至自己山為界左至自己山右至茂新山
為界四至明白今因無錢乏用自愿送賣與
林為苞處為業三面言議時值賣出價錢壹仟
捌百文正其錢即日收訖其山場並清明雜木
付錢主前去管業開掘栽種任從其便在先
並無重張典當他人財物不明等情如有此情
係是賣主出頭支理不累錢主之事其山逐
年約納付東湖黃收回今欲有憑立賣契
紙並鄭文字原契乙紙共上叁紙付執為炤

光緒四年十一月　日立賣契葉聲道（押）
仝見弟葉聲連（押）
中見親人鄭金香（押）
自執筆（押）

6-5-2-15　清光緒四年十一月葉聲道立賣山場契

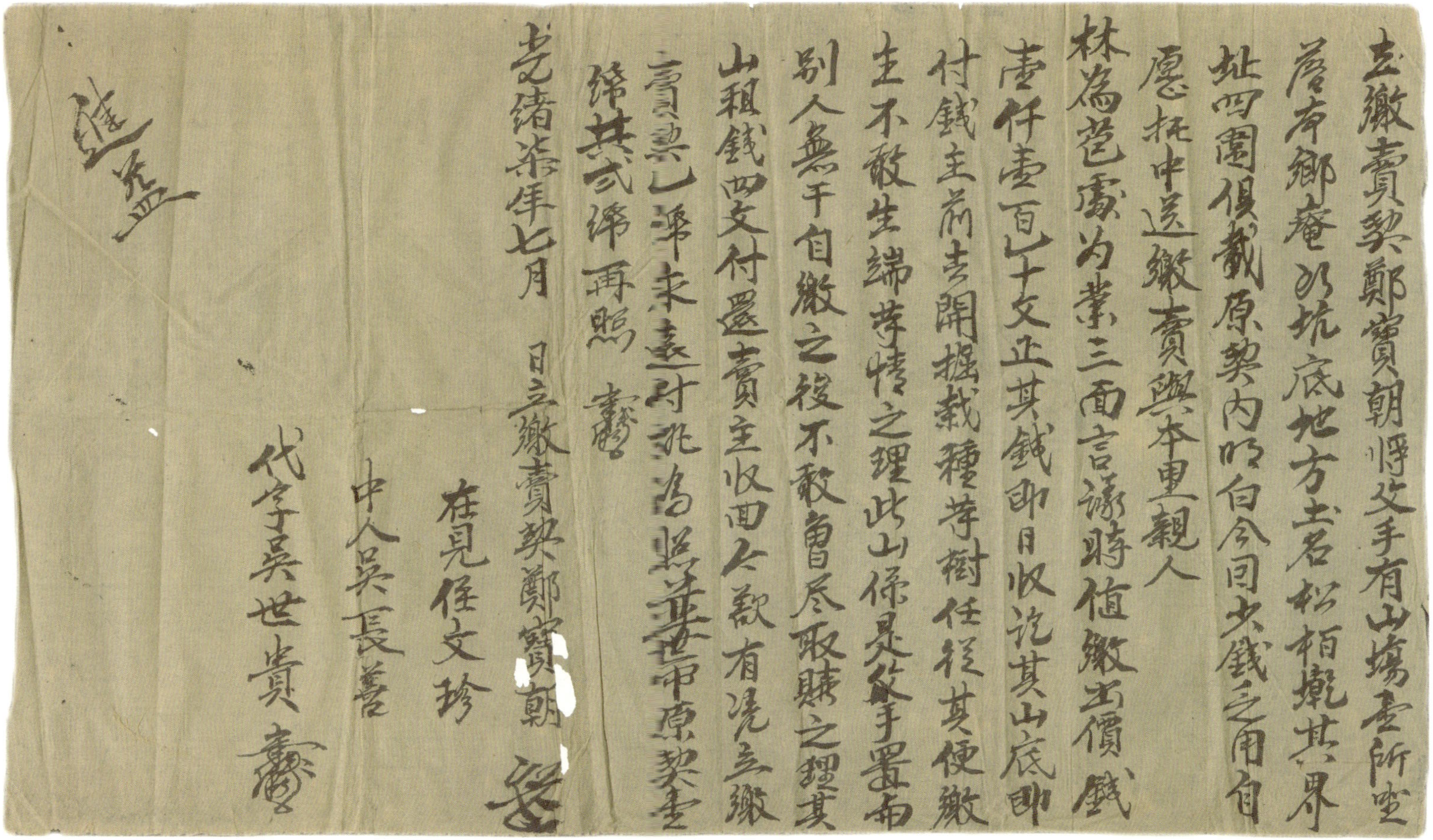
立繳賣契鄭寶朝俘父手有山塲壹所坐
落本鄉庵下坑底地方土名松栢墘其界
址四圍俱載原契內明白今因乏錢之用自
愿托中送繳賣與本里親人
林爲邑處为業三面言議時值繳出價錢
壹仟壹百六十文正其錢即日收訖其山底即
付錢主前去開掘栽種茅樹任從其便繳
主不敢生端茅情之理此山係是父手置而
別人無干自繳之後不敢曾尽取贖之理其
山租錢四文付還賣主收回人歉有凭立繳
賣契一紙付來袁付兆為照並帶原契壹
紙共式紙再照
光緒柒年七月　日立繳賣契鄭寶朝
在見侄文珍
中人吳長善
代字吳世貴
進益

6-5-2-16　清光緒七年七月鄭寶朝立繳賣山場契

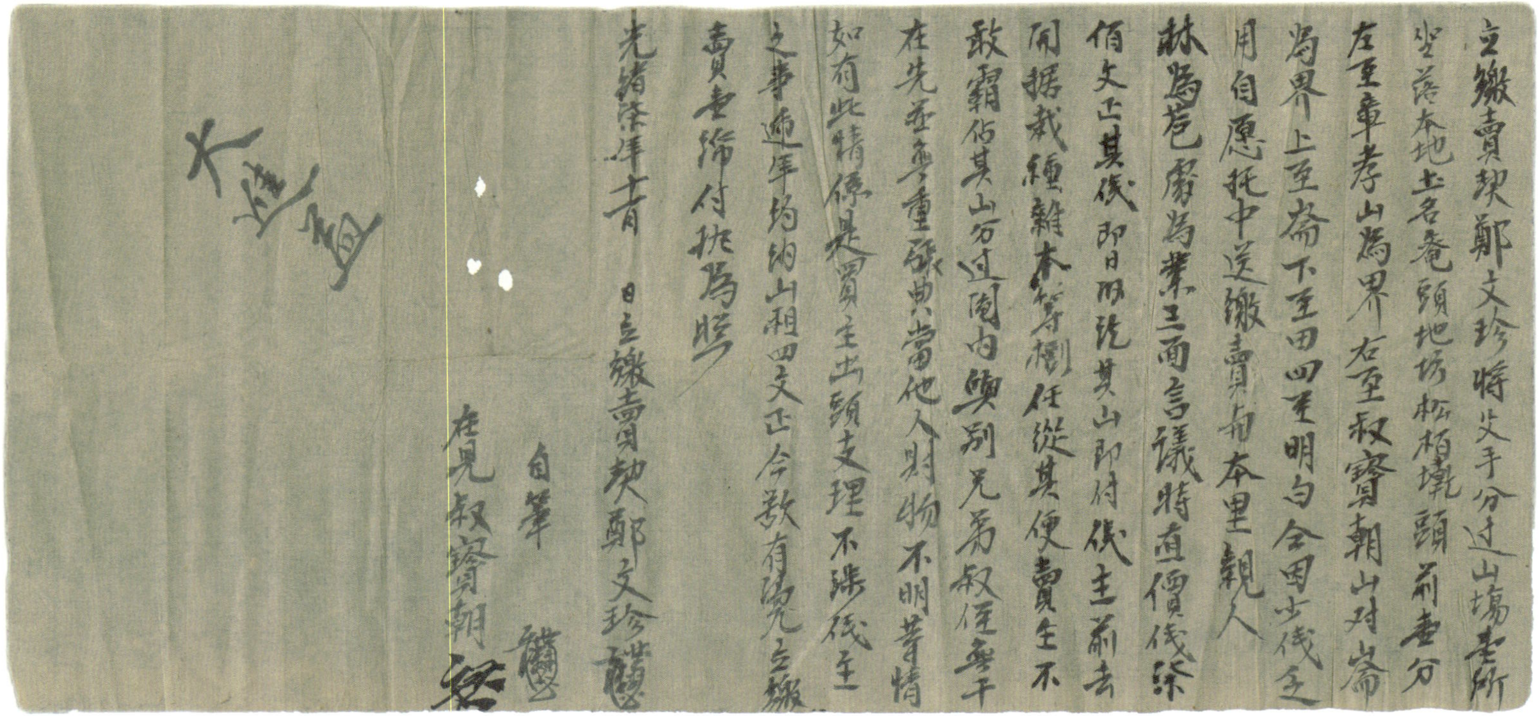

立繳賣契鄭文珍將父手分过山場壹所
坐落本地土名菴頭地坊松栢壠頭莿壹分
左至車孝山為界 右至叔寶朝山对崙
為界 上至崙 下至田 四至明白 今因乏錢乏
用 自愿托中送繳賣與本里親人
林為芑 爾為業 三面言議時值價錢柒
佰文正 其錢即日收訖 其山即付錢主前去
開掘栽種雜木等樹 任從其便 賣主不
敢霸佔 其山分过闔內與別兄弟叔侄無干
在先並無重疊典當他人財物 不明等情
如有此情 係是買主出頭支理 不涉錢主
之事 遞年納山租四文正 今欲有憑 立繳
賣契付執為照

光緒柒年十一月　日立繳賣契鄭文珍（押）

自筆（押）

在見叔寶朝（押）

6-5-2-17　清光緒七年十一月鄭文珍立繳賣山場契

6-5-3-1　包契紙

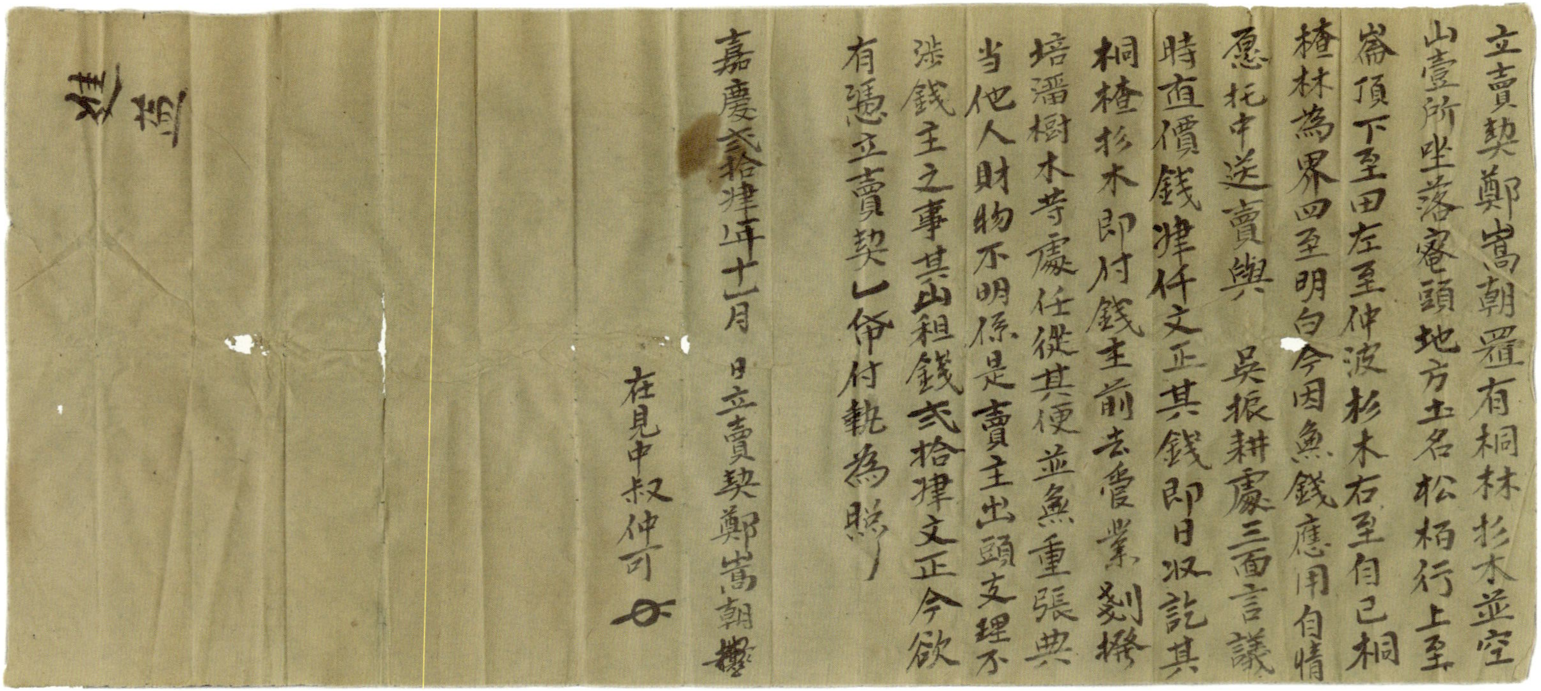
立賣契鄭嵩朝羅有桐林杉木並空
山壹所坐落庵頭地方土名松栢行上至
崙頂下至田左至仲波杉木右至自己桐
楂林為界四至明白今因無錢應用自情
愿托中送賣與　吴振耕處三面言議
時值價錢肆仟文正其錢即日收訖其
桐楂杉木即付錢主前去管業剗撥
培滬樹木等處任從其便並無重張典
当他人財物不明係是賣主出頭支理不
涉錢主之事其山租錢弍拾肆文正今欲
有憑立賣契一紙付執為照
嘉慶弍拾肆年十一月　日立賣契鄭嵩朝（押）
在見中叔仲可（押）

6-5-3-2　清嘉慶二十四年十一月鄭嵩朝立賣桐林等契

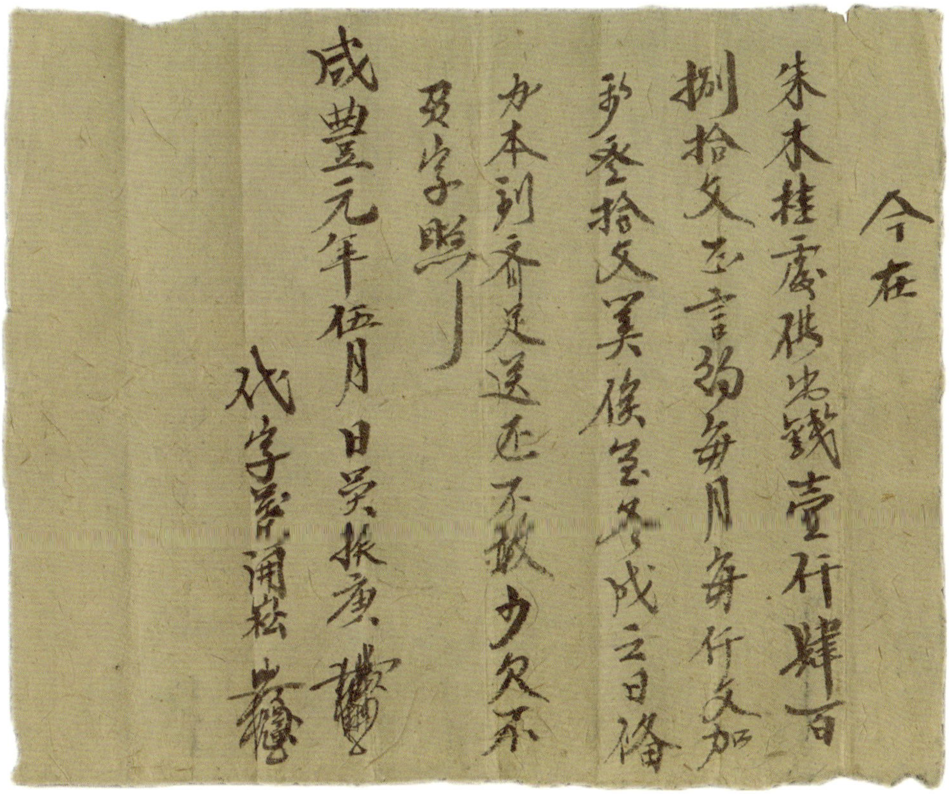

今在
朱木桂處借出錢壹仟肆百
捌拾文正言約每月每仟文加
利叁拾文算條至冬成之日備
办本利齊足送还不敢少欠不
立字照
咸豐元年伍月 日吴振庚（押）
代字吴涌崧（押）

6-5-3-3　清咸豐元年五月吴振庚立借錢字

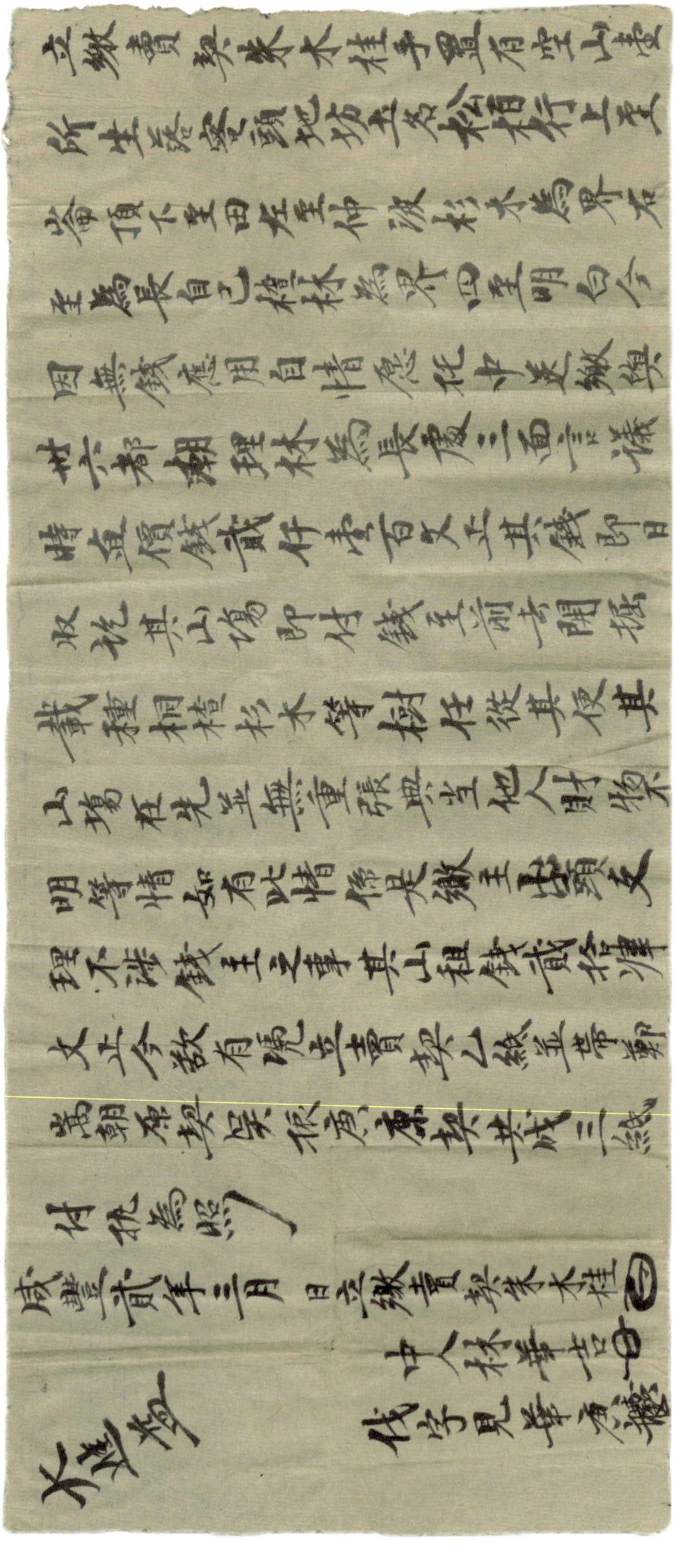
立繳賣契朱木桂今置有空山壹
所坐落宅頭坑坊土名松稍行上至
崙頂下至田左至仲滾杉木為界右
至馬長自己楮林為界四至明白今
因無錢應用自情愿托中送繳與
村六都翻理林為長處三面言議
時值價錢貳仟壹百文止其錢即日
收訖其山隨即付錢主前去開掘
栽種桐楮杉木等樹任從其便其
山隨在先並無重張典當他人財物不
明等情如有此情係是繳主出頭支
理不涉錢主之事其山租錢貳拾肆
文正今欲有憑立繳賣契山紙並老契一
崙朝承契定依為再批其成三紙
付執為照
咸豐貳年三月　日立繳賣契朱木桂（押）
中人林華生（押）
代字見華勇（押）
大進益

6-5-3-4　清咸豐二年三月朱木桂立繳賣空山契

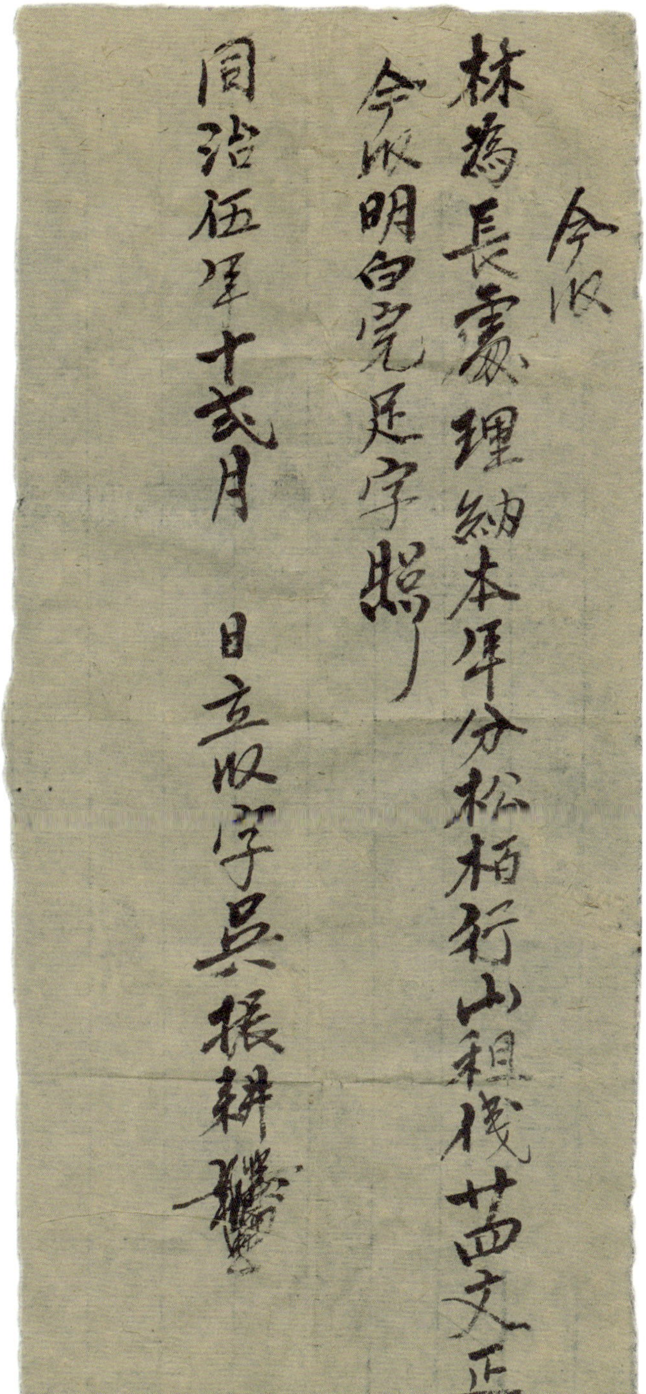
今收
林爲長處理納本年分松栢行山租錢廿四文正，
今收明白完足，字照。
同治伍年十弍月　日立收字吳振耕（押）

6-5-3-5　清同治五年十二月吴振耕立收山租錢字

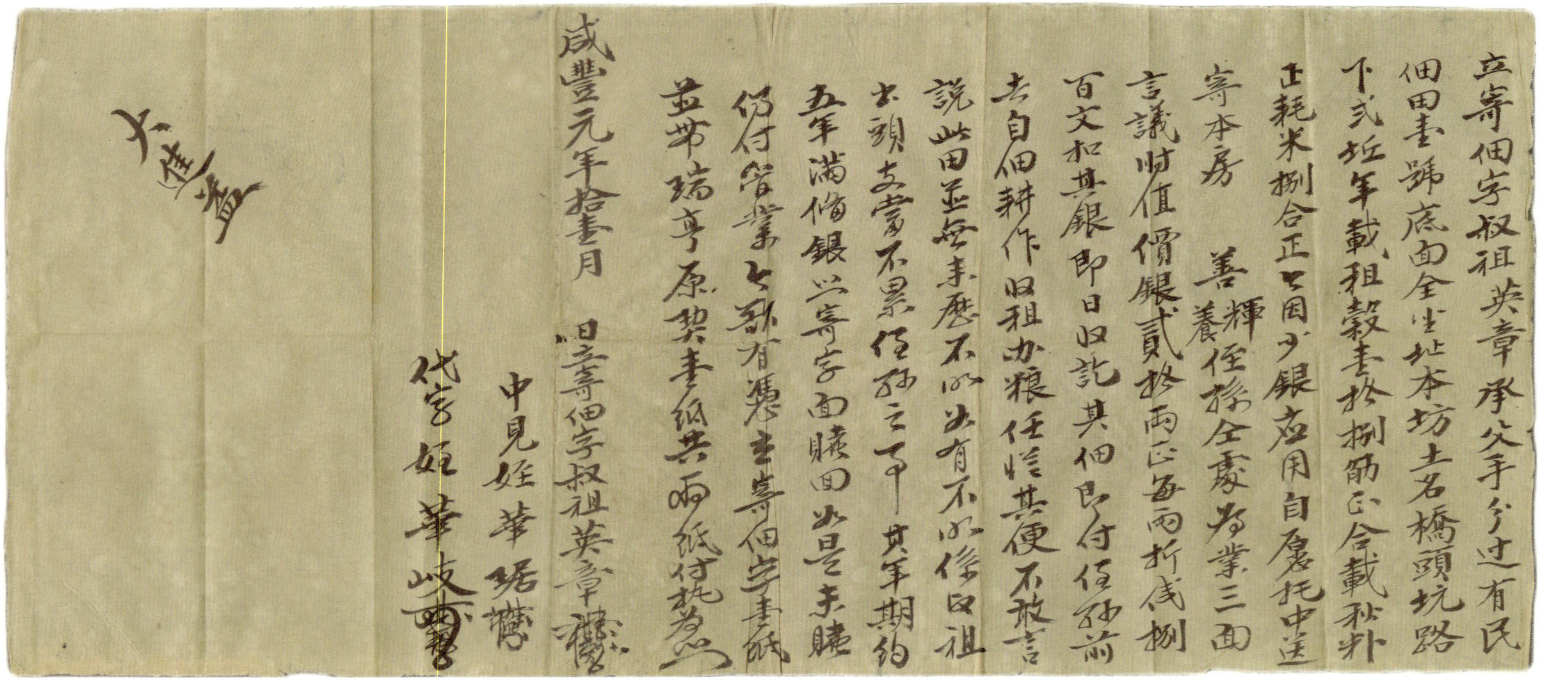
立寄佃字叔祖英章承父手分过有民
佃田壹號底面全坐址本坊土名橋頭坑路
下弍坵年載租穀壹拾捌觔正合載秋升
正耗米捌合正今因少銀應用自愿托中送
寄本房 善輝 養 侄孫全處爲業三面
言議时值價銀貳拾兩正每兩折錢捌
百文和其銀即日收訖其佃即付侄孫前
去自佃耕作收租办粮任從其便不敢言
說此田並無未歷不明以有不明係叔祖
出頭支當不累侄孫之事其年期約
五年滿備銀収寄字面贖田此是未贖
仍付管業之款有憑立寄佃字壹紙
並帶瑞亭原契壹紙共兩紙付執爲照
咸豐元年拾壹月 日立寄佃字叔祖英章
中見姪華瑶
代字姪華岐

6-5-4-1　清咸豐元年十一月林英章立寄民佃田字

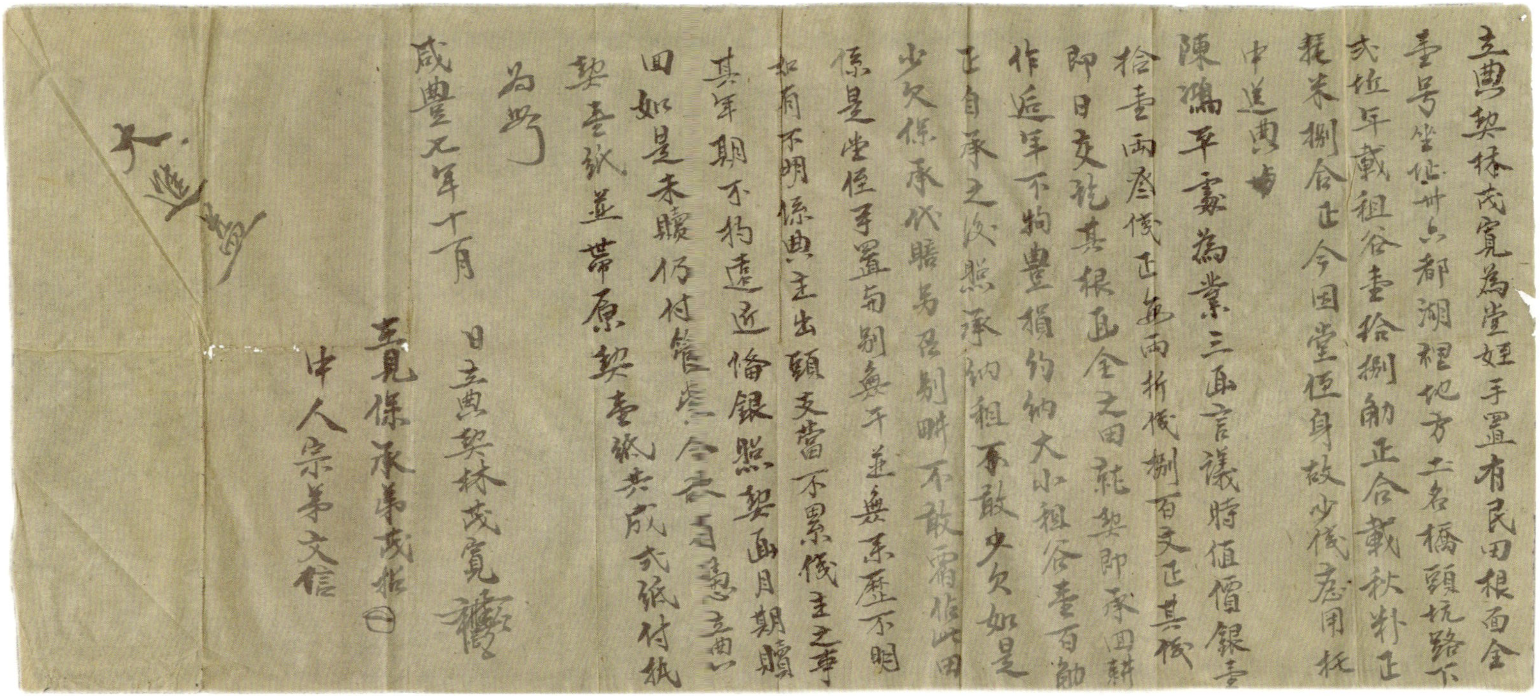

立典契林茂寬爲堂姪手置有民田根面全
壹號坐址卅六都湖裡地方土名橋頭坑路下
貳坵年載租谷壹拾捌觔正合載秋粁正
耗米捌合正今因堂侄身故少錢應用托
中送典女
陳鴻平邊爲業三面言議時值價銀壹
拾壹兩叁錢正每兩折錢捌百文正其錢
即日交訖其根面全之田就契即承佃耕
作逐年不拘豐損約納大小租谷壹百觔
正自承之後照承納租不敢少欠如是
少欠係承代賠另召別佃不敢霸佔此田
係是堂侄手置與別房無干並無來歷不明
如有不明係典主出頭支當不累錢主之事
其年期不拘遠近備銀照契面月期贖
回如是未贖仍付管業今欲有憑立典
契壹紙並帶原契壹紙共成貳紙付執
爲照

咸豐七年十月　日立典契林茂寬（押）
見保承弟茂拈（押）
中人宗弟文信

大進

6-5-4-2　清咸豐七年十一月林茂寬立典根面全民田契

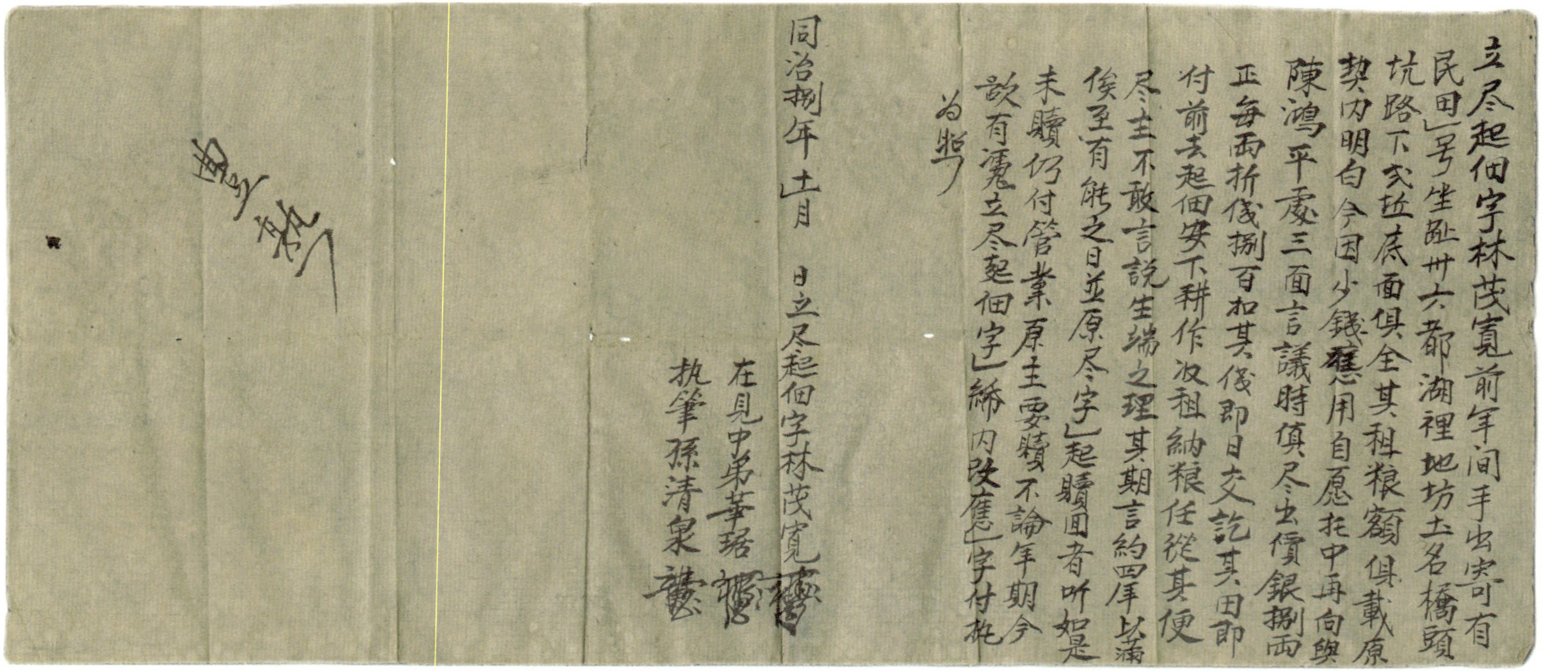

立尽起佃字林茂寬前年間手出帖可有
民田一号坐趾卅六都湖裡地坊土名橋頭
坑路下案坵底面俱全其租粮額俱載原
契內明白今因乏錢應用自愿托中向與
陳鴻平處三面言議時值尽出價銀捌兩
正每兩折錢捌百加其錢即日交訖其田即
付前去起佃掌下耕作收租納粮任從其便
尽主不敢言說生端之理其期言約四年以滿
後至有錢之日並原尽字一起贖回若所加是
未贖仍付管業原主要贖不論年期今
欲有憑立尽起佃字一紙內改佳一字付執
為照

同治捌年十一月　日立尽起佃字林茂寬（押）
在見中弟茂瑞（押）
執筆孫清泉（押）

6-5-4-3　清同治八年十一月林茂寬立盡起佃字

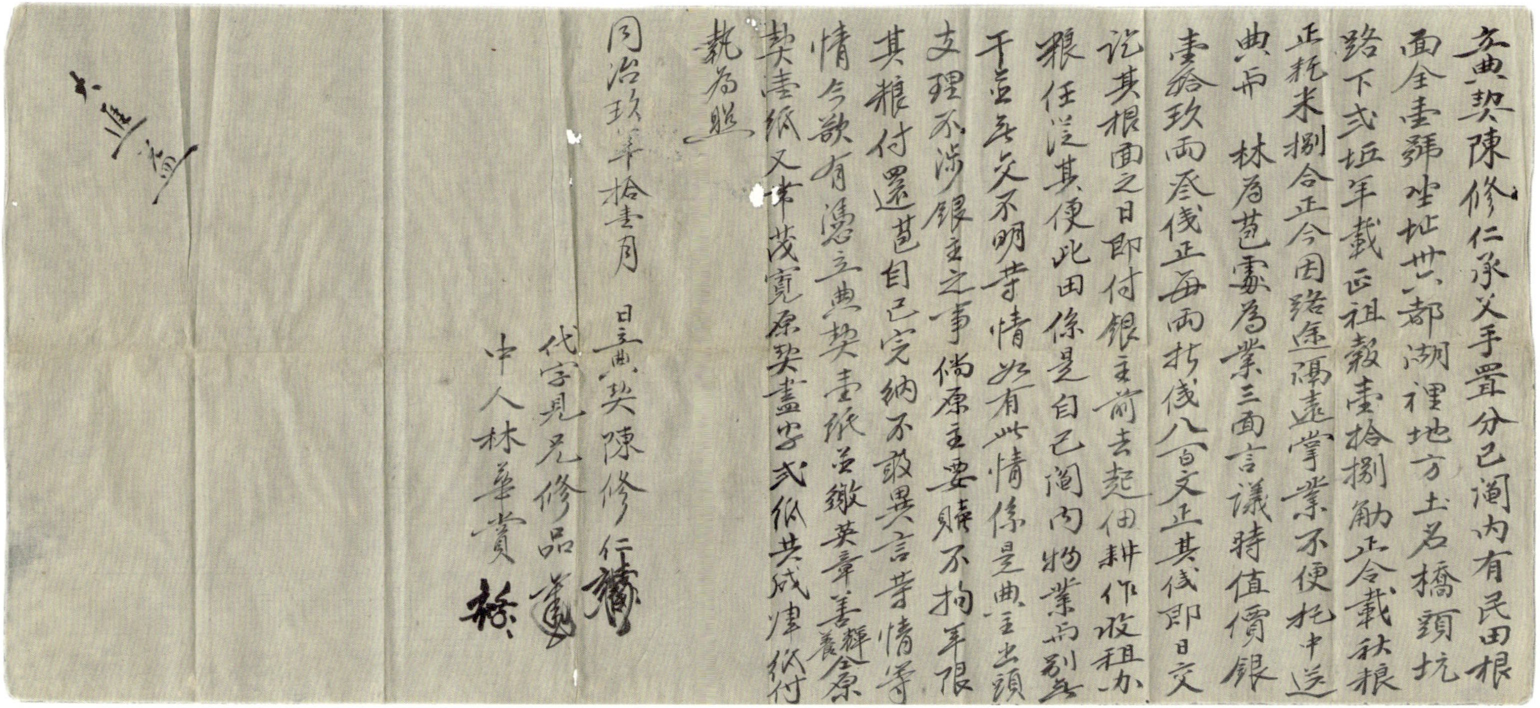
立典契陳修仁承父手置分己闔內有民田根
面全壹號坐址廿一都湖裡地方土名橋頭坑
路下弍坵年載正祖穀壹拾捌觔小合載秋粮
正耗米捌合正今因路途隔遠掌業不便托中送
典吊　林爲苞處爲業三面言議特值價銀
壹拾玖両叁伐正每両折伐八百文正其伐即日交
訖其根面之日即付銀主前去起佃耕作收租办
粮任從其便此田係是自己闔內物業與別人
干涉無交不明等情如有此情係是典主出頭
支理不涉銀主之事倘原主要贖不拘年限
其粮付還甚自己完納不敢異言等情等
情今欲有憑立典契壹紙並繳英章善養全原
契壹紙又帶茂寬原契壹字弍紙共成肆紙付
執爲照
同治玖年拾壹月　日立典契陳修仁
代字見兄修品
中人林華貴

6-5-4-4　清同治九年十一月陳修仁立典根面全民田契

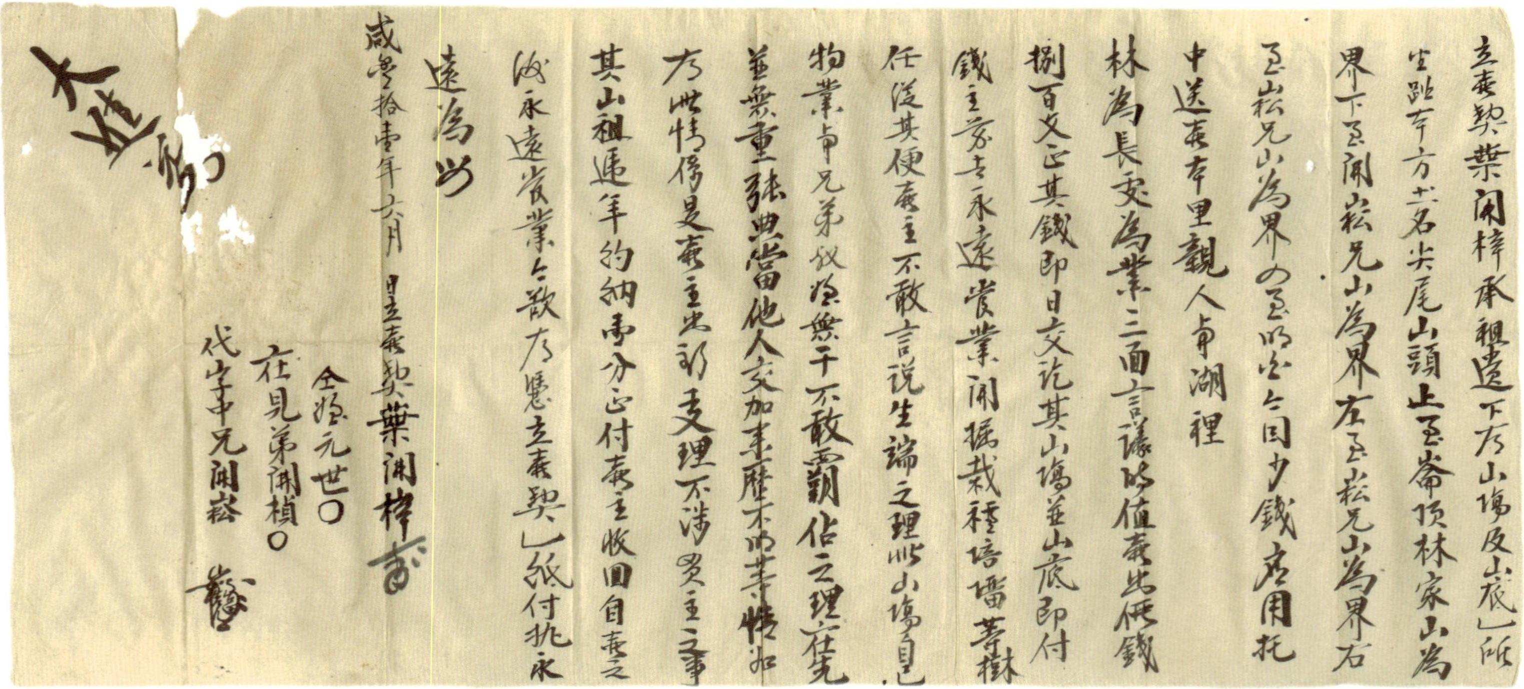

立賣契葉開梓承祖遺下有山場及山底一所
坐址本方土名尖尾山頭上至崙頂林家山爲
界下至開崧兄山爲界左至崧兄山爲界右
至山崧兄山爲界四至明白今因少錢應用托
中送賣本里親人卓湖裡
林爲長受爲業三面言議時值賣出價錢
捌百文正其錢即日交訖其山場並山底即付
錢主前去永遠管業開掘栽種培墻等樹
任從其便賣主不敢言說生端之理此山場自己
物業與兄弟叔侄無干不敢霸佔之理在先
並無重張典當他人交加未歷不明等情如
有此情係是賣主出頭支理不涉買主之事
其山租逐年約納壹分正付賣主收回自賣之
後永遠管業不敢有悔立賣契一紙付執永
遠爲照
咸豐拾壹年六月　日立賣契葉開梓（押）
仝弟開世○
在見弟開楨○
代字兄開崧（押）
大吉利

6-5-5-1　清咸豐十一年六月葉開梓等立賣山場等契

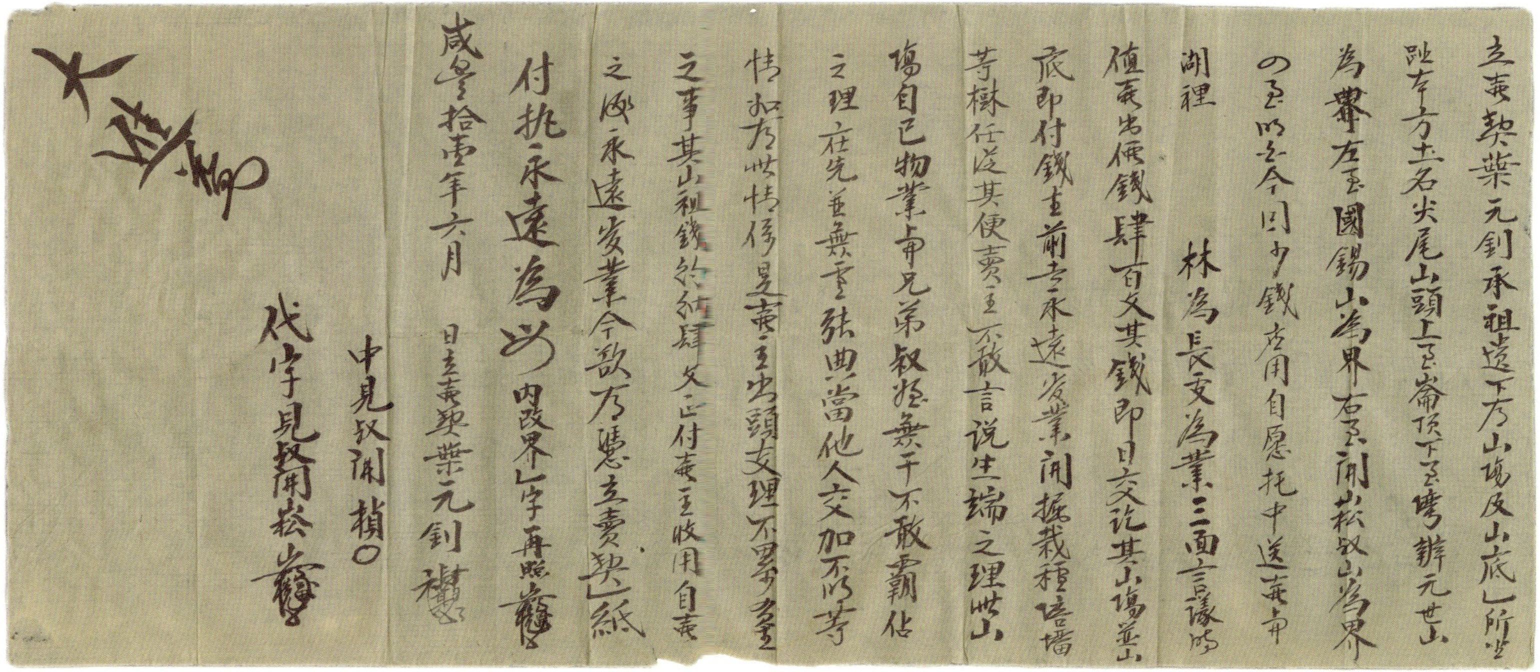
立賣契葉元釗承祖遗下有山場及山底一所坐
址本方土名尖尾山頭上至崙頂下至塆耕元世山
為界左至國錫山為界右至開崧叔山為界
四至明白今因少錢應用自愿托中送賣本
湖裡 林為長交為業三面言議時
值賣出價錢肆百文其錢即日交訖其山場並山
底即付錢主前去永遠為業開掘栽種培墻
等樹任從其便賣主不敢言說生端之理此山
場自己物業與兄弟叔姪無干不敢霸佔
之理在先並無重張典當他人交加不明等
情如有此情係是賣主出頭支理不干買主
之事其山租錢約納肆文正付賣主收用自賣
之後永遠為業今欲有憑立賣契紙
付執永遠為照 内改界山字再照
咸豐拾壹年六月 日立賣契葉元釗
中見叔開楨〇
代字見叔開崧

6-5-5-2 清咸豐十一年六月葉元釗立賣山場等契

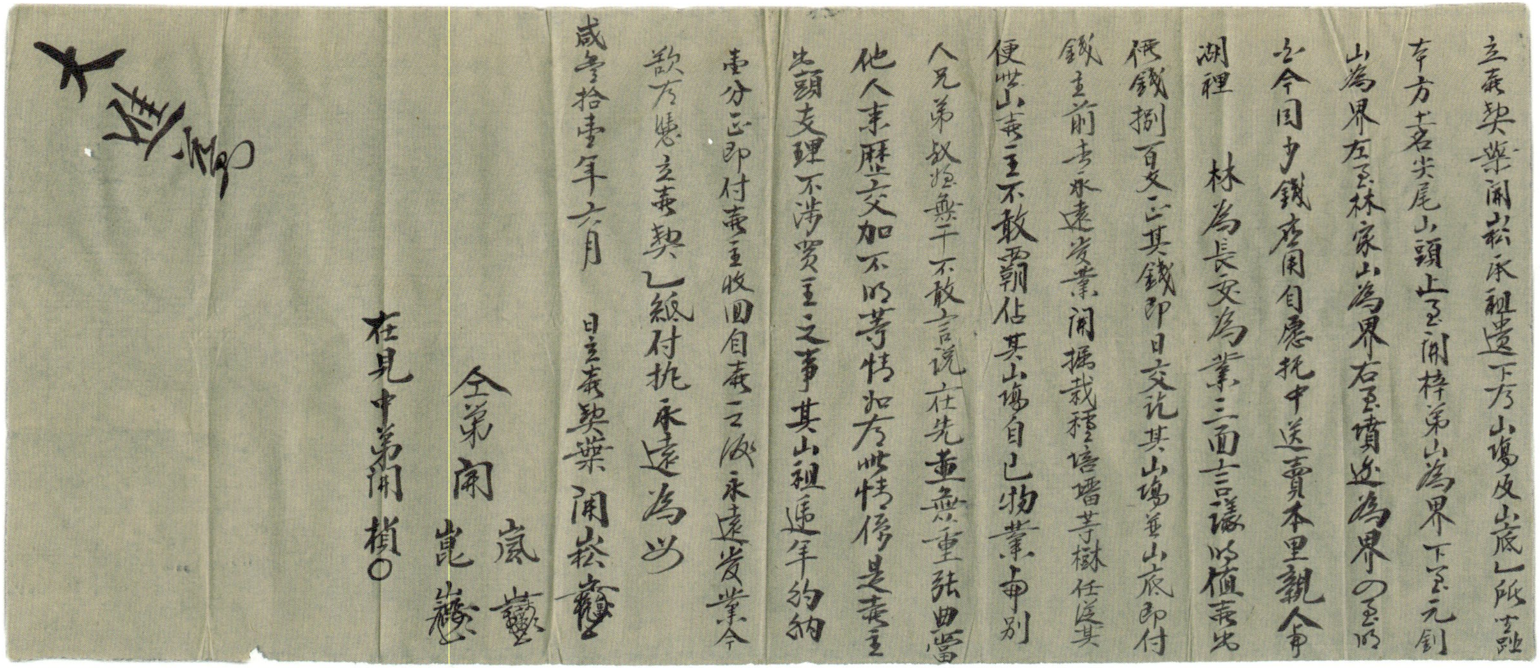
立賣契葉開崧承祖遺下有山塲坐山底乚所土址
本方土名尖尾山頭上至開梓弟山為界下至元釗
山為界左至林家山為界右至墳迹為界四至明
白今因少錢應用自愿托中送賣本里親仝
湖裡　林為長交為業三面言議時值賣兆
佰錢捌百文正其錢即日交訖其山塲並山底即付
錢主前去永遠為業開掘栽種培墻等樹任從其
便此山賣主不敢霸佔其山塲自己物業并別
人兄弟叔姪無干不敢言說在先並無重張典當
他人來歷交加不明等情如有此情係是賣主
出頭支理不涉買主之事其山租逐年的納
壹分正即付賣主收回自賣之後永遠為業今
欲有憑立賣契乚紙付執永遠為照
咸豐拾壹年六月　日立賣契葉開崧（押）
仝弟開嵐（押）
崑（押）
在見中弟開楨○
大吉利

6-5-5-3　清咸豐十一年六月葉開崧等立賣山場等契

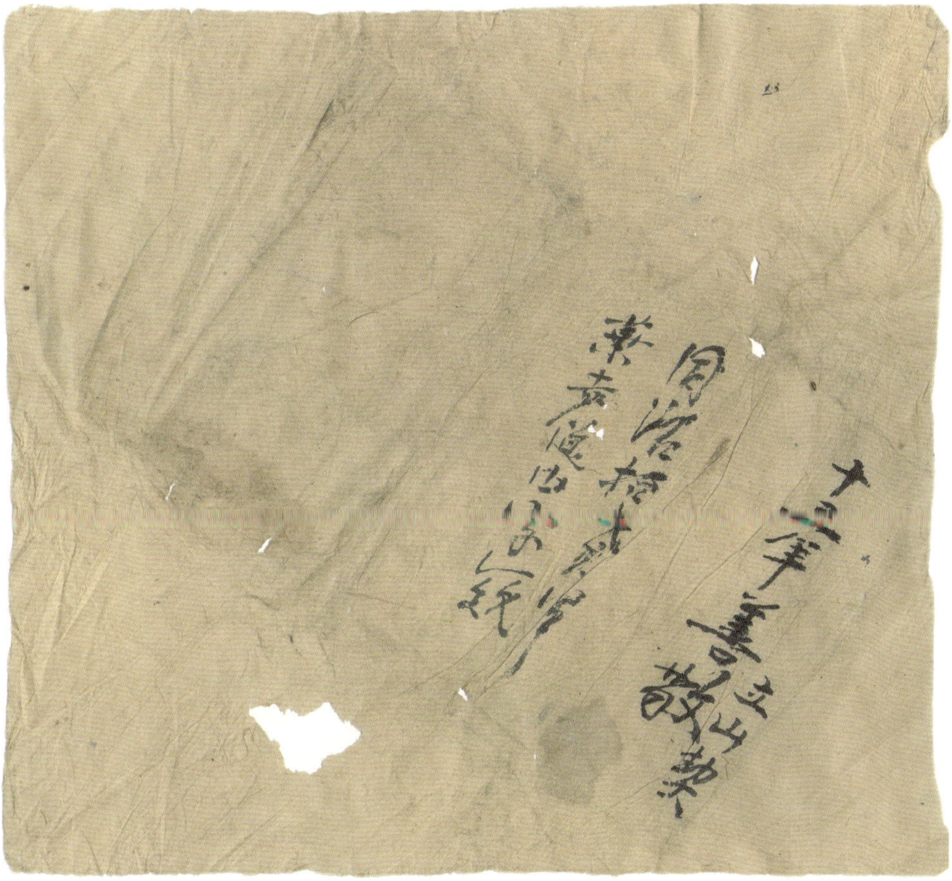

6-5-6-1　包契紙

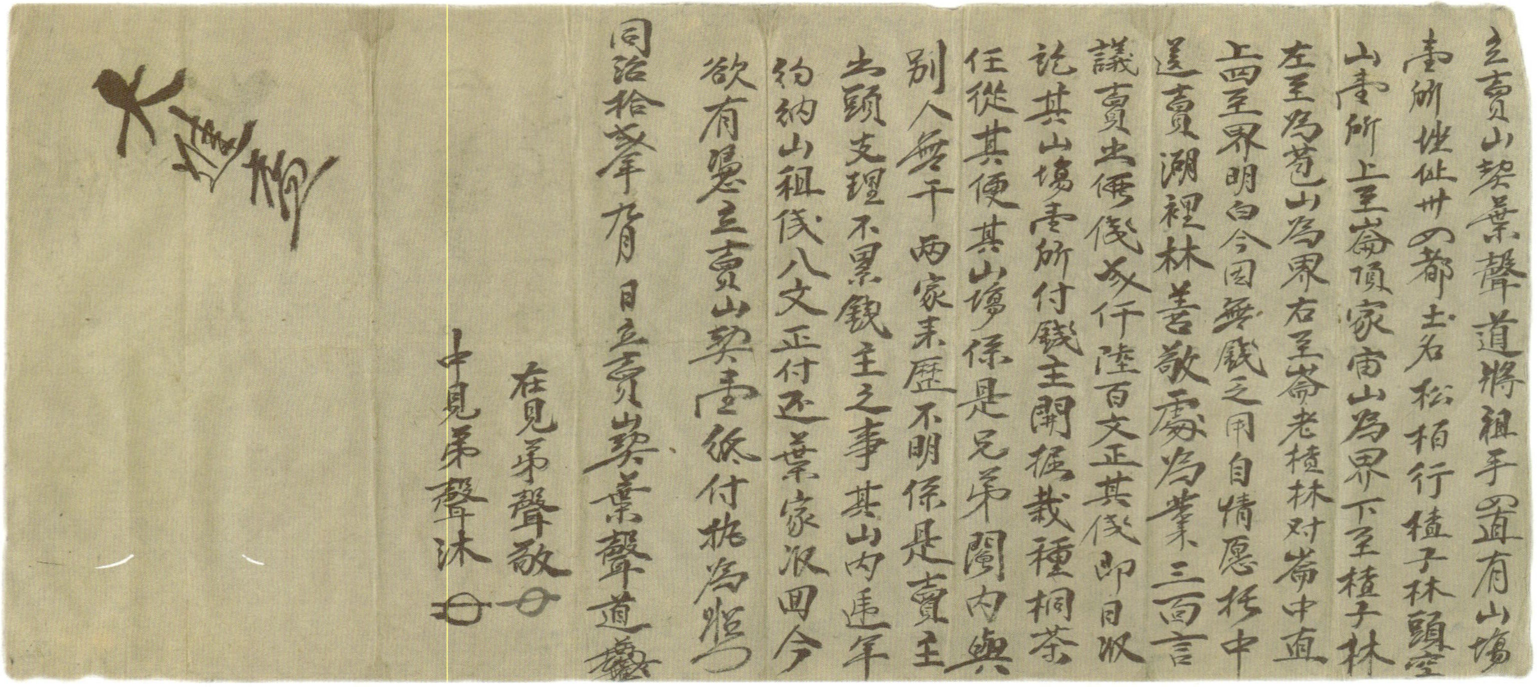
立賣山契葉聲道將祖手置有山場
壹所坐址廿四都土名松栢行楂子林頭空
山壹所上至崙頂家甫山為界下至楂子林
左至為苞山為界右至崙老楂林对崙中直
上西至界明白今因無錢之用自情愿托中
送賣湖裡林善敬處為業三面言
議賣出價錢伍仟陸百文正其錢即日收
訖其山場壹所付錢主開掘栽種桐茶
任從其便其山場係是兄弟鬮内與
别人無干兩家未歷不明係是賣主
出頭支理不累錢主之事其山内逐年
約納山租錢八文正付还葉家收回今
欲有憑立賣山契壹紙付執為照
同治拾貳年九月　日立賣山契葉聲道（押）
在見弟聲敬（押）
中見弟聲沐（押）

6-5-6-2　清同治十二年九月葉聲道立賣山場契

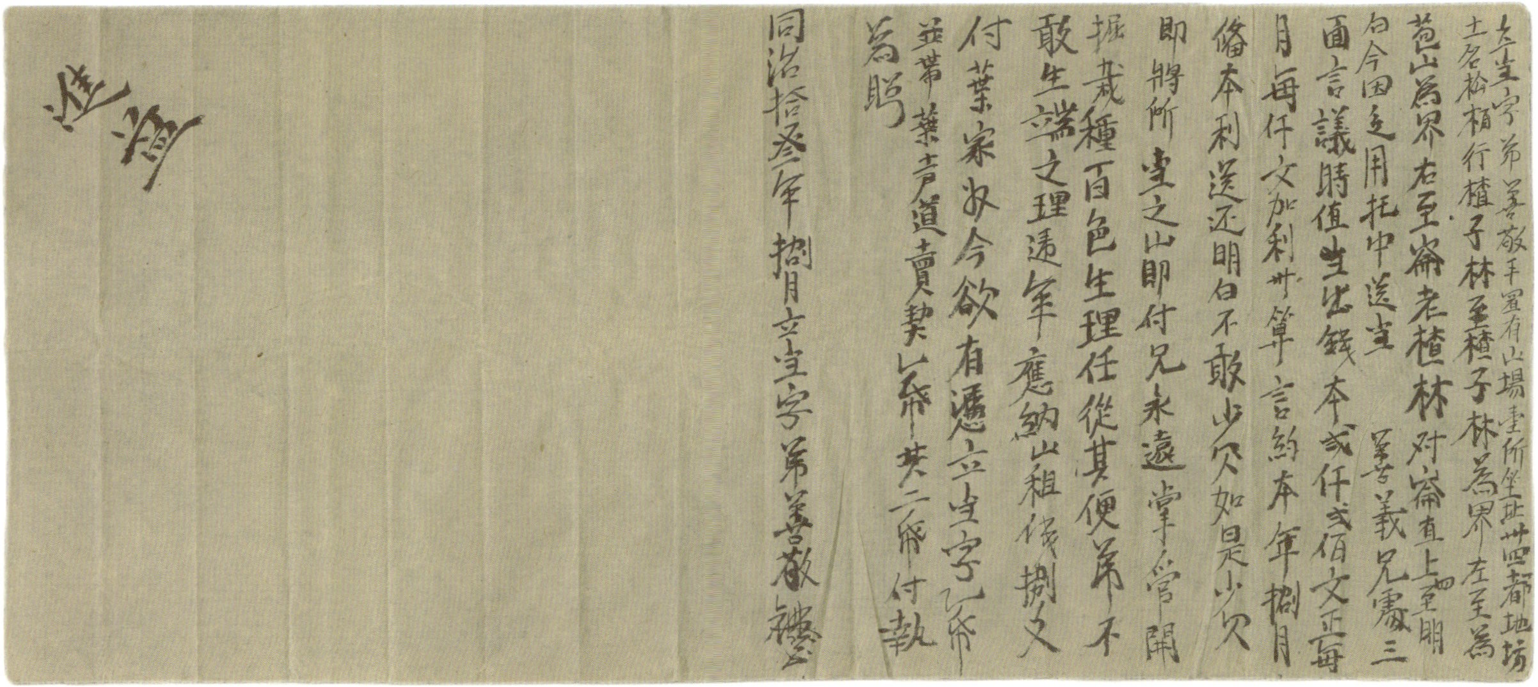
立当字弟善敬手置有山場壹所，坐址廿四都地坊
土名崧柏行植子林至植子林為界，左至為
苞山為界，右至崙老植林，对崙直上四至明
白。今因乏用，托中送当[illegible]義兄處，三
面言議時值出錢本貳仟貳佰文正，每
月每仟文加利廿文算，言約本年捌月
備本利送还明白，不敢少欠。如是少欠，
即將所当之山即付兄永遠掌管，開
掘栽種百色生理，任從其便，弟不
敢生端之理。逓年應納山租伍捌文
付葉家收。今欲有憑，立当字乙紙，
並帶葉善道賣契山紙共二紙付執
為照。
同治拾叁年捌月　立当字弟善敬（押）
從道

6-5-6-3　清同治十三年八月林善敬立當山場字

立繳字侄善義手置有山場壹所坐
址廿四都地坊土名松柏行上至崙頭下
至植于林爲界左至爲老山爲界右至老
植林対崙直上四至明白今因乏用托中
送繳　爲花叔處三面言議時值價錢
弍仟四佰文正其錢即日交訖其税山
即付前去掌管闸掘栽種百色生理任
從其便不敢生端之理逐年應納山租錢
捌文正付葉家收回今欲有憑立繳字
壹帋又帶葉声道賣契壹帋並帶善
敬契壹帋共叁帋付執爲照

光緒四年九月　日立繳字侄善義（押）

大進[illegible]

6-5-6-4　清光緒四年九月林善義立繳山場字

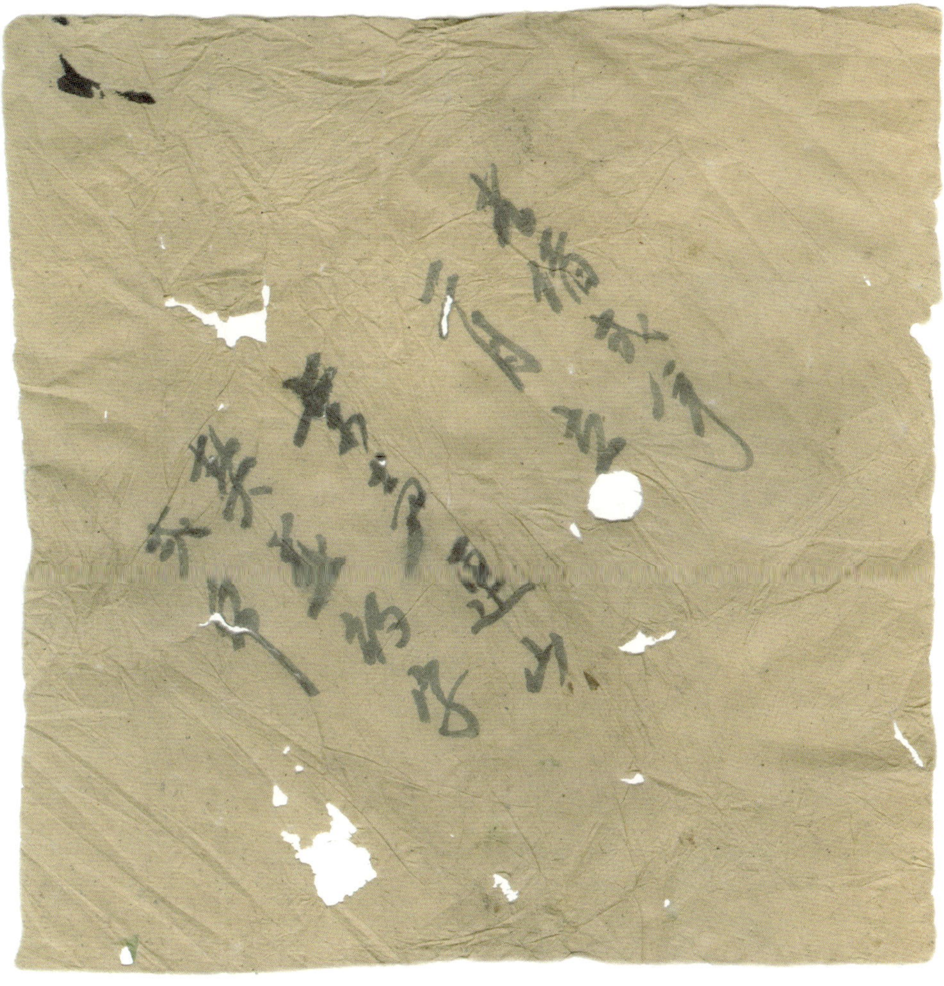

6-5-7-1　包契紙

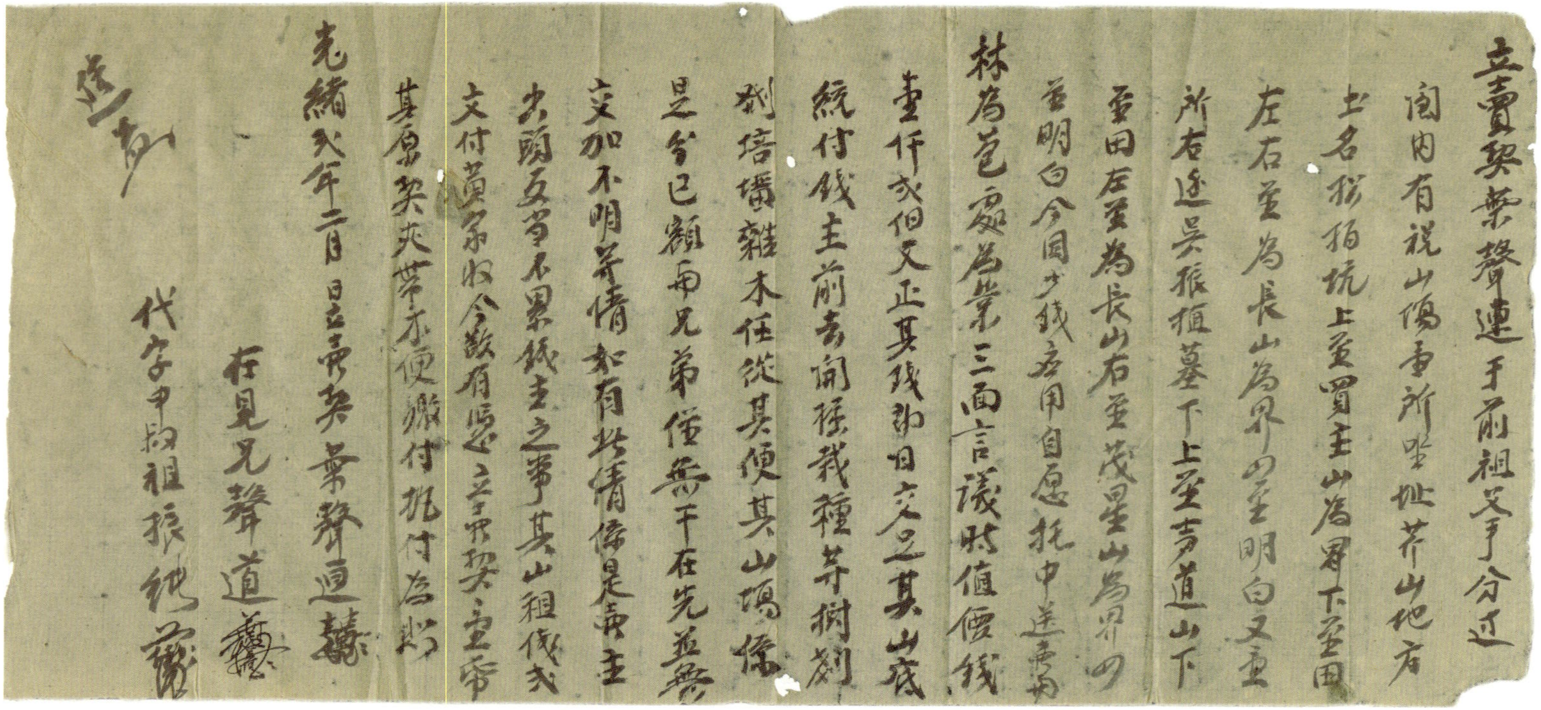
立賣契葉聲連手前祖父手分过
閩內有稅山場壹所坐址芥山地方
土名杉栢坑上至買主山為界下至田
左右至為長山為界四至明白又壹
所右邊吳振植墓下上至古道山下
至田左至為長山右至茂星山為界四
至明白今因少錢應用自愿托中送賣与
林為芭處為業三面言議時值價錢
壹仟貳佰文正其錢即日交足其山底
統付錢主前去開種栽種等樹刻
剗培壙雜木任從其便其山場係
是分已額內兄弟侄無干在先並無
交加不明等情如有此情係是賣主
出頭支當不累錢主之事其山租錢
文付萬家收今欲有憑立賣契壹帋
其原契夾帶不便繳付批付為照
光緒貳年二月　日立賣契葉聲連
在見兄聲道
代字中叔祖振純
達友

6-5-7-2　清光緒二年二月葉聲連立賣稅山場契

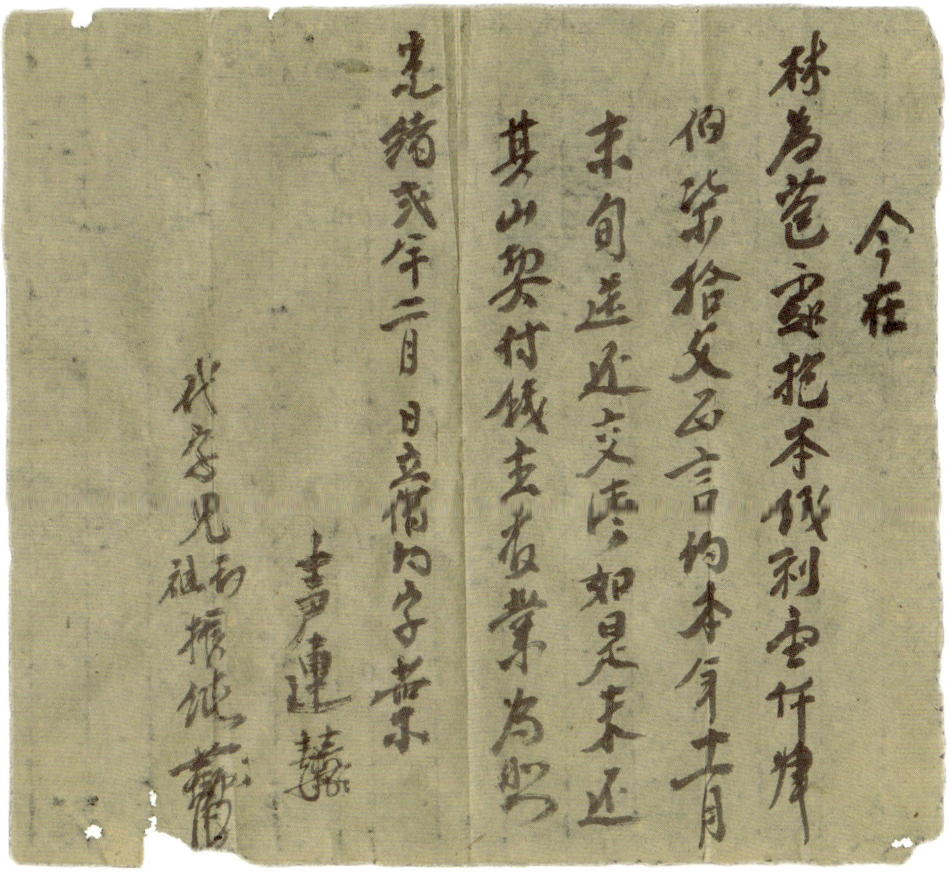

今在
林爲蒼處挹本錢利壹仟肆
佰柒拾文面言約本年十月
末旬送還交清如是未還
其山梁村錢主查業爲照
光緒貳年二月 日立借字葉
声連
代字兄祖振純

6-5-7-3　清光緒二年二月葉声連立借錢字

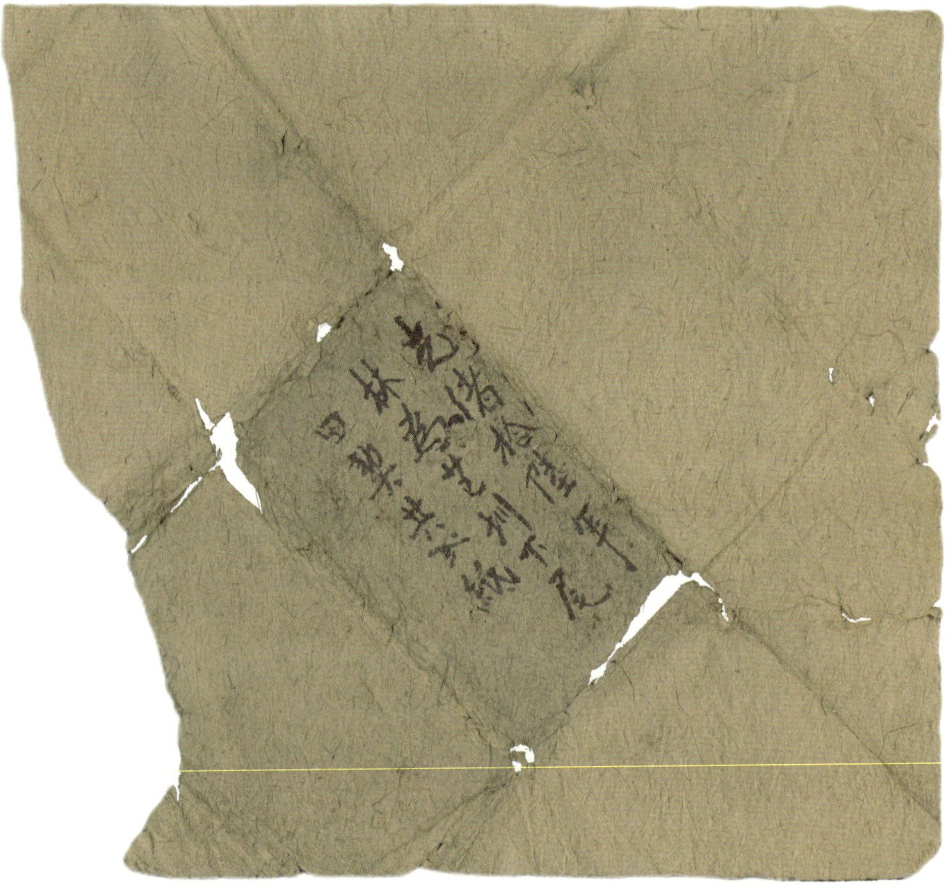

6-5-8-1　包契紙

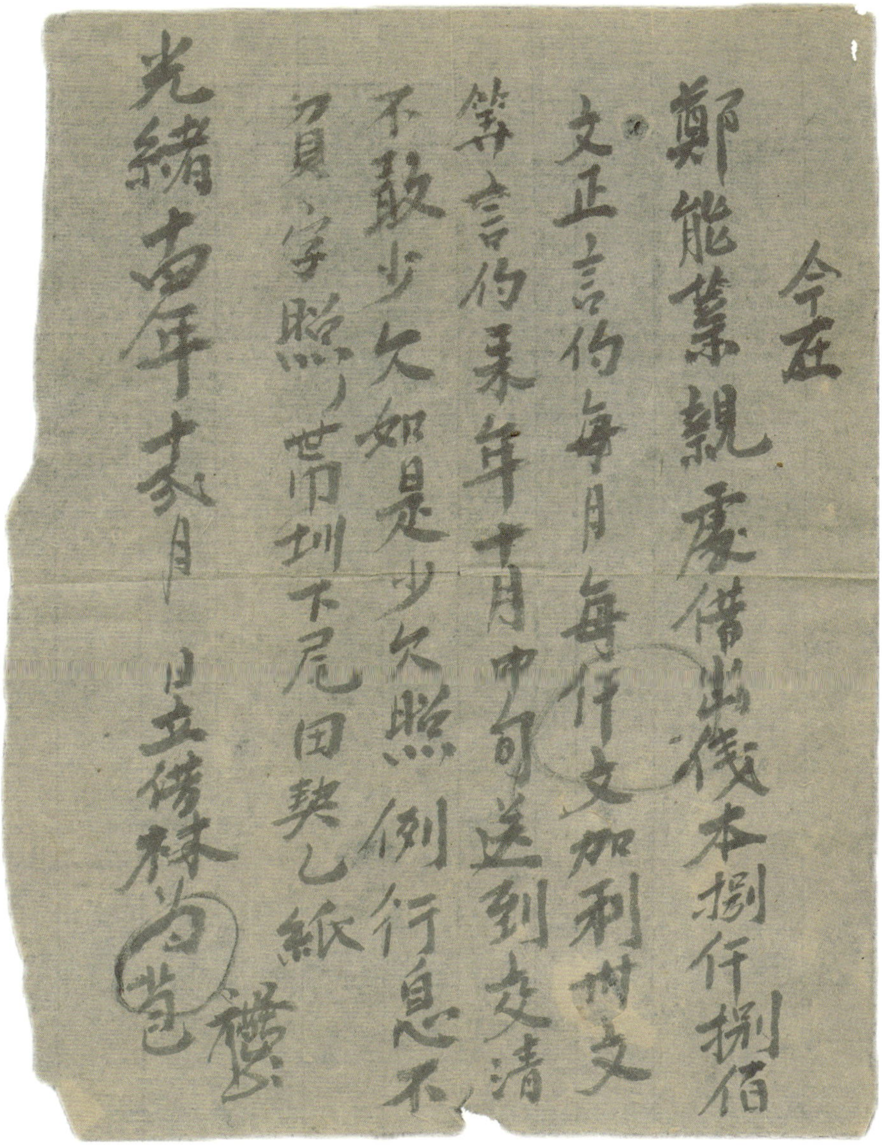

今在
鄭能葉親處借出錢本捌仟捌佰
文正言約每月每仟文加利拾文
算言約来年十月中旬送到交清
不敢少欠如是少欠照例行息不
負，字照，出帶圳下尾田契乙紙
光緒十四年十二月　日立借林為苞

6-5-8-2　清光緒十四年十二月林为苞立借錢字（廢契）

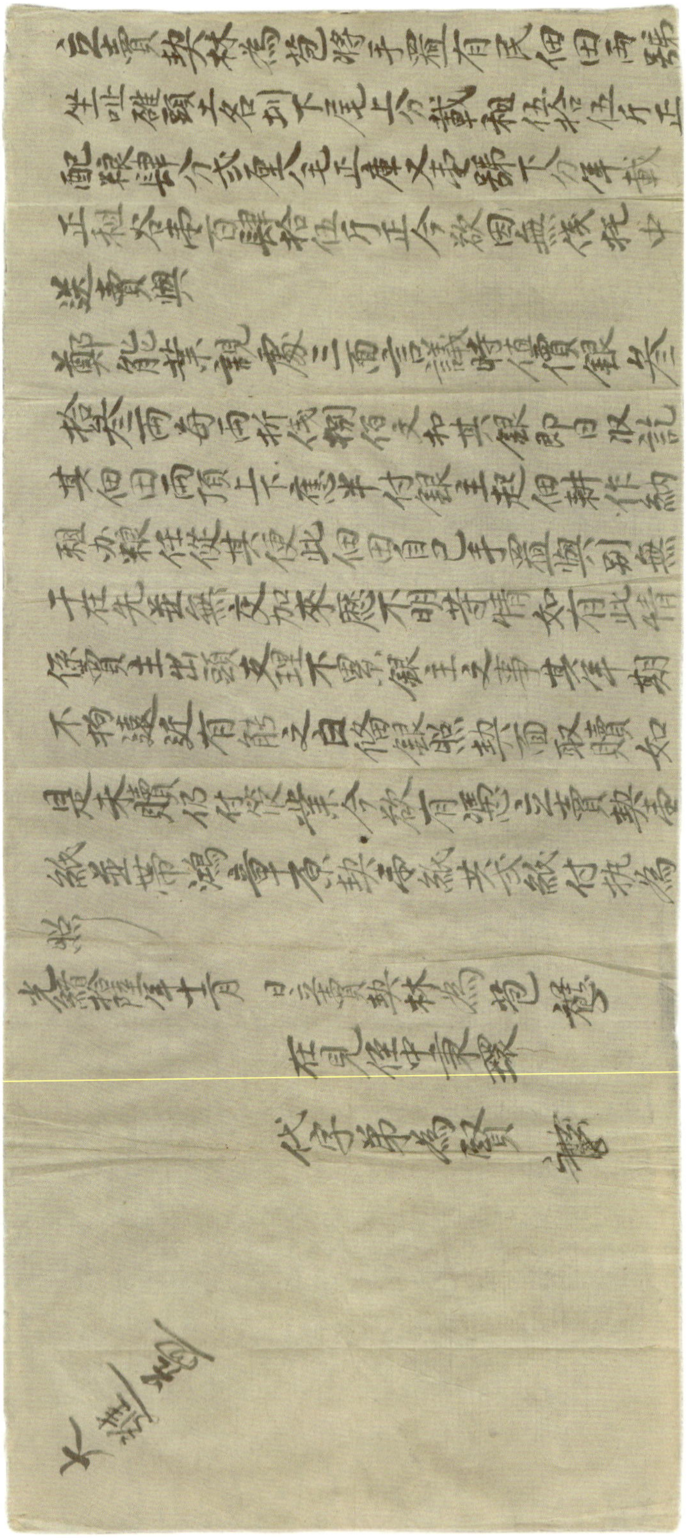

立賣契林爲苞，自將手置有民佃田壹號，
坐址雞頭土名刣下三丘，上分載租伍拾伍斤正，
配糧肆分貳厘八毛正，[illegible]
正租谷壹百肆拾伍斤正，今欲因無錢使用，出
送賣與
鄭能[illegible]親邊，三面言議時值價銀叁
拾叁兩肆錢，兩相願，憑中交訖無欠，其銀即日收訖，
其佃田兩頭上下隨契付與銀主起佃耕作納
租，亦係從便。其佃田自己手置，與別無
干，在先並無交加來歷不明等情。如有此情，
係賣主出頭支理，不累銀主之事。其田契
不拘遠近，有錢之日，備價照契面取贖。如
是未贖，仍付[illegible]管業。今欲有憑，立賣契
一紙，並帶老契壹紙付執爲
照。
光緒拾陸年十二月　日立賣契林爲苞（押）
在見侄[illegible]（押）
代字弟爲[illegible]（押）
大吉利

6-5-8-3　清光緒十六年十二月林爲苞立賣民佃田契

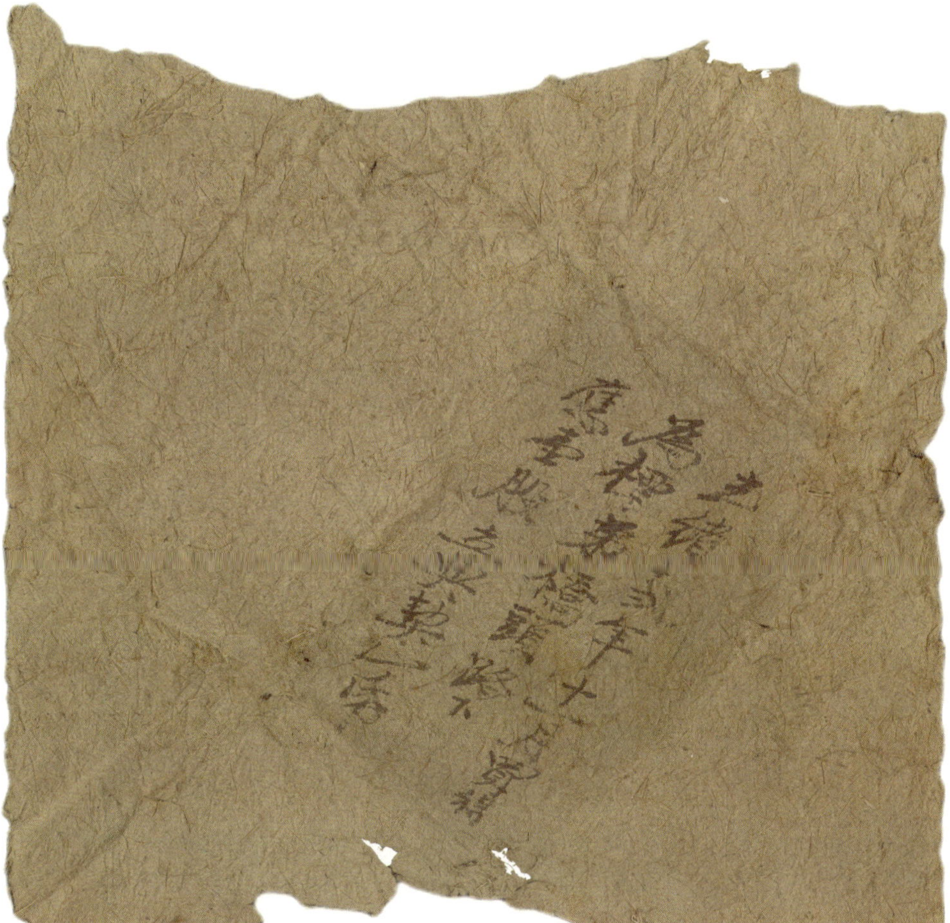

6-5-9-1 包契紙

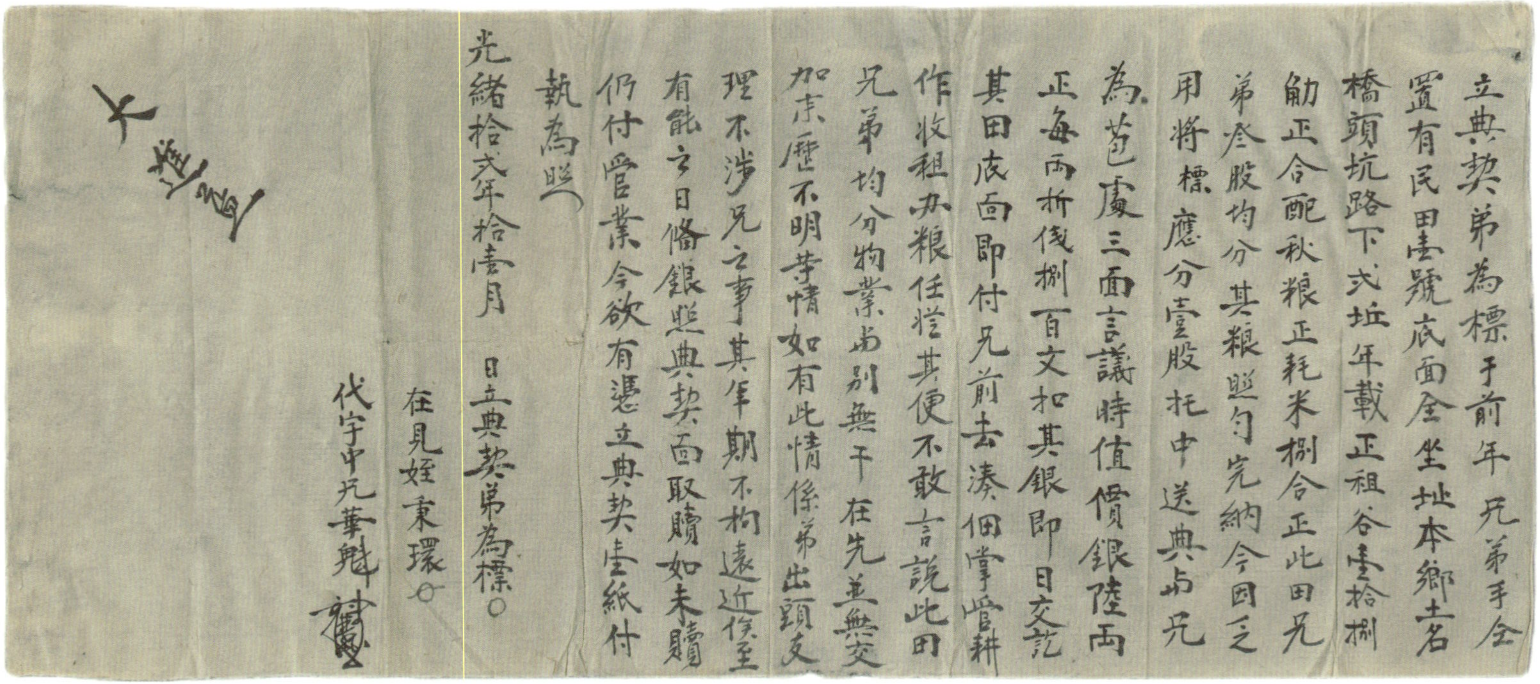


6-5-9-2　清光緒十二年十一月林爲標立典底面全民田契

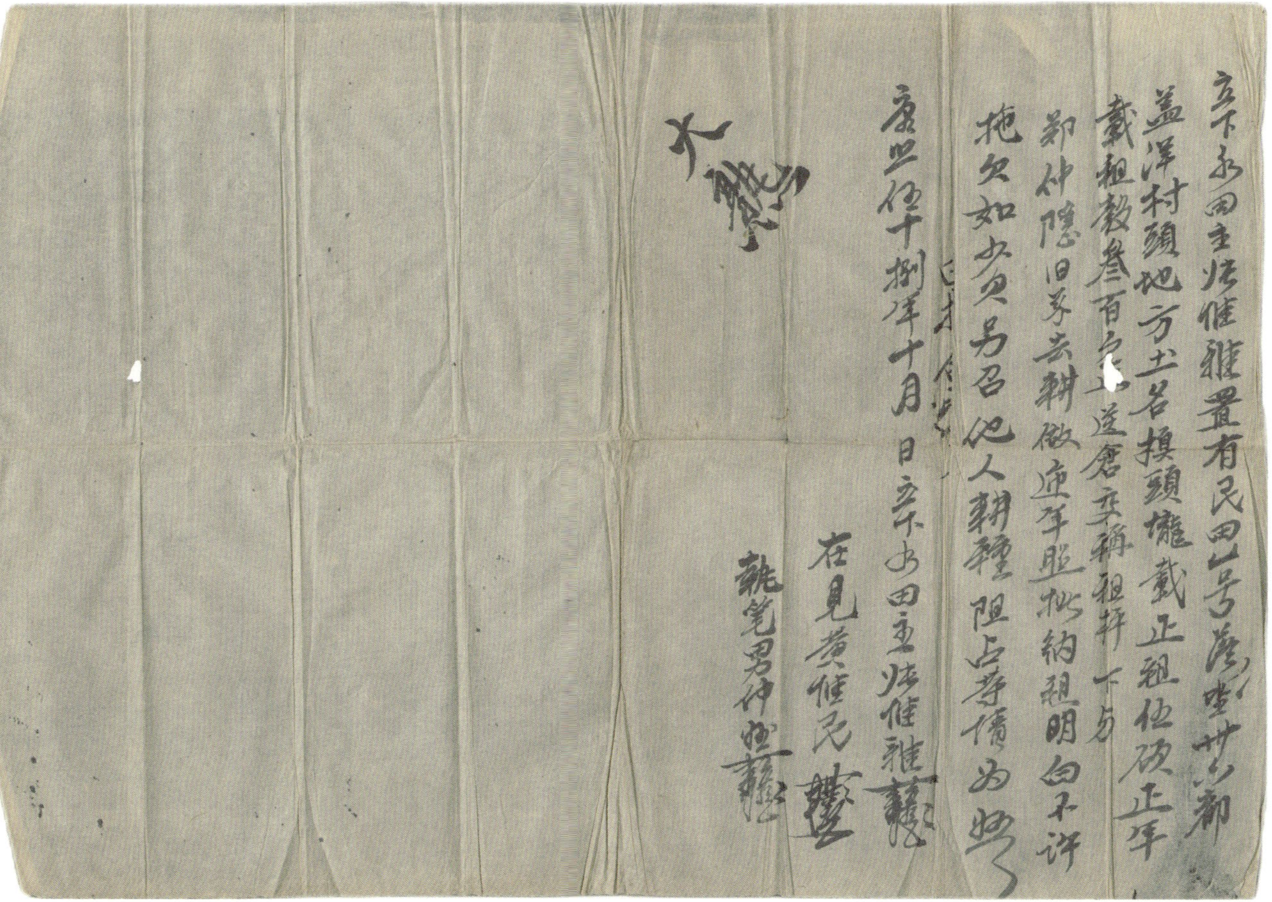
立下永田主張惟雅置有民田，山号厝坐廿八都
盖洋村頭地方，土名楼頭壠，載正租伍碩正，年
載租穀叁百斤正，送倉交秤，租秤下分。
鄭仲隱旧年去耕做，逐年照批納租明白，不許
拖欠。如有欠，另召他人耕種，阻占等情，为照。
又[illegible]
康熙伍十捌年十月　日立下永田主張惟雅（押）
在見黄惟民（押）
執筆男仲興（押）

6-5-10-1　清康熙五十八年十月張惟雅立下永民田字

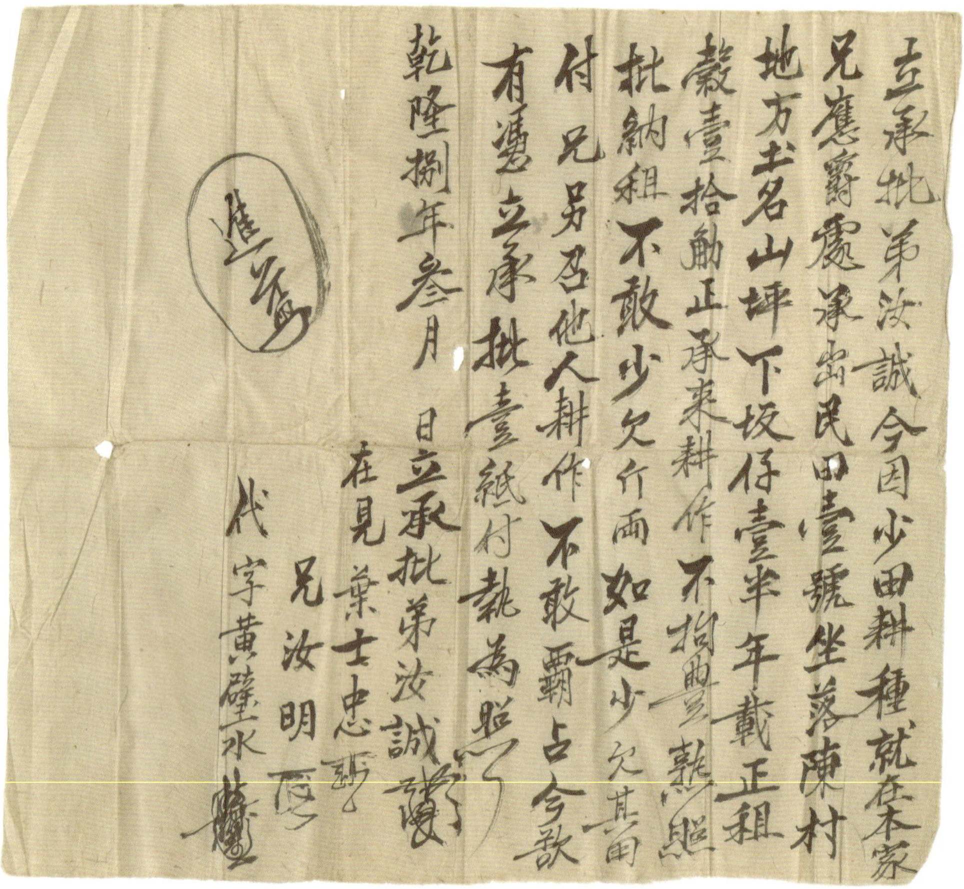

立承批弟汝誠今因少田耕種就在本家
兄應爵處承出民田壹號坐落陳村
地方土名山坪下坂仔壹半年載正租
穀壹拾觔正承來耕作不拘豐熟照
批納租不敢少欠斤兩如是少欠其田
付兄另召他人耕作不敢覇占今欲
有憑立承批壹紙付執為照
乾隆捌年叁月　日立承批弟汝誠（押）
在見葉士忠（押）
兄汝明（押）
代字黃鑒水（押）

6-5-10-2　清乾隆八年三月林汝誠立承批民田字

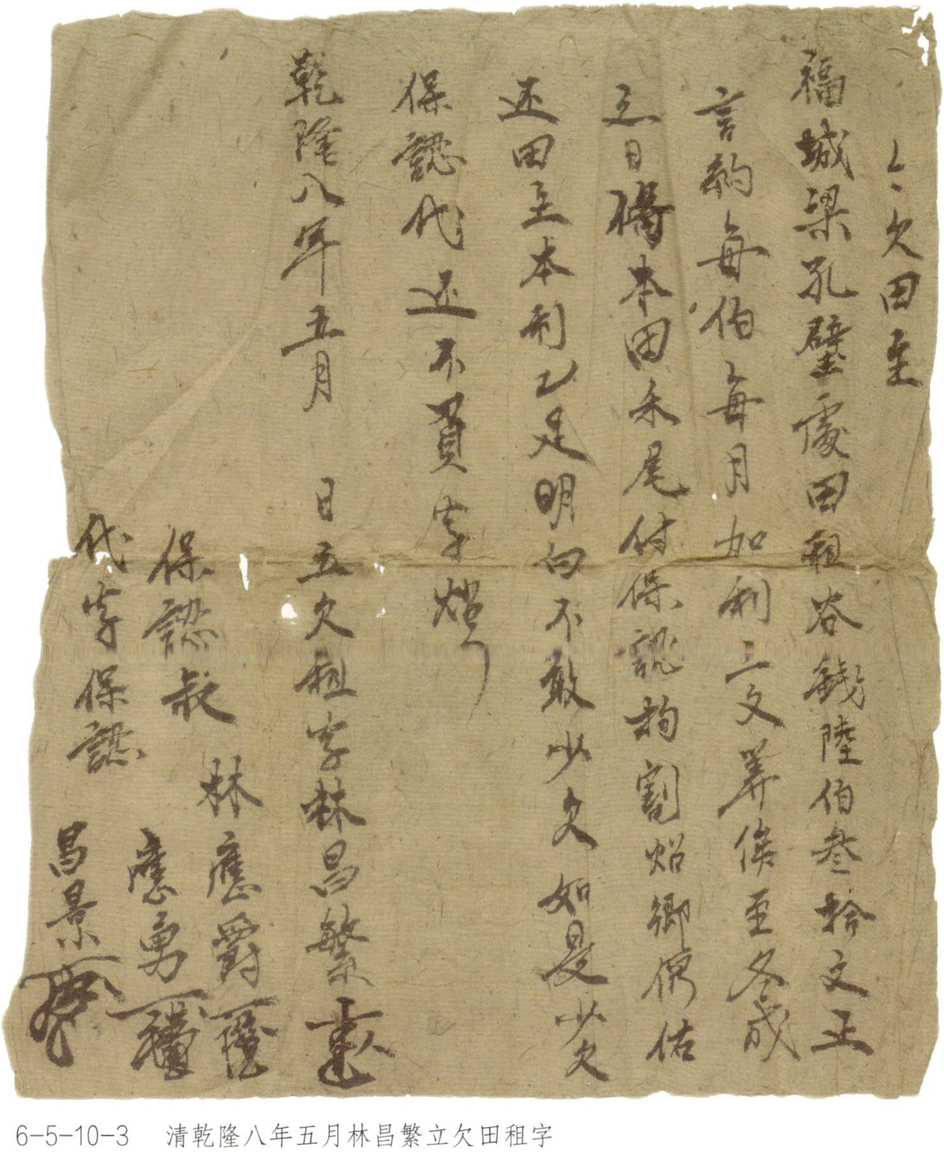

立欠田主
福城渠孔壁處田租谷錢陸伯叁拾文正
言約每佰每月加利二文等候至冬成
之日將本田禾尾付保認拘割照鄉例估
還田主本利一足明白不敢少欠　如是少欠
保認代還不負字照
乾隆八年五月　日立欠租字林昌繁（押）
保認叔　林應爵（押）
　　　　　應勇（押）
代字保認　昌景（押）

6-5-10-3　清乾隆八年五月林昌繁立欠田租字

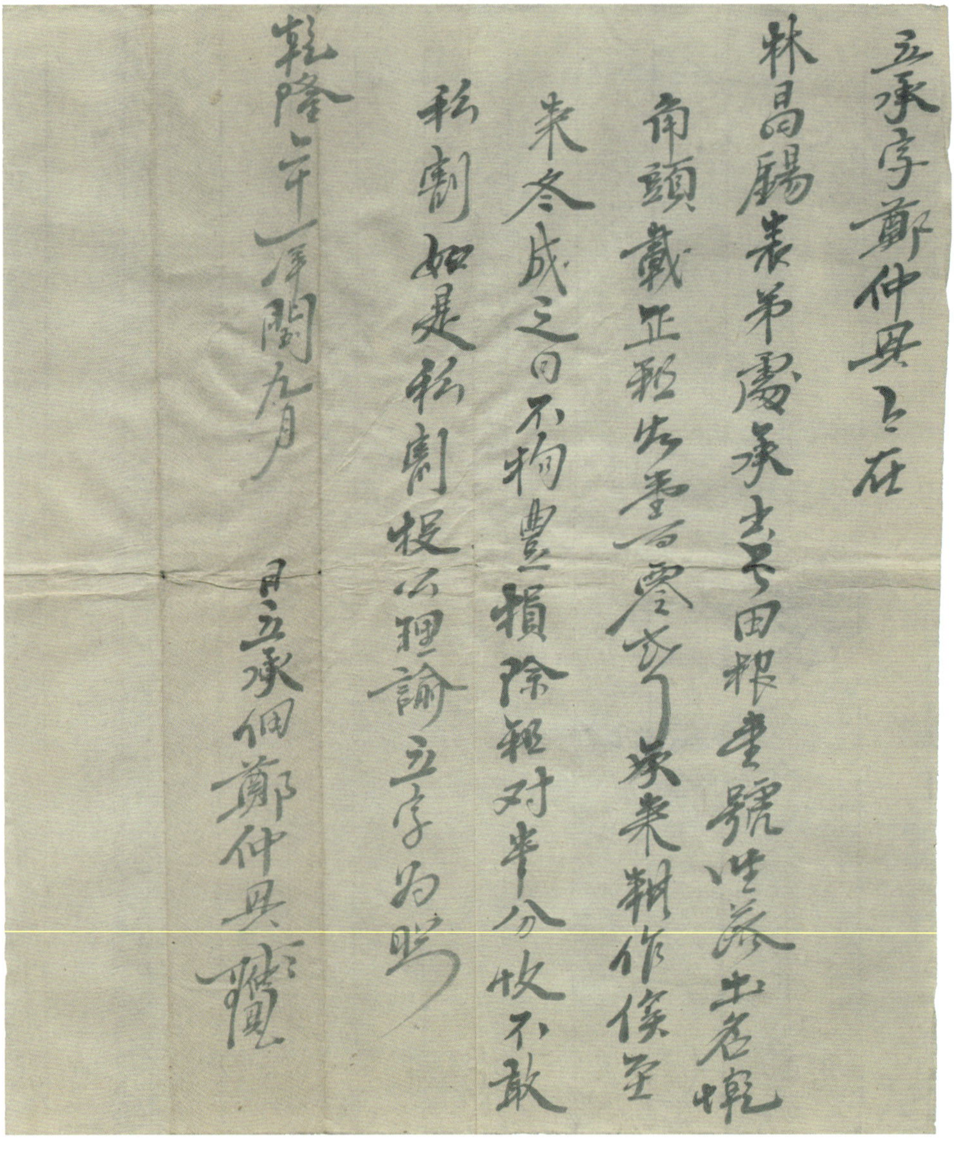

立承字鄭仲㒷今在
林昌賜表弟處承出屯田根壹號，坐落土名乾
角頭，載正租壹石零弍斗。承來耕作，候至
來冬成之日，不拘豐損，除租对半分收，不敢
私割。如是私割，從公理論。立字爲照。
乾隆二十一年閏九月　日立承佃鄭仲㒷（押）

6-5-10-4　清乾隆二十一年閏九月鄭仲㒷立承屯田根字

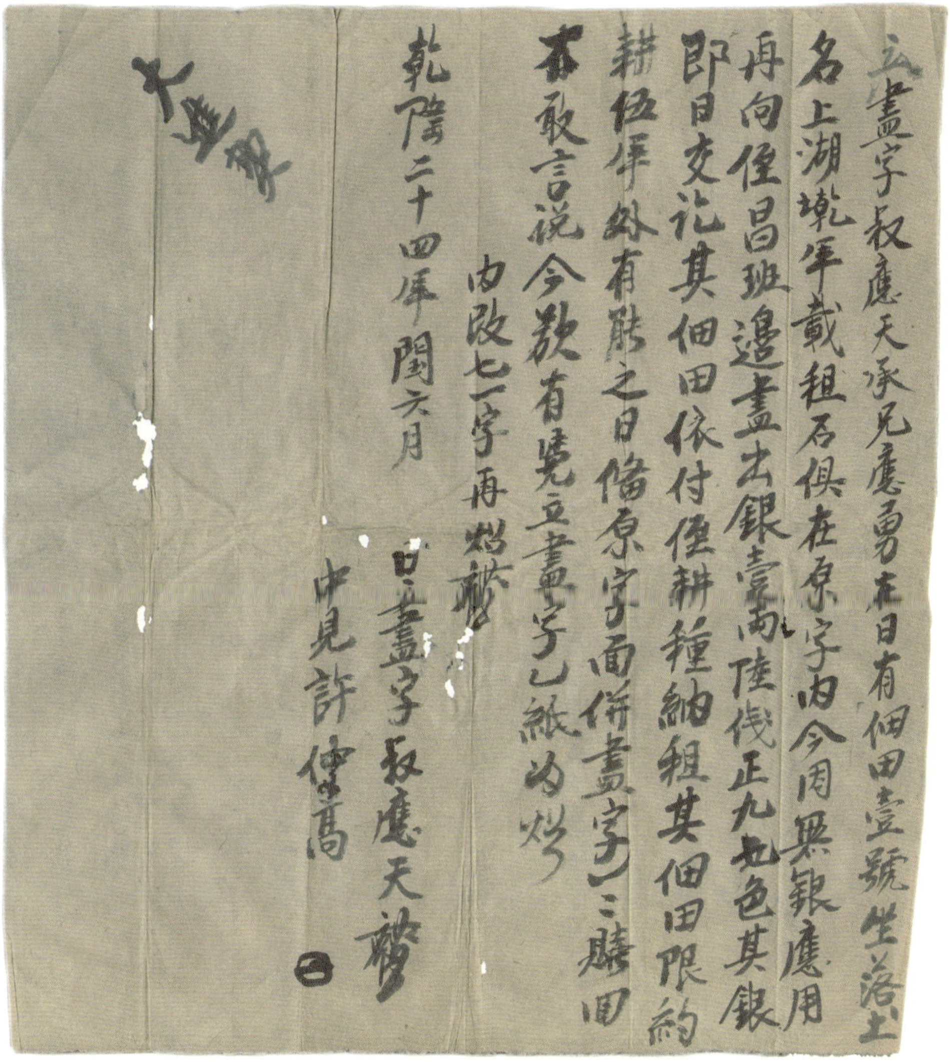
立盡字叔應天承兄應勇在日有佃田壹號坐落土
名上湖墘年載租石俱在原字內今因要銀應用
再向侄昌班邊盡出銀壹兩陸錢正九七色其銀
即日交訖其佃田依付侄耕種納租其佃田限約
耕伍年外有贖之日備原字面併盡字二贖回
不敢言說今欲有憑立盡字一紙為炤
內改七一字再炤
乾隆二十四年閏六月　日立盡字叔應天（押）
中見許俾高
大進契

6-5-10-5　清乾隆二十四年閏六月林應天立盡佃田字

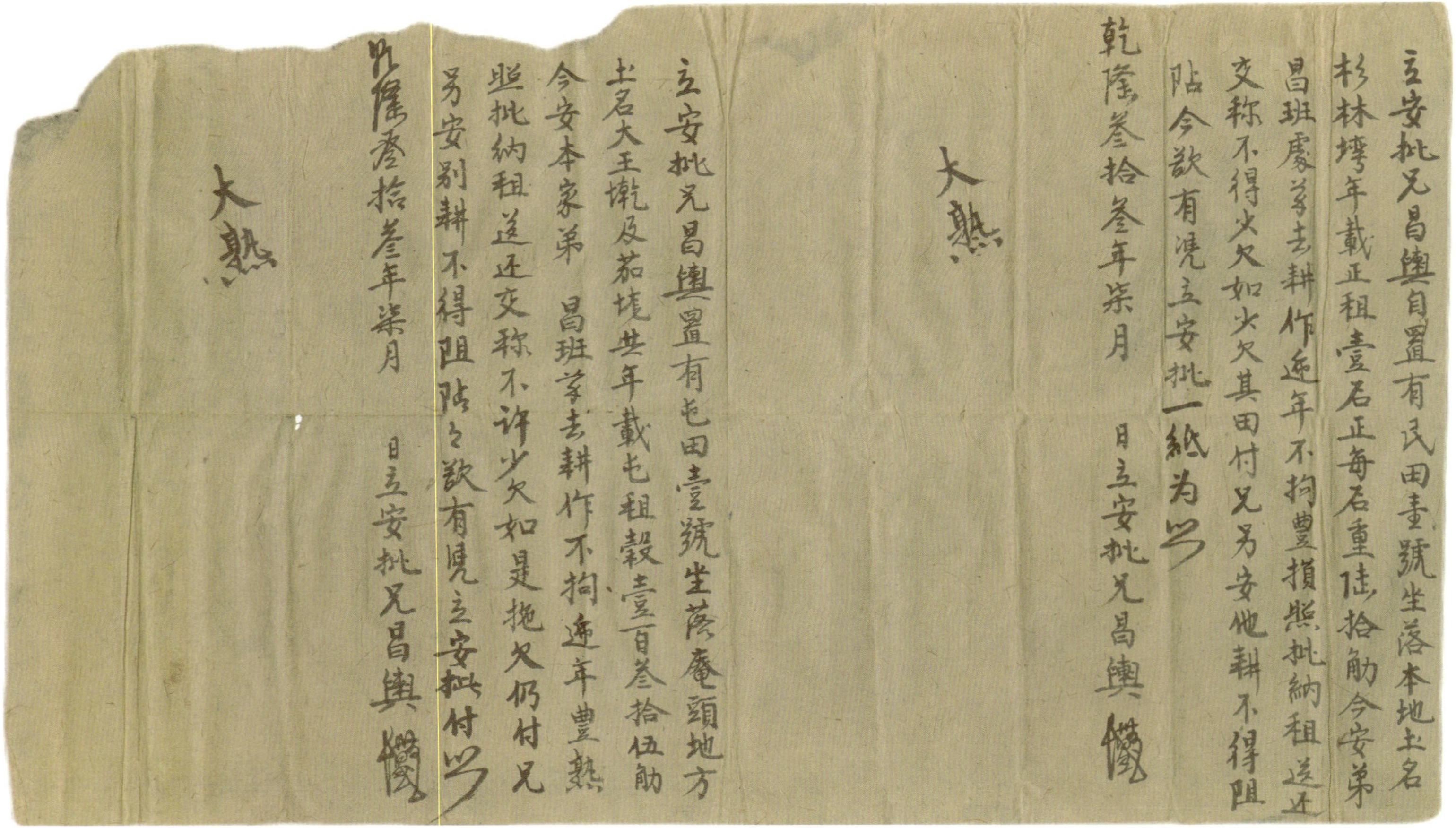
立安批兄昌輿自置有民田壹號坐落本地土名
杉林墘年載正租壹石正每石重陆拾觔今安弟
昌班處掌去耕作逐年不拘豐損照批納租送还
交称不得少欠如少欠其田付兄另安他耕不得阻
跕今欲有凭立安批一紙为照
乾隆叁拾叁年柒月　日立安批兄昌輿（押）
大熟

立安批兄昌輿置有屯田壹號坐落庵頭地方
土名大王墘及茄墘共年載屯租穀壹百叁拾伍觔
今安本家弟　昌班掌去耕作不拘逐年豐熟
照批納租送还交称不許少欠如是拖欠仍付兄
另安别耕不得阻跕，欲有凭立安批付照
乾隆叁拾叁年柒月　日立安批兄昌輿（押）
大熟

6-5-10-6　清乾隆三十三年七月林昌輿立安批民田字

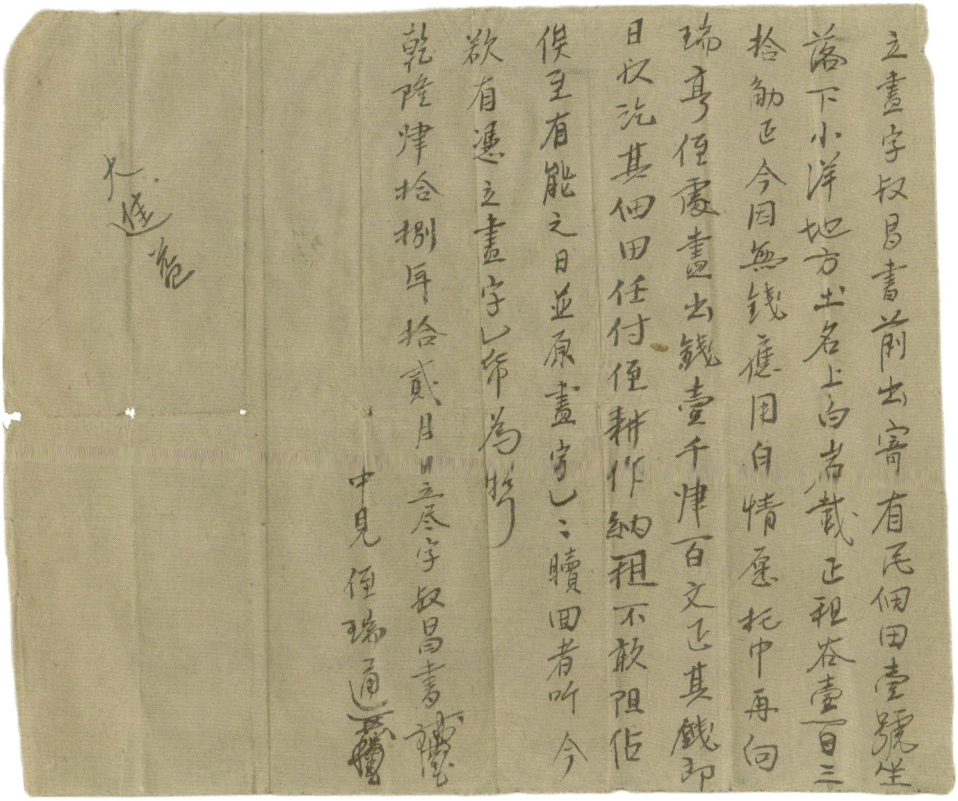
立盡字林昌書前出寄有民佃田壹號坐
落下小洋地方土名上白岩載正租谷壹百三
拾觔正今因無錢應用自情愿托中再向
瑞亭侄處盡出錢壹千肆百文正其錢即
日收訖其佃田任付侄耕作納租不敢阻佔
俱至有能之日並原盡字乙紙贖田者听今
欲有憑立盡字乙紙為照
乾隆肆拾捌年拾貳月日立盡字林昌書
中見侄瑞通

6-5-10-7　清乾隆四十八年十二月林昌書立盡民佃田字

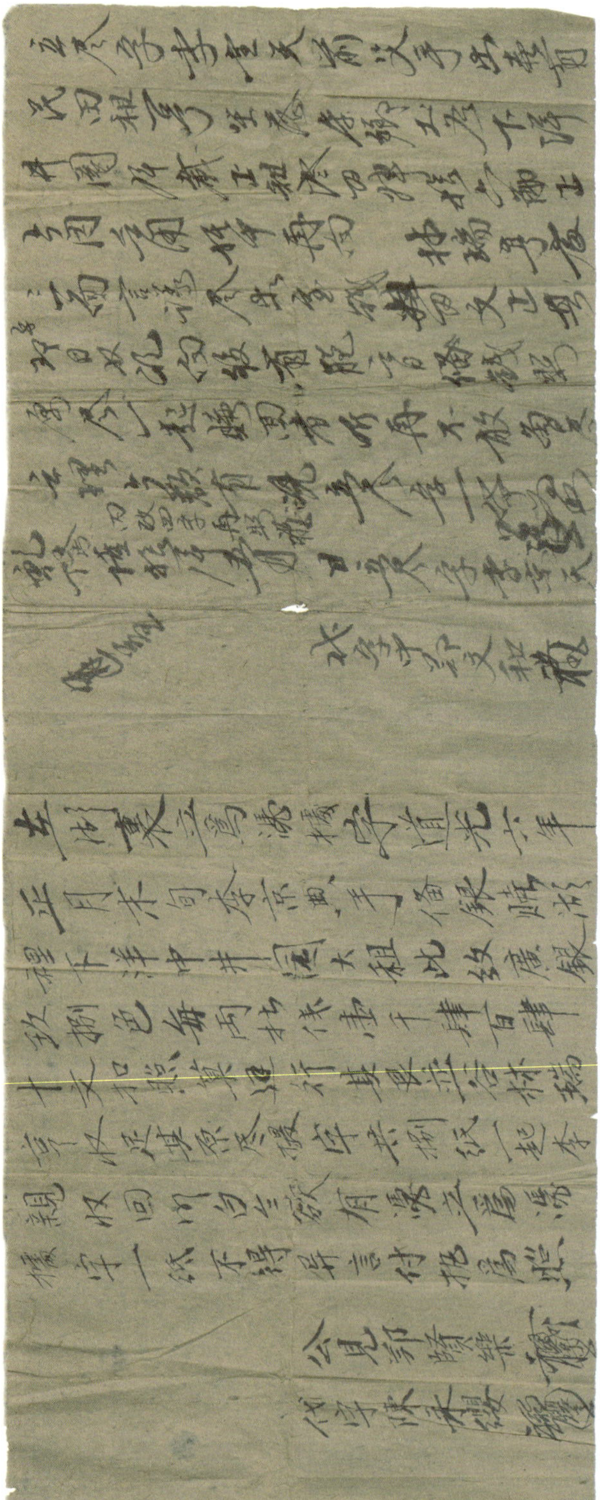

6-5-10-8　清乾隆六十年五月李京天立盡民田租字

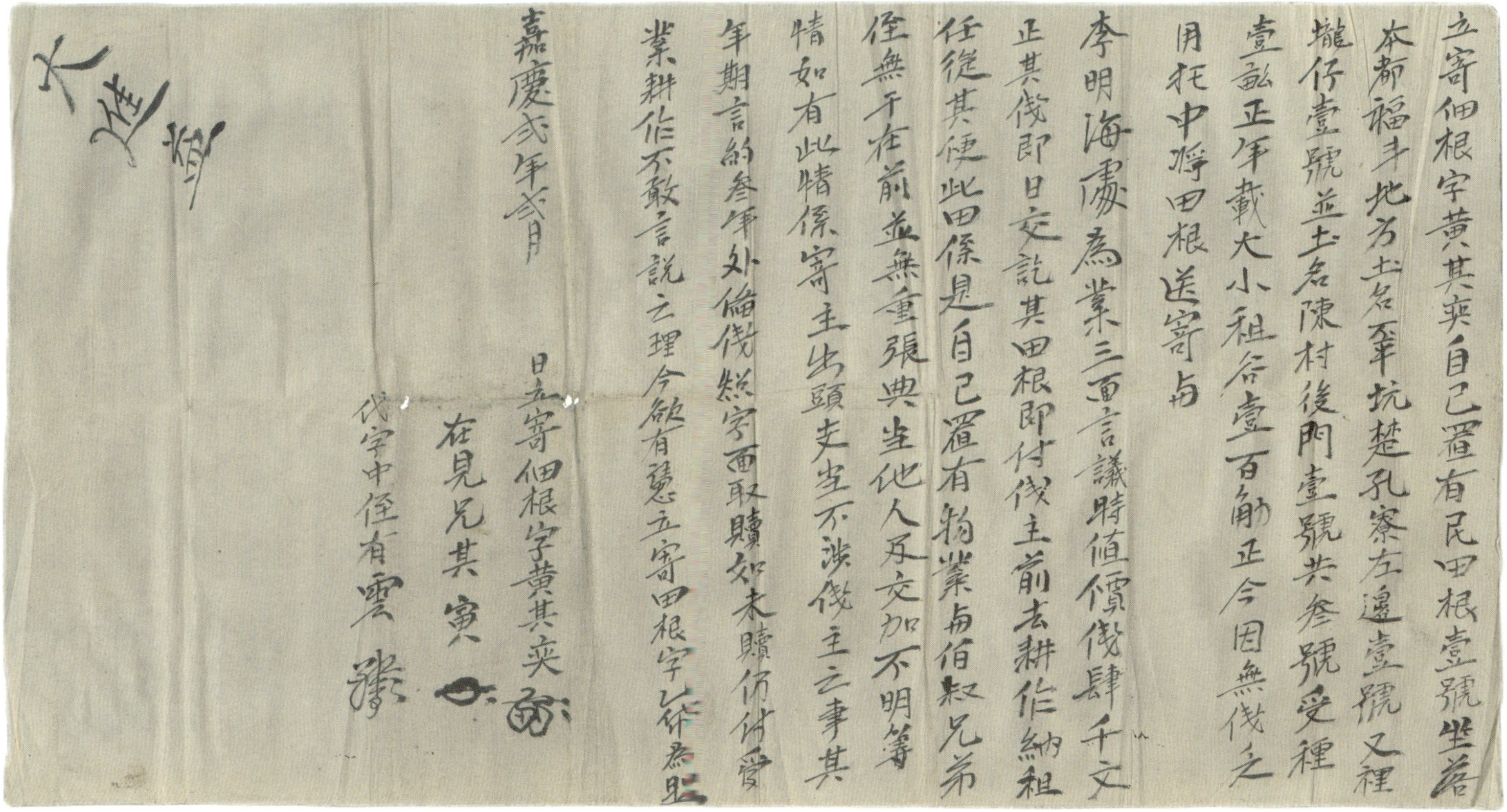

立寄佃根字黃其奕自己置有民田根壹號坐落
本都福斗地方土名平坑楚孔寮左邊壹號又裡
壠仔壹號並土名陳村後門壹號共叁號受種
壹畝正年載大小租谷壹百觔正今因無錢之
用托中將田根送寄与
李明海處為業三面言議時值價錢肆千文
正其錢即日交訖其田根即付錢主前去耕作納租
任從其便此田係是自己置有物業与伯叔兄弟
侄無干在前並無重張典当他人及交加不明等
情如有此情係寄主出頭支当不涉錢主之事其
年期言約叁年外備價照字面取贖如未贖仍付錢管
業耕作不敢言說之理今欲有憑立寄田根字一紙為照

嘉慶弍年弍月 日立寄佃根字黃其奕（押）
在見兄其寅（押）
代字中侄有雲（押）

大進

6-5-10-9　清嘉慶二年二月黃其奕立寄佃民田根字

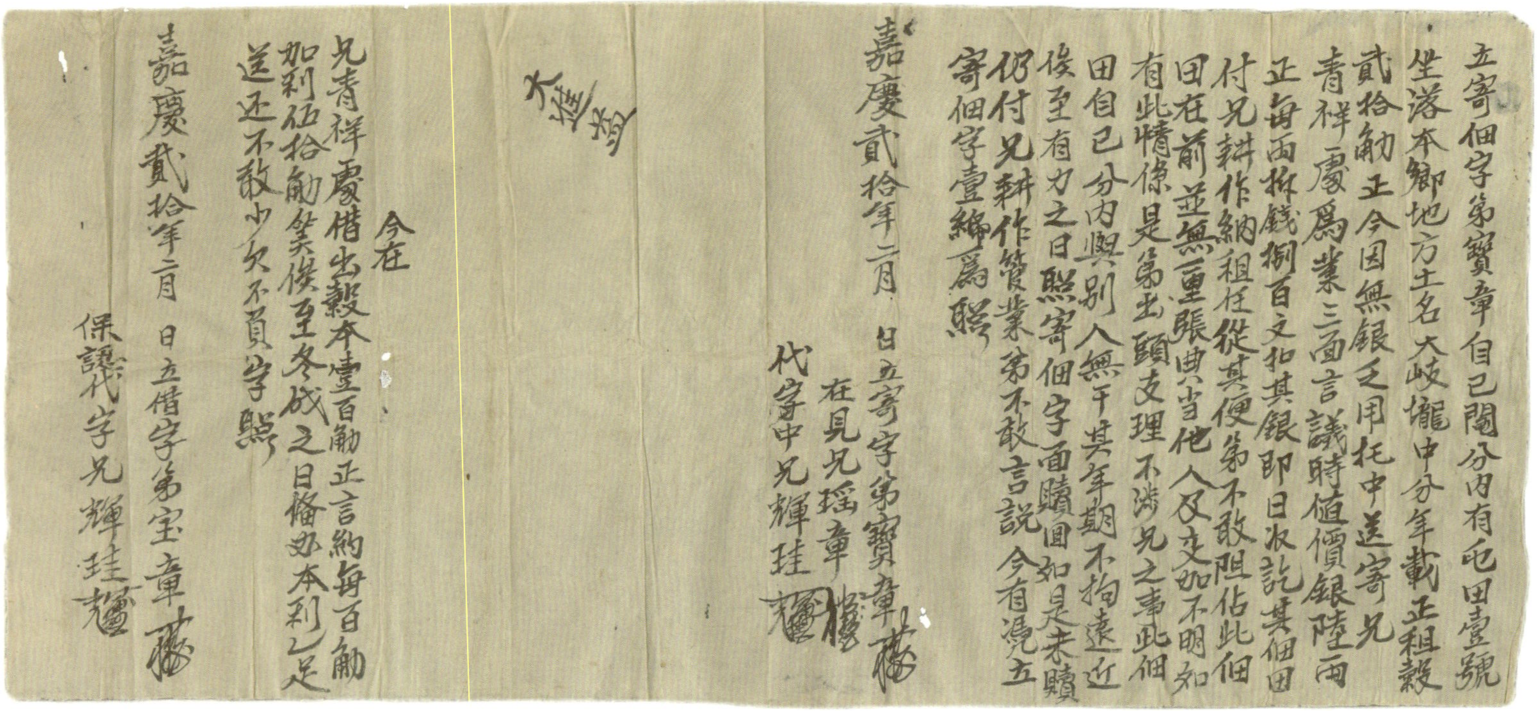

立寄佃字弟寶章自己閹分內有屯田壹號坐落本鄉地方土名大岐壠中，分年載正租穀貳拾觔正。今因無銀乏用，托中送寄兄青祥處爲業，三面言議時值價銀陸兩正，每兩折錢捌百文，扣其銀即日收訖。其佃田付兄耕作納租，任從其便，弟不敢阻佔。此佃田在前並無重張典當他人及交加不明，如有此情，係是弟出頭支理，不涉兄之事。此佃田自已分內與別人無干。其年期不拘遠近，後至有力之日照寄佃字面贖回，如是未贖，仍付兄耕作管業，弟不敢言說。今有憑，立寄佃字壹紙爲照。

嘉慶貳拾年二月　日立寄字弟寶章（押）

在見兄瑤章（押）

代字中兄輝珪（押）

大進益

今在

兄青祥處借出穀本壹百觔正，言約每百觔加利伍拾觔，其穀至冬成之日備辦本利乙足送还，不敢少欠，不負字照。

嘉慶貳拾年二月　日立借字弟宝章（押）

保認代字兄輝珪（押）

6-5-10-10　清嘉慶二十年二月林寶章立寄佃屯田字

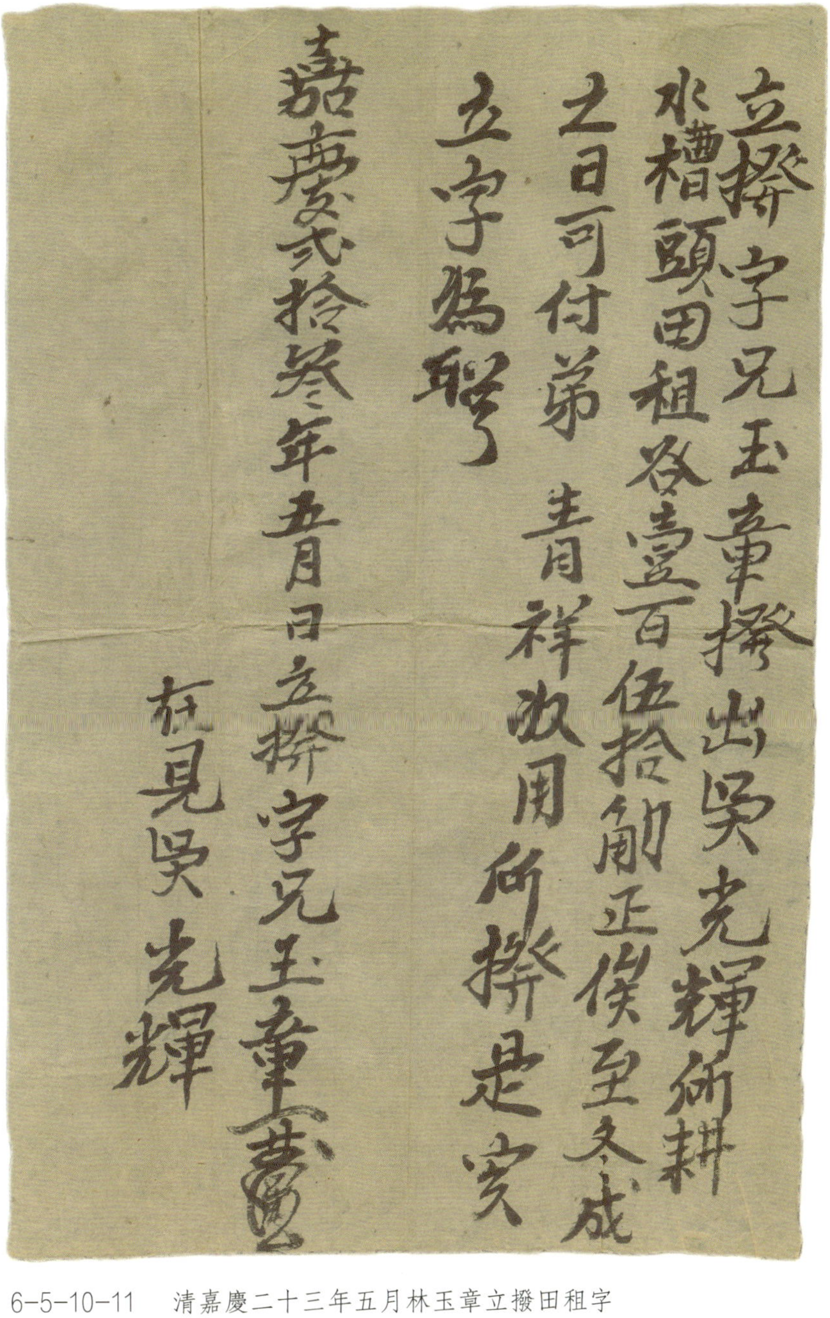
立撥字兄玉章撥出吳光輝所耕
水槽頭田租谷壹百伍拾觔正，俟至冬成
之日可付弟　青祥收用。所撥是實。
立字爲照。
嘉慶弍拾叁年五月日立撥字兄玉章（押）
在見吳光輝

6-5-10-11　清嘉慶二十三年五月林玉章立撥田租字

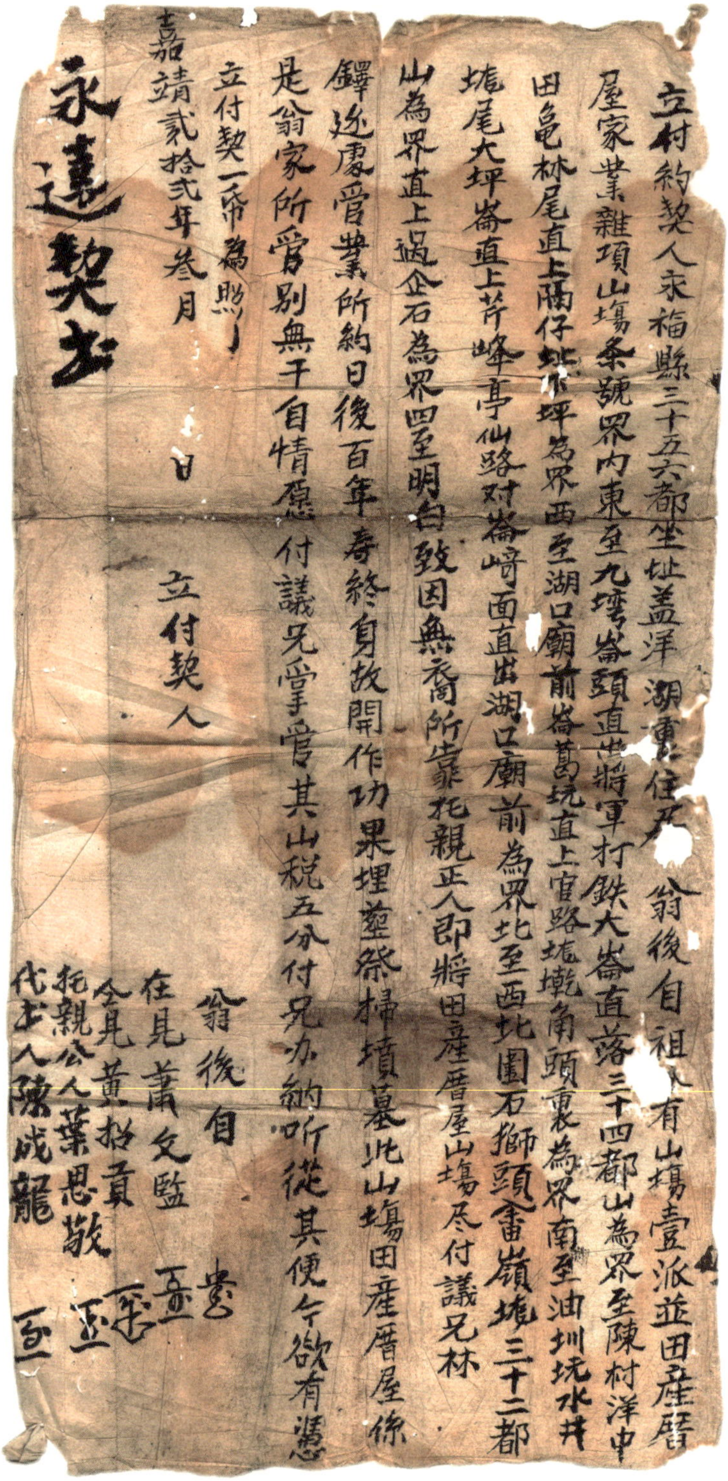

立付約契人永福縣三十五六都坐址蓋洋湖重住人　翁後自祖有山塲壹派並田産厝
屋家業雜項山塲条號界內東至九壠嵛頭直出將軍打鉄大嵛直落三十四都山為界至陳村洋中
田亀林尾直上隔仔址下坪為界西至湖口廟前嵛葛坑直上官路墘墘角頭重袠為界南至油圳坑水井
墘尾大坪嵛直上芹峰亭仙路对嵛崎面直出湖口廟前為界北至西北園石獅頭畲嶺墘三十二都
山為界直上過企石為界四至明白致因無裔所靠托親正人即將田産厝屋山塲尽付議兄林
鐸逐處管業所約日後百年壽終身故開作功果埋塟祭掃墳墓此山塲田産厝屋係
是翁家所管别無干自情愿付議兄掌管其山税五分付兄办納听從其便今欲有憑
立付契一紙為照

嘉靖貳拾弍年叁月　日　立付契人　翁後自（號）

在見　蕭文監（押）
全見　黄招貢（押）
托親公人　葉思敬（押）
代书人　陳成龍（押）

永遠契书

6-5-11-1　明嘉靖二十二年三月翁後自立付約契

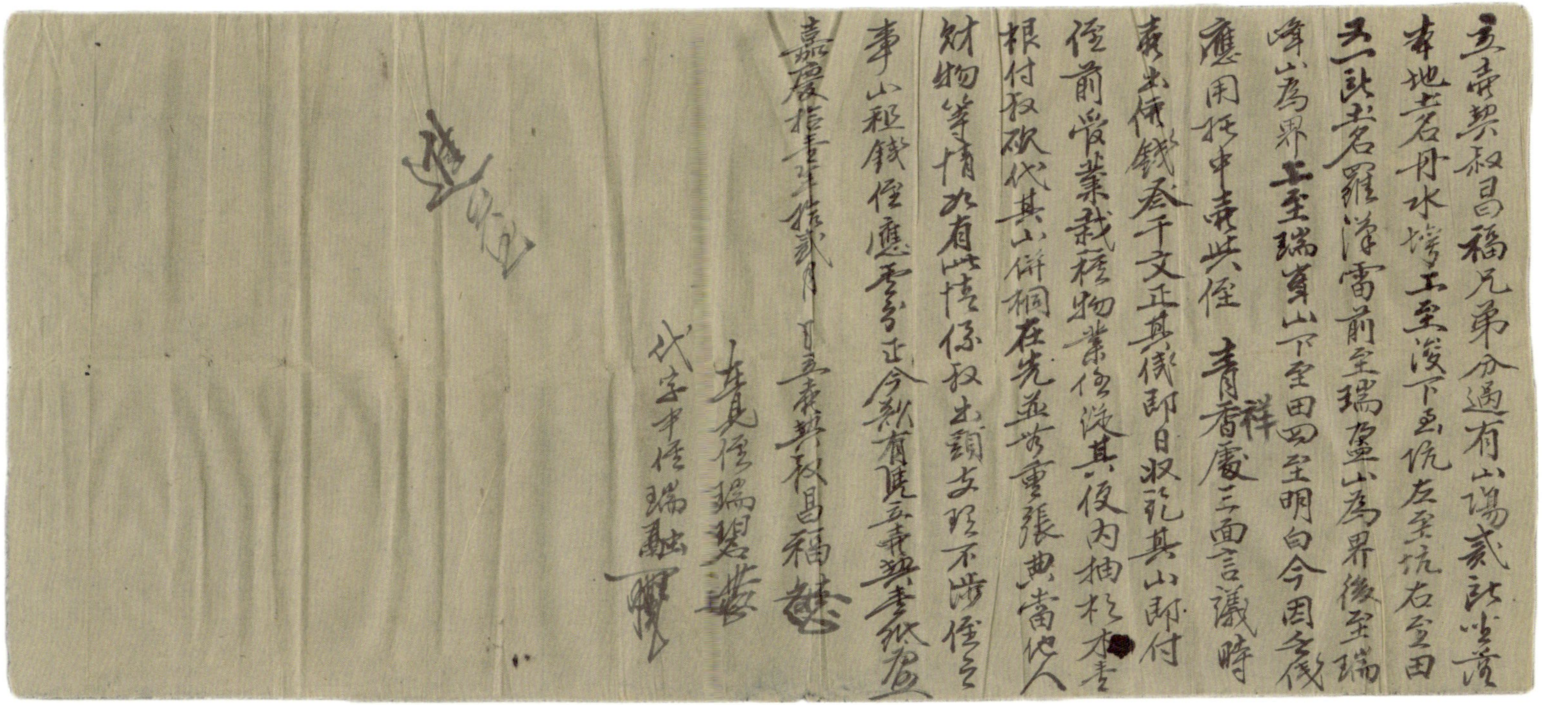
立賣契叔昌福兄弟分過有山場貳所坐貫
本地土名丹水墘上至嶺下至坑左至坑右至田
又一所土名羅洋雷前至瑞崟山為界後至瑞
峰山為界上至瑞賓山下至田四至明白今因乏錢
應用托中賣與侄　青香祥處三面言議時
賣出價錢叁千文正其錢即日收訖其山即付
侄前管業栽種物業任從其便內抽杉木壹
根付叔砍伐其山併桐在先並無重張典當他人
財物等情如有此情係叔出頭支理不涉侄之
事山租錢侄應[illegible]正今欲有憑立賣契壹紙爲照
嘉慶拾壹年拾貳月　日立賣契叔昌福（押）
在見侄瑞碧（押）
代字中侄瑞融（押）

6-5-11-2　清嘉慶十一年十二月林昌福立賣山場契

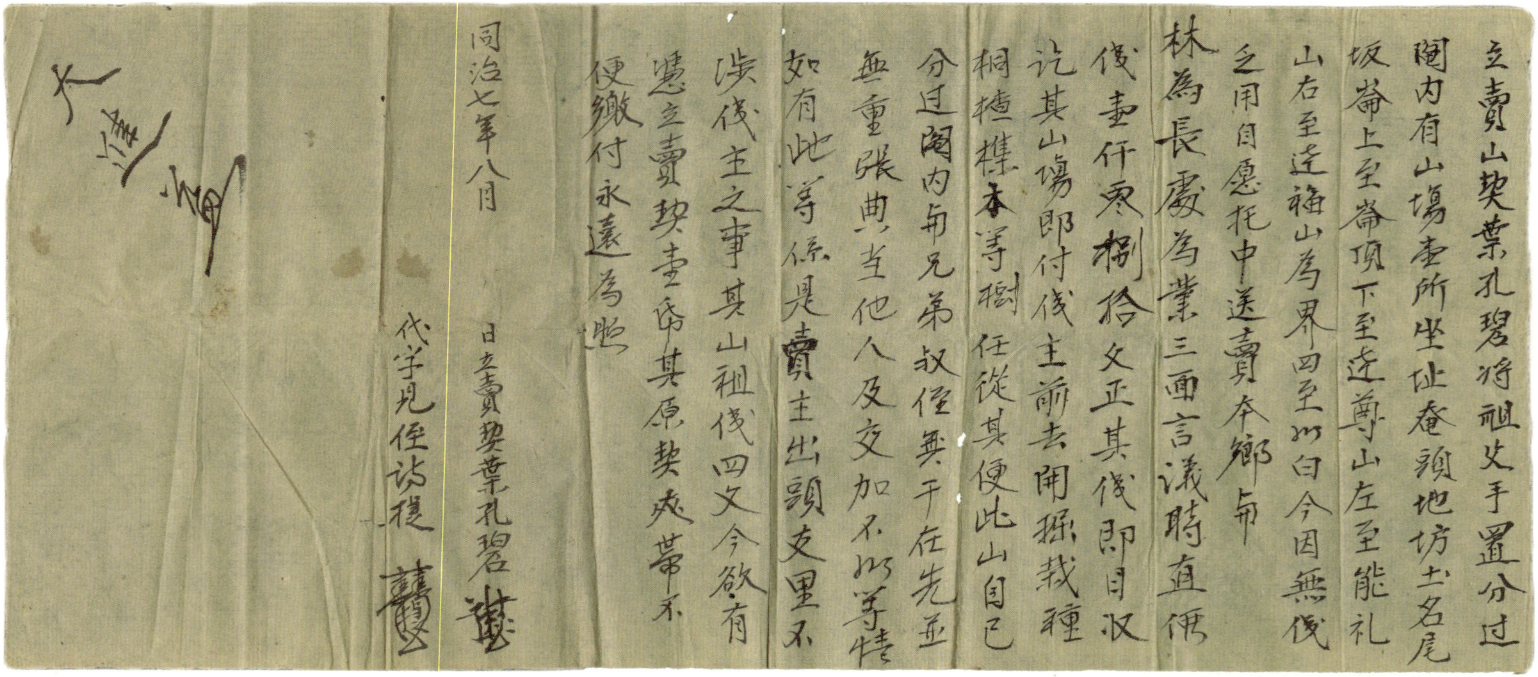
立賣山契葉孔碧將祖父手置分过
閩内有山場壹所坐址奄頭地坊土名尾
坂崙上至崙頂下至迳蓴山左至能礼
山右至迳福山為界四至明白今因無錢
乏用自愿托中送賣本鄉叔
林為長處為業三面言議時值價
錢壹仟柒捌拾文正其錢即日收
訖其山場即付錢主前去開掘栽種
桐樜椿本等樹任從其便此山自己
分过閩内叔兄弟叔侄無干在先並
無重張典当他人及交加不明等情
如有此等係是賣主出頭支里不
涉錢主之事其山祖錢四文今欲有
憑立賣契壹紙其原契未帯不
便繳付永遠為照
同治七年八月　日立賣契葉孔碧（押）
代字見侄詔禔（押）
不贖

6-5-11-3　清同治七年八月葉孔碧立賣山場契

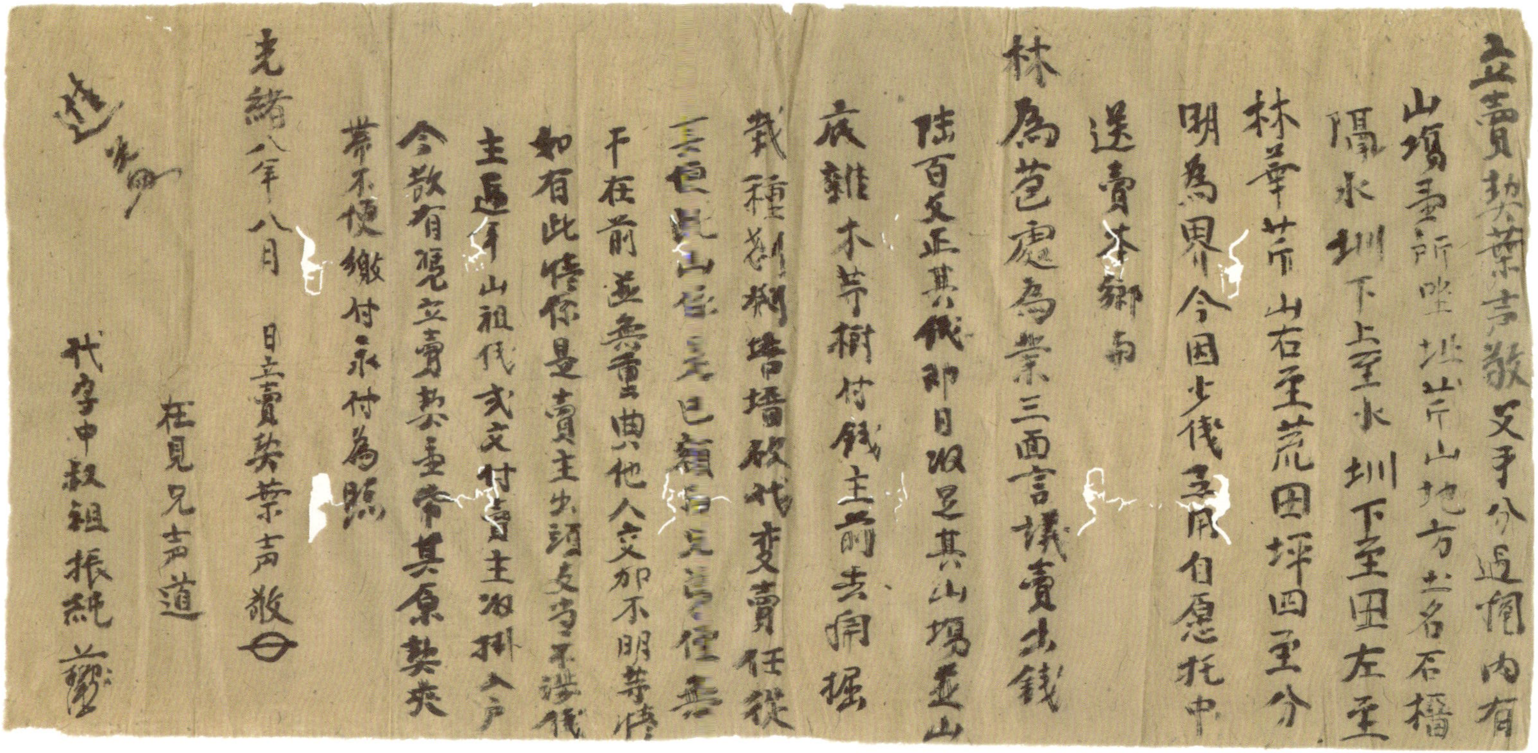

6–5–11–4　清光緒八年八月葉声敬立賣山場契

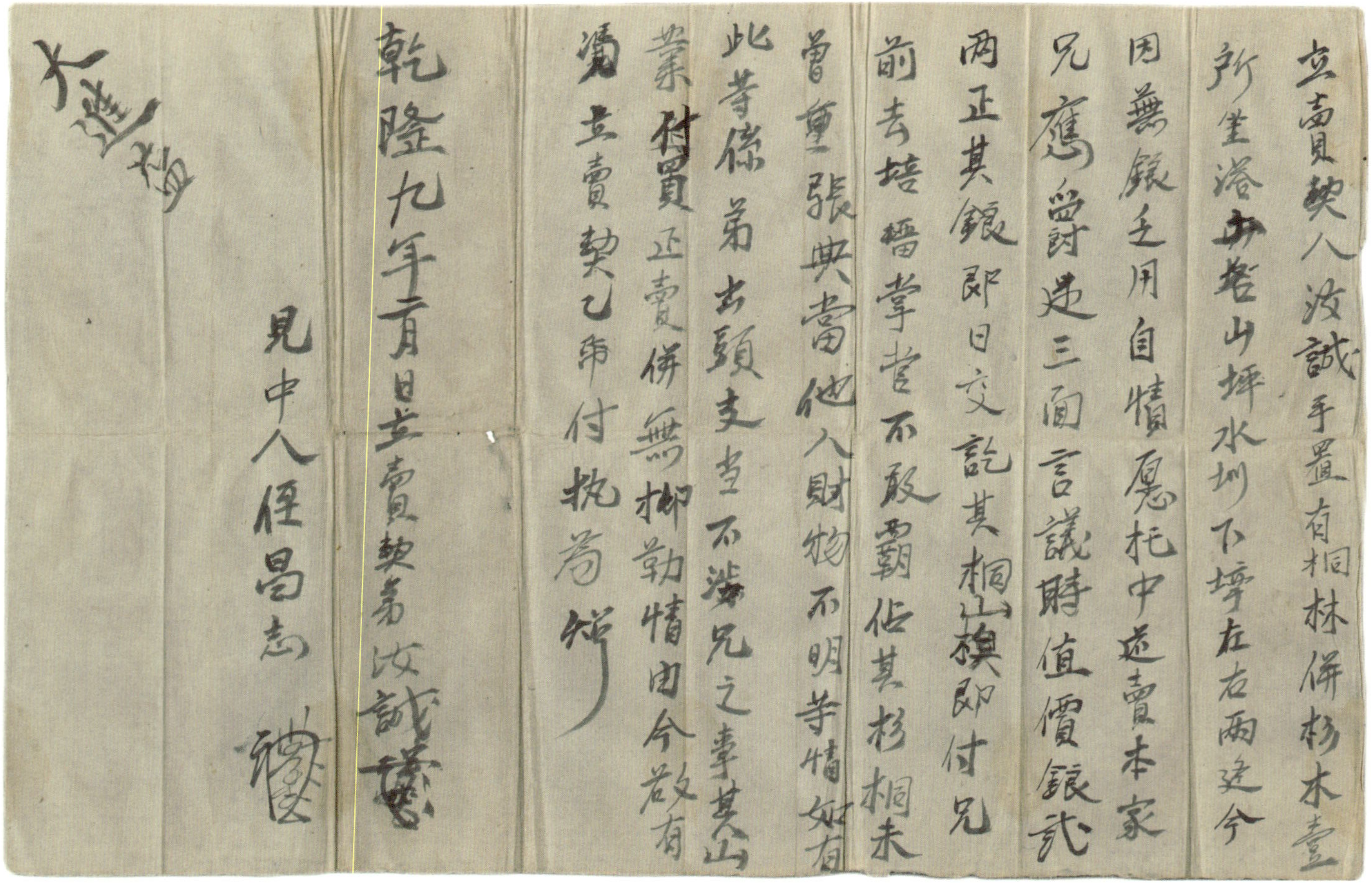
立賣契人汝誠手置有桐林併杉木壹
所坐落土名山坪水圳下墘左右兩邊今
因無銀壬用自情愿托中送賣本家
兄應爵邊三面言議時值價銀貳
兩正其銀即日交訖其桐山𣗳即付兄
前去培𠌫掌管不敢霸佔其杉桐未
曾重張典當他人財物不明等情如有
此等係弟出頭支当不涉兄之事其山
業付買正賣併無抑勒情由今欲有
憑立賣契乙帋付執為炤
乾隆九年二月日立賣契弟汝誠（押）
見中人侄昌志（押）
大進抽

6-5-12-1　清乾隆九年二月林汝誠立賣桐林等契

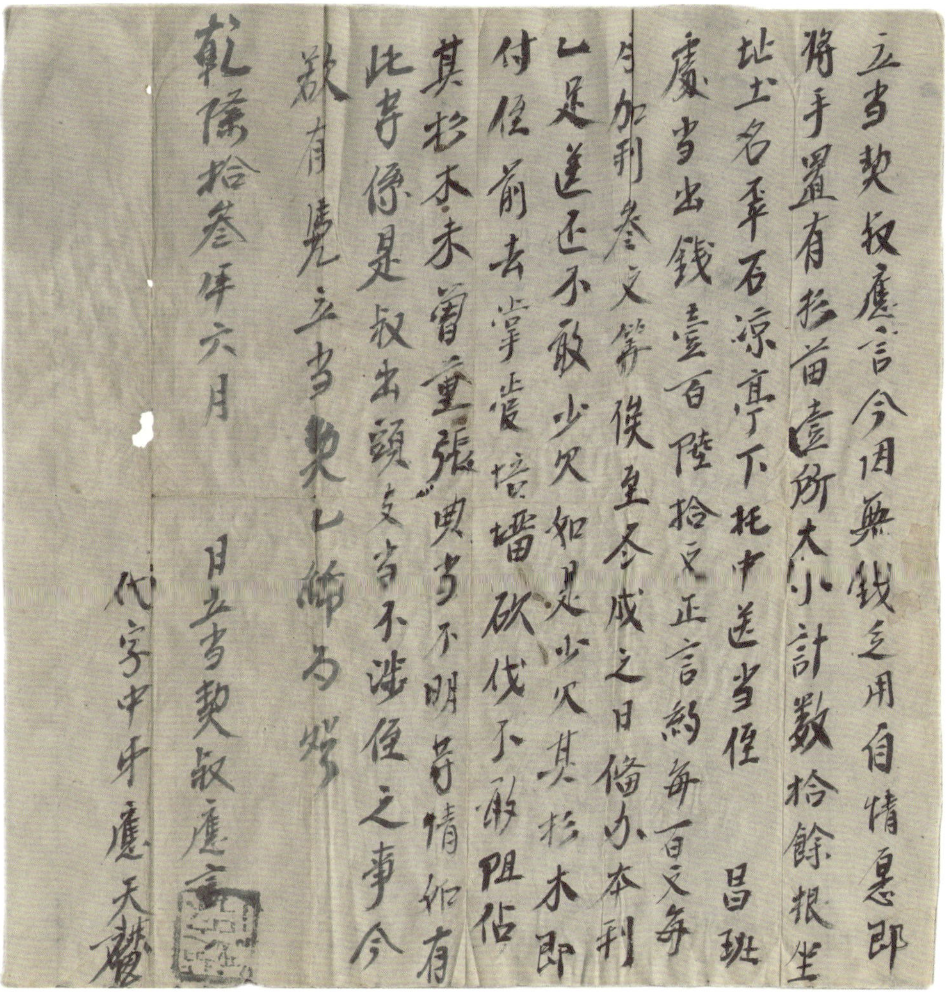
立当契叔應言今因無钱應用自情愿郎
將手置有杉苗壹所大小計数拾餘根坐
址土名平石涼亭下托中送当侄 昌班
處当出钱壹百陸拾文正言約每百文每
月加利叁文筭候至冬成之日備办本利
一足送还不敢少欠如是少欠其杉木即
付侄前去掌管培蓄砍伐不敢阻佔
其杉木未曾重張典当不明等情如有
此等係是叔出頭支当不涉侄之事今
欲有憑立当契一紙為照
乾隆拾叁年六月 日立当契叔應言
代字中中應天

6-5-12-2 清乾隆十三年六月林應言立當杉苗契

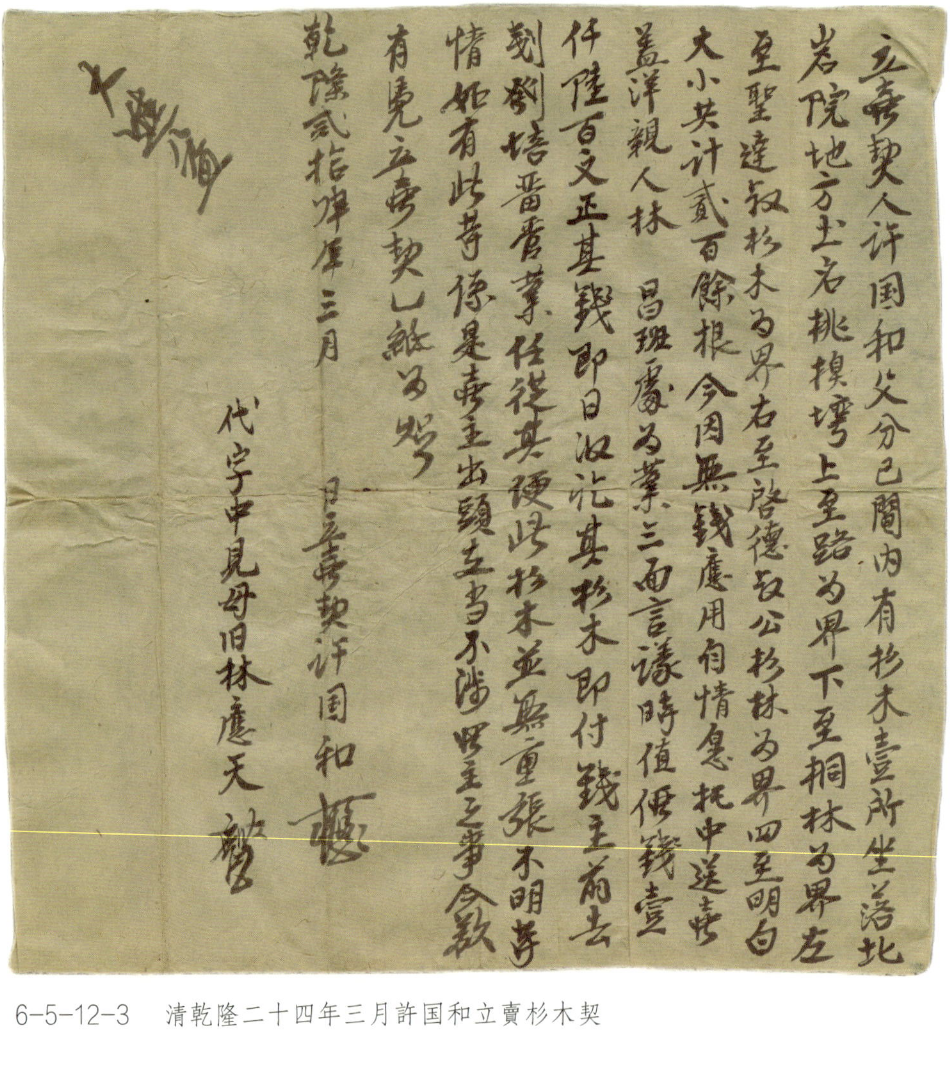

立賣契人許国和父分己鬮内有杉木壹所坐落北岩院地方土名挑模壪上至路為界下至桐林為界左至聖達叔杉木為界右至啓德叔公杉林為界四至明白大小共計貳百餘根今因無錢應用自情急托中送賣蓋洋親人林 昌班處為業三面言議時値價錢壹仟陸百文正其錢即日收訖其杉木即付錢主前去剷劉培晋賣業任從其便此杉木並無重張不明等情如有此等係是賣主出頭支当不涉買主之事今欲有憑立賣契山紙為炤

乾隆貳拾肆年三月　日立賣契許国和（押）

代字中見母舅林應天（押）

6-5-12-3　清乾隆二十四年三月許国和立賣杉木契

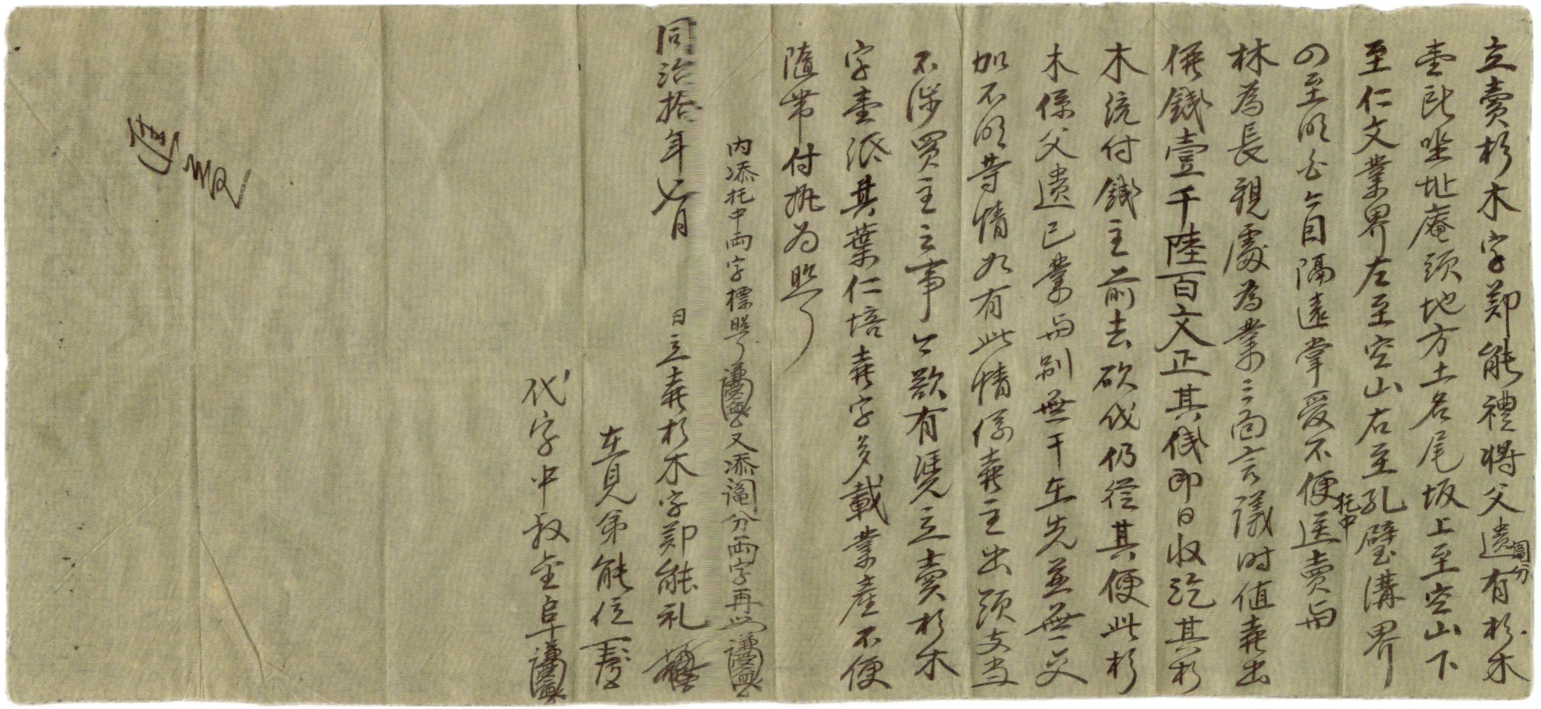

立賣杉木字鄭能禮將父遺鬮分有杉木
壹所坐址庵頭地方土名尾坂上至空山下
至仁文業界左至空山右至孔璧溝界
四至明白今因隔遠掌管不便托中送賣與
林為長親處為業三面言議時值青出
價錢壹千陸百文正其錢即日收訖其杉
木沇付錢主前去砍伐仍從其便此杉
木係父遺己業與別無干在先並無文
加不明等情如有此情係賣主出頭支當
不涉買主之事二家有憑立賣杉木
字壹紙其葉仁培賣字多載業產不便
隨帶付執為照
內添托中兩字標照　又添鬮分兩字再照
同治拾年七月　日立賣杉木字鄭能禮（押）
在見弟能位（押）
代字中叔金阜（押）

6-5-12-4　清同治十年七月鄭能禮立賣杉木字

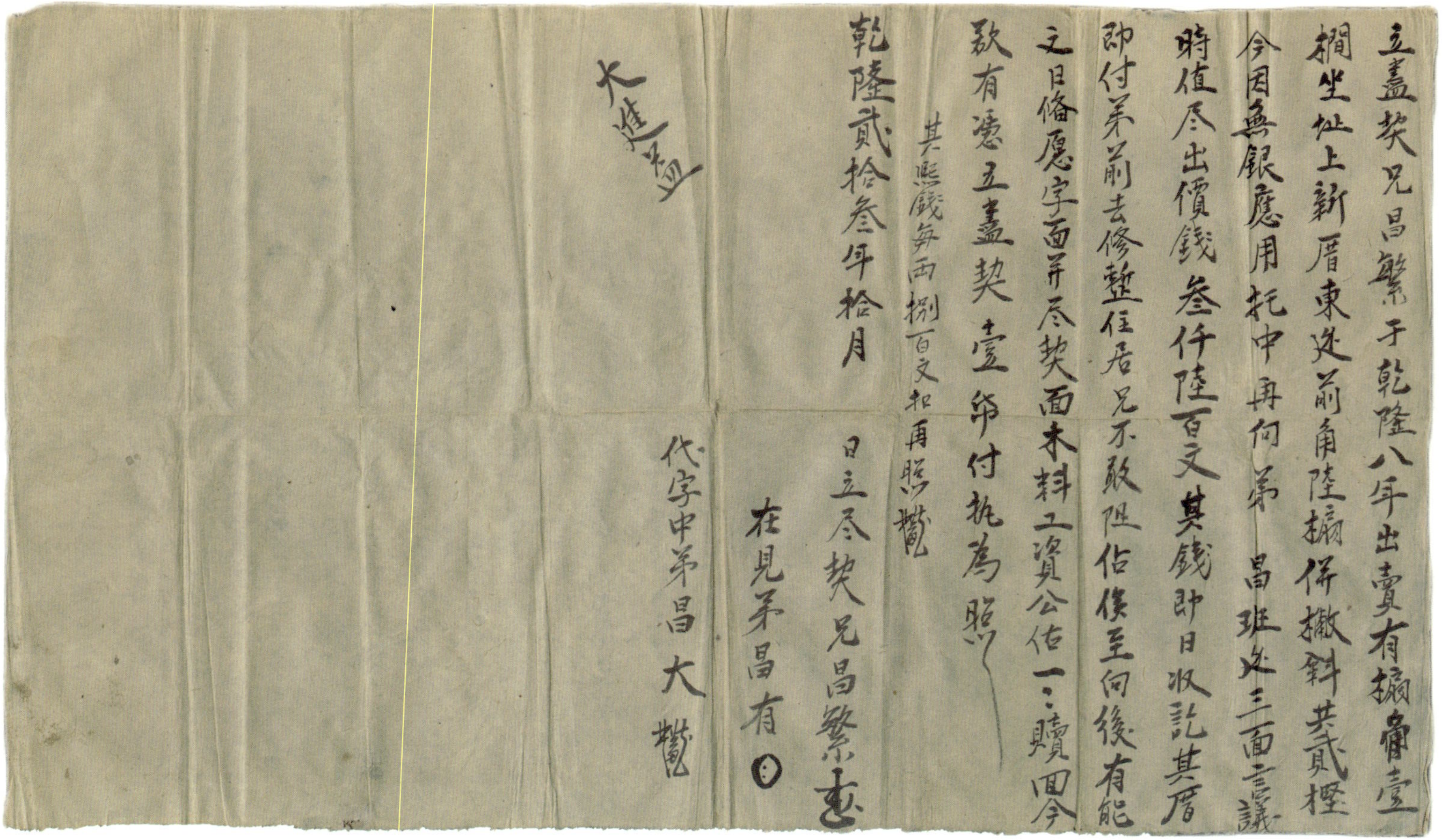

立盡契兄昌繁于乾隆八年出賣有摑會壹
摑坐址上新厝東邊前角陸摑併撒斜共貳樫
今因無銀應用托中再向弟　昌班邊三面言議
時值尽出價錢叁仟陸百文其錢即日收訖其厝
即付弟前去修整住居兄不敢阻佔候至向後有能
之日備應字面并尽契面木料工資公估一一贖回今
欲有憑立盡契壹帋付執為照
其照錢每両捌百文扣再照撇
乾隆貳拾叁年拾月　日立尽契兄昌繁（押）
在見弟昌有（押）
代字中弟昌大（押）
大進丑

6-5-13-1　清乾隆二十三年十月林昌繁立盡厝樫契

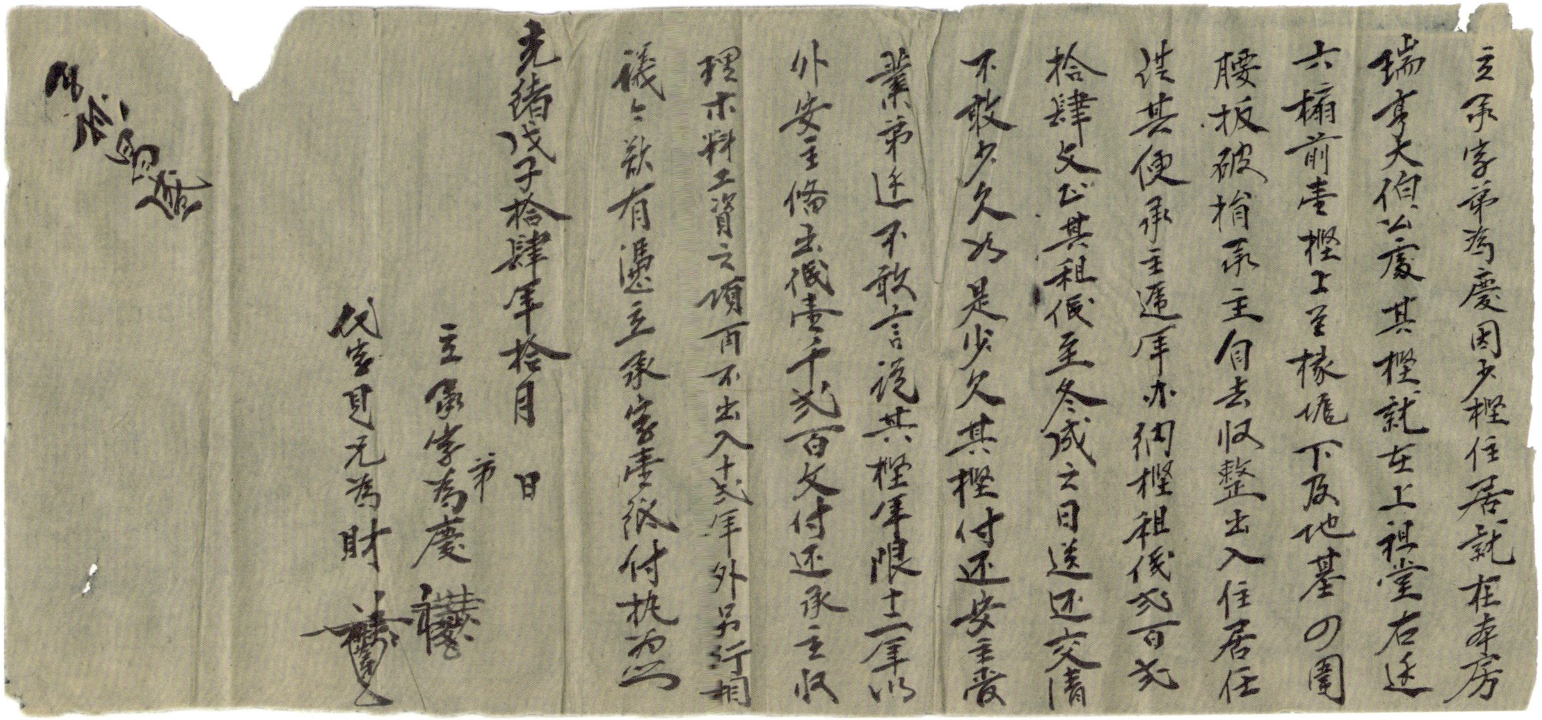

立承字弟爲慶因乏樫任居就在本房
瑞亨大伯公處其樫就在上祖堂右邊
六桶前壹樫上至椽尾下及地基の園
腰板破梢承主自去收整出入住居任
從其便承主逐年亦倒樫租錢伍百
拾肆文正其租錢至冬成之日送還交清
不敢少欠如是少欠其樫付還安主收
業弟送不敢言說其樫年限十二年以
外安主備出錢壹千弍百文付還承主收
理木料工資之項再不出入十二年外另行補
議之款有憑立承字壹紙付執爲照
光緒戊子拾肆年拾月　日
立承字弟爲慶
代字見元爲財
承字照

6-5-13-2　清光緒十四年十月林爲慶立承厝樫字

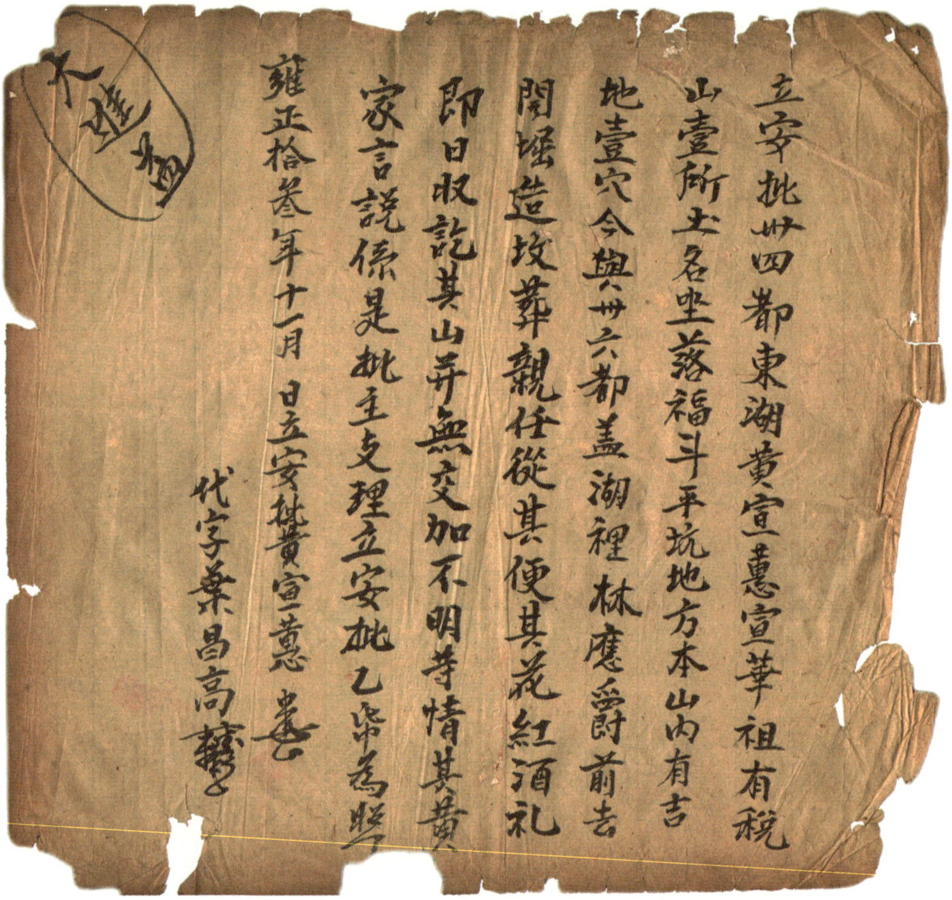

立安批廿四都東湖黃宣蕙宣華祖有税
山壹所土名坐落福斗平坑地方本山内有吉
地壹穴今與廿六都盖湖裡林應爵前去
開掘造坟葬親任從其便其花紅酒礼
即日收訖其山并無交加不明等情其黃
家言説係是批主支理立安批乙帋為照
雍正拾叁年十一月　日立安批黃宣蕙（押）
代字葉昌高（押）

6-5-14-1　清雍正十三年十一月黃宣蕙立安批吉地字

立送字兄華吉仝弟華燕、華老今因于
前年埋葬故母許氏墓在本鄉土名長
门垅馬安捅坐癸向丁見墓後不利仝
弟喜送本鄉弟
爲長爲芭標兄弟仝處安葬故母許氏姑孫同
坟三面言議花紅酒禮銀俱已收訖其母之
坟付長兄弟開土整作坟墓上下左右另行
壘墻兩家仝葬壘坟係至年通月利不拘
遠近造坟興工任從其便送主在前並無交
加不明如有此情係是送主出頭支理不涉
弟送之事其坟埋葬故母与別房兄弟叔
侄無干此是兩家喜允各無反悔兩家各
自天理現子孫添丁發甲富貴綿長立送
字壹紙付執天長地久永遠爲照

光緒辛巳柒年　拾月　日立送字兄華吉（押）
仝見弟華燕（押）
代字中侄孫慶餘（押）

添人發甲

6-5-14-2　清光緒七年十月林華吉等立送墳墓字

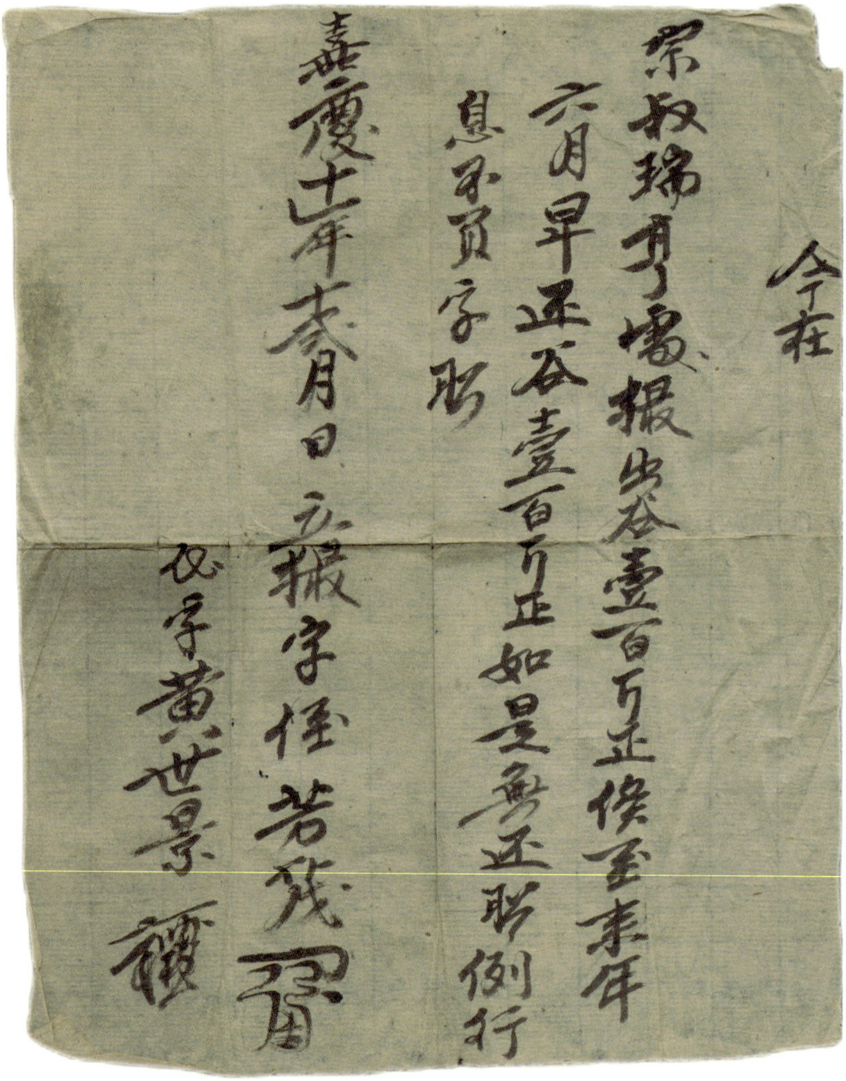

今在
宗叔瑞予處撮出谷壹百斤正俟至來年
六月早還谷壹百斤正如是無還照例行
息不負字照
嘉慶十一年十二月日　立撮字侄　若茂（押）
代字黃世景　筆

6-5-15-1　清嘉慶十一年十二月林若茂立撮字

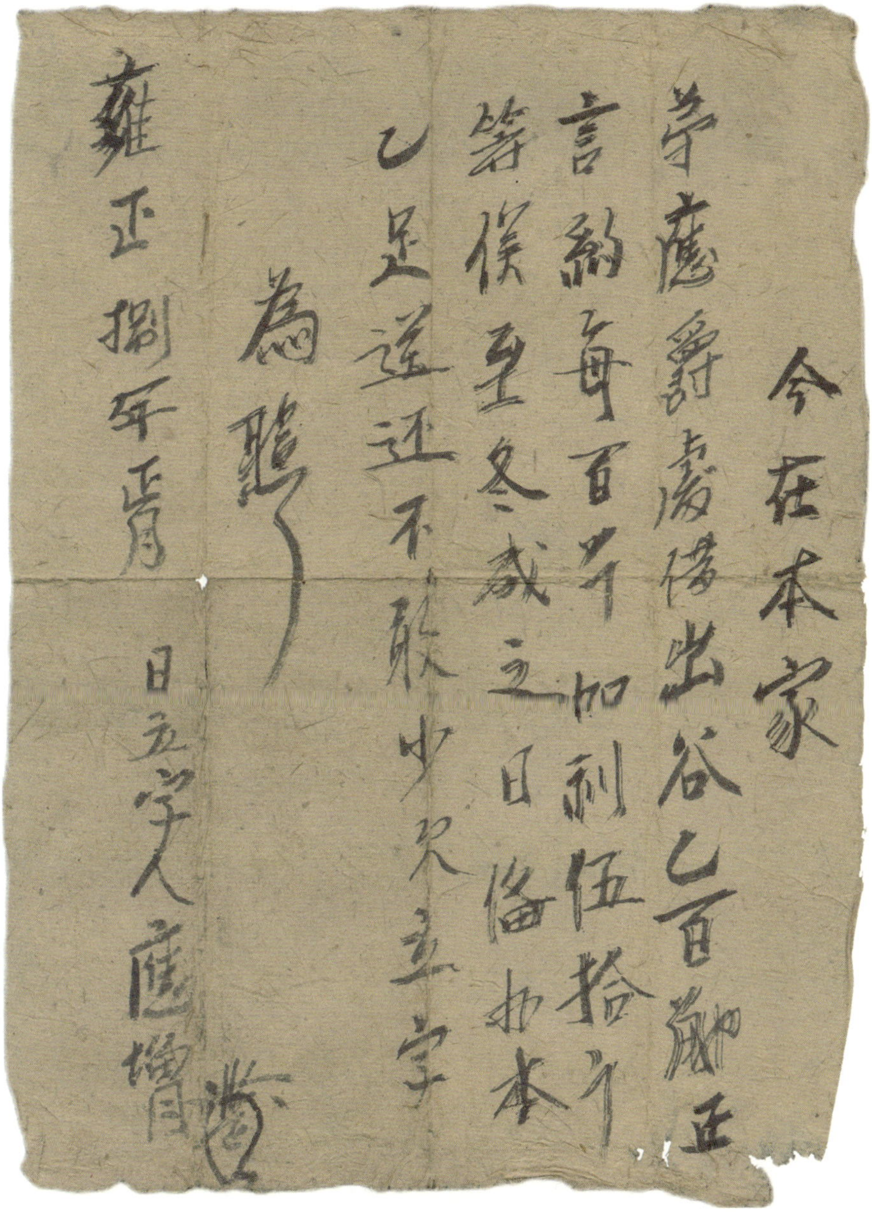

今在本家
弟應爵處借出谷乙百觔正
言約每百斤加利伍拾斤
等候至冬成之日備办本
乙足送还不敢少欠立字
為照
雍正捌年正月　日立字人應增（押）

6-5-16-1　清雍正八年正月林應增立借穀字

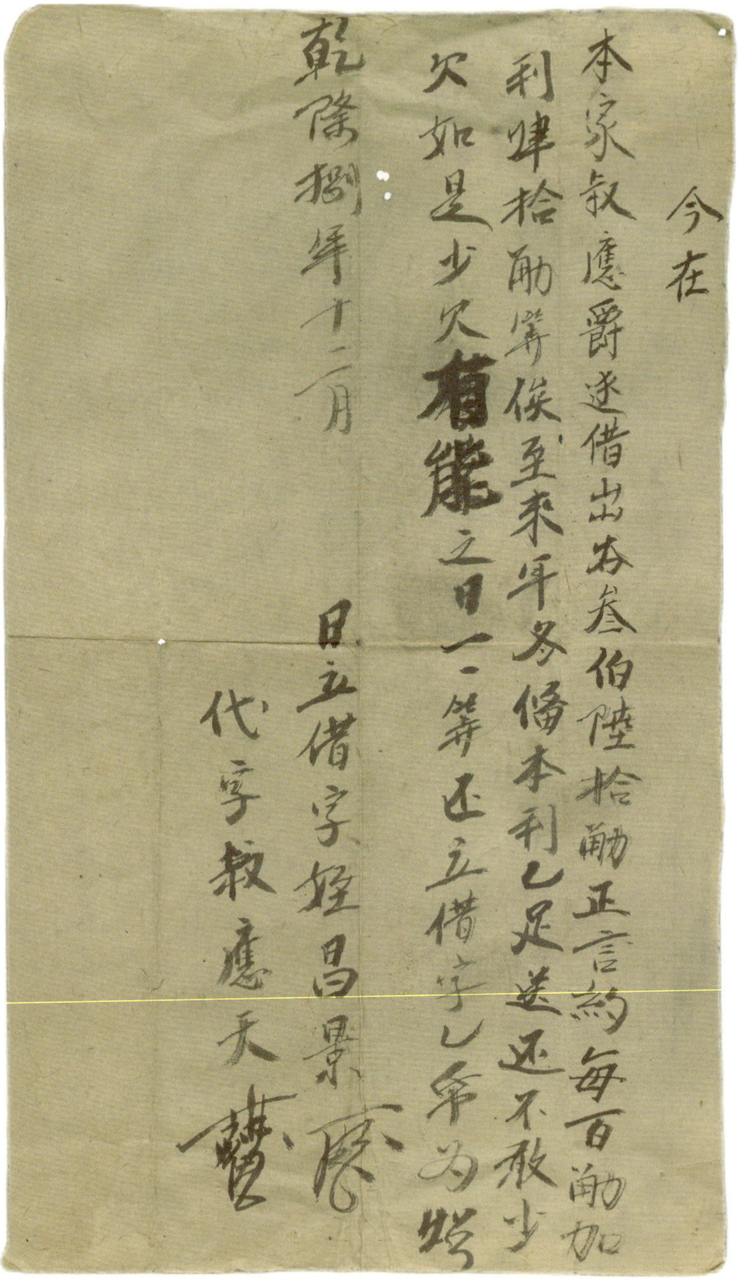

今在
本家叔應爵邊借出谷叁伯陸拾觔正言約每百觔加
利肆拾觔算係至來年冬備本利乙足送还不敢少
欠如是少欠有能之日一筭还立借字乙帋为照
乾隆捌年十二月　日立借字姪昌景
代字叔應天

6-5-16-2　清乾隆八年十二月林昌景立借穀字

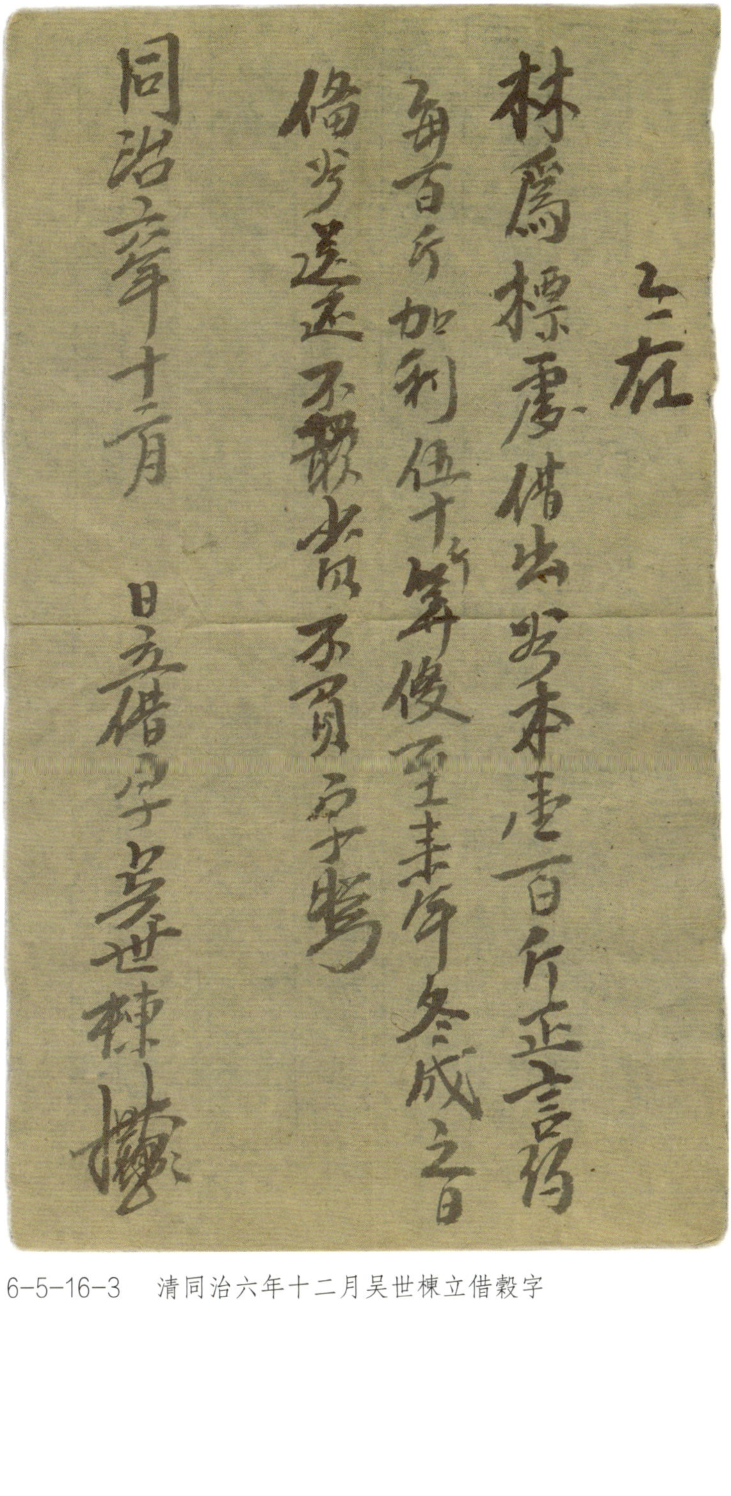
立左林雋標處借出米壹百斤正，言約每百斤加利伍十斤，筭後至來年冬成之日備米送還，不敢欠少，不負石字。

同治六年十二月　日立借字吳世棟（押）

6-5-16-3　清同治六年十二月吴世棟立借穀字

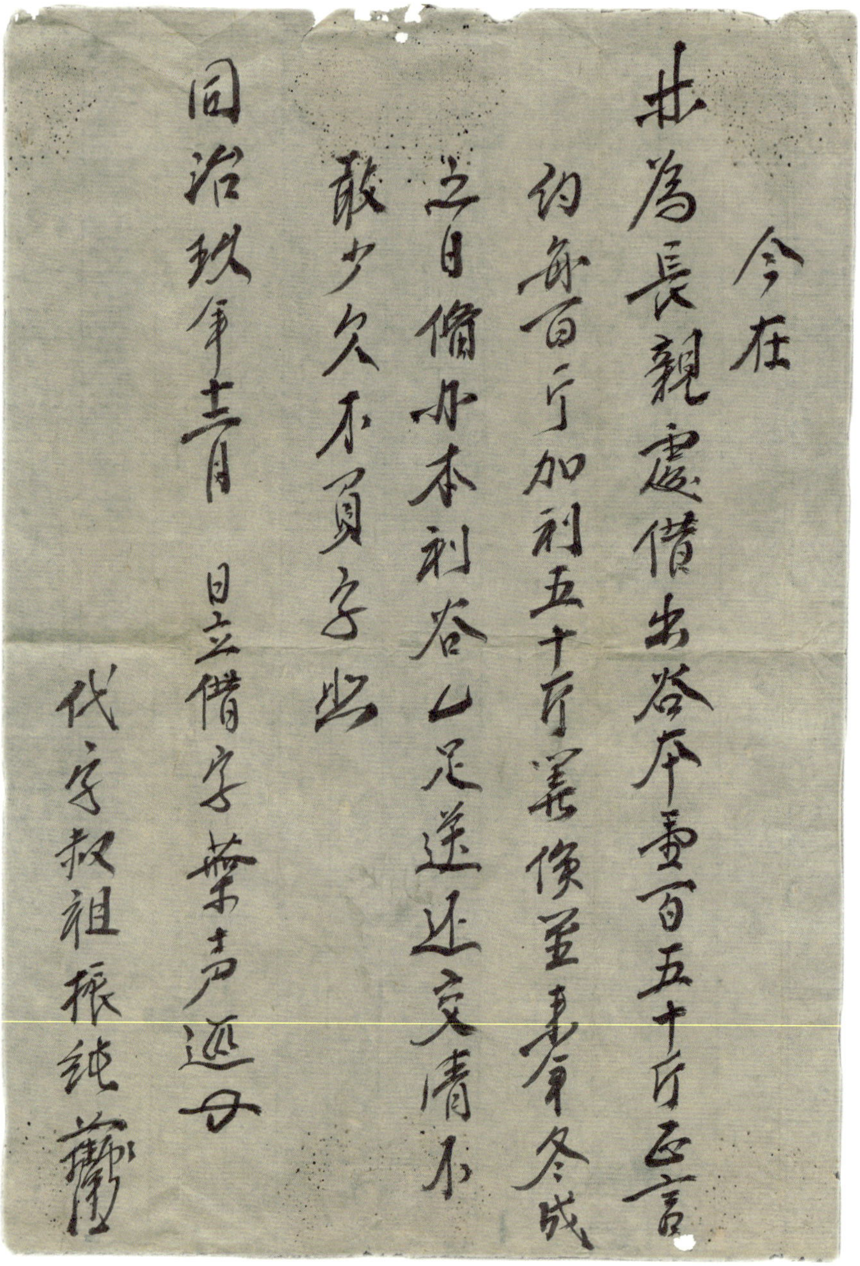

今在
共為長親處借出谷本壹百五十斤正言
約每百斤加利五十斤罢條至來年冬成
之日備办本利谷一足送还交清不
敢少欠不負字照
同治玖年十二月　日立借字葉声巡押
代字叔祖振纯筆

6-5-16-4　清同治九年十二月葉声巡立借穀字

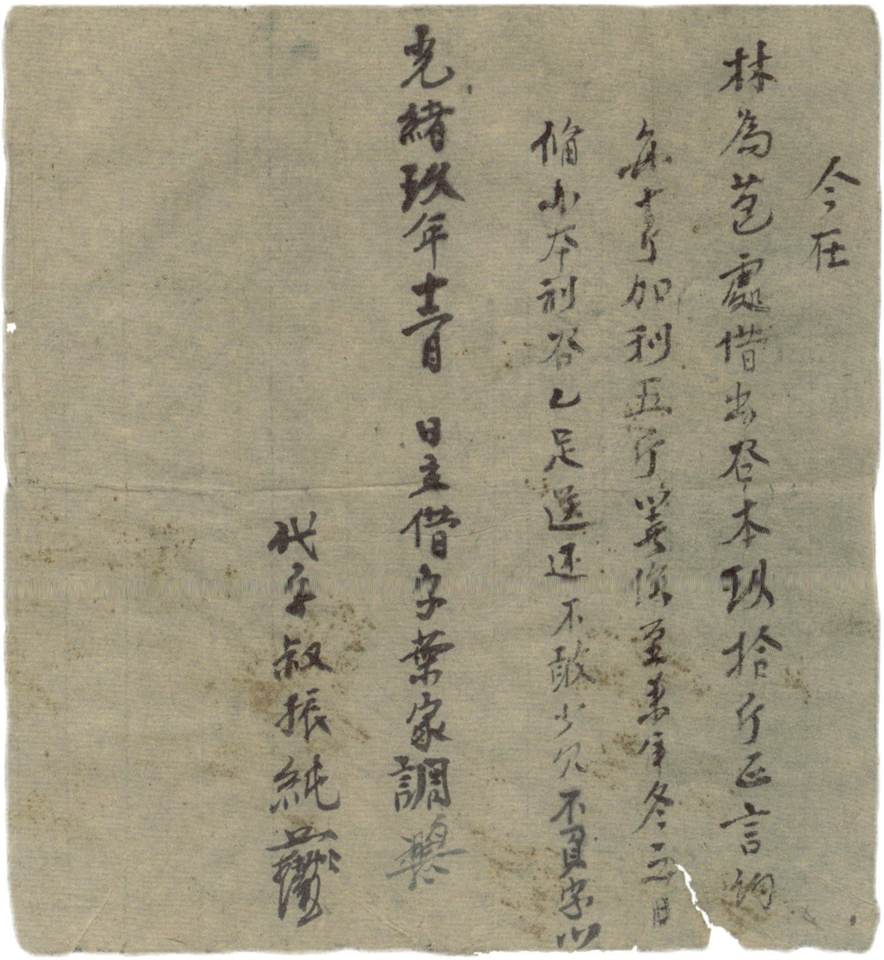

今在
林爲苞處借出谷本玖拾斤正言約
每十斤加利五斤算至來年冬之日
備本利谷乙足送還不敢少欠不負字以
光緒玖年十二月　日立借字葉家調（押）
代字叔振純（押）

6-5-16-5　清光緒九年十二月葉家調立借穀字

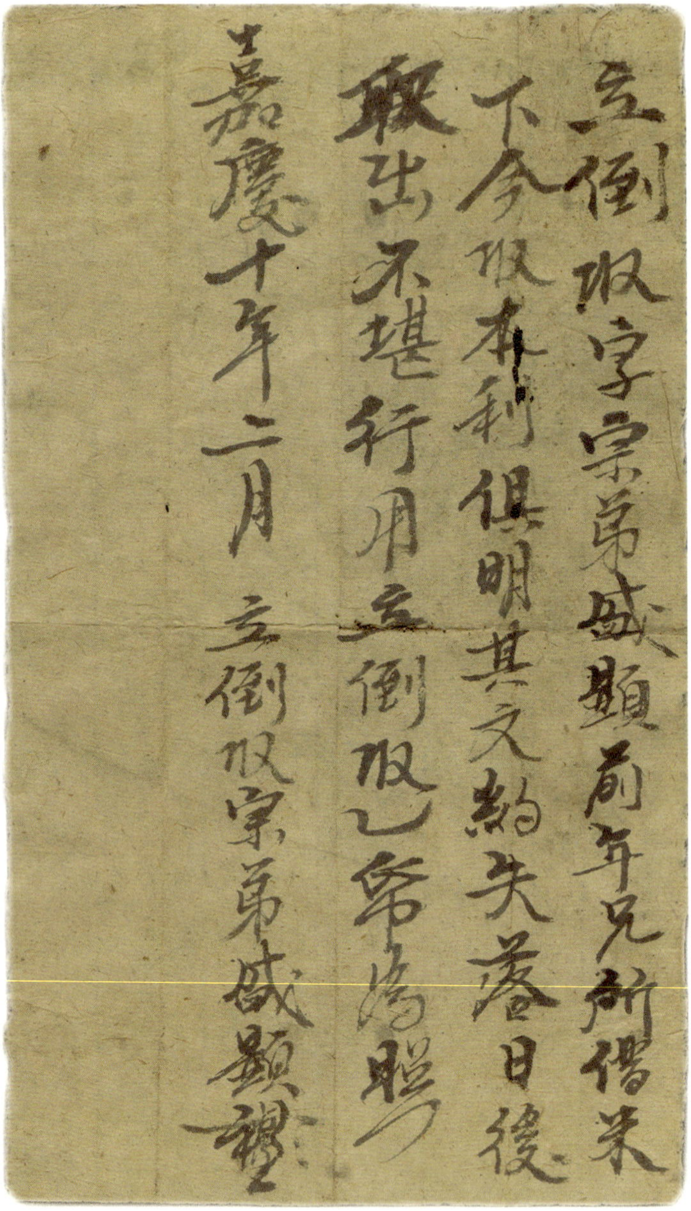

立倒收字宗弟盛顯前年兄所借米
下今收本利俱明其文約失落日後
取出不堪行用立倒收乙紙為照
嘉慶十年二月 立倒收宗弟盛顯親筆

6-5-17-1 清嘉慶十年二月林盛顯立倒收字

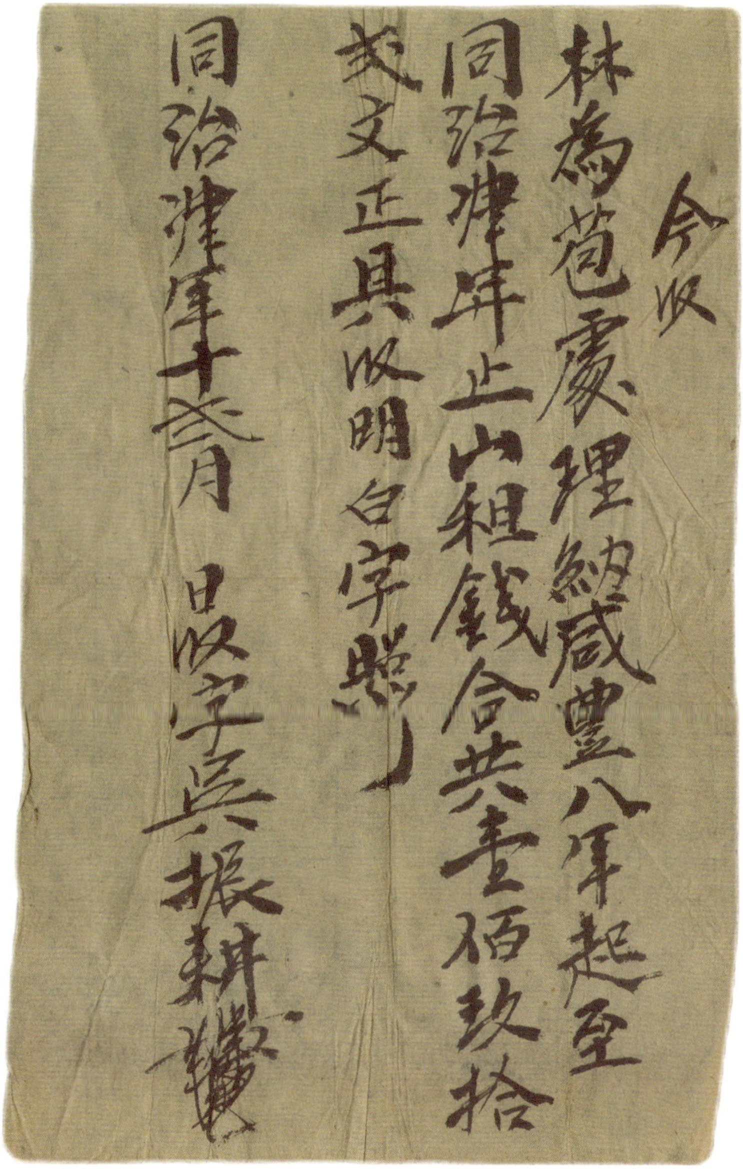
今收
林爲苞處理紬咸豐八年起至
同治肆年止山租錢合共壹佰玖拾
弍文正具收明白字照
同治肆年十二月　日收字吳振耕（押）

6-5-17-2　清同治四年十二月吳振耕立收山租錢字

# 第六帙　林壽良户

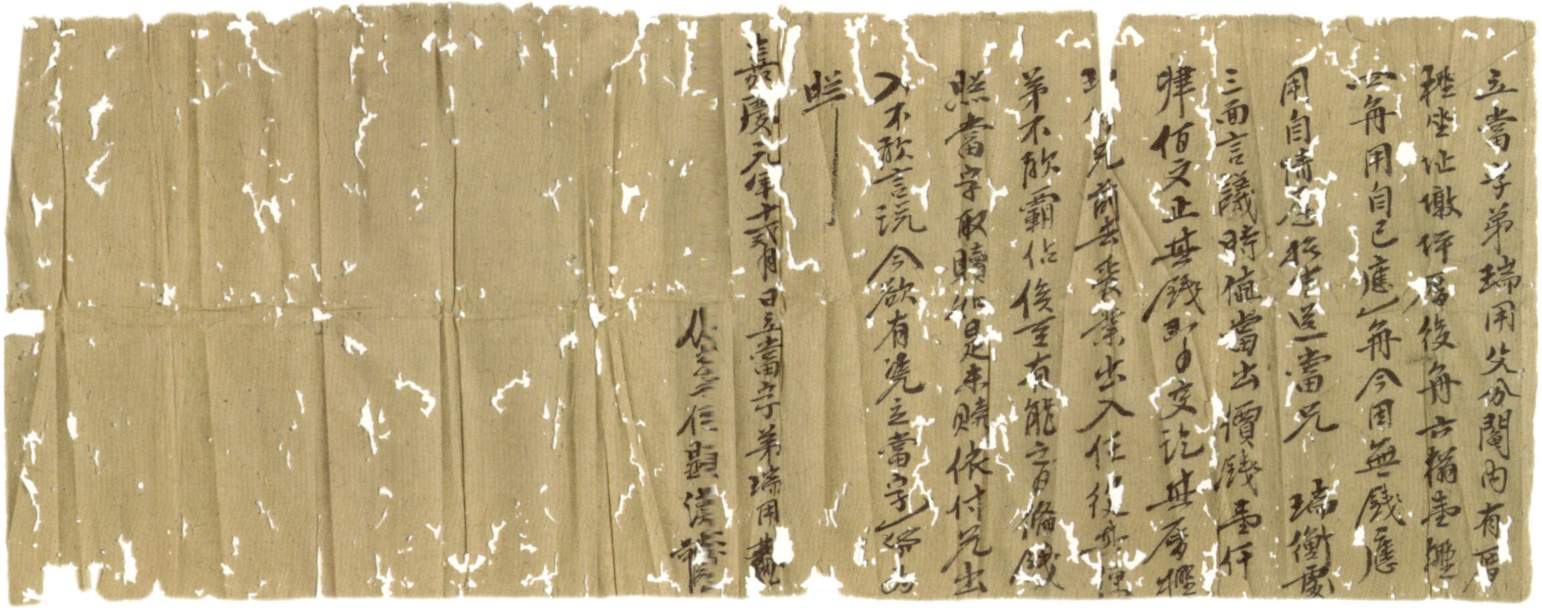

立當字弟瑞用父分閣內有厝
楻坐址墩仔厝後角六搭壹楻
六角用自己應一角今因無錢應
用自情愿將此一嵌當兄 瑞衛處
三面言議時值當出價錢壹仟
肆佰文正其錢即日交訖其厝楻
隨兄前去管業出入任從其便
弟不敢霸佔 後至有能之日備錢
照當字取贖 不是來贖 依付兄出
入不敢言說 今欲有憑 立當字一紙為
照——
嘉慶元年十二月 日立當字弟瑞用（押）
代字侄顯漢（押）

6-6-1-1　清嘉慶元年十二月林瑞用立當厝楻字

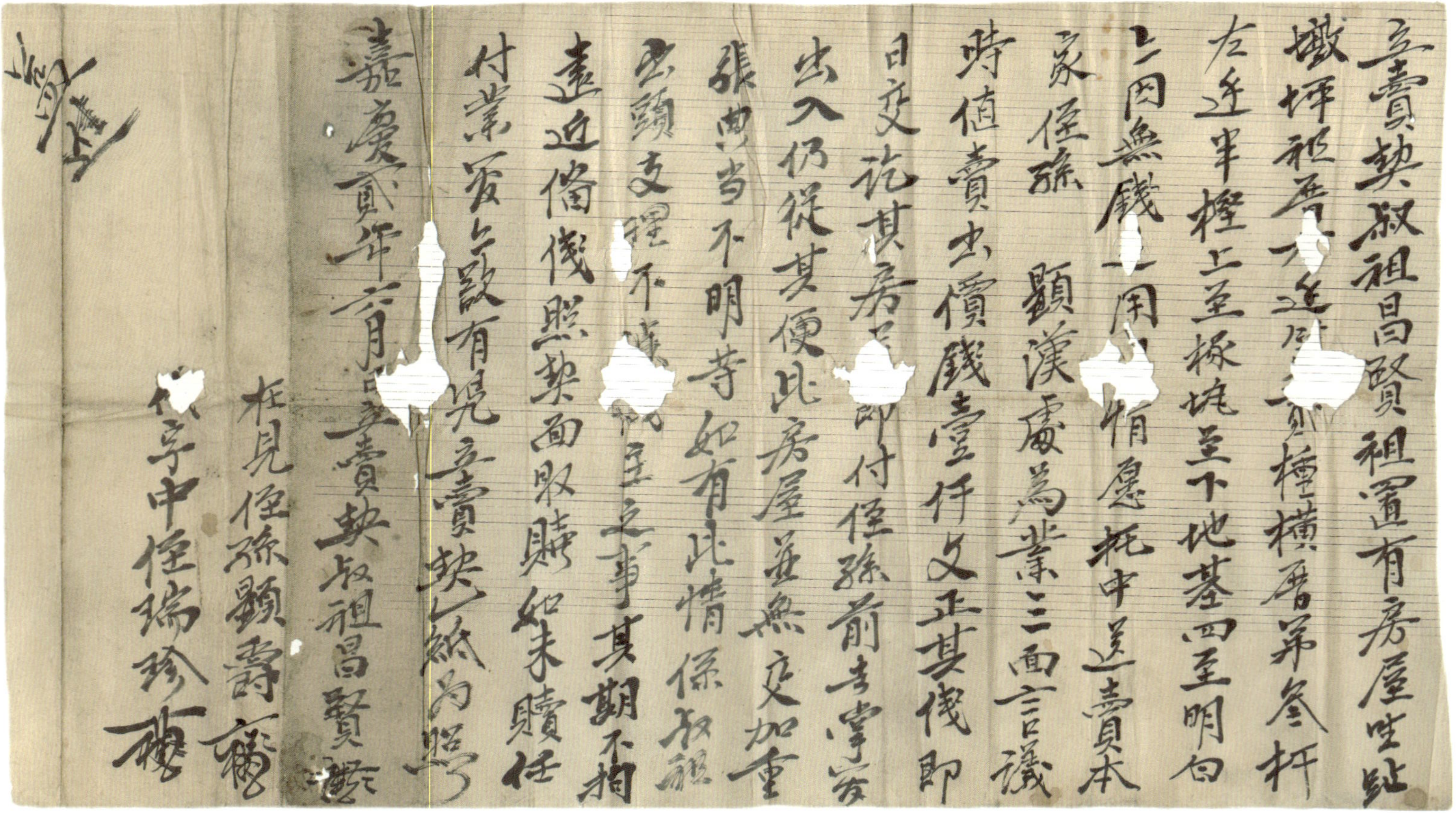
立賣契叔祖昌賢祖置有房屋坐址
墩坪祖厝[illegible]進[illegible]壹檀橫厝第叁杆
左边半捏上至椽境至下地基四至明白
亡因無錢[illegible]用[illegible]情愿托中送賣本
家侄孫 顯漢處為業三面言議
時值賣出價錢壹仟文正其錢即
日交訖其房[illegible]即付侄孫前去掌管
出入仍從其便此房屋並無交加重
張典当不明等如有此情係叔祖
出頭支理不[illegible]至之事其期不拘
遠近備錢照契面取贖如未贖任
付業管之設有憑立賣契一紙為照
嘉慶貳年六月 日立賣契叔祖昌賢
在見侄孫顯壽
代字中侄瑞珍

6-6-1-2　清嘉慶二年六月林昌賢立賣房屋契

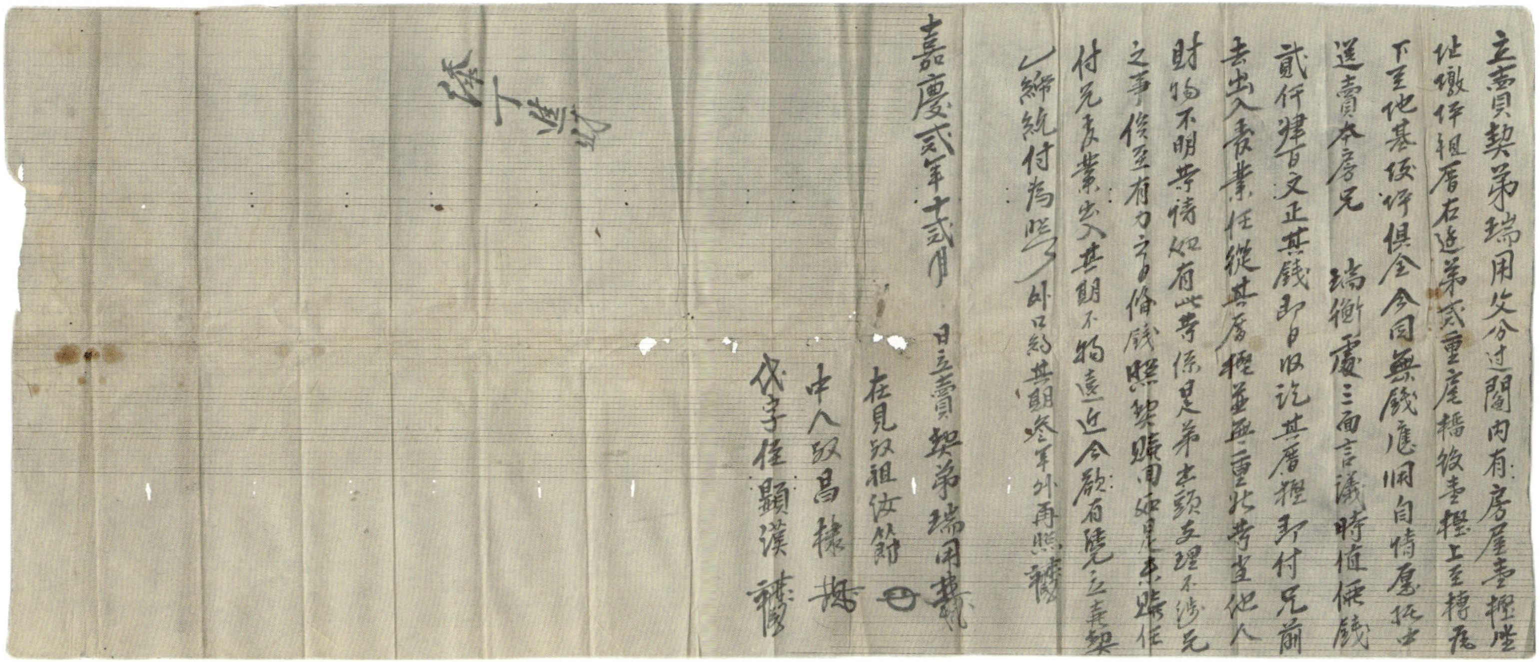
立賣契弟瑞用父分过閣內有房屋壹擇坐
址璥仔祖厝右边第弍重座樁餘壹擇上至椽瓦
下至地基俱全今因無錢應用自情愿托中
送賣本房兄　瑞衛處三面言議時值價錢
貳仟肆百文正其錢即日收訖其厝擇即付兄前
去出入管業任從其厝擇並無重張等並他人
財物不明等情如有此等係是弟出頭支理不涉兄
之事　後至有力之日備錢照契贖回如是不贖任
付兄友業出入其朗不得遠近今欲有憑立賣契
一紙付為照　外日約其朗冬年外再照
嘉慶弍年十弍月　日立賣契弟瑞用
在見叔祖汝節
中人叔昌棣
代字侄顯漢

6-6-1-3　清嘉慶二年十二月林瑞用立賣房屋契

立賣契叔瑞正，今逢自己闔內有厝樫
坐址墩坪祖厝大[illegible]式重横厝第叁櫚
後壹樫，上至椽[illegible]，下至地基，板坪門扇
隔板俱已周全，在周隔逐掌發不便，
送賣與　顯漢侄處，三面言議，賣出
價錢貳千壹百貳拾文正，其錢即日收
訖，其厝樫即付　侄前去掌管住居，
任從其便。其厝樫並無交加不明等
情，如有此情，叔出頭支理，不涉侄之
事。其期不拘遠近，侄後要周全日，
備錢照契面取贖者，叔亦勸有凭。
立賣契壹帋付執為照。

嘉慶拾年八月　日立賣契叔瑞正（押）

在見中侄盛章

6-6-1-4　清嘉慶十年八月林瑞正立賣厝樫契

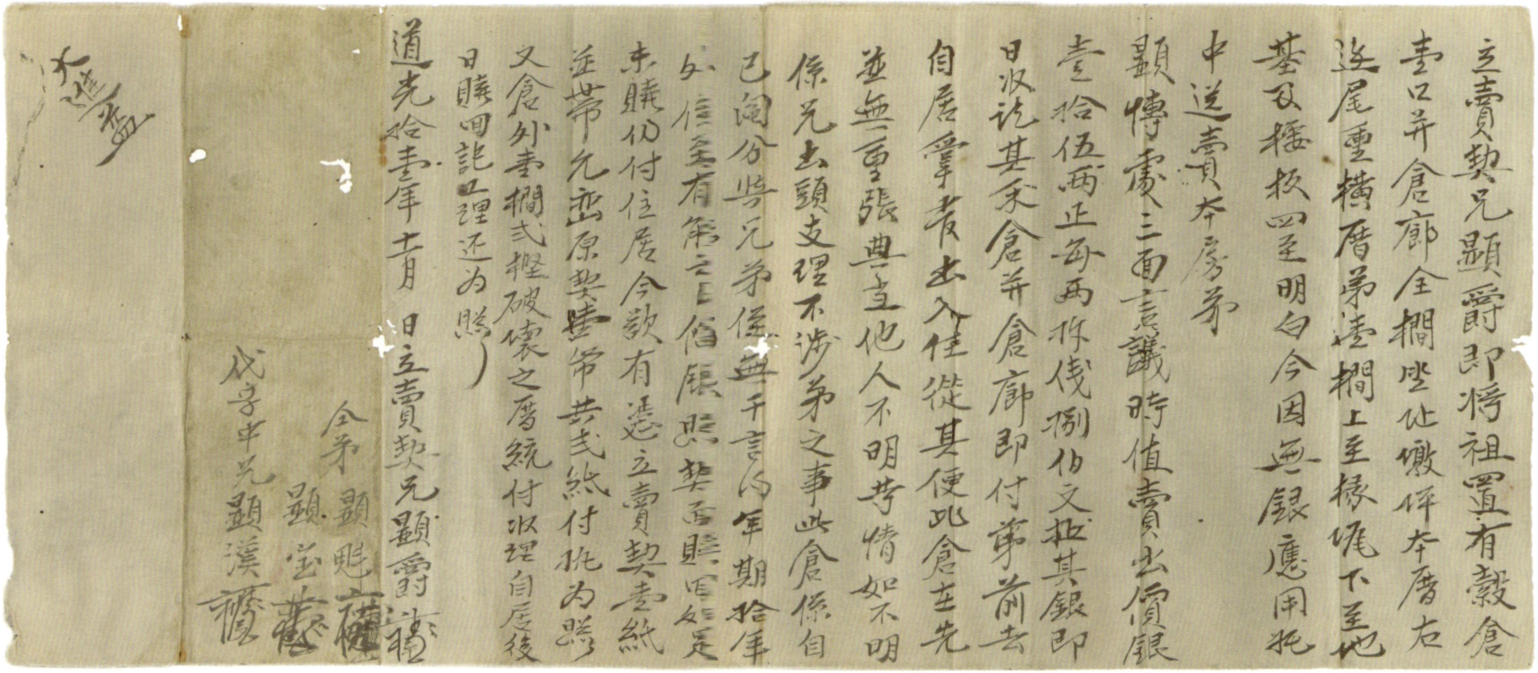
立賣契兄顥爵即將祖置有穀倉
壹口并倉廓全欄坐址墩坪本厝右
邊屋重横厝弟邊欄上至椽堍下至地
基及樓板四至明白今因無銀應用托
中送賣本房弟
顥愽處三面言議時值賣出價銀
壹拾伍両正每両作錢捌伯文扯其銀即
日收訖其禾倉并倉廓即付弟前去
自居掌管出入往從其便此倉在先
並無重張典立他人不明等情如不明
係兄出頭支理不涉弟之事此倉係自
己閹分與兄弟侄無干言約年期拾年
外任至有弟之日備原照契面贖回如是
未贖仍付住居今欲有憑立賣契壹紙
並帶兄閹原契壹帶共弍紙付執為照
又倉外壹欄弍搵破壞之厝統付收理自居後
日贖回訖理還為照
道光拾壹年十一月 日立賣契兄顥爵
仝弟 顥熙 顥瑩
代字中兄 顥漢

6-6-1-5　清道光十一年十一月林顥爵等立賣穀倉等契

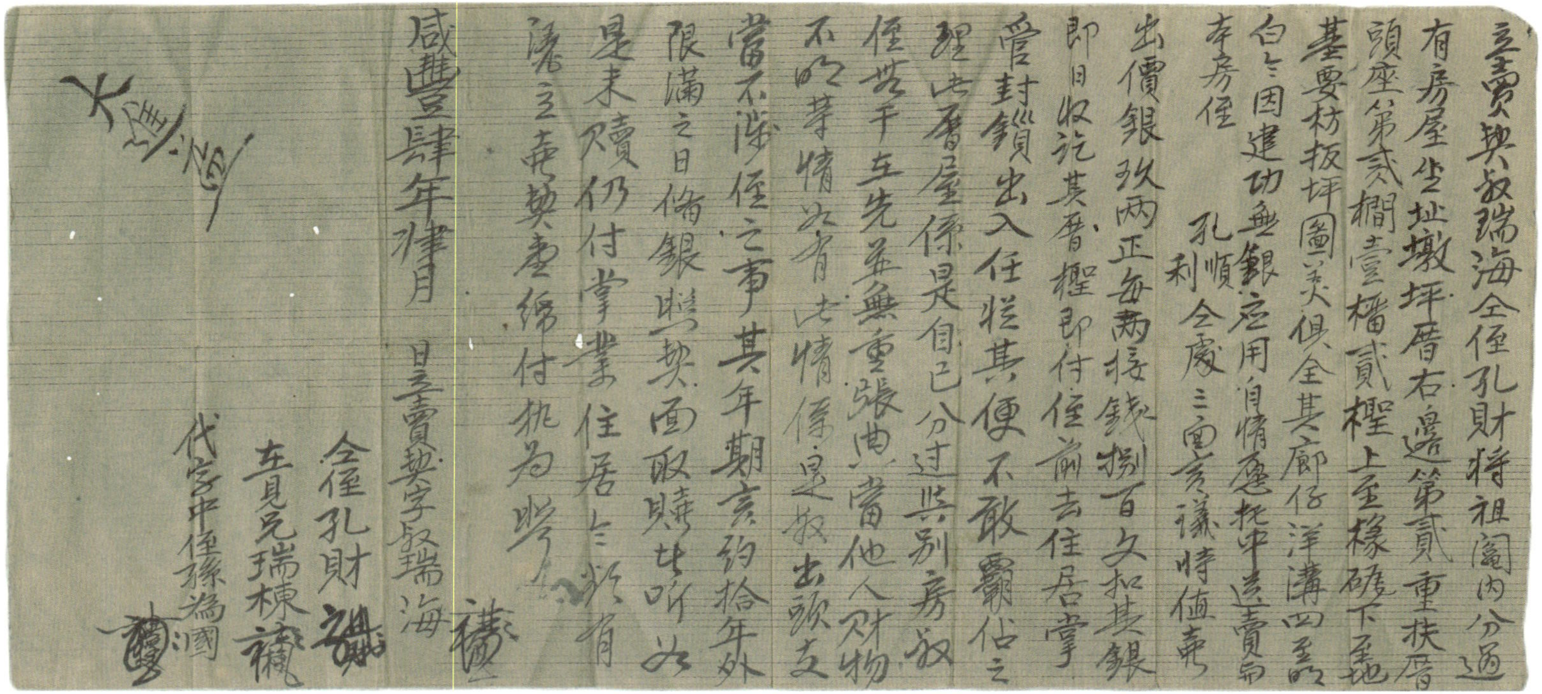
立賣契叔瑞海仝侄孔財将祖閹內分過
有房屋坐址墩坪厝右邊第貳重扶厝
頭座第弍間壹槛貳樫上至椽瓦下至地
基要枋扳坪圖契俱全其廊係洋溝四至明
白今因建功無銀応用自情愿托中送賣與
本房侄　孔順　孔利　仝處三面言議時值青
出價銀玖兩正每兩接錢捌百文扣其銀
即日收訖其厝樫即付侄前去住居掌
管封鎖出入任從其便不敢霸佔之
理此厝屋係是自己分过與別房叔
侄無干在先並無重張典當他人財物
不明等情如有此情係是叔出頭支
當不涉侄之事其年期言約拾年外
限滿之日備銀照契面取贖此係兩
是未贖仍付掌業住居今欲有
憑立賣契壹紙付執為照
咸豐肆年肆月　日立賣契字叔瑞海
仝侄孔財
在見兄瑞棟
代字中侄孫為國
大[illegible][illegible]

6-6-1-6　清咸豐四年四月林瑞海等立賣房屋契

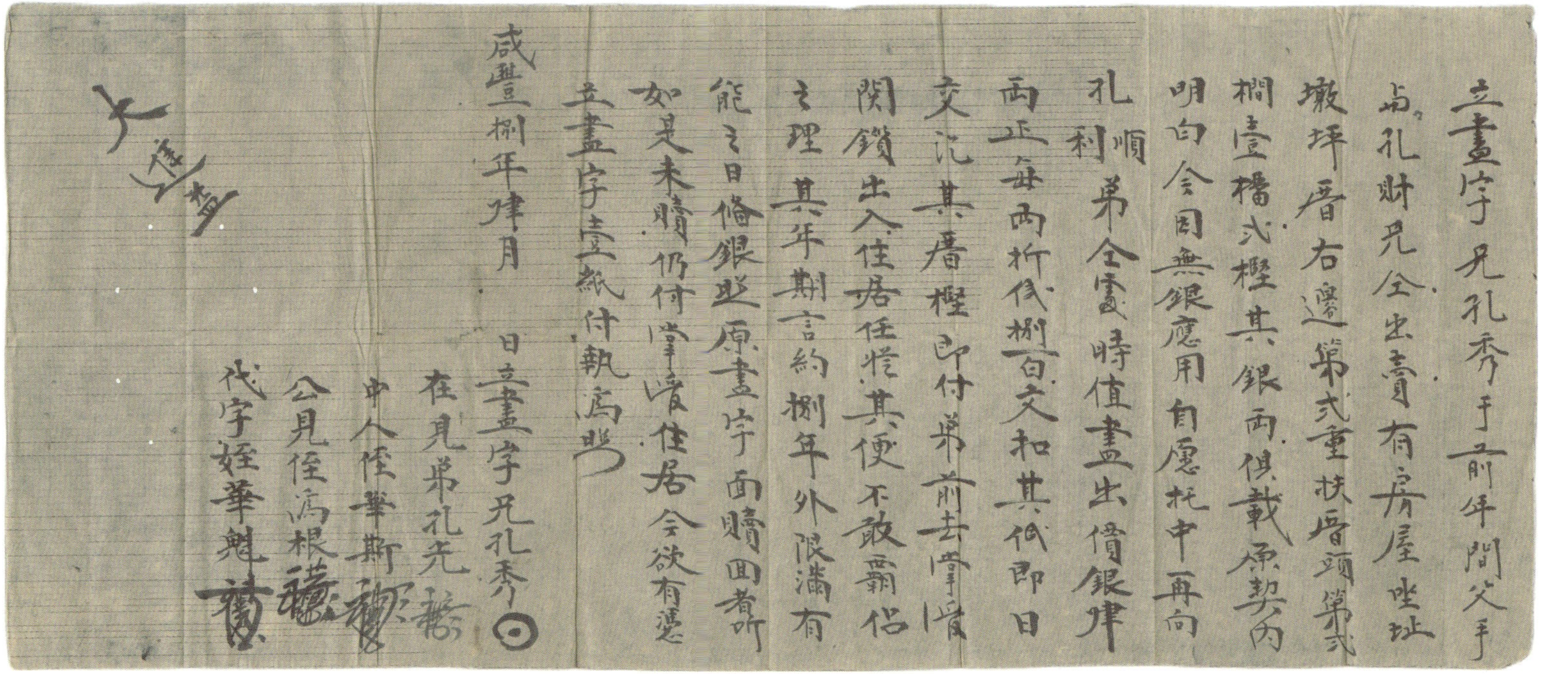

立盡字兄孔秀，于前年間父手
与孔財兄仝出賣有房屋坐址
墩坪厝右邊第弍重扶厝頭第弍
間壹樘弍樫，其銀兩俱載原契內
明白。今因無銀應用，自愿托中再向
孔順、孔利弟仝處時值盡出價銀肆
兩正，每兩折代捌百文，和其代即日
交訖。其厝樫即付弟前去掌管
關鎖出入住居，任從其便，不敢霸佔
之理。其年期言約捌年外限滿，有
能之日備銀照原盡字兩贖回，者听；
如是未贖，仍付掌管住居。今欲有憑，
立盡字壹紙，付執爲照。

咸豐捌年肆月　日立盡字兄孔秀（押）
在見弟孔先（押）
中人侄華斯（押）
公見侄為根（押）
代字侄華魁（押）

大進壹

6-6-1-7　清咸豐八年四月林孔秀立盡房屋字

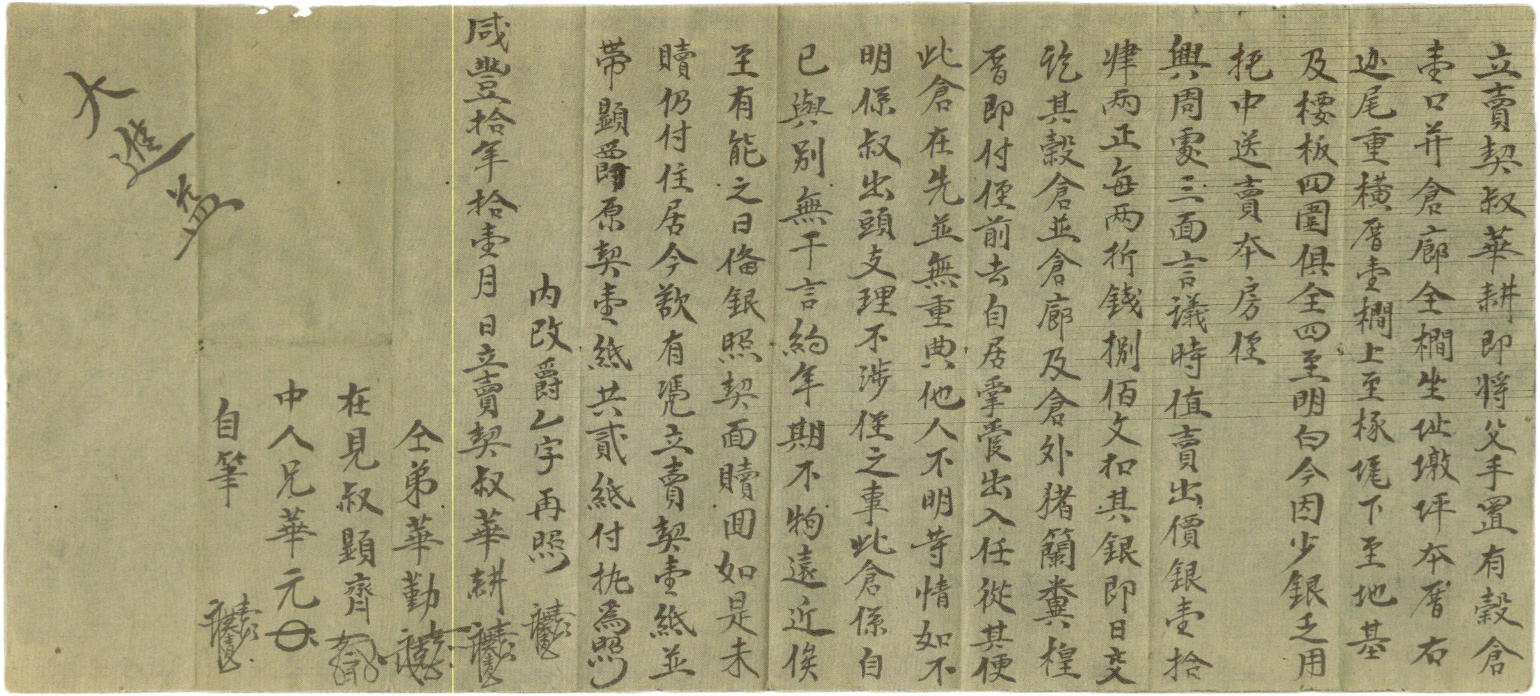

6-6-1-8　清咸豐十年十一月林華耕等立賣穀倉等契

立盡字叔華庚前年出賣有蒼壹口
生落墩坪厝右边扶厝第弍重第弍
椢壹橎弍樫上至椽堍下至地基四至明
白今因托中再向姪與
興周處三面言議盡出錢貳仟文正
其錢即日交訖其未蒼仍付住居出
入掌管任從其便言約年期陸年滿
後至有能之日備錢照原盡字面一二取
贖如未贖仍付住居出入掌管今欲有
憑立盡字乙紙付執為照

同治陸年拾壹月　日立盡字叔華庚（押）
仝弟華勤（押）
中見姪興典（押）

添丁進財

6-6-1-9　清同治六年十一月林華庚等立盡倉字

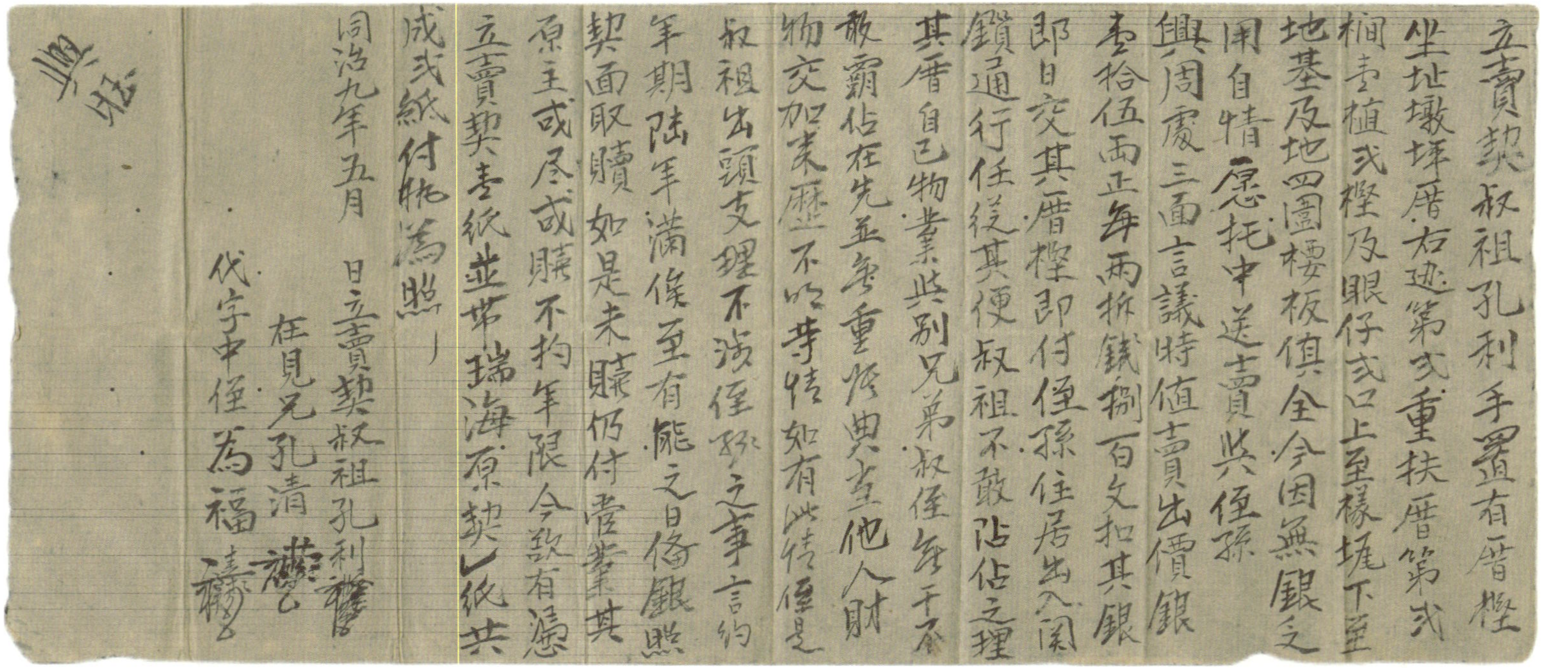
立賣契叔祖孔利手置有厝㹀
坐址墩坪厝右迹第弍重扶厝第弍
榈壹植弍㹀及眼仔弍口上至椽埕下至
地基及地四圍樓板俱全今因無銀乏
用自情愿托中送賣與侄孫
興周處三面言議特值賣出價銀
壹拾伍両正每两折錢捌百文扣其銀
即日交其厝㹀即付侄孫住居出入闗
鎖通行任從其便叔祖不敢阻佔之理
其厝自己物業與别兄弟叔侄無干不
敢霸佔在先並無重張典当他人財
物交加來歷不明等情如有此情俱是
叔祖出頭支理不涉侄孫之事言約
年期陆年滿後至有能之日備銀照
契面取贖如是未贖仍付壹業其
原主或尽或贖不拘年限今欲有憑
立賣契壹紙並帶瑞海原契乙紙共
成弍紙付執為照
同治九年五月　日立賣契叔祖孔利（押）
在見兄孔清（押）
代字中侄為福（押）

6-6-1-10　清同治九年五月林孔利立賣厝㹀等契

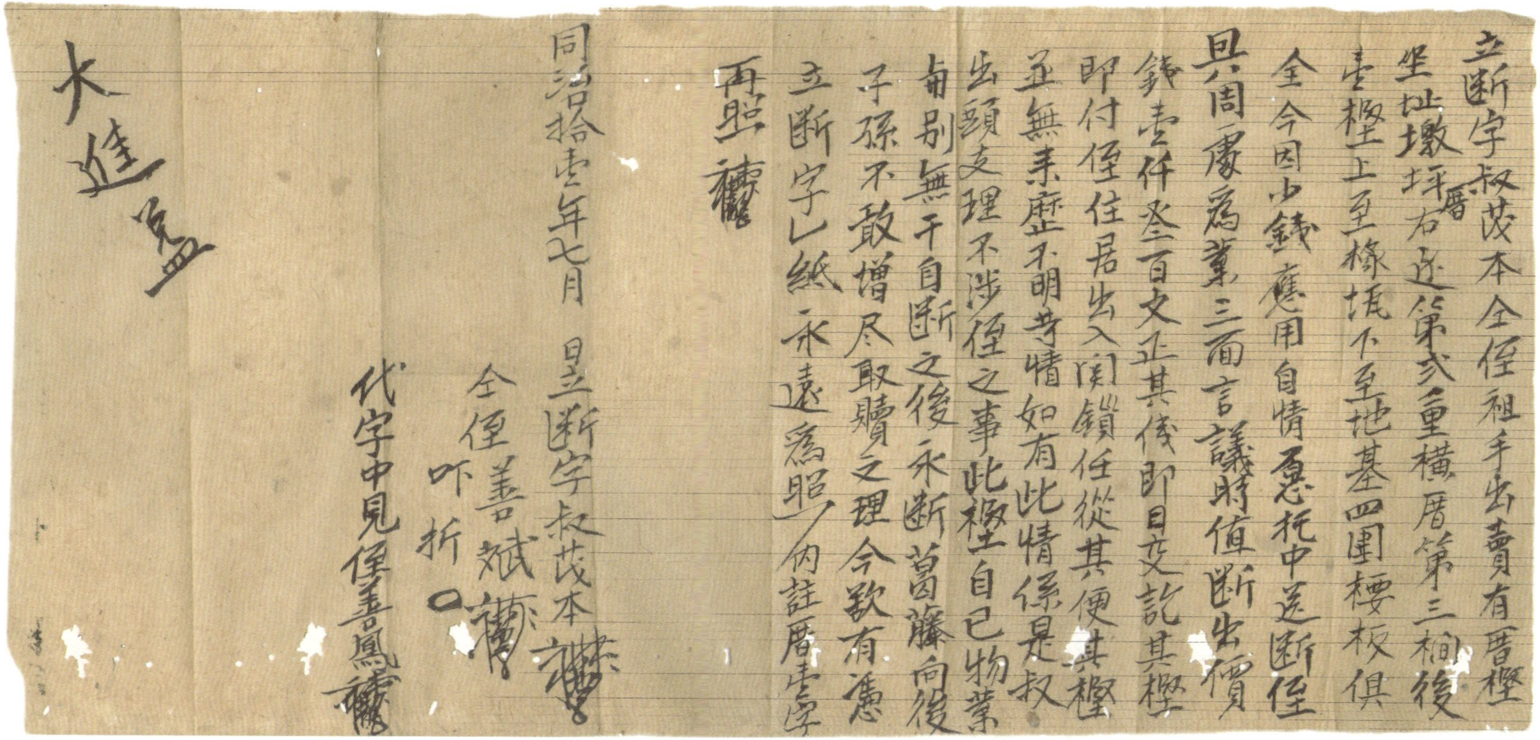

立斷字叔茂本仝侄祖手出賣有厝㮨
坐址墩坪厝右边第弍重横厝第三桁後
壹㮨上至椽桁下至地基四圍樓板俱
全今因少錢應用自情愿托中送斷侄
昗周處爲業三面言議時值斷出價
錢壹仟叁百文正其錢即日交訖其㮨
即付侄住居出入関鎖任從其便其㮨
並無來歷不明等情如有此情係是叔
出頭支理不涉侄之事此㮨自已物業
自別無干自斷之後永斷葛藤向後
子孫不敢增尽取贖之理今欲有憑
立斷字山紙永遠爲照 內註厝壹字

再照（押）

同治拾壹年七月 日立斷字叔茂本（押）
仝侄善斌（押）
吓折 口
代字中見侄善鳳（押）

大進宜

6-6-1-11 清同治十一年七月林茂本等立斷厝㮨字

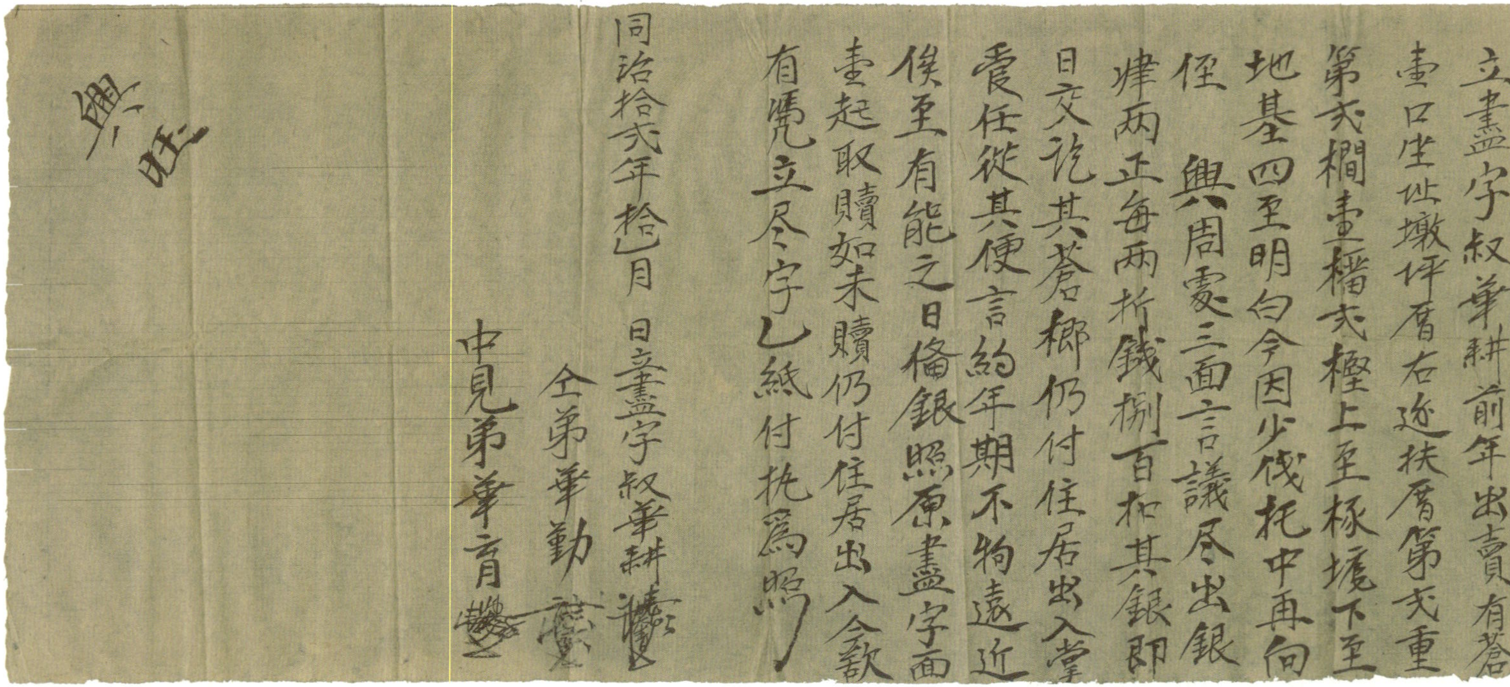

立盡字叔華耕前年出賣有蒼
壹口坐址墩坪厝右边扶厝第弍重
第弍櫚壹櫊弍檉上至椽墘下至
地基四至明白今因少錢托中再向
侄　與周處三面言議盡出銀
肆兩正每兩折錢捌百文其銀即
日交訖其蒼櫊仍付侄居出入掌
管任從其便言約年期不拘遠近
侯至有能之日備銀照原盡字面
壹起取贖如未贖仍付侄居出入仝歡
有憑立盡字乙紙付執爲照

同治拾弍年拾乙月　日立盡字叔華耕（押）
仝弟華勤（押）
中見弟華育（押）

興旺

6-6-1-12　清同治十二年十一月林華耕等立盡倉字

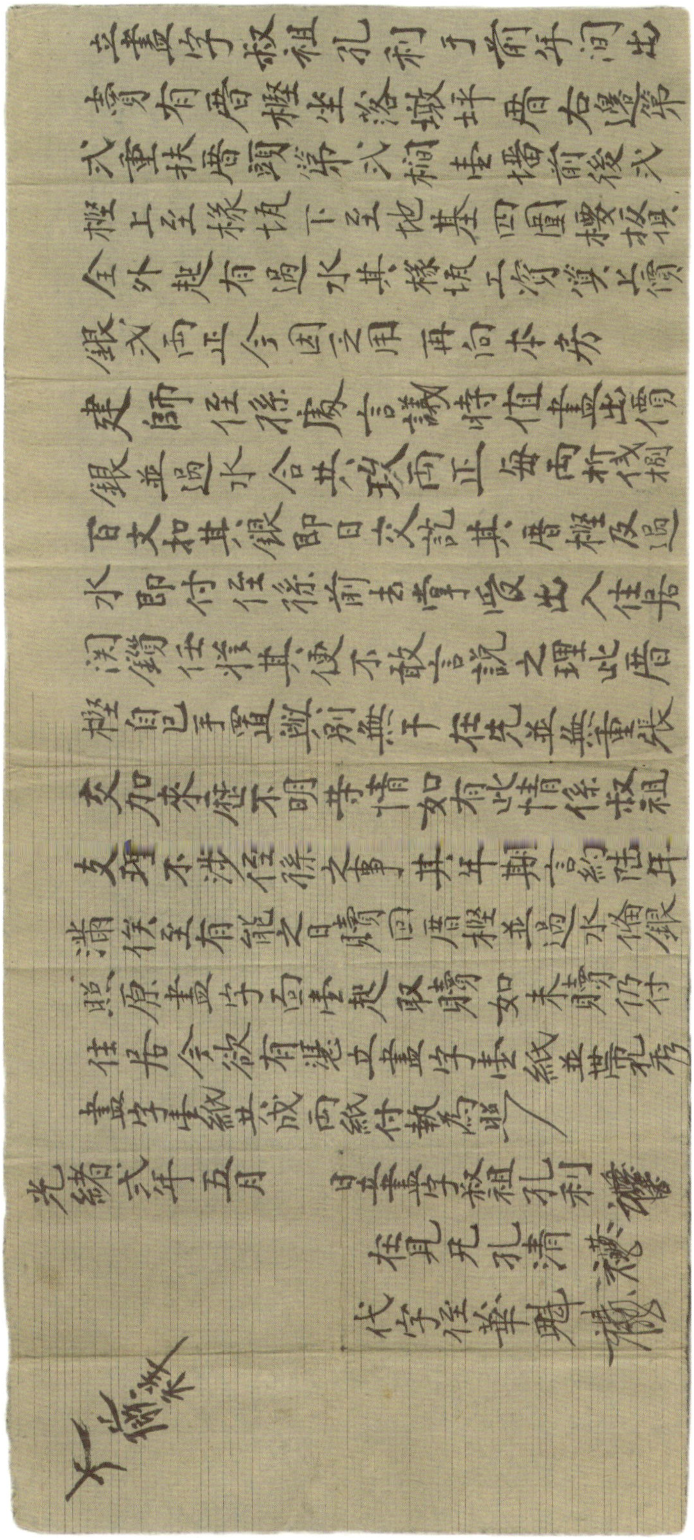
立盡厝字叔祖孔利，今因前年間出
賣有厝樫坐落墩坪厝右邊第
弍重扶厝頭第弍椆土墻前後弍
樫上至椽坭下至地基四圍樓板俱
全外趁有過水其椽坭瓦片盡上俱
銀弍兩正，今因乏用，再向本房
建師侄孫廣言議時值盡出價
銀並過水合共弍兩正，每兩折錢捌
百文，扣共錢即日交訖，其厝樫及過
水即付侄孫前去掌管出入住居
閑鎖，任從其便，不敢言說之理。此厝
樫自己手置，與別無干，在先並無重張
交加來歷不明等情，如有此情，係叔祖
支理，不涉侄孫之事。其年期言約陸年
滿侯至有能之日贖回厝樫並過水備銀
照原盡字面言契取贖，如文未贖，仍付
住居。今欲有憑，立盡字壹紙並無孔秀
盡字壹紙，並成兩紙，付執為照。
光緒弍年五月　日立盡字叔祖孔利（押）
在見兄孔清（押）
代字侄華興（押）
千代樹滋

6-6-1-13　清光緒二年五月林孔利立盡厝樫字

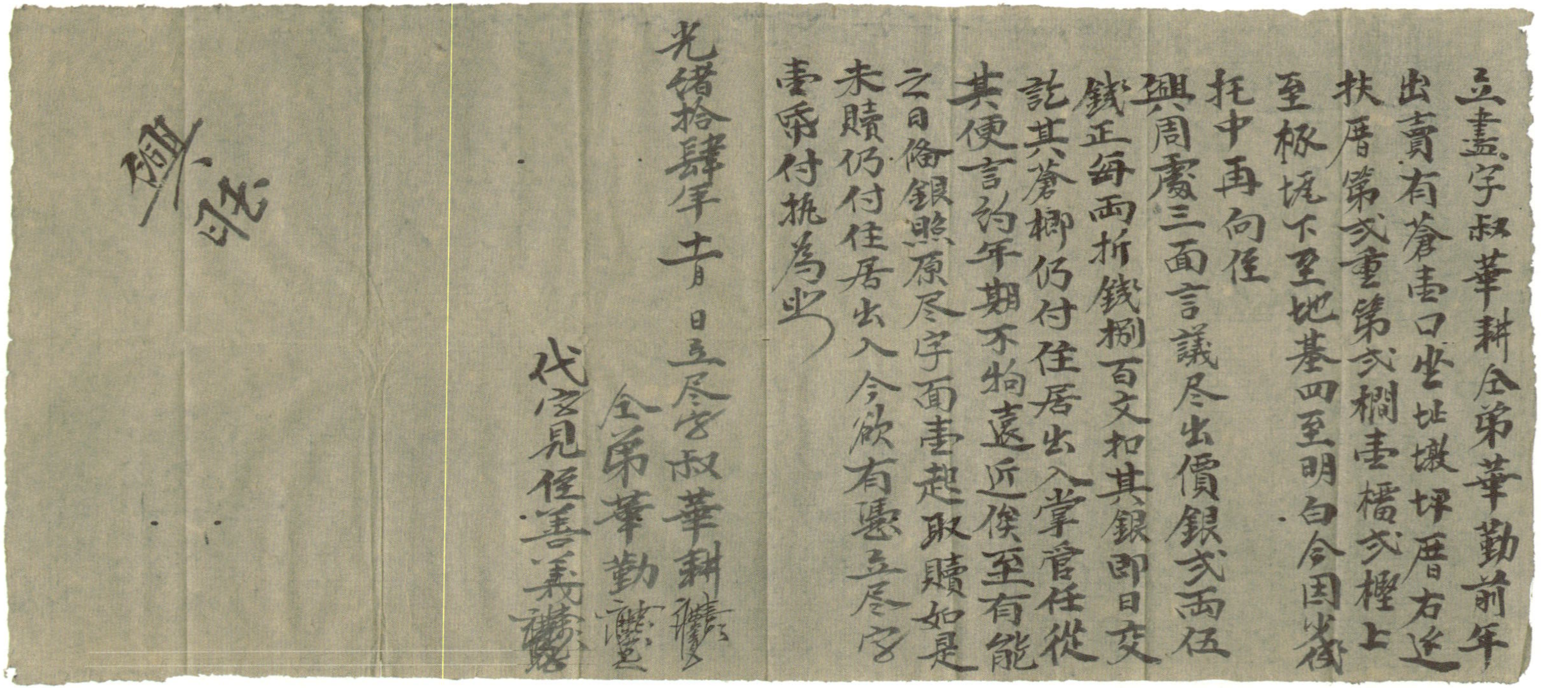
立盡字叔華耕仝弟華勤前年
出賣有蒼壹口坐址墩坪厝右边
扶厝第弍重第弍櫊壹櫃弍𣙜上
至桁底下至地基四至明白今因乏
托中再向侄
興周處三面言議盡出價銀弍兩伍
錢正每兩折錢捌百文扣其銀即日交
訖其蒼櫥仍付侄居出入掌管任從
其便言約年期不拘遠近俟至有能
之日備銀照原盡字面壹起取贖如是
未贖仍付侄居出入今欲有憑立盡字
壹紙付執為照

光緒拾肆年十一月　日立盡字叔華耕
仝弟華勤
代字見侄善義

6-6-1-14　清光緒十四年十一月林華耕等立盡倉字

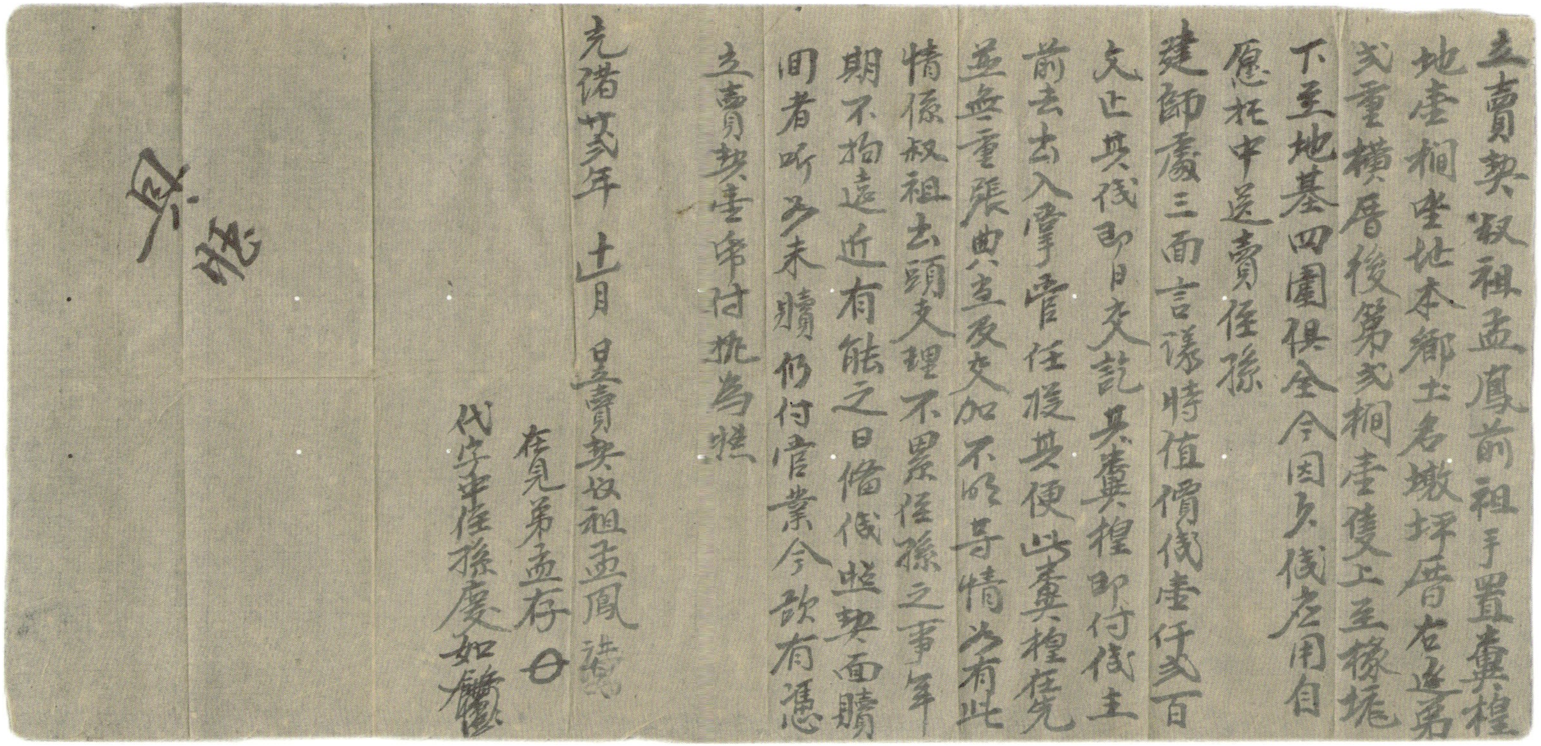
立賣契叔祖孟鳳前祖手置糞楻
地壹桐坐址本鄉土名墩坪厝右邊第
弍重横厝後第弍桐壹隻上至椽墘
下至地基四圍俱全今因乏錢應用自
愿托中送賣侄孫
建師處三面言議時值價錢壹仟弍百
文正其錢即日交訖其糞楻即付錢主
前去入掌管任從其便此糞楻凭
並無重張典並及文加不明等情如有此
情係叔祖出頭支理不累侄孫之事年
期不拘遠近有能之日備錢照契面贖
回者聽今未贖仍付管業今欲有憑
立賣契壹帋付執為照
光緒廿弍年　十一月　日立賣契叔祖孟鳳　號
在見弟孟存　○
代字中侄孫慶如　號

6-6-1-15　清光緒二十二年十一月林孟鳳立賣糞楻地契

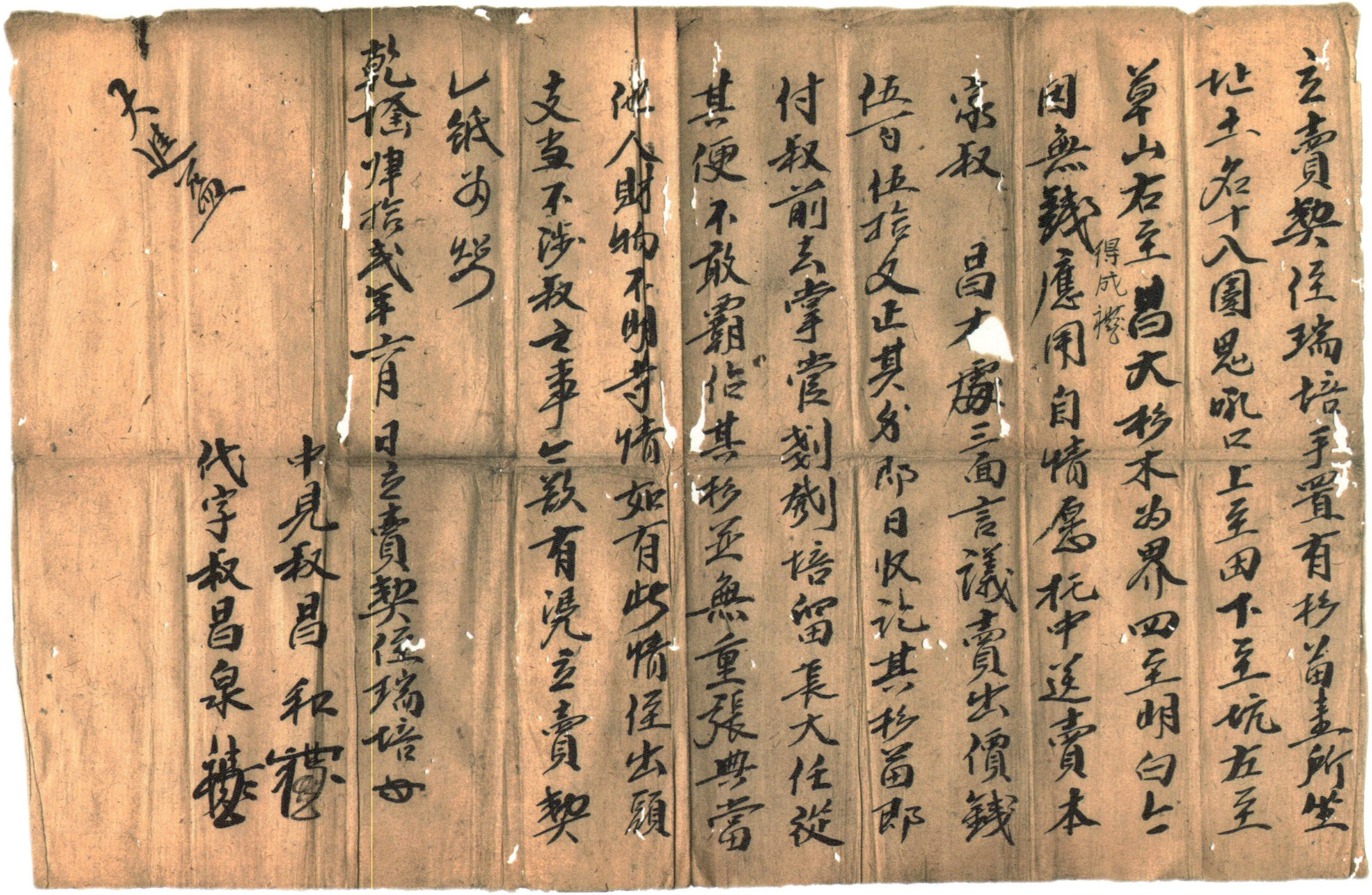

立賣契侄瑞培手置有杉苗壹所坐
址土名十八園邑吼口上至田下至坑左至
草山右至昌大杉木為界四至明白亡
因無錢得成撥應用自情愿托中送賣本
家叔 昌大處三面言議賣出價錢
伍百伍拾文正其錢即日收訖其杉苗即
付叔前去掌管剗刜培留長大任從
其便不敢霸佔其杉並無重張典當
他人財物不明等情如有此情侄出頭
支當不涉叔之事今欲有憑立賣契
一紙為照
乾隆肆拾貳年六月 日立賣契侄瑞培（押）
中見叔昌和（押）
代字叔昌泉（押）

6-6-2-1　清乾隆四十二年六月林瑞培立賣杉苗契

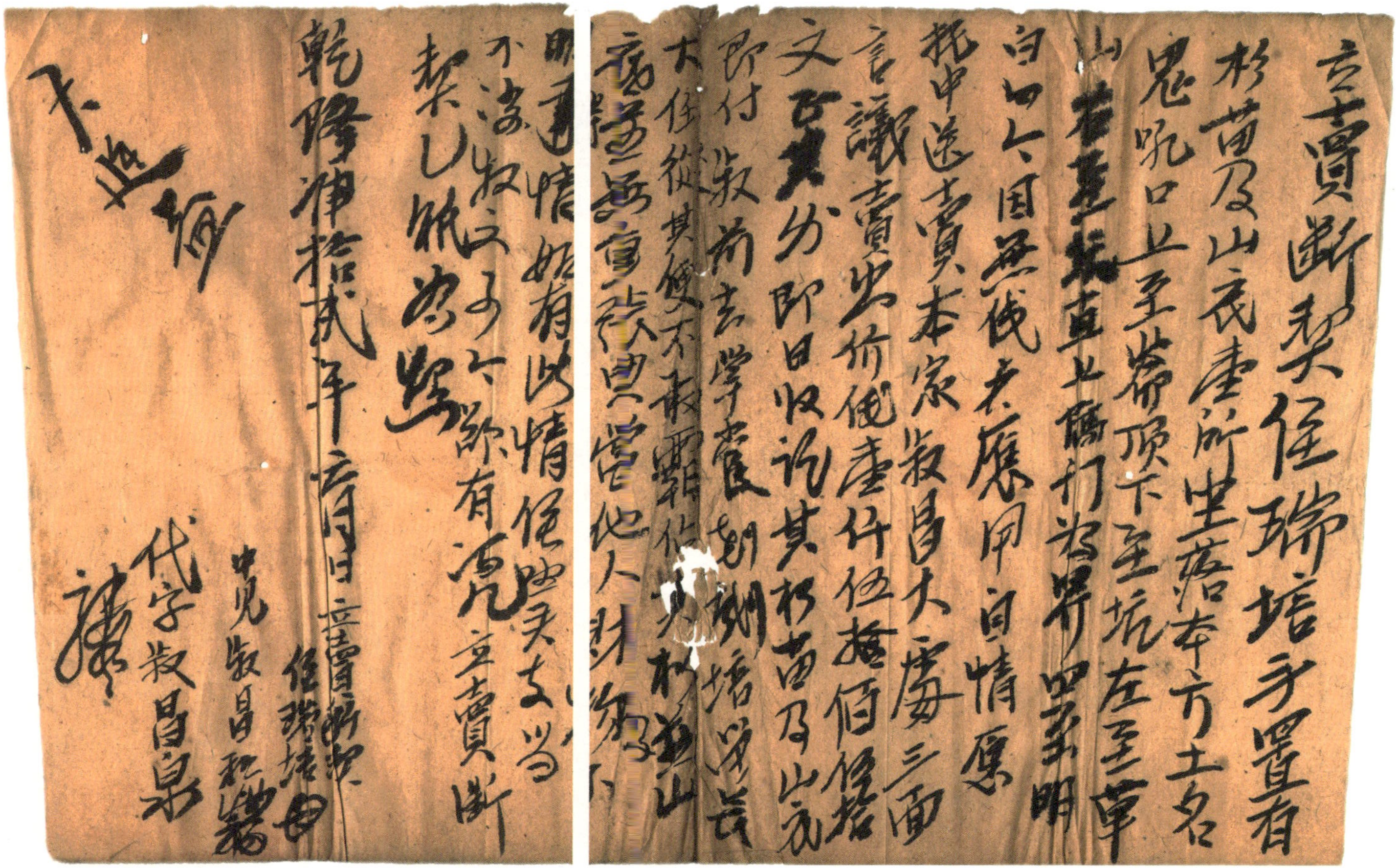

6-6-2-2 清乾隆四十二年六月林瑞培立賣斷杉苗字契

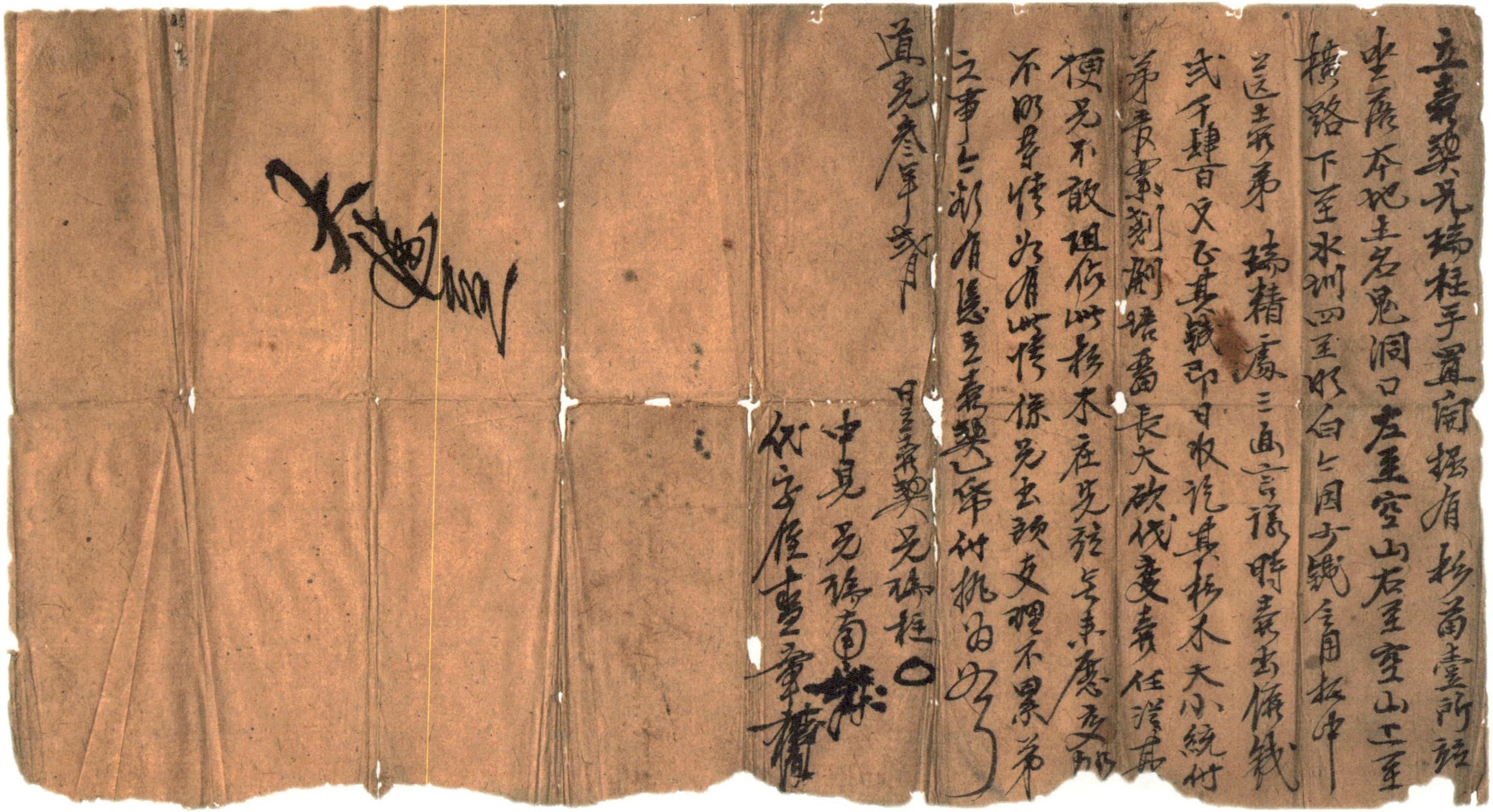

6-6-2-3　清道光三年二月林瑞柱立賣杉苗契

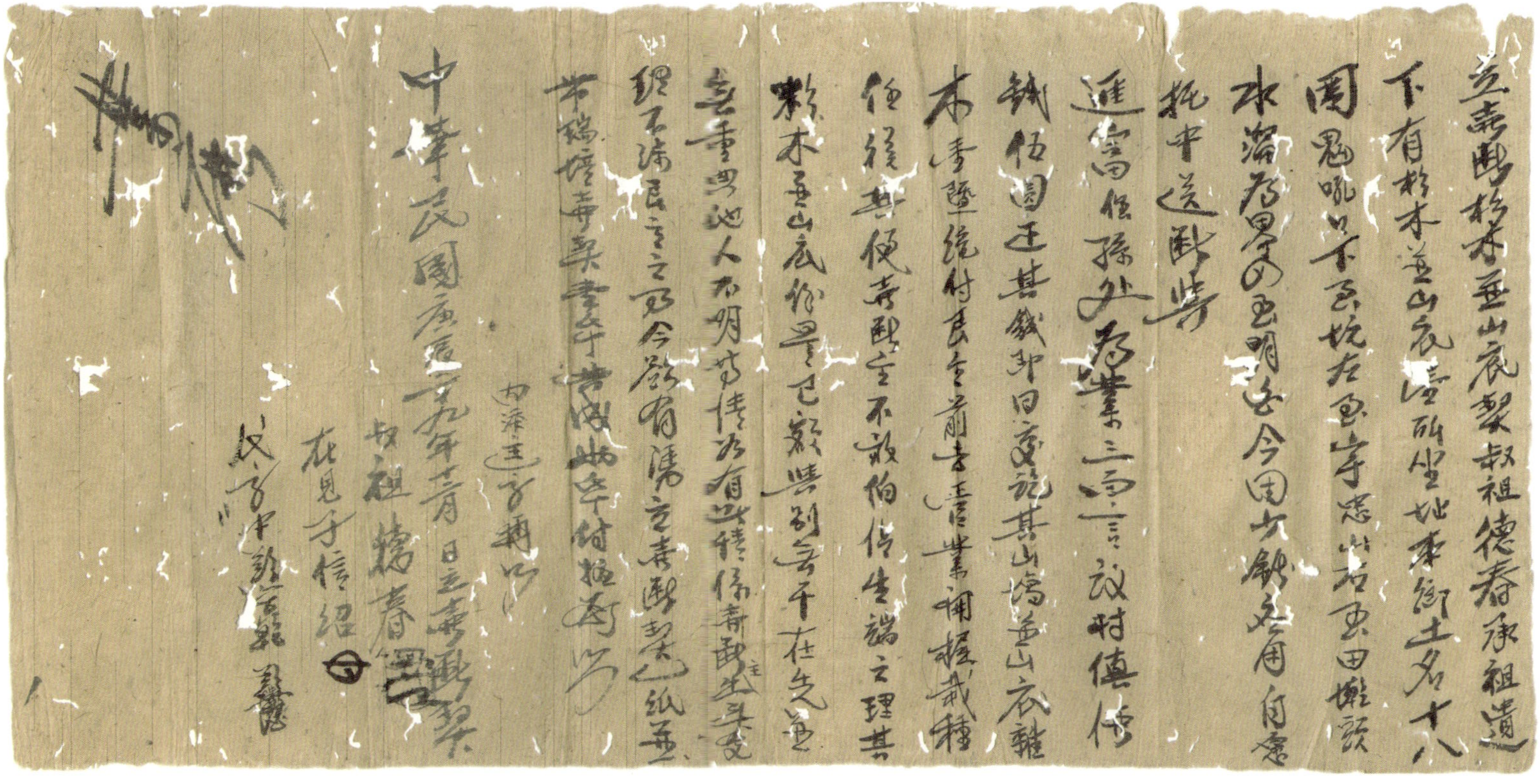
立賣斷杉木並山底契叔祖德春承祖遺
下有杉木並山底壹所坐址本鄉土名十八
閩跑吼以下至坑右至守忠山右至田塍頭
水漈為界四至明白今因乏錢應用自愿
托中送斷與
侄孫壽良處為業三面言議時值價
錢伍圓正其錢即日交訖其山場並山底雜
木季隨從付侄孫前去掌業開掘栽種
任從其便壽良不敢阻當倘有生端之理其
杉木並山底係是己業與別房手[illegible]在先並
無重典他人亦明為倘有此情係壽良出頭支
理不涉良之事今欲有憑立壽斷契壹紙並
帶[illegible]壽契壹紙付執為照
內添[illegible]字轉行
中華民國庚辰二十九年十二月　日立壽斷契
叔祖　林德春
在見　子　信紹
代字　中[illegible]

6-6-2-4　民國二十九年十二月林德春立賣斷杉木等契

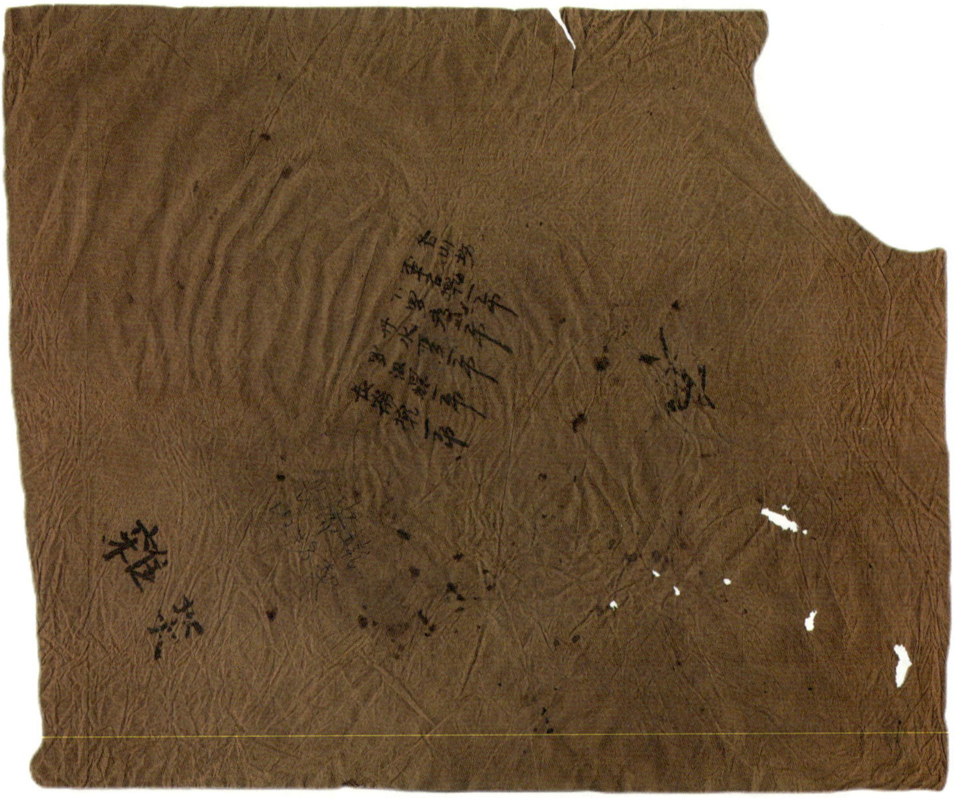

6-6-3-1　包契紙

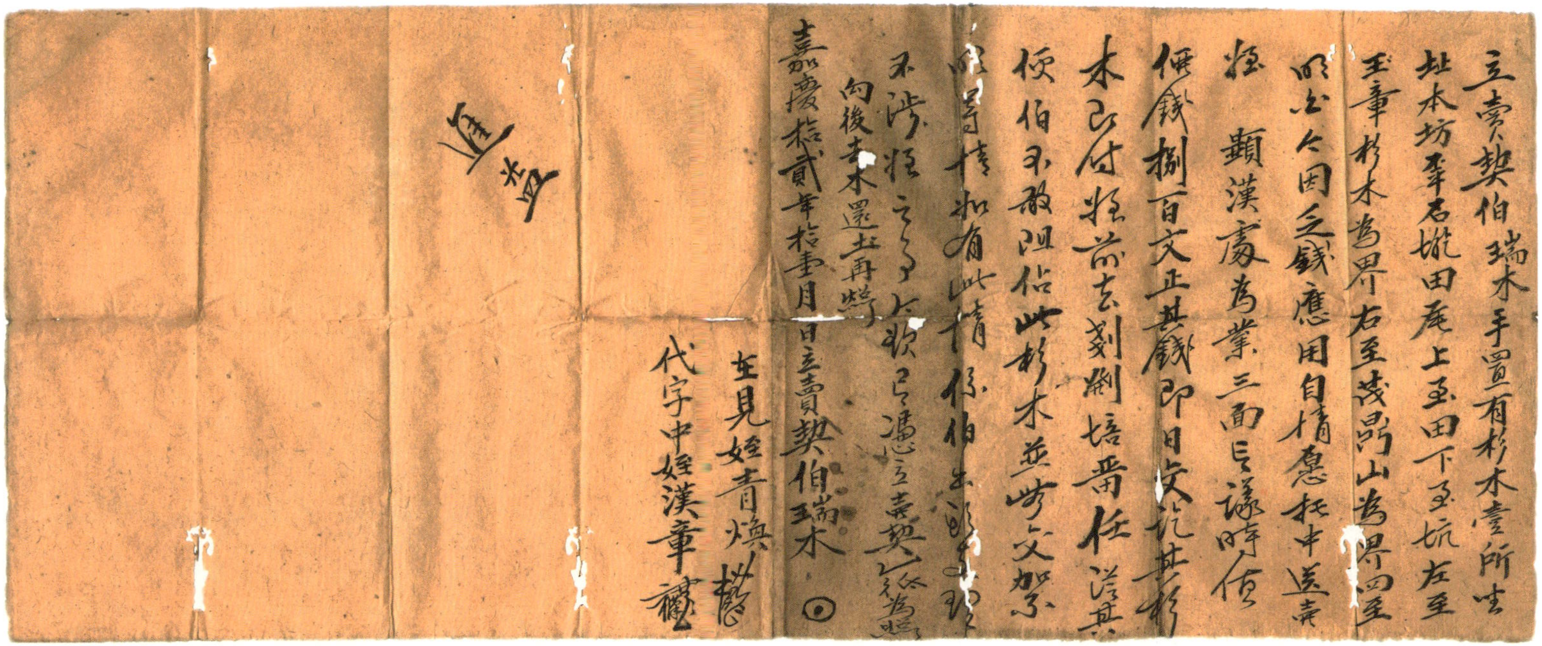

立賣契伯瑞木手置有杉木壹所，坐
址本坊峯石墘田尾，上至田，下至坑，左至
玉章杉木為界，右至茂昂山為界，四至
明白。今因乏錢應用，自情愿托中送賣
姪　顛漢處為業，三面言議時值
価錢捌百文正，其錢即日交訖，其杉
木已付姪前去剉劉培番，任從其
便，伯不敢阻佔。此杉木並無[illegible]文契
[illegible]如有此情，係伯出頭[illegible]
不涉姪之事。今欲有憑，立賣契一紙為照。
向後杉木還土再照。
嘉慶拾貳年拾壹月　日立賣契伯瑞木　◎
在見姪青煥
代字中姪漢章

6-6-3-2　清嘉慶十二年十一月林瑞木立賣杉木契

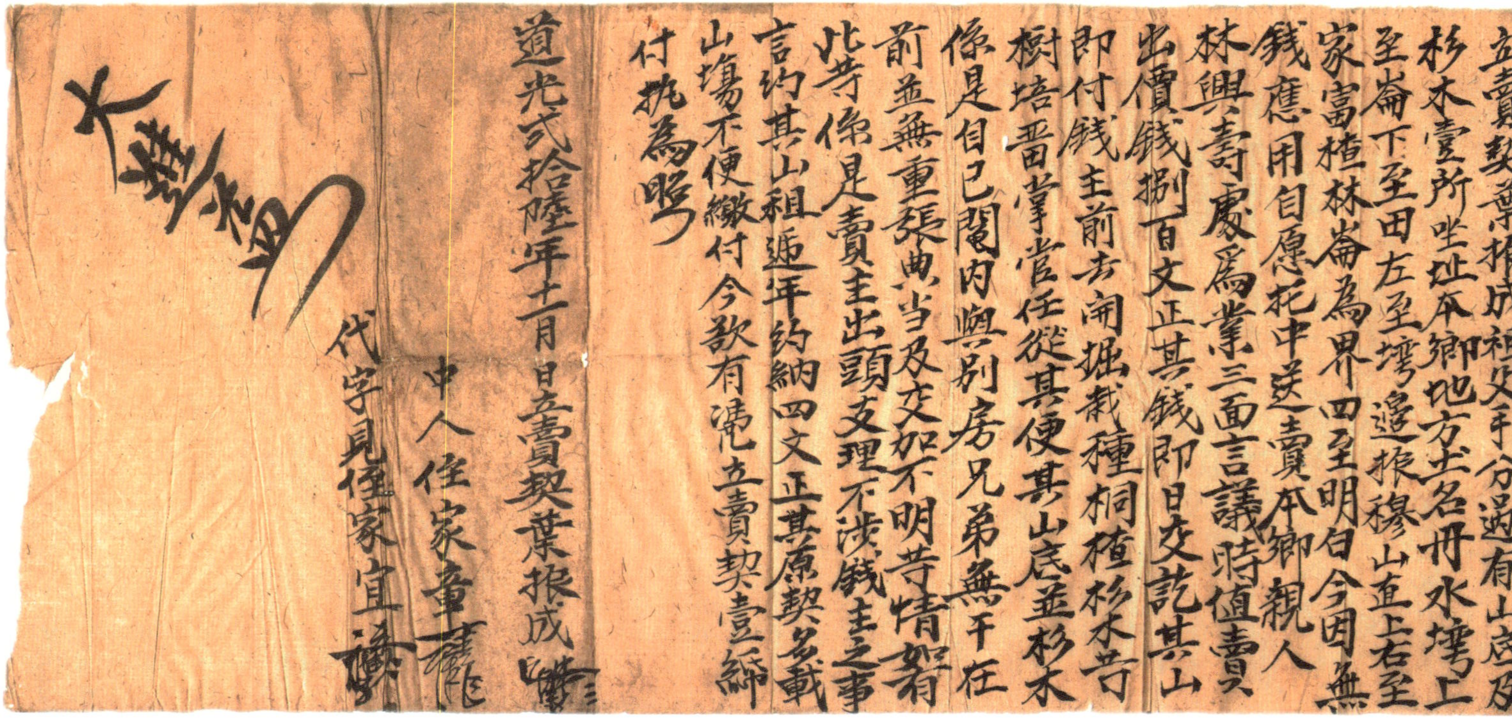

立賣契葉振成祖父手分過有山底及
杉木壹所，坐址本鄉地方，土名丹水墘上，
至崙，下至田，左至墘邊振穆山直上，右至
家富植林崙為界，四至明白。今因無
錢應用，自愿托中送賣本鄉親人
林興壽處為業，三面言議時值賣
出價錢捌百文正，其錢即日交訖。其山
即付錢主前去開掘栽種桐梓杉木苗
樹，培留掌管，任從其便。其山底並杉木
係是自己閹內，與別房兄弟無干，在
前並無重張典當及交加不明等情。如有
此等，係是賣主出頭支理，不涉錢主之事。
言約其山祖遞年納租四文正。其原契多載
山場，不便繳付。今欲有憑，立賣契壹紙
付執為照。

道光式拾陸年十一月　日立賣契葉振成（押）

中人　侄家童（押）

代字見　侄家宜（押）

6-6-3-3　清道光二十六年十一月葉振成立賣山底等契

立賣契叔茂達父手分過閹內有山場
壹所坐址本鄉地坊土名羅漢畲左逐左
至吳起植林為界上至崙頂下至田右逐
右至顯茲為界上至為與山為界下至田
四至明白今因無錢應用自愿托中送賣
侄吳周叔孫處三面言議時直價錢捌
佰文正其錢即日交訖其山場並山底即
付侄前去開掘栽種雜木等樹任從其
便其山場自己物業與兄弟叔侄無干在
在先並無重張典與他人財物不明等情
如有不明叔出頭支当不涉侄之事約
納山租錢四文正今欲有憑立賣契一紙
永遠付執為照｜

內註改在一字再照

同治四年六月　日立賣契叔茂達

在見侄秋河

代字中叔茂德

6-6-3-4　清同治四年六月林茂達立賣山場契

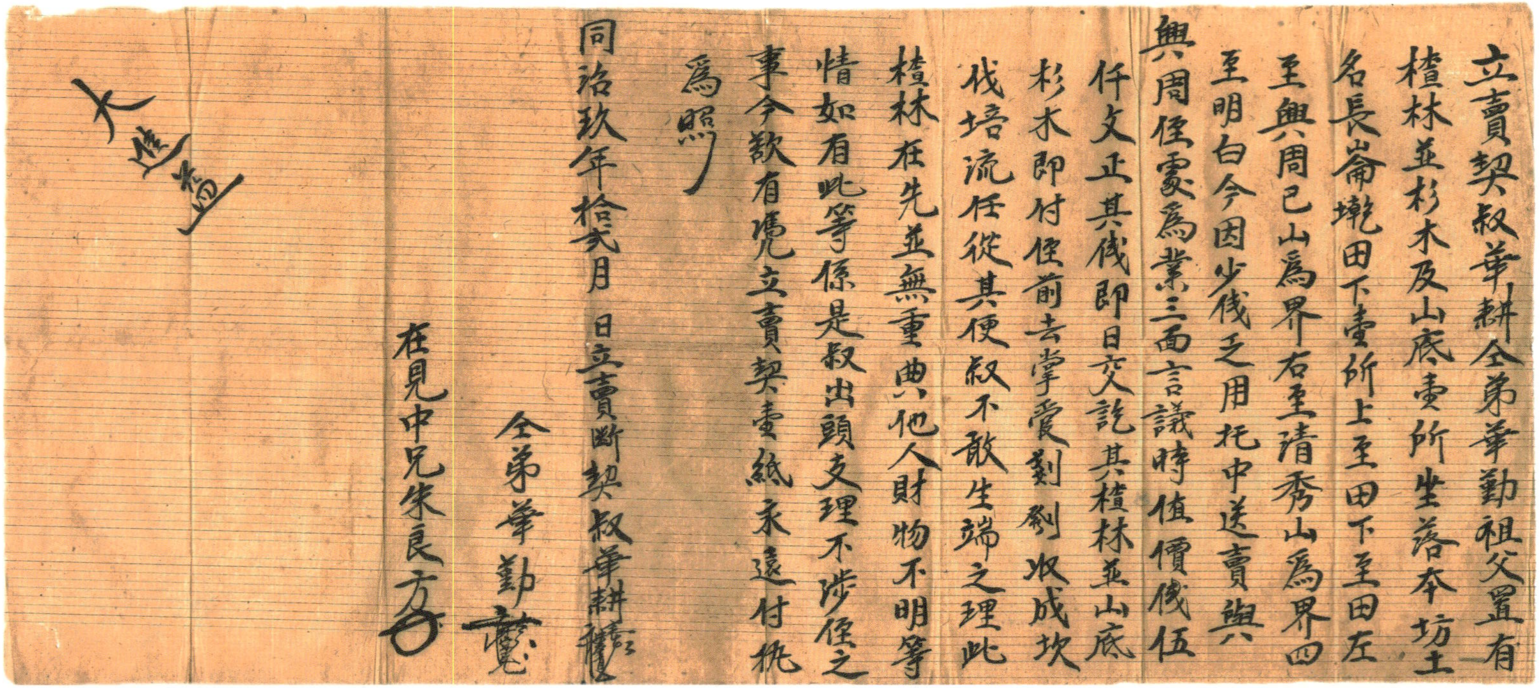
立賣契叔華耕仝弟華勤祖父置有
楂林並杉木及山底壹所坐落本坊土
名長崙墘田下壹所上至田下至田左
至與周已山爲界右至諸秀山爲界四
至明白今因少錢乏用托中送賣與
與周侄處爲業三面言議時值價錢伍
仟文正其錢即日交訖其楂林並山底
杉木即付侄前去掌管剷剉收成坎
伐培流任從其便叔不敢生端之理此
楂林在先並無重典他人財物不明等
情如有此等係是叔出頭支理不涉侄之
事今欲有憑立賣契壹紙永遠付執
爲照
同治玖年拾弍月　日立賣斷契叔華耕（押）
仝弟華勤（押）
在見中兄朱良方（押）
大進楂

6-6-3-5　清同治九年十二月林華耕等立賣斷楂林等契

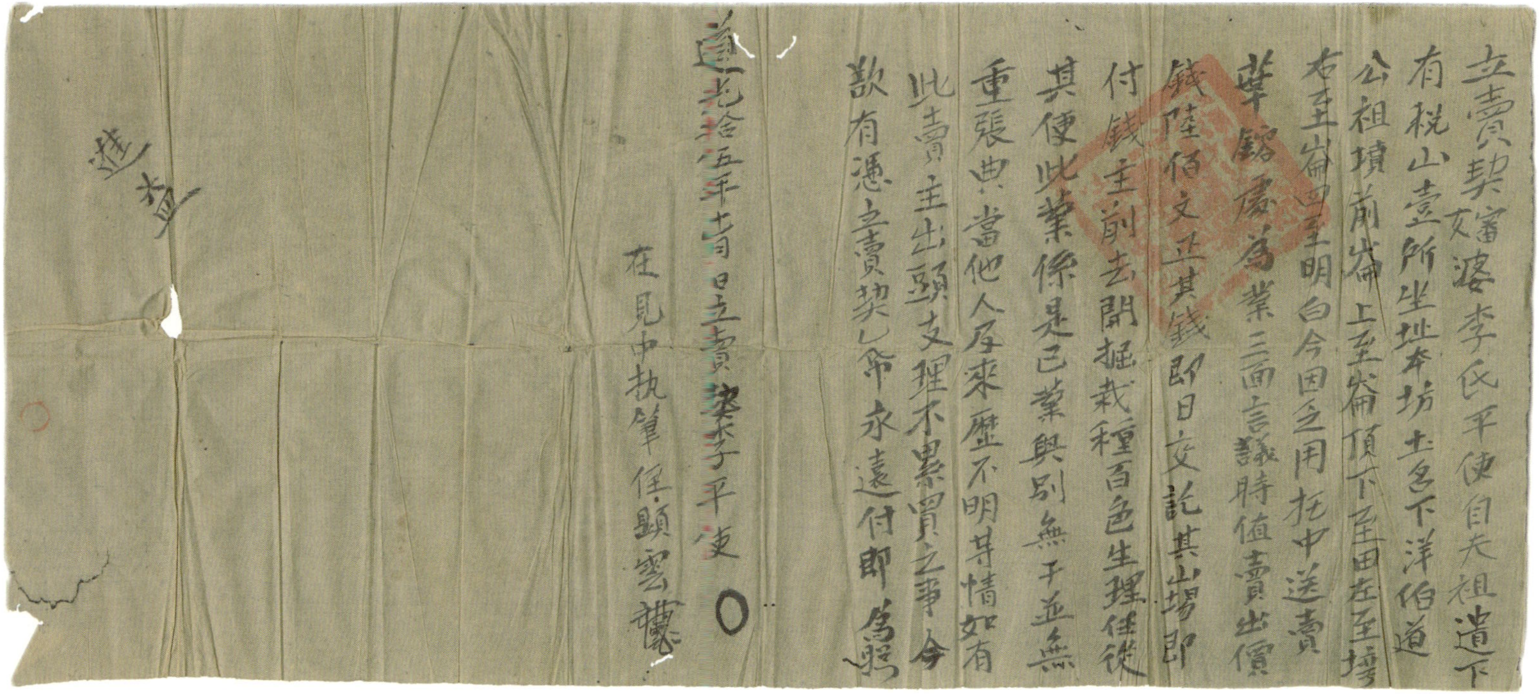

立賣契文嬸婆李氏平使自夫祖遺下
有稅山壹所坐址本坊土名下洋伯道
公祖墳前崙上至崙頂下至田左至墘
右至崙明白今因乏用托中送賣
華鏘處為業三面言議時值賣出價
錢陸佰文正其錢即日交訖其山場即
付錢主前去開掘栽種百色生理任從
其便此業係是已業與別無干並無
重張典當他人及來歷不明等情如有
此賣主出頭支理不累買之事今
欲有憑立賣契乙紙永遠付即為照
道光拾伍年十一月日立賣契李平使　〇
在見中執筆侄顯雲號
進契

6-6-4-1　清道光十五年十一月李平使立賣稅山契（紅契）

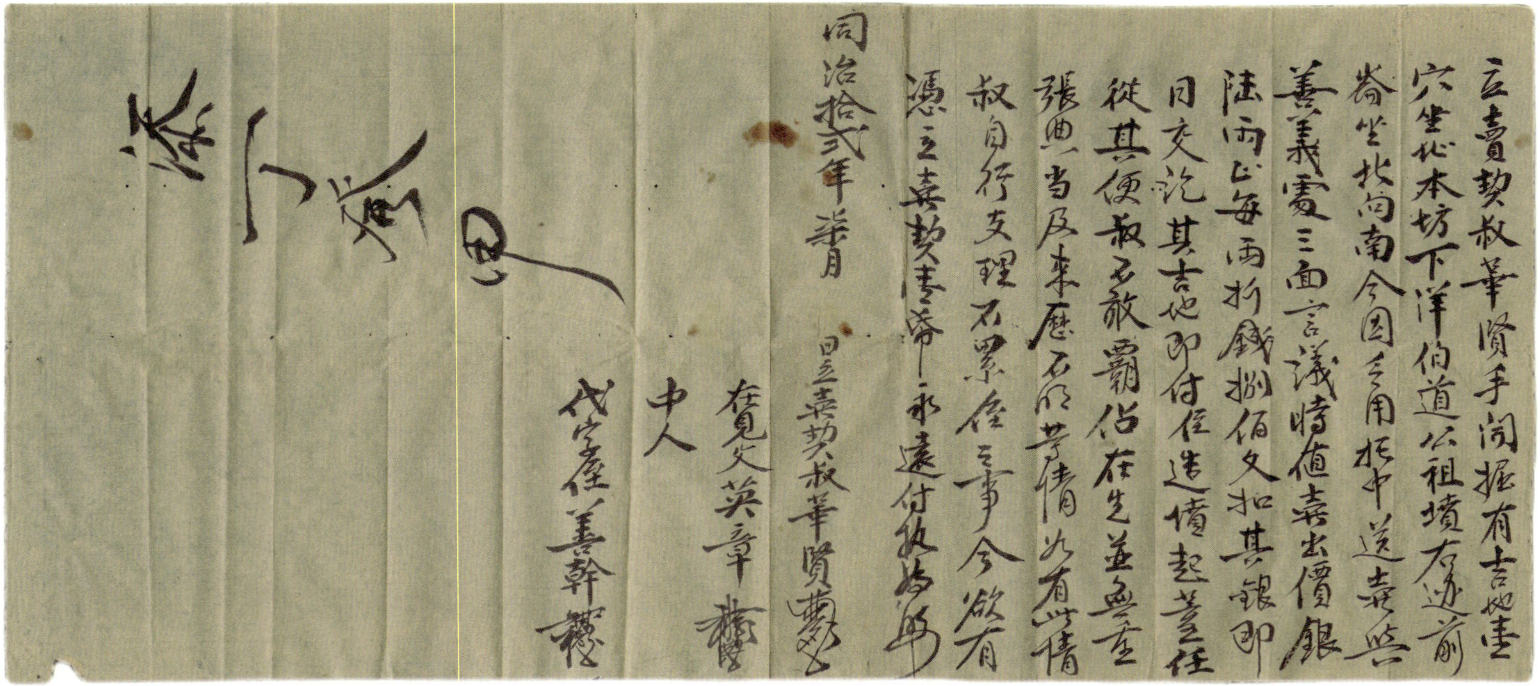

立賣契叔華賢手開掘有吉地壹
穴坐址本坊下洋伯道公祖墳右邊前
嵛坐北向南今因乏用托中送與姪
善義處三面言議時值出價銀
陸兩正每兩折錢捌佰文扣其銀即
日交訖其吉地即付侄造墳起蓋任
從其便叔不敢霸佔在先並無重
張典當及來歷不明等情如有情
叔自行支理不累侄之事今欲有
憑立賣契壹紙永遠付執為照

同治拾弍年柒月　日立賣契叔華賢（押）
在見父英章（押）
中人
代字侄善幹（押）

添丁發甲

6-6-4-2　清同治十二年七月林華賢立賣吉地契

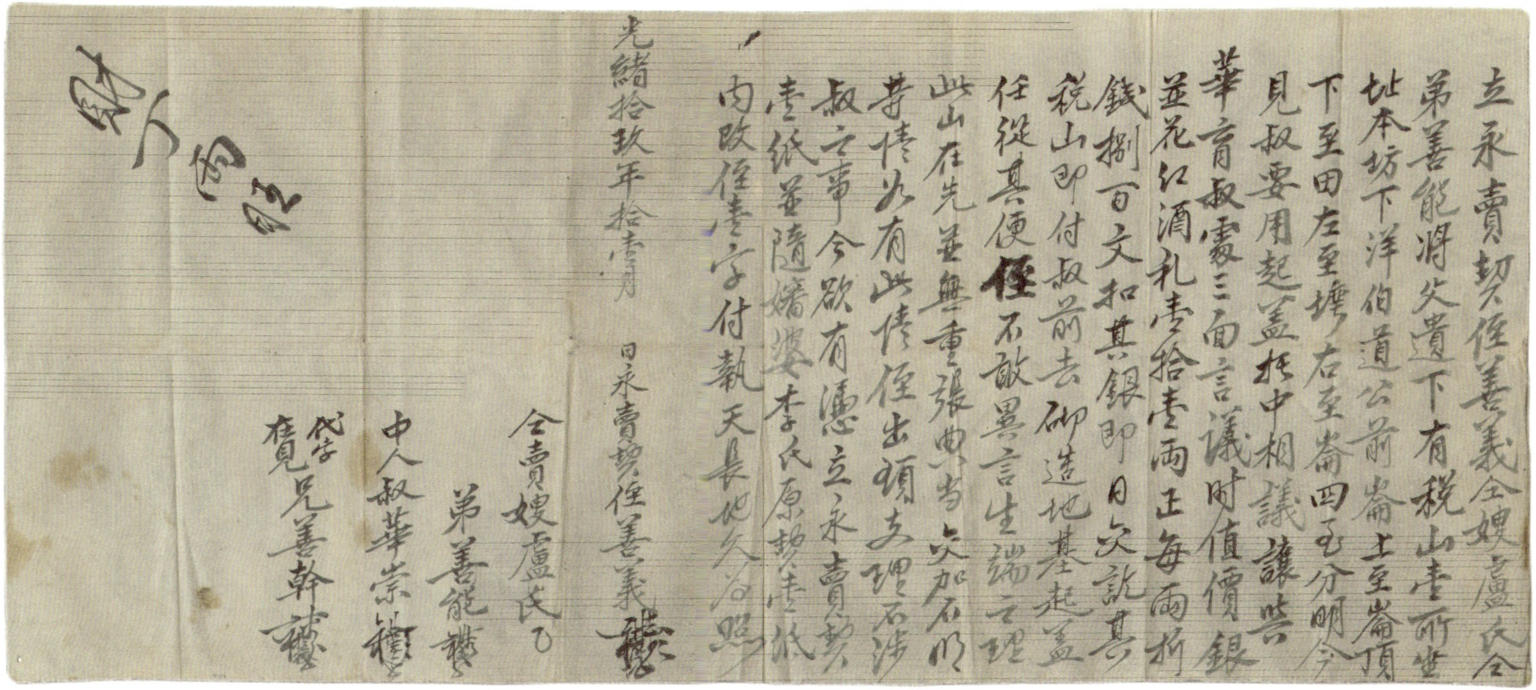
立永賣契人侄善義仝嫂盧氏仝
弟善能將父遺下有稅山壹所坐
址本坊下洋伯道公前崙上至崙頂
下至田左至壙右至崙四至分明今
見叔要用起蓋於中相議讓與
華育叔處三面言議時值價銀
並花紅酒礼壹拾壹兩正每兩折
錢捌百文扣其銀即日交訖其
稅山即付叔前去砌造地基起蓋
任從其便侄不敢異言生端之理
此山在先並無重張典當交加不明
等情如有此情侄出頭支理不涉
叔之事今欲有憑立永賣契
壹紙並隨嫡婆李氏原契壹紙
內改侄壹字付執天長地久為照

光緒拾玖年拾壹月　日永賣契侄善義（押）
仝賣嫂盧氏
弟善能（押）
中人叔華崇（押）
代字　覓兄善幹（押）

6-6-4-3　清光緒十九年十一月林善義等立永賣稅山契

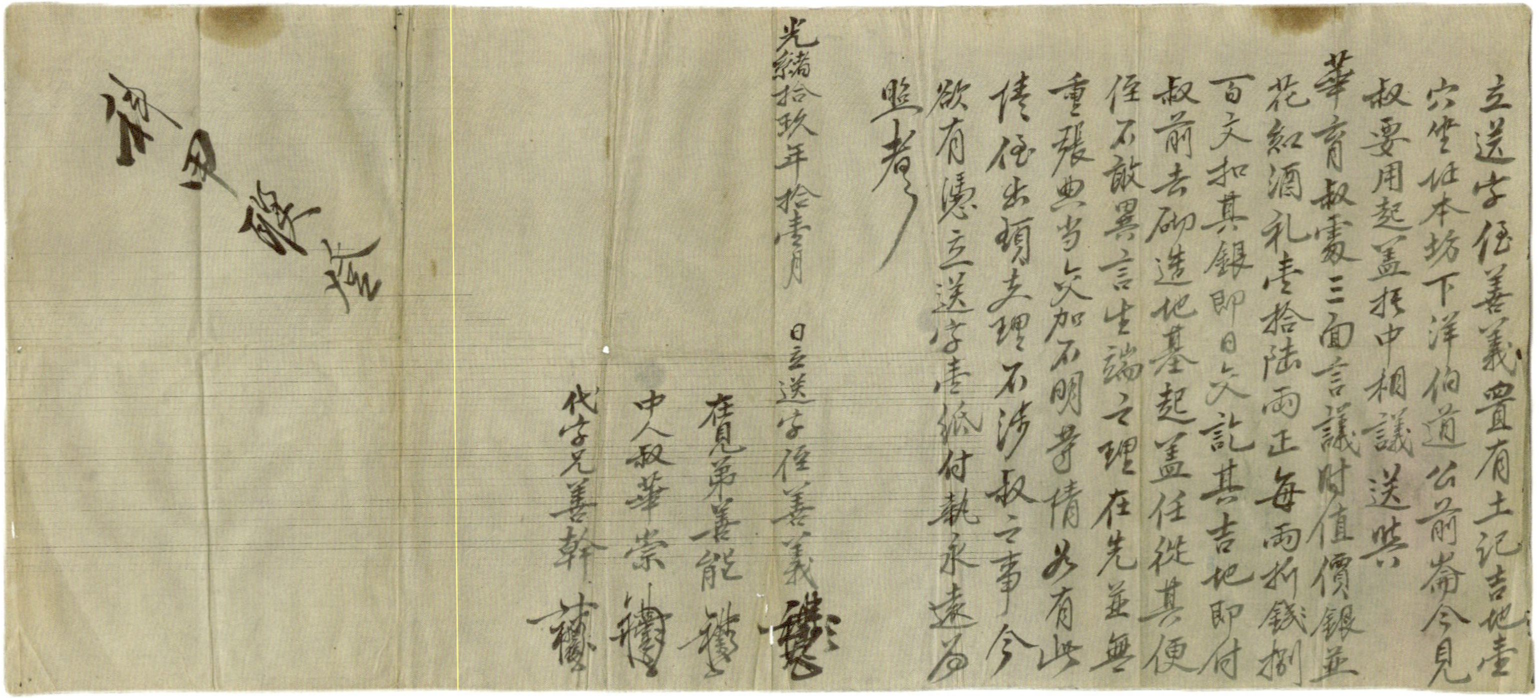

立送字侄善義，買有土記吉地壹穴，坐址本坊下洋伯道公前崙，今見叔要用起蓋，托中相議送與華育叔處，三面言議財值價銀並花紅酒礼壹拾陆兩正，每兩折錢捌百文扣，其銀即日交訖，其吉地即付叔前去砌造地基起蓋，任從其便，侄不敢異言生端之理。在先並無重張典當、交加不明等情；如有此情，侄出頭支理，不涉叔之事。今欲有憑，立送字壹紙付執，永遠為照者。

光緒拾玖年拾壹月　日立送字侄善義（押）

在見弟善能（押）

中人叔華崇（押）

代字兄善幹（押）

富貴發達

6-6-4-4　清光緒十九年十一月林善義立送吉地字

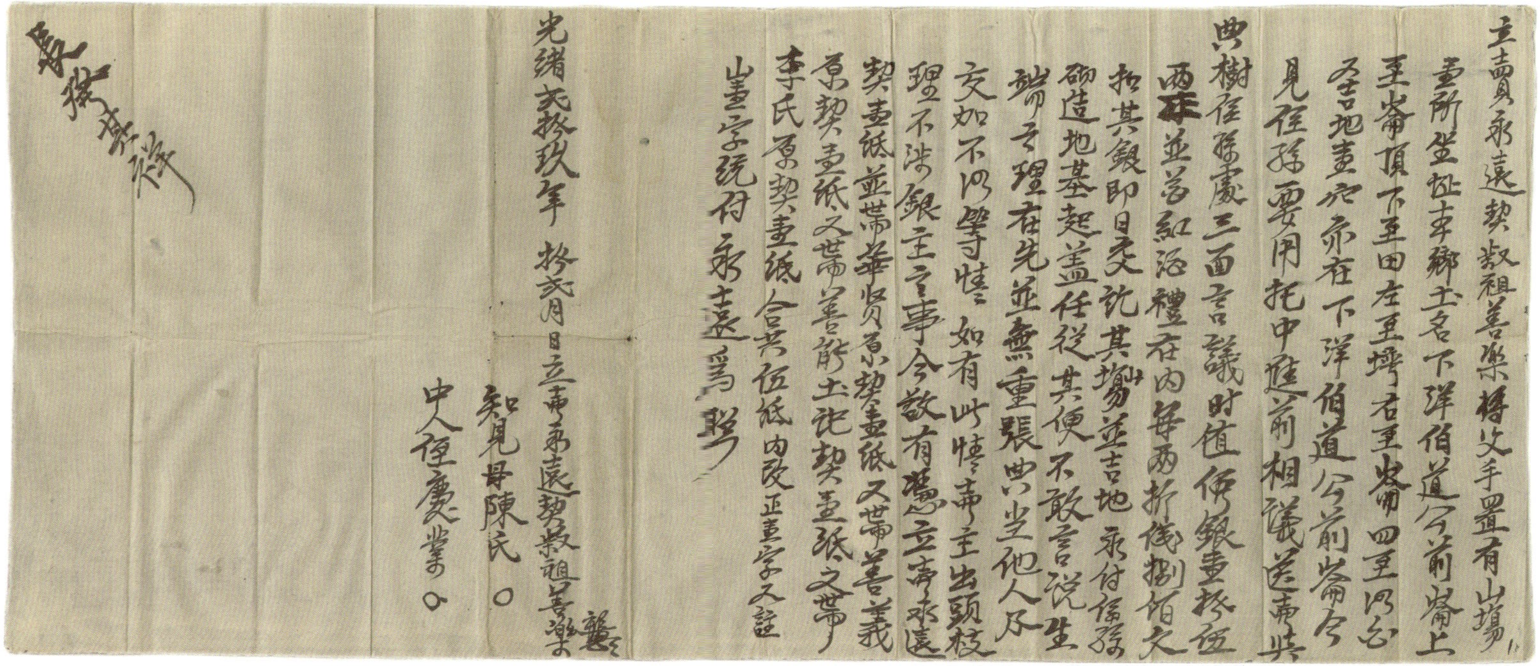

6-6-4-5 清光緒二十九年十二月林善樂立賣山場契

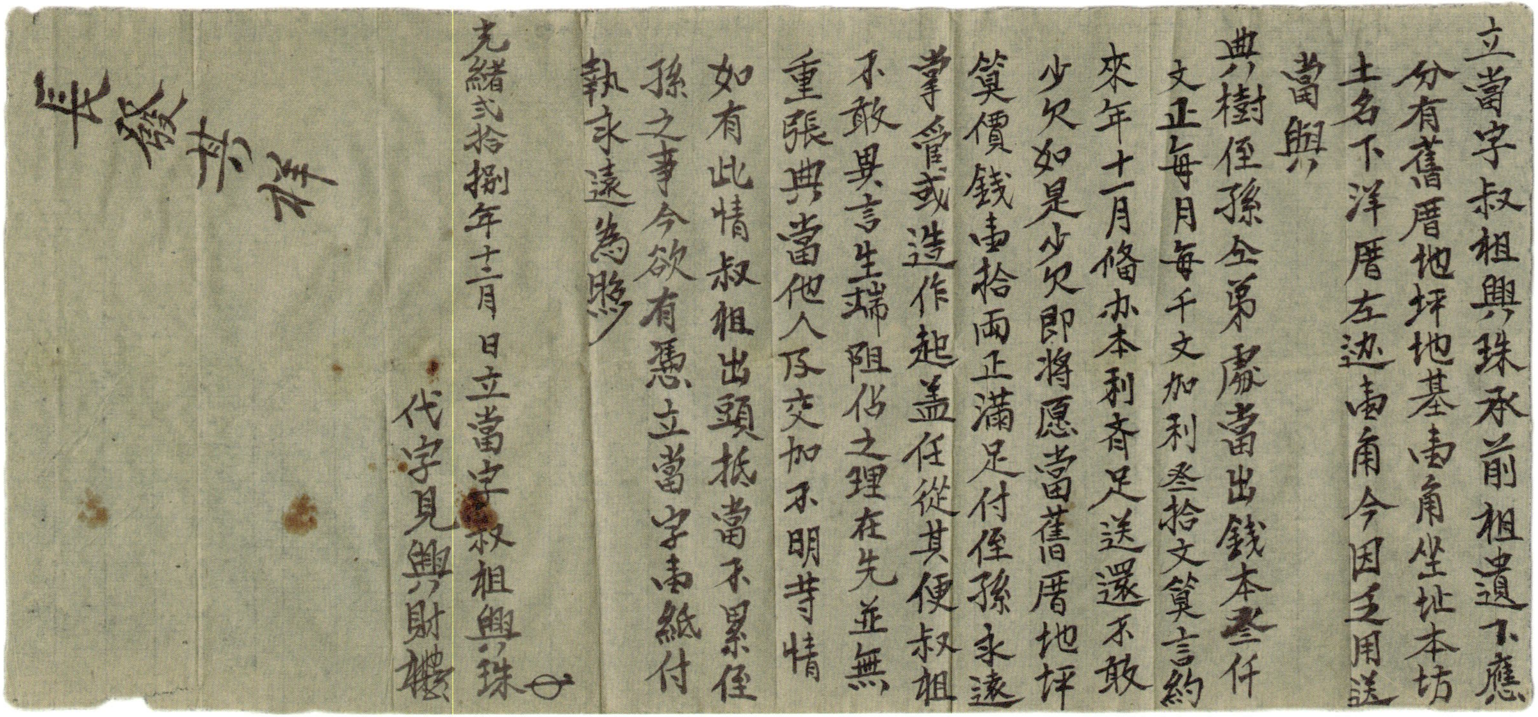

立當字叔祖興珠承前祖遺下應
分有舊厝地坪地基壹角坐址本坊
土名下洋厝左邊壹角今因乏用送
當與
典樹侄孫仝弟康當出錢本叁仟
文正每月每千文加利叁拾文算言約
來年十二月備亦本利齊足送還不敢
少欠如是少欠即將愿當舊厝地坪
算價錢壹拾両正滿足付侄孫永遠
掌管或造作起盖任從其便叔祖
不敢異言生端阻佔之理在先並無
重張典當他人及交加不明等情
如有此情叔祖出頭抵當不累侄
孫之事今欲有憑立當字壹紙付
執永遠為照
光緒貳拾捌年十二月 日立當字叔祖興珠
代字見興財
長發其祥

6-6-5-1 清光緒二十八年十二月林興珠立當舊厝地坪字

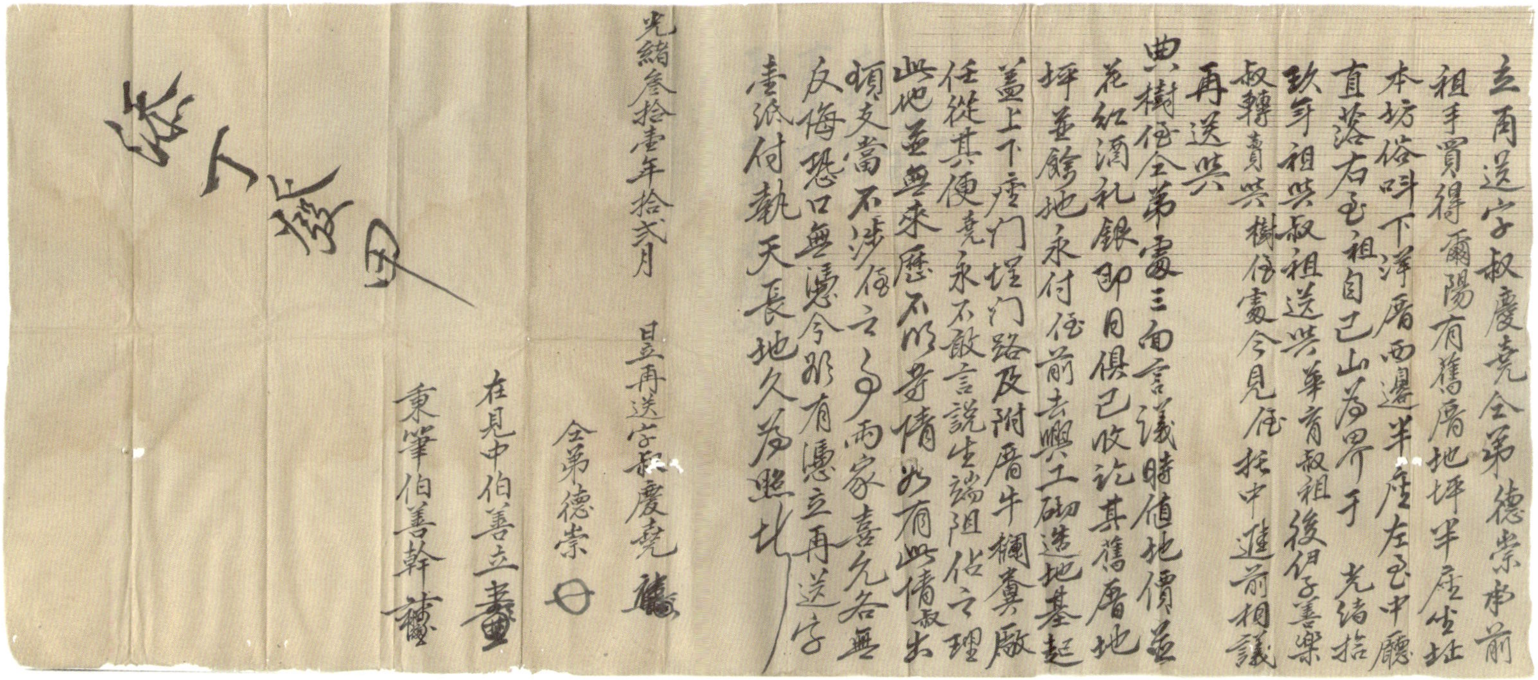
立再送字叔慶堯仝弟德崇承前
祖手買得爾陽有舊厝地坪半座坐址
本坊俗叫下洋厝西邊半座左邊中廳
直落右邊祖自己山為界于 光緒拾
玖年祖與叔祖送與華育叔祖後伊子善樂
叔轉賣與樹侄處今見侄於中進前相議
再送與
典樹侄仝弟處三面言議時值地價並
花紅酒礼銀即日俱已收訖其舊厝地
坪並餘地永付侄前去興工砌造地基起
蓋上下廳门埕门路及附厝牛稠糞廠
任從其便堯永不敢言說生端阻佔之理
此地並無來歷不明等情如有此情叔出
頂支當不涉侄之事兩家喜允各無
反悔恐口無憑今欲有憑立再送字
壹紙付執天長地久為照也

光緒叁拾壹年拾弍月　日立再送字叔慶堯（押）
仝弟德崇（押）
在見中伯善立（押）
秉筆伯善幹（押）

添丁發甲

6-6-5-2　清光緒三十一年十二月林慶堯等立再送舊厝地坪字

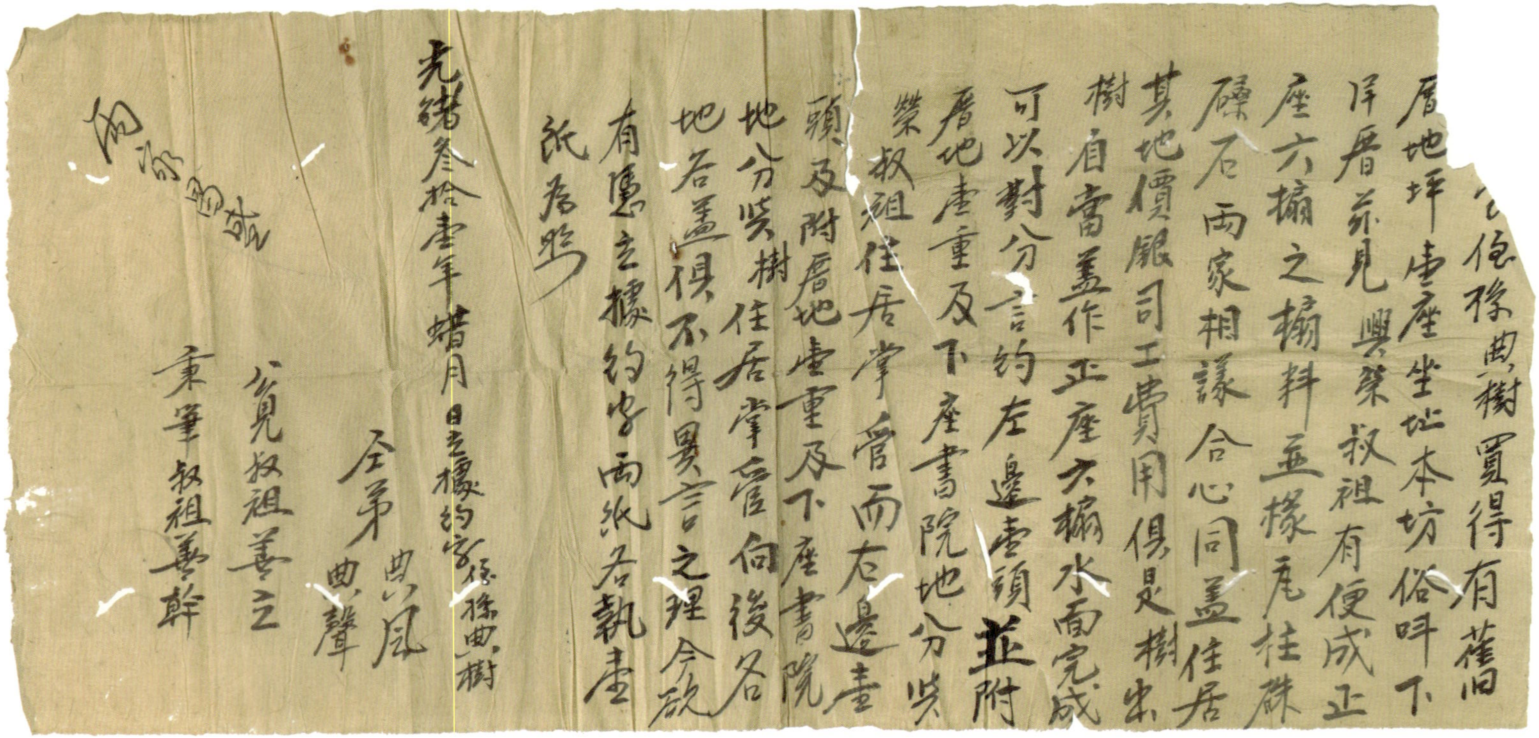
仝侄孫典樹，買得有舊
厝地坪壹座，坐址本坊，俗呌下
洋厝。茲見興榮叔祖有便成正
座六牖之橱料，並椽尾桂𣏾
磉石，兩家相議，合心同蓋住居。
其地價銀司工費用，俱是樹出，
樹自當蓋作正座六牖，水面完成，
可以對分。言約左邊壹頭並附
厝地壹重，及下座書院地分與
榮叔祖住居掌管；而右邊壹
頭及附厝地壹重，及下座書院
地分與樹住居掌管。向後各
地各蓋，俱不得異言之理。今欲
有憑，立據約字兩紙，各執壹
紙為照。
光緒叁拾壹年蜡月　日立據約字侄孫典樹
仝弟　典鳳　典聲
公見叔祖善之
秉筆叔祖善幹

6-6-5-3　清光緒三十一年十二月林典樹等立據約字

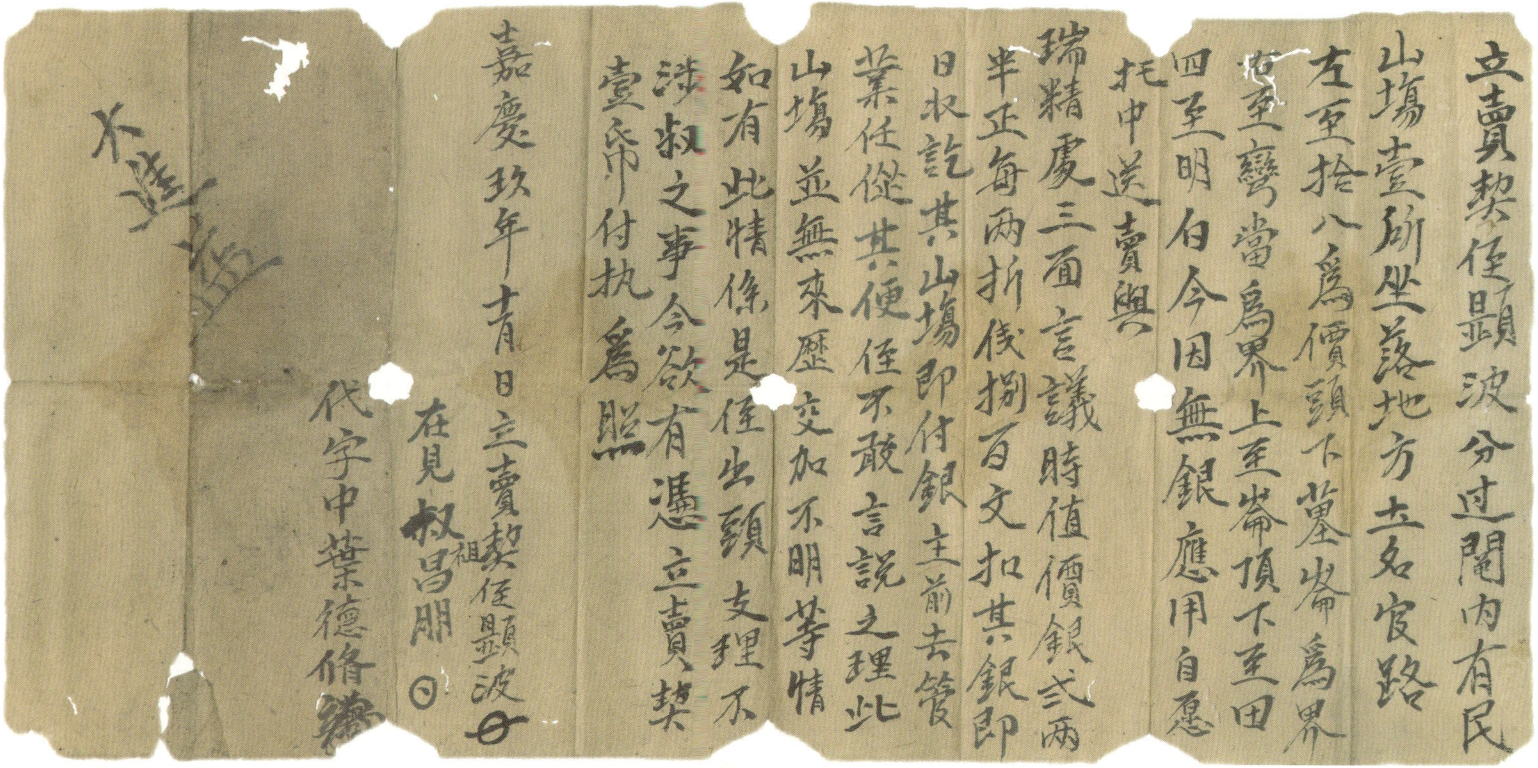
立賣契侄顯波分过閹内有民
山場壹所坐落地方土名官路
左至拾八爲價頭下墓崙爲界
右至彎當爲界上至崙頂下至田
四至明白今因無銀應用自愿
托中送賣與
瑞精處三面言議時值價銀弍兩
半正每兩折伐捌百文扣其銀即
日收訖其山場即付銀主前去管
業任從其便侄不敢言說之理此
山場並無來歷交加不明等情
如有此情係是侄出頭支理不
涉叔之事今欲有憑立賣契
壹紙付執爲照
嘉慶玖年十一月日立賣契侄顯波（押）
在見叔祖昌朋（押）
代字中葉德脩（押）

6-6-6-1　清嘉慶九年十一月林顯波立賣民山場契

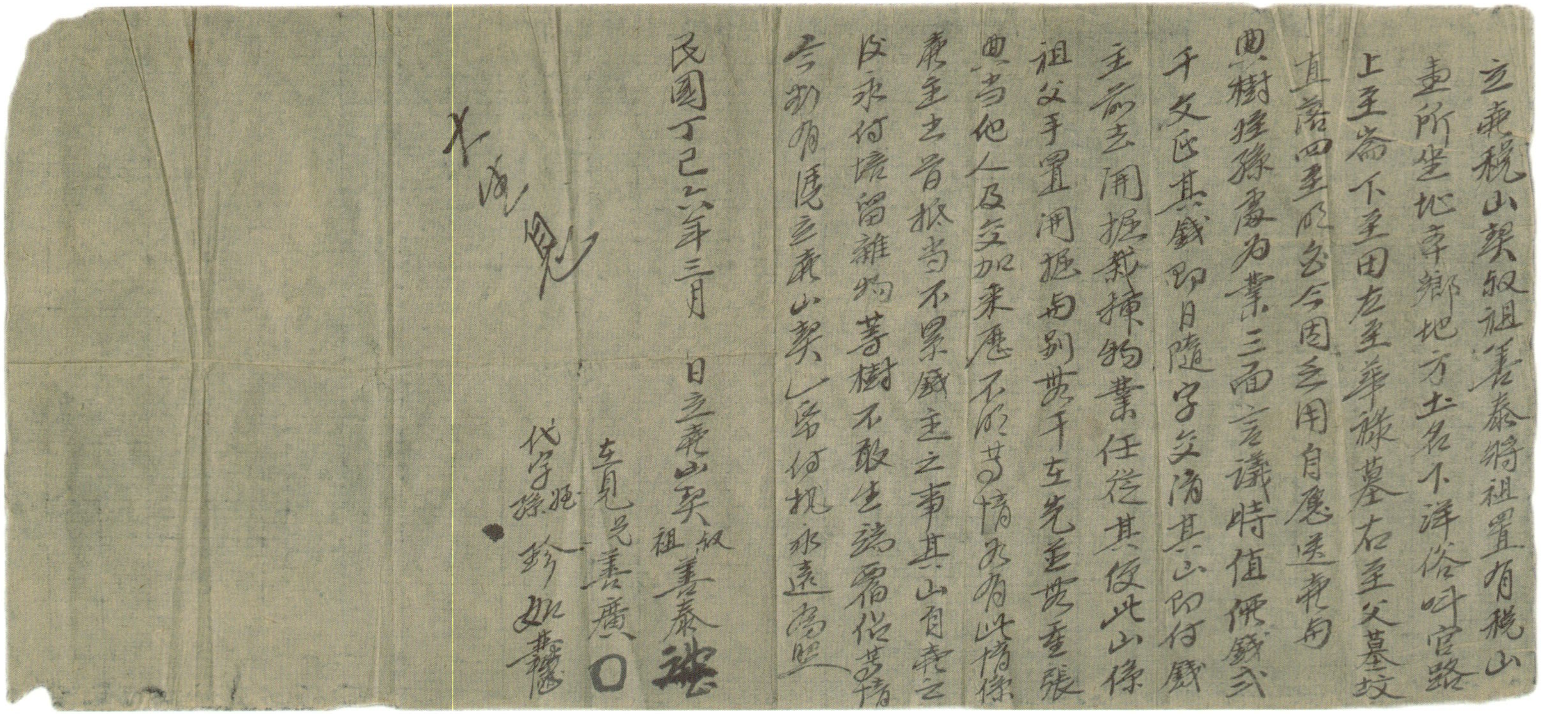
立賣稅山契叔祖善泰將祖置有稅山
壹所坐址本鄉地方土名下洋俗呼官路
上至崙下至田左至華祿墓右至父墓坟
直落四至明白今因無用自愿送賣與
典樹侄孫處爲業三面言議時值價錢弍
千文正其錢即日隨字交清其山即付賣
主前去開掘栽種物業任從其便此山係
祖父手置開掘與別房無干左右並無重張
典當他人及交加來歷不明等情如有此情係
賣主出首抵當不累買主之事其山自賣之
後永付墳留雜物等樹不敢生端寄佔等情
今欲有憑立賣山契一紙付執永遠爲照
民國丁巳六年三月　日立賣山契叔祖善泰（押）
在見兄善廣（押）
代字孫姪珍如（押）
不洗見

6-6-6-2　民國六年三月林善泰立賣稅山契

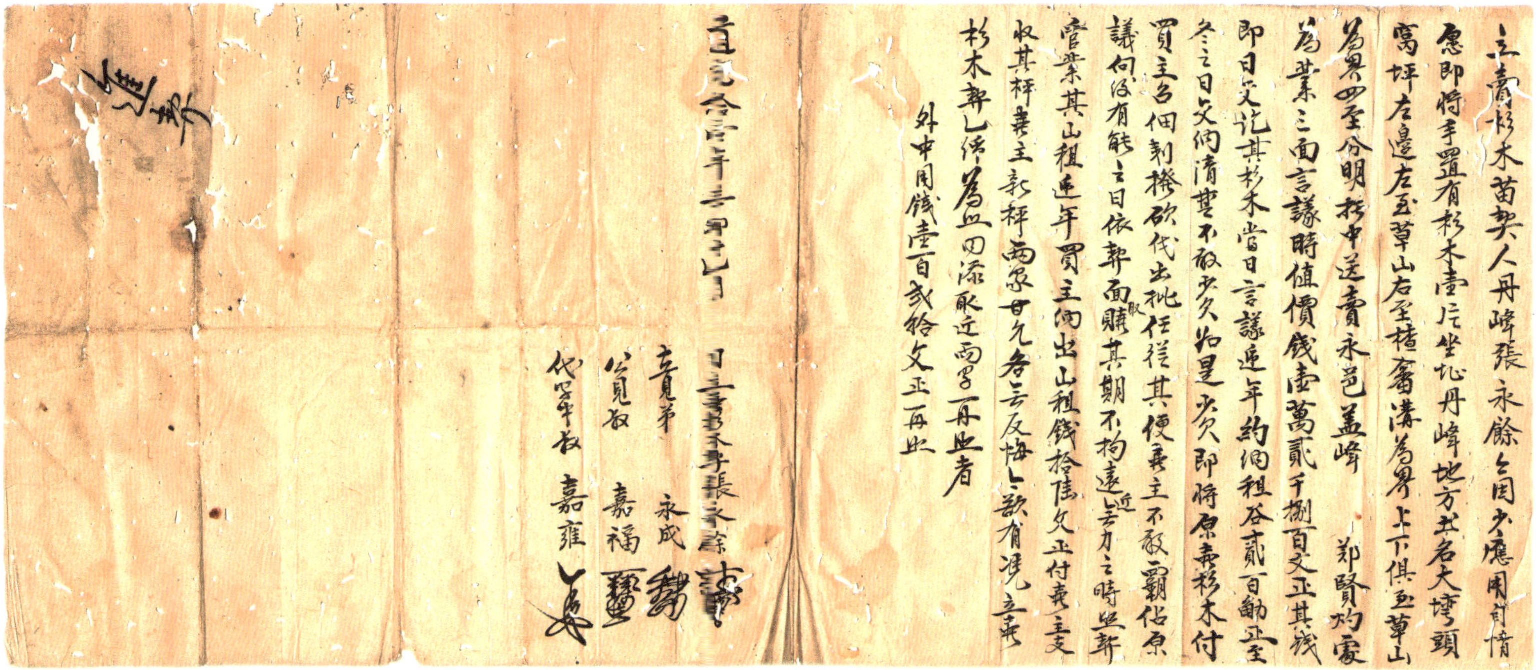
立賣杉木苗契人丹峰張永餘，今因少應用，自情
愿即將手置有杉木壹片，坐址丹峰地方，土名大墩頭
窩坪，左邊左至草山，右至植畬溝為界，上下俱至草山
為界，四至分明。托中送賣永邑盖峰　鄭賢灼處
為業。三面言議時值價錢壹萬貳千捌百文正，其錢
即日交訖。其杉木當日言議逐年約佃租谷貳百觔正，至
冬之日交納清楚，不敢少欠。如是少欠，即將原賣杉木付
買主另佃，剃攙砍伐出批，任從其便，賣主不敢霸佔原
議。向後有能之日，依契面贖取其，期不拘遠近，無力之時，無許
管業。其山租逐年買主內出山租錢拾陸文正付賣主支
收。其杯賣主、新杯兩家甘允，各無反悔。今欲有憑，立賣
杉木契一紙為照。田添脉近兩字再照者
外中間錢壹百貳拾文正再照

道光拾壹年十一月　日　立賣杉木契人張永餘（押）
在見弟　永成（押）
公見叔　嘉福（押）
代字叔　嘉雍（押）

6-6-7-1　清道光十一年十一月張永餘立賣杉木契

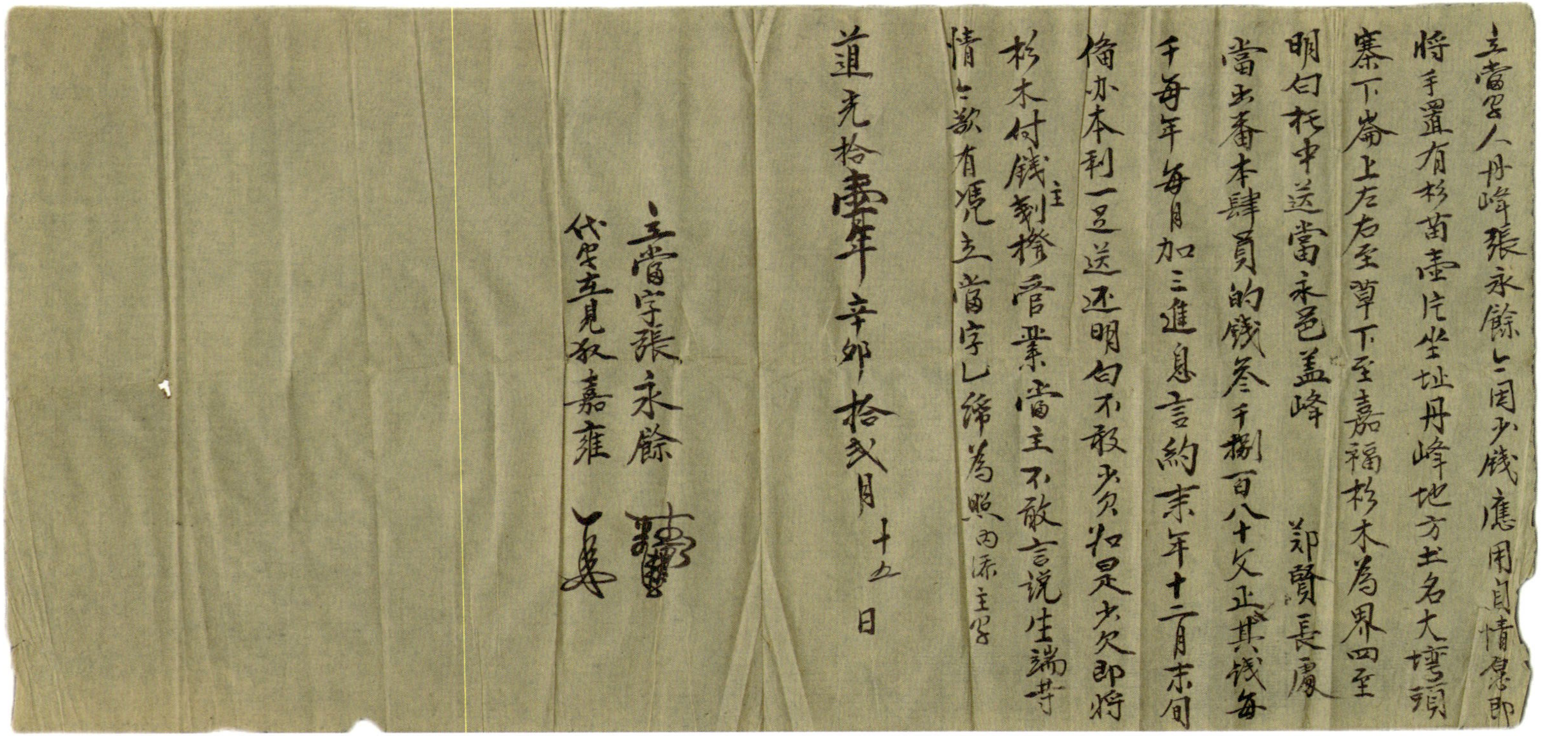

立當字人丹峰張永餘，今因少錢應用，自情愿即
將手置有杉苗壹片，坐址丹峰地方，土名大壙頭
寨下崙上，左右至草，下至嘉福杉木為界，四至
明白，托中送當永邑蓋峰　鄭賢長處
當出番本肆員的錢叁千捌百八十文正，其錢每
千每年每月加三進息，言約來年十二月末旬
備辦本利一足送還明白，不敢少欠。如是少欠，即將
杉木付錢主剝撥管業，當主不敢言說生端异
情。今欲有憑，立當字一紙為照。內添主字

道光拾壹年辛卯拾貳月十五日

立當字張永餘（押）
代字立見叔嘉雍（押）

6-6-7-2　清道光十一年十二月張永餘立當杉苗字

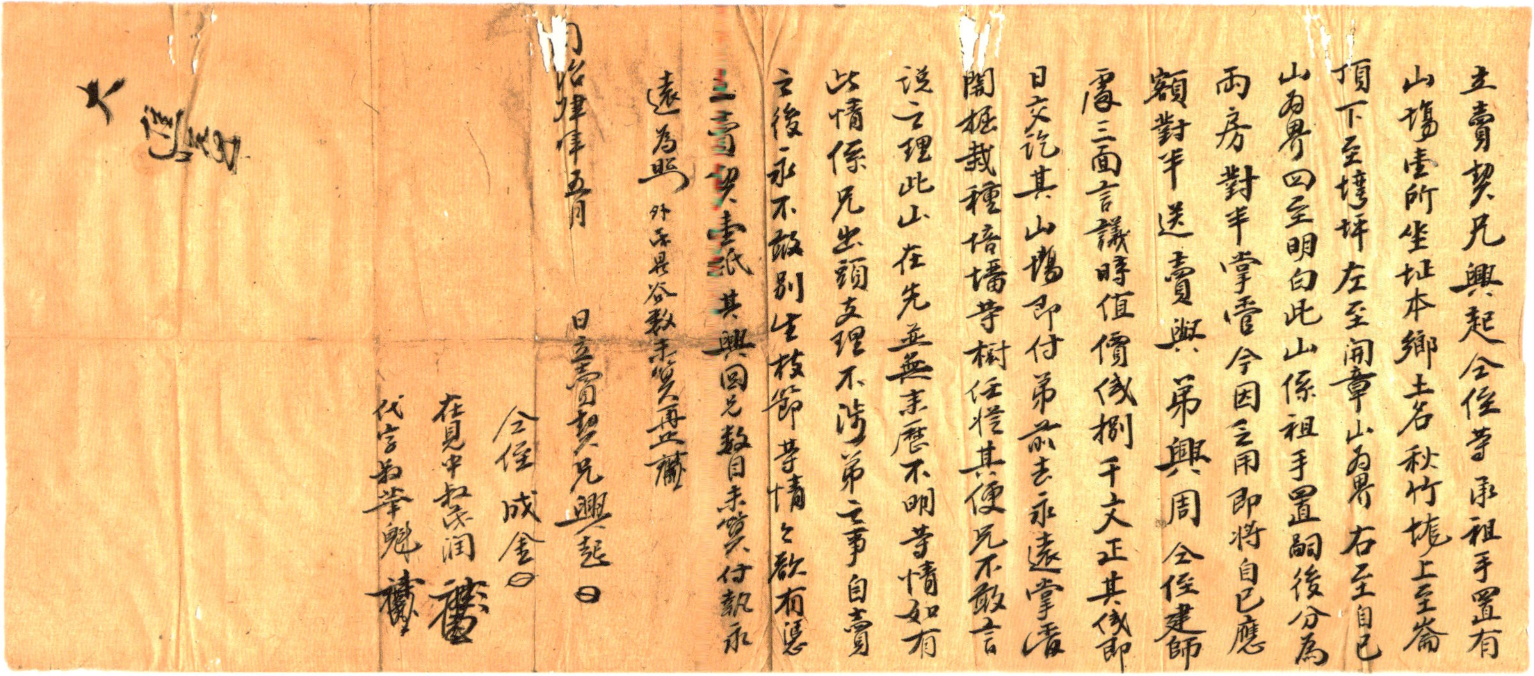
立賣契兄興起仝侄等承祖手置有
山場壹所坐址本鄉土名秋竹坵上至崙
頂下至墘坪左至閘章山為界右至自己
山為界四至明白此山係祖手置嗣後分為
兩房對半掌管今因乏用即將自己應
額對半送賣與弟興周仝侄建師
處三面言議時值價錢捌千文正其錢即
日交訖其山場即付弟前去永遠掌管
開掘栽種培播等樹任從其便兄不敢言
說之理此山在先並無來歷不明等情如有
此情係兄出頭支理不涉弟之事自賣
之後永不敢別生枝節等情之欸有憑
立賣契壹紙其興回兄叔自來賣付執永
遠為照　外添另谷數未完再立備
同治肆年五月　日立賣契兄興起
仝侄成金
在見中叔宗潤
代字弟華魁

6-6-8-1　清同治四年五月林興起等立賣山場契

立賣契弟興宗祖置有山場
壹所坐落本鄉地坊土名秋竹
壠上至崙頂下至自己山為界左
至華檝山為界右至己山為界四
至明白今因無錢應用自愿托中
送賣本房與
興周兄處三面言議時值價錢叁
佰陸拾文正其錢即日收訖其山即
付兄前去掌管開掘栽種培番樹
木弟不敢言說之理其山在先並
無交加不明等情如有此情弟出
頭支理不涉兄之事今欲有憑立賣
契壹紙付執永遠為照

同治陸年十壹月　日立賣契弟興宗（押）
仝弟興典（押）
內註契壹字再照（押）
代字中見弟善豪（押）

大[illegible]

6-6-8-2　清同治六年十一月林興宗等立賣山場契

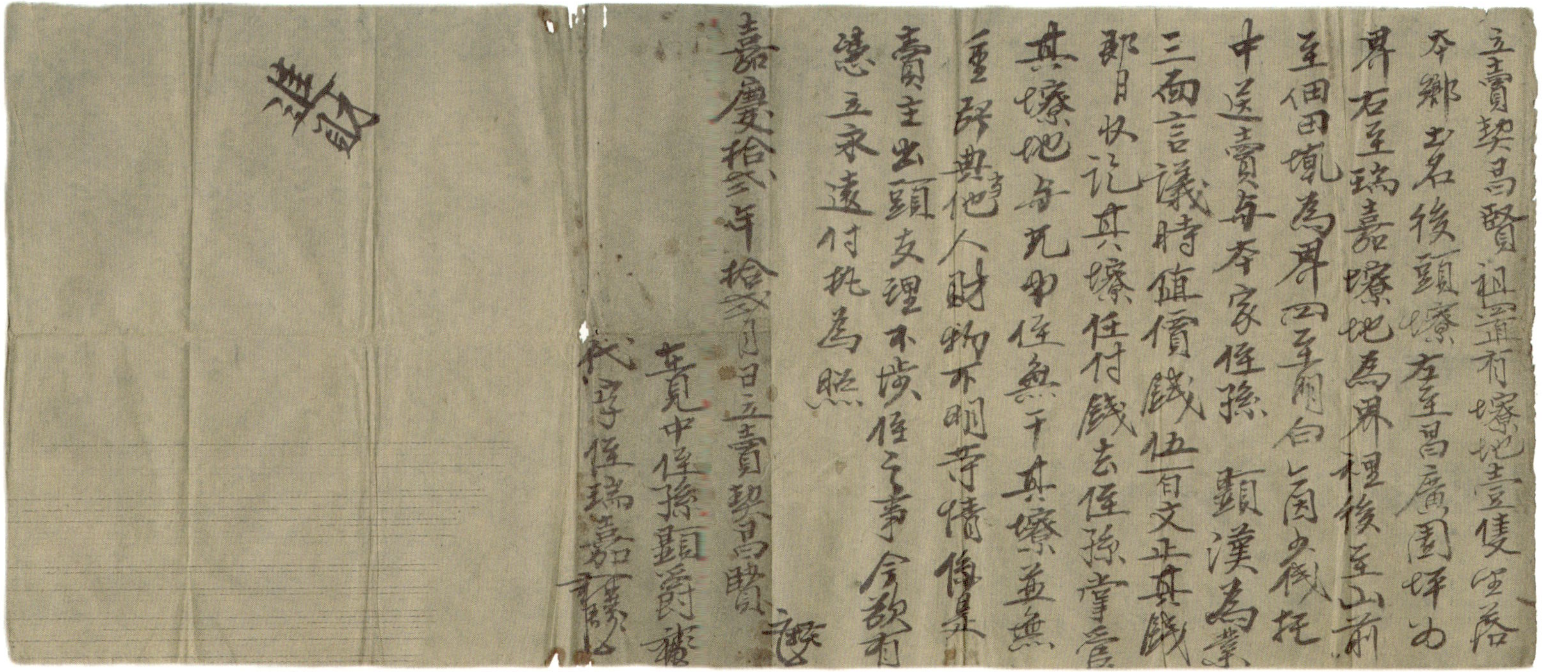

立賣契昌賢，祖置有壙地壹隻，坐落
本鄉土名後頭壙，左至昌廣園坪中
界，右至瑞嘉壙地為界，裡後至山前
至佃田塅為界，四至明白。今因乏錢，托
中送賣與本家侄孫　顯漢為業。
三面言議時值價錢伍佰文正，其錢
即日收訖，其壙任付錢去侄孫掌管。
其壙地與兄弟侄無干，其壙並無
重張典他人財物，不明等情，倘是
賣主出頭支理，不涉侄之事。今欲有
憑，立永遠付執為照。

嘉慶拾貳年拾貳月　日立賣契昌賢
中見侄孫顯爵
代字侄瑞嘉

6-6-9-1　清嘉慶十二年十二月林昌賢立賣壙地契

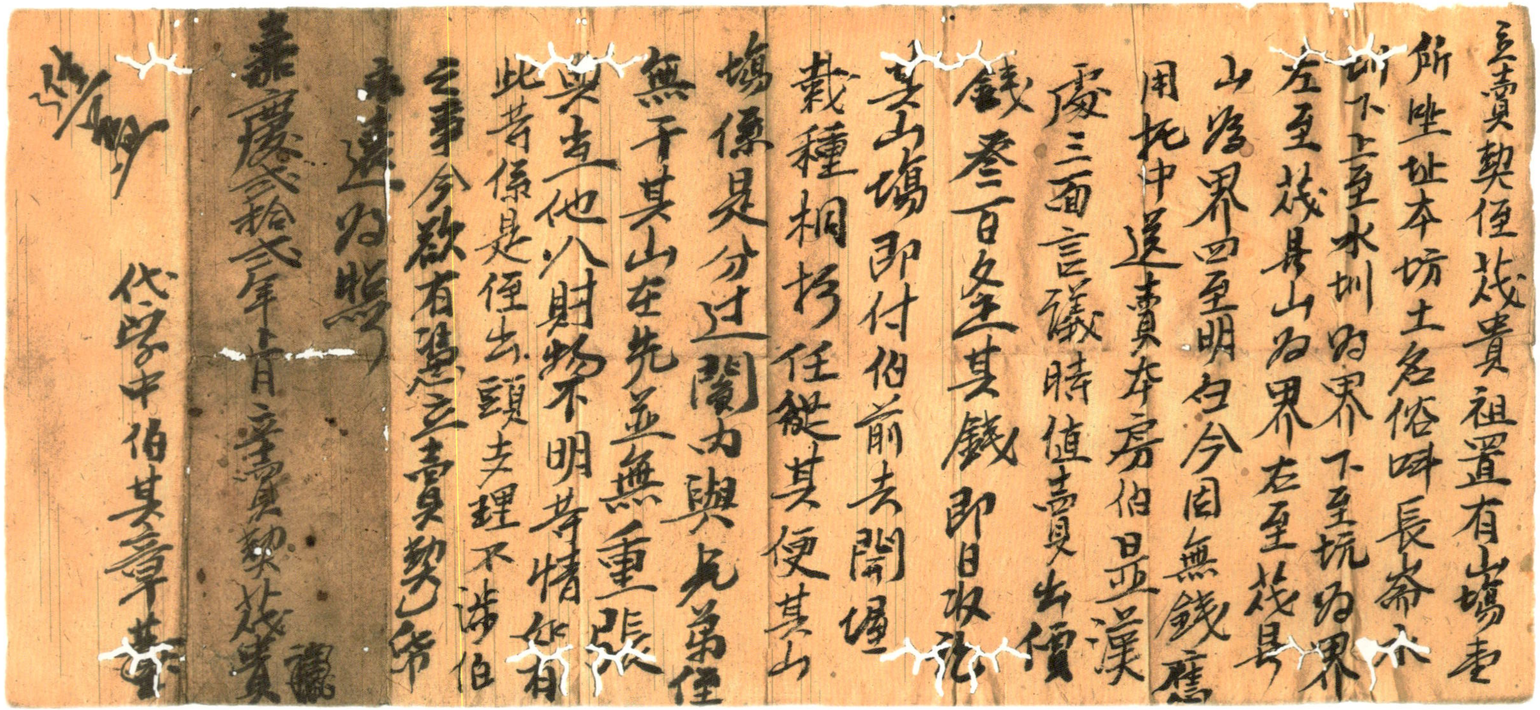
立賣契侄茂貴祖置有山場壹
所坐址本坊土名俗叫長崙下
圳下上至水圳為界下至坑為界
左至茂貴山為界右至茂貴
山為界四至明白今因無錢應
用托中送賣本房伯其漢
處三面言議時值賣出價
錢叁百文正其錢即日收訖
其山場即付伯前去開墾
栽種桐杉任從其便其山
場係是分过鬮內與兄弟侄
無干其山在先並無重張
典去他人財物不明等情如有
此等係是侄出頭支理不涉伯
之事今欲有憑立賣契為帶
永遠為照
嘉慶貳拾貳年正月　立賣契侄茂貴
代字中伯其章

6-6-9-2　清嘉慶二十二年正月林茂貴立賣山場契

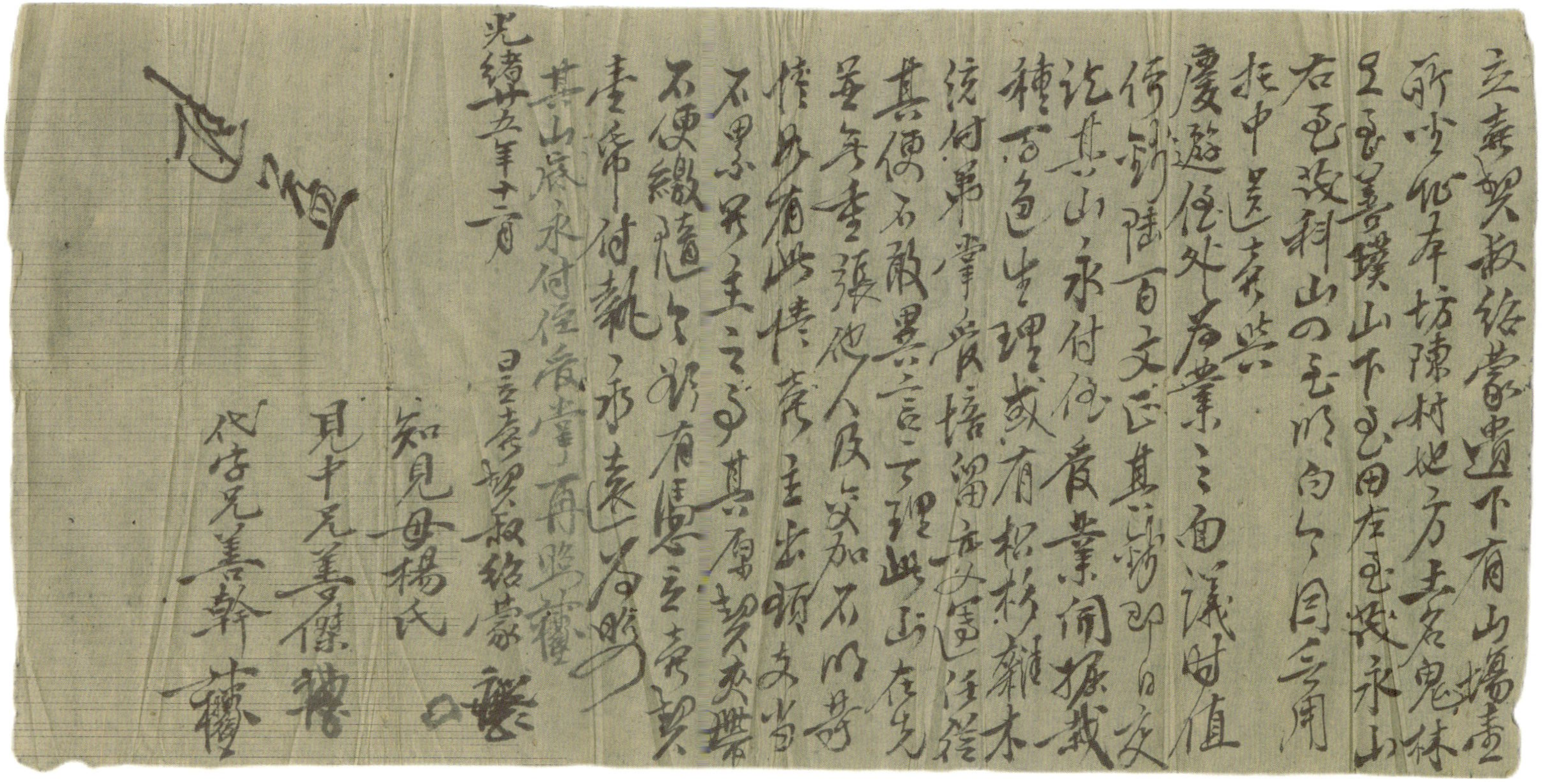

立賣契叔紹蒙，遺下有山場壹
所，坐本坊陳村地方，土名鬼林
上至善璞山，下至田，左至發永山，
右至發科山，四至明白，今因乏用，
托中送賣與
慶遊侄處為業，三面議時值
價錢陸百文正，其錢即日交
訖，其山永付侄掌業，開掘栽
種[illegible]生理，或有松杉雜木
[illegible]付侄掌管培留，[illegible]
其便不敢異言，亦理此山，在先
並無重張典他人，及以加不明等
情，如有此情，係賣主出頭支當，
不累買主之事。其原契[illegible]
不便繳[illegible]，日後有得尋出，[illegible]賣契
壹紙付執，永遠為照。
其山底永付侄管掌，再照。

光緒廿五年十二月　日立賣契叔紹蒙（押）

知見母楊氏（押）

見中兄善傑（押）

代字兄善幹（押）

6-6-9-3　清光緒二十五年十二月林紹蒙立賣山場契

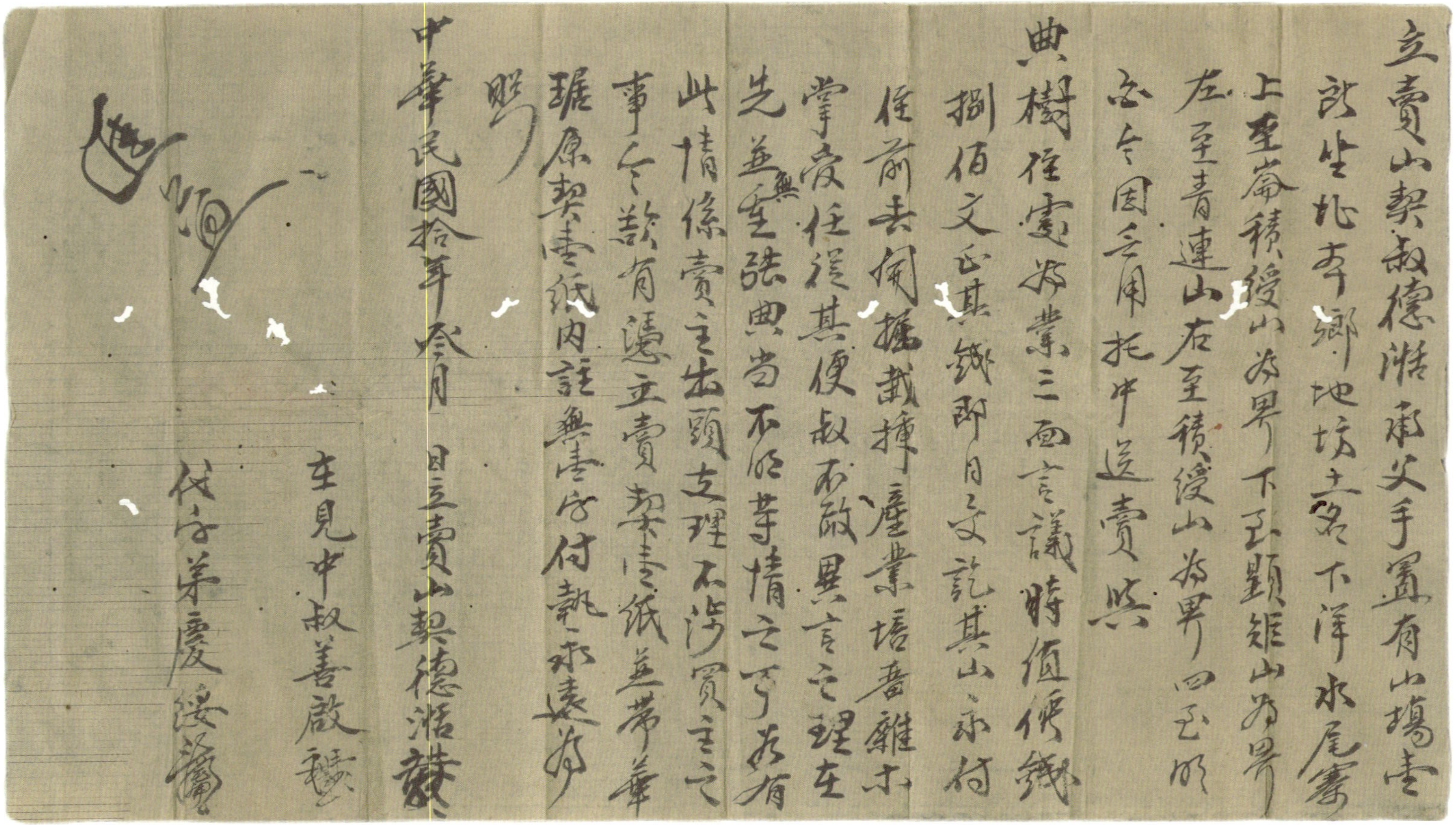
立賣山契叔德澔承父手置有山場壹
所坐址本鄉地坊土名下洋水尾寮
上至崙積縵山為界下至顯維山為界
左至青連山右至積縵山為界四至明
白今因乏用托中送賣與
典樹侄處為業三面言議時值價錢
捌佰文正其錢即日交訖其山亦付
侄前去開掘栽插管業培畜雜木
掌管任從其便叔不敢異言之理在
先並無重張典當不明等情之可若有
此情賣主出頭支理不涉買主之
事今欲有憑立賣契壹紙並帶華
𡇼原契壹紙內註無存付執永遠為
照
中華民國拾年叁月　日立賣山契德澔（押）
在見中叔善啟（押）
代字弟慶漫（押）

6-6-9-4　民國十年三月林德澔立賣山場契

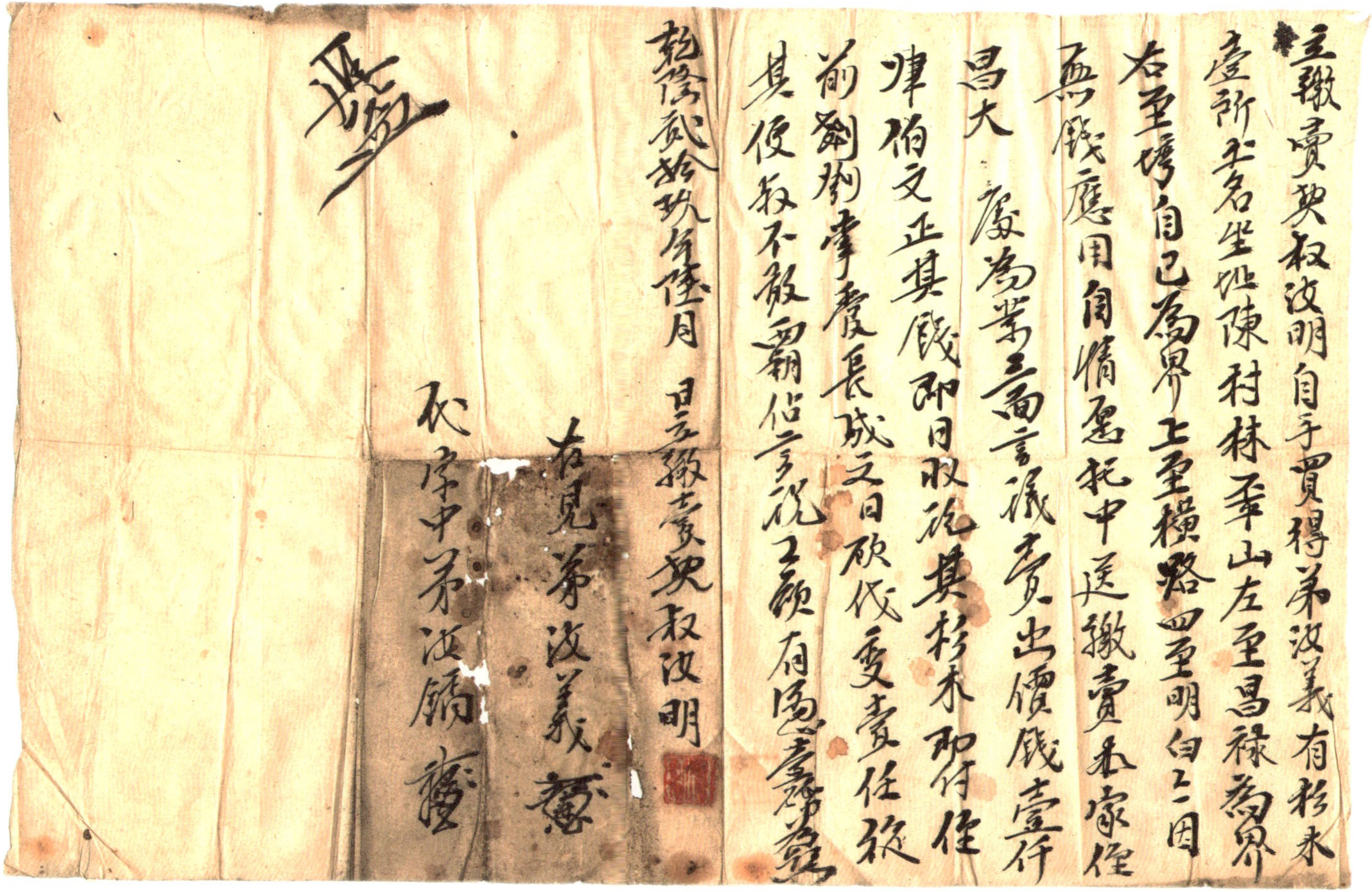

立繳賣契叔汝明自手買得弟汝義有杉木
壹所土名坐址陳村林莘山左至昌祿為界
右至塆自己為界上至橫路四至明白今因
無錢應用自情愿托中送繳賣與家侄
昌大　處為業三面言議賣出價錢壹仟
肆佰文正其錢即日收訖其杉木即付侄
前劉掌管長成之日砍伐受賣任從
其便叔不敢霸佔言說三願有憑立繳賣契

乾隆貳拾玖年陸月　日立繳賣契叔汝明（印）
在見弟汝義（押）
代字中弟汝鎬（押）

照

6-6-10-1　清乾隆二十九年六月林汝明立繳賣杉木契

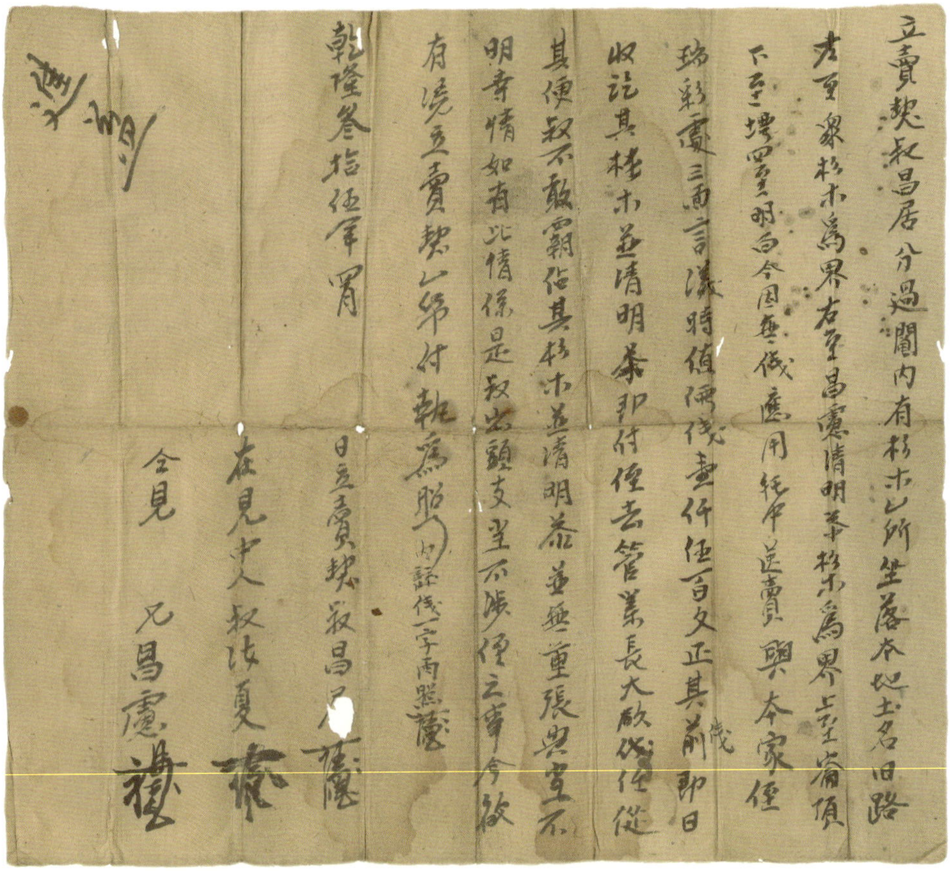
立賣契叔昌居分過閹内有杉木山所坐落本处土名日路
左至梁杉木爲界右至昌處清明茶杉木爲界上至崙頂
下至墈四至明白今因無錢應用托中送賣與本家侄
瑞彩處三面言議時値價錢壹仟伍百文正其錢即日
收訖其杉木並清明茶即付侄去管業長大砍伐任從
其便叔不敢霸佔其杉木並清明茶並無重張典當不
明等情如有此情係是叔出頭支當不涉侄之事今欲
有憑立賣契一帋付執爲照（内註錢一字爲照）
乾隆叁拾伍年四月　日立賣契叔昌居（押）
在見中人叔法夏（押）
仝見兄昌處（押）

6-6-10-2　清乾隆三十五年四月林昌居立賣杉木等契

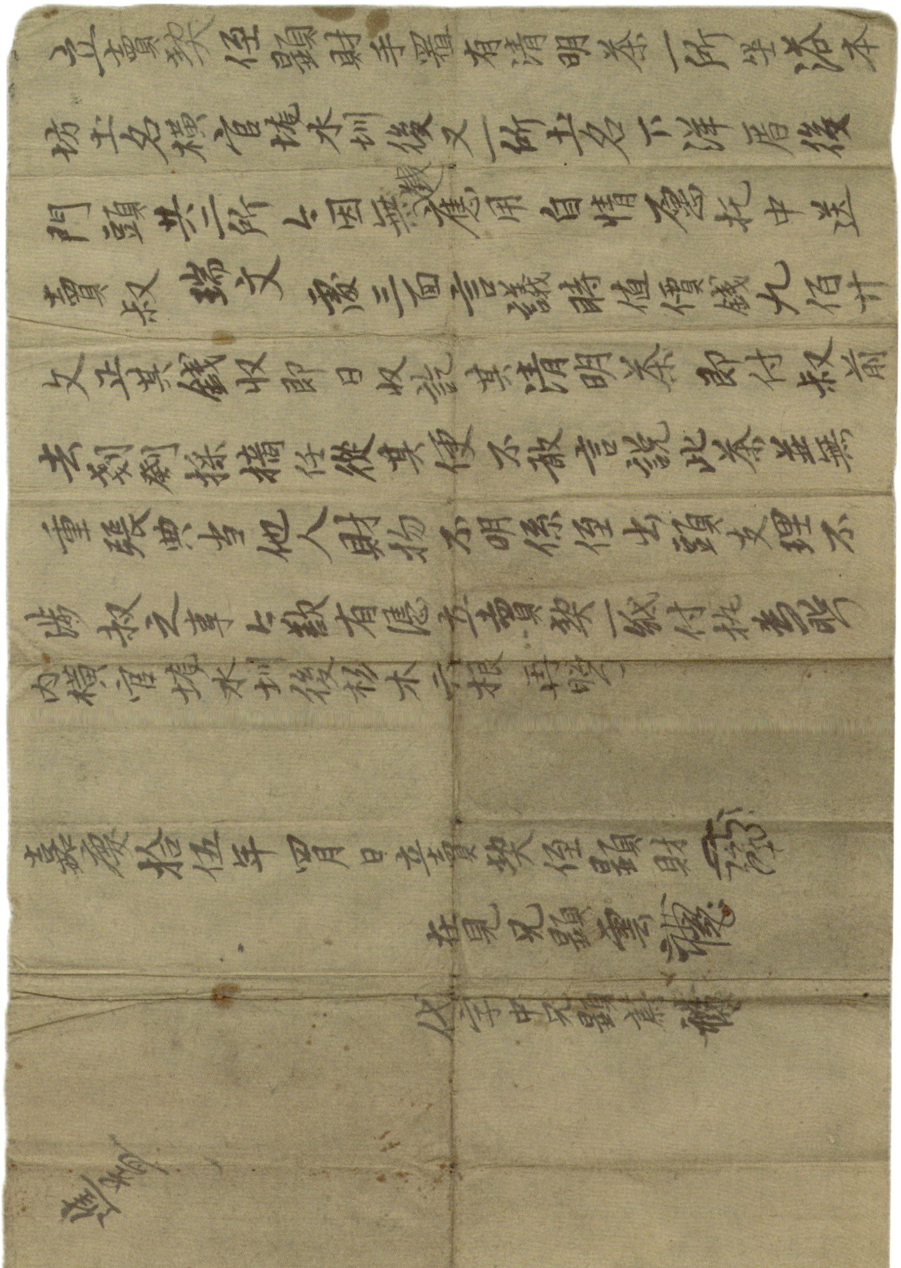

立賣契人侄顯財，手置有清明茶一所，坐落本坊土名樟宫墘水圳後，又一所土名下洋厝後門頭，共二所。今因無錢應用，自情愿托中送賣與叔顯文處，三面言議時值價錢九佰廿文足。其錢收即日收訖，其清明茶即付叔前去剗採摘，任從其便，不敢言說。此茶並無重張典當他人財物，不明係侄出頭支理，不干叔之事。今欲有憑，立賣契一紙付執為照。

內樟宫墘水圳後杉木二根再照。

嘉慶拾伍年四月　日立賣契侄顯財（押）

在見兄顯壽（押）

代字中兄顯義（押）

送契

6-6-10-3　清嘉慶十五年四月林顯財立賣清明茶契

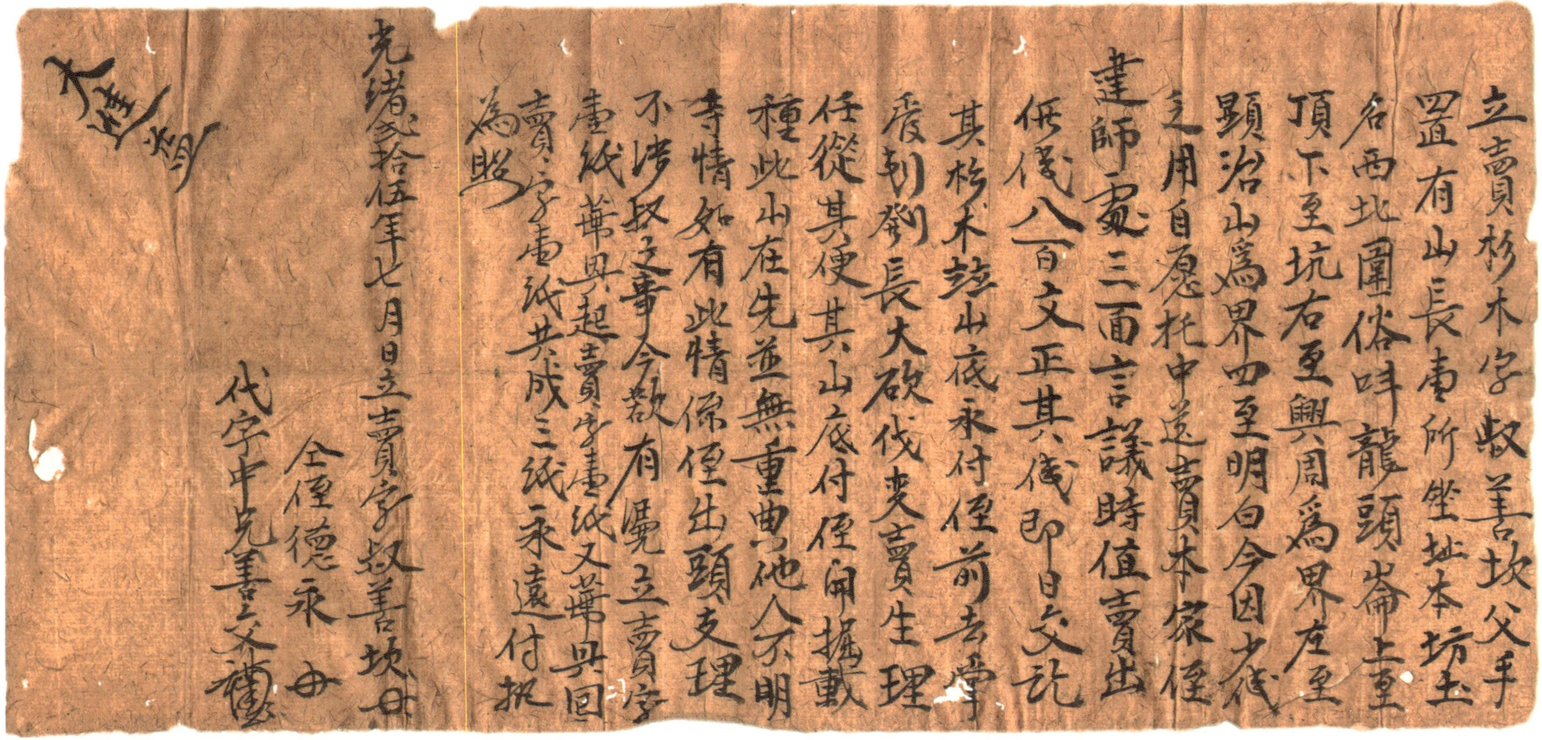

立賣杉木字叔善坎父手
置有山長壹所坐址本坊土
名西北園俗呌龍頭崙上至
頂下至坑右至與周爲界左至
頭沿山爲界四至明白今因乏錢
之用自愿托中送賣本家侄
建師處三面言議時值賣出
價錢八百文正其錢即日交訖
其杉木並山底永付侄前去掌
管蓄留長大砍伐變賣生理
任從其便其山底付侄開掘栽
種此山在先並無重曲他人不明
等情如有此情係侄出頭支理
不涉叔之事今欲有憑立賣字
壹紙華與起賣字壹紙又華與回
賣字壹紙共成三紙永遠付執
爲照

光緒貳拾伍年七月日立賣字叔善坎 押
仝侄德永 押
代字中見善上父 押

大吉利

6-6-10-4　清光緒二十五年七月林善坎等立賣杉木等字

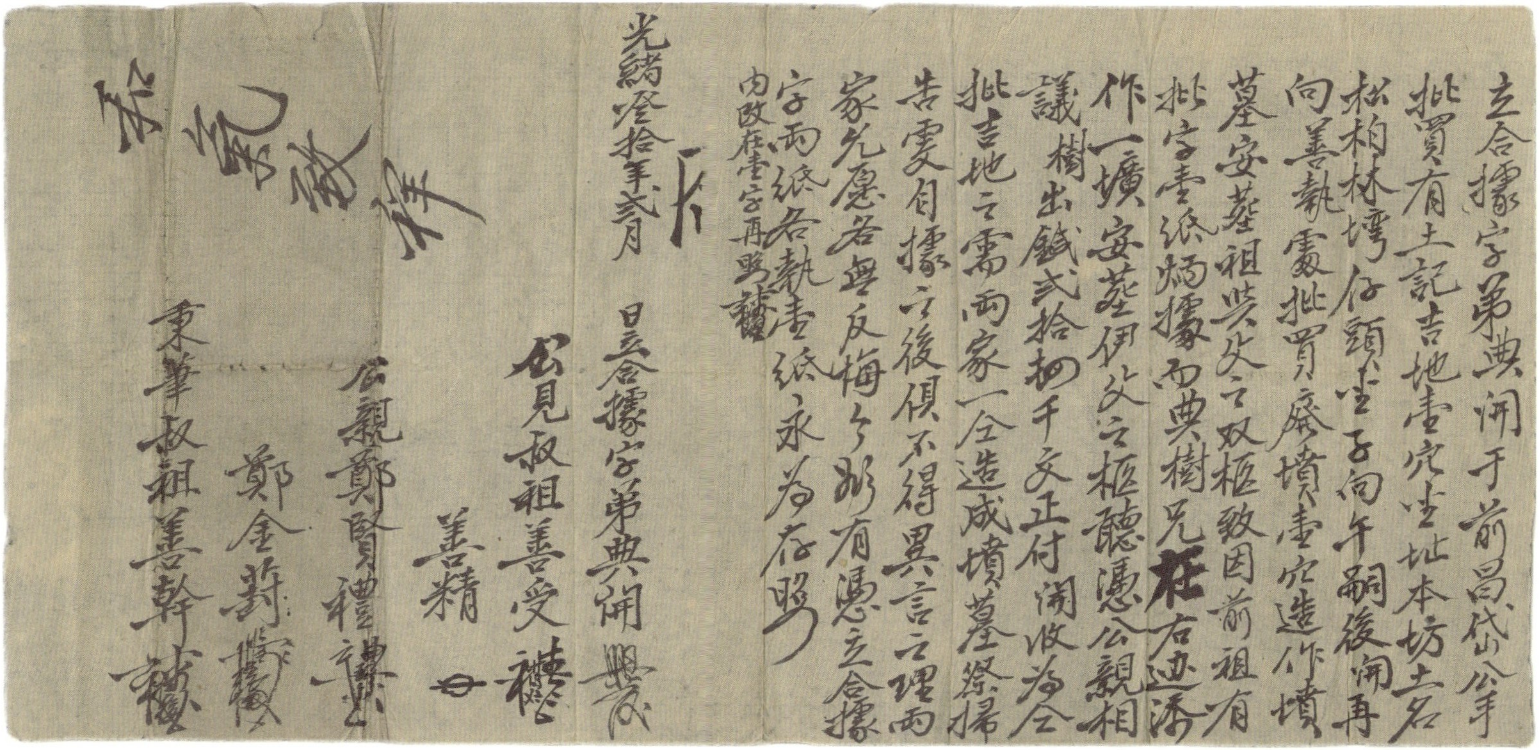
立合據字弟典開，于前昌、岱公手
批買有土記吉地壹穴，坐址本坊土名
松柏林壙仔頭，坐子向午。嗣後開再
向善執處批買廢墳壹穴，造作墳
墓，安葬祖妣父之双柩。致因前祖有
批字壹紙炳據，而典樹兄在右，遞添
作一壙，安葬伊父之柩。聽憑公親相
議，樹出錢弍拾捌千文，正付開收為仝
批吉地之需，兩家一仝造成墳墓，祭掃
告[illegible]。自據之後，俱不得異言之理。兩
家先慮各無反悔，今欲有憑，立合據
字兩紙，各執壹紙，永為存照。
內改在壹字再照。

光緒參拾年弍月　日立合據字弟典開（押）
在見叔祖善愛（押）
善精（押）
在親鄭賢禮（押）
鄭金對（押）
秉筆叔祖善幹（押）

6-6-11-1　清光緒三十年二月林典開立合據字

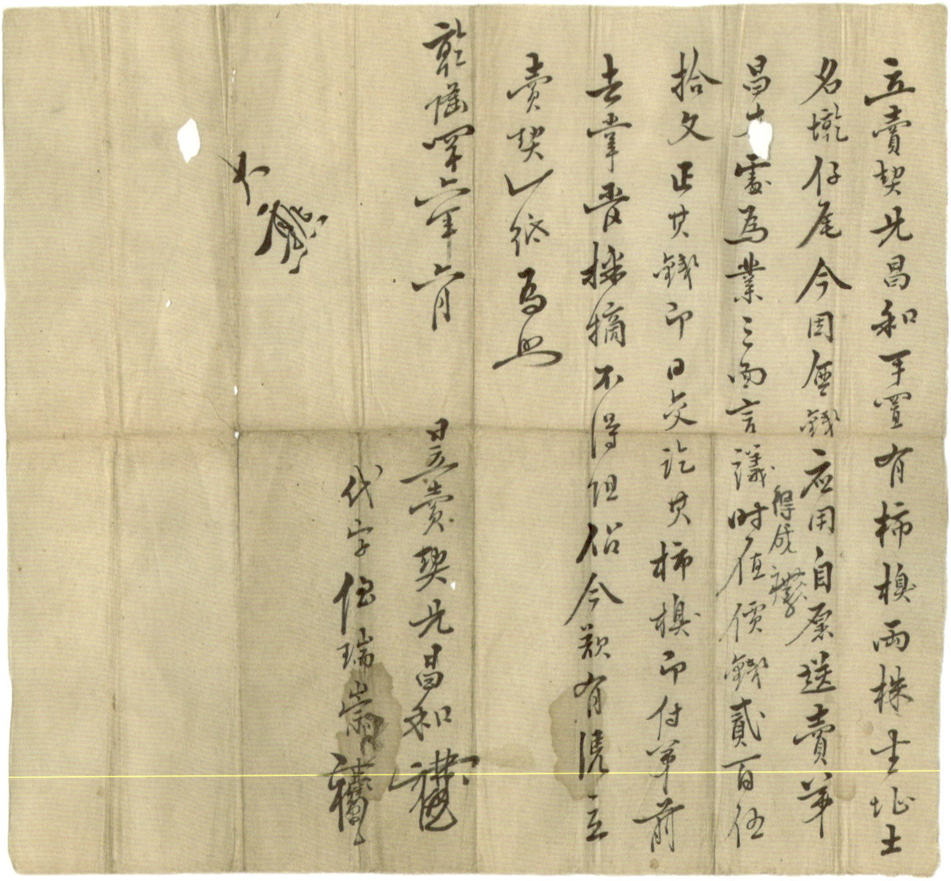

立賣契林昌和手置有柿模兩株土地土
名坑仔尾今因無錢應用自愿送賣與
昌大處爲業三面言議得成時值價錢貳百伍
拾文正其錢即日交訖其柿模即付與前
去掌管採摘不得阻擋今欲有憑立
賣契一紙爲照

乾隆四十六年六月 日立賣契林昌和（押）
代字 伍瑞崇（押）

6-6-12-1　清乾隆四十六年六月林昌和立賣柿模契

立據字弟華岐承有吉地壹穴坐址本坊
土名下洋厝中心崙墘窩其墳頂有吉地
壹穴係本家　茂統兄埋葬姆婆及
叔父棺柩年方不利托中相議並與岐弟
處前去另遷砌造墳塋安葬雙親棺
柩左邊拜手壹壙付統附葬姆婆及叔
父金箱合進壹壙自據之後兩家允願
各無反悔不得異言生端之理今欲有
憑立據字壹紙天丁發甲富貴綿遠
付統為照

再批[illegible]

咸豐元年十二月　日立據字弟華岐（押）
代字中見叔祖瑞海（押）

財丁兩旺

6-6-12-2　清咸豐元年十二月林華岐立據字

# 第七帙　林斯安户

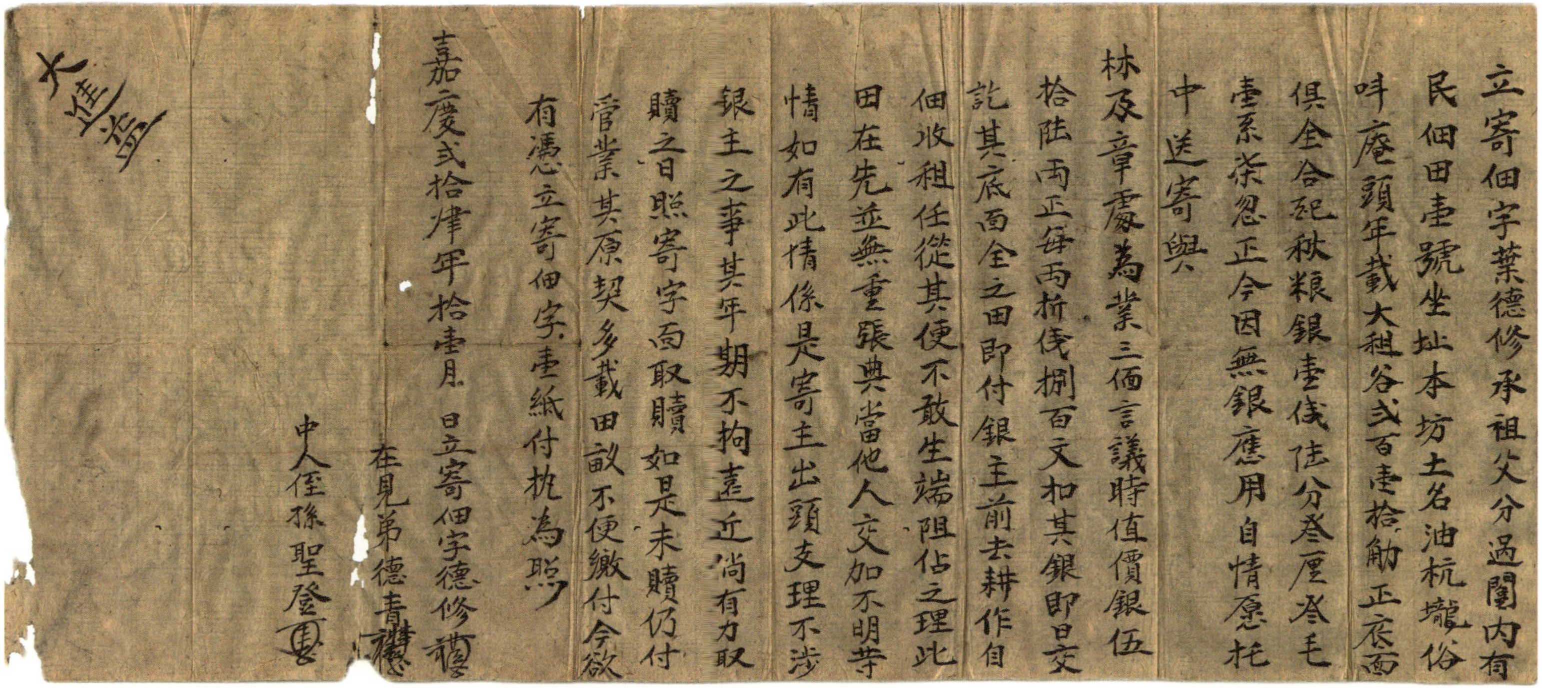
立寄佃字葉德修承祖父分過闉內有
民佃田壹號坐址本坊土名油杭壠俗
呌庵頭年載大租谷弍百壹拾觔正底面
俱全合配秋粮銀壹錢陆分叁厘叁毛
壹系柒忽正今因無銀應用自情愿托
中送寄與
林辰章處為業三面言議時值價銀伍
拾陆兩正每兩折錢捌百文加其銀即日交
訖其底面全之田即付銀主前去耕作自
佃收租任從其便不敢生端阻佔之理此
田在先並無重張典當他人交加不明等
情如有此情係是寄主出頭支理不涉
銀主之事其年期不拘遠近尚有力取
贖之日照寄字面取贖如是未贖仍付
管業其原契多載田畝不便繳付今欲
有憑立寄佃字壹紙付執為照
嘉慶弍拾肆年拾壹月　日立寄佃字德修（押）
在見弟德青（押）
中人侄孫聖登（押）
大進益

6-7-1-1　清嘉慶二十四年十一月葉德修立寄民佃田字

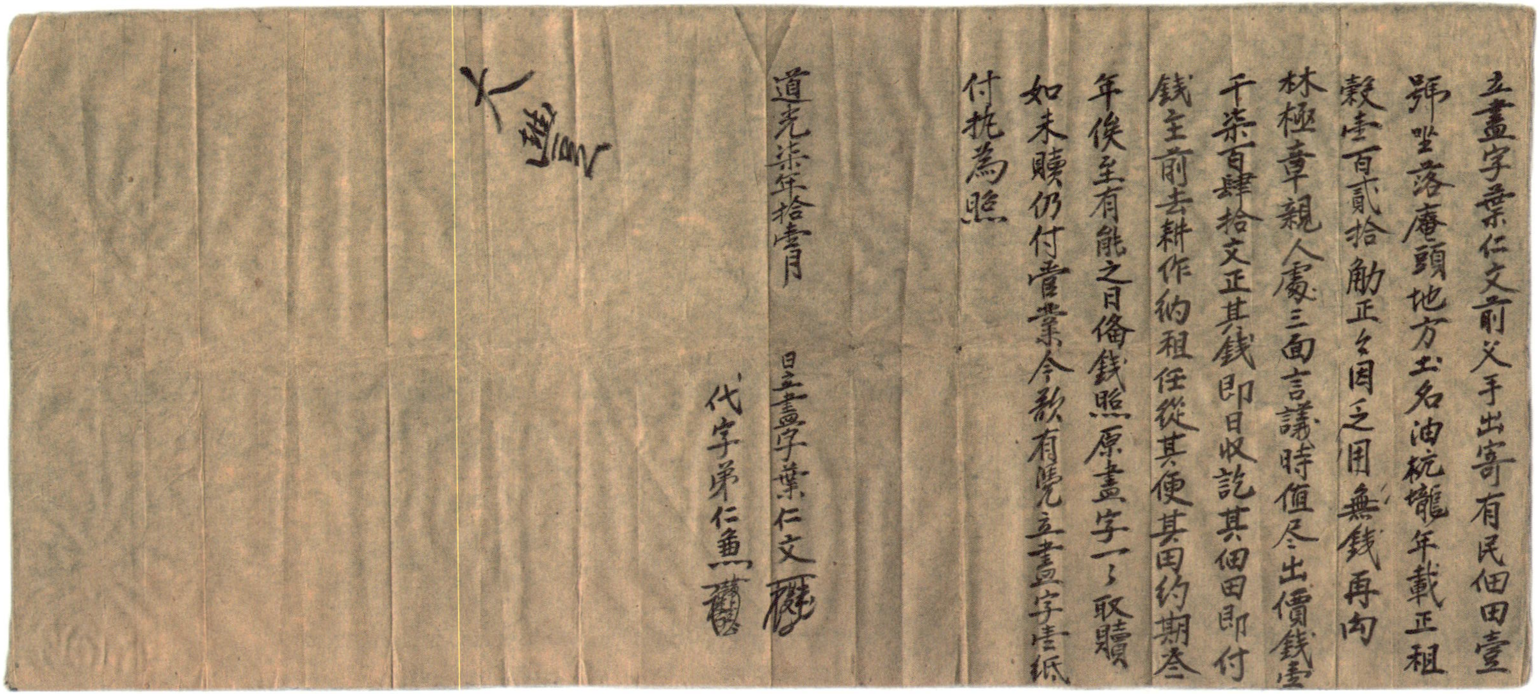


6-7-1-2　清道光七年十一月葉仁文立盡民佃田字

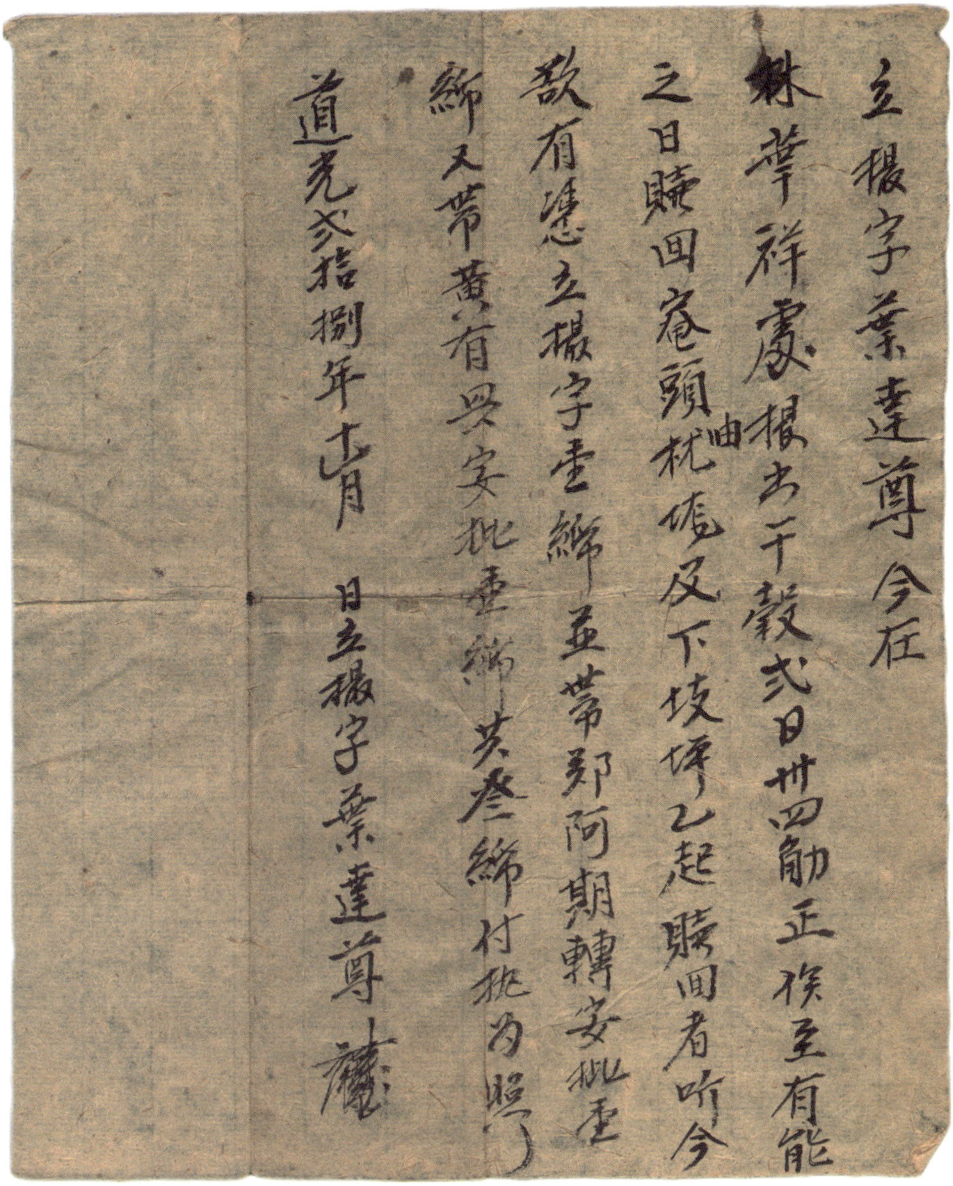

立撮字葉達尊今在
林華祥處撮出干穀弍百卅四觔正候至有能
之日贖回蒼頭曲杕坑及下坡坪乙起贖回者听今
欲有憑立撮字壹紙並帶鄭阿期轉安批壹
紙又帶黃有興安批壹紙共叁紙付批為照
道光弍拾捌年十一月　　日立撮字葉達尊

6-7-1-3　清道光二十八年十一月葉達尊立撮字

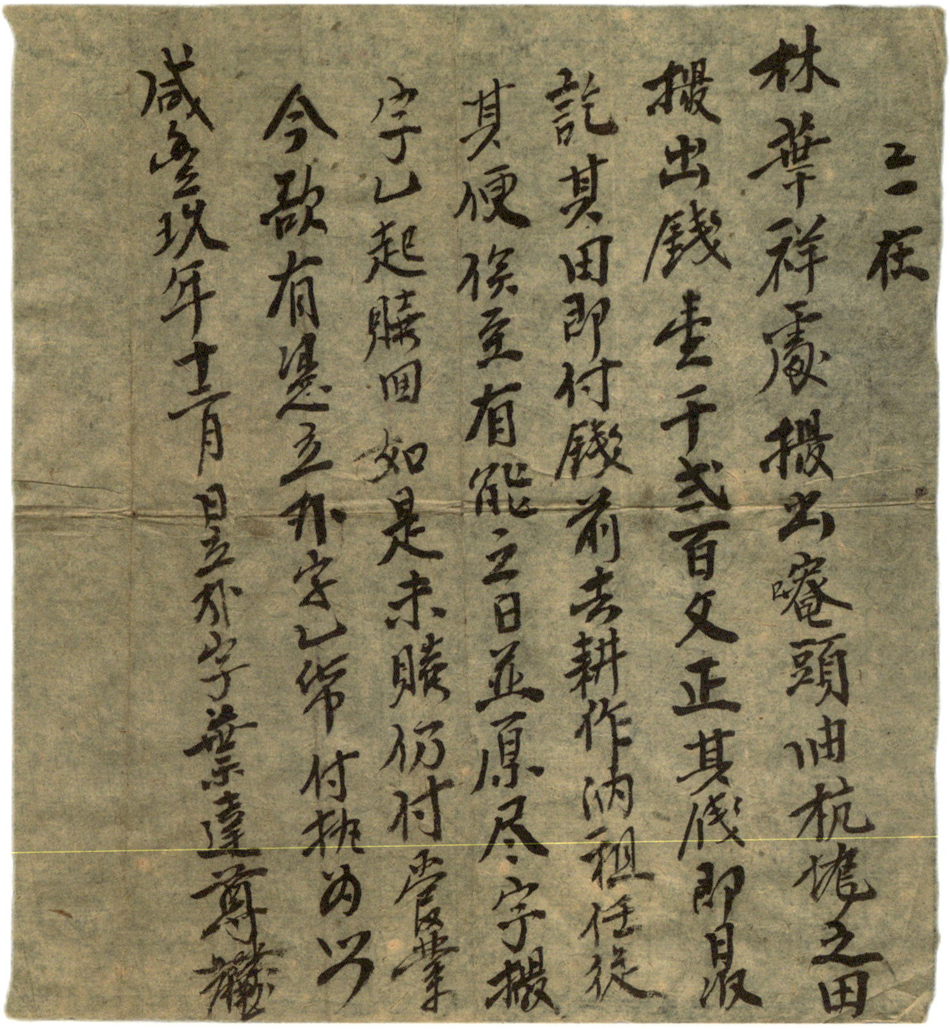

立在
林華祥處撥出唵頭甽杭墟之田
撥出錢壹千弍百文正其錢即日收
訖其田即付錢前去耕作納租任從
其便，後至有能之日照原價字撥
字山起贖回，如是未贖仍付管業
今欲有憑立撥字乙紙付執為照
咸豐玖年十二月　日立撥字葉達尊押

6-7-1-4　清咸豐九年十二月葉達尊立撥字

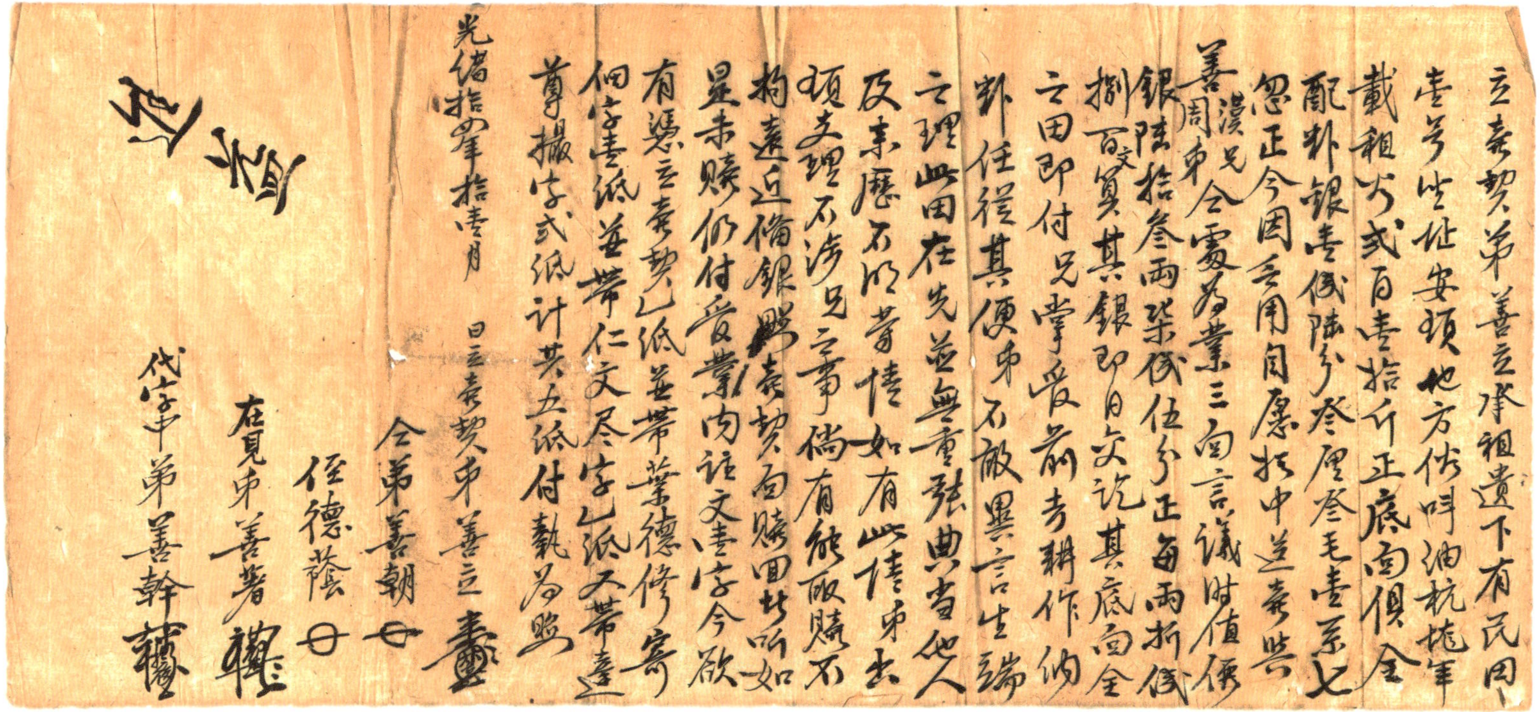
立賣契弟善立承祖遺下有民田、
壹号，坐址安頓地方，佛叫油杭塆，年
載租谷弍百壹拾斤正，底面俱全，
配粮銀壹錢陸分叁厘叁毛壹系七
忽正。今因乏用，自愿托中送賣與
善濮兄、周弟仝處爲業。三面言議，時值價
銀陸拾叁兩柒錢伍分正，每兩折錢
捌百文算，其銀即日交訖，其底面全
之田即付兄掌管前去耕作納
粮，任從其便，弟不敢異言生端
之理。此田在先並無重張典當他人
及來歷不明等情，如有此情，弟出
頭支理，不涉兄之事。倘有能力取贖，不
拘遠近，備銀照賣契面贖回，共所如
是未贖，仍付兄管業。內註文壹字。今欲
有憑，立賣契山紙並帶葉德修寄
佃字壹紙，並帶仁文盡字山紙，又帶壹邊
尊撮字弍紙，計共五紙，付執爲照。

光緒拾四年拾壹月 日立賣契弟善立（押）
仝弟善朝（押）
侄德蔭（押）
在見弟善著（押）
代字中弟善幹（押）
[illegible]

6-7-1-5 清光緒十四年十一月林善立等立賣底面全民田契

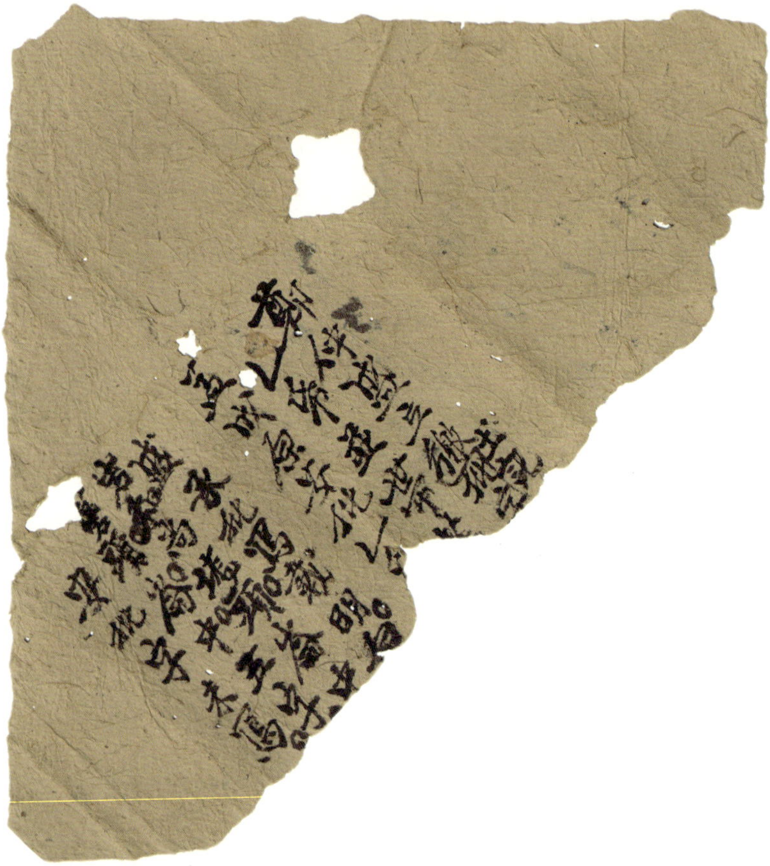

6-7-2-1　包契紙

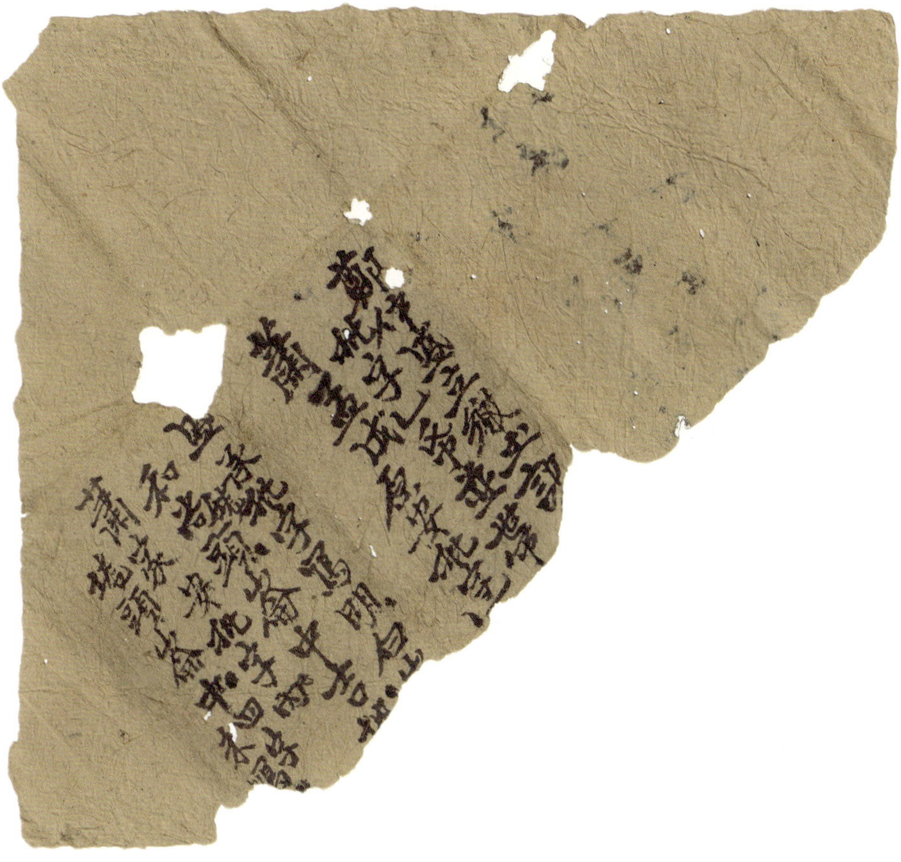

6-7-2-2 包契紙

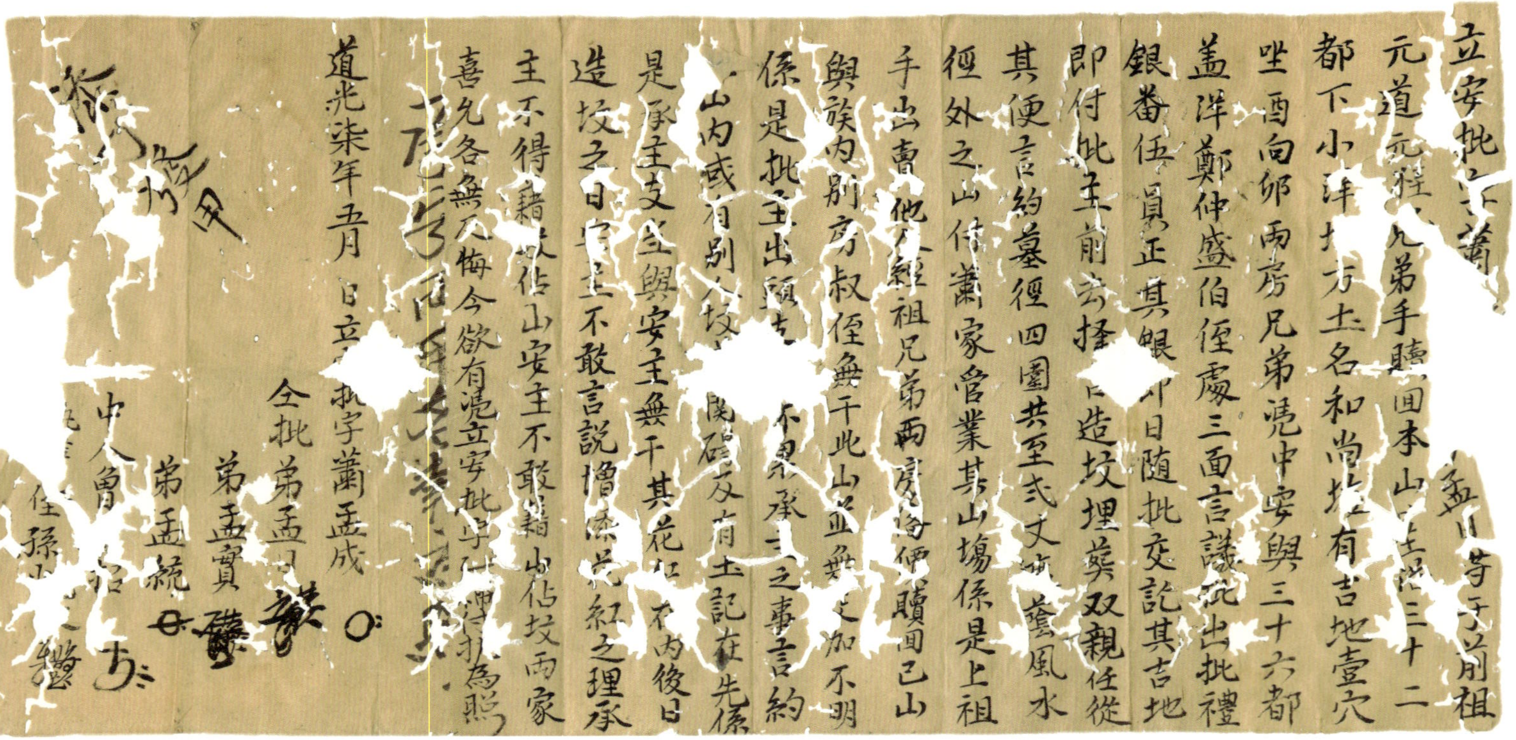

6-7-2-3　清道光七年五月蕭孟成等立安批吉地字

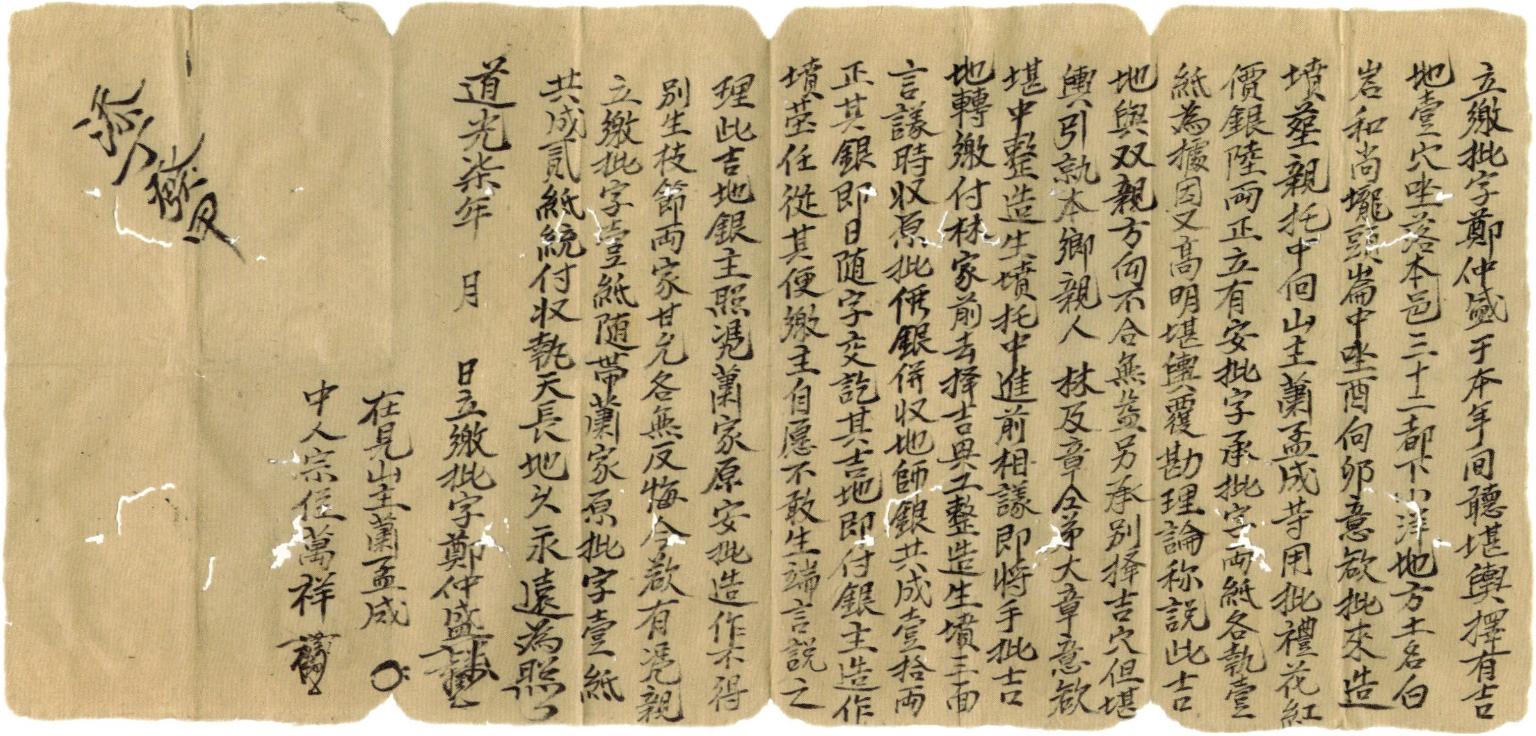

立繳批字鄭仲盛于本年間聽堪輿擇有吉
地壹穴坐落本邑三十二都下洋地方土名白
岩和尚壠頭崙中坐酉向卯意欲批來造
墳塋親托中向山主蘭孟成等用批禮花紅
價銀陸兩正立有安批字承批字兩紙各執壹
紙為據因又高明堪輿覆勘理論称説此吉
地與双親方向不合無益另承別擇吉穴但堪
輿引執本鄉親人　林反章仝弟大章意欲
堪中整造生墳托中進前相議即將手批吉
地轉繳付林家前去擇吉興工整造生墳三面
言議時收原批價銀併收地師銀共成壹拾兩
正其銀即日隨字交訖其吉地即付銀主造作
墳塋任從其便繳主自愿不敢生端言説之
理此吉地銀主照憑蘭家原安批造作不得
別生枝節兩家甘允各無反悔今欲有憑親
立繳批字壹紙隨帶蘭家原批字壹紙
共成貳紙繳付收執天長地久永遠為照

道光柒年　月　日立繳批字鄭仲盛（押）
在見山主蘭孟成（押）
中人宗任萬祥（押）

添丁發貴

6-7-2-4　清道光七年鄭仲盛立繳批吉地字

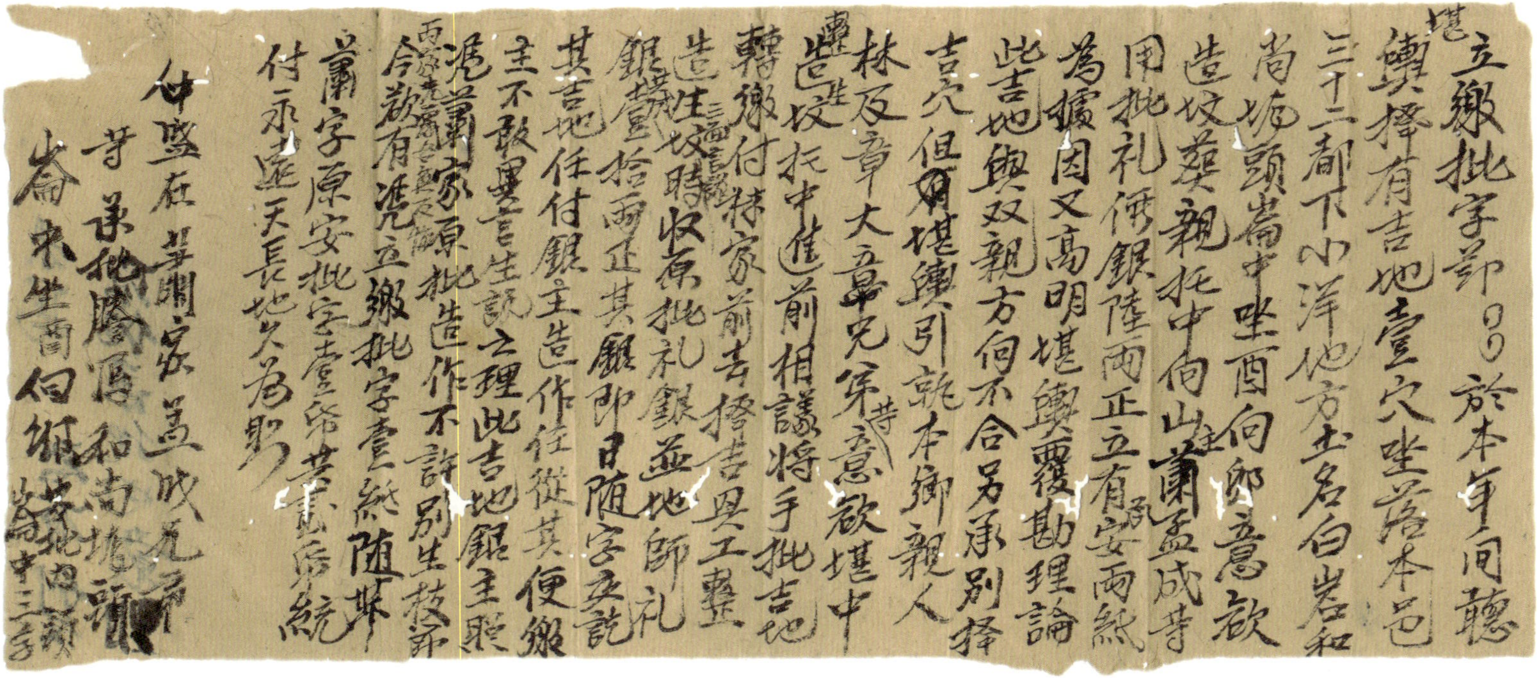
立繳批字鄭○○，於本年間聽
堪輿擇有吉地壹穴，坐落本邑
三十二都下小洋地方，土名白岩和
尚塘頭嵩中，坐酉向卯，意欲
造坟葬親，托中向山主蕭孟成等
用批礼價銀陸兩正，立有安兩紙
為據。因又高明堪輿覆勘理論
此吉地與奴親方向不合，另承別擇
吉穴。但有堪輿引就本鄉親人
林及章、大章兄弟，意欲堪中
此坟，托中進前相議，將手批吉地
轉繳付林家前去擇吉興工築
造坟，生坟時收原批礼銀並地師礼
銀壹拾兩正，其銀即日隨字交訖。
其吉地任付銀主造作，任從其便，繳
主不敢異言生訴，亦無
混蕭家原批造作，不許別生枝節。
今欲有憑，立繳批字壹紙，隨帶
蕭字原安批字壹紙，共貳紙
付承遠天長地久為照。

6-7-2-5　清道光七年鄭仲盛立繳批吉地字（草契）

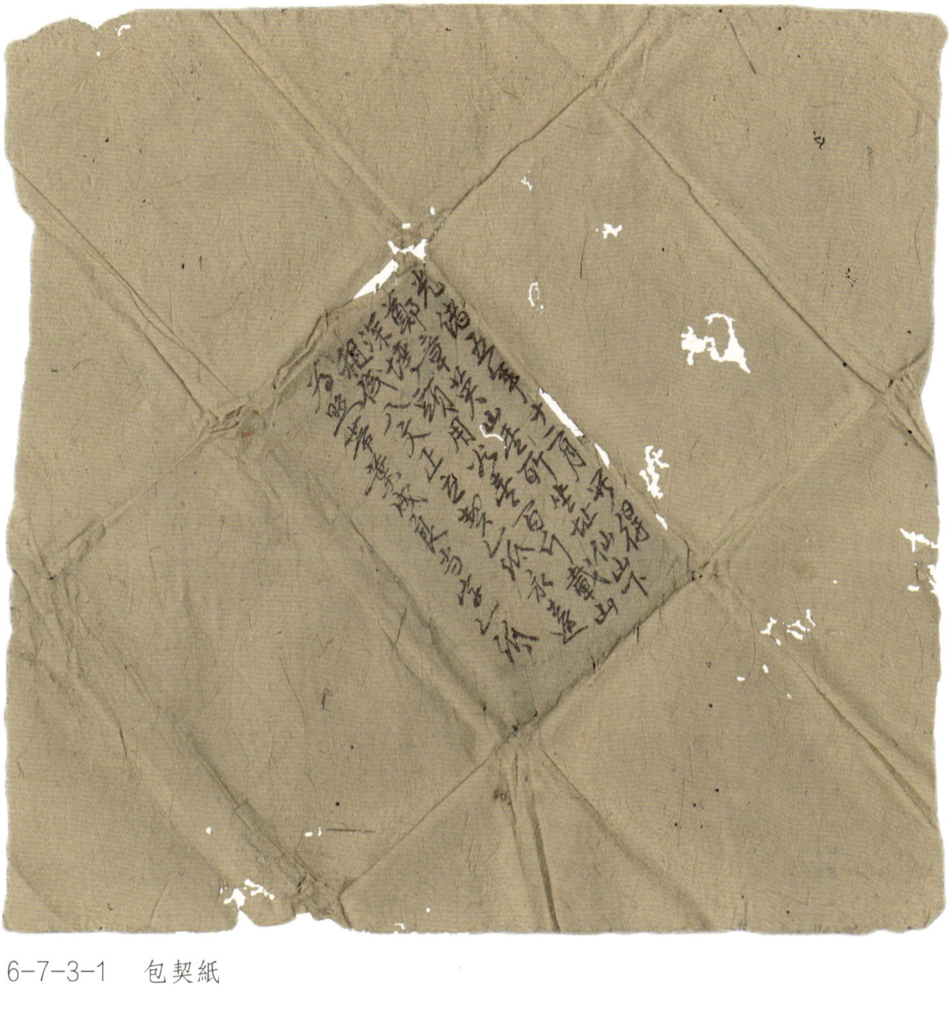

6-7-3-1　包契紙

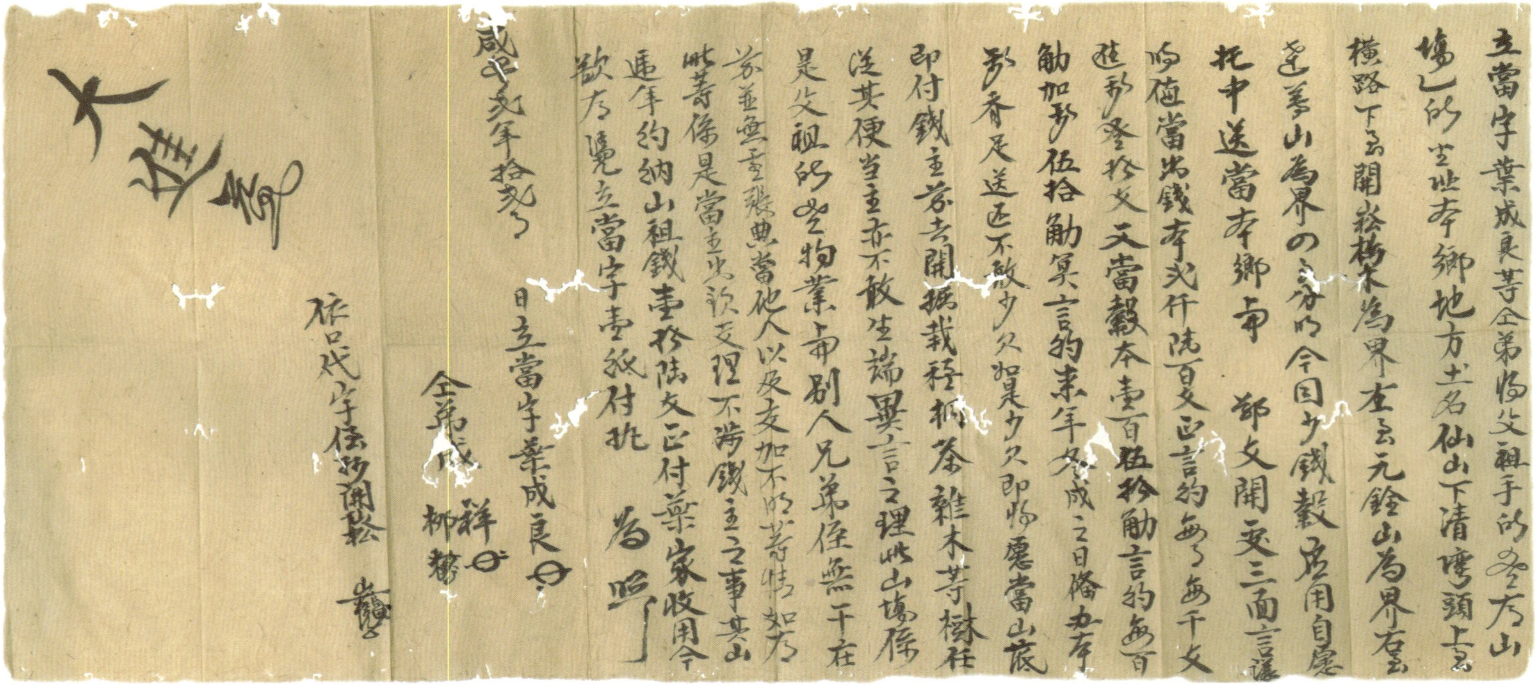
立當字葉成良等仝弟将父祖手所置有山
場乙所坐址本鄉地方土名仙山下清塆頭上至
横路下至關崧楊木為界左至元銓山為界右至
道義山為界四至分明今因乏錢穀應用自愿
托中送當本鄉本　鄭文開處三面言議
時值當出錢本九仟陆百文正言約每乙每千文
進利叁拾文又當穀本壹百伍拾觔言約每百
觔加利伍拾觔其言約來年冬成之日備办本
利齊足送还不敢少欠如是少欠即將應當山底
即付錢主前去開掘栽種桐茶雜木等樹任
從其便當主亦不敢生端異言之理此山場係
是父祖所置物業與别人兄弟侄無干在
前並無重張典當他人以及交加不明等情如有
此等係是當主出頭支理不涉錢主之事其山
逐年約納山租錢壹拾陆文正付葉家收用今
欲有憑立當字壹紙付执　為照
咸豐貳年拾貳月　日立當字葉成良（押）
仝弟成祥（押）
成柳（押）
依口代字侄孙開松（押）
大吉昌

6-7-3-2　清咸豐二年十二月葉成良等立當山場字

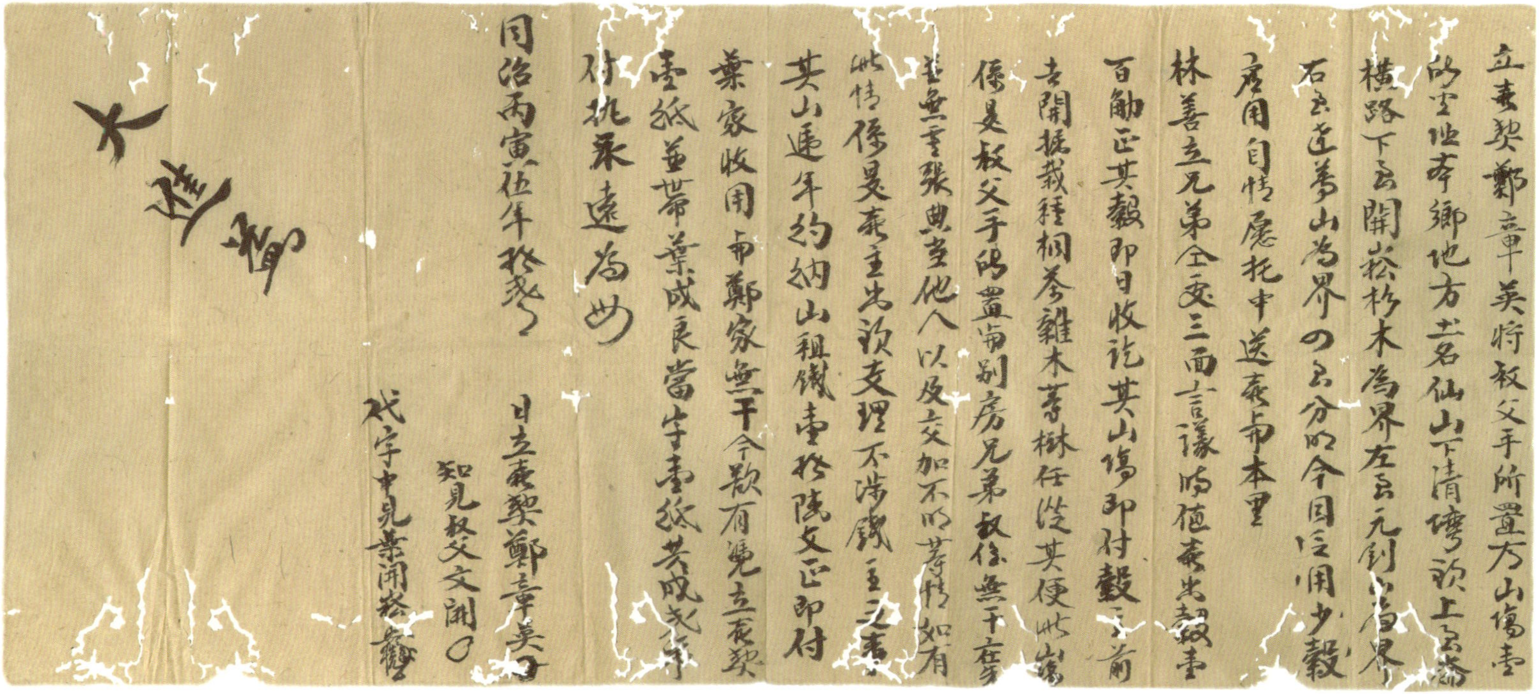

立賣契鄭章英將叔父手所置方山場壹
所坐址本鄉地方土名仙山下清塘頭上至路
橫路下至開崧杉木為界左至元釗山為界
石至逢爹山為界四至分明今因缺用少穀
應用自情願托中送賣與本里
林善立兄弟仝受三面言議時值賣出穀壹
百觔正其穀即日收訖其山場即付穀主前
去開掘栽種桐茶雜木等樹任從其便此山場
係是叔父手所置常別房兄弟叔侄無干在家
並無重張典當他人以及交加不明等情如有
此情係是賣主出頭支理不涉穀主之事
其山逐年約納山租錢壹拾陸文正即付
業家收用而鄭家無干今欲有憑立賣契
壹紙并帶業成良當字壹紙共成貳紙
付執永遠為照
同治丙寅伍年拾貳月　日立賣契鄭章英（押）
知見叔父文開○
代字中見葉開崧（押）

6-7-3-3　清同治五年十二月鄭章英立賣山場契

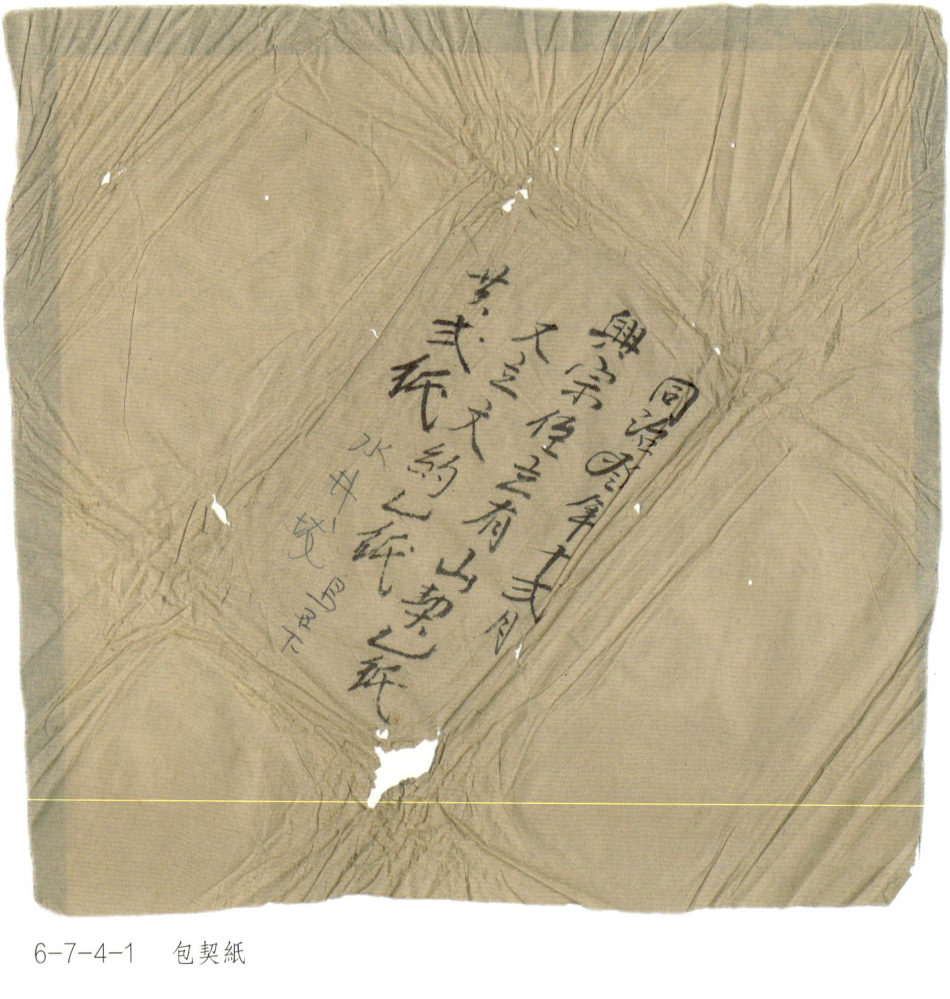
同治叁年十二月
與宗侄之有山契乙紙
又立文約乙紙
共貳紙

6-7-4-1　包契紙

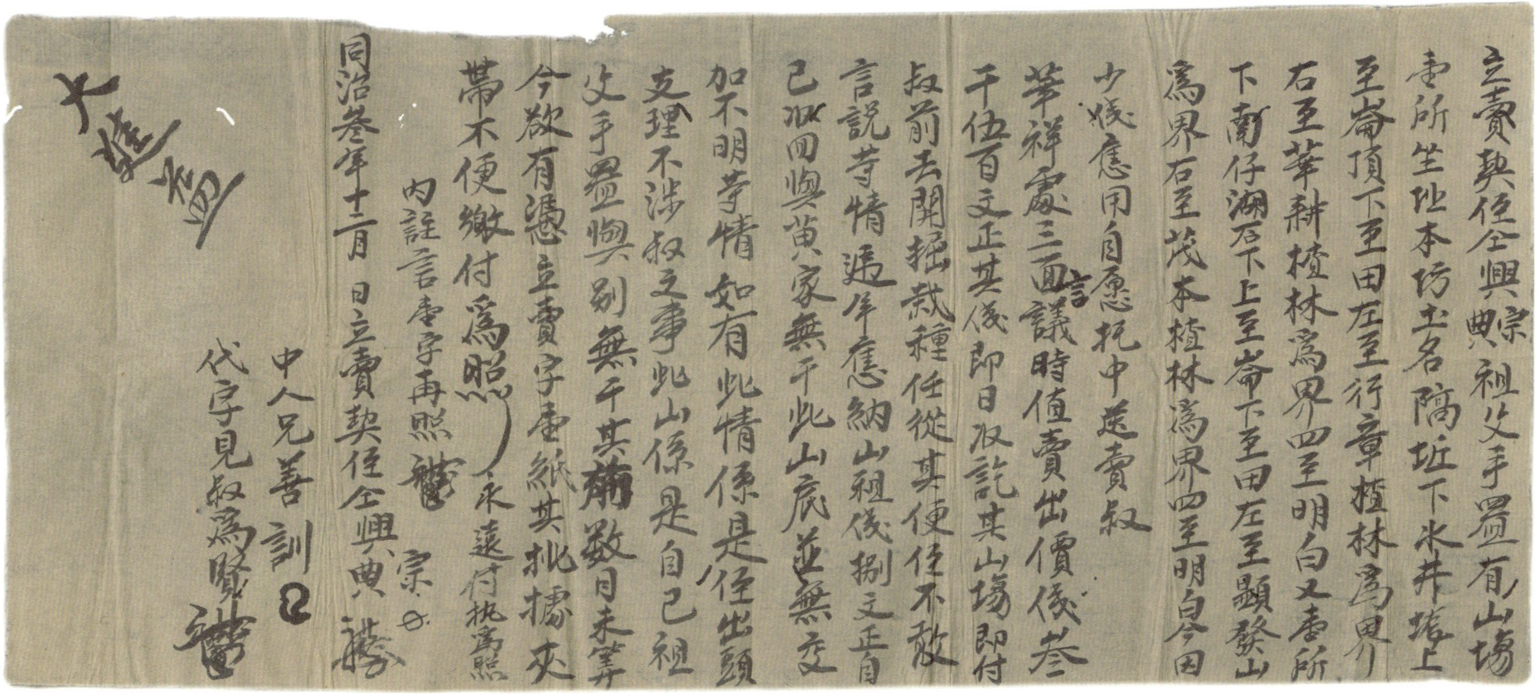

立賣契侄仝興、興典、宗祖父手置有山場
壹所，坐址本坊，土名隔坵下水井塝上
至崙頂，下至田，左至行章植林為界，
右至華耕植林為界，四至明白。又壹所
下南仔湖石下，上至崙，下至田，左至顯發山
為界，右至茂本植林為界，四至明白。今因
少錢應用，自愿托中送賣叔
華祥處，三面言議，時值賣出價錢叁
千伍百文正，其錢即日收訖，其山場即付
叔前去開掘栽種，任從其便，侄不敢
言說等情。遞年應納山租錢捌文正，自
己收回與叔家無干。此山底並無交
加不明等情，如有此情，係是侄出頭
支理，不涉叔之事。此山係是自己祖
父手置與別無干，其[illegible]數日未算。
今欲有憑，立賣字壹紙，其批據夾
帶不便繳付，為照。）永遠付批為照
內註言壹字再照
同治叁年十二月　日立賣契侄仝興、興典、宗
中人兄善訓
代字見叔為賢

6-7-4-2　清同治三年十二月林興宗等立賣山場契

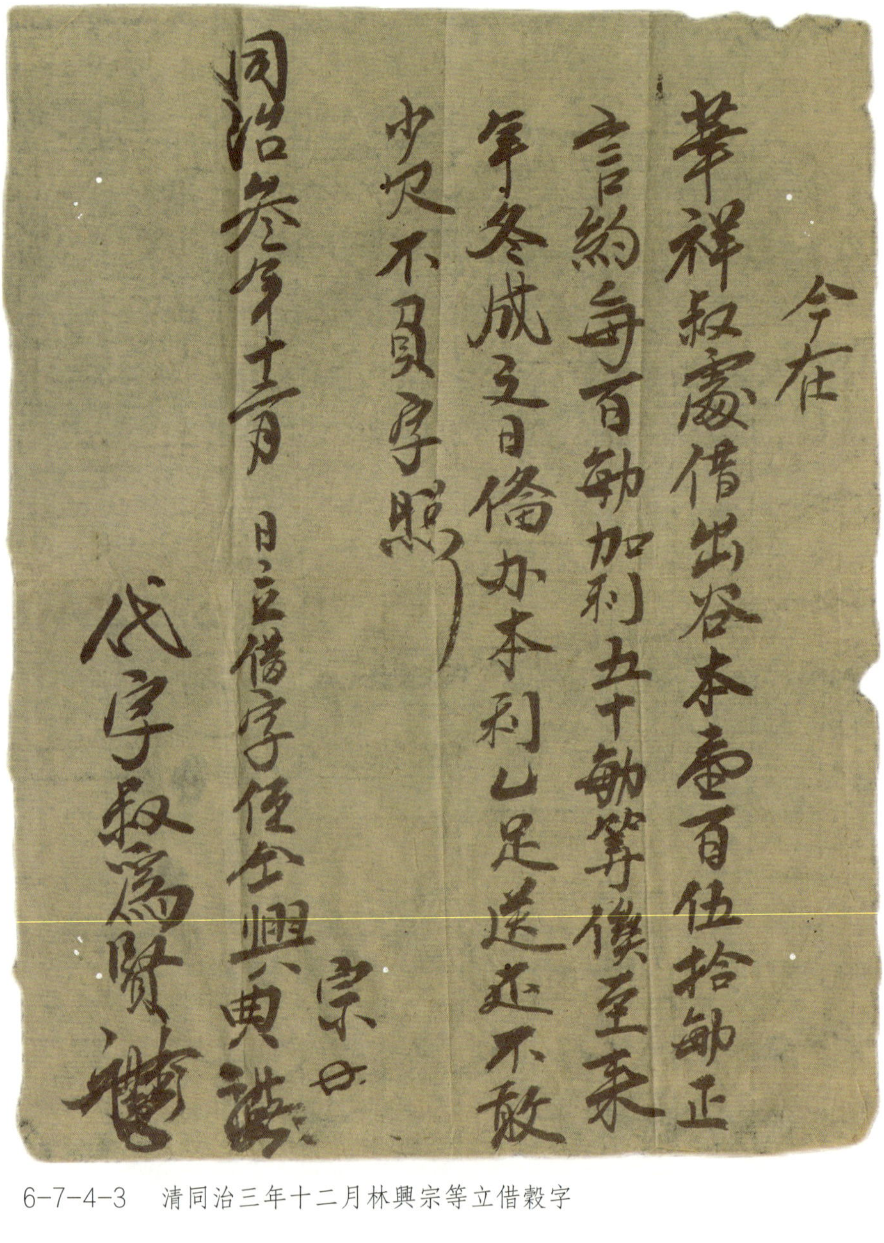
今在

華祥叔處借出谷本壹百伍拾觔正

言約每百觔加利五十觔算償至來

年冬成之日備办本利山足送还不敢

少欠不負字照

同治叁年十二月　日立借字侄仝興典謨

宗 母

代字叔為賢

6-7-4-3　清同治三年十二月林興宗等立借穀字

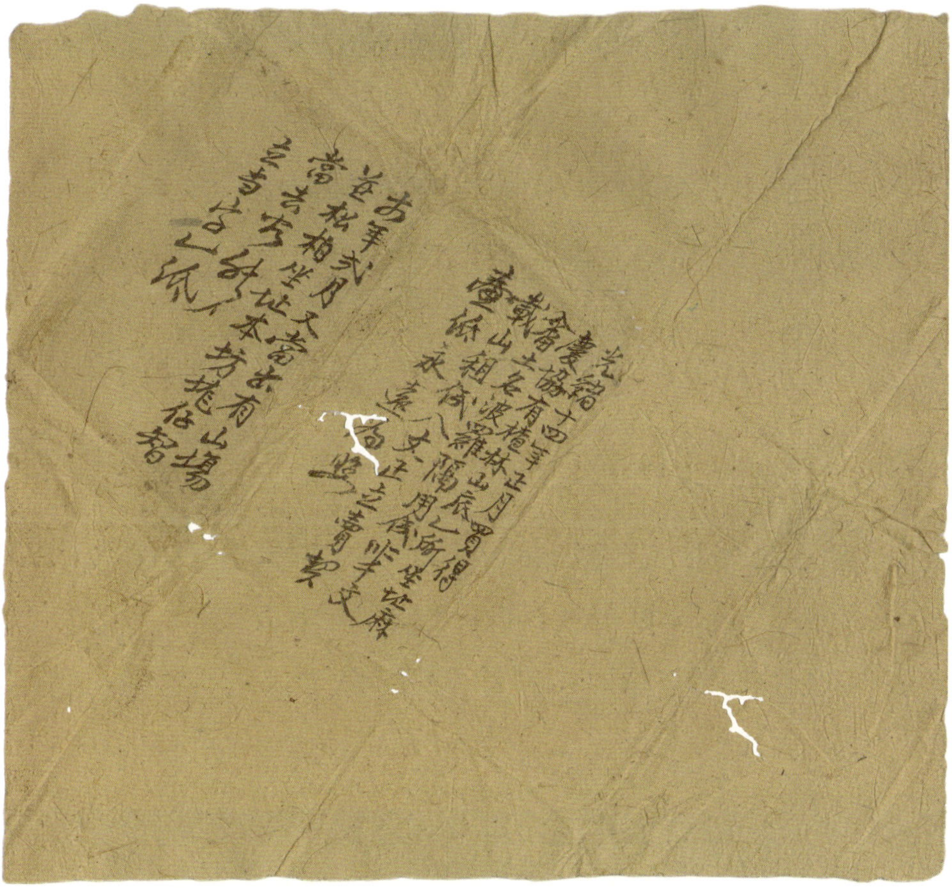

6-7-5-1　包契紙

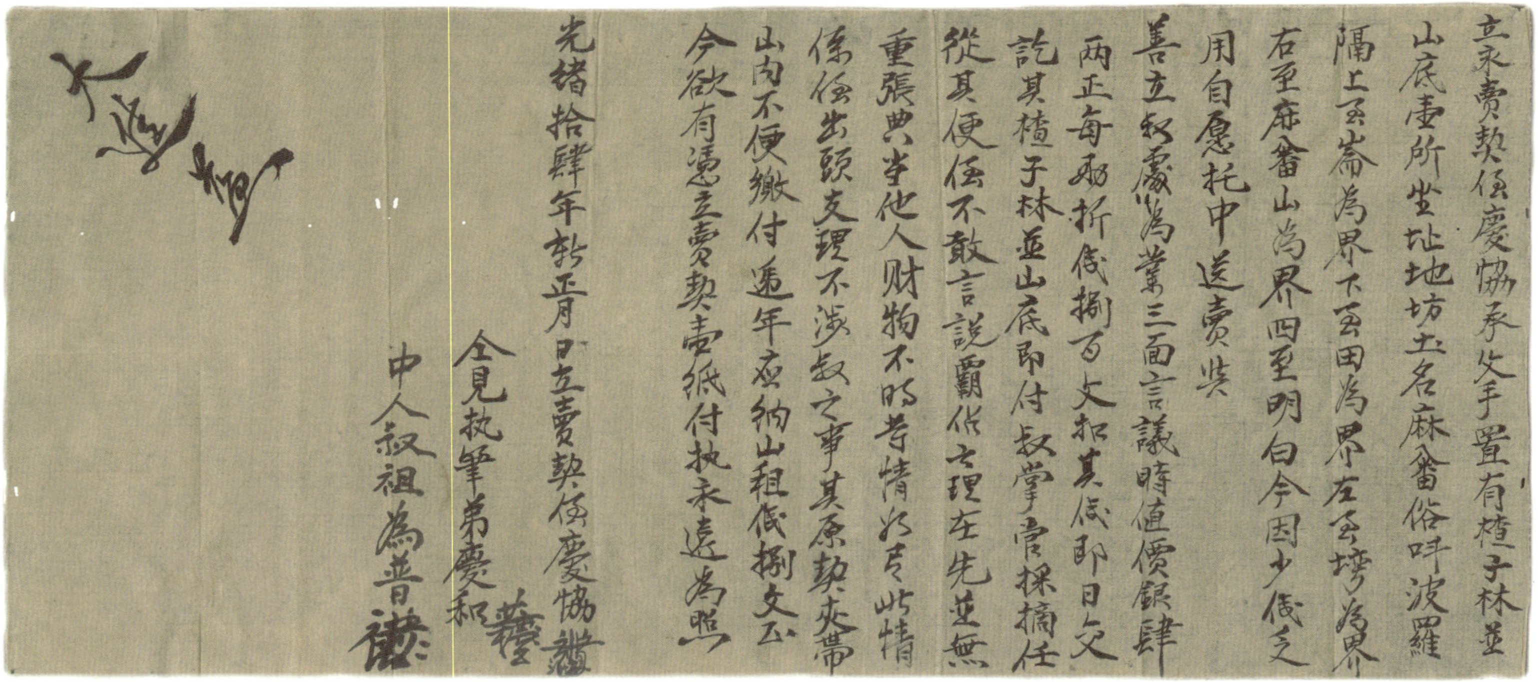

立永賣契侄慶協承父手置有楂子林並
山底壹所坐址地坊土名麻畬俗呼波羅
隔上至崙為界下至田為界左至塝為界
右至麻畬山為界四至明白今因少低乏
用自愿托中送賣與
善立叔處為業三面言議時值價銀肆
兩正每兩折低捌百文和其低即日交
訖其楂子林並山底即付叔掌管採摘任
從其便侄不敢言說霸佔之理在先並無
重張典當他人財物不明等情如有此情
係侄出頭支理不涉叔之事其原契交帶
山內不便繳付遞年應納山租低捌文正
今欲有憑立賣契壹紙付執永遠為照

光緒拾肆年戊子正月日立賣契侄慶協
仝見執筆弟慶和
中人叔祖為普

6-7-5-2　清光緒十四年正月林慶協立永賣楂子林等契

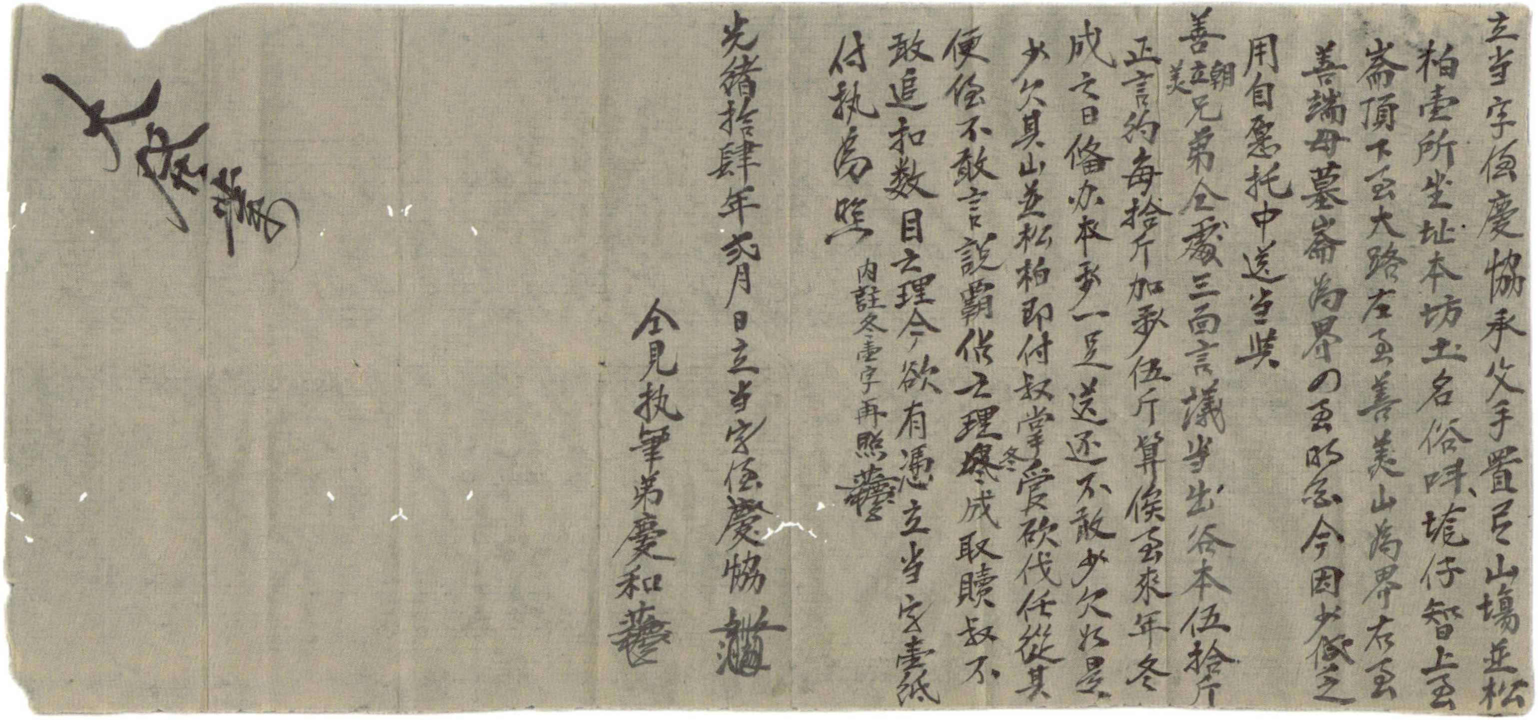

立当字侄慶協承父手置有山場並松
柏壹所坐址本坊土名俗呼垅仔智上至
崙頂下至大路左至善美山爲界右至
善端母墓崙爲界四至明白今因少錢乏
用自愿托中送当與
善美朝兄弟仝處三面言議当出谷本伍拾斤
正言約每拾斤加利伍斤算俟至來年冬
成之日備办本利一足送还不敢少欠如是
少欠其山並松柏即付叔掌管砍伐任從其
便侄不敢言說霸佔之理冬成取贖叔不
敢追和数目之理今欲有憑立当字壹紙
付執爲照　内註冬壹字再照
光緒拾肆年弍月　日立当字侄慶協
仝見執筆弟慶和

6-7-5-3　清光緒十四年二月林慶協立當山場等字

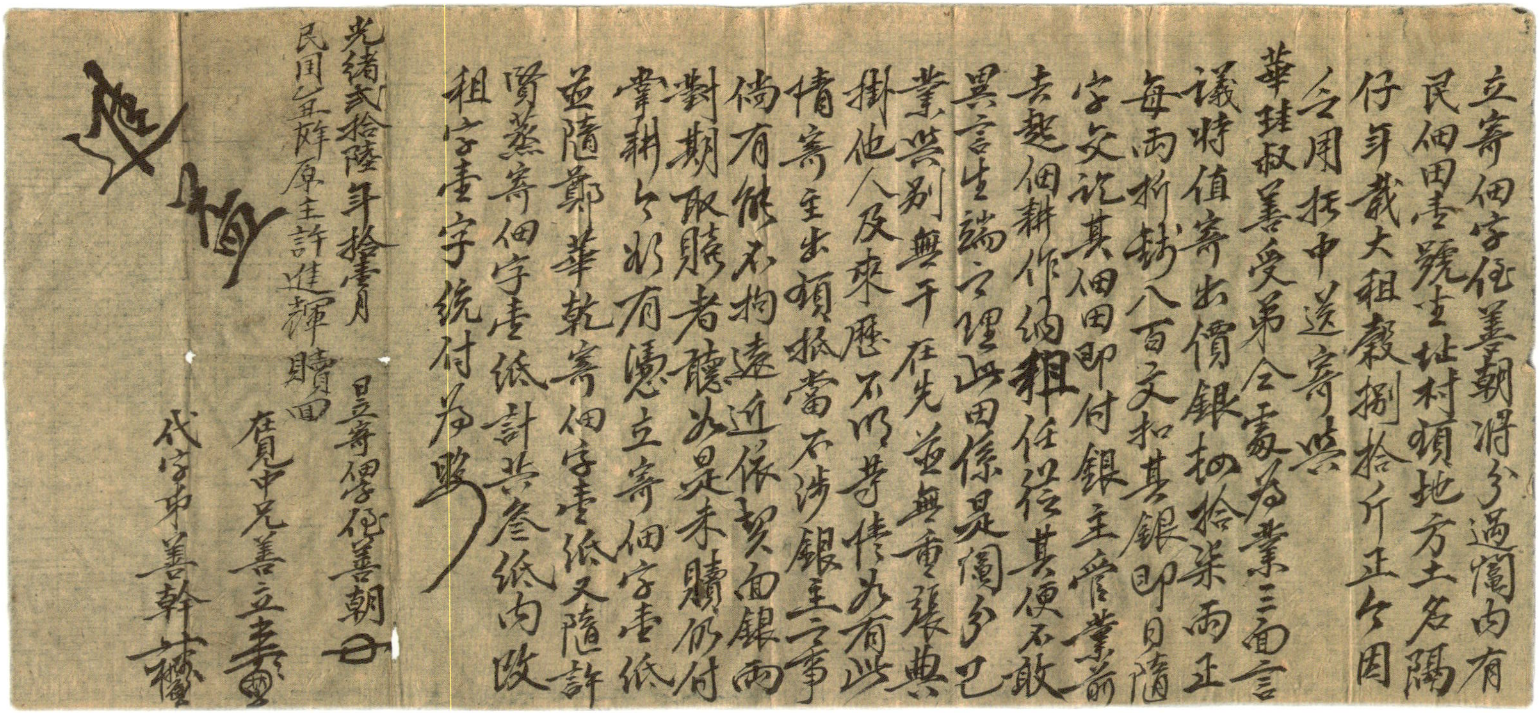

立寄佃字侄善朝將父遺闔內有
民佃田壹號，坐址村頭地方，土名隔
仔耳，載大租穀捌拾斤正，今因
乏用，托中送寄與
華珪叔、善受弟仝處為業，三面言
議時值寄出價銀捌拾柒兩正，
每兩折錢八百文，和其銀即日隨
字交訖。其佃田即付銀主管業前
去起佃耕作，納租任從其便，不敢
異言生端。此理此田係是闔分已
業，與別無干，在先並無重張典
掛他人及來歷不明等情。如有此
情，寄主出頭抵當，不涉銀主之事。
倘有依不拘遠近，依契面銀兩
對期取贖者聽；如是未贖，仍付
掌耕。父子有憑，立寄佃字壹紙，
並隨鄭華乾寄佃字壹紙，又隨許
賢慈寄佃字壹紙，計共叁紙，內改
租字壹字，統付為照。

光緒貳拾陸年拾壹月　日立寄佃侄善朝（押）
在見中兄善立（押）
代字弟善幹（押）
民國伍年原主許進輝贖回

6-7-6-1　清光緒二十六年十一月林善朝立寄民佃田字

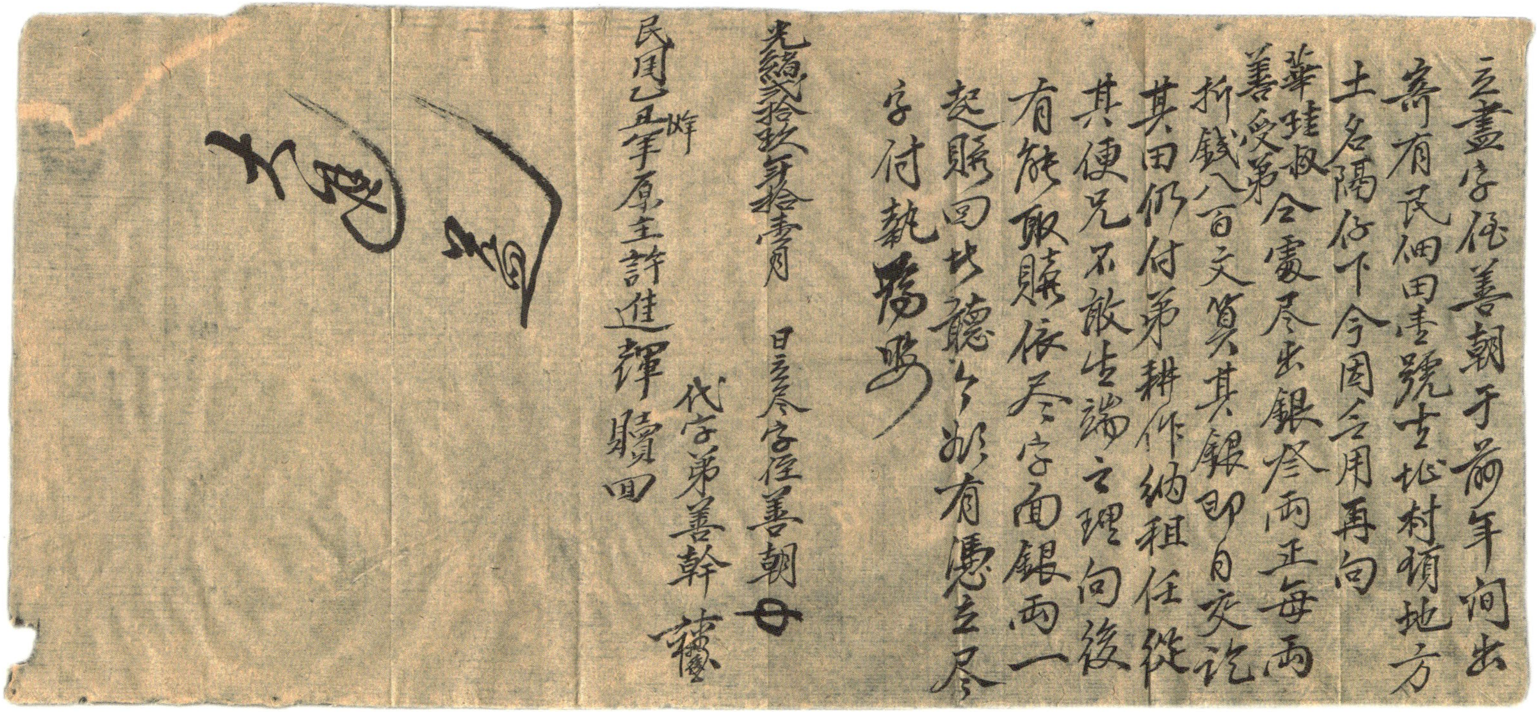

立盡字侄善朝于前年向出
黄有民佃田壹號土址村頭地方
土名隔仔下今因乏用再向
華桂叔善受弟合處盡出銀叁兩正每兩
折錢八百文算其銀即日交訖
其田仍付弟耕作納租任從
其便兄不敢生端之理向後
有能取贖依盡字面銀兩一
起贖回此聽之照有憑立盡
字付執爲照

光緒貳拾玖年拾壹月 日立盡字侄善朝（押）
代字弟善幹（押）

民國己丑年原主許進禪贖回

6-7-6-2 清光緒二十九年十一月林善朝立盡民佃田字

6-7-7-1　包契紙

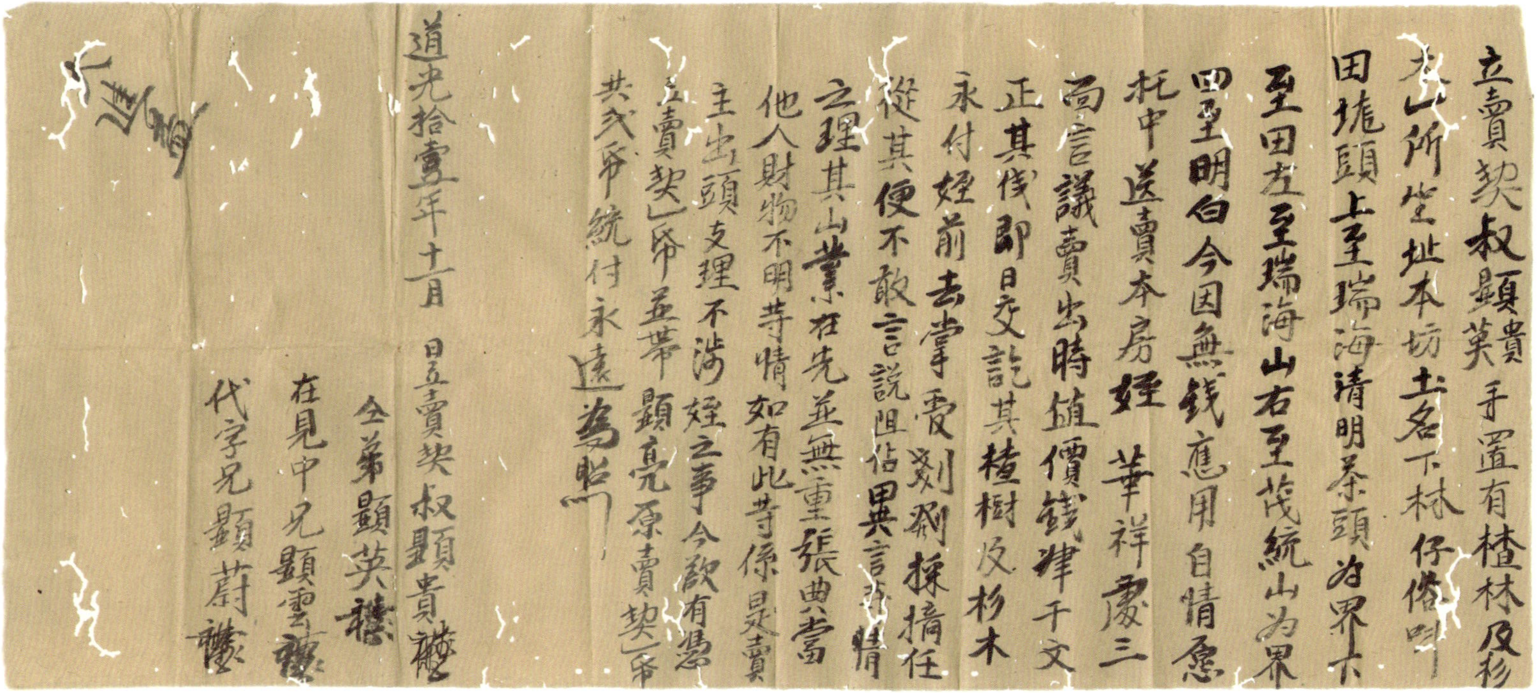

立賣契叔顯貴顯英手置有楂林及杉
木山所坐址本坊土名下林仔偺叫
田垅頭上至瑞海清明茶頭為界下
至田左至瑞海山右至茂統山為界
四至明白今因無錢應用自情愿
托中送賣本房姪華祥慶三
兩言議賣出時値價錢肆千文
正其錢即日交訖其楂樹及杉木
永付姪前去掌管砍剁採摘任
從其便不敢言說阻佔異言此情
之理其山業在先並無重張典當
他人財物不明等情如有此等係是賣
主出頭支理不涉姪之事今欲有憑
立賣契一紙並帶顯亮原賣契一紙
共貳紙統付永遠為照

道光拾壹年十一月　日立賣契叔顯貴
仝弟顯英
在見中兄顯雲
代字兄顯蔚

6-7-7-2　清道光十一年十一月林顯貴等立賣楂林等契

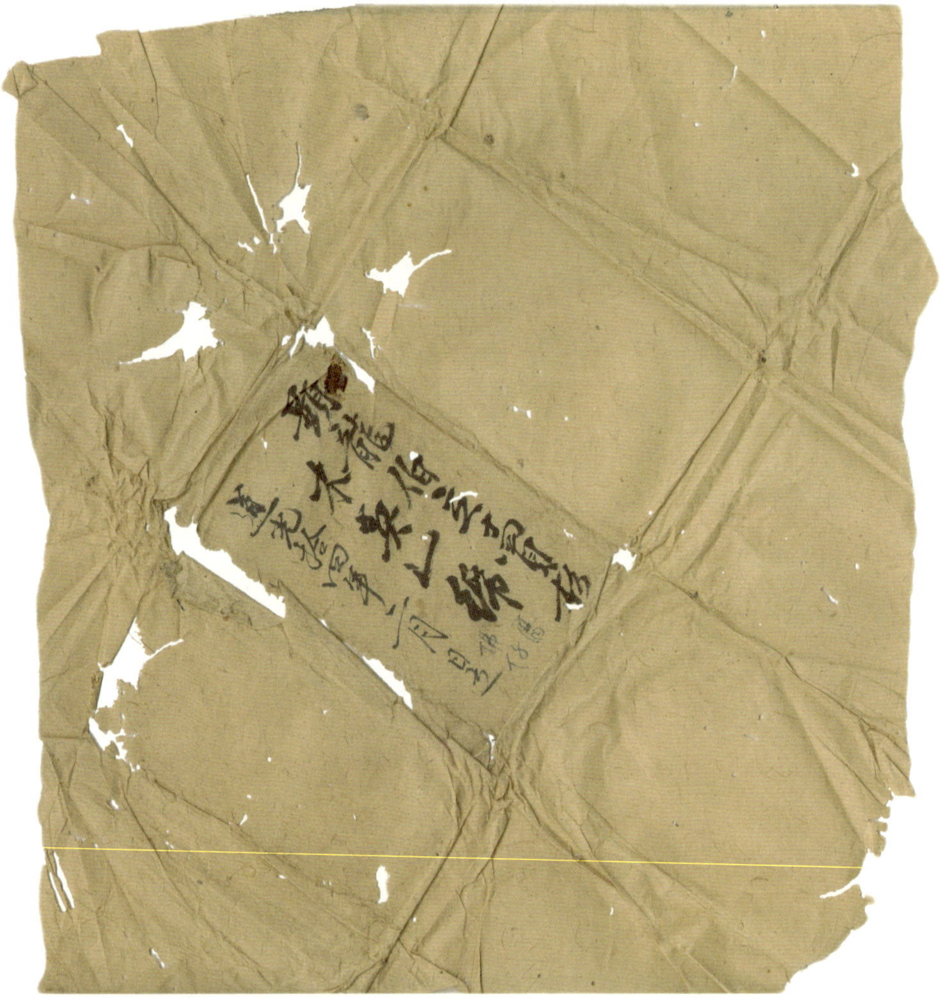

6-7-8-1　包契紙

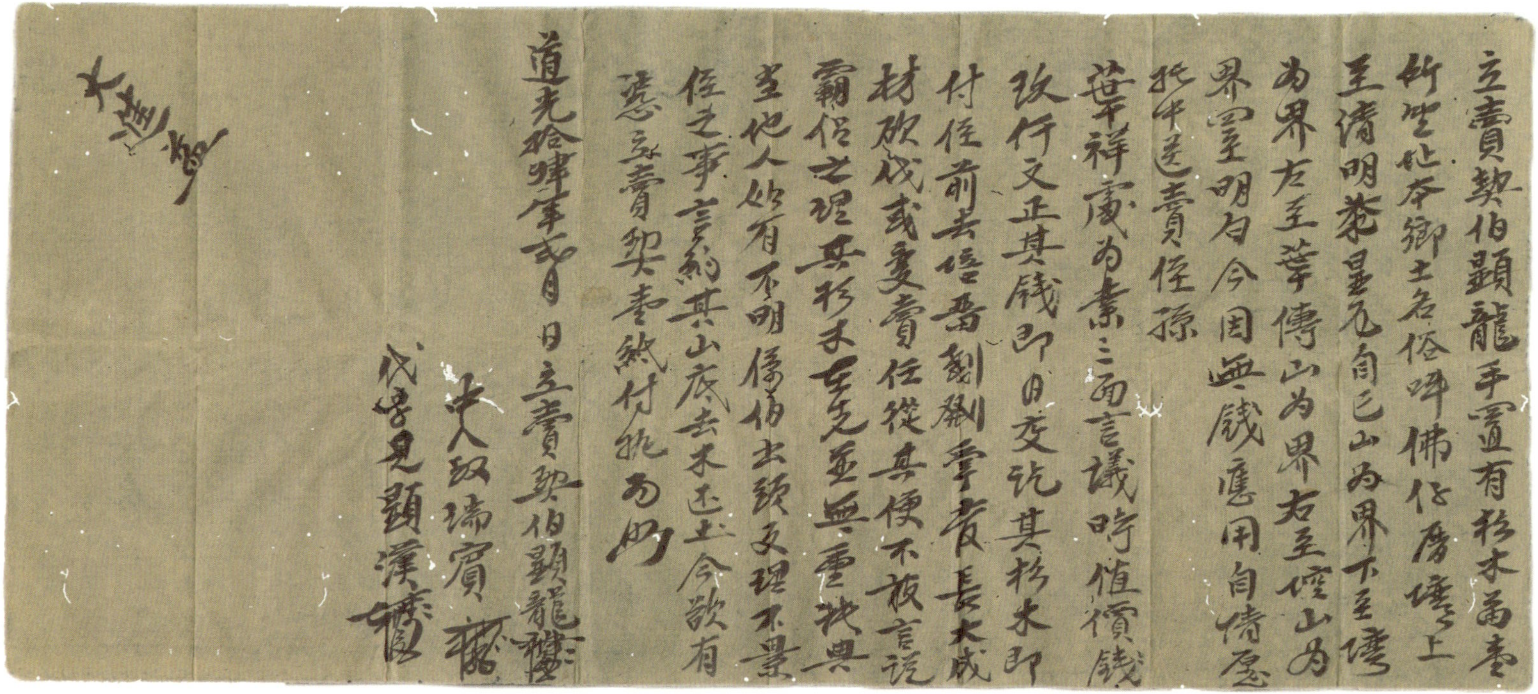

立賣契伯顯龍手置有杉木苗壹
所坐址本鄉土名佫坪佛仔厝墘上
至清明巷墓乃自己山為界下至墘
為界左至葉傳山為界右至侄山為
界四至明白今因無錢應用自情愿
托中送賣侄孫
葉祥處為業三面言議時值價錢
玖仟文正其錢即日交訖其杉木即
付侄前去培蓄劉劉掌管長大成
材砍伐或變賣任從其便不敢言說
霸佔之理其杉木賣先並無重張典
當他人亦有不明係伯出頭支理不涉
侄之事言約其山底去木还土今欲有
憑立賣契壹紙付執為炤

道光拾肆年貳月　日立賣契伯顯龍（押）
中人玖瑞（押）
代字兄顯漢（押）

大進壹

6-7-8-2　清道光十四年二月林顯龍立賣杉木苗契

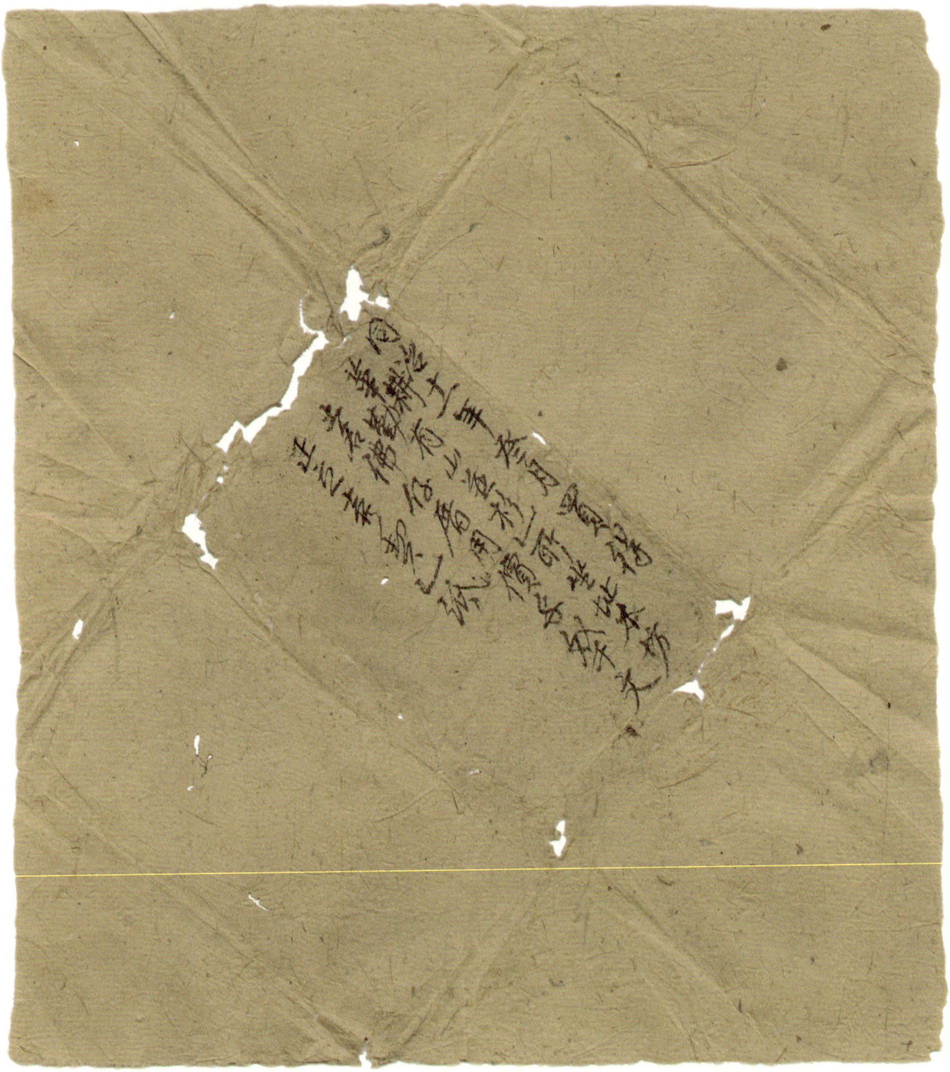

6-7-9-1　包契紙

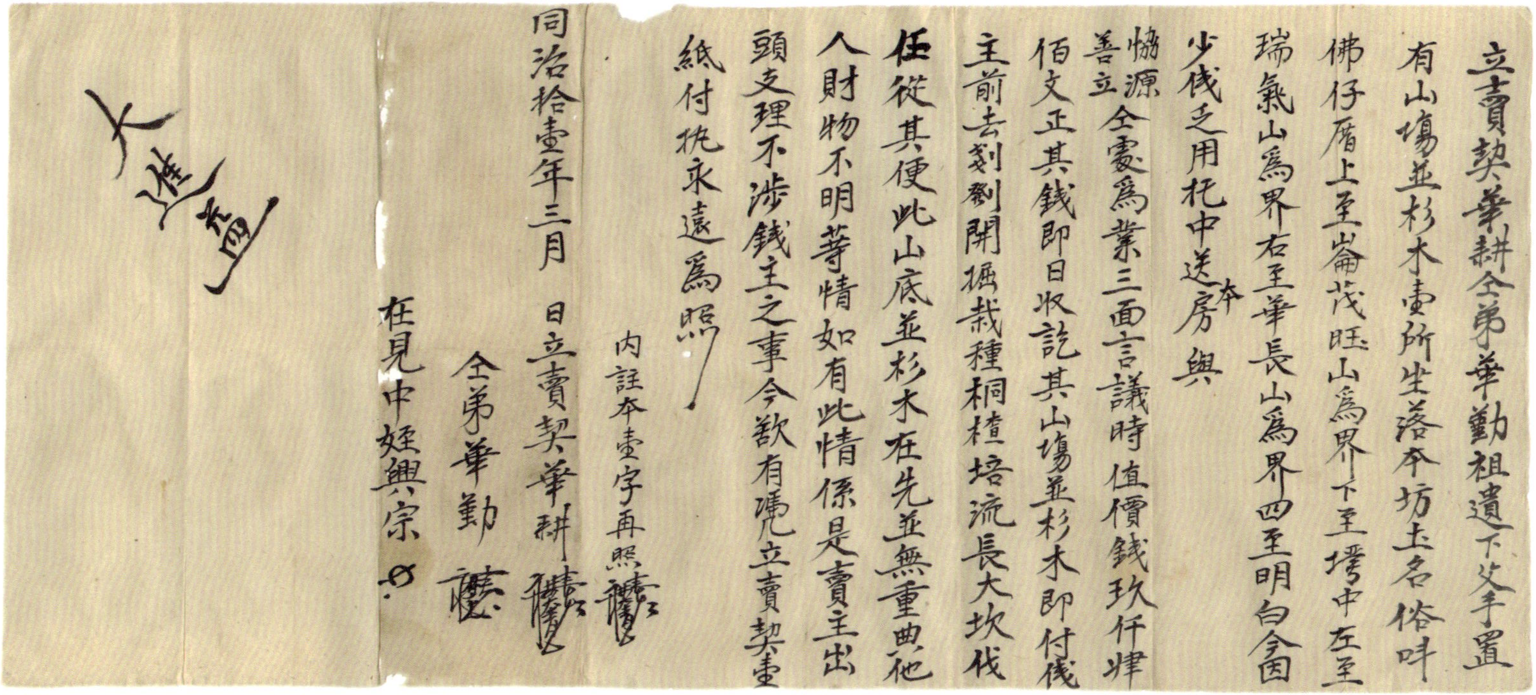

立賣契華耕仝弟華勤祖遺下父手置
有山場並杉木壹所坐落本坊土名俗叫
佛仔厝上至崙茂旺山爲界下至墥中左至
瑞氣山爲界右至華長山爲界四至明白今因
少錢乏用托中送本房與
協源 善立 仝處爲業三面言議時值價錢玖仟肆
佰文正其錢即日收訖其山場並杉木即付錢
主前去劄劉開掘栽種桐楂培流長大砍伐
任從其便此山底並杉木在先並無重典他
人財物不明等情如有此情係是賣主出
頭支理不涉錢主之事今欲有憑立賣契壹
紙付執永遠爲照／

内註本壹字再照
同治拾壹年三月　日立賣契華耕
仝弟華勤
在見中姪興宗

6-7-9-2　清同治十一年三月林華耕等立賣山場等契

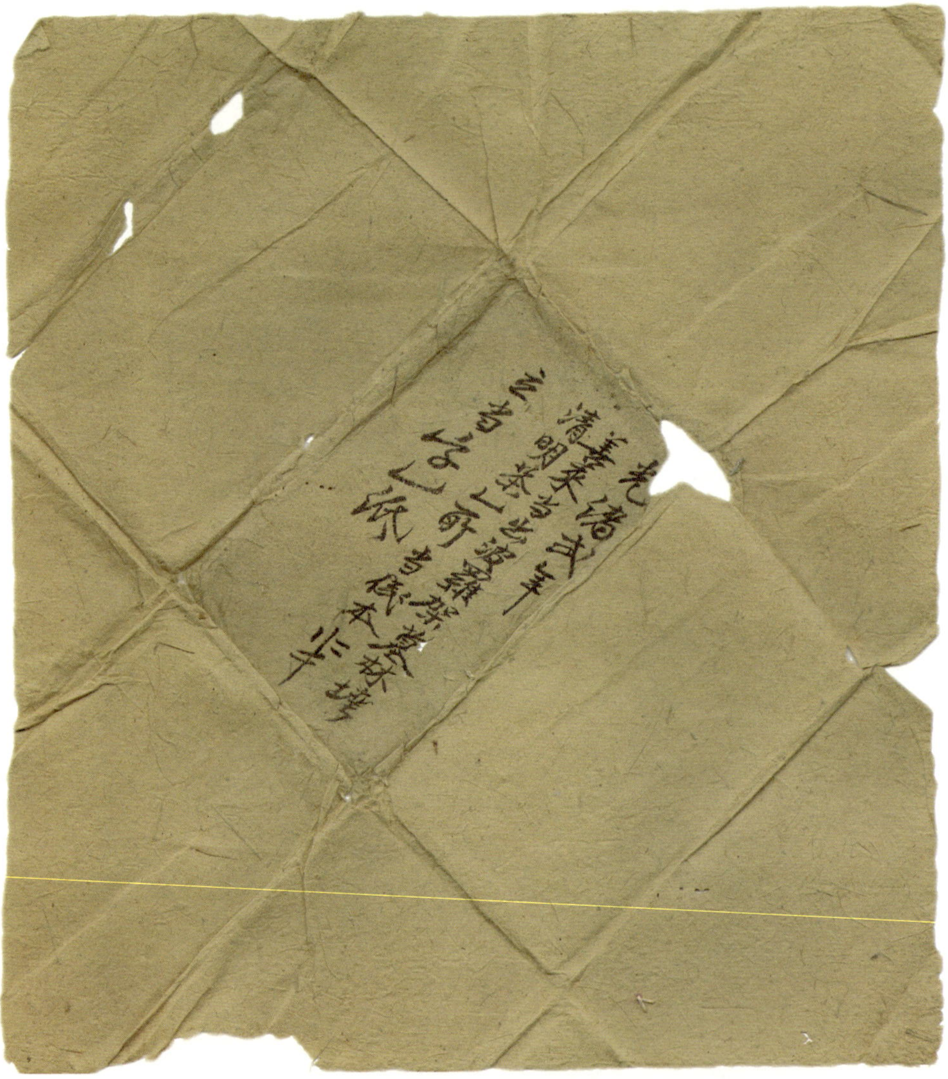


6-7-10-1　包契紙

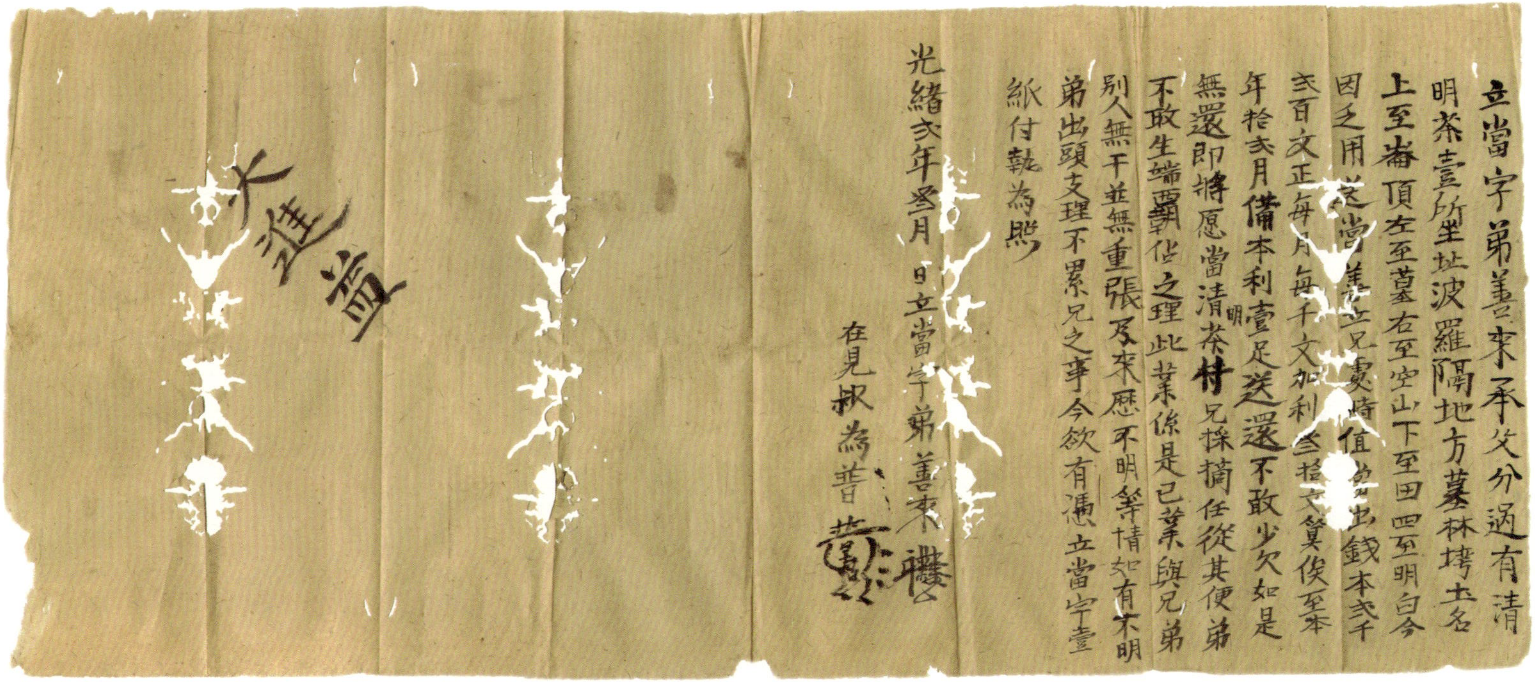

立當字弟善来承父分遺有清
明茶壹所坐址波羅隔地方墓林坪土名
上至崙頂左至墓右至空山下至田四至明白今
因乏用送當□善立兄處時值□出錢本弍千
弍百文正每月每千文加利叁拾文筭俟至本
年拾弍月備本利壹足送還不敢少欠如是
無還即將愿當清明茶付兄採摘任從其便弟
不敢生端覇佔之理此業係是己業與兄弟
別人無干並無重張及来歷不明等情如有不明
弟出頭支理不累兄之事今欲有憑立當字壹
紙付執為照

光緒弍年叁月　日立當字弟善来（押）

在見叔為普（押）

大進當

6-7-10-2　清光緒二年三月林善來立當清明茶字

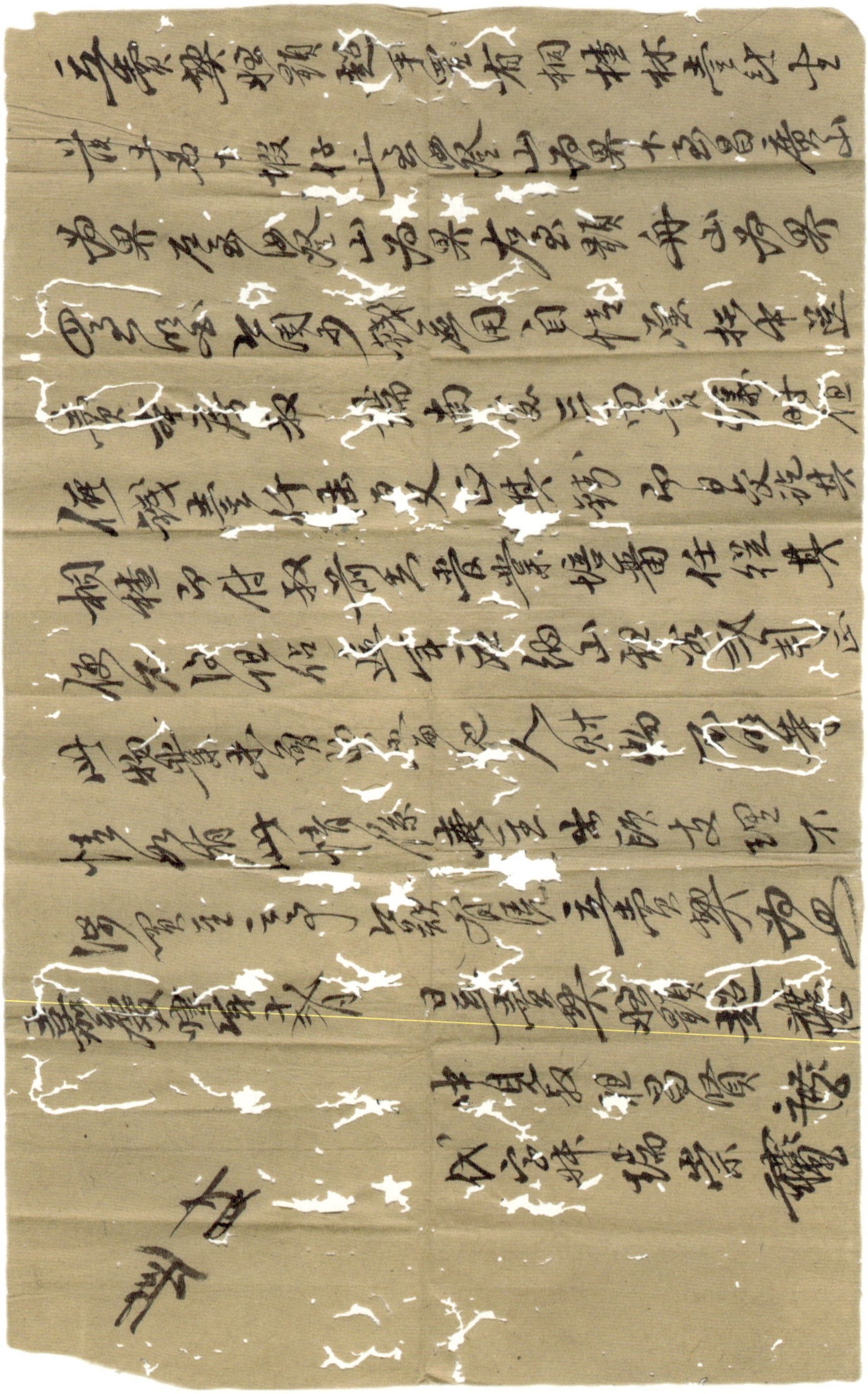

6–7–11–1　清嘉慶四年十二月林顯超立賣桐楂林契

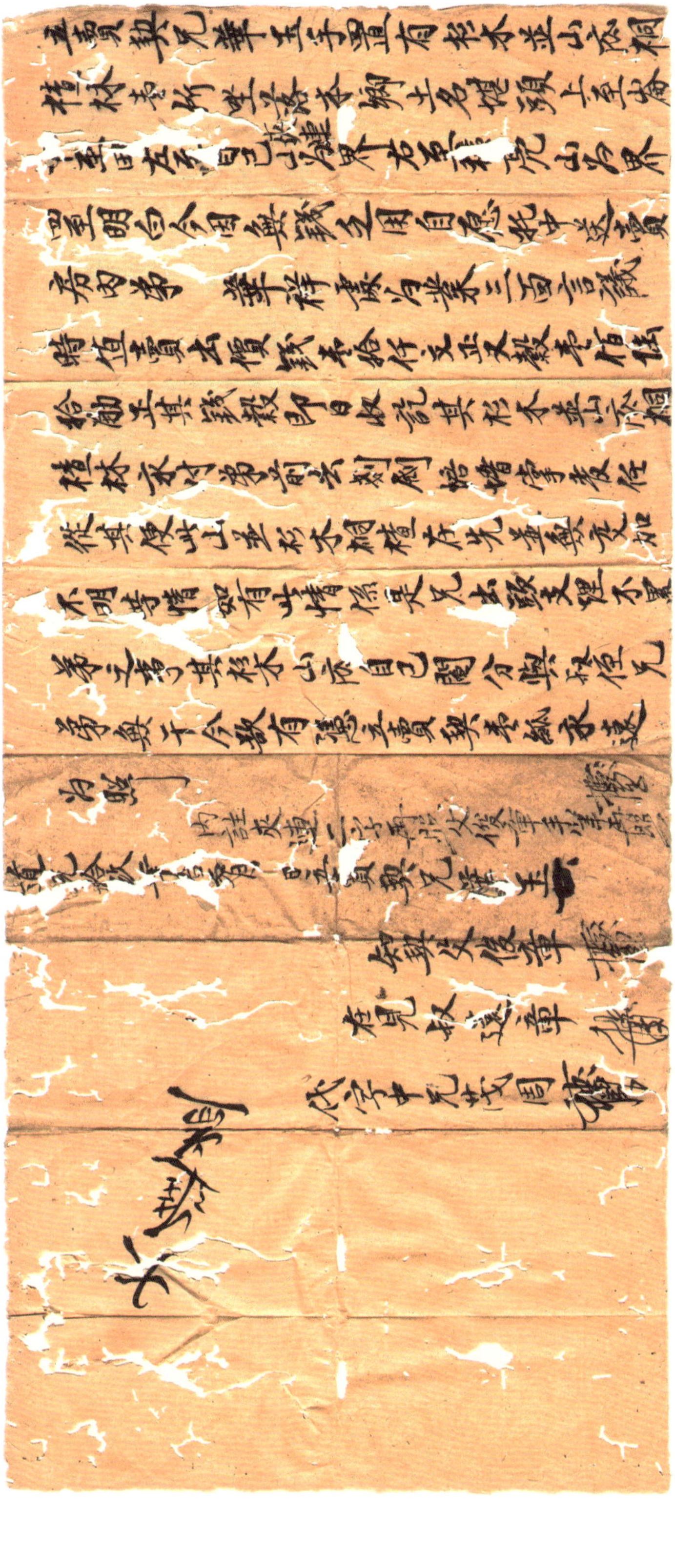

6-7-11-2 清道光十九年十二月林華王立賣杉木等契

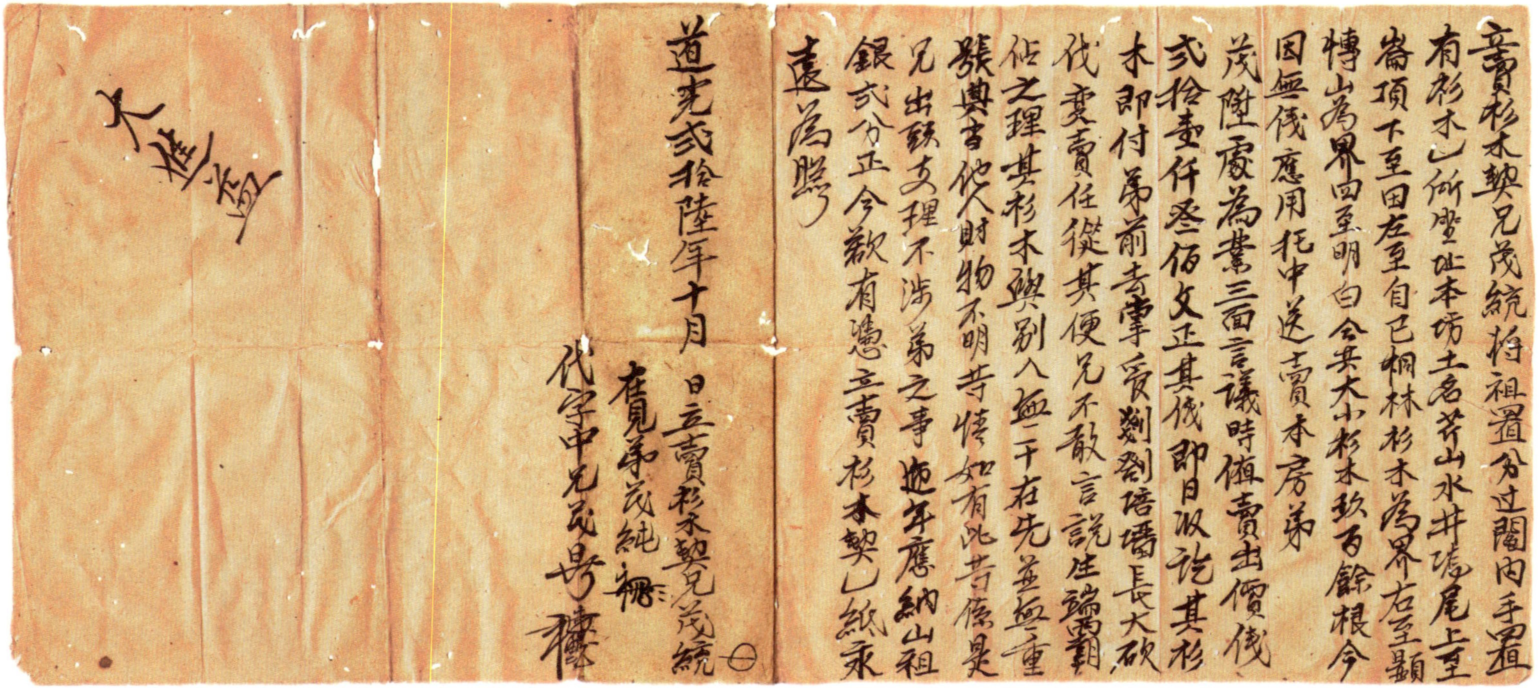

立賣杉木契兄茂統将祖置道分过閣内手置
有杉木山所坐址本坊土名芹山水井坑尾上至
崙頂下至田左至自己桐林杉木為界右至顯
博山為界四至明白今其大小杉木玖百餘根今
因無錢應用托中送賣本房弟
茂陞處為業三面言議時值賣出價錢
式拾壹仟叁佰文正其錢即日收訖其杉
木即付弟前去管業斲劉培墻長大砍
伐變賣任從其便兄不敢言說生端霸
佔之理其杉木與别人無干在先並無重
張典当他人財物不明等情如有此等係是
兄出頭支理不涉弟之事此系應納山租
銀式分正今欲有憑立賣杉木契乙紙永
遠為照

道光式拾陸年十月　日立賣杉木契兄茂統（押）
在見弟茂純（押）
代字中兄茂昌（押）

大進[illegible]

6-7-11-3　清道光二十六年十月林茂統立賣杉木契

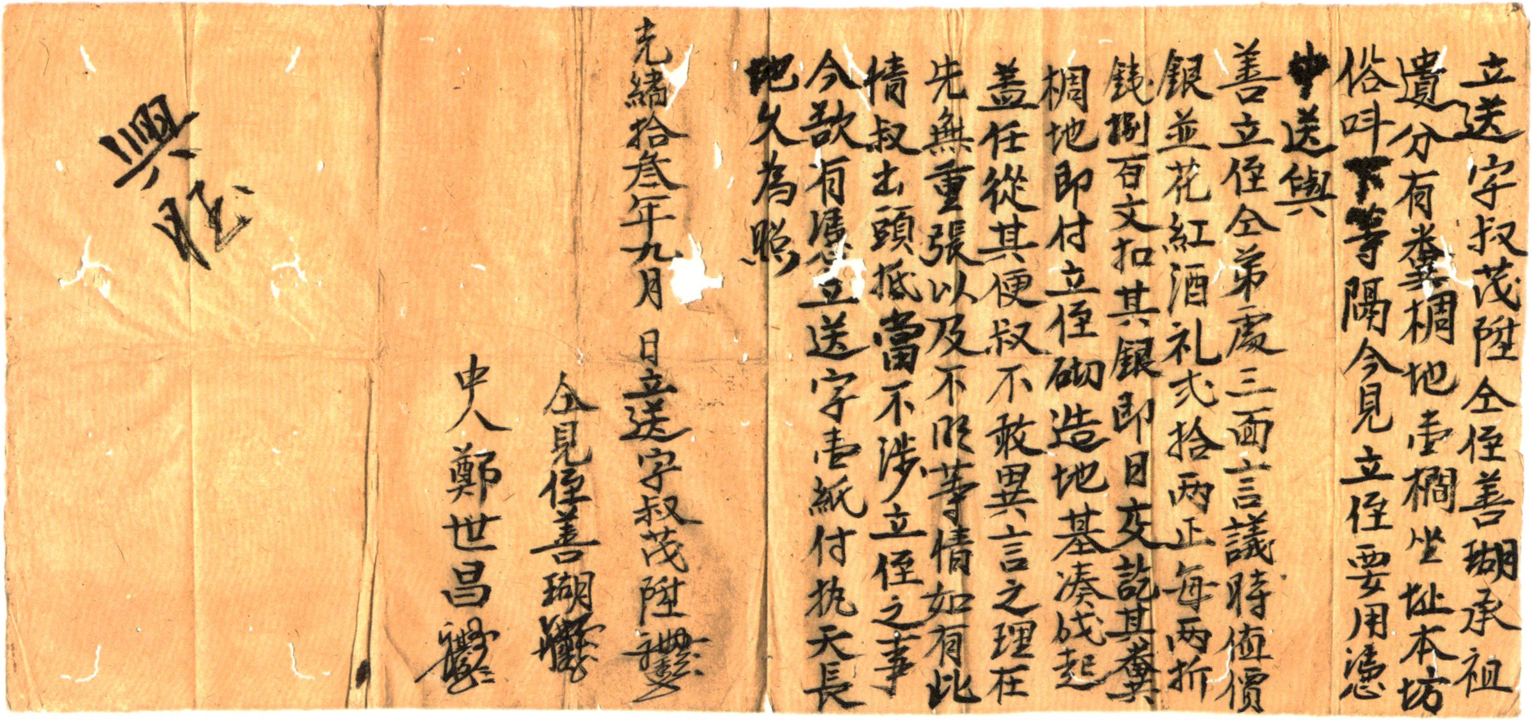
立送字叔茂陞仝侄善瑚承祖
遺分有糞桐地壹稠坐址本坊
俗叫下等隔今見立侄要用憑
中送與
善立侄仝弟處三面言議時值價
銀並花紅酒礼弍拾兩正每兩折
錢捌百文扣其銀即日交訖其糞
桐地即付立侄砌造地基湊成起
蓋任從其便叔不敢異言之理在
先無重張以及不明等情如有此
情叔出頭抵當不涉立侄之事
今欲有憑立送字壹紙付執天長
地久為照
光緒拾叁年九月　日立送字叔茂陞（押）
仝見侄善瑚（押）
中人鄭世昌（押）

6-7-12-1　清光緒十三年九月林茂陞立送糞桐地字

# 第八帙　林育就户

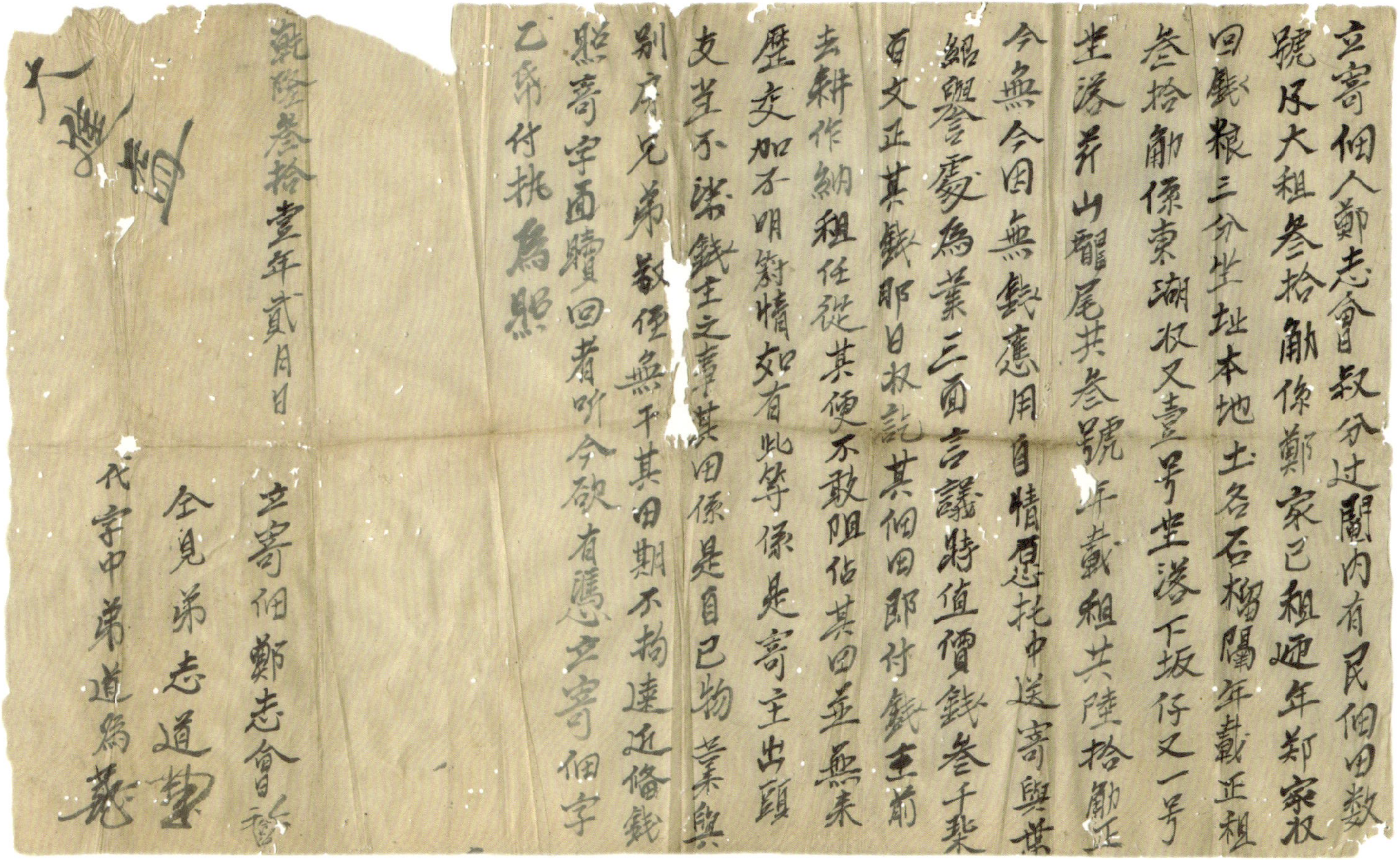
立寄佃人鄭志會自叔分过鬮内有民佃田数
號尽大租叁拾觔係鄭家已祖迹年鄭家收
回錢粮三分坐址本地土名石榴陽年載正租
叁拾觔係東湖叔又壹号坐落下坂仔又一号
坐落井山瓙尾共叁號年載租共陸拾觔正
今無今因無錢應用自情愿托中送寄與某
紹鑾豪爲業三面言議時值價錢叁千柒
百文正其錢即日收訖其佃田即付錢主前
去耕作納租任從其便不敢阻佔其田並無來
歷交加不明對情如有此等係是寄主出頭
支当不涉錢主之事其田係是自己物業與
别房兄弟無干其田期不拘遠近備錢
贖回者聽今欲有憑立寄佃字
乙紙付執爲照

乾隆叁拾壹年貳月　日

立寄佃鄭志會（押）
仝見弟志道（押）
代字中弟道爲（押）

大吉

6-8-1-1　清乾隆三十一年二月鄭志會立寄民佃田字

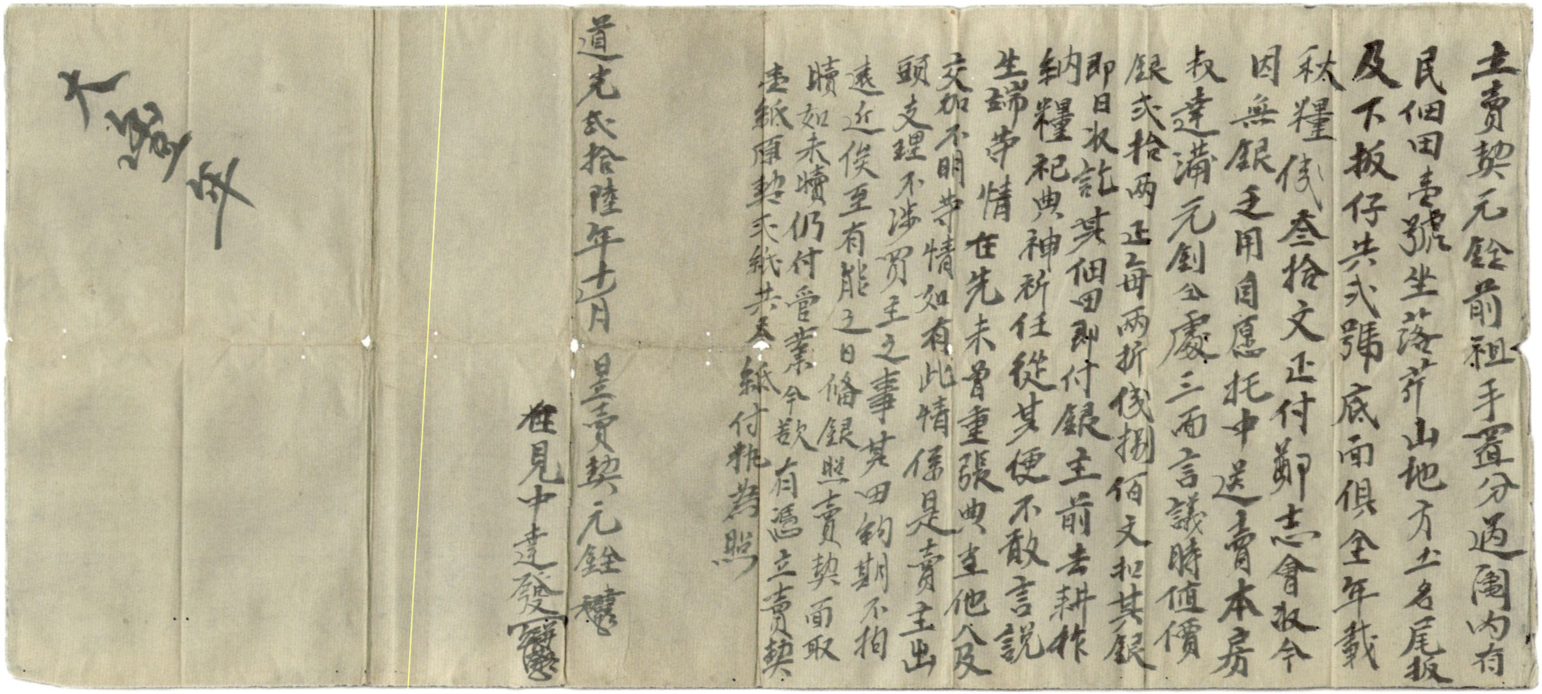

6-8-1-2　清道光二十六年十一月葉元銓立賣底面全民佃田契

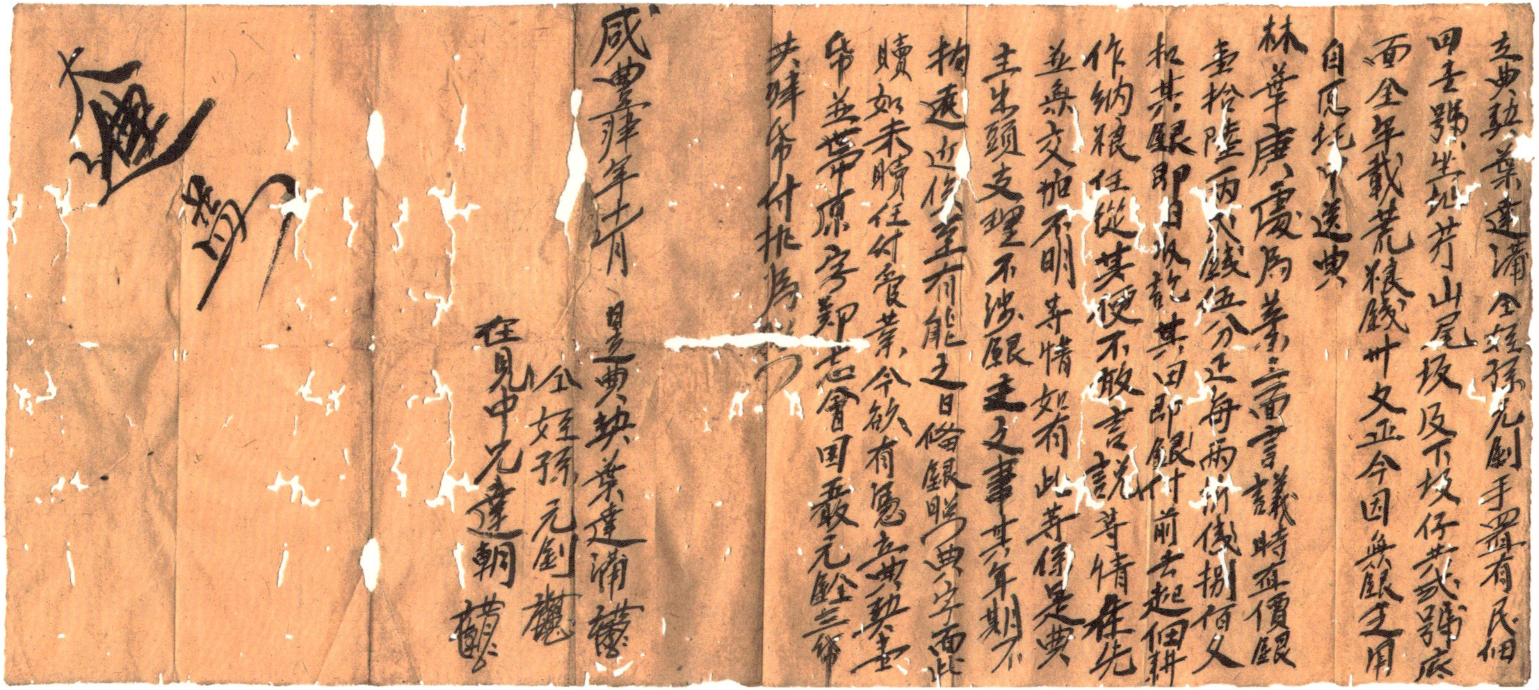
立典底契葉達蒲仝姪孫元劍手置有民佃
田壹號，坐址芹山尾坂及下坂仔共貳號，底
面全年載荒粮錢廿文正。今因無銀乏用，
自愿托中送典
林華庚處爲業，三面言議，時值價銀
壹拾陸兩貳錢伍分正，每兩折價捌佰文
扣。其銀即日收訖，其田即付銀前去起佃耕
作納粮，任從其便，不敢言說等情。在先
並無交加不明等情，如有此等，係是典
主出頭支理，不涉銀主之事。其年期不
拘遠近，係至有能之日，備銀照典字面取
贖；如未贖，任付管業。今欲有憑，立典契壹
帋，並帶原字鄭志會田載元銓壹帋，
共肆帋，付執爲炤。
咸豐肆年十一月　日立典契葉達蒲（押）
仝姪孫元劍（押）
在見中元達朝（押）

6-8-1-3　清咸豐四年十一月葉達蒲等立典底面全民佃田契

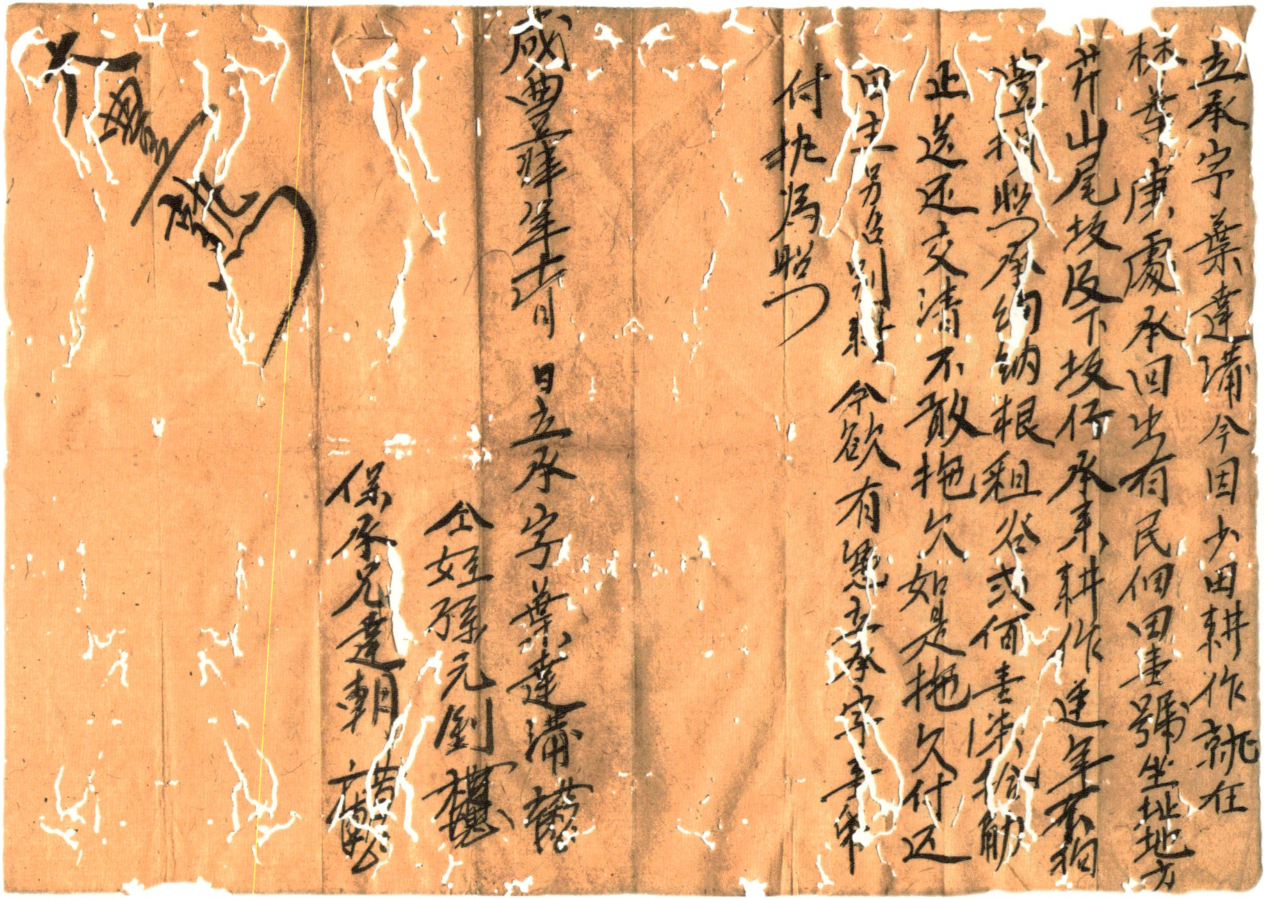
立承字葉達蒲，今因少田耕作，就在
林孝康處承回出有民佃田壹號，坐址地方
芹山尾坡及下坡仔，承來耕作，逐年首
當照約納根租谷弍佰壹拾伍觔
正，送還交清，不敢拖欠，如是拖欠，付返
田主另召別耕，今欲有憑，立承字壹紙
付執為照。
咸豐肆年十一月　日立承字葉達蒲
仝姪孫元劉
保承兄達朝

6-8-1-4　清咸豐四年十一月葉達蒲等立承民佃田字

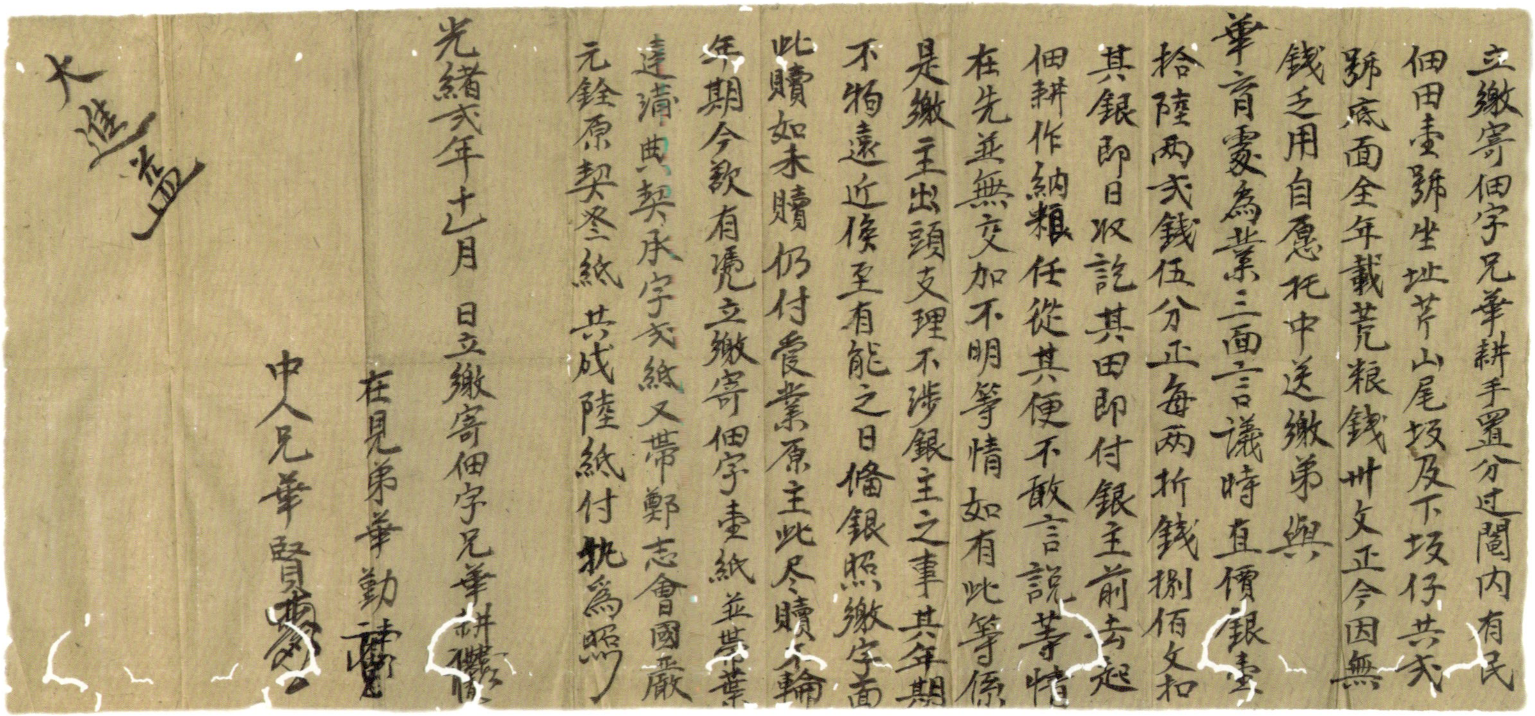


6-8-1-5 清光緒二年十一月林華耕立繳寄民佃田字

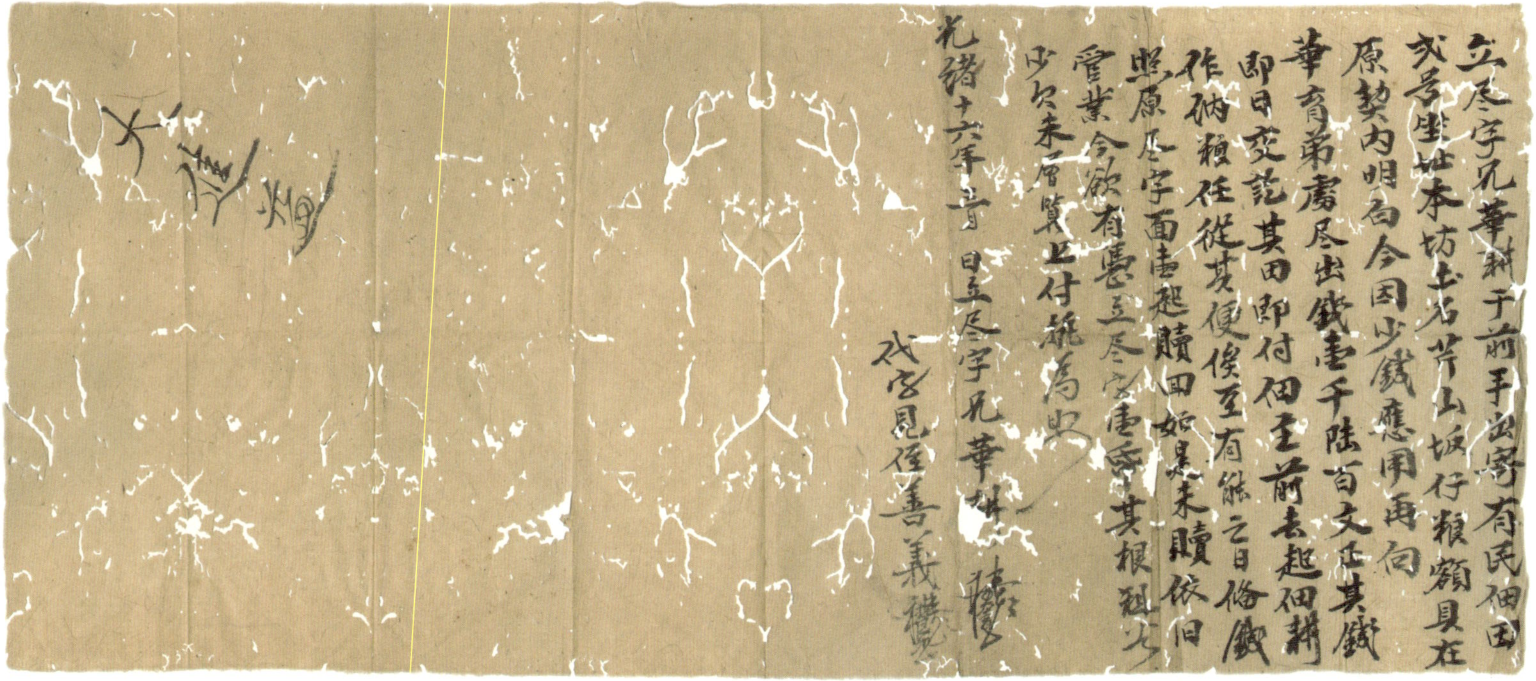

立尽字兄華耕于前手出寄有民佃田
弍号坐址本坊土名芹山坂仔粮額具在
原契内明白今因少錢應用再向
華育弟處尽出錢壹千陆百文正其錢
即日交訖其田即付佃主前去起佃耕
作納粮任從其便候至有銀之日備錢
照原尽字面壹起贖田如是未贖依旧
管業今欲有憑立尽字壹紙付其根契
少欠未曾算上付執爲照
光緒十六年三月　日立尽字兄華耕
代字見侄善義

6-8-1-6　清光緒十六年三月林華耕立盡民佃田字

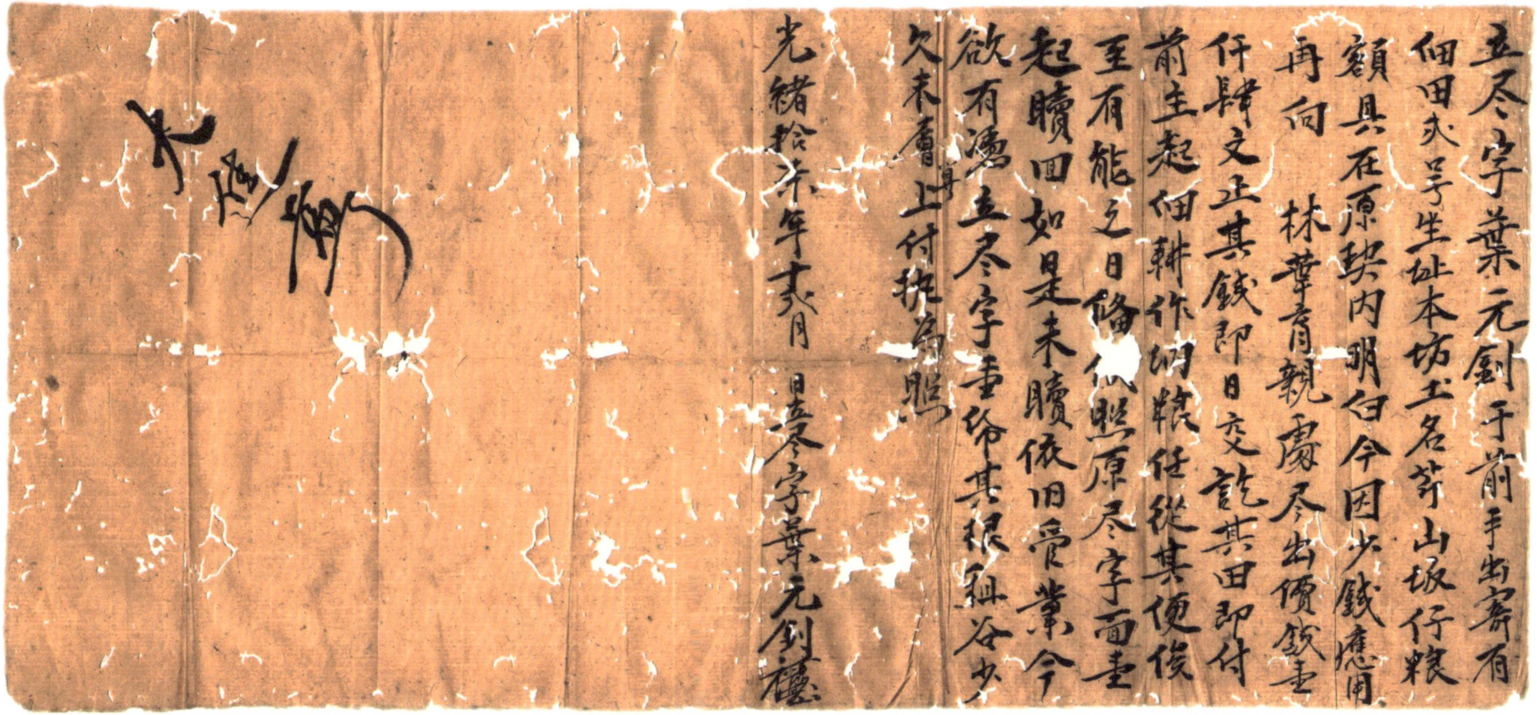
立盡字葉元釗，手前手出寄有
佃田弍号，坐址本坊土名芹山坂仔，粮
額具在原契內明白。今因少錢應用，
再向　林華育親處盡出價錢壹
仟肆文正，其錢即日交訖，其田即付
前主起佃耕作納粮，任從其便。倘
至有能之日，備价照原盡字面壹
起贖回；如是未贖，依旧管業。今
欲有憑，立盡字壹紙付其根租谷夬
欠未書上付批為照。
光緒拾柒年十二月　日立盡字葉元釗（押）

6-8-1-7　清光緒十七年十二月葉元釗立盡佃田字

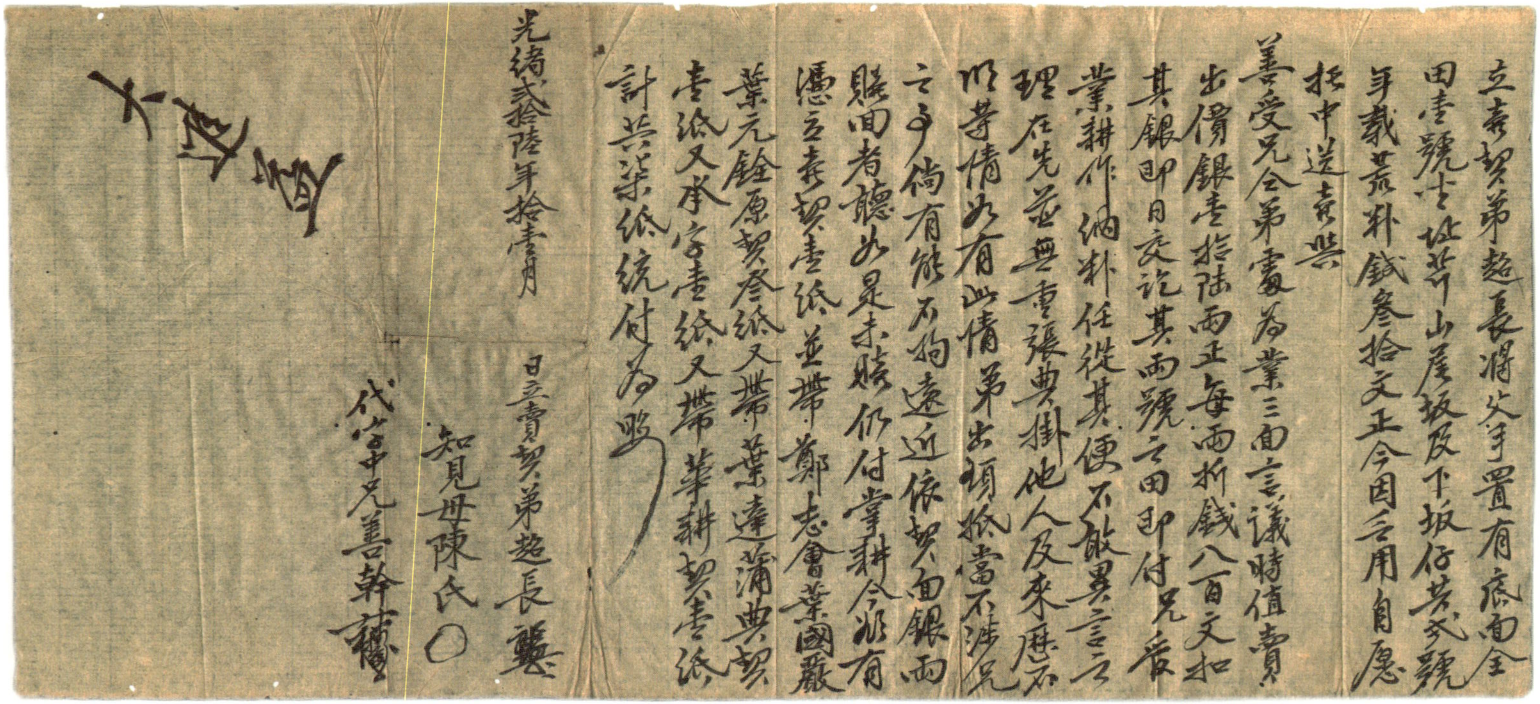

立賣契弟超長將父手置有底面全
田壹號坐址茅山崖坂及下坂仔共弍號
年載荒租錢叁拾文正今因乏用自愿
托中送賣與
善受兄仝弟處爲業三面言議時值賣
出價銀壹拾陸兩正每兩折錢八百文扣
其銀即日交訖其兩號之田即付兄管
業耕作納租任從其便不敢異言之
理在先並無重張典掛他人及來歷不
明等情如有此情弟出頭抵當不涉兄
之事倘有能不拘遠近依契面銀兩
贖回者聽如是未贖仍付掌耕今恐有
憑立賣契壹紙並帶鄭志會葉國嚴
葉元銓原契叁紙又帶葉達蒲典契
壹紙又承字壹紙又帶葉耕契壹紙
計共柒紙統付爲照

光緒弍拾陸年拾壹月　日立賣契弟超長（押）

知見母陳氏（○）

代筆中兄善幹（押）

大發財

6-8-1-8　清光緒二十六年十一月林超長立賣底面全田契

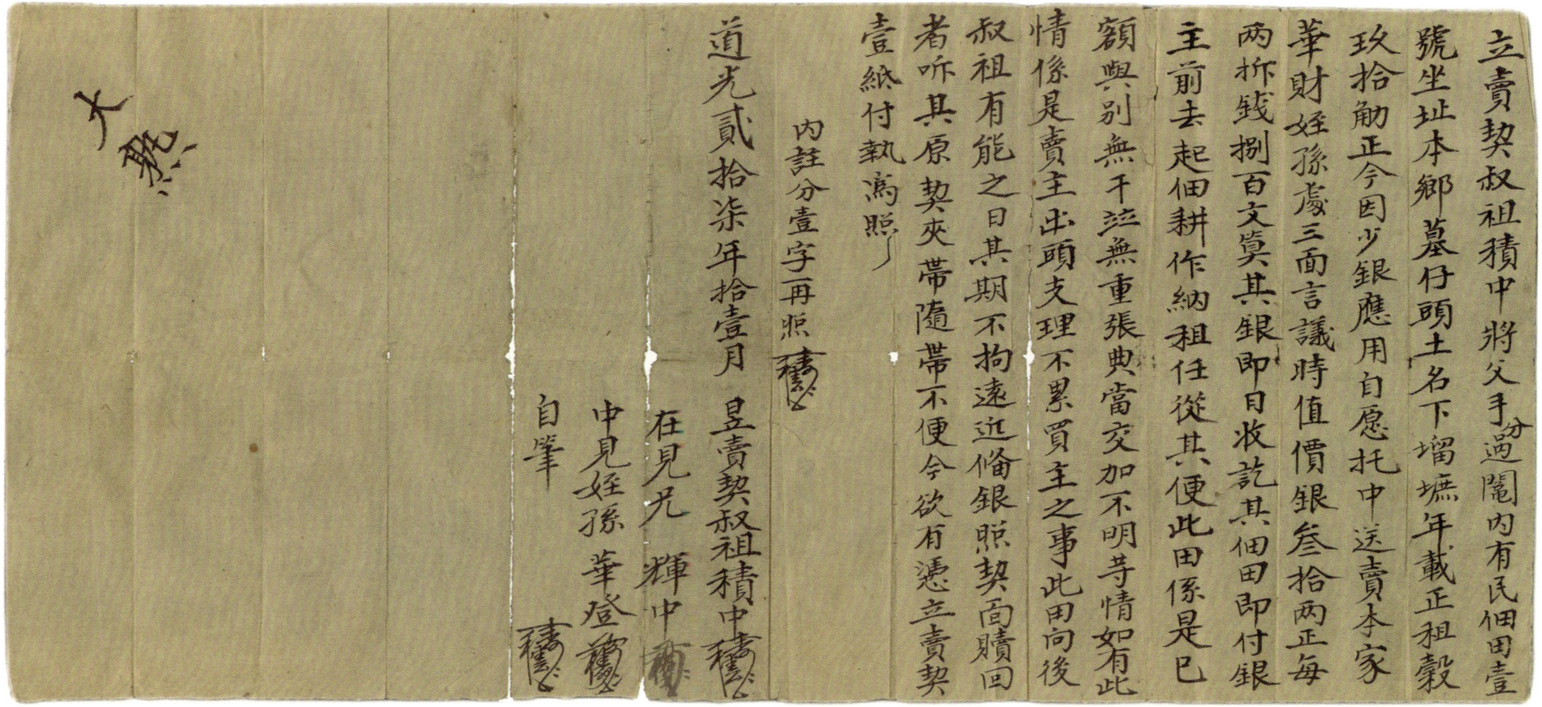
立賣契叔祖積中將父手分過鬮內有民佃田壹
號坐址本鄉墓仔頭土名下墹墘年載正租穀
玖拾觔正今因乏銀應用自愿托中送賣本家
華財姪孫處三面言議時值價銀叁拾兩正每
兩折錢捌百文算其銀即日收訖其佃田即付銀
主前去起佃耕作納租任從其便此田係是己
額與別無干涉無重張典當交加不明等情如有此
情係是賣主出頭支理不累買主之事此田向後
叔祖有能之日其期不拘遠近備銀照契面贖回
者听其原契夾帶隨帶不便今欲有憑立賣契
壹紙付執爲照。
內註分壹字再照　積（押）
道光貳拾柒年拾壹月　立賣契叔祖積中（押）
在見兄　輝中（押）
中見姪孫　華登（押）
自筆　積（押）
大發

6-8-2-1　清道光二十七年十一月林積中立賣民佃田契

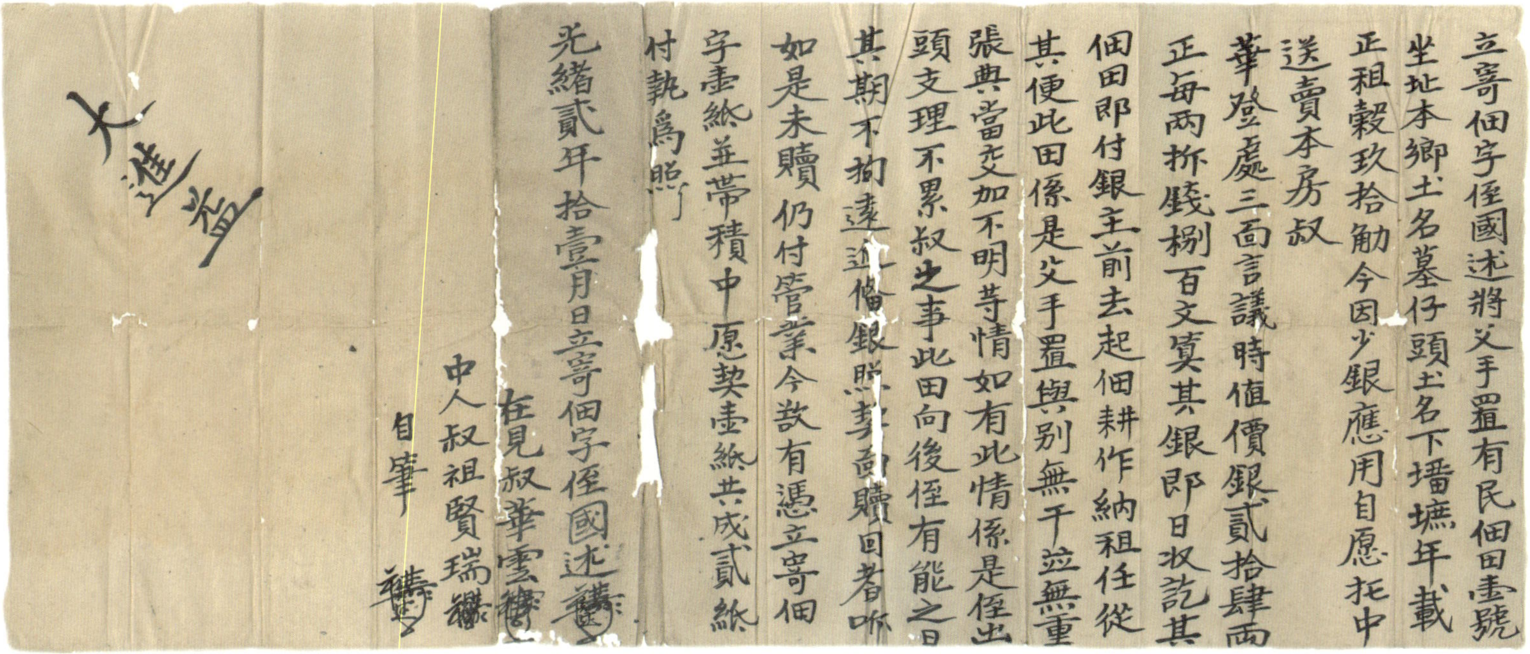

立寄佃字侄國述將父手置有民佃田壹號
坐址本鄉土名墓仔頭土名下墻墉年載
正租穀玖拾觔今因乏銀應用自愿托中
送賣本房叔
華登處三面言議時值價銀貳拾肆兩
正每兩折錢捌百文箕其銀即日收訖其
佃田即付銀主前去起佃耕作納租任從
其便此田係是父手置與別無干並無重
張典當並加不明等情如有此情係是侄出
頭支理不累叔之事此田向後侄有能之日
其期不拘遠近備銀照契面贖回者聽
如是未贖仍付管業今欲有憑立寄佃
字壹紙並帶積中愿契壹紙共成貳紙
付執為照
光緒貳年拾壹月日立寄佃字侄國述（押）
在見叔華雲（押）
中人叔祖賢瑞（押）
自筆（押）
大進益

6-8-2-2　清光緒二年十一月林國述立寄民佃田字

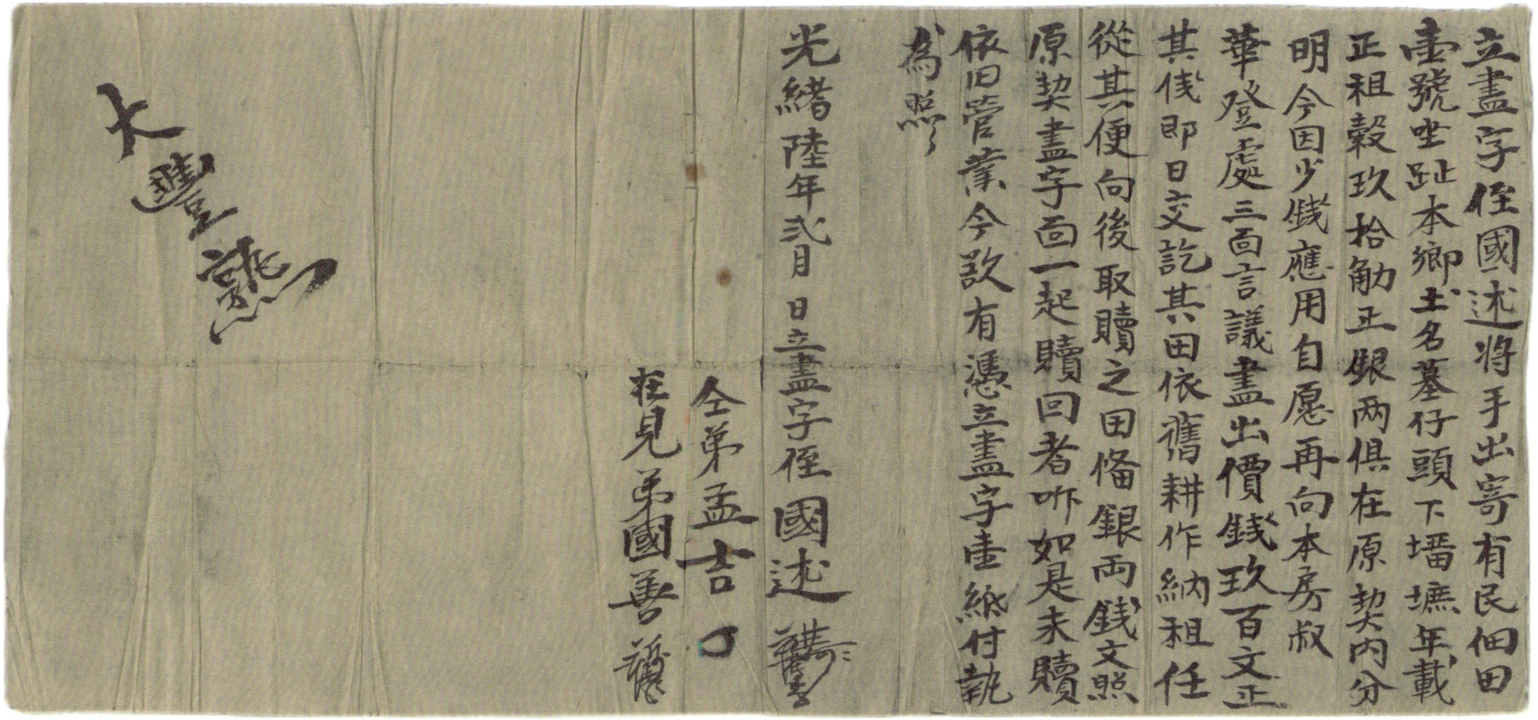
立盡字侄國述將手出寄有民佃田
壹號坐址本鄉土名墓仔頭下墻壢年載
正租穀玖拾觔正銀兩俱在原契內分
明今因少錢應用自愿再向本房叔
華登處三面言議盡出價錢玖百文正
其錢即日交訖其田依舊耕作納租任
從其便向後取贖之田倫銀兩錢文照
原契盡字面一起贖回者听如是未贖
依旧管業今欲有憑立盡字壹紙付執
為照

光緒陸年弍月　日立盡字侄　國述（押）
仝弟　孟吉（押）
在見弟　國善（押）

大豐號

6-8-2-3　清光緒六年二月林國述等立盡民佃田字

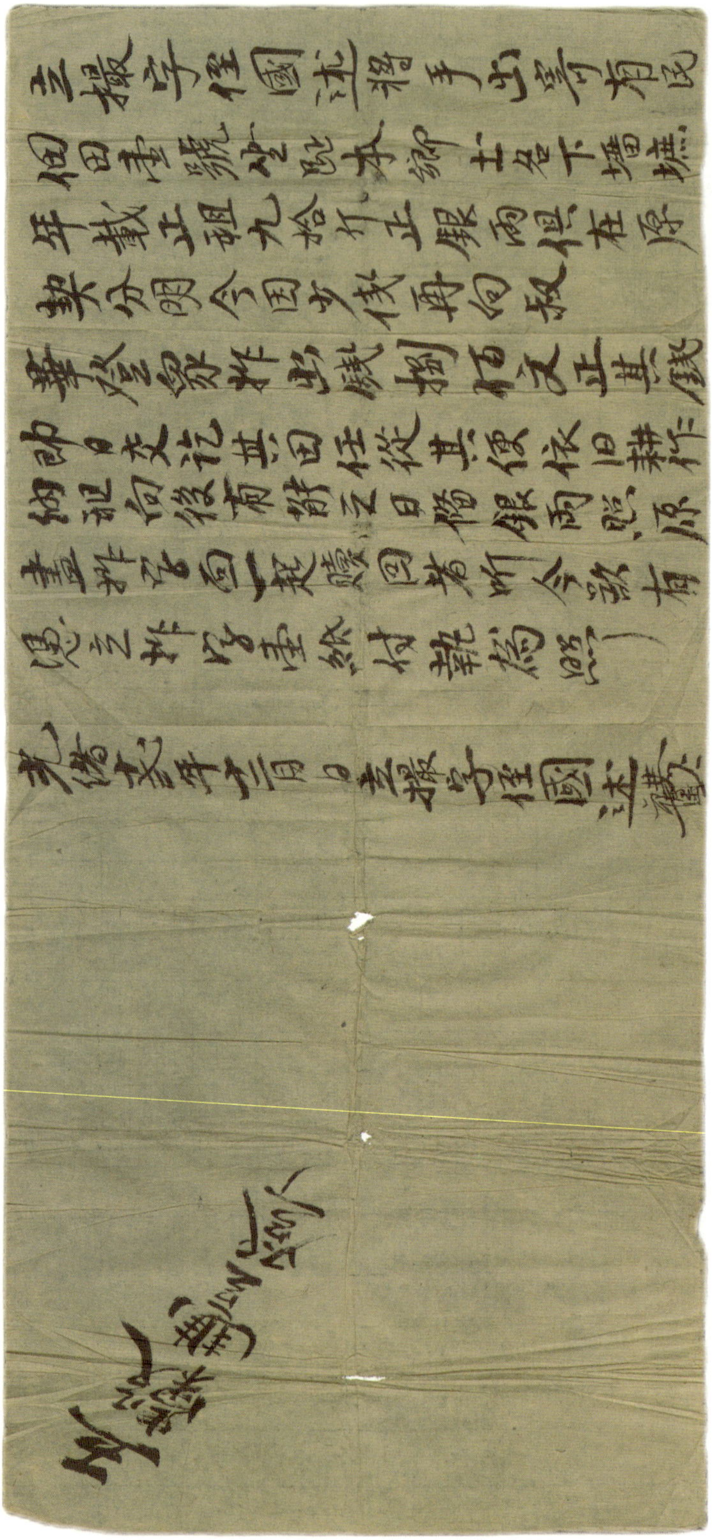

立撮字侄國述將手出[illegible]門前民
田壹號，坐貼本鄉土名下塘墘
年載正租九拾斤正，銀兩俱在厝
契分明。今因乏錢使用，向叔
邊撮出佃批出錢捌佰文正，其錢
即日交訖。其田任從其侄依舊耕作
納租，向後有贖之日，備銀兩照原
本[illegible]字一紙退還回，[illegible]門人[illegible]有
恩。立撮字一紙付執為照。
光緒十二年十二月　日立撮字侄國述（押）
代筆[illegible]

6-8-2-4　清光緒十二年十二月林國述立撮字

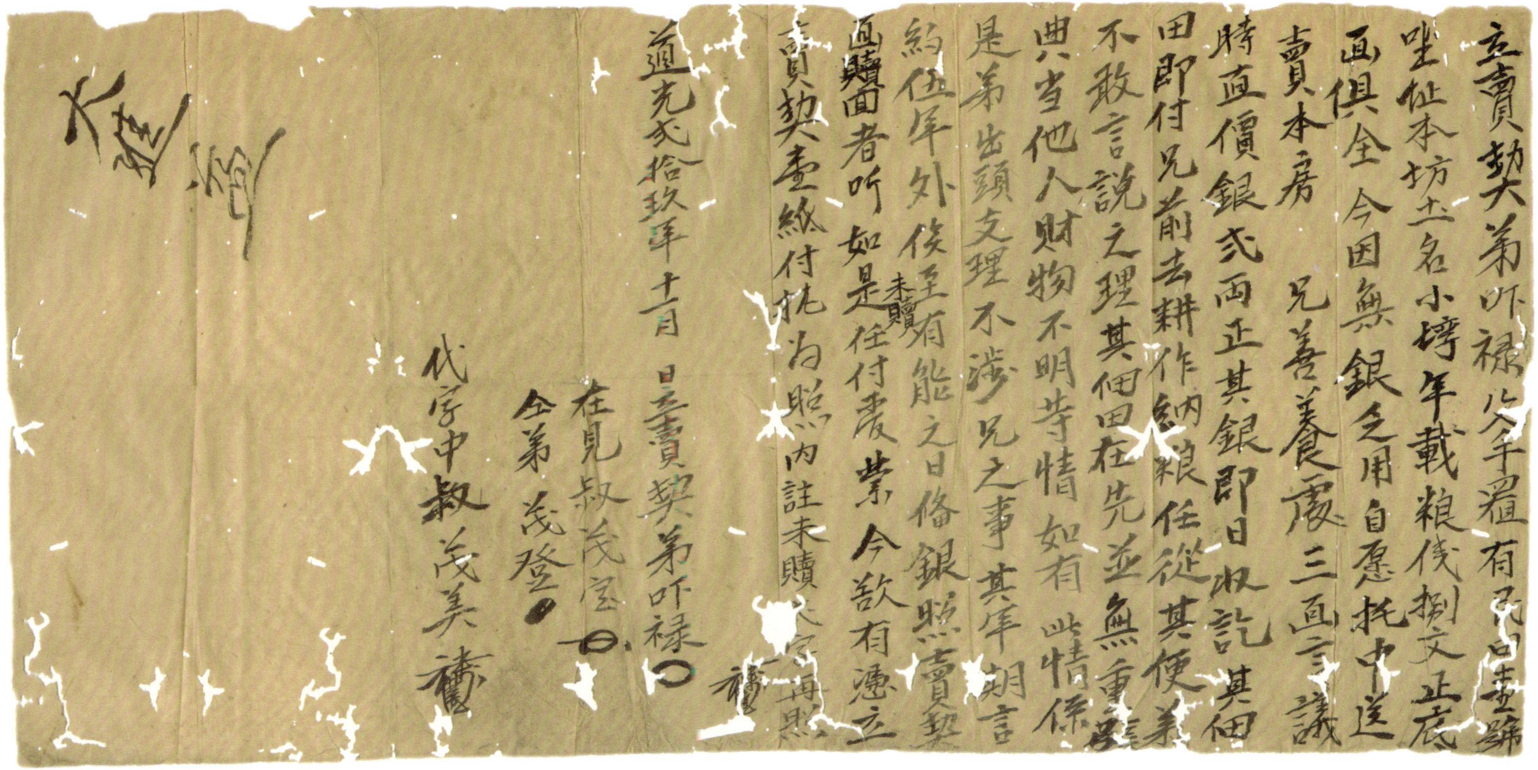

立賣契弟吓禄仝侄羅有民田壹號
坐址本坊土名小塆年載粮伐捌文正底
面俱全今因無銀乏用自愿托中送
賣本房　兄善養、廣三面言議
時直價銀弍両正其銀即日收訖其田
田即付兄前去耕作納粮任從其便弟
不敢言說之理其田在先並無重張
典当他人財物不明等情如有此情係
是弟出頭支理不涉兄之事其年明言
約伍年外後至有能之日備銀照賣契
面贖回者吓如是未贖任付耕業今欲有憑立
賣契壹紙付執為照内註未贖弍字再照
道光弍拾玖年十一月　日立賣契弟吓禄（押）
在見叔茂窐（押）
仝弟茂登（押）
代字中叔茂美（押）
大吉

6-8-3-1　清道光二十九年十一月林吓禄等立賣底面全民田契

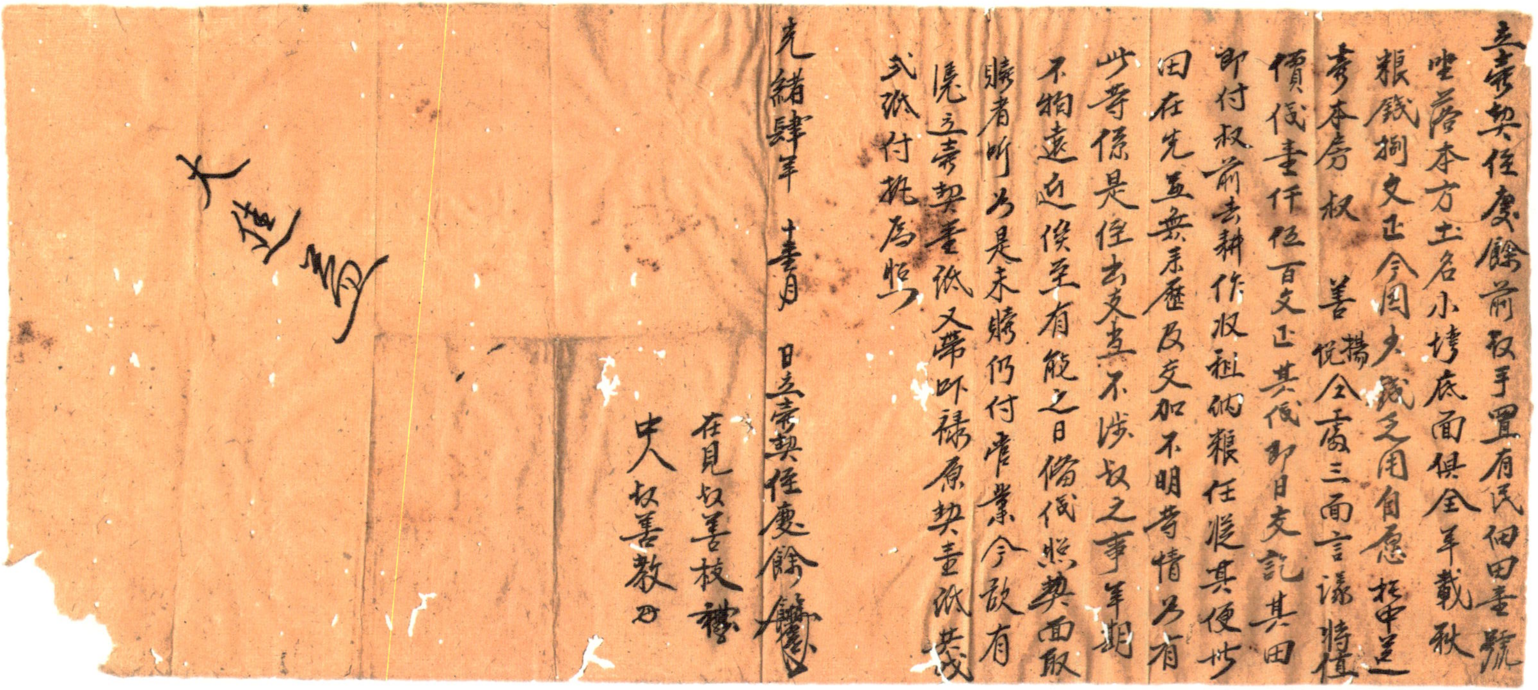
立賣契侄慶餘前叔手置有民佃田壹號
坐落本方土名小塆底面俱全，年載秋
粮錢捌文正。今因欠錢乏用，自愿托中送
賣本房叔　善揚
邊，仝處三面言議時
價錢壹仟伍百文正。其錢即日交訖，其田
即付叔前去耕作，收租納粮，任從其便。此
田在先並無乘歷及交加不明等情，如有
此等，係是侄出支當，不涉叔之事。年期
不拘遠近，俟至有能之日備錢照契面取
贖者，聽為是，未贖仍付管業。今欲有
憑，立賣契壹紙，又帶所繳原契壹紙，共
貳紙付執為照。

光緒肆年　十一月　日立賣契侄慶餘（押）
在見叔善枝（押）
中人叔善教（押）

6-8-3-2　清光緒四年十一月林慶餘立賣底面全民佃田契

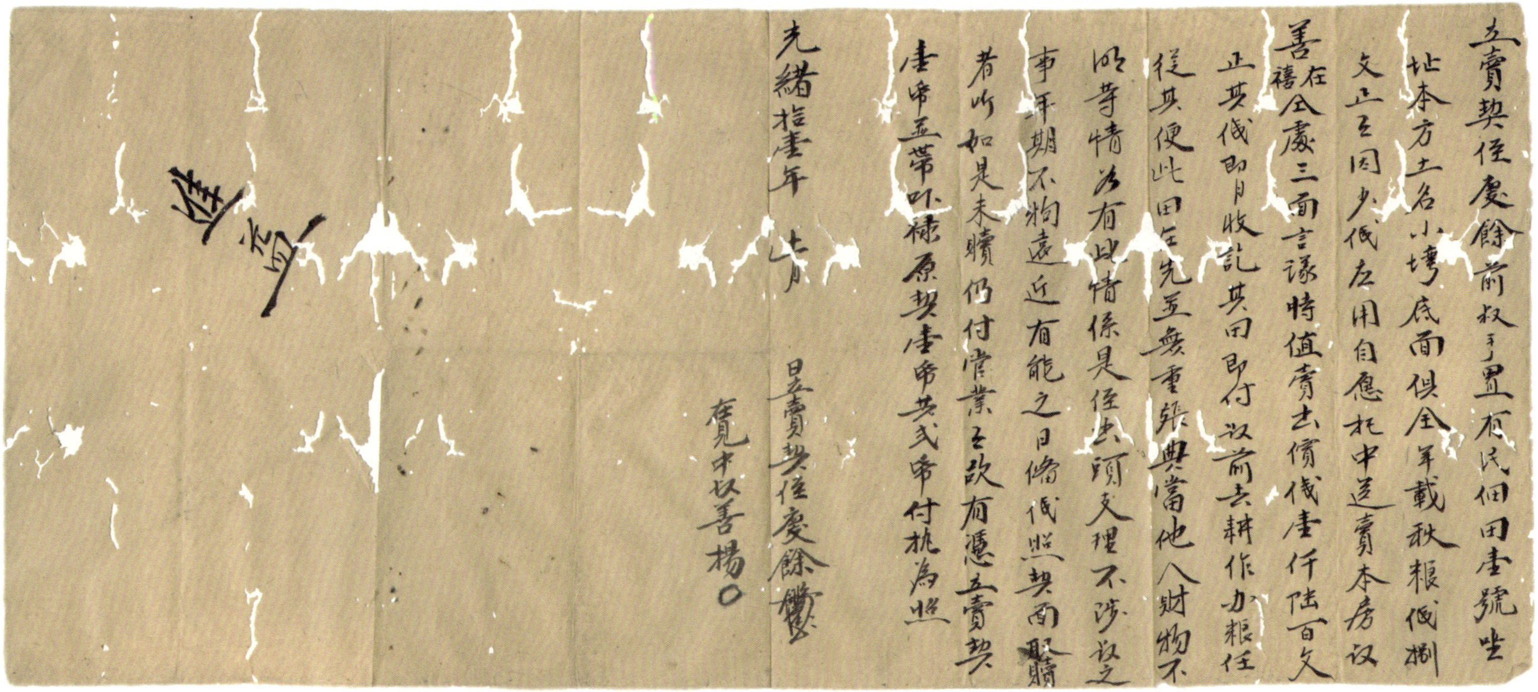


6-8-3-3 清光緒十一年十一月林慶餘立賣底面全民佃田契

立寄佃字叔同章，父手分過鬮內有民佃田壹
號，坐落本坊安名秋竹坑路下，年載正租谷陸拾
斛正。今因無銀應用，自情愿托中送寄侄
積耀處，三面言議，時值寄出價銀壹拾
玖兩正，折錢八百文扣，其銀即日收訖，其佃田即付
侄前去耕作，納租任從其便，不敢言說之理。
此佃田在先并無交加不明等情，如有此情，係
是叔出頭支理，不涉侄之事。其佃田約期
不拘遠近，有能之日備銀照寄字面取
贖。今欲有憑，立寄佃字壹紙付執為照。

道光肆年拾壹月　日立寄字叔同章（押）

在見兄建章（押）

代字中兄大章（押）

大德公用

6-8-4-1　清道光四年十一月林同章立寄民佃田字

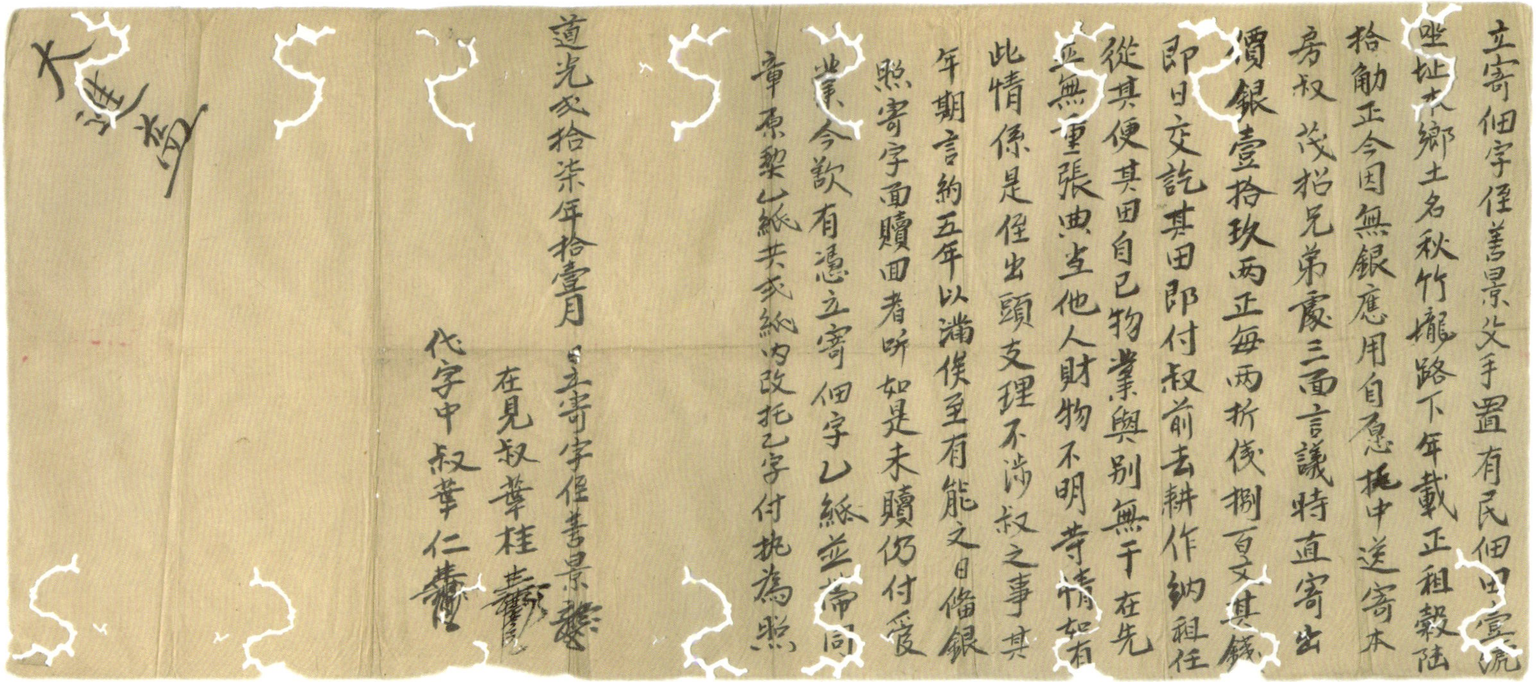
立寄佃字侄善景父手置有民佃田壹流
坐址本鄉土名秋竹櫳路下年載正租穀陆
拾觔正今因無銀應用自愿托中送寄本
房叔 茂柗兄弟處三面言議特直寄出
價銀壹拾玖兩正每兩折錢捌百文其錢
即日交訖其田即付叔前去耕作納租任
從其便其田自己物業與別無干在先
並無重張典當他人財物不明等情如有
此情係是侄出頭支理不涉叔之事其
年期言約五年以滿候至有能之日備銀
照寄字面贖回者听如是未贖仍付管
業今歡有憑立寄佃字乙紙並帶同
章原契乙紙共貳紙內改托乙字付執為照
道光貳拾柒年拾壹月　日立寄字侄善景（押）
在見叔華桂（押）
代字中叔華仁（押）
大進利

6-8-4-2　清道光二十七年十一月林善景立寄民佃田字

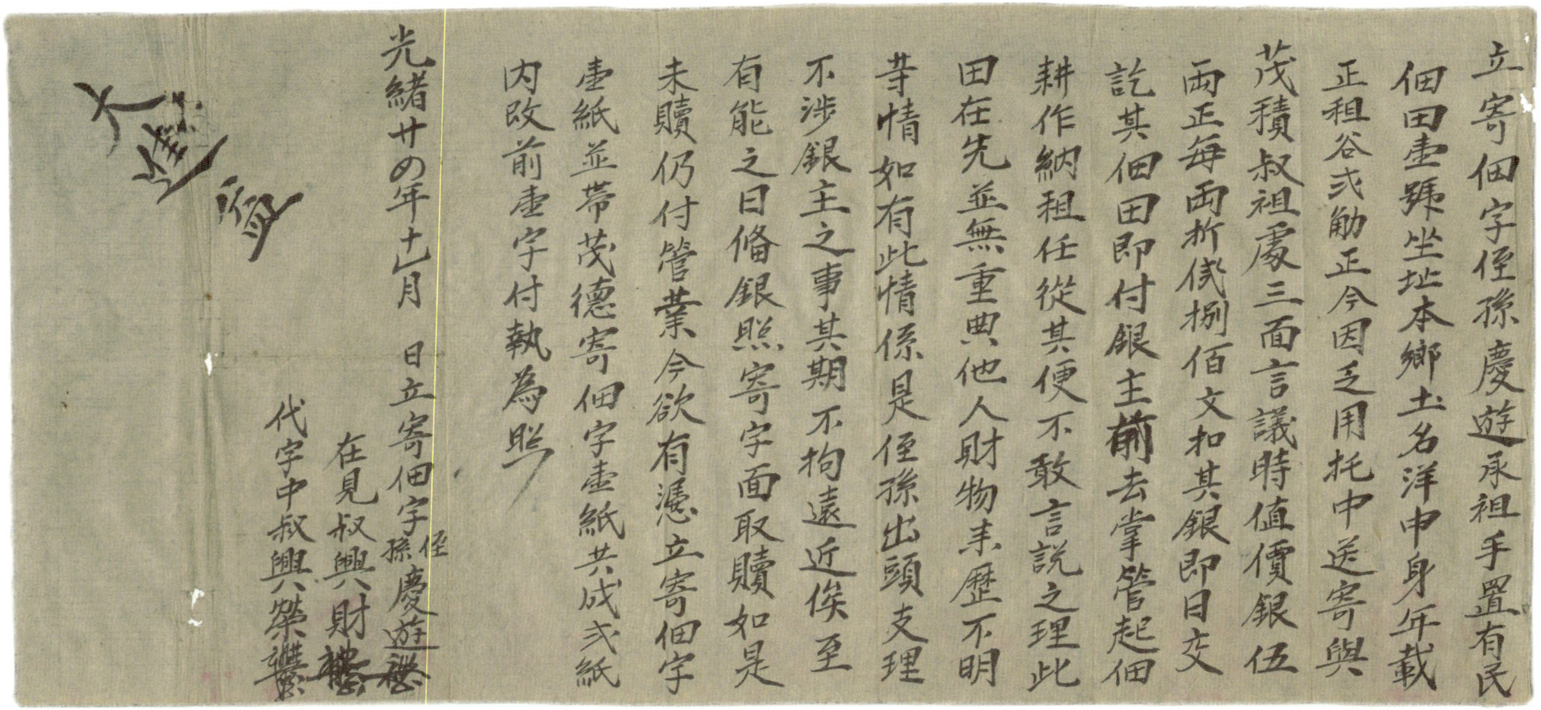
立寄佃字侄孫慶遊承祖手置有民
佃田壹號坐址本鄉土名洋中身年載
正租谷弍舫正今因乏用托中送寄與
茂積叔祖處三面言議時值價銀伍
两正每两折伏捌佰文和其銀即日交
訖其佃田即付銀主前去掌管起佃
耕作納租任從其便不敢言說之理此
田在先並無重典他人財物来歷不明
等情如有此情係是侄孫出頭支理
不涉銀主之事其期不拘遠近俟至
有能之日備銀照寄字面取贖如是
未贖仍付管業今欲有憑立寄佃字
壹紙並帶茂德寄佃字壹紙共成弍紙
内改前壹字付執為照

光緒廿四年十一月　日立寄佃字侄孫慶遊（押）
在見叔興財（押）
代字中叔興榮（押）

[illegible]

6-8-5-1　清光緒二十四年十一月林慶遊立寄民佃田字

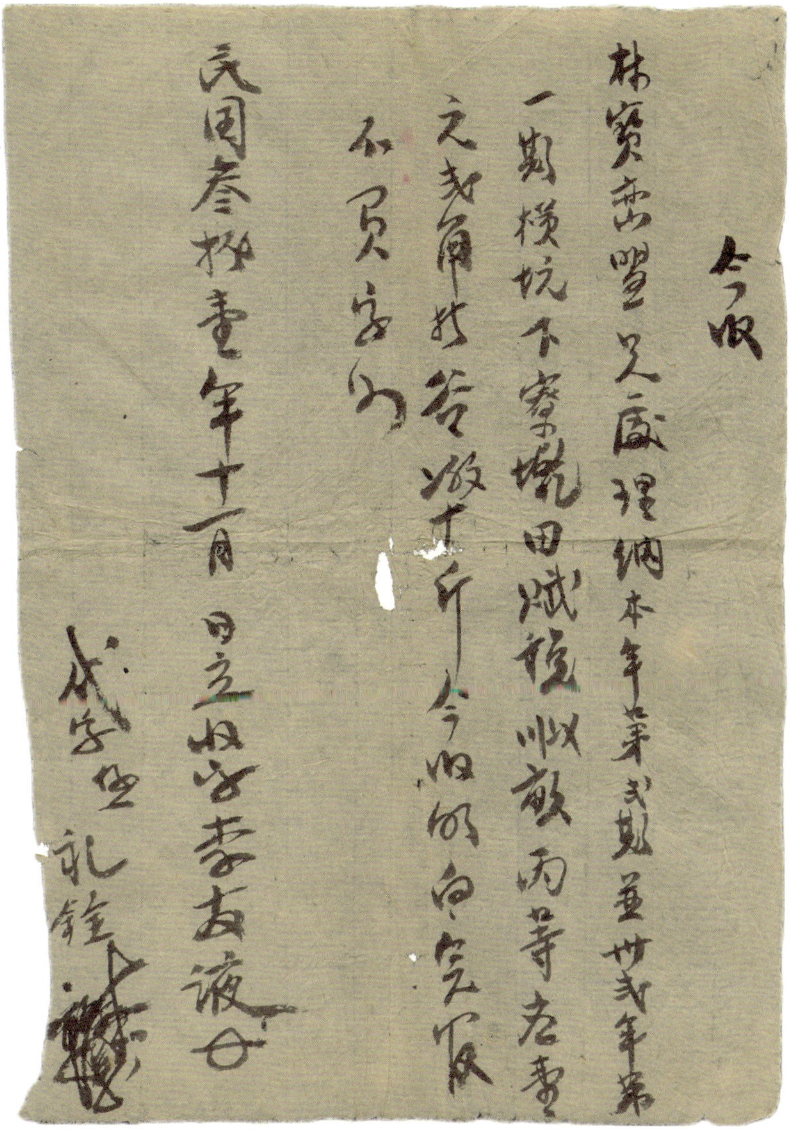

今收

林資壽、豐足、盛理納本年第弍期並卅弍年第

一期横坑下寮墘田賦稅收穀兩等壱壹

元叁角，折谷叁拾斤，今收明白完收，

不負字照。

民國叁拾壹年十一月　日立收字李友液（押）

代字侄孔銓

6-8-5-2　民國三十一年十一月李友液立收田賦稅字

# 第九帙　林傳就户

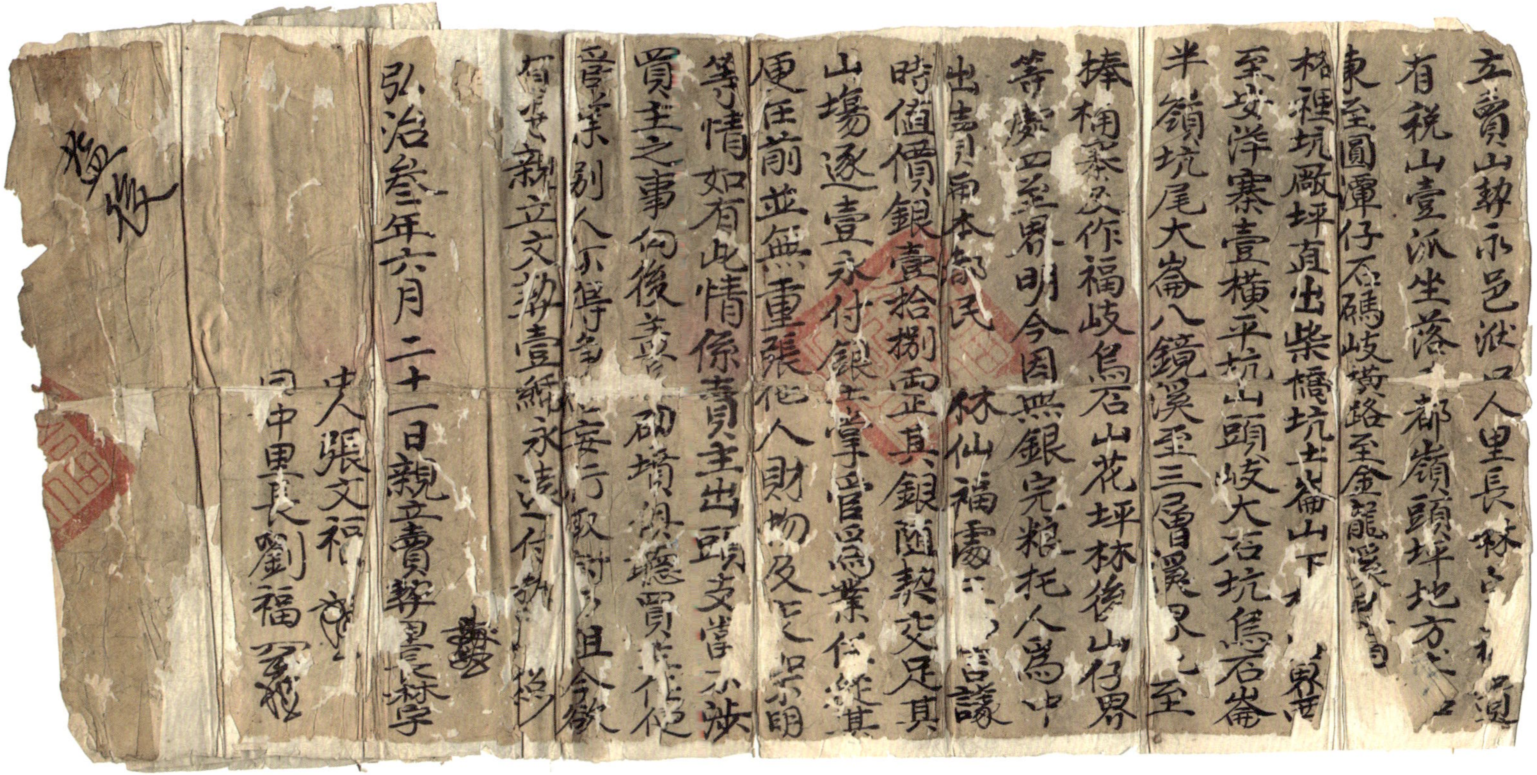

立賣山契永邑洑[illegible]人里長林[illegible][illegible]遺
有稅山壹派，坐落[illegible]都嶺頭坪地方，[illegible]
東至圓潭仔石碼岐黄路至金龍溪[illegible]
格裡坑厰坪直出柴橋坑土崙山下[illegible]界
至安洋寨壹横平坑山頭岐大石坑烏石崙
半嶺坑尾大崙八鏡溪至三層溪界至
捧桶寨及作福岐烏石山花坪林後山仔界
等處四至界明。今因無銀完粮，托人爲中，
出賣與本都民林仙福處，三面言議
時值價銀壹拾捌兩正，其銀隨契交足，其
山場遂壹永付銀主掌管爲業，任從其
便，任前並無重張他人財物及已不明
等情；如有此情，係賣主出頭支當，不涉
買主之事。向後子孫砌墳，俱聽買主[illegible]
管業，別人不得爭[illegible]取討，且今欲
有憑，親立文契壹紙，永遠付執[illegible]
弘治叁年六月二十一日親立賣契里長林宇（押）
中人張文福（押）
同中里長劉福（押）
[illegible]

6-9-1-1　明弘治三年六月林宇立賣稅山契（紅契）

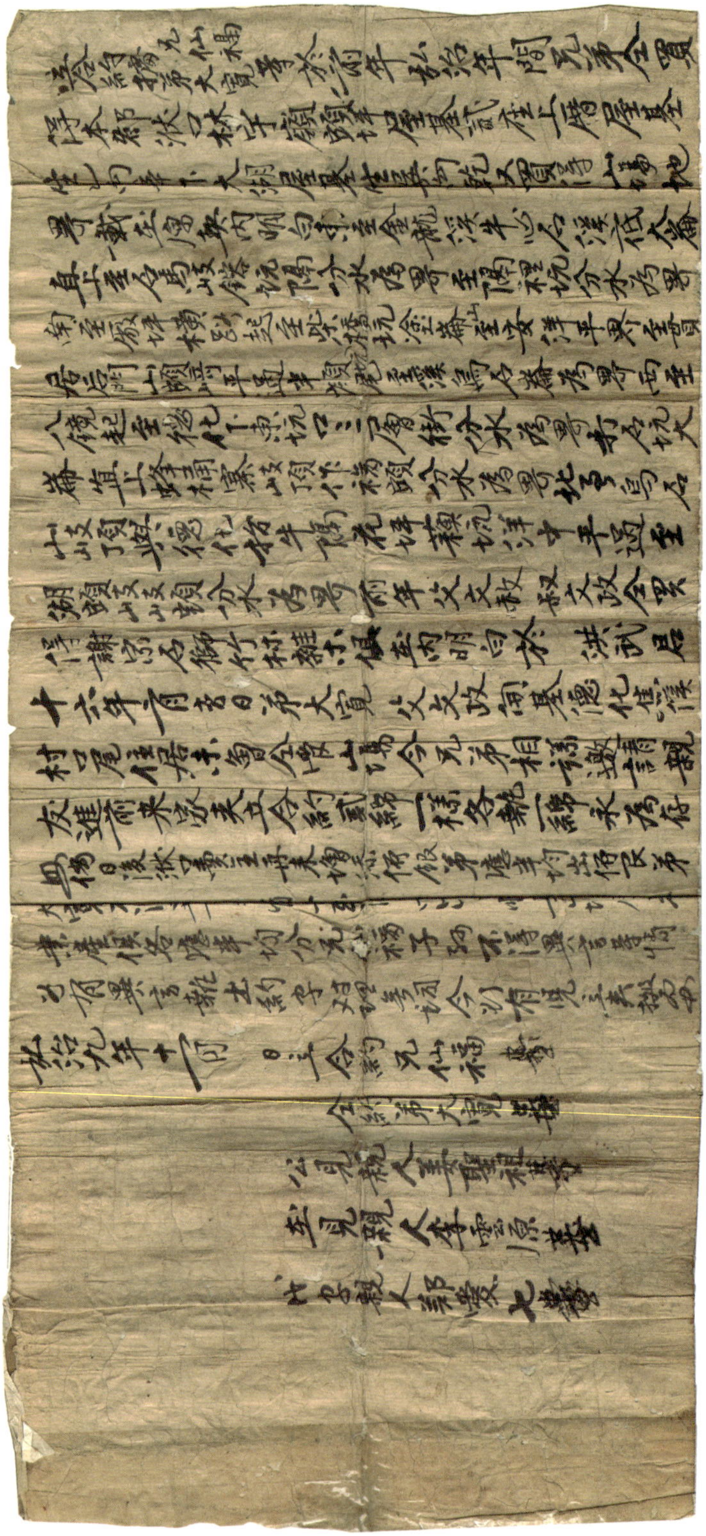

6-9-1-2　明弘治九年十一月林仙福等立約據

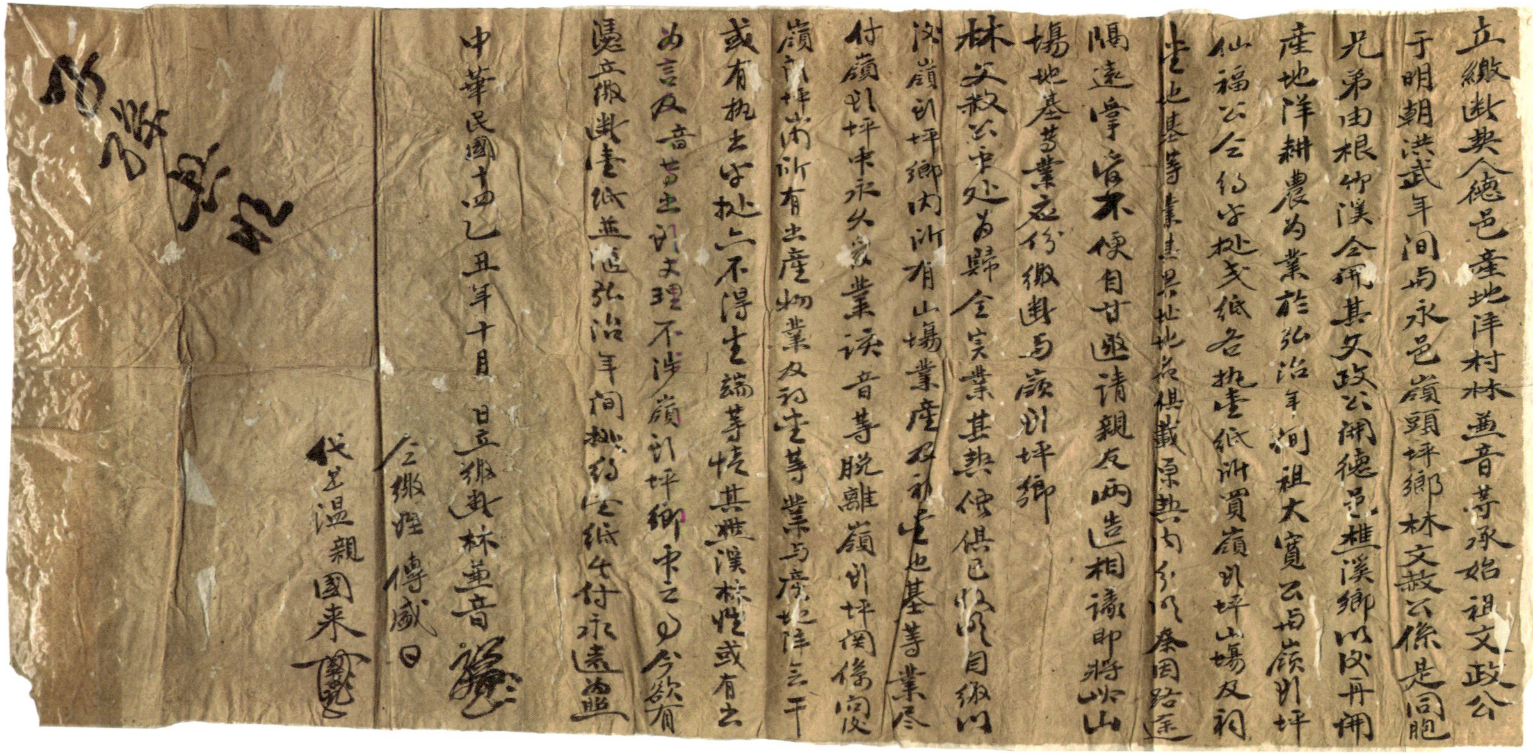

立繳斷契人德邑產地洋村林兼音等承始祖文政公
于明朝洪武年間向永邑嶺頭坪鄉林文敍公係是同胞
兄弟由根竹漢仝來其文政公開德邑樵溪鄉以改再開
產地洋耕農為業於弘治年間祖大寬公向嶺頭坪
仙福公仝伯叔姪等各執壹紙所買嶺頭坪山場及祠
堂地基等業其界址地名俱載原契內今因路途
隔遠管業不便自甘邀請親友兩造相議即將山
場地基等業出行繳斷與嶺頭坪鄉
林文敍公內支孫為歸仝實業其契使俱已收回繳明
汶嶺頭坪鄉內所有山場業產及祠堂地基等業盡
付嶺頭坪永久管業該音等脫離嶺頭坪關係從
嶺頭坪內所有出產物業及祠堂等業與產地洋無干
或有執出字紙亦不得生端等情其樵溪林姓或有出
為言及音等出頭支理不涉嶺頭坪鄉事之今欲有
憑立繳斷壹紙並退弘治年間契約壹紙仝付永遠為照
中華民國十四乙丑年十月　日立繳斷林兼音（押）
仝繳姪傳咸〇
代筆温親國來（押）
[illegible]

6-9-1-3　民國十四年十月德化林兼音等立繳斷山場等契

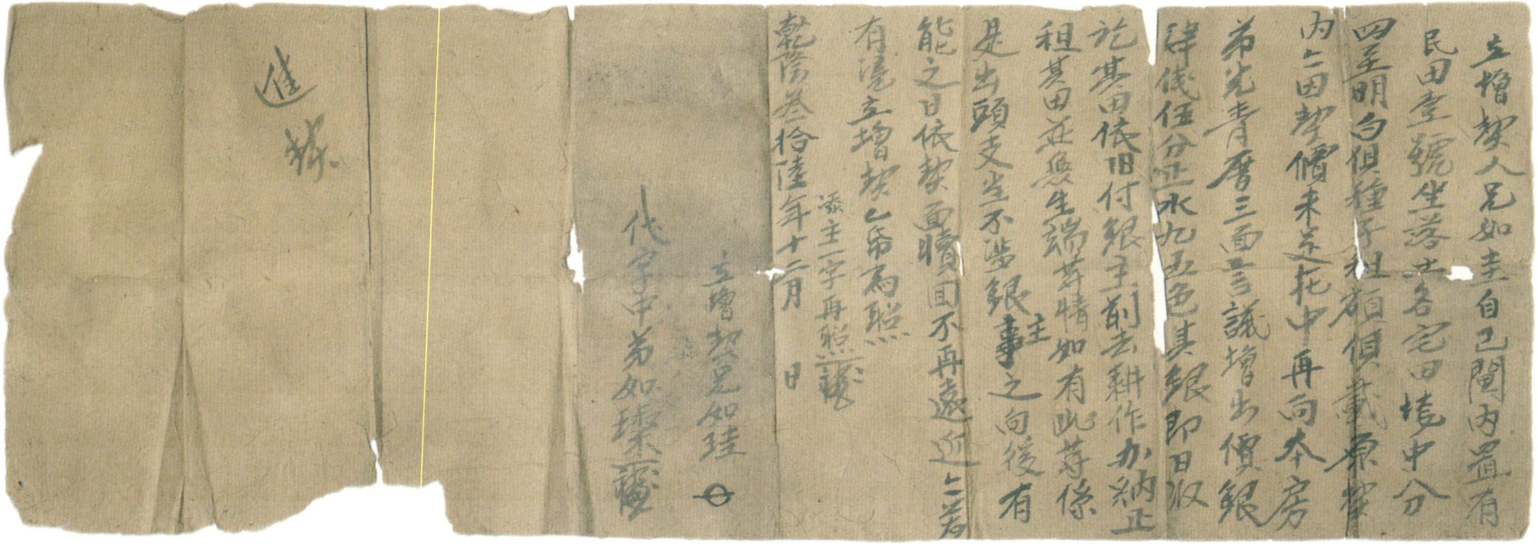

立增契人兄如珪，自己閩內置有
民田壹號，坐落土名宅田墘中分
四至明白，但種子租佰俱載原契
內，今因契價未足，托中再向本房
弟光青曆三面言議，增出價銀
肆錢伍分正，水九五色，其銀即日收
訖。其田依旧付銀主前去耕作，办納正
租。其田并無生端等情，如有此等係
是出頭支当，不涉銀主事之，向後有
能之日依契面贖回，不再遠近亡若
有憑，立增契一紙為照。
添主一字再照。
乾隆叁拾陸年十二月　日
立增契兄如珪（押）
代字中弟如球（押）
進祿

6-9-2-1　清乾隆三十六年十二月林如珪立增民田契

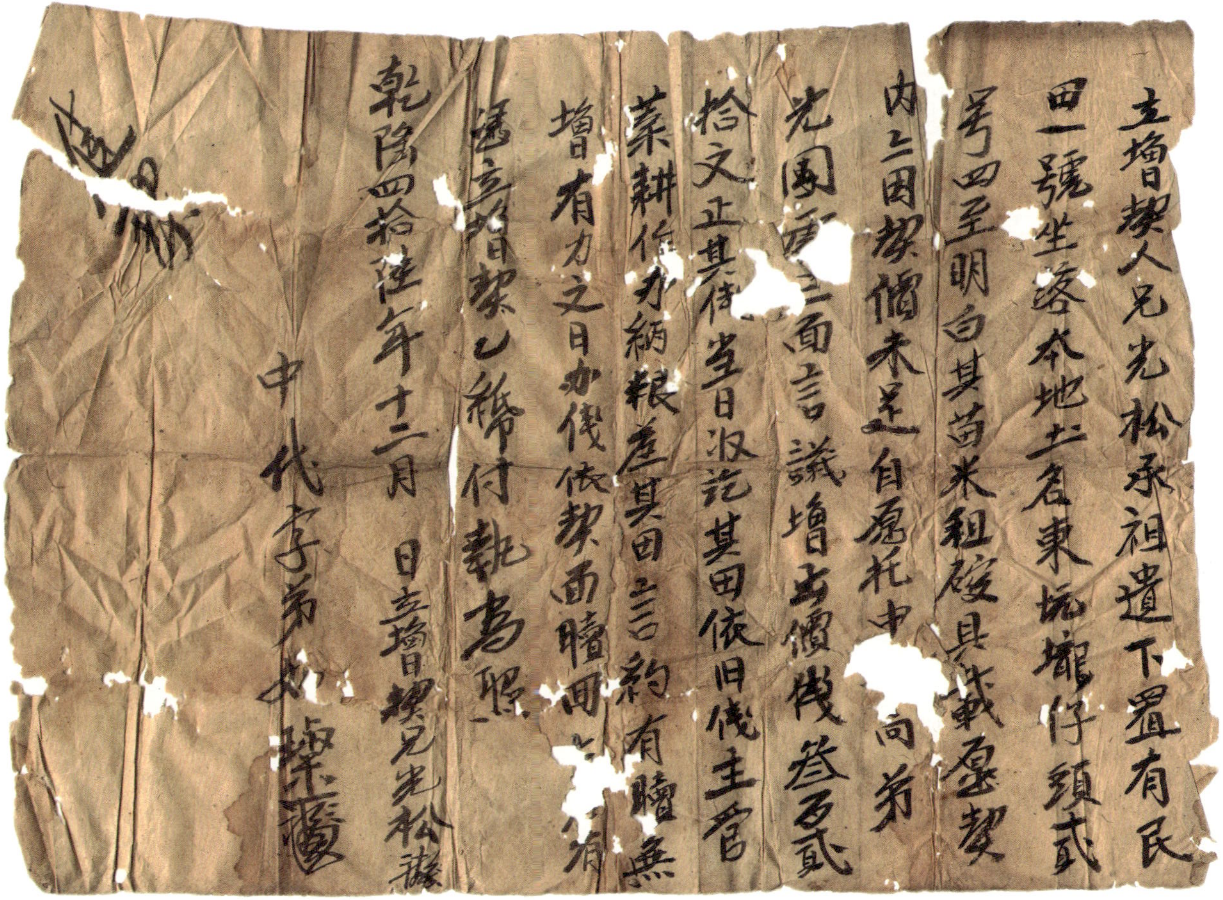
立增契人兄光松承祖遺下置有民
田一號坐落本地土名東坑壠仔頭貳
号四至明白其苗米租穀具載墨契
内二因契價未足自處托中向弟
光國邊三面言議增出價錢叁百貳
拾文正其錢當日收訖其田依舊錢主管
業耕作办納粮差其田二家約有贖無
增有力之日办錢依契面贖回二有
憑立增契乙紙付執為照
乾隆四拾陸年十二月　日立增契兄光松
中代字弟

6-9-2-2　清乾隆四十六年十二月林光松立增民田契

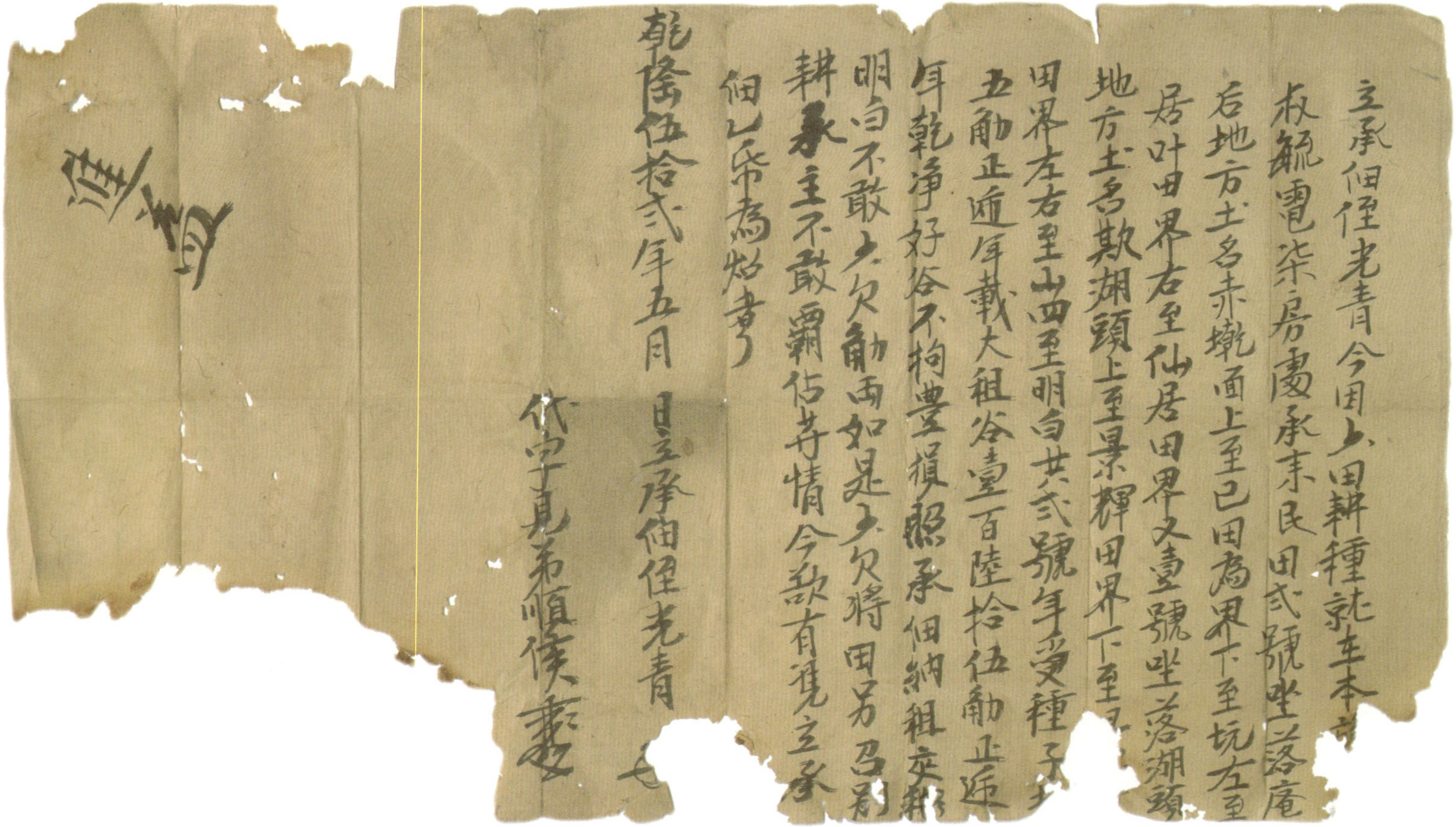
立承佃侄光青今因乚田耕種就在本…
叔観亀柒房處承來民田弍號坐落庵
后地方土名赤墈面上至已田為界下至坑左至
居叶田界右至仙居田界又壹號坐落湖頭
地方土名欺湖頭上至景輝田界下至…
田界左右至山西至明白共弍號年受種子…
五觔正逓年載大租谷壹百陸拾伍觔正逓
年乾淨好谷不拘豐稔照承佃納租交…
明白不敢欠欠觔兩如是欠欠將田另召別
耕承主不敢霸佔等情今欲有憑立承
佃山字為炤者
乾隆伍拾弍年五月　日立承佃侄光青
代字見弟順侯

6-9-2-3　清乾隆五十二年五月林光青立承佃民田字

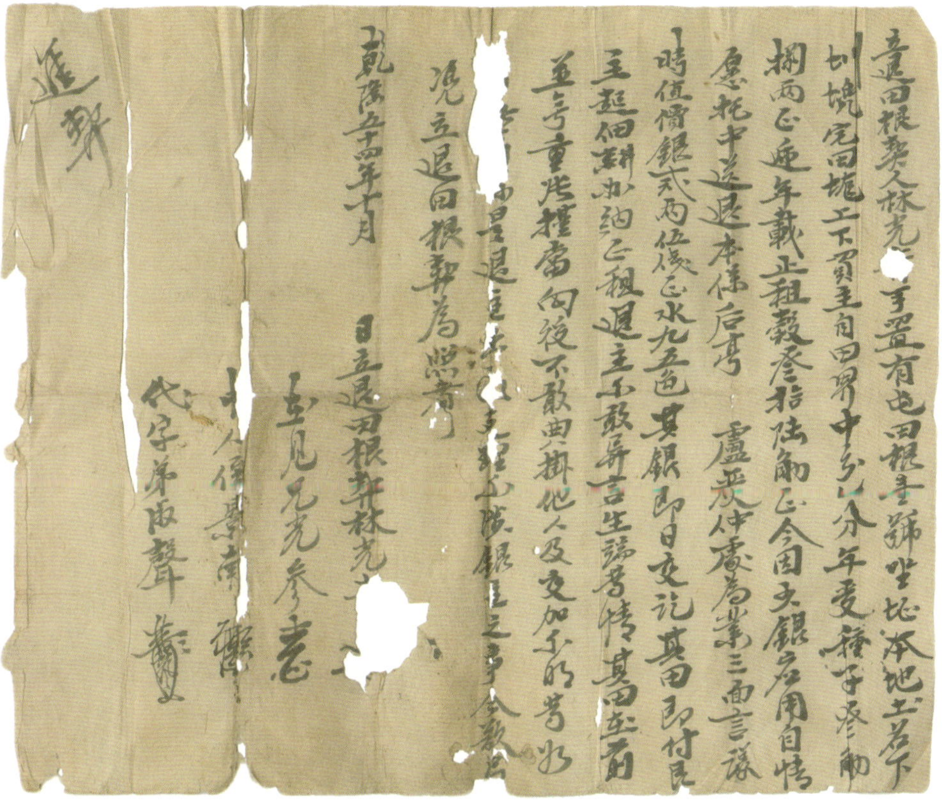

立退田根契人林光□，手置有屯田根壹號，坐址本地，土名下
坵墘，完田壠上下貳坵，自田界中分一分，年受種子叁斗，納
糧兩正，逐年載正租穀叁拾陸觔正。今因乏銀應用，自情
愿托中送退本族后亭　盧丞、仲處為業，三面言議
時值價銀貳兩伍錢正，水九五色。其銀即日交訖，其田即付退
主起佃耕作納正租，退主不敢異言生端等情。其田在前
並無重張搭當，向後不敢典掛他人及交加不明等情。如
有[illegible]由是退主[illegible]理，不干退銀主之事。今欲有
憑，立退田根契為照者。

乾隆五十四年十月　日立退田根契林光□
在見兄光參（押）
中人傅學甫（押）
代字弟順聲（押）

進契

6-9-2-4　清乾隆五十四年十月林光□立退屯田根契

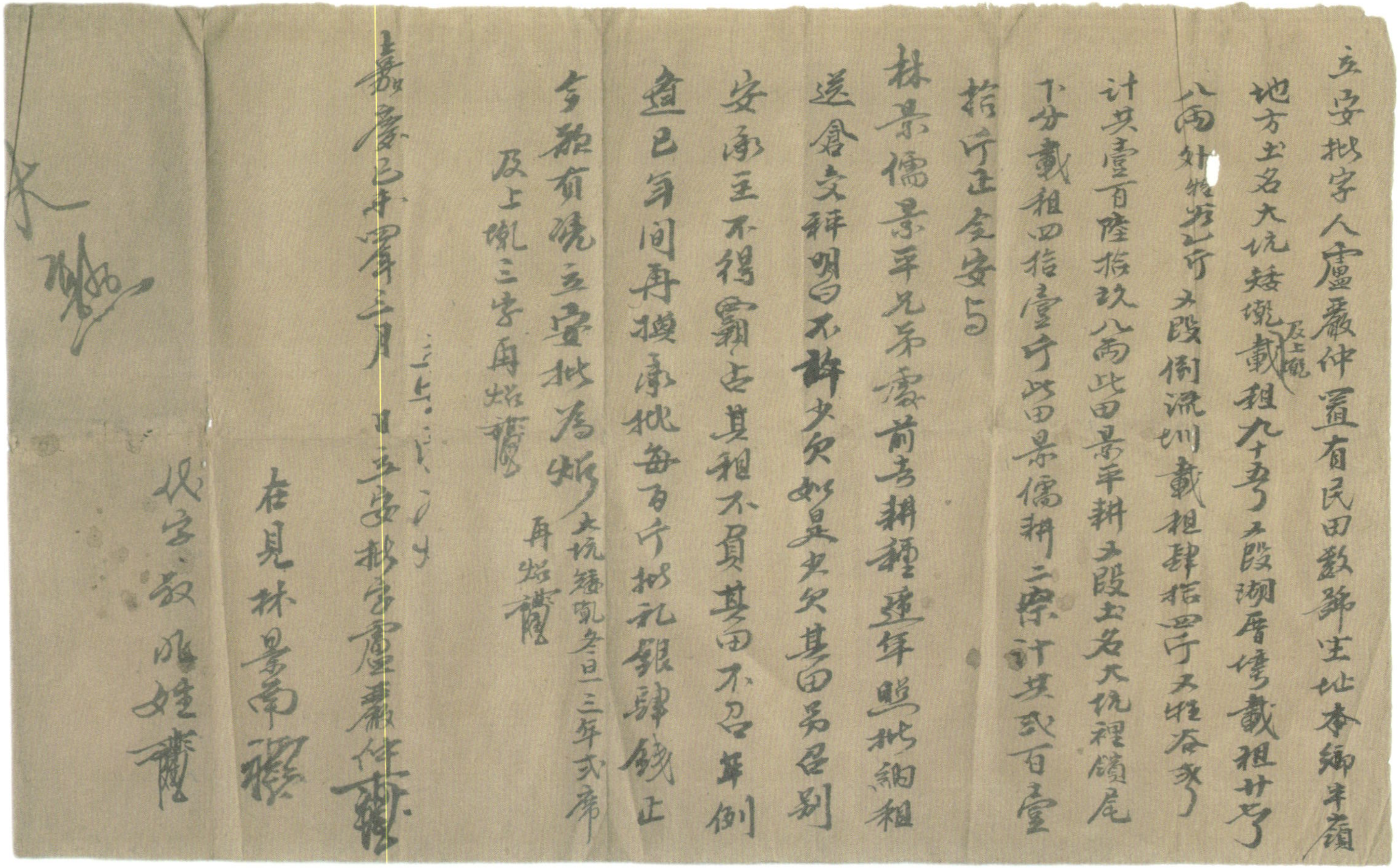
立安批字人盧嚴仲置有民田數節，坐址本鄉半嶺
地方，土名大坑矮墘（及上墘），載租九十秤，又段湖厝壋，載租廿秤
八兩，灶牯岩山下，又段倒流圳，載租肆拾四斤，又灶谷秤
計共壹百陸拾玖八兩，此田景平耕；又段土名大坑裡鐵尾
下分，載租四拾壹斤，此田景儒耕，二際計共貳百壹
拾斤正，全安與
林景儒、景平兄弟處前去耕種，逐年照批納租
送倉交秤明白，不許少欠，如是少欠，其田另召別
安，承主不得霸占其租；不負其田，不召耕佃。
逐已年間再換承批，每百斤批礼銀肆錢正。
今欲有憑，立安批爲照。大坑矮墘冬旦一三年式席　再照。
及上墘三字再照。
嘉慶己未年三月　日立安批字盧嚴仲（押）
在見林景甫（押）
代字叔水娃（押）

6-9-2-5　清嘉慶四年三月盧嚴仲立安批民田字

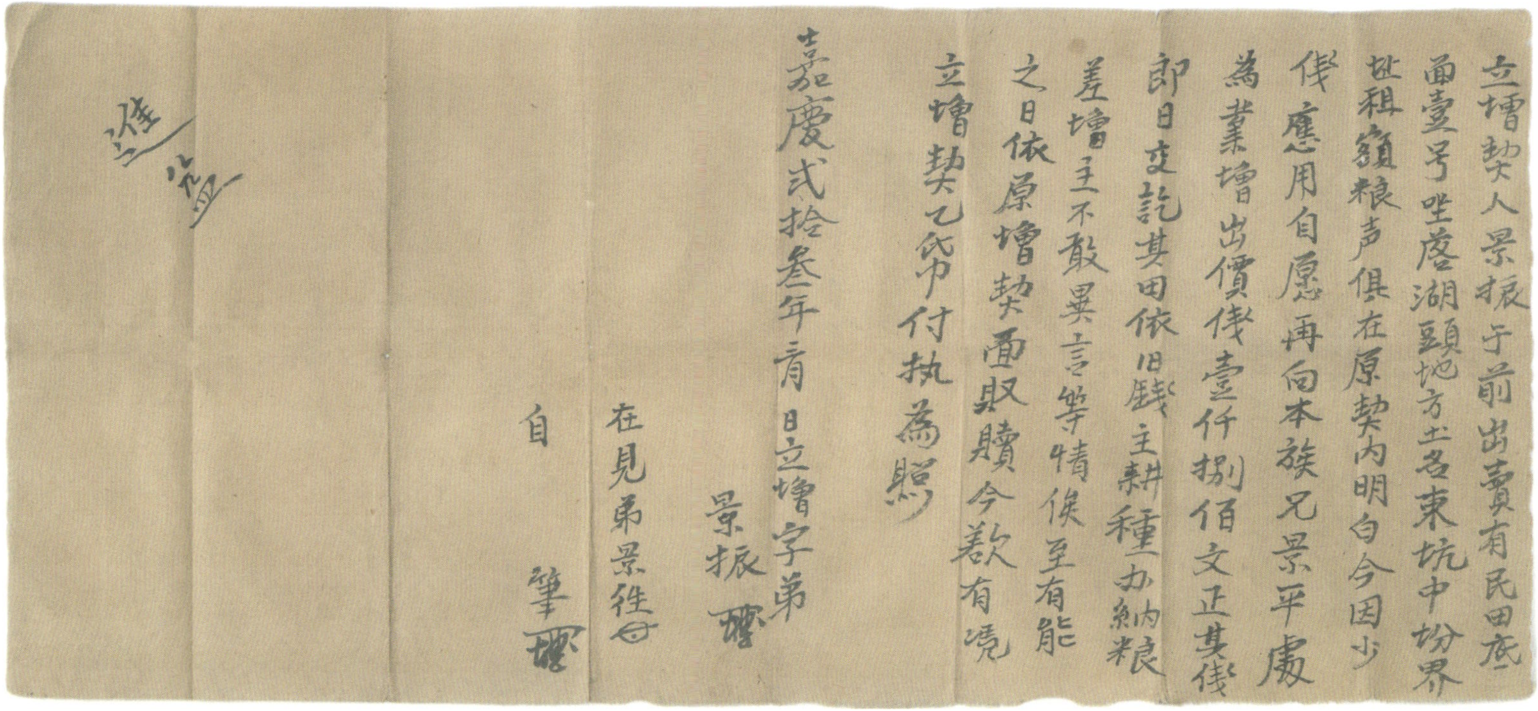

立增契人景振于前出賣有民田底
面壹号坐落湖頭地方土名東坑中坋界
址租額粮声俱在原契内明白今因少
伐應用自愿再向本族兄景平處
為業增出價伐壹仟捌佰文正其伐
即日交訖其田依旧钱主耕種办納粮
差增主不敢異言等情倘至有能
之日依原增契面取贖今欲有憑
立增契乙帋付执為照
嘉慶式拾叁年三月　日立增字弟　景振（押）
在見弟　景徙（押）
自　筆（押）

6-9-2-6　清嘉慶二十三年三月林景振立增底面全民田契

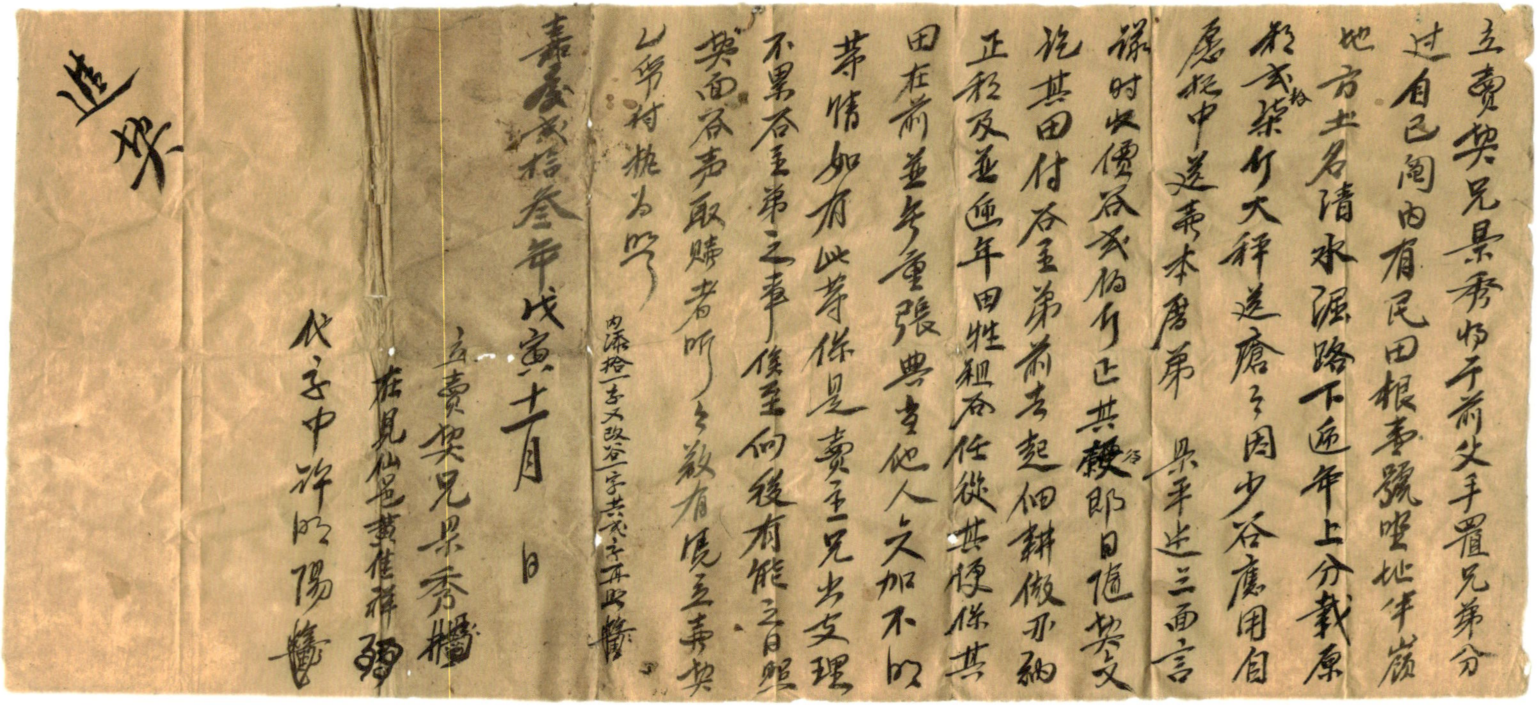

立賣契兄景秀仍于前父手置兄弟分
过自己阄内有民田根壹號坐址伴嶺
地方土名清水漈路下逅年上分載原
粮貳拾柒斤大秤送倉，因少谷應用，自
愿托中送賣本房弟　景平边三面言
議时值價谷貳佰斤正，其谷即日隨契交
訖，其田付谷主弟前去起佃耕做，办納
正粮及每年田牲租谷，任從其便，係其
田在前並無重張典當他人，亦加不明
等情，如有此等，係是賣主兄出支理，
不累谷主弟之事。候至向後有能之日，照
契面谷声取贖，者听乡款，有憑，立賣契
一紙付执为照。
内添拾一字，又改谷一字，共貳字，再照。
嘉慶貳拾叁年戊寅十一月　日
立賣契兄景秀（押）
在見仙邑黃佳祥（押）
代字中許明陽（押）
追契

6-9-2-7　清嘉慶二十三年十一月林景秀立賣民田根契

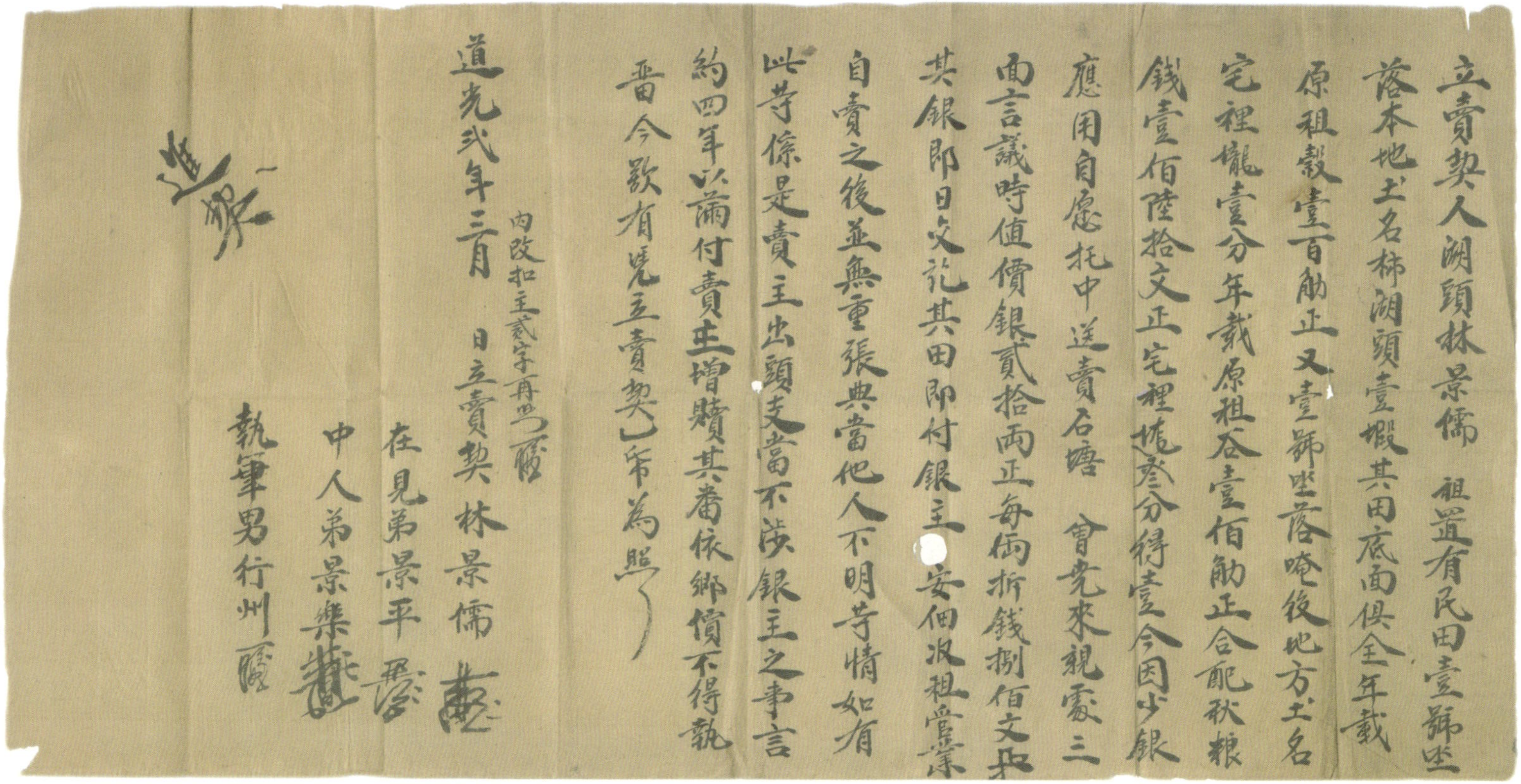

立賣契人湖頭林景儒　祖置有民田壹號坐
落本地土名柿湖頭壹坵　其田底面俱全年載
原租穀壹百觔正　又壹號坐落嗆後地方土名
宅裡壠壹分年載原租谷壹佰觔正合配秋粮
錢壹佰陸拾文正　宅裡壠叁分得壹　今因少銀
應用　自愿托中送賣石塘　會光來親處三
面言議時值價銀貳拾兩正　每兩折錢捌佰文典
其銀即日交訖　其田即付銀主安佃收租管業
自賣之後並無重張典當他人不明等情　如有
此等係是賣主出頭支當　不涉銀主之事　言
約四年以滿付賣主增贖　其番依鄉價不得執
留　今欲有憑　立賣契一帋為照

內改加王貳字再照

道光弍年三月　日立賣契　林景儒
在見弟景平
中人弟景樂
執筆男行州

進一[illegible]

6-9-2-8　清道光二年三月林景儒立賣民田契

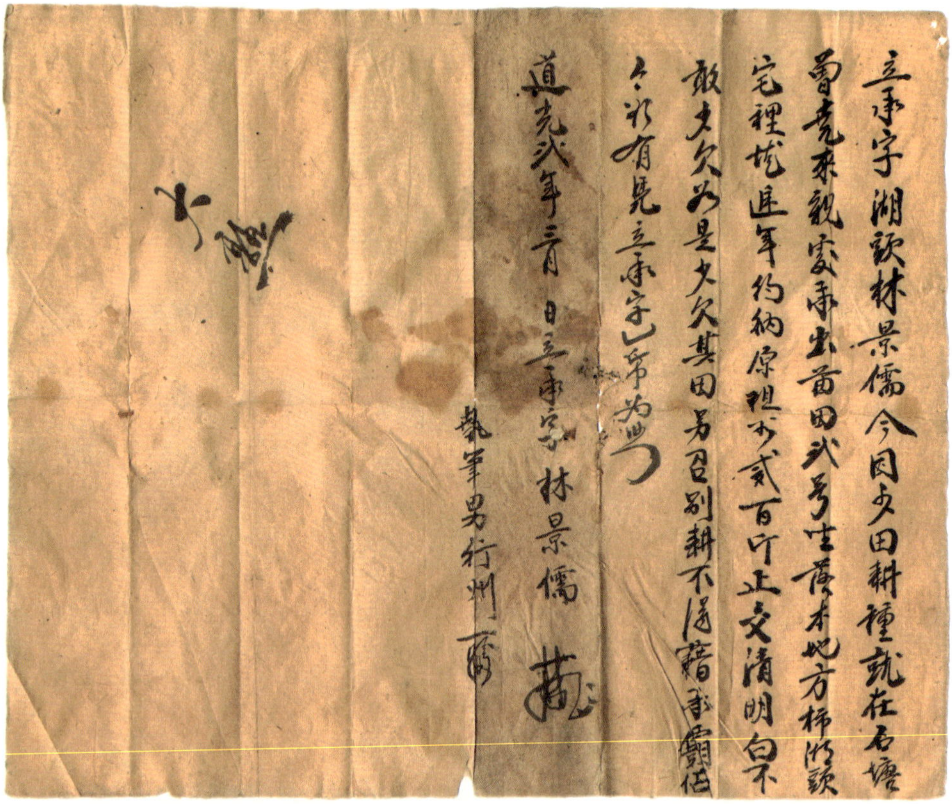

立承字湖頭林景儒今因乏田耕種就在石塘
曾亮來親處承出苗田弍號坐落本地方枋頭
宅裡垅逐年約納原租谷貳百斤正交清明白不
敢乏欠如是乏欠其田另召別耕不得藉我霸佔
今欲有憑立承字乙紙為照
道光弍年三月 日立承字林景儒（押）
執筆男衍州（押）
大吉

6-9-2-9　清道光二年三月林景儒立承苗田字

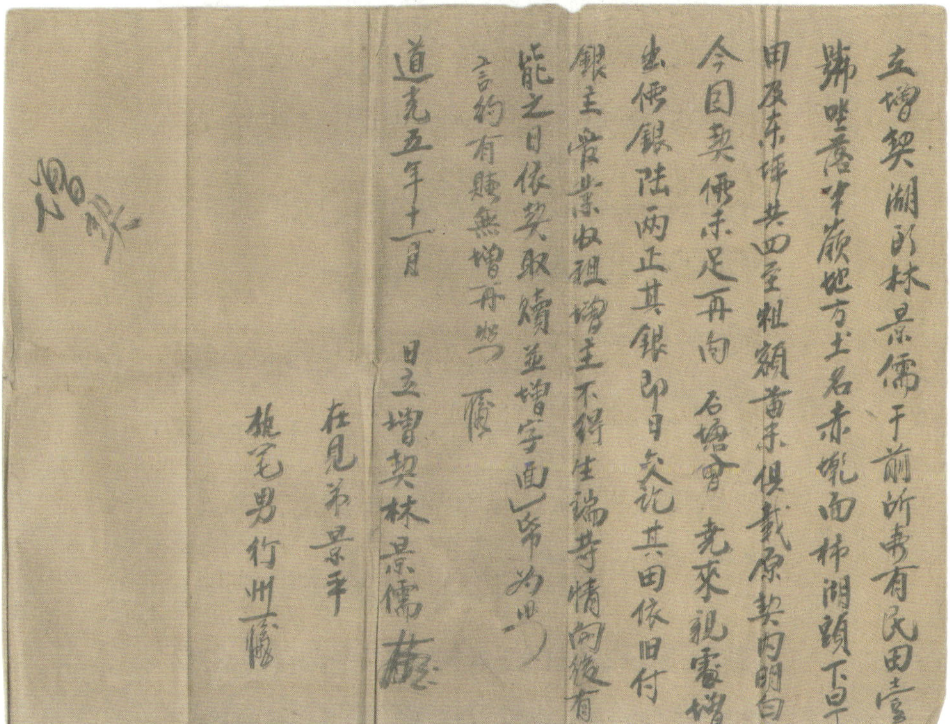

立增契湖裡林景儒，于前所承有民田壹
號，坐落半嶺地方，土名赤墘面拆湖頭下旱
田及本坪，共四至、粗額、苗米，俱載原契內明白。
今因契價未足，再向　石墻曾　光來親處增
出價銀陸兩正。其銀即日交訖，其田依舊付
銀主管業收租，增主不得生端等情。向後有
能之日，依契取贖，並增字面一併為照。
一言約有贖無增再找。　（押）
道光五年十一月　日立增契林景儒（押）
在見弟景平
依口代筆男衍洲（押）

6-9-2-10　清道光五年十一月林景儒立增民田契

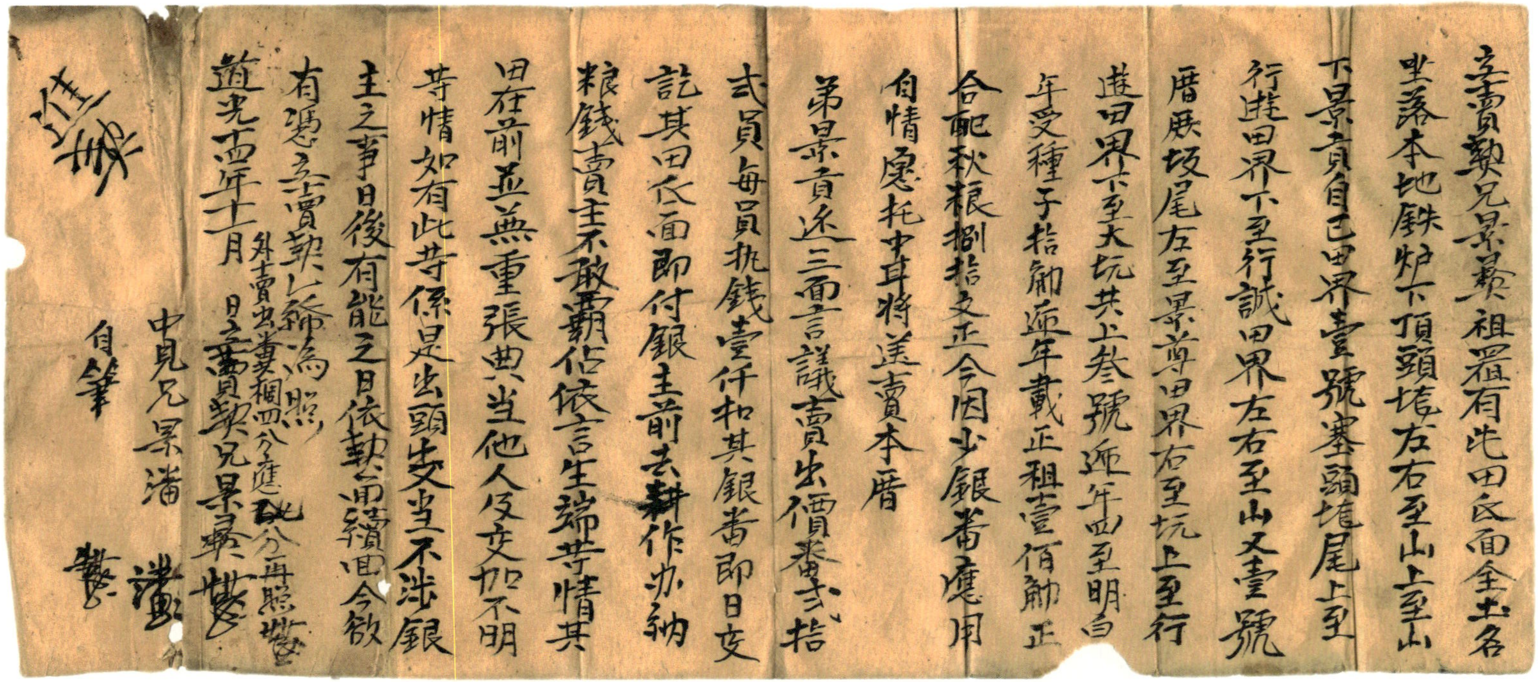
立賣契兄景彝，祖置有屯田底面全，土名
坐落本地鉄炉下頂頭墘，左右至山，上至山
下景賁自己田界壹號，塞頭墘尾上至
行進田界，下至行誠田界，左右至山，又壹號
厝厥坂尾，左至景尊田界，右至坑，上至行
進田界，下至大坑，共上叁號，遞年四至明白。
年受種子拾觔，遞年載正租壹佰觔正，
合配秋粮捌拾文正。今因少銀番應用，
自情愿托中耳將送賣本厝
弟景賁，迩三面言議，賣出價番弍拾
弍員，每員執錢壹仟和，其銀番即日交
訖，其田底面即付銀主前去耕作辦納
粮錢，賣主不敢霸佔，依言生端等情。其
田在前並無重張典当他人，及交加不明
等情，如有此等，係是出頭支当，不涉銀
主之事。日後有能之日，依契面續回。今欲
有憑，立賣契一紙為照。
外賣出番契柄四分之進，此分再照。
道光十四年十一月　日立賣契兄景彝（押）
中見兄景潘（押）
自筆
往契

6-9-2-11　清道光十四年十一月林景彝立賣底面全屯田契

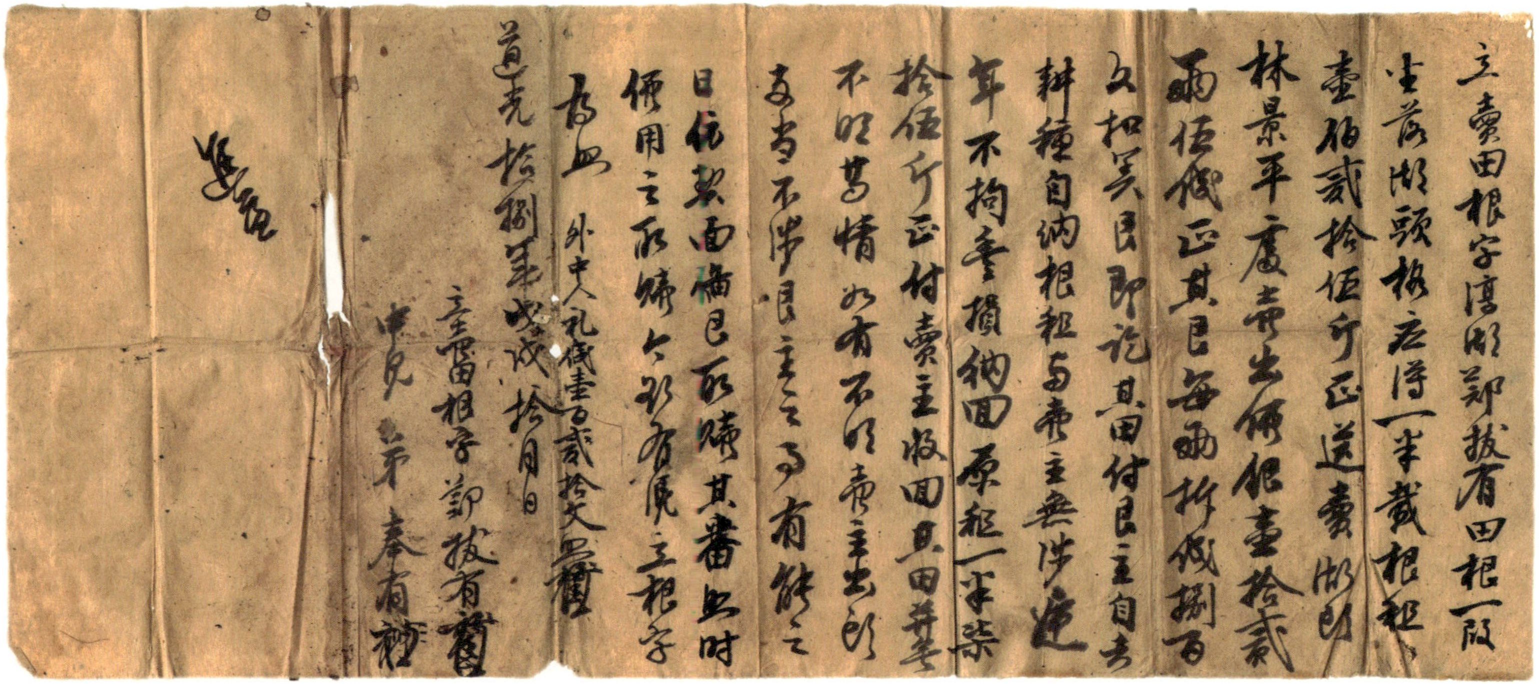
立賣田根字德化鄭拔有田根一段
坐落湖頭坂底得一半載根租
壹佰貳拾伍斤正送賣湖裡
林景平處承出價銀壹拾貳
兩伍錢正其銀每兩折錢捌百
文扣算銀即訖其田付銀主自去
耕種自納根租與業主無涉遞
年不拘叁續納田原租一半柒
拾伍斤正付賣主收回其田并無
不明等情如有不明賣主出頭
支當不涉銀主之事有錢之
日依契面備銀取贖其番無阻
便用之取贖今欲有憑立根字
為照　外中人礼錢壹百貳拾文
道光拾捌年戊戌拾月　日
立賣田根字鄭拔有（押）
中見弟奉有（押）

6-9-2-12　清道光十八年十月德化鄭拔有立賣田根字

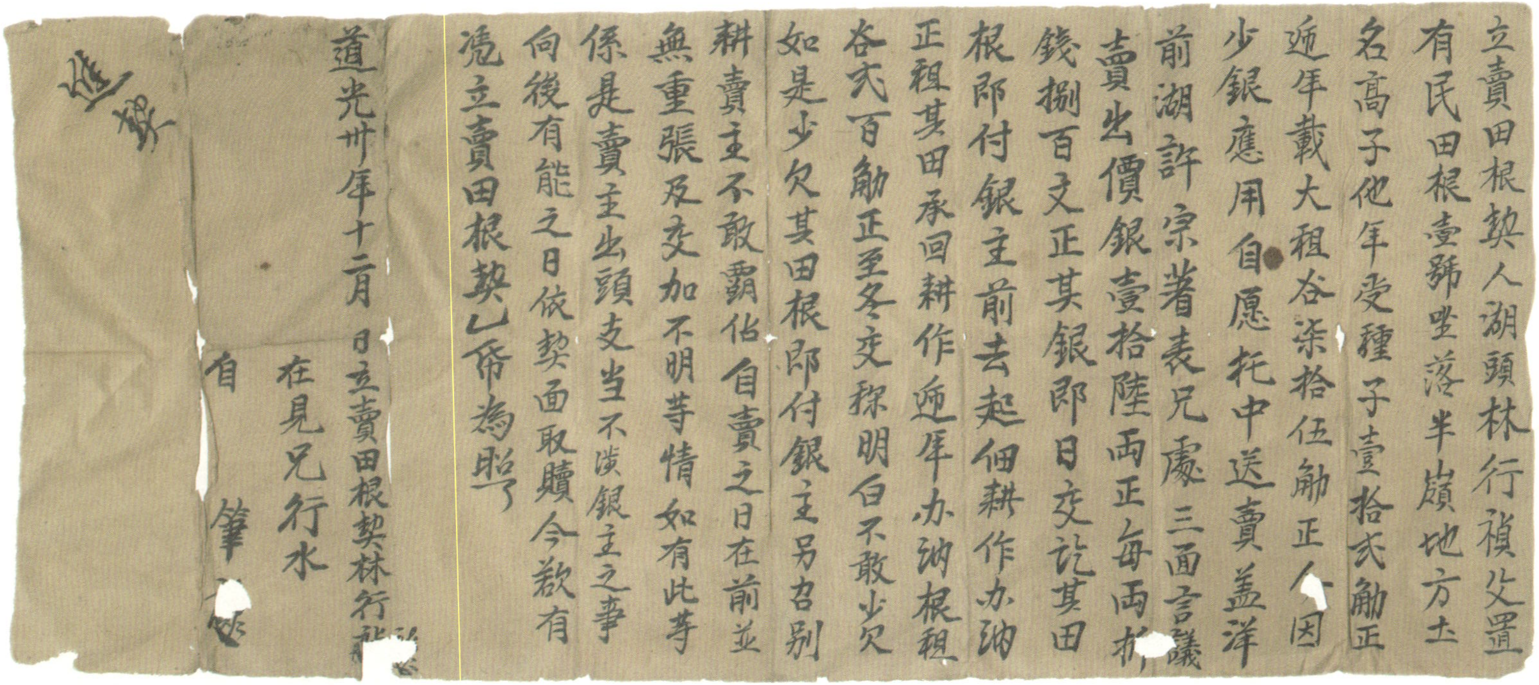

立賣田根契人湖頭林行禎父置
有民田根壹號坐落半嶺地方土
名高子仳年受種子壹拾弍觔正
逓年載大租谷柒拾伍觔正今因
少銀應用自愿托中送賣盖洋
前湖許宗著表兄處三面言議
賣出價銀壹拾陸兩正每兩折
錢捌百文正其銀即日交訖其田
根即付銀主前去起佃耕作办納
正租其田承回耕作逓年办納根租
谷弍百觔正至冬交稱明白不敢少欠
如是少欠其田根即付銀主另召別
耕賣主不敢覇佔自賣之日在前並
無重張及交加不明等情如有此等
係是賣主出頭支当不涉銀主之事
向後有能之日依契面取贖今欲有
憑立賣田根契一帋為照

道光卅年十二月　日立賣田根契林行禎
在見兄行水
自　筆

延契

6-9-2-13　清道光三十年十二月林行禎立賣民田根契

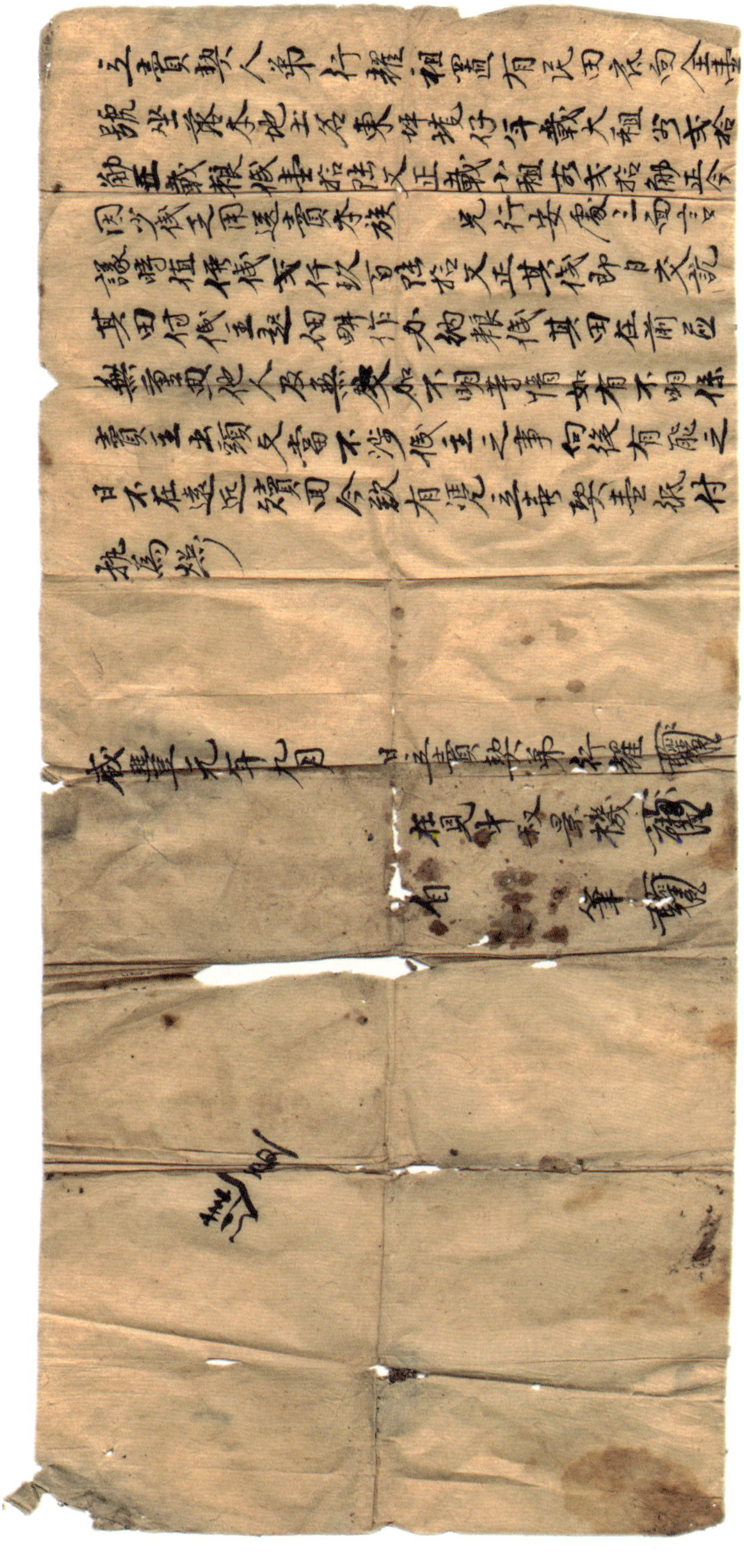

立賣契人弟行耀，祖置遺有民田底面全壹
號，坐落本地土名東坪垅仔，年載大租谷貳拾
觔五，載粮錢壹拾陆文正，載小租谷貳拾觔正。今
因乏錢正用，送賣本族　兄行安處，三面言
議時值價錢貳仟玖百陆拾文正，其錢即日交訖。
其田付錢主起佃耕作，办納粮錢。其田在前並
無重典他人及無來加不明等情，如有不明，係
賣主出頭支當，不涉錢主之事。向後有能之
日，不在遠近，贖回。今欲有憑，立賣契壹紙付
執為照。

咸豐元年九月　日立賣契弟行耀（押）
在見中叔景機（押）
自筆（押）

6-9-2-14　清咸豐元年九月林行耀立賣底面全民田契

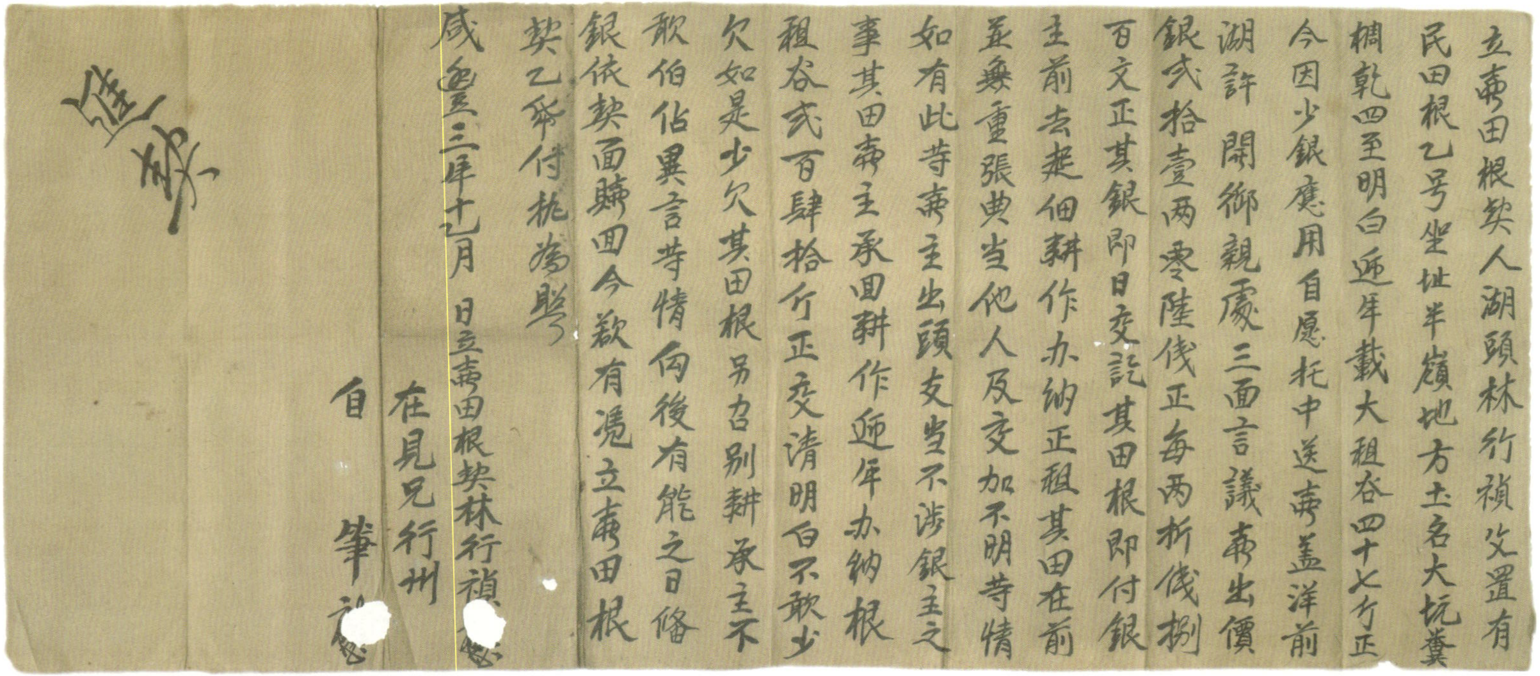

立賣田根契人湖頭林行禎父置有
民田根乙号坐址半嶺地方土名大坑糞
桐乾四至明白逓年載大租谷四十七斤正
今因少銀應用自愿托中送賣蓋洋前
湖許 開鄉親處三面言議賣出價
銀弍拾壹兩零陸伐正每兩折伐捌
百文正其銀即日交訖其田根即付銀
主前去起佃耕作办納正租其田在前
並無重張典当他人及交加不明等情
如有此等賣主出頭支当不涉銀主之
事其田賣主承田耕作逓年办納根
租谷弍百肆拾斤正交清明白不敢少
欠如是少欠其田根另召別耕承主不
敢伯佔異言等情向後有能之日備
銀依契面贖回今欲有凭立賣田根
契乙帋付执為照
咸豐三年十一月　日立賣田根契林行禎
在見兄行州
自筆

6-9-2-15　清咸豐三年十一月林行禎立賣民田根契

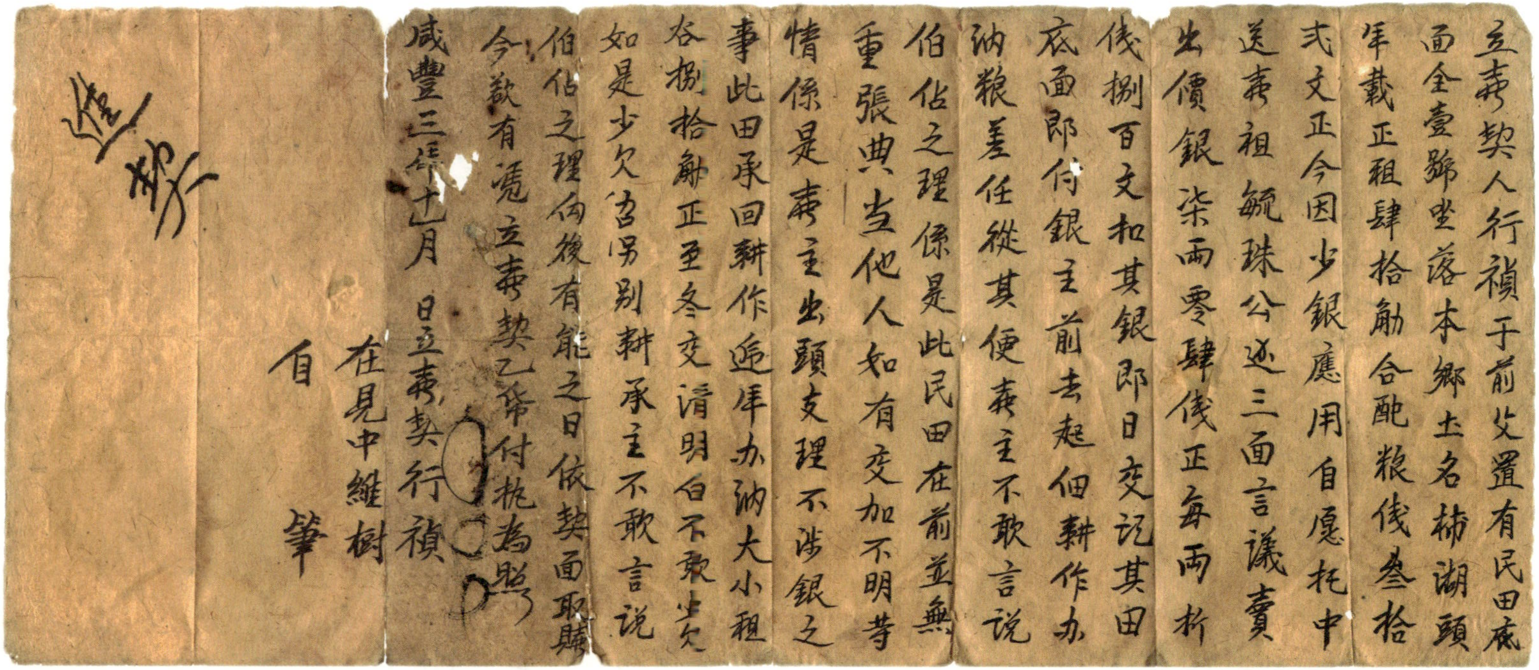
立賣契人行禎于前父置有民田底
面全壹號坐落本鄉土名赫湖頭
年載正租肆拾觔合配粮伐叁拾
弍文正今因少銀應用自愿托中
送賣祖毓珠公边三面言議賣
出價銀柒兩零肆伐正每兩折
伐捌百文和其銀即日交訖其田
底面即付銀主前去起佃耕作办
納粮差任從其便賣主不敢言説
伯佔之理保是此民田在前並無
重張典当他人如有交加不明等
情係是賣主出頭支理不涉銀之
事此田承回耕作逐年办納大小租
谷捌拾觔正至冬交清明白不敢少欠
如是少欠言另别耕承主不敢言説
伯佔之理向後有能之日依契面取贖
今欲有憑立賣契乙帋付执為照
咸豐三年十一月 日立賣契行禎
在見中維樹
自筆
退契

6-9-2-16　清咸豐三年十一月林行禎立賣底面全民田契（草契）

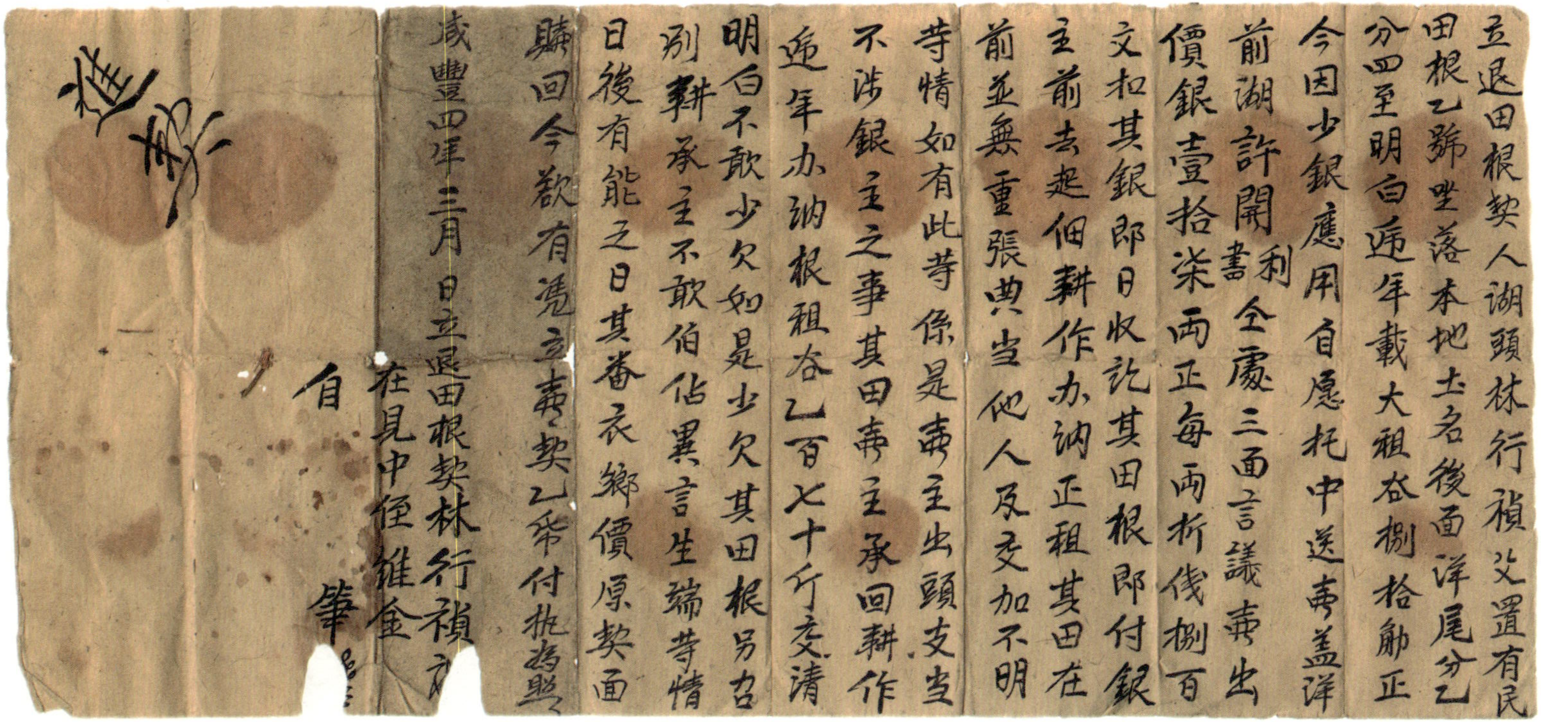
立退田根契人湖頭林行禎父置有民
田根乙號坐落本地土名後面洋尾分乙
分四至明白遞年載大租谷捌拾觔正
今因少銀應用自愿托中送與蓋洋
前湖許開利書仝處三面言議與出
價銀壹拾柒兩正每兩折伐捌百
文扣其銀即日收訖其田根即付銀
主前去起佃耕作办納正租其田在
前並無重張典當他人及交加不明
等情如有此等係是與主出頭支當
不涉銀主之事其田與主承回耕作
遞年办納根租谷乙百七十斤交清
明白不敢少欠如是少欠其田根另召
別耕承主不敢伯佔異言生端等情
日後有能之日其畨衣鄉價原契面
贖回今欲有憑立與契乙帋付執為照
咸豐四年三月　日立退田根契林行禎
在見中侄維金
自筆
進契

6-9-2-17　清咸豐四年三月林行禎立退民田根契

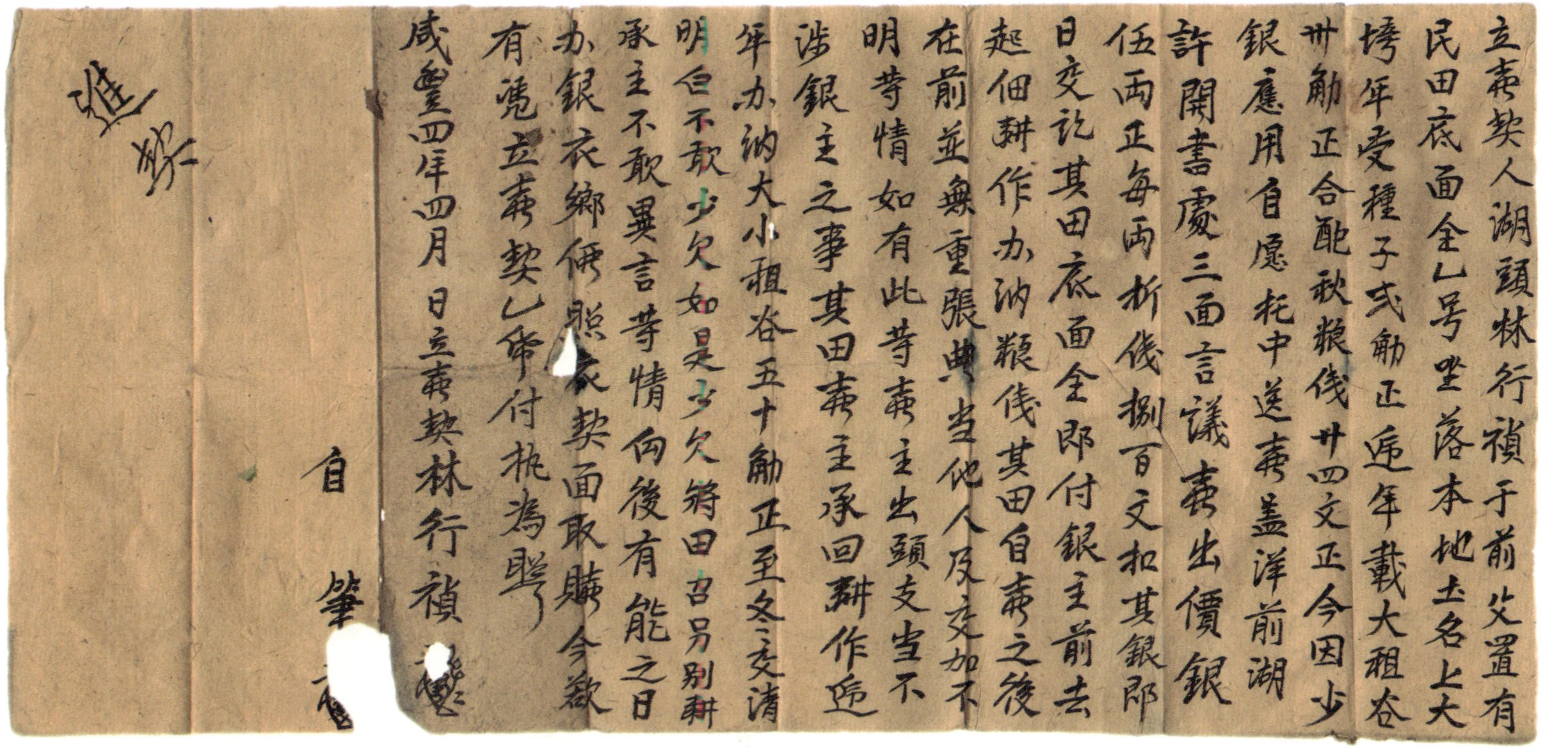
立賣契人湖頭林行禎于前父置有
民田底面全乙号坐落本地土名上大
垮坵年受種子弍觔正逓年載大租谷
卅觔正合配秋粮伐廿四文正今因乏
銀應用自愿托中送賣盖洋前湖
許開書處三面言議賣出價銀
伍兩正每兩折伐捌百文扣其銀即
日交訖其田底面全即付銀主前去
起佃耕作办納粮伐其田自賣之後
在前並無重張典当他人及交加不
明等情如有此等賣主出頭支当不
涉銀主之事其田賣主承回耕作逓
年办納大小租谷五十觔正至冬交清
明白不敢少欠如是少欠將田召另別耕
承主不敢異言等情向後有能之日
办銀衣鄉俰照衣契面取贖今欲
有憑立賣契乙帋付执為照
咸豐四年四月　日立賣契林行禎（押）
自筆（押）
進契

6-9-2-18　清咸豐四年四月林行禎立賣底面全民田契

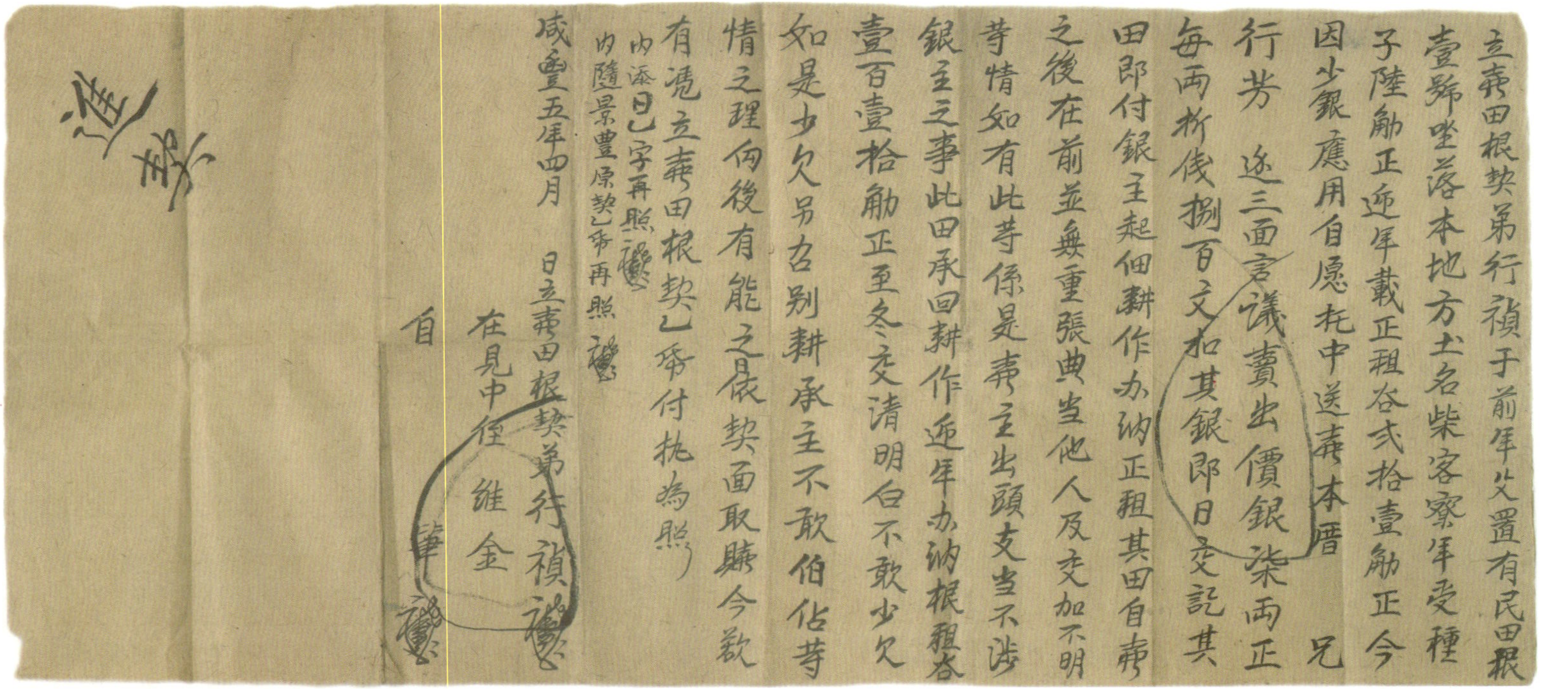
立賣田根契弟行禎于前年分置有民田根
壹號坐落本地方土名柴客寮年受種
子陸觔正逐年載正租谷弍拾壹觔正今
因少銀應用自愿托中送賣本厝 兄
行芳 逐三面言議賣出價銀柒兩正
每兩折錢捌百文扣其銀即日交訖其
田即付銀主起佃耕作办納正租其田自賣
之後在前並無重張典当他人及交加不明
等情如有此等係是賣主出頭支当不涉
銀主之事此田承回耕作逐年办納根租谷
壹百壹拾觔正至冬交清明白不敢少欠
如是少欠另召别耕承主不敢佰佔等
情之理向後有能之日依契面取贖今欲
有憑立賣田根契一帋付執為照）
内添㠯字再照
内隨景豐原契一帋再照
咸豐五年四月 日立賣田根契弟行禎
在見中侄 維金
自筆
廢契

6-9-2-19　清咸豐五年四月林行禎立賣民田根契（廢契）

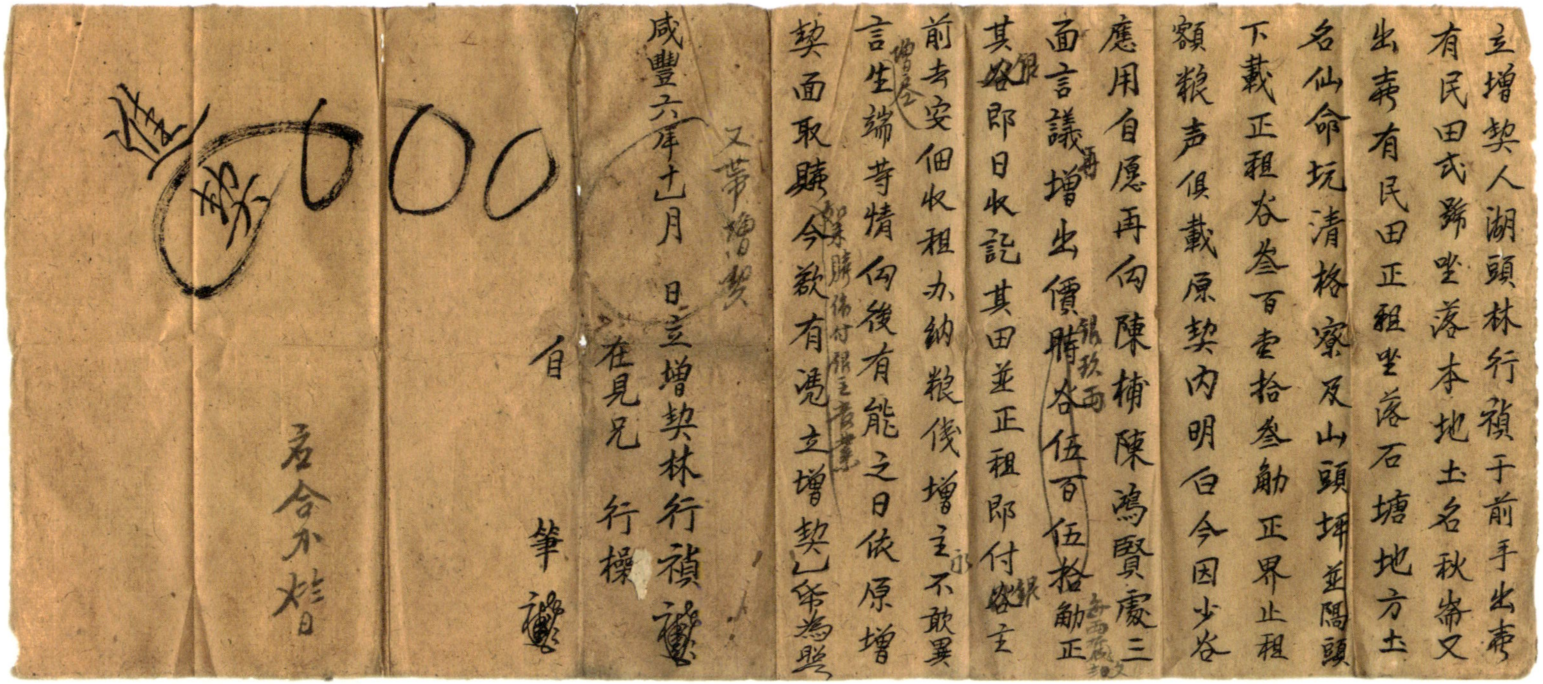
立增契人湖頭林行禎于前手出賣
有民田式號坐落本地土名秋常又
出賣有民田正租坐落石塘地方土
名仙命坑清格寮及山頭坪並隔頭
下載正租谷叁百壹拾叁觔正界止租
額粮声俱載原契內明白今因少谷
應用自愿再向陳樟陳鴻賢處三
面言議增出價腊谷伍百伍拾觔正
其谷即日收訖其田並正租即付谷主
前去安佃收租办納粮儎增主不敢異
言生端等情向後有能之日依原增
契面取贖今欲有憑立增契乙紙為照

咸豐六年十一月　日立增契林行禎
在見兄　行樑
自　筆

又第增契

6-9-2-20　清咸豐六年十一月林行禎立增民田等契（草契）

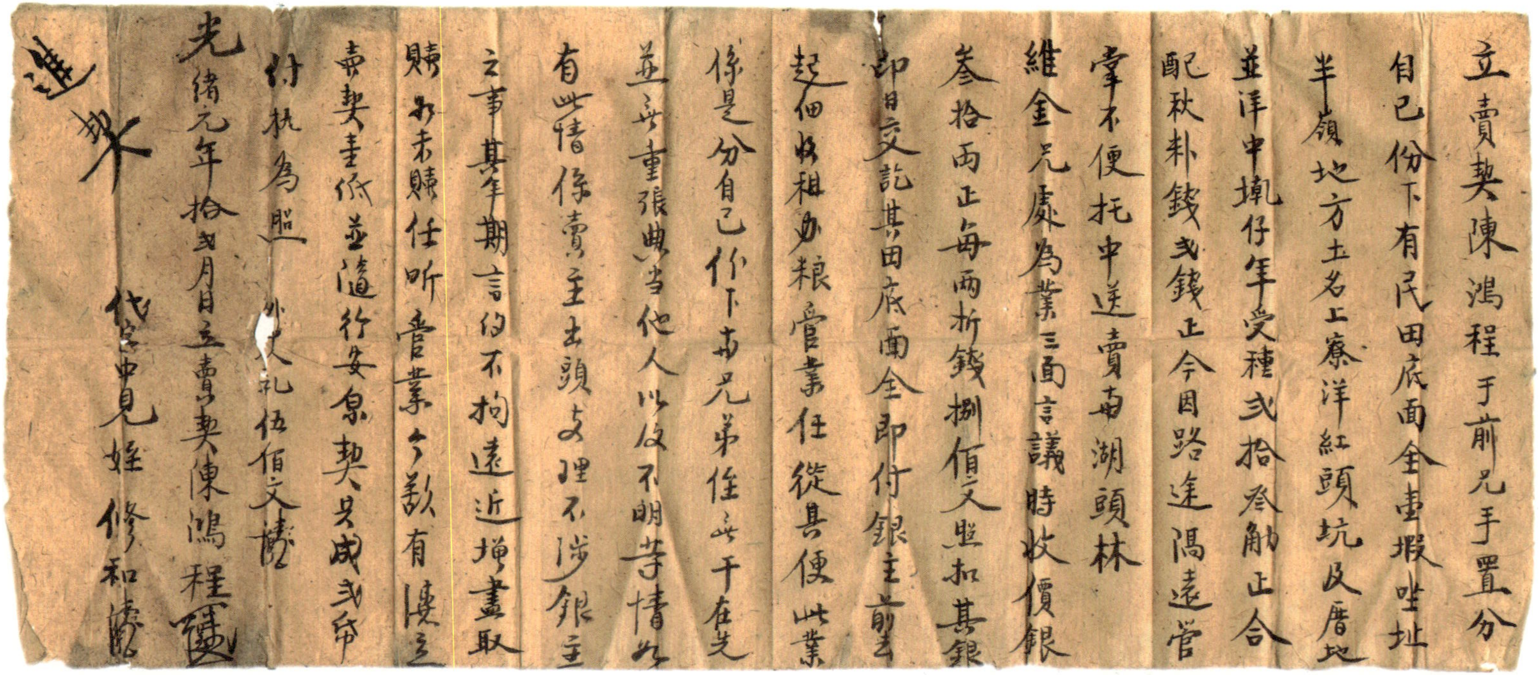
立賣契陳鴻程，于前兄手置分
自己份下有民田底面全壹㘵，坐址
半嶺地方，土名上寮洋紅頭坑及唐地，
並洋中墘仔，年受種弍拾叁觔正，合
配秋朴錢弍錢正。今因路途遥遠，管
掌不便，托中送賣與湖頭林
維金兄處為業。三面言議，時收價銀
叁拾兩正，每兩折錢捌佰文，照扣，其銀
即日交訖。其田底面全即付銀主前去
起佃收租，办粮管業，任從其便。此業
係是分自己份下，與兄弟侄無干，在先
並無重張典當他人，以及不明等情。如
有此情，係賣主出頭支理，不涉銀主
之事。其年期言約不拘遠近，揹盡取
贖；如未贖，任聽管業。今欲有憑，立
賣契壹紙，並隨行安泉契尾弍紙，
付執為照。 外又札伍佰文訖。
光緒元年拾弍月 日立賣契陳鴻程（押）
代字中見 侄 修和（押）
進契

6-9-2-21 清光緒元年十二月陳鴻程立賣底面全民田契

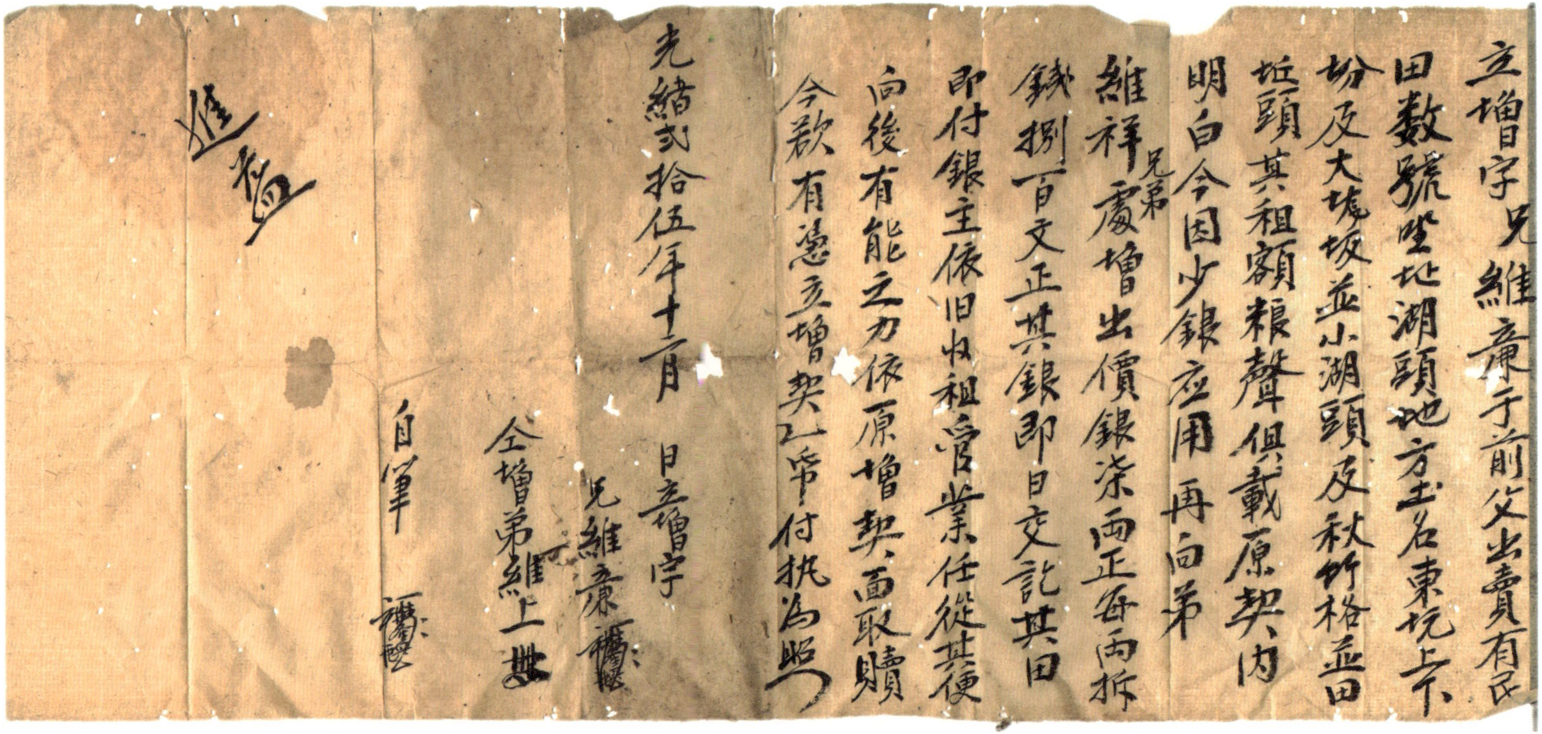

立增字兄維廉于前父出賣有民
田數號坐址湖頭地方土名東坑上下
坋及大垅坂並小湖頭皮秋竹格並田
坵頭其租額粮聲俱載原契內
明白今因少銀應用再向弟
維祥兄弟處增出價銀柒兩正每兩折
錢捌百文正其銀即日交訖其田
即付銀主依旧收租管業任從其便
向後有能之力依原增契面取贖
今欲有憑立增契一帋付执為照

光緒貳拾伍年十二月　日立增字　兄維廉（押）
仝增弟維上（押）
自筆（押）

6-9-2-22　清光緒二十五年十二月林維廉等立增民田字

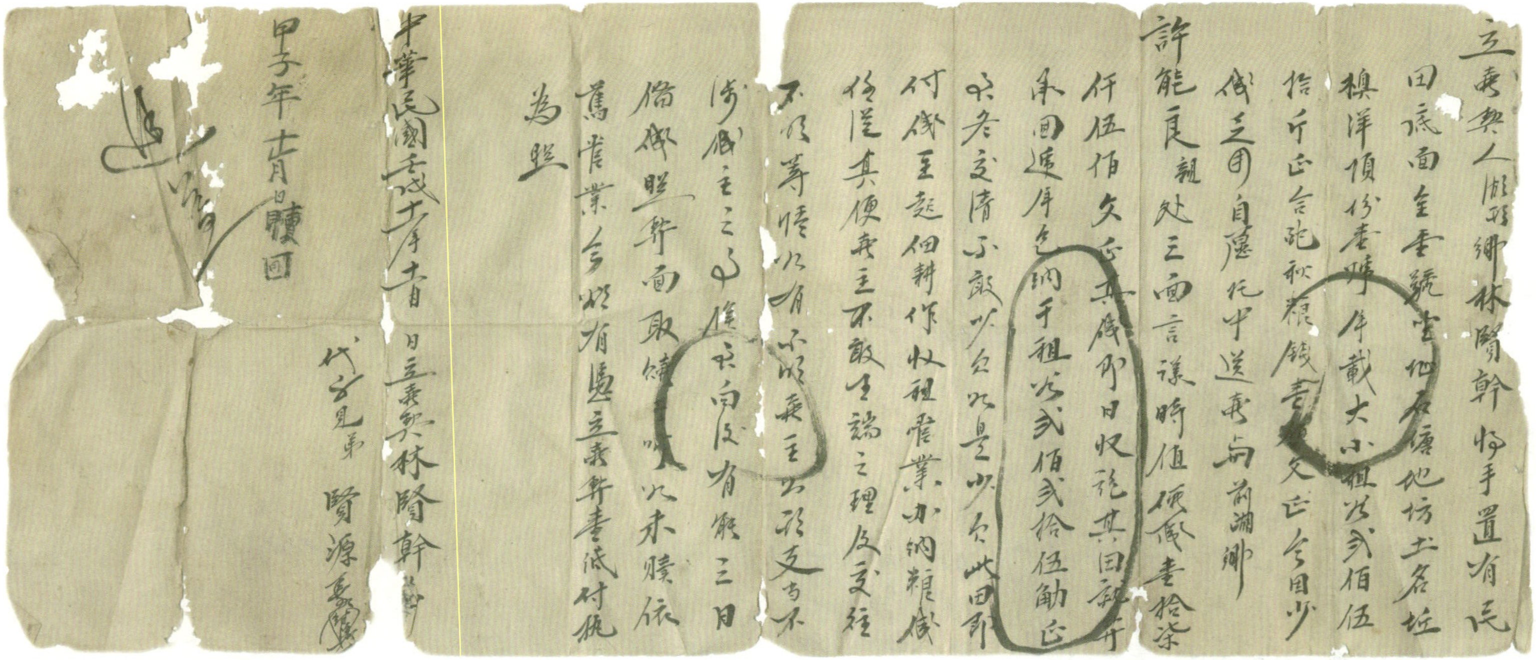

6-9-2-23　民國十一年十一月林賢幹立賣底面全民田契（廢契）

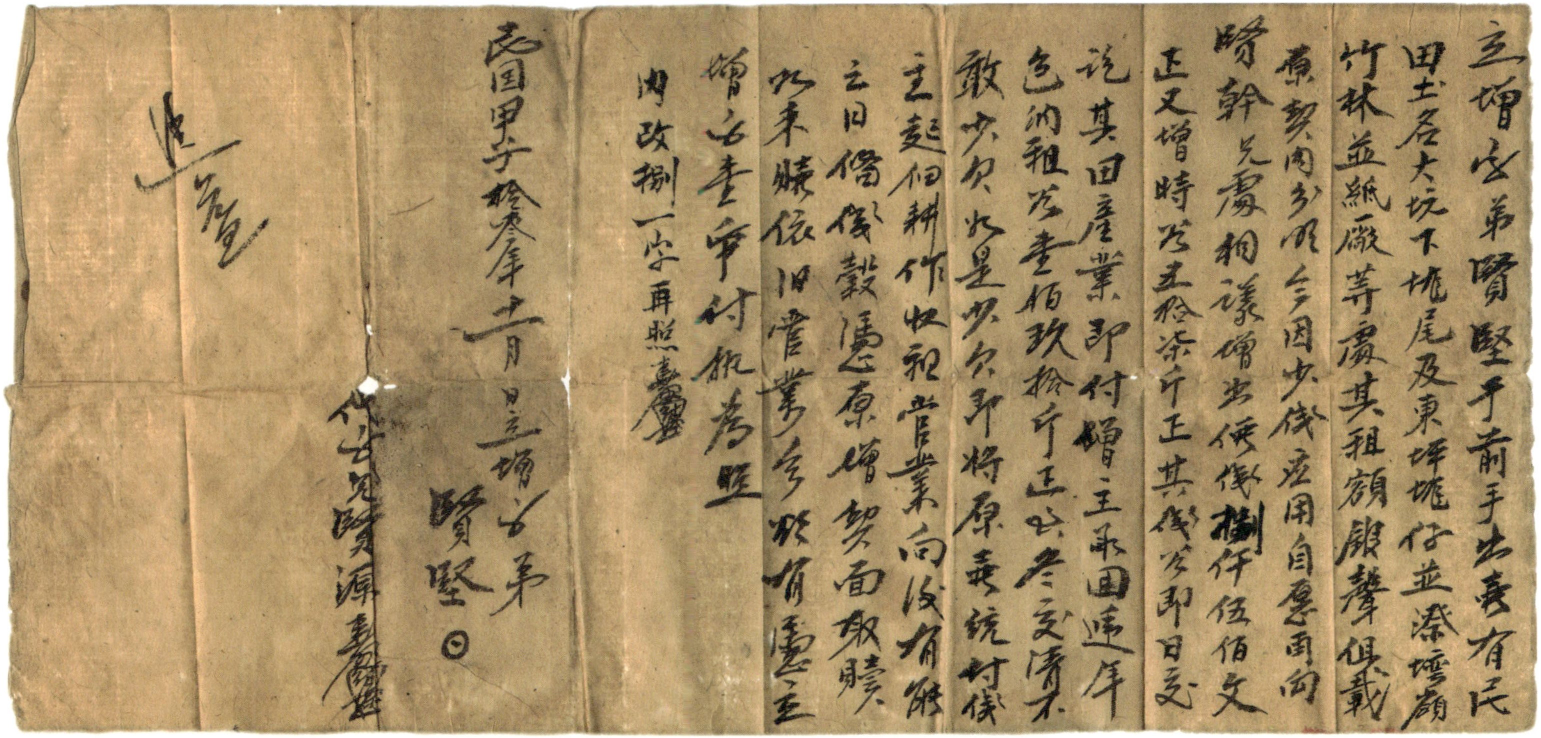
立增民弟賢堅手前手出喜有民
田土名大坑下墘尾及東坪墘仔並添壠嶺
竹林並紙廠等處，其租額聲載
原契內分明，今因少錢應用，自愿向
賢幹兄處相議，增出價錢捌仟伍佰文
正，又增時苐五拾柒斤正，其錢當即日交
訖，其田產業即付增主承田遞年
邑納租苐壹佰玖拾斤正，不敢冬交清，不
敢少欠，如是少欠，即將原走統付錢
主起佃耕作收租管業，向後有銀
之日備價穀還原增契面取贖，
如未贖，依旧管業，今欲有憑，立
增字壹紙付執為照。
內改捌一字再照。
民國甲子拾叁年十一月 日立增民弟 賢堅 ⊙
代筆兄賢源
進宝

6-9-2-24 民國十三年十一月林賢堅立增民田字

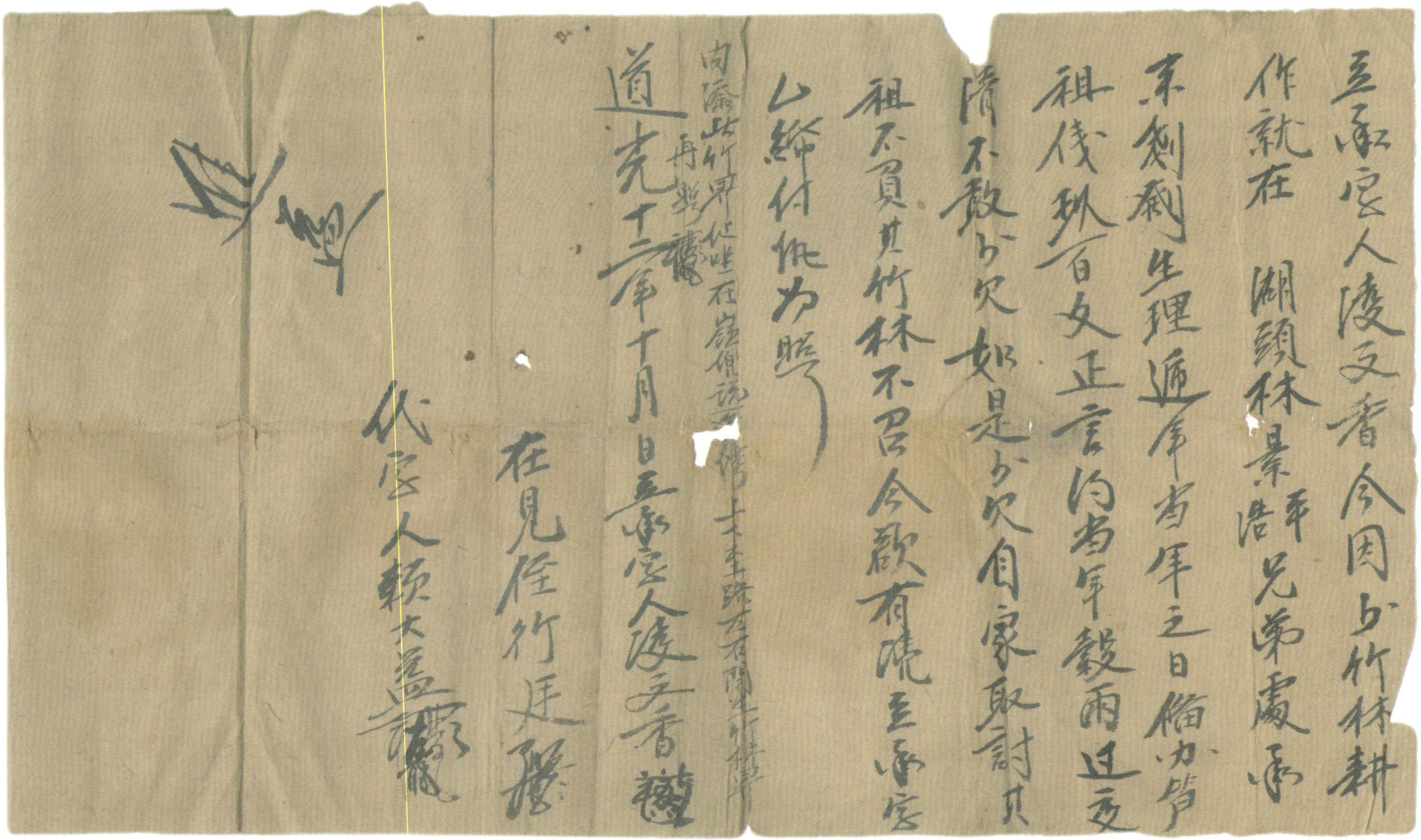
立承字人凌文香，今因少竹林耕
作，就在湖頭林景浩、平兄弟處承
來劄刈生理，逓年當年之日備办笋
租錢捌百文正，言約當年穀雨送交
清，不敢少欠。如是少欠，自家取討，其
租不負。其竹林不召合欵，有憑立承字
山縣付纸为照。
內添此竹界從此在嶺傾流水[illegible]十大主路為界在下陽坐竹林 再照
道光十二年十月 日立承字人凌文香
在見侄竹廷
代字人賴大益

6-9-3-1　清道光十二年十月凌文香立承竹林字

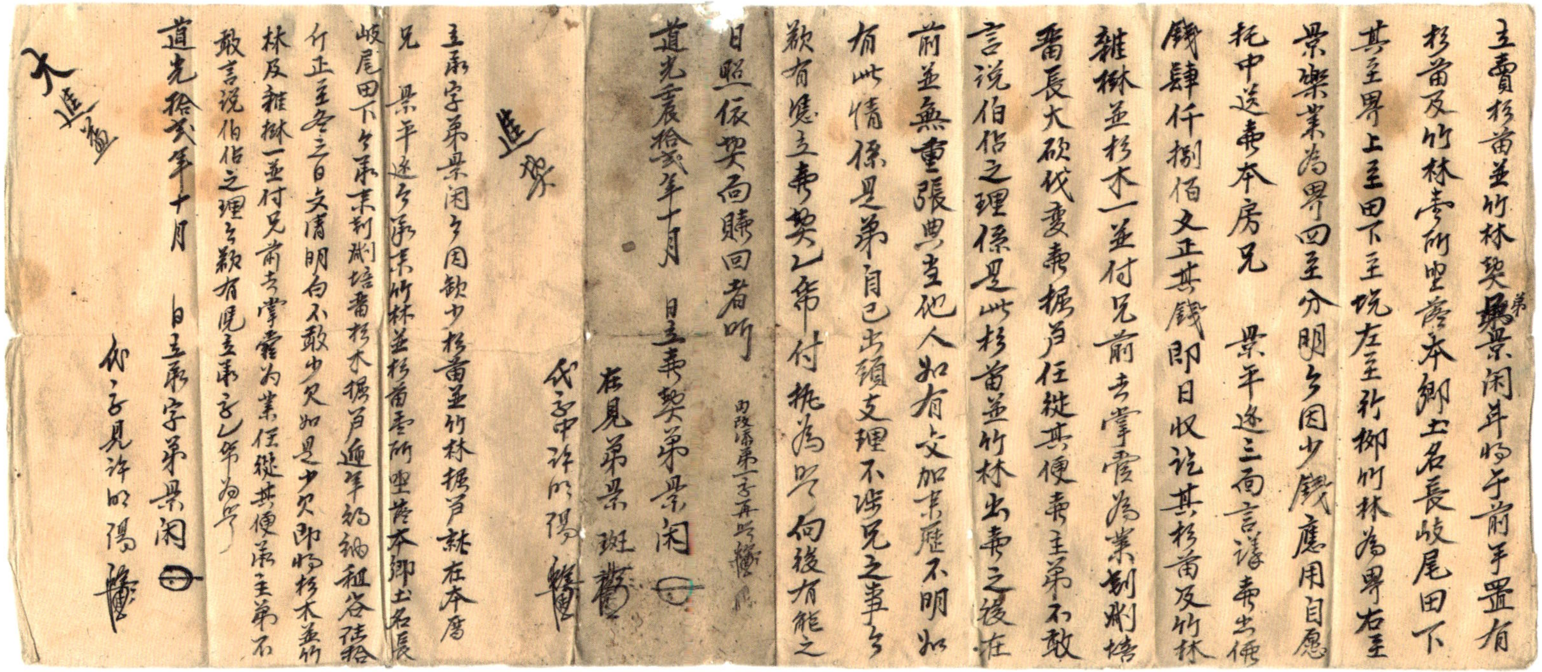


6-9-3-2 清道光十二年十月林景閑立賣杉苗等契

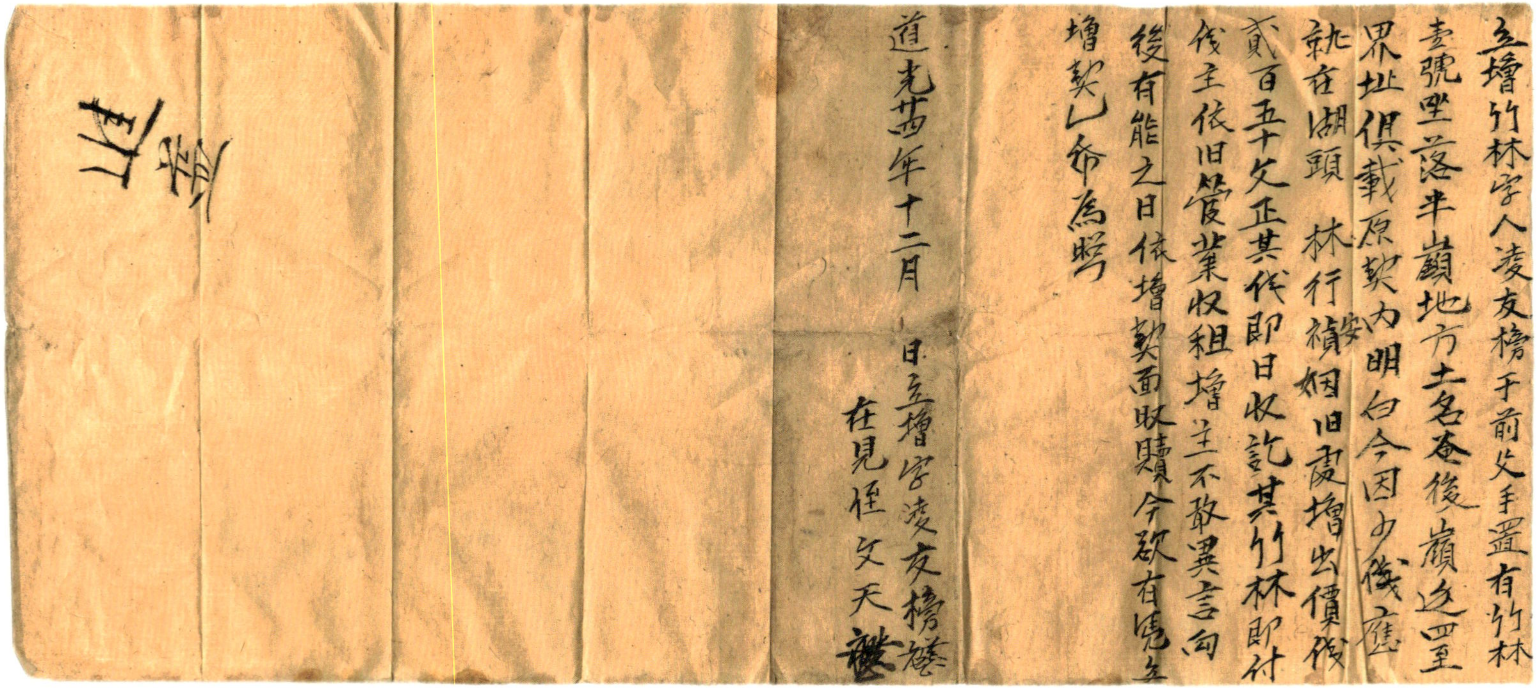

立增竹林字人凌友榜手前父手置有竹林
壹號坐落半嶺地方土名屋後嶺透至
界址俱載原契內明白今因少錢應
用託在湖頭 林行繼相旧處增出價錢
貳百五十文正其錢即日收訖其竹林即付
錢主依旧管業收租增主不敢異言向
後有能之日依增契面收贖今欲有憑立
增契一紙為照

道光廿四年十二月 日立增字凌友榜（押）
在見侄文天（押）

增字

6-9-3-3 清道光二十四年十二月凌友榜立增竹林字

立賣契叔行禎，于前手置有竹林
乙所，及杉木並樣林，其界址俱載原
契內明白。今因少銀應用，自愿托
中送賣侄維樹邊，三面言議賣出
價銀肆兩伍錢正，每兩折錢捌百
文加，其銀即日收訖，其竹林並杉
木雜木等樹，即付銀主前去起
佃劉劉掘笋，任從其便，賣主不
敢伯佔異言生端等情之理。其竹
林在前並無重張典當他人及交
加不明等情，係是賣主出頭支
理，不涉銀主之事。向後有能之
日，備銀依契面取贖。今欲有憑，立
賣契乙紙付執為照。
內帶世据原契乙紙，再照。

咸豐六年十一月　日立賣契叔行禎

在見侄　維長

自　筆

6-9-3-4　清咸豐六年十一月林行禎立賣竹林等契（廢契）

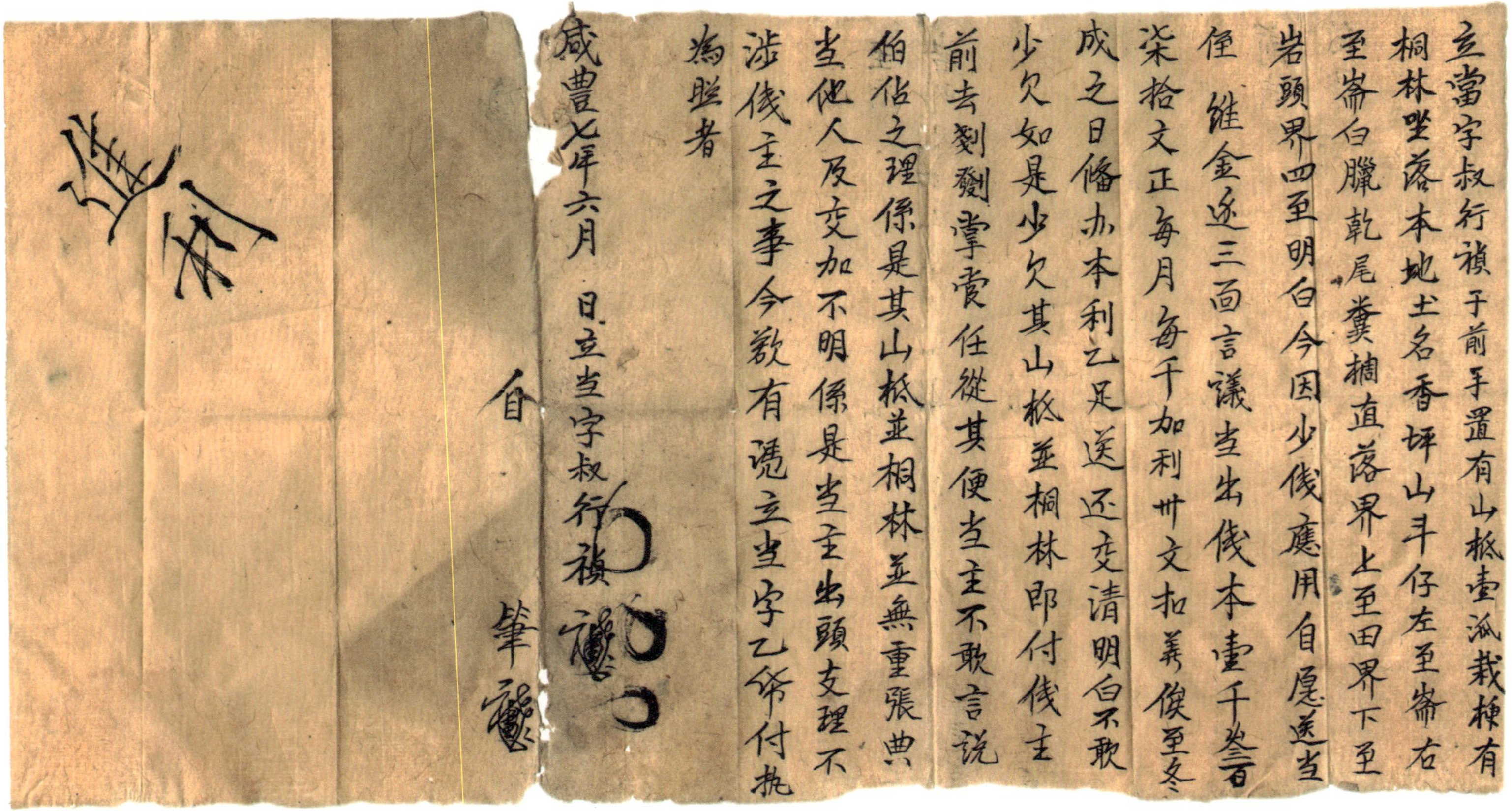

立當字叔行禎于前手置有山柢壹泒栽棟有
桐林坐落本地土名香坪山斗仔左至崙右
至崙白牕乾尾糞捕直落界上至田界下至
岩頭界四至明白今因少錢應用自愿送当
侄 継金边三面言議当出錢本壹千叁百
柒拾文正每月每千加利卅文扣義俟至冬
成之日備办本利乙足送还交清明白不敢
少欠如是少欠其山柢並桐林即付錢主
前去劉劉掌管任從其便当主不敢言説
伯佔之理係是其山柢並桐林並無重張典
当他人及交加不明係是当主出頭支理不
涉錢主之事今欲有憑立当字乙紙付執
為照者
咸豐七年六月 日立当字叔行禎（押）
自 筆（押）

6-9-3-5　清咸豐七年六月林行禎立當山柢等字（廢契）

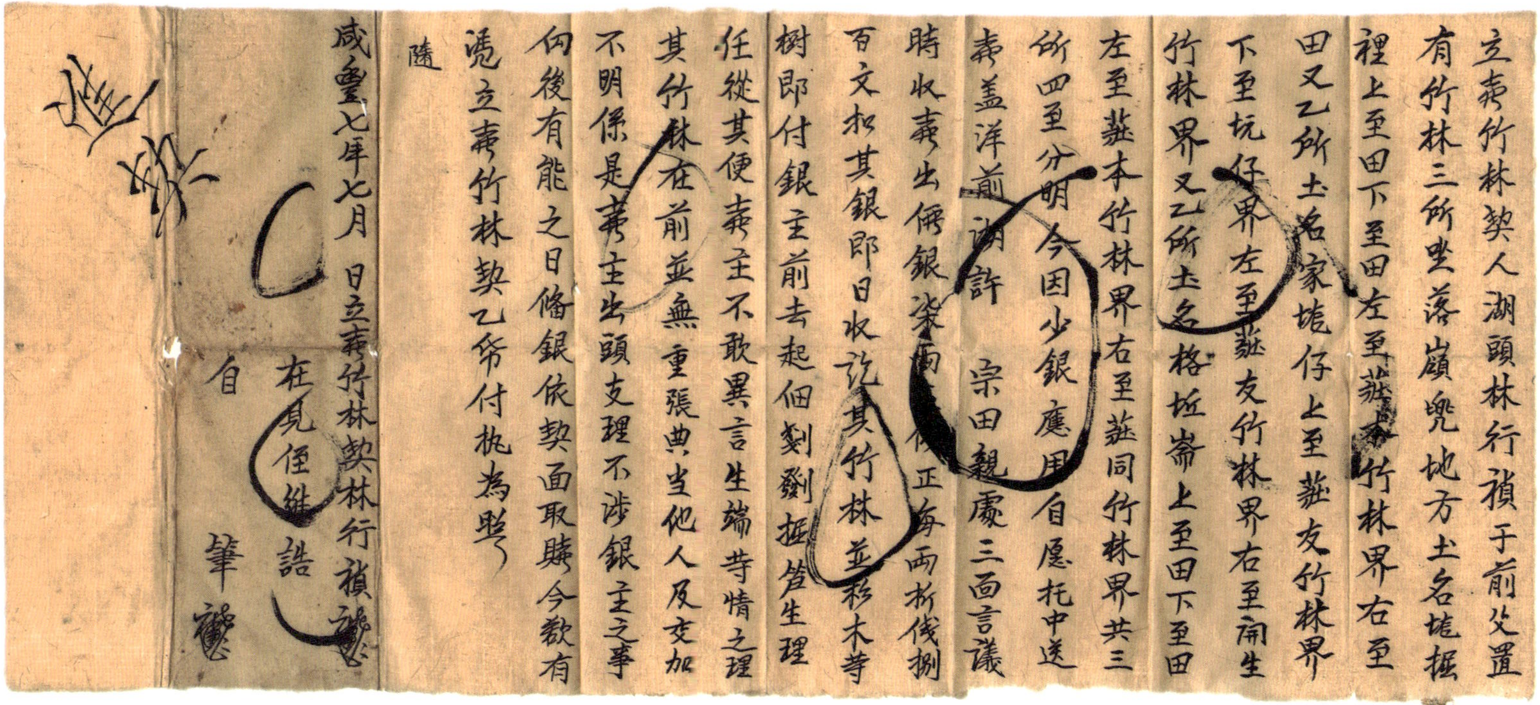
立賣竹林契人湖頭林行禎于前父置
有竹林三所坐落嶺兜地方土名埖掘
裡上至田下至田左至菰本竹林界右至
田又乙所土名家埖仔上至菰友竹林界
下至坑仔界左至菰友竹林界右至開生
竹林界又乙所土名格垭崙上至田下至田
左至菰本竹林界右至菰同竹林界共三
所四至分明今因少銀應用自愿托中送
賣蓋洋前湖許宗田親處三面言議
時收賣出價銀柒兩[illegible]正每兩折伐捌
百文和其銀即日收訖其竹林並杉木等
樹即付銀主前去起佃劉掘筍生理
任從其便賣主不敢異言生端等情之理
其竹林在前並無重張典當他人及交加
不明係是賣主出頭支理不涉銀主之事
向後有能之日備銀依契面取贖今欲有
憑立賣竹林契乙帋付執為照
隨
咸豐七年七月　日立賣竹林契林行禎（押）
在見侄維詰（押）
自　筆

6-9-3-6　清咸豐七年七月林行禎立賣竹林契（廢契）

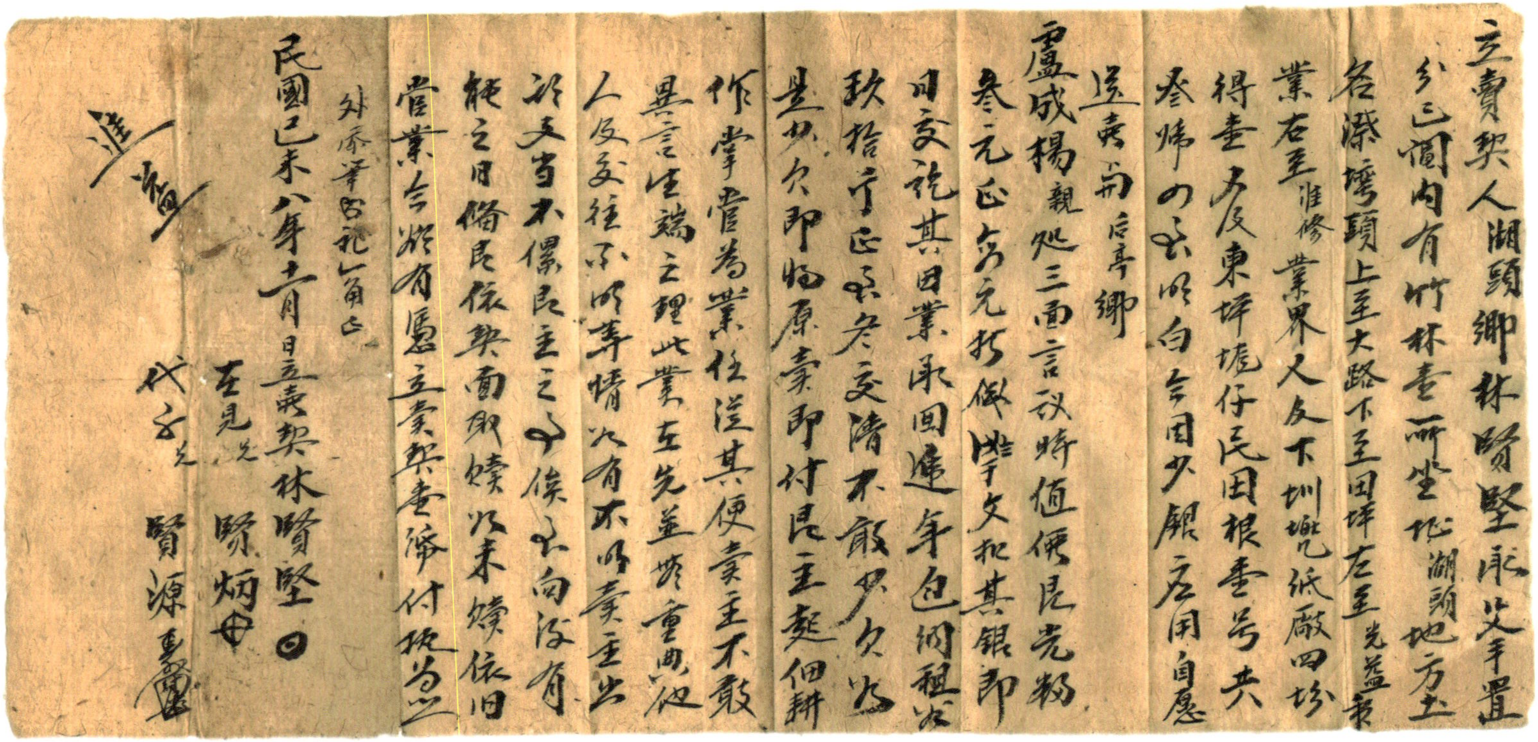
立賣契人湖頭鄉林賢竪承父手置
分己園内有竹林壹所坐址湖頭地方土
名深塆頭上至大路下至田坪左至先益業
業右至淮修業界人及下圳墘紙廠四址
得壹片及東坪墘仔民田根壹号共
叁块明白今因乏銀应用自愿
送賣前后亭鄉
盧成楊親処三面言議時值價足光洋
叁元正即日收訖此文批其銀即
日交訖其田業承回逐年包納租谷
玖拾斤正不欠交清不敢少欠如
是少欠即將原業即付民主起佃耕
作掌管為業任從其便賣主不敢
異言生端之理此業在先並無重典他
人及交往不明等情如有不明賣主出
頭支當不累民主之事係不向後有
能之日備足依契面取贖如未贖依旧
管業今欲有憑立賣契壹紙付執為照
外添筆字玖个正
民國己未八年十一月　日立賣契林賢竪（押）
在見兄　賢炳（押）
代字兄　賢源（押）
進益

6-9-3-7　民國八年十一月林賢竪立賣竹林等契

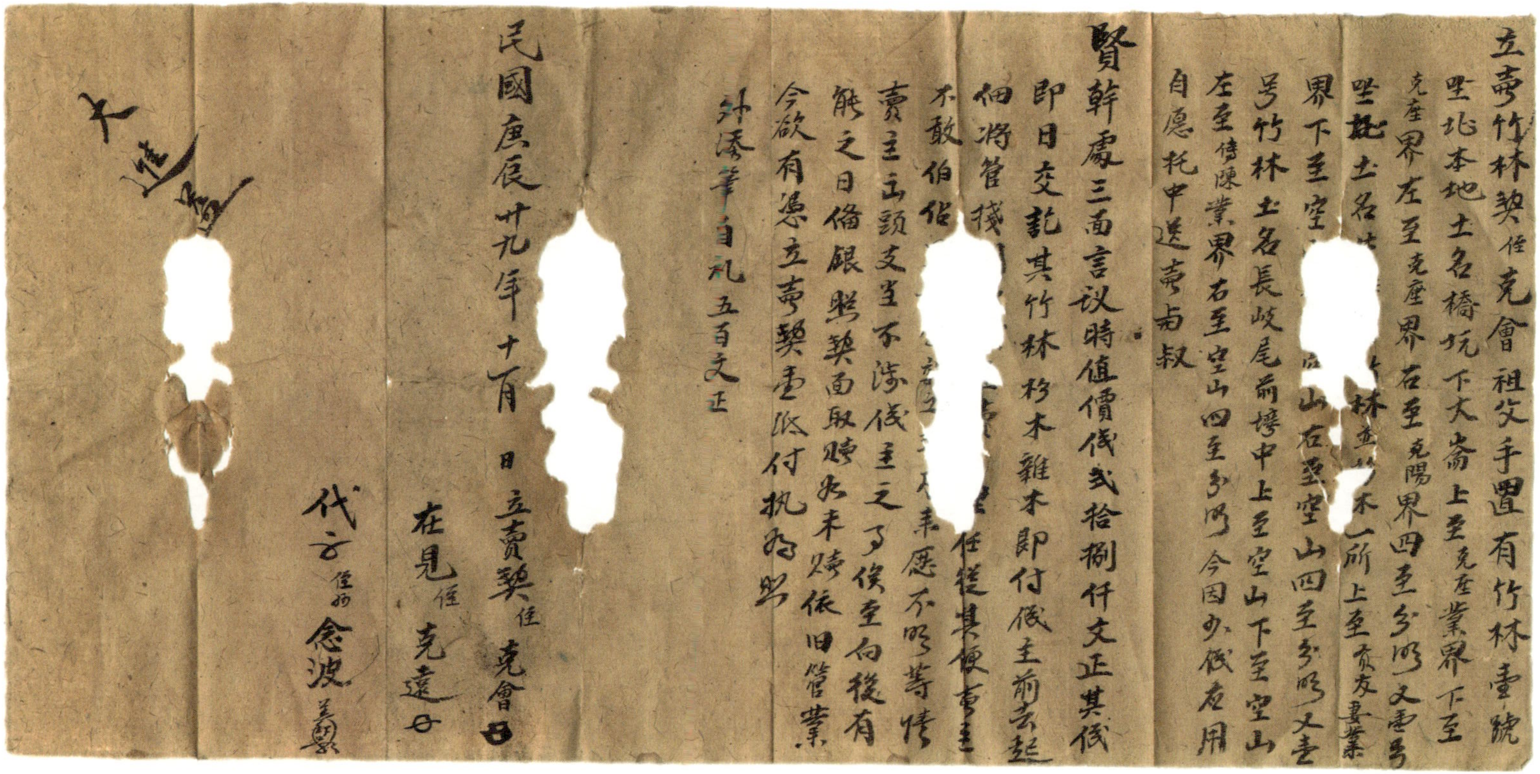


6-9-3-8　民國二十九年十一月林克會立賣竹林契

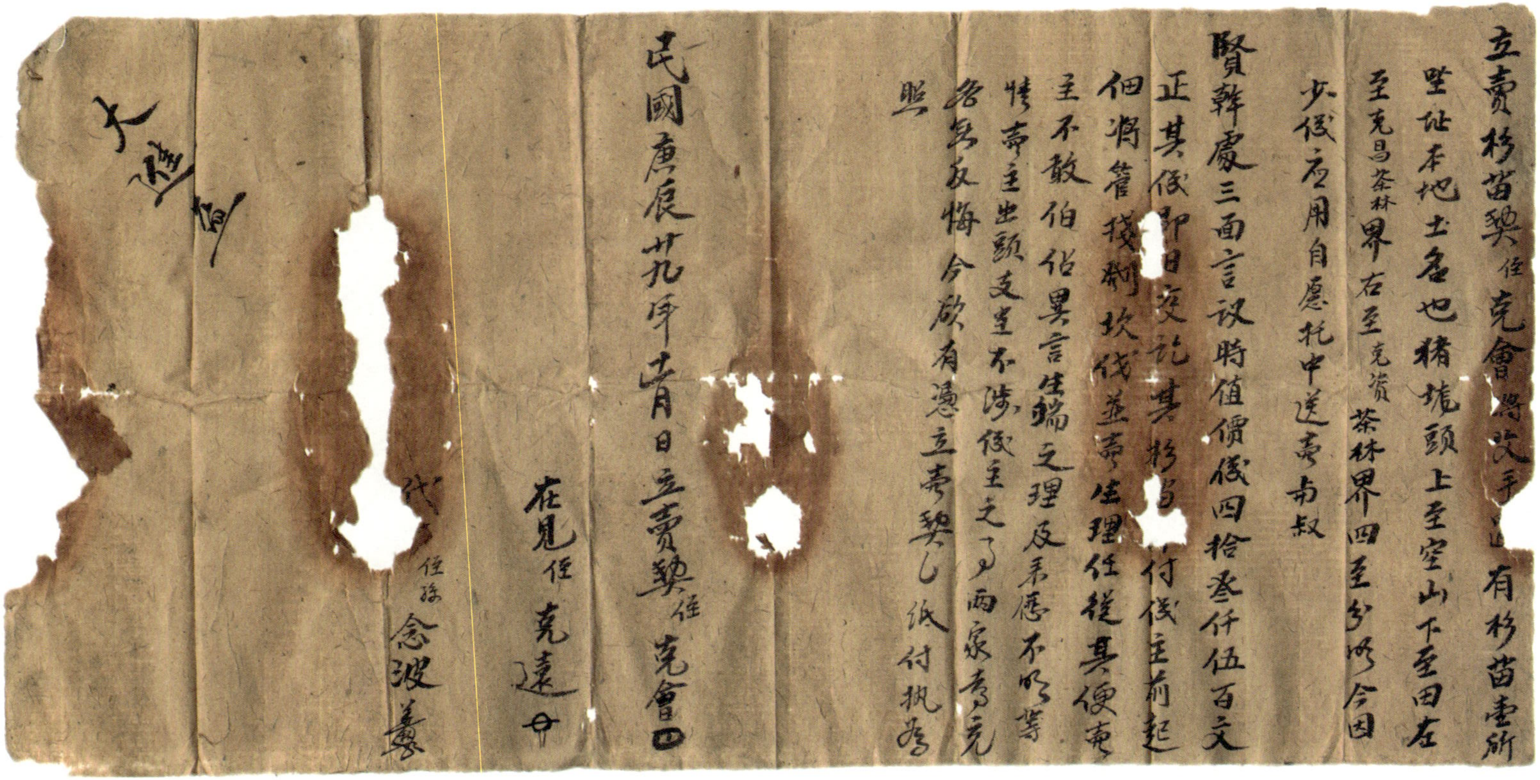

立賣杉苗契侄克會[illegible]父手[illegible]有杉苗壹所
坐址本地土名也猪垅頭，上至空山，下至田，左
至克昌茶林界，右至克資茶林界，四至分明。今因
少錢應用，自愿托中送賣與叔
賢群處，三面言議，時值價錢四拾叁仟伍百文
正，其錢即日交訖，其杉苗付錢主前起
佃將管，栽剃砍伐並賣生理，任從其便，賣
主不敢伯侶異言生端之理。及未賣不明等
情，賣主出頭支當，不涉錢主之事。此兩家意允，
各無反悔，今欲有憑，立賣契乙紙付執為
照。
民國庚辰廿九年十一月　日立賣契侄克會（押）
在見侄克遠（押）
代筆侄孫念波（押）

6-9-3-9　民國二十九年十一月林克會立賣杉苗契

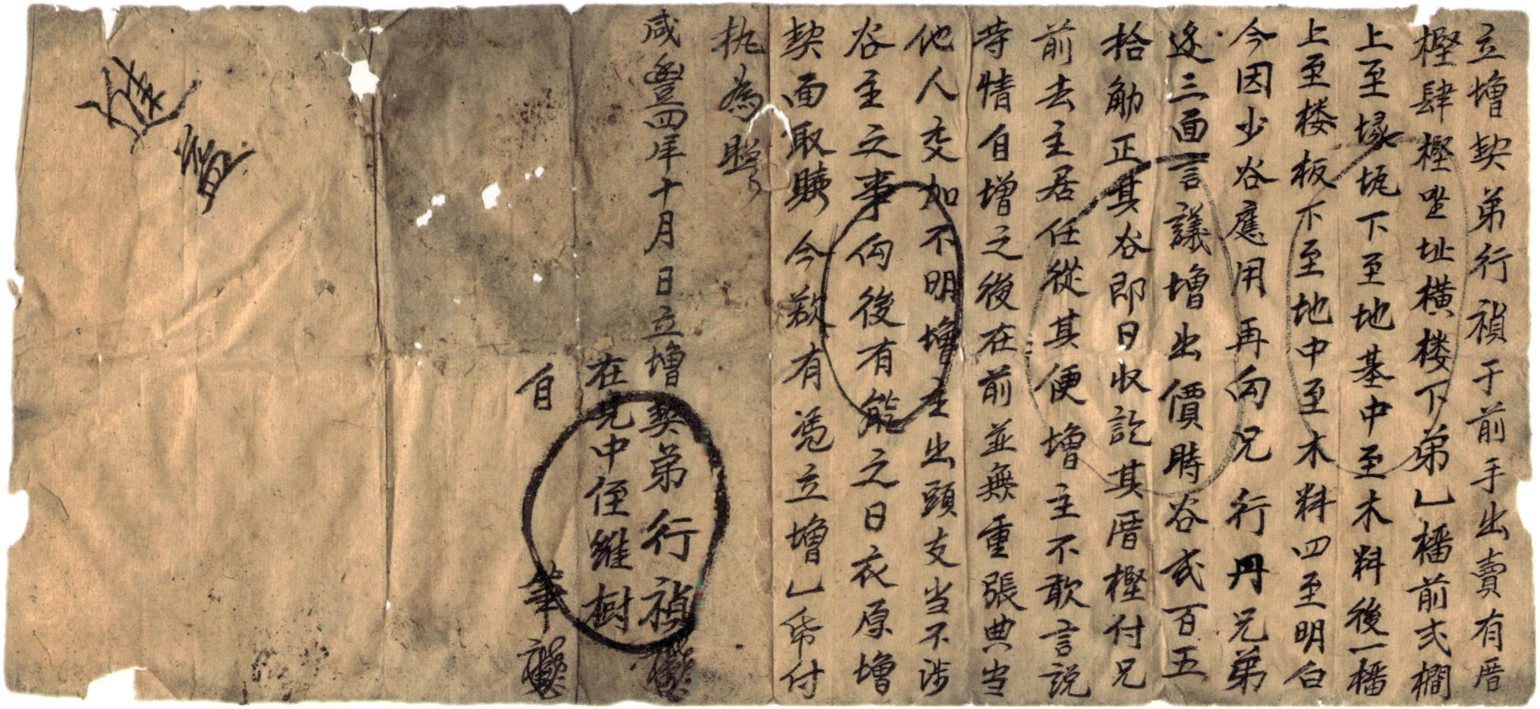

立增契弟行禎于前手出賣有厝
樫肆樫坐址横楼下弟山播前弍欄
上至椽梳下至地基中至木料後一播
上至楼板下至地中至木料四至明白
今因少谷應用再向兄　行丹兄弟
延三面言議增出價谷弍百五
拾觔正其谷即日收訖其厝樫付兄
前去主居任從其便增主不敢言説
等情自增之後在前並無重張典当
他人交加不明增主出頭支当不涉
谷主之事倘後有能之日衣原增
契面取贖今欲有憑立增山厝付
執為照

咸豐四年十月　日立增契弟行禎
在見中侄維樹
自筆

6-9-4-1　清咸豐四年十月林行禎立增厝樫契（廢契）

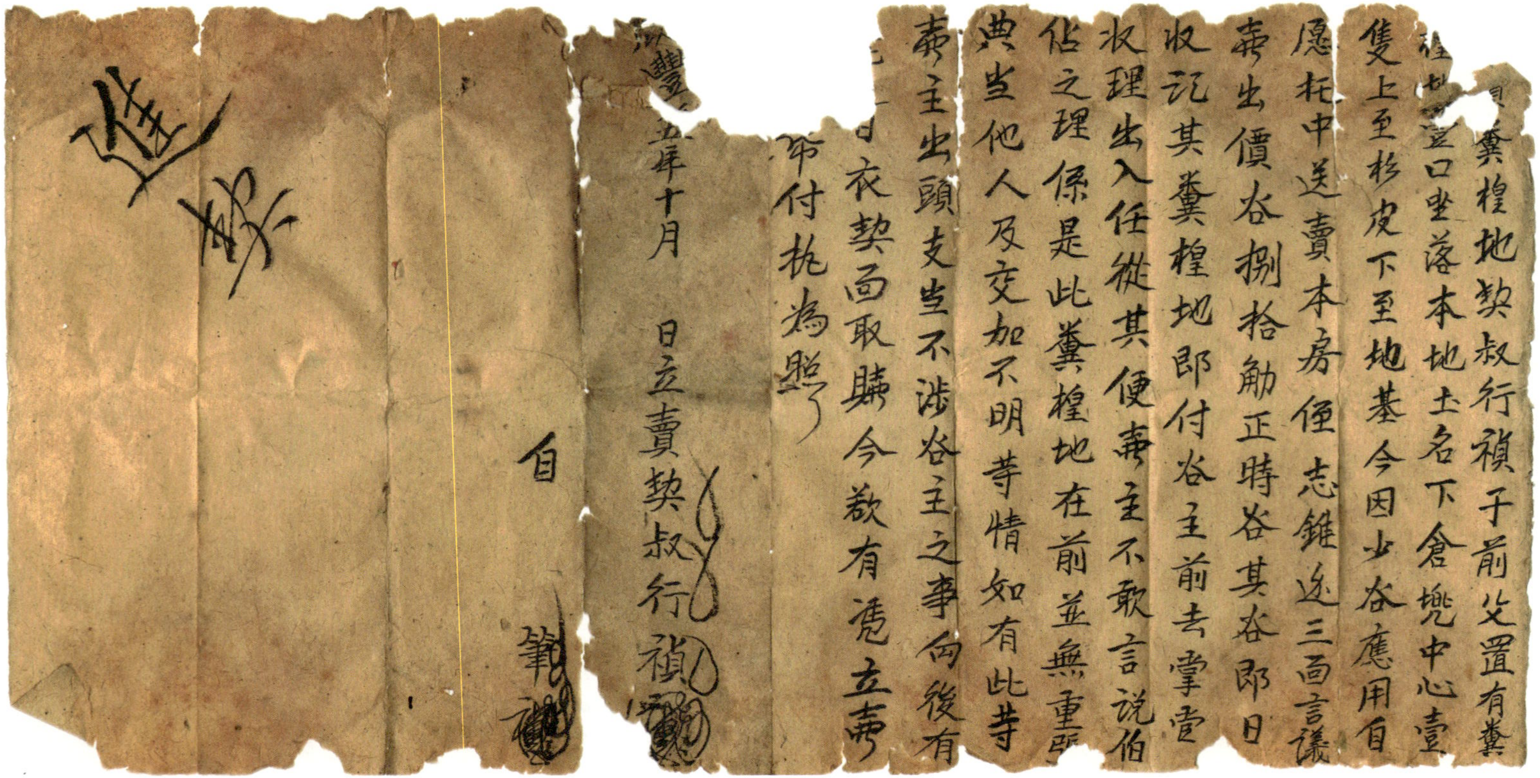
糞楻地契叔行禎于前父置有糞
楻地壹口坐落本地土名下倉墘中心壹
隻上至杉皮下至地基今因乏銀應用自
愿托中送賣本房侄志錐邊三面言議
賣出價谷捌拾觔正時谷其谷即日
收訖其糞楻地即付谷主前去掌管
收理出入任從其便賣主不敢言說佰
佔之理係是此糞楻地在前並無重張
典当他人及交加不明等情如有此等
賣主出頭支当不涉谷主之事向後有
日衣契面取贖今欲有憑立賣
字付执為照
咸豐五年十月　　日立賣契叔行禎
自筆

6-9-4-2　清咸豐五年十月林行禎立賣糞楻地契（廢契）

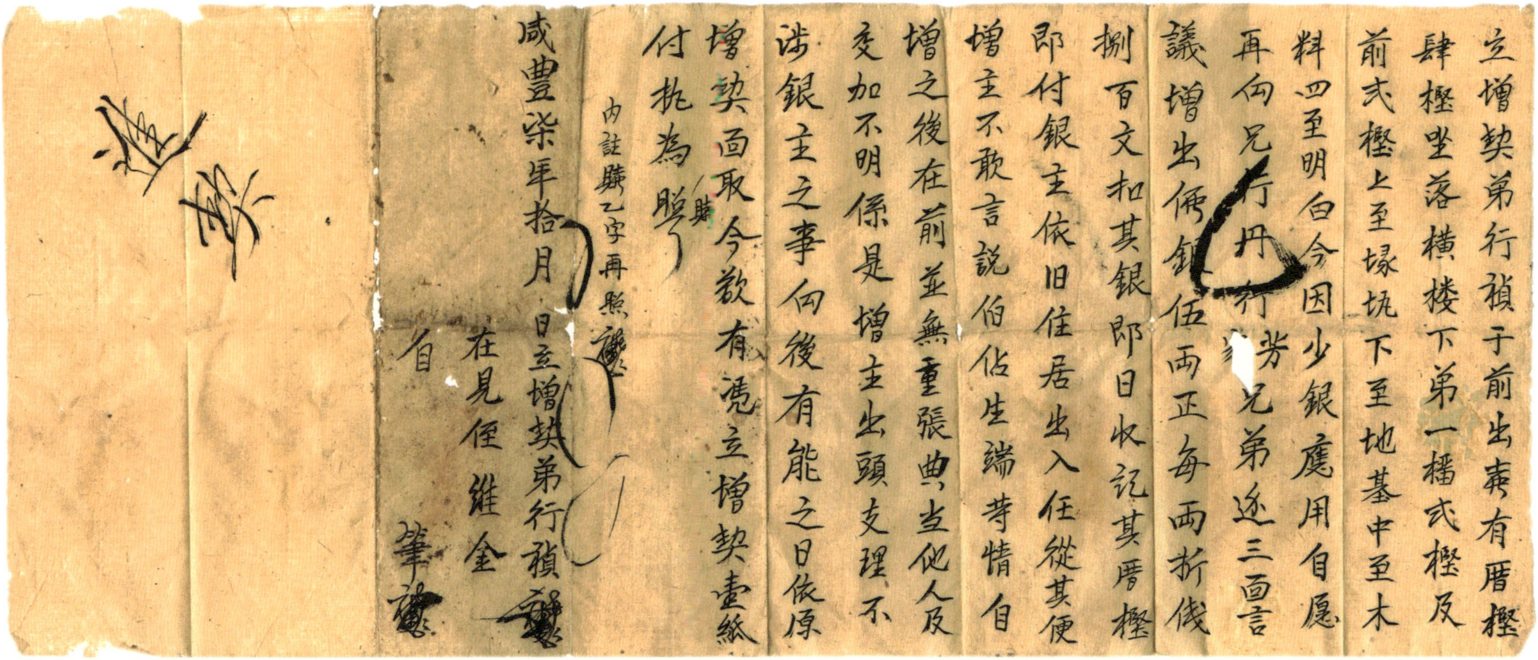

立增契弟行禎于前出來有厝樫
肆樫坐落橫樓下第一樠式樫及
前式樫上至椽坑下至地基中至木
料四至明白今因少銀應用自愿
再向兄行丹、行芳兄弟邊三面言
議增出佛銀伍兩正每兩折錢
捌百文扣其銀即日收訖其厝樫
即付銀主依旧住居出入任從其便
增主不敢言說佔生端等情自
增之後在前並無重張典当他人及
交加不明係是增主出頭支理不
涉銀主之事向後有能之日依原
增契面取今欲有憑立增契壹紙
付執為照
內註賭乙字再照
咸豐柒年拾月　日立增契弟行禎
在見侄　維金
自　筆

6-9-4-3　清咸豐七年十月林行禎立增厝樫契（廢契）

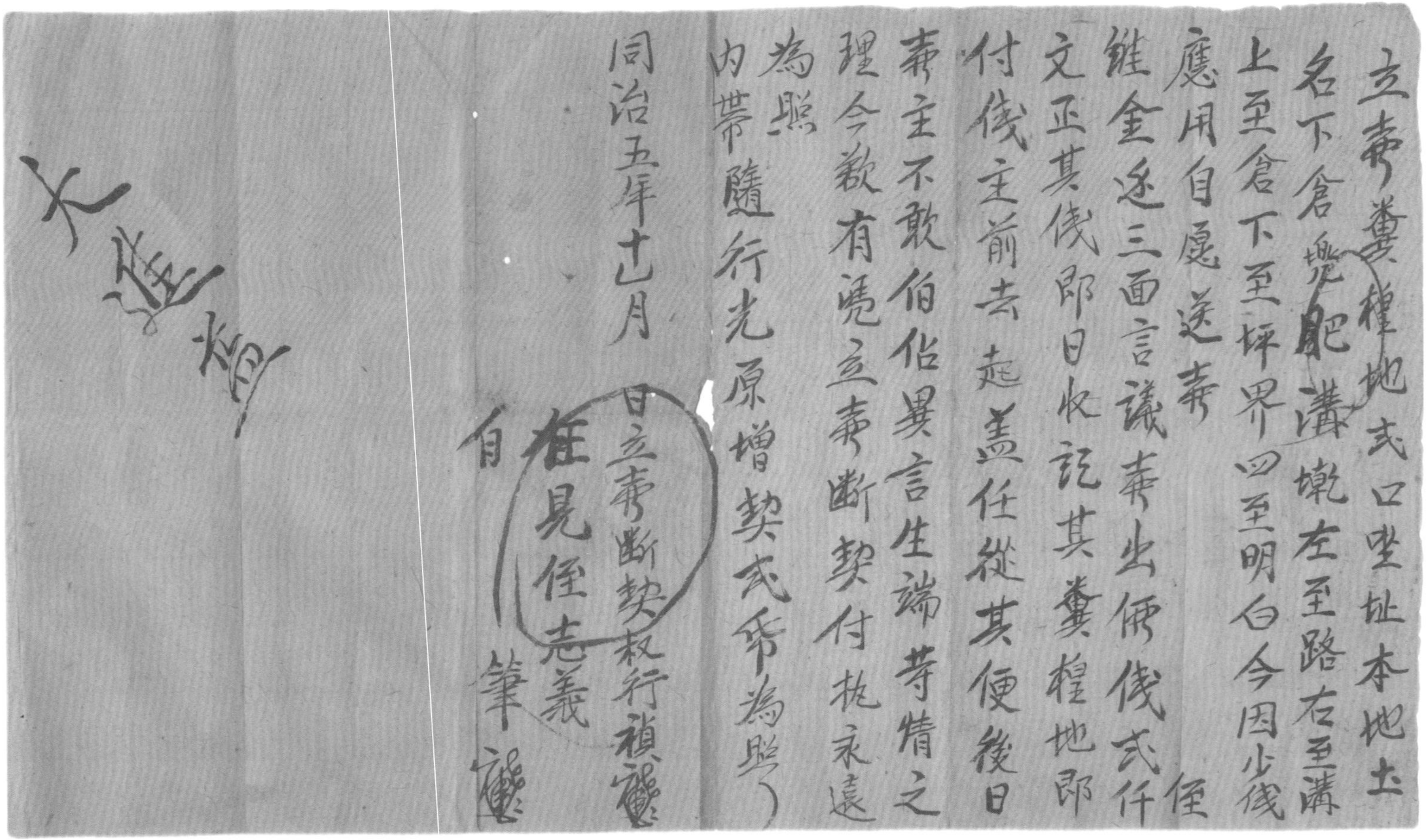
立賣糞桯地弍口，坐址本地土名下倉邊肥溝墘，左至路，右至溝，上至倉，下至坪界，四至明白。今因少錢應用，自愿送賣侄継金，迭三面言議，賣出價錢弍仟文正，其錢即日收訖，其糞桯地即付錢主前去起蓋，任從其便，後日賣主不敢伯叔異言生端等情之理。今欲有憑，立賣斷契付執永遠為照。
內帶隨行光原增契弍帋為照）
同治五年十一月 日立賣斷契叔行禎（押）
在見侄志義
自筆（押）
大進壹

6-9-4-4　清同治五年十一月林行禎立賣斷糞桯地契（廢契）

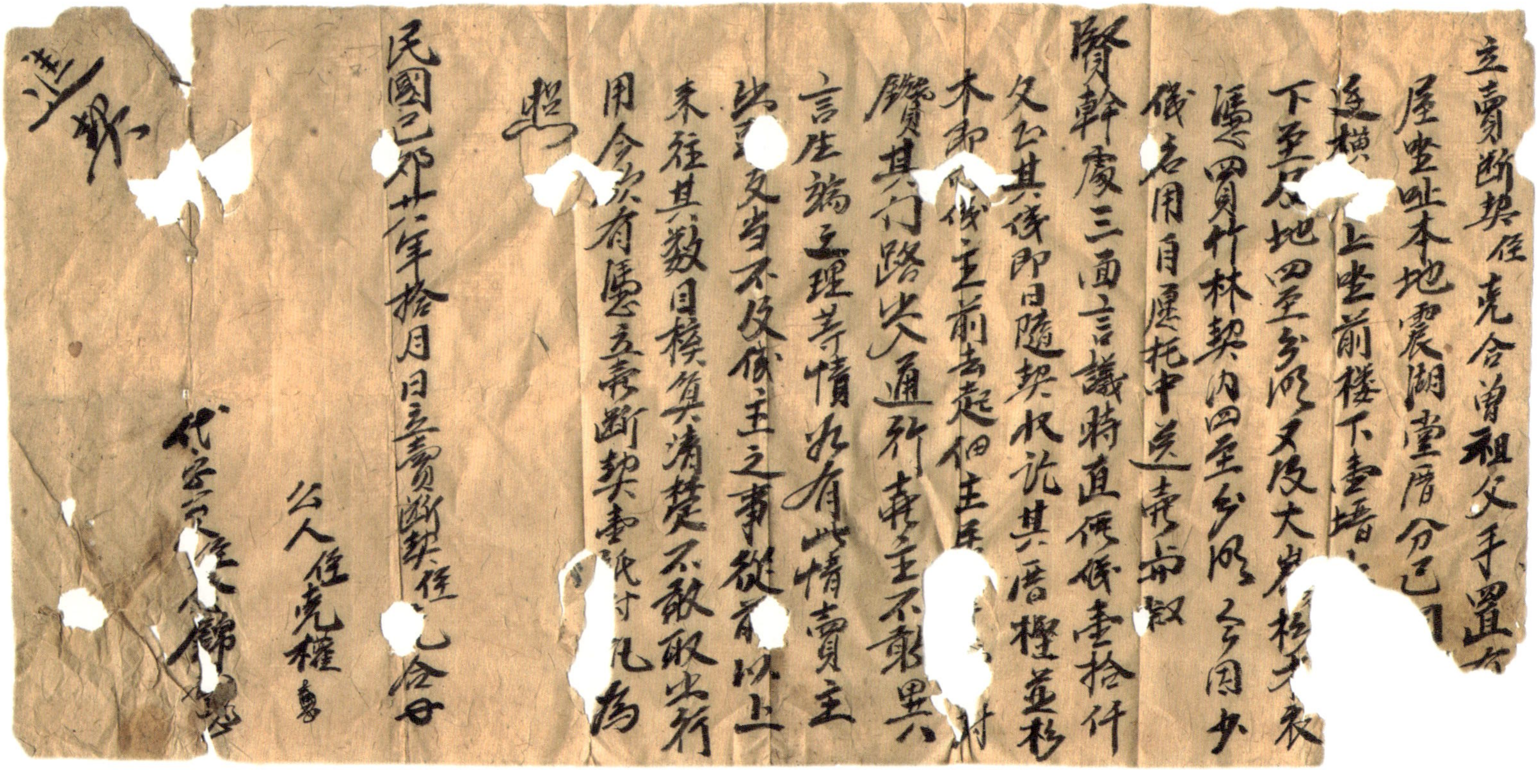


6-9-4-5　民國二十八年十月林克合立賣斷厝樫等契

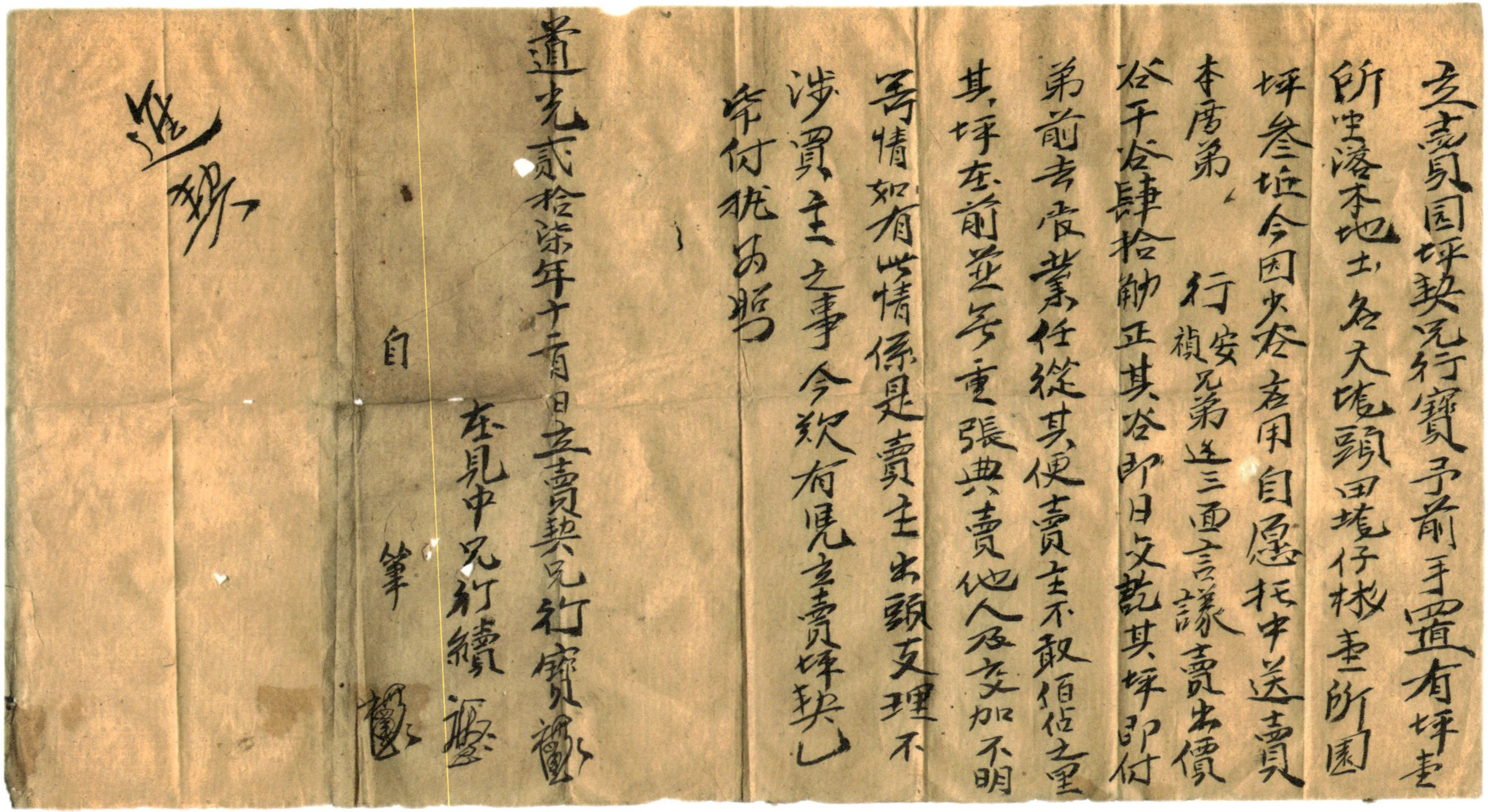

立賣園坪契兄行寶，予前手置有坪壹
所，坐落本地土名大垅頭田墘仔林壹所園
坪叁坵。今因少谷應用，自愿托中送賣
本房弟行安、禎兄弟邊，三面言議賣出價
谷干谷肆拾觔正，其谷即日交訖，其坪即付
弟前去管業，任從其便，賣主不敢佰佔之理。
其坪在前並無重張典賣他人及交加不明
等情，如有此情，係是賣主出頭支理，不
涉買主之事。今欲有憑，立賣坪契
帋付執為照。

道光貳拾柒年十二月　日立賣契兄行寶（押）

在見中兄行續（押）

自　筆（押）

進契

6-9-5-1　清道光二十七年十二月林行寶立賣園坪契

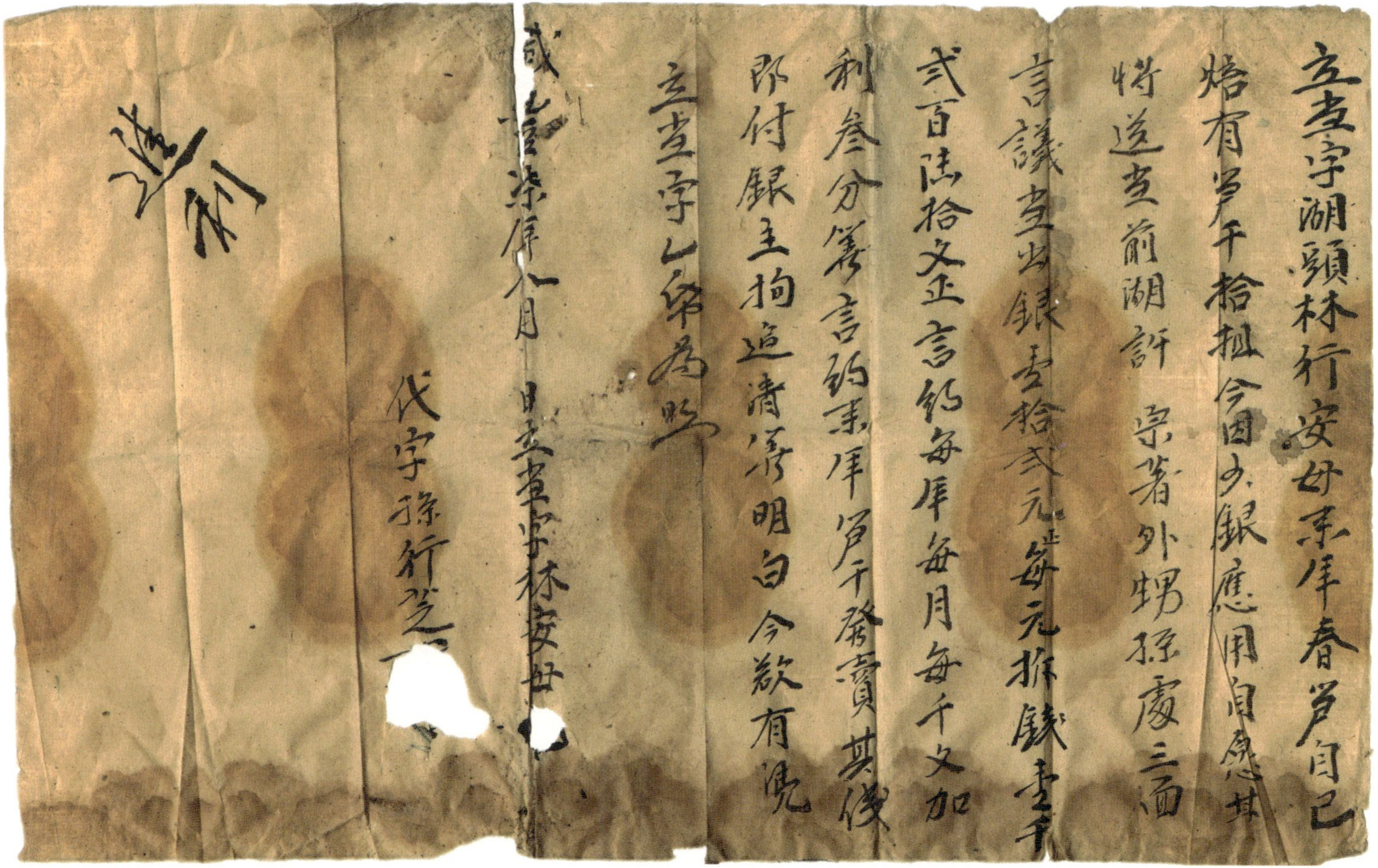

6-9-5-2　清咸豐七年八月林行安母立當筍乾字

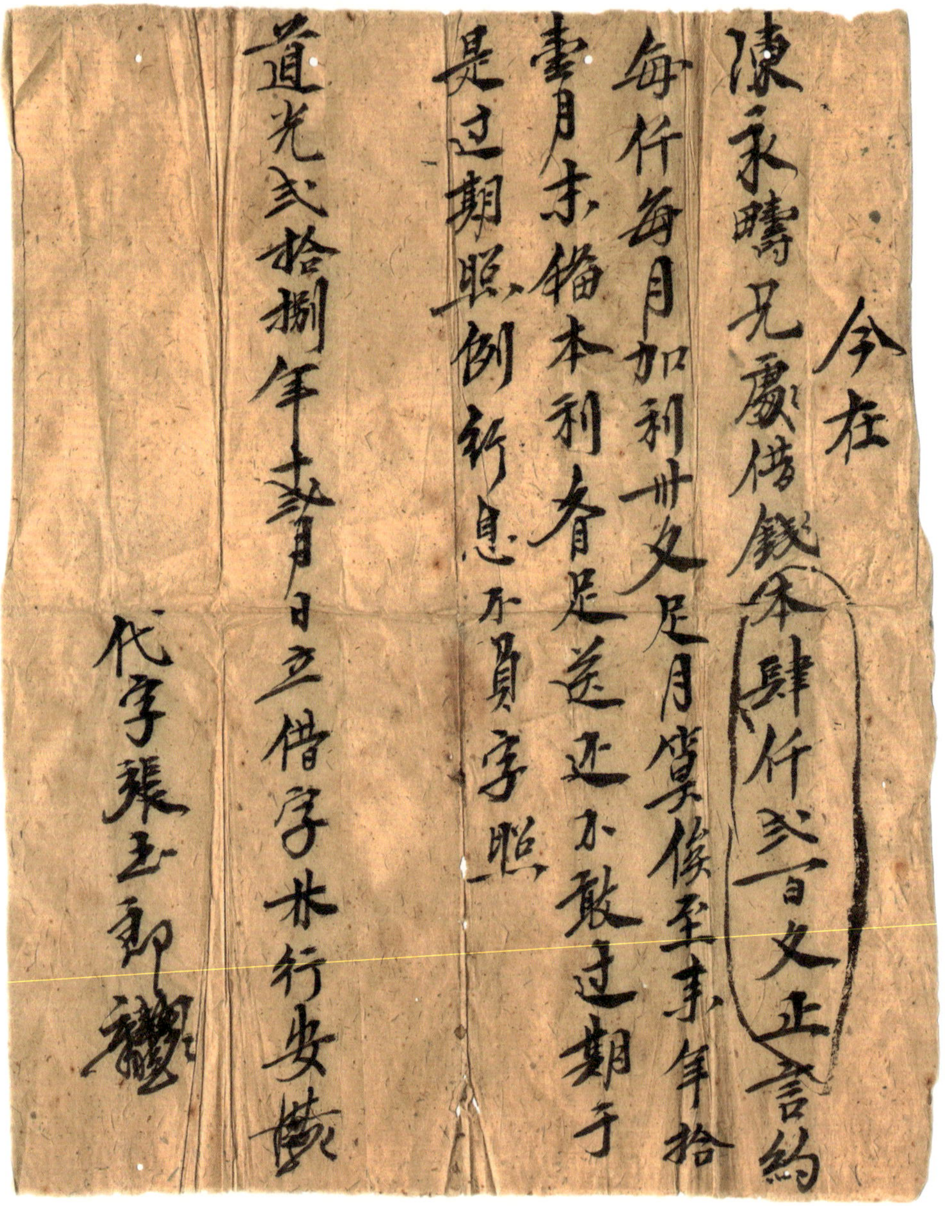
今在
陳永疇兄處借錢本肆仟弍百文正言約
每仟每月加利卅文足月算俟至來年拾
弍月末備本利齊足送還不敢過期于
是过期照例行息不負字照
道光弍拾捌年十二月日立借字林行安（押）
代字張玉郎（押）

6-9-6-1　清道光二十八年十二月林行安立借錢字（廢契）

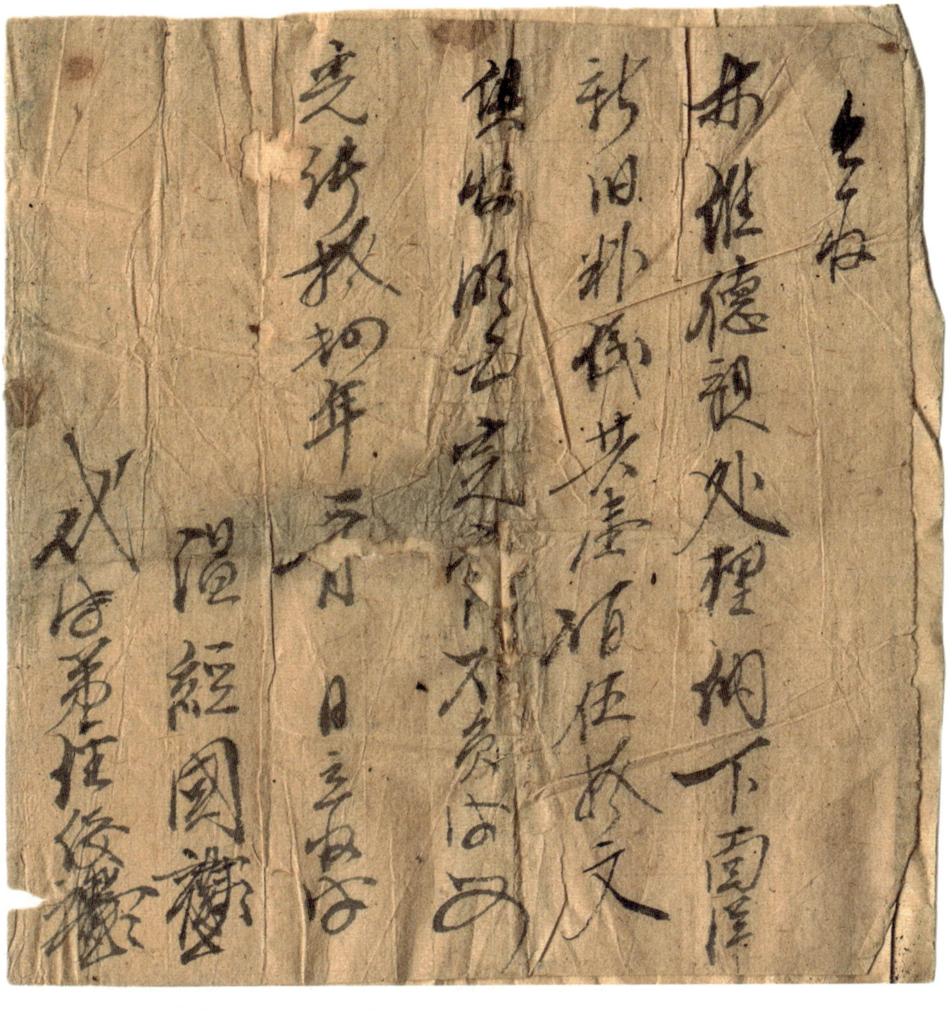

立[illegible]字
今收林德[illegible]处裡納下[illegible][illegible]
新旧粮錢共壹佰伍拾文
[illegible][illegible]明白[illegible][illegible][illegible]不[illegible][illegible][illegible]
光緒拾肆年三月　日立收字
温經國（押）
代筆[illegible]侄[illegible][illegible]

6-9-6-2　清光緒十四年三月温經國立收糧錢字

6-9-7-1　清道光十年林景浩等立鬮書（一）

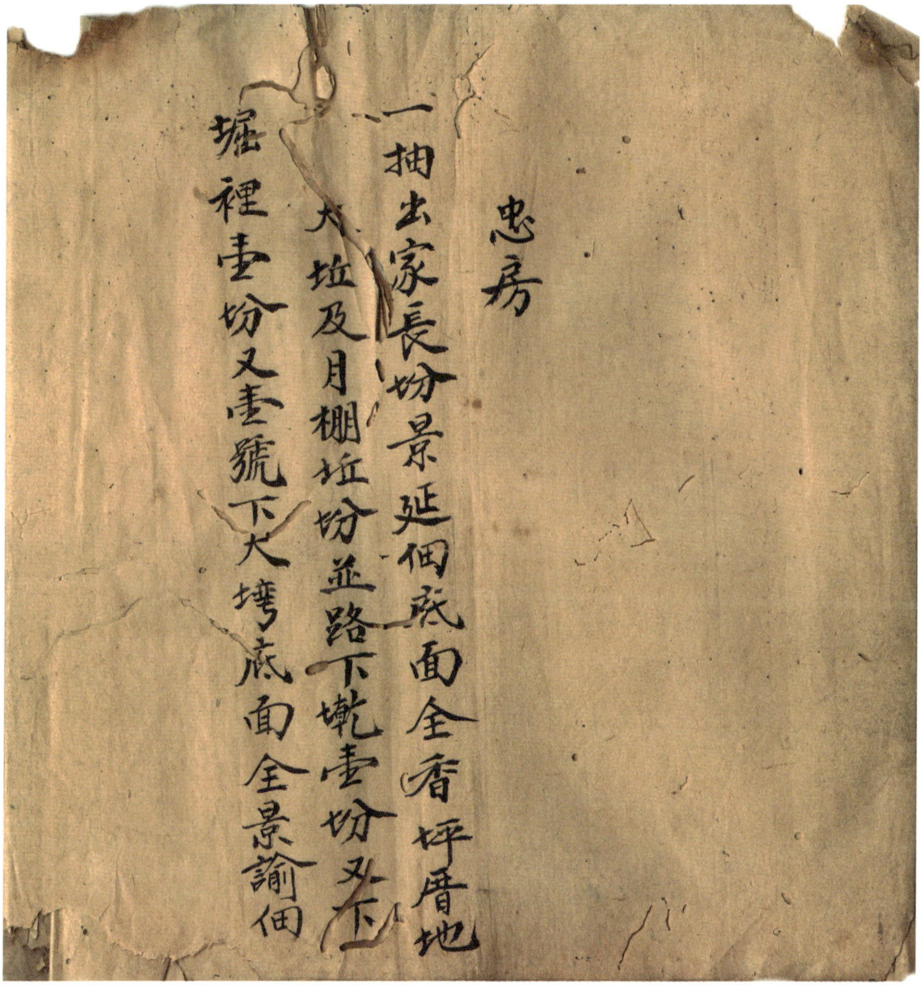

忠房

一抽出家長份景延佃底面全香坪厝地

大垅及月棚垅份並路下墘壹份又下

堀裡壹份又壹號下大塆底面全景諭佃

6-9-7-2　清道光十年林景浩等立鬮書（二）

忠房拈得二閹田段開列于左

一拈得自佃屯田壹號底面仝埔尾及九坵壠并[illegible]

壠尾應半

[illegible]拈得行純下自耕民田壹號香坪行路墻及

[illegible]得上[illegible]二丘大小肆坵并下堀裡底面全

一拈得行莊分民田壹號底面全東坑中分自耕

一拈得景生分民田壹號底面全後面洋尾分自耕

一拈得行州分民田壹號底面全後面洋宅墘及

半嶺清水堀自耕載原租貳拾柒斛半大

一拈得景諭分民田根壹號林埔墘自耕載租五十七斛小

一拈得孟進分民田根壹號上寮洋及厝地自耕載

大租伍拾斛

6-9-7-3　清道光十年林景浩等立鬮書（三）

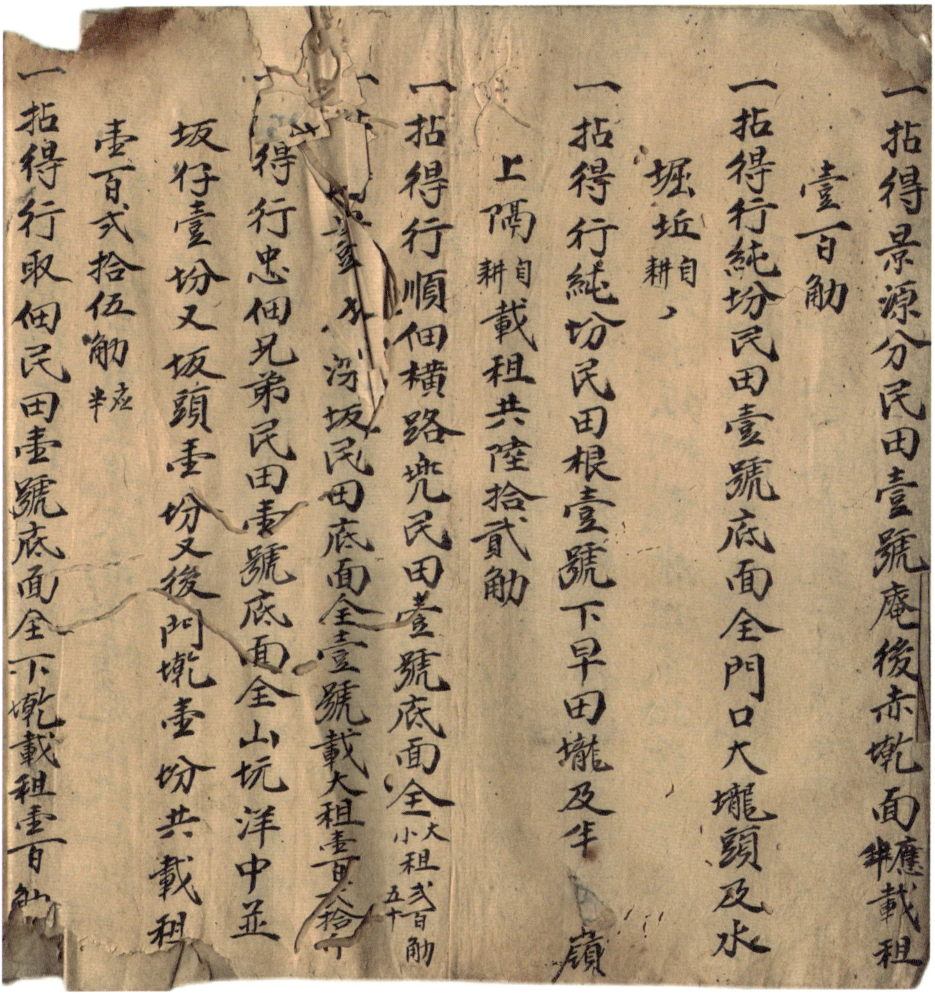

一拓得景源分民田壹號庵後赤墘面應半載租
一拓得行純坊民田壹號底面全門口大壠頭及水
壹百觔
堀坵自耕
一拓得行純坊民田根壹號下早田壠及牛嶺
上隅自耕載租共陸拾貳觔
一拓得行順佃横路墘民田壹號底面全大小租貳百五十觔
一[illegible]壹[illegible]汾坂民田底面全壹號載大租壹百[illegible]拾[illegible]
一[illegible]得行忠佃兄弟民田壹號底面全山坑洋中丞
坂仔壹坵又坂頭壹坵又後門墘壹坵共載租
壹百弍拾伍觔佐半
一拓得行取佃民田壹號底面全下墘載租壹百觔

6-9-7-4　清道光十年林景浩等立鬮書（四）

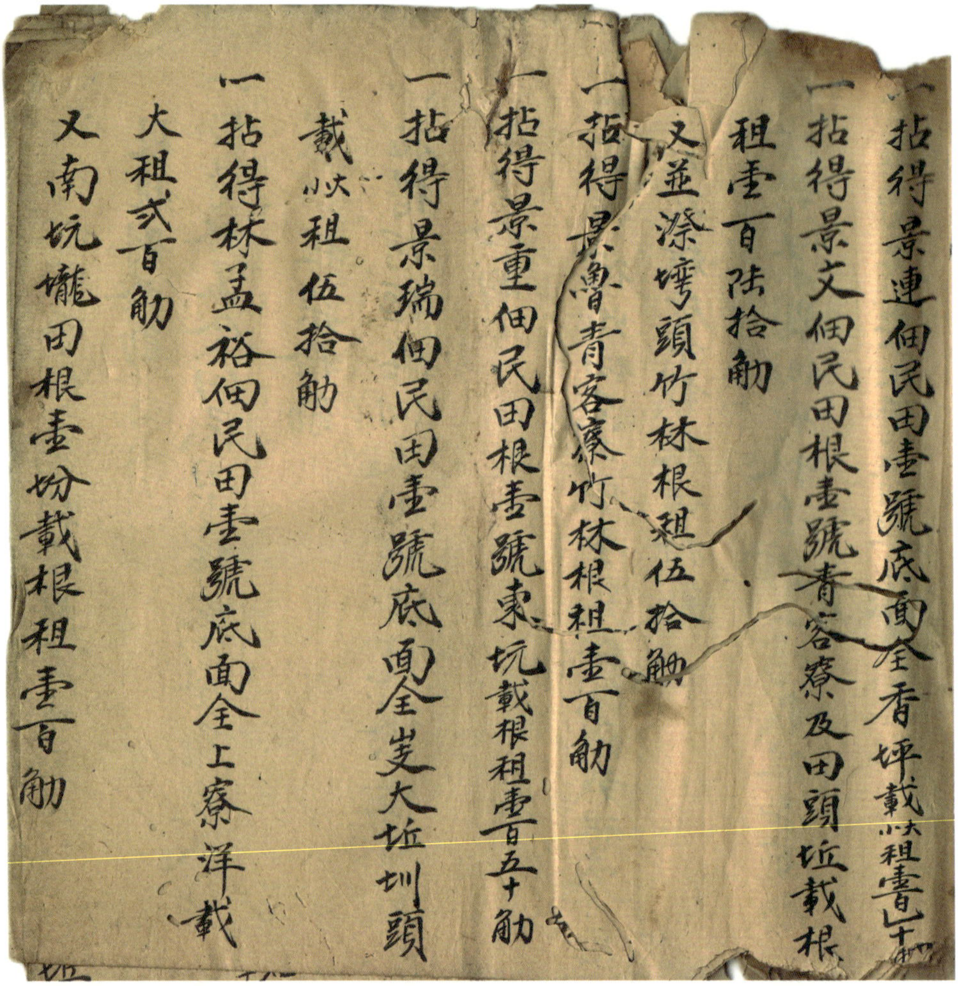

一拈得景連佃民田壹號底面仝香坪載大小租壹[illegible]十觔
一拈得景文佃民田根壹號青客寮及田頭垃載根
租壹百陆拾觔
又並漈墘頭竹林根租伍拾觔
一拈得景魯青客寮竹林根租壹百觔
一拈得景重佃民田根壹號東坑載根租壹百五十觔
一拈得景瑞佃民田壹號底面仝岦大垃圳頭
載大小租伍拾觔
一拈得林孟裕佃民田壹號底面仝上寮洋載
大租弍百觔
又南坑壠田根壹坵載根租壹百觔

6-9-7-5　清道光十年林景浩等立鬮書（五）

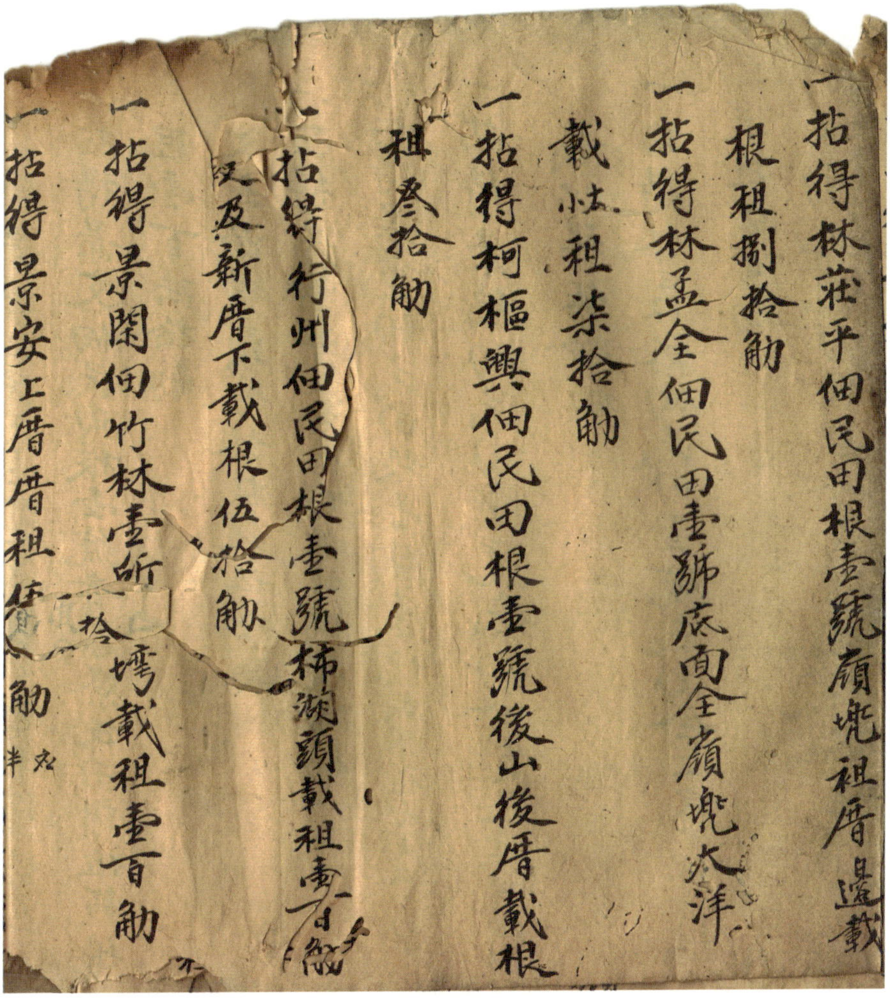

一拈得林莊平佃民田根壹號嶺兜祖厝邊載
根租捌拾觔
一拈得林孟全佃民田壹跡底面仝嶺兜大洋
載小杕租柒拾觔
一拈得柯樞興佃民田根壹號後山後厝載根
租叁拾觔
一拈得行州佃民田根壹號柿湖頭載租壹百觔
又及新厝下載根伍拾觔
一拈得景閑佃竹林壹所[illegible]拾塆載租壹百觔
一拈得景安上厝厝租伍[illegible]觔
半 丸

6-9-7-6　清道光十年林景浩等立鬮書（六）

一拈得景魯佃民田根壹號小街頭坵載租伍拾伍觔
一拈得許明陽民田根壹號半嶺對面墘及上湖
竹林載根應半伍拾觔
一拈得景奐竹林壹號漈塆嶺載租充半伍拾觔
一拈得林孟全厝租及竹林東畨塆充半載租七十五觔
一拈得景煥佃民田壹號底面全長岦邊及深
坂載大租壹百觔
一拈得自佃民田壹號底面全赤墘面載大租充半
載大租伍拾伍觔。
一拈得景煥佃民田壹號底面全下墘及坑尾九坵

6-9-7-7　清道光十年林景浩等立鬮書（七）

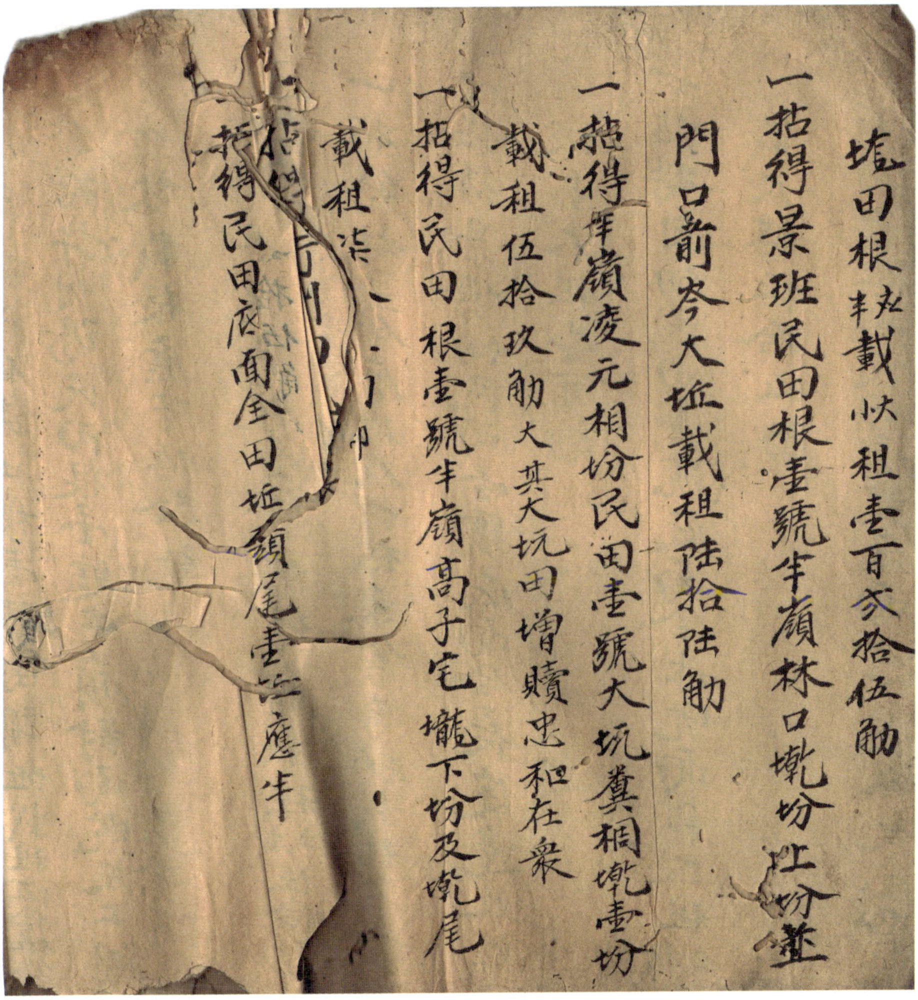
埪田根丰丸載伕租壹百叁拾伍觔
一拈得景班民田根壹號牛嶺林口墘坋上坋墘
門口前叁大坵載租陸拾陸觔
一拈得牛嶺凌元相坋民田壹號大坑葉桐墘壹坋
載租伍拾玖觔大其大坑田增贖忠和在衆
一拈得民田根壹號牛嶺高子宅壠下坋及墘尾
載租柒[illegible]
一拈得[illegible]
拈得民田底面全田坵嶺尾壹[illegible]應牛

6-9-7-8　清道光十年林景浩等立鬮書（八）

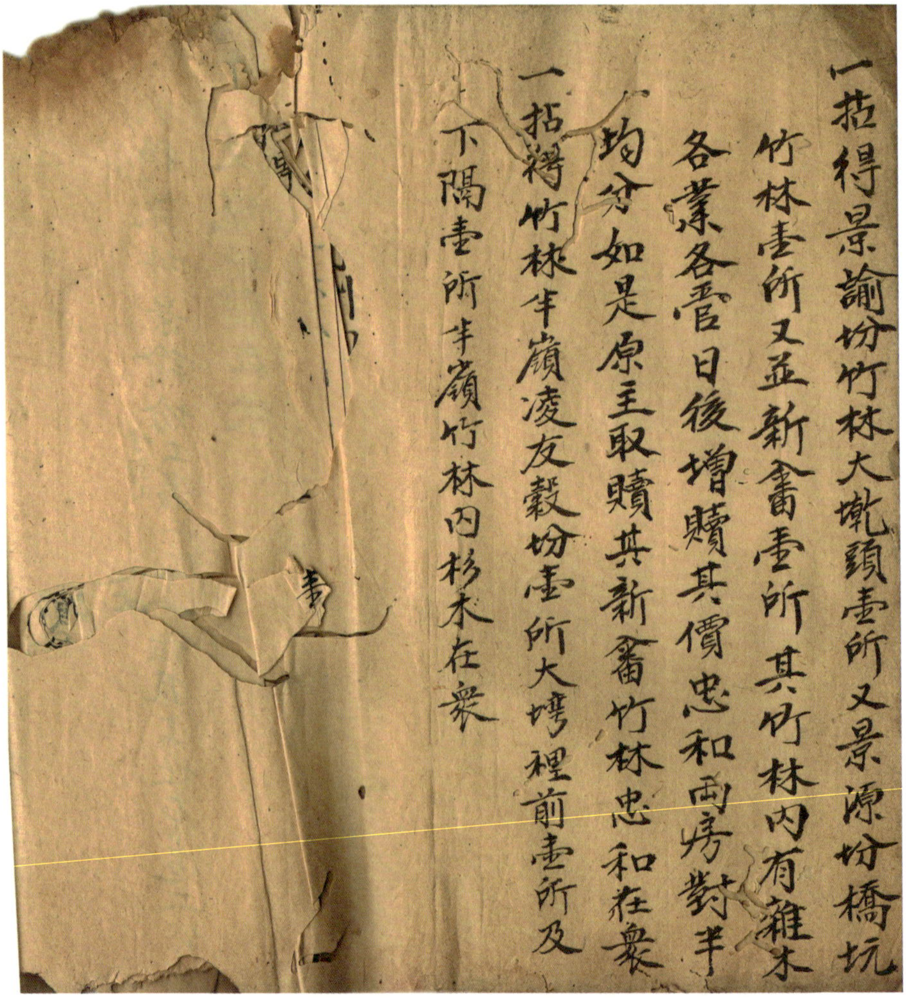
一拈得景諭份竹林大墩頭壹所又景源份橋坑
竹林壹所又並新畬壹所其竹林內有雜木
各業各管日後增贖其價忠和兩房對半
均分如是原主取贖其新畬竹林忠和在衆
一拈得竹林半嶺凌友穀份壹所大塆裡前壹所及
下隔壹所半嶺竹林內杉木在衆

6-9-7-9　清道光十年林景浩等立鬮書（九）

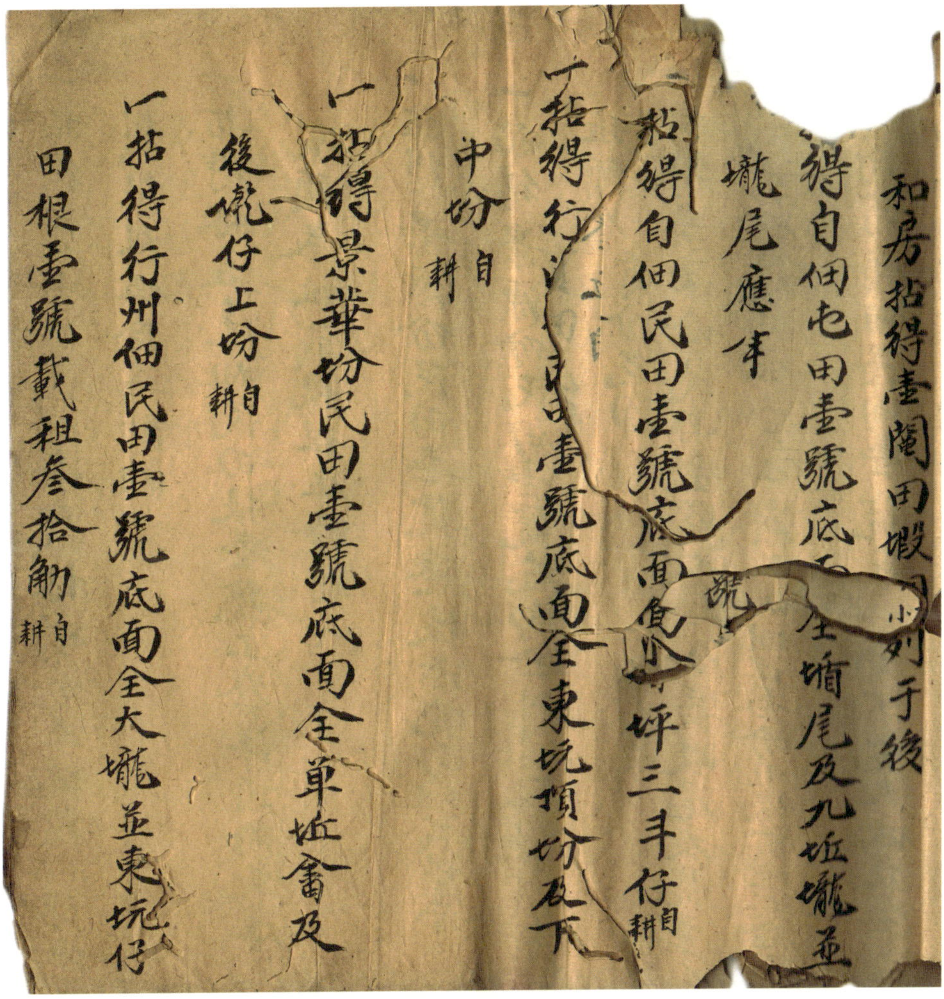

和房拈得壹閣田蝦□小刈于後
□得自佃屯田壹號底面全塆尾及九坵壠並
壠尾應牛
拈得自佃民田壹號底面□□坪三手仔自耕
一拈得行□民田壹號底面全東坑頂坊及下
中坊自耕
一拈得景華坊民田壹號底面全單坵畬及
後壠仔上坊自耕
一拈得行州佃民田壹號底面全大壠並東坑仔
田根壹號載租叁拾觔自耕

6-9-7-10　清道光十年林景浩等立鬮書（一〇）

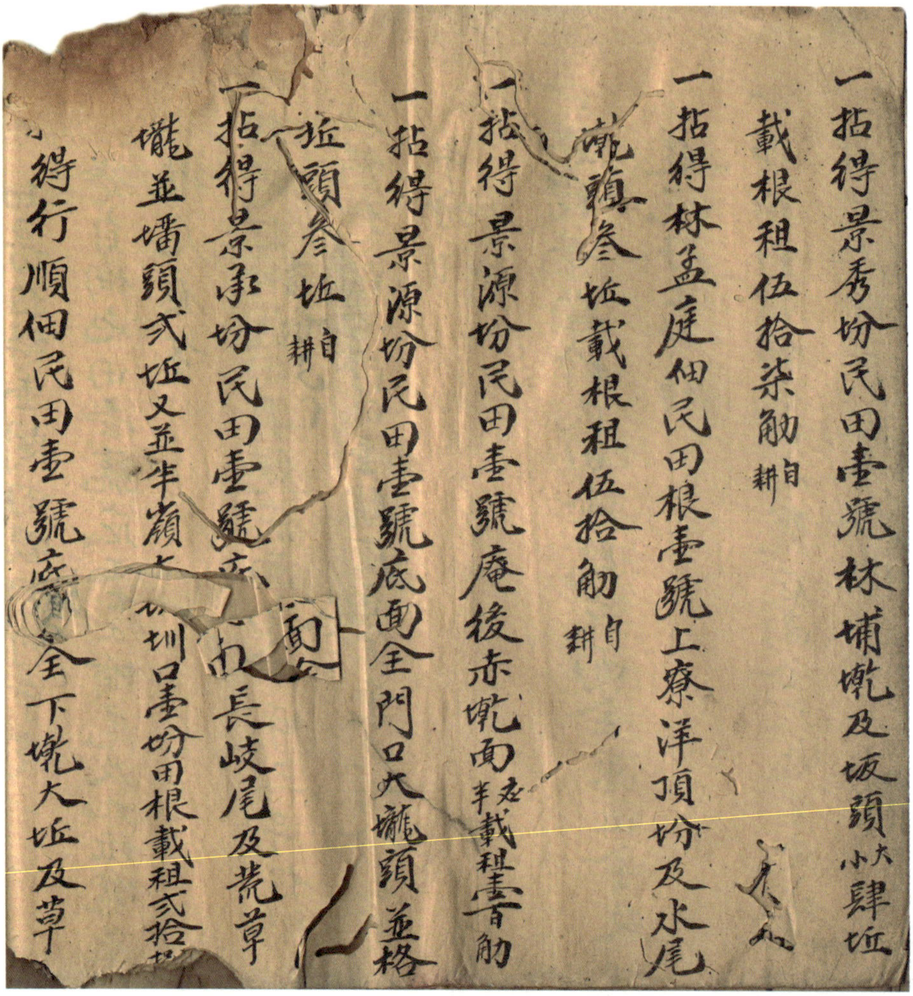
一拈得景秀坋民田壹號林埔墘及坂頭大小肆坵
載根租伍拾柒觔自耕
一拈得林孟庭佃民田根壹號上寮洋頂坋及水尾
墘頭叁坵載根租伍拾觔自耕
一拈得景源坋民田壹號庵後赤墘面左半載租壹百觔
一拈得景源坋民田壹號底面全門口大墘頭並格
坵頭叁坵自耕
一拈得景承坋民田壹號底□面長岐尾及荒草
墘並墻頭弍坵又並半嶺□圳口壹坋田根載租弍拾
□得行順佃民田壹號底面全下墘大坵及草

6-9-7-11　清道光十年林景浩等立鬮書（一一）

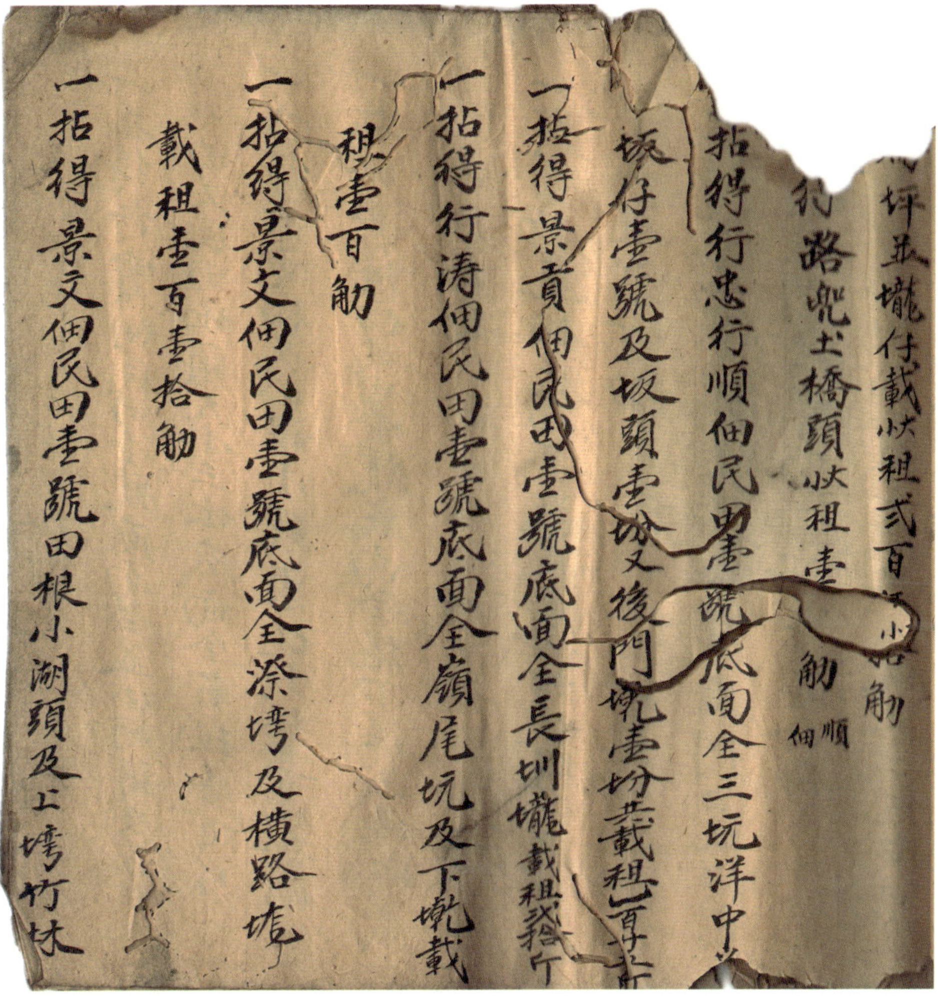

□坪丑墘仔載秋租弍百□□觔

□路兜土橋頭秋租壹□觔　順佃

拈得行忠行順佃民田壹號底面全三坑洋中□

坂仔壹號及坂頭壹坵又後門墘壹坵共載租壹百□斤

一拈得景貢佃民田壹號底面全長圳墘載租弍拾斤

一拈得行濤佃民田壹號底面全嶺尾坑及下墘載

租壹百觔

一拈得景文佃民田壹號底面全漈垮及橫路墘

載租壹百壹拾觔

一拈得景文佃民田壹號田根小湖頭及上垮竹林

6-9-7-12　清道光十年林景浩等立鬮書（一二）

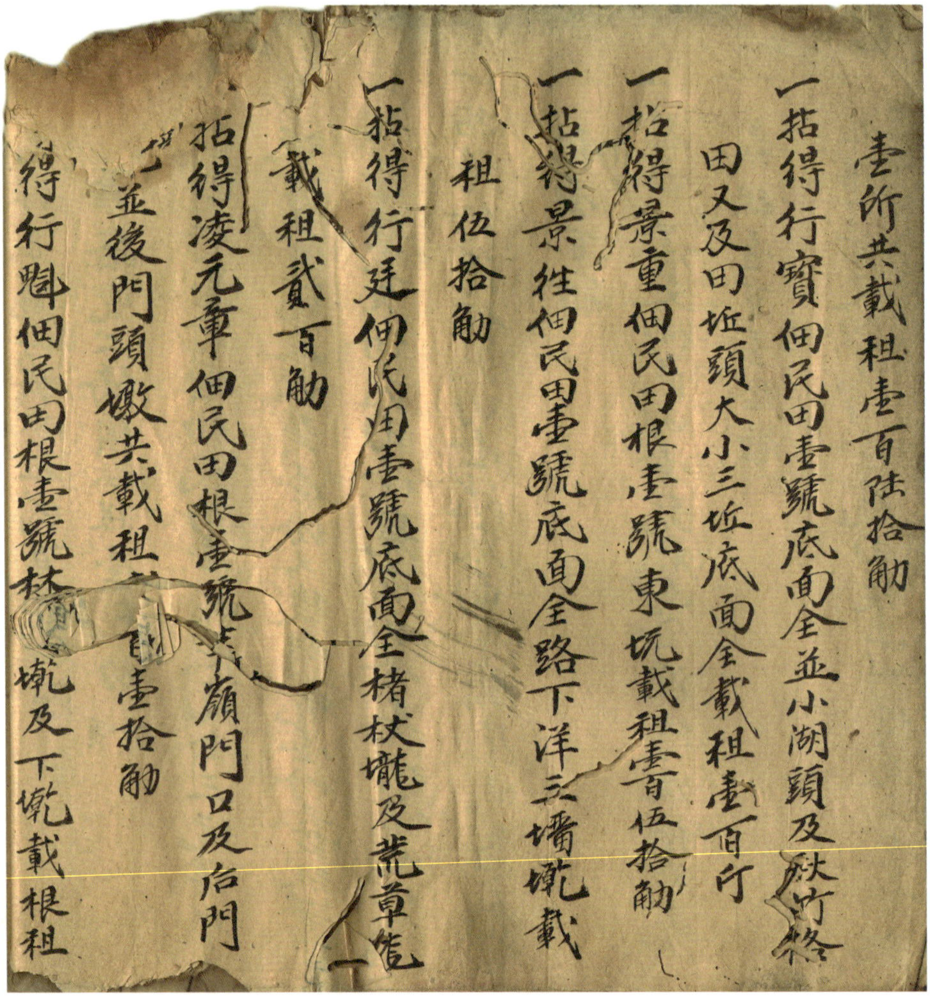
壹所共載租壹百陸拾觔
一拈得行寶佃民田壹號底面全並小湖頭及狄竹格
田又及田垅頭大小三垅底面全載租壹百斤
一拈得景重佃民田根壹號東坑載租壹百伍拾觔
一拈得景性佃民田壹號底面全路下洋三墦墘載
租伍拾觔
一拈得行廷佃民田壹號底面全楮杖壠及荒草篙
載租貳百觔
一拈得凌元章佃民田根壹號□嶺門口及后門
一並後門頭墩共載租□百壹拾觔
一拈得行魁佃民田根壹號林□墘及下墘載根租

6-9-7-13　清道光十年林景浩等立鬮書（一三）

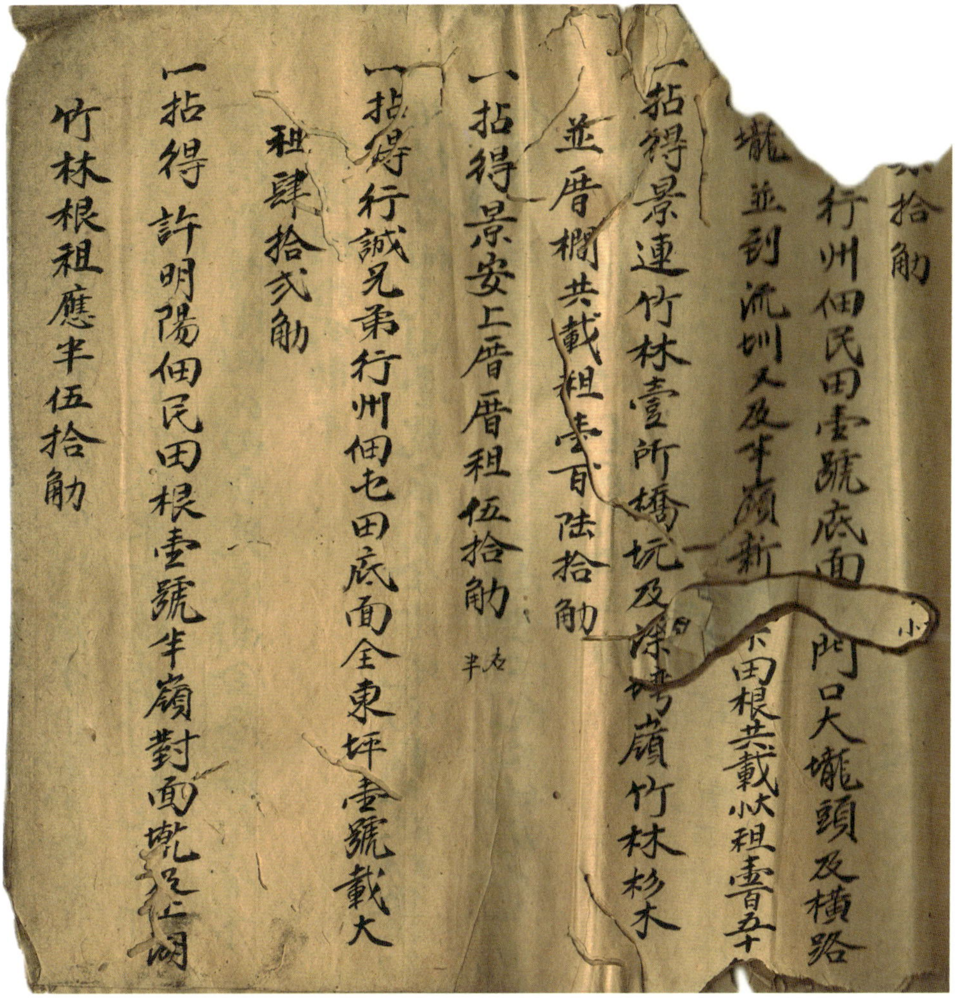
□拾觔
行州佃民田壹號底面門口大墈頭及橫路
墈並到流圳又及半嶺新□田根共載大小租壹百卆十
一拈得景連竹林壹所橋坑及深塆嶺竹林杉木
並厝棡共載租壹百陸拾觔
一拈得景安上厝厝租伍拾觔
右半
一拈得行誠兄弟行州佃屯田底面全東坪壹號載大
租肆拾弍觔
一拈得許明陽佃民田根壹號半嶺對面墈脚上湖
竹林根租應半伍拾觔

6-9-7-14　清道光十年林景浩等立鬮書（一四）

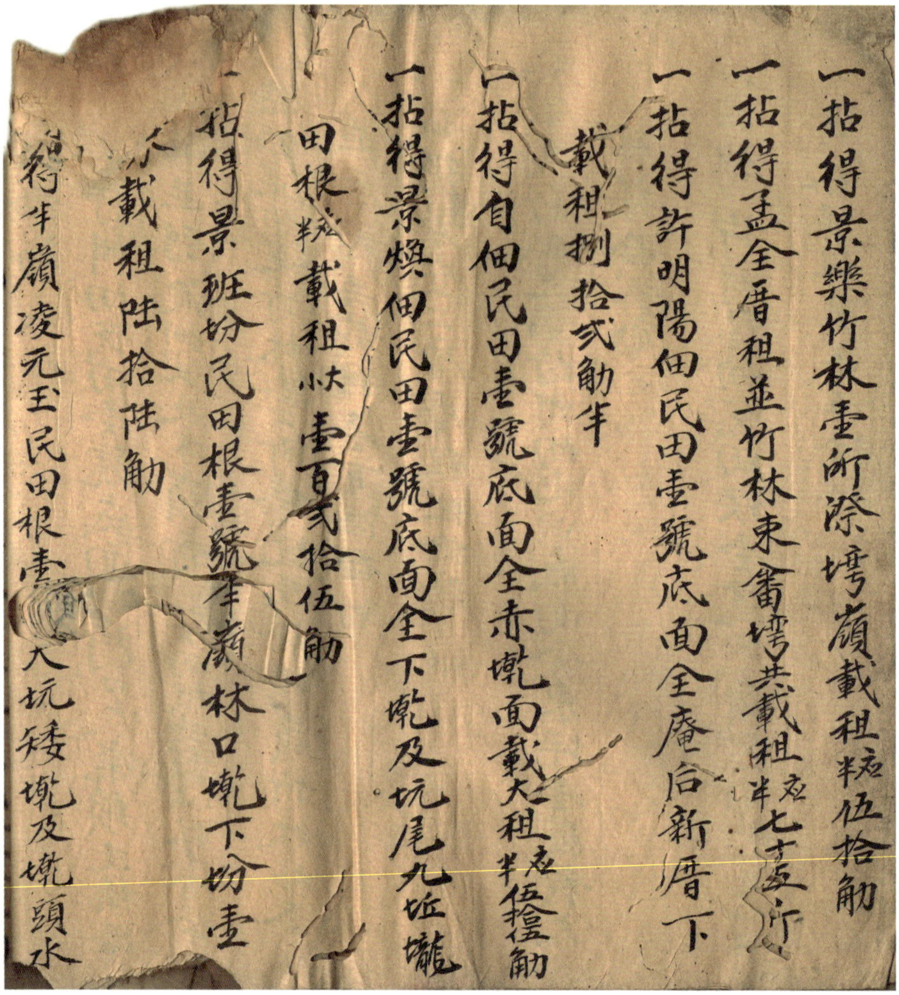
一拈得景樂竹林壹所漈塆嶺載租米冇伍拾觔
一拈得孟全厝租並竹林東畬塆共載租半冇七十五斤
一拈得許明陽佃民田壹號底面全庵后新厝下
載租捌拾弍觔半
一拈得自佃民田壹號底面全赤墘面載大租半冇伍拾觔
一拈得景煥佃民田壹號底面全下墘及坑尾九坵壠
田根米冇載租小大壹百弍拾伍觔
一拈得景班份民田根壹號半嶺林口墘下份壹
大載租陆拾陆觔
□得半嶺凌元玉民田根壹□大坑矮墘及墘頭水

6-9-7-15　清道光十年林景浩等立鬮書（一五）

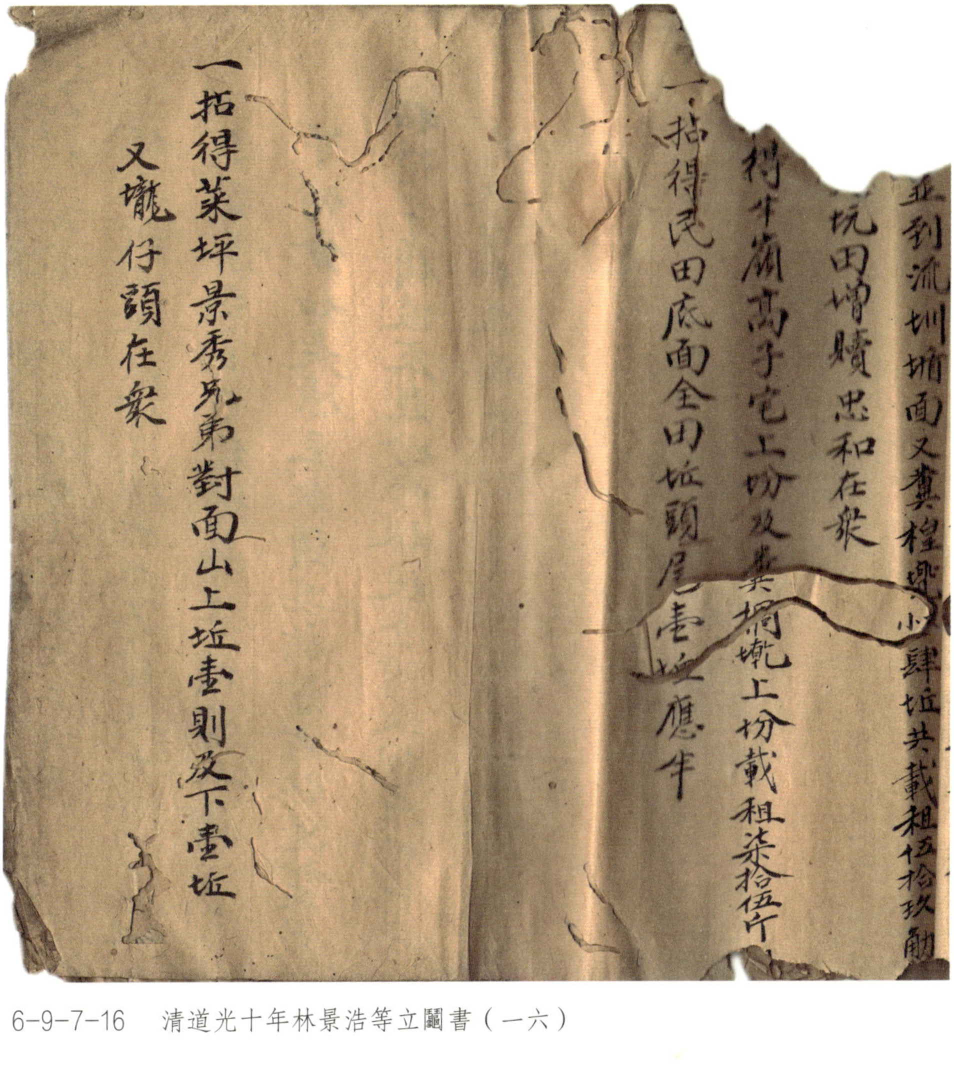

並到流圳墘面又糞桯墘小肆坵共載租伍拾玖觔
坑田增續忠和在衆
得寸崗高子宅上份及糞墹墘上份載租柒拾伍斤
一拈得民田底面全田坵頭尾壹坵應牛
一拈得菜坪景秀兄弟對面山上坵壹則及下壹坵
又墘仔頭在衆

6-9-7-16　清道光十年林景浩等立鬮書（一六）

一拈得景諭坋橋坑竹林壹所並大王公景源坋竹
林壹所又並滁塆嶺竹林壹號其竹林內有生
木各業各管日後增贖其價忠和兩房對
半均分如是原主取贖其新畲竹林忠和在衆

一拈得半嶺凌友穀坋竹林後壹所及胡厝墘塆其
竹林內杉木在衆

6-9-7-17 清道光十年林景浩等立鬮書（一七）

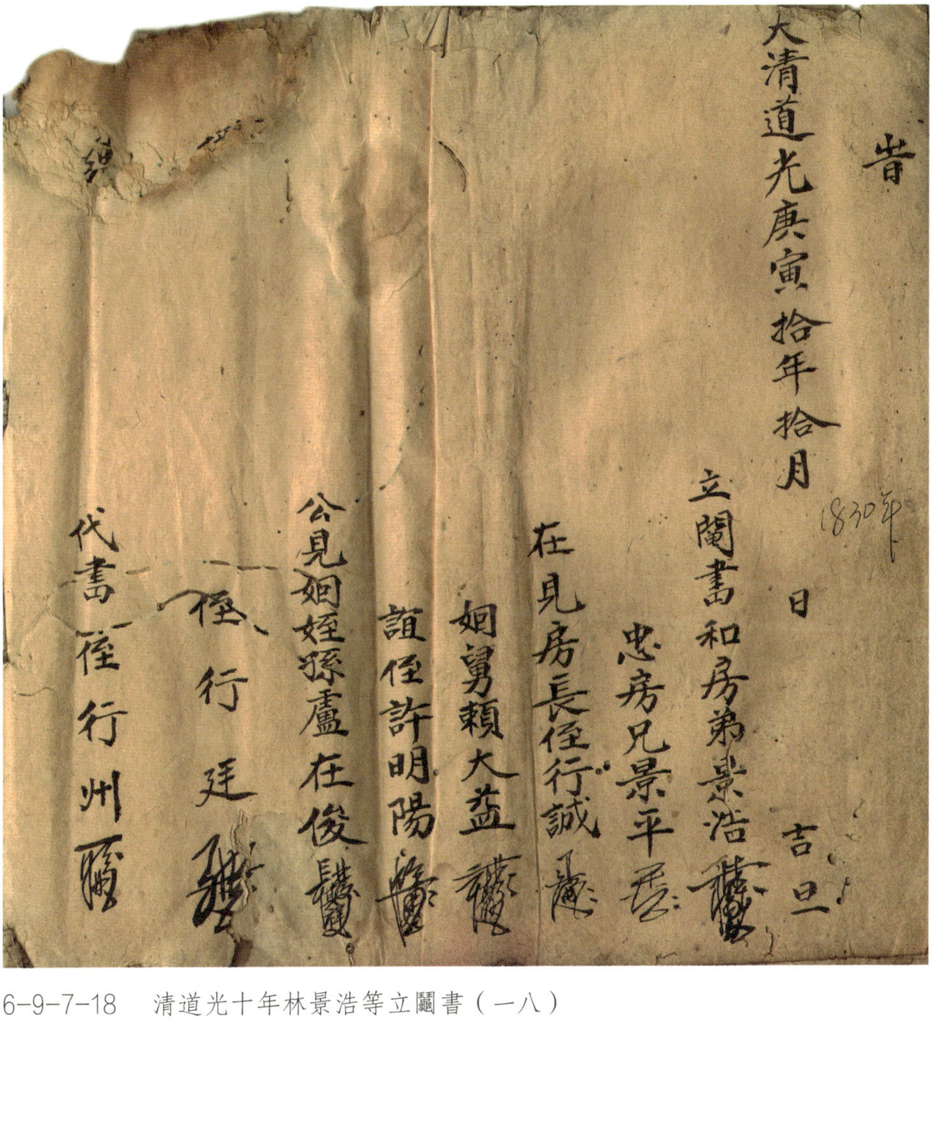

皆

大清道光庚寅拾年拾月　日　吉旦

1830年

立鬮書和房弟景浩（押）

忠房兄景平（押）

在見房長侄行誠（押）

姻舅賴大益（押）

誼侄許明陽（押）

公見姻姪孫盧在俊（押）

侄行廷（押）

代書侄行州（押）

6-9-7-18　清道光十年林景浩等立鬮書（一八）

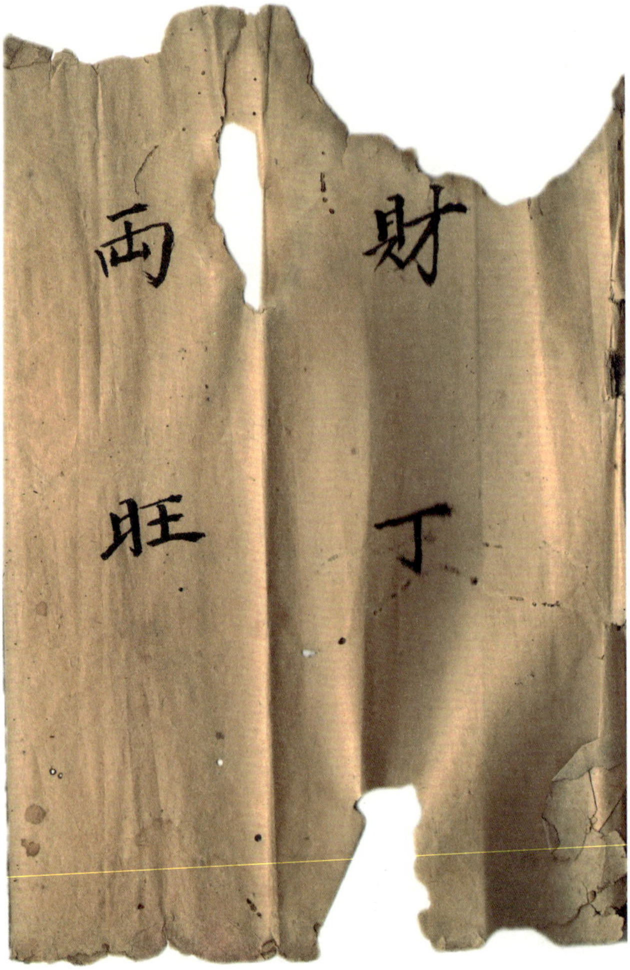
財丁
兩旺

6-9-7-19　清道光十年林景浩等立鬮書（一九）

6-9-7-20　清道光十年林景浩等立鬮書（二〇）

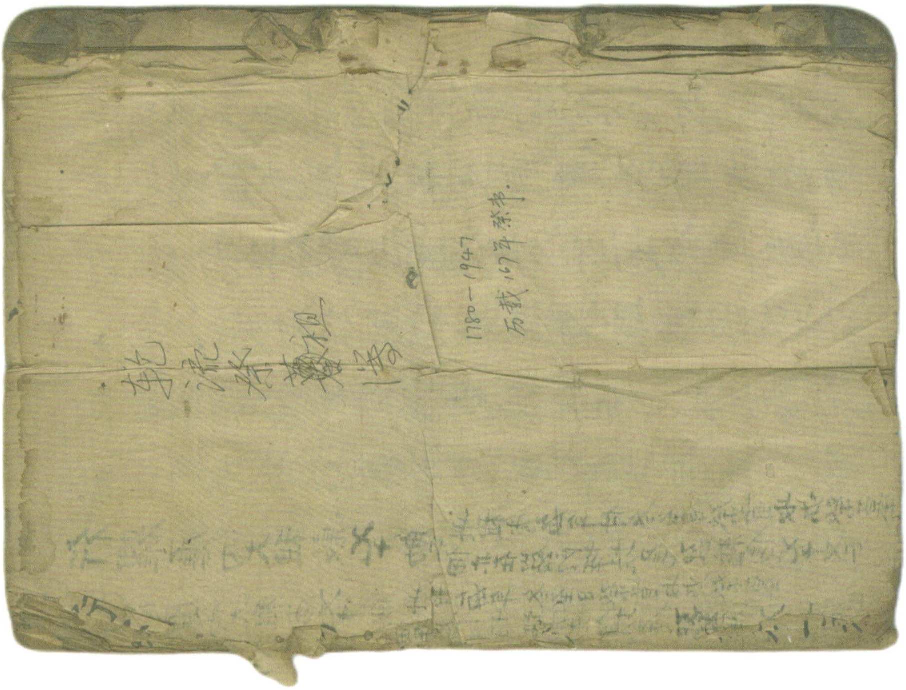

6-9-8-1　清咸豐七年林國瑞立輪祭祖簿（一）

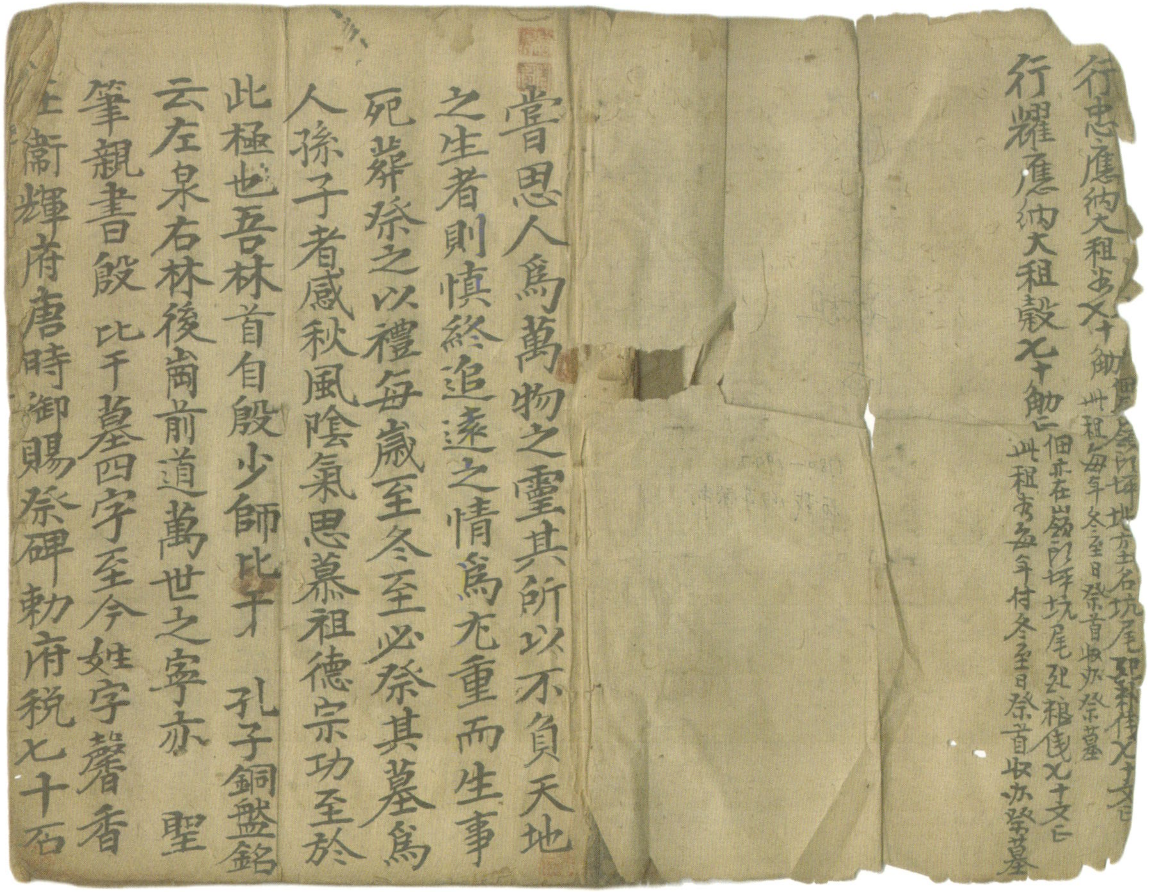
行忠應納大租谷七十觔　田在嶺頭坪地方土名坑尾……七十文正　此租每年冬至日祭首收办祭墓
行耀應納大租穀七十觔正　佃亦在嶺頭坪坑尾另租錢七十文正　此租亦每年付冬至日祭首收办祭墓
嘗思人爲萬物之靈其所以不負天地
之生者則慎終追遠之情爲尤重而生事
死葬祭之以禮每歲至冬至必祭其墓爲
人孫子者感秋風陰氣思慕祖德宗功至於
此極也吾林首自殷少師比干　孔子銅盤銘
云左泉右林後崗前道萬世之寧亦　聖
筆親書殷比干墓四字至今姓字馨香
在衛輝府唐時御賜祭碑勅府稅七十石

6-9-8-2　清咸豐七年林國瑞立輪祭祖簿（二）

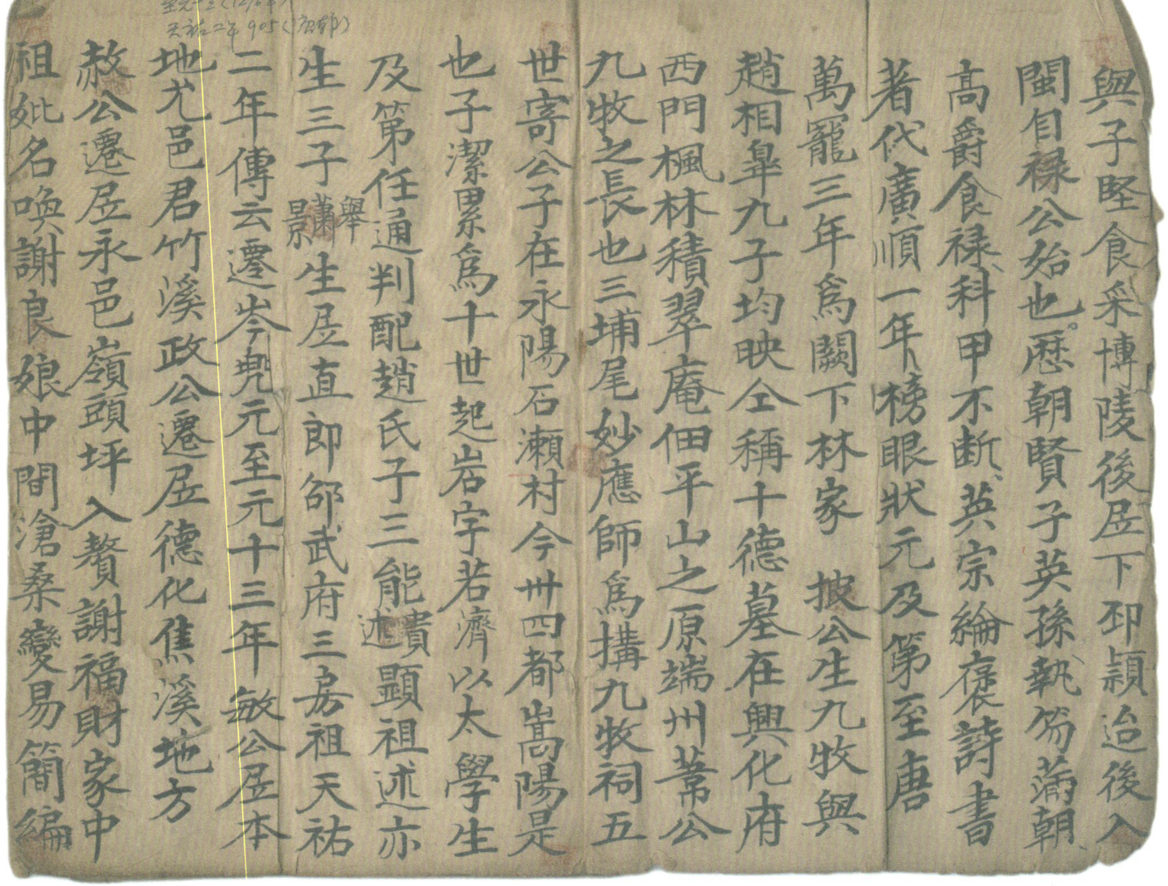
與子堅食采博陵後居下邳潁迨後入
閩自祿公始也。歷朝賢子英孫執笏滿朝
高爵食祿科甲不斷，英宗綸襃詩書
著代廣順一年，榜眼狀元及第至唐
萬龍三年為闕下林家　披公生九牧與
趙相皐九子均映仝稱十德墓在興化府
西門楓林積翠庵佃平山之原端州葦公
九牧之長也三埔尾妙應師為搆九牧祠五
世寄公子在永陽石瀨村今卅四都嵩陽是
也子潔累為十世起岩字若齊以太學生
及第任通判配趙氏子三能賁（述）顯祖述亦
生三子（蕭 舉 景）生居直郎邵武府三房祖天祐
二年傳云遷岑兜元至元十三年敏公居本
地尤邑君竹溪政公遷居德化焦溪地方
赦公遷居永邑嶺頭坪入贅謝福財家中
祖妣名喚謝良娘中間滄桑變易簡編

至元十三（1276年）
天祐二年905（唐郊）

6-9-8-3　清咸豐七年林國瑞立輪祭祖簿（三）

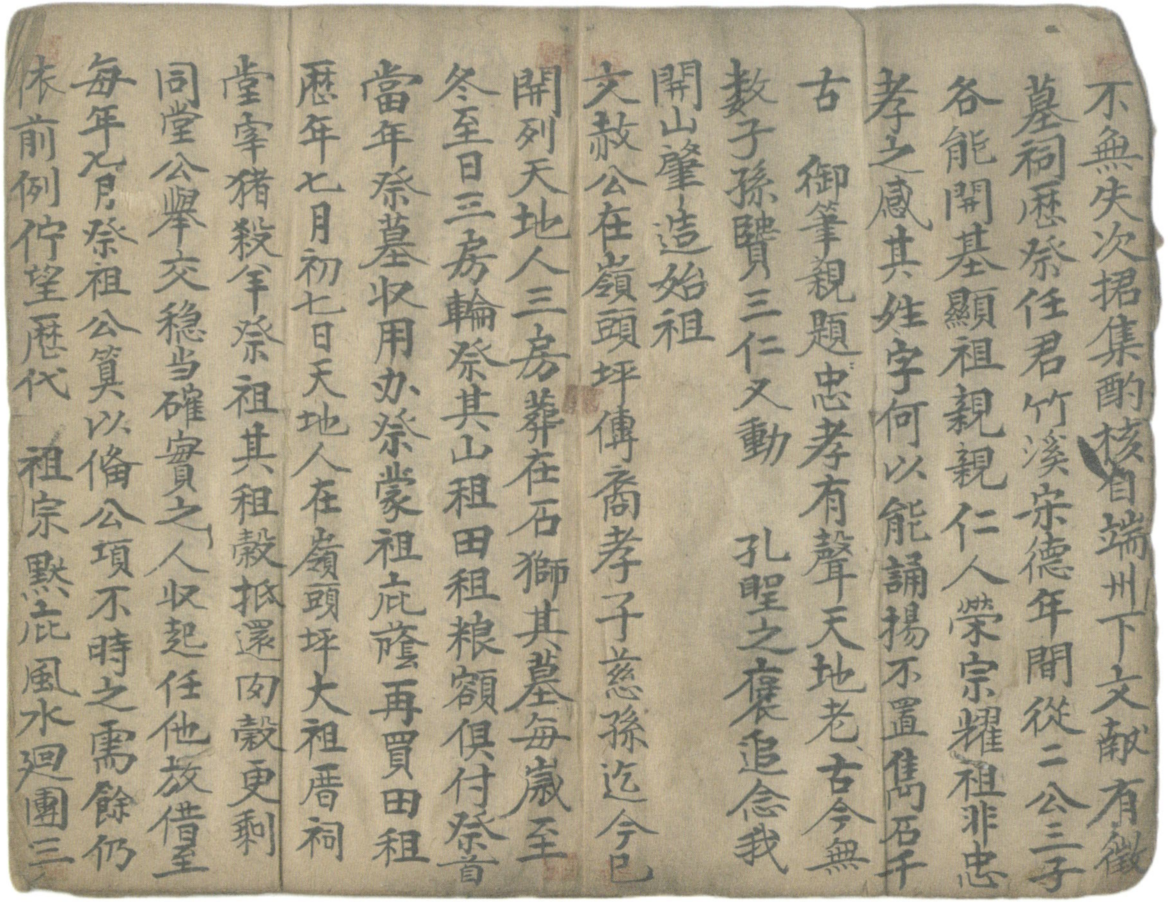
不無失次据集酌核首端州下文献有徵
墓祠歷祭任君竹溪宗德年間從二公三子
各能開基顯祖親親仁人榮宗耀祖非忠
孝之感其姓字何以能誦揚不置傳百千
古　御筆親題忠孝有聲天地老古今無
數子孫贊三仁又動　孔聖之褒追念我
開山肇造始祖
文赦公在嶺頭坪傳裔孝子慈孫迄今已
開列天地人三房葬在石獅其墓每歲至
冬至日三房輪祭其山租田租粮額俱付祭嘗
當年祭墓收用办祭蒙祖庇蔭再買田租
歷年七月初七日天地人在嶺頭坪大祖厝祠
堂宰猪殺羊祭祖其租穀抵還內穀更剩
同堂公舉交穩当確實之人收起任他放借生
每年九月祭祖公算以備公項不時之需餘仍
依前例佇望歷代　祖宗默庇風水迴圍三

6-9-8-4　清咸豐七年林國瑞立輪祭祖簿（四）

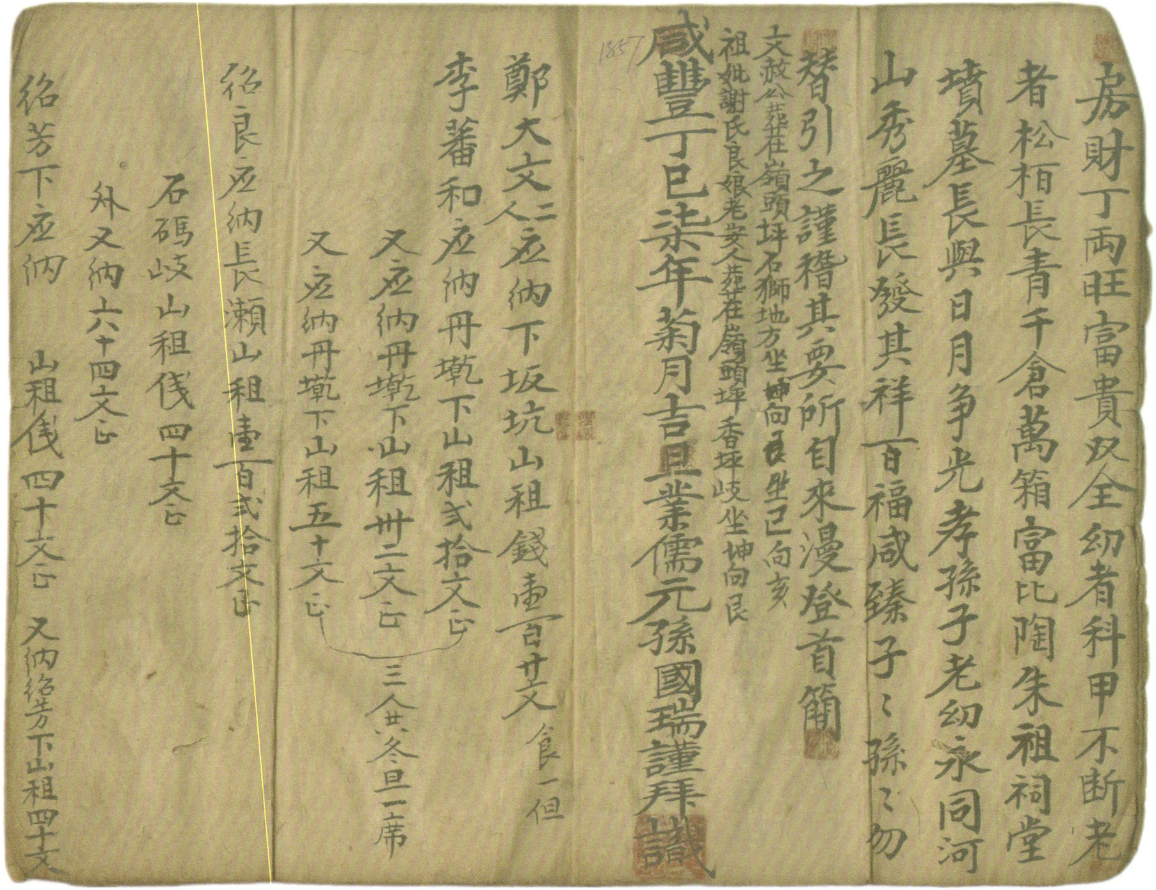
房財丁兩旺富貴双全幼者科甲不斷老
者松柏長青千倉萬箱富比陶朱祖祠堂
墳墓長興日月爭光孝孫子老幼永同河
山秀麗長發其祥百福咸臻子〻孫〻勿
替引之謹稽其要所自來漫登首簡
文赦公葬在嶺頭坪石獅地方坐坤向艮坐巳向亥
祖妣謝氏良娘老安人葬在嶺頭坪香坪岐坐坤向艮
1857
咸豐丁巳柒年菊月吉旦業儒元孫國瑞謹拜識
鄭大文二人應納下坂坑山祖錢壹百廿文　良一但
李蕃和應納冊墈下山祖弍拾文正
又應納冊墈下山祖卅二文正
又應納冊墈下山祖五十文正　三人共冬旦一席
绍良應納長瀨山祖壹百弍拾文正
石碼岐山祖錢四十文正
外又納六十四文正
绍芳下應納　山祖錢四十文正　又納绍芳下山祖四十文

6-9-8-5　清咸豐七年林國瑞立輪祭祖簿（五）

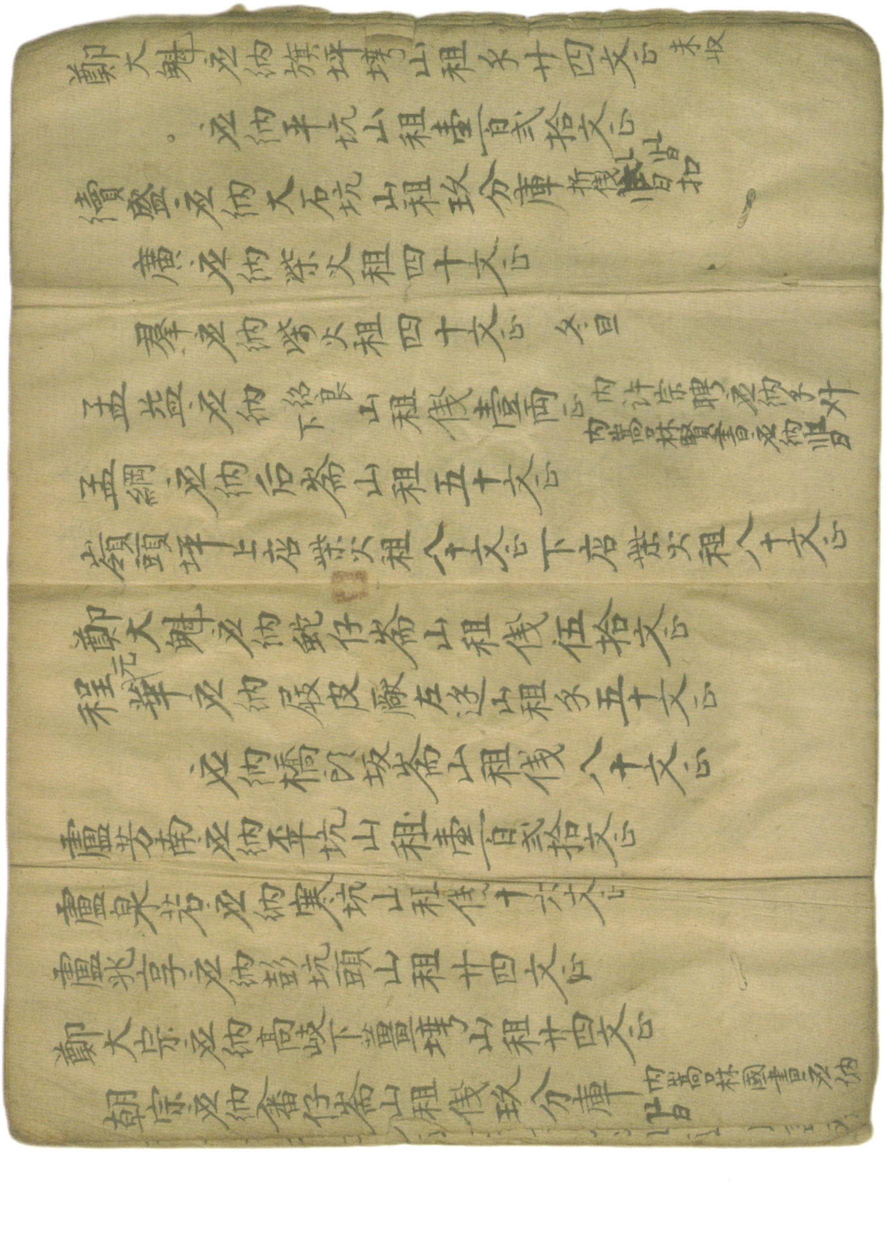

鄭大魁應納旗坪墩山租乡廿四文正　未收

．應納平坑山租壹百式拾文正　皆

續盛應納大石坑山租玖分庫　折錢　皆扣

廣應納紫火祖四十文正

羣應納紫火祖四十文正　冬旦

孟益應納絡良下山租錢壹兩正　內許宗聘應納乡外　內嵩呂林賢書應納皆

孟綱應納后崙山租五十文正

嶺頭坪上店紫火祖八十文正　下店紫火祖八十文正

鄭大魁應納蛇仔崙山租錢伍拾文正

程元華應納屐皮厰左邊山租乡五十文正

應納橋頭坂崙山租錢八十文正

盧芳南應納歪坑山租壹百式拾文正

盧泉若應納寒坑山租錢十六文正

盧兆享應納彭坑頭山租廿四文正

鄭大宗應納高岐下薑墩山租廿四文正

朝宗應納畬仔崙山租錢玖分庫　皆　內嵩呂林國書應納

6-9-8-6　清咸豐七年林國瑞立輪祭祖簿（六）

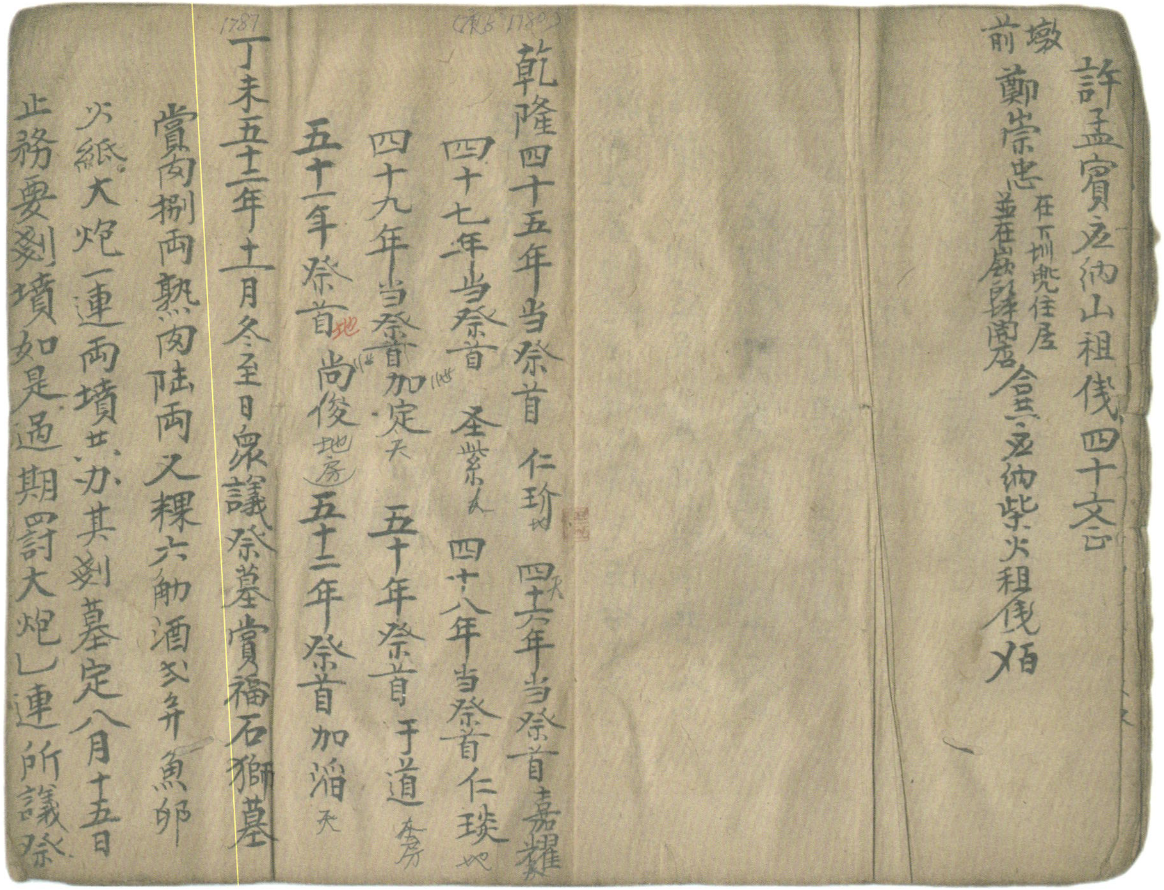
許孟賓应納山租伐四十文㕣
墩前鄭崇忠在下圳兜住居並在岳歸蘭居仝上应納柴火租伐佰
1780
乾隆四十五年当祭首仁玠地　四十六年当祭首嘉耀天
四十七年当祭首丕紫人　四十八年当祭首仁琰地
四十九年当祭首加定天　五十年祭首于道人房
五十一年祭首地尚俊地房　五十二年祭首加滔天
1787
丁未五十二年十一月冬至日衆議祭墓賞福石獅墓
賞肉捌兩熟肉陆兩又粿六觔酒叁斤魚卵
火紙大炮一連兩墳共办其剡墓定八月十五日
止務要剡墳如是過期罸大炮乚連所議祭

6-9-8-7　清咸豐七年林國瑞立輪祭祖簿（七）

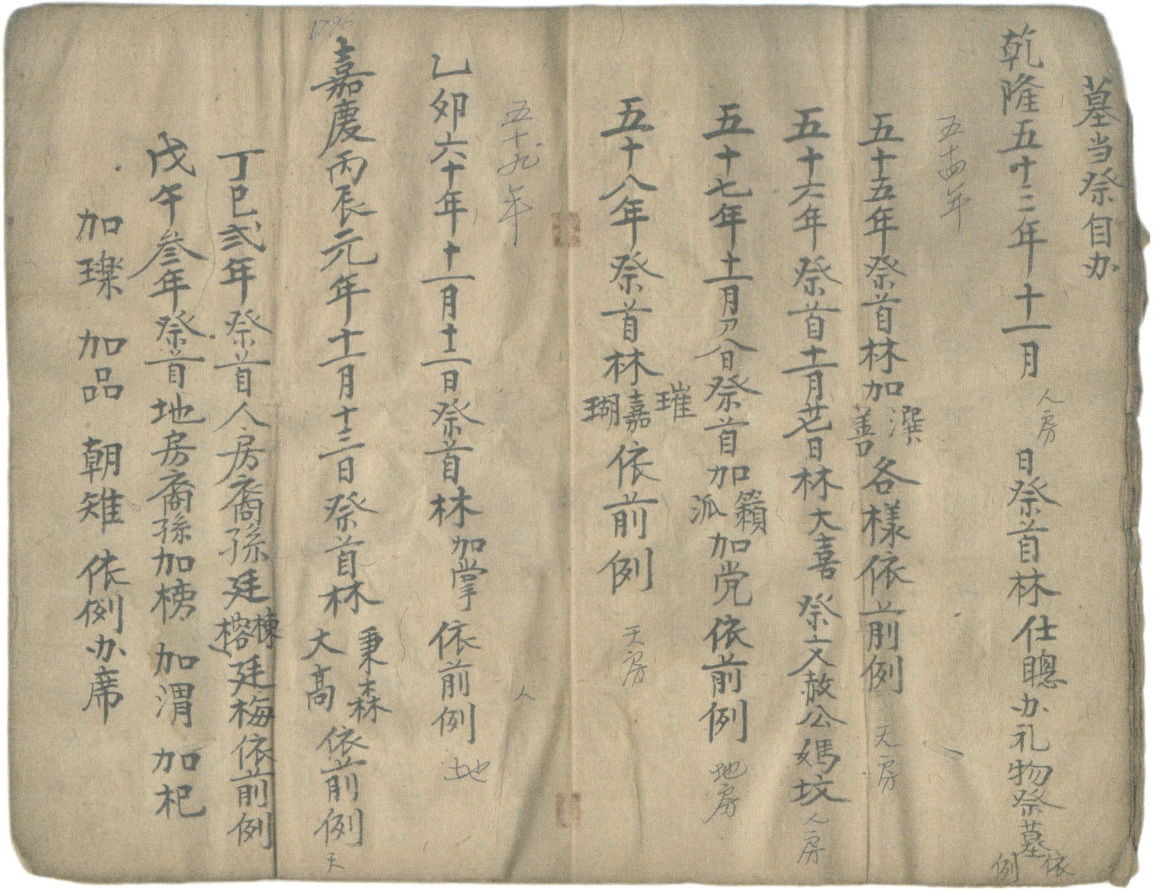
墓当祭自办
乾隆五十三年十一月　日祭首林仕聰办礼物祭墓依例
五十四年
五十五年祭首林加善 濼 各樣依前例
五十六年祭首十二月廿日林大喜 祭文人敲公媽坟
五十七年十一月合祭首加籟 加派 加党 依前例
五十八年祭首林瑚嘉 璀 依前例
五十九年
乙卯六十年十一月十一日祭首林加掌 依前例
嘉慶丙辰元年十一月十三日祭首林秉森 大高 依前例
丁巳弍年祭首人房裔孫廷楝 廷榕 廷梅 依前例
戊午叁年祭首地房裔孫加榜 加渭 加杞
加琜 加品 朝雉 依例办席

6-9-8-8　清咸豐七年林國瑞立輪祭祖簿（八）

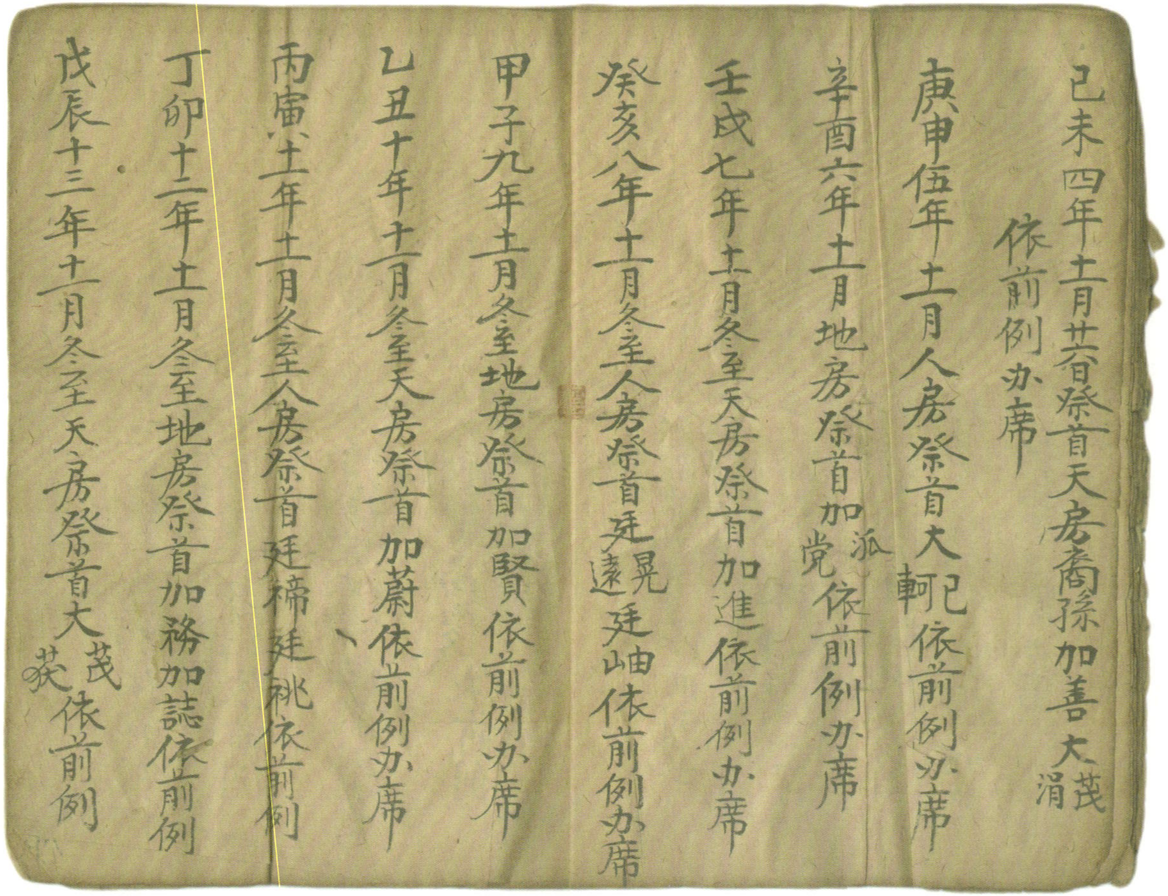
己未四年十二月廿二日祭首天房喬孫加善大茂涓
依前例办席
庚申伍年十二月人房祭首大軻已依前例办席
辛酉六年十二月地房祭首加党泒依前例办席
壬戌七年十二月冬至天房祭首加進依前例办席
癸亥八年十二月冬至人房祭首廷晃遠廷岫依前例办席
甲子九年十二月冬至地房祭首加賢依前例办席
乙丑十年十二月冬至天房祭首加蔚、依前例办席
丙寅十一年十二月冬至人房祭首廷禘廷祧依前例
丁卯十二年十二月冬至地房祭首加務加誌依前例
戊辰十三年十二月冬至天房祭首大茂荻依前例

6-9-8-9　清咸豐七年林國瑞立輪祭祖簿（九）

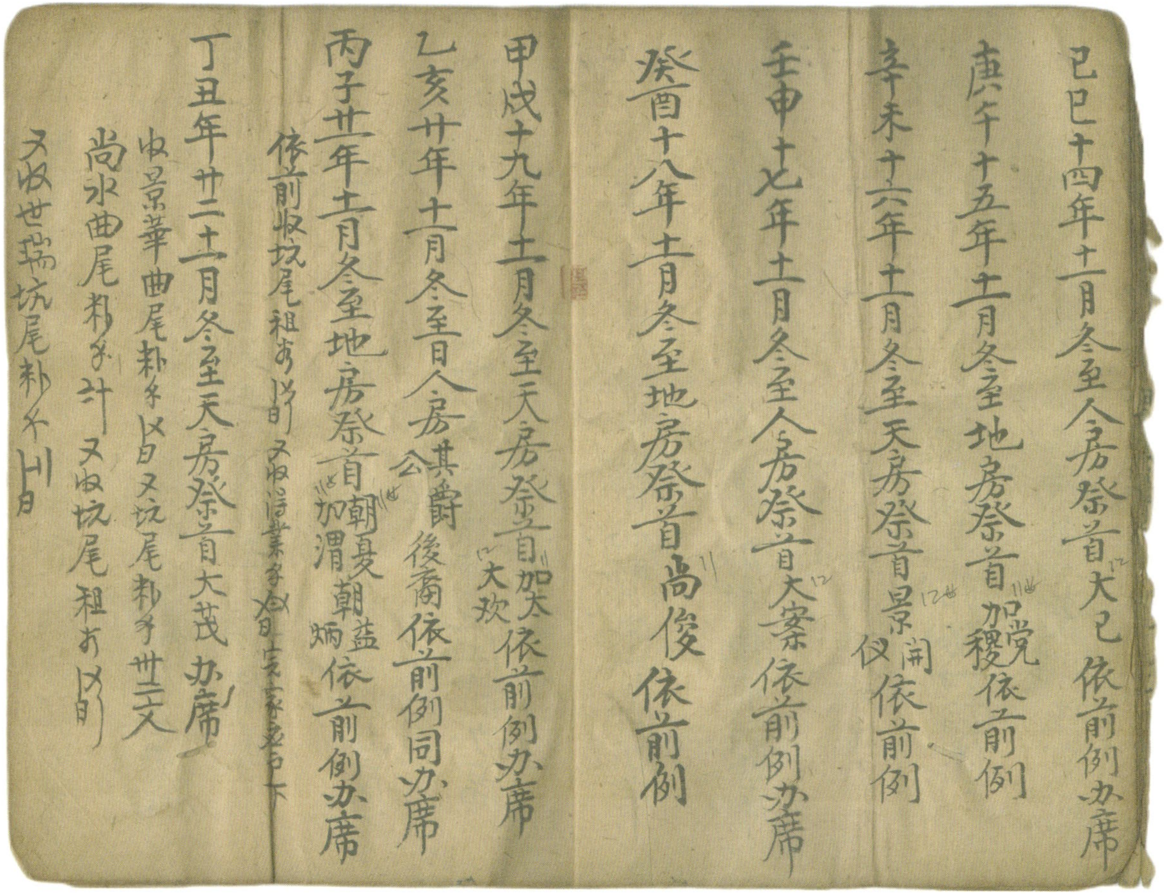
己巳十四年十一月冬至人房祭首大已 依前例办席
庚午十五年十一月冬至地房祭首加党稷 依前例
辛未十六年十一月冬至天房祭首景開仪 依前例
壬申十七年十一月冬至人房祭首大寨 依前例办席
癸酉十八年十一月冬至地房祭首高俊 依前例
甲戌十九年十一月冬至天房祭首加太大欢 依前例办席
乙亥廿年十一月冬至日人房公其爵 後裔依前例同办席
丙子廿一年十一月冬至地房祭首朝旻 加渭 朝益 炳 依前例办席
依前收坑尾租谷[illegible] 又收洁業谷[illegible]下
丁丑年廿二十一月冬至天房祭首大茂 办席
收景華曲尾粃谷[illegible] 又坑尾粃谷廿二文
尚水曲尾粃谷廿[illegible] 又收坑尾租谷[illegible]
又收世瑞坑尾粃谷[illegible]

6-9-8-10 清咸豐七年林國瑞立輪祭祖簿（一〇）

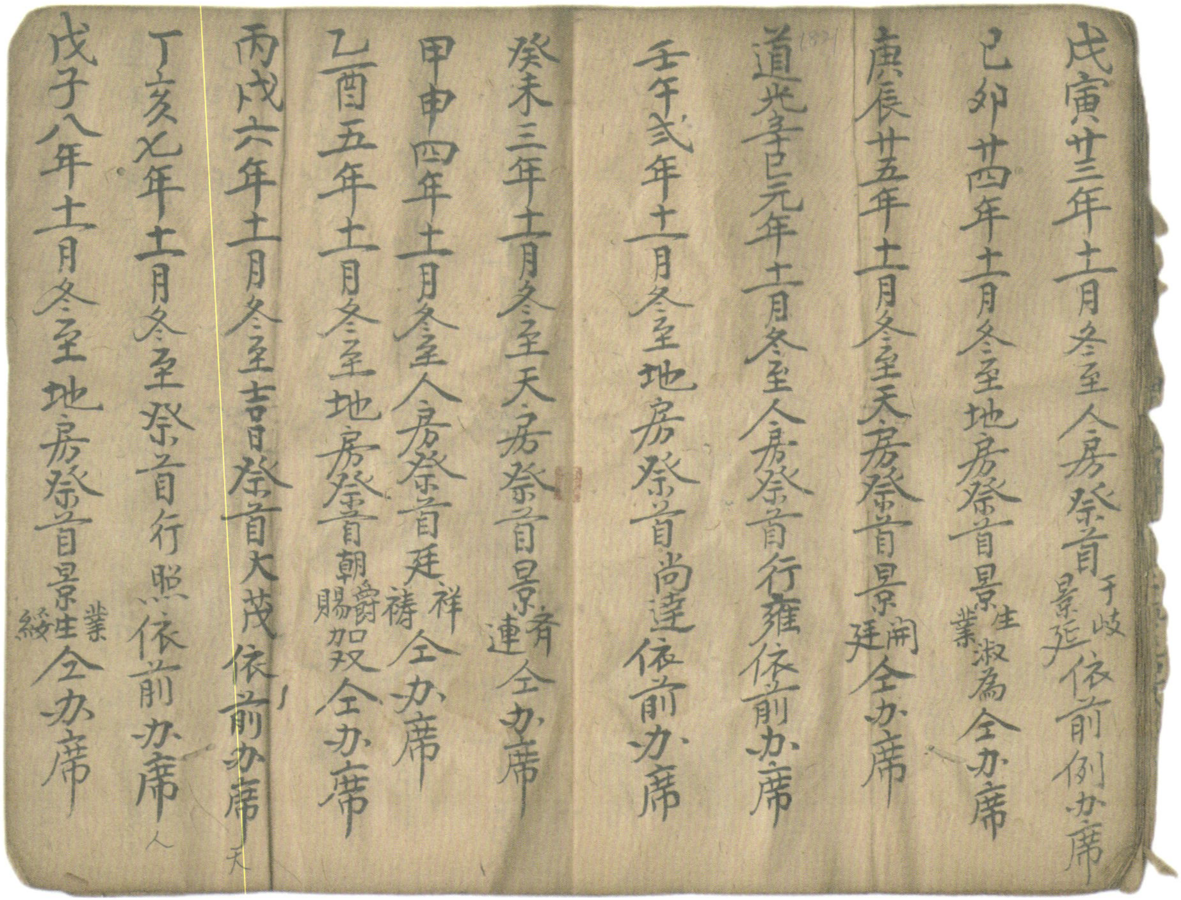
戊寅廿三年十二月冬至人房祭首景延于岐依前例办席
己卯廿四年十二月冬至地房祭首景生業淑爲仝办席
庚辰廿五年十二月冬至天房祭首景開廷仝办席
道光辛巳元年十二月冬至人房祭首行雍依前办席
壬午弍年十二月冬至地房祭首尚達依前办席
癸未三年十二月冬至天房祭首景育連仝办席
甲申四年十二月冬至人房祭首廷祥禱仝办席
乙酉五年十二月冬至地房祭首朝爵賜嘏仝办席
丙戌六年十二月冬至吉日祭首大茂依前办席 天
丁亥七年十二月冬至祭首行照依前办席 人
戊子八年十二月冬至地房祭首景生業綏仝办席

6-9-8-11　清咸豐七年林國瑞立輪祭祖簿（一一）

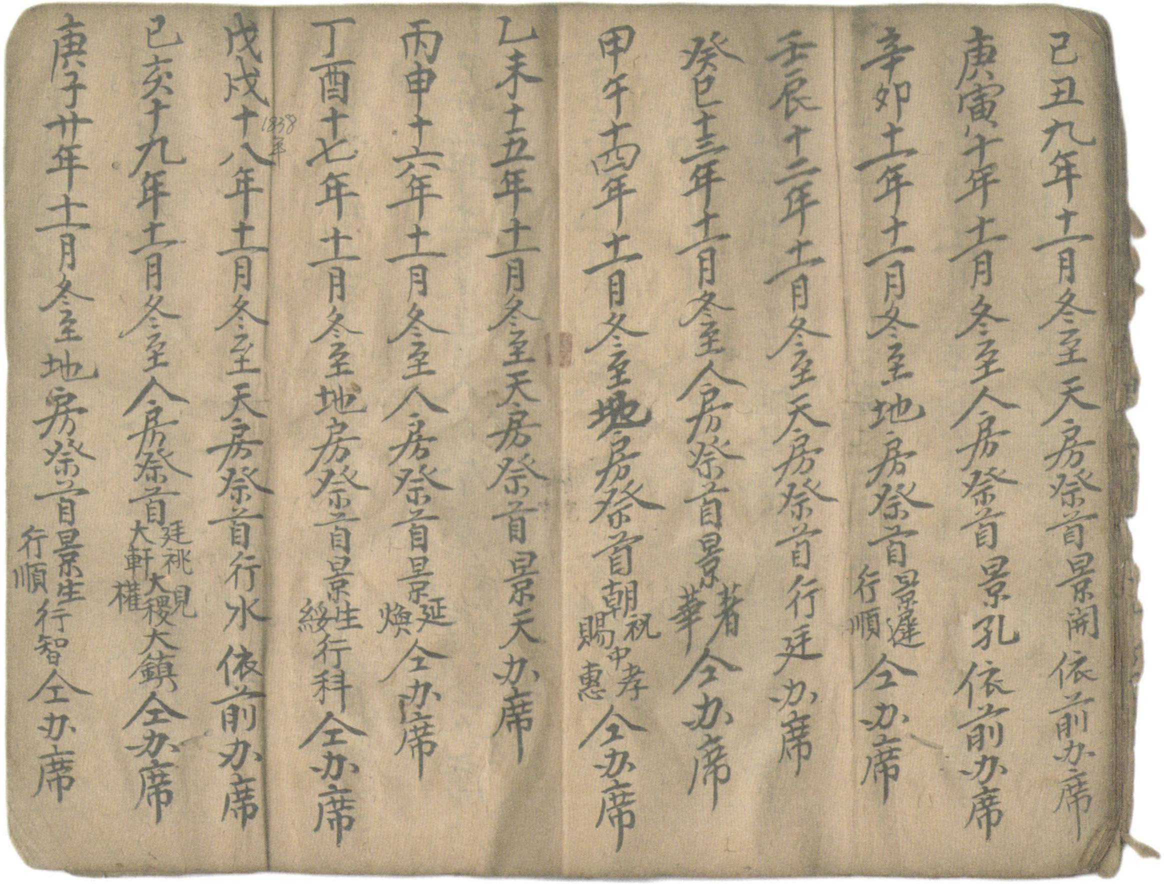
己丑九年十一月冬至天房祭首景閘依前办席
庚寅十年十一月冬至人房祭首景孔依前办席
辛卯十一年十一月冬至地房祭首景遜 行順 仝办席
壬辰十二年十一月冬至天房祭首行廷办席
癸巳十三年十一月冬至人房祭首景著 華 仝办席
甲午十四年十一月冬至地房祭首朝柷 中孝 賜惠 仝办席
乙未十五年十一月冬至天房祭首景天办席
丙申十六年十一月冬至人房祭首景延 煥 仝办席
丁酉十七年十一月冬至地房祭首景生 綏 行科 仝办席
戊戌十八年（1838年）十一月冬至天房祭首行水依前办席
己亥十九年十一月冬至人房祭首廷秕 大軒 權 大覲 大稷 大鎮 仝办席
庚子廿年十一月冬至地房祭首景生 行順 行智 仝办席

6-9-8-12　清咸豐七年林國瑞立輪祭祖簿（一二）

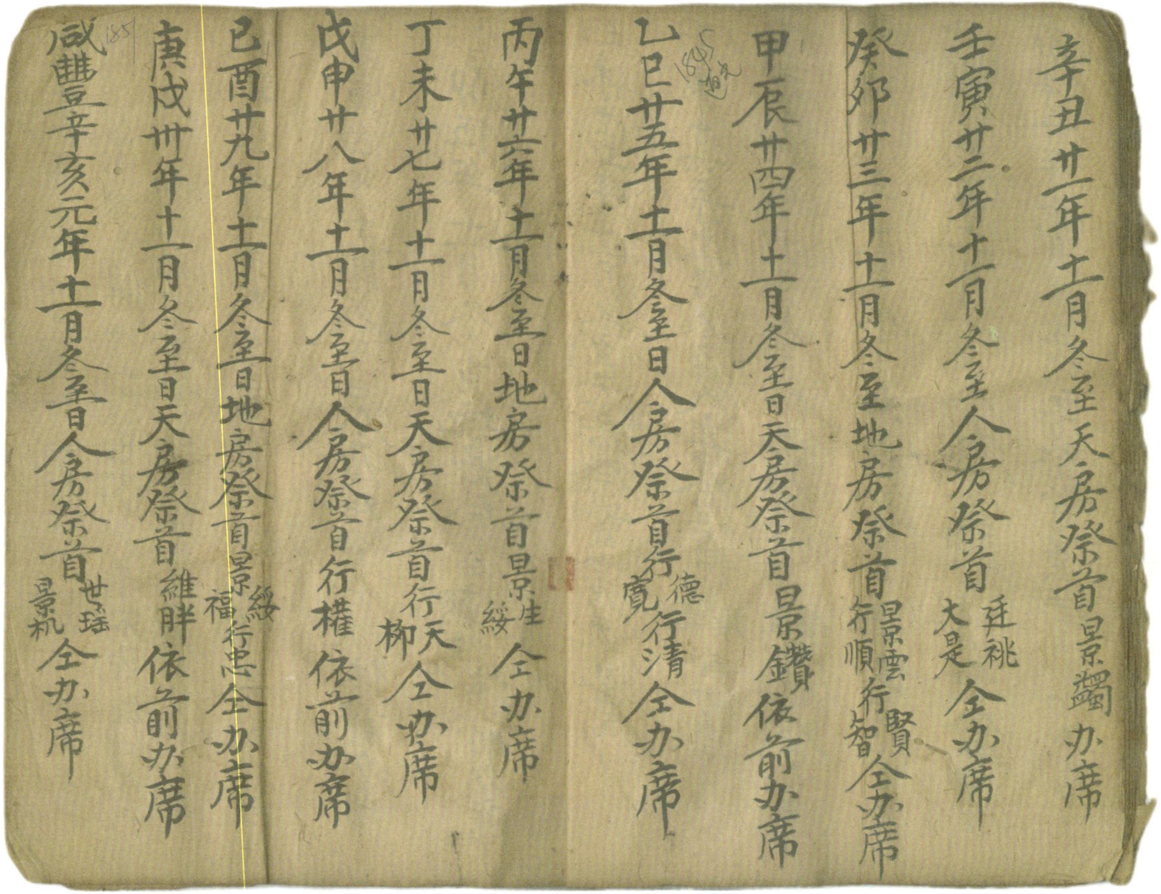

辛丑廿一年十二月冬至天房祭首景蠲办席

壬寅廿二年十二月冬至人房祭首廷祧 大是 仝办席

癸卯廿三年十二月冬至地房祭首景雲 行順 行賢 智 仝办席

甲辰廿四年十二月冬至日天房祭首景鑽依前办席

乙巳廿五年十二月冬至日人房祭首行德 寬 行清 仝办席

丙午廿六年十二月冬至日地房祭首景生 綏 仝办席

丁未廿七年十二月冬至日天房祭首行天 柳 仝办席

戊申廿八年十二月冬至日人房祭首行權依前办席

己酉廿九年十二月冬至日地房祭首景綏 福 行忠 仝办席

庚戌卅年十二月冬至日天房祭首維畔依前办席

咸豐辛亥元年十二月冬至日人房祭首世瑶 景机 仝办席

6-9-8-13　清咸豐七年林國瑞立輪祭祖簿（一三）

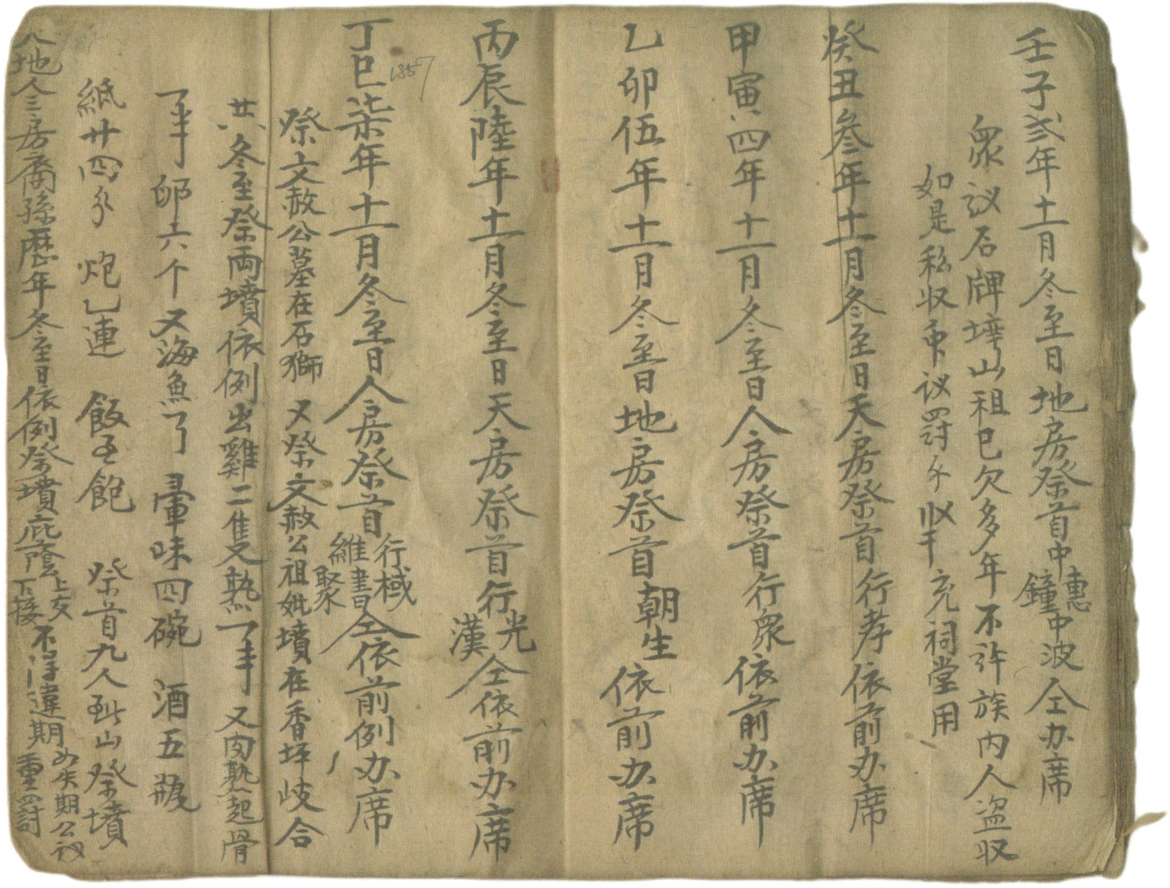
壬子弍年十二月冬至日地房祭首中惠 鐘中波仝办席
衆议石牌坪山租已欠多年不許族内人盗收
如是私收重议罰夕收干充祠堂用
癸丑叁年十二月冬至日天房祭首行孝依前办席
甲寅四年十二月冬至日人房祭首行衆依前办席
乙卯伍年十二月冬至日地房祭首朝生依前办席
丙辰陸年十二月冬至日天房祭首行光 漢仝依前办席
丁巳柒年十二月冬至日人房祭首行棫 維書 聚仝依前例办席
祭文敍公墓在石獅 又祭文敍公祖妣墳在香坪岐合
廿、冬至祭两墳依例出雞二隻又熟了手 又肉熟起骨
了手 卯六个 又海魚了 葷味四碗 酒五瓶
紙廿四分 炮一連 飯子飽 祭首九人到山祭墳
人地仝三房裔孫歷年冬至日依例祭墳應陰上交下接不得違期 如失期公议重罰

6-9-8-14　清咸豐七年林國瑞立輪祭祖簿（一四）

戊午年十二月冬至日地房祭首景貢 志洋 依前办席

己未元年十二月冬至日天房祭首中炸 行左 依前办席

庚申十年十一月冬至日人房祭首行助 言 依前办席

辛酉年十二月冬至日　祭首景裕依前办席　地

壬戌年十一月冬至日祭首景鑽依前办席　天

癸亥年十一月冬至祭首景守依前办席　人

甲子年十二月冬至祭首行太 行慶 依前办席　地

乙丑年十二月冬至祭首維桐 維金 依前办席　天房

丙寅年十二月冬至祭首行衆依前办席　人

丁卯年十二月冬至祭首景裕依前办席　地

戊辰年十二月冬至祭首維孔依前办席　天

6-9-8-15　清咸豐七年林國瑞立輪祭祖簿（一五）

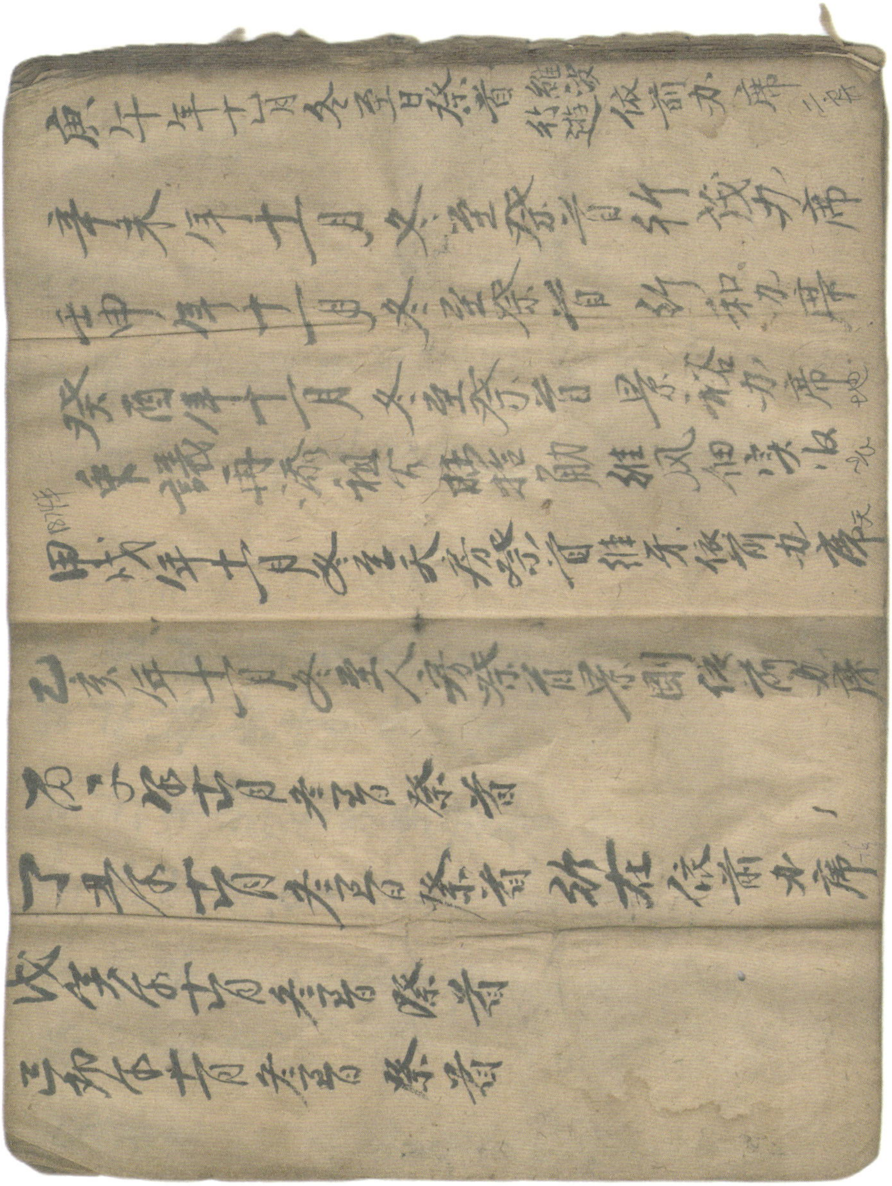

庚午年十一月冬至日祭者 維讓 依前办席

辛未年十一月冬至祭者 行珖 办席

壬申年十一月冬至祭者 行和 办席

癸酉年十一月冬至祭者 行添 办席

[illegible]

甲戌年十一月冬至大房祭者 行排 依前办席

乙亥年十一月冬至八房祭者 行開 依前办席

丙子年十一月冬至日祭者

丁丑年十一月冬至日祭者 行莊 依前办席

戊寅年十一月冬至日祭者

己卯年十一月冬至日祭者

6-9-8-16 清咸豐七年林國瑞立輪祭祖簿（一六）

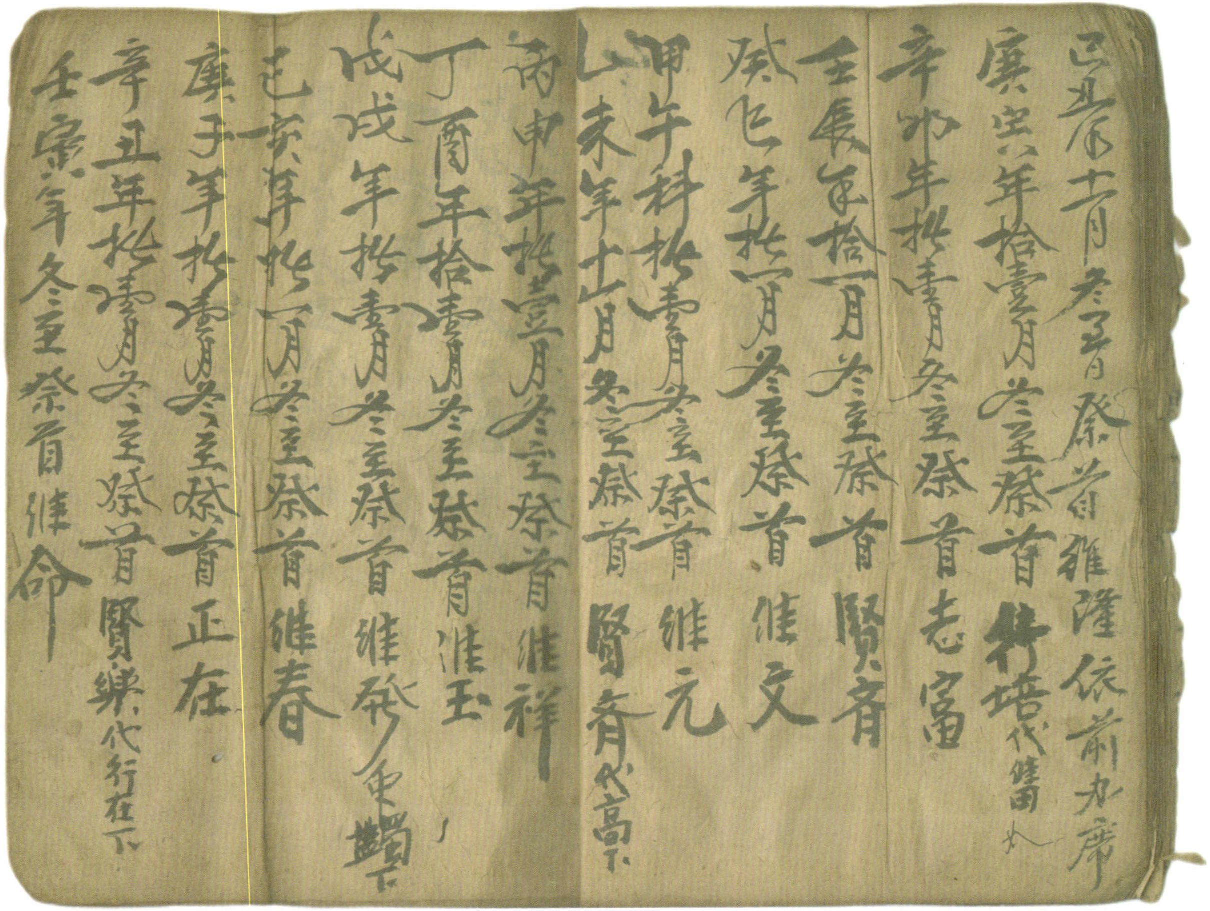
己丑年十一月冬至祭首維隆依前式序
庚寅年拾壹月冬至祭首特培代錦田收
辛卯年拾壹月冬至祭首志富
壬辰年拾壹月冬至祭首賢齊
癸巳年拾壹月冬至祭首維文
甲午年拾壹月冬至祭首維元
乙未年十一月冬至祭首賢齊代高下
丙申年拾壹月冬至祭首維祥
丁酉年拾壹月冬至祭首維玉
戊戌年拾壹月冬至祭首維發代秉豐下
己亥年拾壹月冬至祭首維春
庚子年拾壹月冬至祭首正在
辛丑年拾壹月冬至祭首賢樂代行在下
壬寅年冬至祭首維命

6-9-8-17　清咸豐七年林國瑞立輪祭祖簿（一七）

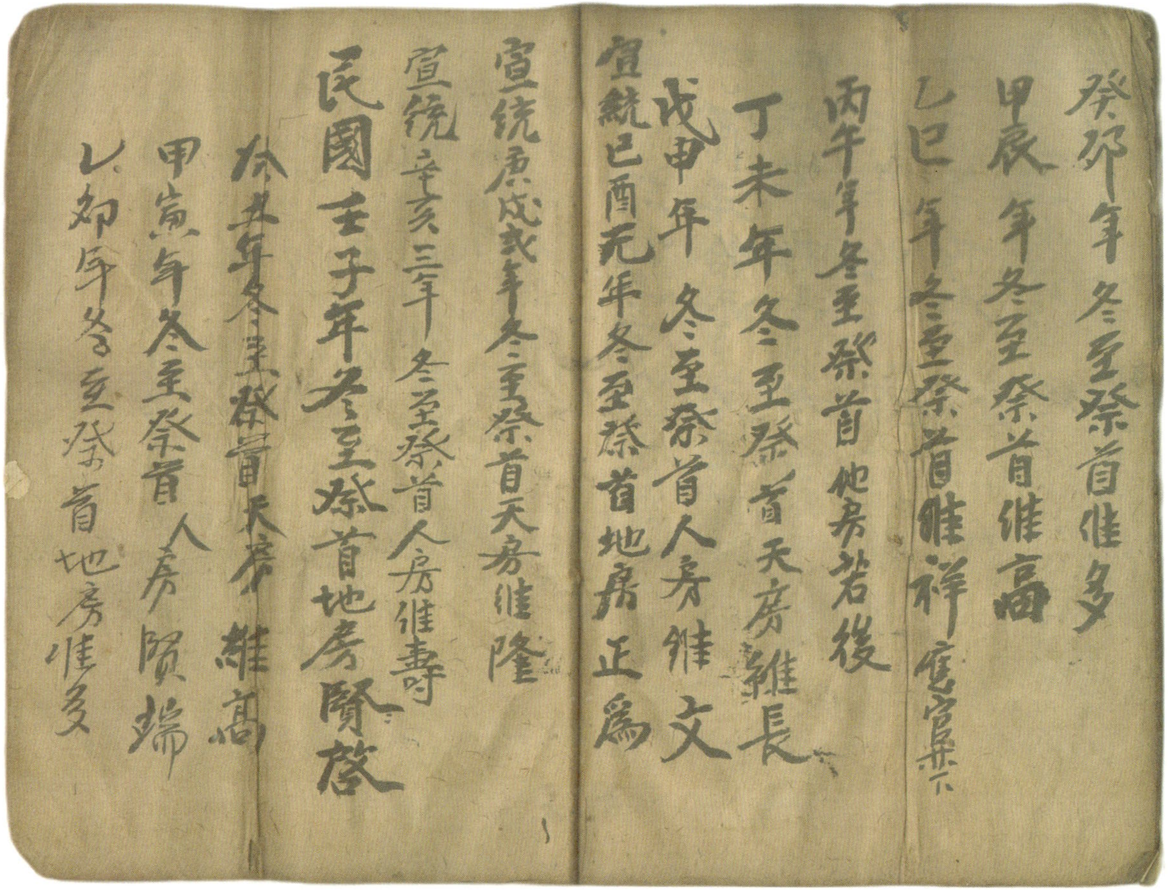

癸卯年冬至祭首維多
甲辰年冬至祭首維高
乙巳年冬至祭首維祥
丙午年冬至祭首地房若後
丁未年冬至祭首天房維長
戊申年冬至祭首人房維文
宣統己酉元年冬至祭首地房正爲
宣統庚戌貳年冬至祭首天房維隆
宣統辛亥三年冬至祭首人房維壽
民國壬子年冬至祭首地房賢啓
癸丑年冬至祭首天房維高
甲寅年冬至祭首人房賢端
乙卯年冬至祭首地房維多

6-9-8-18　清咸豐七年林國瑞立輪祭祖簿（一八）

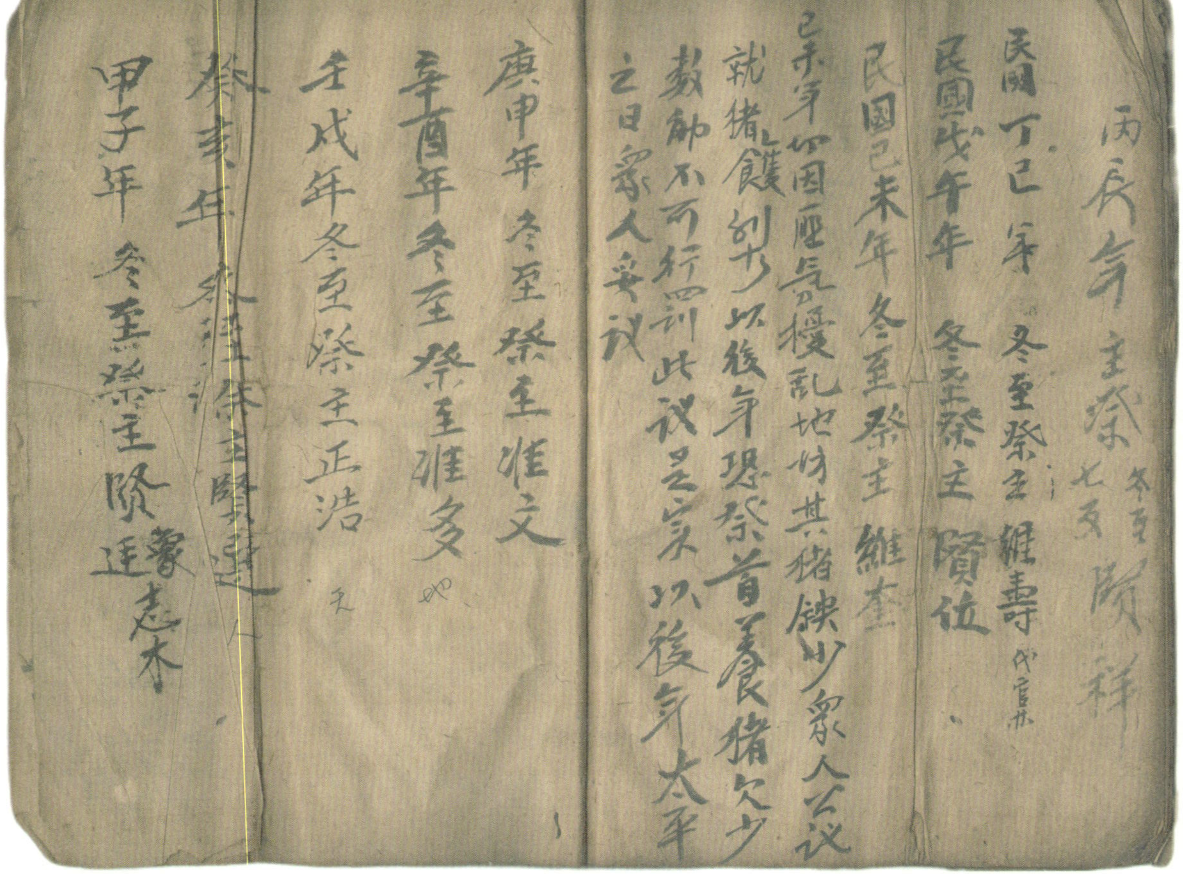
丙辰年主祭 冬至七叉 賢祥
民國丁巳年 冬至祭主維壽
民國戊午年 冬至祭主賢位
民國己未年冬至祭主維奎
己未年公因匪亂擾亂地方其豬缺少眾人公議
就豬饌剝少以後年現祭首養豬欠少
數斛不可行四刑此議是宗以後年太平
之日眾人再議
庚申年 冬至祭主准文
辛酉年冬至祭主維多
壬戌年冬至祭主正浩
癸亥年 祭祖祭主賢送
甲子年 冬至祭主賢廷 肇志木

6-9-8-19　清咸豐七年林國瑞立輪祭祖簿（一九）

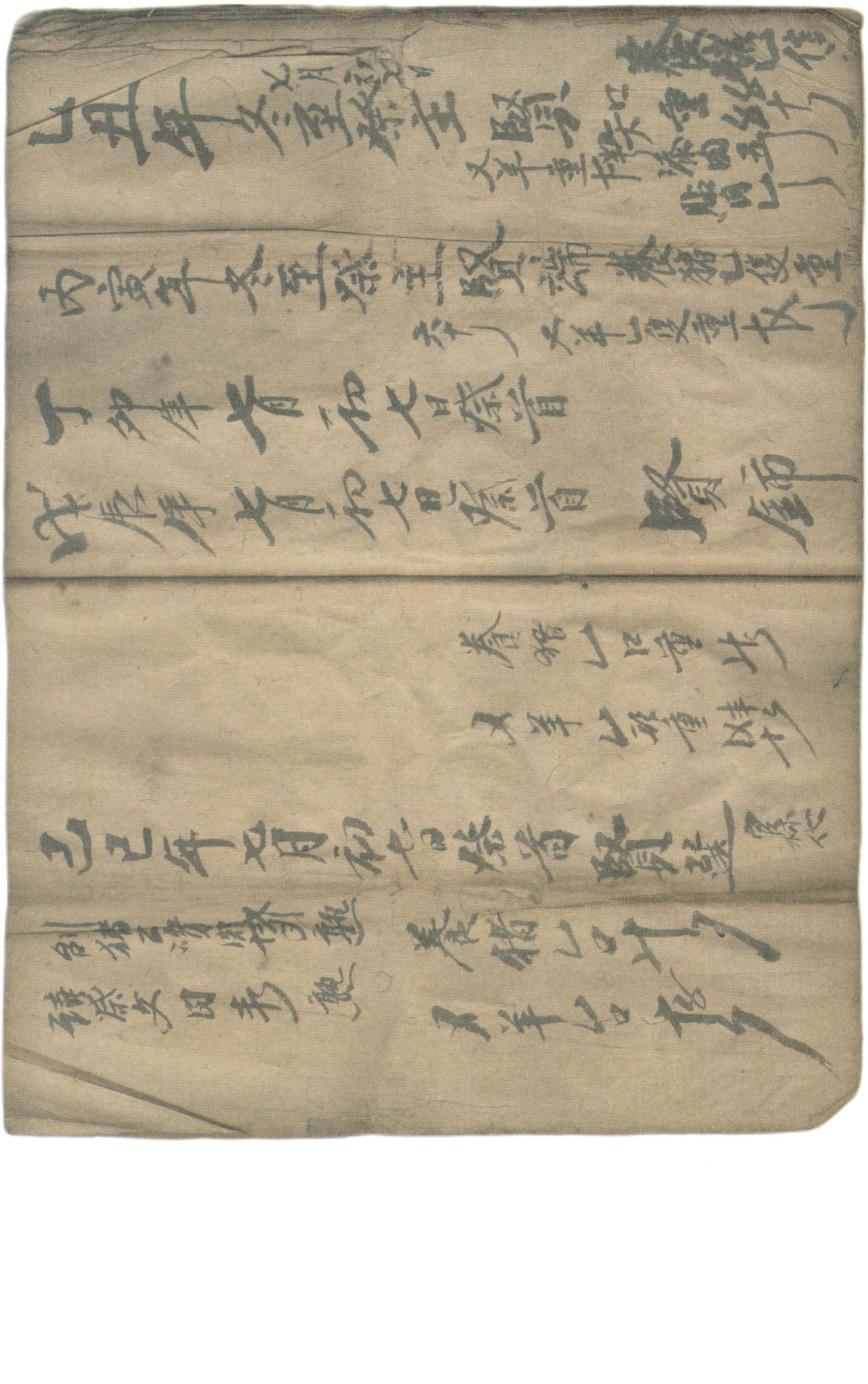
丁卯年十二月初七日祭嘗
戊辰年十二月初七日祭嘗
己巳年十二月初七日祭嘗

6-9-8-20 清咸豐七年林國瑞立輪祭祖簿（二〇）

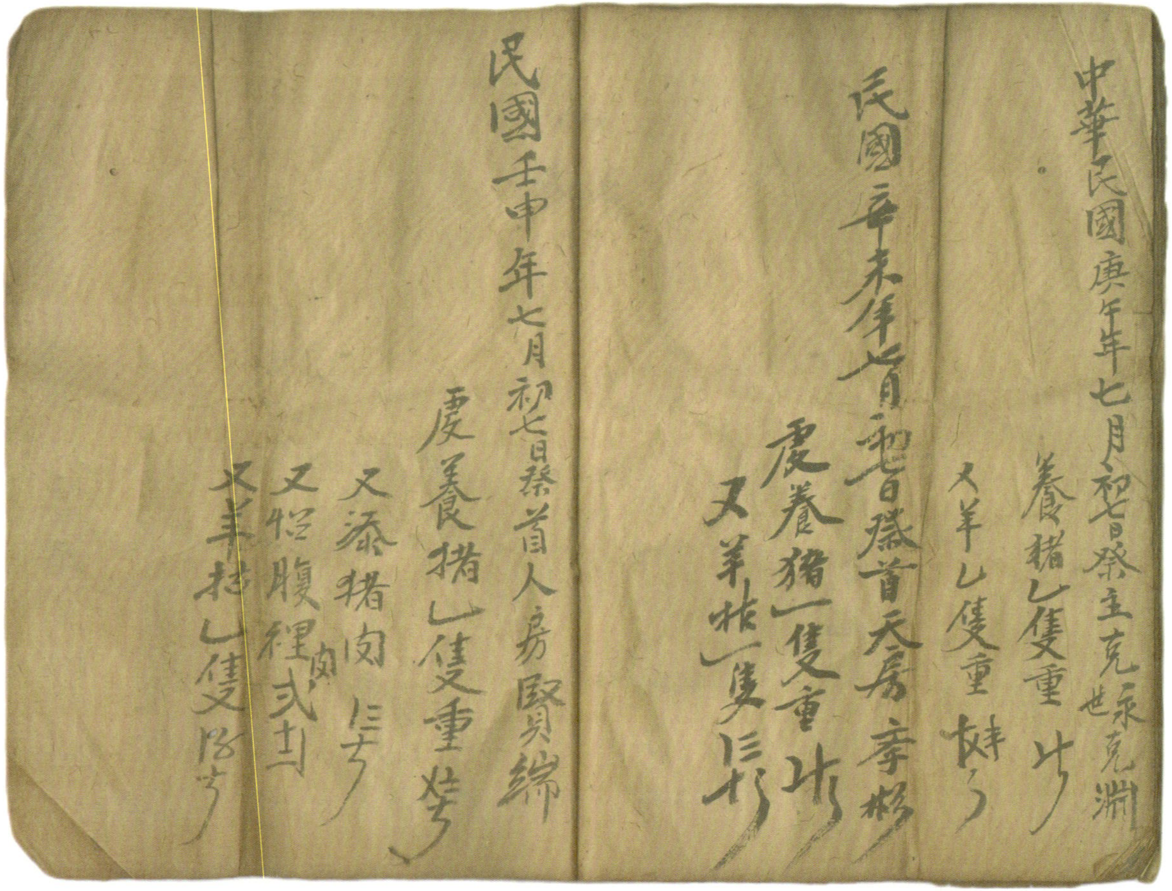
中華民國庚午年七月初七日祭主克永 世克淵
養猪乙隻重[illegible]
又羊乙隻重[illegible]
民國辛未年七月初七日祭首天房齊彬
慶養猪一隻重[illegible]
又羊牯一隻[illegible]
民國壬申年七月初七日祭首人房賢綿
慶養猪乙隻重[illegible]
又添猪肉[illegible]
又将腹裡肉式[illegible]
又羊牯乙隻[illegible]

6-9-8-21　清咸豐七年林國瑞立輪祭祖簿（二一）

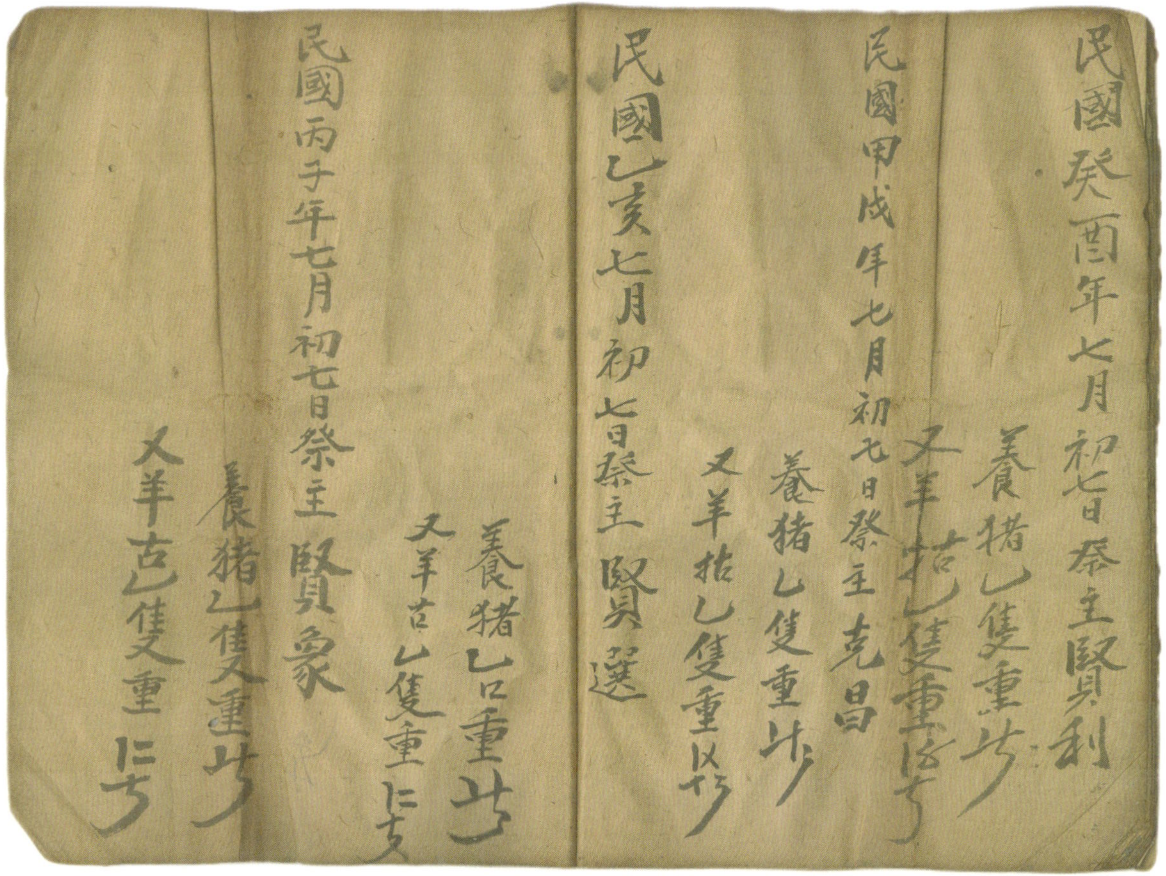
民國癸酉年七月初七日祭主賢利
養猪乚隻重[illegible]
又羊[illegible]乚隻重[illegible]
民國甲戌年七月初七日祭主克昌
養猪乚隻重[illegible]
又羊[illegible]乚隻重[illegible]
民國乙亥七月初七日祭主賢選
養猪[illegible]重[illegible]
又羊古乚隻重[illegible]
民國丙子年七月初七日祭主賢象
養猪乚隻重[illegible]
又羊古乚隻重[illegible]

6-9-8-22　清咸豐七年林國瑞立輪祭祖簿（二二）

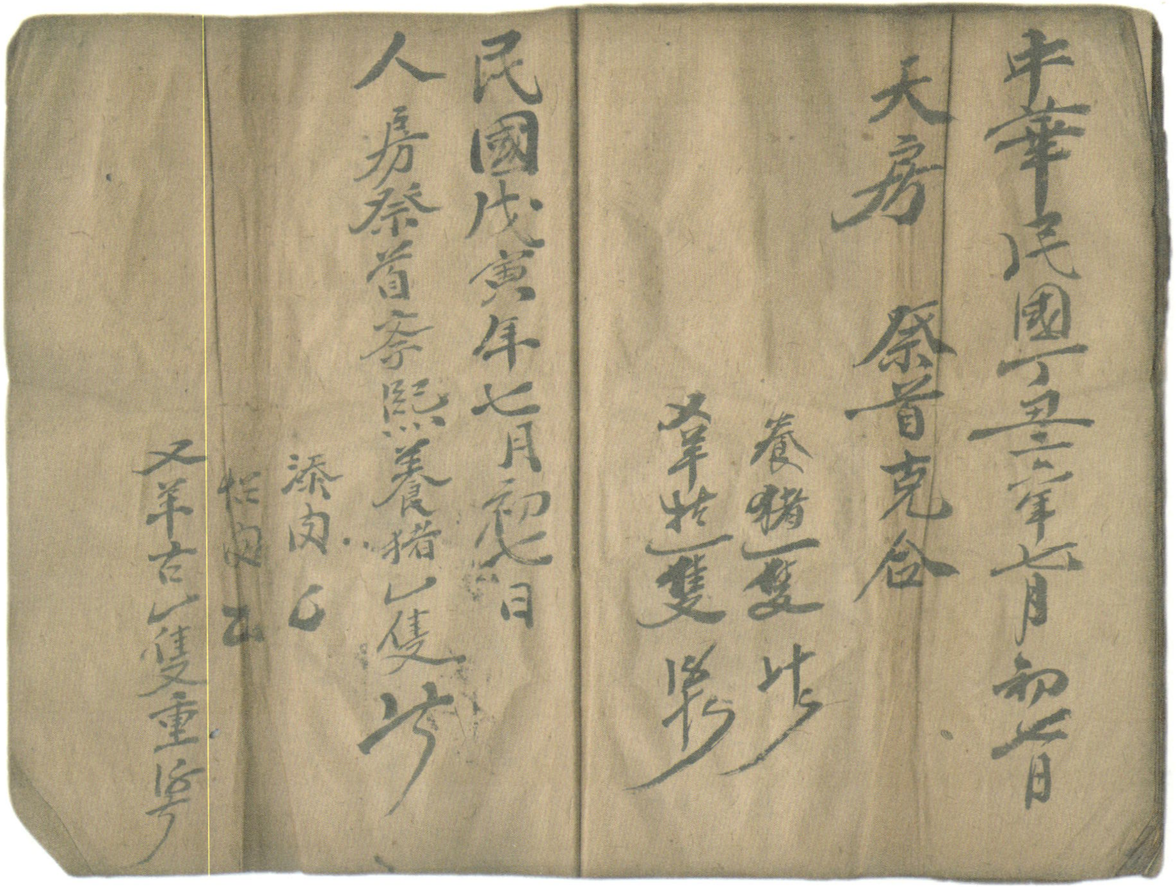

中華民國丁丑年七月初[illegible]日
天房　祭首克啟
養猪一隻　步
羊牯一隻　步
民國戊寅年七月初[illegible]日
人房祭首秀熙　養猪一隻　步
添肉乙
折肉乙
又羊古一隻重[illegible]

6-9-8-23　清咸豐七年林國瑞立輪祭祖簿（二三）

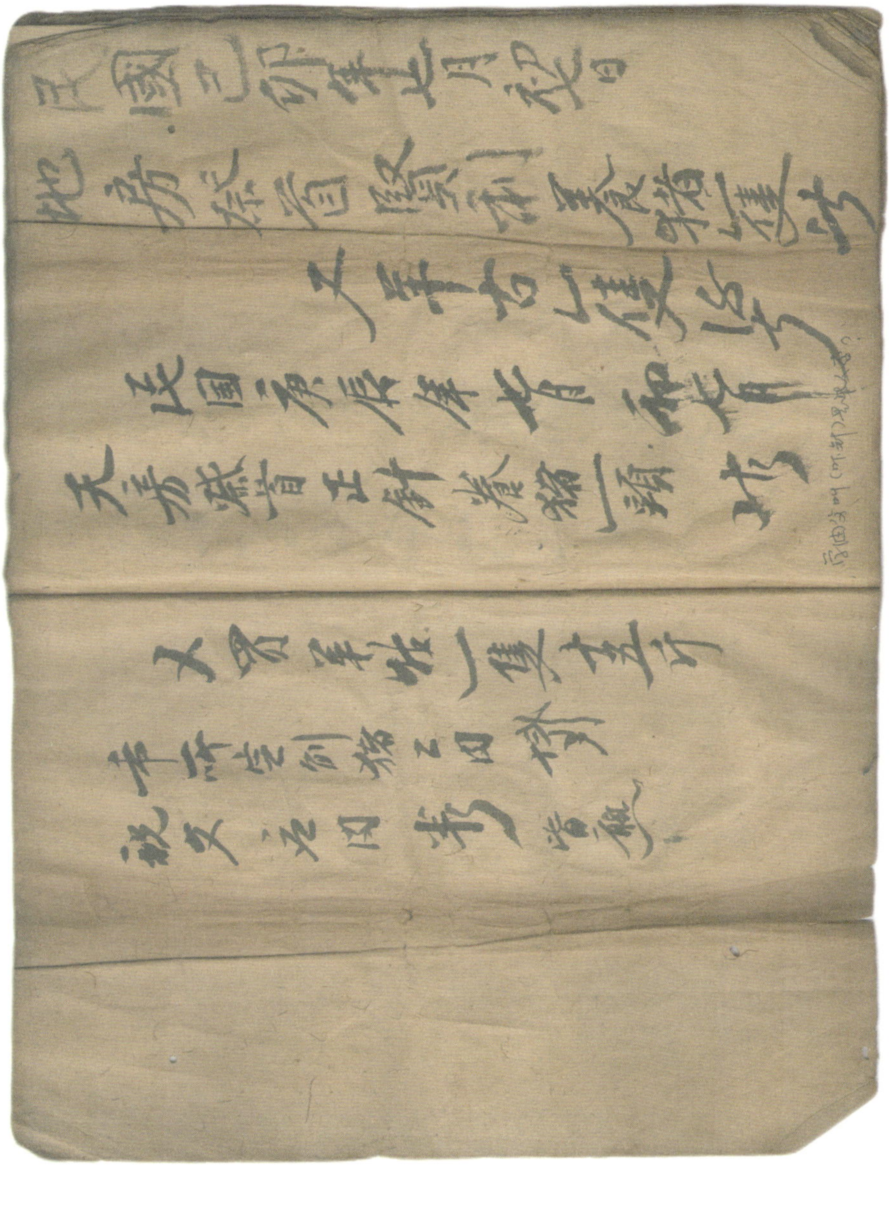

民國己卯年七月初日
地房祭首賢利養猪一隻站
又羊古一隻站
民国庚辰年七月初七日
天房祭首正針養猪一頭站
又買羊牯一隻十五斤
本所宰割猪工四擔
祝文若同貴皆無

6-9-8-24　清咸豐七年林國瑞立輪祭祖簿（二四）

民國辛巳年七月初七日

人房祭首賢榆養豬壹隻重

又羊古壹隻

拾一月　主天地人三房再議

一議豬肉起角旨　豬雞乙隻重旨　鴨蛋六个

一議酒粿足辰　菜末隨办

一議冬至再約叔祖出壹百弍拾觔

一議酒用辰上斤　定秤肉秤

壬午年七月初七日衆人公議羊古乙隻不用

6-9-8-25　清咸豐七年林國瑞立輪祭祖簿（二五）

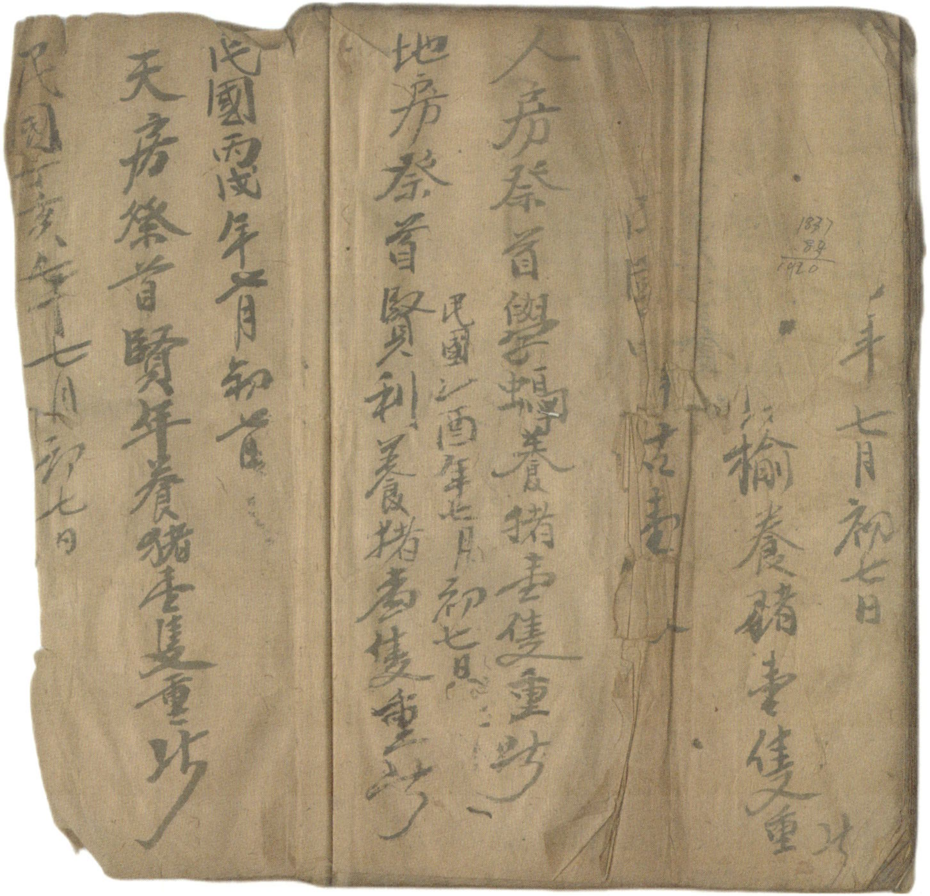


6-9-8-26　清咸豐七年林國瑞立輪祭祖簿（二六）

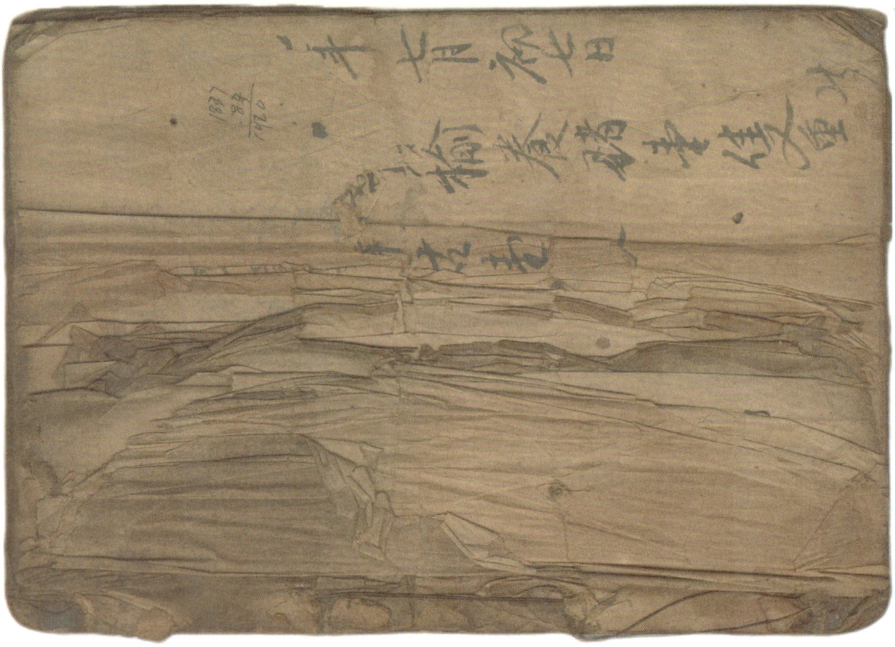

6-9-8-27　清咸豐七年林國瑞立輪祭祖簿（二十七）

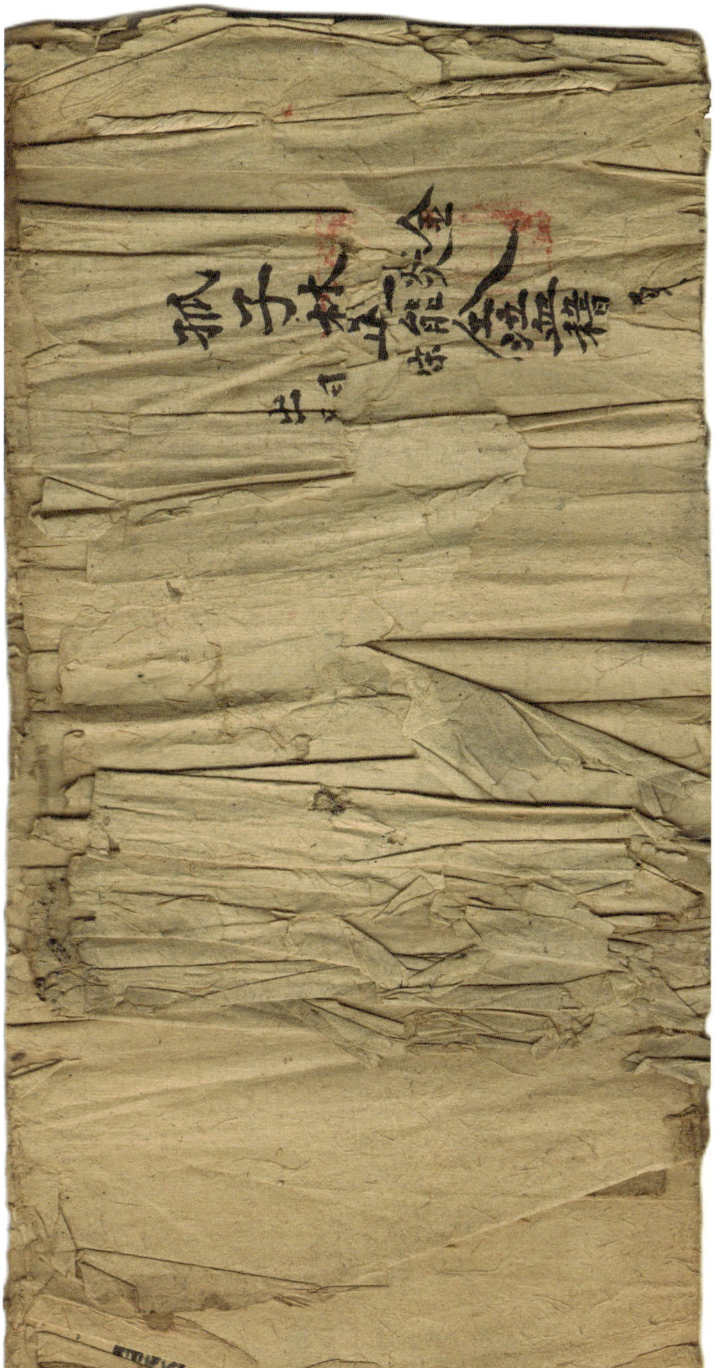

6-9-9-1　民國二十年林正金等立人情簿（一）

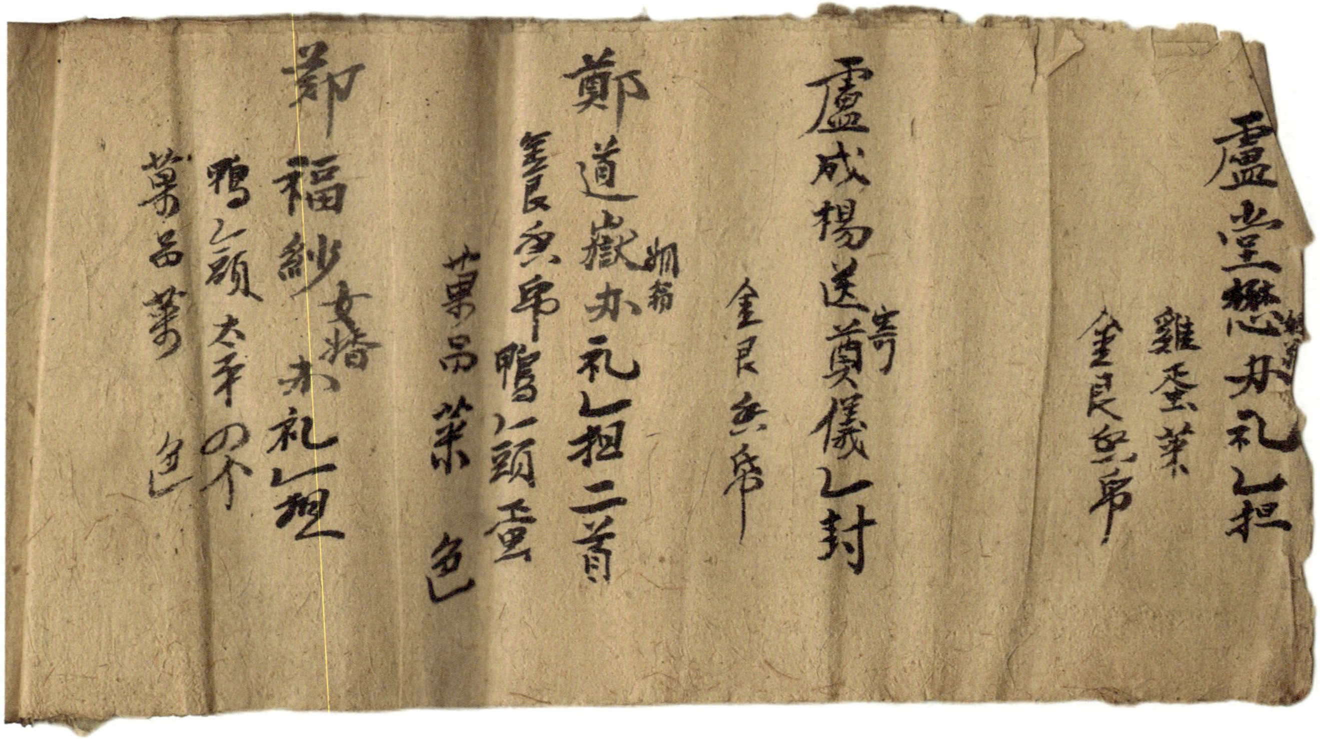

盧塋懋办礼乙担
雞蛋菜
金良無帛

盧成揚送壽奠儀乙封
金良無帛

鄭道嶽姻翁办礼乙担二首
金良無帛 鴨乙頭壹
菓品 菜 色

鄭福紗女婿办礼乙担
鴨乙頭 太平四个
菓品菓 色

6-9-9-2　民國二十年林正金等立人情簿（二）

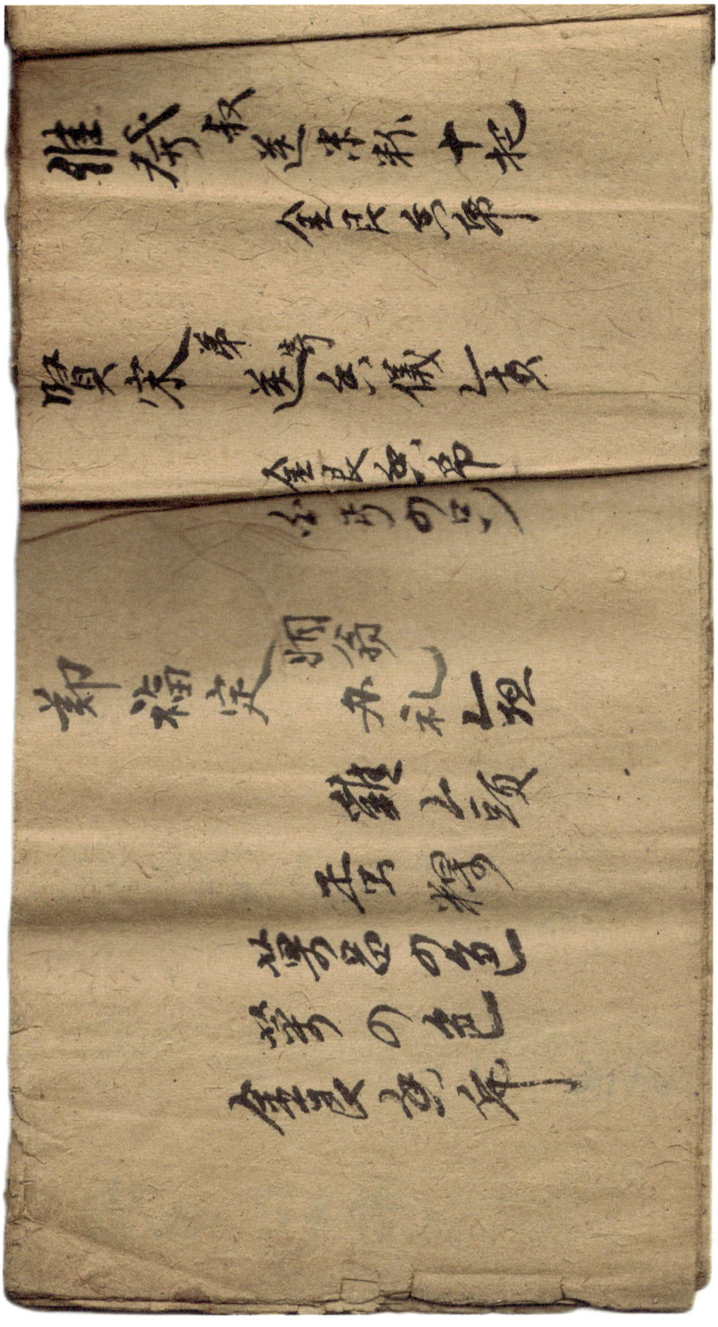

6-9-9-3　民國二十年林正金等立人情簿（三）

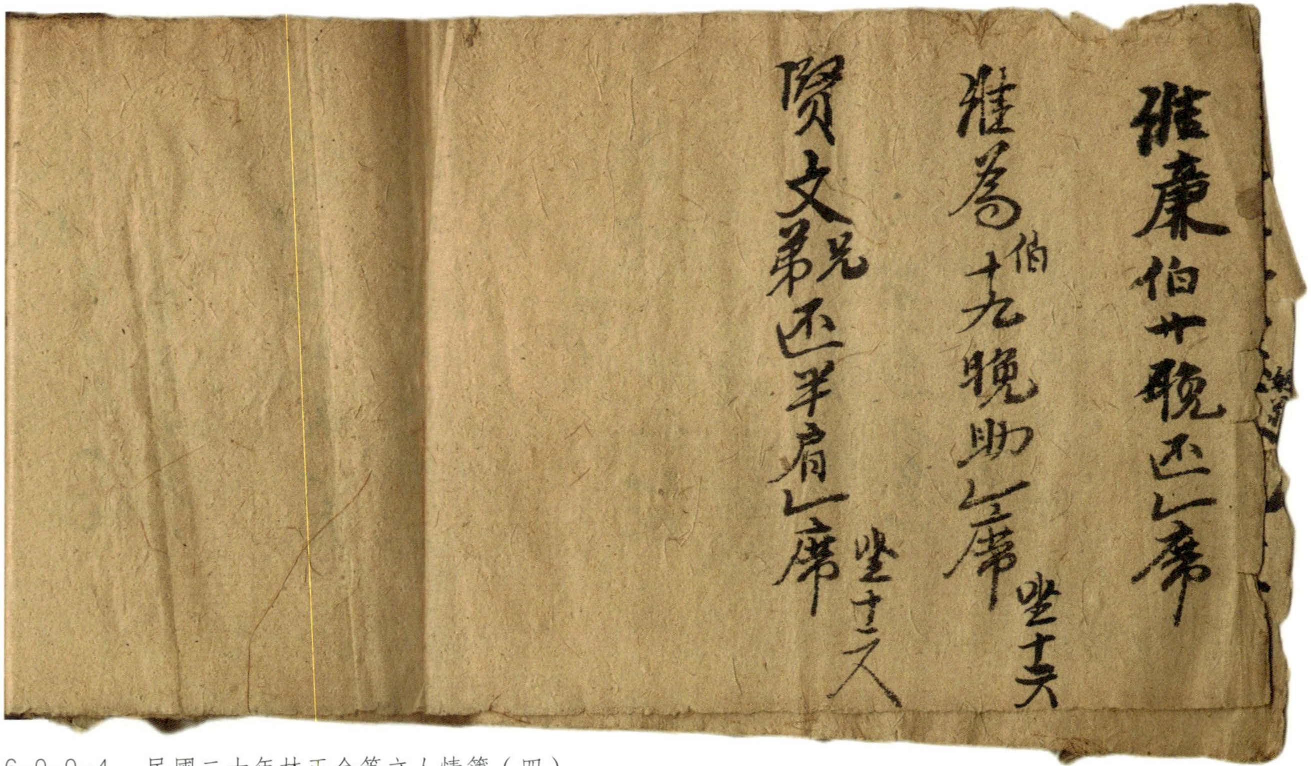
班康伯廿晚还乚席
班为伯十九晚助乚席　坐十六
贤文兄弟还半肩乚席　坐十二人

6-9-9-4　民國二十年林正金等立人情簿（四）

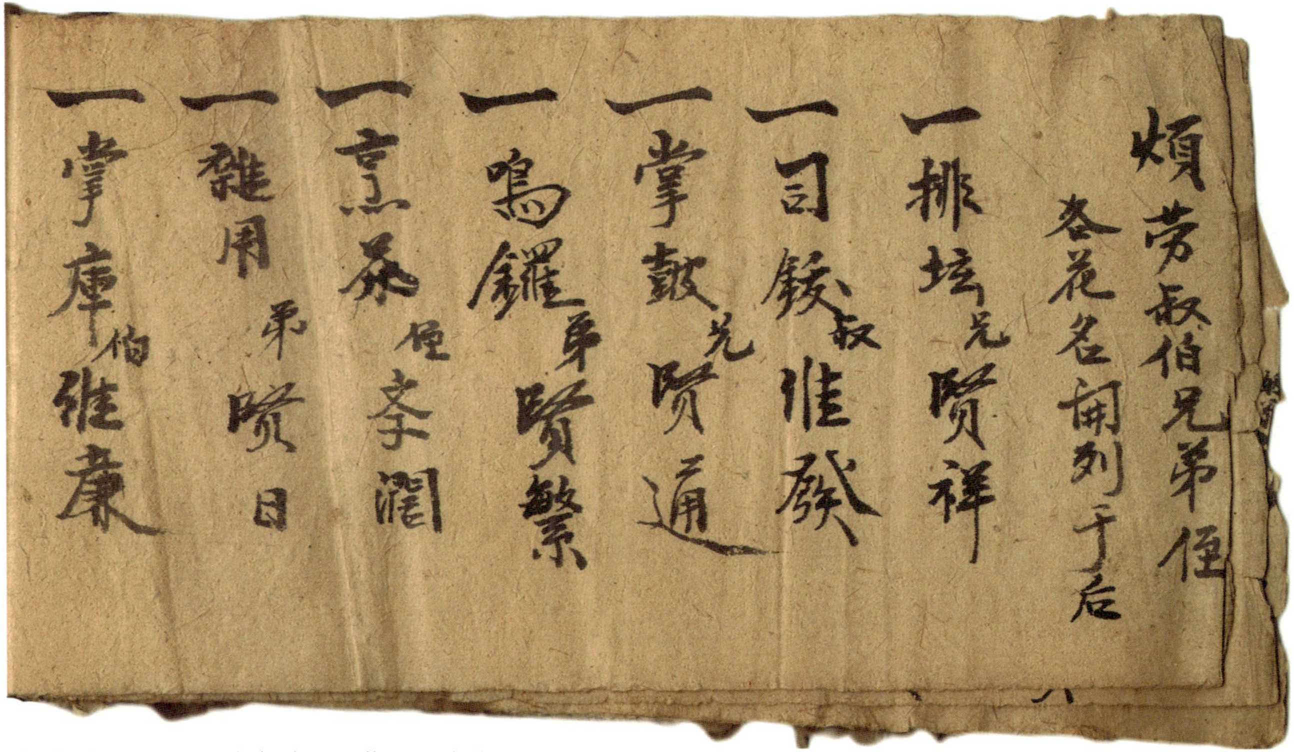
煩勞叔伯兄弟侄
各花名開列于后
一排坛　兄　賢祥
一司鉸　叔　惟發
一掌鼓　兄　賢通
一鳴鑼　弟　賢繁
一烹茶　侄　李潤
一雜用　弟　賢日
一掌庫　伯　維康

6-9-9-5　民國二十年林正金等立人情簿（五）

一樣花古墻石亭處
福紗
一王坵法師林法祥

6-9-9-6　民國二十年林正金等立人情簿（六）

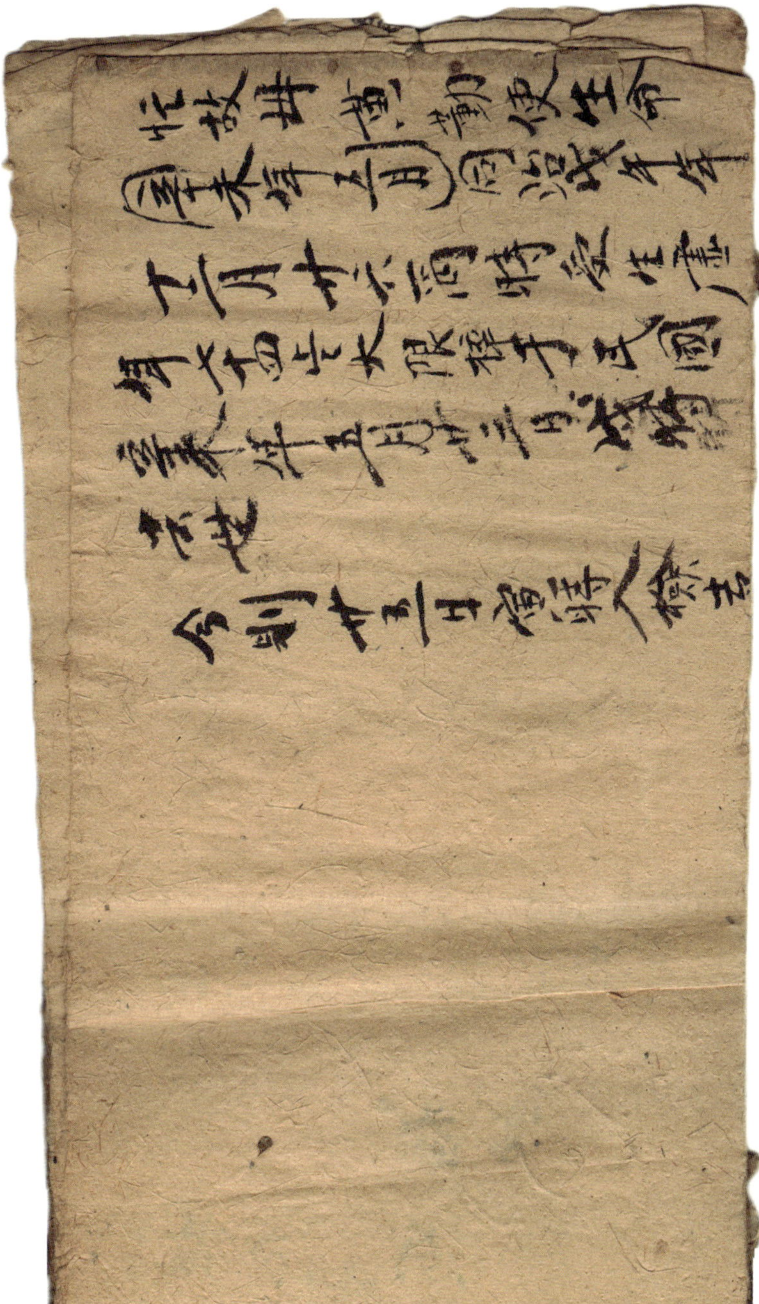

忙故母黄　勤使生命
丁未年五月　同治戊年年
十二月廿六酉時受生盧
歸六十四壽大限終于民國
辛未年五月廿三日戌時
去世
今則廿五日寅時入殮吉

6-9-9-7　民國二十年林正金等立人情簿（七）

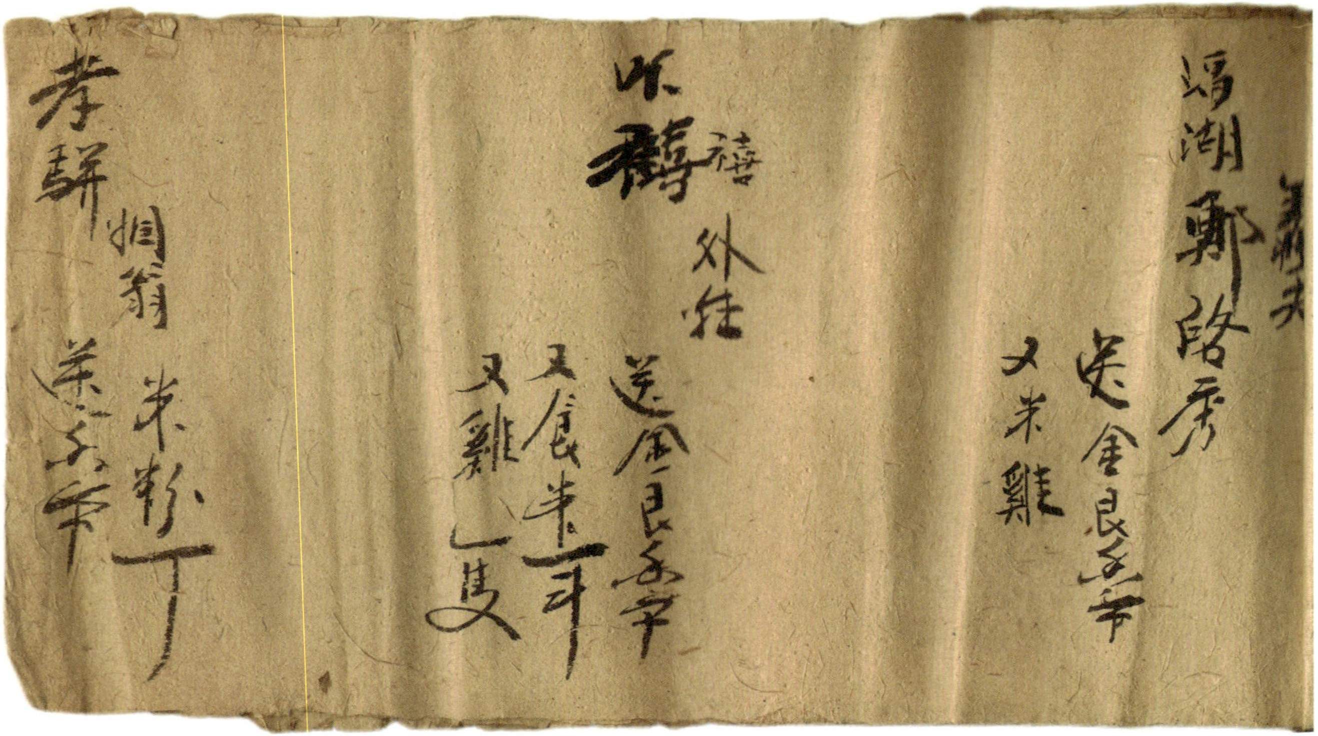

塢湖鄭路秀
送金良叁字
又米雞

叶𫟪禧
外姪
送金良叁字
又食米壹斗
又雞一隻

孝駢
姻翁
米粉丁
送叁字

6-9-9-8　民國二十年林正金等立人情簿（八）

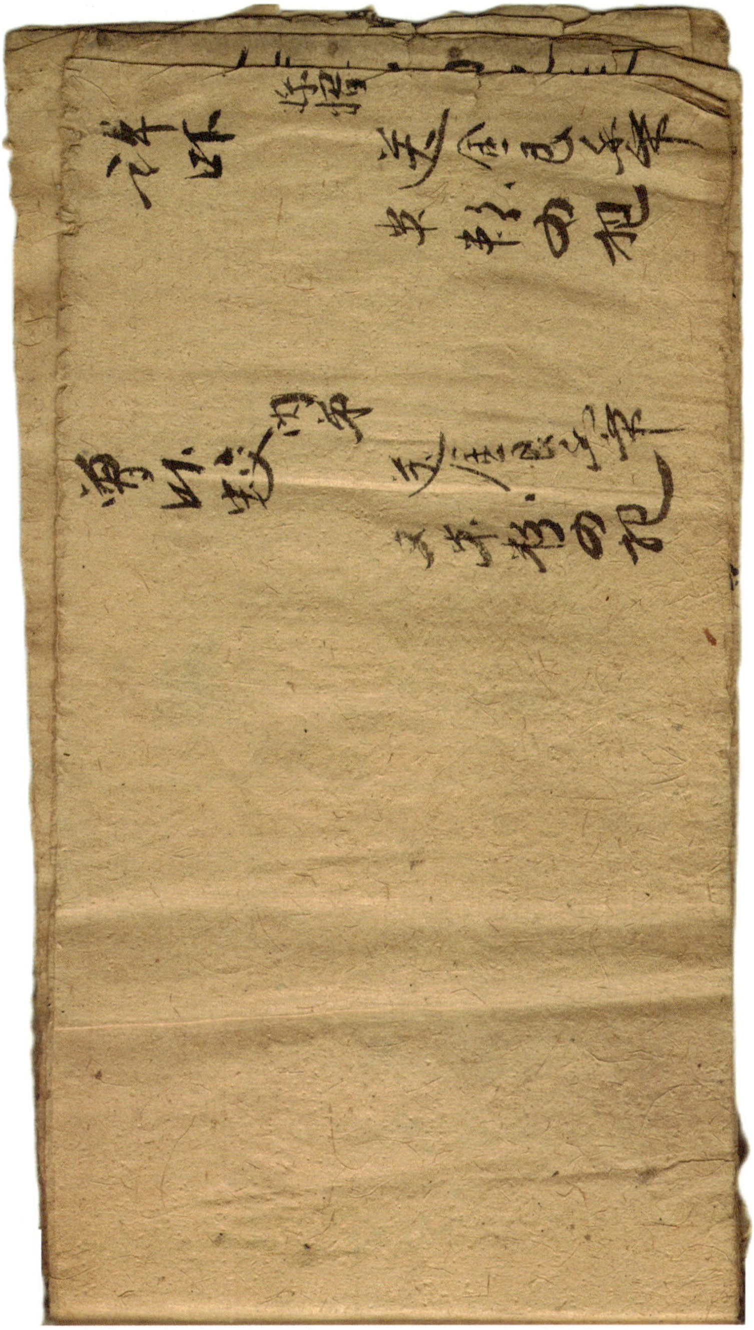

6-9-9-9 民國二十年林正金等立人情簿（九）

6-9-9-10　民國二十年林正金等立人情簿（一〇）

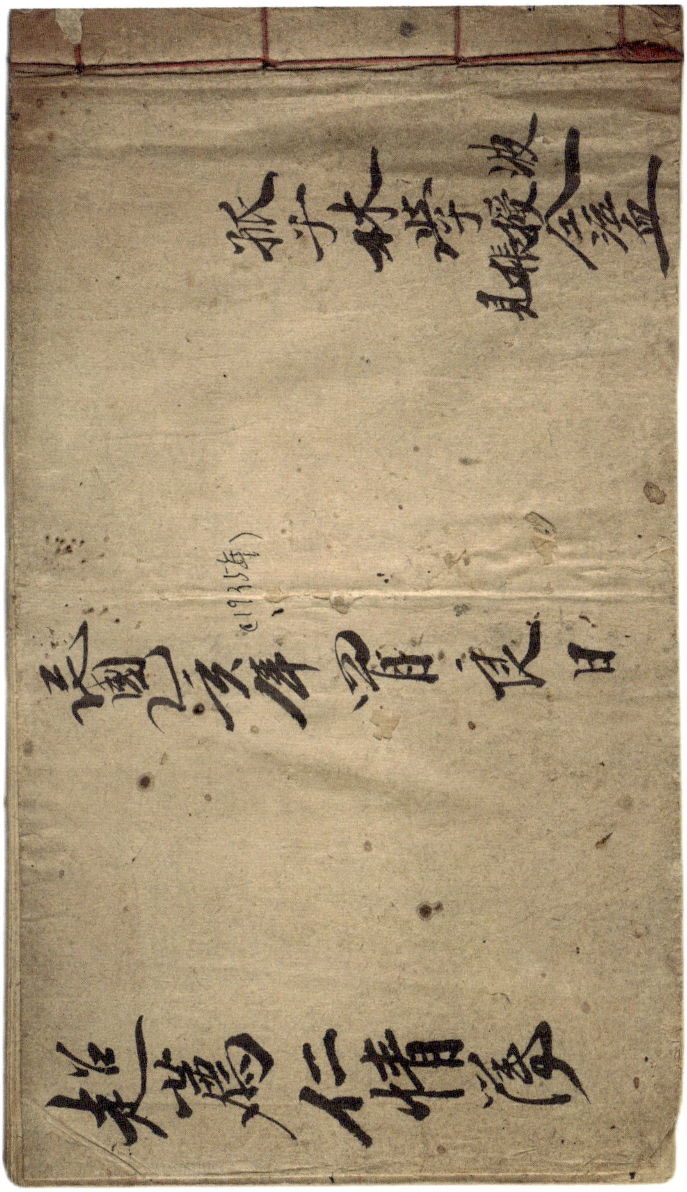


6-9-10-1　民國二十四年林學波等立起薦仁情簿（一）

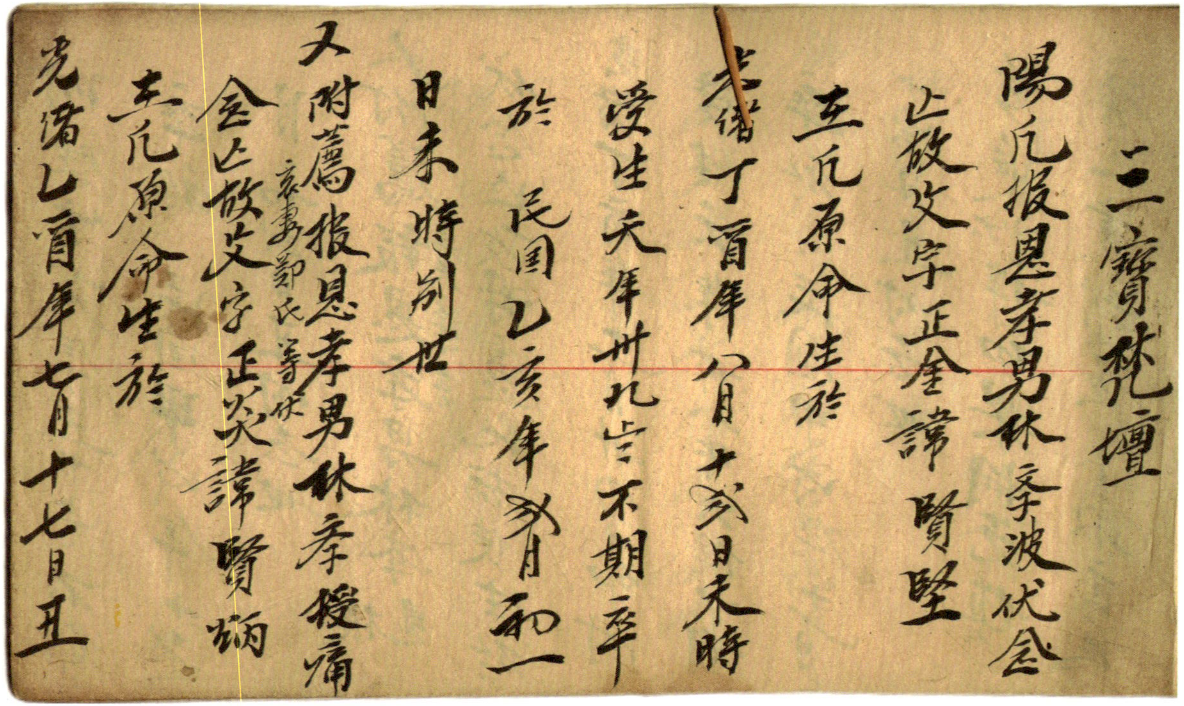
三寶梵壇
陽凡報恩孝男林學波伏念
亡故父字正全諱賢堅
在凡原命生於
光緒丁酉年八月十六日未時
受生天年卅九歲不期辛
於 民国乙亥年五月初一
日未時別世
又附薦報恩孝男林學援痛
哀妻鄭氏等伏
念亡故父字正炎諱賢炳
在凡原命生於
光緒乙酉年七月十七日丑

6-9-10-2　民國二十四年林學波等立超薦仁情簿（二）

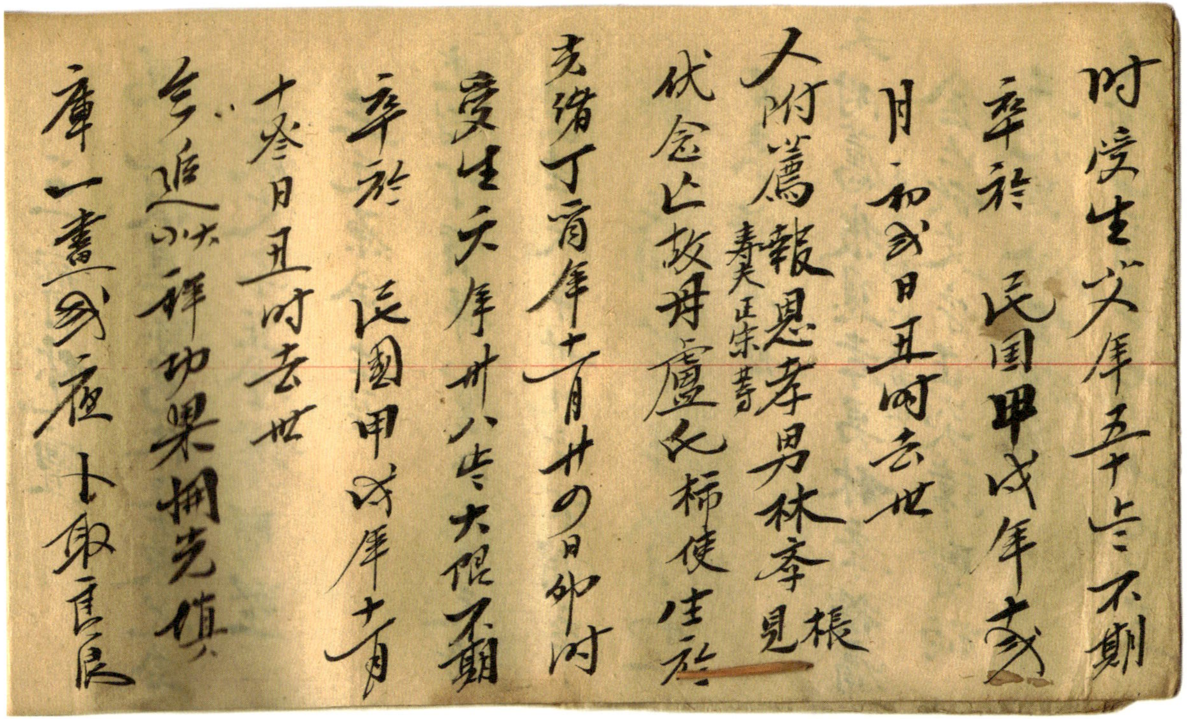
時受生癸年五十六歲不期
卒於　民國甲戌年十弍
月初弍日丑時去世
人附薦報恩孝男林孝根 孝見 壽春 正宗 壽
伏念亡故母盧氏柿使生於
光緒丁酉年十一月廿四日卯時
受生天年卅八歲大限不期
卒於　民國甲戌年十一月
十叁日丑時去世
今追以來拜功果拥光慎
庫一盡國庭下取良

6-9-10-3　民國二十四年林學波等立超薦仁情簿（三）

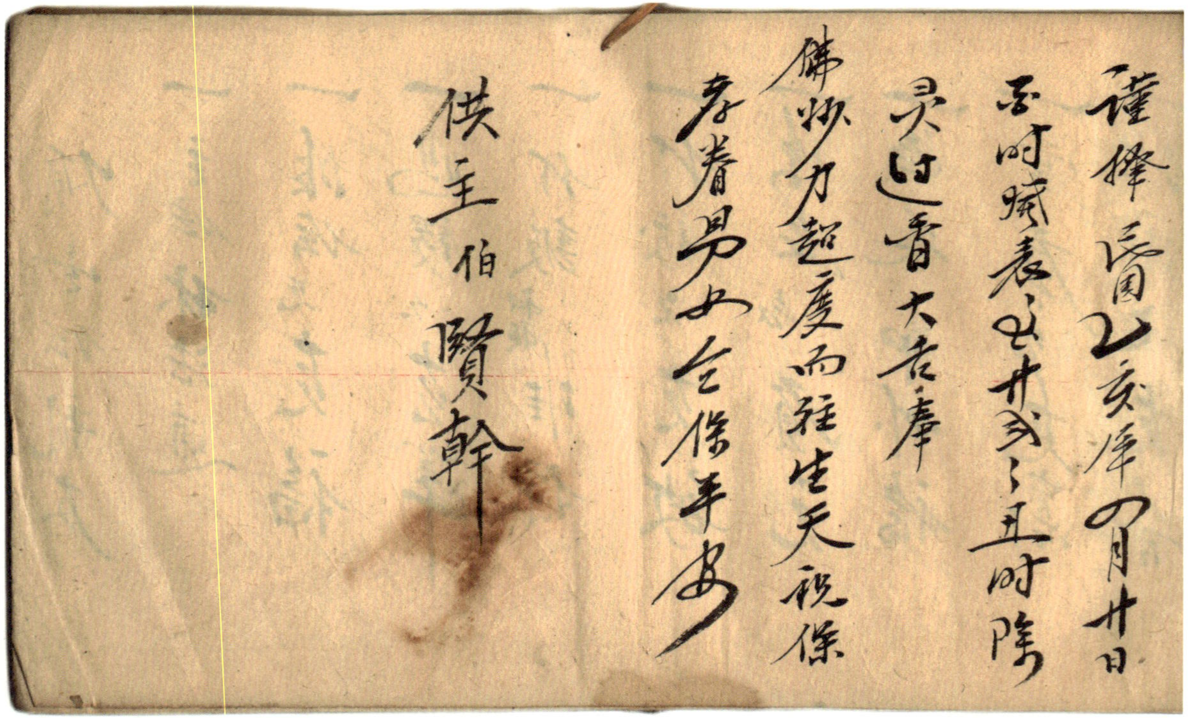
謹擇舊乙亥年四月廿日
酉時殯表至廿貳日丑時陞
靈過香大吉奉
佛妙力超度而往生天祝保
存眷男女合保平安
供主伯 賢幹

6-9-10-4　民國二十四年林學波等立超薦仁情簿（四）

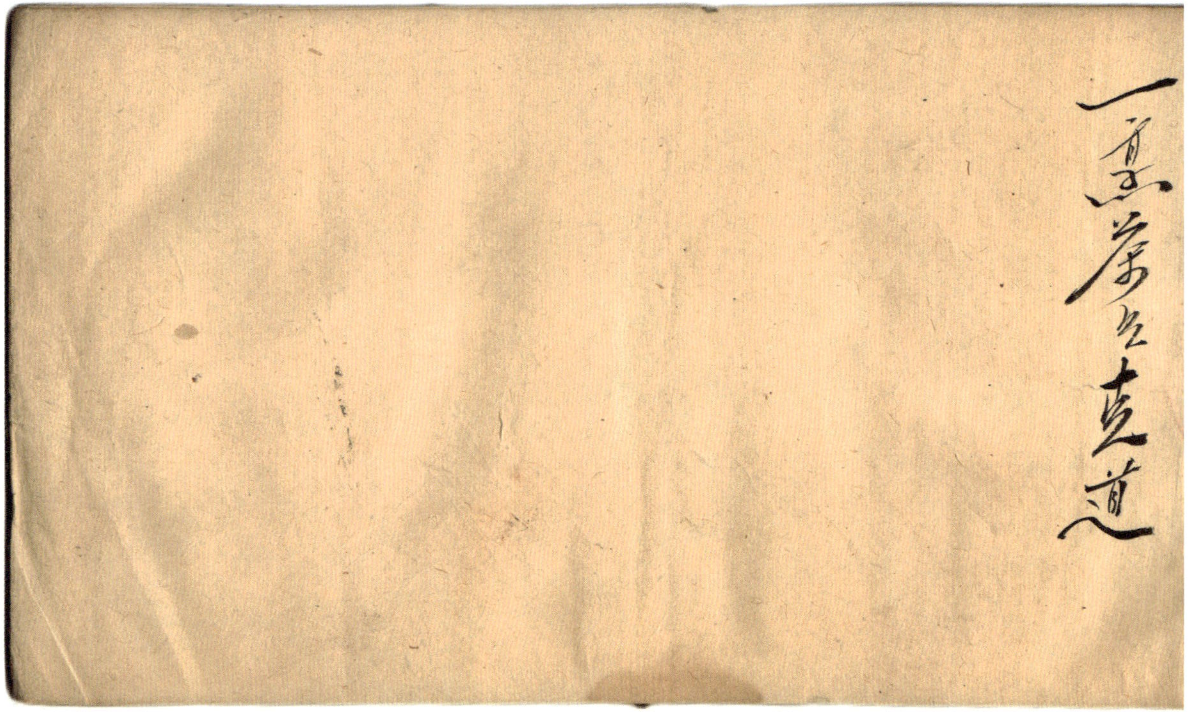

6-9-10-5　民國二十四年林學波等立超薦仁情簿（五）

6-9-10-6　民國二十四年林學波等立超薦仁情簿（六）

**圖書在版編目（CIP）數據**

福建民間契約文書. 第六卷：3冊 / 鄭振滿主編. --福州：福建人民出版社，2022.10
（八閩文庫. 專題彙編）
ISBN 978-7-211-08910-9

Ⅰ. ①福… Ⅱ. ①鄭… Ⅲ. ①契約—文書—彙編—福建 Ⅳ. ①D927.570.369

中國版本圖書館CIP數據核字（2022）第161536號

**福建民間契約文書**（第六卷）

主　　編：鄭振滿
編　　者：厦門大學民間歷史文獻研究中心
責任編輯：連天雄　劉挺立　張輝蘭
裝幀設計：張志偉
美術編輯：陳培亮
出版發行：福建人民出版社
電　　話：0591—87533169（發行部）
網　　址：http://www.fjpph.com
電子郵箱：fjpph7221@126.com
地　　址：福建省福州市東水路76號
經　　銷：福建新華發行（集團）有限責任公司
印刷裝訂：雅昌文化（集團）有限公司
地　　址：深圳市南山區深雲路19號
電　　話：0755—86083235
開　　本：787毫米×1092毫米 1/16
印　　張：80
版　　次：2022年10月第1版第1次印刷
書　　號：ISBN 978-7-211-08910-9
定　　價：1800.00元（全3冊）